Binz / Dörndorfer / Zimmermann
Gerichtskostengesetz

Gerichtskostengesetz

Gesetz über Gerichtskosten in Familiensachen

Justizvergütungs- und -entschädigungsgesetz

und weitere kostenrechtliche Vorschriften

Kommentar

von

Karl Josef Binz
Direktor des Amtsgerichts
Tübingen a. D., Herrenberg

Josef Dörndorfer
Rechtspflegedirektor a. D.,
Fachhochschule für Öffentliche
Verwaltung und Rechtspflege,
Starnberg

Dr. Dr.h.c. Walter Zimmermann
Vizepräsident des Landgerichts Passau a. D.
Honorarprofessor an der Universität Regensburg

4., neu bearbeitete Auflage 2019

C.H.BECK

www.beck.de

ISBN 978 3 406 72422 0

Wilhelmstraße 9, 80801 München

Umschlaggestaltung: Druckerei C. H. Beck, Nördlingen

Satz: Jung Crossmedia Publishing GmbH, Lahnau

Druck und Bindung: Beltz Bad Langensalza GmbH
Am Fliegerhorst 8, 99947 Bad Langensalza

Gedruckt auf säurefreiem, alterungsbeständigem Papier
(hergestellt aus chlorfrei gebleichtem Zellstoff)

Bearbeiterverzeichnis

GKG:

§§ 1–21 GKG	Zimmermann
§§ 22–33 GKG	Dörndorfer
§§ 34–38 GKG	Zimmermann
§§ 39–65 GKG	Dörndorfer
§§ 66–73 GKG	Zimmermann
KV zum GKG	Zimmermann
FamGKG	Dörndorfer
KV zum FamGKG	Dörndorfer
JVEG	Binz
Anhang I	Zimmermann
1. Gerichtsgebühren	Zimmermann
2. Kostenverfügung	Zimmermann
Anhang II	Zimmermann
1. BNotO, 2. BRAO	Zimmermann
3. EBAO	Dörndorfer
4. GVG	Binz
5. Hinterlegungssachen – 8. PAO	Zimmermann
9. PatKostG	Dörndorfer
10. SGG – 13. ZwVwV	Zimmermann

Vorwort zur 4. Auflage

Seit Erscheinen der 3. Auflage vor rund fünf Jahren haben das GKG, das FamGKG und das JVEG und die anderen hier abgedruckten Gesetze zahlreiche Änderungen erfahren, die eine Neuauflage erforderlich machten. Das GKG ist seit 2014 siebzehn Mal, das FamGKG acht Mal und das JVEG zwei Mal geändert worden. Dabei sind folgende Änderungsgesetze hervorzuheben: EU-KontenpfändungsVO-DurchführungsG, VO (EG) 2015/848 über Insolvenzverfahren, Gesetz zur Einführung der elektronischen Akte in der Justiz sowie – ganz aktuell – Gesetz zur Einführung einer zivilprozessualen Musterfeststellungsklage.

Die Neuauflage gibt den Rechtsstand vom Oktober 2018 wieder. Um die Leser möglichst umfassend zu informieren, wurde im Anhang II das Justizverwaltungskostengesetz aufgenommen.

Herrenberg, Starnberg, Passau, im November 2018

Karl Josef Binz
Josef Dörndorfer
Walter Zimmermann

Inhaltsverzeichnis

Inhaltsverzeichnis

Abkürzungs- und Literaturverzeichnis

aA . . . . anderer Ansicht
ABl. . . . . Amtsblatt
abl. . . . . ablehnend
Abs. . . . . Absatz
abw. . . . . abweichend
aE . . . . am Ende
aF . . . . alte Fassung
AG . . . . Amtsgericht, Ausführungsgesetz
Alt. . . . . Alternative
aM . . . . anderer Meinung
Anh. . . . . Anhang
Anl. . . . . Anlage
Amtl. Anm. . . . . . . amtliche Anmerkung
AnwBl . . . . Anwaltsblatt (Jahr und Seite)
AO . . . . Abgabenordnung
ArbG/ArbGG . . . . . Arbeitsgericht/Arbeitsgerichtsgesetz
Art. . . . . Artikel
ausf. . . . . ausführlich
AV . . . . Allgemeine Verfügung
AVAG . . . . Anerkennungs- und Vollstreckungsausführungsgesetz

BAG . . . . Bundesarbeitsgericht
BAnz. . . . . Bundesanzeiger
BAT . . . . Bundes-Angestelltentarifvertrag
BauR . . . . Zeitschrift für das gesamte öffentliche und zivile Baurecht (Jahrgang und Seite)
BayObLG/Z . . . . . Bayerisches Oberstes Landesgericht/Sammlung seiner Entscheidungen in Zivilsachen (Jahr und Seite)
BeckRS . . . . Beck Rechtsprechung/Beck Online
Bek. . . . . Bekanntmachung
Bekl. . . . . Beklagter
Beschl. . . . . Beschluss
BFH/NV . . . . Sammlung der Entscheidungen des Bundesfinanzhofs (Loseblattsammlung)
BGB . . . . Bürgerliches Gesetzbuch
BGBl. . . . . Bundesgesetzblatt
BGH/Z . . . . Bundesgerichtshof/Bundesgerichtshof, Entscheidungen in Zivilsachen (Band und Seite)
BLAH/*Bearbeiter* . . . *Baumbach/Lauterbach/Albers/Hartmann,* ZPO, 77. Aufl. 2019
BPolG . . . . Bundespolizeigesetz
BR . . . . Bundesrat
BSG . . . . Bundessozialgericht
BT . . . . Bundestag
BVerwG/E . . . . . . Bundesverwaltungsgericht/Entscheidungen des Bundesverwaltungsgerichts (Band und Seite)

DB-GvKostG . . . . . Durchführungsbestimmungen zum Gerichtsvollzieherkostengesetz

DGVZ	Deutsche Gerichtsvollzieherzeitung (Jahr und Seite)
DNotZ	Deutsche Notar-Zeitschrift (Jahr und Seite)
Dörndorfer	*Dörndorfer,* Rechtsanwalts- und Gerichtskosten im Familienverfahren, 2009
Dörndorfer Streitwert	*Dörndorfer,* Der Streitwert für Anfänger, 5. Aufl. 2009
Drs.	Drucksache
DS	Der Sachverständige
DV	Datenverarbeitung
EHDA/*Bearbeiter*	*von Eicken/Hellstab/Dörndorfer/Asperger,* Die Kostenfestsetzung, 23. Aufl. 2017
EHLMM/*Bearbeiter*	siehe nun EHDA/*Bearbeiter*
EBAO	Einforderungs- und Beitreibungsanordnung
EFG	Entscheidungen der Finanzgerichte (Jahr, Seite)
Einf.	Einführung
Einl.	Einleitung
ERJuKoG	Gesetz über elektronische Register und Justizkosten für Telekommunikation
Erl.	Erlass
EStG	Einkommensteuergesetz
eV	eidesstattliche Versicherung
f./ff.	folgende
FamGKG	Gesetz über Gerichtskosten in Familiensachen
fG	freiwillige Gerichtsbarkeit
FG	Finanzgericht
FG-Sachen	Sachen der freiwilligen Gerichtsbarkeit
FGG	Gesetz über die Angelegenheiten der freiwilligen Gerichtsbarkeit
FG/FGO	Finanzgericht/Finanzgerichtsordnung
G	Gesetz, Gericht (in Zusammensetzungen), Gesellschaft
GBl.	Gesetzblatt
GBO	Grundbuchordnung
Geb.	Gebühr(en)
ggf.	gegebenenfalls
GKG	Gerichtskostengesetz
GmbHG	Gesetz betreffend die Gesellschaften mit beschränkter Haftung
GNotKG	Gerichts- und Notarkostengesetz
GOÄ	Gebührenordnung für Ärzte
Grdz.	Grundzüge
GVBl.	Gesetz- und Verordnungsblatt
GVG	Gerichtsverfassungsgesetz
GVGA	Geschäftsanweisung für Gerichtsvollzieher
GVHR	Gebührenverzeichnis der Anlage zu § 1 der Handelsregistergebührenverordnung
GvKostG	Gerichtsvollzieherkostengesetz
Hs.	Halbsatz
Hartmann	*Hartmann,* Kostengesetze, 48. Aufl. 2018
HausratsVO	Hausratsverordnung
Hertel	*Hertel,* Kostenrecht Strafsachen, 15. Aufl. 2009
Hertel/Baur	*Hertel/Baur,* Kostenrecht Zivilsachen, 17. Aufl. 2007
HGB	Handelsgesetzbuch

hM	herrschende Meinung
Höver	*Höver,* Gebührentabellen, bearbeitet von *Oberlack,* 37. Aufl. 2017
Hs.	Halbsatz
Hülsmann	*Hülsmann,* Gebührentabellen, 5. Aufl. 2004
HWFH/*Bearbeiter*	*Haarmeyer/Wutzke/Förster/Hintzen,* Zwangsverwaltung, 5. Aufl. 2011
idF	in der Fassung
idR	in der Regel
InsO	Insolvenzordnung
InsVV	Insolvenzrechtliche Vergütungsverordnung
iSd	im Sinne des
iVm	in Verbindung mit
JB	Juristisches Büro (Jahrgang und Seite)
JBeitrG	Justizbeitreibungsgesetz
JBl.	Justizblatt
JKassO	Justizkassenordnung
JMBl.	Justizministerialblatt
JuMiG	Justizmitteilungsgesetz
2. JuMoG	Zweites Gesetz zur Modernisierung der Justiz (2. Justizmodernisierungsgesetz) vom 22.12.2006, BGBl. I S. 3439
Justiz	Die Justiz, Amtsblatt des Justizministeriums Baden-Württemberg (Jahrgang und Seite)
JustVA	Justizverwaltungsabkommen
JVBl.	Justizverwaltungsblatt
JVEG	Justizvergütungs- und -entschädigungsgesetz
JVKostG	Justizverwaltungskostengesetz
KapMuG	Gesetz über Musterverfahren in Kapitalmarktrechtlichen Streitigkeiten (Kapitalanleger-Musterverfahrensgesetz – KapMuG)
Kl.	Kläger
KostO	Kostenordnung, außer Kraft. Siehe nun GNotKG
2. KostRMoG	Zweites Gesetz zur Modernisierung des Kostenrechts (2. Kostenrechtsmodernisierungsgesetz – 2. KostRMoG) vom 23.7.2013, BGBl. I S. 2586
KostRsprR	Kostenrechtsprechung, bearbeitet von *Lappe/Onderka/Hellstab* (Loseblattausgabe)
KostVfg	Kostenverfügung
krit.	kritisch
KV	Kostenverzeichnis
KVGv	Kostenverzeichnis (Anlage zum Gerichtsvollzieherkostengesetz)
LAG	Landesarbeitsgericht; Lastenausgleichsgesetz
LG	Landgericht
LPachtVG	Landpachtverkehrsgesetz
LPartG	Lebenspartnerschaftsgesetz
Ls.	Leitsatz
LSG	Landessozialgericht
LVerwG	Landesverwaltungsgericht
LwVG	Gesetz über das gerichtliche Verfahren in Landwirtschaftssachen
m.	mit

Abkürzungs- und Literaturverzeichnis

Madert	*Madert/v. Seltmann,* Der Gegenstandswert in bürgerlichen Rechtsangelegenheiten, 5. Aufl. 2008
MDR	Monatsschrift für Deutsches Recht (Jahr und Seite)
Meyer	*Meyer,* GKG, FamGKG 2012, 16. Aufl. 2018
Meyer/Höver/Bach/Oberlack/Jahnke	siehe *MHBOJ*
Meyer-Goßner/Schmidt	*Meyer-Goßner/Schmidt,* Strafprozessordnung, 61. Aufl. 2018
MHBOJ	*Meyer/Höver/Bach/Oberlack/Jahnke,* Die Vergütung und Entschädigung von Sachverständigen, Zeugen, Dritten und von ehrenamtlichen Richtern nach dem JVEG, 27. Aufl. 2017
MTArb	Manteltarifvertrag für Arbeiterinnen und Arbeiter des Bundes und der Länder
MüKoZPO/*Bearbeiter*	Münchener Kommentar zur ZPO, von *Krüger/Rauscher* (Hrsg.), 5. Aufl. 2016ff.
Musielak/Voit/*Bearbeiter*	*Musielak/Voit* (Hrsg.), ZPO, 15. Aufl. 2018
mwN	mit weiteren Nachweisen
mWv	mit Wirkung vom
nF	neue Fassung
NJW/NJW-RR	Neue Juristische Wochenschrift (Jahr und Seite)/NJW-Rechtsprechungs-Report (Jahr und Seite)
Nr.	Nummer
NStZ/NStZ-RR	Neue Zeitschrift für Strafrecht (Jahrgang und Seite)/Neue Zeitschrift für Strafrecht – Rechtsprechungsreport (Jahrgang und Seite)
NZB	Nichtzulassungsbeschwerde
NZI	Neue Zeitschrift für Insolvenzrecht (Jahrgang und Seite)
NZS	Neue Zeitschrift für Sozialrecht (Jahrgang und Seite)
NZV	Neue Zeitschrift für Verkehrsrecht (Jahrgang und Seite)
Oestreich/Hellstab/Trenkle/*Bearbeiter*	*Oestreich/Hellstab/Trenkle,* Gerichtskostengesetz, Loseblattsammlung
OLG/OLGZ	Oberlandesgericht/Entscheidungen der Oberlandesgerichte in Zivilsachen (Jahr und Seite)
OLG-NL	OLG-Rechtsprechung Neue Länder (Jahr und Seite)
OLGR	OLG-Report, Schnelldienst zur Zivilrechtsprechung des jeweiligen Oberlandesgerichts
OVG	Oberverwaltungsgericht
OWiG	Gesetz über Ordnungswidrigkeiten
Palandt/*Bearbeiter*	*Palandt,* BGB, 77. Aufl. 2018
PatG	Patentgericht, Patentgesetz
PatKostG	Patentkostengesetz
Petzold/von Seltmann	*Petzold/von Seltmann,* Das neue Kostenrecht, 2004
PKH	Prozesskostenhilfe
Proz., proz.	Prozess-, prozessual, prozessrechtlich
ProzBev.	Prozessbevollmächtigter
RA	Rechtsanwalt
RDG	Rechtsdienstleistungsgesetz
RAGeb.	Rechtsanwaltsgebühren
RBerG	Rechtsberatungsgesetz
RdErl.	Runderlass

Reg.	Regierung, Register
RegBl.	Regierungsblatt
RegVBG	Registerverfahrenbeschleunigungsgesetz
RG	Reichsgericht
RGBl.	Reichsgesetzblatt
Rn.	Randnummer
Röhrich/Krell	*Röhrich/Krell,* Die Vergütung für Bausachverständige nach dem JVEG, 2004
Rpfl.	Rechtspfleger
RpflBl.	Rechtspflegerblatt (Jahr und Seite)
Rpfleger	Der Deutsche Rechtspfleger (Jahr und Seite)
RpflEntlG	Gesetz zur Entlastung der Rechtspflege
RPflG	Rechtspflegergesetz
Rspr.	Rechtsprechung
RVG	Rechtsanwaltsvergütungsgesetz
S.	Satz, Seite
s.	siehe
Schneider	*Schneider,* Gebührenrecht, Honorargestaltung, Kostenrecht, 2. Aufl. 2007
Schneider	*Schneider,* JVEG, 3. Aufl. 2018
Schneider/Herget	*Schneider/Herget,* Streitwert Kommentar, 14. Aufl. 2015
SG	Sozialgericht
SGB	Sozialgesetzbuch (mit Angabe des jeweiligen Buches, zB: X)
SGb.	Die Sozialgerichtsbarkeit (Jahrgang und Seite)
SGG	Sozialgerichtsgesetz
sog.	sogenannt
StA	Standesamt, Staatsanwalt(schaft)
StBGebV	Steuerberatergebührenverordnung
StGB	Strafgesetzbuch
Stöber	*Stöber,* Zwangsversteigerungsgesetz (ZVG), 21. Aufl. 2016
StPO	Strafprozessordnung
str.	streitig
StrEG	Gesetz über die Entschädigung für Strafverfolgungsmaßnahmen
stRspr.	ständige Rechtsprechung
StVG	Straßenverkehrsgesetz
StVollzG	Strafvollzugsgesetz
StVZO	Straßenverkehrszulassungsordnung
Thomas/Putzo/ *Bearbeiter*	*Thomas/Putzo,* ZPO, 39. Aufl. 2018
TKG 2004	Telekommunikationsgesetz
uU	unter Umständen
ua	unter anderem
UstG	Umsatzsteuergesetz
usw.	und so weiter
v.	vom
VersAusglG	Versorgungsausgleichsgesetz
VG/VGH	Verwaltungsgericht/Verwaltungsgerichtshof (mit Ortsnamen)
vgl.	vergleiche
VO	Verordnung

VollstrVergV . . . . . . Vollstreckungsvergütungsverordnung
Vorbemerkung . . . . amtliche Vorbemerkung
VRS . . . . Verkehrsrechtssammlung
VSchDG . . . . VerbraucherschutzdurchführungsG
VU . . . . Versäumnisurteil
VwGO . . . . Verwaltungsgerichtsordnung
VwVfG . . . . Verwaltungsverfahrensgesetz

ZahlVGJG . . . . Gesetz über den Zahlungsverkehr mit Gerichten und Justizbehörden
zB . . . . zum Beispiel
ZfS . . . . Zeitschrift für Schadensrecht (Jahrgang und Seite)
Zimmermann P. . . . . *Zimmermann P.,* JVEG, 2005
Zimmermann ZPO . . *Zimmermann W.,* ZPO, 10. Aufl. 2015
Zimmermann FamFG *Zimmermann W.,* FamFG, 2. Aufl. 2011
Zimmermann GNotKG . . . . *Zimmermann W.,* GNotKG, 2013
ZMR . . . . Zeitschrift für Miet- und Raumrecht (Jahrgang und Seite)
Zöller/*Bearbeiter* . . . . *Zöller,* ZPO, 32. Aufl. 2018
ZPO . . . . Zivilprozessordnung
ZSW . . . . Zeitschrift für das gesamte Sachverständigenwesen (Jahr und Seite)
zust. . . . . zustimmend, zustimmender
ZVG . . . . Zwangsversteigerungsgesetz
ZwV . . . . Zwangsvollstreckung
ZwVwV . . . . Zwangsverwalterverordnung

A. Gerichtskostengesetz (GKG)

In der Fassung der Bekanntmachung vom 27.2.2014 (BGBl. I S. 154)
FNA 360-7

zuletzt geändert durch Gesetz vom 12.7.2018, BGBl. I S. 1151

Inhaltsübersicht

§§

Unterabschnitt 3. Wertfestsetzung

Abschnitt 8. Erinnerung und Beschwerde

Abschnitt 9. Schluss- und Übergangsvorschriften

Abschnitt 1. Allgemeine Vorschriften

§ 1 Geltungsbereich

(1) [1]Für Verfahren vor den ordentlichen Gerichten
1. nach der Zivilprozessordnung, einschließlich des Mahnverfahrens nach § 113 Absatz 2 des Gesetzes über das Verfahren in Familiensachen und in den Angelegenheiten der freiwilligen Gerichtsbarkeit und der Verfahren nach dem Gesetz über das Verfahren in Familiensachen und in den Angelegenheiten der freiwilligen Gerichtsbarkeit, soweit das Vollstreckungs- oder Arrestgericht zuständig ist;
2. nach der Insolvenzordnung und dem Einführungsgesetz zur Insolvenzordnung;
3. nach der Schifffahrtsrechtlichen Verteilungsordnung;
4. nach dem Gesetz über die Zwangsversteigerung und die Zwangsverwaltung;
5. nach der Strafprozessordnung;
6. nach dem Jugendgerichtsgesetz;
7. nach dem Gesetz über Ordnungswidrigkeiten;
8. nach dem Strafvollzugsgesetz, auch in Verbindung mit § 92 des Jugendgerichtsgesetzes;
9. nach dem Gesetz gegen Wettbewerbsbeschränkungen;
10. nach dem Wertpapiererwerbs- und Übernahmegesetz, soweit dort nichts anderes bestimmt ist;
11. nach dem Wertpapierhandelsgesetz;
12. nach dem Anerkennungs- und Vollstreckungsausführungsgesetz;
13. nach dem Auslandsunterhaltsgesetz, soweit das Vollstreckungsgericht zuständig ist;
14. für Rechtsmittelverfahren vor dem Bundesgerichtshof nach dem Patentgesetz, dem Gebrauchsmustergesetz, dem Markengesetz, dem Designgesetz, dem Halbleiterschutzgesetz und dem Sortenschutzgesetz (Rechtsmittelverfahren des gewerblichen Rechtsschutzes);
15. nach dem Energiewirtschaftsgesetz;
16. nach dem Kapitalanleger-Musterverfahrensgesetz;
17. nach dem EG-Verbraucherschutzdurchsetzungsgesetz;
18. nach Abschnitt 2 Unterabschnitt 2 des Neunten Teils des Gesetzes über die internationale Rechtshilfe in Strafsachen;
19. nach dem Kohlendioxid-Speicherungsgesetz;
20. nach Abschnitt 3 des Internationalen Erbrechtsverfahrensgesetzes vom 29. Juni 2015 (BGBl. I S. 1042);
21. nach dem Zahlungskontengesetz und
22. nach dem Wettbewerbsregistergesetz

werden Kosten (Gebühren und Auslagen) nur nach diesem Gesetz erhoben. [2]Satz 1 Nummer 1, 6 und 12 gilt nicht in Verfahren, in denen Kosten nach dem Gesetz über Gerichtskosten in Familiensachen zu erheben sind.

(2) Dieses Gesetz ist ferner anzuwenden für Verfahren
1. vor den Gerichten der Verwaltungsgerichtsbarkeit nach der Verwaltungsgerichtsordnung;

2. vor den Gerichten der Finanzgerichtsbarkeit nach der Finanzgerichtsordnung;
3. vor den Gerichten der Sozialgerichtsbarkeit nach dem Sozialgerichtsgesetz, soweit nach diesem Gesetz das Gerichtskostengesetz anzuwenden ist;
4. vor den Gerichten für Arbeitssachen nach dem Arbeitsgerichtsgesetz und
5. vor den Staatsanwaltschaften nach der Strafprozessordnung, dem Jugendgerichtsgesetz und dem Gesetz über Ordnungswidrigkeiten.

(3) **Dieses Gesetz gilt auch für Verfahren nach**
1. der Verordnung (EG) Nr. 861/2007 des Europäischen Parlaments und des Rates vom 11. Juli 2007 zur Einführung eines europäischen Verfahrens für geringfügige Forderungen,
2. der Verordnung (EG) Nr. 1896/2006 des Europäischen Parlaments und des Rates vom 12. Dezember 2006 zur Einführung eines Europäischen Mahnverfahrens,
3. der Verordnung (EU) Nr. 1215/2012 des Europäischen Parlaments und des Rates vom 12. Dezember 2012 über die gerichtliche Zuständigkeit und die Anerkennung und Vollstreckung von Entscheidungen in Zivil- und Handelssachen,
4. der Verordnung (EU) Nr. 655/2014 des Europäischen Parlaments und des Rates vom 15. Mai 2014 zur Einführung eines Verfahrens für einen Europäischen Beschluss zur vorläufigen Kontenpfändung im Hinblick auf die Erleichterung der grenzüberschreitenden Eintreibung von Forderungen in Zivil- und Handelssachen, wenn nicht das Familiengericht zuständig ist und
5. der Verordnung (EU) 2015/848 des Europäischen Parlaments und des Rates vom 20. Mai 2015 über Insolvenzverfahren.

(4) **Kosten nach diesem Gesetz werden auch erhoben für Verfahren über eine Beschwerde, die mit einem der in den Absätzen 1 bis 3 genannten Verfahren im Zusammenhang steht.**

(5) **Die Vorschriften dieses Gesetzes über die Erinnerung und die Beschwerde gehen den Regelungen der für das zugrunde liegende Verfahren geltenden Verfahrensvorschriften vor.**

Übersicht

I. Allgemeines

1 § 1 regelt den **Geltungsbereich** des Gerichtskostengesetzes. Die Vorschrift bestimmt, vor welchen Gerichten und in welchen Verfahren das GKG anzuwenden ist.

2 Der **Geltungsbereich** des GKG ist in der Vergangenheit **stark ausgeweitet** worden. Das am 1. 10. 1879 in Kraft getretene Gerichtskostengesetz vom 18. 6. 1878, RGBl. S. 141, galt nur für Verfahren vor den ordentlichen Gerichten nach der Zivilprozessordnung, der Strafprozessordnung und der Konkursordnung. Das Gesetz regelte das Kostenwesen nur insoweit, als auch das gerichtliche Verfahren durch Reichsgesetz normiert war.

3 Nunmehr gilt das GKG nicht nur in den in Abs. 1 Satz 1, Abs. 3 und 4 abschließend aufgeführten Verfahren vor den ordentlichen Gerichten, sondern auch für Verfahren vor den Gerichten der **Verwaltungs-, Finanz-, Arbeits- und Sozialgerichtsbarkeit** nach den für diese Gerichtsbarkeiten jeweils geltenden Prozessordnungen (VwGO, FGO, ArbGG, SGG), für die Sozialgerichtsbarkeit jedoch nur, soweit das Sozialgerichtsgesetz das GKG für anwendbar erklärt (§ 197 a SGG). Es gilt ferner für Verfahren vor den Staatsanwaltschaften (Abs. 2 Nr. 5).

4 **Kostenfreiheit.** Für die von ihm erfassten Verfahren regelt das GKG die Erhebung von Kosten durch den Staat für die Tätigkeit der Gerichte und Staatsanwaltschaften. Diese Regelung des staatlichen Kostenanspruchs ist **abschließend.** Dies folgt aus der Fassung des Satzes 1 („… werden Kosten … nur nach diesem Gesetz erhoben …“). Gerichtliche Handlungen, für die das GKG die Erhebung von Kosten nicht vorsieht, sind kostenfrei. Demgemäß ist die Anfertigungen von Fotokopien nach dem StrRehaG nicht nach KV 9000 kostenpflichtig (LG Berlin NStZ-RR 2013, 192).

5 Das GKG regelt ausschließlich das **Verhältnis zwischen dem Staat und den Verfahrensbeteiligten.** Es bestimmt das Entstehen des staatlichen Kostenanspruchs, seine Fälligkeit und den Kostenschuldner. Die Kosten, die den Verfahrensbeteiligten selbst entstehen (zB Kosten ihrer Prozessbevollmächtigten nach dem Rechtsanwaltsvergütungsgesetz, eigene Reisekosten usw.) sind **außergerichtliche Kosten,** die vom Regelungsbereich des GKG nicht erfasst sind. Eine etwaige Erstattungspflicht hinsichtlich der außergerichtlichen Kosten zwischen den Parteien wird durch die Verfahrensgesetze (ZPO, VwGO, FGO, ArbGG, SGG) geregelt.

6 Als **Gerichtskosten** werden die Abgaben bezeichnet, die der Staat für die Inanspruchnahme der Gerichte erhebt. Die Gerichtskosten bestehen nach der Legaldefinition in Satz 1 aus Gebühren und Auslagen. Die **Gebühren** stellen eine Gegenleistung für die Inanspruchnahme der Gerichte dar (steuerähnliche Abgabe). Als **Auslagen** werden die von den Gerichten aufgewendeten (verauslagten) Beträge erhoben. Diese sind KV in Teil 9 erschöpfend umgrenzt. Etwa entstandene

Auslagen, die im GKG nicht als Auslagen aufgeführt sind, können von einem Kostenschuldner nicht erhoben werden.

II. Anwendungsbereich

1. Verfahren vor den ordentlichen Gerichten

Das GKG ist anzuwenden in Verfahren vor den ordentlichen Gerichten (Abs. 1 Satz 1). Ordentliche Gerichte sind die **Amtsgerichte, Landgerichte, Oberlandesgerichte und der Bundesgerichtshof** (§ 12 GVG). Ordentliche Gerichte sind auch oberste Landesgerichte, die durch Landesgesetz errichtet werden können (§§ 8, 9 EGGVG). Solche obersten Landesgerichte bestehen in der Bundesrepublik Deutschland nicht mehr, nachdem das Bayerische Oberste Landesgericht durch das Gerichtsauflösungsgesetz vom 25.10.2004, Bayer. GVBl. S. 400, unter Überleitungsbestimmungen mit Ablauf des 30.6.2006 aufgelöst worden ist. Die Aufgaben des BayObLG sind nach Maßgabe des Gerichtsauflösungsgesetzes auf die Oberlandesgerichte des Freistaates Bayern übergegangen. Das BayObLG wurde 2018 wieder errichtet. 7

Das **GKG ist nur anwendbar in Verfahren vor den ordentlichen Gerichten** nach einem der in § 1 Satz 1 Nr. 1 ff. bezeichneten Gesetze. 8

Es ist grundsätzlich **nicht anwendbar in** den in Buch 2 des Gesetzes über das Verfahren in Familiensachen und in den Angelegenheiten der freiwilligen Gerichtsbarkeit (FamFG) geregelten **Familiensachen.** In Familiensachen nach §§ 111 bis 270 FamFG richtet sich die Erhebung von Gerichtskosten nach dem Gesetz über Gerichtskosten in Familiensachen **(FamGKG).** Den Begriff der Familiensachen definiert § 111 FamFG. Es sind dies Ehesachen (§ 121 FamFG), Kindschaftssachen (§ 151 FamFG), Abstammungssachen (§ 169 FamFG), Adoptionssachen (§ 186 FamFG), Wohnungszuweisungs- und Hausratssachen (§ 200 FamFG), Gewaltschutzsachen (§ 210 FamFG), Versorgungsausgleichssachen (§ 217 FamFG), Unterhaltssachen (§ 231 FamFG), Güterrechtssachen (§ 261 FamFG), sonstige Familiensachen (§ 266 FamFG) sowie Lebenspartnerschaftssachen (§ 269 FamFG). 9

Für die Kostenerhebung in Familiensachen gilt das FamGKG jedoch nur, „soweit nichts anderes bestimmt ist" (§ 1 Satz 1 FamGKG). 10

Das GKG ist nicht anzuwenden in **Angelegenheiten der freiwilligen Gerichts**barkeit; dafür gilt seit 1.8.2013 das **GNotKG,** das auch die Kosten der Notare regelt. Zur freiwilligen Gerichtsbarkeit gehören nach § 23a Abs. 2 GVG ua Betreuungssachen, Unterbringungssachen, betreuungsgerichtliche Zuweisungssachen, Nachlasssachen, Registersachen, Aufgebotsverfahren, Grundbuchsachen, Landwirtschaftsachen. Unter das GNotKG fallen weiterhin die in § 1 Abs. 2 GNotKG geregelten 21 Verfahren, wie etwa solche nach §§ 23–29 EGGVG und nach dem Höferecht. Dieser Komplex war zuvor in der KostO geregelt. Das FamGKG ist gegenüber dem GNotKG vorrangig (§ 1 Abs. 3 GNotKG). 11

Das **Bundesgebührengesetz (BGebG)** vom 7.8.2013, BGBl. I S. 3154, regelt die Gebühren und Auslagen öffentlich-rechtlicher Verwaltungstätigkeit des Bundes, seiner Körperschaften, Anstalten und Stiftungen (§ 2 BGebG); das GKG gilt dafür nicht. 12

- **Verfahren nach der ZPO (Abs. 1 Satz 1 Nr. 1).** Das GKG gilt in Verfahren vor den ordentlichen Gerichten nach der ZPO. Nach § 3 Abs. 1 EGZPO findet die ZPO Anwendung auf alle vor die ordentlichen Gerichte gehörenden bürgerlichen Rechtsstreitigkeiten. Dazu gehören nicht nur das Prozessverfahren, 13 sondern sämtliche in der ZPO geregelten sonstigen Verfahren wie das selbstständige Beweisverfahren, das Mahnverfahren und Zwangsvollstreckungsverfahren. Abs. 1 Satz 1 Nr. 1 stellt – in Übereinstimmung mit § 1 Satz 3 FamGKG – klar, dass im **Mahnverfahren nach § 113 Abs. 2 FamFG,** für das die Vorschriften der ZPO entsprechend anzuwenden sind, Kosten nach dem Gerichtskostengesetz erhoben werden. Das GKG gilt ferner für Verfahren nach dem FamFG, soweit das Vollstreckungs- oder Arrestgericht zuständig ist. Auch dies stellt Abs. 1 Satz 1 Nr. 1 korrespondierend zu den KV Vorbemerkungen 1.6 und 2 Abs. 4 FamGKG ausdrücklich klar.

14 Für Verfahren nach der Zivilprozessordnung, dem Jugendgerichtsgesetz sowie dem Anerkennungs- und Vollstreckungsausführungsgesetz, die **Familiensachen** sind, sind dagegen nach Abs. 1 Satz 2 Kosten nur nach dem FamGKG zu erheben. Es ist also stets zu prüfen, ob das insoweit vorrangige FamGKG eine Kostenerhebung vorsieht. Dies betrifft etwa Ehesachen und Familienstreitsachen iSd § 112 FamFG, für die – mit den sich aus § 113 FamFG ergebenden Modifikationen – die ZPO gilt, ferner die Verfahren nach §§ 53, 104 Abs. 4 JGG, die nach § 151 Nr. 8 FamFG zu den Kindschaftssachen zählen. Bei Verfahren nach dem AVAG ist danach zu unterscheiden, ob der zugrunde liegende Anspruch einer Familiensache oder einer anderen Rechtsstreitigkeit zuzuordnen ist. Soweit solche Verfahren dem Familiengericht zugewiesen sind, sind Kosten nach dem FamGKG (KV Teil 1 Hauptabschnitt 7 FamGKG) zu erheben.

15 **Nicht zu den Verfahren nach der ZPO** gehören Verfahren, deren Verfahrensrecht die ZPO oder Teile davon **nur für entsprechend anwendbar** erklärt. So wird ein Verfahrenskostenhilfeverfahren vor einem Gericht der freiwilligen Gerichtsbarkeit nicht deswegen zu einem ZPO-Verfahren, weil § 76 FamFG die entsprechende Anwendung der Vorschriften über die PKH anordnet (OLG München MDR 1987, 856). Das GKG ist auch dann nicht anwendbar, wenn das Verfahren vor einem ordentlichen Gericht nach der Verwaltungsgerichtsordnung durchzuführen ist, zB ein Verfahren vor dem Richterdienstgericht des Bundes (BGH NJW-RR 2006, 1003); dort sind die Kostenvorschriften des Bundesdisziplinargesetzes sinngemäß anzuwenden (§ 63 Abs. 3 DRiG).

16 – **Verfahren nach der Insolvenzordnung (Abs. 1 Satz 1 Nr. 2).** Insolvenzgerichte sind die Amtsgerichte, teils sind die Insolvenzsachen auf bestimmte Amtsgerichte konzentriert (§ 2 InsO).

17 – Verfahren nach der **schifffahrtsrechtlichen Verteilungsordnung (Abs. 1 Satz 1 Nr. 3).** Zuständig ist das AG Hamburg. Erfasst sind Verfahren betreffend ist Haftungssumme.

18 – Verfahren nach dem Gesetz über die **Zwangsversteigerung** und die Zwangsverwaltung **(Abs. 1 Satz 1 Nr. 4).** Es handelt sich um die Zwangsversteigerung in das unbewegliche Vermögen nach dem ZVG.

19 – Verfahren nach der **Strafprozessordnung (Abs. 1 Satz 1 Nr. 5).**

20 – Verfahren nach dem **Jugendgerichtsgesetz (Abs. 1 Satz 1 Nr. 6).**

21 – Verfahren nach dem Gesetz über **Ordnungswidrigkeiten (Abs. 1 Satz 1 Nr. 7).** Die Regelung betrifft Verfahren nach §§ 67 ff. OWiG.

22 – Verfahren nach dem **Strafvollzugsgesetz,** auch in Verbindung mit § 92 JGG **(Abs. 1 Satz 1 Nr. 8).**

23 – Verfahren nach dem Gesetz gegen **Wettbewerbsbeschränkungen (Abs. 1 Satz 1 Nr. 9).**

24 – Verfahren nach dem Wertpapiererwerbs- und Übernahmegesetz **(Abs. 1 Satz 1 Nr. 10).** Die durch Art. 2 Übernahmerichtlinie-Umsetzungsgesetz vom

8.7.2006, BGBl. I S. 1426, mit Wirkung vom 14.7.2006 eingefügte Einschränkung trägt dem Umstand Rechnung, dass § 39b Abs. 6 WpÜG für das gleichzeitig eingeführte Verfahren zum Ausschluss von Aktionären besondere Kostenregelungen enthält und im Übrigen das FamFG für anwendbar erklärt.
- Verfahren nach dem Wertpapierhandelsgesetz **(Abs. 1 Satz 1 Nr. 11).** 25
- Verfahren nach dem Anerkennungs- und Vollstreckungsausführungsgesetz **(Abs. 1 Satz 1 Nr. 12).** 26
- Verfahren nach dem Auslandsunterhaltsgesetz, soweit das Vollstreckungsgericht zuständig ist **(Abs. 1 Satz 1 Nr. 13).** 27
- für Rechtsmittelverfahren vor dem Bundesgerichtshof nach dem Patentgesetz, dem Gebrauchsmustergesetz, dem Markengesetz, dem Geschmacksmustergesetz, dem Halbleiterschutzgesetz und dem Sortenschutzgesetz – Rechtsmittelverfahren des gewerblichen Rechtsschutzes – **(Abs. 1 Satz 1 Nr. 14).** 28
- Verfahren nach dem Energiewirtschaftsgesetz **(Abs. 1 Satz 1 Nr. 15).** 29
- Verfahren nach dem Kapitalanleger-Musterverfahrensgesetz **(Abs. 1 Satz 1 Nr. 16).** 30
- Verfahren nach dem EG-Verbraucherschutzdurchsetzungsgesetz **(Abs. 1 Satz 1 Nr. 17).** 31
- Verfahren nach Abschnitt 2 Unterabschnitt 2 des Neunten Teils des Gesetzes über die internationale Rechtshilfe in Strafsachen **(Abs. 1 Satz 1 Nr. 18).** 32
- Verfahren nach dem Kohlendioxid-Speicherungsgesetz **(Abs. 1 Satz 1 Nr. 19).** 33
- Verfahren nach Abschnitt 3 des Internationalen Erbrechtsverfahrensgesetzes **(Abs. 1 Satz 1 Nr. 20);** die Gebühren für das Europäische Nachlasszeugnis (Abschnitt 5 des IntErbRVG) dagegen richten sich nach dem GNotKG. 33a
- Verfahren nach dem Zahlungskontengesetz **(Abs. 1 Satz 1 Nr. 21).** 33b
- Verfahren nach dem Wettbewerbsregistergesetz **(Abs. 1 Satz 1 Nr. 22).** 33c

2. Verfahren vor Gerichten der öffentlich-rechtlichen Gerichtsbarkeiten, den Gerichten für Arbeitssachen und den Staatsanwaltschaften (Abs. 2)

a) Verfahren nach der VwGO. Gerichte der Verwaltungsgerichtsbarkeit sind die Verwaltungsgerichte, die Oberverwaltungsgerichte (Verwaltungsgerichtshöfe, § 184 VwGO) und das Bundesverwaltungsgericht (§ 3 VwGO). Das GKG gilt nur in Verfahren vor diesen Gerichten, auf die die VwGO anzuwenden ist. 34

Das **GKG gilt daher nicht,** soweit Bund und Länder den Gerichten der Verwaltungsgerichtsbarkeit Aufgaben der **Disziplinargerichtsbarkeit** und des **Personalvertretungsrechts** (vgl. § 187 VwGO) übertragen und für diese Verfahren ein von der VwGO abweichendes Verfahren bestimmt haben. Da das **Bundespersonalvertretungsgesetz** für gerichtliche Verfahren nach diesem Gesetz keine Regelungen über die Erhebung von Gerichtskosten enthält (§§ 83, 84 BPersVG), sind derartige Verfahren gerichtskostenfrei. Für Verfahren nach dem **Bundesdisziplinargesetz** werden Gebühren nach Maßgabe des § 78 BDiszG in Verbindung mit der dem Gesetz beigefügten Anlage erhoben. Diese Kostenregelungen sind durch Artikel 12b des Dienstrechtsneuordnungsgesetzes vom 5.2.2009, BGBl. I S. 160, 255, in das Bundesdisziplinargesetz eingefügt worden. 35

b) Verfahren nach der FGO. Gerichte der Finanzgerichtsbarkeit sind die Finanzgerichte und der Bundesfinanzhof (§ 2 FGO). Das GKG gilt nur in Verfahren vor diesen Gerichten, auf die die FGO anzuwenden ist. 36

37 **c) Verfahren nach dem SGG.** Gerichte der Sozialgerichtsbarkeit sind die Sozialgerichte, die Landessozialgerichte und das Bundessozialgericht (§ 2 SGG). Das GKG ist auch im Fall der sofortigen Beschwerde gegen Entscheidungen von Vergabekammern anwendbar (BVerfG NZS 2011, 18). In Verfahren vor diesen Gerichten **gilt** das **GKG nur insoweit, als das SGG es vorsieht.** Dazu bestimmt **§ 197a SGG,** dass Kosten nach den Vorschriften des Gerichtskostengesetzes nur erhoben werden, wenn in einem Rechtszug weder der Kläger noch der Beklagte zu den in § 183 SGG genannten Personen (Versicherte, Leistungsempfänger einschließlich Hinterbliebenenleistungsempfänger, Behinderte) gehören.

38 Ist eine der in § 183 SGG genannte Personen am Verfahren beteiligt, so gelten für die Erhebung von Gerichtskosten ausschließlich die Vorschriften der §§ 183–194 SGG.

39 **d) Verfahren nach dem ArbGG.** Gerichte für Arbeitssachen sind die Arbeitsgerichte, die Landesarbeitsgerichte und das Bundesarbeitsgericht (§ 1 ArbGG). Die für die Arbeitsgerichtsbarkeit früher geltenden Kostenvorschriften (§ 12 ArbGG) und das Gebührenverzeichnis (Anlage 1 zu § 12 Abs. 1 ArbGG) sind durch das Kostenrechtsmodernisierungsgesetz 2004 in das Gerichtskostengesetz eingestellt worden. Um das im Verhältnis zu Verfahren nach der Zivilprozessordnung geringere Gebührenniveau zu erhalten, wurden die Gebührensätze entsprechend reduziert (vgl. KV Teil 8). Auch die Kostenfreiheit des Verfahrens vor den Gerichten für Arbeitssachen ist im bisherigen Umfang beibehalten worden (vgl. § 2 Abs. 2).

40 **e) Verfahren nach der StPO, dem JGG und dem OWiG.** Das GKG ist ferner anwendbar auf die Verfahren der Staatsanwaltschaften nach den vorgenannten Gesetzen, und zwar sowohl hinsichtlich der Gebühren (vgl. KV 4302) als auch der Auslagen nach KV Teil 9.

3. Europäische Verfahren (Abs. 3)

41 – **Europäisches Verfahren für geringfügige Forderungen, §§ 1097 ff. ZPO.** Hierfür werden Kosten nach dem GKG erhoben (Abs. 3); allerdings besteht nach § 12 Abs. 2 Nr. 2 keine Vorschusspflicht.

42 – **Europäische Mahnverfahren etc.** Die Regelungen für das deutsche Mahnverfahren nach der Zivilprozessordnung gelten auch für das Europäische Mahnverfahren (§§ 1087 ff. ZPO). Auch dafür fällt somit die Gebühr nach KV 1100 an. Entsprechendes gilt für die **EU-Verordnung Nr. 1215/2012 (Brüssel Ia-VO, auch EuGVO genannt), EU-Verordnung Nr. 655/2014 (EuKtPVO, EU-Kontenpfändungsverordnung) und EU-Verordnung 2015/848 (InsolvenzVO).**

4. Weitere Verfahren, in denen das GKG anzuwenden ist

43 **a) Kammern für Baulandsachen.** In Verfahren vor den Kammern für Baulandsachen (§§ 220, 221 BauGB) sind die bei Klagen in bürgerlichen Rechtsstreitigkeiten geltenden Vorschriften anzuwenden (§ 221 Abs. 1 BauGB), also auch das **GKG.** Ausgenommen sind die Vorschriften über die Vorauszahlung der Gebühr für das Verfahren im Allgemeinen nach § 12 Abs. 1 Satz 1 und 2 (§ 221 Abs. 4 BauGB).

44 **b) Kosten für bestimmte Beschwerdeverfahren (Abs. 4).** Die durch das 2. Justizmodernisierungsgesetz mit Wirkung vom 31. 12. 2006 eingefügte Regelung

klärt die bislang umstrittene Frage, ob das GKG auch in solchen Beschwerdeverfahren anzuwenden ist, die zwar in die in Satz 1 genannten Verfahren „eingebettet" (BT-Drs. 16/3038, 50) sind, die jedoch in anderen als den in Satz 1 genannten Gesetzen geregelt sind. Daraus ergibt sich, dass für **Beschwerdeverfahren gegen Ordnungsmittel wegen Ungebühr (§ 181 GVG)** bei einer unbegründeten Beschwerde die Gebühr nach Nr. 1812 anfällt, obwohl das GVG in § 1 GKG nicht genannt ist (OLG Zweibrücken MDR 2005, 531 (532); *Oestreich/Hellstab/Trenkle* Rn. 51a; aA *Hartmann* Rn. 3: kostenfrei).

Abs. 4 soll „klarstellen", dass zB in Beschwerdeverfahren gegen Ordnungsmittel wegen Ungebühr (§ 181 GVG), die Beschwerde bei Ablehnung der Rechtshilfe (§ 159 Abs. 1 Satz 2 und 3 GVG), Beschwerden betreffend den Ausschluss der Öffentlichkeit (§ 174 GVG) sowie nach § 4 Abs. 3 JVEG **Kosten nach dem GKG zu erheben** sind (BT-Drs. 16/3038, 50). Es gelten also die Gebührentatbestände für Beschwerden in KV 1811, 1812, 3602, 4401, 5502, 6502, 7504 und 8614 sowie die Vorbemerkung 9 Abs. 1. Kosten werden daher nur für – ganz oder teilweise – erfolglose Beschwerdeverfahren erhoben, nicht bei Erfolg der Beschwerde. **45**

Auch bei **Beschwerdeverfahren nach § 33 RVG** fallen Gerichtskosten an, falls die Beschwerde unbegründet ist (Gerold/Schmidt/*Mayer* RVG § 33 Rn. 12; BT-Drs. 16/3038, 50). Dies ist folgerichtig. Da § 33 Abs. 9 RVG die Gebührenfreiheit auf das Verfahren über den Antrag auf Wertfestsetzung für die Rechtsanwaltsgebühren beschränkt, sind im Verfahren über die Beschwerde bzw. die weitere Beschwerde Gebühren zu erheben, soweit die Beschwerde verworfen oder zurückgewiesen wird (vgl. BT-Drs. 15/1971, 196; für das arbeitsgerichtliche Beschlussverfahren: LAG Hamm NZA-RR 2007, 491). **46**

5. Vorrang des GKG bei Rechtsbehelfen (Abs. 5)

Der durch das 2. KostRModG 2013 angefügte Abs. 5 soll ausdrücken, dass die §§ 66–68 hinsichtlich Erinnerung und Beschwerde vorrangig sind gegenüber diesbezüglichen Regelungen in der ZPO und anderen Verfahrensgesetzen (BT-Drs. 17/11471, 154). Ferner soll dadurch geklärt werden, dass der Einzelrichter in den kostenrechtlichen Erinnerungs- und Beschwerdeverfahren auch dann zuständig ist, wenn eine Einzelrichterentscheidung institutionell nicht vorgesehen ist (Gesetzentwurf der Bundesregierung zum 2. KostRModG S. 373). Beim BGH gibt es keinen Einzelrichter. Abs. 5 ist nicht einschlägig, wenn eine Regelung im GKG ausdrücklich auf die ZPO oder andere Verfahrensregelungen verweist (wie zB § 81 Abs. 5 S. 2 GNotKG). Abs. 5 ist identisch mit § 1 Abs. 6 GNotKG. **47**

6. Verfahren, in denen das GKG nicht anzuwenden ist

a) Bundesverfassungsgericht. Verfahren vor dem Bundesverfassungsgericht sind grundsätzlich **kostenfrei** (§ 34 Abs. 1 BVerfGG). Auch Auslagen werden nicht erhoben (vgl. Umbach/Clemens/Dollinger/*Kunze,* BVerfGG, 2. Aufl. 2005, § 34 Rn. 8), allerdings ist die Auferlegung einer Missbrauchsgebühr von bis zu 2.600 Euro möglich (§ 34 Abs. 2 BVerfGG). **48**

b) Berufsgerichtliche Verfahren. In anwaltsgerichtlichen Verfahren und in Verfahren über Anträge auf anwaltsgerichtliche Entscheidung über die Androhung oder die Festsetzung eines Zwangsgelds (§ 57 Abs. 3 BRAO) oder über Rügen (§ 74a Abs. 1 BRAO) werden Gebühren nach dem Gebührenverzeichnis der **49**

Anlage zur BRAO erhoben. Im Übrigen sind die für Kosten in Strafsachen geltenden Vorschriften des GKG entsprechend anzuwenden (§ 195 BRAO).

50 In verwaltungsrechtlichen **Patentanwaltssachen** werden Gebühren nach dem Gebührenverzeichnis der Anlage zur PatAnwO erhoben. Im Übrigen sind die für Kosten in Verfahren vor den Gerichten der Verwaltungsgerichtsbarkeit geltenden Vorschriften des GKG entsprechend anzuwenden, soweit in §§ 146ff. PatAnwO nichts anderes bestimmt ist (§ 146 PatAnwO). Im berufsgerichtlichen Verfahren werden ebenfalls Gebühren nach dem Gebührenverzeichnis der PatAnwO erhoben. Im Übrigen sind die für Kosten in Strafsachen geltenden Vorschriften des GKG entsprechend anzuwenden.

51 Entsprechendes galt für **berufsgerichtliche Verfahren** nach der **Wirtschaftsprüferordnung** (§§ 68, 62a Abs. 3, § 63a, 122 WPO) und nach dem **Steuerberatungsgesetz** (§§ 90, 82, 146 StBerG).

52 Soweit die Vorschriften des GKG entsprechend anwendbar sind (§ 195 Satz 2 BRAO, § 148 Satz 2 PatAnwO, § 146 Satz 2 StBerG, § 122 Satz 2 WPO) gilt dies insbesondere hinsichtlich der Vorschriften des GKG über die Kostenhaftung, die Fälligkeit der Kosten und die Rechtsbehelfe gegen den Kostenansatz (BT-Drs. 16/3038, 33).

53 **c) Sonstige Verfahren.** Das GKG gilt ferner nicht für **Justizverwaltungsangelegenheiten** (dafür gilt das JVKostG), für **Hinterlegungssachen** (dafür gilt das Hinterlegungsgesetz des jeweiligen Bundeslandes), im Dienstaufsichtsverfahren, im Disziplinarverfahren, im strafrechtlichen Rehabilitierungsverfahren (LG Berlin NStZ-RR 2013, 192: es gilt § 14 StrRehaG).

§ 2 Kostenfreiheit

(1) [1]**In Verfahren vor den ordentlichen Gerichten und den Gerichten der Finanz- und Sozialgerichtsbarkeit sind von der Zahlung der Kosten befreit der Bund und die Länder sowie die nach Haushaltsplänen des Bundes oder eines Landes verwalteten öffentlichen Anstalten und Kassen.** [2]**In Verfahren der Zwangsvollstreckung wegen öffentlich-rechtlicher Geldforderungen ist maßgebend, wer ohne Berücksichtigung des § 252 der Abgabenordnung oder entsprechender Vorschriften Gläubiger der Forderung ist.**

(2) **Für Verfahren vor den Gerichten für Arbeitssachen nach § 2a Absatz 1, § 103 Absatz 3, § 108 Absatz 3 und § 109 des Arbeitsgerichtsgesetzes sowie nach den §§ 122 und 126 der Insolvenzordnung werden Kosten nicht erhoben.**

(3) [1]**Sonstige bundesrechtliche Vorschriften, durch die für Verfahren vor den ordentlichen Gerichten und den Gerichten der Finanz- und Sozialgerichtsbarkeit eine sachliche oder persönliche Befreiung von Kosten gewährt ist, bleiben unberührt.** [2]**Landesrechtliche Vorschriften, die für diese Verfahren in weiteren Fällen eine sachliche oder persönliche Befreiung von Kosten gewähren, bleiben unberührt.**

(4) [1]**Vor den Gerichten der Verwaltungsgerichtsbarkeit und den Gerichten für Arbeitssachen finden bundesrechtliche oder landesrechtliche Vorschriften über persönliche Kostenfreiheit keine Anwendung.** [2]**Vorschriften über sachliche Kostenfreiheit bleiben unberührt.**

(5) [1]**Soweit jemandem, der von Kosten befreit ist, Kosten des Verfahrens auferlegt werden, sind Kosten nicht zu erheben; bereits erhobene Kosten sind zurückzuzahlen.** [2]**Das Gleiche gilt, soweit eine von der Zahlung der Kosten befreite Partei Kosten des Verfahrens übernimmt.**

Übersicht

I. Allgemeines

§ 2 bestimmt, welche Verfahrensbeteiligten im Geltungsbereich des GKG von der Verpflichtung zur Zahlung der Gerichtskosten befreit sind. Damit soll angeblich unnötiger Verwaltungsaufwand vermieden werden. Unter dem Gesichtspunkt der Gleichbehandlung ist die Kostenbefreiung bedenklich; denn sie verringert das Kostenrisiko des öffentlichen Hand zu Lasten des Bürgers. Die Beteiligung eines Kostenbefreiten am Verfahren hat auf die Entstehung der Gerichtskosten keinen Einfluss; diese entstehen „absolut" (BGH ZInsO 2009, 536). Sie werden von dem kostenbefreiten Beteiligten nur nicht erhoben (OLG Hamburg JurBüro 1993, 171 (172)). Die Vorschrift ist nicht abschließend. Ergänzend ist weiteres Bundesrecht sowie einschlägiges Landesrecht zu berücksichtigen (→ Anh. § 2 Rn. 1 ff.). § 2 hat nichts zu tun mit der Kostenbefreiung, wenn Prozesskostenhilfe bzw Verfahrenskostenhilfe bewilligt wurde (§ 122 ZPO; § 76 FamFG). Bei der Anwendung der Vorschrift sind folgende Begriffe zu unterscheiden. **1**

1. Kostenfreiheit

2 Kostenfreiheit bedeutet die Befreiung von sämtlichen Gerichtskosten (Gebühren und Auslagen, § 1 Abs. 1 Satz 1). Die Befreiung erstreckt sich nur auf die dem Justizfiskus geschuldeten Beträge, nicht aber auf die Kosten des Rechtsanwalts des Gegners, die auch in die Kosten verurteilte Kostenbefreite zu erstatten haben. Klagt K gegen ein Bundesland und gewinnt er den Prozess, so dass im Urteil die Kosten dem beklagten Land auferlegt werden (§ 91 ZPO), hat das Bundesland die Anwaltskosten und außergerichtlichen Kosten des K zu erstatten. Soweit K Gerichtsgebühren vorausbezahlt hat (§ 12 GKG) sind sie ihm vom Beklagten zu erstatten (Abs. 5).

2. Gebührenfreiheit, Auslagenfreiheit

3 Gebührenfreiheit entbindet nur von der Zahlung von Gerichtsgebühren, nicht aber von der Entrichtung von Auslagen nach KV Teil 9. Diese sind wie sonst zu erheben. Anders ist es, wenn auch Auslagenfreiheit bestimmt ist.

3. Sachliche Kostenfreiheit

4 Die Befreiung erstreckt sich nur auf bestimmte Verfahrensarten ohne Rücksicht auf die beteiligten Personen; sie steht allen Kostenschuldnern einer solchen Sache in gleicher Weise zu.

4. Persönliche Kostenfreiheit

5 Die Befreiung gilt für bestimmte Personen, Personengruppen oder Einrichtungen ohne Rücksicht auf die Verfahrensart. Abzustellen ist auf den Vertretenen, nicht auf der Vertreter (OLG Düsseldorf NJW-RR 2011, 1293: Kostenfreiheit, wenn die Partei lautet: Land Nordrhein-Westfalen, vertreten durch den Landesbetrieb Straßenbau NRW).

6 – **Stundung und Erlass von Gerichtskosten:** Sie ist nach landesrechtlichen Verwaltungsvorschriften (Übersicht bei *Oestreich/Hellstab/Trenkle* Rn. 19) möglich. Die Anfechtung der ablehnenden Entscheidung ist unklar. Das Verwaltungsgericht ist wohl nicht zuständig, auch nicht die Dienstaufsichtsbeschwerde. Es dürfte der Antrag auf gerichtliche Entscheidung nach Art. XI § 1 KostÄndG 1957 gegeben sein, über den das Amtsgericht entscheidet.

7 – **Absehen vom Kostenansatz:** Nach § 10 Kostenverfügung kann der Kostenbeamte bei dauerndem Unvermögen des Kostenschuldners vom Kostenansatz absehen; ein subjektiv-öffentliches Recht des Kostenschuldners aus § 10 KostVfg auf Beachtung dieser Verwaltungsvorschrift durch den Kostenbeamten besteht nicht (VGH Kassel NVwZ-RR 2012, 585).

II. Kostenfreiheit vor den ordentlichen Gerichten und den Gerichten der Finanz- und Sozialgerichtsbarkeit (Abs. 1 und 3)

8 **Bund** und **Länder** sowie die nach Haushaltsplänen des Bundes oder eines Landes verwalteten **öffentlichen Anstalten und Kassen** sind von der Zahlung der Gerichtskosten (Gebühren und Auslagen) in der ordentlichen Gerichtsbarkeit sowie in der Finanz- und Sozialgerichtsbarkeit in allen Rechtszügen befreit. Sie genießen unbeschränkte persönliche Kostenbefreiung. Für die Befreiung eines Staats-

betriebs (hier: Sächsisches Immobilien- und Baumanagement) von Gerichtskosten ist erforderlich die vollständige Ausweisung aller Einnahmen und Ausgaben im Haushaltsplan selbst; die Ausweisung von Zuführungen und Abführungen im Haushaltsplan ist ebenso wenig ausreichend wie eine Übersicht zu Einnahmen und Ausgaben in der Anlage zum Haushaltsplan (OLG Dresden MDR 2016, 1293). Diese rechtfertigt sich daraus, dass Bund und Länder als Träger der Justizhoheit den Aufwand für die Errichtung und Unterhaltung der Gerichte zu tragen haben (BGH Rpfleger 1982, 81; BFHE 113, 496, 499). Für **Kapitalgesellschaften,** deren sämtliche Gesellschaftsanteile im Besitz des Bundes oder eines Landes oder mehrerer Länder sind, gilt die Gebührenbefreiung nicht (OLG Celle Beschl. 5.6.2008 – 2 W 120/08, BeckRS 2008, 12919).

Diese Kostenfreiheit gilt vor den entsprechenden obersten Gerichtshöfen des Bundes (BGH, BFH, BSG) sowie vor den Gerichten aller Länder. Für die Länder gilt sie auch vor Gerichten anderer Länder. Die Befreiung erstreckt sich auf alle Verfahren, unabhängig davon, ob Gegenstand des Verfahrens öffentlich-rechtliche oder privatrechtliche Angelegenheiten sind. **9**

1. Bund

Zum Bund iSd Abs. 1 (genauer: Bundesrepublik Deutschland) gehören sämtliche Bundesministerien und die ihnen nachgeordneten unmittelbaren Bundesbehörden (OLG Köln JurBüro 1997, 204). **10**

2. Länder

Kostenbefreit sind auch die sechzehn Länder der Bundesrepublik Deutschland nebst allen Landesbehörden, **nicht aber die Städte, Gemeinden, Landkreise** und andere kommunale Zusammenschlüsse. Diesen kann allerdings aufgrund Landesrechts Kostenfreiheit zustehen → Rn 17). **11**

3. Kostenfreiheit der Stadtstaaten Berlin, Bremen und Hamburg

Besonderheiten gelten für die Länder **Berlin, Bremen und Hamburg.** Berlin und Hamburg bestehen jeweils aus nur einer Gemeinde. Sie sind zugleich Länder und Städte. Da sich Landesangelegenheiten und kommunale Angelegenheiten nicht unterscheiden lassen, genießen beide Länder in allen Angelegenheiten, also auch in Gemeindeangelegenheiten, nach Maßgabe des § 2 Kostenbefreiung (BGHZ 14, 305; BGHZ 13, 207). **12**

Das Land **Bremen** besteht dagegen nach Art. 143 seiner Verfassung vom 21.10.1947, Brem. GVBl. S. 251, aus den Städten Bremen und Bremerhaven. Hier lassen sich die Landesangelegenheiten von den kommunalen Angelegenheiten trennen, so dass Bremen aufgrund von § 2 Abs. 1 nur in Landesangelegenheiten Kostenfreiheit zusteht (BGH Rpfleger 1955, 156). **13**

4. Öffentliche Anstalten und Kassen

Öffentliche Anstalten und Kassen, die nach Haushaltsplänen des Bundes oder eines Landes verwaltet werden, genießen Kostenfreiheit nur dann, wenn ihre **Einnahmen und Ausgaben im Haushaltsplan** nach kameralistischen Grundsätzen **vollständig ausgewiesen** sind (BGH JurBüro 1997, 373); → Rn 8. Hat eine öffentliche Körperschaft oder Anstalt dagegen einen eigenen Haushalt, genießt sie **14** keine Befreiung. Anstalten des öffentlichen Rechts, deren sich die Bundesländer zur Durchführung von **Lotterien** bedienen, sind nur dann von der Zahlung von Gerichtskosten befreit, wenn ihre sämtlichen Einnahmen und Ausgaben in den Haushaltsplan des Landes aufgenommen sind (BGH MDR 2009, 595). Die Aufnahme einer lediglich informatorischen Einnahmen- und Ausgabenübersicht in Form eines Wirtschaftsplans als Anlage zum Haushaltsplan, wie sie zB bei **Landesbetrieben** nach den Landeshaushaltsordnungen die Regel ist, kann daher keine Kostenfreiheit begründen.

5. Kostenfreiheit im Zwangsvollstreckungsverfahren (Abs. 1 Satz 2)

15 Der durch Gesetz vom 19.4.2001, BGBl. I S. 623, eingefügte Satz 2 stellt klar, dass es für die Frage der Kostenbefreiung in derartigen Fällen ausschließlich auf die **materiell-rechtliche Gläubigerstellung** ankommt. Die Fiktion des § 252 AO, nach der die Körperschaft als Gläubigerin der zu vollstreckenden Ansprüche gilt, der die Vollstreckungsbehörde angehört, gilt nicht. Der nicht kostenbefreite Gläubiger erlangt also keine Kostenfreiheit dadurch, dass er eine kostenbefreite Vollstreckungsbehörde beauftragt. § 66 SGB X eröffnet nicht kostenbefreiten Sozialversicherungsträgern (zB gesetzliche Krankenkassen, Berufsgenossenschaften) bei der Vollstreckung ihrer öffentlich-rechtlichen Geldforderungen die Möglichkeit der Forderungseinziehung im Verwaltungszwangsverfahren. Danach kann das als Bundesbehörde nach Abs. 1 GKG kostenbefreite **Hauptzollamt** mit der Vollstreckung beauftragt werden.

III. Kostenfreiheit vor den Gerichten für Arbeitssachen (Abs. 2)

16 Kostenfrei (Gebühren- und Auslagenfrei) sind in allen Rechtszügen sämtliche Streitigkeiten, in denen das Beschlussverfahren stattfindet (§ 2a Abs. 1 ArbGG), ferner das Verfahren bei Ablehnung von Mitgliedern eines Schiedsgerichts (§ 103 Abs. 3 ArbGG), die Niederlegung eines Schiedsspruches (§ 108 Abs. 3 ArbGG) und das Verfahren über die Vollstreckbarerklärung eines Schiedsspruchs (§ 109 ArbGG). Kostenfrei sind ferner Verfahren auf Zustimmung des Arbeitsgerichts zur Durchführung einer Betriebsänderung nach § 122 InsO sowie Beschlussverfahren zum Kündigungsschutz nach § 126 InsO. Abs. 2 hat die frühere Regelung des § 12 Abs. 5 ArbGG übernommen. Die gewöhnlichen Arbeitsgerichtsprozesse sind also nicht gerichtskostenfrei, die Gebühren sind aber geringer als im Zivilprozess.

IV. Sonstige bundes- und landesrechtliche Vorschriften über die Kostenfreiheit (Abs. 3)

17 Nach Abs. 3 bleiben bundesrechtliche und weitergehende landesrechtliche Vorschriften, durch die für Verfahren vor den ordentlichen Gerichten und den Gerichten der Finanz- und Sozialgerichtsbarkeit eine sachliche oder persönliche Befreiung von Kosten gewährt ist, unberührt. Eine Kostenfreiheit kann sich daher nicht nur aus Abs. 1, sondern auch oder allein aus Abs. 3 in Verbindung mit bundes- oder landesrechtlichen Kostenbefreiungsvorschriften außerhalb des GKG ergeben. Falls

eine Stadt nach Landesrecht gebührenbefreit ist, ist ein klagender **Bürgermeister,** der sich gegen Äußerungen in der Presse wehrte, die ihn in seiner Funktion als Bürgermeister betrafen, nicht gebührenbefreit (LG Osnabrück JurBüro 2010, 658), weil es auf die formelle Parteibezeichnung ankommt.

1. Kostenfreiheit aufgrund Bundesrechts

a) Sozialleistungsträger. Eine weitgehende Kostenfreiheit sieht **§ 64 Abs. 3 Satz 2 SGB X** für Sozialleistungsträger vor: 18

Im Verfahren nach der Zivilprozessordnung, dem Gesetz über das Verfahren in Familiensachen und in den Angelegenheiten der freiwilligen Gerichtsbarkeit sowie im Verfahren vor Gerichten der Sozial- und Finanzgerichtsbarkeit sind die Träger der Sozialhilfe, der Grundsicherung für Arbeitsuchende, der Leistungen nach dem Asylbewerberleistungsgesetz, der Jugendhilfe und der Kriegsopferfürsorge von den Gerichtskosten befreit; § 197a Sozialgerichtsgesetzes bleibt unberührt.

Die Reichweite dieser Kostenfreiheit ist umstritten. Nach zutreffender Auffassung gilt sie nicht uneingeschränkt. Sie besteht nur, wenn das Verfahren einen engen sachlichen Zusammenhang mit ihrer gesetzlichen Tätigkeit als Sozialleistungsträger aufweist (BGH MDR 2006, 715 mit ausf. Darstellung des Streitstands; OLG Düsseldorf OLGR Düsseldorf 2004, 498). Die Regelung betrifft nicht lediglich Verwaltungsverfahren der Sozialhilfeträger, sondern auch andere Verfahren, die vom Träger der Sozialhilfe gerade in dieser Eigenschaft geführt werden. Der enge sachliche Zusammenhang ist auch anzunehmen, wenn übergegangene bürgerlichrechtliche Unterhaltsansprüche gegen den Verpflichteten eingeklagt werden (KG FamRZ 2009, 1854).

b) Deutsches Rotes Kreuz. Ob dem Deutschen Roten Kreuz nach § 18 des Gesetzes über das Deutsche Rote Kreuz vom 9.12.1937, RGBl. I S. 1330, Gebührenfreiheit zustand, war früher umstritten. Nachdem das Gesetz von 1937 am 11.12.2008 außer Kraft getreten ist und das am gleichen Tage in Kraft getretene Gesetz zur Änderung von Vorschriften über das Deutsche Rote Kreuz vom 5.12.2008, BGBl. I S. 2346, keine Regelung über eine Kostenfreiheit des Deutschen Roten Kreuzes enthält, kommt eine Kostenfreiheit aufgrund Bundesrechts nicht mehr in Betracht (OLG Düsseldorf JurBüro 2011, 432). 19

c) Gerichte des Bundes. Landesrechtliche Befreiungsvorschriften gelten nur für Verfahren vor den ordentlichen Gerichten des betreffenden Landes (BGH NJW-RR 2007, 644). Für den Bund gilt die Verordnung betreffend die Gebührenfreiheit in Verfahren vor dem Reichsgericht vom 24.12.1883, RGBl. 1884 I S. 1, RG-GebFrhV, fort (BGH NW-RR 2007, 644; BGH NJW-RR 2011, 934). Von der Zahlung von Gebühren befreit sind nach § 1 Nr. 1 RG-GebFrhV öffentliche Armen-, Kranken-, Arbeits- und Besserungsanstalten. 20

2. Kostenfreiheit aufgrund Landesrechts

Die wesentlichen landesrechtlichen Vorschriften über die Kostenfreiheit sind im Anhang abgedruckt. Gemeinden sind für Klagen vor den ordentlichen Gerichten in Zivilsachen gerichtsgebührenbefreit, wenn Gegenstand des Rechtsstreits eine nicht wirtschaftliche Betätigung der Gemeinde ist (für NRW: OLG Düsseldorf MDR 2017, 852). Zu beachten ist, dass sich die von einem Landesgesetz gewährte Kostenfreiheit **auf das Gebiet des jeweiligen Landes** beschränkt. Sie gilt nicht in Ver- 21 fahren vor **Gerichten des Bundes** (BGH NJW-RR 1998, 1222; NJW-RR 2007, 644), soweit eine kostenbefreite Partei nach der gerichtlichen Kostenentscheidung Kosten zu tragen hat (Abs. 5 Satz 1); →Rn. 20. Ein Mitglied des Diakonischen Werks der Evangelischen Kirche ist deshalb vor dem Bundesgerichtshof nicht kostenbefreit (BGH NJW-RR 2011, 934).

V. Kostenfreiheit vor den Gerichten der Verwaltungsgerichtsbarkeit und den Gerichten für Arbeitssachen (Abs. 4)

22 Vorschriften des Bundes- oder Landesrechts über eine persönliche Kostenfreiheit (→Rn. 5) gelten vor den Gerichten der Verwaltungsgerichtsbarkeit und den Gerichten für Arbeitssachen nicht. In diesen Gerichtsbarkeiten kommen nur Vorschriften zur Anwendung, die eine sachliche Kostenfreiheit gewähren. Dazu zählen § 188 Satz 2 VwGO (Kostenfreiheit von Verfahren, die Angelegenheiten der Jugendhilfe, der Kriegsopferfürsorge, der Schwerbehindertenfürsorge sowie der Ausbildungsförderung betreffen) und § 83b AsylVfG (Kostenfreiheit der Verfahren nach dem Asylverfahrensgesetz). Zum Sachgebiet Ausbildungsförderung iSd § 188 Satz 2 VwGO gehören auch Streitigkeiten nach den Begabtenförderungsgesetzen der Länder (VGH München JurBüro 2008, 376 – nur Ls. –). Wohngeldverfahren zählen nicht zu den gemäß § 188 VwGO gerichtskostenfreien Verfahren (OVG Lüneburg NVwZ-RR 2008, 68 (69)).

VI. Folgen der Kostenfreiheit (Abs. 5)

23 **Von kostenbefreiten Verfahrensbeteiligten** werden keine Kosten erhoben, auch dann nicht, wenn ihnen die Kosten des Verfahrens durch gerichtliche Entscheidung **auferlegt** sind oder sie Kosten in einem gerichtlichen **Vergleich** übernommen haben (OLG Koblenz JurBüro 2008, 209). Dies gilt auch für Auslagen, einschließlich der besonderen Vergütung eines Sachverständigen nach § 13 JVEG (OLG Koblenz FamRZ 2002, 412).

24 Erhobene Kosten sind zurückzuzahlen. Ist der Kostenbefreite, etwa als unterliegender Beklagter, in die Kosten verurteilt, so werden auch vom Kläger, soweit dieser nach §§ 17, 18, 22 für die Kosten des Rechtsstreits haftet, keine Kosten erhoben. Ansonsten könnte die Kostenfreiheit dadurch entwertet werden, dass der Kläger von ihm erhobene Kosten gegen den Kostenbefreiten nach §§ 104ff. ZPO festsetzen lässt, so dass der von Befreite im Ergebnis mit Gerichtskosten belastet würde. Auch vom Kläger **gezahlte Vorschüsse** (§ 12) sind an diesen zurückzuzahlen. Hat der Kostenbefreite nur einen Teil der Gerichtskosten zu tragen, so bleibt nur dieser Anteil unerhoben. Abs. 5 Satz 2 wurde durch das 2. KostRMoG 2013 neu gefasst („befreite Partei" statt „Befreiter"). Damit soll klargestellt werden, dass die Kostenbefreiung bei der Kostenübernahme nur gilt, wenn eine Partei sie übernommen hat (Gesetzentwurf der Bundesregierung zum 2. KostRMoG, S. 373).

26 **Streitgenossen** haften nach § 32 Abs. 1 als Gesamtschuldner für die Gerichtskosten, wenn die Kosten nicht durch gerichtliche Entscheidung unter sie verteilt sind. Ist einer oder sind mehrere von ihnen kosten- oder gebührenbefreit, so bleibt der auf ihn entfallende Anteil außer Ansatz (vgl. KG MDR 2007, 986 für das selb-

ständige Beweisverfahren). Denn Gesamtschuldner sind untereinander nach § 426 BGB im Innenverhältnis zu gleichen Anteilen verpflichtet. Würde ein Streitgenosse, der nicht befreit ist, als Gesamtschuldner für alle Kosten in Anspruch genommen werden, hätte er einen Ausgleichsanspruch gegen den Kostenbefreiten.

VII. Einzelfälle

Wegen der Verflechtung von Bundes- und Landesgesetzen sowie Verwaltungsanweisungen ist die Rechtslage unübersichtlich. Wer in einem Bundesland befreit ist, kann in einem anderen Land nicht befreit sein. Ausführliche Zusammenstellung bei *Oestreich/Hellstab/Trenkle* Rn. 30 und bei *Hartmann* Rn. 8. **27**

- **Bundesagentur für Arbeit:** nicht befreit (OLG München NJW-RR 2005, 1230; OLG München NZA 2005, 838; OLG Düsseldorf OLGR 2005, 484). **28**
- **Bundesanstalt für Immobilienaufgaben:** Sie ist von der Zahlung der Gerichtskosten nicht befreit. Die Kostenfreiheit des Bundes kommt ihr auch in den Rechtsstreitigkeiten nicht zugute, die sie als Partei in dessen Interesse führt (BGH NZM 2009, 451).
- **Bundesanstalt für vereinigungsbedingte Sonderaufgaben:** nicht befreit (BGH JurBüro 1997, 373).
- **Bundesanstalt für den Digitalfunk der Behörden und Organisationen mit Sicherheitsaufgaben:** befreit nach § 2 Abs. 1 gem. § 17 Abs. 3 BDBOS-Gesetz vom 28. 8. 2006, BGBl. I S. 2039.
- **Bundeseisenbahnvermögen:** als Sondervermögen des Bundes (Art. 1 § 1 ENeuOG) von der Zahlung von Gerichtskosten befreit (BGH JurBüro 1998, 653).
- **Diakonisches Werk.** Ein Mitglied des Diakonischen Werkes ist vor einem *Bundesgericht* nicht kostenbefreit (BGH NJW-RR 2011, 934). → Rn. 21.
- **Eigenbetriebe:** Eigenbetriebe des Bundes und der Länder sind nicht befreit (BGH Rpfleger 1982, 81); OLG München NJOZ 2006, 2048, für das Staatliche Hofbräuhaus in München; OLG Hamm DGVZ 2009, 11, für den Landesbetrieb Straßenbau NRW). Anders ist es, wenn sie als Vertreter des kostenbefreiten Landes auftreten, weil es auf den Vertretenen ankommt.
- **Gemeinde.** Nimmt eine Gemeinde des Landes Brandenburg einen Rechtsanwalt wegen einer fehlerhaften Rechtsberatung (privater Investor) gerichtlich in Anspruch, ist sie insoweit nicht nach dem BerlJGebBefrG gebührenbefreit (KG NVwZ-RR 2013, 240).
- **Gemeinnützige GmbH.** Eine GmbH, die ein Krankenhaus betreibt, ist auch dann nicht nach dem Nds. GebBefrG von der Zahlung der Gerichtsgebühren befreit, wenn ihre Alleingesellschafterin eine kommunale Gebietskörperschaft ist (BGH VersR 2010, 1239).
- **Kapitalgesellschaften:** nicht befreit, auch wenn ein Kostenbefreiter sämtliche Anteile innehat (LG Berlin Rpfleger 1983, 503; OLG Braunschweig Nds. Rpfl. 2009, 12), wie etwa bei Landesbanken.
- **Kirchen:** streitig, vgl. *Oestreich/Hellstab/Trenkle* Rn. 30; *Hartmann* Rn. 19. Nach zutreffender Auffassung besteht keine bundesrechtliche Kostenfreiheit (BVerfG NVwZ 2001, 318; OVG Lüneburg NVwZ 1993, 704; *Schmidt-Räntsch* ZfIR 2006, 360). Vor dem Bundesgerichtshof gilt die Verordnung betreffend die Gebührenfreiheit in dem Verfahren vor dem Reichsgericht (BGBl. III/FNA 364-1) fort. Sie gilt lediglich für als rechtsfähige Vereine oder sonst in rechtsfähiger Form

errichtete Träger von Kirchengut; dazu gehört auch ein rechtsfähiger Vereine, der Rechtsträger der Moschee einer muslimischen Gemeinde ist (BGH NJW-RR 2007, 644). Dagegen besteht vielfach und variantenreich nach Landesrecht Gebührenfreiheit.

- **Klinikum Region Hannover GmbH:** nicht befreit (OLG Celle Beschl. 5.6.2008 – 2 W 120/08, BeckRS 2008, 12919).
- **Kreditanstalt für Wiederaufbau.** In Verfahren vor den ordentlichen Gerichten und den Gerichten der Finanz- und Sozialgerichtsbarkeit ist die KfW nicht von der Zahlung der Gerichtskosten befreit (OLG Koblenz NJW-RR 2012, 1468; OLG Naumburg NJOZ 2012, 1170; aA LG München I JurBüro 2013, 40).
- **Landesbetrieb.** Dem Land Schleswig-Holstein steht Gerichtskostenfreiheit gem. Abs. 1 zu, auch wenn es durch den „Landesbetrieb Straßenbau und Verkehr" vertreten wird (LG Kiel SchlHA 2012, 74; aA AG Kiel NVwZ-RR 2011, 791). → Rn. 5 (zu Nordrhein-Westfalen).
- **Universitäten, Hochschulen:** nach Abs. 2 Satz 1 kostenbefreit, wenn sie als nach dem Haushaltsplan verwaltete öffentliche Anstalt anzusehen (so OLG Schleswig JurBüro 1995, 209, für Universitäten des Landes Schleswig-Holstein). Im Übrigen kann Kostenfreiheit nach landesrechtlichen Vorschriften bestehen.
- **Zweckverband.** Ein Zweckverband Abfallwirtschaft, dessen Mitglieder eine Stadt und ein Landkreis sind, ist in Niedersachsen von der Zahlung der Gerichtsgebühren befreit, soweit er innerhalb seiner satzungsgemäßen Aufgaben tätig wird (OLG Celle NVwZ-RR 2013, 868).

Anhang zu § 2 Landesrechtliche Kostenfreiheit

I. Baden-Württemberg

1 § 7 Landesjustizkostengesetz idF vom 15.1.1993, GBl. S. 109, ber. 244, zuletzt geändert durch Gesetz vom 29.11.2016, GBl. S. 605.

§ 7 Gebührenfreiheit. (1) Von der Zahlung der Gebühren, die die ordentlichen Gerichte in Zivilsachen, die Behörden der freiwilligen Gerichtsbarkeit sowie die Behörden der Justiz- und der Arbeitsgerichtsverwaltung erheben, sind befreit:

1. Kirchen, andere Religions- und Weltanschauungsgemeinschaften sowie ihre Unterverbände, Anstalten und Stiftungen, jeweils soweit sie juristische Personen des öffentlichen Rechts sind;
2. Gemeinden, Gemeindeverbände und Zweckverbände, soweit die Angelegenheit nicht ihre wirtschaftlichen Unternehmen betrifft sowie die anerkannten regionalen Planungsgemeinschaften;
3. der Kommunalverband für Jugend und Soziales Baden-Württemberg;
4. die in der Liga der freien Wohlfahrtspflege zusammengeschlossenen Verbände der freien Wohlfahrtspflege einschließlich ihrer Bezirks- und Ortsstellen sowie der ihnen angehörenden Mitgliedsverbände und Mitgliedseinrichtungen;
5. Universitäten, Hochschulen, Fachhochschulen, Akademien und Forschungseinrichtungen, die die Rechtsstellung einer Körperschaft, Anstalt oder Stiftung des öffentlichen Rechts haben.

(2) [1]Von der Zahlung der Gebühren nach dem Gerichts- und Notarkostengesetz und der Gebühren in Justizverwaltungsangelegenheiten sind Körperschaften, Vereinigungen

und Stiftungen befreit, die gemeinnützigen oder mildtätigen Zwecken im Sinne des Steuerrechts dienen, soweit die Angelegenheit nicht einen steuerpflichtigen wirtschaftlichen Geschäftsbetrieb betrifft. [2]Die steuerrechtliche Behandlung als gemeinnützig oder mildtätig ist durch eine Bescheinigung des Finanzamts (Freistellungsbescheid oder sonstige Bestätigung) nachzuweisen.

(3) [1]Die Gebührenfreiheit nach den Absätzen 1 und 2 gilt auch für Beurkundungs- und Beglaubigungsgebühren. [2]Die Gebührenfreiheit nach Absatz 1 gilt ferner für die Gebühren der Gerichtsvollzieher; Gebühren, die nicht beim Schuldner beigetrieben werden können, sind vom Gläubiger zu erstatten.

(4) Die in Absatz 1 Nr. 2 genannten Körperschaften sind auch von der Zahlung der Auslagen nach dem Gerichts- und Notarkostengesetz befreit.

II. Bayern

Das Landesjustizkostengesetz idF der Bekanntmachung vom 19.5.2005, GVBl. 2
S. 159, zuletzt geändert durch Gesetz vom 24.7.2017, GVBl. S. 397, sieht keine Befreiung von GKG-Gebühren vor, aber zT eine Befreiung von GNotKG-Kosten.

III. Berlin

§ 1 Gesetz über Gebührenbefreiung, Stundung und Erlass von Kosten im Be- 3
reich der ordentlichen Gerichtsbarkeit vom 24.11.1970, GVBl. S. 1934, zuletzt geändert durch Gesetz vom 17.3.2014, GVBl. S. 70.

§ 1 Gebührenfreiheit. (1) Von der Zahlung der Gebühren, welche die ordentlichen Gerichte in Zivilsachen und die Justizverwaltungsbehörden erheben, sind befreit:

1. Kirchen, sonstige Religionsgemeinschaften und Weltanschauungsvereinigungen, die die Rechtsstellung einer Körperschaft des öffentlichen Rechts haben;
2. Gemeinden und Gemeindeverbände, soweit die Angelegenheit nicht ihre wirtschaftlichen Unternehmen betrifft;
3. Universitäten, Hochschulen, Fachhochschulen, Akademien und Forschungseinrichtungen, die die Rechtsstellung einer Körperschaft, Anstalt oder Stiftung des öffentlichen Rechts haben.

(2) [1]Von der Zahlung der Gebühren nach dem Gerichts- und Notarkostengesetz vom 23. Juli 2013 (BGBl. I S. 2586), das zuletzt durch Artikel 22 des Gesetzes vom 10. Oktober 2013 (BGBl. I S. 3786) geändert worden ist, in der jeweils geltenden Fassung und der Gebühren in Justizverwaltungsangelegenheiten sind Körperschaften, Vereinigungen und Stiftungen befreit, die gemeinnützigen oder mildtätigen Zwecken im Sinne des Steuerrechts dienen, soweit die Angelegenheiten nicht einen steuerpflichtigen wirtschaftlichen Geschäftsbetrieb betrifft. [2]Die Gebührenbefreiung nach Satz 1 gilt nicht für die Teilnahme an Verfahren zum elektronischen Abruf aus dem Grundbuch und aus den elektronisch geführten Registern. [3]Die steuerrechtliche Behandlung als gemeinnützig oder mildtätig ist durch eine Bescheinigung des Finanzamtes (Freistellungsbescheid oder sonstige Bestätigung) nachzuweisen.

(3) Die Gebührenfreiheit nach den Absätzen 1 und 2 gilt auch für Beurkundungs- und Beglaubigungsgebühren, die Gebührenfreiheit nach Absatz 1 ferner für die Gebühren der Gerichtsvollzieher.

IV. Brandenburg

4 §§ 6, 7 Justizkostengesetz vom 3.6.1994, GVBl. S. 172, zuletzt geändert durch Gesetz vom 29.6.2018 mWv 30.6.2018, GVBl. Nr. 14.

§ 6 Gebührenbefreiung. (1) Von der Zahlung von Gebühren, die die ordentlichen Gerichte in Zivilsachen und Angelegenheiten der freiwilligen Gerichtsbarkeit, die Gerichtsvollzieherinnen und Gerichtsvollzieher und die Justizverwaltungsbehörden erheben, sind befreit:

1. Kirchen, Religionsgemeinschaften und Vereinigungen zur gemeinschaftlichen Pflege einer Weltanschauung, jeweils soweit sie die Rechtsstellung einer juristischen Person des öffentlichen Rechts haben;
2. Gemeinden und Gemeindeverbände, sonstige Gebietskörperschaften oder Zusammenschlüsse von Gebietskörperschaften, Regional-, Zweckverbände und Ämter, jeweils soweit die Angelegenheit nicht ihre wirtschaftlichen Unternehmen im Sinne des Kommunalrechts betrifft;
3. staatliche Hochschulen (§ 1 Abs. 1, § 2 Abs. 1 des Brandenburgischen Hochschulgesetzes), Akademien und Forschungseinrichtungen, jeweils soweit sie die Rechtsstellung einer juristischen Person des öffentlichen Rechts haben, sowie Studentenwerke (§ 78 des Brandenburgischen Hochschulgesetzes).

(2) Von der Zahlung der Gebühren nach dem Gerichts- und Notarkostengesetz und der Gebühren in Justizverwaltungsangelegenheiten sind Kostenschuldner befreit, die ausschließlich und unmittelbar steuerbegünstigte Zwecke (§ 51 der Abgabenordnung) verfolgen, diese Voraussetzung durch einen Freistellungs- oder Körperschaftsteuerbescheid oder durch eine vorläufige Bescheinigung des Finanzamtes nachweisen und darlegen, daß die Angelegenheit nicht einen steuerpflichtigen wirtschaftlichen Geschäftsbetrieb betrifft.

§ 7 Voraussetzungen, Umfang. (1) Voraussetzung für die Gebührenbefreiung ist, daß der Kostenschuldner im Land Brandenburg ansässig ist, es sei denn, die Gegenseitigkeit ist verbürgt.

(2) Die Gebührenbefreiung entbindet nicht von der Verpflichtung zur Zahlung von Kosten, zu deren Zahlung der oder die Befreite sich Dritten gegenüber vertraglich verpflichtet hat; sie hat keinen Einfluss auf die Ersatzpflicht des zur Zahlung der Kosten verurteilten Gegners.

(3) § 2 Absatz 5 des Gerichts- und Notarkostengesetzes gilt entsprechend.

V. Bremen

5 § 8 Bremisches Justizkostengesetz vom 4.8.1992, GVBl. S. 257, zuletzt geändert durch Gesetz vom 26.9.2017, BremGBl. S. 394.

§ 8 [Gebührenbefreiung]. Wenn die Gegenseitigkeit verbürgt ist, sind von der Zahlung der Gebühren befreit:

1. ausländische Staaten,
2. Gemeinden und Gemeindeverbände anderer deutscher Länder.

VI. Hamburg

§ 11 Landesjustizkostengesetz vom 18.10.1957 (Sammlung des bereinigten hamburgischen Landesrechts I 34-a), zuletzt geändert durch Gesetz vom 3.9.2014, HmbGVBl. S. 418. 6

§ 11 [Gebührenbefreiung]. (1) Von der Zahlung der Gebühren, die die ordentlichen Gerichte in Angelegenheiten der streitigen und freiwilligen Zivilgerichtsbarkeit und die Justizverwaltungsbehörden erheben, sind befreit
1. Kirchen, sonstige Religionsgemeinschaften und Weltanschauungsvereinigungen, die die Rechtsstellung einer Körperschaft des öffentlichen Rechts haben;
2. Hochschulen, Akademien und Forschungseinrichtungen, die die Rechtsstellung einer Körperschaft, Anstalt oder Stiftung des öffentlichen Rechts haben.

(2) [1]Von der Zahlung der Gebühren, die die ordentlichen Gerichte in Angelegenheiten der freiwilligen Gerichtsbarkeit und die Justizverwaltungsbehörden erheben, sind Körperschaften, Vereinigungen und Stiftungen befreit, die gemeinnützigen oder mildtätigen Zwecken im Sinne des Steuerrechts dienen, soweit die Angelegenheit nicht einen steuerpflichtigen wirtschaftlichen Geschäftsbetrieb betrifft. [2]Die steuerrechtliche Behandlung als gemeinnützig oder mildtätig ist durch eine Bescheinigung des Finanzamts nachzuweisen.

(3) Die Gebührenfreiheit nach den Absätzen 1 und 2 gilt auch für Beurkundungs- und Beglaubigungsgebühren, die Gebührenfreiheit nach Absatz 1 ferner für die Gebühren der Gerichtsvollzieher.

VII. Hessen

§ 7 Justizkostengesetz vom 15.5.1958, GVBl. I S. 60, zuletzt geändert durch Gesetz vom 25.3.2015, GVBl. I S. 126. 7

§ 7 [Persönliche Gebührenfreiheit]. (1) [1]Von der Zahlung der Gebühren, die die ordentlichen Gerichte und die Justizverwaltungsbehörden erheben, sind die im Sinne des Steuerrechts als mildtätig oder gemeinnützig anerkannten Vereine und Stiftungen, mit Ausnahme solcher, die einzelne Familien oder bestimmte Personen betreffen oder nur in Studienstipendien bestehen, befreit, soweit die Angelegenheit nicht einen steuerpflichtigen wirtschaftlichen Geschäftsbetrieb betrifft. [2]Die steuerrechtliche Behandlung als gemeinnützig oder mildtätig ist durch eine Bescheinigung des Finanzamts (Freistellungsbescheid oder sonstige Bestätigung) nachzuweisen.

(2) Voraussetzung für die Gewährung der Gebührenfreiheit ist, daß der Befreite im Lande Hessen seinen Sitz hat; darüber hinaus ist Gebührenfreiheit nur zu gewähren, wenn die Gegenseitigkeit verbürgt ist.

(3) Die einem Beteiligten zustehende Gebührenfreiheit darf einem anderen Beteiligten nicht zum Nachteil gereichen.

(4) Die Gebührenfreiheit entbindet nicht von der Verpflichtung zur Zahlung von Beträgen, zu deren Entrichtung der Befreite sich Dritten gegenüber vertragsmäßig verpflichtet hat; sie hat keinen Einfluß auf die Ersatzpflicht des in die Kosten verurteilten Gegners.

VIII. Mecklenburg-Vorpommern

8 § 7 Landesjustizkostengesetz vom 7.10.1993, GVBl. S. 843, zuletzt geändert durch Gesetz vom 11.11.2015, GVBl. S. 462.

§ 7 Gebührenfreiheit. (1) Von der Zahlung der Gebühren, welche die ordentlichen Gerichte in der streitigen und freiwilligen Gerichtsbarkeit sowie die Justizverwaltungsbehörden erheben, sind befreit:
1. Kirchen, sonstige Religionsgesellschaften und Weltanschauungsvereinigungen, die die Rechtsstellung einer Körperschaft des öffentlichen Rechts haben;
2. Gemeinden, Ämter, Landkreise und kommunale Zweckverbände, soweit die Angelegenheit nicht ihre wirtschaftlichen Unternehmen betrifft;
3. Universitäten, Hochschulen, Fachhochschulen, Akademien, Schulverbände und Forschungseinrichtungen, die die Rechtsstellung einer Körperschaft, Anstalt oder Stiftung des öffentlichen Rechts haben;
4. Kommunale Wohnungsgesellschaften in Grundbuchangelegenheiten beim Erwerb eines Grundstücks, das nach Artikel 22 Abs. 4 des Einigungsvertrages in das Eigentum einer Kommune übergegangen ist, wenn der Erwerb durch eine Wohnungsgesellschaft erfolgt, deren Anteile ausschließlich der übertragenden Kommune gehören.

(2) Die Gebührenfreiheit nach Absatz 1 besteht ferner für die Gebühren der Gerichtsvollzieher.

(3) Haftet der Befreite für die Kosten mit anderen Beteiligten als Gesamtschuldner und kann von ihm aufgrund gesetzlicher Vorschriften Ausgleich verlangt werden, so erstreckt sich die Befreiung auch auf die anderen Beteiligten.

(4) Die Gebührenfreiheit entbindet nicht von der Verpflichtung zur Zahlung der Auslagen.

(5) Voraussetzung für die Gewährung der Gebührenfreiheit ist, daß der Befreite im Land Mecklenburg-Vorpommern belegen ist oder seinen Sitz hat; darüber hinaus ist Gebührenfreiheit nur zu gewähren, wenn die Gegenseitigkeit verbürgt ist.

IX. Niedersachsen

9 § 1 Gerichtskosten-Befreiungsgesetz vom 10.4.1973, Nds. GVBl. S. 111, zuletzt geändert durch Gesetz vom 17.2.2016, Nds. GVBl. S. 37.

§ 1 Gebührenfreiheit. (1) Von der Zahlung der Gebühren, welche die ordentlichen Gerichte in Zivilsachen, die Justizverwaltungsbehörden und die Behörden der Arbeitsgerichtsverwaltung erheben, sind befreit
1. Kirchen, sonstigen Religionsgemeinschaften und Weltanschauungsvereinigungen, die die Rechtsstellung einer Körperschaft des öffentlichen Rechts haben;
2. Kommunen und kommunale Zusammenschlüsse des öffentlichen Rechts, soweit die Angelegenheit nicht ihre wirtschaftlichen Unternehmen betrifft;
3. Universitäten, Hochschulen, Fachhochschulen, Akademien und Forschungseinrichtungen, die die Rechtsstellung einer Körperschaft, Anstalt oder Stiftung des öffentlichen Rechts haben;
4. der Allgemeine Hannoversche Klosterfonds, die Stiftung Braunschweigischer Kulturbesitz, der Domstrukturfonds Verden, der Hospitalfonds St. Benedikti in Lüneburg.

(2) [1]Von der Zahlung der Gebühren nach der Kostenordnung und der Gebühren in Justizverwaltungsangelegenheiten sind Körperschaften, Vereinigungen und Stiftungen befreit,

die gemeinnützigen oder mildtätigen Zwecken im Sinne des Steuerrechts dienen, soweit die Angelegenheit nicht einen steuerpflichtigen wirtschaftlichen Geschäftsbetrieb betrifft. [2]Die steuerrechtliche Behandlung als gemeinnützig oder mildtätig ist durch eine Bescheinigung des Finanzamts (Freistellungsbescheid oder sonstige Bestätigung) nachzuweisen.

(3) Die Gebührenfreiheit nach den Absätzen 1 und 2 gilt auch für Beurkundungs- und Beglaubigungsgebühren, die Gebührenfreiheit nach Absatz 1 ferner für die Gebühren der Gerichtsvollzieher.

X. Nordrhein-Westfalen

§ 122 Justizgesetz vom 26.1.2010, GV. NRW. S. 30, zuletzt geändert durch Gesetz vom 18.12.2015, GV. NRW. S. 812. 10

§ 122 Gebührenfreiheit. (1) Von der Zahlung von Gebühren, welche die ordentlichen Gerichte in Zivilsachen und die Justizverwaltungsbehörden erheben, sind befreit:
1. Kirchen, sonstige Religionsgemeinschaften und Weltanschauungsvereinigungen, die die Rechtsstellung einer Körperschaft des öffentlichen Rechts haben;
2. Gemeinden und Gemeindeverbände, soweit die Angelegenheit nicht ihre wirtschaftlichen Unternehmen betrifft;
3. Universitäten, Hochschulen, Fachhochschulen, Akademien und Forschungseinrichtungen, die die Rechtsstellung einer Körperschaft, Anstalt oder Stiftung des öffentlichen Rechts haben.

(2) [1]Von der Zahlung der Gebühren nach dem Gerichts- und Notarkostengesetz vom 23. Juli 2013 (BGBl. I S. 2586), das durch Artikel 22 des Gesetzes vom 10. Oktober 2013 (BGBl. I S. 3786) geändert worden ist, und der Gebühren in Justizverwaltungsangelegenheiten sind Körperschaften, Vereinigungen und Stiftungen befreit, die gemeinnützigen oder mildtätigen Zwecken im Sinne des Steuerrechts dienen, soweit die Angelegenheit nicht einen steuerpflichtigen wirtschaftlichen Geschäftsbetrieb betrifft. [2]Für die Teilnahme an Verfahren zum elektronischen Abruf aus dem Grundbuch und aus den elektronischen Registern gilt die Gebührenbefreiung nicht. [3]Die steuerrechtliche Behandlung als gemeinnützig oder mildtätig ist durch eine Bescheinigung des Finanzamtes (Freistellungsbescheid oder sonstige Bestätigung) nachzuweisen.

(3) Die Gebührenfreiheit nach den Absätzen 1 und 2 gilt auch für Beurkundungs- und Beglaubigungsgebühren, die Gebührenfreiheit nach Absatz 1 ferner für die Gebühren der Gerichtsvollzieherinnen oder Gerichtsvollzieher.

(4) Folgende Vorschriften, durch die in den Verfahren und Angelegenheiten vor den ordentlichen Gerichten sowie in Justizverwaltungsangelegenheiten Kosten- und Gebührenfreiheit gewährt wird, bleiben aufrechterhalten:
1. § 1 Absatz 4 des Preußischen Gesetzes betreffend die Ergänzung der Gesetze über die Errichtung von Marksteinen vom 7. Oktober 1865, vom 7. April 1869 und vom 24. Mai 1901;
2. § 2 des Gesetzes über Gemeinheitsteilung und Reallastenablösung vom 28. November 1961 (GV. NRW. S. 319).

XI. Rheinland-Pfalz

11 § 1 Justizgebührenbefreiungsgesetz vom 5.10.1990, GVBl. S. 281, zuletzt geändert durch Gesetz vom 2.3.2017, GVBl. S. 21.

§ 1 [Gebührenbefreiung]. (1) [1]Von der Zahlung der Gebühren, welche die ordentlichen Gerichte in Zivil- und Strafsachen (§ 13 des Gerichtsverfassungsgesetzes) und die Justizverwaltungsbehörden erheben, sind befreit:
1. Kirchen, sonstige Religions- und Weltanschauungsgemeinschaften, jeweils soweit sie die Rechtsstellung einer juristischen Person des öffentlichen Rechts haben;
2. Gemeinden, Gemeindeverbände, Zweckverbände sowie Wasser- und Bodenverbände, soweit die Angelegenheit nicht ihre wirtschaftlichen Unternehmen betrifft;
3. wissenschaftliche Hochschulen, Fachhochschulen, Forschungseinrichtungen, die Universitätsmedizin der Johannes Gutenberg-Universität Mainz, Akademien und Schulverbände, die die Rechtsstellung einer juristischen Person des öffentlichen Rechts haben.

[2]Die Gebührenfreiheit nach Satz 1 gilt auch für die Gebühren der Gerichtsvollzieher.

(2) [1]Von der Zahlung der Gebühren nach dem Gerichts- und Notarkostengesetz und der Gebühren in Justizverwaltungsangelegenheiten sind Körperschaften, Vereinigungen und Stiftungen befreit, die gemeinnützige oder mildtätige Zwecke im Sinne der Abgabenordnung verfolgen, soweit die Angelegenheit nicht einen steuerpflichtigen wirtschaftlichen Geschäftsbetrieb betrifft. [2]Die steuerrechtliche Behandlung als gemeinnützig oder mildtätig ist durch eine Bescheinigung des Finanzamts (Freistellungsbescheid oder sonstige Bestätigung) nachzuweisen.

(3) Sonstige landesrechtliche Vorschriften, die Gebührenfreiheit gewähren, bleiben unberührt.

XII. Saarland

12 § 4 Landesjustizkostengesetz vom 30.6.1971, Amtsbl. S. 473, zuletzt geändert durch Gesetz vom 12.12.2014, Amtsbl. S. 146.

§ 4 Gebührenfreiheit. (1) Von der Zahlung der Gebühren, welche die ordentlichen Gerichte in Zivilsachen, die Justizverwaltungsbehörden und die Gerichtsvollzieher erheben, sind befreit
1. Kirchen, Religionsgemeinschaften und Weltanschauungsvereinigungen, die die Rechtsstellung einer Körperschaft des öffentlichen Rechts haben;
2. Gemeinden, Gemeindeverbände und kommunale Zweckverbände, soweit die Angelegenheiten nicht ihre wirtschaftlichen Unternehmen betrifft;
3. Hochschulen und Forschungseinrichtungen, die die Rechtsstellung einer Körperschaft, Anstalt oder Stiftung des öffentlichen Rechts haben.

(2) [1]Von der Zahlung der Gebühren nach dem Gerichts- und Notarkostengesetz und der Gebühren in Justizverwaltungsangelegenheiten sind Körperschaften, Vereinigungen und Stiftungen befreit, die gemeinnützigen und mildtätigen Zwecken im Sinne des Steuerrechts dienen, soweit die Angelegenheiten nicht einen steuerpflichtigen wirtschaftlichen Geschäftsbetrieb betrifft. [2]Die steuerrechtliche Behandlung als gemeinnützig und mildtätig ist durch eine Bescheinigung des Finanzamtes (Freistellungsbescheid oder sonstige Bestätigung) nachzuweisen.

(3) Die Gebührenfreiheit nach den Absätzen 1 und 2 gilt auch für die Beurkundungs- und Beglaubigungsgebühren.

XIII. Sachsen

§ 69 Gesetz über die Justiz im Freistaat Sachsen vom 24.11.2000, GVBl. S. 482, ber. 2001 S. 704, zuletzt geändert durch Gesetz vom 14.12.2012, GVBl. S. 748. **13**

§ 69 Befreiungsvorschriften. Die landesrechtlichen Vorschriften im Bereich der Justizverwaltung, die Kosten- oder Gebührenfreiheit gewähren, bleiben unberührt.

XIV. Sachsen-Anhalt

§ 7 Justizkostengesetz vom 23.8.1993, GVBl. LSA S. 449, zuletzt geändert durch Gesetz vom 5.12.2014, GVBl. LSA S. 512. **14**

§ 7 Gebührenfreiheit. (1) Von der Zahlung der Gebühren, die die ordentlichen Gerichte sowie die Landesjustizverwaltungsbehörden erheben, sind befreit:
1. Kirchen, sonstige Religions- und Weltanschauungsgemeinschaften, soweit sie die Rechtsstellung einer juristischen Person des öffentlichen Rechts haben einschließlich ihrer Gemeinden und Gliederungen sowie öffentlich-rechtlichen Verbände, Anstalten und Stiftungen;
2. Kommunen und Gemeindeverbände, soweit die Angelegenheit nicht ihre wirtschaftlichen Unternehmungen betrifft;
3. Universitäten, Hochschulen, Fachhochschulen und Studentenwerke, die die Rechtsstellung einer Körperschaft, Anstalt oder Stiftung des öffentlichen Rechts haben;
4. die Landeswohlfahrtsverbände sowie die in der Liga der freien Wohlfahrtspflege zusammengeschlossenen Träger der freien Wohlfahrtspflege einschließlich ihrer Bezirks- und Ortsstellen sowie der ihnen angehörenden Mitgliedsverbände und Mitgliedseinrichtungen.

(2) Voraussetzung für die Gewährung der Gebührenfreiheit ist, daß der Befreite im Lande Sachsen-Anhalt seinen Sitz hat; darüber hinaus ist Gebührenfreiheit nur zu gewähren, wenn die Gegenseitigkeit verbürgt ist.

(3) Die Gebührenfreiheit entbindet nicht von der Verpflichtung zur Zahlung der Auslagen.

(4) Haftet der Befreite für die Kosten mit anderen Beteiligten als Gesamtschuldner und kann von ihm auf Grund gesetzlicher Vorschriften Ausgleich verlangt werden, so erstreckt sich die Befreiung auch auf die anderen Beteiligten.

(5) Die Gebührenfreiheit entbindet nicht von der Verpflichtung zur Zahlung von Beträgen, zu denen der Befreite sich Dritten gegenüber vertragsmäßig verpflichtet hat; sie hat keinen Einfluß auf die Ersatzpflicht des in die Kosten verurteilten Gegners.

XV. Schleswig-Holstein

§ 1 Landesjustizgesetz (LJG) vom 17.4.2018, GVOBl. Schl.-H. S. 231, ber. S. 441, GS Schl.-H. II 300-5 **15**

§ 84 Gebührenfreiheit. (1) Von der Zahlung der Gebühren, die die ordentlichen Gerichte in Zivilsachen erheben, sind Kirchen, sonstige Religionsgesellschaften und Weltanschauungsvereinigungen befreit, die die Rechtsstellung einer Körperschaft des öffentlichen Rechts haben.

(2) [1]Von der Zahlung der Gebühren nach dem Gerichts- und Notarkostengesetz (GNotKG) vom 23. Juli 2013 (BGBl. I S. 2586), zuletzt geändert durch Artikel 26 des Gesetzes vom 5. Juli 2017 (BGBl. I S. 2208), und dem Gesetz über Gerichtskosten in Familiensachen vom 17. Dezember 2008 (BGBl. I S. 2586, 2666), zuletzt geändert durch Artikel 3 des Gesetzes vom 17. Juli 2017 (BGBl. I S. 2424), sowie der Gebühren in Justizverwaltungsangelegenheiten sind Körperschaften, Vereinigungen und Stiftungen befreit, die gemeinnützigen oder mildtätigen Zwecken im Sinne des Steuerrechts dienen, soweit die Angelegenheit nicht einen steuerpflichtigen wirtschaftlichen Geschäftsbetrieb betrifft. [2]Die steuerrechtliche Behandlung als gemeinnützig oder mildtätig ist durch eine Bescheinigung des Finanzamts (Freistellungsbescheid oder sonstige Bestätigung) nachzuweisen.

(3) [1]Die Gebührenfreiheit nach Absatz 1 und 2 gilt auch für Beurkundungs- und Beglaubigungsgebühren. [2]Die Gebührenfreiheit nach Absatz 1 gilt auch für die Gebühren der Gerichtsvollzieherinnen und Gerichtsvollzieher.

(4) Sonstige landesrechtliche Vorschriften, die in weiteren Fällen eine sachliche oder persönliche Befreiung von Kosten gewähren, bleiben unberührt.

XVI. Thüringen

16 § 6 Justizkostengesetz idF der Bekanntmachung vom 5.2.2009, GVBl. S. 21, zuletzt geändert durch Gesetz vom 2.7.2016, GVBl. S. 226.

§ 6 [Gebührenbefreiung]. (1) Von der Zahlung der Gebühren, die die ordentlichen Gerichte und die Justizverwaltungsbehörden erheben, sind befreit:
1. Kirchen, sonstige Religionsgesellschaften und Weltanschauungsvereinigungen, die die Rechtsstellung einer Körperschaft des öffentlichen Rechts haben und die zur Bestreitung ihrer Bedürfnisse erforderlichen Mittel ganz oder teilweise durch Abgaben ihrer Mitglieder aufbringen;
2. Gemeinden und Gemeindeverbände, soweit die Angelegenheit nicht ihre wirtschaftlichen Unternehmen betrifft;
3. Hochschulen, Studentenschaften, Forschungseinrichtungen und Studentenwerke, die die Rechtsstellung einer Körperschaft, Anstalt oder Stiftung des öffentlichen Rechts haben;
4. freie Wohlfahrtsverbände;
5. die von dem für Justiz zuständigen Ministerium im Einvernehmen mit dem für den Haushalt zuständigen Ministerium als mildtätig oder gemeinnützig anerkannten Vereine und Stiftungen, mit Ausnahme solcher, die einzelne Familien oder bestimmte Personen betreffen oder in bloßen Studienstipendien bestehen.

(2) Voraussetzung für die Gewährung der Gebührenfreiheit ist, dass der Kostenschuldner in Thüringen seinen Sitz hat; darüber hinaus ist Gebührenfreiheit nur zu gewähren, wenn die Gegenseitigkeit verbürgt ist.

(3) Die einem Beteiligten zustehende Gebührenfreiheit darf einem anderen Beteiligten nicht zum Nachteil gereichen.

(4) Die Gebührenfreiheit entbindet nicht von der Verpflichtung zur Zahlung der Auslagen sowie von Beträgen, zu deren Entrichtung der Befreite sich Dritten gegenüber vertragsmäßig verpflichtet hat; sie hat keinen Einfluss auf die Ersatzpflicht des in die Kosten verurteilten Gegners.

§ 3 Höhe der Kosten

(1) **Die Gebühren richten sich nach dem Wert des Streitgegenstands (Streitwert), soweit nichts anderes bestimmt ist.**

(2) **Kosten werden nach dem Kostenverzeichnis der Anlage 1 zu diesem Gesetz erhoben.**

I. Wertgebühren

1 Für die Inanspruchnahme der Gerichte darf der Gesetzgeber die **Erhebung von Gebühren** vorsehen. Vorschriften über Gerichtsgebühren müssen aber sowohl den verfassungsrechtlichen Grundsätzen für Gebührenregelungen genügen als auch der Bedeutung des Justizgewährungsanspruchs im Rechtsstaat Rechnung tragen. Gebühren für staatliche Leistungen dürfen danach nicht völlig unabhängig von den tatsächlichen Kosten der gebührenpflichtigen Staatsleistung festgesetzt werden; die Verknüpfung zwischen den Kosten und der Gebührenhöhe muss sachgerecht sein (BVerfG NJW 2007, 2032; BVerfG NJW 2013, 2882). In Hinblick auf die Zweitschuldnerschaft (§ 31 Abs. 3) können verfassungsrechtliche Probleme auftauchen (vgl. BVerfG NJW 2013, 2882).

2 **Abs. 1** bestimmt, dass der **Wert des Streitgegenstands** maßgebend für die Höhe der Gebühren ist. Dies gilt allerdings nur, soweit das Gesetz nichts anderes bestimmt. § 3 meint den **Gebührenstreitwert,** zu unterscheiden vom Zuständigkeitsstreitwert (§§ 2ff. ZPO) und vom Rechtsmittelstreitwert (zB § 511 ZPO). Den Streitgegenstand bestimmt der Kläger; aus ihm ergibt sich der Streitwert seines Begehrens. Es gibt keinen Grundsatz, dass die Gerichtskosten (Gebühren und Auslagen) eines konkreten Prozesses nicht höher als der Streitwert sein dürfen; bei kleinem Streitwert ist das sogar häufig. Die Gebühren sind also in allen vom GKG erfassten Verfahren **grundsätzlich Wertgebühren.**

3 Von diesem Grundsatz sieht das KV zahlreiche Ausnahmen vor, indem es bei einer Reihe von Gebührentatbeständen die Erhebung fester, vom Streitwert unabhängiger Beträge vorsieht **(Festgebühren),** wie zB im sozialrechtlichen Verfahren.

4 Eine Besonderheit gilt auch in **Straf- und Bußgeldverfahren** (KV Teile 3 und 4). Dort bemessen sich die Gerichtsgebühren nach der **rechtskräftig erkannten Strafe** (KV Vorbemerkung 3.1. Abs. 1) bzw. nach der rechtskräftig festgesetzten Geldbuße (KV Vorbemerkung 4.1. Abs. 1).

5 Es ist mit dem **Justizgewährungsanspruch** grundsätzlich vereinbar, dass das GKG für die mit der Einholung eines Sachverständigengutachtens durch ein Gericht im Zivilprozess verbundenen **Auslagen** (vgl. KV 9005) einen Kostenansatz in voller Höhe und die entsprechende Belastung eines Kostenschuldners vorsieht (BVerfG NJW 2013, 2882).

6 Die **Höhe der Wertgebühren** ergibt sich aus § 34. Dieser Vorschrift und der dem Gesetz als Anlage 2 beigefügten **Gebührentabelle** ist zu entnehmen, bei welchem Streitwert welcher Gebührenbetrag entsteht. Die Mindestbetrag einer Gebühr beträgt seit 1.8.2013 15 Euro (§ 34 Abs. 2). Da die Gebührentabelle erst mit einer vollen Gebühr von 35 Euro beginnt, hat die Mindestgebühr insbesondere bei den – wenigen – Gebührentatbeständen Bedeutung, bei denen der Satz der Gebühr 0,25 beträgt.

7 Der in den ehemaligen DDR-Ländern früher geltende sog. **Ostabschlag** ist mit dem Inkrafttreten des Kostenrechtsmodernisierungsgesetzes 2004 am 1.7.2004 **weggefallen.** In den neuen Ländern und im Ostteil Berlins sind die damaligen Kostengesetze am 3.10.1990 mit der Maßgabe in Kraft getreten, dass die Gebühren und Entschädigungen unter bestimmten Voraussetzungen um 20% (später 10%) zu ermäßigen sind.

8 Wie der für die Erhebung der Gerichtsgebühren maßgebliche Streitwert zu berechnen und festzusetzen ist, regeln die §§ 39 bis 65.

II. Kostenverzeichnis

7 **Abs. 2** bestimmt, dass sich die Erhebung der Gerichtskosten, also der Gebühren und Auslagen (§ 1 Abs. 1 Satz 1), nur nach der Anlage 1, dem **Kostenverzeichnis** zum GKG, richtet. Das KV regelt abschließend, für welche gerichtlichen Handlungen und Tätigkeiten Gebühren erhoben werden. Es bestimmt zugleich die Höhe der Gebühren. Dies geschieht bei Wertgebühren durch Benennung des Satzes der Gebühr nach § 34, bei Festgebühren durch Bezeichnung des Gebührenbetrages.

8 Dabei sind Verfahrens- und Handlungsgebühren (Aktgebühren) zu unterscheiden. **Verfahrensgebühren** gelten sämtliche Handlungen des Gerichts in einem Verfahren ab, soweit nicht für bestimmte Handlungen innerhalb dieses Verfahrens gesonderte Gebühren vorgesehen sind. **Handlungsgebühren** werden für bestimmte Tätigkeiten des Gerichts erhoben. Die in Frage kommende Tätigkeit ist im Gebührentatbestand genannt. In einem Verfahren können mehrere Handlungsgebühren entstehen.

9 KV Teil 9 enthält schließlich eine abschließende Aufzählung der Auslagen, deren Erhebung in den von § 1 erfassten Verfahren möglich ist.

§ 4 Verweisungen

(1) **Verweist ein erstinstanzliches Gericht oder ein Rechtsmittelgericht ein Verfahren an ein erstinstanzliches Gericht desselben oder eines anderen Zweiges der Gerichtsbarkeit, ist das frühere erstinstanzliche Verfahren als Teil des Verfahrens vor dem übernehmenden Gericht zu behandeln.**

(2) [1]**Mehrkosten, die durch Anrufung eines Gerichts entstehen, zu dem der Rechtsweg nicht gegeben oder das für das Verfahren nicht zuständig ist, werden nur dann erhoben, wenn die Anrufung auf verschuldeter Unkenntnis der tatsächlichen oder rechtlichen Verhältnisse beruht.** [2]**Die Entscheidung trifft das Gericht, an das verwiesen worden ist.**

I. Anwendungsbereich

1 § 4 regelt die Auswirkungen der Verweisung eines Verfahrens an ein erstinstanzliches Gericht derselben oder einer anderen Gerichtsbarkeit auf die Erhebung der Gerichtskosten, so etwa wenn ein Verfahren von einem LG an ein anderes LG oder vom LG an das Arbeitsgericht verwiesen wird. Die Vorschrift zielt darauf ab, durch die Anrufung eines unzuständigen Gerichts **grundsätzlich keine Mehrkosten** entstehen zu lassen.

Die Vorschrift gilt nur für die **Verweisung eines gesamten gerichtlichen Verfahrens** durch ein erstinstanzliches Gericht oder ein Rechtsmittelgericht an ein anderes erstinstanzliches Gericht derselben oder einer anderen Gerichtsbarkeit. 2

§ 4 gilt dagegen nicht für die Verweisung von Teilen eines Verfahrens. Wird nur ein abtrennbarer Teil eines Verfahrens an ein anderes Gericht verwiesen, liegt in der Regel eine Prozesstrennung iSd § 145 ZPO vor, bei der die Gerichtsgebühren bei dem übernehmenden Gericht erneut entstehen (OLG München NJW-RR 1996, 1279). Die Vorschrift gilt ferner nicht für Zurückverweisungen vom Rechtsmittelgericht an ein Gericht des unteren Rechtszuges nach § 37. 3

Auf Grund seines Standorts im Abschnitt 1 (Allgemeine Vorschriften) ist § 4 **im gesamten Geltungsbereich des GKG anzuwenden** (für den Geltungsbereich des FamGKG enthält § 6 FamGKG vergleichbare Regelungen). Die Vorschrift gilt also in allen vom GKG erfassten Gerichtsbarkeiten. Sie gilt ferner in allen Verfahrensarten, seien es Prozessverfahren, Verfahren des einstweiligen oder des vorläufigen Rechtsschutzes, selbstständige Beweisverfahren, Zwangsvollstreckungsverfahren oder sonstige Verfahren. 4

Verweisungen an ein anderes erstinstanzliches Gericht kommen in erster Linie in Betracht 5
- wegen der **Unzulässigkeit des beschrittenen Rechtsweges** (§§ 17, 17a, 17b GVG),
- wegen der **sachlichen oder örtlichen Unzuständigkeit** des zunächst angerufenen Gerichts (vgl. zB § 281 Abs. 1 ZPO) und
- wegen **nachträglich eintretender sachlicher Unzuständigkeit,** zB infolge einer Widerklage oder einer Erweiterung des Klageantrags (§ 506 ZPO).

In den **Fachgerichtsbarkeiten** gelten die Vorschriften der §§ 17, 17a, 17b GVG auf Grund der allgemeinen Verweisungsvorschriften (§ 173 VwGO, § 155 FGO, § 202 SGG, § 48 ArbGG) für die Zulässigkeit des Rechtsweges; sie sind jedoch auch auf sachliche und örtliche Zuständigkeit entsprechend anzuwenden (§ 83 VwGO, § 70 FGO, § 98 SGG, § 48 ArbGG). 6

Wie die Verweisung eines Verfahrens an ein anderes Gericht ist auch die **Verweisung innerhalb desselben Gerichts** zu behandeln, zB im Falle der Verweisung von der Zivilkammer des Landgerichts an die Kammer für Handelssachen und umgekehrt (§§ 97ff. GVG). 7

Der Verweisung steht ferner gleich die **Abgabe eines Verfahrens** an ein anderes Gericht oder eine andere Abteilung oder einen anderen Spruchkörper desselben Gerichts, zB die Abgabe 8
- des Mahnverfahrens beim Übergang in das streitige Verfahren (§ 696 Abs. 1, 3, § 700 Abs. 3 ZPO),
- einer Ehesache an die Abteilung des Familiengerichts, bei der eine andere Familiensache anhängig ist, die denselben Personenkreis oder ein gemeinschaftliches Kind der Ehegatten betrifft (§ 23b Abs. 2 Satz 2 GVG),
- vom Landwirtschaftsgericht an das zuständige Prozessgericht und umgekehrt (§ 12 LwVG).

II. Folgen der Verweisung

Nach der Verweisung ist das frühere erstinstanzliche Verfahren als Teil des Verfahrens vor dem übernehmenden Gericht anzusehen; beide Verfahrensabschnitte bilden **kostenrechtlich eine Einheit.** Das bedeutet: 9

1. Verweisungen innerhalb des Geltungsbereichs des GKG

10 Bei Verweisungen, bei denen sowohl für das Verfahren des verweisenden Gerichts als auch für das Verfahren des Gerichts, an das verwiesen wird, das Gerichtskostengesetz gilt, werden Kosten nur nach den für das übernehmende Gericht geltenden Vorschriften erhoben. Das erstinstanzliche Verfahren vor und nach der Verweisung bildet kostenrechtlich eine Einheit. Für seine gesamten Kosten **gilt allein das Kostenrecht des übernehmenden Gerichts,** also auch für die Höhe und Fälligkeit und Kosten. Der Kostenschuldner wird so gestellt, wie er stünde, wenn sogleich das zuständige Gericht angerufen worden wäre. Bei Verweisung vom **Arbeitsgericht an das Zivilgericht** wird daher mit der Verweisung die Gebühr für das Verfahren im Allgemeinen nach KV 1210 fällig (§ 6 Abs. 1 Nr. 1).

11 Dies gilt auch hinsichtlich der **bereits beim verweisenden Gericht entstandenen Kosten.** Falls solche für das Verfahren des Gerichts, an das verwiesen wird, nicht vorgesehen sind, entfallen sie. Bei Verweisung vom **Amtsgericht zum Sozialgericht** (wo in der Regel Kostenfreiheit herrscht, § 183 SGG), sind die beim Amtsgericht bezahlten Kostenvorschüsse (KV 1210) zurückzuzahlen. Evtl. Rückzahlungen muss das übernehmende Gericht veranlassen, und zwar auch dann, wenn sie von dem früher befassten Gericht erhoben oder dort eingezahlt worden sind. Unerheblich ist, ob die beteiligten Gerichte solche desselben Landes sind. U. U. muss also ein Gericht eines Landes Gerichtskosten zurückzahlen, die vom Justizfiskus eines anderen Landes vereinnahmt worden sind. Sinn dieser Regelung ist es, dass die Partei durch die Verweisung weder besser noch schlechter stehen soll, als wenn das Gericht, an das verwiesen wurde, von Anfang an mit der Sache befasst gewesen wäre; (OLG Frankfurt MDR 2018, 302: Verweisung Arbeitsgericht an LG, teilweise Klagerücknahme).

2. Verweisungen aus dem Geltungsbereich des GKG hinaus

12 Bei der Verweisungen von einem Gericht, für dessen Verfahren das GKG gilt, an ein Gericht der freiwilligen Gerichtsbarkeit, für dessen Verfahren das GNotKG gilt, oder an ein Familiengericht, für welches das FamGKG anzuwenden ist oder an ein Sozialgericht, für dessen Verfahren die Kostenregelungen der §§ 183ff. SGG gelten, **bestimmen sich die Kosten ausschließlich nach den für das übernehmende Gericht** (FamGKG, GNotKG, SGG) **geltenden Regeln.** Für Verfahren nach dem Landwirtschaftsverfahrensgesetz, die vom Prozessgericht an das Gericht der freiwilligen Gerichtsbarkeit abgegeben werden, war dies früher in § 12 Abs. 3 LwVG (aufgehoben seit 1.8.2013 durch Gesetz vom 23.7.2013, BGBl. I S. 2586) ausdrücklich bestimmt.

13 Da das Verfahren vor dem verweisenden Gericht als Teil der Kosten vor dem übernehmenden Gericht gilt, sind **Kosten nach dem GKG nicht zu erheben.**

3. Verweisung in den Geltungsbereich des GKG hinein

14 Bei Verweisungen von einem Gericht, für dessen Verfahren das GKG nicht gilt (zB ein Gericht der freiwilligen Gerichtsbarkeit, ein Familiengericht, ein Sozialgericht) an ein Gericht, dessen Verfahren dem GKG unterliegt, werden Kosten für das gesamte Verfahren nur nach dem GKG erhoben.

III. Mehrkosten nach Abs. 2

Vorstehendes gilt nur für die **Kosten des erstinstanzlichen Verfahrens.** Die Entstehung von Mehrkosten nach dem GKG durch die fehlerhafte Anrufung eines erstinstanzlichen Gerichts ist damit grundsätzlich ausgeschlossen. Wird die **Verweisung** des Verfahrens an das zuständige erstinstanzliche Gericht dagegen erst **von dem Rechtsmittelgericht beschlossen,** so können durch die Anrufung des zweitinstanzlichen Gerichts zusätzliche Gerichtskosten entstehen, zB durch ein Beschwerdeverfahren nach § 17a Abs. 2 und 3 GVG oder durch ein Berufungsverfahren. In diesen Verfahren ergehen Kostenentscheidungen wie sonst (vgl. BGH NJW 1993, 2541). Allerdings ist bei der Erhebung etwaiger durch das Rechtsmittelverfahren entstandener zusätzlicher Gerichtskosten Abs. 2 zu berücksichtigen (BT-Drs. 7/2016, 70). **15**

Eine Verweisung durch das Rechtsmittelgericht an das zuständige erstinstanzliche Gericht kommt insbesondere in **Betracht in Beschwerdeverfahren nach § 17a Abs. 4 Satz 3 GVG.** Sie kommt ferner in Fällen in Betracht, in denen das erstinstanzliche Gericht den Rechtsstreit entgegen § 17a Abs. 2 GVG nicht an das Gericht des zulässigen Rechtsweges verwiesen, sondern die Klage als unzulässig abgewiesen hat; ferner, wenn das erstinstanzliche Gericht entgegen § 17a Abs. 3 S. 2 GVG über die Zulässigkeit des Rechtsweges trotz Rüge eines Beteiligten nicht vorab durch Beschluss, sondern erst im Urteil entschieden hat. In derartigen Fällen kann das Berufungsgericht den Rechtsstreit aus dem Berufungsverfahren heraus an das erstinstanzliche Gericht des nach seiner Auffassung zulässigen anderen Rechtsweges verweisen (Musielak/Voit/*Wittschier* GVG § 17a Rn. 18). **16**

Wird die fehlerhafte Anrufung eines erstinstanzlichen Gerichts erst vom Rechtsmittelgericht berichtigt, so werden die im Verfahren vor dem Rechtsmittelgericht entstandenen Gerichtskosten nur unter den **Voraussetzungen des § 4 Abs. 2** erhoben. Mehrkosten, die durch die Anrufung des Gerichts, zu dem der Rechtsweg nicht gegeben ist, oder die durch die Anrufung des sachlich oder örtlich unzuständigen Gerichts entstanden sind, werden daher nur angesetzt, wenn die fehlerhafte Anrufung „auf verschuldeter Unkenntnis der tatsächlichen oder rechtlichen Verhältnisse beruht". Dabei genügt jede Fahrlässigkeit. Ein Verschulden ihres gesetzlichen Vertreters oder ihres Prozessbevollmächtigten steht dem Verschulden der Partei gleich (§ 51 Abs. 2 ZPO, § 85 Abs. 2 ZPO). **17**

Die **Entscheidung über die Erhebung der Mehrkosten** trifft der Richter des erstinstanzlichen Gerichts, an das das Verfahren von dem Rechtsmittelgericht verwiesen worden ist. Er entscheidet grundsätzlich durch Beschluss, gegen in sinngemäßer Anwendung des § 66 Abs. 2 die Beschwerde stattfindet. **18**

Anhang zu § 4

I. Kostenverfügung

Die **Kostenverfügung** (KostVfg), eine von allen Ländern und vom Bundesministerium der Justiz gleichlautend erlassene Verwaltungsvorschrift, enthält Durchführungsbestimmungen für die Kostenerhebung. Der vollständige Text in der derzeit geltenden Fassung ist im Anhang I.2. abgedruckt. Einzelheiten des Kosten- **1** ansatzes bei Verweisung an ein Gericht eines anderen Landes regelt **§ 6 KostVfg.** Die Vorschrift hat folgenden Wortlaut:

§ 6 Kostenansatz bei Verweisung eines Rechtsstreits an ein Gericht eines anderen Landes. (1) Wird ein Rechtsstreit an ein Gericht eines anderen Landes der Bundesrepublik verwiesen, so ist für den Kostenansatz der Kostenbeamte des Gerichts zuständig, das nach der Vereinbarung des Bundes und der Länder über den Ausgleich von Kosten (Bekanntmachungen des Bundesministeriums für Arbeit und Sozialordnung vom 26. Juli 2001 [BAnz. S. 16801] und des Bundesministeriums für Arbeit und Soziales vom 4. März 2010 [BAnz. S. 1108]).

(2) Einzuziehende Beträge, die nach § 59 RVG auf die Staatskasse übergegangen sind, werden im Falle der Verweisung eines Rechtsstreits an ein Gericht eines anderen Landes bei dem Gericht angesetzt, an das der Rechtsstreit verwiesen worden ist (vgl. Vereinbarung über den Ausgleich von Kosten – a. a. O.).

II. Vereinbarung über den Ausgleich von Kosten

2 Die in § 6 KostVfg genannte **Vereinbarung über den Ausgleich von Kosten (KostAusVb),** ein am 1.7.2001 in Kraft getretenes Verwaltungsabkommen zwischen der Bundesrepublik Deutschland und den Ländern, lautet auszugsweise wie folgt (der vollständige Text ist abgedruckt im BAnz. 2001, 16 801, zuletzt geändert durch Vereinbarung vom 6.12.2016, Banz AT 17.2.2017 B1).

I. Kosten in gerichtlichen Verfahren bei Verweisung eines Verfahrens an ein anderes Gericht

1. Wird ein Verfahren an ein anderes Gericht verwiesen, so werden die Kosten (Gebühren und Auslagen), die vor der Verweisung fällig geworden sind, bei dem verweisenden Gericht angesetzt und eingezogen. Kostenvorschüsse werden bei dem verweisenden Gericht eingezogen, wenn sie bereits vor der Verweisung angesetzt waren oder das Gericht eine Amtshandlung von ihrer Zahlung abhängig gemacht hatte.

2. Die nach der Verweisung fällig werdenden Kosten werden stets bei dem Gericht angesetzt und eingezogen, an das das Verfahren verwiesen worden ist. Dies gilt auch für Kostenvorschüsse, die zwar vor der Verweisung fällig geworden sind, im Zeitpunkt der Verweisung bei dem verweisenden Gericht aber noch nicht angesetzt waren.

3. Sind nach der Verweisung eines Verfahrens Kosten zurückzuzahlen, so wird die Rückzahlung bei dem Gericht angeordnet, an das das Verfahren verwiesen worden ist, auch wenn die Kosten bei dem verweisenden Gericht eingezogen worden sind. Die Zurückzahlung der Kosten erfolgt aus den Haushaltsmitteln des Gerichts, an das das Verfahren verwiesen worden ist.

II. Vergütungen der in gerichtlichen Verfahren im Wege der Verfahrens- oder Prozesskostenhilfe oder nach § 138 FamFG beigeordneten Rechtsanwälte sowie der nach § 73a Abs. 1 Satz 3 SGG, § 142 Abs. 2 Satz 1 FGO oder § 166 Abs. 1 Satz 2 VwGO beigeordneten Prozessvertreter bei Verweisung eines Verfahrens an ein anderes Gericht

1. Wird ein Verfahren an ein anderes Gericht verwiesen, so setzt der Urkundsbeamte der Geschäftsstelle dieses Gerichts die Vergütung des von dem verweisenden Gericht beigeordneten Rechtsanwalts oder beigeordneten Prozessvertreters fest; er erteilt auch die Auszahlungsanordnung. Die Vergütung des beigeordneten Rechtsanwalts oder beigeordneten Prozessvertreters wird aus den Haushaltsmitteln des Gerichtes gezahlt, an das das Verfahren verwiesen worden ist.

2. Nr. 1 gilt nicht, wenn bereits vor der Versendung der Akten der Anspruch fällig geworden und der Festsetzungsantrag bei dem verweisenden Gericht eingegangen ist. Die Geschäftsstelle des verweisenden Gerichts hat Festsetzungsanträge, die nach der Aktenversendung bei ihr eingehen, an die nach Nr. 1 zuständige Geschäftsstelle weiterzugeben.

III. Auslagen bei Inanspruchnahme der Amtshilfe von Behörden. Nimmt ein Gericht oder eine Staatsanwaltschaft die Amtshilfe einer anderen Behörde der Justizverwaltung oder einer Fachgerichtsbarkeit bei der Vernehmung von Zeugen oder Sachverständigen in Anspruch, so zahlt die in Anspruch genommene Behörde die den Zeugen, Sachverständigen oder Dolmetschern zu gewährenden Entschädigungen und Vergütungen nur aus, wenn eine Barzahlung erforderlich ist; die Zahlung ist unverzüglich zu den Sachakten mitzuteilen. Es genügt die Übersendung einer Durchschrift der Auszahlungsanordnung, die auch elektronisch erfolgen kann. Auf der Urschrift der Auszahlungsanordnung ist zu bescheinigen, dass die Anzeige zu den Sachakten erstattet ist.

IV. Abgabe eines Verfahrens, Erstattungsverzicht

1. Die Abschnitte I und II gelten auch bei der Abgabe eines Verfahrens.

2. Die Länder verzichten gegenseitig auf die Erstattung von Beträgen, die nach den Abschnitten I bis III eingezogen oder ausgezahlt werden, auf den Ausgleich von Zahlungen, die auf Grund der Bewilligung von Verfahrens- oder Prozesskostenhilfe geleistet werden, sowie auf die Abführung der Einnahmen, die sich auf Grund des § 59 RVG ergeben.

V. Reiseentschädigung und Vorschüsse. Die Länder verzichten gegenseitig auf die Erstattung von Reiseentschädigungen, die an mittellose Personen oder als Vorschüsse an Zeugen und Sachverständige gezahlt werden.

VI. Gerichtsvollzieherkosten. Wird ein Gerichtsvollzieher auf Grund der Bewilligung von Verfahrens- oder Prozesskostenhilfe eines anderen Gerichts unentgeltlich tätig, so verzichten die Länder gegenseitig auf die Erstattung der Auslagen, die dem Gerichtsvollzieher aus der Landeskasse ersetzt werden. Dies gilt auch, wenn die Gerichtsvollzieherkosten bei dem Gericht, das die Verfahrens- oder Prozesskostenhilfe bewilligt hat, später eingezogen werden.

VII. Geltungsbereich. Die Abschnitte I bis III gelten nicht im Verhältnis zum Bund; die Länder verzichten jedoch auch zu Gunsten des Bundesgerichtshofs, des Bundesarbeitsgerichts, des Bundesfinanzhofs, des Bundessozialgerichts, des Bundesverwaltungsgerichts, des Deutschen Patent- und Markenamts und des Bundespatentgerichts auf die Erstattung der in den Abschnitten V und VI genannten Beträge.

VIII. Schlussbestimmungen. Die Vereinbarung kann von jedem Beteiligten zum Ende eines Kalenderjahres mit einer Frist von sechs Monaten gekündigt werden. Die Kündigung ist allen anderen Beteiligten gegenüber schriftlich zu erklären. Die Kündigung durch einen Beteiligten lässt die Gültigkeit der Vereinbarung zwischen den anderen Beteiligten unberührt.

§ 5 Verjährung, Verzinsung

(1) [1]**Ansprüche auf Zahlung von Kosten verjähren in vier Jahren nach Ablauf des Kalenderjahrs, in dem das Verfahren durch rechtskräftige Entscheidung über die Kosten, durch Vergleich oder in sonstiger Weise beendet ist.** [2]**Für die Ansprüche auf Zahlung von Auslagen des erstinstanzlichen Musterverfahrens nach dem Kapitalanleger-Musterverfahrensgesetz**

beginnt die Frist frühestens mit dem rechtskräftigen Abschluss des Musterverfahrens.

(2) **[1]Ansprüche auf Rückerstattung von Kosten verjähren in vier Jahren nach Ablauf des Kalenderjahrs, in dem die Zahlung erfolgt ist. [2]Die Verjährung beginnt jedoch nicht vor dem in Absatz 1 bezeichneten Zeitpunkt. [3]Durch Einlegung eines Rechtsbehelfs mit dem Ziel der Rückerstattung wird die Verjährung wie durch Klageerhebung gehemmt.**

(3) **[1]Auf die Verjährung sind die Vorschriften des Bürgerlichen Gesetzbuchs anzuwenden; die Verjährung wird nicht von Amts wegen berücksichtigt. [2]Die Verjährung der Ansprüche auf Zahlung von Kosten beginnt auch durch die Aufforderung zur Zahlung oder durch eine dem Schuldner mitgeteilte Stundung erneut. [3]Ist der Aufenthalt des Kostenschuldners unbekannt, genügt die Zustellung durch Aufgabe zur Post unter seiner letzten bekannten Anschrift. [4]Bei Kostenbeträgen unter 25 Euro beginnt die Verjährung weder erneut noch wird sie gehemmt.**

(4) **Ansprüche auf Zahlung und Rückerstattung von Kosten werden vorbehaltlich der nach Nummer 9018 des Kostenverzeichnisses für das erstinstanzliche Musterverfahren nach dem Kapitalanleger-Musterverfahrensgesetz geltenden Regelung nicht verzinst.**

I. Anwendungsbereich

1 Die Bestimmung regelt die **Verjährung** der Ansprüche der Staatskasse auf Zahlung der sich aus dem GKG ergebenden Kosten sowie der Ansprüche der Kostenschuldner auf Erstattung überzahlter Gerichtskosten. In beiden Fällen beträgt die Verjährungsfrist vier Jahre; es gelten grundsätzlich die Vorschriften des BGB über die Verjährung (Abs. 3 Satz 1).

II. Verjährung des Kostenanspruchs (Abs. 1)

2 Der Anspruch der Staatskasse auf Zahlung der Gerichtskosten (Gebühren und Auslagen, § 1 Abs. 1 Satz 1) verjährt **in vier Jahren.** Die Verjährungsfrist beginnt mit dem Ablauf des Kalenderjahrs, in dem das Verfahren durch rechtskräftige Entscheidung über die Kosten, durch Vergleich oder in „sonstiger Weise" beendet ist. Da in der Regel die Klage erst nach Zahlung der Gerichtsgebühr zugestellt wird, also eine Vorauszahlung zu leisten ist, hat die Vorschrift im Zivilprozess keine große Bedeutung. Der Lauf der Verjährungsfrist kann bei einer **Mehrheit von Schuldnern** (§ 31) unterschiedlich zu beurteilen sein. Ob der Lauf der Verjährungsfrist gegen den Zweitschuldner gehemmt ist, solange gegen den Erstschuldner wegen der Gerichtskosten vollstreckt wird, ist umstritten. Nach zutreffender Ansicht kann eine Hemmung nicht angenommen werden, da § 205 BGB auf gesetzliche Leistungsverweigerungsrechte wie die Einrede der Verjährung unanwendbar ist und andere Vorschriften, aus denen eine Hemmung hergeleitet werden könnte, nicht ersichtlich sind (OLG Celle JurBüro 2008, 324). Die Verjährungsfrist für den Zweitschuldner beginnt nicht vor Eintritt der Voraussetzungen für eine Zweitschuldnerinanspruchnahme zu laufen, was gemäß §§ 31 Abs. 2 S. 1 dann der Fall ist, wenn eine Zwangsvollstreckung in das bewegliche Vermögen des Erstschuldners erfolglos

geblieben ist oder aussichtslos erscheint (OLG Düsseldorf BeckRS 2010, 04544; LG Darmstadt BeckRS 2016, 13698). Der Lauf der Verjährungsfrist wegen der Gerichtskosten ist für den Erst- und den **Zweitschuldner** getrennt zu beurteilen (OLG Celle JurBüro 2008, 324). Erhebt der Zweitschuldner, der mehr als vier Jahre nach dem Schluss des Jahres, in dem das Verfahren beendet worden ist, auf Zahlung der Gerichtskosten in Anspruch genommen worden ist, die Einrede der Verjährung, hat der Kostenbeamte zu ermitteln, wann erstmals eine Vollstreckung gegen den Erstschuldner erfolglos geblieben bzw. aussichtslos erschienen ist (OLG Celle JurBüro 2012, 538).

Der Beginn des Laufs der Verjährungsfrist setzt zum Einen eine **rechtskräftige Entscheidung über die Gerichtskosten** voraus. Die Kostenentscheidung kann in einem Urteil, aber auch in einem Beschluss enthalten sein, zB in Kostenbeschlüssen nach §§ 91 a, 269, 516 Abs. 3 Satz 2 ZPO. 3

Die Verjährungsfrist wird zum Anderen auch durch die **Beendigung** des Verfahrens **durch Vergleich** in Lauf gesetzt. Erforderlich ist stets, dass der Vergleich den gesamten Rechtsstreit erledigt. Der Abschluss eines Teil- oder Zwischenvergleichs reicht in der Regel nicht aus, es sei denn, er betrifft den letzten noch streitigen Teil des Verfahrens und beendet es dadurch insgesamt. Eine Kostenregelung muss der Vergleich nicht enthalten. Fehlt sie, gilt § 98 ZPO. 4

Der Lauf der Verjährungsfrist beginnt schließlich auch bei **Beendigung** des Verfahrens **in sonstiger Weise,** zB durch längerfristige Aussetzung, Anordnung des Ruhens, Weglegen der Akten. In diesen Fällen beginnt die Frist mit dem Zeitpunkt, in dem für das Gericht der Wille der Parteien erkennbar wird, das Verfahren als erledigt zu betrachten. Bei Verfahrensunterbrechung durch Insolvenzverfahren nach § 240 ZPO kann das Verfahren nicht ohne weiteres als in sonstiger Weise als beendet angesehen werden, wenn sechs Monate verstrichen und die **Akten** nach § 7 Abs. 3 AktO weggelegt worden sind, es ist vielmehr im Einzelfall zu prüfen, ob der Wille der Parteien erkennbar geworden ist, das Verfahren als erledigt zu betrachten (OLG Karlsruhe BeckRS 2012, 21045; OLG Köln BeckRS 2014, 08105). 5

Für Auslagen in erstinstanzlichen Verfahren nach dem **Kapitalanleger-Musterverfahrensgesetz** beginnt der Lauf der Verjährungsfrist nach der Sonderregelung in Abs. 1 Satz 2 frühestens mit dem rechtskräftigen Abschluss des Verfahrens. Erst dann werden die Auslagen nach § 9 Abs. 1 fällig. 6

III. Verjährung von Rückerstattungsansprüchen (Abs. 2)

Auch die Ansprüche der Kostenschuldner auf Rückerstattung von Kosten verjähren in **vier Jahren.** Die Frist beginnt mit Ablauf des Kalenderjahrs, in dem die Überzahlung erfolgt ist (Abs. 2); das entspricht § 6 Abs. 2 GNotKG. Sie beginnt jedoch nicht vor dem Beginn der Verjährung des Kostenanspruchs nach Abs. 1. *Beispiel:* Juli 2009 Klageeinreichung und Kostenüberzahlung, rechtskräftiges Verfahrensende im September 2014. Die Verjährung läuft ab 31.12.2014 bis 31.12.2018. Die Rückerstattung von Kosten setzt voraus, dass Kosten zu Unrecht erhoben sind und der Kostenansatz nach ihrer Zahlung berichtigt worden ist (vgl. §§ 35, 36 KostVfg). Zu Überzahlungen kommt es zB, wenn aus einem zu hohen Streitwert Gebühren einbezahlt werden (Reduzierung nach Streitwertbeschwerde) oder zu hohe Sachverständigenvergütungen vorausbezahlt wurden. Die Rückerstattung überzahlter **Betreuervergütung** (VBVG, § 1836 BGB) fällt nicht unter § 5 GKG (LG Detmold NJW-RR 2012, 390), weil es dabei um freiwillige Gerichtsbarkeit geht. 7

8 Die **Verjährung** wird wie durch eine „Klageerhebung" **gehemmt,** wenn der Gläubiger des Rückerstattungsanspruchs gegen den Kostenansatz einen **Rechtsbehelf** mit dem Ziel einlegt, nach seiner Auffassung überzahlte Beträge zurück zu erhalten (Abs. 2 Satz 3). Rechtsbehelfe sind die Erinnerung, die Beschwerde und die sofortige Beschwerde (§ 66).

IV. Auf die Verjährung anwendbare Vorschriften (Abs. 3)

9 Abs. 3 Satz 1 erklärt die Verjährungsvorschriften des BGB (§§ 194ff. BGB) für anwendbar. Dazu gehört auch § 199 Abs. 1 BGB, der auf die Kenntnis abstellt (OLG Frankfurt NStZ 2010, 719). Abs. 3 Satz 1 bestimmt zugleich, dass die **Verjährung nicht von Amts wegen berücksichtigt** wird. Daher sind auch verjährte Kostenansprüche von der Justizkasse einzuziehen, was rechtsstaatlich bedenklich erscheint. Der Schuldner hat jedoch die Möglichkeit, im Wege der Erinnerung die Einrede der Verjährung zu erheben und die Zahlung zu verweigern (§ 214 Abs. 1 BGB). Beträge, die er in **Unkenntnis der Verjährung** gezahlt hat, können nicht zurückgefordert werden (§ 214 Abs. 2 Satz 1 BGB).

10 Auch die Staatskasse kann gegen **Rückerstattungsansprüche** die **Einrede der Verjährung** erheben. Soweit dies in Betracht kommt, hat der Kostenbeamte nach § 37 KostVfg zu verfahren und die Akten dem zur Vertretung der Staatskasse zuständigen Beamten (Bezirksrevisor) vorzulegen.

V. Erneuter Beginn der Verjährung

11 Die Verjährung von Kostenansprüchen der Staatskasse kann nach Maßgabe des nach § 5 Abs. 3 Satz 1 anwendbaren § 212 BGB neu beginnen, etwa durch Anerkennung des Anspruchs, zB durch Abschlagszahlung seitens des Kostenschuldners, oder durch Vornahme einer Vollstreckungshandlung der Justizkasse.

12 Daneben beginnt nach Abs. 3 Satz 2 die Verjährung des Anspruchs auf Zahlung von Kosten auch durch die **Aufforderung zur Zahlung** (merkwürdig, im BGB genügt das nicht) oder durch eine dem Schuldner mitgeteilte **Stundung** neu, im Falle der Stundung erst nach Ablauf des Zeitraums, in dem der Anspruch gestundet war. Diese müssen dem Schuldner zugegangen sein; eine förmliche Zustellung ist nicht erforderlich. Ist der Aufenthalt des Schuldners unbekannt, genügt die Zustellung durch Aufgabe zur Post (§ 184 ZPO) unter seiner letzten bekannten Anschrift (vgl. FG Sachsen BeckRS 2015, 94283; FG Hamburg BeckRS 2011, 94979). Mit der Aufgabe zur Post wird die Zustellung als bewirkt angesehen, auch wenn die Sendung als unbestellbar zurückkommt. Bei Kosten unter 25 Euro wird die Verjährung weder gehemmt noch beginnt sie neu.

VI. Keine Verzinsung (Abs. 4)

13 Ansprüche auf Zahlung oder Rückerstattung von Gerichtskosten werden **nicht verzinst** (OLG München NJW-RR 2017, 437; Gesetzesänderung, früher streitig). Eine Ausnahme gilt nur für Auslagen des erstinstanzlichen Musterverfahrens nach dem Kapitalanleger-Musterverfahrensgesetz, für die Nr. 9018 KV eine Verzinsung vorsieht. Zu deren Fälligkeit vgl. § 9 Abs. 1 Satz 2.

§ 5a Elektronische Akte, elektronisches Dokument

In Verfahren nach diesem Gesetz sind die verfahrensrechtlichen Vorschriften über die elektronische Akte und über das elektronische Dokument anzuwenden, die für das dem kostenrechtlichen Verfahren zugrunde liegende Verfahren gelten.

Zweck des § 5a ist es, **den Gerichten im Geltungsbereich** des Gerichtskostengesetzes eine elektronische Aktenführung zu ermöglichen. Darüber hinaus soll sowohl den Gerichten als auch den Verfahrensbeteiligten der elektronische Rechtsverkehr ermöglicht und damit eine Verfahrensbeschleunigung erreicht werden. Die Regelung entspricht § 8 FamGKG (mit § 14 FamFG) und § 7 GNotKG. § 5a verweist für das **elektronische Dokument** auf §§ 130a, 130b ZPO und für die **elektronische Akte** auf §§ 298, 298a ZPO, wenn ein ZPO-Verfahren zugrunde liegt. Zu den übrigen Verfahrensordnungen → Rn. 2. Für ausgehende Schriftstücke vgl. § 274 Abs. 3 ZPO, § 195 ZPO. Zur Beweisführung mit elektronischen Dokumenten § 371a ZPO. 1

Das Justizkommunikationsgesetz hat den Zivilprozess und die Verfahren vor den Gerichten der Fachgerichtsbarkeiten sowie das Bußgeldverfahren für eine **elektronische Aktenführung** geöffnet. In die Zivilprozessordnung, die Verwaltungsgerichtsordnung, die Finanzgerichtsordnung, das Sozialgerichtsgesetz, das Arbeitsgerichtsgesetz sowie in das Gesetz über Ordnungswidrigkeiten sind Vorschriften aufgenommen worden, die es den Gerichten und Behörden ermöglichen, die Prozess- und Verfahrensakten elektronisch zu führen (§ 298a ZPO, § 55b VwGO, § 52b FGO, § 65b SGG, § 46e ArbGG, § 110b OWiG). 2

Die elektronische Aktenführung im gerichtlichen Verfahren muss durch eine **Rechtsverordnung zugelassen** werden. Die Zulassung der elektronischen Aktenführung kann auf einzelne Gerichte und auf bestimmte Verfahren beschränkt werden. 3

Bei den **Bundesgerichten** ist der elektronische Rechtsverkehr weitgehend zugelassen. Vgl. für den Bundesgerichtshof und das Bundespatentgericht: VO vom 24.8.2007, BGBl. I S. 2130, geändert durch Art. 30 FGG-Reformgesetz vom 17.12.2008, BGBl. I S. 2586, 2702; für das Bundesverwaltungsgericht und den Bundesfinanzhof: VO vom 26.11.2004, BGBl. I S. 3091; für das Bundesarbeitsgericht: VO vom 9.3.2006, BGBl. I S. 519; für das Bundessozialgericht: VO vom 18.12.2006, BGBl. I S. 3219. Umfassende Informationen über die den elektronischen Rechtsverkehr stehen im Internet im **Justizportal des Bundes und der Länder** zur Verfügung (http://www.justiz.de/ERV/index.php). 4

Nur wenn für ein **gerichtliches Verfahren** die elektronische Aktenführung durch Rechtsverordnung zugelassen ist, sind auch diejenigen Akten(teile) elektronisch zu führen, die bei dem Gericht wegen der Kosten eben dieses Verfahrens im Verfahren nach dem GKG entstehen, etwa im Zuge des Kostenansatzes nach Abschnitt 4 und im Rahmen von Erinnerungs- und Beschwerdeverfahren nach Abschnitt 8 GKG. 5

Zur Verpflichtung der **Verfahrensbeteiligten,** zB der beteiligten Rechtsanwälte, zur Nutzung der elektronischen Kommunikationsformen vgl § 130d ZPO (Fassung 2018). 6

Die **elektronische Übermittlung ersetzt** für alle im GKG vorgesehenen Anträge und Erklärungen eine ansonsten erforderliche **Schriftform.** Gleiches gilt für 7

Anträge und Erklärung, die keiner Schriftform bedürfen, sondern zu Protokoll der Geschäftsstelle abgegeben werden können, zB nach § 66 Abs. 5 Satz 1. Telefaxe der Parteien sind schon seit Jahren zulässig und fristwahrend. Gewöhnliche E-Mails der Parteien und Anwälte an die Gerichte sind nicht fristwahrend (BGH NJW-RR 2015, 1209). Anwälte können sich über das „Elektronische Gerichts- und Verwaltungsportal" (EGVP) ein elektronisches Postfach einrichten lassen. „Ein elektronisches Dokument ist eingereicht, sobald die für den Empfang bestimmte Einrichtung des Gerichts es aufgezeichnet hat" (§ 130a Abs. 3 ZPO); es kommt also nicht darauf an, ob es gelesen oder ausgedruckt ist. Ob es bei technisch bedingten Fehlern Wiedereinsetzung geben wird wird sich zeigen.

8 Das **Risiko einer fehlgeschlagenen Übermittlung** trägt der Absender (zu den an ihn zu stellenden Sorgfaltsanforderungen vgl. OVG Koblenz NJW 2007, 3224 (3225)); dazu gehört auch, dass eine Frist versäumt wird und der Fehler erst nach Fristablauf entdeckt wird. Das Dokument muss also von der Empfangseinrichtung des Gerichts vollständig aufgezeichnet sein und den durch Rechtsverordnung bestimmten technischen Anforderungen und Rahmenbedingungen entsprechen.

§ 5b Rechtsbehelfsbelehrung

Jede Kostenrechnung und jede anfechtbare Entscheidung hat eine Belehrung über den statthaften Rechtsbehelf sowie über die Stelle, bei der dieser Rechtsbehelf einzulegen ist, über deren Sitz und über die einzuhaltende Form und Frist zu enthalten.

I. Allgemeines

1 Nach jahrelanger Diskussion über Zweckmäßigkeit und Kosten sind in alle Verfahrensordnungen Bestimmungen eingefügt worden, die eine Pflicht des Gerichts zur Rechtsbehelfsbelehrung festlegen. Eine ähnliche Regelung findet sich zB in § 7a GNotKG.

II. Erfasste Entscheidungen

1. Jede Kostenrechnung

2 Damit ist die Kostenrechnung nach §§ 4, 24 KostVfg gemeint, welche die Sache und das Aktenzeichung, die Berechnung der Kosten unter Angabe der Kostensätze mit KV-Nummer, gegebenenfalls den zugrunde gelegten Streitwert, die bezahlten Vorschüsse, den Gesamtbetrag der Kosten sowie Name und Anschrift des Kostenschuldners enthält. Bei Gesamtschuld ist dies zu vermerken. Erst- und Zweitschuldner sind ausdrücklich als solche zu bezeichnen. Der Kostenansatz (als Teil der Kostenrechnung) ist nach § 66 mit Erinnerung angreifbar.

2. Jede anfechtbare Entscheidung

3 Es kommt nicht darauf an, ob für die Anfechtung eine Frist besteht oder nicht. Für **unanfechtbare** Entscheidungen ist eine Belehrung dahin, dass Unanfechtbarkeit besteht, nicht vorgeschrieben; das ist für den Bürger nachteilig, weil er die Ge-

setzeslage nicht kennt, seine Beschwerde dann zurückgewiesen wird und er mit Kosten belastet wird. Unanfechtbar sind zB Hinweise nach § 139 ZPO.

Da der Rechtsbehelf nicht im allgemeinen, sondern im konkreten Fall statthaft sein muss, hat das Gericht bei Erteilung der Belehrung zu prüfen: 4

- ob der Rechtsbehelf nicht kraft Gesetzes ausgeschlossen ist (zB § 66 Abs. 3 Satz 3 GKG; § 197 Abs. 2 SGG). In manchen Fällen ist streitig, ob eine Beschwerde statthaft ist oder nicht. Daraus ergeben sich Unsicherheiten für die Belehrung,
- ob der Beschwerdewert (zB 200 Euro) im konkreten Fall erreicht ist (zB § 68),
- wenn der Rechtsbehelf zugelassen werden müsste (zB § 66 Abs. 4), ob die Zulassung in der Entscheidung erfolgt ist.

Als **anfechtbare Entscheidungen** kommen zB in Betracht: Streitwertfestsetzung (§§ 62, 63), Anforderung einer Vorauszahlung (§ 67), Auferlegung einer Verzögerungsgebühr (§ 38), Kostenfestsetzungsbeschluss, Entscheidung über die Erinnerung. 5

III. Form und Inhalt der Rechtsbehelfsbelehrung

1. Form und Inhalt der Belehrung

Sie muss schriftlich erfolgen (aA *Hartmann* Rn. 19: mündlich ausreichend), die **Unterschrift** des Richters bzw Rechtspflegers muss unter der Belehrung stehen, also Entscheidung und Belehrung abdecken. Sie muss für den Empfänger laienhaft verständlich sein, blosser Abdruck von Gesetzestexten ist unzureichend. Das Beifügen von Vordrucken durch die Geschäftsstelle genügt nicht. Die häufigen mehrseitigen Computerausdrucke treffen oft nicht den konkreten Fall und sind daher ungenügend. Das Kostenrisiko muss nicht angegeben werden. Die Belehrung kann, wenn sie vergessen wurde, nachgeholt werden (obwohl der Gesetzestext von „enthalten" spricht, was auf Gleichzeitigkeit hindeutet). 6

2. Statthafter Rechtsbehelf

Rechtsbehelfe sind in Kostensachen vorwiegend die **Erinnerung** und die **Beschwerde.** Die Rüge wegen Verletzung des rechtlichen Gehörs (§ 69a) fällt nicht darunter, ebenso nicht die Wiedereinsetzung in den vorigen Stand und auch nicht die Verfassungsbeschwerde. Wenn die Statthaftigkeit vom Erreichen eines Betrages abhängt (zB 200 Euro) ist darauf hinzuweisen, die Belehrung darf also nicht abstrakt erfolgen, sondern wenn der Betrag nicht erreicht ist erfolgt kein Hinweis auf ein Rechtsmittel, weil es eben nicht statthaft ist. Besser wäre in diesen Fällen der Satz, dass die Entscheidung unanfechtbar ist. 7

3. Stelle, bei der dieser Rechtsbehelf einzulegen ist und deren Sitz

Die Einlegung hat je nach Regelung bei dem Gericht zu erfolgen, dessen Entscheidung angegriffen wird (Regelfall), oder beim Obergericht zu erfolgen. Die vollstände Anschrift der „Stelle" mit Postleitzahl ist erforderlich. 8

4. Einzuhaltende Form des Rechtsbehelfs

Das ist der Hinweis, dass die Einlegung schriftlich (auch mit Telefax) zu erfolgen hat und Telefon oder gewöhnliches E-Mail nicht genügt. Ferner ist anzugeben, ob 9

Anwaltszwang besteht und, wenn der BGH als Rechtsmittelgericht in Frage kommt, dass dort nur ein zugelassener Anwalt wirksam handeln kann.

5. Frist des Rechtsbehelfs

10 Wenn der Rechtsbehelf befristet ist ist über die Länge der Frist sowie deren Berechnung zu belehren sowie darüber, dass es für die Fristwahrung auf den Eingang bei Gericht und nicht auf die Absendung durch die Partei ankommt.

IV. Folgen einer unterlassenen oder falschen Belehrung

11 Die Entscheidung ist **wirksam** (also nicht nichtig), auch wenn die Belehrung fehlt oder falsch ist oder sonstige Mängel (zB Vordruckverwendung, Belehrung durch Geschäftsstelle) hat. Das liegt im Justizinteresse, weshalb die Nichtigkeitslösung vom Gesetzgeber nicht vertreten wird. Deshalb laufen auch Rechtsmittelfristen, die Entscheidung kann trotz fehlender oder falscher Belehrung **rechtskräftig** werden. Eine unrichtige Belehrung kann ein sonst unstatthaftes Rechtsmittel nicht eröffnen (BGH BGH FamRZ 2014, 1100).

12 Ist wegen der fehlenden oder falschen Belehrung eine **Frist versäumt** worden fragt sich, ob **Wiedereinsetzung** in Frage kommt. Vgl. **§ 68 Abs. 2.** Wiedereinsetzung setzt fehlendes Verschulden des Antragstellers voraus, wobei Anwaltsverschulden der Partei zugerechnet wird (§ 85 Abs. 2 ZPO), ebenso Verschulden eines gesetzlichen Vertreters dem Vertretenden (§ 51 Abs. 2 ZPO). Nach § 68 Abs. 2 Satz 2 wird ein Fehlen des Verschuldens vermutet, wenn eine Rechtsbehelfsbelehrung unterblieben oder fehlerhaft ist; ebenso § 233 nF ZPO. Das hilft aber allenfalls dem Laien, diesem auch dann nicht, wenn ihm die richtige Frist bekannt war (zB aus früheren Verfahren) und er dieses Wissen dem Gericht offenbart.

13 Nach Ansicht des BGH (NJW 2012, 1025; NJW-RR 2016, 623) kommt eine Wiedereinsetzung in den vorigen Stand nur bei **Kausalität** zwischen der fehlenden Rechtsbehelfsbelehrung und der Fristversäumung in Betracht. An dieser Kausalität fehlt es bei einem **anwaltlich vertretenen Beteiligten** (BGH NJW 2013, 1308; OLG Schleswig FamRZ 2011, 210; OLG Zweibrücken NJW-RR 2011, 1016; Musielak/Voit/*Grandel* ZPO § 233 Rn. 44), weil er die Rechtslage selbst erkennen kann, indem er im Gesetz nachliest. Die Kausalität fehlt auch bei einer **Behörde,** die sich im Verfahren vor dem BGH von einem Beschäftigten mit der Befähigung zum Richteramt vertreten lässt (BGH NJW 2013, 1308).

14 Das sind **übertriebene Anforderungen.** Dem Rechtsanwalt wird nach Ansicht des BGH angesonnen, klüger zu sein als das Gericht, die Fehlerhaftigkeit der Belehrung zu erkennen und nach eigener Rechtsauffassung zu handeln, was nicht zumutbar ist, wenn der angeblich spezialisierte Richter/Rechtspfleger eine andere Rechtsauffassung in der Belehrung schriftlich niedergelegt hat. Im Übrigen differenziert des BGH (NJW-RR 2012, 1025) zwischen einer fehlenden und einer inhaltlich fehlerhaften Belehrung. Die Kausalität könne bei einer inhaltlich unrichtigen Rechtsbehelfsbelehrung bei einem anwaltlich vertretenen Beteiligten entfallen, wenn die durch das Gericht erteilte Rechtsbehelfsbelehrung offenkundig falsch gewesen ist und deshalb (ausgehend von den bei einem Rechtsanwalt vorauszusetzenden Grundkenntnissen des Verfahrensrechts und des Rechtsmittelsystems) nicht einmal den Anschein der Richtigkeit zu erwecken vermochte. Auch das ist nicht haltbar, denn was ist „offenkundig“ und was ist „schlicht“ falsch? Was sind Grund-

kenntnisse des Verfahrensrechts und was gehobene Kenntnisse? Richtig ist, den Rechtsanwalt bei der Frage nach der Verlässlichkeit einer Rechtsmittelbelehrung nicht anders zu behandeln als eine nichtjuristische Partei.

Abschnitt 2. Fälligkeit

§ 6 Fälligkeit der Gebühren im Allgemeinen

(1) [1]**In folgenden Verfahren wird die Verfahrensgebühr mit der Einreichung der Klage-, Antrags-, Einspruchs- oder Rechtsmittelschrift oder mit der Abgabe der entsprechenden Erklärung zu Protokoll fällig:**
1. in bürgerlichen Rechtsstreitigkeiten,
2. in Sanierungs- und Reorganisationsverfahren nach dem Kreditinstitute-Reorganisationsgesetz,
3. in Insolvenzverfahren und in schifffahrtsrechtlichen Verteilungsverfahren,
4. in Rechtsmittelverfahren des gewerblichen Rechtsschutzes und
5. in Prozessverfahren vor den Gerichten der Verwaltungs-, Finanz- und Sozialgerichtsbarkeit.

[2]**Im Verfahren über ein Rechtsmittel, das vom Rechtsmittelgericht zugelassen worden ist, wird die Verfahrensgebühr mit der Zulassung fällig.**

(2) **Soweit die Gebühr eine Entscheidung oder sonstige gerichtliche Handlung voraussetzt, wird sie mit dieser fällig.**

(3) **In Verfahren vor den Gerichten für Arbeitssachen bestimmt sich die Fälligkeit der Kosten nach § 9.**

I. Fälligkeit der Verfahrensgebühr (Abs. 1)

1 Dem § 6 entsprechen §§ 9–11 FamGKG und §§ 8, 9 GNotKG. Eine **Kostenschuld** entsteht, sobald ein **Kostentatbestand** erfüllt ist. Fälligkeit bezeichnet den (meist späteren) Zeitpunkt, von dem ab der Gläubiger (dh hier: die Staatskasse) die Leistung fordern kann. Kosten werden alsbald nach Fälligkeit angesetzt (§ 15 Abs. 1 KostVfg). Ab Fälligkeit darf der Kostengläubiger (Justiz) mit der Vollstreckung beginnen (§ 5 Abs. 1 S. 1 JBeitrG); jedoch bestimmt § 5 Abs. 2 JBeitrG zusätzlich, dass in der Regel der Vollstreckungsschuldner vor Beginn der Vollstreckung zur Leistung innerhalb von zwei Wochen schriftlich aufgefordert und nach vergeblichem Ablauf der Frist besonders gemahnt worden ist. § 6 betrifft nur die Fälligkeit, nicht auch die Vorauszahlungspflicht (dazu § 12); mit § 12 spart sich der Staat in den häufigsten Fällen die Vollstreckung, denn ohne Vorauszahlung geschieht nichts. Weiter gibt es eine Vorschusspflicht (§ 15). **Rechtsbehelf:** § 66. Die Fälligkeit der Gerichtskosten wird durch die Erhebung einer Verfassungsbeschwerde nicht hinausgeschoben (BFH/NV 2006, 235). Über die Pflicht zur unbaren Zahlung vgl. **ZahlVGJG** (beachte § 1 Abs. 3 S. 2 ZahlVGJG: „Die Barzahlung ist zu gewährleisten, wenn dem Zahlungspflichtigen eine unbare Zahlung nicht möglich oder wenn Eile geboten ist").

2 § 6 befasst sich nur mit der Verfahrensgebühr (zB KV 1210, 1220), nicht mit **sonstigen Gebühren** des GKG. Auch für die Auslagen gilt § 6 nicht (stattdessen §§ 9, 17). Fälligkeit kann nach § 6 oder nach § 9 eintreten. Eine gegen die Hauptsacheentscheidung erhobene Verfassungsbeschwerde ändert an der Fälligkeit der Gebühr nichts; die Verfassungsbeschwerde hat keine aufschiebende Wirkung (BGH JurBüro 2004, 439).

In den in § 6 genannten Fällen wird die **Verfahrensgebühr** fällig **mit der Einreichung** 3
- der Klage (§ 253 ZPO; verschärft in § 12 Abs. 1 durch Vorauszahlungspflicht); einer Klageerweiterung; Widerklage (hier entfällt aber die Pflicht zur Vorauszahlung, § 12 Abs. 2);
- der Antragsschrift (zB §§ 916, 935 ZPO: Antrag auf Erlass eines Arrests, einer einstweiligen Verfügung),
- der Einspruchsschrift (zB § 338 ZPO: Einspruch gegen Versäumnisurteil),
- der Rechtsmittelschrift (Berufung, Revision, sofortige Beschwerde, Rechtsbeschwerde); es kommt für die Fälligkeit also nicht auf den Eingang der Rechtsmittelbegründung an.

Es kommt nicht darauf an, dass die Klage usw. dem Gegner **zugestellt** oder mitgeteilt wurde (OLG Celle BeckRS 2009, 03100). Kann die Klage nicht zugestellt werden, weil der Kläger die Anschrift des Beklagten nicht herausfindet, dann ändert das nichts an der Fälligkeit der Gebühr. Nimmt er sofort nach Klageeingang die Klage wieder zurück, etwa weil ein Versehen entdeckt wird, ist es ebenso (die Gebühr ermäßigt sich aber, KV 1211). 4

Ob die Klage, der Antrag, das Rechtsmittel usw. **zulässig** sind spielt keine Rolle (BGH BeckRS 2011, 00879; OLG Köln ZinsO 2009, 2411). Reicht eine Privatperson die Klage beim LG bzw. die Zivilberufung selbst beim LG/OLG ein, somit wegen Verstoß gegen den Anwaltszwang unzulässig (§ 78 ZPO), ist trotzdem die Gebühr fällig geworden (OLG Celle BeckRS 2009, 03100); man sollte aber die Gebühr nicht erheben (§ 21). Die **Klage eines Geschäftsunfähigen** dagegen löst keine Gebühr aus. 5

Wird keine Schrift eingereicht, sondern die **Erklärung zu Protokoll abgegeben,** zB bei einer in der Sitzung zu Protokoll erklärten Klageerweiterung, beim Stellen eines Antrags auf Erlass einer einstweiligen Verfügung zu Protokoll des Rechtspflegers, tritt Fälligkeit mit Abgabe der Erklärung ein. 6

II. Fälligkeit mit Einreichung

Fälligkeit mit Einreichung besteht in folgenden Fällen: 7
- **Nr. 1: Bürgerliche Rechtsstreitigkeiten, zB Klage.** Streitigkeiten vor dem ArbG vgl. Abs. 3. FamFG-Sachen (zB Erbscheinsantrag, Antrag auf Bestellung eines Nachlasspflegers, Antrag auf Grundbucheintragung, Handelsregistereintragung usw.) richten sich nach dem GNotKG. Ehesachen, zB Einreichung des Scheidungsantrags, sind im FamGKG geregelt, desgleichen Familiensachen (§ 111 FamFG);
- **Nr. 2:** in Sanierungs- und Reorganisationsverfahren nach dem Kreditinstitute-Reorganisationsgesetz (Gesetz v. 9.12.2010, BGBl. I S. 1900);
- **Nr. 3:** Insolvenzverfahren; Stundung nach §§ 4a bis 4d InsO hat Vorrang;
- **Nr. 3:** Schifffahrtsrechtliches Verteilungsverfahren; dazu Schifffahrtsrechtliche VerteilungsO idF v. 23.3.1999, BGBl. I S. 531, ber. 2000 149);
- **Nr. 4:** Rechtsmittelverfahren des gewerblichen Rechtsschutzes;
- **Nr. 5:** Prozessverfahren vor den Gerichten den Verwaltungsgerichtsbarkeit;
- **Nr. 5:** Prozessverfahren vor den Gerichten der Finanzgerichtsbarkeit;
- **Nr. 5:** Prozessverfahren vor den Gerichten der Sozialgerichtsbarkeit (dazu § 184 Abs. 1 S. 2 SGG).

III. Anderweitige Fälligkeit

8 **Abweichungen von § 6 Abs. 1:**

- **Aktgebühren:** Wenn die Gebühr eine Entscheidung voraussetzt (sog. Aktgebühr): Fälligkeit mit der Entscheidung **(Abs. 2);** im Kostenverzeichnis (KV) wird teils als Tatbestand angegeben „Verfahren" (zB Nr. 1210), teils „Entscheidung" (zB KV 1120). Im letzteren Fall wird die Gebühr natürlich erst fällig, wenn die Entscheidung existent geworden ist.
- **Zulassungsfälle: Abs. 1 Satz 2** (eingefügt durch 2. KostRMoG 2013). Zulassung der Berufung, § 511 ZPO; Zulassung der Revision, § 543 ZPO; Zulassung der Rechtsbeschwerde, § 574 ZPO. Fälligkeit der Verfahrensgebühr in diesen Fällen an sich erst mit Einlegung des Rechtsmittels. Die Gesetzesbegründung (BR-Drs. 517/12, 370) meint, die Fälligkeit der gerichtlichen Verfahrensgebühr für ein Rechtsmittelverfahren im Falle der Zulassung des Rechtsmittels durch das Rechtsmittelgericht sei bisher nicht ausdrücklich geregelt. Die Fälligkeit trete an sich mit der Einreichung der Rechtsmittelschrift ein. Im Falle der **Zulassung des Rechtsmittels durch das Rechtsmittelgericht** bedürfe es aber einer solchen Einreichung nicht. Daher soll in diesem Fall die Fälligkeit mit der Zulassung des Rechtsmittels eintreten. Das bezieht sich sinngemäß auf die Nichtzulassungsbeschwerde, wo deren Einlegung als Einlegung der Revision gilt (§ 544 Abs. 6 ZPO) oder der Sprungrevision, wo der Zulassungsantrag als Einlegung der Revision gilt (§ 566 Abs. 7 ZPO).
- **Sonstige gerichtliche Handlung.** Wenn die Gebühr eine sonstige gerichtliche Handlung (zB eine Terminsbestimmung, den Zuschlag) voraussetzt: Fälligkeit mit dieser **(Abs. 2).**
- Verfahren vor den Gerichten für **Arbeitssachen,** Abs. 4. Hier gilt § 9. Siehe ferner § 11.
- **Zwangsversteigerungssachen,** § 7.
- **Strafsachen,** vgl. § 8.

IV. Einzelfragen

1. Klage und PKH-Gesuch

9 Der Eingang eines Prozesskostenhilfeantrags (§§ 114ff. ZPO) löst keine Gerichtsgebühr aus, weil das PKH-Verfahren gerichtsgebührenfrei ist. Wird Klage erhoben und gleichzeitig PKH beantragt, ist oft unklar, was der Antragsteller meint. In der Regel ist nur ein PKH-Antrag gemeint. Strengere Auffassung: Bei gleichzeitiger Einreichung von Prozesskostenhilfegesuch und Klage wird neben dem PKH-Prüfungsverfahren auch der Rechtsstreit als solcher anhängig, wenn nicht deutlich und unmissverständlich zum Ausdruck gebracht wird, dass die Klage nur für den Fall der Prozesskostenhilfe als erhoben gelten soll (OLG Brandenburg FamRZ 2007, 1999; OLG Zweibrücken NJW-RR 2001, 1653). Ist eine Klage mit einem Prozesskostenhilfeantrag verbunden, über den „vorab" entschieden werden soll, liegt eine unbedingte Klageerhebung nur dann vor, wenn sich aus sonstigen Umständen (zB Verjährungsunterbrechung) die Absicht ergibt, die Klage auf jeden Fall zu erheben (OLG Koblenz MDR 2004, 177). Wird nur PKH (unter Beifügung eines Klageentwurfs) beantragt und dann versagt, dann liegt keine Klage vor, eine

Gebühr fällt nicht an. Wird PKH beantragt und gleichzeitig (zB unter Bezugnahme auf § 14) die Zustellung der Klage beantragt, dann ist das ein isolierter Antrag nach § 14, über den zunächst zu entscheiden ist.

2. Vorangegangenes Mahnverfahren

Im manuellen Verfahren wurde die Mahnverfahrensgebühr früher durch Aufkleben von Gerichtskostenmarken (soweit noch möglich), Scheck oder Einzahlung entrichtet; im maschinellen Verfahren kommt § 12 Abs. 3 S. 2 GKG zur Anwendung. Wird kein Widerspruch eingelegt, fällt nichts weiter an. Legt der Antragsgegner Widerspruch (§ 694 ZPO) ein und beantragt eine Partei die Durchführung des streitigen Verfahrens (§ 696 ZPO), wird das Verfahren an das im Mahnbescheid bezeichnete Gericht abgegeben. Die Verfahrensgebühr „entsteht" mit dem Eingang der Akten bei dem Gericht, an das abgegeben wurde (KV 1210 S. 1). **10**

3. Förmlicher Antrag, Unterschrift

Eine Klage liegt nur vor, wenn sie unterschrieben ist, vgl. § 253 ZPO (OLG Stuttgart NJW-RR 2011, 718); andernfalls handelt es sich um einen unbeachtlichen **Entwurf,** der keine Gebühr auslöst. Dasselbe gilt für andere Anträge, Rechtsmittelschriften. Dagegen muss nicht ausdrücklich das Wort „Antrag" oder „Klage" verwendet werden. Wenn die Klage von einer **prozessunfähigen Person** (§ 52 ZPO) unterschrieben ist liegt keine Klage vor und es fällt keine Gerichtsgebühr an. **11**

4. Doppelte Klage, Antragstellung

Wird dieselbe Klage, derselbe Antrag usw doppelt eingereicht, fällt die Verfahrensgebühr doppelt an, wenn es sich nicht um ein *für das Gericht erkennbar offensichtliches Versehen* handelt. „Reichen die Prozessbevollmächtigten einer Partei versehentlich zweimal dieselbe Klageschrift mit Gebührenvorauszahlung zeitlich versetzt bei Gericht ein, so ändert dies nichts an der zweifachen Entstehung" der Verfahrensgebühr (OLG Düsseldorf NJW-RR 1999, 1670; ähnlich OLG Frankfurt NJW-RR 2017, 448; *Meyer* Rn. 5). Anders ist es, wenn die doppelte Einreichung durch eine falsche Auskunft des Gerichts veranlasst wurde (OLG Koblenz BeckRS 2012, 10813). Wenn PKH-bewilligt wurde und dann die Klage versehentlich ohne das PKH-Aktenzeichen eingereicht wird, so dass es zur Doppeleintragung im Register kommt, kann die Sache intern abgegeben werden; es fällt keine Gerichtsgebühr an (so OLG München MDR 2001, 896: „Für eine wiederholt mit identischer Klageschrift eingereichte Klage können über die schon für die erste Klage bezahlten Gerichtsgebühren hinaus keine weiteren Gerichtsgebühren gefordert werden"); aA OLG Koblenz BeckRS 2011, 19422. **12**

5. Doppelte Berufung

Legt dieselbe Partei (etwa versehentlich oder bei Fristunklarheiten) doppelt Berufung ein, dann handelt es sich nur um *ein* Rechtsmittel (BGH NJW 2007, 3640; MüKoZPO/*Rimmelspacher* ZPO § 519 Rn. 32), das in verschiedenen Schriften verkörpert ist. Die Gebühr kann daher nicht doppelt anfallen. **13**

§ 7 Zwangsversteigerung und Zwangsverwaltung

(1) [1]**Die Gebühren für die Entscheidung über den Antrag auf Anordnung der Zwangsversteigerung und über den Beitritt werden mit der Entscheidung fällig. [2]Die Gebühr für die Erteilung des Zuschlags wird mit dessen Verkündung und, wenn der Zuschlag von dem Beschwerdegericht erteilt wird, mit der Zustellung des Beschlusses an den Ersteher fällig. [3]Im Übrigen werden die Gebühren im ersten Rechtszug im Verteilungstermin und, wenn das Verfahren vorher aufgehoben wird, mit der Aufhebung fällig.**

(2) [1]**Absatz 1 Satz 1 gilt im Verfahren der Zwangsverwaltung entsprechend. [2]Die Jahresgebühr wird jeweils mit Ablauf eines Kalenderjahres, die letzte Jahresgebühr mit der Aufhebung des Verfahrens fällig.**

1 **Abs. 1** regelt die Fälligkeit der Gebühren KV 2210ff.; für die Fälligkeit der Zuschlagsgebühr (Satz 2) ist es belanglos, ob der Zuschlag rechtskräftig wird. Satz 3 meint die Verfahrens-, Termins- und Verteilungsgebühr; dazu § 105 ZVG.

2 **Abs. 2** bestimmt die Fälligkeit der Gebühren KV 2220, 2221. Zu den Auslagen vgl. § 9, zum Vorschuss vgl. § 15. Die Änderung des S. 2 durch das 2. JuMoG hat zur Folge, dass die Jahresgebühr nicht mehr jedes Jahr beginnend mit dem Tag der Beschlagnahme fällig wird. Damit soll ein Gleichlauf mit der Rechnungslegung des Zwangsverwalters nach § 14 Abs. 2 Satz 1 der Zwangsverwalterverordnung erreicht werden und Nachfragen bei Zwangsverwaltern nach zeitanteiligen Einkünften entfallen (BR-Drs. 550/06, 114); außerdem steigen dadurch die Gebühreneinnahmen.

§ 8 Strafsachen, Bußgeldsachen

[1]**In Strafsachen werden die Kosten, die dem verurteilten Beschuldigten zur Last fallen, erst mit der Rechtskraft des Urteils fällig. [2]Dies gilt in gerichtlichen Verfahren nach dem Gesetz über Ordnungswidrigkeiten entsprechend.**

1 Erst wenn eine gerichtliche Entscheidung vorliegt, die dem verurteilten Beschuldigten/Betroffenen Kosten auferlegt, und diese Entscheidung rechtskräftig ist, sind die Kosten (Gebühren und Auslagen) fällig. Wird die Entscheidung mit Rechtsmitteln angefochten, oder nur die Kostenentscheidung angefochten (§ 464 Abs. 3 StPO), muss also die Rechtskraft abgewartet werden.

2 Gebühren in Strafsachen vgl. KV 3110ff., in OWi-Sachen KV 4110ff.

§ 9 Fälligkeit der Gebühren in sonstigen Fällen, Fälligkeit der Auslagen

(1) [1]**Die Gebühr für die Anmeldung eines Anspruchs zum Musterverfahren nach dem Kapitalanleger-Musterverfahrensgesetz wird mit Einreichung der Anmeldungserklärung fällig. [2]Die Auslagen des Musterverfahrens nach dem Kapitalanleger-Musterverfahrensgesetz werden mit dem rechtskräftigen Abschluss des Musterverfahrens fällig.**

(2) **Im Übrigen werden die Gebühren und die Auslagen fällig, wenn**

1. **eine unbedingte Entscheidung über die Kosten ergangen ist,**

2. das Verfahren oder der Rechtszug durch Vergleich oder Zurücknahme beendet ist,
3. das Verfahren sechs Monate ruht oder sechs Monate nicht betrieben worden ist,
4. das Verfahren sechs Monate unterbrochen oder sechs Monate ausgesetzt war oder
5. das Verfahren durch anderweitige Erledigung beendet ist.

(3) **Die Dokumentenpauschale sowie die Auslagen für die Versendung von Akten werden sofort nach ihrer Entstehung fällig.**

I. Photokopien, Aktenversendung, KapMuG (Abs. 1, 3)

1. Gebühren und Auslagen nach KapMuG

Für die Gebühren nach dem KapMuG bestimmt Abs. 1 S. 1 die Fälligkeit, für die Auslagen Abs. 1 S. 2. 1

2. Dokumentenpauschale

Für die „Dokumentenpauschale" (dh für Fotokopien) nach KV 9000 regelt der **Abs. 3** die Fälligkeit. Mit dem Fotokopieren „entsteht" die Auslage und wird sofort fällig. Vor der Anfertigung der Kopien muss die Partei nicht aufgefordert werden, selbst Mehrfachfertigungen einzureichen (LSG Thüringen BeckRS 2016, 132). Das hat wenig Sinn, wenn der Schuldner dann die angefertigten Kopien nicht bezahlt. Deshalb gestattet § 17 Abs. 2, dass (bei größerer Stückzahl) ein Vorschuss gefordert wird; vor Zahlung wird dann nichts photokopiert. Zum Kostenschuldner vgl. § 28. 2

3. Aktenversendung

Für die Aktenversendung (KV 9003) regelt der Abs. 3 die Fälligkeit ebenso; **Vorschuss** § 17 Abs. 2; **Kostenschuldner** § 28. Die „elektronische Übermittlung" wurde durch das 2. KostRMoG gestrichen, weil dafür ausschließlich die Dokumentenpauschale anfällt. 3

II. Sonstige Fälle (Abs. 2)

Vorrangige Regelungen für die Gebühren (KV 1110 ff.) sind §§ 6–8. Vorrangige Regelungen für die Auslagen (KV 9000 ff.) sind § 17 und § 9 Abs. 1, 3. Sind sie nicht einschlägig, wie etwa für die Kosten in Arbeitssachen (wegen § 6 Abs. 3), dann kommt Abs. 2 für die Fälligkeit von Gebühren und Auslagen zum Zug: 4

– **Nr. 1:** Fälligkeit, wenn eine unbedingte **Entscheidung** (Urteil, Beschluss) über die Kosten ergangen ist; unklar ist, was „unbedingt" bedeuten soll, denn bedingte Entscheidungen gibt es nicht. Auch die Kostenentscheidung eines Vollstreckungsbescheids, Versäumnisurteils, Vorbehaltsurteils, fällt darunter; ein Mahnbescheid genügt nicht (er enthält keine Kostenentscheidung). Jedenfalls muss die Kostenentscheidung nicht rechtskräftig sein (anders zB § 8 für die Kosten, die dem Verurteilten in Strafsachen auferlegt wurden). Sind zB Zeugen im Zivilprozess ohne Auslagenvorschuss geladen worden, dann können die Auslagen (JVEG) als „Vorschuss“ noch nach der Vernehmung eingefordert werden (§ 18), im Übrigen jedenfalls dann, wenn zB durch Urteil die Kosten dem Beklagten (§ 91 ZPO) auferlegt wurden. Ferner betrifft § 9 die Kosten, die der Privatkläger, Nebenkläger schuldet.

- **Nr. 2:** Ende des Verfahrens oder der jeweiligen Instanz durch (unwiderruflich gewordenen) **Prozessvergleich** oder **Rücknahme** von Antrag, Klage, Rechtsmittel usw. Der außergerichtliche Vergleich kann das Verfahren ebenfalls beenden, er muss aber in das Verfahren eingeführt werden. „Das Verfahren“ muss beendet sein, also das ganze Verfahren; eine Teil-Klagerücknahme genügt also nicht (aA *Hartmann* Rn. 10). Eine Kostenentscheidung ist nicht erforderlich; nimmt der Kläger die Klage zurück und stellt der Beklagte keinen Kostenantrag (§ 269 Abs. 4 ZPO), ergeht keine Kostenentscheidung; trotzdem ist das Verfahren beendet.
- **Nr. 3: Nichtbetreiben des Verfahrens.** Nach der AktO wird ein nicht betriebenes Verfahren nach sechs Monaten weggelegt. Unter Nr. 3 fallen Verfahren, bei denen auf Wunsch der Partei kein Termin angesetzt wird, etwa weil Vergleichsverhandlungen schweben; oder wenn kein Vorschuss bezahlt wird; wenn trotz Abgabe des Mahnverfahrens keine Anspruchsbegründung kommt.
- **Nr. 4: Ruhen, Unterbrechung.** So zB, wenn das Insolvenzverfahren über das Vermögen einer Partei eröffnet wird (vgl. § 240 ZPO).
- **Nr. 5: Anderweitiges Ende des Verfahrens.** Nach OLG Celle BeckRS 2013, 06566 ist damit auch eine anderweitige Beendigung des *Rechtszuges,* zB durch Zurückverweisung ohne Kostenentscheidung, gemeint.

Abschnitt 3. Vorschuss und Vorauszahlung

§ 10 Grundsatz für die Abhängigmachung

In weiterem Umfang als die Prozessordnungen und dieses Gesetz es gestatten, darf die Tätigkeit der Gerichte von der Sicherstellung oder Zahlung der Kosten nicht abhängig gemacht werden.

1 Nur soweit das GKG, FamGKG, GNotKG und die Prozessordnungen (aufgezählt in § 1) es gestatten, darf ein Gericht **Kosten (Gebühren und Auslagen)** verlangen. Dem § 10 entspricht § 12 FamGKG sowie §§ 13ff. GNotKG. Sicherstellung bedeutet, dass ein Vorschuss für bestimmte Auslagen gefordert wird (§§ 17, 18); Vorauszahlung (§§ 14ff.) besagt, dass ohne Geldeingang das Gericht grundsätzlich bestimmte Handlungen nicht vornimmt. Mangels Kostentatbestand ist die Einreichung einer Schutzschrift (§§ 935ff. ZPO) im einstweiligen Verfügungsverfahren daher *gerichtsgebühren*frei (löst aber eine Gebühr nach § 15a JVKostG aus); ebenso die Entscheidung über einen Antrag auf Prozesskostenhilfe; der Vollstreckungsbescheid. Andererseits verbietet § 10 nicht, Kostenbestimmungen analog anzuwenden (BFH/NV 2005, 366 zur Gegenvorstellung). Der Betritt eines Streithelfers erhöht die Gerichtsgebühren nicht (OLG Celle NJW-RR 2011, 1296).

2 Die Prozessordnungen enthalten zB **Kostenbestimmungen** in §§ 114ff., 122 ZPO (Prozesskostenhilfe), §§ 379, 402 ZPO (OLG Köln BeckRS 2009, 21918); § 26 InsO; §§ 176, 379a, 390 StPO; § 13 JVEG; § 4 GvKostG.

3 In Arbeitsgerichtssachen werden Vorschüsse nicht erhoben (§ 11); weitere Besonderheiten in § 12 ArbGG. Im Verwaltungs- und Finanzgerichtsverfahren werden Vorschüsse für Auslagen verlangt, §§ 9, 17, aber nicht für eine Klage. Für Ausländer gelten die allgemeinen Vorschriften (Sonderregelung in § 110 ZPO). **Rechtsmittel:** §§ 66, 67.

§ 11 Verfahren nach dem Arbeitsgerichtsgesetz

[1]In Verfahren vor den Gerichten für Arbeitssachen sind die Vorschriften dieses Abschnitts nicht anzuwenden; dies gilt für die Zwangsvollstreckung in Arbeitssachen auch dann, wenn das Amtsgericht Vollstreckungsgericht ist. [2]Satz 1 gilt nicht in Verfahren wegen überlanger Gerichtsverfahren (§ 9 Absatz 2 Satz 2 des Arbeitsgerichtsgesetzes).

1 Im Verfahren vor den Arbeitsgerichten wird aus politischen Gründen **kein Vorschuss** für Gebühren bzw. Auslagen erhoben. Wird aber eine Sache vom ArbG an das AG oder LG verwiesen, verlangt das ordentliche Gericht die Nachzahlung der Vorschüsse. Es kann seine weiteren Handlungen von einer Vorschusszahlung auch dann abhängig machen, wenn vor dem ArbG bereits verhandelt wurde (OLG Brandenburg NJW-RR 1999, 291; abweichend OLG Frankfurt MDR 1960, 508; *Meyer* § 12 Rn. 2). Satz 2 betrifft die Verfahren wegen überlanger Dauer vor dem LAG als erste Instanz, vgl. §§ 198ff. GVG; hier besteht eine Vorschusspflicht (§ 12a).

§ 12 Verfahren nach der Zivilprozessordnung

(1) [1]In bürgerlichen Rechtsstreitigkeiten soll die Klage erst nach Zahlung der Gebühr für das Verfahren im Allgemeinen zugestellt werden. [2]Wird der Klageantrag erweitert, soll vor Zahlung der Gebühr für das Verfahren im Allgemeinen keine gerichtliche Handlung vorgenommen werden; dies gilt auch in der Rechtsmittelinstanz. [3]Die Anmeldung zum Musterverfahren (§ 10 Absatz 2 des Kapitalanleger-Musterverfahrensgesetzes) soll erst nach Zahlung der Gebühr nach Nummer 1902 des Kostenverzeichnisses zugestellt werden.

(2) Absatz 1 gilt nicht
1. für die Widerklage,
2. für europäische Verfahren für geringfügige Forderungen,
3. für Rechtsstreitigkeiten über Erfindungen eines Arbeitnehmers, soweit nach § 39 des Gesetzes über Arbeitnehmererfindungen die für Patentstreitsachen zuständigen Gerichte ausschließlich zuständig sind, und
4. für die Restitutionsklage nach § 580 Nummer 8 der Zivilprozessordnung.

(3) [1]Der Mahnbescheid soll erst nach Zahlung der dafür vorgesehenen Gebühr erlassen werden. [2]Wird der Mahnbescheid maschinell erstellt, gilt Satz 1 erst für den Erlass des Vollstreckungsbescheids. [3]Im Mahnverfahren soll auf Antrag des Antragstellers nach Erhebung des Widerspruchs die Sache an das für das streitige Verfahren als zuständig bezeichnete Gericht erst abgegeben werden, wenn die Gebühr für das Verfahren im Allgemeinen gezahlt ist; dies gilt entsprechend für das Verfahren nach Erlass eines Vollstreckungsbescheids unter Vorbehalt der Ausführung der Rechte des Beklagten. [4]Satz 3 gilt auch für die nach dem Gesetz über Gerichtskosten in Familiensachen zu zahlende Gebühr für das Verfahren im Allgemeinen.

(4) [1]Absatz 3 Satz 1 gilt im Europäischen Mahnverfahren entsprechend. [2]Wird ein europäisches Verfahren für geringfügige Forderungen ohne Anwendung der Vorschriften der Verordnung (EG) Nr. 861/2007 fortgeführt, soll vor Zahlung der Gebühr für das Verfahren im Allgemeinen keine gerichtliche Handlung vorgenommen werden.

(5) Über den Antrag auf Abnahme der eidesstattlichen Versicherung soll erst nach Zahlung der dafür vorgesehenen Gebühr entschieden werden.

(6) [1]Über Anträge auf Erteilung einer weiteren vollstreckbaren Ausfertigung (§ 733 der Zivilprozessordnung) und über Anträge auf gerichtliche Handlungen der Zwangsvollstreckung gemäß § 829 Absatz 1, §§ 835, 839, 846 bis 848, 857, 858, 886 bis 888 oder § 890 der Zivilprozessordnung soll erst nach Zahlung der Gebühr für das Verfahren und der Auslagen für die Zustellung entschieden werden. [2]Dies gilt nicht bei elektronischen Anträgen auf gerichtliche Handlungen der Zwangsvollstreckung gemäß § 829a der Zivilprozessordnung.

Übersicht

I. Vorauszahlungspflicht für Klage, Klageerweiterung (Abs. 1)

Dem § 12 entsprechen § 14 FamGKG sowie §§ 13ff. GNotKG. 1

1. Fälligkeit

Die Fälligkeit bestimmter Gebühren regelt § 6. „Vorschuss" heißt: Zahlung vor Fälligkeit. § 12 verschärft dies in bestimmten Fällen dahin, dass bei nach § 6 fälligen Gebühren sogar Vorauszahlung gefordert wird. Die **Klage** in bürgerlichen Rechtsstreitigkeiten (auch WEG-Sachen, LG Nürnberg-Fürth NJW 2009, 374; auch Klage wegen Verzögerung von Gerichtsverfahren, § 12a) soll erst zugestellt werden, wenn die gerichtliche Gebühr (3,0 nach KV 1210; für den Scheidungsantrag nur 2,0; KV 1110 FamGKG) bezahlt ist; die Auslagen für die Zustellung der Klage sind nicht vorauszuzahlen (bis 10 Zustellungen sind in der Gebühr inbegriffen, KV 9002). Allerdings entsteht die Gebühr Nr. 1210 schon mit dem Eingang der Klage; für die Gebühr spielt es keine Rolle, ob die Klage zugestellt wird oder nicht. Wird die Klage vor Eingang der Vorauszahlung zurückgenommen, so dass es nicht mehr zur Zustellung kommt, ermäßigt sich lediglich die Gebühr (vgl. KV 1211). Da nur eine **Soll-Bestimmung** vorliegt, kann das Gericht nach seinem Ermessen die Zustellung auch dann anordnen, wenn die Voraussetzungen des § 14 nicht vorliegen. 2

Ist keine Vorauszahlung erfolgt, ergibt sich aber aus der Klage, dass Zustellung gewollt ist, darf der Kostenbeamte nicht einfach die Vorauszahlung anfordern, sondern hat die Klage dem Richter vorzulegen, der entscheidet, ob er von der Soll-Bestimmung Gebrauch macht; im Regelfall bleibt es bei der Pflicht zur Vorauszahlung, weil die Kosteninteressen der Staatskasse zu wahren sind. Eine **Frist** für die Zahlung besteht nicht, eine späte Zahlung kann aber im Falle des § 167 ZPO (Verjährungshemmung) schaden. Der Gerichtsvorschuss ist erst ab Eingang des Kostenfestsetzungsantrags zu **verzinsen** (OLG München NJW-RR 2017, 437, aA OLG Frankfurt NJW-RR 2007, 1189; dazu *Lüttringhaus* NJW 2014, 3745). Zum **Scheidungsantrag** vgl. KV 1110 FamGKG.

2. Unanwendbarkeit von § 12

3 § 12 ist nicht anwendbar auf die Klage in verwaltungsgerichtlichen Verfahren (VGH München BeckRS 2016, 45185), in sozialgerichtlichen, finanzgerichtlichen Streitigkeiten. Auch nicht auf Klagen vor dem Arbeitsgericht, § 11; auf schifffahrtsrechtliche Verteilungssachen, § 13; auf Baulandsachen, § 221 Abs. 4 BauGB; zu Entschädigungssachen vgl. § 225 Abs. 2 S. 2 BEG. Ein Antrag auf Erlass einer **einstweilige Verfügung oder eines Arrests** (§§ 916, 935ff. ZPO) oder ein **selbstständiger Beweisantrag** nach §§ 485ff. ZPO ist keine „Klage" im Sinne von § 12 (*Oestreich/Winter/Hellstab* Rn. 9), sie ist also ggf. (vgl. § 937 Abs. 2 ZPO) ohne Vorauszahlung zuzustellen, ohne Vorauszahlung ist auch ggf. mündlich darüber zu verhandeln und zu entscheiden. Ein **PKH-Antrag** ist keine Klage, daher ohne Vorschuss zuzustellen (zB zwecks Verjährungshemmung, § 204 Abs. 1 Nr. 14 BGB) bzw. formlos mitzuteilen. Eine „Klage unter der **Bedingung der PKH-Bewilligung**" ist in der Regel nur als PKH-Antrag (§§ 114ff. ZPO) auszulegen und deshalb ohne Vorauszahlung von Gebühren formlos dem Gegner zur Stellungnahme zuzuleiten (§ 118 ZPO); wird später PKH bewilligt erfolgt ohne Vorauszahlung die Zustellung (§ 14); wird sie versagt, ist das Verfahren gebührenfrei erledigt. Wer schreibt „nach PKH-Bewilligung werden wir Klage erheben" hat noch keine Klage erhoben, trotz missverständlicher Überschrift als „Klage" (aA OLG Schleswig NJW-RR 2010, 1440). Bei rückwirkender PKH-Bewilligung sind die Gerichtskosten zurückzuzahlen (OLG Schleswig MDR 2018, 631). In allen zweifelhaften Fällen ist eine Rückfrage beim Klägervertreter angebracht, was gewollt ist. Andernfalls kommt § 21 in Betracht.

3. Zahlungspflicht

4 Zahlungspflichtig ist der Kläger, nicht der Anwalt des Klägers, nicht der Beklagte (sollte er aber zahlen, hat er die Schuld des Klägers erfüllt). Bezahlt wird mit Scheck oder Überweisung auf das Konto der Gerichtskasse oder mit Gebührenstempler; früher konnten bei der Gerichtskasse Kostenmarken gekauft und auf die Klage aufgeklebt werden, was die Bearbeitung beschleunigte. Der Kläger kann die Gerichtsgebühr selbst berechnen (dann wird das vom Kostenbeamten nachgerechnet); er kann aber auch die Kostenrechnung des Gerichts abwarten. Teils muss das Gericht nach Eingang einer Klage zuerst den Streitwert festsetzen (§ 63 Abs. 1), damit die Gebühr überhaupt berechnet werden kann. Eine Zahlungsfrist gibt es nicht. **Zahlt der Kläger trotz Aufforderung nicht,** ruht das Verfahren; die Klage wird nicht weiter behandelt, sondern nach § 7 AktO nach Ablauf von sechs Monaten weggelegt. Spätestens dann wird aber eine 1,0-Gebühr nach KV 1211 (= fiktive Klage-

rücknahme) vom Kostenbeamten angesetzt und notfalls beigetrieben; denn die Gebühr wurde mit Einreichung fällig (§ 6).

Zahlung heißt: das Geld ist eingegangen oder ein Scheck wird beigefügt; ungenügend ist also die Ankündigung „Gebühr wurde überwiesen", „wird überwiesen", auch wenn sie vom Anwalt der Klagepartei stammt (aA *Meyer* Rn. 9), weil Haftungsübernahme (§ 29 Nr. 2) das Geld nicht ersetzt. 5

Wurde Vorauszahlung geleistet und **ruht dann das Verfahren,** dann entsteht keine neue Vorauszahlungspflicht, wenn es (evtl. erst nach längerer Zeit) wieder aufgenommen wird. Sind die Akten dann bereits vernichtet, muss der Kläger seine Zahlung irgendwie glaubhaft machen (Überweisungsbeleg etc.). 6

4. Zustellung

Nach § 270 Abs. 1 ZPO sind Klagen zuzustellen; ein besonderer Antrag des Klägers ist daher nicht erforderlich, auch nicht, wenn im Ausland zuzustellen ist (BGH NJW 2003, 2830). Nur die Klagezustellung, nicht andere Handlungen, dürfen nach Satz 1 von einer Vorauszahlung abhängig gemacht werden. Dagegen kann die Ladung von Zeugen, die Einholung von Gutachten etc. von der Zahlung eines Vorschusses abhängig gemacht werden (§§ 379, 402 ZPO; vgl. § 17 GKG); aber natürlich ist dieser Vorschuss nicht schon bei Einreichung einer Klage, in der Zeugen benannt sind, zu zahlen. 7

5. Auslagen

Auslagen für die Zustellung der Klage und Klageerweiterung werden für bis zu 10 Zustellungen nicht erhoben (KV 9002 Anm.); für sonstige Auslagen, etwa für die Übersetzung der zuzustellenden Klage, kann nach § 17 Abs. 1 ein Vorschuss verlangt werden. 8

6. Zustellung ohne Vorschuss

Die Klage „soll" erst nach Zahlung der Gebühr zugestellt werden; wird sie ohne Vorschuss zugestellt, ist die Zustellung also trotzdem wirksam. Eine Zustellung der Klage vor Zahlungseingang erlaubt § 14 in bestimmten Fällen; im übrigen liegt sie im Ermessen des Richters („soll"). Wurde die Klage ohne Vorschuss zugestellt, zB versehentlich, dann ist zwar die Gebühr KV 1210 vom Kostenbeamten (nachträglich) in Rechnung zu stellen, doch kann die **Bestimmung eines Termins** nicht mehr vom Eingang des Geldes abhängig gemacht werden (BVerfG NJW-RR 2010, 207; OLG Köln BeckRS 2012, 22230; OLG München NJW-RR 1989, 64; *Hartmann* Rn. 10), weil eine entsprechende Vorauszahlungs-Bestimmung im GKG fehlt. Würde es trotzdem geschehen: § 67. 9

7. Klageerweiterung

Die Verfahrensgebühr KV 1210 entsteht auch, wenn die Klage erweitert wird (§ 6); darunter fällt alles, was die Gerichtsgebühr erhöht. Das nachträgliche Stellen von **Hilfsanträgen** ist keine Erweiterung in diesem Sinne. Bei **Erweiterungen, die keine höhere Gebühr auslösen** (etwa innerhalb des Tabellensprungs: keine höhere Gebühr, wenn zB von 10.000 Euro auf 12.900 Euro erhöht wird; wenn Zinsen erhöht werden) ist § 12 nicht einschlägig. **Anders bei höherer Gebühr.** Zur Berechnung der zusätzlichen Gebühr → KV 1210 Rn. 10. Sie wird mit Ein- 10 gang der Klageerweiterung vom Kostenbeamten angesetzt; die Zustellung des Erweiterungsschriftsatzes *soll* erst erfolgen, wenn der weitere Vorschuss bezahlt wurde (Abs. 1 S. 2); das entscheidet der Richter. Der Richter kann die Zustellung schon vor Eingang der zusätzlichen Gebühr anordnen („soll"), wenn es der Prozessförderung dienlich ist, was bei geringfügigen Erweiterungen üblich ist. Ein Gericht darf die Fortführung eines Zivilprozesses nicht mehr von der Zahlung eines (weiteren) Kostenvorschusses abhängig machen, wenn es die Klage oder die Klageerweiterung vorbehaltlos zugestellt oder einen Termin bestimmt hat (BVerfG NJW-RR 2010, 207). S. 2 spricht zusätzlich von „gerichtlichen Handlungen"; darunter fällt auch eine Anordnung nach § 273 ZPO und eine Terminsbestimmung. Das Nichtbetreiben bei Nichtzahlung gilt aber nur für den Erweiterungsbetrag, soweit trennbar. Wird die Klage erst im Termin erweitert, entfällt faktisch die Vorauszahlung, wenn sich der Beklagte auf die Erweiterung einlässt; denn der Richter kann die Aushändigung des Erweiterungsschriftsatzes gegen mündliches Empfangsbekenntnis schwerlich ablehnen, ebenso wenig die Aufnahme der Erweiterung zu Protokoll.

8. Rechtsmittel

11 Rechtsmittel gegen die Ablehnung der Zustellung: § 67. Bei Streit über die **Höhe der Gebühr:** § 66. Kommt es auf den **Streitwert** an: § 63.

9. Rechtsmittelinstanz, Klageerweiterung in der Rechtsmittelinstanz

12 Hier soll ebenfalls die Zustellung erst erfolgen, wenn die Gebühr bezahlt ist (Abs. 1 S. 2 Hs. 2); wird nicht bezahlt, geht das Rechtsmittelverfahren nur im Übrigen weiter. Dagegen besteht keine Pflicht, die **Gebühr für die Berufung (KV 1221) oder die Revision (KV 1230)** vorauszuzahlen (OLG Köln MDR 2014, 568); sie sind zwar mit Einreichung der Rechtsmittelschrift fällig geworden (§ 6) und werden in Rechnung gestellt, aber vorauszuzahlen sind sie nicht.

10. Arbeitsgericht, Rheinschifffahrt

13 Wurde beim Arbeitsgericht (vorschussfrei; § 11) Klage erhoben und wird dann an das ordentliche Gericht verwiesen, wird der Vorschuss nach KV 1210 beim AG/LG nacherhoben und vor Zahlung das Verfahren nicht weiterbetrieben (OLG Brandenburg NJW-RR 1999, 291). Wenn das zunächst angerufene Rheinschifffahrtsgericht (wegen der dort bestehenden Gerichtskostenfreiheit ohne Vorschussleistung des Klägers) bereits mündlich verhandelt, dann aber die Sache zuständigkeitshalber an das Schifffahrtsgericht verwiesen hat, soll das Schifffahrtsgericht vom Kläger die Prozessgebühr verlangen und vor deren Zahlung Termin zur mündlichen Verhandlung nicht bestimmen (BGH NJW 1974, 1287).

II. Keine Vorauszahlungspflicht (Abs. 2)

14 Abs. 1 gilt nicht in den Fällen des Abs. 2, dh es besteht keine Vorauszahlungspflicht.

1. Widerklage

Nr. 1: Widerklage; aber die Gebühr für die Widerklage ist natürlich fällig (§ 6) und wird sogleich in Rechnung gestellt, evtl. beigetrieben; es darf lediglich mit der Zustellung der Widerklage nicht bis zum Eingang des Betrags gewartet werden. Bietet der Widerkläger Zeugen und Sachverständige an, kann ein Vorschuss verlangt werden (§§ 379, 402 ZPO). 15

2. Europäische Verfahren über geringfügige Forderungen

Nr. 2: Europäische Verfahren über geringfügige Forderungen (VO (EG) Nr. 861/2007); dazu §§ 1097 ff. ZPO. Als „geringfügig" gelten Beträge bis 2.000 Euro. Hierbei füllt der Kläger das **Klageformblatt A** aus, das im Anhang I der VO 861/2007 wiedergegeben ist und leitete diese Klage an das in Deutschland sachlich zuständige Amtsgericht; die örtliche Zuständigkeit richtet sich nach EG (VO) 44/2001 sowie der lex fori. Aus § 12 Abs. 4 S. 2 GKG folgt, dass lediglich keine Vorauszahlungspflicht besteht, aber im Übrigen ist die Gebühr KV 1210 wie auch sonst fällig. 16

3. Arbeitnehmererfindungssachen

Nr. 3: Bestimmte Arbeitnehmererfindungssachen, nämlich die in Nr. 3 genannten. 17

4. Restitutionsklagen

Nr. 4: eingefügt durch 2. KostRMoG v. 23.7.2013, BGBl. I S. 2586. Für die Restitutionsklage nach § 580 Nr. 8 ZPO (vorausgegangenes Urteil mit Menschenrechtsverletzung, festgestellt durch den Europäischen Gerichtshof) wird keine Vorauszahlung verlangt, Daraus kann man den Umkehrschluss ziehen, dass in der Fällen § 579 ZPO sowie § 580 Nr. 1–7 ZPO eine Vorauszahlungspflicht besteht. 18

III. Mahnverfahren (Abs. 3)

1. Manuell erlassene Mahnbescheide

Die Mahnanträge können vom Gläubiger auf einem bestimmten Vordruck gestellt und dann vom Rechtspfleger manuell weiterbearbeitet werden; wegen der Zentralen Mahngerichte ist das kaum mehr der Fall. Solche Mahnbescheide sollen vom Rechtspfleger erst erlassen (nicht: zugestellt) werden, nachdem die Gebühr KV 1100 eingegangen ist (Satz 1); anders bei PKH-Bewilligung (§ 122 ZPO). Die Zurückweisung des Antrags ist zulässig ohne Gebührenvorauszahlung. Der Vollstreckungsbescheid löst keine zusätzliche Gerichtsgebühr aus; er wird von Amts wegen zugestellt (§ 699 Abs. 4 ZPO). Wenn der Gläubiger darauf verzichtet und selbst die Zustellung im Parteibetrieb durch den Gerichtsvollzieher wählt, kann er natürlich keine teilweise Gerichtsgebührenrückzahlung fordern, weil sich das Gericht die Zustellkosten gespart habe. 19

Zur Zustellung von **Mahnbescheiden im Ausland** vgl. § 688 Abs. 3 ZPO und AVAG; **Übersetzungsauslagen:** KV 9005, §§ 8 ff. JVEG; **Prüfungsgebühren:** § 2 Abs. 1 JVKostG. **Europäische Mahnverfahren:** Abs. 4 S. 1 und VO (EG) 20

Nr. 1896/2006; §§ 1087 ff. ZPO. Mahnverfahren in Familiensachen (zB Unterhalt): KV 1220 FamGKG.

2. Maschinell erstellte Mahnbescheide

21 In allen Bundesländern ist das Verfahren auf bestimmte Amtsgerichte konzentriert (zB in Baden-Württemberg: AG Stuttgart; Bayern: AG Coburg). Dort können Mahnanträge nur auf anderen Formularen beantragt werden und werden dann computermäßig bearbeitet. **Rechtsanwälte** können im ganzen Bundesgebiet seit 1.12.2008 Mahnanträge nur noch online stellen (§ 690 Abs. 3 ZPO). Dort ist dem Mahnantrag keine Gerichtsgebühr beizufügen; erst wenn kein Widerspruch eingegangen ist und der Vollstreckungsbescheid beantragt wird, erhält der Gläubiger die Gerichtskostenrechnung Nr. 1100; dann ist vorauszuzahlen, sonst wird der Vollstreckungsbescheid nicht erlassen (Satz 2). Anders bei PKH-Bewilligung (§ 122 ZPO).

3. Gebühr nach Eingang des Widerspruchs

22 Legt der Beklagte gegen den Mahnbescheid Widerspruch ein und beantragt der **Gläubiger** (Antrag des Schuldners: → Rn. 27) die Durchführung des streitigen Verfahrens (dh des Prozesses), dann werden die Mahnakten von Amts wegen vom Mahngericht an das im Mahnbescheid bezeichnete Prozessgericht abgegeben (§ 696 ZPO). Da bereits 0,5 Gerichtsgebühr (KV 1100) bezahlt sind, sind nur noch 2,5 Gebühren zu zahlen, damit die 3,0 Gebühren nach KV 1210 erreicht sind. Diese restliche Gebühr „entsteht" nach Nr. 1210 amtliche Anmerkung zwar erst mit Eingang der Akten. § 12 Abs. 3 S. 3 Hs. 1 sagt aber, dass die Abgabe erst erfolgen soll, wenn die restlichen 2,5 Gebühren bezahlt sind. Hierin liegt ein gewisser Widerspruch; unklar ist auch das Verhältnis zu § 6 Abs. 1 S. 1: der durch den Widerspruch bedingte Streitantrag ist mit Widerspruch wirksam geworden, die Gebühr also nach § 6 fällig geworden (wie kann die Gebühr, da schon fällig, erst nachträglich entstehen?). Jedenfalls ist es so, dass 0,5 + 2,5 Gebühren bezahlt sein müssen, damit abgegeben wird. Wurde ohne Zahlung abgegeben, wird vom Empfangsgericht das Geld angefordert.

23 In **WEG-Mahnsachen** gelten keine Besonderheiten mehr, weil sie nicht mehr als Verfahren der freiwilligen Gerichtsbarkeit zählen.

4. Gebühren nach Eingang des Einspruchs

24 Legt der Schuldner keinen Widerspruch ein und ergeht daher auf Antrag ein gewöhnlicher Vollstreckungsbescheid (§ 699 Abs. 1 ZPO) oder ein Urkunden-, Scheck- oder Wechselmahnbescheid *ohne* Vorbehalt der Ausführung der Rechte im Nachverfahren (→ Rn. 22), kann der Schuldner hiergegen Einspruch einlegen (§§ 700, 338 ZPO). Das Mahngericht gibt dann die Sache an das Prozessgericht ab (§ 700 Abs. 3 ZPO). Für die Entstehung der restlichen Gebühr von 2,5 gilt zwar das unter → Rn. 22 Ausgeführte entsprechend; doch besteht keine Vorauszahlungspflicht, wie der Umkehrschluss aus § 12 Abs. 3 S. 3 Hs. 2 zeigt; es wird also ohne Vorauszahlung abgegeben.

25 In **WEG-Mahnsachen** ist es ebenso.

5. Urkunden-, Scheck- oder Wechselmahnbescheide

Für sie (vgl. § 703a ZPO), gilt (abgesehen von der diesbezüglichen Bezeichnung, § 703a Abs. 1 ZPO) gebührenrechtlich nichts besonderes. Der Schuldner kann dann: (1) gewöhnlichen Widerspruch einlegen; keine Besonderheiten; (2) nichts tun, dann ergeht ein gewöhnlicher Vollstreckungsbescheid, also *ohne* Vorbehalt der Ausführung der Rechte im Nachverfahren; keine Besonderheiten; (3) der Schuldner kann seinen Widerspruch beschränken (§§ 599, 600 ZPO) auf den Antrag, ihm die Ausführung seiner Rechte im Nachverfahren vorzubehalten (§ 703a Abs. 2 Nr. 4 ZPO), dann wird diese Einschränkung in den auf Antrag erlassenen Vollstreckungsbescheid aufgenommen. In diesem Fall findet nicht Einspruch gegen den „Vollstreckungsbescheid" statt, sondern der Rechtsstreit bleibt im gewöhnlichen Streitverfahren anhängig (§ 600 Abs. 1 ZPO), in das gem. § 697 ZPO übergeleitet wird. Der Schlusssatz in Abs. 3 S. 2 „unter Vorbehalt …" bezieht sich auf diese Fälle und verlangt Vorauszahlung, sonst wird die Sache nicht abgegeben. **26**

6. Abgabeantrag des Schuldners

In den seltenen Fällen, in denen der Schuldner (und nicht der Gläubiger) die Durchführung des streitigen Verfahrens und die Abgabe hierzu beantragt (vgl. § 696 Abs. 1 S. 1 ZPO), trifft den Schuldner keine Vorleistungspflicht (Abs. 3 S. 3: „Antrag des Antragstellers"). Sinnvoll ist ein solcher Antrag, damit der Schuldner zu einem Titel kommt, aus dem er wegen seiner Kosten beim Antragsteller (Gläubiger) vollstrecken kann. Die Abgabe an das Prozessgericht erfolgt also, auch wenn die restliche Gebühr nicht bezahlt wurde. Der Schuldner wird aber durch den Antrag Kostenschuldner, § 22 Abs. 1 S. 1; der Kostenbeamte des Prozessgerichts nimmt eine Sollstellung vor (§§ 4 Abs. 2 KostVfg); OLG Oldenburg BeckRS 2016, 07988. Die Mahnverfahrensgebühr, die der Antrag*steller* (Gläubiger) bereits vorgeleistet hat, wird dabei abgezogen. **27**

7. Antrag von Gläubiger und Schuldner

Hat der Gläubiger die Abgabe des Verfahrens an das Streitgericht beantragt, so entfällt seine Vorleistungspflicht nicht dadurch, dass auch der Schuldner den Abgabeantrag stellt (OLG Hamm NJW-RR 2003, 357). **28**

IV. Sog. Europäische Verfahren (Abs. 4)

Das sog. Europäisches Mahnverfahren beruht auf der VO **(EG) Nr. 1896/2006.** Ausführungsvorschriften §§ 1087ff. ZPO. Das Produkt heißt nicht „Mahnbescheid", sondern „Zahlungsbefehl" (wie früher in Deutschland). Zuständig ist in Deutschland nur das AG Berlin-Wedding (§ 1097 ZPO; Konzentration), streitwertunabhängig. Funktionell zuständig ist der Rechtspfleger (§ 20 Nr. 17 RPflG). Der Antrag kann nur in einer maschinell lesbaren Form eingereicht werden (§ 1088 ZPO). Die Verweisung in Abs. 4 Satz 1 besagt, dass der Europäische Zahlungsbefehl erst nach Zahlung der Gebühr KV 1100 zugestellt werden soll und dass im Übrigen gerichtsgebührenmäßig dasselbe gilt wie für einen deutschen Mahnbescheid. **29**

Das Europäische Verfahren über geringfügige Forderungen beruht auf der **Verordnung (EG) Nr. 861/2007;** dazu §§ 1097ff. ZPO. Es ist in bestimmten grenzüberschreitenden Rechtssachen möglich (Art. 2 VO) und hat keine praktische Be- **30** deutung. Als „geringfügig" gelten Beträge bis 2.000 Euro. Hierbei füllt der Kläger das Klageformblatt A aus, das im Anhang I der VO 861/2007 wiedergegeben ist (abgedruckt in MüKoZPO/*Hau* ZPO § 1097 Anh. I) und reicht dieses Klageformblatt beim örtlich zuständigen Amtsgericht (VO (EG) Nr. 44/2001; §§ 23, 71 GVG) ein. Aus § 12 Abs. 2 Nr. 2 folgt, dass keine Vorauszahlungspflicht für die Gebühr Nr. 1210 besteht.

31 Es kann sich im Verfahren zeigen, dass die Klage nicht in den Anwendungsbereich der VO fällt (Art. 4 Abs. 3 VO); darauf wird der Kläger vom Richter hingewiesen. Dann kann der Kläger entweder diese Klage zurücknehmen oder das Verfahren nach der deutschen ZPO fortführen (§ 1097 Abs. 2 ZPO), weil das Klageformblatt in der Regel dem § 253 ZPO genügt. Für diesen Fall bestimmt Abs. 4 Satz 2, dass das Amtsgericht vor Zahlung der Gerichtsgebühr Nr. 1210 keine (weitere) gerichtliche Handlung vornimmt, also die Klage nicht zustellt oder keinen Termin ansetzt.

V. Eidesstattliche Versicherung (Abs. 5)

32 In den genannten Fällen soll erst nach Zahlung der Gebühren (zB KV 2114) entschieden werden.

VI. Zwangsvollstreckung (Abs. 6)

33 In den genannten Fällen soll erst nach Zahlung der Gebühren (vgl. KV 2110) sowie der Auslagen (für die Zustellung) entschieden werden. Der Hauptfall ist der Erlass eines Pfändungs- und Überweisungsbeschlusses (§§ 829, 835 ZPO). Bei bestimmten elektronischen Anträgen gilt dies nach Satz 2 nicht.

§ 12a Verfahren wegen überlanger Gerichtsverfahren und strafrechtlicher Ermittlungsverfahren

[1]In Verfahren wegen überlanger Gerichtsverfahren und strafrechtlicher Ermittlungsverfahren ist § 12 Absatz 1 Satz 1 und 2 entsprechend anzuwenden. [2]Wird ein solches Verfahren bei einem Gericht der Verwaltungs-, Finanz- oder Sozialgerichtsbarkeit anhängig, ist in der Aufforderung zur Zahlung der Gebühr für das Verfahren im Allgemeinen darauf hinzuweisen, dass die Klage erst nach Zahlung dieser Gebühr zugestellt und die Streitsache erst mit Zustellung der Klage rechtshängig wird.

1 Diese Verfahren sind in §§ 198ff. GVG geregelt. Erste Instanz ist in Zivilprozesssachen das OLG, § 201 Abs. 1 GVG, in Arbeitsgerichtssachen das LAG (§ 9 Abs. 2 ArbGG). Die Verweisung besagt, dass die Klage erst nach Zahlung des Vorschusses zugestellt wird (merkwürdig, weil der nach seinem Vortrag von der Justiz geschädigte Bürger gegen den Staat vorgeht und dafür einen Vorschuss zahlen muss). Es gilt die Gebühr KV 1212 (Gebühr 4,0, da das OLG erste Instanz ist).

§ 13 Verteilungsverfahren nach der Schifffahrtsrechtlichen Verteilungsordnung

Über den Antrag auf Eröffnung des Verteilungsverfahrens nach der Schifffahrtsrechtlichen Verteilungsordnung soll erst nach Zahlung der dafür vorgesehenen Gebühr und der Auslagen für die öffentliche Bekanntmachung entschieden werden.

§ 31 SVertO Kostentragung. (1) Der Antragsteller trägt folgende Kosten:
1. die Vergütung und die Auslagen des Sachwalters;
2. die von dem Sachwalter aufgewandten Kosten der Verwaltung und Verwertung von Sicherheiten.

(2) …

§ 32 SVertO Zahlung der vom Antragsteller zu tragenden Kosten. (1) …

(2) Das Gericht soll die Eröffnung des Verteilungsverfahrens von der Einzahlung eines angemessenen Vorschusses auf die von dem Antragsteller nach § 31 Abs. 1 zu tragenden Kosten abhängig machen.

(3) …

Vgl. hierzu die Gebühr KV 2410 und die Auslagen für die öffentliche Bekanntmachung (KV 9004). 1

§ 14 Ausnahmen von der Abhängigmachung

Die §§ 12 und 13 gelten nicht,
1. **soweit dem Antragsteller Prozesskostenhilfe bewilligt ist,**
2. **wenn dem Antragsteller Gebührenfreiheit zusteht oder**
3. **wenn die beabsichtigte Rechtsverfolgung weder aussichtslos noch ihre Inanspruchnahme mutwillig erscheint und wenn glaubhaft gemacht wird, dass**
   a) **dem Antragsteller die alsbaldige Zahlung der Kosten mit Rücksicht auf seine Vermögenslage oder aus sonstigen Gründen Schwierigkeiten bereiten würde oder**
   b) **eine Verzögerung dem Antragsteller einen nicht oder nur schwer zu ersetzenden Schaden bringen würde; zur Glaubhaftmachung genügt in diesem Fall die Erklärung des zum Prozessbevollmächtigten bestellten Rechtsanwalts.**

I. Grundlagen

§ 14 (dem § 15 FamGKG entspricht; ähnlich § 16 GNotKG) betrifft Gerichtsgebühren, nicht Auslagen (vgl. § 1 und § 17); zu den Auslagen → § 12 Rn. 8. Keine Pflicht, Gebühren im Sinne von §§ 12, 13 vorauszuzahlen, besteht: (1) Falls § 12 Abs. 1 nicht anwendbar ist (→ § 12 Rn. 2). (2) Falls ein Fall des § 12 Abs. 2 vorliegt (→ § 12 Rn. 14); (3) im arbeitsgerichtlichen Verfahren (§ 11); (4) in den Fällen des § 14. 1

2 Die **Fälligkeit** der Gebühren (§ 6) wird dadurch nicht berührt. In den Fällen der Nr. 3 werden die Gebühren also in Rechnung gestellt und notfalls nach dem JBeitrG beigetrieben, denn nur die Vorauszahlung entfällt.

II. Einzelheiten

3 **Nr. 1:** §§ 12, 13 „gelten" nicht, soweit dem Antragsteller **Prozesskostenhilfe** (PKH) bewilligt ist; es genügt eine **PKH-Bewilligung mit Ratenanordnung.** § 122 Abs. 1 Nr. 1 ZPO sagt, dass die Justizkasse in einem solchen Falle nur die Raten von der PKH-Partei verlangen kann; § 14 bestimmt, dass unabhängig von der Ratenzahlung die Klage zuzustellen ist, wenn dem Kläger PKH bewilligt wurde (ob er die Raten zahlt ist eine Frage der Beitreibung bzw. PKH-Aufhebung, § 124 ZPO).

4 Es ist zu unterscheiden: (1) PKH für den Kläger ohne Raten: weder für den Kläger noch den Beklagten besteht eine Pflicht zur Vorauszahlung von Gerichtsgebühren oder Auslagenvorschüssen für die beiderseitigen Zeugen; (2) Bei Raten-PKH für den Kläger ist es ebenso, aber der Beklagte muss wegen § 122 Abs. 2 ZPO für *seine* Zeugen einen Auslagenvorschuss nach § 379 ZPO leisten; (3) War dem Kläger keine PKH bewilligt worden, dem Beklagten ratenfreie PKH oder PKH mit Raten, dann muss der Kläger Gerichtsgebühren vorauszahlen und Zeugenauslagen vorschießen; der Beklagte muss Gerichtsgebühren sowieso nicht und Zeugenauslagen wegen § 122 ZPO nicht vorschießen.

5 Wurde **PKH nur für einen Teil** des Klageantrags bewilligt und will der Kläger trotzdem den ganzen Antrag durchstreiten (was evtl. durch Nachfrage zu klären ist), dann hat er einen entsprechenden Teil der Gerichtsgebühr vorauszuzahlen, wobei die Berechnung streitig ist.

Beispiel: Klage über 15.000 Euro, nur für 5.000 Euro wird PKH bewilligt, für die restlichen 10.000 Euro versagt: (1) 3,0 aus 15.000 Euro abzüglich gebührenfreier 3,0 aus 5.000 Euro, ergibt 441 Euro (das erscheint zutreffend; BGH 13, 377; KG Rpfleger 1988, 204); (2) andere (vgl. *Oestreich/Winter/Hellstab* Rn. 3; OLG München JurBüro 1988, 905) halten die Aufteilung im Verhältnis der Streitwerte für zweckmäßig (⅔ aus 3,0 Gebühren aus 15.000 Euro wären dann vorauszuzahlen, also 586 Euro). – Wird dieser Betrag vom Kläger nicht bezahlt, wird die Klage nur mit dem Hinweis des Gerichts zugestellt, dass sich die Zustellung nur auf den Teilbetrag 5.000 Euro bezieht; darüber wird dann auch nur verhandelt und entschieden.

6 **Nr. 2:** Wenn dem Antragsteller **Gebührenfreiheit** zusteht; vgl. § 2.

7 **Nr. 3: Schwierige finanzielle Lage:** wenn die vom Kläger beabsichtigte Rechtsverfolgung nicht aussichtslos und nicht mutwillig erscheint (das entspricht § 114 ZPO und beurteilt das Gericht pauschal, allerdings ohne dass der Beklagte dazu rechtliches Gehör bekäme) und

- wenn glaubhaft gemacht ist, dass die Zahlung dem Antragsteller (Kläger) die in § 14 genannten Schwierigkeiten bereiten würde; es muss sich **um vorübergehende Zahlungsprobleme** handeln, denn bei dauernder Zahlungsunfähigkeit kommt PKH in Frage. Die Glaubhaftmachung muss von der Partei stammen, Erklärungen des Anwalts genügen nicht. Die Glaubhaftmachung erfolgt durch Vorlage von Unterlagen (Kontoauszügen etc.), notfalls durch eidesstattliche Versicherung der Partei (vgl. § 294 ZPO); oder
- wenn glaubhaft gemacht ist, dass die Verzögerung dem Antragsteller (Kläger) einen **Schaden** etc. bringen würde. Zur Glaubhaftmachung genügt hier die

„Erklärung" des Rechtsanwalts des Klägers (Antragstellers), das ist ein substantiierter Vortrag, nicht nur eine Behauptung. Das ist in der Praxis der Hauptfall; es geht darum, dass die Klage oder der Mahnbescheid zugestellt werden soll, damit der Lauf der Verjährung gehemmt wird (§ 204 Abs. 1 Nr. 14 BGB); oder eine Klagefrist gewahrt werden kann; oder es droht Rangverlust in der Zwangsvollstreckung.

III. Entscheidung

Ob die Voraussetzungen des § 14 vorliegen, entscheidet derjenige, der die Zustellung verfügt, also der Vorsitzende bzw. Einzelrichter (in seinen Sachen der Rechtspfleger, § 4 RPflG); dazu wird dem Gegner kein rechtliches Gehör gewährt, weil es nur um den Verzicht auf den staatlichen Kostenvorauszahlungsanspruch geht. Es wird einfach verfügt: „Zustellen, § 14 GKG". 8

IV. Rechtsmittel

Rechtsmittel, wenn die Anwendung von § 14 abgelehnt wird: § 67. Die Staatskasse ist nicht beschwerdeberechtigt (*Meyer* Rn. 13), wenn der Richter die Zustellung ohne Vorauszahlung anordnet. 9

§ 15 Zwangsversteigerungs- und Zwangsverwaltungsverfahren

(1) **Im Zwangsversteigerungsverfahren ist spätestens bei der Bestimmung des Zwangsversteigerungstermins ein Vorschuss in Höhe des Doppelten einer Gebühr für die Abhaltung des Versteigerungstermins zu erheben.**

(2) **Im Zwangsverwaltungsverfahren hat der Antragsteller jährlich einen angemessenen Gebührenvorschuss zu zahlen.**

I. Zwangsversteigerung (Abs. 1)

Die doppelte Gerichtsgebühr nach KV 2113, also 1,0, ist zu erheben; die Erhebung ordnet der Kostenbeamte an (§ 22 KostVfg). **Wert:** § 54 (grds. der gem. § 74a Abs. 5 ZVG festgesetzte Verkehrswert). Kostenschuldner: § 26 (der Antragsteller des Verfahrens, dh der betreibende bzw. beigetretene Gläubiger); mehrere Antragsteller sind Gesamtschuldner, § 31; zu ihrer Inanspruchnahme vgl. § 8 KostVfg. Ein **Auslagenvorschuss** ist nach § 17 zu leisten. 1

II. Zwangsverwaltung (Abs. 2)

Angemessen ist ein Vorschuss, der die voraussichtlichen Gebühren und Auslagen für ein Jahr abdeckt. Zur Höhe vgl. KV 1221; § 22 KostVfg. Wert: § 55. **Kostenschuldner:** § 26. In der Praxis wird der Vorschuss vom Zwangsverwalter angefordert, wenn dieser (zB aus Mieteinnahmen) entsprechende Gelder hat; andernfalls erfolgt die Anforderung beim Antragsteller. 2

§ 16 Privatklage, Nebenklage

(1) [1]Der Privatkläger hat, wenn er Privatklage erhebt, Rechtsmittel einlegt, die Wiederaufnahme beantragt oder das Verfahren nach den §§ 435 bis 437 der Strafprozessordnung betreibt, für den jeweiligen Rechtszug einen Betrag in Höhe der entsprechenden in den Nummern 3311, 3321, 3331, 3340, 3410, 3431, 3441 oder 3450 des Kostenverzeichnisses bestimmten Gebühr als Vorschuss zu zahlen. [2]Der Widerkläger ist zur Zahlung eines Gebührenvorschusses nicht verpflichtet.

(2) [1]Der Nebenkläger hat, wenn er Rechtsmittel einlegt oder die Wiederaufnahme beantragt, für den jeweiligen Rechtszug einen Betrag in Höhe der entsprechenden in den Nummern 3511, 3521 oder 3530 des Kostenverzeichnisses bestimmten Gebühr als Vorschuss zu zahlen. [2]Wenn er im Verfahren nach den §§ 435 bis 437 der Strafprozessordnung Rechtsmittel einlegt oder die Wiederaufnahme beantragt, hat er für den jeweiligen Rechtszug einen Betrag in Höhe der entsprechenden in den Nummern 3431, 3441 oder 3450 des Kostenverzeichnisses bestimmten Gebühr als Vorschuss zu zahlen.

I. Privatkläger (Abs. 1)

1 Nur in den in Abs. 1 genannten vier Fällen (Erhebung der Klage; Einlegung eines Rechtsmittels durch den Privatkläger; Antrag des Klägers auf Wiederaufnahme; Einziehungsverfahren nach §§ 435–437 StPO) hat der Privatkläger einen Vorschuss zu leisten. Legt der Angeklagte Rechtmittel ein oder der Privatkläger nur als Widerbeklagter, muss er keinen Vorschuss zahlen. Erhebt der Privatbeklagte Widerklage, muss er keinen Vorschuss zahlen (Satz 2). **Höhe des Vorschusses:** der in der jeweiligen Nummer des KV bezeichnete Betrag; vor dessen Anforderung hat der Kostenbeamte die Akte dem Richter vorzulegen. Folgen der Nichtzahlung: § 379a StPO. Gegen die Fristsetzung zur Zahlung des Vorschusses (und gegen die Höhe) ist die Beschwerde nach § 304 StPO gegeben, also nicht die Beschwerde nach § 67.

2 **§ 379a StPO bestimmt** speziell:

§ 379a StPO [Gebührenvorschuss]. (1) Zur Zahlung des Gebührenvorschusses nach § 16 Abs. 1 des Gerichtskostengesetzes soll, sofern nicht dem Privatkläger die Prozeßkostenhilfe bewilligt ist oder Gebührenfreiheit zusteht, vom Gericht eine Frist bestimmt werden; hierbei soll auf die nach Absatz 3 eintretenden Folgen hingewiesen werden.

(2) Vor Zahlung des Vorschusses soll keine gerichtliche Handlung vorgenommen werden, es sei denn, daß glaubhaft gemacht wird, daß die Verzögerung dem Privatkläger einen nicht oder nur schwer zu ersetzenden Nachteil bringen würde.

(3) Nach fruchtlosem Ablauf der nach Absatz 1 gestellten Frist wird die Privatklage zurückgewiesen. Der Beschluß kann mit sofortiger Beschwerde angefochten werden. Er ist von dem Gericht, das ihn erlassen hat, von Amts wegen aufzuheben, wenn sich herausstellt, daß die Zahlung innerhalb der gesetzten Frist eingegangen ist.

3 Zu § 379a Abs. 1 StPO: zur Fristbestimmung ist ein Beschluss des Gerichts erforderlich, eine Verfügung des Vorsitzenden genügt nicht (BayObLG VRS 6, 53). Zu § 379a Abs. 2 StPO → § 14 Rn. 1 ff.

II. Nebenkläger (Abs. 2)

In erster Instanz ist der Nebenkläger in keinem Fall vorschusspflichtig. Nur in den in Abs. 2 Satz 1 genannten Fällen (Einlegung von Berufung oder Revision durch den Nebenkläger; Antrag des Nebenklägers auf Wiederaufnahme) hat der Nebenkläger einen Vorschuss zu leisten. In der ersten Instanz trifft den Nebenkläger also keine Vorschusspflicht. **Höhe des Vorschusses:** der in der jeweiligen Nummer des KV bezeichnete Betrag. **4**

Im Einziehungsverfahren nach §§ 435–437 StPO trifft den Nebenkläger eine Vorschusspflicht in Höhe der Gebühren nach dem KV, wenn er Rechtsmittel einlegt oder die Wiederaufnahme beantragt (Satz 2). **5**

§ 17 Auslagen

(1) [1]**Wird die Vornahme einer Handlung, mit der Auslagen verbunden sind, beantragt, hat derjenige, der die Handlung beantragt hat, einen zur Deckung der Auslagen hinreichenden Vorschuss zu zahlen.** [2]**Das Gericht soll die Vornahme der Handlung von der vorherigen Zahlung abhängig machen.**

(2) **Die Herstellung und Überlassung von Dokumenten auf Antrag sowie die Versendung von Akten können von der vorherigen Zahlung eines die Auslagen deckenden Vorschusses abhängig gemacht werden.**

(3) **Bei Handlungen, die von Amts wegen vorgenommen werden, kann ein Vorschuss zur Deckung der Auslagen erhoben werden.**

(4) [1]**Absatz 1 gilt nicht in Musterverfahren nach dem Kapitalanleger-Musterverfahrensgesetz, für die Anordnung einer Haft und in Strafsachen nur für den Privatkläger, den Widerkläger sowie für den Nebenkläger, der Berufung oder Revision eingelegt hat.** [2]**Absatz 2 gilt nicht in Strafsachen und in gerichtlichen Verfahren nach dem Gesetz über Ordnungswidrigkeiten, wenn der Beschuldigte oder sein Beistand Antragsteller ist.** [3]**Absatz 3 gilt nicht in Strafsachen, in gerichtlichen Verfahren nach dem Gesetz über Ordnungswidrigkeiten sowie in Verfahren über einen Schuldenbereinigungsplan (§ 306 der Insolvenzordnung).**

Übersicht

I. Vorschuss für Auslagen (Abs. 1)

1 § 17 (Parallelvorschriften: § 16 FamGKG; §§ 14, 15 GNotKG) betrifft nicht Gerichtsgebühren (dafür ist zB § 12 heranzuziehen). Auslagen im Sinne von § 17 sind die in KV 9000 genannten Positionen. Handlungen, die mit Auslagen verbunden sind, sind zB die Anfertigung von Photokopien („Ablichtungen"), Zustellungen, Auslagen für Veröffentlichungen usw. Auslagenersatz wird grundsätzlich erst nachträglich fällig (§ 9). Schon vor Fälligkeit begründet aber **Abs. 1 Satz 1** in bestimmten Fällen eine **Pflicht für den Kostenbeamten,** ohne zusätzliche Anordnung des Gerichts, einen Vorschuss anzufordern, wenn die Vornahme einer Handlung, die mit Auslagen verbunden ist, **beantragt** wird (bei Handlungen von Amts wegen vgl. Abs. 3). Die Durchführung eines Kostenfestsetzungsverfahren nach § 788 Abs. 2 ZPO kann nicht von der Zahlung eines Auslagenvorschusses für die Zustellung etc. abhängig gemacht werden (LG Essen NJOZ 2009, 82). Es handelt sich um keine Ermessensbestimmungen („hat"). Einzelheiten zur Kostensicherung sind in § 20 KostVfg geregelt. Adressat der Anforderung ist derjenige, der die Handlung beantragt hat. Die Höhe des Vorschusses bestimmt zunächst der Kostenbeamte. **Vorschuss** (Satz 2) ist nicht zu verwechseln mit **Vorauszahlungspflicht** (§ 12). Die pflichtwidrige Nichterhebung eines Vorschusses kann Folgen haben (vgl. § 21). Besonderheiten gelten für §§ 379, 402 ZPO (→ Rn. 12).

1. Antrag

2 Er muss nicht ausdrücklich gestellt sein; wer einen Zeugen anbietet, „beantragt" dessen Vernehmung. Unter § 17 fallen Anträge auf Vernehmung von Zeugen (Name ist notwendig, NN genügt nicht), Begutachtung durch Sachverständige (der Name des Sachverständigen muss nicht genannt werden; Vorschusspflicht besteht auch, wenn ein anderer Sachverständiger vom Gericht ausgewählt wird); auch gemäß § 358a ZPO; Antrag auf Ladung des Gutachters, um an ihn Fragen zu stellen (OLG Schleswig Rpfleger 1957, 5); Antrag auf Augenschein; Antrag auf Zustellung im Ausland, auf öffentliche Zustellung; Antrag auf selbstständiges Beweisverfahren (§ 485 ZPO); stellt der **Gegner des selbstständigen Beweisverfahrens** den Antrag, das Gutachten zu ergänzen, oder stellt er selbst Beweisanträge, ist er (und nicht der ursprüngliche Antragsteller) insoweit vorschusspflichtig (OLG Köln NJW-RR 2009, 1365; OLG Frankfurt OLG-Report 2008, 405). Antrag auf Zuziehung eines Dolmetschers (ansonsten sind Dolmetscher von Amts wegen zuzu-

ziehen, §§ 185, 186 GVG). Antrag auf Eröffnung eines Insolvenzverfahrens. Sonderregelung in § 13 (schifffahrtsrechtliches Verteilungsverfahren).

2. Antragsteller

Das ist nicht zwingend derjenige, der das Verfahren der Instanz beantragt hat und also nach §§ 22ff. für die Auslagen haftet. Antragsteller im Sinne von § 17 ist vielmehr jeder, der die mit Auslagen verbundene Handlung beantragt hat, also zB auch der Beklagte. Die Beweislast spielt dabei keine Rolle (OLG Schleswig Rpfleger 1957, 5; *Meyer* Rn. 10). Wenn der Beklagte Zeugen anbietet „unter Verwahrung gegen die Beweislast" bzw. „unter Protest gegen die Kosten" etc. dann ist dieser Vorbehalt an sich belanglos, bedarf aber im Einzelfall der Aufklärung, was gemeint ist, durch Nachfrage. Bei Benennung eines Zeugen oder Sachverständigen durch **beide Parteien** ist diejenige Partei Schuldner des Vorschusses zur Deckung der Auslagen, die die Beweislast trägt (BGH NJW 1999, 2823 zu § 379 ZPO). In einem solchen Fall haftet die nicht beweispflichtige Partei nicht als Zweitschuldnerin für die durch die Beweisaufnahme entstehenden gerichtlichen Auslagen (OLG Stuttgart NJW-RR 2002, 143; aA (Gesamtschuldner) OLG Schleswig SchlHA 2002, 76; *Meyer* Rn. 10 mwN). 3

3. Zeit des Kostenansatzes

§ 20 KostVfg bestimmt, dass Kostenvorschüsse nach § 17 berechnet werden, sobald sie zu leisten sind; dass aber Auslagen in der Regel erst bei Beendigung des Rechtszuges anzusetzen sind, wenn kein Verlust für die Staatskasse zu befürchten ist. Fallen also einige Euro für die Anfertigung von Photokopien an, wird kein Vorschuss verlangt. 4

4. Abhängigmachung von der Vorauszahlung

Während Satz 1 verlangt, dass vor Fälligkeit bezahlt wird, erlaubt **Satz 2** zusätzlich, dass „das Gericht" (Richter; in seinem Zuständigkeitsbereich der Rechtspfleger, § 4 RPflG) eine Vorauszahlung verlangt („soll"). Dies erfolgt durch Beschluss bzw. Verfügung des Vorsitzenden. Ob dies angebracht ist, hängt vom Einzelfall ab: Fallen einige Hundert Euro für die Übersetzung einer Klage an, die im Ausland zugestellt werden soll (KV 9005), wird eine Vorauszahlung verlangt. Die ***Aushändigung*** **des fertiggestellten Gutachtens** an die Parteien kann nach OLG Frankfurt (MDR 2004, 1255; NJW 1963, 1787) nicht von der Zahlung der Auslagen oder des offenen Restbetrages (wenn zuwenig Vorschuss verlangt wurde) abhängig gemacht werden. § 17 bezieht sich nur auf Auslagen im Sinn von KV 9000ff. (OLG Düsseldorf NJOZ 2007, 4990). 5

5. Keine Vorschusspflicht

a) Abs. 4. Abs. 4 besagt, in welchen Fällen Abs. 1 nicht zur Anwendung kommt. Niemals muss in Strafsachen und OWi-Sachen der Beschuldigte/Betroffene eine Vorschuss zahlen, wenn Zeugen auf seinen Antrag geladen werden. Für die Durchführung der Zivil-Verhaftung wegen Nichtabgabe der eidesstattlichen Versicherung (§ 802g ZPO), einer Zwangshaft (§ 888 ZPO), einer Arresthaft (§ 918 ZPO) kann ein Haftkostenvorschuss nach § 17 Abs. 1 gefordert werden; für den Beschluss selbst nicht. Zur Straf-Haft vgl. KV 9011. 6

7 **b) Prozesskostenhilfe.** Ferner darf kein Vorschuss verlangt werden, wenn der antragstellenden Partei Prozesskostenhilfe bewilligt wurde (§ 122 Abs. 1 ZPO); in diesen Fällen darf auch vom Gegner der armen Partei für ihre eigenen Beweisanträge kein Vorschuss gefordert werden (§ 122 Abs. 2 ZPO).

8 **c) Auslagenfreiheit.** Wenn jemand auslagenfrei ist (§ 2).

9 **d) Verzicht auf Auslagenerstattung.** Keine Vorschusspflicht besteht ferner, wenn der Zeuge etc. auf Erstattung seiner Auslagen verzichtet hat.

10 **e) Kostenübernahme.** Wenn der (zahlungsfähige) Anwalt einer Partei die Kostenhaftung übernommen hat; dies entspricht der Gerichtspraxis, ist aber vom GKG nicht gedeckt.

11 **f) Sonstige Fälle.** Andererseits entfällt die Vorschusspflicht nicht deswegen, weil die Partei zur Zahlung des Vorschusses nicht in der Lage ist; § 14 gilt nur für Gebühren, nicht für Auslagen. In diesen Fällen kann aber das Gericht von seinem Ermessen Gebrauch machen (§ 379 ZPO) und von der Vorauszahlung absehen; oder die Partei kann einen Prozesskostenhilfeantrag stellen (§§ 114ff. ZPO).

II. Zeugen und Sachverständige im Zivilprozess (§§ 379, 402 ZPO)

12 Wichtige Sonderregeln, die dem § 17 vorgehen (OLG Stuttgart BeckRS 2011, 19280; OLG Bamberg FamRZ 2001, 1387), enthalten § 379 ZPO (Auslagenvorschuss für Zeugen) und § 402 ZPO (Auslagenvorschuss für Sachverständige). Während in den anderen Fällen, die § 17 nennt, der Kostenbeamte eigenständig einen Vorschuss anzufordern hat, ist hier dem **Gericht** die Kompetenz übertragen, nicht dem Kostenbeamten („Das Gericht kann …“). Hat also das Gericht keinen Vorschuss für Zeugen oder Gutachten angeordnet, dann kann dies nicht der Kostenbeamte eigenmächtig nachholen (OLG Bamberg FamRZ 2001, 1387; aA wohl OLG Koblenz FamRZ 2002, 685 zum Fall des § 144 ZPO), er kann das Gericht aber auf ein eventuelles Versehen hinweisen; in diesen Fällen sind die Auslagen für Zeugen und Sachverständige erst am Schluss beim Kostenansatz aufgrund der gerichtlichen Kostenentscheidung zu berücksichtigen. Die **Höhe des Vorschusses** ist nicht anfechtbar, selbst wenn er weit überhöht ist (BGH NJW-RR 2009, 1434; OLG Stuttgart BeckRS 2008, 23321; aA OLG Frankfurt OLGR 2008, 405); denn § 379 ZPO regelt keine Anfechtbarkeit, § 567 ZPO passt nicht und § 67 betrifft nur Gerichtskostenvorschüsse; eine Gegenvorstellung ist aber möglich. Neuere Gesetze wie § 82 GNotKG regeln die Anfechtbarkeit.

13 Die ZPO ist auch vorrangig, wenn das Gericht **von Amts wegen** einen Augenschein einnimmt oder ein Gutachten erholt (§ 144 ZPO); hier kann nicht über § 17 Abs. 3 eine Vorauszahlung vom Kostenbeamten erhoben werden (BGH NJW-RR 2010, 1059; BGH NJW 2000, 743), vgl. § 144 Abs. 3 ZPO.

III. Aktenversendung, Dokumentenherstellung (Abs. 2)

14 Die Aktenversendung kann von Vorschusszahlung abhängig gemacht werden; es handelt sich um eine Zurückstellung der Amtshandlung bis zur Entrichtung des

Vorschusses. Zur Kostensicherung vgl. § 20 KostVfg. Kein Vorschuss von Gemeinden etc., § 22 Abs. 6.

15 **Höhe:** KV 9003. Ebenso die Herstellung und Überlassung von Photokopien von Schriftstücken etc. (lebensfremd hier „Dokument" genannt); zur Höhe vgl. KV 9000. **Unanwendbarkeit von Abs. 2:** vgl. Abs. 4 Satz 2.

IV. Handlungen, die von Amts wegen vorgenommen werden (Abs. 3)

16 Abs. 1 („hat") gilt dafür nicht. In den Fällen des Abs. 3 *kann* ein Vorschuss verlangt werden (Ermessensbestimmung). § 17 Abs. 3 kann im Falle einer gem. § 144 Abs. 1 ZPO angeordneten Beweiserhebung nicht als Grundlage für eine „Vorschussanforderung" herangezogen werden (BGH NJW 2000, 743, missverständlich formuliert); niemals darf also die Vornahme einer Handlung, die von Amts wegen zu erfolgen hat, vom Eingang eines Vorschusses, also von einer Vorauszahlung, abhängig gemacht werden (OLG Koblenz FamRZ 2002, 685). **Beispiele:** Augenschein wird durchgeführt oder Sachverständigengutachten wird erholt, obwohl es von keiner Partei *beantragt* wurde, aber vom Gericht für erforderlich gehalten wurde; oder: es ist zwar beantragt worden, aber der Vorschuss wurde nicht bezahlt und das Gericht hält das Gutachten für erforderlich (BGH MDR 1976, 396; *Meyer* Rn. 27). Liegt aber das von Amts wegen erholte Gutachten des Sachverständigen vor, kann der Betrag als „Vorschuss" nachträglich angefordert werden (richtigerweise liegt eine Nachschusspflicht vor) und nicht erst, wenn die Endentscheidung vorliegt; die *Aushändigung* des fertiggestellten Gutachtens darf aber nicht vom Zahlungseingang abhängig gemacht werden (OLG Frankfurt NJW 1963, 1787).

17 Abs. 3 sagt nicht, wer „vorschusspflichtig" ist; überwiegend wird die beweispflichtige Partei für zahlungspflichtig gehalten (OLG Düsseldorf JurBüro 1964, 591; OLG Bamberg JurBüro 1979, 879); oder die Partei, deren Interesse wahrgenommen wird; meines Erachtens wird das Ermessen idR dahin auszuüben sein, dass jede Partei die Hälfte zu zahlen hat.

18 Zur Kostensicherung vgl. § 20 KostVfg. Kein Vorschuss von Gemeinden etc., § 22 Abs. 6.

19 **Unanwendbarkeit von Abs. 3:** vgl. Abs. 4 Satz 3 (Strafsachen, OWi-Sachen, Schuldenbereinigungsplan nach § 306 InsO).

V. Verrechnung des Vorschusses

20 Der Auslagenvorschuss ist **nach Vornahme der Handlung** abzurechnen.

1. Zu wenig Vorschuss bezahlt

21 Hat die Partei zu wenig Vorschuss bezahlt, kann die Nachzahlung des Restes jederzeit gefordert werden (OLG Zweibrücken Rpfleger 1989, 81).

2. Zu viel Vorschuss bezahlt

22 Hat der Kläger einen Vorschuss bezahlt, der höher war, als der später tatsächlich für das Gutachten, die Zeugen etc. angefallene Betrag, hat die Rückzahlung des

Überschusses an den Vorschusszahler zu erfolgen. Wird dem Beklagten teilweise PKH bewilligt, erfolgt eine Quotelung der Auslagenerstattung (OLG Koblenz NJOZ 2007, 2161). Ebenso ist es, wenn die vorschusspflichtige Handlung unterbleibt. Die Überzahlung darf **nicht zurückbehalten** werden, um sie auf eventuelle künftige Kosten später verrechnen zu können (*Hartmann* Rn. 19). Die Überzahlung darf allerdings auf sonstige fällige Kostenschulden des Vorschusszahlers verrechnet werden, aber nur in dem Verfahren, in dem sie bezahlt wurde, nicht also in anderen Verfahren (*Meyer* Rn. 37). Auf die Kostenschuld eines Zweitschuldners darf die Überzahlung nicht verrechnet werden, solange die Voraussetzungen des § 31 Abs. 2 S. 1 nicht gegeben sind (KG JurBüro 1969, 173; *Meyer* Rn. 37; aA OLG Celle NJW-RR 2018, 703; OLG Celle JurBüro 1967, 440). Mit Kosten des Gegners, die diesen allein treffen, darf auf keinen Fall verrechnet werden (*Meyer* Rn. 37). Die Überzahlung wird nicht verzinst (§ 5 Abs. 4).

3. Vorschussrückzahlung

23 Hat der Kläger einen Vorschuss bezahlt und dann den Prozess gewonnen, so dass im Urteil die Kosten dem Beklagten auferlegt wurden (§ 91 ZPO), dann erhält der Kläger seinen Vorschuss nicht von der Gerichtskasse zurückbezahlt, sondern ist darauf angewiesen, den Betrag vom Beklagten zu erlangen (Kostenfestsetzungsverfahren, §§ 103ff. ZPO).

VI. Rechtsmittel

1. Gegen den Kostenansatz

24 Die Anforderung des Kostenbeamten nach § 17 Abs. 1 stellt einen Kostenansatz dar, ist also nach § 66 angreifbar. Wird vom Gericht Vorschuss verlangt (§§ 379, 402 ZPO), ist dies nach § 127 ZPO anfechtbar, wenn es trotz Bewilligung von Prozesskostenhilfe erfolgte. In den anderen Fällen besteht Unanfechtbarkeit (§ 360 ZPO; OLG Düsseldorf AG 2004, 390), nur Gegenvorstellungen sind möglich (zB dass die Höhe des Vorschusses unangemessen sei, dass von der falschen Partei Vorschuss gefordert werde) und Anfechtung des Urteils (KG OLGZ 1971, 423; OLG Frankfurt Rpfleger 1963, 63).

2. In den Fällen des Abs. 2

25 Rechtsmittel in den beiden Fällen des Abs. 2: § 67, falls ein gerichtlicher Beschluss vorliegt; sonst § 66.

3. In den Fällen des Abs. 3

26 Rechtsmittel im Falle Abs. 3: § 67, *falls* die Vornahme der Handlung durch Gerichtsbeschluss von der Vorschusszahlung abhängig gemacht wird. Andernfalls: § 66.

§ 18 Fortdauer der Vorschusspflicht

[1]Die Verpflichtung zur Zahlung eines Vorschusses bleibt bestehen, auch wenn die Kosten des Verfahrens einem anderen auferlegt oder von einem anderen übernommen sind. [2]§ 31 Absatz 2 gilt entsprechend.

I. Allgemeines

§ 18 betrifft Gebühren und Auslagen. Trotz des missverständlichen Wortes „Vorschuss“ handelt es sich gegenüber der Staatskasse um eine endgültige Kostenschuld. Ein Vorschuss soll noch nicht fällige Beträge sichern; die Vorauszahlung betrifft die Zahlung bereits fälliger Beträge. 1

§ 18 ist nicht anwendbar bei Bewilligung von Prozesskostenhilfe (§ 122 ZPO), bei Gebührenfreiheit (§ 2), in Sachen des Arbeitsgerichts (§ 11). Spezialvorschriften wie zB §§ 379, 402 ZPO gehen dem § 18 vor. 2

II. Bestehenbleiben der Vorschusspflicht

1. Nach Vornahme der Handlung

Die Vorschusspflicht bleibt bestehen auch, wenn inzwischen die Handlung (obwohl kein Vorschuss oder zu wenig bezahlt worden ist) durchgeführt wurde; sie wandelt sich dann in einen Nachzahlungspflicht um (Satz 1; „auch“); das Wort „Vorschuss“ ist deshalb missverständlich. Hat das Gericht die Zeugenvernehmung ohne oder ohne ausreichenden Vorschuss durchgeführt, kann deshalb nachträglich (und nicht erst nach der Entscheidung) noch der Rest als Nachzahlung gefordert werden (OLG Koblenz FamRZ 2002, 685; OLG Stuttgart Rpfleger 1981, 163; aA OLG Frankfurt OLGZ 1968, 436), aber natürlich nicht der Rest des Vorschusses, sondern jetzt der Rest des nun feststehenden Betrages. Ebenso ist es bei Sachverständigengutachten (OLG Frankfurt NJW 1963, 1787). Die *Aushändigung* des fertiggestellten Gutachtens an die Parteien darf nicht von der Zahlung der Auslagen oder des offenen Restbetrages (wenn zu wenig Vorschuss verlangt wurde) abhängig gemacht werden (OLG Frankfurt NJW 1963, 1787). 3

2. Nach Kostenentscheidung

Die Vorschusspflicht bleibt, auch wenn inzwischen durch eine Kostenentscheidung, einen Vergleich oder eine Übernahmeerklärung (§ 29 Nr. 1 oder Nr. 2) die Kosten einem anderen als dem Vorschusspflichtigen auferlegt wurden; nach Satz 2, der auf § 31 Abs. 2 verweist, soll allerdings die Haftung des Vorschusspflichtigen in diesen Fällen nur subsidiär geltend gemacht werden. Hat zB der Kläger ein Gutachten beantragt, aber den Vorschuss hierfür nicht geleistet, und werden dann im Urteil die Kosten dem Beklagten auferlegt, dann ist zunächst der Beklagte zahlungspflichtig (§ 29 Nr. 1); ist er aber nicht zahlungsfähig, dann bleibt beim Kläger die Pflicht zur Nachzahlung des „Vorschusses“ bestehen und er wird zur Zahlung herangezogen, obwohl er den Prozess gewonnen hat. Hat der Vorschusspflichtige gezahlt, kann er sich nicht mehr auf Satz 2 berufen, erhält also von der Staatskasse nichts zurückbezahlt; anders ist es im Falle des § 31 Abs. 2 (Prozesskostenhilfe). 4

Zur **Verrechnung** → § 17 Rn. 20. Eine Niederschlagung der Kostenschuld wegen Mittellosigkeit lässt die Vorschusspflicht (und Nachzahlungspflicht) unberührt. **Rechtsmittel:** § 66. 5

Abschnitt 4. Kostenansatz

§ 19 Kostenansatz

(1) [1]Außer in Strafsachen und in gerichtlichen Verfahren nach dem Gesetz über Ordnungswidrigkeiten werden angesetzt:

1. die Kosten des ersten Rechtszugs bei dem Gericht, bei dem das Verfahren im ersten Rechtszug anhängig ist oder zuletzt anhängig war,

2. die Kosten des Rechtsmittelverfahrens bei dem Rechtsmittelgericht.

[2]Dies gilt auch dann, wenn die Kosten bei einem ersuchten Gericht entstanden sind.

(2) [1]In Strafsachen und in gerichtlichen Verfahren nach dem Gesetz über Ordnungswidrigkeiten, in denen eine gerichtliche Entscheidung durch die Staatsanwaltschaft zu vollstrecken ist, werden die Kosten bei der Staatsanwaltschaft angesetzt. [2]In Jugendgerichtssachen, in denen eine Vollstreckung einzuleiten ist, werden die Kosten bei dem Amtsgericht angesetzt, dem der Jugendrichter angehört, der die Vollstreckung einzuleiten hat (§ 84 des Jugendgerichtsgesetzes); ist daneben die Staatsanwaltschaft Vollstreckungsbehörde, werden die Kosten bei dieser angesetzt. [3]Im Übrigen werden die Kosten in diesen Verfahren bei dem Gericht des ersten Rechtszugs angesetzt. [4]Die Kosten des Rechtsmittelverfahrens vor dem Bundesgerichtshof werden stets bei dem Bundesgerichtshof angesetzt.

(3) Hat die Staatsanwaltschaft im Fall des § 25a des Straßenverkehrsgesetzes eine abschließende Entscheidung getroffen, werden die Kosten einschließlich derer, die durch einen Antrag auf gerichtliche Entscheidung entstanden sind, bei ihr angesetzt.

(4) Die Dokumentenpauschale sowie die Auslagen für die Versendung von Akten werden bei der Stelle angesetzt, bei der sie entstanden sind.

(5) [1]Der Kostenansatz kann im Verwaltungsweg berichtigt werden, solange nicht eine gerichtliche Entscheidung getroffen ist. [2]Ergeht nach der gerichtlichen Entscheidung über den Kostenansatz eine Entscheidung, durch die der Streitwert anders festgesetzt wird, kann der Kostenansatz ebenfalls berichtigt werden.

I. Allgemeines

1 Die Vorschrift regelt, welche Behörde für den **Ansatz der Gerichtskosten** zuständig ist. Kostenansatz ist die vom Kostenbeamten aufzustellende **Kostenrechnung** (§ 4 KostVfg), deren Inhalt § 24 KostVfg bestimmt. Danach enthält die Kostenrechnung die Gerichtskosten (Gebühren und Auslagen) unter Hinweis auf die angewendete Vorschrift, bei Wertgebühren auch den der Berechnung zugrunde gelegten Wert. Sie enthält ferner den Namen der vom Kostenbeamten festgestellten Kostenschuldner (§ 7 Abs. 1 KostVfg). Auch ohne Unterschrift ist die Kostenrechnung wirksam (VGH München BeckRS 2017, 104525). Für das Kostenverfahren kann **keine Prozesskostenhilfe** bewilligt werden (LSG Bayern BeckRS 2016, 72534).

Der Kostenansatz wird von Beamten des gehobenen oder des mittleren Justizdienstes oder vergleichbaren Angestellten vorgenommen (§ 1 KostVfg). Der Kostenansatz ist **Verwaltungsakt,** die Kostenbeamten sind bei der Erstellung der Kostenrechnung weisungsabhängig, sie können vom Leiter des Gerichts bzw. von Bezirksrevisor angewiesen werden. 2

II. Zuständigkeit zum Kostenansatz

1. Grundsatz (Abs. 1)

Grundsätzlich werden die Kosten stets **bei der Instanz angesetzt, bei der sie entstanden sind,** einschließlich der Kosten, die bei einem ersuchten Gericht entstanden sind. Kosten des ersten Rechtszuges sind demgemäß bei dem Gericht anzusetzen, bei dem das Verfahren in erster Instanz anhängig ist oder zuletzt anhängig war. Kosten eines Rechtsmittelverfahrens sind bei dem Rechtsmittelgericht anzusetzen. 3

2. Ausnahmen

Die Abs. 2–4 enthalten Ausnahmen von dem vorstehenden Grundsatz. 4

a) Strafsachen und Verfahren nach dem OWiG (Abs. 2). Ist eine gerichtliche Entscheidung durch die Staatsanwaltschaft zu vollstrecken (§ 451 StPO, § 91 OWiG), ist diese für den Kostenansatz zuständig. Ist in Jugendgerichtssachen und in Verfahren nach dem OWiG, die sich gegen Heranwachsende und Jugendliche richten, eine Vollstreckung einzuleiten, so werden die Kosten bei dem Amtsgericht angesetzt, dem der Jugendrichter angehört, der die Vollstreckung einzuleiten hat. Dies gilt nicht, wenn daneben die Staatsanwaltschaft Vollstreckungsbehörde ist. In diesem Fall werden die Kosten insgesamt bei der StA angesetzt. 5

Im Übrigen, etwa bei Einstellung des Verfahrens nach §§ 153ff. StPO oder im Falle eines Freispruchs, werden etwaige Kosten bei dem Gericht des ersten Rechtszuges angesetzt. Die Kosten eines Rechtsmittelverfahrens vor dem Bundesgerichtshof werden stets bei dem BGH angesetzt. 6

Hat die Staatsanwaltschaft im Falle des § 25a StVG (Nichtermittlung des Führers eines Kraftfahrzeugs in einem Bußgeldverfahren wegen eines Halt- oder Parkverstoßes) eine abschließende Entscheidung über die Kosten des Verfahrens getroffen, werden dessen Kosten bei der Staatsanwaltschaft angesetzt (vgl. KV 4302). 7

b) Dokumenten- und Aktenversendungspauschale (Abs. 4). Die Dokumentenpauschale sowie die Auslagen für die Versendung von Akten (KV 9000, 9003) setzt stets die Stelle an, bei der sie entstanden sind. 8

III. Berichtigung des Kostenansatzes (Abs. 5)

Als Verwaltungsakt kann der **Kostenansatz im Verwaltungsweg berichtigt** werden, solange nicht eine gerichtliche Entscheidung ergangen ist. Die gerichtliche Entscheidung steht einer Berichtigung im Verwaltungsweg unter allen Gesichtspunkten entgegen (LSG Bayern BeckRS 2016, 68607). Bis zu einer gerichtlichen Entscheidung oder einer Anordnung im Dienstaufsichtsweg hat der Kostenbeamte auf eine Erinnerung gegen den Kostenansatz (§ 66) oder auch von Amts wegen **un-** 9

richtige Kostenansätze richtig zu stellen (§ 28 KostVfg). Der Kostenbeamte kann den Kostenansatz in den Grenzen des **§ 20** auch zu Ungunsten des Kostenschuldners verändern, also höhere oder zusätzlich andere Kosten ansetzen, wenn der bisherige Ansatz unrichtig war.

10 Hilft der Kostenbeamte einer **Erinnerung** des Kostenschuldners nicht oder nicht in vollem Umfang ab oder richtet sich die Erinnerung gegen Kosten, die aufgrund einer Beanstandung des Kostenprüfungsbeamten (Bezirksrevisor, § 35 KostVfg) angesetzt worden sind, so hat er die Erinnerung mit Akten dem **Bezirksrevisor** vorzulegen (§ 38 KostVfg). Dieser prüft, ob der Kostenansatz im Verwaltungsweg zu ändern ist oder ob Anlass besteht, für die Staatskasse ebenfalls Erinnerung einzulegen. Hilft auch der Bezirksrevisor nicht ab, so veranlasst er die Vorlage der Akten bei dem Gericht (§ 38 KostVfg).

11 Soweit das **Gericht entschieden** hat, ist eine Änderung des Kostenansatzes im Verwaltungsweg ausgeschlossen. Eine Ausnahme gilt für den Fall, dass das Gericht nach der Entscheidung über den Kostenansatz den Streitwert anderweit festsetzt. Dann hat der Kostenbeamte von Amts wegen zu prüfen, ob die Wertänderung Anlass zur Berichtigung des Kostenansatzes gibt (§ 29 KostVfg).

§ 20 Nachforderung

(1) [1]**Wegen eines unrichtigen Ansatzes dürfen Kosten nur nachgefordert werden, wenn der berichtigte Ansatz dem Zahlungspflichtigen vor Ablauf des nächsten Kalenderjahres nach Absendung der den Rechtszug abschließenden Kostenrechnung (Schlusskostenrechnung), in Zwangsverwaltungsverfahren der Jahresrechnung, mitgeteilt worden ist.** [2]**Dies gilt nicht, wenn die Nachforderung auf vorsätzlich oder grob fahrlässig falschen Angaben des Kostenschuldners beruht oder wenn der ursprüngliche Kostenansatz unter einem bestimmten Vorbehalt erfolgt ist.**

(2) **Ist innerhalb der Frist des Absatzes 1 ein Rechtsbehelf in der Hauptsache oder wegen der Kosten eingelegt worden, ist die Nachforderung bis zum Ablauf des nächsten Kalenderjahres nach Beendigung dieser Verfahren möglich.**

(3) **Ist der Wert gerichtlich festgesetzt worden, genügt es, wenn der berichtigte Ansatz dem Zahlungspflichtigen drei Monate nach der letzten Wertfestsetzung mitgeteilt worden ist.**

I. Allgemeines

1 Die Vorschrift, die dem Schutz der Kostenschuldner vor verspäteten Nachforderungen dient, bestimmt die Voraussetzungen, unter denen die Staatskasse bei zunächst unrichtigem Kostenansatz Gerichtskosten nachfordern kann. Sie gilt in allen Verfahren, in denen Kosten nach dem GKG zu erheben sind. Wenn über den bloßen Zeitablauf hinaus Umstände vorliegen, nach denen der Kostenschuldner mit einer Rückforderung nicht mehr rechnen muss, kann der Nachforderung **Verwirkung** entgegen stehen.

2 § 20 begrenzt die **Befugnis des Kostenbeamten** zur nachträglichen Änderung des Kostenansatzes. Dieser hat bei Änderungen des Ansatzes eine neue Kostenrechnung aufzustellen, aus der auch hervorgehen muss, inwieweit der ursprüngliche

Ansatz unrichtig war. War der Kostenansatz Gegenstand einer gerichtlichen Entscheidung im Verfahren nach § 66, so scheidet eine Nachforderung aus, soweit die gerichtliche Entscheidung reicht. § 20 Abs. 1 wird entsprechend angewandt, wenn eine bereits festgesetzte und ausbezahlte PKH-Vergütung fehlerhaft zu hoch angesetzt worden ist und nun die Überzahlung zurückgefordert wird (OLG Schleswig FamRZ 2009, 451).

II. Nachforderung (Abs. 1)

1. Begriff

Die Nachforderung setzt begrifflich voraus, dass gegen den Kostenschuldner wegen desselben Verfahrens bereits eine den Rechtszug abschließende Kostenrechnung aufgestellt und ihm mitgeteilt worden ist. Abs. 1 Satz 1 bezeichnet diese Rechnung als **Schlusskostenrechnung.** In Zwangsverwaltungsverfahren tritt an die Stelle der Schlusskostenrechnung die Jahresrechnung. 3

Nicht erforderlich ist, dass die Schlusskostenrechnung ausdrücklich als solche bezeichnet ist. Es genügt, dass der Kostenschuldner die Kostenrechnung berechtigterweise für endgültig halten konnte (OLG Koblenz JurBüro 1999, 642). Ein solcher Vertrauenstatbestand kann nicht entstehen, wenn die ursprüngliche Kostenrechnung einen **Vorbehalt** enthält (Abs. 1 Satz 2). Vorbehalte sieht die Kostenverfügung etwa bei der teilweisen Inanspruchnahme eines als Gesamtschuldner haftenden Kostenschuldners vor (§ 8 KostVfg), bei der möglichen Erhebung weiterer Auslagen, ferner bei einer Gebührenberechnung auf der Grundlage eines noch nicht endgültig festgesetzten Gegenstandswerts. 4

2. Unrichtige Schlusskostenrechnung

Die dem Kostenschuldner erteilte **Schlusskostenrechnung** muss **unrichtig** sein. Anders als nach früherem Recht ist nicht mehr erforderlich, dass der Ansatz „irrig" ist. Es kommt daher nicht auf einen Irrtum des Kostenbeamten, sondern allein auf die materielle Unrichtigkeit des Kostenansatzes an (BT-Drs. 16/3038, 50). 5

Der **Grund** für die Unrichtigkeit des Kostenansatzes ist unerheblich. Ursache können sein Fehler bei der Addition der Einzelposten, Unkenntnis oder fehlerhafte Anwendung des Kostenrechts, Weglassen erfüllter Kostentatbestände. 6

Eine Nachforderung kommt selbstverständlich nur in Betracht, wenn die neue Kostenrechnung zu einem **höheren Gesamtbetrag** führt als die bereits erteilte Schlusskostenrechnung. Hatte die alte Rechnung zwei Fehler, die sich gegenseitig aufheben, so dass der Gesamtbetrag bleibt, erfolgt keine Nachforderung. 7

III. Frist für die Nachforderung

Eine Nachforderung von Kosten ist grundsätzlich nur bis zum Ablauf des Kalenderjahres möglich, das der **Absendung** (nicht: Zugang) der Schlusskostenrechnung folgt. Diese **gesetzliche Ausschlussfrist** schützt den Kostenschuldner vor einer zeitlich unbegrenzten Inanspruchnahme. Die Frist gilt indes nicht, wenn die Unrichtigkeit der Schlusskostenrechnung auf **vorsätzlich oder grob fahrlässig falschen Angaben** des Kostenschuldners beruht oder wenn die Rechnung einen bestimmten Vorbehalt enthält (Abs. 1 Satz 2). In diesen Fällen kann der Kosten- 8 schuldner ohne die zeitliche Einschränkung in Abs. 1 Satz 1 zu späteren Nachzahlungen herangezogen werden; wegen der Verjährung gilt § 5.

IV. Rechtsbehelf innerhalb der Frist (Abs. 2)

9 Abs. 2 enthält eine **Sonderregelung** für den Fall, dass innerhalb der Nachforderungsfrist des Absatzes 1 ein **Rechtsbehelf** eingelegt wird, sei es in der Hauptsache, gegen den Kostenansatz oder gegen die Streitwertfestsetzung. In diesen Fällen ist eine Nachforderung bis zum Ablauf des Kalenderjahres möglich, das der Beendigung des Rechtsmittelverfahrens folgt. Der Begriff der Beendigung des Verfahrens ist derselbe wie in § 5 Abs. 1 Satz 1.

V. Streitwertänderungen (Abs. 3)

10 Abs. 3 enthält eine gegenüber den Abs. 1 und 2 besondere Frist für die Nachforderung von Gerichtskosten aufgrund eines durch gerichtliche Entscheidung geänderten Streitwerts. Ob diese Frist neben die Ausschlussfrist des Abs. 1 oder an ihre Stelle tritt, ist streitig (vgl. OLG Düsseldorf NJW-RR 2000, 1382 mwN). Mit Rücksicht auf den eindeutigen Wortlaut des § 20 GKG wird Abs. 3 als Sonderregelung für die Nachforderung aufgrund gerichtlicher Streitwertänderung anzusehen sein (ebenso: OLG Düsseldorf NJW-RR 2000, 1382 mwN).

11 Wird durch **gerichtliche Entscheidung ein höherer Wert festgesetzt,** als er der dem Kostenschuldner erteilten Schlusskostenrechnung zugrunde liegt, so kann dem Kostenschuldner eine neue, die höhere Wertfestsetzung berücksichtigende und deshalb mit einem höheren Gesamtbetrag abschließende Kostenrechnung nur binnen drei Monaten nach der letzten Wertfestsetzung mitgeteilt werden. Gerichtliche Wertfestsetzungen, die der Justizkasse die Erhebung zusätzlicher Gerichtsgebühren ermöglichen, sind, da sie die dreimonatige Frist des Absatzes 3 in Lauf setzen, **der** Staatskasse zuzustellen (§ 329 Abs. 2 Satz 2 ZPO). Wird durch **gerichtliche Entscheidung ein niedrigerer Streitwert festgesetzt** erfolgt eine Neuberechnung und eine Rückzahlung der zuviel erhobenen Kosten; dabei ist § 5 Abs. 2 (Verjährung) zu beachten. Es wird nichts verzinst (§ 5 Abs. 4).

§ 21 Nichterhebung von Kosten

(1) [1]Kosten, die bei richtiger Behandlung der Sache nicht entstanden wären, werden nicht erhoben. [2]Das Gleiche gilt für Auslagen, die durch eine von Amts wegen veranlasste Verlegung eines Termins oder Vertagung einer Verhandlung entstanden sind. [3]Für abweisende Entscheidungen sowie bei Zurücknahme eines Antrags kann von der Erhebung von Kosten abgesehen werden, wenn der Antrag auf unverschuldeter Unkenntnis der tatsächlichen oder rechtlichen Verhältnisse beruht.

(2) [1]Die Entscheidung trifft das Gericht. [2]Solange nicht das Gericht entschieden hat, können Anordnungen nach Absatz 1 im Verwaltungsweg erlassen werden. [3]Eine im Verwaltungsweg getroffene Anordnung kann nur im Verwaltungsweg geändert werden.

I. Allgemeines

§ 21 gilt für alle Verfahren im Geltungsbereich des GKG. Sie soll aus Gründen der **Billigkeit** verhindern, dass die Beteiligten eines Verfahrens mit (Mehr-)Kosten belastet werden, die durch Fehler des Gerichts entstanden sind. Die Regelung entspricht § 20 FamGKG, § 21 GNotKG, § 11 JVKostG. In § 190 SGG ist noch die alte Bezeichnung „Niederschlagung" in Gebrauch. Es handelt sich um eine Gegennorm zum Kostenanspruch. 1

§ 21 bezieht sich **ausschließlich** auf **Kosten (Gebühren und Auslagen, § 1) nach dem Gerichtskostengesetz** (Gebühren und Auslagen) und **Fehler des Gerichts.** Zu den Auslagen zählt auch die an den vom Gericht ernannten Sachverständigen gezahlte Vergütung nach dem JVEG (KV 9005). Sonstige Kosten können von der Staatshaftung erfasst sein (§ 839 BGB). Überflüssige **Rechtsanwaltskosten:** § 21 gibt keine gesetzliche Grundlage, die Staatskasse zur Übernahme der einem Beteiligten infolge unrichtiger Sachbehandlung seitens des Gerichts entstandenen außergerichtlichen (Mehr-)Kosten zu verpflichten (OVG Berlin NVwZ-RR 1998, 405); → Rn. 9. **Fehler des Sachverständigen** können dazu führen, dass er seinen Vergütungsanspruch verliert (OLG Koblenz BeckRS 2012, 10152); das hat mit § 21 nichts zu tun. Zu **Notarfehlern** vgl. § 21 GNotKG und § 19 BNotO. 2

II. Voraussetzungen der Nichterhebung von Kosten nach Abs. 1 Satz 1

Eine Nichterhebung von Kosten (Gebühren und Auslagen) nach Abs. 1 Sätze 1 und 2 setzt voraus, dass eine unrichtige Sachbehandlung vorliegt. Die unrichtige Sachbehandlung muss Gerichtskosten verursacht haben, die bei richtiger Behandlung nicht entstanden wären. Liegen diese Voraussetzungen vor, hat das Gericht von der Erhebung der vermeidbaren Kosten abzusehen. Diese Folge ist zwingend. 3

1. Unrichtige Sachbehandlung

Das Gericht, sei es ein Richter, ein Rechtspfleger oder ein sonstiger Bediensteter (KG AGS 2007, 639) muss objektiv unrichtig gehandelt haben. Ein Verschulden ist nicht erforderlich. Auch ein etwaiges Mitverschulden der Partei oder ihres Anwalts bleibt unberücksichtigt. 4

Allerdings führt nicht jeder Fehler des Gerichts zur Anwendung des § 21. Bei der Bewertung muss gesehen werden, dass die Gerichte dazu neigen, im eigenen Interesse Fehler zu verneinen. Nach in der Rechtsprechung überwiegend vertretener Auffassung kommt eine **Nichterhebung** nur **wegen offensichtlicher schwerer Verfahrensfehler** oder wegen **offensichtlicher, eindeutiger Verkennung des materiellen Rechts** in Betracht (KG FGPrax 2002, 136; BayObLG FamRZ 2000, 174; OLG Düsseldorf Rpfleger 1978, 70); „leichte" Verfahrensverstöße genügen nicht (OLG München VergabeR 2017, 680). Diese einschränkende Auslegung ist vom Wortlaut des § 21, der nur von unrichtiger Sachbehandlung spricht, nicht gedeckt. Richtig ist: Ein erkennbares Versehen oder offensichtliche Verstöße gegen klare gesetzliche Regelungen werden vorausgesetzt (BFH/NV 2012, 58). Eine unrichtige Sachbehandlung wird daher nur dann angenommen werden kön- 5 nen, wenn ein Richter bzw. Rechtspfleger Maßnahmen oder Entscheidungen trifft, die den richterlichen Handlungs-, Bewertungs- und Entscheidungsspielraum eindeutig überschreiten (BGHZ 98, 318; BGH NJW-RR 2003, 1294; BGH MDR 2005, 956: OLG Stuttgart Die Justiz 2006, 205). Es ist nicht Zweck des Verfahrens nach § 21, die im Rechtsstreit vertretenen unterschiedlichen Rechtsansichten in materiell-rechtlicher oder verfahrensrechtlicher Hinsicht nach Abschluss des Verfahrens einer weiteren Klärung oder obergerichtlichen Überprüfung zuzuführen. Das Verfahren nach § 21 soll daher grundsätzlich nicht zur Überprüfung einer richterlichen Sachentscheidung dienen.

6 **Keine unrichtige Sachbehandlung** liegt danach vor, wenn eine gerichtliche Entscheidung im Instanzenzug aufgehoben oder abgeändert wird, weil das Rechtsmittelgericht eine andere Rechtsauffassung vertritt oder weil dem Gericht der Vorinstanz ein leichter Verfahrensfehler unterlaufen ist. Dagegen kann ein Fall des § 21 GKG vorliegen, wenn das Rechtsmittelgericht die angefochtene Entscheidung aufhebt und das Verfahren wegen eines schweren Verfahrensfehlers an die Vorinstanz zurückverweist, zB wegen erkennbar fehlerhafter Besetzung der Richterbank (BGH StV 2000, 435).

7 Zur Frage, ob im Einzelfall eine unrichtige Sachbehandlung anzunehmen ist, liegt eine Vielzahl gerichtlicher Entscheidungen vor.

Einzelfälle: Eine **unrichtige Sachbehandlung** iSd § 21 liegt zB vor, wenn
- Beweis erhoben wird und dann die Klage abgewiesen wird, ohne das es auf die Beweisaufnahme ankommt;
- das Gericht einen Sachverständigen mit der Beantwortung reiner Rechtsfragen beauftragt hat (OLG Düsseldorf NJW-RR 2007, 1151);
- das Gericht den Sachverständigen nicht ausreichend anweist, so dass er die falschen Fragen behandelt;
- eine offensichtliche überflüssige Beweiserhebung über erkennbar nicht erhebliche Tatsachen stattgefunden hat (OLG München NJW-RR 2003, 1294);
- ein gegen mehrere Schuldner gerichtetes Mahnverfahren nach Einlegung der Widersprüche vom Prozessgericht ohne förmlichen Beschluss in mehrere Prozesse getrennt wird (OLG Zweibrücken JurBüro 2007, 322);
- das Gericht trotz der Mitteilung eines Prozessbevollmächtigten über eine außergerichtliche Einigung ein Urteil verkündet (OLG Koblenz NJW-RR 2009, 358);
- ein dem Prozesskostenhilfeantrag beigefügter Entwurf einer Klageschrift, der nur für den Fall der Bewilligung von Prozesskostenhilfe zugestellt werden soll, vom Gericht sogleich dem Antragsgegner zugestellt wird (OLG Rostock OLGR Rostock 2009, 179);
- eine bei Gericht eingereichte vollstreckbare Urteilsausfertigung auf ungeklärte Weise verlorengeht; in diesem Fall ist die Gebühr nach KV 2110 für die Erteilung einer weiteren vollstreckbaren Ausfertigung nicht zu erheben (KG AGS 2007, 639).
- bei unrichtiger Rechtsbehelfsbelehrung u. U. (BGH BeckRS 2018, 10262).

8 **Keine unrichtige Sachbehandlung** liegt vor, wenn
- eine Beweisaufnahme erfolgt, dann ein Richterwechsel eintritt und es nach der *vertretbaren* Rechtsauffassung des neuen Richters auf die Beweisaufnahme nicht ankommt (LG Bremen FamRZ 2012, 1746);
- im Verfahren wegen Anfechtung der Vaterschaft trotz einer heimlich vorgerichtlich eingeholten DNA-Analyse ein gerichtliches Abstammungsgutachten eingeholt wird (OLG Stuttgart NJW-RR 2008, 1392);

- das Urteil Tatbestand und Entscheidungsgründe enthält, obwohl davon nach § 313a Abs. 1 ZPO hätte abgesehen werden können (OLG Brandenburg FamRZ 2007, 1831; aA OLG Köln BeckRS 2007, 07947);
- bei Beteiligung eines ausländischen Staatsangehörigen ohne vorherige Anfrage bezüglich der Notwendigkeit ein Dolmetscher zur mündlichen Verhandlung geladen wird (OLG Brandenburg FamRZ 2007, 162).

2. Mehrkosten

Die unrichtige Sachbehandlung muss zu Mehrkosten geführt haben, die bei fehlerfreier Behandlung nicht entstanden wären. Wären die Kosten dagegen auch bei richtiger Sachbehandlung angefallen, ist § 21 Abs. 1 S. 1 nicht anwendbar. Die Kosten, die bei richtiger Sachbehandlung entstanden wären, müssen den durch die tatsächliche – unrichtige – Sachbehandlung entstandenen Kosten gegenüber gestellt werden. Sind die tatsächlich entstandenen Kosten höher, so wird der Mehrbetrag nicht erhoben bzw zurückbezahlt. Diese nicht erhobenen Mehrkosten dürfen dem ursächlichen Richter bzw Rechtspfleger nicht im Regress belastet werden. 9

III. Auslagen bei Terminsverlegung und Vertagung (Abs. 1 Satz 2)

Gerichtliche Auslagen, die durch die von Amts wegen veranlasste Verlegung eines Termins oder durch eine von Amts wegen erforderlich gewordene Vertagung einer Verhandlung entstehen, werden nicht erhoben. **„Von Amts wegen“:** Das erfasst zB eine Verlegung wegen Krankheit des Richters, aber auch eine Verlegung auf Antrag, die sonst von Amts wegen hätte erfolgen müssen, etwa wenn Fristen nicht eingehalten wurden. Sonstige Terminsverlegungen auf Parteiantrag, zB wegen Verhinderung der Partei, fallen nicht unter Abs. 1 Satz 2. Als Auslagen können in derartigen Fällen zB Vergütungen für Dolmetscher (§ 9 Abs. 3 Satz 2 JVEG), Entschädigungen für Zeugen oder Auslagen für die Zustellung der Ladungen zu einem neuen Termin in Betracht kommen. 10

Soweit ein **Rechtsanwalt** von einer Terminsverlegung oder Terminsabsetzung (von Amts wegen oder auf Antrag) nicht rechtzeitig verständigt wird und daher unnütze Anreisekosten und Zeitversäumnis hat, ist das von § 21 Abs. 1 S. 2 nicht erfasst; hier ist der Rechtsanwalt auf die Staatshaftung (§ 839 BGB) angewiesen (LG Saarbrücken NJW-RR 2012, 896); →Rn. 2. Wenn ein **Sachverständiger** bzw Dolmetscher in diesen Fällen vom Gericht nicht abgeladen wird und unnütz anreist, wird er nach dem JVEG entschädigt; diese Auslagen dürfen dann nach § 21 Abs. 1 Satz 1 nicht von den Parteien erhoben werden. 11

IV. Abweisung und Zurücknahme von Anträgen (Abs. 1 Satz 3)

Abs. 1 Satz 3 regelt **Fälle unrichtiger Sachbehandlung durch Verfahrensbeteiligte.** Sie setzt voraus, dass auf einen Antrag, also ein an das Gericht gerichtetes Begehren, sei es ein Antrag, eine Klage oder ein Rechtsmittel (BGH MDR 2005, 956), eine zurückweisende Entscheidung des Gerichts ergeht. Der Abweisung steht die Rücknahme des Antrags vor Erlass einer Entscheidung gleich. In die- 12 sen Fällen kann das Gericht **nach seinem Ermessen** von der Erhebung von Kosten absehen, wenn der Antrag auf unverschuldeter Unkenntnis der tatsächlichen oder rechtlichen Verhältnisse beruht. Dies wird regelmäßig angenommen werden können, wenn von Prozessunfähigen und von **Betreuten,** für die zur Wahrnehmung ihrer Rechte und Interessen in gerichtlichen Verfahren ein Betreuer bestellt ist, Klagen erhoben oder Rechtsmittel eingelegt werden (OLG Koblenz NJW-RR 2012, 891; BFH NV 2012, 770). Unverschuldete Unkenntnis wird ferner anzunehmen sein, wenn die Partei auf Grund einer fehlerhaften gerichtlichen Rechtsmittelbelehrung ein unzulässiges Rechtsmittel einlegt (OVG Magdeburg BeckRS 2009, 300156). Hat die Partei einen Verfahrensbevollmächtigten, muss sie sich dessen Verschulden nach § 85 Abs. 2 ZPO zurechnen lassen (BGH NJW-RR 2005, 1230).

V. Verfahren (Abs. 2)

13 Der – teilweise – Wegfall des staatlichen Kostenanspruchs setzt grundsätzlich eine **gerichtliche Entscheidung** voraus. Zuständig ist das Gericht (Richter, bei Geschäften, die dem Rechtspfleger übertragenen sind, dieser), bei dem die unrichtige Sachbehandlung zu (Mehr-)Kosten geführt hat. Der Richter, der die Sache selbst unrichtig behandelte, ist nicht ausgeschlossen. Für die Entscheidung über die Nichterhebung der Gerichtskosten für das Revisionsverfahren ist das Revisionsgericht zuständig (BGH NJW-RR 2003, 1294). Das Gericht entscheidet auf Antrag des Kostenschuldners oder **von Amts wegen.** Die gerichtliche Entscheidung über die Nichterhebung kann bereits in die Kostengrundentscheidung des Urteils über die Hauptsache aufgenommen werden; ansonsten entscheidet das Gericht durch gesonderten Beschluss. In beiden Fällen richtet sich die **Anfechtbarkeit** nach § 66.

14 Ist die Kostenrechnung dem Kostenschuldner bereits zugegangen, kann die Nichterhebung berechneter Kosten wegen unrichtiger Sachbehandlung mit der **Erinnerung** (§ 66) geltend gemacht werden (BGH NJW-RR 2005, 1230). Wird bei der Entscheidung das rechtliche Gehör verletzt: Anhörungsrüge (BGH BeckRS 2017, 127269).Wird allein ein Antrag auf Nichterhebung der Kosten wegen unrichtiger Sachbehandlung gestellt, so stellt dies eine **Erinnerung** gegen den Kostenansatz dar (BFH Rpfleger 1992, 365). Auch insoweit folgt das weitere Verfahren dem § 66.

15 Vor einer gerichtlichen Entscheidung über die Nichterhebung können Anordnungen nach Abs. 1 im **Verwaltungsweg** getroffen und auch geändert werden (Abs. 2 Satz 2). Zuständig sind die Präsidenten der Gerichte und die Leiter der Staatsanwaltschaften für die ihrer Dienstaufsicht unterstellten Behörden.

Abschnitt 5. Kostenhaftung

Vorbemerkung zu § 22. Gesetzessystematik

Die Vorschriften des 5. Abschnitts (§§ 22–33) regeln die öffentlich-rechtliche **Kostenhaftung** des Kostenschuldners gegenüber der **Staatskasse** (BGH MDR 1997, 198). In die Kostenpflicht werden in erster Linie Antragsteller (= Veranlasser; § 22) sowie derjenige, dem die gerichtliche Kostenentscheidung Verfahrenskosten auferlegt (= Entscheidungsschuldner; § 29 Nr. 1) einbezogen. Mehrere Kostenschuldner haften gesamtschuldnerisch (§ 31 Abs. 1). Davon ist die **prozessuale Kostenerstattung** zwischen den Parteien zu **unterscheiden.** Diese ist in den Verfahrensgesetzen (zB § 91 ZPO, § 81 FamFG, § 464 StPO, § 164 VwGO) geregelt und folgt der gerichtlichen Kostengrundentscheidung. Die Höhe der von der unterliegenden an die obsiegende Partei zu erstattenden Verfahrenskosten wird in einem separaten Kostenfestsetzungsverfahren durch Kostenfestsetzungsbeschluss festgesetzt (§§ 103 ZPO). Die Geltendmachung der Gerichtskosten durch die Staatskasse kann durch Bewilligung der Prozesskostenhilfe (§§ 114 ZPO) beeinflusst werden (vgl. zB § 122 Abs. 1 Nr. 1 a ZPO). 1

§ 22 Streitverfahren, Bestätigungen und Bescheinigungen zu inländischen Titeln

(1) [1]**In bürgerlichen Rechtsstreitigkeiten mit Ausnahme der Restitutionsklage nach § 580 Nummer 8 der Zivilprozessordnung sowie in Verfahren nach § 1 Absatz 1 Satz 1 Nummer 14, Absatz 2 Nummer 1 bis 3 sowie Absatz 4 schuldet die Kosten, wer das Verfahren des Rechtszugs beantragt hat.** [2]**Im Verfahren, das gemäß § 700 Absatz 3 der Zivilprozessordnung dem Mahnverfahren folgt, schuldet die Kosten, wer den Vollstreckungsbescheid beantragt hat.** [3]**Im Verfahren, das nach Einspruch dem Europäischen Mahnverfahren folgt, schuldet die Kosten, wer den Zahlungsbefehl beantragt hat.** [4]**Die Gebühr für den Abschluss eines gerichtlichen Vergleichs schuldet jeder, der an dem Abschluss beteiligt ist.**

(2) [1]**In Verfahren vor den Gerichten für Arbeitssachen ist Absatz 1 nicht anzuwenden, soweit eine Kostenhaftung nach § 29 Nummer 1 oder 2 besteht.** [2]**Absatz 1 ist ferner nicht anzuwenden, solange bei einer Zurückverweisung des Rechtsstreits an die Vorinstanz nicht feststeht, wer für die Kosten nach § 29 Nummer 1 oder 2 haftet, und der Rechtsstreit noch anhängig ist; er ist jedoch anzuwenden, wenn das Verfahren nach Zurückverweisung sechs Monate geruht hat oder sechs Monate von den Parteien nicht betrieben worden ist.**

(3) **In Verfahren über Anträge auf Ausstellung einer Bestätigung nach § 1079 der Zivilprozessordnung, einer Bescheinigung nach § 1110 der Zivilprozessordnung oder nach § 57 oder § 58 des Anerkennungs- und Vollstreckungsausführungsgesetzes schuldet die Kosten der Antragsteller.**

(4) [1]**Im erstinstanzlichen Musterverfahren nach dem Kapitalanleger-Musterverfahrensgesetz ist Absatz 1 nicht anzuwenden.** [2]**Die Kosten für**

die Anmeldung eines Anspruchs zum Musterverfahren schuldet der Anmelder. [3]Im Verfahren über die Rechtsbeschwerde nach § 20 des Kapitalanleger-Musterverfahrensgesetzes schuldet neben dem Rechtsbeschwerdeführer auch der Beteiligte, der dem Rechtsbeschwerdeverfahren auf Seiten des Rechtsbeschwerdeführers beigetreten ist, die Kosten.

I. Allgemeines

1 Nach **Abs. 1 S. 1** schuldet die Verfahrenskosten in **bürgerlichen Rechtsstreitigkeiten,** das sind solche, die vor der ordentlichen Gerichtsbarkeit stattfinden und auf die als Verfahrensgesetz die ZPO anzuwenden ist (BeckOK KostR/*Semmelbeck* GKG § 22 Rn. 6) der **Antragsteller** (= Veranlasser). Ausgenommen sind nur die Restitutionsklage nach § 580 Nr. 8 ZPO sowie Verfahren nach § 1 Abs. S. 1 Nr. 14, Abs. 2 Nr. 1 bis 3 sowie Abs. 4. Die Antragstellerhaftung bleibt, auch wenn die gerichtliche Kostengrundentscheidung einem anderen die Kosten auferlegt oder der Antrag zurückgenommen wird, bestehen. Weitere Kostenschuldner (zB solche nach § 29) haften mit dem Antragsteller vielmehr als Gesamtschuldner (§ 31 Abs. 1; OLG Karlsruhe JurBüro 1995, 43). Neben dem Entscheidungs- oder Übernahmeschuldner (§ 29 Nr. 1, 2 = Erstschuldner) haftet der Antragsteller dann aber subsidiär und wird zum Zweitschuldner (§ 31 Abs. 2).Wird ein Verfahren von einem Dritten übernommen (zB §§ 75, 265 ZPO), so haftet der frühere Antragsteller für die bis zu seinem Ausscheiden entstandenen Kosten mit dem Verfahrensübernehmer gesamtschuldnerisch. Da für die Restitutionsklage nach § 580 Nr. 8 ZPO keine Antragstellerhaftung besteht, können die Kosten für dieses Verfahren erst erhoben werden, wenn eine zusätzliche Haftung nach § 29 begründet wird.

2 Ergänzend bestimmen **Abs. 1 S. 2 und 3** wer für die Kosten haftet, die im Verfahren nach Einspruch gegen den Vollstreckungsbescheid (§ 700 Abs. 3 ZPO) bzw. im Verfahren nach Einspruch gegen den Zahlungsbefehl im Europäischen Mahnverfahren nach der VO (EG) Nr. 1896/2000 entstehen. Die Vergleichsgebühr (KV 1900) schuldet nach **Abs. 1 S. 4** jeder, der an dem Vergleichsabschluss beteiligt war. Besondere, von Abs. 1 teilweise abweichende Haftungsregelungen, treffen **Abs. 2** für das Arbeitsgerichtsverfahren, **Abs. 3** für das Ausstellen einer Bestätigung nach § 1079 ZPO oder von Bescheinigungen nach § § 1110 ZPO, § 57 oder 58 AVAG und **Abs. 4** für die Verfahren nach dem KapMuG. Die Pflicht zur **vorschussweisen** Zahlung, zur **Vorauszahlung** von Kosten sowie die damit verbundene **Kostenhaftung** regeln ergänzend dazu §§ 10–18.

II. Antragstellerhaftung (Abs. 1)

1. Umfang

3 Die Antragstellerhaftung nach **Abs. 1 S. 1** erstreckt sich auf **sämtliche Gebühren und Auslagen** der Instanz (OLG Hamburg MDR 1984, 412), einschließlich der durch Verteidigungsmaßnahmen des Gegners verursachten Kosten (OLG Düsseldorf BeckRS 2006, 03256 = JurBüro 2006, 323). Dazu gehören zB Zeugen- und Sachverständigenentschädigungen nach JVEG (zur Befreiung von der Antragstellerhaftung wegen unrichtiger Sachbehandlung vgl. OLG Karlsruhe NJW-RR 2010, 499). Rechnet der Beklagte zu seiner Verteidigung hilfsweise mit einer Gegenforde-

rung auf und erhöht sich dadurch der Gebührenstreitwert (vgl. § 45 Abs. 3) haftet er, da die Gegenforderung nicht rechtshängig wird (LG Dresden JurBüro 2003, 322; KG MDR 1984, 154; OLG Bamberg JurBüro 1980, 1545; aA *Meyer* Rn. 7), nicht nach Abs. 1. Als Antragsteller haftet diejenige Person, die das Verfahren der jeweiligen Instanz durch Antragstellung (zB Klageeinreichung, Mahnantrag, Arrestantrag) **in Gang gesetzt** hat. Der Antrag eines Prozessunfähigen begründet keine Antragstellerhaftung (BeckOK KostR/*Semmelbeck* GKG § 22 Rn. 11). Bei Vertretung durch gesetzliche Vertreter oder Bevollmächtigte haftet nur die vertretene Partei (VG Braunschweig NVwZ-RR 2003, 912). Parteien kraft Amtes (Insolvenzverwalter, Testamentsvollstrecker, Nachlassverwalter) haften mit der durch sie verwalteten Vermögensmasse. Ein Vertreter ohne Vertretungsmacht muss, bis zur Genehmigung durch den Vertretenen, persönlich einstehen (OLG Hamburg BeckRS 2001, 11473 = MDR 2001, 1192; OLG Köln NJW-RR 2003, 66; *Meyer* JurBüro 1997, 288). Etwas anderes gilt nur, wenn der vertretenen Partei die Prozesshandlung nach Rechtsscheingrundsätzen (zB Anscheinsvollmacht) zurechenbar ist (*Paulus/Henkel* NJW 2003, 1692). Beigeladene und Streithelfer nehmen nur dann die Antragstellerrolle ein, wenn sie eigene Anträge stellen.

Die Haftung des Klägers/Antragstellers endet dann, wenn der **Beklagte/Antragsgegner die Angreiferrolle** übernimmt, indem er zB nach Widerspruch gegen den Mahnbescheid alleine die Durchführung des streitigen Verfahrens beantragt (§ 696 Abs. 1 S. 1 ZPO; OLG Oldenburg JurBüro 2016, 419; OLG Karlsruhe JurBüro 1995, 43; OLG München MDR 1984, 948; aA KG BeckRS 2017, 131220; OLG Koblenz BeckRS 2015, 13368 = NJW Spezial 2015, 571) oder ein selbstständiges Beweisverfahren beantragt (KG JurBüro 1976, 1384; OLG München Rpfleger 1973, 446). Stellt der Antragsgegner im selbstständigen Beweisverfahren Gegenanträge zur Erschütterung des Beweisergebnisses, liegt nur ein Verfahren vor, so dass ihn keine Haftung trifft (OLG München NJW-RR 1997, 318; aA OLG Celle BeckRS 2009, 05824; KG BeckRS 2007, 10160 = MDR 2007, 986; *Hartmann* Rn. 4: ein eigenes Verfahren beginnt). 4

Wird vom Beklagten **Widerklage** erhoben, haftet er als Antragsteller so, als wäre seine Widerklage isoliert erhoben worden (OLG München MDR 2003, 1078; OLG Hamm JurBüro 1970, 422). Vorauszahlungspflicht besteht aber nicht (§ 12 Abs. 2 Nr. 1). Soweit sich die Haftung des Klägers und des Widerklägers decken, sind sie gegenüber der Staatskasse Gesamtschuldner (§ 31 Abs. 1). Betreffen Klage und Widerklage denselben Streitgegenstand iSd § 45 Abs. 1 S. 3, haften beide Parteien für sämtliche Gerichtskosten gesamtschuldnerisch. Wie eine Widerklage sind auch **Zwischenanträge** des Beklagten nach §§ 302 Abs. 4, 600 Abs. 2, 717 Abs. 2, 3 ZPO zu behandeln (*Hartmann* Rn. 10). 5

Ist dem Kostenschuldner **Prozesskostenhilfe** oder eine Reisebeihilfe bewilligt worden und haftet er nach § **29 Nr. 1** als Entscheidungsschuldner, darf die Antragstellerhaftung eines anderen Kostenschuldners nicht geltend gemacht werden (§ 31 Abs. 3). Nach § 31 Abs. 4 gilt dies auch im Falle der Haftung des Kostenschuldners als Übernahmeschuldner nach **§ 29 Nr. 2,** wenn er die Kosten in einem vor Gericht abgeschlossenen oder gegenüber dem Gericht angenommenen Vergleich übernommen hat, der Vergleich einschließlich der Kostenverteilung von dem Gericht vorgeschlagen worden ist und das Gericht im Vergleichsvorschlag ausdrücklich festgestellt hat, dass die Kostenregelung der sonst zu erwartenden Kostenentscheidung entspricht. In anderen Fällen der Kostenhaftung nach § 29 Nr. 2 wird die Antragstellerhaftung aber nicht beeinflusst (vgl. BVerfG BeckRS 2000, 30119753 = MDR 2000, 1157). 6

7 **Mehrere Antragsteller** haften als Gesamtschuldner (§ 31 Abs. 1; OLG Karlsruhe JurBüro 1995, 43). Auch Streitgenossen trifft eine gesamtschuldnerische Haftung, wenn sie gemeinsam am Streitgegenstand beteiligt sind (zB Gesamtgläubiger oder Gesamthandgläubiger). Soweit einen Streitgenossen allerdings nur Teile des Streitgegenstandes betreffen oder er einen anderen Gegenstand geltend macht, beschränkt sich seine gesamtschuldnerische Haftung auf den Betrag, der angefallen wäre, wenn das Verfahren alleine seinen Teil bzw. Gegenstand betroffen hätte (§ 32 Abs. 1 S. 2). **Beispiel:** A und B verklagen den Unfallverursacher C auf Zahlung von Schmerzensgeld. Die Antragstellerhaftung der Kläger umfasst nur die Kosten, die bei einer jeweils isolierten Klage entstanden wären.

8 Ist ein Streitgenosse nach § 2 **gebührenbefreit,** verringert sich die Antragstellerhaftung des anderen um den Anteil, der den Befreiten im Innenverhältnis nach § 426 BGB treffen würde (BGH NJW 1954, 513; OLG Bamberg JurBüro 1992, 685).

2. Rechtszug

9 Die Antragstellerhaftung erstreckt sich auf die Verfahrenskosten des **Rechtszugs** (= Instanz). Der Begriff des Rechtszugs ist, wie bei § 35, kostenrechtlich zu verstehen (OLG Karlsruhe JurBüro 1995, 43; → § 35 Rn. 1). Die Rechtsmittelverfahren (Berufung, Revision, Beschwerde und Rechtsbeschwerde) sind im Verhältnis zur Vorinstanz eigene Rechtszüge, so dass der Rechtsmittelführer als Antragsteller für die Verfahrenskosten haftet. Wer ein Anschlussrechtsmittel einlegt, haftet für die dadurch ausgelösten Kosten (OLG München JurBüro 1975, 1231). Die Haftung des Antragstellers beschränkt sich aber auf die Kosten der Instanz die er beantragt hat. So haftet zB der Kläger nicht für Kosten die durch eine **Widerklage** verursacht wurden, dafür haftet der Widerkläger als Veranlasser (OLG München MDR 2003, 1078; HansOLG Hamburg MDR 1989, 272 = JurBüro 1989, 382).

10 **Beispiele:**

- **Arrest und einstweilige Verfügung:** Das Anordnungsverfahren, einschließlich des Widerspruchsverfahrens (§ 924 ZPO), ist gegenüber dem Hauptsacheverfahren ein eigener Rechtszug (Instanz). Für die Kosten des Eilverfahrens haftet der Antragsteller. Beantragt der Antragsgegner die Aufhebung wegen veränderter Umstände (§ 927 ZPO), wird ein neuer Rechtszug eröffnet.
- **Beweisverfahren:** Das selbstständige Beweisverfahren (§§ 485 ZPO) ist, im Verhältnis zum Hauptsacheverfahren, eine eigene Instanz (OLG Schleswig JurBüro 1977, 1626; → Rn. 4).
- **Vermögensauskunft:** Das Verfahren zur Abnahme der Vermögensauskunft des Schuldners (§§ 802c ZPO) stellt im Verhältnis zu den gerichtlichen Vollstreckungsverfahren einen neuen Rechtszug dar. Für die Kosten des Gerichtsvollziehers (vgl. KV 260 GvKostG) haftet der Vollstreckungsgläubiger als Veranlasser.
- **Einspruch gegen Versäumnisurteil:** Es beginnt kein neuer Rechtszug, so dass der Kläger weiterhin als Antragsteller für die Kosten haftet (OLG München MDR 1984, 948). Ist der Einspruch allerdings mit einem Wiedereinsetzungsantrag (§§ 233ff. ZPO) verbunden, beginnt ein neuer Rechtszug (*Hartmann* Rn. 15).
- **Einspruch gegen Vollstreckungsbescheid:** Nach Einspruch gegen den Vollstreckungsbescheid wird das Verfahren von Amts wegen an das Streitgericht abgegeben (§ 700 Abs. 3 ZPO). Nach Abs. 1 S. 2 haftet für die Kosten des streitigen Verfahrens wer den Vollstreckungsbescheid beantragt hat. Das gilt auch bei unzulässigem Einspruch (BeckRS 2001, 30195115 = OLG Düsseldorf JurBüro 2002, 90).
- **Einspruch gegen den Europäischen Zahlungsbefehl:** Für die Kosten des (streitigen) Verfahrens, das nach Einspruch gegen den Europäischen Zahlungsbefehl dem Europäischen

Mahnverfahren folgt (§ 17 EuMVVO, §§ 1090, 1091 ZPO) haftet, wer den Zahlungsbefehl beantragt hat (Abs. 1 S. 3).
- **Einstweilige Anordnung:** Anträge auf Erlass einstweiliger Anordnungen (zB §§ 49ff. FamFG, § 80 Abs. 5 VwGO, § 69 Abs. 3 FGO) leiten einen neuen Rechtszug ein.
- **Hilfsantrag:** Wird über den Hilfsantrag entschieden und erhöht sich dadurch der Gebührenstreitwert (§ 45 Abs. 3), haftet der Antragsteller dafür.
- **Mahnverfahren:** Mahnverfahren und streitiges Verfahren sind jeweils eigenständige kostenrechtliche Rechtszüge (KG Rpfleger 1980, 121 m. Zust. Mümmler; OLG München MDR 1984, 948; BeckOK KostR/*Semmelbeck* GKG § 22 Rn. 42; aA KG BeckRS 2017, 131220). Der Antragsteller haftet für die Kosten des Mahnverfahrens. Für die Kosten des nach Widerspruchseinlegung eingeleiteten Streitverfahrens haftet wer den Antrag auf seine Durchführung (§ 696 Abs. 1 S. 1 ZPO) gestellt hat (KG JurBüro 1980, 581; aA KG BeckRS 2017, 131220; → Rn. 4). Zur Haftung für Kosten im Verfahren nach Einspruch gegen den Vollstreckungsbescheid oder Europäischen Zahlungsbefehl → Rn. 2.
- **Nachverfahren:** Das Verfahren nach Erlass eines Vorbehaltsurteils eröffnet keinen neuen Rechtszug.
- **Prozesskostenhilfe:** Das Prüfungsverfahren vor Bewilligung der Prozesskostenhilfe (§§ 118ff. ZPO) stellt, im Verhältnis zur nachfolgenden Hauptsache eine selbstständige Instanz dar.
- **Vergleich:** Soweit in einen gerichtlichen Vergleich auch nicht anhängige Gegenstände einbezogen werden (sog. Mehrvergleich), haften die am Vergleich Beteiligten, auch Dritte, als Antragsteller für die nach KV 1900 zusätzlich angefallene Gerichtsgebühr (Abs. 1 S. 4; → Rn. 11).
- **Verweisung und Zurückverweisung:** Die Verfahren vor und nach Verweisung oder Zurückverweisung bilden kostenrechtlich einen Rechtszug (§§ 4, 37).
- **Zwischenstreit:** Ein Zwischenstreit (zB § 71 ZPO) eröffnet keine neue Instanz.

3. Einspruch gegen den Vollstreckungsbescheid

Abs. 1 S. 2 bestimmt, dass für die Kosten, die nach Einspruch gegen den Vollstreckungsbescheid im nachfolgenden Streitverfahren nach § 700 Abs. 3 ZPO entstehen derjenige haftet, der den Vollstreckungsbescheid beantragt hat. Die Kostenhaftung nach § 22 Abs. 1 trifft damit nicht den Einspruchsführer (OLG Düsseldorf BeckRS 2001, 30195115 = JurBüro 2002, 90).

4. Einspruch gegen den Europäischen Zahlungsbefehl

Nach **Abs. 1 S. 3** schuldet die Kosten, die nach Einspruch gegen den Zahlungsbefehl im Europäischen Mahnverfahren nach der VO (EG) Nr. 1896/2000 entstehen, wer den Zahlungsbefehl beantragt hat. Auch in diesem Verfahren trifft die Kostenhaftung nach § 22 Abs. 1 nicht den Einspruchsführer.

5. (Mehr-)Vergleichsgebühr

Abs. 1 S. 4 betrifft den Fall, dass in einen gerichtlichen Vergleich **nicht anhängige Ansprüche** einbezogen werden (sog. „Mehrvergleich“). Die Einbeziehung löst eine zusätzliche Gebühr nach KV 1900 aus die, zusammen mit der Gebühr für das Verfahren im Allgemeinen, nach § 36 Abs. 3 begrenzt wird (KV 1900 Anm. S. 2). Diese Gebühr schulden die am Vergleichsabschluss beteiligten Personen als Antragsteller der Protokollierung oder Feststellung nach § 278 Abs. 6 ZPO. Sie haften als Gesamtschuldner (§ 31 Abs. 1) und unabhängig von einer Kostenübernah- 11 meregelung im Vergleich. Eine solche begründet zusätzlich die erstschuldnerische Haftung als Übernahmeschuldner (§§ 29 Nr. 2, 31 Abs. 2 S. 1).

II. Arbeitsgerichtsverfahren (Abs. 2)

12 **Abs. 2 S. 1** bestimmt, dass im arbeitsgerichtlichen Verfahren die **Haftung des Antragstellers entfällt,** wenn für die Kosten ein Entscheidungsschuldner nach § 29 Nr. 1 oder ein Übernahmeschuldner nach § 29 Nr. 2 haftet. Das gilt auch nach Zurückverweisung des Rechtsstreits an die Vorinstanz solange eine Kostenhaftung nach § 29 Nr. 1 oder 2 nicht feststeht und der Rechtsstreit noch anhängig ist (Abs. 2 S. 2 Hs. 1). Es sei denn, der Rechtsstreit ruht nach Zurückverweisung länger als sechs Monate oder wird seit sechs Monaten von den Parteien nicht betrieben (Abs. 2 S. 2 Hs. 2). Die Unterbrechung aufgrund eines eröffneten Insolvenzverfahrens steht dem gleich (*Natter* NZA 2004, 687).

III. Auslandsvollstreckung (Abs. 3)

13 **Abs. 3** stellt klar, dass für das Ausstellen einer **Bestätigung nach § 1079 ZPO** iVm Art. 6 Abs. 1 und 2, 9 Abs. 1, 24 Abs. 1, 25 Abs. 1 VO (EG) Nr. 805/2004 (= Europäischer Vollstreckungstitel), das Ausstellen von **Bescheinigungen nach § § 1110 ZPO** iVm Art. 53 und 60 EuGVVO (= VO-EU- Nr. 1215/2012; auch Brüssel Ia-VO genannt), **§ 57 AVAG** iVm §§ 54, 57 und 58 des Übereinkommens vom 30.10.2007 (= Lugano-Übereinkommen) oder **§ 58 AVAG** iVm Art. 13 Abs. 1 Buchst. e und Abs. 3 des Haager Übereinkommens vom 30.6.2005 über Gerichtsstandsvereinbarungen, der Antragsteller haftet.

IV. Kapitalanleger-Musterverfahren (Abs. 4)

14 Im **erstinstanzlichen Musterverfahren** besteht nach **Abs. 4 S. 1 keine** Antragstellerhaftung. Gesonderte **Gebühren** fallen in diesem Verfahren ohnehin nicht an, da es als Teil des Prozessverfahrens im ersten Rechtszug gilt (KV Vorbem 1.2.1). Eine spezielle Haftung für die Auslagen bestimmt **KV 9018:** Sie sind verhältnismäßig auf die Prozessverfahren (= Ausgangsverfahren) zu verteilen und werden dort von der Antragsteller- und Entscheidungsschuldnerhaftung (vgl. § 29 Nr. 1 iVm §§ 16 Abs. 2, 23 Abs. 2 KapMuG) erfasst. Durch diese Regelung soll die Attraktivität des Musterverfahrens erhöht werden (BT-Drs. 15/5091, 35). Auf die Auslagen, die für die Veröffentlichung des Musterverfahrensantrags nach § 3 Abs. 2 KapMuG entstehen, ist KV 9018 aber nicht anzuwenden (OLG München BeckRS 2014, 10831). Nach § 10 Abs. 2–4 KapMuG kann ein Anspruch zum Musterverfahren **angemeldet** werden. Anmeldeziel ist die Verjährungshemmung (§ 204 Abs. 1 Nr. 6a BGB; vgl. die Beschlussempfehlung des Rechtsauschusses BT-Drs. 17/10160, S. 25). Für die Anmeldung entsteht nach KV 1902 eine 0,5 Gebühr. Der Gebührenstreitwert richtet sich nach § 51a Abs. 1 (BeckOK KostR/*Dörndorfer* KV 1902 Rn. 2). Nach **Abs. 4 S. 2** schuldet die Kosten der Anmeldung eines Anspruchs der Anmelder. Für die Kosten des **Rechtsbeschwerdeverfahrens** (§ 20 KapMuG) haften nach **Abs. 4 S. 3** der Rechtsmittelkläger sowie der auf seiner Seite

beigetretene Beigeladene. Begrenzt wird deren Haftung nach § 51a. Abs. 3 (BeckOK KostR/*Dörndorfer* KV 1821 Rn. 3).

§ 23 Insolvenzverfahren

(1) [1]**Die Gebühr für das Verfahren über den Antrag auf Eröffnung des Insolvenzverfahrens schuldet, wer den Antrag gestellt hat.** [2]**Wird der Antrag abgewiesen oder zurückgenommen, gilt dies auch für die entstandenen Auslagen.** [3]**Die Auslagen nach Nummer 9017 des Kostenverzeichnisses schuldet jedoch nur der Schuldner des Insolvenzverfahrens.** [4]**Die Sätze 1 und 2 gelten nicht, wenn der Schuldner des Insolvenzverfahrens nach § 14 Absatz 3 der Insolvenzordnung die Kosten des Verfahrens trägt.**

(2) **Die Kosten des Verfahrens über die Versagung oder den Widerruf der Restschuldbefreiung (§§ 296 bis 297a, 300 und 303 der Insolvenzordnung) schuldet, wer das Verfahren beantragt hat.**

(3) **Die Kosten des Verfahrens wegen einer Anfechtung nach Artikel 36 Absatz 7 Satz 2 der Verordnung (EU) 2015/848 schuldet der antragstellende Gläubiger, wenn der Antrag abgewiesen oder zurückgenommen wird.**

(4) **Die Kosten des Verfahrens über einstweilige Maßnahmen nach Artikel 36 Absatz 9 der Verordnung (EU) 2015/848 schuldet der antragstellende Gläubiger.**

(5) **Die Kosten des Gruppen-Koordinationsverfahrens nach Kapitel V Abschnitt 2 der Verordnung (EU) 2015/848 trägt der Schuldner, dessen Verwalter die Einleitung des Koordinationsverfahrens beantragt hat.**

(6) [1]**Die Kosten des Koordinationsverfahrens trägt der Schuldner, der die Einleitung des Verfahrens beantragt hat.** [2]**Dieser Schuldner trägt die Kosten auch, wenn der Antrag von dem Insolvenzverwalter, dem vorläufigen Insolvenzverwalter, dem Gläubigerausschuss oder dem vorläufigen Gläubigerausschuss gestellt wird.**

(7) **Im Übrigen schuldet die Kosten der Schuldner des Insolvenzverfahrens.**

§ 23 Abs. 2 geänd. mWv 1.7.2014 durch G v. 15.7.2013 (BGBl. I S. 2379); Abs. 1 Satz 4 geänd. mWv 16.7.2014 durch G v. 8.7.2014 (BGBl. I S. 890); Abs. 3–5 eingef., bish. Abs. 3 wird Abs. 6 mWv 26.6.2017, Abs. 6 eingef., bish. Abs. 6 wird Abs. 7 mWv 21.4.2018 durch G v. 5.6.2017 (BGBl. I S. 1476).

I. Allgemeines

Die Vorschrift regelt für die Gerichtskosten des Insolvenzverfahrens die öffentlich-rechtliche **Kostenhaftung** gegenüber der Staatskasse und bestimmt deren Umfang. Durch eine gerichtliche Kostengrundentscheidung kann daneben auch eine Entscheidungsschuldnerhaftung (§ 29 Nr. 1) begründet werden. Im Insolvenzverfahren können Gebühren nach KV 2310–2376 aus dem durch § 58 geregelten Wert anfallen. Die **Fälligkeit** regelt § 6 Abs. 1 S. 1 Nr. 3; eine Vorschusspflicht besteht nicht. Für mit Auslagen verbundene Handlungen ist nach § 17 Abs. 1 ein Auslagenvorschuss zu zahlen. Dies gilt aber nicht im Verfahren über einen Schuldenbe- 1 reinigungsplan nach § 306 InsO (§ 17 Abs. 4 S. 3). Nach **Abs. 1 S. 1** haftet für die **Gebühr,** die im Verfahren über den Antrag auf Eröffnung des Insolvenzverfahrens entsteht, der Insolvenzantragsteller. Nur, wenn der Eröffnungsantrag abgewiesen oder zurückgenommen wird, gilt dies nach **Abs. 1 S. 2** auch für die im Eröffnungsverfahren entstandenen Auslagen (zB Sachverständigenkosten). Davon ausgenommen sind nach **Abs. 1 S. 3** aber die auf Grund einer Stundung der Verfahrenskosten (§ 4a InsO) nach KV 9017 geschuldeten Vergütungen, dafür haftet der Insolvenzschuldner. Nach **Abs. 1 S. 4** entfällt die Haftung des Insolvenzantragstellers jedoch, wenn der Schuldner die Forderung des Gläubigers nach Antragstellung erfüllt und der Antrag als unbegründet abgewiesen wird. In diesem Fall trägt die Kosten des Eröffnungsverfahrens der Insolvenzschuldner (§ 14 Abs. 3 InsO). Den Insolvenzgläubiger, der die Versagung oder den Widerruf der Rechtsschuldbefreiung (§§ 296–297a, 300 und 303 InsO) beantragt hat, trifft nach **Abs. 2** die Haftung für die dadurch entstandenen Verfahrenskosten. **Abs. 3–5** regeln die Haftung für Verfahren und Maßnahmen nach der **EuInsVO** v. 20.5.2015 (VO-EU-2015, 848; ABl. L 141, 9; s. auch das Gesetz zur Durchführung dieser VO BGBl. 2017 I S. 1476). Danach haftet nach **Abs. 3** für die Kosten des Verfahrens wegen einer Anfechtung nach Art. 36 Abs. 7 S. 2 der EuInsVO der antragstellende Gläubiger, wenn der Antrag abgewiesen oder zurückgenommen wird. Die Kosten des Verfahrens über einstweilige Maßnahmen nach Art. 36 Abs. 9 EuInsVO schuldet nach **Abs. 4** ebenfalls der antragstellende Gläubiger. Nach **Abs. 5** schuldet im Insolvenzverfahren über das Vermögen von Mitgliedern einer Unternehmensgruppe die Kosten des Gruppen-Koordinationsverfahrens nach Kapitel V Abschnitt 2 der EuInsVO der Schuldner, dessen Verwalter die Einleitung des Koordinationsverfahrens beantragt hat. Die Haftung für die Kosten des Koordinationsverfahrens nach §§ 296a ff. InsO trifft nach **Abs. 6 S. 1** den Schuldner, der die Einleitung des Verfahrens beantragt hat. **Abs. 6 S. 2** begründet die Kostenhaftung dieses Schuldners auch, wenn der Antrag von dem Insolvenzverwalter, dem vorläufigen Insolvenzverwalter, dem Gläubigerausschuss oder dem vorläufigen Gläubigerausschuss gestellt wird. Nach der Auffangregelung des **Abs. 7** haftet im Übrigen der Schuldner für die Kosten des Insolvenzverfahrens. **§ 33** erstreckt die dort genannten Haftungsregelungen auch auf das Verhältnis des Haftenden zur Staatskasse, sie ergänzen § 23.

II. Eröffnungsverfahren (Abs. 1)

1. Gläubigerantrag

2 Nach **Abs. 1 S. 1** haftet der Gläubiger als Antragsteller für die nach **KV 2311** angefallene **0,5 Gebühr** (Mindestgebühr: 180 EUR). Beantragen **mehrere** Gläubiger die Verfahrenseröffnung (vgl. §§ 13 Abs. 1 S. 2, 14 InsO) haften sie anteilig und zwar im Umfang ihrer Beteiligung für die Gebühr KV 2311 (LG Gießen JurBüro 1996, 486). Führt der Gläubigerantrag zur Eröffnung des Insolvenzverfahrens, so ist die vom Gläubiger gezahlte Gebühr als Masseverbindlichkeit zu behandeln und vom Insolvenzverwalter aus der Insolvenzmasse zu erstatten (§§ 53, 54 Nr. 1 InsO; MüKoInsO/*Hefermehl* InsO § 54 Rn. 12). Wird der Eröffnungsantrag des Gläubigers zurückgenommen oder zurückgewiesen, haftet er nach **Abs. 1 S. 2** auch für die entstandenen Auslagen. Nach dem klaren Gesetzeswortlaut gilt dies auch bei einer Abweisung des Gläubigerantrags nach § 26 InsO **mangels Masse** (OLG Köln BeckRS 2010, 04553 = MDR 2010, 596; LG Göttingen NZI 2009,

729). Die Kostenhaftung erfasst auch den durch vorläufige Maßnahmen verursachten Aufwand (zB Kosten einer Siegelung; *Holzer* DGVZ 2003, 151 oder einer Sequestration). Nicht darunter fällt jedoch die Vergütung des vorläufigen Insolvenzverwalters (BGH NZI 2006, 239; AG Duisburg BeckRS 2007, 08316; AG Köln NZI 2000, 384; aA *Hartmann* Rn. 5). Trifft den antragstellenden Gläubiger jedoch ein grobes Verschulden, sind ihm diese Auslagen (teilweise) aufzuerlegen (§ 26a Abs. 2 InsO; vgl. BT-Drs. 17/7511, 34). Die Antragsabweisung mangels Masse hat für den antragstellenden Gläubiger darüber hinaus eine Kostenerstattungspflicht nach § 4 InsO iVm § 91 ZPO zur Folge (LG Münster NZI 2000, 383). Bei **Erledigungserklärung** des Eröffnungsantrags durch den Gläubiger nach § 91a ZPO gilt Abs. 1 S. 2 nicht (OLG Dresden BeckRS 2010, 13447; OLG Koblenz NZI 2007, 743; OLG Düsseldorf BeckRS 2006, 10670; OLG Köln NZI 2005, 683; LG Göttingen NZI 2004, 501; LG Frankenthal BeckRS 9998, 18458 = NJW-RR 2002, 1055 = JurBüro 2002, 329; aA AG Düsseldorf ZInsO 2006, 1116; AG Paderborn Rpfleger 1993, 366). § 91a ZPO ist iVm § 4 InsO auch im Insolvenzverfahren anwendbar (BGH NZI 2002, 91). Die nach der InsVV an den vorläufigen Insolvenzverwalter, den Insolvenzverwalter oder den Treuhänder nach Bewilligung einer Stundung nach § 4a InsO aus der Staatskasse zu zahlende Vergütung, erfasst der Auslagentatbestand KV 9017. Dafür haftet nach **Abs. 1 S. 3** nur der Insolvenzschuldner. Wird der vorläufige Insolvenzverwalter im Eröffnungsverfahren als gerichtlich bestellter Sachverständiger tätig, erfasst Abs. 1 S. 3 den nach JVEG zu entschädigenden Aufwand nicht. Es handelt sich dabei um Auslagen nach KV 9005 (nicht: KV 9017; OLG Düsseldorf BeckRS 2009, 06414; MüKoInsO/*Hefermehl* InsO § 54 Rn. 13). Abs. 1 S. 1 und S. 2 gelten nach **Abs. 1 S. 4** nicht, wenn der Schuldner die Kosten des Verfahrens zu tragen hat, weil er die Forderung des Gläubigers nach Antragstellung erfüllt hat und der Eröffnungsantrag des Gläubigers nach § 14 Abs. 3 InsO als unbegründet abgewiesen worden ist (zur Frage ob § 14 Abs. 3 InsO verfassungswidrig ist vgl. BVerfG BeckRS 2013, 55265 und den Vorlagebeschluss des AG Deggendorf BeckRS 2011, 22400).

2. Schuldnerantrag

Als Antragsteller haftet nach Abs. 1 S. 1 der Schuldner für die nach **KV 2310** angefallene **0,5 Gebühr.** Dem Antrag des Schuldners steht der Antrag des ausländischen Insolvenzverwalters gleich (KV Vorbem. 2.3). Wird der Schuldnerantrag zurückgenommen oder abgewiesen, haftet er auch für die im Eröffnungsverfahren entstandenen Auslagen (Abs. 1 S. 2). Wird das Insolvenzverfahren auf Antrag des Schuldners eröffnet, schuldet er die Gerichtsgebühren und Auslagen (Abs. 7). Stellen Schuldner und (mehrere) Gläubiger Eröffnungsanträge, so fallen die Gebühren nach KV 2310 und 2311 jeweils nebeneinander an. **2a**

III. Verfahren über Versagung oder Widerruf der Restschuldbefreiung (Abs. 2)

Für die **Entscheidung** des Insolvenzgerichts über einen Antrag auf Versagung der Restschuldbefreiung nach §§ 296–297a und § 300 InsO sowie über einen Antrag auf Widerruf der Restschuldbefreiung nach § 303 InsO fällt eine Festgebühr in Höhe von 35,00 EUR an (KV 2350; vgl. zur Begründung BT-Drs. 12/3803, 73). Unabhängig vom Verfahrensausgang haftet dafür nach **Abs. 2** der Antragsteller **3**

(LG Göttingen ZVI 2008, 121). Zusätzlich können Auslagen nach KV 9004 für die Veröffentlichung der Entscheidung entstehen (§ 300 Abs. 4 S. 1 InsO). Mehrere Antragsteller haften gesamtschuldnerisch (§ 31 Abs. 1).

IV. Besondere Verfahren nach der EuInsVO (Abs. 3–5)

3a Da die EuInsVO insolvenzrechtliche Sonderreglungen trifft, bedurfte es der Anpassung des § 23 (vgl. dazu das Gesetz zur Durchführung der EuInsVO, BGBl. 2017 I S. 1476).

1. Verfahren nach Art. 36 Abs. 7 S. 2 EuInsVO (Abs. 3)

Um die Eröffnung eines Sekundärinsolvenzverfahrens (Art. 3 Abs. 3, 34 EuInsVO) in einem anderen Mitgliedsstaat zu vermeiden, kann der Verwalter des Hauptinsolvenzverfahrens nach Maßgabe des **Art. 36 Abs. 1 EuInsVO** eine einseitige **Zusicherung** geben. In diesem Fall hat er die lokalen Gläubiger vor der Verteilung von, in dem anderen Mitgliedsstaat belegenen Massegegenständen und Erlösen daraus, zu benachrichtigen (Art. 36 Abs. 7 S. 1 EuInsVO). Entspricht die Benachrichtigung nicht dem Inhalt der Zusicherung oder dem geltenden Recht, so kann nach **Art. 36 Abs. 7 S. 2 EuInsVO** jeder lokale Gläubiger diese Verteilung **anfechten.** Für das Verfahren über den Rechtsbehelf wird nach **KV 2360** eine **3,0 Gebühr** erhoben. Der Gebührenstreitwert bestimmt sich nach dem Mehrbetrag, den der Gläubiger anstrebt (§ 58 Abs. 4). Wird der Antrag zurückgenommen oder zurückgewiesen, schuldet nach **Abs. 3** die Verfahrenskosten der antragstellende Gläubiger Andernfalls trifft die Haftung, da es sich um ein kontradiktorisches Verfahren zwischen Antragsteller und Insolvenzverwalter handelt, den Insolvenzschuldner (Abs. 7; vgl. BT-Drs. 18/10823, 39).

2. Verfahren nach Art. 36 Abs. 9 EuInsVO (Abs. 4)

3b Damit die Einhaltung der Zusicherung nach Art. 36 Abs. 1 EuInsVO sichergestellt wird, können lokale Gläubiger nach **Art. 36 Abs. 9 EuInsVO** vor Gerichten des Mitgliedstaats des potentiellen Sekundärinsolvenzverfahrens einstweilige Maßnahmen beantragen. Für das Verfahren fällt eine **1,0 Gebühr** nach **KV 2361** an. Der Gebührenstreitwert richtet sich nach dem Betrag der Forderung des Gläubigers (§ 58 Abs. 5). Abs. 4 und KV 2361 betreffen praktisch den Fall, dass das Hauptinsolvenzverfahren nicht im Inland, sondern in einem anderen EU-Mitgliedstaat stattfindet. Vor einem inländischen Gericht wird nur der Antrag auf einstweilige Maßnahmen oder Sicherungsmaßnahmen gestellt.

3. Gruppenkoordinationsverfahren nach Kap. V Abschn. 2 EuInsVO (Abs. 5)

3c Kap. V EuInsVO betrifft Insolvenzverfahren über das Vermögen von **Mitgliedern einer Unternehmensgruppe.** Art. 61–77 EuInsVO regeln in diesem Zusammenhang die Koordinierung der grenzüberschreitenden Konzerninsolvenzverfahren.

Das Gruppenkoordinationsverfahren wird nicht von Amts wegen, sondern nur auf **Antrag** eines Verwalters, der in einem Insolvenzverfahren über das Vermögen eines Mitglieds der Gruppe bestellt worden ist, eingeleitet. Antragsbefugt ist nur der Verwalter des Hauptverfahrens und nicht der Verwalter eines Sekundärinsolvenzverfahrens (MüKoInsO/*Reinhart* EuInsVO Art. 61 Rn. 4). Nach Abs. 5 haftet für die anfallenden Kosten des Gruppenkoordinationsverfahrens der Schuldner, dessen Verwalter die Einleitung beantragt hat.

V. Koordinationsverfahren nach §§ 269a–i InsO (Abs. 6)

§§ 269a–i InsO, die durch das Gesetz vom 13.4.2017 (BGBl. I S. 866) mWv 21.4.2018 als Teil 7 in die InsO eingefügt wurden, regeln die Koordinierung in der **Konzerninsolvenz.** Der Insolvenzverwalter hat eine Verfahrensgestaltung zu wählen, die zu einer bestmöglichen Gläubigerbefriedigung führt. Im Fall einer Konzerninsolvenz wird sich dieses Ziel nur dann verwirklichen lassen, wenn die involvierten Verwalter möglichst gut zusammenarbeiten, denn nur so kann es gelingen, den wirtschaftlichen Mehrwert zu bewahren, der in einer konzernrechtlichen Verflechtung angelegt sein kann (BT-Drs. 18/407, 32). §§ 269a–c InsO verpflichten deshalb die Verwalter, die Gerichte und die Gläubigerausschüsse der gruppenangehörigen Schuldner zur Unterrichtung und Zusammenarbeit. Ein Koordinationsverfahren wird vom Koordinationsgericht auf Antrag eines gruppenangehörigen Schuldners oder eines Gläubigerausschusses eingeleitet (§ 269d InsO). Für das Koordinationsverfahren nach §§ 269d ff. InsO fällt nach **KV 2360** eine Festgebühr in Höhe von 500 Euro an, die sich dann, wenn ein Koordinationsplan zur Bestätigung vorgelegt wird (vgl. § 269h InsO), nach **KV 2361,** auf 1.000 Euro erhöht. Nach Abs. 6 haftet für die Kosten des Koordinationsverfahrens der Schuldner, der die Verfahrenseinleitung beantragt hat. Dadurch wird eine aufwändige Kostenaufteilung auf die einzelnen Insolvenzmassen vermieden (BT-Drs. 18/407,42). **3d**

VI. Durchführung des Insolvenzverfahrens (Abs. 7)

Die Gerichtskosten des **eröffneten** Insolvenzverfahrens schuldet nach **Abs. 7** der Insolvenzschuldner. Wird das Insolvenzverfahren auf Antrag des **Schuldners** eröffnet, entsteht eine **2,5 Gebühr** (KV 2320). Das gilt nach der Vorbem. 2.3.2 auch dann, wenn gleichzeitig auf Antrag eines Gläubigers eröffnet wurde. Ist die Verfahrenseröffnung **alleine** auf Antrag eines **Gläubigers** erfolgt, fällt eine **3,0 Gebühr** an (KV 2330 und Vorbem. 2.3.3). Der Gebührenstreitwert bestimmt sich nach § 58 Abs. 1. Im Insolvenzverfahren werden die Gerichtskosten als **Massekosten** vorweg aus der Insolvenzmasse berichtigt (§ 33 iVm §§ 53, 54 Nr. 1 InsO). 4

VII. Besonderer Prüfungstermin und schriftliches Prüfungsverfahren (§ 177 InsO)

Verspätet angemeldete Forderungen der Insolvenzgläubiger müssen in einem besonderen Prüfungstermin oder im schriftlichen Verfahren geprüft werden (§ 177 Abs. 1 S. 2 InsO). Für die Prüfung entsteht nach **KV 2340** je geprüfter Forderung eine Festgebühr in Höhe von 20,00 EUR. Meldet ein Gläubiger mehrere Forderungen an, so fällt für ihn die Gebühr nur einmal an (BeckOK KostR/*Semmelbeck* GKG § 33 Rn. 3). Ergänzend zu § 23 bestimmt § 33 iVm § 177 InsO, dass im Verhältnis zur Staatskasse der säumige Gläubiger haftet. Auslagen für die öffentliche Be- 5 kanntmachung des besonderen Prüfungstermins werden nicht erhoben (KV 9004 Abs. 1 S. 2). Für andere Auslagen haften mehrere Gläubiger gesamtschuldnerisch.

§ 23a Sanierungs- und Reorganisationsverfahren nach dem Kreditinstitute-Reorganisationsgesetz

Die Kosten des Sanierungs- und Reorganisationsverfahrens schuldet nur das Kreditinstitut.

1 Die Vorschrift regelt im Verfahren nach dem Kreditinstitute-Reorganisationsgesetz (KredReorgG) vom 1.11.2011 spezialgesetzlich die **alleinige** Haftung des Kreditinstituts für die nach KV 1650 – 1653 anfallenden Gebühren und die Auslagen. Da den Antrag auf Durchführung des Verfahrens die Bundesanstalt für Finanzdienstleistung (BaFin) stellt (§§ 2, 7 KredReorgG), bedurfte es einer von § 22 und damit vom Veranlasserprinzip abweichenden Regelung der Kostenhaftung (BT-Drs. 17/3024 S. 83). Zum Gerichts – und Rechtsanwaltsgebührenstreitwert vgl. § 53a GKG und § 24 RVG. Die Fälligkeit der Verfahrensgebühr regelt § 6 Abs. 1 Nr. 2.

§ 24 Öffentliche Bekanntmachung in ausländischen Insolvenzverfahren

Die Kosten des Verfahrens über den Antrag auf öffentliche Bekanntmachung ausländischer Entscheidungen in Insolvenzverfahren oder vergleichbaren Verfahren schuldet, wer das Verfahren beantragt hat.

1 Die Vorschrift ist **lex specialis** zu §§ 22, 23 und bestimmt klarstellend (BT-Drs. 15/16, 26) die Haftung für die Kosten des Verfahrens über den Antrag auf öffentliche Bekanntmachung ausländischer Entscheidungen in Insolvenzverfahren oder vergleichbaren Verfahren. Die Kostenschuld trifft danach regelmäßig den Verwalter des ausländischen Verfahrens (vgl. Art. 28 Abs. 1 EuInsVO u §§ 345ff. InsO). Gerichtsgebühren fallen in dem Verfahren zwar nicht an, es entstehen aber Auslagen für die öffentliche Bekanntmachung.

§ 25 Verteilungsverfahren nach der Schifffahrtsrechtlichen Verteilungsordnung

Die Kosten des Verteilungsverfahrens nach der Schifffahrtsrechtlichen Verteilungsordnung schuldet, wer das Verfahren beantragt hat.

I. Eröffnungs- und Verteilungsverfahren

1 Im Eröffnungs- und Verteilungsverfahren nach der Schifffahrtsrechtlichen Verteilungsordnung (SVertO) können Gebühren nach **KV 2410** (= 1,0) und **KV 2420** (= 2,0) anfallen. **Schuldner** dieser Gebühren und der jeweils entstehenden Auslagen (KV 9000ff.) ist der **Antragsteller** (vgl. §§ 4, 38 SVertO). Dieser trägt nach **§ 31 SVertO** auch die Vergütung und Auslagen des Sachwalters und die von

diesem aufgewandten Kosten der Verwaltung und Verwertung von Sicherheiten. Die Gebührenstreitwert richtet sich nach § 59. Die Verfahrensgebühr wird mit Antragseinreichung fällig (§ 6 Abs. 1 Nr. 3). Im Übrigen richtet sich die Fälligkeit der Gebühren und Auslagen nach § 9 Abs. 2. Vorauszahlungs- und Vorschusspflichten bestehen hinsichtlich der Kosten der öffentlichen Bekanntmachung des Eröffnungsbeschlusses (§ 13) und der nach § 31 SVertO vom Antragsteller zu tragenden Kosten des Sachwalters (§ 32 Abs. 2 SVertO).

II. Besonderer Prüfungstermin und Beschwerdeverfahren

Bei nachträglicher Forderungsanmeldung (vgl. §§ 11, 18 SVertO iVm § 177 InsO) wird für einen besonderen Prüfungstermin nach **KV 2430** eine Festgebühr (20 Euro) erhoben. Die Gebühr schuldet der betreffende Gläubiger (§ 33; → § 23 Rn. 5). Für die Beschwerdegebühren nach **KV 2440** (60 Euro) und **KV 2441** (120 Euro) sowie die Auslagen haftet, soweit die Beschwerde zurückgewiesen oder verworfen wird, der Beschwerdeführer als Antragsteller. Wird der Beschwerde stattgegeben haftet für die Auslagen der Entscheidungsschuldner (Vorbem. 9 Abs. 1, § 29 Nr. 1). 2

§ 26 Zwangsversteigerungs- und Zwangsverwaltungsverfahren

(1) **Die Kosten des Zwangsversteigerungs- und Zwangsverwaltungsverfahrens sowie des Verfahrens der Zwangsliquidation einer Bahneinheit schuldet vorbehaltlich des Absatzes 2, wer das Verfahren beantragt hat, soweit die Kosten nicht dem Erlös entnommen werden können.**

(2) [1]**Die Kosten für die Erteilung des Zuschlags schuldet nur der Ersteher; § 29 Nummer 3 bleibt unberührt.** [2]**Im Fall der Abtretung der Rechte aus dem Meistgebot oder der Erklärung, für einen Dritten geboten zu haben (§ 81 des Gesetzes über die Zwangsversteigerung und die Zwangsverwaltung), haften der Ersteher und der Meistbietende als Gesamtschuldner.**

(3) **Die Kosten des Beschwerdeverfahrens schuldet der Beschwerdeführer.**

I. Allgemeines

Die Vorschrift bestimmt für die nach **KV 2210–2243** im Zwangsversteigerungs- und Zwangsverwaltungsverfahren (§§ 864 ff ZPO iVm ZVG) anfallenden Gebühren sowie die Auslagen (KV 9000 ff.) die **Kostenhaftung.** Das gilt auch für das Verfahren zur Zwangsliquidation einer Bahneinheit. Diese erfasst nach der Legaldefinition in Art. 112 EGBGB Grundstücke und sonstige Vermögensgegenstände die einem Eisenbahn- oder Kleinbahnunternehmen als Einheit gewidmet sind. Deren Liquidation richtet sich nach § 3 BahnG und (vorgehenden) landesrechtlichen Vorschriften (§ 3 Abs. 4 BahnG iVm § 871 ZPO). In Berlin und Schleswig-Holstein gilt noch das preußische Bahneinheitengesetz v 19.8.1898 (BLNBaEG bzw. SLEisenbG). Nach Abs. 1 trifft die Kostenpflicht grundsätzlich den Antragsteller. Abs. 2 schränkt ein: Die Kosten der Zuschlagserteilung schuldet nur der Ersteher bzw. gesamtschuldnerisch mit ihm der Meistbietende. Für die Kosten eines Beschwerde- 1 verfahrens haftet nach Abs. 3 der Beschwerdeführer. Die Fälligkeit der Gebühren und Auslagen regeln §§ 7, 9 Abs. 2; Vorschusspflichten bestimmen **§§ 15, 17.**

II. Gebühr für Anordnung/Beitritt

2 Für die **Entscheidung** über den Antrag (§ 15 ZVG) auf Anordnung der Zwangsversteigerung, der Zwangsverwaltung oder die Eröffnung der Zwangsliquidation einer Bahneinheit entsteht eine Festgebühr nach **KV 2210, 2220** (= 100 Euro) bzw. nach **KV 2230** (= 60 Euro). Das gilt auch für die Entscheidung über den Antrag auf Zulassung des Beitritts zum Verfahren (§ 27 ZVG). Die Gebühren werden für jeden Antragsteller gesondert erhoben (Vorbem. 2.2. S. 1). **Antragsteller** ist der das Verfahren betreibende Gläubiger (§§ 15, 16, 27 ZVG). Das ist in den besonderen Fällen des § 172 ZVG der Insolvenzverwalter, des § 175 ZVG der Erbe (Miterbe), der Testamentsvollstrecker, der Nachlassverwalter sowie des § 180 ZVG der Miteigentümer. Wird der Antrag von mehreren Gesamtgläubigern oder Gesamthandgläubigern oder im Falle der Teilungsversteigerung von mehreren Miteigentümern gestellt, gelten diese als ein Antragsteller (Vorbem. 2.2.S. 2). Betrifft der Antrag mehrere Gegenstände, so entsteht nur eine Gebühr, wenn durch einheitlichen Beschluss entschieden wird (Vorbem. 2.2. S. 3). Auch, wenn über einen gemeinsamen Antrag mehrerer Gläubiger durch einheitlichen Beschluss entschieden wird, entsteht die Gebühr nur einmal (Meyer Rn. 4; BeckOK KostR/*Semmelbeck* GKG § 26 Rn. 4). Die **Antragstellerhaftung** umfasst die nach KV 2210 oder KV 2220 bzw. KV 2230 jeweils anfallende Gebühr und die Zustellauslagen, da diese Kosten nicht nach **§ 109 Abs. 1 ZVG** dem **Versteigerungserlös** entnommen werden können (Abs. 1). Der Antragsteller kann sie als Kosten der Rechtsverfolgung im Range seines Rechts geltend machen (§ 10 Abs. 2 ZVG). Ist dem Antragsteller Prozesskostenhilfe ohne Zahlungsbestimmungen bewilligt worden oder ist er kostenbefreit, muss die Gerichtskasse diese Kosten im Range des Anspruchs des betreibenden Gläubigers anmelden (§ 4 Abs. 4 KostVfg, §§ 12 Nr. 1, 37 Nr. 4 ZVG). Daneben haftet für notwendige Vollstreckungskosten (LG Kiel SchlHA 1960, 209) auch der Vollstreckungsschuldner (§ 29 Nr. 4, §§ 788, 91 ZPO). Auch die Haftung eines gesetzlich Verpflichteten kommt in Betracht (§ 29 Nr. 3). Mehrerer Kostenschuldner haften als Gesamtschuldner (§§ 31 Abs. 1, 32 Abs. 1; §§ 7 Abs. 2, 8 KostVfg). Ist ein gesamtschuldnerisch haftender Antragsteller kostenbefreit, so mindert sich der Kostenbetrag des nicht befreiten Gesamtschuldners um den Anteil, der den Kostenbefreiten im Innenverhältnis treffen würde (LG Münster JurBüro 1985, 1064; m. zust. Anm. Mümmler).

III. Gebühr für das Verfahren im Allgemeinen

3 Nach **KV 2211, 2231** entsteht für das **Verfahren im Allgemeinen,** das nach Anordnung der Zwangsversteigerung oder der Eröffnung einer Zwangsliquidation beginnt, eine 0,5 Gebühr. Das Verfahren beginnt unmittelbar nach Erlass des Anordnungsbeschlusses (Zulassung des Beitritts). Wirksam wird der Beschluss mit seiner Bekanntgabe an den Gläubiger (§ 329 Abs. 2 ZPO). Bei vorzeitiger Erledigung nach Maßgabe **KV 2212 bzw. 2231** ermäßigt sich der Gebührensatz auf 0,25. Der Gebührenstreitwert bestimmt sich nach § 54. Für das Zwangsverwaltungsverfahren wird bei Durchführung nach **KV 2221** eine 0,5 Jahresgebühr für jedes Kalenderjahr erhoben. Deren Mindestbetrag beläuft sich auf 120 Euro bzw. im ersten und im

letzten Kalenderjahr auf jeweils 60 Euro. Den Gebührenstreitwert regelt § 55. Die Verfahrensgebühr und die entstandenen Auslagen sind **vorweg** (Rangstelle: § 10 Abs. 1 „0") aus dem Versteigerungserlös bzw. den Grundstücksnutzungen zu entnehmen (§§ 109, 155 ZVG) und an die Gerichtskasse zu zahlen. Die Kostenbefreiung eines Beteiligten steht dem nicht entgegen. Wird das Bargebot (vgl. § 49 Abs. 1 ZVG) nicht berichtigt, ist die Forderung gegen den Ersteher auf die Gerichtskasse zu übertragen (§ 118 ZVG). Hat der betreibende Gläubiger einen **Vorschuss** gezahlt, so ist der Betrag an der Rangstelle der Gerichtskasse an ihn zurückzuerstatten (*Stöber* ZVG § 109 Rn. 2.4). Ist eine Erlösentnahme nicht möglich, so haftet für die Gebühr der Antragsteller. Das ist jeder betreibende Gläubiger auch der Beitrittsgläubiger (BGH NJW 2009, 2066). Mehrere Kostenschuldner haften als Gesamtschuldner. Die Haftung des einzelnen Gläubigers beschränkt sich aber auf die Kosten die entstanden wären, wenn das Verfahren nur auf seinen Antrag betrieben worden wäre bzw. die durch seinen Beitritt verursacht wurden (*Hartmann* Rn. 6). Außerdem haftet der Vollstreckungsschuldner (§ 29 Nr. 4). Wird dem Gläubigerantrag stattgegeben und das Verfahren angeordnet, der Anordnungsbeschluss danach aber auf ein Rechtsmittel des Schuldners (idR ist das die Vollstreckungserinnerung; § 766 ZPO) wieder aufgehoben, so ist die Verfahrensgebühr bereits angefallen und entfällt nicht wieder (eine mit KV 2320 vergleichbare Vorschrift fehlt; *Stöber* ZVG Einleitung Rn. 77.4). Lehnt das Vollstreckungsgericht die Anordnung ab, dann beginnt kein „Verfahren im Allgemeinen" und es fällt nur die Anordnungsgebühr an. Ist nach Abschluss eines parallel laufenden Zwangsversteigerungsverfahrens die Zwangsverwaltung aufgehoben worden, haftet für die festgesetzte Vergütung des Verwalters der Antragsteller des Zwangsverwaltungsverfahrens (OLG Hamm BeckRS 1990, 04718).

IV. Gebühr für den Versteigerungstermin

4 In der Zwangsversteigerung wird für die Abhaltung mindestens eines Versteigerungstermins nach **KV 2213** eine 0,5 Gebühr erhoben. Die Gebühr entsteht mir der **Aufforderung zur Abgabe von Geboten** (§ 66 Abs. 2 ZVG). Dadurch gilt der Versteigerungstermin im Sinne des Gebührentatbestandes als abgehalten (*Stöber* ZVG Einleitung Rn. 78). Der weitere Verlauf des Termins hat auf die bereits entstandene Gebühr nur Einfluss, wenn der Zuschlag nach § 74a ZVG (7/10-Grenze) oder 85a ZVG (5/10-Grenze) versagt wird (KV 2213 Anm.). Die Terminsgebühr wird in jedem Verfahren nur einmal erhoben, auch wenn mehrere Versteigerungstermine stattfanden (LG Cottbus BeckRS 2007, 14570 = JurBüro 2007, 323). Der Gebührenstreitwert richtet sich nach § 54 Abs. 1. Nach **§ 15 Abs. 1** ist spätestens bei der Terminsbestimmung ein **Vorschuss** in Höhe des Doppelten der Gebühr nach KV 2213 zu erheben. Der Vorschuss kann aber auch bereits nach Anordnung des Verfahrens erhoben werden (BGH NJW 2009, 2066). Vorschussschuldner ist der betreibende Gläubiger/Beitrittsgläubiger. Sind allerdings Verfahren einzelner Gläubiger eingestellt worden, ist der Vorschuss nur von den anderen Gläubigern einzufordern. Vorschusszahler haben gegeneinander Ausgleichsansprüche nach § 426 BGB (*Stöber* ZVG Einleitung Rn. 77.11; aA AG Saarbrücken JurBüro 1978, 726 m. abl. Anm. *Mümmler*). Die Terminsgebühr ist nach § 109 ZVG dem Versteigerungserlös vorweg zu entnehmen.

V. Gebühr für die Zuschlagerteilung

5 Für die Erteilung des Zuschlags durch das Vollstreckungsgericht/Beschwerdegericht wird eine 0,5 Gebühr nach **KV 2214** erhoben. Die Gebühr wird nicht erhoben, wenn der Zuschlagsbeschluss im Beschwerdeverfahren aufgehoben wird. Der Gebührenstreitwert richtet sich nach § 54 Abs. 2 S. 1. Maßgebend ist danach das Meistgebot auf das der Zuschlag erteilt wurde, ohne Zinsen, einschließlich des Wertes der bestehenbleibenden Rechte. Werden **mehrere Grundstücke** versteigert und der Zuschlag an verschiedene Ersteher erteilt, fällt die Gebühr mehrfach aus dem Wert der jeweils zugeschlagenen Grundstücke an (§ 54 Abs. 5 S. 1). Eine Bietergemeinschaft gilt als ein Ersteher (§ 54 Abs. 5 S. 2). Bei der Versteigerung mehrerer Grundstücke an einen Ersteher im **Einzelausgebot** entsteht die Gebühr für den Zuschlag nur einmal aus dem Gesamtwert (§ 54 Abs. 4). Beim Zuschlag in der **Teilungsversteigerung** vermindert sich nach § 54 Abs. 2 S. 2 der Gegenstandswert um den Anteil des Erstehers am Versteigerungsobjekt. Mitberechtigte einer Gesamthandgemeinschaft werden hinsichtlich ihres Anteils wie Bruchteilseigentümer behandelt. Die Gebühr wird mit Verkündung des Zuschlags **fällig** und bei Zuschlagserteilung durch das Beschwerdegericht mit Zustellung an den Ersteher (§ 7 Abs. 1 S. 2). Nach Abs. 2 S. 1 schuldet die **Kosten der Zuschlagserteilung** (dazu gehören auch die Auslagen für die Zustellung des Zuschlagsbeschlusses; LG Freiburg Rpfleger 1991, 383 = JurBüro 1991, 1211) nur der Ersteher und der nach § 29 Nr. 3 gesetzlich Haftende. Diese Kosten können dem Versteigerungserlös nicht entnommen werden (§ 109 Abs. 1 ZVG). Bei gemeinsamem Erwerb haften mehrere Ersteher gesamtschuldnerisch (§ 31 Abs. 1). Sind die Rechte aus dem Meistgebot an einen Dritten abgetreten worden oder hat der Meistbietende für einen Dritten geboten (verdeckter Bieterauftrag) und wird diesem der Zuschlag erteilt (§ 81 ZVG), so haften nach Abs. 2 S. 2 der Meistbietende und der Ersteher gesamtschuldnerisch für die Kosten (LG Lüneburg Rpfleger 1988, 113).

VI. Gebühr für das Verteilungsverfahren

6 Für das Verteilungsverfahren fällt eine 0,5 Gebühr nach **KV 2215** an. Als **Pauschalgebühr** gilt sie alle Tätigkeiten des Gerichts im Zusammenhang mit dem Verteilungsverfahren ab. Dieses beginnt mit der Bestimmung des Verteilungstermins (§ 105 Abs. 1 ZVG). Der Gebührenstreitwert bestimmt sich nach § 54 Abs. 3 S. 1. Maßgebend ist danach das Gebot (ohne Zinsen/Hinterlegungszinsen) für das der Zuschlag erteilt wurde. Einschließlich des Wertes der nach den Versteigerungsbedingungen bestehenbleibenden Rechte und des Erlöses einer gesonderten Versteigerung nach § 65 ZVG (§ 54 Abs. 3 S. 2). Haben sich die Beteiligten **außergerichtlich** über die Erlösverteilung geeinigt (§ 143 ZVG) oder sind die Ansprüche der Berechtigten durch den Ersteher **außergerichtlich** befriedigt worden (§ 144 ZVG), so ermäßigt sich die Gebühr für das Verteilungsverfahren nach **KV 2216** auf 0,25. Die Ermäßigung findet aber nur statt, wenn die außergerichtliche Verteilung sich auf den gesamten Erlös erstreckt (*Stöber* ZVG Einleitung Rn. 80).

VII. Gebühr für das Beschwerdeverfahren

Für ein Beschwerdeverfahrens bzw. Rechtsbeschwerdeverfahren fallen Festgebühren nach **KV 2240, 2242** in Höhe von 120 Euro bzw. 240 Euro sowie Auslagen nach KV 9000 ff. (OLG Koblenz BeckRS 2005, 00923 = MDR 2005, 599) an, wenn für die angefochtene Entscheidung ebenfalls eine Festgebühr bestimmt ist und die Beschwerde **verworfen oder zurückgewiesen** wird. Hierunter fallen Beschwerden gegen die Entscheidung über die Anordnung des Verfahrens, die Zulassung des Beitritts oder die Eröffnung einer Zwangsliquidation (vgl. KV 2210, 2220, 2230). Wird die Beschwerde nur teilweise verworfen oder zurückgewiesen, kann das Beschwerdegericht die Gebühr nach billigem Ermessen auf die Hälfte ermäßigen oder bestimmen, dass eine Gebühr nicht zu erheben ist. Für **sonstige** Beschwerden bzw. Rechtsbeschwerden werden Gebühren nach **KV 2241, 2243** mit einem Gebührensatz von 1,0 bzw. 2,0 erhoben. Hierher gehören zB Beschwerden gegen die Zuschlagsentscheidung (§ 96 ZVG), die Grundstückswertfestsetzung (§ 74a Abs, 5 ZVG) und die Entscheidungen über Einstellungsanträge (§§ 30a ff. ZVG). Keine Gebühr fällt an, wenn die Beschwerde vor der Entscheidung zurückgenommen oder ihr stattgegeben wird. Nach der Vorbem. 2.2 S. 3 wird für das Verfahren über einen **Vollstreckungsschutzantrag nach § 765a ZPO** keine Gebühr erhoben. Wird gegen die Entscheidung aber Beschwerde eingelegt, fällt die Festgebühr nach KV 2240 an, wenn die Beschwerde zurückgewiesen oder verworfen wird. Bei einheitlicher Entscheidung über eine Beschwerde gegen die Entscheidung nach § 765a ZPO und eine Einstellungsentscheidung nach § 30a ZVG (auch: §§ 30c ff.) wird die Gebühr nur einmal erhoben (KV Vorbem. 2.2. S. 3 Hs. 2 iVm S. 2). Wird im Beschwerdeverfahren gegen die Zuschlagsentscheidung auch § 765a ZPO geprüft, wird dafür keine gesonderte Gebühr erhoben (OLG Frankfurt Rpfleger 1984, 479). Der Gebührenstreitwert richtet sich nach § 48 Abs. 1 S. 1 iVm § 3 ZPO (KG Rpfleger 1982, 233) und nicht nach § 54 (*Stöber* ZVG Einleitung Rn. 83.10). Für die Kosten des Beschwerdeverfahrens haftet nach Abs. 3 der Beschwerdeführer. Die Kosten können nicht dem Versteigerungserlös entnommen werden. 7

§ 27 Bußgeldsachen

Der Betroffene, der im gerichtlichen Verfahren nach dem Gesetz über Ordnungswidrigkeiten den Einspruch gegen einen Bußgeldbescheid zurücknimmt, schuldet die entstandenen Kosten.

Die Vorschrift regelt die **Kostenhaftung** des Betroffenen, wenn er im **gerichtlichen Verfahren** nach dem **OWiG** den Einspruch gegen einen Bußgeldbescheid zurücknimmt (§ 71 OWiG iVm § 411 Abs. 3 StPO). Die Haftung erfasst die nach KV 4111 oder 4112 entstandenen Gebühren sowie die im gerichtlichen Verfahren bis zur Rechtskraft des Bußgeldbescheides entstandenen Auslagen (zB Sachverständigenvergütung; LG Darmstadt MDR 1998, 309). Einer gerichtlichen Kostenentscheidung bedarf es nicht (LG Zweibrücken MDR 1995, 1076). Auf Kosten, die im Verfahren vor der Verwaltungsbehörde (zB Bußgeldstelle), der Staatsanwaltschaft nach § 69 Abs. 4 OWiG (Zwischenverfahren) oder im Verfahren nach § 25a StVG 1

(Halterhaftung) entstehen, ist die Vorschrift nicht anwendbar. Die Kosten werden mit Rechtskraft des Bußgeldbescheides fällig (§ 8).

§ 28 Auslagen in weiteren Fällen

(1) [1]**Die Dokumentenpauschale schuldet ferner, wer die Erteilung der Ausfertigungen, Kopien oder Ausdrucke beantragt hat.** [2]**Sind Kopien oder Ausdrucke angefertigt worden, weil die Partei oder der Beteiligte es unterlassen hat, die erforderliche Zahl von Mehrfertigungen beizufügen, schuldet nur die Partei oder der Beteiligte die Dokumentenpauschale.**

(2) **Die Auslagen nach Nummer 9003 des Kostenverzeichnisses schuldet nur, wer die Versendung der Akte beantragt hat.**

(3) **Im Verfahren auf Bewilligung von Prozesskostenhilfe einschließlich des Verfahrens auf Bewilligung grenzüberschreitender Prozesskostenhilfe ist der Antragsteller Schuldner der Auslagen, wenn**
1. **der Antrag zurückgenommen oder vom Gericht abgelehnt wird oder**
2. **die Übermittlung des Antrags von der Übermittlungsstelle oder das Ersuchen um Prozesskostenhilfe von der Empfangsstelle abgelehnt wird.**

I. Allgemeines

1 **Abs. 1** begründet für die Dokumentenpauschale eine zusätzliche Kostenhaftung. Nach Abs. 1 S. 1 trifft denjenigen, der die Erteilung der Ausfertigungen, Kopien oder Ausdrucke **beantragt** hat, die Kostenpflicht für die Anfertigung. Er tritt als **weiterer** Kostenschuldner („ferner") **neben** andere Kostenschuldner, wie zB den Antrags- oder Entscheidungsschuldner (§§ 22, 29 Nr. 1). Abs. 1 S. 2 schränkt ein: Wurde die Herstellung deshalb veranlasst, weil eine Partei (Beteiligter) die Beifügung zusätzlicher Kopien oder Ausdrucke unterlassen hat, haftet **nur** diese Partei oder der Beteiligte. Nach **Abs. 2** schuldet die Auslagen nach KV 9003 für die Versendung oder elektronische Übermittlung der Akte **nur** der Antragsteller. **Abs. 3** bestimmt die **alleinige** Auslagenhaftung des Antragstellers im Verfahren auf Bewilligung der Prozesskostenhilfe (einschließlich der grenzüberschreitenden PKH), wenn der Antrag zurückgenommen oder vom Gericht abgelehnt oder seine Übermittlung abgelehnt wird. Die Vorschrift bezweckt eine gerechte Verteilung der Kostenhaftung (*Hartmann* Rn. 2) und eine einfache kostenrechtliche Zuordnung (BGH NJW 2011, 3041).

II. Dokumentenpauschale (Abs. 1)

1. Antragstellerhaftung (Abs. 1 S. 1)

2 Die Dokumentenpauschale wird nach **KV 9000** für die Herstellung und Überlassung von Dokumenten in Form von Ausfertigungen, Kopien und Ausdrucken oder die Überlassung von elektronisch gespeicherten Dateien erhoben. Für diese Auslagen haftet neben Kostenschuldnern nach §§ 22–26, 29 **auch** (= „ferner") der **Antragsteller.** Ob der Antragsteller auch von einem Akteneinsichtsrecht hätte Gebrauch machen können, ist daneben unbeachtlich (AG Göttingen BeckRS 2011,

13785 = JurBüro 2011, 489). Mehrere Antragsteller haften gesamtschuldnerisch (§ 31 Abs. 1). Sind einer Partei die Kosten des Verfahrens auferlegt oder von ihr übernommen worden (§ 29 Nr. 1, 2), haftet der Antragsteller als Auslagenschuldner nur subsidiär (§ 31 Abs. 2 S. 1). Antragsteller ist grds. die **Prozesspartei** bzw. der **Verfahrensbeteiligte.** Ob der von einem **Vertreter** (zB dem Prozessbevollmächtigten) eingereichte Antrag im Namen der Partei gestellt wurde (§ 164 Abs. 1, 2 BGB), ist nach den Gesamtumständen zu beurteilen (VG Braunschweig NVwZ-RR 2003, 912). Beantragt der **Prozessbevollmächtigte** Kopien etc. die er der Partei nicht berechnen darf, zB eine weitere Kopie eines Protokolls, haftet er nach Abs. 1 S. 1 (BFH JurBüro 1977, 934). Anders ist es, wenn aufgrund örtlicher Übung dem Prozessbevollmächtigten Kopien übersandt werden, dafür haftet die vertretene Partei (BFH JurBüro 1977, 934; OLG Hamm Rpfleger 1975, 37; aA *Meyer* Rn. 6).

2. Einschränkung (Abs. 1 S. 2)

Abs. 1 S. 2 schränkt ein: Die Haftung für die Dokumentenpauschale trifft **nur** die pflichtwidrig handelnde Partei oder den Beteiligten, wenn einem Schriftstück das **von Amts wegen** zuzustellen ist, nicht die dafür notwendigen zusätzlichen Kopien beigefügt waren, (VG Frankfurt/Oder BeckRS 2007, 26674 = JurBüro 2008, 654). Diese Haftung besteht unabhängig von einer gerichtlichen Kostenentscheidung (BayVGH BayVerwBl 1979, 380). Das gilt auch bei per Telefax eingereichten Anträgen, wenn die Abschriften nicht mitgeliefert oder nicht fristgerecht nachgereicht werden (OLG Oldenburg BeckRS 2010, 2w2390 = JurBüro 2010, 483; VGH Kassel NJW 1991, 316). Der Antragsteller des Verfahrens und der Entscheidungsschuldner haften für die Dokumentenpauschale in diesem Falle nicht mit. Ein Kostenerstattungsanspruch gegen den Gegner scheidet aus, da die Aufwendungen nicht notwendig waren (VG Frankfurt/Oder BeckRS 2007, 26674 = JurBüro 2008, 654). 3

III. Aktenversendung (Abs. 2)

Nach Abs. 2 schuldet die für die Aktenversendung nach KV **9003** entstehenden Auslagen, wobei Hin- und Rücksendung als eine Sendung gelten (KV 9003 Anm. Abs. 1), der **Antragsteller.** Durch diese Regelung soll es vermieden werden, dass der allgemeine Kostenschuldner (zB der nach § 22 Haftende) ungerechtfertigt beansprucht werden (BT-Drs. 12/6962, 66). Der Antrag zur Versendung wird idR von der **Partei** gestellt werden (OLG Düsseldorf BeckRS 2008, 08375 = JurBüro 2008, 375; LG Bayreuth JurBüro 1997, 433; aA VGH München NJW 2007, 1483; LG Mainz NJW-RR 2008, 152; VG Meiningen BeckRS 2008, 09042 = JurBüro 2006, 36). Auch, wenn der **Prozessbevollmächtigte** den Akteneinsichtsantrag stellt, wird dies regelmäßig im Namen seiner Partei erfolgen (OVG Hamburg. BeckRS 2006, 22661; aA VGH München, NJW 2007, 1483). Er übt dadurch für seine Partei das dieser nach § 299 ZPO zustehende Akteneinsichtsrecht aus (VG Braunschweig NVwZ-RR 2003, 912; LG Bayreuth JurBüro 1997, 433; VG Düsseldorf NVwZ-RR 2006, 744; aA LG Mainz NJW-RR 2008, 152; VG Meiningen BeckRS 2008, 09042 = JurBüro 2006, 36). Da der **Pflichtverteidiger** ein eigenes Akteneinsichtsrecht hat (§ 147 StPO), haftet er der Staatskasse persönlich für die Auslagen KV 9003 (BVerfG NJW 1997, 1433 und 1995, 3177; OLG Koblenz MDR 1997, 202; LG Koblenz NJW 1996, 1233 mwN). Davon zu unterscheiden 4 ist die Frage, ob die Auslagen im Rahmen der Pflichtverteidigervergütung (§§ 45 Abs. 3, 46, 55 RVG) aus der **Staatskasse** zu erstatten sind (bejahend: OLG Düsseldorf BeckRS 2002, 00854 = Rpfleger 2002, 224). Um eine unter KV 9003 fallende Aktenversendung handelt es sich dann, wenn diese entweder ganz oder in Teilen per Post verschickt wird (VG Meiningen JurBüro 2006, 36). Auch die Übermittlung per Telefax gehört hierher (*Hartmann* Rn. 7; aA *Meyer* Rn. 6: § 28 Abs. 1 S. 1 ist einschlägig). Wird die Akte lediglich in das Anwaltsfach bei Gericht eingelegt handelt es sich um keine Versendung im Sinne KV 9003 (VG Meiningen JurBüro 2006, 36; LG Göttingen AnwBl 1995, 570).

IV. Prozesskostenhilfebewilligung (Abs. 3)

5 Nach Abs. 3 haftet der **PKH-Antragsteller** für die Auslagen des Verfahrens über seinen Antrag auf Bewilligung der Prozesskostenhilfe (§§ 114, 118 ZPO), auch bei grenzüberschreitender Bewilligung (§§ 1076–1078 ZPO), wenn sein Antrag zurückgenommen oder die Bewilligung abgelehnt wird (Abs. 3 Nr. 1) oder die Übermittlungsstelle die Übermittlung des Antrags ablehnt (Abs. 3 Nr. 2).

§ 29 Weitere Fälle der Kostenhaftung

Die Kosten schuldet ferner,

1. **wem durch gerichtliche oder staatsanwaltschaftliche Entscheidung die Kosten des Verfahrens auferlegt sind;**
2. **wer sie durch eine vor Gericht abgegebene oder dem Gericht mitgeteilte Erklärung oder in einem vor Gericht abgeschlossenen oder dem Gericht mitgeteilten Vergleich übernommen hat; dies gilt auch, wenn bei einem Vergleich ohne Bestimmung über die Kosten diese als von beiden Teilen je zur Hälfte übernommen anzusehen sind;**
3. **wer für die Kostenschuld eines anderen kraft Gesetzes haftet und**
4. **der Vollstreckungsschuldner für die notwendigen Kosten der Zwangsvollstreckung.**

I. Allgemeines

1 Die Vorschrift bestimmt **weitere** Fälle („ferner“) der Kostenhaftung. Wer nach § 29 Kosten schuldet, tritt zu den nach §§ 22–27, 28 Abs. 1, 33 haftenden Kostenschuldnern hinzu (OLG Koblenz JurBüro 1980, 1867 = VersR 1980, 1149). Mehrere Kostenschuldner haften der Staatskasse gegenüber als Gesamtschuldner (§ 31 Abs. 1). Eine Reihenfolge ihrer Inanspruchnahme regelt § 31 Abs. 2. Ein und dieselbe Person kann für Kosten aus **verschiedenen** Tatbeständen haften.

Beispiel: Bei Klageabweisung haftet der Kläger sowohl nach § 22 Abs. 1 als Antragsteller, als auch nach § 29 Nr. 1 als Entscheidungsschuldner.

2 Gegen den Kostenansatz finden als **Rechtsbehelfe** Erinnerung und Beschwerde statt (§ 66). Die gerichtliche Kostenentscheidung oder die Übernahmeregelung in einem gerichtlichen Vergleich ist für das Erinnerungsverfahren bindend (OLG Bamberg JurBüro 1973, 654 mAnm *Mümmler*). In Zweifelsfällen ist eine Auslegung des Parteivorbringens zulässig (BGH NJW-RR 1994, 568).

II. Entscheidungsschuldner (Nr. 1)

1. Kostengrundentscheidung

Nach **Nr. 1** haftet für die Kosten des Verfahrens derjenige, dem sie durch gerichtliche oder staatsanwaltschaftliche **Entscheidung** auferlegt worden sind (= Entscheidungsschuldner). Formelle Rechtskraft der Kostenentscheidung ist nur in Straf- und Bußgeldsachen (vgl. § 8) und nach § 125 ZPO bei PKH-Bewilligung erforderlich (KG BeckRS 2003, 30319824 = MDR 2004, 56; OLG Nürnberg NJW 1960, 636; vgl. dazu auch *Dölling* NJW 2014, 2472). **Kostengrundentscheidungen** enthalten: 3

- **Urteile und Beschlüsse;** sie müssen aber dem Kostenschuldner gegenüber **wirksam** geworden sein (KG NJW-RR 2000, 1239). Dazu bedarf es der Bekanntgabe der Entscheidung an ihn (BGH NJW 2005, 3724 und NJW 1993, 1076; Thomas/Putzo/*Reichold* ZPO § 329 Rn. 6). Die Existenz der gerichtlichen Entscheidung, die bereits mit Hinausgabe aus dem internen Geschäftsbetrieb eintritt, reicht nicht.
- **Vollstreckungsbescheide** nach § 699 ZPO im Mahnverfahren (nicht der Mahnbescheid; *Schneider* JurBüro 2003, 4),
- **Gerichtsbescheide** nach § 84 VwGO, § 90a FGO und § 105 SGG,
- **Strafbefehle** nach § 407 StPO und
- **vollziehbare Arrestbefehle** und **einstweilige Verfügungen** (OLG Koblenz NJW-RR 2000, 732; aA AG Neuruppin BeckRS 2010, 12488 = Rpfleger 2010, 550).

Die Kostengrundentscheidung in einem Urteil **umfasst** auch die Kosten eines vorangegangenen Mahnverfahrens (§ 696 Abs. 1 S. 5 ZPO), eines Güteverfahrens iS § 91 Abs. 3 ZPO und eines zur Hauptsache gehörenden (= bei Partei- und Gegenstandsidentität) selbstständigen Beweisverfahrens (BGH NJW-RR 2006, 810 und NJW 2003, 1323; OLG Düsseldorf BeckRS 2007, 08916; OLG Koblenz NJW-RR 2003, 1152 = MDR 2003, 718; aA OLG Hamm BeckRS 2000, 00038 = JurBüro 2000, 257; *Hartmann* Rn. 9: Es handelt sich um außergerichtliche Kosten).

2. Kostenauferlegung

In der Entscheidung müssen einem Beteiligten die Verfahrenskosten ganz oder teilweise **auferlegt** worden sein (OLG Bamberg BeckRS 1992, 31347383 = JurBüro 1992, 684). In den Eilverfahren (Arrest und einstweilige Verfügung) muss dem Betroffenen davor rechtliches Gehör gewährt worden sein (OLG Hamburg BeckRS 1998, 11403 = MDR 1999, 60; AG Grevenbroich MDR 1999, 767). Werden die Kosten später in einem Vergleich oder durch Parteivereinbarung übernommen, wird die Haftung nach Nr. 1 dadurch nicht beseitigt, denn § 30 S. 1 verlangt insoweit eine **andere gerichtliche** Kostengrundentscheidung (BGH NJW-RR 2001, 285; OLG Nürnberg NJW-RR 2004, 1007 = MDR 2004, 417). Eine Kostenhaftung wird im **Umfang** der Auferlegung begründet und diese kann auch nur einen Verfahrensabschnitt betreffen (zB Kosten bei Verweisung § 281 Abs. 3 ZPO oder Säumniskosten § 344 ZPO). Wird nach einem Versäumnisurteil gegen den Beklagten die Klage zurückgenommen und werden dem Beklagten die Säumniskosten auferlegt, haftet er nicht nach Nr. 1 für die Gerichtsgebühr (OLG München 4

BeckRS 1996, 05683 = JurBüro 1997, 95). **Verteilt** das Gericht die Verfahrenskosten nach **Quoten** unter den Beteiligten, wird die Kostenhaftung im Umfang des auferlegten Bruchteils begründet. Bei Kostenaufhebung (§ 92 Abs. 1 ZPO, 155 VwGO, 136 FGO) schuldet jede Partei die Hälfte der Gerichtskosten. Beim Teilfreispruch in Strafsachen ist die Kostenentscheidung nach Maßgabe des § 465 Abs. 1, 2 StPO zu treffen. Bei **Klage und Widerklage** oder **wechselseitig** eingelegten Rechtsmitteln ist über die Verfahrenskosten **einheitlich** und nicht getrennt zu entscheiden. Die Kosten sind nach § 92 Abs. 1 S. 1 ZPO unter Berücksichtigung des Unterliegens im Verhältnis der Streitwerte nach Bruchteilen zu verteilen (MüKo-ZPO/*Schulz* ZPO § 92 Rn. 5). Entscheidet jedoch das Gericht dergestalt, dass der Kläger die Kosten der Klage und der Widerkläger die Kosten der Widerklage zu tragen hat, ist die Höhe der Entscheidungsschuldnerhaftung der Parteien im Umfang ihrer Antragstellerhaftung nach § 22 zu bestimmen (*Hartmann* Rn. 8; *Meyer* Rn. 10; aA *Mümmler* JurBüro 1978, 1137 = Verteilung nach Streitwertbeteiligung). Die gerichtliche Kostengrundentscheidung ist, auch wenn sie unrichtig ist, für den Kostenansatz bindend (OVG Münster NJW 1972, 118). Der Entscheidungsschuldner haftet der Staatskasse gegenüber als **Erstschuldner** (§ 31 Abs. 2 S. 1).

III. Übernahmeschuldner (Nr. 2)

1. Übernahmeerklärung

5 Für die Verfahrenskosten haftet **ferner** derjenige der sie durch eine vor **Gericht abgegebene oder dem Gericht mitgeteilte Erklärung** übernommen hat (Nr. 2 Alt. 1 und 2). Eine Kostenübernahme kann in **allen Verfahren,** auch in Strafsachen (LG Zweibrücken Rpfleger 1983, 369; *Meyer* JurBüro1992, 4), erfolgen. Die Erklärung, die Kosten ganz oder teilweise zu übernehmen, bedarf keiner besonderen Form, sie muss nur dem **Gericht** zugehen. Eine Annahme ist nicht erforderlich. Die Übernahmeerklärung ist als Prozesshandlung ab Zugang unwiderruflich und unterliegt nicht der Anfechtung wegen Irrtums oder Täuschung (LG Zweibrücken Rpfleger 1983, 369; OLG Bamberg JurBüro 1977, 1594). Sie kann ausgelegt werden (BGH NJW-RR 1994, 568). Übernimmt in einem Vergleich eine Partei „die Gerichtskosten", so fallen darunter sämtliche Gerichtskosten, auch die durch eine Widerklage verursachten (OLG Bamberg JurBüro 1977, 1594). Die Übernahme von Verfahrenskosten können die Parteien vor oder nach deren Fälligkeit und auch noch nach Verfahrensbeendigung erklären. **Prozesskostenhilfebewilligung** hindert die Kostenübernahme nicht (BVerfG NJW 2000, 3271; BGH NJW 2004, 366 = JurBüro 2004, 204). Die Staatskasse kann die PKH-Partei nach § 122 Abs. 1 Nr. 1 a ZPO aber nur in Anspruch nehmen, wenn Zahlungen zu leisten sind. Die Inanspruchnahme eines anderen Kostenschuldners (zB Antragsteller) sperrt, unter den dort genannten Voraussetzungen, § 31 Abs. 4 iVm Abs. 3. Auch Dritte können durch Erklärung gegenüber dem Gericht Kosten übernehmen. Erklärt eine **Rechtsschutzversicherung** die Deckung der Verfahrenskosten, liegt darin eine Übernahmeerklärung in Bezug auf die ihrem Versicherungsnehmer entstehenden Kosten. Zahlt sie jedoch ohne Übernahmeerklärung für ihren Versicherungsnehmer, liegt keine Kostenübernahme vor (OLG Stuttgart Rpfleger 1985, 169). Die Erklärung des **Prozessbevollmächtigten,** dass er sich für die Kosten (Auslagen) „stark macht" löst die Haftung nach Nr. 2 aus (OLG Düsseldorf NJW-RR 1997, 826 und BeckRS 1990, 05616 = JurBüro 1991, 382).

2. Vergleich

Die Übernahme von Verfahrenskosten in einem vor **Gericht abgeschlossenen oder dem Gericht mitgeteilten Vergleich** begründet ebenfalls eine Übernahmeschuldnerhaftung (Nr. 2 Alt. 3 und 4). Der Vergleich kann sowohl gerichtlich als auch außergerichtlich zustande gekommen sein. Im Normalfall wird er vor dem Prozessgericht abgeschlossen. Er kann aber auch in einem anderen Verfahren oder vor einem anderen Gericht zustande gekommen sein (*Meyer* JurBüro 2003, 242). Ein außergerichtlicher Vergleich muss mit dem Willen der zur Kostentragung verpflichteten Partei mitgeteilt worden sein. Auch ein **Dritter** kann, wenn er beigetreten ist, im Vergleich Kosten übernehmen. Der **Umfang der Kostenhaftung** tritt in der vereinbarten Höhe ein. Die Haftung nach Nr. 2 wird von einer späteren Änderung des Vergleichs durch die Parteien nicht berührt (*Meyer* Rn. 19). Ist der Vergleich allerdings **unwirksam,** weil er zB widerrufen oder angefochten wurde, dann wird dadurch auch die Kostenhaftung rückwirkend beseitigt. Die Unwirksamkeit ist jedoch nicht im Kostenansatzverfahren, sondern durch Fortsetzung des Rechtsstreits zu entscheidend (OLG Brandenburg BeckRS 2008, 20688). Trifft die Parteien **mangels Kostenregelung** im Vergleich die Haftung für die Gerichtskosten je zur Hälfte (§§ 92 Abs. 1 S. 2, 98 ZPO, § 160 VwGO), gilt dies auch im Verhältnis zur Staatskasse (Nr. 2 Hs. 2). Wird ein außergerichtlicher Vergleich ohne Kostenregelung dem Gericht mitgeteilt, gilt § 98 ZPO entsprechend (VGH München BayVBl. 1972, 415; OVG Koblenz NJW 1967, 1437). Der Übernahmeschuldner haftet als **Erstschuldner** (§ 31 Abs. 1 S. 1). 6

IV. Gesetzliche Kostenhaftung (Nr. 3)

1. Allgemeines

Die Haftung für Verfahrenskosten trifft **ferner** denjenigen, der für die Kostenschuld eines anderen **kraft Gesetzes** haftet (Nr. 3). Die gesetzlich bestimmte Haftung kann privatrechtlicher oder öffentlich-rechtlicher Natur sein, sie muss nur **unmittelbar** einem **Dritten** gegenüber bestehen, wie zB die Haftung des Erben nach § 1967 BGB für Nachlassverbindlichkeiten (OLG Schleswig BeckRS 1984, 05618 = SchlHA 1984, 167). Eine nur **mittelbar** bestehende Haftung (zB unterhaltsrechtliche Prozesskostenvorschusspflicht nach § 1360a Abs. 4 BGB) wird von Nr. 3 nicht erfasst (Hartmann Rn. 21; aA BVerwG Rpfleger 1993, 374). Das Gleiche gilt, wenn sich jemand vertraglich verpflichtet hat, für die Kostenschuld eines anderen einzustehen. Der Dritte kann aber durch Übernahmeerklärung seine Haftung nach Nr. 2 begründen. Gegen die Inanspruchnahme durch die Staatskasse findet nach § 8 Abs. 1 JBeitrG iV § 66 die Erinnerung statt (BGH Rpfleger 2002, 95). 7

2. Einzelfälle der Haftung

– **Erbenhaftung:** Der Erbe haftet § 1967 BGB für die Nachlassverbindlichkeiten und damit auch für eine Gerichtskostenschuld des Erblassers. Auch der Erbschaftskäufer haftet nach §§ 2382, 2383 BGB für die Nachlassverbindlichkeiten. Betrifft die Kostenschuld eine Strafsache, dann haftet der Nachlass aber nur, wenn das Urteil zu Lebzeiten des Verurteilten rechtskräftig geworden ist (§ 465 Abs. 3 StPO). War dem Erblasser Prozesskostenhilfe **ohne** Zahlungsbestimmungen bewilligt worden, können Gerichtskosten auf Grund der PKH-Wirkungen 8

(§ 122 Abs. 1 Nr. 1a ZPO) nicht vom Erben eingezogen werden (OLG Düsseldorf NJW-RR 1999, 1086 = MDR 1999, 830; OLG Düsseldorf BeckRS 1987, 30840419; KG Rpfleger 1986, 281). Etwas anderes gilt nur für Kosten, die nach Aufnahme des unterbrochenen Rechtsstreits durch den Erben entstehen (OLG Düsseldorf MDR 1987, 1031).

- **Übernahme eines Handelsgeschäfts:** Der Übernehmer haftet bei Firmenfortführung für die im Betrieb des Handelsgeschäfts begründeten Verbindlichkeiten des früheren Inhabers (§ 25 HGB). Das gleiche gilt bei Fortführung durch den Erben (§ 27 HGB) und beim Eintritt in das Handelsgeschäft als persönlich haftender Gesellschafter oder als Kommanditist (§ 28 HGB).
- **OHG/KG:** Die Gesellschafter der OHG sowie die persönlich hafteten Gesellschafter einer KG können für eine Kostenschuld der Gesellschaft gesamtschuldnerisch beansprucht werden (§§ 128, 161 HGB). Der Kommanditist haftet in Höhe seiner noch nicht erbrachten Einlage persönlich (§ 171 HGB). Die Beweislast dafür, dass die Einlage später zurückgezahlt wurde, trifft die Staatskasse (BGH DB 1979, 436; BFH BStBl. II 1978, 651). Ist über das Vermögen einer KG das Insolvenzverfahren eröffnet worden, kann die persönliche Haftung des Komplementärs (§§ 128, 161 HGB) für eine Gerichtskostenschuld der KG nur vom Insolvenzverwalter (vgl. § 93 InsO) geltend gemacht werden (BGH Rpfleger 2002, 95).
- **BGB-Gesellschaft:** Die Gesellschafter haften nach § 128 HGB (analog) für eine Kostenschuld der Gesellschaft (BGH BeckRS 2012, 01241 und NJW 2011, 2045; LSG Berlin-Brandenburg BeckRS 2014, 67170).
- **Verein:** Der Vorstand eines nicht rechtsfähigen Vereins haftet nicht für eine Gerichtskostenschuld des Vereins, da diese durch Prozesshandlung und nicht durch Rechtsgeschäft begründet wurde (§ 54 BGB; BVerwG JurBüro 1999, 598; aA wenn ein Vorstandsmitglied eine Prozessvollmacht unterzeichnet VGH Baden-Württemberg BeckRS 2005, 29429 = JurBüro 1999, 205).
- **Vermögensnießbrauch:** Der Nießbraucher haftet nach § 1086 BGB.
- **Familienrecht:** Bei Zugewinngemeinschaft besteht keine gesetzliche Haftung für eine Kostenschuld des anderen Ehegatten. Die Prozesskostenvorschusspflicht nach § 1360a Abs. 4 BGB betrifft das Innenverhältnis der Eheleute und begründet keine unmittelbare Kostenhaftung gegenüber der Staatskasse (BGH NJW 1954, 349). Bei Gütergemeinschaft haftet der das Gesamtgut allein verwaltende Ehegatte persönlich für die Gerichtskostenschuld des anderen Ehegatten (§§ 1437 Abs. 2, 1438 Abs. 2 BGB). Das gilt auch, wenn beide Ehegatten verwaltungsberechtigt sind (§§ 1459 Abs. 2, 1460 Abs. 2 BGB). Die Eltern haften nicht persönlich für eine Kostenschuld des Kindes. Eine unterhaltsrechtliche Prozesskostenvorschusspflicht betrifft auch hier nur das Innenverhältnis.

V. Vollstreckungsschuldner (Nr. 4)

9 Für die **notwendigen** Kosten der Zwangsvollstreckung haftet der Vollstreckungsschuldner (Nr. 4):

§ 788 ZPO Kosten der Zwangsvollstreckung. (1) [1]Die Kosten der Zwangsvollstreckung fallen, soweit sie notwendig waren (§ 91), dem Schuldner zur Last; sie sind zugleich mit dem zur Zwangsvollstreckung stehenden Anspruch beizutreiben. [2]Als Kosten der Zwangsvollstreckung gelten auch die Kosten der Ausfertigung und der Zustellung des Urteils. [3]Soweit mehrere Schuldner als Gesamtschuldner verurteilt worden sind, haften sie auch für die Kosten der Zwangsvollstreckung als Gesamtschuldner; § 100 Abs. 3 und 4 gilt entsprechend.

(2) [1]Auf Antrag setzt das Vollstreckungsgericht, bei dem zum Zeitpunkt der Antragstellung eine Vollstreckungshandlung anhängig ist, und nach Beendigung der Zwangsvollstreckung das Gericht, in dessen Bezirk die letzte Vollstreckungshandlung erfolgt ist, die Kosten gemäß § 103 Abs. 2, den §§ 104, 107 fest. [2]Im Falle einer Vollstreckung nach den Vorschriften der §§ 887, 888 und 890 entscheidet das Prozessgericht des ersten Rechtszuges.

(3) Die Kosten der Zwangsvollstreckung sind dem Schuldner zu erstatten, wenn das Urteil, aus dem die Zwangsvollstreckung erfolgt ist, aufgehoben wird.

(4) Die Kosten eines Verfahrens nach den §§ 765a, 811a, 811b, 829, 850k, 850l, 851a und 851b kann das Gericht ganz oder teilweise dem Gläubiger auferlegen, wenn dies aus besonderen, in dem Verhalten des Gläubigers liegenden Gründen der Billigkeit entspricht.

Die durch **§ 788 ZPO** begründete Kostenhaftung des Vollstreckungsschuldners **10**
erstreckt Nr. 4 unmittelbar auf das Verhältnis zur **Staatskasse.** Die Antragstellerhaftung des Vollstreckungsgläubigers nach § 22 wird aber davon nicht berührt, er haftet gesamtschuldnerisch mit (§ 31 Abs. 1). Kostenbefreiung des Vollstreckungsgläubigers (§ 2) oder PKH-Bewilligung stehen der Inanspruchnahme des Vollstreckungsschuldners nicht entgegen (LG Osnabrück BeckRS 2012, 14145). Die Haftung des Vollstreckungsschuldners erstreckt sich nur auf **notwendige** Kosten der Zwangsvollstreckung. Die Notwendigkeit eines Kostenaufwandes ist nach den Kriterien des **§ 91 ZPO** zu beurteilen (OLG Köln BeckRS 2014, 05705 = Rpfleger 2014, 390). Abzustellen ist auf den Zeitpunkt der Antragstellung (LG Wuppertal JurBüro 1997, 548) und darauf, ob aus der Gläubigersicht die Maßnahme objektiv notwendig war (BGH NJW 2010, 1007; OLG Zweibrücken DGVZ 1998, 9; AG Ibbenbüren DGVZ 1997, 94). Nicht notwendig sind Kosten, die der Gläubiger für von vorneherein aussichtslose oder unzulässige Vollstreckungsmaßnahmen verursacht hat (BGH NJW 2005, 2460; AG Heilbronn DGVZ 2003, 14; AG Köln DGVZ 1999, 46). Gegen die Inanspruchnahme durch die Staatskasse kann sich der Vollstreckungsschuldner mit der Erinnerung (§ 66) wehren. Wird der **Vollstreckungstitel aufgehoben,** muss die Staatskasse dem Schuldner eingezogene Kosten erstatten (§ 788 Abs. 3 ZPO). Das Gleiche gilt, wenn eine unzulässige Vollstreckungshandlung aufgehoben wird.

§ 30 Erlöschen der Zahlungspflicht

[1]Die durch gerichtliche oder staatsanwaltschaftliche Entscheidung begründete Verpflichtung zur Zahlung von Kosten erlischt, soweit die Entscheidung durch eine andere gerichtliche Entscheidung aufgehoben oder abgeändert wird. [2]Soweit die Verpflichtung zur Zahlung von Kosten nur auf der aufgehobenen oder abgeänderten Entscheidung beruht hat, werden bereits gezahlte Kosten zurückerstattet.

I. Allgemeines

Die Vorschrift bestimmt aus **Billigkeitsgründen** das Erlöschen der auf **§ 29** **1**
Nr. 1 basierenden Entscheidungsschuldnerhaftung. Vorausgesetzt wird, dass die ihr zugrunde liegende gerichtliche oder staatsanwaltschaftliche Entscheidung durch

eine andere gerichtliche Entscheidung aufgehoben oder abgeändert wird. Unberührt davon bleibt aber die Kostenhaftung des ehemaligen Entscheidungsschuldners, die auf anderen Grundlagen basiert (zB §§ 18, 22, 29 Nr. 2–4). Für die Staatskasse besteht in diesem Fall keine Rückzahlungspflicht, denn der (frühere) Erstschuldner haftet jetzt als Zweitschuldner (§ 31 Abs. 2 S. 1). Kein Fall des § 30 liegt vor, wenn zum Entscheidungsschuldner andere Kostenschuldner, zB aufgrund § 29 Nr. 2, hinzutreten.

II. Erlöschen der Zahlungspflicht (S. 1)

2 Das **Erlöschen** der Entscheidungsschuldnerhaftung nach § 29 Nr. 1 setzt voraus, dass die gerichtliche (staatsanwaltschaftliche) Entscheidung auf der sie basierte, durch eine **spätere** gerichtliche Entscheidung aufgehoben oder abgeändert wird. Eine Aufhebung oder Abänderung kann durch das Rechtsmittelgericht oder in einem Wiederaufnahmeverfahren erfolgen. Es genügt deshalb nicht, wenn die Parteien in einem gerichtlichen **Vergleich** die Kostentragung abweichend von einer früheren gerichtlichen Entscheidung regeln (BGH NJW-RR 2001, 285; OLG Naumburg BeckRS 2008, 10403; OLG Nürnberg NJW-RR 2004, 1007 = MDR 2004, 417). Unterliegt der Kläger in erster Instanz und übernehmen die Beklagten in einem gerichtlichen Vergleich der zweiten Instanz die Kosten nach Bruchteilen, kann der Vorschuss des Klägers deshalb anteilmäßig auf deren Kostenschuld verrechnet werden (OLG Karlsruhe NJW-RR 2001, 1365). Wird die **Klage zurückgenommen** bestimmt § 269 Abs. 3 S. 1 ZPO, das ein noch nicht rechtskräftiges Urteil seine Wirkungen verliert. Die in diesem Urteil enthaltene Kostengrundentscheidung verliert deshalb kraft Gesetzes ihre Wirkungen und nicht durch gerichtliche Entscheidung (OLG Düsseldorf JurBüro 1970, 792). Erst eine daraufhin ergehende Kostengrundentscheidung nach § 269 Abs. 3 **S. 3,** Abs. 4 ZPO stellt eine andere gerichtliche Entscheidung im Sinne von § 30 S. 1 dar. Das Erlöschen tritt mit der Existenz der neuen gerichtlichen Entscheidung ein, ihre Rechtskraft ist nicht erforderlich. Hat der alleine nach § 29 Nr. 1 Haftende bereits Zahlungen an die Staatskasse geleistet, sind sie ihm zurückzuerstatten. Eine Verrechnung auf die Kostenschuld des Gegners ist nicht zulässig.

III. Zurückzahlung (S. 2)

3 Die Staatskasse muss an den (früheren) Entscheidungsschuldner die von diesem gezahlten Kosten zurückerstatten, wenn dessen Haftung **nur** auf der aufgehobenen oder abgeänderten Entscheidung beruhte (S. 2). Dies gilt auch dann, wenn Beträge zwangsweise beigetrieben wurden (*Müller* DGVZ 1995, 182). Soweit er aber auch aus einem anderen Grund, zB nach §§ 22, 16–18 für die Kosten haftet, entfällt die Erstattungspflicht der Staatskasse. In diesem Falle entsteht für ihn ein Kostenerstattungsanspruch nach § 91 ZPO, wenn seine Zahlung auf die Kostenschuld des Gegners verrechnet wird.

§ 31 Mehrere Kostenschuldner

(1) **Mehrere Kostenschuldner haften als Gesamtschuldner.**

(2) **[1]Soweit ein Kostenschuldner aufgrund von § 29 Nummer 1 oder 2 (Erstschuldner) haftet, soll die Haftung eines anderen Kostenschuldners nur geltend gemacht werden, wenn eine Zwangsvollstreckung in das bewegliche Vermögen des ersteren erfolglos geblieben ist oder aussichtslos erscheint. [2]Zahlungen des Erstschuldners mindern seine Haftung aufgrund anderer Vorschriften dieses Gesetzes auch dann in voller Höhe, wenn sich seine Haftung nur auf einen Teilbetrag bezieht.**

(3) **[1]Soweit einem Kostenschuldner, der aufgrund von § 29 Nummer 1 haftet (Entscheidungsschuldner), Prozesskostenhilfe bewilligt worden ist, darf die Haftung eines anderen Kostenschuldners nicht geltend gemacht werden; von diesem bereits erhobene Kosten sind zurückzuzahlen, soweit es sich nicht um eine Zahlung nach § 13 Absatz 1 und 3 des Justizvergütungs- und -entschädigungsgesetzes handelt und die Partei, der die Prozesskostenhilfe bewilligt worden ist, der besonderen Vergütung zugestimmt hat. [2]Die Haftung eines anderen Kostenschuldners darf auch nicht geltend gemacht werden, soweit dem Entscheidungsschuldner ein Betrag für die Reise zum Ort einer Verhandlung, Vernehmung oder Untersuchung und für die Rückreise gewährt worden ist.**

(4) **Absatz 3 ist entsprechend anzuwenden, soweit der Kostenschuldner aufgrund des § 29 Nummer 2 haftet, wenn**
1. **der Kostenschuldner die Kosten in einem vor Gericht abgeschlossenen oder gegenüber dem Gericht angenommenen Vergleich übernommen hat,**
2. **der Vergleich einschließlich der Verteilung der Kosten von dem Gericht vorgeschlagen worden ist und**
3. **das Gericht in seinem Vergleichsvorschlag ausdrücklich festgestellt hat, dass die Kostenregelung der sonst zu erwartenden Kostenentscheidung entspricht.**

I. Allgemeines

Die Vorschrift bestimmt im Interesse der Staatskasse die gesamtschuldnerische Haftung **mehrerer Kostenschuldner,** die für **dieselben** Kosten (Gebühren und Auslagen) einer Instanz haften (FG Hamburg BeckRS 2015, 94428). § 31 betrifft daher nicht den Fall der Haftung mehrerer Beteiligter für **verschiedene** Verfahrenskosten (zB Mahn-/Verfahrensgebühr; Kosten verschiedener Instanzen). Ergänzend dazu regelt **§ 32** die gesamtschuldnerische Haftung von Personen, die als **Streitgenossen** auf derselben Parteiseite stehen (BFH BeckRS 2008, 25014901. Die Vorschrift gilt in allen Verfahren auf die das GKG anwendbar ist (vgl. § 1). 1

II. Gesamtschuldnerische Haftung (Abs. 1)

Nach **Abs. 1** haften mehrere Kostenschuldner für **dieselbe** Kostenschuld im 2
Außenverhältnis zur Staatskasse gesamtschuldnerisch. Auf welchen Tatbestand sich

die Haftung gründet spielt insoweit keine Rolle. So kann zB der Kläger nach § 22 als Antragsteller und der Beklagte nach § 29 Nr. 1 als Entscheidungsschuldner für die Kosten **derselben** Instanz haften (OLG München JurBüro 1975, 1230). Es kann sich aber die Kostenhaftung auch nur auf eine Grundlage stützen (zB § 29 Nr. 1). Das ist nach §§ 16, 17 auch dann der Fall, wenn beide Parteien denselben Zeugen benennen (OLG München NJW 1975, 2027). Bei **Klage und Widerklage** und **wechselseitigen Rechtsmitteln** haften die Parteien nach § 22 im Umfang ihrer sich deckenden Beteiligung am Gebührenstreitwert (§ 45 Abs. 1 S. 1 und 3) gesamtschuldnerisch. Entsprechend der Struktur einer Gesamtschuld (§ 421 ff. BGB), haften die mehreren Kostenschuldner der Staatskasse gegenüber jeweils für die gesamte Kostenschuld. Die Zahlung eines Gesamtschuldners hat schuldbefreiende Wirkung auch für die anderen (§ 422 Abs. 1 BGB). Nach § 421 BGB kann die Staatskasse nach Belieben jeden Gesamtschuldner ganz oder zum Teil in Anspruch nehmen, insgesamt den geschuldeten Betrag aber nur einmal fordern. Beim Kostenansatz bestimmt der Kostenbeamte nach pflichtgemäßem Ermessen die Beanspruchung der Gesamtschuldner (§ 8 Abs. 4 S. 1 KostVfg; KG MDR 2002, 1276; OLG München NJW-RR 2000, 1744). Sein Ermessen ist aber durch die in **Abs. 2–4** bestimmte Reihenfolge der Inanspruchnahme **gebunden** (§ 8 Abs. 1 KostVfg; BGH BeckRS 2016, 00484 = MDR 2016, 241; BVerwG BeckRS 2016, 48083). Nach § 426 BGB besteht im Innenverhältnis der Gesamtschuldner grundsätzlich eine Ausgleichspflicht die im Klageweg geltend zu machen ist (OLG Koblenz Rpfleger 1990, 36).

III. Erst- und Zweitschuldnerhaftung (Abs. 2)

1. Allgemeines

3 **Abs. 2 S. 1** bestimmt für die Staatskasse eine **verbindliche Reihenfolge** der Inanspruchnahme mehrerer nach Abs. 1 gesamtschuldnerisch haftender Kostenschuldner (OLG München JurBüro 2001, 597; AG Neuruppin JurBüro 2001, 375). Danach sind zunächst **Entscheidungs- und Übernahmeschuldner** als **Erstschuldner** (= § 29 Nr. 1 und 2; nach Nr. 2 Hs. 2 auch im Falle des § 98 ZPO) für die noch offene Kostenschuld zu beanspruchen. Erst, wenn die Zwangsvollstreckung in ihr bewegliches Vermögen erfolglos geblieben ist oder aussichtslos erscheint, darf die **zweitschuldnerische** Haftung anderer Kostenschuldner geltend gemacht werden (Abs. 2 S. 1, § 8 Abs. 1 KostVfg). Als Zweitschuldner und somit subsidiär haften insbesondere die Kostenschuldner nach §§ 17, 18, 22 sowie 29 Nr. 3, 4. Mehrere Erst- oder Zweitschuldner haften ihrerseits untereinander als Gesamtschuldner (OLG Düsseldorf MDR 1991, 451; KG MDR 1972, 960; FG Hamburg BeckRS 2015, 94428). Eine bestehende Vorschusspflicht (zB nach § 17) wird von Abs. 2 S. 1 nicht berührt. Soweit der **Vorschuss** bereits entrichtet ist (zB für Zeugen- und Sachverständigenentschädigung) besteht für die Staatskasse im Umfang der Vorschusshaftung keine Rückzahlungspflicht (OLG Köln MDR 1993, 807). Nach **§ 18 S. 2** ist Abs. 2 auch auf noch **nicht entrichtete** Vorschüsse anzuwenden und zunächst der Erstschuldner in Anspruch zu nehmen (OLG Köln MDR 1993, 807; aA *Hartmann* Rn. 10).

2. Zweitschuldnerhaftung

Die Haftung des Zweitschuldners „soll" nur geltend gemacht werden, wenn die Zwangsvollstreckung in das **bewegliche** Vermögen des Erstschuldners **erfolglos** geblieben ist oder **aussichtslos** erscheint. Ein fruchtloser Vollstreckungsversuch durch den Gerichtsvollzieher reicht aus (KG MDR 2003, 1320; OLG Koblenz MDR 2000, 976). Die Abgabe der Vermögensauskunft nach § 802c ZPO kann zusätzlich nicht verlangt werden (KG MDR 2003, 1320; OLG Koblenz MDR 2000, 976). Es genügt zur Inanspruchnahme des Zweitschuldners bereits, dass die Zwangsvollstreckung „aussichtslos" **erscheint.** Das ist anhand der Umstände des Einzelfalles abzuwägen (KG MDR 2003, 1320; VGH Mannheim NJW 2002, 1516). Eine Vermutung mit gewissem Wahrscheinlichkeitsgehalt reicht aus (OLG Oldenburg BeckRS 2013, 21159). Aussichtlos erscheint die Zwangsvollstreckung z. B. dann, wenn dem Erstschuldner PKH bewilligt wurde (*Meyer* Rn. 28) oder der Gerichtsvollzieher den Vollstreckungsauftrag der Staatskasse mit dem Bemerken zurückgibt, dass der Schuldner amtsbekannt unpfändbar sei (KG BeckRS 2003, 30320346). Erhält der PKH-Erstschuldner jedoch aufgrund eines Vergleichs Zahlungen, ist bei ihm zunächst die Zwangsvollstreckung zu versuchen (OLG Dresden BeckRS 2010, 00127). Aussichtlosigkeit besteht auch, wenn das **Insolvenzverfahren** über das Vermögen des Erstschuldners eröffnet oder der Eröffnungsantrag mangels Masse zurückgewiesen wurde (OLG München MDR 1986, 684; LG Koblenz JurBüro 2006, 651 = BeckRS 2006, 08414; AG Paderborn Rpfleger 1993, 366). Ist der Erstschuldner **unbekannten Aufenthalts,** muss zunächst auf sein bekanntes und verwertbares Vermögen zugegriffen werden (OLG Koblenz BeckRS 2010, 08983 zu § 120 Abs. 3 Nr. 2 ZPO). Der Umstand, dass durch die Staatskasse im **Ausland** zu vollstrecken ist, begründet für sich alleine noch keine Aussichtslosigkeit (OLG Koblenz MDR 2005, 1079; VGH Mannheim NJW 2002, 1516). Eine kostspielige oder zeitaufwendige Auslandsvollstreckung, ist aber unverhältnismäßig und der Staatskasse nicht zumutbar (BGH Rpfleger 1975, 432; OLG Frankfurt a. M. JurBüro 1970, 52; vgl. auch § 8 KostVfg). Ist dem Erstschuldner die Kostenschuld **erlassen** worden, darf auch der Zweitschuldner nicht Inanspruch genommen werden (Thüringer OLG BeckRS 1999, 14191). Wird der Zweitschuldner unter **Verstoß** gegen Abs. 2 beansprucht, kann er dagegen mit der Erinnerung (§ 66) vorgehen. Gegen den Zweitschuldner beginnt die vierjährige **Verjährungsfrist** (§ 5 Abs. 1) nicht bereits mit Abschluss des Verfahrens, sondern erst, wenn die Voraussetzungen seiner Inanspruchnahme nach Abs. 2 vorliegen (OLG Celle BeckRS 2012, 12684; OLG Düsseldorf BeckRS 2010, 04544). 4

IV. PKH-Bewilligung; Reisekostenbeihilfe (Abs. 3)

Abs. 3 sperrt („darf"… nicht) die Inanspruchnahme des Zweitschuldners dann, wenn der Erstschuldner als **Entscheidungs**schuldner nach § 29 Nr. 1 haftet und ihm Prozesskostenhilfe bewilligt (S. 1) oder eine Reisekostenentschädigung aus der Staatskasse gewährt worden ist (S. 2). Ob die Prozesskostenhilfe mit oder ohne Zahlungsbestimmungen bewilligt wurde, ist unbedeutend (OLG München Rpfleger 2001, 49). Die Regelung **verhindert,** dass die als Erstschuldner haftende PKH-Partei, die von der Staatskasse nicht oder nur eingeschränkt beansprucht werden kann (vgl. § 122 Abs. 1 Nr. 1a ZPO), über den Umweg der Kostenerstattung vom **Gegner,** der als Zweitschuldner Kosten gezahlt hat, erstattungspflichtig gemacht 5 wird (vgl. §§ 91, 123 ZPO). Konsequenter Weise sind in diesem Fall bereits erhobene Kosten (zB Vorschüsse) ohne Zinsen (§ 5 Abs. 4) an den Zweitschuldner zurückzuzahlen (Abs. 3 S. 1 Hs. 2). Die Rückzahlungspflicht **entfällt,** soweit die erhobenen Kosten die **besondere** Vergütung eines Sachverständigen oder Dolmetschers nach **§ 13 Abs. 1 und 3 JVEG** betreffen und die PKH-Partei **zugestimmt** hat. Insoweit entfällt die Sperre, so dass der obsiegende Gegner einen Erstattunganspruch festsetzen lassen kann (§§ 91, 103ff., 123 ZPO). Wurde die Prozesskostenhilfe nur **teilweise** bewilligt, sperrt Abs. 3 S. 1 die Inanspruchnahme des Zweitschuldners nur im Umfang der Bewilligung („Soweit"…; OLG Düsseldorf JurBüro 2000, 425). Auch die **nachträgliche Aufhebung** der PKH-Bewilligung beim Entscheidungsschuldner beseitigt die Sperre und der Zweitschuldner kann durch die Staatskasse beansprucht werden (OLG Dresden NJW 2015, 3670; LG Marburg BeckRS 2010, 06743 = MDR 2010, 716). Abs. 3 ist auch auf **Streitgenossen** anzuwenden und schützt den hilfebedürftigen Streitgenossen vor der anteilmäßigen Inanspruchnahme durch andere Streitgenossen im Wege des Gesamtschuldnerausgleichs im Innenverhältnis nach § 426 Abs. 1 BGB (OLG Celle BeckRS 2013, 02051; OLG Dresden BeckRS 2012, 24373; aA OLG Düsseldorf BeckRS 2018, 3760).

V. Übernahmeschuldner (Abs. 4)

6 Nach **Abs. 4** ist die Sperre des Abs. 3 entsprechend anzuwenden, soweit die PKH-Partei nach **§ 29 Nr. 2** als **Übernahmeschuldner** haftet. Vorausgesetzt wird, dass die PKH-Partei die Kosten in einem vor Gericht abgeschlossenen oder gegenüber dem Gericht angenommenen Vergleich übernommen hat, der Vergleich einschließlich der Verteilung der Kosten von dem Gericht vorgeschlagen worden ist **und** das Gericht in seinem Vergleichsvorschlag ausdrücklich festgestellt hat, dass die Kostenregelung der sonst zu erwartenden Kostenentscheidung entspricht. Auf andere Fälle der Kostenübernahme durch die PKH-Partei (zB Vergleichsabschluss ohne gerichtlichen Vorschlag) ist Abs. 4, unanwendbar (vgl. dazu auch BVerfG NJW 2000, 3271; BGH NJW 2004, 366; OLG Koblenz MDR 2004, 472; *Dölling* MDR 2013, 1009). Die gerichtliche Feststellung, dass die Kostenregelung der sonst zu erwartenden Kostenentscheidung entspricht, ist nicht nachholbar (OLG Bamberg BeckRS 2014, 17556 = FamRZ 2015, 525).

§ 32 Haftung von Streitgenossen und Beigeladenen

(1) [1]**Streitgenossen haften als Gesamtschuldner, wenn die Kosten nicht durch gerichtliche Entscheidung unter sie verteilt sind.** [2]**Soweit einen Streitgenossen nur Teile des Streitgegenstandes betreffen, beschränkt sich seine Haftung als Gesamtschuldner auf den Betrag, der entstanden wäre, wenn das Verfahren nur diese Teile betroffen hätte.**

(2) **Absatz 1 gilt auch für mehrere Beigeladene, denen Kosten auferlegt worden sind.**

I. Allgemeines

Die Vorschrift regelt die Kostenhaftung von Streitgenossen (§§ 59ff. ZPO) und Beigeladenen (§ 65 VwGO, § 60 FGO) gegenüber der **Staatskasse** und **ergänzt** insoweit § 31. Sie ist im Geltungsbereich des GKG (vgl. § 1), ausgenommen Strafsachen, anwendbar. In Strafsachen regeln Vorbemerkung 3.1 Abs. 6 S. 1, § 33 iVm §§ 466, 471 Abs. 4 StPO die Kostenhaftung mehrerer Angeschuldigter (Angeklagter) als leges speziales. § 32 lässt die Antragshaftung (§§ 22, 31 Abs. 2) unberührt. 1

II. Gesamtschuldnerische Haftung

Streitgenossen auf der Kläger- bzw. Beklagtenseite (vgl. §§ 59ff. ZPO) und **Streithelfer** (vgl. §§ 67, 69 ZPO) haften der Staatskasse gegenüber als **Gesamtschuldner** (Abs. 1 S. 1, Abs. 2). Welche Art der Streitgenossenschaft vorliegt (notwendige oder einfache) und ob sie von Anfang an bestand oder erst später durch Prozessverbindung (§ 147 ZPO) zustande kam spielt keine Rolle. Soweit die gerichtliche Kostengrundentscheidung keine Verteilung der Kostenpflicht anordnet, kann die Staatskasse jeden Streitgenossen in voller Höhe beanspruchen (OLG Koblenz NJW-RR 2000, 71; OVG Münster AGS 2000, 55 m. abl. Anm. von *Hellstab*). Soweit der Staatskasse das Innenverhältnis der Gesamtschuldner unbekannt ist, hat sie die Kosten nach Kopfteilen anzusetzen (§ 8 Abs. 3 S. 2 Nr. 3 KostVfg; KG MDR 2002, 1276). Etwas anderes gilt nur, wenn die gerichtliche Kostenentscheidung eine **Verteilung** der Kostenpflicht anordnet (vgl. § 100 Abs. 2, 3 ZPO). Eine solche kann deshalb veranlasst sein, weil eine unterschiedliche Beteiligung am Streitgegenstand besteht oder ein Streitgenosse ein besonderes Angriffs- oder Verteidigungsmittel geltend gemacht hat (vgl. zur **prozessualen** Kostenerstattung bei Streitgenossenschaft: Die Kostenfestsetzung → Rn. 49ff.). Soweit einen Streitgenossen nur **Teile** des Streitgegenstandes betreffen beschränkt Abs. 1 S. 2 seine gesamtschuldnerische Haftung gegenüber der Staatskasse auf den Betrag, der entstanden wäre, wenn das Verfahren nur diese Teile betroffen hätte. Die prozessuale Kostenerstattung ist an die gerichtliche Kostengrundentscheidung gebunden (OLG München MDR 1989, 167). § 32 geht im Verhältnis Staatskasse/Streitgenossen § 100 Abs. 1 ZPO vor (OLG Koblenz BeckRS 9998, 17850). 2

§ 33 Verpflichtung zur Zahlung von Kosten in besonderen Fällen

Die nach den §§ 53 bis 55, 177, 209 und 269 der Insolvenzordnung sowie den §§ 466 und 471 Absatz 4 der Strafprozessordnung begründete Verpflichtung zur Zahlung von Kosten besteht auch gegenüber der Staatskasse.

I. Allgemeines

Die Vorschrift bezieht die in §§ 53 bis 55, 177, 209 und 269 InsO sowie den §§ 466 und 471 Abs. 4 StPO begründete Kostenhaftung, auch auf das Verhältnis 1 zur **Staatskasse.** Der aufgrund dieser Haftungsgrundlagen Beanspruchte kann gegen den Kostenansatz mit der Erinnerung (§ 66 GKG) vorgehen.

II. Vorschriften, auf die § 33 verweist

§ 53 InsO Massegläubiger. Aus der Insolvenzmasse sind die Kosten des Insolvenzverfahrens und die sonstigen Masseverbindlichkeiten vorweg zu berichtigen.

§ 54 InsO Kosten des Insolvenzverfahrens. Kosten des Insolvenzverfahrens sind:
1. die Gerichtskosten für das Insolvenzverfahren;
2. die Vergütungen und die Auslagen des vorläufigen Insolvenzverwalters, des Insolvenzverwalters und der Mitglieder des Gläubigerausschusses.

§ 55 InsO Sonstige Masseverbindlichkeiten. (1) Masseverbindlichkeiten sind weiter die Verbindlichkeiten:
1. die durch Handlungen des Insolvenzverwalters oder in anderer Weise durch die Verwaltung, Verwertung und Verteilung der Insolvenzmasse begründet werden, ohne zu den Kosten des Insolvenzverfahrens zu gehören;
2. aus gegenseitigem Verträgen, soweit deren Erfüllung zur Insolvenzmasse verlangt wird oder für die Zeit nach der Eröffnung des Insolvenzverfahrens erfolgen muß;
3. aus einer ungerechtfertigten Bereicherung der Masse.

(2) [1]Verbindlichkeiten, die von einem vorläufigen Insolvenzverwalter begründet worden sind, auf den die Verfügungsbefugnis über das Vermögen des Schuldners übergegangen ist, gelten nach der Eröffnung des Verfahrens als Masseverbindlichkeiten. [2]Gleiches gilt für Verbindlichkeiten aus einem Dauerschuldverhältnis, soweit der vorläufige Insolvenzverwalter für das von ihm verwaltete Vermögen die Gegenleistung in Anspruch genommen hat.

(3) [1]Gehen nach Absatz 2 begründete Ansprüche auf Arbeitsentgelt nach § 169 des Dritten Buches Sozialgesetzbuch auf die Bundesagentur für Arbeit über, so kann die Bundesagentur diese nur als Insolvenzgläubiger geltend machen. [2]Satz 1 gilt entsprechend für die in § 175 Abs. 1 des Dritten Buches Sozialgesetzbuch bezeichneten Ansprüche, soweit diese gegenüber dem Schuldner bestehen bleiben.

(4) Verbindlichkeiten des Insolvenzschuldners aus dem Steuerschuldverhältnis, die von einem vorläufigen Insolvenzverwalter oder vom Schuldner mit Zustimmung eines vorläufigen Insolvenzverwalters begründet worden sind, gelten nach Eröffnung des Insolvenzverfahrens als Masseverbindlichkeit.

§ 177 InsO Nachträgliche Anmeldungen. (1) [1]Im Prüfungstermin sind auch die Forderungen zu prüfen, die nach dem Ablauf der Anmeldefrist angemeldet worden sind. [2]Widerspricht jedoch der Insolvenzverwalter oder ein Insolvenzgläubiger dieser Prüfung oder wird eine Forderung erst nach dem Prüfungstermin angemeldet, so hat das Insolvenzgericht auf Kosten des Säumigen entweder einen besonderen Prüfungstermin zu bestimmen oder die Prüfung im schriftlichen Verfahren anzuordnen. [3]Für nachträgliche Änderungen der Anmeldung gelten die Sätze 1 und 2 entsprechend.

(2) Hat das Gericht nachrangige Gläubiger nach § 174 Abs. 3 zur Anmeldung ihrer Forderungen aufgefordert und läuft die für diese Anmeldung gesetzte Frist später als eine Woche vor dem Prüfungstermin ab, so ist auf Kosten der Insolvenzmasse entweder ein besonderer Prüfungstermin zu bestimmen oder die Prüfung im schriftlichen Verfahren anzuordnen.

(3) [1]Der besondere Prüfungstermin ist öffentlich bekanntzumachen. [2]Zu dem Termin sind die Insolvenzgläubiger, die eine Forderung angemeldet haben, der Verwalter und der Schuldner besonders zu laden. [3]§ 74 Abs. 2 Satz 2 gilt entsprechend.

§ 209 InsO Befriedigung der Massegläubiger. (1) Der Insolvenzverwalter hat die Masseverbindlichkeiten nach folgender Rangordnung zu berichtigen, bei gleichem Rang nach dem Verhältnis ihrer Beträge:
1. die Kosten des Insolvenzverfahrens;
2. die Masseverbindlichkeiten, die nach der Anzeige der Masseunzulänglichkeit begründet worden sind, ohne zu den Kosten des Verfahrens zu gehören;
3. die übrigen Masseverbindlichkeiten, unter diesen zuletzt der nach den §§ 100, 101 Abs. 1 Satz 3 bewilligte Unterhalt.

(2) Als Masseverbindlichkeiten im Sinne des Absatzes 1 Nr. 2 gelten auch die Verbindlichkeiten
1. aus einem gegenseitigen Vertrag, dessen Erfüllung der Verwalter gewählt hat, nachdem er die Masseunzulänglichkeit angezeigt hatte;
2. aus einem Dauerschuldverhältnis für die Zeit nach dem ersten Termin, zu dem der Verwalter nach der Anzeige der Masseunzulänglichkeit kündigen konnte;
3. aus einem Dauerschuldverhältnis, soweit der Verwalter nach der Anzeige der Masseunzulänglichkeit für die Insolvenzmasse die Gegenleistung in Anspruch genommen hat.

§ 269 InsO Kosten der Überwachung. [1]Die Kosten der Überwachung trägt der Schuldner. [2]Im Falle des § 260 Abs. 3 trägt die Übernahmegesellschaft die durch ihre Überwachung entstehenden Kosten.

§ 466 StPO Haftung Mitverurteilter für Auslagen als Gesamtschuldner. [1]Mitangeklagte, gegen die in bezug auf dieselbe Tat auf Strafe erkannt oder eine Maßregel der Besserung und Sicherung angeordnet wird, haften für die Auslagen als Gesamtschuldner. [2]Dies gilt nicht für die durch die Tätigkeit eines bestellten Verteidigers oder eines Dolmetschers und die durch die Vollstreckung, die einstweilige Unterbringung oder die Untersuchungshaft entstandenen Kosten sowie für Auslagen, die durch Untersuchungshandlungen, die ausschließlich gegen einen Mitangeklagten gerichtet waren, entstanden sind.

§ 471 StPO Kosten bei Privatklage. …

(4) [1]Mehrere Privatkläger haften als Gesamtschuldner. [2]Das gleiche gilt hinsichtlich der Haftung mehrerer Beschuldigter für die dem Privatkläger erwachsenen notwendigen Auslagen.

Abschnitt 6. Gebührenvorschriften

§ 34 Wertgebühren

(1) [1]**Wenn sich die Gebühren nach dem Streitwert richten, beträgt die Gebühr bei einem Streitwert bis 500 Euro 35 Euro.** [2]**Die Gebühr erhöht sich bei einem**

Streitwert bis … Euro	für jeden angefangenen Betrag von weiteren … Euro	um … Euro
2 000	500	18
10 000	1 000	19
25 000	3 000	26
50 000	5 000	35
200 000	15 000	120
500 000	30 000	179
Über 500 000	50 000	180

[3]**Eine Gebührentabelle für Streitwerte bis 500 000 Euro ist diesem Gesetz als Anlage 2 beigefügt.**

(2) **Der Mindestbetrag einer Gebühr ist 15 Euro.**

1 Wenn sich die Gerichtsgebühr nicht nach dem Streitwert richtet, setzt das Kostenverzeichnis einen **Festbetrag an** (zB KV 1811). Andernfalls richtet sich die Höhe der Gebühr nach dem Streitwert (Abs. 1). Eine identische Tabelle enthalten § 28 FamGKG sowie § 34 GNotKG (Tabelle A).

2 Es gibt eine **Mindestgebühr,** sie beträgt 15 Euro (Abs. 2). Der Mindestbetrag der ¼ Gebühr beträgt also nicht 8,75 Euro, sondern 15 Euro. Mehrere Streitgegenstände im selben Verfahren und selben Rechtszug werden addiert (§ 39 Abs. 1). Der Streitwert beträgt höchstens 30 Millionen Euro (§ 39 Abs. 2); insofern gibt es eine Höchstgebühr. Für Auslagen gibt es keinen Mindestbetrag, es kommt hier auf die tatsächliche Höhe an. Eine Auf- oder Abrundung gibt es nicht mehr (anders noch § 2 Abs. 2 Satz 2 RVG).

§ 35 Einmalige Erhebung der Gebühren

Die Gebühr für das Verfahren im Allgemeinen und die Gebühr für eine Entscheidung werden in jedem Rechtszug hinsichtlich eines jeden Teils des Streitgegenstands nur einmal erhoben.

I. Allgemeines

1 Die Vorschrift ist im Geltungsbereich des GKG (§ 1) anzuwenden. Im FamGKG gilt der identische § 29 FamGKG, ähnlich ferner § 34 GNotKG Tabelle A. Die Ver-

fahrensgebühr (zB KV 1210) wird pro Rechtszug und pro Streitgegenstand nur einmal erhoben. Auch wenn mehrere Personen eine Klage erheben oder wenn sich eine Klage gegen mehrere Personen richtet, erhöht sich die gerichtliche Gebühr nicht (anders ist es zum Teil bei den Anwaltsgebühren; vgl. VV 1008 RVG, und den Auslagen des Gerichts). Dasselbe gilt für die Entscheidungsgebühr, soweit sie (in seltenen Fällen) im GKG noch vorhanden ist. Für die Verzögerungsgebühr (§ 38) gilt § 35 nicht, diese kann mehrfach festgesetzt werden. Der Begriff des Rechtszugs in § 35 ist kostenrechtlich zu verstehen, also nicht zwingend identisch mit dem Begriff des Rechtszugs im RVG (§ 15 RVG) oder dem Begriff der Instanz in der ZPO. Zweck des § 35 ist lediglich, ungerechtfertigte Gebührenverdopplungen zu vermeiden. Ein Rechtszug im Sinne des § 35 beginnt mit dem Eingang einer Klage, eines Antrags, einer Rechtsmittelschrift. Er endet mit der Entscheidung, der Rücknahme, dem Vergleich usw.

II. Einzelfälle

Das **Abhilfeverfahren bei § 321a ZPO** gehört zum Rechtszug. Die Einlegung 2
einer **Beschwerde,** Berufung, Revision, eröffnet einen neuen Rechtszug. Wenn beide Parteien gegen dasselbe Urteil Rechtsmittel einlegen, liegt derselbe Rechtszug vor. Folgt dem **selbständigen Beweisverfahren** (§ 485 ZPO) später der Hauptsacheprozess, liegen verschiedene Rechtszüge vor. **Einstweilige Verfügung:** wird sie erlassen und dagegen Widerspruch eingelegt (§ 924 ZPO), liegt kein neuer Rechtszug vor; wird aber anschließend das Hauptsacheverfahren betrieben, liegt im Sinne des GKG ein neuer Rechtzug vor. Wird ein **Grundurteil** (§ 304 ZPO) erlassen und dann wegen der Höhe fortgefahren, liegt derselbe Rechtszug vor. Wird eine **Klage zurückgenommen** und dann neu eingereicht, liegt ein neuer Rechtszug vor (aA *Hartmann* Rn. 7). Ebenso ist es, wenn ein Rechtsmittel eingelegt, zurückgenommen und erneut eingelegt wird. Wer aber dieselbe Berufung vorsorglich doppelt einlegt, begründet nicht zwei Rechtszüge, weil nur *ein* Angriff vorliegt. Wird im Zivilprozess ein Teil der Hauptsache übereinstimmend erledigt erklärt und der Rest durch Urteil entschieden, ergeht eine **gemischte Kostenentscheidung,** die teils auf § 91a ZPO, teils auf §§ 91, 92 ZPO beruht. Die sofortige Beschwerde gegen das auf § 91a ZPO beruhende Kostenstück und die Berufung gegen die restliche Hauptsache-Entscheidung stellen denselben Rechtszüge dar. Eine **Klageänderung** begründet keinen neuen Rechtszug. **Nachverfahren:** Das Verfahren bis zum Vorbehaltsurteil und das Nachverfahren (§§ 302, 599 ZPO) stellen einen Rechtszug dar. **Prozessvergleich:** Das Verfahren bis zum Vergleich und der folgende Streit über die Wirksamkeit eines Widerrufs des Vergleichs (oder der Anfechtung) stellt dasselbe Verfahren dar (vgl. BGH NJW 1983, 2034; OLG Köln NJW-RR 1996, 122), der Streit über die Auslegung eines wirksamen Prozessvergleichs dagegen lässt einen neuen Rechtszug beginnen (BGH NJW 1977, 583). Eine **Prozesstrennung** (§ 145 ZPO) verdoppelt die Rechtszüge nicht rückwirkend. Eine **Prozessverbindung** (§ 147 ZPO) lässt nicht rückwirkend einen Rechtszug entfallen. **Ruhen des Verfahrens:** Das Verfahren vorher und nachher bildet denselben Rechtszug. Ebenso ist es bei **Unterbrechung des Verfahrens,** etwa wegen Tod einer Partei. **Streitgenossen:** Bei einer Klage von zwei Klägern oder gegen zwei Beklagte liegt nur ein Rechtszug vor und nicht etwa zwei oder vier. Bei der **Stufenklage** (§ 254 ZPO) bilden alle Stufen einen Rechtszug. **Versäumnisurteil:** Das Verfahren bis dahin und das Verfahren nach Einlegung des Einspruchs bilden einen

Rechtszug. Bei **Verweisung** des Rechtsstreits an ein anderes Gericht (§ 281 ZPO) oder bei Abgabe an eine andere Abteilung desselben Gerichts liegt derselbe Rechtszug vor. Wird der **Nichtzulassungsbeschwerde** teilweise stattgegeben und sie teilweise verworfen oder zurückgewiesen, wird das Verfahren aufgespalten; dabei fallen für die erfolglose Beschwerde zwei gesonderte Gerichtsgebühren an (BGH NJW-RR 2016, 189). Zur **Zurückverweisung** durch die höhere Instanz vgl. § 37.

§ 36 Teile des Streitgegenstands

(1) **Für Handlungen, die einen Teil des Streitgegenstands betreffen, sind die Gebühren nur nach dem Wert dieses Teils zu berechnen.**

(2) **Sind von einzelnen Wertteilen in demselben Rechtszug für gleiche Handlungen Gebühren zu berechnen, darf nicht mehr erhoben werden, als wenn die Gebühr von dem Gesamtbetrag der Wertteile zu berechnen wäre.**

(3) **Sind für Teile des Gegenstands verschiedene Gebührensätze anzuwenden, sind die Gebühren für die Teile gesondert zu berechnen; die aus dem Gesamtbetrag der Wertteile nach dem höchsten Gebührensatz berechnete Gebühr darf jedoch nicht überschritten werden.**

I. Anwendungsbereich

1 § 36 (der § 35 ergänzt) kommt nur zur Anwendung, wenn sich die gebührenpflichtige Maßnahme aussondern lässt. Der „Streitgegenstand" ist dabei nicht im Sinne des Prozessrechts, sondern des Kostenrechts zu verstehen. Deshalb gilt § 36 nicht, wenn Klage und Widerklage *denselben* Streitgegenstand betreffen (denn dann zählt der höhere Streitwert, § 45 Abs. 1 S. 3; das ist aber sehr selten, meist betreffen sie verschiedene Streitgegenstände und dann kommt § 36 zum Zug); oder wenn wechselseitig Rechtsmittel eingelegt werden und *denselben* Gegenstand betreffen (§ 45 Abs. 2); oder bei der Stufenklage (§ 44, denn der höhere Wert ist maßgebend); oder bei § 48 Abs. 4. **Parallelvorschriften:** § 30 FamGKG; § 56 Abs. 3 GNotKG.

II. Teilstreitwerte (Abs. 1)

2 Die Vorschrift hat seit den letzten Reformen kaum mehr einen Anwendungsbereich (*Oestreich/Hellstab/Trenkle* § 36 Rn. 11). Im regulären Zivilprozess wird eine pauschale 3,0 Verfahrensgebühr erhoben, eine *gerichtliche* Entscheidungs- oder Beweisgebühr gibt es hier nicht mehr (seit 1.8.2013 ist allerdings wieder eine *anwaltliche* Beweisgebühr eingeführt worden, als Zusatzgebühr für besonders umfangreiche Beweisaufnahmen, VV 1010 RVG). Bestimmte Handlungen wirken sich nur noch aus, wenn der *ganze* Prozess damit erledigt ist. Wer 1.000 Euro einklagt und dann einen Prozessvergleich über einen Teilbetrag hiervon, zB über 100 Euro, schließt, so dass nur noch der Streit über 900 Euro weitergeht, spart nichts, weil KV 1211 Nr. 3 eine Beendigung des gesamten Verfahrens verlangt. Es ermäßigt sich also keine Verfahrensgebühr.

3 **Anwendung** findet Abs. 1 noch, wenn für die einzelnen Streitgegenstände unterschiedliche Haftung nach § 22 vorliegt: so, wenn Klage und Widerklage *verschie-*

dene Streitgegenstände betreffen (§ 45 Abs. 1 S. 1, 3), bei Hauptantrag/Hilfsantrag, wechselseitigen Rechtsmitteln mit *verschiedenem* Gegenstand. Bedeutung hat Abs. 1 ferner, wenn neben Verfahrensgebühren Entscheidungsgebühren anfallen können. Ferner ist seit 1.8.2013 beim „Mehrvergleich" der Gesetzestext von KV 1900 geändert worden; dazu → Rn. 7.

III. Kostendeckelung (Abs. 2)

Da die GKG-Gebühren nicht in einem festen Verhältnis zum Streitwert stehen, sondern degressiv sind, ist eine Begrenzungsvorschrift notwendig. 4

Beispiele: (1) Klage über 9.000 Euro wird eingereicht, die später auf 15.000 Euro erweitert wird. Nach Abs. 1 müssten Verfahrensgebühren aus 9.000 Euro und dann aus 6.000 Euro bezahlt werden; aus Abs. 2 folgt, dass bei der Erweiterung nur die Differenz zwischen den Verfahrensgebühren aus 15.000 und 9.000 Euro zu zahlen ist. 5
(2) Klage auf Zahlung von 6.000 Euro, Widerklage auf Herausgabe mit einem Streitwert von 3.000 Euro (also verschiedene Gegenstände). Der Kläger hat 3,0 Verfahrensgebühr aus 6.000 Euro zu zahlen (KV 1210), der Beklagte und Widerkläger an sich 3,0 Verfahrensgebühr aus 3.000 Euro. Wegen Abs. 2 darf aber nicht mehr erhoben werden, als eine 3,0 Gebühr aus 9.000 Euro (weil wegen § 45 Abs. 1 S. 1 die Streitwerte addiert werden). Dies sind 3 × 222 Euro = 666 Euro; da der Kläger schon 3 × 165 Euro (= 495 Euro) bezahlt hat, muss der Widerkläger nur noch 666 Euro – 495 Euro = 171 Euro zahlen (obwohl 3,0 Gebühr aus 3.000 Euro 3 × 108 Euro = 324 Euro ausmachen; das wird aber später im Kostenfestsetzungsverfahren ausgeglichen).

IV. Verschiedene Gebührensätze für Teile des Streitgegenstandes (Abs. 3)

Voraussetzung von Abs. 3 ist, dass für Teile des Streitgegenstandes verschiedene Gebührensätze anzuwenden sind (vgl. § 15 Abs. 3 RVG). Solche Fälle gibt es aber seit der letzten Kostenreform bei den Gerichtskosten des regulären Zivilprozesses kaum mehr, weil das gesamte Verfahren durch eine pauschale Verfahrensgebühr abgegolten wird; Gebührenermäßigungen können nach KV 1211 für Teile des Streitgegenstandes in erster Instanz nicht entstehen. Bei einer Berufung beträgt die Verfahrensgebühr 4,0 (KV 1220); wird eine Berufung über 20.000 Euro in Höhe eines Teilbetrags von 5.000 Euro zurückgenommen, kommt die ermäßigte Gebühr KV 1222 (2,0) nicht zum Zuge, weil nicht das *gesamte* Verfahren beendet wurde; für Teile sind also nicht verschiedene Gebührensätze maßgeblich. 6

Mehrvergleich. KV 1900 in der seit 1.8.2013 geänderten Fassung verweist in Satz 2 der amtlichen Anmerkung auf § 36 Abs. 3. Soweit ein Vergleich über *nicht* gerichtlich anhängige Gegenstände geschlossen wird fällt eine Gebühr von 0,25 aus diesem Streitwert an. Für den Hauptprozess, in dem dieser überschießende Vergleich geschlossen wird, fallen dagegen 3,0 nach KV 1210 an, eventuell wegen des Vergleichs ermäßigt auf 1,00 (KV 1211). 7

Beispiele: (1) K verklagt B auf 30.000 Euro. In diesem Prozess wird ein anderer Gegenstand mit einem Wert von 10.000 Euro verglichen, das Hauptsacheverfahren dagegen wird *nicht* verglichen. Für den ersten Teil fallen 3,0 aus 30.000 an, für den zweiten Teil 0,25 aus 10.000.
(2) K verklagt B auf 30.000 Euro. In diesem Prozess wird das Hauptsacheverfahren *und* ein anderer Gegenstand mit einem Wert von 10.000 Euro verglichen. Wegen des Vergleichs ermäßigt

sich die Gebühr aus 30.000 auf 1,00 (KV 1211); für den zweiten Teil fallen 0,25 aus 10.000 an. Die Summe beider Gebühren darf nicht mehr betragen als 1,0 aus 40.000.
(3) K verklagt B einesteils vor dem LG Adorf sowie wegen einer anderen Sache vor dem LG Bedorf. Beim LG Adorf werden sodann beide Prozesse vergleichen. Das fällt nicht unter KV 1900.

§ 37 Zurückverweisung

Wird eine Sache zur anderweitigen Verhandlung an das Gericht des unteren Rechtszugs zurückverwiesen, bildet das weitere Verfahren mit dem früheren Verfahren vor diesem Gericht im Sinne des § 35 einen Rechtszug.

1 Wenn die höhere Instanz eine Entscheidung aufhebt und **zurückverweist** (zB nach §§ 538, 539, 563, 572 ZPO), dann bilden beide Verfahren vor der unteren Instanz einen Rechtszug und die Gebühr verdoppelt sich nicht. Das gilt auch, wenn das BVerfG zurückverweist (OLG Hamburg MDR 2004, 474).

2 Die Gebührenermäßigung nach KV 1211 tritt aber nicht ein, wenn die zunächst erhobene Teilklage nach Aufhebung des erstinstanzlichen Urteils und Zurückverweisung erweitert und später die Klage insgesamt zurückgenommen wird (OLG Nürnberg MDR 2003, 416). Wenn gegen das nach Zurückverweisung erlassene Urteil wieder Berufung eingelegt wird, fallen die Gebühren für das Berufungsverfahren erneut an, weil § 37 nur die Zurückverweisung an das Gericht der *unteren* Instanz betrifft und auf das frühere und neue Verfahren vor *diesem* Gericht abstellt.

3 Zur **Verweisung** vgl. § 4.

§ 38 Verzögerung des Rechtsstreits

[1]Wird außer im Fall des § 335 der Zivilprozessordnung durch Verschulden des Klägers, des Beklagten oder eines Vertreters die Vertagung einer mündlichen Verhandlung oder die Anberaumung eines neuen Termins zur mündlichen Verhandlung nötig oder ist die Erledigung des Rechtsstreits durch nachträgliches Vorbringen von Angriffs- oder Verteidigungsmitteln, Beweismitteln oder Beweiseinreden, die früher vorgebracht werden konnten, verzögert worden, kann das Gericht dem Kläger oder dem Beklagten von Amts wegen eine besondere Gebühr mit einem Gebührensatz von 1,0 auferlegen. [2]Die Gebühr kann bis auf einen Gebührensatz von 0,3 ermäßigt werden. [3]Dem Kläger, dem Beklagten oder dem Vertreter stehen gleich der Nebenintervenient, der Beigeladene, der Vertreter des Bundesinteresses beim Bundesverwaltungsgericht und der Vertreter des öffentlichen Interesses sowie ihre Vertreter.

Übersicht

I. Allgemeines

Die Verzögerungsgebühr nach § 38 (früher: § 34) ist eine „Sühne für schuldhaftes, prozesswidriges Verhalten“ (OLG Naumburg OLG-NL 2003, 91); sie hat eine Art Strafcharakter (*Völker* JurBüro 2001, 567 (571)). Die Gebühr fließt aber nicht der geschädigten Partei zu, sondern der Staatskasse, da die Justiz sich dadurch beeinträchtigt fühlt. Ein Gebührennachlass in den Fällen, in denen das Gericht die Sache verzögert, ist im GKG nicht vorgesehen (zur Niederschlagung vgl. § 21). § 38 gilt in allen Verfahren, in denen eine notwendige oder freigestellte mündliche Verhandlung stattfindet kann oder muss (S. 1 Alt. 1), aber auch in anderen Verfahren, in denen ein Rechtsstreit zu erledigen ist (S. 1 Alt. 2). Eine Parallelvorschrift findet sich in § 32 FamGKG. In §§ 1–110 FamFG gibt es keine dem § 38 entsprechende Vorschrift. **1**

II. Objektive Voraussetzungen

1. Vertagung

Vertagung einer angesetzten mündlichen Verhandlung wird nötig; zB nach §§ 227, 251, 337 ZPO. Der Grund für die Vertagung spielt nur für die Frage des Verschuldens eine Rolle. Ob die Vertagung bzw. Verlegung auf Antrag einer Partei, beider Parteien oder von Amts wegen erfolgte, spielt hier keine Rolle. Es genügt, dass *einmal* vertagt werden musste (vgl. OLG Bamberg JurBüro 1985, 425). Hier ist Verschulden des Prozessbeteiligten notwendig. **2**

2. Anberaumung eines neuen Termins

Anberaumung eines neuen Termins **(Verlegung)** zur mündlichen Verhandlung wird nötig. Die Verhandlung muss noch nicht begonnen haben, erst recht noch nicht aufgerufen worden sein. Ist zB im März auf den 20. 4. terminiert worden und muss am 15. 4. der Termin vom 20. 4. auf den 4. 5. verlegt werden, liegt eine Verlegung vor. Ein neuer Termin wird bestimmt, wenn die Verhandlung geschlossen wurde und Verkündungstermin bestimmt ist, dann aber wegen eines Schriftsatzes wieder in die mündliche Verhandlung eingetreten werden muss (§ 156 ZPO); **3** oder wenn ein wesentlicher Schriftsatz erst in der mündlichen Verhandlung vorgelegt wird (VGH Mannheim JurBüro 1990, 616). Hier ist Verschulden des Prozessbeteiligten notwendig.

3. Die Erledigung des Rechtsstreits ist verzögert; Versäumnisurteil

4 Eine Verzögerung liegt immer vor, wenn der prozessordnungsgemäße Ablauf verhindert wird. Zur Prozessförderungspflicht vgl. §§ 282, 296 ZPO. Der Begriff der Verzögerung in § 38 ist nicht zwingend identisch mit dem Begriff in § 296 ZPO, weil Zweck und Folgen unterschiedlich sind. Auch hier ist ein Verschulden erforderlich (*Hartmann* Rn. 19), was der Wortlaut des § 38 aber nicht klar hergibt. Bei nur kurzfristigen Verzögerungen ist es fehlerhaft, das Ermessen (→ Rn. 13) dahin auszuüben, dass eine Verzögerungsgebühr verhängt wird; ebenso, wenn ein vorwerfbares Verhalten des Gerichts mitursächlich ist.

5 **a) Ursache der Verzögerung. Nachträgliches Vorbringen von Angriffs- und Beweismitteln** oder Beweiseinreden, etwa durch späte Einreichung von Schriftsätzen mit Beweisanträgen. Eine **spätere Klageerweiterung,** Klagebeschränkung, Widerklageerhebung, nachträgliche objektive Klagehäufung, Erhebung der Verjährungseinrede, Aufrechnungserklärung, Rechtsausführungen, sind keine Angriffs- und Verteidigungsmittel im Sinne des § 38. Es handelt sich um zulässiges prozessuales Verhalten, bei dem es im Ermessen der Partei liegt, ob und wann sie davon Gebrauch macht. Unrichtig daher AG Berlin-Schöneberg BeckRS 2012, 07275, das bei „Klageerweiterung zur Unzeit" § 38 anwendet. Was vom Gericht von Amts wegen zu berücksichtigen ist fällt ebenfalls nicht unter § 38.

6 **b) Früherer Vortrag wäre erforderlich gewesen.** Voraussetzung ist weiter, dass der nachträgliche Vortrag **früher** vorgebracht hätte werden können (und – prozessual gesehen – müssen). Jedoch ist Prozesstaktik erlaubt, der Richter will die Sache schnell erledigen, die Partei will ihn gewinnen; bei § 38 zählt die Sicht der Partei. Der Text des § 38 ist missverständlich; denn von den **gesetzlich erlaubten Verzögerungsmitteln** darf die Partei Gebrauch machen, ohne dass ihr eine Gebühr nach § 38 auferlegt wird. Deshalb darf der beklagten Partei keine Verzögerungsgebühr auferlegt werden, wenn sie zum Termin nicht kommt, so dass ein **Versäumnisurteil** gegen sie ergeht, auch nicht, wenn sie dagegen Einspruch einlegt (LAG Hamm NZA-RR 2001, 383; OLG Hamm NJW-RR 1995, 1406; aA OLG Düsseldorf BeckRS 2015, 14994; OLG Celle NJW-RR 2007, 1726; LAG Hessen BeckRS 2009, 68216; LAG Sachsen-Anhalt AnwBl 2001, 444, wonach bei **Flucht in die Säumnis** die Verzögerungsgebühr auferlegt werden dürfe, wenn eine Verschleppungsabsicht offen zu Tage getreten sei; *Beckmann* MDR 2004, 430 hält bei Flucht in die Säumnis die Verzögerungsgebühr uneingeschränkt für möglich). Denn hier treffen der Säumigen andere Nachteile (das Versäumnisurteil ist ohne Sicherheit vorläufig vollstreckbar, § 708 Nr. 2 ZPO; Kostennachteile, § 344 ZPO). Wird dagegen nach Einspruch gegen ein Versäumnisurteil der nach § 341a ZPO angesetzte Verhandlungstermin versäumt, kann eine Verzögerungsgebühr nach § 38 in Frage kommen (*Beckmann* MDR 2004, 430). Erscheint **die nach § 141 ZPO geladene Partei** nicht, sind die Folgen in § 141 Abs. 3 ZPO geregelt und § 38 ist daneben nicht anwendbar (aA LG Kleve BeckRS 2010, 13327; *Ahrens* in Anm. zu OLG Celle NJW 2018, 241); im Übrigen ist keine Partei verpflichtet, Angaben zu machen. Da ein Beteiligter im **Scheidungsverfahren** Folgesachen bis

zum Schluss der mündlichen Verhandlung geltend machen kann, durfte ihm unter Geltung des GKG keine Verzögerungsgebühr auferlegt werden, wenn er von dieser Möglichkeit Gebrauch macht (OLG Hamm FamRZ 2003, 1192; OLG Naumburg OLG-NL 2003, 91; OLG Düsseldorf FamRZ 1997, 692); jetzt ist § 20 FamGKG einschlägig. Voraussetzung des § 38 ist aber nicht, dass der Rechtsstreit ohne das Vorbringen entscheidungsreif gewesen wäre (OLG München FamRZ 2001, 433).

4. Kausalität

Das Verhalten der Partei muss ursächlich sein für die Verlegung usw. Wäre ohnehin verlegt worden, etwa wegen Erkrankung des Richters, scheidet daher eine Verzögerungsgebühr aus. Ebenso ist es, wenn die Verzögerung darauf beruht, dass das Gericht nicht seiner Hinweispflicht nach § 139 ZPO genügt hat. **7**

5. Kein Fall des § 335 ZPO

Hier scheidet eine Verzögerungsgebühr aus, weil eine fehlerhafte Verfahrensvorbereitung durch das Gericht vorliegt. **8**

III. Subjektive Voraussetzungen

Notwendig ist ein Verschulden (Vorsatz oder Fahrlässigkeit). Dabei genügt einfache Fahrlässigkeit. Grobe Fahrlässigkeit muss nicht vorliegen, auch nicht Leichtfertigkeit, Verschleppungsabsicht. Ein Verschulden liegt vor, wenn die im Prozess gebotene Sorgfalt außer Betracht gelassen wird. Erforderlich ist ein Verschulden des Klägers, oder des Beklagten, oder eines Vertreters, zB des Anwalts einer Partei; oder der in S. 3 genannten Personen (Nebenintervenient, Beigeladene, Vertreter des öffentlichen Interesses nach der VwGO usw.). Das Verschulden des gesetzlichen Vertreters und des Anwalts werden der Partei zugerechnet, §§ 51 Abs. 2, 85 Abs. 2 ZPO. **9**

Beispiele: Die Partei beauftragt einen Anwalt erst am Tag vor der mündlichen Verhandlung, so dass auf Antrag des Anwalts der Termin zu verlegen ist (allerdings sind solche Fälle über § 296 ZPO zu lösen). Die Partei zahlt dem Anwalt keine Gebühren, so dass dieser nicht auftritt (*Beckmann* MDR 2004, 430/1). Ein Verschulden soll auch vorliegen können, wenn die Partei das Gericht ablehnt und die Ablehnung nicht gerechtfertigt war (OLG Düsseldorf BeckRS 2015, 15497 und MDR 1984, 857; nicht vertretbar); wenn ein unklarer Antrag gestellt wird, so dass wiederholt vertagt werden muss (OLG Koblenz JurBüro 1984, 1063). Kein Verschulden bei Verzögerung wegen Krankheit oder wenn ein Beweisantrag deshalb verspätet gestellt wird, weil die Partei vom Beweismittel (zB dem Zeugen) erst jetzt Kenntnis erlangt hat. Soll eine Partei Unterlagen vorlegen ist eine Fristsetzung durch das Gericht notwendig, sonst kann bei später Vorlage ein Verschulden fehlen (VGH Kassel NVwZ-RR 1997, 669). **10**

IV. Auferlegung einer Verzögerungsgebühr

1. Zuständigkeit

Zuständig ist das Gericht, also das Prozessgericht, Zivilkammer, Senat, Einzelrichter; nicht der Vorsitzende allein, nicht der beauftragte oder ersuchte Richter. **11**

2. Verfahren

12 Ein Antrag ist nicht notwendig, die Auferlegung erfolgt von Amts wegen. Vorher ist der betroffenen Partei rechtliches Gehör zu geben (Art. 103 GG); es kann im Beschwerdeverfahren nachgeholt werden (aA *Schmidt* MDR 2001, 308). Das ist insbesondere notwendig, um zu klären, ob ein Verschulden (→ Rn. 9) vorliegt; hierzu käme sogar eine mündliche Verhandlung und Beweisaufnahme in Frage.

3. Ermessen

13 Das Gericht hat ein Ermessen, insofern ist die Entscheidung in der Beschwerde nur beschränkt nachprüfbar (OLG Düsseldorf BeckRS 2016, 21217). Die Verzögerung muss ins Gewicht fallen; die „Sühne" muss gerechtfertigt sein. Dabei kommt es auch auf die Höhe und damit auf den Streitwert an. Nach OLG Düsseldorf NJW-RR 1999, 859; 1995, 638 muss das Gericht alle Möglichkeiten ausschöpfen, die geeignet sind, eine Verzögerung durch neue Anträge und neues Vorbringen zu verhindern, bevor es einen Verhandlungstermin verlegt und eine Verzögerungsgebühr nach § 38 verhängt. Wenn der Prozess wegen Saumseligkeit des Gerichts aber schon überlang dauerte ist es nicht gerechtfertigt, nun wegen weiterer geringer Verzögerungen durch die Partei zu § 38 zu greifen.

4. Höhe der Verzögerungsgebühr

14 Grundsätzlich ist eine Gebühr in Höhe *einer* Gebühr aufzuerlegen, S. 1 (zB im Zivilprozess erster Instanz eine Gebühr nach § 38, also ⅓ von KV 1210); OLG Düsseldorf BeckRS 2016, 21217. In diesem Regelfall ist die Höhe im Beschluss nicht besonders zu begründen. In einer höheren Instanz ist die Gebühr nicht höher. Die Gebühr kann bis auf 0,3 (früher: 0,25) ermäßigt werden (S. 2), wobei beliebige Zwischenwerte erlaubt sind. In diesem Fall ist eine besondere Begründung erforderlich, zB dahin, dass das Verschulden der Partei gering war oder dass sich ein unangemessen hoher Gebührenbetrag ergeben würde.

5. Besondere Gebühr

15 § 38 bezeichnet die Gebühr als „besondere Gebühr". Folge ist, dass sie auch von der Partei zu zahlen ist, der Prozesskostenhilfe bewilligt wurde (trotz § 122 ZPO) oder die persönliche Gebührenfreiheit genießt (*Beckmann* MDR 2004, 430).

6. Schuldner der Gebühr

16 Die Gebühr kann nur dem Kläger oder dem Beklagten auferlegt werden, oder beiden Parteien; bei Streitgenossen müssen getrennte Gebühren auferlegt werden, keine einheitliche Gebühr. Die Verzögerungsgebühr kann nie den Rechtsanwälten, nie dem gesetzlichen Vertreter (Eltern, Betreuer usw.) einer Partei auferlegt werden. Satz 3 bringt eine Gleichstellung des Nebenintervenienten etc. mit dem Kläger etc. Sprachlich könnte das bedeuten, dass nicht nur der Partei, sondern auch den anderen in Satz 3 genannten Prozessbeteiligten die Verzögerungsgebühr auferlegt werden kann; so ist es aber nicht gemeint (*Oestreich/Winter/Hellstab* § 38 Rn. 8). Die Möglichkeit, dem Anwalt der Partei eine Strafgebühr aufzuerlegen, gibt es nicht; es gab sie früher, der dies regelnde § 102 ZPO wurde aber 1964 aufgehoben. Hat die Partei ihren Anwalt rechtzeitig informiert und gibt dieser die Information ver-

spätet an das Gericht weiter, kann also nur der Partei die Verzögerungsgebühr auferlegt werden; sie kann dann von ihrem Anwalt wegen Verletzung des Anwaltsvertrages Ersatz des Betrages fordern. Werden im Urteil die „Kosten des Rechtsstreits" dem Beklagten auferlegt, die Verzögerungsgebühr aber (durch Beschluss oder im Urteil) dem Kläger, kann der Kläger natürlich nicht Erstattung der Verzögerungsgebühr vom Beklagten fordern; in den Kostenfestsetzungsbeschluss darf die Gebühr daher nicht aufgenommen werden.

7. Entscheidung

Die Entscheidung kann ergehen ab der Verzögerung und solange, als im konkreten Verfahren Gerichtskosten angesetzt werden können (aA LAG Düsseldorf MDR 1996, 1196: Nach Verkündung des Schlussurteils dürfe eine Verzögerungsgebühr nicht mehr verhängt werden; aber Zweck ist die Sühne für die geschehene Verzögerung, nicht die Erzwingung einer Beschleunigung). Die Entscheidung ergeht grundsätzlich durch **Beschluss** mit Begründung (vor allem zum Verschulden, zur Verzögerung und zur Ermessensausübung, auch zur Höhe der Gebühr), aber ohne Kostentscheidung („Dem Beklagten wird eine Verzögerungsgebühr in Höhe einer halben Gebühr aus einem Streitwert von … Euro auferlegt"); Beschlussbeispiel: LG Hannover BeckRS 2017, 128190. Es ist aber auch zulässig (aber nicht zweckmäßig), die Gebühr im Tenor des Urteils aufzuerlegen (OLG Celle MDR 2001, 350; aA *Schmidt* MDR 2001, 308). Der Beschluss ist von Amts wegen zuzustellen (§ 329 ZPO). Spezielle Gerichtsgebühren oder Anwaltsgebühren fallen durch die Verhängung der Verzögerungsgebühr nicht an. **17**

Die Gebühr kann im Laufe des Verfahrens mehrfach verhängt werden (Ausnahme von § 35). **18**

Die betragsmäßige Höhe der verhängten Gebühr wird vom Kostenbeamten aus dem Streitwert des Verfahrens errechnet; wenn nur ein Teil des Verfahrens verzögert wurde, wird sie nur aus diesem Streitwert errechnet. Es kommt auf den Streitwert bei Verhängung der Gebühr an (*Hartmann* Rn. 27), wohl nicht beim Verzögerungsverhalten. Die Gebühr wird durch **Kostenrechnung** angefordert (KV 1901). **19**

8. Praktische Handhabung

§ 38 spielt in der Praxis eine ganz geringe Rolle. Die meisten Richter haben die Vorschrift noch nie angewandt (Ermessensausübung). **20**

9. Rechtsmittel

Beschwerde nach § 69. Sie ist gerichtsgebührenfrei, außergerichtliche Kosten werden nicht erstattet, §§ 69, 66 Abs. 8. Wert: Höhe der Gebühr. Wenn die Verzögerungsgebühr im Tenor eines Urteils verhängt wurde, gilt dieses Stück des Urteilstenors als Beschluss; auch dann ist also nicht die Berufung das statthafte Rechtsmittel, sondern die Beschwerde. **21**

10. Ähnliche Fälle

§ 296 ZPO ahndet verspätetes Vorbringen uU durch (vielleicht materiell falschen) Prozessverlust; daneben kann eine Verzögerungsgebühr verhängt werden (was aber nicht sinnvoll ist, wenn das verspätete Vorbringen nicht mehr zugelassen wird); § 38 dagegen belässt es beim richtigen Urteil, schädigt den Säumigen nur **22**

durch eine zusätzliche Gebühr, ist also milder. **§ 95 ZPO** gestattet, dass bei Terminsverlegung usw. die Mehrkosten einer Partei (zB durch überflüssige Anreisen) der anderen Partei auferlegt werden; daneben kann zusätzlich eine Verzögerungsgebühr nach § 38 verhängt werden, die der Gerichtskasse zufließt. Bei Verschulden des Gerichts an einer Verlegung (zB wenn eine Terminsverlegung dem Anwalt versehentlich nicht mitgeteilt wird, so dass er gleichwohl anreist) kommt Staatshaftung in Frage (Ersatz der unnützen Reisekosten). Bei **Verzögerung durch das Gericht** kommt eine Klage nach §§ 198 ff. GVG in Betracht. Zur **Nichterhebung von Kosten wegen unrichtiger Sachbehandlung** vgl. § 21. Vgl. ferner § 192 SGG (abgedruckt unter Anhang II.10.), § 34 BVerfGG.

Abschnitt 7. Wertvorschriften

Unterabschnitt 1. Allgemeine Wertvorschriften

§ 39 Grundsatz

(1) **In demselben Verfahren und in demselben Rechtszug werden die Werte mehrerer Streitgegenstände zusammengerechnet, soweit nichts anderes bestimmt ist.**

(2) **Der Streitwert beträgt höchstens 30 Millionen Euro, soweit kein niedrigerer Höchstwert bestimmt ist.**

I. Allgemeines

Die Vorschrift bestimmt für den **Gebührenstreitwert** ein grundsätzliches **Additionsgebot** mehrerer Streitgegenstände. Für den Rechtsanwaltsgebühren-, Zuständigkeits- und Rechtsmittelstreitwert gelten über § 22 Abs. 1 RVG bzw. § 5 Hs. 1 ZPO vergleichbare Regelungen. 1

II. Zusammenrechnung (Abs. 1)

Die **Addition** der Einzelwerte nach Abs. 1 Hs. 1 setzt voraus, dass die mehreren Streitgegenstände in **demselben** Verfahren und in **demselben** Rechtszug geltend gemacht werden. Dabei spielt es keine Rolle, ob die mehreren Gegenstände gleichzeitig oder nacheinander anhängig gemacht wurden (OLG Celle BeckRS 2015, 14656 = MDR 2015, 912; LAG Baden-Württemberg, BeckRS 2014, 73563; aA OLG Düsseldorf BeckRS 2010, 2283; OLG Frankfurt a. M. NJW-RR 2009, 1078; *Hartmann* Rn. 3). Die Addition der mehreren Streitgegenstände ist auch bei subjektiver Klagehäufung geboten, wenn zwischen den mehreren Antragstellern keine Rechtsgemeinschaft besteht (VGH München BeckRS 2013, 59871). Abs. 1 Hs. 2 schränkt das Additionsgebot ein und verweist auf **Additionsverbote** („... soweit nichts anderes bestimmt ist"). Die Zusammenrechnung verbieten zB § 43 (Häufung von Haupt- und Nebenforderungen), § 44 (Anspruchshäufung bei Erhebung der Stufenklage), § 45 Abs. 1 S. 3, Abs. 2 (Verhältnis der Gegenstände von Klage und Widerklage sowie wechselseitiger Rechtsmittel), § 48 Abs. 3 (Verbindung nichtvermögensrechtlicher mit vermögensrechtlichen Ansprüchen). Die Addition ist ferner verboten, wenn die mehreren Streitgegenstände **wirtschaftlich identisch** sind. Beispiele für eine Identität: Klage gegen Gesamtschuldner (BGH NJW-RR 2004, 638); Unterlassungsklage gegen Miteigentümer wegen verbotener Immissionen (BGH Rpfleger 1987, 205); Anträge auf Aufhebung der Vollziehung nach § 80 Abs. 5 S. 3 VwGO und auf Anordnung bzw. Wiederherstellung der aufschiebenden Wirkung der Klage nach § 80 Abs. 5 S. 1 VwGO (OVG Lüneburg BeckRS 2015, 45637); Klage gegen eine Teilbaugenehmigung und gegen die nachfolgende Baugenehmigung (VGH Mannheim NVwZ-RR 2016, 280); Anfechtung des Beschlusses einer WEG-Gemeinschaft und gleichzeitig Antrag auf Verpflichtung der Wohnungseigentümer zur Vornahme der abgelehnten Maßnahme 2

(OLG Celle BeckRS 2010, 04944; AG Osnabrück BeckRS 2013, 21156). Auch bei einem Parteiwechsel auf der Beklagtenseite ist die Addition verboten, wenn die Streitgegenstände gegen den ausgeschiedenen und den neuen Beklagten identisch sind (OLG München BeckRS 2018, 1737).

III. Höchstwert (Abs. 2)

3 Abs. 2 Hs. 1 bestimmt einen **Höchstwert** von 30 Millionen Euro. Dadurch soll den Parteien die Kalkulation des Prozesskostenrisikos ermöglicht werden. Die Begrenzung des Wertes findet im gesamten Geltungsbereich des GKG statt und damit auch im Insolvenzverfahren (OLG Frankfurt a. M. BeckRS 2014, 10087). Hs. 2 stellt klar, dass Vorschriften, die einen niedrigeren Höchstwert vorsehen, vorgehen (vgl. zB §§ 48 Abs. 1 S. 2, 52 Abs. 4 Nr. 2, 3), Wertobergrenzen findet sich auch im RVG (§ 22 Abs. 2 S. 1: 30 Millionen Euro), im FamGKG (§ 30 Abs. 2: 30 Millionen) sowie im GNotKG (§ 35 Abs. 2: 30 bzw. 60 Millionen Euro). Die Kappung des Wertes und damit des Gebührenanfalls ist verfassungskonform (BVerfG NJW 2007, 2098). Einen **Mindestwert** iHv 1.500 Euro bestimmt § 52 Abs. 4 Nr. 1 für Verfahren vor der Finanzgerichtsbarkeit.

§ 40 Zeitpunkt der Wertberechnung

Für die Wertberechnung ist der Zeitpunkt der den jeweiligen Streitgegenstand betreffenden Antragstellung maßgebend, die den Rechtszug einleitet.

I. Allgemeines

1 Für die **Bewertung des Streitgegenstandes** ist auf den Zeitpunkt der den **Rechtszug** einleitenden Antragstellung abzustellen. Zweck der Vorschrift ist die Vereinfachung der Wertberechnung (BT-Drs. 12/6992, 62; OLG Koblenz JurBüro 2003, 474). Bei **unverändertem** Streitgegenstand bleiben nämlich streitwerterhöhende bzw. streitwertmindernde Umstände, die erst nach diesem Zeitpunkt eintreten, unberücksichtigt (BGH NJW-RR 1998, 1452). Beispiel: nachträgliche Kursschwankungen bei Wertpapieren oder Währungseinheiten. Dadurch wird eine mehrfache Neuberechnung des Gebührenstreitwertes vermieden (BT-Drs. 12/6992, 62). Ändert sich der Streitgegenstand **selbst,** zB durch Klageerhöhung oder Widerklageerhebung, so ist für die Bewertung auf den Zeitpunkt der den „jeweiligen Streitgegenstand" betreffenden neuen Antragstellung abzustellen (→ Rn. 3). Für die Rechtsmittelverfahren gilt § 40 iVm § 47.

II. Geltungsbereich

2 Die Vorschrift findet in allen Verfahren in denen das **GKG** gilt Anwendung (vgl. § 1). In ihren Anwendungsbereich fallen somit ua bürgerliche Rechtsstreitigkeiten einschließlich der Zwangsvollstreckungsangelegenheiten, Verfahren vor der Arbeits-, Verwaltungs-, Sozial- und Finanzgerichtsbarkeit. Für die Wertberechnung im Insolvenzverfahren bestimmt § 58 Abs. 1 S. 1 lex specialis einen von § 40 abwei-

chenden Bewertungszeitpunkt. Die Berechnung des Zuständigkeits- und Rechtsmittelstreitwerts richtet sich nach § 4 Abs. 1 ZPO.

III. Bewertungszeitpunkt

Maßgebend ist der Zeitpunkt der den Rechtszug einleitenden Antragstellung 3 (= Anhängigkeit; BPatG BeckRS 2015, 01379; KG NJW-RR 2000, 215). Abzustellen ist insoweit auf den **Eingang** der Klageschrift bzw. der Rechtsmittelschrift (BGH NJW-RR 1998, 1452; OLG Koblenz, BeckRS 2003, 02814; OLG Oldenburg NJW RR-1999, 942). **Beispiel:** Bei Klageeinreichung waren die herauszugebenden Aktien mit 4.800 Euro zu bewerten. Im Laufe des Verfahrens stieg der Kurs auf 5.600 Euro. Die Verfahrensgebühr KV 1210 berechnet sich aus 4.800 Euro. Als die Berufungsschrift einging, war der Aktienkurs auf 3.600 Euro gefallen; daraus berechnet sich die neue Verfahrensgebühr KV 1220. **Ändert** sich der Streitgegenstand nachträglich durch Klageerhöhung (um eine solche handelt es sich auch bei Übergang von der Feststellungsklage zur Leistungsklage), Beschränkung des Klageantrags, Widerklageerhebung oder Anschlussrechtsmitteileinlegung, so ist für die Neuberechnung des Gebührenstreitwerts auf den Eingang des jeweiligen Schriftsatzes abzustellen (OLG Frankfurt a. M. BeckRS 2017, 133688 = MDR 2018, 302; OLG Düsseldorf NJW-RR 2000, 1594).

Im **Mahnverfahren** ist für die Wertberechnung der Eingang des Mahnantrags 4 maßgebend. Wird nach **Widerspruch** an das Streitgericht abgegeben, ist für den Gebührenstreitwert des anschließenden streitigen Verfahrens darauf abzustellen, wann der **unbedingte** Antrag auf Durchführung des streitigen Verfahrens eingegangen ist. Wurde dieser Antrag bereits bedingt mit dem Mahnantrag verbunden, so reduziert seine teilweise Rücknahme nach Widerspruch den Gebührenstreitwert entsprechend (OLG Dresden JurBüro 2004, 378; OLG München MDR 2001, 296; OLG Bamberg NJW-RR 2001, 574; OLG Hamburg MDR 2001, 294 unter Aufgabe seiner bisherigen Rechtsprechung; *Liebheit* NJW 2000, 2235; aA OLG Düsseldorf NJW-RR 1997, 704; *Meyer* JurBüro 1998, 117). Bei **Einspruch** gegen den Vollstreckungsbescheid entscheidet der Zeitpunkt des Eingangs der Einspruchsschrift.

§ 40 ist auch anwendbar auf das **Arrestverfahren,** Verfahren über einen Antrag 5 auf Erlass einer **einstweiligen Verfügung** oder **einstweiligen Anordnung** und auf **Zwangsvollstreckungshandlungen;** maßgebend ist der Zeitpunkt des jeweiligen **Antragseingangs.** Der Widerspruch gegen den Arrestbefehl oder die einstweilige Verfügung (§§ 924, 936 ZPO) leitet keinen neuen Rechtszug ein. Während der Antrag auf Aufhebung (§§ 927, 936 ZPO) hingegen einen neuen Rechtszug eröffnet. Der Gebührenstreitwert des **selbstständigen Beweisverfahrens** (§§ 485 ff. ZPO) richtet sich nach dem Hauptsachewert oder dem Teil des Hauptsachewerts auf den sich die Beweiserhebung bezieht (BGH NJW 2004, 3488; OLG Köln NJW 1994, 761; OLG Hamburg NJW-RR 2000, 827). Unzulässig sind **Klageerweiterung oder Widerklageerhebung,** die erst nach dem Schluss der letzten mündlichen Verhandlung erfolgen (BGH NJW 2000, 2512; Thomas/Putzo/*Reichold* ZPO § 296 a Rn. 1). Sie bleiben deshalb bei der Gebührenstreitwertberechnung unberücksichtigt (OLG Düsseldorf MDR 2000, 1457); es sei denn das Gericht eröffnet die mündliche Verhandlung wieder (OLG Düsseldorf MDR 2000, 1457). Mit Erhebung einer **Stufenklage** werden alle Stufen anhängig, so dass für die Wertberechnung auf die Vorstellungen des Klägers zu Beginn der Instanz abzustellen ist, auch wenn die Leistungsstufe später nicht weiterverfolgt wird (OLG Schleswig BeckRS 2014, 03996). Die **Verbindung oder Trennung** von Verfahren verändert den Zeitpunkt der Wertberechnung nicht.

§ 41 Miet-, Pacht- und ähnliche Nutzungsverhältnisse

(1) [1]**Ist das Bestehen oder die Dauer eines Miet-, Pacht- oder ähnlichen Nutzungsverhältnisses streitig, ist der Betrag des auf die streitige Zeit entfallenden Entgelts und, wenn das einjährige Entgelt geringer ist, dieser Betrag für die Wertberechnung maßgebend.** [2]**Das Entgelt nach Satz 1 umfasst neben dem Nettogrundentgelt Nebenkosten dann, wenn diese als Pauschale vereinbart sind und nicht gesondert abgerechnet werden.**

(2) [1]**Wird wegen Beendigung eines Miet-, Pacht- oder ähnlichen Nutzungsverhältnisses die Räumung eines Grundstücks, Gebäudes oder Gebäudeteils verlangt, ist ohne Rücksicht darauf, ob über das Bestehen des Nutzungsverhältnisses Streit besteht, das für die Dauer eines Jahres zu zahlende Entgelt maßgebend, wenn sich nicht nach Absatz 1 ein geringerer Streitwert ergibt.** [2]**Wird die Räumung oder Herausgabe auch aus einem anderen Rechtsgrund verlangt, ist der Wert der Nutzung eines Jahres maßgebend.**

(3) **Werden der Anspruch auf Räumung von Wohnraum und der Anspruch nach den §§ 574 bis 574b des Bürgerlichen Gesetzbuchs auf Fortsetzung des Mietverhältnisses über diesen Wohnraum in demselben Prozess verhandelt, werden die Werte nicht zusammengerechnet.**

(4) **Bei Ansprüchen nach den §§ 574 bis 574b des Bürgerlichen Gesetzbuchs ist auch für die Rechtsmittelinstanz der für den ersten Rechtszug maßgebende Wert zugrunde zu legen, sofern nicht die Beschwer geringer ist.**

(5) [1]**Bei Ansprüchen auf Erhöhung der Miete für Wohnraum ist der Jahresbetrag der zusätzlich geforderten Miete, bei Ansprüchen des Mieters auf Durchführung von Instandsetzungsmaßnahmen der Jahresbetrag einer angemessenen Mietminderung und bei Ansprüchen des Vermieters auf Duldung einer Durchführung von Modernisierungs- oder Erhaltungsmaßnahmen der Jahresbetrag einer möglichen Mieterhöhung, in Ermangelung dessen einer sonst möglichen Mietminderung durch den Mieter maßgebend.** [2]**Endet das Mietverhältnis vor Ablauf eines Jahres, ist ein entsprechend niedrigerer Betrag maßgebend.**

I. Allgemeines

1 Aus sozialpolitischen Erwägungen senkt § 41 den **Gerichtsgebührenstreitwert** im Vergleich zu §§ 8, 9 ZPO deutlich ab (BGH NJW 1967, 2263; KG BeckRS 2014, 21212: Feststellungsklage nach Mieterhöhung; *Hartmann* Rn. 2). Die Vorschrift ist über §§ 23 Abs. 1 S. 1, 3, 25 Abs. 1 Nr. 2 RVG auch für den **Rechtsanwaltsgebührenwert** maßgebend. **Zuständigkeits- und Rechtsmittelstreitwert** bestimmen sich hingegen nach §§ 8, 9 ZPO (BGH BeckRS 2014, 10065; BGH NW-RR 2012, 1103; OLG Düsseldorf FGPrax 2000, 189; OLG Köln FamRZ 2001, 239; OLG Frankfurt a. M. AnwBl. 1984, 203; Thomas/

Putzo/*Hüßtege* ZPO § 8 Rn. 1). Deshalb ist die Streitwertfestsetzung für die sachliche Zuständigkeit oder die Rechtsmittelzulässigkeit (vgl. § 62) im Anwendungsbereich des § 41 für die Gebührenberechnung nicht bindend (§ 63 Abs. 2; → § 62 Rn. 3).

II. Geltungsbereich

Als Sondervorschrift ist § 41 anwendbar, wenn der Streit **das Bestehen oder die Dauer** eines Mietverhältnisses (§§ 535ff. BGB), eines Pachtverhältnisses (§§ 581ff. BGB) oder eines „ähnlichen" Nutzungsverhältnisses betrifft. Darunter fällt auch das Untermietverhältnis (OLG Celle NZM 2000, 190) und Unterpachtverhältnis (*Hartmann* Rn. 4). Hierher gehören auch Streitigkeiten über den rechtmäßigen Besitz einer Wohnung (OLG Karlsruhe MDR 2004, 906). Ihrem Normzweck entsprechend ist die Vorschrift weit auszulegen (BGHZ 48, 177 = MDR 1967, 829; KG NJW-RR 2013, 262; KG MDR 2014, 1309; OLG Düsseldorf FGPrax 2000, 189). Sie ist **generell anwendbar,** wenn über miet- oder pachtvertragstypische Sachverhalte gestritten wird. Bei **gemischten** Verträgen (zB Hausmeistervertrag) kommt es für die Gebührenstreitwertberechnung darauf an, welcher Vertragsteil Streitgegenstand ist. Wird nur über die Wohnung gestritten, ist § 41 anwendbar; maßgebend ist der auf das Mietverhältnis entfallende Anteil des Entgelts. Betrifft der Streit hingegen den gesamten Vertrag ist ein weiterer Anspruch (zB Lohnanspruch) hinzuzurechnen (*Meyer* Rn. 4). Der Streit muss **unmittelbar** über den Bestand oder die Dauer eines Miet-, Pacht- oder ähnlichen Nutzungsverhältnisses geführt werden. Wird ein solches Rechtsverhältnis nur mittelbar vom Rechtsstreit betroffen ist § 41 nicht (BGH NZM 2004, 423) und auch nicht analog (OLG Düsseldorf MDR 2001, 354) anwendbar. Auch der Streit über den Vertragsinhalt (zB Mietzahlungsklage bzw. Klage auf Feststellung der Zahlungspflicht) fällt nicht in den Anwendungsbereich des § 41. Die Gebührenstreitwertberechnung nach § 41 setzt aber nicht voraus, dass ein Nutzungsverhältnis tatsächlich wirksam besteht (*Hartmann* Rn. 5). Es ist ausreichend, dass die Klagebegründung ein solches behauptet, wenn nur dessen Bestand oder die Dauer streitig ist (BGH JurBüro 1953, 495; LG Bayreuth JurBüro 1977, 1424). Im Zweifelsfall kann auch die Einlassung des Beklagten herangezogen werden (KG BeckRS 2008, 08567). Auch eine Feststellungsklage, die ein Mietverhältnis betrifft, fällt in den Anwendungsbereich des § 41 (BGH NJW-RR 2006, 378). 2

Einzelfälle des Geltungsbereichs: 3

1. § 41 ist anwendbar

- **Dauerwohnrecht** nach §§ 1093ff. BGB (*Meyer* Rn. 6) oder § 31 WEG (OLG Frankfurt a. M. NJW 1963, 1930). Nicht § 41, sondern § 3 ZPO gilt, wenn der Nutzungsanspruch unentgeltlich, zB durch Vermächtnisanordnung, eingeräumt wird (OLG Köln BeckRS 2006, 07867; KG JurBüro 1962, 294, LG Bayreuth JurBüro 1979, 895; aA KG JurBüro 1978, 892; LG Bayreuth JurBüro 1981, 756). 4
- **Fortbestand eines Mietverhältnisses:** Wenn der Streit darüber geführt wird, ob ein bestehendes Mietverhältnis über einen bestimmten Zeitpunkt hinaus fortbesteht (KG Rpfleger 1962, 118).
- **Gebrauchsüberlassung:** Bei einer Klage des Mieters gegen den Vermieter auf Gebrauchsüberlassung, wenn der Streit auch um das Bestehen oder Fortbestehen des Mietverhältnisses geführt wird (OLG Celle MDR 1989, 272).

- **Ehewohnung:** Zieht ein Ehegatte aus der gemeinsamen Ehewohnung aus und benutzt der andere die Wohnung künftig gegen Entgeltzahlung alleine, wird zumindest ein der Miete ähnliches Nutzungsverhältnis begründet (OLG Köln FamRZ 2001, 239).
- **Feststellungsklage:** Bei Feststellungsantrag über das Bestehen eines Mietverhältnisses (BGH BeckRS 2004, 04323 = Rpfleger 2004, 585).
- **Heimvertrag:** Bei der Räumungsklage nach Kündigung eines Heimvertrags (OLG Stuttgart NJW-RR 2005, 1733 = MDR 2006, 297: maßgebend ist das Gesamtentgelt bezogen auf die Dauer eines Jahres).
- **Herausgabe eines Grundstücks:** Wenn nach Rücktritt vom Kaufvertrag Herausgabe und Räumung des Grundstücks verlangt wird (Schleswig-Holsteinisches Oberlandesgericht BeckRS 1998, 12645).
- **Herausgabeklage:** Wenn sich die Parteien nicht nur über einen dinglichen Herausgabeanspruch (§ 985 BGB), sondern auch über ein schuldrechtliches Nutzungsrechtsverhältnis streiten (KG BeckRS 2008, 08567).
- **Herausgabeklage gegen Untermieter:** Maßgebend ist der vom (Haupt-)Mieter an den Vermieter gezahlte Mietzins (KG NJW-RR 2013, 1035; OLG Frankfurt a. M. BeckRS 2012, 06108).
- **Jagdpachtvertrag:** Wenn über den Bestand oder die Dauer des Vertragsverhältnisses gestritten wird (LG Saarbrücken JurBüro 1991, 582).
- **Kleingartenpachtvertrag:** Bei Streit über die rechtliche Einordnung des Pachtverhältnisses (BGH BeckRS 2010, 01705 = JurBüro 2010, 201).
- **Kündigung:** Dann, wenn nach einer Kündigung auf Feststellung der Beendigung des Miet- oder Pachtverhältnisses bzw. der Wirksamkeit der Kündigung geklagt wird (BGH BeckRS 2005, 14827 = MDR 2006, 657).
- **Leasingvertrag:** § 41 Abs. 1, 2 ist anwendbar (OLG Celle MDR 1993, 1020; OLG Frankfurt a. M. MDR 1978, 145). Wird der Streit jedoch nach beendetem Leasingvertrag über die Herausgabe des Leasingobjektes geführt, ist § 48 Abs. 1 S. 1 iVm § 6 ZPO maßgebend (OLG München BeckRS 2018, 10435).
- **Modernisierungsmaßnahmen:** Bei einer Klage, die auf die Duldung von Modernisierungsmaßnahmen gegen einen Mieter gerichtet ist (KG BeckRS 2009, 27279).
- **Mietbürgschaft:** Die Klage gegen den Bürgen des Mieters betrifft inzidenter auch das Bestehen oder Nichtbestehen der Hauptschuld (OLG Hamburg OLGE 15, 35).
- **Mietergemeinschaft:** Klage auf Feststellung einer Mitmietergemeinschaft (LG Berlin JurBüro 2001, 96).
- **Nichtigkeit:** Räumungs- oder Feststellungsklage die jeweils auf die Nichtigkeit des Nutzungsverhältnisses gestützt wird (OLG Celle Nds.Rpfl. 1955, 230).
- **Nießbrauch:** Wenn dem Streit ein dinglicher Nießbrauch (= „ähnliches Nutzungsverhältnis") zu Grunde liegt (OLG Köln MDR 1981, 767).
- **Öffentlich-rechtliche Nutzungsverhältnisse:** Als solche kommen zB auf Gebrauchsüberlassung gerichtete Zwangsmietverträge und Einweisungen nach den Sicherheits- und Ordnungsgesetzen der Bundesländer in Betracht.
- **Räumung:** Wenn die Klage zwar auf § 985 BGB gestützt wird, der Beklagte jedoch das Bestehen eines Miet-, Pacht- oder ähnlichen Nutzungsverhältnisses einwendet (BGH BeckRS 2016, 13030).
- **Räumungsklage:** Wird die Räumung einer Mietwohnung gegenüber einem Ehepartner verlangt, ist § 41 auch dann anwendbar, wenn dieser nicht Vertrags-

partner geworden ist und die Klage deshalb auf § 985 BGB gestützt wird (OLG Karlsruhe BeckRS 2004, 0336 = MDR 2004, 906).
- **Räumungsfrist:** Soweit es um deren Dauer oder Bewilligung im Beschlussverfahren nach § 721 Abs. 3 ZPO geht (*Hartmann* Rn. 16; aA Thomas/Putzo/*Hüßtege* ZPO § 3 Rn. 123: Schätzung nach § 3 ZPO, idR Nutzungsentschädigung für den betreffenden Zeitraum).
- **Staffelmiete:** Maßgebend ist der höchste Jahresbetrag (BGH BeckRS 2007, 18294).

2. § 41 ist unanwendbar

- **Abschluss eines Miet- oder Pachtvertrages:** Wenn auf den Abschluss eines Vertrages zB auf Grund eines Vorvertrages geklagt wird (OLG Hamburg MDR 1970, 333; anwendbar ist § 3 ZPO). 5
- **Automatenaufstellungsvertrag:** § 3 ZPO gilt (OLG Koblenz JurBüro 1980, 1861).
- **Besitzentzug:** Bei eigenmächtigem Besitzentzug, wenn der Besitzeinräumung kein Rechtsverhältnis zu Grunde lag (LG Köln FamRZ 2016, 2147; m. abl. Anm. *Gottwald:* § 41 gilt, wenn der Anspruch auf Räumung auf einen Leihvertrag gestützt wird).
- **Besitzstörung:** Unterlassungsklagen auf Grund Besitzstörung sind nach § 3 ZPO zu bewerten. Maßgebend ist das Unterlassungsinteresse des Klägers (OLG Düsseldorf MDR 2012, 1187 und BeckRS 2000 30121679; OLG Naumburg JurBüro 2010, 306; aA OLG Rostock JurBüro 2006, 645: Begrenzung nach § 41 findet statt).
- **Dritter:** Die Anwendung des § 41 muss sich bei Streitigkeiten mit Dritten am Normzweck der Sondervorschrift (= Absenkung des Gebührenstreitwertes aus sozialen Gründen) orientieren. Bei der Klage eines Dritten auf Feststellung der Nichtigkeit eines Pachtvertrages gilt deshalb § 3 ZPO (OLG Koblenz ZMR 1978, 64). Wird der Untermieter auf Räumung verklagt, ist aber § 41 anwendbar (OLG Frankfurt a. M. JurBüro 1953, 445). Verklagt der Mieter einen Dritten auf Herausgabe der Wohnung ist auf § 6 ZPO abzustellen (*Meyer* Rn. 9).
- **Geruchs- und Lärmimmissionen:** Anwendbar ist § 3 ZPO; es ist der Rechtsgedanke des § 41 Abs. 5 zu berücksichtigen (OLG Frankfurt a. M. BeckRS 2007, 16451).
- **Einzelforderung aus Mietverhältnis:** Bei einem Streit über (künftige) Zahlungsverpflichtungen aus einem Mietvertrag ist § 9 ZPO anzuwenden (BGH NJW-RR 2005, 938).
- **Grundstückskauf:** Auf das Nutzungsverhältnis in der Übergangszeit zwischen Erwerb und Übergabe eines Hausgrundstücks (OLG Hamm NJW-RR 2012, 19).
- **Herausgabeklage:** Wenn Streit nur über den dinglichen Herausgabeanspruch (§ 985 BGB) geführt wird (KG BeckRS 2008, 08567).
- **Konkurrenzschutzklage:** Bei einem Streit zwischen Mieter und Vermieter über eine Konkurrenzsituation (BGH NJW 2006, 3060).
- **Mietminderungsfeststellungsklage:** Feststellung, dass kein Recht zur Mietminderung besteht (BGH BeckRS 2004, 04323 = Rpfleger 2004, 585). Das gilt auch für eine Feststellungsklage des Mieters auf Minderung der Miete; anwendbar ist § 9 ZPO (BGH BeckRS 2016, 12964 = JurBüro 2016, 529; aA KG BeckRS 2010, 21755).

- **Miet-, Pachtzinszahlung:** § 9 ZPO ist anzuwenden (BGH NJW-RR 2005, 938 und 1996, 778). Bei der Zahlungsklage ist der verlangte Geldbetrag maßgebend (OLG Stuttgart NJW-RR 1997, 1303). Wird der Zahlungsantrag mit einem Räumungsantrag gehäuft, sind die getrennt berechneten Einzelwerte zu addieren (§ 39 Abs. 1).
- **Nutzungsentgelt:** Da nicht über Bestand oder Dauer eines Mietverhältnisses gestritten wird, sondern um eine Zahlungsverpflichtung (BGH NJW-RR 2005, 938; OLG Frankfurt a. M. BeckRS 2013, 10968). Auch, wenn der Streit über künftiges, nach Vertragsbeendigung zu zahlendes, Nutzungsentgelt geführt wird (OLG Frankfurt a. M. JurBüro 1980, 761; § 9 ZPO gilt).
- **Räumung:** Bei einem Räumungsverlangen, wenn die Mitbenutzung der Wohnung nur tatsächlich gestattet war (OLG Frankfurt a. M. BeckRS 2009, 13810); § 3 ZPO ist anwendbar.
- **Vertragsinhalt:** Es gilt § 3 ZPO, wenn auf Feststellung des Vertragsinhalts geklagt wird, wenn Dauer und Bestand des Rechtsverhältnisses unstreitig sind (OLG Koblenz JurBüro 1977, 1132).
- **Vorlage des Untermietvertrags:** Der Antrag auf Vorlage des Untermietvertrags ist nach § 3 ZPO zu schätzen (BGH NJW-RR 1997, 648).
- **Unentgeltliche Einräumung eines dinglichen Wohnungsrechts:** Es gilt § 3 ZPO (OLG Köln JurBüro 2006, 477).
- **Unentgeltliche Überlassung:** Da an kein „Entgelt" angeknüpft werden kann, gilt § 6 ZPO (OLG München AnwBl. 1966, 231).
- **Untermieterlaubnis:** § 9 ZPO ist anzuwenden (KG BeckRS 2009, 27279 = NZM 2016, 893 und BeckRS 2006, 02570).
- **Wertsicherungsklausel:** Wird auf Anpassung der Zahlung aufgrund einer Wertsicherungsklausel geklagt, richtet sich der Gebührenstreitwert nach § 3 ZPO.
- **Wohnungseigentum:** Es gilt § 6 ZPO, wenn auf Herausgabe der verkauften Eigentumswohnung geklagt wird (*Hartmann* Rn. 19).

III. Wertberechnung nach Abs. 1 (= Streit über Bestand oder Dauer)

6 In den Anwendungsbereich des Abs. 1 fällt der Streit über den **Bestand** oder die **Dauer** eines Miet- Pacht- oder ähnlichen Nutzungsverhältnisses über bewegliche und unbewegliche Sachen. Maßgebend ist das auf die **streitige Zeit** entfallende Entgelt, wenn nicht das einjährige Entgelt geringer ist (Abs. 1 S. 1). Die streitige Zeit ist nach dem Vorbringen der Parteien zu bestimmen. Es geht dabei um die zeitliche Dauer des (behaupteten) Nutzungsverhältnisses bzw. seines Bestandes. Bei divergierendem Parteivorbringen ist auf die längere Dauer abzustellen (*Meyer* Rn. 13).

Beispiel: Der Kläger behauptet eine Mietzeit von 5 Monaten sei vereinbart worden; der Beklagte bringt eine solche von 10 Monaten vor. Für den Gebührenstreitwert sind 10 Monate maßgebend. Würde der Beklagte 15 Monate einwenden, ist die Begrenzung auf die einjährige Miete zu beachten.

7 Mit **Entgelt** ist die auf Grund der Gebrauchsüberlassung vom Mieter oder Pächter vertraglich vereinbarte oder gesetzlich zu erbringende Gegenleistung gemeint (BT-Drs. 15/1971, 154; BGH NJW-RR 2006, 378 und 1997, 648). Abzustellen ist nicht alleine auf die Geldzahlung, sondern auf das gesamte Entgelt, so zB auch

auf Naturalleistungen, Übernahme von öffentlichen Abgaben oder Instandhaltungskosten in Anrechnung auf die Miete, Baukostenzuschüsse (OLG Düsseldorf JurBüro 1992, 114; KG JurBüro 1969, 537; LG Mainz MDR 1996, 1080); auch die vom Mieter zu zahlende Mehrwertsteuer ist hinzuzurechnen (BGH NJW-RR 2006, 378; KG NZM 2000, 659).

Nebenkosten (zB Heizungs-, Warmwasseraufwand) sind nach Abs. 1 S. 2 wegen des Entgeltcharakters dann hinzuzurechnen, wenn sie als **Pauschale** (zB Festbetrag oder fester Prozentsatz) vereinbart sind und **nicht** gesondert abgerechnet werden (BGH NZM 2007, 935). Muss sie der Vermieter oder Verpächter hingegen gesondert abrechnen, werden Nebenkosten nicht als Gegenleistung für die Gebrauchsüberlassung gezahlt und bleiben bei der Gebührenstreitwertberechnung außer Betracht. Wurde das Entgelt in **unterschiedlicher Höhe** vereinbart ist, wenn auf den einjährigen Betrag begrenzt werden muss, der höchste Jahresbetrag der streitigen Zeit maßgebend (BGH NZM 2005, 945 = BeckRS 2005, 12584). Auch bei der Staffelmiete ist auf die höchsten Beträge abzustellen (BGH BeckRS 2007, 18294). Die Wertberechnungsgrundsätze des Abs. 1 gelten auch für die positive oder negative Feststellungsklage und auch in Verbindung mit einer Leistungsklage auf Zahlung von rückständigem Mietzins (BGH NZM 2004, 423). Nach der Rspr. (vgl. OLG Jena BeckRS 2008, 18036 = JurBüro 2008, 534; LG Berlin JurBüro 2001, 96) findet bei der positiven Feststellungsklage ein Wertabschlag von 20% statt. 8

IV. Wertberechnung nach Abs. 2 (= Räumungsstreit)

1. Räumung wegen Beendigung (Abs. 2 S. 1)

Wird **wegen Beendigung** eines Miet- Pacht- oder sonstigen Nutzungsverhältnisses die **Räumung** (= Herausgabe) eines Grundstücks, Gebäudes oder Gebäudeteils verlangt, hat die Gebührenstreitwertberechnung nach den speziellen Maßgaben des Abs. 2 zu erfolgen. Dabei ist es unerheblich, ob daneben auch über den Bestand (zB wegen Anfechtung des Mietvertrages) oder die Dauer des Rechtsverhältnisses gestritten wird (BGH MDR 1995, 530; OLG Bamberg JurBüro 1981, 1047). Der Kläger muss wegen angeblicher Beendigung des Nutzungsverhältnisses einen Räumungsgrund (zB auf Grund Kündigung oder nach einer Zwangsversteigerung; LG Berlin Rpfleger 1990, 35) benennen (OLG Frankfurt a. M. BeckRS 2012, 06108; OLG Stuttgart BeckRS 2012, 05924 = JurBüro 2012, 303). Abs. 2 ist auch auf Heimverträge anwendbar (OLG Stuttgart BeckRS 2005, 10528). Darauf, ob die Beendigung auch tatsächlich eingetreten ist, kommt es nicht an (*Hartmann* Rn. 24). 9

Wenn die Räumung auf mehrere Kündigungen gestützt wird, wirkt dies nicht streitwerterhöhend (KG MDR 2012, 455; OLG München NZM 2001, 749). Der Räumungstitel ermöglicht die Vollstreckung nach § 885 ZPO aber nicht die Handlungsvollstreckung nach § 887 ZPO zur Beseitigung der vom Beklagten errichteten Gebäudeteile oder Einbauten (OLG Celle NJW 1962, 595; Zöller/*Seibel* ZPO § 885 Rn. 15 und § 887 Rn. 3; *Derleder* JurBüro 1994, 452). Insoweit muss ein Beseitigungsanspruch eigenständig mittituliert werden und ist dann auch selbstständig zu bewerten (OLG Hamburg NJW-RR 2001, 576; aA BGH NJW-RR 1995, 781). 10

Maßgebend ist der **Jahresbetrag** des zu zahlenden Entgelts, wenn nicht das auf die streitige Zeit entfallende geringer ist (OLG Stuttgart JurBüro 2012, 303; LG Hamburg NZM 2000, 759). Da § 41 Abs. 2 auf Abs. 1 verweist, gilt für die Berech- 11 nung des Räumungsstreitwerts auch Abs. 1 S. 2 (BGH NZM 2007, 935 = BeckRS 2007, 18294; OLG Stuttgart BeckRS 2008, 23182). Eine vom Mieter zu zahlende Mehrwertsteuer ist mit dem Jahresbetrag zu addieren (KG MDR 2013, 561; OLG Düsseldorf ZMR 2011, 806). Abstandszahlungen, die als Gegenleistung für eine vorzeitige Räumung des Mietobjekts geleistet werden (zB Umzugskostenbeihilfe), erhöhen weder den Streitwert noch ergeben sie einen Vergleichsmehrwert (OLG Stuttgart BeckRS 2012, 05924; OLG Hamm NJW-RR 2011, 1224; OLG Karlsruhe BeckRS 2008, 21548). Hingegen erhöhen vergleichsweise vereinbarte Zahlungen für vom Mieter zurückgelassene Sachen den Vergleichswert (LG Meiningen JurBüro 2007, 593). Das gilt auch für eine im Räumungsrechtsstreit erzielt Einigung über eine streitige Mietminderung (OLG Karlsruhe BeckRS 2008, 21548).

2. Räumung auch aus anderem Rechtsgrund (Abs. 2 S. 2)

12 Wird die Räumung (Herausgabe) **nicht nur** wegen der Beendigung des Rechtsverhältnisses, sondern **auch** aus einem **anderen** Rechtsgrund verlangt (zB §§ 985, 861, 812 BGB; KG MDR 2013, 561; OLG Karlsruhe MDR 2004, 906; OLG Bamberg JurBüro 1992, 625), so bestimmt der Jahresbetrag der **Nutzungen** den Gebührenstreitwert. Dieser wird im Normalfall mit dem einjährigen Mietzins identisch sein (*Hartmann* Rn. 30). Die Wertberechnung hat ebenfalls nach Abs. 2 S. 2 zu erfolgen, wenn der Beklagte gegen die alleine auf Eigentum gestützte Räumungsklage ein Miet-, Pacht- oder sonstiges Nutzungsverhältnis **einwendet** (OLG Bamberg JurBüro 1992, 625; KG JurBüro 1978, 892). Das gilt auch, wenn der Vortrag des Klägers einen Herausgabeanspruch aus § 546 BGB rechtfertigt (OLG Karlsruhe BeckRS 2004, 03361 = MDR 2004, 906).

13 Verlangt der Kläger die Räumung aber **alleine** aus einem anderen Rechtsgrund, ist § 6 ZPO anwendbar. Beispiel: Der vom Kaufvertrag zurückgetretene Verkäufer verlangt Herausgabe des Grundstücks (OLG Nürnberg JurBüro 2004, 377; LG Augsburg DGVZ 2005, 95).

V. Wertberechnung nach Abs. 3, 4 (= Räumung und Fortsetzungsanspruch)

14 **Widerspricht** der Mieter der Kündigung und verlangt nach **§§ 574–574b BGB Fortsetzung** des Mietverhältnisses, stellen **Abs. 3 und 4 Additionsverbote** für den Gebührenstreitwert auf. Wird über die Ansprüche auf Räumung von Wohnraum und auf Fortsetzung dieses Mietverhältnisses in **demselben Prozess** verhandelt, werden ihre Werte nicht zusammengerechnet. Maßgebend ist der Jahresmietzins. Streitwertbestimmend ist, bei einer Divergenz beider Werte, der höhere. Das wird im Normalfall der Jahresmietzins sein, auch wenn der Mieter die Fortsetzung zB nur für 6 Monate verlangt (*Meyer* Rn. 21). Der erstinstanzliche Wert ist auch im Rechtsmittelverfahren maßgebend, es sei denn die Beschwer (→ Vor § 48 Rn. 23 ff.) ist geringer. **Beispiel:** Die erste Instanz gibt der Räumungsklage statt; das Rechtsmittelgericht weist den Räumungsanspruch ab und entscheidet auf Fortsetzung des Mietverhältnisses; der Gebührenstreitwert beläuft sich jeweils auf die Jahresmiete.

VI. Wertberechnung nach Abs. 5 (= Mieterhöhung; Instandsetzungsmaßnahmen; Modernisierungs- oder Erhaltungsmaßnahmen)

1. Allgemeines

In den Anwendungsbereich des Abs. 5 fallen nur **Wohnraummietverhältnisse.** Andere Mietverhältnisse (zB über gewerbliche Miete) gehören nicht hierher; der Gebührenstreitwert berechnet sich in diesen Fällen über § 48 Abs. 1 S. 1 nach § 9 ZPO. Das gilt ebenso für Pachtverträge und den Erbbauzinsanspruch (BGH NJW-RR 2012, 1041; Thomas/Putzo/*Hüßtege* ZPO § 3 Rn. 57; *Mümmler* JurBüro 1980, 971). Kann die Höhe der Mietminderung oder Mieterhöhung nach Instandsetzungs- bzw. Erhaltungsmaßnahmen nicht konkret festgestellt werden, ist nach § 287 ZPO eine Schätzung vorzunehmen (*Meyer* Rn. 28). Der Streitwert einer Klage auf Feststellung einer Minderung der Miete ist nicht nach Abs. 5, sondern nach § 48 Abs. 1 S. 1 iVm §§ 3, 9 ZPO zu bestimmen (BGH BeckRS 2016, 12964; → Rn. 5, 17). 15

2. Mieterhöhung (S. 1 Alt. 1)

Für den Gebührenstreitwert der **Mieterhöhungsklage** (§§ 558ff. BGB) ist der Jahresbetrag der vom Vermieter zusätzlich, uU im Wege einer Klageerhöhung, verlangten Miete maßgebend (*Hartmann* Rn. 35). Es sei denn das Mietverhältnis endet vor einem Jahr ab Klageerhebung, dann ist nur der niedrigere Betrag anzusetzen (Abs. 1 S. 1 und 5 S. 2). Zahlt der Mieter bereits vor Klageeinreichung freiwillig eine (teilweise) höhere Miete, so wird dadurch der Wert nicht gemindert, denn es kommt darauf an was „zusätzlich gefordert" wird (aA LG Bremen WoM 1982, 131). 16

3. Instandsetzungsmaßnahmen (S. 1 Alt. 2)

Ansprüche des **Mieters** auf Durchführung von **Instandsetzungsmaßnahmen** oder auf ungestörte Gewährung wegen Mängel der Mietsache, werden mit dem Jahresbetrag einer angemessenen Mietminderung bewertet (LG Dessau-Roßlau BeckRS 2012, 06995). Das gilt auch für den Gegenstand eines selbstständigen Beweisverfahrens (*Hartmann* Rn. 37). Zum Gebührenstreitwert der Klage eines Mieters gegen den Vermieter auf Feststellung der Berechtigung zur Mietminderung → Rn. 5 „Mietminderungsfeststellungsklage". 17

4. Modernisierungs- oder Erhaltungsmaßnahmen (S. 1 Alt. 3)

Aus sozialpolitischen Gründen wird auch der Anspruch des **Vermieters** auf **Duldung** von Modernisierungs- oder Erhaltungsmaßnahmen durch den Mieter auf den Jahresbetrag einer möglichen Mieterhöhung begrenzt. Beabsichtigt der Vermieter nach Durchführung der Maßnahmen die Erhöhung oder Neueinführung von Nebenkostenvorauszahlungen, sind diese Beträge ebenfalls zu berücksichtigen (LG Berlin BeckRS 2018, 14726). 18

§ 42 Wiederkehrende Leistungen

(1) [1]Bei Ansprüchen auf wiederkehrende Leistungen aus einem öffentlich-rechtlichen Dienst- oder Amtsverhältnis, einer Dienstpflicht oder einer Tätigkeit, die anstelle einer gesetzlichen Dienstpflicht geleistet werden kann, bei Ansprüchen von Arbeitnehmern auf wiederkehrende Leistungen sowie in Verfahren vor Gerichten der Sozialgerichtsbarkeit, in denen Ansprüche auf wiederkehrende Leistungen dem Grunde oder der Höhe nach geltend gemacht oder abgewehrt werden, ist der dreifache Jahresbetrag der wiederkehrenden Leistungen maßgebend, wenn nicht der Gesamtbetrag der geforderten Leistungen geringer ist. [2]Ist im Verfahren vor den Gerichten der Verwaltungs- und Sozialgerichtsbarkeit die Höhe des Jahresbetrags nicht nach dem Antrag des Klägers bestimmt oder nach diesem Antrag mit vertretbarem Aufwand bestimmbar, ist der Streitwert nach § 52 Absatz 1 und 2 zu bestimmen.

(2) [1]Für die Wertberechnung bei Rechtsstreitigkeiten vor den Gerichten für Arbeitssachen über das Bestehen, das Nichtbestehen oder die Kündigung eines Arbeitsverhältnisses ist höchstens der Betrag des für die Dauer eines Vierteljahres zu leistenden Arbeitsentgelts maßgebend; eine Abfindung wird nicht hinzugerechnet. [2]Bei Rechtsstreitigkeiten über Eingruppierungen ist der Wert des dreijährigen Unterschiedsbetrags zur begehrten Vergütung maßgebend, sofern nicht der Gesamtbetrag der geforderten Leistungen geringer ist.

(3) [1]Die bei Einreichung der Klage fälligen Beträge werden dem Streitwert hinzugerechnet; dies gilt nicht in Rechtsstreitigkeiten vor den Gerichten für Arbeitssachen. [2]Der Einreichung der Klage steht die Einreichung eines Antrags auf Bewilligung der Prozesskostenhilfe gleich, wenn die Klage alsbald nach Mitteilung der Entscheidung über den Antrag oder über eine alsbald eingelegte Beschwerde eingereicht wird.

I. Allgemeines

1 Ansprüche auf **wiederkehrende Leistungen** beruhen auf einem einheitlichen Rechtsverhältnis und werden in bestimmten zeitlichen Abständen regelmäßig wiederkehrend fällig. Die Streitwertberechnung dieser Ansprüche ist in § 9 ZPO sowie § 42 geregelt. Bei einer Klage auf wiederkehrende Leistungen ist der **Zuständigkeits- oder Rechtsmittelstreitwert** (→ Vor § 48 Rn. 23ff.) nach § 9 ZPO zu bestimmen. Über § 48 Abs. 1 S. 1 richtet sich grds. auch die Berechnung des **Gebührenstreitwerts** danach. Liegt den Ansprüchen auf wiederkehrende Leistungen jedoch ein Rechtsverhältnis der in **Abs. 1** genannten Art zu Grunde, geht § 42 **als lex specialis,** § 9 ZPO vor. Der Streitwert für die Gerichtsgebühren und gleichermaßen auch für die Rechtsanwaltsgebühren (vgl. § 23 Abs. 1 S. 1 und 3 RVG), wird in diesen Fällen aus sozialen Gründen abgesenkt (OLG Brandenburg MDR 2003, 335; OVG Münster FamRZ 2002, 35; LAG Nürnberg NZA 2014, 262). Infolgedessen bindet eine gerichtliche Wertfestsetzung für den Zuständigkeits- oder Rechtsmittelstreitwert den Gebührenstreitwert nicht (§ 62 S. 1; → § 62 Rn. 3). Soweit allerdings § 42 **unanwendbar** ist, zB bei Rentenzahlung nach §§ 823, 843, 845 BGB (= unerlaubte Handlung) oder § 225 BEG (BGH JurBüro 1959, 87), §§ 10ff.

StVG, §§ 21 ff. LuftVG (= Gefährdungshaftung), § 253 BGB (= Schmerzensgeldrente; OLG Zweibrücken JurBüro 1978, 1550) oder Impfschaden (= Aufopferung; BGH JurBüro 1970, 389), kommt über § 48 Abs. 1 S. 1, **§ 9 ZPO** zum Tragen. In den Eilverfahren, die auf Erlass eines Arrestes oder einer einstweiligen Verfügung gerichtet sind (§§ 916 ff. ZPO), hat **§ 53** Vorrang. In **Unterhaltssache**n als Familienstreitsachen (vgl. §§ 112 Nr. 3, 231 Abs. 1 FamFG) erfolgt die Streitwerberechnung nach **§ 51 FamGKG.** § 42 findet auch in Verfahren auf Vollstreckbarerklärung eines ausländischen Unterhaltsurteils Anwendung (OLG Dresden FamRZ 2006, 564).

Abs. 2 regelt die Wertberechnung für Bestands-, Kündigungs- und Eingruppierungsstreitigkeiten vor der **Arbeitsgerichtsbarkeit.** 2

Der Wertberechnung ist der zum **Zeitpunkt** der Klageeinreichung fällige Einzelanspruch (§ 40) zu Grunde zu legen (OLG Frankfurt a. M. FamRZ 1989, 297). Ergänzend dazu bestimmt **Abs. 3 S. 1 Hs. 1** ein Additionsgebot für **Rückstände,** die der Kläger aus der Zeit vor Klageeinreichung, zusätzlich verlangt. Sie müssen dem Jahresbetrag hinzugerechnet werden. In Verfahren vor den Gerichten für Arbeitssachen verbietet aber Abs. 3 S. 1 Hs. 2 die Addition. 3

Bewertungsvorschläge für praktisch wichtige Fallkonstellationen gibt der „Streitwertkatalog für die Arbeitsgerichtsbarkeit" in der überarbeiteten Fassung vom 9.2.2018 (https://arbeitsgerichtsbarkeit.hessen.de/themen-von-z/wertfestsetzung-streitwertkatalog; abgedruckt in NZA 2018, 498; siehe auch Anhang zu § 42). Zu seiner Anwendung vgl. LAG Nürnberg NZA-RR 2013, 549. 4

II. Wiederkehrenden Leistungen (Abs. 1)

1. Anwendungsbereich

Die Wertberechnung hat nach **Abs. 1** zu erfolgen, wenn die Streitigkeit **Ansprüche auf wiederkehrende Leistungen** zum Gegenstand hat deren Rechtsgrundlage sich aus einem öffentlich-rechtlichen Dienst- oder Amtsverhältnis, einer Dienstpflicht oder einer Tätigkeit, die anstelle einer gesetzlichen Dienstpflicht geleistet werden kann, ergibt. Abs. 1 erfasst ferner Ansprüche von Arbeitnehmern auf wiederkehrende Leistungen sowie Verfahren vor Gerichten der Sozialgerichtsbarkeit in denen Ansprüche auf wiederkehrende Leistungen dem Grunde oder der Höhe nach geltend gemacht oder abgewehrt werden. Diese Streitigkeiten betreffen somit überwiegend Ansprüche aus **abhängiger Stellung** (OLG Köln JurBüro 1995, 255). Hierher gehören zB Gehalts-, und Pensionsansprüche der Beamten, Richter und Soldaten sowie Lohnansprüche der Arbeitnehmer (LAG Köln BeckRS 9998, 20748 zu § 12 Abs. 7 S. 2 ArbGG). Erfasst werden auch Ansprüche von Mitgliedern des Vertretungsorgans einer Handelsgesellschaft, einer Genossenschaft oder einer jur. Person (BGH NJW 1981, 2465). Auch die Ansprüche angestellter Ärzte und Juristen gehören dazu (LAG Hamm AnwBl. 1976, 166), soweit es um **wiederkehrende** Bezüge (zB die Altersversorgung durch ein berufsständisches Versorgungswerk; OVG Münster JurBüro 1997, 197) oder um eine Aufwandsentschädigung geht, Das gilt auch für den Anspruch auf Nutzungsüberlassung eines Firmenwagens für dienstliche Zwecke und Privatfahrten (LAG Hamburg BeckRS 2012, 72973). Auch bei einer Bestandsstreitigkeit über ein privatrechtliches dauerndes Dienstverhältnis vor der ordentlichen Gerichtsbarkeit, ist der Gebührenstreitwert über § 48 Abs. 1 nach § 3 ZPO in Anlehnung an Abs. 1 zu berechnen (BGH NJW-RR 2006, 213: Hauptgeschäftsführer einer Handwerks- 5 kammer). Das gilt auch für die Streitwertberechnung einer Klage, die auf Feststellung des Nichtbestehens eines zivilrechtlichen Dienstverhältnisses gerichtet ist (LG Hamburg NZS 2002, 336: Vorstandsmitglied einer gesetzlichen Krankenkasse).

6 **Unanwendbar** ist Abs. 1 auf Ansprüche selbstständiger Unternehmer, freiberuflich Tätiger (zB Arzt, Rechtsanwalt), Handwerker sowie Handelsvertreter (LAG Nürnberg NZA-RR 2001, 53). Ferner auch dann, wenn keine wiederkehrende Leistung verlangt wird. Das ist zB der Fall, wenn der Anspruch auf eine Beihilfe, eine einmalige Zuwendung, Gewinnbeteiligung oder Sozialhilfeleistung gerichtet ist (OVG Bremen JurBüro 2002, 80).

2. Wertberechnungsgrundsätze

7 Als Gebührenstreitwert ist der **dreifache Jahresbetrag** der wiederkehrenden Leistung maßgebend, es sei denn, der geforderte Gesamtbetrag ist geringer (LAG Köln NZA-RR 2004, 433). **Rückstände** aus der Zeit vor Klageeinreichung werden, ausgenommen in Rechtsstreitigkeiten vor den Arbeitsgerichten (Abs. 3 S. 1 Hs. 2; → Rn. 2), hinzugerechnet (Abs. 3). Bei unbestimmten Zahlungsanträgen in Rechtsstreitigkeiten vor der Sozial- und Verwaltungsgerichtsbarkeit verweist Abs. 1 S. 2 die Streitwertberechnung zu § 52 Abs. 1 und 2.

III. Bestimmte Arbeitssachen (Abs. 2)

1. Anwendungsbereich

8 Die Berechnung des Gebührenstreitwerts in Verfahren vor den **Arbeitsgerichten** bei **Bestands-, Kündigungs- und Eingruppierungsstreitigkeiten** ist in **Abs. 2** spezialgesetzlich geregelt. Ist Gegenstand des Streits aber eine Zahlungspflicht ohne, dass der Bestand des Arbeitsverhältnisses davon berührt wird (zB Arbeitsentgelt, Betriebsrente), ist Abs. 1 anzuwenden. Das gilt auch, wenn ausschließlich Rückstände wiederkehrender Leistungen eingeklagt werden (BAG MDR 2003, 532). Wird mit der Kündigungsschutzklage zusätzlich die **Weiterbeschäftigung** verlangt (dazu: BAG NZA 1985, 702), werden beide Gegenstände, da sie nicht vollständig wirtschaftlich identisch sind, addiert (§ 39 Abs. 1; LAG Köln NZA-RR 2008, 380 und MDR 2002, 1441; LAG Nürnberg JurBüro 2000, 82). Der Streitwert des **Weiterbeschäftigungsanspruchs** ist, wenn er als „Reflex" mit eingeklagt wird, auf einen Monatslohn (brutto) zu bestimmen (LAG Hamburg BeckRS 2002, 30459470; LAG Köln MDR 2002, 1441; LAG Nürnberg JurBüro 2000, 82; vgl. dazu auch *Brinkmann* JurBüro 2005, 119 mwN). Da Abs. 2 nur auf Bestandsstreitigkeiten vor der Arbeitsgerichtsbarkeit anzuwenden ist (OLG Köln JurBüro 1995, 255; LAG Düsseldorf NZA-RR 2002, 324), erfolgt nach einer Verweisung an das ordentliche Gericht die Wertberechnung nach § 3 ZPO (BGH NJW-RR 2006, 213; *Mümmler* JurBüro 1979, 173).

9 Nach Abs. 2 S. 1 Hs. 2 wird eine **Abfindung** nicht hinzugerechnet. Das Additionsverbot gilt aber nur für Abfindungen die nach §§ 9, 10 KSchG gezahlt werden, so dass Abfindungen die auf Grund anderer Rechtsgrundlagen gewährt werden (zB Sozialplanabfindung oder Nachteilsausgleich nach § 113 Abs. 1 BetrVG) dem Streitwert hinzugerechnet werden (LAG Rheinland-Pfalz NZA-RR 2015, 440; LAG Köln NZA-RR 2008, 380).

2. Wertberechnungsgrundsätze

a) Allgemeines. Den Gebührenstreitwert der **Bestands- und Kündigungsstreitigkeiten** (zum Begriff vgl. LAG Nürnberg NZA-RR 2014, 261 (262) begrenzt Abs. 2 S. 1 auf **„höchstens“** das für ein **Vierteljahr** zu zahlende Arbeitsentgelt. Demnach ist im Regelfall der Dreimonatsverdienst für den Gebührenstreitwert maßgebend, es sei denn, der Bestand des Arbeitsverhältnisses wird für einen geringeren Zeitraum geltend gemacht (BAG BeckRS 2011, 69148). Der Höchstbetrag stellt aber keinen Regelstreitwert dar, sondern legt die obere Grenze der gerichtlichen Ermessensausübung iVm § 3 ZPO fest (LAG Rheinland-Pfalz NZA-RR 2005, 131). So kann zB eine kurze Dauer des Arbeitsverhältnisses zu einem Streitwertabschlag führen. Dabei ist nicht auf die bisherige Dauer des Arbeitsverhältnisses abzustellen. Maßgebend ist vielmehr das wirtschaftliche Interesse des Klägers am Streitgegenstand (LAG Rheinland-Pfalz BeckRS 2011, 72924 = NZA-RR 2015, 440). Dafür ist der Fortbestand des Arbeitsverhältnisses, von der der Kläger zum Zeitpunkt der Klageerhebung ausgeht, ausschlaggebend (§ 40). Ein auf unbestimmte Zeit gerichteter Feststellungsantrag ist deshalb grundsätzlich, unabhängig von der bisherigen Dauer des Arbeitsverhältnisses, mit dem Vierteljahreseinkommen zu bewerten (LAG Baden-Württemberg NZA-RR 2014, 152). Es sei denn, es wird nur ein Fortbestandszeitraum von unter 3 Monaten geltend gemacht (s. auch „Streitwertkatalog“ Nr. 20). 10

Eingruppierungsstreitigkeiten sind nach Abs. 2 S. 2 mit dem dreijährigen Unterschiedsbetrag zwischen derzeitiger und verlangter Vergütung zu bewerten, es sei denn der geforderte Gesamtbetrag ist geringer. Dabei bleibt es auch, wenn der Streit mehr als drei Jahre umfasst (LAG Berlin MDR 1988, 346). 11

b) Einzelfälle der Wertberechnung

- **Abfindung:** Bei Bestandsstreitigkeiten bleiben Abfindungen unberücksichtigt (Abs. 3 S. 1 Hs. 2; vgl. dazu auch LAG Rheinland-Pfalz NZA-RR 2015, 440; LAG Düsseldorf MDR 2001, 598). Auch → Rn. 6a. 12
- **Abmahnung:** Streitigkeiten um die Rücknahme einer Abmahnung und ihre Entfernung aus der Personalakte werden idR mit einem Monatslohn bewertet (BAG NZA 2007, 829; LAG Köln BeckRS 2003 30463542); bei mehrfacher Abmahnung sind die Einzelstreitwerte, begrenzt auf ein Vierteljahresentgelt, zu addieren (LAG Sachsen NZA-RR 2015, 268; LAG Berlin-Brandenburg BeckRS 2015, 65166; LAG Berlin MDR 2003, 1021; Hess LAG MDR 2000, 1278); Folgeabmahnungen sind mit 1/3 des Monatslohns zu bewerten (LAG Sachsen-Anhalt BeckRS 2013, 65931;
- **Änderungskündigung:** Nimmt der Arbeitnehmer die mit der Kündigung angebotene Vertragsänderung *nicht an,* dann steht die Streitigkeit in direktem Zusammenhang mit dem Bestand des Arbeitsverhältnisses und es ist höchstens der dreimonatige Bruttoarbeitslohn maßgebend (Abs. 2 S. 1; LAG Rheinland-Pfalz NZA-RR 2007, 604; LAG Hamburg JurBüro 1997, 593; LAG Berlin MDR 1999, 170: idR 2 Monatsvergütungen). Wird die Änderungskündigung hingegen unter *Vorbehalt* angenommen (vgl. §§ 2, 4 S. 2 KSchG), dann geht es im anschließenden Kündigungsschutzprozess nicht unmittelbaren um den Bestand des Arbeitsverhältnisses, deshalb werden in Rspr. und Literatur unterschiedliche Meinungen zur Streitwertberechnung bei dieser Fallgestaltung vertreten: Nach Auffassung des LAG Baden-Württemberg NZA-RR 2010, 47 ist nach Abs. 1 der dreijährige Differenzbetrag zwischen bisherigem und angestrebtem Brutto-

arbeitslohn maßgebend, begrenzt jedoch auf den dreimonatigen Bruttolohn (so auch: LAG Rheinland-Pfalz NZA-RR 2007, 604; LAG Köln MDR 2005, 14; LAG Hamburg JurBüro 1997, 593 mwN). Das LAG Brandenburg (JurBüro 2000, 309) stellt grds. auf die vierteljährliche Vergütungsdifferenz ab (so im Ergebnis auch: LAG Nürnberg NZA-RR 2014, 261; s. auch Streitwertkatalog 4. „Änderungskündigung").

- **Arbeitsentgelt:** Ein 13. Gehalt ist bei der Streitwertberechnung anteilig zu berücksichtigen (LAG Hessen NZA-RR 1999, 660 = MDR 2000, 165; LAG Köln MDR 1996, 05); Zuwendungen aus besonderen Anlässen, die keinen Entgeltcharakter haben (zB Weihnachts- und Urlaubsgeld), hingegen nicht (LAG Hessen NZA-RR 1999, 660 = MDR 2000, 165).
- **Arbeitspapiere:** Wird Herausgabe oder Ausfüllung der Arbeitspapiere verlangt ist ein Streitwert von grds. 250 Euro je Papier anzusetzen (LAG Dresden MDR 2001, 960; LAG Köln MDR 2000, 670). Handelt es sich um reine Bescheinigungen zB hinsichtlich sozialversicherungsrechtlicher Vorgänge (zB Lohnsteuer) sind 10% einer Monatsvergütung pro Arbeitspapier maßgebend (SW-Katalog 7.1 „Arbeitspapiere").
- **Arbeitszeitveränderung:** Bei einem Streit über deren Herabsetzung werden zwei Monatslöhne angesetzt (LAG Berlin JurBüro 2001, 252). Geht es um Erhöhung kommen 1 – 3 Monatslöhne in Ansatz (LAG Köln JurBüro 2016, 422). So auch SW-Katalog Nr. 8. „Arbeitszeitveränderung".
- **Aufhebungsvertrag:** Es gilt, auch wenn dadurch die Arbeitgeberkündigung vermieden wird, die Begrenzung auf den vierteljährlichen Bruttolohn (BAG DB 2000, 2436).
- **Aufhebungsvertrag und Abfindung:** Der Gebührenstreitwert einer Klage auf Zahlung einer, auf einen Aufhebungsvertrag gestützten Abfindung, unterliegt nicht den Beschränkungen des Abs. 2 S. 1; abzustellen ist auf den eingeklagten Betrag (LAG Rheinland-Pfalz NZA-RR 2015, 440.
- **Auflösungsantrag:** Der Auflösungsantrag, der nach §§ 9, 13, 14 KSchG im Kündigungsrechtsstreit gestellt wird, hat keinen selbstständigen Wert (LAG Nürnberg NZA-RR 2006, 44; LAG Saarbrücken JurBüro 1975, 800) aA LAG Berlin (JurBüro 2000, 307: ein Monatslohn.
- **Betriebsrentenansprüche:** Die Geltendmachung von Betriebsrentenansprüchen fällt in den Anwendungsbereich des Abs. 1 S. 1 (BAG NZA 2015, 1471).
- **Betriebsübergang:** Bei einer auf den Betriebsübergang gestützten Kündigungsschutz- und Feststellungsklage gegen Veräußerer und Erwerber liegt nur ein Streitgegenstand vor, so dass keine Addition stattfindet (LAG Sachsen BeckRS 2012, 72418 = JurBüro 2013, 139; s auch „Streitwertkatalog" Nr. 13).
- **Drittschuldnerklage** (§ 840 ZPO): Wird auch auf künftige Lohnzahlung an den Vollstreckungsgläubiger geklagt, ist Abs. 1 anzuwenden; nach Abs. 2 S. 1 bleiben Rückstände unberücksichtigt (LAG Schleswig-Holstein JurBüro 2001, 196 mwN).
- **Einstellungsanspruch:** Das Vierteljahresentgelt ist anzusetzen (LAG Berlin BeckRS 2006, 41475).
- **Feststellungsklage:** Abs. 1 S. 1 ist anwendbar, wenn mit einer positiven Feststellungsklage Ansprüche auf wiederkehrende Leistungen geltend gemacht werden; ein pauschaler Abschlag ist nicht veranlasst (BAG NZA 2015, 1471).
- **Fortbestehensantrag** Ein neben der Bestandsstreitigkeit zusätzlich gestellter Antrag auf Feststellung des Fortbestehens des Arbeitsverhältnisses (Schleppnetzantrag) hat keinen eigenen Wert und bleibt deshalb unberücksichtigt (LAG Köln

NZA-RR 2008, 380; LAG Nürnberg MDR 2004, 718). Isoliert gestellt, ist er nach Abs. 2 S. 1 zu bewerten („Streitwertkatalog" Nr. 17.1).

- **Kündigungsschutz:** Werden im selben Verfahren eine außerordentliche Kündigung und eine vorsorgliche ordentliche Kündigung angegriffen, ist, wenn die Kündigungen auf dieselben Gründe gestützt werden, höchstens das Vierteljahresentgelt maßgebend (LAG Düsseldorf BeckRS 2018, 9305).
- **Künftiger Lohn:** Für die Streitwertberechnung einer Klage auf künftige Lohnzahlung samt Urlaubs- und Weihnachtsgeld (vgl. §§ 258, 259 ZPO) gilt Abs. 1. Wird der Zahlungsantrag jedoch mit einer Bestandsschutzklage (zB Kündigungsschutzklage) gehäuft, ist die Streitwertberechnung umstritten. Nach LAG Hamm (JurBüro 2002, 312) bedingt der sozialpolitische Zweck des Abs. 2 S. 1 (damals: § 12 Abs. 7 S. 1 ArbGG) eine teleologische Reduktion des Abs. 1 (damals: § 13 Abs. 7 S. 2 ArbGG). Es ist deshalb der (zusätzliche) Antrag auf künftige Lohnzahlung nur mit einem Monatslohn zu bewerten (kritisch: *Heimann* JurBüro 2003, 7).
- **Mehrere Kündigungen:** Richtet sich die Kündigungsschutzklage in einem Rechtsstreit gegen eine außerordentliche und eine vorsorglich erklärte ordentliche Kündigung, ist der Streitwert einheitlich zu bemessen; es erfolgt keine Addition (LAG Rheinland-Pfalz BeckRS 2007, 45138; LAG Berlin MDR 2003, 1203). Sind mehrere Feststellungsanträge gegen verschiedene Kündigungsgründe gerichtet, die nicht einem einheitlichen Lebensvorgang zuzuordnen sind (zB personen- und betriebsbedingte Kündigungen), sind die Werte zusammenzurechnen (LAG Nürnberg JurBüro 2005, 97). Handelt es sich aber um Folgekündigungen mit Veränderung des Beendigungszeitpunktes, dann ist für jede weitere Kündigung die Entgeltdifferenz zwischen den verschiedenen Endzeitpunkten, jeweils begrenzt nach Abs. 2, maßgebend (LAG Köln NZA-RR 2008, 380; „Streitwertkatalog" Nr. 21.3; aA LAG Rheinland-Pfalz BeckRS 2007, 45138).
- **Mehrere Kündigungsschutzprozesse:** Ob die Parteien noch weitere Kündigungsschutzprozesse führen, ist bei der Streitwertbemessung unbeachtlich (BAG BeckRS 2011, 69148).
- **Nachvertragliches Wettbewerbsverbot:** IdR ist ein Jahreseinkommen anzusetzen (LAG Köln NZA-RR 2005, 547).
- **Nebentätigkeit:** Wird sie während der Freistellung vergleichsweise zugelassen, ergibt sich kein Mehrwert (LAG Köln NZA-RR 2009, 504).
- **Rückstände:** In Verfahren vor den Arbeitsgerichten gilt nach Abs. 3 S. 1 Hs. 2 ein Additionsverbot (vgl. auch LAG Köln NZA-RR 2004, 433).
- **Teilzeitarbeitsverhältnis:** Der Streitwert einer Klage auf Herabsetzung der Arbeitszeit nach dem TzBfG ist auf zwei Monatslöhne festzusetzen (LAG Düsseldorf JurBüro 2002, 144; LAG Berlin MDR 2004, 967 und MDR 2001, 636).
- **Vergleichsmehrwert:** Soweit im Kündigungsrechtsstreit über einzelne Ansprüche, nicht losgelöst von der Bestandsstreitigkeit um das Arbeitsverhältnis gestritten wird, ist kein Mehrwert anzusetzen (LAG Köln NZA-RR 2009, 503).
- **Weiterbeschäftigung:** → Rn. 16.
- **Wiedereinstellung:** Der Wiedereinstellungsantrag ist eigenständig mit einem Monatslohn zu bewerten (ArbG Regensburg JurBüro 2001, 310; vgl. dazu auch: *Heimann* JurBüro 2001, 287).
- **Zeugniserteilung:** Wird mit der Klage (auch) ein qualifiziertes Zeugnis verlangt, ist ein Bruttomonatslohn maßgebend (LAG Nürnberg NZA-RR 2014, 261; LAG Köln MDR 2004, 1067 und 2001, 717; Sächs LAG MDR 2001,

282). Das gilt auch für eine Zeugnisregelung in einem Vergleich (LAG Hamburg BeckRS 2017, 129254). Beim Zwischenzeugnis ist ein halber Monatslohn als Streitwert angemessen (Sächsisches LAG MDR 2001, 8239); ist der Klageantrag auf eine qualifizierte Zwischenzeugniserteilung gerichtet, ist ein Bruttomonatslohn gerechtfertigt (ArbG Hamburg JurBüro 2005, 428).

IV. Rückstände (Abs. 3)

1. Allgemeines

13 Rückstände wiederkehrender Leistungen aus der Zeit vor Klageeinreichung werden dem Streitwert, ausgenommen in Arbeitssachen, hinzugerechnet (Abs. 3 S. 1). Der Klageeinreichung steht die Einreichung eines Antrags auf Bewilligung der Prozesskostenhilfe gleich, wenn die Klage alsbald (vgl. §§ 167, 696 Abs. 3 ZPO; BGH NJW 2009, 1213; BeckOK ZPO/*Dörndorfer* ZPO § 696 Rn. 5; Thomas/Putzo/*Hüßtege* ZPO § 696 Rn. 12) nach Mitteilung der Entscheidung über den Antrag oder eine alsbald eingelegte Beschwerde eingereicht wird (Abs. 3 S. 2). Ein im Einreichungsmonat bereits fälliger Betrag ist Rückstand (OLG Karlsruhe JurBüro 2011, 530).

2. Einzelfälle

14 – **Feststellungsklage:** Geht der Kläger von der Feststellungsklage zur Leistungsklage über, so sind die bis zur Klageänderung angefallenen Rückstände hinzuzurechnen (BGH NJW 1951, 802).
– **Klageerhöhung:** Ob bei einer rückwirkenden Klageerhöhung nach Klageeinreichung streitwerterhöhende Rückstände entstehen, ist strittig: Nach OLG Köln (FamRZ 2004, 1226) sind Beträge, die auf die Zeit zwischen Klageeinreichung und Klageerhöhung fallen Rückstände nach Abs. 3 (so auch: OLG Karlsruhe FamRZ 1986, 195; *Schneider* MDR 1991, 198); aA OLG Brandenburg MDR 2003, 335; OLG Hamburg MDR 1983, 1032; *Hartmann* Rn. 60).
– **Prozesskostenhilfe:** → Rn. 10.
– **Stufenklage:** Mit Einreichung der Stufenklage wird auch der noch nicht bezifferte Zahlungsanspruch anhängig (BGH NJW-RR 1995, 513 und NJW 1981, 1731; auch → § 44 Rn. 1).

Anhang zu § 42

Streitwertkatalog für die Arbeitsgerichtsbarkeit[1]

Überarbeitete Fassung vom 9. Februar 2018

Vorbemerkung

Auf der Basis der ersten Fassung eines einheitlichen Streitwertkatalogs für die Arbeitsgerichtsbarkeit aus dem Jahre 2013 hat die Streitwertkommission unter Auswertung der Stellungnahmen und Vorschläge aus der Anwaltschaft, von Seiten der Gewerkschaften und der Arbeitgeberverbände, von Seiten der Versicherungswirtschaft und aus der Richterschaft eine überarbeitete Fassung des Streitwertkatalogs erstellt. Auch künftig soll der Streitwertkatalog weiter entwickelt werden.

Der Streitwertkatalog kann selbstverständlich nur praktisch wichtige Fallkonstellationen aufgreifen, ebenso selbstverständlich sind die darin enthaltenen Bewertungsvorschläge zugeschnitten auf die entsprechenden typischen Fallkonstellationen. Die Aussagen des Katalogs sind verfahrensbezogen zu sehen und gelten nicht verfahrensübergreifend.

Trotz dieser Einschränkungen versteht sich der Streitwertkatalog als Angebot auf dem Weg zu einer möglichst einheitlichen Wertrechtsprechung in Deutschland, im Interesse der Rechtssicherheit und Rechtsklarheit für alle Beteiligten. Er beansprucht jedoch keine Verbindlichkeit.

I. Urteilsverfahren

Nr.	Gegenstand
1.	**Abfindung und Auflösungsantrag, tarifliche Abfindung, Sozialplanabfindung, Nachteilsausgleich**
	Wird im Kündigungsrechtsstreit eine gerichtliche Auflösung des Arbeitsverhältnisses beantragt (§§ 9, 10 KSchG; § 13 Abs. 1 S. 3–5, Abs. 2 KSchG; § 14 Abs. 2 S. 2 KSchG), führt dies nicht zu einer Werterhöhung. Wird in der Rechtsmittelinstanz isoliert über die Auflösung gestritten, gilt § 42 Abs. 2 S. 1 GKG; wird isoliert über die Abfindungshöhe gestritten, ist maßgebend der streitige Differenzbetrag, höchstens jedoch das Vierteljahresentgelt. Eine im Vergleich vereinbarte Abfindung in entsprechender Anwendung der §§ 9, 10 KSchG ist nicht streitwerterhöhend; Vereinbarungen über andere Abfindungen oder einen Nachteilsausgleich im Vergleich können hingegen zu einer Werterhöhung führen. Wird hingegen über eine Sozialplanabfindung, über eine tarifliche Abfindung oder über einen Fall des Nachteilsausgleichs nach § 113 Abs. 1 BetrVG gestritten, richtet sich der Wert nach dem streitigen Betrag. Ggf. ist das zum Hilfsantrag (siehe I. Nr. 18) Ausgeführte zu beachten.

[1] Amtl. Anm.: **Allgemeiner Hinweis:** Personenbezogene Bezeichnungen beziehen sich auf alle Geschlechter. Zur besseren Lesbarkeit wird im Text nur die männliche Form verwendet.

Nr.	Gegenstand
2.	**Abmahnung**
2.1	Der Streit über eine Abmahnung wird – unabhängig von der Anzahl und der Art der darin enthaltenen Vorwürfe und unabhängig von dem Ziel der Klage (Entfernung, vollständige Entfernung, ersatzlose Entfernung, Zurücknahme/Widerruf, Feststellung der Unwirksamkeit) – mit 1 Monatsvergütung[1] bewertet.
2.2	Mehrere in einem Verfahren angegriffene Abmahnungen werden mit maximal dem Vierteljahresentgelt bewertet.[1]
3.	**Abrechnung**
	Reine Abrechnung nach § 108 GewO, gegebenenfalls auch kumulativ mit einer Vergütungsklage: 5% der Vergütung für den geltend gemachten Abrechnungszeitraum.
4.	**Änderungskündigung** – bei Annahme unter Vorbehalt – und sonstiger **Streit über den Inhalt des Arbeitsverhältnisses:**
4.1	1 Monatsvergütung[1] bis zu einem Vierteljahresentgelt[1] je nach dem Grad der Vertragsänderung.
4.2	Bei Änderungskündigungen mit Vergütungsänderung oder sonstigen messbaren wirtschaftlichen Nachteilen: 3-fache Jahresdifferenz, mindestens 1 Monatsvergütung, höchstens die Vergütung für ein Vierteljahr.[1]
5.	**Altersteilzeitbegehren**
	Bewertung entsprechend I. Nr. 4.
6.	**Annahmeverzug**
	Wird in einer Bestandsstreitigkeit im Wege der Klagehäufung Annahmeverzugsvergütung geltend gemacht, bei der die Vergütung vom streitigen Fortbestand des Arbeitsverhältnisses abhängt, so besteht nach dem Beendigungszeitpunkt eine wirtschaftliche Identität zwischen Bestandsstreit und Annahmeverzug. Nach § 45 Abs. 1 S. 3 GKG findet keine Wertaddition statt. Der höhere Wert ist maßgeblich.
7.	**Arbeitspapiere**
7.1	Handelt es sich hierbei nur um reine Bescheinigungen z. B. hinsichtlich sozialversicherungsrechtlicher Vorgänge, Urlaub oder Lohnsteuer: pro Arbeitspapier 10% einer Monatsvergütung.[1]
7.2	Nachweis nach dem Nachweisgesetz: 10% einer Monatsvergütung.[1]
8.	**Arbeitszeitveränderung**
	Bewertung entsprechend I. Nr. 4.
9.	**Auflösungsantrag nach dem KSchG**
	Dazu wird auf I. Nr. 1 verwiesen.
10.	**Auskunft/Rechnungslegung/Stufenklage** (für leistungsabhängige Vergütung z. B. Provision oder Bonus):
10.1	**Auskunft (isoliert):** von 10% bis 50% der zu erwartenden Vergütung, je nach Bedeutung der Auskunft für die klagende Partei im Hinblick auf die Durchsetzung des Zahlungsanspruchs.
10.2	**Eidesstattliche Versicherung (isoliert):** 10% der Vergütung.

Nr.	Gegenstand
10.3	**Zahlung:** Nennbetrag (ggf. nach der geäußerten Erwartung der klagenden Partei, unter Berücksichtigung von § 44 GKG).
11.	**Befristung, sonstige Beendigungstatbestände**
	Für den Streit über die Wirksamkeit einer Befristungsabrede, einer auflösenden Bedingung, einer Anfechtung des Arbeitsvertrags, einer Eigenkündigung und eines Auflösungs- oder Aufhebungsvertrags gelten die Bewertungsgrundsätze der I. Nrn. 20 und 21 sowie der Nr. 17.
12.	**Beschäftigungsanspruch**
	1 Monatsvergütung.[1]
13.	**Betriebsübergang**
	Bestandsschutzklage gegen Veräußerer und Feststellungs- bzw. Bestandsschutzklage gegen Erwerber: allein Bewertung der Beendigungstatbestände nach I. Nrn. 11, 20 und 21, keine Erhöhung nur wegen subjektiver Klagehäufung (also z. B. bei Klage gegen eine Kündigung des Veräußerers und Feststellungsklage gegen Erwerber im selben Verfahren: Vergütung für ein Vierteljahr).[1] Bestandsschutzklage gegen Veräußerer und Beschäftigungsklage/Weiterbeschäftigungsklage gegen Erwerber: Bewertung nach I. Nrn. 11, 12, 20 und 21, keine Erhöhung allein wegen subjektiver Klagehäufung (also z. B. bei Klage gegen eine Kündigung des Veräußerers und Beschäftigungsklage gegen Erwerber im selben Verfahren: 4 Monatsvergütungen).[1] Alleiniger Streit in Rechtsmittelinstanz über Bestand Arbeitsverhältnis mit Betriebserwerber: Vergütung für ein Vierteljahr.[1]
14.	**Direktionsrecht – Versetzung**
	Von in der Regel 1 Monatsvergütung[1] bis zu einem Vierteljahresentgelt, abhängig vom Grad der Belastungen aus der Änderung der Arbeitsbedingungen für die klagende Partei.
15.	**Einstellungsanspruch/Wiedereinstellungsanspruch**
	Die Vergütung für ein Vierteljahr;[1] ggf. unter Berücksichtigung von I. Nr. 18.
16.	**Einstweilige Verfügung**
16.1	Bei Vorwegnahme der Hauptsache: 100 % des allgemeinen Wertes.
16.2	Einstweilige Regelung: Je nach Einzelfall, idR 50 % des Hauptsachestreitwerts.
17.	**Feststellungsantrag, allgemeiner** (Schleppnetzantrag):
17.1	Allgemeiner Feststellungsantrag isoliert: höchstens Vergütung für ein Vierteljahr.
17.2	Allgemeiner Feststellungsantrag neben punktuellen Bestandsschutzanträgen (Schleppnetzantrag): keine zusätzliche Bewertung (arg. § 42 Abs. 2 S. 1 GKG).
18.	**Hilfsantrag**
	Auch uneigentlicher/unechter Hilfsantrag: Es gilt § 45 Abs. 2 S. 2 und 3 GKG.
19.	**Konkurrentenklage**
19.1	Isolierter Abbruch des Bewerbungsverfahrens: 1 Monatsvergütung.[1]
19.2	Neubescheidung: 2 Monatsvergütungen.[1]
19.3	Übertragung der begehrten Stelle: Vergütung für ein Vierteljahr.[1]

Nr.	Gegenstand
19.4	Einstweilige Verfügung: siehe unter I. 16
20.	**Kündigung (eine)**
	Die Vergütung für ein Vierteljahr[1], es sei denn unter Auslegung des Klageantrags und der Klagebegründung ist nur ein Fortbestand des Arbeitsverhältnisses von unter 3 Monaten im Streit (dann entsprechend geringerer Wert).
21.	**Kündigungen (mehrere):**
21.1	Außerordentliche Kündigung, die hilfsweise als ordentliche erklärt wird (einschließlich Umdeutung nach § 140 BGB): höchstens die Vergütung für ein Vierteljahr[1], unabhängig davon, ob sie in einem oder in mehreren Schreiben erklärt werden.
21.2	Mehrere Kündigungen ohne Veränderung des Beendigungszeitpunkts: keine Erhöhung.
21.3	Folgekündigungen mit Veränderung des Beendigungszeitpunktes: Für jede Folgekündigung die Entgeltdifferenz zwischen den verschiedenen Beendigungszeitpunkten, maximal jedoch die Vergütung für ein Vierteljahr[1] für jede Folgekündigung. Die erste Kündigung – bewertet nach den Grundsätzen der I. Nr. 20 – ist stets die mit dem frühesten Beendigungszeitpunkt, auch wenn sie später ausgesprochen und später angegriffen wird. Die Grundsätze des Absatzes 1 gelten jeweils für die betreffende Instanz. Fallen Klagen gegen einzelne Kündigungen im Laufe des Verfahrens in einer Instanz weg, gelten die Grundsätze des ersten Absatzes ab diesem Zeitpunkt für die in dieser Instanz verbleibenden Kündigungen.
22.	**Rechnungslegung** siehe Auskunft **(I. Nr. 10.)**
23.	**Schadensersatzklage**
	Der Wert einer unbezifferten Schadenersatzklage richtet sich nach dem wirtschaftlichen Interesse der klagenden Partei; abzustellen ist auf die Wahrscheinlichkeit des Schadenseintritts, die Höhe des (auch künftigen) Schadens sowie das Risiko der tatsächlichen Inanspruchnahme.
24.	**Urlaub**
24.1	Klage auf Feststellung des fälligen Urlaubsanspruchs, auf Gewährung von Urlaub und/oder von Urlaubsentgelt: Höhe des Urlaubsentgelts.
24.2	Einstweilige Verfügung auf Freistellung: siehe I. 16.
25.	**Vergleichsmehrwert**
25.1	Ein Vergleichsmehrwert fällt nur an, wenn durch den Vergleichsabschluss ein weiterer Rechtsstreit und/oder außergerichtlicher Streit erledigt und/oder die Ungewissheit über ein Rechtsverhältnis beseitigt werden. Dabei muss gerade über die Frage eines Anspruchs oder Rechts in Bezug auf die jeweilige Regelung zwischen den Parteien Streit und/oder Ungewissheit bestanden haben; keine Werterhöhung tritt ein, wenn es sich lediglich um eine Gegenleistung zur Beilegung des Rechtsstreits handelt. Abzustellen ist auf die Umstände zum Zeitpunkt des Vergleichsabschlusses. Vergleichsweise miterledigte anderweitig rechtshängige Verfahren führen nur dann zu einem Vergleichsmehrwert, wenn sie bei Geltendmachung in einem Verfahren zu einer Werterhöhung führen würden.

Nr.	Gegenstand
25.1.1	Die Veränderung des Beendigungszeitpunkts führt (auch bei Verknüpfung mit einer Erhöhung des Abfindungsbetrages – Turbo- oder Sprinterklausel) nicht zu einem Vergleichsmehrwert.
25.1.2	Wird im Rahmen eines Abmahnungsrechtsstreits oder des Streits über eine Versetzung die Beendigung des Arbeitsverhältnisses vereinbart, ist dies zusätzlich nach I. Nr. 20 zu bewerten.
25.1.3	Typischer Weise wird das Merkmal der „Ungewissheit" insbesondere bei Vereinbarung eines Arbeitszeugnisses mit inhaltlichen Festlegungen zum Leistungs- und Führungsverhalten in einem Rechtsstreit über eine auf Verhaltens- oder Leistungsmängel gestützte Kündigung gegeben sein; dies ist zusätzlich nach I. Nr. 29 zu bewerten.
25.1.4	Nur wenn eine Partei sich eines Anspruchs auf oder eines Rechts zur Freistellung berühmt hat, wird die Freistellungsvereinbarung mit bis zu 1 Monatsvergütung[1] (unter Anrechnung des Werts einer Beschäftigungs- oder Weiterbeschäftigungsklage) bewertet. Die Freistellung wird nur zukunftsbezogen ab dem Zeitpunkt des Vergleichsabschlusses berücksichtigt, etwaige Zeiten einer Freistellung zuvor spielen keine Rolle.
25.1.5	Ausgleichsklauseln erhöhen den Vergleichswert nur, wenn durch sie ein streitiger oder ungewisser Anspruch erledigt wird. Abzustellen ist auf das wirtschaftliche Interesse der in Anspruch genommenen Partei.
25.1.6	Geht es bei der Ausgleichsklausel um den Ausschluss von Forderungen auf Ersatz gegenwärtigen und/oder künftigen Schadens, kommt es auf die Wahrscheinlichkeit des Schadenseintritts, die Höhe des (auch künftigen) Schadens sowie das Risiko der tatsächlichen Inanspruchnahme an.
25.1.7	Kein Mehrwert bei Erledigung bzw. Verpflichtung zur Erledigung/Rücknahme bei behördlichen Verfahren (Integrationsamt, sonstige Arbeitsschutzbehörde) oder Gerichten (Verwaltungsgericht) im Zusammenhang mit Kündigungsverfahren.
25.2	Ist ein Anspruch unstreitig und gewiss, aber seine Durchsetzung ungewiss, wird das Titulierungsinteresse mit 20% des Wertes des Anspruches bewertet.
26.	**Weiterbeschäftigungsantrag incl. Anspruch nach § 102 Abs. 5 BetrVG**
	1 Monatsvergütung.[1]
27.	**Wiedereinstellungsanspruch** siehe Einstellungsanspruch **(I. Nr. 15.)**
28.	**Zahlungsklage – Erhöhungsklage**
	Die Streitwertbemessung hat sich nach dem Leistungsbegehren des Klägers zu richten. Dieses ist durch Auslegung des Klageantrags und seiner Begründung zu ermitteln. Ergibt diese, dass nicht nur ein streitiger Differenzbetrag, sondern eine Titulierung des Gesamtbetrags begehrt wird, bildet letzterer den Streitwert. Ob und ggf. in welchem Umfang die geltend gemachte Forderung dabei im Streit steht, ist unerheblich.
29.	**Zeugnis**
29.1	Erteilung oder Berichtigung eines einfachen Zeugnisses: 10% einer Monatsvergütung.[1]
29.2	Erteilung oder Berichtigung eines qualifizierten Zeugnisses: 1 Monatsvergütung[1], und zwar unabhängig von Art und Inhalt eines Berichtigungsverlangens, auch bei kurzem Arbeitsverhältnis.

Nr.	Gegenstand
29.3	Zwischenzeugnis: Bewertung wie I. Nr. 29.2. Wird ein Zwischen- und ein Endzeugnis (kumulativ oder hilfsweise) im Verfahren verlangt: Insgesamt 1 Monatsvergütung.[1]

II. Beschlussverfahren

Nr.	Verfahrensgegenstand
1.	**Betriebsänderung/Personalabbau**
1.1	Realisierung des Verhandlungsanspruchs: Ausgehend vom Hilfswert nach § 23 Abs. 3 S. 2 RVG wird gegebenenfalls unter Berücksichtigung der Umstände des Einzelfalles, z. B. Inhalt und Bedeutung der Regelungsfrage, eine Erhöhung bzw. ein Abschlag vorgenommen.
1.2	Unterlassung der Durchführung einer Betriebsänderung: Ausgehend von II Nr. 1.1 erfolgt eine Erhöhung nach der Staffelung von II. Nr. 14.7.
2.	**Betriebsratswahl**
2.1	Bestellung des Wahlvorstands: Ausgehend vom Hilfswert des § 23 Abs. 3 S. 2 RVG kann abhängig vom Gegenstand des Mitbestimmungsrechts und der Bedeutung des Einzelfalls sowie des Aufwands eine Herauf- oder Herabsetzung erfolgen; bei zusätzlichem Streit über die Größe des Wahlvorstandes bzw. Einzelpersonen: Erhöhung jeweils um ½ Hilfswert nach § 23 Abs. 3 S. 2 RVG.
2.2	Maßnahmen innerhalb des Wahlverfahrens (incl. einstweilige Verfügungen) z. B.: Abbruch der Wahl: ½ Wert der Wahlanfechtung (siehe II. Nr. 2.3). Zurverfügungstellung von Unterlagen (auch Herausgabe der Wählerlisten): ½ Hilfswert von § 23 Abs. 3 S. 2 RVG.
2.3	Wahlanfechtung (incl. Prüfung der Nichtigkeit der Wahl): ausgehend vom doppelten Hilfswert nach § 23 Abs. 3 S. 2 RVG, Steigerung nach der Staffel gemäß § 9 BetrVG mit jeweils ½ Hilfswert.
3.	**Betriebsvereinbarung**
	Ausgehend vom Hilfswert nach § 23 Abs. 3 S. 2 RVG wird gegebenenfalls unter Berücksichtigung der Umstände des Einzelfalles, z. B. Inhalt und Bedeutung der Regelungsfrage, eine Erhöhung bzw. ein Abschlag vorgenommen.
4.	**Einigungsstelle, Einsetzung nach § 100 ArbGG** bei Streit um:
4.1	Offensichtliche Unzuständigkeit: Höchstens Hilfswert nach § 23 Abs. 3 S. 2 RVG.
4.2	Person des Vorsitzenden: Grundsätzlich ¼ Hilfswert nach § 23 Abs. 3 S. 2 RVG.
4.3	Anzahl der Beisitzer: Grundsätzlich insgesamt ¼ Hilfswert nach § 23 Abs. 3 S. 2 RVG.
5.	**Einigungsstelle, Anfechtung des Spruchs**
	Ausgehend vom Hilfswert nach § 23 Abs. 3 S. 2 RVG wird gegebenenfalls unter Berücksichtigung der Umstände des Einzelfalls, z. B. Inhalt und Bedeutung der Regelungsfrage, eine Erhöhung bzw. ein Abschlag vorgenommen.

Nr.	Gegenstand
6.	**Einigungsstelle, Anfechtung des Spruchs über Sozialplan**
6.1	Macht der Arbeitgeber eine Überdotierung geltend, dann entspricht der Wert des Verfahrens der vollen Differenz zwischen dem festgesetzten Volumen und der von ihm als angemessen erachteten Dotierung.
6.2	Beruft sich der anfechtende Betriebsrat nur auf eine Unterdotierung, dann finden die Grundsätze von § 23 Abs. 3 S. 2 RVG Anwendung.
7.	**Einstweilige Verfügung**
7.1	Bei Vorwegnahme der Hauptsache: 100 % des allgemeinen Werts.
7.2	Einstweilige Regelung: Je nach Einzelfall, idR 50 % des Hauptsachestreitwerts.
8.	**Entsendung von Mitgliedern in den Gesamt- bzw. Konzernbetriebsrat**
	Hilfswert nach § 23 Abs. 3 S. 2 RVG je Mitglied.
9.	**Freistellung eines Betriebsratsmitglieds**
9.1	Freistellung von der Arbeitspflicht im Einzelfall (§ 37 Abs. 2 und 3 BetrVG): Bewertung nach § 23 Abs. 3 S. 2 RVG, abhängig von Anlass und Dauer der Freistellung kann eine Herauf- oder Herabsetzung des Wertes erfolgen.
9.2	Zusätzliche Freistellung (§ 38 BetrVG): Ausgehend vom doppelten Hilfswert des § 23 Abs. 3 S. 2 RVG kann abhängig von der Bedeutung des Einzelfalls sowie des Aufwands eine Herauf- oder Herabsetzung erfolgen.
10.	**Informations- und Beratungsansprüche**
10.1	Ausgehend vom Hilfswert des § 23 Abs. 3 S. 2 RVG kann abhängig vom Gegenstand des Mitbestimmungsrechts und der Bedeutung des Einzelfalls sowie des Aufwands eine Herauf- oder Herabsetzung des Wertes erfolgen.
10.2	Sachverständige/Auskunftsperson: Nichtvermögensrechtliche Streitigkeit: Es ist vom Hilfswert nach § 23 Abs. 3 S. 2 RVG auszugehen, einzelfallabhängig kann eine Herauf- oder Herabsetzung erfolgen.
11.	**Mitbestimmung in sozialen Angelegenheiten**
	Streit über das Bestehen eines Mitbestimmungsrechts: Ausgehend vom Hilfswert des § 23 Abs. 3 S. 2 RVG kann abhängig vom Gegenstand des Mitbestimmungsrechts und der Bedeutung des Einzelfalls (organisatorische und wirtschaftliche Auswirkungen, Anzahl der betroffenen Arbeitnehmer ua) eine Herauf- oder Herabsetzung des Wertes ohne Staffelung erfolgen.
12.	**Mitbestimmung in wirtschaftlichen Angelegenheiten**
	Siehe II. Nr. 1.
13.	**Nichtigkeit einer Betriebsratswahl**
	Siehe Betriebsratswahl (II. Nr. 2.3).
14.	**Personelle Einzelmaßnahmen nach §§ 99, 100, 101 BetrVG**
14.1	**Grundsätzliches:** Es handelt sich um nichtvermögensrechtliche Angelegenheiten; entscheidend sind die Aspekte des Einzelfalles, z. B. die Dauer und Bedeutung der Maßnahme und die wirtschaftlichen Auswirkungen, die zur Erhöhung oder Verminderung des Wertes führen können.

Nr.	Gegenstand
14.2	**Einstellung:** Als Anhaltspunkte für die Bewertung können dienen:
14.2.1	der Hilfswert von § 23 Abs. 3 S. 2 RVG **oder**
14.2.2	die Regelung von § 42 Abs. 2 S. 1 GKG, wobei eine Orientierung am 2-fachen Monatsverdienst des Arbeitnehmers sachgerecht erscheint.
14.3	**Eingruppierung/Umgruppierung:** Die Grundsätze zu II. Nr. 14.1 und 14.2 gelten unter Berücksichtigung des Einzelfalles auch bei diesem Mitbestimmungsrecht, wobei bei der Wertung gemäß II. Nr. 14.2.2 die Orientierung an § 42 Abs. 2 S. 2 GKG vorzunehmen ist. Bei der 36-fachen Monatsdifferenz erfolgt ein Abschlag iHv 25% wegen der nur beschränkten Rechtskraftwirkung des Beschlussverfahrens für den fraglichen Arbeitnehmer.
14.4	**Versetzung:** Je nach Bedeutung der Maßnahme Hilfswert (bei Vorgehensweise nach II. Nr. 14.2.1) oder Bruchteil davon bzw. (bei Vorgehensweise nach II Nr. 14.2.2) 1 bis 2 Monatsgehälter, angelehnt an die für eine Versetzung im Urteilsverfahren genannten Grundsätze.
14.5	Das Verfahren nach **§ 100 BetrVG** wird mit dem ½ Wert des Verfahrens nach § 99 Abs. 4 BetrVG bewertet.
14.6	Das Verfahren nach **§ 101 BetrVG** wird als eigenständiges Verfahren wie das Verfahren nach § 99 Abs. 4 BetrVG bzw. nach 100 BetrVG bewertet. Als kumulativer Antrag in einem Verfahren mit ½ Wert des Verfahrens nach § 99 Abs. 4 bzw. 100 BetrVG.
14.7	Bei **Massenverfahren** (objektive Antragshäufung) mit wesentlich gleichem Sachverhalt, insbesondere bei einer einheitlichen unternehmerischen Maßnahme und parallelen Zustimmungsverweigerungsgründen und/oder vergleichbaren Eingruppierungsmerkmalen, erfolgt – ausgehend von vorgenannten Grundsätzen – ein linearer Anstieg des Gesamtwertes, wobei als Anhaltspunkt folgende Staffelung für eine Erhöhung angewendet wird: – beim **2. bis einschließlich 20.** parallel gelagerten Fall wird für jeden Arbeitnehmer der für den Einzelfall ermittelte Ausgangswert mit 25% bewertet, – beim **21. bis einschließlich 50.** parallel gelagerten Fall wird für jeden Arbeitnehmer der für den Einzelfall ermittelte Ausgangswert mit 12,5% bewertet, – **ab dem 51.** parallel gelagerten Fall wird für jeden Arbeitnehmer der Ausgangswert mit 10% bewertet.
15.	**Sachmittel – Kostenerstattung nach § 40 BetrVG**
15.1	Vermögensrechtliche Streitigkeit: Entscheidend ist die Höhe der angefallenen Kosten/des Wertes der Aufwendungen; bei dauernden Kosten, zB Mietzinszahlungen: Max. 36 Monatsaufwendungen.
15.2	Schulungskosten: Vermögensrechtliche Streitigkeit: Entscheidend ist die Höhe der Schulungskosten, inklusive Fahrtkosten.

Nr.	Gegenstand
16.	**Statusverfahren leitender Angestellter**
	Abzustellen ist auf den Hilfswert nach § 23 Abs. 3 S. 2 RVG; bei objektiver Antragshäufung und gleichliegendem Sachverhalt gilt II. 14.7.
17.	**Unterlassungsanspruch**
	Sowohl für den allgemeinen Unterlassungsanspruch als auch den Anspruch nach § 23 Abs. 3 BetrVG: Festsetzung entsprechend dem Wert des streitigen Mitbestimmungs- oder Mitwirkungsrechts.
18.	**Zuständigkeitsstreitigkeiten/Kompetenzabgrenzung**
18.1	Abgrenzung Zuständigkeit Betriebsratsgremien: Ausgehend vom Hilfswert nach § 23 Abs. 3 S. 2 RVG kann unter Berücksichtigung der Umstände des Einzelfalles eine Erhöhung bzw. ein Abschlag in Betracht kommen.
18.2	Abgrenzung Betrieb/gemeinsamer Betrieb/Betriebsteil: Ausgehend vom Hilfswert nach § 23 Abs. 3 S. 2 RVG kann unter Berücksichtigung der Umstände des Einzelfalles eine Erhöhung bzw. ein Abschlag in Betracht kommen.
19.	**Zustimmungsersetzungsantrag (§ 103 BetrVG)**
	Vergütung des betroffenen Arbeitnehmers für ein Vierteljahr (wegen der Rechtskraftwirkung).

[1] Bei der Berechnung der Vergütung für ein Vierteljahr bzw. der Monatsvergütung ist das arbeitsleistungsbezogene Arbeitsentgelt des auf den Beendigungstermin folgenden Vierteljahreszeitraums zu Grunde zu legen. Jahres- oder sonstige Leistungen werden unabhängig vom Auszahlungszeitpunkt berücksichtigt, wenn sie auch Entgeltcharakter haben. Dabei hat ggf. eine Hochrechnung eines vereinbarten Nettoverdienstes auf den Bruttobetrag zu erfolgen. Das Monatsentgelt errechnet sich mit einem Drittel des Vierteljahresentgeltes.

§ 43 Nebenforderungen

(1) **Sind außer dem Hauptanspruch auch Früchte, Nutzungen, Zinsen oder Kosten als Nebenforderungen betroffen, wird der Wert der Nebenforderungen nicht berücksichtigt.**

(2) **Sind Früchte, Nutzungen, Zinsen oder Kosten als Nebenforderungen ohne den Hauptanspruch betroffen, ist der Wert der Nebenforderungen maßgebend, soweit er den Wert des Hauptanspruchs nicht übersteigt.**

(3) **Sind die Kosten des Rechtsstreits ohne den Hauptanspruch betroffen, ist der Betrag der Kosten maßgebend, soweit er den Wert des Hauptanspruchs nicht übersteigt.**

I. Allgemeines

Für den Gebührenstreitwert stellt § 43 im Verhältnis der Haupt- zur Nebenforderung, in Ausnahme zu § 39 Abs. 1, ein Additionsverbot auf. § 43 Abs. 1 **verbietet** im Geltungsbereich des GKG, so wie § 4 Abs. 1 Hs. 2 ZPO dies für den Zuständig- 1 keits- und Rechtsmittelstreitwert anordnet, die Addition der Hauptforderung mit ihren Nebenforderungen, wenn ein Abhängigkeitsverhältnis besteht („... die außer dem Hauptanspruch auch ..."). Die Nebenforderung hat zwar einen eigenen Entstehungsgrund, sie entsteht jedoch in rechtlicher Abhängigkeit zu einem Hauptanspruch (BGH NJW 1998, 2060 vgl. auch OLG Frankfurt a. M. NJW 2014, 219). Das Abhängigkeitsverhältnis endet nicht dadurch, dass die Nebenforderungen (zB Zinsen) ausgerechnet und betragsmäßig dem Hauptanspruch dazugeschlagen werden (BGH NJW 1998, 2060 u NJW-RR 2004, 1025; OLG Celle BeckRS 2009, 25772). Das gilt auch für entgangenen Gewinn, der als gleichbleibender Hundertsatz einer bestimmten Summe (Zinsen), neben der Hauptforderung eingeklagt wird (BGH NJW 2013, 3100 im Anschluss an BGH NJW 2012, 2446; OLG Nürnberg BeckRS 2014, 19711; aA OLG Frankfurt a. M. NJW 2014, 219).

2 **Nebenforderungen** auf die Abs. 1 anzuwenden ist, sind
- Früchte (vgl. § 99 BGB)
- Nutzungen (vgl. § 100 BGB)
- Zinsen und zwar vertragliche als auch gesetzliche (zB Verzugszinsen); einschließlich Vorfälligkeitszinsen (BGH NJW-RR 2004, 1025); sowie die darauf entfallende Mehrwertsteuer (BGH NJW 1977, 583); nicht: eingeklagte Zinsen einer bereits erledigten Forderung, Thomas/Putzo/*Hüßtege* ZPO § 4 Rn. 9)
- Kosten (gemeint sind vor- und außergerichtliche Kosten).

Beispiele: Mahnkosten auf Grund Verzugs, wie zB die Geschäftsgebühr des Rechtanwalts nach VV 2300 RVG; Inkassokosten; der Aufwand für ein Privatgutachten; die Kosten der Einholung einer Deckungszusage vom Rechtsschutzversicherer (BGH NJW 2014, 3100 mAnm Wendtland). Nicht hierher gehören die Prozesskosten selbst, denn diese werden nicht mit der Klage geltend gemacht, sondern der unterliegenden Partei in der gerichtlichen Entscheidung auferlegt (§§ 91 ff., 308 Abs. 2 ZPO).

3 Da § 43 eine **abschließende** Aufzählung enthält werden andere, dort nicht genannte Nebenforderungen, mit dem Hauptanspruch addiert (§ 39 Abs. 1). Dazu gehören zB:
- Zubehör (§ 97 BGB)
- Mehrwertsteuer; aber nicht die auf die Nebenforderungen entfallende, sie bleibt unberücksichtigt
- Transport- und Lagerkosten
- Frachtaufwand und Zölle (BGH Rpfleger 1976, 427)
- der Anspruch des Versicherungsnehmers gegen den Versicherer auf Freistellung von Gerichtskosten.

II. Nebenforderung und Hauptanspruch (Abs. 1)

4 Werden die in **Abs. 1** genannten Nebenforderungen in **Abhängigkeit** zu ihrem Hauptanspruch gehäuft geltend gemacht, bleiben sie unberücksichtigt. Der Gebührenstreitwert richtet sich alleine nach dem Hauptanspruch. Dies gilt selbst dann, wenn eine gerichtliche oder anwaltliche Handlung alleine die Nebenforderung betrifft. Davon sind aber die Konstellationen einer **Verselbstständigung** der Nebenforderungen zu unterscheiden, denn in diesen Fällen gilt das Additionsverbot des Abs. 1 nicht. Zu einer Verselbständigung kommt es zB in folgenden Fällen:
- Bei *Schuldumschaffung* (Novation) nach § 781 BGB (= abstraktes Schuldanerkenntnis, OLG Koblenz JurBüro 1999, 197).

- Im *Kontokorrentverhältnis* nach §§ 355 ff. HGB (beim Abschluss einer Rechnungsperiode werden nämlich die Zinsen mit der Hauptforderung saldiert und damit zu deren Bestandteil).
- Bei einer Klage auf Einwilligung in die Auszahlung *hinterlegter Geldbeträge* (in diesem Falle werden die Hinterlegungszinsen Bestandteil der gesamten Hinterlegungsmasse; BGH NJW 1967, 930.)
- Wenn eine *Zwangssicherungshypothek* auch für kapitalisierte Zinsrückstände eingetragen wird; in diesem Fall werden die rückständigen Zinsen nicht als Nebenforderung geltend gemacht (§ 866 Abs. 3 S. 1 Hs. 2 ZPO; MüKoZPO/*Dörndorfer* ZPO § 866 Rn. 10; aA OLG München Rpfleger 2012, 138).
- Durch *gesonderte (alleinige)* Geltendmachung der Nebenforderung (BGH FamRZ 2009, 867; Thomas/Putzo/*Hüßtege* ZPO § 4 Rn. 9).
- Nach *Erledigung der Hauptsache* während des Rechtsstreits. Jetzt wird die Nebenforderung nicht mehr „neben" ihrer Hauptforderung geltend gemacht. Bei teilweiser Erledigung der Hauptforderung, zB durch teilweise Klagrücknahme oder Erledigungsklärung, werden die auf den erledigten Teil entfallenden Zinsen oder die vorprozessualen Kosten, selbst Hauptforderung (BGH NJW 2012, 2523, NJW 2008, 999 und NJW 1958, 342; OLG Frankfurt BeckRS 2014, 08309).
- wenn die Hauptforderung mit der Klage geltend gemacht wird, die Nebenforderung aber Gegenstand einer *Widerklage* ist (OLG Rostock BeckRS 2012, 19785).

III. Nebenforderung ohne Hauptanspruch (Abs. 2)

5 Nach **Abs. 2** ist, wenn „Früchte, Nutzungen, Zinsen oder Kosten als Nebenforderungen ohne den Hauptanspruch betroffen" werden, bei der Berechnung des Gebührenstreitwerts nur auf den Wert der Nebenforderungen abzustellen. Begrenzt wird der Streitwert aber auf den Wert des Hauptanspruchs. Praktische Bedeutung erlangt diese Regelung, wenn sich das gerichtliche Verfahren (zB ein Rechtsmittel) alleine auf die Nebenforderung bezieht. Abs. 2 ist aber nur anwendbar, wenn die Hauptforderung **ebenfalls** noch rechtshängig ist. Die Nebenforderung muss eben als **solche** betroffen sein, aber alleine (vgl. dazu *Wielgoss* JurBüro 1999, 127). Bei Wegfall der Hauptforderung wird sie nämlich selbst zum Hauptanspruch (→ Rn. 4). Ist der Zinsanspruch zunächst Gegenstand eines Rechtsmittels und die Hauptforderung derjenige eines Anschlussrechtsmittels, ist Abs. 2 unanwendbar und es darf nicht addiert werden (*Meyer* Rn. 12).

6 Zu unterscheiden davon ist die Konstellation, dass die Nebenforderungen, weil die Hauptforderung bereits (teilweise) erledigt und deshalb ausgeschieden ist, **selbst** zum Hauptanspruch wird (→ Rn. 4). In diesem Fall findet auch keine Begrenzung auf den Wert der Hauptforderung statt.

7 **Beispiel 1:** K, vertreten durch RA R, klagt gegen B auf Zahlung von 10.000 Euro nebst 5% Zinsen über dem Basiszinssatz in Höhe von 556 Euro. Nach Klagezustellung erfüllt der Beklagte sofort die Hauptforderung; die Zinsen bestreitet er und beantragt insoweit Klageabweisung. Im gerichtlichen Verhandlungstermin wird nur über den Zinsanspruch verhandelt und darüber ein Vergleich geschlossen. Gebührenstreitwert?

a) **Gerichtsgebühren**
   - 3,0 Verfahrensgebühr (KV 1210) aus 10.000 Euro (§ 43 Abs. 1)

b) **Gebühren des Rechtsanwalts R**
   - 1,3 Verfahrensgebühr VV 3100 RVG aus 10.000 Euro (§ 23 Abs. 1 S. 1 RVG, § 43 Abs. 1)

- 1,2 Terminsgebühr VV 3104 RVG aus 556 Euro (§ 23 Abs. 1 S. 1 RVG, § 43 Abs. 2)
- 1,0 Einigungsgebühr VV 1000, 1003 RVG aus 556 Euro (§ 23 Abs. 1 S. 1 RVG, § 43 Abs. 2)

8 **Beispiel 2:** K, vertreten durch RA R, klagt gegen B auf Zahlung von 10.000 Euro nebst 5% Zinsen hieraus für 1 Jahr. Nach streitiger Verhandlung nimmt K die Klage um 4.000 Euro (Hauptforderung) zurück; die Zinsen hingegen macht er weiter aus 10.000 Euro geltend. Nach Erörterung der restlichen Ansprüche des Klägers werden sie verglichen. Ergebnis für den Gebührenstreitwert hinsichtlich der Nebenforderungen:
Im Unterschied zu Beispiel 1 ist der Zinsanspruch nach teilweiser Rücknahme der Klage jetzt aus 4.000 Euro selbst Hauptanspruch geworden, denn das Abhängigkeitsverhältnis endete insoweit. Die nach der teilweisen Klagerücknahme entstehenden Rechtsanwaltsgebühren (zB Einigungsgebühr VV 1000, 1003 RVG) fallen aus 6.200 Euro an (= restliche 6.000 Euro Hauptforderung + 200 Euro auf den zurückgenommenen Hauptanspruch entfallende Zinsen).

IV. Kosten des Rechtsstreits (Abs. 3)

9 Im Unterschied zu Abs. 1, 2 und § 4 Abs. 1 Hs. 2 ZPO betrifft **Abs. 3** die Kosten des **anhängigen Rechtsstreits.** Sind nämlich „die Kosten des Rechtsstreits ohne den Hauptanspruch betroffen, ist der Betrag der Kosten maßgebend, soweit er den Wert des Hauptanspruchs nicht übersteigt". Hierher gehören alle Kosten des Verfahrens, auch die außergerichtlichen. Anwendbar ist Abs. 3 aber nur, wenn der Streit über den Hauptanspruch **und** über alle Nebenforderungen des Abs. 1 bereits erledigt ist (*Hartmann* Rn. 9). Betrifft die gebührenpflichtige Tätigkeit (zB Terminsvertretung oder Vergleichsabschluss) zusätzlich auch einen (geringen) Teil des Hauptanspruchs bzw. den einer Nebenforderung, bleiben die Verfahrenskosten völlig unberücksichtigt. Liegen die Voraussetzungen für eine Anwendung des Abs. 3 vor, ist als Streitwert der Betrag aller bis zur Erledigung der Hauptsache, einschließlich der Nebenforderungen, angefallenen gerichtlichen und außergerichtlichen Kosten beider Parteien zu ermitteln.

§ 44 Stufenklage

Wird mit der Klage auf Rechnungslegung oder auf Vorlegung eines Vermögensverzeichnisses oder auf Abgabe einer eidesstattlichen Versicherung die Klage auf Herausgabe desjenigen verbunden, was der Beklagte aus dem zugrunde liegenden Rechtsverhältnis schuldet, ist für die Wertberechnung nur einer der verbundenen Ansprüche, und zwar der höhere, maßgebend.

I. Allgemeines

1 Die Stufenklage (§ 254 ZPO) stellt einen besonderen Fall der **objektiven** Klagehäufung dar. Sie erlaubt in der letzten Stufe, in Ausnahme zu § 253 Abs. 2 Nr. 2 ZPO, einen unbestimmten Antrag (BGH NJW 2000, 1645; vgl. dazu auch *Schneider* JurBüro 1977, 92). Die verbundenen Anträge auf Rechnungslegung, Vorlage eines Vermögensverzeichnisses sowie auf Auskunftserteilung (= 1. Stufe), Abgabe der eidesstattlichen Versicherung (= 2. Stufe) sowie auf Zahlung oder Herausgabe (= 3. Stufe) sind auf ein **wirtschaftlich identisches** Ziel gerichtet. Es geht dem Kläger nämlich um die Durchsetzung eines Leistungsbegehrens (OLG Bamberg

FamRZ 1997, 40). Der unbezifferte Zahlungsantrag wird bereits mit Erhebung der Stufenklage und nicht erst mit seiner Bezifferung rechtshängig (BGH NJW-RR 1995, 513; OLG Koblenz NJW 2015, 832). § 44 stellt für die Berechnung des **Gebührenstreitwerts** der Stufenklage ein **Additionsverbot** auf. Im gesamten Geltungsbereich des GKG (vgl. § 1) ist damit die Addition der Einzelstreitwerte verboten. Für den **Zuständigkeits- und Rechtsmittelstreitwert** gilt dagegen § 5 Hs. 1 ZPO. Danach sind die mehreren Ansprüche zusammenzurechnen (hM; OLG Brandenburg MDR 2002, 536; Zöller/*Herget* ZPO § 3 Rn. 16; Thomas/Putzo/*Hüßtege* ZPO § 3 Rn. 141). Für den Stufenantrag in Familienstreitsachen stellt § 38 FamGKG ebenfalls ein Additionsverbot auf.

II. Die Wertberechnung

1. Maßgebender Zeitpunkt

Da der Kläger mehrere Ansprüche häuft, wären an sich nach der Grundregel des § 39 Abs. 1 die Werte sämtlicher Anträge zusammenzurechnen. In Ausnahme dazu **verbietet** § 44 wegen der **wirtschaftlichen Identität** der Anträge die Addition und bestimmt: „… so ist für die Wertberechnung nur einer der verbundenen Ansprüche, und zwar der höhere, maßgebend …“. Da alle Anträge, auch der unbezifferte Leistungsantrag, bereits mit der Klageerhebung rechtshängig werden (OLG Hamburg FamRZ 1983, 602), muss die Wertberechnung auf den **Zeitpunkt** des Eingangs der Klageschrift abstellen (§ 40). Notfalls ist eine Schätzung des höheren Anspruchs, das ist meistens der Zahlungsanspruch, vorzunehmen (BGH FamRZ 2014, 1445; OLG Koblenz NJW-RR 2015, 832; OLG Nürnberg FamRZ 2004, 962; OLG Celle MDR 2003, 55; OLG Dresden MDR 1998, 64; *Hartmann* Rn. 4; aA KG MDR 1997, 598 = NJW-RR 1998, 418: Die Erkenntnisse des Gerichts am Ende der Instanz sind maßgebend). Der höhere Anspruch ist auch dann maßgebend, wenn die Stufenklage „steckenbleibt“ (OLG Karlsruhe BeckRS 2015, 17608 zu § 38 FamGKG). Wird das Verfahren, weil zB das Gericht die gesamte Klage bereits nach der ersten Stufe abweist, nicht bis zur letzten Stufe durchgeführt, ist auf die Vorstellungen des Klägers bezüglich der Höhe der Leistung abzustellen (BGH MDR 1992, 1091; OLG Frankfurt a. M. JurBüro 1999, 303). 2

2. Bewertung der ersten Stufe

Die Ansprüche auf *Rechnungslegung und Vorlage eines Vermögensverzeichnisses* (vgl. § 259 Abs. 1 BGB) können sich auf verschiedene Grundlagen stützen. Solche Ansprüche sind zB in §§ 666, 675 Abs. 1, 687, 1978, 2130 BGB und § 340 HGB geregelt. *Auskunftspflichten* (vgl. § 260 Abs. 1 BGB) bestehen zB nach §§ 2027, 2127 BGB (vgl. dazu auch Palandt/*Grüneberg* BGB § 260 Rn. 2ff.). Sie sind Hilfsmittel für die Bezifferung des Zahlungsanspruchs (BGH NJW 2000, 1645). Für den Streitwert der ersten Stufe ist das, nach **§ 3 ZPO,** zu schätzende **Interesse** des Klägers an der damit bezweckten Vorbereitung des Zahlungsanspruchs maßgebend (BGH MDR 2016, 348 und FamRZ 1993, 1189; OLG Köln VersR 1976, 1154). Es wird im Normalfall geringer sein, als die auf Zahlung oder Herausgabe gerichtete letzte Stufe (BGH NJW 2016, 714 mAnm *Greger* in MDR 2016, 505; OLG München MDR 1972, 247). Das Interesse des Klägers, das von Fall zu Fall zu beurteilen ist, wird von der Rechtsprechung mit *1/10* bis *1/4* der Leistungsstufe angenommen 3

(BGH MDR 2016, 714 und FamRZ 2006, 619; OLG Bamberg FamRZ 1997, 40; Thomas/Putzo/*Hüßtege* ZPO § 3 Rn. 21, 21a). Höher als der Leistungsanspruch, den sie vorbereitet, kann ihr Streitwert nicht sein (OLG Köln VersR 1976, 1154). Legt der Beklagte gegen die Verurteilung zur Auskunftserteilung oder Rechnungslegung Rechtsmittel ein, ist der Streitwert der zweiten Instanz nach Zeit und Umfang des dazu erforderlichen Aufwandes zu bestimmen (BGH FamRZ 2016, 1448 mAnm Schneider in NZFam 2016, 699 und NJW-RR 2005, 74). Der Zeitaufwand ist mit dem Entschädigungssatz für Zeugen nach § 20 JVEG zu bewerten (BGH FamRZ 2016, 116 und 1348).

3. Bewertung der zweiten Stufe

4 Der Streitwert des Anspruchs auf **eidesstattliche Versicherung** (vgl. § 259 Abs. 2 BGB) ist ebenfalls nach dem **Interesse** des Klägers, das er an der Abgabe der Versicherung hat, nach **§ 3 ZPO** zu schätzen (BGH FamRZ 2017, 225; OLG Bamberg FamRZ 1997, 40). Die Schätzung kann sich am Mehrbetrag, den der Kläger von der eidesstattlichen Versicherung erwartet, orientieren (OLG Bamberg FamRZ 1997, 40; KG Rpfleger 1962, 120; *Hartmann* Rn. 6). Er kann nicht höher sein als der Wert des Rechnungslegungs- oder Auskunftsanspruchs (*Meyer* Rn. 9). Im Normalfall kann man ihn mit 50% der ersten Stufe annehmen (OLG Köln Rpfleger 1977, 116).

4. Bewertung der dritten Stufe

5 Maßgebend ist der vom Kläger **verlangte Geldbetrag** oder der **Verkehrswert** der herauszugebenden Sachen (§ 48 Abs. 1 S. 1 iVm § 6 S. 1 ZPO). Danach richten sich gerichtliche Verfahrensgebühr und Rechtsanwaltsgebühren (§ 23 Abs. 1 S. 1 RVG). Der Wert einer der vorangegangenen Stufen kann für eine Gebühr nur maßgebend sein, wenn sich die gebührenauslösende Handlung oder Tätigkeit **nur** auf sie bezogen hat (zB Terminwahrnahme).

§ 45 Klage und Widerklage, Hilfsanspruch, wechselseitige Rechtsmittel, Aufrechnung

(1) **[1]In einer Klage und in einer Widerklage geltend gemachte Ansprüche, die nicht in getrennten Prozessen verhandelt werden, werden zusammengerechnet. [2]Ein hilfsweise geltend gemachter Anspruch wird mit dem Hauptanspruch zusammengerechnet, soweit eine Entscheidung über ihn ergeht. [3]Betreffen die Ansprüche im Fall des Satzes 1 oder 2 denselben Gegenstand, ist nur der Wert des höheren Anspruchs maßgebend.**

(2) **Für wechselseitig eingelegte Rechtsmittel, die nicht in getrennten Prozessen verhandelt werden, ist Absatz 1 Satz 1 und 3 entsprechend anzuwenden.**

(3) **Macht der Beklagte hilfsweise die Aufrechnung mit einer bestrittenen Gegenforderung geltend, erhöht sich der Streitwert um den Wert der Gegenforderung, soweit eine der Rechtskraft fähige Entscheidung über sie ergeht.**

(4) **Bei einer Erledigung des Rechtsstreits durch Vergleich sind die Absätze 1 bis 3 entsprechend anzuwenden.**

Übersicht

I. Allgemeines

1 Die Vorschrift regelt die Berechnung des **Gebührenstreitwerts** beim Zusammentreffen von *Klage und Widerklage* (Abs. 1 S. 1 und 3), *Haupt- und Hilfsantrag* (Abs. 1 S. 2), *wechselseitig eingelegten Rechtsmitteln* (Abs. 2) sowie bei *Hilfsaufrechnung* (Abs. 3). Bei einer *vergleichsweisen Erledigung* des Rechtsstreits sind Abs. 1–3 entsprechend anzuwenden (Abs. 4). § 45 geht als lex specialis § 5 ZPO vor, der für die Berechnung des **Zuständigkeits- und Rechtsmittelstreitwerts** gilt. Die Wertfestsetzung für die sachliche Zuständigkeit oder die Rechtsmittelzulässigkeit bindet deshalb den Gebührenstreitwert nicht (§ 62 S. 1). § 45 ist im gesamten Geltungsbereich des GKG (vgl. § 1) anzuwenden.

II. Klage und Widerklage (Abs. 1 S. 1, 3)

1. Allgemeines

2 Mit der Widerklage macht der Beklagte gegen den Kläger im **selben** Verfahren einen **selbstständigen** Anspruch geltend. Gebührenrechtliche Folgen treten bereits ein, wenn der Schriftsatz des Beklagten bei Gericht eingeht (Zustellung ist insoweit nicht erforderlich; *Hartmann* Rn. 4) oder die Widerklage im Termin mündlich zu Protokoll erhoben wird. Auf ihre Zulässigkeit kommt es nicht an. **Prozessrechtlich** erfordert die Zulässigkeit der Widerklage aber das eigenständige Vorliegen der allgemeinen und besonderen Prozessvoraussetzungen (Thomas/Putzo/*Hüßtege* ZPO § 33 Rn. 8). Die örtliche Zuständigkeit folgt aus §§ 12ff. ZPO. § 33 Abs. 1 ZPO begründet einen besonderen Gerichtsstand, aber keine besondere Prozessvoraussetzung für die Widerklage (Thomas/Putzo/*Hüßtege* ZPO § 33 Rn. 1; Zöller/*Schultzky* ZPO § 33 Rn. 1). Für die sachliche Zuständigkeit besteht nach § 5 Hs. 2 ZPO ein Additionsverbot: Die Gegenstände von Klage und Widerklage dürfen nicht zusammengerechnet werden. Wird aber, nachdem Klage

zum Amtsgericht erhoben wurde, eine Widerklage mit Landgerichtsstreitwert rechtshängig, so gewährleistet § 506 ZPO den Verfahrenszusammenhang beider Klagen: Auf Antrag einer der Prozessparteien hat das Amtsgericht sich für sachlich unzuständig zu erklären und den Rechtsstreit an das Landgericht zu verweisen. Die Verbindung beider Klagen in einem Verfahren bleibt somit erhalten und die Verweisung führt dazu, dass über die Klage mit amtsgerichtlichem Streitwert das Landgericht entscheidet. Zulässig ist auch eine **Hilfswiderklage** (Eventualwiderklage; BGH NJW 1996, 2165); ihr Gegenstand wird bereits mit Zustellung des Schriftsatzes rechtshängig (OLG Stuttgart Rpfleger 1980, 488). Als bedingte Klage ist sie entweder an den Erfolg der Klage (= eigentliche Hilfswiderklage) oder an den Misserfolg der Klage (= uneigentliche Hilfswiderklage) geknüpft (BGH NJW 2009, 148). Wird die Hilfswiderklage mit Landgerichtsstreitwert erhoben, ist der Rechtsstreit erst im Falle des Bedingungseintritts zu verweisen (BGH NJW-RR 1999, 1736; Stein/Jonas/*Roth* ZPO § 5 Rn. 56; Zöller/*Herget* ZPO § 3 Rn. 16 „Eventualwiderklage"). Macht der Beklagte im anhängigen Rechtsstreit mit einem **Zwischenantrag** einen Schadensersatzanspruch gegen den Kläger nach §§ 302 Abs. 4, 600 Abs 2, 717 Abs. 2 ZPO aufgrund der Vollstreckung aus einem Vorbehaltsurteil bzw. einem vorläufig vollstreckbaren Urteil geltend, wirkt dieser Antrag wie eine Widerklage (*Hartmann* Rn. 4).

2. Gebührenstreitwert

3 **a) Derselbe Prozess.** Die Anwendung des Abs. 1 S. 1, 3 setzt zunächst voraus, dass die beiden Klagen **nicht** in getrennten Prozessen verhandelt werden. Ordnet das Gericht **Prozesstrennung** nach § 145 Abs. 1, 2 ZPO an, so liegen ab Trennung gesonderte Verfahren vor, die von diesem Zeitpunkt an eigenständig zu bewerten sind. Die gerichtliche und anwaltliche Verfahrensgebühr entsteht in diesem Fall mehrfach aus den jeweiligen Einzelstreitwerten. Wurde bereits vor der Trennung auf die Gebühr gezahlt, muss anteilig verrechnet werden. Umgekehrt kann bei **Prozessverbindung** (§ 147 ZPO) die Konstellation einer Klage- und Widerklagesituation entstehen, wenn dieselben Parteien mit wechselseitigen Parteirollen beteiligt sind. Da der Verbindung gebührenrechtlich keine rückwirkende Kraft zukommt (KG Rpfleger 1973, 441; *Hartmann* Rn. 7), bleiben die vor der Verbindung entstandenen Gebührenansprüche unberührt, sie sind aus den jeweiligen Einzelstreitwerten anzusetzen (OLG Koblenz BeckRS 2005, 06736; OLG Hamm BeckRS 2005, 07583).

4 **b) Klage- und Widerklagegegenstände.** Treffen in einem Rechtsstreit Klage und Widerklage aufeinander, bestimmt sich die Berechnung des **Gebührenstreitwerts** nach Abs. 1 S. 1, 3. Die Vorschrift verdrängt § 5 Hs. 2 ZPO, der für den Zuständigkeits- und Rechtsmittelstreitwert gilt (→ Rn. 1). **Abs. 1 S. 1** bestimmt für die mit Klage und Widerklage geltend gemachten Ansprüche ein **Additionsgebot. Abs. 1 S. 3** schränkt jedoch ein: Sind die Gegenstände beider Klagen **identisch** (= nämlich), ist die Addition verboten und es ist alleine auf den höheren Anspruch abzustellen. Bei der Gebührenstreitwertberechnung kommt es deshalb entscheidend darauf an, wie die Merkmale **„Ansprüche"** und **derselbe „Gegenstand"** zu verstehen sind. Beide Begriffe sind nicht im Sinne des prozessualen Streitgegenstandes zu verstehen (BGH NJW-RR 2005, 506), denn eine Widerklage, die mit dem Streitgegenstand der Klage erhoben wird, ist aufgrund anderweitiger Rechtshängigkeit sofort unzulässig. Der Gegenstandsbegriff iS Abs. 1 S. 1, 3 ist als kosten-

rechtlich selbständiger Begriff zu verstehen, der eine wirtschaftliche Betrachtung erfordert BGH BeckRS 2013, 11006). Rechtsprechung (BGH NJW-RR 2005, 506) und Schrifttum (Stein/Jonas/*Roth* ZPO § 5 Rn. 48; vgl. auch *Müller/Rabe* JurBüro 2015, 3) haben ihn so interpretiert: Mit „Gegenstand" ist der **materielle Anspruch** bzw. das materielle Rechtsverhältnis das Klage und Widerklage betreffen gemeint. Ob im Einzelfall zu addieren ist, lässt sich am besten anhand der von der Rechtsprechung entwickelten **Identitätsformel** beurteilen: **Ein** Gegenstand liegt vor, wenn die beiderseitigen Ansprüche sich dergestalt ausschließen, dass die Zuerkennung des einen die Aberkennung des anderen notwendigerweise bedingt (hM; BGH MDR 2003, 716 und NJW-RR 1992, 1404; OLG Brandenburg FamRZ 2004, 963). Die Anwendung des Abs. 1 S. 3 setzt weiter die Identität des **wirtschaftlichen Interesses** der beiden Anträge voraus (OLG München BeckRS 2015, 12043).

Umgekehrt sind **verschiedene** Gegenstände betroffen, wenn die beiden Ansprüche materiell nebeneinander bestehen können, so dass das Gericht gleichzeitig beiden Klagen stattgeben kann. Werden mit der Klage und der Widerklage **Teilansprüche** aus demselben Rechtsverhältnis geltend gemacht ist ausnahmsweise zu addieren, da unterschiedliche Vermögenspositionen betroffen werden (BGH MDR 2014, 627). 5

Beispiele: K klagt gegen B auf Rückzahlung der geleisteten Anzahlung auf eine Werklohnforderung; B erhebt Widerklage auf Zahlung des Restbetrages. Addition? 6
Hier ist zwar das gleiche materielle Rechtsverhältnis (= Werkvertrag) betroffen, so dass bei strikter Anwendung der „Identitätsformel" nicht zu addieren wäre. Gibt das Gericht nämlich der Klage statt, muss die Widerklage zwangsläufig abgewiesen werden. Da wirtschaftlich betrachtet jedoch unterschiedliche und abgrenzbare Teile der gesamten Werklohnforderung betroffen werden, sind die Gegenstände zusammenzurechnen (BGH MDR 2014, 627; OLG Celle AnwBl. 1964, 177; OLG Nürnberg AnwBl. 1983, 89).

c) Derselbe Gegenstand (= Nämlichkeit). Klage und Widerklage betreffen bei folgenden Fallgestaltungen **denselben** Gegenstand iSd Abs. 1 S. 3: 7

Fallgruppe 1 = *der Streit wird um den Bestand einer Sicherheit geführt:* 8
- Dingliche Klage aus einer Hypothek oder Grundschuld; Widerklage auf Herausgabe des Briefes bzw. auf Löschung der Sicherheit.
- Klage aus einem Schuldschein oder einem Wertpapier auf Zahlung; Widerklage auf Herausgabe der Urkunde (OLG Stuttgart MDR 1980, 678).
- Klage auf Bewilligung der Eintragung einer Hypothek; Widerklage auf Bewilligung der Löschung der dafür eingetragenen Vormerkung (*Hartmann* Rn. 16).

Gegenstand beider Klagen im **materiellen** Sinne ist die Sicherheit bzw. die verbriefte Forderung: Gibt das Gericht der Klage statt, dann bejaht es den Bestand der Sicherheit (= den dinglichen Anspruch bzw. die Forderung aus dem Papier) und muss zwingend die Widerklage abweisen. 9

Fallgruppe 2 = *Feststellungs- und Leistungsklage:* 10
- Klage auf Herausgabe eines Kraftfahrzeugs; Widerklage auf Herausgabe des Kraftfahrzeugbriefes (KG Rpfleger 1962, 120). Anders: Klage auf Herausgabe des Kraftfahrzeugs; Widerklage auf Zahlung des Werklohns (OLG Hamm Rpfleger 1990, 40).
- Klage auf Zahlung; Widerklage auf Erteilung einer Quittung.
- Klage auf Leistung aus einem Vertrag; Widerklage auf Feststellung des Nichtbestehens des Vertrags (BGH NJW-RR 1992, 1404).
- Klage auf Mietzinszahlung; Widerklage auf Feststellung, dass kein Mietverhältnis besteht (BGH JurBüro 2004, 378; OLG Braunschweig MDR 1975, 848).

Abs. 1 S. 3 ist ferner anwendbar: Bei
- Klage auf Zahlung von Mietzins; Widerklage auf Feststellung, des Nichtbestehens des Mietverhältnisses (BGH BeckRS 2005, 14827).
- Klage auf Feststellung der Unwirksamkeit einer Kündigung; Widerklage auf Räumung (OLG München BeckRS 2010, 15900).

11 In allen Fällen bestimmt sich der Gebührenstreitwert nach Abs. 1 S. 3 nur nach dem Wert des höheren Anspruchs der beiden Klagen (OLG Hamburg JurBüro 2001, 27).

12 Ein zusätzliches Additionsverbot bestimmt **§ 41 Abs. 3:** Nicht zusammengerechnet werden dürfen der Anspruch des Klägers auf Räumung von Wohnraum und der Anspruch des Beklagten auf Fortsetzung des Mietverhältnisses nach §§ 574–574b BGB (→ § 41 Rn. 14).

13 **d) Verschiedene Gegenstände (= fehlende Nämlichkeit).** In den folgenden Fällen ist Abs. 1 S. 3 unanwendbar, denn es liegt **keine** Gegenstandsidentität vor:

14 **Fallgruppe 1** = *Klage und Widerklage sind wechselseitig auf Erfüllung eines gegenseitigen Vertrages gerichtet:*
- Klage auf Auflassung eines Grundstücks; Widerklage auf Kaufpreiszahlung (OLG Karlsruhe MDR 1988, 1067).
- Klage auf Herausgabe des Kraftfahrzeugbriefes; Widerklage auf Zahlung des Kaufpreises.

15 **Fallgruppe 2** = *Klage und Widerklage betreffen Teilansprüche aus demselben Rechtsverhältnis:*
- Klage auf Rückzahlung der geleisteten Anzahlung; Widerklage auf Restzahlung (OLG Bamberg JurBüro 1979, 252).
- Klage auf Erhöhung einer Rente; Widerklage auf Herabsetzung der Rente (OLG Naumburg JurBüro 2004, 379; OLG Hamm JurBüro 1981, 737; die Widerklage erweitert das Spektrum, über das zu entscheiden ist in die andere Richtung erweitert).
- Klage und Widerklage von Unfallbeteiligten mit gegenseitigem Schuldvorwurf.
- Klage auf Zahlung eines Teilbetrages; Widerklage auf Feststellung, dass dem Kläger kein weiterer Anspruch zusteht (LG Hamburg BeckRS 1991, 00749).
- Klage auf Lieferung der Kaufsache; Widerklage auf Schadensersatz (BGH NJW-RR 2000, 285).

16 Wegen der Verschiedenheit der Gegenstände (Ansprüche) von Klage und Widerklage sind diese nach Abs. 1 S. 1 zusammenzurechnen. Dadurch erhöht sich die gerichtliche Verfahrensgebühr, ein zusätzlich zu zahlender Betrag wird mit Einreichung der Widerklageschrift fällig (§ 6 Abs. 1; Ausnahme: Arbeitssachen, § 6 Abs. 3 iVm § 9 Abs. 2); eine Vorauszahlungspflicht besteht nicht (§ 12 Abs. 1 und 2 Nr. 1). Der Widerkläger haftet für die auf den Gegenstand seiner Klage entfallende Verfahrensgebühr als Erstschuldner (§ 22 Abs. 1; Ausnahme: Arbeitssachen, § 22 Abs. 2 S. 1).

17 Betreffen Klage und **Hilfswiderklage** nicht denselben Gegenstand, sind ihre Ansprüche erst zu addieren, wenn der Eventualfall eingetreten ist (BGH NJW-RR 1999, 1736; LG Freiburg Rpfleger 1982, 357; vgl. dazu auch *Schneider* MDR 1988, 464).

III. Haupt- und Hilfsantrag (Abs. 1 S. 2)

18 Mit der Verknüpfung von Haupt- und Hilfsantrag (= hilfsweise Anspruchshäufung) stellt der Kläger für den Fall, dass er mit seinem Hauptantrag nicht durchdringt, einen **zusätzlichen** Antrag: Er will entweder das eine **oder** das andere (= echter Hilfsantrag, der an den Misserfolg des Hauptantrags geknüpft ist) oder das eine **und** das andere (= unechter Hilfsantrag, der an den Erfolg des Hauptantrags gebunden ist). Der unechte Hilfsantrag läuft parallel mit dem Hauptantrag und kann damit selbst Gegenstand des Rechtsstreits sein (KG BeckRS 2017, 131222). Da es sich lediglich um eine innerprozessuale Bedingung handelt, ist diese Art der Verbindung zulässig (BGH NJW 2003, 3202; 2001, 1285 und WM 1995, 701). Für den **Zuständigkeitsstreitwert** ist nur der Wert des höheren Antrags maßgebend (hM; Thomas/Putzo/*Hüßtege* ZPO§ 5 Rn. 6; Zöller/*Herget* ZPO § 5 Rn. 4).

19 Für den **Gebührenstreitwert** hingegen bestimmt **Abs. 1 S. 2,** dass der mit dem Hilfsantrag geltend gemachte Anspruch mit demjenigen des Hauptantrags **zusammengerechnet** wird, wenn eine **gerichtliche Entscheidung** über ihn ergeht (vgl. dazu OLG Frankfurt a. M. MDR 1979, 411; *Schneider* NJW 1975, 2106). Die **Addition** der beiden Ansprüche setzt somit voraus, dass über den Hilfsantrag eine streitige gerichtliche Entscheidung ergeht oder dieser durch eine vergleichsweise Regelung erledigt wird (Abs. 4; LAG Hessen NZA-RR 2014, 50; anders KG BeckRS 2017, 131222 für den Fall, dass ein unechter Hilfsantrag das ganze Streitverhältnis erschöpfen soll). Das Additionsgebot gilt auch im Rechtsmittelverfahren, wenn das Berufungsgericht über den Hilfsantrag entscheidet (BayVGH BayVerwBl. 2002 S. 642). Wird der Hilfsantrag als unzulässig abgewiesen oder der Hauptantrag zurückgenommen oder die auf ihn bezogene Klageänderung nicht zugelassen, darf nicht zusammengerechnet werden (BGH NJW 2001, 3616 zur Hilfsaufrechnung; LAG Berlin NZA-RR 2004, 374; OLG Düsseldorf Rpfleger 1982, 161). Ob dies über § 23 Abs. 1 S. 1 RVG auch für die **Rechtsanwaltsgebühren** gilt, ist strittig: Nach einer Meinung ist, auch wenn das Gericht über den Hilfsantrag nicht entschieden hat oder dieser nicht verglichen wurde, sein Wert mit demjenigen des Hauptantrags zu addieren, da sich die anwaltliche Tätigkeit, anders als die gerichtliche, auf den Hilfsantrag erstreckt hat (LAG Nürnberg BeckRS 2004 30466176 = MDR 2005, 120; LAG Köln NZA-RR 2002, 437; aA LAG Berlin NZA-RR 2004, 374; LAG Hessen NZA 1999, 434).

20 Sind die Gegenstände von Haupt- und Hilfsantrag **identisch,** verbietet **Abs. 1 S. 3,** wie im Verhältnis Klage/Widerklage, die Addition (BGH NJW-RR 2003, 713; OLG Köln NJW-RR 2012, 615; MüKoZPO/*Wöstmann* ZPO § 5 Rn. 16). Keine wirtschaftliche Identität liegt zB im Verhältnis der Anträge auf Kündigungsschutz sowie auf Nachteilsausgleich vor (LAG Hessen NZA-RR 2014, 50).

IV. Wechselseitige Rechtsmittel (Abs. 2)

21 **Abs. 2** regelt die Berechnung des **Gebührenstreitwerts** bei wechselseitig eingelegten Rechtsmitteln, die nicht in getrennten Prozessen verhandelt werden. Dieser Fall liegt vor, wenn beide Prozessparteien gegen **dieselbe** gerichtliche Entscheidung selbstständig oder im Wege der Anschließung, Rechtsmittel einlegen (BFH 120, 160; OLG Celle MDR 1961, 67). Werden von den Parteien Rechtsmittel gegen verschiedene Urteile (zB Teilurteil, Zwischenurteil oder Vorbehaltsurteil und End-

urteil) eingelegt liegen, bis zu einer möglichen Verbindung (§ 147 ZPO), keine wechselseitigen, sondern selbstständige Rechtsmittel vor. Das Gleiche gilt, wenn dieselbe Partei wiederholt oder jeweils gegen Klage- und Widerklageentscheidung Rechtsmittel einlegt. Da Abs. 2 bei wechselseitiger Rechtsmitteleinlegung, wenn darüber nicht in getrennten Prozessen verhandelt wird (§ 145 ZPO), die Streitwertberechnung auf Abs. 1 S. 1, 3 verweist, gilt folgendes: Betreffen die Rechtsmittel **nicht denselben** Gegenstand, besteht ein Additionsgebot, so dass ihre Werte zusammenzurechnen sind. Wird dagegen **derselbe** Gegenstand betroffen, so schließen sich die Ansprüche gegenseitig aus und es besteht wegen wirtschaftlicher Identität ein Additionsverbot (BGH NJW-RR 2003, 712 zu den Additionsvoraussetzungen für Haupt- und Hilfsantrag; OLG Celle BeckRS 2008, 02590); maßgebend ist der höhere Anspruch. Verschiedene Gegenstände liegen (bei wirtschaftlicher Betrachtungsweise) auch vor, wenn mehrere Rechtsmittel (zB Berufung und Anschlussberufung) **Teilansprüche** aus demselben Rechtsverhältnis betreffen (BGH NJW-RR 2003, 712). Derselbe Gegenstand ist betroffen, wenn die Rechtsmittel eines verurteilten Gesamtschuldners und des Klägers wegen der Klageabweisung gegen einen anderen Gesamtschuldner zusammentreffen (*Hartmann* Rn. 37). Bei wirtschaftlicher Identität von Berufung und Anschlussberufung trägt der Hauptberufungskläger die Kosten des Berufungsverfahrens, wenn seine Berufung zurückgewiesen wird und dadurch auch die Anschlussberufung wirkungslos wird (OLG Celle NJW-RR 2014, 256). Bezieht sich ein Rechtsmittel auf den Hauptanspruch und das gegnerische auf die Nebenforderung, ist § 43 Abs. 1 zu beachten und nicht zu addieren. Für die entstandenen Gerichts- und Rechtsanwaltsgebühren **haftet** der Rechtsmittelkläger im Umfang seiner Rechtsmitteleinlegung als Antragsteller (§ 22 Abs. 1, 2).

V. Hilfsaufrechnung (Abs. 3)

1. Allgemeines

22 Die Aufrechnung ist ein privatrechtliches Gestaltungsgeschäft. Ihre Voraussetzungen und Wirkungen regeln die §§ 388 ff. BGB. Eine Rechtsfolge der Aufrechnung, nämlich das Erlöschen der Klageforderung, kann der Beklagte als rechtsvernichtende **Einwendung** im Prozess als Verteidigungsmittel geltend machen (BGH NJW 1984, 1967). Als Prozesshandlung richten sich Zulässigkeit und Wirkungen **auch** nach Prozessrecht (Thomas/Putzo/*Reichold* ZPO § 145 Rn. 14). Materielle und prozessuale Seite der Aufrechnung fallen dann zusammen, wenn der Beklagte sie erstmals im Prozess erklärt (vgl. zusammenfassend *Musielak* JuS 1994, 817). Durch die Geltendmachung der Aufrechnung im Prozess wird die Gegenforderung nicht rechtshängig (BGH NJW-RR 2004, 1000; Thomas/Putzo/*Reichold* ZPO § 145 Rn. 20; Zöller/*Greger* ZPO § 145 Rn. 18). Mit ihr kann deshalb in mehreren Prozessen aufgerechnet werden (BGH NJW-RR 2004, 1000 und 1994, 379).

23 Verteidigt sich der Beklagte mit der bereits erklärten Aufrechnung oder erklärt er sie während des Rechtsstreits, müssen folgende **Fallgestaltungen** unterschieden werden:

– **Fallgestaltung 1 = Primäraufrechnung.** Bestreitet der Beklagte die Klageforderung **nicht,** kann er entweder direkt im Prozess mit seiner Gegenforderung aufrechnen oder die bereits außerprozessual erklärte Aufrechnung im Prozess als rechtsvernichtende Einwendung geltend machen (Thomas/Putzo/*Reichold* ZPO § 145 Rn. 12, 13). Der Streit beschränkt sich dann alleine auf die Gegenforderung.

- **Fallgestaltung 2 = Hilfsaufrechnung (Eventualaufrechnung).** Von der Primäraufrechnung, die Klageforderung selbst ist unbestritten, ist die Eventualaufrechnung zu unterscheiden. Der Beklagte kann die Aufrechnung nämlich alleine für den Fall erklären, dass das Gericht die Klageforderung für begründet hält. Die Aufrechnung wird in diesem Fall nur **hilfsweise** als Verteidigungsmittel benutzt, denn primär verteidigt sich der Beklagte mit anderen Einreden und Einwendungen gegen die Klageforderung, die er **bestritten**(!) hat. Das Gericht darf in diesem Fall, im Gegensatz zur Primäraufrechnung, die Aufrechnung erst berücksichtigen, wenn die anderen Verteidigungsmittel des Beklagten nicht greifen. Der Beklagte kann aber auch **andere,** von der Aufrechnung zu unterscheidende **Verteidigungsmittel** gebrauchen. Diese beeinflussen weder den Streitgegenstand (Thomas/Putzo/*Reichold* Einl. II Rn. 14) noch den Gebührenstreitwert (ausführlich dazu *Schumann* NJW 1982, 1258ff.). Das ist insbesondere der Fall, wenn der Beklagte Einreden, wie zB ein Zurückbehaltungsrecht (BGH NJW-RR 2005, 757 und MDR 1996, 960) oder Einwendungen, wie zB Mängelrügen (OLG Hamm NJW-RR 1992, 448) oder Überzahlung (KG JurBüro 2000, 419), gegen die Klageforderung erhebt.

Hat das Gericht die Aufrechnung (Primär- oder Hilfsaufrechnung) zu berücksichtigen, sind die folgenden **prozessualen Situationen zu unterscheiden:** 24

- Klageforderung (= Hauptforderung) nach der Terminologie der §§ 387ff. BGB) ist begründet; die Aufrechnungsforderung (= Gegenforderung) ist begründet. **Entscheidung:** Die Klage ist abzuweisen.
- Klageforderung ist begründet; die Gegenforderung ist unbegründet. **Entscheidung:** Der Klage ist stattzugeben.
- Klageforderung ist begründet; die Gegenforderung ist noch streitig. **Entscheidung:** Vorbehaltsurteil über die Klageforderung (§ 302 ZPO); Fortsetzung des Verfahren über die Gegenforderung.
- Klageforderung ist unbegründet; die Gegenforderung ist begründet, nicht begründet oder streitig. **Entscheidung:** Die Klage wird in jedem Fall abgewiesen.

2. Streitwertberechnung

a) Additionsvoraussetzungen. Für den **Zuständigkeitsstreitwert** haben weder Primäraufrechnung noch Hilfsaufrechnung Bedeutung. Da die Gegenforderung des Beklagten nicht rechtshängig wird und es deshalb zu keiner Mehrheit von Ansprüchen im Prozess kommt (→ Rn. 22), wird die sachliche Zuständigkeit nicht beeinflusst. Nach **Abs. 3** kann sich aber der **Gebührenstreitwert** durch die Aufrechnung unter folgenden **drei** Voraussetzungen erhöhen (vgl. dazu auch: BGH NJW-RR 1991, 127; OLG Dresden JurBüro 2003, 475). 25

(1) Der Beklagte erklärt die Aufrechnung nur **hilfsweise** (= Eventualaufrechnung). Er verteidigt sich gegen die Klageforderung, die er bestritten hat (OLG Dresden MDR 1999, 119), nämlich primär mit anderen materiellen Einwendungen oder Einreden (LG Erfurt JurBüro 1997, 584). Klageforderung und Gegenforderung dürfen auch nicht wirtschaftlich identisch sein (OLG Nürnberg BeckRS 2018, 21446). Ob die Aufrechnung vorprozessual oder im Verfahren erklärt wurde ist insoweit belanglos (OLG München BeckRS 2017, 124295). **Ohne** Bedeutung für den Gebührenstreitwert ist deshalb die **Primäraufrechnung** (OLG Hamm MDR 2000, 296; OLG München JurBüro 1987, 1055). Unbeachtlich ist, wegen wirtschaftlich einheitlicher Verteidigung, auch eine **Verrechnung,** die der Beklagten gegenüber der Werklohnforderung des Klä- 26

gers mit von ihr abhängigen Positionen (zB Mängelansprüche) vornimmt (BGH NJW-RR 2004, 1715; KG NJW-RR 2015, 319; OLG Stuttgart NJW 2011, 540; OLG Düsseldorf BeckRS 2010, 02223; KG NJW-RR 2000, 757). Auch die hilfsweise Geltendmachung eines **Zurückbehaltungsrechts** durch den Beklagten erhöht den Streitwert nicht (BGH NJW-RR 2005, 367). Strittig ist, ob Abs. 3 auch anzuwenden ist, wenn der Beklagte von der Hilfsaufrechnung zur Primäraufrechnung übergeht (für eine Wertaddition bis zum Übergang: OLG Dresden MDR 1999, 119; LG Bayreuth JurBüro 1992, 761; BLAH/*Hartmann* ZPO § 3 Rn. 18; dagegen: OLG Stuttgart NJW 2011, 540; OLG Hamm JurBüro 2002, 316; OLG Karlsruhe NJW-RR 1999, 223).

27 (2) Der Kläger muss die Gegenforderung von Anfang an oder im Laufe des Rechtsstreits **bestreiten** (OLG Hamm MDR 2000, 296). Eine Streitwerterhöhung durch die Addition von Haupt- und Gegenforderung ist nur dann gerechtfertigt, wenn eine Entscheidung über **beide** Forderungen erforderlich wird.

28 (3) Über die Gegenforderung muss eine der **Rechtskraft fähige** Entscheidung ergangen sein. Rechtskraftfähigkeit reicht, das Urteil muss nicht rechtkräftig werden (OLG Frankfurt a. M. MDR 2001, 776; OLG Celle JurBüro 1985, 911). Diese zusätzliche Voraussetzung hat einen verfahrensrechtlichen Bezug: Nach **§ 322 Abs. 2 ZPO** ist nämlich die gerichtliche Entscheidung darüber, dass die Gegenforderung nicht besteht, bis zur Höhe des Betrages für den die Aufrechnung geltend gemacht worden ist, der materiellen Rechtskraft fähig (BGH NJW 2002, 900 und 1998, 995). Das gilt auch dann, wenn die Hilfsaufrechnung unsubstanziiert erklärt wurde (BGH NJW 1994, 1538). Die Feststellungen zur Gegenforderung werden in den Urteilsgründen getroffen. § 322 Abs. 2 ZPO durchbricht insoweit die Grundregel, dass Feststellungen des Gerichts über Einreden und Einwendungen des Beklagten nicht in materielle Rechtskraft erwachsen. Die Vorschrift ist nicht analogiefähig (BGH NJW 2002, 900 und NJW-RR 2004, 1715).

29 Nur beim **kumulativen** Vorliegen dieser drei Voraussetzungen erhöht sich der Gebührenstreitwert um den Wert der Gegenforderung und zwar **bis zur Höhe** der Klageforderung (= Hauptforderung). Rechnet der Beklagte mit **mehreren** Forderungen (= gestaffelt) hilfsweise auf und entscheidet das Gericht über jede Gegenforderung rechtskraftfähig, werden sie immer nur bis zur Höhe der Klageforderung mit dieser addiert (BGH NJW 1998, 995 und NJW-RR 1992, 316; OLG Düsseldorf Rpfleger 1994, 129; LG Bayreuth JurBüro 1978, 893).

29a Im Umkehrschluss folgt daraus: Es darf weder bei der Primäraufrechnung (LG Bayreuth JurBüro 1980, 1374) noch im Falle der Eventualaufrechnung die Klageforderung mit einer **un**bestrittenen Gegenforderung (OLG Hamm MDR 2000, 296) addiert werden. Auf den Gebührenstreitwert wirkt sich die Eventualaufrechnung deshalb nur bei zwei Fallgestaltungen aus (vgl. dazu auch *Schumann* NJW 1982, 1261, dort Fn. 34–38):

30 – **Fallgestaltung 1 = streitige und erfolgreiche Eventualaufrechnung:** Die Klage wird abgewiesen; beide Forderungen sind erloschen, § 389 BGB. Das Gericht stellt diese Rechtsfolge in den Urteilsgründen fest. Da die Feststellungen nach § 322 Abs. 2 ZPO rechtskräftig werden, kann die Gegenforderung, soweit sie durch die Aufrechnung verbraucht ist, wegen entgegenstehender Rechtskraft nicht mehr neu eingeklagt werden.

31 – **Fallgestaltung 2 = streitige, aber erfolglose Eventualaufrechnung:** Die Klageforderung ist begründet. Das Gericht stellt in den Urteilsgründen rechtskraftfähig fest, dass die Gegenforderung nicht bestand.

b) Additionsverbot. Alle **anderen** Fallgestaltungen der Aufrechnung sind für den Gebührenstreitwert bedeutungslos. Darunter fallen, neben der bereits erwähnten Primäraufrechnung und der Eventualaufrechnung mit einer unbestrittenen Gegenforderung, insbesondere noch: Die **unzulässige** (nicht die unbegründete!) Eventualaufrechnung, die zB infolge eines Aufrechnungsverbots materiellrechtlich unwirksam ist (BGH NJW 2001, 3616 und 1994, 1538) sowie die **überflüssige** Eventualaufrechnung (*Beispiele:* die Klage ist bereits wegen Unzulässigkeit abzuweisen; die Klage wird zurückgenommen). Über die Gegenforderung wird in diesen Fällen nicht rechtskraftfähig entschieden (vgl. dazu Thomas/Putzo/*Reichold* ZPO § 145 Rn. 18 und § 322 Rn. 48a; Zöller/*Vollkommer* ZPO § 322 Rn. 18). Ergibt sich aus den Entscheidungsgründen des gerichtlichen Urteils, dass die Klageforderung nur zum Teil begründet ist, wegen der Hilfsaufrechnung jedoch insgesamt abzuweisen war, ist über die Gegenforderung nur teilweise und zwar in dem Umfang in dem das Gericht auf sie zugegriffen hat, rechtskraftfähig entschieden worden (OLG Bamberg JurBüro 77, 380). 32

c) Rechtsmittelinstanz. In der Rechtsmittelinstanz wirkt sich die Hilfsaufrechnung streitwerterhöhend aus, wenn über die Gegenforderung eine rechtskraftfähige Entscheidung des **Rechtsmittelgerichts** ergeht (OLG Jena MDR 2002, 480; OLG Köln JurBüro 1995, 144). Daran fehlt es, wenn das Rechtsmittel vor einer Entscheidung zurückgenommen wird (OLG Jena MDR 2002, 480, gegen BGH JurBüro 1979, 41 und 1979, 358) oder die Berufung des Beklagten als unzulässig verworfen wird (KG MDR 1990, 259). Der Gebührenstreitwert kann bei Hilfsaufrechnung infolgedessen in den Instanzen unterschiedlich hoch sein (KG JurBüro 1985, 913). 33

VI. Vergleich (Abs. 4)

Wird der Rechtsstreit durch **gerichtlichen Vergleich** erledigt und **erstreckt** sich dieser auch auf die **Gegenforderung** des Beklagten, mit der er **hilfsweise** aufgerechnet hat, sind Haupt- und Gegenforderung zusammenzurechnen (Abs. 4 iVm Abs. 3; OLG München MDR 1998, 680). An die Stelle einer rechtskraftfähigen „Entscheidung" (Abs. 3) über die Gegenforderung tritt deren vergleichsweise Erledigung. Der Vergleich muss die Gegenforderung(en) endgültig erledigen (VGH München NVwZ-RR 2004, 619). **Übersteigt** die Gegenforderung die Hauptforderung, ist bei der Berechnung des Gebührenstreits zu differenzieren: Für die gerichtliche und anwaltliche Verfahrensgebühr wird die Gegenforderung nur in Höhe der Klageforderung mit dieser zusammengerechnet (OLG München NVwZ-RR 2004, 619). Bei der Bestimmung des Vergleichsgegenstandes wird sie aber in voller Höhe berücksichtigt (OLG München NVwZ-RR 2004, 619; OLG Köln JurBüro 1996, 476). 34

Abs. 4 ist iVm Abs. 1 S. 2 auch auf das Verhältnis **Haupt- und Hilfsantrag** anzuwenden: Werden beide Anträge **vergleichsweise** erledigt, sind ihre Werte zusammenzurechnen (ArbG Nürnberg MDR 2004, 907). Das gleiche gilt bei Erledigung von Klage und **Hilfswiderklage** durch Vergleich und zwar auch ohne Eintritt der innerprozessualen Bedingung für die Hilfswiderklage (OLG Düsseldorf MDR 2006, 297; aA OLG Köln JurBüro 1996, 476). 35

§ 46 ***(weggefallen)***

§ 47 Rechtsmittelverfahren

(1) [1]**Im Rechtsmittelverfahren bestimmt sich der Streitwert nach den Anträgen des Rechtsmittelführers.** [2]**Endet das Verfahren, ohne dass solche Anträge eingereicht werden, oder werden, wenn eine Frist für die Rechtsmittelbegründung vorgeschrieben ist, innerhalb dieser Frist Rechtsmittelanträge nicht eingereicht, ist die Beschwer maßgebend.**

(2) [1]**Der Streitwert ist durch den Wert des Streitgegenstands des ersten Rechtszugs begrenzt.** [2]**Das gilt nicht, soweit der Streitgegenstand erweitert wird.**

(3) **Im Verfahren über den Antrag auf Zulassung des Rechtsmittels und im Verfahren über die Beschwerde gegen die Nichtzulassung des Rechtsmittels ist Streitwert der für das Rechtsmittelverfahren maßgebende Wert.**

I. Allgemeines

1 **Berechnungsgrundlage** des Gebührenstreitwerts in den Rechtsmittelverfahren ist der **Antrag** des Rechtsmittelklägers (Abs. 1 S. 1). Hilfsweise, wenn keine Anträge gestellt werden, ist auf die **Beschwer** abzustellen (Abs. 1 S. 2). § 47 ist auf **alle** Rechtsmittelverfahren, die dem GKG kostenrechtlich unterliegen (vgl. § 1), anwendbar. In den Anwendungsbereich der Vorschrift fallen insbesondere Berufung, Revision, Rechtsbeschwerde und Beschwerde. Aber auch auf sonstige Rechtsbehelfe, wie zB Erinnerung und Gehörsrüge, ist die Vorschrift anwendbar (*Hartmann* Rn. 2; aA *Schneider/Volpert/Fölsch,* Gesamtes Kostenrecht, § 47 Rn. 9). In diesen Verfahren fallen zwar keine streitwertabhängigen Gerichtsgebühren an, es verweist jedoch § 23 Abs. 2 S. 3 RVG die Wertberechnung für die Anwaltsgebühren (vgl. zB VV 3330, 3331 RVG) auf § 47.

II. Gebührenstreitwert

1. Antragstellung

2 Nach **Abs. 1 S. 1** ist grundsätzlich auf die **Anträge** (vgl. zB § 520 Abs. 3 Nr. 1 ZPO, § 139 Abs. 2 VwGO) des Rechtsmittel**klägers** abzustellen (BVerwG JurBüro 1995, 255; OLG München MDR 2004, 966, in teilweiser Abweichung von BGHZ 15, 394; differenzierend: OLG Stuttgart MDR 2001, 113). Auf Zulässigkeit und Begründetheit der Anträge kommt es nicht an (BGH Rpfleger 1973, 89; BFH BStBl. II 1975, 304). Diese Anträge und nicht der Betrag der Kosten, sind auch im Falle der Rechtsmittelrücknahme und Verlustigerklärung streitwertbestimmend (OLG Rostock BeckRS 2007, 15797). Ein unklarer Antrag ist anhand der Rechtsmittelbegründung auszulegen (BGH NJW 1992, 2969; BFH BStBl. II 1977, 306). Wird das zunächst ohne Antragstellung eingelegte Rechtmittel (zB Berufung) später, verbunden mit einem Antrag knapp über der Zulassungssumme, zurückgenommen, kann eine rechtsmissbräuchliche Antragstellung (sog. „Scheinantrag"; *Meyer* Rn. 4) vorliegen (BGH NJW-RR 1998, 335; OLG Koblenz BeckRS 2005, 01369; OLG Düsseldorf JurBüro 2001, 642; OLG Schleswig JurBüro 1994, 141). Ein solcher Fall erfordert, dass es dem Rechtsmittelkläger **offensichtlich** nicht um

die Durchführung des Verfahrens ging (BGH NJW-RR 1998); dann ist seine Beschwer maßgebend.

Die Bewertung des Antrags des Rechtsmittelklägers erfolgt nach §§ 39ff. Betrifft der Antrag des Rechtsmittelklägers nur eine Zug-um-Zug Verurteilung, ist nur der Wert der Gegenleistung, der durch den Klageanspruch begrenzt wird, maßgebend (BGH NJW 1973, 654; → Rn. 5). 3

2. Beschwer

Endet das Rechtsmittelverfahren **ohne Antragstellung,** zB durch Rücknahme des eingelegten Rechtsmittels (vgl. dazu OLG Köln MDR 1984, 766), oder wird innerhalb der gesetzlichen Begründungsfrist (zB § 520 Abs. 2 ZPO; vgl. dazu OLG Köln WoM 1989, 661) kein Antrag eingereicht, ist nach **Abs. 1 S. 2** für den Gebührenstreitwert die **Beschwer** maßgebend (vgl. dazu *Schulte* MDR 2000, 807). Abzustellen ist dabei nicht auf die materielle, sondern auf die **formelle** Beschwer des Rechtsmittelklägers (OLG Frankfurt BeckRS 2008, 24766; OLG Stuttgart MDR 2005, 507; OLG Jena OLG-Report 2002, 53; OLG Köln JurBüro 1995, 485). Diese Beschwer richtet sich danach, in welchem Umfang die untere Instanz von den **Anträgen** des Rechtsmittelklägers im Ergebnis abgewichen ist (BGH NJW 2002, 212; 1999, 1339 und 1991, 703). Auch eine teilweise Verurteilung des Beklagten durch Anerkenntnisurteil beschwert ihn (KG BeckRS 2011, 19950). Eine in erster Instanz erfolglos erklärte Hilfsaufrechnung ist nicht nach Abs. 1 S. 2 streitwertbestimmend, wenn der verurteilte Beklagte die eingelegte Berufung ohne Antragstellung zurücknimmt (OLG Stuttgart MDR 2005, 507). Verurteilt das Berufungsgericht den Beklagten zur Auskunftserteilung und legt er dagegen Revision ein, so bestimmt sich seine (formelle) Beschwer alleine nach der Verpflichtung zur Auskunftserteilung, auch wenn er in erster Instanz in vollem Umfang der Stufenklage unterlegen ist (BGH NJW 2002, 3477 = MDR 2002, 1390). Wird eine Klage gegen Streitgenossen durch mehrere Teilurteile abgewiesen, liegt jeder dagegen gerichteten Berufung der volle Streitwert als Beschwer zugrunde, auch wenn die Beklagten gesamtschuldnerisch haften (OLG Düsseldorf Rpfleger 1961, 404). 4

3. Begrenzung des Streitwerts

Abs. 2 S. 1 begrenzt den Gebührenstreitwert des Rechtsmittelverfahrens auf den Wert des Streitgegenstandes der ersten Instanz (BGH FamRZ 2003, 1274). Gemeint ist der Fall, dass der Streitgegenstand **selbst** sich nicht ändert. Das folgt aus **Abs. 2 S. 2** der ausdrücklich den Fall der (substanziellen) Erweiterung des Streitgegenstands (zB durch Klageerweiterung) ausnimmt. So bleiben zB die bis zur Rechtsmitteleinlegung weiter aufgelaufenen Rückstände wiederkehrender Leistungen unberücksichtigt (BGH NJW 1960, 1459; Zöller/*Herget* ZPO § 9 Rn. 5). Ist Gegenstand des Rechtsmittels nur eine Zug-um-Zug Verurteilung, ist nur der Wert der Gegenleistung maßgebend (→ Rn. 3). Der Gebührenstreitwert ist aber nach Abs. 2 S. 1 zu begrenzen. Den Fall der Änderung des **Wertes** des **unveränderten** Gegenstandes im Laufe des Verfahrens (zB durch Kursschwankungen) betrifft Abs. 2 S. 1 hingegen nicht (BGH NJW-RR 1998, 1452; aA *Hartmann* Rn. 8); in diesen Fällen bestimmt § 40 den Zeitpunkt der Wertberechnung (BGH NJW 1982, 341). 5

4. Rechtsmittelzulassung

6 **Abs. 3** nimmt eine Klarstellung dahingehend vor, dass der Gebührenstreitwert im Verfahren über den Antrag auf Zulassung eines Rechtsmittels (zB § 124a Abs. 4 S. 1 VwGO) bzw. im Beschwerdeverfahren wegen dessen Nichtzulassung (zB § 544 ZPO), sich nach dem Streitwert des (angestrebten) Rechtsmittelverfahrens richtet. Abzustellen ist deshalb nach Abs. 3 (iVm Abs. 1) auf den gestellten Zulassungsantrag bzw. hilfsweise auf die Beschwer aus der Vorinstanz (*Madert* NJW 1998, 581; *Otto* JurBüro 1997, 286).

Vorbemerkung zu § 48. Streitwert

Übersicht

I. Funktionen des Streitwerts

1 In bürgerlichen Rechtsstreitigkeiten spielt der Streitwert in sechsfacher Hinsicht eine Rolle (vgl. dazu ausführlich *Schumann* NJW 1982, 1257). Nach **§ 2 ZPO** kommt ihm Bedeutung zu als

- Wert „des Streitgegenstandes“ = **Zuständigkeitsstreitwert**
- Wert „des Beschwerdegegenstandes, der Beschwer“ = **Rechtsmittelstreitwert**
- Wert „der Verurteilung“ = **Verurteilungsstreitwert.**

Die Berechnung richtet sich nach §§ 3–9 ZPO (= „... die nachfolgenden Vorschriften“).

2 Weitere Funktionen übernimmt der Streitwert als

- **Gebührenstreitwert** (§ 3 Abs. 1 GKG, § 2 Abs. 1 RVG)
- **Bagatellstreitwert** (§ 495a ZPO) und
- **Vollstreckungsstreitwert** (§ 866 Abs. 3 ZPO).

3 Da die Streitwertberechnungsvorschriften im Verfahrens- und Kostenrecht unmittelbar an diese Aufgaben anknüpfen, sind die Streitwertarten zur Fehlervermeidung streng zu unterscheiden.

II. Einzelne Streitwertarten

1. Zuständigkeitsstreitwert

Die §§ 23 Nr. 1, 71 Abs. 1 GVG knüpfen an den Streitwert die **sachliche Zuständigkeit** der ordentlichen Gerichte. Danach ist in „Streitigkeiten über Ansprüche, deren Gegenstand an Geld oder Geldeswert die Summe von fünftausend Euro nicht übersteigt“, das Amtsgericht sachlich zuständig (§ 23 Nr. 1 GVG). Berechnet wird der **Zuständigkeitsstreitwert** nach **§§ 3–9 ZPO.** 4

Das GVG weist die Streitigkeiten aber nicht in allen Fällen streitwertabhängig zu. Für einzelne Streitsachen ist die sachliche Zuständigkeit ohne Rücksicht auf den Wert des Streitgegenstandes bestimmt (= **streitwertunabhängige** sachliche Zuständigkeit; vgl. zB §§ 23 Nr. 2, 23a, 71 Abs. 2 GVG). In diesen Fällen spielt der Zuständigkeitsstreitwert bei der Prüfung der sachlichen Zuständigkeit der ordentlichen Gerichte keine Rolle. 5

2. Rechtsmittelstreitwert

Für die **Zulässigkeit der Rechtsmittel** ist der Streitwert in einer weiteren Funktion, als Wert des Beschwerdegegenstandes (= Beschwerdewert) von Bedeutung: Es knüpfen § 511 Abs. 2 Nr. 1 und § 567 Abs. 2 ZPO die Zulässigkeit der Berufung bzw. der (Kosten-) Beschwerde an den „Wert des Beschwerdegegenstandes“. 6

Die Berechnung des **Rechtsmittelstreitwerts** findet, so § 2 ZPO, ebenfalls nach **§§ 3–9 ZPO** statt. In ihrer Höhe können sich die einzelnen Streitwertarten unterscheiden: 7

Beispiel: Klage des K gegen B wegen 3.000 Euro (Kaufpreiszahlung) sowie 2.000 Euro (Darlehensrückzahlung). Der Klage wird wegen der Kaufpreisforderung stattgegeben, wegen der Darlehensforderung wird sie hingegen abgewiesen. K und B legen in vollem Umfang Berufung ein. 8
Während der **Zuständigkeitsstreitwert** 5.000 Euro beträgt (§§ 2, 5 Hs. 1 ZPO) und zur AG-Zuständigkeit führt (§ 23 Nr. 1 GVG), berechnen sich der **Rechtsmittelstreitwert** für K auf 2.000 Euro und für B auf 3.000 Euro; die beiden Rechtsmittel sind zulässig (§ 511 Abs. 2 Nr. 1 ZPO) sowie der **Gebührenstreitwert** des Berufungsverfahrens auf 5.000 Euro (§§ 48 Abs. 1 S. 1, 47 Abs. 1 S. 1, 45 Abs. 2).

3. Gebührenstreitwert

Eine weitere wichtige Aufgabe wird dem Streitwert durch die Kostengesetze in der Funktion des **Gebührenstreitwerts** zugewiesen. **§ 3 Abs. 1 GKG bzw. § 2 Abs. 1 RVG** bestimmen insoweit, dass sich Gerichts- und Rechtsanwaltsgebühren grundsätzlich nach dem Streitwert bzw. Gegenstandswert richten (wertunabhängige Festgebühren oder Betragsrahmengebühren sind nur in Ausnahmefällen vorgesehen; vgl. zB KV 1510–1523, VV 2500–2508 RVG und 4100–4135 RVG). Nach **§ 48 Abs. 1 S. 1 Hs. 2** („... soweit nichts anderes bestimmt ist“) berechnet sich der **Gerichts**gebührenstreitwert **primär nach §§ 39ff.** Da **§ 23 Abs. 1 S. 1, 3 RVG** auf diese Vorschriften verweist, ergibt sich im Regelfall ein Gleichlauf des Gerichts- und Rechtsanwaltsgebührenstreitwerts. Nur **subsidiär,** im Falle von 9

Regelungslücken, sind nach **§ 48 Abs. 1 S. 1 Hs. 1** §§ 3–9 ZPO anzuwenden (auch → § 48 Rn. 3).

4. Bagatellstreitwert

10 Übersteigt der Streitwert 600 Euro nicht, kann das Gericht nach **§ 495 a S. 1 ZPO** sein Verfahren nach billigem Ermessen bestimmen. Berechnet wird der **Bagatellstreitwert** nach **§§ 3–9 ZPO.**

5. Verurteilungsstreitwert

11 In vermögensrechtlichen Streitigkeiten ist das Urteil **nach § 708 Nr. 11 ZPO** ohne Sicherheitsleistung für vorläufig vollstreckbar zu erklären, wenn der Gegenstand der Verurteilung in der Hauptsache 1.250 Euro nicht übersteigt oder wenn nur die Entscheidung über die Kosten vollstreckbar ist und eine Vollstreckung von nicht mehr als 1.500 Euro ermöglicht.

12 § 2 ZPO verweist die Berechnung des **Verurteilungsstreitwerts** ebenfalls auf **§§ 3–9 ZPO.**

6. Vollstreckungsstreitwert

13 Bei der Immobiliarvollstreckung darf nach **§ 866 Abs. 3 ZPO** eine Zwangssicherungshypothek nur für einen Betrag von mehr als 750 Euro in das Grundbuch eingetragen werden. Sollen mehrere Grundstücke des Schuldners belastet werden, ist die Forderung zu verteilen und der **Vollstreckungsstreitwert** des jeweiligen Teiles muss selbstständig 750 Euro übersteigen (§ 867 Abs. 2 ZPO).

III. Grundlagen der Streitwertberechnung

1. Streitgegenstand

14 **a) Allgemeines.** Nach der Legaldefinition des **§ 3 Abs. 1** ist Streitwert der „Wert des Streitgegenstandes". Der Wertberechnung liegt somit der prozessuale **Streitgegenstand** zugrunde. Dem Streitgegenstand kommt im Zivilprozessrecht außerordentlich große Bedeutung zu (vgl. dazu ausführlich Thomas/Putzo/*Reichold* Einl. II Rn. 2; Zöller/*Vollkommer* Einl. Rn. 60): Er ist nicht nur Grundlage der Streitwertberechnung, auf ihn werden auch die Wirkungen der Rechtshängigkeit und der materiellen Rechtskraft bezogen. Die hM (vgl. Thomas/Putzo/*Reichold* Einl. II Rn. 11 mwN) versteht den Begriff rein prozessual (Zöller/*Vollkommer* Einl. Rn. 62).

15 **b) Klageantrag.** Die Individualisierung des prozessualen Streitgegenstandes erfolgt in erster Linie anhand des **Klage-/Widerklageantrags** nach §§ 253 Abs. 2 Nr. 2, 308 Abs. 1 ZPO (BeckOK ZPO/*Wendtland* ZPO § 2 Rn. 3). Dazu ist nach der Lehre vom zweigliedrigen Streitgegenstandsbegriff (BGH NJW-RR 2005, 437; OLG Brandenburg BeckRS 2015, 15834; BeckOK ZPO/*Wendtland* ZPO § 2 Rn. 4; Thomas/Putzo/*Reichold* Einl. II Rn. 24; MüKoZPO/*Becker-Eberhard* ZPO Vor § 253 Rn. 32) auch der zur Begründung des Antrags vorgebrachte **Tatsachen- und Lebenssachverhalt** maßgebend. Nur die tatsächlich gestellten Anträge legen den Streitgegenstand fest, angekündigte Anträge sind bedeutungslos. Ohne Belang ist auch, ob die Klage zulässig und schlüssig ist. Das gilt, von wenigen Ausnahmen

abgesehen, auch für die gesamte Rechtsverteidigung des Beklagten mit materiellen Einreden und Einwendungen. Deshalb kommt es auf die Begründetheit der Klage nicht an.

c) Bedingende Rechtsverhältnisse. Vom Streitgegenstand sind die den Klageanspruch bedingenden Rechtsverhältnisse zu unterscheiden: Da der prozessuale Streitgegenstand alleine durch den Klageantrag und den zur Klagebegründung vorgetragenen Tatsachenkomplex bestimmt wird, ist das Bestehen oder Nichtbestehen der Rechtsverhältnisse, aus denen der Kläger die im Klageantrag behauptete **materielle Rechtsfolge** ableitet, daneben bedeutungslos (Zöller/*Vollkommer* Einl. Rn. 69, 70). Diese, den Anspruch bedingenden, Rechtsverhältnisse erwachsen auch nicht in materielle Rechtskraft (Thomas/Putzo/*Reichold* ZPO § 322 Rn. 28). 16

Beispiel: Klage des K gegen B auf Zahlung rückständiger Miete in Höhe von 1.000 Euro. Das Gericht weist die Klage als unbegründet ab, weil der Mietvertrag nichtig ist. 17
Streitwert: 1.000 Euro. Die rechtlichen Beurteilungen in den Urteilsgründen zu dem gesamten Vertragsverhältnis sind für die Bestimmung des Streitgegenstandes und somit für seinen Wert völlig bedeutungslos.

Etwas anderes gilt nur, wenn bedingende (präjudizielle) Rechtsverhältnisse, die für den Ausgang des Rechtsstreits ganz oder zum Teil von Bedeutung sind, mit einer **Zwischenfeststellungs-(wider-)klage** zum selbstständigen Streitgegenstand erhoben wurden (Thomas/Putzo/*Reichold* ZPO § 256 Rn. 32). 18

Beispiel: Klage des K gegen B auf Zahlung von 100 Euro (Teilkaufpreisforderung). Zwischenfeststellungswiderklage des B, dass er aus Kauf nichts schulde. 19
Jetzt liegen zwei **selbstständige** Streitgegenstände mit jeweils eigenständigen Werten vor.

d) Streitgegenstand einzelner Klagearten. (aa) Leistungsklage. Der Streitgegenstand einer Leistungsklage bestimmt sich nach der **beantragten Rechtsfolge.** Das ist die individuell verlangte Leistung, das Tun oder Unterlassen. Bei der Duldungs- oder Haftungsklage tritt an die Stelle der konkreten Leistung die Mitwirkung des Beklagten. Unmaßgeblich für die Bewertung des Streitgegenstandes ist, aus welchem Rechtsgrund (= Anspruchsgrundlage) der Beklagte schuldet. Ob der Kläger selbst über den Anspruch verfügen kann oder nur ein fremdes Recht im eigenen Namen in (gesetzlicher oder gewillkürter) Prozessstandschaft, zB kraft Amtes als Insolvenzverwalter bzw. als Testamentsvollstrecker oder als rechtsgeschäftlich Ermächtigter, geltend macht beeinflusst den Wert ebenfalls nicht. Auch das eigene wirtschaftliche Interesse des Klägers am Wert des Streitgegenstandes ist bedeutungslos (*Schumann* NJW 1982, 1258). Die Wertermittlung ist **gesetzlich normiert** und dadurch dem (subjektiven) Parteiinteresse gänzlich entzogen. 20

(bb) Feststellungsklage. Streitgegenstand ist bei dieser Klageart der Wert des festzustellenden Rechts oder Rechtsverhältnisses (BGHZ 22, 46 = NJW 1957, 21) dessen **Bestehen** (= mit der positiven Feststellungsklage) oder **Nichtbestehen** (= mit der negativen Feststellungsklage) festgestellt werden soll. Bei der Streitwertberechnung ist zu berücksichtigen, dass ein Feststellungsurteil keinen zur Zwangsvollstreckung geeigneten Inhalt hat und deshalb im Vergleich zum Leistungsurteil geringer zu bewerten ist. Dieses „Minus" ist aber nur bei der positiven Feststellungsklage durch einen Wertabschlag auszudrücken. IdR sind 20% abzuschlagen (BGH NJW 1997, 1241; OLG Frankfurt a. M. BeckRS 2018, 2558). Bei der negativen Feststellungsklage wird kein Wertabschlag vorgenommen, denn das rechtskräftige Urteil schafft, insbesondere für eine nachfolgende Leistungsklage, eine de- 21 finitive Rechtslage (hM; BGH WuM 2004, 352; OLG Koblenz JurBüro 2002, 310; OLG Karlsruhe BeckRS 2012, 22941 = MDR 2012, 1493; Zöller/*Herget* ZPO § 3 Rn. 16 „Feststellungsklagen").

22 **(cc) Gestaltungsklage.** Mit der Leistungs- bzw. Feststellungsklage macht der Kläger eine außerhalb des Rechtsstreits bereits eingetretene materielle Rechtsfolge, die er aus einem Tatsachensachverhalt ableitet, gerichtlich geltend. Im Unterschied dazu soll das auf eine Gestaltungsklage ergehende Urteil die **Rechtsfolge selbst herbeiführen,** zB die OHG auflösen (vgl. § 133 HGB). Auch bei dieser Klageart legt der Klageantrag den Streitgegenstand (= die Rechtsgestaltung) fest.

2. Beschwer und Beschwerdegegenstand

23 **a) Rechtsmittelantrag.** Während im ersten Rechtszug der Klageantrag den Streitgegenstand bestimmt, tritt im Rechtsmittelverfahren der Antrag des Rechtsmittelklägers an diese Stelle. Er legt den **Beschwerdegegenstand,** den Streitgegenstand der Rechtsmittelinstanz (vgl. Thomas/Putzo/*Hüßtege* ZPO § 2 Rn. 3) fest. Die Werte mehrerer Anträge sind, wie in der 1. Instanz, zusammenzurechnen (§ 5 Hs. 1 ZPO). Auf Zuständigkeits- und Rechtsmittelstreitwert sind zwar auch §§ 3–9 ZPO anzuwenden, es ist aber nicht ausgeschlossen, dass deren Berechnungen unterschiedliche Ergebnisse erzielen.

24 **Beispiel:** Klage des K gegen B wegen 1.000 Euro (Kaufpreis); Widerklage des B gegen K wegen 4.500 Euro (Schadensersatz). Die Klage wird abgewiesen; der Widerklage wird stattgegeben.
Während der Zuständigkeitsstreitwert 1.000 Euro beträgt (§ 5 Hs. 2 ZPO), errechnet sich für den Kläger die Beschwer durch Addition seiner Rechtsmittelangriffe auf 5.500 Euro (§ 5 Hs. 1 ZPO; vgl. *Schumann* NJW 1982, 1262). Das Additionsverbot des § 5 Hs. 2 ZPO gilt bei mehreren Rechtsmittelangriffen derselben Partei nicht.

25 **b) Beschwer.** Der **Rechtsmittelstreitwert,** als Wert des Beschwerdegegenstandes, ist für die Zulässigkeit der Rechtsmittel maßgebend (Thomas/Putzo/*Hüßtege* ZPO § 2 Rn. 3). Auch der Gebührenstreitwert des Rechtsmittelverfahrens richtet sich prinzipiell danach: Stellt der Rechtsmittelkläger keine Anträge, ist die Beschwer maßgebend (§ 47 Abs. 1 S. 2). Als allgemeine Zulässigkeitsvoraussetzung für ein Rechtsmittel muss die Beschwer noch im Zeitpunkt der Entscheidung gegeben sein. Fällt sie davor weg, wird das Rechtsmittel unzulässig und ist zu verwerfen (BGH NJW-RR 2018, 384 = MDR 2018, 360). Bei der Berechnung der Beschwer ist auf den rechtskraftfähigen Inhalt der angefochtenen Entscheidung abzustellen: Im Umfang ihrer jeweiligen Benachteiligung ist der Kläger formell und der Beklagte materiell beschwert. Ist die Hauptsache Gegenstand des Rechtsstreits, bleiben die Prozesskosten unberücksichtigt (BGH NJW-RR 2018, 384).

26 **(aa) Beschwer des Klägers.** Der Kläger ist durch den rechtskraftfähigen Inhalt der angefochtenen gerichtlichen Entscheidung insoweit (formell) beschwert, als diese von seinen **gestellten** Anträgen (§§ 253 Abs. 2 Nr. 2, 308 Abs. 1 ZPO) abweicht und dadurch hinter seinen Klageanträgen zurückbleibt (BGH NJW-RR 2011, 1430 und NJW-RR 2011, 1430; BeckOK ZPO/*Wulf* ZPO § 511 Rn. 13).

27 **Beispiel:** Klage des K gegen B auf Lieferung eines LKW (Wert: 70.000 Euro). Der Klage wird mit der Maßgabe stattgegeben, dass die Lieferung nur Zug-um-Zug gegen Zahlung von 65.000 Euro zu erfolgen hat:
formelle Beschwer des Klägers 65.000 Euro (BGH NJW 1982, 1048; auch → § 47 Rn. 3).

(bb) Beschwer des Beklagten. Der Beklagte ist in der Weise (materiell)beschwert, als ihn der rechtskraftfähige Inhalt der Entscheidung benachteiligt, dh seine Rechtsposition **beeinträchtigt** hat (Thomas/Putzo/*Reichold* ZPO Vor § 511 Rn. 19; Zöller/*Heßler* ZPO Vor § 511 Rn. 19; *Habscheid* NJW 1964, 234; aA MüKoZPO/*Rimmelspacher* ZPO Vor § 511 Rn. 17, 18). Dies ohne Rücksicht darauf, ob der Beklagte selbst Anträge gestellt hat (BGH NJW 1955, 545). 28

(cc) Beschwerdegegenstand. Während sich die Beschwer alleine anhand des Unterliegens der Parteien im Rechtsstreit bestimmt, legt der **Antrag des Rechtsmittelklägers** (vgl. zB § 520 Abs. 3 Nr. 1 ZPO) den Beschwerdegegenstand fest (darauf stellen zB §§ 511 ZPO Abs. 2 Nr. 1 und 567 Abs. 2 ZPO ab). Beschwer und Beschwerdegegenstand können unterschiedliche Beträge ergeben. Der Wert des Beschwerdegegenstandes kann aber nie über demjenigen der Beschwer liegen (Thomas/Putzo/*Reichold* ZPO § 511 Rn. 12). Ein Beschwerdegegenstand lässt sich auch nicht ohne Beschwer bilden (Thomas/Putzo/*Reichold* ZPO § 511 Rn. 12; Ausnahme: Anschlussberufung, BGH NJW 2011, 3298; Thomas/Putzo/*Reichold* ZPO § 524 Rn. 17). 29

Beispiel: Klage des K gegen B auf Zahlung von 2.000 Euro; der Klage wird stattgegeben. K, der durch das Urteil nicht beschwert ist, kann eine Beschwer nicht dadurch (künstlich) erzeugen, dass er Berufung alleine mit dem Ziel einer Klageerweiterung auf 4.000 Euro einlegt. 30

Unterabschnitt 2. Besondere Wertvorschriften

§ 48 Bürgerliche Rechtsstreitigkeiten

(1) [1]**In bürgerlichen Rechtsstreitigkeiten richten sich die Gebühren nach den für die Zuständigkeit des Prozessgerichts oder die Zulässigkeit des Rechtsmittels geltenden Vorschriften über den Wert des Streitgegenstands, soweit nichts anderes bestimmt ist.** [2]**In Musterfeststellungsklagen nach Buch 6 der Zivilprozessordnung und in Rechtsstreitigkeiten aufgrund des Unterlassungsklagengesetzes darf der Streitwert 250 000 Euro nicht übersteigen.**

(2) [1]**In nichtvermögensrechtlichen Streitigkeiten ist der Streitwert unter Berücksichtigung aller Umstände des Einzelfalls, insbesondere des Umfangs und der Bedeutung der Sache und der Vermögens- und Einkommensverhältnisse der Parteien, nach Ermessen zu bestimmen.** [2]**Der Wert darf nicht über eine Million Euro angenommen werden.**

(3) **Ist mit einem nichtvermögensrechtlichen Anspruch ein aus ihm hergeleiteter vermögensrechtlicher Anspruch verbunden, ist nur ein Anspruch, und zwar der höhere, maßgebend.**

I. Normativer Streitwert (Abs. 1)

1. Berechnung:

Die Berechnung des Gebührenstreitwerts wird durch §§ 39–47 allgemein und durch §§ 48–60 besonders bestimmt. § 48 regelt die Wertberechnung in bürgerlichen Rechtsstreitigkeiten, einschließlich der Arbeitssachen grundsätzlich und stellt außerdem durch Verweisung sicher, dass der Streitwert in der Gerichtspraxis ein- 1 heitlich berechnet wird. Die Streitwertberechnung erfolgt deshalb normativ (vgl. dazu *Schumann* NJW 1982, 1258).

2 Berechnet wird der Gebührenstreitwert, abweichend von Zuständigkeits- und Rechtsmittelstreitwert, **primär** nach einem **eigenständigen** System normativer Regeln. Nach Abs. 1 S. 1 richtet sich die Wertberechnung „in bürgerlichen Rechtsstreitigkeiten" nach §§ 3–9 ZPO **nur,** „soweit nichts anderes bestimmt ist". Die für den Zuständigkeits- und Rechtsmittelstreitwert maßgebenden **§§ 3–9 ZPO** gelten deshalb nur **subsidiär,** sie werden häufig durch die vorrangig anwendbaren **§§ 39–60 GKG** verdrängt. Diese Vorschriften steuern die Wertberechnung nicht nur für die Gerichtsgebühren, sondern über die „Brücke" des **§ 23 Abs. 1 S. 1, 3 RVG,** auch für die Rechtsanwaltsgebühren. Vergleicht man die §§ 39ff. GKG mit den §§ 3–9 ZPO, zeigt sich insbesondere bei der Streitwertberechnung wiederkehrender Leistungen, die aufgrund von Dienst- oder Arbeitsverhältnissen verlangt werden, eine Absenkung des Gebührenstreitwerts (§ 42 Abs. 1, 2). Dadurch soll den Parteien der Zugang zum Gericht auf Grund eines kalkulierbaren Kostenrisikos erleichtert werden (*Schumann* NJW 1982, 1258). In **Musterfeststellungsklagen** nach §§ 609–614 ZPO und in Rechtsstreitigkeiten aufgrund des **UKlaG** ist der Gebührenstreitwert auf **höchstens** 250 000 Euro begrenzt (Abs. 1 S. 2).

2. Vermögensrechtliche und nichtvermögensrechtliche Streitigkeiten

3 § 48 differenziert bei der Streitwertberechnung in bürgerlichen Rechtsstreitigkeiten zwischen vermögensrechtlichen und nichtvermögensrechtlichen Streitigkeiten. **Vermögensrechtliche** Gegenstände dienen im Wesentlichen wirtschaftlichen Interessen, sie sind auf Geld oder einen geldwerten Vorteil (zB eine Sache) gerichtet (BGH 1989, 200; LAG Rheinland-Pfalz NZA-RR 2007, 541; LAG München AnwBl. 1987, 287; Thomas/Putzo/*Reichold* Einl. IV Rn. 1, 2). Auf das zugrunde liegende Rechtsverhältnis kommt es nicht an (*Hartmann* Rn. 5). Unterlassungsansprüche des gewerblichen Rechtsschutzes sind zB vermögensrechtlicher Natur (Thomas/Putzo/*Reichold* Einl. IV Rn. 1, 2). Richtet sich die Klage gegen den Ausschluss aus einem Verein oder einer Gesellschaft, so ist die Streitigkeit dann vermögensrechtlicher Natur, wenn der Kläger geldwerte Interessen verfolgt (BGHZ 13, 5; OLG Frankfurt a. M. JurBüro 2003, 644). Geht es ihm hingegen um ideelle Interessen (zB die Ehre) liegt eine nichtvermögensrechtliche Streitsache vor (Thomas/Putzo/*Reichold* Einl. IV Rn. 4). Die Klageart spielt dabei keine Rolle (*Meyer* Rn. 7).

4 **Nichtvermögensrechtliche** Streitigkeiten betreffen prozessuale Ansprüche, die nicht auf Geld oder geldwerte Gegenstände gerichtet sind (LAG Baden-Württemberg BeckRS 2017, 131575). Diese Ansprüche können auch nicht in Geld umgewandelt werden. Bsp.: Ansprüche auf Gegendarstellung nach PresseG (BGH NJW 1963, 151) oder wegen Verletzung des allg. Persönlichkeitsrechts (BGH NJW 1996, 999).

5 **Beispiele** (zur Abgrenzung vermögensrechtlicher und nichtvermögensrechtlicher Streitigkeiten):

a) Vermögensrechtlich

6 – **Abmahnung:** bei Verbindung mit einer Kündigungsandrohung (BAG MDR 1982, 694) oder Klage auf ihre Entfernung aus der Personalakte (LAG Hamm MDR 1984, 877).
– **Ausschluss:** wenn der Kläger wegen des Ausschlusses aus einem Verein oder einer Körperschaft wirtschaftliche (geldwerte) Interessen verfolgt (BGH NJW 2009, 3161; OLG Frankfurt a. M. JurBüro 2003, 644).

- **Kreditgefährdung:** Klage auf Unterlassung kreditschädigender Behauptungen (§ 824 BGB; BGH MDR 1969, 747; OLG München JurBüro 1972, 534).
- **Miete:** Streitigkeit wegen Hundehaltung (LG Mannheim ZMR 1992, 546).
- **Rufschädigung:** Klage auf Unterlassung rufschädigender Äußerungen (LAG Rheinland-Pfalz NZA-RR 2010, 432).
- **Schadensersatz- und Unterlassungsklagen des gewerblichen Rechtsschutzes:** idR vermögensrechtlicher Natur (OLG Brandenburg JurBüro 1997, 594; KG NJW-RR 1991, 41).
- **Schmerzensgeldzahlung:** auch bei Ehrverletzung (OLG Köln VersR 94, 875).
- **Zwangsgeld:** ohne Rücksicht darauf, welche Rechtsnatur der zu erzwingenden Handlung zukommt (OLG Düsseldorf Rpfleger 2012, 682).

b) Nichtvermögensrechtlich

- **Anspruch auf Einsicht in die Personalakte:** nichtvermögensrechtlich (OLG Köln JurBüro 1980, 578); anders: Entfernung einer Abmahnung aus der Personalakte → Rn. 6. 7
- **Ausschluss:** wenn durch den Vereinsausschluss in erster Linie Ehre, Achtung und persönliche Geltung betroffen werden (KG Rpfleger 1969, 442).
- **Ehre und sonstige Persönlichkeitsrechte** (zB Recht am eigenen Bild, Namensrecht): wenn auf Unterlassung ehrverletzender Behauptungen oder auf Gegendarstellung geklagt wird (BGH NJW 1996, 999 und 1985, 979).
- **Gegendarstellung nach PresseG:** Anspruch auf ihre Veröffentlichung (BGH NJW 1963, 151).
- **Telefonbelästigung:** wenn auf Unterlassung telefonischer Belästigungen geklagt wird (BGH NJW 1985, 809.
- **Veröffentlichung:** s. „Gegendarstellung".
- **Zwischenstreit:** zB über Urkundenvorlage (BGH FamRZ 2010, 968; OLG Köln MDR 1983, 321).
- **Zeugnisverweigerungsrecht:** Nach LG Köln Rpfleger 1973, 321 ist ein Zwischenstreit darüber immer nichtvermögensrechtlicher Natur; nach KG JurBüro 1968, 739 = NJW 1968, 1397 immer vermögensrechtlicher Natur.

II. Nichtvermögensrechtliche Streitigkeiten (Abs. 2)

1. Allgemeines

Die Bewertung nichtvermögensrechtlicher Streitigkeiten richtet sich nach **Abs. 2:** Der Streitwert ist „unter Berücksichtigung aller Umstände des Einzelfalls, insbesondere des Umfangs und der Bedeutung der Sache und der Vermögens- und Einkommensverhältnisse der Parteien, nach Ermessen zu bestimmen". Abs. 2 S. 2 bestimmt einen **Höchststreitwert:** Die Vorschrift begrenzt den Streitwert auf eine Million Euro. Ferner ist bei Verbindung eines nichtvermögensrechtlichen Anspruchs mit einem aus ihm hergeleiteten vermögensrechtlichen Anspruch, entgegen § 39 Abs. 1, die Addition verboten **(Abs. 3).** Der Streitwert richtet sich wegen wirtschaftlicher Identität der Gegenstände alleine nach dem höheren Anspruch. 8

2. Einzelne Bewertungskriterien

9 **a) Berücksichtigung aller Umstände des Einzelfalls.** In die Bewertung des Gegenstandes der nicht vermögensrechtlichen Streitigkeit sind, nach pflichtgemäßem Ermessen, **alle** Umstände mit einzubeziehen, die einen sachlichen Bezug dazu haben (BVerfGE 1980, 107; OLG Düsseldorf JurBüro 1995, 252; OLG München JurBüro 1992, 350). **Abs. 2 S. 1** nennt, nicht abschließend („insbesondere"), wichtige Bewertungsfaktoren, die **gleichrangig** nebeneinander anwendbar sind (OLG Oldenburg FamRZ 2009, 1173; OLG München JurBüro 1992, 350; OLG Hamm JurBüro 1989, 1304): Maßgebend sind Umfang und Bedeutung der Sache sowie die Vermögens- und Einkommensverhältnisse der Parteien. Es darf aber eine Prozesskostenhilfebewilligung bei der Streitwertfestsetzung nicht berücksichtigt werden (BVerfG NJW 2009, 1197). Bei schwankenden Einkommens- und Vermögensverhältnissen ist auf den Beginn der Instanz abzustellen (§ 40; OLG Dresden JurBüro 2003, 140; OLG Koblenz JurBüro 2003, 474 = FamRZ 2003, 1681). Allerdings ist der Umfang der Sache, entgegen § 40, erst am Ende der Instanz feststellbar.

10 **b) Umfang der Sache.** Eine überdurchschnittlich umfängliche Sache kann eine Wertanhebung rechtfertigen. Es muss der Aufwand für das Gericht (nicht für die Parteien und ihre Rechtsanwälte) über demjenigen liegen, der sonst üblich ist (OLG Dresden FamRZ 2003, 1677; OLG Zweibrücken JurBüro 1979, 1864; OLG Bamberg JurBüro 1976, 217 und 1977, 1590; aA AG Lengenfeld AnwBl. 1989, 398; für die Mitberücksichtigung des Aufwands der Prozessbevollmächtigten auch: *Schneider* NJW 1974, 1691). Der Gegenmeinung ist zuzustimmen: Es ist zwar richtig, dass § 48 Abs. 2 S. 1 primär für den Gerichtsgebührenstreitwert gilt, die Vorschrift ist jedoch über § 23 Abs. 1 S. 1 RVG auch auf den Rechtsanwaltsgebührenstreitwert entsprechend anwendbar, so dass anwaltlicher Aufwand nicht völlig unberücksichtigt bleiben kann. Streitwerterhöhend kommen insbesondere folgende Umstände in Betracht: Dauer des Verfahrens (OLG Hamm JurBüro 1976, 800); umfängliche Beweisaufnahme (OLG Nürnberg JurBüro 1975, 1620; *Schneider* JurBüro 1975, 1558); rechtliche Schwierigkeit (OLG Nürnberg JurBüro 1975, 1620); Anwendung ausländischen Rechts (OLG Karlsruhe FamRZ 2007, 751; BayObLG NJW-RR 1999, 1375; OLG Stuttgart FamRZ 1999, 604; OLG Zweibrücken JurBüro 1984, 899). Ein nur unterdurchschnittlicher Umfang der Sache kann andererseits einen Wertabschlag rechtfertigen.

11 **c) Bedeutung der Sache.** Abzustellen ist bei Bewertung dieses Kriteriums auf die tatsächlichen und wirtschaftlichen Folgen der Entscheidung für die Parteien (OLG Schleswig JurBüro 2002, 316). Werterhöhend können sich folgende Umstände auswirken: Der Rechtsstreit wird als Musterprozess geführt (*Hartmann* Rn. 27); der Betriebsrat wendet sich gegen eine Betriebsschließung vor Verhandlungen mit den Arbeitnehmern über einen Interessenausgleich (LAG Rostock NZA-RR 2001, 551 = MDR 2001, 337); die Stellung einer Partei im öffentlichen Leben (KG NJW 69, 1305 = Rpfleger 1969, 135); ein öffentliches Interesse am Verfahren ist hingegen irrelevant (OLG Köln JurBüro 1980, 577).

12 **d) Vermögensverhältnisse.** Das Vermögen der Parteien ist bei der Streitwertberechnung als weiterer wertbildender Faktor zu berücksichtigen (BVerfG BeckRS 2009, 30689; OLG Karlsruhe FamRZ 1999, 1288). Diesem Kriterium kommt dann besondere Bedeutung zu, wenn die übrigen unterdurchschnittlich anzuneh-

men sind (OLG Düsseldorf JurBüro 1995, 252). Wie das Vermögen im Einzelnen streitwerterhöhend zu berücksichtigen ist, wird in Rechtsprechung und Literatur, insbesondere im Zusammenhang mit Ehesachen (→ FamGKG § 43 Rn. 5), uneinheitlich beurteilt (OLG Brandenburg FamRZ 2011, 755; OLG Düsseldorf FamRZ 1994, 249). Bei der Beurteilung der Vermögensverhältnisse für die Streitwertberechnung besteht ein großer **Ermessensspielraum.** So sind zB kurzlebige Wirtschaftsgüter (OLG Frankfurt a. M. JurBüro 1977, 703), üblicher Hausrat, Familien-Pkw (KG JurBüro 1975, 297; *Mümmler* JurBüro 1976, 4), kleines Sparguthaben (OLG Bamberg JurBüro 1976, 1231; OLG Düsseldorf JurBüro 1975, 504) außer Betracht zu lassen. Einzubeziehen sind insbesondere Grund- und Betriebsvermögen, Anlagevermögen (zB Wertpapiere, Kapitallebensversicherung). **Betriebsvermögen** ist, auch wenn es die Grundlage des Einkommens bildet, mit seinem Bestand und nicht nur mit seinem Ertrag anzusetzen (OLG Nürnberg JurBüro 1989, 1723). **Grundvermögen** ist mit seinem Verkehrswert zu bewerten (OLG Brandenburg FamRZ 20011, 755; OLG München AnwBl. 1985, 203). Das gilt auch für das selbst genutzte Hausgrundstück (OLG Köln JurBüro 2003, 475; OLG Karlsruhe JurBüro 1999, 421). Lässt sich der Verkehrswert eines selbstgenutzten Einfamilienhauses nicht ohne praktischen Aufwand ermitteln, ist die (dreimonatige) Mietersparnis dem Einkommen zuzuschlagen (OLG Köln FamRZ 2008, 2051; OLG Dresden MDR 2003, 535). Ist Grundbesitz mit einem lebenslangen Nießbrauch belastet, bleibt er unberücksichtigt (OLG Düsseldorf JurBüro 1975, 505; AG Altena FamRZ 2000, 1518). Auf dem Vermögen lastende **Schulden** (zB Kreditbelastungen) sind in ihrer tatsächlichen Höhe abzuziehen (OLG Köln FamRZ 2005, 1765; OLG München JurBüro 1980, 894; OLG Schleswig JurBüro 1976, 1091; aA OLG Karlsruhe BeckRS 2011, 03500). Nach überwiegender Rspr. sind vom Reinvermögen schließlich **Freibeträge** abzuziehen (OLG Koblenz JurBüro 2003, 475; OLG Dresden MDR 2003, 535; OLG München OLGR 1998, 269; OLG Karlsruhe JurBüro 1999, 420; OLG Köln FamRZ 1997, 37; OLG Düsseldorf FamRZ 1994, 249). Die Höhe der Freibeträge wird an das frühere VermStG (§ 6) angelehnt (OLG Koblenz JurBüro 2003, 475). 60.000 Euro je Ehegatten und 30.000 Euro je Kind zieht ab: OLG Koblenz JurBüro 2003, 475. 35.000 Euro je Ehegatten und 12.500 Euro je Kind bringen in Abzug: OLG Bamberg JurBüro 1981, 1534; OLG Braunschweig JurBüro 1980, 239; OLG Hamm JurBüro 1984, 1543; OLG Nürnberg FamRZ 1986, 194. Von dem, nach Abzug der Freibeträge, verbleibenden **reinen Vermögen** werden nach überwiegender Meinung 5% – 10% streitwerterhöhend berücksichtigt (5% berücksichtigen: OLG Koblenz JurBüro 2003, 475; OLG Karlsruhe JurBüro 1999, 421; OLG Köln FamRZ 1997, 37; 10% berücksichtigen: OLG Düsseldorf FamRZ 94, 250; OLG München JurBüro 1992, 350).

e) Einkommensverhältnisse. Im Rahmen der Bewertung der Gegenstände 13
nichtvermögensrechtlicher Streitigkeiten bilden die Einkommensverhältnisse der Parteien den praktisch bedeutsamsten Faktor. In welchem Umfang das Einkommen beachtlich ist konkretisiert allerdings Abs. 2 nicht. Es entscheidet deshalb das gerichtliche Ermessen. Abzustellen ist auf die Einkommensverhältnisse, die bei Beginn der Instanz maßgebend waren (§ 40). Dem **Einkommensbegriff** unterfallen insbesondere folgende Bezüge: Einkünfte aus selbstständiger und nichtselbstständiger Tätigkeit; Urlaubs- und Weihnachtsgeld (anteilig); 13. Gehalt (KG NJW 1976, 900); Rente; Krankengeld (OLG Bremen FamRZ 2004, 961; OLG Dresden FamRZ 2002, 1640; OLG Düsseldorf FamRZ 1994, 250; aA OLG Celle FamRZ 2003, 1677; OLG Brandenburg FamRZ 2003, 1676); Sachbezüge (zB Mietvorteil

bei Werks- oder Dienstwohnung, Firmenwagen); Einkünfte aus Vermietung, Verpachtung oder Kapitalvermögen (zB Zinsen); Blindenbeihilfe (OLG Saarbrücken JurBüro 1991, 983); BAföG-Leistungen die nicht darlehensweise gewährt werden (OLG München JurBüro 1980, 892); Kindergeld (OLG Zweibrücken BeckRS 2008, 09914; OLG Karlsruhe FamRZ 2008, 2051). **Keinen** Einkommenscharakter haben sog. Transferzahlungen wie zB Sozialhilfe und Arbeitslosengeld II (BVerfG NJW 2006, 1581 = FamRZ 2006, 841: keine verfassungsrechtlichen Bedenken; OLG Saarbrücken BeckRS 2013, 1073; OLG Bremen FamRZ 2012, 239; OLG Hamm FamRZ 2011, 1422; aA OLG Brandenburg FamRZ 2011, 1423; OLG Zweibrücken FamRZ 2011, 992; OLG Celle NJW 2010, 3587).

III. Additionsverbot (Abs. 3)

14 Wird ein vermögensrechtlicher Anspruch aus einem nichtvermögensrechtlichen hergeleitet und werden beide Ansprüche in einem Verfahren miteinander verbunden ist, wegen **wirtschaftlicher Identität** der Gegenstände, die Addition nach **Abs. 3** verboten. Streitwertbestimmend ist nur der Wert des höheren Anspruchs und das wird im Regelfall der vermögensrechtliche sein.

15 **Unanwendbar** ist Abs. 3, wenn mit dem Anspruch auf Unterlassung oder Widerruf ehrrühriger Behauptungen ein Schmerzensgeldanspruch verbunden wird (OLG Frankfurt a. M. JurBüro 1974, 1414).

Anhang zu § 48

§ 3 ZPO Wertfestsetzung nach freiem Ermessen. Der Wert wird von dem Gericht nach freiem Ermessen festgesetzt; es kann eine beantragte Beweisaufnahme sowie von Amts wegen die Einnahme des Augenscheins und die Begutachtung durch Sachverständige anordnen.

§ 4 ZPO Wertberechnung; Nebenforderungen. (1) Für die Wertberechnung ist der Zeitpunkt der Einreichung der Klage, in der Rechtsmittelinstanz der Zeitpunkt der Einlegung des Rechtsmittels, bei der Verurteilung der Zeitpunkt des Schlusses der mündlichen Verhandlung, auf die das Urteil ergeht, entscheidend; Früchte, Nutzungen, Zinsen und Kosten bleiben unberücksichtigt, wenn sie als Nebenforderungen geltend gemacht werden.

(2) Bei Ansprüchen aus Wechseln im Sinne des Wechselgesetztes sind Zinsen, Kosten und Provision, die außer der Wechselsumme gefordert werden, als Nebenforderungen anzusehen.

§ 5 ZPO Mehrere Ansprüche. Mehrere in einer Klage geltend gemachte Ansprüche werden zusammengerechnet; dies gilt nicht für den Gegenstand der Klage und der Widerklage.

§ 6 ZPO Besitz; Sicherstellung; Pfandrecht. [1]Der Wert wird bestimmt: durch den Wert einer Sache, wenn es auf deren Besitz, und durch den Betrag einer Forderung, wenn es auf deren Sicherstellung oder ein Pfandrecht ankommt. [2]Hat der Gegenstand des Pfandrechts einen geringeren Wert, so ist dieser maßgebend.

§ 7 ZPO Grunddienstbarkeit. Der Wert einer Grunddienstbarkeit wird durch den Wert, den sie für das herrschende Grundstück hat, und wenn der Betrag, um den sich der Wert des dienenden Grundstücks durch die Dienstbarkeit mindert, größer ist, durch diesen Betrag bestimmt.

§ 8 ZPO Pacht- oder Mietverhältnis. Ist das Bestehen oder die Dauer eines Pacht- oder Mietverhältnisses streitig, so ist der Betrag der auf die gesamte streitige Zeit entfallenden Pacht oder Miete und, wenn der 25fache Betrag des einjährigen Entgelts geringer ist, dieser Betrag für die Wertberechnung entscheidend.

§ 9 ZPO Wiederkehrende Nutzungen oder Leistungen. [1]Der Wert des Rechts auf wiederkehrende Nutzungen oder Leistungen wird nach dem dreieinhalbfachen Wert des einjährigen Bezuges berechnet. [2]Bei bestimmter Dauer des Bezugsrechts ist der Gesamtbetrag der künftigen Bezüge maßgebend, wenn er der geringere ist.

§ 182 InsO Streitwert. Der Wert des Streitgegenstandes einer Klage auf Feststellung einer Forderung, deren Bestand vom Insolvenzverwalter oder von einem Insolvenzgläubiger bestritten worden ist, bestimmt sich nach dem Betrag, der bei der Verteilung der Insolvenzmasse für die Forderung zu erwarten ist.

§ 49 *(weggefallen)*

§ 49a Wohnungseigentumssachen

(1) **[1]Der Streitwert ist auf 50 Prozent des Interesses der Parteien und aller Beigeladenen an der Entscheidung festzusetzen. [2]Er darf das Interesse des Klägers und der auf seiner Seite Beigetretenen an der Entscheidung nicht unterschreiten und das Fünffache des Wertes ihres Interesses nicht überschreiten. [3]Der Wert darf in keinem Fall den Verkehrswert des Wohnungseigentums des Klägers und der auf seiner Seite Beigetretenen übersteigen.**

(2) **[1]Richtet sich eine Klage gegen einzelne Wohnungseigentümer, darf der Streitwert das Fünffache des Wertes ihres Interesses sowie des Interesses der auf ihrer Seite Beigetretenen nicht übersteigen. [2]Absatz 1 Satz 3 gilt entsprechend.**

I. Allgemeines

Die Vorschrift regelt den **Gebührenstreitwert** in Streitigkeiten nach **§ 43 WEG.** Die sachliche Zuständigkeit liegt bei Streitigkeiten über Gegenstände nach §§ 43 Nr. 1–4 und 6 WEG (sog. Binnenstreitigkeiten) **streitwertunabhängig** beim Amtsgericht (§ 1 ZPO, § 23 Nr. 2 lit. c GVG). Bei Klagen Dritter nach § 43 Nr. 5 WEG ist die sachliche Zuständigkeit streitwertabhängig zu bestimmen (§ 23 Nr. 1 GVG iVm §§ 2–9 ZPO). Für den Rechtsmittelstreitwert gelten ebenfalls §§ 2–9 ZPO, so dass beide Streitwertarten unterschiedlich hoch sein können (BGH NJW-RR 2017, 584 und NJW-RR 2017, 913; OLG Celle BeckRS 2010, 06087; LG Stuttgart BeckRS 2017, 111656 = ZMR 2017, 430). § 49a sorgt für eine klare Streitwertvorgabe (BT-Drs. 16/887, 41). Da der Unterliegende in der Regel auch die außergerichtlichen Kosten der Gegenseite zu tragen hat (§ 91 Abs. 1 S. 1 ZPO) ist eine genaue Kalkulation des Kostenrisikos für die Beteiligten möglich. Durch eine zweifache **Streitwertbegrenzung** (Abs. 1 S. 2 und 3) und dem dadurch verminderten Kostenrisiko, insbesondere bei Anfechtungsklagen nach § 46 WEG, wird auch der Justizgewährungspflicht gegenüber den Rechts- 1 suchenden Rechnung getragen. Es handelt sich insoweit um ein Streitwertprivileg, dass nur auf Binnenstreitigkeiten (§ 43 Nr. 1–4 WEG) anzuwenden ist (*Bärmann/Pick* WEG § 46 Rn. 33; *Briesemeister* NZM 2007, 345).

2 § 49a findet über § 23 Abs. 1 S. 1 und 3 RVG auch auf die **Rechtsanwaltsgebühren** Anwendung. Da Abs. 1 S. 2 den Gebührenstreitwert generell auf das Fünffache des Interesses des Klägers an der Entscheidung begrenzt, kann sich in Einzelfällen auch ein niedriger Gebührenstreitwert ergeben. § 27 Abs. 2 Nr. 4 und Abs. 3 Nr. 6 WEG räumt deshalb dem Verwalter die Befugnis ein, in den dort genannten Rechtsstreitigkeiten, mit einem Rechtsanwalt einen höheren als den gesetzlichen Streitwert, begrenzt auf den nach § 49a Abs. 1 S. 1 bestimmten, zu **vereinbaren.** Die insoweit nicht erstattungsfähigen Mehrkosten (§ 91 Abs. 2 S. 1 ZPO) gehören zu den Kosten der Verwaltung (§ 16 Abs. 8 WEG).

II. Gebührenstreitwert

1. Grundsatz (Abs. 1)

3 Wird in einem Verfahren nach § 43 WEG eine **bezifferte Geldforderung** (zB Wohngeld) geltend gemacht, ist auf den verlangten Geldbetrag abzustellen. Das folgt bereits aus § 48 Abs. 1 iVm § 3 ZPO und wird in § 49a Abs. 1 S. 2 noch einmal klargestellt (der Streitwert „darf das Interesse des Klägers … nicht unterschreiten …“). Damit steht für den praktisch wichtigen Fall der **Geltendmachung** von **Geldforderungen** fest, dass der verlangte Betrag die untere Grenze des Streitwertes darstellt. Wird kein bezifferter Geldbetrag eingeklagt, ist nach Abs. 1 S. 1 zunächst das (subjektive) **Interesse beider Parteien** und aller **Beigeladenen** an der Entscheidung maßgebend (OLG Celle NZM 2012, 352 und BeckRS 2010, 06087 = ZWE 2010, 189). Die Bewertung des Interesses dieser Beteiligten hat das Gericht nach pflichtgemäßem Interesse vorzunehmen (OLG Stuttgart BeckRS 2012, 02011; OLG Koblenz BeckRS 2011, 00654). Im Unterschied zu den anderen Verfahren nach der ZPO, in denen alleine der Klageantrag den Streitwert bestimmt (sog. „Angreiferinteresseprinzip“ → Vor § 48 Rn. 15), kommt es in den Verfahren nach dem WEG **zusätzlich** somit auch auf das Interesse der Gegenpartei und aller (tatsächlich) Beigeladenen an. Gerechtfertigt ist die Wertaddition dadurch, dass sich die Rechtskraftwirkungen der gerichtlichen Entscheidung, über die Grenzen des § 325 ZPO hinaus, auch auf die Beigeladenen und ihre Rechtsnachfolger sowie den beigeladenen Verwalter erstrecken (§ 48 Abs. 3 WEG). Aufgrund des damit verbundenen erhöhten Kostenrisikos ist dieser Wert (= das Gesamtinteresse) um 50% zu reduzieren (BT-Drs. 16/887, 53). Der danach gefundene Ausgangswert ist zum einen nach unten begrenzt: Nach Abs. 1 S. 2 Hs. 1 darf das Interesse des Klägers und der auf seiner Seite Beigetretenen (vgl. § 48 Abs. 2 S. 2 WEG) nicht **unterschritten** werden (= Mindeststreitwert). Zum anderen findet nach Abs. 1 S. 2 Hs. 2 und S. 3 schließlich eine zweifache Begrenzung nach oben statt: Der Wert darf den fünffachen Wert des individuellen Interesses der Angreiferseite (= Kläger und der auf seiner Seite Beigetretenen) nicht überschreiten (so schon zu § 48 Abs. 3 WEG aF: OLG Hamm BeckRS 2007, 13045) und, er darf auf keinen Fall den Verkehrswert (vgl. § 194 BauGB) des Wohnungseigentums des Klägers und der Beigetretenen übersteigen (= Höchstwert).

Beispiel: Wohnungseigentümer W reicht gegen den Beschluss der Gemeinschaft (100 Eigentümer) über die Durchführung von Sanierungsmaßnahmen (Gesamtkosten: 50.000 Euro) Anfechtungsklage ein. Gebührenstreitwert? 4
Nach Abs. 1 S. 1 ist das Gesamtinteresse der Parteien in Höhe von 50.000 Euro maßgebend. Begrenzt wird der Streitwert jedoch auf (5 × 500 Euro) 2.500 Euro, nämlich auf das fünffache Interesse des Klägers an der Entscheidung.

2. Beklagteninteresse (Abs. 2)

Richtet sich die Klage nur gegen **einzelne Wohnungseigentümer** und nicht gegen die WEG-Gemeinschaft als solche oder die restlichen Wohnungseigentümer, so begünstigt Abs. 2 durch eine Streitwertbegrenzung auch die **Rechtsverteidigung** der **beklagten** Wohnungseigentümer. Ein Fall des Abs. 2 liegt etwa dann vor, wenn ein Wohnungseigentümer auf Unterlassung verklagt wird. Begrenzt wird der Streitwert, wenn das fünffache Interesse des Beklagten und der auf seiner Seite Beigetretenen (zB Verwalter oder andere Wohnungseigentümer) **geringer** ist, als das Gesamtinteresse nach Abs. 1 S. 1. Es darf aber nach Abs. 2 S. 2 der Höchstwert nach Abs. 1 S. 3 (= Verkehrswert des Wohnungseigentums des Beklagten und der auf seiner Seite Beigetretenen) nicht überschritten werden. 5

III. Einzelfälle

– **Abberufung des Verwalters nach § 26 WEG:** Das Gesamtinteresse an einer Entscheidung iS § 49a Abs. 1 S. 1 bestimmt sich nach dem in der restlichen Vertragslaufzeit noch anfallenden Verwalterhonorar (BGH NZM 2017, 635; NJW 2016, 3104 und 2014, 1884); unberücksichtigt bleibt eine vorzeitige Kündigungsmöglichkeit (LG Hamburg BeckRS 2017, 136131). Bei der nach § 49a Abs. 1 S. 2 zu prüfenden Streitwertbegrenzung ist für das Interesse des Klägers und der Beigetretenen, der fünffache Wert ihrer Anteile an der Restvergütung maßgebend (§ 49a Abs. 1 S. 2 Hs. 2; BGH NJW 2014, 1884; OLG München NJW-RR 2009, 1615; LG Nürnberg-Fürth NJOZ 2011, 655). Zur Bewertung des Verwalterinteresses ist auf die Restvergütung abzustellen.
– **Anfechtungsklage nach § 46 WEG:** Das Gesamtinteresse nach § 49a Abs. 1 S. 1 bestimmt sich über eine Addition der (wirtschaftlichen) Einzelinteressen der Klagepartei und der Beigeladenen an der Beseitigung des angefochtenen Beschlusses sowie des Anfechtungsgegners an dessen Aufrechterhaltung (BGH NJW-RR 2017, 912; LG Dessau-Roßlau BeckRS 2009, 20804). Für die Streitwertbegrenzung nach § 49a Abs. 2 S. 2 Hs. 2 ist auf das fünffache Interesse des Klägers und der Beigetretenen abzustellen.
– **Abrechnung nach § 28 Abs. 3 WEG:** Für das Gesamtinteresse nach § 49a Abs. 1 S. 1 ist, wenn sich die Klage (§§ 43 Nr. 4, 46 WEG) gegen die Abrechnung als solche richtet, der (volle) Nennbetrag aller Ausgaben maßgebend, die in die Abrechnung eingestellt sind (BGH NJW-RR 2017, 913 unter Aufgabe der bisherigen Rspr.; OLG Frankfurt a. M. NJW-RR 2010, 72; LG Koblenz BeckRS 2014, 03484; LG Hamburg BeckRS 2017, 125537 = ZWE 2018, 46).
– **Baumaßnahmen:** Das Gesamtinteresse iS § 49a Abs. 1 S. 1 an einer Anfechtungsklage gegen einen Beschluss über die Durchführung von Baumaßnahmen am Gemeinschaftseigentum (zB Sanierungs- oder Instandsetzungsmaßnahmen) richtet sich nach den hiermit verbundenen Kosten. Für die nach § 49a Abs. 1

S. 2 Hs. 2 zu prüfende Streitwertbegrenzung (fünffaches Interesse des Klägers und der auf seiner Seite Beigetretenen) sind die Kostenanteile an der (streitigen) Maßnahme maßgebend. Vgl. zB OLG Köln BeckRS 2010, 13530 = ZWE 2010, 275; OLG Celle BeckRS 2010, 04944 = ZWE 2010, 190 und ZWE 2011, 147; OLG Koblenz BeckRS 2010, 00183 = ZWE 2010, 96.

- **Beseitigung baulicher Maßnahmen:** Das Gesamtinteresse iS § 49a Abs. 1 S. 1 richtet sich nach den Einzelinteressen aller Beteiligten. Das Interesse der Klagepartei und der auf ihrer Seite Beigetretenen ist auf die Beseitigung der Maßnahme (zB durch Rückbau) gerichtet. Das Interesse des Beklagten besteht darin, keinen Rückbau vornehmen zu müssen. Dieses Interesse bemisst sich grds. nach dem Wertverlust, den sein Wohnungseigentum durch die bauliche Veränderung erleidet (BGH NJW-RR 2017, 584 und 2017, 912).
- **Bestellung des Verwalters nach § 26 WEG:** Wird der Beschluss über die Verwalterbestellung angefochten (§§ 26, 43 Nr. 4, 46 WEG), so ist für das Gesamtinteresse der Beteiligten iS § 49a Abs. 1 S. 1 die in der gesamten Vertragslaufzeit anfallende Verwaltervergütung maßgebend (BGH NJW 2016, 3104). Auch → Abberufung des Verwalters.
- **Einstweilige Verfügung:** Im Verfahren auf Erlass einer einstweiligen Verfügung (zB Herausgabe von Verwalterunterlagen) ist grds. der halbe Hauptsachwert maßgebend (AG Hamburg BeckRS 2009, 08647).
- **Entlastung des Verwalters:** Sie hat die Wirkung eines negativen Schuldanerkenntnisses (BGH BeckRS 2003, 7452 = ZWE 2003, 365). Wird die Entlastung wegen möglicher Ansprüche der Gemeinschaft gegen den Verwalter verweigert, bemisst sich das Gesamtinteresse iS § 49a Abs. 1 S. 1 nach dem Wert dieser Ansprüche (BGH NJW-RR 2011, 1026; LG Saarbrücken ZMR 2013, 51 = BeckRS 2013, 00212). Daneben ist die mit der Entlastung verbundene Bekräftigung der vertrauensvollen Zusammenarbeit der Wohnungseigentümer mit der Verwaltung der Gemeinschaft zu bewerten. Deren Wert ist, wenn besondere Anhaltspunkte für einen höheren Wert fehlen, regelmäßig mit 1.000 Euro zu bewerten (BGH NJW-RR 2011, 1026 = BeckRS 2011, 10299).
- **Entziehungsklage nach § 18 WEG:** Für das Gesamtinteresse der Beteiligten iS § 49a Abs. 1 S. 1 ist der Verkehrswert des zu veräußernden Wohnungs- bzw. Teileigentums maßgebend. Nach diesem Wert und zwar dem vollen, bestimmt sich auch der Mindeststreitwert nach § 49a Abs. 1 S. 2 Hs. 1 (BGH NJW-RR 2014, 452).
- **Kündigung des Verwaltervertrages:** → Abberufung (OLG München NJW-RR-2009, 1615; OLG Zweibrücken BeckRS 2017, 125537 = ZWE 2018, 46).
- **Sonderumlage:** Das Gesamtinteresse iS § 49a Abs. 1 S. 1 an der Entscheidung über einen Sonderumlagebeschluss entspricht dem Betrag der Sonderumlage (LG Nürnberg-Fürth NJOZ 2011, 655). Begrenzt wird der Streitwert nach § 49 Abs. 1 S. 2 Hs. 2 auf das fünffache des Anteils der Klagepartei an der Umlage.
- **Versorgungssperre:** s. LG Dessau-Roßlau BeckRS 2011, 12744.
- **Verwaltungsbeirat (§ 29 WEG).** Die Wohnungseigentümer können durch Beschluss einen Verwaltungsbeirat bestellen. Das Gesamtinteresse iS § 49a Abs. 1 S. 1 an einer Entscheidung über die Gültigkeit dieses Beschlusses ist zu schätzen. Dabei sind Bedeutung der Verwaltungsbeiratsaufgaben und Größe der Wohnungseigentümergemeinschaft zu berücksichtigen (vgl. OLG Koblenz BeckRS 2011, 00654 = ZWE 2011, 92: 3.000 EUR für den gesamten Verwaltungsbeirat; LG Nürnberg-Fürth BeckRS 2010, 20339 = NJOZ 2011, 655: 1.000 EUR je Verwaltungsbeiratsmitglied).

- **Wirtschaftsplan nach § 28 Abs. 1 WEG:** Zum Streitwert einer Klage, die sich gegen den Beschluss der Wohnungseigentümer über den vom Verwalter aufzustellenden Wirtschaftsplan (§ 28 Abs. 5 WEG) richtet. Siehe Stichwort Abrechnung.
- **Wohngeld:** Das Gesamtinteresse der Verfahrensbeteiligten iS § 49a Abs. 1 S. 1 an einer Entscheidung über einen Wohngeldbeschluss entspricht dem Betrag des Wohngeldes bzw. dem Erhöhungsbetrag. Nach § 49a Abs. 1 S. 2 Hs. 2 ist der Streitwert auf den fünffachen Anteil der Klagepartei und der auf ihrer Seite Beigetretenen begrenzt (OLG Celle BeckRS 2010, 06087 = ZWE 2010, 189).
- **Zahlungsklage:** Das Gesamtinteresse iS § 49a Abs. 1 S. 1 an einer Zahlungsklage bestimmt sich nach dem verlangten Geldbetrag (BT-Drs. 16/887, 76). → Rn. 3.
- **Zustimmung zur Veräußerung nach § 12 WEG:** Das Gesamtinteresse des Klägers iS § 49a Abs. 1 S. 1 an der Entscheidung entspricht idR 20% des Verkaufspreises des Wohnungseigentums (BGH BeckRS 2018, 4573 = MDR 2018, 558; aA OLG München BeckRS 2014, 12091 = ZWE 2015, 57; LG Itzehoe BeckRS 2016, 07902 = ZMR 2016, 331; *Spielbauer/Then* WEG § 49a Rn. 19: der volle Verkaufspreis ist anzusetzen. (Dieser Betrag legt auch die Wertuntergrenze nach § 49a Abs. 1 S. 2 Hs. 1 fest. A.A: KG BeckRS 2016, 127348; OLG Celle ZWE 2011, 93: 20–30% des Kaufpreises sind maßgebend).

Anhang zu § 49a

§ 43 WEG Zuständigkeit. Das Gericht, in dessen Bezirk das Grundstück liegt, ist ausschließlich zuständig für

1. Streitigkeiten über die sich aus der Gemeinschaft der Wohnungseigentümer und aus der Verwaltung des gemeinschaftlichen Eigentums ergebenden Rechte und Pflichten der Wohnungseigentümer untereinander;
2. Streitigkeiten über die Rechte und Pflichten zwischen der Gemeinschaft der Wohnungseigentümer und Wohnungseigentümern;
3. Streitigkeiten über die Rechte und Pflichten des Verwalters bei der Verwaltung des gemeinschaftlichen Eigentums;
4. Streitigkeiten über die Gültigkeit von Beschlüssen der Wohnungseigentümer;
5. Klagen Dritter, die sich gegen die Gemeinschaft der Wohnungseigentümer oder gegen Wohnungseigentümer richten und sich auf das gemeinschaftliche Eigentum, seine Verwaltung oder das Sondereigentum beziehen;
6. Mahnverfahren, wenn die Gemeinschaft der Wohnungseigentümer Antragstellerin ist. Insoweit ist § 689 Abs. 2 der Zivilprozessordnung nicht anzuwenden.

§ 46 WEG Anfechtungsklage. (1) Die Klage eines oder mehrerer Wohnungseigentümer auf Erklärung der Ungültigkeit eines Beschlusses der Wohnungseigentümer ist gegen die übrigen Wohnungseigentümer und die Klage des Verwalters ist gegen die Wohnungseigentümer zu richten. Sie muss innerhalb eines Monats nach der Beschlussfassung erhoben und innerhalb zweier Monate nach der Beschlussfassung begründet werden. Die §§ 233 bis 238 der Zivilprozessordnung gelten entsprechend.

(2) Hat der Kläger erkennbar eine Tatsache übersehen, aus der sich ergibt, dass der Beschluss nichtig ist, so hat das Gericht darauf hinzuweisen.

§ 50 Bestimmte Beschwerdeverfahren

(1) [1]**In folgenden Verfahren bestimmt sich der Wert nach § 3 der Zivilprozessordnung:**
1. über Beschwerden gegen Verfügungen der Kartellbehörden und über Rechtsbeschwerden (§§ 63 und 74 des Gesetzes gegen Wettbewerbsbeschränkungen),
2. über Beschwerden gegen Entscheidungen der Regulierungsbehörde und über Rechtsbeschwerden (§§ 75 und 86 des Energiewirtschaftsgesetzes oder § 35 Absatz 3 und 4 des Kohlendioxid-Speicherungsgesetzes),
3. über Beschwerden gegen Verfügungen der Bundesanstalt für Finanzdienstleistungsaufsicht (§ 48 des Wertpapiererwerbs- und Übernahmegesetzes und § 113 Absatz 1 des Wertpapierhandelsgesetzes),
4. über Beschwerden gegen Entscheidungen der zuständigen Behörde und über Rechtsbeschwerden (§§ 13 und 24 des EG-Verbraucherschutzdurchsetzungsgesetzes).

[2]**Im Verfahren über Beschwerden eines Beigeladenen (§ 54 Absatz 2 Nummer 3 des Gesetzes gegen Wettbewerbsbeschränkungen, § 79 Absatz 1 Nummer 3 des Energiewirtschaftsgesetzes und § 16 Nummer 3 des EG-Verbraucherschutzdurchsetzungsgesetzes) ist der Streitwert unter Berücksichtigung der sich für den Beigeladenen ergebenden Bedeutung der Sache nach Ermessen zu bestimmen.**

(2) **Im Verfahren über die Beschwerde gegen die Entscheidung der Vergabekammer (§ 171 des Gesetzes gegen Wettbewerbsbeschränkungen) einschließlich des Verfahrens über den Antrag nach § 169 Absatz 2 Satz 5 und 6, Absatz 4 Satz 2, § 173 Absatz 1 Satz 3 und nach § 176 des Gesetzes gegen Wettbewerbsbeschränkungen beträgt der Streitwert 5 Prozent der Bruttoauftragssumme.**

I. Allgemeines

1 In seinem Anwendungsbereich stellt § 50 **vorrangige** Sonderregelungen zur Ermittlung des Gebührenstreitwerts auf (BT-Drs. 13/9340, 23). Außerhalb ihres Geltungsbereichs lässt die Vorschrift die allgemeinen gesetzlichen oder von Rechtsprechung und Lehre entwickelten Wertberechnungsregeln unberührt (*Hartmann* Rn. 1). Sinn und Zweck der Vorschrift ist es, eine angemessene, weder zu niedrige noch zu hohe, Streitwertbestimmung zu ermöglichen (BayObLG JurBüro 2003, 307). Eine allgemeine Herabsetzung des Streitwerts zugunsten des wirtschaftlich Unterlegenen bezweckt sie nicht (BayObLG JurBüro 2003, 307; *Hartmann* Rn. 1).

II. Gebührenstreitwert

1. Bestimmte Beschwerdeverfahren (Abs. 1)

a) Beschwerden und Rechtsbeschwerden in Kartellsachen (Abs. 1 Nr. 1). 2
In Verfahren über Beschwerden und Rechtsbeschwerden in Kartellsachen nach **§§ 63 und 74 GWB** richtet sich der Gebührenanfall nach KV 1220ff. (Beschwerde) sowie KV 1230ff. (Rechtsbeschwerde). Der Wert ist jeweils nach **§ 3 ZPO** zu bestimmen. Maßgebend ist das **Interesse des Beschwerdeführers** an der Änderung der Entscheidung der Kartellbehörde und die wirtschaftliche Bedeutung des streitigen Rechtsverhältnisses für ihn (OLG Stuttgart BB 1960, 576). Der Streitwert im Verfahren über Beschwerden eines Beigeladenen (§ 54 Abs. 2 Nr. 3 GWB) ist unter Berücksichtigung der sich für den Beigeladenen ergebenden Bedeutung der Sache nach Ermessen zu bestimmen (Abs. 1 S. 2).

b) Beschwerden und Rechtsbeschwerden gegen Entscheidungen der Regulierungsbehörde und der Bundesnetzagentur (Abs. 1 Nr. 2). In Verfahren über Beschwerden und Rechtsbeschwerden gegen Entscheidungen der Regulierungsbehörde nach **§§ 75 und 86 EnWG** sowie der Bundesnetzagentur nach **§ 35 Abs. 3 und 4 KSpG** fallen Gebühren nach KV 1220ff. (Beschwerde) und KV 1230ff. (Rechtsbeschwerde) an. Der Wert ist jeweils nach **§ 3 ZPO** zu bestimmen. Maßgebend ist das **Interesse des Beschwerdeführers** an der Änderung der Entscheidung der Regulierungsbehörde bzw. der Bundesnetzagentur und die wirtschaftliche Bedeutung des streitigen Rechtsverhältnisses für ihn (OLG Stuttgart BB 1960, 576). Der Streitwert im Verfahren über Beschwerden eines Beigeladenen (§ 79 Abs. 1 Nr. 3 EnWG) ist unter Berücksichtigung der sich für den Beigeladenen ergebenden Bedeutung der Sache nach Ermessen zu bestimmen (Abs. 1 S. 2).

c) Beschwerden gegen Verfügungen der Bundesanstalt für Finanzdienstleistungsaufsicht (Abs. 1 Nr. 3). 3
In Verfahren über Beschwerden gegen Verfügungen der Bundesanstalt für Finanzdienstleistungsaufsicht nach **§ 48 WpÜG und § 113 Abs. 1 WpHG** (früher: § 37u) richtet sich der Gebührenanfall nach KV 1220ff. Der Streitwert bestimmt sich in diesen Beschwerdeverfahren ebenfalls nach **§ 3 ZPO,** so dass an das Interesse des Beschwerdeführers an der Änderung der Entscheidung der Bundesanstalt für Finanzdienstleistungsaufsicht anzuknüpfen ist.

d) Beschwerden und Rechtsbeschwerden gegen Entscheidungen der zuständigen Behörde (Abs. 1 Nr. 4). 4
Über die Beschwerde nach **§ 13 Abs. 4 VSchDG** entscheidet das für den Sitz der Behörde zuständige Landgericht. Das Landgericht kann nach **§ 24 VSchDG** die Rechtsbeschwerde zum BGH zulassen. Der Gebührenanfall richtet sich nach KV 1220ff. (Beschwerde) und KV 1230ff. (Rechtsbeschwerde). Der Gebührenstreitwert bestimmt sich jeweils nach § 3 ZPO. Anzuknüpfen ist an das Interesse des Beschwerdeführers an der Änderung der Entscheidung der zuständigen Behörde (vgl. § 2 VSchDG). Der Streitwert im Verfahren über Beschwerden eines Beigeladenen (§ 16 Nr. 3 VSchDG) ist unter Berücksichtigung der sich für den Beigeladenen ergebenden Bedeutung der Sache nach Ermessen zu bestimmen (Abs. 1 S. 2).

2. Beschwerde- und Antragsverfahren in Vergabesachen (Abs. 2)

5 In Beschwerdeverfahren nach **§ 171 GWB** sowie in den Antragsverfahren nach **§ 169 Abs. 2 S. 5 und 6, Abs. 4 S. 2, § 173 Abs. 1 S. 3 und § 176 GWB** richten sich die Gebühren nach KV 1220ff. (Beschwerde) sowie KV 1630ff. (Antragsverfahren). Der Streitwert beträgt jeweils 5% der **Bruttoauftragssumme** (vgl. OLG Brandenburg JurBüro 2009, 259). Auftragssumme ist der objektive Wert des zu vergebenden materiellen Auftrags (OLG Naumburg JurBüro 2004, 86). Hilfsweise kann auch auf den Bruttoangebotspreis abgestellt werden (BGH BeckRS 2014, 08155 = MDR 2014, 626; OLG Rostock BeckRS 2005, 12218 = JurBüro 2006, 369). Auch die Höhe einer verlangten Erfüllungsbürgschaft kann Indiz sein (OLG Jena JurBüro 2002, 434). Abs. 2 gilt auch für die Streitwertberechnung im Nachprüfungsverfahren vor der Vergabekammer (BGH BeckRS 2011, 21590 = JurBüro 2012, 28; OLG Jena JurBüro 2002, 434; OLG Stuttgart NZBau 2000, 599).

§ 51 Gewerblicher Rechtsschutz

(1) **In Rechtsmittelverfahren des gewerblichen Rechtsschutzes (§ 1 Absatz 1 Satz 1 Nummer 14) und in Verfahren über Ansprüche nach dem Patentgesetz, dem Gebrauchsmustergesetz, dem Markengesetz, dem Designgesetz, dem Halbleiterschutzgesetz und dem Sortenschutzgesetz ist der Wert nach billigem Ermessen zu bestimmen.**

(2) **In Verfahren über Ansprüche nach dem Gesetz gegen den unlauteren Wettbewerb ist, soweit nichts anderes bestimmt ist, der Streitwert nach der sich aus dem Antrag des Klägers für ihn ergebenden Bedeutung der Sache nach Ermessen zu bestimmen.**

(3) [1]**Ist die Bedeutung der Sache für den Beklagten erheblich geringer zu bewerten als der nach Absatz 2 ermittelte Streitwert, ist dieser angemessen zu mindern.** [2]**Bietet der Sach- und Streitstand für die Bestimmung des Streitwerts hinsichtlich des Beseitigungs- oder Unterlassungsanspruchs keine genügenden Anhaltspunkte, ist insoweit ein Streitwert von 1 000 Euro anzunehmen, auch wenn diese Ansprüche nebeneinander geltend gemacht werden.**

(4) **Im Verfahren des einstweiligen Rechtsschutzes ist der sich aus den Absätzen 2 und 3 ergebende Wert in der Regel unter Berücksichtigung der geringeren Bedeutung gegenüber der Hauptsache zu ermäßigen.**

(5) **Die Vorschriften über die Anordnung der Streitwertbegünstigung (§ 12 Absatz 4 des Gesetzes gegen den unlauteren Wettbewerb, § 144 des Patentgesetzes, § 26 des Gebrauchsmustergesetzes, § 142 des Markengesetzes, § 54 des Designgesetzes) sind anzuwenden.**

I. Allgemeines

1 Als spezielle Vorschrift räumt **Abs. 1** dem Gericht bei der Bestimmung des Gebührenstreitwerts in **Rechtsmittelverfahren des gewerblichen Rechtsschutzes** vor dem BGH gegen Entscheidungen des BPatG und in **Streitverfahren über Ansprüche** nach dem Patent-, Gebrauchsmuster-, Marken-, Design-, Halbleiter-, Schriftzeichen- und Sortenschutzgesetz **Ermessen** ein. Dadurch wird, da das GKG

in diesen Verfahren unmittelbar gilt, eine einheitliche Bewertung sichergestellt (BT-Drs. 13/9971, 43ff.). **Abs. 2–4** erfassen bürgerliche Rechtsstreitigkeiten, mit denen Ansprüche in **Wettbewerbssachen** geltend gemacht werden (vgl. § 13 Abs. 1 UWG). Diese speziellen Regelungen bezwecken, insbesondere zur Begrenzung von Abmahnkosten, strengere Maßstäbe für die Streitwertfestsetzung (BT-Drs. 17/13057, 30). Um effektiven Rechtsschutz zu gewährleisten, stellt **Abs. 5** klar, dass die Streitwertbegünstigungsvorschriften der § 12 Abs. 4 UWG, § 144 PatG, § 26 GebrMG, § 142 MarkenG, § 54 DesignG anzuwenden sind (BT-Drs. 17/13057, 31). Der **Gerichtsgebührenanfall** richtet sich in den Rechtsmittelverfahren des gewerblichen Rechtsschutzes vor dem BGH nach KV 1250–1252 (Berufung) und KV 1253–1254 (Beschwerde). In den Rechtsbeschwerdeverfahren sind nach KV 1255, 1256 streitwertunabhängige Festgebühren vorgesehen, so dass eine Wertfestsetzung nur für die Rechtsanwaltsgebühren nach § 33 RVG in Betracht kommt (BGH BeckRS 2015, 19674).

II. Gebührenstreitwert

1. Gewerblicher Rechtsschutz; Schutzrechte (Abs. 1)

In den Anwendungsbereich des **Abs. 1 Alt 1** fallen **Rechtsmittelverfahren** des gewerblichen Rechtsschutzes (§ 1 Abs. 1 Nr. 14) vor dem BGH. Gegenstand dieser Verfahren sind Rechtsmittel gegen Entscheidungen des **BPatG.** Dagegen finden **Berufung** (vgl. §§ 110ff. PatG, § 20 GebrMG), **Beschwerde** (vgl. § 122 PatG, § 20 GebrMG) oder, nach Zulassung, **Rechtsbeschwerde** (vgl. § 100ff. PatG, § 18 Abs. 4 GebrMG, §§ 83ff. MarkenG § 133 MarkenG, § 23 Abs. 5 DesignG, § 4 Abs. 4 HalblSchG, § 35 SortSchG, statt. **Abs. 1 Alt. 2** erfasst dagegen **bürgerliche Rechtsstreitigkeiten** mit denen Ansprüche in Patentstreitsachen nach § 143 PatG, Gebrauchsmusterstreitsachen nach § 26ff. GebrMG, Designstreitsachen nach §§ 52ff. DesignG, Kennzeichenstreitsachen nach §§ 140ff. MarkenG, Sortenschutzstreitsachen 38ff. SortSchG geltend gemacht werden. Diese Verfahren betreffen zB Ansprüche auf Unterlassung, Auskunft, Schadensersatz oder Vernichtung. Erfasst werden auch Rechtsmittelverfahren in diesen Angelegenheiten. 2

Der Wert ist nach **billigem Ermessen** zu bestimmen (Abs. 1). Er kann auch durch eine Schätzung ermittelt werden. Bindung an Parteianträge, die aber ein wichtiges Indiz sein können, besteht nicht. In den meisten Fällen des **gewerblichen Rechtsschutzes** geht es um Unterlassungsanträge (vgl. *Bork* WRP 1978, 435). In diesen Streitsachen ist der wichtigste Bemessungsfaktor das **wirtschaftliche Interesse des Klägers** an der Durchsetzung seines Begehrens (OLG Zweibrücken JurBüro 2001, 418). Dieses hängt von der Größe und der Wirtschaftskraft des klägerischen Unternehmens sowie der Gefährlichkeit des jeweiligen Wettbewerbsverstoßes ab (OLG Zweibrücken JurBüro 2001, 418; OLG Stuttgart NJW-RR 1987, 429; OLG Frankfurt a. M. JurBüro 1983, 1249). Das Interesse des Beklagten ist für die Bemessung des Streitwerts unbeachtlich (OLG Nürnberg WRP 1982, 551). Nach Abs. 5 kann das Gericht auf Antrag aus sozialen Gründen eine Streitwertbegünstigung anordnen. 3

Beispiele:
- **Markenlöschung:** Im Rechtsbeschwerdeverfahren vor dem BGH in Löschungsverfahren nach dem MarkenG (§§ 52ff., 83 MarkenG) fallen die Gerichtsgebühren streitwertunabhängig an (vgl. KV 1255, 1256; →Rn. 1). Der Gebührenstreitwert für die Rechtsanwalts-

gebühren richtet sich deshalb nicht nach § 51, sondern nach § 23 Abs. 2 S. 1 und Abs. 3 S. 2 RVG (BGH BeckRS 2015, 19674). Maßgebend ist das wirtschaftliche Interesse des Markeninhabers an der Aufrechterhaltung seiner Marke. Der BGH bewertet dieses im Regelfall mit 50.000 EUR (BGH BeckRS 2006, 04296).

- **Markenverletzung:** Das wirtschaftliche Interesse des Klägers an einer Unterlassungsklage in einer Markensache wird durch den wirtschaftlichen Wert des verletzten Kennzeichens und durch das Ausmaß und die Gefährlichkeit der Verletzung bestimmt (OLG Stuttgart BeckRS 2014, 13380; OLG Nürnberg GRUR 2007, 815).
- **Patentnichtigkeit:** Der Gebührenstreitwert in Berufungsverfahren vor dem BGH in Patentnichtigkeitssachen ist nach billigem Ermessen zu bestimmen (§ 51 Abs. 1). Maßgebend ist der gemeine Wert des Patents bei Erhebung der Klage bzw. Einlegung der Berufung, zuzüglich des Betrags der bis dahin entstandenen Schadensersatzforderungen (BGH BeckRS 2013, 10093; BeckRS 2009, 25818 = GRUR 2009, 1100 und NJW 1957, 144 = GRUR 1957, 79).
- **Patentverletzung:** Ist Gegenstand des Verfahrens ein Unterlassungsanspruch, ist entscheidend, mit welchen Nachteilen der Kläger bei einer Fortsetzung des beanstandeten patentverletzenden Verhaltens rechnen muss (OLG Düsseldorf NJW 2011, 2979).

2. Wettbewerbssachen (Abs. 2–4)

4 Abs. 2 – 4 betreffen Verfahren über Ansprüche in **Wettbewerbssachen** nach dem **UWG.** Es handelt es sich um bürgerliche Rechtsstreitigkeiten, die dem Landgericht streitwertunabhängig zugewiesen sind (§ 13 Abs. 1 S. 1 UWG). Die sachliche Zuständigkeit des Landgerichts (Kammer für Handelssachen; § 13 Abs. 1 S. 2 UWG, § 95 Abs. 1 Nr. 5 GVG) ist eine ausschließliche. Erfasst werden insbesondere Streitigkeiten über Ansprüchen nach §§ 8–10 UWG. Auch Hilfsansprüche, die zB auf Auskunftserteilung oder Rechnungslegung gerichtet sind und Streitigkeiten über Abmahnkosten (§ 12 I 2) sowie Kosten eines Abschlussschreibens (§ 12 Abs. 1 S. 2 2 analog; vgl. Nill GRUR 2005, 740) gehören hierher. Die **Gerichtsgebühren** in diesen Verfahren fallen, da es sich um bürgerliche Rechtsstreitigkeiten handelt, ganz „normal" an und zwar nach KV 1210, 1211 (erster Rechtszug), KV 1220–1223 (Berufung) und KV 1230–1243 (Revision). Nach **Abs. 2** ist der **Gebührenstreitwert** nach der sich aus dem Antrag des Klägers ergebenden Bedeutung nach **Ermessen** zu bestimmen. Abzustellen ist auf das wirtschaftliche Interesse des Klägers, das nach objektiven Maßstäben zu bewerten ist (BT-Drs. 17/13057, 30). Die Festsetzung eines Regelstreitwerts ist aber mit Abs. 2 unvereinbar (BGH BeckRS 2015, 03109). **Abs. 3 S. 1** lässt, in Ausnahme zu dem für die Streitwertfestsetzung geltenden Angreiferinteresseprinzip (→ Vor § 48 Rn.) zu, dass auch der Standpunkt des Beklagten in die Streitwertfestsetzung einzubeziehen ist. Wenn die Bedeutung der Sache für den Beklagten erheblich geringer zu bewerten, als der nach Abs. 2 ermittelte Streitwert, ist dieser nämlich angemessen zu mindern (vgl. OLG Zweibrücken NJW-RR 2014, 1535: Kleinunternehmer mit geringem Umsatz). Es handelt sich dabei um eine Härtefallregelung zum Schutz wirtschaftlich schwächerer Parteien (OLG Dresden BeckRS 2015, 02675; *Köhler/Bornkamm* UWG § 12 Rn. 5.17). **Abs. 3 S. 2** bestimmt in Verfahren über **Beseitigungs- oder Unterlassungsansprüche** in denen der Sach- und Streitstand keine genügenden Anhaltspunkte bietet, einen **Auffangstreitwert** von 1.000 Euro. Dieser ist auch dann anzunehmen, wenn die Ansprüche nebeneinander (gehäuft) geltend gemacht werden. Abs. 3 S. 2 betrifft insbesondere Wettbewerbsverstöße im Bagatellbereich, vor allem im Online-Handel, die „nicht zu einer spürbaren Wettbewerbsverzerrung" führen (OLG Dresden BeckRS 2015, 02674; vgl. auch BT-Drs. 17/

13057, 30). Nach **Abs. 4** ist in Verfahren des **einstweiligen Rechtsschutzes** der sich aus Abs. 2 und 3 ergebende Gebührenstreitwert in der Regel, wegen der geringeren Bedeutung im Vergleich zur Hauptsache, zu ermäßigen. IdR um 20% (OLG Hamburg BeckRS 2017, 138659). Erledigt sich die Sache aber bereits im einstweiligen Verfügungsverfahren endgültig, ist der Streitwert nicht zu ermäßigen. Vgl. zum Abschlag bei Abmahnungsschreiben OLG Frankfurt a.M. BeckRS 2018, 19655.

3. Streitwertbegünstigung (Abs. 5)

Abs. 5 stellt klar, dass die Streitwertbegünstigungsvorschriften (§ 12a Abs. 4 UWG, § 144 PatG, § 26 GebrMG, § 142 MarkenG und § 54 DesignG) auch auf die Verfahren des gewerblichen Rechtsschutzes anzuwenden sind. Im Unterschied zu Abs. 3 und 4, ist hier nicht die Bedeutung der Sache, sondern die wirtschaftliche Lage der Parteien Grundlage der Streitwertermäßigung. 5

Anhang zu § 51 Abs. 5

§ 12 UWG Streitwertminderung. (4) [1]Macht eine Partei in Rechtsstreitigkeiten, in denen durch Klage ein Anspruch aus einem der in diesem Gesetz geregelten Rechtsverhältnisse geltend gemacht wird, glaubhaft, dass die Belastung mit den Prozesskosten nach dem vollen Streitwert ihre wirtschaftliche Lage erheblich gefährden würde, so kann das Gericht auf ihren Antrag anordnen, dass die Verpflichtung dieser Partei zur Zahlung von Gerichtskosten sich nach einem ihrer Wirtschaftslage angepassten Teil des Streitwerts bemisst. [2]Die Anordnung hat zur Folge, dass

1. die begünstigte Partei die Gebühren ihres Rechtsanwalts ebenfalls nur nach diesem Teil des Streitwerts zu entrichten hat,
2. die begünstigte Partei, soweit ihr Kosten des Rechtsstreits auferlegt werden oder soweit sie diese übernimmt, die von dem Gegner entrichteten Gerichtsgebühren und die Gebühren seines Rechtsanwalts nur nach dem Teil des Streitwerts zu erstatten hat und
3. der Rechtsanwalt der begünstigten Partei, soweit die außergerichtlichen Kosten dem Gegner auferlegt oder von ihm übernommen werden, seine Gebühren von dem Gegner nach dem für diesen geltenden Streitwert beitreiben kann.

§ 144 PatG [Herabsetzung des Streitwerts]. (1) [1]Macht in einer Patentstreitsache eine Partei glaubhaft, daß die Belastung mit den Prozeßkosten nach dem vollen Streitwert ihre wirtschaftliche Lage erheblich gefährden würde, so kann das Gericht auf ihren Antrag anordnen, daß die Verpflichtung dieser Partei zur Zahlung von Gerichtskosten sich nach einem ihrer Wirtschaftslage angepaßten Teil des Streitwerts bemißt. [2]Die Anordnung hat zur Folge, daß die begünstigte Partei die Gebühren ihres Rechtsanwalts ebenfalls nur nach diesem Teil des Streitwerts zu entrichten hat. [3]Soweit ihr Kosten des Rechtsstreits auferlegt werden oder soweit sie diese übernimmt, hat sie die von dem Gegner entrichteten Gerichtsgebühren und die Gebühren seines Rechtsanwalts nur nach dem Teil des Streitwerts zu erstatten. [4]Soweit die außergerichtlichen Kosten dem Gegner auferlegt oder von ihm übernommen werden, kann der Rechtsanwalt der begünstigten Partei seine Gebühren von dem Gegner nach dem für diesen geltenden Streitwert beitreiben.

(2) [1]Der Antrag nach Absatz 1 kann vor der Geschäftsstelle des Gerichts zur Niederschrift erklärt werden. [2]Er ist vor der Verhandlung zur Hauptsache anzubringen. [3]Danach ist er nur zulässig, wenn der angenommene oder festgesetzte Streitwert später durch das Gericht heraufgesetzt wird. [4]Vor der Entscheidung über den Antrag ist der Gegner zu hören.

§ 26 GebrMG [Herabsetzung des Streitwerts]. (1) [1]Macht in bürgerlichen Rechtsstreitigkeiten, in denen durch Klage ein Anspruch aus einem der in diesem Gesetz geregelten Rechtsverhältnisse geltend gemacht wird, eine Partei glaubhaft, daß die Belastung mit den Prozeßkosten nach dem vollen Streitwert ihre wirtschaftliche Lage erheblich gefährden würde, so kann das Gericht auf ihren Antrag anordnen, daß die Verpflichtung dieser Partei zur Zahlung von Gerichtskosten sich nach einem ihrer Wirtschaftslage angepaßten Teil des Streitwerts bemißt. [2]Die Anordnung hat zur Folge, daß die begünstigte Partei die Gebühren ihres Rechtsanwalts ebenfalls nur nach diesem Teil des Streitwerts zu entrichten hat. [3]Soweit ihr Kosten des Rechtsstreits auferlegt werden oder soweit sie diese übernimmt, hat sie die von dem Gegner entrichteten Gerichtsgebühren und die Gebühren seines Rechtsanwalts nur nach dem Teil des Streitwerts zu erstatten. [4]Soweit die außergerichtlichen Kosten dem Gegner auferlegt oder von ihm übernommen werden, kann der Rechtsanwalt der begünstigten Partei seine Gebühren von dem Gegner nach dem für diesen geltenden Streitwert beitreiben.

(2) [1]Der Antrag nach Absatz 1 kann vor der Geschäftsstelle des Gerichts zur Niederschrift erklärt werden. [2]Er ist vor der Verhandlung zur Hauptsache anzubringen. [3]Danach ist er nur zulässig, wenn der angenommene oder festgesetzte Streitwert später durch das Gericht heraufgesetzt wird. [4]Vor der Entscheidung über den Antrag ist der Gegner zu hören.

§ 142 MarkenG Streitwertbegünstigung. (1) Macht in bürgerlichen Rechtsstreitigkeiten, in denen durch Klage ein Anspruch aus einem der in diesem Gesetz geregelten Rechtsverhältnisse geltend gemacht wird, eine Partei glaubhaft, daß die Belastung mit den Prozeßkosten nach dem vollen Streitwert ihre wirtschaftliche Lage erheblich gefährden würde, so kann das Gericht auf ihren Antrag anordnen, daß die Verpflichtung dieser Partei zur Zahlung von Gerichtskosten sich nach einem ihrer Wirtschaftslage angepaßten Teil des Streitwerts bemißt.

(2) [1]Die Anordnung nach Absatz 1 hat zur Folge, daß die begünstigte Partei die Gebühren ihres Rechtsanwalts ebenfalls nur nach diesem Teil des Streitwerts zu entrichten hat. [2]Soweit ihr Kosten des Rechtsstreits auferlegt werden oder soweit sie diese übernimmt, hat sie die von dem Gegner entrichteten Gerichtsgebühren und die Gebühren seines Rechtsanwalts nur nach dem Teil des Streitwerts zu erstatten. [3]Soweit die außergerichtlichen Kosten dem Gegner auferlegt oder von ihm übernommen werden, kann der Rechtsanwalt der begünstigten Partei seine Gebühren von dem Gegner nach dem für diesen geltenden Streitwert beitreiben.

(3) [1]Der Antrag nach Absatz 1 kann vor der Geschäftsstelle des Gerichts zur Niederschrift erklärt werden. [2]Er ist vor der Verhandlung zur Hauptsache zu stellen. [3]Danach ist er nur zulässig, wenn der angenommene oder festgesetzte Streitwert später durch das Gericht heraufgesetzt wird. [4]Vor der Entscheidung über den Antrag ist der Gegner zu hören.

§ 54 DesignG Streitwertbegünstigung. (1) Macht in bürgerlichen Rechtsstreitigkeiten, in denen durch Klage ein Anspruch aus einem der in diesem Gesetz geregelten Rechtsverhältnisse geltend gemacht wird, eine Partei glaubhaft, dass die Belastung mit den Prozesskosten nach dem vollen Streitwert ihre wirtschaftliche Lage erheblich gefährden würde, so kann das Gericht auf ihren Antrag anordnen, dass die Verpflichtung dieser Partei zur Zahlung von Gerichtskosten sich nach einem ihrer Wirtschaftslage angepassten Teil des Streitwerts bemisst.

(2) Die Anordnung nach Absatz 1 hat zur Folge, dass die begünstigte Partei die Gebühren ihres Rechtsanwalts ebenfalls nur nach diesem Teil des Streitwerts zu entrichten hat. Soweit ihr Kosten des Rechtsstreits auferlegt werden oder soweit sie diese übernimmt, hat sie die von dem Gegner entrichteten Gerichtsgebühren und die Gebühren seines Rechtsanwalts nur nach dem Teil des Streitwerts zu erstatten. Soweit die außergerichtlichen Kosten dem Gegner auferlegt oder von ihm übernommen werden, kann der Rechtsanwalt der

begünstigten Partei seine Gebühren von dem Gegner nach dem für diesen geltenden Streitwert beitreiben.

(3) Der Antrag nach Absatz 1 kann vor der Geschäftsstelle des Gerichts zur Niederschrift erklärt werden. Er ist vor der Verhandlung zur Hauptsache zu stellen. Danach ist er nur zulässig, wenn der angenommene oder festgesetzte Streitwert später durch das Gericht heraufgesetzt wird. Vor der Entscheidung über den Antrag ist der Gegner zu hören.

§ 51a Verfahren nach dem Kapitalanleger-Musterverfahrensgesetz

(1) **Für die Anmeldung eines Anspruchs zum Musterverfahren (§ 10 Absatz 2 des Kapitalanleger-Musterverfahrensgesetzes) bestimmt sich der Wert nach der Höhe des Anspruchs.**

(2) **Im Rechtsbeschwerdeverfahren ist bei der Bestimmung des Streitwerts von der Summe der in sämtlichen nach § 8 des Kapitalanleger-Musterverfahrensgesetzes ausgesetzten Verfahren geltend gemachten Ansprüche auszugehen, soweit diese von den Feststellungszielen des Musterverfahrens betroffen sind.**

(3) **Der Musterkläger und die Beigeladenen schulden im Rechtsbeschwerdeverfahren Gerichtsgebühren jeweils nur nach dem Wert, der sich aus den von ihnen im Ausgangsverfahren geltend gemachten Ansprüchen, die von den Feststellungszielen des Musterverfahrens betroffen sind, ergibt.**

(4) **Die Musterbeklagten schulden im Rechtsbeschwerdeverfahren Gerichtsgebühren jeweils nur nach dem Wert, der sich aus den gegen sie im Ausgangsverfahren geltend gemachten Ansprüchen, die von den Feststellungszielen des Musterverfahrens betroffen sind, ergibt.**

I. Allgemeines

1 Den Anwendungsbereich des KapMuG legt § 1 Abs. 1 fest. Es handelt sich bei den Verfahren um bürgerliche Rechtsstreitigkeiten, für die dieses Gesetz ein besonderes Verfahren als Zwischenverfahren vorsieht (BGH NJW-RR 2014, 509). Nach § 2 Abs. 1 KapMuG ist Verfahrensziel die einheitliche Feststellung des Vorliegens oder Nichtvorliegens bestimmter anspruchsbegründender oder anspruchsausschließender Voraussetzungen bzw. Klärung bestimmter Rechtsfragen. Der **Musterverfahrensantrag** kann vom Kläger und vom Beklagten in einem bürgerlichen Rechtsstreit gestellt werden, der über Ansprüche, nach § 1 Abs. 1 KapMuG geführt wird. Der Antrag wird, wenn er nicht nach § 3 Abs. 1 KapMuG als unzulässig verworfen wird, sodann im Bundesanzeiger unter der Rubrik „Klageregister nach dem Kapitalanleger-Musterverfahrensgesetz" **öffentlich bekanntgemacht** (§§ 3 Abs. 2,4 KapMuG). Die Bekanntmachung hat die Unterbrechung des Verfahrens zur Folge (§ 5 KapMuG). Werden daraufhin innerhalb von sechs Monaten mindestens neun weitere gleichgerichtete Musterverfahrensanträge bekanntgemacht, erlässt das Gericht einen Vorlagebeschluss an das Oberlandesgericht (§ 6 Abs. 1 KapMuG). Nach Bekanntmachung des Vorlagebeschlusses im Klageregister, sind alle anhängigen oder noch anhängig werdende Verfahren über die Feststellungsziele von Amts wegen auszusetzen (§ 8 Abs. 1 KapMuG). Der **Musterkläger** wird durch das OLG nach billigem Ermessen bestimmt (§ 9 Abs. 1 KapMuG). Die anderen,

nicht ausgewählten Kläger, sind **Beigeladene** des Musterverfahrens (§ 8 Abs. 3 KapMuG). **Musterbeklagte** sind alle Beklagten der ausgesetzten Verfahren (§ 9 Abs. 5 KapMuG). Das Musterverfahren wird schließlich öffentlich bekanntgemacht, so dass innerhalb von 6 Monaten weitere, noch nicht rechtshängige Ansprüche, zum Musterverfahren **angemeldet** werden können (§ 10 Abs. 2 KapMuG). Die Anspruchsanmeldung hat verjährungshemmende Wirkung (§ 204 Abs. 1 Nr. 6a BGB), sie soll den Rechtsschutz für Kapitalanleger erleichtern (vgl. BT-Drs. 17/10160, 25).

2 Das Musterverfahren wird entweder durch **Vergleich** (vgl. §§ 17–19 KapMuG) oder durch **Musterentscheid** des OLG (§ 16 KapMuG) beendet. Gegen den Musterentscheid findet die **Rechtsbeschwerde** zum BGH statt (§§ 20, 21, 26 KapMuG). Wird der rechtskräftige Musterentscheid durch einen Beteiligten des Musterverfahrens, in einem unterbrochenen Verfahren eingereicht, wird dieses wieder aufgenommen (§ 22 Abs. 4 KapMuG). Die Kosten des Musterverfahrens gelten als Teil der Kosten des jeweiligen Ausgangsverfahrens (§§ 16 Abs. 2, 24 Abs. 1 KapMuG).

3 Da das **erstinstanzliche Musterverfahren** als Teil des Prozessverfahrens im ersten Rechtszug gilt (Vorbem. 1.2.1), fallen **Gerichtsgebühren** nur für eine Anmeldung eines Anspruchs zum Musterverfahren nach § 10 Abs. 2 KapMuG an (KV 1902). Die für die Veröffentlich des Musterverfahrensantrags nach § 3 Abs. 2 KapMuG entstandenen **Auslagen** gehören nicht zu den Auslagen des Musterverfahrens iSv KV 9018 (OLG München BeckRS 2014, 10831). Sie sind als Auslagen iSv KV 9004 im Ausgangsverfahren anzusetzen. Die Kosten für die Bekanntmachung des Vorlagebeschlusses nach § 6 Abs. 4 KapMuG hingegen gehören zum Musterverfahren (KV 9004 Abs. 2). Sie sind nach § 22 Abs. 4 S. 1 iVm KV 9018 Abs. 3, zusammen mit den anderen im Musterverfahren entstandenen Auslagen, anteilig auf die Prozessverfahren (Ausgangsverfahren) zu verteilen und werden Teil der Prozesskosten. Darauf erstreckt sich infolgedessen die Antragstellerhaftung des Prozessverfahrens (vgl. BT-Drs. 15/5091, 35). Der Gebührenanfall im **Rechtsbeschwerdeverfahren** nach § 20 KapMuG richtet sich nach KV 1821, 1822. Für die im Musterverfahren und im Rechtsbeschwerdeverfahren anfallenden **Rechtsanwaltsgebühren** regelt § 23b RVG den Gegenstandswert lex specialis. Das Prozessverfahren erster Instanz und das erstinstanzliche Musterverfahren sind dieselbe Angelegenheit (§ 16 Nr. 13 RVG).

II. Gebührenstreitwert

1. Anmeldung zum Musterverfahren (Abs. 1)

4 Für die Anmeldung eines Anspruchs zum Musterverfahren (§ 10 Abs. 2 KapMuG) wird eine 0,5 Gerichtsgebühr nach **KV 1902** erhoben. Nach **Abs. 1** bestimmt sich der Gebührenstreitwert für die **Anmeldung** nach der Höhe des Anspruchs. Die Bewertung des Anspruchs erfolgt nach den allgemeinen Vorschriften, so dass bei Geldforderungen Nebenforderungen, wie zB Zinsen und Kosten, außer Betracht bleiben (§ 43 Abs. 1). Die Gebühr, die mit Antragseinreichung fällig wird (§ 6 Abs. 1 Nr. 1), schuldet der Anmelder (§ 22 Abs. 4 S. 2).

2. Rechtsbeschwerdeverfahren (Abs. 2–4)

a) Gebührenstreitwert. Die Streitwertberechnung im Rechtsbeschwerdeverfahren (vgl. § 20 KapMuG) regelt **Abs. 2.** Abweichend von § 47, richtet sich danach der Streitwert nicht nur nach dem Antrag des Rechtsmittelführers, sondern nach der **Summe** sämtlicher Ansprüche der nach § 8 KapMuG **ausgesetzten** Prozessverfahren (= Ausgangsverfahren), soweit sie von den Feststellungszielen des Musterverfahrens (vgl. § 2 Abs. 1 S. 1 KapMuG) betroffen sind. Der addierte Wert ist für die Verfahrensgebühr nach KV 1821 maßgebend. Da § 22 Abs. 1 KapMuG Bindungswirkung der rechtskräftigen Musterentscheidung auch auf die Prozessverfahren der Beigeladenen anordnet (vgl. § 325a ZPO), ist die Wertaddition nur folgerichtig. Zur Erleichterung der Streitwertfestsetzung bestimmt § 8 Abs. 4 KapMuG, dass das Prozessgericht das OLG über die Aussetzung des Ausgangsverfahrens zu unterrichten und dabei die Höhe des Anspruchs mitzuteilen hat. 5

b) Haftungsbeschränkung. Nach **§ 22 Abs. 1 S. 1, Abs. 4 S. 3** haften als **Antragsteller** für die Gerichtskosten des Rechtsbeschwerdeverfahrens, die wegen der Streitwertaddition überdurchschnittlich hoch sein können, der Rechtsbeschwerdeführer und der auf seiner Seite beigetretene Beteiligte. Da sich aber das **wirtschaftliche** Interesse der Beteiligten vorrangig auf den Gegenstand ihres eigenen Hauptsacheverfahrens bezieht, **beschränken Abs. 3 und 4** die zunächst abstrakte Kostenhaftung auf ihre **persönliche** Beteiligung (= „persönlicher" Streitwert). Danach haften der **Musterkläger** und die **Beigeladenen** für die Gerichts**gebühren** konkret jeweils nur nach dem Wert, der sich aus den von ihnen im Ausgangsverfahren geltend gemachten Ansprüchen, unter Berücksichtigung der Feststellungsziele des Musterverfahrens, ergibt (Abs. 3). Auch die Haftung der **Musterbeklagten** beschränkt sich auf Gerichtsgebühren aus einem Wert, der sich aus den gegen sie im Ausgangsverfahren geltend gemachten Ansprüchen, unter Berücksichtigung der Feststellungsziele des Musterverfahrens, ergibt. Die persönliche Haftung der Beteiligten wird somit auf den ihnen **zurechenbaren Teil** am Gesamtstreitwert begrenzt (BT-Drs. 15/5091, 35; BGH BeckRS 2016, 0237 = NJOZ 2016, 1228 und NJW-RR 2014, 509). Die Haftungsbeschränkung gilt aber nur für die Gerichtsgebühren des Rechtsbeschwerdeverfahrens, so dass die Auslagenhaftung davon nicht berührt wird. Auch auf die **Kostenerstattung** hat sie keinen Einfluss, sie richtet sich alleine nach der Kostengrundentscheidung (BGH NJW-RR 2012, 491). Die Kostengrundentscheidung nach **§ 26 KapMuG** begründet auch den Umfang der Entscheidungsschuldnerhaftung (§ 29 Nr. 1). 6

Die Haftungsbeschränkung auf den persönlichen Streitwert kann zur Folge haben, dass einerseits die Verfahrenskosten nicht vollständig eingezogen werden können und andererseits Kosten nicht vollständig erstattet werden (BT-Drs. 15/5091, 31 ff.). Unterliegt zB der Musterkläger als alleiniger Rechtsbeschwerdeführer, so ist die Gerichtsgebühr zwar aus dem nach § 51a Abs. 2 zusammengerechneten Wert angefallen. Die Haftung gegenüber der Staatskasse wird aber nach § 51a Abs. 3 auf eine Gebühr aus seinem „persönlichen" Streitwert beschränkt. Für die restliche Gebühr haften weder die Beigeladenen noch der Musterbeklagte. Die Kostenerstattung beschränkt § 26 Abs. 5 KapMuG. 7

§ 52 Verfahren vor Gerichten der Verwaltungs-, Finanz- und Sozialgerichtsbarkeit

(1) In Verfahren vor den Gerichten der Verwaltungs-, Finanz- und Sozialgerichtsbarkeit ist, soweit nichts anderes bestimmt ist, der Streitwert nach der sich aus dem Antrag des Klägers für ihn ergebenden Bedeutung der Sache nach Ermessen zu bestimmen.

(2) Bietet der Sach- und Streitstand für die Bestimmung des Streitwerts keine genügenden Anhaltspunkte, ist ein Streitwert von 5 000 Euro anzunehmen.

(3) [1]Betrifft der Antrag des Klägers eine bezifferte Geldleistung oder einen hierauf bezogenen Verwaltungsakt, ist deren Höhe maßgebend. [2]Hat der Antrag des Klägers offensichtlich absehbare Auswirkungen auf künftige Geldleistungen oder auf noch zu erlassende, auf derartige Geldleistungen bezogene Verwaltungsakte, ist die Höhe des sich aus Satz 1 ergebenden Streitwerts um den Betrag der offensichtlich absehbaren zukünftigen Auswirkungen für den Kläger anzuheben, wobei die Summe das Dreifache des Werts nach Satz 1 nicht übersteigen darf. [3]In Verfahren in Kindergeldangelegenheiten vor den Gerichten der Finanzgerichtsbarkeit ist § 42 Absatz 1 Satz 1 und Absatz 3 entsprechend anzuwenden; an die Stelle des dreifachen Jahresbetrags tritt der einfache Jahresbetrag.

(4) In Verfahren
1. vor den Gerichten der Finanzgerichtsbarkeit, mit Ausnahme der Verfahren nach § 155 Satz 2 der Finanzgerichtsordnung und der Verfahren in Kindergeldangelegenheiten, darf der Streitwert nicht unter 1 500 Euro,
2. vor den Gerichten der Sozialgerichtsbarkeit und bei Rechtsstreitigkeiten nach dem Krankenhausfinanzierungsgesetz nicht über 2 500 000 Euro und
3. vor den Gerichten der Verwaltungsgerichtsbarkeit über Ansprüche nach dem Vermögensgesetz nicht über 500 000 Euro

angenommen werden.

(5) Solange in Verfahren vor den Gerichten der Finanzgerichtsbarkeit der Wert nicht festgesetzt ist und sich der nach den Absätzen 3 und 4 Nummer 1 maßgebende Wert auch nicht unmittelbar aus den gerichtlichen Verfahrensakten ergibt, sind die Gebühren vorläufig nach dem in Absatz 4 Nummer 1 bestimmten Mindestwert zu bemessen.

(6) [1]In Verfahren, die die Begründung, die Umwandlung, das Bestehen, das Nichtbestehen oder die Beendigung eines besoldeten öffentlich-rechtlichen Dienst- oder Amtsverhältnisses betreffen, ist Streitwert
1. die Summe der für ein Kalenderjahr zu zahlenden Bezüge mit Ausnahme nicht ruhegehaltsfähiger Zulagen, wenn Gegenstand des Verfahrens ein Dienst- oder Amtsverhältnis auf Lebenszeit ist,
2. im Übrigen die Hälfte der für ein Kalenderjahr zu zahlenden Bezüge mit Ausnahme nicht ruhegehaltsfähiger Zulagen.

[2]Maßgebend für die Berechnung ist das laufende Kalenderjahr. [3]Bezügebestandteile, die vom Familienstand oder von Unterhaltsverpflichtungen

abhängig sind, bleiben außer Betracht. [4]Betrifft das Verfahren die Verleihung eines anderen Amts oder den Zeitpunkt einer Versetzung in den Ruhestand, ist Streitwert die Hälfte des sich nach den Sätzen 1 bis 3 ergebenden Betrags.

(7) Ist mit einem in Verfahren nach Absatz 6 verfolgten Klagebegehren ein aus ihm hergeleiteter vermögensrechtlicher Anspruch verbunden, ist nur ein Klagebegehren, und zwar das wertmäßig höhere, maßgebend.

(8) Dem Kläger steht gleich, wer sonst das Verfahren des ersten Rechtszugs beantragt hat.

I. Allgemeines

§ 52 regelt spezialgesetzlich und einheitlich die Streitwertberechnung für die **Gerichts- und Rechtsanwaltsgebühren** (§ 23 Abs. 1 S. 1 und 3 RVG) in der Verwaltungs-, Finanz- und Sozialgerichtsbarkeit (vgl. BT-Drs. 7/2016, 63). **Ergänzend** dazu („... soweit nichts anderes bestimmt ist ...") ist die Wertberechnung für Streitigkeiten nach dem Asylgesetz in § 30 RVG sowie nach dem Vermögenszuordnungsgesetz in § 6 Abs. 3 S. 2 VZOG besonders geregelt (die Verfahren sind gerichtsgebührenfrei; vgl. § 83b AsylG und § 6 Abs. 3 S. 1 VZOG). Anwendbar bleiben aber die allgemeinen Wertvorschriften der §§ 39–47. Beim Streit über einen öffentlich-rechtlichen Nutzungsvertrag richtet sich der Wert nach § 41 Abs. 1 (BVerwG NVwZ-RR 1994, 420). Werden wiederkehrende Leistungen aus einem öffentlich-rechtlichen Rechtsverhältnis verlangt, richtet sich die Wertberechnung nach § 42 Abs. 1 (OVG Münster JurBüro 1995, 590 = Beamtenversorgung). Für das Verhältnis von Haupt- und Hilfsantrag gilt § 45 Abs. 1 S. 2, 3 (OVG Münster JurBüro 1994, 360). In den **Anwendungsbereich** des § 52 fallen Verfahren, die sich nach der VwGO oder der FGO richten. Auf Verfahren nach dem SGG ist § 52 anwendbar, soweit dort weder Kläger noch Beklagter dem in § 183 SGG genannten Personenkreis angehören (vgl. § 1 Abs. 2 Ziff. 3, § 197a SGG). **Entsprechend** anzuwenden ist die Vorschrift in Verfahren wegen des Verlustes von Dienstbezügen vor einem Disziplinargericht (VGH München NVwZ-RR 1989, 54) und im Prüfungsverfahren nach §§ 66 Abs. 1, 62 Abs. 1 Ziff. 4c DRiG (BGH KR § 13 Nr. 462). In nichtvermögensrechtlichen Streitigkeiten (zB Unterlassungsanspruch wegen Verletzung des allgemeinen Persönlichkeitsrechts) kann der Streitwert nach § 48 Ab. 2, wenn keine besonderen Bemessungsumstände feststellbar sind, in Anlehnung an den gesetzlichen Auffangwert in § 52 Abs. 2 festgesetzt werden (BAG NZA 1998, 670; aA OLG München MDR 1989, 360). § 52 Abs. 1 (früher: § 13 Abs. 1 S. 1) ist verfassungskonform (BVerfG NVwZ 1999, 1104). Soweit ein Verfahren gerichtsgebührenfrei geführt wird, ist der Wert nach § 52 alleine für die Rechtsanwaltsgebühren festzusetzen (§§ 23 Abs. 1 S. 1, 33 Abs. 1 RVG; OVG Hamburg NVwZ-RR 2004, 620). Der Gebührenstreitwert wird nach oben allgemein durch § 39 Abs. 2 und speziell durch Abs. 4 Nr. 2 und 3 **begrenzt.** Eine Begrenzung nach unten ordnet Abs. 4 Nr. 1 an.

II. Grundlagen der Wertberechnung (Abs. 1, 8)

1. Antrag des Klägers/Antragstellers

2 Grundlage der Wertberechnung ist die **Bedeutung der Sache** für den **Kläger** und zwar, so wie sie sich aufgrund seines **Antrags** objektiv beurteilt ergibt (OVG Lüneburg NVwZ-RR 2013, 861; OVG Bremen NVwZ-RR 2010, 824). **Irrelevant** sind andere Umstände, wie zB der Umfang der Sache (BVerwG AnwBl. 1977, 507), der Aufwand des Gerichts, die wirtschaftlichen Verhältnisse der Beteiligten (BVerwG BeckRS 2015, 54083 = JurBüro 2016, 23 und DVBl 1977, 653) oder ein besonderes öffentliches Interesse. Auch die Bedeutung der Sache für den Beklagten oder einen Beigeladenen beeinflusst den Streitwert nicht (OVG Münster NVwZ 2000, 335; BVerwG AnwBl. 1977, 507; OVG Münster NVwZ 2000, 335; VGH München BayVBl. 1978, 60). Auch bei einem Musterprozess entscheidet nur der **Klägerantrag** den Streitwert (BFH BStBl. II 1976, 685; VGH München NVwZ 1982, 443 und 1991, 1198). Der Bewertung ist der Klageantrag so zugrunde zu legen, wie das Gericht ihn verstanden hat (VGH München NVwZ 1982, 443 und 1991, 1198). Im Verfahren vor der Finanzgerichtsbarkeit ist die Rechtmäßigkeit des Steuerbescheides Streitgegenstand (BFH NJW 1968, 1948). Setzt das Gericht irrig den Wert eines tatsächlich nicht gestellten Antrags fest, ist die Wertfestsetzung zu beseitigen (OVG Hamburg NVwZ-RR 1998, 341). In der Rechtsmittelinstanz ist auf den Antrag des Rechtsmittelklägers abzustellen (§ 47; *Madert* NJW 1998, 581; *Otto* JurBüro 1997, 286). Der Wert des unveränderten Gegenstandes ist aber, wenn der Beklagte oder ein Beigeladener das Rechtsmittel einlegt, mit dem der ersten Instanz identisch (BVerwG NVwZ-RR 1989, 280; OVG Münster NVwZ 2000, 335; VGH Mannheim JurBüro 1990, 1207; aA VGH Kassel NVwZ-RR 1990, 223; vgl. auch *Zimmer* NVwZ 1995, 142). Dem Kläger steht nach Abs. 8 gleich, wer als Antragsteller den ersten Rechtszug eingeleitet hat. Eine vorzeitige Beendigung des Verfahrens, zB durch Klage- oder Antragsrücknahme, hat auf den Streitwert keinen Einfluss (VGH Mannheim NJW 1977, 827). Für die Bewertung sind die Verhältnisse zum Zeitpunkt der den Rechtszug einleitenden Antragstellung maßgebend (§§ 40, 47; OVG Lüneburg NVwZ-RR 2013, 861). Dem Kläger steht gleich wer sonst das Verfahren des ersten Rechtszugs beantragt hat (Abs. 8).

2. Bedeutung der Sache

3 Es kommt auf das **objektive Interesse des Klägers** (Antragstellers) an (LSG Bremen NZS 2004, 560). Ein ideelles Interesse an der Sache (zB ein Liebhaberwert) oder seine subjektiven Vorstellungen beeinflussen den Streitwert nicht (VGH Kassel NVwZ-RR 2016, 951; OVG Münster NVwZ-RR 2015, 960; VGH München NVwZ-RR 2014, 447; VGH Mannheim NJW 1977, 827; aA BVerwG BeckRS 2015, 54083 = JurBüro 2016, 23: auch ideelle Interessen sind bei der Bewertung zu berücksichtigen). Die Bedeutung der Sache für den **Kläger** wird regelmäßig vom **wirtschaftlichen** Inhalt der angestrebten Regelung geprägt sein (BVerwG NVwZ-RR 2003, 904 = Dosenpfand; OVG Greifswald NVwZ-RR 2004, 226 = Jubiläumsdienstalter; VGH München NVwZ-RR 2004, 912 = Befestigung des Straßenrandes; OVG Münster NVwZ-RR 2005, 582 = Beseitigung von Werbetafeln; VGH Mannheim NVwZ-RR 1990, 386 = wasserrechtliche Erlaubnis). Auch sonstige soziale Auswirkungen der erstrebten Entscheidung für den Kläger in

seiner Familie oder in der Gesellschaft (zB bei Einbürgerung oder Namensänderung) können den Streitwert beeinflussen (*Hartmann* Rn. 12). Hat die Regelung für den Kläger Dauerwirkung (zB Streit um Gewerbeausübung oder Berufszulassung), ist dies bei der Streitwertfestsetzung zu berücksichtigen (BSG AnwBl. 1982, 30 = ärztliche Approbation). Die rechtliche Tragweite der gerichtlichen Entscheidung wird von der gewählten Klageart beeinflusst. Die Bedeutung der Entscheidung für den Beklagten oder einen Beigeladenen beeinflusst den Streit nicht (OVG Münster NVwZ-RR 2000, 335; VGH München NVwZ 1991, 1198).

Bei einer **Anfechtungsklage** ist das Interesse des Klägers am Wegfall des ange- 4
fochtenen Verwaltungsaktes maßgebend. Richtet sich die Klage gegen einen Leistungsgrundbescheid ist, da damit die Höhe der Leistung noch nicht vollstreckbar feststeht, ein Wertminus zu veranschlagen (BVerwG NVwZ 1988, 1019). Umgekehrt ist bei der **Verpflichtungsklage** das Interesse des Klägers am Erlass des beantragten Verwaltungsaktes zu bewerten, so dass bei der Klage auf Bescheidung regelmäßig ein Wertabschlag vorzunehmen ist (OVG Hamburg ZBR 1980, 289; *Hartmann* Rn. 15). Der Streitwert der allgemeinen **Leistungsklage** ist identisch mit dem Wert der vom Kläger verlangten Leistung. Ist die Klage nicht unmittelbar auf Zahlung, sondern in der Vorstufe auf ein Tätigwerden gerichtet muss, ähnlich wie bei der Stufenklage, ein Abschlag gemacht werden (OVG Münster NVwZ-RR 1999, 700). Steht das Bestehen oder die Ausübung eines gemeindlichen Vorkaufsrechts in Streit, ist ein Abschlag von 5% vom Grundstücksverkehrswert gerechtfertigt (OVG Bautzen NVwZ-RR 1995, 237). Der Wert einer **Feststellungsklage** lässt sich nach den zivilgerichtlichen Wertgrundsätzen beurteilen (vgl. zB VGH München BayVBl. 1986, 60 und NVwZ-RR 2001, 277; auch → Vor § 48 Rn. 21). Die **Fortsetzungsfeststellungsklage** (§ 113 Abs. 1 S. 4 VwGO, § 100 Abs. 1 S. 4 FGO) hat meist einen geringeren Wert als die Hauptklage (BVerwG AnwBl. 89, 235; VGH Kassel NVwZ-RR 1992, 218 mwN). Das gilt entsprechend im Abänderungsverfahren über die Wiederherstellung bzw. Anordnung der aufschiebenden Wirkung nach § 80 Abs. 7 VwGO (OVG Lüneburg NVwZ-RR 1999, 813).

3. Ermessen

Die Streitwertbestimmung hat nach **pflichtgemäßem Ermessen** zu erfolgen 5
(OVG Münster NVwZ-RR 2015, 960; OVG Bremen NVwZ-RR 2010, 824). Insoweit besteht bei der Beurteilung der Bedeutung der Sache für den Kläger (Antragsteller) ein gerichtlicher Spielraum. Der Wert darf geschätzt werden (VGH Mannheim NVwZ-RR 2008, 430) und es ist, im Interesse einer einheitlichen Bewertung, seine Schematisierung und Pauschalierung zulässig (BVerwG BeckRS 2015, 54083; BFH FamRZ 2006, 702; OVG Münster NJW 2011, 2824; *Hartmann* Rn. 17). Eine Bindung an Wertfestsetzungen des BVerfG erfolgt nicht (BVerfG NVwZ 1999, 1104). Förmliche Beweiserhebungen in einer Beweisaufnahme sind nach Abs. 2 ausgeschlossen (OVG Greifswald NJW 2008, 2936; VGH München BayVBl. 1978, 221). Die wirtschaftliche und soziale Situation des Klägers hat auf die Bewertung keinen Einfluss, da nach Abs. 1 alleine auf die **Bedeutung der Sache** abzustellen ist (*Hartmann* Rn. 17). Es darf der Wert aber nicht unangemessen hoch angesetzt werden (BVerfG NJW 1997, 311). Damit, im Interesse der Rechtssicherheit, eine möglichst einheitliche Wertfestsetzung in der gerichtlichen Praxis gewährleistet ist, sind durch den **Streitwertkatalog** für die Verwaltungsgerichtsbarkeit wertvolle Bewertungsrichtlinien entwickelt worden (abgedruckt im Anhang).

III. Auffangwert (Abs. 2)

6 Erst dann, wenn der Sach- und Streitstand keine genügenden Anhaltspunkte für die Bewertung bietet, darf auf den **Streitwert von 5.000 Euro** zurückgegriffen werden (BFH BeckRS 2013, 94972; BVerwG NVwZ-RR 1996, 237; OVG Münster NVwZ-RR 2015, 960; OVG Bremen NVwZ-RR 2011, 341; LSG Schleswig JurBüro 2008, 653; VGH München NVwZ-RR 2004, 912; OVG Berlin NVwZ-RR 2001, 277; VGH Mannheim NVwZ-RR 1999, 813). Es handelt sich um einen **subsidiären** Ausnahmewert (fiktiver Streitwert), auf den nur beim Fehlen konkreter Anhaltspunkte für eine Bewertung nach Abs. 1, abgestellt werden darf (VGH Mannheim BeckRS 2015, 47034 u. NVwZ-RR 2004, 619; LSG Bremen NZS 2004, 560). Der **starre Auffangwert** ist keinesfalls ein Ausgangs- oder Regelwert (BVerwG NJW 1989, 3233; VGH München NVwZ-RR 1991, 391; *Geiger* BayVBl. 1997, 107). Das Gericht hat den Beteiligten vor der Wertfestsetzung rechtliches Gehör zu gewähren. Eine förmliche Beweisaufnahme ist, da vom bisherigen Sach- und Streitstand auszugehen ist, aber unzulässig. Nach § 61 ist der Kläger (Antragsteller) zur Streitwertangabe verpflichtet. Auf den Auffangwert kann zB abgestellt werden (vgl. auch *Hartmann* Rn. 23), wenn **Gegenstand der Klage** ist eine

- Aufenthaltsrechtliche Wohnsitzauflage (OVG Magdeburg BeckRS 2015, 51056; VGH Kassel NVwZ-RR 2014, 904),
- Bewertung von Modulklausuren (OVG Münster BeckRS 2014, 52481 und NVwZ-RR 2015, 960),
- Dienstaufsichtsbeschwerde (OVG Lüneburg BeckRS 2012, 55015 = JurBüro 2013, 364; OVG Bremen BeckRS 2012, 55015),
- Namensänderung,
- Änderung/Vornahme einer Beurteilung (OVG Münster NVwZ-RR 2009, 407),
- Personalvertretungsangelegenheit,
- Eintragung in das Wählerverzeichnis (VGH Mannheim NVwZ-RR 1990, 386),
- Befreiung von Rundfunkgebühren (OVG Hamburg NVwZ-RR 2004, 620),
- Buchführungserleichterung (FG Hamburg EFG 1979, 514),
- Hochschulzulassung (OVG Bremen BeckRS 2011, 50946; OVG Bautzen NVwZ-RR 2006, 219),
- Richterablehnung (VGH Kassel NVwZ-RR 1993, 109),
- Fahrtenbuchauflage (VGH München NZV 1992, 128),
- Gewerbeanmeldung (VGH Mannheim NVwZ-RR 1995, 62),
- Gaststättenerlaubnis (VGH Kassel NVwZ-RR 1993, 672),
- Prüfungsentscheidung (OVG Bautzen NVwZ-RR 2006, 219; VGH München NVwZ 1991, 597),
- Übergang zu einem anderen Dienstherrn (OVG Münster BeckRS 2009, 36329 = NVwZ-RR 2009, 824),
- Versammlungsrechtliche Beschränkungen (VGH München NVwZ-RR 2014, 446),
- Waffenbesitzkarte (OVG Lüneburg BeckRS 2009, 31282).

IV. Bezifferte Geldleistung (Abs. 3)

1. Antrag des Klägers (Abs. 3 S. 1)

Abs. 3 S. 1 ist anzuwenden, wenn der Antrag des Klägers (Antragstellers) eine **bezifferte Geldleistung** (zB Trennungsgeld VGH Mannheim BeckRS 2017, 108858 = NVwZ-RR 2017, 632) oder einen darauf gerichteten **Verwaltungsakt** (zB Widerruf eines Zuwendungsbescheids OVG Magdeburg BeckRS 9998, 83166 = NVwZ-RR 2002, 77) betrifft. Es bestimmt in diesen Fällen die verlangte Geldleistung den Streitwert. Der Geldbetrag muss aber unmittelbar, wenn auch nur darlehensweise oder als verlorener Zuschuss, in das Vermögen des Klägers übergehen (OVG Lüneburg JurBüro 2008, 149; VGH Kassel MDR 1996, 321). Anwendbar ist Abs. 3 S. 1 insbesondere auf Zahlungsklagen und Anfechtungsklagen gegen Leistungs- oder Widerrufsbescheide (OVG Magdeburg NVwZ-RR 2002, 77) sowie Abgabenbescheide und auf Verpflichtungsklagen die auf den Erlass eines Bewilligungsbescheides gerichtet sind. Auch auf Leistungen der Sozialhilfe ist Abs. 3 S. 1 und nicht § 42 anzuwenden (OVG Bremen JurBüro 2002, 80). Wird Anfechtungsklage gegen die Überleitung von Unterhaltsansprüchen auf den Sozialhilfeträger erhoben, ist der Streitwert nach Abs. 3 S. 1 zu bestimmen (BVerwG NVwZ-RR 1998, 142). Der Streit über einen Grundbescheid ist Abs. 1 zuzuordnen (BVerwG NVwZ 2000, 188 und 1988, 1019; OVG Koblenz NVwZ-RR 1995, 62). Der Streitwert einer negativen Feststellungsklage ist, da nicht unmittelbar eine Geldleistung in Streit steht, ebenfalls nach Abs. 1 zu bestimmen (VGH München NVwZ-RR 2001, 277). Es sei denn, die Klage ist auf den Ausschluss einer künftigen Leistung gerichtet (*Hartmann* Rn. 25 „Feststellung“). 7

2. Künftige Geldleistungen (Abs. 3 S. 2)

Abs. 3 S. 2 ermöglicht die Berücksichtigung von in der **Zukunft** liegenden wirtschaftlichen Interessen des Klägers. Es darf eine Werterhöhung bis zum Dreifachen des verlangten Geldbetrages erfolgen. Bedeutsam ist diese Regelung insbesondere in finanzgerichtlichen Verfahren und bei der Streitwertbemessen im Kommunalabgabenrecht, wenn absehbar ist, dass die Entscheidung Auswirkungen für den Betroffenen nicht nur auf das im Streit befindliche Jahr, sondern auch auf zukünftige Jahre haben wird (BT-Drs. 17/11471, 379). Die Streitwertanhebung wird aber auf das Dreifache des Werts nach S. 1 **begrenzt.** Hierher gehört zB ein Streit über die Gebührenerhebung für künftige Jahre (OVG Lüneburg BeckRS 2016, 40207 = NVwZ-RR 2016, 272 (274)) sowie Verfahren über den Rundfunkbeitrag (OVG Koblenz NVwZ-RR 2016, 632). Besteht Streit nur über einen Teilbetrag, so ist dieser streitwertbestimmend (OVG Bautzen BeckRS 2009, 35908). 8

3. Kindergeldangelegenheiten (Abs. 3 S. 3)

In Kindergeldangelegenheiten vor den Gerichten der **Finanzgerichtsbarkeit** ist § 42 Abs. 1 S. 1 und Abs. 3 entsprechend anzuwenden (Abs. 3 S. 3 Hs. 1). Darunter fallen auch Streitigkeiten über Kindergeldrückzahlung (FG Köln BeckRS 2016, 94547 = JurBüro 2016, 299). Maßgebend ist der **einfache Jahresbetrag** (Abs. 3 S. 3 Hs. 2; BT-Drs. 18/823, 26; vgl. BFH BeckRS 2014, 96225 = DStRE 2015, 118). 8a

V. Mindest- und Höchststreitwert (Abs. 4)

9 Nach **Abs. 4 Nr. 1** darf in Verfahren vor den Gerichten der **Finanzgerichtsbarkeit** der Gebührenstreitwert nicht **unter** 1.500 Euro angenommen werden. Ausgenommen sind nur Verfahren nach § 155 S. 2 FGO (= Rechtsschutz bei überlangen Gerichtsverfahren und strafrechtlichen Ermittlungsverfahren) und, aus sozialpolitischen Gründen (BT-Drs. 17/11471, 380), auch Verfahren in Kindergeldangelegenheiten (zB Hinterziehungszinsen bei Kindergeldrückzahlung FG Köln BeckRS 2016, 94547). In Verfahren vor den Gerichten der **Sozialgerichtsbarkeit** und Rechtsstreitigkeiten nach dem **Krankenhausfinanzierungsgesetz** begrenzt **Abs. 4 Nr. 2** den Streitwert auf 2.500.000 Euro. Eine Begrenzung auf 500.000 Euro findet nach **Abs. 4 Nr. 3** in Verfahren vor der **Verwaltungsgerichtsbarkeit** nach dem Vermögensgesetz (vgl. zur Streitwertproblematik nach dem VermG auch BVerwG NJW 1995, 609) statt. Diese Wertgrenze ist entsprechend in Streitigkeiten nach dem Investitionsvorranggesetz (BGBl. 1997 I S. 1996) anwendbar (VG Weimar VIZ 1994, 618). Bei zivilrechtlichen Streitigkeiten über Vermögen in der früheren DDR gilt Abs. 4 nicht (*Hartmann* Rn. 29). Auch in Verfahren über Ansprüche nach dem DDR-Entschädigungserfüllungsgesetz ist Abs. 4 Nr. 3 unanwendbar (BVerwG BeckRS 2017, 122579 = NVwZ-RR 2017, 855).

VI. Finanzgerichtsverfahren (Abs. 5)

10 Nach Abs. 5 sind die Gebühren, solange noch keine endgültige Wertfestsetzung erfolgte und der Wert sich auch nicht aus den Verfahrensakten ergibt, **vorläufig** aus dem Mindestwert des Abs. 4 Nr. 1 (500 Euro) zu erheben.

VII. Statusstreitigkeiten im öffentlichen Dienst (Abs. 6, 7)

1. Anwendungsbereich

11 Abs. 6 und 7 bestimmen den Gebührenstreitwert in Statusstreitigkeiten der **Beamten, Richter, Berufssoldaten** und **Soldaten auf Zeit.** Diese spezialgesetzlichen Regelungen, die den Streitwert absenken, sind sozialstaatlich motiviert (vgl. BT-Dr 12/6962, 61 ff.) und gehen Abs. 1–3 vor. Soweit aber Abs. 6, 7 unanwendbar sind (zB Streitigkeiten wegen Versetzung, Abordnung, Umsetzung, Urlaubsgewährung, dienstlicher Beurteilung oder Genehmigung einer Nebentätigkeit) bestimmt sich der Streitwert nach Abs. 1–3 oder § 42 Abs. 1. In den Anwendungsbereich fällt der Streit über die **Begründung, die Umwandlung, das Bestehen, das Nichtbestehen oder die Beendigung** eines besoldeten öffentlich-rechtlichen Dienst- oder Amtsverhältnisses. Darunter fallen auch ein Streitigkeiten über die Versetzung in den Ruhestand (BVerfG NVwZ-RR 2009, 823; BVerwG NVwZ-RR 2010, 127; OVG Lüneburg NVwZ-RR 2010, 295) und wegen Nichtreaktivierung (OVG Lüneburg NVwZ-RR 2010, 943). Streitigkeiten von Ehrenbeamten und solche über die Gewährung von Altersteilzeit gehören nicht hierher (OVG Weimar BeckRS 2008, 30277 = JurBüro 2008, 34). Abs. 6 ist anwendbar, wenn der Streit wegen des beamtenrechtlichen **Gesamtstatus** („Begründung, Umwandlung …“) geführt wird. Nicht erfasst wird die Streitigkeit die nur einen **Teilstatus** (zB

Anspruch auf erhöhte Versorgung, Besoldung oder Zulagen) betrifft (BVerwG NVwZ-RR 2000, 188). Es ist in diesem Falle Abs. 1 anzuwenden und der Streitwert auf den zweifachen Jahresbetrag der Differenz festzusetzen (BVerwG NVwZ-RR 2000, 188).

2. Gebührenstreitwert

Streitwert ist, 12

– wenn ein Dienst- oder Amtsverhältnis auf **Lebenszeit** Gegenstand des Verfahrens ist, nach **Abs. 6 S. 1 Nr. 1** die Summe der für ein **Kalenderjahr** zu zahlenden Bezüge; ausgenommen sind nicht ruhegehaltsfähige Zulagen);
– in den **übrigen Fällen** (zB Beamtenverhältnisse auf Probe, Widerruf oder Zeit, auch der Streit des Beamten auf Probe wegen einer Verlängerung der Probezeit; OVG Greifswald NVwZ-RR 2002, 901) nach **Abs. 6 S. 1 Nr. 2** die **Hälfte** der für ein **Kalenderjahr** zu zahlenden Bezüge; ausgenommen sind nicht ruhegehaltsfähige Zulagen.

Nach **Abs. 6 S. 2** ist auf die Bezüge des im Zeitpunkt der Antragstellung (§ 40) laufenden Kalenderjahres abzustellen (vgl. BT-Drs. 17/11471, 246; OVG Münster NVwZ-RR 2014, 902). Gesetzliche Änderungen, die im laufenden Kalenderjahr noch in Kraft treten, sind zu berücksichtigen; Änderungen der Bezügeansprüche in der Person des Klägers bleiben dagegen unberücksichtigt (BT-Drs. 17/11471, 381). Familienstatusbezogene Elemente der Bezüge (Familienstand, unterhaltspflichtige Kinder) bleiben nach **Abs. 6 S. 3** ebenfalls außer Betracht.

Ist Gegenstand des Verfahrens der Streit um die **Verleihung eines anderen** 13
Amtes im statusrechtlichen Sinne mit besoldungsrechtlichen Auswirkungen (zB Beförderung; OVG Münster NVwZ-RR 2010, 296; OVG Greifswald NVwZ-RR 2003, 577) oder der **Zeitpunkt der Versetzung in den Ruhestand,** beträgt der Streitwert nach **Abs. 6 S. 4** nur die Hälfte des nach den S. 1–3 maßgebenden Betrags. Hierher gehört auch die Klage auf Schadensersatz aufgrund verspäteter oder unterbliebener Beförderung (BVerwG NVwZ-RR 2003, 246; OVG Bautzen NVwZ-RR 2011, 584). Nach überwiegender Meinung (OVG Lüneburg NVwZ-RR 2010, 293 u. 2007, 638; OVG Frankfurt/Oder NVwZ-RR 2003, 606; OVG Greifswald NVwZ 2003, 606; OVG Saarlouis NVwZ-RR 2003, 247) ist Abs. 6 S. 4 auch auf die **Konkurrentenklage** (sog. „Konkurrentenstreit“) anwendbar (aA VGH München NVwZ-RR 2000, 332: das Interesse des Klägers den zu besetzenden Dienstposten selbst zu erhalten ist nicht unmittelbar Verfahrensgegenstand; es ist Abs. 2 anzuwenden und der Auffangwert festzusetzen). Im **einstweiligen Rechtsschutzverfahren** ist der Streitwert auf ein Viertel zu reduzieren (VGH Kassel BeckRS 2017, 110628; OVG Münster NVwZ-RR 2015, 237). Der **Zeitpunkt der Wertberechnung** richtet sich nach Abs. 6 S. 2 iVm § 40: Abzustellen ist auf die den Streitgegenstand betreffende und den Rechtszug einleitende Antragstellung. Die **Wertfestsetzung** erfolgt nach §§ 62, 63 durch Beschluss, der die Erwägungen des Gerichts erkennen lassen muss (BVerfG NVwZ-RR 1994, 106). Der Streitwertfestsetzungsbeschluss unterliegt der Beschwerde (§ 68). Zur Gegenvorstellung gegen die unanfechtbare Streitwertfestsetzung vgl. OVG Münster NVwZ-RR 1999, 479.

3. Additionsverbot

14 Ist mit einer Statusstreitigkeit (zB Klage auf Feststellung des Bestehens eines Beamtenverhältnisses) ein daraus hergeleiteter vermögensrechtlicher Anspruch (zB zusätzlicher Antrag auf Zahlung der Bezüge) **verbunden,** ist nach **Abs. 7** wegen wirtschaftlicher Identität eine Addition der Streitwerte verboten und nur der Wert des höheren Antrags maßgebend.

Anhang zu § 52

I. Sondervorschriften

§ 83b AsylG Gerichtskosten, Gegenstandswert. Gerichtskosten (Gebühren und Auslagen) werden in Streitigkeiten nach diesem Gesetz nicht erhoben.

§ 30 RVG Gegenstandswert in gerichtlichen Verfahren nach dem Asylgesetz. (1) In Klageverfahren nach dem Asylgesetz beträgt der Gegenstandswert 5 000 Euro, in Verfahren des vorläufigen Rechtsschutzes 2 500 Euro. Sind mehrere natürliche Personen an demselben Verfahren beteiligt, erhöht sich der Wert für jede weitere Person in Klageverfahren um 1 000 Euro und in Verfahren des vorläufigen Rechtsschutzes um 500 Euro.

(2) Ist der nach Absatz 1 bestimmte Wert nach den besonderen Umständen des Einzelfalls unbillig, kann das Gericht einen höheren oder einen niedrigeren Wert festsetzen.

§ 6 Abs. 3 VZOG. (3) [1]Gerichtskosten werden in Verfahren nach diesem Gesetz nicht erhoben. [2]Der Gegenstandswert beträgt unabhängig von der Zahl und dem Wert der jeweils betroffenen Vermögensgegenstände 5 000 Euro.

1 Das VZOG regelt die Feststellung und Zuordnung des ehemaligen volkseigenen Vermögens in der früheren DDR. Die Vorschrift ist auf Verfahren anzuwenden, die nach ihrem Inkrafttreten anhängig gemacht wurden (BVerwG JurBüro 1995, 45; vgl. dazu auch krit. *Lappe* NJW 1995, 1194). In den Altverfahren ist vom Verkehrswert auszugehen (OVG Bautzen LKV 1994, 64). Wird einstweiliger Rechtsschutz beantragt, geht § 53 Abs. 3 vor.

II. Streitwertkatalog für die Verwaltungsgerichtsbarkeit

2 Der Streitwertkatalog 2013 (StreitwertK VG) enthält wertvolle Empfehlungen in Form von **Richtwerten** für die Praxis. Es soll, soweit nach **§ 52 Abs. 1** die Streitwertfestsetzung in das gerichtliche Ermessen gestellt ist, aufgrund der Wertempfehlungen eine einheitliche Streitwertbemessung und dadurch die Rechtssicherheit gefördert werden (OVG Lüneburg NVwZ-RR 2009, 405; OVG Münster NVwZ-RR 2011, 424 u. 880; vgl. dazu auch *Geiger* BayVBl. 1997, 107). Bei den Wertangaben handelt es sich aber keine um normativen Festsetzungen (VGH München NVwZ-RR 2004, 158). Soweit der Sach- und Streitstand allerdings keine genügenden Anhaltspunkte für eine Ermessensentscheidung bietet und deshalb § 52 Abs. 2 anzuwenden ist, bindet der gesetzliche Auffangwert die Streitwertfestsetzung (*Geiger* BayVBl. 1997, 107).

Streitwertkatalog für die Verwaltungsgerichtsbarkeit

In der Fassung der am 31. Mai/1. Juni 2012 und am 18. Juli 2013 beschlossenen Änderungen[1]

Vorbemerkungen

1. Seit der Bekanntgabe im Juli 2004 (NVwZ 2004, 1327; DVBl. 2004, 1525; JurBüro 2005, 7) ist der Streitwertkatalog 2004 für die Verwaltungsgerichtsbarkeit unverändert geblieben. Die Präsidentinnen und Präsidenten des Bundesverwaltungsgerichts und der Oberverwaltungsgerichte bzw. der Verwaltungsgerichtshöfe haben die Streitwertkommission reaktiviert und gebeten zu prüfen, ob der Streitwertkatalog zu ergänzen oder vorgeschlagene Werte auf Grund neuerer Erkenntnisse anzupassen sind.
2. Wie schon bei der Erstellung der Streitwertkataloge 1996 und 2004 orientiert sich die Kommission grundsätzlich an der im Wege einer Umfrage erhobenen Rechtsprechung des Bundesverwaltungsgerichts und an der Streitwertpraxis der Oberverwaltungsgerichte bzw. Verwaltungsgerichtshöfe. Die Kommission hat in ihre Überlegungen auch Anregungen der Bundesrechtsanwaltskammer und des Deutschen Anwaltsvereins einbezogen. Ferner wurden die sich aus dem 2. Kostenrechtsmodernisierungsgesetz (vgl. BGBl. 2013 I 2586) ergebenden Änderungen des § 52 Abs. 3 GKG berücksichtigt. Soweit unter den Nr. 5301, 5400 und 5502 des Kostenverzeichnisses zu § 3 GKG eine Festgebühr vorgeschrieben ist, sieht die Kommission davon ab, Streitwerte für Zwischenverfahren vorzuschlagen.
3. Mit dem Katalog werden – soweit nicht auf gesetzliche Bestimmungen hingewiesen wird – Empfehlungen ausgesprochen, denen das Gericht bei der Festsetzung des Streitwertes bzw. des Wertes der anwaltlichen Tätigkeit (§ 33 Abs. 1 RVG) aus eigenem Ermessen folgt oder nicht.

Streitwertkatalog

1.	**Allgemeines**
1.1	**Klage-/Antragshäufung, Vergleich**
1.1.1	Werden mehrere Anträge mit selbstständiger Bedeutung gestellt, so werden die Werte addiert, wenn die Streitgegenstände jeweils einen selbstständigen wirtschaftlichen Wert oder einen selbstständigen materiellen Gehalt haben (vgl. § 39 GKG).
1.1.2	Wird in einen Vergleich ein weiterer Gegenstand einbezogen, so ist dafür zusätzlich ein gesonderter Vergleichswert festzusetzen (§ 45 Abs. 4 iVm Abs. 1 GKG, Nr. 5600 KV – Anlage 1 zu § 3 Abs. 2 GKG).
1.1.3	Klagen mehrere Kläger gemeinschaftlich, sind die Werte der einzelnen Klagen zu addieren, es sei denn sie begehren oder bekämpfen eine Maßnahme als Rechtsgemeinschaft.
1.1.4	Für Hilfsanträge gilt § 45 Abs. 1 S. 2 und 3 GKG.

[1] Siehe http://www.bverwg.de.

1.2	**Verbandsklagen:** Maßgeblich sind die Auswirkungen der begehrten Entscheidung auf die vertretenen Interessen, in der Regel: 15 000,– € – 30 000,– €.	
1.3	**Feststellungsklagen und Fortsetzungsfeststellungsklagen** sind in der Regel ebenso zu bewerten wie eine auf das vergleichbare Ziel gerichtete Anfechtungs- bzw. Verpflichtungsklage.	
1.4	Wird lediglich **Bescheidung** beantragt, so kann der Streitwert einen Bruchteil, mindestens jedoch ½ des Wertes der entsprechenden Verpflichtungsklage betragen.	
1.5	In Verfahren des **vorläufigen Rechtsschutzes** beträgt der Streitwert in der Regel ½, in den Fällen des § 80 Abs. 2 Satz 1 Nr. 1 VwGO und bei sonstigen auf bezifferte Geldleistungen gerichteten Verwaltungsakten ¼ des für das Hauptsacheverfahren anzunehmenden Streitwertes. In Verfahren des vorläufigen Rechtsschutzes, die die Entscheidung in der Sache ganz oder zum Teil vorwegnehmen, kann der Streitwert bis zur Höhe des für das Hauptsacheverfahren anzunehmenden Streitwerts angehoben werden.	
1.6	Betrifft der Antrag des Klägers eine **bezifferte Geldleistung** oder einen hierauf gerichteten Verwaltungsakt, kann mit Blick auf ein in der Zukunft liegendes wirtschaftliches Interesse des Klägers der Streitwert bis zum Dreifachen des bezifferten Betrages erhöht werden (§ 52 Abs. 3 S. 2 GKG).	
1.7	**Vollstreckung**	
1.7.1	In selbstständigen Vollstreckungsverfahren entspricht der Streitwert der Höhe des festgesetzten Zwangsgeldes oder der geschätzten Kosten der Ersatzvornahme; im Übrigen beträgt er ¼ des Streitwertes der Hauptsache. Bei der Androhung von Zwangsmitteln ist die Hälfte des sich nach Satz 1 ergebenden Betrages festzusetzen.	
1.7.2	Wird in dem angefochtenen Bescheid neben einer Grundverfügung zugleich ein Zwangsgeld oder die Ersatzvornahme angedroht, so bleibt dies für die Streitwertfestsetzung grundsätzlich außer Betracht. Soweit die Höhe des angedrohten Zwangsgeldes bzw. des für die Ersatzvornahme zu entrichtenden Vorschusses höher ist als der für die Grundverfügung selbst zu bemessende Streitwert, ist dieser höhere Wert festzusetzen.	
2.	**Abfallentsorgung**	**Es gelten grundsätzlich die nachstehend aufgeführten Werte. Soweit diese die Bedeutung der Genehmigung, des Vorbescheides oder der Anfechtung einer belastenden Maßnahme für den Kläger nicht angemessen erfassen, gilt stattdessen das geschätzte wirtschaftliche Interesse bzw. der Jahresnutzwert.**
2.1	**Klage des Errichters/Betreibers**	
2.1.1	auf Zulassung einer Anlage oder Anlagenänderung	2,5 % der Investitionssumme
2.1.2	gegen Nebenbestimmung	Betrag der Mehrkosten
2.1.3	gegen Untersagung des Betriebs	1 % der Investitionssumme

2.1.4	gegen sonstige Ordnungsverfügung	Betrag der Aufwendungen
2.1.5	gegen Mitbenutzungsanordnung	Anteil der Betriebskosten (einschl. Abschreibung) für Dauer der Mitbenutzung
2.2	**Klage eines drittbetroffenen Privaten**	
2.2.1	wegen Eigentumsbeeinträchtigung	Betrag der Wertminderung des Grundstücks, regelmäßig 50% des geschätzten Verkehrswertes
2.2.2	wegen sonstiger Beeinträchtigungen	15 000,– €
2.2.3	gegen Vorbereitungsarbeiten	7 500,– €
2.3	**Klage einer drittbetroffenen Gemeinde**	60 000,– €
2.4	**Klage des Abfallbesitzers**	
2.4.1	Beseitigungsanordnung	20,– € je m^3 Abfall
2.4.2	Untersagungsverfügung	20 000,– €
3.	**Abgabenrecht**	
3.1	Abgabe	Betrag der streitigen Abgabe (§ 52 Abs. 3 GKG); bei wiederkehrenden Leistungen: dreifacher Jahresbetrag, sofern nicht die voraussichtliche Belastungsdauer geringer ist.
3.2	Stundung	6 v. H. des Hauptsachewertes je Jahr (§ 238 AO)
3.3	Normenkontrollverfahren	mindestens Auffangwert
4.	**Arzneimittelrecht**	siehe Lebensmittelrecht
5.	**Asylrecht**	siehe § 30 RVG
6.	**Atomrecht**	
6.1	**Klage des Errichters/Betreibers**	
6.1.1	auf Genehmigung oder Teilgenehmigung oder Planfeststellung einer Anlage, §§ 7, 9, 9b AtG	2,5% der Investitionssumme
6.1.2	auf Aufbewahrungsgenehmigung, § 6 AtG	1% der für die Aufbewahrung(-sanlage) getätigten Investitionssumme
6.1.3	gegen Nebenbestimmung	Betrag der Mehrkosten
6.1.4	auf Vorbescheid nach § 7a AtG	1% der Investitionssumme für die beantragten Maßnahmen
6.1.5	auf Standortvorbescheid	1% der Gesamtinvestitionssumme
6.1.6	gegen Einstellung des Betriebes	wirtschaftlicher Verlust infolge Betriebseinstellung
6.2	**Klage eines drittbetroffenen Privaten**	wie Abfallentsorgung Nr. 2.2

6.3	**Klage einer drittbetroffenen Gemeinde**	60 000,– €
7.	**Ausbildungsförderung**	
7.1	Klage auf bezifferte Leistung	geforderter Betrag (§ 52 Abs. 3 GKG)
7.2	Klage auf Erhöhung der Förderung	Differenzbetrag im Bewilligungszeitraum
7.3	Klage auf Verpflichtung zur Leistung in gesetzlicher Höhe	gesetzlicher Bedarfssatz für den streitigen Bewilligungszeitraum
7.4	Klage auf Änderung der Leistungsform	½ des bewilligten Förderbetrages
7.5	Klage auf Vorabentscheidung	gesetzlicher Bedarfssatz im ersten Bewilligungszeitraum
8.	**Ausländerrecht**	
8.1	Aufenthaltstitel	Auffangwert pro Person; keine Erhöhung durch eventuell beigefügte Abschiebungsandrohung
8.2	Ausweisung	Auffangwert pro Person; keine Erhöhung durch eventuell beigefügte Abschiebungsandrohung
8.3	Abschiebung, isolierte Abschiebungsandrohung	½ Auffangwert pro Person
8.4	Pass/Passersatz	Auffangwert pro Person
9.	**Bau- und Raumordnungsrecht**	**Es gelten grundsätzlich die nachstehend aufgeführten Werte. Soweit diese die Bedeutung der Genehmigung, des Vorbescheides oder der Anfechtung einer belastenden Maßnahme für den Kläger nicht angemessen erfassen, gilt stattdessen das geschätzte wirtschaftliche Interesse bzw. der Jahresnutzwert.**
9.1	**Klage auf Erteilung einer Baugenehmigung für**	
9.1.1	**Wohngebäude**	
9.1.1.1	Einfamilienhaus	20 000,– €
9.1.1.2	Doppelhaus	25 000,– €
9.1.1.3	Mehrfamilienhaus	10 000,– € je Wohnung
9.1.2	**Gewerbliche und sonstige Bauten**	
9.1.2.1	Einzelhandelsbetrieb	150,– €/m² Verkaufsfläche
9.1.2.2	Spielhalle	600,– €/m² Nutzfläche (ohne Nebenräume)
9.1.2.3	**Werbeanlagen**	
9.1.2.3.1	Großflächige Werbetafel	5 000,– €

9.1.2.3.2	Wechselwerbeanlage	250,– €/m²
9.1.2.4	Imbissstand	6 000,– €
9.1.2.5	Windkraftanlagen soweit nicht 19.1.2	10% der geschätzten Herstellungskosten
9.1.2.6	sonstige Anlagen	je nach Einzelfall: Bruchteil der geschätzten Rohbaukosten oder Bodenwertsteigerung
9.2	**Erteilung eines Bauvorbescheides**	Bruchteil des Streitwerts für eine Baugenehmigung, sofern nicht Anhaltspunkte für eine Bodenwertsteigerung bestehen
9.3	**Abrissgenehmigung**	wirtschaftliches Interesse am dahinterstehenden Vorhaben
9.4	**Bauverbot, Stilllegung, Nutzungsverbot, Räumungsgebot**	Höhe des Schadens oder der Aufwendungen (geschätzt)
9.5	**Beseitigungsanordnung**	Zeitwert der zu beseitigenden Substanz plus Abrisskosten (20,– – 30,– €/m³ umbauten Raumes)
9.6	**Vorkaufsrecht**	
9.6.1	Anfechtung des Käufers	25% des Kaufpreises
9.6.2	Anfechtung des Verkäufers	Preisdifferenz, mindestens Auffangwert
9.7	**Klage eines Drittbetroffenen**	
9.7.1	Nachbar	7 500,– € – 15 000,– €, soweit nicht ein höherer wirtschaftlicher Schaden feststellbar
9.7.2	Nachbargemeinde	30 000,– €
9.8	**Normenkontrollverfahren**	
9.8.1	Privatperson gegen Bebauungsplan oder Flächennutzungsplan	7 500,– € – 60 000,– €
9.8.2	Privatperson gegen Raumordnungsplan	30 500,– € – 60 000,– €
9.8.3	Nachbargemeinde gegen Bebauungsplan, Flächennutzungsplan oder Raumordnungsplan	60 000,– €
9.8.4	Normenkontrolle gegen Veränderungsperre	½ der Werte zu 9.8.1 und 9.8.3
9.9	**Genehmigung eines Flächennutzungsplanes**	mindestens 10 000,– €
9.10	**Ersetzung des Einvernehmens der Gemeinde**	15 000,– €
10.	**Beamtenrecht**	
10.1	(Großer) Gesamtstatus: Begründung, Umwandlung, Bestehen, Nichtbeste-	§ 52 Abs. 5 S. 1 Nr. 1, 2, S. 2, 3 GKG

	hen, Beendigung eines Beamtenverhältnisses, Versetzung in den Ruhestand	
10.2	(Kleiner) Gesamtstatus: Verleihung eines anderen Amtes, Streit um den Zeitpunkt der Versetzung in den Ruhestand, Schadensersatz wegen verspäteter Beförderung, Zahlung einer Amtszulage, Verlängerung der Probezeit	§ 52 Abs. 5 S. 4 i. V. m. S. 1–3 GKG: Hälfte von 10.1
10.3	Neubescheidung eines Beförderungsbegehrens	Hälfte des sich aus § 52 Abs. 5 S. 4 GKG ergebenden Betrages (¼ von 10.1)
10.4	Teilstatus: Streit um Umfang/Teilzeitbeschäftigung, um Übergang von Teilzeit auf Vollzeit, höhere Versorgung, Besoldung oder Zulagen sowie Berücksichtigung von Vordienstzeiten bei Versorgung, Zeiten für BDA, Unfallausgleich, Unfallruhegehalt, Unterhaltsbeitrag, Hinterbliebenenversorgung)	2-facher Jahresbetrag der Differenz zwischen innegehabtem und erstrebtem Teilstatus bzw. des erstrebten Unfallausgleichs etc.
10.5	dienstliche Beurteilung	Auffangwert
10.6	Streit um Nebentätigkeit	Gesamtbetrag der Einkünfte aus der Nebentätigkeit, höchstens Jahresbetrag
10.7	Gewährung von Trennungsgeld	Gesamtbetrag des Trennungsgeldes, höchstens Jahresbetrag
10.8	Anerkennung eines Dienstunfalles	Auffangwert
10.9	Bewilligung von Urlaub	Auffangwert
11.	**Bergrecht**	**Es gelten grundsätzlich die nachstehend aufgeführten Werte. Soweit diese die Bedeutung der Genehmigung, des Vorbescheides oder der Anfechtung einer belastenden Maßnahme für den Kläger nicht angemessen erfassen, gilt stattdessen das geschätzte wirtschaftliche Interesse bzw. der Jahresnutzwert.**
11.1	**Klage des Unternehmers**	
11.1.1	auf Planfeststellung eines Rahmenbetriebsplans	2,5% der Investitionssumme
11.1.2	auf Zulassung eines Rahmenbetriebsplans	1% der Investitionssumme
11.1.3	auf Zulassung eines Sonder- und Hauptbetriebsplans	2,5% der Investitionssumme

11.1.4	gegen belastende Nebenbestimmungen	Betrag der Mehrkosten
11.2	**Klage eines drittbetroffenen Privaten**	wie Abfallentsorgung Nr. 2.2
11.3	**Klage einer drittbetroffenen Gemeinde**	60 000,– €
12.	**Denkmalschutzrecht**	
12.1	Feststellung der Denkmaleigenschaft, denkmalschutzrechtliche Anordnungen, Bescheinigungen	wirtschaftlicher Wert, sonst Auffangwert
12.2	Abrissgenehmigung	wie 9.3
12.3	Vorkaufsrecht	wie Nr. 9.6
13.	**Flurbereinigung/Bodenordnung**	
13.1	**Anordnung des Verfahrens**	Auffangwert
13.2	**Entscheidungen im Verfahren**	
13.2.1	Wertermittlung	Auswirkungen der Differenz zwischen festgestellter und gewünschter Wertverhältniszahl
13.2.2	Abfindung	Auffangwert, es sei denn abweichendes wirtschaftliches Interesse kann festgestellt werden
13.2.3	sonstige Entscheidungen	Auffangwert, es sei denn abweichendes wirtschaftliches Interesse kann festgestellt werden
14.	**Freie Berufe** (Recht der freien Berufe)	
14.1	Berufsberechtigung, Eintragung, Löschung	Jahresbetrag des erzielten oder erwarteten Gewinns, mindestens 15 000,– €
14.2	Mitgliedschaft in einem berufsständischen Versorgungswerk, Befreiung	dreifacher Jahresbetrag des Beitrages
14.3	Rentenanspruch	dreifacher Jahresbetrag der Rente
15.	**Friedhofsrecht**	
15.1	Grabnutzungsrechte	Auffangwert
15.2	Umbettung	Auffangwert
15.3	Grabmalgestaltung	½ Auffangwert
15.4	Gewerbliche Betätigung auf Friedhöfen	Betrag des erzielten oder erwarteten Jahresgewinns, mindestens 15 000,– €
16.	**Gesundheitsverwaltungsrecht**	
16.1	Approbation	Jahresbetrag des erzielten oder erwarteten Verdienstes, mindestens 30 000,– €

16.2	Facharzt-, Zusatzbezeichnung	15 000,– €
16.3	Erlaubnis nach § 10 BÄO	20 000,– €
16.4	Notdienst	Auffangwert
16.5	Beteiligung am Rettungsdienst	15 000,– € pro Fahrzeug
17.	**Gewerberecht**	s. Wirtschaftsverwaltungsrecht, Nr. 54
18.	**Hochschulrecht, Recht der Führung akademischer Grade**	
18.1	Anerkennung der Hochschulreife, Zulassung zum Studium, Immatrikulation, Exmatrikulation	Auffangwert
18.2	Zulassung zu einzelnen Lehrveranstaltungen bzw. Modulen	½ Auffangwert
18.3	Zwischenprüfung	Auffangwert
18.4	Bachelor	10 000,– €
18.5	Diplomprüfung, Graduierung, Nachgraduierung, Master	15 000,– €
18.6	Leistungsnachweis	½ Auffangwert
18.7	Promotion, Entziehung des Doktorgrades	15 000,– €
18.8	Nostrifikation	15 000,– €
18.9	Habilitation	20 000,– €
18.10	Lehrauftrag	Auffangwert
18.11	Ausstattung eines Instituts/Lehrstuhls	10% des Wertes der streitigen Mehrausstattung, mindestens 7 500,– €
18.12	Hochschulwahlen	Auffangwert
19.	**Immissionsschutzrecht**	**Es gelten grundsätzlich die nachstehend aufgeführten Werte. Soweit diese die Bedeutung der Genehmigung, des Vorbescheides oder der Anfechtung einer belastenden Maßnahme für den Kläger nicht angemessen erfassen, gilt stattdessen das geschätzte wirtschaftliche Interesse bzw. der Jahresnutzwert.**
19.1	**Klage des Errichters/Betreibers**	
19.1.1	auf Genehmigung oder Teilgenehmigung oder Planfeststellung einer Anlage	2,5% der Investitionssumme, mindestens Auffangwert
19.1.2	auf Genehmigung von Windkraftanlagen	10% der geschätzten Herstellungskosten
19.1.3	gegen Nebenbestimmung	Betrag der Mehrkosten

19.1.4	auf Vorbescheid	50% des Wertes zu 19.1.1 bzw. 19.1.2, mindestens Auffangwert
19.1.5	auf Standortvorbescheid	50% des Wertes zu 19.1.1 bzw. 19.1.2, mindestens Auffangwert
19.1.6	gegen Stilllegung, Betriebsuntersagung	50% des Wertes zu 19.1.1 bzw. 19.1.2; soweit nicht feststellbar: entgangener Gewinn, mindestens Auffangwert
19.1.7	gegen sonstige Anordnungen im Einzelfall	Betrag der Aufwendungen
19.2	**Klage eines drittbetroffenen Privaten**	s. Abfallentsorgung Nr. 2.2
19.3	**Klage einer drittbetroffenen Gemeinde**	60 000,– €
20.	**Jagdrecht**	
20.1	Bestand und Abgrenzung von Jagdbezirken	10 000,– €
20.2	Verpachtung von Jagdbezirken	Jahresjagdpacht
20.3	Erteilung/Entzug des Jagdscheins	8 000,– €
20.4	Jägerprüfung	Auffangwert
21.	**Kinder- und Jugendhilferecht**	
21.1	laufende Leistungen	Wert der streitigen Leistung, höchstens Jahresbetrag
21.2	einmalige Leistungen, Kostenerstattung, Aufwendungsersatz, Kostenersatz	Wert der streitigen Leistung
21.3	Überleitung von Ansprüchen	höchstens Jahresbetrag
21.4	Heranziehung zur Kostentragung	höchstens Jahresbetrag
21.5	Erteilung der Erlaubnis § 45 SGB VIII	Jahresgewinn aus dem Betrieb, mindestens 15 000,– €
21.6	Pflegeerlaubnis	Auffangwert
22.	**Kommunalrecht**	
22.1	**Kommunalwahl**	
22.1.1	Anfechtung durch Bürger	Auffangwert
22.1.2	Anfechtung durch Partei, Wählergemeinschaft	mindestens 15 000,– €
22.1.3	Anfechtung durch Wahlbewerber	mindestens 7 500,– €
22.2	**Sitzungs- und Ordnungsmaßnahmen**	Auffangwert
22.3	**Benutzung/Schließung einer Gemeindeeinrichtung**	wirtschaftliches Interesse, sonst Auffangwert
22.4	**Anschluss- und Benutzungszwang**	Ersparte Anschlusskosten, mindestens 5 000,– €

22.5	**Kommunalaufsicht**	15 000,– €
22.6	**Bürgerbegehren**	15 000,– €
22.7	**Kommunalverfassungsstreit**	10 000,– €
23.	**Krankenhausrecht**	
23.1	Aufnahme in den Krankenhausbedarfsplan	50 000,– €
23.2	Planbettenstreit	500,– € pro Bett
23.3	Festsetzung von Pflegesätzen	streitiger Anteil des Pflegesatzes × Bettenzahl × Belegungsgrad
24.	**Land- und Forstwirtschaft**	
24.1	Festsetzung einer Referenzmenge	streitige Referenzmenge × 0,10 €/kg
24.2	Zuteilung der zahlenmäßigen Obergrenze prämienberechtigter Tiere	Jahresmehrbetrag
25.	**Lebensmittel-/Arzneimittelrecht**	
25.1	Einfuhr-, Verkaufsverbot (Verbot bestimmte Erzeugnisse eines Betriebs in Verkehr zu bringen), Vernichtungsauflage	Verkaufswert der betroffenen Waren (Jahresbetrag der erwarteten wirtschaftlichen Auswirkungen/Gewinnerwartung)
25.2	sonstige Maßnahmen	Jahresbetrag der erwarteten wirtschaftlichen Auswirkung, sonst Auffangwert
26.	**Erlaubnis für Luftfahrtpersonal**	
26.1	Privatflugzeugführer	10 000,– €
26.2	Berufsflugzeugführer	Jahresbetrag des erzielten oder erwarteten Verdienstes, mindestens 20 000,– €
26.3	Verkehrsflugzeugführer	Jahresbetrag des erzielten oder erwarteten Verdienstes, mindestens 30 000,– €
26.4	sonstige Erlaubnisse für Luftfahrtpersonal	Jahresbetrag des erzielten oder erwarteten Verdienstes, mindestens 7 500,– €
26.5	sonstige Erlaubnisse nach dem Luftsicherheitsgesetz	Auffangwert
27.	**Mutterschutzrecht**	
27.1	Zustimmung zur Kündigung	Auffangwert
27.2	Zulässigkeitserklärung gemäß § 18 BEEG	Auffangwert
28.	**Namensrecht**	
28.1	Änderung des Familiennamens oder Vornamens	Auffangwert
28.2	Namensfeststellung	Auffangwert

29.	**Naturschutzrecht**	**Es gelten grundsätzlich die nachstehend aufgeführten Werte. Soweit diese die Bedeutung der Genehmigung oder der Anfechtung einer belastenden Maßnahme für den Kläger nicht angemessen erfassen, gilt stattdessen das geschätzte wirtschaftliche Interesse bzw. der Jahresnutzwert.**
29.1	Klage auf Erteilung einer Fällgenehmigung	Auffangwert
29.2	Normenkontrolle gegen Schutzgebietsausweisung	wie Bebauungsplan (Nr. 9.8)
30.	**Passrecht**	
30.1	Personalausweis, Reisepass	Auffangwert
31.	**Personalvertretungsrecht**	Auffangwert
32.	**Personenbeförderungsrecht**	vgl. Verkehrswirtschaftsrecht
33.	**Pflegegeld**	Wert der streitigen Leistung, höchstens Jahresbetrag
33a.	**Pflegezeitrecht**	
33a.1	Zustimmung der obersten Landesbehörde nach § 5 Abs. 2 PflegeZG	Auffangwert
34.	**Planfeststellungsrecht**	**Es gelten grundsätzlich die nachstehend aufgeführten Werte. Soweit diese die Bedeutung der Genehmigung, des Vorbescheides oder der Anfechtung einer belastenden Maßnahme für den Kläger nicht angemessen erfassen, gilt stattdessen das geschätzte wirtschaftliche Interesse bzw. der Jahresnutzwert.**
34.1	**Klage des Errichters/Betreibers**	
34.1.1	auf Planfeststellung einer Anlage oder Änderung des Planfeststellungsbeschlusses	2,5% der Investitionssumme
34.1.2	gegen Nebenbestimmung	Betrag der Mehrkosten
34.2	**Klage eines drittbetroffenen Privaten**	wie Abfallentsorgung Nr. 2.2
34.2.1	wegen Eigentumsbeeinträchtigung – soweit nicht einer der Pauschalierungsvorschläge 34.2.1.1 bis 34.2.3 greift:	Betrag der Wertminderung des Grundstücks, höchstens 50% des geschätzten Verkehrswerts

34.2.1.1	Beeinträchtigung eines Eigenheimgrundstücks oder einer Eigentumswohnung	15.000,– €
34.2.1.2	Beeinträchtigung eines Mehrfamilienhauses	Wohnungszahl × 15.000,– €, höchstens 60 000,– € bei Klägeridentität
34.2.2	Beeinträchtigung eines Gewerbebetriebes	60 000,– €
34.2.3	Beeinträchtigung eines Landwirtschaftsbetriebes	Haupterwerb 60.000,– €, Nebenerwerb 30 000,– €
34.2.4	Dauerhafte Inanspruchnahme landwirtschaftlicher Flächen	0,50 €/m²
34.2.5	wegen sonstiger Beeinträchtigungen soweit nicht einer der Pauschalierungsvorschläge greift.	15 000,– €
34.2.6	gegen Vorbereitungsarbeiten	7 500,– €
34.2.7	gegen nachträgliche Anordnung von Schutzauflagen	5 000,– € je betroffenem Grundstück
34.3	**Klage einer in ihrem Selbstverwaltungsrecht betroffenen Gemeinde**	60 000,– €
34.4	**Verbandsklage eines Naturschutzvereins oder einer anderen NRO**	Auswirkungen der begehrten Entscheidung auf die vertretenen Interessen; in der Regel 15 000,– € – 30 000,– €
35.	**Polizei- und Ordnungsrecht**	
35.1	polizei- und ordnungsrechtliche **Verfügung,** polizeiliche Sicherstellung	wirtschaftliches Interesse, sonst Auffangwert
35.2	Anordnung gegen Tierhalter	Auffangwert; sofern die Anordnung einer Gewerbeuntersagung gleichkommt, wie Nr. 54.2.1
35.3	Obdachloseneinweisung	Auffangwert
35.4	Wohnungsverweisung	½ Auffangwert
35.5	Streit um erkennungsdienstliche Maßnahmen und kriminalpolizeiliche Unterlagen	Auffangwert
35.6	Normenkontrolle	wirtschaftliches Interesse, sonst Auffangwert
36.	**Prüfungsrecht**	
36.1	noch nicht den Berufszugang eröffnende (Staats-)Prüfung, Einzelleistungen, deren Nichtbestehen zur Beendigung des Studiums führen	7 500,– €
36.2	den Berufszugang eröffnende abschließende (Staats-)Prüfung, abschließende ärztliche oder pharmazeutische Prüfung	Jahresbetrag des erzielten oder erwarteten Verdienstes, mindestens 15 000,– €

36.3	sonstige berufseröffnende Prüfungen	Jahresbetrag des erzielten oder erwarteten Verdienstes, mindestens 15 000,– €
36.4	sonstige Prüfungen	Auffangwert
37.	**Rundfunkrecht**	
37.1	Hörfunkkonzession	200 000,– €
37.2	Fernsehkonzession	350 000,– €
37.3	Kanalbelegung	wie Hörfunk-/Fernsehkonzession
37.4	Einräumung von Sendezeit	15 000,– €, bei bundesweit ausgestrahltem Programm: 500 000,– €
38.	**Schulrecht**	
38.1	Errichtung, Zusammenlegung, Schließung einer Schule (Klage der Eltern bzw. Schüler)	Auffangwert
38.2	Genehmigung zum Betrieb einer Ersatzschule	30 000,– €
38.3	Schulpflicht, Einweisung in eine Sonderschule, Entlassung aus der Schule	Auffangwert
38.4	Aufnahme in eine bestimmte Schule oder Schulform	Auffangwert
38.5	Versetzung, Zeugnis	Auffangwert
38.6	Reifeprüfung	Auffangwert
39.	**Schwerbehindertenrecht**	
39.1	Zustimmung des Integrationsamtes	Auffangwert
40.	**Soldatenrecht**	
40.1	Berufssoldaten	wie Beamte auf Lebenszeit
40.2	Soldaten auf Zeit	wie Beamte auf Probe
41.	**Sozialhilfe/Kriegsopferfürsorge**	siehe Streitwertkatalog i. d. F. v. Jan. 1996 (NVwZ 1996, 562; DVBl 1996, 605)
42.	**Staatsangehörigkeitsrecht**	
42.1	Einbürgerung	doppelter Auffangwert pro Person
42.2	Feststellung der Staatsangehörigkeit	doppelter Auffangwert pro Person
43.	**Straßen- und Wegerecht** (ohne Planfeststellung), **Straßenreinigung**	
43.1	Sondernutzung	zu erwartender Gewinn bis zur Grenze des Jahresbetrags, mindestens 500,– €
43.2	Sondernutzungsgebühr	siehe Abgabenrecht
43.3	Widmung, Einziehung	wirtschaftliches Interesse, mindestens 7 500,– €

43.4	Anfechtung einer Umstufung zur Vermeidung der Straßenbaulast	dreifacher Jahreswert des Erhaltungs- und Unterhaltungsaufwandes
43.5	Straßenreinigungspflicht	Auffangwert
44.	**Subventionsrecht**	
44.1	**Vergabe einer Subvention**	
44.1.1	Leistungsklage	streitiger Betrag (§ 52 Abs. 3 GKG)
44.1.2	Konkurrentenklage	50% des Subventionsbetrages
44.2	**Bescheinigung als Voraussetzung für eine Subvention**	75% der zu erwartenden Subvention
44.3	**Zinsloses oder zinsermäßigtes Darlehen**	Zinsersparnis, im Zweifel pauschaliert: zinsloses Darlehen 25%, zinsermäßigtes Darlehen 10% des Darlehensbetrages
45.	**Vereins- und Versammlungsrecht**	
45.1	**Vereinsverbot**	
45.1.1	durch oberste Landesbehörde	15 000,– €
45.1.2	durch oberste Bundesbehörde	30 000,– €
45.2	**Anfechtung eines Verbots durch einzelne Mitglieder**	Auffangwert je Kläger
45.3	**Auskunftsverlangen**	Auffangwert
45.4	**Versammlungsverbot, Auflage**	½ Auffangwert
46.	**Verkehrsrecht**	
46.1	Fahrerlaubnis Klasse A	Auffangwert
46.2	Fahrerlaubnis Klasse A M, A 1, A 2	½ Auffangwert
46.3	Fahrerlaubnis Klasse B, BE	Auffangwert
46.4	Fahrerlaubnis Klasse C, CE	1½ Auffangwert
46.5	Fahrerlaubnis Klasse C 1, C 1E	Auffangwert
46.6	Fahrerlaubnis Klasse D, DE	1½ Auffangwert
46.7	Fahrerlaubnis Klasse D 1, D 1E	Auffangwert
46.8	Fahrerlaubnis Klasse L	½ Auffangwert
46.9	Fahrerlaubnis Klasse T	½ Auffangwert
46.10	Fahrerlaubnis zur Fahrgastbeförderung	2-facher Auffangwert
46.11	Fahrtenbuchauflage	400,– € je Monat
46.12	Teilnahme an Aufbauseminar	½ Auffangwert
46.13	Verlängerung der Probezeit	½ Auffangwert
46.14	Verbot des Fahrens erlaubnisfreier Fahrzeuge	Auffangwert

46.15	Verkehrsregelnde Anordnung	Auffangwert
46.16	Sicherstellung, Stilllegung eines Kraftfahrzeugs	½ Auffangwert
47.	**Verkehrswirtschaftsrecht**	**Es gelten grundsätzlich die nachstehend aufgeführten Werte. Soweit diese die Bedeutung der Genehmigung oder der Anfechtung einer belastenden Maßnahme für den Kläger nicht angemessen erfassen, gilt stattdessen das geschätzte wirtschaftliche Interesse bzw. der Jahresnutzwert.**
47.1	Güterfernverkehrsgenehmigung, Gemeinschaftslizenz für EG Ausland, grenzüberschreitender Verkehr	30 000,– €
47.2	Bezirksverkehrsgenehmigung	20 000,– €
47.3	Nahverkehrsgenehmigung	15 000,– €
47.4	Taxigenehmigung	15 000,– €
47.5	Mietwagengenehmigung	10 000,– €
47.6	Linienverkehr mit Omnibussen	20 000,– € je Linie
47.7	Gelegenheitsverkehr mit Omnibussen	20 000,– €
48.	**Vermögensrecht**	
48.1	**Rückübertragung**	
48.1.1	Grundstück	aktueller Verkehrswert; klagen einzelne Mitglieder einer Erbengemeinschaft auf Leistung an die Erbengemeinschaft, so ist das wirtschaftliche Interesse nach dem Erbanteil zu bemessen.
48.1.2	Unternehmen	aktueller Verkehrswert
48.1.3	sonstige Vermögensgegenstände	wirtschaftlicher Wert
48.2	**Besitzeinweisung**	30% des aktuellen Verkehrswerts
48.3	**Investitionsvorrangbescheid**	30% des aktuellen Verkehrswerts
48.4	**Einräumung eines Vorkaufsrechts**	50% des aktuellen Verkehrswerts
49.	**Vertriebenen- und Flüchtlingsrecht**	
49.1	Erteilung oder Entziehung eines Vertriebenenausweises	Auffangwert
49.2	Erteilung oder Rücknahme eines Aufnahmebescheides/einer Bescheinigung nach § 15 BVFG	Auffangwert
50.	**Waffenrecht**	
50.1	**Waffenschein**	7 500,– €

50.2	**Waffenbesitzkarte**	Auffangwert zuzgl. 750,– € je weitere Waffe
50.3	Munitionserwerbsberechtigung	1 500,– €
50.4	Waffenhandelserlaubnis	s. Gewerbeerlaubnis Nr. 54.2.1
51.	**Wasserrecht** (ohne Planfeststellung)	
51.1	Erlaubnis, Bewilligung	wirtschaftlicher Wert
51.2	Anlagen an und in Gewässern	
51.2.1	gewerbliche Nutzung	Jahresgewinn, mindestens Auffangwert
51.2.2	nichtgewerbliche Nutzung	Auffangwert
51.2.3	Steganlagen incl. ein Bootsliegeplatz	Auffangwert zzgl. 750,– € für jeden weiteren Liegeplatz
52.	**Wehrdienst**	
52.1	Anerkennung als Kriegsdienstverweigerer	Auffangwert
52.2	Wehrübung	Auffangwert
53.	**Weinrecht**	
53.1	Veränderung der Rebfläche	1,50,– €/m² Rebfläche
53.2	Genehmigung zur Vermarktung oder Verarbeitung von nicht verkehrsfähigem Wein	2,– €/Liter
54.	**Wirtschaftsverwaltungsrecht**	
54.1	**Gewerbeerlaubnis, Gaststättenkonzession**	Jahresbetrag des erzielten oder erwarteten Gewinns, mindestens 15 000,– €
54.2	**Gewerbeuntersagung**	
54.2.1	ausgeübtes Gewerbe	Jahresbetrag des erzielten oder erwarteten Gewinns, mindestens 15 000,– €
54.2.2	erweiterte Gewerbeuntersagung	Erhöhung um 5 000,– €
54.3	**Handwerksrecht**	
54.3.1	Eintragung/Löschung in der Handwerksrolle	Jahresbetrag des erzielten oder erwarteten Gewinns, mindestens 15 000,– €
54.3.2	Meisterprüfung	15 000,– €
54.3.3	Gesellenprüfung	7 500,– €
54.4	**Sperrzeitregelung**	Jahresbetrag des erzielten oder erwarteten zusätzlichen Gewinns, mindestens 7 500,– €
54.5	**Zulassung zu einem Markt**	erwarteter Gewinn, mindestens 300,– € pro Tag

55.	**Wohngeldrecht**	
55.1	Miet- oder Lastenzuschuss	streitiger Zuschuss, höchstens Jahresbetrag
56.	**Wohnraumrecht**	
56.1	**Anerkennung als steuerbegünstigte Wohnung**	Gesamtbetrag der Steuerersparnis
56.2	**Bewilligung öffentlicher Mittel**	Zuschussbetrag zuzgl. 10% der Darlehenssumme
56.3	**Erteilung einer Wohnberechtigungsbescheinigung**	Auffangwert
56.4	**Fehlbelegungsabgabe**	streitiger Betrag, höchstens dreifacher Jahresbetrag
56.5	**Freistellung von der Wohnungsbindung**	Auffangwert je Wohnung
56.6	**Zweckentfremdung**	
56.6.1	Erlaubnis mit Ausgleichszahlung	Jahresbetrag der Ausgleichszahlung, bei laufender Zahlung: Jahresbetrag
56.6.2	Erlaubnis ohne Ausgleichszahlung	Auffangwert
56.6.3	Aufforderung, Wohnräume wieder Wohnzwecken zuzuführen	Falls eine wirtschaftlich günstigere Nutzung stattfindet: Jahresbetrag des Interesses, sonst Auffangwert je Wohnung
56.7	**Wohnungsaufsichtliche Anordnung**	veranschlagte Kosten der geforderten Maßnahmen

III. Streitwertkatalog für die Finanzgerichtsbarkeit

Streitwertkatalog für die Finanzgerichtsbarkeit

Vom 15. Juni 2009
(Präsidenten der Finanzgerichte; PrFinG 15.6.2009 Streitwertkatalog)

Vorbemerkungen:

Der Streitwertkatalog enthält eine Zusammenstellung der finanzgerichtlichen Rechtsprechung zur Streitwertfestsetzung. Er versteht sich vor dem Hintergrund der seit dem 1.1.2002 ausgeschlossenen Streitwertbeschwerde[2] an den Bundesfinanzhof als Beitrag zur Vereinheitlichung und Vorhersehbarkeit der Streitwertfestsetzung und folgt mit dieser Intention den bereits für die Verwaltungsgerichtsbarkeit[3] und Sozialgerichtsbarkeit[4] vorliegenden Streitwertkatalogen.

Der Streitwertkatalog erhebt weder Anspruch auf Vollständigkeit noch auf Verbindlichkeit. Mit den in diesem Katalog angegebenen Werten werden – soweit diese nicht auf gesetzlichen Bestimmungen beruhen – lediglich Empfehlungen ausgesprochen. Die verbindliche

Festsetzung des im Einzelfall zutreffenden Streitwertes obliegt allein dem zuständigen Gericht.

Entsprechend dem Grundgedanken des Katalogs sind in der Regel Richtwerte und keine Rahmenwerte angegeben worden.

Der Streitwertkatalog will zugleich einen Beitrag zur gerichtsbarkeitsübergreifenden Vereinheitlichung der Streitwertrechtsprechung leisten. Die empfohlenen Richtwerte orientieren sich deshalb, soweit nicht Besonderheiten des finanzgerichtlichen Verfahrens entgegenstehen, an dem Streitwertkatalog für die Verwaltungsgerichtsbarkeit.

Der Streitwertkatalog wird in regelmäßigen Zeitabständen aktualisiert und fortgeschrieben.

A. Allgemeines

Der Streitwert ist Bemessungsgrundlage für die Gerichtsgebühren sowie für die Gebühren der bevollmächtigten Rechtsanwälte, Steuerberater und anderer Prozessbevollmächtigter, die geschäftsmäßige Hilfe in Steuersachen leisten. Darüber hinaus hat der Streitwert Bedeutung im Rahmen des § 94a FGO[5], wonach das Gericht sein Verfahren nach billigem Ermessen bestimmen kann, wenn der Streitwert bei einer Klage, die eine Geldleistung oder einen hierauf gerichteten Verwaltungsakt betrifft, 500,– EUR nicht übersteigt.

1. Gesetzliche Grundlagen

Soweit gesetzlich nichts anderes bestimmt ist, ist in Verfahren vor den Gerichten der Finanzgerichtsbarkeit der Streitwert nach der sich aus dem Antrag des Klägers für ihn ergebenden Bedeutung der Sache nach Ermessen zu bestimmen (§ 52 Abs. 1 GKG[6]).

Betrifft der Antrag des Klägers eine bezifferte Geldleistung oder einen hierauf gerichteten Verwaltungsakt, so ist deren Höhe maßgebend (§ 52 Abs. 3 GKG).

Der Streitwert in Verfahren vor den Gerichten der Finanzgerichtsbarkeit darf gemäß § 52 Abs. 4 GKG 1000 EUR nicht unterschreiten (sog. Mindeststreitwert).

Bietet der Sach- und Streitstand für die Bestimmung des Streitwerts keine genügenden Anhaltspunkte, so ist als sog. Auffangstreitwert ein Streitwert von 5000 EUR anzunehmen (§ 52 Abs. 2 GKG).

Diese Grundsätze gelten – mit Ausnahme des Mindeststreitwertes[7] – auch für Verfahren des vorläufigen Rechtsschutzes (§ 53 Abs. 3 GKG).

2. Objektive Klagehäufung

Werden in einer Klage mehrere selbständige Klagebegehren (§ 43 FGO) zusammen verfolgt, sind die Werte der einzelnen Begehren zu einem Gesamtstreitwert zu addieren (§ 39 Abs. 1 GKG).[8]

3. Subjektive Klagehäufung

Die subjektive Klagehäufung führt zu keiner Erhöhung des Streitwertes, wenn und soweit die verfolgten Klagebegehren wirtschaftlich identisch sind.[9]

4. Nebenforderungen

Sind Nebenforderungen (z. B. Zinsen) neben der Hauptforderung streitig, werden sie bei der Streitwertberechnung nicht berücksichtigt (§ 43 Abs. 1 GKG); ist die streitgegenständliche Nebenforderung aber durch einen gesonderten Bescheid festgesetzt worden, gilt § 43 Abs. 2 GKG.

Sind Nebenforderungen ohne den Hauptanspruch streitig, bemisst sich der Streitwert nach dem Wert der Nebenforderungen, soweit er den Wert der Hauptforderung nicht übersteigt (§ 43 Abs. 2 GKG).

Sind allein die Kosten des Rechtsstreits ohne den Hauptanspruch betroffen, ist der Betrag der Kosten maßgebend, soweit er den Wert des Hauptanspruchs nicht übersteigt (§ 43 Abs. 3 GKG).

5. Verbindung von Verfahren

Seit dem 1.7.2004 wird das gesamte Verfahren vor den Finanzgerichten durch eine pauschale Verfahrensgebühr abgegolten. Ein Verbindungsbeschluss hat deshalb keine Auswirkungen auf die Höhe der vor der Verbindung der Verfahren jeweils bereits entstandenen Verfahrensgebühr; diese bemisst sich jeweils allein nach dem für das jeweilige Klageverfahren zu bildenden (Einzel-)Streitwert. Ein Gesamtsstreitwert ist lediglich für die gegebenenfalls nach einer Verbindung nach dem Rechtsanwaltsvergütungsgesetz (RVG)[10] entstandenen Gebühren zu bilden.

6. Trennung von Verfahren

Werden mehrere in einem Verfahren zusammengefasste Klagegegenstände getrennt, so ist für jedes einzelne Verfahren rückwirkend zum Zeitpunkt der Klageerhebung ein Streitwert anzusetzen.[11]

7. Hilfsanträge

Hilfsanträge wirken sich nur streitwerterhöhend aus, wenn das Gericht über sie entscheidet (§ 45 Abs. 1 Satz 2 GKG). Umfasst der Hilfsantrag (teilweise) denselben Gegenstand, ist nur der Wert des weitergehenden Antrags maßgebend (§ 45 Abs. 1 Satz 3 GKG).[12]

8. Aussetzung der Vollziehung

In Verfahren auf Aussetzung der Vollziehung ist nach überwiegender Auffassung[13] der Streitwert mit 10% des Betrages zu bemessen, dessen Aussetzung begehrt wird. Vereinzelt[14] wird für eine Erhöhung auf 25% des Hauptsachestreitwertes eingetreten. Die Regelung über den Mindeststreitwert (§ 52 Abs. 4 GKG) findet keine Anwendung.[15]

Wird im Aussetzungsverfahren die Entscheidung in der Hauptsache ganz oder zum Teil vorweggenommen, kann der Streitwert bis zur Höhe des Wertes des Hauptsacheverfahrens angehoben werden.

9. Einstweilige Anordnung

Der Streitwert im Anordnungsverfahren ist in der Regel mit 1/3 des Hauptsachestreitwertes zu bemessen. Die Regelung über den Mindeststreitwert (§ 52 Abs. 4 GKG) findet keine Anwendung.

Wird die einstweilige Einstellung von Vollstreckungsmaßnahmen erstrebt, ist der Streitwert entsprechend den Grundsätzen zur Aussetzung der Vollziehung zu bestimmen.

Soll durch die einstweiligen Anordnung ein endgültiger Zustand erreicht werden, ist der Streitwert bis zur vollen Höhe des Wertes der Hauptsache anzuheben. Ist als Wert der Hauptsache der Auffangstreitwert (§ 52 Abs. 2 GKG) anzusetzen, gilt dieser Wert auch für das Antragsverfahren.

10. Verfahren vor dem Gerichtshof der Europäischen Gemeinschaften

Das Verfahren vor dem EuGH beeinflusst den Streitwert nicht.

11. Erledigung der Hauptsache

Übereinstimmende Erledigungserklärungen der Beteiligten lassen den ursprünglichen Streitwert unverändert.

12. Gesonderte und einheitliche Feststellung von Besteuerungsgrundlagen

a) Allgemeine Grundsätze

Im Verfahren der gesonderten und einheitlichen Gewinnfeststellung bemisst sich der Streitwert nach der typisierten einkommensteuerlichen Bedeutung für die Gesellschafter, die grundsätzlich mit 25% des streitigen Gewinns oder Verlustes zu bemessen ist, sofern die Feststellung des laufenden, nicht tarifbegünstigten Gewinns streitig ist. Die tatsächlichen einkommensteuerrechtlichen Auswirkungen bei den einzelnen Gesellschaftern werden grundsätzlich nicht ermittelt.[16]

Der Ansatz eines höheren Prozentsatzes kommt in Betracht, wenn ohne besondere Ermittlungen im Gewinnfeststellungsverfahren erkennbar ist, dass der Pauschalsatz von 25% den tatsächlichen einkommensteuerlichen Auswirkungen nicht gerecht wird.[17] Die Obergrenze des Pauschalsatzes[18] orientiert sich an dem für das Streitjahr geltenden Höchststeuersatz wie folgt: Veranlagungszeitraum 2000 und älter: 50%, Veranlagungszeitraum 2001 bis 2003: 45%, Veranlagungszeitraum 2004: 42%, Veranlagungszeitraum 2005 und 2006: 40%, Veranlagungszeitraum 2007 und 2008: 42%. Nach § 35 EStG begünstigte gewerbliche Einkünfte führen zu einem weiteren pauschalen Abschlag in Höhe von 5%.[19]

Abweichend von den vorstehend beschriebenen Grundsätzen sind vor allem folgende Sonderfälle zu berücksichtigen:

b) Tarifbegünstigter Veräußerungsgewinn

Der Streitwert ist im Regelfall mit 15% des streitigen Betrages anzusetzen, der bei sehr hohen Veräußerungsgewinnen aber angemessen auf bis zu 25% angehoben werden kann.[20] Ist nur die Behandlung eines unstreitig entstandenen Gewinns als tarifbegünstigter Veräußerungsgewinn streitig, ist der Streitwert in der Regel mit einem Betrag von 10% anzusetzen, der bei sehr hohen Gewinnen angemessen angehoben werden kann.

c) Aufhebung eines Gewinnfeststellungsbescheides

Es gelten die unter a) beschriebenen Grundsätze einschließlich der ab dem Veranlagungszeitraum 2001 zu berücksichtigenden Obergrenzen. Beschränkt sich der Streit auf die gemeinschaftliche Einkünfteerzielung oder formelle Mängel, ist der Streitwert mit 10% des festgestellten Gewinns anzusetzen.

d) Verluste bzw. Verlustanteile bei Abschreibungsgesellschaften oder Bauherrengemeinschaften

50% des streitigen Verlustbetrages[21]; ab Veranlagungszeitraum 2001 sind die oben unter a) aufgelisteten Obergrenzen zu beachten.

e) Einkünfteverteilung

Bei Streit nur über die Einkünfteverteilung: 25% der laufenden bzw. 15% der tarifbegünstigten Einkünfte[22]; bei zusammen veranlagten Ehegatten sind 10% der laufenden bzw. 5% der tarifbegünstigten Einkünfte anzusetzen.[23]

f) Einkünftequalifizierung

25% der im Wege der Umqualifizierung begehrten Freibeträge oder Freigrenzen. Ergeben sich aus der begehrten Umqualifizierung keine einkommensteuerrechtlichen Auswirkungen, beträgt der Streitwert 1% der umzuqualifizierenden Einkünfte.

13. Gesonderte Feststellung von Besteuerungsgrundlagen

Maßgeblich für die Streitwertbestimmung bei der gesonderten Gewinnfeststellung sind grundsätzlich die konkreten einkommensteuerlichen Auswirkungen.[24] Sind die tatsächlichen Auswirkungen nicht zu ermitteln, ist der Streitwert mit 20% des festgestellten Betrages (bis zum Streitjahr 2000: 25%) anzusetzen.

B. Besondere Wertansätze

Abgabe einer eidesstattlichen Versicherung	50% der rückständigen Steuerbeträge, jedoch nicht mehr als 500 000,– EUR[25]
Abrechnungsbescheid	– Höhe des streitigen Steueranspruchs – Erteilung eines Abrechnungsbescheides als solchen: Auffangstreitwert
Akteneinsicht	Auffangstreitwert
Anhörungsrüge	Gerichtsgebühr beträgt streitwertunabhängig 50 EUR, sofern die Rüge in vollem Umfang verworfen oder zurückgewiesen wird
Arrestanordnung	50% der Arrestsumme[26]
Aufrechnung	– bei Streit um den Bestand bzw. die Höhe der zur Aufrechnung gestellten Gegenforderung: streitige Gegenforderung[27] – bei Streit nur um die Zulässigkeit der Aufrechnung: 10% der zur Aufrechnung gestellten Steuerforderung[28]
Ausfuhrerstattung	– Ausfuhrnachweis: Auffangstreitwert – Fristverlängerung hinsichtlich des Nachweises der Erfüllung der Einfuhrzollförmlichkeiten: Auffangstreitwert – Gewährung: beantragter Erstattungsbetrag – Rückforderung: streitiger Rückforderungsbetrag – Sanktion: streitiger Sanktionsbetrag – Vorfinanzierung bzw. Vorauszahlung: beantragter Vorfinanzierungs- bzw. Vorauszahlungsbetrag ohne Berücksichtigung der Sicherheitsleistung
Auskunftsbegehren	Auffangstreitwert, sofern das konkrete Interesse des Klägers an der Auskunftserteilung nicht bestimmbar ist[29]
Aussetzung des Verfahrens	Bestimmung des Streitwerts nach allgemeinen Grundsätzen
Aussetzung der Vollziehung	s. A) 8

Aussetzungszinsen	s. A) 4
Außenprüfung	Anfechtung der Prüfungsanordnung oder einzelner Prüfungsmaßnahmen: 50% der mutmaßlich zu erwartenden Mehrsteuern[30]; bei Fehlen geeigneter Schätzungsgrundlagen Auffangstreitwert[31]
Beiladung	Eine Beiladung wirkt sich auf den Streitwert des Verfahrens nicht aus; auch wird für den Beigeladenen grundsätzlich kein gesonderter Streitwert festgesetzt.
Bescheidungsklage	50% des für eine Verpflichtungsklage anzusetzenden Wertes[32]
Bewertungsgesetz	– Grundbesitzbewertung für die Erbschaft- oder Schenkungsteuer: 10%, 20% bzw. 25% der Wertdifferenz bei Grundstückswerten = 512 000 EUR = 12 783 000 EUR bzw. > 12 783 000 EUR[33] – Einheitswertbescheid: 80 v. T. (bis 1997: 60 v. T.) des streitigen Wertunterschieds[34]
Duldungsbescheid	Höhe der zugrunde liegenden Forderung, maximal aber Wert des Vollstreckungsgegenstandes[35]
Eigenheimzulage	Wert der Eigenheimzulage über den gesamten streitigen Förderzeitraum[36]
Einfuhrumsatzsteuer	streitiger Einfuhrumsatzsteuerbetrag; dies gilt auch, wenn der Steuerpflichtige zum vollen Vorsteuerabzug berechtigt ist
Einkommensteuer	Differenz zwischen dem festgesetzten und dem begehrten Steuerbetrag; sog. Folgesteuern, die nicht ebenfalls ausdrücklich angefochten sind, bleiben außer Betracht
Einspruchsentscheidung	– Klage auf Erlass einer Einspruchsentscheidung: Auffangstreitwert, maximal Höhe der streitigen Steuerforderung – isolierte Anfechtung einer Einspruchsentscheidung: Wert des der Einspruchsentscheidung zugrunde liegenden Verwaltungsaktes
einstweilige Anordnung	s. A) 9
Energiesteuer	– Abgabe: streitiger Abgabenbetrag – Erlaubnis zur steuerfreien Verwendung von Energieerzeugnissen: Durchschnittlicher jährlicher Nutzen der Vergünstigung, teilweise werden die bei Einreichung der Klage bereits fälligen Beträge hinzugerechnet – Rücknahme einer Erlaubnis zur steuerfreien Verwendung von Energieerzeugnissen: Auffangstreitwert – Vergütung: Betrag der streitigen Vergütung
Erlass	begehrter Erlassbetrag

Erzwingungsgeld	angedrohter bzw. festgesetzter Betrag
Fälligkeit einer Steuerforderung	10% der Steuerforderung, sofern diese nach Grund und Höhe unstreitig ist
fehlende Bezeichnung des Klagebegehrens (§ 65 FGO)	grundsätzlich Auffangstreitwert, höchstens jedoch Höhe der festgesetzten Steuer, sofern sie den Mindeststreitwert übersteigt; teilweise wird der Auffangstreitwert aber nicht nur pro Verfahren, sondern je Streitgegenstand angesetzt
Feststellungsbescheid	– einheitliche u. gesonderte Feststellung: s. A) 12 – gesonderte Feststellung: s. A) 13
Fortsetzungsfeststellungsklage	wie eine auf das gleiche Ziel gerichtete Anfechtungs- bzw. Verpflichtungsklage[37]
Freistellungsbescheinigung	– nach § 44a Abs. 5 EStG: das Dreifache des auf Seiten des Steuerpflichtigen ohne die Bescheinigung eintretenden Zinsverlusts – nach § 48b Abs. 1 EStG: 10% der Abzugssteuer – nach § 50d Abs. 2 EStG: die aufgrund der Freistellungsbescheinigung zu erwartende Steuerersparnis
Gemeinnützigkeit	Bei Streit um die Anerkennung der Körperschaft als gemeinnützig: Auffangstreitwert pro Streitjahr und Steuerart, sofern die festgesetzte Steuer nicht höher ist
Gewerbesteuer	– Gewerbesteuerbescheid: Differenz zwischen festgesetzter und begehrter Steuer – Gewerbesteuermessbescheid: gewerbesteuerliche Auswirkungen ausgedrückt durch die Differenz zwischen festgesetztem und begehrtem Steuermessbetrag multipliziert mit dem für das jeweilige Jahr geltenden Hebesatz – Gewerbesteuerzerlegungsbescheid: konkrete steuerliche Auswirkungen
Grunderwerbsteuer	Differenz zwischen festgesetzter und begehrter Steuer
Grundsteuer	das 6-fache der auf den streitigen Messbetrag entfallenden Jahressteuer
Haftungsbescheid	grundsätzlich streitige Haftungssumme[38]; bei gleichzeitiger Anfechtung des Leistungsgebotes wird teilweise für einen Zuschlag von 10% eingetreten
Hilfsanträge	s. A) 7
Hinterziehungszinsen	s. A) 4
Insolvenzverfahren	Aufnahme des durch die Eröffnung des Insolvenzverfahrens unterbrochenen Rechtsstreits durch den Insolvenzverwalter: Für das Verfahren ab Aufnahme des Rechtsstreits bestimmt sich der Streitwert nach dem Betrag, der bei der Verteilung der Insolvenzmasse für die noch unerfüllte Steuerforderung zu erwarten ist. Für

	die bis zur Aufnahme des Rechtsstreits durch den Insolvenzverwalter entstandenen Kosten bleibt der ursprüngliche Streitwert maßgebend.
Kindergeld	– (erstmalige) Festsetzung und Auszahlung, unbestimmte Dauer: Jahresbetrag[39] des Kindergeldes zuzüglich[40] der bis zur Klageerhebung bereits entstandenen Beträge – Aufhebung einer Kindergeldfestsetzung von unbestimmter Dauer: Jahresbetrag des Kindergeldes zuzüglich der bis zur Klagerhebung zu zahlenden Kindergeldbeträge[41] – Rückforderung Kindergeld: streitiger Rückforderungsbetrag
Kirchensteuer	Streitiger Kirchensteuerbetrag, sofern die Kirchensteuer nach Grund oder Höhe gesondert angegriffen wird; s. A) 4

Körperschaftsteuer	– Grundsatz: Unterschied zwischen festgesetzter und erstrebter Steuer[42]
	– verdeckte Gewinnausschüttung: Bruchteil des streitigen Ausschüttungsbetrages, Erhöhungen oder Minderungen nach § 27 KStG a. F. bleiben außer Ansatz:
	  – bis 1993: 9/16
	  – 1994 bis 2000/2001: 3/7
	  – 2001/2002 bis 2007: 25%
	  – ab 2008: 15%
	– gesonderte Feststellung nach § 47 Abs. 1 KStG a. F.: 10% des geltend gemachten Unterschiedsbetrages[43]; wird zugleich der KSt-Bescheid angefochten, ohne dass spezifische Einwendungen betr. das verwendbare Eigenkapital erhoben werden, so kann der Streitwert für die Feststellung mit 300 EUR bemessen werden
	– gesonderte Feststellung nach § 47 Abs. 2 KStG a. F.: 10% der streitigen Feststellung
	– § 27 KStG n. F.: 10% des streitigen Einlagebetrages
	– § 36 KStG n. F.: 10% des streitigen Erhöhungs- bzw. Herabsetzungsbetrages
	– § 37 KStG n. F.: Höhe des streitigen Körperschaftsteuerguthabens bzw. 1/6 der streitigen Gewinnausschüttung
	– § 38 KStG n. F.: 3/7 (ab 2008: 3/100) des streitigen Erhöhungsbetrages bzw. der streitigen Leistungen
	– Verlustfeststellung: 10% des streitigen Erhöhungsbetrages, sofern die steuerlichen Auswirkungen nicht hinreichend bestimmbar sind

Kraftfahrzeugsteuer	– bei unbefristeter Steuerfestsetzung: der bez. des Entrichtungszeitraumes streitige Steuerbetrag[44] – bei befristeter Steuerfestsetzung: der bez. des konkreten Zeitabschnitts streitige Steuerbetrag[45]
Lohnsteuer	– Eintragung eines Freibetrags auf der Lohnsteuerkarte: Unterschiedsbetrag im Ermäßigungszeitraum zwischen Lohnsteuer, die ohne Gewährung des beantragten Freibetrags zu zahlen ist, und der Lohnsteuer, die bei Gewährung des beantragten Freibetrags zu zahlen ist – Durchführung Lohnsteuerjahresausgleich: Wert der beantragten Erstattung
Lohnsteuer-Hilfeverein	– Eintragung in das Verzeichnis der Lohnsteuerhilfevereine: Auffangstreitwert – Streit über die Person eines Leiter der Beratungsstelle: Auffangstreitwert[46] – Widerruf einer Anerkennung: Auffangstreitwert
Milchquote	Gewährung einer höheren Referenzmenge: Abgabenbetrag, der für die streitige Referenzmenge für einen zwölfmonatigen Entrichtungszeitraum zu zahlen wäre[47]
Nebenforderungen	s. A) 4
Nichtigkeit eines Verwaltungsaktes	Feststellung der Nichtigkeit: wie bei einer entsprechenden Anfechtungsklage[48]
Objektive Klagehäufung	s. A) 2
Richterablehnung	keine Beeinflussung des Streitwerts
Ruhen des Verfahrens	Bestimmung des Streitwerts nach allgemeinen Grundsätzen
Säumniszuschlag	s. A) 4.
Schätzungsbescheid	Antrag auf Aufhebung ohne nähere Begründung oder unbezifferter Antrag auf Herabsetzung: wie „fehlende Bezeichnung des Klagebegehrens“
Solidaritätszuschlag	Streitiger Solidaritätszuschlag, sofern dessen Festsetzung nach Grund oder Höhe ausdrücklich angefochten wird; s. A) 4.
Steuerberater	– Bestehen der Steuerberaterprüfung: pauschal 25 000 EUR[49]; bei Rechtsanwälten bzw. Fachanwälten für Steuerrecht Reduzierung auf 50 % bzw. 25 %[50] – prüfungsfreie Bestellung als Steuerberater: pauschal 25 000 EUR[51] – Widerruf der Bestellung eines Steuerberaters: pauschal 50 000 EUR[52]; ggf. Reduzierung entspr. 1. Spiegelstrich – Zulassung zur Prüfung: Auffangstreitwert

Steuerberatungsgesellschaft	– Anerkennung bzw. Rücknahme oder Widerruf der Anerkennung: pauschal 25 000 EUR – Genehmigung nach § 50 Abs. 3 StBerG: pauschal 25 000 EUR
Steuererklärung	– Streit über die Verpflichtung zur Abgabe: Auffangstreitwert – Übersendung von Erklärungsvordrucken: Auffangstreitwert – Verlängerung der Abgabefrist: Auffangstreitwert
Stromsteuer	s. Energiesteuer
Stundung	Auffangstreitwert, höchstens jedoch 10% des Steuerbetrages, dessen Stundung begehrt wird
subjektive Klagehäufung	s. A) 3
Tabaksteuer	– Anfechtung Abgabenbescheid: streitiger Abgabenbetrag – Steuerzeichen: Differenz zwischen der Steuer für beantragten und der Steuer für die zugewiesenen Steuerzeichen
Trennung von Verfahren	s. A) 6
Umsatzsteuer	Differenz zwischen festgesetzter und erstrebter Steuer
unzulässige Klage	grds. keine Unterschiede bei der Streitwertberechnung zwischen Unzulässigkeit und Unbegründetheit der Klage, s. aber auch „fehlende Bezeichnung des Klagebegehrens“
Verbindung von Verfahren	s. A) 5
verdeckte Gewinnausschüttung	s. Körperschaftsteuer
Vermögensteuer	das 3-fache des strittigen Jahresbetrages[53]
Vollstreckungsverfahren	– grundsätzlich Höhe der zu vollstreckenden Forderung, sofern der Wert der gepfändeten Forderung nicht niedriger ist – Antrag nach § 152 FGO: Höhe der zu vollstreckenden Forderung – Antrag nach § 258 AO: 10% des streitigen Beitreibungsbetrages – Zwangsgeldfestsetzung: Höhe des festgesetzten Zwangsgeldes – Zwangsgeldandrohung: 50% des angedrohten Zwangsgeldes
Vorbehalt der Nachprüfung	Streit über die Beifügung des Vorbehalts als solchem: Auffangstreitwert

Vorlage eines Vermögensverzeichnisses einschließlich der Abgabe der eidesstattlichen Versicherung	50% der rückständigen Steuerbeträge, jedoch nicht mehr als 500 000,– EUR
Vorläufige Veranlagung	Streit über die Beifügung des Vorläufigkeitsvermerks als solchem: Auffangstreitwert, höchstens jedoch die streitige Steuer, sofern sie den Mindeststreitwert übersteigt
Zolltarifauskunft	Auffangstreitwert
Zusammenveranlagung nach vorangegangener getrennter Veranlagung	Differenz zwischen der im Wege der getrennten Veranlagung festgesetzten Einkommensteuer und dem auf den Kläger entfallenden Anteil an der im Wege der Zusammenveranlagung festzusetzenden Einkommensteuer
Zwangsgeld	s. Vollstreckungsverfahren

[1] **Amtl. Anm.:** Beschlossen auf der Arbeitstagung der Präsidenten der Finanzgerichte der Bundesrepublik Deutschland am 15. und 16. Juni 2009 in Hannover nach dem Entwurf von RiFG Schoenfeld, Hamburg.

[2] **Amtl. Anm.:** Vgl. § 25 Abs. 3 Satz 1. HS i. V. m. § 5 Abs. 2 Satz 3 GKG 2002 bzw. § 68 Abs. 1 Satz 5 i. V. m. § 66 Abs. 3 Satz 3 GKG 2004 (BGBl. I 2004 S. 718).

[3] **Amtl. Anm.:** Veröffentlicht u. a. auf den Internetseiten des Bundesverwaltungsgerichts: www.bverwg.de

[4] **Amtl. Anm.:** Veröffentlicht u. a. auf den Internetseiten des Landessozialgerichts Rheinland Pfalz: www.justiz.rlp.de

[5] **Amtl. Anm.:** Finanzgerichtsordnung (FGO) in der Fassung der Bekanntmachung vom 28. März 2001 (BGBl. I S. 442, 2262 (2002 I S. 679)), zuletzt geändert durch Art. 14 des Gesetzes vom 12. Dezember 2007 (BGBl. I S. 2840).

[6] **Amtl. Anm.:** Gerichtskostengesetz (GKG) vom 5. Mai 2004 (BGBl. I S. 718), zuletzt geändert durch Art. 5 des Gesetzes vom 30. Oktober 2008 (BGBl. I S. 2122).

[7] **Amtl. Anm.:** BFH-Beschluss vom 14. 12. 2007 IX E 17/07, BFHE 220, 22 = BStBl. 2008 II S. 199 = BFH/NV 2008 S. 307.

[8] **Amtl. Anm.:** BFH-Beschluss vom 10. 10. 2006 VIII B 177/05, BFHE 214, 208 = BStBl. 2007 II S. 54 = BFH/NV 2007 S. 155; BFH-Beschluss vom 26. 9. 2006 X S 4/06, BFHE 214, 201 = BStBl. 2007 II S. 55 = BFH/NV 2007 S. 151.

[9] **Amtl. Anm.:** BFH-Beschluss vom 26. 9. 2006 X S 4/06, BFHE 214, 201 = BStBl. 2007 II S. 55 = BFH/NV 2007 S. 151.

[10] **Amtl. Anm.:** Gesetz über die Vergütung der Rechtsanwältinnen und Rechtsanwälte (Rechtsanwaltsvergütungsgesetz – RVG) vom 5. Mai 2004 (BGBl. I S. 718, 788), zuletzt geändert durch Art. 6 des Gesetzes vom 30. Oktober 2008 (BGBl. I S. 2122).

[11] **Amtl. Anm.:** BFH-Beschluss vom 22. 9. 2008 II E 14/07 (BeckRS 2008 25014308).

[12] **Amtl. Anm.:** BFH-Beschluss vom 3. 8. 2005 I E 3/05, BFH/NV S. 2228; BHF-Beschluss vom 23. 9. 2003 IX E 10/03, BFH/NV 2004 S. 77.

[13] **Amtl. Anm.:** BFH-Beschluss vom 14. 12. 2007 IX E 17/07, BFHE 220, 22 = BStBl. 2008 II S. 199 = BFH/NV 2008 S. 307; BFH-Beschluss vom 26. 4. 2001 V S 24/00, BFHE 194, 358 = BStBl. II S. 498 = BFH/NV, Beilage 9, S. 1192.

[14] **Amtl. Anm.:** Beschluss FG Hamburg vom 31. 10. 2007 IV 169/05, EFG 2008 S. 488; Beschluss FG Münster vom 30. 1. 2007 11 V 4418/05 AO, EFG S. 1109.

[15] **Amtl. Anm.:** BFH-Beschluss vom 14. 12. 2007 IX E 17/07, BFHE 220, 22 = BStBl. 2008 II S. 199 = BFH/NV 2008 S. 307.

[16] **Amtl. Anm.:** BFH-Beschluss vom 4.9.2008 I E 5/08, BFH/NV S. 2041; BFH-Beschluss vom 10.10.2006 VIII B 177/05, BFHE 214, 208 = BStBl. 2007 II S. 54 = BFH/NV 2007 S. 155.

[17] **Amtl. Anm.:** BFH-Beschluss vom 10.10.2006 VIII B 177/05, BFHE 214, 208 = BStBl. 2007 II 54 = BFH/NV 2007 S. 155; BFH-Beschluss vom 11.5.2007 IX E 12/07, BFH/NV S. 1528.

[18] **Amtl. Anm.:** Zum Teil wird in diesen Fällen auch der Mittelwert des Einkommensteuertarifs aus Grund- und Splittingtabelle angesetzt.

[19] **Amtl. Anm.:** BFH-Beschluss vom 10.10.2006 VIII B 177/05, BFHE 214, 208 = BStBl. 2007 II S. 54 = BFH/NV 2007 S. 155.

[20] **Amtl. Anm.:** BFH-Beschluss vom 14.2.2007 IV E 3/06, BFH/NV S. 1155.

[21] **Amtl. Anm.:** BFH-Beschluss vom 11.5.2007 IX E 12/07, BFH/NV S. 1528; BFH-Beschluss vom 22.1.2001 IV S 10/00, BFH/NV S. 806.

[22] **Amtl. Anm.:** BFH-Beschluss vom 6.9.2001 VIII S 6/01, BFH/NV 2002 S. 207.

[23] **Amtl. Anm.:** BFH-Beschluss vom 12.8.1987 IV E 3/87, BFH/NV 1988 S. 657.

[24] **Amtl. Anm.:** BFH-Beschluss vom 21.11.2005 III E 2/05, BFH/NV 2006 S. 585; BFH-Beschluss vom 10.6.1999 IV E 2/99, BFH/NV S. 1608.

[25] **Amtl. Anm.:** BFH-Beschluss vom 23.10.2003 VII E 14/03, BFH/NV 2004 S. 351.

[26] **Amtl. Anm.:** BFH-Beschluss vom 12.3.1985 VII R 150/81, BFH/NV 1986 S. 782.

[27] **Amtl. Anm.:** BFH-Beschluss vom 29.1.1991 VII E 6/90, BFHE 163, 195 = BStBl. II S. 467.

[28] **Amtl. Anm.:** BFH-Beschluss vom 31.8.1995 VII R 58/94, BStBl. 1996 II S. 55 = HFR 1996 S. 3.

[29] **Amtl. Anm.:** BFH-Urteil vom 11.7.1986 III R 25/85, BFH/NV 1987 S. 99.

[30] **Amtl. Anm.:** BFH-Beschluss vom 21.5.1996 IV R 42/95.

[31] **Amtl. Anm.:** BFH-Beschluss vom 11.6.2004 IV B 167/02, BFH/NV 2004, S. 1657.

[32] **Amtl. Anm.:** BFH-Beschluss vom 1.12.2000 II E 2, 3, 4, 5/00 (BeckRS 2000 30147138, 30147146, 30147154, 30147162).

[33] **Amtl. Anm.:** BFH-Beschluss vom 11.1.2006 II E 3/05, BFHE 211, 422 = BStBl. II S. 333 = BFH/NV S. 685; BFH-Beschluss vom 22.8.2007 II E 9/07, BFH/NV S. 2319.

[34] **Amtl. Anm.:** BFH-Beschluss vom 3.1.2000 II E 6/99, BFH/NV S. 852; Beschluss Hessisches FG vom 15.10.2004 3 K 1128/01, EFG 2005 S. 567.

[35] **Amtl. Anm.:** BFH-Beschluss vom 29.6.2006 VII E 13/05, BFH/NV S. 2100.

[36] **Amtl. Anm.:** BFH-Beschluss vom 13.6.2008 IX E 4/08, BFH/NV S. 1516; BFH-Beschluss vom 4.11.2004 III E 1/04 (BeckRS 2004 25007406).

[37] **Amtl. Anm.:** A. A. BFH-Beschluss vom 29.6.2006 VII E 13/05, BFH/NV S. 2100; BFH-Beschluss vom 20.10.2005 III S 20/05, BFHE 211, 267 = BStBl. 2006 II S. 77.

[38] **Amtl. Anm.:** BFH-Beschluss vom 19.5.2004 VII B 184/03, BFH/NV S. 1413; BFH-Beschluss vom 24.11.1994 VII E 7/94, BFH/NV 1995 S. 720.

[39] **Amtl. Anm.:** BFH-Beschluss vom 12.10.2005 III E 3/05, BFH/NV 2006 S. 325; BFH-Beschluss vom 14.12.2001 VI B 285/01, BFH/NV 2002 S. 534.

[40] **Amtl. Anm.:** BFH-Beschluss vom 18.9.2001 VI R 134/00, BFH/NV 2002 S. 68; a. A. BFH-Beschluss vom 14.12.2001 VI B 285/01, BFH/NV 2002 S. 534.

[41] **Amtl. Anm.:** BFH-Beschluss vom 20.10.2005 III S 20/05, BFHE 211, 267 = BStBl. 2006 II S. 77 = BFH/NV 2006 S. 200; BFH-Beschluss vom 24.5.2000 VI S 4/00, BFHE 192, 19 = BStBl. II S. 544 = BFH/NV S. 1413.

[42] **Amtl. Anm.:** BFH-Beschluss vom 22.9.2008 II E 14/07 (n. v.) (BeckRS 2008 25014308).

[43] **Amtl. Anm.:** BFH-Beschluss vom 1.12.2004 I E 3/04, BFH/NV 2005 S. 572; BFH-Beschluss vom 12.8.1996 I R 20/95, BFH/NV 1997 S. 136.

[44] **Amtl. Anm.:** BFH-Beschluss vom 4.10.2005 VII S 41/05, BFH/NV 2006 S. 319; BFH-Beschluss vom 21.12.1999 VII R 71/98, BFH/NV 2000 S. 598.

[45] **Amtl. Anm.:** BFH-Beschluss vom 4.10.2005 VII S 41/05, BFH/NV 2006 S. 319; BFH-Beschluss vom 21.12.1999 VII R 71/98, BFH/NV 2000 S. 598.

[46] **Amtl. Anm.:** BFH-Beschluss vom 3.4.1995 VII B 116/94, BFH/NV S. 921.
[47] **Amtl. Anm.:** BFH-Beschluss vom 4.2.1992 VII E 10/91, BFH/NV S. 621.
[48] **Amtl. Anm.:** BFH-Beschluss vom 29.6.2006 VII E 13/05, BFH/NV S. 2100; BFH-Beschluss vom 3.4.2002 V E 1/02, BFH/NV S. 949.
[49] **Amtl. Anm.:** BFH-Beschluss vom 18.11.2003 VII B 299/02, BFH/NV 2004 S. 515.
[50] **Amtl. Anm.:** Beschluss FG Hamburg vom 2.9.2004 V 12/02, EFG 2005 S. 312.
[51] **Amtl. Anm.:** BFH-Beschluss vom 10.4.2003 VII S 9/03, BFH/NV S. 1082.
[52] **Amtl. Anm.:** BFH-Beschluss vom 15.5.2006 VII E 15/05, BFH/NV S. 1678; BFH-Beschluss vom 27.10.2005 VII E 9/05, BFH/NV 2006 S. 344.
[53] **Amtl. Anm.:** BFH-Beschluss vom 3.3.1988 IV R 231/85, BFH/NV 1990 S. 49.

III. Streitwertkatalog für die Sozialgerichtsbarkeit

Der Streitwertkatalog 2017 ist unter http://www.lsg.nrw.de/infos/Streitwertkatalog/Streitwertkatalog_Maerz_2017.pdf veröffentlicht.

§ 53 Einstweiliger Rechtsschutz und Verfahren nach § 148 Absatz 1 und 2 des Aktiengesetzes

(1) **In folgenden Verfahren bestimmt sich der Wert nach § 3 der Zivilprozessordnung:**

1. über die Anordnung eines Arrests, zur Erwirkung eines Europäischen Beschlusses zur vorläufigen Kontenpfändung, wenn keine Festgebühren bestimmt sind, und auf Erlass einer einstweiligen Verfügung sowie im Verfahren über die Aufhebung, den Widerruf oder die Abänderung der genannten Entscheidungen,
2. über den Antrag auf Zulassung der Vollziehung einer vorläufigen oder sichernden Maßnahme des Schiedsgerichts,
3. auf Aufhebung oder Abänderung einer Entscheidung auf Zulassung der Vollziehung (§ 1041 der Zivilprozessordnung),
4. nach § 47 Absatz 5 des Energiewirtschaftsgesetzes über gerügte Rechtsverletzungen, der Wert beträgt höchstens 100 000 Euro, und
5. nach § 148 Absatz 1 und 2 des Aktiengesetzes; er darf jedoch ein Zehntel des Grundkapitals oder Stammkapitals des übertragenden oder formwechselnden Rechtsträgers oder, falls der übertragende oder formwechselnde Rechtsträger ein Grundkapital oder Stammkapital nicht hat, ein Zehntel des Vermögens dieses Rechtsträgers, höchstens jedoch 500 000 Euro, nur insoweit übersteigen, als die Bedeutung der Sache für die Parteien höher zu bewerten ist.

(2) **In folgenden Verfahren bestimmt sich der Wert nach § 52 Absatz 1 und 2:**

1. über einen Antrag auf Erlass, Abänderung oder Aufhebung einer einstweiligen Anordnung nach § 123 der Verwaltungsgerichtsordnung oder § 114 der Finanzgerichtsordnung,
2. nach § 47 Absatz 6, § 80 Absatz 5 bis 8, § 80a Absatz 3 oder § 80b Absatz 2 und 3 der Verwaltungsgerichtsordnung,
3. nach § 69 Absatz 3, 5 der Finanzgerichtsordnung,
4. nach § 86b des Sozialgerichtsgesetzes und
5. nach § 50 Absatz 3 bis 5 des Wertpapiererwerbs- und Übernahmegesetzes.

I. Allgemeines

1 In den Anwendungsbereich des § 53 fallen Verfahren, die nur **vorläufige Regelungen** zum Gegenstand haben. Die endgültige Entscheidung wird erst in einem Hauptsacheverfahren getroffen. Die Vorschrift regelt spezialgesetzlich den Gebührenstreitwert für diese Eilverfahren. Der nur einstweilige Charakter der Maßnahmen wird dadurch berücksichtigt, dass regelmäßig, im Vergleich zur Hauptsache, ein Wertabschlag vorzunehmen ist.

II. Gebührenstreitwert

1. Einstweiliger Rechtsschutz; Verfahren nach dem AktG (Abs. 1)

2 Der Gebührenstreitwert ist in folgenden Verfahren nach **§ 3 ZPO** zu bestimmen:

3 **a) Nr. 1: Verfahren über die Anordnung eines Arrestes (§§ 916ff. ZPO) usw.** Der Streitwert ist vom Gericht nach **freiem Ermessen** (§ 3 ZPO) unter Berücksichtigung aller Umstände des Einzelfalles zu bestimmen (OLG München NZM 2017, 93; LG Frankfurt a. M. JurBüro 1995, 487). Abzustellen ist auf das Interesse des **Antragstellers** an der Sicherungsmaßnahme (OLG Naumburg BeckRS 2010, 5631; OLG Düsseldorf NZM 2006, 159; LG Bonn NZM 2008, 664; LG Berlin WoM 2003, 508). Das Antragsgegnerinteresse hat auf den Streitwert keinen Einfluss. Entscheidend ist der Zeitpunkt des Antragseingangs bei Gericht (§ 40). Da die gerichtliche Maßnahme im Eilverfahren nur **Sicherungscharakter** hat und die Hauptsacheentscheidung nicht entbehrlich wird, darf der Streitwert den Hauptsachewert nicht übersteigen (OLG Köln FamRZ 2001, 432), sondern nur einen Bruchteil davon erreichen. Er wird regelmäßig auf **1/2–1/3** des Gebührenstreitwerts der Hauptsache festzusetzen sein (OLG Brandenburg BeckRS 2000, 08476 = JurBüro 2001, 94; OLG Oldenburg NJW-RR 1996, 946; OLG Frankfurt a. M. JurBüro 1995, 487; OLG Bamberg JurBüro 1991, 1690). Nimmt die Anordnung im Eilverfahren die Hauptsachentscheidung vorweg (zB Herausgabeanordnung wegen verbotener Eigenmacht; OLG Koblenz BeckRS 2009, 12434) oder macht sie diese entbehrlich (zB Unterlassungsverfügung OLG Frankfurt a. M. JurBüro 1981, 605) oder wird drohender Rechtsverlust vereitelt (zB Eintragung eines Widerspruchs in das Grundbuch; OLG Bamberg JurBüro 1978, 1552), kann ausnahmsweise auch der volle Wert der Hauptsache erreicht werden (OLG Koblenz JurBüro 2009, 429); verfassungsrechtliche Bedenken bestehen dagegen nicht (BVerfG NVwZ-RR 1994, 105). **Nichtvermögensrechtliche Ansprüche** sind nach § 48 Abs. 2 zu bewerten, so dass auch Umfang und Schwierigkeit der Sache den Streitwert beeinflussen können (LG Darmstadt JurBüro 1976, 1090). Werden **mehrere Ansprüche** geltend gemacht, sind sie zu addieren (§ 39 Abs. 1); das gilt auch, wenn Erlass eines Arrestes und einer einstweiligen Verfügung gemeinsam beantragt werden. Wird neben dem persönlichen auch der dingliche Arrest beantragt, ist nur der einfache Wert maßgebend. Eine zusätzlich festgesetzte **Zins- und Kostenpauschale** bleibt, wegen § 43 Abs. 1, unberücksichtigt (KG Rpfleger 1962, 121; aA *Hartmann* Rn. 7).

4 Diese Bewertungsgrundsätze gelten auch im **Aufhebungsverfahren** (§§ 926 Abs. 2, 927, 936, 942 Abs. 3 ZPO; OLG OLG Brandenburg NJW 2014, 3316) Es

sei denn, der Antrag wird beschränkt (OLG Celle Rpfleger 1969, 96; OLG Bamberg JurBüro 1974, 1150) oder es geht nur um eine rein formale Aufhebung, wie zB nach Versäumung der Vollziehungsfrist (OLG Saarbrücken BeckRS 2010, 11777; KG JurBüro 2002, 479). Klagt der Schuldner nach Arrestvollziehung im Grundbuch auf Abgabe der Löschungsbewilligung bemisst sich der Streitwert nach § 6 ZPO (OLG München JurBüro 1963, 357; aA OLG Köln MDR 1977, 495). Legt der Arrestschuldner **Widerspruch** (§ 924 ZPO) nur wegen der Kosten ein, beschränkt sich der Streitwert im Widerspruchsverfahren auf das Kosteninteresse (OLG Frankfurt a. M. JurBüro 1990, 1210; HansOLG Hamburg JurBüro 1998, 150 mAnm *Meyer*). Wird die Hauptsache im Verfügungsverfahren (Arrestverfahren) **mitverglichen,** bestimmt sich der Gegenstandswert des Vergleichs nach den zusammengerechneten Gebührenstreitwerten (HansOLG Hamburg MDR 1991, 904, OLG München JurBüro 1993, 673). Die Aufhebung der Arrest**vollziehung** nach § 934 ZPO hingegen gehört nicht hierher. Seit 18.1.2017 ist Nr. 1 auch auf das Verfahren zur grenzüberschreitenden **vorläufigen Kontenpfändung** nach §§ 946ff. ZPO iVm EU KoPfVO (Verordnung (EU) Nr. 655/2014; vgl. dazu → Rn. 5) sowie das Abänderungs- und Widerrufsverfahren nach Art. 33–35 dieser VO, anwendbar. Abs. 1 Nr. 1 gilt auch im **arbeitsgerichtlichen** Verfahren (vgl. § 1 Abs. 2 Nr. 4). Für Eilverfahren des **gewerblichen Rechtsschutzes** gilt spezialgesetzlich § 51 Abs. 4.

b) Einzelfälle

- **Auflassungsvormerkung:** Maßgebend ist das Sicherungsinteresse des Antragstellers (OLG Frankfurt a. M. JurBüro 1958, 253: *1/10* des Grundstücksverkehrswertes). Es kann aber auch der volle Grundstückswert erreicht werden, wenn die Vormerkung unmittelbar drohenden Rechtsverlust abwenden soll (OLG Bamberg JurBüro 1978, 1552). Zum Streitwert der Klage auf Löschung einer Auflassungsvormerkung vgl. OLG Bamberg JurBüro 1990, 1155. 5
- **Bauhandwerkersicherungshypothek:** Der Gegenstand der einstweiligen Verfügung auf Eintragung der Hypothek ist mit einem Bruchteil der zu sichernden Hauptsacheforderung zu bewerten Anzusetzen ist der halbe Wert der Forderung (OLG Celle JurBüro 1982, 1227 mAnm *Mümmler*) bzw. ⅓ (OLG Hamm JurBüro 1964, 272), ⅖ (OLG Koblenz JurBüro 1963, 109; OLG Bremen JurBüro 1982, 1052), ¼ (OLG Frankfurt a. M. JurBüro 1977, 719), ¼ bis ⅓ (LG Leipzig JurBüro 1995, 26).
- **Ehrverletzende Äußerungen:** Der Gebührenstreitwert einer Unterlassungsverfügung ist nach dem Interesse des Antragstellers zu bestimmen und kann, wenn die Hauptsache dadurch vermieden wird, die Höhe des Hauptsachewerts erreichen (*Meyer* Rn. 5).
- **Herausgabe:** Wird durch einstweilige Verfügung die Herausgabe an einen Gerichtsvollzieher oder Sequester angeordnet ist der Streitwert auf einen Bruchteil des Verkehrswertes der Sache anzusetzen (½ bis ¼: KG Rpfleger 1962, 120; aA OLG Bamberg JurBüro 1979, 438: voller Hauptsachewert).
- **Europäischer Beschluss zur vorläufigen Kontenpfändung:** Für die Erwirkung des Beschlusses wird, wenn der Gläubiger bereits einen Vollstreckungtitel besitzt (vgl. Art. 5 Buchst. b VO (EU) Nr. 65/2014), eine wertunabhängige Festgebühr nach KV 2112 (20,00 Euro) erhoben (Vorbem. KV 1.4 Abs. 1 S. 2). Andernfalls (vgl. Art. 5 Buchst. a VO (EU) Nr. 65/2014) fallen Wertgebühren nach KV 1410ff. an (Vorbem. KV 1.4 Abs. 1 S. 1). Da diese Sicherungsmaßnahme mit der Arrestanordnung und -vollziehung vergleichbar ist (BT-Drs. 18/7560, 48)

wird der Wert für die Gebühren mit 1/2 bis 1/3 des Hauptsachewerts anzunehmen sein (s. Rn. 3).

- **Widerspruch gegen den Grundbruchinhalt:** Bei einem unmittelbar drohenden Rechtsverlust kann der nahezu volle Wert des dinglichen Rechts in Betracht kommen (OLG Bamberg JurBüro 1978, 1552).
- **Zins- und Kostenquantum:** Es handelt sich dabei um Nebenforderungen (§ 43 Abs. 1), die unberücksichtigt bleiben (OLG Köln MDR 1962, 60; *Meyer* Rn. 8; aA *Hartmann* Rn. 7).

6 **c) Nr. 2, 3: Verfahren über den Antrag auf Zulassung der Vollziehung einer vorläufigen oder sichernden Maßnahme des Schiedsgerichts usw.** Nach § 1041 Abs. 1 ZPO kann das Schiedsgericht auf Antrag einer Partei vorläufige oder sichernde Maßnahmen, wie zB einen **Arrest oder eine einstweilige Verfügung** (§§ 916ff. ZPO), anordnen. Für die **Vollziehung** einer Sicherungsmaßnahme ist aber die **gerichtliche Mitwirkung** erforderlich (§ 1041 Abs. 2 ZPO). Sachlich zuständig ist nach § 1062 Abs. 1 Nr. 3 ZPO das Oberlandesgericht. Der Vollziehbarkeitsbeschluss kann auf Antrag **geändert oder aufgehoben** werden (§ 1041 Abs. 3 ZPO). Für die Verfahren nach § 1041 Abs. 2 und 3 ZPO werden jeweils gesonderte Gebühren nach KV 1626 erhoben. Der **Gebührenstreitwert** richtet sich nach dem Antragstellerinteresse (OLG Saarbrücken SchiedsVZ 2007, 323). Zu seiner Höhe → Rn. 3.

6a **d) Nr. 4: Verfahren nach § 47 Abs. 5 EnWG über gerügte Rechtsverletzungen.** Nach **§ 46 Abs. 1** EnWG haben Gemeinden ihre öffentlichen Verkehrswege für die Verlegung und den Betrieb von Leitungen zur unmittelbaren Versorgung von Letztverbrauchern diskriminierungsfrei durch Vertrag zur Verfügung zu stellen. Jedes beteiligte Unternehmen kann die Verletzung der Grundsätze eines transparenten und diskriminierungsfreien Verfahrens **rügen** (§ 47 Abs. 5 EnWG). Hilft die Gemeinde der Rüge nicht ab, kann das rügende Unternehmen die Rechtsverletzungen vor den Gerichten den ordentlichen Gerichten nach den Vorschriften über das Verfahren auf **Erlass einer einstweiligen Verfügung** geltend machen. Nach § 102 EnWG sind die **Landgerichte** (Kammer für Handelssachen) ausschließlich sachlich zuständig. Zur Höhe des **Gebührenstreitwerts** → Rn. 3. Dabei ist für seine Schätzung nicht der Wert der zu übernehmenden Netze und der dazugehörigen Anlagen entscheidend, sondern die Sicherung der Stellung des Anspruchstellers im Vergabeverfahren (BT-Drs. 18/10503, 7). Der Streitwert wird auf 100.000 EUR **begrenzt.**

6b **e) Nr. 5: Verfahren nach § 148 Abs. 1 und 2 AktG.** Auch im **Klagezulassungsverfahren** nach § 148 Abs. 1 und 2 AktG vor dem Landgericht in dessen Bezirk die Gesellschaft ihren Sitz hat, ist der **Gebührenstreitwert** nach freiem Ermessen des Gerichts festzusetzen (§ 3 ZPO). Da das Klagezulassungsverfahren aber nur eine Vorstufe zur Haftungsklage darstellt, entspricht der Wert nicht ohne weiteres der Höhe der Ersatzansprüche der Gesellschaft iSv § 147 Abs. 1 AktG (BeckOK KostR/*Jäckel* Rn. 18; aA LG München I NZG 2007, 477; MüKoAktG/*Arnold* AktG § 148 Rn. 103). Der Streitwert ist in **zweifacher** Hinsicht **begrenzt:** Zum einen darf er im Regelfall 1/10 des Grund- oder Stammkapitals des übertragenden oder formwechselnden Rechtsträgers bzw. 1/10 seines Vermögens nicht übersteigen. Zum anderen ist er auf **höchstens** 500.000 Euro begrenzt. Der **Höchstwert** kann ausnahmsweise nur überschritten werden, wenn die Bedeutung der Sache für die Parteien höher zu bewerten ist. In diesem Fall ist nicht, wie im Regelfall, alleine auf das Antragstellerinteresse abzustellen.

2. Einstweilige Anordnungen in Verfahren der Verwaltungs-, Sozial- und Finanzgerichtsbarkeit (Abs. 2)

Die Vorschrift betrifft die Wertberechnung der Gegenstände einstweiliger Anordnungen bzw. gerichtlicher Maßnahmen und Anordnungen die auf deren Abänderung oder Aufhebung gerichtet sind **im Verwaltungsrecht.** Da auf **§ 52 Abs. 1 und 2 verwiesen** wird, ist das Interesse des Antragstellers an der vorläufigen Regelung maßgebend (VGH Kassel NVwZ-RR 2005, 366). Wegen des einstweiligen Charakters der gerichtlichen Regelung wird der Gebührenstreitwert regelmäßig einen **Bruchteil** des Hauptsachstreitwerts betragen (vgl. zB VGH München NVwRZ-RR 2017, 264; VGH Kassel NVwZ-RR 05, 366; BayVGH NJW 1973, 2046) und zwar im Regelfall die Hälfte (VGH Mannheim NVwZ-RR 2005, 366; BFH JurBüro 1980, 520) und nur in Ausnahmefällen weniger als ⅓ (*Hartmann* Rn. 24, 25). Es kann aber auch der volle Hauptsachewert erreicht werden, wenn die einstweilige Anordnung einer **endgültigen** Regelung gleichkommt. **Beispiele:** Einräumung von Sendezeit; unbefristete Zuweisung eines Studienplatzes; beamtenrechtliche Streitigkeiten um Beförderungsstellen (OVG Lüneburg NVwZ-RR 2013, 928; Duldung nach § 60a AufenthG (OVG Bremen JurBüro 2011, 484); Aussetzung der Vollziehung eines Versammlungsverbots (*Hartmann* Rn. 24). Bietet der Sach- und Streitstand **keine genügenden Anhaltspunkte** für die Bewertung darf auch im Eilverfahren auf den Auffangwert (§ 52 Abs. 2) in Höhe von 5.000 Euro zurückgegriffen werden. Wegen der Vorläufigkeit der Regelung kann dieser unterschritten werden (VGH Mannheim NVwZ-RR 2004, 619). Anordnungs- und Aufhebungsverfahren sind **verschiedene** Angelegenheiten (vgl. KV Vorbemerkung 5.2 Abs. 2; 6.2 Abs. 2; 7.2 Abs. 2). 7

Der Gebührenstreitwert ist in folgenden Verfahren nach **§ 52 Abs. 1 und 2** zu bestimmen: 7a

a) Nr. 1: Verfahren über einen Antrag auf Erlass, Abänderung oder Aufhebung einer einstweiligen Anordnungen nach § 123 VwGO oder § 114 FGO. Das Gericht kann vor oder nach der **Klageerhebung** eine einstweilige Anordnung erlassen, wenn die Gefahr besteht, dass sonst die Verwirklichung eines Rechtes des Antragstellers vereitelt oder erschwert werden könnte. Der Gebührenstreitwert ist wegen des **vorläufigen** Charakters der gerichtlichen Anordnung auf einen Bruchteil des Hauptsachestreitwerts festzusetzen. In Verfahren vor der Verwaltungsgerichtsbarkeit nach § 123 VwGO empfiehlt der Streitwertkatalog (Nr. 1.5) im Regelfall die Festsetzung auf 1/2 des Hauptsachewerts (VGH München NVZ-RR 2014, 407; OVG Magdeburg NVwZ-RR 2014, 373; VGH Mannheim NVwZ-RR 2005, 36). In finanzgerichtlichen Verfahren wird idR 1/3 des Hauptsachewerts angenommen ((FG Köln EFG 2002, 224). Richtet sich die einstweilige Anordnung gegen eine Vollstreckungsmaßnahme sind 10% der Gläubigerforderung angemessen (BFH KTS 1983, 151; BFH NJW 1977, 1216). 8

b) Nr. 2: Verfahren nach § 47 Abs. 6, § 80 Abs. 5–8, § 80a Abs. 3 oder 80b Abs. 2 und 3 VwGO. Im **Normenkontrollverfahren** vor dem OVG (VGH) kann nach **§ 47 Abs. 6 VwGO** auf Antrag eine einstweilige Anordnung erlassen werden, wenn dies zur Abwehr schwerer Nachteile oder aus anderen Gründen dringend geboten erscheint. Bei der Bewertung der Bedeutung der Sache für den Antragsteller (§ 52 Abs. 1), wird auch das öffentliche Interesse zu berücksichtigen sein (*Hartmann* Rn. 22). 9

10 Das Gericht kann nach **§§ 80 Abs. 5–8 VwGO** die aufschiebende Wirkung von Widerspruch und Anfechtungsklage anordnen oder wiederherstellen oder eine Maßnahme abändern oder aufheben. Bei Verwaltungsakten mit Doppelwirkung kann das Gericht nach **§ 80a Abs. 3 VwGO** Maßnahmen ändern oder aufheben oder treffen. Nach **§ 80b Abs. 2 und 3 VwGO** kann das OVG (VGH) die Fortdauer der aufschiebenden Wirkung von Widerspruch und Anfechtungsklage anordnen. Der **Gebührenstreitwert** hat sich an der Bedeutung der Sache für den Antragsteller zu orientieren (§ 52 Abs. 1). Er wird im Normalfall geringer sein, als der Hauptsachewert (VGH München JurBüro 1994, 241). Für die Anordnung der **aufschiebenden Wirkung** der Klage bzw. des Widerspruchs ist ⅓ des Hauptsachewerts angemessen (VGH Kassel NJW 1965, 1829). Es kann jedoch der Hauptsachewert erreicht werden, wenn die Eilmaßnahme die Hauptsache vorwegnimmt (VGH Mannheim NVwZ-RR 2010, 335; VG Göttingen JurBüro 2005, 597). So zB bei einer Nachbarklage gegen eine Baugenehmigung (VGH Mannheim BeckRS 2016, 42581). Betrifft das Verfahren einen Abgabenstreit, ist *1/10* des Hauptsachewerts angemessen (OVG Münster MDR 1984, 344); aM: ⅓ des streitigen Betrags (VGH München BayVBl 1990, 189 und 221; VGH Kassel NVwZ 1983, 54) bzw. ¼ (VGH Mannheim AnwBl. 1983, 281).

11 **c) Nr. 3: Verfahren nach § 69 Abs. 3, 5 FGO.** Das Finanzgericht kann vor oder nach **Klageerhebung** die Vollziehung des angefochtenen Verwaltungsakts aussetzen oder die hemmende Wirkung wiederherstellen. Der **Gebührenstreitwert** ist idR auf 1/10 des streitigen Betrags festzusetzen (BFH DStR 2008, 49 und NJW 1977, 1216; aA FG Sachsen BeckRS 2014, 95553; FG Münster EFG 2007, 1109: 1/4). Der Mindeststreitwert nach § 52 Abs. 4 Nr. 1 muss nicht beachtet werden (BeckOK KostR/*Jäckel* Rn. 28).

12 **d) Nr. 4: Verfahren nach 86b SGG.** Das Sozialgericht kann nach **§ 86b Abs. 1 S. 1 Nr. 1–3 SGG** auf Antrag die sofortige Vollziehung anordnen oder wiederherstellen bzw. die aufschiebende Wirkung anordnen. Der Antrag unterstützt den Hauptsachrechtsbehelf deshalb ist der **Gebührenstreitwert** für das Eilverfahren nur mit einem Bruchteil des Hauptsachwerts anzunehmen. Meist wird er auf 1/2–1/3 festgesetzt (→ Rn. 7).

13 **e) Nr. 5: Verfahren nach § 50 Abs. 3 bis 5 WPüG.** Im Beschwerdeverfahren nach §§ 48 ff. WpÜG kann das Beschwerdegericht auf Antrag die aufschiebende Wirkung von Beschwerde oder Widerspruch anordnen bzw. wiederherstellen. Zuständig ist das OLG Frankfurt a. M. (§ 48 Abs. 4 WPüG). Der **Gebührenstreitwert** bestimmt sich nach der Bedeutung der Sache für den Antragsteller (OLG Frankfurt a. M. BeckRS 2012, 16664). IdR wird er auf 1/2–1/3 des Hauptsachwerts festgesetzt (→ Rn. 7).

§ 53a Sanierungs- und Reorganisationsverfahren nach dem Kreditinstitute-Reorganisationsgesetz

Die Gebühren im Sanierungs- und Reorganisationsverfahren werden nach der Bilanzsumme des letzten Jahresabschlusses vor der Stellung des Antrags auf Durchführung des Sanierungs- oder Reorganisationsverfahrens erhoben.

Die Vorschrift regelt spezialgesetzlich den **Gebührenstreitwert** für die Gebühren nach KV 1650–1653 in Sanierungs- und Reorganisationsverfahren nach dem KredReorgG vor dem Oberlandesgericht (§§ 1, 2 Abs. 3, 7 KredReorgG). Abzustellen ist auf die Bilanzsumme (vgl. § 266 HGB) des letzten Jahresabschlusses vor Antragstellung. Höchstwert sind 30 Mio. EUR (§ 39 Abs. 2). Auf das Verfahren sind die Vorschriften der ZPO anzuwenden (§ 1 Abs. 2 KredReorgG). Die **Kostenhaftung** für die nach KV 1650–1653 anfallenden Gerichtsgebühren trifft nach **§ 23a** nur das Kreditinstitut. Zum Rechtsanwaltsgebührenwert vgl. § 24 RVG. 1

§ 54 Zwangsversteigerung

(1) [1]**Bei der Zwangsversteigerung von Grundstücken sind die Gebühren für das Verfahren im Allgemeinen und für die Abhaltung des Versteigerungstermins nach dem gemäß § 74a Absatz 5 des Gesetzes über die Zwangsversteigerung und die Zwangsverwaltung festgesetzten Wert zu berechnen.** [2]**Ist ein solcher Wert nicht festgesetzt, ist der Einheitswert maßgebend.** [3]**Weicht der Gegenstand des Verfahrens vom Gegenstand der Einheitsbewertung wesentlich ab oder hat sich der Wert infolge bestimmter Umstände, die nach dem Feststellungszeitpunkt des Einheitswerts eingetreten sind, wesentlich verändert oder ist ein Einheitswert noch nicht festgestellt, ist der nach den Grundsätzen der Einheitsbewertung geschätzte Wert maßgebend.** [4]**Wird der Einheitswert nicht nachgewiesen, ist das Finanzamt um Auskunft über die Höhe des Einheitswerts zu ersuchen; § 30 der Abgabenordnung steht der Auskunft nicht entgegen.**

(2) [1]**Die Gebühr für die Erteilung des Zuschlags bestimmt sich nach dem Gebot ohne Zinsen, für das der Zuschlag erteilt ist, einschließlich des Werts der nach den Versteigerungsbedingungen bestehen bleibenden Rechte zuzüglich des Betrags, in dessen Höhe der Ersteher nach § 114a des Gesetzes über die Zwangsversteigerung und die Zwangsverwaltung als aus dem Grundstück befriedigt gilt.** [2]**Im Fall der Zwangsversteigerung zur Aufhebung einer Gemeinschaft vermindert sich der Wert nach Satz 1 um den Anteil des Erstehers an dem Gegenstand des Verfahrens; bei Gesamthandeigentum ist jeder Mitberechtigte wie ein Eigentümer nach dem Verhältnis seines Anteils anzusehen.**

(3) [1]**Die Gebühr für das Verteilungsverfahren bestimmt sich nach dem Gebot ohne Zinsen, für das der Zuschlag erteilt ist, einschließlich des Werts der nach den Versteigerungsbedingungen bestehen bleibenden Rechte.** [2]**Der Erlös aus einer gesonderten Versteigerung oder sonstigen Verwertung (§ 65 des Gesetzes über die Zwangsversteigerung und die Zwangsverwaltung) wird hinzugerechnet.**

(4) **Sind mehrere Gegenstände betroffen, ist der Gesamtwert maßgebend.**

(5) [1]**Bei Zuschlägen an verschiedene Ersteher wird die Gebühr für die Erteilung des Zuschlags von jedem Ersteher nach dem Wert der auf ihn entfallenden Gegenstände erhoben.** [2]**Eine Bietergemeinschaft gilt als ein Ersteher.**

I. Allgemeines

1 Für die Entscheidung über den Antrag auf Anordnung der Zwangsversteigerung sowie Zulassung des Beitritts zum Verfahren wird jeweils eine **Festgebühr** angesetzt (KV 2210). Mit dieser Gebühr wird die Tätigkeit des Gerichts im Anordnungs- bzw. Beitrittsverfahren abgegolten. Danach beginnt das „Verfahren im Allgemeinen" (BT-Drs. 7/2016) und dort werden wertabhängig erhoben: Verfahrensgebühr (KV 2211), Terminsgebühr (KV 2213), Zuschlagsgebühr (KV 2214) sowie Verteilungsgebühr (KV 2215). § 54 regelt die **Wertgrundlagen** für diese Gebühren. Die **Kostenhaftung** bestimmt § 26, die **Fälligkeit** § 7 Abs. 1.

II. Verfahrens- und Terminsgebühr (Abs. 1)

2 Die Gebührenberechnung basiert auf dem nach § 74a Abs. 5 ZVG vom Vollstreckungsgericht festzusetzenden **Grundstücksverkehrswert** (Abs. 1 S. 1). In die gerichtliche Wertfestsetzung ist auch der frei zu schätzende Wert beweglicher Sachen, auf die sich die Versteigerung erstreckt (§ 55 ZVG), einzubeziehen (§ 74a Abs. 5 S. 2 ZVG). Da gegen den Wertfestsetzungsbeschluss die sofortige Beschwerde stattfindet (§ 11 Abs. 1 RPflG, § 567 Abs. 1 ZPO, § 74a Abs. 5 S. 3 ZVG), kann das Beschwerdegericht die Festsetzung abändern (*Stöber* ZVG Einl. Rn. 77.7). Eine rechtskräftige Festsetzung bindet die Gebührenberechnung (*Hartmann* Rn. 2: aA *Stöber* ZVG Einl. Rn. 77.1: Rechtskraft ist nicht erforderlich). Wurde der Verkehrswert, zB infolge der Verfahrensaufhebung, nicht festgesetzt, ist der **Einheitswert,** den der Kostenschuldner nachzuweisen hat, maßgebend (Abs. 1 S. 2). Glaubhaftmachung (§ 294 ZPO) genügt nicht (BeckOK KostR/*Sengl* Rn. 3; aA *Hartmann* Rn. 4), Weichen die Werte des Verfahrensgegenstandes und des Gegenstandes der Einheitsbewertung wesentlich voneinander ab, der Versteigerung unterliegt zB umfangreiches Grundstückszubehör (vgl. §§ 20, 55 ZVG; LG München Rpfleger 1973, 71) oder ist ein Einheitswert noch nicht festgestellt, ist der Wert auf der Grundlage der Einheitsbewertung nach dem BewG (§§ 19ff.) zu schätzen (Abs. 1 S. 3). Wird der Einheitswert vom Kostenschuldner nicht nachgewiesen, kann letztlich (vgl. BT-Drs. 12/6962, 64) das Finanzamt um Mitteilung des Einheitswertes ersucht werden; die Schweigepflicht nach § 30 AO steht der Auskunftserteilung nicht entgegen (Abs. 1 S. 4). Der mitgeteilte Einheitswert ist auch für die Anordnung der Zwangsversteigerung oder einen Beitritt in der Rangklasse § 10 Abs. 1 Nr. 2 ZVG verwertbar (BGH NJW 2009, 2066). In diesen Fällen hat aber auch der Gläubiger, wenn er einen vollstreckbaren Titel besitzt, ein eigenes Antragsrecht (§ 10 Abs. 3 S. 1 Hs. 2 ZVG). Werden in einem Verfahren **mehrere** Grundstücke versteigert (§ 18 ZVG), sind die Gebühren aus dem Gesamtwert zu erheben (Abs. 4).

III. Zuschlagsgebühr (Abs. 2)

3 Der **Gebührenstreitwert** richtet sich nach dem **Meistgebot,** für das der Zuschlag erteilt wurde (Abs. 2 S. 1 ZVG). Zinsen bleiben unberücksichtigt, das gilt auch für Hinterlegungszinsen aufgrund einer Hinterlegung nach § 49 Abs. 4 ZVG, wenn landesrechtliche Vorschriften eine Verzinsung überhaupt vorsehen (vgl. zB Art. 16 BayHintG: keine Zinsen). Das Meistgebot umfasst das **bare Meistgebot**

(vgl. § 49 Abs. 1 ZVG) und die nach den Versteigerungsbedingungen **bestehen bleibenden Rechte** (vgl. § 52 ZVG). **Unberücksichtigt** bleiben deshalb die außerhalb des geringsten Gebotes bestehenbleibenden Belastungen (vgl. § 52 Abs. 2 ZVG; § 9 EGZVG). Auch nach § 91 Abs. 2 ZVG liegenbelassene Rechte bleiben unberücksichtigt (LG Krefeld Rpfleger 1978, 392; *Stöber* ZVG Einl. Rn. 77.8). Grund: diese sind im baren Meistgebot bereits enthalten und mindern dieses (vgl. § 91 Abs. 2, 3 ZVG). Der Wert der bestehen bleibenden Rechte bestimmt sich bei eingetragenen Kapitalbeträgen nach diesen bzw. bei möglicher Ablösung nach dem Ablösebetrag (§§ 50, 51 ZVG). Bei Höchstbetragsrechten ist der eingetragene Höchstbetrag und bei Gesamtrechten der Gesamtbetrag maßgebend (Ausnahme: es wird nach § 64 Abs. 2 ZVG verfahren). **Hinzugerechnet** wird der Betrag in dessen Höhe der Ersteher, wegen seines Gebots unter der 7/10-Grenze, nach **§ 114 a ZVG** als aus dem Grundstück befriedigt gilt (vgl. dazu LG Mönchengladbach Rpfleger 2003, 148). Das gilt auch dann, wenn die Rechte aus dem Meistgebot abgetreten wurden und der Zessionar nicht die Voraussetzungen des § 85 a Abs. 3 ZVG erfüllt (LG Lüneburg Rpfleger 1988, 113).

Bei der Versteigerung zum Zwecke der **Aufhebung einer Gemeinschaft** (Tei- 4
lungsversteigerung; §§ 180 ff. ZVG) ist, wenn der Ersteher Miteigentümer war, der Gegenstandeswert um seinen Anteil zu vermindern (Abs. 2 S. 2 Hs. 1). **Gesamthandeigentum** (zB Miterbenanteil) ist rechnerisch wie Bruchteilseigentum zu behandeln (Abs. 2 S. 2 Hs. 2). **Beispiel:** Der Gegenstandswert nach Abs. 2 S. 1 beträgt 100.000 Euro; der Ersteher ist Miteigentümer zu ½ bzw. Miterbe zur Hälfte. Die Zuschlagsgebühr wird aus 50.000 Euro erhoben.

Der **Erlös** aus einer abgesonderten Verwertung nach § 65 ZVG bleibt un- 5
berücksichtigt. Die Kosten der Zuschlagserteilung **schuldet nur** der Ersteher bzw. ein nach § 29 Nr. 3 gesetzlich Haftender (§ 26 Abs. 2 S. 1). Das gilt auch für aufgrund der Zustellung nach § 88 ZVG des Zuschlagsbeschlusses angefallene Auslagen (LG Freiburg Rpfleger 1991, 383). Antragsteller und Schuldner haften dafür nicht. Eine Bietergemeinschaft gilt als ein Ersteher (Abs. 5 S. 2).

IV. Verteilungsgebühr (Abs. 3)

Der **Gebührenstreitwert** der Verteilungsgebühr (KV 2215, 2216) bestimmt 6
sich nach dem **Meistgebot** (→ Rn. 3), für das der Zuschlag erteilt wurde, einschließlich der bestehen bleibenden Rechte (Abs. 3 S. 1). Zinsen (auch Hinterlegungszinsen) bleiben **unberücksichtigt.** Das gilt auch für kraft Gesetzes bestehen bleibende (§ 52 Abs. 2 ZVG, § 9 EGZVG) und liegenbelassene Rechte (§ 91 Abs. 2, 3 ZVG). Der Erlös aus einer abgesonderten Verwertung (§ 65 ZVG) wird dem Gegenstandswert hinzugerechnet (Abs. 3 S. 2). Der frühere Anteil des Erstehers als Miteigentümer oder Gesamthandeigentümer wird nicht abgezogen.

V. Mehrere Gegenstände (Abs. 4)

Erstreckt sich die Versteigerung auf **mehrere Grundstücke** in demselben Ver- 7
fahren (§ 18 ZVG) sind die Gebühren (Abs. 1–3) aus dem **Gesamtwert** zu erheben (Abs. 4). Von einer **Verfahrensverbindung** werden die bereits entstandenen Gebühren nicht berührt. Werden Verfahren später **getrennt,** so sind die danach entstehenden Gebühren aus den jeweiligen Einzelwerten zu erheben. Für die Verfah-

rensgebühr, die als Pauschgebühr vor der Trennung bereits entstanden ist und nach der Trennung in den Einzelverfahren erneut entsteht bedeutet dies, dass der höhere Betrag zu erheben ist (*Stöber* ZVG Einl. Rn. 77.9). **Beispiel:** Gegenstandswert (§ 54 Abs. 1 und 4) 200.000 Euro. Vor der Trennung wurde kein Versteigerungstermin bestimmt; angefallen ist: 0,25 Verfahrensgebühr KV 2211, 2212. Nach der Trennung in zwei Einzelverfahren (Gegenstandswerte: 120.000 Euro bzw. 80.000 Euro) wird jeweils Versteigerungstermin bestimmt. Es fallen an: 0,5 Verfahrensgebühr KV 2211 aus 120.000 bzw. 80.000 Euro.

VI. Verschiedene Ersteher (Abs. 5)

8 Werden **mehrere** Grundstücke an verschiedene Ersteher zugeschlagen, wird die Gebühr für die Zuschlagserteilung (KV 2214) von jedem Ersteher nach dem Wert des ihm zugeschlagenen Grundstücks erhoben (Abs. 5 S. 1). Eine **Bietergemeinschaft** (zB gemeinschaftlicher Grundstückserwerb zu Bruchteilen oder gesamthänderisch) gilt als ein Ersteher (Abs. 5 S. 2). Für die Zuschlagsversagung sowie die abgesonderte Versteigerung nach § 65 ZVG fällt keine Zuschlagserteilungsgebühr an, sie werden mit der Versteigerungsgebühr mit abgegolten.

§ 55 Zwangsverwaltung

Die Gebühr für die Durchführung des Zwangsverwaltungsverfahrens bestimmt sich nach dem Gesamtwert der Einkünfte.

I. Allgemeines

1 In den **Anwendungsbereich** der Vorschrift fällt das Zwangsverwaltungsverfahren nach §§ 146ff. ZVG. Andere gerichtliche Verwaltungsanordnungen und Sicherungsmaßregeln (zB aufgrund §§ 25, 94 oder 165 ZVG) gehören nicht hierher. Für die gerichtliche Entscheidung über den Antrag auf **Anordnung** der Zwangsverwaltung sowie die Zulassung des **Beitritts** zum Verfahren (§§ 146 Abs. 1, 27 ZVG) wird jeweils eine **Festgebühr** in Höhe von 100 Euro erhoben (KV 2220). Bei der Überleitung nach § 77 Abs. 2 S. 2 ZVG entsteht die Anordnungsgebühr mangels gerichtlicher Anordnungsentscheidung nicht (*Stöber* ZVG Einl. 86.1). Die **Verfahrensdurchführung** löst für jedes Kalenderjahr eine **0,5 Jahresgebühr** (Verfahrensgebühr) aus (KV 2221). Diese wird auch für das jeweilige Kalenderjahr erhoben, in das der Tag der Beschlagnahme fällt und in dem das Verfahren aufgehoben wird (KV 2221 Anm.). Der Beschlagnahmezeitpunkt richtet sich nach §§ 22, 151 ZVG: Abzustellen ist danach auf die Zustellung des Anordnungsbeschlusses an den Schuldner oder den Eingang des Eintragungsersuchens beim Grundbuchamt oder die Inbesitznahme des Grundstücks durch den Zwangsverwalter. Zum frühesten Zeitpunkt treten die Beschlagnahmewirkungen ein. Die Beschlagnahme endet bei Antragsrücknahme mit Eingang des Antrags bei Gericht, sonst mit Erlass des Aufhebungsbeschlusses (§ 161 ZVG). Bei Aufhebung wegen Zuschlags dauert sie an bis der Zwangsverwalter alle Geschäfte abgewickelt hat. Die Jahresgebühr wird am Ende des jeweiligen Kalenderjahres, die letzte mit der Verfahrensaufhebung, **fällig** (§ 7 Abs. 2). Die **Kostenhaftung** regelt § 26 Abs. 1.

II. Gebührenstreitwert

Die Verfahrensgebühr wird aus dem **Gesamtwert der Einkünfte,** die der Zwangsverwalter im Laufe des **jeweiligen Jahres** erzielt, erhoben. Die nach § 155 Abs. 2 ZVG zu verteilenden Überschüsse sind insoweit bedeutungslos. Zu den Einkünften gehören zB Miet- und Pachteinnahmen nebst der Betriebskosten (§ 556 BGB; *Stöber* ZVG § 148 Rn. 2, 3a). Maßgebend ist der Zeitpunkt, in dem die Einnahme dem Verwalter zufließt. Endet die Zwangsverwaltung **vor** Ablauf eines Jahres, ist auf den Verwaltungszeitraum abzustellen. Maßgebend sind die **Bruttoeinkünfte** (Nutzungen) die der Zwangsverwalter in Geld eingenommen oder in Geld umgesetzt hat (§ 152 Abs. 1 ZVG). Der Mietwert einer dem Schuldner unentgeltlich zur Verfügung gestellten Wohnung (§ 149 Abs. 1 ZVG) bleibt unberücksichtigt. Da davon **keine Abzüge** zugelassen sind, dürfen die Kosten der Verwaltung (zB Verfahrenskosten, öffentliche Grundstückslasten, Zwangsverwaltervergütung sowie die dem Schuldner nach § 149 Abs. 3 ZVG überlassene Mittel) nicht abgezogen werden. 2

Werden in einem verbundenen Verfahren **mehrere** Grundstücke zwangsverwaltet, sind die Gesamteinkünfte zu addieren (§ 54 Abs. 4 analog). 3

§ 56 Zwangsversteigerung von Schiffen, Schiffsbauwerken, Luftfahrzeugen und grundstücksgleichen Rechten

Die §§ 54 und 55 gelten entsprechend für die Zwangsversteigerung von Schiffen, Schiffsbauwerken und Luftfahrzeugen sowie für die Zwangsversteigerung und die Zwangsverwaltung von Rechten, die den Vorschriften der Zwangsvollstreckung in das unbewegliche Vermögen unterliegen, einschließlich der unbeweglichen Kuxe.

I. Allgemeines

Außer den Grundstücken unterliegen der Immobiliarvollstreckung durch **Zwangsversteigerung** noch eingetragene **Schiffe und Schiffsbauwerke,** die im Register eingetragen sind oder eingetragen werden können (§ 870a Abs. 1 ZPO, §§ 162–171 ZVG) sowie **Luftfahrzeuge** (§ 99 Abs. 1 LuftFzgG iVm § 870a ZPO, §§ 171a–171n ZVG). Der **Zwangsversteigerung und Zwangsverwaltung** unterliegen ferner als **grundstücksgleiche Rechte** Erbbaurecht, Stockwerkseigentum, Bergwerkseigentum (§ 9 Abs. 1 BBergG), unbeweglicher Kux und Hochseekabel. 1

In eine **Schiffspart** (= Anteil eines Mitreeders; §§ 489ff. HGB aF) findet nach § 858 ZPO iVm § 857 ZPO die Mobiliarvollstreckung durch Forderungspfändung statt. Die Vorschriften über die Partenreederei (§§ 489ff. HGB) sind allerdings mWv 25.4.2013 (BGBl. I S. 831) weggefallen. § 858 ZPO bleibt aber auf die bis zu diesem Zeitpunkt bestehenden Partenreedereien anwendbar (Art. 71 EGHGB). 1a

II. Gebührenstreitwert

2 Nach § 56 ist die **Wertberechnung** anhand der entsprechend anwendbaren §§ 54, 55 vorzunehmen. Wurde der Wert nicht nach § 74a Abs. 5 ZVG festgesetzt (zB nach § 169a Abs. 1 ZVG bei Seeschiffen), ist er nach §§ 61 ff. zu ermitteln und festzusetzen.

§ 57 Zwangsliquidation einer Bahneinheit

Bei der Zwangsliquidation einer Bahneinheit bestimmt sich die Gebühr für das Verfahren nach dem Gesamtwert der Bestandteile der Bahneinheit.

I. Allgemeines

1 Die **Wertvorschrift** ist nur auf die Zwangsliquidation einer **Bahneinheit** (zB bei Betriebseinstellung oder beim Erlöschen der Betriebsgenehmigung) anwendbar. Bahneinheiten sind nach **landesrechtlichen** Bestimmungen möglich. Nach **Art. 112 EGBGB** können sie vorsehen, dass die einem Eisenbahn- oder Kleinbahnunternehmen gewidmeten Grundstücke und sonstiger Vermögensgegenstände als **Einheit** (Bahneinheit) zu behandeln sind. § 4 des preußischen Gesetzes über die Bahneinheiten vom 19.8.1895 (GVBl. 499) idF vom 8.7.1902 (Preußische Gesetzessammlung S. 237), definiert die (unbeweglichen und beweglichen) Gegenstände der Bahneinheit. Landesgesetzlich können auch Bestimmungen über die Liquidation der Bahneinheit getroffen werden. Die Zwangsliquidation dient der **abgesonderten Befriedigung** der Pfandgläubiger der Bahn. Ihre freiwillige Liquidation bzw. eine Verwertung durch Zwangsversteigerung oder Zwangsverwaltung gehören nicht hierher (es gelten dann §§ 54, 55 unmittelbar). Den **Gebührenanfall** regeln KV 2230–2232.

II. Gebührenstreitwert

2 Die Entscheidung über den **Antrag auf Eröffnung** der Zwangsliquidation löst nach Nr. 2230 eine Festgebühr (60 Euro) aus. Für das **Verfahren im Allgemeinen** wird nach KV 2231 eine 0,5 Gebühr, deren Satz sich nach KV 2232 bei Verfahrenseinstellung auf 0,25 ermäßigt, erhoben. Der **Gebührenstreitwert** bestimmt sich nach dem Gesamtwert der **Bestandteile** der Bahneinheit. Abzustellen ist auf den **Verkehrswert** zum Zeitpunkt des Verfahrensbeginns (§ 40). Verbindlichkeiten bleiben unberücksichtigt (BeckOK KostR/*Sengl* Rn. 3).

§ 58 Insolvenzverfahren

(1) [1]**Die Gebühren für den Antrag auf Eröffnung des Insolvenzverfahrens und für die Durchführung des Insolvenzverfahrens werden nach dem Wert der Insolvenzmasse zur Zeit der Beendigung des Verfahrens erhoben.** [2]**Gegenstände, die zur abgesonderten Befriedigung dienen, werden nur in Höhe des für diese nicht erforderlichen Betrags angesetzt.**

(2) **Ist der Antrag auf Eröffnung des Insolvenzverfahrens von einem Gläubiger gestellt, wird die Gebühr für das Verfahren über den Antrag nach dem Betrag seiner Forderung, wenn jedoch der Wert der Insolvenzmasse geringer ist, nach diesem Wert erhoben.**

(3) [1]**Bei der Beschwerde des Schuldners oder des ausländischen Insolvenzverwalters gegen die Eröffnung des Insolvenzverfahrens oder gegen die Abweisung des Eröffnungsantrags mangels Masse gilt Absatz 1.** [2]**Bei der Beschwerde eines Gläubigers gegen die Eröffnung des Insolvenzverfahrens oder gegen die Abweisung des Eröffnungsantrags gilt Absatz 2.**

(4) **Im Verfahren über einen Antrag nach Artikel 36 Absatz 7 Satz 2 der Verordnung (EU) 2015/848 bestimmt sich der Wert nach dem Mehrbetrag, den der Gläubiger bei der Verteilung anstrebt.**

(5) **Im Verfahren über Anträge nach Artikel 36 Absatz 9 der Verordnung (EU) 2015/848 bestimmt sich der Wert nach dem Betrag der Forderung des Gläubigers.**

(6) **Im Verfahren über die sofortige Beschwerde nach Artikel 102c § 26 des Einführungsgesetzes zur Insolvenzordnung gegen die Entscheidung über die Kosten des Gruppen-Koordinationsverfahrens bestimmt sich der Wert nach der Höhe der Kosten.**

I. Allgemeines

Den **Gebührenanfall** für ein Insolvenzverfahren, einschließlich der Beschwerdeverfahren, regeln KV 2310–2386. Neben Wertgebühren ist dort auch der Anfall (wertunabhängiger) Festgebühren vorgesehen. Für das Eröffnungsverfahren wird nach KV 2310, 2311 eine 0,5 Gebühr erhoben. Wird das Verfahren auf Gläubigerantrag eingeleitet, sind mindestens 180 Euro zu zahlen (KV 2311). Die Durchführung des Insolvenzverfahrens aufgrund eines **Schuldnerantrags** löst Gebühren nach Nr. 2320–2322 aus, auch wenn das Verfahren gleichzeitig auf Antrag eines Gläubigers eröffnet wurde (Vorbem 2.3.2) Wird das Insolvenzverfahren hingegen **nur** auf **Gläubigerantrag** eröffnet, gelten KV 2330–2332 (vgl. Vorbem 2.3.3). Den **Gebührenschuldner** bestimmt § 23. Die **Fälligkeit** regelt § 6 Abs. 1 Nr. 3. 1

II. Gebührenstreitwert (Abs. 1, 2)

1. Eröffnungsverfahren

a) Schuldnerantrag. Abzustellen ist nach **Abs. 1 S. 1** auf den Wert der **Insolvenzmasse** zur Zeit der **Beendigung** des Insolvenzverfahrens. Der Begriff der Insolvenzmasse ist in § 35 InsO legal definiert. Danach erfasst das Insolvenzverfahren zunächst das gesamte Vermögen, das dem Schuldner zur Zeit der Verfahrenseröffnung gehört. Zur Insolvenzmasse gehört aber auch das Vermögen, das er während des Verfahrens erlangt (sog. Neuerwerb). Führt der Schuldner seinen **Geschäftsbetrieb** fort, sind deshalb auch die erzielten Einnahmen, ohne Kostenabzug, in die Wertberechnung einzubeziehen (OLG München NZI 2017, 547; OLG Düsseldorf NZI 2010, 861; OLG München BeckRS 2012, 18497; LG Konstanz NZI 2013; 2

494; aA OLG Bamberg BeckRS 2017, 147046; OLG Düsseldorf BeckRS 2015, 06778; OLG Koblenz BeckRS 2014, 02551; OLG Dresden NZI 2014, 76; OLG Stuttgart BeckRS 2014, 09794). Vom Insolvenzverwalter aus der Masse freigegebene Gegenstände bleiben unberücksichtigt. **Ausgenommen** sind nach § 36 InsO auch unpfändbare Gegenstände. Massezugehörig sind aber, insoweit ist § 43 unanwendbar, Früchte, Nutzungen und Zinsen. Für die Bewertung der Insolvenzmasse ist der **Erlös** maßgebend, den der Insolvenzverwalter bei der Verwertung der Massegenstände **tatsächlich** erzielt (OLG Bamberg BeckRS 2017, 147046; BeckOK KostR/*Sengl* Rn. 3). Ansonsten ist auf den **objektiven Wert** abzustellen. Dieser muss bei vorzeitiger Verfahrensbeendigung, zB Antragsabweisung mangels Masse (§ 26 InsO), **geschätzt** werden (§ 48 Abs. 1 iVm § 3 ZPO; *Hartmann* Rn.,4; *Meyer-Stolte* Rpfleger 1986, 110). Das gilt auch bei Verfahrensbeendigung durch Antragsrücknahme (AG Osnabrück BeckRS 2013, 21157). Fehlen jedoch Anhaltspunkte für eine Schätzung der Masse ist, wenn der Schuldner seinen Antrag zurückgenommen hat, die Mindestgebühr (15 EUR; § 34 Abs. 2) anzusetzen. Hat hingegen der Gläubiger den Antrag zurückgenommen ist, da ein Wertvergleich nicht möglich ist, nach Abs. 2 der Betrag seiner Forderung maßgebend (BeckOK KostR/*Sengl* Rn. 5; *Meyer-Stolte* Rpfleger 1983, 332; aA LG Frankenthal NZI 2009, 576: wegen des geringen gerichtlichen Aufwands ist die spezielle Mindestgebühr nach KV 2311 iHv 180 EUR zu erheben). **Masseverbindlichkeiten** (§§ 53–55 InsO), wie zB solche aus einer ungerechtfertigten Bereicherung der Masse (BGH NZI 2015, 362), werden nicht abgezogen. Das gilt auch für Rechte, die der **Ersatzaussonderung** unterliegen (§ 48 InsO). Gegenstände an denen **Aussonderungsrechte** (§§ 47, 48 InsO) bestehen gehören nicht zur (Soll-)Insolvenzmasse. Nach **Abs. 1 S. 2** sind massezugehörige Gegenstände die zur **abgesonderten Befriedigung** dienen (§§ 49–52 InsO), nur mit dem Betrag anzusetzen, der nach durchgeführter Verwertung (§§ 165 ff. InsO) der Masse zufließt. Für die **Wertberechnung** ist der Zeitpunkt der **Verfahrensbeendigung** maßgebend, deshalb sind die bereits mit Antragseinreichung fälligen Gebühren (§ 6 Abs. 1 Nr. 3) nur vorläufig zu erheben.

3 **b) Gläubigerantrag.** Grundlage der Wertberechnung ist nach **Abs. 2** der **Betrag** der vom Gläubiger angemeldeten (nicht: ihm tatsächlich zustehenden) **Forderung,** ohne Nebenforderungen (§ 43). Wird nur ein Teilbetrag zur Insolvenztabelle angemeldet, bestimmt dieser den Wert; bei späterer Anmeldung weiterer Teile ist der Gesamtbetrag maßgebend (LG Freiburg Rpfleger 1992, 312). Ist der Wert der **Insolvenzmasse geringer** als die Gläubigerforderung, ist darauf abzustellen. Das gilt auch bei vorzeitiger Beendigung durch Antragsabweisung mangels Masse und Antragsrücknahme. Ist eine Wertvergleich nicht möglich, ist die Gläubigerforderung maßgebend (→ Rn. 2).

2. Durchführung des Insolvenzverfahrens

4 Der Wert richtet sich, ohne Rücksicht darauf, ob das Verfahren auf Gläubiger- oder Schuldnerantrag eröffnet wurde, immer nach **Wert der Insolvenzmasse** zur Zeit der **Beendigung** des Verfahrens. § 58 Abs. 2 ist unanwendbar. Zum Gebührenstreitwert → Rn. 2.

III. Beschwerdeverfahren (Abs. 3)

5 **Abs. 3 S. 1** ist anwendbar auf Beschwerden (sofortige Beschwerde und Rechtsbeschwerde) des **Schuldners** oder des **ausländischen Insolvenzverwalters** gegen den **Eröffnungsbeschluss** oder die **Abweisung des Eröffnungsantrags** mangels Masse (§§ 6, 26, 27, 34 Abs. 1, 2 InsO). Maßgebend ist in diesen Fällen der Wert der Insolvenzmasse zur Zeit der Beendigung des Verfahrens (Abs. 3 S. 1 iVm Abs. 1; zum Gebührenstreitwert → Rn. 2). **Abs. 3 S. 2** verweist, wenn sich ein **Gläubiger** gegen die Eröffnung des Insolvenzverfahrens oder die Abweisung des Eröffnungsantrags beschwert (§ 34 Abs. 1 InsO), auf Abs. 2. Die Wertberechnung hat in diesem Falle auf die Forderung des Beschwerdeführers (ohne Nebenforderungen; § 43) abzustellen (Abs. 3 S. 1 iVm Abs. 2; zum Gebührenstreitwert Rn. 3).

6 Auf **andere Beschwerdeverfahren** (zB Beschwerde des Schuldners gegen die Anordnung einer Postsperre nach §§ 6, 99 Abs. 3 InsO oder eines Gläubigers gegen die Entscheidung über die Restschuldbefreiung nach §§ 6, 300 Abs. 4 S. 2 InsO) ist Abs. 3 **unanwendbar.** Die Wertberechnung findet in diesen Fällen nach § 48 Abs. 1 iVm § **3 ZPO** statt (BGH BeckRS 2003, 01444 = Restschuldbefreiung; OLG Köln BeckRS 2000, 11276 = Postsperre). Die Gebühren werden, wenn mehrere Beschwerdeverfahren selbstständig geführt werden, jeweils eigenständig erhoben.

IV. Verfahren nach Art. 36 Abs. 7 S. 2 VO (EU) 2015/848 (Abs. 4)

7 Hat der Verwalter des Hauptinsolvenzverfahrens zur Vermeidung eines Sekundärinsolvenzverfahrens eine **Zusicherung** gegeben, so kann jeder lokale Gläubiger eine nicht dem Inhalt dieser Zusicherung entsprechenden Verteilung, anfechten (Art. 36 Abs. 7 S. 2 VO (EU) 2015/848). Der **Gebührenstreitwert** für die nach KV 2360 anfallende Gebühr, richtet sich nach dem **Mehrbetrag,** den der Gläubiger bei der Verteilung anstrebt. Zur Kostenhaftung → § 23 Rn. 3a.

V. Verfahren nach Art. 36 Abs. 9 VO (EU) 2015/848 (Abs. 5)

8 Um die **Einhaltung** des Inhalts der Zusicherung durch den Verwalter sicherzustellen, können lokale Gläubiger beim Gericht des potentiellen Sekundärinsolvenzverfahrens einstweilige Maßnahmen oder Sicherungsmaßnahmen beantragen (Art. 36 Abs. 9 VO (EU) 2015/848). Der **Gebührenstreitwert** für die nach KV 2361 anfallende Gebühr, bestimmt sich nach dem Betrag der Gläubigerforderung (ohne Nebenforderungen; § 43). Zur Kostenhaftung → § 23 Rn. 3b.

VI. Verfahren nach Art. 102 c § 26 EGInsO (Abs. 6)

9 Gegen die Entscheidung über die **Kosten des Gruppenkoordinationsverfahrens** nach Artikel 77 Absatz 4 der Verordnung (EU) 2015/848 findet die

sofortige Beschwerde statt (Art. 102c § 26 EGInsO). Der **Gebührenstreitwert** für die nach KV 2382 anfallende Gebühr, wird durch die Höhe der Kosten bestimmt.

§ 59 Verteilungsverfahren nach der Schifffahrtsrechtlichen Verteilungsordnung

[1]Die Gebühren für den Antrag auf Eröffnung des Verteilungsverfahrens nach der Schifffahrtsrechtlichen Verteilungsordnung und für die Durchführung des Verteilungsverfahrens richten sich nach dem Betrag der festgesetzten Haftungssumme. [2]Ist diese höher als der Gesamtbetrag der Ansprüche, für deren Gläubiger das Recht auf Teilnahme an dem Verteilungsverfahren festgestellt wird, richten sich die Gebühren nach dem Gesamtbetrag der Ansprüche.

I. Allgemeines

Der **Gebührenanfall** im Schifffahrtsrechtlichen Verteilungsverfahren nach der SVertO (BGBl. 1999 I S. 530) richtet sich nach KV 2410–2500. Die **Fälligkeit** der Gebühren bestimmt sich nach § 6 Abs. 1 Nr. 3. Eine **Vorauszahlungspflicht** für die Kosten regelt § 13. Die **Kostenhaftung** trifft nach § 25 den Antragsteller. Im Verfahren, das dem Verteilungsverfahren nach §§ 872–882 ZPO ähnelt, wird eine durch das Gericht festgesetzte Haftungssumme verteilt (§§ 5 Abs. 1, 34 Abs. 2 SVertO). Die sachliche und örtliche **Zuständigkeit** regelt § 2 SVertO, die funktionelle §§ 3 Nr. 2h, 19b RPflG.

II. Gebührenstreitwert

2 Die Gebühren für den **Antrag auf Eröffnung** des Verteilungsverfahrens nach der SVertO (= KV 2410) sowie für die **Durchführung** des Verteilungsverfahrens (= KV 2420) richten sich nach **S. 1** primär nach dem Betrag der gerichtlich **festgesetzten Haftungssumme.** Ist sie **höher** als der Gesamtbetrag der festgestellten Ansprüche (ohne Nebenforderungen; § 43) der teilnahmeberechtigten Gläubiger, so ist nach **S. 2** auf den Gesamtbetrag der Ansprüche abzustellen. Die Feststellung der Gläubigeransprüche erfolgt in einem allgemeinen Prüfungstermin und wird in der Tabelle, wie in einem Insolvenzverfahren, vermerkt (§§ 18, 19 bzw. §§ 35, 34 Abs. 2 SVertO). In den Rechtsbehelfsverfahren (Beschwerde, Rechtsbeschwerde, Rüge wegen Verletzung des Anspruchs auf rechtliches Gehör) fallen nach KV 2440–2500 wertunabhängige Festgebühren an. Den Anwaltsgebührenwert regelt insoweit § 23 Abs. 2 RVG.

§ 60 Gerichtliche Verfahren nach dem Strafvollzugsgesetz, auch in Verbindung mit § 92 des Jugendgerichtsgesetzes

Für die Bestimmung des Werts in gerichtlichen Verfahren nach dem Strafvollzugsgesetz, auch in Verbindung mit § 92 des Jugendgerichtsgesetzes, ist § 52 Absatz 1 bis 3 entsprechend anzuwenden; im Verfahren über

den Antrag auf Aussetzung des Vollzugs einer Maßnahme der Vollzugsbehörde oder auf Erlass einer einstweiligen Anordnung gilt § 52 Absatz 1 und 2 entsprechend.

I. Allgemeines

1 Für gerichtliche Verfahren nach dem Strafvollzugsgesetz (Antrag auf gerichtliche Entscheidung und Rechtsbeschwerde) werden Gebühren nach KV 3810–3830 erhoben. Gegen eine Maßnahme oder das Unterlassen einer solchen durch die Vollzugsbehörde (zB Gewährung von Vollzugserleichterungen), kann der Betroffene nach § 109 Abs. 1 StVollzG bzw § 92 JGG **Antrag auf gerichtliche Entscheidung** stellen. Nach § 110 StVollzG hat über den Antrag die Strafvollstreckungskammer in deren Bezirk die beteiligte Vollzugsbehörde ihren Sitz hat zu entscheiden. Im Jugendstrafvollzug entscheidet über den Antrag die Jugendkammer (§ 92 Abs. 2 JGG). Wird der Antrag zurückgewiesen oder zurückgenommen, fallen Gebühren nach KV 3810 und 3811 an. Gegen die gerichtliche Entscheidung findet die **Rechtsbeschwerde** zum OLG statt (§ 116 StVollzG). Wird sie verworfen oder zurückgenommen fallen Gebühren nach KV 3820, 3821 an. Vor der Entscheidung kann das Gericht auf Antrag den Vollzug der angefochtenen Maßnahme aussetzen (§ 114 Abs. 2 S. 1 StVollzG) oder eine einstweilige Anordnung erlassen (§ 114 Abs. 2 S. 2 StVollzG iVm § 123 Abs. 1 VwGO). Bei Zurückweisung des Antrags entsteht eine Gebühr nach KV 3830. Im Verfahren ist PKH-Bewilligung möglich (§ 120 Abs. 2 StVollzG iVm §§ 114ff. ZPO).

II. Gebührenstreitwert

2 In den gerichtlichen Verfahren nach § 109 und § 116 StVollzG auch iVm § 92 JGG findet die Wertberechnung nach **§ 52 Abs. 1 bis 3** statt. Maßgebend ist deshalb die **Bedeutung der Sache** für den **Antragsteller** (§ 52 Abs. 1). Nach seinem tatsächlichen Vorbringen und der Begründung dazu, ist der Wert nach Ermessen zu bestimmen. Dabei sind die besonderen Lebensverhältnisse von Strafgefangenen zu berücksichtigen (OLG Celle BeckRS 2010, 02635). Geht es um eine bezifferte Geldleistung ist auf deren Höhe abzustellen (§ 52 Abs. 3). Erst, wenn der bisherige Sach- und Streitstand, der vorrangig zur Wertfindung heranzuziehen ist (OLG Rostock BeckRS 2006, 05096), keine genügenden Anhaltspunkte für eine Bewertung bietet, ist ein (Auffang-)Wert von 5.000 Euro anzunehmen (§ 52 Abs. 2). Im Verfahren über den Antrag auf Erlass einer einstweiligen Anordnung (§ 114 Abs. 2 StVollzG) richtet sich Wert nach **§ 52 Abs. 1 und 2.** Nach **§ 65 S. 1** ist der Wert von Amts wegen festzusetzen. Das Gericht oder das Rechtsmittelgericht können die Wertfestsetzung ändern (§ 65 S. 2 iVm § 63 Abs. 3).

Unterabschnitt 3. Wertfestsetzung

§ 61 Angabe des Werts

[1]Bei jedem Antrag ist der Streitwert, sofern dieser nicht in einer bestimmten Geldsumme besteht, kein fester Wert bestimmt ist oder sich nicht aus früheren Anträgen ergibt, und nach Aufforderung auch der Wert eines Teils des Streitgegenstands schriftlich oder zu Protokoll der Geschäftsstelle anzugeben. [2]Die Angabe kann jederzeit berichtigt werden.

I. Allgemeines

1 Die **Wertangabe** dient der Bestimmung des **Zuständigkeits- und Rechtsmittelstreitwerts** durch das Gericht. Der Antragsteller ist deshalb nach §§ 253 Abs. 3, 520 Abs. 4 Nr. 1 ZPO, zur Angabe des Wertes verpflichtet. § 61 tritt ergänzend hinzu und verlangt solche Informationen auch für die **Gebührenstreitwertberechnung,** wenn nicht ein bestimmter Geldbetrag verlangt wird. Es handelt sich um prozessfördernde Ordnungsvorschriften, so dass bei unterbliebener Wertangabe die Prozesshandlung dennoch zulässig ist. Die Partei kann aber mit zusätzlichen Kosten (zB Sachverständigenkosten, § 64 S. 2) belastet werden (OLG München JurBüro 1981, 892). Im Übrigen binden Parteieinlassungen zum Wert das Gericht nicht, es kann diesen durchaus abweichend annehmen. § 61 gilt im gesamten Anwendungsbereich des GKG (§ 1).

II. Wertangabe

2 Jeder Antrag, der ein gebührenpflichtiges Verfahren einleitet, hat eine Wertangabe zu enthalten (S. 1). Das gilt insbesondere für Klage, Widerklage (OLG München JurBüro 1976, 1358), Klageerweiterung, Rechtmitteleinlegung und Anschlusserklärung. Auch Anträge auf Erlass eines Arrestes oder einer einstweiligen Verfügung, Einleitung eines selbstständigen Beweisverfahrens (OLG Schleswig BeckRS 1999, 11860), Erlass einer gerichtlichen Zwangsvollstreckungsmaßnahme und Richterablehnung gehören hierher. Die Partei, auch die Gebührenbefreite, hat den nach ihrer Auffassung richtigen Streitwert, notfalls vorläufig (OLG Naumburg MDR 1999, 1093), anzugeben. Auf Grund einer gerichtlichen Aufforderung ist auch der Wert eines Teils des Streitgegenstandes zu beziffern. Der **Antragsteller,** nur ihn trifft diese Pflicht, kann die erforderlichen Erklärungen schriftlich oder zu Protokoll der Geschäftsstelle, außerhalb des Anwaltszwangs (§ 78 Abs. 3 ZPO), abgeben. Sie sollten nachvollziehbar begründet sein (BGH NJW-RR 1997, 884; OLG Köln JurBüro 1979, 1474). Dadurch können zeitraubende Nachfragen des Gerichts vermieden werden, die eine Rückwirkung der Zustellung nach § 167 ZPO gefährden (BGH NJW 1972, 1948). Wertangaben, die in den Vorinstanzen gemacht wurden, können mit einer Nichtzulassungsbeschwerde nicht mehr korrigiert werden (BGH NJW 2010, 681).

3 **Entbehrlich** ist die Wertangabe nur, wenn eine bestimmte Geldsumme verlangt wird (S. 1). Diese Ausnahme gilt für Leistungs- und Feststellungsklagen, auch für Vollstreckungsabwehrklagen, die sich auf einen bestimmten Geldbetrag in Euro be-

ziehen. Bei Klagen die auf Geldzahlung in ausländischer Währung oder auf Zinsleistungen gerichtet sind, ist die Geldsumme nicht bestimmt. Die Wertangabe ist ferner entbehrlich, wenn sich der Wert bereits aus einem früheren Antrag oder einer gerichtlichen Wertfestsetzung ergibt oder im gerichtlichen Verfahren Festgebühren entstehen bzw. ein fester Wert vorgeschrieben ist.

Erzwingbar ist die Pflicht zur Wertangabe nicht. Wird allerdings, wegen der 4 unterlassenen Angabe, eine Abschätzung durch einen Sachverständigen erforderlich, können die dadurch verursachten Kosten samt einer Verzögerungsgebühr dem Antragsteller auferlegt werden (§§ 38, 64 S. 2). Die Wertangabe, auch wenn sie übereinstimmend erfolgte, **bindet** weder den Antragsteller noch das Gericht (OLG Düsseldorf NJW 2011, 2979; KG Rpfleger 1962, 121; OLG Neustadt JurBüro 1961, 457), sie kann jederzeit berichtigt werden (S. 2). Ist der Wert bereits gerichtlich festgesetzt worden, kann ein Berichtigungsantrag in eine Beschwerde gegen den Beschluss umgedeutet werden (OLG Koblenz WRP 1981, 333).

§ 62 Wertfestsetzung für die Zuständigkeit des Prozessgerichts oder die Zulässigkeit des Rechtsmittels

[1]Ist der Streitwert für die Entscheidung über die Zuständigkeit des Prozessgerichts oder die Zulässigkeit des Rechtsmittels festgesetzt, ist die Festsetzung auch für die Berechnung der Gebühren maßgebend, soweit die Wertvorschriften dieses Gesetzes nicht von den Wertvorschriften des Verfahrensrechts abweichen. [2]Satz 1 gilt nicht in Verfahren vor den Gerichten für Arbeitssachen.

I. Allgemeines

An den **Streitwert** können sowohl die sachliche Zuständigkeit der Gerichte 1 (= Zuständigkeitsstreitwert) als auch die Rechtsmittelzulässigkeit (= Rechtmittelstreitwert) geknüpft sein. Seine Festsetzung für eine dieser Funktionen ist nach S. 1 Hs. 1 grds. auch für die Gebührenberechnung (= Gebührenstreitwert) **bindend** (OLG Köln BeckRS 2009, 15928). § 62 S. 1 Hs. 1 stellt damit den **Gleichlauf** der Wertberechnungen für die mehrfachen Streitwertfunktionen sicher (*Schneider* JurBüro 1974, 823). Dadurch sollen divergierende Streitwertfestsetzungen vermieden werden, wenn sich die Streitwertberechnung nach **denselben** Vorschriften richtet. § 62 gilt in allen Verfahren im Geltungsbereich des GKG (vgl. § 1). Ausgenommen sind nur **Arbeitssachen** (S. 2). Dort wird der Rechtsmittelstreitwert nach § 61 Abs. 1 ArbGG im Urteil festgesetzt. Der Gebührenstreitwert wird, davon abgekoppelt, eigenständig im Verfahren nach § 63 festgesetzt (vgl. § 63 Abs. 2 S. 2; BAG NZA 2007, 829; *Natter* NZA 2004, 688; *Creutzfeld* NZA 1996, 446).

II. Festsetzung des Zuständigkeits- und Rechtsmittelstreitwerts

Ist die sachliche Zuständigkeit des Prozessgerichts bzw. die Rechtsmittelzulässig- 2 keit **streitwertabhängig** geregelt, können Zuständigkeits- und Rechtsmittelstreitwert gerichtlich festgesetzt werden. Die Festsetzung erfolgt regelmäßig in den

Gründen der Sachentscheidung (Urteil, Beschluss), sie hat keinen selbstständigen Charakter (Thomas/Putzo/*Hüßtege* ZPO § 2 Rn. 8). Aus Gründen der Rechtssicherheit kann die Wertfestsetzung (zB der Beschwer) aber auch durch eigenständigen Beschluss erfolgen, denn § 62 S. 1 eröffnet hierfür eine isolierte Streitwertfestsetzungsmöglichkeit (BVerfG NJW 1993, 3130). Die Wertfestsetzung nach § 62 S. 1 ist eigenständig nicht anfechtbar (hM; OLG Stuttgart NJW-RR 2005, 942; OLG Koblenz NJW-RR 2004, 1222; OLG Karlsruhe BeckRS 2004, 09836). Sie kann nur zusammen mit der Hauptsacheentscheidung angefochten werden (OLG Koblenz 2004, 709; Thomas/Putzo/*Hüßtege* ZPO § 2 Rn. 8). Die Festsetzung des Zuständigkeits- oder Rechtsmittelstreitwerts wirkt nur innerhalb der Instanz in der die Entscheidung getroffen wurde (*Schneider* MDR 1992, 218). Wird allerdings ein Verfahren wegen sachlicher Unzuständigkeit vom Amtsgericht an das Landgericht oder umgekehrt verwiesen (§ 281 ZPO), erfolgt **Bindung** insoweit, als die **Streitwertgrenze** für die sachliche Zuständigkeit bei der Wertfestsetzung zu beachten ist (KG MDR 1959, 136; OLG Frankfurt MDR 1964, 246; OLG Saarbrücken JurBüro 1965, 643; *Schneider* MDR 1992, 218). Wurde zB der Streitwert vom LG auf 4346,00 EUR festgesetzt, so kann das AG den Streitwert nach Verweisung nicht über 5000 EUR festsetzen, insoweit erfolgt Bindung (OLG Köln BeckRS 2009, 15928; OLG München MDR 1988, 973).

III. Bindung des Gebührenstreitwerts

3 Nach S. 1 Hs. 1 **bindet** die Festsetzungsentscheidung über den Zuständigkeits- oder Rechtsmittelstreitwert grds. auch die Gebührenberechnung. Eine Bindung tritt jedoch nach **S. 1 Hs. 2** dann nicht ein, wenn sich der **Gebührenstreitwert** nach seinen **eigenen** Regeln und anders als der Zuständigkeits- oder Rechtsmittelstreitwert berechnet („… soweit die Wertvorschriften dieses Gesetzes nicht von den Wertvorschriften des Verfahrensrechts abweichen.“). **Beispiel:** Mit der Klage wird Räumung und Herausgabe einer Lagerhalle verlangt. Der Beklagte bestreitet, dass er eine wirksame Kündigung erhalten hat. Der Zuständigkeitsstreitwert berechnet sich nach § 8 ZPO (BGH BeckRS 2017, 13135 und NJW-RR 2012, 1103). Abzustellen ist auf die Miete, die auf die gesamte streitige Zeit entfällt. Der Gebührenstreitwert hingegen berechnet sich nach „seinen Regeln“. Es ist deshalb nach § 41 Abs. 1 maximal der Jahresbetrag der Miete maßgebend. Eine Festsetzung nach § 62 S. 1 bindet in diesem Fall die Gebührenberechnung nicht. Der Gebührenstreitwert ist vielmehr nach § 63 **eigenständig** festzusetzen (vgl. § 63 Abs. 2 S. 1).

4 Auch beim Zusammentreffen von **Klage und Widerklage** ergeben sich aufgrund § 5 Hs. 2 ZPO sowie § 45 Abs. 1 GKG Divergenzen bei der Streitwertberechnung, die einer Bindung entgegenstehen. Das gleiche gilt bei einer **Stufenklage:** Für den Gebührenstreitwert gilt § 44 (= Additionsverbot), für den Zuständigkeitsstreitwert gilt § 5 Hs. 1 ZPO (= Additionsgebot).

§ 63 Wertfestsetzung für die Gerichtsgebühren

(1) [1]**Sind Gebühren, die sich nach dem Streitwert richten, mit der Einreichung der Klage-, Antrags-, Einspruchs- oder Rechtsmittelschrift oder mit der Abgabe der entsprechenden Erklärung zu Protokoll fällig, setzt das Gericht sogleich den Wert ohne Anhörung der Parteien durch Beschluss**

vorläufig fest, wenn Gegenstand des Verfahrens nicht eine bestimmte Geldsumme in Euro ist oder gesetzlich kein fester Wert bestimmt ist. [2]Einwendungen gegen die Höhe des festgesetzten Werts können nur im Verfahren über die Beschwerde gegen den Beschluss, durch den die Tätigkeit des Gerichts aufgrund dieses Gesetzes von der vorherigen Zahlung von Kosten abhängig gemacht wird, geltend gemacht werden. [3]Die Sätze 1 und 2 gelten nicht in Verfahren vor den Gerichten der Finanzgerichtsbarkeit.

(2) **[1]Soweit eine Entscheidung nach § 62 Satz 1 nicht ergeht oder nicht bindet, setzt das Prozessgericht den Wert für die zu erhebenden Gebühren durch Beschluss fest, sobald eine Entscheidung über den gesamten Streitgegenstand ergeht oder sich das Verfahren anderweitig erledigt. [2]In Verfahren vor den Gerichten für Arbeitssachen oder der Finanzgerichtsbarkeit gilt dies nur dann, wenn ein Beteiligter oder die Staatskasse die Festsetzung beantragt oder das Gericht sie für angemessen hält.**

(3) **[1]Die Festsetzung kann von Amts wegen geändert werden**

1. **von dem Gericht, das den Wert festgesetzt hat, und**
2. **von dem Rechtsmittelgericht, wenn das Verfahren wegen der Hauptsache oder wegen der Entscheidung über den Streitwert, den Kostenansatz oder die Kostenfestsetzung in der Rechtsmittelinstanz schwebt.**

[2]Die Änderung ist nur innerhalb von sechs Monaten zulässig, nachdem die Entscheidung in der Hauptsache Rechtskraft erlangt oder das Verfahren sich anderweitig erledigt hat.

I. Allgemeines

§ 63 regelt die **eigenständige** Festsetzung des **Gebührenstreitwerts** und dient damit der Rechtssicherheit (OLG Nürnberg NJW-RR 1999, 653). Es soll eine zuverlässige Berechnung der fälligen Gebühren sichergestellt werden (BGH BeckRS 2013, 02888). Die Vorschrift ermöglicht, dass von **Amts wegen** eine **vorläufige** (Abs. 1) sowie eine **endgültige** (Abs. 2, 3) Wertfestsetzung erfolgt. Solange der Gebührenstreitwert nicht gerichtlich festgesetzt ist, wird er vom Kostenbeamten eigenständig angenommen (§§ 4 Abs. 1, 5 Abs. 1, 24 Abs. 1 Nr. 2 KostVfg). Die Wertannahme kann mit der Erinnerung (§ 66) angefochten werden. Vor einer Erinnerungsentscheidung ist aber der Wert erst gerichtlich festzusetzen (OLG Hamm BeckRS 1992, 4335). Eine Wertfestsetzung ist entbehrlich, wenn eine bestimmte Geldsumme in Euro verlangt wird oder ein Festwert vorgeschrieben ist (Abs. 1 S. 1). § 63 ist im gesamten Geltungsbereich des GKG (§ 1) anzuwenden. Ausgenommen ist nur das **finanzgerichtliche** Verfahren (Abs. 1 S. 3). In diesen Verfahren ist vorläufig der in § 52 Abs. 4 Nr. 1 bestimmte Mindestwert (1.500 Euro) anzusetzen (§ 52 Abs. 5). Es ist deshalb ein auf § 32 Abs. 2 RVG gestützter Antrag unzulässig (BFH BeckRS 2016, 94201). 1

II. Vorläufige Wertfestsetzung (Abs. 1)

Damit der Kostenbeamte die bereits mit Einreichung der Klage-, Antrags-, Einspruchs- oder Rechtsmittelschrift fällige Verfahrensgebühr (vgl. § 6 Abs. 1 S. 1 Nr. 1–5) auf einer sicheren Streitwertbasis berechnen kann, hat das Gericht von 2

Amts wegen eine **vorläufige Wertfestsetzung** vorzunehmen (Abs. 1 S. 1). Sie ist nur entbehrlich, wenn mit Antragseinreichung keine Gebühr fällig wird, eine bestimmte Geldsumme in Euro verlangt wird oder ein gesetzlicher Festwert bzw. eine Festgebühr bestimmt ist. Wird mit einem Zahlungsanspruch in Euro aber ein anderer (zB Räumungsanspruch) gehäuft oder ein in das Ermessen des Gerichts gestellter Geldbetrag verlangt (zB Schmerzensgeld), ist der Gebührenstreitwert vorläufig festzusetzen (OLG Koblenz NJW-RR 2000, 71). Die Angaben des Klägers zum Wert (§ 61) stellen lediglich eine Anregung dar, sie ersetzen seine Festsetzung nicht (BGH BeckRS 2013, 02888). Parteianträge, die auf Wertfestsetzung gerichtet sind, stellen ebenfalls eine Anregung zur Festsetzung von Amts wegen dar. Nach Abs. 1 S. 1 erfolgt die vorläufige Festsetzung „sogleich" nach Antragseingang, ohne Anhörung der Parteien. Da die Wertfestsetzung nur vorläufig erfolgt liegt kein Verstoß gegen Art. 103 Abs. 1 GG vor (BT-Drs. 12/6962, 63, 64). Das Gericht kann jedoch, zB bei unklaren oder unvollständigen Wertangaben in der Antragsschrift (§ 61 S. 1), die Parteien zur Stellungnahme auffordern. Die Festsetzungsentscheidung ergeht durch Beschluss des Gerichts, sie ist den Parteien formlos mitzuteilen. Es empfiehlt sich, wegen der indirekten Anfechtbarkeit nach § 67, eine kurze stichwortartige Begründung (OLG Jena FamRZ 2001, 780; *Hartmann* Rn. 13). **Einwendungen** gegen die Höhe des festgesetzten Gebührenstreitwerts können nur zusammen mit der Beschwerde gegen eine Vorschussanordnung vorgebracht werden (Abs. 1 S. 2, § 67). Eine eigenständige Anfechtung der vorläufigen Streitwertfestsetzung ist nicht statthaft (OLG Koblenz BeckRS 2012, 18643; OLG Brandenburg MDR 2000, 174). Auch nicht durch den Rechtsanwalt aus eigenem Recht, denn § 32 Abs. 2 RVG bezieht sich auf die endgültige Entscheidung (OLG Köln BeckRS 2017, 141631; OLG Dresden BeckRS 2008, 043; OLG Hamm BeckRS 2005, 11124; aA *Schneider* MDR 2000, 381). Statthaft ist die Beschwerde erst gegen die endgültige (Gebühren-streitwertfestsetzung (§ 68 Abs. 1 S. 1; § 32 Abs. 2 RVG). Die vorläufige Festsetzung kann bis zur endgültigen Entscheidung über den Wert jederzeit geändert werden. Veranlasst kann eine Abänderung wegen einer Klageänderung oder deshalb sein, weil neue Tatsachen bekannt werden die ursprünglich nicht berücksichtigt wurden (*Meyer* Rn. 9).

III. Endgültige Wertfestsetzung (Abs. 2)

1. Voraussetzungen

3 Das Gericht hat nach **Abs. 2 S. 1** den Gebührenstreitwert von Amts wegen **endgültig festzusetzen,** sobald eine **Entscheidung** über den **gesamten Streitgegenstand,** zB durch Endurteil (auch nach Stufenklage),Versäumnisurteil oder Vorbehaltsurteil ergeht oder das Verfahren sich **anderweitig erledigt** (OVG Münster NVwZ-RR 1999, 402; *Bader* NZA-RR 2005, 346). Eine anderweitige Erledigung kann zB erfolgen durch Klagerücknahme (OLG Rostock BeckRS 2009, 26015), Beschluss nach § 91 a ZPO bzw. § 494 a ZPO (OLG Köln NJW-RR 2013, 1178), unwiderruflichen Prozessvergleich (auch im PKH-Bewilligungsverfahren nach § 118 Abs. 1 S. 3 ZPO; OLG Nürnberg MDR 2003, 835) oder Ruhen bzw. Unterbrechung des Verfahrens über 6 Monate (OLG Hamm MDR 1971, 495; zweifelnd: OVG Magdeburg NVwZ-RR 2017, 847). Das selbständige Beweisverfahren endet mit Zugang des Sachverständigengutachtens an die Parteien, wenn diese nicht innerhalb der ihnen nach § 411 Abs. 4 ZPO eingeräumten Prü-

fungs- und Stellungnahmefrist einen Antrag auf Anhörung oder ergänzende Begutachtung stellen (BGH BeckRS 2002, 3132; OLG Köln BeckRS 2013, 05772).

Die **endgültige** Festsetzung setzt demnach zweierlei **voraus:** 4

- Es darf **keine** bindende Festsetzungsentscheidung nach **§ 62 S. 1** vorliegen. Ist nämlich vorweg der Zuständigkeits- oder Rechtsmittelstreitwert festgesetzt worden, richtet sich die Gebührenberechnung (auch die der Rechtsanwaltsgebühren, § 32 Abs. 1 RVG) grundsätzlich danach. Bindend ist diese Entscheidung aber dann nicht, wenn der Gebührenstreitwert eigenständig berechnet wird (→ § 62 Rn. 3);
- Es muss entweder eine **Entscheidung** über den **gesamten Streitgegenstand** ergehen oder das Verfahren sich **anderweitig erledigen.** Ein Grund- oder Teilurteil beendet den Streitgegenstand noch nicht endgültig.

Nach **Abs. 2 S. 2** gilt dies in Arbeitssachen sowie im finanzgerichtlichen Verfahren nur, wenn ein Beteiligter oder die Staatskasse die Festsetzung **beantragen** oder das Gericht sie für angemessen hält (zB wegen eines komplexen Sachverhalts; vgl. dazu *Brinkmann* JurBüro 2005, 119; *Natter* NZA 2004, 688). Der Rechtsanwalt kann die Wertfestsetzung aus eigenem Recht beantragen (§ 32 Abs. 2 RVG). Parteianträge sind als Anregung zur Festsetzung von Amts wegen auszulegen, sie binden aber das Gericht nicht (OLG Karlsruhe BeckRS 2010, 7942).

2. Zuständigkeit

Die **Zuständigkeit** für die endgültige Wertfestsetzung liegt beim Prozessgericht 5 (Einzelrichter, Kammer, Vorsitzender der Kammer für Handelssachen, Senat) der jeweiligen Instanz (BGH Rpfleger 1987, 38; KG VersR 1981, 151; OLG Hamm JurBüro 1980, 283). Unterblieb die Streitwertfestsetzung in den Vorinstanzen, ist das Rechtsmittelgericht dafür zuständig (OVG Lüneburg NVwZ-RR 2015, 678). Den Streitwert des selbstständigen Beweisverfahrens setzt das Gericht der Hauptsache fest (LG Köln NJW-RR 2013, 923; BeckOK KostR/*Jäckel* Rn. 16; aA OLG Hamm NJW 1976, 116).

In Zwangsvollstreckungsangelegenheiten setzt das Vollstreckungsgericht den 6 Wert fest. Trifft der Rechtspfleger die Hauptsacheentscheidung, ist er auch für die Wertfestsetzung zuständig (§ 4 Abs. 1 RPflG).

3. Anhörung

Vor der endgültigen Festsetzung ist den Beteiligten (auch einem Nebeninterve- 7 nienten; OLG München NJW-RR 1998, 420) **rechtliches Gehör** zu gewähren (Art. 20 Abs. 3, 103 Abs. 1 GG; (OLG Frankfurt a. M. BeckRS 2016, 110808). Eine mündliche Verhandlung ist freigestellt, Anträge der Parteien binden das Gericht insoweit nicht (s Rn. 4). Für die gerichtliche Wertfestsetzung im finanzgerichtlichen Verfahren muss ein **Rechtsschutzbedürfnis** bestehen (BFH BStBl. 1988 II, 289), das auch dann noch vorliegt, wenn die Kosten bereits angesetzt wurden (BFH BB 1978, 1507). Es kann aber dann fehlen, wenn feststeht, dass keine Gerichtskosten anfallen (LG München AnwBl. 1988, 72; *Hartmann* Rn. 25).

IV. Wertfestsetzungsbeschluss

8 Die **endgültige** Entscheidung über den Gebührenstreitwert erfolgt durch **eigenständigen Beschluss.** Es ist auch zulässig, diese Entscheidung in die Urteilsformel oder die Entscheidungsgründe aufzunehmen (OLG Brandenburg BeckRS 2003, 06716; OVG Saarbrücken JurBüro 1997, 99). Es muss aber ein Wille des Gerichts zur Streitwertfestsetzung erkennbar sein (*Hartmann* Rn. 26). Eine Wertfestsetzung, die unmittelbar nach Klageeingang erfolgt wird im Zweifel den Zuständigkeitsstreitwert festlegen und ist unanfechtbar (OLG München BeckRS 1998, 10642; OLG Köln NJW-RR 1998, 279). Der Wert eines Teiles des gesamten Streitgegenstandes oder eines Prozessabschnitts kann eigenständig festgesetzt werden. Entscheidungsgrundlage sind die bis zum Schluss der letzten mündlichen Verhandlung bekannt gewordenen Tatsachen (OLG Bamberg JurBüro 1980, 1865). Die endgültige Wertfestsetzung wirkt für und gegen alle Prozessbeteiligten (*Natter* NZA 2004, 688) und **bindet** auch den Kostenansatz, die Kostenfestsetzung und die Berechnung der Rechtsanwaltsgebühren (§ 32 Abs. 1 RVG). Der Beschluss ist, wenigstens stichwortartig, zu begründen, damit die Festsetzung durch die Parteien und das Rechtsmittelgericht nachgeprüft werden kann (BVerfGE 6, 44 und 86, 146; OLG Jena FamRZ 2001, 781; OLG Nürnberg BeckRS 2001, 30157882) und mit einer Rechtsbehelfsbelehrung zur versehen (§ 5b). Die Begründung ist spätestens in einer Nichtabhilfeentscheidung nachzuholen (OLG München MDR 2004, 291; OLG Hamm MDR 2004, 412).

9 Der Wertfestsetzungsbeschluss ist den Parteien formlos bekannt zu machen (OVG Hamburg NVwZ-RR 1993, 16; aA *Hartmann* Rn. 32: förmliche Bekanntmachung ist erforderlich). Ergeht der Beschluss erst nach einer Kostenfestsetzung, ist er aber zuzustellen (§ 107 Abs. 2 ZPO). Gegen den Beschluss findet die **Beschwerde** statt, wenn der Wert des Beschwerdegegenstandes 200 Euro übersteigt (§ 68 Abs. 1 S. 1). Die Beschwerde ist innerhalb der **Ausschlussfrist** des Abs. 3 S. 2 (iVm § 68 Abs. 1 S. 3) einzulegen. Soweit die Beschwerde nicht statthaft ist (zB wegen § 68 Abs. 1 S. 5 iVm § 66 Abs. 3 S. 3), wird ein fristgerecht (BGH BeckRS 2011, 09700) eingelegter Rechtsbehelf als **Gegenvorstellung** oder als Antrag auf **Abänderung von Amts** wegen, auszulegen sein (OVG Magdeburg BeckRS 2016, 42468; VGH München BeckRS 2016, 47751; BeckOK KostR/*Jäckel* Rn. 24). Gegenvorstellung kann auch von einem Rechtsanwalt aus eigenem Rechts (entsprechend § 32 Abs. 2 RVG) erhoben werden (BGH BeckRS 2016, 08172) Die Festsetzung des Gebührenstreitwerts erfolgt gerichtsgebührenfrei (§ 1); für den Prozessbevollmächtigten gehören Tätigkeiten in Bezug auf die Wertfestsetzung zum Rechtszug (§ 19 Abs. 1 Nr. 3 RVG). Sollten ausnahmsweise außergerichtliche Kosten verursacht worden sein, sind sie zu erstatten (*Hartmann* Rn. 33).

V. Änderung der endgültigen Wertfestsetzung

1. Abänderungsbefugnis

10 **Abs. 3 S. 1** befugt das Gericht, das die Festsetzung getroffen hat (Nr. 1) und, wenn das Verfahren in der Rechtsmittelinstanz schwebt, auch das Rechtsmittelgericht (Nr. 2; VGH München NVwZ-RR 1998, 788; OLG Koblenz BeckRS 1998, 30813250), die Wertfestsetzung **von Amts** wegen zu **ändern.** Die Ände-

rung kann auch von einem Beteiligten (zB durch Gegenvorstellung; → Rn. 9) angeregt werden. Vor der Änderung ist den Beteiligten rechtliches Gehör zu gewähren. Eine neue, ändernde Entscheidung kann deshalb veranlasst sein, weil wesentliche Aspekte übersehen wurden (OLG München JurBüro 1963, 298), sich die Verhältnisse geändert haben (OLG Bamberg JurBüro 1977, 1423) oder eine obergerichtliche Rechtsprechung übersehen wurde (*Meyer* Rn. 36). Erkennt das Gericht die Unrichtigkeit der Festsetzung, **muss** sie geändert werden (BGH NJW 1962, 584; VGH Mannheim NVwZ-RR 1990, 386; BeckOK KostR/Jäckel GKG § 63 Rn. 29; aA BVerwG JurBüro 1991, 245, mAnm *Mümmler*). Die Wertfestsetzung der unteren Instanz darf das Rechtmittelgericht von **Amts wegen** ändern, solange das Verfahren wegen der Hauptsache (BGH VersR 1989, 817), eines Hauptsachteils (VGH Kassel AnwBl. 1988, 180), wegen des Kostenansatzes, der Kostenfestsetzung oder der nach §§ 91 a Abs. 2, 99 Abs. 2 ZPO isoliert angefochtenen Kostenentscheidung (OLG Karlsruhe BeckRS 2009, 07875; OLG Brandenburg JurBüro 1998, 648) in der Rechtsmittelinstanz schwebt. Ansonsten besteht für das Rechtsmittelgericht keine Änderungsbefugnis (BGH BeckRS 2015, 08711). Das Rechtsmittelgericht kann erstmalig oder wiederholt ändern (OVG Saarland JurBüro 1994, 240) und ist nur dann gebunden, wenn es den Gebührenstreitwert früher selbst festgesetzt hat (OLG Koblenz NJW-RR 2004, 1510; aA OLG Frankfurt a. M. MDR 1982, 589). Wird das Rechtsmittelgericht mit der Sache aufgrund einer, zB mangels Beschwer oder ausreichender Beschwerdesumme (vgl. § 68 Abs. 1 S. 1), **unzulässigen Streitwertbeschwerde** befasst, darf es nicht ändern (OVG Mecklenburg-Vorpommern MDR 1995, 425; OLG München JurBüro 1983, 890; aA OLG Celle BeckRS 2016, 10372; OVG Lüneburg NVwZ-RR 2010, 904;VGH Mannheim NVwZ-RR 1992, 110). Diese Einschränkung gilt nicht, wenn ein anderes Rechtsmittel (zB Berufung oder Beschwerde gegen die Kostenfestsetzung) eingelegt wurde. Auch, wenn es unzulässig ist, es sei denn die Einlegung erfolgte nur um auf diesem Umweg eine Streitwertabänderung zu erreichen (BGH NJW 1952, 66). Solange das Rechtsmittelgericht eine Streitwertänderung nicht vorgenommen hat, ist die Vorinstanz noch änderungsbefugt (OLG Frankfurt a. M. MDR 1982, 589).

Gegen den Änderungsbeschluss findet nach Maßgabe des § 68 Abs. 1 die Beschwerde statt. Das gilt auch, wenn das Landgericht als Berufungsgericht den Streitwert der ersten Instanz abänderte. Es hat dann nämlich nicht als „Beschwerdegericht“ iS §§ 68 Abs. 1 S. 6, 66 Abs. 4 S. 1 gehandelt (OLG Karlsruhe BeckRS 2012, 14151 = NZV 2012, 492; BeckOK KostR/*Jäckel* Rn. 35; aA OLG München BeckRS 2016, 113210). Der Beschluss, der die Anregung eines Beteiligten zur Änderung zurückweist, ist unanfechtbar (OLG Bamberg JurBüro 1980, 1865). **10a**

2. Frist

Aus Gründen der Rechtssicherheit (OLG Nürnberg NJW-RR 1999, 654) ist die Änderungsbefugnis zeitlich auf **sechs Monate befristet** (Abs. 3 S. 2). Die Frist gilt nur für die Abänderung und nicht für die erstmalige Streitwertfestsetzung selbst (OLG Düsseldorf Rpfleger 1990, 272). Die Frist ist eine Ausschlussfrist, so dass eine Wiedereinsetzung in den vorigen Stand bei ihrer Versäumung gesetzlich nicht vorgesehen ist (VGH Mannheim NVwZ-RR 1997, 196). Fristberechnung erfolgt nach §§ 221 ff. ZPO. Die Frist beginnt mit formeller Rechtskraft (§ 705 ZPO) der **Hauptsacheentscheidung** (BFH BeckRS 2001, 25005657) auch, wenn die Parteien unrichtige Angaben zur Wertfestsetzung gemacht haben (OLG Nürnberg **11**

NJW-RR 1999, 613). Beim **selbstständigen Beweisverfahren** ist auf dessen Ende und nicht auf das Ende des Rechtsstreits, in dem der erhobene Beweis verwertet wurde, abzustellen (OLG Koblenz MDR 2005, 862; OLG Nürnberg BeckRS 2001, 30215240; aA KG NJW-RR 2003, 133: maßgebend ist das Ende des Hauptsacheverfahrens). In **Eilverfahren** beginnt die Frist erst mit Rechtskraft der Hauptsacheentscheidung (VGH München NVwZ-RR 2014, 119; KG JurBüro 1978, 1700; aA BVerwG NVwZ-RR 1998, 142; OLG Düsseldorf BeckRS 2016, 19787: maßgebend ist die Beendigung des Eilverfahrens).

11a Hat sich das Verfahren **anderweitig erledigt,** so sind folgende Ereignisse für den Fristbeginn maßgebend:

- die gerichtliche Kostenentscheidung nach § 269 Abs. 3 ZPO bei **Klagerücknahme** (OLG Rostock BeckRS 2009, 26015; aA OVG Berlin-Brandenburg NVwZ-RR 2010, 296), bzw. nach § 516 Abs. 3 ZPO bei **Rechtsmittelrücknahme,**
- der Abschluss des bestandskräftigen **Prozessvergleichs,**
- die beiderseitige **Erledigungserklärung** (OLG Brandenburg BeckRS 2007, 15296; aA LG Hamburg BeckRS 2012, 24856: abzustellen ist auf die Rechtskraft der Kostenentscheidung nach § 91 a ZPO).

Die Frist beginnt **nicht,** wenn das Verfahren **ruht,** durch das Rechtsmittelgericht **zurückverwiesen** wird oder sich nur **teilweise** erledigt.

12 Sind die Verfahrenskosten nach **Quoten** verteilt worden (§ 92 Abs. 1 ZPO), so kann sich eine Abänderung der Wertfestsetzung auf die rechtskräftige gerichtliche **Kostengrundentscheidung** auswirken. Da sie grds. nicht isoliert anfechtbar ist (§ 99 Abs. 1 ZPO), stellt sich die Frage, ob nachträglich ihre Korrektur nach § 319 ZPO zulässig ist. Eine direkte Anwendung des § 319 ZPO scheidet aus, da keine offenbare Unrichtigkeit etwa im Sinne eines Schreib- oder Rechenfehlers vorliegt (OLG Stuttgart BeckRS 2001, 2553; MüKoZPO/*Musielak* ZPO § 319 Rn. 8; Thomas/Putzo/*Reichold* ZPO § 319 Rn. 3). Nach BGH (NJW-Spezial 2008, 636) ist eine Abänderung nach Abs. 3 **gesperrt,** da andernfalls die materielle Rechtskraft des Urteils durchbrochen wird und eine analoge Anwendung des § 319 ZPO mangels planwidriger Gesetzeslücke nicht zulässig ist (so auch: OLG Stuttgart BeckRS 2001, 2553; OLG Düsseldorf NJW-RR 1992, 1532; OLG Köln JurBüro 1977, 1134; OLG Nürnberg MDR 1969, 853; BeckOK ZPO/*Elzer* ZPO § 319 Rn. 34) Einer anderen Auffassung zufolge kann die, auf Grund der Wertänderung falsche Kostengrundentscheidung unter weiter Auslegung des § 319 ZPO berichtigt und die Quote dem neuen Streitwert angepasst werden (OLG Düsseldorf NJW-RR 2002, 211; OLG Hamm MDR 2001, 1186; OLG Köln JurBüro 1979, 1554; VGH Kassel AnwBl. 1988, 180; BeckOK KostR/*Jäckel* Rn. 36; BLAH/*Hartmann* ZPO § 319 Rn. 5). Dogmatisch gesehen ist der Meinung des BGH (NJW-Spezial 2008, 636 = MDR 1977, 925) zuzustimmen, da die materielle Rechtskraft eine Abänderung der Kostengrundentscheidung nicht zulässt und sich deshalb in der Konsequenz auch eine Streitwertkorrektur verbietet. Da dann aber an einer falschen Kostenentscheidung festgehalten wird, ist der Weg über die Auslegung des § 319 ZPO vorzuziehen (OLG Düsseldorf NJW-RR 2002, 211 = MDR 2001, 1074).

§ 64 Schätzung des Werts

[1]Wird eine Abschätzung durch Sachverständige erforderlich, ist in dem Beschluss, durch den der Wert festgesetzt wird (§ 63), über die Kosten der Abschätzung zu entscheiden. [2]Diese Kosten können ganz oder teilweise der Partei auferlegt werden, welche die Abschätzung durch Unterlassen der ihr obliegenden Wertangabe, durch unrichtige Angabe des Werts, durch unbegründetes Bestreiten des angegebenen Werts oder durch eine unbegründete Beschwerde veranlasst hat.

I. Allgemeines

§ 64 bezieht sich auf die Festsetzung des **Gebührenstreitwerts** nach § 63 (iVm § 3 ZPO). Die im Zusammenhang mit der Ermittlung des Zuständigkeits- oder Rechtsmittelstreitwerts nach § 62 (iVm § 3 ZPO) entstehenden Kosten sind Teil der Prozesskosten und werden von der späteren Kostengrundentscheidung erfasst. Die Vorschrift bestimmt, dass die Kosten einer Abschätzung durch Sachverständige einer Partei ganz oder teilweise auferlegt werden können, wenn sie die Begutachtung durch ihr **Verhalten veranlasst** hat. Auf einen anderen Aufwand (zB Kosten eines Augenscheins) ist § 64, seinem Wortlaut entsprechend, nicht anwendbar (*Hartmann* Rn. 4; aA BeckOK KostR/*Jäckel* Rn. 6). In der Praxis kommt es sehr selten vor, dass ein Sachverständiger zur Ermittlung des Gebührenstreitwerts hinzugezogen werden muss. Erforderlich ist eine Zuziehung nur, wenn das Gericht den Gebührenstreitwert entweder wegen mangelnder Sachkenntnisse (zB in Patentsachen oder beim gewerblichen Rechtsschutz) oder aufgrund unterlassener, lückenhafter bzw. unrichtiger Parteiangaben nicht selbst feststellen kann. Bestätigt der Sachverständige im **selbständigen Beweisverfahren** die behaupteten Mängel nicht, so kann er ergänzend zu den (hypothetischen) Ansprüchen des Antragstellers befragt werden (OLG München BeckRS 9998, 04177; aA OLG Frankfurt a. M. BeckRS 2007, 09749; BeckOK KostR/*Jäckel* Rn. 4). Die Anordnung in der Form eines Beweisbeschlusses (§ 358 ZPO; *Hartmann* Rn. 7; aA BeckOK KostR/*Jäckel* Rn. 8: es handelt sich um einen Freibeweis) trifft das Prozessgericht und, soweit der Rechtspfleger zur Wertfestsetzung nach § 63 Abs. 2 funktionell zuständig ist, dieser (§ 4 Abs. 1 RPflG). Der Partei, die eine Kostenpflicht nach S. 2 treffen könnte, ist davor Gelegenheit zur Stellungnahme zu geben (*Hartmann* Rn. 5). 1

II. Entscheidung über die Kostenpflicht

Nach S. 1 ist über die Kosten der Abschätzung in dem Beschluss über die **endgültige Wertfestsetzung** (§ 63 Abs. 2) zu entscheiden. Ist eine Kostenentscheidung unterblieben, kann sie entsprechend § 321 ZPO nachgeholt werden. Der mit der Abschätzung beauftragte Sachverständige rechnet seine Vergütung nach JVEG ab, die ihm aus der Staatskasse (§ 2 JVEG), uU nach Festsetzung (§ 4 JVEG), erstattet wird. Nach Nr. 9005 wird der gezahlte Betrag beim Kostenansatz in die Auslagenerhebung einbezogen. Welche Partei kostenpflichtig ist, muss durch das Gericht **nach Ermessen** bestimmt werden. Es gilt das Veranlasserprinzip (BeckOK KostR/*Jäckel* Rn. 10). Die Kosten können nach **S. 2** (iVm § 92 ZPO) deshalb ganz 2 oder anteilsmäßig oder auch gesamtschuldnerisch derjenigen Partei, auch einer kostenbefreiten (*Hartmann* Rn. 7), auferlegt werden, die durch ihr Verhalten die Sachverständigenabschätzung veranlasst hat. Ein Verschulden der Partei ist nicht erforderlich (VGH Mannheim NVwZ-RR 1991, 670; aA *Hartmann* Rn. 11). Ist an der Streitwertfestsetzung ein Rechtsanwalt aus eigenem Recht beteiligt (§ 32 Abs. 2 RVG), können auch ihm die Kosten auferlegt werden, wenn er die Abschätzung (mit-)verursacht hat (OLG Nürnberg JurBüro 1968, 242; *Meyer* Rn. 7). Das Verhalten eines Vertreters (zB des Prozessbevollmächtigten) wird der Partei zugerechnet. Eine Kostenauferlegung kommt in Betracht, wenn eine Pflichtverletzung der Partei vorliegt und dadurch die Abschätzung verlasst wurde (S. 2). Ihr insoweit sanktionierbares Verhalten kann darin bestehen, dass sie

- die nach § 61 vorgeschriebene Wertangabe trotz gerichtlicher Aufforderung und Fristsetzung (§ 139 ZPO) unterlassen
- objektiv unrichtig den Gebührenstreitwert angegeben
- unbegründet den vom Gegner angegebenen Wert bestritten oder
- eine unbegründete Beschwerde eingelegt hat.

3 Die durch den Beschluss begründete Kostenpflicht löst im Verhältnis zur Staatskasse die Entscheidungsschuldnerhaftung nach § 29 Nr. 1 aus, so dass der Betroffene als Erstschuldner für die Sachverständigenvergütung haftet (§ 31 Abs. 2 S. 1). Gegen den Beschluss findet die **Beschwerde** nach § 68 statt, wenn gleichzeitig auch die endgültige Wertfestsetzung (§ 63 Abs. 2) angefochten wird. Eine isolierte Anfechtung durch Erinnerung (§ 66) ist erst nach Kostenansatz statthaft. Die Höhe der dem Sachverständigen gezahlten Vergütung kann mit der Beschwerde nach § 4 JVEG angefochten werden.

§ 65 Wertfestsetzung in gerichtlichen Verfahren nach dem Strafvollzugsgesetz, auch in Verbindung mit § 92 des Jugendgerichtsgesetzes

[1]In gerichtlichen Verfahren nach dem Strafvollzugsgesetz, auch in Verbindung mit § 92 des Jugendgerichtsgesetzes, ist der Wert von Amts wegen festzusetzen. [2]§ 63 Absatz 3 gilt entsprechend.

1 Die Vorschrift regelt in **Verbindung mit § 60** die Wertfestsetzung in den gerichtlichen Verfahren nach dem Strafvollzugsgesetz (auch iVm § 92 JGG). **Nach S. 1** hat die Wertfestsetzung **von Amts wegen** zu erfolgen. Der **Gebührenstreitwert** ist nach der sich aus dem **Antrag** des Gefangenen für ihn ergebenden Bedeutung der Sache nach Ermessen zu bestimmen (§ 60 iVm § 52 Abs. 1; KG BeckRS 9998, 25665). Wegen der geringen finanziellen Leistungsfähigkeit der meisten Gefangenen wird der Streitwert in Strafvollzugssachen eher niedrig festzusetzen sein (OLG Hamm BeckRS 2010, 03087). Jedenfalls darf aus rechtsstaatlichen Gründen die Bemessung des Streitwerts und das damit verbundene Kostenrisiko nicht eine Rechtswegesperre für den Betroffenen bedeuten (KG BeckRS 2014, 19163). Es sind auch die Auswirkungen eines Antragserfolgs für den Gefangenen zu berücksichtigen (vgl. KG BeckRS 2014, 19163: Aufhebung der Verlegung = 800 EUR). In Verfahren nach § 119a StVollzG ist regelmäßig der Auffangwert nach § 52 Abs. 2 (derzeit: 5.000 EUR) anzusetzen (OLG Frankfurt a. M. NStZ-RR 2016, 296). Nach **S. 2** iVm § 63 Abs. 3 kann die Wertfestsetzung von Amts wegen durch das Gericht oder das Rechtmittelgericht geändert werden. Der Festsetzungsbeschluss ist nach § 68 Abs. 1 S. 1 mit der **Beschwerde** anfechtbar.

Abschnitt 8. Erinnerung und Beschwerde

§ 66 Erinnerung gegen den Kostenansatz, Beschwerde

(1) [1]Über Erinnerungen des Kostenschuldners und der Staatskasse gegen den Kostenansatz entscheidet das Gericht, bei dem die Kosten angesetzt sind. [2]Sind die Kosten bei der Staatsanwaltschaft angesetzt, ist das Gericht des ersten Rechtszugs zuständig. [3]War das Verfahren im ersten Rechtszug bei mehreren Gerichten anhängig, ist das Gericht, bei dem es zuletzt anhängig war, auch insoweit zuständig, als Kosten bei den anderen Gerichten angesetzt worden sind. [4]Soweit sich die Erinnerung gegen den Ansatz der Auslagen des erstinstanzlichen Musterverfahrens nach dem Kapitalanleger-Musterverfahrensgesetz richtet, entscheidet hierüber das für die Durchführung des Musterverfahrens zuständige Oberlandesgericht.

(2) [1]Gegen die Entscheidung über die Erinnerung findet die Beschwerde statt, wenn der Wert des Beschwerdegegenstands 200 Euro übersteigt. [2]Die Beschwerde ist auch zulässig, wenn sie das Gericht, das die angefochtene Entscheidung erlassen hat, wegen der grundsätzlichen Bedeutung der zur Entscheidung stehenden Frage in dem Beschluss zulässt.

(3) [1]Soweit das Gericht die Beschwerde für zulässig und begründet hält, hat es ihr abzuhelfen; im Übrigen ist die Beschwerde unverzüglich dem Beschwerdegericht vorzulegen. [2]Beschwerdegericht ist das nächsthöhere Gericht. [3]Eine Beschwerde an einen obersten Gerichtshof des Bundes findet nicht statt. [4]Das Beschwerdegericht ist an die Zulassung der Beschwerde gebunden; die Nichtzulassung ist unanfechtbar.

(4) [1]Die weitere Beschwerde ist nur zulässig, wenn das Landgericht als Beschwerdegericht entschieden und sie wegen der grundsätzlichen Bedeutung der zur Entscheidung stehenden Frage in dem Beschluss zugelassen hat. [2]Sie kann nur darauf gestützt werden, dass die Entscheidung auf einer Verletzung des Rechts beruht; die §§ 546 und 547 der Zivilprozessordnung gelten entsprechend. [3]Über die weitere Beschwerde entscheidet das Oberlandesgericht. [4]Absatz 3 Satz 1 und 4 gilt entsprechend.

(5) [1]Anträge und Erklärungen können ohne Mitwirkung eines Bevollmächtigten schriftlich eingereicht oder zu Protokoll der Geschäftsstelle abgegeben werden; § 129a der Zivilprozessordnung gilt entsprechend. [2]Für die Bevollmächtigung gelten die Regelungen der für das zugrunde liegende Verfahren geltenden Verfahrensordnung entsprechend. [3]Die Erinnerung ist bei dem Gericht einzulegen, das für die Entscheidung über die Erinnerung zuständig ist. [4]Die Erinnerung kann auch bei der Staatsanwaltschaft eingelegt werden, wenn die Kosten bei dieser angesetzt worden sind. [5]Die Beschwerde ist bei dem Gericht einzulegen, dessen Entscheidung angefochten wird.

(6) [1]Das Gericht entscheidet über die Erinnerung durch eines seiner Mitglieder als Einzelrichter; dies gilt auch für die Beschwerde, wenn die angefochtene Entscheidung von einem Einzelrichter oder einem Rechtspfleger erlassen wurde. [2]Der Einzelrichter überträgt das Verfahren der Kammer oder dem Senat, wenn die Sache besondere Schwierigkeiten tat-

sächlicher oder rechtlicher Art aufweist oder die Rechtssache grundsätzliche Bedeutung hat. [3]Das Gericht entscheidet jedoch immer ohne Mitwirkung ehrenamtlicher Richter. [4]Auf eine erfolgte oder unterlassene Übertragung kann ein Rechtsmittel nicht gestützt werden.

(7) **[1]Erinnerung und Beschwerde haben keine aufschiebende Wirkung. [2]Das Gericht oder das Beschwerdegericht kann auf Antrag oder von Amts wegen die aufschiebende Wirkung ganz oder teilweise anordnen; ist nicht der Einzelrichter zur Entscheidung berufen, entscheidet der Vorsitzende des Gerichts.**

(8) **[1]Die Verfahren sind gebührenfrei. [2]Kosten werden nicht erstattet.**

Übersicht

I. Kostenansatz

Die Kosten (also Gebühren und Auslagen des Gerichts, Vorschüsse) werden beim Gericht bzw. bei der Staatsanwaltschaft „angesetzt"; welches Gericht zuständig ist bestimmt § 19 GKG. § 66 Abs. 2 bis 8 ist auch einschlägig, wenn Kosten nach dem JVKostG angesetzt und Einwendungen erhoben werden (§ 22 JVKostG). **1**

In Sachen der freiwilligen Gerichtsbarkeit ist § 18 GNotKG einschlägig, im Geltungsbereich des FamFG § 18 FamGKG. Gerichtsvollzieherkosten werden vom Gerichtsvollzieher angesetzt, § 5 GvKostG. **2**

Zuständig ist (soweit Gericht bzw. Staatsanwaltschaft ansetzen) der Kostenbeamte (§ 1 KostVfg), das ist ein Beamter des mittleren (selten des gehobenen) Dienstes oder ein vergleichbarer Justizangestellter. Einzelheiten des Ansatzes regelt die KostVfg. Der Kostenansatz besteht in der Aufstellung der Kostenrechnung (§ 4 KostVfg); den **Inhalt der Kostenrechnung** regelt § 24 KostVfg; die Gerichtskosten (Gebühren und Auslagen) und evtl. Justiverwaltungskosten werden berechnet, der Kostenschuldner festgestellt (§ 7 Abs. 1 KostVfg). In einem Formular setzt der Kostenbeamte bei den Kostenpositionen nach dem GKG und GKG-KV, die seines Erachtens erfüllt sind, gegebenenfalls den Streitwert hinzu und die sich hieraus ergebende Gebühr. Daraus wird dann eine Kostenrechnung erstellt und an die Gerichtskasse gesandt (§ 25 KostVfg); die Landesjustizkasse verschickt dann an den Schuldner die Kostenrechnung mit Kassenzeichen („Bitte zahlen Sie die nachstehend vom Amtsgericht Adorf berechneten Kosten von … binnen zwei Wochen auf das Konto …"). So gesehen ist es formal nicht richtig, den Kostenansatz der Kostenrechnung gleichzustellen (so zB OLG Düsseldorf NStZ-RR 1999, 128); doch geschieht dies häufig. **3**

II. Angriffe gegen „die Kostenrechnung"

1. Erinnerung nach § 66

Das Wort „Erinnerung" muss nicht verwendet werden; der Antrag auf Nichterhebung der Kosten (§ 21) kann als Erinnerung auszulegen sein (BFH/NV 2006, 1335). → Rn. 11 ff. **4**

2. Erinnerung nach § 56 RVG

5 Erinnerung des beigeordneten Rechtsanwalts usw wegen der aus der Staatskasse zu gewährenden Vergütung. Diese an den Anwalt zu zahlenden Beträge werden in die Kostenrechnung als Auslagen aufgenommen, KV 9007. Insofern können sie nach § 66 vom Kostenschuldner angegriffen werden.

3. Streitwertbeschwerde

6 Ergibt die Auslegung einer Erinnerung nach einem Kostenfestsetzungsbeschluss, dass der Rechtsbehelfsführer sich nicht gegen die Kostenfestsetzung, sondern gegen den ihr zu Grunde gelegten Streitwert wendet, ist die Eingabe als Antrag auf (erstmalige) Streitwertfestsetzung oder GKG-Erinnerung gegen den festgesetzten Streitwert zu behandeln (OLG Koblenz NJOZ 2002, 764); §§ 63, 68.

7 Ergibt die Auslegung einer „Erinnerung" gegen den Kostenfestsetzungsbeschluss, dass die Partei sich *sowohl* gegen den gerichtlichen Kostenansatz als auch gegen die festgesetzten Anwaltskosten wendet, hat der Rechtspfleger zunächst eine Entscheidung des Gerichts nach § 66 herbeizuführen. Erst danach ist darüber zu befinden, ob der sofortigen Beschwerde gegen den Kostenfestsetzungsbeschluss (im Übrigen) abgeholfen werden muss (OLG Koblenz NJOZ 2002, 1711). Die gegen den hierauf ergangenen Kostenausgleichsbeschluss eingelegte sofortige Beschwerde ist (auch) als Erinnerung gegen den Kostenansatz nach § 66 auszulegen (OLG Karlsruhe NJW-RR 2001, 1365).

4. Antrag auf Nichterhebung nach § 21

8 Aus der Begründung der „Erinnerung" kann sich ergeben, dass der Beschwerdeführer in Wirklichkeit deshalb Gebühren und Auslagen nicht zahlen will, weil er meint, die Sachbehandlung durch das Gericht (nicht: durch seinen Anwalt) sei unrichtig gewesen. Dann sollte die Eingabe zunächst als Nichterhebungsantrag behandelt werden und nicht als Erinnerung nach § 66; für die Anordnung der Nichterhebung ist der Gerichtspräsident bzw. Leiter der Staatsanwaltschaft zuständig (§ 37 KostVfg). Der Meinung, ein nach Ergehen der Kostenrechnung gestellter Antrag auf Nichterhebung der Gerichtskosten sei (immer) als Erinnerung im Sinne des GKG aufzufassen (so BFH BFH/NV 2001, 1429 zu § 5 aF GKG), kann man deshalb nicht zustimmen. Hat das BVerfG eine Missbrauchsgebühr verhängt, ist das nicht nach § 66 anfechtbar (BVerfG BeckRS 2017, 133069).

5. Angriff gegen die Beitreibung der Gerichtskosten

9 Zahlt der Schuldner (§ 4 JBeitrG) die Kostenrechnung nicht, wird nach § 1 Abs. 1 Nr. 4, Abs. 2 JBeitrG beigetrieben. **Vollstreckungsbehörde:** § 3 JBeitrG. **Vollstreckungsbeginn:** § 5 JBeitrG. Da § 6 Abs. 1 Nr. 1 JBeitrG (ua) auf § 766 ZPO verweist, kann gegen die Art und Weise der Beitreibung (zB Vollstreckung in unpfändbare Gegenstände) mit der Erinnerung nach § 766 ZPO, gerichtet an das Vollstreckungsgericht, vorgegangen werden.

6. Fälle der §§ 781 bis 784, 786 ZPO

Klage nach §§ 767, 769, 770 ZPO, vgl. § 8 Abs. 2 JBeitrG); wird in das Vermögen eines Unbeteiligten vollstreckt: § 771 ZPO. 10

7. Dienstaufsichtsbeschwerde

Sie richtet sich nicht gegen die sachliche Richtigkeit der Berechnung, sondern gegen das persönliche Verhalten des Kostenbeamten. 11

III. Erinnerung gegen den Kostenansatz; Gegenstand der Erinnerung

Gegen den Kostenansatz (vereinfacht: gegen „die Kostenrechnung") von Gericht oder Staatsanwaltschaft kann Erinnerung eingelegt werden; § 66. Angegriffen werden kann die Verletzung des Kostenrechts, also die **Entstehung und Höhe von Gebühren** (KV 1100ff.) und Auslagen (KV 9000ff.; BGH NJW 2000, 1128). Die Entscheidung, aufgrund derer der Kostenansatz erfolgt, kann mit der Erinnerung nicht angegriffen oder nachgeprüft werden. 12

Es wird behauptet, die grundsätzliche Notwendigkeit und Zweckmäßigkeit von **Auslagen** seien im Erinnerungsverfahren nicht nachprüfbar (OLG Celle NJW 2013, 486; *Meyer* Rn. 15); das ist nur zum Teil richtig (für ein umfassendes Prüfungsrecht auch OLG Koblenz BeckRS 2010, 17442): Notwendigkeit und Zweckmäßigkeit einer mit Kosten verbundenen strafrechtlichen Ermittlungsmaßnahme sind jedenfalls dahin nachprüfbar, ob sie aus der Sicht bei Anordnung vertretbar waren. Werden gegen die in Ansatz gebrachten Auslagen der Ermittlungsbehörde substantiierte Einwendungen erhoben, so muss sich das Gericht im Einzelnen damit auseinandersetzen (OLG Koblenz BeckRS 2010, 17442). Hatte das Gericht angeordnet, dass ein Augenschein durchzuführen, ein **Sachverständigengutachten** zu erholen bzw. Zeugen zu vernehmen sind, dann kann *im Erinnerungsverfahren* nicht nachgeprüft werden, ob der Augenschein, das Gutachten bzw. die Zeugenvernehmung überhaupt notwendig waren (Ausnahme: es liegt eine unrichtige Sachbehandlung vor, § 21), lediglich die Höhe der Auslagen ist nachprüfbar (aber auch, ob eine Kürzung des Sachverständigenhonorars angebracht ist, OLG Koblenz BeckRS 2006, 08872); ob Kopien, Zustellungen usw notwendig waren ist dagegen auch dem Grunde nach nachprüfbar. Ob die Beweiserhebung unnötig war, kann im Prozess durch Beschwerde gegen den Beweisbeschluss nicht nachgeprüft werden, wie § 360 ZPO zeigt. Zum Einwand, der Sachverständige habe zu erwartende höhere Kosten entgegen § 407a Abs. 3 S. 2 ZPO dem Gericht nicht zuvor mitgeteilt, weshalb seine Vergütung zu kürzen sein, vgl. BGH NJW-RR 2012, 311. Gerichtliche Beschlüsse über die Festsetzung der Sachverständigenvergütung ergehen ohne Beteiligung des Parteien, binden diese also nicht zu ihren Ungunsten (§ 4 Abs. 9 JVEG), auch im Verfahren nach § 66 ist das so. 13

Angegriffen kann ferner werden, **wer zahlungspflichtig ist** (zB wenn an eine Person, die nicht Kostenschuldner ist, eine Kostenrechnung gerichtet wurde; wenn der Testamentsvollstrecker als Privatperson und nicht als Träger eines privaten Amts zur Zahlung herangezogen wird); Kostenfreiheit nach § 2; in welcher Reihenfolge mehrere Kostenschuldner hergezogen werden können; ob schon Fälligkeit besteht; Verjährung; Ablehnung einer Nichterhebung von Kosten trotz unrichtiger Sach- 14 behandlung (§ 21); der Anspruch bestehe nicht mehr, weil der Erstschuldner erfüllt habe (§ 8 Abs. 1 JBeitrG) oder durch Aufrechnung erloschen sei; Haftung für den Anspruch (§ 8 Abs. 1 JBeitrG; aA *Meyer* Rn. 2); Verpflichtung zur Duldung der Vollstreckung (§ 8 Abs. 1 JBeitrG).

15 Gegen den Kostenansatz des **Gerichtsvollziehers** ist das Verfahren nach § 766 Abs. 2 ZPO bzw. nach § 5 GvKostG gegeben (bezüglich Erinnerung und Beschwerde verweist § 5 Abs. 2 GvKostG dann auf § 66 Abs. 2 bis 8 GKG). Beschwerde gegen Anordnung einer **Vorauszahlung:** § 67 (verweist auf § 66 Abs. 3 bis 6 und 8); Fall des § 17 Abs. 2: Anforderung von **Vorschuss** für Auslagen: § 17 Abs. 2 (§ 66 gilt, vgl. § 67 Abs. 2). Beschwerde gegen die Auferlegung einer **Verzögerungsgebühr:** § 69. Sog. **Rechnungsgebühren** (früher § 70) gibt es seit 1.8.2013 (2. KostRMoG) nicht mehr.

16 **Nicht angreifbar nach § 66:** der **Streitwert** (von dem teils die Höhe der Gebühr abhängt) kann nicht im Rahmen eines Erinnerungsverfahrens nach § 66 angegriffen werden; hierfür ist das Verfahren nach §§ 63, 68 gegeben (wobei zu beachten ist, dass § 68 eine endgültige Festsetzung des Streitwerts durch das Gericht voraussetzt, nicht nur die Zugrundelegung eines Streitwerts durch den Kostenbeamten). Gegebenenfalls ist ein Erinnerungsverfahren auszusetzen, bis eine Streitwertbeschwerde erledigt ist. Auch die **Kostengrundentscheidung** (die Frage also, ob die Kosten zu Recht zB dem Beklagten auferlegt wurden; ob die Kostenquotelung stimmt) kann im Erinnerungsverfahren nicht nachgeprüft werden (BGH NJW-RR 2012, 1465; BGH JurBüro 2008, 43; BFH/NV 2006, 1697); dafür sind uU andere Rechtsmittel (Berufung, sofortige Beschwerde nach § 91 a ZPO usw.) vorgesehen; nicht nachprüfbar ist, ob ein **Augenschein,** ein **Gutachten,** eine **Zeugenvernehmung** notwendig waren (dafür: Verfahren nach § 21). Trägt der Kläger, der verloren hat, vor, er habe seinem Anwalt keinen Klageauftrag erteilt, ist der Weg des § 66 versperrt, weil eine Kostengrundentscheidung (nach § 91 oder § 269 ZPO) vorliegt; der Mandant muss seinen Anwalt in Regress nehmen (→ Rn. 21). Einwendungen aus dem Mandatsverhältnis, die die ausgeurteilte Kostentragungspflicht betreffen, können mit der Erinnerung nicht geltend gemacht werden (BGH NJW-RR 1998, 503). Nicht nach § 66 angreifbar ist die Ablehnung oder Bewilligung von Prozesskostenhilfe (dafür ist § 127 ZPO vorgesehen).

17 **Andere Rechtsbehelfe/Rechtsmittel** gegen eine Kostenrechnung (Kostenansatz) scheiden grundsätzlich aus. Geht es um Gebühren des Deutschen Patent- und Markenamts bzw. des Bundespatentgerichts richten sich die Erinnerungen gegen den Kostensatz nach § 11 PatKostG, nicht nach § 66 GKG (BPatG MittdtPatA 2004, 383). Die „Erinnerung" nach § 11 RPflG bzw. § 766 ZPO hat mit der Erinnerung nach § 66 GKG unmittelbar nichts zu tun.

1. Vorliegen eines Kostenansatzes

18 Es muss schon ein Kostenansatz vorliegen, nicht nur ein Entwurf. Inhalt des Kostenansatzes: § 4 KostVfg; Inhalt der Kostenrechnung: → § 24 KostVfg. Die der Partei übersandte Zweitschrift der Kostenrechnung bedarf keiner Unterschrift, sondern lediglich des Abdrucks des **Dienstsiegels** (BGH NJW 2015, 2194). Der Vertreter der Staatskasse ist befugt, Erinnerung gegen einen Kostenansatz bereits vor dessen Bekanntgabe an den Kostenschuldner einzulegen (KG NJW-RR 2003, 1723; aA *Hartmann* Rn. 7). Ob für die Partei dasselbe gilt ist umstritten; nach *Hartmann* Rn. 4, 7 muss die Kostenrechnung wenigstens einem Beteiligten zugegangen sein. Vom internen Kostenansatz kann die Partei ohnehin nur durch Zufall Kenntnis erlangen, sie erhält nur „die Kostenrechnung“; da der Ansatz noch geändert werden kann und § 4 und § 24 KostVfg scharf zwischen dem Kostenansatz und der Kostenrechnung unterscheiden sollte man den Zugang einer Kostenrechnung verlangen.

2. Erinnerungsberechtigte

a) Kostenschuldner. Wer das ist ergibt sich formal aus der Kostenrechnung (sie nennt in der Regel den Kostenschuldner), materiell aus §§ 22ff., 31 GKG. Deshalb kann auch derjenige, der mit der Sache nichts zu tun hat, aber irrig eine an ihn gerichtete Kostenrechnung erhalten hat, Erinnerung einlegen. Wird nur einem von mehreren gesamtschuldnerisch haftenden Kostenschuldnern eine Gerichtskostenrechnung übersandt, so kann auch der in der Kostenrechnung nicht genannte **Gesamtschuldner** Erinnerung gegen den Kostenansatz einlegen (OLG München JurBüro 1990, 357; aA OLG Düsseldorf Rpfleger 1985, 255), denn Abs. 1 setzt nur die Existenz eines Kostenansatzes voraus, nicht auch die Zusendung einer Kostenrechnung an diese Person; als Gesamtschuldner ist er Kostenschuldner, selbst wenn er zunächst nach §§ 7 Abs. 2, 8 KostVfg noch nicht in Anspruch genommen wird. Auch der Rechtsnachfolger (zB Erbe; § 1967 BGB) eines Kostenschuldners ist beschwerdeberechtigt; desgleichen der Zweitschuldner, gegen den sich die Kostenrechnung richtet (LG Stendal Rpfleger 2005, 210). 19

Wer aufgrund von **außergerichtlichen Vereinbarungen** anstelle des Kostenschuldners Gerichtskosten zu zahlen oder zu erstatten hat, ist nicht selbst Kostenschuldner und daher selbst nicht erinnerungsberechtigt; die Rechtsschutzversicherung, die die Kostenrechnung anstelle des Kostenschuldners zahlte, ist daher selbst nicht erinnerungsberechtigt (*Meyer* Rn. 11; aA OLG Düsseldorf VersR 1983, 239; *Hartmann* Rn. 4). 20

Einfluss der Zahlung: Eine Erinnerung gegen den gerichtlichen Kostenansatz ist auch (noch) nach Zahlung des festgesetzten Betrags zulässig (OLG Koblenz NJOZ 2004, 794). Wenn im Zwangsversteigerungsverfahren Gerichtskosten dem Erlös entnommen wurden, ist der Ersteigerer nicht Kostenschuldner und daher nicht erinnerungsbefugt (LG Krefeld JVBl 1960, 94), wohl aber der Schuldner. Für die Erinnerung der Partei gegen den gerichtlichen Ansatz von Sachverständigenkosten ist unerheblich, dass der Sachverständige die begehrte Entschädigung bereits erhalten hat (OLG Koblenz ZfS 2002, 247). 21

b) Staatskasse. Sie wird durch den Bezirksrevisor oder andere Stellen (zB Rechnungsamt) vertreten. Da die Staatskasse den einfacheren Weg der **Anweisung an den Kostenbeamten** hat (§ 36 KostVfg), soll sie nur dann den Weg der Erinnerung wählen, wenn eine Grundsatzfrage vorliegt (§ 38 KostVfg). Die Staatskasse kann sowohl Erinnerung einlegen, wenn ihr der Kostenansatz zu niedrig erscheint, aber auch im Interesse des Bürgers, wenn ihr der Kostenansatz zu hoch vorkommt (KG Rpfleger 1977, 227). Die Erinnerung kann die Staatskasse bereits vor Zusendung der Kostenrechnung an den Kostenschuldner einzulegen (KG NJW-RR 2003, 1723). 22

c) Rechtsanwalt. Der Anwalt eines Beteiligten ist aus *eigenem* Recht nicht erinnerungsberechtigt, seine Erinnerungen gelten als solche der von ihm vertretenden Partei. Wenn die Partei geltend machen will, dass sie dem Anwalt **keinen Auftrag zur Klage,** Berufung etc. erteilt hat, dann kann dies nicht im Verfahren nach § 66 berücksichtigt werden; hier muss die Partei gegen ihren Anwalt im Prozessverfahren vorgehen (BGH NJW-RR 2012, 1465; BGH NJW-RR 1998, 503). 23

3. Form der Erinnerung

24 Die Erinnerung kann schriftlich oder zu Protokoll der Geschäftsstelle eingelegt werden **(Abs. 5 S. 1).** Elektronische Form ist im Rahmen von §§ 129a, 130a ZPO zulässig. Anwaltszwang besteht nicht, auch nicht wenn der Prozess als Anwaltsprozess zu führen war; auch nicht im verwaltungsgerichtlichen Verfahren (VGH Mannheim NJW 2006, 251); auch beim BFH besteht kein Anwaltszwang (BFH/NV 2003, 936). Inwieweit sich ein Antragsteller durch andere Personen als einen Rechtsanwalt vertreten lassen kann, zB einen Verwandten, richtet sich nach Abs. 2 S. 2.

4. Adressat

25 Die Erinnerung ist bei dem Gericht einzulegen, bei dem die Kosten angesetzt wurden **(Abs. 5 S. 3).** Die Parteien legen oft die Erinnerung bei der Justizkasse ein, weil sie von dieser die Kostenrechnung erhalten; sie ist dann von der Justizkasse in normalen Geschäftsgang an das Gericht weiterzuleiten. Hat die Staatsanwaltschaft die Kosten angesetzt, kann die Erinnerung beim Gericht oder bei der Staatsanwaltschaft eingelegt werden **(Abs. 5 S. 4).**

5. Frist

26 Eine Frist für die Erinnerung gibt es nicht. Eine **Verwirkung** ist aber grundsätzlich denkbar (OLG Düsseldorf NJW-RR 1996, 441). Die Erinnerung der Partei gegen den gerichtlichen Kostenansatz kann ohne das Hinzutreten weiterer Umstände nicht als verwirkt angesehen werden, wenn sie erst nach mehr als drei Jahren erhoben wird (OLG Koblenz DS 2005, 154). Jedoch verjährt der Kostenrückerstattungsanspruch nach § 5. Einer Erinnerung der Staatskasse kann die Frist des § 5 (Verjährung) bzw. § 20 (Frist für Nachforderung) entgegenstehen.

6. Begründung

27 Eine Begründung der Erinnerung ist nicht vorgeschrieben. Der BFH verlangt als Mindestanforderung, dass das konkrete Rechtsschutzziel des Erinnerungsführers ermittelt werden kann (BFH/NF 2003, 333). Wer die Berechtigung von Auslagen angreift, muss jedenfalls darlegen, welche Posten er mit welcher Begründung angreift, wobei eine pauschale Begründung („Sachverständigenauslagen zu hoch") genügt.

7. Wert

28 Ein **Mindestwert besteht nicht** (anders als bei der Beschwerde); die Erinnerung kann auch wegen einiger Cent eingelegt werden. Durch Zulassung der Beschwerde und der weiteren Beschwerde können 3-Cent-Sachen zum OLG gelangen.

8. Beschwer

29 Der Kostenansatz muss im Ergebnis für den Erinnerungsführer nachteilig sein. Liegen mehrere Rechenfehler vor, die sich aber aufheben, so dass das Ergebnis „stimmt", ist der Kostenschuldner uU nicht beschwert; anders ist es, wenn aus irgendwelchen Gründen, zB buchungstechnischer oder steuerlicher Art, es auf die

Höhe der Einzelposition ankommt; ferner, wenn eine Gebühr überhaupt nicht und eine andere dafür doppelt so hoch angesetzt ist: denn dann muss der Kostenschuldner damit rechnen, dass die nicht angesetzte Gebühr nacherhoben wird.

9. Prozesskostenhilfe

Für das Erinnerungsverfahren kann in der Regel **keine Prozesskostenhilfe** (§§ 114ff. ZPO) bewilligt werden, weil es gerichtskostenfrei ist und kein Anwaltszwang besteht (OLG Celle NJW 2013, 486). **30**

IV. Folgen der Einlegung der Erinnerung

1. Prüfung durch den Kostenbeamten, ob Erinnerung abgeholfen werden soll

Solange eine gerichtliche Entscheidung oder eine Anordnung im Dienstaufsichtsweg nicht ergangen ist, hat der Kostenbeamte auf Erinnerung „unrichtige Kostenansätze richtig zu stellen" (§ 28 Abs. 2 S. 1 KostVfg). Der Kostenbeamte kann auf eine Erinnerung hin den Kostenansatz auch **„verschlechtern"**, also höhere oder zusätzlich andere Kosten (Gebühren, Auslagen) ansetzen, wenn er dies bisher irrig unterlassen hatte (vgl. § 19 Abs. 5 S. 1 GKG; § 28 Abs. 2 S. 1 KostVfg). **31**

Will der Kostenbeamte einer Erinnerung des Kostenschuldners nicht oder nicht in vollem Umfang abhelfen oder richtet sich die Erinnerung gegen Kosten, die aufgrund einer Beanstandung des Prüfungsbeamten angesetzt wurden, so hat er die Erinnerung mit den **Akten dem Prüfungsbeamten** (dh dem **Bezirksrevisor** bzw. den weiteren bestellten Prüfungsbeamten, § 35 KostVfg) vorzulegen (§ 28 Abs. 2 S. 2 KostVfg), der dann nach § 36 KostVfg vorgehen kann. **32**

2. Prüfung durch die Vorgesetzten des Kostenbeamten

Sie können prüfen, ob der Kostenbeamte zur Berichtigung angewiesen werden soll. Der Kostenansatz kann im Verwaltungsweg berichtigt werden, solange nicht eine gerichtliche Entscheidung getroffen ist (§ 19 Abs. 5 S. 1). Denn es handelt sich beim Kostenansatz nur um eine Verwaltungstätigkeit; der Kostenbeamte ist weisungsgebunden. Weisungen können ihm erteilen der Bezirksrevisor, der weiter bestellte Kostenprüfungsbeamte und der „Vorstand der Justizbehörde" (§§ 42, 43 KostVfg). Gegen diese Anweisung kann der Kostenbeamte natürlich nicht die Entscheidung des Gerichts herbeiführen oder sich sonst dagegen zur Wehr setzen. **33**

V. Entscheidung über die Erinnerung

Hilft der Kostenbeamte der Erinnerung nicht ab und weist auch der Bezirksrevisor den Kostenbeamten nicht zur Abhilfe an, dann legt der Bezirksrevisor die Akten mit der Erinnerung dem Gericht vor. **34**

1. Zuständiges Gericht

Zuständig zur Entscheidung über die Erinnerung ist **35**
– das Gericht, bei dem die Kosten angesetzt wurden, vgl. § 19.

- Falls Kosten bei der Staatsanwaltschaft angesetzt wurden: das Gericht des ersten Rechtszuges, Abs. 1 S. 2. Für die Entscheidung über die Erinnerung des Verurteilten gegen den Ansatz der Kosten eines nach § 454 Abs. 2 S. 1 Nr. 2 StPO erholten Sachverständigengutachtens in der Kostenrechnung der Staatsanwaltschaft ist das Gericht der ersten Instanz zuständig (BGH NJW 2000, 1128 = JurBüro 2000, 542).
- Falls das Verfahren bei mehreren Gerichten anhängig war (zB weil das Verfahren verwiesen oder abgegeben wurde), das letzte Gericht, Abs. 1 S. 3.
- In Sachen betreffend den Ansatz der Auslagen des erstinstanzlichen Musterverfahrens nach dem KapMuG entscheidet das zuständige OLG (Abs. 1 S. 4).

2. Zuständigkeit des Rechtspflegers

36 Soweit das zugrunde liegende Geschäft dem Rechtspfleger übertragen ist (§ 4 RPflG) entscheidet er auch über die Erinnerung gegen den Kostenansatz in einer solchen Sache (OLG Hamm Rpfleger 2001, 99; KG JurBüro 1987, 406; *Lappe* Rpfleger 2005, 306; aA LG Koblenz Rpfleger 1984, 435); sodann ist § 11 Abs. 1 RPflG anzuwenden. Ist der **Rechtspfleger zugleich Kostenbeamter** und hat er als Kostenbeamter eine Kostenrechnung aufgestellt, dann kann er natürlich nicht selbst über die Erinnerung gegen seine eigene Kostenrechnung entscheiden; an seiner Stelle entscheidet dann der Vertreter laut Geschäftsverteilungsplan (BayObLG Rpfleger 1974, 391); vgl. § 41 ZPO. Ein Beamter der Staatsanwaltschaft kann über die Erinnerung nicht entscheiden, aber er kann zuvor der Erinnerung abhelfen.

3. Zuständigkeit des Einzelrichters

37 Über die Erinnerung entscheidet im Übrigen der Amtsrichter, der LG-Einzelrichter in seinen Sachen, der OLG-Einzelrichter in seinen Einzelrichtersachen (OLG Koblenz NJOZ 2004, 794). Handelt es sich um eine Kammersache des LG bzw. eine Senatssache des OLG, dann entscheidet nicht die Kammer bzw. der Senat, sondern ein Einzelrichter dieser Kammer bzw. dieses Senats (Abs. 6 S. 1) und zwar derjenige, welcher in der internen Geschäftsverteilung des Spruchkörpers (§ 21g GVG) dafür für zuständig erklärt wurde (also nicht automatisch der Vorsitzende). Wird Erinnerung gegen einen Kostenansatz des BGH eingelegt, entscheidet beim BGH ein Einzelrichter, nicht der Senat, wegen §§ 1 Abs. 5, 66 Abs. 6 S. 1 (BGH BeckRS 2017, 100840; anders früher BGH NJW-RR 2005, 584); ebenso beim Dienstgericht des Bundes (vgl. BGH NJW-RR 2006, 1003) und beim BVerwG (BVerwG NVwZ 2006, 479).

4. Zuständigkeit von Kammer bzw. Senat

38 Der Einzelrichter (bzw. in seinen Sachen der Rechtspfleger, *Lappe* Rpfleger 2005, 306) überträgt das Verfahren (nebst Entscheidung) durch Beschluss der Kammer bzw. dem Senat, welcher er angehört, wenn nach seiner Auffassung

- die Sache besondere Schwierigkeiten tatsächlicher oder rechtlicher Art aufweist, oder
- die Rechtssache grundsätzliche Bedeutung hat **(Abs. 6 S. 2);** die Regelung ähnelt § 543 Abs. 2 ZPO.

38a Kammer bzw. Senat entscheiden in diesen Fällen immer ohne Mitwirkung ehrenamtlicher Richter **(Abs. 6 S. 3),** also zB ohne die Handelsrichter, ohne die

Schöffen. Auf Fehler bei der Übertragung/Nichtübertragung kann ein Rechtsmittel nicht gestützt werden **(Abs. 6 S. 4);** aber der gesetzliche Richter muss natürlich gewahrt sein.

5. Verfahren und Verfahrensgegenstand

Darüber gibt es keine besonderen Vorschriften. In der Praxis wird anhand der Akten ohne mündliche Verhandlung entschieden. Das rechtliche Gehör ist aber zu beachten (Art. 103 GG), so dass beispielsweise auf die Erinnerung des Kostenschuldners der Kostenansatz nicht aufgehoben werden darf, ohne dass der Staatskasse rechtliches Gehör gewährt wurde. Geschieht dies gleichwohl, ist die Entscheidung deswegen nicht nichtig. **39**

Mit der Erinnerung gegen den Kostenansatz können Einwendungen aus dem Mandatsverhältnis, die die ausgeurteilte Kostentragungspflicht betreffen, nicht geltend gemacht werden (BGH NJW-RR 1998, 503 zu § 5 GKG). Die Dürftigkeitseinrede (§ 1990 BGB) kann nur im Rahmen der Kostengrundentscheidung, nicht aber im Rahmen der Erinnerung (bzw. Beschwerde) gegen den Kostenansatz berücksichtigt werden (BGH FamRZ 2004, 441). **40**

Gegenstand des Erinnerungsverfahrens ist nicht die inhaltliche Richtigkeit des dem Kostenansatz zugrunde liegenden Urteils oder Beschlusses, auch nicht die Richtigkeit der Kostenentscheidung; nur diejenigen Maßnahmen und Entscheidungen können überprüft werden, die im Rahmen des Kostenansatzverfahrens getroffen worden sind (BFH/NV 2003, 1603; 2006, 602). Gebühren können im Erinnerungsverfahren ausgetauscht werden; ist also die eine Gebühr zu niedrig, die andere zu hoch errechnet, ist aber die Summe zutreffend, ist die Erinnerung nicht begründet, falls eine Nacherhebung wegen der zu niedrigen Gebühr ausscheidet. **41**

6. Keine Bindungswirkung der Entscheidung nach dem JVEG

Ist die Vergütung eines Sachverständigen nach dem JVEG gerichtlich festgesetzt worden, § 4 JVEG, (sowie ggf. bereits an den **Sachverständigen** ausbezahlt worden, auch aufgrund eines entsprechenden Vorschusses der Partei) und wird der Betrag alsdann nach KV 9005 als Auslage dem Kostenschuldner in Rechnung gestellt, dann besteht im Erinnerungsverfahren nach § 66 keine Bindungswirkung an die JVEG-Entscheidung (OLG Koblenz FamRZ 2006, 634 = DS 2006, 199). Denn Entscheidungen nach dem JVEG wirken nicht zu Lasten des Kostenschuldners (§ 4 Abs. 9 JVEG), weil der Kostenschuldner am JVEG-Verfahren nicht beteiligt ist, sondern nur die Staatskasse und der Sachverständige. Selbst wenn also nach § 4 JVEG ein Sachverständigenhonorar auf 3.000 Euro festgesetzt wurde, kann sich im Verfahren nach § 66 ergeben, dass die Partei nur 2.000 Euro an die Staatskasse zu zahlen hat (etwa weil das Gutachten überwiegend unbrauchbar war; oder weil der Sachverständige mit Erfolg abgelehnt wurde); sie erhält dann eine höhere Vorschusszahlung aus der Staatskasse rückerstattet (OLG Naumburg JurBüro 2001, 374). Ob im Beispiel die Justizkasse dann die zuviel bezahlten 1.000 Euro vom Sachverständigen zurückfordern kann ist unklar (Rückforderbarkeit bejaht *Meyer* Rn. 16; dazu *Bischof* NJ 1998, 46). Denn Voraussetzung des § 1 Nr. 8 JBeitrG ist, dass der ursprüngliche JVEG-Beschluss abgeändert wurde, was nicht mehr möglich ist, wenn er rechtskräftig ist. Der Fehler des Gesetzes ist, dass die Parteien am Verfahren nach § 4 JVEG nicht beteiligt werden. **42**

7. Entscheidung

43 Sie ergeht durch Beschluss. „Die Erinnerung des … gegen die Kostenrechnung vom … gem. Kostensatz … wird zurückgewiesen." Oder: „Auf die Erinnerung wird die Kostenrechnung … vom … abgeändert. Angesetzt werden folgende Gebühren …" Das Verfahren ist **gerichtsgebührenfrei (Abs. 8 S. 1),** aber nicht auslagenfrei. Kosten (zB der beteiligten Anwälte, Portokosten der Parteien) werden nicht erstattet **(Abs. 8 S. 2).** Deshalb ist der Satz, dass eine Partei der anderen die Kosten des Erinnerungsverfahrens zu erstatten habe, zu unterlassen; andernfalls ist er nicht bindend. Der Beschluss muss (aus verfassungsrechtlichen Erwägungen) wenigstens kurz begründet werden. Er wird dem Erinnerungsführer formlos mitgeteilt (nicht zugestellt); ebenso ist es, wenn die Staatskasse die Erinnerung einlegte (§ 38 KostVfg).

VI. Beschwerde gegen den Gerichtsbeschluss

44 Gegen die Entscheidung über die Erinnerung ist die Beschwerde statthaft (Abs. 2 S. 1).

1. Zulässigkeit der Beschwerde

45 **a) Beschwerdeberechtigte.** Beschwerdeberechtigt sind (1) der Kostenschuldner, der sich durch den Beschluss benachteiligt fühlt; (2) die Staatskasse. Wenn die Staatskasse Erinnerung einlegte, worauf das Gericht den Kostenansatz zu Ungunsten des Kostenschuldners änderte, kann der Kostenschuldner Beschwerde einlegen und umgekehrt.

46 **b) Form.** Die Beschwerde kann schriftlich oder zu Protokoll der Geschäftsstelle eingelegt werden **(Abs. 5 S. 1).** Elektronische Form ist im Rahmen von §§ 129a, 130a ZPO zulässig. Anwaltszwang besteht nicht, auch nicht wenn der Prozess als Anwaltsprozess zu führen war.

47 **c) Adressat.** Die Beschwerde ist bei dem Gericht einzulegen, dessen Entscheidung angefochten wird **(Abs. 5 S. 5),** also nicht bei dem Gericht, das darüber zu entscheiden hat; auch nicht bei der Staatsanwaltschaft. Dies ist erforderlich, damit das „Untergericht" prüfen kann, ob es abhilft. Wird die Beschwerde unrichtig beim „Obergericht" eingelegt, ist sie von dort an das zuständige Gericht weiterzuleiten.

48 **d) Frist.** Eine Frist gibt es nicht, es handelt sich nicht um eine sofortige Beschwerde.

49 **e) Begründung.** Eine Begründung oder die Stellung bestimmter Anträge ist nicht vorgeschrieben, aber zweckmäßig.

50 **f) Wertbeschwerde.** Die Beschwerde ist zulässig, wenn „der Wert des Beschwerdegegenstandes" 200 Euro übersteigt, also mindestens 200,01 Euro beträgt (**Abs. 2 S. 1;** ähnlich wie bei § 567 Abs. 2 ZPO). Anwaltskosten etc. für das Einlegen der Beschwerde zählen nicht mit. Da sich der Wert aus der tatsächlichen Kostenbelastung des Beschwerdeführers und der von ihm erstrebten Kostenbelastung errechnet, tauchen Probleme auf, wenn kein Beschwerdeantrag gestellt wird bzw. keine Begründung erfolgt; im Zweifel ist von einem Gesamtangriff auszugehen.

Die Regelung ist misslungen, weil sie § 511 Abs. 2 Nr. 1 ZPO nachempfunden wurde: bei der Zivil-Berufung ist aber ein Antrag erforderlich, bei der GKG-Beschwerde nicht. Mangels Pflicht zum Antrag kann ein zunächst „beschränkter" Beschwerdeantrag bis zur Entscheidung erweitert werden, wodurch der „Beschwerdewert" geschaffen werden kann.

Abhilfe: Beträgt die ursprüngliche Beschwer laut Kostenansatz zB 300 Euro und hilft das Gericht in Höhe von 120 Euro ab, bleibt nur noch eine Beschwer von 180 Euro und die Beschwerde ist unzulässig (*Meyer* Rn. 31; *Schneider* JurBüro 1975, 1424). Eine Anschlussbeschwerde (hierfür wäre kein Wert erforderlich) hält *Hartmann* Rn. 31 für zulässig. 51

Rechtspflegersachen: Soweit das zugrunde liegende Geschäft dem Rechtspfleger übertragen ist (§ 4 RPflG) entscheidet er auch über die Erinnerung gegen den Kostenansatz in einer solchen Sache. Ist dann der Wert von 200,01 Euro für die Beschwerde nicht erreicht, also an sich kein Rechtsmittel gegeben, ist zu beachten, dass nach § 11 Abs. 2 RPflG gegen die Rechtspflegerentscheidung trotzdem binnen einer *zweiwöchigen Frist* (obwohl sonst keine Fristen bestehen!) nochmals eine Erinnerung stattfindet **(„befristete Zweiterinnerung");** darüber entscheidet der Richter und erst hiergegen gibt es dann keine Beschwerde. 52

g) Zulassungsbeschwerde. Ist der Wert von 200,01 Euro nicht erreicht, kann das Gericht, das über die Erinnerung entschieden hat, die Beschwerde im angefochtenen Beschluss zulassen (**Abs. 2 S. 2;** ähnlich § 511 Abs. 2 Nr. 2 ZPO). Enthält der Beschluss nichts dazu, gilt das als Nichtzulassung. Die Zulassung kann nicht nachgeholt werden, auch nicht, nachdem die Beschwerdebegründung vorliegt (aA *Meyer* Rn. 32; die Motive, BT-Drs. 15/1971, 157 links oben, die darauf hindeuten, wurden nicht Gesetz), weil es „in dem Beschluss ..." heißt (Ausnahme: Berichtigung entspr. § 319 ZPO, wenn die Zulassung beschlossen, aber versehentlich nicht in den Beschluss aufgenommen wurde und das Versehen nach außen hervorgetreten ist; vgl. BGH NJW 2004, 2389). Eine Beschwerde gegen die Nichtzulassung gibt es nicht **(Abs. 3 S. 4).** An die Zulassung der Beschwerde ist das Beschwerdegericht gebunden (Abs. 3 S. 4), muss also auch dann entscheiden, wenn die Sache überhaupt nicht grundsätzlich ist. 53

2. Prüfung der Abhilfe

Das Gericht, dessen Entscheidung mit Beschwerde angegriffen wurde, darf die Beschwerde nicht einfach mit den Akten an das Obergericht senden; es hat vielmehr eine Vorprüfung durchzuführen: 54

- Hält es die **Beschwerde für unzulässig,** entfällt eine Abhilfeprüfung **(Abs. 3).** Die Akten werden an das Obergericht gesandt, wobei ein Vermerk, weshalb Unzulässigkeit für gegeben erachtet wird, zweckmäßig ist. Selbst darf es die Beschwerde nicht verwerfen, weil die Prüfung der Zulässigkeit der Kompetenz des Beschwerdegerichts vorbehalten ist.
- Hält es die **Beschwerde für zulässig, aber unbegründet** wird durch Beschluss eine Nichtabhilfeentscheidung (mit Begründung) getroffen; die Akten werden sodann an das Obergericht weitergeleitet.
- Hält es die **Beschwerde für zulässig *und* begründet,** hilft das Gericht der Beschwerde ab. Vor Abhilfe muss dem Gegner rechtliches Gehör gewährt werden, indem ihm die Beschwerde zur Kenntnisnahme zugeleitet wird und eine Frist von etwa zwei Wochen zur evtl. Stellungnahme gesetzt wird.

– Bei **Teilbegründetheit** erfolgt eine Teilabhilfe; zur Entscheidung über den Rest wird die Beschwerde dem Obergericht zugeleitet, selbst wenn dadurch der Beschwerdewert unter 200,01 Euro gesunken ist.

3. Zuständiges Beschwerdegericht

55 Zuständiges Beschwerdegericht ist das nächsthöhere Gericht **(Abs. 3 S. 2),** also in der ordentlichen Gerichtsbarkeit gegenüber dem AG das LG, in den Sachen des § 119 Abs. 1 Nr. 1 GVG (Familiensachen) aber das OLG; gegenüber dem LG das OLG. Hat das LG als Rechtsmittelgericht Kosten ausgesetzt, ist Beschwerdegericht das OLG, nicht der BGH (OLG Zweibrücken JurBüro 2007, 372). Hat das OLG Kosten zweiter Instanz selbst angesetzt (§ 19), ist zwar Erinnerung gegen den Ansatz, aber gegen den hierüber ergehenden Beschluss keine Beschwerde mehr statthaft **(Abs. 3 S. 3),** weil keine Beschwerde an einen obersten Gerichtshof des Bundes (BGH, BVerwG, BAG, BSG, BFH) stattfindet (BGH NJW-RR 2008, 151). Gegen die Entscheidung des FG über die Erinnerung gegen den Kostenansatz findet daher die Beschwerde an den BFH nicht statt (BFH/NV 2002, 942), desgleichen nicht gegen Beschlüsse von LAG, VGH/OVG.

56 Zuständig ist ein **Einzelrichter** des Beschwerdegerichts (LG bzw. OLG), wenn die angefochtene Entscheidung von einem Rechtspfleger oder Einzelrichter (Amtsrichter bzw. Einzelrichter des LG) getroffen wurde **(Abs. 6 S. 1).** Stammt die angefochtene Entscheidung von einer Kammer des LG, hat der Senat des OLG und nicht nur der Einzelrichter des Senats zu entscheiden. Der Einzelrichter überträgt das Verfahren (nebst Entscheidung) durch Beschluss der Kammer bzw. dem Senat, wenn die Voraussetzungen des Abs. 6 S. 2 (→ Rn. 35) vorliegen. Beim OVG entscheidet ein Senat in der Besetzung mit drei Richtern (so OVG Bautzen BeckRS 2006, 24727; aA OVG Bautzen NVwZ-RR 2007, 503).

4. Verfahren des Beschwerdegerichts

57 Darüber gibt es keine besonderen Vorschriften. Eine mündliche Verhandlung findet üblicherweise nicht statt. Das rechtliche Gehör ist zu wahren. Die Beschwerde kann auf neue Tatsachen gestützt werden. Man kann mit ihr auch Posten der Kostenrechnung (erstmals) angreifen, die mit der Erinnerung noch nicht angegriffen wurden (*Hartmann* Rn. 45; *Meyer* Rn. 39). Da die Kostenrechnung vom Beschwerdegericht nicht insgesamt von Amts wegen überprüft wird, kann sie in Positionen, die mit der Beschwerde nicht angegriffen wurden, nicht abgeändert werden.

58 Die Beschwerde hat **keine aufschiebende Wirkung (Abs. 7 S. 1);** trotz Beschwerde muss also bezahlt werden und kann vollstreckt werden. Das Beschwerdegericht kann aber die aufschiebende Wirkung durch Beschluss anordnen **(Abs. 7 S. 2),** falls sich die Einwendungen gegen den Kostenansatz selbst richten (BFH/NV 2006, 1867); dies ist unanfechtbar.

5. Entscheidung

59 Sie ergeht durch Beschluss. „Die Beschwerde des … gegen … wird zurückgewiesen." Oder: „Auf die Beschwerde wird der Beschluss des … abgeändert. Der Kostenansatz vom … wird abgeändert … aufgehoben. Angesetzt werden folgende Gebühren … Auslagen …" (die Berechnung sollte nicht dem Kostenbeamten der

1. Instanz übertragen werden). Das Verfahren ist **gerichtsgebührenfrei (Abs. 8 S. 1),** aber nicht auslagenfrei (Schuldner der Auslagen ist bei unbegründeter Beschwerde der Beschwerdeführer, § 22; vgl. ferner § 29 Nr. 1). Auch wenn die Beschwerde *unstatthaft* ist, ist sie gebührenfrei (OLG Frankfurt NJW-RR 2012, 1022; aA OLG Koblenz NJW-RR 2000, 1239). **Kosten** (zB der beteiligten Anwälte, Portokosten der Parteien) **werden nicht erstattet (Abs. 8 S. 2).** Eine Kostenentscheidung über die **Kostenerstattung** entfällt daher, eine gleichwohl getroffene Kostenentscheidung ist unbeachtlich. Eine Begründung des Beschlusses ist (wenigstens ansatzweise) aus verfassungsrechtlichen Gründen erforderlich. Der Beschluss wird formlos mitgeteilt, nicht zugestellt. Im Vergabeverfahren (§ 128 Abs. 2 GWB) kann eine entspr. Anwendung von Abs. 8 sachgerecht sein (OLG Koblenz NZBau 2006, 740).

6. Wiederholung der Erinnerung/Beschwerde

Ist ein (Erinnerungs- oder) Beschwerdeverfahren ohne Erfolg durchgeführt 60
worden, kann die Erinnerung/Beschwerde, gestützt auf dieselben Punkte, nicht wiederholt werden, sie wäre unzulässig (BGH BeckRS 2011, 23628).

VII. Weitere Beschwerde gegen den Beschwerdebeschluss

Die weitere Beschwerde ist nur zulässig, wenn das LG als Beschwerdegericht 61
entschieden hat (also Rechtszug: Kostenansatz des Kostenbeamten des AG; Erinnerung wird vom AG zurückgewiesen; gegen diesen Beschluss Beschwerde zum LG; das LG entscheidet); ferner ist notwendig, dass das LG die weitere Beschwerde zugelassen hat **(Abs. 4 S. 1),** was nur bei Grundsätzlichkeit erlaubt ist (doch spielt das wegen der Gebundenheit des OLG letztlich keine Rolle, Abs. 4 S. 3, Abs. 3 S. 4). Weil aber bei Grundsätzlichkeit der Einzelrichter der LG-Kammer die Sache der Kammer übertragen muss (Abs. 6 S. 2), ist es nicht möglich, dass einerseits der Einzelrichter des LG (statt der Kammer) mangels Grundsätzlichkeit über die Beschwerde selbst entscheidet und andererseits wegen Grundsätzlichkeit die weitere Beschwerde zulässt; tut er das trotzdem und wird weitere Beschwerde eingelegt, erfolgt (durch den Einzelrichter der oberen Instanz) Aufhebung und Zurückverweisung an den Einzelrichter der unteren Instanz, der dann die Übertragung an die Kammer nachzuholen hat (OLG Köln OLG-Report Hamm 2006, 450). Die weitere Beschwerde geht zum OLG **(Abs. 4 S. 3).**

Zulässige Beschwerdegründe bei der weiteren Beschwerde: Abs. 4 S. 2; eine 62
Abhilfeprüfung hat zu erfolgen **(Abs. 4 S. 4).** Die weitere Beschwerde ist rechtsbeschwerdeähnlich und führt bei Begründetheit in der Regel zur Aufhebung und Zurückverweisung (OLG Koblenz BeckRS 2010, 17442).

VIII. Rechtsbeschwerde

Die Rechtsbeschwerde zum BGH ist im Kostenansatzverfahren auch dann nicht 63
statthaft, wenn das Beschwerdegericht sie in dem angefochtenen Beschluss fälschlich zugelassen hat (BGH NJW 2003, 70). Gegen die Beschwerdeentscheidung des LG über den Kostenansatz des Gerichtsvollziehers ist deshalb nicht die Rechtsbeschwerde zum BGH, sondern die weitere Beschwerde zum OLG statthaft (BGH

FamRZ 2009, 39). Eine unstatthafte Rechtsbeschwerde kann regelmäßig in eine weitere Beschwerde umgedeutet und die Sache an das zuständige OLG abgegeben werden (BGH BeckRS 2013, 03977). Bei einer nicht statthaften Rechtsbeschwerde zum BGH besteht keine Gebührenfreiheit nach Abs. 8 (BGH BeckRS 2010, 30742; BFH/NV 2006, 1128 + 1879), sie wird nach KV 1826 abgerechnet.

§ 67 Beschwerde gegen die Anordnung einer Vorauszahlung

(1) [1]**Gegen den Beschluss, durch den die Tätigkeit des Gerichts nur aufgrund dieses Gesetzes von der vorherigen Zahlung von Kosten abhängig gemacht wird, und wegen der Höhe des in diesem Fall im Voraus zu zahlenden Betrags findet stets die Beschwerde statt.** [2]**§ 66 Absatz 3 Satz 1 bis 3, Absatz 4, 5 Satz 1 und 5, Absatz 6 und 8 ist entsprechend anzuwenden.** [3]**Soweit sich die Partei in dem Hauptsacheverfahren vor dem Gericht, dessen Entscheidung angefochten werden soll, durch einen Prozessbevollmächtigten vertreten lassen muss, gilt dies auch im Beschwerdeverfahren.**

(2) **Im Fall des § 17 Absatz 2 ist § 66 entsprechend anzuwenden.**

I. Allgemeines

1 In den in § 63 genannten Fällen hat das Gericht den Streitwert durch Beschluss schon beim Eingang von Klagen etc. festzusetzen. Dies geschieht ohne vorherige Anhörung der Parteien (dh des Gegners, denn der Kläger usw kann sich ja in der Klage zum Streitwert äußern). Nach § 63 Abs. 1 S. 2 können Einwendungen gegen die Höhe des festgesetzten Werts nur im Verfahren der Beschwerde geltend gemacht werden. Das bedeutet: Einwendungen gegen die **Höhe des vorläufig festgesetzten Streitwerts** können **nur zusammen mit der Beschwerde** gegen die Vorschussanordnung geltend gemacht werden (→ § 63 Rn. 2). Die angegriffene Entscheidung muss zugleich beinhalten, dass die Tätigkeit des Gerichts von der vorherigen Zahlung bestimmter Kosten abhängig gemacht wird (OLG Frankfurt BeckRS 2012, 08649). Isoliert kann die *vorläufige* Streitwertfestsetzung, die nicht vom Gericht mit der Verweigerung von Handlungen bei Nichtzahlung geknüpft ist, nicht angefochten werden, nur die *endgültige* Festsetzung des Streitwerts ist isoliert anfechtbar (§ 68). § 67 betrifft nur die Fälle, in denen die Tätigkeit des Gerichts (zB die Zustellung) von der vorherigen Zahlung von Kosten nach dem GKG abhängig gemacht wird; der typische Fall ist, dass jemand eine Klage, die keinen betragsmäßig bestimmten Streitwert hat (zB Klage auf Unterlassung), ohne Kosten einreicht; die Zustellung der Klage soll aber nach § 12 Abs. 1 erst nach Zahlung der Gerichtsgebühr KV 1210 erfolgen. Der Streitwert wird daher vom Gericht vorläufig festgesetzt. Die aus diesem Streitwert berechnete Gebühr wird sodann vom Kläger (bzw. dessen Prozessbevollmächtigtem) angefordert unter Hinweis, dass die Klage erst nach Zahlung zugestellt wird.

2 In der Praxis erfolgt die Anforderung zunächst durch **Schreiben des Kostenbeamten,** was nicht unter § 67 fällt, also noch nicht anfechtbar ist (OLG Frankfurt BeckRS 2012, 08649). Wird lediglich der vorläufige Streitwert gerichtlich festgesetzt, aber mangels Zahlung der Klage nicht zugestellt, und auch kein Beschluss vom Gericht erlassen, der die Zustellung von der Zahlung abhängig macht, dann kann wegen Verstoß gegen § 270 ZPO Rechtsbeugung vorliegen.

Bei der **Widerklage** wird die Gebühr mit der Einreichung fällig (§ 6), aber die Zustellung der Widerklage darf nicht vom Geldeingang abhängig gemacht werden (→ Rn. 6); wegen der Fälligkeit kann der Betrag aber nach der JBeitrG alsbald beigetrieben werden (OLG Koblenz BeckRS 2012, 18643; OLG München MDR 2003, 1077). 3

§ 67 ist auch einschlägig, wenn Kosten nach dem **JVKostG** angesetzt und Einwendungen erhoben werden (§ 22 JVKostG). 4

Vorauszahlungen müssen eine gesetzliche Grundlage haben (§ 10). Keine Vorauszahlungspflicht besteht bei Kostenfreiheit (§ 2) sowie bei Bewilligung von Prozesskostenhilfe (§ 114 ZPO). 5

II. Beschluss des Gerichts

§ 67 setzt einen förmlichen Beschluss des Gerichts (Richter bzw. in seinen Sachen der Rechtspfleger, § 4 RPflG) voraus: „Der Streitwert wird auf … Euro festgesetzt. Die Zustellung der Klage … erfolgt erst, wenn eine Gebühr in Höhe von … einbezahlt ist." Die Verfügung des Vorsitzenden der Zivilkammer genügt dem nur dann, wenn er als Einzelrichter nach der ZPO für das Verfahren zuständig ist; im Übrigen ist die Überschrift (Beschluss, Verfügung) gleichgültig. 6

§ 67 ist nicht einschlägig, wenn aufgrund *anderer* gesetzlicher Vorschriften vom Gericht ein Vorschuss gefordert wird, etwa nach §§ 379, 402 ZPO, 379a StPO. Eine Kostenanforderung des Kostenbeamten (etwa nach § 17, Auslagenvorschuss) ist ebenfalls nicht nach § 67 angreifbar (hiergegen wäre aber Erinnerung nach § 66 gegeben); gegen die Anforderung durch den Urkundsbeamten ist nach § 573 Abs. 1 S. 1 ZPO vorzugehen. Eine Streitwertfestsetzung, die nicht mit einer Vorauszahlungsanordnung verbunden ist, etwa nach § 32 Abs. 2 RVG, fällt nicht unter § 67. Eine isolierte *vorläufige* Streitwertfestsetzung nicht mit Beschwerde anfechtbar. 7

III. Beschwerde

Gegen den Beschluss, der einen Vorschuss anordnet, ist ohne Frist die Beschwerde der Partei statthaft; die Ablehnung einer Vorschussanordnung ist nicht nach § 67 anfechtbar. Wird der Vorschuss bezahlt und hat das Gericht daraufhin das Verfahren fortgeführt, ist keine Beschwerde mehr zulässig (OLG Köln OLG Report Hamm 2008, 678). Ein Beschwerdewert muss nicht erreicht sein (denn auf § 66 Abs. 2 wird nicht verwiesen; „stets" in Satz 1), eine Zulassung der Beschwerde erübrigt sich. In Abweichung von § 66 besteht merkwürdigerweise Anwaltszwang, wenn für das Hauptverfahren Anwaltszwang besteht (S. 3). Macht deshalb das LG durch Richterbeschluss (!) die Klagezustellung von der Einzahlung eines bestimmten Gebührenbetrags abhängig, kann die Beschwerde wegen § 78 ZPO nur von einem Anwalt eingelegt werden, ist sonst unzulässig. **Das weitere Verfahren** folgt § 66 Abs. 3 Satz 1 bis 3 (nicht: Satz 4), Abs. 4, Abs. 5 Satz 1 und 4 (nicht: Satz 2 und Satz 3), Abs. 6 und Abs. 8: Abhilfebefugnis des Gerichts, Beschwerdegericht ist das nächsthöhere Gericht, aber niemals BGH, BVerwG usw, die weitere Beschwerde ist uU zulässig (§ 66 Abs. 4), kein Anwaltszwang, Einzelrichterentscheidung. Die Beschwerde ist daher **gerichtsgebührenfrei,** auch wenn sie als reine Streitwertbeschwerde unzulässig ist (OVG Bautzen NVwZ-RR 2009, 744). Da auf § 66 8

Abs. 7 nicht verwiesen ist, hat die Einlegung der Beschwerde nur zur Folge, dass die Tätigkeit des Gerichts (zB die Zustellung) bis zur Entscheidung über die Beschwerde unterbleibt. Gegen die Beschwerdeentscheidung des LG hinsichtlich der Anordnung einer Vorauszahlung und der Festsetzung des Streitwerts ist die **weitere Beschwerde** zum OLG bei Zulassung durch das LG statthaft (BGH NJW-RR 2016, 188).

9 Mit der Beschwerde kann angegriffen werden, dass überhaupt **keine Vorauszahlungspflicht** besteht (zB wenn die Zustellung einer Widerklage entgegen § 12 Abs. 2 Nr. 1 von einer Vorauszahlung abhängig gemacht wird); oder dass eine falsche KV-Nummer angewandt wird; oder dass die Gebühr falsch berechnet ist; oder dass ein bezahlter Vorschuss falsch verrechnet wurde. Die Gebühr kann insbesondere deshalb zu hoch berechnet sein, weil das Gericht von einem zu hohen Streitwert ausgegangen ist. Zu beachten ist: hier geht es nur um den *vorläufigen* Streitwert, auf dessen Grundlage eine Gebühr berechnet wird, von deren Vorauszahlung das Gericht seine weitere Tätigkeit abhängig macht; dieser Streitwert hat nichts zu tun mit dem endgültig (nach § 63 Abs. 2) festzusetzenden Gebührenstreitwert, dessen Festsetzung nach § 68 angreifbar ist.

10 Ist die **Gebühr zu niedrig** angesetzt, fehlt der Partei die Beschwer. Beschwerdeberechtigt ist nur, wer vorauszahlen soll; nicht der Gegner. Die Staatskasse ist nach § 67 nicht beschwerdeberechtigt (*Hartmann* Rn. 3; *Meyer* Rn. 12). Da der Vorauszahlungsbeschluss ohne Anhörung des Gegners ergeht (§ 63 Abs. 1 S. 1), ist er in der Regel dem Gegner nicht bekannt. Auch über die Beschwerde kann daher ohne Anhörung des Gegners entschieden werden.

IV. Vorschuss für Herstellung von Dokumenten etc.

11 Für die Fälle des § 17 Abs. 2 verweist Abs. 2 auf das Verfahren nach § 66. Wird zB für die Aktenversendung ein Vorschuss verlangt, ist Erinnerung möglich.

§ 68 Beschwerde gegen die Festsetzung des Streitwerts

(1) [1]**Gegen den Beschluss, durch den der Wert für die Gerichtsgebühren festgesetzt worden ist (§ 63 Absatz 2), findet die Beschwerde statt, wenn der Wert des Beschwerdegegenstands 200 Euro übersteigt.** [2]**Die Beschwerde findet auch statt, wenn sie das Gericht, das die angefochtene Entscheidung erlassen hat, wegen der grundsätzlichen Bedeutung der zur Entscheidung stehenden Frage in dem Beschluss zulässt.** [3]**Die Beschwerde ist nur zulässig, wenn sie innerhalb der in § 63 Absatz 3 Satz 2 bestimmten Frist eingelegt wird; ist der Streitwert später als einen Monat vor Ablauf dieser Frist festgesetzt worden, kann sie noch innerhalb eines Monats nach Zustellung oder formloser Mitteilung des Festsetzungsbeschlusses eingelegt werden.** [4]**Im Fall der formlosen Mitteilung gilt der Beschluss mit dem dritten Tage nach Aufgabe zur Post als bekannt gemacht.** [5]**§ 66 Absatz 3, 4, 5 Satz 1, 2 und 5 sowie Absatz 6 ist entsprechend anzuwenden.** [6]**Die weitere Beschwerde ist innerhalb eines Monats nach Zustellung der Entscheidung des Beschwerdegerichts einzulegen.**

(2) [1]**War der Beschwerdeführer ohne sein Verschulden verhindert, die Frist einzuhalten, ist ihm auf Antrag von dem Gericht, das über die Be-**

schwerde zu entscheiden hat, Wiedereinsetzung in den vorigen Stand zu gewähren, wenn er die Beschwerde binnen zwei Wochen nach der Beseitigung des Hindernisses einlegt und die Tatsachen, welche die Wiedereinsetzung begründen, glaubhaft macht. [2]Ein Fehlen des Verschuldens wird vermutet, wenn eine Rechtsbehelfsbelehrung unterblieben oder fehlerhaft ist. [3]Nach Ablauf eines Jahres, von dem Ende der versäumten Frist an gerechnet, kann die Wiedereinsetzung nicht mehr beantragt werden. [4]Gegen die Ablehnung der Wiedereinsetzung findet die Beschwerde statt. [5]Sie ist nur zulässig, wenn sie innerhalb von zwei Wochen eingelegt wird. [6]Die Frist beginnt mit der Zustellung der Entscheidung. [7]§ 66 Absatz 3 Satz 1 bis 3, Absatz 5 Satz 1, 2 und 5 sowie Absatz 6 ist entsprechend anzuwenden.

(3) **[1]Die Verfahren sind gebührenfrei. [2]Kosten werden nicht erstattet.**

Übersicht

I. Zulässigkeit der Beschwerde

1. Anfechtbarer Beschluss

Nur ein Streitwertbeschluss nach § 63 Abs. 2, der zwecks (endgültiger) Berechnung der Gerichtsgebühren erlassen wurde, ist nach § 68 anfechtbar. **Parallelvorschriften:** § 59 FamGKG; § 83 GNotKG. Der Streitwertbeschluss des LG als Berufungsgericht ist zum OLG anfechtbar (BGH NJW-RR 2008, 151; KG VRS Bd. 114, 153), nicht zum BGH; § 567 Abs. 1 ZPO ist nicht einschlägig. **Nicht nach § 68 anfechtbar ist** 1

– ein Beschluss, der den Streitwert nur zwecks **Entscheidung über die Zuständigkeit** bzw. die Zulässigkeit eines Rechtsmittels festsetzt; ein Beschluss nach § 62 ist also unanfechtbar (OLG Stuttgart NJW-RR 2005, 942; OLG Koblenz

NJW-RR 2004, 1222; LG Stuttgart NJW-RR 2008, 1167). Wird beim LG eine Klage wegen Beseitigung eines Strauchs eingereicht sowie der Streitwert mit 8.000 Euro beziffert und setzt das LG den „Streitwert" auf 3.000 Euro fest unter Hinweis auf Bedenken gegen die sachliche Zuständigkeit, dann liegt ein unanfechtbarer Beschluss nach § 62 vor. Anfechtbarkeit besteht nur in Zusammenhang mit der Anfechtung der Hauptsache.

– Auch ein Streitwertbeschluss nach § 63 Abs. 1 S. 1 (***vorläufige*** **Streitwertfestsetzung** zwecks Gebührenberechnung) ist nicht nach § 68 anfechtbar, wie der Wortlaut des § 68 zeigt (OLG Köln OLG Report Hamm 2008, 678; OLG Düsseldorf MDR 2008, 1120; OLG Koblenz MDR 2008, 1368; OLG Dresden OLG-Report KG 2008, 593; OLG Stuttgart MDR 2007, 422; OLG Köln OLG-Report 2005, 38; OLG Bremen MDR 2006, 418; VGH Mannheim NVwZ-RR 2006, 854; *Meyer* JurBüro 2000, 396; *Hartmann* Rn. 3; aA *Schneider* MDR 2000, 380). Wird allerdings zusätzlich durch Gerichtsbeschluss die Zustellung einer Klage von der Vorauszahlung einer bestimmten Gerichtsgebühr abhängig gemacht, die sich aus dem *(vorläufig festgesetzten)* Streitwert errechnet und hält der Kläger die Gebühr für zu hoch, weil ihm der Streitwert zu hoch erscheint, ist der Weg des § 67 gegeben, nicht die Beschwerde nach § 68 (OLG Stuttgart NJW-RR 2005, 942). Der Beschwerdeführer muss aber keine Vorschrift angeben, auf die er die Beschwerde stützt.

2 Der Streitwertbeschluss kann als gesonderter Beschluss ergangen sein, oder als Teil eines Beschlusstenors (wie häufig bei einstweiligen Verfügungen); er kann aber auch in den Gründen des Urteils stecken. Auch die Ablehnung einer Änderung stellt einen solchen Beschluss dar.

3 Gegen einen **Beschluss des Rechtspflegers** in seinem Zuständigkeitsbereich (§ 4 RPflG) muss nach § 11 RPflG vorgegangen werden.

4 Legt der Kostenbeamte seinem Kostenansatz einen selbst angenommenen **Streitwert** zugrunde, könnte man gegen den Kostenansatz nach § 66 vorgehen. Zweckmäßiger ist es, wenn das Gericht dies als Anregung auffasst, den Streitwert nach § 63 endgültig festzusetzen, so dass dann die Beschwerde nach § 68 eröffnet ist (vgl. *Pabst/Rössel* MDR 2004, 730; *Rummel* MDR 2002, 623, jeweils noch zu § 25 aF GKG).

5 Durch eine Streitwertbeschwerde kann die **Berufungssumme** nicht erzielt werden, denn ob ein Rechtsmittel zulässig ist, prüft der zuständige Spruchkörper des Rechtsmittelgerichts (der nicht identisch sein muss mit dem Spruchkörper, welcher über Streitwertbeschwerden entscheidet) selbst (§ 522 Abs. 1 S. 1 ZPO) und ohne Bindung an Streitwertfestsetzungen der Untergerichte. Fehlt einer Berufung (in Zivilsachen) die Berufungssumme (600,01 Euro; § 511 Abs. 2 ZPO) und wurde die Berufung auch nicht zugelassen, dann wird sie durch Beschluss verworfen; dagegen gibt es die Rechtsbeschwerde zum BGH (§ 522 Abs. 1 S. 4 ZPO). Meint der Beschwerdeführer, die Berufungssumme sei in Wirklichkeit erreicht gewesen, ist dies vom BGH bei der Prüfung der Rechtsbeschwerde zu würdigen, aber nicht über § 68.

2. Beschwerdewert oder Zulassung

6 **a) Beschwerdewert erreicht.** Der **Wert des Beschwerdegegenstandes** muss mindestens 200,01 Euro betragen (Abs. 1 S. 1), damit die Beschwerde zulässig ist; maßgebend ist der Zeitpunkt der Einlegung der Beschwerde (vgl. § 4 Abs. 1 ZPO). Dieser Wert errechnet sich nicht aus der Differenz der Streitwerte, sondern

der Gebühren, mit denen der Beschwerdeführer belastet wird (OLG Karlsruhe JurBüro 2005, 542); es kommt auf die Gebühren der Instanz an, für die der Streitwert festgesetzt wurde. Wurde zB der Gebührenstreitwert auf 2.000 Euro festgesetzt und wird mit der Streitwertbeschwerde eine Herabsetzung auf 1.200 Euro angestrebt, dann ist die Beschwerdesumme nicht erreicht, wenn es um drei Gerichtsgebühren (KV 1210) geht (3 × 89 Euro= 267 Euro; 3 × 71 Euro = 213 Euro; Differenz also nur 54 Euro). Wenn die Partei anwaltlich vertreten war ist ferner die Gebührendifferenz des Anwalts zuzüglich Umsatzsteuer (OLG München JurBüro 1974, 1591) hinzuzurechnen. Wenn auch der Gegner anwaltlich vertreten war und der Beschwerdeführer (weil er den Zivilprozess verloren hat) dessen Anwaltskosten zu erstatten hat, kommen diese noch hinzu. Bei Prozesskostenhilfe ist dabei von den Wahlanwaltsgebühren auszugehen (OLG Schleswig JurBüro 1978, 1361).

Legen sowohl der Kläger wie der Beklagte gegen einen Streitwertbeschluss Beschwerde ein, muss für jede Beschwerde der Beschwerdewert erreicht sein. 7

Bei der **Beschwerde der Staatskasse** kommt es auf die Differenz der Gerichtskosten an; auf die Anwaltskosten nur, wenn die Staatskasse an den Anwalt eine Vergütung zu zahlen hat, wie zB bei Prozesskostenhilfe. 8

Wird der Beschwerde **teilweise abgeholfen,** ist denkbar, dass dadurch die restliche Beschwer unter 200,01 Euro sinkt; die Beschwerde ist dann unzulässig geworden (OLG Hamm JurBüro 1982, 582), aber gleichwohl dem Beschwerdegericht vorzulegen, weil die untere Instanz keine eigene Verwerfungskompetenz hat. 9

Innerhalb der Frist (unten c) kann der **Beschwerdeantrag erweitert** und so der Beschwerdewert geschaffen werden (aA *Meyer* Rn. 10); das widerspricht zwar § 4 Abs. 1 ZPO; aber der Beschwerdeführer könnte ja auch seine (unzulässige) Beschwerde zurücknehmen und eine neue zulässige Beschwerde einlegen, was wenig prozessökonomisch wäre. 10

b) Beschwerdewert nicht erreicht, aber Zulassung der Beschwerde. 11
Wird der Wert von 200,01 Euro nicht erreicht, ist die Beschwerde zulässig, wenn das Gericht, dessen Beschluss angefochten wird, die **Beschwerde zugelassen** hatte (Abs. 1 S. 2); die Zulassung muss im Beschluss erfolgen („in dem …"), kann also nicht nachgeholt werden, insbesondere nicht mehr erfolgen, nachdem die Beschwerde bereits eingelegt ist. Voraussetzung der Zulassung ist Grundsätzlichkeit der Streitwertfrage; aber das Beschwerdegericht ist an die Zulassung auch dann gebunden, wenn die Streitwertfrage nicht grundsätzlich war. Die Zulassung bzw. Nichtzulassung sind unanfechtbar (Abs. 1 S. 4 mit § 66 Abs. 3 S. 4).

3. Sperrfrist

Zwar handelt es sich um keine sofortige Beschwerde, aber unbefristet ist sie trotzdem nicht: nach Abs. 1 S. 3 mit § 63 Abs. 3 S. 2 muss sie **innerhalb von sechs Monaten,** nachdem die Entscheidung in der Hauptsache Rechtskraft erlangt oder das Verfahren sich anderweitig erledigt hat (zB durch Vergleich, OLG Karlsruhe FamRZ 2004, 1227; Erledigung der Hauptsache; Rücknahme), eingelegt werden. Ein selbstständiges Beweisverfahren, dem kein Hauptverfahren folgt, erledigt sich mit dem Abschluss (OLG Brandenburg JurBüro 2005, 1513). Ist der Streitwert später als einen Monat vor Ablauf dieser Frist festgesetzt worden, kann sie noch innerhalb eines Monats nach Zustellung oder formloser Mitteilung des Festsetzungsbeschlusses eingelegt werden (Hs. 2): ist zB das Zivilurteil des LG am 30.4. rechtskräftig geworden und am 10.7. der Gebührenstreitwert festgesetzt worden, kann 12 also bis 30.10. die Beschwerde eingelegt werden; wurde der Streitwert erst am 3.10. festgesetzt worden und ist der Beschluss der Partei am 10.10. formlos zugegangen, kann sie bis 10.11. Streitwertbeschwerde einlegen.

4. Wiedereinsetzung

13 Bei Fristversäumung ist Wiedereinsetzung möglich (Abs. 2 S. 1); vgl. §§ 233ff. ZPO. Allerdings bestehen hier zwei Fristen: binnen *zwei Wochen* ab Beseitigung des Hindernisses ist die Beschwerde einzulegen und Wiedereinsetzung zu beantragen; weiterhin besteht eine *Jahresfrist* (§ 68 Abs. 2 S. 2). Gewährung der Wiedereinsetzung ist unanfechtbar; gegen die Ablehnung der Wiedereinsetzung ist die **sofortige Beschwerde** statthaft (Abs. 2 S. 3). Sie ist nur zulässig, wenn sie innerhalb von zwei Wochen ab Zustellung der Entscheidung, die die Wiedereinsetzung ablehnt, eingelegt wird (Abs. 2 S. 4, 5), und zwar bei dem Gericht, dessen Entscheidung angefochten wird. § 66 Abs. 3 Satz 1 bis 3, Abs. 5 Satz 1, 2 und 5 sowie Abs. 6 ist entsprechend anzuwenden; das bedeutet: Anwaltszwang besteht nicht. Die Abhilfe ist zu prüfen. Beschwerdegericht ist das nächsthöhere Gericht; gegen den Beschluss des OLG usw. gibt es aber keine Beschwerde zum BGH usw. Es entscheidet der Einzelrichter bzw. Kammer/Senat (§ 66 Abs. 6; → § 66 Rn. 31ff.)

5. Adressat, Form

14 Die Beschwerde ist bei dem Gericht, dessen Entscheidung angefochten wird, einzulegen (§ 66 Abs. 5 S. 5), damit die Frage der Abhilfe dort geprüft werden kann. Sie ist schriftlich oder zu Protokoll der Geschäftsstelle einzulegen (§ 66 Abs. 5 S. 1). Zur Vertretung durch Verwandte vgl. § 66 Abs. 5 S. 2. **Anwaltszwang** besteht nicht; auch nicht im verwaltungsgerichtlichen Verfahren (VGH Mannheim NJW 2006, 251). Deshalb kann auch keine Prozesskostenhilfe für das Beschwerdeverfahren gewährt werden (vgl. OLG Bamberg NJW-RR 2005, 1722).

6. Streitwert für Anwaltsgebühren

15 Die Wertfestsetzung für die Gerichtsgebühren ist auch für die Anwaltsgebühren maßgebend (§ 32 Abs. 1 RVG). Deshalb kann der Anwalt aus eigenem Recht Beschwerde gegen die Wertfestsetzung einlegen (§ 32 Abs. 2 RVG). Es gibt aber Gerichtsgebühren, die sich nicht nach dem Streitwert richten; dann fehlt diese Verknüpfung. Gleichwohl kann das Gericht dann den Streitwert für die Anwaltsgebühren festsetzen (§ 33 Abs. 1 RVG), wogegen Beschwerde eingelegt werden kann (§ 33 Abs. 3 RVG), allerdings befristet (zwei Wochen); diese Beschwerde hat mit § 68 nichts zu tun.

7. Beschwerdeberechtige; Beschwer

16 Die Beschwerde ist nur zulässig, wenn eine Beschwer vorliegt (OLG Koblenz JurBüro 2002, 310); diese kann in der eventuellen Pflicht zur Zahlung von Gerichtskosten und/oder Anwaltskosten liegen. Die **Partei,** die den Prozess verloren hat, kann deshalb nur Beschwerde mit dem Ziel einlegen, dass der Streitwert *herabgesetzt* wird (BGH BeckRS 2012, 03303; BGH NJW-RR 1986, 737; OLG Brandenburg NJW-RR 2005, 80); an einer Erhöhung des Streitwerts hat sie kein schutzwürdiges Interesse (OLG Rostock JurBüro 2008, 369; OLG Koblenz JurBüro 2002, 310), der Wunsch, dem Gegner möglichst zu schädigen, zählt nicht.

Bei einer **Honorarvereinbarung,** welche die gesetzlichen Gebühren übersteigt, soll aber der Schuldner ein schutzwürdiges Interesse an einem höheren Streitwert haben können (OLG Düsseldorf OLG-Report 2005, 586; OVG Bautzen NVwZ-RR 2006, 654; OLG Schleswig BeckRS 2008, 13 995; OVG Saarlouis NJW 2008, 412).

Der **Anwalt** kann aus *eigenem* Recht nur Beschwerde mit dem Ziel einlegen, dass der Streitwert erhöht wird (BGH NJW-RR 1986, 737); anders ist es, wenn der Anwalt namens seines Mandanten handelt. Macht der Anwalt keine Angaben, ergibt die Auslegung, in wessen Namen er handelt (OLG Koblenz MDR 2008, 405), im Zweifel handelt er für seinen Mandanten. Die **Staatskasse** (Bezirksrevisor) kann sowohl einen höheren wie einen niedrigeren Streitwert anstreben (OLG Bamberg AnwBl 1984, 95); durch die zu hohe Streitwertfestsetzung ist sie insoweit beschwert, als sie dem im Prozesskostenhilfeverfahren beigeordneten Anwalt mehr Honorar zahlen muss (OLG Brandenburg JurBüro 2001, 94). 17

8. Rechtsmittelverzicht

Die bloße Zustimmung der Parteien bzw. der Prozessbevollmächtigten zu einem vom Gericht vorgeschlagenen Streitwert stellt keinen Rechtsmittelverzicht dar (OLG Celle JurBüro 2005, 429; aA OLG Hamm FamRZ 1997, 691; *Meyer* Rn. 6). 18

II. Verfahren des Beschwerdegerichts

§ 66 Abs. 3, 4, 5 Satz 1, 2, 5 sowie Abs. 6 ist entsprechend anzuwenden (Abs. 1 S. 5). Das bedeutet: 19

1. Abhilfeprüfung

Das Gericht, dessen Streitwertbeschluss angefochten wurde, hat die Frage der Abhilfe zu prüfen (§ 66 Abs. 3 S. 1; → § 66 Rn. 52). 20

2. Beschwerdegericht

Beschwerdegericht ist das nächsthöhere Gericht (§ 66 Abs. 3 S. 2; → § 66 Rn. 53), also gegen den Streitwertbeschluss des LG das OLG (vgl. *Deichfuß* MDR 2006, 1264), auch wenn das LG im Berufungsrechtszug den Streitwert festgesetzt hat (OLG Düsseldorf ZMR 2006, 858; OLG Rostock BeckRS 2006, 10645). Auf den Instanzenzug in der Hauptsache kommt es nicht an; denkbar ist, dass gegen eine Entscheidung des LG der Rechtsweg in der Hauptsache zum BGH führt; gleichwohl ist für die Entscheidung über die Beschwerde nach § 68 dann das OLG zuständig (OLG Jena JurBüro 2005, 479 zum Adhäsionsverfahren, §§ 403ff. StPO). In Familiensachen ist das OLG zuständig (§ 59 FamGKG), nicht das LG. Der BGH ist nicht „nächsthöheres Gericht" (BGH NJW-RR 2008, 151). Aber der Streitwertbeschluss des OLG, LAG, FG, VGH/OVG ist unanfechtbar (wegen § 66 Abs. 3 S. 3; → § 66 Rn. 53). 21

3. Rechtliches Gehör

Rechtliches Gehör für den Zahlungspflichtigen und die anderen Beteiligten, die im Falle des Erfolgs der Beschwerde beschwert sein könnten muss vor Entscheidung 22 gewährt werden. Beabsichtigt das Gericht den Streitwert auf Antrag des Prozessbevollmächtigten der Partei, die obsiegt hat, heraufzusetzen, besteht ein Interessenwiderstreit zwischen der kostenpflichtigen Partei und deren Anwalt. Zur sachgemäßen Wahrung des Grundrechts auf rechtliches Gehör ist es daher geboten, neben dem Prozessbevollmächtigten auch die Partei *persönlich* zu hören (OLG Koblenz JurBüro 2002, 310; *Meyer* Rn. 14), also ihr den Antrag mitzuteilen. Ebenso ist es, wenn der Anwalt des Klägers, dessen Klage abgewiesen wurde, aus eigenem Recht Beschwerde mit dem Ziel eines höheren Streitwerts einlegt; der Kläger *selbst* muss dazu gehört werden, zB schriftlich.

4. Neues Vorbringen

23 Neues Vorbringen ist zulässig, § 296 ZPO ist nicht einschlägig.

5. Einzelrichterzuständigkeit

24 Über die Beschwerde entscheidet der Einzelrichter des LG bzw. OLG, bzw. Kammer/Senat; vgl. § 66 Abs. 6 (→ § 66 Rn. 54). Anders ist es, wenn die Entscheidung des LG von der mit drei Personen besetzen Kammer stammt (OLG Köln OLG-Report Hamm 2008, 678). Das gilt auch beim OVG/VGH (so VGH Mannheim NVwZ-RR 2006, 648). Über die Beschwerde gegen die Festsetzung des Geschäftswerts im Beschluss der Strafvollstreckungskammer nach § 115 StVollzG entschied früher der Strafsenat des OLG in der Besetzung mit drei Richtern (OLG Stuttgart Die Justiz 2006, 15); anders wohl jetzt wegen § 1 Abs. 5.

6. Begründetheit der Beschwerde

25 Ob die Beschwerde **begründet** ist richtet sich nach §§ 48 ff. GKG, §§ 3 ff. ZPO. Welchen Streitwert ein Anwalt mit seiner Partei intern vereinbart hat (vgl. § 4 RVG) spielt keine Rolle.

III. Entscheidung des Beschwerdegerichts

26 Die Beschwerde wird entweder verworfen bzw. zurückgewiesen oder der Streitwert wird anderweitig festgesetzt. Dass eine Verschlechterung zulässig sein soll (OLG Brandenburg FamRZ 1997, 689; OVG Lüneburg NVwZ-RR 2008, 431), wenn der Beschwerdeführer einen niedrigeren Streitwert anstrebt, wird dem § 63 Abs. 3 entnommen, ist aber bedenklich, weil damit gegen den Grundsatz der Verbots der reformatio in pejus verstoßen wird. **Kosten werden nicht erstattet** (Abs. 3 S. 2), weshalb der Satz, dass eine Partei der anderen Kosten des Beschwerdeverfahrens zu erstatten hat, fehlt am Platz ist und nicht bindet. Insbesondere Anwaltskosten für das Beschwerdeverfahren werden also nicht erstattet. Das Beschwerdeverfahren ist **gerichtsgebührenfrei** (Abs. 3 S. 1). Auslagen sind ggf. zu erstatten (*Meyer* Rn. 26). Auch wenn die Beschwerde *unstatthaft* ist, ist sie gebührenfrei (OLG Frankfurt NJW-RR 2012, 1022; aA OLG Koblenz NJW-RR 2000, 1239); die gegenteilige Ansicht findet keine Stütze im Gesetzestext.

27 Wurden im Urteil die Kosten nach Quoten verteilt (§ 92 ZPO) und hingt die Quotelung von den einzelnen Streitwerten ab, wird aber der Streitwert nach Urteilserlass durch eine Streitwertbeschwerde wesentlich geändert, stimmt die Kostenentscheidung nicht mehr. Die Folgen sind strittig. Nach einer Auffassung kann die

Kostenentscheidung dann nach § 319 ZPO berichtigt werden (OLG Düsseldorf NJW-RR 2002, 211; OLG Koblenz MDR 2000, 113; OLG Hamm MDR 2001, 1186; aA OLG Stuttgart MDR 2001, 892). Anders BGH FamRZ 2008, 1925: Die Kostenentscheidung kann nach Rechtskraft nicht mehr nach § 319 ZPO geändert werden. Eine Streitwertbeschwerde in einem solchen Fall muss man daher als unzulässig ansehen (umstritten, der BGH ruft nach dem Gesetzgeber), außer sie bringt eine Gebührenermäßigung für eine oder beide Parteien. Vgl. § 63 Abs. 3 sowie → § 63 Rn. 12

IV. Weitere Beschwerde

28 Hat ein Landgericht als Beschwerdegericht über die Streitwertbeschwerde entschieden, kann es die weitere Beschwerde zum OLG zulassen (§ 66 Abs. 1 S. 4 mit § 66 Abs. 4). Die Zulassung bzw. Nichtzulassung sind unanfechtbar (Abs. 1 S. 4 mit § 66 Abs. 3 S. 4). Die weitere Beschwerde ist innerhalb eines Monats nach Zustellung der Entscheidung des Beschwerdegerichts einzulegen (Abs. 1 S. 5) und zwar beim LG (§ 66 Abs. 5 S. 4); bei Fristversäumung ist Wiedereinsetzung möglich (Abs. 2). Auch bei einer solchen weiteren Beschwerde ist die Abhilfe vom LG zu prüfen. Im Falle der Nichtabhilfe ist die Sache dem OLG vorzulegen. Setzte das AG den Streitwert auf 1.200 Euro fest (entgegen der Vorstellung des Klägers, der 600 Euro für angemessen hielt), kann es die Beschwerde zulassen; das LG kann dann die weitere Beschwerde zulassen; so kann es sein, dass Lappalien vom OLG zu entscheiden sind. Kosten, Gebühren: Abs. 3. Gegen den Streitwertbeschluss des OLG ist keine Beschwerde statthaft (KG GE 2008, 603).

V. Rechtsbeschwerde

29 Eine Rechtsbeschwerde zum BGH (vgl. § 574 ZPO) gibt es bei § 68 nicht; die (falsche) Zulassung einer solchen Rechtsbeschwerde ist unbeachtlich und bindet den BGH nicht. Obwohl die Rechtsbeschwerde unstatthaft ist wird sie oft zum BGH eingelegt, wenn sich jemand gegen eine OLG-Entscheidung wenden will. Gebührenfreiheit gilt nach Ansicht des BGH nur, wenn die Beschwerde *statthaft* (nicht: „zulässig") ist (BGHR § 25 III 1 aF GKG Geb.befr. Nr. 1; OLG Koblenz NJW-RR 2000, 1239 zu § 25 aF GKG); andernfalls ist KV 1811 einschlägig.

VI. Gegenvorstellung

30 Gegen einen Beschluss, durch den der BGH den Streitwert für die Revisionsinstanz festgesetzt hat, kann innerhalb der Sperrfrist des Abs. 1 Gegenvorstellung erhoben werden (BGH NJW-RR 1986, 737). Besteht eine Beschwerdemöglichkeit, hat die Gegenvorstellung selten ein Rechtsschutzbedürfnis. Die Gegenvorstellung ist gerichtsgebührenfrei.

§ 69 Beschwerde gegen die Auferlegung einer Verzögerungsgebühr

[1]Gegen den Beschluss nach § 38 findet die Beschwerde statt, wenn der Wert des Beschwerdegegenstands 200 Euro übersteigt oder das Gericht, das die angefochtene Entscheidung erlassen hat, die Beschwerde wegen der grundsätzlichen Bedeutung in dem Beschluss der zur Entscheidung stehenden Frage zugelassen hat. [2]§ 66 Absatz 3, 4, 5 Satz 1, 2 und 5, Absatz 6 und 8 ist entsprechend anzuwenden.

1 Beschwerdeberechtigt ist nur, wem die Verzögerungsgebühr auferlegt wurde. Für das Beschwerdeverfahren gelten die in S. 2 genannten Bestimmungen des § 66. Die Festsetzung einer Missbrauchsgebühr durch das BVerfG ist nicht anfechtbar.

§ 69a Abhilfe bei Verletzung des Anspruchs auf rechtliches Gehör

(1) **Auf die Rüge eines durch die Entscheidung beschwerten Beteiligten ist das Verfahren fortzuführen, wenn**
1. **ein Rechtsmittel oder ein anderer Rechtsbehelf gegen die Entscheidung nicht gegeben ist und**
2. **das Gericht den Anspruch dieses Beteiligten auf rechtliches Gehör in entscheidungserheblicher Weise verletzt hat.**

(2) **[1]Die Rüge ist innerhalb von zwei Wochen nach Kenntnis von der Verletzung des rechtlichen Gehörs zu erheben; der Zeitpunkt der Kenntniserlangung ist glaubhaft zu machen. [2]Nach Ablauf eines Jahres seit Bekanntmachung der angegriffenen Entscheidung kann die Rüge nicht mehr erhoben werden. [3]Formlos mitgeteilte Entscheidungen gelten mit dem dritten Tage nach Aufgabe zur Post als bekannt gemacht. [4]Die Rüge ist bei dem Gericht zu erheben, dessen Entscheidung angegriffen wird; § 66 Absatz 5 Satz 1 und 2 gilt entsprechend. [5]Die Rüge muss die angegriffene Entscheidung bezeichnen und das Vorliegen der in Absatz 1 Nummer 2 genannten Voraussetzungen darlegen.**

(3) **Den übrigen Beteiligten ist, soweit erforderlich, Gelegenheit zur Stellungnahme zu geben.**

(4) **[1]Das Gericht hat von Amts wegen zu prüfen, ob die Rüge an sich statthaft und ob sie in der gesetzlichen Form und Frist erhoben ist. [2]Mangelt es an einem dieser Erfordernisse, so ist die Rüge als unzulässig zu verwerfen. [3]Ist die Rüge unbegründet, weist das Gericht sie zurück. [4]Die Entscheidung ergeht durch unanfechtbaren Beschluss. [5]Der Beschluss soll kurz begründet werden.**

(5) **Ist die Rüge begründet, so hilft ihr das Gericht ab, indem es das Verfahren fortführt, soweit dies aufgrund der Rüge geboten ist.**

(6) **Kosten werden nicht erstattet.**

I. Allgemeines

§ 69 a fügt für das GKG-Kostenrecht eine Regelung ein, die für den Zivilprozess in § 321 a ZPO getroffen wurde, in anderen Prozessarten durch zahlreiche weitere Bestimmungen. In der Praxis gibt es kaum erfolgreiche Anwendungsfälle. § 69 a ist auch einschlägig, wenn Kosten nach dem JVKostG angesetzt und Einwendungen erhoben werden (§ 22 JVKostG). 1

II. Voraussetzungen

1. Kein Rechtsmittel mehr gegeben

Gegen die auf dem GKG basierende Entscheidung ist kein Rechtsmittel oder anderer Rechtsbehelf gegeben. Bei Rechtspfleger-Entscheidungen ist das nicht denkbar: entweder ist § 11 Abs. 1 oder Abs. 2 RPflG gegeben; eine gleichwohl erhobene Rüge wäre als unstatthaft zurückzuweisen (*Lappe* Rpfleger 2005, 306). Ist bei einem Zivilurteil über 600 Euro das rechtliche Gehör verletzt worden und erfolgte auch keine Zulassung der Berufung, kann die Sache nur mit § 321 a ZPO angegriffen werden; mit § 69 a GKG hat das nichts zu tun. Wird dann der Streitwert vom Gericht endgültig festgesetzt (§ 63 Abs. 2) und ist dieser Beschluss wegen Versäumung der Sperrfrist nicht mehr anfechtbar, könnte hingegen § 69 a zum Zuge kommen. 2

2. Rechtliches Gehör verletzt

Das Gericht muss den Anspruch dieses Beteiligten auf rechtliches Gehör in entscheidungserheblicher Weise verletzt haben. 3

III. Verfahren

Der Beteiligte kann binnen zwei Wochen bei dem Gericht, das die Entscheidung nach §§ 66–69 erlassen hat, eine **Rügeschrift** einreichen (Einzelheiten: Abs. 2; VGH Kassel NVwZ-RR 2008, 70). Das Verfahren regeln Abs. 2 bis 4. Ist die Rüge **unzulässig bzw. unbegründet,** wird sie verworfen bzw. zurückgewiesen; dies ist unanfechtbar. 4

Ist die **Gehörsrüge zulässig und begründet** wird das alte Verfahren fortgeführt (ohne dass irgendein Zwischenbeschluss ergeht), der Verstoß gegen das rechtliche Gehör wird geheilt und dann (entsprechend § 343 ZPO) neu entschieden; entweder der frühere Beschluss wird aufrechterhalten; oder er wird aufgehoben und neu entschieden. 5

Eine **Kostenerstattungsanordnung** entfällt (Abs. 6), gleichgültig ob die Rüge Erfolg hat oder nicht. Die Entscheidung über die Anhörungsrüge gegen die Entscheidung über eine Kostenerinnerung oder eine Streitwertbeschwerde ergeht **gerichtsgebührenfrei** (BFH/NV 2006, 956), wie auch sonst im Erinnerungs- und Beschwerdeverfahren; insbesondere ist KV 1700 nicht einschlägig (OLG Celle MDR 2012, 1067; OLG Düsseldorf BeckRS 2010, 04545). Denn KV 1700 ist nur für das Hauptsacheverfahren, zB den Zivilprozess, einschlägig. 6

Abschnitt 9. Schluss- und Übergangsvorschriften

§ 69b Verordnungsermächtigung

[1]Die Landesregierungen werden ermächtigt, durch Rechtsverordnung zu bestimmen, dass die von den Gerichten der Länder zu erhebenden Verfahrensgebühren über die in den Nummern 1211, 1411, 5111, 5113, 5211, 5221, 6111, 6211, 7111, 7113 und 8211 des Kostenverzeichnisses bestimmte Ermäßigung hinaus weiter ermäßigt werden oder entfallen, wenn das gesamte Verfahren nach einer Mediation oder nach einem anderen Verfahren der außergerichtlichen Konfliktbeilegung durch Zurücknahme der Klage oder des Antrags beendet wird und in der Klage- oder Antragsschrift mitgeteilt worden ist, dass eine Mediation oder ein anderes Verfahren der außergerichtlichen Konfliktbeilegung unternommen wird oder beabsichtigt ist, oder wenn das Gericht den Parteien die Durchführung einer Mediation oder eines anderen Verfahrens der außergerichtlichen Konfliktbeilegung vorgeschlagen hat. [2]Satz 1 gilt entsprechend für die in den Rechtsmittelzügen von den Gerichten der Länder zu erhebenden Verfahrensgebühren; an die Stelle der Klage- oder Antragsschrift tritt der Schriftsatz, mit dem das Rechtsmittel eingelegt worden ist.

1 Durch RechtsVO eines Landes können bestimmte Gebühren weiter ermäßigt werden, wenn das Verfahren infolge Mediation etc. beendet wurde.

§ 70 *(weggefallen)*

§ 70a Bekanntmachung von Neufassungen

[1]Das Bundesministerium der Justiz und für Verbraucherschutz kann nach Änderungen den Wortlaut des Gesetzes feststellen und als Neufassung im Bundesgesetzblatt bekannt machen. [2]Die Bekanntmachung muss auf diese Vorschrift Bezug nehmen und angeben

1. den Stichtag, zu dem der Wortlaut festgestellt wird,
2. die Änderungen seit der letzten Veröffentlichung des vollständigen Wortlauts im Bundesgesetzblatt sowie
3. das Inkrafttreten der Änderungen.

§ 71 Übergangsvorschrift

(1) **[1]In Rechtsstreitigkeiten, die vor dem Inkrafttreten einer Gesetzesänderung anhängig geworden sind, werden die Kosten nach bisherigem Recht erhoben. [2]Dies gilt nicht im Verfahren über ein Rechtsmittel, das nach dem Inkrafttreten einer Gesetzesänderung eingelegt worden ist. [3]Die Sätze 1 und 2 gelten auch, wenn Vorschriften geändert werden, auf die dieses Gesetz verweist.**

(2) **In Strafsachen, in gerichtlichen Verfahren nach dem Gesetz über Ordnungswidrigkeiten und nach dem Strafvollzugsgesetz, auch in Verbindung mit § 92 des Jugendgerichtsgesetzes, werden die Kosten nach dem bisherigen Recht erhoben, wenn die über die Kosten ergehende Entscheidung vor dem Inkrafttreten einer Gesetzesänderung rechtskräftig geworden ist.**

(3) **In Insolvenzverfahren, Verteilungsverfahren nach der Schifffahrtsrechtlichen Verteilungsordnung und Verfahren der Zwangsversteigerung und Zwangsverwaltung gilt das bisherige Recht für Kosten, die vor dem Inkrafttreten einer Gesetzesänderung fällig geworden sind.**

§ 71 betrifft das allgemeine Übergangsrecht für Gesetzesänderungen ab dem 1.7.2004; die Änderung durch das 1. KostRModG dagegen ist in § 72 speziell geregelt. 1

Grundsätzlich soll keine Rückwirkung stattfinden. Zu den Kosten im Sinne von § 71 zählen auch die sonstigen Vorschriften, die für die Kostenberechnung maßgebend sind, zB die Vorschriften über die Streitwertberechnung. 2

§ 72 Übergangsvorschrift aus Anlass des Inkrafttretens dieses Gesetzes

Das Gerichtskostengesetz in der Fassung der Bekanntmachung vom 15. Dezember 1975 (BGBl. I S. 3047), zuletzt geändert durch Artikel 2 Absatz 5 des Gesetzes vom 12. März 2004 (BGBl. I S. 390), und Verweisungen hierauf sind weiter anzuwenden

1. **in Rechtsstreitigkeiten, die vor dem 1. Juli 2004 anhängig geworden sind; dies gilt nicht im Verfahren über ein Rechtsmittel, das nach dem 1. Juli 2004 eingelegt worden ist;**
2. **in Strafsachen, in gerichtlichen Verfahren nach dem Gesetz über Ordnungswidrigkeiten und nach dem Strafvollzugsgesetz, wenn die über die Kosten ergehende Entscheidung vor dem 1. Juli 2004 rechtskräftig geworden ist;**
3. **in Insolvenzverfahren, Verteilungsverfahren nach der Schifffahrtsrechtlichen Verteilungsordnung und Verfahren der Zwangsversteigerung und Zwangsverwaltung für Kosten, die vor dem 1. Juli 2004 fällig geworden sind.**

§ 72 betrifft nur das Übergangsrecht aus Anlass des Inkrafttretens der Neufassung des GKG zum 1.7.2004. Vor dem 1.7.2004 erstinstanzlich anhängig gewordene Sachen werden nach der früheren Fassung des GKG abgerechnet. Wurden Rechtsmittel vor dem 1.7.2004 eingelegt, werden die Rechtsmittelkosten ebenfalls nach der alten Fassung des GKG abgerechnet. Ist der Rechtsstreit vor dem 1.7.2004 anhängig geworden, die Streitwertbeschwerde aber erst nach dem 30.6.2004 eingelegt worden, gilt die alte Fassung des GKG (BGH NJW-RR 2006, 1504; VGH München NVwZ-RR 2006, 150). 1

§ 73 Übergangsvorschrift für die Erhebung von Haftkosten

Bis zum Erlass landesrechtlicher Vorschriften über die Höhe des Haftkostenbeitrags, der von einem Gefangenen zu erheben ist, sind die Nummern 9010 und 9011 des Kostenverzeichnisses in der bis zum 27. Dezember 2010 geltenden Fassung anzuwenden.

B. Kostenverzeichnis zum GKG

Anlage 1 (zu § 3 Abs. 2)

Gliederung

Teil 1. Zivilrechtliche Verfahren vor den ordentlichen Gerichten

Vorbemerkung 1:

Die Gebühren dieses Abschnitts entstehen nicht im Musterverfahren nach dem KapMuG; das erstinstanzliche Musterverfahren gilt als Teil des ersten Rechtszugs des Prozessverfahrens.

Hauptabschnitt 1. Mahnverfahren

Nr.	Gebührentatbestand	Gebühr oder Satz der Gebühr nach § 34 GKG
1100	**Verfahren über den Antrag auf Erlass eines Mahnbescheids oder eines Europäischen Zahlungsbefehls**	**0,5 – mindestens 32,00 €**

I. Mahnverfahrensgebühr

1. Höhe der Gebühr

Die Mahnverfahrensgebühr fällt bei jeder Art von Mahnbescheid an, auch Urkunden-, Wechsel-, Scheckmahnbescheid. Sie beträgt 0,5 der Gebühr, die sich nach dem Streitwert richtet (§§ 3, 34); vgl. Anlage 2 zum GKG. Der Mindestbetrag beläuft sich seit 1.8.2013 auf 32 Euro (bisher 23 Euro). Streitwert ist der Betrag, über den ein Mahnbescheid beantragt wird. Zinsen und Kosten bleiben (wie bei einer Klage) beim Streitwert unberücksichtigt, erhöhen ihn also nicht. Bei einem Mahnantrag über 10.000 Euro beträgt die Mahnverfahrensgebühr also 120,50 Euro. Sind **mehrere Personen Antragsteller oder Antragsgegner** erhöht sich die Gebühr dadurch nicht (§ 35), obwohl zusätzliche Vordrucke verwendet werden müssen. Die Gebühr wird nach KV 1210 auf das streitige Verfahren angerechnet. 1

Für den **Europäischen Zahlungsbefehl** (§§ 1087 ff. ZPO) gelten dieselben Gebühren; dafür ist allerdings das AG Berlin-Wedding örtlich zuständig. → § 12 Rn. 29. 2

2. Fälligkeit der Gebühr

Es gilt § 6 (Einforderung durch Sollstellung, § 13 Abs. 1, §§ 4 Abs. 2, 25 KostVfg). Zur Vorauszahlung der Gebühr vgl. § 12 Abs. 3: bei manueller Bearbeitung des Mahnantrags Vorauszahlung durch Aufkleben von Kostenmarken, Scheck, Überweisung usw. (oder Absehen von der Vorauszahlung nach § 14); bei maschineller Bearbeitung des Mahnantrags wird der Mahnbescheid ohne Vorauszahlung erlassen und erst dann wird dem Antragsteller die Gebühr nach KV 1100 in Rech- 3 nung gestellt. **Schuldner** der Gebühr ist der Antragsteller, § 22. Mehrere Antragsteller sind Gesamtschuldner. **Kostenfreiheit** besteht in den Fällen des § 2.

3. Gebührenanfall

4 Die Gebühr fällt an mit dem Eingang des Antrags, Es ist gleichgültig, ob der Mahnbescheid erlassen wird oder nicht, weil „das Verfahren über ..." die Gebühr auslöst. Die Gebühr fällt auch an,

- wenn der Mahnantrag **zurückgewiesen** wird;
- wenn der Mahnantrag nach Eingang beim Mahngericht (und vor Entscheidung) **zurückgenommen** wird, weil es sich um eine Verfahrensgebühr handelt, nicht um eine Entscheidungsgebühr (*Meyer* Rn. 2);
- wenn der Antrag unzulässig ist (*Hartmann* Rn. 3), zB weil der Mahnantrag nicht auf dem amtlichen Formular (§ 703c ZPO) gestellt wird;
- wenn das Mahnverfahren überhaupt nicht statthaft ist (§ 688 Abs. 2 ZPO);
- obwohl der Mahnbescheid wegen unbekanntem Aufenthalt des Schuldners nicht zugestellt werden kann;
- wenn deswegen keine Überleistung ins streitige Verfahren möglich ist;
- wenn der Antrag auf streitiges Verfahren nach § 696 Abs. 4 ZPO zurückgenommen wird.

Wenn der Antrag bei einem Amtsgericht eingereicht wird, das wegen der Konzentration des Mahnverfahrens auf ein anderes AG nicht mehr für Mahnverfahren zuständig ist (§ 689 Abs. 3 ZPO), wird man dagegen eine Pflicht zur Verweisung annehmen müssen.

5 Wird dagegen der Mahnantrag bei einer **offensichtlich unzuständigen Stelle** eingereicht, etwa bei der Staatsanwaltschaft, beim LG, OLG, BGH, BVerfG und nimmt der Antragsteller auf Hinweis dann den Antrag zurück, fällt die Gebühr KV 1100 nicht an (aA *Meyer* Rn. 3), weil KV 1100 einen Antrag bei einem für Mahnverfahren generell zuständigen Gericht meint; beim BGH findet kein „Verfahren über den Antrag" statt.

4. Keine Gebührenrückzahlung

6 Die Gebühr wird nicht zurückbezahlt; sie ermäßigt sich nicht durch spätere Ereignisse. Es erfolgt keine Rückzahlung, wenn der Mahnantrag oder der Antrag auf Durchführung des streitigen Verfahrens (§ 696 Abs. 4 ZPO) zurückgenommen wird. Es spielt für die Gebühr keine Rolle, in welchem Umfang später Widerspruch eingelegt wird. Wird im streitigen Verfahren in der Anspruchsbegründung ein höherer Betrag gefordert, erhöht sich dadurch die Gebühr KV 1100 nicht mehr.

II. Auslagen

7 Die Auslagen für die Zustellung des Mahnbescheids sind in der Gebühr KV 1100 inbegriffen (KV 9002). Legt der Schuldner Widerspruch gegen den Mahnbescheid ein und kommt es dann zum streitigen Verfahren, kostet dieses zwar 3,0 Gebühren (KV 1210), doch ist die Gebühr nach KV 1100 darauf anzurechnen (KV 1210 Anm. S. 1).

III. Kein Widerspruch

Legt der Schuldner keinen Widerspruch ein und ergeht auf Antrag ein **Vollstreckungsbescheid,** fällt dafür keine besondere Gerichtsgebühr (auch keine Auslagen, KV 9002) an (die Gebühr nach KV 1100 gilt den Vollstreckungsbescheid ab). Der Antragsteller kann die von ihm bezahlten Gerichtsgebühren und eigenen Auslagen (wie Porto) in den Antrag auf Erlass des Vollstreckungsbescheids aufnehmen und erlangt so auch einen Titel über die Kosten (vgl. § 692 Abs. 1 Nr. 3 ZPO). Im maschinellen Verfahren wird aber der Vollstreckungsbescheid erst erlassen, wenn die Mahnverfahrensgebühr bezahlt ist (§ 12 Abs. 3 S. 2 GKG). Nach Erlass des Vollstreckungsbescheids haftet (auch) der Antragsgegner als Kostenschuldner (§ 29 Nr. 1 GKG). War der Antragsteller von der Vorschusspflicht befreit, etwa weil ihm PKH bewilligt worden war oder nach § 2, kann nun die Mahnverfahrensgebühr vom Antragsgegner eingefordert werden. 8

IV. Widerspruch

Legt der Schuldner Widerspruch ein und beantragt eine Partei die Durchführung des streitigen Verfahrens, fallen mit Eingang der Akten beim Streitgericht 3,0 Gebühren nach KV 1210 (bzw. KV 1220 FamGKG) an, wobei die bereits bezahlte Gebühr KV 1100 aus dem Streitwertteil, der in das Streitverfahren übergeht, abgezogen wird. Der Antragsteller (Gläubiger) hat also nur noch 2,5 Gebühren zu zahlen. Geht das Mahnverfahren nicht (oder nicht in vollem Umfang) ins streitige Verfahren über, sondern endet es vor dem Mahngericht auf andere Weise, etwa weil niemand das Streitverfahren beantragt, oder durch einen Kostenbeschluss nach § 91 a ZPO, oder weil der Vollstreckungsbescheid nur noch über die Kosten ergeht, dann fällt hierfür keine zusätzliche Gerichtsgebühr an. Wird zwar der Antrag auf Durchführung des streitigen Verfahren gestellt, aber der weitere Prozesskostenvorschuss nicht bezahlt, so dass keine Abgabe erfolgt (vgl. § 696 Abs. 1 S. 1 ZPO; § 12 Abs. 3 S. 3 GKG), wird die Sache nach der Aktenordnung (§ 7 Abs. 3 AktO) weggelegt; eine weitere Gebühr fällt nicht an (*Meyer* Rn. 5). Beantragt der Schuldner das streitige Verfahren, dann hat er (und nicht der Gläubiger) die restlichen 2,5 Gebühren zu zahlen, § 22 (OLG Hamm BeckRS 2017, 133018; OLG Koblenz FamRZ 2016, 77; LG Essen NJW-Spezial 2017, 509); wer die Gerichtskosten endgültig zu tragen hat ergibt sich aus der späteren Kostenentscheidung. 9

V. Prozesskostenhilfe

PKH kann auch für das Mahnverfahren bewilligt werden (BGH NJW-RR 2017, 1470; *Wielgoß* NJW 1991, 2070); zuständig dafür ist der Rechtspfleger (§ 4 Abs. 1 RPflG). Dann fällt (bei ratenfreier Bewilligung) keine Gerichtsgebühr an (§ 122 Abs. 1 Nr. 1 a ZPO). In der Regel ist vor Bewilligung dem Gegner Gelegenheit zur Stellungnahme zu geben (§ 118 Abs. 1 S. 1 ZPO); wenn der Gegner dabei ankündigt, er werde gegen den Mahnbescheid Widerspruch einlegen, kann der PKH-Bewilligung für das Mahnverfahren Mutwilligkeit entgegen stehen (BGH NJW-RR 2017, 1469). Die Beiordnung eines Anwalts durch den Rechtspfleger scheidet allerdings aus (unter dem Gebührenaspekt sollte daher ein Anwalt Klage erheben und 10 nicht einen Mahnbescheid mit PKH beantragen); denn Anwaltszwang besteht für das Mahnverfahren nicht (§§ 121 Abs. 1, 78 Abs. 1 ZPO), Erforderlichkeit nach § 121 Abs. 2 Satz 1 ZPO entfällt, weil notfalls die Rechtsantragsstelle beim Ausfüllen des Formulars behilflich sein kann; die „Waffengleichheit" (§ 121 Abs. 2 Satz 2 ZPO) gebietet die Beiordnung nicht, weil im Mahnverfahren keine Begründetheitsprüfung erfolgt (§ 692 Abs. 1 Nr. 2 ZPO), die Regelung ist nach ihrem Sinn daher nicht anzuwenden. Die Bewilligung erstreckt sich nicht auf das streitige Verfahren nach Widerspruch oder Einspruch.

11 Die Verfahren vor den **Arbeitsgerichten:** KV 8100, 8210. Verfahren vor den **Sozialgerichten:** Mahnverfahren nach § 182a SGG; Anrechnung nach § 184 Abs. 1 S. 2 SGG. **Familiengericht:** KV 1220 FamGKG. Das vereinfachte Verfahren über den Unterhalt Minderjähriger (bisher KV 1120) ist jetzt im KV 1210 FamGKG geregelt. **Freiwillige Gerichtsbarkeit:** hier gibt es kein Mahnverfahren, im GNotKG fehlt daher eine Gebührenziffer.

Hauptabschnitt 2. Prozessverfahren

Abschnitt 1. Erster Rechtszug

Vorbemerkung 1.2.1:

Die Gebühren dieses Abschnitts entstehen nicht im Musterverfahren nach dem KapMuG; das erstinstanzliche Musterverfahren gilt als Teil des ersten Rechtszugs des Prozessverfahrens.

Unterabschnitt 1. Verfahren vor dem Amts- oder Landgericht

Nr.	Gebührentatbestand	Gebühr oder Satz der Gebühr nach § 34 GKG
1210	**Verfahren im Allgemeinen** . . . . **(1) Soweit wegen desselben Streitgegenstands ein Mahnverfahren vorausgegangen ist, entsteht die Gebühr mit dem Eingang der Akten bei dem Gericht, an das der Rechtsstreit nach Erhebung des Widerspruchs oder Einlegung des Einspruchs abgegeben wird; in diesem Fall wird eine Gebühr 1100 nach dem Wert des Streitgegenstands angerechnet, der in das Prozessverfahren übergegangen ist. Satz 1 gilt entsprechend, wenn wegen desselben Streitgegenstands ein Europäisches Mahnverfahren vorausgegangen ist.** **(2) Soweit der Kläger wegen desselben Streitgegenstands einen Anspruch zum Musterverfahren angemeldet hat (§ 10 Abs. 2 KapMuG), wird insoweit die Gebühr 1902 angerechnet.**	**3,0**

Übersicht

I. Verfahren im Allgemeinen

Für **zivilrechtliche Verfahren** *erster* Instanz vor den ordentlichen Gerichten 1 wird für das „Verfahren" die Gebühr nach KV 1210 berechnet; sie beträgt das Dreifache (3,0) einer Gebühr nach §§ 3, 34 (Anlage 2), welche sich ihrerseits nach dem Streitwert richtet. Bei einem Streitwert von 10.000 Euro sind dies seit 1.8.2013 (Inkrafttreten des 2. KostMoG) 3 × 241 Euro = 723 Euro (zuvor 588 Euro). Wird eine Klage mit **Hauptantrag und Hilfsantrag** eingereicht wird die Gebühr nur aus dem Hauptantrag berechnet (OLG Frankfurt BeckRS 2010, 21944). Einst wurde eine Gebühr für das Verfahren, eine Gebühr für die Beweisaufnahme und eine Gebühr für das Urteil berechnet, also maximal 3,0; jetzt fallen 3,0 Gebühren auch dann an, wenn keine Beweisaufnahme erfolgt; das Urteil als solches löst ebenfalls keine zusätzliche Gebühr mehr aus; das gilt auch für ein Versäumnisurteil gegen den Beklagten, ein unechtes Versäumnisurteil gegen den Kläger (§§ 330, 331 ZPO).

Das **Europäische Verfahren über geringfügige Forderungen** beruht auf der 2 Verordnung (EG) Nr. 861/2007); dazu §§ 1097 ff. ZPO. Es ist in bestimmten grenzüberschreitenden Rechtssachen bei Beträgen bis 2.000 Euro möglich (Art. 2 VO (EG) Nr. 861/2007). Es beginnt ebenfalls mit einer **Klage** (allerdings gemäß Formblatt), eingereicht bei einem örtlich zuständigen AG. Dabei besteht aber keine Pflicht, die Gerichtsgebühr KV 1210 *vorauszuzahlen* (§ 12 Abs. 2 Nr. 2).

3 Im **FamGKG** (Scheidung etc.) beträgt die Gebühr nur 2,0 (KV 1110 FamGKG); → Rn. 33. Im **GNotKG** (freiwillige Gerichtsbarkeit) gibt es zahlreiche unterschiedliche Verfahrensgebühren. Für **Schiedsgerichtsverfahren** (§§ 1025 ff. ZPO) gilt KV 1210 nicht.

4 Verfahren nach § 10 Abs. 2 **KapMuG:** dazu amtliche Anmerkung 2.

5 Die Verfahrensgebühr wird **in jedem Rechtszug nur einmal erhoben** (§ 35): das Verfahren vor und nach der Aussetzung (§ 251 ZPO) bildet eine Einheit, die Verfahrensgebühr wird nicht nochmals erhoben. Ebenso nach Einspruch gegen ein Versäumnisurteil; bei Verweisung an ein anderes Gericht nach § 281 ZPO; vor und nach Zuständigkeitsbestimmung nach § 36 ZPO; vor und nach Zurückverweisung (§ 37). Wurde beim **Arbeitsgericht** (vorschussfrei; § 11) Klage erhoben und wird dann an das ordentliche Gericht verwiesen, wird der Vorschuss nach KV 1210 beim AG/LG nacherhoben und vor Zahlung das Verfahren nicht weiterbetrieben (OLG Brandenburg NJW-RR 1999, 291).

6 **Gebührenermäßigung.** In bestimmten Fällen (in KV 1211 aufgezählt) werden aber 2,0 Gebühren zurückbezahlt, bzw. beträgt die zu leistende Zahlung von vornherein nur 1,0 Gebühren. **Auslagen.** Ferner können in allen Fällen zur 3,0-Gebühr Auslagen zB nach KV 9000, 9002 hinzukommen. Ein Vorschuss für Auslagen wird aber nur im Rahmen von §§ 17, 18 erhoben. Auslagen für die Zustellung der Klage werden ohnehin in der Regel nicht erhoben (KV 9002 Anm.). **Vergleich mit überschießendem Streitwert.** Zu den 3,0 Gebühren kann, wenn der Vergleich zusätzliche Gegenstände regelt, eine Vergleichsgebühr nach KV 1900 treten. Andernfalls löst ein Prozessvergleich keine zusätzliche Gerichtsgebühr aus, kann sie sogar ermäßigen (KV 1211).

1. Anwendungsbereich

7 KV 1210 gilt für den gewöhnlichen **Zivilprozess** vor dem AG, LG; auch für den Urkunden-, Scheck- und Wechselprozess: auch für die Restitutionsklage (LG Oldenburg BeckRS 2016, 124806). **Doppelte Klageeinreichung:** Auch bei versehentlich doppelter Einreichung der Klageschrift ist grundsätzlich die jeweilige Verfahrensgebühr nach KV 1210, 1211 fällig, weil die klagende Partei nicht erwarten kann, dass die Eingangsstelle des Gerichts eine inhaltliche Prüfung des jeweiligen Streitgegenstands vornimmt, um Doppelvorgänge zu erkennen (OLG Frankfurt NJW-RR 2017, 448). Klagen und Anträge **prozessunfähiger Personen** lösen keine Gerichtsgebühr aus (KG FamRZ 2007, 1127); das ist der Fall bei geschäftsunfähigen Betreuten. Klagen ohne **Unterschrift** sind nur Entwürfe und verursachen keine Gerichtsgebühr. Wenn der Kläger mit einem noch vor Eingang der Klageschrift in einem bei dem Gericht eingegangenen Fax-Schriftsatz darum bittet, die versehentlich an das Gericht adressierte und auf den Postweg gebrachte Klage nicht einzutragen, dann geht *vor* Zugang der Willenserklärung deren **Widerruf** ein, § 130 Abs. 1 S. 2 BGB, und es fällt keine Gebühr an, auch nicht KV 1211 (OLG Celle NJOZ 2013, 732). Ebenso ist es, wenn der Widerruf *gleichzeitig* eingeht.

8 **KV 1210 ist nicht anzuwenden** für Ehesachen (Scheidung), Unterhaltsklagen, Klagen auf Zugewinn und sonstige Familiensachen, denn dafür gilt KV 1110, 1220 ff. FamGKG; für Arrest und einstweilige Verfügung (KV 1410 ff.), Klage auf Erlass eines Vollstreckungsurteils (KV 1510), selbstständige Beweisverfahren (KV 1610), schiedsrichterliche Verfahren (KV 1620 ff.), Aufgebotsverfahren (dafür gilt das GNotKG, früher das GKG); freiwillige Gerichtsbarkeit (GNotKG, früher KostO); Musterverfahren nach dem KapMuG (Vorbemerkung 1.2.1).

2. Nur PKH-Antrag

Wird *nur* **ein PKH-Antrag gestellt,** fällt keine Gerichtsgebühr an, auch nicht die Gebühr KV 1210. Ebenso ist es, wenn eine „Klage" unter der Bedingung der PKH-Bewilligung eingereicht wird (was an sich nicht möglich ist, Zöller/*Greger* ZPO § 253 Rn. 2; aber Heilung über § 295 ZPO) und dann PKH abgelehnt wird. In einer solchen Situation fällt die Gebühr KV 1210 erst an, wenn der Kläger nach PKH-Ablehnung erklärt, nun das Klageverfahren etc. auf eigene Kosten durchführen zu wollen. Wird dem Antragsteller kommentarlos eine Kostenrechnung zugesandt und zahlte er sie, kann ein entsprechender Wille nicht unterstellt werden, weil Laien sich nicht auskennen (vgl. OLG München MDR 1997, 890; aA *Meyer* Rn. 27). 9

Bei **gleichzeitiger Einreichung von PKH-Antrag und Klage** wird neben dem PKH-Prüfungsverfahren auch der Rechtsstreit als solcher anhängig, wenn nicht ausreichend deutlich zum Ausdruck gebracht wird (Bezeichnung als „beabsichtigte Klage", „Klageentwurf", im Text Abhängigmachung von der PKH-Bewilligung, Klage ohne Unterschrift usw.), dass die Klage nur für den Fall der Bewilligung der PKH als erhoben gelten soll. Dann fällt die Gebühr KV 1210 an (OLG Köln JurBüro 2005, 546; OLG Koblenz FamRZ 1998, 312). Eine spätere Klarstellung, dass nur ein PKH-Antrag gewollt war, lässt die entstandene Gebühr nicht mehr wegfallen. Zur Ermäßigung der Gebühr nach KV 1211 vgl. dort. Wird ein PKH-Antrag nebst „bedingter" Klage auf Antrag des Klägers zugestellt (§ 14 Nr. 3b), etwa zur Hemmung der Verjährung (obwohl § 204 Abs. 1 Nr. 14 BGB keine Zustellung, nur eine Bekanntgabe verlangt, die Zustellung aber zum Nachweis zweckmäßig ist), wird der PKH-Antrag durch die Zustellung nicht zur Klage, bleibt gerichtsgebührenfreier PKH-Antrag. Wird dem **Beklagten PKH bewilligt** und werden dann dem verlierenden Beklagten alle Kosten auferlegt (§ 91 ZPO), müssen dem Kläger alle von ihm geleisteten Gerichtskostenvorschüsse aus der Staatskasse zurückbezahlt werden (§ 31 Abs. 3 S. 1 letzter Halbsatz). Zur Teilrückzahlung, wenn dem Beklagten nur Teil-PKH bewilligt worden war, vgl. OLG Koblenz NJOZ 2007, 2161. 10

3. Fälligkeit, Vorauszahlung

Die Verfahrensgebühr KV 1210 wird fällig mit der Einreichung der Klage usw., § 6. Einer zusätzlichen prozessleitenden Verfügung des Gerichts bedarf es nicht (OLG Koblenz FamRZ 1998, 312). Wenn der Kläger nach Eingang bittet, die Klage „vorerst liegen zu lassen", „nicht zuzustellen" dann ändert dies nichts an der Gebühr, sie ist mit dem Eingang fällig geworden, OLG Koblenz MDR 1995, 1269 (zur Ermäßigung um ⅔ vgl. KV 1211). Selbst wenn die Klage vor **Zustellung** zurückgenommen wird, fällt die 3-fache Gebühr nicht weg, es erfolgt nur eine Ermäßigung nach KV 1211 (OLG München MDR 1996, 1075; OLG Hamm MDR 1997, 206; KG NJW-RR 1998, 1375: Regelung nicht verfassungswidrig). Wenn die Akten **nach der Aktenordnung weggelegt** werden, weil der Kläger keinen Vorschuss zahlt, fällt die 3-fache Gebühr zunächst an, doch erfolgt eine Ermäßigung nach KV 1211 (OLG Nürnberg NJW 2017, 3795; LG Hamburg NJW-RR 1999, 581; LG Bamberg JurBüro 1998, 147, beide zum Mahnverfahren; *Meyer* Rn. 21). 11

4. Zustellung ohne Vorschuss

12 Die Klage „soll" erst nach Zahlung der Gebühr zugestellt werden, § 12. Eine Zustellung der Klage vor Zahlungseingang erlaubt § 14 in bestimmten Fällen. Die Gebühr KV 1210 entsteht mit dem Eingang der Klage; für die Gebühr spielt es keine Rolle, ob die Klage zugestellt wird oder nicht; belanglos ist daher auch, ob ohne Vorschuss (zB nach §§ 14) oder erst nach Vorschusseingang (§ 12) zugestellt wird. Wird „unerlaubt" ohne Vorschuss zugestellt, ist die Zustellung trotzdem wirksam und entfaltet ihre Wirkungen (zB Verjährungshemmung, § 204 BGB).

5. Klageerweiterung

13 Die Verfahrensgebühr KV 1210 entsteht auch, wenn die Klage erweitert wird (zur Vorauszahlung vgl. § 12 Abs. 1 S. 2); natürlich wird die bereits bezahlte Gebühr angerechnet. **Beispiel:** für eine Klage über 3.000 Euro wurden 3 × 108 = 324 Euro einbezahlt; nun wird auf 10.000 Euro erweitert. Dafür fallen 3 × 241 = 723 Euro an, so dass noch (723 Euro – 324 Euro) 399 Euro zu zahlen sind. Vgl. auch § 36 Abs. 2. Ein Gericht darf die Fortführung eines Zivilprozesses nicht mehr von der Zahlung eines (weiteren) Kostenvorschusses abhängig machen, wenn es die Klage oder die Klageerweiterung vorbehaltlos zugestellt oder einen Termin bestimmt hat (BVerfG NJW-RR 2010, 207).

6. Teilweise Klageermäßigung

14 Teilweise Klageermäßigung führt nicht zur Ermäßigung nach KV 1211 oder gar zum Wegfall der Gebühr, auch nicht wenn die Ermäßigung vor Klagezustellung erfolgt (OLG Köln NJOZ 2012, 1426). Volle Klagerücknahme führt allenfalls zur Teilrückzahlung (KV 1211). Wer eine Klage über 10.000 Euro einreicht, dann auf 6.000 Euro „ermäßigt" und hierauf auf 12.000 Euro erhöht, hat insgesamt die 3-fache Gebühr aus 12.000 Euro zu zahlen.

7. Widerklage

15 Wenn der Beklagte eine Widerklage einreicht, fällt dafür die Verfahrensgebühr KV 1210 an; **Fälligkeit** § 6; die Zustellung erfolgt bereits vor Zahlungseingang, § 12 Abs. 2 Nr. 1. Für den Streitwert und damit die Höhe der 3,0 Gebühr kommt es nach § 45 Abs. 1 darauf an:

- Wenn Klage und Widerklage *denselben* Anspruch betreffen, was selten der Fall ist, erfolgt keine Streitwertaddition, sondern der Wert des höheren Anspruchs ist maßgebend (§ 45 Abs. 1 S. 3); wenn dies, wie meist, die Klage ist, fällt keine weitere Gebühr mehr an;
- wenn Klage und Widerklage *nicht denselben* Anspruch betreffen, wie im Regelfall, werden die Ansprüche addiert (§ 45 Abs. 1 S. 1). **Beispiel:** Bei Klage über 3.000 Euro und Widerklage über 1.000 Euro beträgt der gesamte Streitwert ab Eingang der Widerklage 4.000 Euro. Da der Kläger bereits 3 × 108 Euro = 324 Euro Verfahrensgebühr aus 3.000 Euro zahlte, nun der Streitwert aber auf 4.000 Euro anstieg, die gesamte Verfahrensgebühr also nun 3 × 127 Euro = 381 Euro beträgt, hat der Beklagte und Widerkläger (§ 22 Abs. 1) nur noch die Differenz von 57 Euro zu zahlen (und nicht etwa 3,0 Gebühren aus 1.000 Euro = 159 Euro).

8. Prozesstrennung

a) Abtrennung der Widerklage. Wird die Widerklage vom Gericht abgetrennt (§ 145 Abs. 2 ZPO), dann liegt die Voraussetzung des § 45 Abs. 1 nicht mehr vor. Die Widerklage ist eine gewöhnliche Klage geworden, bei der der bisherige Widerkläger jetzt Kläger ist. Für die Widerklage (zB Streitwert 1.000 Euro) ist die gewöhnliche Verfahrensgebühr aus ihrem Streitwert zu entrichten; im vorigen Beispiel (→ Rn. 12) fallen also 3 × 53 Euro = 159 Euro an, und wenn vor Trennung wegen der Gebührendegression nur 57 Euro bezahlt worden sind, weitere 102 Euro. **16**

b) Sonstige Fälle. In sonstigen Fällen der Prozesstrennung (§ 145 Abs. 1 ZPO), etwa wenn eine Klage gegen drei Beklagte gerichtet ist, entstehen ebenfalls selbstständige Prozesse mit eigenen Akten. Da die Gebühren nicht in einem festen Verhältnis zum Streitwert stehen, sondern degressiv, wird der Prozess nun teurer (OLG München OLG-Report 2006, 600). Gebühren sind nachzuerheben. Vor der Trennung entstandene Gebühren werden angerechnet und zwar nach dem Verhältnis der Streitwerte der getrennten Prozesse (MüKoZPO/*Wagner* § 145 Rn. 15). **17**

Beispiele: (1) Klage K gegen B über 10.000 Euro; sie wird getrennt in ein Verfahren (I) über 2.000 Euro und ein Verfahren (II) über 8.000 Euro. Vor Trennung betrug die Verfahrensgebühr (aus 10.000 Euro) 3 × 241 Euro = 723 Euro. Nun beträgt die Gebühr für das Verfahren (I) 3 × 89 Euro = 267 Euro; darauf sind entrichtet 20% von 723 Euro = 144,60 Euro; es sind noch 267 Euro – 144,60 Euro = 122,40 Euro nachzuzahlen. Für das Verfahren (II) sind noch zu zahlen: 3 × 203 Euro = 609 Euro abzüglich 80% von 723 Euro (578,40), verbleiben 30,60 Euro. **18**
(2) Klagt K gegen A, B, C auf Zahlung von je 10.000 Euro, fällt eine 3,0-Gebühr aus 30.000 Euro an. Wird das Verfahren nach § 145 ZPO in drei Verfahren K-A, K-B und K-C geteilt, dann werden 3 × 3,0-Gebühren aus 10.000 Euro geschuldet. Vorausbezahlt wurden 3 × 406 = 1.218 Euro, nun werden 3 × 723 = 2.169 Euro fällig, so dass noch insgesamt 951 Euro (je Prozess 317 Euro) nachzuzahlen sind.

9. Prozessverbindung

Wenn das Gericht mehrere Prozesse miteinander verbindet (§ 147 ZPO), dann bleiben die vor Verbindung in den einzelnen Prozessen nach den jeweiligen Streitwerten bereits angefallenen Gebühren unberührt, weil die Verbindung keine rückwirkende Kraft hat (OLG München MDR 1999, 830; MüKoZPO/*Wagner* ZPO § 147 Rn. 15). Der Kläger muss also nichts nachzahlen (wegen der Gebührendegression wäre das sowieso nicht denkbar), erhält aber auch nichts deshalb erstattet, weil die Gebühren seinerzeit zu Recht anfielen; im Übrigen ist die 3-fache Gebühr zB aus 30.000 Euro geringer ist als die 3-fache Gebühr aus drei Prozessen über je 10.000 Euro (ausgenommen in den Fällen KV 1211). Ferner → Rn. 32. **19**

II. Verfahrensgebühr, wenn ein Mahnverfahren vorausging (Satz 1)

Soweit wegen desselben Streitgegenstandes ein Mahnverfahren (oder ein Europäisches Mahnverfahren, KV 1210 Anm. Satz 2) vorausging, gilt: **20**

1. Entstehung der Verfahrensgebühr

21 **a) Untätigkeit des Schuldners.** Nach Erlass des Mahnbescheids kann der Schuldner untätig bleiben; dann ergeht auf Antrag des Gläubigers ein **Vollstreckungsbescheid** (dafür fällt keine zusätzliche Gerichtsgebühr an).

22 **b) Streitanträge. (aa) Kein Streitantrag.** Wird der Streitantrag trotz Widerspruch des Schuldners **von keiner der Parteien** gestellt (zB weil der Gläubiger die Sache nun aufgrund der Widerspruchsbegründung für aussichtslos hält und der Schuldner kaum Kosten hatte, sich daher den Ärger sparen will), bleibt das Verfahren beim Mahngericht stecken (und es ist nur die Gebühr nach KV 1100 angefallen; AG Bitterfeld JurBüro 2002, 88). Die Gerichtskasse hat ihre Kosten vorausbezahlt erhalten und ist damit befriedigt.

23 **(bb) Streitantrag (nur) des Schuldners.** Der Schuldner kann gegen den Mahnbescheid Widerspruch einlegen (§ 694 ZPO). Legt der Schuldner Widerspruch ein und begründet er ihn so überzeugend, dass der Gläubiger seine Sache nun für aussichtslos hält (zB weil erfolgte Zahlung oder Verjährung eingewandt wird), dann wird der Gläubiger die Sache nicht weiter betreiben; nun bleibt das Verfahren beim Mahngericht stecken (es „ruht"), → Rn. 18. Der Schuldner kann (muss aber nicht) jetzt den Streitantrag stellen, damit er zur Kostenentscheidung und Erstattung seiner Anwaltskosten für den Widerspruch kommt (vgl. § 696 Abs. 1 S. 1 ZPO); denn auf den Streitantrag hin wird abgegeben und terminiert und wenn der Kläger zum Termin nicht kommt wird die Klage abgewiesen und werden die Kosten dem Kläger auferlegt (§ 91 ZPO). Durch seinen Streitantrag wird der Schuldner Kostenschuldner, § 22 Abs. 1 S. 1 GKG (LG Osnabrück JurBüro 2003, 371); doch ist er nicht vorleistungspflichtig (§ 12 Abs. 3 S. 3 GKG: „Antrag des Antragstellers"), der Kostenbeamte des Prozessgerichts nimmt eine Sollstellung vor (§§ 4 Abs. 2, 13, 25 KostVfg); irgendwann wird nach der JBeitrG vollstreckt. Die Mahnverfahrensgebühr, die der Antrag*steller* (Gläubiger) bereits vorgeleistet hat, wird dabei abgezogen. Ein Streitantrag nur des Schuldners ist in der Praxis sehr selten, weil er dem Schuldner zunächst Kosten verursacht; nur wenn der Schuldner für seinen Widerspruch Anwaltskosten hatte und deren Erstattung erzwingen will hatte kann er sinnvoll sein.

24 **(cc) Streitantrag des Gläubigers.** Meist stellt (nach Widerspruch) der Gläubiger den Antrag auf Durchführung des streitigen Verfahrens. Ein besonderer Abgabeantrag ist nicht erforderlich, im amtlichen Vordruck ist er daher auch nicht enthalten; denn § 696 ZPO schreibt die Abgabe von Amts wegen vor. Die Einzahlung der vollen Verfahrensgebühr (KV 1210) nach einem Widerspruch gegen einen Mahnbescheid reicht für sich allein nicht aus, um von einem Antrag auf Durchführung des streitigen Verfahrens (§ 696 Abs. 1 ZPO) auszugehen, sonst wäre die ausdrückliche gesetzliche Regelung überflüssig; es müssen weitere Umstände hinzukommen, die mit Sicherheit auf einen entsprechenden Erklärungswillen hindeuten (OLG München JurBüro 1997, 602 = MDR 1997, 890; aA *Hartmann* Rn. 13). Die Gebühr entsteht mit Eingang der Akten beim Abgabegericht (Satz 1).

25 **c) Antrag auf Durchführung des streitigen Verfahrens.** Der Gläubiger kann den Streitantrag schon **im Mahnantrag,** also **im Voraus bedingt** für den Fall, dass der Schuldner Widerspruch einlegt, stellen (§ 696 Abs. 1 S. 2 ZPO). Das nützt ihm kaum, spart allenfalls das Porto für den späteren gesonderten Streitantrag; kann aber Kostennachteile zur Folge haben. Hatte der Gläubiger den Streitantrag schon bedingt für den Fall des Widerspruchs gestellt, dann ist die Bedingung ein-

getreten, wenn Widerspruch eingelegt wird. Die Verfahrensgebühr für das Streitverfahren entsteht aber erst später, nämlich sobald nach Stellung des Streitantrags die (vollständigen) Akten des Mahnverfahrens (bzw. der Computerausdruck der Akte) bei dem Gericht eingegangen sind, das im Mahnbescheid als das Gericht bezeichnet ist, an das die Sache nach Widerspruch oder Einspruch abzugeben ist; ob dieses Gericht letztlich zuständig ist spielt keine Rolle.

2. Rücknahme des Streitantrags

Nimmt der Gläubiger den zunächst gestellten Streitantrag zurück, so dass die Sache beim Mahngericht stecken bleibt, war früher streitig, ob trotzdem die 3,0 Gebühr (mit Ermäßigung nach KV 1211) anfällt, so dass der Gläubiger für seine Voreiligkeit noch 0,5 Gebühr nachzahlen muss (so LG Bamberg JurBüro 1998, 147) oder nicht (LG Bautzen JurBüro 2002, 88). Nach der jetzigen Fassung von Satz 1 kommt es darauf, ob die Akten beim Abgabegericht (Prozessgericht) eingegangen sind. Wird also der Streitantrag noch gegenüber dem Mahngericht zurückgenommen, so dass die Akten nicht zum Prozessgericht kommen, bleibt es bei der Gebühr nach KV 1100; ebenso ist es, wenn die Rücknahme beim Mahngericht übersehen wird und die Akten versehentlich an das Prozessgericht gesandt werden (der Fehler des Gerichts kann nicht zu Lasten der Partei gehen; § 21). Wird der Streitantrag dagegen erst zurückgenommen, nachdem die Akten beim Prozessgericht eingegangen sind, fällt die Gebühr KV 1210 an. Ermäßigung aber nach KV 1211. **26**

3. Fälligkeit, Vorauszahlung

§ 6 regelt die Fälligkeit, § 12 Abs. 3 S. 1 und 2 die Vorauszahlung, § 22 bestimmt den Schuldner der Mahnverfahrensgebühr: das ist der Gläubiger. Stellt der Gläubiger den Antrag auf Durchführung des streitigen Verfahrens, schuldet er ferner die Gebühr nach KV 1210 (§ 22; Vorauszahlung vgl. § 12 Abs. 3 S. 3). Stellt den Streitantrag nur der Schuldner (Beklagte), ist er für die Gebühr KV 1210 (auch) Kostenschuldner im Sinne des § 22 (BGH NJW-RR 2006, 201; LG Osnabrück JurBüro 2003, 371; aA KG Rpfleger 1980, 121). Unklar ist das Verhältnis der Bestimmungen zueinander: § 12 Abs. 3 S. 3: Abgabe erst nach Vorauszahlung; andererseits ist der durch den Widerspruch bedingte Streitantrag des Gläubigers mit dem Widerspruch des Schuldners wirksam geworden, die Gebühr als nach § 6 Abs. 1 S. 1 fällig geworden; nach der Anm. zu KV 1210 entsteht die Gebühr aber erst mit dem Eingang der Akten: wie kann eine Gebühr, da schon fällig, erst nachträglich entstehen? **27**

4. Einspruch gegen Vollstreckungsbescheid

Ebenso ist es, wenn der Schuldner keinen Widerspruch einlegte, so dass auf Antrag des Gläubigers ein Vollstreckungsbescheid erging (§ 699 Abs. 1 ZPO), der Schuldner aber dann gegen den Vollstreckungsbescheid Einspruch einlegte (§ 700 Abs. 3 ZPO), worauf die Akten an das Streitgericht abgegeben werden; Satz 1 („oder Einlegung des Einspruchs“). Ein Antrag auf Durchführung des streitigen Verfahrens entfällt hier (§ 700 Abs. 3 ZPO). Mit Eingang der Akten beim Prozessgericht ist die Gebühr KV 1210 entstanden (Satz 1). **28**

5. Anrechnung der Mahnverfahrensgebühr

29 Das Mahnverfahren kostete 0,5 Gerichtsgebühr (KV 1110). Diese Gebühr wird auf die 3,0 Gebühren angerechnet, so dass also maximal insgesamt 3,0 Gebühren anfallen.

30 **a) Derselbe Betrag im streitigen Verfahren.** Derselbe Betrag wird weiterverfolgt: Erging ein Mahnbescheid über 10.000 Euro, waren im Mahnverfahren 120,50 Euro Gerichtskosten zu zahlen. Legt der Schuldner Widerspruch ein und beantragt der Gläubiger das streitige Verfahren und stellt Antrag auf Zahlung von 10.000 Euro, dann hat er noch 3 × 241 Euro (723 Euro) abzüglich 120,50 Euro, also noch 602,50 Euro zu zahlen. Sonderfall: Mahnbescheid über 500 Euro erging. Die Mahnverfahrensgebühr war somit die Mindestgebühr von 32 Euro, streitiges Verfahren wegen 500 Euro: 3,0 aus 500 Euro betragen 3 × 35 Euro = 105 Euro; davon sind 0,5 aus 500 Euro anzurechnen, aber nicht nur 17,50 Euro, sondern die bezahlten 32 Euro (aA anscheinend *Hartmann* Rn. 23).

31 **b) Höherer Betrag im streitigen Verfahren.** Mahnbescheid über 10.000 Euro; der Antragsteller erhöht nach Widerspruch seinen Klageantrag auf 15.000 Euro. Es fallen somit insgesamt an: 3,0 aus 15.000 Euro = 879 Euro; abzüglich 0,5 aus 10.000 Euro (= 120,50 Euro), die für das Mahnverfahren bezahlt wurden; abzüglich 2,5 aus 10.000 Euro, die vor Abgabe nachzuzahlen waren (602,50 Euro); es sind also nur noch 276,50 Euro anzufordern (und nicht etwa 3,0 aus 5.000 Euro, was 438 Euro ausmachen würde).

32 **c) Niedrigerer Betrag im streitigen Verfahren.** Wird nur ein ermäßigter Betrag Gegenstand des Streitverfahrens, wird die Mahnverfahrensgebühr nicht voll angerechnet. **Beispiel:** Mahnbescheid über 10.000 Euro erging (Mahnverfahrensgebühr somit 120,50 Euro), nach Widerspruch nur gegen 6.000 Euro wird ein streitiges Verfahren nur noch wegen 6.000 Euro beantragt: 3,0 aus 6.000 Euro betragen 3 × 165 Euro = 495 Euro; davon sind 0,5 aus 6.000 Euro anzurechnen (82,50 Euro), so dass die noch zu zahlende Verfahrensgebühr noch 412,50 Euro beträgt. Die restliche Gebühr von 38 Euro (120,50 Euro – 82,50 Euro) ist für das Mahnverfahren verbraucht worden.

6. Streitwert, aus dem nach Mahnverfahren die Gebühr zu berechnen ist

33 Wird ein Mahnbescheid über 10.000 Euro erlassen, wird voll Widerspruch eingelegt und beantragt eine Partei das streitige Verfahren wegen dieses Betrags, ist die Gebühr aus 10.000 Euro zu berechnen; das ist selbstverständlich (§ 40). Wird im Beispiel der Widerspruch nur gegen 3.000 Euro eingelegt, und beantragt eine Partei das streitige Verfahren dann nur wegen 3.000 Euro (und wegen 7.000 Euro einen Vollstreckungsbescheid), ist die Gebühr aus 3.000 Euro zu berechnen. Würde der Gläubiger in diesem Fall das streitige Verfahren dann nur wegen 2.000 Euro beantragen (weil er hinsichtlich 1.000 Euro selbst erkennt, dass sie ihm nicht zustehen), wären die Gebühren aus 2.000 Euro zu berechnen.

34 Wird **noch gegenüber dem Mahngericht der Antrag ermäßigt,** dann ist der reduzierte Streitwert maßgebend. Auch wenn der Streitantrag bereits im Mahnbescheidsantrag gestellt wurde, reduziert sich der Streitwert für die Gebühr KV 1210, wenn nach Erlass des Mahnbescheids, aber vor Abgabe an das Streitgericht die Sache teilweise für erledigt erklärt bzw. zurückgenommen wird (OLG Mün-

chen NJW-RR 1999, 944 = AnwBl 2001, 127 = MDR 1999, 508 zur aF; OLG Rostock MDR 2002, 665; aA OLG Hamm JurBüro 2002, 88).

Wird **nach Eingang der Akten beim Streitgericht der Antrag ermäßigt,** **35**
ist dies wie auch sonst bei einer Klage ohne kostenreduzierende Wirkung.

7. Mehrere Mahnbescheide

Werden drei zunächst getrennt laufende Mahnverfahren erst nach Wider- **36**
spruchseinlegung und Eingang der Akten beim selben Streitgericht verbunden, so sind neben den drei Gebühren nach KV 1100 auch drei Gebühren für die Prozessverfahren jeweils nach den Einzelwerten zu berechnen, unter Anrechnung der Gebühren KV 1100 (OLG Oldenburg JurBüro 2003, 322).

8. Familiengerichtliches Verfahren

Die Gebühr für das Mahnverfahren (KV 1100) wird auf das spätere Streitverfah- **37**
ren angerechnet (KV 1220 FamGKG).

Nr.	Gebührentatbestand	Gebühr oder Satz der Gebühr nach § 34 GKG
1211	**Beendigung des gesamten Verfahrens durch** **1. Zurücknahme der Klage** **a) vor dem Schluss der mündlichen Verhandlung,** **b) in den Fällen des § 128 Abs. 2 ZPO vor dem Zeitpunkt, der dem Schluss der mündlichen Verhandlung entspricht,** **c) im Verfahren nach § 495a ZPO, in dem eine mündliche Verhandlung nicht stattfindet, vor Ablauf des Tages, an dem eine Ladung zum Termin zur Verkündung des Urteils zugestellt oder das schriftliche Urteil der Geschäftsstelle übermittelt wird,** **d) im Fall des § 331 Abs. 3 ZPO vor Ablauf des Tages, an dem das Urteil der Geschäftsstelle übermittelt wird oder** **e) im europäischen Verfahren für geringfügige Forderungen, in dem eine mündliche Verhandlung nicht stattfindet, vor Ablauf des Tages, an dem das schriftliche Urteil der Geschäftsstelle übermittelt wird,** **wenn keine Entscheidung nach § 269 Abs. 3 Satz 3 ZPO über die Kosten ergeht oder die Entscheidung einer zuvor mitgeteilten Einigung der Parteien über die Kostentragung**	

Nr.	Gebührentatbestand	Gebühr oder Satz der Gebühr nach § 34 GKG
	oder der Kostenübernahmeerklärung einer Partei folgt, 2. Anerkenntnisurteil, Verzichtsurteil oder Urteil, das nach § 313a Abs. 2 ZPO keinen Tatbestand und keine Entscheidungsgründe enthält, oder nur deshalb Tatbestand und die Entscheidungsgründe enthält, weil zu erwarten ist, dass das Urteil im Ausland geltend gemacht wird (§ 313a Abs. 4 Nr. 5 ZPO), 3. gerichtlichen Vergleich oder Beschluss nach § 23 Absatz 3 KapMuG oder 4. Erledigungserklärungen nach § 91a ZPO, wenn keine Entscheidung über die Kosten ergeht oder die Entscheidung einer zuvor mitgeteilten Einigung der Parteien über die Kostentragung oder der Kostenübernahmeerklärung einer Partei folgt, es sei denn, dass bereits ein anderes als eines der in Nummer 2 genannten Urteile, eine Entscheidung über einen Antrag auf Erlass einer Sicherungsanordnung oder ein Musterentscheid nach dem KapMuG vorausgegangen ist:	
	Die Gebühr 1210 ermäßigt sich auf	1,0
	Die Zurücknahme des Antrags auf Durchführung des streitigen Verfahrens, des Widerspruchs gegen den Mahnbescheid oder des Einspruchs gegen den Vollstreckungsbescheid stehen der Zurücknahme der Klage gleich. Die Vervollständigung eines ohne Tatbestand und Entscheidungsgründe hergestellten Urteils (§ 313a Abs. 5 ZPO) steht der Ermäßigung nicht entgegen. Die Gebühr ermäßigt sich auch, wenn mehrere Ermäßigungstatbestände erfüllt sind.	

Übersicht

I. Allgemeines

Die gerichtliche Gebühr, die das ganze Verfahren erster Instanz abdeckt (einschließlich Beweisaufnahme und Urteil), beträgt 3,0 (KV 1210). In bestimmten Fällen (KV 1211) werden aber 2,0 Gebühren zurückbezahlt, bzw. beträgt die zu leistende Zahlung von vornherein nur 1,0 Gebühren. Wer eine Klage einreicht und sofort wieder zurücknimmt muss natürlich nicht zunächst 3,0 zahlen, um dann wieder 2,0 zurückbezahlt zu erhalten; er bekommt von vorneherein nur eine Kostenrechnung über 1,0. **1**

II. Klagerücknahme (Nr. 1)

Die Klagerücknahme führt zur Gebührenermäßigung, wenn folgende Voraussetzungen vorliegen: **2**

1. Beendigung des gesamten Verfahrens

Eine **Teilbeendigung** genügt nicht (OLG Bremen OLG-Report Celle 2005, 563), selbst wenn nur ein Cent oder nur Zinsen, nur Kosten offen bleiben, erfolgt keine Ermäßigung; denn dadurch verringert sich die Belastung des Gerichts kaum, **3** auch soll eine Gebührenspaltung verhindert werden. Das Verfahren muss bezüglich aller Anträge, aller Kläger/Antragsteller und aller Beklagten/Antragsgegner beendet sein: Wenn von zehn Klägern nur neun die Klage zurücknehmen, liegt keine Beendigung des *ganzen* Verfahrens vor. Rücknahme nur der **Widerklage** beendet nach hM nicht das *ganze* Verfahren (OLG Schleswig MDR 2003, 176; OLG Stuttgart MDR 2002, 298), führt also nicht zur (anteiligen) Gebührenermäßigung; sachgerechter ist die gegenteilige Meinung. Die (völlige) **Rücknahme einer späteren Klageerweiterung** führt ebenfalls zu keiner (anteiligen) Gebührenermäßigung, selbst dann, wenn sich der Streitwert erheblich ermäßigt (OLG München MDR 1997, 688 = NJW-RR 1997, 1159).

2. Beendigung durch Klagerücknahme

4 Erforderlich ist eine wirksame Klagerücknahme, also gegebenenfalls mit Einwilligung des Beklagten (vgl. § 269 Abs. 1 ZPO). „Klagerücknahme“ ist nicht nur im Sinne des ZPO zu verstehen, sondern kostenrechtlich: wenn eine *unbedingte* Klage und gleichzeitig **ein PKH-Antrag** für die Klage eingereicht werden, nach PKH-Ablehnung aber das Verfahren nicht weiter betrieben wird, fällt 1,0 Gebühr an (OLG Koblenz FamRZ 1998, 312; bei Klage für den Fall der PKH-Bewilligung würde keine Gebühr anfallen! Auslegungsfrage anhand des Wortlauts, was gewollt war); wenn die Akten nach der Aktenordnung weggelegt werden, **weil der Kläger keinen Vorschuss zahlt,** fällt die 3-fache Gebühr zunächst an, doch erfolgt eine Ermäßigung nach KV 1211 (*Meyer* Rn. 21). Die **Rückzahlung** erfolgt in der Regel an den Prozessbevollmächtigten (§ 29 Abs. 4 KostVfg). Die bloße Mitteilung des Klägers, der Beklagte habe bezahlt, stellt noch keine Klagerücknahme dar. Das bloße Nichtbetreiben des Rechtsstreits infolge Unterbrechung, Aussetzung oder Anordnung des Ruhens des Verfahrens (§ 251 ZPO) stellt keine Klagerücknahme dar, reicht für sich allein für eine Gebührenermäßigung nicht aus (*Meyer* Rn. 33); wer also 3,0 einzahlt und dann das Verfahren nicht weiterbetreibt, erhält nichts erstattet (eine Klagerücknahme muss vom Gericht nicht angeregt werden); wer nichts einzahlt und dann das Verfahren nicht weiterbetreibt, dem werden nur 1,0 in Rechnung gestellt. Auch die **Rücknahme einer noch nicht zugestellten Klage** fällt unter KV 1211 (OLG München MDR 1996, 1075; OLG Hamm MDR 1997, 206), es besteht nicht etwa völlige Gebührenfreiheit. Wird nach einer Klageerweiterung die Klage lediglich in Höhe der Erweiterung zurückgenommen, so greift die Ermäßigung des KV 1211 nicht ein, da der Streit nicht ganz beendet ist; das gilt auch, wenn die Klageerweiterung noch nicht zugestellt war (OLG München NJW-RR 1997, 1159; → Rn. 3). Das „Fallenlassen“ eines Klageanspruchs im Wege der gewillkürten Parteiauswechselung wird kostenrechtlich wie eine Klagerücknahme behandelt (KG JurBüro 1997, 93).

3. Klagerücknahme bis zu einem privilegierten Zeitpunkt

5 **a) Ziffer 1a: vor dem Schluss der mündlichen Verhandlung.** Die ZPO spricht in § 136 Abs. 4 und § 296a vom „Schluss“ der mündlichen Verhandlung. Es handelt sich beim Schluss **nicht um ein zeitliches Ereignis;** ein Prozess kann mehrere mündliche Verhandlungen (Fortsetzungstermine) haben, die eine Einheit bilden. Wenn die dritte Verhandlung zeitlich beendet ist, liegt deswegen noch nicht zwingend ein „Schluss“ der mündlichen Verhandlung vor, weil eine vierte folgen

kann, aber nicht muss. Schluss ist erst eingetreten, wenn das Gericht selbst eine Verhandlung als diejenige erachtet, nach der die Sache entscheidungsreif ist.

Gemeint ist die **Reife für die Endentscheidung** (OLG München FamRZ 2001, 243 = MDR 2000, 787; MDR 1997, 402), nicht für eine weitere mündliche Verhandlung, für einen Beweisbeschluss etc. Die Gebührenermäßigung kann deshalb auch dann eintreten, wenn die Klagerücknahme nach einer mündlichen Verhandlung erklärt wird, der nach Aktenlage eine weitere mündliche Verhandlung folgen musste (OLG München FamRZ 2001, 243; MDR 1997, 402 = NJW-RR 1997, 639) bzw. wenn die Klagerücknahme nach einer mündlichen Verhandlung erklärt wird, nach Aktenlage aber eine weitere mündliche Verhandlung stattfinden muss (OLG München MDR 1997, 402 = NJW-RR 1997, 639). Das ist im Zweifel im Erinnerungsverfahren (§ 66) zu klären, zuvor vom Kostenbeamten beim Kostenansatz durch Rückfrage beim Richter. Wird am 1. 2 und 1. 3. mündlich verhandelt und am 1. 3 Termin zur Verkündung einer Entscheidung auf den 24. 3. bestimmt, dann kann die Klage gebührenermäßigend am 23. 3. zurückgenommen werden, wenn am 24. 3. ein Beweisbeschluss, Aufklärungsbeschluss etc. verkündet werden sollte, der weitere mündliche Verhandlungen zur Folge gehabt hätte. Wenn aber am 24. 3. ein Urteil verkündet werden sollte, was sich aus dem Akteninhalt (zB Urteilsentwurf in der Akte) ergibt, ist zwar eine **Klagerücknahme noch möglich, ermäßigt die Gebühr KV 1210 aber nicht mehr.** Wird nach einer mündlichen Verhandlung, deren „Ergebnis offen geblieben ist", die Klage zurückgenommen, gibt OLG Frankfurt NJW-RR 2000, 216 = MDR 1999, 1286 keine Gebührenermäßigung; zweifelhaft, besser wäre es gewesen, zur Aufklärung eine dienstliche Stellungnahme des Richters einzuholen. 6

Überlegungsfrist: Wird am 1. 2. abschließend mündlich verhandelt und Termin zur Urteilsverkündung auf 1. 3 angesetzt, dem Kläger aber Frist bis 20. 2 zur Klagerücknahme eingeräumt und nimmt er die Klage tatsächlich am 20. 2. zurück, war dies nach Schluss und es gibt keine Gebührenermäßigung (OLG München FamRZ 2001, 243); zweifelhaft, weil ein Gericht keine Frist zur Klagerücknahme setzen kann. 7

Terminsaufhebung: Hebt das Gericht nach Durchführung einer mündlichen Verhandlung einen angesetzten „Verkündigungstermin" im Hinblick auf eine Mitteilung des Beklagten auf, die Parteien hätten sich außergerichtlich geeinigt und es werde nach Zahlung eines Abfindungsbetrags zur Klagerücknahme kommen, so tritt die Gebührenermäßigung mit der nachfolgenden Rücknahmeerklärung des Klägers ein (OLG Düsseldorf NJW-RR 2000, 362 = MDR 1999, 1465), wenn nicht feststand, dass andernfalls ein Urteil verkündet worden wäre. 8

b) Ziffer 1b: Fälle des § 128 Abs. 2 ZPO. Wenn im **schriftlichen Verfahren** keine mündliche Verhandlung stattfand, weil die Parteien darauf verzichtet haben (§ 128 Abs. 2 ZPO), muss die Rücknahme vor dem Zeitpunkt erfolgen, „der dem Schluss der mündlichen Verhandlung entspricht": dem Beginn entsprach nach früherer Auffassung der Eingang der letzten Zustimmungserklärung bei Gericht (BGH NJW 1970, 198); jetzt wird man den Zeitpunkt als wesentlich ansehen müssen, bis zu dem laut Anordnung des Gerichts Schriftsätze eingereicht werden können, also dem vom Gericht durch Beschluss festgelegten Schlusszeitpunkt (MüKoZPO/*Wagner* ZPO § 128 Rn. 35). 9

c) Ziffer 1c: Verfahren nach § 495a ZPO. Im amtsgerichtlichen Bagatellverfahren ohne mündliche Verhandlung muss die Klagerücknahme bei Gericht eingehen spätestens am Tag vor Zustellung der Ladung zur Urteilsverkündung (das 10

§ 495a ZPO-Urteil muss aber nicht verkündet werden); oder vor Übermittelung des schriftlichen Urteils an die Geschäftsstelle (die Übergabe des Diktats genügt nicht). 1c soll gegenüber 1a und 1b subsidiär sein (OLG Karlsruhe MDR 2006, 235).

11 **d) Ziffer 1d: Verfahren nach § 331 Abs. 3 ZPO.** Wenn das Gericht das schriftliche Vorverfahren anordnete (§ 276 ZPO), der Beklagte aber seine Verteidigungsabsicht nicht anzeigt und darauf das Gericht auf Antrag des Klägers ein Versäumnisurteil gegen den Beklagten erlassen will (§ 331 Abs. 3 ZPO), dann tritt Gebührenermäßigung ein, wenn die Klagerücknahme spätestens am Tag der „Übermittlung" des Versäumnisurteils an die Geschäftsstelle zurückgenommen wird. Wenn also das Versäumnisurteil um 15 Uhr bei der Geschäftsstelle eingeht, kann der Kläger die Klage noch bis 24 Uhr zurücknehmen.

12 **e) Ziffer 1e: Bestimmte Europäische Verfahren. Europäische Verfahren für geringfügige Forderungen.** Dazu VO (EG) Nr. 861/2007 und §§ 1097ff. ZPO sowie → § 12 Rn. 24a. Hier wird ebenfalls auf einem Formular eine Klage eingereicht und wenn die Klage vor Ablauf des Tages, an dem das schriftliche Urteil der Geschäftsstelle übermittelt wurde, vollständig zurückgenommen wird, reduziert sich die Gerichtsgebühr.

4. Keine Belastung durch arbeitsaufwendige Kostenentscheidungen

13 Wenn nach Klagerücknahme auf Antrag des Beklagten noch ein Beschluss ergeht, dass der Kläger die Kosten zu tragen hat (§ 269 Abs. 3 S. 2 ZPO), steht dies der Gebührenermäßigung nicht entgegen. Ist hingegen ein Kostenentscheidung nach § 269 Abs. 3 S. 3 ZPO (Ermessensentscheidung) notwendig, entfällt die Gebührenermäßigung, da eine solche Entscheidung erheblichen gerichtlichen Arbeitsaufwand voraussetzt. Ausnahmen: (1) wenn eine Einigung der Parteien über die Kostentragung dem Gericht mitgeteilt wird, die dann nur noch in Beschlussform zu kleiden ist; oder (2) eine Partei hat die Kostenübernahme erklärt. In diesen beiden Ausnahmefällen bleibt es also bei der Gebührenermäßigung.

5. Vorangegangene Entscheidungen

14 Es darf kein anderes Urteil als ein
- Anerkenntnisurteil,
- Verzichtsurteil,
- Urteil nach § 313a Abs. 2 ZPO
- Musterbescheid nach dem KapMuG

vorausgegangen sein **(Satz 1 am Ende: „es sei dann ...")**. Denn diese Urteilsarten machen wenig Mühe; die Gebührenermäßigung erfolgt, weil sich das Gericht insgesamt Arbeit gespart hat. Andere Urteile machen Arbeit und hindern daher die Gebührenermäßigung.

15 **a) Teilurteil.** Ist ein Teilurteil (§ 301 ZPO) vorausgegangen, kann keine Gebührenermäßigung mehr erfolgen (OLG Stuttgart NJW-RR 1996, 1535). Ist nach erhobener **Stufenklage** (§ 254 ZPO) ein Teilurteil über den Anspruch auf Auskunft ergangen, scheidet eine Gebührenermäßigung aus (OLG Karlsruhe FamRZ

2004, 1663; *Wielgoss* JurBüro 2000, 632), wenn dann die Klage zurückgenommen etc. wird.

b) Zwischenurteil. Ist ein Zwischenurteil (§ 303 ZPO) vorausgegangen und wird dann die Klage zurückgenommen, tritt ebenfalls keine Gebührenermäßigung ein (OLG Koblenz MDR 2005, 119; LG Osnabrück NJW-RR 2014, 1343); dabei ist es unerheblich, was Gegenstand des Zwischenurteils war (es kann sich auch um ein Zwischenurteil zwischen einer Partei und einem Dritten handeln; oder die Anordnung einer Prozesskostensicherheit, OLG Düsseldorf JurBüro 1999, 425 = MDR 1999, 764). Anders OLG München (FamRZ 2003, 1765 = JurBüro 2003, 320), das nach dem Gegenstand des Zwischenurteils differenziert: ein Zwischenurteil über die Leistung einer Prozesskostensicherheit nach § 110 ZPO sei keine „schädliche" Zwischenentscheidung, weil sich das Gericht nicht mit dem Streitstoff auseinandersetzen müsse; wenn der Kläger anschließend die Klage zurücknehme trete daher Gebührenermäßigung ein (zutreffend). 16

c) Gehörsrüge nach Endurteil. Ist ein Endurteil vorausgegangen und wird das Verfahren nach erfolgreicher **Gehörsrüge** (§ 321 a ZPO) fortgesetzt und dann die Klage zurückgenommen, tritt keine Ermäßigung ein, wie der Wortlaut zeigt (aA *Schneider* NJW 2002, 1094; *Hartmann* Rn. 3). Rechtspolitisch ist das aber verfehlt. 17

d) Vorangegangenes Berufungsverfahren. Ist ein Berufungsverfahren vorausgegangen, wird zurückverwiesen und dann die Klage zurückgenommen, dann ist zu beachten: gebührenrechtlich gilt das Verfahren vor und nach der Zurückverweisung als Einheit (§ 4). Die Ermäßigung nach KV 1211 hängt nicht davon ab, ob das vorausgehende Urteil Bestand hatte oder nicht; der Arbeitsaufwand des Erstrichters ist bereits mit Erlass des später aufgehobenen Urteils angefallen und muss bezahlt werden; hieran ändert sich durch Aufhebung und Zurückverweisung sowie spätere Verfahrensbeendigung durch Klagerücknahme oder Vergleich nichts. Ist ein Endurteil vorausgegangen und wird es in der Berufung aufgehoben und zurückverwiesen, sodann die Klage zurückgenommen, (oder verglichen etc.) erfolgt daher keine Ermäßigung nach KV 1211. Ist ein Endurteil vorausgegangen, legt der Kläger dagegen Berufung ein und nimmt dann *im Berufungsverfahren* die Klage zurück (§ 269 Abs. 3 ZPO), kann keine Ermäßigung nach KV 1211 erfolgen. Ist ein Urteil über eine Teilklage vorausgegangen, wird dagegen Berufung eingelegt, nach Aufhebung des erstinstanzlichen Urteils und Zurückverweisung erweitert und später die Klage insgesamt zurückgenommen wird, erfolgt ebenfalls keine Gebührenermäßigung (OLG Nürnberg MDR 2003, 416). Zur Ermäßigung der Berufungsgebühren bei Klagerücknahme in der Berufungsinstanz vgl. KV 1221, 1222. 18

e) Vorangegangenes Versäumnisurteil. Ein *vorausgegangenes* Versäumnisurteil **gegen den Beklagten** (§ 331 ZPO) verhindert die Gebührenermäßigung, wenn nach Einspruch die Klage zurückgenommen oder verglichen usw. wird (OLG München OLG-Report München 2006, 600; OLG München MDR 1996, 968; LG Bonn JurBüro 2001, 595; LG Magdeburg BeckRS 2011, 26629; BT-Drs. 12/6962, 70). Zwar macht ein Versäumnisurteil wenig Mühe, das **Versäumnisurteil ist** aber **in KV 1211 nicht genannt,** weil eine arbeitsaufwendige Schlüssigkeitsprüfung vom Gericht vorgenommen werden müsse (in Wahrheit wohl aus fiskalischen Gründen). Aber auch ein *vorausgegangenes* Versäumnisurteil **gegen den Kläger** (§ 330 ZPO) hindert die Ermäßigung, weil es in KV 1211 nicht genannt 19 ist (LG Osnabrück NdsRpfl 2006, 279; *Hartmann* Rn. 10; aA AG Neuwied JurBüro 2003, 430).

6. Der Klagerücknahme gleichstehende Handlungen

20 Nach der **Anmerkung Satz 1** stehen der Klagerücknahme gebührenrechtlich gleich:

- Rücknahme des Antrags (durch den Antragsteller oder den Antragsgegner oder beide) auf Durchführung des streitigen Verfahrens; § 696 Abs. 4 S. 1 ZPO. Wird der Streitantrag beim Mahngericht gestellt und der restliche Kostenvorschuss bezahlt, erfolgt Abgabe an das Prozessgericht; wird dort der Streitantrag zurückgenommen, ist die Sache als nicht rechtshängig geworden anzusehen (§ 696 Abs. 4 S. 3 ZPO), weshalb von den einbezahlten Gebühren (0,5 + 2,5 = 3,0) ⅔, also 2,0, zurückbezahlt werden.
- Rücknahme des Widerspruchs gegen den Mahnbescheid (§ 697 Abs. 4 ZPO); denn nun kann ein Vollstreckungsbescheid ergehen.
- Rücknahme des Einspruchs gegen den Vollstreckungsbescheid (§§ 700, 346 ZPO); denn dieser ist damit rechtskräftig geworden.

III. Anerkenntnisurteil (Nr. 2)

21 Bei Beendigung des gesamten Verfahrens durch ein Anerkenntnisurteil (§ 307 ZPO), eine Teilbeendigung genügt nicht, tritt die Kostenermäßigung ein. Das Anerkenntnis kann in der mündlichen Verhandlung oder im schriftlichen Verfahren (§ 307 S. 2 ZPO) abgegeben worden sein. Ein Anerkenntnisurteil setzt nur ein Anerkenntnis, keinen entsprechenden Antrag voraus, es genügt der ursprüngliche Klageantrag. Die Kosten werden dem Beklagten auferlegt (§ 91 ZPO; Ausnahme: § 93; → Rn. 22).

22 Erkennt von **mehreren Beklagten** auch nur *einer* nicht an, so dass ein Teil-Anerkenntnis- und Teil-Endurteil folgt, erfolgt keine Gebührenermäßigung (*Meyer* Rn. 32; *Oestreich/Winter/Hellstab* KV 1211 Rn. 2), weil nicht das *gesamte* Verfahren beendet wird. *Lappe* NJW 2004, 2409 hält dies für bedenklich; zu Unrecht, weil das Gericht bei der Kostenentscheidung hinsichtlich der Gerichtskosten entsprechend zu quoteln hatte; erkennen von drei Beklagten zwei an, der dritte nicht und wird er verurteilt, dürfen die Gerichtskosten nicht allen Beklagten zu gleichen Teilen auferlegt werden. Ergeht gegen zwei Beklagte Anerkenntnisurteil, während das Verfahren gegen die übrigen Beklagten durch Versäumnisurteil endet, und hat das Gericht nicht gequotelt, meint das KG (MDR 2002, 722; *Schmitz* MDR 1998, 387), dass gegenüber den entsprechend ihrem Anerkenntnis verurteilten Beklagten lediglich die ermäßigte Verfahrensgebühr entsteht; zur Begründung wird der Gedanke des § 100 Abs. 3 ZPO herangezogen und eine Lücke im GKG angenommen. Das Problem war aber schon vor dem 1. KostRModG bekannt, was gegen eine Lücke spricht; außerdem dürfen fehlerhafte Kostenentscheidungen im Festsetzungsverfahren nicht „nachgebessert" werden.

23 Allerdings könnte das Gericht den Prozess **gegen mehrere Beklagte teilen** (§ 145 ZPO); dann können die anerkennungswilligen Beklagten anerkennen und haben den Gebührenvorteil nach KV 1211. Jedoch entstehen durch die Trennung mehrere Prozesse und es sind Gebühren nachzuzahlen (→ 1210 Rn. 14, 14a), so dass je nach Fall uU kein Vorteil entsteht; man muss das durchrechnen. Klagt K ge-

gen A, B, C auf Zahlung von je 10.000 Euro, fällt eine 3,0-Gebühr aus 30.000 Euro (3 × 406) an. Wird das Verfahren nach § 145 ZPO in drei Verfahren K-A, K-B und K-C geteilt, und erkennt dann C an, dann kostet der Prozess K-C nur noch 1,0 aus 10.000 Euro, das sind 241 Euro.

Erkennt der Beklagte zwar an, aber **„unter Verwahrung gegen die Kostenlast“,** dann denkt er an § 93 ZPO und will, dass dem Kläger im Anerkenntnisurteil die Kosten auferlegt werden. Trotz § 313b Abs. 1 ZPO muss dann die Kostenentscheidung begründet werden (OLG Brandenburg FamRZ 2004, 651), weil sie nach § 99 Abs. 2 ZPO anfechtbar ist. Umstritten ist, ob auch bei einem solchen Anerkenntnisurteil die Kostenermäßigung eintritt. Meist wird dies bejaht, da die Überschrift „Anerkenntnisurteil“ laute und über die Kosten nach § 308 Abs. 2 ZPO ohnehin von Amts wegen zu entscheiden sei (OLG Naumburg JurBüro 2004, 324; OLG Köln FamRZ 2003, 1766; OLG Nürnberg NJW-RR 2003, 1511; OLG Bremen JurBüro 2001, 373; OLG Karlsruhe MDR 1997, 399; OLG München JurBüro 1998, 371; *Seutermann* MDR 1995, 1096; *Hartmann* Rn. 9). Zutreffend erscheint die Gegenansicht, die **keine Kostenvergünstigung** annimmt (KG BeckRS 2017, 136267; OLG Karlsruhe JurBüro 2001, 374; OLG Hamburg MDR 2005, 1195 und MDR 2000, 111; LG Magdeburg JurBüro 2004, 325; *Herget* MDR 1995, 1097; *Meyer* Rn. 39; Zöller/*Vollkommer* § 307 ZPO Rn. 12); denn Sinn der KV 1211 ist es, eine Ermäßigung zu geben, weil sich das Gericht Arbeit erspart hat; die Begründung, dass kein *sofortiges* Anerkenntnis nach § 93 ZPO gegeben ist, ist aber meist genauso schwierig wie die ganze Entscheidung bei einem Endurteil; auch der Vergleich mit KV 1 und § 269 Abs. 3 S. 3 ZPO zeigt, dass es auf die Einsparung von Arbeitsaufwand ankommt. **24**

Dem Anerkenntnisurteil darf kein anderes Urteil als ein Anerkenntnisurteil, Verzichtsurteil, Urteil nach § 313a Abs. 2 ZPO vorausgegangen sein (Satz 1; → Rn. 13). Ist ein Versäumnisurteil vorausgegangen, legt der Beklagte Einspruch ein und erkennt er dann an, erfolgt daher keine Gebührenermäßigung; → Rn. 18. **25**

IV. Verzichtsurteil (Nr. 2)

Bei Beendigung des gesamten Verfahrens (eine Teilbeendigung genügt nicht) durch Verzichtsurteil (§ 306 ZPO) erfolgt eine Gebührenermäßigung. Es darf aber kein anderes Urteil als ein Anerkenntnisurteil, Verzichtsurteil, Urteil nach § 313a Abs. 2 ZPO vorausgegangen sein (Satz 1). **26**

V. Abgekürztes Urteil mit Rechtsmittelverzicht (Nr. 2)

Die Kostenermäßigung tritt ein, wenn das *gesamte* Verfahren durch ein Urteil nach § 313a Abs. 2 ZPO beendet wurde; eine Teilbeendigung genügt nicht (→ Rn. 3). Es darf ferner kein anderes Urteil als ein Anerkenntnisurteil, Verzichtsurteil, Urteil nach § 313a Abs. 2 ZPO vorausgegangen sein (Satz 1). Unter Nr. 2 fällt nur ein Urteil, (1) das in dem Termin, in dem die mündliche Verhandlung geschlossen wurde, verkündet wurde. Die Verkündung muss nicht zwangsläufig am Schluss der mündlichen Verhandlung erfolgen, das Urteil kann auch nach einer Sitzungspause am Ende der Sitzung erst verkündet werden. (2) Beide Parteien haben auf Rechtsmittel verzichtet (bei Anfechtbarkeit nur für eine Partei: diese); der Verzicht kann schon vor Verkündung erfolgen, oder im Termin sogleich nach der Ver- **27** kündung. Ausreichend ist aber auch, wenn der Verzicht spätestens binnen einer Woche nach dem Schluss der mündlichen Verhandlung erklärt wird (§ 313a Abs. 3 ZPO), weil auch dann der Entlastungseffekt eintritt, da das Urteil ohnehin nicht sogleich verfasst wird; aA *Meyer* Rn. 40. (3) Urteil ohne Tatbestand und Gründe. Es kommt es nur darauf an, ob das Urteil keinen Tatbestand und keine Entscheidungsgründe enthält, nicht hingegen auf eine Versäumung der Frist des § 313 Abs. 3 ZPO und auch nicht auf die Frage, ob im konkreten Fall tatsächlich eine Arbeitsersparnis bei Gericht erfolgt ist (OLG München NJW 2015, 1763). Muss das Urteil später wegen Verwendung im Ausland vervollständigt werden (§ 313a Abs. 5 ZPO), ist zwar die Entlastung des Gerichts weggefallen, doch verbietet die **Anmerkung Satz 2** den Wegfall der Gebührenermäßigung. Enthielt das Urteil von Anfang an Tatbestand und Entscheidungsgründe zwecks Verwendung im Ausland (§ 313a Abs. 4 Nr. 5 ZPO) steht das der Gebührenermäßigung nicht entgegen. Verzichten die Parteien auf Tatbestand und Entscheidungsgründe, erstellt sie das Gericht aber (versehentlich?) trotzdem, ist KV 1211 nicht einschlägig; nur Niederschlagung nach § 21 kann und muss dann helfen (vgl. OLG Köln FamRZ 2007, 1759; aA OLG Brandenburg FamRZ 2007, 1831).

28 Die Bestimmung ist auf Beschlussentscheidungen entsprechend anwendbar (OLG München NJW-RR 2003, 1656 = JurBüro 2003, 650; zu § 91a ZPO; Rn. 30). Nr. 2 gilt nicht für Urteile nach **§ 313a Abs. 1 ZPO** (dort gibt es also keine Gebührenermäßigung); *Hartmann* Rn. 9.

VI. Prozessvergleich, KapMuG (Nr. 3)

1. Beendigung des gesamten Verfahrens durch Prozessvergleich

29 Der **Prozessvergleich** muss in der mündlichen Verhandlung oder nach § 278 Abs. 6 ZPO geschlossen worden sein. Eine Teilbeendigung genügt nicht (→ Rn. 3). Die Verfahrensgebühr des Gerichts ermäßigt sich daher nicht durch einen gerichtlichen Vergleich, der nur die Klage, nicht aber die Widerklage erledigt (OLG Schleswig MDR 2003, 176), weil dann nicht der ganze Rechtsstreit beendet ist. Keine Ermäßigung, wenn sich die Parteien vergleichen, die Kostenentscheidung dem Gericht überlassen und auf eine Begründung der Kostenentscheidung sowie Rechtsmittel verzichten (OLG Düsseldorf NJW 2016, 3043). Keine Ermäßigung tritt ferner ein, wenn nach Vergleich ein *Urteil* erlassen wird, das die Beendigung des Verfahrens durch diesen Vergleich feststellt (LG Stuttgart JurBüro 2005, 656).

29a Dem Prozessvergleich gleichgestellt wird ein Beschluss nach **§ 23 Abs. 3 KapMuG.**

29b Ein **außergerichtlicher Vergleich,** selbst wenn er dem Gericht mitgeteilt wird, führt nicht ohne weiteres zur Gebührenermäßigung (anders ist es, wenn zB deswegen die Klage dann zurückgenommen wird oder das Verfahren übereinstimmend für erledigt erklärt wird einschließlich Kostenregelung). Die Gebühr ermäßigt sich nicht, wenn die Parteien in der Hauptsache einen Vergleich (ohne Kostenregelung) schließen, die Kostenentscheidung aber nach § 91a ZPO dem Gericht überlassen wird (OLG Karlsruhe JurBüro 2001, 315), weil sie (da anfechtbar) arbeitsaufwendig begründet werden muss. Anders → Rn. 30ff. Eine Gebührenermäßigung erfolgt selbst dann nicht, wenn die Parteien auf die Begründung der nach § 91a ZPO zu treffenden Kostenentscheidung verzichtet haben (OLG Hamburg MDR 1997, 103; OLG Köln NJW-RR 1998, 1293 = JurBüro 1998, 372).

2. Schädliche vorangegangene Entscheidungen

Es darf kein anderes Urteil als ein Anerkenntnisurteil, Verzichtsurteil, Urteil nach § 313a Abs. 2 ZPO (Nr. 2), vorausgegangen sein; Rn. 13. **Keine Gebührenermäßigung** erfolgt deshalb zB in folgenden Fällen: (1) wenn nach Erlass eines Versäumnisurteils gegen den Beklagten Einspruch eingelegt, dann die Klage erhöht und hierauf ein Prozessvergleich geschlossen wird (OLG Hamburg JurBüro 2001, 317 = MDR 2000, 111; MDR 1998, 623); (2) wenn nach Erlass eines Versäumnisurteils die Klage zurückgenommen oder ein Vergleich abgeschlossen wird (OLG München MDR 1996, 968; OLG Hamburg MDR 1998, 623); (3) wenn dem Vergleich ein Zwischenurteil vorausgegangen ist, selbst wenn dieses nur die Frage einer Sicherheitsleistung für Prozesskosten zum Gegenstand hatte (OLG Düsseldorf JurBüro 1999, 425 = MDR 1999, 764; aA OLG München FamRZ 2003, 1765 = JurBüro 2003, 320); (4) wenn ein Versäumnisurteil gegen den Kläger ergeht und nach Einspruch ein Prozessvergleich geschlossen wird (LG Osnabrück NdsRpfl 2006, 279; aA AG Neuwied JurBüro 2003, 430); (5) Wenn das Versäumnisurteil erst nach Eingang der Verteidigungsanzeige des Beklagten der Geschäftsstelle zugeht und die Zustellung des Urteils deswegen unterbleibt (OLG Oldenburg BeckRS 2017, 125203). **30**

VII. Übereinstimmende Erledigungserklärung (Nr. 4)

1. Beendigung des gesamten Verfahrens

Beendigung des gesamten Verfahrens durch übereinstimmende Erledigungserklärung (eine Erledigung der Kostenfrage im Sinne des § 91a ZPO ist an sich nicht möglich; „Rechtsstreit in der Hauptsache"); eine Teilbeendigung genügt nicht. Eine einseitige Erledigungserklärung fällt nicht unter KV 1211. **31**

2. Schädliche vorangegangene Entscheidungen

Es darf kein anderes Urteil als ein Anerkenntnisurteil, Verzichtsurteil, Urteil nach § 313a Abs. 2 ZPO (Nr. 2), vorausgegangen sein; → Rn. 13. **32**

3. Geeignete Kostenregelung

Keine oder nur eine einfache Kostenentscheidung darf folgen; wenn sie bei voller übereinstimmender Erledigungserklärung durch *begründeten* Beschluss ergeht, fällt die Gebühr 3,0 an und es gibt keine Ermäßigung (OLG Hamburg MDR 2006, 1376). **33**

a) Es ergeht keine Entscheidung über die Kosten. Nach §§ 91a Abs. 1, 308 Abs. 2 ZPO muss allerdings eine Kostenentscheidung von Amts wegen ergehen, auch wenn keine Kostenanträge gestellt werden, so dass eine Nicht-Entscheidung nur vorstellbar ist, wenn (1) die Entscheidung aus irgend einem Grund nicht ergeht; oder (2) wenn die Parteien keine Kostenentscheidung wollen (Zöller/*Vollkommer* ZPO § 91a Rn. 22; Thomas/Putzo/*Hüßtege* ZPO § 91a Rn. 26; str.), ausdrücklich darauf verzichten (LG Mainz JurBüro 2001, 260), denn aufgedrängt soll sie nicht werden. So kann es sein, wenn ausdrücklich keine Kostenanträge gestellt werden (OLG München AnwBl 1998, 286); (3) wenn sich die Parteien schon außergerichtlich über die Kosten geeinigt haben (BAG NJW 2004, 533; BGH MDR 1970, 46); **34**

so, wenn die Kosten bereits bezahlt wurden (OLG München MDR 1996, 209; OLG Frankfurt JurBüro 1999, 94); (4) Wenn sich die Parteien über die Kosten des erledigten Rechtsstreits später durch Prozessvergleich einigen (KG MDR 1997, 889; OLG München MDR 1996, 209). – Oder:

35 **b) Kostenentscheidung entspricht einer Einigung.** Die Kostenentscheidung entspricht einer (außergerichtlichen oder anderweitigen gerichtlichen) Einigung der Parteien über die Kosten, die sie *vor* der Kostenentscheidung dem Gericht mitgeteilt haben (OLG Brandenburg NJW-RR 1999, 654 = MDR 1999, 188; aA noch OLG München FamRZ 1999, 1682 = MDR 1999, 957 zur aF). Denn diese Einigung wird dann einfach in den Beschluss übernommen (BAG NJW 2004, 533). OLG Köln MDR 1998, 1250 will sogar eine Kostenentscheidung genügen lassen, der ein *unterstelltes* Einverständnis des Beklagten mit der von der Klagepartei beantragten Kostenregelung zugrunde lag. Oder:

36 **c) Kostenübernahmeerklärung.** Die Kostenentscheidung entspricht einer zuvor mitgeteilten Kostenübernahmeerklärung einer Partei. Die Parteien können über die Kosten des in der Hauptsache erledigten Rechtsstreits verfügen; erkennt eine Partei ihre Kostenlast an, sind ihr in Anwendung des Grundgedankens des § 307 ZPO ohne weitere Sachprüfung die Kosten aufzuerlegen; der bisherige Sach- und Streitstand ist für die Kostenentscheidung dann nicht mehr maßgebend (BAG NJW 2004, 533). Es genügt auch, wenn eine Partei den Kostenantrag der anderen anerkennt (OLG München FamRZ 2002, 257 = NJW-RR 2002, 216).

37 **d) Analoge Anwendung.** Verzichten die Parteien nach Erledigungserklärung im Anschluss an einen Beschluss nach § 91a ZPO auf Rechtsmittel und ist der Beschluss daher nicht zu begründen, wendet OLG München JurBüro 2003, 650 den § 313a Abs. 2 ZPO und damit KV 1211 analog an (die Parteien hatten in einem anderen Verfahren auch die vorliegende Sache verglichen und eine Kostenregelung vereinbart; sie erklärten dann die vorliegende Sache für erledigt, das Gericht erließ einen Kostenbeschluss entsprechend dem Vergleich; seit 1.8.2013 in KV 1900 neu geregelt). Auch OLG Hamburg MDR 2005, 418 hält eine analoge Anwendung auf „gleich gelagerte" Fälle für möglich.

38 **e) Bezug zur Gebühr KV 1810.** Bei den Kostentscheidungen, die KV 1211 hinsichtlich § 91a ZPO meint, ist an sich von vereinbarter Unanfechtbarkeit auszugehen. Wird die Kostenentscheidung gleichwohl mit sofortiger Beschwerde angefochten (§§ 91a Abs. 2, 567 ZPO), dann fällt die Beschwerdegebühr KV 1810 zusätzlich an.

VIII. Verbindung von Verfahren

39 Erhebt der Kläger im Laufe der Zeit drei Klagen über je 10.000 Euro, werden die Verfahren dann verbunden und hierauf durch Vergleich oder Klagerücknahme etc. ganz erledigt, fragt sich, wie viel Gerichtsgebühren zurückzuzahlen sind. Vom Sinn der Regelung und weil sonst der Kläger wegen der Prozessverbindung mehr zahlen müsste als ohne Verbindung muss es bei den vor Verbindung entstandenen Einzelgebühren nach KV 1210 bleiben; jede dieser Einzelgebühren ermäßigt sich nach KV 1211 (OLG München NJW-RR 1999, 1232; *Hartmann* Rn. 12). Im **Beispiel** (3 Klagen über je 10.000 Euro werden verbunden) sind als 3 × 2 × 241 Euro (Gebühr aus 10.000 Euro) zurückzuzahlen und nicht nur 2 × 406 Euro (Streitwert

nach Verbindung 30.000 Euro, eine Gebühr somit 406 Euro). Die aA (*Meyer* JurBüro 1999, 239; 2003, 187; Zöller/*Greger* ZPO § 147 Rn. 10) meint, nur aus dem nach Verbindung entstandenen neuen Streitwert würden ⅔ zurückbezahlt, also weniger. Bei einer Prozessbeendigung wegen **Konfusion** (die eine Partei wird Alleinerbe der anderen Partei) erfolgt keine Ermäßigung der Gerichtsgebühr (OLG Stuttgart FamRZ 2016, 658).

IX. Zusammenstückelung der vollen Beendigung durch mehrere Ermäßigungstatbestände

Nach der **Anmerkung Satz 3** ermäßigt sich die Gebühr auch, wenn mehrere Ermäßigungstatbestände (gleichzeitig oder Nacheinander) erfüllt sind. **Beispiele:** (1) Erklären die Parteien in der Verhandlung zunächst einen Teilbetrag der Hauptsache übereinstimmend für erledigt und schließen sie anschließend über den restlichen Streitstoff einschließlich der Kosten, auch des erledigten Teils, einen Prozessvergleich, so ermäßigt sich die Gebühr auf 1,0 (OLG Hamburg MDR 1996, 971). (2) Ebenso ist es, wenn sich die Beendigung aus Teil-Rücknahme und Teil-Vergleich zusammenstückelt; gerichtliche Arbeit fällt weg, das ist entscheidend. (3) Eine Ermäßigung tritt aber nicht ein, wenn ein Teil der Klageforderung anerkannt und im übrigen die Hauptsache für erledigt erklärt wird, ohne dass die Parteien auch die Kostenpflicht abschließend regeln (OLG Nürnberg MDR 1997, 400). – Satz 3 stellt ferner klar, dass bei mehreren Ermäßigungstatbeständen nicht etwa eine zweite, dritte Ermäßigung (von 1,0 auf 0,33 usw.) eintritt. **40**

X. Versäumnisurteil

Endet das Verfahren durch Versäumnisurteil gegen den Beklagten (§ 331 ZPO), erfolgt (aus fiskalischen Gründen) keine Gebührenermäßigung nach KV 1211 (nicht verfassungswidrig, BVerfG NJW 1999, 3550); es bleibt bei der 3-fachen Gebühr nach KV 1210 (OLG Hamburg MDR 1996, 1193; LG Magdeburg BeckRS 2011, 26629). Bei Beendigung durch klageabweisendes Versäumnisurteil gegen den Kläger (§ 330 ZPO) erfolgt ebenfalls keine Gebührenermäßigung; → Rn. 18. **41**

XI. Zinsen, Rückerstattung

Wurden 3,0 Gebühren vorausbezahlt und ermäßigt sich dann die Gebühr, ist die Überzahlung zurückzuzahlen; eine Verzinsung erfolgt nicht (§ 5 Abs. 4). Wird versehentlich nichts zurückbezahlt, darf der Antragsteller die Verjährungsfrist nicht übersehen (§ 5 Abs. 2). **42**

XII. Taktische Fragen

(1) Wenn der erschienene Beklagte nicht auftritt und daher ein Versäumnisurteil gegen ihn ergeht (§ 333 ZPO), verursacht das die 3,0-Gerichtsgebühr nach KV 1210. Wenn der Beklagte anerkennt, fällt dagegen nur eine 1,0-Gebühr nach KV **43**

1211 an. (2) Wenn *fast* der ganze Prozess durch Vergleich beendet werden kann, bleibt es bei der 3,0 Gebühr. Wenn von eingeklagten 10.000 Euro nur 9.900 Euro verglichen werden können, der Rest streitig bleibt, kostet die Entscheidung über den Rest (100 Euro) 2 × 241 Euro = 482 Euro. Da ist es billiger, wenn der Kläger die Klage in Höhe von 100 Euro zurücknimmt und die restlichen 9.900 Euro verglichen werden.

Unterabschnitt 2. Verfahren vor dem Oberlandesgericht

Nr.	Gebührentatbestand	Gebühr oder Satz der Gebühr nach § 34 GKG
1212	**Verfahren im Allgemeinen**	**4,0**
1213	**Beendigung des gesamten Verfahrens durch** **1. Zurücknahme der Klage** **a) vor dem Schluss der mündlichen Verhandlung,** **b) in den Fällen des § 128 Absatz 2 ZPO vor dem Zeitpunkt, der dem Schluss der mündlichen Verhandlung entspricht, oder** **c) im Fall des § 331 Absatz 3 ZPO vor Ablauf des Tages, an dem das Urteil der Geschäftsstelle übermittelt wird,** **wenn keine Entscheidung nach § 269 Absatz 3 Satz 3 ZPO über die Kosten ergeht oder die Entscheidung einer zuvor mitgeteilten Einigung der Parteien über die Kostentragung oder der Kostenübernahmeerklärung einer Partei folgt,** **2. Anerkenntnisurteil, Verzichtsurteil oder Urteil, das nach § 313a Absatz 2 ZPO keinen Tatbestand und keine Entscheidungsgründe enthält,** **3. gerichtlichen Vergleich oder** **4. Erledigungserklärungen nach § 91a ZPO, wenn keine Entscheidung über die Kosten ergeht oder die Entscheidung einer zuvor mitgeteilten Einigung der Parteien über die Kostentragung oder der Kostenübernahmeerklärung einer Partei folgt,** **es sei denn, dass bereits ein anderes als eines der in Nummer 2 genannten Urteile vorausgegangen ist:** **Die Gebühr 1212 ermäßigt sich auf** . . . . **Die Gebühr ermäßigt sich auch, wenn mehrere Ermäßigungstatbestände erfüllt sind.**	 **2,0**

Unterabschnitt 3. Verfahren vor dem Bundesgerichtshof

Nr.	Gebührentatbestand	Gebühr oder Satz der Gebühr nach § 34 GKG
1214	**Verfahren im Allgemeinen**	5,0
1215	**Beendigung des gesamten Verfahrens durch** **1. Zurücknahme der Klage** **a) vor dem Schluss der mündlichen Verhandlung,** **b) in den Fällen des § 128 Absatz 2 ZPO vor dem Zeitpunkt, der dem Schluss der mündlichen Verhandlung entspricht, oder** **c) im Fall des § 331 Absatz 3 ZPO vor Ablauf des Tages, an dem das Urteil der Geschäftsstelle übermittelt wird,** **wenn keine Entscheidung nach § 269 Absatz 3 Satz 3 ZPO über die Kosten ergeht oder die Entscheidung einer zuvor mitgeteilten Einigung der Parteien über die Kostentragung oder der Kostenübernahmeerklärung einer Partei folgt,** **2. Anerkenntnisurteil, Verzichtsurteil oder Urteil, das nach § 313 a Absatz 2 ZPO keinen Tatbestand und keine Entscheidungsgründe enthält,** **3. gerichtlichen Vergleich oder** **4. Erledigungserklärungen nach § 91 a ZPO, wenn keine Entscheidung über die Kosten ergeht oder die Entscheidung einer zuvor mitgeteilten Einigung der Parteien über die Kostentragung oder der Kostenübernahmeerklärung einer Partei folgt,** **es sei denn, dass bereits ein anderes als eines der in Nummer 2 genannten Urteile vorausgegangen ist:** **Die Gebühr 1214 ermäßigt sich auf** . . . . **Die Gebühr ermäßigt sich auch, wenn mehrere Ermäßigungstatbestände erfüllt sind.**	3,0

Die Regelung betrifft hauptsächlich die Klagen von Bürgern gegen ein Bundesland oder die Bundesrepublik, wenn sie nach ihrer Meinung infolge **unangemessener Dauer von Gerichtsverfahren** einen Nachteil erlitten haben. Das ist in §§ 198 ff. GVG geregelt und wurde auf Druck der EGMR-Rechtsprechung eingefügt. Die Regelung ist bedenklich, weil sie die Rechtsverfolgung für den Bürger erschwert (*Althammer* JZ 2011, 446; *Zimmermann* FamRZ 2011, 1905). **In erster Instanz** ist für die **Entschädigungsklage** das OLG (bzw. LAG usw) zuständig, § 201 GVG. Ebenso ist es bei der **Musterfeststellungsklage** nach §§ 606 ff. ZPO 1

(§ 119 Abs. 3 GVG). Deshalb wurden die Gebührenziffern KV 1212 und 1213 eingeführt. Die Gebühr beträgt nicht 3,0, wie bei einer gewöhnlichen Klage (KV 1210), sondern 4,0 und ist vorauszuzahlen (§ 12a). Für die Revision zum BGH, die nur nach §§ 543, 544 ZPO möglich ist, gelten KV 1214 und 1215.

Abschnitt 2. Berufung und bestimmte Beschwerden

Vorbemerkung 1.2.2:

Dieser Abschnitt ist auf Beschwerdeverfahren nach
1. den §§ 63 und 171 GWB,
2. § 48 WpÜG,
3. § 37u Absatz 1 WpHG,
4. § 75 EnWG,
5. § 13 VSchDG,
6. § 35 KSpG und
7. § 11 WRegG
anzuwenden.

1 KV 1220ff. betreffen gewöhnliche **Berufungen** und bestimmte (berufungsähnliche) Beschwerden. Die in der amtlichen Vorbemerkung genannten **Beschwerden,** welche kostenmäßig wie Berufungen abgerechnet werden, sind ganz verstreut im KV geregelt. Wichtig sind KV 1810, 1811. Die frühere Nr. 1 der Vorbemerkung wurde gestrichen durch FGG-ReformG vom 17.12.2008, BGBl. I S. 2586; der Sachverhalt ist jetzt im FamGKG geregelt.

2 **Nr. 5** wurde eingefügt durch das VerbraucherschutzdurchführungsG vom 21.12.2006, BGBl. I S. 3367.

Nr.	Gebührentatbestand	Gebühr oder Satz der Gebühr nach § 34 GKG
1220	**Verfahren im Allgemeinen**	**4,0**

I. Gegenstand der Gebühr

1 Die Gebühr KV 1220 deckt das gesamte Berufungsverfahren ab, gleichgültig ob es vor dem LG oder OLG stattfindet, ob vor dem Einzelrichter oder der Kammer/Senat, vom Eingang der Berufung bis zur Beendigung; keine zusätzliche gerichtliche Gebühr wird ausgelöst durch eine Beweisaufnahme, ein Urteil, Beschluss nach § 91a ZPO, Streitwertbeschluss, Beschluss über Richterablehnung, Vergleich (Ausnahme KV 1900) etc. Mehrere Ermäßigungstatbestände sind in KV 1221–1223 enthalten. Es ist in der Regel unschädlich, wie der Rechtsmittelführer seinen Schriftsatz bezeichnet: Legt er „sofortige Beschwerde" ein, wird das (falls nur eine Berufung statthaft wäre) als Berufung zu bewerten sein.

2 Die gerichtliche Gebühr fällt auch an, wenn eine **Berufung „nur zur Fristwahrung"** eingelegt wird (OLG Düsseldorf NJW-RR 1997, 1159), aber bei späterer Rücknahme erfolgt eine Gebührenermäßigung nach KV 1221. Selbst wenn die Berufung **vor Zustellung an den Gegner zurückgenommen** wird, fällt die

4-fache Gebühr nicht weg, es erfolgt nur eine Ermäßigung nach KV 1221. Die 4-fache Gebühr fällt auch an, wenn eine **Berufung unzulässig** ist, also zB von der Partei selbst unter Verstoß gegen den Anwaltszwang eingelegt wird (OLG Zweibrücken JurBüro 2007, 372; LG Koblenz MDR 2005, 1197); dann aber sollte die Rücknahme anheimgestellt werden (Folge: → 1221 Rn. 4). Wenn aber die Rechtsmittelbelehrung falsch war ist die Gebühr niederzuschlagen (§ 21). Die Gebühr KV 1220 fällt auch an, wenn keine Begründung erfolgt, allerdings erfolgt dann eine Reduzierung nach KV 1221, 1222. KV 1220ff. gelten auch in **Baulandsachen** (§§ 169, 170 BauGB).

Berufungen einer prozessunfähigen Person lösen **keine Gerichtsgebühren** aus 3 (KG FamRZ 2007, 1127), so etwa wenn ein **geschäftsunfähiger Betreuer** selbst Berufung einlegt. Bei geschäftsfähigen Betreuten ist § 53 ZPO zu beachten. Wenn jemand **doppelt Berufung** einlegt, etwa bei Zweifeln über den Fax-Eingang, oder ob das LG oder das OLG Berufungsgericht ist (zB Zweifelsfälle bei § 266 FamFG), liegt in Wirklichkeit nur *ein* Rechtsmittel vor (MüKoZPO/*Rimmelspacher* ZPO § 519 Rn. 32); die Gebühr KV 1220 fällt nicht doppelt an, selbst dann nicht, wenn später eine der beiden Berufungen zur Klarstellung „zurückgenommen" wird. Wenn aber jemand dem Berufungsgericht mit Fax mitteilt, dass eine im Postweg erst noch oder gleichzeitig einlaufende „Berufung" nicht als solche behandelt werden soll, schuldet wegen § 130 Abs. 1 Satz 2 BGB mangels wirksamer Berufungserklärung keine Gebühr nach KV 1220.

Wird im Rahmen eines Berufungsverfahrens eine ***erstinstanzliche*** **Entscheidung** beantragt (zB ein Arrest, eine einstweilige Verfügung, vgl. § 943 ZPO), dann 4 ist umstritten, ob die hohen Gebühren nach KV 1220 anfallen; da ein zweitinstanzliches Verfahren insoweit fehlt, ist nur KV 1410 einschlägig; → 1413 Rn. 2.

Dagegen sind KV 1220ff. einschlägig, wenn die **Klage in zweiter Instanz erweitert** wird, oder dort (erstmals) eine Widerklage, zB eine Zwischenfeststellungs- 5 widerklage, angebracht wird (*Oestreich/Hellstab/Trenkle* KV 1220 Rn. 10).

Wird vor dem OLG als erstinstanzliches Gericht geklagt (etwa in den Fällen 6 §§ 198ff. GVG), sind KV 1212ff. einschlägig.

II. Wechselseitige Rechtsmittel

Wenn sowohl der Kläger K als auch der Beklagte B Berufung einlegen, ist zu un- 7 terscheiden:

1. Berufungen betreffen denselben Gegenstand

Betreffen die Berufungen denselben Gegenstand, erhöht sich der Streitwert 8 nicht (§ 45 Abs. 2, Abs. 1 S. 3). Für die Gebühr KV 1220 haften K und B in voller Höhe als Gesamtschuldner (§§ 22, 31 Abs. 1). Die Kosten könnten von dem erhoben werden, der als erster Berufung einlegte, beim zweiten fällt dann keine weitere Gebühr an. Werden beide Berufungen gleichzeitig bewertet, wird man von K und B je ½ erheben (§ 8 Abs. 3 Nr. 3).

Beispiel für den *denselben* Gegenstand: K verklagte B1 und B2 gesamtschuldnerisch auf Zahlung von 10.000 Euro. B1 wird verurteilt, gegen B2 wird die Klage abgewiesen. K legt Berufung ein, damit auch B2 verurteilt wird; B1 legt Berufung ein, damit die Klage gegen ihn abgewiesen wird.

2. Berufungen betreffen verschiedene Gegenstände

9 Betreffen die Berufungen verschiedene Gegenstände, sind die Streitwerte zu addieren (§ 45 Abs. 2). Jede Partei haftet für die Gerichtskosten aber nur insoweit, als ob sie allein Berufung eingelegt hätte (§ 22).

Beispiel: K verklagte B auf Zahlung von 50.000 Euro. Urteil: 40.000 Euro. K legt Berufung ein, er will weitere 10.000 Euro; B legt Berufung ein, er will gar nichts zahlen. Streitwert des Berufungsverfahrens: 50.000 Euro. Gebühr: 4,0 × 546 Euro = 2.184 Euro. In der Praxis wird dann nach dem Verhältnis der Streitwerte aufgeteilt, von K wird also ⅕ dieses Betrages angefordert, von B ⅘. K haftet aber wegen § 22 bis 4 × 241 Euro (Gebühr aus 10.000 Euro) = 964 Euro; B haftet bis 4 × 476 Euro (Gebühr aus 40.000 Euro) = 1.904 Euro. Wenn von B die Gebühr nicht eintreibbar ist, wird K bis 964 Euro in Anspruch genommen, muss also nachzahlen.

III. Anschlussberufung

10 Sie löst ebenfalls die Gebühr KV 1220 aus. Der Streitwert richtet sich nach §§ 45, 47. Unterstellt wird, dass nicht in getrennten Berufungsverfahren verhandelt wird, § 45 Abs. 2 (denn sonst werden die Verfahren gesondert abgerechnet):

1. Selber Streitgegenstand

11 Betreffen Berufung und Anschlussberufung **denselben Streitgegenstand,** wie sehr selten (Beispiel: → Rn. 5), erhöht sich der Streitwert nicht (§ 45 Abs. 2, Abs. 1 S. 3), also fällt keine weitere Gebühr an.

2. Verschiedene Streitgegenstände

12 Sind die Gegenstände verschieden, wie fast immer, fällt die zusätzliche Gebühr an; denn dann werden die Streitwerte addiert (§ 45 Abs. 2, Abs. 1 S. 1).

Beispiel: Auf eine Klage über 50.000 Euro ist ein Urteil über 30.000 Euro ergangen. Kläger legt Berufung ein, er will weitere 15.000 Euro; Beklagter legt Anschlussberufung ein (er will nur 25.000 Euro zahlen). Streitwert also zunächst 15.000 Euro, dann 20.000 Euro. Kläger hatte 4,0 aus 15.000 Euro zu zahlen, also (293 Euro × 4) 1.172 Euro. Durch die Anschlussberufung ist der Streitwert auf 20.000 Euro gestiegen, was (345 Euro × 4) eine Kostenschuld von 1.380 Euro ergibt; da schon 1.172 Euro einbezahlt wurden, hat der Anschlussberufungskläger nur noch 208 Euro zu zahlen.

IV. PKH-Antrag

13 Wird *nur* ein PKH-Antrag gestellt, fällt dafür keine Gerichtsgebühr an, auch nicht die Gebühr KV 1220. Ebenso ist es, wenn eine „Berufung“ unter der Bedingung der PKH-Bewilligung eingereicht wird und PKH dann abgelehnt wird; denn eine Berufung kann nicht bedingt eingelegt werden (MüKoZPO/*Rimmelspacher* ZPO § 519 Rn. 37). Es handelte sich nur um einen fehlformulierten PKH-Antrag. Es gibt hier schwierige Abgrenzungsfragen; → 1210 Rn. 6, 7.

V. Fälligkeit

Die Verfahrensgebühr KV 1220 wird fällig mit der Einreichung der Berufung usw., § 6; einer zusätzlichen prozessleitenden Verfügung des Gerichts bedarf es nicht, damit Fälligkeit eintritt (OLG Koblenz FamRZ 1998, 312). Sogleich mit Eingang der Berufung wäre die Gebühr daher anzusetzen (§ 15 Abs. 1 KostVfg). Die Gebühr wird aus dem Rechtsmittelstreitwert errechnet; dieser steht aber erst fest, wenn die Berufung begründet wurde (§ 47 Abs. 1). Wenn zB eine Klage über 100.000 Euro vom LG abgewiesen wurde und der Kläger dagegen Berufung einlegt, wäre denkbar, dass er in zweiter Instanz nur 20.000 Euro erstreiten will, was sich erst aus der Berufungsbegründung ergibt; der Streitwert, aus dem die Gebühr KV 1220 berechnet wird, beträgt dann nur 20.000 Euro. Das hätte zur Folge, dass in diesen Fällen sogleich nach Eingang der Begründung eine teilweise Gebührenrückzahlung erfolgen müsste. Deshalb ist es praxisnah, dem § 47 Abs. 1 entsprechend und mit § 6 vereinbar, den Kostenansatz erst vorzunehmen, wenn die Rechtsmittelbegründung vorliegt. **14**

Kostenschuldner ist, wer das Rechtsmittel einlegt (§ 22 Abs. 1 S. 1 GKG); wer die Gerichtskosten dann letztlich zu tragen hat, ergibt sich aus der Kostenentscheidung des Berufungsgerichts. Wird B zur Zahlung von 20.000 Euro verurteilt und legt er Berufung ein mit dem Ziel, dass die Klage abgewiesen wird, sind also 4 × 345 Euro = 1.380 Euro vom Beklagten zu zahlen. **15**

Eine **Vorauszahlung** ist nicht erforderlich (§ 12 nennt nur die Klage, nicht die Berufung). **16**

Nr.	Gebührentatbestand	Gebühr oder Satz der Gebühr nach § 34 GKG
1221	**Beendigung des gesamten Verfahrens durch Zurücknahme des Rechtsmittels, der Klage oder des Antrags, bevor die Schrift zur Begründung des Rechtsmittels bei Gericht eingegangen ist:** **Die Gebühr 1220 ermäßigt sich auf** . . . . **Erledigungserklärungen nach § 91a ZPO stehen der Zurücknahme gleich, wenn keine Entscheidung über die Kosten ergeht oder die Entscheidung einer zuvor mitgeteilten Einigung der Parteien über die Kostentragung oder der Kostenübernahmeerklärung einer Partei folgt.**	**1,0**

I. Ermäßigung der Gebühr

Die Gebühr (KV 1220) ermäßigt sich nach KV 1221, wenn folgende Voraussetzungen erfüllt sind: **1**

1. Erledigung des *gesamten Berufungsv*erfahrens

2 Das *gesamte* Verfahren muss erledigt sein (→ KV 1211 Rn. 3); eine teilweise Berufungsrücknahme oder sonstige Teilhandlung ermäßigt also die Gebühr nicht.

2. Bestimmte Beendigungsakte

3 Erledigung durch bestimmte Beendigungsakte, bevor die Rechtsmittelbegründung beim Berufungsgericht (vgl. §§ 519 Abs. 1, 520 Abs. 3 ZPO) eingegangen ist (bei späterer Rücknahme nur noch geringere Ermäßigung nach KV 1222). Die Rechtsmittelbegründung des Laien, die wegen Verstoß gegen den Anwaltszwang keine Rechtsmittelbegründung im Sinne der ZPO ist, darf man nicht als Rechtsmittelbegründung im Sinne von KV 1221 auffassen; denn sie macht dem Gericht keine Arbeit. Es zählen nur:

4 **a) Rücknahme der Berufung vor Begründung.** Rücknahme der Berufung vgl. § 516 ZPO. Ob ein Berufungsantrag (ohne Begründung) bereits deshalb als „Begründung" gilt, weil § 520 Abs. 3 S. 2 Nr. 1 ZPO den Berufungsantrag als Teil der Begründung bezeichnet, ist zweifelhaft. Der kostenrechtliche Begriff verlangt, dass der Berufungsgericht „in die Sache eingedrungen ist" (OLG Köln MDR 1977, 324), erst dann ist eine geringere Gebührenreduzierung veranlasst. Wer schreibt, „ich lege Berufung ein und beantrage, das Ersturteil aufzuheben und die Klage abzuweisen; Begründung folgt" der hat noch nichts begründet.

5 Es gilt Anwaltszwang (§ 78 ZPO), der Laie kann also die von seinem Anwalt eingelegte Berufung nicht selbst zurücknehmen. Die von einem Laien unter Verstoß gegen § 78 ZPO selbst eingelegte Berufung kann der Laie selbst wirksam zurücknehmen (LG Koblenz MDR 2005, 1197); ebenso ist es, wenn ein Rechtsstreit vom OVG an das OLG verwiesen wird und der Kläger nicht anwaltlich vertreten war. Anschlussberufung, Beschwerde in den Fällen Vorbemerkung 1.2.2 (Kostenfolge: § 516 Abs. 3 ZPO; der Beschluss selbst ist gebührenfrei).

6 **b) Klagerücknahme.** Rücknahme der (erstinstanzlichen) Klage bzw. des Antrags in den in der Vorbemerkung 1.2.2 genannten Beschwerden. Eine Klagerücknahme ist möglich bis zur Beendigung der Rechtshängigkeit (OLG Bamberg NJW-RR 1997, 1365), auch noch in der Berufungsinstanz. Wird die Klage in der Berufungsinstanz erweitert und dann wieder zurückgenommen, ist KV 1221 einschlägig, nicht KV 1211 (OLG München JurBüro 1984, 1706; aA LG Berlin JurBüro 1979, 1874).

7 **c) Übereinstimmende Erledigungserklärung.** Übereinstimmende Erledigungserklärung steht der Berufungsrücknahme gleich (§ 91 a ZPO; Anmerkung), diese aber nur, wenn sie vor Eingang der Berufungsbegründung erfolgt, was kaum vorkommt; ferner auch nur, wenn die Kostenentscheidung nicht arbeitsaufwendig ist, weil (→ 1211 Rn. 33):

– Es ergeht keine Entscheidung über die Kosten. Nach §§ 91 a Abs. 1, 308 Abs. 2 ZPO muss allerdings eine Kostenentscheidung von Amts wegen ergehen, auch wenn keine Kostenanträge gestellt werden, so dass eine Nicht-Entscheidung vorstellbar ist, wenn die Parteien ausdrücklich keine Kostenentscheidung wollen (Zöller/*Vollkommer* ZPO § 91 a Rn. 22), ausdrücklich darauf verzichten (LG Mainz JurBüro 2001, 260); oder
– Die Kostenentscheidung entspricht einer (außergerichtlichen oder anderweitigen gerichtlichen) Einigung der Parteien über die Kosten, die sie vor der Kos-

tenentscheidung dem Gericht mitgeteilt haben. Dass die Parteien auf die Begründung der Kostenentscheidung verzichtet haben genügt nicht (OLG Celle NJW-RR 2011, 1293).
Oder:
– Die Kostenentscheidung entspricht einer zuvor mitgeteilten Kostenübernahmeerklärung einer Partei.

3. Zeitlich

Das gesamte Verfahren muss in der vorbezeichneten Art erledigt worden sein, 8
bevor die Berufungsbegründung (bzw. Beschwerdebegründung bei den in der Vorbemerkung gleichgestellten Beschwerden) bei Gericht eingegangen ist. Bei späterer Erledigung gibt es nur noch eine geringere Ermäßigung (KV 1222).

II. Höhe der Gebühr

Die Gebühr ermäßigt sich von 4,0 auf 1,0 (dh es werden gegebenenfalls ¾ zu- 9
rückbezahlt), berechnet aus dem **Streitwert des Rechtsmittels.** Da aber keine Begründung (nebst Antrag) eingereicht wird, ist als Streitwert die Beschwer des Rechtsmittelführers anzusetzen (§ 47 Abs. 1 S. 2). Wer also zur Zahlung von 100.000 Euro verurteilt wird und dagegen ohne Antrag bzw. ohne Begründung Berufung einlegt und dann zurücknimmt, hat 1,0 Gebühr aus 100.000 Euro zu zahlen. Reicht er noch eine Begründung nebst Antrag ein, in dem er das Urteil nur in Höhe von 5.000 Euro angreift und nimmt die Berufung erst im einem weiteren Schriftsatz zurück, ermäßigt sich die Gebühr zwar nur von 4,0 auf 2,0 (KV 1222), wird aber nur aus einem Streitwert von 5.000 Euro berechnet. Das ist nur dann Rechtsmissbrauch (und bleibt bei der Kostenberechnung außer Betracht), wenn die Beschränkung des Antrags offensichtlich nicht auf die Durchführung des Rechtsmittels gerichtet war, sog. **Scheinantrag** (BGH NJW 1978, 1263; OLG Schleswig JurBüro 2004, 141; OLG München JurBüro 1992, 252; *Hartmann* § 47 Rn. 4; *Meyer* § 47 Rn. 4), wofür aber objektive Anhaltspunkte sprechen müssen.

Kostenschuldner ist, wer das Rechtsmittel eingelegt hat (§ 22 Abs. 1 S. 1). 10

III. Anschlussberufung

Wenn infolge der Rücknahme einer Berufung „die Anschließung" ihre Wir- 11
kung verliert (§ 524 Abs. 4 ZPO), dann erstreckt sich die Kostenermäßigung auch auf den Berufungs-Mehrwert der Anschlussberufung; die Gebühr für das ganze Verfahren ermäßigt sich.

IV. Wechselseitige Berufungen

Wenn bei einem Urteil beide Parteien beschwert sind und beide innerhalb der 12
jeweiligen Fristen und unter Beachtung der Berufungssumme Berufung einlegen, dann liegen **zwei selbstständige Berufungen** vor (nicht Berufung und Anschlussberufung) und die Rücknahme nur der einen Berufung hat keine Auswirkung auf die andere Berufung; da eine solche Rücknahme nicht das *gesamte* Verfahren er-

ledigt, greift die Gebührenermäßigung gem. KV 1221 nicht ein (OLG München NJW-RR 2005, 1016); zweifelhaft, weil jede Berufung gesondert zu betrachten ist.

1. Berufungen betreffen denselben Gegenstand

13 Betreffen die Berufungen denselben Gegenstand, erhöht sich der Streitwert nicht (§ 45 Abs. 2, Abs. 1 S. 3). Die Gebührenhaftung (§ 22) dessen, der seine Berufung zurücknimmt, verringert sich aber.

Beispiel: K verklagte B1 und B2 gesamtschuldnerisch auf Zahlung von 10.000 Euro. B1 wird verurteilt, gegen B2 wird die Klage abgewiesen. K legt Berufung ein, damit auch B2 verurteilt wird; B1 legt Berufung ein, damit die Klage gegen ihn abgewiesen wird. Vor Eingang seiner Begründung nimmt B1 seine Berufung zurück; über die Berufung des K wird sodann durch Endurteil entschieden. Die Gebühr beträgt 4,0 aus 10.000 Euro; dafür haftet K voll; B1 aber haftet nur mit 1,0 aus 10.000 Euro, weil für ihn die Gebührenermäßigung nach KV 1221 wirkt.

2. Die Berufungen betreffen verschiedene Gegenstände

14 Betreffen die Berufungen verschiedene Gegenstände, sind die Streitwerte zu addieren (§ 45 Abs. 2). Jede Partei haftet für die Gerichtskosten aber nur insoweit, als ob sie allein Berufung eingelegt hätte (§ 22).

Beispiel: K verklagte B auf Zahlung von 50.000 Euro. Urteil: 40.000 Euro. K legt Berufung ein und begründet sie (er will weitere 10.000 Euro), B legt Berufung ohne Begründung ein und nimmt sie dann zurück; Endurteil über die Berufung des K. Streitwert des Berufungsverfahrens: 50.000 Euro. K haftet wegen § 22 nur bis 4,0 × 241 Euro (Gebühr aus 10.000 Euro) = 964 Euro; B haftet wegen KV 1221 nur bis 1,0 × 476 Euro (Gebühr aus 40.000 Euro).

Nr.	Gebührentatbestand	Gebühr oder Satz der Gebühr nach § 34 GKG
1222	**Beendigung des gesamten Verfahrens, wenn nicht Nummer 1221 anzuwenden ist, durch** **1. Zurücknahme des Rechtsmittels, der Klage oder des Antrags** **a) vor dem Schluss der mündlichen Verhandlung,** **b) in den Fällen des § 128 Abs. 2 ZPO vor dem Zeitpunkt, der dem Schluss der mündlichen Verhandlung entspricht,** **2. Anerkenntnisurteil, Verzichtsurteil oder Urteil, das nach § 313a Abs. 2 ZPO keinen Tatbestand und keine Entscheidungsgründe enthält,** **3. gerichtlichen Vergleich oder** **4. Erledigungserklärungen nach § 91a ZPO, wenn keine Entscheidung über die Kosten ergeht oder die Entscheidung einer zuvor mitgeteilten Einigung der Parteien über die Kostentragung oder der Kostenübernahmeerklärung einer Partei folgt,**	

Nr.	Gebührentatbestand	Gebühr oder Satz der Gebühr nach § 34 GKG
	es sei denn, dass bereits ein anderes als eines der in Nummer 2 genannten Urteile, eine Entscheidung über einen Antrag auf Erlass einer Sicherungsanordnung oder ein Beschluss in der Hauptsache vorausgegangen ist:	
	Die Gebühr 1220 ermäßigt sich auf	**2,0**
	Die Gebühr ermäßigt sich auch, wenn mehrere Ermäßigungstatbestände erfüllt sind.	

Die **Gebühr KV 1220 ermäßigt sich** von 4,0 auf 2,0 (dh es wird gegebenenfalls ½ zurückbezahlt), wenn folgende Voraussetzungen vorliegen; 1

I. Beendigung des gesamten Verfahrens

Das *gesamte* Verfahren muss beendet werden (→ 1211 Rn. 3); es genügt, wenn die gesamte Erledigung aus Teilstücken zusammengestückelt wird (amtl. Anmerkung), die ihrerseits unter Nr. 1 bis Nr. 4 fallen; zB Berufungsrücknahme bezüglich Ziffer I des Urteils, Prozessvergleich bezüglich Ziffer II; oder zuerst Rücknahme von Antrag I, dann von Antrag II. 2

II. Bestimmte Beendigungsakte

Nur bestimmte Beendigungsakte sind privilegiert. 3

1. Berufungsrücknahme, Klage- oder Antragsrücknahme

Rücknahme der Berufung bzw. (in den Fällen Vorbemerkung 1.2.2) der Beschwerde, der (in erster Instanz erhobenen) Klage, des Antrags (in den Fällen Vorbemerkung 1.2.2). 4

a) Vor dem Schluss der mündlichen Verhandlung. Erforderlich ist eine Rücknahme vor dem Schluss der mündlichen Verhandlung (Nr. 1a). Das heißt nicht zwangsläufig, dass eine nach KV 1220 privilegierte Berufungsrücknahme nicht mehr möglich ist, wenn das Berufungsgericht verhandelt und dann „Termin zur Verkündung einer Entscheidung" bestimmt hat. Denn es kann eine weitere mündliche Verhandlung folgen, alle Verhandlungen bilden eine Einheit. Schluss ist erst eingetreten, wenn das Gericht selbst eine Verhandlung als diejenige erachtet, nach der die Sache entscheidungsreif ist. Gemeint ist die Reife für die Endentscheidung (OLG München BeckRS 2015, 08993; FamRZ 2001, 243; MDR 1997, 402). Wenn nach Aktenlage eine weitere mündliche Verhandlung folgen musste (OLG München FamRZ 2001, 243; MDR 1997, 402 = NJW-RR 1997, 639), dann ist noch kein Schluss eingetreten. Die Berufung kann zwar bis zur Verkündung des Berufungsurteils zurückgenommen werden (§ 516 Abs. 1 ZPO). Ist aber das Urteil schon abgefasst und unterschrieben, zeigt dies, dass die vorausgegangene mündliche Verhandlung die Schlussverhandlung war und die Rücknahme hat 5 keine Gebührenermäßigung mehr zur Folge, weil sie erst nach dem Schluss erfolgte. Im Zweifel sollte der Kostenbeamte eine Stellungnahme des Gerichts erholen. → 1211 Rn. 5. 1222 Nr. 1a ist auch anwendbar, wenn die **Klagerücknahme** zwar erst nach dem Schluss der mündlichen Verhandlung erfolgt, aber noch innerhalb einer vom Gericht hierfür gesetzten Frist (OLG Jena NJW 2016, 1600).

6 **b) Schriftliches Verfahren.** Falls das Berufungsgericht eine Entscheidung im schriftlichen Verfahren (§ 128 Abs. 2 ZPO) anordnete **(Nr. 1b)** fehlt der Schluss der mündlichen Verhandlung als Stichtag. Als Schluss wird man den Zeitpunkt ansehen müssen, bis zu dem laut Anordnung des Gerichts Schriftsätze eingereicht werden können, also der vom Gericht durch Beschluss festgelegte Schlusszeitpunkt (MüKoZPO/*Wagner* ZPO § 128 Rn. 35); → 1211 Rn. 9.

2. Privilegierte Beendigung

7 Beendigung des Verfahrens durch Anerkenntnisurteil, Verzichtsurteil oder abgekürztes Urteil **(Nr. 2);** → 1211 Rn. 21 ff. Nur § 313a Abs. 2 ZPO ist genannt, nicht § 313a Abs. 1 S. 2 (dafür gilt KV 1223).

8 **Keine Ermäßigung** tritt ein: bei Anerkenntnis unter Verwahrung gegen die Kostentragung (KG BeckRS 2017, 136267). bei Beendigung des Berufungsverfahrens durch ein **Versäumnisurteil** (§ 539 ZPO), selbst wenn es rechtskräftig wird; bei Zurückweisung der Berufung durch (unangefochtenen) **Beschluss** nach § 522 Abs. 2 ZPO, selbst wenn der Beschluss nicht begründet wird; bei Beendigung des Verfahrens durch Verwerfungsbeschluss nach § 522 Abs. 1 ZPO.

3. Prozessvergleich

9 **(Nr. 3);** → 1211 Rn. 27. Der Prozessvergleich muss in der mündlichen Verhandlung oder nach § 278 Abs. 6 ZPO geschlossen worden sein. Die Verfahrensgebühr des Gerichts ermäßigt sich nicht durch einen gerichtlichen Vergleich, der nur die Klage, nicht aber die Widerklage erledigt (OLG Schleswig MDR 2003, 176), weil dann nicht der ganze Rechtsstreit beendet ist. Ein außergerichtlicher Vergleich genügt nicht (OLG München BeckRS 2015, 08993).

4. Übereinstimmende Erledigungserklärung

10 **(Nr. 4).** Sie ist kostenreduzierend nur, falls nur noch eine einfache Kostenentscheidung ergehen muss (→ 1221 Rn. 33); bei einer komplizierten Kostenentscheidung im Sinne des § 91a Abs. 2 ZPO entfällt die Gebührenermäßigung.

III. Zeitlich

11 Es muss sich ferner um eine Rücknahme handeln, die erfolgte, *nachdem* die Rechtsmittelbegründung beim Berufungsgericht eingegangen ist (bei früherer Erledigung erfolgt eine noch höhere Ermäßigung nach KV 1221). Die Rücknahme nach dem Schluss der mündlichen Verhandlung reduziert die Kosten nicht mehr. Der Verzicht auf Tatbestand und Gründe kann noch helfen, KV 1223.

IV. Vorangegangene Entscheidungen

Es darf in den Fällen Nr. 1–Nr. 4 kein anderes Urteil als ein Anerkenntnisurteil, Verzichtsurteil, Urteil nach § 313a Abs. 2 ZPO vorausgegangen sein. Denn diese Urteilsarten machen wenig Mühe. Dagegen ist die Gebührenermäßigung nach KV 1222 nicht mehr möglich, wenn ein anderes Urteil (zB ein **Versäumnisurteil,** Endurteil) oder ein Beschluss in der *Hauptsache* (zB nach § 522 Abs. 1, 2 ZPO) vorausgegangen sind. Ist ein Urteil des BGH, welcher die Sache an das OLG zurückverweist, vorausgegangen, ist § 37 zu beachten (nach *Meyer* Rn. 65 ist dann KV 1222 wieder anwendbar). Ein Beschluss über den Streitwert, über PKH, über eine Einstellung der Zwangsvollstreckung (§ 719 ZPO) oder ein Teilurteil über die vorläufige Vollstreckbarkeit des Ersturteils (§ 718 ZPO; OLG München MDR 2003, 717) stehen somit einer Ermäßigung nicht entgegen; → 1211 Rn. 13ff. 12

Nr.	Gebührentatbestand	Gebühr oder Satz der Gebühr nach § 34 GKG
1223	**Beendigung des gesamten Verfahrens durch ein Urteil, das wegen eines Verzichts der Parteien nach § 313a Abs. 1 Satz 2 ZPO keine schriftliche Begründung enthält, wenn nicht bereits ein anderes als eines der in Nummer 1222 Nr. 2 genannten Urteile, eine Entscheidung über einen Antrag auf Erlass einer Sicherungsanordnung oder ein Beschluss in der Hauptsache vorausgegangen ist:** **Die Gebühr 1220 ermäßigt sich auf** . . . . **Die Gebühr ermäßigt sich auch, wenn daneben Ermäßigungstatbestände nach Nummer 1222 erfüllt sind.**	3,0

Die **Gebühr (KV 1220) ermäßigt sich** von 4,0 auf 3,0 (dh es wird gegebenenfalls ¼ zurückbezahlt), wenn folgende Voraussetzungen vorliegen: 1

I. Das *gesamte* Verfahren wird beendet

→ 1211 Rn. 3. Es genügt, wenn die gesamte Beendigung aus Teilstücken zusammengestückelt wird, die teils unter KV 1222 Nr. 1–Nr. 4, teils unter KV 1223 fallen (amtl. Anmerkung); zB Berufungsrücknahme bezüglich 30.000 Euro des angefochtenen und voll angegriffenen Urteils (über 40.000 Euro), Entscheidung durch Urteil bezüglich des Restbetrages von 10.000 Euro, wobei aber wegen Verzicht der Parteien keine Begründung in einem Berufungsurteil erfolgt. Zu beachten ist, dass sich der Streitwert nach dem Zeitpunkt der Einreichung der Berufung richtet, im Beispiel also 40.000 Euro beträgt; daraus (und nicht aus 10.000 Euro) wird die Gebühr von 3,0 berechnet. 2

Nach der **amtlichen Anmerkung** ermäßigt sich die Gerichtsgebühr von 4,0 auf 3,0 auch, wenn daneben Ermäßigungstatbestände nach KV 1222 erfüllt sind. 3

Wird zB ein Teil des Streitgegenstandes verglichen, der Rest durch Urteil entschieden, ist also KV 1223 einschlägig.

II. Urteil ohne schriftliche Begründung

4 **§ 313a Abs. 1 S. 2 ZPO** nennt zwei Formen: das Urteil enthält keine Entscheidungsgründe, wenn die Parteien auf sie verzichten oder wenn ihr wesentlicher Inhalt in das Protokoll aufgenommen worden ist. Die Kostenermäßigung gilt aber nur im Verzichtsfall. Für ein Urteil nach § 313a Abs. 2 ZPO gilt KV 1222. **Analog** muss man KV 1223 ferner anwenden, wenn die sonstige Endentscheidung (Beschluss) wegen Verzicht der Parteien ohne Begründung erfolgte. Haben die Parteien im Berufungsverfahren den gesamten Streit (ohne Kosten) verglichen und zugleich vereinbart, dass das Gericht über die Kosten des Rechtsstreits in entsprechender Anwendung von § 91a ZPO entscheiden soll und haben sie zugleich auf die Begründung dieser Kostenentscheidung verzichtet, ist KV 1223 einschlägig (OLG Celle NJW-RR 2011, 1293), nicht aber KV 1222, weil noch eine Kostenentscheidung nach § 91a ZPO notwendig war.

III. Unschädliche vorangegangene Entscheidungen

5 Es darf bei KV 1223 kein anderes Urteil als ein Anerkenntnisurteil, Verzichtsurteil, Urteil nach § 313a Abs. 2 ZPO oder ein Beschluss in der *Hauptsache* vorausgegangen sein (→ 1222 Rn. 10). Kostenschädlich ist insbesondere ein vorausgegangenes Versäumnisurteil. Eine Aufhebung und Zurückverweisung schadet nicht, obwohl hier ein anderes Urteil vorausging (§ 37).

IV. Fälle fehlender Gebührenermäßigung

6 Keine Ermäßigung nach KV 1221–1223, sondern die volle Gebühr (KV 1220: 4,0) fällt also insbesondere an: wenn über die Berufung durch gewöhnliches Endurteil entschieden wird, auch wenn die Gründe des Urteils ins Protokoll aufgenommen wurden; wenn durch Beschluss nach § 522 Abs. 1 oder Abs. 2 ZPO entschieden wurde; bei Beendigung des Berufungsverfahrens durch Versäumnisurteil.

Abschnitt 3. Revision, Rechtsbeschwerden nach § 74 GWB, § 86 EnWG, § 35 KSpG und § 24 VSchDG

Nr.	Gebührentatbestand	Gebühr oder Satz der Gebühr nach § 34 GKG
1230	**Verfahren im Allgemeinen**	**5,0**

1 Die Revision ist hinsichtlich der Gerichtsgebühren in KV 1230ff. geregelt. Die Vorschriften gelten ferner für Rechtsbeschwerden nach § 74 GWB, § 86 EnWG und § 24 VSchDG. Die **Gebühr KV 1230** (Höhe 5,0; berechnet aus dem Streitwert des Revisionsverfahrens; § 47) deckt das gesamte Revisionsverfahren

(§§ 542 ff. ZPO) ab, vom Eingang der Revision beim BGH bis zur Beendigung; keine zusätzliche Gebühr wird ausgelöst durch ein Urteil oder einen Beschluss, der das Verfahren abschließt. Wenn ein Berufungsurteil mit der Revision und hilfsweise wegen desselben Streitgegenstands mit der Nichtzulassungsbeschwerde angegriffen wird, entstehen neben den Gebühren für das Revisionsverfahren keine weiteren Gerichts- oder Anwaltsgebühren (BGH NJW 2015, 1253). Die Regelung in KV 1230 entspricht im Übrigen voll KV 1220 über die Berufung; darauf wird Bezug genommen. Gebühr bei der Sprungrevision: KV 1240 ff.; bei der Nichtzulassungsbeschwerde: KV 1242–1243.

Fälligkeit tritt mit der Einreichung der Revision usw., § 6. **Kostenschuldner** 2
ist, wer das Rechtsmittel einlegt (§ 22 Abs. 1 S. 1 GKG). Eine **Vorauszahlung** ist nicht erforderlich (vgl. § 12).

Die **Rechtsbeschwerden in Familiensachen** sind geregelt in KV 1130, 1213, 3
1225, 1316, 1325, 1720, 1920 FamGKG. Revisionen gibt es in Familiensachen nicht mehr. Übergangsrecht: Art. 111 FGG-RG.

Die Rechtsbeschwerde in Fällen der **Freiwillige Gerichtsbarkeit** ist von Fall zu 4
Fall in zahlreichen Ziffern des KV geregelt, so die Rechtsbeschwerde im Erbscheinsverfahren in KV 12230 GNotKG (1,5 nach Tabelle B, höchstens 1.200 Euro).

Nr.	Gebührentatbestand	Gebühr oder Satz der Gebühr nach § 34 GKG
1231	**Beendigung des gesamten Verfahrens durch Zurücknahme des Rechtsmittels, der Klage oder des Antrags, bevor die Schrift zur Begründung des Rechtsmittels bei Gericht eingegangen ist:** **Die Gebühr 1230 ermäßigt sich auf** . . . . **Erledigungserklärungen nach § 91 a ZPO stehen der Zurücknahme gleich, wenn keine Entscheidung über die Kosten ergeht oder die Entscheidung einer zuvor mitgeteilten Einigung der Parteien über die Kostentragung oder der Kostenübernahmeerklärung einer Partei folgt.**	**1,0**

Die Gebühr KV 1231 entspricht der Gebühr KV 1221; darauf wird Bezug genommen. 1

Nr.	Gebührentatbestand	Gebühr oder Satz der Gebühr nach § 34 GKG
1232	**Beendigung des gesamten Verfahrens, wenn nicht Nummer 1231 anzuwenden ist, durch** **1. Zurücknahme des Rechtsmittels, der Klage oder des Antrags** **a) vor dem Schluss der mündlichen Verhandlung,**	

Nr.	Gebührentatbestand	Gebühr oder Satz der Gebühr nach § 34 GKG
	b) in den Fällen des § 128 Abs. 2 ZPO vor dem Zeitpunkt, der dem Schluss der mündlichen Verhandlung entspricht,	
	2. Anerkenntnis- oder Verzichtsurteil,	
	3. gerichtlichen Vergleich oder	
	4. Erledigungserklärungen nach § 91a ZPO, wenn keine Entscheidung über die Kosten ergeht oder die Entscheidung einer zuvor mitgeteilten Einigung der Parteien über die Kostentragung oder der Kostenübernahmeerklärung einer Partei folgt,	
	es sei denn, dass bereits ein anderes als eines der in Nummer 2 genannten Urteile, eine Entscheidung über einen Antrag auf Erlass einer Sicherungsanordnung oder ein Beschluss in der Hauptsache vorausgegangen ist:	
	Die Gebühr 1230 ermäßigt sich auf	**3,0**
	Die Gebühr ermäßigt sich auch, wenn mehrere Ermäßigungstatbestände erfüllt sind.	

1 Die Gebühr KV 1232 entspricht der Gebühr KV 1222; darauf wird Bezug genommen.

Abschnitt 4. Zulassung der Sprungrevision, Beschwerde gegen die Nichtzulassung der Revision sowie der Rechtsbeschwerden nach § 74 GWB, § 86 EnWG, § 35 KSpG und § 24 VSchDG

Nr.	Gebührentatbestand	Gebühr oder Satz der Gebühr nach § 34 GKG
1240	**Verfahren über die Zulassung der Sprungrevision:**	
	Soweit der Antrag abgelehnt wird	**1,5**

1 Die Sprungrevision (§ 566 ZPO) gegen ein Urteil des Amtsgerichts oder Landgerichts ist nur statthaft, wenn ua der BGH sie zulässt; bei Zulassung (sie ist gebührenfrei; KV 1241 Anm.) wird das Verfahren als Revision fortgeführt, weshalb dann KV 1230 anfällt. Wird der Antrag dagegen abgelehnt, fällt KV 1240 (Gebühr: 1,5) an. **Fälligkeit:** § 6 Abs. 1, also mit der Zulassung (Neufassung 2.KostRMoG, ab 1.8.2013); daher **keine Vorauszahlungspflicht** (vgl. § 12). **Kostenschuldner:** §§ 29 Nr. 1, 22. Bei **Antragsrücknahme:** KV 1241.

2 Zu den Sprungrechtsbeschwerden in **Familiensachen** vgl. KV 1140, 1216, 1228, 1319, 1328, 1930 FamGKG.

Zur Sprungrechtsbeschwerde in Fällen der **Freiwillige Gerichtsbarkeit** finden sich zahlreiche Regelungen im KV GNotKG, zB für Erbscheinsverfahren in KV 12240. 3

Nr.	Gebührentatbestand	Gebühr oder Satz der Gebühr nach § 34 GKG
1241	**Verfahren über die Zulassung der Sprungrevision:** **Soweit der Antrag zurückgenommen oder das Verfahren durch anderweitige Erledigung beendet wird** . . . . **Die Gebühr entsteht nicht, soweit die Sprungrevision zugelassen wird.**	**1,0**

Der Antrag auf Zulassung der Sprungrevision kann bis zur Entscheidung zurückgenommen werden; die Gebühr beträgt dann nach KV 1241 nur 1,0. 1

Nr.	Gebührentatbestand	Gebühr oder Satz der Gebühr nach § 34 GKG
1242	**Verfahren über die Beschwerde gegen die Nichtzulassung des Rechtsmittels:** **Soweit die Beschwerde verworfen oder zurückgewiesen wird**	**2,0**

Lässt das Berufungsgericht die Revision nicht zu, ist hiergegen uU die **Nichtzulassungsbeschwerde** statthaft (§ 544 ZPO). Hat die Nichtzulassungsbeschwerde Erfolg, fällt dafür keine Gerichtsgebühr an (KV 1243 Anm.); doch wird das Verfahren dann als Revision fortgesetzt (§ 544 Abs. 6 ZPO), weshalb die Revisionsgebühr KV 1230 anfällt. Wird die Nichtzulassungsbeschwerde verworfen oder zurückgewiesen: **Gebühr** 2,0. **Fälligkeit:** § 6 Abs. 3, also mit der Entscheidung; daher **keine Vorauszahlungspflicht** (vgl. § 12). **Kostenschuldner:** §§ 29 Nr. 1, 22. Bei Antragsrücknahme: KV 1243. 1

Bei **Teilerfolg** der Nichtzulassungsbeschwerde sind die Gebühren nach KV 1242–1243 nicht etwa zu quoteln; es handelt sich nur um eine Frage des Streitwerts (§§ 48, 51, 63). Wird der Nichtzulassungsbeschwerde teilweise stattgegeben und sie teilweise verworfen oder zurückgewiesen, wird das Verfahren aufgespalten; dabei fallen für die erfolglose Beschwerde 2,0 gesonderte Gerichtsgebühren an; durch die Aufspaltung entstehen insgesamt höhere Kosten, als bei der Durchführung der Revision hinsichtlich des gesamten Streitgegenstands (BGH NJW-RR 2016, 189). 2

Eine Beschwerde gegen die **Nichtzulassung der Rechtsbeschwerde** (§ 574 ZPO) gibt es in der ZPO nicht. Dafür fällt keine Gebühr an (§ 1). 3

Nr.	Gebührentatbestand	Gebühr oder Satz der Gebühr nach § 34 GKG
1243	**Verfahren über die Beschwerde gegen die Nichtzulassung des Rechtsmittels:** **Soweit die Beschwerde zurückgenommen oder das Verfahren durch anderweitige Erledigung beendet wird** . . . . **Die Gebühr entsteht nicht, soweit der Beschwerde stattgegeben wird.**	**1,0**

1 Wird die Nichtzulassungsbeschwerde zurückgenommen oder das Verfahren anderweitig (zB durch übereinstimmende Erledigung, § 91 a ZPO) beendet, ermäßigt sich die Gebühr auf 1,0. Kostenschuldner: wer die Nichtzulassungsbeschwerde eingelegt hat, § 22. Nimmt der Kläger die Nichtzulassungsbeschwerde gegen einen von **mehreren Beklagten** zurück und wird die Revision gegen den anderen Beklagten zugelassen, hat der Kläger neben der Gebühr KV 1230 auch die Gebühr KV 1243 zu tragen (BGH NJW-RR 2007, 419). Entscheidet der BGH über eine Nichtzulassungsbeschwerde durch Beschluss gem. § 544 Abs. 7 ZPO, fällt keine Gerichtsgebühr an (BGH NJW-RR 2007, 1148).

Abschnitt 5. Rechtsmittelverfahren des gewerblichen Rechtsschutzes vor dem Bundesgerichtshof

Unterabschnitt 1. Berufungsverfahren

Nr.	Gebührentatbestand	Gebühr oder Satz der Gebühr nach § 34 GKG
1250	**Verfahren im Allgemeinen**	**6,0**
1251	**Beendigung des gesamten Verfahrens durch Zurücknahme der Berufung oder der Klage, bevor die Schrift zur Begründung der Berufung bei Gericht eingegangen ist:** **Die Gebühr 1250 ermäßigt sich auf** . . . . **Erledigungserklärungen nach § 91a ZPO i. V. m. § 121 Abs. 2 Satz 2 PatG, § 20 GebrMG stehen der Zurücknahme gleich, wenn keine Entscheidung über die Kosten ergeht oder die Entscheidung einer zuvor mitgeteilten Einigung der Parteien über die Kostentragung oder der Kostenübernahmeerklärung einer Partei folgt.**	**1,0**
1252	**Beendigung des gesamten Verfahrens, wenn nicht Nummer 1251 anzuwenden ist, durch** **1. Zurücknahme der Berufung oder der Klage vor dem Schluss der mündlichen Verhandlung,**	

Nr.	Gebührentatbestand	Gebühr oder Satz der Gebühr nach § 34 GKG
	2. Anerkenntnis- oder Verzichtsurteil, 3. gerichtlichen Vergleich oder 4. Erledigungserklärungen nach § 91a ZPO i. V. m. § 121 Abs. 2 Satz 2 PatG, § 20 GebrMG, wenn keine Entscheidung über die Kosten ergeht oder die Entscheidung einer zuvor mitgeteilten Einigung der Parteien über die Kostentragung oder der Kostenübernahmeerklärung einer Partei folgt, es sei denn, dass bereits ein anderes als eines der in Nummer 2 genannten Urteile vorausgegangen ist:	
	Die Gebühr 1250 ermäßigt sich auf	**3,0**
	Die Gebühr ermäßigt sich auch, wenn mehrere Ermäßigungstatbestände erfüllt sind.	

Unterabschnitt 2. Beschwerdeverfahren und Rechtsbeschwerdeverfahren

Nr.	Gebührentatbestand	Gebühr oder Satz der Gebühr nach § 34 GKG
1253	**Verfahren über die Beschwerde nach § 122 PatG oder § 20 GebrMG i. V. m. § 122 PatG gegen ein Urteil über den Erlass einer einstweiligen Verfügung in Zwangslizenzsachen**	**2,0**
1254	**Beendigung des gesamten Verfahrens durch Zurücknahme der Beschwerde, bevor die Schrift zur Begründung der Beschwerde bei Gericht eingegangen ist:**	
	Die Gebühr 1253 ermäßigt sich auf	**1,0**
	Erledigungserklärungen nach § 91a ZPO i. V. m. § 121 Abs. 2 Satz 2 PatG, § 20 GebrMG stehen der Zurücknahme gleich, wenn keine Entscheidung über die Kosten ergeht oder die Entscheidung einer zuvor mitgeteilten Einigung der Parteien über die Kostentragung oder der Kostenübernahmeerklärung einer Partei folgt.	
1255	**Verfahren über die Rechtsbeschwerde**	**750,00 €**
1256	**Beendigung des gesamten Verfahrens durch Zurücknahme der Rechtsbeschwerde, bevor die Schrift zur Begründung der Rechtsbeschwerde bei Gericht eingegangen ist:**	
	Die Gebühr 1255 ermäßigt sich auf	**100,00 €**

Nr.	Gebührentatbestand	Gebühr oder Satz der Gebühr nach § 34 GKG
	Erledigungserklärungen in entsprechender Anwendung des § 91a ZPO stehen der Zurücknahme gleich, wenn keine Entscheidung über die Kosten ergeht oder die Entscheidung einer zuvor mitgeteilten Einigung der Parteien über die Kostentragung oder der Kostenübernahmeerklärung einer Partei folgt.	

1 Die Vorschriften entsprechen den Regelungen des Berufungs- und Revisionsverfahrens: zu KV 1250 vgl. KV 1220, 1230; zu KV 1251 vgl. KV 1221, 1231; zu KV 152 vgl. KV 1222; zu KV 1253 vgl. 1250, 1220, 1230; zu KV 1254 vgl. KV 1252; zu KV 1255 vgl. 1250; zu KV 1256 vgl. KV 1251. Zu Familiensachen → 1230 Rn. 3.

Hauptabschnitt 3. *(weggefallen)*

1 Die entsprechenden Regelungen befinden sich jetzt im FamGKG.

Hauptabschnitt 4. Arrest, Europäischer Beschluss zur vorläufigen Kontenpfändung und einstweilige Verfügung

1 Die entsprechenden Regelungen befinden sich, soweit sie Familiensachen betreffen, in KV 1410ff. FamGKG. In der freiwilligen Gerichtsbarkeit gibt es Arreste und einstweilige Verfügungen nicht, wohl aber einstweilige Anordnungen, §§ 49ff. FamFG (gerichtskostenmäßig geregelt im GNotKG).

Vorbemerkung 1.4:

(1) Im Verfahren zur Erwirkung eines Europäischen Beschlusses zur vorläufigen Kontenpfändung werden Gebühren nach diesem Hauptabschnitt nur im Fall des Artikels 5 Buchstabe a der Verordnung (EU) Nr. 655/2014 erhoben. In den Fällen des Artikels 5 Buchstabe b der Verordnung (EU) Nr. 655/2014 bestimmen sich die Gebühren nach Teil 2 Hauptabschnitt 1.

(2) Im Verfahren auf Anordnung eines Arrests oder auf Erlass einer einstweiligen Verfügung sowie im Verfahren über die Aufhebung oder die Abänderung (§ 926 Abs. 2, §§ 927, 936 ZPO) werden die Gebühren jeweils gesondert erhoben. Im Fall des § 942 ZPO gilt das Verfahren vor dem Amtsgericht und dem Gericht der Hauptsache als ein Rechtsstreit.

(3) Im Verfahren zur Erwirkung eines Europäischen Beschlusses zur vorläufigen Kontenpfändung sowie im Verfahren über den Widerruf oder die Abänderung werden die Gebühren jeweils gesondert erhoben.

1 Die **Vorbemerkung** stellt klar,
– dass Arrest (§§ 916ff. ZPO) und einstweilige Verfügung (§§ 935ff. ZPO) kostenrechtlich gleich behandelt werden (Satz 1);

- dass das Verfahren bis zur Anordnung (und einschließlich dieser) kostenrechtlich als *ein* Verfahren zählt, das Aufhebungs- und Abänderungsverfahren als anderes (neues) Verfahren gilt (Satz 1).
- dass im Falle des § 942 ZPO das Verfahren vor dem AG und dem Gericht der Hauptsache als *ein* Verfahren zählt (Satz 2): es fällt unter KV 1410 oder KV 1411.

Abschnitt 1. Erster Rechtszug

Nr.	Gebührentatbestand	Gebühr oder Satz der Gebühr nach § 34 GKG
1410	**Verfahren im Allgemeinen**	**1,5**

I. Anwendungsbereich

Einstweilige Anordnungen nach der VwGO: KV 5210ff.; nach der FGO: KV 6210ff.; nach dem SGG: KV 7210ff. Einstweilige Verfügung und Arrest im Verfahren vor den Arbeitsgerichten: KV 8310, 8311. Einstweilige Anordnungen nach § 49 FamFG: es gilt GNotKG. **1**

II. Übersicht

Über den Antrag auf Erlass einer einstweiligen Verfügung nach §§ 935ff. ZPO (bzw. Arrest nach §§ 916ff. ZPO) wird meist durch Beschluss entschieden (Gebühr: 1,5; KV 1410). Wird aber zuvor mündlich verhandelt (vgl. §§ 922, 937 ZPO), ergeht eine Entscheidung durch Urteil (Gebühr 3,0; KV 1412). Die Gebühren nach KV 1410 und 1412 fallen nicht kumulativ an („erhöht sich …" in KV 1412). **2**

Gegen eine durch **Beschluss** (also ohne mündliche Verhandlung) erlassene einstweilige Verfügung hat der Gegner drei Angriffsmöglichkeiten: **3**

- unbefristet Widerspruch (§ 926 ZPO), worauf uU ein Endurteil folgt; dieses Endurteil betrifft aber nicht die Hauptsache (zB die Frage, ob beim Arrest der Beklagte den Geldbetrag schuldet), sondern holt nur die mündliche Verhandlung (vgl. § 937 ZPO) nach. Der Beschluss löst die Gebühr nach KV 1410 aus; der Widerspruch allein und das Verfahren hierauf sowie die folgende mündliche Verhandlung verursachen keine zusätzliche Gebühr (anders zT früher, KV 1311 aF); erst wenn dann durch Urteil etc. entschieden wird, fallen weitere 2,0 Gebühr nach KV 1412 an.
- Antrag nach § 926 ZPO (Antrag auf Fristsetzung); dazu KV 1412.
- Antrag auf Aufhebung wegen veränderter Umstände.

Nicht statthaft ist eine Beschwerde nach §§ 567ff. ZPO gegen den Beschluss, der die einstweilige Verfügung erlässt. **4**

Wird der **Erlass durch Beschluss abgelehnt,** kann der Antragsteller sofortige Beschwerde einlegen (§§ 567ff. ZPO; Gebühr: KV 1417), ferner nach §§ 926, 927 ZPO vorgehen. **5**

Gegen eine durch **Urteil** (also nach mündlicher Verhandlung) erlassene oder abgelehnte einstweilige Verfügung: Berufung (§§ 511ff. ZPO; Gebühr: KV 1413), Anträge nach §§ 926, 927 ZPO (Gebühr KV 1410). **6**

III. Entstehung der Gebühr KV 1410

7 Sie entsteht mit dem Eingang des Antrags bei Gericht, nicht erst mit Zustellung an den Gegner, auch nicht erst mit der Entscheidung. Das Ersuchen an das Grundbuchamt um Eintragung (§ 941 ZPO) löst keine zusätzliche Gebühr aus. Mit Eingang wird die Gebühr auch **fällig** (§ 6 Abs. 1 S. 1). Eine Pflicht zur **Vorauszahlung** besteht (anders als bei einer Klage) nicht (vgl. § 12). **Kostenschuldner** ist der Antragsteller (§ 22 Abs. 1 S. 1) bzw. zusätzlich der, dem in der Entscheidung die Kosten auferlegt wurden (§ 29 Abs. 1). Die Entscheidung durch **Beschluss** selbst verursacht keine zusätzliche Gebühr. Bei Entscheidung durch **Urteil** aber erfolgt eine Erhöhung nach KV 1412.

8 **Beispiele:** (1) Wird auf Antrag die einstweilige Verfügung (bzw. der Arrest) durch Beschluss erlassen, entsteht nur die Gebühr KV 1410; da der Beschluss dem Antragsgegner die Kosten auferlegt (§ 91 ZPO), werden sie zunächst vom Antragsgegner angefordert (§ 29). Der Streitwert ergibt sich aus §§ 53, 48 GKG, § 3 ZPO. Wesentlicher Zeitpunkt: § 40.

(2) Wird der Antrag durch Beschluss zurückgewiesen, werden dem Antragsteller die Kostenauferlegt (§ 91 ZPO). Die Gebühr KV 1410 wird deshalb dem Antragsteller in Rechnung gestellt (§ 22).

(3) Wird der Arrest durch Beschluss erlassen und auf Widerspruch (§ 924 ZPO) durch Urteil aufrechterhalten, wobei dem Antragsgegner im Beschluss die Kosten und im Urteil die weiteren Kosten auferlegt wurden, dann ist an sich der Gegner Kostenschuldner (§ 29 Nr. 1). Als solcher haftet er aber erst, wenn der Antragsteller ihm den Arrest binnen der Vollziehungsfrist des § 929 ZPO hat zustellen lassen, was dem Kostenbeamten nachzuweisen ist; andernfalls muss er nach § 22 den Antragsteller in Anspruch nehmen; ab Zustellung ist der Antragsteller nur noch Zweitschuldner, § 31 Abs. 1.

9 Wird der Antrag vor Erlass der einstweiligen Verfügung **zurückgenommen,** führt dies nur zu einer Ermäßigung der Gebühr (KV 1411), aber nicht zu ihrem gänzlichen Wegfall. Ebenso ist es, wenn die Parteien die einstweilige Verfügung (also den Streitgegenstand „Eilregelung") für erledigt erklären; eine hierbei erfolgende Erledigung der Hauptsache fällt unter KV 1900 (anderer Streitgegenstand!).

IV. Aufhebungsverfahren

10 Wird die einstweilige Verfügung durch Beschluss erlassen und folgt dann ein **Aufhebungsverfahren** wegen veränderter Umstände (§§ 927, 936 ZPO), fallen dafür KV 1410ff. nochmals an (amtl. Vorbemerkung 1.4.1 Satz 1): bei Erledigung des Aufhebungsverfahrens durch Beschluss KV 1410 (mit Ermäßigung im Falle KV 1411), bei Abschluss durch Urteil (vgl. § 927 Abs. 2 ZPO): KV 1412.

11 Wird auf Antrag eine **Frist zur Hauptsacheklage** gesetzt (§ 926 ZPO), löst dies noch keine Gebühr aus; der Antragseingang und die Fristsetzung (zuständig ist der Rechtspfleger, § 20 Nr. 14 RPflG; Richterhandlung unschädlich, § 8 RPflG) selbst kosten nichts; auch eine Fristverlängerung ist gebührenfrei. (1) Wird nun die Hauptsacheklage eingereicht, fällt dies unter KV 1210ff. Manchmal wird vom Gegner **Widerspruch** eingelegt ***und zugleich*** **Fristsetzung zur Hauptsacheklage** gefordert. Verhandelt dann das Gericht die Hauptsacheklage und die einstweilige Verfügung (§ 924 ZPO) gleichzeitig, also zwei verschiedenen Streitgegenstände, ändert dies nichts daran, dass kostenrechtlich verschiedene Verfahren vorliegen.

(2) Wird die Hauptsacheklage nicht eingereicht und lässt der Antragsteller die Sache auf sich beruhen bleibt es bei KV 1410. (3) Wird die Hauptsacheklage nicht eingereicht und beantragt deshalb der Gegner die Aufhebung der einstweiligen Verfügung, hat darüber ein Endurteil zu ergehen (§ 926 Abs. 2 ZPO), was die mit dem Eingang des Aufhebungsantrags angefallene (§ 6) Gebühr KV 1410 auf die Gebühr KV 1412 verteuert (Vorbemerkung 1.4.1 Satz 1).

V. Schutzschrift

Das Einreichen einer Schutzschrift (vgl. § 945a ZPO) durch den (künftigen) Antragsgegner, mit dem er verhindern will, dass gegen ihn eine einstweilige Verfügung ohne mündliche Verhandlung erlassen wird, löst keine *Gerichts*gebühr aus, weil eine Gebührenziffer fehlt. Für die Einreichung der Schutzschrift beim zentralen Schutzschriftregister (wofür aber kein Benutzungszwang besteht) entsteht aber eine Verwaltungsgebühr nach KV 1160 JVKostG (83 Euro), die der Einreicher schuldet (§ 15a JVKostG). Wenn (wie meist) kein Antrag auf einstweilige Verfügung folgt, wird die Schutzschrift einfach im allgemeinen Register (AR) registriert und dann weggelegt. Folgt ein Antrag auf einstweilige Verfügung und wird die Schutzschrift zu den Akten genommen, erhöht dies nicht die Gebühr des Antragstellers nach KV 1410. 12

Nr.	Gebührentatbestand	Gebühr oder Satz der Gebühr nach § 34 GKG
1411	**Beendigung des gesamten Verfahrens durch** **1. Zurücknahme des Antrags** **a) vor dem Schluss der mündlichen Verhandlung oder** **b) wenn eine mündliche Verhandlung nicht stattfindet, vor Ablauf des Tages, an dem der Beschluss der Geschäftsstelle übermittelt wird,** **2. Anerkenntnisurteil, Verzichtsurteil oder Urteil, das nach § 313a Abs. 2 ZPO keinen Tatbestand und keine Entscheidungsgründe enthält,** **3. gerichtlichen Vergleich oder** **4. Erledigungserklärungen nach § 91a ZPO, wenn keine Entscheidung über die Kosten ergeht oder die Entscheidung einer zuvor mitgeteilten Einigung der Parteien über die Kostentragung oder der Kostenübernahmeerklärung einer Partei folgt,** **es sei denn, dass bereits ein Beschluss nach § 922 Abs. 1, auch i. V. m. § 936 ZPO, oder ein anderes als eines der in Nummer 2 genannten Urteile vorausgegangen ist:** **Die Gebühr 1410 ermäßigt sich auf**	**1,0**

Nr.	Gebührentatbestand	Gebühr oder Satz der Gebühr nach § 34 GKG
	Die Vervollständigung eines ohne Tatbestand und Entscheidungsgründe hergestellten Urteils (§ 313a Abs. 5 ZPO) steht der Ermäßigung nicht entgegen. Die Gebühr ermäßigt sich auch, wenn mehrere Ermäßigungstatbestände erfüllt sind.	

I. Allgemeines

1 Die Gebühr, die das ganze Verfahren erster Instanz abdeckt (einschließlich Beweisaufnahme), beträgt 1,5 (KV 1410). Zum Urteil vgl. KV 1412. In bestimmten Fällen (KV 1411) werden aber 0,5 Gebühren zurückbezahlt, bzw. beträgt die zu leistende Zahlung von vornherein nur 1,0 Gebühren. Wer einen Antrag auf einstweilige Verfügung einreicht und sofort wieder zurücknimmt bekommt von vorneherein nur eine Kostenrechnung über 1,0. KV 1411 entspricht weitgehend KV 1211.

II. Allgemeine Voraussetzungen der Gebührenermäßigung

1. Beendigung des *gesamten* Verfahrens

2 Eine Beendigung des *gesamten* Verfahrens ist erforderlich, damit uU eine Gebührenermäßigung eintritt. Eine Teilbeendigung genügt nicht, selbst wenn nur ein Antrag, nur Zinsen, nur Kosten offen bleiben, erfolgt keine Ermäßigung. Das Verfahren muss bezüglich aller Anträge, aller Antragsteller und aller Antragsgegner beendet sein. Es reicht aber aus, wenn die Beendigung aus verschiedenen privilegierten Beendigungsarten zusammengestückelt wird (Anmerkung Satz 2). Beispiel: von den beiden Anträgen wird der erste Antrag zurückgenommen, der zweite Antrag wird durch Prozessvergleich erledigt.

2. Vorangegangene Entscheidungen

3 Es darf der Antragsrücknahme etc. kein anderes Urteil als ein Anerkenntnisurteil, Verzichtsurteil, Urteil nach § 313a Abs. 2 ZPO vorausgegangen sein (Satz 1 „es sei denn"). Denn diese Urteilsarten machen wenig Mühe. Vgl. KV 1211.

4 **Schädlich:** Ist ein Beschluss nach §§ 922, 936 ZPO vorausgegangen oder ein Urteil (weil über den Antrag durch Urteil entschieden wurde), führt die Antragsrücknahme etc. nicht mehr zur Gebührenermäßigung. Auch ein vorausgegangenes **Versäumnisurteil** gegen den Beklagten verhindert die Gebührenermäßigung, wenn nach Einspruch der Antrag zurückgenommen usw. wird; denn das VU ist in KV 1411 nicht genannt.

III. Fälle der Gebührenermäßigung

1. Antragsrücknahme (Nr. 1)

Die Antragsrücknahme führt zur Gebührenermäßigung, wenn das *gesamte* Verfahren dadurch beendet wurde und die Antragsrücknahme vor dem Schluss der mündlichen Verhandlung erfolgte (Buchst. a); das ist natürlich nur möglich, wenn überhaupt eine mündliche Verhandlung angesetzt wurde (§ 937 ZPO). Wird **keine mündliche Verhandlung** angesetzt (b), sondern beabsichtigt das Gericht durch Beschluss (ohne mündliche Verhandlung) zu entscheiden, fragt sich, bis zu welchem Zeitpunkt der Antrag noch kostengünstig zurückgenommen werden kann. Nach dem neu eingefügten Buchst. b kann der Antrag nur bis zum Ablauf des Tages, an dem der Beschluss der Geschäftsstelle übermittelt wird, kostengünstig zurückgenommen werden; das entspricht der Regelung in KV 1511, 1522, 1641 usw. Damit wird der Grund für die Ermäßigung verfehlt, weil das Kostenprivileg noch gegeben wird, obwohl der unterschriebene Beschluss schon bei der Geschäftsstelle ist. Wie die Rücknahme des Antrags wurde früher die **Rücknahme des Widerspruchs** gegen die durch Beschluss erlassene einstweilige Verfügung behandelt, dh Gebührenermäßigung (OLG München NJW-RR 1998, 936; OLG Hamburg MDR 1998, 988). Der jetzige Gesetzestext erlaubt dies nicht mehr, weil der Beendigung des Verfahrens ja „bereits ein Beschluss nach §§ 922 Abs. 1, 936 ZPO" vorausgegangen ist. Die Rücknahme des Widerspruchs führt jetzt dazu, dass es bei der Gebühr KV 1410 bleibt. 5

2. Beendigung durch Anerkenntnisurteil, Verzichtsurteil, abgekürztes Urteil (Nr. 2)

Beendigung des gesamten Verfahrens durch Anerkenntnisurteil (§ 307 ZPO), Verzichtsurteil (§ 306 ZPO), abgekürztes Urteil im Sinne von § 313a Abs. 2 ZPO kann zur Gebührenermäßigung führen. Eine Vervollständigung des Urteils nach § 313a ZPO führt nicht dazu, dass die Ermäßigung wieder wegfällt. 6

3. Beendigung durch Prozessvergleich (Nr. 3)

Beendigung des gesamten Eil-Verfahrens durch Prozessvergleich kann zur Gebührenermäßigung führen. Wird zusätzlich ein anderen Gegenstand mitverglichen (zB die Zahlung im Arrestverfahren; die Hauptsache im einstweiligen Verfügungsverfahren) kann zusätzlich die Gebühr KV 1900 anfallen. 7

4. Übereinstimmende Erledigungserklärung (Nr. 4)

Übereinstimmende Erledigungserklärung hinsichtlich des gesamten Eilverfahrens kann zur Gebührenermäßigung führen. Keine oder eine einfache Kostenentscheidung muss folgen, nämlich: 8

– Es ergeht keine Entscheidung über die Kosten; → 1211 Rn. 12.
– **Die Kostenentscheidung entspricht einer** (außergerichtlichen oder anderweitigen gerichtlichen) **Einigung** der Parteien über die Kosten, die sie vor der Kostenentscheidung dem Gericht mitgeteilt haben; → 1211 Rn. 12.

– Die Kostenentscheidung entspricht einer zuvor mitgeteilten **Kostenübernahmeerklärung einer Partei;** → 1211 Rn. 12.

Nr.	Gebührentatbestand	Gebühr oder Satz der Gebühr nach § 34 GKG
1412	**Es wird durch Urteil entschieden oder es ergeht ein Beschluss nach § 91a oder § 269 Abs. 3 Satz 3 ZPO, wenn nicht Nummer 1411 erfüllt ist:** **Die Gebühr 1410 erhöht sich nach dem Wert des Streitgegenstands, auf den sich die Entscheidung bezieht, auf**	**3,0**

I. Erhöhungsfälle

1 In folgenden Fällen erhöht sich die Gebühr der KV 1410 von 1,5 auf 3,0:

1. Entscheidung durch Urteil

2 Über den Antrag auf einstweilige Verfügung bzw. Arrest wurde (nach mündlicher Verhandlung) durch **Urteil** entschieden (gleichgültig, ob die einstweilige Verfügung erlassen oder der Antrag zurückgewiesen wurde); oder es wurde die einstweilige Verfügung zwar durch Beschluss erlassen, aber auf Widerspruch hin (§ 924 ZPO) wurde mündliche Verhandlung angesetzt, in der durch Urteil entschieden wurde. Desgleichen, wenn ein Urteil ohne mündliche Verhandlung nach § 128 Abs. 2, 3 ZPO oder nach § 495a ZPO ergeht (früher umstritten, heute durch Gesetzesänderung geklärt: KV 1311 aF forderte eine „mündliche Verhandlung", jetzt ist ein „Urteil" etc. erforderlich). Hier sind nicht Urteile über die Hauptsache gemeint (diese fallen unter KV 1210 ff.), sondern nur solche, deren Streitgegenstand die einstweilige Regelung ist. Weil in KV 1412 nicht auf das Verfahren, sondern auf eine Handlung des Gerichts abgestellt ist handelt es sich um eine sog. **Aktgebühr.**

2. Übereinstimmende Erledigung

3 Die Hauptsache wurde übereinstimmend für erledigt erklärt, es war aber ein Kostenbeschluss erforderlich (§ 91a ZPO), der nicht einer zuvor mitgeteilten Einigung der Parteien über die Kosten und auch keiner Kostenübernahmeerklärung einer Partei entsprach.

3. Antragsrücknahme

4 Der Antrag wurde zwar (in der mündlichen Verhandlung oder vorher) zurückgenommen, doch waren die Kosten nicht nur dem Antragsteller aufzuerlegen (was unkompliziert ist), sondern es war über die Kosten diffizil nach § 269 Abs. 3 S. 3 ZPO zu entscheiden.

4. Vorrang von KV 1411

Wenn in den Fällen b und c alle Voraussetzungen der KV 1411 erfüllt sind, also insbesondere die Beendigung des gesamten Verfahrens durch eine dort genannte Erledigungsart, dann gilt die Gebühr KV 1411 und nicht KV 1412. Die dreifache Gebühr für das Verfahren über den Erlass einer einstweiligen Verfügung mit mündlicher Verhandlung ermäßigt sich daher nicht, wenn der Antrag in der mündlichen Verhandlung teilweise für erledigt erklärt und die einstweilige Verfügung deshalb nur im Übrigen bestätigt wird (OLG Frankfurt NJW-RR 2000, 1383). 5

II. Höhe der Gebühr, Kostenwiderspruch

Sie beträgt 3,0 (wie bei KV 1210) „nach dem Wert des Streitgegenstandes, auf den sich die Entscheidung bezieht". Wehrt sich der Antragsgegner mit Widerspruch gegen die einstweilige Verfügung mit einem Streitwert von 30.000 Euro, fallen für das Urteil somit 3,0 Gebühren aus 30.000 Euro an, die Gebühr KV 1410 wird insoweit erhöht (fällt nicht zusätzlich an). Mit dem Schlusssatz sind die Fälle des sog. **Kostenwiderspruchs** gemeint. Der Antragsgegner nimmt die einstweilige Verfügung hin, wehrt sich aber gegen die Kostenentscheidung und legt deshalb den Widerspruch nur gegen die Kostenentscheidung ein. Die mündliche Verhandlung und das ergehende Urteil betreffen nur noch die Kosten. Dann ist die Gebühr nach KV 1410 aus dem ursprünglichen Streitwert anzusetzen, die zwei weiteren Gebühren der KV 1412 nur aus dem **Kosteninteresse,** das ist in der Regel der Kostenbetrag *ohne* Abschlag (vgl. § 36), gegen den sich der Gegner wehrt (OLG München MDR 1997, 1067; *Meyer* Rn. 108). 6

Abschnitt 2. Berufung

Nr.	Gebührentatbestand	Gebühr oder Satz der Gebühr nach § 34 GKG
1420	**Verfahren im Allgemeinen**	**4,0**

Die **Berufung** (§§ 511 ff. ZPO) gegen ein Urteil, durch das ein Arrest oder eine einstweilige Verfügung erlassen oder abgelehnt wurden, löst eine Gebühr in Höhe von 4,0 aus (KV 1420); die Regelung entspricht KV 1220, worauf verwiesen wird. Diese hohe Gebühr kann nach KV 1421–1423 in verwirrender Weise auf 1,0, oder 2,0 oder 3,0 ermäßigt werden. Eine **Revision** gegen ein solches Berufungsurteil findet nicht statt, § 542 Abs. 2 ZPO. Beschwerden sind in KV 1430 geregelt. **Fälligkeit** der Gebühr KV 1420 mit Einreichung der Berufungsschrift: § 6. **Kostenschuldner:** §§ 22, 29. 1

Ist eine Hauptsache in der **Berufungsinstanz** anhängig und tritt dort das Bedürfnis nach einstweiliger Sicherung auf (zB Zahlungsklage über 100.000 Euro und im Berufungsverfahren zeigt sich, dass der Beklagte nach Afrika auswandern will: Sicherung durch Arrest), dann ist das Berufungsgericht für die einstweilige Verfügung bzw. den Arrest zuständig (§§ 919, 937, 943 ZPO). Dafür fällt aber nicht die 4,0-Gebühr von KV 1420 an, weil keine Überprüfung einer erstinstanzlichen Entscheidung erfolgt, sondern nur eine Gebühr nach KV 1410–1412 (OLG Mün- 2 chen Rpfleger 1956, 30; aA *Hartmann* Rn. 2 und *Meyer* Rn. 110, die jeweils die 4,0-Gebühr für richtig halten).

Nr.	Gebührentatbestand	Gebühr oder Satz der Gebühr nach § 34 GKG
1421	**Beendigung des gesamten Verfahrens durch Zurücknahme der Berufung, des Antrags oder des Widerspruchs, bevor die Schrift zur Begründung der Berufung bei Gericht eingegangen ist:** **Die Gebühr 1420 ermäßigt sich auf** . . . . **Erledigungserklärungen nach § 91a ZPO stehen der Zurücknahme gleich, wenn keine Entscheidung über die Kosten ergeht oder die Entscheidung einer zuvor mitgeteilten Einigung der Parteien über die Kostentragung oder der Kostenübernahmeerklärung einer Partei folgt.**	1,0

1 **KV 1421** entspricht KV 1221, 1251, 1321; darauf wird verwiesen. **Die Gebühr (KV 1420) ermäßigt sich** von 4,0 auf 1,0 (dh es werden gegebenenfalls ¾ zurückbezahlt), wenn

2 – das ***gesamte*** **Berufungsverfahren** erledigt wird (→ 1211 Rn. 3);

3 – Erledigung durch **bestimmte Beendigungsakte,** bevor die Berufungsbegründung beim Berufungsgericht (vgl. §§ 519 Abs. 1, 520 Abs. 3 ZPO) eingegangen ist (bei späterer Rücknahme nur noch geringere Ermäßigung nach KV 1422), nämlich
  - Rücknahme der Berufung (Kostenfolge: § 516 Abs. 3 ZPO);
  - Rücknahme des Antrags auf einstweilige Verfügung bzw. Arrest;
  - Rücknahme des Widerspruchs (§ 924 ZPO) gegen den Beschluss, der die einstweilige Verfügung bzw. den Arrest angeordnet hat (unklar ist, inwiefern es hier zu einer Beendigung des Berufungsverfahrens gegen ein Urteil kommt).

– Übereinstimmende Erledigungserklärung (§ 91a ZPO; Anmerkung), diese aber nur, wenn die Kostenentscheidung nicht arbeitsaufwendig ist, weil (→ 1211 Rn. 32ff.) keine Entscheidung über die Kosten ergeht. Nach §§ 91a Abs. 1, 308 Abs. 2 ZPO muss allerdings eine Kostenentscheidung von Amts wegen ergehen, auch wenn keine Kostenanträge gestellt werden, so dass eine Nicht-Entscheidung nur vorstellbar ist, wenn die Parteien ausdrücklich keine Kostenentscheidung wollen (Zöller/*Vollkommer* ZPO § 91a Rn. 22), ausdrücklich darauf verzichten (LG Mainz JurBüro 2001, 260), oder wenn die Kostenentscheidung einer (außergerichtlichen oder anderweitigen gerichtlichen) Einigung der Parteien über die Kosten entspricht, die sie vor der Kostenentscheidung dem Gericht mitgeteilt haben. Oder: Die Kostenentscheidung entspricht einer zuvor mitgeteilten Kostenübernahmeerklärung einer Partei.

Nr.	Gebührentatbestand	Gebühr oder Satz der Gebühr nach § 34 GKG
1422	**Beendigung des gesamten Verfahrens, wenn nicht Nummer 1421 erfüllt ist, durch** **1. Zurücknahme der Berufung oder des Antrags** **a) vor dem Schluss der mündlichen Verhandlung,** **b) in den Fällen des § 128 Abs. 2 ZPO vor dem Zeitpunkt, der dem Schluss der mündlichen Verhandlung entspricht,** **2. Anerkenntnis- oder Verzichtsurteil,** **3. gerichtlichen Vergleich oder** **4. Erledigungserklärungen nach § 91a ZPO, wenn keine Entscheidung über die Kosten ergeht oder die Entscheidung einer zuvor mitgeteilten Einigung der Parteien über die Kostentragung oder der Kostenübernahmeerklärung einer Partei folgt,** **es sei denn, dass bereits ein anderes als eines der in Nummer 2 genannten Urteile vorausgegangen ist:** **Die Gebühr 1420 ermäßigt sich auf** . . . . **Die Gebühr ermäßigt sich auch, wenn mehrere Ermäßigungstatbestände erfüllt sind.**	**2,0**

Wenn KV 1421 erfüllt ist, darf KV 1422 nicht herangezogen werden. **Die Gebühr (KV 1420) ermäßigt sich** von 4,0 auf nur 2,0, wenn 1
- das *gesamte* Verfahren erledigt wird (→ 1211 Rn. 3);
- Erledigung durch bestimmte Beendigungsakte.

Die Regelung entspricht voll KV 1222; darauf wird verwiesen. 2

Nr.	Gebührentatbestand	Gebühr oder Satz der Gebühr nach § 34 GKG
1423	**Beendigung des gesamten Verfahrens durch ein Urteil, das wegen eines Verzichts der Parteien nach § 313a Abs. 1 Satz 2 ZPO keine schriftliche Begründung enthält, wenn nicht bereits ein anderes als eines der in Nummer 1422 Nr. 2 genannten Urteile mit schriftlicher Begründung oder ein Versäumnisurteil vorausgegangen ist:** **Die Gebühr 1420 ermäßigt sich auf** . . . . **Die Gebühr ermäßigt sich auch, wenn daneben Ermäßigungstatbestände nach Nummer 1422 erfüllt sind.**	**3,0**

1 **Die Gebühr (KV 1420) ermäßigt sich** unter Umständen von 4,0 auf nur 3,0. Die Regelung entspricht voll KV 1223; darauf wird Bezug genommen. Allerdings sind schädlich (im Gegensatz zu KV 1223) nur Anerkenntnisurteile etc. mit *schriftlicher Begründung,* eine solche fehlt in der Praxis immer (§ 313b Abs. 1 ZPO); ein vorausgegangenes Versäumnisurteil allerdings hindert immer die Gebührenermäßigung.

Abschnitt 3. Beschwerde

Nr.	Gebührentatbestand	Gebühr oder Satz der Gebühr nach § 34 GKG
1430	**Verfahren über die Beschwerde** **1. gegen die Zurückweisung eines Antrags auf Anordnung eines Arrests oder eines Antrags auf Erlass einer einstweiligen Verfügung oder** **2. in Verfahren nach der Verordnung (EU) Nr. 655/2014**	**1,5**

1 **Gegen den Erlass** eines Arrests (§§ 916ff. ZPO) bzw. einer einstweiligen Verfügung (§§ 935ff. ZPO) durch **Beschluss** ist keine Beschwerde statthaft (nur Widerspruch, § 924 ZPO; sowie Anträge nach §§ 926, 927 ZPO). Gleichwohl eingelegte (unzulässige) Beschwerden fallen unter KV 1811, falls man keine Umdeutung in einen Widerspruch vornehmen kann. **Gegen die Ablehnung** eines Arrests bzw. einer einstweiligen Verfügung durch Beschluss ist dagegen die sofortige Beschwerde statthaft (§ 567 ZPO). KV 1430 ist auf Erinnerungen oder sonstige Rechtsbehelfe nicht anwendbar, auch nicht auf eine Rechtbeschwerde in Sachen Arrest bzw. einstweilige Verfügung (sowieso unzulässig, §§ 542 Abs. 2, 574 Abs. 1 ZPO).

2 Die Gebühr KV 1430 ist eine **Verfahrensgebühr,** also unabhängig vom Ausgang des Verfahrens. Die Gebühr beträgt 1,5 und richtet sich nach dem Streitwert des Verfahrens über den Arrest bzw. die einstweilige Verfügung. Der Kostenbeamte ist daran gebunden, wenn das Gericht eine unklare Eingabe als Beschwerde behandelt hat; ihm steht es nicht zu, sie gebührenmäßig als (gebührenfreie) Gegenvorstellung oder Dienstaufsichtsbeschwerde etc. zu behandeln. Wird der Beschwerde vom Untergericht voll abgeholfen, fällt gleichwohl die Beschwerdegebühr an (*Meyer* Rn. 114), weil es sich um eine Verfahrensgebühr handelt. **Mehrere Beschwerden,** die sich gegen dieselbe Entscheidung richten, lösen die Gebühr nur einmal aus, selbst wenn sie von verschiedenen Parteien erhoben werden; vorausgesetzt, die zweite Beschwerde wird zu einem Zeitpunkt eingelegt, als über die erste Beschwerde noch nicht entschieden war. Zwei Beschwerden gegen verschiedene Entscheidungen dagegen lösen zweimal die Gebühr aus, selbst wenn über sie im selben Beschluss entschieden wird. **Fälligkeit:** § 6 (mit Eingang der Beschwerde bei dem Gericht, bei dem sie einzulegen ist; § 569 ZPO). **Kostenschuldner:** §§ 29, 22.

Nr.	Gebührentatbestand	Gebühr oder Satz der Gebühr nach § 34 GKG
1431	**Beendigung des gesamten Verfahrens durch Zurücknahme der Beschwerde:** **Die Gebühr 1430 ermäßigt sich auf**	**1,0**

Die Beendigung des *gesamten* Verfahrens durch Rücknahme der Beschwerde führt zur **Ermäßigung der Gebühr** KV 1430 von 1,5 auf 1,0. Die Beschwerde kann bis zum Erlass der Beschwerdeentscheidung zurückgenommen werden, also bis die von allen Richtern unterschrieben Entscheidung das Abtragefach der Geschäftsstelle verlassen hat, nicht erst mit Eingang des Beschwerdebeschlusses beim Beschwerdeführer (vgl. § 329 ZPO). Andere Formen der Beendigung des Beschwerdeverfahrens dagegen führen nicht zu einer Gebührenermäßigung, wie der Wortlaut von KV 1431 zeigt. **1**

Hauptabschnitt 5. Vorbereitung der grenzüberschreitenden Zwangsvollstreckung

Vorbemerkung 1.5:

Die Vollstreckbarerklärung eines *ausländischen* Schiedsspruchs oder deren Aufhebung bestimmt sich nach Nummer 1620.

Abschnitt 1. Erster Rechtszug

Nr.	Gebührentatbestand	Gebühr oder Satz der Gebühr nach § 34 GKG
1510	**Verfahren über Anträge auf** **1. Vollstreckbarerklärung ausländischer Titel,** **2. Feststellung, ob die ausländische Entscheidung anzuerkennen ist,** **3. Erteilung der Vollstreckungsklausel zu ausländischen Titeln und** **4. Aufhebung oder Abänderung von Entscheidungen in den in den Nummern 1 bis 3 genannten Verfahren** **5. Versagung der Anerkennung oder der Vollstreckung (§ 1115 ZPO)** **oder über die Klage auf Erlass eines Vollstreckungsurteils**	**240,00 €**

Bei KV 1510 handelt es sich um eine **Verfahrensgebühr;** sie fällt also auch an, wenn keine Entscheidung ergeht oder wenn der Antrag zurückgenommen wird. Es handelt sich um eine Festgebühr (240 Euro), unabhängig vom Streitwert des titulierten Anspruchs. Abgegolten ist sowohl die Entscheidung des Gerichts (zB des **1**

Vorsitzenden einer Zivilkammer, § 8 AVAG) als auch die anschließende Klauselerteilung durch den Urkundsbeamten (§ 9 AVAG). Wer mit *einem* Antrag die Erteilung der Klausel zu mehreren ausländischen Titeln gegen denselben Schuldner beantragt, löst die Gebühr KV 1510 nur einmal aus. Die Klage auf Erlass eines Vollstreckungsurteils fällt nicht unter KV 1210, sondern KV 1510 (früher streitig, durch das 2. JuMoG klargestellt).

2 **Gebührenfreiheit.** Die frühere Anmerkung zu KV 1510, wonach die Gebühr in bestimmten Fällen nicht erhoben wird, wurde durch das 2. JuMoG gestrichen; das führt aber nicht zu einer sachlichen Änderung, weil bereits § 2 III ausdrücklich normiert, dass sonstige bundesrechtliche Vorschriften über Kostenbefreiungen unberührt bleiben. Die Gebühr wird daher nicht erhoben, wenn der ausländische Titel kostenfrei für vollstreckbar zu erklären ist. Eine solche Kostenfreiheit tritt zB ein, wenn dem Antragsteller PKH gewährt wurde (wie oft in Unterhaltssachen), oder bei entsprechenden Regelungen in Staatsverträgen (Haager Zivilprozessübereinkommen von 1954).

3 Die **Auslagen** (zB für die Zustellung) werden zusätzlich in Rechnung gestellt, denn KV 9002 ist nicht einschlägig, da sich die Gebühr nicht nach dem Streitwert richtet, sondern eine Festgebühr ist.

4 **Fälligkeit:** § 9. Keine Vorauszahlungspflicht (arg. § 12). **Kostenschuldner:** Antragsteller, § 22; im Übrigen § 29.

Nr.	Gebührentatbestand	Gebühr oder Satz der Gebühr nach § 34 GKG
1511	**Beendigung des gesamten Verfahrens durch Zurücknahme der Klage oder des Antrags vor dem Schluss der mündlichen Verhandlung oder, wenn eine mündliche Verhandlung nicht stattfindet, vor Ablauf des Tages, an dem die Entscheidung der Geschäftsstelle übermittelt wird:** **Die Gebühr 1510 ermäßigt sich auf** . . . . **Erledigungserklärungen nach § 91 a ZPO stehen der Zurücknahme gleich, wenn keine Entscheidung über die Kosten ergeht oder die Entscheidung einer zuvor mitgeteilten Einigung der Parteien über die Kostentragung oder der Kostenübernahmeerklärung einer Partei folgt.**	**90,00 €**

1 Die Regelung entspricht im Wesentlichen KV 1211 und sieht bei rechtzeitiger Antragsrücknahme eine Ermäßigung des Gebühr KV 1510 vor. Die frühere KV 1511 ist jetzt KV 1512.

Nr.	Gebührentatbestand	Gebühr oder Satz der Gebühr nach § 34 GKG
1512	**Verfahren über Anträge auf Ausstellung einer Bescheinigung nach § 57 AVAG oder § 27 IntErbRVG**	**15,00 €**

1 Ein Antragsteller, der im Ausland die Erteilung der Vollstreckungsklausel zu einem deutschen Titel beantragen will, benötigt eine bestimmte Bescheinigung. Es geht meist um Vollstreckung von Unterhaltstiteln. Der Sachverhalt war früher in § 56 AVAG geregelt. § 56 wurde aber durch Art. 2 Nr. 5 des Gesetzes vom 20.2.2013, BGBl. I S. 273, umbenannt in **§ 57 AVAG. Parallelregelung:** KV 1711 FamGKG. § 57 AVAG besagt: Die Bescheinigungen nach den Art. 54, 57 und 58 Verordnung (EG) Nr. 44/2001 und nach den Art. 54, 57 und 58 Übereinkommen vom 30. Oktober 2007 über die gerichtliche Zuständigkeit und die Anerkennung und Vollstreckung von Entscheidungen in Zivil- und Handelssachen werden von dem Gericht, der Behörde oder der mit öffentlichem Glauben versehenen Person ausgestellt, der die Erteilung einer vollstreckbaren Ausfertigung des Titels obliegt. Soweit danach die Gerichte für die Ausstellung der Bescheinigung zuständig sind, wird diese von dem Gericht des ersten Rechtszuges und, wenn das Verfahren bei einem höheren Gericht anhängig ist, von diesem Gericht ausgestellt. Funktionell zuständig ist die Stelle, der die Erteilung einer vollstreckbaren Ausfertigung des Titels obliegt. Für die Anfechtbarkeit der Entscheidung über die Ausstellung der Bescheinigung gelten die Vorschriften über die Anfechtbarkeit der Entscheidung über die Erteilung der Vollstreckungsklausel sinngemäß.

§ 27 IntErbRVG: Bescheinigung über die Authentizität einer deutschen Urkunde.

Gebühr für das Rechtsmittel: KV 1523.

Nr.	Gebührentatbestand	Gebühr oder Satz der Gebühr nach § 34 GKG
1513	**Verfahren über Anträge auf Ausstellung einer Bestätigung nach § 1079 ZPO oder über Anträge auf Ausstellung einer Bescheinigung nach § 1110 ZPO oder nach § 58 AVAG**	**20,00 €**

1 § 1079 ZPO betrifft die Bestätigung einer hier ergangenen Entscheidung als **„Europäischer Vollstreckungstitel“.** Das Verfahren über diese Bestätigung löst die Gebühr KV 1513 aus. Eine öffentliche Urkunde, die im Ursprungsmitgliedstaat (hier: Deutschland) als Europäischer Vollstreckungstitel bestätigt worden ist, wird in den anderen Mitgliedstaaten vollstreckt, ohne dass es einer Vollstreckbarerklärung bedarf und ohne dass ihre Vollstreckbarkeit angefochten werden kann (Art. 25 Abs. 2 Verordnung (EG) Nr. 805/2004). Die Bestätigung muss auf den Formularen im Anhang der VO erfolgen; andernfalls ist sie wertlos und die Gebühr darf nicht erhoben werden (§ 21). Für die Ausstellung der Bestätigungen nach Art. 9 Abs. 1, Art. 24 Abs. 1, Art. 25 Abs. 1 und Art. 6 Abs. 2 und 3 der Verordnung (EG) Nr. 805/2004 vom 21. April 2004 zur Einführung eines Europäischen Vollstreckungstitels für *unbestrittene* Forderungen (ABl. EU L 143, 15) sind die Gerichte, Behörden oder No-

tare zuständig, denen die Erteilung einer vollstreckbaren Ausfertigung des Titels obliegt. **Parallelregelung:** KV 1712 FamGKG. Stellt der **Notar** die Bescheinigung aus fällt die Gebühr KV 23804 GNotKG an (ebenfalls 20 Euro).

Ähnliche Bescheinigungen: **§ 1110 ZPO; 58 AVAG.**

Nr.	Gebührentatbestand	Gebühr oder Satz der Gebühr nach § 34 GKG
1514	**Verfahren nach § 3 Abs. 2 des Gesetzes zur Ausführung des Vertrages zwischen der Bundesrepublik Deutschland und der Republik Österreich vom 6. Juni 1959 über die gegenseitige Anerkennung und Vollstreckung von gerichtlichen Entscheidungen, Vergleichen und öffentlichen Urkunden in Zivil- und Handelssachen in der im Bundesgesetzblatt Teil III, Gliederungsnummer 319-12, veröffentlichten bereinigten Fassung, das zuletzt durch Artikel 23 des Gesetzes vom 27. Juli 2001 (BGBl. I S. 1887) geändert worden ist**	60,00 €

1 Die Regelung ist nur noch für wenige Altfälle aus der Zeit vor dem 1.3.2002 einschlägig. **Parallelregelung:** KV 1713 FamGKG.

Abschnitt 2. Rechtsmittelverfahren

Nr.	Gebührentatbestand	Gebühr oder Satz der Gebühr nach § 34 GKG
1520	**Verfahren über Rechtsmittel in den in den Nummern 1510 und 1514 genannten Verfahren**	360,00 €

1 Erfasst sind sowohl Rechtsmittel gegen Entscheidungen nach KV 1510 wie gegen KV 1514. KV 1520 gilt auch für die Rechtsbeschwerde im Falle des § 15 AVAG.

Nr.	Gebührentatbestand	Gebühr oder Satz der Gebühr nach § 34 GKG
1521	**Beendigung des gesamten Verfahrens durch Zurücknahme des Rechtsmittels, der Klage oder des Antrags, bevor die Schrift zur Begründung des Rechtsmittels bei Gericht eingegangen ist:** **Die Gebühr 1520 ermäßigt sich auf**	90,00 €

KV 1521 entspricht im wesentlichen KV 1221; darauf wird verwiesen. Die frühere KV 1521 ist jetzt KV 1523. **1**

Nr.	Gebührentatbestand	Gebühr oder Satz der Gebühr nach § 34 GKG
1522	**Beendigung des gesamten Verfahrens durch Zurücknahme des Rechtsmittels, der Klage oder des Antrags vor dem Schluss der mündlichen Verhandlung oder, wenn eine mündliche Verhandlung nicht stattfindet, vor Ablauf des Tages, an dem die Entscheidung der Geschäftsstelle übermittelt wird, wenn nicht Nummer 1521 erfüllt ist:** **Die Gebühr 1520 ermäßigt sich auf** . . . . **Erledigungserklärungen nach § 91a ZPO stehen der Zurücknahme gleich, wenn keine Entscheidung über die Kosten ergeht oder die Entscheidung einer zuvor mitgeteilten Einigung der Parteien über die Kostentragung oder der Kostenübernahmeerklärung einer Partei folgt.**	**180,00 €**

KV 1522 entspricht teilweise KV 1221; darauf wird verwiesen. **1**

Nr.	Gebührentatbestand	Gebühr oder Satz der Gebühr nach § 34 GKG
1523	**Verfahren über Rechtsmittel in** **1. den in den Nummern 1512 und 1513 genannten Verfahren und** **2. Verfahren über die Berichtigung oder den Widerruf einer Bestätigung nach § 1079 ZPO:** **Das Rechtsmittel wird verworfen oder zurückgewiesen**	**60,00 €**

Regelunterhalt (früher § 790 ZPO; § 1612a BGB) ist jetzt in § 245 FamFG geregelt, die Gebühr in KV 1723 FamGKG. KV 1523 wurde daher angepasst. **1**

Hauptabschnitt 6. Sonstige Verfahren

Abschnitt 1. Selbstständiges Beweisverfahren

Nr.	Gebührentatbestand	Gebühr oder Satz der Gebühr nach § 34 GKG
1610	**Verfahren im Allgemeinen**	1,0

I. Verfahrensgebühr

1 KV 1610 erfasst selbstständige Beweisverfahren nach §§ 485ff. ZPO. Es handelt sich um eine Verfahrensgebühr; sie ermäßigt sich also nicht (und fällt erst recht nicht weg), wenn der Antrag zurückgenommen oder kein Gutachten erholt oder der Antrag vom Gericht abgelehnt wird; sie erhöht sich nicht durch den Erlass des Beweisbeschlusses, dessen Erweiterung (außer, wenn sich der Streitwert erhöht hat), Berichtigung oder Ergänzung, den Eingang des Gutachtens, Beantwortung von Fragen durch den Sachverständigen, mündliche Verhandlung über den Antrag usw. Auch der Beschluss nach § 494 ZPO kostet keine zusätzliche Gebühr, ebenso wenig ein Vergleich nach § 492 Abs. 3 (Ausnahme: KV 1900). Die Gebühr KV 1610 wird nicht auf die Verfahrensgebühr des späteren Hauptverfahrens (KV 1210) angerechnet.

II. Neuer Antrag

2 Die Abgrenzung von der „Erweiterung, Ergänzung" des Antrags durch den Antragsteller vom neuen Antrag des Antragstellers, der erneut die Gebühr KV 1610 auslöst, ist manchmal schwierig. Ein neuer Streitgegenstand stellt jedenfalls einen neuen Antrag dar; die Aufspaltung der Beweisfrage auf mehrere Sachverständige nicht. Wenn der Gegner selbst einen Beweisantrag stellt **(„Gegenantrag"),** stellt dies **ein eigenes Verfahren** dar und löst eine eigene Gebühr KV 1610 aus; diese Betrachtung ist schon deswegen nötig, weil nicht einzusehen ist, dass der Antragsteller die Sachverständigenauslagen für die Fragen des Gegners zahlen soll. Anders ist es, wenn vor dem Augenschein der Gegner klarstellende Fragen stellt; wenn nur das Beweisergebnis erschüttert werden soll (OLG München NJW-RR 1997, 318). Wenn der Gegner selbst keinen Beweisantrag stellt, wohl aber **Fragen an den Sachverständigen,** die bei diesem die Vergütung etc. nach dem JVEG erhöhen, dann ist von ihm ein entsprechender Auslagenvorschuss anzufordern (§ 17 Abs. 1).

3 Die Gebühr wird aus dem **Streitwert** angesetzt. Wie hoch der Streitwert eines Beweisverfahrens ist, ist sehr umstritten (so hoch wie die Hauptsache? Nur ein Bruchteil davon?). Die Streitwertangabe des Antragstellers ist jedenfalls nicht maßgebend. Der Kostenbeamte sollte deshalb eine vorläufige Streitwertfestsetzung durch das Gericht anregen (§ 63). Der BGH (NJW 2004, 3488) nimmt den vollen Wert der Hauptsache an, auf die sich die Beweiserhebung bezieht. Der Betrag ergibt sich oft erst aus dem Gutachten des Sachverständigen. Deshalb sollte das Gericht nach Abschluss des Verfahrens den Streitwert festsetzen. Hatten sich keine

Mängel ergeben ist das Interesse des Antragstellers maßgebend. **Fälligkeit der Gebühr:** § 6, also mit Eingang des Antrags; jedoch keine Vorschusspflicht (arg. § 12). Bezüglich der **Auslagen** (Sachverständigenvergütung etc.) wird üblicherweise Vorschuss gefordert (§ 17). **Kostenschuldner** ist der Antragsteller (§ 22), beim Gegenantrag der antragstellende „Gegner". **Beschwerdeverfahren:** KV 1812.

Die im selbstständigen Beweisverfahren entstandenen Gerichtskosten (Gerichtsgebühren und Auslagen) stellen gerichtliche Kosten des nachfolgenden Hauptsacheverfahrens dar (BGH MDR 2004, 1372; NJW 2003, 1322; streitig); ein Kostenschuldner kann sich deshalb auch aus der späteren Hauptsachekostenentscheidung ergeben (§§ 20, 31 Abs. 2). **4**

Abschnitt 2. Schiedsrichterliches Verfahren

Unterabschnitt 1. Erster Rechtszug

Nr.	Gebührentatbestand	Gebühr oder Satz der Gebühr nach § 34 GKG
1620	**Verfahren über die Aufhebung oder die Vollstreckbarerklärung eines Schiedsspruchs oder über die Aufhebung der Vollstreckbarerklärung**	2,0
	Die Gebühr ist auch im Verfahren über die Vollstreckbarerklärung eines ausländischen Schiedsspruchs oder deren Aufhebung zu erheben.	
1621	**Verfahren über den Antrag auf Feststellung der Zulässigkeit oder Unzulässigkeit des schiedsrichterlichen Verfahrens**	2,0
1622	**Verfahren bei Rüge der Unzuständigkeit des Schiedsgerichts**	2,0
1623	**Verfahren bei der Bestellung eines Schiedsrichters oder Ersatzschiedsrichters**	0,5
1624	**Verfahren über die Ablehnung eines Schiedsrichters oder über die Beendigung des Schiedsrichteramts**	0,5
1625	**Verfahren zur Unterstützung bei der Beweisaufnahme oder zur Vornahme sonstiger richterlicher Handlungen**	0,5
1626	**Verfahren über die Zulassung der Vollziehung einer vorläufigen oder sichernden Maßnahme oder über die Aufhebung oder Änderung einer Entscheidung über die Zulassung der Vollziehung**	2,0
	Im Verfahren über die Zulassung der Vollziehung und in dem Verfahren über die Aufhebung oder Änderung einer Entscheidung über die Zulassung der	

Nr.	Gebührentatbestand	Gebühr oder Satz der Gebühr nach § 34 GKG
	Vollziehung werden die Gebühren jeweils gesondert erhoben.	
1627	**Beendigung des gesamten Verfahrens durch Zurücknahme des Antrags:** **Die Gebühren 1620 bis 1622 und 1626 ermäßigen sich auf**	**1,0**

I. Allgemeines

1 KV 1620–1627 regeln die Gerichtskosten bei Verfahren nach §§ 1025ff. ZPO. Ähnlicher Fall: KV 1510. Bei KV 1620–1626 handelt es sich um **Verfahrensgebühren,** nicht um Entscheidungsgebühren. Sie fallen daher auch dann an, wenn sich das Verfahren anderweitig erledigt. **Gebührenkumulation.** Soweit ein KV-Tatbestand mehrere Verfahren nennt (wie KV 1620, 1621, 1623, 1624, 1625, 1626), fallen die Gebühren gegebenenfalls mehrfach an. Wird etwa die Aufhebung des Schiedsspruchs und die Aufhebung der Vollstreckbarkeitserklärung beantragt, ist KV 1620 erste und zweite Variante erfüllt und es sind zweimal 2,0 aus dem jeweiligen Streitwert anzusetzen. Das stellt die amtliche Anmerkung nur bei KV 1626 klar; doch dürfte das auch bei den anderen KV-Nummern gelten (ebenso *Hartmann* Rn. 13). **Fälligkeit:** § 6 (mit Antragseinreichung). **Streitwert:** § 48. **Kostenschuldner:** § 22 (das „Schiedsgericht" ist keine juristische Person, also nie Antragsteller; das ist eine oder beide Parteien).

II. Einzelfälle

2 **KV 1620:** enthält drei verschiedene Gebührentatbestände. Nach der amtlichen Anmerkung gilt KV 1620 auch bei ausländischen Schiedssprüchen. Vgl. §§ 1059–1061 ZPO. **Streitwert:** Wert des Schiedsspruchs ohne Zinsen und Kosten.

3 **KV 1621:** enthält zwei verschiedene Gebührentatbestände. Vgl. §§ 1032, 1062 ZPO. Streitwert zu schätzen, Bruchteil der Hauptsache.

4 **KV 1622:** enthält nur einen Gebührentatbestand. Vgl. §§ 1040, 1062 ZPO. Streitwert zu schätzen nach dem Interesse des Antragstellers an der Verhinderung der Tätigkeit des Schiedsgerichts, Bruchteil der Hauptsache.

5 **KV 1623:** enthält zwei verschiedene Gebührentatbestände. Vgl. §§ 1034, 1035, 1062 ZPO. **Streitwert:** Bruchteil der Hauptsache (BayObLG JurBüro 1992, 700; str.), zB ⅓. Sind zwei Schiedsrichter zu bestellen, fällt die Gebühr zweimal an (*Hartmann* Rn. 8), weil es in KV 1623 „eines" heißt.

6 **KV 1624:** enthält zwei verschiedene Gebührentatbestände. Vgl. §§ 1037, 1062 ZPO. Streitwert: Bruchteil der Hauptsache, zB ⅓ (str.). Werden zwei Schiedsrichter abgelehnt, fällt die Gebühr zweimal an (*Hartmann* Rn. 9).

7 **KV 1625:** enthält zwei verschiedene Gebührentatbestände. Sonstige Handlungen sind zB die Vernehmung eines Zeugen, der vor dem Schiedsgericht nicht erscheint; Beeidigung eines Zeugen, der vor dem Schiedsgericht (uneidlich) aussagte. Vgl. § 1050 ZPO. Zuständig ist das AG (§ 1062 Abs. 4 ZPO). **Streitwert:** Wert des

Anspruchs, auf den sich zB die Zeugenvernehmung bezieht (wie bei der früheren Beweisgebühr).

8 **KV 1626:** enthält drei verschiedene Gebührentatbestände. Vgl. §§ 1041, 1062 ZPO. Die Anmerkung stellt klar, dass die Gebühr für jede vorläufige Maßnahme entsteht, also bei drei Maßnahmen dreimal. KV 1626 ist auf Anordnungen im Sinne des § 1063 Abs. 3 Satz 1 1. Alternative ZPO nicht anwendbar (OLG Jena BeckRS 2016, 16534). **Streitwert:** wie bei einstweiligen Verfügungen.

9 **KV 1627 (Antragsrücknahme):** Bei KV 1623, 1624, 1625 beträgt die Gebühr nur 0,5 (aus dem Streitwert), weshalb bei Antragsrücknahme keine Gebührenermäßigung eintritt. In den anderen Fällen, wo die Gebühr 2,0 beträgt, ermäßigt sich die Gebühr auf 1,0. Wenn das *gesamte* Verfahren (dazu → 1211 Rn. 3) durch Antragsrücknahme (nicht auf sonstige Weise, wie Vergleich) beendet wird, ermäßigt sich die Gebühr von 2,0 auf 1,0.

Unterabschnitt 2. Rechtsbeschwerde

Nr.	Gebührentatbestand	Gebühr oder Satz der Gebühr nach § 34 GKG
1628	**Verfahren über die Rechtsbeschwerde in den in den Nummern 1620 bis 1622 und 1626 genannten Verfahren**	**3,0**

1 Die Entscheidungen in den Fällen des § 1062 Abs. 1 ZPO werden vom OLG getroffen, bei § 1062 Abs. 4 vom AG. Eine sofortige Beschwerde nach § 567 ZPO scheidet aus, wenn das OLG entscheiden hat. Nur in einigen Fällen (§ 1065 ZPO) ist die Rechtsbeschwerde nach § 574 ZPO gegen die OLG – Entscheidung statthaft; die anderen OLG-Entscheidungen sind unanfechtbar. Zuständig zur Entscheidung über die Rechtsbeschwerde ist der BGH (§ 133 GVG). Die Gebühr KV 1628 ist eine Verfahrensgebühr, sie fällt also auch dann an, wenn keine Entscheidung ergeht und sich das Verfahren anderweitig erledigt. Wird in den Fällen, in denen keine Rechtsbeschwerde statthaft ist, trotzdem Rechtsbeschwerde eingelegt und dann als unzulässig verworfen, fällt ebenfalls die Gebühr KV 1628 an; ebenso wenn die Rechtsbeschwerde unzulässig ist, weil sie nicht von einem BGH-Anwalt eingelegt wurde. **Fälligkeit:** § 6 (mit Antragseinreichung). **Streitwert:** § 48. **Kostenschuldner:** § 22.

Nr.	Gebührentatbestand	Gebühr oder Satz der Gebühr nach § 34 GKG
1629	**Beendigung des gesamten Verfahrens durch Zurücknahme der Rechtsbeschwerde oder des Antrags:** **Die Gebühr 1628 ermäßigt sich auf**	**1,0**

1 Bei Beendigung des *gesamten* Beschwerdeverfahrens (→ 1221 Rn. 3) durch Rücknahme der Rechtsbeschwerde oder des Antrags in den Fällen KV 1620–1626 in der Beschwerdeinstanz ermäßigt sich die Gebühr. Die anders lautende Entschei-

dung BGH NJW-RR 2004, 287 (keine Ermäßigung) ist durch Gesetzesänderung überholt.

Abschnitt 3. Besondere Verfahren nach dem Gesetz gegen Wettbewerbsbeschränkungen, dem Wertpapiererwerbs- und Übernahmegesetz und dem Wertpapierhandelsgesetz

Nr.	Gebührentatbestand	Gebühr oder Satz der Gebühr nach § 34 GKG
1630	**Verfahren über einen Antrag nach § 169 Absatz 2 Satz 5 und 6, Absatz 4 Satz 2, § 173 Absatz 1 Satz 3 oder nach § 176 GWB**	3,0
1631	**Beendigung des gesamten Verfahrens durch Zurücknahme des Antrags:** **Die Gebühr 1630 ermäßigt sich auf**	1,0
1632	**Verfahren über den Antrag nach § 50 Absatz 3 bis 5 WpÜG, auch i. V. m. § 37u Absatz 2 WpHG**	0,5
	Mehrere Verfahren gelten innerhalb eines Rechtszugs als ein Verfahren.	

1 KV 1630 und 1632 regeln **Verfahrensgebühren,** nicht Entscheidungsgebühren. Sie fallen daher auch dann an, wenn sich das Verfahren ohne Entscheidung anderweitig erledigt. Die Verlängerung der aufschiebenden Wirkung fällt unter KV 1630, nicht 1631 (OLG Düsseldorf BeckRS 2017, 123141; streitig). Bei KV 1630 bringt die Beendigung des *gesamten* Verfahrens (→ 1211 Rn. 3) eine Gebührenermäßigung (KV 1631), bei KV 1632 führt die Antragsrücknahme zu keiner Ermäßigung. Die amtliche Anmerkung bei KV 1632 bezieht sich nur auf diese Nummer, nicht auf die anderen. **Fälligkeit:** § 6. **Streitwert:** § 48. **Kostenschuldner:** §§ 22, 29.

Abschnitt 4. Besondere Verfahren nach dem Aktiengesetz und dem Umwandlungsgesetz

Unterabschnitt 1. Erster Rechtszug

Nr.	Gebührentatbestand	Gebühr oder Satz der Gebühr nach § 34 GKG
1640	**Verfahren nach § 148 Abs. 1 und 2 des Aktiengesetzes**	1,0
1641	**Verfahren nach den §§ 246a, 319 Abs. 6 des Aktiengesetzes, auch i. V. m. § 327e Abs. 2 des Aktiengesetzes oder § 16 Absatz 3 UmwG** ...	1,5

Nr.	Gebührentatbestand	Gebühr oder Satz der Gebühr nach § 34 GKG
1642	**Beendigung des gesamten Verfahrens ohne Entscheidung:** **Die Gebühren 1640 und 1641 ermäßigen sich auf** . . . . (1) Die Gebühr ermäßigt sich auch im Fall der Zurücknahme des Antrags vor Ablauf des Tages, an dem die Entscheidung der Geschäftsstelle übermittelt wird. (2) Eine Entscheidung über die Kosten steht der Ermäßigung nicht entgegen, wenn die Entscheidung einer zuvor mitgeteilten Einigung der Parteien über die Kostentragung oder der Kostenübernahmeerklärung einer Partei folgt.	0,5

Unterabschnitt 2. Beschwerde

Nr.	Gebührentatbestand	Gebühr oder Satz der Gebühr nach § 34 GKG
1643	**Verfahren über die Beschwerde in den in Nummer 1640 genannten Verfahren**	1,0
1644	**Beendigung des Verfahrens ohne Entscheidung:** **Die Gebühr 1643 ermäßigt sich auf** . . . . (1) Die Gebühr ermäßigt sich auch im Fall der Zurücknahme der Beschwerde vor Ablauf des Tages, an dem die Entscheidung der Geschäftsstelle übermittelt wird. (2) Eine Entscheidung über die Kosten steht der Ermäßigung nicht entgegen, wenn die Entscheidung einer zuvor mitgeteilten Einigung der Parteien über die Kostentragung oder der Kostenübernahmeerklärung einer Partei folgt.	0,5

Abschnitt 5. Sanierungs- und Reorganisationsverfahren nach dem Kreditinstitute-Reorganisationsgesetz

Nr.	Gebührentatbestand	Gebühr oder Satz der Gebühr nach § 34 GKG
1650	**Sanierungsverfahren**	**0,5**
1651	**Die Durchführung des Sanierungsverfahrens wird nicht angeordnet:**	
	Die Gebühr 1650 beträgt	**0,2**
1652	**Reorganisationsverfahren**	**1,0**
1653	**Die Durchführung des Reorganisationsverfahrens wird nicht angeordnet:**	
	Die Gebühr 1652 beträgt	**0,2**

1 **KV 1650** betrifft Sanierungsverfahren, die von einem Kreditinstituts nach § 2 des KredReorgG vom 9.12.2010, BGBl. I S. 1900, eingeleitet werden. Nicht betroffen sind sonstige Sanierungen nach der InsO. Streitwert: § 53a (nach der Bilanzsumme) sowie § 24 RVG; Kostenschuldner ist das Kreditinstitut (§ 23a). Das Verfahren läuft nach der ZPO (§ 1 Abs. 2 KredReorgG). Zuständig ist das OLG.

2 **KV 1652** regelt das Reorganisationsverfahren für Kreditinstitute. Hält das Kreditinstitut ein Sanierungsverfahren für aussichtslos, kann der sogleich ein Reorganisationsverfahren einleiten (§ 7 KredReorgG). Streitwert: § 53a (nach der Bilanzsumme) sowie § 24 RVG; Kostenschuldner ist das Kreditinstitut (§ 23a). Im Verfahren wird die ZPO angewandt (§ 1 Abs. 2 KredReorgG). Zuständig ist das OLG.

Hauptabschnitt 7. Rüge wegen Verletzung des Anspruchs auf rechtliches Gehör

Nr.	Gebührentatbestand	Gebühr oder Satz der Gebühr nach § 34 GKG
1700	**Verfahren über die Rüge wegen Verletzung des Anspruchs auf rechtliches Gehör (§ 321 a ZPO, auch i. V. m. § 122 a PatG oder § 89 a MarkenG; § 71 a GWB):**	
	Die Rüge wird in vollem Umfang verworfen oder zurückgewiesen	**60,00 €**

1 KV 1700 betrifft nur Verfahren des Teils 1 (KV 1110ff.); für die Gehörsrügen in Teil 2 gilt KV 2500. Für die Gehörsrüge im FamFG gilt KV 1800 FamGKG, im GNotKG gilt § 83 GNotKG mit KV 19200 GNotKG. Die Festgebühr (60 Euro) fällt an, wenn die Rüge (§ 321 a ZPO) in *vollem* Umfang verworfen oder zurückgewiesen wird. Hat sie vollen Erfolg oder Teilerfolg, fällt keine Gerichtsgebühr an

(§ 1); dann wird das alte Verfahren fortgeführt, kostet aber nicht mehr. Keine Gebühr fällt an, wenn eine Partei in irgendwelchen Schriftsätzen eine Verletzung des Anspruch auf rechtliches Gehör behauptet, das Gericht aber kein förmliches Verfahren nach § 321 a ZPO durchführt. Es muss also ein Beschluss in der Akte sein, der die Rüge verwirft oder zurückweist.

Wird die Rüge gegen **Streitwertentscheidungen** und Erinnerungsentscheidungen gegen einen **Kostenansatz** sowie sonstige Entscheidungen nach dem GKG erhoben und ist sie erfolglos, dann bestimmt § 69 a Abs. 6, dass eine Kostenerstattungsanordnung entfällt, gleichgültig ob die Rüge Erfolg hat oder nicht. Die Entscheidung über die Anhörungsrüge ergeht **gerichtsgebührenfrei** (BFH/NV 2006, 956); insbesondere ist KV 1700 nicht einschlägig (OLG Celle MDR 2012, 1067; OLG Düsseldorf BeckRS 2010, 04545). 2

Hauptabschnitt 8. Sonstige Beschwerden und Rechtsbeschwerden

Abschnitt 1. Sonstige Beschwerden

Nr.	Gebührentatbestand	Gebühr oder Satz der Gebühr nach § 34 GKG
1810	**Verfahren über Beschwerden nach § 71 Abs. 2, § 91 a Abs. 2, § 99 Abs. 2, § 269 Abs. 5 oder § 494 a Absatz 2 Satz 2 ZPO**	**90,00 €**

I. Allgemeines

KV 1810 enthält eine **Verfahrensgebühr,** nicht eine Entscheidungsgebühr. Die Gebühr gilt das gesamte Beschwerdeverfahren ab, einschließlich eventueller mündlicher Verhandlung, Beweisaufnahme, Entscheidung (aber nicht die Auslagen, KV 9000 ff.). Es handelt sich um eine **Festgebühr** (90 Euro), der Wert des Beschwerdegegenstandes spielt daher keine Rolle. Sie fällt neben den Gebühren für das Hauptverfahren an (zB neben KV 1210, 1211): denkbar ist, dass eine Kostentscheidung nach § 91 a ZPO zwar unanfechtbar ist, aber gleichwohl (und daher unzulässig) angefochten wird. Zusätzlich kann die Vergleichsgebühr bei überschießendem Streitwert anfallen (KV 1900). Beachte § 1 Satz 2. Gebühren für Beschwerden finden sich ferner im **GKG** (Rn. 13), im **FamGKG** (KV 1120 ff. FamGKG) und vielfältig im **GNotKG.** 1

II. Gebührentatbestand

1. Eingang der Beschwerde

Die Gebühr ist mit Eingang der Beschwerde entstanden (§ 6), nicht erst mit der Begründung oder Entscheidung. Die Vorschrift gilt zwar nicht für Erinnerungen, Dienstaufsichtsbeschwerden, Gegenvorstellungen, Rechtsbeschwerden (§ 574 2

ZPO). Doch kommt es auf die Bezeichnung nicht an. Wer gegen einen Kostenbeschluss nach § 91 a ZPO „Erinnerung" einlegt, muss die Gebühr KV 1810 zahlen, weil in Wirklichkeit eine Beschwerde vorliegt. Wesentlich für den Kostenansatz ist, als was das entscheidende Gericht die „Eingabe" auffasste (OLG Hamm JurBüro 1972, 891; *Meyer* Rn. 150). Wird eine „Eingabe" fälschlich als Beschwerde behandelt, kommt eine Niederschlagung der Gebühr nach § 21 in Frage. Eine „weitere Beschwerde" gibt es in der ZPO nicht mehr (an ihre Stelle ist die Rechtsbeschwerde getreten).

2. Beschwerderücknahme

3 Die Gebühr fällt auch an, wenn die Beschwerde zurückgenommen wird (*Meyer* Rn. 153), selbst wenn dies noch *vor* Vorlage an das Beschwerdegericht geschieht. Ebenso, wenn der Beschwerde in der unteren Instanz **abgeholfen** wird (*Meyer* Rn. 153) oder sie dort oder in der oberen Instanz für erledigt erklärt wird. Es erfolgt aber infolge Einfügung von KV 1811 durch das 2. JuMoG eine Ermäßigung der Gebühr.

3. Beschwerdeentscheidung

4 Es spielt keine Rolle, ob die Beschwerde begründet ist (→ Rn. 5) oder nicht, ob sie zulässig ist oder nicht. Die wegen Nichtbeachtung des Anwaltszwangs (vgl. § 569 Abs. 3 ZPO) unzulässige und daher verworfene Beschwerde löst ebenfalls die Beschwerdegebühr aus.

4. Kostenschuldner

5 Kostenschuldner ist der Antragsteller (§ 22), also wer die Beschwerde einlegte. Enthält die Beschwerdeentscheidung eine Kostenentscheidung, dann bestimmte diese Entscheidung den Kostenschuldner (§§ 29 Nr. 1, 31 Abs. 2) und das ist bei einer *begründeten* Beschwerde nicht der Beschwerdeführer.

5. Mehrere Beschwerden

6 (1) Werden mehrere verschiedene Entscheidungen in derselben Sache angefochten, zB zunächst eine Kostenentscheidung nach § 91 a ZPO und dann die bezüglich des Rests ergangene Kostenentscheidung nach § 269 ZPO, dann fällt die Gebühr mehrfach an. (2) Legt gegen die Kostenentscheidung nach § 91 a ZPO sowohl der Kläger wie auch der Beklagte sofortige Beschwerde (bzw. Anschlussbeschwerde) ein, liegen zwei Beschwerden vor; doch wird nach hM (Zöller/*Gummer* ZPO § 567 Rn. 62; *Meyer* Rn. 151) nur *eine* Gebühr erhoben, wenn über die mehreren Beschwerden gleichzeitig (also in einem Beschluss) entschieden wird. (3) Hat dagegen der Kläger Beschwerde gegen den § 91 a ZPO-Kostenbeschluss eingelegt, wird darüber entschieden (Folge: die Beschwerdeinstanz ist abgeschlossen) und legt *dann* der Beklagte Beschwerde gegen denselben Beschluss ein (zulässig oder unzulässig), liegen zwei verschiedene Beschwerden vor, die Gebühr KV 1810 fällt für jede Entscheidung an (OLG Nürnberg JurBüro 1963, 648; *Meyer* Rn. 151). (4) Wiederholt ein Beschwerdeführer seine Beschwerde, fällt die Gebühr erneut an, obwohl die zweite Beschwerde nun möglicherweise unzulässig ist. (5) Eine Erweiterung der Beschwerde vor Entscheidung darüber löst keine weitere Beschwerdegebühr aus.

(6) Die Anschlussbeschwerde (§ 567 Abs. 3 ZPO) zählt als selbstständige Beschwerde, siehe (2).

III. Die einzelnen Fälle von KV 1810

1. § 71 Abs. 2 ZPO

Zwischenurteil über den Antrag auf Zurückweisung einer Nebenintervention. 7
Dagegen ist die sofortige Beschwerde statthaft. Wird dagegen irrig Berufung eingelegt, fällt die Gebühr KV 1810 an, wenn die Berufung vom Gericht als Beschwerde behandelt wird; die Gebühr KV 1220ff. bei Behandlung als Berufung. – Beschwerdegebühr bei Rechtsbeschwerde gegen den Beschwerdebeschluss: KV 1822.

2. § 91a Abs. 2 ZPO

Kostenentscheidung nach übereinstimmender **Erledigung der Hauptsache:** 8
hiergegen ist (im Rahmen von § 567 Abs. 2 ZPO) die Beschwerde zulässig. Die Beschwerdeentscheidung regelt, wer die Kosten zu tragen hat. Die Erledigung der Hauptsache kann zu einer Ermäßigung der Verfahrensgebühr *für das Hauptverfahren* führen (KV 1211 Nr. 4, 1222 Nr. 4), die Erledigterklärung der Kostenbeschwerde ermäßigt die Gebühr KV 1810, wie der neu (durch das 2. JuMoG) eingefügte KV 1811 zeigt. Auch die **Rücknahme der Beschwerde** lässt die Gebühr zwar nicht entfallen, ermäßigt sie aber (KV 1811). Hat das Gericht fälschlich über die Kosten statt durch Beschluss durch Urteil entschieden, dann kommt es darauf an: richtig wäre es, wenn der Betroffene sofortige Beschwerde einlegen würde, dann gälte KV 1810. Wenn aber der Betroffene Berufung einlegte (Meistbegünstigungsgrundsatz) und das Beschwerdegericht dies nicht in eine sofortige Beschwerde umdeutet, kommt KV 1810 nicht zum Zug, sondern KV 1220ff. Ist die Kostentscheidung gem. § 91a ZPO Teil der gemischten Kostenentscheidung in einem Urteil, ist dieses Kostenstück mit sofortiger Beschwerde anfechtbar; KV 1810 ist dann einschlägig. – Beschwerdegebühr bei Rechtsbeschwerde gegen den Beschwerdebeschluss: KV 1822.

3. § 99 Abs. 2 ZPO

Kostentscheidung in einem **Anerkenntnisurteil.** Hier wendet sich der Be- 9
klagte mit der sofortigen Beschwerde dagegen, dass *ihm* die Kostenauferlegt wurden und nicht (nach § 93 ZPO) dem Kläger. – Beschwerdegebühr bei Rechtsbeschwerde gegen den Beschwerdebeschluss: KV 1822.

4. § 269 Abs. 5 ZPO

Kostentscheidung nach **Klagerücknahme.** Sie ergeht durch Beschluss. Ist die 10
Kostenentscheidung in der Kostentscheidung eines Urteils enthalten und wird gegen dieses Kostenstück sofortige Beschwerde eingelegt ist ebenfalls KV 1810 einschlägig. So ist es zB, wenn von zwei Klägern der eine die Klage zurücknimmt, der andere verliert und dann das Gericht in einer „einheitlichen Kostenentscheidung" über die gesamten Kosten des Prozesses entscheidet (gemischte Kostenentschei-

dung, die teils auf §§ 91 ff., teils auf § 269 Abs. 3 ZPO beruht). – Beschwerdegebühr bei Rechtsbeschwerde gegen den Beschwerdebeschluss: KV 1822.

5. § 494a Abs. 2 Satz 2

11 Diese Ziffer wurde durch Gesetz vom 22.12.2010, BGBl. I S. 2248, eingefügt. Wird ein selbständiges **Beweisverfahren** (§§ 485 ff. ZPO) außerhalb eines Rechtsstreits durchgeführt, dann hat das Gericht nach Beendigung auf Antrag eine Frist zur Hauptsacheklage zu bestimmten (§ 494a Abs. 1 ZPO); kommt der Gegner dem nicht nach, ergeht ein Kostenbeschluss, in dem ihm die Kosten auferlegt werden (§ 494a Abs. 2 ZPO); das sind vor allem die Auslagen für das Gutachten. Gegen den Kostenbeschluss ist Beschwerde statthaft. Die Gerichtsgebühr hierfür regelt KV 1810.

6. Rücknahme der Berufung

12 Wird eine Berufung zurückgenommen, ergeht ein Kostenbeschluss (§ 516 Abs. 3 ZPO) und will eine Partei dagegen vorgehen, ist allenfalls die Rechtsbeschwerde zum BGH denkbar (§ 574 ZPO); mit KV 1810 hat das nichts zu tun, das fällt unter KV 1822.

IV. Sonstige Gebühren für Beschwerden

13
- Hauptfall KV 1812
- Sonderfälle nach Vorbemerkung 1.2.2. vor KV 1220
- Nichtzulassungsbeschwerde KV 1242, 1243
- PatG, GebrMG KV 1253–1256
- Arrest, einstweilige Verfügung KV 1417, 1418
- einstweilige Anordnungen KV 1425
- Vollstreckbarerklärung ausl. Titel KV 1520
- Beschwerde in Familiensachen: FamGKG
- Beschwerde nach dem GNotKG

Nr.	Gebührentatbestand	Gebühr oder Satz der Gebühr nach § 34 GKG
1811	**Beendigung des Verfahrens ohne Entscheidung:** **Die Gebühr 1810 ermäßigt sich auf** . . . . **(1) Die Gebühr ermäßigt sich auch im Fall der Zurücknahme der Beschwerde vor Ablauf des Tages, an dem die Entscheidung der Geschäftsstelle übermittelt wird.** **(2) Eine Entscheidung über die Kosten steht der Ermäßigung nicht entgegen, wenn die Entscheidung einer zuvor mitgeteilten Einigung der Parteien über die Kostentragung oder der Kostenübernahmeerklärung einer Partei folgt.**	**60,00 €**

Für die Beschwerdeverfahren nach KV 1810 hat KV 1811 Ermäßigungstatbestände für den Fall der rechtzeitigen Antragsrücknahme etc. eingefügt. „Ohne Entscheidung“: zB infolge Rücknahme, Vergleich, Erledigung. (1) Mit der „Entscheidung“ ist die von allen Richtern unterschriebene Entscheidung gemeint, nicht das Diktat (= Entwurf). Die Formulierung „vor Ablauf des Tages“ findet sich auch in KV 1211 Nr. 1 d: wenn die Beschwerderücknahme spätestens am Tag vor „Übermittlung“ der Entscheidung an die Geschäftsstelle eingeht erfolgt eine Gebührenermäßigung. (2) entspricht KV 1211 Nr. 1 am Ende; → 1211 Rn. 35, 36. 1

Nr.	Gebührentatbestand	Gebühr oder Satz der Gebühr nach § 34 GKG
1812	**Verfahren über nicht besonders aufgeführte Beschwerden, die nicht nach anderen Vorschriften gebührenfrei sind:** **Die Beschwerde wird verworfen oder zurückgewiesen** . . . . **Wird die Beschwerde nur teilweise verworfen oder zurückgewiesen, kann das Gericht die Gebühr nach billigem Ermessen auf die Hälfte ermäßigen oder bestimmen, dass eine Gebühr nicht zu erheben ist.**	**60,00 €**

I. Erfolglose Beschwerden

KV 1812 ist ein **Auffangtatbestand** für Beschwerden. Die Gebühr ist eine **Festgebühr** (60 Euro), also unabhängig vom Wert des Beschwerdegegenstandes; es erübrigt sich eine Streitwertfestsetzung für die Gerichtsgebühr. Die Gebühr KV 1812 deckt vom Eingang bis zur Entscheidung alles (ausgenommen Auslagen; KV 9000 ff.) ab; zusätzlich kann bei einem überschießenden Vergleich die Gebühr nach KV 1900 anfallen. **Anfall:** die Gebühr KV 1812 fällt (anders als KV 1810) nicht schon mit dem Eingang der Beschwerde an, sondern erst, wenn darüber entschieden wird; auch hier nur, wenn die Beschwerde zurückgewiesen oder verworfen wird. **Fälligkeit:** § 9. **Kostenschuldner:** §§ 29, 22. **Parallelvorschriften:** KV 1912 FamGKG; KV 19116 GNotKG (zB Verfahrenskostenhilfebeschwerde). 1

II. Voraussetzungen

– Die Beschwerde ist **nicht in anderen Vorschriften geregelt.** Zahlreiche andere Regelungen finden sich auch im FamGKG und im GNotKG. **Beispiele für KV 1812:** Darunter fällt insbesondere die (erfolglose) Beschwerde gegen die **Ablehnung der PKH** (§ 127 ZPO), Beschwerde gegen **Kostenfestsetzungsbeschlüsse** (§ 104 Abs. 3 ZPO), unzulässige sofortige Beschwerde gegen eine Kostengrundentscheidung, unzulässige „außerordentliche“ Beschwerde (KG OLG-Report KG 2005, 607); Beschwerde gegen die Ablehnung eines Beschlusses über die Anordnung selbstständiger Beweiserhebung (§§ 485, 567 Abs. 1 Nr. 2 ZPO), (unzulässige) Beschwerde gegen Beweisbeschlüsse (§ 360 ZPO); Beschwerde gegen den Beschluss über die Anordnung der Klageerhe- 2 bung nach § 926 ZPO; wegen § 1 Satz 2 auch Beschwerden gegen Ordnungsmittel wegen Ungebühr (§ 181 GVG), Ablehnung der Rechtshilfe (§ 159 Abs. 1 Satz 2 und 3 GVG), § 33 RVG, erfolglose Anwaltswertbeschwerde, § 33 RVG (*Schneider* NJW 2007, 325); Ordnungsgeldbeschwerde nach § 181 GVK (*Lappe* NJW 2008, 485).

3 – Die Beschwerde ist **nicht nach anderen Vorschriften gebührenfrei** (nicht notwendig auch auslagenfrei), gleichgültig, ob sie begründet oder unbegründet ist. **Beispiele:** §§ 66 Abs. 8 S. 1, 67 Abs. 1 S. 2, 68 Abs. 3 S. 1 GKG; § 104 Abs. 3 ZPO.

4 – Die **Beschwerde wird verworfen oder zurückgewiesen;** das ist der Fall, wenn die Entscheidung unterschrieben und an die Geschäftsstelle zur Bekanntgabe gelangt ist (auf die Zustellung kommt es gebührenrechtlich nicht an). Die Gebühr fällt somit nicht an (sondern es besteht Gebührenfreiheit), wenn die **Beschwerde Erfolg hat** oder wenn die Beschwerde für erledigt erklärt wird; auch nicht, wenn aufgehoben und (ganz oder teilweise) zurückverwiesen wird. Sie fällt ferner nicht an, wenn die **Beschwerde zurückgenommen** wird (denn dann fehlt eine Verwerfung oder Zurückweisung) oder aus sonstigen Gründen keine Entscheidung der genannten Art ergeht. Die Rücknahme *nach* Entscheidung führt nicht mehr zum Wegfall der Gebühr.

5 – **Mehrere Beschwerden** → KV 1810 Rn. 6.

6 – **Auffangtatbestand für Rechtsbeschwerden** ist KV 1826 und nicht KV 1812. Regelungen über Rechtsbeschwerden gibt es ferner im FamGKG und im GNotKG. Hat das AG die PKH für den Kläger abgelehnt und legt der Kläger dagegen erfolglos Beschwerde ein, fällt KV 1811 an; legt er gegen den Beschwerdebeschluss des LG „weitere Beschwerde" ein, ist dies als Rechtsbeschwerde auszulegen (§ 573 ZPO) und für die Gebühr für diese Beschwerde ist dann KV 1826 maßgebend.

7 – **KV 1811 ist nicht anwendbar** auf Erinnerungen, Widerspruch gegen Mahnbescheid, Gegenvorstellungen, Dienstaufsichtsbeschwerden. Es kommt aber nicht darauf an, wie der Betroffene seine „Eingabe" bezeichnet, sondern als was sie vom Gericht gewertet wird.

III. Teilerfolg solcher Beschwerden

8 Nach der Anmerkung kann das Gericht, das über die Beschwerde entschieden hat, die Gebühr auf ½ (also 30 Euro) ermäßigen oder bestimmen „Eine Gerichtsgebühr für das Beschwerdeverfahren wird nicht erhoben". Auch bei völligem Misserfolg der Beschwerde ist eine Nichterhebung der Gebühr nach § 10 KostVfg möglich.

Abschnitt 2. Sonstige Rechtsbeschwerden

Nr.	Gebührentatbestand	Gebühr oder Satz der Gebühr nach § 34 GKG
1820	**Verfahren über Rechtsbeschwerden gegen den Beschluss, durch den die Berufung als unzulässig verworfen wurde (§ 522 Abs. 1 Satz 2 und 3 ZPO)**	2,0

Rechtsbeschwerde: § 574 ZPO. Zuständig zur Entscheidung darüber ist der BGH (§ 133 GVG). Die Gebühr ist verschieden gestaltet: teils als Festgebühr (KV 1823–1825), teils als streitwertabhängige Wertgebühr (KV 1820–1822). **Anwendungsbereich:** Die Überschrift „*Sonstige* Rechtsbeschwerden" zeigt, dass KV 1820ff. nicht anzuwenden sind, wenn sich vor KV 1820 Spezialregelungen befinden; so zB für Rechtsbeschwerden nach § 74 GWB (KV 1230ff.), gewerblicher Rechtsschutz (KV 1255, 1256), Vollstreckbarerklärung (KV 1520), schiedsgerichtliche Sachen im Falle des § 1065 Abs. 1 ZPO (KV 1628–1629); FamGKG; GNotKG. 1

KV 1820: enthält für die dort genannten zwei Fallgruppen eine **Verfahrensgebühr** (Höhe: 2,0). Die Gebühr fällt daher grundsätzlich auch dann an, wenn keine Entscheidung ergeht (zur Rücknahme vgl. KV 1822). Sie wird aus dem **Streitwert** (§ 47) berechnet, der sich nach dem Interesse des Beschwerdeführers richtet, begrenzt durch den Streitwert der Vorinstanz. Wenn keine Anträge eingereicht werden, zählt die Beschwer aus der Vorinstanz. Häufig wird die Beschwerde als unzulässig verworfen, weil sie zB von einem nicht beim BGH zugelassenen Anwalt eingelegt wird (§§ 78, 575 ZPO) oder von einer Privatperson selbst; auch dann fällt die Gebühr von 2,0 an (Absehen vom Kostenansatz nach § 10 KostVfg ist möglich; Nichterhebung nach § 21 bei falscher Rechtsmittelbelehrung). **Fälligkeit:** mit der Einreichung der Rechtsbeschwerde, § 6. **Kostenschuldner** ist, wem die Kosten in der Entscheidung des BGH auferlegt wurden, sonst der Beschwerdeführer (§§ 22, 29). Eine **Vorauszahlung** ist nicht erforderlich (vgl. § 12). 2

Nr.	Gebührentatbestand	Gebühr oder Satz der Gebühr nach § 34 GKG
1821	**Verfahren über Rechtsbeschwerden nach § 20 KapMuG**	5,0
1822	**Beendigung des gesamten Verfahrens durch Zurücknahme der Rechtsbeschwerde, bevor die Schrift zur Begründung der Rechtsbeschwerde bei Gericht eingegangen ist:** **Die Gebühren 1820 und 1821 ermäßigen sich auf** . . . . **Erledigungserklärungen nach § 91 a ZPO stehen der Zurücknahme gleich, wenn keine Entscheidung über die Kosten ergeht oder die Entscheidung einer zuvor**	1,0

Nr.	Gebührentatbestand	Gebühr oder Satz der Gebühr nach § 34 GKG
	mitgeteilten Einigung der Parteien über die Kostentragung oder der Kostenübernahmeerklärung einer Partei folgt.	

1 **KV 1821** (eingefügt durch KapMuG): Rechtsbeschwerden nach KapMuG; es handelt sich um eine Verfahrens-, keine Entscheidungsgebühr.

2 **KV 1822** (früher KV 1821, Nr. geändert durch KapMuG): nur für die Fälle KV 1820, 1821 gilt die Ermäßigungsvorschrift KV 1822. Sie entspricht voll KV 1321, darauf wird verwiesen.

Nr.	Gebührentatbestand	Gebühr oder Satz der Gebühr nach § 34 GKG
1823	**Verfahren über Rechtsbeschwerden in den Fällen des § 71 Abs. 1, § 91a Abs. 1, § 99 Abs. 2, § 269 Abs. 4, § 494a Absatz 2 Satz 2 oder § 516 Abs. 3 ZPO**	**180,00 €**

1 **KV 1823** (früher KV 1822, Nr. geändert durch KapMuG; § 494a ZPO wurde durch Gesetz vom 22.12.2010, BGBl. I S. 2248, eingefügt): in den genannten sechs Fällen wird eine Festgebühr berechnet, unabhängig vom Streitwert. Es handelt sich ferner um eine Verfahrensgebühr; die Gebühr fällt daher grundsätzlich auch dann an, wenn keine Entscheidung ergeht, etwa weil die Rechtsbeschwerde zurückgenommen wird. Denn eine Ermäßigungsvorschrift für den Fall der Rücknahme fehlt und KV 1821 ist darauf nicht anwendbar.

2 KV 1823 ist auf folgende **Fälle** anzuwenden (Zulässigkeit der Rechtsbeschwerde jeweils nach § 574 Abs. 1 Nr. 2 ZPO), → 1810 Rn. 7 ff.:

- § 71 Abs. 1 ZPO: Nebenintervention
- § 91a Abs. 1 ZPO: Kostenentscheidung bei übereinstimmender Erledigung der Hauptsache
- § 99 Abs. 2 ZPO: Kostenentscheidung bei Anerkenntnis
- § 269 Abs. 4 ZPO: Kostenentscheidung bei Klagerücknahme
- § 494a Abs. 2 Satz 2 ZPO: Kostenbeschluss im selbstständigen Beweisverfahren
- § 516 Abs. 3 ZPO: Kostenentscheidung bei Rücknahme der Berufung.

Nr.	Gebührentatbestand	Gebühr oder Satz der Gebühr nach § 34 GKG
1824	**Beendigung des gesamten Verfahrens durch Zurücknahme der Rechtsbeschwerde, des Antrags oder der Klage, bevor die Schrift zur Begründung der Rechtsbeschwerde bei Gericht eingegangen ist:** **Die Gebühr 1823 ermäßigt sich auf**	**60,00 €**

Nr.	Gebührentatbestand	Gebühr oder Satz der Gebühr nach § 34 GKG
1825	**Beendigung des gesamten Verfahrens durch Zurücknahme der Rechtsbeschwerde, des Antrags oder der Klage vor Ablauf des Tages, an dem die Entscheidung der Geschäftsstelle übermittelt wird, wenn nicht Nummer 1824 erfüllt ist:** **Die Gebühr 1823 ermäßigt sich auf**	**90,00 €**

Durch diese Nummern sollen **vorzeitige Verfahrensbeendigungen** in den Fällen der KV 1823 begünstigt werden. 1

KV 1824: Zur Frage, wann eine Beendigung des *gesamten* Verfahrens vorliegt, → 1211 Rn. 3; eine Teilbeendigung genügt nicht. „Bevor die Schrift …" → 1221 Rn. 3. 2

KV 1825: Hier ist die Rechtsbeschwerde beim BGH nicht nur eingelegt, sondern auch schon begründet worden. „*Gesamtes* Verfahren", → KV 1211 Rn. 3. Die Formulierung „vor Ablauf des Tages" findet sich auch in KV 1211 Nr. 1 d: wenn die Antragsrücknahme etc. spätestens am Tag vor „Übermittlung" der Entscheidung an die Geschäftsstelle eingeht erfolgt eine Gebührenermäßigung. KV 1824 ist vorrangig, KV 1825 ist subsidiär. 3

Nr.	Gebührentatbestand	Gebühr oder Satz der Gebühr nach § 34 GKG
1826	**Verfahren über nicht besonders aufgeführte Rechtsbeschwerden, die nicht nach anderen Vorschriften gebührenfrei sind:** **Die Rechtsbeschwerde wird verworfen oder zurückgewiesen** . . . . **Wird die Rechtsbeschwerde nur teilweise verworfen oder zurückgewiesen, kann das Gericht die Gebühr nach billigem Ermessen auf die Hälfte ermäßigen oder bestimmen, dass eine Gebühr nicht zu erheben ist.**	**120,00 €**

Unter KV 1826 fallen zB die Eingaben, die als Rechtsbeschwerden auszulegen sind, aber unzulässig sind, weil sie zB von einem nicht beim BGH zugelassenen Anwalt eingelegt werden (§§ 78, 575 ZPO) oder von einer Privatperson selbst. Eine Festgebühr von 120 Euro, also unabhängig vom Streitwert, fällt an, wenn 1

- die Beschwerde nicht in anderen Vorschriften (KV 1820 ff.) geregelt ist,
- die Beschwerde nicht nach anderen Vorschriften gebührenfrei (nicht notwendig auch auslagenfrei) ist, gleichgültig, ob sie begründet oder unbegründet ist. Beispiele: §§ 66 Abs. 8 S. 1, 67 Abs. 1 S. 2, 68 Abs. 3 S. 1,
- die **Beschwerde wird verworfen oder zurückgewiesen.** Die Gebühr fällt somit nicht an (sondern es besteht Gebührenfreiheit), wenn die Rechtsbeschwerde **Erfolg** hat; auch nicht, wenn die **Beschwerde zurückgenom-**

men wird (denn dann fehlt eine Verwerfung oder Zurückweisung) oder aus sonstigen Gründen keine Entscheidung der genannten Art ergeht.

2 **Teilerfolg solcher Beschwerden.** Nach der Anmerkung kann das Gericht in solchen Fällen die Gebühr ermäßigen oder nicht erheben (vgl. KV 1811 Anm.). Auch bei völligem Misserfolg der Beschwerde ist eine Nichterhebung der Gebühr nach § 10 KostVfg möglich oder eine Nichterhebung nach § 21.

Nr.	Gebührentatbestand	Gebühr oder Satz der Gebühr nach § 34 GKG
1827	**Verfahren über die in Nummer 1826 genannten Rechtsbeschwerden:** **Beendigung des gesamten Verfahrens durch Zurücknahme der Rechtsbeschwerde, des Antrags oder der Klage vor Ablauf des Tages, an dem die Entscheidung der Geschäftsstelle übermittelt wird**	**60,00 €**

1 KV 1827 bringt zu den Fällen der KV 1826 einen Ermäßigungstatbestand. Das *gesamte* Verfahren muss beendet werden, → 1211 Rn. 3; eine Teilbeendigung genügt nicht. „Vor Ablauf des Tages": findet sich auch in KV 1211 Nr. 1 d: wenn die Antragsrücknahme etc. spätestens am Tag vor „Übermittlung" der Entscheidung an die Geschäftsstelle eingeht erfolgt eine Gebührenermäßigung. „Entscheidung" vgl. KV 1522; gemeint ist die vollständige von allen Richtern unterschriebene Entscheidung, nicht nur das Diktat.

Hauptabschnitt 9. Besondere Gebühren

Nr.	Gebührentatbestand	Gebühr oder Satz der Gebühr nach § 34 GKG
1900	**Abschluss eines gerichtlichen Vergleichs:** **Soweit ein Vergleich über nicht gerichtlich anhängige Gegenstände geschlossen wird** . . . . . **Die Gebühr entsteht nicht im Verfahren über die Prozesskostenhilfe. Im Verhältnis zur Gebühr für das Verfahren im Allgemeinen ist § 36 Absatz 3 GKG entsprechend anzuwenden.**	**0,25**

I. Allgemeines

1 Schließen die Parteien einen Prozessvergleich fallen dadurch keine zusätzlichen GKG – Gerichtsgebühren an; anders bei den Anwaltsgebühren, VV 1000, 1003 RVG; wenn der Vergleich zB eine Auflassung enthält, können beim Grundbuchamt noch Gebühren nach dem GNotKG anfallen. Wenn der Vergleich den Prozess *völlig* beendet, ermäßigen sich die Gerichtsgebühren von 3,0 auf 1,0 (KV 1211). Diese

Gerichtsgebührenermäßigung wird allerdings durch den zusätzlichen Anfall von anwaltlichen Vergleichsgebühren wieder mehr als ausgeglichen. Wenn der Prozessvergleich den Prozess nur teilweise beendet, wird über den Rest entschieden etc.; die Gerichtskosten ermäßigen sich dann nicht. **Parallelvorschriften** KV 17005 GNotKG und KV 1500 FamGKG.

II. Höhe der Gebühr

2 Wenn ein (Prozess-)Vergleich über nicht gerichtlich anhängige Gegenstände geschlossen wird (so der Wortlaut nach dem 2. KostRMoG), sind der Justizkasse Gebühren entgangen; für die Protokollierung wird etwas verlangt. Aus dem übersteigenden Betrag wird eine 0,25 Gerichtsgebühr berechnet. Aus überschießenden 20.000 Euro fallen zB 86,25 Euro an. Bei kleinen überschießenden Streitwerten ist zu beachten, dass die Mindestgebühr 15 Euro beträgt (§ 34 Abs. 2): also fallen bei überschießenden 900 Euro nicht 13,25 Euro, sondern 15 Euro an. Diese Gebühr entsteht nur dann, wenn aus dem überschießenden Streitwert noch keine Verfahrensgebühr (KV 1210) angefallen ist (→ Rn. 12). Beim Vergleich in höheren Instanzen (Berufung etc.) erhöht sich die Gebühr nicht, es bleibt bei 0,25. **Fälligkeit:** § 6 Abs. 2. **Kostenschuldner:** zunächst § 29 Nr. 2 („Übernahmeschuldner"); es haften aber alle Vergleichsbeteiligten, § 22 Abs. 1 S. 2. Bei ratenfreier PKH für eine Vergleichspartei kann daher die volle Gebühr KV 1900 auch von der „reichen" Partei angefordert werden, selbst wenn im Vergleich das Gegenteil vereinbart ist; hier ist aber seit dem 1.8.2013 (2. KostRMoG) § 31 Abs. 4 zu beachten.

1. Gerichtlicher Vergleich

3 Ein gerichtlicher Vergleich (= Prozessvergleich) liegt kostenrechtlich vor, wenn er vor einem Richter bzw. Rechtspfleger geschlossen wurde und in den Akten ein entsprechender Vergleich protokolliert ist (vgl. § 160 Abs. 3 Nr. 1 ZPO) oder durch Beschluss nach § 278 Abs. 6 ZPO festgestellt ist. Es muss sich um ein Verfahren nach § 1 handeln; wird in einem Verfahren der freiwilligen Gerichtsbarkeit ein Zivilrechtsstreit verglichen ist KV 1900 nicht einschlägig, sondern KV 17005 GNotKG (→ Rn. 11). Für Familiensachen gilt KV 1500 FamGKG. Das Wort „Vergleich" muss nicht gebraucht werden; es genügt auch eine protokollierte irgendwie geartete „Einigung" oder „Vereinbarung". Wird protokolliert „Die Parteien sind sich einig, dass der Beklagte 1.000 Euro zahlt und dann der Kläger die Klage zurücknimmt", dann liegt in Wahrheit ein Prozessvergleich vor. Andererseits muss der Prozessvergleich formal wirksam sein; ist der Prozessvergleich versehentlich nicht vorgelesen (bzw. vorgespielt) und genehmigt worden (§ 162 Abs. 1 ZPO), dann ist er als Prozessvergleich nicht wirksam (MüKoZPO/*Wagner* ZPO § 162 Rn. 4) und löst also auch keine Gerichtsgebühr aus. Dagegen kommt es kostenrechtlich nicht darauf an, ob die Voraussetzungen des § 779 BGB vorliegen: selbst wenn der überschießende Teil zuvor nicht streitig war, die Parteien ihn nur zu Beweiszwecken feststellen oder einen Vollstreckungstitel geschaffen wollten, fällt ggf. KV 1900 an, weil es nicht Aufgabe des Kostenrechts ist, diese materiellenrechtlichen Fragen schon beim Kostenansatz zu klären (aA *Hartmann* Rn. 11; unklar *Meyer* Rn. 167 ff.); hat der Richter etwas als „Vergleich" protokolliert, hat der Kostenbeamte davon auszugehen, dass es sich um einen Vergleich handelt. Wird allerdings später gerichtlich festgestellt (etwa

im Verfahren nach § 732 ZPO), dass in Wahrheit kein Prozessvergleich vorlag, ist die Gebühr KV 1900 zurückzuerstatten (vgl. OLG Hamm Rpfleger 1980, 162).

4 Der Prozessvergleich kann **zwischen den Parteien** oder zwischen einer Partei und einem beigetretenen **Dritten** geschlossen worden sein (vgl. § 794 Abs. 1 Nr. 1 ZPO); der Beitritt erhöht den Streitwert nicht und stellt er für sich keinen überschießenden Streitwert dar. Der Prozessvergleich kann im Hauptverfahren oder im Beweisverfahren (§ 492 Abs. 3 ZPO) geschlossen werden; für den **Vergleich im PKH-Verfahren** (§ 118 ZPO) fällt die Gebühr aber nicht an (amtl. Anm.). Wenn *nur* prozessfremde Gegenstände geregelt werden, liegt zwar kein Prozessvergleich im Sinne von § 794 ZPO vor, aber die Gebühr KV 1900 fällt an. Beim „bedingten Vergleich" muss die Widerrufsfrist abgelaufen sein; wird er widerrufen, fällt keine Gebühr an.

5 Für den **außergerichtlichen Vergleich** fällt keine Gerichtsgebühr an, auch nicht, wenn er dem Gericht mitgeteilt wird.

2. Wert des Verfahrensgegenstandes

6 Wert des Verfahrensgegenstandes ist der GKG-Streitwert des eingeklagten Betrages.

3. Wert des Vergleichsgegenstandes

7 Wert des Vergleichsgegenstandes ist nicht der Betrag, *auf den* die Parteien sich geeinigt haben, sondern der Betrag, der umstritten war und *über den* man sich geeinigt hat. Die Bewertung erfolgt nach dem GKG. Dieser Betrag ist entweder aus den Akten bzw. der Wertfestsetzung im Vergleich erkennbar, andernfalls auf Antrag des Kostenbeamten vom Gericht festzusetzen (§ 63). Lautet der **Streitwertbeschluss** des Gerichts, dass der Streitwert 20.000 Euro beträgt, der Streitwert des Vergleichs 25.000 Euro, wird von einem überschießenden Streitwert von 5.000 Euro ausgegangen. Das Gericht könnte den überschießenden Streitwert auch isoliert festsetzen. Hat das Gericht den Streitwert ohne Differenzierung auf 40.000 Euro festgesetzt, ist zunächst von keinem überschießenden Streitwert auszugehen; der Kostenbeamte kann aber (wenn zweifelfrei etwas anderes mitverglichen wurde, so dass ein Versehen vorliegen könnte) Bedenken dem Gericht vortragen, damit dieses eventuell den Streitwertbeschluss ändert.

4. Bisher nicht gerichtlich anhängige Gegenstände

8 Nach dem seit dem 1.8.2013 (2. KostRMoG) geltenden Gesetzestext kommt es nicht darauf an, ob etwas mitverglichen wurde. Es kann im Falle von KV 1900 der anhängige Streitgegenstand verglichen werden und *zugleich* bisher nicht gerichtlich anhängige Gegenstände oder *nur* bisher nicht gerichtlich anhängige Gegenstände. Ob ein weitere Gegenstand mitverglichen wurde, ergibt sich aus dem Vergleich der Klage mit dem Protokoll und dem Vergleichstext. Die Klausel „zur Abfindung aller Ansprüche" ist zweideutig, kann nur die klagegegenständlichen Ansprüche, aber zusätzlich auch sonstige Ansprüche bedeuten. Hier ist eine gerichtliche Streitwertfestsetzung ratsam. Der Wert des Vergleichsgegenstandes übersteigt den Wert des Verfahrensgegenstandes nicht, wenn der GKG – Streitwert nicht höher ist. Beispiel: K klagt eine Geldrente für fünf Jahre ein; man schließt einen Vergleich über

die Geldrente auf die Lebenszeit des Berechtigten; denn der Streitwert ist in beiden Fällen gleich, § 42 Abs. 1 (*Hartmann* Rn. 8).

5. Beispiele

(1) **Grundfall:** Eingeklagt ist ein Teilbetrag (Teilklage) von 10.000 Euro; die Parteien einigen sich über diesen Teilbetrag auf 8.000 Euro und über den bisher nicht eingeklagten Rest, der 20.000 Euro beträgt, auf 14.000 Euro, der Beklagte zahlt also insgesamt 22.000 Euro. Der Wert des Vergleichsgegenstandes beträgt 30.000 Euro (10.000 Euro + 20.000 Euro) und nicht etwa 22.000 Euro. Überschießender Wert, aus dem die 0,25-Gebühr berechnet wird: 20.000 Euro. **9**

(2) **Teilvergleich:** Eingeklagt sind Gewerbemiete 4.000 Euro und Kaufpreis 5.000 Euro; die Parteien einigen sich hinsichtlich der Miete auf 2.000 Euro und bezüglich eines bisher nicht prozessgegenständlichen Werklohns von 20.000 Euro auf 15.000 Euro. Der Beklagte zahlt also 17.000 Euro. Der Wert des Vergleichsgegenstandes beträgt 24.000 Euro, denn es kommt nur auf den verglichenen Teil an; der Streitwert für die 0,25-Gebühr beträgt 20.000 Euro.

(3) **Aufrechnung.** Eingeklagt 10.000 Euro, Beklagter rechnet hilfsweise mit bestrittener Gegenforderung von 16.000 Euro auf. Man einigt sich dahin, dass der Beklagte noch 2.000 Euro zahlt. Streitwert 20.000 Euro (§ 45 Abs. 3, 4), Vergleichswert aber 26.000 Euro; Streitwert für die 0,25-Gebühr also 6.000 Euro.

(4) Bei der **einstweiligen Verfügung** wird oft die Hauptsache mitverglichen, hat aber einen anderen Streitwert, weil sie nicht nur die Sicherung betrifft.

III. Unanwendbarkeit von KV 1900

- Beim Vergleich im **Prozesskostenhilfeverfahren** (§ 118 Abs. 1 S. 3 ZPO); Anmerkung (*Hartmann* Rn. 3; aA *Meyer* Rn. 174). Wird also im Rahmen eines PKH-Verfahrens ein anderer Streitgegenstand mitverglichen (was ohnehin nicht vorkommt), ist das gerichtsgebührenfrei. **10**
- Bei Vergleichen in **Familiensachen** ist nicht KV 1900 GKG, sondern KV 1500 FamGKG einschlägig. Bei Vergleichen in der **freiwilligen Gerichtsbarkeit** ist KV 17005 GNotKG einschlägig. **11**
- Bei Vergleichen über andere **bereits *gerichtlich* anhängige Gegenstände.** Wenn für den überschießenden Teil zB bereits anderweitig eine Verfahrensgebühr anfiel (*Hartmann* Rn. 15; *Meyer* Rn. 171), fällt die 0,25 Gebühr nicht an, weil es sonst teurer wäre, den Vergleich zu schließen, als ihn hier zu unterlassen und im anderen Verfahren abzuschließen. Beispiel: Beim LG sind zwei Prozesse K gegen B mit jeweils 10.000 Euro Streitwert anhängig. Das Verfahren A wird durch Prozessvergleich (ganz oder teilweise) beendet, dabei wird der Rechtsstreit B mitverglichen. Kein Anfall von KV 1900 im Verfahren A, obwohl im Verfahren A ein neuer Streitgegenstand mitverglichen wurde. Das Verfahren B muss noch zum Ende gebracht werden, dort fällt mindestens 1,0 nach KV 1211 an, das sind 241 Euro. Zur Gebührendeckelung → Rn. 16. **12**
- **Vergleiche vor Gütestellen,** da kein „gerichtlicher" Vergleich vorliegt; ebenso bei Vergleichen vor Schiedsgerichten. **13**
- **Anwaltsvergleiche** nach §§ 796a–c ZPO; dort wird die Gebühr KV 2117 erhoben. **14**
- Vor den Gerichten für **Arbeitssachen** herrscht teils Kostenfreiheit (§ 2 Abs. 2). **15**

IV. Gebührendeckelung

16 Die Anmerkung Satz 2, eingefügt durch das 2. KostRMoG, besagt durch Verweisung auf § 36 Abs. 3: Es ist eine Vergleichsberechnung durchzuführen.

Beispiele: (1) Verfahrenswert 10.100 Euro. 3,0 Gebühren aus „bis 13.000" sind nach KV 1215: 801 Euro (3 × 267). Wird eine andere Sache, die bisher nicht gerichtlich anhängig war, mit einem Wert von 2.900 Euro verglichen, kostet das an sich 0,25 aus „bis 3.000", das sind 0,25 von 108 = 27 Euro. Wäre diese Sache von Anfang an mit eingeklagt worden, hätte der ursprüngliche Streitwert 13.000 betragen, das fällt (ebenso wie 10 000) unter die Gebührenklasse „bis 13 000", also dürfen die 27 Euro nicht berechnet werden.
(2) Verfahrenswert 10.000 Euro. 3,0 Gebühren aus „bis 10 000" sind nach KV 1215: 723 Euro (3 × Euro 241). Wird eine andere Sache, die bisher nicht gerichtlich anhängig war, mit einem Wert von 3.000 Euro verglichen, kostet das isoliert gesehen an sich 0,25 aus „bis 3 000", das sind 0,25 von 108 Euro = 27 Euro. Wäre diese Sache von Anfang an mit eingeklagt worden, hätte der ursprüngliche Streitwert 13.000 betragen, das ergäbe 3,0 aus 13 000, also 801 Euro. Also dürfen die 27 Euro berechnet werden, weil die Differenz 801 Euro – 723 Euro grösser als 27 Euro ist.

Nr.	Gebührentatbestand	Gebühr oder Satz der Gebühr nach § 34 GKG
1901	**Auferlegung einer Gebühr nach § 38 GKG wegen Verzögerung des Rechtsstreits**	**wie vom Gericht bestimmt**

1 Es fällt nur die Verzögerungsgebühr an; für den Beschluss, der die Gebühr auferlegt, wird keine Verfahrens- oder sonstige Gebühr angesetzt. Diese Gebühr entsteht zusätzlich zur 3,0-Verfahrensgebühr nach KV 1210. Kostenschuldner ist, wem die Zusatzgebühr vom Gericht auferlegt wurde (§ 29 Nr. 1).

Nr.	Gebührentatbestand	Gebühr oder Satz der Gebühr nach § 34 GKG
1902	**Anmeldung eines Anspruchs zum Musterverfahren (§ 10 Absatz 2 KapMuG)**.	**0,5**

Teil 2. Zwangsvollstreckung nach der Zivilprozessordnung, Insolvenzverfahren und ähnlichen Verfahren

Hauptabschnitt 1. Zwangsvollstreckung nach der Zivilprozessordnung

Vorbemerkung 2.1:

Dieser Hauptabschnitt ist auch auf Verfahren zur Erwirkung eines Europäischen Beschlusses zur vorläufigen Kontenpfändung im Fall des Artikels 5 Buchstabe b der Verordnung (EU) Nr. 655/2014 sowie auf alle Verfahren über Anträge auf Einschränkung oder Beendigung der Vollstreckung eines Europäischen Beschlusses zur vorläufigen Kontenpfändung (§ 954 Abs. 2 ZPO i. V. m. Artikel 34 der Verordnung (EU) Nr. 655/2014) anzuwenden. Im Übrigen bestimmen sich die Gebühren nach Teil 1 Hauptabschnitt 4 oder Teil 8 Hauptabschnitt 3.

Abschnitt 1. Erster Rechtszug

Nr.	Gebührentatbestand	Gebühr oder Satz der Gebühr nach § 34 GKG
2110	**Verfahren über den Antrag auf Erteilung einer weiteren vollstreckbaren Ausfertigung (§ 733 ZPO)** . . . . **Die Gebühr wird für jede weitere vollstreckbare Ausfertigung gesondert erhoben. Sind wegen desselben Anspruchs in einem Mahnverfahren gegen mehrere Personen gesonderte Vollstreckungsbescheide erlassen worden und werden hiervon gleichzeitig mehrere weitere vollstreckbare Ausfertigungen beantragt, wird die Gebühr nur einmal erhoben.**	**20,00 €**

KV 2110 enthält eine **Festgebühr von 20 Euro,** unabhängig von der Höhe des Streitwerts. Da es sich ferner um eine Verfahrensgebühr handelt, fällt sie auch an, wenn der Antrag zurückgenommen wird. Die Vorschrift erfasst seit der Neufassung nur noch die Erteilung einer weiteren vollstreckbaren Ausfertigung (§ 733 ZPO; dazu *Schneider* JurBüro 2004, 632). § 889 ZPO fällt unter KV 2114. **Parallelvorschriften:** KV 1600 FamGKG; KV 18001 GNotKG. 1

Werden **weitere vollstreckbare Ausfertigungen** beantragt, etwa weil eine frühere Ausfertigung verloren gegangen ist oder weil gleichzeitig eine Zwangshypothek und eine Kontenpfändung beantragt werden soll, fällt die Gebühr mehrfach an (Anm. Satz 1). Wird von einem Urteil, das sich gegen drei Personen richtet, eine weitere vollstreckbare Ausfertigung beantragt, fällt die Gebühr aber nur einmal an. 2

Mahnverfahren: die Gebühr fällt nur einmal an, wenn die Anträge denselben titulierten Anspruch betreffen, zB Miete, wenn das Ehepaar M und F eine Wohnung gemietet hatte (Anm. Satz 2). Im maschinellen Mahnverfahren erlässt das Ge- 3 richt gegen jeden Antragsgegner einen gesonderten Vollstreckungsbescheid, wenn gegen mehrere Personen derselbe Anspruch geltend gemacht wird (Gesamtschuldnerschaft). Satz 2 soll klarstellen, dass der Antragsteller nicht mit Mehrkosten belastet wird, wenn er weitere vollstreckbare Ausfertigungen einer Mehrzahl von Titeln begehrt, die im ordentlichen Streitverfahren in einer einheitlichen Entscheidung zusammenzufassen wären (BR-Drs. 550/06, 110), wie bei einem Urteil gegen M und F.

4 **Fälligkeit:** § 6. **Kostenschuldner:** der Antragsteller, § 22; der Entscheidungsschuldner, § 29. Letztlich hat der Schuldner zu zahlen, § 788 ZPO. **Vorauszahlungspflicht** besteht bei § 733 ZPO nicht, faktisch muss vorausbezahlt werden (§ 12 Abs. 5). **Beschwerdeverfahren:** KV 2121.

Nr.	Gebührentatbestand	Gebühr oder Satz der Gebühr nach § 34 GKG
2111	**Verfahren über Anträge auf gerichtliche Handlungen der Zwangsvollstreckung gemäß § 829 Abs. 1, §§ 835, 839, 846 bis 848, 857, 858, 886 bis 888 oder § 890 ZPO sowie im Verfahren zur Erwirkung eines Europäischen Beschlusses zur vorläufigen Kontenpfändung im Fall des Artikels 5 Buchstabe b der Verordnung (EU) Nr. 655/2014**	**20,00 €**
	Richtet sich ein Verfahren gegen mehrere Schuldner, wird die Gebühr für jeden Schuldner gesondert erhoben. Mehrere Verfahren innerhalb eines Rechtszugs gelten als ein Verfahren, wenn sie denselben Anspruch und denselben Vollstreckungsgegenstand betreffen.	

1 KV 2111 enthält eine **Festgebühr von 20 Euro,** unabhängig von der Höhe des Streitwerts. Da es sich ferner um eine Verfahrensgebühr handelt, fällt sie auch an, wenn der Antrag zurückgenommen wird. Die Vorschrift erfasst die **Pfändung** von Forderungen (§ 829 ZPO), **Überweisung** zur Einziehung (§§ 835, 839 ZPO), Pfändung von Herausgabeansprüchen (§§ 846–848 ZPO), von anderen Ansprüchen (§ 857 ZPO), Schiffspart (§ 858 ZPO). Gewahrsam eines Dritten (§ 886 ZPO), vertretbare Handlungen (§ 887 ZPO), nicht vertretbare Handlungen (§ 888 ZPO), Erzwingung mit Ordnungsgeld (§ 890 ZPO). § 889 ZPO fällt unter KV 2114.

2 **Mehrere Verfahren** gelten nach der Anmerkung Satz 2 als *ein* Verfahren, sofern sie denselben Anspruch und denselben Gegenstand betreffen. Der Pfändungs- und Überweisungsbeschluss (§§ 829, 835 ZPO) kostet deshalb nicht zwei, sondern nur eine Gebühr. Ebenso ist es, wenn der Gläubiger wegen seiner Forderung die angeblichen Forderungen des Schuldners gegen mehrere Drittschuldner (zB gegen zehn Banken) pfändet. Wenn aber gegen zwei Schuldner jeweils ein Pfändungs- und Überweisungsbeschluss beantragt wird, fällt die Gebühr zweimal an (Anmerkung Satz 1). Auch wenn Vollstreckungsmaßnahmen gegen Gesamtschuldner in einem einheitlichen Verfahren beantragt werden, fällt die Gebühr für jeden Schuldner ge-

sondert an; das soll die Änderung der amtlichen Anmerkung klarstellen (BT-Drs. 16/6308, 334).

Andere Fälle werden von KV 2110 nicht erfasst, zB nicht § 733 ZPO (dafür gilt KV 2110), eine Durchsuchungsanordnung nach § 758a ZPO; eine Erinnerung nach § 766 ZPO (gerichtsgebührenfrei), Entscheidungen nach §§ 825, 844 ZPO usw. (gebührenfrei, aber auslagenpflichtig). 3

Fälligkeit: § 6. **Kostenschuldner:** der Antragsteller, § 22; der Entscheidungsschuldner, § 29. Letztlich hat der Schuldner zu zahlen, § 788 ZPO. **Vorauszahlungspflicht** besteht im Rahmen von § 12 Abs. 6. Die Kosten einer Zwangshaft nach § 888 ZPO gehören zu den Auslagen (KV 9010). **Beschwerdeverfahren:** KV 2121. 4

Nr.	Gebührentatbestand	Gebühr oder Satz der Gebühr nach § 34 GKG
2112	**In dem Verfahren zur Erwirkung eines Europäischen Beschlusses zur vorläufigen Kontenpfändung wird ein Antrag auf Einholung von Kontoinformationen gestellt:** **Die Gebühr 2111 erhöht sich auf**	**33,00 €**

Nr.	Gebührentatbestand	Gebühr oder Satz der Gebühr nach § 34 GKG
2113	**Verfahren über den Antrag auf Vollstreckungsschutz nach § 765a ZPO**	**20,00 €**

KV 2113 enthält eine **Festgebühr von 20 Euro** für die Bearbeitung von Anträgen nach § 765a ZPO (anders im Falle der Zwangsversteigerung, Vorbemerkung 2.2 Satz 4: gebührenfrei), unabhängig von der Höhe des Streitwerts. Da es sich ferner um eine Verfahrensgebühr handelt, fällt sie auch an, wenn der Antrag zurückgenommen wird. Wird ein Antrag gestellt und zurückgewiesen, hierauf ein neuer Antrag gestellt, fällt die Gebühr ein zweites Mal an. Zur **Fälligkeit** usw. vgl. KV 2110. **Kostenschuldner:** der Antragsteller, § 22; der Entscheidungsschuldner, § 29. **Keine Vorauszahlungspflicht,** vgl. § 12. Oft kommt es zur Nichterhebung der Gebühr beim mittellosen Antragsteller wegen § 10 KostVfg. **Beschwerdeverfahren:** KV 2121. 1

Nr.	Gebührentatbestand	Gebühr oder Satz der Gebühr nach § 34 GKG
2114	**Verfahren über den Antrag auf Erlass eines Haftbefehls (§ 802g Abs. 1 ZPO)**	**20,00 €**

KV 2114 enthält eine **Festgebühr von 20 Euro** für die Bearbeitung von Anträgen nach § 802g Abs. 1 ZPO, unabhängig von der Höhe des Streitwerts; keine Ermäßigung, wenn der Antrag zurückgenommen wird. Die Erinnerung ist gerichts- 1 gebührenfrei. Ähnliche Befugnisse des Gerichtsvollziehers (wie § 813a ZPO) fallen unter das GVKostG, nicht unter KV 2114. Vgl. im Übrigen KV 2110. **Beschwerdeverfahren:** KV 2121.

Nr.	Gebührentatbestand	Gebühr oder Satz der Gebühr nach § 34 GKG
2115	**Verfahren über den Antrag auf Abnahme der eidesstattlichen Versicherung nach § 889 ZPO**	**35,00 €**
2116	***(weggefallen)***	

1 Die Vorschrift erfasst **nur den Fall des § 889 ZPO** (Verfahren vor dem Vollstreckungsgericht, Rechtspfleger; nicht die Abgabe vor dem Gerichtsvollzieher, § 807 ZPO). Es handelt sich um eine Festgebühr und um eine Verfahrensgebühr; keine Ermäßigung erfolgt bei Antragsrücknahme. Fälligkeit § 6, aber Vorauszahlung nach § 12 Abs. 5 angeraten („soll"). Auslagen entstehen uU zusätzlich für die Zwangshaft (KV 9010).

2 **Beschwerdeverfahren:** KV 2121.

3 **KV 2115** erfasst nicht die eidesstattliche Versicherung vor dem Gerichtsvollzieher (§ 899 ZPO; dafür gilt KV 260 GV); auch nicht die Abgabe im Verfahren der freiwilligen Gerichtsbarkeit (KV 18004 GNotKG).

4 **KV 2116** (Antrag eines Drittgläubigers auf Erteilung einer Kopie der eidesstattlichen Versicherung bzw. auf Einsicht) ist seit 1.1.2013 durch das Gesetz zur Reform der Sachaufklärung in der Zwangsvollstreckung vom 29. Juli 2009, das zum 1.1.2013 in Kraft getreten ist, BGBl. I S. 2258, **aufgehoben** worden. Der Sachverhalt ist jetzt im GvKostG geregelt. Gläubiger können die bis 31.12.2012 abgegebenen eidesstattlichen Versicherungen nach § 299 ZPO beim örtlichen Vollstreckungsgericht einsehen und sich Kopien erteilen lassen. Für diese Fälle ist KV 9000 frühere amtliche Anmerkung 3 weiter anzuwenden, ebenso KV 2115 aF, 2116. → 9000 Rn. 33, 34.

Nr.	Gebührentatbestand	Gebühr oder Satz der Gebühr nach § 34 GKG
2117	**Verteilungsverfahren**	**0,5**

1 Für das Verteilungsverfahren (§§ 872ff., 880 ZPO) fällt eine Gebühr von 0,5 an, die sich nach dem **Streitwert** richtet. Dieser entspricht der Verteilungsmasse ohne Zinsen und ohne Abzug von Kosten. Es handelt sich um eine Verfahrensgebühr; ein Antrag ist nicht erforderlich. Deshalb fällt keine Gebühr an, wenn der „Antrag" eines Drittschuldners oder Gläubigers „abgelehnt" wird. Fälligkeit § 6: mit Aufforderung an die Gläubiger, eine Berechnung ihrer Forderungen einzureichen (§ 873 ZPO); Zöller/*Stöber* ZPO § 872 Rn. 8. **Kostenschuldner:** § 29 Nr. 4 (Vollstreckungsschuldner); eine Antragstellerhaftung im Sinne von § 22 gibt es nicht, da ein Amtsverfahren vorliegt. Das Gericht entnimmt der Masse die Kosten (§ 874 Abs. 2 ZPO). Für Klagen nach §§ 878ff. ZPO (Widerspruchsklage) ist KV 1210ff. einschlägig, nicht KV 2117. Schifffahrtsrecht: KV 2410.

2 **Beschwerdeverfahren:** KV 2120, 2122.

Nr.	Gebührentatbestand	Gebühr oder Satz der Gebühr nach § 34 GKG
2118	**Verfahren über die Vollstreckbarerklärung eines Anwaltsvergleichs nach § 796a ZPO . . .**	**60,00 €**

1 Für die Vollstreckbarerklärung fällt eine Festgebühr an, unabhängig von der Höhe des Streitwerts. Sie fällt auch bei Ablehnung an; bei Rücknahme keine Ermäßigung. Fälligkeit: § 6. Kostenschuldner: §§ 22, 29. Für die Tätigkeit des Notars (§§ 796a–796c ZPO) richtet sich die Gebühr nach KV 23800 GNotKG.

Nr.	Gebührentatbestand	Gebühr oder Satz der Gebühr nach § 34 GKG
2119	**Verfahren über Anträge auf Beendigung, Verweigerung, Aussetzung oder Beschränkung der Zwangsvollstreckung nach § 954 Abs. 2, § 1084 ZPO auch i. V. m. § 1096 oder § 1109 ZPO oder nach § 31 AUG . . . .**	**30,00 €**

1 § 1084 ZPO betrifft Art. 21 und 23 der Verordnung (EG) Nr. 805/2004 (Bestätigung inländischer Titel als „Europäische Vollstreckungstitel").

Abschnitt 2. Beschwerden

Unterabschnitt 1. Beschwerde

Nr.	Gebührentatbestand	Gebühr oder Satz der Gebühr nach § 34 GKG
2120	**Verfahren über die Beschwerde im Verteilungsverfahren:** **Soweit die Beschwerde verworfen oder zurückgewiesen wird . . . .**	**1,0**

1 Sofortige Beschwerde (§ 793 ZPO) gegen den aufgestellten Teilungsplan. Es handelt sich um eine Verfahrensgebühr, die aber erst fällig wird, sobald entschieden ist (§ 6 Abs. 3). Streitwert: wie KV 2117. Ist die Beschwerde erfolgreich, fällt keine Gerichtsgebühr an.

Nr.	Gebührentatbestand	Gebühr oder Satz der Gebühr nach § 34 GKG
2121	**Verfahren über nicht besonders aufgeführte Beschwerden, die nicht nach anderen Vorschriften gebührenfrei sind:** **Die Beschwerde wird verworfen oder zurückgewiesen** . . . . **Wird die Beschwerde nur teilweise verworfen oder zurückgewiesen, kann das Gericht die Gebühr nach billigem Ermessen auf die Hälfte ermäßigen oder bestimmen, dass eine Gebühr nicht zu erheben ist.**	**30,00 €**

1 KV 2121 betrifft alle anderen **Beschwerden in Zwangsvollstreckungssachen,** außer die im Verteilungsverfahren und außer denen, die nach besonderer Regelung gebührenfrei sind. Sofortige Beschwerde vgl. § 793 ZPO. Es handelt sich bei KV 2121 um eine Verfahrensgebühr, die aber erst fällig wird, sobald entschieden ist (§ 6 Abs. 3). Streitwert: ohne Bedeutung, da Festgebühr. Ist die Beschwerde erfolgreich, fällt keine Gerichtsgebühr an. Ist sie teilweise erfolgreich, gestattet die amtliche Anmerkung die Ermäßigung der Gebühr auf 12, 50 Euro oder die völlige Nichterhebung, aber keine Zwischenwerte.

Unterabschnitt 2. Rechtsbeschwerde

Nr.	Gebührentatbestand	Gebühr oder Satz der Gebühr nach § 34 GKG
2122	**Verfahren über die Rechtsbeschwerde im Verteilungsverfahren:** **Soweit die Beschwerde verworfen oder zurückgewiesen wird**	**2,0**

1 KV 2122 betrifft nur die Rechtsbeschwerde im Verteilungsverfahren (KV 2117, 2120). Bei Erfolg fällt keine Gebühr an. Zur Rücknahme vgl. KV 2123.

Nr.	Gebührentatbestand	Gebühr oder Satz der Gebühr nach § 34 GKG
2123	**Verfahren über die Rechtsbeschwerde im Verteilungsverfahren:** **Soweit die Beschwerde zurückgenommen oder das Verfahren durch anderweitige Erledigung beendet wird** . . . . **Die Gebühr entsteht nicht, soweit der Beschwerde stattgegeben wird.**	**1,0**

KV 2123 betrifft nur die Rechtsbeschwerde im Verteilungsverfahren (KV 2117, 2120). Bei Rücknahme etc. ermäßigt sich die Gebühr auf 1,0. Bei Erfolg der Beschwerde entsteht die Gebühr nicht. 1

Nr.	Gebührentatbestand	Gebühr oder Satz der Gebühr nach § 34 GKG
2124	**Verfahren über nicht besonders aufgeführte Rechtsbeschwerden, die nicht nach anderen Vorschriften gebührenfrei sind:** **Die Rechtsbeschwerde wird verworfen oder zurückgewiesen** . . . . **Wird die Rechtsbeschwerde nur teilweise verworfen oder zurückgewiesen, kann das Gericht die Gebühr nach billigem Ermessen auf die Hälfte ermäßigen oder bestimmen, dass eine Gebühr nicht zu erheben ist.**	**60,00 €**

KV 2124 betrifft alle **Rechtsbeschwerden in der Zwangsvollstreckung,** ausgenommen die im Verteilungsverfahren (KV 2122, 2123), ausgenommen ferner solche, die „nach anderen Vorschriften gebührenfrei" sind. Die Rechtsbeschwerde ist nur statthaft, wenn sie zugelassen wurde (§ 574 Abs. 1 Nr. 2 ZPO). Zuständig zur Entscheidung über eine Rechtsbeschwerde ist der BGH (§ 133 GVG). Die Kosten der Rechtsbeschwerde werden beim BGH angesetzt (§ 19 Abs. 1 S. 1 Nr. 2). 1

Es handelt sich bei KV 2124 um eine **Verfahrensgebühr,** die aber erst fällig wird, sobald entschieden ist (§ 6 Abs. 3). Sie fällt nur an, wenn die Rechtsbeschwerde verworfen oder zurückgewiesen wird; bei Erfolg besteht Gebührenfreiheit. Bei Teilerfolg gestattet die amtliche Anmerkung eine Ermäßigung oder Gebührenniederschlagung. Bei Rücknahme kann die Gebühr, da Verfahrensgebühr, nicht ermäßigt werden (anders bei KV 2123). 2

Hauptabschnitt 2. Verfahren nach dem Gesetz über die Zwangsversteigerung und die Zwangsverwaltung; Zwangsliquidation einer Bahneinheit

Vorbemerkung 2.2:

Die Gebühren 2210, 2220 und 2230 werden für jeden Antragsteller gesondert erhoben. Wird der Antrag von mehreren Gesamtgläubigern, Gesamthandsgläubigern oder im Fall der Zwangsversteigerung zum Zweck der Aufhebung der Gemeinschaft von mehreren Miteigentümern gemeinsam gestellt, gelten diese als ein Antragsteller. Betrifft ein Antrag mehrere Gegenstände, wird die Gebühr nur einmal erhoben, soweit durch einen einheitlichen Beschluss entschieden wird. Für ein Verfahren nach § 765a ZPO wird keine, für das Beschwerdeverfahren die Gebühr 2240 erhoben; richtet sich die Beschwerde auch gegen eine Entscheidung nach § 30a ZVG, gilt Satz 2 entsprechend.

Abschnitt 1. Zwangsversteigerung

Nr.	Gebührentatbestand	Gebühr oder Satz der Gebühr nach § 34 GKG
2210	**Entscheidung über den Antrag auf Anordnung der Zwangsversteigerung oder über den Beitritt zum Verfahren**	100,00 €

1 **Anwendungsbereich.** KV 2210ff. gelten nicht für sog. „freiwillige" Grundstücksversteigerungen (darauf ist KV 23602 GNotKG anzuwenden). KV 2110ff. sind einschlägig für alle anderen Arten der **Grundstückszwangsversteigerung,** auch grundstücksgleicher Rechte, bestimmter Schiffe, Schiffsbauwerke, Luftfahrzeuge. Sie gelten auch für Anträge zwecks Aufhebung der Gemeinschaft (§ 175 ZVG), **Teilungsversteigerung** (§ 180 ZVG), Anträge des Insolvenzverwalters (§ 172 ZVG).

2 **Antrag auf Anordnung der Zwangsversteigerung:** § 15 ZVG. Es spielt keine Rolle, wie viele Titel der Antragsteller hat. Bei mehreren Antragstellern werden gesonderte Gebühren erhoben (Vorbemerkung 2.2 S. 1), also mehrfach, selbst wenn die Entscheidungen in einem Beschluss zusammengefasst wurden. Anträge mehrerer Gesamtgläubiger, Gesamthandgläubiger, Miteigentümer zwecks Aufhebung der Gemeinschaft gelten aber nur als *ein* Antrag (Vorbemerkung S. 2). Beantragen mehrere Miterben gemeinsam die Teilungsversteigerung, zählt dies als ein Antrag. Betrifft der Antrag eines Gläubigers mehrere Grundstücke desselben Schuldners und wird durch einen **einheitlichen Beschluss** entschieden, zählt dies nur als *ein* Antrag (Vorbemerkung S. 3). Was ein „einheitlicher" Beschluss ist, ist im einzelnen unklar, weil dies kein anerkannter Begriff ist. Stellt der Gläubiger einen Antrag bezüglich Grundstück A und dann einen weiteren Antrag bezüglich Grundstück B und wird die Entscheidung über beide Anträge in einem Beschluss zusammengefasst, fällt die Gebühr nur einmal an. Beantragt der Gläubiger die Versteigerung von drei Grundstücken desselben Schuldners und wird dies bezüglich zweier Grundstücke angeordnet, sonst zurückgewiesen, soll dies noch ein einheitlicher Beschluss sein (*Stöber* ZVG Einl. 77.8). Beantragen drei Gläubiger die Zwangsversteigerung derselben drei Grundstücke des Schuldners, fallen also drei und nicht etwa neun Gebühren an. Zur Verbindung mehrerer Verfahren vgl. § 18 ZVG; über evtl. Niederschlagung bei Nichtverbindung § 21 Abs. 1 GKG. Wird zunächst die Versteigerung von Grundstück A beantragt *und angeordnet* und beantragt derselbe Gläubiger dann die Versteigerung von Grundstück B, worüber entschieden wird, fällt die Gebühr aber nochmals an, weil die einheitliche Entscheidung fehlt.

3 Der Antrag auf Wiedervollstreckung (§ 133 ZVG) löst die Gebühr erneut aus. Wird Zwangsversteigerung und Zwangsverwaltung beantragt, fallen KV 2210 und KV 2220 nebeneinander an. Die Entscheidung über einen Antrag nach § 765a ZPO ist gebührenfrei (Vorbemerkung 2.2).

4 **Beitritt zur Zwangsversteigerung:** § 27 ZVG. Stellen nach Anordnung weitere Gläubiger den Antrag auf Zwangsversteigerung desselben Grundstücks, so dass ggf die Anordnung ergeht, dass der Beitritt zum Verfahren zugelassen wird, dann löst jede Entscheidung über einen gesonderten Antrag die Festgebühr aus, sie fällt also mehrfach an. Selbst wenn ein Gläubiger seinem eigenen Verfahren später nochmals beitritt, zB wegen nun fällig gewordener Zinsen, entsteht die Gebühr

nochmals (*Stöber* ZVG Einl. 76.3). Die Festgebühr entsteht auch, wenn die Forderung des Gläubigers geringer als 100 Euro ist.

5 Die Gebühr KV 2110 fällt als **Festgebühr** an für die Entscheidung, gleichgültig welchen Inhalt sie hat. Teilweise Antragsrücknahme ändert nichts an der Gebühr.

6 **Gebührenfrei** ist das Verfahren bis zur Entscheidung (Anordnung oder deren Ablehnung): Entgegennahme des Antrags, Aktenanlage, Rückfragen, Zwischenverfügungen, evtl. Anhörung des Gläubigers oder Schuldners vor der Entscheidung. Wird der Antrag vor der Entscheidung zurückgenommen, fällt daher keine Gebühr an. Auslagen sind aber ggf zu erstatten.

7 **Fälligkeit** der Gebühr: § 7 Abs. 1 S. 1. Keine Vorschusspflicht: §§ 10, 15. **Kostenschuldner:** § 26 (Antragsteller), außerdem der Vollstreckungsschuldner (§ 29 Nr. 4). Keine Vorwegentnahme aus dem Versteigerungserlös (§ 109 Abs. 1 ZVG).

Nr.	Gebührentatbestand	Gebühr oder Satz der Gebühr nach § 34 GKG
2211	**Verfahren im Allgemeinen**	**0,5**
2212	**Beendigung des Verfahrens vor Ablauf des Tages, an dem die Verfügung mit der Bestimmung des ersten Versteigerungstermins unterschrieben ist:**	
	Die Gebühr 2211 ermäßigt sich auf	**0,25**

1 Die streitwertabhängige **Gebühr KV 2211** (Gebührensatz: § 34) betrifft das Verfahren nach der **Anordnung** (der Beschluss wird wirksam mit Mitteilung an den Antragsteller, § 329 ZPO) **bis zum Beginn des Versteigerungstermins.** Die Gebühr fällt an mit dem ersten Akt des Gerichts nach dem Wirksamwerden des Anordnungsbeschlusses. Dazu gehören (und abgegolten werden somit) die Zustellung des Beschlusses an den Schuldner, Eintragungsersuchen des Gerichts an das Grundbuchamt, Ermittlungen, Bestimmung des Verkehrswerts, Bestimmung des Versteigerungstermins, Einstellungsverfahren, Abschlussverfügung nach Rücknahme des Versteigerungsantrags. Nur wenn der Gläubiger *sofort* nach Unterschrift des Anordnungsbeschlusses den Antrag zurücknehmen würde, bliebe es bei der Gebühr KV 2210 und KV 2211, 2212 fielen nicht an. Wird der **Antrag des Gläubigers zurückgewiesen,** bleibt es bei KV 2210 und KV 2211 kann nicht anfallen. Wird die Beschwerde des Gläubigers hiergegen zurückgewiesen, fällt zusätzlich KV 2240 an, aber nicht KV 2211. Wird die Anordnung der Zwangsversteigerung auf Beschwerde des Schuldners aufgehoben, war KV 2211 durch die Zustellung an den Schuldner schon angefallen und fällt nicht wieder weg (Umkehrschluss aus KV 2320; *Stöber* ZVG Einl. 77.4). Die Entscheidung über einen **Antrag nach § 765 a ZPO** ist gebührenfrei (Vorbemerkung 2.2); desgleichen **Einstellungsverfahren** nach §§ 30a–30f ZVG, 180 Abs. 2–4 ZVG, nach §§ 769, 771, 775, 776 ZPO.

2 **Gebühr KV 2212:** Die Gebühr KV 2211 ermäßigt sich um 50%, wenn sich das Verfahren spätestens am Tag vor der Unterzeichnung der Verfügung mit der Bestimmung des ersten Versteigerungstermins erledigt hat (zB durch Rücknahme des Antrags, § 29; oder Aufhebung aus einem anderen Grund, zB § 28 ZVG). Wenn die Verfügung mit 10.12. datiert ist und unterschrieben ist, aber tatsächlich erst am 12.12. unterschrieben wurde, ist der 10.12. maßgebend (*Mayer* Rn. 17); andernfalls

müssten unerwünschte Beweisaufnahmen darüber durchgeführt werden, wann unterschrieben wurde.

3 **Geschäftswert:** § 54 Abs. 1 (der vom Gericht festgesetzte Verkehrswert, § 74a ZVG). **Fälligkeit** der Gebühr: § 7 Abs. 1 S. 3. **Vorschuss:** § 15 Abs. 1.

4 **Kostenschuldner:** Die Gebühr wird aus dem Versteigerungserlös vorweg entnommen (§ 109 Abs. 1 ZVG). Nur soweit das nicht möglich ist, ist die Kostenschuldnerschaft des Antragstellers (§ 26) bzw. des Vollstreckungsschuldners (§ 29 Nr. 4) relevant.

Nr.	Gebührentatbestand	Gebühr oder Satz der Gebühr nach § 34 GKG
2213	**Abhaltung mindestens eines Versteigerungstermins mit Aufforderung zur Abgabe von Geboten** . . . . **Die Gebühr entfällt, wenn der Zuschlag aufgrund des § 74a oder des § 85a ZVG versagt bleibt.**	0,5

1 Das **Abhalten „mindestens" eines Versteigerungstermins** löst die Gebühr KV 2213 (0,5; § 34) aus. Das Abhalten beginnt kostenrechtlich erst mit der Aufforderung zur Abgabe von Geboten (*Stöber* ZVG Einl. 78), vgl. § 66 Abs. 2 ZVG; also nicht schon mit dem Aufruf der Sache. Vortermine und Besprechungstermine (§ 62 ZVG) fallen nicht unter KV 2213, sondern KV 2211. Wird der aufgerufenen Termin sogleich (und noch vor der Aufforderung, Gebote abzugeben) beendet, etwa durch Einstellung, fällt KV 2213 daher nicht an. Bei Fortsetzung eines unterbrochenen Termins fällt die Gebühr nicht neu an. Streitig ist aber, ob die Gebühr für einen neu angesetzten Versteigerungstermin neu entsteht (bejaht von *Meyer* Rn. 19; *Hartmann* Rn. 1); der Wortlaut spricht dagegen: auch wenn mehrere Versteigerungstermine stattfinden, fällt die Gebühr nur einmal an (*Stöber* ZVG Einl. 78.1).

2 **Geschäftswert:** § 54 Abs. 1 (§ 74a ZVG). **Fälligkeit** der Gebühr: § 7. **Vorschusspflicht:** § 15. **Kostenschuldner:** Die Gebühr wird aus dem Versteigerungserlös vorweg entnommen (§ 109 Abs. 1 ZVG), im Übrigen § 26.

3 Die **Gebühr entfällt** in den in der amtlichen Anmerkung genannten Fällen der Zuschlagsversagung, die Auslagen aber sind auch in diesen Fällen zu zahlen.

Nr.	Gebührentatbestand	Gebühr oder Satz der Gebühr nach § 34 GKG
2214	**Erteilung des Zuschlags** . . . . **Die Gebühr entfällt, wenn der Zuschlagsbeschluss aufgehoben wird.**	0,5

1 Die Gebühr (0,5) fällt an für die **Erteilung des Zuschlags,** selbst wenn er erst durch das Beschwerdegericht erteilt wird. Bei einer Bietergemeinschaft fällt die Gebühr nur einmal an (§ 54 Abs. 5 S. 2). Werden mehrere Grundstücke von verschiedenen Personen eingesteigert, fällt die Zuschlagsgebühr mehrfach und zwar nach dem Wert des jeweils zugeschlagenen Grundstücks an (§ 54 Abs. 5 S. 1).

Geschäftswert: § 54 Abs. 2. **Fälligkeit:** § 7 Abs. 1 S. 2. **Keine Vorschusspflicht,** § 10. **Kostenschuldner** ist der Ersteher (§ 58 ZVG), also keine Entnahme aus dem Erlös nach § 109 ZVG. 2

Auslagen: bis zu 10 Zustellungen sind in der Gebühr inbegriffen (KV 9002); die Auslagen für weitere Zustellungen sind dem Erlös zu entnehmen (*Stöber* ZVG § 58 Rn. 3; aA LG Freiburg Rpfleger 1991, 382: sie seien nach § 58 vom Ersteher zu zahlen); die sonstigen Auslagen sind nach § 109 ZVG vorweg dem Erlös zu entnehmen. 3

Die **Gebühr entfällt,** wenn der Zuschlagsbeschluss auf Beschwerde hin aufgehoben wird. 4

Nr.	Gebührentatbestand	Gebühr oder Satz der Gebühr nach § 34 GKG
2215	**Verteilungsverfahren**	**0,5**
2216	**Es findet keine oder nur eine beschränkte Verteilung des Versteigerungserlöses durch das Gericht statt (§§ 143, 144 ZVG):**	
	Die Gebühr 2215 ermäßigt sich auf	**0,25**

Für ein **Verteilungsverfahren** (§§ 105ff. ZVG) wird eine Gebühr von 0,5 (§ 34) erhoben (KV 2215). Wird das Verteilungsverfahren bezüglich des gesamten Erlöses **außergerichtlich** durchgeführt, beträgt die Gebühr nur 0,25 (KV 2216). 1

Geschäftswert: § 54 Abs. 3. Bei mehreren Grundstücken: § 54 Abs. 4. **Fälligkeit** der Gebühr: § 7 Abs. 1 S. 3. **Vorschuss:** § 15 Abs. 1. 2

Kostenschuldner: Die Gebühr wird aus dem Versteigerungserlös vorweg entnommen (§ 109 Abs. 1 ZVG). Kosten nachträglicher Verteilungsverhandlungen sind der nachträglich verteilten Masse vorweg zu entnehmen. 3

Abschnitt 2. Zwangsverwaltung

Nr.	Gebührentatbestand	Gebühr oder Satz der Gebühr nach § 34 GKG
2220	**Entscheidung über den Antrag auf Anordnung der Zwangsverwaltung oder über den Beitritt zum Verfahren**	**100,00 €**

Für die **Entscheidung über den Antrag** (§§ 146ff.; 172ff. ZVG) wird eine Festgebühr erhoben **(KV 2220).** Zu KV 2220 beachte ferner die amtliche Vorbemerkung 2.2 (vor 2210). 1

Nr.	Gebührentatbestand	Gebühr oder Satz der Gebühr nach § 34 GKG
2221	**Jahresgebühr für jedes Kalenderjahr bei Durchführung des Verfahrens** . . . . **Die Gebühr wird auch für das jeweilige Kalenderjahr erhoben, in das der Tag der Beschlagnahme fällt und in dem das Verfahren aufgehoben wird.**	**0,5 – mindestens 120,00 €, im ersten und letzten Kalenderjahr jeweils mindestens 60,00 €**

1 Für die **Durchführung der Zwangsverwaltung** wird eine Gebühr von 0,5 erhoben und zwar für jedes angefangene Jahr; sie entsteht erstmals mit der Beschlagnahme für das Kalenderjahr (nicht: Verwaltungsjahr!) und dann laufend (Beispiel: Beschlagnahme im Dez. 2013, Aufhebung im März 2014: zwei Jahresgebühren). Die Mindestgebühr beträgt 120 Euro; im ersten und im letzten Rumpfjahr beträgt die Mindestgebühr jeweils 60 Euro.

2 **Geschäftswert:** § 55 (Gesamtwert der Brutto-Einkünfte einschließlich Zinsen für das jeweilige Kalenderjahr). **Fälligkeit:** § 7 Abs. 2 (geändert durch 2. JuMoG): am Ende eines jeden Kalenderjahres, zuletzt mit der Aufhebung des Verfahrens. **Vorschuss:** §§ 15 Abs. 2, 17; dazu § 26 KostVfg (auch Auslagenvorschuss ist zu erheben).

3 **Kostenschuldner:** § 26 (zu KV 2220). Die laufende Jahresgebühr KV 2221 (nebst Auslagen) ist aus den Nutzungen des Grundstücks zu entnehmen (§ 155 Abs. 1 ZVG), im Übrigen gilt § 26. Angefordert wird also zunächst beim Zwangsverwalter (→ § 15 Rn. 2).

Abschnitt 3. Zwangsliquidation einer Bahneinheit

Nr.	Gebührentatbestand	Gebühr oder Satz der Gebühr nach § 34 GKG
2230	**Entscheidung über den Antrag auf Eröffnung der Zwangsliquidation**	**60,00 €**
2231	**Verfahren im Allgemeinen**	**0,5**
2232	**Verfahren wird eingestellt:** **Die Gebühr 2231 ermäßigt sich auf**	**0,25**

1 **KV 2230:** Über solche Zwangsliquidationen (zB von Eisenbahnen) vgl. Art 112 EGBGB; § 871 ZPO. **Fälligkeit:** § 9 Abs. 1. **Kostenschuldner:** §§ 22, 29. Zu KV 2230 beachte ferner die amtliche Vorbemerkung 2.2.

2 **KV 2231, 2232: Geschäftswert** § 57.

Abschnitt 4. Beschwerden

Unterabschnitt 1. Beschwerde

Nr.	Gebührentatbestand	Gebühr oder Satz der Gebühr nach § 34 GKG
2240	**Verfahren über Beschwerden, wenn für die angefochtene Entscheidung eine Festgebühr bestimmt ist:** **Die Beschwerde wird verworfen oder zurückgewiesen** . . . . **Wird die Beschwerde nur teilweise verworfen oder zurückgewiesen, kann das Gericht die Gebühr nach billigem Ermessen auf die Hälfte ermäßigen oder bestimmen, dass eine Gebühr nicht zu erheben ist.**	**120,00 €**

1 KV 2240 behandelt die Beschwerden gegen **Entscheidungen in den Fällen KV 2210, 2220, 2230;** auch gegen Entscheidungen im Falle § 765a ZPO (Vorbemerkung 2.2 Satz 4). Es handelt sich (entgegen dem Wortlaut) um keine Verfahrens-, sondern um eine Entscheidungsgebühr, wie Satz 2 zeigt (Höhe: 120 Euro). Wird die **Beschwerde vor Entscheidung zurückgenommen,** fällt also keine Gebühr an. Ist die Beschwerde erfolgreich ist dies ebenfalls gerichtsgebührenfrei; beim Streit unter Miteigentümerin im Rahmen einer Teilungsversteigerung kann eine Kostenentscheidung über Kostenerstattung nach §§ 91 ff ZPO getroffen werden (LG München II Rpfleger 2018, 44). Bei Teilerfolg hält die amtliche Anmerkung eine Ermäßigung der Gebühr auf 60 oder null (aber nicht auf andere Beträge) für zulässig. Bei Verwerfung (etwa wegen Unzulässigkeit im Falle § 74a Abs. 5 S. 4 ZVG) oder Zurückweisung wird die Festgebühr erhoben. Wird die Beschwerde zugleich auf § 765a ZPO und auf § 30a ZVG gestützt, wird nicht KV 2240 und KV 2241 erhoben, sondern nur die Gebühr KV 2240 (Vorbemerkung 2.2); hat einer der beiden Beschwerdegründe Erfolg, der andere nicht, fällt wohl (nur) die Festgebühr an (*Stöber* ZVG Einl. Rn. 83.6). Auslagen werden stets nach KV 9000 ff. in Rechnung gestellt. Erinnerungen nach § 766 ZPO sind gebührenfrei, ebenso der Fall § 11 Abs. 4 RPflG (aber Auslagen werden erhoben).

Nr.	Gebührentatbestand	Gebühr oder Satz der Gebühr nach § 34 GKG
2241	**Verfahren über nicht besonders aufgeführte Beschwerden, die nicht nach anderen Vorschriften gebührenfrei sind:** **Soweit die Beschwerde verworfen oder zurückgewiesen wird**	**1,0**

1 KV 2241 betrifft alle **anderen Beschwerden** in den Fällen KV 2211–2216, 2221, 2231 und 2232. **Beispiele:** § 30a ZVG, §§ 30b–f, § 180 Abs. 2 und 3 (Beschwerde gegen Ablehnung der Einstellung); § 74a Abs. 5 S. 3 ZVG (Beschwerde

gegen Festsetzung des Grundstückswerts); § 96 ZVG (Beschwerde gegen die Entscheidung über den Zuschlag); Erlösverteilung (§ 105 ZVG); Zwangsverwaltung (§ 146 ZVG); gegen Zurückweisung der Richterablehnung (OLG München Rpfleger 1985, 37). Es handelt sich um keine Verfahrens-, sondern um eine **Entscheidungsgebühr.** Wird die Beschwerde vor Entscheidung zurückgenommen oder erledigt sie sich, fällt also keine Gebühr an. Bei Verwerfung (vgl. § 95 ZVG) oder Zurückweisung wird die Gebühr erhoben. Ist die Beschwerde erfolgreich ist dies gebührenfrei. Bei Teilerfolg gibt es keine Ermäßigung (anders KV 2240). Fälle der Gebührenfreiheit nach „anderen Vorschriften" sind nicht bekannt. Auslagen werden stets nach KV 9000ff. erhoben.

2 **Gebührensatz** 1,0. **Geschäftswert:** § 3 ZPO (vgl. OLG Bremen JurBüro 1984, 89); bei der Beschwerde gegen die Einstellungsablehnung kommt es also nicht nur auf den Grundstückswert an, sondern auf das Interesse des Schuldners am Aufschub; aA § 54 (§ 74a ZVG, Grundstückswert oder Vollstreckungsforderung); **Fälligkeit:** § 6. **Kostenschuldner:** § 29.

Unterabschnitt 2. Rechtsbeschwerde

Nr.	Gebührentatbestand	Gebühr oder Satz der Gebühr nach § 34 GKG
2242	**Verfahren über Rechtsbeschwerden, wenn für die angefochtene Entscheidung eine Festgebühr bestimmt ist:**	
	Die Rechtsbeschwerde wird verworfen oder zurückgewiesen	**240,00 €**
	Wird die Rechtsbeschwerde nur teilweise verworfen oder zurückgewiesen, kann das Gericht die Gebühr nach billigem Ermessen auf die Hälfte ermäßigen oder bestimmen, dass eine Gebühr nicht zu erheben ist.	
2243	**Verfahren über nicht besonders aufgeführte Rechtsbeschwerden, die nicht nach anderen Vorschriften gebührenfrei sind:**	
	Soweit die Rechtsbeschwerde verworfen oder zurückgewiesen wird	**2,0**

1 Zuständig zur Entscheidung über Rechtsbeschwerden ist der BGH (§ 133 GVG). Die Kosten der Rechtsbeschwerde werden beim BGH angesetzt (§ 19 Abs. 1 S. 1 Nr. 2).

2 **KV 2242** betrifft Rechtsbeschwerden (auch unzulässige! häufig) in den Fällen KV 2240 (also in erster Instanz KV 2210, 2220, 2230). Es handelt sich um keine Verfahrens-, sondern um eine Entscheidungsgebühr. Wird die Rechtsbeschwerde vor Entscheidung zurückgenommen, fällt also keine Gebühr an. Es wird eine Festgebühr von 240 Euro angesetzt, wenn die Beschwerde ohne Erfolg ist. Bei Erfolg besteht Gebührenfreiheit. Bei Teilerfolg hält die amtliche Anmerkung eine Ermäßigung der Gebühr auf 120 Euro oder null (aber nicht auf andere Beträge) für zulässig. Wird der Rechtsbeschwerde stattgegeben und die zurückweisende Ent-

scheidung aufgehoben, kann natürlich für die Erstbeschwerde keine Gebühr KV 2240 oder 2241 in Rechnung gestellt werden

KV 2243 betrifft Rechtsbeschwerden (auch unzulässige!) in den Fällen KV 2241 (also in erster Instanz KV 2211–2216, 2221, 2231 und 2232). Es handelt sich um keine Verfahrens-, sondern um eine Entscheidungsgebühr. Wird die Rechtsbeschwerde vor Entscheidung zurückgenommen, fällt also keine Gebühr an; ebenso nicht bei Erfolg. Bei Teilerfolg gibt es keine Ermäßigung. Fälle der Gebührenfreiheit nach „anderen Vorschriften" sind nicht bekannt. 3

Gebührensatz bei KV 2243: 2,0. **Geschäftswert:** § 3 ZPO; aA § 54 GKG (→ 2241 Rn. 2). 4

Hauptabschnitt 3. Insolvenzverfahren

Vorbemerkung 2.3:

Der Antrag des ausländischen Insolvenzverwalters steht dem Antrag des Schuldners gleich.

Abschnitt 1. Eröffnungsverfahren

Nr.	Gebührentatbestand	Gebühr oder Satz der Gebühr nach § 34 GKG
2310	**Verfahren über den Antrag des Schuldners auf Eröffnung des Insolvenzverfahrens** .... **Die Gebühr entsteht auch, wenn das Verfahren nach § 306 InsO ruht.**	**0,5**

Für das Verfahren über den **Antrag des Schuldners,** das Insolvenzverfahren zu eröffnen, entsteht eine Gebühr von 0,5. Gläubigerantrag: KV 2311. Ist der Schuldner eine natürliche Person und hat sie einen Antrag auf Restschuldbefreiung gestellt, werden ihr auf Antrag die Kosten des Insolvenzverfahrens **gestundet** (§§ 4a–4d InsO). Wie der Antrag des Schuldners wird kostenrechtlich auch der Antrag eines ausländischen Insolvenzverwalters behandelt (Vorbemerkung 2.3). Da es sich um eine Verfahrensgebühr handelt, fällt sie auch an, wenn der Antrag zurückgenommen wird oder sich anderweitig erledigt. Das Verfahren beginnt mit dem Eingang des Antrags, es endet mit Antragszurückweisung, Nichtzulassung, Eröffnung oder Rücknahme. Abgegolten sind auch vorläufige Maßnahmen nach § 21 InsO (*Hartmann* Rn. 1), § 1; aber Auslagen des Gerichts (zB für den Gerichtsvollzieher, für Sachverständige) werden dem Kostenschuldner in Rechnung gestellt (kommt es dann zur Insolvenzeröffnung: §§ 54 Abs. 1 Nr. 1, 53 InsO). Eine Staatshaftung für die Vergütung des vorläufigen Verwalters (geregelt in § 11 InsVV) ist im GKG nicht geregelt (Sonderfall in KV 9018). 1

Die Gebühr KV 2310 wird an sich mit Eingang des Antrags **fällig** (§ 6 Abs. 1 Nr. 2), doch besteht keine Vorauszahlungspflicht (arg. § 12), außerdem kann wegen § 58 Abs. 1 die Höhe der Gebühr ohnehin erst am Ende des Verfahrens berechnet werden. 2

3 **Streitwert:** § 58 Abs. 1 (Wert der Insolvenzmasse zur Zeit der Beendigung des Verfahrens; bzw. Überschüsse aus Unternehmensfortführung, OLG Düsseldorf ZInsO 2015, 1581). **Gebührenschuldner:** § 23 Abs. 1 S. 1 (der Antragsteller). **Vorschuss:** § 26 InsO. **Auslagenschuldner:** wird der Antrag zurückgenommen oder zurückgewiesen, ist der Antragsteller auch Schuldner der Auslagen (§ 23 Abs. 1 S. 2). Wird eröffnet, hat der Schuldner die Auslagen zu tragen (§ 23 Abs. 3), auch die in KV 9018 genannten Auslagen. Wird der Eröffnungsbeschluss auf Beschwerde aufgehoben, fällt die Gebühr KV 2310, 2311 nicht weg, wohl aber die Gebühr KV 2320.

Nr.	Gebührentatbestand	Gebühr oder Satz der Gebühr nach § 34 GKG
2311	**Verfahren über den Antrag eines Gläubigers auf Eröffnung des Insolvenzverfahrens**	**0,5 – mindestens 180,00 €**

1 Für das Verfahren über den **Antrag eines Gläubigers,** das Insolvenzverfahren zu eröffnen, entsteht eine Gebühr von 0,5, mindestens aber 180 Euro. Dadurch sollen Kleingläubiger abgeschreckt werden, sie sind auf die gewöhnliche Zwangsvollstreckung angewiesen bzw. können ihre Forderung anmelden.

2 **Streitwert:** § 58 Abs. 2 (Forderung des antragstellenden Gläubigers, höchstens aber der Wert der Insolvenzmasse zur Zeit der Beendigung des Verfahrens).

3 **Gebührenschuldner:** § 23: nur der Gläubiger, wenn er den Antrag zurücknimmt oder der Antrag zurückgewiesen wird. Wird *eröffnet,* schuldet der Gläubiger die Gebühr (§ 23 Abs. 1 S. 1) und auch der Schuldner (§ 29 Nr. 4). Im eröffneten Verfahren wird die vom Gläubiger bezahlte Gebühr als Masseverbindlichkeit behandelt und aus der Insolvenzmasse erstattet (§ 54 InsO). **Vorschuss:** § 26 InsO.

4 Der Sozialversicherungsträger, der den Eröffnungsantrag stellt, ist nicht gebührenfrei (*Meyer* Rn. 33; *Hartmann* Rn. 2). Dasselbe gilt für den Antrag des Bundesaufsichtsamts nach § 46b KWG, weil § 46b für eine Gebührenfreiheit nichts hergibt (*Meyer* Rn. 33; aA *Hartmann* Rn. 3; LG Stuttgart Rpfleger 1980, 181, noch zur KO).

5 **Auslagenschuldner:** wird der Antrag vom Gläubiger zurückgenommen oder zurückgewiesen, muss der Gläubiger auch die Auslagen zahlen (§ 23 Abs. 1 S. 2). Wurde ein vorläufiger Insolvenzverwalter bestellt, dann aber der Eröffnungsantrag abgelehnt, fehlt ein „Schuldner des Insolvenzverfahrens“, so dass die Beträge nach KV 9018 von der Staatskasse zu tragen sind. Wird eröffnet, hat der Schuldner die Auslagen zu tragen (§ 23 Abs. 3), auch die in KV 9018 genannten Auslagen.

6 **Antrag von Schuldner und Gläubiger:** hier ist der Kostentatbestand mehrfach erfüllt, schon deswegen, weil nach verschiedenen Streitwerten (vgl. § 58) abzurechnen ist.

7 **Anträge mehrerer Gläubiger:** hier fallen die Gebühren mehrfach an, aus den jeweiligen Streitwerten (aA *Dörndorfer* § 23 Rn. 2). Wenn aber mehrere Vorstandsmitglieder der AG etc. den Eröffnungsantrag für ihre AG stellen, liegt gebührenrechtlich nur *ein* Antrag vor. Vgl. *Uhlenbruck* KTS 87, 561 (noch zur KO).

Abschnitt 2. Durchführung des Insolvenzverfahrens auf Antrag des Schuldners

Vorbemerkung 2.3.2:

Die Gebühren dieses Abschnitts entstehen auch, wenn das Verfahren gleichzeitig auf Antrag eines Gläubigers eröffnet wurde.

Nr.	Gebührentatbestand	Gebühr oder Satz der Gebühr nach § 34 GKG
2320	**Durchführung des Insolvenzverfahrens** . . . . . **Die Gebühr entfällt, wenn der Eröffnungsbeschluss auf Beschwerde aufgehoben wird.**	2,5

Anwendungsbereich: Das Verfahren bis zur Eröffnung wird durch KV 2310, 2311 abgedeckt. Die Durchführung des Insolvenzverfahrens, also das **Verfahrens ab Eröffnung,** ist in KV 2320–2322 geregelt. Diese Bestimmungen betreffen nur die Durchführung auf Antrag des Schuldners, oder auf Antrag des Schuldners und eines Gläubigers, falls eine gleichzeitige Eröffnung stattfand (Vorbemerkung 2.3.2); die Durchführung nur auf Antrag eines Gläubigers ist in KV 2330–2332 behandelt. Für den Antrag des Schuldners auf Eröffnung und die Durchführung des Insolvenzverfahrens fallen also 3,0 an (0,5 nach KV 2310, 2,5 nach KV 2320). Dem Schuldner kann die Gebühr unter den Voraussetzungen von § 4a InsO **gestundet** werden. Die Anmeldung einer Forderung zur Tabelle löst keine Gebühr aus (Ausnahme: KV 2340). 1

Die **Gebühr** beträgt 2,5. 2

Streitwert: § 58 Abs. 1 (Wert der Insolvenzmasse zur Zeit der Beendigung des Verfahrens; also letztlich die erzielten Erlöse abzüglich Aus- und Absonderungsrechte). **Zeit des Kostenansatzes** (tröpfchenweiser Ansatz von Teilgebühren): §§ 15, 16 KostVfg. Anzufordern sind auch die Auslagen für Zustellungen und öffentliche Bekanntmachungen (KV 9002, 9004) sowie ggf die Kosten für einen Sachverständigen (KV 9005). **Gebührenschuldner:** § 23 Abs. 3. Die **Gebühr entfällt,** wenn der Eröffnungsbeschluss auf Beschwerde aufgehoben wird (amtl. Anmerkung). **Ermäßigungstatbestände:** KV 2321, 2322. 3

Nr.	Gebührentatbestand	Gebühr oder Satz der Gebühr nach § 34 GKG
2321	**Einstellung des Verfahrens vor dem Ende des Prüfungstermins nach den §§ 207, 211, 212, 213 InsO:** **Die Gebühr 2320 ermäßigt sich auf**	0,5
2322	**Einstellung des Verfahrens nach dem Ende des Prüfungstermins nach den §§ 207, 211, 212, 213 InsO:** **Die Gebühr 2320 ermäßigt sich auf**	1,5

1 Die Gebühr 2,5 nach KV 2320 ermäßigt sich, wenn das Verfahren vorzeitig durch **Einstellung** endet, nämlich Einstellung nach § 207 InsO (mangels Masse), § 211 InsO (nach Anzeige der Masseunzulänglichkeit und Verteilung der Masse), § 212 InsO (Einstellung wegen Wegfall des Eröffnungsgrundes, zB weil der Schuldner in Wahrheit nicht überschuldet ist), § 213 InsO (Einstellung mit Zustimmung der Gläubiger). Bei Einstellung vor dem Ende des Prüfungstermins (KV 2321): Ermäßigung auf 0,5. Bei Einstellung **nach** dem Ende des Prüfungstermins (KV 2322): Ermäßigung nur noch auf 1,5. **Streitwert:** das bisher verwertete Vermögen des Schuldners.

Abschnitt 3. Durchführung des Insolvenzverfahrens auf Antrag eines Gläubigers

Vorbemerkung 2.3.3:

Dieser Abschnitt ist nicht anzuwenden, wenn das Verfahren gleichzeitig auf Antrag des Schuldners eröffnet wurde.

Nr.	Gebührentatbestand	Gebühr oder Satz der Gebühr nach § 34 GKG
2330	**Durchführung des Insolvenzverfahrens** . . . . . **Die Gebühr entfällt, wenn der Eröffnungsbeschluss auf Beschwerde aufgehoben wird.**	3,0
2331	**Einstellung des Verfahrens vor dem Ende des Prüfungstermins nach den §§ 207, 211, 212, 213 InsO:** **Die Gebühr 2330 ermäßigt sich auf**	1,0
2332	**Einstellung des Verfahrens nach dem Ende des Prüfungstermins nach den §§ 207, 211, 212, 213 InsO:** **Die Gebühr 2330 ermäßigt sich auf**	2,0

1 Die Regelungen betreffen die Durchführung des Insolvenzverfahrens *nur* auf Antrag eines Gläubigers, sie gelten aber nicht (sondern KV 2320ff.), wenn das Verfahren gleichzeitig auf Antrag des Schuldners eröffnet wurde. Die **Gebührensätze** sind höher als bei KV 2320–2322.

2 **Streitwert:** § 58 Abs. 2 (Forderung des antragstellenden Gläubigers, höchstens aber der Wert der Insolvenzmasse zur Zeit der Beendigung des Verfahrens). **Zeit des Kostenansatzes** (tröpfchenweiser Ansatz von Teilgebühren): §§ 15, 16 KostVfg. **Gebührenschuldner:** § 23 Abs. 3. **Vorschusspflicht** des antragstellenden Gläubigers: § 26 Abs. 1 S. 2 InsO. Der antragstellende Gläubiger kann aber die Erstattung der Gebühren aus der Insolvenzmasse verlangen (§ 54 InsO).

3 Die **Gebühr entfällt,** wenn der Eröffnungsbeschluss auf Beschwerde aufgehoben wird (amtl. Anmerkung). **Ermäßigungstatbestände:** KV 2331, 2332.

Abschnitt 4. Besonderer Prüfungstermin und schriftliches Prüfungsverfahren (§ 177 InsO)

Nr.	Gebührentatbestand	Gebühr oder Satz der Gebühr nach § 34 GKG
2340	**Prüfung von Forderungen je Gläubiger**	**20,00 €**

1 Die Tätigkeit des Gerichts für den **Prüfungstermin** ist in KV 2320, 2330 inbegriffen. Wenn aber wegen der Nachlässigkeit etc. eines Gläubigers (oder mehrerer Gläubiger) ein *besonderer* Prüfungstermin (oder ein schriftliches Prüfungsverfahren) durchgeführt werden muss (§ 177 InsO), dann fallen für jeden Gläubiger, dessen Forderung besonders geprüft wurde, 20 Euro Festgebühr an. Weil weder der Schuldner noch die anderen Gläubiger Anlass haben, diese (überflüssigen) Mehrkosten zu tragen, sind sie vom jeweiligen säumigen Gläubiger zu zahlen (§ 33 GKG, § 177 Abs. 1 S. 2 InsO); irgendein Kostenbeschluss des Insolvenzgerichts ist insoweit nicht erforderlich. Die Gebühr KV 2340 gehört nicht zu den Massekosten (§§ 53, 54 InsO).

2 Eventuelle Veröffentlichungskosten werden nicht zusätzlich erhoben (KV 9004 amtliche Anmerkung), sie sind also inbegriffen.

Abschnitt 5. Restschuldbefreiung

Nr.	Gebührentatbestand	Gebühr oder Satz der Gebühr nach § 34 GKG
2350	**Entscheidung über den Antrag auf Versagung oder Widerruf der Restschuldbefreiung (§§ 296 bis 297 a, 300 und 303 InsO)**	**35,00 €**

1 Für die Entscheidung über den Antrag auf Versagung der Restschuldbefreiung oder den Antrag auf Widerruf der gewährten Restschuldbefreiung wird die Festgebühr von 35 Euro erhoben. Wie entschieden wird ist gleichgültig. Bei Antragsrücknahme vor Entscheidung fällt keine Gebühr an. Kostenschuldner ist der antragstellende Insolvenzgläubiger (§ 23 Abs. 2). Andere Entscheidungen im Rahmen der Restschuldbefreiung sind gebührenfrei (§ 1).

Abschnitt 6. Besondere Verfahren nach der Verordnung (EU) 2015/848

Nr.	Gebührentatbestand	Gebühr oder Satz der Gebühr nach § 34 GKG
2360	**Verfahren über einen Antrag nach Artikel 36 Abs. 7 Satz 2 der Verordnung (EU) 2015/848**	3,0 €
2361	**Verfahren über einstweilige Maßnahmen nach Artikel 36 Abs. 9 der Verordnung (EU) 2015/848**	1,0
2362	**Verfahren über einen Antrag auf Eröffnung eines Gruppen-Koordinationsverfahrens nach Artikel 61 der Verordnung (EU) 2015/848** ...	4000,00 €

KV 2360–2362 betreffen internationale Insolvenzverfahren. Art. 36 betrifft die Vermeidung eines Sekundärinsolvenzverfahrens.

Abschnitt 7. Koordinationsverfahren

Nr.	Gebührentatbestand	Gebühr oder Satz der Gebühr nach § 34 GKG
2370	**Verfahren im Allgemeinen**	500,00 €
2371	**In dem Verfahren wird ein Koordinationsplan zur Bestätigung vorgelegt: Die Gebühr 2370 beträgt**	1 000,00 €

Abschnitt 8. Beschwerden

Unterabschnitt 1. Beschwerde

Nr.	Gebührentatbestand	Gebühr oder Satz der Gebühr nach § 34 GKG
2380	**Verfahren über die Beschwerde gegen die Entscheidung über den Antrag auf Eröffnung des Insolvenzverfahrens**	1,0

1 KV 2370 betrifft nur die Beschwerde gegen den Eröffnungsbeschluss oder den Beschluss, der den Eröffnungsantrag zurückweist (§ 34 InsO). Die Gebühr ist entstanden mit dem Eingang der Beschwerde, nicht erst mit der Entscheidung; die Rücknahme der Beschwerde lässt also die Gebühr nicht entfallen. Wird der Eröffnungsbeschluss auf Beschwerde aufgehoben, dann entfällt KV 2310 nicht rückwir-

kend, weil dort nur auf das Verfahren abgestellt wird, nicht auf das Ergebnis des Verfahrens.

Streitwert: § 58. **Fälligkeit:** § 6 Abs. 1; **Gebührenschuldner:** §§ 23, 29 Nr. 1, 31 Abs. 2. 2

Nr.	Gebührentatbestand	Gebühr oder Satz der Gebühr nach § 34 GKG
2381	**Verfahren über nicht besonders aufgeführte Beschwerden, die nicht nach anderen Vorschriften gebührenfrei sind:**	
	Die Beschwerde wird verworfen oder zurückgewiesen	60,00 €
	Wird die Beschwerde nur teilweise verworfen oder zurückgewiesen, kann das Gericht die Gebühr nach billigem Ermessen auf die Hälfte ermäßigen oder bestimmen, dass eine Gebühr nicht zu erheben ist.	

KV 2361 betrifft Beschwerden im Insolvenzverfahren, die nicht den Eröffnungsbeschluss oder die Ablehnung der Eröffnung betreffen. Die Festgebühr von 60 Euro wird erhoben für die Entscheidung, falls die Beschwerde verworfen oder zurückgewiesen wird. Kommt es nicht zur Entscheidung, zB wegen Beschwerderücknahme, fällt daher keine Gebühr an; auch bei Erfolg der Beschwerde besteht Gebührenfreiheit. Die Kosten bei Teil-Erfolg regelt die amtliche Anmerkung zu KV 2361. 1

Fälligkeit: § 6; **Gebührenschuldner:** § 29 Nr. 1. 2

Nr.	Gebührentatbestand	Gebühr oder Satz der Gebühr nach § 34 GKG
2382	**Verfahren über die sofortige Beschwerde gegen die Entscheidung über die Kosten des Gruppen-Koordinationsverfahrens nach Artikel 102 c § 26 EGInsO**	1,0

Unterabschnitt 2. Rechtsbeschwerde

Nr.	Gebührentatbestand	Gebühr oder Satz der Gebühr nach § 34 GKG
2383	**Verfahren über die Rechtsbeschwerde gegen die Beschwerdeentscheidung im Verfahren über den Antrag auf Eröffnung des Insolvenzverfahrens**	2,0
2384	**Beendigung des gesamten Verfahrens durch Zurücknahme der Rechtsbeschwerde oder des Antrags:**	
	Die Gebühr 2383 ermäßigt sich auf	1,0

Nr.	Gebührentatbestand	Gebühr oder Satz der Gebühr nach § 34 GKG
2385	**Verfahren über nicht besonders aufgeführte Rechtsbeschwerden, die nicht nach anderen Vorschriften gebührenfrei sind:**	
	Die Rechtsbeschwerde wird verworfen oder zurückgewiesen	120,00 €
	Wird die Rechtsbeschwerde nur teilweise verworfen oder zurückgewiesen, kann das Gericht die Gebühr nach billigem Ermessen auf die Hälfte ermäßigen oder bestimmen, dass eine Gebühr nicht zu erheben ist.	
2386	**Verfahren über die Rechtsbeschwerde gegen die Beschwerdeentscheidung über die Kosten des Gruppen-Koordinationsverfahrens nach Artikel 102c § 26 EGInsO i. V. m. § 574 ZPO**	2,0

1 Zuständig zur Entscheidung über Rechtsbeschwerden ist der BGH (§ 133 GVG). Die Kosten der Rechtsbeschwerde werden beim BGH angesetzt (§ 19 Abs. 1 S. 1 Nr. 2).

2 **KV 2383** betrifft Rechtsbeschwerden (auch unzulässige! häufig) in den Fällen KV 2360 (also in erster Instanz KV 2310, 2311: Streit über die Eröffnung). Es handelt sich um eine Verfahrensgebühr (Höhe: 2,0; KV 2262). Ob und wie entschieden wird ist gleichgültig.

3 **KV 2384.** Wird die Rechtsbeschwerde vor Entscheidung zurückgenommen, fällt aber nur eine ermäßigte Gebühr an (Höhe: 1,0). **Gebührenschuldner:** § 29 Nr. 1. **Streitwert:** § 58.

4 **KV 2385** betrifft Rechtsbeschwerden (auch unzulässige!) in allen Fällen des Insolvenzrechts, die nicht die Eröffnung bzw. Nichteröffnung des Insolvenzverfahrens betreffen, also die Fälle, die in zweiter Instanz unter KV 2361 fielen. Es handelt sich um keine Verfahrens-, sondern um eine Entscheidungsgebühr. Die Festgebühr von 120 Euro fällt nur an bei Zurückweisung oder Verwerfung der Rechtsbeschwerde, also nicht bei Erfolg und nicht, wenn die Rechtsbeschwerde vor Entscheidung zurückgenommen wird. Bei Teilerfolg gestattet die amtliche Anmerkung eine Ermäßigung. **Gebührenschuldner:** § 29 Nr. 1.

5 **KV 2386** betrifft Rechtsbeschwerden betr. Kosten des Gruppen-Koordinationsverfahrens.

Hauptabschnitt 4. Schifffahrtsrechtliches Verteilungsverfahren

Abschnitt 1. Eröffnungsverfahren

Nr.	Gebührentatbestand	Gebühr oder Satz der Gebühr nach § 34 GKG
2410	Verfahren über den Antrag auf Eröffnung des Verteilungsverfahrens	1,0

Abschnitt 2. Verteilungsverfahren

Nr.	Gebührentatbestand	Gebühr oder Satz der Gebühr nach § 34 GKG
2420	Durchführung des Verteilungsverfahrens	2,0

Abschnitt 3. Besonderer Prüfungstermin und schriftliches Prüfungsverfahren (§ 18 Satz 3 SVertO, § 177 InsO)

Nr.	Gebührentatbestand	Gebühr oder Satz der Gebühr nach § 34 GKG
2430	Prüfung von Forderungen je Gläubiger	20,00 €

Abschnitt 4. Beschwerde und Rechtsbeschwerde

Nr.	Gebührentatbestand	Gebühr oder Satz der Gebühr nach § 34 GKG
2440	Verfahren über Beschwerden, die nicht nach anderen Vorschriften gebührenfrei sind:	
	Die Beschwerde wird verworfen oder zurückgewiesen	60,00 €
	Wird die Beschwerde nur teilweise verworfen oder zurückgewiesen, kann das Gericht die Gebühr nach billigem Ermessen auf die Hälfte ermäßigen oder bestimmen, dass eine Gebühr nicht zu erheben ist.	
2441	Verfahren über Rechtsbeschwerden:	
	Die Rechtsbeschwerde wird verworfen oder zurückgewiesen	120,00 €

Nr.	Gebührentatbestand	Gebühr oder Satz der Gebühr nach § 34 GKG
	Wird die Rechtsbeschwerde nur teilweise verworfen oder zurückgewiesen, kann das Gericht die Gebühr nach billigem Ermessen auf die Hälfte ermäßigen oder bestimmen, dass eine Gebühr nicht zu erheben ist.	

1 Die Regelungen entsprechen denen über das Insolvenzverfahren: wegen KV 2410 vgl. KV 2310, 2311; zum **Antrag** vgl. § 4 SVertO; zum **Streitwert** § 59.

2 Zu KV 2420 vgl. KV 2320. Zu KV 2430 vgl. KV 2340. Zu KV 2440 vgl. KV 2361. Zu KV 2441 vgl. KV 2364.

Hauptabschnitt 5. Rüge wegen Verletzung des Anspruchs auf rechtliches Gehör

Nr.	Gebührentatbestand	Gebühr oder Satz der Gebühr nach § 34 GKG
2500	**Verfahren über die Rüge wegen Verletzung des Anspruchs auf rechtliches Gehör (§ 321 a ZPO, § 4 InsO, § 3 Abs. 1 Satz 1 SVertO):** **Die Rüge wird in vollem Umfang verworfen oder zurückgewiesen**	**60,00 €**

1 KV 1700 betrifft die Gehörsrügen in Verfahren des Teils 1 (KV 1110ff.); für die Gehörsrügen in Teil 2 gilt KV 2500. Sonst ist kein Unterschied. → 1700 Rn. 1ff.

Teil 3. Strafsachen und gerichtliche Verfahren nach dem Strafvollzugsgesetz, auch in Verbindung mit § 92 des Jugendgerichtsgesetzes, sowie Verfahren nach dem Gesetz über die internationale Rechtshilfe in Strafsachen

Vorbemerkung 3:

(1) § 473 Abs. 4 StPO und § 74 JGG bleiben unberührt.

(2) Im Verfahren nach Wiederaufnahme werden die gleichen Gebühren wie für das wiederaufgenommene Verfahren erhoben. Wird jedoch nach Anordnung der Wiederaufnahme des Verfahrens das frühere Urteil aufgehoben, gilt für die Gebührenerhebung jeder Rechtszug des neuen Verfahrens mit dem jeweiligen Rechtszug des früheren Verfahrens zusammen als ein Rechtszug. Gebühren werden auch für Rechtszüge erhoben, die nur im früheren Verfahren stattgefunden haben. Dies gilt auch für das Wiederaufnahmeverfahren, das sich gegen einen Strafbefehl richtet (§ 373a StPO).

Hauptabschnitt 1. Offizialverfahren

Vorbemerkung 3.1:

(1) In Strafsachen bemessen sich die Gerichtsgebühren für alle Rechtszüge nach der rechtskräftig erkannten Strafe.

(2) Ist neben einer Freiheitsstrafe auf Geldstrafe erkannt, ist die Zahl der Tagessätze der Dauer der Freiheitsstrafe hinzuzurechnen; dabei entsprechen 30 Tagessätze einem Monat Freiheitsstrafe.

(3) Ist auf Verwarnung mit Strafvorbehalt erkannt, bestimmt sich die Gebühr nach der vorbehaltenen Geldstrafe.

(4) Eine Gebühr wird für alle Rechtszüge bei rechtskräftiger Anordnung einer Maßregel der Besserung und Sicherung und bei rechtskräftiger Festsetzung einer Geldbuße gesondert erhoben.

(5) Wird aufgrund des § 55 Abs. 1 StGB in einem Verfahren eine Gesamtstrafe gebildet, bemisst sich die Gebühr für dieses Verfahren nach dem Maß der Strafe, um das die Gesamtstrafe die früher erkannte Strafe übersteigt. Dies gilt entsprechend, wenn ein Urteil, in dem auf Jugendstrafe erkannt ist, nach § 31 Abs. 2 JGG in ein neues Urteil einbezogen wird. In den Fällen des § 460 StPO und des § 66 JGG verbleibt es bei den Gebühren für die früheren Verfahren.

(6) Betrifft eine Strafsache mehrere Angeschuldigte, ist die Gebühr von jedem gesondert nach Maßgabe der gegen ihn erkannten Strafe, angeordneten Maßregel der Besserung und Sicherung oder festgesetzten Geldbuße zu erheben. Wird in einer Strafsache gegen einen oder mehrere Angeschuldigte auch eine Geldbuße gegen eine juristische Person oder eine Personenvereinigung festgesetzt, ist eine Gebühr auch von der juristischen Person oder der Personenvereinigung nach Maßgabe der gegen sie festgesetzten Geldbuße zu erheben.

(7) Wird bei Verurteilung wegen selbstständiger Taten ein Rechtsmittel auf einzelne Taten beschränkt, bemisst sich die Gebühr für das Rechtsmittelverfahren nach der Strafe für diejenige Tat, die Gegenstand des Rechtsmittelverfahrens ist. Bei Gesamtstrafen ist die Summe der angefochtenen Einzelstrafen maßgebend. Ist die Gesamtstrafe, auch unter Einbeziehung der früher erkannten Strafe, geringer, ist diese

maßgebend. Wird ein Rechtsmittel auf die Anordnung einer Maßregel der Besserung und Sicherung oder die Festsetzung einer Geldbuße beschränkt, werden die Gebühren für das Rechtsmittelverfahren nur wegen der Anordnung der Maßregel oder der Festsetzung der Geldbuße erhoben. Die Sätze 1 bis 4 gelten im Fall der Wiederaufnahme entsprechend.

(8) Das Verfahren über die vorbehaltene Sicherungsverwahrung und das Verfahren über die nachträgliche Anordnung der Sicherungsverwahrung gelten als besondere Verfahren.

Abschnitt 1. Erster Rechtszug

Nr.	Gebührentatbestand	Gebühr oder Satz der jeweiligen Gebühr 3110 bis 3117, soweit nichts anderes vermerkt ist
	Verfahren mit Urteil, wenn kein Strafbefehl vorausgegangen ist, bei	
3110	– Verurteilung zu Freiheitsstrafe bis zu 6 Monaten oder zu Geldstrafe bis zu 180 Tagessätzen	140,00 €
3111	– Verurteilung zu Freiheitsstrafe bis zu 1 Jahr oder zu Geldstrafe von mehr als 180 Tagessätzen	280,00 €
3112	– Verurteilung zu Freiheitsstrafe bis zu 2 Jahren	420,00 €
3113	– Verurteilung zu Freiheitsstrafe bis zu 4 Jahren	560,00 €
3114	– Verurteilung zu Freiheitsstrafe bis zu 10 Jahren	700,00 €
3115	– Verurteilung zu Freiheitsstrafe von mehr als 10 Jahren oder zu einer lebenslangen Freiheitsstrafe	1 000,00 €
3116	– Anordnung einer oder mehrerer Maßregeln der Besserung und Sicherung	70,00 €
3117	– Festsetzung einer Geldbuße	10% des Betrags der Geldbuße – mindestens 50,00 € – höchstens 15 000,00 €

I. Überblick

1 Zu unterscheiden sind:

- Gerichtskosten (Gebühren nach KV 3110ff. und Auslagen des Gerichts nach KV 9000ff., § 1 Abs. 1).

- Auslagen von Polizei und Staatsanwaltschaft, die durch die Vorbereitung der Anklage der Staatsanwaltschaft entstanden sind; KV 9015; bzw. durch das dem gerichtlichen Verfahren vorausgegangene OWi-Verfahren, KV 9016.
- Kosten der Vollstreckung zB von Freiheitsstrafen, § 464a Abs. 1 S. 2 StPO; § 50 StVollzG, § 14 KostVfg.
- Außergerichtliche Kosten des Angeklagten etc., § 464a Abs. 2 StPO: eigene Kosten (zB Fahrtkosten zum Hauptverhandlungstermin); Gebühren und Auslagen des beauftragten Wahlverteidigers (richten sich nach dem RVG). Der Pflichtverteidiger fällt unter KV 9007.

Das Strafgericht stellt in der **Kostengrundentscheidung** (zB im Urteil) fest, wer „die Kosten" zu tragen hat (§ 464 Abs. 1 StPO); dies richtet sich materiell nach §§ 465 ff. StPO. **Kostenansatz:** Nur wenn eine solche Kostengrundentscheidung vorliegt, kann der Kostenbeamte Gerichtskosten ansetzen (§ 19 Abs. 2 GKG; § 4 KostVfg). Die Einforderung und Beitreibung erfolgt nach der JBeitrG und der EBAO. **Kostenfestsetzung:** sie dient der Feststellung der Höhe des Betrages, den ein Beteiligter einem anderen Beteiligten zu ersetzen hat, zB bei Freispruch der Höhe der Fahrtauslagen des Angeklagten und der Höhe seiner Anwaltskosten. Vgl. § 464b StPO. **2**

II. Gebühren in erster Instanz bei Verurteilung

1. Hauptstrafe

Das sind Geldstrafen und Freiheitsstrafen. **Geldstrafe** KV 3110, 3111; ebenso bei Verwarnung mit Strafvorbehalt, § 59 StGB, Vorbemerkung 3.1 (3); beim Strafarrest nach § 9 WStG. **Freiheitsstrafe** KV 3110–3115; keine Ermäßigung, wenn die Freiheitsstrafe zur Bewährung ausgesetzt wird. Bewährungsauflagen zugunsten Dritter (zB Zahlung eines Geldbetrags an eine Wohlfahrtsorganisation) werden nicht von der Justizkasse in Rechnung gestellt und nicht von ihr eingetrieben; wird nicht bezahlt, kommt es evtl. zum Widerruf der Bewährung. **3**

2. Nebenstrafe

Die Nebenstrafe Fahrverbot (§ 44 StGB) ist gerichtsgebührenfrei. **4**

3. Nebenfolgen

Nebenfolgen wie zB Verlust der Amtsfähigkeit (§§ 45, 165, 200 StGB): gerichtsgebührenfrei. **5**

4. Maßregeln der Besserung und Sicherung

Maßregeln der Besserung und Sicherung, § 61 StGB; zB Unterbringung in einem psychiatrischen Krankenhaus, Entziehungsanstalt, Sicherungsverwahrung; ferner Entziehung der Fahrerlaubnis, Führungsaufsicht, Berufsverbot: Gebührensatz KV 3116 (Vorbemerkung 3.1 (4)). Die Dauer der Sperre ist ohne Bedeutung. **6**

5. Sonstige Maßnahmen

7 Sonstige Maßnahmen (wie Einziehung, Abführung des Mehrerlöses, §§ 73, 74, 74d StGB): in erster Instanz gerichtsgebührenfrei, Vorbemerkung 3.4.

8 Bei Absehen von Strafe nach § 60 StGB werden die Auslagen erhoben, aber keine Gerichtsgebühr. Bei **Einstellung des Verfahrens** gemäß § 153a StPO wird keine Gerichtsgebühr erhoben. Bei **Freispruch** werden die Kosten der Staatskasse auferlegt.

III. Es sind drei Verfahrensabläufe zu unterscheiden:

9
- Strafbefehl, der rechtskräftig wird: KV 3118;
- Strafbefehl, gegen den Einspruch eingelegt wird, Hauptverhandlung folgt: KV 3119;
- Verfahren mit Urteil, ohne dass ein Strafbefehl vorausgegangen ist: KV 3110–3117.

IV. Mehrere Verurteilte

10 Für jedem rechtskräftig Verurteilten wird die Gebühr gesondert nach seiner Strafe errechnet; jeder erhält eine individuelle Kostenrechnung; sie sind bezüglich der Gerichtsgebühren keine Gesamtschuldner. **Beispiel:** die Angeklagten A und B werden wegen einer gemeinschaftlich begangenen Tat verurteilt, A zu 2 Jahren, B zu 1 Jahr. Gebühr für A KV 3112, für B KV 3111. Vgl. Vorbemerkung 3.1 Abs. 6. Gesamtschuldner sind die mehreren Verurteilten aber bezüglich der Auslagen, § 466 S. 2 StPO; §§ 33, 31 GKG.

V. Jugendstrafrecht

11 Die Verhängung von Jugendstrafe (§ 17 JGG) fällt unter KV 3110–3114; Erziehungsmaßregeln (§§ 9–12 JGG): keine Gerichtsgebühren, nur Auslagen (KV 9000ff.); ebenso bei Zuchtmitteln (§§ 13–16 JGG). Maßregeln der Besserung und Sicherung (§ 7 JGG; Unterbringung in einem psychiatrischen Krankenhaus, Entziehungsanstalt, Führungsaufsicht, Entziehung der Fahrerlaubnis): KV 3116, Vorbemerkung 3.1 (4). Fahrverbot (§ 6 JGG; § 44 StGB) ist gerichtsgebührenfrei. Nebenstrafen und Nebenfolgen wie Einziehung und Unbrauchbarmachung: KV 3430–3441, Vorbemerkung 3.4. Wenn das Gericht von § 74 JGG Gebrauch macht, fallen keine Gerichtsgebühren und Auslagen an (§ 74 JGG: „Im Verfahren gegen einen Jugendlichen kann davon abgesehen werden, dem Angeklagten Kosten und Auslagen aufzuerlegen"). Zu § 92 JGG vgl. KV 3810–3812, 3830, 3900.

VI. Fälligkeit, Kostenschuldner

12 Fälligkeit: § 8. Kostenschuldner: § 29 Nr. 1. Kostenansatz bei der Staatsanwaltschaft (§ 19 Abs. 2). Einziehung und Beitreibung von Geldstrafen nach JBeitrG, EBAO.

VII. Berufsgerichtliche Verfahren

Die Gerichtskosten im **anwaltsgerichtlichen Verfahren** richten sich nach § 195 BRAO und dem dortigen Gebührenverzeichnis. Vgl. ferner § 148 **PatAnwO, § 146 StBerG,** § 122 **WPO.** 13

Nr.	Gebührentatbestand	Gebühr oder Satz der jeweiligen Gebühr 3110 bis 3117, soweit nichts anderes vermerkt ist
3118	**Strafbefehl** . . . . **Die Gebühr wird auch neben der Gebühr 3119 erhoben. Ist der Einspruch beschränkt (§ 410 Abs. 2 StPO), bemisst sich die Gebühr nach der im Urteil erkannten Strafe.**	**0,5**

Die **Gerichtsgebühren** richten sich nach der *rechtskräftig* erkannten Strafe, Vorbemerkung 3.1 (1). 1

Beispiel: Wird gegen A ein Strafbefehl mit 200 Tagessätzen erlassen und auf Einspruch die Strafe auf 150 Tagessätze ermäßigt, ist die Gebühr aus der ermäßigten Strafe zu berechnen (Anmerkung S. 2). Die Höhe der Gebühr richtet sich nach KV 3110, doch werden nur 50% erhoben (0,5). Dazu kommt wegen der Hauptverhandlung KV 3119.

Beispiel: A wurde durch Strafbefehl wegen einer Trunkenheitsfahrt zu 30 Tagessätzen je 50 Euro und Entzug der Fahrerlaubnis mit 10 Monaten Sperre verurteilt. Gebühr: 70 Euro (50% von KV 3110) + 35 Euro (50% von KV 3116), zusammen also 105 Euro (Addition gemäß Vorbemerkung 3.1 Abs. 4).

Die **Höhe des Tagessatzes** (zB 30 Euro oder 100 Euro) spielt keine Rolle, nur die Zahl. Die Gebühr kann daher höher als die Strafe sein. Auch die Dauer der Sperre bei Entziehung der Fahrerlaubnis ist ohne Bedeutung. Desgleichen die Art des Delikts. 2

Nebenstrafen (zB Verhängung eines Fahrverbots) sind gerichtsgebührenfrei (§ 1). 3

Anordnung von Nebenfolgen wie Einziehung: gerichtsgebührenfrei (Vorbemerkung 3.4 (1), Anordnung erster Instanz). 4

Bei **Verwarnung mit Strafvorbehalt** ist die Gebühr nach der vorbehaltenen Strafe zu berechnen, Vorbemerkung 3.1 Abs. 3. 5

Wird im selben Strafbefehl eine **Geldstrafe und eine Geldbuße** (OWiG) verhängt, zB wegen einer Verkehrsordnungswidrigkeit, fallen zwei verschiedene Gebühren an: **Beispiel:** Verurteilung zur Strafe von 100 Tagessätzen und zu einer Geldbuße von 150 Euro: Gebühr für die Geldstrafenverhängung 50% von 140 Euro (KV 3110) = 70 Euro; Gebühr für die Geldbuße 50% aus 10% von 150, mindestens aber aus 50 Euro, also hier 25 Euro (KV 3117), zusammen also 95 Euro. Daneben werden die Geldstrafe und die Geldbuße durch Kostenrechnung eingezogen (§ 1 Abs. 1 Nr. 1, Abs. 2 EBAO). 6

Fälligkeit: § 8. **Kostenschuldner:** § 29 Nr. 1. Kostenansatz bei der Staatsanwaltschaft (§ 19 Abs. 2). Einziehung und Beitreibung nach JBeitrG, EBAO. 7

Nr.	Gebührentatbestand	Gebühr oder Satz der jeweiligen Gebühr 3110 bis 3117, soweit nichts anderes vermerkt ist
3119	**Hauptverhandlung mit Urteil, wenn ein Strafbefehl vorausgegangen ist** . . . . **Vorbemerkung 3.1 Abs. 7 gilt entsprechend.**	0,5

1 Der **Grundgedanke** der KV 3119 ist, dass die Gebühren für den Strafbefehl (0,5) und die ermäßigte Hauptverhandlungsgebühr (0,5) zusammen nur soviel ausmachen sollen, wie wenn ohne vorhergegangenen Strafbefehl sogleich eine Hauptverhandlung stattgefunden hätte (also 1,0 der Sätze nach KV 3110ff.). Wird im Beispiel →3118 Rn. 1 in der Hauptverhandlung dieselbe Strafe wie im Strafbefehl ausgesprochen, werden die dort genannten Gebühren nochmals erhoben, also insgesamt 0,5 + 0,5 aus KV 3110 für die Strafe und 0,5 + 0,5 aus KV 3116 für die Sperre (zusammen 210 Euro).

2 Die **Einlegung des Einspruchs** (§ 410 StPO) ist gebührenfrei (§ 1). Auch die Rücknahme des Einspruchs ist gebührenfrei, selbst wenn sie erst nach Beginn der Hauptverhandlung erfolgt; dasselbe gilt für die Verwerfung des Einspruchs *durch Beschluss* (zB weil verspätet); in diesen Fällen bleibt es also bei der Gebühr KV 3118. Wird verspätet Einspruch eingelegt und dann dem **Wiedereinsetzungsantrag** stattgegeben, hierauf durch Urteil eine Strafe ausgesprochen, fallen nur die Gebühren KV 3118 und 3119 ein; die Gewährung der Wiedereinsetzung ist gebührenfrei.

3 Wird der Einspruch wegen **Ausbleibens des Angeklagten** *durch Urteil* verworfen (§ 412 StPO), fällt die Gebühr KV 3119 an, zusätzlich zur Gebühr KV 3118.

4 Wird der Einspruch nicht verworfen und **der Angeklagte verurteilt,** entsteht im Falle eines Urteils die Gebühr KV 3119 (jeweils 50% der Sätze KV 3110–3117), zusätzlich die Gebühr KV 3118 (diese berechnet nach der im Urteil verhängten Strafe; Vorbemerkung 3.1 Abs. 1 und Abs. 4). Bei **Freispruch** fällt natürlich keine Gerichtsgebühr an (weder nach KV 3118 noch nach KV 3119), ebenso nicht bei **Einstellung des Verfahrens** durch Beschluss (denn KV 3119 verlangt ein „Urteil"); die Kosten trägt dann die Staatskasse (§ 467 Abs. 1 StPO). Bei Absehen von Strafe (§ 60 StGB) entsteht keine Gerichtsgebühr (§ 1), der Beschuldigte hat aber die Auslagen zu tragen (§ 465 Abs. 1 StPO).

5 **Beschränkter Einspruch bei Strafe und Maßregel:** wurden im Strafbefehl eine Strafe und eine Maßregel verhängt und wird vom Beschuldigten nur wegen der Strafe oder nur wegen der Maßregel (zB Entziehung der Fahrerlaubnis) Einspruch eingelegt, dann ist zu unterscheiden (KV 3118 Anm. Satz 2): der rechtskräftige Teil des Strafbefehls wird nach KV 3118 abgerechnet, der nach Einspruch durch Urteil abgeurteilte Teil nach KV 3118, 3119.

Beispiel: A wurde durch Strafbefehl zu 30 Tagessätzen je 50 Euro und Entzug der Fahrerlaubnis mit 12 Monaten Sperre verurteilt. Er legt nur bezüglich der Entziehung der Fahrerlaubnis Einspruch ein (die Sperre ist ihm zu lange). Im Urteil wird eine Sperre von 8 Monaten verhängt. Gebühr: 70 Euro (für den Strafbefehl 50% von KV 3110; vgl. KV 3118) + 70 Euro (0,5 und 0,5 von KV 3116 für die Entziehung der Fahrerlaubnis), zusammen also 140 Euro (Addition gemäß Vorbemerkung 3.1 Abs. 4).

Beschränkter Einspruch bei Gesamtstrafe (§ 410 Abs. 2 StPO): Die Summe der Einzelgebühren darf die Gebühr nicht übersteigen, die bei voller Anfechtung des Strafbefehls angefallen wäre (KV 3118 Anm. S. 2). 6

Beispiel: der Angeklagte wird wegen der Delikte A und B in Tatmehrheit zu einer Gesamtstrafe von 120 Tagessätzen verurteilt (Einsatzstrafen für A 50 Tagessätze, für B 100 Tagessätze). Er beschränkt der Einspruch auf das Delikt B; im Urteil bleibt es bei der Gesamtstrafe und bei der Einsatzstrafe für Delikt B. Strafbefehlsgebühr nach KV 3118 + 3110 (50%) 70 Euro; die Urteilsgebühr betrüge 140 Euro (KV 3118 + 3119 + 3110), zusammen 210 Euro. Bei unbeschränkter Einspruchseinlegung hätte die Urteilsgebühr aber nur 140 Euro betragen (KV 3119 0,5 + 0,5 aus KV 3110), also bleibt es bei 140 Euro.

Berufung: wird auf den unbeschränkten Einspruch hin der Angeklagte vom AG verurteilt und legt er hiergegen Berufung ein, welche kostenpflichtig vom LG verworfen wird, dann fallen die Gebühren aus KV 3118 + 3119 sowie 3120 an. **Beispiel:** A wurde durch Strafbefehl zu 180 Tagessätzen verurteilt (also an sich ein Fall von KV 3110). Nach Einspruch verschärft das AG die Geldstrafe auf 240 Tagessätze; das ist nun ein Fall der KV 3111 geworden; Vorbemerkung 3.1 Abs. 1). Die Berufung des A wird verworfen. Gebühren: 1. Instanz: 0,5 + 0,5 (KV 3118, 3119, aus KV 3111), also 280 Euro; 2. Instanz: 1,5 (KV 3120, 3111), also 420 Euro; Summe 700 Euro. 7

Abschnitt 2. Berufung

Nr.	Gebührentatbestand	Gebühr oder Satz der jeweiligen Gebühr 3110 bis 3117, soweit nichts anderes vermerkt ist
3120	**Berufungsverfahren mit Urteil**	1,5

I. Allgemeines

Voraussetzung des Gebührenanfalls ist, dass der Angeklagte rechtskräftig zu einer Strafe und/oder Maßnahme verurteilt wird und dass ihm die Kosten des Rechtsmittelverfahrens auferlegt wurden (§ 473 Abs. 1 StPO). Wird das Verfahren in 2. Instanz eingestellt oder wird der Angeklagte freigesprochen, hat die Staatskasse die Verfahrenskosten beider Instanzen zu tragen (§ 467 Abs. 1 StPO). Aus Vorbemerkung 3.1 Abs. 1 folgt: Wird die Berufung verworfen, dann ist für die Gebührenberechnung sowohl in 1. wie in 2. Instanz die rechtskräftig gewordene Strafe/Maßregel der ersten Instanz maßgebend. Ändert das Berufungsgericht die Strafe/Maßregel rechtskräftig, ist diese für die Bewertung beider Instanzen maßgebend. Es ist für die Gebühr unerheblich, ob der Angeklagte oder die Staatsanwaltschaft die Berufung eingelegt haben. 1

Der **Gebührensatz** beträgt 1,5, also 150% der Sätze von KV 3110–3117. 2

Berufungsrücknahme *vor* Ablauf der Begründungsfrist (§§ 314, 317 StPO): keine Gebühr für das Berufungsverfahren (KV 3121 Anm.); sonst → 3121 Rn. 1. 3

Beispiele: (1) Wird der Angeklagte in erster Instanz freigesprochen und auf Berufung der Staatsanwaltschaft zu einer Freiheitsstrafe von einem Jahr mit Bewährung verurteilt, fällt für 4

die 1. Instanz an: 280 Euro (KV 3111) und für die 2. Instanz 420 Euro (KV 3120), zusammen also 700 Euro, dazu Auslagen (KV 9000 ff.).
(2) Wird A vom AG zu 6 Monaten mit Bewährung verurteilt und auf Berufung vom LG zu 120 Tagessätzen, fallen an: 140 Euro für die 1. Instanz (KV 3110) sowie 210 Euro für die 2. Instanz (KV 3120), dazu Auslagen.
(3) Würde in vorigen Fall zusätzlich die Entziehung der Fahrerlaubnis mit Sperre ausgesprochen werden, würde sich die Gebühr erhöhen um 70 Euro + 105 Euro (KV 3116, 3120).
(4) Verurteilung des A zu 150 Tagessätzen durch das AG, seine Berufung wird nach § 329 Abs. 1 StPO durch Urteil des LG verworfen: 140 Euro (KV 3110) + 210 Euro (KV 3120).

5 Der Gebührensatz von 1,5 verringert sich, wenn das Berufungsgericht bei einem **Teilerfolg des Rechtsmittels** die Gebühr nach § 473 Abs. 4 StPO ermäßigt hat. **Beispiel:** das AG hat den A zu 10 Monaten verurteilt, auf Berufung wird die Strafe auf 6 Monate ermäßigt; im Urteil werden die Gerichtskosten des Rechtsmittelverfahrens um 50% ermäßigt. Für die 1. Instanz fallen somit an: 140 Euro + alle Verfahrensauslagen 1. Instanz (KV 3110); für die 2. Instanz an sich 150% (KV 3120) von 140 Euro, also 210 Euro, aber wegen der Ermäßigungsanordnung (50%) nur 105 Euro + 50% der Auslagen 2. Instanz.

II. Aufhebung und Zurückverweisung

6 Die Gebühren für die 1. Instanz fallen nicht nochmals an. Wird dann erneut Berufung eingelegt, fallen auch für die 2. Instanz die Gebühren nicht nochmals an. **Beispiel:** Verurteilung durch das AG zu 1 Jahr Freiheitsstrafe; die Berufung wird durch Urteil des LG verworfen; auf Revision Aufhebung und Zurückverweisung an das LG, wo nun ein Urteil über 4 Monate (mit Ermäßigung der Gebühr für die Rechtsmittelinstanzen um 50%) rechtskräftig wird. Das Endergebnis schlägt durch, so dass für die 1. Instanz 100% aus KV 3110 (140 Euro), für die 2. Instanz 50% von 150% von 140 (KV 3110, 3120; 105 Euro) und für die 3. Instanz 50% von 200% von 140 (KV 3110, 3130; 120 Euro) anfallen.

III. Beschränkte Berufung

1. Gesamtstrafe

7 **Beispiel:** der Angeklagte wird wegen der Delikte A und B in Tatmehrheit zu einer Gesamtstrafe von 200 Tagessätzen verurteilt (Einsatzstrafen für A 150 Tagessätze, für B 75 Tagessätze). Er beschränkt die Berufung auf das Delikt A; im Urteil bleibt es bei der Gesamtstrafe und bei der Einsatzstrafe für Delikt A. 1. Instanz aus 200 Tagessätzen KV 3111, 2. Instanz aus 150 Tagessätzen, also 150% aus KV 3110. Vgl. Vorbemerkung 3.1 Abs. 7.

2. Beschränkung auf Bewährung

8 Wird Berufung eingelegt, aber auf die Frage der **Strafaussetzung zur Bewährung** beschränkt, verbilligt das die Gebühr für die 2. Instanz nicht. Wird A zu einem Jahr ohne Bewährung verurteilt und legt er nur wegen der Bewährung Berufung ein, welche verworfen wird, dann beträgt die Gebühr also 150% von KV 3111.

3. Beschränkung auf Fahrerlaubnissperre

Bekam A in 1. Instanz ein Jahr Freiheitsstrafe und zusätzlich einen **Entzug der Fahrerlaubnis,** wobei er nur die Sperre angreift, was durch LG-Urteil verworfen wird, beträgt die Berufungsgebühr 150% von KV 3116. Vgl. Vorbemerkung 3.1 Abs. 7. **9**

4. Beschränkung auf Fahrverbot

Wird A zu Geldstrafe und Fahrverbot verurteilt und legt er Berufung nur wegen des Fahrverbots ein, was durch LG-Urteil verworfen wird, fällt in 2. Instanz keine Gerichtsgebühr an, weil die Verurteilung zu Fahrverbot gerichtsgebührenfrei ist (aber Auslagen werden erhoben); in erster Instanz fällt ebenfalls die Gebühr nur aus der Geldstrafe an (KV 3110ff.), nebst Auslagen. **10**

IV. Berufung des Angeklagten und der Staatsanwaltschaft

Es liegen zwei getrennt zu betrachtende Rechtsmittel vor; das rechtskräftige Endergebnis schlägt durch alle Instanzen durch (Vorbemerkung 3.1 Abs. 1). **11**

1. Beide Berufungen werden zurückgenommen

Wird A zu 1 Jahr Freiheitsstrafe verurteilt und legen beide Seiten Berufung ein, welche im Hauptverhandlungstermin beiderseits zurückgenommen wird, dann fallen für die 2. Instanz beim Angeklagten an: 50% (KV 3121) von KV 3111, also 140 Euro. Für die Staatsanwaltschaft fällt nichts an, weil sie gebührenfrei ist (§ 2 Abs. 1). **12**

2. Berufungsrücknahme nur der Angeklagten

Nimmt A im Termin seine Berufung zurück und wird er auf die Berufung der Staatsanwaltschaft zu 2 Jahren verurteilt, dann fallen für die 1. Instanz an 420 Euro (KV 3112), für die 2. Instanz 150% davon (KV 3112, 3120); seine Rücknahme der Berufung bleibt trotz KV 3121 ohne Kostenauswirkung, weil sich das ganze Verfahren nicht „ohne Urteil" erledigt hat. **13**

3. Berufungserfolg nur der Staatsanwaltschaft

Wird A zu 1 Jahr Freiheitsstrafe verurteilt und legen beide Seiten Berufung ein, worauf A vom LG zu 2 Jahren verurteilt wird, fallen für 1. Instanz KV 3112 an, für die 2. Instanz 150% davon. Die Erfolglosigkeit der Berufung des A ist ohne gebührenmäßige Bedeutung. **14**

4. Berufungsmisserfolg der Staatsanwaltschaft

Nimmt A seine Berufung zurück, die Staatsanwaltschaft aber nicht, weshalb sie rechtskräftig durch Urteil verworfen wird, so dass es bei 1 Jahr bleibt, dann fallen für die 1. Instanz an KV 3111 und für die zweite Instanz 50% davon (KV 3121), also zusammen 280 + 140 Euro. Die Staatskasse ist gebührenfrei (§ 2 Abs. 1). **15**

Nr.	Gebührentatbestand	Gebühr oder Satz der jeweiligen Gebühr 3110 bis 3117, soweit nichts anderes vermerkt ist
3121	**Erledigung des Berufungsverfahrens ohne Urteil** . . . . **Die Gebühr entfällt bei Zurücknahme der Berufung vor Ablauf der Begründungsfrist.**	0,5

1 **Erledigung des Berufungsverfahrens ohne Urteil:** die Gebühr KV 3110–3117 wird für das Berufungsverfahren nur in Höhe von 50% erhoben. Solche Erledigungsfälle sind zB

- Rücknahme der Berufung durch den Angeklagten *nach* Ablauf der Begründungsfrist (eine Woche, §§ 314, 317 StPO), selbst wenn bereits mehrere Hauptverhandlungstermine stattgefunden haben oder wenn die Staatsanwaltschaft oder ein anderer Beteiligter seine Berufung fortführt.
- Nichtannahme der Berufung gemäß §§ 313, 322a StPO in sog. Bagatellfällen (Geldstrafe bis 15 Tagessätze etc.).
- Verwerfung der Berufung als unzulässig durch Beschluss, zB bei verspäteter Einlegung (§§ 319, 346 StPO). Es spielt keine Rolle, ob die Verwerfung durch das AG oder das LG erfolgte; Anträge nach § 319 Abs. 2 StPO lassen keine neue Gebühr entstehen.
- Verwerfung der Berufung durch Beschluss wegen Unzulässigkeit (§ 322 StPO).

Abschnitt 3. Revision

Nr.	Gebührentatbestand	Gebühr oder Satz der jeweiligen Gebühr 3110 bis 3117, soweit nichts anderes vermerkt ist
3130	**Revisionsverfahren mit Urteil oder Beschluss nach § 349 Abs. 2 oder 4 StPO**	2,0
3131	**Erledigung des Revisionsverfahrens ohne Urteil und ohne Beschluss nach § 349 Abs. 2 oder 4 StPO** . . . . **Die Gebühr entfällt bei Zurücknahme der Revision vor Ablauf der Begründungsfrist.**	1,0

1 **KV 3130:** Die Kosten des Rechtsmittelverfahrens werden beim Rechtsmittelgericht (OLG, BGH) angesetzt (§ 19 Abs. 1). Die Regelung in KV 3130, 3131 entspricht KV 3120, 3121; lediglich die Gebühr ist höher (es fällt also 2,0 des Gebührensatzes nach KV 3110–3117 an); anders, wenn das Revisionsgericht von § 473 Abs. 4 StPO Gebrauch macht.

2 **KV 3131:** Die Rücknahme der Revision ermäßigt die Gebühr auf 0 bzw. 1,0, je nachdem wann sie erfolgt (bei Gebührenfreiheit besteht aber nicht zugleich Auslagenfreiheit, OLG Zweibrücken Rpfleger 1991, 125). Begründungsfrist vgl. §§ 345,

341 StPO. Eine Erledigung durch Beschluss gemäß § 349 Abs. 1 StPO (Verwerfung als unzulässig) fällt unter KV 3131, nicht unter KV 3130.

Abschnitt 4. Wiederaufnahmeverfahren

Nr.	Gebührentatbestand	Gebühr oder Satz der jeweiligen Gebühr 3110 bis 3117, soweit nichts anderes vermerkt ist
3140	**Verfahren über den Antrag auf Wiederaufnahme des Verfahrens:**	
	Der Antrag wird verworfen oder abgelehnt . .	**0,5**
3141	**Verfahren über die Beschwerde gegen einen Beschluss, durch den ein Antrag auf Wiederaufnahme des Verfahrens hinsichtlich einer Freiheitsstrafe, einer Geldstrafe, einer Maßregel der Besserung und Sicherung oder einer Geldbuße verworfen oder abgelehnt wurde:**	
	Die Beschwerde wird verworfen oder zurückgewiesen	**1,0**

KV 3140: Der Gebührensatz wird aus den Gebühren KV 3110–3117 berechnet. Wird ein Urteil mit einer Freiheitsstrafe von 2 Jahren angegriffen (KV 3112: 420 Euro), beträgt die Gebühr bei Verwerfung des Wiederaufnahmeantrags also 50% davon (210 Euro). Hat das Wiederaufnahmeverfahren (§§ 366ff. StPO) Erfolg (§ 370 Abs. 2 StPO), fällt dafür keine Gerichtsgebühr an. Das der Wiederaufnahme folgende Verfahren löst Gebühren nach Vorbemerkung 3 Abs. 2 aus, soweit die neue Strafe rechtskräftig wird (Vorbemerkung 3.1 Abs. 1ff.). Wird der Wiederaufnahmeantrag vor Entscheidung zurückgenommen, fällt ebenfalls keine Gebühr an, weil KV 3140 zwar das „Verfahren" nennt, aber erst die negative Entscheidung die Gebühr fällig macht (§ 6 Abs. 3). Bei Teilerfolg des Antrags ist Vorbemerkung 3.1 Abs. 1ff. anzuwenden. 1

KV 3141: Die Rücknahme der Beschwerde ist gebührenfrei; ebenso die erfolgreiche Beschwerde. Die Gebühr von 0,5 wird errechnet aus KV 3110–3117; eine Ermäßigung nach § 473 Abs. 4 StPO hat Vorrang; Mindestgebühr § 34 Abs. 2. Bei einer Beschwerde der Staatsanwaltschaft entsteht keine Gebühr (§ 2), gleichgültig welchen Erfolg sie hat (*Meyer* Rn. 78). 2

Wiederaufnahme im Privatklageverfahren: KV 3340. Bei **Einziehung:** KV 3450. Bei **Nebenklage:** KV 3530. 3

Abschnitt 5. Psychosoziale Prozessbegleitung

Vorbemerkung 3.1.5:

Eine Erhöhung nach diesem Abschnitt tritt nicht ein, soweit das Gericht etwas anderes angeordnet hat (§ 465 Abs. 2 Satz 4 StPO).

Nr.	Gebührentatbestand	Gebühr oder Satz der jeweiligen Gebühr 3110 bis 3117, soweit nichts anderes vermerkt ist
3150	**- für das Vorverfahren:** **Die Gebühren 3110 bis 3116 und 3118 erhöhen sich um**	**520,00 €**

Zeugen, die Opfer einer Straftat geworden sind, können sich seit 2017 im Strafverfahren durch einen psychosozialen Prozessbegleiter unterstützen lassen. Diese Zeugenbetreuung erstreckt sich über das gesamte Strafverfahren.

Nr.	Gebührentatbestand	Gebühr oder Satz der jeweiligen Gebühr 3110 bis 3117, soweit nichts anderes vermerkt ist
3151	**- für das gerichtliche Verfahren im ersten Rechtszug:** **Die Gebühren 3110 bis 3116 und 3118 erhöhen sich um** . . . . **(1) Die Erhöhung der Gebühr 3116 tritt nur ein, wenn ausschließlich diese Gebühr zu erheben ist.** **(2) Die Erhöhungen nach den Nummern 3150 und 3151 können nebeneinander eintreten.**	**370,00 €**
3152	**Dem Verletzten ist für das Berufungsverfahren ein psychosozialer Prozessbegleiter beigeordnet:** **Die Gebühr 3120 und 3121 erhöhen sich um** . . **Die Erhöhung der Gebühr 3120 oder 3121 für die Anordnung einer oder mehrerer Maßregeln der Besserung und Sicherung tritt nur ein, wenn ausschließlich diese Gebühr zu erheben ist.**	**210,00 €**

Hauptabschnitt 2. Klageerzwingungsverfahren, unwahre Anzeige und Zurücknahme des Strafantrags

Nr.	Gebührentatbestand	Gebühr oder Satz der jeweiligen Gebühr 3110 bis 3117, soweit nichts anderes vermerkt ist
3200	**Dem Antragsteller, dem Anzeigenden, dem Angeklagten oder Nebenbeteiligten sind die Kosten auferlegt worden (§§ 177, 469, 470 StPO)** . . . . **Das Gericht kann die Gebühr bis auf 15,00 € herabsetzen oder beschließen, dass von der Erhebung einer Gebühr abgesehen wird.**	**70,00 €**

Wenn in den genannten Fällen vom Gericht die Kosten einem Beteiligten auferlegt wurde, beträgt die Gebühr 70 Euro. Falls das Gericht eine andere Gebührenregelung traf (vgl. Anmerkung) gilt diese. Der Kostenbeamte ist an die Kostenentscheidung des Gerichts gebunden, selbst wenn sie nach seiner Meinung unrichtig ist. **1**

– **§ 177 StPO:** der Antragsteller hat gegen die Einstellung des Verfahrens durch die Staatsanwaltschaft letztlich die gerichtliche Entscheidung durch das OLG beantragt (§ 172 StPO), wobei das OLG den Antrag verworfen hat und dem Antragsteller die Kosten auferlegt hat (§§ 174, 177 StPO). **2**

– **§ 469 StPO:** demjenigen, der eine unwahre Anzeige erstattet hat, können die Kosten auferlegt werden. **3**

– **§ 470 StPO:** Wird ein Strafantrag gestellt und nimmt der Antragsteller später den Strafantrag zurück, so dass es zur Einstellung des Verfahrens kommt, können dem Antragsteller die Kosten auferlegt werden. **4**

Kostenschuldner: § 29 Nr. 1. **Fälligkeit:** § 6 Abs. 3. **5**

Hauptabschnitt 3. Privatklage

Vorbemerkung 3.3:

Für das Verfahren auf Widerklage werden die Gebühren gesondert erhoben.

Abschnitt 1. Erster Rechtszug

Nr.	Gebührentatbestand	Gebühr oder Satz der jeweiligen Gebühr 3110 bis 3117, soweit nichts anderes vermerkt ist
3310	**Hauptverhandlung mit Urteil**	**140,00 €**
3311	**Erledigung des Verfahrens ohne Urteil**	**70,00 €**

1 Gegenstand eines Privatklageverfahrens könne nur die in § 374 Abs. 1 Nr. 1–8 StPO genannten Delikte sein; diese Delikte sind meist zugleich Antragsdelikte.

2 **KV 3310:** wenn eine Hauptverhandlung durchgeführt wird und mit einem Urteil endet, fällt die Festgebühr an (die Höhe der Strafe ist belanglos); das gilt sowohl bei Verurteilung des Beklagten, wie bei Einstellung des Verfahrens durch Urteil (§ 389 StPO), Teilfreispruch; selbst bei Freispruch fällt die Gebühr an (anders als im Offizialverfahren nach KV 3110ff.). Wird im Privatklageverfahren K gegen B der B rechtskräftig zu einer Geldstrafe und in die Kosten verurteilt, errechnet sich die Gerichtsgebühr nach KV 3310; werden mehrere Personen verurteilt, ist die Gebühr nicht höher, fällt auch nicht mehrfach an; sie haften als Gesamtschuldner (§ 31), auch wenn die Strafen unterschiedlich hoch sind.

3 Der Beschuldigte (Privatbeklagte) kann **Widerklage** erheben (§ 388 Abs. 1 StPO), zB bei wechselseitigen Beleidigungen. Privatklage und Widerklage sind gebührenrechtlich getrennt zu behandeln, die Gebühr fällt also doppelt an (amtliche Vorbemerkung 3.3). Wird auf die Privatklage des K der Beklagte freigesprochen, aber auf dessen Widerklage der Kläger verurteilt, fällt also die Gebühr KV 3310 zweimal an; für den Freispruch zahlt der K als Antragsteller (vgl. § 22), für seine Verurteilung nach § 29 Nr. 1.

4 **KV 3311:** betrifft Fälle der Rücknahme der Privatklage, Zurückweisung der Klage bzw. Widerklage nach §§ 382, 383 StPO, auch die Zurückweisung der Privatklage nach § 379a Abs. 3 StPO wegen Nichtzahlung des Vorschusses; bei Einstellung wegen Geringfügigkeit (§ 383 Abs. 2 StPO) durch Beschluss; Erledigung durch Vergleich.

5 **Kostenschuldner:** wem die Kosten auferlegt wurden (§§ 465, 471 StPO; § 29 Nr. 1 GKG) bzw. wer sie übernommen hat (§ 29 Nr. 2 GKG). Zur PKH-Bewilligung vgl. § 379a StPO; §§ 114ff. ZPO.

6 **Auslagenerstattung:** §§ 471, 472, 473 StPO; KV 9000ff. **Vorschusspflicht** für Gebühren und Auslagen: §§ 16, 17 GKG; §§ 379a, 390 Abs. 4 StPO.

Abschnitt 2. Berufung

Nr.	Gebührentatbestand	Gebühr oder Satz der jeweiligen Gebühr 3110 bis 3117, soweit nichts anderes vermerkt ist
3320	**Berufungsverfahren mit Urteil**	**290,00 €**
3321	**Erledigung der Berufung ohne Urteil** . . . . . . **Die Gebühr entfällt bei Zurücknahme der Berufung vor Ablauf der Begründungsfrist.**	**140,00 €**

Die Regelung betrifft nur die **Berufung in Privatklageverfahren.** Sie entspricht KV 3120, 3121. Wurde der Privatbeklagte B in 1. Instanz verurteilt und wird in der Berufung die Strafe ermäßigt, verringert sich die Gerichtsgebühr nicht (es fallen also KV 3310 + 3320 an). Wird B in 2. Instanz durch Urteil freigesprochen, sind ebenfalls die Gebühren KV 3310 + 3320 zu erheben. Wird B verurteilt, legt er Berufung ein und nimmt sie in der Hauptverhandlung zurück, sind KV 3310 und 3321 angefallen. **Berufungsbegründungsfrist** vgl. §§ 314, 317 StPO. **1**

Kostenschuldner: wem die Kosten auferlegt wurden (§§ 465, 471 StPO; § 29 Nr. 1 GKG) bzw. wer sie übernommen hat (§ 29 Nr. 2 GKG). **2**

Abschnitt 3. Revision

Nr.	Gebührentatbestand	Gebühr oder Satz der jeweiligen Gebühr 3110 bis 3117, soweit nichts anderes vermerkt ist
3330	**Revisionsverfahren mit Urteil oder Beschluss nach § 349 Abs. 2 oder 4 StPO**	**430,00 €**
3331	**Erledigung der Revision ohne Urteil und ohne Beschluss nach § 349 Abs. 2 oder 4 StPO** . . . . **Die Gebühr entfällt bei Rücknahme der Revision vor Ablauf der Begründungsfrist**	**290,00 €**

Die Regelung betrifft nur die Revision in Privatklageverfahren. Sie entspricht KV 3130, 3131. Revisionsbegründungsfrist vgl. § 345 StPO. **1**

Abschnitt 4. Wiederaufnahmeverfahren

Nr.	Gebührentatbestand	Gebühr oder Satz der jeweiligen Gebühr 3110 bis 3117, soweit nichts anderes vermerkt ist
3340	**Verfahren über den Antrag auf Wiederaufnahme des Verfahrens:** **Der Antrag wird verworfen oder abgelehnt . .**	**70,00 €**
3341	**Verfahren über die Beschwerde gegen einen Beschluss, durch den ein Antrag auf Wiederaufnahme des Verfahrens verworfen oder abgelehnt wurde:** **Die Beschwerde wird verworfen oder zurückgewiesen . . . .**	**140,00 €**

1 Die Regelung entspricht KV 3140, 3141. Vgl. Vorbemerkung 3 Abs. 2 vor Hauptabschnitt 1.

Hauptabschnitt 4. Einziehung und verwandte Maßnahmen

Vorbemerkung 3.4:

(1) Die Vorschriften dieses Hauptabschnitts gelten für die Verfahren über die Einziehung, dieser gleichstehende Rechtsfolgen (§ 439 StPO) und die Abführung des Mehrerlöses. Im Strafverfahren werden die Gebühren gesondert erhoben.

(2) Betreffen die in Absatz 1 genannten Maßnahmen mehrere Angeschuldigte wegen derselben Tat, wird nur eine Gebühr erhoben. § 31 GKG bleibt unberührt.

Abschnitt 1. Antrag des Privatklägers nach § 435 StPO

Nr.	Gebührentatbestand	Gebühr oder Satz der jeweiligen Gebühr 3110 bis 3117, soweit nichts anderes vermerkt ist
3410	**Verfahren über den Antrag des Privatklägers:** **Der Antrag wird verworfen oder zurückgewiesen . . . .**	**35,00 €**

1 **§ 435 (früher § 440) StPO:** *selbständiges* Einziehungsverfahren. Es ist unerheblich, ob durch Beschluss oder Urteil entschieden wird. Wird der Antrag zurückgenommen entsteht keine Gebühr. Wird im Privatklageverfahren K gegen B der B zu einer Geldstrafe verurteilt *und* sein Schlagring eingezogen, dann fällt KV 3310 an (nicht 3410, da die Einziehung unselbständig ist); für die angeordnete Einziehung

wird in 1. Instanz keine Gebühr erhoben. Mehrere Angeklagte: Vorbemerkung 3.4 Abs. 2.

Abschnitt 2. Beschwerde

Nr.	Gebührentatbestand	Gebühr oder Satz der jeweiligen Gebühr 3110 bis 3117, soweit nichts anderes vermerkt ist
3420	**Verfahren über die Beschwerde nach § 434 Abs. 2, auch i. V. m. § 436 Abs. 2, StPO:** **Die Beschwerde wird verworfen oder zurückgewiesen**	35,00 €

§ 434 Abs. 2 StPO: Entscheidung über die *nachträgliche* bzw. *selbständige* Einziehung, sofortige Beschwerde dagegen. Es ist spielt keine Rolle, ob durch Beschluss oder Urteil entschieden wird. Wird die Beschwerde zurückgenommen entsteht keine Gebühr. 1

Abschnitt 3. Berufung

Nr.	Gebührentatbestand	Gebühr oder Satz der jeweiligen Gebühr 3110 bis 3117, soweit nichts anderes vermerkt ist
3430	**Verwerfung der Berufung durch Urteil**	70,00 €
3431	**Erledigung der Berufung ohne Urteil** . . . . . . **Die Gebühr entfällt bei Zurücknahme der Berufung vor Ablauf der Begründungsfrist.**	35,00 €

KV 3430: Wird im Privatklageverfahren K gegen B der B zu einer Geldstrafe verurteilt und sein Messer eingezogen und legt B dagegen in vollem Umfang Berufung ein, was vom LG verworfen wird, dann fällt für die Berufung KV 3320 an und zusätzlich wegen der Berufung gegen die Einziehung KV 3430. Erfolgten Bestrafung und Einziehung im Offizialverfahren und legt der Angeklagte dagegen in vollem Umfang Berufung ein, was vom LG verworfen wird, dann fallen KV 3120 und KV 3430 an (vgl. Vorbemerkung 3.4 Abs. 1). 1

KV 3431 entspricht KV 3121. 2

Abschnitt 4. Revision

Nr.	Gebührentatbestand	Gebühr oder Satz der jeweiligen Gebühr 3110 bis 3117, soweit nichts anderes vermerkt ist
3440	**Verwerfung der Revision durch Urteil oder Beschluss nach § 349 Abs. 2 oder 4 StPO**	**70,00 €**
3441	**Erledigung der Revision ohne Urteil und ohne Beschluss nach § 349 Abs. 2 oder 4 StPO** . . . . Die Gebühr entfällt bei Zurücknahme der Revision vor Ablauf der Begründungsfrist.	**35,00 €**

1 Die Regelung entspricht KV 3130, 3131. Wird mit der Revision ein LG-Urteil angegriffen, das den Ausspruch einer Strafe in einem Privatklageverfahren und eine Einziehung bestätigte, dann fällt (bei Verwerfung der Revision) für die Revision KV 3330 an und zusätzlich wegen der Revision gegen die Einziehung KV 3440 (vgl. Vorbemerkung 3.4 Abs. 1).

Abschnitt 5. Wiederaufnahmeverfahren

Nr.	Gebührentatbestand	Gebühr oder Satz der jeweiligen Gebühr 3110 bis 3117, soweit nichts anderes vermerkt ist
3450	**Verfahren über den Antrag auf Wiederaufnahme des Verfahrens:** **Der Antrag wird verworfen oder zurückgewiesen**	**35,00 €**
3451	**Verfahren über die Beschwerde gegen einen Beschluss, durch den ein Antrag auf Wiederaufnahme des Verfahrens verworfen oder abgelehnt wurde:** **Die Beschwerde wird verworfen oder zurückgewiesen**	**70,00 €**

1 Die Regelung entspricht KV 3140, 3141.

Hauptabschnitt 5. Nebenklage

Vorbemerkung 3.5:

Gebühren nach diesem Hauptabschnitt werden nur erhoben, wenn dem Nebenkläger die Kosten auferlegt worden sind.

Abschnitt 1. Berufung

Nr.	Gebührentatbestand	Gebühr oder Satz der jeweiligen Gebühr 3110 bis 3117, soweit nichts anderes vermerkt ist
3510	Die Berufung des Nebenklägers wird durch Urteil verworfen; aufgrund der Berufung des Nebenklägers wird der Angeklagte freigesprochen oder für straffrei erklärt	95,00 €
3511	Erledigung der Berufung des Nebenklägers ohne Urteil .... Die Gebühr entfällt bei Zurücknahme der Berufung vor Ablauf der Begründungsfrist.	50,00 €

Abschnitt 2. Revision

Nr.	Gebührentatbestand	Gebühr oder Satz der jeweiligen Gebühr 3110 bis 3117, soweit nichts anderes vermerkt ist
3520	Die Revision des Nebenklägers wird durch Urteil oder Beschluss nach § 349 Abs. 2 StPO verworfen; aufgrund der Revision des Nebenklägers wird der Angeklagte freigesprochen oder für straffrei erklärt	140,00 €
3521	Erledigung der Revision des Nebenklägers ohne Urteil und ohne Beschluss nach § 349 Abs. 2 StPO .... Die Gebühr entfällt bei Zurücknahme der Revision vor Ablauf der Begründungsfrist.	70,00 €

Abschnitt 3. Wiederaufnahmeverfahren

Nr.	Gebührentatbestand	Gebühr oder Satz der jeweiligen Gebühr 3110 bis 3117, soweit nichts anderes vermerkt ist
3530	**Verfahren über den Antrag des Nebenklägers auf Wiederaufnahme des Verfahrens:** **Der Antrag wird verworfen oder abgelehnt . .**	50,00 €
3531	**Verfahren über die Beschwerde gegen einen Beschluss, durch den ein Antrag des Nebenklägers auf Wiederaufnahme des Verfahrens verworfen oder abgelehnt wurde:** **Die Beschwerde wird verworfen oder zurückgewiesen . . . .**	95,00 €

Hauptabschnitt 6. Sonstige Beschwerden

Vorbemerkung 3.6:

Die Gebühren im Kostenfestsetzungsverfahren bestimmen sich nach den für das Kostenfestsetzungsverfahren in Teil 1 Hauptabschnitt 8 geregelten Gebühren.

Nr.	Gebührentatbestand	Gebühr oder Satz der jeweiligen Gebühr 3110 bis 3117, soweit nichts anderes vermerkt ist
3600	**Verfahren über die Beschwerde gegen einen Beschluss nach § 411 Abs. 1 Satz 3 StPO** **Die Beschwerde wird verworfen oder zurückgewiesen . . . .**	0,25

1 Die Höhe der Gebühr richtet sich nach KV 3110–3117; davon 25%.

Nr.	Gebührentatbestand	Gebühr oder Satz der jeweiligen Gebühr 3110 bis 3117, soweit nichts anderes vermerkt ist
3601	**Verfahren über die Beschwerde gegen eine Entscheidung, durch die im Strafverfahren einschließlich des selbständigen Verfahrens nach den §§ 435 bis 437, 444 Abs. 3 StPO eine Geldbuße gegen eine juristische Person oder**	

Nr.	Gebührentatbestand	Gebühr oder Satz der jeweiligen Gebühr 3110 bis 3117, soweit nichts anderes vermerkt ist
	eine Personenvereinigung festgesetzt worden ist: **Die Beschwerde wird verworfen oder zurückgewiesen** . . . . **Eine Gebühr wird nur erhoben, wenn eine Geldbuße rechtskräftig festgesetzt ist.**	**0,5**

Beschwerden im **Kostenfestsetzungsverfahren** richten sich nach §§ 103ff. ZPO, nicht nach KV 3600 (amtliche Vorbemerkung 3.6). KV 3600 betrifft die Festsetzung einer sog. **Verbandsgeldbuße** im Strafverfahren (KV 4400 die Verhängung im Ordnungswidrigkeitsverfahren). Die Höhe der Gebühr richtet sich nach KV 3110–3117 (davon 50%). 1

Nr.	Gebührentatbestand	Gebühr oder Satz der jeweiligen Gebühr 3110 bis 3117, soweit nichts anderes vermerkt ist
3602	**Verfahren über nicht besonders aufgeführte Beschwerden, die nicht nach anderen Vorschriften gebührenfrei sind:** **Die Beschwerde wird verworfen oder zurückgewiesen** . . . . **Von dem Beschuldigten wird eine Gebühr nur erhoben, wenn gegen ihn rechtskräftig auf eine Strafe, auf Verwarnung mit Strafvorbehalt erkannt, eine Maßregel der Besserung und Sicherung angeordnet oder eine Geldbuße festgesetzt worden ist. Von einer juristischen Person oder einer Personenvereinigung wird eine Gebühr nur erhoben, wenn gegen sie eine Geldbuße festgesetzt worden ist.**	**60,00 €**

KV 3602 regelt nur bestimmte Beschwerden, die weder in KV 3600, 3601 noch in §§ 103ff. ZPO noch in sonstigen Bestimmungen speziell geregelt sind; ferner ist Voraussetzung des Gebührenanfalls, dass die Beschwerde verworfen oder zurückgewiesen wurde. 1

Beispiel: Sofortige Beschwerde gegen die vorläufige Entziehung der Fahrerlaubnis bei einem Trunkenheitsfahrer, die vom LG verworfen wird. Bei Rücknahme der Beschwerde oder anderweitiger Erledigung fällt also keine Beschwerdegebühr an, ebenso nicht, wenn die Beschwerde Erfolg hat. Vgl. § 1 Satz 2.

KV 3602 betrifft nicht Beschwerden nach KV 3600, solche im Kostenfestsetzungsverfahren nach §§ 103ff. ZPO; Beschwerden, die in sonstigen Bestimmungen 2 speziell geregelt sind; Beschwerden des Kostenschuldners gegen den Kostenansatz nach § 66 GKG; Beschwerden gegen Ordnungsstrafen; Dienstaufsichtsbeschwerden.

3 **Kostenschuldner** ist, wem im Beschluss die Kosten des Beschwerdeverfahrens auferlegt wurden (§ 29). Fehlt eine Kostenentscheidung, können die Kosten des Beschwerdeverfahrens aber vom Beschuldigten nur dann eingezogen werden, wenn er rechtskräftig zu einer Strafe bzw. Maßregel usw. verurteilt wurde (KV 3602 Satz 1). **Beispiel:** Gegen eine vorläufige Maßnahme legt der Beschuldigte sofortige Beschwerde ein, welche vom LG verworfen wird. In der folgenden Hauptverhandlung wird das Verfahren eingestellt (Folge § 467 Abs. 1 StPO); dann können vom Beschuldigten die Kosten der Beschwerde nicht erhoben werden.

4 **Fälligkeit:** § 8.

Hauptabschnitt 7. Entschädigungsverfahren

Nr.	Gebührentatbestand	Gebühr oder Satz der Gebühr nach § 34 GKG
3700	**Urteil, durch das dem Antrag des Verletzten oder seines Erben wegen eines aus der Straftat erwachsenen vermögensrechtlichen Anspruchs stattgegeben wird (§ 406 StPO)** . . . . . **Die Gebühr wird für jeden Rechtszug nach dem Wert des zuerkannten Anspruchs erhoben.**	1,0

1 Die Gebühr richtet sich nach dem zuerkannten Betrag (OLG Jena JurBüro 2005, 479), nicht nach dem begehrten Betrag. Kostenschuldner ist der verurteilte Angeklagte. Wird erst in 2. Instanz ein Betrag zuerkannt, wird die Gebühr zwei Mal erhoben. Wird in 1. Instanz ein Betrag zuerkannt, in 2. Instanz dies abgelehnt, entsteht die Gebühr für keinen Rechtszug.

Hauptabschnitt 8. Gerichtliche Verfahren nach dem Strafvollzugsgesetz, auch in Verbindung mit § 92 des Jugendgerichtsgesetzes

Abschnitt 1. Antrag auf gerichtliche Entscheidung

Nr.	Gebührentatbestand	Gebühr oder Satz der Gebühr nach § 34 GKG
	Verfahren über den Antrag des Betroffenen auf gerichtliche Entscheidung:	
3810	**– Der Antrag wird zurückgewiesen**	1,0
3811	**– Der Antrag wird zurückgenommen**	0,5

1 **Streitwert:** § 60; **Wertfestsetzung:** § 65.

Abschnitt 2. Beschwerde und Rechtsbeschwerde

Nr.	Gebührentatbestand	Gebühr oder Satz der Gebühr nach § 34 GKG
	Verfahren über die Beschwerde oder die Rechtsbeschwerde:	
3820	– Die Beschwerde oder die Rechtsbeschwerde wird verworfen	2,0
3821	– Die Beschwerde oder Rechtsbeschwerde wird zurückgenommen	1,0

Rechtsbeschwerde vgl. § 116 StVollzG. **Streitwert:** § 60; **Wertfestsetzung:** § 65. **1**

Abschnitt 3. Vorläufiger Rechtsschutz

Nr.	Gebührentatbestand	Gebühr oder Satz der Gebühr nach § 34 GKG
3830	Verfahren über den Antrag auf Aussetzung des Vollzugs einer Maßnahme der Vollzugsbehörde oder auf Erlass einer einstweiligen Anordnung: Der Antrag wird zurückgewiesen	0,5

Hauptabschnitt 9. Sonstige Verfahren

Abschnitt 1. Vollstreckungshilfeverfahren wegen einer im Ausland rechtskräftig verhängten Geldsanktion

Vorbemerkung 3.9.1:

Die Vorschriften dieses Abschnitts gelten für gerichtliche Verfahren nach Abschnitt 2 Unterabschnitt 2 des Neunten Teils des Gesetzes über die internationale Rechtshilfe in Strafsachen.

Nr.	Gebührentatbestand	Gebühr oder Satz der Gebühr nach § 34 GKG
3910	Verfahren über den Einspruch gegen die Entscheidung der Bewilligungsbehörde: Der Einspruch wird verworfen oder zurückgewiesen	50,00 €

Nr.	Gebührentatbestand	Gebühr oder Satz der Gebühr nach § 34 GKG
	Wird auf den Einspruch wegen fehlerhafter oder unterlassener Umwandlung durch die Bewilligungsbehörde die Geldsanktion umgewandelt, kann das Gericht die Gebühr nach billigem Ermessen auf die Hälfte ermäßigen oder bestimmen, dass eine Gebühr nicht zu erheben ist. Dies gilt auch, wenn hinsichtlich der Höhe der zu vollstreckenden Geldsanktion von der Bewilligungsentscheidung zugunsten des Betroffenen abgewichen wird.	
3911	**Verfahren über die Rechtsbeschwerde:** **Die Rechtsbeschwerde wird verworfen oder zurückgewiesen**	75,00 €
	(1) Die Anmerkung zu Nummer 3910 gilt entsprechend. (2) Die Gebühr entfällt bei Rücknahme der Rechtsbeschwerde vor Ablauf der Begründungsfrist.	

Abschnitt 2. Rüge wegen Verletzung des Anspruchs auf rechtliches Gehör

Nr.	Gebührentatbestand	Gebühr oder Satz der Gebühr nach § 34 GKG
3920	**Verfahren über die Rüge wegen Verletzung des Anspruchs auf rechtliches Gehör (§§ 33a, 311a Abs. 1 Satz 1, § 356a StPO, auch i. V. m. § 55 Abs. 4, § 92 JGG und § 120 StVollzG):** **Die Rüge wird in vollem Umfang verworfen oder zurückgewiesen**	60,00 €

1 Vgl. die Kommentierung bei KV 1700, 2500.

Teil 4. Verfahren nach dem Gesetz über Ordnungswidrigkeiten

Vorbemerkung 4:

(1) § 473 Abs. 4 StPO, auch i. V. m. § 46 Abs. 1 OWiG, bleibt unberührt.

(2) Im Verfahren nach Wiederaufnahme werden die gleichen Gebühren wie für das wiederaufgenommene Verfahren erhoben. Wird jedoch nach Anordnung der Wiederaufnahme des Verfahrens die frühere Entscheidung aufgehoben, gilt für die Gebührenerhebung jeder Rechtszug des neuen Verfahrens mit dem jeweiligen Rechtszug des früheren Verfahrens zusammen als ein Rechtszug. Gebühren werden auch für Rechtszüge erhoben, die nur im früheren Verfahren stattgefunden haben.

Hauptabschnitt 1. Bußgeldverfahren

Vorbemerkung 4.1:

(1) In Bußgeldsachen bemessen sich die Gerichtsgebühren für alle Rechtszüge nach der rechtskräftig festgesetzten Geldbuße. Mehrere Geldbußen, die in demselben Verfahren gegen denselben Betroffenen festgesetzt werden, sind bei der Bemessung der Gebühr zusammenzurechnen.

(2) Betrifft eine Bußgeldsache mehrere Betroffene, ist die Gebühr von jedem gesondert nach Maßgabe der gegen ihn festgesetzten Geldbuße zu erheben. Wird in einer Bußgeldsache gegen einen oder mehrere Betroffene eine Geldbuße auch gegen eine juristische Person oder eine Personenvereinigung festgesetzt, ist eine Gebühr auch von der juristischen Person oder Personenvereinigung nach Maßgabe der gegen sie festgesetzten Geldbuße zu erheben.

(3) Wird bei Festsetzung mehrerer Geldbußen ein Rechtsmittel auf die Festsetzung einer Geldbuße beschränkt, bemisst sich die Gebühr für das Rechtsmittelverfahren nach dieser Geldbuße. Satz 1 gilt im Fall der Wiederaufnahme entsprechend.

Abschnitt 1. Erster Rechtszug

Nr.	Gebührentatbestand	Gebühr oder Satz der Gebühr 4110, soweit nichts anderes vermerkt ist
4110	**Hauptverhandlung mit Urteil oder Beschluss ohne Hauptverhandlung (§ 72 OWiG)**	**10 % des Betrags der Geldbuße – mindestens 50,00 € – höchstens 15 000,00 €**

1 Mehrere Geldbußen, die in demselben Verfahren gegen denselben Betroffenen verhängt wurden, werden **addiert** und daraus werden dann die Gerichtsgebühren errechnet (Vorbemerkung 4.1. Abs. 1).

2 Voraussetzung ist, dass die Verhängung der Geldbuße **rechtskräftig** wird (Vorbemerkung 4.1. Abs. 1). Hat das Landratsamt durch Bußgeldbescheid 1.000 Euro festgesetzt und wird dies auf Einspruch vom AG bestätigt, beträgt die Gebühr 100 Euro; wird die Geldbuße vom AG auf 200 Euro ermäßigt, beträgt die Gebühr 50 Euro (10% von 200 Euro sind zwar 20 Euro, aber der Mindestbetrag ist 50 Euro); selbst bei einer Geldbuße von 5 Euro beträgt die Gebühr 50 Euro.

3 Bei **Einstellung des Verfahrens** nach § 47 Abs. 2 OWiG fällt mangels Verhängung einer Geldbuße keine Gebühr an.

4 Neben der Gebühr werden Gebühren für das vorausgegangene Verwaltungsverfahren (§§ 105, 107 OWiG) nicht erhoben.

5 Wird auf Einziehung, Verfall usw. erkannt, wird dafür in 1. Instanz keine zusätzliche Gerichtsgebühr erhoben (anders in 2. Instanz, KV 4210). Hat die Zentrale Bußgeldstelle wegen einer VerkehrsOWi eine Geldbuße und ein Fahrverbot verhängt und wird dies vom AG bestätigt, fällt nur KV 4110 an, denn die Verhängung des Fahrverbots ist eine gebührenfreie Nebenfolge (§ 1). Die Anordnung der **Erzwingungshaft** nach § 96 OWiG löst keine Gebühr aus.

6 Die Regelung in KV 4110 entspricht KV 3117.

Nr.	Gebührentatbestand	Gebühr oder Satz der Gebühr 4110, soweit nichts anderes vermerkt ist
4111	**Zurücknahme des Einspruchs nach Eingang der Akten bei Gericht und vor Beginn der Hauptverhandlung**	**0,25 – mindestens 15,00 €**
	Die Gebühr wird nicht erhoben, wenn die Sache an die Verwaltungsbehörde zurückverwiesen worden ist.	
4112	**Zurücknahme des Einspruchs nach Beginn der Hauptverhandlung**	**0,5**

1 **KV 4111:** Die Zurücknahme des Einspruchs nach Akteneingang und vor Beginn der Hauptverhandlung (Aufruf der Sache) ermäßigt die Gebühr von KV 4110 um 75% auf 0,25, mindestens 15 Euro. Mit der seit 1.8.2013 geltenden Fassung von KV 4111soll erreicht werden, dass die Gebührenbegünstigung bei Verwerfung des Einspruchs als unzulässig nach Beginn der Hauptverhandlung im Falle unentschuldigter Abwesenheit wegfällt und die bisher gebührenfrei mögliche Zurücknahme des Einspruchs vor Beginn der Hauptverhandlung eine Gebühr auslöst (BR-Drs. 517/12, 377). Nach der neuen amtlichen Anmerkung entsteht keine Gebühr, wenn die Zurücknahme nach Zurückverweisung an die Verwaltungsbehörde erfolgt.

2 **KV 4112:** Erfolgt die Rücknahme nach dem Aufruf der Sache und vor Verkündung der Entscheidung, dann beträgt die Gebühr 50% der in KV 4110 genannten Gebühr.

Abschnitt 2. Rechtsbeschwerde

Nr.	Gebührentatbestand	Gebühr oder Satz der Gebühr 4110, soweit nichts anderes vermerkt ist
4120	**Verfahren mit Urteil oder Beschluss nach § 79 Abs. 5 OWiG**	2,0
4121	**Verfahren ohne Urteil oder Beschluss nach § 79 Abs. 5 OWiG** . . . . **Die Gebühr entfällt bei Rücknahme der Rechtsbeschwerde vor Ablauf der Begründungsfrist.**	1,0

KV 4120: Die Gebühr wird beim Rechtsbeschwerdegericht angesetzt (§ 19). Sie beträgt 200% der Gebühr KV 4110, wenn das Verfahren mit Urteil bzw. Beschluss nach § 79 Abs. 5 OWiG endet. 1

KV 4121: darunter fällt die Rücknahme der Rechtsbeschwerde *nach* Ablauf der Begründungsfrist, ferner die Verwerfung als unzulässig, Die Rücknahme *vor* Ablauf der Begründungsfrist löst keine Gebühr aus. Die Verwerfung des Antrags auf Zulassung der Rechtsbeschwerde nach § 80 Abs. 3 OWiG fällt unter KV 4121 (aA *Meyer* Rn. 19: gebührenfrei). 2

Abschnitt 3. Wiederaufnahmeverfahren

Nr.	Gebührentatbestand	Gebühr oder Satz der Gebühr 4110, soweit nichts anderes vermerkt ist
4130	**Verfahren über den Antrag auf Wiederaufnahme des Verfahrens:** **Der Antrag wird verworfen oder abgelehnt** . .	0,5
4131	**Verfahren über die Beschwerde gegen einen Beschluss, durch den ein Antrag auf Wiederaufnahme des Verfahrens verworfen oder abgelehnt wurde:** **Die Beschwerde wird verworfen oder zurückgewiesen**	1,0

Die Aufhebung des Bußgeldbescheids in einem späteren Strafverfahren (§ 86 OWiG) fällt nicht unter KV 4131. 1

Hauptabschnitt 2. Einziehung und verwandte Maßnahmen

Vorbemerkung 4.2:

(1) Die Vorschriften dieses Hauptabschnitts gelten für die Verfahren über die Einziehung, dieser gleichstehende Rechtsfolgen (§ 442 StPO i. V. m. § 46 Abs. 1 OWiG) und die Abführung des Mehrerlöses. Im gerichtlichen Verfahren werden die Gebühren gesondert erhoben.

(2) Betreffen die in Absatz 1 genannten Maßnahmen mehrere Betroffene wegen derselben Handlung, wird nur eine Gebühr erhoben. § 31 GKG bleibt unberührt.

Abschnitt 1. Beschwerde

Nr.	Gebührentatbestand	Gebühr oder Satz der Gebühr 4110, soweit nichts anderes vermerkt ist
4210	Verfahren über die Beschwerde nach § 434 Abs. 2, auch i. V. m. § 436 Abs. 2 StPO, wiederum i. V. m. § 46 Abs. 1 OWiG:	
	Die Beschwerde wird verworfen oder zurückgewiesen	60,00 €

Abschnitt 2. Rechtsbeschwerde

Nr.	Gebührentatbestand	Gebühr oder Satz der Gebühr 4110, soweit nichts anderes vermerkt ist
4220	Verfahren mit Urteil oder Beschluss nach § 79 Abs. 5 OWiG:	
	Die Rechtsbeschwerde wird verworfen	120,00 €
4221	Verfahren ohne Urteil oder Beschluss nach § 79 Abs. 5 OWiG	60,00 €
	Die Gebühr entfällt bei Rücknahme der Rechtsbeschwerde vor Ablauf der Begründungsfrist.	

Abschnitt 3. Wiederaufnahmeverfahren

Nr.	Gebührentatbestand	Gebühr oder Satz der Gebühr 4110, soweit nichts anderes vermerkt ist
4230	Verfahren über den Antrag auf Wiederaufnahme des Verfahrens: Der Antrag wird verworfen oder abgelehnt . .	35,00 €
4231	Verfahren über die Beschwerde gegen einen Beschluss, durch den ein Antrag auf Wiederaufnahme des Verfahrens verworfen oder abgelehnt wurde: Die Beschwerde wird verworfen oder zurückgewiesen	70,00 €

Hauptabschnitt 3. Besondere Gebühren

Nr.	Gebührentatbestand	Gebühr oder Satz der Gebühr 4110, soweit nichts anderes vermerkt ist
4300	Dem Anzeigenden sind im Fall einer unwahren Anzeige die Kosten auferlegt worden (§ 469 StPO i. V. m. § 46 Abs. 1 OWiG) . . . . Das Gericht kann die Gebühr bis auf 15,00 € herabsetzen oder beschließen, dass von der Erhebung einer Gebühr abgesehen wird.	35,00 €
4301	Abschließende Entscheidung des Gerichts im Fall des § 25a Abs. 1 StVG	35,00 €
4302	Entscheidung der Staatsanwaltschaft im Fall des § 25a Abs. 1 StVG	20,00 €
4303	Verfahren über den Antrag auf gerichtliche Entscheidung gegen eine Anordnung, Verfügung oder sonstige Maßnahme der Verwaltungsbehörde oder der Staatsanwaltschaft oder Verfahren über Einwendungen nach § 103 OWiG: Der Antrag wird verworfen. . . . . Wird der Antrag nur teilweise verworfen, kann das Gericht die Gebühr nach billigem Ermessen auf die Hälfte ermäßigen oder bestimmen, dass eine Gebühr nicht zu erheben ist.	30,00 €

Nr.	Gebührentatbestand	Gebühr oder Satz der Gebühr 4110, soweit nichts anderes vermerkt ist
4304	**Verfahren über die Erinnerung gegen den Kostenfestsetzungsbeschluss des Urkundsbeamten der Staatsanwaltschaft (§ 108a Abs. 3 Satz 2 OWiG):**	
	Die Erinnerung wird zurückgewiesen	30,00 €
	Wird die Erinnerung nur teilweise verworfen, kann das Gericht die Gebühr nach billigem Ermessen auf die Hälfte ermäßigen oder bestimmen, dass eine Gebühr nicht zu erheben ist.	

1 § 25a StVG regelt die Kostentragungspflicht des Halters eines Kraftfahrzeugs.

Hauptabschnitt 4. Sonstige Beschwerden

Vorbemerkung 4.4:

Die Gebühren im Kostenfestsetzungsverfahren bestimmen sich nach den für das Kostenfestsetzungsverfahren in Teil 1 Hauptabschnitt 8 geregelten Gebühren.

Nr.	Gebührentatbestand	Gebühr oder Satz der Gebühr 4110, soweit nichts anderes vermerkt ist
4400	**Verfahren über die Beschwerde gegen eine Entscheidung, durch die im gerichtlichen Verfahren nach dem OWiG einschließlich des selbständigen Verfahrens nach den §§ 88 und 46 Abs. 1 OWiG i. V. m. den §§ 435 bis 437, 444 Abs. 3 StPO eine Geldbuße gegen eine juristische Person oder eine Personenvereinigung festgesetzt worden ist:**	
	Die Beschwerde wird verworfen oder zurückgewiesen	0,5
	Eine Gebühr wird nur erhoben, wenn eine Geldbuße rechtskräftig festgesetzt ist.	
4401	**Verfahren über nicht besonders aufgeführte Beschwerden, die nicht nach anderen Vorschriften gebührenfrei sind:**	
	Die Beschwerde wird verworfen oder zurückgewiesen	60,00 €

Nr.	Gebührentatbestand	Gebühr oder Satz der Gebühr 4110, soweit nichts anderes vermerkt ist
	Von dem Betroffenen wird eine Gebühr nur erhoben, wenn gegen ihn eine Geldbuße rechtskräftig festgesetzt ist.	

KV 4400 und 4401 entsprechen KV 3601 und 3602. 1

Hauptabschnitt 5. Rüge wegen Verletzung des Anspruchs auf rechtliches Gehör

Nr.	Gebührentatbestand	Gebühr oder Satz der Gebühr 4110, soweit nichts anderes vermerkt ist
4500	**Verfahren über die Rüge wegen Verletzung des Anspruchs auf rechtliches Gehör (§§ 33 a, 311 a Abs. 1 Satz 1, § 356 a StPO i. V. m. § 46 Abs. 1 und § 79 Abs. 3 OWiG):** **Die Rüge wird in vollem Umfang verworfen oder zurückgewiesen**	**60,00 €**

Die Regelung in KV 4500 entspricht KV 1700, 2500, 3900. 1

Vorbemerkung zu den Teilen 5–8

I. Ausdehnung des Pauschalgebührensystems

1 Durch das Kostenrechtsänderungsgesetz 1994 vom 24.6.1994, BGBl. I S. 1325, 2591, 3471, wurde für Prozessverfahren erster Instanz in Zivilsachen ohne Familiensachen und für erstinstanzliche Verfahren über Anträge auf Anordnung, Aufhebung oder Abänderung eines Arrests oder einer einstweiligen Verfügung eine neue Gebührenstruktur **(Pauschalgebührensystem)** eingeführt: Das gesamte Verfahren wird durch eine pauschale Verfahrensgebühr abgegolten; Entscheidungsgebühren werden daneben nicht mehr erhoben.

2 Eine Ermäßigung der pauschalen Verfahrensgebühr tritt nur ein, wenn das gesamte Verfahren durch Klagerücknahme, Anerkenntnis- oder Verzichtsurteil oder durch Vergleich beendet wird. Wird nur ein Teil des Verfahrens auf eine dieser Arten erledigt, verbleibt es bei der vollen pauschalen Verfahrensgebühr (vgl. BT-Drs. 12/6962, 52).

3 Durch Art. 1 des am 1.7.2004 in Kraft getretenen 1. KostRMoG vom 5.5.2004, BGBl. I S. 718, ist das GKG nebst seinen Anlagen (Kostenverzeichnis und Gebührentabelle) vollständig neu gefasst worden. Das **Pauschalgebührensystem ist auf alle Rechtszüge und die Verfahren aller Gerichtsbarkeiten erstreckt** worden. Das 2. Kostenrechtsmodernisierungsgesetz vom 23.7.2013, in Kraft seit 1.8.2013, BGBl. I S. 2586, hat ua zahlreiche Gebühren erhöht.

II. Gestaltung des Kostenverzeichnisses

4 Um das **Kostenverzeichnis benutzerfreundlich** zu gestalten, sind die Gebührentatbestände für jede Art von Verfahren in eigenen Gliederungsteilen zusammengefasst worden. Verweisungen innerhalb des Kostenverzeichnisses werden so vermieden (BT-Drs. 15/1971, 141). Allerdings ist das Kostenverzeichnis dadurch umfangreicher geworden.

5 Die für die Verwaltungs-, Finanz-, Sozial- und Arbeitsgerichtsbarkeit maßgebenden **Gebührentatbestände** sind danach in jeweils gesonderten Teilen des Kostenverzeichnisses enthalten (Teile 5–8). Für den Rechtsanwender ist diese Regelungstechnik von Vorteil, weil er sich wegen der in einer Fachgerichtsbarkeit geltenden Gebührentatbestände nur an einem der neun Teile des Kostenverzeichnisses orientieren muss; daneben ist jedoch stets der die Erhebung von **Auslagen** regelnde Teil 9 zu beachten.

Teil 5. Verfahren vor den Gerichten der Verwaltungsgerichtsbarkeit

Hauptabschnitt 1. Prozessverfahren

Vorbemerkung 5.1:

Wird das Verfahren durch Antrag eingeleitet, gelten die Vorschriften über die Klage entsprechend.

Abschnitt 1. Erster Rechtszug

Unterabschnitt 1. Verwaltungsgericht

Nr.	Gebührentatbestand	Gebühr oder Satz der Gebühr nach § 34 GKG
5110	Verfahren im Allgemeinen	3,0
5111	Beendigung des gesamten Verfahrens durch 1. Zurücknahme der Klage a) vor dem Schluss der mündlichen Verhandlung, b) wenn eine solche nicht stattfindet, vor Ablauf des Tages, an dem das Urteil oder der Gerichtsbescheid der Geschäftsstelle übermittelt wird, oder c) im Fall des § 93a Abs. 2 VwGO vor Ablauf der Erklärungsfrist nach § 93a Abs. 2 Satz 1 VwGO, 2. Anerkenntnis- oder Verzichtsurteil, 3. gerichtlichen Vergleich oder 4. Erledigungserklärungen nach § 161 Abs. 2 VwGO, wenn keine Entscheidung über die Kosten ergeht oder die Entscheidung einer zuvor mitgeteilten Einigung der Beteiligten über die Kostentragung oder der Kostenübernahmeerklärung eines Beteiligten folgt, wenn nicht bereits ein anderes als eines der in Nummer 2 genannten Urteile oder ein Gerichtsbescheid vorausgegangen ist: Die Gebühr 5110 ermäßigt sich auf .... Die Gebühr ermäßigt sich auch, wenn mehrere Ermäßigungstatbestände erfüllt sind.	1,0

Unterabschnitt 2. Oberverwaltungsgericht (Verwaltungsgerichtshof)

Nr.	Gebührentatbestand	Gebühr oder Satz der Gebühr nach § 34 GKG
5112	Verfahren im Allgemeinen	4,0
5113	Beendigung des gesamten Verfahrens durch 1. Zurücknahme der Klage a) vor dem Schluss der mündlichen Verhandlung, b) wenn eine solche nicht stattfindet, vor Ablauf des Tages, an dem das Urteil, der Gerichtsbescheid oder der Beschluss in der Hauptsache der Geschäftsstelle übermittelt wird, c) im Fall des § 93a Abs. 2 VwGO vor Ablauf der Erklärungsfrist nach § 93a Abs. 2 Satz 1 VwGO, 2. Anerkenntnis- oder Verzichtsurteil, 3. gerichtlichen Vergleich oder 4. Erledigungserklärungen nach § 161 Abs. 2 VwGO, wenn keine Entscheidung über die Kosten ergeht oder die Entscheidung einer zuvor mitgeteilten Einigung der Beteiligten über die Kostentragung oder der Kostenübernahmeerklärung eines Beteiligten folgt, es sei denn, dass bereits ein anderes als eines der in Nummer 2 genannten Urteile, ein Gerichtsbescheid oder Beschluss in der Hauptsache vorausgegangen ist: Die Gebühr 5112 ermäßigt sich auf . . . . Die Gebühr ermäßigt sich auch, wenn mehrere Ermäßigungstatbestände erfüllt sind.	2,0

Unterabschnitt 3. Bundesverwaltungsgericht

Nr.	Gebührentatbestand	Gebühr oder Satz der Gebühr nach § 34 GKG
5114	Verfahren im Allgemeinen	5,0
5115	Beendigung des gesamten Verfahrens durch 1. Zurücknahme der Klage a) vor dem Schluss der mündlichen Verhandlung, b) wenn eine solche nicht stattfindet, vor Ablauf des Tages, an dem das Urteil oder	

Nr.	Gebührentatbestand	Gebühr oder Satz der Gebühr nach § 34 GKG
	der Gerichtsbescheid der Geschäftsstelle übermittelt wird, **c) im Fall des § 93a Abs. 2 VwGO vor Ablauf der Erklärungsfrist nach § 93a Abs. 2 Satz 1 VwGO,** **2. Anerkenntnis- oder Verzichtsurteil,** **3. gerichtlichen Vergleich oder** **4. Erledigungserklärungen nach § 161 Abs. 2 VwGO, wenn keine Entscheidung über die Kosten ergeht oder die Entscheidung einer zuvor mitgeteilten Einigung der Beteiligten über die Kostentragung oder der Kostenübernahmeerklärung eines Beteiligten folgt,** **es sei denn, dass bereits ein anderes als eines der in Nummer 2 genannten Urteile, ein Gerichtsbescheid oder ein Beschluss in der Hauptsache vorausgegangen ist:** **Die Gebühr 5114 ermäßigt sich auf**	**3,0**
	Die Gebühr ermäßigt sich auch, wenn mehrere Ermäßigungstatbestände erfüllt sind.	

I. Anwendungsbereich

1 Die Vorschriften des Hauptabschnitts 1 gelten in allen **Prozessverfahren** vor den Verwaltungsgerichten, den Oberverwaltungsgerichten (bzw. VGH) und dem Bundesverwaltungsgericht, in denen die Verwaltungsgerichtsordnung anzuwenden ist (§ 1 Abs. 2 Nr. 1). Prozessverfahren sind die durch Klage iSd § 81 VwGO eingeleiteten Verfahren; auf Verfahren, die durch Antrag eingeleitet werden, etwa **Normenkontrollverfahren** nach § 47 VwGO, sind die Vorschriften nach Vorbemerkung 5.1 entsprechend anzuwenden.

2 Für die durch Antrag einzuleitenden **Verfahren des vorläufigen Rechtsschutzes** (einstweilige Anordnungen, Verfahren nach § 80 Abs. 5, § 80a Abs. 3 und § 80b Abs. 2 und 3 VwGO), für selbstständige Beweisverfahren und für das Vollstreckungsverfahren gelten die Sonderregelungen in den Hauptabschnitten 2 und 3.

3 Teil 5 ist nicht anzuwenden, soweit auf Grund besonderer Bestimmungen für bestimmte Verfahren **Gerichtsgebühren nicht erhoben** werden. Dies gilt zB in Verfahren nach dem **Asylverfahrensgesetz** (§ 83b AsylVfG) sowie in den in § 188 Satz 1 VwGO genannten Verfahren (ua Angelegenheiten der Jugendhilfe, der Kriegsopferfürsorge, der Schwerbehindertenfürsorge sowie der Ausbildungsförderung).

4 Die Gebühren für erstinstanzliche Verfahren vor dem **Verwaltungs-, Oberverwaltungs- und Bundesverwaltungsgericht** sind jeweils getrennt in den Unterabschnitten 1 bis 3 geregelt. Die Gebührentatbestände stimmen weitgehend über-

ein, jedoch werden **unterschiedlich hohe Gebührensätze** erhoben. Der Entwurf des Kostenrechtsmodernisierungsgesetzes begründet dies damit, dass die erstinstanzlichen Zuständigkeiten des Oberverwaltungsgerichts (VGH) nach §§ 47 (Normenkontrollverfahren), 48 VwGO (Streitigkeiten über technische Großprojekte) und des Bundesverwaltungsgerichts nach § 50 VwGO (ua Klagen gegen Vereinsverbote) Verfahren betreffen, die regelmäßig besonderen Aufwand erfordern und die auch von ihrer Bedeutung und von ihrem Umfang her den Rechtsmittelverfahren vergleichbar sind (BT-Drs. 15/1971, 170). Daher werden für diese erstinstanzlichen Verfahren die gleichen Gebühren wie für die Berufung bzw. die Revision erhoben.

II. Fälligkeit

5 Früher wurden Gebühren in Verfahren vor Gerichten der Verwaltungsgerichtsbarkeit erst fällig, wenn eine unbedingte Entscheidung über die Kosten ergangen oder das Verfahren auf andere Weise beendet war (§ 63 Abs. 1 GKG aF). Seit 1.7.2004 tritt in Prozessverfahren die **Fälligkeit** der Verfahrensgebühren bereits mit **Einreichung der Klage-, Antrags- oder Rechtsmittelschrift** ein (§ 6 Abs. 1 Nr. 4).

6 **Eingereicht** ist die Klage mit ihrem Eingang bei Gericht in schriftlicher Form, bei Klageerhebung zur Niederschrift des Urkundsbeamten der Geschäftsstelle des Verwaltungsgerichts (§ 81 Abs. 1 Satz 2 VwGO) mit Fertigstellung des Protokolls durch den UdG. Eine Klage liegt nur vor, wenn sie unterschrieben ist; andernfalls ist eine gebührenfreier Entwurf eingereicht und der Kläger ist auf den Mangel hinzuweisen. Der Kläger hat auch die Möglichkeit, die **Klage zu Protokoll eines unzuständigen Verwaltungsgerichts oder eines jeden Amtsgerichts** zu erheben (§ 173 VwGO iVm § 129a ZPO). In diesem Fall tritt die Fälligkeit der Verfahrensgebühr erst mit Zugang des Protokolls bei dem zuständigen Verwaltungsgericht ein (§ 173 VwGO iVm § 129a Abs. 2 S. 2 ZPO).

7 Da Kosten alsbald nach Fälligkeit anzusetzen sind (§ 15 KostVfg), ist die pauschale **Verfahrensgebühr** in allen Rechtszügen bereits **zu Beginn des Verfahrens anzusetzen.** Die gerichtliche Tätigkeit kann allerdings nicht von der Zahlung der Kosten abhängig gemacht werden, da weder das Gerichtskostengesetz noch die Verwaltungsgerichtsordnung eine Vorschusspflicht für Verfahren vor den Gerichten der Verwaltungsgerichtsbarkeit kennen (§ 10).

III. Wertberechnung

8 Für die Wertberechnung ist § 52 maßgebend. Allerdings steht der der Berechnung der Gerichtsgebühren zugrunde zu legende Wert bei Einreichung der Klage vielfach noch nicht endgültig fest. In diesen Fällen hat das Gericht nach § 63 Abs. 1 Satz 1 zu verfahren und den Wert für die Gerichtsgebühren ohne Anhörung der Parteien **vorläufig festzusetzen.** Dabei wird auf die Angaben der klagenden Partei zum Streitwert (§ 61) zurückgegriffen werden können. Fehlen entsprechende Angaben und bietet der Sach- und Streitstand bei Verfahrensbeginn keine verlässlichen Anhaltspunkte für die Streitwertbemessung, kann der Auffangwert von 5.000 Euro (§ 52 Abs. 2) zugrunde gelegt werden. Die **endgültige Wertfestset-**

zung wird häufig erst nach Erledigung des Verfahrens erfolgen können (§ 63 Abs. 2 Satz 1).

IV. Gebührenhöhe

Im erstinstanzlichen Verfahren vor dem **Verwaltungsgericht** wird eine pauschale Verfahrensgebühr mit einem **Gebührensatz von 3,0** erhoben (KV 5110). 9

V. Ermäßigung

Die Gebühr für das Verfahren im Allgemeinen **ermäßigt** sich von 3,0 auf 1,0, 10 wenn das *gesamte* Verfahren durch den Eintritt eines oder mehrerer der in KV 5111 geregelten Ermäßigungstatbestände beendet wird. Die zur Gebührenreduzierung führenden Tatbestände entsprechen weitgehend denen, die für das erstinstanzliche Verfahren in Zivilsachen gelten (KV 1211); auf die dortigen Erläuterungen wird ergänzend verwiesen.

1. Zurücknahme der Klage

Die Ermäßigung tritt ein bei **Zurücknahme der Klage** vor dem Schluss der 11 mündlichen Verhandlung (§ 92 VwGO; vgl. VG Schleswig BeckRS 2009, 30076). Findet keine mündliche Verhandlung statt, so muss die Zurücknahme vor Ablauf des Tages erfolgen, an dem das Urteil oder der Gerichtsbescheid der Geschäftsstelle übermittelt wird. In den Fällen des § 93a Abs. 2 VwGO (Musterverfahren) muss die Klage vor Ablauf der Erklärungsfrist nach § 93a Abs. 2 Satz 1 VwGO zurückgenommen werden. Die Gebührenermäßigung tritt auch ein, wenn die Klage auf Grund der **Rücknahmefiktion** des § 92 Abs. 2 Satz 1 VwGO als zurückgenommen gilt, weil der Kläger das Verfahren trotz Aufforderung durch das Gericht länger als drei Monate nicht betrieben hat.

2. Anerkenntnis- oder Verzichtsurteil, Vergleich

Die Verfahrensgebühr ermäßigt sich ferner, wenn das **gesamte Verfahren** 12 durch **Anerkenntnis- oder Verzichtsurteil** oder durch einen gerichtlichen **Vergleich (§ 106 VwGO)** beendet wird. Ein **außergerichtlicher Vergleich** führt auch dann nicht zur Gebührenermäßigung, wenn er dem Gericht mitgeteilt wird. Er kann aber zur Erledigung der Hauptsache führen (→ Rn. 13).

3. Erledigung der Hauptsache

Haben die Beteiligten den Rechtsstreit in der **Hauptsache** übereinstimmend 13 für **erledigt** erklärt (§ 161 Abs. 2 VwGO), so ermäßigt sich die Verfahrensgebühr, wenn entweder **keine Entscheidung über die Kosten** ergeht oder die gerichtliche Entscheidung einer zuvor mitgeteilten Einigung der Beteiligten über die Kostentragung oder der Kostenübernahmeerklärung eines Beteiligten folgt.

Die **Gebührenermäßigung ist ausgeschlossen,** wenn den nach → Rn. 11– 14 13 maßgebenden Ereignissen ein anderes Urteil als ein Anerkenntnis- oder Verzichtsurteil vorausgegangen ist. Schädlich ist zB ein Teil- oder Zwischenurteil.

15 Bei Beendigung des Verfahrens durch **Gerichtsbescheid,** durch **Beschluss nach § 93a Abs. 2 VwGO** sowie durch eine **Kostenentscheidung** nach dem Sach- und Streitstand **(§ 161 Abs. 2 VwGO)** fällt stets die Verfahrensgebühr in voller Höhe (Gebührensatz 3,0) an.

VI. Erstinstanzliche Verfahren vor dem Oberverwaltungsgericht (VGH) und dem Bundesverwaltungsgericht

16 Erstinstanzliche Zuständigkeiten der Oberverwaltungsgerichte und des Bundesverwaltungsgerichts ergeben sich in erster Linie aus §§ 47, 48, 50 VwGO, aber auch aus anderen Gesetzen, z. B. aus § 5 des Gesetzes zur Rettung von Unternehmen zur Stabilisierung des Finanzmarktes vom 3. 4. 2009, BGBl. I S. 729. Wichtig ist, dass bei Verfahren wegen **überlanger Dauer von Gerichtsverfahren** (§§ 198 ff. GVG) im Bereich der Verwaltungsgerichtsbarkeit das OVG (bzw der VGH) erste Instanz (§ 201 GVG) ist.

17 Die Gebührenregelungen für **erstinstanzliche Verfahren** vor dem **Oberverwaltungsgericht** (KV 5112, 5113) und dem **Bundesverwaltungsgericht** (KV 5114, 5115) entsprechen denen für Verfahren vor dem Verwaltungsgericht. Dies gilt auch für die Ermäßigungstatbestände. Der Gebührensatz der allgemeinen Verfahrensgebühr beträgt beim Oberverwaltungsgericht (VGH) 4,0, ermäßigt 2,0. Beim Bundesverwaltungsgericht wird ein Gebührensatz von 5,0 erhoben, der sich auf 3,0 ermäßigen kann.

Abschnitt 2. Zulassung und Durchführung der Berufung

Nr.	Gebührentatbestand	Gebühr oder Satz der Gebühr nach § 34 GKG
5120	**Verfahren über die Zulassung der Berufung:** **Soweit der Antrag abgelehnt wird**	**1,0**
5121	**Verfahren über die Zulassung der Berufung:** **Soweit der Antrag zurückgenommen oder das Verfahren durch anderweitige Erledigung beendet wird** . . . . **Die Gebühr entsteht nicht, soweit die Berufung zugelassen wird.**	**0,5**
5122	**Verfahren im Allgemeinen**	**4,0**
5123	**Beendigung des gesamten Verfahrens durch Zurücknahme der Berufung oder der Klage, bevor die Schrift zur Begründung der Berufung bei Gericht eingegangen ist:** **Die Gebühr 5122 ermäßigt sich auf**	**1,0**

Nr.	Gebührentatbestand	Gebühr oder Satz der Gebühr nach § 34 GKG
	Erledigungserklärungen nach § 161 Abs. 2 VwGO stehen der Zurücknahme gleich, wenn keine Entscheidung über die Kosten ergeht oder die Entscheidung einer zuvor mitgeteilten Einigung der Beteiligten über die Kostentragung oder der Kostenübernahmeerklärung eines Beteiligten folgt.	
5124	**Beendigung des gesamten Verfahrens, wenn nicht Nummer 5123 erfüllt ist, durch** **1. Zurücknahme der Berufung oder der Klage** **a) vor dem Schluss der mündlichen Verhandlung,** **b) wenn eine solche nicht stattfindet, vor Ablauf des Tages, an dem das Urteil oder der Beschluss in der Hauptsache der Geschäftsstelle übermittelt wird, oder** **c) im Fall des § 93a Abs. 2 VwGO vor Ablauf der Erklärungsfrist nach § 93a Abs. 2 Satz 1 VwGO,** **2. Anerkenntnis- oder Verzichtsurteil,** **3. gerichtlichen Vergleich oder** **4. Erledigungserklärungen nach § 161 Abs. 2 VwGO, wenn keine Entscheidung über die Kosten ergeht oder die Entscheidung einer zuvor mitgeteilten Einigung der Beteiligten über die Kostentragung oder der Kostenübernahmeerklärung eines Beteiligten folgt,** **es sei denn, dass bereits ein anderes als eines der in Nummer 2 genannten Urteile oder ein Beschluss in der Hauptsache vorausgegangen ist:** **Die Gebühr 5122 ermäßigt sich auf**	**2,0**
	Die Gebühr ermäßigt sich auch, wenn mehrere Ermäßigungstatbestände erfüllt sind.	

I. Zulassung und Durchführung der Berufung

1 Für das Verfahren vor dem Berufungsgericht über die **Zulassung** der Berufung wird nach KV 5120 eine Gebühr von 1,0 erhoben, soweit der Zulassungsantrag **abgelehnt** wird. Bei Rücknahme des Zulassungsantrags vor seiner Ablehnung durch das Berufungsgericht wird nach KV 5121 eine **Gebühr von 0,5** erhoben, soweit der **Zulassungsantrag zurückgenommen** oder das Verfahren durch anderweitige Erledigung beendet wird. Diese Gebühr entsteht nicht, soweit die **Berufung zugelassen** wird.

2 Die pauschale Verfahrensgebühr für das **Berufungsverfahren** vor dem Oberverwaltungsgericht (VGH) wird nach einem **Gebührensatz von 4,0** erhoben (KV 5122). Die Gebühr wird mit Einreichung der Berufungsschrift beim Verwaltungsgericht **fällig,** wenn das Rechtsmittel vom Verwaltungsgericht in seinem Urteil zugelassen worden ist (§ 6 Abs. 1 Nr. 4; § 124a Abs. 2 Satz 1 VwGO). Hat das Oberverwaltungsgericht die Berufung durch Beschluss zugelassen, wird das Zulassungsverfahren als Berufungsverfahren fortgesetzt, ohne dass es einer Einlegung der Berufung bedarf (§ 124a Abs. 5 Satz 5 VwGO); in diesem Fall wird die Gebühr mit der Zulassung der Berufung fällig.

3 Werden die **Berufung** oder die Klage **zurückgenommen,** bevor die Schrift zur Begründung der Berufung bei Gericht eingeht, ermäßigt sich die **allgemeine Verfahrensgebühr** auf einen Satz von **1,0** (KV 5123).

4 Nach der KV 5123 Anm. stehen **Erledigungserklärungen** nach § 161 Abs. 2 VwGO der Zurücknahme gleich, wenn keine Entscheidung über die Kosten ergeht oder die Entscheidung einer zuvor mitgeteilten Einigung der Parteien über die Kostentragung oder der Kostenübernahmeerklärung einer Partei folgt.

5 Im Übrigen **ermäßigt** sich der Satz der Gebühr für das Verfahren im Allgemeinen (KV 5122) **von 4,0 auf 2,0** unter den gleichen Voraussetzungen, die für die Ermäßigung der Verfahrensgebühr der ersten Instanz gelten.

Abschnitt 3. Revision

Nr.	Gebührentatbestand	Gebühr oder Satz der Gebühr nach § 34 GKG
5130	**Verfahren im Allgemeinen**	5,0
5131	**Beendigung des gesamten Verfahrens durch Zurücknahme der Revision oder der Klage, bevor die Schrift zur Begründung der Revision bei Gericht eingegangen ist:**	
	Die Gebühr 5130 ermäßigt sich auf	1,0
	Erledigungserklärungen nach § 161 Abs. 2 VwGO stehen der Zurücknahme gleich, wenn keine Entscheidung über die Kosten ergeht oder die Entscheidung einer zuvor mitgeteilten Einigung der Beteiligten über die Kostentragung oder der Kostenübernahmeerklärung eines Beteiligten folgt.	
5132	**Beendigung des gesamten Verfahrens, wenn nicht Nummer 5131 erfüllt ist, durch** **1. Zurücknahme der Revision oder der Klage** **a) vor dem Schluss der mündlichen Verhandlung,** **b) wenn eine solche nicht stattfindet, vor Ablauf des Tages, an dem das Urteil oder der Beschluss in der Hauptsache der Geschäftsstelle übermittelt wird, oder**	

Nr.	Gebührentatbestand	Gebühr oder Satz der Gebühr nach § 34 GKG
	c) im Fall des § 93a Abs. 2 VwGO vor Ablauf der Erklärungsfrist nach § 93a Abs. 2 Satz 1 VwGO, **2. Anerkenntnis- oder Verzichtsurteil,** **3. gerichtlichen Vergleich oder** **4. Erledigungserklärungen nach § 161 Abs. 2 VwGO, wenn keine Entscheidung über die Kosten ergeht oder die Entscheidung einer zuvor mitgeteilten Einigung der Beteiligten über die Kostentragung oder der Kostenübernahmeerklärung eines Beteiligten folgt,** **es sei denn, dass bereits ein anderes als eines der in Nummer 2 genannten Urteile oder ein Beschluss in der Hauptsache vorausgegangen ist:**	
	Die Gebühr 5130 ermäßigt sich auf	**3,0**
	Die Gebühr ermäßigt sich auch, wenn mehrere Ermäßigungstatbestände erfüllt sind.	

Der **Gebührensatz** der pauschalen Verfahrensgebühr beträgt im **Revisionsverfahren** vor dem Bundesverwaltungsgericht nach KV 5130 **5,0.** Er ermäßigt sich nach KV 5131 auf 1,0, wenn das Rechtsmittel vor seiner Begründung zurückgenommen wird. Im Übrigen **ermäßigt** sich der Gebührensatz bei Vorliegen eines oder mehrerer der Ermäßigungstatbestände der KV 5132 auf **3,0.** Die Ermäßigungstatbestände entsprechen denen des erstinstanzlichen Verfahrens. 1

Hauptabschnitt 2. Vorläufiger Rechtsschutz

Vorbemerkung 5.2:

(1) Die Vorschriften dieses Hauptabschnitts gelten für einstweilige Anordnungen und für Verfahren nach § 80 Abs. 5, § 80a Abs. 3 und § 80b Abs. 2 und 3 VwGO.

(2) Im Verfahren über den Antrag auf Erlass und im Verfahren über den Antrag auf Aufhebung einer einstweiligen Anordnung werden die Gebühren jeweils gesondert erhoben. Mehrere Verfahren nach § 80 Abs. 5 und 7, § 80a Abs. 3 und § 80b Abs. 2 und 3 VwGO gelten innerhalb eines Rechtszugs als ein Verfahren.

Abschnitt 1. Verwaltungsgericht sowie Oberverwaltungsgericht (Verwaltungsgerichtshof) und Bundesverwaltungsgericht als Rechtsmittelgerichte in der Hauptsache

Nr.	Gebührentatbestand	Gebühr oder Satz der Gebühr nach § 34 GKG
5210	Verfahren im Allgemeinen	1,5
5211	Beendigung des gesamten Verfahrens durch 1. Zurücknahme des Antrags a) vor dem Schluss der mündlichen Verhandlung oder, b) wenn eine solche nicht stattfindet, vor Ablauf des Tages, an dem der Beschluss der Geschäftsstelle übermittelt wird, 2. gerichtlichen Vergleich oder 3. Erledigungserklärungen nach § 161 Abs. 2 VwGO, wenn keine Entscheidung über die Kosten ergeht oder die Entscheidung einer zuvor mitgeteilten Einigung der Beteiligten über die Kostentragung oder der Kostenübernahmeerklärung eines Beteiligten folgt, es sei denn, dass bereits ein Beschluss über den Antrag vorausgegangen ist: Die Gebühr 5210 ermäßigt sich auf . . . . Die Gebühr ermäßigt sich auch, wenn mehrere Ermäßigungstatbestände erfüllt sind.	0,5

Abschnitt 2. Oberverwaltungsgericht (Verwaltungsgerichtshof)

Vorbemerkung 5.2.2:

Die Vorschriften dieses Abschnitts gelten, wenn das Oberverwaltungsgericht (Verwaltungsgerichtshof) auch in der Hauptsache erstinstanzlich zuständig ist.

Nr.	Gebührentatbestand	Gebühr oder Satz der Gebühr nach § 34 GKG
5220	Verfahren im Allgemeinen	2,0
5221	Beendigung des gesamten Verfahrens durch 1. Zurücknahme des Antrags a) vor dem Schluss der mündlichen Verhandlung oder,	

Nr.	Gebührentatbestand	Gebühr oder Satz der Gebühr nach § 34 GKG
	b) wenn eine solche nicht stattfindet, vor Ablauf des Tages, an dem der Beschluss der Geschäftsstelle übermittelt wird, 2. gerichtlichen Vergleich oder 3. Erledigungserklärungen nach § 161 Abs. 2 VwGO, wenn keine Entscheidung über die Kosten ergeht oder die Entscheidung einer zuvor mitgeteilten Einigung der Beteiligten über die Kostentragung oder der Kostenübernahmeerklärung eines Beteiligten folgt, es sei denn, dass bereits ein Beschluss über den Antrag vorausgegangen ist: Die Gebühr 5220 ermäßigt sich auf . . . . Die Gebühr ermäßigt sich auch, wenn mehrere Ermäßigungstatbestände erfüllt sind.	0,75

Abschnitt 3. Bundesverwaltungsgericht

Vorbemerkung 5.2.3:

Die Vorschriften dieses Abschnitts gelten, wenn das Bundesverwaltungsgericht auch in der Hauptsache erstinstanzlich zuständig ist.

Nr.	Gebührentatbestand	Gebühr oder Satz der Gebühr nach § 34 GKG
5230	Verfahren im Allgemeinen	2,5
5231	Beendigung des gesamten Verfahrens durch 1. Zurücknahme des Antrags a) vor dem Schluss der mündlichen Verhandlung oder, b) wenn eine solche nicht stattfindet, vor Ablauf des Tages, an dem der Beschluss der Geschäftsstelle übermittelt wird, 2. gerichtlichen Vergleich oder 3. Erledigungserklärungen nach § 161 Abs. 2 VwGO, wenn keine Entscheidung über die Kosten ergeht oder die Entscheidung einer zuvor mitgeteilten Einigung der Beteiligten über die Kostentragung oder der Kostenübernahmeerklärung eines Beteiligten folgt,	

Nr.	Gebührentatbestand	Gebühr oder Satz der Gebühr nach § 34 GKG
	es sei denn, dass bereits ein Beschluss über den Antrag vorausgegangen ist:	
	Die Gebühr 5230 ermäßigt sich auf	**1,0**
	Die Gebühr ermäßigt sich auch, wenn mehrere Ermäßigungstatbestände erfüllt sind.	

I. Geltungsbereich

1 **Hauptabschnitt 2** enthält drei Abschnitte mit im Wesentlichen gleich lautenden Gebührenvorschriften für Verfahren des vorläufigen Rechtsschutzes. Die Vorschriften gelten nach Vorbemerkung 5.2 Abs. 1 für alle **einstweiligen Anordnungen** (zB nach § 47 Abs. 6, § 123 VwGO) und für **Verfahren nach § 80 Abs. 5, § 80a Abs. 3 und § 80b Abs. 2 und 3 VwGO.** Nach Vorbemerkung 5.2 Abs. 2 werden die Gebühren im Verfahren über den Antrag auf Erlass und im Verfahren über den Antrag auf Aufhebung einer einstweiligen Anordnung jeweils gesondert erhoben. Mehrere Verfahren nach § 80 Abs. 5 und 7, § 80a Abs. 3 und § 80b Abs. 2 und 3 VwGO gelten innerhalb eines Rechtszugs als ein Verfahren.

2 **Abschnitt 1** (KV 5210, 5211) gilt für Verfahren des vorläufigen Rechtsschutzes, für die das **Verwaltungsgericht als Gericht der Hauptsache** zuständig ist (§ 80 Abs. 5 Satz 1, Abs. 7 Satz 1, § 123 Abs. 2 VwGO). Er gilt auch für Verfahren des vorläufigen Rechtsschutzes, in denen die Hauptsache beim Oberverwaltungsgericht oder beim Bundesverwaltungsgericht im Rahmen eines dort anhängigen Berufungs- oder Revisionsverfahrens anhängig und daher das **Rechtsmittelgericht als Gericht der Hauptsache** für die Entscheidung über den Antrag auf Gewährung vorläufigen Rechtsschutzes zuständig ist. Ist dagegen das Oberverwaltungsgericht oder das Bundesverwaltungsgericht für die Hauptsache erstinstanzlich zuständig (zB nach §§ 47, 48, 50 VwGO), so werden Gebühren nach den Abschnitten 2 oder 3 erhoben (Vorbemerkungen 5.2.2 und 5.2.3).

3 Die pauschale Verfahrensgebühr nach KV 5210 wird nach einem **Gebührensatz von 1,5** erhoben. Der Gebührensatz **ermäßigt** sich auf **0,5,** wenn das gesamte Verfahren durch Zurücknahme des Antrags oder durch gerichtlichen Vergleich beendet wird. Er ermäßigt sich auch durch Erledigungserklärungen nach § 161 Abs. 2 VwGO, wenn entweder keine Entscheidung über die Kosten ergeht oder die gerichtliche Entscheidung einer zuvor mitgeteilten Einigung der Beteiligten über die Kostentragung oder der Kostenübernahmeerklärung eines Beteiligten folgt.

4 Ist das **Oberverwaltungsgericht oder das Bundesverwaltungsgericht in der Hauptsache erstinstanzlich zuständig,** so sind Gebühren in Verfahren des vorläufigen Rechtsschutzes nach den **Abschnitten 2 und 3** zu erheben. Die Gebührensätze betragen dort 2,0 (Oberverwaltungsgericht) und 2,5 (Bundesverwaltungsgericht). Sie ermäßigen sich unter den gleichen Voraussetzungen wie im Verfahren vor dem Verwaltungsgericht auf 0,75 bzw. 1,0.

II. Fälligkeit

Die **Gebühren** in Verfahren des vorläufigen Rechtsschutzes werden nach § 9 Abs. 2 grundsätzlich erst **mit Beendigung des Verfahrens fällig.** 5

Abschnitt 4. Beschwerde

Vorbemerkung 5.2.4:

Die Vorschriften dieses Abschnitts gelten für Beschwerden gegen Beschlüsse des Verwaltungsgerichts über einstweilige Anordnungen (§ 123 VwGO) und über die Aussetzung der Vollziehung (§§ 80, 80a VwGO).

Nr.	Gebührentatbestand	Gebühr oder Satz der Gebühr nach § 34 GKG
5240	**Verfahren über die Beschwerde**	**2,0**
5241	**Beendigung des gesamten Verfahrens durch Zurücknahme der Beschwerde:**	
	Die Gebühr 5240 ermäßigt sich auf	**1,0**

Abschnitt 4 enthält in den KV 5240 und 5241 Regelungen über Gebühren für **Beschwerden gegen Beschlüsse des Verwaltungsgerichts** über einstweilige Anordnungen (§ 123 VwGO) und über die Aussetzung der Vollziehung (§§ 80, 80a VwGO). Die Gebühr für das Verfahren über die Beschwerde wird nach einem Gebührensatz von 2,0 erhoben. Der Satz ermäßigt sich auf 1,0, wenn das gesamte Verfahren durch Zurücknahme der Beschwerde beendet wird. 1

Die Gebühren werden grundsätzlich mit Beendigung des Verfahrens fällig (§ 9 Abs. 2). 2

Für Beschwerden gegen Entscheidungen des Oberverwaltungsgerichts gilt Hauptabschnitt 5. 3

Hauptabschnitt 3. Besondere Verfahren

Nr.	Gebührentatbestand	Gebühr oder Satz der Gebühr nach § 34 GKG
5300	**Selbstständiges Beweisverfahren**	**1,0**
5301	**Verfahren über Anträge auf gerichtliche Handlungen der Zwangsvollstreckung nach den §§ 169, 170 oder § 172 VwGO**	**20,00 €**

Für **selbstständige Beweisverfahren** beträgt der Gebührensatz 1,0 (KV 5300). Die Gebührenhöhe entspricht damit derjenigen des Verfahrens vor den Zivilgerichten (KV 1610). 1

2 Für Verfahren über **Anträge auf gerichtliche Handlungen der Zwangsvollstreckung** nach den §§ 169, 170 oder § 172 VwGO wird nach KV 5301 eine **Festgebühr** von 20 Euro (bis 31.7.2013: 15 Euro) erhoben. Die Gebühr entsteht nunmehr auch im Verfahren über den Antrag auf Festsetzung eines Zwangsgeldes gegen eine Behörde nach § 172 VwGO.

Hauptabschnitt 4. Rüge wegen Verletzung des Anspruchs auf rechtliches Gehör

Nr.	Gebührentatbestand	Gebühr oder Satz der Gebühr nach § 34 GKG
5400	**Verfahren über die Rüge wegen Verletzung des Anspruchs auf rechtliches Gehör (§ 152a VwGO):** **Die Rüge wird in vollem Umfang verworfen oder zurückgewiesen**	**60,00 €**

1 KV 5400 übernimmt die für entsprechende Verfahren vor den Gerichten der ordentlichen Gerichtsbarkeit geltende Regelung der KV 1700 für die Verfahren vor den Gerichten der Verwaltungsgerichtsbarkeit. Wie dort wird eine Gebühr in Höhe von 60 Euro (bis 31.7.2013: 50 Euro) erhoben, wenn die Rüge in vollem Umfang verworfen oder zurückgewiesen wird.

Hauptabschnitt 5. Sonstige Beschwerden

Nr.	Gebührentatbestand	Gebühr oder Satz der Gebühr nach § 34 GKG
5500	**Verfahren über die Beschwerde gegen die Nichtzulassung der Revision:** **Soweit die Beschwerde verworfen oder zurückgewiesen wird**	**2,0**
5501	**Verfahren über die Beschwerde gegen die Nichtzulassung der Revision:** **Soweit die Beschwerde zurückgenommen oder das Verfahren durch anderweitige Erledigung beendet wird**	**1,0**
	Die Gebühr entsteht nicht, soweit die Revision zugelassen wird.	
5502	**Verfahren über nicht besonders aufgeführte Beschwerden, die nicht nach anderen Vorschriften gebührenfrei sind:**	

Nr.	Gebührentatbestand	Gebühr oder Satz der Gebühr nach § 34 GKG
	Die Beschwerde wird verworfen oder zurückgewiesen . . . . **Wird die Beschwerde nur teilweise verworfen oder zurückgewiesen, kann das Gericht die Gebühr nach billigem Ermessen auf die Hälfte ermäßigen oder bestimmen, dass eine Gebühr nicht zu erheben ist.**	**60,00 €**

1 Gegen Urteile der Oberverwaltungsgerichte (bzw VGH) ist die Revision zum Bundesverwaltungsgericht nur statthaft, wenn das Oberverwaltungsgericht oder auf Beschwerde gegen die Nichtzulassung das Bundesverwaltungsgericht sie zugelassen hat (§ 132 Abs. 1 VwGO). Das Oberverwaltungsgericht (bzw VGH) kann der Nichtzulassungsbeschwerde abhelfen (§ 133 Abs. 5 VwGO).

2 Nach KV 5500 wird für **erfolglose Beschwerdeverfahren über die Nichtzulassung der Revision** eine Verfahrensgebühr mit einem Gebührensatz von 2,0 erhoben. Die Gebühr entsteht, soweit die Nichtzulassungsbeschwerde – nach Nichtabhilfe duch das Oberverwaltungsgericht – vom Bundesverwaltungsgericht verworfen oder zurückgewiesen wird. Der Gebührensatz **ermäßigt** sich nach KV 5501 auf **1,0,** soweit die Beschwerde zurückgenommen oder das Verfahren durch anderweitige Erledigung ohne Entscheidung über die Revisionszulassung beendet wird.

3 **KV 5502** enthält eine Auffangregelung für nicht besonders aufgeführte Beschwerden, die nicht nach anderen Vorschriften gebührenfrei sind; sie gilt auch für Beschwerden gegen im Prozesskostenhilfeverfahren ergangene Entscheidungen. Sie gilt ferner für die seltenen Fälle, in denen nach § 152 Abs. 1 VwGO gegen Entscheidungen der Oberverwaltungsgerichte (bzw VGH) die Beschwerde statthaft ist. Bleiben derartige Beschwerden erfolglos, so wird eine Festgebühr in Höhe von 60 Euro (bis 31.7.2013: 50 Euro) erhoben. Hat die Beschwerde teilweise Erfolg, so kann das Gericht die Gebühr auf die Hälfte ermäßigen oder bestimmen, dass keine Gebühr zu erheben ist.

Hauptabschnitt 6. Besondere Gebühren

Nr.	Gebührentatbestand	Gebühr oder Satz der Gebühr nach § 34 GKG
5600	**Abschluss eines gerichtlichen Vergleichs:** **Soweit ein Vergleich über nicht gerichtlich anhängige Gegenstände geschlossen wird** . . . . . **Die Gebühr entsteht nicht im Verfahren über die Prozesskostenhilfe. Im Verhältnis zur Gebühr für das Verfahren im Allgemeinen ist § 36 Abs. 3 GKG entsprechend anzuwenden.**	**0,25**

1 Ein **Prozessvergleich** löst **keine Gerichtsgebühr** aus, die Gebühr KV 5111 ermäßigt sich sogar, wenn der Vergleich den *ganzen* Klagegegenstand erledigt. Wenn aber etwas Zusätzliches erledigt wird, will das Gericht eine Gebühr für seine Zusatzleistung, die in der Protokollierung besteht. KV 5600 entspricht KV 1900. Der Wortlaut wurde ab 1.8.2013 (2. KostRModG) an den neuen Wortlaut von KV 1900 angepasst. Nach dem neuen Gesetzestext kommt es nicht darauf an, ob etwas mitverglichen wurde. Es kann im Falle von KV 5600 der anhängige Streitgegenstand verglichen werden und *zugleich* bisher nicht gerichtlich anhängige Gegenstände oder *nur* bisher nicht gerichtlich anhängige Gegenstände. Ob ein weiterer Gegenstand mitverglichen wurde, ergibt sich aus dem Vergleich der Klage mit dem Protokoll und dem Vergleichstext. Nach § 22 Abs. 1 Satz 2 haftet jeder, der an dem Vergleich beteiligt ist, auch für die Mehrvergleichsgebühr.

2 Nach der KV 5600 Anm. Satz 1 entsteht die Gebühr nicht im Verfahren über die Prozesskostenhilfe. Die Anm. Satz 2, eingefügt durch das 2. KostRMoG, besagt durch Verweisung auf § 36 Abs. 3, dass eine Gebührendeckelung erfolgt. Dazu ist eine Vergleichsberechnung durchzuführen: Beispiel: Verfahrenswert 10.100 Euro. 3,0 Gebühren aus „bis 13.000" sind nach KV 1215: 801 Euro (3 × 267 Euro). Wird eine andere Sache, die bisher nicht gerichtlich anhängig war, mit einem Wert von 2.900 Euro verglichen, kostet das an sich 0,25 aus „bis 3.000", das sind 0,25 von 108 Euro = 27 Euro. Wäre diese Sache von Anfang an miteingeklagt worden, hätte der ursprüngliche Streitwert 13.000 Euro betragen, das fällt (ebenso wie 10.000 Euro) unter die Gebührenklasse „bis 13.000", also dürfen die 27 Euro nicht berechnet werden.

Nr.	Gebührentatbestand	Gebühr oder Satz der Gebühr nach § 34 GKG
5601	**Auferlegung einer Gebühr nach § 38 GKG wegen Verzögerung des Rechtsstreits**	**wie vom Gericht bestimmt**

1 KV 5601 stimmt mit KV 1901 überein. Auf die dortigen Erläuterungen wird verwiesen.

Teil 6. Verfahren vor den Gerichten der Finanzgerichtsbarkeit

Vorbemerkung zu Teil 6

Teil 6 enthält Gebührenregelungen für Verfahren vor den Finanzgerichten und dem Bundesfinanzhof nach der Finanzgerichtsordnung (§ 1 Abs. 2 Nr. 2). Oberfinanzgerichte gibt es nicht. Auch in der Finanzgerichtsbarkeit ist in allen Rechtszügen das **Pauschalgebührensystem eingeführt.** Die Struktur der Regelungen ist eng an die für Verfahren vor Gerichten der Verwaltungsgerichtsbarkeit geltenden Bestimmungen angelehnt. Auf die dortigen Erläuterungen wird ergänzend verwiesen. 1

Fälligkeit. Früher wurden Gebühren für Verfahren vor Gerichten der Finanzgerichtsbarkeit erst fällig, wenn eine unbedingte Entscheidung über die Kosten ergangen oder das Verfahren auf andere Weise beendet war. Seit 1.7.2004 tritt in Prozessverfahren die **Fälligkeit** der Verfahrensgebühren bereits bei **Einreichung der Klage-, Antrags- oder Rechtsmittelschrift** ein (§ 6 Abs. 1 Nr. 4). Damit will der Staat mehr und früher Gebühren kassieren. In allen anderen Verfahren richtet sich die Fälligkeit nach § 9. 2

In **Prozessverfahren** ist die pauschale **Verfahrensgebühr** daher in allen Rechtszügen bereits **zu Beginn des Verfahrens anzusetzen.** Allerdings kann die gerichtliche Tätigkeit nicht von der Zahlung der Kosten abhängig gemacht werden, da weder das Gerichtskostengesetz noch die Finanzgerichtsordnung eine Vorschusspflicht kennen (§ 10). Anders ist es zB im Zivilprozess (§ 12). 3

Wertberechnung. Welcher Wert der **Berechnung der Gerichtsgebühren** bei Beginn des erstinstanzlichen Verfahrens und des Revisionsverfahrens zugrunde zu legen ist, bestimmt § 52 Abs. 1. Danach ist eine vorläufige Wertfestsetzung entbehrlich; die Gebühren sind stets nach dem in § 52 Abs. 4 Satz 1 festgelegten **Mindeststreitwert** in Höhe von 1.500 Euro (bis 31.7.2013: 1.000 Euro) zu bemessen. Der Mindeststreitwert gilt auch dann, wenn das Interesse des Klägers an der Durchführung des Verfahrens, in dem er sich gegen einen Einfuhrabgabenbescheid in Höhe von 47,25 Euro (wegen Einfuhr eines Pelzmantels) wendet, deutlich hinter diesem Betrag zurückbleibt (FG BW 14.1.2013 – 11 KO 459/11, BeckRS 2013, 94493). Auch wenn dann letztlich den Kläger an Gebühren und Auslagen (Gutachten) 648,54 Euro treffen, soll das nach Ansicht des FG BW (14.1.2013 – 11 KO 459/11, BeckRS 2013, 94493) nicht verfassungswidrig sein. Der Mindestwert ist verfassungsrechtlich unbedenklich (BFH AGS 2007, 523ff., für den Wert 1.000 Euro). Er gilt indes nur in Klageverfahren, nicht aber in Verfahren des vorläufigen Rechtsschutzes (BFH DStR 2008, 49; FG Sachsen-Anhalt BeckRS 2006, 26022365; FG Brandenburg BeckRS 2006, 26021753). Auf die Vorschrift des § 94a FGO (Verfahren nach billigem Ermessen) hat der Mindeststreitwert keinerlei Auswirkungen; da er nur für den Kostenansatz Bedeutung hat, bleibt die Befugnis des Finanzgerichts unberührt, sein Verfahren nach billigem Ermessen zu bestimmen, wenn der Streitwert bei einer Klage, die eine Geldleistung oder einen hierauf gerichteten Verwaltungsakt betrifft, 500 Euro nicht übersteigt (BFH v. 28.7.2008, BFH/NV 2008, 1696). 4

Die **endgültige Wertfestsetzung** wird also oft erst nach Erledigung des Verfahrens erfolgen können. Allerdings sind die Gerichte der Finanzgerichtsbarkeit nicht 5 verpflichtet, den für die Erhebung der Gerichtsgebühren maßgeblichen Wert nach Abschluss der Instanz von Amts wegen festzusetzen. § 63 Abs. 2 Satz 2 bestimmt vielmehr, dass eine Wertfestsetzung nur zu erfolgen hat, wenn ein Beteiligter sie beantragt oder das Gericht sie für angemessen hält. Da auch im Falle der Klagerücknahme stets – ermäßigte – Gerichtsgebühren zu erheben sind, wird eine Wertfestsetzung häufig erforderlich sein.

6 Für die **verbindliche Auskunft** (§ 89 AO) ist im KV keine Gebühr enthalten; sie befindet sich in § 89 Abs. 5 AO (1,0 nach § 34)

Hauptabschnitt 1. Prozessverfahren

Abschnitt 1. Erster Rechtszug

Unterabschnitt 1. Verfahren vor dem Finanzgericht

Nr.	Gebührentatbestand	Gebühr oder Satz der Gebühr nach § 34 GKG
6110	**Verfahren im Allgemeinen, soweit es sich nicht nach § 45 Abs. 3 FGO erledigt**	**4,0**
6111	**Beendigung des gesamten Verfahrens durch** **1. Zurücknahme der Klage** **a) vor dem Schluss der mündlichen Verhandlung oder,** **b) wenn eine solche nicht stattfindet, vor Ablauf des Tages, an dem das Urteil oder der Gerichtsbescheid der Geschäftsstelle übermittelt wird, oder** **2. Beschluss in den Fällen des § 138 FGO,** **es sei denn, dass bereits ein Urteil oder ein Gerichtsbescheid vorausgegangen ist:** **Die Gebühr 6110 ermäßigt sich auf** . . . . Die Gebühr ermäßigt sich auch, wenn mehrere Ermäßigungstatbestände erfüllt sind.	**2,0**

Unterabschnitt 2. Verfahren vor dem Bundesfinanzhof

Nr.	Gebührentatbestand	Gebühr oder Satz der Gebühr nach § 34 GKG
6112	**Verfahren im Allgemeinen**	**5,0**
6113	**Beendigung des gesamten Verfahrens durch** **1. Zurücknahme der Klage** **a) vor dem Schluss der mündlichen Verhandlung oder,** **b) wenn eine solche nicht stattfindet, vor Ablauf des Tages, an dem das Urteil oder**	

Nr.	Gebührentatbestand	Gebühr oder Satz der Gebühr nach § 34 GKG
	der Gerichtsbescheid der Geschäftsstelle übermittelt wird, oder **2. Beschluss in den Fällen des § 138 FGO, es sei denn, dass bereits ein Urteil oder ein Gerichtsbescheid vorausgegangen ist:**	
	Die Gebühr 6112 ermäßigt sich auf	**3,0**
	Die Gebühr ermäßigt sich auch, wenn mehrere Ermäßigungstatbestände erfüllt sind.	

KV 6112, 6113 wurden eingefügt durch Gesetz v. 24.1.2011, BGBl. I S. 2302. **1**
Bei Verfahren wegen **überlanger Dauer von Gerichtsverfahren** (§§ 198ff. GVG) ist im Bereich der Finanzgerichtsbarkeit der BFH erste Instanz (§ 201 GVG), weil es kein Oberfinanzgericht gibt, weshalb eine Gebührenvorschrift notwendig war.

Abschnitt 2. Revision

Nr.	Gebührentatbestand	Gebühr oder Satz der Gebühr nach § 34 GKG
6120	**Verfahren im Allgemeinen**	**5,0**
6121	**Beendigung des gesamten Verfahrens durch Zurücknahme der Revision oder der Klage, bevor die Schrift zur Begründung der Revision bei Gericht eingegangen ist:**	
	Die Gebühr 6120 ermäßigt sich auf	**1,0**
	Erledigungen in den Fällen des § 138 FGO stehen der Zurücknahme gleich.	
6122	**Beendigung des gesamten Verfahrens, wenn nicht Nummer 6121 erfüllt ist, durch** **1. Zurücknahme der Revision oder der Klage** **a) vor dem Schluss der mündlichen Verhandlung oder,** **b) wenn eine solche nicht stattfindet, vor Ablauf des Tages, an dem das Urteil, der Gerichtsbescheid oder der Beschluss in der Hauptsache der Geschäftsstelle übermittelt wird, oder** **2. Beschluss in den Fällen des § 138 FGO, es sei denn, dass bereits ein Urteil, ein Gerichtsbescheid oder ein Beschluss in der Hauptsache vorausgegangen ist:**	
	Die Gebühr 6120 ermäßigt sich auf	**3,0**

Nr.	Gebührentatbestand	Gebühr oder Satz der Gebühr nach § 34 GKG
	Die Gebühr ermäßigt sich auch, wenn mehrere Ermäßigungstatbestände erfüllt sind.	

I. Prozessverfahren

1 Die Vorschriften dieses Hauptabschnitts gelten in allen Prozessverfahren vor den Finanzgerichten und dem Bundesfinanzhof. Prozessverfahren sind die durch Klage iSd § 63 FGO eingeleiteten Verfahren.

II. Erster Rechtszug (KV 6110, 6111)

2 Im Verfahren vor dem Finanzgericht wird die pauschale Verfahrensgebühr mit einem Gebührensatz von 4,0 erhoben (KV 6110). Kostenansatz: § 9. Dies entspricht den Gebühren, die in Berufungsverfahren vor Gerichten der ordentlichen Gerichtsbarkeit sowie der Verwaltungs- und der Sozialgerichtsbarkeit entstehen. Auch für Verfahren des ersten Rechtszuges vor dem Oberverwaltungsgericht werden Gebühren in dieser Höhe erhoben (KV 5112). Bestreitet der Kläger nach einer Klagerücknahme die Wirksamkeit der Rücknahme, beantragt er die Fortsetzung des Verfahrens und entscheidet deswegen das FG durch ein Urteil, dass die Klage wirksam zurückgenommen worden ist, so ist beim Gerichtskostenansatz eine 4-fache Wertgebühr nach KV 6110 anzusetzen und nicht nur die ermäßigte 2,0-Gebühr nach KV 6111 (FG München 23.11.2012 – 4 Ko 2150/12, BeckRS 2013, 95672).

3 Der Gebührensatz **ermäßigt** sich nach KV 6111 von 4,0 auf 2,0, wenn das gesamte Verfahren durch **Zurücknahme der Klage** (§ 72 FGO) vor dem Schluss der mündlichen Verhandlung beendet wird. Findet keine mündliche Verhandlung statt, so tritt die Ermäßigung nur ein, wenn die Klage vor Ablauf des Tages zurückgenommen wird, an dem das Urteil oder der Gerichtsbescheid der Geschäftsstelle übermittelt wird.

4 Die Ermäßigung tritt ferner ein, wenn sich das Verfahren in der Hauptsache auf Grund übereinstimmender **Erledigungserklärungen** der Beteiligten erledigt und das Gericht durch **Beschluss nach § 138 FGO** über die Kosten zu entscheiden hat. Anders als in den übrigen Gerichtsbarkeiten setzt die Ermäßigung nicht voraus, dass die Kostenentscheidung des Gerichts einer Einigung der Beteiligten oder der Kostenübernahmeerklärung eines Beteiligten folgt. Eine solche Einigung oder Erklärung ist im finanzgerichtlichen Verfahren für das Gericht nicht bindend; sie kann allenfalls ein Anhalt für eine Kostenverteilung nach billigem Ermessen sein (vgl. *Gräber,* Finanzgerichtsordnung, 6. Aufl. 2006, § 138 FGO Rn. 29).

5 Zu beachten ist, dass die **Klagerücknahme** nicht zum völligen Wegfall der Verfahrensgebühr führt. Sie wird nur auf 2,0 ermäßigt. Auch die frühere Vergünstigung für Verfahren, die durch **Gerichtsbescheid** beendet werden, ist entfallen; statt der früher erhobenen 2,0 Gebühren entsteht die volle **Verfahrensgebühr** mit einem Gebührensatz von **4,0.**

III. Revision (KV 6120–6122)

Im Revisionsverfahren vor dem Bundesfinanzhof wird die pauschale Verfahrensgebühr mit einem Gebührensatz von 5,0 erhoben. Der Satz ermäßigt sich nach KV 6121 auf 1,0, wenn das Rechtsmittel vor seiner Begründung zurückgenommen wird. Im Übrigen **ermäßigt** sich der Gebührensatz bei Vorliegen eines oder mehrerer der Ermäßigungstatbestände der KV 6122 auf **3,0.** Die Ermäßigungstatbestände entsprechen denen des erstinstanzlichen Verfahrens. Kostenansatz: § 19. 6

Hauptabschnitt 2. Vorläufiger Rechtsschutz

Vorbemerkung 6.2:

(1) Die Vorschriften dieses Hauptabschnitts gelten für einstweilige Anordnungen und für Verfahren nach § 69 Abs. 3 und 5 FGO.

(2) Im Verfahren über den Antrag auf Erlass und im Verfahren über den Antrag auf Aufhebung einer einstweiligen Anordnung werden die Gebühren jeweils gesondert erhoben. Mehrere Verfahren nach § 69 Abs. 3 und 5 FGO gelten innerhalb eines Rechtszugs als ein Verfahren.

Abschnitt 1. Erster Rechtszug

Nr.	Gebührentatbestand	Gebühr oder Satz der Gebühr nach § 34 GKG
6210	**Verfahren im Allgemeinen**	**2,0**
6211	**Beendigung des gesamten Verfahrens durch** **1. Zurücknahme des Antrags** **a) vor dem Schluss der mündlichen Verhandlung oder,** **b) wenn eine solche nicht stattfindet, vor Ablauf des Tages, an dem der Beschluss (§ 114 Abs. 4 FGO) der Geschäftsstelle übermittelt wird, oder** **2. Beschluss in den Fällen des § 138 FGO, es sei denn, dass bereits ein Beschluss nach § 114 Abs. 4 FGO vorausgegangen ist:** **Die Gebühr 6210 ermäßigt sich auf** . . . . **Die Gebühr ermäßigt sich auch, wenn mehrere Ermäßigungstatbestände erfüllt sind.**	**0,75**

Abschnitt 2. Beschwerde

Vorbemerkung 6.2.2:

Die Vorschriften dieses Abschnitts gelten für Beschwerden gegen Beschlüsse über einstweilige Anordnungen (§ 114 FGO) und über die Aussetzung der Vollziehung (§ 69 Abs. 3 und 5 FGO).

Nr.	Gebührentatbestand	Gebühr oder Satz der Gebühr nach § 34 GKG
6220	**Verfahren über die Beschwerde**	**2,0**
6221	**Beendigung des gesamten Verfahrens durch Zurücknahme der Beschwerde:**	
	Die Gebühr 6220 ermäßigt sich auf	**1,0**

1 Der Hauptabschnitt regelt die Gebühren in Verfahren des vorläufigen Rechtsschutzes. Sie werden grundsätzlich mit Beendigung des Verfahrens fällig (§ 9 Abs. 1); es besteht also keine Vorauszahlungspflicht.

2 Der Hauptabschnitt gilt nach Vorbemerkung 6.2 Abs. 1 für Beschwerden gegen Beschlüsse über **einstweilige Anordnungen** nach § 114 FGO. Er gilt ferner für sämtliche Beschwerden, die die **Aussetzung der Vollziehung** nach § 69 Abs. 3 und 5 FGO betreffen, seien es ordentliche, außerordentliche oder sonstige Beschwerden; die Auffangregelung der KV 6502 ist insoweit nicht anwendbar (BFH, BFH/NV 2007, 2135). Nach Abs. 2 der Vorbemerkung werden die Gebühren im Verfahren über den Antrag auf Erlass und im Verfahren über den Antrag auf Aufhebung einer einstweiligen Anordnung jeweils gesondert erhoben. Mehrere Verfahren nach § 69 Abs. 3 und 5 FGO gelten innerhalb eines Rechtszugs als ein Verfahren.

3 Die Gebührenstruktur für Verfahren des einstweiligen Rechtsschutzes entspricht derjenigen des verwaltungsgerichtlichen Verfahrens. Es wird eine **pauschale Verfahrensgebühr** mit einem **Gebührensatz von 2,0** erhoben (KV 6210). Der Gebührensatz **ermäßigt** sich unter den in KV 6211 genannten Voraussetzungen von 2,0 auf **0,75.** Die Ermäßigungstatbestände stimmen mit denen des erstinstanzlichen Prozessverfahrens überein.

4 Für Verfahren über **Beschwerden** gegen Beschlüsse über einstweilige Anordnungen (§ 114 FGO) und über die Aussetzung der Vollziehung (§ 69 Abs. 3 und 5 FGO) wird eine pauschale Verfahrensgebühr mit einem **Gebührensatz** von **2,0** erhoben (KV 6220). Der Satz **ermäßigt** sich nach KV 6221 auf **1,0,** wenn das *gesamte* Verfahren durch Zurücknahme der Beschwerde beendet wird.

Hauptabschnitt 3. Besondere Verfahren

Nr.	Gebührentatbestand	Gebühr oder Satz der Gebühr nach § 34 GKG
6300	**Selbstständiges Beweisverfahren**	**1,0**
6301	**Verfahren über Anträge auf gerichtliche Handlungen der Zwangsvollstreckung gemäß § 152 FGO**	**20,00 €**

Für **selbstständige Beweisverfahren** beträgt der Gebührensatz 1,0 (KV 6300). Die Gebührenhöhe entspricht damit derjenigen des Verfahrens vor den Zivilgerichten und den Gerichten der Verwaltungsgerichtsbarkeit (KV 1610, 5300). 1

Für Verfahren über Anträge auf gerichtliche Handlungen der Zwangsvollstreckung nach § 152 FGO sieht KV 6301 die Erhebung einer Gebühr in Höhe von 20 Euro (bis 31.7.2013: 15 Euro) vor. 2

Hauptabschnitt 4. Rüge wegen Verletzung des Anspruchs auf rechtliches Gehör

Nr.	Gebührentatbestand	Gebühr oder Satz der Gebühr nach § 34 GKG
6400	**Verfahren über die Rüge wegen Verletzung des Anspruchs auf rechtliches Gehör (§ 133 a FGO):** **Die Rüge wird in vollem Umfang verworfen oder zurückgewiesen**	**60,00 €**

KV 6400 übernimmt die für entsprechende Verfahren vor den Gerichten der ordentlichen Gerichtsbarkeit geltende Regelung der KV 1700 für die Verfahren vor den Gerichten der Finanzgerichtsbarkeit. Wie dort wird eine Gebühr in Höhe von 60 Euro (bis 31.7.2013: 50 Euro) erhoben, wenn die Rüge in vollem Umfang verworfen oder zurückgewiesen wird. 1

Hauptabschnitt 5. Sonstige Beschwerden

Nr.	Gebührentatbestand	Gebühr oder Satz der Gebühr nach § 34 GKG
6500	**Verfahren über die Beschwerde gegen die Nichtzulassung der Revision:** **Soweit die Beschwerde verworfen oder zurückgewiesen wird**	**2,0**
6501	**Verfahren über die Beschwerde gegen die Nichtzulassung der Revision:** **Soweit die Beschwerde zurückgenommen oder das Verfahren durch anderweitige Erledigung beendet wird** . . . . Die Gebühr entsteht nicht, soweit die Revision zugelassen wird.	**1,0**
6502	**Verfahren über nicht besonders aufgeführte Beschwerden, die nicht nach anderen Vorschriften gebührenfrei sind:** **Die Beschwerde wird verworfen oder zurückgewiesen** . . . . Wird die Beschwerde nur teilweise verworfen oder zurückgewiesen, kann das Gericht die Gebühr nach billigem Ermessen auf die Hälfte ermäßigen oder bestimmen, dass eine Gebühr nicht zu erheben ist.	**60,00 €**

1 Nach KV 6500 wird für erfolglose **Beschwerdeverfahren über die Nichtzulassung der Revision** eine Verfahrensgebühr mit einem **Gebührensatz** von **2,0** erhoben. Der Gebührensatz **ermäßigt** sich nach KV 6501 auf **1,0,** soweit die Beschwerde zurückgenommen oder das Verfahren durch anderweitige Erledigung beendet wird.

2 KV 6502 enthält eine **Auffangregelung** für nicht besonders aufgeführte Beschwerden, die nicht nach anderen Vorschriften gebührenfrei sind; sie gilt z. B. für Beschwerden gegen die Ablehnung der **Prozesskostenhilfe.** Für erfolglose Beschwerden wird eine Festgebühr in Höhe von 60 Euro (bis 31.7.2013: 50 Euro) erhoben. Hat die Beschwerde Erfolg, fällt keine Gerichtsgebühr an. Hat die Beschwerde teilweise Erfolg, so kann das Gericht die Gebühr auf die Hälfte ermäßigen oder bestimmen, dass keine Gebühr zu erheben ist. Die Regelung entspricht KV 1812.

Hauptabschnitt 6. Besondere Gebühr

Nr.	Gebührentatbestand	Gebühr oder Satz der Gebühr nach § 34 GKG
6600	**Auferlegung einer Gebühr nach § 38 GKG wegen Verzögerung des Rechtsstreits**	**wie vom Gericht bestimmt**

Gemeint sind Verzögerungen durch die Parteien. Die Verzögerungsgebühr ist eine Gebühr iSd § 1 Abs. 1 Satz 1. Sie kann durch einen zu begründenden Beschluss in jeder Lage des Verfahrens einer oder beiden Parteien auferlegt werden, aber nie den Rechtsanwälten, nie den gesetzlichen Vertretern einer Partei. Als isolierte Kostenentscheidung unterliegt sie keiner Beschwerde, § 128 Abs. 4 Satz 1 FGO (BFH 7.1.2007 – VIII B 157/06, BFH/NV 2007, 931); dagegen steht allerdings § 69. **1**

Teil 7. Verfahren vor den Gerichten der Sozialgerichtsbarkeit

Vorbemerkung zu Teil 7

1 Teil 7 enthält Gebührenregelungen für Verfahren vor den Sozialgerichten, den Landessozialgerichten und dem Bundessozialgericht. Diese Vorschriften des **Gerichtskostengesetz**es sind in der Sozialgerichtsbarkeit **nur anzuwenden, soweit das Sozialgerichtsgesetz dies vorsieht** (§ 1 Abs. 2 Nr. 3). **§ 197 a Abs. 1 SGG** besagt: Gehört in einem Rechtszug weder der Kläger noch der Beklagte zu den in § 183 SGG genannten Personen oder handelt es sich um ein Verfahren wegen eines überlangen Gerichtsverfahrens (§ 202 Satz 2 SGG), werden Kosten nach den Vorschriften des GKG erhoben; die §§ 184–195 SGG finden keine Anwendung; die §§ 154–162 der VwGO sind entsprechend anzuwenden. Wird die Klage zurückgenommen, findet § 161 Abs. 2 der VwGO keine Anwendung. **§ 183 Abs. 1 SGG:** Das Verfahren vor den Gerichten der Sozialgerichtsbarkeit ist **für Versicherte,** Leistungsempfänger einschließlich Hinterbliebenenleistungsempfänger, behinderte Menschen oder deren Sonderrechtsnachfolger nach § 56 SGB I **kostenfrei,** soweit sie in dieser jeweiligen Eigenschaft als Kläger oder Beklagte beteiligt sind. Nimmt ein sonstiger Rechtsnachfolger das Verfahren auf, bleibt das Verfahren in dem Rechtszug kostenfrei.

2 § 142 a SGG (vergaberechtliche Streitigkeiten gerichtskostenfrei) ist weggefallen.

3 Auch in der Sozialgerichtsbarkeit ist in allen Rechtszügen das **Pauschalgebührensystem eingeführt.** Die Regelungen entsprechen weitgehend den für Verfahren vor Gerichten der Verwaltungsgerichtsbarkeit geltenden Bestimmungen. Auf die dortigen Erläuterungen wird ergänzend verwiesen.

Hauptabschnitt 1. Prozessverfahren

Abschnitt 1. Erster Rechtszug

Unterabschnitt 1. Verfahren vor dem Sozialgericht

Nr.	Gebührentatbestand	Gebühr oder Satz der Gebühr nach § 34 GKG
7110	**Verfahren im Allgemeinen**	**3,0**
7111	**Beendigung des gesamten Verfahrens durch** **1. Zurücknahme der Klage** **a) vor dem Schluss der mündlichen Verhandlung oder,** **b) wenn eine solche nicht stattfindet, vor Ablauf des Tages, an dem das Urteil oder der Gerichtsbescheid der Geschäftsstelle übermittelt wird,**	

Nr.	Gebührentatbestand	Gebühr oder Satz der Gebühr nach § 34 GKG
	2. Anerkenntnisurteil, 3. gerichtlichen Vergleich oder angenommenes Anerkenntnis oder 4. Erledigungserklärungen nach § 197a Abs. 1 Satz 1 SGG i. V. m. § 161 Abs. 2 VwGO, wenn keine Entscheidung über die Kosten ergeht oder die Entscheidung einer zuvor mitgeteilten Einigung der Beteiligten über die Kostentragung oder der Kostenübernahmeerklärung eines Beteiligten folgt, es sei denn, dass bereits ein Urteil oder ein Gerichtsbescheid vorausgegangen ist: Die Gebühr 7110 ermäßigt sich auf	1,0
	Die Gebühr ermäßigt sich auch, wenn mehrere Ermäßigungstatbestände erfüllt sind.	

Unterabschnitt 2. Verfahren vor dem Landessozialgericht

Nr.	Gebührentatbestand	Gebühr oder Satz der Gebühr nach § 34 GKG
7112	Verfahren im Allgemeinen	4,0
7113	Beendigung des gesamten Verfahrens durch 1. Zurücknahme der Klage a) vor dem Schluss der mündlichen Verhandlung oder, b) wenn eine solche nicht stattfindet, vor Ablauf des Tages, an dem das Urteil oder der Gerichtsbescheid der Geschäftsstelle übermittelt wird, 2. Anerkenntnisurteil, 3. gerichtlichen Vergleich oder angenommenes Anerkenntnis oder 4. Erledigungserklärungen nach § 197a Abs. 1 Satz 1 SGG i. V. m. § 161 Abs. 2 VwGO, wenn keine Entscheidung über die Kosten ergeht oder die Entscheidung einer zuvor mitgeteilten Einigung der Beteiligten über die Kostentragung oder der Kostenübernahmeerklärung eines Beteiligten folgt, es sei denn, dass bereits ein Urteil oder ein Gerichtsbescheid vorausgegangen ist: Die Gebühr 7112 ermäßigt sich auf	2,0

Nr.	Gebührentatbestand	Gebühr oder Satz der Gebühr nach § 34 GKG
	Die Gebühr ermäßigt sich auch, wenn mehrere Ermäßigungstatbestände erfüllt sind.	

Unterabschnitt 3. Verfahren vor dem Bundessozialgericht

Nr.	Gebührentatbestand	Gebühr oder Satz der Gebühr nach § 34 GKG
7114	**Verfahren im Allgemeinen**	**5,0**
7115	**Beendigung des gesamten Verfahrens durch** **1. Zurücknahme der Klage** **a) vor dem Schluss der mündlichen Verhandlung oder,** **b) wenn eine solche nicht stattfindet, vor Ablauf des Tages, an dem das Urteil oder der Gerichtsbescheid der Geschäftsstelle übermittelt wird,** **2. Anerkenntnisurteil,** **3. gerichtlichen Vergleich oder angenommenes Anerkenntnis oder** **4. Erledigungserklärungen nach § 197a Abs. 1 Satz 1 SGG i. V. m. § 161 Abs. 2 VwGO, wenn keine Entscheidung über die Kosten ergeht oder die Entscheidung einer zuvor mitgeteilten Einigung der Beteiligten über die Kostentragung oder der Kostenübernahmeerklärung eines Beteiligten folgt,** **es sei denn, dass bereits ein Urteil oder ein Gerichtsbescheid vorausgegangen ist:** **Die Gebühr 7114 ermäßigt sich auf**	**3,0**
	Die Gebühr ermäßigt sich auch, wenn mehrere Ermäßigungstatbestände erfüllt sind.	

I. Anwendungsbereich

1 Die Vorschriften des Hauptabschnitts 1 gelten in allen **Prozessverfahren** vor den Sozialgerichten, den Landessozialgerichten und dem Bundessozialgericht, in denen das Gerichtskostengesetz anzuwenden ist (§ 1 Abs. 2 Nr. 3 iVm § 197a SGG). Prozessverfahren sind die durch Klage iSd § 90 SGG eingeleiteten Verfahren. Der **erste Rechtszug** findet in der Regel vor dem Sozialgericht statt (KV 7110, 7111), kann aber auch vor dem Landessozialgericht (KV 7112, 7113) und sogar vor dem Bundessozialgericht (KV 7114, 7115) durchgeführt werden.

2 KV 7112, 7113 wurden eingefügt durch Gesetz v. 24.1.2011, BGBl. I S. 2302. Bei Verfahren wegen überlanger Dauer von Gerichtsverfahren (§§ 198 ff. GVG) ist

im Bereich der Sozialgerichtsbarkeit (Verzögerung durch SG oder LSG) das Landessozialgericht *erste* Instanz (§ 201 GVG), weshalb eine Gebührenvorschrift notwendig war.

KV 7114, 7115 wurden ebenfalls eingefügt durch Gesetz v. 24.1.2011, BGBl. I S. 2302. Bei Verfahren wegen überlanger Dauer von Gerichtsverfahren (§§ 198 ff. GVG) ist im Bereich der Sozialgerichtsbarkeit das Bundessozialgericht *erste* Instanz (§ 201 GVG; § 202 SGG), wenn nach dem Klagevortrag des BSG das Verfahren unangemessen verzögert hat. **3**

Für die durch Antrag einzuleitenden **Verfahren des vorläufigen Rechtsschutzes** (einstweilige Anordnungen, Verfahren nach § 6b Abs. 1 SGG) und für selbstständige Beweisverfahren gelten die Sonderregelungen in den Hauptabschnitten 2 und 3. **4**

II. Fälligkeit

Früher wurden Gebühren für Verfahren vor Gerichten der Sozialgerichtsbarkeit erst fällig, wenn eine unbedingte Entscheidung über die Kosten ergangen oder das Verfahren auf andere Weise beendet war. Seit 1.7.2004 Recht tritt in Prozessverfahren die **Fälligkeit** der Verfahrensgebühren bereits bei **Einreichung der Klage-, Antrags- oder Rechtsmittelschrift** ein (§ 6 Abs. 1 Nr. 4). In Prozessverfahren ist die pauschale **Verfahrensgebühr** daher in allen Rechtszügen bereits **zu Beginn des Verfahrens anzusetzen.** Allerdings kann die gerichtliche Tätigkeit nicht von der Zahlung der Kosten abhängig gemacht werden, da weder das Gerichtskostengesetz noch das Sozialgerichtsgesetz eine Vorschusspflicht kennen (§ 10); anders als im Zivilprozess (§ 12). **5**

III. Wertberechnung

Steht der der Berechnung der Gerichtsgebühren zugrunde zu legende Wert bei Verfahrensbeginn noch nicht fest, so hat das Gericht nach § 63 Abs. 1 Satz 1 den Wert für die Gerichtsgebühren ohne Anhörung der Parteien **vorläufig festzusetzen.** Dabei kann auf die Angaben der klagenden Partei zum Streitwert (§ 61) zurückgegriffen werden. Fehlen entsprechende Angaben und bietet der Sach- und Streitstand bei Verfahrensbeginn keine verlässlichen Anhaltspunkte für die Streitwertbemessung, kann der Auffangwert von nunmehr 5.000 Euro (§ 52 Abs. 2) zugrunde gelegt werden. Nach § 52 Abs. 4 darf der Streitwert mit höchstens 2 500.000 Euro angenommen werden. **6**

Die **endgültige Wertfestsetzung** wird häufig erst nach Erledigung des Verfahrens erfolgen können (§ 63 Abs. 2 Satz 1). **7**

IV. Gebührenhöhe

Im erstinstanzlichen Verfahren vor dem **Sozialgericht** wird eine pauschale Verfahrensgebühr mit einem **Gebührensatz von 3,0** erhoben (KV 7110). Gleiches gilt in erstinstanzlichen Prozessverfahren, die nach § 29 Abs. 2–4 SGG den Landessozialgerichten zugewiesen sind. **8**

V. Ermäßigung

9 Die Gebühr für das Verfahren im Allgemeinen **ermäßigt** sich von 3,0 auf **1,0,** wenn das gesamte Verfahren durch den Eintritt eines oder mehrerer der in KV 7111 geregelten Ermäßigungstatbestände beendet wird. Die zur Gebührenreduzierung führenden Tatbestände entsprechen weitgehend denen, die für das erstinstanzliche Verfahren in der Verwaltungsgerichtsbarkeit gelten (KV 5111). Eine Gebührenermäßigung gem. KV 7111 kommt dann nicht in Betracht, wenn das Gericht der Hauptsache noch eine Kostengrundentscheidung treffen muss, die sich nicht lediglich in der Wiederholung einer von Gesetzes wegen vorgegebenen oder von den Beteiligten mitgeteilten Kostenfolge erschöpft; ist die Kostengrundentscheidung allein auf der Grundlage der zur Verfahrensbeendigung führenden Erklärung(en) getroffen worden, ohne dass ein weiterer Blick in die Akten erforderlich gewesen ist, hat eine Gebührenermäßigung nach KV 7111 zu erfolgen (LSG Bayern BeckRS 2016, 65471).

10 Die Ermäßigung tritt ein bei **Zurücknahme der Klage** (§ 102 SGG) vor dem Schluss der mündlichen Verhandlung; dies gilt auch, wenn die Klage nach § 102 Abs. 2 SGG als zurückgenommen gilt. Findet keine mündliche Verhandlung statt, so muss die Zurücknahme vor Ablauf des Tages erfolgen, an dem das Urteil oder der Gerichtsbescheid der Geschäftsstelle übermittelt wird. Die Klagerücknahme führt nicht mehr zum völligen Wegfall der Verfahrensgebühr; diese reduziert sich lediglich auf 1,0.

11 Die Verfahrensgebühr ermäßigt sich ferner, wenn das gesamte Verfahren durch **Anerkenntnisurteil, gerichtlichen Vergleich oder angenommenes Anerkenntnis** (§ 101 Abs. 2 SGG) beendet wird. Eine solche Art von Anerkenntnis ist den anderen Verfahrensordnungen unbekannt. Haben Kläger und Beklagter den Rechtsstreit in der **Hauptsache** übereinstimmend für **erledigt** erklärt (§ 197 a Abs. 1 Satz 1 SGG iVm § 161 Abs. 2 VwGO), so ermäßigt sich die Verfahrensgebühr, wenn entweder **keine Entscheidung über die Kosten** ergeht oder die gerichtliche Entscheidung einer zuvor mitgeteilten Einigung der Beteiligten über die Kostentragung oder der Kostenübernahmeerklärung eines Beteiligten folgt.

12 Die **Gebührenermäßigung ist ausgeschlossen,** wenn den nach → Rn. 8, 9 maßgebenden Ereignissen ein Urteil oder ein Gerichtsbescheid vorausgegangen ist.

13 Bei Beendigung des Verfahrens durch **Gerichtsbescheid** sowie durch eine **Kostenentscheidung nach dem Sach- und Streitstand** (§ 197 a Abs. 1 Satz 1 SGG iVm § 161 Abs. 2 VwGO) fällt die Verfahrensgebühr stets in voller Höhe (Gebührensatz 3,0) an.

Abschnitt 2. Berufung

Nr.	Gebührentatbestand	Gebühr oder Satz der Gebühr nach § 34 GKG
7120	**Verfahren im Allgemeinen**	**4,0**
7121	**Beendigung des gesamten Verfahrens durch Zurücknahme der Berufung oder der Klage,**	

Nr.	Gebührentatbestand	Gebühr oder Satz der Gebühr nach § 34 GKG
	bevor die Schrift zur Begründung der Berufung bei Gericht eingegangen ist und vor Ablauf des Tages, an dem die Verfügung mit der Bestimmung des Termins zur mündlichen Verhandlung der Geschäftsstelle übermittelt wird und vor Ablauf des Tages, an dem die den Beteiligten gesetzte Frist zur Äußerung abgelaufen ist (§ 153 Abs. 4 Satz 2 SGG):	
	Die Gebühr 7120 ermäßigt sich auf	1,0
	Erledigungserklärungen nach § 197a Abs. 1 Satz 1 SGG i. V. m. § 161 Abs. 2 VwGO stehen der Zurücknahme gleich, wenn keine Entscheidung über die Kosten ergeht oder die Entscheidung einer zuvor mitgeteilten Einigung der Beteiligten über die Kostentragung oder der Kostenübernahmeerklärung eines Beteiligten folgt.	
7122	**Beendigung des gesamten Verfahrens, wenn nicht Nummer 7121 erfüllt ist, durch** **1. Zurücknahme der Berufung oder der Klage** **a) vor dem Schluss der mündlichen Verhandlung oder,** **b) wenn eine solche nicht stattfindet, vor Ablauf des Tages, an dem das Urteil oder der Beschluss in der Hauptsache der Geschäftsstelle übermittelt wird,** **2. Anerkenntnisurteil,** **3. gerichtlichen Vergleich oder angenommenes Anerkenntnis oder** **4. Erledigungserklärungen nach § 197a Abs. 1 Satz 1 SGG i. V. m. § 161 Abs. 2 VwGO, wenn keine Entscheidung über die Kosten ergeht oder die Entscheidung einer zuvor mitgeteilten Einigung der Beteiligten über die Kostentragung oder der Kostenübernahmeerklärung eines Beteiligten folgt,** **es sei denn, dass bereits ein Urteil oder ein Beschluss in der Hauptsache vorausgegangen ist:**	
	Die Gebühr 7120 ermäßigt sich auf	2,0
	Die Gebühr ermäßigt sich auch, wenn mehrere Ermäßigungstatbestände erfüllt sind.	

Abschnitt 3. Revision

Nr.	Gebührentatbestand	Gebühr oder Satz der Gebühr nach § 34 GKG
7130	Verfahren im Allgemeinen	5,0
7131	Beendigung des gesamten Verfahrens durch Zurücknahme der Revision oder der Klage, bevor die Schrift zur Begründung der Revision bei Gericht eingegangen ist:	
	Die Gebühr 7130 ermäßigt sich auf	1,0
	Erledigungserklärungen nach § 197a Abs. 1 Satz 1 SGG i. V. m. § 161 Abs. 2 VwGO stehen der Zurücknahme gleich, wenn keine Entscheidung über die Kosten ergeht oder die Entscheidung einer zuvor mitgeteilten Einigung der Beteiligten über die Kostentragung oder der Kostenübernahmeerklärung eines Beteiligten folgt.	
7132	Beendigung des gesamten Verfahrens, wenn nicht Nummer 7131 erfüllt ist, durch 1. Zurücknahme der Revision oder der Klage, a) vor dem Schluss der mündlichen Verhandlung oder, b) wenn eine solche nicht stattfindet, vor Ablauf des Tages, an dem das Urteil oder der Beschluss in der Hauptsache der Geschäftsstelle übermittelt wird, 2. Anerkenntnisurteil, 3. gerichtlichen Vergleich oder angenommenes Anerkenntnis oder 4. Erledigungserklärungen nach § 197a Abs. 1 Satz 1 SGG i. V. m. § 161 Abs. 2 VwGO, wenn keine Entscheidung über die Kosten ergeht oder die Entscheidung einer zuvor mitgeteilten Einigung der Beteiligten über die Kostentragung oder der Kostenübernahmeerklärung eines Beteiligten folgt, wenn nicht bereits ein Urteil oder ein Beschluss in der Hauptsache vorausgegangen ist:	
	Die Gebühr 7130 ermäßigt sich auf	3,0
	Die Gebühr ermäßigt sich auch, wenn mehrere Ermäßigungstatbestände erfüllt sind.	

I. Berufung

1 Die pauschale Verfahrensgebühr für das **Berufungsverfahren** vor dem Landessozialgericht wird nach einem **Gebührensatz von 4,0** erhoben (KV 7120). Werden die **Berufung** oder die Klage **zurückgenommen,** bevor die Schrift zur Begründung des Rechtsmittels bei Gericht eingeht, ermäßigt sich die **allgemeine Verfahrensgebühr** auf einen Satz von **1,0** (KV 7121). Sie ermäßigt sich in gleicher Weise, wenn die Rücknahme vor Ablauf des Tages erfolgt, an dem die Verfügung mit der Bestimmung des Termins zur mündlichen Verhandlung der Geschäftsstelle übermittelt wird und vor Ablauf des Tages, an dem die den Beteiligten gesetzte Frist zur Äußerung abgelaufen ist (§ 153 Abs. 4 Satz 2 SGG). Zum erstinstanzlichen Verfahren vor dem LSG siehe KV 7112, 7113.

2 Der Satz der Gebühr für das Verfahren im Allgemeinen ermäßigt sich nach KV 7122 **von 4,0 auf 2,0** unter den gleichen Voraussetzungen, die für die Ermäßigung der Verfahrensgebühr der ersten Instanz gelten.

II. Revisionsverfahren

3 Der **Gebührensatz** der pauschalen Verfahrensgebühr beträgt nach KV 7130 **5,0.** Er ermäßigt sich nach KV 7131 auf 1,0, wenn das Rechtsmittel vor seiner Begründung zurückgenommen wird.

4 Der Gebührensatz ermäßigt sich bei Vorliegen eines oder mehrerer der Ermäßigungstatbestände der KV 7132 auf **3,0.** Die Ermäßigungstatbestände entsprechen denen des erstinstanzlichen Verfahrens. Zum erstinstanzlichen Verfahren vor dem BSG siehe KV 7114, 7115.

Hauptabschnitt 2. Vorläufiger Rechtsschutz

Vorbemerkung 7.2:

(1) Die Vorschriften dieses Hauptabschnitts gelten für einstweilige Anordnungen und für Verfahren nach § 86b Abs. 1 SGG.

(2) Im Verfahren über den Antrag auf Erlass und im Verfahren über den Antrag auf Aufhebung einer einstweiligen Anordnung werden die Gebühren jeweils gesondert erhoben. Mehrere Verfahren nach § 86b Abs. 1 SGG gelten innerhalb eines Rechtszugs als ein Verfahren.

Abschnitt 1. Erster Rechtszug

Nr.	Gebührentatbestand	Gebühr oder Satz der Gebühr nach § 34 GKG
7210	**Verfahren im Allgemeinen**	**1,5**
7211	**Beendigung des gesamten Verfahrens durch** **1. Zurücknahme des Antrags**	

Nr.	Gebührentatbestand	Gebühr oder Satz der Gebühr nach § 34 GKG
	a) vor dem Schluss der mündlichen Verhandlung oder, b) wenn eine solche nicht stattfindet, vor Ablauf des Tages, an dem der Beschluss (§ 86b Abs. 4 SGG) der Geschäftsstelle übermittelt wird, 2. gerichtlichen Vergleich oder angenommenes Anerkenntnis oder 3. Erledigungserklärungen nach § 197a Abs. 1 Satz 1 SGG i. V. m. § 161 Abs. 2 VwGO, wenn keine Entscheidung über die Kosten ergeht oder die Entscheidung einer zuvor mitgeteilten Einigung der Beteiligten über die Kostentragung oder der Kostenübernahmeerklärung eines Beteiligten folgt, es sei denn, dass bereits ein Beschluss (§ 86b Abs. 4 SGG) vorausgegangen ist:	
	Die Gebühr 7210 ermäßigt sich auf	0,5
	Die Gebühr ermäßigt sich auch, wenn mehrere Ermäßigungstatbestände erfüllt sind.	

Abschnitt 2. Beschwerde

Vorbemerkung 7.2.2:

Die Vorschriften dieses Abschnitts gelten für Beschwerden gegen Beschlüsse des Sozialgerichts nach § 86b SGG.

Nr.	Gebührentatbestand	Gebühr oder Satz der Gebühr nach § 34 GKG
7220	Verfahren über die Beschwerde	2,0
7221	Beendigung des gesamten Verfahrens durch Zurücknahme der Beschwerde:	
	Die Gebühr 7220 ermäßigt sich auf	1,0

1 Die Vorschriften gelten nach Vorbemerkung 7.2 Abs. 1 für **einstweilige Anordnungen** und für **Verfahren nach § 86 Abs. 1 SGG.** Nach Vorbemerkung 7.2 Abs. 2werden die Gebühren im Verfahren über den Antrag auf Erlass und im Verfahren über den Antrag auf Aufhebung einer einstweiligen Anordnung jeweils gesondert erhoben. Mehrere Verfahren nach § 86 Abs. 1 SGG gelten innerhalb eines Rechtszugs als ein Verfahren.

2 Die **Gebühren** in Verfahren des vorläufigen Rechtsschutzes werden nach § 9 Abs. 1 grundsätzlich erst **mit Beendigung des Verfahrens fällig.**

Die pauschale Verfahrensgebühr im Verfahren des **ersten Rechtszuges** wird nach KV 7210 nach einem **Gebührensatz von 1,5** erhoben. Der Gebührensatz **ermäßigt** sich auf **0,5,** wenn das gesamte Verfahren durch Zurücknahme des Antrags, durch gerichtlichen Vergleich, durch angenommenes Anerkenntnis oder durch Erledigungserklärungen nach § 197a Abs. 1 Satz 1 SGG iVm § 161 Abs. 2 VwGO beendet wird, wenn entweder keine Entscheidung über die Kosten ergeht oder die gerichtliche Entscheidung einer zuvor mitgeteilten Einigung der Beteiligten über die Kostentragung oder der Kostenübernahmeerklärung eines Beteiligten folgt. 3

Die KV 7220 und 7221 enthalten Regelungen über Gebühren für **Beschwerden gegen Beschlüsse des Sozialgerichts** nach § 86b SGG. Die Gebühr für das Verfahren über die Beschwerde wird nach einem Gebührensatz von 2,0 erhoben. Der Satz ermäßigt sich auf 1,0, wenn das gesamte Verfahren durch Zurücknahme der Beschwerde beendet wird. 4

Hauptabschnitt 3. Beweissicherungsverfahren

Nr.	Gebührentatbestand	Gebühr oder Satz der Gebühr nach § 34 GKG
7300	**Verfahren im Allgemeinen**	**1,0**

In **Beweissicherungsverfahren** (§ 76 SGG) wird eine Gebühr nach einem Gebührensatz von 1,0 erhoben. Die Gebührenhöhe entspricht damit derjenigen des selbstständigen Beweisverfahrens vor den Zivilgerichten und den Gerichten der Verwaltungs- und Finanzgerichtsbarkeit (KV 1610, 5300, 6300). 1

Hauptabschnitt 4. Rüge wegen Verletzung des Anspruchs auf rechtliches Gehör

Nr.	Gebührentatbestand	Gebühr oder Satz der Gebühr nach § 34 GKG
7400	**Verfahren über die Rüge wegen Verletzung des Anspruchs auf rechtliches Gehör (§ 178a SGG):** **Die Rüge wird in vollem Umfang verworfen oder zurückgewiesen**	**60,00 €**

KV 7400 übernimmt die für entsprechende Verfahren vor den Gerichten der ordentlichen Gerichtsbarkeit geltende Regelung der KV 1700 für die Verfahren vor den Gerichten der Sozialgerichtsbarkeit. Wie dort wird eine Gebühr in Höhe von 60 Euro (bis 31. 7. 2013: 50 Euro) erhoben, wenn die Rüge in vollem Umfang verworfen oder zurückgewiesen wird. 1

Hauptabschnitt 5. Sonstige Beschwerden

Nr.	Gebührentatbestand	Gebühr oder Satz der Gebühr nach § 34 GKG
7500	**Verfahren über die Beschwerde gegen die Nichtzulassung der Berufung:** **Soweit die Beschwerde verworfen oder zurückgewiesen wird**	1,5
7501	**Verfahren über die Beschwerde gegen die Nichtzulassung der Berufung:** **Soweit die Beschwerde zurückgenommen oder das Verfahren durch anderweitige Erledigung beendet wird** Die Gebühr entsteht nicht, soweit die Berufung zugelassen wird.	0,75
7502	**Verfahren über die Beschwerde gegen die Nichtzulassung der Revision:** **Soweit die Beschwerde verworfen oder zurückgewiesen wird**	2,0
7503	**Verfahren über die Beschwerde gegen die Nichtzulassung der Revision:** **Soweit die Beschwerde zurückgenommen oder das Verfahren durch anderweitige Erledigung beendet wird** Die Gebühr entsteht nicht, soweit die Revision zugelassen wird.	1,0
7504	**Verfahren über nicht besonders aufgeführte Beschwerden, die nicht nach anderen Vorschriften gebührenfrei sind:** **Die Beschwerde wird verworfen oder zurückgewiesen** Wird die Beschwerde nur teilweise verworfen oder zurückgewiesen, kann das Gericht die Gebühr nach billigem Ermessen auf die Hälfte ermäßigen oder bestimmen, dass eine Gebühr nicht zu erheben ist.	60,00 €

1 Nach KV 7500 wird für erfolglose **Beschwerdeverfahren über die Nichtzulassung der Berufung** eine Verfahrensgebühr mit einem Gebührensatz von **1,5** erhoben. Der Gebührensatz **ermäßigt** sich nach KV 7501 auf **1,0,** soweit die Beschwerde zurückgenommen oder das Verfahren durch anderweitige Erledigung beendet wird.

2 Entsprechende Regelungen für das Verfahren über die **Beschwerde gegen die Nichtzulassung der Revision** enthalten die KV 7502 und 7503. Die Gebührensätze betragen in diesen Fällen 2,0 bzw. 1,0.

KV 7504 enthält eine **Auffangregelung** für nicht besonders aufgeführte Beschwerden, die nicht nach anderen Vorschriften gebührenfrei sind; sie gilt auch für Beschwerden gegen im **Prozesskostenhilfeverfahren** ergangene Entscheidungen. Bleiben derartige Beschwerden erfolglos, so wird eine Festgebühr in Höhe von 60 Euro (bis 31.7.2013: 50 Euro) erhoben. Hat die Beschwerde teilweise Erfolg, so kann das Gericht die Gebühr wie bisher auf die Hälfte ermäßigen oder bestimmen, dass keine Gebühr zu erheben ist. 3

Hauptabschnitt 6. Besondere Gebühren

Nr.	Gebührentatbestand	Gebühr oder Satz der Gebühr nach § 34 GKG
7600	**Abschluss eines gerichtlichen Vergleichs:** **Soweit ein Vergleich über nicht gerichtlich anhängige Gegenstände geschlossen wird** . . . . . **Die Gebühr entsteht nicht im Verfahren über die Prozesskostenhilfe. Im Verhältnis zur Gebühr für das Verfahren im Allgemeinen ist § 36 Absatz 3 GKG entsprechend anzuwenden.**	0,25
7601	**Auferlegung einer Gebühr nach § 38 GKG wegen Verzögerung des Rechtsstreits**	wie vom Gericht bestimmt

Der **Prozessvergleich** löst **keine zusätzliche Gerichtsgebühr** aus, er verringert sogar die Verfahrensgebühr. Nach KV 7600 entsteht aber auch in Verfahren der Sozialgerichtsbarkeit eine Vergleichsgebühr von 0,25, soweit ein Vergleich über nicht gerichtlich anhängige Gegenstände geschlossen wird. Denn das Gericht hat eine Zusatzleistung, die in der Protokollierung besteht, erbracht. KV 7600 entspricht KV 5600 und 1900. Der Wortlaut wurde ab 1.8.2013 (2. KostRModG) an den neuen Wortlaut von KV 1900 angepasst. Nach dem neuen Gesetzestext kommt es nicht darauf an, ob etwas mitverglichen wurde. Es kann im Falle von KV 7600 der anhängige Streitgegenstand verglichen werden und *zugleich* bisher nicht gerichtlich anhängige Gegenstände oder *nur* bisher nicht gerichtlich anhängige Gegenstände (das ist neu). Ob ein weiterer Gegenstand mitverglichen wurde, ergibt sich aus dem Vergleich der Klage mit dem Protokoll und dem Vergleichstext. Nach § 22 Abs. 1 Satz 2 haftet jeder, der an dem Vergleich beteiligt ist, auch für die Mehrvergleichsgebühr. Nach § 22 Abs. 1 Satz 2 haftet jeder, der an dem Vergleich beteiligt ist, auch für die Mehrvergleichsgebühr. 1

Anm. Satz 1: Die Gebühr nicht im Verfahren über die Prozesskostenhilfe. Die Anm. Satz 2, eingefügt durch das 2. KostRMoG (2013), besagt durch Verweisung auf § 36 Abs. 3, dass eine Gebührendeckelung erfolgt. Dazu ist eine Vergleichsberechnung durchzuführen; Beispiel bei → 5600 Rn. 2. 2

KV 7601 stimmt mit KV 1901 überein. Auf die dortigen Erläuterungen wird verwiesen. 3

Teil 8. Verfahren vor den Gerichten der Arbeitsgerichtsbarkeit

Vorbemerkung zu Teil 8

I. Geltungsbereich

1 Teil 8 enthält Gebührenvorschriften für Verfahren vor den **Gerichten der Arbeitsgerichtsbarkeit** (Arbeitsgerichte, Landesarbeitsgerichte, Bundesarbeitsgericht, vgl. § 1 ArbGG) nach dem Arbeitsgerichtsgesetz (§ 1 Abs. 2 Nr. 4). Sie sind mit Wirkung vom 1.7.2004 (1. Kostenmodernisierungsgesetz) an die Stelle der bisher im Arbeitsgerichtsgesetz enthaltenen Bestimmungen getreten. Die Gebühren sind gegenüber den in Zivilprozessen zu erhebenden Gebühren **reduziert.** Dies wird durch niedrigere Gebührensätze und abgesenkte Festgebühren erreicht.

2 Teil 8 ist nicht anzuwenden in den Verfahren, in denen nach § 2 Abs. 2 Kosten nicht erhoben werden. Diese Verfahren sind gerichtskostenfrei.

II. Fälligkeit der Gebühren; Vorschuss

3 Auch in der Arbeitsgerichtsbarkeit ist für alle Rechtszüge das **Pauschalgebührensystem** eingeführt. Allerdings werden die Verfahrensgebühren nicht (wie im Zivilprozess) bereits bei Einreichung der Klage- oder Rechtsmittelschrift **fällig,** sondern erst dann, wenn das **Verfahren im jeweiligen Rechtszug beendet** ist, sechs Monate geruht hat oder sechs Monate von den Parteien nicht betrieben worden ist (§ 6 Abs. 4, § 9 Abs. 1). Die Vorschriften des Abschnitts 3 des GKG **(Vorschuss und Vorauszahlung) gelten** nach § 11 vor den Gerichten für Arbeitssachen **nicht.**

4 Die vor den Gerichten für Arbeitssachen geltenden Gebührenvorschriften entsprechen weitgehend den für das Verfahren vor den ordentlichen Gerichten geltenden Bestimmungen des Teils 1 des Kostenverzeichnisses. Auf die dortigen Erläuterungen wird ergänzend verwiesen.

Vorbemerkung 8:

Bei Beendigung des Verfahrens durch einen gerichtlichen Vergleich entfällt die in dem betreffenden Rechtszug angefallene Gebühr; im ersten Rechtszug entfällt auch die Gebühr für das Verfahren über den Antrag auf Erlass eines Vollstreckungsbescheids oder eines Europäischen Zahlungsbefehls. Dies gilt nicht, wenn der Vergleich nur einen Teil des Streitgegenstands betrifft (Teilvergleich).

1 **Vorbemerkung 8** bestimmt für sämtliche Verfahren vor Gerichten der Arbeitsgerichtsbarkeit, dass die **Verfahrensgebühr** derjenigen Instanz **entfällt,** in der der Rechtsstreit durch einen **gerichtlichen Vergleich,** auch einen solchen nach § 278 Abs. 6 ZPO, beendet wird. Anders als bis zum 30.6.2004 lässt ein außergerichtlicher, dem Gericht mitgeteilter Vergleich die Gebühr nicht entfallen (KV 9112, 9121, 9131 Gebührenverzeichnis zu § 12 Abs. 1 ArbGG aF). Erforderlich ist nach Satz 2 der Vorbemerkung der Abschluss eines Vergleichs, durch den das **gesamte**

Verfahren beendet wird; ein Teilvergleich, der nur Teile des Streitgegenstands oder einen von mehreren Streitgegenständen erledigt, genügt nicht (LAG Baden-Württemberg Die Justiz 2007, 169; *Bader* NZA 2005, 971).

Hauptabschnitt 1. Mahnverfahren

Nr.	Gebührentatbestand	Gebühr oder Satz der Gebühr nach § 34 GKG
8100	**Verfahren über den Antrag auf Erlass eines Vollstreckungsbescheids oder eines Europäischen Zahlungsbefehls** . . . . **Die Gebühr entfällt bei Zurücknahme des Antrags auf Erlass des Vollstreckungsbescheids. Sie entfällt auch nach Übergang in das streitige Verfahren, wenn dieses ohne streitige Verhandlung endet; dies gilt nicht, wenn ein Versäumnisurteil ergeht. Bei Erledigungserklärungen nach § 91 a ZPO entfällt die Gebühr, wenn keine Entscheidung über die Kosten ergeht oder die Kostenentscheidung einer zuvor mitgeteilten Einigung der Parteien über die Kostentragung oder der Kostenübernahmeerklärung einer Partei folgt.**	**0,4 – mindestens 26,00 €**

1 Für das **Mahnverfahren** vor den Arbeitsgerichten gelten grundsätzlich die Vorschriften der §§ 688 ff. ZPO mit den sich aus § 46 a ArbGG ergebenden Besonderheiten. Für das Europäische Mahnverfahren nach der Verordnung (EG) Nr. 1896/2006 des Europäischen Parlaments und des Rates vom 12. Dezember 2006 zur Einführung eines Europäischen Mahnverfahrens (ABl. L 399, 1) gelten im Grundsatz die Vorschriften des Abschnitts 5 des Buches 11 der Zivilprozessordnung entsprechend, soweit das Arbeitsgerichtsgesetz nichts anderes bestimmt. Zuständig ist sowohl beim nationalen Mahnverfahren als auch beim Europäischen Mahnverfahren das Arbeitsgericht, das für die im Urteilsverfahren erhobene Klage zuständig sein würde (§ 46 a Abs. 2, § 46 b Abs. 2 ArbGG).

2 Das **Mahnverfahren** vor dem Arbeitsgericht ist **gerichtsgebührenfrei;** es ist nichts vorauszuzahlen (§ 11; KV 8100 nennt den Mahnbescheid nicht); es wird eine Gebühr nur für das Verfahren über den Antrag auf Erlass eines **Vollstreckungsbescheids** erhoben (Fälligkeit: § 9). Endet das Verfahren vor Beantragung eines Vollstreckungsbescheids, etwa weil der Schuldner zahlt oder der Gläubiger keinen Vollstreckungsbescheid beantragt oder weil der Gläubiger das Verfahren nach Widerspruch nicht weiterbetreibt, so bleibt es **gebührenfrei.** Auch die Rücknahme des Mahnantrags ist gerichtsgebührenfrei. Wird der Mahnantrag zurückgewiesen (§ 691 ZPO) oder fällt die Wirkung nach § 701 ZPO weg, sind die Zustellungsauslagen zu zahlen; eine Gebühr fällt nicht an.

3 Der **Gebührensatz** für den Antrag auf Vollstreckungsbescheid beträgt **0,4.** Seit dem 1.8.2013 ist **mindestens** eine Gebühr in Höhe von **26 Euro** zu erheben (zuvor 18 Euro). Diese Mindestgebühr ist verfassungsrechtlich unbedenklich (BVerfG NJW 2007, 2032, noch zu 18 Euro).

4 Nach der KV 8100 Anm. **entfällt die Gebühr,** wenn der Antrag auf Erlass des Vollstreckungsbescheids zurückgenommen wird. Sie entfällt ferner nach Übergang in das streitige Verfahren, wenn dieses **ohne streitige Verhandlung** endet; dies gilt nicht, wenn ein Versäumnisurteil ergeht. Erklären die Parteien den Rechtsstreit in der Hauptsache übereinstimmend für erledigt, so entfällt die Gebühr, wenn keine Entscheidung über die Kosten ergeht oder die Kostenentscheidung einer zuvor mitgeteilten Einigung der Parteien über die Kostentragung oder der Kostenübernahmeerklärung einer Partei folgt.

Hauptabschnitt 2. Urteilsverfahren

Abschnitt 1. Erster Rechtszug

Nr.	Gebührentatbestand	Gebühr oder Satz der Gebühr nach § 34 GKG
8210	Verfahren im Allgemeinen . . . . **(1) Soweit wegen desselben Anspruchs ein Mahnverfahren vorausgegangen ist, entsteht die Gebühr nach Erhebung des Widerspruchs, wenn ein Antrag auf Durchführung der mündlichen Verhandlung gestellt wird, oder mit der Einlegung des Einspruchs; in diesem Fall wird eine Gebühr 8100 nach dem Wert des Streitgegenstands angerechnet, der in das Prozessverfahren übergegangen ist, sofern im Mahnverfahren der Antrag auf Erlass des Vollstreckungsbescheids gestellt wurde. Satz 1 gilt entsprechend, wenn wegen desselben Streitgegenstands ein Europäisches Mahnverfahren vorausgegangen ist.** **(2) Die Gebühr entfällt bei Beendigung des gesamten Verfahrens ohne streitige Verhandlung, wenn kein Versäumnisurteil ergeht. Bei Erledigungserklärungen nach § 91a ZPO entfällt die Gebühr, wenn keine Entscheidung über die Kosten ergeht oder die Kostenentscheidung einer zuvor mitgeteilten Einigung der Parteien über die Kostentragung oder der Kostenübernahmeerklärung einer Partei folgt.**	2,0

1 Hauptabschnitt 2 gilt für **Urteilsverfahren (§ 2 ArbGG).** In Beschlussverfahren nach § 2a Abs. 1 ArbGG und in Verfahren nach § 103 Abs. 3, § 108 Abs. 3, § 109 ArbGG besteht nach § 2 Abs. 2 Kostenfreiheit; in ihnen ergeht daher grundsätzlich keine Kostenentscheidung (BAG NZA 2008, 372).

2 Im Verfahren des ersten Rechtszuges wird die pauschale **Verfahrensgebühr** mit einem **Gebührensatz von 2,0** erhoben. Die Gebühr ist nicht vorauszuzahlen (§ 11). Die Klage wird nicht erst nach Zahlung eines Gebührenvorschusses zugestellt, sondern sogleich (§§ 11, 12).

3 Wenn ein **Mahnverfahren vorausgegangen** ist, entsteht die Gebühr nach Erhebung des Widerspruchs, wenn ein Antrag auf Durchführung der mündlichen

Verhandlung gestellt wird, oder mit der Einlegung des Einspruchs (Anmerkung Satz 1). Ist demnach eine Gebühr entstanden, wird eine Gebühr nach KV 8100 nach dem Wert des Streitgegenstands angerechnet, der in das Prozessverfahren übergegangen ist, sofern im Mahnverfahren der Antrag auf Erlass des Vollstreckungsbescheids gestellt wurde. Beispiel: Erging der Mahnbescheid über 5.000 Euro, wird nach Widerspruch aber nur eine Anspruchsbegründung über 2.000 Euro eingereicht, dann fallen die 2,0 Gebühr (KV 8210) nur aus 2.000 Euro an und die 0,4 aus KV 8100 werden darauf angerechnet.

Vergleich. Die Gebühr entfällt bei Beendigung des Verfahrens durch einen **gerichtlichen Vergleich** (Vorbemerkung 8), mag er vor oder nach streitiger Verhandlung geschlossen werden. Bei einem **Mehrvergleich** (Prozessvergleich über einen nicht rechtshängigen Streitgegenstand) fällt weder eine Gebühr noch einen Zusatzgebühr (wie nach KV 1900, 5600) an. Der Vergleich nur über einen Teil des Streitgegenstandes **(Teilvergleich)** führt nicht zum Gebührenwegfall (Vorbemerkung 8 Satz 2), weil sich nicht die ganze Sache erledigt hat. Auch der **Vergleich zwischen den Instanzen** führt nicht zum Gebührenwegfall (str.). Ein dem Gericht mitgeteilter **außergerichtlicher Vergleich** führt nicht zum Gebührenwegfall; wenn jedoch dann die Parteien den Rechtsstreit mit Verzicht auf eine Kostenentscheidung für erledigt erklären, ist die Gebühr weggefallen. Wird gegen das Urteil des ArbG Berufung eingelegt, dann vom LAG zurückverwiesen und jetzt durch Prozessvergleich erledigt, tritt der Gebührenwegfall ein (§ 37). 4

Die Gebühr entfällt bei Beendigung des *gesamten* Verfahrens **ohne streitige Verhandlung** (Anm. 2). Mehrere Beendigungsarten (zB Teilvergleich und Teilanerkenntnis) dürfen kombiniert werden. Die streitige Verhandlung findet in der Regel vor der Kammer des Arbeitsgerichts statt. Sie beginnt noch nicht mit der Erörterung von Vorfragen oder gütlichen Einigungsmöglichkeiten zu Beginn der Kammersitzung (*Roloff* NZA 2007, 900), sondern erst, sobald widerstreitende Sach- oder Prozessanträge (§ 137 Abs. 1 ZPO) gestellt sind. Auch die Antragstellung in der Güteverhandlung eröffnet noch nicht die streitige Verhandlung (*Oestreich/Hellstab/Trenkle* GKG KV 8210 Rn. 17), außer die Parteien beantragen die Entscheidung durch den Vorsitzenden alleine, § 55 Abs. 3 ArbGG (*Roloff* NZA 2007, 900). 5

Wichtig ist der Fall der **Klagerücknahme** *vor* Stellung der Anträge (*Natter* NZA 2004, 690), zB im Gütetermin; die Fiktion nach § 54 Abs. 5 ArbGG (Erscheinen beide Parteien in der Güteverhandlung nicht, ist das Ruhen des Verfahrens anzuordnen; nach sechs Monaten Anwendung von § 269 ZPO); Anerkenntnis- und Verzichtsurteile vor Beginn der streitigen Verhandlung. 6

Bei **Erledigungserklärungen nach § 91a ZPO** entfällt die Gebühr nur, wenn keine Entscheidung über die Kosten ergeht oder die Kostenentscheidung einer zuvor mitgeteilten Einigung der Parteien über die Kostentragung oder der Kostenübernahmeerklärung einer Partei folgt. Der Wegfall der Gebühr ist eine arbeitsrechtliche Besonderheit, im Zivilprozess wird in derartigen Fällen die Gebühr nur ermäßigt. 7

Die **Auslagenerstattung** entfällt bei KV 8210 Anm. 2 nicht (*Roloff* NZA 2007, 900). 8

Wenn ein **Versäumnisurteil** ergeht tritt trotz Fehlens einer streitigen Verhandlung kein Gebührenwegfall und keine Gebührenermäßigung ein. 9

Nr.	Gebührentatbestand	Gebühr oder Satz der Gebühr nach § 34 GKG
8211	**Beendigung des gesamten Verfahrens nach streitiger Verhandlung durch** **1. Zurücknahme der Klage vor dem Schluss der mündlichen Verhandlung, wenn keine Entscheidung nach § 269 Abs. 3 Satz 3 ZPO über die Kosten ergeht oder die Entscheidung einer zuvor mitgeteilten Einigung der Parteien über die Kostentragung oder der Kostenübernahmeerklärung einer Partei folgt,** **2. Anerkenntnisurteil, Verzichtsurteil oder Urteil, das nach § 313 a Abs. 2 ZPO keinen Tatbestand und keine Entscheidungsgründe enthält, oder** **3. Erledigungserklärungen nach § 91 a ZPO, wenn keine Entscheidung über die Kosten ergeht oder die Entscheidung einer zuvor mitgeteilten Einigung der Parteien über die Kostentragung oder der Kostenübernahmeerklärung einer Partei folgt,** **es sei denn, dass bereits ein anderes als eines der in Nummer 2 genannten Urteile vorausgegangen ist:** **Die Gebühr 8210 ermäßigt sich auf** . . . . Die Zurücknahme des Widerspruchs gegen den Mahnbescheid oder des Einspruchs gegen den Vollstreckungsbescheid stehen der Zurücknahme der Klage gleich. Die Gebühr ermäßigt sich auch, wenn mehrere Ermäßigungstatbestände erfüllt sind oder Ermäßigungstatbestände mit einem Teilvergleich zusammentreffen.	0,4

I. Allgemeines

1 Der **Gebührensatz** der Verfahrensgebühr **ermäßigt** sich von 2,0 auf **0,4,** wenn das ***gesamte* Verfahren nach *streitiger* Verhandlung** durch Eintritt eines oder mehrerer der in KV 8211 geregelten Ermäßigungstatbestände beendet wird. Die Regelung ähnelt KV 1211.

II. Beendigung des gesamten Verfahrens

2 Eine **Teilbeendigung** genügt nicht (OLG Bremen OLG-Report Celle 2005, 563), selbst wenn nur ein Cent oder nur Zinsen, nur Kosten offenbleiben, erfolgt keine Ermäßigung der Gerichtsgebühr. Das Verfahren muss bezüglich aller Anträge,

aller Kläger/Antragsteller und aller Beklagten/Antragsgegner beendet sein: Wenn von zwei Klägern nur einer die Klage zurücknimmt, liegt keine Beendigung des *ganzen* Verfahrens vor. Rücknahme nur der **Widerklage** beendet nach hM nicht das *ganze* Verfahren (OLG Schleswig MDR 2003, 176; OLG Stuttgart MDR 2002, 298), führt also nicht zur (anteiligen) Gebührenermäßigung. Die (völlige) **Rücknahme einer späteren Klageerweiterung** führt ebenfalls zu keiner (anteiligen) Gebührenermäßigung, selbst dann, wenn sich der Streitwert erheblich ermäßigt (OLG München NJW-RR 1997, 1159).

Zum **Begriff des „streitigen Verfahrens"** → 8210 Rn. 4. 3

III. Privilegierte Beendigungsmodalitäten

1. Nr. 1

Ein Hauptfall ist die **Klagerücknahme** *nach* Stellung der Anträge. Es darf aber keine Kostenentscheidung mehr nachfolgen oder sie folgt zwar, entspricht aber einer Einigung der Parteien (also ohne Begründung) oder der Kostenübernahmeerklärung durch sonstige Personen. Die Rücknahme nur eines Teils der Klage führt nicht zur Gebührenermäßigung (LAG Hessen 12.12.2005 – 13 Ta 569/05, BeckRS 2006, 41366). Erforderlich ist eine wirksame Klagerücknahme, also gegebenenfalls mit Einwilligung des Beklagten (vgl. § 269 Abs. 1 ZPO). „Klagerücknahme" ist nicht nur im Sinne des ZPO zu verstehen, sondern kostenrechtlich. Die bloße Mitteilung des Klägers, der Beklagte habe bezahlt, stellt noch keine Klagerücknahme dar. Das bloße Nichtbetreiben des Rechtsstreits infolge Unterbrechung, Aussetzung oder Anordnung des Ruhens des Verfahrens (§ 251 ZPO) stellt keine Klagerücknahme dar, reicht für sich allein für eine Gebührenermäßigung nicht aus (*Meyer* Rn. 33); wer also 2,0 einzahlt und dann das Verfahren nicht weiterbetreibt, erhält nichts erstattet; allerdings kann eine fiktive Klagerücknahme vorliegen, Nachfrage beim Kläger ist deshalb zweckmäßig. Wird nach einer Klageerweiterung die Klage lediglich in Höhe der Erweiterung zurückgenommen, so greift die Ermäßigung des KV 8211 nicht ein, da der Streit nicht ganz beendet ist. Das „Fallenlassen" eines Klageanspruchs im Wege der gewillkürten Parteiauswechselung wird kostenrechtlich wie eine Klagerücknahme behandelt (KG JurBüro 1997, 93). Der Klagerücknahme steht bestimmte andere Vorgänge gleich: → Rn. 13. 4

2. Nr. 2

Anerkenntnisurteil, Verzichtsurteil, Urteil nach § 313a Abs. 2 ZPO: Eine solche Erledigung führt zur Gebührenermäßigung, vorbehaltlich → Rn. 6. Eine Prozessbeendigung durch **Versäumnisurteil** führt dagegen nicht zur Gebührenreduzierung. 5

3. Nr. 3

Erledigungserklärungen der Parteien führen nur dann zu einer Gebührenermäßigung, wenn keine Entscheidung über die Kosten ergeht oder die Entscheidung einer zuvor mitgeteilten Einigung der Parteien über die Kostentragung oder der Kostenübernahmeerklärung einer Partei folgt. 6

IV. Keine Gebührenermäßigung

7 Keine Gebührenermäßigung erfolgt trotzdem („es sei denn ...“), wenn bereits ein anderes als ein Anerkenntnisurteil, Verzichtsurteil oder Urteil nach § 313a Abs. 2 ZPO vorausgegangen ist. Nur diese drei Urteilsarten sind unschädlich. Denn in allen anderen Fällen entsteht für das Gericht eine gewisse Arbeit, die nach Auffassung der Gesetzgebers bezahlt werden sollte.

8 Ein *vorausgegangenes* **Versäumnisurteil gegen den Beklagten** (§ 331 ZPO) verhindert die Gebührenermäßigung, wenn nach Einspruch die Klage zurückgenommen oder verglichen usw. wird (OLG München OLG-Report München 2006, 600; OLG München MDR 1996, 968; LG Bonn JurBüro 2001, 595; LG Magdeburg BeckRS 2011, 26629; BT-Drs. 12/6962, 70). Zwar macht ein Versäumnisurteil wenig Mühe, das Versäumnisurteil ist aber in KV 8211 nicht genannt, weil eine arbeitsaufwendige Schlüssigkeitsprüfung vom Gericht vorgenommen werden müsse (in Wahrheit wohl aus fiskalischen Gründen). Aber auch ein *vorausgegangenes* **Versäumnisurteil gegen den Kläger** (§ 330 ZPO) hindert die Ermäßigung, weil es in KV 8211 nicht genannt ist (LG Osnabrück NdsRpfl 2006, 279; *Hartmann* Rn. 10; aA AG Neuwied JurBüro 2003, 430).

9 Ist ein **Teilurteil** (§ 301 ZPO) vorausgegangen, kann keine Gebührenermäßigung mehr erfolgen (OLG Stuttgart NJW-RR 1996, 1535). Ist nach erhobener **Stufenklage** (§ 254 ZPO) ein Teilurteil über den Anspruch auf Auskunft ergangen, scheidet eine Gebührenermäßigung aus (OLG Karlsruhe FamRZ 2004, 1663; *Wielgoss* JurBüro 2000, 632), wenn dann die Klage zurückgenommen etc. wird.

10 Ist ein **Zwischenurteil** (§ 303 ZPO) vorausgegangen und wird dann die Klage zurückgenommen, tritt ebenfalls keine Gebührenermäßigung ein (OLG Koblenz MDR 2005, 119).

11 Ist ein Endurteil vorausgegangen und wird das Verfahren nach erfolgreicher **Gehörsrüge** (§ 321a ZPO) fortgesetzt und dann die Klage zurückgenommen, tritt keine Ermäßigung ein, wie der Wortlaut zeigt (aA *Schneider* NJW 2002, 1094; *Hartmann* Rn. 3).

12 Ist ein Endurteil vorausgegangen und wird es in der **Berufung** aufgehoben und zurückverwiesen, sodann die Klage zurückgenommen, erfolgt keine Ermäßigung nach KV 8211. Denn es erging ein Urteil und die Aufhebung ist gebührenrechtlich ohne Belang.

V. Der Klagerücknahme gleichstehende Entscheidungen

13 Nach Anm. 1 stehen der Klagerücknahme gebührenrechtlich gleich: Rücknahme des Widerspruchs gegen den Mahnbescheid (§ 697 Abs. 4 ZPO); denn nun kann ein Vollstreckungsbescheid ergehen. Rücknahme des Einspruchs gegen den Vollstreckungsbescheid (§§ 700, 346 ZPO); denn dieser ist damit rechtskräftig geworden.

VI. Prozessvergleich

14 Bei einem Prozessvergleich reduziert sich die Gebühr nicht nur, sie fällt völlig weg (Vorbemerkung 8), anders als im Zivilprozess. Einzelheiten → 8210 Rn. 3.

VII. Bedeutung einer Verweisung des Rechtsstreits

Verweist ein ArbG an ein anderes ArbG gilt § 4 Abs. 1; es fallen keine neuen Gebühren an. 15

Verweist ein **AG/LG an ein ArbG** gilt für das gesamte Verfahren das **Kostenrecht des übernehmenden Gerichts;** es fallen also im Ergebnis geringere Gebühren an bzw es tritt Gebührenfreiheit ein. **Rückzahlungen** der beim AG/LG bezahlten Gebühren hat das ArbG zu veranlassen, so etwa wenn nun vor dem ArbG ein Prozessvergleich geschlossen wird. Zur beschränkten Antragstellerhaftung im Arbeitsgerichtsprozess vgl § 22 Abs. 2 Satz 1. 16

Ebenso ist es, wenn ein **ArbG an ein AG/LG** verweist (vgl. §§ 17, 17a GVG); dann werden nun die höheren Gebühren nach KV 1210 sofort fällig (§ 6 Abs. 1). Die Parteien werden also so behandelt, wie wenn sie von Anfang an beim richtigen Gericht geklagt hätten (vgl. § 4). 17

VIII. Zurückverweisung

S. § 37. 18

Nr.	Gebührentatbestand	Gebühr oder Satz der Gebühr nach § 34 GKG
8212	**Verfahren wegen eines überlangen Gerichtsverfahrens (§ 9 Absatz 2 Satz 2 des Arbeitsgerichtsgesetzes) vor dem Landesarbeitsgericht:**	
	Die Gebühr 8210 beträgt	**4,0**
8213	**Verfahren wegen eines überlangen Gerichtsverfahrens (§ 9 Absatz 2 Satz 2 des Arbeitsgerichtsgesetzes) vor dem Landesarbeitsgericht:**	
	Die Gebühr 8211 beträgt	**2,0**
8214	**Verfahren wegen eines überlangen Gerichtsverfahrens (§ 9 Absatz 2 Satz 2 des Arbeitsgerichtsgesetzes) vor dem Bundesarbeitsgericht:**	
	Die Gebühr 8210 beträgt	**5,0**
8215	**Verfahren wegen eines überlangen Gerichtsverfahrens (§ 9 Absatz 2 Satz 2 des Arbeitsgerichtsgesetzes) vor dem Bundesarbeitsgericht:**	
	Die Gebühr 8211 beträgt	**3,0**

KV 8212, 8213 betreffen die Verfahren wegen **überlanger Dauer von Gerichtsverfahren** (§§ 198ff. GVG); dafür ist das LAG erste Instanz (§ 201 GVG; § 9 1

Abs. 2 S. 2 ArbGG), wenn das Bundesland verklagt wird (wegen Verzögerung durch ArbG oder LAG). Es wird eine hohe Gebühr von 4,0 berechnet (KV 8212), um vor Klagen abzuschrecken. Eine Ermäßigung der Gebühr auf 2,0 ist im Rahmen von KV 8213 möglich.

2 **KV 8214, 8215:** Wird die Bundesrepublik wegen überlanger Dauer eines Gerichtsverfahrens verklagt, weil das BAG das Verfahren unangemessen verzögert hat, ist das BAG erste Instanz (§ 201 GVG, § 9 Abs. 2 S. 2 ArbGG). Die Verfahrensgebühr beträgt dann nach KV 8214 mehr als bei einer Revision, nämlich 5,0. Eine Ermäßigung kann nach KV 8215 auf 3,0 erfolgen.

Abschnitt 2. Berufung

Nr.	Gebührentatbestand	Gebühr oder Satz der Gebühr nach § 34 GKG
8220	**Verfahren im Allgemeinen**	**3,2**
8221	**Beendigung des gesamten Verfahrens durch Zurücknahme der Berufung oder der Klage, bevor die Schrift zur Begründung der Berufung bei Gericht eingegangen ist:** **Die Gebühr 8220 ermäßigt sich auf** . . . . **Erledigungserklärungen nach § 91 a ZPO stehen der Zurücknahme gleich, wenn keine Entscheidung über die Kosten ergeht oder die Entscheidung einer zuvor mitgeteilten Einigung der Parteien über die Kostentragung oder der Kostenübernahmeerklärung einer Partei folgt.**	**0,8**
8222	**Beendigung des gesamten Verfahrens, wenn nicht Nummer 8221 erfüllt ist, durch** **1. Zurücknahme der Berufung oder der Klage vor dem Schluss der mündlichen Verhandlung,** **2. Anerkenntnisurteil, Verzichtsurteil oder Urteil, das nach § 313 a Abs. 2 ZPO keinen Tatbestand und keine Entscheidungsgründe enthält, oder** **3. Erledigungserklärungen nach § 91 a ZPO, wenn keine Entscheidung über die Kosten ergeht oder die Entscheidung einer zuvor mitgeteilten Einigung der Parteien über die Kostentragung oder der Kostenübernahmeerklärung einer Partei folgt,** **es sei denn, dass bereits ein anderes als eines der in Nummer 2 genannten Urteile vorausgegangen ist:** **Die Gebühr 8220 ermäßigt sich auf**	**1,6**

Nr.	Gebührentatbestand	Gebühr oder Satz der Gebühr nach § 34 GKG
	Die Gebühr ermäßigt sich auch, wenn mehrere Ermäßigungstatbestände erfüllt sind oder Ermäßigungstatbestände mit einem Teilvergleich zusammentreffen.	
8223	**Beendigung des gesamten Verfahrens durch ein Urteil, das wegen eines Verzichts der Parteien nach § 313a Abs. 1 Satz 2 ZPO keine schriftliche Begründung enthält, wenn nicht bereits ein anderes als eines der in Nummer 8222 Nr. 2 genannten Urteile oder ein Beschluss in der Hauptsache vorausgegangen ist:**	
	Die Gebühr 8220 ermäßigt sich auf	**2,4**
	Die Gebühr ermäßigt sich auch, wenn daneben Ermäßigungstatbestände nach Nummer 8222 erfüllt sind oder Ermäßigungstatbestände mit einem Teilvergleich zusammentreffen.	

Im zweiten Rechtszug wird die **pauschale Verfahrensgebühr** (KV 8220) nach einem Gebührensatz von **3,2** erhoben. Der Satz **ermäßigt** sich auf **0,8,** wenn die Berufung oder die Klage vor Begründung des Rechtsmittels zurückgenommen werden (KV 8221). Nach der Anmerkung zu KV 8221 stehen Erledigungserklärungen nach § 91a ZPO der Zurücknahme gleich, wenn keine Entscheidung über die Kosten ergeht oder die Entscheidung einer zuvor mitgeteilten Einigung der Parteien über die Kostentragung oder der Kostenübernahmeerklärung einer Partei folgt. 1

Im Übrigen **ermäßigt** sich der Satz der Gebühr für das Verfahren im Allgemeinen (KV 8222) **von 3,2 auf 1,6** unter den weitgehend gleichen Voraussetzungen, die nach KV 8211 für die Ermäßigung der Verfahrensgebühr der ersten Instanz gelten. Wie dort setzt die Gebührenermäßigung die Erledigung des gesamten Verfahrens voraus. Die nur teilweise Rücknahme der Berufung führt daher nicht zu einer Gebührenreduktion (LAG Hamm 10.4.2006 – 16 Sa 2427/04, BeckRS 2006, 41628). 2

KV 8223 sieht für das Berufungsverfahren eine **weitere Gebührenbegünstigung** vor, mit der der **Verzicht der Parteien auf Entscheidungsgründe** nach § 313a Abs. 1 Satz 2 ZPO honoriert wird. Bei Beendigung des gesamten Verfahrens durch ein Urteil, das wegen eines Verzichts der Parteien nach § 313a Abs. 1 Satz 2 ZPO keine schriftliche Begründung enthält, ermäßigt sich der Satz der pauschalen Verfahrensgebühr von 3,2 auf 2,4 (KV 1223). 3

Abschnitt 3. Revision

Nr.	Gebührentatbestand	Gebühr oder Satz der Gebühr nach § 34 GKG
8230	Verfahren im Allgemeinen	4,0
8231	Beendigung des gesamten Verfahrens durch Zurücknahme der Revision oder der Klage, bevor die Schrift zur Begründung der Revision bei Gericht eingegangen ist:	
	Die Gebühr 8230 ermäßigt sich auf	0,8
	Erledigungserklärungen nach § 91a ZPO stehen der Zurücknahme gleich, wenn keine Entscheidung über die Kosten ergeht oder die Entscheidung einer zuvor mitgeteilten Einigung der Parteien über die Kostentragung oder der Kostenübernahmeerklärung einer Partei folgt.	
8232	Beendigung des gesamten Verfahrens, wenn nicht Nummer 8231 erfüllt ist, durch 1. Zurücknahme der Revision oder der Klage vor dem Schluss der mündlichen Verhandlung, 2. Anerkenntnis- oder Verzichtsurteil oder 3. Erledigungserklärungen nach § 91a ZPO, wenn keine Entscheidung über die Kosten ergeht oder die Entscheidung einer zuvor mitgeteilten Einigung der Parteien über die Kostentragung oder der Kostenübernahmeerklärung einer Partei folgt, es sei denn, dass bereits ein anderes als eines der in Nummer 2 genannten Urteile vorausgegangen ist:	
	Die Gebühr 8230 ermäßigt sich auf	2,4
	Die Gebühr ermäßigt sich auch, wenn mehrere Ermäßigungstatbestände erfüllt sind oder Ermäßigungstatbestände mit einem Teilvergleich zusammentreffen.	
8233	Verfahren wegen eines überlangen Gerichtsverfahrens (§ 9 Absatz 2 Satz 2 des Arbeitsgerichtsgesetzes):	
	Die Gebühr 8230 beträgt	5,0
8234	Verfahren wegen eines überlangen Gerichtsverfahrens (§ 9 Absatz 2 Satz 2 des Arbeitsgerichtsgesetzes):	
	Die Gebühr 8231 beträgt	1,0

Nr.	Gebührentatbestand	Gebühr oder Satz der Gebühr nach § 34 GKG
8235	**Verfahren wegen eines überlangen Gerichtsverfahrens (§ 9 Absatz 2 Satz 2 des Arbeitsgerichtsgesetzes):** **Die Gebühr 8232 beträgt**	3,0

Der **Gebührensatz** der pauschalen Verfahrensgebühr beträgt nach KV 8230 **4,0;** er **ermäßigt** sich bei Vorliegen eines Ermäßigungstatbestands auf **2,4** (KV 8232). Die Gebührentatbestände entsprechen denen des Berufungsverfahrens. Wie dort ermäßigt sich der Gebührensatz nach KV 8231 auf 0,8, wenn die Revision oder die Klage vor Begründung des Rechtsmittels zurückgenommen werden. 1

KV 8232–8235 betreffen Verfahren wegen **überlanger Dauer von Gerichtsverfahren** (§§ 198ff. GVG; § 9 Abs. 2 S. 2 ArbGG). Dafür ist das LAG erste Instanz, wenn ein Bundesland wegen Verzögerung durch ArbG oder LAG verklagt wird. Gegen das LAG-Urteil ist uU die Revision statthaft; dafür wird die hohe Gebühr von 5,0 berechnet (KV 8233). Eine Ermäßigung der Gebühr auf 1,0 (KV 8234) bzw 3,0 (KV 8235) ist möglich. 2

Hauptabschnitt 3. Arrest und einstweilige Verfügung

Vorbemerkung 8.3:

(1) Im Verfahren zur Erwirkung eines Europäischen Beschlusses zur vorläufigen Kontenpfändung werden Gebühren nach diesem Hauptabschnitt nur im Fall des Artikels 5 Buchstabe a der Verordnung (EU) Nr. 655/2014 erhoben. In den Fällen des Artikels 5 Buchstabe b der Verordnung (EU) Nr. 655/2014 bestimmen sich die Gebühren nach Teil 2 Hauptabschnitt 1.

(2) Im Verfahren auf Anordnung eines Arrests oder auf Erlass einer einstweiligen Verfügung sowie im Verfahren über die Aufhebung oder die Abänderung (§ 926 Abs. 2, §§ 927, 936 ZPO) werden die Gebühren jeweils gesondert erhoben. Im Fall des § 942 ZPO gilt das Verfahren vor dem Amtsgericht und dem Gericht der Hauptsache als ein Rechtsstreit.

(3) Im Verfahren zur Erwirkung eines Europäischen Beschlusses zur vorläufigen Kontenpfändung sowie im Verfahren über den Widerruf oder die Abänderung werden die Gebühren jeweils gesondert erhoben.

Abschnitt 1. Erster Rechtszug

Nr.	Gebührentatbestand	Gebühr oder Satz der Gebühr nach § 34 GKG
8310	**Verfahren im Allgemeinen**	0,4
8311	**Es wird durch Urteil entschieden oder es ergeht ein Beschluss nach § 91a oder § 269 Abs. 3 Satz 3 ZPO, es sei denn, der Beschluss folgt**	

Nr.	Gebührentatbestand	Gebühr oder Satz der Gebühr nach § 34 GKG
	einer zuvor mitgeteilten Einigung der Parteien über die Kostentragung oder der Kostenübernahmeerklärung einer Partei:	
	Die Gebühr 8310 erhöht sich auf	2,0
	Die Gebühr wird nicht erhöht, wenn durch Anerkenntnisurteil, Verzichtsurteil oder Urteil, das nach § 313a Abs. 2 ZPO keinen Tatbestand und keine Entscheidungsgründe enthält, entschieden wird. Dies gilt auch, wenn eine solche Entscheidung mit einem Teilvergleich zusammentrifft.	

Abschnitt 2. Berufung

Nr.	Gebührentatbestand	Gebühr oder Satz der Gebühr nach § 34 GKG
8320	Verfahren im Allgemeinen	3,2
8321	Beendigung des gesamten Verfahrens durch Zurücknahme der Berufung, des Antrags oder des Widerspruchs, bevor die Schrift zur Begründung der Berufung bei Gericht eingegangen ist:	
	Die Gebühr 8320 ermäßigt sich auf	0,8
	Erledigungserklärungen nach § 91a ZPO stehen der Zurücknahme gleich, wenn keine Entscheidung über die Kosten ergeht oder die Entscheidung einer zuvor mitgeteilten Einigung der Parteien über die Kostentragung oder der Kostenübernahmeerklärung einer Partei folgt.	
8322	Beendigung des gesamten Verfahrens, wenn nicht Nummer 8321 erfüllt ist, durch 1. Zurücknahme der Berufung oder des Antrags vor dem Schluss der mündlichen Verhandlung, 2. Anerkenntnisurteil, Verzichtsurteil oder Urteil, das nach § 313a Abs. 2 ZPO keinen Tatbestand und keine Entscheidungsgründe enthält, oder 3. Erledigungserklärungen nach § 91a ZPO, wenn keine Entscheidung über die Kosten ergeht oder die Entscheidung einer zuvor mitgeteilten Einigung der Parteien über die	

Nr.	Gebührentatbestand	Gebühr oder Satz der Gebühr nach § 34 GKG
	Kostentragung oder der Kostenübernahmeerklärung einer Partei folgt, **es sei denn, dass bereits ein anderes als eines der in Nummer 2 genannten Urteile vorausgegangen ist:**	
	Die Gebühr 8320 ermäßigt sich auf	1,6
	Die Gebühr ermäßigt sich auch, wenn mehrere Ermäßigungstatbestände erfüllt sind oder Ermäßigungstatbestände mit einem Teilvergleich zusammentreffen.	
8323	**Beendigung des gesamten Verfahrens durch ein Urteil, das wegen eines Verzichts der Parteien nach § 313a Abs. 1 Satz 2 ZPO keine schriftliche Begründung enthält, wenn nicht bereits ein anderes als eines der in Nummer 8322 Nr. 2 genannten Urteile oder ein Beschluss in der Hauptsache vorausgegangen ist:**	
	Die Gebühr 8320 ermäßigt sich auf	2,4
	Die Gebühr ermäßigt sich auch, wenn daneben Ermäßigungstatbestände nach Nummer 8322 erfüllt sind oder solche Ermäßigungstatbestände mit einem Teilvergleich zusammentreffen.	

Abschnitt 3. Beschwerde

Nr.	Gebührentatbestand	Gebühr oder Satz der Gebühr nach § 34 GKG
8330	**Verfahren über die Beschwerde** . . . . **1. gegen die Zurückweisung eines Antrags auf Anordnung eines Arrests oder eines Antrags auf Erlass einer einstweiligen Verfügung oder** **2. in Verfahren nach der Verordnung (EU) Nr. 655/2014**	1,2
8331	**Beendigung des gesamten Verfahrens durch Zurücknahme der Beschwerde:**	
	Die Gebühr 8330 ermäßigt sich auf	0,8

Die Gebührenvorschriften für Verfahren des einstweiligen Rechtsschutzes entsprechen weitgehend den für das zivilprozessuale Verfahren geltenden Regelungen in den KV 1410–1418, jedoch sind die Gebührensätze auch hier ermäßigt. Auf die dortigen Erläuterungen wird verwiesen. **1**

Hauptabschnitt 4. Besondere Verfahren

Nr.	Gebührentatbestand	Gebühr oder Satz der Gebühr nach § 34 GKG
8400	**Selbstständiges Beweisverfahren**	0,6
8401	**Verfahren über Anträge auf Ausstellung einer Bestätigung nach § 1079 ZPO**	15,00 €

1 Für **selbstständige Beweisverfahren** wird eine Verfahrensgebühr nach einem Gebührensatz von 0,6 erhoben (KV 8400).

2 KV 8401 entspricht KV 1512. Bis 31.7.2013 betrug die Gebühr 12 Euro.

Hauptabschnitt 5. Rüge wegen Verletzung des Anspruchs auf rechtliches Gehör

Nr.	Gebührentatbestand	Gebühr oder Satz der Gebühr nach § 34 GKG
8500	**Verfahren über die Rüge wegen Verletzung des Anspruchs auf rechtliches Gehör (§ 78a des Arbeitsgerichtsgesetzes):** **Die Rüge wird in vollem Umfang verworfen oder zurückgewiesen**	50,00 €

1 KV 8500 übernimmt die für entsprechende Verfahren vor den Gerichten der ordentlichen Gerichtsbarkeit geltende Regelung der KV 1700 für die Verfahren vor den Gerichten der Arbeitsgerichtsbarkeit. Es wird eine Gebühr in Höhe von 50 Euro (bis 31.7.2013: 40 Euro) erhoben, wenn die Rüge in vollem Umfang verworfen oder zurückgewiesen wird.

Hauptabschnitt 6. Sonstige Beschwerden und Rechtsbeschwerden

Abschnitt 1. Sonstige Beschwerden

Nr.	Gebührentatbestand	Gebühr oder Satz der Gebühr nach § 34 GKG
8610	**Verfahren über Beschwerden nach § 71 Abs. 2, § 91a Abs. 2, § 99 Abs. 2, § 269 Abs. 5 oder § 494a Absatz 2 Satz 2 ZPO**	70,00 €
		50,00 €

Nr.	Gebührentatbestand	Gebühr oder Satz der Gebühr nach § 34 GKG
8611	**Beendigung des Verfahrens ohne Entscheidung:** **Die Gebühr 8610 ermäßigt sich auf** . . . . (1) Die Gebühr ermäßigt sich auch im Fall der Zurücknahme der Beschwerde vor Ablauf des Tages, an dem die Entscheidung der Geschäftsstelle übermittelt wird. (2) Eine Entscheidung über die Kosten steht der Ermäßigung nicht entgegen, wenn die Entscheidung einer zuvor mitgeteilten Einigung der Parteien über die Kostentragung oder der Kostenübernahmeerklärung einer Partei folgt.	
8612	**Verfahren über die Beschwerde gegen die Nichtzulassung der Revision:** **Soweit die Beschwerde verworfen oder zurückgewiesen wird**	1,6
8613	**Verfahren über die Beschwerde gegen die Nichtzulassung der Revision:** **Soweit die Beschwerde zurückgenommen oder das Verfahren durch anderweitige Erledigung beendet wird**	0,8
	Die Gebühr entsteht nicht, soweit die Revision zugelassen wird.	
8614	**Verfahren über nicht besonders aufgeführte Beschwerden, die nicht nach anderen Vorschriften gebührenfrei sind:** **Die Beschwerde wird verworfen oder zurückgewiesen**	50,00 €
	Wird die Beschwerde nur teilweise verworfen oder zurückgewiesen, kann das Gericht die Gebühr nach billigem Ermessen auf die Hälfte ermäßigen oder bestimmen, dass eine Gebühr nicht zu erheben ist.	

Nach KV 8610 werden in **Beschwerdeverfahren nach § 71 Abs. 2, § 91a Abs. 2, § 99 Abs. 2, § 269 Abs. 5 oder § 494a Abs. 2 Satz 2 ZPO Festgebühren** in Höhe von 70 Euro (bis 31.7.2013: 60 Euro) erhoben. 1

Die durch das 2. Justizmodernisierungsgesetz eingefügte KV 8611 sieht eine **Ermäßigung** der Gebühr auf 50 Euro (bis 31.7.2013: 40 Euro) vor, wenn das Verfahren ohne Entscheidung des Gerichts über die Beschwerde beendet wird, zB durch Zurücknahme der Beschwerde. Eine Ermäßigung tritt nach der Anmerkung zu KV 8611 auch ein, wenn das Gericht nur eine Kostenentscheidung zu treffen hat und diese einer zuvor mitgeteilten Einigung der Parteien über die Kostentragung oder der Kostenübernahmeerklärung einer Partei folgt. 2

3 In Verfahren über **sonstige nicht besonders aufgeführte Beschwerden** wird nach KV 8614 eine **Festgebühr** von 50 Euro (bis 31.7.2013: 40 Euro) erhoben. Hauptanwendungsfall für diesen Gebührentatbestand sind Beschwerden gegen PKH-Versagung oder gegen Kostenfestsetzungsbeschlüsse nach § 104 Abs. 3 ZPO; vgl. auch KV 2121.

4 Nach KV 8612 wird für erfolglose **Beschwerdeverfahren über die Nichtzulassung der Revision** eine Verfahrensgebühr mit einem Gebührensatz von **1,6** erhoben. Der Gebührensatz **ermäßigt** sich nach der neuen KV 8612 auf **0,6,** soweit die Beschwerde zurückgenommen oder das Verfahren durch anderweitige Erledigung beendet wird. Die Ermäßigung tritt auch ein, wenn die Nichtzulassungsbeschwerde von einer **nicht postulationsfähigen Person** eingelegt ist und diese sie nach einem gerichtlichen Hinweis zurücknimmt (BAG BAGE 112, 349).

Abschnitt 2. Sonstige Rechtsbeschwerden

Nr.	Gebührentatbestand	Gebühr oder Satz der Gebühr nach § 34 GKG
8620	**Verfahren über Rechtsbeschwerden in den Fällen des § 71 Abs. 1, § 91 a Abs. 1, § 99 Abs. 2, § 269 Abs. 4, § 494 a Absatz 2 Satz 2 oder § 516 Abs. 3 ZPO**	**145,00 €**
8621	**Beendigung des gesamten Verfahrens durch Zurücknahme der Rechtsbeschwerde, des Antrags oder der Klage, bevor die Schrift zur Begründung der Rechtsbeschwerde bei Gericht eingegangen ist:** **Die Gebühr 8620 ermäßigt sich auf**	**50,00 €**
8622	**Beendigung des gesamten Verfahrens durch Zurücknahme der Rechtsbeschwerde, des Antrags oder der Klage vor Ablauf des Tages, an dem die Entscheidung der Geschäftsstelle übermittelt wird, wenn nicht Nummer 8621 erfüllt ist:** **Die Gebühr 8620 ermäßigt sich auf**	**70,00 €**
8623	**Verfahren über nicht besonders aufgeführte Rechtsbeschwerden, die nicht nach anderen Vorschriften gebührenfrei sind:** **Die Rechtsbeschwerde wird verworfen oder zurückgewiesen** . . . . **Wird die Rechtsbeschwerde nur teilweise verworfen oder zurückgewiesen, kann das Gericht die Gebühr nach billigem Ermessen auf die Hälfte ermäßigen oder bestimmen, dass eine Gebühr nicht zu erheben ist.**	**95,00 €**

Nr.	Gebührentatbestand	Gebühr oder Satz der Gebühr nach § 34 GKG
8624	**Verfahren über die in Nummer 8623 genannten Rechtsbeschwerden:** **Beendigung des gesamten Verfahrens durch Zurücknahme der Rechtsbeschwerde, des Antrags oder der Klage vor Ablauf des Tages, an dem die Entscheidung der Geschäftsstelle übermittelt wird**	**50,00 €**

Nach den KV 8620 und 8623 werden für Verfahren über **Rechtsbeschwerden in den Fällen des § 71 Abs. 1, § 91a Abs. 1, § 99 Abs. 2, § 269 Abs. 4 oder § 516 Abs. 3 ZPO** Festgebühren in Höhe von 145 Euro (bis 31.7.2013: 120 Euro) und für Verfahren über nicht besonders aufgeführte Rechtsbeschwerden Festgebühren in Höhe von 95 Euro (bis 31.7.2013: 80 Euro) erhoben. Diese Gebühren ermäßigen sich unter den in den KV 8621, 8622 und 8624 genannten Voraussetzungen auf 50 bzw. 70 Euro. Das BAG (NZA-RR 2008, 540) sah die frühere KV 8624 als eigenständigen Gebührentatbestand für den Fall der Zurücknahme einer sonstigen Rechtsbeschwerde an; der Text von KV 8624 wurde inzwischen (ab 1.8.2013) geändert. **1**

Hauptabschnitt 7. Besondere Gebühr

Nr.	Gebührentatbestand	Gebühr oder Satz der Gebühr nach § 34 GKG
8700	**Auferlegung einer Gebühr nach § 38 GKG wegen Verzögerung des Rechtsstreits**	**wie vom Gericht bestimmt**

KV 8700 stimmt mit KV 1901 überein. Auf die dortigen Erläuterungen wird verwiesen. **1**

Teil 9. Auslagen

Vorbemerkung 9:

(1) Auslagen, die durch eine für begründet befundene Beschwerde entstanden sind, werden nicht erhoben, soweit das Beschwerdeverfahren gebührenfrei ist; dies gilt jedoch nicht, soweit das Beschwerdegericht die Kosten dem Gegner des Beschwerdeführers auferlegt hat.

(2) Sind Auslagen durch verschiedene Rechtssachen veranlasst, werden sie auf die mehreren Rechtssachen angemessen verteilt.

Nr.	Auslagentatbestand	Höhe
9000	Pauschale für die Herstellung und Überlassung von Dokumenten:	
	1. Ausfertigungen, Kopien und Ausdrucke bis zur Größe von DIN A3, die a) auf Antrag angefertigt oder auf Antrag per Telefax übermittelt worden sind oder b) angefertigt worden sind, weil die Partei oder ein Beteiligter es unterlassen hat, die erforderliche Zahl von Mehrfertigungen beizufügen; der Anfertigung steht es gleich, wenn per Telefax übermittelte Mehrfertigungen von der Empfangseinrichtung des Gerichts ausgedruckt werden:	
	für die ersten 50 Seiten je Seite	0,50 €
	für jede weitere Seite	0,15 €
	für die ersten 50 Seiten in Farbe je Seite . . .	1,00 €
	für jede weitere Seite in Farbe	0,30 €
	2. Entgelte für die Herstellung und Überlassung der in Nummer 1 genannten Kopien oder Ausdrucke in einer Größe von mehr als DIN A3	in voller Höhe
	oder pauschal je Seite	3,00 €
	oder pauschal je Seite in Farbe	6,00 €
	3. Überlassung von elektronisch gespeicherten Dateien oder deren Bereitstellung zum Abruf anstelle der in den Nummern 1 und 2 genannten Ausfertigungen, Kopien und Ausdrucke:	
	je Datei	1,50 €

Nr.	Auslagentatbestand	Höhe
	für die in einem Arbeitsgang überlassenen, bereitgestellten oder in einem Arbeitsgang auf denselben Datenträger übertragenen Dokumente insgesamt höchstens	**5,00 €**
	(1) Die Höhe der Dokumentenpauschale nach Nummer 1 ist in jedem Rechtszug und für jeden Kostenschuldner nach § 28 Abs. 1 GKG gesondert zu berechnen; Gesamtschuldner gelten als ein Schuldner. Die Dokumentenpauschale ist auch im erstinstanzlichen Musterverfahren nach dem KapMuG gesondert zu berechnen.	
	(2) Werden zum Zweck der Überlassung von elektronisch gespeicherten Dateien Dokumente zuvor auf Antrag von der Papierform in die elektronische Form übertragen, beträgt die Dokumentenpauschale nach Nummer 2 nicht weniger, als die Dokumentenpauschale im Fall der Nummer 1 betragen würde.	
	(3) Frei von der Dokumentenpauschale sind für jede Partei, jeden Beteiligten, jeden Beschuldigten und deren bevollmächtigte Vertreter jeweils **1. eine vollständige Ausfertigung oder Kopie oder ein vollständiger Ausdruck jeder gerichtlichen Entscheidung und jedes vor Gericht abgeschlossenen Vergleichs,** **2. eine Ausfertigung ohne Tatbestand und Entscheidungsgründe und** **3. eine Kopie oder ein Ausdruck jeder Niederschrift über eine Sitzung.** **§ 191a Abs. 1 Satz 5 GVG bleibt unberührt.**	

Übersicht

I. Anwendungsbereich

1 Es ist zu unterscheiden zwischen Gebühren und Auslagen (§ 1).

1. KV 9000 ff.

2 Diese Regelungen gelten nur für Auslagen in Verfahren nach § 1, zB Verfahren nach der ZPO, InsO, JGG, StPO, vor den Gerichten der Verwaltungsgerichtsbarkeit, Finanz-, Sozial-, Arbeitsgerichtsbarkeit, vor der Staatsanwaltschaft. Auslagen werden in der Regel pauschaliert, für die Kopie werden also 0,50 Euro berechnet, gleichgültig wie hoch die Herstellungskosten der Justiz sind. Teils werden aber die konkreten Auslagen in Rechnung gestellt, so Zahlungen an Zeugen und Sachverständige. Was zwar unter § 1 fällt, aber keine Kostennummer in 9000ff. hat, darf nicht in Rechnung gestellt werden; eine analoge Anwendung ist unzulässig, auf § 812 BGB oder § 670 BGB darf nicht zurückgegriffen werden.

2. Familiensachen, Freiwillige Gerichtsbarkeit

3 KV 9000ff. gelten nicht für Auslagen der Gerichte in Sachen der freiwilligen Gerichtsbarkeit (§ 1 GNotKG). Dafür sind KV 31000 GNotKG heranzuziehen, für Auslagen der Notare KV 32000 GNotKG. Für Familiensachen im Sinn von § 1 FamFG sind die Auslagen in KV 2000ff. FamGKG geregelt.

3. Justizverwaltungssachen

4 KV 9000ff. gelten nicht für Auslagen in Justizverwaltungssachen, wenn also ein Dritter (und nicht eine Prozesspartei) Auslagen veranlasst. Kosten der Justizverwaltung (Gebühren und Auslagen) sind im **Justizverwaltungskostengesetz** (JV-KostG) vom 23.7.2013/18.7.2017 (2. KostRMoG, BGBl. I S. 2586) geregelt. Die Länder haben entsprechende Justizverwaltungskostengesetze (JVKostG, JVKostO) erlassen, vgl. Fußnote 2 bei *Schönfelder,* Deutsche Gesetze. **(1)** für Ausfertigungen, Ablichtungen: KV 2000 JVKostG. Das ist einschlägig, wenn ein Dritter bei der Akteneinsicht (§ 299 ZPO) Kopien erbittet. **(2)** Für Kopie einer Gerichtsentscheidung für Fachzeitschriften: höchstens 5,00 Euro je Entscheidung; KV 2001 JVKostG; Absehen von der Kostenerhebung ist nach § 11 JVKostG möglich. **(3)** ein Kostenvorschuss kann verlangt werden, § 8 JVKostG, etwa wenn jemand eine große Zahl von Abschriften haben will; **(4)** bestimmte Beglaubigungen, Gebührenverzeichnis: KV 1310 JVKostG; **(5)** Prüfung von Rechtshilfeersuchen nach dem Ausland: KV 1320 JVKostG; **(6)** Bescheinigungen und schriftliche Auskünfte aus Akten: KV 1401 JV-KostG; Zeugnisse über das geltende Recht KV 1402 JVKostG. **(7)** Rechtsdienstleistungsregister, Unternehmensregister, Bundeszentral- und Gewerbezentralregister, Datenabruf, Abruf von Grundbuchdaten. **(8)** Einstellen einer Schutzschrift, KV 1160. **(9)** Hinterlegungssachen sind jetzt Landesrecht, ebenso Schuldnerverzeichnis.

4. Auslagen der Gerichtsvollzieher

Sie richten sich nach KV 700–713 Gerichtsvollzieherkostengesetz (§ 1 GvKostG), zuletzt geändert durch das Gesetz vom 21.11.2016, BGBl. I S. 2591. 5

5. Sonstige Fälle

Auslagen der Rechtsanwälte: VV 7000ff. RVG (geändert durch das 2. KostRMoG vom 23.7.2013, BGBl. I S. 2586; Auslagen des **Insolvenzverwalters:** § 8 InsVV. Auslagen des **Zwangsverwalters:** § 21 ZwVwV. Auslagen von **Betreuern,** Pflegern, Vormündern § 1835 BGB bzw. § 4 Abs. 2 VBVG. 6

II. Allgemeine Regeln

Kosten setzen sich aus Gebühren und Auslagen zusammen (§ 1). Wer kostenfrei ist regelt § 2. Wer kostenfrei ist, ist in der Regel (aber nicht immer) auch auslagenfrei. Sonderfälle der Auslagenfreiheit regelt KV 9000 Anm. Abs 3. Es erfolgt **keine Auf- oder Abrundung.** 7

Fälligkeit: § 9 GKG; § 15 KostVfg. Ausnahmsweise **Vorschusspflicht:** § 17. **Auslagenschuldner:** §§ 22, 28, 29. 8

Aufteilung von Auslagen auf verschiedene Verfahren: Vorbemerkung 9 Abs. 2. Fallen Auslagen für verschiedene Rechtssachen an (zB der Richter hat bei *einer* Pkw-Fahrt in einem Zivilprozess zwei Augenscheine durchgeführt; oder die eine Fahrt betrifft eine Betreuungssache, wofür das GNotKG, die andere einen Zivilprozess, wofür das GKG gilt), dann werden die Auslagen „angemessen" aufgeteilt, im Beispiel also nicht unbedingt halbiert; denn wenn das erste Augenscheinsobjekt 10 km, das zweite 50 km vom Gericht entfernt ist, kann natürlich nicht halbiert werden (im Beispiel wurden einfach 50 km gefahren, wovon die ersten 10 km jedem gleich nutzen, also zu halbieren sind, also Aufteilung im Verhältnis 5: 45). Keine verschiedenen Rechtssachen liegen vor, wenn sich eine Klage gegen zwei Personen richtet und ein Zeuge nur zu einem Punkt vernommen wird, der lediglich einen Beklagten betrifft (dies ist in der Kostenentscheidung gegebenenfalls zu berücksichtigen). 9

Prozesskostenhilfe: wird sie bewilligt, besteht insoweit Auslagenfreiheit (§ 122 Abs. 1 ZPO). Abs. 2 der amtl. Vorbemerkung ist anzuwenden, wenn PKH nur teilweise bewilligt wird. Im FamFG und GNotKG heißt die Prozesskostenhilfe **Verfahrens**kostenhilfe (§§ 76ff. FamFG). 10

Niederschlagung, Nichterhebung von Auslagen wegen unrichtiger Sachbehandlung: § 21. 11

Beschwerden: Vorbemerkung 9 Abs. 1. (1) Ist eine Beschwerde erfolglos (unzulässig oder unbegründet) und sind die Gebühren daher vom Beschwerdeführer zu tragen, hat er auch die Auslagen zu tragen. (2) Bei einem Teilerfolg ist 9 Abs. 2 der Vorbemerkung anzuwenden. (3) Ist die Beschwerde hingegen voll begründet und führt sie zur Aufhebung und Neubescheidung oder zur Aufhebung und Zurückverweisung, dann werden grundsätzlich die Auslagen vom Schuldner (§§ 22, 28) erhoben; sie werden vom Beschwerdeführer aber nicht erhoben, wenn das Beschwerdeverfahren „gebührenfrei" ist. 12

13 **Gebührenfreie Beschwerden** sind zB Beschwerden gegen den Kostenansatz (§ 66 Abs. 8), Beschwerden gegen die Streitwertfestsetzung (§ 68 Abs. 3). PKH-Beschwerden sind nicht gebührenfrei (KV 1811).

14 Hat das Beschwerdegericht „die Kosten" dem Gegner des Beschwerdeführers auferlegt, dann werden die Auslagen vom Gegner erhoben (§ 29 Nr. 1), auch wenn das Beschwerdeverfahren an sich gebührenfrei ist; Vorbemerkung 9 Abs. 1.

III. Anfall und Höhe der Dokumentenpauschale (Nr. 1)

15 Der Ausdruck „Dokument" ist unpassend, darunter stellt man sich im Leben etwas Wichtigeres vor als eine simple Kopie; auch von „Ablichtungen" spricht niemand. Gemeint sind jeweils Fotokopien etc., wie der neue Gesetzestext klarstellt. Nr. 1 nennt mehrere Fallgruppen (→ Rn. 16, 20). Die Pauschale fällt an:

1. Beantragte Kopien (Nr. 1 a)

16 Wenn Ausfertigungen, Photokopien, Abschriften, Ausdrucke auf Antrag gefertigt (beglaubigt oder unbeglaubigt) und übermittelt werden, dann ist Nr. 1 a einschlägig. Oder wenn die Blätter ohne vorherige Anfertigung einer Kopie etc. auf Antrag vom Gericht per Telefax übermittelt werden. Wenn also der Anwalt einen Beweisbeschluss erhalten hat, dann verliert und beim Gericht anruft, mit der Bitte, ihm den Beschluss mit Fax zu senden fällt das unter Nr. 1 a. **Kostenschuldner:** §§ 22, 28 Abs. 1 S. 1.

17 KV 9000 gilt nur bei Anträgen der Partei (bzw. ihres Anwalts), oder eines Beteiligten (Nr. 1 b), Streitgehilfen, Betroffenen, Angeklagten. Für Anträge Dritter (etwa bei Akteneinsicht oder von juristischen Fachzeitschriften) gilt nicht KV 9000, sondern das JVKostG (→ Rn. 4).

18 Ein „Antrag" zählt nicht als Antrag im Sinne von KV 9000, wenn die Ausfertigung auch ohne Antrag **von Amts wegen** hätte erteilt werden müssen, etwa die Ausfertigung eines Urteils oder Beschlusses, Notfristzeugnis, Rechtskraftzeugnis (*Hartmann* Rn. 5), Ladungen, schriftliche Auskünfte aus den Akten. Hier kann aber die Pauschale nach Nr. 1 anfallen, wenn beantragt wird, die Entscheidung *per Telefax* zu übermitteln, weil dies eine gesetzlich nicht vorgeschriebene Zusatzleistung ist.

19 Die **Pauschale fällt nicht an,** wenn die Akten dem Anwalt in seine Kanzlei mitgegeben werden und er sich dort etwas kopiert. Wenn der Sachverständige sein Gutachten erstattet und davon (zu wenig) Kopien beifügt, fällt dies nicht unter KV 9000, sondern KV 9005 (§§ 8, 7 Abs. 2 JVEG); wenn ein Zeuge schriftlich aussagt (§ 377 ZPO) und die Aussage in Kopie an die Parteien gesandt wird (KV 9005; JVEG). Wenn ein Dritter Kopien beantragt, etwa im Rahmen der Akteneinsicht, oder wenn eine Fachzeitschrift Abdrucke von Entscheidungen begehrt, fällt dies nicht unter KV 9000, sondern unter das JVKostG (→ Rn. 4).

2. Fehlen von Mehrfertigungen (Nr. 1 b)

20 Wenn die Partei oder ein Beteiligter (zB ein Nebenintervenient; nicht: ein Sachverständiger, → Rn. 21) es unterlassen hat, die erforderliche Zahl von Mehrfertigungen beizufügen, wird er entweder aufgefordert, dies nachzuholen oder das Gericht fertigt sie auslagenpflichtig an. Beispiel: die Klage gegen einen Beklagten wird

nur einfach eingereicht, statt dreifach (eins für das Gericht, eins für den Gegner und eins für den Anwalt des Gegners), § 253 Abs. 5 ZPO. Die Klage gegen zwei Beklagte müsste 5-fach eingereicht werden. Dasselbe gilt für die Klageerwiderung, die weiteren Schriftsätze im Zivilprozess, Kostenberechnung des Anwalts, Einspruchsschrift, Berufung, Beschwerde, Revision, Rechtsbeschwerde, die jeweiligen Begründungen usw., Privatklage. Verweist ein Prozessbeteiligter in seinen Schriftsätzen zur näheren Begründung seines Standpunktes auf weitere beiliegende Schriftstücke, so ist der Prozessbeteiligte verpflichtet, auch diese Schriftstücke mit in Mehranfertigung vorzulegen (OVG Bautzen BeckRS 2010, 48909).

Es ist unerheblich, ob diese Schriftstücke zuzustellen sind (so die frühere Fassung) oder ob formlose Mitteilung genügt. Das 2. JuMoG hatte eine weitere Fallgruppe eingefügt: Die Dokumentenpauschale wird auch dann erhoben, wenn die Partei die Mehrfertigungen in der Weise „beifügt", dass die **Schriftsätze mehrfach gefaxt** werden; denn in diesen Fällen entstehen der Justiz zusätzliche Kosten für Papier und Drucker (BR-Drs. 550/06, 111; BT-Drs. 16/3038 Anl. 2 Nr. 6; BT-Drs. 16/3640, 73; VGH Mannheim NJW 2008, 536; LSG Berlin-Brandenburg BeckRS 2010, 75963). **21**

Vor umfangreicher Anfertigung von Mehrfertigungen sollte das Gericht den Zahlungspflichtigen informieren und ihm **Gelegenheit geben, sie nachzureichen** (weil das Kopieren im Copy-Shop viel billiger ist). **22**

Ergebnis: Wer seinen Schriftsatz nebst Anlagen mit Fax *einmal* an das Gericht sendet, wo er ausgedruckt wird, schuldet dem Gericht nichts, trotz des Papierverbrauchs. Wer keine Mehrfertigungen in Papierform beifügt, so dass sie vom Gericht angefertigt werden, muss die Mehrfertigungen bezahlen. Wer den Schriftsatz nur einmal mit Fax sendet und mitteilt, dass er die Mehrfertigen mit Post nachreicht, muss nichts bezahlen (OLG Naumburg NJOZ 2013, 551; OLG Hamburg BeckRS 2011, 00395; FG Köln BeckRS 2002, 21013170). Wer den Schriftsatz faxt und ferner einige weitere Faxe von als „Abschrift" bezeichneten Schriftsätzen, muss diese Zusatzausdrucke bezahlen. **23**

Wenn der **Sachverständige** schriftlich begutachtet, fügt er Abschriften für die Parteien bei, die nach dem JVEG (§ 8 Abs. 1 Nr. 4, § 7 Abs. 2 JVEG) abgerechnet werden (trotz § 411 ZPO sind die Parteien nicht auf Akteneinsicht abgewiesen, aA *Meyer* Rn. 26). **24**

Die **Pauschale fällt nicht an,** wenn bei Erklärungen zu Protokoll des Urkundsbeamten Abschriften für den Gegner gefertigt werden (*Meyer* Rn. 21). Wenn die **Klageschrift etc. elektronisch eingereicht** wurde (§ 253 Abs. 5 ZPO), zB mit E-Mail (was aber nicht bei allen Gerichten möglich ist), kann die Beifügung von Abschriften unterbleiben (§ 253 Abs. 5 S. 2 ZPO); das Gericht fertigt dann selbst Abschriften für die Zustellung etc. an; dafür kann KV 9000 Nr. 1 b in Frage kommen (aA BT-Drs. 15/4067, 31). **25**

Kostenschuldner bei Nr. 1 b: §§ 22, 28 Abs. 1 S. 2; Anmerkung (1). Das ist (auch für Mehranfertigungen der Klage usw) die Partei, nicht der Prozessbevollmächtigte (OLG Koblenz NJW-RR 2017, 447; LSG Bayern NJW-Spezial 2017, 157; VG München BeckRS 2016, 46990). Hat der Kläger 30 Kopien veranlasst, der Beklagte 40, werden dem Kläger 30 zu 0,50 Euro in Rechnung gestellt, dem Beklagten 40 Stück zu 0,50 Euro und nicht etwa dem einen ein Teil der Kopien zu 0,50 und ein Teil zu 0,15 Euro, da insgesamt mehr als 50 Seiten angefallen sind. Zwei als Gesamtschuldner (§§ 421 ff. BGB) verklagte Personen gelten als *ein* Schuldner, wenn sie zB *eine* Kopie beantragen. **26**

3. Höhe der Pauschale

27 0,50 Euro für jede (angefangene) Seite der ersten 50 Seiten, 0,15 Euro für jede Seite ab der 51. Seite, jede Akte für sich gerechnet. Auf die Größe der Seite kommt es seit 1.8.2013 an, der Preis gilt für DIN A 3 und Din A 4 sowie kleiner. **Farbkopien** kosten 1,00 Euro bzw. 0,30 Euro je Blatt. Es ist belanglos, ob eine Kopie bei Massenanfertigung in einem Copy-Shop weniger kostet. Unwesentlich ist auch, ob das Gericht vom Original in einem Arbeitsgang nur eine oder viele Kopien anfertigt. Beantragt der Anwalt, ihm aus der Akte 10 Seiten zuzufaxen, fallen also 10 × 0,50 = 5 Euro an, aber nichts für die Telefongebühren des Faxens. **Gesamtschuldner:** wenn sie 1 Kopie beantragen fällt die Pauschale nur einmal an, Anmerkung Abs. 1.

4. Rechtszüge

28 Nach der **Anmerkung Abs. 1** wird die Pauschale für jeden Rechtszug gesondert berechnet; in der Berufungsinstanz beginnt also die Zählung der Kopien wieder bei 1 zum Preis von 0,50 Euro je Seite. Nach Zurückverweisung zählt aber das Verfahren vor und nach der Zurückverweisung als Einheit.

IV. Dokumentenpauschale bei Kopien von größer als DIN A 3 (Nr. 2)

29 Für Kopien mit DIN A 2 und größer (zB Pläne) ist die Regelung in Nr. 2 unklar und wohl so zu verstehen, dass mindestens 3,00 Euro je Blatt bei einer schwarzweiß Kopie und 6,00 Euro bei einer Farbkopie berechnet werden, der vom Gericht verauslagte Betrag aber, wenn die Kopie mehr kostet.

30 Die Anmerkung Abs. 2, neu eingefügt ab 1.8.2013, besagt: Wird ein in Papierform eingereichter Plan etc., der grösser als DIN A 3 ist, *auf Antrag* von der Papierform in elektronische Form übertragen (zB eingescannt), dann beträgt die Pauschale mindestens soviel wie die Pauschale nach Nr. 1.

V. Dokumentenpauschale bei elektronisch gespeicherten Dateien (Nr. 3)

31 Sie fällt zB an, wenn ein Schriftsatz per E-Mail weitergeleitet wird. Die Pauschale fällt auch dann an, wenn der Empfänger die Daten nicht auf Papier ausdruckt, sondern als Datei behält. Pauschale je Datei (gleichgültig wie viele Seiten sie umfasst) seit 1.8.2013: 1,50 Euro. Bei mehreren Dateien beträgt die Pauschale 1,50 Euro je Datei, aber höchstens insgesamt 5,00 Euro, wenn der Vorgang „in einem Arbeitsgang" abgewickelt wurde. %,00 Euro bei einem elektronischen Aktendoppel (OLG Oldenburg NdsRpfl 2016, 377).

VI. Auslagenfreiheit nach der Anmerkung (Abs. 3)

32 – *Eine* vollständige Ausfertigung, Kopie oder Ausdruck
  – jeder gerichtlichen Entscheidung: Urteil jeder Art, Beweisbeschlüsse, Aufklärungsbeschlüsse, Streitwertbeschlüsse, Kostenfestsetzungsbeschlüsse (auch

nach § 105 Abs. 2 ZPO), sonstige Beschlüsse, einstweilige Anordnungen, einstweilige Verfügungen, Arreste usw., Vergleichsvorschlag nach § 278 Abs. 6 S. 1 ZPO, Verfügungen über Fristverlängerung.
  - Ferner Ausfertigungen usw. des Prozessvergleichs, auch nach § 278 Abs. 6 ZPO **(Ziffer 1);** tritt jemand dem Prozessvergleich bei (§ 794 ZPO) erhält er ebenfalls auslagenfrei eine Ausfertigung (*Meyer* Rn. 25).
  - Für die späteren (zusätzlichen) Exemplare fällt die Seitenpauschale an.
  - Keine „Entscheidungen" sind: Hinweise des Gerichts, Anfragen des Gerichts. Sie werden trotzdem nicht in Rechnung gestellt.
- (zusätzlich) *eine* Ausfertigung (der Entscheidung) ohne Tatbestand und Entscheidungsgründe **(Ziffer 2);** 33
- *eine* Ausfertigung etc. jedes Sitzungsprotokolls mit eventuellen Anlagen **(Ziffer 3);** wenn der Sachverständige sein Gutachten mündlich erstattet, steht es im Protokoll; wenn er schriftlich begutachtet: → Rn. 21,
- **jeweils** für jede Partei, jeden Beteiligten, jeden Beschuldigten und deren bevollmächtigte Vertreter. Ist zB der Kläger durch einen Rechtsanwalt vertreten, erhält der Anwalt zwei Urteilsausfertigungen auslagenfrei; sind die beiden Beklagten durch *denselben* Rechtsanwalt vertreten, werden dem Anwalt zwei Ausfertigungen für die Beklagten (KG NJW 1972, 2002) und zwei Ausfertigungen für den (gemeinsamen) Anwalt auslagenfrei erteilt. Hat der Kläger zwei Anwälte beauftragt, sind der Klägerseite drei Ausfertigungen auslagenfrei zu erteilen (es heißt: „deren … Vertreter"). Soweit die Zahl der Bevollmächtigten gesetzlich begrenzt ist, wie in der StPO, ist auch die Zahl der kostenfreien Ausfertigungen entsprechend begrenzt. Eine Anwaltssozietät gilt aber kostenrechtlich nur als *ein* Bevollmächtigter (*Hartmann* Rn. 15); ein Verkehrsanwalt zählt kostenrechtlich nicht als Bevollmächtigter (*Meyer* Rn. 28). 34
- **Für blinde Personen** besteht nach der amtlichen Anmerkung Abs. 3 Satz 2 mit § 191 a Abs. 1 S. 2 GVG uU Auslagenfreiheit für Exemplare in Blindenschrift. 35

VII. Elektronische Akte (Abs. 4)

Akteneinsicht auf der Geschäftsstelle oder in der Kanzlei kostet nichts. Muss die Papierakte zwecks Einsicht versandt werden ist die Pauschale nach KV 9003 zu zahlen. Bei der Gewährung der Einsicht in Akten wird eine Dokumentenpauschale von 1,50, höchstens 5 Euro, nur erhoben, wenn auf *besonderen* Antrag ein *Ausdruck* einer elektronischen Akte oder ein Datenträger mit dem Inhalt einer elektronischen Akte übermittelt wird. Die Übermittlung kann zB an das „besondere elektronisches Anwaltspostfach" erfolgen. 36

VIII. Sonstige Auslagenfreiheit

Auslagen können nur berechnet werden, wenn dies im GKG oder (soweit zulässig) im Landesrecht festgelegt ist. *Mündliche* Auskünfte aus dem Schuldnerverzeichnis sind demzufolge kostenlos. Auch Telefonate (Ortsgespräche, Ferngespräche, Auslandsgespräche) mit den Parteien, mit Anwälten, Zeugen usw. kann die Justizkasse nicht in Rechnung stellen. Beglaubigung von Kopien verursacht keine (für die Stempelfarbe etc.) zu zahlenden Auslagen. Portokosten für Briefe, Einschreiben 37 ohne Rückschein, Einschreiben mit Rückschein (soweit nicht unter KV 9002 fallend) sind nicht extra zu zahlen.

IX. Eidesstattliche Versicherung, Vermögensauskunft

38 Die Abnahme der eidesstattlichen Versicherung (eV) bei verschuldeten Personen (§ 807 ZPO), seit 1.1.2013 **Vermögensauskunft** genannt, erfolgt durch den Gerichtsvollzieher (§ 802e ZPO; Gebühr: KV 260 GvKostG) und zwar als „elektronisches Dokument" (§ 802f Abs. 5 ZPO). Der Gerichtsvollzieher hat die elektronische Vermögensauskunft, deren Richtigkeit der Schuldner eidesstattlich versichert hat (§ 802c Abs. 3 ZPO), dem **zentralen Vollstreckungsgericht** (AG), das es für jedes Bundesland gibt, zuzuleiten („zu hinterlegen", § 802f Abs. 6 ZPO) und dem antragstellenden Gläubiger eine Kopie davon zu erteilen (§ 802f Abs. 6 ZPO). Ein Gläubiger, auf dessen Antrag der Gerichtsvollzieher die Vermögensauskunft erholt hat, kann vom Gerichtsvollzieher einen weiteren Ausdruck aus der Datei verlangen (§ 802f Abs. 6 ZPO; Kosten nach GvKostG). Ein Drittgläubiger (§ 802d Abs. 1 Satz 2 ZPO) hat an den Gerichtsvollzieher für die Vermögensauskunft eine Gebühr nach KV 261 GvKostG zu zahlen. Sonstige *berechtigte* Interessenten können das **„Gemeinsame Vollstreckungsportal"** im Internet aufrufen. Der Abruf von Schuldnerdaten ist kostenpflichtig (Gerichtsvollzieher und staatliche Stellen sind gebührenbefreit). Es entstehen für sie die in den Landesjustizkostengesetzen festgelegten Gebühren.

39 **Übergangsrecht:** § 39 Nr. 5 EGZPO. Eine Übernahme der alten eidesstattlichen Versicherungen in das zentrale Verzeichnis erfolgte nicht. Gläubiger können die bis 31.12.2012 abgegebenen eidesstattlichen Versicherungen nach § 299 ZPO beim **örtlichen Vollstreckungsgericht** einsehen und sich Kopien erteilen lassen. Für diese Fälle ist KV 9000 amtliche Anmerkung 3 aF weiter anzuwenden, ebenso KV 2115, 2116.

Nr.	Auslagentatbestand	Höhe
9001	**Auslagen für Telegramme**	**in voller Höhe**

1 **Parallelvorschriften:** KV 2001 FamGKG; KV 31001 GNotKG. Das Telegramm kommt noch vor bei eiligen Umladungen, wenn der Zeuge kein Telefon etc. hat. Der Preis richtet sich nach dem Preisverzeichnis der Deutschen Post. Unwesentlich ist, ob das Telegramm telefonisch, mit Fax oder Internet aufgegeben wurde. Telefon-, Telefax und Internetkosten können nach KV 9001 nicht abgerechnet werden.

Nr.	Auslagentatbestand	Höhe
9002	**Pauschale für Zustellungen mit Zustellungsurkunde, Einschreiben gegen Rückschein oder durch Justizbedienstete nach § 168 Abs. 1 ZPO je Zustellung** . . . . **Neben Gebühren, die sich nach dem Streitwert richten, mit Ausnahme der Gebühr 3700, wird die Zustellungspauschale nur erhoben, soweit in einem**	**3,50 €**

Nr.	Auslagentatbestand	Höhe
	Rechtszug mehr als 10 Zustellungen anfallen. Im erstinstanzlichen Musterverfahren nach dem KapMuG wird die Zustellungspauschale für sämtliche Zustellungen erhoben.	

I. Zustellungen

1 Zum Begriff der Zustellung vgl. § 166 ZPO (doch kommt es für das GKG auf den kostenrechtlichen Begriff an). Zustellungen müssen entweder in einem Gesetz vorgeschrieben sein oder vom Gericht angeordnet werden, damit dafür etwas zu zahlen ist. Während früher von „Auslagen für Zustellungen" die Rede war, spricht das 2. JuMoG nur noch von einer „Pauschale für Zustellungen", so dass die Justiz die Differenz zwischen dem Großkundenpreis und 3,50 Euro behalten kann. Parallelvorschriften: KV 2002 FamGKG; KV 31002 GNotKG.

1. Gesetzlich vorgeschriebene Zustellungen

2 Gesetzlich vorgeschriebene Zustellungen sind zB: Urteil (§§ 317 Abs. 1, 310 Abs. 3 ZPO), Beschluss im Falle des § 329 ZPO, Wiederholung einer Zustellung (zB bei unrichtiger Anschrift), Kostenfestsetzungsbeschluss, angeordnete förmliche Ladung von Parteien, Zeugen, Sachverständigen.

2. Nicht gesetzlich vorgeschriebene Zustellungen

3 Umstritten ist, ob Auslagen für **Zustellungen, die nicht gesetzlich vorgeschrieben sind,** aber auf richterliche Anordnung erfolgen, als Auslagen im Sinne von KV 9002 aufzufassen sind (*Hartmann* Rn. 2) oder als gewöhnliche Postgebühren, die nicht berechnet werden (*Meyer* Rn. 33). **Beispiele:** eine Entscheidung ist unanfechtbar, so dass an sich formlose Mitteilung genügt, auf Anordnung wird sie aber zugestellt; der Richter ordnet die Zustellung einer Ladung an (an Parteien, Zeugen, Sachverständige, Angeklagte etc.), obwohl die ZPO dies (vgl. § 141 Abs. 2 ZPO) für entbehrlich hält; ein Grundschuldbrief wird an die Partei zwecks sicherem Nachweis des Empfangs per Zustellung zurückgegeben. KV 9002 schränkt nicht ein, spricht nur allgemein von Zustellungen, was dafür spricht, dass sie als Auslagen zählen (ebenso OLG Zweibrücken NJW-RR 1999, 219 für die Rücksendung des Grundpfandrechtsbriefs, „postalischer Zustellungsbegriff", damals § 136 KostO). Das alles gilt nur, wenn es sich im Rahmen der Ermessensausübung hält, andernfalls hat Niederschlagung nach § 21 Abs. 1 S. 2 zu erfolgen. Umstritten ist ferner, ob **Zustellungen im Kostenfestsetzungsverfahren** unter die zehn kostenfreien Zustellungen nach KV 9002 fallen können (so LG Koblenz BeckRS 2016, 124673; *Hartmann* Rn. 2; *Mümmler* JurBüro 1995, 462) oder nicht, also immer in Rechnung zu stellen sind (AG Kiel JurBür 1996, 261; *Meyer* Rn. 40, da das Kostenfestsetzungsverfahren nicht mehr zur Instanz gehöre); aber KV 9002 enthält keine derartige Beschränkung, das Kostenfestsetzungsverfahren gehört kostenrechtlich zur Instanz (wozu denn sonst), weshalb die erstere Meinung zutrifft. Auch **Zustellungen an Streitverkündete,** ob beigetreten oder nicht, fallen unter die zehn auslagenfreien Zustellungen nach KV 9002 (OLG Hamburg JurBüro 2016, 643; OLG Düsseldorf BeckRS 2016, 15157). Zustellungen im **Vergütungs-**

festsetzungsverfahren nach § 11 RVG fallen ebenfalls unter die 10 „kostenlosen" Zustellungen (aA LG Lübeck JurBüro 2015, 83).

II. Kein Anfall der Zustellungspauschale

4 Keine Zustellungspauschale im Sinne von KV 9002 fällt an bei formlosen Mitteilungen (zB durch gewöhnlichen Brief), Einschreibebriefen diverser Art *ohne* Rückschein, Zustellung durch Aufgabe zur Post (§ 184 ZPO). Das Porto ist hier mit den Gerichtsgebühren abgegolten. Zustellungsauslagen, die dadurch anfallen, dass ein Termin *von Amts wegen* (zB wegen Verhinderung des Richters) verlegt oder ein Verhandlung von Amts wegen vertagt wird, sind nicht zu erheben (§ 21 Abs. 1 S. 2); bei Verlegung auf Antrag einer Partei oder ihres Anwalts ist dies nicht einschlägig.

1. Bei Gebühren, die sich *nicht* nach dem Streitwert richten

5 Hier werden alle Zustellungen in voller Zahl in Rechnung gestellt (Anmerkung). **Beispiel:** Vollstreckbarerklärung ausländischer Titel (Nr. 1510), Beschwerden nach KV 1810, 1811.

2. Bei Gebühren, die sich nach dem Streitwert richten

6 Bei **Gebühren, die sich nach dem Streitwert richten,** vgl. § 3, so bei Klagen (Nr. 1210) und Rechtsmitteln im Zivilprozess, werden pro Rechtszug die **ersten zehn Zustellungen** nicht in Rechnung gestellt (sie sind in die Gerichtsgebühr einkalkuliert); erst ab der 11. Zustellung wird die Zustellungspauschale berechnet. Richtet sich das Verfahren gegen drei Beklagte, sind nicht etwa 30 Zustellungen auslagenfrei, sondern nur 10 (die Gerichtsgebühr erhöht sich ja nicht, wenn mehrere Beklagte vorhanden sind); desgleichen bei mehreren Klägern etc.

3. KapMuG

7 Bei erstinstanzlichen Verfahren nach dem KapMuG werden alle Zustellungen in Rechnung gestellt (amtl. Anmerkung).

4. EG-Mitgliedsstaaten

8 **Zustellungen in EG-Mitgliedsstaaten** nach der EG-VO Nr. 1348/2000: zu den Auslagen vgl. Art. 11 der VO.

III. Höhe der Auslagen

1. Zustellung mit Zustellungsurkunde

9 Die Auslagen werden pauschal mit 3,50 Euro in Rechnung gestellt. Bei Zustellung durch **Aushändigung an der Amtsstelle** (§ 173 ZPO) fallen keine Auslagen an. Wird an einen **Anwalt etc. gegen Empfangsbekenntnis** (EB) nach § 174 ZPO zugestellt, indem dem zuzustellenden Schriftstück ein vorbereitetes EB beigefügt wird und der Anwalt dieses mit Datum und Unterschrift versehen dann zurückfaxt, § 174 Abs. 4 S. 2 ZPO, oder das EB beim Gericht wieder abgibt, fallen ebenfalls keine Auslagen bei der Justiz an und es wird nichts als Auslage in Rech-

nung gestellt. Die zuzustellenden Schriftstücke werden dem örtlichen Anwalt in sein beim Gericht eingerichtetes Anwaltsfach gelegt, bei **auswärtigen Anwälten** mit der Post zugesandt; früher wurde ein *vorfrankiertes* Empfangsbekenntnis beigelegt, so dass der Anwalt bei Rücksendung keine Portoauslagen hatte; die Vor-Frankatur wird jetzt aus Kostengründen unterlassen, weshalb der Anwalt das Porto selbst zahlen muss (aber nicht, wenn er das EB zurückfaxt). Der Anwalt hat keinen Anspruch auf ein vorfrankiertes EB oder auf Ersatz seines Portos, denn er *muss* das EB nicht zurücksenden; tut er das nicht, wird ihm mit der Post zugestellt (§ 174 ZPO lässt dem Gericht die Wahl, ob es von § 174 ZPO Gebrauch macht oder nicht; „kann"). Nur wenn die Zahl von 10 freien Zustellungen überschritten wird entstehen dem Mandanten dadurch Nachteile. Zur Tragung der Nachgebühr, wenn der Anwalt das EB unfrankiert zurücksendet, vgl. LAG Bremern Rpfleger 1988, 165.

2. Zustellung mit Einschreiben – Rückschein

Vgl. § 175 ZPO. Die Auslagen werden pauschal mit 3,50 Euro in Rechnung gestellt. Bei sonstigen Briefen per Einschreiben ohne Rückschein können keine Auslagen berechnet werden. 10

3. Zustellung durch Justizbedienstete

Das sind die Fälle des § 168 Abs. 1 ZPO: ebenfalls pauschal 3,50 Euro je Zustellung. Bei der Justiz können Beamte, Angestellte und Arbeiter im Wege der Nebentätigkeit Zustellungen in ihrer Freizeit (Mittagspause, Abends, Wochenende usw.) durchführen und erhalten dafür einen Betrag von der Justiz vergütet. Nach KV 9002 kann die Gerichtskasse gleichwohl 3,50 Euro in Rechnung stellen, also genauso viel wie bei Zustellung durch die Post. 11

Nr.	Auslagentatbestand	Höhe
9003	**Pauschale für die bei der Versendung von Akten auf Antrag anfallenden Auslagen an Transport- und Verpackungskosten je Sendung . . .** **(1) Die Hin- und Rücksendung der Akten durch Gerichte oder Staatsanwaltschaften gelten zusammen als eine Sendung.** **(2) Die Auslagen werden von demjenigen Kostenschuldner nicht erhoben, von dem die Gebühr 2116 zu erheben ist.**	**12,00 €**

I. Anwendungsbereich

Nr. 9003 (dazu *Notthoff* AnwBl. 1995, 538; *Büttner* NJW 2005, 3108: *Hower* NJW 2013, 2077) gilt nur für die Verfahren nach § 1. Umstritten ist, ob die Pauschale auch im sozialgerichtlichen Verfahren zu erheben ist (bejahend LSG Schleswig-Holstein AnwBl. 1997, 48, da die Versendung keine prozessuale Notwendigkeit sei; aA wegen § 183 SGG LSG Mecklenburg-Vorpommern NZS 1999, 208; SG Frankfurt NZS 1998, 256; OLG Naumburg NStZ-RR 2009, 296); dazu 1

§ 197a SGG. Richtig ist, dass hier die Pauschale nicht anfällt. KV 9003 ist verfassungsgemäß (BVerfG NJW 1995, 3177 zur Einsicht im strafrechtlichen Ermittlungsverfahren).

2 **Parallelvorschriften:** Aktenversendung in Sachen der freiwilligen Gerichtsbarkeit: dafür gilt seit 1.8.2013 KV 31003 GNotKG; Familiensachen: KV 2003 FamGKG; Justizverwaltungssachen (wie etwa Akteneinsicht durch Dritte nach § 299 ZPO, dafür gilt das JVKostG und bzw. eine landesrechtliche JVKostO/JVKostG.

II. Anfall und Höhe der Pauschale

3 Die Pauschale für Aktenversendung beträgt 12 Euro. Sie fällt nur an für die Versendung von Akten auf **Antrag** des Empfängers, auch wenn beim Gericht keine Kosten entstehen. Die Pauschale fällt zB an, wenn ein Rechtsanwalt von einem Gericht die Versendung einer Akte an seine Anwaltskanzlei zum Zwecke der Akteneinsicht verlangt; oder wenn ein Beteiligter die Übersendung der Nachlassakten des Gerichts A an das Gericht B zwecks Einsicht bei Gericht verlangt; oder die Versendung an eine andere Staatsanwaltschaft. Der Anwalt sendet dann die Akten mit Post an das Gericht zurück oder gibt sie dort, wo er die Akten eingesehen hat wieder ab, so dass sie zurückgesandt werden können. Die Überlassung von **elektronischen Dateien** ist jetzt in KV 9000 Abs. 3 geregelt.

4 Die Pauschale umfasst auch die **Rücksendungsauslagen des Gerichts bzw. der Staatsanwaltschaft,** Anmerkung Satz 1. Wenn der Anwalt Akten vom Gericht bzw. der Staatsanwaltschaft **mit Post** in seine Kanzlei zugesandt erhält und dann die Akten selbst bei „seinem" Gericht zur Rücksendung abgibt, fallen für den Anwalt keine Portokosten an. Wenn er sie selbst mit Post zurücksendet, ist umstritten, wie die Portokosten des Anwalts zu behandeln sind (vgl. *Büttner* NJW 2005, 3108; *Henke* AnwBl. 2005, 494; *Euba* ZAP Fach 24, 91). Nach hM hat er keinen Anspruch gegen die Justiz auf Ersatz seiner Portoauslagen, kann sein Rücksendungsporto also auch nicht von den 12 Euro abziehen (OLG Hamm NJW 2006, 1076; OLG Jena NJOZ 2007, 2959; OLG Koblenz NJW 2006, 1072; OLG Celle BeckRS 2006, 330311; LG Koblenz JurBüro 2006, 89; LG Berlin NStZ 2006, 412; AG Rockenhausen JurBüro 2006, 207; AG Leipzig JurBüro 2005, 547) oder die Akten unfrei mit Post zurücksenden oder einen frankierten Freiumschlag verlangen. Die aA meint, die Justizverwaltung sei verpflichtet, für die Rücksendung einen Freiumschlag beizufügen oder in sonstiger Weise sicherzustellen, dass dem Zahlungspflichtigen keine weiteren Kosten für die Rücksendung entstehen; wenn aber der Anwalt die Akten schon auf eigene Kosten zurückgeschickt habe, scheide eine Reduzierung der Pauschale oder eine sonstige Erstattung der Portokosten aus (OLG Koblenz NJW 2006, 1072); eine weitere aA (AG Brandenburg a. d. Havel JurBüro 2005, 316) meint, dass das Gericht dem Anwalt die Kosten für die Rücksendung der Akten zu erstatten habe. Die Motive zur früheren Fassung von KV 9003 schweigen dazu, der technische Ablauf des Zurücksendens waren den Verfassern offenbar nicht geläufig; auch die Änderung der KV 9003 durch das 2. JuMoG klärt die Sache m. E. nicht; BR-Drs. 550/06, 112; BT-Drs. 16/3038, 52. Die Änderung durch das 2. KostRMoG will mit der Pauschale Transport- und Verpackungskosten abdecken.

5 **Unter KV 9003 fallen zB:** Versendung der Akten *auf Antrag* einer Prozesspartei, ihres Anwalts oder eines anderen Beteiligten (zB des Nebenintervenienten, der Ver-

sicherung einer Partei) an ein anderes Gericht zur Einsicht; Versendung an ein anderes Gericht, wo die Akten dann in das Anwaltsfach gelegt und vom Anwalt abgeholt werden (LG Frankenthal NJW 1995, 2801; wenig sinnvoller Vorgang), hier kann der Anwalt die Akten wieder an das Gericht zurückbringen und vom Gericht zurücksenden lassen; Versendung in eine Anwaltskanzlei; Versendung an einen Pflichtverteidiger. Die Pauschale erhöht sich nicht, wenn mehrere Akten in *einer* Sendung versandt werden. Unerheblich ist, ob der Versand **per Post oder mit privaten Diensten** erfolgt, ob die Akten dick oder dünn sind (ein einzelnes Blatt ist aber keine „Akte"); selbst wenn die Akte nur ein paar Blätter umfasst und daher das Porto nur 1,45 Euro beträgt, werden 12 Euro von der Justiz gefordert, was ärgerlich ist. Die Pauschale fällt deshalb auch dann an, wenn die Akten zwar in das Gerichtsfach des Rechtsanwalts eingelegt werden, die Versendung zu diesem Gericht jedoch durch einen **externen Postdienstleister** erfolgte (OLG Bamberg BeckRS 2015, 06687; OLG Saarbrücken NStZ-RR 2016, 32); ebenso bei Vergütungs-Vereinbarung des örtlichen Anwaltsvereins mit dem Gericht (OLG Köln NJW-RR 2015, 1342). **Mehrere Akten** in einem Paket sind „eine" Sendung (LSG Bayern BeckRS 2018, 15088).

Keine Versendungspauschale ist zB zu zahlen: bei Versendung von Amts wegen (etwa an die Staatsanwaltschaft), bei Versendung im Wege der Amtshilfe (zB an Behörden, an Sozialversicherungsträger); wenn der Antragsteller die Akten selbst bei der Gerichtsgeschäftsstelle abholt (LG Detmold NJW 1995, 2801; LG Göttingen NJW-RR 1996, 190); wenn dem Anwalt die Akten in sein **Anwaltsfach** bei diesem Gericht gelegt werden, weil dann nichts versandt wird (OVG Koblenz NJW 2013, 2137; LG Göttingen NJW-RR 1996, 190; aA OLG Koblenz NJW 2013, 1018 und aus Sicht der Justizverwaltung *Hower* NJW 2013, 2077, der die „Serviceleistung" bezahlt haben will); wenn die Akten einem beim LG am Sitz der Staatsanwaltschaft ansässigen Rechtsanwalt in dessen Gerichtsfach unverpackt eingelegt und von diesem dort abgeholt werden, selbst wenn Staatsanwaltschaft und LG, wo sich das Gerichtsfach befindet, räumlich voneinander getrennt sind (AG Düsseldorf JurBüro 1997, 433). Der **justizinterne Transport von Akten** (zB durch Justiz-Dienstwagen, der regelmäßig sowieso von A nach B fährt) fällt nicht unter KV 9003 (OLG Celle AnwBl 2016, 439; OLG Nürnberg AnwBl 216, 438; OLG Köln NJW-RR 2015, 1342). Die Einsicht selbst kostet nichts. Auch das Suchen und Einlegen der Akten zur Abholung in das Gerichtsfach des antragstellenden Anwalts kostet nichts (OVG Koblenz NJW 2013, 2137). 6

III. Kostenschuldner

Das ist nur der **Antragsteller** (vgl. § 28 Abs. 2; Vorschussanforderung nach § 17 Abs. 2); ein sonstiger Kostenschuldner ist nicht vorhanden. Nach allgemeinen Regeln ist Antragsteller aber nicht der **Verfahrensbevollmächtigte,** der die Versendung beantragt, sondern **die vertretene Partei,** der Mandant bzw. der sonstige Beteiligte (LG Bayreuth JurBüro 1997, 433; VG Düsseldorf JurBüro 2006, 90; VG Braunschweig JurBüro 2003, 210). Denn die anwaltliche Akteneinsichtnahme erfolgt regelmäßig nicht im eigenen Interesse des Rechtsanwalts, sondern im Interesse des jeweiligen Mandanten und in dessen Vertretung. Nach der herrschenden **aA** ist **der Anwalt** der Partei bzw. der Pflichtverteidiger Kostenschuldner, da er Antragsteller gewesen sei (so BGH NJW 2011, 3041; LSG Bayern BeckRS 2016, 68372; OLG Düsseldorf BeckRS 2015, 60062; OLG Koblenz NStZ-RR 1996, 96; *Meyer* Rn. 42), der Anwalt habe aber aus Geschäftsbesorgung einen Erstattungsanspruch 7 gegen seinen Mandanten, VV 7001, 7002 RVG (so LG Krefeld AnwBl. 1997, 47) bzw. gegen dessen Rechtsschutzversicherer (LG Chemnitz ZfS 1996, 4034). Zahlt der Pflichtverteidiger die Pauschale, ist sie ihm zu erstatten (OLG Düsseldorf StV 2003, 177), zuzüglich USt (BGH NJW 2911, 3041); im Falle des Freispruchs ist die Pauschale dem Anwalt, der sie zuvor verauslagt hat, zu erstatten (AG Leipzig NStZ-RR 2000, 319).

8 Die Auslagen werden nicht erhoben von einem Kostenschuldner, dem ohnehin bereits die Pauschale nach KV **2116** (Einsicht in das mit eidesstattlicher Versicherung abgegebene Vermögensverzeichnis) abgenommen wurde (Anmerkung Satz 2). Zur **Niederschlagung** wegen unrichtiger Sachbehandlung vgl. § 21.

IV. Elektronische Akten

9 KV 9003 betrifft in der jetzigen Fassung nur noch für die Übersendung einer aus Papier bestehenden Akte. Die elektronische Übermittlung einer elektronisch geführten Akte auf Antrag löst seit dem 1.8.2013 keine Aktenversendungspauschale, sondern gegebenenfalls eine Dokumentenpauschale nach KV 9000 Nr. 3 iHv 1,50 Euro, höchstens aber 5 Euro aus (*Volpert* NJW 2016, 218)

Nr.	Auslagentatbestand	Höhe
9004	**Auslagen für öffentliche Bekanntmachungen** **(1) Auslagen werden nicht erhoben für die Bekanntmachung in einem elektronischen Informations- und Kommunikationssystem, wenn das Entgelt nicht für den Einzelfall oder nicht für ein einzelnes Verfahren berechnet wird. Nicht erhoben werden ferner Auslagen für die Bekanntmachung eines besonderen Prüfungstermins (§ 177 InsO, § 18 SVertO).** **(2) Die Auslagen für die Bekanntmachung eines Vorlagebeschlusses gemäß § 6 Absatz 4 KapMuG gelten als Auslagen des Musterverfahrens.**	**in voller Höhe**

1 **Auslagen für öffentliche Bekanntmachungen,** das sind zB Bekanntmachung einer Zwangsversteigerung; öffentliche Zustellungen (§ 185 ZPO), Aufgebote (§§ 433 ff. FamFG); öffentliche Fahndung. **Parallelvorschriften:** KV 2004 FamGKG; KV 31004 GNotKG.

2 **Tatsächliche Kosten:** Bekanntmachung, zB durch Zeitungsinserat, im elektronischen Bundesanzeiger (hat ein eigenes Preisverzeichnis), durch Rundfunkdurchsagen, amtliche Fernsehbekanntmachung. Dazu zählt auch, wenn zwar eine Veröffentlichung im Internet erfolgt, aber der Anbieter eine Rechnung erstellt, in der die konkrete Veröffentlichung mit einem Preis versehen ist; denn dann besteht kein Anlass zu einer Pauschalierung mehr. Die tatsächlichen Kosten werden in Rechnung gestellt.

3 **Keine Auslagen werden erhoben** für öffentliche Bekanntmachungen:
– in den Fällen § 177 InsO (hier hat ein säumiger Gläubiger, der einen *besonderen* Prüfungstermin verursacht, nur die Festgebühr KV 2340 zu zahlen); § 18 Schifffahrtsrechtliche VerteilungsO (hier gilt KV 2430). Wenn im Internet auf der Seite des Gerichts, des Landes usw. vom Gericht kein Entgelt zu zahlen ist; oder

wenn das Gericht zwar ein Entgelt zahlen muss, aber pauschal: es erfolgt keine Erhebung von Auslagen. KapMuG siehe Abs. 2.

– Im Falle der EG-Beweisaufnahme nach EG-VO 1206/2001 Art. 18, 10. **4**

Nr.	Auslagentatbestand	Höhe
9005	**Nach dem JVEG zu zahlende Beträge** . . . . . . **(1) Nicht erhoben werden Beträge, die an ehrenamtliche Richter (§ 1 Abs. 1 Satz 1 Nr. 2 JVEG) gezahlt werden.** **(2) Die Beträge werden auch erhoben, wenn aus Gründen der Gegenseitigkeit, der Verwaltungsvereinfachung oder aus vergleichbaren Gründen keine Zahlungen zu leisten sind. Ist aufgrund des § 1 Abs. 2 Satz 2 JVEG keine Vergütung zu zahlen, ist der Betrag zu erheben, der ohne diese Vorschrift zu zahlen wäre.** **(3) Auslagen für Übersetzer, die zur Erfüllung der Rechte blinder oder sehbehinderter Personen herangezogen werden (§ 191a Abs. 1 GVG), werden nicht, Auslagen für Gebärdensprachdolmetscher (§ 186 Abs. 1 GVG) werden nur nach Maßgabe des Absatzes 4 erhoben.** **(4) Ist für einen Beschuldigten oder Betroffenen, der der deutschen Sprache nicht mächtig, hör- oder sprachbehindert ist, im Strafverfahren oder im gerichtlichen Verfahren nach dem OWiG ein Dolmetscher oder Übersetzer herangezogen worden, um Erklärungen oder Schriftstücke zu übertragen, auf deren Verständnis der Beschuldigte oder Betroffene zu seiner Verteidigung angewiesen oder soweit dies zur Ausübung seiner strafprozessualen Rechte erforderlich war, werden von diesem die dadurch entstandenen Auslagen nur erhoben, wenn das Gericht ihm diese nach § 464c StPO oder die Kosten nach § 467 Abs. 2 Satz 1 StPO, auch i. V. m. § 467a Abs. 1 Satz 2 StPO, auferlegt hat; dies gilt auch jeweils i. V. m. § 46 Abs. 1 OWiG.** **(5) Im Verfahren vor den Gerichten für Arbeitssachen werden Kosten für vom Gericht herangezogene Dolmetscher und Übersetzer nicht erhoben, wenn ein Ausländer Partei und die Gegenseitigkeit verbürgt ist oder ein Staatenloser Partei ist.**	**in voller Höhe**

I. Zahlungen aufgrund des JVEG

Was die Gerichtskasse aufgrund des JVEG an Zeugen, Sachverständige, Übersetzer, Dolmetscher, bestimmte Dritte (§ 23 JVEG) als Vergütung bzw. Entschädigung *zu zahlen hat,* wird dem Kostenschuldner voll in Rechnung gestellt. Ist der **1**

Anspruch erloschen (§ 2 JVEG) oder verlangt der Zeuge nichts, ist nichts mehr zu zahlen, so dass auch nichts in Rechnung gestellt werden darf. Parallelvorschriften: KV 2005 FamGKG; KV 31005 GNotKG.

II. Prozesskostenhilfe

2 Für das PKH-Verfahren fallen zwar keine Gerichtsgebühren an; wenn aber ausnahmsweise Zeugen im Bewilligungsverfahren vernommen wurden (§ 118 ZPO), haben diese Zeugen Anspruch auf Entschädigung nach dem JVEG, weshalb bei Ablehnung der PKH diese Beträge als Auslagen vom PKH-Antragsteller einzuziehen sind (*Hartmann* Rn. 2), bei dauernd zahlungsunfähigen Personen kann aber nach § 10 KostVfg vom Kostenansatz abgesehen werden. Bei PKH-Bewilligung sind diese Auslagen von dem zu zahlen, dem im Hauptsacheprozess die Kosten auferlegt werden (*Oestreich/Hellstab/Trenkle* Rn. 19).

III. Auslagenzahlungspflicht, obwohl die Justizkasse keine Auslagen hatte

3 Auslagen werden dem Kostenschuldner auch dann in Rechnung gestellt (Anmerkung Abs. 2 S. 1), wenn die Justiz aus folgenden Gründen selbst gar keine Zahlungen leistete: **(1)** wegen Gegenseitigkeitsabrede; **(2)** wegen Verwaltungsvereinfachung; vgl. dazu für Bayern VV 2.2 zu Art. 61 BayHO; **(3)** aus vergleichbaren Gründen; das ist nicht konkret genug; **(4)** wenn deshalb keine Vergütung von der Justizkasse an den Sachverständigen bezahlt wurde, weil das Gutachten von einem Angehörigen einer Behörde oder einer sonstigen öffentlichen Stelle in Erfüllung seiner Dienstaufgaben erstellt wurde (Fall des § 1 Abs. 2 S. 2 JVEG; Anmerkung (2) S. 2). Denn von diesen Vereinfachungen soll der Kostenschuldner nicht profitieren. **Beispiel:** der Landgerichtsarzt in Bayern erstattet ein Gutachten in einer Strafsache. Der anzusetzende Betrag richtet sich nach dem JVEG, wird in der Regel vom Behörden-Sachverständigen in einem Aktenvermerk festgehalten, ist andernfalls vom Kostenbeamten beim Sachverständigen zu erfragen.

IV. Einzelfälle

1. Zeugen

4 Vgl. § 19 JVEG. Bei schriftlicher Vernehmung eines Zeugen (§ 377 Abs. 3 ZPO) sind dessen Auslagen zu ersetzen.

2. Sachverständige

5 Vgl. §§ 8 ff. JVEG. Darunter fällt auch die „besondere Vergütung" nach § 13 JVEG (dh wenn der Sachverständige eine höhere Vergütung gefordert und bewilligt bekommen hat als ihm nach dem JVEG zusteht). Erhoben werden auch fiktive Sachverständigenvergütungen- und auslagen (Anmerkung Abs. 2; → Rn. 3); ferner Vergütungen, die auf Wunsch des Sachverständigen unmittelbar an Dritte bezahlt wurden (wie Kosten einer Röntgenaufnahme des Patienten, die der Sachverständige, der selbst nicht Röntgenologe ist, benötigte).

6 In vielen Fällen **steht dem Sachverständigen weniger zu als er fordert** oder nichts; das ist zB der Fall bei Überschreitung des Auftrags, bei **Unbrauchbarkeit seines Gutachtens,** bei erheblicher Überschreitung des Kostenrahmens (§ 407a Abs. 3 Satz 2 ZPO), bei erfolgreicher Ablehnung des Sachverständigen (→JVEG § 8 Rn. 11 ff.). Die Partei erlangt Kenntnis von der Höhe der Sachverständigenvergütung in der Regel erst mit der Kostenrechnung des Gerichts; zu diesem Zeitpunkt ist der Sachverständige meist schon (zB aus dem Vorschuss) bezahlt worden. Hält der Kostenschuldner die Beträge für überhöht (zu viele Stunden abgerechnet, falsche Honorargruppe usw.), dann ist er auf die **Erinnerung gegen den Kostenansatz** nach § 66 angewiesen. Will das Gericht der Erinnerung stattgeben, sollte das Verfahren ausgesetzt werden und zunächst nach § 4 JVEG die Entschädigung des Sachverständigen festgesetzt werden; erst wenn dieses Verfahren rechtskräftig abgeschlossen ist, steht fest, wie viel nach dem JVEG vom Gericht an den Sachverständigen zu zahlen ist (nur darauf stellt KV 9005 ab, nicht, wie viel tatsächlich bezahlt wurde). Denkbar ist, dass eine Entscheidung nach § 4 JVEG schon rechtskräftig ist. Dann ist zu beachten, dass die Entscheidungen nach dem JVEG *nicht* zu Lasten des Kostenschuldners wirken (§ 4 Abs. 9 JVEG), weil der Kostenschuldner am JVEG-Verfahren nicht beteiligt ist. Es ist also möglich, dass die Partei dem Gericht eine geringere Auslagenerstattung schuldet als das Gericht an den Sachverständigen bezahlt hat. Die Rückforderung vom Sachverständigen erfolgt nach der JBeitrG und setzt eine Änderung der Sachverständigenvergütung voraus.

7 Erfolgte an den Sachverständigen eine **Überzahlung** und wird dies vom Kostenbeamten beim Kostenansatz festgestellt, darf der überzahlte Betrag nicht angesetzt werden; in der Regel sollte nach § 4 JVEG vorgegangen werden. Kann die Rückzahlung vom Sachverständigen nicht mehr erlangt werden, zB wegen Zahlungsunfähigkeit, darf der zuviel bezahlte Betrag dem Kostenschuldner nicht als Auslage in Rechnung gestellt werden.

3. Übersetzer

8 Vgl. § 11 JVEG. Die Zahlungen an ihn aufgrund des JVEG werden als Auslagen berechnet. Nicht in Rechnung gestellt werden: **(1)** Auslagen für Übersetzer im Falle der Anmerkung Abs. 3, Blinde, Sehbehinderte. **(2)** Übersetzer im Verfahren vor dem ArbG, LAG, BAG vgl. Anmerkung Abs. 5. **(3)** Übersetzer im Strafverfahren oder gerichtlichen Verfahren nach dem OWiG bei Ausländern, Hör- und Sprachbehinderten: keine Auslagenerhebung im Rahmen der Anmerkung Abs. 4.

4. Dolmetscher

9 Vgl. § 9 JVEG. Darunter fallen auch Dolmetscherkosten anlässlich einer Telefonüberwachung (BVerfG NJW 2004, 1095; OLG Koblenz JurBüro 2001, 102), Besuchsüberwachung (OLG Koblenz JurBüro 2001, 102).

10 Über Auslagen für **Gebärdensprachdolmetscher** siehe Anmerkung Abs. 3, Abs. 4. Über Dolmetscher im Verfahren vor dem ArbG, LAG, BAG vgl. Anmerkung Abs. 5. Dolmetscher im Strafverfahren oder gerichtlichen Verfahren nach dem OWiG bei Ausländern, hör- und Sprachbehinderten: keine Auslagenerhebung im Rahmen der Anmerkung Abs. 4. Art. 6 Abs. 3e MRK verbietet die Auferlegung von Dolmetscherkosten in weiterem Umfang. Befindet sich ein Ausländer in Abschiebehaft, hat die Staatskasse die Kosten für die Beziehung eines Dolmetschers zu tragen, soweit dies für die Verständigung des Betroffenen mit seinem Ver-

fahrensbevollmächtigten und für eine sachgemäße Vertretung des Betroffenen erforderlich ist (OLG Celle StV 2005, 452). Art. 6 Abs. 3e MRK garantiert die unentgeltliche Gestellung eines Dolmetschers nur für Erklärungen und Schriftstücke, auf die der Beschuldigte zu seiner Verteidigung angewiesen ist; daher sind Dolmetscher- und Übersetzungskosten, die während der Untersuchungshaft im Rahmen der Briefkontrolle und der Besuchsüberwachung anfallen und nicht der Verteidigung dienen, von dem Beschuldigten nach seiner Verurteilung zu erstatten (OLG Koblenz NStZ-RR 1996, 159).

5. Dritte

11 Zahlungen an bestimmte Dritte. Das ist zB die Telekom, wenn sie in einem strafrechtlichen Ermittlungsverfahren Telefone abhört, vgl. § 23 JVEG. Dazu gehören ferner Dritte, die Urkunden vorlegen usw. (§§ 142, 144 ZPO); Dritte, die aufgrund Anordnungen der Strafverfolgungsbehörden tätig werden.

6. Ehrenamtliche Richter

12 Zahlungen an ehrenamtliche Richter (Handelsrichter, Schöffen usw.), § 15 JVEG, werden nicht umgelegt und in Rechnung gestellt (Anmerkung Abs. 1).

Nr.	Auslagentatbestand	Höhe
9006	**Bei Geschäften außerhalb der Gerichtsstelle**	
	1. die den Gerichtspersonen aufgrund gesetzlicher Vorschriften gewährte Vergütung (Reisekosten, Auslagenersatz) und die Auslagen für die Bereitstellung von Räumen	**in voller Höhe**
	2. für den Einsatz von Dienstkraftfahrzeugen für jeden gefahrenen Kilometer	**0,30 €**

1 9006 gilt im Rahmen von § 1, also nicht für Sachen der freiwilligen Gerichtsbarkeit (§ 1 GNotKG; KV 31006 GNotKG), nicht für Familiensachen (§ 1 FamGKG; KV 2006 FamGKG) oder Justizverwaltungssachen (JVKostG). **Geschäfte außerhalb der Amtsstelle** sind zB Augenscheine, Sitzungen in anderen Räumen als denen KVdes Gerichts (zB in einem Gasthaussaal, in der Wohnung einer kranken Partei). Ist ein sog. auswärtiger **Gerichtstag** eingerichtet, sind die Geschäfte dort nicht solche außerhalb der Amtsstelle, so dass KV 9006 dafür nicht gilt (*Meyer* Rn. 53). Bei einer Fahrt zu mehreren Terminen werden die Auslagen angemessen aufgeteilt, amtliche Vorbemerkung 9 Abs. 2 vor KV 9000. Angesetzt werden:

2 **Nr. 1: Reisekosten des Gerichts** (Richter, Referendare, Rechtspfleger, Protokollführer etc.) und der Staatsanwaltschaft, zB wenn mit einem Taxi/Mietauto oder mit der Bahn gefahren wird; sie werden in tatsächlicher Höhe angesetzt. Die Höhe der Reisekosten richtet sich nach dem jeweiligen Reisekostenrecht. Die Reisekosten der Parteien usw. fallen nicht unter KV 9000, sondern §§ 91 ff., 103 ff. ZPO; Reisekosten des Anwalts: VV 7003 ff. RVG; Reisekosten der Zeugen und Sachverständigen: KV 9005.

Auslagen für die **Bereitstellung von Räumen,** zB Miete, Reinigungskosten, Heizkosten. Stellt das Landratsamt den Sitzungssaal kostenlos zur Verfügung, darf auch dem Kostenschuldner nichts berechnet werden. 3

Nr. 2: Fahrtkosten mit dem Dienstfahrzeug: 0,30 je gefahrenen km, bei einer einfachen Strecke von 20 km werden also 40 km abgerechnet. 4

Nr.	Auslagentatbestand	Höhe
9007	**An Rechtsanwälte zu zahlende Beträge mit Ausnahme der nach § 59 RVG auf die Staatskasse übergegangenen Ansprüche**	**in voller Höhe**

I. An Rechtsanwälte zu zahlende Beträge

Die Regelung ist ungenau: wenn das Land in einem Zivilprozess einen Anwalt beauftragt und ihm daher ein Honorar schuldet, fällt dies natürlich nicht unter KV 9007. Gemeint sind in KV 9007 nur Zahlungen anderer Art auf Grund gesetzlicher Regelungen; diese Beträge werden voll (einschließlich der Mehrwertsteuer) angesetzt. Nicht was tatsächlich bezahlt wurde (zB überhöht), sondern was nach den gesetzlichen Bestimmungen *zu zahlen ist,* darf angesetzt werden. Darunter fällt zB die Zahlung an den **Pflichtverteidiger,** wenn die Kosten vom Verurteilten zu tragen sind; Art. 6 Abs. 3 lit. c MRK ändert nichts daran, dass auch der mittellose verurteilte Angeklagte grundsätzlich die Kosten seines Pflichtverteidigers zu tragen hat (OLG Hamm NStZ-RR 2000, 160); bei dauernd zahlungsunfähigen Personen kann nach § 10 KostVfg vom Kostenansatz abgesehen werden; die Zahlung an den Pflichtverteidiger, der zusätzlich bestellt wurde, obwohl der Angeklagte einen Wahlverteidiger bestellt hatte (OLG Düsseldorf AnwBl. 1983, 462). Für den nach § 138 FamFG in einer **Scheidungssache beigeordneten Rechtsanwalt** gilt KV 9007 nicht; hierfür ist § 59 RVG anzuwenden. Zur PKH → Rn. 2. 1

II. Prozesskostenhilfe (§ 59 RVG)

Wurde PKH bewilligt, dann treten die Wirkungen des § 122 ZPO ein. Die Justizkasse muss dem in PKH beigeordneten Anwalt ein Honorar nach Maßgabe von §§ 45 ff. RVG zahlen; aus dem Mandatsverhältnis hätte der Anwalt einen Anspruch gegen seinen Mandanten, mit Zahlung durch die Justizkasse geht dieser Anspruch auf die Justizkasse über (§ 59 RVG). Die umständliche formulierte Vorschrift besagt, dass der Betrag, der vom Staat an den PKH-Anwalt bezahlt wurde, nicht von der PKH-Partei zurückgefordert werden darf. Soweit im Rahmen von § 122 ZPO von der PKH-Partei Anwaltskosten zurückgefordert werden dürfen, richtet sich das nach § 1 Abs. 1 Nr. 4a, Abs. 3 JBeitrG, nicht nach KV 9007. 2

Nr.	Auslagentatbestand	Höhe
9008	**Auslagen für**	
	1. die Beförderung von Personen	**in voller Höhe**
	2. Zahlungen an mittellose Personen für die Reise zum Ort einer Verhandlung, Vernehmung oder Untersuchung und für die Rückreise	**bis zur Höhe der nach dem JVEG an Zeugen zu zahlenden Beträge**

1 **Nr. 1: Auslagen für die Beförderung von Personen:** § 1. Darunter fallen Kosten für die Vorführung von Beschuldigten, Parteien, Zeugen, des Schuldners im Insolvenzverfahren, Beförderung des festgenommenen Beschuldigten in die Haftanstalt, Transport eines Gefangenen zu seiner Vernehmung als Zeuge in anderer Sache. Der verurteilte Angeklagte hat auch die Auslagen für die Beförderung inhaftierter Zeugen zu tragen; idR Einzeltransport (OLG Hamm NStZ-RR 2000, 320). Parallelvorschrift: KV 2007 FamGKG. Vollstreckungskosten nach § 89 FamFG dagegen fallen unter KV 31008 GNotKG.

2 **Nr. 2: Reisekosten mittelloser Personen.** Darunter fallen Personen, die zu einem Termin geladen wurden, die Fahrtkosten nebst Verpflegung aber nicht vorstrecken können; mittellose Personen, deren persönliches Erscheinen angeordnet wurde; Schuldner, die zur Abgabe der eidesstattlichen Versicherung reisen müssen; Personen, die zu einer Blutentnahme oder sonstigen Untersuchungen (zB erbbiologisch) reisen müssen; Kosten von **Begleitpersonen** bei kranken, alten, schwachen Reisepersonen. Zu zahlen (und demgemäß als Auslage anzusetzen) sind die Reisekosten einschließlich Übernachtungskosten und Verpflegungsgeld nach den Sätzen des JVEG, nicht aber der Verdienstausfall der mittellosen Person (*Hartmann* Rn. 5; *Meyer* Rn. 59), weil KV 9008 nur von Zahlungen „für die Reise" spricht.

3 Zum Reisekostenvorschuss für **Zeugen und Sachverständige** vgl. § 3 JVEG.

4 Ist einer **Partei PKH bewilligt** und soll oder will sie am Termin etc. teilnehmen, kann aber die Reisekosten selbst nicht aufbringen, dann kann sie nach den Bestimmungen der Länder entsprechend § 122 ZPO einen Vorschuss erhalten (VwV Reiseentschädigung vom 26.8.2009, BAnz 2009, 3232). Diese Auslagen werden dem Kostenschuldner in Rechnung gestellt, aber natürlich dann nicht, wenn er selbst ratenfreie PKH bewilligt erhielt (vgl. § 122 ZPO).

5 Obwohl in KV 9008 von „Zahlungen" die Rede ist, darf nur in Rechnung gestellt werden, was nach dem JVEG zu zahlen ist, nicht ein tatsächlich (aber zu hoch) bezahlter Betrag.

Nr.	Auslagentatbestand	Höhe
9009	**An Dritte zu zahlende Beträge für**	
	1. die Beförderung von Tieren und Sachen mit Ausnahme der für Postdienstleistungen zu zahlenden Entgelte, die Verwahrung von Tieren und Sachen sowie die Fütterung von Tieren	**in voller Höhe**
	2. die Beförderung und die Verwahrung von Leichen	**in voller Höhe**

Nr.	Auslagentatbestand	Höhe
	3. die Durchsuchung oder Untersuchung von Räumen und Sachen einschließlich der die Durchsuchung oder Untersuchung vorbereitenden Maßnahmen	**in voller Höhe**
	4. die Bewachung von Schiffen und Luftfahrzeugen	**in voller Höhe**

In voller Höhe werden dem Kostenschuldner folgende Auslagen, soweit an Dritte zu zahlen bzw. in richtiger Höhe schon bezahlt, in Rechnung gestellt: 1

Nr. 1: Beförderung, Verwahrung und Fütterung von Tieren (zB bei Beschlagnahme von Tieren); Beförderung und Verwahrung von Sachen (zB eines Kraftfahrzeugs, um einen Unfall nachzustellen). Postdienstentgelte bei der Beförderung (also das Porto) sind aber nicht anzusetzen (wohl aber zB die Bahnfracht). Die Kosten einer Sequestration nach § 938 ZPO gehören nicht zu KV 9009, sondern fallen unter § 788 ZPO. 2

Nr. 2: Leichentransport etc. 3

Nr. 3: Durchsuchungs- und Untersuchungskosten von Räumen und Sachen. Dazu gehören auch die Vorbereitungskosten (zB Öffnen der Räume durch einen Schlüsseldienst); die Kosten der Zerlegung von Sachen und deren Verschließen bzw. Wiederzusammenbauen. Die Durchsuchung von Räumen usw. zwecks Herausgabe von Kindern (§ 1632 BGB), Betreuten (§§ 1908i, 1632 BGB) fällt unter § 91 FamFG. 4

Nr. 4: Bewachung von Schiffen und Luftfahrzeugen. Beispiel: § 931 Abs. 4 ZPO. 5

Rechnungsgebühren (früher § 70) sind durch das 2. KostRMoG abgeschafft worden. 6

Nr.	Auslagentatbestand	Höhe
9010	**Kosten einer Zwangshaft, auch aufgrund eines Haftbefehls nach § 802g ZPO** . . . . **Maßgebend ist die Höhe des Haftkostenbeitrags, der nach Landesrecht von einem Gefangenen zu erheben ist.**	**in Höhe des Haftkostenbeitrags**

Weitere Fälle der Zwangshaft sind zB §§ 888, 390 Abs. 2 ZPO, § 70 Abs. 2 StPO. Zwangshaft nach § 35 FamFG dagegen fällt unter KV 2008 FamGKG bzw. KV 31010 GNotKG. 1

Nr.	Auslagentatbestand	Höhe
9011	**Kosten einer Haft außer Zwangshaft, Kosten einer einstweiligen Unterbringung (§ 126a StPO), einer Unterbringung zur Beobachtung (§ 81 StPO, § 73 JGG) und einer einstweiligen Unterbringung in einem Heim der Jugendhilfe (§ 71 Abs. 2, § 72 Abs. 4 JGG)**.	**in Höhe des Haftkostenbeitrags**

Nr.	Auslagentatbestand	Höhe
	Maßgebend ist die Höhe des Haftkostenbeitrags, der nach Landesrecht von einem Gefangenen zu erheben ist. Diese Kosten werden nur angesetzt, wenn der Haftkostenbeitrag auch von einem Gefangenen im Strafvollzug zu erheben wäre.	

1 **Haft** in diesem Sinn ist zB die Untersuchungshaft, die Ordnungshaft nach § 890 ZPO, Haft nach §§ 380 390 ZPO. Über Kosten der Strafhaft vgl. § 50 StVollzG. Zu KV 9011 vgl. § 14 S. 2 KostVfg. § 10 JVKostO ist aufgehoben.

2 **Einstweilige Unterbringung** nach § 126a StPO; Unterbringung zur Beobachtung nach § 81a StPO; § 71 JGG. Einstweilige Unterbringungen von Betreuten (§ 1906 BGB; § 331 FamFG), auch nach § 1846 BGB, oder nach dem PsychKG der Länder fallen nicht unter KV 9011; ebensowenig die Abschiebungshaft nach § 62 des Aufenthaltsgesetzes oder Freiheitsentziehung nach § 415 FamFG.

3 **Einstweilige Unterbringung in einem Heim** der Jugendhilfe nach §§ 71 Abs. 2 (dazu OLG Jena NStZ-RR 1997, 320), 72 Abs. 4 JGG. Die Kosten werden laut Anmerkung nicht angesetzt, wenn sie nach § 50 Abs. 1 StVollzG nicht anzusetzen wären.

§ 50 Abs. 1 StVollzG. (1) [1]Als Teil der Kosten der Vollstreckung der Rechtsfolgen einer Tat (§ 464a Abs. 1 Satz 2 der Strafprozessordnung) erhebt die Vollzugsanstalt von dem Gefangenen einen Haftkostenbeitrag. [2]Ein Haftkostenbeitrag wird nicht erhoben, wenn der Gefangene

1 Bezüge nach diesem Gesetz erhält oder
2. ohne sein Verschulden nicht arbeiten kann oder
3. nicht arbeitet, weil er nicht zur Arbeit verpflichtet ist.

[3]Hat der Gefangene, der ohne sein Verschulden während eines zusammenhängenden Zeitraumes von mehr als einem Monat nicht arbeiten kann oder nicht arbeitet, weil er nicht zur Arbeit verpflichtet ist, auf diese Zeit entfallende Einkünfte, so hat er den Haftkostenbeitrag für diese Zeit bis zur Höhe der auf sie entfallenden Einkünfte zu entrichten. [4]Dem Gefangenen muss ein Betrag verbleiben, der dem mittleren Arbeitsentgelt in den Vollzugsanstalten des Landes entspricht. [5]Von der Geltendmachung des Anspruchs ist abzusehen, soweit dies notwendig ist, um die Wiedereingliederung des Gefangenen in die Gemeinschaft nicht zu gefährden.

Nr.	Auslagentatbestand	Höhe
9012	**Nach § 12 BGebG, dem 5. Abschnitt des Konsulargesetzes und der Besonderen Gebührenverordnung des Auswärtigen Amts nach § 22 Abs. 4 BGebG zu zahlende Beträge**	**in voller Höhe**

1 **AuslandskostenG** v. 21.2.1978, BGBl. I S. 301, zuletzt geändert durch das 2. KostRMoG vom 23.7.2013, BGBl. I S. 2586 und **AuslandskostenVO** v. 20.12.2001 mit Gebührentabelle, BGBl. I S. 4161. **Parallelvorschriften:** KV 2010 FamGKG; KV 31012 GNotKG. Für Amtshandlungen nach den §§ 1–17 Konsulargesetz werden von den Vertretungen des Bundes im Ausland (Auslandsvertretungen) und den Honorarkonsularbeamten Kosten (Gebühren und Auslagen) erhoben, desgleichen für Amtshandlungen des Auswärtigen Amtes; so etwa für Be-

glaubigungen, schriftliche Auskünfte, Telefongebühren. Ob die Kosten der Einschaltung eines Vertrauensanwalts nach § 3 Abs. 3 KonsularG darunter fallen (so BT-Drs. 15/1971, 177) ist zweifelhaft.

Nr.	Auslagentatbestand	Höhe
9013	**An deutsche Behörden für die Erfüllung von deren eigenen Aufgaben zu zahlende Gebühren sowie diejenigen Beträge, die diesen Behörden, öffentlichen Einrichtungen oder deren Bediensteten als Ersatz für Auslagen der in den Nummern 9000 bis 9011 bezeichneten Art zustehen** . . . . **An deutsche Behörden für die Erfüllung von deren eigenen Aufgaben zu zahlende Gebühren sowie diejenigen Beträge, die diesen Behörden, öffentlichen Einrichtungen oder deren Bediensteten als Ersatz für Auslagen der in den Nummern 9000 bis 9011 bezeichneten Art zustehen** **Die als Ersatz für Auslagen angefallenen Beträge werden auch erhoben, wenn aus Gründen der Gegenseitigkeit, der Verwaltungsvereinfachung oder aus vergleichbaren Gründen keine Zahlungen zu leisten sind.**	**in voller Höhe, die Auslagen begrenzt durch die Höchstsätze für die Auslagen 9000 bis 9011**

Unter KV 9013 (Parallelvorschriften: KV 2011 FamGKG; KV 31013 GNotKG) fallen zB inländische Fachbehörden (Ausland: KV 9014), Gerichtsvollzieher, Polizei. Zu den Kosten des vom Gericht beauftragten Gerichtsvollziehers vgl. § 19 KostVfg: wenn der Gerichtsvollzieher sie nicht schon selbst einzog, gelten sie als Auslagen des gerichtlichen Verfahrens und werden, sobald sie vom Kostenschuldner beglichen sind, dann als durchlaufendes Geld an den Gerichtsvollzieher ausbezahlt (§§ 24 Abs. 7, 32 KostVfg). Zu Amtshandlungen des Gerichtsvollziehers im Rahmen bewilligter PKH vgl. 5.2 DB-PKHG. Die Anmerkung entspricht der Anmerkung zu KV 9005 Abs. 2 Satz 1. Wenn eine solche Behörde Auslagen für eine nicht unter KV 9005 fallende Auskunft fordern könnte, dann können sie dem Kostenschuldner in Rechnung gestellt werden, höchstens aber in Höhe der Höchstsätze nach KV 9000–9011. Prüfung der Höhe beim Kostenansatz, Rechtsmittel § 66. **1**

Nr.	Auslagentatbestand	Höhe
9014	**Beträge, die ausländischen Behörden, Einrichtungen oder Personen im Ausland zustehen, sowie Kosten des Rechtshilfeverkehrs mit dem Ausland** . . . . **Die Beträge werden auch erhoben, wenn aus Gründen der Gegenseitigkeit, der Verwaltungsvereinfachung oder aus vergleichbaren Gründen keine Zahlungen zu leisten sind.**	**in voller Höhe**

I. Kosten ausländischer Stellen (Hs. 1)

1 Parallelvorschriften: KV 2012 FamGKG; KV 31014 GNotKG. Darunter fällt alles, was ausländische „Behörden“ (auch Gerichte), Einrichtungen oder Personen nach ihrem Recht zusteht, zB Kosten für ein Gutachten. Vgl. § 98 der ZRHO (Rechtshilfeordnung für Zivilsachen; Verwaltungsvorschrift). Inwieweit im vertraglichen Rechtshilfeverkehr Kosten zu erstatten sind, ergibt sich aus dem Länderteil der ZRHO. Im Geltungsbereich der **EG-ZustellungsVO** und der **EG-BeweisaufnahmeVO** dürfen für die Erledigung der Ersuchen Gebühren und Auslagen nicht verlangt werden (Art. 11 Abs. 1 EG-Zustellungsverordnung und Art. 18 Abs. 1 EG-Beweisaufnahmeverordnung). Davon sind jedoch Kosten nach Artikel 11 Abs. 2 EG-Zustellungsverordnung sowie die in Art. 18 Abs. 2 EG-Beweisaufnahmeverordnung genannten Kosten ausgenommen. **Kosten der deutschen Konsulate** etc. vgl. KV 9012.

II. Rechtshilfekosten

2 Kosten (zB inländischer Behörden) für den Rechtshilfeverkehr mit dem Ausland (Hs. 2). Die **Kosten der Justiz** fallen unter das JVKostG. Dazu zählen zB die Gebühren für die Prüfung von Rechtshilfeersuchen durch die Justizverwaltung (KV 1320 JVKostG), die Kosten für Übersetzungen. Einzelheiten vgl § 50 ZRHO.

III. Fiktive Erhebung

3 Die Anmerkung entspricht KV 9005 Anmerkung Abs. 2 Satz 1. Anders als bei KV 9013 gibt es keine Höchstgrenze. Der Gesetzgeber will nicht, dass der Schuldner einen Vorteil hat-

IV. Rechtsmittel

4 Es wird vertreten, dass der Auslagenschuldner die Höhe der vom Ausland geforderten Beträge nicht mit **Erinnerung** (§ 66) angreifen kann, sondern die Beträge nach Grund und Höhe nur vor den ausländischen Stellen nachprüfen lassen kann (*Oestreich/Hellstab/Trenkle* KV 9014 Rn. 3). Das kann nicht zutreffen in der Fällen Rn. 3, weil hier nichts an das Ausland zu zahlen ist. Außerdem stellt der Gesetzestext darauf ab, ob die Auslagen der ausländischen Stelle „zustehen“, was bedeutet, dass die deutsche Justiz das nachprüfen muss und insoweit die Erinnerung stattfindet.

Nr.	Auslagentatbestand	Höhe
9015	**Auslagen der in den Nummern 9000 bis 9014 bezeichneten Art, soweit sie durch die Vorbereitung der öffentlichen Klage entstanden sind**	**begrenzt durch die Höchstsätze für die Auslagen 9000 bis 9013**

Auslagen der Vorbereitung der Anklage: dazu gehören auch Auslagen der **Polizei** und der Verwaltungsbehörden (als Verfolgungsorgan in Straf- und Bußgeldsachen), vgl. § 5 Abs. 3 KostVfg. 1

Nr.	Auslagentatbestand	Höhe
9016	**Auslagen der in den Nummern 9000 bis 9014 bezeichneten Art, soweit sie durch das dem gerichtlichen Verfahren vorausgegangene Bußgeldverfahren entstanden sind** .... **Abs. 3 der Anmerkung zu Nummer 9005 ist nicht anzuwenden.**	**begrenzt durch die Höchstsätze für die Auslagen 9000 bis 9013**

Auslagen des Bußgeldverfahrens, das dem gerichtlichen Verfahren vorausgeht. KV 9005 Anm. Abs. 3 ist nicht anzuwenden; Auslagen für Übersetzer bei Blinden dürfen also angesetzt werden. 1

Nr.	Auslagentatbestand	Höhe
9017	**An den vorläufigen Insolvenzverwalter, den Insolvenzverwalter, die Mitglieder des Gläubigerausschusses oder die Treuhänder auf der Grundlage der Insolvenzrechtlichen Vergütungsverordnung aufgrund einer Stundung nach § 4a InsO zu zahlende Beträge**	**in voller Höhe**

Sind an den *vorläufigen* Insolvenzverwalter, den Insolvenzverwalter, Mitglieder des Gläubigerausschusses, Treuhänder usw. „Beträge" nach der InsVV zu zahlen (also insbes. eine Vergütung), aber dem Schuldner nach § 4a InsO gestundet worden, werden sie im Rahmen der Stundenbestimmungen ggf. dem Kostenschuldner in Rechnung gestellt. Vgl. § 23. 1

Nr.	Auslagentatbestand	Höhe
9018	**Im ersten Rechtszug des Prozessverfahrens: Auslagen des erstinstanzlichen Musterverfahrens nach dem KapMuG zuzüglich Zinsen** . . **(1) Die im erstinstanzlichen Musterverfahren entstehenden Auslagen nach Nummer 9005 werden vom Tag nach der Auszahlung bis zum rechtskräftigen Abschluss des Musterverfahrens mit 5 Prozentpunkten über dem Basiszinssatz nach § 247 BGB verzinst.** **(2) Auslagen und Zinsen werden nur erhoben, wenn der Kläger nicht innerhalb von einem Monat ab Zustellung des Aussetzungsbeschlusses nach § 8 KapMuG seine Klage in der Hauptsache zurücknimmt.** **(3) Der Anteil bestimmt sich nach dem Verhältnis der Höhe des von dem Kläger geltend gemachten Anspruchs, soweit dieser von den Feststellungszielen**	**anteilig**

Nr.	Auslagentatbestand	Höhe
	des Musterverfahrens betroffen ist, zu der Gesamthöhe der vom Musterkläger und den Beigeladenen des Musterverfahrens in den Prozessverfahren geltend gemachten Ansprüche, soweit diese von den Feststellungszielen des Musterverfahrens betroffen sind. Der Anspruch des Musterklägers oder eines Beigeladenen ist hierbei nicht zu berücksichtigen, wenn er innerhalb von einem Monat ab Zustellung des Aussetzungsbeschlusses nach § 8 KapMuG seine Klage in der Hauptsache zurücknimmt.	

1 Kapitalanlage-Musterverfahren haben ihren Ursprung in geschädigten Deutsche Telekom-Aktienanlegern. Das KapMuG will geschädigten Anlegern die Durchsetzung von Schadensersatzansprüchen erleichtern. Im Musterverfahren können bestimmte Tatsachen- und Rechtsfragen einheitlich durch das Oberlandesgericht mit Bindungswirkung für alle Kläger entschieden werden. Die Auslagen sollen auf alle Beteiligten, auch die Beigeladenen, anteilig verteilt werden.

Nr.	Auslagentatbestand	Höhe
9019	**Pauschale für die Inanspruchnahme von Videokonferenzverbindungen:** **je Verfahren für jede angefangene halbe Stunde**	**15,00 €**

1 Anwendungsfälle sind zB § 128a ZPO, § 102a VwGO, § 110a SGG, § 91a FGO.

C. Gesetz über Gerichtskosten in Familiensachen (FamGKG)

Vom 17.12.2008, BGBl. I S. 2586, 2666

FNA 361-5

zuletzt geändert durch Gesetz vom 17.7.2017, BGBl. I S. 2424

Inhaltsübersicht

§§

Abschnitt 6 Gebührenvorschriften

Abschnitt 7 Wertvorschriften

Unterabschnitt 1 Allgemeine Wertvorschriften

Unterabschnitt 2 Besondere Wertvorschriften

Unterabschnitt 3 Wertfestsetzung

Abschnitt 8 Erinnerung und Beschwerde

Abschnitt 9 Schluss- und Übergangsvorschriften

Vorbemerkung zum FamGKG

Das **Gesetz über Gerichtskosten in Familiensachen (FamGKG)** ist am 22.12.2008 als Art. 2 des Gesetzes zur Reform des Verfahrens in Familiensachen und in den Angelegenheiten der freiwilligen Gerichtsbarkeit (FGG-Reformgesetz – FGG-RG) verkündet worden, BGBl. 2008 I S. 2586, 2666. Es trat nach Art. 112 Abs. 1 FGG-Reformgesetz gleichzeitig mit dem Gesetz über das Verfahren in Familiensachen und in den Angelegenheiten der freiwilligen Gerichtsbarkeit (FamFG) **am 1. September 2009 in Kraft.** 1

Die **Gesetzesmaterialien** zum FGG-Reformgesetz sind als Drucksachen des Bundestages veröffentlicht. Sie sind im Internet auf der Homepage des Deutschen Bundestages zugänglich (www.bundestag.de). Der Gesetzentwurf der Bundesregierung nebst Stellungnahme des Bundesrates und Gegenäußerung der Bundesregierung hierzu finden sich auf BT-Drs. 16/6308, Bericht und Beschlussempfehlung des Rechtsausschusses des Bundestages auf BT-Drs. 16/9733. 2

Das **FamGKG** ist neben dem Gerichtskostengesetz (GKG) und dem Gerichts- und Notarkostengesetz (GNotKG) das **dritte Gesetz, das die Erhebung von Gerichtskosten regelt.** Sein **Geltungsbereich** erstreckt sich – mit bestimmten Ausnahmen – auf die in Buch 2 des FamFG (§§ 111–270) zusammengefassten **Familiensachen** (§ 1). Dazu gehören nach der **Definition in § 111 FamFG:** Ehesachen, Kindschaftssachen, Abstammungssachen, Adoptionssachen, Ehewohnungs- und Haushaltssachen, Gewaltschutzsachen, Versorgungsausgleichssachen, Unterhaltssachen, Güterrechtssachen, sonstige Familiensachen sowie Lebenspartnerschaftssachen. In diesen Verfahren, in denen vor dem Inkrafttreten des FGG-RG Gerichtskosten teils nach dem GKG, teils nach der früheren KostO erhoben wurden, richtet sich seither die **Kostenerhebung ausschließlich nach** dem **FamGKG.** 3

Dagegen werden **Gerichtskosten** für die in den Büchern 3 bis 8 (§§ 271–484) des FamFG sowie der GBO geregelten **Angelegenheiten der freiwilligen Gerichtsbarkeit** (Betreuungssachen, Unterbringungssachen, betreuungsgerichtliche Zuweisungssachen, Nachlass- und Teilungssachen, Registersachen und unternehmensrechtliche Verfahren, weitere Angelegenheiten der freiwilligen Gerichtsbarkeit, Freiheitsentziehungssachen, Aufgebotssachen und Grundbuchsachen) nach dem **Gerichts- und Notarkostengesetz** (GNotKG) erhoben. 4

Das FamGKG orientiert sich weitgehend am GKG (vgl. BT-Drs. 16/6308, 299). Insbesondere wurden in den Familiensachen der freiwilligen Gerichtsbarkeit pauschale Verfahrensgebühren mit Ermäßigungstatbeständen eingeführt. Zudem wurde die **Gebührentabelle** des GKG unverändert in das FamGKG übernommen. 5

Schon vor seinem Inkrafttreten ist das FamGKG wie folgt **geändert** worden: 6

1. Durch Art. 13 Gesetz zur Strukturreform des Versorgungsausgleichs vom 3.4.2009, BGBl. I S. 700, 721, wurde § 50 neu gefasst. Durch Art. 22 desselben Gesetzes wurden die Übergangsvorschriften in Art. 111 FGG-Reformgesetz geändert.
2. Durch Art. 4 Gesetz zur Änderung des Zugewinnausgleichs- und Vormundschaftsgesetzes vom 6.7.2009, BGBl. I S. 1696, wurde insbesondere § 48 neugefasst.

3. Durch Art. 8 Nr. 2 Gesetz zur Modernisierung von Verfahren im anwaltlichen und notariellen Berufsrecht, zur Errichtung einer Schlichtungsstelle der Rechtsanwaltschaft sowie zur Änderung sonstiger Vorschriften vom 30.7.2009, BGBl. I S. 2449, wurden die §§ 5 und 57 geändert.

7 Das **FGG-RG** enthält in seinem **Art. 111** folgende Übergangsvorschriften:

Art. 111 FGG-RG Übergangsvorschrift. (1) [1]Auf Verfahren, die bis zum Inkrafttreten des Gesetzes zur Reform des Verfahrens in Familiensachen und in den Angelegenheiten der freiwilligen Gerichtsbarkeit eingeleitet worden sind oder deren Einleitung bis zum Inkrafttreten des Gesetzes zur Reform des Verfahrens in Familiensachen und in den Angelegenheiten der freiwilligen Gerichtsbarkeit beantragt wurde, sind weiter die vor Inkrafttreten des Gesetzes zur Reform des Verfahrens in Familiensachen und in den Angelegenheiten der freiwilligen Gerichtsbarkeit geltenden Vorschriften anzuwenden. [2]Auf Abänderungs-, Verlängerungs- und Aufhebungsverfahren finden die vor Inkrafttreten des Gesetzes zur Reform des Verfahrens in Familiensachen und in den Angelegenheiten der freiwilligen Gerichtsbarkeit geltenden Vorschriften Anwendung, wenn die Abänderungs-, Verlängerungs- und Aufhebungsverfahren bis zum Inkrafttreten des Gesetzes zur Reform des Verfahrens in Familiensachen und in den Angelegenheiten der freiwilligen Gerichtsbarkeit eingeleitet worden sind oder deren Einleitung bis zum Inkrafttreten des Gesetzes zur Reform des Verfahrens in Familiensachen und in den Angelegenheiten der freiwilligen Gerichtsbarkeit beantragt wurde.

(2) Jedes gerichtliche Verfahren, das mit einer Endentscheidung abgeschlossen wird, ist ein selbständiges Verfahren im Sinne des Absatzes 1 Satz 1.

(3) Abweichend von Absatz 1 Satz 1 sind auf Verfahren in Familiensachen, die am 1. September 2009 ausgesetzt sind oder nach dem 1. September 2009 ausgesetzt werden oder deren Ruhen am 1. September 2009 angeordnet ist oder nach dem 1. September 2009 angeordnet wird, die nach Inkrafttreten des Gesetzes zur Reform des Verfahrens in Familiensachen und in den Angelegenheiten der freiwilligen Gerichtsbarkeit geltenden Vorschriften anzuwenden.

(4) Abweichend von Absatz 1 Satz 1 sind auf Verfahren über den Versorgungsausgleich, die am 1. September 2009 vom Verbund abgetrennt sind oder nach dem 1. September 2009 abgetrennt werden, die nach Inkrafttreten des Gesetzes zur Reform des Verfahrens in Familiensachen und in den Angelegenheiten der freiwilligen Gerichtsbarkeit geltenden Vorschriften anzuwenden. Alle vom Verbund abgetrennten Folgesachen werden im Fall des Satzes 1 als selbständige Familiensachen fortgeführt.

(5) Abweichend von Absatz 1 Satz 1 sind auf Verfahren über den Versorgungsausgleich, in denen am 31. August 2010 im ersten Rechtszug noch keine Endentscheidung erlassen wurde, sowie auf die mit solchen Verfahren im Verbund stehenden Scheidungs- und Folgesachen ab dem 1. September 2010 die nach Inkrafttreten des Gesetzes zur Reform des Verfahrens in Familiensachen und in den Angelegenheiten der freiwilligen Gerichtsbarkeit geltenden Vorschriften anzuwenden.

8 Art. 111 FGG-RG regelt den **Übergang** von der Anwendung der bisher geltenden Bestimmungen zu sämtlichen mit dem FGG-Reformgesetz in Kraft tretenden Vorschriften. Die Übergangsregelung bezieht sich nicht nur auf das Gesetz über das Verfahren in Familiensachen und in den Angelegenheiten der freiwilligen Gerichtsbarkeit (FamFG), sondern auch auf das FamGKG. Art. 111 FGG-Reformgesetz ist gegenüber der Übergangsvorschrift des § 63 FamGKG vorrangig. Denn § 63 FamGKG betrifft nur **künftige** Änderungen des FamGKG, nicht aber sein erstmaliges Inkrafttreten.

9 Nach **Abs. 1 Satz 1** sind auf Verfahren, die bis zum Inkrafttreten des FGG-RG (1. September 2009) eingeleitet worden sind oder deren Einleitung vor diesem

Zeitpunkt beantragt worden ist, die vor dem 1. September 2009 geltenden Vorschriften des Verfahrens- und des Kostenrechts weiter anzuwenden. Gleiches gilt nach **Abs. 1 Satz 2** für Abänderungs-, Verlängerungs- und Aufhebungsverfahren, die vor dem Inkrafttreten des FGG-RG eingeleitet wurden oder deren Einleitung vor dem 1. September 2009 beantragt worden ist.

Diese Übergangsregelung erstreckt sich auf die Durchführung des Verfahrens in allen Instanzen gleichermaßen. Ist das Verfahren in erster Instanz noch nach dem bisherigen Recht eingeleitet worden, so ist auch im Rechtsmittelverfahren das bisher geltende Recht einschließlich des Instanzenzuges anzuwenden. Nur wenn bereits für das erstinstanzliche Verfahren das FGG-Reformgesetz gilt, richtet sich auch die Durchführung des Rechtsmittelverfahrens nach den Regelungen neuen Rechts. **10**

Anders als das bisherige Recht setzen **einstweilige Anordnungen** nach dem FamFG kein gleichartiges Hauptsacheverfahren mehr voraus. Dies hat Auswirkungen auf das nach der Übergangsregelung anzuwendende Recht. Wurde in einem Verfahren nach bisherigem Recht ein einstweiliges Anordnungsverfahren gleichzeitig mit der Hauptsache eingeleitet oder dessen Einleitung beantragt und das Hauptsacheverfahren sodann erst nach Inkrafttreten des FGG-Reformgesetzes betrieben, so ist gleichwohl auf das Hauptsacheverfahren nicht das neue Recht anzuwenden. Allein maßgebend ist vielmehr, dass es sich bei einstweiliger Anordnung und Hauptsache nach bisherigem Recht um *ein Verfahren* handelte, so dass auf die einstweilige Anordnung und die Hauptsache einheitlich noch das bisher geltende Recht anzuwenden ist. **11**

Als neue Verfahren iSd **Art. 111 FGG-RG** sind auch solche **Verfahren** anzusehen, die sich auf die **Abänderung, die Verlängerung oder die Aufhebung einer gerichtlichen Entscheidung** beziehen. Wird ein Verfahren zur Abänderung eines Unterhaltstitels oder einer Entscheidung in einer Sorge- und Umgangssache, die noch nach altem Recht erlassen wurde, nach Inkrafttreten des FGG-Reformgesetzes eingeleitet bzw. dessen Einleitung beantragt, so richtet sich die Abänderung der Unterhaltssache nach neuem Recht (§§ 238, 239 FamFG), die Abänderung in Kindschaftssachen nach § 166 FamFG. Auch auf Verfahren, die die Verlängerung, Aufhebung oder Abänderung bereits vor Inkrafttreten des FGG-Reformgesetzes begründeter Betreuungen sowie erlassener Unterbringungs- oder Freiheitsentziehungsmaßnahmen betreffen, findet das neue Recht Anwendung, wenn das FGG-Reformgesetz bereits vor Einleitung des Verlängerungs-, Aufhebungs- oder Abänderungsverfahrens in Kraft getreten ist. **12**

Um die Umstellung auf das neue Recht in Bestandsverfahren zu beschleunigen, bestimmt **Abs. 2,** dass bei Betreuungen, Vormundschaften und Beistandschaften jeder selbständige Verfahrensgegenstand, der mit einer durch Beschluss (§ 38 FamFG) zu erlassenden Endentscheidung zu erledigen ist, ein neues, selbständiges Verfahren begründet. Hierunter fallen insbesondere die gerichtliche Aufsichts- und Genehmigungstätigkeit im Rahmen von Vormundschaften und Betreuungen sowie Betreuerwechsel. Werden solche Verfahren nach dem Inkrafttreten des FGG-Reformgesetzes beantragt oder eingeleitet, so ist auf sie das neue Verfahrens- und Kostenrecht anzuwenden. **13**

Nach **Abs. 3** ist das neue Verfahrensrecht auf Verfahren in Familiensachen anzuwenden, die auf der Grundlage einer formellen gerichtlichen Entscheidung bei Inkrafttreten des FGG-RG am 1. September 2009 ausgesetzt oder zum Ruhen gebracht sind oder nach diesem Zeitpunkt ausgesetzt oder zum Ruhen gebracht werden. Dies betrifft insbesondere die Aussetzung des Verfahrens z. B. nach den **14**

§§ 246ff., 614 ZPO aF, § 52 Abs. 2 FGG und die Anordnung des Ruhens des Verfahrens nach den §§ 251, 251 a ZPO.

15 In Verfahren über den Versorgungsausgleich, dessen Recht durch das am 1. September 2009 in Kraft tretende Gesetz zur **Strukturreform des Versorgungsausgleichs** vom 3.4.2009, BGBl. I S. 700, grundlegend geändert worden ist, ordnen die **Abs. 4 und 5** die Umstellung von Altverfahren auf das neue Verfahrens- und Kostenrecht an. Hierdurch wird ein Gleichlauf zu der in § 48 VersAusglG enthaltenen Übergangsregelung hergestellt. Diese erstreckt das ab dem Inkrafttreten des Gesetzes zur Strukturreform des Versorgungsausgleichs geltende materielle Recht auf Versorgungsausgleichssachen, die über eine längere Zeit nicht aktiv betrieben worden sind, ohne dass dem eine formelle Entscheidung des Gerichts zugrunde liegt.

16 **Abs. 4 Satz 1** bestimmt, dass neues Verfahrensrecht auf Verfahren über den Versorgungsausgleich anzuwenden ist, die am 1. September 2009 vom Verbund abgetrennt sind oder nach diesem Zeitpunkt abgetrennt werden. Dies gilt auch dann, wenn die Versorgungsausgleichsfolgesache gemeinsam mit weiteren Folgesachen aus dem Verbund abgetrennt wird. Alle abgetrennten Folgesachen werden als selbständige Verfahren fortgeführt und stehen zueinander nicht im Restverbund.

17 **Abs. 5** ordnet schließlich eine Umstellung der erstinstanzlichen Verfahren über den Versorgungsausgleich an, soweit sie nicht innerhalb eines Jahres nach Inkrafttreten des FGG-RG, also bis zum 1. September 2010, durch Endentscheidung abgeschlossen werden. Diese Regelung erstreckt sich auch auf Scheidungs- und Folgesachen, soweit sie mit dem Verfahren über den Versorgungsausgleich im Verbund stehen.

Abschnitt 1. Allgemeine Vorschriften

§ 1 Geltungsbereich

(1) [1]In Familiensachen einschließlich der Vollstreckung durch das Familiengericht und für Verfahren vor dem Oberlandesgericht nach § 107 des Gesetzes über das Verfahren in Familiensachen und in den Angelegenheiten der freiwilligen Gerichtsbarkeit werden Kosten (Gebühren und Auslagen) nur nach diesem Gesetz erhoben, soweit nichts anderes bestimmt ist. [2]Dies gilt auch für Verfahren über eine Beschwerde, die mit einem Verfahren nach Satz 1 in Zusammenhang steht. [3]Für das Mahnverfahren werden Kosten nach dem Gerichtskostengesetz erhoben.

(2) Die Vorschriften dieses Gesetzes über die Erinnerung und die Beschwerde gehen den Regelungen der für das zugrunde liegende Verfahren geltenden Verfahrensvorschriften vor.

Die Vorschrift regelt den **Geltungsbereich** des Gesetzes über Gerichtskosten in 1 Familiensachen (FamGKG). Sie bestimmt abschließend, in welchen Verfahren Gerichtskosten **ausschließlich** nach dem **FamGKG** erhoben werden. Ist für ein Verfahren oder eine gerichtliche Handlung kein Gebührentatbestand vorgesehen besteht, wie zB im GKG, ein Analogieverbot (BGH NJW-RR 2007, 1148). Das Verfahren bleibt in diesem Falle gebührenfrei. Der Kostenbegriff umfasst, wie sonst auch (zB § 1 GKG, § 1 GNotKG), Gebühren und Auslagen.

Das FamGKG gilt nur für **Familiensachen** und das sind die in **§ 111 FamFG** 2 genannten Gegenstände. Das Verfahren in Familiensachen ist in Buch 2 des FamFG (§§ 111 bis 270) geregelt.

§ 111 FamFG Familiensachen. Familiensachen sind
1. Ehesachen,
2. Kindschaftssachen,
3. Abstammungssachen,
4. Adoptionssachen,
5. Ehewohnungs- und Haushaltssachen,
6. Gewaltschutzsachen,
7. Versorgungsausgleichssachen,
8. Unterhaltssachen,
9. Güterrechtssachen,
10. sonstige Familiensachen,
11. Lebenspartnerschaftssachen.

Welche **Gegenstände** die in **§ 111** genannten Verfahren betreffen, definiert für: 3
- Ehesachen § 121 FamFG,
- Kindschaftssachen § 151 FamFG,
- Abstammungssachen § 169 FamFG,
- Adoptionssachen § 186 FamFG,
- Ehewohnungs- und Haushaltssachen § 200 FamFG,
- Gewaltschutzsachen § 210 FamFG,
- Unterhaltssachen § 231 FamFG,
- Güterrechtssachsen § 261 FamFG,

- sonstige Familiensachen § 266 FamFG und
- Lebenspartnerschaftssachen § 269 FamFG.

4 Ergänzend dazu definiert **§ 112 FamFG** folgende Familiensachen als **Familienstreitsachen:**

- **Unterhaltssachen** nach § 231 Abs. 1 FamFG und Lebenspartnerschaftssachen nach § 269 Abs. 1 Nr. 8 und 9 FamFG,
- **Güterrechtssachen** nach § 261 Abs. 1 FamFG und Lebenspartnerschaftssachen nach § 269 Abs. 1 Nr. 10 FamFG sowie
- **sonstige Familiensachen** nach § 266 Abs. 1 FamFG und Lebenspartnerschaftssachen nach § 269 Abs. 2 FamFG.

In diesen Verfahren und in Ehesachen (§ 121 FamFG) ist nach **§ 113 Abs. 1 S. 1 FamFG** Buch 1 nur sehr eingeschränkt anwendbar. Vielmehr finden die entsprechenden allgemeinen Vorschriften der ZPO und die Vorschriften der ZPO über das Verfahren vor den Landgerichten (§§ 253–494 ZPO) Anwendung.

5 In den Anwendungsbereich des FamGKG fällt auch die **Vollstreckung** familiengerichtlicher Entscheidungen durch das Familiengericht (vgl. *Giers* FPR 2008, 441; *Dörndorfer* FPR 2012, 478). Soweit das Familiengericht (vgl. § 23b Abs. 1 GVG) für die Vollstreckung, die sich nach **§§ 86 bis 96a FamFG** richtet zuständig ist, werden Gebühren nach Teil 1 Hauptabschnitt 6 KV (= 1600–1603) FamGKG erhoben. Für Vollstreckungshandlungen, die nach den Vorschriften der ZPO durch das Vollstreckungs- oder das Arrestgericht erfolgen und für Handlungen im Rahmen der Arrestvollziehung, richtet sich die Kostenerhebung jedoch nach dem GKG. Dies wird in den Vorbemerkungen 1.6 und 2 Abs. 4 KV ausdrücklich klargestellt.

6 Nach **§ 1 Abs. 1 S. 1** gilt das FamGKG ferner für Verfahren vor den Oberlandesgerichten über die **Anerkennung ausländischer Entscheidungen** in Ehesachen nach § 107 FamFG. Hierfür werden Gebühren nach Maßgabe von KV 1714 erhoben.

7 Die Gebühr für die **Feststellung durch die Landesjustizverwaltung,** dass die Voraussetzungen für die Anerkennung einer ausländischen Entscheidung in Ehesachen vorliegen oder nicht vorliegen, wird nach KV 1331 JVKostG erhoben (früher regelten Art. 7 § 2 Abs. 1 Familienrechtsänderungsgesetz bzw. KV 204 JVKostO den Gebührenfanfall).

8 Das FamGKG gilt schließlich nach **§ 1 Abs. 1 S. 2** auch für Verfahren über **Beschwerden,** die mit einem Verfahren nach Abs. 1 S. 1 in Zusammenhang stehen. Die § 1 Abs. 4 GKG entsprechende Bestimmung stellt, wie dort klar (→ GKG § 1 Rn. 23, 24), dass das FamGKG auch für Beschwerdeverfahren gegen verhängte Ordnungsmittel wegen Ungebühr (§ 181 GVG), gegen die Ablehnung der Rechtshilfe (§ 159 Abs. 1 Satz 2 und 3 GVG) oder gegen die Anordnung von Zwangsmaßnahmen (§ 35 Abs. 5 FamFG) anzuwenden ist. Es gilt insoweit der Gebührentatbestand KV 1912, der für erfolglose Beschwerden, die nicht besonders aufgeführt oder gebührenfrei sind, eine Festgebühr in Höhe von 60 Euro vorsieht (vgl. KG BeckRS 2016, 11533: Zurückweisung eines Arrestantrags; aA OLG Celle BeckRS 2013, 06157: KV 1430 GKG ist anzuwenden).

9 Auch Verfahren nach dem Gesetz zum **Europäischen Gewaltschutzverfahren** (EUGewSchVG) fallen in den Anwendungsbereich des FamFG (§ 1 EUGewSchVG) und somit gilt das FamGKG als Kostengesetz (vgl. KV Vorbem. 1.3.2 Abs. 3 u 1.7. FamGKG). Das gilt auch für Verfahren nach dem **IntFamRVG** (vgl. § 14 IntFamRVG u KV 1710).

10 Das FamGKG **gilt nicht** für die in den Büchern 3 bis 8 FamFG geregelten Verfahren in Angelegenheiten der **freiwilligen Gerichtsbarkeit.** Das sind Betreu-

ungs- und Unterbringungssachen (= Buch 3), Nachlass- und Teilungssachen (= Buch 4), Verfahren in Registersachen und unternehmensrechtliche Verfahren (= Buch 5), Verfahren in weiteren Angelegenheiten der freiwilligen Gerichtsbarkeit (= Buch 6), Verfahren in Freiheitsentziehungssachen (= Buch 7) und Verfahren in Aufgebotssachen (= Buch 8). In diesen Verfahren werden Kosten nur nach dem **GNotKG** erhoben (vgl. § 1 Abs. 1 GNotKG).

Das FamGKG gilt nach **§ 1 Abs. 1 S. 3** ferner nicht für **Mahnverfahren** nach den Vorschriften der ZPO in Familienstreitsachen (§ 113 Abs. 2 FamFG iVm §§ 688 ff. ZPO). Die Gerichtskosten für das Mahnverfahren werden nach dem GKG erhoben. Grund hierfür ist, dass auch das Mahnverfahren in Familiensachen von den in den Ländern bestehenden zentralen Mahngerichten maschinell bearbeitet werden kann (BT-Drs. 16/6308, 301). **11**

Abs. 2 stellt klar, dass die Verfahrensvorschriften des FamGKG über die Erinnerung und die Beschwerde (§§ 57 ff.) den Vorschriften für das jeweilige Verfahren in den Verfahrensgesetzen als **speziellere** Vorschriften vorgehen. **12**

§ 2 Kostenfreiheit

(1) **Der Bund und die Länder sowie die nach Haushaltsplänen des Bundes oder eines Landes verwalteten öffentlichen Anstalten und Kassen sind von der Zahlung der Kosten befreit.**

(2) **Sonstige bundesrechtliche oder landesrechtliche Vorschriften, durch die eine sachliche oder persönliche Befreiung von Kosten gewährt ist, bleiben unberührt.**

(3) [1]**Soweit jemandem, der von Kosten befreit ist, Kosten des Verfahrens auferlegt werden, sind Kosten nicht zu erheben; bereits erhobene Kosten sind zurückzuzahlen.** [2]**Das Gleiche gilt, soweit ein von der Zahlung der Kosten befreiter Beteiligter Kosten des Verfahrens übernimmt.**

§ 2 entspricht den für die ordentliche Gerichtsbarkeit geltenden Kostenbefreiungsvorschriften des § 2 Abs. 1 Satz 1, Abs. 3 und 5 GKG und des § 2 Abs. 3 GNotKG. Auf die Erläuterungen zu § 2 GKG wird verwiesen. **1**

Abs. 3 S. 2 stellt klar, dass die Kostenbefreiung nur gilt, wenn ein von der Zahlung der Kosten befreiter **Beteiligter** die Kosten übernommen hat. **2**

§ 3 Höhe der Kosten

(1) **Die Gebühren richten sich nach dem Wert des Verfahrensgegenstands (Verfahrenswert), soweit nichts anderes bestimmt ist.**

(2) **Kosten werden nach dem Kostenverzeichnis der Anlage 1 zu diesem Gesetz erhoben.**

§ 3 stimmt fast vollständig mit § 3 GKG überein. Auf die dortigen Erläuterungen wird verwiesen. **1**

Die **Höhe der Wertgebühren** ergibt sich aus § 28. Dieser Vorschrift und der dem Gesetz als Anlage 2 beigefügten **Gebührentabelle** ist zu entnehmen, welcher Gebührenbetrag wertbezogen entsteht. Der **Mindestbetrag** einer Gebühr beträgt 15 Euro (§ 28 Abs. 2). **2**

3 Nach **Abs. 1** richten sich die Gebühren nach dem **Wert des Verfahrensgegenstands.** Wie der für die Gebührenerhebung maßgebliche Wert, Abs. 1 definiert ihn als **„Verfahrenswert"**, zu berechnen und festzusetzen ist, regeln die §§ 33–56.

4 **Abs. 2** bestimmt, dass sich die Erhebung der Gerichtskosten, also der Gebühren und Auslagen (§ 1 Satz 1), nach der **Anlage 1,** dem Kostenverzeichnis zum FamGKG, richtet. Das KV FamGKG regelt **abschließend,** für welche gerichtlichen Handlungen und Tätigkeiten Gebühren anfallen (zum Analogieverbot → § 1 Rn. 1). Es bestimmt zugleich auch die Höhe der Gebühren. Dies geschieht bei Wertgebühren durch Bestimmung des Satzes der Gebühr nach § 28 und bei Festgebühren durch Bezeichnung des Gebührenbetrags.

§ 4 Umgangspflegschaft

Die besonderen Vorschriften für die Dauerpflegschaft sind auf die Umgangspflegschaft nicht anzuwenden.

1 Das FamGKG enthält für die **Dauerpflegschaft** einige besondere Vorschriften (vgl. § 7 Abs. 1, §§ 10, 19 Abs. 1, § 22, KV Vorbemerkung 2 Abs. 3, Nr. 2000 Anm. Abs. 1). § 4 bestimmt, dass diese Regelungen auf die **Umgangspflegschaft** nach § 1684 Abs. 3 S. 3 BGB nicht anzuwenden sind. Dies ergibt sich bereits aus § 1 Abs. 1 S. 1; es handelt sich daher um eine bloße Klarstellung (BT-Drs. 16/6308, 301). **Kostenrechtlich** ist die Umgangspflegschaft, auf die über § 1915 Abs. 1 BGB Vormundschaftsrecht anzuwenden ist (OLG München BeckRS 2013, 14232), Teil des Verfahrens über das Umgangsrecht (KV 1310 Anm. Abs. 2).

§ 5 Lebenspartnerschaftssachen

In Lebenspartnerschaftssachen nach § 269 des Gesetzes über das Verfahren in Familiensachen und in den Angelegenheiten der freiwilligen Gerichtsbarkeit sind für

1. **Verfahren nach Absatz 1 Nr. 1 dieser Vorschrift die Vorschriften für das Verfahren auf Scheidung der Ehe,**
2. **Verfahren nach Absatz 1 Nr. 2 dieser Vorschrift die Vorschriften für das Verfahren auf Feststellung des Bestehens oder Nichtbestehens einer Ehe zwischen den Beteiligten,**
3. **Verfahren nach Absatz 1 Nr. 3 bis 12 dieser Vorschrift die Vorschriften für Familiensachen nach § 111 Nr. 2, 4, 5 und 7 bis 9 des Gesetzes über das Verfahren in Familiensachen und in den Angelegenheiten der freiwilligen Gerichtsbarkeit und**
4. **Verfahren nach den Absätzen 2 und 3 dieser Vorschrift die Vorschriften für sonstige Familiensachen nach § 111 Nr. 10 des Gesetzes über das Verfahren in Familiensachen und in den Angelegenheiten der freiwilligen Gerichtsbarkeit**

entsprechend anzuwenden.

1 Das FamFG behandelt die in § 269 FamFG bezeichneten **Lebenspartnerschaftssachen verfahrensrechtlich** wie die ihnen jeweils entsprechenden **Familiensachen** im Fall der Ehe (§ 270 FamFG). Diese Gleichbehandlung im Ver-

fahrensrecht setzt § 5 in das **Kostenrecht** um: Für Lebenspartnerschaftssachen sind die für die entsprechenden Familiensachen nach § 111 Nr. 1–10 FamFG geltenden Vorschriften des FamGKG entsprechend anzuwenden. Dies gilt insbesondere für den Verfahrenswert und die Gebührentatbestände des Kostenverzeichnisses.

Die folgende **Übersicht** zeigt, welche **Wertvorschriften und Gebührentatbestände** des **FamGKG** auf Lebenspartnerschaftssachen anzuwenden sind: 2

§ 269 FamFG	**Anzuwendende Vorschriften des FamGKG Verfahrenswert/KV**
Lebenspartnerschaftssachen	
(1) Lebenspartnerschaftssachen sind Verfahren, welche zum Gegenstand haben:	
1. die Aufhebung der Lebenspartnerschaft auf Grund des Lebenspartnerschaftsgesetzes,	§§ 43, 44; KV 1110–1140
2. die Feststellung des Bestehens oder Nichtbestehens einer Lebenspartnerschaft,	§ 43; KV 1110–1140
3. die elterliche Sorge, das Umgangsrecht oder die Herausgabe in Bezug auf ein gemeinschaftliches Kind,	§§ 44 Abs. 2, 45; KV 1310–1319
4. die Annahme als Kind und die Ersetzung der Einwilligung zur Annahme als Kind,	§ 42; KV 1320–1328 KV = nur bei Volljährigenadoption
5. Wohnungszuweisungssachen nach § 14 oder § 17 des Lebenspartnerschaftsgesetzes,	§ 48; KV 1320–1328
6. Haushaltssachen nach § 13 oder § 17 des Lebenspartnerschaftsgesetzes,	§ 48; KV 1320–1328
7. den Versorgungsausgleich der Lebenspartner,	§ 50; KV 1320–1328
8. die gesetzliche Unterhaltspflicht für ein gemeinschaftliches minderjähriges Kind der Lebenspartner,	§ 51; KV 1210–1229 KV (selbständige Familienstreitsachen); KV 1110–1140 (Verbund)
9. die durch die Lebenspartnerschaft begründete gesetzliche Unterhaltspflicht,	§ 51; KV 1220–1229 (selbständige Familienstreitsachen); KV 1110 –1140 (Verbund)
10. Ansprüche aus dem lebenspartnerschaftlichen Güterrecht, auch wenn Dritte an dem Verfahren beteiligt sind,	§§ 35, 38; KV 1220–1229 (selbständige Familienstreitsache); KV 1110–1140 (Verbund)
11. Entscheidungen nach § 6 des Lebenspartnerschaftsgesetzes in Verbindung mit § 1365 Abs. 2, § 1369 Abs. 2 und den §§ 1382 und 1383 des Bürgerlichen Gesetzbuchs,	§ 36, § 38 GNotKG; KV 1320 –1328

§ 269 FamFG	Anzuwendende Vorschriften des FamGKG Verfahrenswert/KV
12. Entscheidungen nach § 7 des Lebenspartnerschaftsgesetzes in Verbindung mit den §§ 1426, 1430 und 1452 des Bürgerlichen Gesetzbuchs oder mit § 1519 des Bürgerlichen Gesetzbuchs und Artikel 5 Absatz 2, Artikel 12 Absatz 2 Satz 2 oder Artikel 17 des Abkommens vom 4. Februar 2010 zwischen der Bundesrepublik Deutschland und der Französischen Republik über den Güterstand der Wahl-Zugewinngemeinschaft.	§ 36; § 38 GNotKG; KV 1320 –1328
(2) Sonstige Lebenspartnerschaftssachen sind Verfahren, welche zum Gegenstand haben:	
1. Ansprüche nach § 1 Abs. 4 Satz 2 des Lebenspartnerschaftsgesetzes in Verbindung mit den §§ 1298 bis 1301 des Bürgerlichen Gesetzbuchs,	§ 35; KV 1220–1229 KV (selbständige Familienstreitsachen)
2. Ansprüche aus der Lebenspartnerschaft,	§ 35; KV 1220–1229 (selbständige Familienstreitsachen)
3. Ansprüche zwischen Personen, die miteinander eine Lebenspartnerschaft führen oder geführt haben, oder zwischen einer solchen Person und einem Elternteil im Zusammenhang mit der Trennung oder Aufhebung der Lebenspartnerschaft, sofern nicht die Zuständigkeit der Arbeitsgerichte gegeben ist oder das Verfahren eines der in § 348 Abs. 1 Satz 2 Nr. 2 Buchstabe a bis k der Zivilprozessordnung genannten Sachgebiete, das Wohnungseigentumsrecht oder das Erbrecht betrifft und sofern es sich nicht bereits nach anderen Vorschriften um eine Lebenspartnerschaftssache handelt.	§ 35; KV 1220–1229 (selbständige Familienstreitsachen)
(3) Sonstige Lebenspartnerschaftssachen sind auch Verfahren über einen Antrag nach § 8 Abs. 2 des Lebenspartnerschaftsgesetzes in Verbindung mit § 1357 Abs. 2 Satz 1 des Bürgerlichen Gesetzbuchs.	§ 42; KV 1320–1328 (vgl. Vorbem. 1.3.2 Abs. 1 Nr. 6)

§ 6 Verweisung, Abgabe, Fortführung einer Folgesache als selbständige Familiensache

(1) [1]**Verweist ein erstinstanzliches Gericht oder ein Rechtsmittelgericht ein Verfahren an ein erstinstanzliches Gericht desselben oder eines anderen Zweiges der Gerichtsbarkeit, ist das frühere erstinstanzliche Verfahren als Teil des Verfahrens vor dem übernehmenden Gericht zu behandeln.** [2]**Das Gleiche gilt, wenn die Sache an ein anderes Gericht abgegeben wird.**

(2) **Wird eine Folgesache als selbständige Familiensache fortgeführt, ist das frühere Verfahren als Teil der selbständigen Familiensache zu behandeln.**

(3) [1]**Mehrkosten, die durch Anrufung eines Gerichts entstehen, zu dem der Rechtsweg nicht gegeben oder das für das Verfahren nicht zuständig ist, werden nur dann erhoben, wenn die Anrufung auf verschuldeter Unkenntnis der tatsächlichen oder rechtlichen Verhältnisse beruht.** [2]**Die Entscheidung trifft das Gericht, an das verwiesen worden ist.**

1 Die Vorschrift stimmt – mit Ausnahme des zusätzlich eingefügten Abs. 1 Satz 2 und Abs. 2 – weitgehend mit § 4 GKG überein. Auf die dortigen Erläuterungen wird verwiesen.

2 Abs. 1 Satz 2 stellt die **Abgabe** an ein anderes Gericht nach § 4 FamFG der Verweisung (§ 3 FamFG) gleich. Auch in diesem Fall soll es, da die Gebühren nur **einmal** entstehen, zu keinen Mehrkosten kommen (BeckOK KostR/*Siede* Rn. 1).

3 **Abs. 2** regelt die kostenrechtliche Behandlung von Folgesachen, die nach ihrer **Trennung** vom Verbund als **selbständige Familiensache** fortgeführt werden. Die Regelung betrifft in erster Linie Folgesachen nach **§ 137 Abs. 3 FamFG** und zwar **Kindschaftssachen,** die die Übertragung oder Entziehung der elterlichen Sorge, das Umgangsrecht oder die Herausgabe eines gemeinschaftlichen Kindes der Ehegatten oder das Umgangsrecht eines Ehegatten mit dem Kind des anderen Ehegatten betreffen. Diese Folgesachen werden im Falle ihrer Abtrennung vom Verbund als selbständige Familiensachen fortgeführt (§ 137 Abs. 5 Satz 2 FamFG). Die selbständige Familiensache ist nach Abs. 2 so zu behandeln, als sei sie zu keinem Zeitpunkt im Verbund gewesen; sie bleibt bei der Gebührenberechnung des Scheidungsverfahrens unberücksichtigt

4 Abs. 2 gilt nicht im Falle der Abtrennung der in **§ 137 Abs. 2 FamFG** genannten **Folgesachen** (Versorgungsausgleichssachen; Unterhaltssachen, sofern sie die Unterhaltspflicht gegenüber einem gemeinschaftlichen Kind oder die durch Ehe begründete gesetzliche Unterhaltspflicht betreffen mit Ausnahme des vereinfachten Verfahrens über den Unterhalt Minderjähriger; Wohnungszuweisungs- und Haushaltssachen; Güterrechtssachen), da diese auch bei Abtrennung die Eigenschaft als Folgesachen beibehalten und als solche fortgeführt werden (§ 137 Abs. 5 Satz 1 FamFG). In diesen Fällen sind Scheidung und Folgesachen weiterhin als einheitliches Verfahren abzurechnen (OLG Nürnberg BeckRS 2013, 12981 = FamFR 2013, 400 mAnm *Dörndorfer*).

§ 7 Verjährung, Verzinsung

(1) [1]**Ansprüche auf Zahlung von Kosten verjähren in vier Jahren nach Ablauf des Kalenderjahres, in dem das Verfahren durch rechtskräftige Entscheidung über die Kosten, durch Vergleich oder in sonstiger Weise beendet ist.** [2]**Bei Vormundschaften und Dauerpflegschaften beginnt die Verjährung mit der Fälligkeit der Kosten.**

(2) [1]**Ansprüche auf Rückerstattung von Kosten verjähren in vier Jahren nach Ablauf des Kalenderjahres, in dem die Zahlung erfolgt ist.** [2]**Die Verjährung beginnt jedoch nicht vor dem in Absatz 1 bezeichneten Zeitpunkt.** [3]**Durch Einlegung eines Rechtsbehelfs mit dem Ziel der Rückerstattung wird die Verjährung wie durch Klageerhebung gehemmt.**

(3) [1]**Auf die Verjährung sind die Vorschriften des Bürgerlichen Gesetzbuchs anzuwenden; die Verjährung wird nicht von Amts wegen berücksichtigt.** [2]**Die Verjährung der Ansprüche auf Zahlung von Kosten beginnt auch durch die Aufforderung zur Zahlung oder durch eine dem Schuldner mitgeteilte Stundung erneut.** [3]**Ist der Aufenthalt des Kostenschuldners unbekannt, genügt die Zustellung durch Aufgabe zur Post unter seiner letzten bekannten Anschrift.** [4]**Bei Kostenbeträgen unter 25 Euro beginnt die Verjährung weder erneut noch wird sie gehemmt.**

(4) **Ansprüche auf Zahlung und Rückerstattung von Kosten werden nicht verzinst.**

1 Die Vorschrift stimmt § 5 GKG weitgehend überein. Auf die dortigen Erläuterungen wird verwiesen.

2 Für selbständige Familiensachen der freiwilligen Gerichtsbarkeit war vor Inkrafttreten des FamGKG die Fälligkeit des Kostenanspruchs für den Beginn der Verjährung maßgebend (vgl. § 17 Abs. 1 KostO aF). Nunmehr wird – wie auch im Geltungsbereichen des GKG – auf die **Beendigung des Verfahrens** abgestellt. Ausgenommen sind nach Abs. 1 Satz 2 **Vormundschaften und Dauerpflegschaften.** Für diese Verfahren werden weiterhin Jahresgebühren (KV 1311 und 1312) erhoben, deren Verjährung mit der Fälligkeit (§ 10) beginnt.

§ 8 Elektronische Akte, elektronisches Dokument

In Verfahren nach diesem Gesetz sind die verfahrensrechtlichen Vorschriften über die elektronische Akte und über das elektronische Dokument anzuwenden, die für das dem kostenrechtlichen Verfahren zugrunde liegende Verfahren gelten.

1 Die Vorschrift stellt für die Anwendung von Vorschriften über die elektronische Akte und über das elektronische Dokument den **Gleichlauf** sicher. Es gelten für kostenrechtliche Verfahren nach dem FamGKG die gleichen Grundsätze wie für das Hauptsacheverfahren. In Ehesachen (§ 121 FamFG) und Familienstreitsachen (§ 112 FamFG) gelten somit über § 113 Abs. 1 FamFG die §§ 130a, 130b, 298a ZPO. In den anderen Angelegenheiten verweist § 14 FamFG auf sie.

§ 8 stimmt vollständig mit § 5a GKG überein. Auf die dortigen Erläuterungen wird verwiesen.

§ 8a Rechtsbehelfsbelehrung

Jede Kostenrechnung und jede anfechtbare Entscheidung hat eine Belehrung über den statthaften Rechtsbehelf sowie über das Gericht, bei dem dieser Rechtsbehelf einzulegen ist, über dessen Sitz und über die einzuhaltende Form und Frist zu enthalten.

§ 8a hat den Wortlaut des § 5b GKG, siehe GKG § 5b. Eine Rechtsbehelfs- 1
belehrung ist danach bei jeder Kostenrechnung (auch: Nachforderung und Vorschussanforderung) Festsetzung einer Verzögerungsgebühr (§ 32), Entscheidung über die Nichterhebung (§ 20) und im Falle der Wertfestsetzung (§§ 55, 59) erforderlich. Ein Verstoß kann die Wiedereinsetzung begründen (§ 59 Abs. 2 S. 2).

Abschnitt 2. Fälligkeit

§ 9 Fälligkeit der Gebühren in Ehesachen und selbständigen Familienstreitsachen

(1) **In Ehesachen und in selbständigen Familienstreitsachen wird die Verfahrensgebühr mit der Einreichung der Antragsschrift, der Einspruchs- oder Rechtsmittelschrift oder mit der Abgabe der entsprechenden Erklärung zu Protokoll fällig.**

(2) **Soweit die Gebühr eine Entscheidung oder sonstige gerichtliche Handlung voraussetzt, wird sie mit dieser fällig.**

1 Wird ein Gebührentatbestand des Kostenverzeichnisses erfüllt, **entsteht** der Anspruch der Staatskasse gegen den Gebührenschuldner (→ GKG § 6 Rn. 1). **Fälligkeit** bedeutet darüber hinaus, dass die Staatskasse (= der Gläubiger) die entstandene Gebühr auch einfordern (= ansetzen) darf (§ 13 Abs. 1 KostVfg). Von Entstehen und Fälligkeit sind Vorauszahlung (Abhängigmachung) und Vorschuss zu unterscheiden. **Vorauszahlung** bedeutet, dass eine gerichtliche Handlung von der (vorherigen) Zahlung der fälligen Gebühr **abhängig** gemacht wird (vgl. §§ 12, 14). **Vorschüsse** werden auf noch nicht fällige Gebühren oder (meistens) Auslagen gezahlt (§§ 12, 16).

II. Fälligkeit

2 Die **Verfahrensgebühr** wird nach **Abs. 1** in **Ehesachen** (§ 121 FamFG) und in **selbständigen Familienstreitsachen** (§ 112 FamFG) fällig mit **Einreichung**
- der Antragsschrift (§ 113 Abs. 1 FamFG, § 253 Abs. 2 ZPO),
- der Einspruchs- oder Rechtsmittelschrift (§ 64 Abs. 2 FamFG; § 113 Abs. 1 FamFG, § 338 ZPO)
- oder mit Abgabe der entsprechenden Erklärung zu Protokoll (zB Antragserweiterung, Widerantrag).

Auf die Zulässigkeit des Antrags kommt es nicht an. Kann der Antrag nicht zugestellt werden, weil zB die Anschrift des Antragsgegners unbekannt ist, ändert das nichts an der Fälligkeit der Gebühr. Nimmt der Antragsteller den Antrag sofort nach dessen Eingang wieder zurück, wird die fällige Verfahrensgebühr uU ermäßigt (vgl. zB KV 1111). Abs. 1 gilt im **Verbundverfahren** (§ 137 FamFG) nur für die Ehesache und nicht für die Scheidungsfolgesachen (aA *Hartmann* Rn. 3). Diese fallen in den Anwendungsbereich des § 11. Wechselseitige Scheidungsanträge betreffen denselben Gegenstand, so dass keine Werterhöhung stattfindet (KG MDR 1978, 678; OLG Nürnberg JurBüro 1975, 211).

3 **Problemstellung bei Einreichung eines Antrags auf Bewilligung der Verfahrenskostenhilfe:** Der Eingang eines Antrags auf Bewilligung der Verfahrenskostenhilfe (§ 113 Abs. 1 FamFG, §§ 114 ff. ZPO) löst keine Gerichtsgebühr aus. Das Bewilligungsverfahren (§ 118 ZPO) ist gerichtsgebührenfrei. Werden Hauptsacheantrag und Antrag auf Bewilligung der Verfahrenskostenhilfe miteinander **verbunden,** will der Antragsteller im Normalfall zunächst deren Bewilligung. Nach OLG Zweibrücken (NJW-RR 2001, 1653) ist bei gleichzeitiger Einreichung

beider Anträge neben dem Prüfungsverfahren auch die Hauptsache als solche anhängig, wenn nicht deutlich und unmissverständlich zum Ausdruck gebracht wird (zB Bezeichnung als „Entwurf"), dass diese nur für den Fall der Bewilligung der Verfahrenskostenhilfe eingeleitet werden soll (OLG Brandenburg BeckRS 2017, 118523). Das gilt auch, wenn der VKH-Antrag zurückgewiesen wird (BGH BeckRS 2005, 03248; OLG Köln BeckRS 2010, 00997). Nach OLG Koblenz (BeckRS 2003, 9448 = MDR 2004, 177) liegt die Absicht zu einer unbedingten Antragstellung nur dann vor, wenn sich diese aus sonstigen Umständen (zB Neubeginn der Verjährung soll erreicht werden) ergibt. Wird nur Verfahrenskostenhilfe (unter Beifügung eines Antragsentwurfs) beantragt, liegt kein eingereichter Hauptsacheantrag vor.

III. Anderweitige Fälligkeit

Setzt die Gebühr in Ehesachen oder selbständigen Familienstreitsachen eine **Entscheidung** (zB KV 1501, 1502 = Auferlegung einer Verzögerungsgebühr oder die Anordnung von Zwangsmaßnahmen) oder **sonstige gerichtliche Handlung** voraus (zB KV 1500 = Protokollierung eines Vergleichs über nichtanhängige Gegenstände), wird sie nach **Abs. 2** mit dieser fällig. In diesen Fällen fallen Entstehungs- und Fälligkeitszeitpunkt zusammen. 4

§ 10 Fälligkeit bei Vormundschaften und Dauerpflegschaften

Bei Vormundschaften und bei Dauerpflegschaften werden die Gebühren nach den Nummern 1311 und 1312 des Kostenverzeichnisses erstmals bei Anordnung und später jeweils zu Beginn eines Kalenderjahres, Auslagen sofort nach ihrer Entstehung fällig.

I. Allgemeines

Vormundschaften und Dauerpflegschaften für Minderjährige sind **Kindschaftssachen** (§§ 111 Nr. 2, 151 Nr. 4, 5 FamFG). In diesen Verfahren werden, wegen des andauernden gerichtlichen Aufwands, **Jahresgebühren** nach KV 1311, 1312 erhoben (vgl. BT-Drs. 16/6308, 302). 1

II. Fälligkeit

Die Jahresgebühren werden **erstmals** mit Anordnung und **später** jeweils zu Beginn eines **Kalender**jahres fällig. Kommt es zur gesetzlichen Amtsvormundschaft des Jugendamts (vgl. §§ 1751 Abs. 1 S. 2, 1791 c Abs. 1 BGB), wird die Jahresgebühr mit der ersten gerichtlichen Betätigung fällig. Nach Anm. Abs. 2 zu KV 1311 umfasst die erste Jahresgebühr sowohl das laufende als auch das folgende Kalenderjahr. Auslagen werden, abweichend von § 11, **sofort** nach ihrem Entstehen fällig. 2

§ 11 Fälligkeit der Gebühren in sonstigen Fällen, Fälligkeit der Auslagen

(1) **Im Übrigen werden die Gebühren und die Auslagen fällig, wenn**
1. **eine unbedingte Entscheidung über die Kosten ergangen ist,**
2. **das Verfahren oder der Rechtszug durch Vergleich oder Zurücknahme beendet ist,**
3. **das Verfahren sechs Monate ruht oder sechs Monate nicht betrieben worden ist,**
4. **das Verfahren sechs Monate unterbrochen oder sechs Monate ausgesetzt war oder**
5. **das Verfahren durch anderweitige Erledigung beendet ist.**

(2) **Die Dokumentenpauschale sowie die Auslagen für die Versendung von Akten werden sofort nach ihrer Entstehung fällig.**

I. Allgemeines

1 Die Vorschrift bestimmt den Fälligkeitszeitpunkt für Gebühren und Auslagen in **Familiensachen,** die nicht in den Anwendungsbereich der §§ 9, 10 (= Ehesachen, selbständige Familienstreitsachen, Vormundschaften und Dauerpflegschaften für Minderjährige) fallen („Im Übrigen …"). Sie entspricht im Wesentlichen § 9 GKG.

II. Fälligkeit

2 In den **übrigen Familiensachen** (vgl. § 111 Nr. 2–7, 10, 11 FamFG) werden nach **Abs. 1** die Gebühren (vgl. KV 1310ff.) und die Auslagen (alternativ) fällig, wenn

- **Nr. 1:** eine unbedingte Entscheidung (= Beschluss) über die Kosten ergangen ist (vgl. § 81 Abs. 1 S. 1 und 3 FamFG).
  Die Kostenentscheidung muss wirksam (§§ 15, 40 FamFG), nicht unbedingt rechtskräftig sein (Rechtskraft setzen zB § 184 Abs. 1, § 209 Abs. 1 voraus). Es genügt zB eine Säumnisentscheidung (BeckOK KostR/*Grün* Rn. 9b, 10).
- **Nr. 2:** das Verfahren oder der Rechtszug durch Vergleich oder Zurücknahme beendet ist.
  „Das Verfahren", dh das gesamte Verfahren, muss beendet sein. Ein widerruflicher Vergleich muss wirksam (unwiderruflich) geworden sein. Enthält der Vergleich keine Kostenregelung gilt § 98 ZPO.
- **Nr. 3:** das Verfahren sechs Monate ruht oder sechs Monate nicht betrieben worden ist.
  Beispiele: Das Verfahren steht still, weil Vergleichsverhandlungen schweben. Es ist kein Vorschuss bezahlt worden. Nach Widerspruch gegen den Mahnbescheid und Abgabe geht keine Anspruchsbegründung ein.
- **Nr. 4:** das Verfahren sechs Monate unterbrochen oder sechs Monate ausgesetzt war. Die Gründe für eine Verfahrensaussetzung regeln zB §§ 21, 136, 221 FamFG.
- **Nr. 5:** das Verfahren durch anderweitige Erledigung beendet ist.
  Nach dem Gesetzeswortlaut muss sich das (gesamte) Verfahren und nicht nur der Rechtszug anderweitig erledigt haben. Dass der Rechtszug in Nr. 5 (anders:

Nr. 2) nicht genannt wird, dürfte auf einem Redaktionsversehen des Gesetzgebers beruhen (OLG Celle BeckRS 2013, 06566). Verweist deshalb das Rechtsmittelgericht ein Verfahren, ohne eine Kostenentscheidung zu treffen zurück, so werden die Kosten des Rechtsmittelverfahrens mit Zurückverweisung fällig (BGH NJW 1981, 1047 zu § 63 Abs. 1 GKG aF).
Der zuerst erfüllte Tatbestand bestimmt den Fälligkeitszeitpunkt. § 11 gilt auch für die Fälligkeit der Gebühren in Verfahren des einstweiligen Rechtsschutzes (vgl. KV 1420 ff.) und in Folgesachen (vgl. dazu § 16 KostVfg).

III. Dokumentenpauschale; Aktenversendung

Die Dokumentenpauschale (KV 2000) sowie die Auslagen für die Aktenversendung (KV 2003) werden nach **Abs. 2** sofort nach ihrer Entstehung fällig. Eine Vorschussanforderung ist zulässig (§ 16 Abs. 2). Vgl. § 15 KostVfg zum Kostenansatz und § 23 Abs. 1, 2 zum Auslagenschuldner. **3**

Abschnitt 3. Vorschuss und Vorauszahlung

§ 12 Grundsatz

In weiterem Umfang als das Gesetz über das Verfahren in Familiensachen und in den Angelegenheiten der freiwilligen Gerichtsbarkeit, die Zivilprozessordnung und dieses Gesetz es gestatten, darf die Tätigkeit des Familiengerichts von der Sicherstellung oder Zahlung der Kosten nicht abhängig gemacht werden.

I. Allgemeines

1 Weiter als das **FamFG, die ZPO und das FamGKG** es gestatten, darf die Tätigkeit des Familiengerichts nicht von der Sicherstellung oder Zahlung von Kosten (Gebühren und Auslagen) abhängig gemacht werden. Die Vorschrift übernimmt den Grundsatz des § 10 GKG.

II. Kostensicherung

2 Die Sicherstellung erfolgt dadurch, dass eine Tätigkeit des Gerichts von der Zahlung bereits **fälliger** oder einer Vorschusszahlung auf **voraussichtlich entstehende** Kosten **abhängig** gemacht wird. Solche Fälle regelt die, auf Ehesachen und Familienstreitsachen anwendbare, ZPO zB in § 379 (= Zeugenladung) und § 402 ZPO (= Sachverständigenbeweis) und das FamGKG in §§ 14,16. Gegen die Vorauszahlungsanordnung des Familiengerichts, die sich auf das FamGKG stützt, findet die Beschwerde (§ 58 Abs. 1) oder die Erinnerung (§§ 58 Abs. 2, 57) statt. Ist die ZPO Grundlage der Vorauszahlungsanordnung findet die Anfechtung mit ZPO-Rechtsmitteln statt. In Betracht kommt zB die Beschwerde nach § 127 Abs. 2 ZPO. Sonst sind solche Anordnungen nur mit Rechtsmitteln gegen die Hauptsacheentscheidung anfechtbar (BGH NJW-RR 2009, 1433; Thomas/Putzo/*Reichold* ZPO § 379 Rn. 4). Eine entsprechende Anwendung der Vorschrift auf andere Fälle ist unzulässig (OLG Düsseldorf NJW-RR 2000, 368). Vgl. zur Kostensicherung auch § 20 KostVfg.

§ 13 Verfahren nach dem Internationalen Familienrechtsverfahrensgesetz

In Verfahren nach dem Internationalen Familienrechtsverfahrensgesetz sind die Vorschriften dieses Abschnitts nicht anzuwenden.

1 Die Vorschrift schließt in Verfahren nach dem IntFamRVG, die nach § 14 IntFamRVG, dem **Familiengericht** zugewiesen sind (vgl. BT-Drs. 16/6308, 319), die Anwendung der §§ 14–17 aus. Zum Gebührenanfall vgl. KV 1710ff.

2 Anwendungsbereich des IntFamRVG:

§ 1 IntFamRVG Anwendungsbereich. Dieses Gesetz dient

1. der Durchführung der Verordnung (EG) Nr. 2201/2003 des Rates vom 27. November 2003 über die Zuständigkeit und die Anerkennung und Vollstreckung von Entscheidungen in Ehesachen und in Verfahren betreffend die elterliche Verantwortung und zur Aufhebung der Verordnung (EG) Nr. 1347/2000 (ABl. EU Nr. L 338 S. 1);
2. der Ausführung des Haager Übereinkommens vom 19. Oktober 1996 über die Zuständigkeit, das anzuwendende Recht, die Anerkennung, Vollstreckung und Zusammenarbeit auf dem Gebiet der elterlichen Verantwortung und der Maßnahmen zum Schutz von Kindern (BGBl. 2009 II S. 602, 603) – im Folgenden: Haager Kinderschutzübereinkommen;
3. der Ausführung des Haager Übereinkommens vom 25. Oktober 1980 über die zivilrechtlichen Aspekte internationaler Kindesentführung (BGBl. 1990 II S. 207) – im Folgenden: Haager Kindesentführungsübereinkommen;
4. der Ausführung des Luxemburger Europäischen Übereinkommens vom 20. Mai 1980 über die Anerkennung und Vollstreckung von Entscheidungen über das Sorgerecht für Kinder und die Wiederherstellung des Sorgeverhältnisses (BGBl. 1990 II S. 220) – im Folgenden: Europäisches Sorgerechtsübereinkommen.

§ 14 Abhängigmachung in bestimmten Verfahren

(1) [1]**In Ehesachen und selbständigen Familienstreitsachen soll die Antragsschrift erst nach Zahlung der Gebühr für das Verfahren im Allgemeinen zugestellt werden.** [2]**Wird der Antrag erweitert, soll vor Zahlung der Gebühr für das Verfahren im Allgemeinen keine gerichtliche Handlung vorgenommen werden; dies gilt auch in der Rechtsmittelinstanz.**

(2) **Absatz 1 gilt nicht für den Widerantrag, ferner nicht für den Antrag auf Erlass einer einstweiligen Anordnung, auf Anordnung eines Arrestes oder auf Erlass eines Europäischen Beschlusses zur vorläufigen Kontenpfändung.**

(3) **Im Übrigen soll in Verfahren, in denen der Antragsteller die Kosten schuldet (§ 21), vor Zahlung der Gebühr für das Verfahren im Allgemeinen keine gerichtliche Handlung vorgenommen werden.**

I. Allgemeines

Die Vorschrift bestimmt **Kostensicherung** indem sie gerichtliche Handlungen von der Zahlung der Gebühr für das Verfahren im Allgemeinen **abhängig** macht. Sie übernimmt im Wesentlichen die Regelungen des § 12 Abs. 1 und 2 Nr. 2–5 GKG aF. Für das Mahnverfahren, das in Familienstreitsachen durchgeführt werden kann (§ 113 Abs. 2 FamFG), regelt § 1 Abs. 1 S. 3 iVm § 12 Abs. 3 GKG die Vorauszahlung. Für Maßnahmen des Vollstreckungs- oder Arrestgerichts gilt § 12 Abs. 5, 6 GKG (vgl. KV Vorbemerkungen 1.6 S. 2 und 2 Abs. 4). Ein Verstoß gegen die **Sollvorschrift,** die für das Gericht eine Amtspflicht begründet, kann verfahrensrechtlich nicht gerügt werden (OLG Frankfurt a. M. BeckRS 2010, 14304). 1

II. Anwendungsbereich

1. Ehesachen und selbständige Familienstreitsachen

2 In Ehesachen (§ 121 FamFG) und selbständigen Familienstreitsachen (§ 112 FamFG), wird die Gebühr für das **Verfahren im Allgemeinen** (KV 1110, 1210, 1220) mit Antragseinreichung fällig (§ 9 Abs. 1). Daran schließt **Abs. 1 S. 1** an und bestimmt, dass die Antragsschrift erst nach Zahlung der Verfahrensgebühr **zugestellt** werden soll. Da es sich um eine Soll-Vorschrift handelt, kann das Gericht nach seinem Ermessen die Zustellung auch ohne Vorauszahlung anordnen. Ist keine Vorauszahlung erfolgt, hat der Kostenbeamte den Antrag dem Richter/Rechtspfleger vorzulegen, wenn sich daraus ergibt, dass die Erledigung der Sache ohne Vorauszahlung angestrebt wird (§ 20 Abs. 2 S. 2 KostVfg). Wurde der Antrag versehentlich ohne Vorauszahlung zugestellt, ist die Verfahrensgebühr vom Kostenbeamten mit Kostenrechnung einzufordern. Die Terminsbestimmung darf aber dann nicht mehr vom Eingang des Geldes abhängig gemacht werden (OLG München NJW-RR 1989, 64). Zahlungspflichtig ist der Antragsteller, nicht sein Vertreter (zB ein Rechtsanwalt). Wird die Gebühr trotz Aufforderung nicht vorausbezahlt, ruht das Verfahren. Der Antrag wird nicht weiter behandelt und nach Ablauf von sechs Monaten weggelegt (§ 7 Abs. 3 AktO/Bayern; JMBl 1984 S. 13). Zahlung bedeutet, dass das Geld bei der Justizkasse eingegangen sein muss. Eine Ankündigung dergestalt „die Gebühr wurde überwiesen" oder „wird überwiesen" ist ungenügend. Nur die Antragszustellung, nicht andere Tätigkeiten, dürfen nach Abs. 1 S. 1 von einer Vorauszahlung abhängig gemacht werden. Für sonstige Auslagen, etwa für die Übersetzung des zuzustellenden Antrags, kann nach § 16 ein Vorschuss verlangt werden. Bei einer **Antragserweiterung** soll nach **Abs. 1 S. 2** vor Zahlung der (zusätzlichen) Gebühr keine gerichtliche Handlung vorgenommen werden. Das Unterlassen gerichtlicher Handlungen gilt aber nur für den Erweiterungsbetrag, soweit man trennen kann. Wird die Klage erst im Termin erweitert, entfällt faktisch die Vorauszahlung, wenn sich der Antragsgegner darauf einlässt. Das gilt auch für die Erweiterung in der Rechtsmittelinstanz.

3 **Keine Vorauszahlungspflicht** besteht für die Verfahrensgebühr (zB KV 1120, 1130) des **Rechtsmittelverfahrens** (Beschwerde, Rechtsbeschwerde). Sie wird mit Einreichung der Rechtsmittelschrift fällig (§ 9 Abs. 1) und vom Kostenbeamten angesetzt (§ 15 Abs. 1 KostVfg). Auf **Scheidungsfolgesachen** im Verbundverfahren (§ 137 Abs. 2 FamFG) ist § 14 unanwendbar (vgl. BT-Drs. 16/6308, 302). Das gilt auch für das **selbständige Beweisverfahren** im Zusammenhang mit einer Familienstreitsache (zB Güterrechtssache). Den **Widerantrag** sowie die Anträge auf Erlass einer **einstweiligen Anordnung,** auf Anordnung eines **Arrests** oder auf Erlass eines **Europäischen Beschlusses** zur vorläufigen Kontopfändung nimmt **Abs. 2** ausdrücklich aus (BT-Drs. 17/11471, 388). Die fällige Verfahrensgebühr, die diese Anträge auslösen wird sofort in Rechnung gestellt (§ 15 KostVfg).

2. Übrige Verfahren

4 Für die nicht bereits von Abs. 1 und 2 erfassten Verfahren, die **nur** auf Antrag eingeleitet werden und in denen die Kostenhaftung deshalb nach **§ 21** den Antragsteller trifft, bestimmt **Abs. 3** für die allgemeine Verfahrensgebühr ebenfalls eine **Vorauszahlungspflicht.** In den Anwendungsbereich fallen reine Antragsverfah-

ren wie zB die Übertragung der elterlichen Sorge (§ 1671 BGB; KG BeckRS 2012, 3436), Ersetzung der Einwilligung zur Namenserteilung (1618 S. 4 BGB), Übertragung der Entscheidung auf einen Elternteil (§ 1628 BGB), Übertragung der elterlichen Sorge bei nicht miteinander verheirateten Eltern (§ 1626a Abs. 2 BGB), Abstammungssachen (§§ 169, 171 FamFG; aA OLG Hamm NJW-RR 2012, 904: § 21 Abs. 1 Nr. 3 ist anwendbar), Volljährigenadoption (§ 186 FamFG, § 1752 Abs. 1 BGB; die Minderjährigenadoption ist gebührenfrei; vgl. KV Vorbemerkung 1.3.2 Abs. 1 Nr. 2), Ehewohnungs- und Haushaltssachen (§§ 200, 203 FamFG), Versorgungsausgleichssachen über Ausgleichsansprüche nach der Scheidung (§ 223 FamFG iVm §§ 20 – 26 VersAusglG) und Verfahren auf Erteilung einer weiteren vollstreckbaren Ausfertigung durch das Familiengericht (§ 95 Abs. 1 FamFG, § 733 ZPO). Auch Unterhalts- und Güterrechtssachen sowie sonstige Familiensachen, die alle **nicht** Familienstreitsachen sind, gehören hierher (vgl. §§ 231 Abs. 2, 261 Abs. 2, 266 Abs. 2 FamFG). **Abs. 3 gilt nicht** in Gewaltschutzsachen (§ 21 Abs. 1 S. 2 Nr. 1), in Verfahren die durch Antrag eines Minderjährigen eingeleitet werden und die in § 21 Abs. 1 S. 2 Nr. 2, 3 genannt sind sowie für einen Verfahrensbeistand (vgl. § 21 Abs. 1 S. 2 Nr. 4).

III. Rechtsmittel

Gegen den Beschluss des Familiengerichts, der eine Vorauszahlung anordnet, 5
findet die **Beschwerde** statt (§ 58).

§ 15 Ausnahmen von der Abhängigmachung

§ 14 gilt nicht,

1. soweit dem Antragsteller Verfahrenskostenhilfe bewilligt ist,

2. wenn dem Antragsteller Gebührenfreiheit zusteht oder

3. wenn die beabsichtigte Rechtsverfolgung weder aussichtslos noch ihre Inanspruchnahme mutwillig erscheint und wenn glaubhaft gemacht wird, dass

a) dem Antragsteller die alsbaldige Zahlung der Kosten mit Rücksicht auf seine Vermögenslage oder aus sonstigen Gründen Schwierigkeiten bereiten würde oder

b) eine Verzögerung dem Antragsteller einen nicht oder nur schwer zu ersetzenden Schaden bringen würde; zur Glaubhaftmachung genügt in diesem Fall die Erklärung des zum Bevollmächtigten bestellten Rechtsanwalts.

I. Allgemeines

Die Vorschrift **schränkt** § 14 ein und bestimmt Ausnahmen von der Abhängig- 1
machung. Die Fälligkeit der Gebühren lässt sie aber unberührt, insoweit gilt § 9. Die Voraussetzungen für einen Auslagenvorschuss sind in § 16 geregelt. § 15 entspricht § 14 GKG und § 16 GNotKG. Das Gericht hat vor Vorschussanforderung zu prüfen, ob die Voraussetzungen des § 15 vorliegen (OLG Brandenburg BeckRS 2013, 14736).

II. Ausnahmen

In den folgenden Fällen dürfen **gerichtliche Handlungen nicht** von der Vorauszahlung der Gebühr für das Verfahren im Allgemeinen abhängig gemacht werden:

2 – **Nr. 1:** Soweit dem Antragsteller **Verfahrenskostenhilfe** bewilligt ist. Ob die Hilfe mit oder ohne Zahlungsbestimmungen bewilligt wurde ist unbedeutend. Werden keine Zahlungen bestimmt, hat die Bewilligung auch für den Antragsgegner einstweilige Kostenbefreiung zur Folge (§ 76 Abs. 1 FamFG, § 122 Abs. 2 ZPO). Wird, was insbesondere in Familienstreitsachen der Fall sein kann, Verfahrenskostenhilfe nur zum **Teil** bewilligt und macht der Antragssteller dennoch den gesamten Gegenstand anhängig, dann hat er die Gebühr für das Verfahren im Allgemeinen teilweise vorauszuzahlen.

Beispiel: F beantragt 10.000 Euro Zugewinnausleich. Verfahrenskostenhilfe wird nur für 5.000 Euro bewilligt. Nach einer Meinung (BGH NJW 1954, 1406; OLG Schleswig BeckRS 2005, 30356193; KG Rpfleger 1988, 204) ist folgender Betrag vorauszuzahlen: 3,0 (KV 1220) aus 10.000 Euro = 723 Euro, abzüglich (gebührenfreier) 3,0 aus 5.000 Euro = 438 Euro ergibt 285 Euro.

Nach einer anderen Meinung (OLG Düsseldorf BeckRS 2000, 10981; OLG München JurBüro 1988, 905) sind die Gebühren im Verhältnis der Streitwerte aufzuteilen: 361,50 Euro (= die Hälfte von 723 Euro) wären dann vorauszuzahlen.

3 – **Nr. 2:** Wenn dem Antragsteller **Gebührenfreiheit** zusteht (vgl. § 2).

4 – **Nr. 3:** In einer finanziellen oder aus sonstigen Gründen **schwierigen Situation** des Antragstellers: Es darf aber die beabsichtigte Rechtsverfolgung weder aussichtslos noch ihre Inanspruchnahme mutwillig erscheinen; außerdem muss glaubhaft gemacht werden (zB durch Vorlage von Kontoauszügen oder notfalls durch eidesstattliche Versicherung nach § 31 FamFG iVm § 294 ZPO), dass
   a) momentane Zahlungsschwierigkeiten bestehen oder
   b) eine Verzögerung einen nicht oder nur schwer zu ersetzenden Schaden bringen würde; zur Glaubhaftmachung genügt hier die Erklärung des zum Bevollmächtigten bestellten Rechtsanwalts. (zB durch Zustellung der Antragsschrift soll die Verjährung gehemmt oder eine sonstige Frist gewahrt werden; OLG Karlsruhe FamRZ 2001, 1533).

Ob diese Voraussetzungen vorliegen, entscheidet das Familiengericht (Richter oder, in seinem Zuständigkeitsbereich, der Rechtspfleger; § 4 Abs. 1 RPflG). An die Prüfung der Erfolgsaussicht dürfen aber keine überzogenen Anforderungen gestellt werden (BVerfG BeckRS 2009, 38639). Mutwilligkeit (vgl. § 114 Abs. 2 ZPO) ist dann zu bejahen, wenn ein einfacherer oder kostengünstigerer Weg zur Rechtsverfolgung besteht (OLG Hamburg BeckRS 2012, 24991; OLG Hamm BeckRS 2009, 25439; OLG Dresden FamRZ 2001, 230). Eine Pflicht, dem Antragsgegner rechtliches Gehör zu gewähren, besteht nicht.

III. Rechtsmittel

Wird die Anwendung des § 15 abgelehnt, findet dagegen die Beschwerde statt (§ 58). Die Staatskasse ist nicht beschwerdeberechtigt.

§ 16 Auslagen

(1) [1]**Wird die Vornahme einer Handlung, mit der Auslagen verbunden sind, beantragt, hat derjenige, der die Handlung beantragt hat, einen zur Deckung der Auslagen hinreichenden Vorschuss zu zahlen.** [2]**Das Gericht soll die Vornahme einer Handlung, die nur auf Antrag vorzunehmen ist, von der vorherigen Zahlung abhängig machen.**

(2) **Die Herstellung und Überlassung von Dokumenten auf Antrag sowie die Versendung von Akten können von der vorherigen Zahlung eines die Auslagen deckenden Vorschusses abhängig gemacht werden.**

(3) **Bei Handlungen, die von Amts wegen vorgenommen werden, kann ein Vorschuss zur Deckung der Auslagen erhoben werden.**

(4) **Absatz 1 gilt nicht für die Anordnung einer Haft.**

I. Allgemeines

Die Vorschrift regelt die Vorschusspflicht hinsichtlich der **Auslagen.** Gemeint 1 sind Aufwendungen der Staatskasse die vom Kostenschuldner nach **Teil 2 des KV** (= KV 2000–2014) erhoben werden. Auslagen werden idR erst nachträglich fällig (§ 11). Zur Kostensicherung bestimmt aber § 16 in einigen Fällen eine Pflicht zur **Vorschusszahlung** (vgl. dazu auch § 20 KostVfg). § 16 entspricht im Wesentlichen § 17 GKG und § 14 GNotKG.

II. Vornahme gerichtlicher Handlungen auf Antrag (Abs. 1)

1. Antrag

Unter **Abs. 1 S. 1** fallen insbesondere Anträge auf Beweiserhebung durch Zeu- 2 geneinvernahme, Sachverständigengutachten (auch: Antrag auf Ladung des Gutachters; OLG Schleswig Rpfleger 1957, 5) und Augenschein. Ferner Anträge auf Auslandszustellung oder öffentliche Zustellung. Antragsteller im Sinne von § 16 ist derjenige, der die Handlung beantragt, das kann auch der Antragsgegner sein. Unbedeutend ist bei Beweisanträgen, wer die Beweislast trägt (OLG Schleswig Rpfleger 1957, 5). Bei Benennung eines Zeugen oder Sachverständigen durch **mehrere** Beteiligte, trifft die Vorschusspflicht den Beteiligten, der die materielle Beweislast trägt (BGH NJW 1999, 2823 zu § 379 ZPO). In einem solchen Fall haftet der nicht beweispflichtige Beteiligte auch nicht als Zweitschuldnerin für die durch die Beweisaufnahme entstehenden gerichtlichen Auslagen (OLG Stuttgart NJW-RR 2002, 143; aA Haftung als Gesamtschuldner entsteht: OLG Schleswig SchlHA 2002).

2. Abhängigmachung

Abs. 1 S. 2 bestimmt zusätzlich, dass das Gericht, wenn die Handlung **nur** auf 3 Antrag vorzunehmen ist, eine Vorauszahlung verlangen **soll.** In den **Amts**verfahren darf die Handlung nicht von der Zahlung abhängig gemacht werden (vgl. § 24 FamFG). Die Anordnung erfolgt durch Beschluss und hängt vom Einzelfall, insbesondere im Hinblick auf die voraussichtlich anfallenden Auslagen, ab. Die Aushändigung des fertiggestellten Gutachtens an die Beteiligten kann nach Ansicht des OLG Frankfurt (NJW 1963, 1787) von der Zahlung der Auslagen oder des noch offenen Restbetrages nicht abhängig gemacht werden.

3. Ausnahme

4 **Abs. 4** schließt die Anwendung des Abs. 1 auf **Haftkosten** aus. Eine Haftanordnung kann bei der Vollstreckung einer Entscheidung über die Herausgabe von Personen oder bei der Vollstreckung von Ordnungsmitteln erfolgen (§§ 89, 94 FamFG). Ein Vorschuss darf ferner nicht verlangt werden, wenn dem Antragsteller **Verfahrenskostenhilfe** bewilligt wurde (§ 76 Abs. 1 FamFG, § 122 Abs. 1 Nr. 1a ZPO) oder Kostenfreiheit zusteht (§ 2). Keine Vorschusspflicht besteht ferner, wenn der Zeuge auf die Vergütung verzichtet hat. Ist ein Beteiligter zur Zahlung aus wirtschaftlichen Gründen nicht in der Lage, entfällt die Vorschusspflicht nicht. § 15 gilt nur für die Verfahrensgebühr und nicht für die Auslagen. In diesen Fällen kann aber das Gericht von seinem Ermessen Gebrauch machen und von der Vorauszahlung absehen („soll") oder die Partei auf die Möglichkeit der Beantragung der Verfahrenskostenhilfe hinweisen. Soweit in den Familienstreitsachen die ZPO anzuwenden ist (§ 113 Abs. 1 S. 2 FamFG), sind auch §§ 379, 402 (Zeugen- und Sachverständigenbeweis) zu beachten. Diese Vorschriften gehen § 16 Abs. 1 vor (OLG Bamberg BeckRS 2000, 30151187 = FamRZ 2001, 1387 zu § 17 GKG). Die Vorschussanforderung obliegt in diesen Fällen nur dem Gericht („Das Gericht kann …"). Verlangt das Gericht keinen Vorschuss, dann entsteht keine Kostenhaftung nach § 16 und es darf der Kostenbeamte einen Vorschuss auch nicht eigenmächtig einfordern (OLG Bamberg BeckRS 2000, 30151187 = FamRZ 2001, 1387). Das gleiche gilt, wenn das Gericht von Amts wegen einen Augenschein einnimmt oder ein Gutachten erholt (§ 144 ZPO). In diesen Fällen kann ebenfalls kein Vorschuss vom Kostenbeamten erhoben werden (BGH NJW 2000, 743). Die Auslagen für Zeugen und Sachverständige sind dann erst nach ihrer Fälligkeit, meistens nach Verfahrensbeendigung (§ 11), anzusetzen.

III. Dokumentenherstellung; Aktenversendung (Abs. 2)

5 Herstellung oder Überlassung von Dokumenten sowie die Aktenversendung können von einer Vorschusszahlung abhängig gemacht werden. Die Vorschusshöhe richtet sich nach KV 2000, 2003. Die Fälligkeit regelt § 11 Abs. 2.

IV. Vornahme gerichtlicher Handlungen von Amts wegen (Abs. 3)

6 In den Fällen des Abs. 3 kann (= Ermessen) ein Vorschuss verlangt werden. Unzulässig ist es hingegen, die Handlung von der Vorschusszahlung abhängig zu machen (OLG Koblenz FamRZ 2002, 685). **Beispiele:** Das Gericht führt von Amts wegen, ohne dass dies von einem Beteiligten beantragt wurde, einen Augenschein durch oder erholt ein Sachverständigengutachten. Das gleiche gilt, wenn das Gutachten zwar beantragt, aber der angeforderte Vorschuss nicht einbezahlt wurde und das Gericht das Gutachten deshalb von Amts erholt (BGH MDR 1976, 396).

Liegt das ohne Vorschussanforderung von Amts wegen erholte Gutachten des Sachverständigen vor, kann der Betrag als „Vorschuss“ auch nachträglich verlangt werden und nicht erst, wenn das Verfahren beendet ist. Die Vorschusspflicht trifft die beweispflichtige Partei (allgM zB OLG Düsseldorf JurBüro 1964, 591; OLG Bamberg JurBüro 1979, 879).

V. Vorschussverrechnung

Der Auslagenvorschuss ist nach Vornahme der Handlung abzurechnen. Übersteigen die entstandenen Auslagen den bezahlten Vorschuss, kann der restliche Betrag nachgefordert werden (OLG Zweibrücken Rpfleger 1989, 81). Ist die Vorschusszahlung höher als die tatsächlich entstandenen Auslagen für den Zeugen, den Sachverständigen etc. oder unterbleibt die Beweiserhebung ganz, muss der zu viel gezahlte Betrag grundsätzlich zurückgezahlt werden. Die Überzahlung darf nicht für den Fall, dass vom Vorschusszahler später weitere Kosten zu erheben sind, zurückbehalten werden (*Hartmann* GKG § 17 Rn. 19). Auf eine bereits fällige Kostenschuld darf verrechnet werden. Eine Kostenschuld, die alleine den Gegner trifft, darf nicht mit dem Vorschuss verrechnet werden (*Hartmann* GKG § 17 Rn. 19). Der Rückerstattungsanspruch wird nicht verzinst (§ 7 Abs. 4). Werden dem Antragsgegner die Verfahrenskosten auferlegt, darf auf dessen Kostenschuld ein nicht verbrauchter Vorschuss des Antragstellers verrechnet werden. Der Ausgleich zwischen den Beteiligten erfolgt über die Kostenerstattung (§§ 80, 81, 85 FamFG, §§ 91 ff. ZPO). Ist dem kostenpflichtigen Antragsgegner aber Verfahrenskostenhilfe bewilligt worden, sind an den Antragsteller bereits erhobene Kosten zurückzuzahlen (§ 26 Abs. 3 S. 1). 7

VI. Rechtsmittel

Gegen die auf **Abs. 1** gestützte Vorauszahlungsanordnung des Gerichts findet die Beschwerde statt (§ 58 Abs. 1). Im Falle des **Abs. 2** ist § 57 entsprechend anzuwenden (§ 58 Abs. 2). Die Vorschussanforderung durch den Kostenbeamten nach **Abs. 3** ist mit der Erinnerung nach § 57 angreifbar. Die Vorschussanordnung nach §§ 379, 402 ZPO ist isoliert nicht anfechtbar (BGH BeckRS 2009, 10973; OLG Hamm MDR 1999, 502). 8

§ 17 Fortdauer der Vorschusspflicht

[1]Die Verpflichtung zur Zahlung eines Vorschusses bleibt bestehen, auch wenn die Kosten des Verfahrens einem anderen auferlegt oder von einem anderen übernommen sind. [2]§ 26 Abs. 2 gilt entsprechend.

I. Allgemeines

Die Vorschrift bestimmt die Fortdauer einer nach § 16 bestehenden Vorschusspflicht und wandelt diese in eine **endgültigen** Kostenschuld um („… bleibt bestehen“). § 17 entspricht § 18 GKG. 1

II. Vorschusspflicht

2 **Nach S. 1** bleibt eine Vorschusspflicht bestehen, auch wenn die Verfahrenskosten zwischenzeitlich einem anderen auferlegt worden sind. Der Auslagenschuldner nach § 16 haftet somit zB für die entstandene Zeugen- und Sachverständigenvergütung weiterhin mit. Das Verhältnis zu anderen Kostenschuldnern ist in **§ 26** geregelt. Hat das Gericht die Handlung (zB Zeugen- Sachverständigenbeweis) **ohne** Vorschussanordnung durchgeführt, kann der Vorschusspflichtige deshalb auch nachträglich noch beansprucht werden (OLG Koblenz FamRZ 2002, 685; OLG Stuttgart Rpfleger 1981, 163; OLG Frankfurt NJW 1963, 1787 aA OLG Bamberg BeckRS 2000, 30151187; → § 16 Rn. 4). Ob die Aushändigung des fertiggestellten Gutachtens an die Parteien von der Zahlung eines noch offenen Restbetrages abhängig gemacht werden darf, ist streitig (verneinend OLG Frankfurt NJW 1963, 1787). Sind zwischenzeitlich die Kosten einem anderen auferlegt worden oder hat dieser die Kosten übernommen, haftet der Auslagenschuldner jetzt als Zweitschuldner. Nach **S. 2** ist nämlich § 26 Abs. 2 entsprechend anzuwenden.

Beispiel: In einer Güterrechtssache zahlt der Antragsgegner aufgrund gerichtlicher Anordnung 400 Euro Vorschuss für ein Sachverständigengutachten ein. Der Gutachter erhält 500 Euro aus der Staatskasse. Die Verfahrenskosten werden in der Endentscheidung dem Antragsteller auferlegt. Wer haftet für die Auslagen (KV 2005)?
Es haften

- der Antragsteller nach §§ 21 Abs. 1 S. 1, 24 Nr. 1 und zwar als Erstschuldner (§ 26 Abs. 1, 2 S. 1) und
- der Antragsgegner nach §§ 16 Abs. 1, 17 S. 1 als Zweitschuldner (§ 17 S. 2, 26 Abs. 1, 2 S. 1) für restliche 100 Euro. (Die vorschussweise gezahlten 400 Euro behält die Staatskasse ein. Insoweit kann sich der Antragsgegner nicht auf § 17 S. 2 berufen. Er kann aber Kostenerstattung vom Antragsteller verlangen.)

III. Rechtsmittel

3 Gegen die Inanspruchnahme durch die Staatskasse findet die Erinnerung statt (§ 57).

Abschnitt 4. Kostenansatz

§ 18 Kostenansatz

(1) [1]**Es werden angesetzt:**

1. **die Kosten des ersten Rechtszugs bei dem Gericht, bei dem das Verfahren im ersten Rechtszug anhängig ist oder zuletzt anhängig war,**
2. **die Kosten des Rechtsmittelverfahrens bei dem Rechtsmittelgericht.**

[2]**Dies gilt auch dann, wenn die Kosten bei einem ersuchten Gericht entstanden sind.**

(2) **Die Dokumentenpauschale sowie die Auslagen für die Versendung von Akten werden bei der Stelle angesetzt, bei der sie entstanden sind.**

(3) [1]**Der Kostenansatz kann im Verwaltungsweg berichtigt werden, solange nicht eine gerichtliche Entscheidung getroffen ist.** [2]**Ergeht nach der gerichtlichen Entscheidung über den Kostenansatz eine Entscheidung, durch die der Verfahrenswert anders festgesetzt wird, kann der Kostenansatz ebenfalls berichtigt werden.**

Die Vorschrift regelt den Kostenansatz in enger Anlehnung an § 19 Abs. 1, 4 und 5 GKG (§ 19 Abs. 2 und 3 GKG betreffen Strafsachen) und § 18 Abs. 1, 5 und 6 GNotKG. Auf die Erläuterungen zu → § 19 GKG wird verwiesen. **1**

§ 19 Nachforderung

(1) [1]**Wegen eines unrichtigen Ansatzes dürfen Kosten nur nachgefordert werden, wenn der berichtigte Ansatz dem Zahlungspflichtigen vor Ablauf des nächsten Kalenderjahres nach Absendung der den Rechtszug abschließenden Kostenrechnung (Schlusskostenrechnung), bei Vormundschaften und Dauerpflegschaften der Jahresrechnung, mitgeteilt worden ist.** [2]**Dies gilt nicht, wenn die Nachforderung auf vorsätzlich oder grob fahrlässig falschen Angaben des Kostenschuldners beruht oder wenn der ursprüngliche Kostenansatz unter einem bestimmten Vorbehalt erfolgt ist.**

(2) **Ist innerhalb der Frist des Absatzes 1 ein Rechtsbehelf wegen des Hauptgegenstands oder wegen der Kosten eingelegt oder dem Zahlungspflichtigen mitgeteilt worden, dass ein Wertermittlungsverfahren eingeleitet ist, ist die Nachforderung bis zum Ablauf des nächsten Kalenderjahres nach Beendigung dieser Verfahren möglich.**

(3) **Ist der Wert gerichtlich festgesetzt worden, genügt es, wenn der berichtigte Ansatz dem Zahlungspflichtigen drei Monate nach der letzten Wertfestsetzung mitgeteilt worden ist.**

Die Vorschrift übernimmt die Bestimmungen des § 20 GKG über die Nachforderung von Kosten (vgl. auch § 20 GNotKG); auf die Kommentierung des § 20 GKG wird verwiesen. Ein Rechtsbehelf wegen der Kosten iSd Abs. 2 ist auch die Kostenerinnerung. **1**

§ 20 Nichterhebung von Kosten

(1) [1]Kosten, die bei richtiger Behandlung der Sache nicht entstanden wären, werden nicht erhoben. [2]Das Gleiche gilt für Auslagen, die durch eine von Amts wegen veranlasste Verlegung eines Termins oder Vertagung einer Verhandlung entstanden sind. [3]Für abweisende Entscheidungen sowie bei Zurücknahme eines Antrags kann von der Erhebung von Kosten abgesehen werden, wenn der Antrag auf unverschuldeter Unkenntnis der tatsächlichen oder rechtlichen Verhältnisse beruht.

(2) [1]Die Entscheidung trifft das Gericht. [2]Solange nicht das Gericht entschieden hat, können Anordnungen nach Absatz 1 im Verwaltungsweg erlassen werden. [3]Eine im Verwaltungsweg getroffene Anordnung kann nur im Verwaltungsweg geändert werden.

1 Die Vorschrift betrifft alle Fälle der Nichterhebung von Kosten und übernimmt die Bestimmungen des § 21 GKG (vgl. auch § 21 GNotKG). Eine unrichtige Sachbehandlung liegt zB vor, wenn im Abstammungsverfahren für das beteiligte Kind ein Ergänzungspfleger und daneben noch ein Verfahrensbeistand bestellt wurde (OLG Celle BeckRS 2018, 17716). Im Übrigen wird auf die Kommentierung des § 21 GKG verwiesen.

Abschnitt 5. Kostenhaftung

Vorbemerkung zu § 21

Die Vorschriften des 5. Abschnitts (§§ 21–27) bestimmen die öffentlich-rechtliche Kostenhaftung des Kostenschuldners gegenüber der Staatskasse (vgl. zur Kostenhaftung BGH MDR 1997, 198). In den **Antrags**verfahren trifft die Kostenpflicht zunächst den Antragsteller (= § 21 Abs. 1 S. 1, 2). Es haftet ferner derjenigen, dem die gerichtliche Kostenentscheidung Verfahrenskosten **auferlegt** (= § 24 Nr. 1). In Familiensachen hat das Gericht stets über die Verfahrenskosten zu entscheiden (§ 81 Abs. 1 S. 3 FamFG). Das Institut des Interesseschuldners (§ 2 Nr. 5 KostO aF) ist deshalb nicht in das FamGKG übernommen worden. Mehrere Kostenschuldner haften gesamtschuldnerisch (§ 26 Abs. 1). Von der Kostenhaftung gegenüber der Staatskasse ist die prozessuale Kostenerstattung zwischen den Verfahrensbeteiligten, die in den Verfahrensgesetzen geregelt ist (vgl. zB §§ 80, 81 FamFG bzw. § 113 Abs. 1 FamFG iVm §§ 91 ff. ZPO), zu unterscheiden. Die Höhe des zu erstattenden Betrags, wird in einem separaten Beschluss festgesetzt (§ 85 FamFG, §§ 103 ff. ZPO). Der Kostenansatz durch die Staatskasse kann durch Bewilligung der Verfahrenskostenhilfe (§ 76 FamFG, §§ 114 ff. ZPO) beeinflusst werden (vgl. zB § 122 Nr. 1 ZPO). 1

§ 21 Kostenschuldner in Antragsverfahren, Vergleich

(1) [1]**In Verfahren, die nur durch Antrag eingeleitet werden, schuldet die Kosten, wer das Verfahren des Rechtszugs beantragt hat.** [2]**Dies gilt nicht**

1. **für den ersten Rechtszug in Gewaltschutzsachen und in Verfahren nach dem EU-Gewaltschutzverfahrensgesetz,**
2. **im Verfahren auf Erlass einer gerichtlichen Anordnung auf Rückgabe des Kindes oder über das Recht zum persönlichen Umgang nach dem Internationalen Familienrechtsverfahrensgesetz,**
3. **für einen Minderjährigen in Verfahren, die seine Person betreffen, und**
4. **für einen Verfahrensbeistand.**

[3]**Im Verfahren, das gemäß § 700 Abs. 3 der Zivilprozessordnung dem Mahnverfahren folgt, schuldet die Kosten, wer den Vollstreckungsbescheid beantragt hat.**

(2) **Die Gebühr für den Abschluss eines gerichtlichen Vergleichs schuldet jeder, der an dem Abschluss beteiligt ist.**

I. Allgemeines; Antragstellerhaftung

Abs. 1 S. 1 regelt die Kostenhaftung in **Antrags**verfahren. Es haftet der Veranlasser des Verfahrens. Die Antragstellerhaftung besteht fort, auch wenn durch gerichtliche Kostengrundentscheidung einem anderen Beteiligten die Kosten auferlegt werden oder der Antrag zurückgenommen wird. Weitere Kostenschuldner 1 (zB nach § 24) haften mit dem Antragsteller der daneben, uU subsidiär als Zweitschuldner haftet, gesamtschuldnerisch (§ 26 Abs. 2; OLG Karlsruhe JurBüro 1995, 43). Die Pflicht zur vorschussweisen Zahlung sowie zur Vorauszahlung von Kosten regeln ergänzend §§ 12–17.

1. Umfang der Antragstellerhaftung

2 Die Haftung des Antragstellers erstreckt sich auf **sämtliche Gebühren und Auslagen der Instanz** (OLG Hamburg MDR 1984, 412); dazu gehören auch die durch Verteidigungsmaßnahmen des Antragsgegners verursachten Kosten (zB Zeugen- und Sachverständigenentschädigungen nach JVEG). Verteidigt sich der Antragsgegner mit der Hilfsaufrechnung, löst diese, wenn sich dadurch der Verfahrenswert erhöht (§ 39 Abs. 3), keine Haftung nach Abs. 1 S. 1 aus, da die Gegenforderung nicht rechtshängig wird (LG Dresden JurBüro 2003, 322; KG MDR 1984, 154; OLG Bamberg JurBüro 1980, 1545). Als Antragsteller haftet diejenige Person, die das Verfahren des jeweiligen Rechtszugs durch Antragstellung (zB Antrag auf Erlass einer einstweiligen Anordnung) in Gang gesetzt hat. Bei Vertretung durch gesetzliche Vertreter oder Bevollmächtigte haftet nur die vertretene Partei (VG Braunschweig NVwZ-RR 2003, 912). Ein **Vertreter ohne Vertretungsmacht** muss, bis zur Genehmigung durch den Vertretenen, persönlich einstehen (OLG Hamburg MDR 2001, 1192; OLG Köln NJW-RR 2003, 66; *Meyer* JurBüro 1997, 288). Etwas anderes gilt nur, wenn der vertretenen Partei die Verfahrenshandlung nach Rechtsscheingrundsätzen (zB Anscheinsvollmacht) zurechenbar ist (*Paulus/Henkel* NJW 2003, 1692). Die Haftung des Antragstellers endet dann, wenn der Antragsgegner die Angreiferrolle übernimmt, indem er zB alleine die Durchführung des streitigen Verfahrens beantragt (§ 255 Abs. 1 FamFG). Wird vom Antragsgegner ein **Widerklageantrag** gestellt, haftet er als Antragsteller so, als wäre sein Widerklageantrag isoliert erhoben worden (OLG München MDR 2003, 1078; OLG Hamm JurBüro 1970, 422). Vorauszahlungspflicht besteht aber nicht (§ 14 Abs. 2). Soweit sich die Haftung des Antragstellers und des Widerklageantragstellers decken, sind sie gegenüber der Staatskasse Gesamtschuldner (§ 26 Abs. 1). Betreffen beide Anträge denselben Gegenstand iS § 39 Abs. 1 S. 3, haften beide Parteien für sämtliche Gerichtskosten gesamtschuldnerisch. Ist dem Antragsgegner **Verfahrenskostenhilfe** oder eine **Reisebeihilfe** bewilligt worden und werden ihm Verfahrenskosten auferlegt, beeinflusst dies auch die Antragstellerhaftung (§ 26 Abs. 3; dies gilt nicht, wenn der Antragsgegner die Kosten zB in einem gerichtlichen Vergleich übernimmt (BVerfG MDR 2000, 1157). Mehrere Antragsteller haften als Gesamtschuldner (§ 26 Abs. 1; OLG Karlsruhe JurBüro 1995, 43). Soweit Antragstellungen von Streitgenossen allerdings nur Teile des Verfahrensgegenstandes betreffen, beschränkt sich die gesamtschuldnerische Haftung (§ 27 S. 2).

Beispiel: Mit einem gemeinsamen Antrag wird Ehegattenunterhalt und Kindesunterhalt geltend gemacht. Die Haftung beider Antragsteller umfasst nur die Kosten, die bei einem jeweils isolierten Antrag entstanden wären.

2. Rechtszug

3 Die Antragstellerhaftung erstreckt sich nach Abs. 1 S. 1 auf das Verfahren des Rechtszugs (= Instanz). Dabei handelt es sich um einen kostenrechtlichen Begriff (OLG Karlsruhe JurBüro 1995, 43). Die Rechtsmittelverfahren (Beschwerde und Rechtsbeschwerde) sind im Verhältnis zur Vorinstanz eigene Rechtszüge, es haftet

der Rechtsmittelführer als Antragsteller. Wer ein **Anschlussrechtsmittel** einlegt, haftet für die dadurch ausgelösten Kosten (OLG München JurBüro 1975, 1231). Die Antragstellerhaftung beschränkt sich auf die Kosten der beantragten Instanz. So haftet der Antragsteller zB nicht für die Kosten die durch den Widerklageantrag verursacht wurden, dafür haftet der Antragsgegner als Veranlasser (OLG München MDR 2003, 1078; HansOLG Hamburg MDR 1989, 272).

Beispiele:
- **Einstweilige Anordnung:** Anträge auf Erlass einstweiliger Anordnungen (§§ 49, 51 FamFG) leiten einen neuen Rechtszug ein. 4
- **Arrest** (vgl. § 119 Abs. 2 FamFG): Das Arrestverfahren, einschließlich des Widerspruchsverfahrens (§ 924 ZPO), ist gegenüber dem Hauptsacheverfahren ein eigener Rechtszug (Instanz), es haftet der Antragsteller für die Kosten.
- **Einspruch gegen Versäumnisentscheidung:** Es beginnt kein neuer Rechtszug, so dass der Antragsteller weiterhin für die Kosten haftet (OLG München MDR 1984, 948). Ist der Einspruch allerdings mit einem Wiedereinsetzungsantrag (§§ 233ff. ZPO) verbunden, beginnt ein neuer Rechtszug (*Hartmann* GKG § 22 Rn. 14).
- **Einspruch gegen Vollstreckungsbescheid:** Nach Einspruch gegen den Vollstreckungsbescheid wird das Verfahren von Amts wegen in das streitige Verfahren abgegeben (§ 700 Abs. 3 ZPO). Nach **Abs. 1 S. 3** haftet für die Kosten des streitigen Verfahrens wer den Vollstreckungsbescheid beantragt hat. Das gilt auch bei unzulässigem Einspruch (OLG Düsseldorf JurBüro 2002, 90).
- **Hilfsantrag:** Wird über den Hilfsantrag entschieden und erhöht sich dadurch der Verfahrenswert (§ 39 Abs. 1 S. 2), haftet der Antragsteller dafür.
- **Mahnverfahren:** Mahnverfahren und streitiges Verfahren sind jeweils eigenständige kostenrechtliche Rechtszüge (KG Rpfleger 1980, 121; OLG München MDR 1984, 948). Der Antragsteller haftet für die Kosten des Mahnverfahrens. Für diejenigen des nach Widerspruchseinlegung eingeleiteten Streitverfahrens haftet wer den Antrag (§ 696 Abs. 1 S. 1 ZPO) auf seine Durchführung gestellt hat (KG JurBüro 1980, 581).
- **Nachverfahren:** Das Verfahren nach Erlass eines Vorbehaltsurteils eröffnet keinen neuen Rechtszug.
- **Verfahrenskostenhilfe:** Das Prüfungsverfahren vor Bewilligung der Verfahrenskostenhilfe (§§ 118ff. ZPO) stellt, im Verhältnis zur nachfolgenden Hauptsache eine selbstständige Instanz dar.
- **Verweisung und Zurückverweisung:** Die Verfahren vor und nach Verweisung oder Zurückverweisung bilden kostenrechtlich einen Rechtszug (§§ 6, 31).
- **Abtrennung vom Verbund** (§§ 137 Abs. 5, 140 FamFG): Die abgetrennte Folgesache, auch wenn sie als selbstständige Familiensache fortgeführt wird, und das frühere Verfahren sind dieselbe Instanz (§ 6 Abs. 2).

3. Ausnahmen

Abs. 1 S. 2 schränkt die Antragstellerhaftung ein und bestimmt, dass diese **ausgeschlossen** ist 5
- **Nr. 1:** für den ersten Rechtszug in Gewaltschutzsachen (vgl. § 210 FamFG) und in Verfahren nach dem EU-Gewaltschutzverfahrensgesetz (vgl. § 1 EUGewSchVG),
- **Nr. 2:** im Verfahren auf Erlass einer gerichtlichen Anordnung auf Rückgabe des Kindes oder über das Recht zum persönlichen Umgang nach dem IntFamRVG (vgl. § 52 IntFamRVG)
- **Nr. 3:** in Verfahren in denen die Person eines Minderjährigen betroffen ist (vgl. § 81 Abs. 3 FamFG)
- **Nr. 4:** für einen Verfahrensbeistand (vgl. § 158 Abs. 8 FamFG).

6 Die Kostenhaftung entscheidet sich in diesen Verfahren nach § 24. Es haftet insbesondere derjenige dafür, dem sie durch das Familiengericht auferlegt worden sind (§ 81 Abs. 1 S. 3 FamFG).

II. (Mehr-) Vergleichsgebühr

7 Soweit in einem **Vergleich** auch nicht gerichtlich anhängige Ansprüche mit verglichen werden, haften nach **Abs. 2** die daran Beteiligten, auch Dritte, als Antragsteller für die Gebühr nach Nr. 1500 KV. Das gilt im Amts- und Antragsverfahren gleichermaßen. Mehrere Personen haften als Gesamtschuldner (§ 26 Abs. 1) und unabhängig von einer Kostenübernahmeregelung im Vergleich, diese begründet zusätzlich die Erstschuldnerhaftung nach §§ 24 Nr. 2, 26 Abs. 2 S. 1.

§ 22 Kosten bei Vormundschaft und Dauerpflegschaft

[1]**Die Kosten bei einer Vormundschaft oder Dauerpflegschaft schuldet der von der Maßnahme betroffene Minderjährige.** [2]**Dies gilt nicht für Kosten, die das Gericht einem anderen auferlegt hat.**

I. Allgemeines

1 Die Vorschrift bestimmt bei Vormundschaft und Dauerpflegschaft die Kostenhaftung, da das Institut des Interesseschuldners (vgl. § 2 Nr. 5 KostO aF) nicht in das FamGKG übernommen wurde (→ Vor § 21 Rn. 1).

II. Kostenschuldner

2 Nach **S. 1** haftet für die zu erhebenden Jahresgebühren (KV 1311 bzw. 1312) und die Auslagen der von der Maßnahme betroffene Minderjährige. Die Haftung des Minderjährigen ist nach **S. 2** ausgeschlossen, wenn das Familiengericht Kosten einem anderen auferlegt (zB Kosten eines Zwangsgeldverfahrens gegen den Vormund oder Kosten eines Rechtsmittelverfahrens).

§ 23 Bestimmte sonstige Auslagen

(1) [1]**Die Dokumentenpauschale schuldet ferner, wer die Erteilung der Ausfertigungen, Kopien oder Ausdrucke beantragt hat.** [2]**Sind Kopien oder Ausdrucke angefertigt worden, weil der Beteiligte es unterlassen hat, die erforderliche Zahl von Mehrfertigungen beizufügen, schuldet nur der Beteiligte die Dokumentenpauschale.**

(2) **Die Auslagen nach Nummer 2003 des Kostenverzeichnisses schuldet nur, wer die Versendung der Akte beantragt hat.**

(3) **Im Verfahren auf Bewilligung von Verfahrenskostenhilfe und im Verfahren auf Bewilligung grenzüberschreitender Prozesskostenhilfe ist der Antragsteller Schuldner der Auslagen, wenn**

1. der Antrag zurückgenommen oder vom Gericht abgelehnt wird oder

2. die Übermittlung des Antrags von der Übermittlungsstelle oder das Ersuchen um Prozesskostenhilfe von der Empfangsstelle abgelehnt wird.

I. Allgemeines

Die Vorschrift bestimmt die Auslagenhaftung für die **Dokumentenpauschale** (KV 2000), die **Aktenversendungspauschale** (KV 2003) sowie für die Auslagen des Verfahrens auf Bewilligung der **Verfahrenskostenhilfe.** Sie bezweckt, wie § 28 GKG, eine gerechte Verteilung der Kostenhaftung (*Hartmann* GKG § 28 Rn. 2). 1

II. Dokumentenpauschale (KV 2000)

Diese wird für die Herstellung und Überlassung von Dokumenten erhoben. 2
Nach **Abs. 1 S. 1** haftet für diese Auslagen, neben Kostenschuldnern nach §§ 21 Abs. 1 S. 1, 24, **auch** (= „ferner"), wer die Herstellung oder Überlassung beantragt hat. Mehrere Kostenpflichtige haften gesamtschuldnerisch (§ 26 Abs. 1). Sind einem Beteiligten die Kosten des Verfahrens auferlegt oder von ihm übernommen worden (§ 24 Nr. 1, 2), haftet er als Erstschuldner (§ 26 Abs. 2 S. 1). Ob der von einem Vertreter (zB Verfahrensbevollmächtigter) eingereichte Antrag im Namen des Beteiligten gestellt wurde, ist nach den Gesamtumständen zu beurteilen (VG Braunschweig NVwZ-RR 2003, 912). **Abs. 1 S. 2 schränkt ein:** Für die Dokumentenpauschale haftet dann, wenn einem Schriftstück nicht die notwendigen zusätzlichen Ablichtungen beigefügt waren, **nur** der pflichtwidrig handelnde Beteiligten (BayVGH BayVerwBl 1979, 380). Das gilt auch bei per Telefax eingereichten Anträgen, wenn die Abschriften nicht mitgeliefert oder fristgerecht nachgereicht werden (VGH Kassel NJW 1991, 316). Der Antragsteller des Verfahrens und der Entscheidungsschuldner haften für die Dokumentenpauschale in diesem Falle nicht mit.

III. Aktenversendungspauschale (KV 2003)

Die Pauschale schuldet nach **Abs. 2 nur,** wer die Versendung beantragt hat. 3
Durch diese Regelung soll der allgemeine Kostenschuldner (zB der nach § 21 Abs. 1 S. 1 Haftende) nicht ungerechtfertigt beansprucht werden (amtl. Begründung zu § 28 GKG: BT-Drs. 12/6962, 66). Stellt der **Verfahrensbevollmächtigte** den Akteneinsichtsantrag, so wird dies regelmäßig im Namen der Partei erfolgen (VG Braunschweig NVwZ-RR 2003, 912; LG Bayreuth JurBüro 1997, 433; aA VG Meiningen BeckRS 2008, 09042 = JurBüro 2006, 36). Um eine unter KV 2003 fallende Aktenversendung handelt es sich dann, wenn diese entweder ganz oder in Teilen per Post verschickt wird (zu § 28 GKG: VG Meiningen BeckRS 2008, 09042). Auch die Übermittlung per Telefax gehört hierher (*Hartmann* GKG § 28 Rn. 7; aA *Meyer* GKG § 28 Rn. 6: § 28 Abs. 1 S. 1 ist einschlägig). Wird die Akte lediglich in das Anwaltsfach bei Gericht eingelegt handelt es sich um keine Versendung im Sinne KV 2003 (VG Meiningen BeckRS 2008, 09042; LG Göttingen AnwBl. 1995, 570).

IV. Verfahren auf Bewilligung von Verfahrenskostenhilfe

4 Nach **Abs. 3** haftet der **Antragsteller** für die Auslagen des Verfahrens über den Antrag auf Bewilligung der Verfahrenskostenhilfe (§ 76 Abs. 1 FamFG, §§ 114, 118 ZPO), auch bei **grenzüberschreitender** Bewilligung (§§ 1076–1078 ZPO), wenn sein Antrag zurückgenommen oder die Bewilligung von dem Gericht oder der Empfangsstelle abgelehnt wird.

§ 24 Weitere Fälle der Kostenhaftung

Die Kosten schuldet ferner,

1. **wem durch gerichtliche Entscheidung die Kosten des Verfahrens auferlegt sind;**
2. **wer sie durch eine vor Gericht abgegebene oder dem Gericht mitgeteilte Erklärung oder in einem vor Gericht abgeschlossenen oder dem Gericht mitgeteilten Vergleich übernommen hat; dies gilt auch, wenn bei einem Vergleich ohne Bestimmung über die Kosten diese als von beiden Teilen je zur Hälfte übernommen anzusehen sind;**
3. **wer für die Kostenschuld eines anderen kraft Gesetzes haftet und**
4. **der Verpflichtete für die Kosten der Vollstreckung; dies gilt nicht für einen Minderjährigen in Verfahren, die seine Person betreffen.**

I. Allgemeines

1 Die Vorschrift bestimmt, wer **ferner** für die Kosten haftet. Der nach § 24 Haftende tritt zu anderen Kostenschuldnern, die zB nach §§ 21, 23 Abs. 1 S. 1 verpflichtet sind, hinzu (OLG Koblenz VersR 1980, 1149). Mehrere Kostenschuldner haften der Staatskasse gegenüber als Gesamtschuldner (§ 26 Abs. 1). Es kann ein Beteiligter aus verschiedenen Tatbeständen haften. **Beispiel:** Werden dem Antragsteller die Kosten auferlegt, dann haftet er sowohl nach § 21 Abs. 1 S. 1 als auch nach § 24 Nr. 1 als Entscheidungsschuldner. Der von der Staatskasse als Kostenschuldner beanspruchte kann sich dagegen mit der Erinnerung gegen den Kostenansatz (§ 57) wehren. Die gerichtliche Kostenentscheidung oder die Übernahmeregelung in einem gerichtlichen Vergleich ist für das Erinnerungsverfahren bindend (OLG Bamberg JurBüro 1973, 654 mAnm *Mümmler*). In Zweifelsfällen ist eine Auslegung zulässig (BGH NJW-RR 1994, 568).

II. Entscheidungsschuldner

2 Nach **Nr. 1** haftet für die Kosten des Verfahrens derjenige, dem sie durch gerichtliche Entscheidung auferlegt worden sind (= Entscheidungsschuldner; § 26 Abs. 3 S. 1). In Familiensachen hat das Gericht stets über die Kosten zu entscheiden (§§ 80, 81 Abs. 1 S. 3 FamFG). Rechtskraft der Entscheidung ist nicht erforderlich (KG MDR 2004, 56; OLG Nürnberg NJW 1960, 636). Eine Ausnahme macht § 76 Abs. 1 FamFG iVm § 125 ZPO bei Verfahrenskostenhilfe. Kostengrundentscheidungen enthalten **Beschlüsse** (diese müssen aber wirksam, dh mitgeteilt bzw.

rechtskräftig worden sein; §§ 38, 40, 116 FamFG; KG NJW-RR 2000, 1240). In dem Beschluss müssen einem Beteiligten die Verfahrenskosten ganz oder teilweise auferlegt worden sein (OLG Bamberg JurBüro 1999, 648). Werden die Kosten später in einem gerichtlichen Vergleich oder durch Parteivereinbarung übernommen, wird die Haftung nach Nr. 1 dadurch nicht beseitigt, denn § 25 S. 1 verlangt insoweit eine andere gerichtliche Kostengrundentscheidung (BGH NJW-RR 2001, 285; OLG Nürnberg BeckRS 2003, 30330260 = MDR 2004, 417). Die Kostenhaftung wird im Umfang der Auferlegung begründet. Diese kann auch nur einen Verfahrensabschnitt betreffen (vgl. § 81 FamFG). Verteilt das Gericht die Verfahrenskosten nach Quoten unter den Beteiligten, wird die Kostenhaftung im Umfang des auferlegten Bruchteils begründet. Die gerichtliche Kostengrundentscheidung ist, auch wenn sie unrichtig ist, für den Kostenansatz bindend (OVG Münster NJW 1972, 118). Der Entscheidungsschuldner haftet der Staatskasse gegenüber als Erstschuldner (§ 26 Abs. 2 S. 1).

III. Übernahmeschuldner

1. Übernahmeerklärung

3 Nach **Nr. 2 Hs. 1 (Alt. 1 und 2)** haftet für die Verfahrenskosten haftet ferner derjenige der sie durch eine vor Gericht abgegebene oder dem Gericht mitgeteilte **Erklärung** übernommen hat. Eine Kostenübernahme kann in allen Verfahren erfolgen. Die Erklärung, die Kosten ganz oder teilweise zu übernehmen, bedarf keiner besonderen Form, sie muss nur dem Gericht zugehen, eine Annahmeerklärung ist nicht erforderlich. Sie ist als Prozesshandlung ab Zugang unwiderruflich und unterliegt nicht der Anfechtung wegen Irrtums oder Täuschung (OLG Bamberg JurBüro 1977, 1594), kann aber ausgelegt werden (BGH NJW-RR 1994, 568). Verfahrenskosten können die Beteiligten, auch bei Verfahrenskostenhilfebewilligung (BVerfG NJW 2000, 3271; BGH BeckRS 2003, 09420 = JurBüro 2004, 204; vgl. aber § 26 Abs. 4 zur Geltendmachung der Haftung), aber auch Dritte vor oder nach Fälligkeit, auch nach Verfahrensbeendigung, übernehmen. Erklärt eine Rechtsschutzversicherung die Deckung der Verfahrenskosten, liegt darin eine Übernahmeerklärung in Bezug auf die ihrem Versicherungsnehmer entstehenden Kosten. Zahlt sie jedoch ohne Übernahmeerklärung für ihren Versicherungsnehmer, liegt keine Kostenübernahme vor (OLG Stuttgart Rpfleger 1985, 169).

2. Vergleich

4 Die Übernahme von Verfahrenskosten in einem vor Gericht abgeschlossenen oder dem Gericht mitgeteilten **Vergleich** begründet nach **Nr. 2 Hs. 1** ebenfalls eine Übernahmeschuldnerhaftung. Ein außergerichtlicher Vergleich muss aber mit dem Willen des Beteiligten mitgeteilt worden sein. Der gerichtliche Vergleich kann auch in einem anderen Verfahren geschlossen worden sein (*Meyer* JurBüro 2003, 242). Enthält ein Vergleich keine Kostenregelung, fallen den Beteiligten die Gerichtskosten je zur Hälfte zur Last (vgl. § 83 FamFG). Das gilt auch bei Vergleichen in **Ehesachen** ohne Kostenregelung, denn dann gilt § 113 Abs. 1 FamFG iVm § 98 ZPO (OLG Koblenz MDR 1977, 57; OLG Hamm MDR 1975, 147). Der Umfang der Kostenhaftung, auch derjenigen eines beigetretenen Dritten, tritt in der vereinbarten Höhe ein. Ist der Vergleich allerdings unwirksam (zB aufgrund Wider-

rufs oder Anfechtung), dann wird auch die Kostenhaftung rückwirkend beseitigt. Trifft die Beteiligten mangels Kostenregelung im Vergleich die Haftung für die Gerichtskosten je zur Hälfte (vgl. § 83 Abs. 1 S. 1 FamFG), gilt dies nach **Nr. 2 Hs. 2** auch im Verhältnis zur Staatskasse. Der Übernahmeschuldner haftet als Erstschuldner (§ 26 Abs. 2 S. 1).

IV. Gesetzliche Kostenhaftung

5 Die Haftung für Verfahrenskosten trifft nach **Nr. 3** ferner denjenigen, der für die Kostenschuld eines anderen **kraft Gesetzes** haftet. Die gesetzlich bestimmte Haftung kann privatrechtlicher oder öffentlich-rechtlicher Natur sein, sie muss nur unmittelbar einem Dritten gegenüber begründet sein (OLG Schleswig SchlHA 1984, 167; zB Erbenhaftung § 1967 BGB). Eine nur mittelbar bestimmte Haftung (zB unterhaltsrechtliche Kostenvorschusspflicht) wird von Nr. 3 nicht erfasst (aA BVerwG Rpfleger 1993, 374). Das Gleiche gilt für denjenigen der sich vertraglich verpflichtet für die Kostenschuld eines anderen einzustehen. Der Dritte kann aber eine Kostenpflicht nach Nr. 2 begründen.

6 Der Erbe haftet für die Nachlassverbindlichkeiten und damit auch für eine Gerichtskostenschuld des Erblassers (§ 1967 BGB). Ein Erbschaftskäufer haftet nach Maßgabe der §§ 2382, 2383 BGB. War dem Erblasser Verfahrenskostenhilfe ohne Zahlungsbestimmungen bewilligt, können die Gerichtskosten nicht vom Erben eingezogen werden (§ 122 Abs. 1 Nr. 1 a ZPO; OLG Düsseldorf NJW-RR 1999, 1086 = MDR 1999, 830; KG Rpfleger 1986, 281). Bei Zugewinngemeinschaft besteht keine gegenseitige gesetzliche Haftung für Verfahrenskosten der Ehegatten. Die Kostenvorschusspflicht nach § 1360 a Abs. 4 BGB betrifft das Innenverhältnis der Eheleute und begründet keine unmittelbare Kostenschuld gegenüber der Staatskasse (BGH NJW 1954, 349). Bei Gütergemeinschaft haftet der das Gesamtgut allein verwaltende Ehegatte persönlich für die Gerichtskostenschuld des anderen Ehegatten (§§ 1437 Abs. 2, 1438 Abs. 2 BGB). Das gilt auch, wenn beide Ehegatten verwaltungsberechtigt sind (§§ 1459 Abs. 2, 1460 Abs. 2 BGB). Die Eltern haften nicht persönlich für Verfahrenskosten des Kindes, eine unterhaltsrechtliche Kostenvorschusspflicht betrifft auch hier nur das Innenverhältnis.

Gegen die Inanspruchnahme durch die Staatskasse findet die Erinnerung statt (§ 57).

V. Vollstreckung

7 Nach **Nr. 4 Hs. 1** schuldet ferner der Verpflichtete die Kosten der **Vollstreckung.** Diese Haftung ist aber nach **Hs. 2** für einen Minderjährigen in Verfahren die seine Person betreffen ausgeschlossen. Hs. 2 knüpft an die Regelungen in § 21 Abs. 1 S. 2 Nr. 3, § 81 Abs. 3 FamFG und § 52 IntFamRVG an.

Gegen seine Inanspruchnahme durch die Staatskasse kann sich der Vollstreckungsschuldner mit der Erinnerung (§ 57) wehren.

§ 25 Erlöschen der Zahlungspflicht

[1]Die durch gerichtliche Entscheidung begründete Verpflichtung zur Zahlung von Kosten erlischt, soweit die Entscheidung durch eine andere gerichtliche Entscheidung aufgehoben oder abgeändert wird. [2]Soweit die Verpflichtung zur Zahlung von Kosten nur auf der aufgehobenen oder abgeänderten Entscheidung beruht hat, werden bereits gezahlte Kosten zurückerstattet.

I. Allgemeines

Die Vorschrift bestimmt aus Billigkeitsgründen das Erlöschen der auf § 24 Nr. 1 basierenden Kostenhaftung dann, wenn die ihr zugrunde liegende gerichtliche Entscheidung durch eine andere gerichtliche Entscheidung aufgehoben oder abgeändert wurde. Unberührt davon bleibt aber die Kostenhaftung des Entscheidungsschuldners aufgrund anderer Grundlagen (zB §§ 17, 21). Für die Staatskasse besteht in diesem Fall keine Rückzahlungspflicht, denn der (frühere) Erstschuldner haftet jetzt als Zweitschuldner (§ 26 Abs. 2 S. 1). Kein Fall des § 25 liegt vor, wenn zum Entscheidungsschuldner andere Kostenschuldner, zB aufgrund § 24 Nr. 2, hinzutreten. 1

II. Erlöschen der Entscheidungsschuldnerhaftung

Das Erlöschen der Haftung nach § 24 Nr. 1 setzt voraus, dass die Entscheidung auf der sie basierte durch eine spätere gerichtliche Entscheidung, etwa durch das Rechtsmittelgericht oder in einem Wiederaufnahmeverfahren aufgehoben oder abgeändert wird; **S. 1.** Es genügt deshalb nicht, wenn die Parteien in einem gerichtlichen Vergleich die Kostentragung abweichend von einer früheren gerichtlichen Entscheidung regeln (BGH NJW-RR 2001, 285; OLG Nürnberg NJW-RR 2004, 1007 = MDR 2004, 417). Unterliegt der Antragsteller vor dem Familiengericht und übernehmen die Beteiligten in einem gerichtlichen Vergleich der zweiten Instanz die Kosten nach Bruchteilen, kann der Vorschuss des Antragstellers anteilmäßig auf die Kostenschuld verrechnet werden (OLG Karlsruhe NJW-RR 2001, 1365). Das Erlöschen tritt mit der Existenz der neuen gerichtlichen Entscheidung ein, ihre Rechtskraft ist nicht erforderlich. Nach **S. 2** werden bereits gezahlte Kosten, wenn die Haftung **nur** auf der aufgehobenen oder abgeänderten Entscheidung beruhte, zurückerstattet. Dies gilt auch dann, wenn sie zwangsweise beigetrieben wurden (*Müller* DGVZ 1995, 182). Eine Verrechnung auf die Kostenschuld des Gegners ist nicht möglich. Soweit aber daneben eine Haftung auch nach §§ 17, 21, 23 besteht, entfällt die Erstattungspflicht der Staatskasse. In diesem Falle kann bei Verrechnung vom kostenpflichtigen Gegner Kostenerstattung verlangt werden (§§ 80, 81, 85 FamFG). 2

§ 26 Mehrere Kostenschuldner

(1) **Mehrere Kostenschuldner haften als Gesamtschuldner.**

(2) [1]**Soweit ein Kostenschuldner aufgrund von § 24 Nr. 1 oder Nr. 2 (Erstschuldner) haftet, soll die Haftung eines anderen Kostenschuldners nur geltend gemacht werden, wenn eine Zwangsvollstreckung in das bewegliche Vermögen des ersteren erfolglos geblieben ist oder aussichtslos erscheint.** [2]**Zahlungen des Erstschuldners mindern seine Haftung aufgrund anderer Vorschriften dieses Gesetzes auch dann in voller Höhe, wenn sich seine Haftung nur auf einen Teilbetrag bezieht.**

(3) [1]**Soweit einem Kostenschuldner, der aufgrund von § 24 Nr. 1 haftet (Entscheidungsschuldner), Verfahrenskostenhilfe bewilligt worden ist, darf die Haftung eines anderen Kostenschuldners nicht geltend gemacht werden; von diesem bereits erhobene Kosten sind zurückzuzahlen, soweit es sich nicht um eine Zahlung nach § 13 Abs. 1 und 3 des Justizvergütungs- und -entschädigungsgesetzes handelt und die Partei, der die Verfahrenskostenhilfe bewilligt worden ist, der besonderen Vergütung zugestimmt hat.** [2]**Die Haftung eines anderen Kostenschuldners darf auch nicht geltend gemacht werden, soweit dem Entscheidungsschuldner ein Betrag für die Reise zum Ort einer Verhandlung, Anhörung oder Untersuchung und für die Rückreise gewährt worden ist.**

(4) **Absatz 3 ist entsprechend anzuwenden, soweit der Kostenschuldner aufgrund des § 24 Nummer 2 haftet, wenn**
1. **der Kostenschuldner die Kosten in einem vor Gericht abgeschlossenen, gegenüber dem Gericht angenommenen oder in einem gerichtlich gebilligten Vergleich übernommen hat,**
2. **der Vergleich einschließlich der Verteilung der Kosten, bei einem gerichtlich gebilligten Vergleich allein die Verteilung der Kosten, von dem Gericht vorgeschlagen worden ist und**
3. **das Gericht in seinem Vergleichsvorschlag ausdrücklich festgestellt hat, dass die Kostenregelung der sonst zu erwartenden Kostenentscheidung entspricht.**

I. Allgemeines

1 Im Interesse der Staatskasse bestimmt die Vorschrift wie mehrere Beteiligte, die für **dieselben** Kosten (Gebühren und Auslagen) einer Instanz haften, von dieser beansprucht werden können. § 26 betrifft aber nicht den Fall, dass mehrere Personen für verschiedene Kosten (zB Gebühren) haften. Die Haftung von Streitgenossen regelt § 27.

II. Gesamtschuldnerische Haftung

2 Nach **Abs. 1** haften mehrere Kostenschuldner für **dieselbe** Kostenschuld gesamtschuldnerisch. Auf welchen Tatbestand sich die Haftung gründet spielt insoweit keine Rolle. So kann zB der Antragsteller nach § 21 und der Antragsgegner nach § 24 Nr. 1 als Entscheidungsschuldner für die Kosten derselben Instanz haften

(OLG München JurBüro 1975, 1230). Es kann sich aber die Kostenhaftung auch aus nur einer Grundlage ergeben. Das ist zB nach §§ 16, 17 der Fall, wenn Beteiligte denselben Zeugen benennen (OLG München NJW 1975, 2027). Bei **Widerklage** und **wechselseitigen Rechtsmitteln** haften die Parteien nach § 21 Abs. 1 S. 1 im Umfang ihrer sich deckenden Beteiligung am Verfahrenswert (§ 39 Abs. 1 S. 1 und 3, Abs. 2) gesamtschuldnerisch. Entsprechend der Struktur einer Gesamtschuld (§§ 421 ff. BGB), haften mehrere Kostenschuldner der Staatskasse gegenüber jeweils für die gesamte Kostenschuld. Die Zahlung des einen Gesamtschuldners hat schuldbefreiende Wirkung auch für die anderen. Beim Kostenansatz bestimmt nach Maßgabe der §§ 7 Abs. 2, 8 Abs. 3 KostVfg der Kostenbeamte nach pflichtgemäßem Ermessen die Beanspruchung der Gesamtschuldner (KG BeckRS 2002, 30260740 = MDR 2002, 1276; OLG München NJW-RR 2000, 1744). Nach § 426 BGB besteht im Innenverhältnis der Gesamtschuldner grundsätzlich eine Ausgleichspflicht.

III. Erst- und Zweitschuldnerhaftung

1. Allgemeines

Abs. 2 S. 1 bestimmt eine für die Staatskasse verbindliche Reihenfolge der Inanspruchnahme mehrerer nach Abs. 1 gesamtschuldnerisch haftender Kostenschuldner (OLG München JurBüro 2001, 597; AG Neuruppin JurBüro 2001, 375). Es sind zunächst Entscheidungs- und Übernahmeschuldner **als Erstschuldner** (= § 24 Nr. 1 und 2) für die noch offene Kostenschuld zu beanspruchen. Erst wenn die Zwangsvollstreckung in deren bewegliches Vermögen erfolglos geblieben ist oder aussichtslos erscheint dürfen andere Kostenschuldner als **Zweitschuldner** haftbar gemacht werden. Subsidiär als Zweitschuldner haften insbesondere die Kostenschuldner nach §§ 17, 21, 24 Nr. 3 und 4. Mehrere Erstschuldner oder Zweitschuldner haften ihrerseits untereinander als Gesamtschuldner (OLG Düsseldorf MDR 1991, 451; KG MDR 1972, 960). Eine bestehende Vorschusspflicht (zB nach § 16) wird von Abs. 2 S. 1 nicht berührt. Soweit der Vorschuss bereits entrichtet ist (zB für Zeugen- und Sachverständigenvergütung) besteht für die Staatskasse im Umfang der Vorschusshaftung keine Rückzahlungspflicht (OLG Köln MDR 1993, 807). Auf noch nicht entrichtete Vorschüsse ist Abs. 2 anzuwenden (§ 17 S. 2) und primär der Erstschuldner zu beanspruchen (OLG Köln MDR 1993, 807). 3

2. Voraussetzungen der Inanspruchnahme des Zweitschuldners

Die Haftung des Zweitschuldners „soll" nur geltend gemacht werden, wenn die Zwangsvollstreckung in das **bewegliche Vermögen** aller Erstschuldner erfolglos geblieben ist oder aussichtslos erscheint. Zu diesen Voraussetzungen müssen konkrete Feststellungen der Landeskasse getroffen worden sein (OLG Celle BeckRS 2018, 17716). Ein fruchtloser Vollstreckungsversuch durch den Gerichtsvollzieher reicht aus (KG MDR 2003, 1320; OLG Koblenz MDR 2000, 976). Die zusätzliche Abgabe der Eidesstattlichen Offenbarungsversicherung (§ 807 ZPO) kann nicht verlangt werden (KG MDR 2003, 1320; OLG Koblenz MDR 2000, 976). Es genügt zur Inanspruchnahme des Zweitschuldners bereits, dass die Zwangsvollstreckung aussichtslos erscheint. Das ist anhand der Umstände des Einzelfalles abzuwägen (KG MDR 2003, 1320; VGH Mannheim NJW 2002, 1516) und insbesondere der Fall, wenn der Gerichtsvollzieher den Vollstreckungsauftrag der 4

Staatskasse mit dem Bemerken, dass der Schuldner amtsbekannt unpfändbar ist, zurückgibt oder ein Insolvenzeröffnungsantrag gestellt wurde (AG Paderborn Rpfleger 1993, 366) oder die Verfahrenseröffnung mangels Masse abgelehnt wurde (OLG München MDR 1986, 684). Ist der Erstschuldner unbekannten Aufenthalts, muss zunächst auf bekanntes und verwertbares Vermögen zugegriffen werden. Der Umstand, dass durch die Staatskasse im Ausland zu vollstrecken ist, begründet für sich alleine noch keine Aussichtslosigkeit (OLG Koblenz MDR 2005, 1079; VGH Mannheim NJW 2002, 1516). Erscheint sie allerdings als unverhältnismäßig kostspielig oder zeitaufwendig ist eine Auslandsvollstreckung der Staatskasse nicht zuzumuten (BGH Rpfleger 1975, 432; OLG Frankfurt a. M. JurBüro 1970, 52; vgl. auch § 8 KostVfg). Wird der Zweitschuldner unter Verstoß gegen Abs. 2 beansprucht, steht ihm die Erinnerung (§ 57) als Rechtsbehelf zur Verfügung.

IV. Bewilligung von Verfahrenskostenhilfe; Gewährung einer Reisebeihilfe

5 **Abs. 3 sperrt** („darf … nicht") die Inanspruchnahme des Zweitschuldners dann, wenn dem **Entscheidungsschuldner** (§ 24 Nr. 1), der als Erstschuldner haftet, die Verfahrenskostenhilfe bewilligt (S. 1) oder eine Reiseentschädigung aus der Staatskasse gewährt worden ist (S. 2). Ob die Hilfe mit oder ohne Zahlungsbestimmungen bewilligt wurde ist unbedeutend (OLG München Rpfleger 2001, 49). Die Regelung verhindert, dass der (hilfebedürftige) Erstschuldner, der wegen der Bewilligungswirkungen durch die Staatskasse nicht oder nur eingeschränkt in Anspruch genommen werden darf (vgl. § 76 Abs. 1 FamFG, § 122 Abs. 1 Nr. 1a ZPO) vom Gegner, der als Zweitschuldner haftet, erstattungspflichtig gemacht wird. Konsequenter Weise sind bereits erhobene Kosten (zB Vorschüsse) ohne Zinsen (§ 7 Abs. 4) an den Zweitschuldner **zurückzuzahlen** (Abs. 3 S. 1 Hs. 2). Die Rückzahlungspflicht entfällt, soweit die erhobenen Kosten die besondere Vergütung eines Sachverständigen oder Dolmetschers nach § 13 Abs. 1 und 3 JVEG betreffen und die Partei, der Verfahrenskostenhilfe bewilligt worden ist, zugestimmt hat. Insoweit kommt dann allerdings Kostenerstattung an den obsiegenden Gegner in Betracht (§ 123 ZPO). Wurde die Verfahrenskostenhilfe nur teilweise bewilligt, sperrt Abs. 3 S. 1 die Inanspruchnahme des Zweitschuldners nur im Umfang der Bewilligung („Soweit"…; OLG Düsseldorf JurBüro 2000, 425). Im isolierten Sorgerechtsverfahren ist Abs. 3 unanwendbar (OLG Koblenz NJW-RR 1998, 939; aA OLG Koblenz NJW 2000, 1596).

V. Anwendung des Abs. 3

6 **Abs. 4** bestimmt die entsprechende Anwendung des Abs. 3 auf den **nach § 24 Nr. 2** haftenden **Übernahmeschuldner,** wenn dieser

- Nr. 1: die Kosten in einem vor Gericht abgeschlossenen, gegenüber dem Gericht angenommenen oder in einem gerichtlich gebilligten **Vergleich** übernommen hat,
- Nr. 2: der Vergleich einschließlich der Verteilung der Kosten, bei einem gerichtlich gebilligten Vergleich allein die Verteilung der Kosten, von dem **Gericht vorgeschlagen** worden ist **und**

– Nr. 3: das Gericht in seinem Vergleichsvorschlag ausdrücklich festgestellt hat, dass die Kostenregelung der sonst zu erwartenden **Kostenentscheidung** entspricht. Diese Feststellung muss bereits im Vergleichsvorschlag enthalten sein (OLG Jena, BeckRS 2017, 129340). Alle Voraussetzungen müssen kummulativ vorliegen (OLG Frankfurt BeckRS 2017, 121387).

In anderen Fällen der Kostenübernahme, der Vergleich wurde zB nicht vom Gericht vorgeschlagen oder die gerichtliche Feststellung nach Nr. 3 fehlt (OLG Frankfurt BeckRS 2017, 121387; OLG Bamberg BeckRS 2014, 17556), gilt Abs. 4 nicht (vgl. dazu auch BVerfG NJW 2000, 3271; BGH NJW 2004, 366).

§ 27 Haftung von Streitgenossen

[1]Streitgenossen haften als Gesamtschuldner, wenn die Kosten nicht durch gerichtliche Entscheidung unter sie verteilt sind. [2]Soweit einen Streitgenossen nur Teile des Streitgegenstands betreffen, beschränkt sich seine Haftung als Gesamtschuldner auf den Betrag, der entstanden wäre, wenn das Verfahren nur diese Teile betroffen hätte.

I. Allgemeines

Die Vorschrift regelt die Kostenhaftung von Streitgenossen (§§ 59ff. ZPO) gegenüber der Staatskasse und ergänzt insoweit § 26. Sie ist für **Familienstreitsachen** (§§ 112, 113 Abs. 1 FamFG) von Bedeutung. § 27 lässt die Antragshaftung (§ 21 Abs. 1 S. 1) unberührt. 1

II. Gesamtschuldnerische Haftung

Streitgenossen als Antragsteller bzw. als Antragsgegner (vgl. §§ 59ff. ZPO) und Streithelfer (vgl. §§ 67, 69 ZPO) haften nach **S. 1** der Staatskasse gegenüber als Gesamtschuldner. Welche Art der Streitgenossenschaft (notwendige oder einfache) vorliegt und ob sie von Anfang an bestand oder erst später durch Verfahrensverbindung zustande kam spielt keine Rolle. Soweit die gerichtliche Kostengrundentscheidung keine Verteilung der Kostenpflicht anordnet, kann jeder Streitgenosse in voller Höhe beansprucht werden (OLG Koblenz NJW-RR 2000, 71). Soweit der Staatskasse das Innenverhältnis der Gesamtschuldner unbekannt ist, hat sie die Kosten nach Kopfteilen anzusetzen (§ 8 Abs. 3 S. 2 Nr. 3 KostVfg; KG BeckRS 2002, 30260740 = MDR 2002, 1276). Etwas anderes gilt nur, wenn die gerichtliche Kostenentscheidung eine Verteilung der Kostenpflicht anordnet. Eine solche kann deshalb veranlasst sein, weil eine unterschiedliche Beteiligung am Streitgegenstand besteht oder ein Streitgenosse ein besonderes Angriffs- oder Verteidigungsmittel geltend gemacht hat. Soweit einen Streitgenossen nur Teile des Streitgegenstandes betreffen beschränkt **S. 2** seine gesamtschuldnerische Haftung gegenüber der Staatskasse auf den Betrag, der entstanden wäre, wenn das Verfahren nur diese Teile betroffen hätte. 2

Abschnitt 6. Gebührenvorschriften

§ 28 Wertgebühren

(1) [1]**Wenn sich die Gebühren nach dem Verfahrenswert richten, beträgt die Gebühr bei einem Verfahrenswert bis 500 Euro 35 Euro.** [2]**Die Gebühr erhöht sich bei einem**

Verfahrenswert bis … Euro	für jeden angefangenen Betrag von weiteren … Euro	um … Euro
2 000	500	18
10 000	1 000	19
25 000	3 000	26
50 000	5 000	35
200 000	15 000	120
500 000	30 000	179
über 500 000	50 000	180

[3]**Eine Gebührentabelle für Verfahrenswerte bis 500 000 Euro ist diesem Gesetz als Anlage 2 beigefügt.**

(2) **Der Mindestbetrag einer Gebühr ist 15 Euro.**

I. Wertgebühren; Gebührentabelle

1 Die Gebühren des FamGKG richten sich grundsätzlich nach dem **Verfahrenswert** (vgl. § 3 Abs. 1). **Abs. 1** regelt die Höhe der Wertgebühren und fügt dem Gesetz für Verfahrenswerte bis 500.000 Euro eine Gebührentabelle bei (= Anlage 2). In einigen Fällen bestimmt das Kostenverzeichnis (= Anlage 1) ausnahmsweise Festgebühren (zB KV 1600–1603).

II. Mindestgebühr

2 Nach **Abs. 2** beträgt die Mindestgebühr 15 Euro und, da der Verfahrenswert auf höchstens 30 Millionen Euro begrenzt ist (§ 33 Abs. 2), ergibt sich auch eine Höchstgebühr. Auf- oder abgerundet wird nicht (anders: § 2 Abs. 2 Satz 2 RVG). Auslagen werden in ihrer tatsächlichen Höhe angesetzt.

§ 29 Einmalige Erhebung der Gebühren

Die Gebühr für das Verfahren im Allgemeinen und die Gebühr für eine Entscheidung werden in jedem Rechtszug hinsichtlich eines jeden Teils des Verfahrensgegenstands nur einmal erhoben.

I. Allgemeines

Die Vorschrift bestimmt, damit es zu keiner ungerechtfertigten Verdoppelung von Gebühren kommt, ein Einmalprinzip. Die Gebühr für das Verfahren im Allgemeinen (zB KV 1110, 1220) und die Gebühr für eine Entscheidung werden in jedem Rechtszug hinsichtlich eines jeden Teils des Verfahrensgegenstandes nur **einmal** erhoben. Nur die Verzögerungsgebühr nach § 32 kann mehrfach festgesetzt werden. Der **Rechtszug** ist im kostenrechtlichen Sinne zu definieren, er ist nicht zwingend identisch mit der verfahrensrechtlichen Instanz. Der Rechtszug im Sinne § 29 beginnt mit dem Eingang des Antrags, der Verfahrenseinleitung von Amts wegen oder dem Eingang einer Rechtsmittelschrift. Er endet insbesondere mit der Endentscheidung, der Antragsrücknahme oder einem Vergleich. 1

II. Einzelfälle

Dazu auch → § 21 Rn. 4. 2

- Wird eine **Folgesache** vom Verbund abgetrennt und als selbständige Familiensache fortgeführt (vgl. § 137 Abs. 5 S. 2 FamFG), ist das gesamte Verfahren **darüber** ein Rechtszug und ist kostenrechtlich so zu behandeln, als hätte nie ein Verbund bestanden (§ 6 Abs. 2).
- Die Einlegung der **Beschwerde** eröffnet einen neuen Rechtszug. Wenn mehrere Beteiligte gegen denselben Beschluss Beschwerde einlegen, liegt derselbe Rechtszug vor.
- Verfahren der **einstweiligen Anordnung**/Arrestverfahren sind, im Verhältnis zum Hauptsacheverfahren, ein neuer Rechtszug.
- Bei **Verweisung** oder **Abgabe** des Verfahrens wegen örtlicher, sachlicher Unzuständigkeit (vgl. §§ 3, 4 FamFG; § 113 Abs. 1 FamFG, § 281 ZPO) oder Unzuständigkeit im Rechtsweg ist das gesamte erstinstanzliche Verfahren derselbe Rechtszug (§ 6 Abs. 1). Die Zurückverweisung durch das Rechtsmittelgericht behandelt § 31.
- Geht eine **Pflegschaft** in eine Vormundschaft über, handelt es sich um ein Verfahren (KV 1311 Abs. 4).
- Wird ein **Antrag zurückgenommen** und wieder eingereicht, liegt ein neuer Rechtszug vor. Das gleiche gilt, wenn ein Rechtsmittel zurückgenommen und erneut eingelegt wird.
- Eine **Antragsänderung** begründet keinen neuen Rechtszug.
- Das **Nachverfahren** und das Verfahren bis zum Vorbehaltsurteil sind ein Rechtszug (§ 113 Abs. 1, 2 FamFG, §§ 302 ZPO, 599 ZPO) stellen einen Rechtszug dar.
- Wird über die Wirksamkeit eines gerichtlichen **Vergleichs** gestritten, stellt dies eine Verfahrensfortsetzung dar (vgl. BGH NJW 1983, 2034; OLG Köln NJW-

RR 1996, 122). Beim Streit über die Auslegung eines wirksamen Prozessvergleichs beginnt dagegen ein neuer Rechtszug (BGH NJW 1977, 583).
- **Ruht** das Verfahren und wird es fortgesetzt, liegt ein Rechtszug vor. Ebenso ist es bei der Fortsetzung des Verfahrens durch den Rechtsnachfolger nach Unterbrechung.
- Einen Rechtszug bilden alle **Stufen** des Stufenantrags (§ 254 ZPO; OLG Jena FamRZ 2005, 1186 = OLG-NL 2005, 143).
- Das Verfahren nach **Einspruch** gegen eine Säumnisentscheidung ist mit dem vorangegangenen Verfahren ein Rechtszug.
- Das Verfahren über die **Gehörsrüge** nach § 44 FamFG oder § 321 a ZPO gehört zum Rechtszug.

§ 30 Teile des Verfahrensgegenstands

(1) **Für Handlungen, die einen Teil des Verfahrensgegenstands betreffen, sind die Gebühren nur nach dem Wert dieses Teils zu berechnen.**

(2) **Sind von einzelnen Wertteilen in demselben Rechtszug für gleiche Handlungen Gebühren zu berechnen, darf nicht mehr erhoben werden, als wenn die Gebühr von dem Gesamtbetrag der Wertteile zu berechnen wäre.**

(3) **Sind für Teile des Gegenstands verschiedene Gebührensätze anzuwenden, sind die Gebühren für die Teile gesondert zu berechnen; die aus dem Gesamtbetrag der Wertteile nach dem höchsten Gebührensatz berechnete Gebühr darf jedoch nicht überschritten werden.**

I. Allgemeines

1 Die Vorschrift ergänzt § 29 und stellt sicher, dass bei mehrfachem Anfall der Gebühren aus **Teilen** des Verfahrensgegenstandes das Verfahren sich nicht verteuert. § 30 entspricht im Wesentlichen § 36 GKG und § 15 Abs. 3 RVG. Da das KV allerdings nur Verfahrensgebühren vorsieht und diese immer aus dem vollen Verfahrenswert entstehen, beschränkt sich der Anwendungsbereich der Vorschrift auf Ausnahmefälle.

II. Wertteile

2 Anwendung finden **Abs. 1 und 2** zB, wenn wechselseitige Anträge, Haupt- und Hilfsantrag gestellt oder wechselseitige Rechtsmittel eingelegt werden die **verschiedene** Gegenstände betreffen(§ 39). In diesen Fällen haften die mehreren Antragsteller jeweils für eine Verfahrensgebühr bezogen auf „ihren“ Verfahrensgegenstand (§ 21 Abs. 1 S. 1), die Gebührenerhebung ist jedoch auf eine Verfahrensgebühr aus dem Gesamtwert begrenzt.

Beispiel: In einer Antragsschrift werden Ehegattenunterhalt (monatlich 500 Euro) und Kindesunterhalt (monatlich 200 Euro) verlangt.
Es haften die Antragsteller nach §§ 21 Abs. 1 S. 1, 51 Abs. 1 S. 1 für eine 3,0 Gebühr für das Verfahren im Allgemeinen (KV 1220) aus 6.000 Euro (= 495 Euro) bzw. 2.400 Euro (= 324 Euro).

Begrenzt wird die Erhebung auf eine 3,0 Gebühr für das Verfahren im Allgemeinen aus 8.400 Euro = 666 Euro.

III. Obergrenze

Wegen der degressiv ausgerichteten Gebührentabelle, ist nach **Abs. 3** eine zusätzliche Begrenzung im Sinne einer Obergrenze vorgeschrieben, wenn sich verschiedene Gebührensätze der Verfahrensgebühr auf Wertteile beziehen sollten. 3

Beispiel: Beantragt wird im Scheidungsverbund die Ehescheidung (Verfahrenswert: 25.000 Euro) und Zahlung des Zugewinnausgleichs in Höhe von 8.000 Euro. Der Zahlungsantrag wird noch im Termin zurückgenommen und die Ehe geschieden. Gebühren?
– **a)** Angefallen sind:
  – 2,0 Gebühr für das Verfahren im Allgemeinen (KV 1110) aus 25.000 Euro = 742 Euro
  – 0,5 Gebühr für das Verfahren im Allgemeinen (KV 1110, 1111 Nr. 1a) aus 8.000 Euro = 101,50 Euro

  insgesamt: 843,50 Euro
– **b)** Begrenzung (§ 30 Abs. 3) auf 2,0 aus 33.000 Euro = 882 Euro

Ergebnis: Es können 843,50 Euro erhoben werden.

§ 31 Zurückverweisung, Abänderung oder Aufhebung einer Entscheidung

(1) **Wird eine Sache an ein Gericht eines unteren Rechtszugs zurückverwiesen, bildet das weitere Verfahren mit dem früheren Verfahren vor diesem Gericht einen Rechtszug im Sinne des § 29.**

(2) [1]**Das Verfahren über eine Abänderung oder Aufhebung einer Entscheidung gilt als besonderes Verfahren, soweit im Kostenverzeichnis nichts anderes bestimmt ist.** [2]**Dies gilt nicht für das Verfahren zur Überprüfung der Entscheidung nach § 166 Abs. 2 und 3 des Gesetzes über das Verfahren in Familiensachen und in den Angelegenheiten der freiwilligen Gerichtsbarkeit.**

I. Allgemeines

Die Vorschrift schließt an § 6 an und behandelt den Fall der **Zurück**verweisung durch ein Rechtsmittelgericht sowie die gebührenrechtliche Behandlung der **Abänderungs- und Aufhebungsverfahren.** Sie entspricht im Wesentlichen § 37 GKG. Für die Rechtsanwaltsgebühren gilt § 21 RVG. 1

II. Zurückverweisung

Wird eine Entscheidung durch das Rechtsmittelgericht aufgehoben und das Verfahren an die untere Instanz zurückverwiesen (vgl. zB §§ 69 Abs. 1, 74 Abs. 6, 146 FamFG), dann stellen nach **Abs. 1** beide Verfahren (das frühere und das weitere) kostenrechtlich **einen** Rechtszug dar. Die Verfahrensgebühr ist nur einmal zu erheben (§ 29). Das gilt auch, wenn das BVerfG zurückverweist (OLG Hamburg MDR 2004, 474). Wenn gegen die neue Entscheidung wieder ein Rechtsmittel 2 eingelegt wird, fallen aber die Gebühren für das Rechtsmittelverfahren erneut an. § 31 bezieht sich nur auf das Verfahren im unteren Rechtszug.

III. Abänderung oder Aufhebung

3 Das Verfahren über die Abänderung oder Aufhebung einer früheren Entscheidung (vgl. zB §§ 48, 54 FamFG) gilt nach **Abs. 2 S. 1** als besonderes Verfahren und es fällt eine neu zu erhebende Gebühr für das Verfahren im Allgemeinen an. Es sei denn das KV bestimmt etwas anderes (vgl. zB Vorbemerkung 1.4). Keine neue Gebühr wird erhoben für das Verfahren zur Überprüfung der Entscheidung nach § 166 Abs. 2 und 3 FamFG (= sorgerechtliche Maßnahmen); **Abs. 2 S. 2.**

§ 32 Verzögerung des Verfahrens

[1]Wird in einer selbständigen Familienstreitsache außer im Fall des § 335 der Zivilprozessordnung durch Verschulden eines Beteiligten oder seines Vertreters die Vertagung einer mündlichen Verhandlung oder die Anberaumung eines neuen Termins zur mündlichen Verhandlung nötig oder ist die Erledigung des Verfahrens durch nachträgliches Vorbringen von Angriffs- oder Verteidigungsmitteln, Beweismitteln oder Beweiseinreden, die früher vorgebracht werden konnten, verzögert worden, kann das Gericht dem Beteiligten von Amts wegen eine besondere Gebühr mit einem Gebührensatz von 1,0 auferlegen. [2]Die Gebühr kann bis auf einen Gebührensatz von 0,3 ermäßigt werden. [3]Dem Antragsteller, dem Antragsgegner oder dem Vertreter stehen der Nebenintervenient und sein Vertreter gleich.

I. Allgemeines

1 Die Vorschrift ist in **selbständigen Familienstreitsachen** (vgl. § 112 Nr. 1–3 FamFG) anwendbar. Die Verzögerungsgebühr ist eine Sanktion „für schuldhaftes, prozesswidriges Verhalten" (OLG Naumburg OLG-NL 2003, 91); sie hat Strafcharakter (*Völker* JurBüro 2001, 567 (571)). Die Gebühr wird von der Staatskasse eingenommen. Gegen die Gebührenauferlegung findet nach Maßgabe des § 60 die Beschwerde statt.

II. Voraussetzungen

2 § 32 entspricht im Wesentlichen § 38 GKG; insoweit → § 38 Rn. 1 ff.

Abschnitt 7. Wertvorschriften

Unterabschnitt 1. Allgemeine Wertvorschriften

§ 33 Grundsatz

(1) [1]**In demselben Verfahren und in demselben Rechtszug werden die Werte mehrerer Verfahrensgegenstände zusammengerechnet, soweit nichts anderes bestimmt ist. [2]Ist mit einem nichtvermögensrechtlichen Anspruch ein aus ihm hergeleiteter vermögensrechtlicher Anspruch verbunden, ist nur ein Anspruch, und zwar der höhere, maßgebend.**

(2) **Der Verfahrenswert beträgt höchstens 30 Millionen Euro, soweit kein niedrigerer Höchstwert bestimmt ist.**

I. Allgemeines

1 Die Vorschrift bestimmt ein **Additionsgebot** für Verfahren mit mehreren Gegenständen. Vergleichbare Regelungen für den Gebührenstreitwert in bürgerlichen Rechtsstreitigkeiten treffen § 39 Abs. 1 GKG bzw. für den Zuständigkeits- und Rechtsmittelstreitwert § 5 Hs. 1 ZPO.

II. Zusammenrechnung

2 Die **Addition** der Einzelwerte setzt voraus, dass die mehreren Gegenstände in demselben Verfahren und in demselben Rechtszug geltend gemacht werden. Abs. 1 schränkt diese Grundregel ein („… soweit nichts anderes bestimmt ist“) und verweist auf Additionsverbote. Solche **Ausnahmen** finden sich sogleich in Abs. 1 S. 2, mit Unterausnahme in § 44 Abs. 3 S. 2 (Verbindung nichtvermögensrechtlicher mit vermögensrechtlichen Ansprüchen); Beispiel: Antrag auf Feststellung der Vaterschaft und Zahlung des Mindestunterhalts (§ 237 FamFG; OLG Brandenburg BeckRS 1998, 03670 = JurBüro 1998, 418; OLG Koblenz BeckRS 1998, 02468 = JurBüro 1998, 417) sowie ferner in § 37 (Verbindung von Haupt- und Nebenforderungen), § 38 (Verbindung von Auskunfts- und Zahlungsantrag), § 39 Abs. 1 S. 3, Abs. 2 (Verhältnis wechselseitiger Anträge und Rechtsmittel die denselben Gegenstand betreffen). Abs. 1 ist auch nicht anzuwenden, wenn die mehreren Gegenstände **wirtschaftlich identisch** sind, wie z.B bei der Inanspruchnahme von Gesamtschuldnern (BGH NJW-RR 2004, 638).

III. Höchstwert

3 Der Höchstwert von 30 Millionen Euro, soweit kein niedrigerer bestimmt ist (vgl. §§ 36 Abs. 3, 42 Abs. 2, 43 Abs. 1 S. 2, 46 Abs. 3), soll den Beteiligten die Einschätzung des Kostenrisikos ermöglichen. Allgemeine Wertgrenzen bestimmen auch die anderen Kostengesetze (§ 39 Abs. 2 GKG und § 22 Abs. 2 S. 1 RVG: 30

Millionen Euro sowie § 35 Abs. 2 GNotKG: 30 Millionen Euro (Tabelle A) bzw. 60 Millionen Euro (Tabelle B).

§ 34 Zeitpunkt der Wertberechnung

[1]Für die Wertberechnung ist der Zeitpunkt der den jeweiligen Verfahrensgegenstand betreffenden ersten Antragstellung in dem jeweiligen Rechtszug entscheidend. [2]In Verfahren, die von Amts wegen eingeleitet werden, ist der Zeitpunkt der Fälligkeit der Gebühr maßgebend.

I. Allgemeines

1 Die Vorschrift bezweckt, wie § 40 GKG, eine **Vereinfachung der Wertberechnung** (BT-Drs. 16/6308, 304; OLG Koblenz JurBüro 2003, 474). Werterhöhende bzw. wertmindernde Umstände des unveränderten Gegenstandes, die erst danach eintreten (zB Änderung des Verkehrswerts einer Sache, Kursschwankungen bei Wertpapieren oder Währungseinheiten) bleiben unberücksichtigt (BGH NJW-RR 1998, 1452). Dadurch wird eine (mehrfache) Neuberechnung des Wertes vermieden (BT-Drs. 16/6308, 304). Ändert sich der Verfahrensgegenstand selbst, zB durch Antragserhöhung oder bei wechselseitig gestellten Anträgen, so ist für deren Bewertung auf den Zeitpunkt der den „jeweiligen Verfahrensgegenstand“ betreffenden neuen Antragstellung abzustellen.

II. Bewertungszeitpunkt

1. Antragsverfahren

2 In Antragsverfahren ist nach S. 1 der Zeitpunkt der ersten, den Rechtszug einleitenden, Antragstellung (= Anhängigkeit; KG NJW-RR 2000, 215) maßgebend. Abzustellen ist insoweit auf den Eingang der Antragsschrift (1. Instanz) bzw. der Rechtsmittelschrift (2. und 3. Instanz; BGH NJW-RR 1998, 1452; OLG Oldenburg NJW RR-1999, 942).

Beispiel: Bei Antragseinreichung hatte die herauszugebende Sache (zB Grundstück) einen Verkehrswert von 100.000 Euro. Im Laufe des Verfahrens stieg der Verkehrswert auf 130.000 Euro. Die Verfahrensgebühr KV 1220 berechnet sich aus 100.000 Euro.

Ändert sich der Verfahrensgegenstand infolge einer **Antragserhöhung** (um eine solche handelt es sich auch bei Übergang vom Feststellungs- zum Leistungsantrag), so ist für die Neuberechnung des Wertes auf den Eingang des jeweiligen Schriftsatzes abzustellen (OLG Düsseldorf NJW-RR 2000, 1594). Im **Mahnverfahren** in Familienstreitsachen (§§ 112, 113 Abs. 2 FamFG) entscheidet der Eingang des Mahnantrags die Wertberechnung. Wird nach Widerspruch das Verfahren abgegeben, ist für den Wert des streitigen Verfahrens darauf abzustellen, wann der unbedingte Antrag auf Durchführung des streitigen Verfahrens eingegangen ist. Wird dieser Antrag bereits bedingt mit dem Mahnantrag verbunden, so reduziert seine teilweise Rücknahme nach Widerspruch den Wert entsprechend (OLG Dresden JurBüro 2004, 378; OLG München MDR 2001, 296; OLG Bamberg NJW-RR 2001,574; OLG Hamburg MDR 2001, 294 unter Aufgabe seiner bisherigen

Rechtsprechung; *Liebheit* NJW 2000, 2235; aA OLG Düsseldorf NJW-RR 1997, 704; *Meyer* JurBüro 1998, 117). § 34 ist ferner anwendbar auf Anträge die auf den Erlass einer einstweiligen Anordnung (§ 49 FamFG) sowie auf Zwangsvollstreckungshandlungen gerichtet sind. Unzulässig ist eine Antragserweiterung die erst nach dem Schluss der letzten mündlichen Verhandlung vorgenommen wird (BGH NJW 2000, 2512; Thomas/Putzo/*Reichold* ZPO § 296a Rn. 1), sie bleibt deshalb bei der Wertberechnung unberücksichtigt (OLG Düsseldorf MDR 2000, 1457 mwN); es sei denn das Gericht eröffnet die mündliche Verhandlung wieder (OLG Düsseldorf NJW-RR 1997, 704).

2. Amtsverfahren

In den Amtsverfahren der freiwilligen Gerichtsbarkeit (zB Kindschaftssachen nach § 151 Nr. 1–5 FamFG) haben Anträge nur die Funktion einer **Anregung** (§ 24 Abs. 1 FamFG). Für die Wertberechnung ist deshalb nach **S. 2,** abweichend von S. 1, auf den Zeitpunkt der Fälligkeit der Gebühr (vgl. §§ 10, 11) abzustellen. Die Regelung entspricht § 59 S. 2 GNotKG. 3

§ 35 Geldforderung

Ist Gegenstand des Verfahrens eine bezifferte Geldforderung, bemisst sich der Verfahrenswert nach deren Höhe, soweit nichts anderes bestimmt ist.

In bürgerlichen Rechtsstreitigkeiten wird für die Streitwertberechnung aus § 3 ZPO, der über § 48 Abs. 1 S. 1 GKG auch auf den Gebührenstreitwert anzuwenden ist, abgeleitet, dass bei bezifferten Zahlungsansprüchen der verlangte Geldbetrag maßgebend ist. Da aber § 3 ZPO in Familiensachen nicht anwendbar ist, übernimmt § 35 diesen Grundsatz in das FamGKG. Besondere Wertvorschriften, wie zB § 51, bleiben davon unberührt. 1

§ 36 Genehmigung einer Erklärung oder deren Ersetzung

(1) [1]**Wenn in einer vermögensrechtlichen Angelegenheit Gegenstand des Verfahrens die Genehmigung einer Erklärung oder deren Ersetzung ist, bemisst sich der Verfahrenswert nach dem Wert des zugrunde liegenden Geschäfts.** [2]**§ 38 des Gerichts- und Notarkostengesetzes und die für eine Beurkundung geltenden besonderen Geschäftswert- und Bewertungsvorschriften des Gerichts- und Notarkostengesetzes sind entsprechend anzuwenden.**

(2) **Mehrere Erklärungen, die denselben Gegenstand betreffen, insbesondere der Kauf und die Auflassung oder die Schulderklärung und die zur Hypothekenbestellung erforderlichen Erklärungen, sind als ein Verfahrensgegenstand zu bewerten.**

(3) **Der Wert beträgt in jedem Fall höchstens 1 Million Euro.**

I. Allgemeines

1 Gegenstand eines familiengerichtlichen Verfahrens, das eine vermögensrechtliche Angelegenheit betrifft, kann die **Genehmigung einer Erklärung** oder deren Ersetzung sein. So ist zB zu Rechtsgeschäften eines Minderjährigen die familiengerichtliche Genehmigung erforderlich (zB bei Grundstücksgeschäften, §§ 1643, 1821 BGB). Ist der Minderjährige an einem Grundstück gesamthänderisch beteiligt (zB als Miterbe), ist für den Verfahrenswert die Quote der gesamthänderischen Beteiligung des Minderjährigen maßgebend (OLG Karlsruhe BeckRS 2018, 4726 = NZFam 2018, 411). Auch bei einer Beteiligung des Minderjährigen als Grundstücksmiteigentümer, ist nur der Wert seines Miteigentumsanteils zu berücksichtigen (OLG Stuttgart BeckRS 2017, 102416 = MDR 2017, 548). Zu einem Gesamtvermögensgeschäft bzw. einer Verfügung eines Ehegatten über einen Haushaltsgegenstand, kann das Familiengericht die erforderliche Zustimmung des anderen Ehegatten ersetzen (vgl. §§ 1365 Abs. 2, 1369 Abs. 2 BGB). Hierbei handelt es sich um Familiensachen (Kindschaftssache bzw. Güterrechtssache; §§ 111 Nr. 2, 9, 151 Nr. 1, 261 Abs. 2 FamFG).

II. Verfahrenswert

2 Maßgebend ist nach **Abs. 1 S. 1** der Wert des zugrunde liegenden Geschäfts. Dessen Bewertung erfolgt auf Grund der pauschalen Verweisung in **Abs. 1 S. 2** unter entsprechender Anwendung der für eine Beurkundung geltenden besonderen Geschäftswert- und Bewertungsvorschriften des **GNotKG.** Im Einzelnen sind dies §§ 40–54 GNotKG sowie §§ 97–111 GNotKG (abgedruckt → § 46 im Anhang). Ein Schuldenabzug findet nicht statt (Abs. 1 S. 2 iVm § 38 GNotKG).

Beispiel 1: Das Familiengericht genehmigt den Grundstückskaufvertrag des Minderjährigen M, vertreten durch seine Eltern. Kaufpreis 150.000 Euro; Grundstücksverkehrswert 130.000 Euro. Gerichtsgebühr?
Angefallen ist:
0,5 Gebühr für das Verfahren im Allgemeinen (KV 1310) aus 150.000 Euro (§ 36 Abs. 1 iVm §§ 46, 47 GNotKG) = 693 Euro.

Beispiel 2: Das Familiengericht genehmigt den Darlehensvertrag des Minderjährigen M, vertreten durch seine Eltern, über 120.000 Euro. Mitgenehmigt wird auch die zusätzlich vorgelegte Hypothekenbestellung über 120.000 Euro für die X-Bank. Gerichtsgebühr(en)?
Angefallen ist: 0,5 Gebühr für das Verfahren im Allgemeinen (KV 1310) aus 120.000 Euro (§ 36 Abs. 1, 2 iVm §§ 53 Abs. 1, 97 Abs. 1 GNotKG) = 573 Euro. Die Genehmigungen betreffen denselben Gegenstand, so dass nur ein Verfahrensgegenstand vorliegt (§ 36 Abs. 2).

3 Zu beachten ist, dass von dem minderjährigen Kind keine Gebühren erhoben werden, wenn sein reines Vermögen 25.000 Euro nicht übersteigt; KV Vorbemerkung 1.3.1 Abs. 2.

4 **Zustimmungsersetzung** durch das Familiengericht ist in §§ 1365 Abs. 2, 1369 Abs. 2 BGB (= Zugewinngemeinschaft), §§ 1426, 1430 und § 1452 BGB (= Gütergemeinschaft) vorgesehen. Für diese Verfahren wird nach KV 1320, 1321 eine Gebühr für das Verfahren im Allgemeinen erhoben (vgl. Vorbemerkung 1.3.2 Abs. 1 Nr. 6); Abs. 1 regelt dazu die Wertberechnung.

Beispiel: Das Familiengericht ersetzt die Zustimmung eines Ehegatten zu einem Grundstücksgeschäft das eine Gesamtvermögensverfügung (§ 1365 BGB) darstellt. Kaufpreis 150.000 Euro; Grundstücksverkehrswert 130.000 Euro. Gerichtsgebühr?
Angefallen ist: 2,0 Gebühr für das Verfahren im Allgemeinen (KV 1320) aus 150.000 Euro (§ 36 Abs. 1, §§ 46, 47 GNotKG) = 2.772 Euro.

Nach **Abs. 2** sind mehrere Erklärungen bzw. deren Ersetzung, die **denselben** Gegenstand betreffen, wie zB Kauf und Auflassung eines Grundstücks, als ein Verfahrensgegenstand zu bewerten. Es fällt **eine** Verfahrensgebühr nach dem **einfachen** Wert des Verfahrensgegenstandes an. Das Additionsgebot des § 33 Abs. 1 S. 1 gilt insoweit nicht. Abs. 2 ist mit § 60 Abs. 2 GNotKG vergleichbar. **Abs. 3** bestimmt eine Wertgrenze von 1 Million Euro. 5

§ 37 Früchte, Nutzungen, Zinsen und Kosten

(1) **Sind außer dem Hauptgegenstand des Verfahrens auch Früchte, Nutzungen, Zinsen oder Kosten betroffen, wird deren Wert nicht berücksichtigt.**

(2) **Soweit Früchte, Nutzungen, Zinsen oder Kosten ohne den Hauptgegenstand betroffen sind, ist deren Wert maßgebend, soweit er den Wert des Hauptgegenstands nicht übersteigt.**

(3) **Sind die Kosten des Verfahrens ohne den Hauptgegenstand betroffen, ist der Betrag der Kosten maßgebend, soweit er den Wert des Hauptgegenstands nicht übersteigt.**

I. Allgemeines

Die Vorschrift entspricht § 43 GKG und übernimmt inhaltlich auch die Regelungen des § 18 Abs. 2 KostO aF. Sind außer dem Hauptgegenstand des Verfahrens auch Früchte, Nutzungen, Zinsen oder Kosten betroffen, stellt § 37 Abs. 1, in Ausnahme zu § 33 Abs. 1 S. 1, ein Additionsverbot auf. Die Nebenleistung hat zwar einen eigenen Entstehungsgrund, sie entsteht jedoch in rechtlicher Abhängigkeit zu einem Hauptanspruch (BGH NJW 1998, 2060 mwN). Das gilt selbst dann, wenn die Nebenforderungen (zB Zinsen) ausgerechnet und betragsmäßig dem Hauptanspruch dazugeschlagen werden (BGH NJW 1998, 2060 und BGH NJW-RR 2004, 1025). 1

Nebenforderungen auf die Abs. 1 anzuwenden ist, sind 2
- Früchte (vgl. § 99 BGB)
- Nutzungen (vgl. § 100 BGB)
- Zinsen (vertragliche und gesetzliche sowie die darauf entfallende Mehrwertsteuer)
- Kosten (gemeint sind vor- und außergerichtliche Kosten) Beispiele: Mahnkosten auf Grund Verzugs wie zB die (restliche) Geschäftsgebühr des Rechtanwalts nach VV 2400 iVm Vorbemerkung 3 Abs. 4 RVG, Inkassokosten. Nicht hierher gehören die Verfahrenskosten selbst, darüber hat das Gericht zu entscheiden (§§ 81 Abs. 1 S. 3, 82 FamFG).

Da § 37 eine abschließende Aufzählung enthält, werden andere, dort nicht genannte Nebenforderungen, mit dem Hauptgegenstand addiert, § 33 Abs. 1 S. 1. Dazu gehören zB: 3

- Zubehör (§ 97 BGB)
- Mehrwertsteuer (aber nicht die auf die Nebenforderungen entfallende).

II. Wertberechnung nach Abs. 1 (= Hauptgegenstand und Nebenforderung)

4 Sind Früchte etc. **neben** (= „sind außer …") dem Hauptgegenstand vom Verfahren betroffen, bleiben sie unberücksichtigt, die Wertberechnung hat alleine auf den Hauptgegenstand abzustellen. Dies gilt selbst dann, wenn eine gerichtliche oder anwaltliche Handlung alleine die Nebenforderung betrifft. Verselbstständigt sich die Nebenforderung, zB durch Schuldumschaffung (Novation) nach § 781 BGB (= abstraktes Schuldanerkenntnis, OLG Koblenz JurBüro 1999, 197) oder nach Erledigung der Hauptsache während des Verfahrens, gilt das Additionsverbot des Abs. 1 nicht. Bei teilweiser Erledigung der Hauptforderung, zB durch teilweise Antragsrücknahme, werden die auf den erledigten Teil entfallenden Zinsen selbst Hauptforderung (BGH NJW 1958, 342).

III. Wertberechnung nach Abs. 2 (= Nebenforderung ohne Hauptgegenstand)

5 Nach Abs. 2 ist, wenn „Früchte, Nutzungen, Zinsen oder Kosten **ohne** den Hauptgegenstand betroffen sind", nur auf den Wert der Nebenleistung abzustellen, begrenzt durch den Wert des Hauptgegenstandes. Praktische Bedeutung erlangt diese Regelung, wenn sich das gerichtliche Verfahren (zB ein Rechtsmittel) alleine auf die Nebenforderung bezieht. Abs. 2 ist aber nur anwendbar, wenn die Hauptforderung ebenfalls noch rechtshängig ist dh, die Nebenforderung muss als solche betroffen sein, aber eben alleine (vgl. dazu *Wielgoss* JurBüro 1999, 127). Zu unterscheiden davon ist die Konstellation, dass die Nebenforderung, weil der Hauptgegenstand bereits (teilweise) erledigt wurde und daher ausgeschieden ist, selbst zum Hauptgegenstand wird; in diesem Falle findet auch keine Begrenzung statt.

6 **Beispiel 1:** F, vertreten durch RA R, beantragt von E Zahlung des Zugewinnausgleichs in Höhe von 10.000 Euro, nebst 5% Zinsen über dem Basiszinssatz in Höhe von 556 Euro. Nach Antragszustellung erfüllt der Antragsgegner sofort die Hauptforderung; die Zinsen bestreitet er und beantragt insoweit Antragsabweisung. Nach schriftsätzlich mitgeteilter übereinstimmender Erledigungserklärung wegen der Hauptforderung wird im anschließenden gerichtlichen Verhandlungstermin nur über den Zinsanspruch verhandelt und darüber ein Vergleich geschlossen. Gebührenanfall?

a) Gerichtsgebühren:
- 3,0 Verfahrensgebühr (KV 1220) aus 10.000 Euro (§ 37 Abs. 1).

b) Gebühren des Rechtsanwalts R:
- 1,3 Verfahrensgebühr VV 3100 RVG aus 10.000 Euro (§ 23 Abs. 1 S. 1 RVG, § 37 Abs. 1)
- 1,2 Terminsgebühr VV 3104 VV aus 556 Euro (§ 23 Abs. 1 S. 1 RVG, § 37 Abs. 2)
- 1,0 Einigungsgebühr VV 1000, 1003 RVG aus 556 Euro (§ 23 Abs. 1 S. 1 RVG, § 37 Abs. 2)

7 **Beispiel 2:** F, vertreten durch RA R, beantragt von E Zahlung des Zugewinnausgleichs in Höhe von 10.000 Euro, nebst 5% Zinsen hieraus für 1 Jahr. Nach streitiger Verhandlung nimmt F den Antrag um 4.000 Euro (Hauptforderung) zurück; die Zinsen hingegen macht sie weiter aus 10.000 Euro geltend. Nach Erörterung der restlichen Ansprüche schließen die Beteiligten

darüber einen Vergleich. Ergebnis für den Wert hinsichtlich der Zinsen: Im Unterschied zu Beispiel 1 ist der Zinsanspruch nach teilweiser Rücknahme des Antrags aus 4.000 Euro selbst Hauptgegenstand geworden. Die nach der teilweisen Antragsrücknahme entstehenden Rechtsanwaltsgebühren (zB Einigungsgebühr VV 1000, 1003 RVG) fallen aus 6.200 Euro an (= restliche 6.000 Euro Hauptforderung + 200 Euro auf den zurückgenommenen Hauptanspruch entfallende Zinsen).

IV. Wertberechnung nach Abs. 3 (= Kosten des Verfahrens)

Abs. 3 betrifft die Behandlung der **Verfahrenskosten** bei der Wertberechnung. Sind diese „… ohne den Hauptgegenstand betroffen“, ist ihr Betrag maßgebend, soweit er den Wert des Hauptgegenstandes nicht übersteigt. Hierher gehören alle Verfahrenskosten (auch die außergerichtlichen). Anwendbar ist Abs. 3 aber nur, wenn der Streit über den Hauptgegenstand und über alle Nebenansprüche des Abs. 1 bereits erledigt ist (*Hartmann* GKG § 43 Rn. 9). Betrifft die gebührenpflichtige Tätigkeit (zB Terminvertretung oder Vergleichsabschluss) zusätzlich auch einen (geringen) Teil des Hauptanspruchs bzw. den einer Nebenforderung, bleiben die Verfahrenskosten völlig unberücksichtigt. Liegen die Voraussetzungen für eine Anwendung des Abs. 3 vor, sind alle gerichtlichen und außergerichtlichen Kosten der Beteiligten zu ermitteln. 8

§ 38 Stufenantrag

Wird mit dem Antrag auf Rechnungslegung oder auf Vorlegung eines Vermögensverzeichnisses oder auf Abgabe einer eidesstattlichen Versicherung der Antrag auf Herausgabe desjenigen verbunden, was der Antragsgegner aus dem zugrunde liegenden Rechtsverhältnis schuldet, ist für die Wertberechnung nur einer der verbundenen Ansprüche, und zwar der höhere, maßgebend.

I. Allgemeines

Stufenanträge können insbesondere in **Familienstreitsachen** (zB Unterhalt, Güterrecht; §§ 112 Nr. 1, 2, 113 Abs. 2 FamFG iVm § 254 ZPO) gestellt werden. § 254 ZPO erlaubt in der letzten Stufe, in Ausnahme zu § 253 Abs. 2 Nr. 2 ZPO, einen unbestimmten Antrag (BGH NJW 2000, 1645; vgl. dazu auch *Schneider* JurBüro 1977, 92). Die verbundenen Anträge auf Rechnungslegung und Vorlage eines Verzeichnisses sowie auf Auskunftserteilung (= 1. Stufe), Abgabe der eidesstattlichen Versicherung (= 2. Stufe) sowie auf Zahlung oder Herausgabe (= 3. Stufe) sind auf ein wirtschaftlich identisches Ziel, nämlich die Durchsetzung eines Leistungsbegehrens des Antragstellers gerichtet (OLG Bamberg FamRZ 1997, 40). Der Zahlungsantrag wird bereits mit Antragseinreichung und nicht erst mit seiner Bezifferung rechtshängig (BGH NJW-RR 1995, 513). § 38 bestimmt dazu, dass die Wertberechnung, in Ausnahme zu § 33 Abs. 1 S. 1, nur auf den höheren der verbundenen Ansprüche abzustellen hat (OLG Jena BeckRS 2012, 18637 = FamFR 2012, 447 mAnm *Dörndorfer*). Im Falle eines „steckengebliebenen“ Stufenantrags ist von den zu objektivierenden Vorstellungen des Antragstellers über den Umfang des un- 1 bezifferten Leistungsantrags auszugehen (OLG Frankfurt a. M. BeckRS 2017, 122669). Die Vorschrift entspricht inhaltlich § 44 GKG.

II. Die Wertberechnung

1. Bewertung der ersten Stufe

2 Ansprüche auf **Rechnungslegung und Vorlage eines Vermögensverzeichnisses** (vgl. § 259 Abs. 1 BGB) können sich auf verschiedene Grundlagen stützen; zB: §§ 666, 675 Abs. 1, 687 BGB; Auskunftspflichten (vgl. § 260 Abs. 1 BGB) bestehen im Unterhaltsrecht (§§ 1580, 1605, 1361 Abs. 4 BGB), im Güterrecht (§ 1379 BGB; vgl. dazu auch Palandt/*Grüneberg* BGB § 260 Rn. 2ff.) und sind Hilfsmittel für die Bezifferung des Zahlungsanspruchs (BGH NJW 20001645). Der Auskunftsanspruch in Zusammenhang mit Unterhaltsansprüchen (§§ 1361 Abs. 4 S. 4, 1605 BGB) ist vermögensrechtlicher Natur (BGH NJW 1982, 1651). Für den Wert der ersten Stufe ist das nach § 42 Abs. 1 zu schätzende, Interesse des Klägers an der damit bezweckten Vorbereitung des Zahlungsanspruchs maßgebend (BGH FamRZ 1993, 1189; OLG Frankfurt a. M. BeckRS 2017, 122669; OLG Köln VersR 1976, 1154). Es wird im Normalfall geringer sein als die auf Zahlung oder Herausgabe gerichtete letzte Stufe (OLG München MDR 1972, 247) und wird, was von Fall zu Fall zu beurteilen ist, von der Rechtsprechung mit *1/10* bis 1/4 der Leistungsstufe angenommen (BGH FamRZ 2006, 619; OLG Bamberg FamRZ 1997, 40). Höher als der Leistungsanspruch, den sie vorbereitet, kann ihr Streitwert nicht sein (OLG Köln VersR 1976, 1154). Legt der Antragsgegner gegen die Verurteilung zur Auskunftserteilung oder Rechnungslegung Rechtsmittel ein, ist der Streitwert der zweiten Instanz nach Zeit und Umfang des dazu erforderlichen Aufwandes zu bestimmen (BGH NJW-RR 2005, 74).

2. Bewertung der zweiten Stufe

3 Der Wert des Anspruchs auf **eidesstattliche Versicherung** (vgl. § 259 Abs. 2 BGB) ist ebenfalls nach dem Interesse des Klägers, das er an der Abgabe der Versicherung hat, zu schätzen (OLG Bamberg FamRZ 1997, 40). Die Schätzung kann sich am Mehrbetrag, den der Kläger von der abgegebenen Versicherung erwartet, orientieren (OLG Bamberg FamRZ 1997, 40; KG Rpfleger 1962, 120). Er kann nicht höher sein als der Wert des Rechnungslegungs- oder Auskunftsanspruchs. Im Normalfall kann man ihn mit 50% der ersten Stufe annehmen (OLG Köln Rpfleger 1977, 116).

3. Bewertung der dritten Stufe

4 Maßgebend ist der vom Kläger **verlangte Geldbetrag** (§ 35) oder der Verkehrswert der herauszugebenden Sache (§ 42 Abs. 1). Danach richten sich gerichtliche Verfahrensgebühr und Rechtsanwaltsgebühren (§ 23 Abs. 1 S. 1 RVG). Der Wert einer der vorangegangenen Stufen kann für eine Gebühr nur maßgebend sein, wenn sich die gebührenauslösende Handlung oder Tätigkeit nur auf sie bezogen hat (zB Terminwahrnahme).

§ 39 Antrag und Widerantrag, Hilfsanspruch, wechselseitige Rechtsmittel, Aufrechnung

(1) [1]**Mit einem Antrag und einem Widerantrag geltend gemachte Ansprüche, die nicht in getrennten Verfahren verhandelt werden, werden zusammengerechnet.** [2]**Ein hilfsweise geltend gemachter Anspruch wird mit dem Hauptanspruch zusammengerechnet, soweit eine Entscheidung über ihn ergeht.** [3]**Betreffen die Ansprüche im Fall des Satzes 1 oder des Satzes 2 denselben Gegenstand, ist nur der Wert des höheren Anspruchs maßgebend.**

(2) **Für wechselseitig eingelegte Rechtsmittel, die nicht in getrennten Verfahren verhandelt werden, ist Absatz 1 Satz 1 und 3 entsprechend anzuwenden.**

(3) **Macht ein Beteiligter hilfsweise die Aufrechnung mit einer bestrittenen Gegenforderung geltend, erhöht sich der Wert um den Wert der Gegenforderung, soweit eine der Rechtskraft fähige Entscheidung über sie ergeht.**

(4) **Bei einer Erledigung des Verfahrens durch Vergleich sind die Absätze 1 bis 3 entsprechend anzuwenden.**

I. Allgemeines

1 In den **Familienstreitsachen** (§ 112 Nr. 1–3 FamFG) sind wechselseitige Antragstellungen, wie in bürgerlichen Rechtsstreitigkeiten, zulässig (vgl. § 113 Abs. 2 FamFG); auch die Aufrechnung kommt als Verteidigungsmittel in Betracht. § 39 übernimmt deshalb die Wertberechnungsvorschriften des § 45 GKG unverändert in das FamGKG.

II. Die Wertberechnung

2 Verlangen geschiedene Eheleute mit Antrag und Widerantrag jeweils Zahlung des Zugewinnausgleichs, sind Teilansprüche aus demselben Rechtsverhältnis betroffen, so dass die Gegenstände zu **addieren** sind (OLG Köln FamRZ 1997, 41; OLG München FamRZ 1997, 41; aA OLG Köln FamRZ 1989, 296; OLG Koblenz JurBüro 1985, 917). Das gilt auch für wechselseitig geltend gemachte Auskunftsansprüche (OLG München BeckRS 2009, 26322; aA OLG Jena BeckRS 2012, 18637 mAnm *Dörndorfer*). Im Übrigen → GKG § 45 Rn. 1 ff.

§ 40 Rechtsmittelverfahren

(1) [1]**Im Rechtsmittelverfahren bestimmt sich der Verfahrenswert nach den Anträgen des Rechtsmittelführers.** [2]**Endet das Verfahren, ohne dass solche Anträge eingereicht werden, oder werden, wenn eine Frist für die Rechtsmittelbegründung vorgeschrieben ist, innerhalb dieser Frist Rechtsmittelanträge nicht eingereicht, ist die Beschwer maßgebend.**

(2) [1]**Der Wert ist durch den Wert des Verfahrensgegenstands des ersten Rechtszugs begrenzt.** [2]**Dies gilt nicht, soweit der Gegenstand erweitert wird.**

(3) **Im Verfahren über den Antrag auf Zulassung der Sprungrechtsbeschwerde ist Verfahrenswert der für das Rechtsmittelverfahren maßgebende Wert.**

I. Allgemeines

1 Gegen die gerichtlichen Endentscheidungen der ersten Instanz (Amtsgericht oder Landgericht; §§ 23a, 71 GVG) in Familiensachen findet die **Beschwerde** statt (§ 58 FamFG). Eine dritte Instanz eröffnet die **Rechtsbeschwerde,** die aber nur statthaft ist, wenn sie zugelassen wurde (§ 70 Abs. 1, 2 FamFG). Ausnahmen: Ohne Zulassung ist die Rechtsbeschwerde in Betreuungssachen statthaft, wenn sie sich gegen die Betreuerbestellung, die Aufhebung einer Betreuung oder die Anordnung bzw. Aufhebung eines Einwilligungsvorbehalts richtet und generell auch in Unterbringungs- und Freiheitsentziehungssachen (§ 70 Abs. 3 Nr. 1–3 FamFG). Nach Maßgabe des § 75 FamFG ist, unter Übergehung der Beschwerdeinstanz, die Sprungrechtsbeschwerde statthaft.

II. Wertberechnung

2 Berechnungsgrundlage des Verfahrenswertes in den Rechtsmittelverfahren ist nach Abs. 1 S. 1 der **Antrag des Rechtsmittelführers.** Endet das Verfahren, ohne dass Anträge eingereicht werden, oder werden, wenn für die Rechtsmittelbegründung eine Frist vorgeschrieben ist (Rechtsbeschwerde, Beschwerde in Familienstreitsachen) innerhalb dieser Frist (vgl. § 71 Abs. 2, 117 Abs. 1 Abs. 1 S. 3 FamFG) Rechtsmittelanträge nicht eingereicht, ist hilfsweise die Beschwer maßgebend (Abs. 1 S. 2).

1. Anträge

3 Auf Zulässigkeit und Begründetheit der Anträge kommt es nicht an (BGH Rpfleger 1973, 89). Ein unklarer Antrag ist anhand der Rechtsmittelbegründung auszulegen (BGH NJW 1992, 2969). Wird die Beschwerde zunächst ohne Antragstellung eingelegt und später, verbunden mit einer Antragstellung knapp über der Zulassungssumme (§ 61 Abs. 1 FamFG), zurückgenommen, kann eine **rechtsmissbräuchliche** Antragstellung (sog. „Scheinantrag") vorliegen (BGH NJW-RR 1998, 335; OLG Düsseldorf JurBüro 2001, 642; OLG Schleswig JurBüro 1994, 141), wenn es dem Rechtsmittelführer offensichtlich nicht um die Durchführung des Verfahrens ging (BGH NJW-RR 1998, 335). Es ist dann auf seine Beschwer abzustellen. Die Bewertung der Anträge des Rechtsmittelklägers erfolgt nach §§ 33ff.

2. Beschwer

4 Endet das Rechtsmittelverfahren **ohne Antragstellung,** zB durch Rücknahme des eingelegten Rechtsmittels (vgl. dazu OLG Köln MDR 1984, 766), oder wird

innerhalb der gesetzlichen Begründungsfrist (vgl. § 71 Abs. 2, 117 Abs. 1 S. 3 FamFG) kein Antrag eingereicht, ist nach Abs. 1 S. 2 für den Verfahrenswert die Beschwer maßgebend (vgl. dazu *Schulte* MDR 2000, 807). Abzustellen ist dabei nicht auf die materielle, sondern auf die formelle Beschwer des Rechtsmittelklägers (OLG Stuttgart MDR 2005, 507; OLG Jena OLG-Report 2002, 53; OLG Köln JurBüro 1995, 485), die sich danach richtet, in welchem Umfang die untere Instanz von seinen Anträgen abgewichen ist (BGH NJW 1999, 1339; NJW 2002, 212 und NJW 1991, 703).

III. Begrenzung des Wertes

Abs. 2 S. 1 begrenzt den Wert des Rechtsmittelverfahrens auf den Wert des Verfahrensgegenstandes der ersten Instanz, wenn der Gegenstand sich selbst nicht ändert. Wird er erweitert gilt dies nach Abs. 2 S. 2 nicht. So bleiben zB die bis zur Rechtsmitteleinlegung weiter aufgelaufenen Rückstände wiederkehrender Leistung unberücksichtigt (BGH NJW 1960, 1459). Den Fall der Änderung des Wertes des unveränderten Gegenstandes im Laufe des Verfahrens (zB durch Kursschwankungen) betrifft Abs. 2 S. 1 hingegen nicht (BGH NJW-RR 1998, 1452; in diesen Fällen bestimmt § 40 den Zeitpunkt der Wertberechnung). 5

IV. Rechtsmittelzulassung

Abs. 3 stellt klar, dass der Verfahrenswert im Verfahren über den Antrag auf Zulassung der Sprungrechtsbeschwerde (§ 75 FamFG) sich nach demjenigen des (angestrebten) Rechtsbeschwerdeverfahrens richtet. 6

§ 41 Einstweilige Anordnung

[1]Im Verfahren der einstweiligen Anordnung ist der Wert in der Regel unter Berücksichtigung der geringeren Bedeutung gegenüber der Hauptsache zu ermäßigen. [2]Dabei ist von der Hälfte des für die Hauptsache bestimmten Werts auszugehen.

I. Allgemeines

Das Familiengericht kann durch **einstweilige Anordnung** eine vorläufige Maßnahme treffen (§ 49 FamFG). Die Anhängigkeit einer Hauptsache oder eines Antrags auf Bewilligung der Verfahrenskostenhilfe ist nicht erforderlich. Das Verfahren der einstweiligen Anordnung ist ein selbständiges Verfahren (§ 51 Abs. 3 FamFG). Gerichtsgebühren werden nach Nr. 1410–1424 KV erhoben; die Rechtsanwaltsgebühren richten sich nach VV Teil 3 RVG. In Arrestverfahren, die in Familienstreitsachen zulässig sind (*Bumiller/Harders/Schwamb* FamFG § 49 Rn. 11), bestimmt sich der Verfahrenswert nach § 42 (→ § 42 Rn. 1). 1

II. Die Wertberechnung

2 Das Verfahren der einstweiligen Anordnung (Anordnung, Aufhebung oder Änderung) hat gegenüber der Hauptsache in der Regel einen **geringeren** Wert. S. 1 trägt dem, der Systematik des § 53 Abs. 2 GKG aF entsprechend, durch eine Ermäßigung des Wertes Rechnung. In der Regel ist nach S. 2 von der Hälfte des Hauptsachewerts auszugehen. Im Einzelfall kann er Wert auch unter der Hälfte angenommen werden.

Beispiel: Aufgrund ihres Antrags nach § 2 GewSchG hat das Familiengericht die Wohnung durch einstweilige Anordnung der F zugewiesen (§§ 49, 214). Später wurde diese Anordnung wieder aufgehoben (§ 54 FamFG). Gerichtsgebühr?
Angefallen ist 1,5 Gebühr für das Verfahren im Allgemeinen (KV 1420) aus 1.500 Euro (§§ 41, 49 Abs. 1). Für das Aufhebungsverfahren wir keine weitere Gebühr erhoben (KV Vorbemerkung 1.4).

§ 42 Auffangwert

(1) **Soweit in einer vermögensrechtlichen Angelegenheit der Verfahrenswert sich aus den Vorschriften dieses Gesetzes nicht ergibt und auch sonst nicht feststeht, ist er nach billigem Ermessen zu bestimmen.**

(2) **Soweit in einer nichtvermögensrechtlichen Angelegenheit der Verfahrenswert sich aus den Vorschriften dieses Gesetzes nicht ergibt, ist er unter Berücksichtigung aller Umstände des Einzelfalls, insbesondere des Umfangs und der Bedeutung der Sache und der Vermögens- und Einkommensverhältnisse der Beteiligten, nach billigem Ermessen zu bestimmen, jedoch nicht über 500 000 Euro.**

(3) **Bestehen in den Fällen der Absätze 1 und 2 keine genügenden Anhaltspunkte, ist von einem Wert von 5 000 Euro auszugehen.**

I. Allgemeines

1 Die Vorschrift schließt eine **Lücke,** die dann besteht, wenn sich im Einzelfall der Wert nicht nach den die Wertvorschriften des FamGKG (§§ 35, 36, 43–52) konkretisieren lässt. Die Regelung ist mit § 36 Abs. 3 GNotKG vergleichbar. § 42 unterscheidet die Bewertung vermögensrechtlicher von nichtvermögensrechtlichen Angelegenheiten (Abs. 1, 2). In vermögensrechtlichen Angelegenheiten wird häufig über wirtschaftliche Interessen verfahren, sie sind auf Geld oder einen geldwerten Vorteil (zB eine Sache) gerichtet (Thomas/Putzo/*Seiler* Einl. IV Rn. 1, 2). Nichtvermögensrechtliche Angelegenheiten betreffen Ansprüche, die nicht auf Geld oder geldwerte Gegenstände gerichtet sind, sie können auch nicht in Geld umgewandelt werden (zB Ansprüche auf Gegendarstellung nach PresseG, BGH NJW 1963, 151, oder wegen Verletzung des allgemeinen Persönlichkeitsrechts, BGH NJW 1996, 999). Auch wenn ideelle Interessen Gegenstand des Verfahrens sind (zB die Ehre) liegt eine nichtvermögensrechtliche Angelegenheit vor (Thomas/Putzo/*Seiler* Einl. IV Rn. 4). Der Auskunftsanspruch in Zusammenhang mit Unterhaltsansprüchen (§§ 1361 Abs. 4 S. 4, 1605 BGB) ist vermögensrechtlicher Natur (BGH NJW 1982, 1651). Nach § 42 wird, mangels spezieller Vorschrift,

auch der Verfahrenswert eines **Arrestverfahrens** (§§ 916ff. ZPO) in Familienstreitsachen bestimmt. IdR ist er auf 1/3 der zu sichernden Hauptforderung festzusetzen (OLG Frankfurt BeckRS 2018, 744; OLG München BeckRS 2010, 28708; OLG Brandenburg BeckRS 2010, 22999). § 42 ist auch auf die Bestimmung des Verfahrenswertes im Verfahren der Volljährigenadoption anzuwenden (OLG Düsseldorf BeckRS 2018, 17102).

II. Vermögensrechtliche Angelegenheit

Nach **Abs. 1** ist in einer vermögensrechtlichen Angelegenheit der Wert nach billigem Ermessen zu bestimmen. Nur dann, wenn keine genügenden Anhaltspunkte für die Wertfindung bestehen, ist nach Abs. 3 von 5.000 Euro auszugehen. 2

III. Nichtvermögensrechtliche Angelegenheit

In einer nichtvermögensrechtlichen Angelegenheit ist nach **Abs. 2** der Verfahrenswert unter Berücksichtigung aller Umstände des Einzelfalls zu bestimmen. Dabei ist insbesondere auf Umfang und Bedeutung der Sache sowie auf die Vermögens- und Einkommensverhältnisse der Beteiligten abzustellen. Einzelheiten zur Bewertung dieser vier Kriterien bei → § 43 Rn. 2–6 Höchstwert: 500.000 Euro. Lassen sich keine genügenden Anhaltspunkte für die Bewertung finden, ist nach Abs. 3 von 5.000 Euro auszugehen. 3

Unterabschnitt 2. Besondere Wertvorschriften

§ 43 Ehesachen

(1) [1]**In Ehesachen ist der Verfahrenswert unter Berücksichtigung aller Umstände des Einzelfalls, insbesondere des Umfangs und der Bedeutung der Sache und der Vermögens- und Einkommensverhältnisse der Ehegatten, nach Ermessen zu bestimmen.** [2]**Der Wert darf nicht unter 3 000 Euro und nicht über 1 Million Euro angenommen werden.**

(2) **Für die Einkommensverhältnisse ist das in drei Monaten erzielte Nettoeinkommen der Ehegatten einzusetzen.**

I. Allgemeines

Abs. 1 S. 1 ist mit § 48 Abs. 2 S. 1 GKG inhaltlich identisch, da der Gegenstand der Ehesache (vgl. die Legaldefinition des § 121 FamFG) **nichtvermögensrechtlich** ist. Der Verfahrenswert ist „unter Berücksichtigung aller Umstände des Einzelfalls, insbesondere des Umfangs und der Bedeutung der Sache und der Vermögens- und Einkommensverhältnisse der Parteien, nach Ermessen zu bestimmen". Abs. 1 S. 2 legt den **Höchststreitwert** auf 1 Million Euro und den **Mindeststreitwert** auf 3.000 Euro fest. Die beiderseitige Bewilligung von Verfahrenskostenhilfe rechtfertigt für sich alleine noch nicht den Ansatz des Mindeststreitwerts (BVerfG MDR 2005, 1373; OLG Nürnberg MDR 2006, 597; OLG Zweibrücken NJW-RR 2004, 355; OLG Thüringen FamRZ 1999, 1678; *Sarres* JurBüro 2004, 4). In Le- 1 benspartnerschaftssachen nach §§ 269 Abs. 1 Nr. 1 und 2 FamFG gilt dies entsprechend (§ 5 Nr. 1, 2).

II. Einzelne Bewertungskriterien

2 Bei der Bewertung des Gegenstandes der Ehesache, sind nach pflichtgemäßem Ermessen, **alle Umstände** einzubeziehen, die einen sachlichen Bezug dazu haben (BVerfGE 1980, 107; OLG Düsseldorf JurBüro 1995, 252; OLG München JurBüro 1992, 350). Abs. 1 S. 1 nennt, nicht abschließend („insbesondere"), wichtige Bewertungsfaktoren, die gleichrangig nebeneinander anwendbar sind (OLG München JurBüro 1992, 350; OLG Hamm JurBüro 1989, 1304): Maßgebend sind Umfang und Bedeutung der Sache sowie die Vermögens- und Einkommensverhältnisse der Parteien. Aufgrund der Bewilligung von Verfahrenskostenhilfe kann zB nur auf die Einkommens- und Vermögensverhältnisse der Partei geschlossen werden (OLG Stuttgart FamRZ 2000, 1518), nicht aber auf die weiteren Kriterien (OLG Saarbrücken JurBüro 1982, 421). Bei schwankenden Einkommens- und Vermögensverhältnissen ist auf den Beginn der Instanz abzustellen (§ 34; OLG Dresden JurBüro 2003, 140; OLG Koblenz JurBüro 2003, 474 = FamRZ 2003, 1681); der Umfang der Sache ist jedoch, entgegen § 34, erst am Ende der Instanz feststellbar.

1. Umfang der Sache

3 Die Anhebung des Verfahrenswertes kann gerechtfertigt sein, wenn die Sache einen überdurchschnittlichen Umfang aufweist. Vorausgesetzt wird, dass der Aufwand über demjenigen liegt, der sonst üblich ist. Ob dabei alleine auf den familiengerichtlichen Aufwand abzustellen ist (so zB OLG Dresden FamRZ 2003, 1677; OLG Zweibrücken JurBüro 1979, 1864; OLG Bamberg JurBüro 1976, 217 und 1977, 1590) oder auch auf denjenigen der Parteien und ihrer Rechtsanwälte, ist strittig (zur aA: AG Lengenfeld AnwBl. 1989, 398). Der Gegenmeinung ist zuzustimmen: Es ist zwar richtig, dass § 43 Abs. 1 S. 1 primär den Verfahrenswert für den Gerichtsgebührenwert regelt, die Vorschrift ist jedoch über § 23 Abs. 1 S. 1 RVG auch auf die Wertberechnung für die Rechtsanwaltsgebühren entsprechend anwendbar. Der anwaltliche Aufwand kann deshalb nicht völlig unberücksichtigt bleiben. Die Zahl und der Umfang von Folgesachen beeinflussen den Wert der Ehesache nicht (OLG Dresden FamRZ 2003, 1677). **Streitwerterhöhend** kommen insbesondere folgende Umstände in Betracht: Dauer des Verfahrens (OLG Hamm JurBüro 1976, 800); umfängliche Beweisaufnahme (OLG Nürnberg JurBüro 1975, 1620; *Schneider* JurBüro 1975, 1558); rechtliche Schwierigkeit (OLG Nürnberg JurBüro 1975, 1620); Anwendung ausländischen Rechts (OLG Zweibrücken JurBüro 1984, 899). Ein nur unterdurchschnittlicher Umfang der Sache kann andererseits einen Wertabschlag rechtfertigen. Bei der einverständlichen Scheidung ist, da sie den Regelfall darstellt, kein Wertabschlag vorzunehmen (OLG Dresden FamRZ 2003, 1677; OLG Thüringen FamRZ 1999, 1678; OLG Köln FamRZ 1998, 310; OLG München JurBüro 1992, 350; aA OLG Düsseldorf JurBüro 1999, 421: im Falle der einverständlichen Scheidung oder nach Ablauf einer über dreijährigen Trennungszeit werden 25% abgeschlagen; OLG Koblenz JurBüro 1999, 475: 30% Abschlag, wenn bereits im ersten Termin einverständlich geschieden wird). Zum Wertabschlag bei einverständlicher Scheidung vgl. BVerfG NJW 2009, 1197.

2. Bedeutung der Sache

Abzustellen ist bei Bewertung dieses Kriteriums auf die tatsächlichen und wirtschaftlichen Folgen der Entscheidung für die Parteien (OLG Schleswig JurBüro 2002, 316). **Werterhöhend** können sich in Ehesachen folgende Umstände auswirken: die Stellung einer Partei im öffentlichen Leben (KG NJW 69, 1305 = Rpfleger 1969, 135; *Schneider/Herget* Rn. 1141); langjährige Ehe (OLG Hamm JurBüro 1973, 452). Ein öffentliches Interesse am Verfahren ist irrelevant (OLG Köln JurBüro 1980, 577). 4

3. Vermögensverhältnisse

Das Vermögen der Parteien ist bei der Wertberechnung als weiterer wertbildender Faktor zu berücksichtigen (OLG Karlsruhe FamRZ 1999, 1288). Diesem Kriterium kommt dann besondere Bedeutung zu, wenn die übrigen unterdurchschnittlich anzunehmen sind (OLG Düsseldorf JurBüro 1995, 252). Bei der Bewertung der Ehesache ist es verfassungsgemäß das Vermögen mit einzubeziehen (BVerfG BGBl. 1989, 1301). Die **Bewertungskriterien des Vermögens** werden in Rechtsprechung und Literatur nicht einheitlich festgelegt (OLG Düsseldorf FamRZ 1994, 249; *Schneider/Herget* Rn. 1091 ff. mwN). Bei der Beurteilung der Vermögensverhältnisse besteht ein großer Ermessensspielraum. So sind zB kurzlebige Wirtschaftsgüter (OLG Frankfurt a. M. JurBüro 1977, 703), üblicher Hausrat, Familien-PKW (KG JurBüro 1975, 297; *Mümmler* JurBüro 1976, 4), kleines Sparguthaben (OLG JurBüro 1976, 1231; OLG Düsseldorf JurBüro 1975, 504) außer Betracht zu lassen. Einzubeziehen sind insbesondere Grund- und Betriebsvermögen, Anlagevermögen (zB Wertpapiere, Kapitallebensversicherung). Betriebsvermögen ist, auch wenn es die Grundlage des Einkommens bildet, mit seinem Bestand und nicht nur mit seinem Ertrag anzusetzen (OLG Nürnberg JurBüro 89, 1723; *Schneider/Herget* Rn. 1107 mwN). Grundvermögen ist mit seinem Verkehrswert zu bewerten (OLG München AnwBl. 85, 203). Das gilt auch für das selbst genutzte Hausgrundstück (OLG Köln JurBüro 2003, 475; OLG Karlsruhe JurBüro 1999, 421). Lässt sich der Verkehrswert eines selbstgenutzten Einfamilienhauses nicht ohne praktischen Aufwand ermitteln, ist die (dreimonatige) Mietersparnis dem Einkommen zuzuschlagen (OLG Dresden MDR 2003, 535; vgl. auch *Schneider/Herget* Rn. 1113 ff.). Ist Grundbesitz mit einem lebenslangen Nießbrauch belastet, bleibt er unberücksichtigt (OLG Düsseldorf JurBüro 1975, 505; AG Altena FamRZ 2000, 1518). Auf dem Vermögen lastende Schulden (zB Grundpfandrechte) sind in ihrer tatsächlichen Höhe abzuziehen (OLG Schleswig JurBüro 1976, 1091; aA OLG Hamm BeckRS 2017, 132878; OLG Karlsruhe BeckRS 2011, 03500: kein Abzug allgemeiner Schulden, wie zB von Darlehensschulden; OLG München JurBüro 1980, 894 mAnm *Mümmler*). Nach der überwiegenden Rspr. sind vom Reinvermögen schließlich **Freibeträge** abzuziehen (OLG Koblenz JurBüro 2003, 475; OLG Dresden MDR 2003, 535; OLG München OLGR 1998, 269; OLG Karlsruhe JurBüro 1999, 420; OLG Köln FamRZ 1997, 37; OLG Düsseldorf FamRZ 1994, 249; Zöller/*Herget* ZPO § 3 Rn. 16 „Ehesache"). Die Höhe der Freibeträge wird an das frühere VermStG (§ 6) angelehnt (vgl. dazu OLG Hamm BeckRS 2015, 16542 u OLG Koblenz JurBüro 2003, 475). 60.000 Euro je Ehegatten und 30.000 Euro je Kind zieht ab: OLG Koblenz JurBüro 2003, 475; vgl. dazu auch: *Müller-Rabe,* Handbuch Fachanwalt Familienrecht, Rn. 46. 35.000 Euro je Ehegatten und 12.500 Euro je Kind bringen in Abzug: OLG Bamberg JurBüro 5

1981, 1534; OLG Braunschweig JurBüro 1980, 239; OLG Hamm JurBüro 1984, 1543; OLG Nürnberg FamRZ 1986, 194. 30.000 Euro je Ehegatten sind anzusetzen: OLG Stuttgart BeckRS 2018, 116 = MDR 2018, 411; OLG Schleswig BeckRS 2017, 147242. 20.000 Euro je Ehegatten und 10.000 Euro je Kind sind abzuziehen: OLG Frankfurt a. M. BeckRS 2017, 115043; OLG Zweibrücken BeckRS 2008, 09914; 15.000 Euro je Ehegatten und 7.500 Euro je Kind bringt in Abzug: OLG Karlsruhe BeckRS 2013, 16323 = FamFR 2013, 494 mAnm *Dörndorfer.* Von dem, nach Abzug der Freibeträge, verbleibenden reinen Vermögen werden nach überwiegender Meinung 5%–10% werterhöhend berücksichtigt (5% berücksichtigen: OLG Koblenz JurBüro 2003, 475; OLG Karlsruhe JurBüro 1999, 421; OLG Köln FamRZ 1997, 37; 10% berücksichtigen: OLG Schleswig BeckRS 2017, 147242; OLG Düsseldorf FamRZ 94, 250; OLG München JurBüro 1992, 350).

4. Einkommensverhältnisse

6 Im Rahmen der Bewertung des Gegenstandes der Ehesache bilden die Einkommensverhältnisse der Parteien den praktisch bedeutsamsten Faktor. Nach Abs. 2 ist das in drei Monaten erzielte **Nettoeinkommen** der Eheleute (Lebenspartner; § 5) einzusetzen. Abzustellen ist auf die letzten drei Monate vor dem Eingang des Antrags (§ 34; OLG Koblenz FamRZ 2003, 1681 = JurBüro 2003, 474; OLG Dresden FamRZ 2003, 1676 = JurBüro 2003, 140). Rechnerischer Ausgangspunkt ist das Bruttoeinkommen, ermäßigt um die nach gesetzlichen Vorschriften abzuführenden Steuern und Sozialversicherungsabgaben (KG NJW 1976, 899 = JurBüro 1976, 340 = MDR 1976, 500). Einmalige Zahlungen, wie zB Urlaubs- und Weihnachtsgeld oder 13. Gehalt, sind anteilig zu berücksichtigen. Einkommenserhöhungen-/minderungen, die erst im Laufe des Verfahrens eintreten bleiben unberücksichtigt (OLG Dresden JurBüro 2003, 472). Vom **Nettoeinkommen** wird für jedes unterhaltsberechtigte Kind der tatsächlich gezahlte Betrag oder ein pauschaler Freibetrag in Höhe von 300 Euro abgezogen (OLG Koblenz FamRZ 1999, 1678; 250 Euro ziehen ab: OLG Dresden BeckRS 2006, 06497; OLG Düsseldorf FamRZ 2001, 432; OLG Karlsruhe FamRZ 1999, 606). Auch Schuldenabzug wird teilweise zugelassen (OLG Karlsruhe FamRZ 2002, 1135; OLG Koblenz JurBüro 1999, 475). Der Einkommensbegriff erfasst insbesondere folgende Bezüge: Einkünfte aus selbständiger und nichtselbständiger Tätigkeit; Urlaubs- und Weihnachtsgeld (anteilig); 13. Gehalt (KG NJW 1976, 900); Rente; Krankengeld; Arbeitslosengeld I (OLG Bremen FamRZ 2004, 961; OLG Dresden FamRZ 2002, 1640; OLG Düsseldorf FamRZ 1994, 250; aA OLG Celle FamRZ 2003, 1677; OLG Brandenburg FamRZ 2003, 1676); Sachbezüge (zB Mietvorteil bei Werks- oder Dienstwohnung, Firmenwagen); Einkünfte aus Vermietung, Verpachtung oder Kapitalvermögen (zB Zinsen); Kindergeld (OLG Hamm BeckRS 2000, 02056; aA OLG Düsseldorf BeckRS 2006, 04485); Blindenbeihilfe (OLG Saarbrücken JurBüro 1991, 983); BAföG-Leistungen die nicht darlehensweise gewährt werden (OLG München JurBüro 1980, 892). **Keinen Einkommenscharakter** haben: Sozialhilfe (BVerfG NJW 2006, 1581; OLG Saarbrücken BeckRS 2013, 10731; OLG Dresden FamRZ 2004, 1225; OLG Karlsruhe FamRZ 2002, 1135) und Arbeitslosengeld II (BVerfG FamRZ 06, 841; Zöller/*Herget* ZPO § 3 Rn. 16 „Ehesachen“).

§ 44 Verbund

(1) **Die Scheidungssache und die Folgesachen gelten als ein Verfahren.**

(2) **[1]Sind in § 137 Abs. 3 des Gesetzes über das Verfahren in Familiensachen und in den Angelegenheiten der freiwilligen Gerichtsbarkeit genannte Kindschaftssachen Folgesachen, erhöht sich der Verfahrenswert nach § 43 für jede Kindschaftssache um 20 Prozent, höchstens um jeweils 3 000 Euro; eine Kindschaftssache ist auch dann als ein Gegenstand zu bewerten, wenn sie mehrere Kinder betrifft. [2]Die Werte der übrigen Folgesachen werden hinzugerechnet. [3]§ 33 Abs. 1 Satz 2 ist nicht anzuwenden.**

(3) **Ist der Betrag, um den sich der Verfahrenswert der Ehesache erhöht (Absatz 2), nach den besonderen Umständen des Einzelfalls unbillig, kann das Gericht einen höheren oder einen niedrigeren Betrag berücksichtigen.**

I. Allgemeines

Der Verbund entsteht, wenn in einer Folgesache eine Entscheidung für den Fall der Scheidung zu treffen ist und sie spätestens zwei Wochen vor der mündlichen Verhandlung im ersten Rechtszug in der Scheidungssache von einem Ehegatten anhängig gemacht wird (§ 137 Abs. 1 S. 1 FamFG). Die Durchführung des Versorgungsausgleichs in den Fällen der §§ 6–19 und 28 des VersAusglG bedarf keines Antrags, sie wird von Amts wegen vorgenommen (§ 137 Abs. 2 S. 2 FamFG). Das gesamte Verfahren wird gemeinsam verhandelt und, wenn dem Scheidungsantrag oder dem Antrag auf Aufhebung der Lebenspartnerschaft stattgegeben wird, durch Beschluss entschieden (§ 142 Abs. 1 FamFG). 1

Folgesachen sind (§ 137 Abs. 2 FamFG): 2

- Versorgungsausgleichssachen (§ 1587 BGB, §§ 1 ff. VersAusglG)
- Kindesunterhalt (§§ 1601 ff. BGB), sofern die Unterhaltspflicht gegenüber einem gemeinschaftlichen Kind betroffen ist, mit Ausnahme des vereinfachten Verfahrens nach §§ 249 ff. FamFG
- Ehegattenunterhalt (§§ 1569 ff. BGB)
- Ehewohnungs- und Haushaltssachen (§§ 1361 a, 1361 b, 1568 a, 1568 b BGB; § 200 FamFG)
- Güterrechtssachen (§§ 1372 ff. BGB).

Ferner (§ 137 Abs. 3 FamFG): 3

Kindschaftssachen, die betreffen die: 4

- Übertragung oder Entziehung der elterlichen Sorge eines gemeinschaftlichen Kindes (§ 1671 Abs. 1 BGB),
- Regelung des Umgangsrechts eines gemeinschaftlichen Kindes (§ 1684 BGB) oder des Kindes eines Ehegatten mit dem anderen Ehegatten (§ 1685 BGB),
- Herausgabe eines gemeinschaftlichen Kindes (§ 1632 Abs. 1 BGB),

wenn ein Elternteil dies rechtzeitig beantragt; es sei denn, das Gericht hält die Einbeziehung aus Gründen des Kindeswohls nicht für sachgerecht.

II. Addition der Einzelwerte

5 Scheidungssache und Folgesachen gelten als **ein Verfahren** (Abs. 1). Das bedeutet, dass im Verbundverfahren die Gegenstände der einzelnen miteinander verbundenen Verfahren grundsätzlich zu addieren sind (Abs. 2 S. 2). Die Bewertung der Gegenstände der Folgesachen regeln § 48 (Ehewohnungs- und Haushaltssachen), § 50 (Versorgungsausgleichssachen), § 51 (Unterhaltssachen) und § 52 (Güterrechtssachen). Für die Kindschaftssachen als Folgesachen, trifft Abs. 2 besondere Regelungen. Das Additionsverbot des § 33 Abs. 1 S. 2, das die Verbindung nichtvermögensrechtlicher mit vermögensrechtlichen Gegenständen betrifft, gilt nicht (Abs. 2 S. 3). Abgetrennte Folgesachen, mit Ausnahme derjenigen nach § 137 Abs. 3 FamFG, bleiben verbunden (§ 137 Abs. 5 FamFG) und unterstehen somit weiterhin dem Additionsgebot.

6 Alles gilt entsprechend (§ 5 Nr. 1) auch für die Lebenspartnerschaftssache und deren Folgesachen (§§ 269 Abs. 1 Nr. 1, 270 Abs. 1 S. 1 iVm § 137 FamFG).

III. Folgensachen nach § 137 Abs. 3 FamFG

7 Eine besondere Wertberechnung sieht Abs. 2 S. 1 für **Kindschaftssachen** vor, die nach § 137 Abs. 3 FamFG, als Folgesachen anhängig gemacht wurden. Danach erhöht sich der Verfahrenswert der Ehesache (§ 43) für jede Kindschaftssache um 20%, höchstens um jeweils 3.000 Euro. Durch die Anhebung des Wertes (nach § 48 Abs. 3 S. 3 GKG a. F. war nur von 900 Euro auszugehen) soll der Wert der Kindschaftssache in einem angemessenen Verhältnis zum Wert der Ehesache stehen (BT-Drs. 16/6308, 306). Sind in einer Kindschaftssache mehrere Kinder beteiligt, liegt trotzdem nur ein Gegenstand vor (Abs. 2 S. 1 Hs. 2).

Beispiel: Der Verfahrenswert der Ehesache beträgt 20.000 Euro. Als Folgesachen sind die elterliche Sorge und das Umgangsrecht für zwei gemeinsame Kinder der Eheleute zu regeln.
Der Verfahrenswert des Verbundes berechnet sich so:
- Ehesache 20.000 Euro (§ 43)
- Erhöhung des Wertes wegen der Kindschaftssachen (Sorge- und Umgangsrecht) um 40% (= 8.000 Euro), begrenzt auf 6.000 Euro (§ 43 Abs. 2 S. 1).

Ergebnis: Der Verfahrenswert beträgt 26.000 Euro.

IV. Einzelfallregelung

8 Nach Abs. 3 kann das Gericht den Erhöhungsbetrag nach Abs. 2 anheben oder absenken, wenn dieser nach den besonderen Umständen des Einzelfalls unbillig wäre. Auch der Höchstbetrag von 3.000 Euro je Folgesache (Abs. 2 S. 1) gilt dann nicht.

§ 45 Bestimmte Kindschaftssachen

(1) **In einer Kindschaftssache, die**
1. **die Übertragung oder Entziehung der elterlichen Sorge oder eines Teils der elterlichen Sorge,**
2. **das Umgangsrecht einschließlich der Umgangspflegschaft,**
3. **das Recht auf Auskunft über die persönlichen Verhältnisse des Kindes oder**
4. **die Kindesherausgabe**

betrifft, beträgt der Verfahrenswert 3 000 Euro.

(2) **Eine Kindschaftssache nach Absatz 1 ist auch dann als ein Gegenstand zu bewerten, wenn sie mehrere Kinder betrifft.**

(3) **Ist der nach Absatz 1 bestimmte Wert nach den besonderen Umständen des Einzelfalls unbillig, kann das Gericht einen höheren oder einen niedrigeren Wert festsetzen.**

I. Allgemeines

Kindschaftssachen sind Familiensachen (§ 111 Nr. 2 FamFG), sie betreffen die in § 151 Nr. 1–8 aufgeführten Verfahren. § 45 regelt den Verfahrenswert für einige („bestimmte“) davon, die nicht als Folgesache einer Scheidungssache anhängig sind (§ 44 Abs. 2 ist darauf unanwendbar). Soweit in den übrigen Kindschaftssachen eine Wertberechnung erforderlich ist, gilt § 46. 1

II. Verfahrenswert

Nach **Abs. 1** beträgt in Kindschaftssachen, die betreffen 2
- die Übertragung oder Entziehung der elterlichen Sorge insgesamt oder teilweise
- das Umgangsrecht einschließlich der Umgangspflegschaft oder
- die Kindesherausgabe

der Verfahrenswert **3.000 Euro.** Sind in der Kindschaftssache mehrere Kinder beteiligt liegt nur ein Gegenstand vor, da **Abs. 2** eine Wertaddition verbietet.

III. Einzelfallregelung

Nach **Abs. 3** kann das Gericht den nach Abs. 1 bestimmten Verfahrenswert anheben oder absenken, wenn dieser nach den besonderen Umständen des Einzelfalls unbillig wäre. Eine Erhöhung kommt zB in Betracht, wenn das Verfahren überdurchschnittlich umfangreich oder schwierig ist. Ermäßigt kann der Verfahrenswert werden, wenn die Sache einfach gelagert ist oder die Beteiligten nur über ein geringes Einkommen verfügen. 3

§ 46 Übrige Kindschaftssachen

(1) **Wenn Gegenstand einer Kindschaftssache eine vermögensrechtliche Angelegenheit ist, gelten § 38 des Gerichts- und Notarkostengesetzes und die für eine Beurkundung geltenden besonderen Geschäftswert- und Bewertungsvorschriften des Gerichts- und Notarkostengesetzes entsprechend.**

(2) [1]**Bei Pflegschaften für einzelne Rechtshandlungen bestimmt sich der Verfahrenswert nach dem Wert des Gegenstands, auf den sich die Rechtshandlung bezieht.** [2]**Bezieht sich die Pflegschaft auf eine gegenwärtige oder künftige Mitberechtigung, ermäßigt sich der Wert auf den Bruchteil, der dem Anteil der Mitberechtigung entspricht.** [3]**Bei Gesamthandsverhältnissen ist der Anteil entsprechend der Beteiligung an dem Gesamthandvermögen zu bemessen.**

(3) **Der Wert beträgt in jedem Fall höchstens 1 Million Euro.**

I. Allgemeines

1 Soweit Kindschaftssachen nicht in den Anwendungsbereich des § 45 fallen („Übrige Kindschaftssachen“), wird ihr Verfahrenswert nach § 46 berechnet. Dazu gehören insbesondere Vormundschaft, Dauerpflegschaft für Minderjähre und Pflegschaft für einzelne Rechtshandlungen (zB Ergänzungspfleger, § 1909 BGB). Die Gebühren werden in Kindschaftssachen nach Nr. 1310–1319 KV erhoben. § 46 Abs. 1 ist vergleichbar mit § 23 Abs. 3 S. 1 RVG.

II. Verfahrenswert

2 Die Bewertung des Gegenstandes der Übrigen Kindschaftssachen erfolgt, auf Grund der pauschalen Verweisung in **Abs. 1,** unter entsprechender Anwendung der für eine Beurkundung geltenden besonderen Geschäftswert- und Bewertungsvorschriften des **GNotKG.** Im Einzelnen sind dies §§ 40–54 GNotKG sowie §§ 97–111 GNotKG (abgedruckt → Anh. § 46). Ein Schuldenabzug findet nicht statt (Abs. 1 iVm § 38 GNotKG).

Beispiel: Für den minderjährigen M wird Vormundschaft angeordnet. Zum Vermögen des M gehören auch zwei Grundstücke. Gebühr?
Für die Vormundschaft wird eine Jahresgebühr erhoben (KV 1311). Die Höhe der Gebühr richtet sich nach dem zu berücksichtigenden Vermögen des Minderjährigen. Die Bewertung der einzelnen Vermögensgegenstände erfolgt entsprechend der in § 46 Abs. 1 genannten GNotKG-Vorschriften. Ein Grundstückswert ist zB nach § 46 GNotKG zu bestimmen.

3 **Abs. 2** regelt den Verfahrenswert der Pflegschaft für einzelne Rechtshandlungen (zB Ergänzungspflegschaft nach § 1909 BGB). Abzustellen ist auf den Wert des Gegenstandes (zB Grundstück) auf den sich die Rechtshandlung bezieht (Abs. 2 S. 1; vgl. § 63 GNotKG). Bezieht sich die Pflegschaft auf eine (gegenwärtige oder künftige) Mitberechtigung des Minderjährigen (zB Bruchteilseigentum), ist der Wert des Anteils maßgebend (Abs. 2 S. 2). Bei Gesamthandvermögen (zB Nachlass, Gesamtgut) ist auf die Beteiligung des Minderjährigen an der Gemeinschaft abzustellen (Abs. 2 S. 3). Betrifft die Pflegschaft mehrere Minderjährige, werden die Werte

zusammengerechnet; KV 1313 Anmerkung Abs. 1. Bezieht sich die Pflegschaft auf die **Person** des Minderjährigen können Kosten von ihm nicht erhoben werden. Er haftet weder als Antragsteller (§ 21 Abs. 1 S. 2 Nr. 3), noch dürfen ihm Kosten auferlegt werden (§ 81 Abs. 3 FamFG).

Abs. 3 sieht, wie § 43 Abs. 1 S. 2 in Ehesachen, eine Wertgrenze von 1 Mio. Euro vor; damit wird zB die Gebühr für das Verfahren i.Allg. nach KV 1310 auf 2.668 Euro begrenzt. **4**

Anhang zu § 46. GNotKG

Vom 23.7.2013, BGBl. I S. 2586

FNA 361-6

zuletzt geändet durch Gesetz vom 5.7.2017, BGBl. I S. 2208

(Auszug)

Kapitel 1. Vorschriften für Gerichte und Notare

Abschn. 7. Wertvorschriften. Unterabschn. 2. Besondere Geschäftswertvorschriften

§ 40 GNotKG Erbschein, Europäisches Nachlasszeugnis, Zeugnis über die Fortsetzung der Gütergemeinschaft und Testamentsvollstreckerzeugnis. (1) [1]Der Geschäftswert für das Verfahren zur

1. Abnahme der eidesstattlichen Versicherung zur Erlangung eines Erbscheins oder eines Europäischen Nachlasszeugnisses,
2. Erteilung eines Erbscheins oder Ausstellung eines Europäischen Nachlasszeugnisses, soweit dieses die Rechtsstellung und die Rechte der Erben oder Vermächtnisnehmer mit unmittelbarer Berechtigung am Nachlass betrifft,
3. Einziehung oder Kraftloserklärung eines Erbscheins,
4. Änderung oder zum Widerruf eines Europäischen Nachlasszeugnisses, soweit die Rechtsstellung und Rechte der Erben oder Vermächtnisnehmer mit unmittelbarer Berechtigung am Nachlass betroffen sind,

ist der Wert des Nachlasses im Zeitpunkt des Erbfalls. [2]Vom Erblasser herrührende Verbindlichkeiten werden abgezogen. [3]Ist in dem Erbschein lediglich die Hoferbfolge zu bescheinigen, ist Geschäftswert der Wert des Hofs. [4]Abweichend von Satz 2 werden nur die auf dem Hof lastenden Verbindlichkeiten mit Ausnahme der Hypotheken, Grund- und Rentenschulden (§ 15 Absatz 2 der Höfeordnung) abgezogen.

(2) [1]Beziehen sich die in Absatz 1 genannten Verfahren nur auf das Erbrecht eines Miterben, bestimmt sich der Geschäftswert nach dem Anteil dieses Miterben. [2]Entsprechendes gilt, wenn ein weiterer Miterbe einer bereits beurkundeten eidesstattlichen Versicherung beitritt.

(3) [1]Erstrecken sich die Wirkungen eines Erbscheins nur auf einen Teil des Nachlasses, bleiben diejenigen Gegenstände, die von der Erbscheinswirkung nicht erfasst werden, bei der Berechnung des Geschäftswerts außer Betracht; Nachlassverbindlichkeiten werden nicht abgezogen. [2]Macht der Kostenschuldner glaubhaft, dass der Geschäftswert nach Absatz 1 niedriger ist, so ist dieser maßgebend. [3]Die Sätze 1 und 2 finden auf die Ausstellung, die Änderung und den Widerruf eines Europäischen Nachlasszeugnisses entsprechende Anwendung.

(4) Auf ein Verfahren, das ein Zeugnis über die Fortsetzung der Gütergemeinschaft betrifft, sind die Absätze 1 bis 3 entsprechend anzuwenden; an die Stelle des Nachlasses tritt der halbe Wert des Gesamtguts der fortgesetzten Gütergemeinschaft.

(5) [1]In einem Verfahren, das ein Zeugnis über die Ernennung eines Testamentsvollstreckers betrifft, beträgt der Geschäftswert 20 Prozent des Nachlasswerts im Zeitpunkt des Erbfalls, wobei Nachlassverbindlichkeiten nicht abgezogen werden; die Absätze 2 und 3 sind entsprechend anzuwenden. [2]Dies gilt entsprechend, soweit die Angabe der Befugnisse des Testamentsvollstreckers Gegenstand eines Verfahrens wegen eines Europäischen Nachlasszeugnisses ist.

(6) Bei der Ermittlung des Werts und der Zusammensetzung des Nachlasses steht § 30 der Abgabenordnung einer Auskunft des Finanzamts nicht entgegen.

§ 41 GNotKG Zeugnisse zum Nachweis der Auseinandersetzung eines Nachlasses oder Gesamtguts. In einem Verfahren, das ein Zeugnis nach den §§ 36 und 37 der Grundbuchordnung oder nach § 42 der Schiffsregisterordnung, auch in Verbindung mit § 74 der Schiffsregisterordnung oder § 86 des Gesetzes über Rechte an Luftfahrzeugen, betrifft, ist Geschäftswert der Wert der Gegenstände, auf die sich der Nachweis der Rechtsnachfolge erstreckt.

§ 42 GNotKG Wohnungs- und Teileigentum. (1) [1]Bei der Begründung von Wohnungs- oder Teileigentum und bei Geschäften, die die Aufhebung oder das Erlöschen von Sondereigentum betreffen, ist Geschäftswert der Wert des bebauten Grundstücks. [2]Ist das Grundstück noch nicht bebaut, ist dem Grundstückswert der Wert des zu errichtenden Bauwerks hinzuzurechnen.

(2) Bei Wohnungs- und Teilerbbaurechten gilt Absatz 1 entsprechend, wobei an die Stelle des Grundstückswerts der Wert des Erbbaurechts tritt.

§ 43 GNotKG Erbbaurechtsbestellung. [1]Wird bei der Bestellung eines Erbbaurechts als Entgelt ein Erbbauzins vereinbart, ist Geschäftswert der nach § 52 errechnete Wert des Erbbauzinses. [2]Ist der nach § 49 Absatz 2 errechnete Wert des Erbbaurechts höher, so ist dieser maßgebend.

§ 44 GNotKG Mithaft. (1) [1]Bei der Einbeziehung eines Grundstücks in die Mithaft wegen eines Grundpfandrechts und bei der Entlassung aus der Mithaft bestimmt sich der Geschäftswert nach dem Wert des einbezogenen oder entlassenen Grundstücks, wenn dieser geringer als der Wert nach § 53 Absatz 1 ist. [2]Die Löschung eines Grundpfandrechts, bei dem bereits zumindest ein Grundstück aus der Mithaft entlassen worden ist, steht hinsichtlich der Geschäftswertbestimmung der Entlassung aus der Mithaft gleich.

(2) Absatz 1 gilt entsprechend für grundstücksgleiche Rechte.

(3) Absatz 1 gilt ferner entsprechend

1. für Schiffshypotheken mit der Maßgabe, dass an die Stelle des Grundstücks das Schiff oder das Schiffsbauwerk tritt, und
2. für Registerpfandrechte an einem Luftfahrzeug mit der Maßgabe, dass an die Stelle des Grundstücks das Luftfahrzeug tritt.

§ 45 GNotKG Rangverhältnisse und Vormerkungen. (1) Bei Einräumung des Vorrangs oder des gleichen Rangs ist Geschäftswert der Wert des vortretenden Rechts, höchstens jedoch der Wert des zurücktretenden Rechts.

(2) [1]Die Vormerkung gemäß § 1179 des Bürgerlichen Gesetzbuchs zugunsten eines nach- oder gleichstehenden Berechtigten steht der Vorrangseinräumung gleich. [2]Dasselbe gilt für den Fall, dass ein nachrangiges Recht gegenüber einer vorrangigen Vormerkung wirksam sein soll. [3]Der Ausschluss des Löschungsanspruchs nach § 1179a Absatz 5 des

Bürgerlichen Gesetzbuchs, auch in Verbindung mit § 1179b Absatz 2 des Bürgerlichen Gesetzbuchs, ist wie ein Rangrücktritt des Rechts zu behandeln, als dessen Inhalt der Ausschluss vereinbart wird.

(3) Geschäftswert einer sonstigen Vormerkung ist der Wert des vorgemerkten Rechts; § 51 Absatz 1 Satz 2 ist entsprechend anzuwenden.

Unterabschnitt 3. Bewertungsvorschriften

§ 46 GNotKG Sache. (1) Der Wert einer Sache wird durch den Preis bestimmt, der im gewöhnlichen Geschäftsverkehr nach der Beschaffenheit der Sache unter Berücksichtigung aller den Preis beeinflussenden Umstände bei einer Veräußerung zu erzielen wäre (Verkehrswert).

(2) Steht der Verkehrswert nicht fest, ist er zu bestimmen
1. nach dem Inhalt des Geschäfts,
2. nach den Angaben der Beteiligten,
3. anhand von sonstigen amtlich bekannten Tatsachen oder Vergleichswerten aufgrund einer amtlichen Auskunft oder
4. anhand offenkundiger Tatsachen.

(3) [1]Bei der Bestimmung des Verkehrswerts eines Grundstücks können auch herangezogen werden
1. im Grundbuch eingetragene Belastungen,
2. aus den Grundakten ersichtliche Tatsachen oder Vergleichswerte oder
3. für Zwecke der Steuererhebung festgesetzte Werte.

[2]Im Fall der Nummer 3 steht § 30 der Abgabenordnung einer Auskunft des Finanzamts nicht entgegen.

(4) Eine Beweisaufnahme zur Feststellung des Verkehrswerts findet nicht statt.

§ 47 GNotKG Sache bei Kauf. [1]Im Zusammenhang mit dem Kauf wird der Wert der Sache durch den Kaufpreis bestimmt. [2]Der Wert der vorbehaltenen Nutzungen und der vom Käufer übernommenen oder ihm sonst infolge der Veräußerung obliegenden Leistungen wird hinzugerechnet. [3]Ist der nach den Sätzen 1 und 2 ermittelte Wert niedriger als der Verkehrswert, ist der Verkehrswert maßgebend.

§ 48 GNotKG Land- und forstwirtschaftliches Vermögen. (1) [1]Im Zusammenhang mit der Übergabe oder Zuwendung eines land- oder forstwirtschaftlichen Betriebs mit Hofstelle an eine oder mehrere natürliche Personen einschließlich der Abfindung weichender Erben beträgt der Wert des land- und forstwirtschaftlichen Vermögens im Sinne des Bewertungsgesetzes höchstens das Vierfache des letzten Einheitswerts, der zur Zeit der Fälligkeit der Gebühr bereits festgestellt ist, wenn
1. die unmittelbare Fortführung des Betriebs durch den Erwerber selbst beabsichtigt ist und
2. der Betrieb unmittelbar nach Vollzug der Übergabe oder Zuwendung einen nicht nur unwesentlichen Teil der Existenzgrundlage des zukünftigen Inhabers bildet.

[2]§ 46 Absatz 3 Satz 2 gilt entsprechend. [3]Ist der Einheitswert noch nicht festgestellt, so ist dieser vorläufig zu schätzen; die Schätzung ist nach der ersten Feststellung des Einheitswerts zu berichtigen; die Frist des § 20 Absatz 1 beginnt erst mit der Feststellung des Einheitswerts. [4]In dem in Artikel 3 des Einigungsvertrages genannten Gebiet gelten für die Bewertung des land- und forstwirtschaftlichen Vermögens die Vorschriften des Dritten Abschnitts im Zweiten Teil des Bewertungsgesetzes mit Ausnahme von § 125 Absatz 3; § 126 Absatz 2 des Bewertungsgesetzes ist sinngemäß anzuwenden.

(2) Weicht der Gegenstand des gebührenpflichtigen Geschäfts vom Gegenstand der Einheitsbewertung oder vom Gegenstand der Bildung des Ersatzwirtschaftswerts wesent-

lich ab oder hat sich der Wert infolge bestimmter Umstände, die nach dem Feststellungszeitpunkt des Einheitswerts oder des Ersatzwirtschaftswerts eingetreten sind, wesentlich verändert, so ist der nach den Grundsätzen der Einheitsbewertung oder der Bildung des Ersatzwirtschaftswerts geschätzte Wert maßgebend.

(3) Die Absätze 1 und 2 sind entsprechend anzuwenden für die Bewertung
1. eines Hofs im Sinne der Höfeordnung und
2. eines landwirtschaftlichen Betriebs in einem Verfahren aufgrund der Vorschriften über die gerichtliche Zuweisung eines Betriebs (§ 1 Nummer 2 des Gesetzes über das gerichtliche Verfahren in Landwirtschaftssachen), sofern das Verfahren mit der Zuweisung endet.

§ 49 GNotKG Grundstücksgleiche Rechte. (1) Die für die Bewertung von Grundstücken geltenden Vorschriften sind auf Rechte entsprechend anzuwenden, die den für Grundstücke geltenden Vorschriften unterliegen, soweit sich aus Absatz 2 nichts anderes ergibt.

(2) Der Wert eines Erbbaurechts beträgt 80 Prozent der Summe aus den Werten des belasteten Grundstücks und darauf errichteter Bauwerke; sofern die Ausübung des Rechts auf eine Teilfläche beschränkt ist, sind 80 Prozent vom Wert dieser Teilfläche zugrunde zu legen.

§ 50 GNotKG Bestimmte schuldrechtliche Verpflichtungen. Der Wert beträgt bei einer schuldrechtlichen Verpflichtung
1. über eine Sache oder ein Recht nicht oder nur eingeschränkt zu verfügen, 10 Prozent des Verkehrswerts der Sache oder des Werts des Rechts;
2. zur eingeschränkten Nutzung einer Sache 20 Prozent des Verkehrswerts der Sache;
3. zur Errichtung eines Bauwerks, wenn es sich um
   a) ein Wohngebäude handelt, 20 Prozent des Verkehrswerts des unbebauten Grundstücks,
   b) ein gewerblich genutztes Bauwerk handelt, 20 Prozent der voraussichtlichen Herstellungskosten;
4. zu Investitionen 20 Prozent der Investitionssumme.

§ 51 GNotKG Erwerbs- und Veräußerungsrechte, Verfügungsbeschränkungen. (1) [1]Der Wert eines Ankaufsrechts oder eines sonstigen Erwerbs- oder Veräußerungsrechts ist der Wert des Gegenstands, auf den sich das Recht bezieht. [2]Der Wert eines Vorkaufs- oder Wiederkaufsrechts ist die Hälfte des Werts nach Satz 1.

(2) Der Wert einer Verfügungsbeschränkung, insbesondere nach den §§ 1365 und 1369 des Bürgerlichen Gesetzbuchs sowie einer Belastung gemäß § 1010 des Bürgerlichen Gesetzbuchs, beträgt 30 Prozent des von der Beschränkung betroffenen Gegenstands.

(3) Ist der nach den Absätzen 1 und 2 bestimmte Wert nach den besonderen Umständen des Einzelfalls unbillig, kann ein höherer oder ein niedrigerer Wert angenommen werden.

§ 52 GNotKG Nutzungs- und Leistungsrechte. (1) Der Wert einer Dienstbarkeit, einer Reallast oder eines sonstigen Rechts oder Anspruchs auf wiederkehrende oder dauernde Nutzungen oder Leistungen einschließlich des Unterlassens oder Duldens bestimmt sich nach dem Wert, den das Recht für den Berechtigten oder für das herrschende Grundstück hat.

(2) [1]Ist das Recht auf eine bestimmte Zeit beschränkt, ist der auf die Dauer des Rechts entfallende Wert maßgebend. [2]Der Wert ist jedoch durch den auf die ersten 20 Jahre entfallenden Wert des Rechts beschränkt. [3]Ist die Dauer des Rechts außerdem auf die Lebensdauer einer Person beschränkt, darf der nach Absatz 4 bemessene Wert nicht überschritten werden.

(3) [1]Der Wert eines Rechts von unbeschränkter Dauer ist der auf die ersten 20 Jahre entfallende Wert. [2]Der Wert eines Rechts von unbestimmter Dauer ist der auf die ersten zehn Jahre entfallende Wert, soweit sich aus Absatz 4 nichts anderes ergibt.

(4) [1]Ist das Recht auf die Lebensdauer einer Person beschränkt, ist sein Wert

bei einem Lebensalter von …	der auf die ersten … Jahre
bis zu 30 Jahren	20
über 30 Jahren bis zu 50 Jahren	15
über 50 Jahren bis zu 70 Jahren	10
über 70 Jahren	5

entfallende Wert. [2]Hängt die Dauer des Rechts von der Lebensdauer mehrerer Personen ab, ist maßgebend,
1. wenn das Recht mit dem Tod des zuletzt Sterbenden erlischt, das Lebensalter der jüngsten Person,
2. wenn das Recht mit dem Tod des zuerst Sterbenden erlischt, das Lebensalter der ältesten Person.

(5) Der Jahreswert wird mit 5 Prozent des Werts des betroffenen Gegenstands oder Teils des betroffenen Gegenstands angenommen, sofern nicht ein anderer Wert festgestellt werden kann.

(6) [1]Für die Berechnung des Werts ist der Beginn des Rechts maßgebend. [2]Bildet das Recht später den Gegenstand eines gebührenpflichtigen Geschäfts, so ist der spätere Zeitpunkt maßgebend. [3]Ist der nach den vorstehenden Absätzen bestimmte Wert nach den besonderen Umständen des Einzelfalls unbillig, weil im Zeitpunkt des Geschäfts der Beginn des Rechts noch nicht feststeht oder das Recht in anderer Weise bedingt ist, ist ein niedrigerer Wert anzunehmen. [4]Der Wert eines durch Zeitablauf oder durch den Tod des Berechtigten erloschenen Rechts beträgt 0 Euro.

(7) Preisklauseln werden nicht berücksichtigt.

§ 53 GNotKG Grundpfandrechte und sonstige Sicherheiten. (1) [1]Der Wert einer Hypothek, Schiffshypothek, eines Registerpfandrechts an einem Luftfahrzeug oder einer Grundschuld ist der Nennbetrag der Schuld. [2]Der Wert einer Rentenschuld ist der Nennbetrag der Ablösungssumme.

(2) Der Wert eines sonstigen Pfandrechts oder der sonstigen Sicherstellung einer Forderung durch Bürgschaft, Sicherungsübereignung oder dergleichen bestimmt sich nach dem Betrag der Forderung und, wenn der als Pfand oder zur Sicherung dienende Gegenstand einen geringeren Wert hat, nach diesem.

§ 54 GNotKG Bestimmte Gesellschaftsanteile. [1]Wenn keine genügenden Anhaltspunkte für einen höheren Wert von Anteilen an Kapitalgesellschaften und von Kommanditbeteiligungen bestehen, bestimmt sich der Wert nach dem Eigenkapital im Sinne von § 266 Absatz 3 des Handelsgesetzbuchs, das auf den jeweiligen Anteil oder die Beteiligung entfällt. [2]Grundstücke, Gebäude, grundstücksgleiche Rechte, Schiffe oder Schiffsbauwerke sind dabei nach den Bewertungsvorschriften dieses Unterabschnitts zu berücksichtigen. [3]Sofern die betreffenden Gesellschaften überwiegend vermögensverwaltend tätig sind, insbesondere als Immobilienverwaltungs-, Objekt-, Holding-, Besitz- oder sonstige Beteiligungsgesellschaft, ist der auf den jeweiligen Anteil oder die Beteiligung entfallende Wert des Vermögens der Gesellschaft maßgeblich; die Sätze 1 und 2 sind nicht anzuwenden.

Unterabschnitt 2. Beurkundung

§ 97 GNotKG Verträge und Erklärungen. (1) Der Geschäftswert bei der Beurkundung von Verträgen und Erklärungen bestimmt sich nach dem Wert des Rechtsverhältnisses, das Beurkundungsgegenstand ist.

(2) Handelt es sich um Veränderungen eines Rechtsverhältnisses, so darf der Wert des von der Veränderung betroffenen Rechtsverhältnisses nicht überschritten werden, und zwar auch dann nicht, wenn es sich um mehrere Veränderungen desselben Rechtsverhältnisses handelt.

(3) Bei Verträgen, die den Austausch von Leistungen zum Gegenstand haben, ist nur der Wert der Leistungen des einen Teils maßgebend; wenn der Wert der Leistungen verschieden ist, ist der höhere maßgebend.

§ 98 GNotKG Vollmachten und Zustimmungen. (1) Bei der Beurkundung einer Vollmacht zum Abschluss eines bestimmten Rechtsgeschäfts oder bei der Beurkundung einer Zustimmungserklärung ist Geschäftswert die Hälfte des Geschäftswerts für die Beurkundung des Geschäfts, auf das sich die Vollmacht oder die Zustimmungserklärung bezieht.

(2) [1]Bei Vollmachten und Zustimmungserklärungen aufgrund einer gegenwärtigen oder künftigen Mitberechtigung ermäßigt sich der nach Absatz 1 bestimmte Geschäftswert auf den Bruchteil, der dem Anteil der Mitberechtigung entspricht. [2]Entsprechendes gilt für Zustimmungserklärungen nach dem Umwandlungsgesetz durch die in § 2 des Umwandlungsgesetzes bezeichneten Anteilsinhaber. [3]Bei Gesamthandsverhältnissen ist der Anteil entsprechend der Beteiligung an dem Gesamthandsvermögen zu bemessen.

(3) [1]Der Geschäftswert bei der Beurkundung einer allgemeinen Vollmacht ist nach billigem Ermessen zu bestimmen; dabei sind der Umfang der erteilten Vollmacht und das Vermögen des Vollmachtgebers angemessen zu berücksichtigen. [2]Der zu bestimmende Geschäftswert darf die Hälfte des Vermögens des Auftraggebers nicht übersteigen. [3]Bestehen keine genügenden Anhaltspunkte für eine Bestimmung des Werts, ist von einem Geschäftswert von 5 000 Euro auszugehen.

(4) In allen Fällen beträgt der anzunehmende Geschäftswert höchstens 1 Million Euro.

(5) Für den Widerruf einer Vollmacht gelten die vorstehenden Vorschriften entsprechend.

§ 99 GNotKG Miet-, Pacht- und Dienstverträge. (1) [1]Der Geschäftswert bei der Beurkundung eines Miet- oder Pachtvertrags ist der Wert aller Leistungen des Mieters oder Pächters während der gesamten Vertragszeit. [2]Bei Miet- oder Pachtverträgen von unbestimmter Vertragsdauer ist der auf die ersten fünf Jahre entfallende Wert der Leistungen maßgebend; ist jedoch die Auflösung des Vertrags erst zu einem späteren Zeitpunkt zulässig, ist dieser maßgebend. [3]In keinem Fall darf der Geschäftswert den auf die ersten 20 Jahre entfallenden Wert übersteigen.

(2) Der Geschäftswert bei der Beurkundung eines Dienstvertrags, eines Geschäftsbesorgungsvertrags oder eines ähnlichen Vertrags ist der Wert aller Bezüge des zur Dienstleistung oder Geschäftsbesorgung Verpflichteten während der gesamten Vertragszeit, höchstens jedoch der Wert der auf die ersten fünf Jahre entfallenden Bezüge.

§ 100 GNotKG Güterrechtliche Angelegenheiten. (1) [1]Der Geschäftswert
1. bei der Beurkundung von Eheverträgen im Sinne des § 1408 des Bürgerlichen Gesetzbuchs, die sich nicht auf Vereinbarungen über den Versorgungsausgleich beschränken, und
2. bei der Beurkundung von Anmeldungen aufgrund solcher Verträge

ist die Summe der Werte der gegenwärtigen Vermögen beider Ehegatten. [2]Betrifft der Ehevertrag nur das Vermögen eines Ehegatten, ist nur dessen Vermögen maßgebend.

[3]Bei Ermittlung des Vermögens werden Verbindlichkeiten bis zur Hälfte des nach Satz 1 oder 2 maßgeblichen Werts abgezogen. [4]Verbindlichkeiten eines Ehegatten werden nur von seinem Vermögen abgezogen.

(2) Betrifft der Ehevertrag nur bestimmte Vermögenswerte, auch wenn sie dem Anfangsvermögen hinzuzurechnen wären, oder bestimmte güterrechtliche Ansprüche, so ist deren Wert, höchstens jedoch der Wert nach Absatz 1 maßgebend.

(3) Betrifft der Ehevertrag Vermögenswerte, die noch nicht zum Vermögen des Ehegatten gehören, werden sie mit 30 Prozent ihres Werts berücksichtigt, wenn sie im Ehevertrag konkret bezeichnet sind.

(4) Die Absätze 1 bis 3 gelten entsprechend bei Lebenspartnerschaftsverträgen.

§ 101 GNotKG Annahme als Kind. In Angelegenheiten, die die Annahme eines Minderjährigen betreffen, beträgt der Geschäftswert 5 000 Euro.

§ 102 GNotKG Erbrechtliche Angelegenheiten. (1) [1]Geschäftswert bei der Beurkundung einer Verfügung von Todes wegen ist, wenn über den ganzen Nachlass oder einen Bruchteil verfügt wird, der Wert des Vermögens oder der Wert des entsprechenden Bruchteils des Vermögens. [2]Verbindlichkeiten des Erblassers werden abgezogen, jedoch nur bis zur Hälfte des Werts des Vermögens. [3]Vermächtnisse und Auflagen werden nur bei Verfügung über einen Bruchteil und nur mit dem Anteil ihres Werts hinzugerechnet, der dem Bruchteil entspricht, über den nicht verfügt wird.

(2) [1]Verfügt der Erblasser außer über die Gesamtrechtsnachfolge daneben über Vermögenswerte, die noch nicht zu seinem Vermögen gehören, jedoch in der Verfügung von Todes wegen konkret bezeichnet sind, wird deren Wert hinzugerechnet. [2]Von dem Begünstigten zu übernehmende Verbindlichkeiten werden abgezogen, jedoch nur bis zur Hälfte des Vermögenswerts. [3]Die Sätze 1 und 2 gelten bei gemeinschaftlichen Testamenten und gegenseitigen Erbverträgen nicht für Vermögenswerte, die bereits nach Absatz 1 berücksichtigt sind.

(3) Betrifft die Verfügung von Todes wegen nur bestimmte Vermögenswerte, ist deren Wert maßgebend; Absatz 2 Satz 2 gilt entsprechend.

(4) [1]Bei der Beurkundung eines Erbverzichts-, Zuwendungsverzichts- oder Pflichtteilsverzichtsvertrags gilt Absatz 1 Satz 1 und 2 entsprechend; soweit der Zuwendungsverzicht ein Vermächtnis betrifft, gilt Absatz 3 entsprechend. [2]Das Pflichtteilsrecht ist wie ein entsprechender Bruchteil des Nachlasses zu behandeln.

(5) [1]Die Absätze 1 bis 3 gelten entsprechend für die Beurkundung der Anfechtung oder des Widerrufs einer Verfügung von Todes wegen sowie für den Rücktritt von einem Erbvertrag. [2]Hat eine Erklärung des einen Teils nach Satz 1 im Fall eines gemeinschaftlichen Testaments oder eines Erbvertrags die Unwirksamkeit von Verfügungen des anderen Teils zur Folge, ist der Wert der Verfügungen des anderen Teils dem Wert nach Satz 1 hinzuzurechnen.

§ 103 GNotKG Erklärungen gegenüber dem Nachlassgericht, Anträge an das Nachlassgericht. (1) Werden in einer vermögensrechtlichen Angelegenheit Erklärungen, die gegenüber dem Nachlassgericht abzugeben sind, oder Anträge an das Nachlassgericht beurkundet, ist Geschäftswert der Wert des betroffenen Vermögens oder des betroffenen Bruchteils nach Abzug der Verbindlichkeiten zum Zeitpunkt der Beurkundung.

(2) Bei der Beurkundung von Erklärungen über die Ausschlagung des Anfalls eines Hofes (§ 11 der Höfeordnung) gilt Absatz 1 entsprechend.

§ 104 GNotKG Rechtswahl. (1) Bei der Beurkundung einer Rechtswahl, die die allgemeinen oder güterrechtlichen Wirkungen der Ehe betrifft, beträgt der Geschäftswert 30 Prozent des Werts, der sich in entsprechender Anwendung des § 100 ergibt.

(2) Bei der Beurkundung einer Rechtswahl, die eine Rechtsnachfolge von Todes wegen betrifft, beträgt der Geschäftswert 30 Prozent des Werts, der sich in entsprechender Anwendung des § 102 ergibt.

(3) Bei der Beurkundung einer Rechtswahl in sonstigen Fällen beträgt der Geschäftswert 30 Prozent des Geschäftswerts für die Beurkundung des Rechtsgeschäfts, für das die Rechtswahl bestimmt ist.

§ 105 GNotKG Anmeldung zu bestimmten Registern. (1) [1]Bei den folgenden Anmeldungen zum Handelsregister ist Geschäftswert der in das Handelsregister einzutragende Geldbetrag, bei Änderung bereits eingetragener Geldbeträge der Unterschiedsbetrag:
1. erste Anmeldung einer Kapitalgesellschaft; ein in der Satzung bestimmtes genehmigtes Kapital ist dem Grund- oder Stammkapital hinzuzurechnen;
2. erste Anmeldung eines Versicherungsvereins auf Gegenseitigkeit;
3. Erhöhung oder Herabsetzung des Stammkapitals einer Gesellschaft mit beschränkter Haftung;
4. Beschluss der Hauptversammlung einer Aktiengesellschaft oder einer Kommanditgesellschaft auf Aktien über
   a) Maßnahmen der Kapitalbeschaffung (§§ 182 bis 221 des Aktiengesetzes); dem Beschluss über die genehmigte Kapitalerhöhung steht der Beschluss über die Verlängerung der Frist gleich, innerhalb derer der Vorstand das Kapital erhöhen kann;
   b) Maßnahmen der Kapitalherabsetzung (§§ 222 bis 240 des Aktiengesetzes);
5. erste Anmeldung einer Kommanditgesellschaft; maßgebend ist die Summe der Kommanditeinlagen; hinzuzurechnen sind 30 000 Euro für den ersten und 15 000 Euro für jeden weiteren persönlich haftenden Gesellschafter;
6. Eintritt eines Kommanditisten in eine bestehende Personenhandelsgesellschaft oder Ausscheiden eines Kommanditisten; ist ein Kommanditist als Nachfolger eines anderen Kommanditisten oder ein bisher persönlich haftender Gesellschafter als Kommanditist oder ein bisheriger Kommanditist als persönlich haftender Gesellschafter einzutragen, ist die einfache Kommanditeinlage maßgebend;
7. Erhöhung oder Herabsetzung einer Kommanditeinlage.

[2]Der Geschäftswert beträgt mindestens 30 000 Euro.

(2) Bei sonstigen Anmeldungen zum Handelsregister sowie bei Anmeldungen zum Partnerschafts- und Genossenschaftsregister bestimmt sich der Geschäftswert nach den Absätzen 3 bis 5.

(3) Der Geschäftswert beträgt bei der ersten Anmeldung
1. eines Einzelkaufmanns 30 000 Euro;
2. einer offenen Handelsgesellschaft oder einer Partnerschaftsgesellschaft mit zwei Gesellschaftern 45 000 Euro; hat die offene Handelsgesellschaft oder die Partnerschaftsgesellschaft mehr als zwei Gesellschafter, erhöht sich der Wert für den dritten und jeden weiteren Gesellschafter um jeweils 15 000 Euro;
3. einer Genossenschaft oder einer juristischen Person (§ 33 des Handelsgesetzbuchs) 60 000 Euro.

(4) Bei einer späteren Anmeldung beträgt der Geschäftswert, wenn diese
1. eine Kapitalgesellschaft betrifft, 1 Prozent des eingetragenen Grund- oder Stammkapitals, mindestens 30 000 Euro;
2. einen Versicherungsverein auf Gegenseitigkeit betrifft, 60 000 Euro;
3. eine Personenhandels- oder Partnerschaftsgesellschaft betrifft, 30 000 Euro; bei Eintritt oder Ausscheiden von mehr als zwei persönlich haftenden Gesellschaftern oder Partnern sind als Geschäftswert 15 000 Euro für jeden eintretenden oder ausscheidenden Gesellschafter oder Partner anzunehmen;
4. einen Einzelkaufmann, eine Genossenschaft oder eine juristische Person (§ 33 des Handelsgesetzbuchs) betrifft, 30 000 Euro.

(5) Ist eine Anmeldung nur deshalb erforderlich, weil sich eine Anschrift geändert hat, oder handelt es sich um eine ähnliche Anmeldung, die für das Unternehmen keine wirtschaftliche Bedeutung hat, so beträgt der Geschäftswert 5 000 Euro.

(6) [1]Der in Absatz 1 Satz 2 und in Absatz 4 Nummer 1 bestimmte Mindestwert gilt nicht

1. für die Gründung einer Gesellschaft gemäß § 2 Absatz 1 a des Gesetzes betreffend die Gesellschaften mit beschränkter Haftung und
2. für Änderungen des Gesellschaftsvertrags einer gemäß § 2 Absatz 1 a des Gesetzes betreffend die Gesellschaften mit beschränkter Haftung gegründeten Gesellschaft, wenn die Gesellschaft auch mit dem geänderten Gesellschaftsvertrag hätte gemäß § 2 Absatz 1 a des Gesetzes betreffend die Gesellschaften mit beschränkter Haftung gegründet werden können.

[2]Reine sprachliche Abweichungen vom Musterprotokoll oder die spätere Streichung der auf die Gründung verweisenden Formulierungen stehen der Anwendung des Satzes 1 nicht entgegen.

§ 106 GNotKG Höchstwert für Anmeldungen zu bestimmten Registern. [1]Bei der Beurkundung von Anmeldungen zu einem in § 105 genannten Register und zum Vereinsregister beträgt der Geschäftswert höchstens 1 Million Euro. [2]Dies gilt auch dann, wenn mehrere Anmeldungen in einem Beurkundungsverfahren zusammengefasst werden.

§ 107 GNotKG Gesellschaftsrechtliche Verträge, Satzungen und Pläne. (1) [1]Bei der Beurkundung von Gesellschaftsverträgen und Satzungen sowie von Plänen und Verträgen nach dem Umwandlungsgesetz beträgt der Geschäftswert mindestens 30 000 Euro und höchstens 10 Millionen Euro. [2]Der in Satz 1 bestimmte Mindestwert gilt nicht bei der Beurkundung von Gesellschaftsverträgen und Satzungen in den Fällen des § 105 Absatz 6.

(2) [1]Bei der Beurkundung von Verträgen zwischen verbundenen Unternehmen (§ 15 des Aktiengesetzes) über die Veräußerung oder über die Verpflichtung zur Veräußerung von Gesellschaftsanteilen und -beteiligungen beträgt der Geschäftswert höchstens 10 Millionen Euro. [2]Satz 1 gilt nicht, sofern die betroffene Gesellschaft überwiegend vermögensverwaltend tätig ist, insbesondere als Immobilienverwaltungs-, Objekt-, Holding-, Besitz- oder sonstige Beteiligungsgesellschaft.

§ 108 GNotKG Beschlüsse von Organen. (1) [1]Für den Geschäftswert bei der Beurkundung von Beschlüssen von Organen von Kapital-, Personenhandels- und Partnerschaftsgesellschaften sowie von Versicherungsvereinen auf Gegenseitigkeit, juristischen Personen (§ 33 des Handelsgesetzbuchs) oder Genossenschaften, deren Gegenstand keinen bestimmten Geldwert hat, gilt § 105 Absatz 4 und 6 entsprechend. [2]Bei Beschlüssen, deren Gegenstand einen bestimmten Geldwert hat, beträgt der Wert nicht weniger als der sich nach § 105 Absatz 1 ergebende Wert.

(2) Bei der Beurkundung von Beschlüssen im Sinne des Absatzes 1, welche die Zustimmung zu einem bestimmten Rechtsgeschäft enthalten, ist der Geschäftswert wie bei der Beurkundung des Geschäfts zu bestimmen, auf das sich der Zustimmungsbeschluss bezieht.

(3) [1]Der Geschäftswert bei der Beurkundung von Beschlüssen nach dem Umwandlungsgesetz ist der Wert des Vermögens des übertragenden oder formwechselnden Rechtsträgers. [2]Bei Abspaltungen oder Ausgliederungen ist der Wert des übergehenden Vermögens maßgebend.

(4) Der Geschäftswert bei der Beurkundung von Beschlüssen von Organen einer Gesellschaft bürgerlichen Rechts, deren Gegenstand keinen bestimmten Geldwert hat, beträgt 30 000 Euro.

(5) Der Geschäftswert von Beschlüssen von Gesellschafts-, Stiftungs- und Vereinsorganen sowie von ähnlichen Organen beträgt höchstens 5 Millionen Euro, auch wenn

mehrere Beschlüsse mit verschiedenem Gegenstand in einem Beurkundungsverfahren zusammengefasst werden.

§ 109 GNotKG Derselbe Beurkundungsgegenstand. (1) [1]Derselbe Beurkundungsgegenstand liegt vor, wenn Rechtsverhältnisse zueinander in einem Abhängigkeitsverhältnis stehen und das eine Rechtsverhältnis unmittelbar dem Zweck des anderen Rechtsverhältnisses dient. [2]Ein solches Abhängigkeitsverhältnis liegt nur vor, wenn das andere Rechtsverhältnis der Erfüllung, Sicherung oder sonstigen Durchführung des einen Rechtsverhältnisses dient. [3]Dies gilt auch bei der Beurkundung von Erklärungen Dritter und von Erklärungen der Beteiligten zugunsten Dritter. [4]Ein Abhängigkeitsverhältnis liegt insbesondere vor zwischen

1. dem Kaufvertrag und
   a) der Übernahme einer durch ein Grundpfandrecht am Kaufgrundstück gesicherten Darlehensschuld,
   b) der zur Löschung von Grundpfandrechten am Kaufgegenstand erforderlichen Erklärungen sowie
   c) jeder zur Belastung des Kaufgegenstands dem Käufer erteilten Vollmacht;

   die Beurkundung des Zuschlags in der freiwilligen Versteigerung steht dem Kaufvertrag gleich;
2. dem Gesellschaftsvertrag und der Auflassung bezüglich eines einzubringenden Grundstücks;
3. der Bestellung eines dinglichen Rechts und der zur Verschaffung des beabsichtigten Rangs erforderlichen Rangänderungserklärungen; § 45 Absatz 2 gilt entsprechend;
4. der Begründung eines Anspruchs und den Erklärungen zur Schaffung eines Titels gemäß § 794 Absatz 1 Nummer 5 der Zivilprozessordnung.

[5]In diesen Fällen bestimmt sich der Geschäftswert nur nach dem Wert des Rechtsverhältnisses, zu dessen Erfüllung, Sicherung oder sonstiger Durchführung die anderen Rechtsverhältnisse dienen.

(2) [1]Derselbe Beurkundungsgegenstand sind auch

1. der Vorschlag zur Person eines möglichen Betreuers und eine Patientenverfügung;
2. der Widerruf einer Verfügung von Todes wegen, die Aufhebung oder Anfechtung eines Erbvertrags oder der Rücktritt von einem Erbvertrag jeweils mit der Errichtung einer neuen Verfügung von Todes wegen;
3. die zur Bestellung eines Grundpfandrechts erforderlichen Erklärungen und die Schulderklärung bis zur Höhe des Nennbetrags des Grundpfandrechts;
4. bei Beschlüssen von Organen einer Vereinigung oder Stiftung
   a) jeder Beschluss und eine damit im Zusammenhang stehende Änderung des Gesellschaftsvertrags oder der Satzung,
   b) der Beschluss über eine Kapitalerhöhung oder -herabsetzung und die weiteren damit im Zusammenhang stehenden Beschlüsse,
   c) mehrere Änderungen des Gesellschaftsvertrags oder der Satzung, deren Gegenstand keinen bestimmten Geldwert hat,
   d) mehrere Wahlen, sofern nicht Einzelwahlen stattfinden,
   e) mehrere Beschlüsse über die Entlastung von Verwaltungsträgern, sofern nicht Einzelbeschlüsse gefasst werden,
   f) Wahlen und Beschlüsse über die Entlastung der Verwaltungsträger, sofern nicht einzeln abgestimmt wird,
   g) Beschlüsse von Organen verschiedener Vereinigungen bei Umwandlungsvorgängen, sofern die Beschlüsse denselben Beschlussgegenstand haben.

[2]In diesen Fällen bestimmt sich der Geschäftswert nach dem höchsten in Betracht kommenden Wert.

§ 110 GNotKG Verschiedene Beurkundungsgegenstände. Abweichend von § 109 Absatz 1 sind verschiedene Beurkundungsgegenstände

1. Beschlüsse von Organen einer Vereinigung oder Stiftung und Erklärungen,
2. ein Veräußerungsvertrag und
   a) Erklärungen zur Finanzierung der Gegenleistung gegenüber Dritten,
   b) Erklärungen zur Bestellung von subjektiv-dinglichen Rechten sowie
   c) ein Verzicht auf Steuerbefreiungen gemäß § 9 Absatz 1 des Umsatzsteuergesetzes sowie
3. Erklärungen gemäß § 109 Absatz 2 Satz 1 Nummer 1 und Vollmachten.

§ 111 GNotKG Besondere Beurkundungsgegenstände. Als besonderer Beurkundungsgegenstand gelten stets

1. vorbehaltlich der Regelung in § 109 Absatz 2 Nummer 2 eine Verfügung von Todes wegen,
2. ein Ehevertrag im Sinne von § 1408 Absatz 1 des Bürgerlichen Gesetzbuchs,
3. eine Anmeldung zu einem Register und
4. eine Rechtswahl nach dem internationalen Privatrecht.

§ 47 Abstammungssachen

(1) **In Abstammungssachen nach § 169 Nr. 1 und 4 des Gesetzes über das Verfahren in Familiensachen und in den Angelegenheiten der freiwilligen Gerichtsbarkeit beträgt der Verfahrenswert 2 000 Euro, in den übrigen Abstammungssachen 1 000 Euro.**

(2) **Ist der nach Absatz 1 bestimmte Wert nach den besonderen Umständen des Einzelfalls unbillig, kann das Gericht einen höheren oder einen niedrigeren Wert festsetzen.**

I. Allgemeines

§ 169 FamFG definiert den Begriff der Abstammungssachen. Es sind dies Verfahren 1

- **Nr. 1** auf Feststellung des Bestehens oder Nichtbestehens eines Eltern-Kind-Verhältnisses, insbesondere der Wirksamkeit oder Unwirksamkeit einer Anerkennung der Vaterschaft (§ 1600d BGB)
- **Nr. 2** auf Ersetzung der Einwilligung in eine genetische Abstammungsuntersuchung und Anordnung der Duldung einer Probeentnahme (§ 1598a Abs. 2 BGB)
- **Nr. 3** auf Einsicht in ein Abstammungsgutachten oder Aushändigung einer Abschrift (1598a Abs. 3 BGB)
- **Nr. 4** auf Anfechtung der Vaterschaft (§ 1599 BGB).

II. Verfahrenswert

In Verfahren nach **§ 169 Nr. 1 und 4 FamFG** beträgt der Verfahrenswert 2.000 Euro und in den Verfahren nach **§ 169 Nr. 2 und 3 FamFG** 1.000 Euro. 2

III. Einzelfallregelung

3 Abs. 2 ermöglicht in Ausnahmefällen die gerichtliche Festsetzung eines höheren oder niedrigeren Verfahrenswerts. Eine Werterhöhung wäre denkbar, wenn die Feststellung der Abstammung für das Kind wegen der weit überdurchschnittlichen Einkommens- und Vermögensverhältnisse des Antragsgegners von besonderem Interesse ist (BT-Drs. 16/6308, 306, 307).

§ 48 Ehewohnungs- und Haushaltssachen

(1) **In Ehewohnungssachen nach § 200 Absatz 1 Nummer 1 des Gesetzes über das Verfahren in Familiensachen und in den Angelegenheiten der freiwilligen Gerichtsbarkeit beträgt der Verfahrenswert 3 000 Euro, in Ehewohnungssachen nach § 200 Absatz 1 Nummer 2 des Gesetzes über das Verfahren in Familiensachen und in den Angelegenheiten der freiwilligen Gerichtsbarkeit 4 000 Euro.**

(2) **In Haushaltssachen nach § 200 Absatz 2 Nummer 1 des Gesetzes über das Verfahren in Familiensachen und in den Angelegenheiten der freiwilligen Gerichtsbarkeit beträgt der Wert 2 000 Euro, in Haushaltssachen nach § 200 Absatz 2 Nummer 2 des Gesetzes über das Verfahren in Familiensachen und in den Angelegenheiten der freiwilligen Gerichtsbarkeit 3 000 Euro.**

(3) **Ist der nach den Absätzen 1 und 2 bestimmte Wert nach den besonderen Umständen des Einzelfalls unbillig, kann das Gericht einen höheren oder einen niedrigeren Wert festsetzen.**

§ 48 neu gefasst durch Gesetz vom 6.7.2009 (BGBl. I S. 1696).

I. Allgemeines

1 Nach § 200 Abs. 1 Nr. 1 und 2 FamFG sind Ehewohnungssachen Verfahren nach § 1361b BGB (= Ehewohnung bei Getrenntleben) und § 1568a BGB Haushaltssachen sind, nach § 200 Abs. 2 Nr. 1 und 2 FamFG, Verfahren nach § 1361a BGB (= Verteilung der Haushaltssachen bei Getrenntleben) und § 1568b BGB.

II. Verfahrenswert

2 § 48 führt **Festwerte** ein. Der Verfahrenswert beträgt nach **Abs. 1** in Ehewohnungssachen nach § 1361b BGB 3.000 Euro und in solchen nach § 1568a BGB 4.000 Euro. In Haushaltssachen nach § 1361a BGB beträgt nach **Abs. 2** der Verfahrenswert 2.000 Euro und in Haushaltssachen nach § 1568b BGB 3.000 Euro.

III. Einzelfallregelung

3 Nach **Abs. 3** kann der Verfahrenswert in Ausnahmefällen gerichtlich erhöht oder ermäßigt werden, um zu verhindern, dass es zu unvertretbar hohen oder zu

unangemessen niedrigen Gebühren kommt. So kann es zB bei einer teuren Wohnung angemessen sein, den Wert zu erhöhen.

§ 49 Gewaltschutzsachen

(1) **In Gewaltschutzsachen nach § 1 des Gewaltschutzgesetzes und in Verfahren nach dem EU-Gewaltschutzverfahrensgesetz beträgt der Verfahrenswert 2 000 Euro, in Gewaltschutzsachen nach § 2 des Gewaltschutzgesetzes 3 000 Euro.**

(2) **Ist der nach Absatz 1 bestimmte Wert nach den besonderen Umständen des Einzelfalls unbillig, kann das Gericht einen höheren oder einen niedrigeren Wert festsetzen.**

I. Allgemeines

1 Gewaltschutzsachen (§ 210 FamFG) sind Verfahren nach **§ 1 GewSchG** (= gerichtliche Maßnahmen zum Schutz vor Gewalt und Nachstellungen und **§ 2 GewSchG** (= Überlassung einer gemeinsam genutzten Wohnung). Die Vorschrift erfasst auch Verfahren nach dem **EU-Gewaltschutzverfahrensgesetz** (vgl. § 1 EUGewSchVG).

II. Verfahrenswert

2 **Abs. 1 ist** wie § 48 aufgebaut und führt ebenfalls **Festwerte** ein. In Gewaltschutzsachen nach § 1 GewSchG und in Verfahren nach dem EU-Gewaltschutzverfahrensgesetz beträgt der Verfahrenswert 2.000 Euro und in solchen nach § 2 GewSchG 3.000 Euro.

III. Einzelfallregelung

3 S. zu Abs. 2 → § 48 Rn. 3.

§ 50 Versorgungsausgleichssachen

(1) **[1]In Versorgungsausgleichssachen beträgt der Verfahrenswert für jedes Anrecht 10 Prozent, bei Ausgleichsansprüchen nach der Scheidung für jedes Anrecht 20 Prozent des in drei Monaten erzielten Nettoeinkommens der Ehegatten. [2]Der Wert nach Satz 1 beträgt insgesamt mindestens 1 000 Euro.**

(2) **In Verfahren über einen Auskunftsanspruch oder über die Abtretung von Versorgungsansprüchen beträgt der Verfahrenswert 500 Euro.**

(3) **Ist der nach den Absätzen 1 und 2 bestimmte Wert nach den besonderen Umständen des Einzelfalls unbillig, kann das Gericht einen höheren oder einen niedrigeren Wert festsetzen.**

I. Allgemeines

1 Versorgungsausgleichssachen sind Verfahren die den Versorgungsausgleich betreffen (§ 217 FamFG). Die Vorschrift fasst alle bisherigen Wertvorschriften (zB § 49 GKG aF und § 99 KostO aF) für Versorgungsausgleichssachen zusammen. Ist der Versorgungsausgleich **bei** der Scheidung durchzuführen (vgl. §§ 6–19 und § 28 VersAusglG), ist dazu kein Antrag erforderlich (§ 137 Abs. 2 S. 2 FamFG).

II. Verfahrenswert

2 Nach **Abs. 1** S. 1 ist für die Wertberechnung die **Zahl der Anrechte** ausschlaggebend. Abzustellen ist dabei auf die Anzahl der Anrechte über deren Behandlung entschieden wurde und die deshalb Gegenstand des Verfahrens waren (OLG Frankfurt a.M. BeckRS 2018, 19443). Das gilt auch dann, wenn kein Ausgleich angeordnet wurde oder das Gericht nur festgestellt hat, dass kein Ausgleich stattfindet (OLG Brandenburg BeckRS 2017, 118526; OLG Bamberg BeckRS 2015, 19409). Auch, wenn die beteiligten Ehegatten auf die Durchführung des Versorgungsausgleichs formwirksam verzichtet haben und das Familiengericht daraufhin, ohne Auskünfte der Versorgungsträger einzuholen, den Versorgungsausgleich ausschließt, sind die behandelten Anrechte für die Wertberechnung maßgebend (OLG Brandenburg BeckRS 2017, 118526). Anrechte „unterliegen" auch dann dem Versorgungsausgleich, wenn sie nur rechnerisch, zum Zwecke der Saldierung, einbezogen worden sind. Auch wenn es zu keinem Ausgleich kommt (BT-Drs. 16/11903, 61; OLG Karlsruhe BeckRS 2013, 16323 = FamFR 2013, 494 mAnm *Dörndorfer*). Klärt das Familiengericht zunächst nur ab, ob der Versorgungsausgleich durchzuführen ist, stellt dies noch keine Verfahrenseinleitung dar (KG FamRZ 1987, 727; OLG Düsseldorf JurBüro 1980, 735 und 1986, 1854). Wurde der Versorgungsausgleich allerdings in einem Verhandlungstermin erörtert und in der gerichtlichen Entscheidung behandelt, ist er in die Verfahrenswertberechnung aufzunehmen (OLG Karlsruhe FamRZ 1993, 458). Ist nach Auskunft des Versorgungsträgers in der Ehezeit kein Anrecht erworben worden, so wird dieses vermeintliche Anrecht nicht berücksichtigt (OLG Frankfurt a. M. BeckRS 2017, 106593). Eine Berücksichtigung setzt voraus, dass eine Einbeziehung in den Versorgungsausgleich wenigstens in Betracht kommt und eine Entscheidung hierüber ergeht (OLG Frankfurt a. M. BeckRS 106593; OLG Bamberg BeckRS 2015, 19409, OLG Karlsruhe NJW-RR 2014, 68).

3 Der Verfahrenswert beträgt für **jedes** Anrecht 10% und bei Ausgleichsansprüchen **nach** der Scheidung (vgl. §§ 20–26 VersAusglG, § 223 FamFG) 20% des in drei Monaten erzielten Nettoeinkommens der Ehegatten. Mindestwert: 1.000 Euro; **Abs. 1 S. 2.** In Verfahren über einen Auskunftsanspruch (vgl. § 4 VersAusglG) oder über die Abtretung von Versorgungsansprüchen (§ 21 VersAusglG) beträgt der Verfahrenswert nach **Abs. 2** 500 Euro.

III. Einzelfallregelung

4 Die nach Abs. 1 und 2 bestimmten Werte kann das Gericht nach **Abs. 3** in **Ausnahmefällen** niedriger oder höher festsetzen. Die Ausnahmevorschrift ist restriktiv zu handhaben (OLG Brandenburg BeckRS 2017, 118526; OLG München BeckRS 2013, 0012).

§ 51 Unterhaltssachen und sonstige den Unterhalt betreffende Familiensachen

(1) [1]**In Unterhaltssachen und in sonstigen den Unterhalt betreffenden Familiensachen, soweit diese jeweils Familienstreitsachen sind und wiederkehrende Leistungen betreffen, ist der für die ersten zwölf Monate nach Einreichung des Antrags geforderte Betrag maßgeblich, höchstens jedoch der Gesamtbetrag der geforderten Leistung. [2]Bei Unterhaltsansprüchen nach den §§ 1612a bis 1612c des Bürgerlichen Gesetzbuchs ist dem Wert nach Satz 1 der Monatsbetrag des zum Zeitpunkt der Einreichung des Antrags geltenden Mindestunterhalts nach der zu diesem Zeitpunkt maßgebenden Altersstufe zugrunde zu legen.**

(2) [1]**Die bei Einreichung des Antrags fälligen Beträge werden dem Wert hinzugerechnet. [2]Der Einreichung des Antrags wegen des Hauptgegenstands steht die Einreichung eines Antrags auf Bewilligung der Verfahrenskostenhilfe gleich, wenn der Antrag wegen des Hauptgegenstands alsbald nach Mitteilung der Entscheidung über den Antrag auf Bewilligung der Verfahrenskostenhilfe oder über eine alsbald eingelegte Beschwerde eingereicht wird. [3]Die Sätze 1 und 2 sind im vereinfachten Verfahren zur Festsetzung von Unterhalt Minderjähriger entsprechend anzuwenden.**

(3) [1]**In Unterhaltssachen, die nicht Familienstreitsachen sind, beträgt der Wert 500 Euro. [2]Ist der Wert nach den besonderen Umständen des Einzelfalls unbillig, kann das Gericht einen höheren Wert festsetzen.**

I. Allgemeines

Unterhaltssachen sind zunächst die Familienstreitsachen nach §§ 111 Nr. 8, 112 Nr. 1, 231 Abs. 1 FamFG. Das sind Verfahren, die sich auf die gesetzliche Verwandten- oder Ehegattenunterhaltspflicht beziehen sowie diejenigen nach § 1615l oder § 1615m BGB (§ 231 Abs. Nr. 1–3 FamFG). Ferner gehören dazu auch Verfahren zur gerichtlichen Bestimmung des Kindergeldbezugsberechtigten nach § 3 Abs. 2 S. 3 BKGG und § 64 Abs. 2 S. 3 EStG (§ 231 Abs. 2 FamFG). 1

II. Anwendungsbereich

Abs. 1 und 2 sind anwendbar auf Unterhaltssachen, die **Familienstreitsachen** 2 sind und wiederkehrende Leistungen betreffen. Bei wiederkehrenden Leistungen handelt es sich um Ansprüche, die auf einem einheitlichen Rechtsverhältnis beruhen und in bestimmten zeitlichen Abständen regelmäßig wiederkehrend fällig werden. Dazu gehören in erster Linie die **gesetzlichen** Unterhaltsansprüche der Verwandten und Ehegatten (Trennungs- und Scheidungsunterhalt). § 51 ist (wie § 42 Abs. 1 GKG aF) auch anwendbar auf: Unterhaltsrückforderung (OLG Hamburg MDR 1998, 126), die Vollstreckungsabwehrklage wegen unzulässiger Vollstreckung gesetzlicher Unterhaltsansprüche (OLG Frankfurt a. M. JurBüro 2005, 97; OLG Karlsruhe FamRZ 2004, 1227), Abänderung gerichtlicher Entscheidungen, Vergleiche, Urkunden und Festsetzungsbeschlüsse (§§ 238–240 FamFG) über gesetzliche Unterhaltsansprüche, abzustellen ist auf die Differenz zwischen dem titulierten und dem erstrebten Betrag), Feststellungsanträge die gesetzliche Unterhaltspflichten betreffen (OLG

Düsseldorf JurBüro 1992, 51) sowie die Inanspruchnahme Dritter (zB Bürgen) auf Erfüllung einer gesetzlichen Unterhaltspflicht. Werden in einem Vertrag gesetzliche Unterhaltsansprüche modifiziert, ist § 51 anwendbar (OLG München BeckRS 2017, 130010). Auch sonstige Familiensachen nach § 266 Abs. 1 FamFG gehören, wenn sie **vertragliche** Unterhaltsansprüche betreffen, als Familienstreitsachen (§§ 112 Nr. 3 FamFG) hierher (BT-Drs. 16/6308, 307 und 17/11471, 390, 391). Im Verfahren der einstweiligen Anordnung über Unterhaltsansprüche (§§ 49, 246 FamFG) ist § 41 zu beachten. **Abs. 3** ist auf Unterhaltssachen anwendbar, die zwar Familiensachen, aber keine Familienstreitsachen sind wie zB Unterhaltssachen nach § 231 Abs. 2 FamFG.

III. Wertberechnungsgrundsätze

1. Jahresbetrag

3 Maßgeblich ist nach **Abs. 1 S. 1** der für die ersten zwölf Monate des nach Einreichung des Antrags geforderte Betrag, höchstens jedoch der geforderte Gesamtbetrag. Auch wenn für mehrere Jahre unterschiedlich hohe Beträge geltend gemacht werden, ist auf den Zeitpunkt der Antragseinreichung abzustellen. Kindergeldzahlungen mindern den Streitwert (OLG Brandenburg JurBüro 2001, 94 und 418; OLG Karlsruhe JurBüro 2001, 254; vgl. auch *Meyer* JurBüro 2001, 522, 580). Die Wertberechnung hat an den mit dem Antrag festgelegten Gegenstand anzuknüpfen, auch wenn im Laufe des Verfahrens sich herausstellt, dass nur ein geringerer Betrag gefordert werden kann oder der Unterhaltsanspruch nur noch für eine begrenzte Zeit besteht (OLG Düsseldorf FamRZ 1990, 1379; aA OLG München JurBüro 1985, 742; OLG Hamburg FamRZ 2002, 1136 je zum Trennungsunterhalt). Unklare Anträge sind auszulegen (OLG München FamRZ 1998, 573). Zahlt der Beklagte bereits freiwillig Unterhalt und macht der Kläger diesen und zusätzlich einen weiteren Betrag geltend, ist der gesamte im Antrag verlangte Betrag maßgebend und nicht ein sog. **„Titulierungsinteresse"** (hM; OLG Bamberg FamRZ 1993, 457); nur dann, wenn der Antrag oder in der Begründung dazu auf den Unterschiedsbetrag beschränkt wird, ist dieser wertbestimmend (*Schneider/Herget* Rn. 4458, 4464 mwN). Vereinbaren die Parteien in einem gerichtlichen Vergleich eine **Unterhaltsabfindung,** ist nicht die Kapitalzahlung, sondern der Jahresbetrag nach Abs. 1 maßgebend, da der Vergleich über den gesetzlichen Unterhaltsanspruch geschlossen wird (OLG Düsseldorf JurBüro 1992, 51 mAnm *Mümmler; Hartmann* § 42 Rn. 7; aA OLG Karlsruhe FamRZ 2011, 1813; OLG Frankfurt/M Rpflger 1980, 239). Regelt ein Vergleich, neben der streitigen, auch eine unstreitige Unterhaltspflicht mit, so wird das darauf gerichtete Titulierungsinteresse des Antragstellers mit einem Bruchteil bewertet (hM; OLG Bamberg JurBüro 1992, 628, OLG Nürnberg JurBüro 1994, 737 nehmen jeweils 10% an). Der Wert eines gegenseitigen **Unterhaltsverzichts** muss nach den Umständen des Einzelfalles bestimmt werden (OLG Dresden MDR 1999, 1201). Der Verzicht wird mit 1.200 Euro (OLG Düsseldorf JurBüro 1992, 52) bzw. 1.800 Euro (OLG Naumburg FamRZ 2001, 433) zu bewerten sein. Werden Trennungs- und Scheidungsunterhalt nebeneinander verlangt ist, wegen Nichtidentität der Gegenstände, zu addieren (§ 33 Abs. 1 S. 2; BGH FamRZ 1985, 581, OLG Hamm FamRZ 1988, 402 mAnm *Luthin*). Wird der Unterhalt des minderjährigen Kindes in Form eines Prozentsatzes des jeweiligen **Mindestunterhalts** nach §§ 1612 a–c BGB gefordert, bestimmt **Abs. 1 S. 2,** wie die Wertberechnung nach Abs. 1 S. 1 zu erfolgen hat (*Klüsener*

JurBüro 1998, 625). Es ist der Monatsbetrag des zum Zeitpunkt der Einreichung des Antrags geltenden Mindestunterhalts nach der zum diesem Zeitpunkt geltenden Altersstufe zugrunde zu legen. Das Festsetzungsverfahren selbst ist in §§ 249–260 FamFG geregelt. Rückstände aus der Zeit vor Antragseinreichung sind hinzuzurechnen (Abs. 2; OLG Brandenburg FamRZ 2004, 962). Werden die Anträge auf Vaterschaftsfeststellung und Unterhaltszahlung in einem Antrag verbunden ist, wegen wirtschaftlicher Identität nur der höhere maßgebend (§ 33 Abs. 1 S. 2).

2. Rückstände

Nach **Abs. 2 S. 1** werden Rückstände wiederkehrender Leistungen aus der Zeit 4
vor Antragseinreichung dem Wert hinzugerechnet. Der Einreichung des Antrags wegen des Hauptgegenstands steht nach **Abs. 2 S. 2** die Einreichung eines Antrags auf Bewilligung der Verfahrenskostenhilfe gleich, wenn der Antrag wegen des Hauptgegenstands alsbald nach Mitteilung der Entscheidung über den (VKH-)Antrag oder eine alsbald eingelegte Beschwerde, eingereicht wird. Alles gilt nach **Abs. 2 S. 3** auch für den Antrag auf vereinfachte Festsetzung des Minderjährigen Unterhalts (§§ 249ff. FamFG). Abzustellen ist auf den Eingang des Antrags (Verfahrenskostenhilfe- oder Unterhaltsfestsetzungsantrag) bei Gericht (= Eingangsstempel des Gerichts). Es kommt deshalb auf den Zeitpunkt der Anhängigkeit an (vgl. OLG Brandenburg JurBüro 2001, 418; BLAH/*Hartmann* ZPO § 261 Rn. 1; Thomas/Putzo/*Reichold* ZPO § 253 Rn. 1).

Einzelfälle der Rückstandsberechnung: 5

- **Abänderungsantrag** (§ 238 FamFG): Wird Abänderung eines Unterhaltstitels entgegen § 238 Abs. 3 S. 1 FamFG auch für die Vergangenheit verlangt, sind die bis Antragseinreichung verlangten Rückstände dem Wert dennoch hinzuzurechnen (LG Freiburg NJW 1967, 2063).
- **Feststellungsantrag:** Geht der Antragsteller vom der Feststellungsantrag zum Leistungsantrag über, so sind die bis zur Änderung angefallenen Rückstände hinzuzurechnen (BGH NJW 1951, 802).
- **Antragserhöhung:** Ob bei einer rückwirkenden Antragserhöhung, die nach Antragseinreichung vorgenommen wird, werterhöhende Rückstände entstehen, ist strittig: Nach OLG Köln (FamRZ 2004, 1226) sind Beträge, die sich zeitlich zwischen Antragseinreichung und Erhöhung ergeben, Rückstände nach Abs. 2 (so auch: OLG Karlsruhe FamRZ 1986, 195; *Schneider* MDR 1991, 198); aA OLG Brandenburg MDR 2003, 335; OLG Hamburg MDR 1983, 1032 je mwN).
- **Stufenantrag:** Mit Einreichung eines Stufenantrags wird auch der, noch nicht bezifferte Zahlungsanspruch anhängig (BGH NJW 1981, 1731).
- **Unterhalt:** Der für den Monat der Antragseinreichung fällige Unterhalt ist, da er am Monatsersten fällig wurde (vgl. § 1612 Abs. 3 BGB), bereits als Rückstand hinzuzurechnen (OLG Brandenburg FamRZ 2004, 962).

Nach **Abs. 3 S. 1** beträgt der Verfahrenswert von Unterhaltssachen, die keine 6
Familienstreitsachen sind, 500,– Euro. Das sind die Verfahren zur Bestimmung des Kindergeldbezugsberechtigten nach § 3 Abs. 2 BKGG und § 64 Abs. 2 Satz 3 EStG (§ 231 Abs. 2 FamFG). Ist ein Kind in den gemeinsamen Haushalt von Eltern, einem Elternteil und dessen Ehegatten, Pflegeeltern oder Großeltern aufgenommen worden, bestimmen zunächst diese untereinander den Berechtigten. Wird eine Bestimmung nicht getroffen, bestimmt das Gericht auf Antrag den Berechtigten. Aufgrund besonderer Umstände des Einzelfalls kann das Gericht nach **Abs. 3 S. 2** einen höheren Wert festsetzen.

§ 52 Güterrechtssachen

[1]Wird in einer Güterrechtssache, die Familienstreitsache ist, auch über einen Antrag nach § 1382 Abs. 5 oder nach § 1383 Abs. 3 des Bürgerlichen Gesetzbuchs entschieden, handelt es sich um ein Verfahren. [2]Die Werte werden zusammengerechnet.

I. Allgemeines

1 Güterrechtssachen sind nach § 261 Abs. 1 FamFG Verfahren, die Ansprüche aus dem ehelichen Güterrecht betreffen. Dabei handelt es sich um Familienstreitsachen (§§ 113 Nr. 2, 261 Abs. 1 FamFG). Güterrechtssachen sind nach § 261 Abs. 2 FamFG auch Verfahren nach § 1382 BGB (= Stundung der Ausgleichsforderung) und § 1383 BGB (= Übertragung von Vermögensgegenständen). Ist über die Ausgleichsforderung bereits eine Familienstreitsache **anhängig,** dann können Stundungs- oder Übertragungsantrag nur dort gestellt werden (§§ 1382 Abs. 5, 1383 Abs. 3 BGB).

II. Verfahrenswert

2 Der Verfahrenswert der Anträge auf Stundung und Übertragung ist nach billigem Ermessen zu bestimmen (§ 42 Abs. 1). Beim Stundungsantrag ist das zu schätzende Interesse des Antragstellers maßgebend. Der Wert des Übertragungsantrags richtet sich nach dem Verkehrswert der Gegenstände (OLG Frankfurt a. M. MDR 1990, 58; aA Zöller/*Herget* ZPO § 3 „Zugewinngemeinschaft": die bezifferte Ausgleichsforderung ist maßgebend). erden die Anträge im Verfahren über die Ausgleichsforderung gestellt (§§ 1382 Abs. 5, 1383 Abs. 3 BGB) und wird darüber entschieden, so handelt es sich nach **S. 1** um ein Verfahren. Die Werte sind nach **S. 2** zusammenzurechnen.

Unterabschnitt 3. Wertfestsetzung

§ 53 Angabe des Werts

[1]Bei jedem Antrag ist der Verfahrenswert, wenn dieser nicht in einer bestimmten Geldsumme besteht, kein fester Wert bestimmt ist oder sich nicht aus früheren Anträgen ergibt, und nach Aufforderung auch der Wert eines Teils des Verfahrensgegenstands schriftlich oder zu Protokoll der Geschäftsstelle anzugeben. [2]Die Angabe kann jederzeit berichtigt werden.

I. Allgemeines

1 Die Vorschrift verlangt die Angabe des Verfahrenswerts durch den Antragsteller, wenn nicht ein bestimmter Geldbetrag verlangt wird. Bei unterlassener Wertangabe kann der Beteiligte mit zusätzlichen Kosten (zB Sachverständigenkosten, § 56 S. 2) belastet werden (OLG München JurBüro 1981, 892). Im Übrigen binden Wert-

angaben das Gericht nicht, es kann diesen durchaus abweichend annehmen. § 53 entspricht im Wesentlichen § 61 GKG.

II. Wertangabe

Jeder Antrag, der ein gebührenpflichtiges Verfahren einleitet, hat nach **S. 1** grundsätzlich den Wert anzugeben. Das gilt auch für Antragserweiterungen, Rechtmitteleinlegung und Anschlusserklärung. Auch Anträge auf Erlass einer einstweiligen Anordnung, einer gerichtlichen Zwangsvollstreckungsmaßnahme gehören dazu. Die Partei hat den nach ihrer Auffassung richtigen Wert, notfalls vorläufig (OLG Naumburg MDR 1999, 1093), anzugeben. Auf gerichtliche Aufforderung ist auch der Wert eines Teils des Verfahrensgegenstandes zu beziffern. Der **Antragsteller,** nur ihn trifft diese Pflicht, kann die erforderlichen Erklärungen schriftlich oder zu Protokoll der Geschäftsstelle, außerhalb des Anwaltszwangs (§§ 10, 114 Abs. 4 Nr. 6 FamFG), abgeben. Die Angaben sollten nachvollziehbar begründet sein (BGH NJW-RR 1997, 884; OLG Köln JurBüro 1979, 1474). **Entbehrlich** ist die Wertangabe nur, wenn eine bestimmte Geldsumme verlangt wird. Bei Anträgen die auf Geldzahlung in ausländischer Währung oder auf Zinsleistungen gerichtet sind, ist die Geldsumme nicht bestimmt. Die Wertangabe ist ferner entbehrlich, wenn sich der Wert bereits aus einem früheren Antrag ergibt oder ein fester Wert vorgeschrieben ist (zB Abstammungssachen; Ehewohnungs- und Haushaltssachen §§ 47, 48). **Erzwingbar** ist die Pflicht zur Wertangabe nicht. Wird allerdings, wegen der unterlassenen Angabe, eine Abschätzung durch einen Sachverständigen erforderlich, können die dadurch verursachten Kosten dem Antragsteller auferlegt werden (§ 56 S. 2). Die Wertangabe bindet weder den Antragsteller noch das Gericht (KG Rpfleger 1962, 121; OLG Neustadt JurBüro 1961, 457), sie kann nach **S. 2** jederzeit berichtigt werden. Ist der Wert bereits gerichtlich festgesetzt worden, kann ein Berichtigungsantrag in eine Beschwerde gegen den Beschluss umgedeutet werden (OLG Koblenz WRP 1981, 333). 2

§ 54 Wertfestsetzung für die Zulässigkeit der Beschwerde

Ist der Wert für die Zulässigkeit der Beschwerde festgesetzt, ist die Festsetzung auch für die Berechnung der Gebühren maßgebend, soweit die Wertvorschriften dieses Gesetzes nicht von den Wertvorschriften des Verfahrensrechts abweichen.

I. Allgemeines

Da in vermögensrechtlichen Angelegenheiten die Zulässigkeit der Beschwerde an den Verfahrenswert anknüpft (§ 61 Abs. 1 FamFG), ist seine Festsetzung auch für die Gebührenberechnung bindend. § 54 stellt damit den Gleichlauf der Wertberechnung für die beiden Wertfunktionen sicher. Die Vorschrift entspricht im Wesentlichen § 62 GKG. 1

II. Festsetzung des Beschwerdewerts

2 Der Beschwerdewert (= Wert des Beschwerdegegenstandes; § 61 Abs. 1 FamFG) kann gerichtlich festgesetzt werden. Abzustellen ist auf die **Anträge** des Beschwerdeführers in seiner Beschwerdeschrift (→ GKG Vor § 48 Rn. 23–30). Zu unterscheiden ist davon der Begriff der Beschwer. Diese bezieht sich auf die Benachteiligung der Beteiligten durch den rechtskraftfähigen Inhalt der angefochtenen Entscheidung. Die Festsetzung des Beschwerdewerts kann in den Gründen der Sachentscheidung erfolgen. Aus Gründen der Rechtssicherheit kann die Wertfestsetzung aber auch durch eigenständigen Beschluss erfolgen, denn § 54 eröffnet hierfür, wie § 62 GKG, eine isolierte Wertfestsetzungsmöglichkeit (BVerfG NJW 1993, 3130). Die Wertfestsetzung nach § 54 ist eigenständig nicht anfechtbar (hM zu § 62 GKG: OLG Stuttgart NJW-RR 2005, 942; OLG Karlsruhe FamRZ 2003, 1848; Thomas/Putzo/*Hüßtege* ZPO § 2 Rn. 8), sie kann nur zusammen mit der Hauptsacheentscheidung angefochten werden (OLG Koblenz 2004, 709; Zöller/*Herget* ZPO § 3 Rn. 7). Die Festsetzung des Rechtsmittelwerts wirkt nur innerhalb der Instanz in der die Entscheidung getroffen wurde (*Schneider* MDR 1992, 218).

III. Bindung für die Gebührenberechnung

3 Die Festsetzungsentscheidung über den Beschwerdewert ist grundsätzlich für die Gebührenberechnung bindend. Eine Bindung entfällt jedoch dann, Hs. 2 schränkt insoweit ein („… soweit die Wertvorschriften dieses Gesetzes nicht von den Wertvorschriften des Verfahrensrechts abweichen.“), wenn sich der Verfahrenswert für die Gebührenberechnung nach seinen eigenen Regeln richtet.

Beispiel: Das Gericht setzt den Beschwerdewert in einer Ehewohnungssache (§ 200 Abs. 1 FamFG) auf 1.000 Euro fest. Diese Festsetzung nach § 54 bindet die Gebührenberechnung nicht, da § 48 Festbeträge (3.000 Euro bzw. 4.000 Euro) bestimmt.

§ 55 Wertfestsetzung für die Gerichtsgebühren

(1) [1]**Sind Gebühren, die sich nach dem Verfahrenswert richten, mit der Einreichung des Antrags, der Einspruchs- oder der Rechtsmittelschrift oder mit der Abgabe der entsprechenden Erklärung zu Protokoll fällig, setzt das Gericht sogleich den Wert ohne Anhörung der Beteiligten durch Beschluss vorläufig fest, wenn Gegenstand des Verfahrens nicht eine bestimmte Geldsumme in Euro ist oder für den Regelfall kein fester Wert bestimmt ist.** [2]**Einwendungen gegen die Höhe des festgesetzten Werts können nur im Verfahren über die Beschwerde gegen den Beschluss, durch den die Tätigkeit des Gerichts aufgrund dieses Gesetzes von der vorherigen Zahlung von Kosten abhängig gemacht wird, geltend gemacht werden.**

(2) **Soweit eine Entscheidung nach § 54 nicht ergeht oder nicht bindet, setzt das Gericht den Wert für die zu erhebenden Gebühren durch Beschluss fest, sobald eine Entscheidung über den gesamten Verfahrensgegenstand ergeht oder sich das Verfahren anderweitig erledigt.**

(3) [1]**Die Festsetzung kann von Amts wegen geändert werden**
1. **von dem Gericht, das den Wert festgesetzt hat, und**
2. **von dem Rechtsmittelgericht, wenn das Verfahren wegen des Hauptgegenstands oder wegen der Entscheidung über den Verfahrenswert, den Kostenansatz oder die Kostenfestsetzung in der Rechtsmittelinstanz schwebt.**

[2]**Die Änderung ist nur innerhalb von sechs Monaten zulässig, nachdem die Entscheidung wegen des Hauptgegenstands Rechtskraft erlangt oder das Verfahren sich anderweitig erledigt hat.**

I. Allgemeines

1 Die Vorschrift regelt, wie § 63 GKG, die **eigenständige** Festsetzung des Verfahrenswerts für die Gerichtsgebühren und dient somit der Rechtssicherheit (OLG Nürnberg NJW-RR 1999, 653). Sie ermöglicht seine vorläufige (Abs. 1) sowie die endgültige Festsetzung (Abs. 2, 3) **von Amts wegen.** Solange der Wert nicht gerichtlich festgesetzt ist, wird er vom Kostenbeamten eigenständig angenommen (§§ 4 Abs. 1, 5 Abs. 1 KostVfg).

II. Vorläufige Wertfestsetzung

2 Damit der Kostenbeamte in Ehesachen (§ 121 FamFG) und in selbständigen Familienstreitsachen (§ 112 FamFG), die bereits mit Einreichung der Antrags- bzw. Rechtsmittelschrift fällige Verfahrensgebühr (§ 9 Abs. 1) ansetzen kann, hat das Gericht nach **Abs. 1 S. 1** eine vorläufige Wertfestsetzung vorzunehmen. In anderen Sachen ist sie entbehrlich, wenn mit Antragseinreichung keine Gebühr fällig wird oder eine bestimmte Geldsumme in Euro verlangt wird oder für den Regelfall ein Festwert bestimmt ist. Die vorläufige Entscheidung ergeht sofort (Abs. 1 S. 1: „sogleich") nach Antragseingang ohne Anhörung der Parteien **von Amts wegen;** ein Parteiantrag ist als Anregung den Wert von Amts wegen festzusetzen zu betrachten. Da die Wertfestsetzung nur vorläufig erfolgt liegt kein Verstoß gegen Art. 103 Abs. 1 GG vor (BT-Drs. 12/6962, 63, 64). Das Gericht kann jedoch, zB bei unklaren oder unvollständigen Wertangaben in der Antragsschrift (§ 53 S. 1), die Parteien zur Stellungnahme auffordern. Die Entscheidung ergeht durch Beschluss des Gerichts und ist den Parteien formlos mitzuteilen. Es empfiehlt sich aber, wegen der indirekten Anfechtbarkeit nach § 57, eine kurze stichwortartige Begründung (*Hartmann* GKG § 63 Rn. 13). Einwendungen gegen die Höhe des festgesetzten Verfahrenswert können nur zusammen mit der Beschwerde gegen eine Vorschussanordnung vorgebracht werden (Abs. 1 S. 2, § 57). Eine eigenständige Anfechtung der vorläufigen Streitwertfestsetzung ist deshalb nicht statthaft (OLG Brandenburg MDR 2000, 174); auch nicht durch den Rechtsanwalt aus eigenem Recht, denn § 32 Abs. 2 RVG bezieht sich auf die endgültige Entscheidung (OLG Hamm BeckRS 2005, 11124 = FamRZ 2005, 1767; aA *Schneider* MDR 2000, 381). Statthaft ist die Beschwerde erst gegen die endgültige Wertfestsetzung (§ 59 Abs. 1 S. 1; § 32 Abs. 2 RVG). Die vorläufige Festsetzung kann bis zur endgültigen Entscheidung über den Wert jederzeit geändert werden. Veranlasst kann eine Abänderung wegen einer Klageänderung oder deshalb sein, weil neue Tatsachen bekannt werden die ursprünglich nicht berücksichtigt wurden (*Meyer* GKG § 63 Rn. 9).

III. Endgültige Wertfestsetzung

1. Festsetzung von Amts wegen

3 Sobald eine Entscheidung über den gesamten Verfahrensgegenstand ergeht oder sich das Verfahren anderweitig erledigt, hat das Gericht nach **Abs. 2** den Wert **endgültig von Amts wegen** festzusetzen. Die Festsetzung ist entbehrlich, wenn der Wert bereits nach § 54 festgesetzt wurde und auch die Gebührenberechnung bindet. Parteianträge und auch der eines Rechtsanwalts (§ 32 Abs. 2 RVG) sind als Anregung zur Festsetzung von Amts wegen auszulegen.

Beispiele (endgültige Erledigung): Beschluss mit Endentscheidung; Beschluss nach §§ 83 Abs. 2, 81 FamFG (Erledigung des Verfahrens bzw. Antragsrücknahme).

Beispiele (anderweitige Erledigung): unwiderruflicher Vergleich; Ruhen des Verfahrens über 6 Monate hinaus (OLG Hamm MDR 1971, 495).

2. Zuständigkeit

4 Die Zuständigkeit für die endgültige Wertfestsetzung liegt beim Gericht (Einzelrichter, Kammer, Senat) der jeweiligen Instanz (BGH Rpfleger 1987, 38; KG VersR 1981, 151; OLG Hamm JurBüro 1980, 283). Trifft der Rechtspfleger die Hauptsacheentscheidung, ist er auch für die Wertfestsetzung zuständig (§ 4 Abs. 1 RPflG).

3. Anhörung

5 Vor der endgültigen Festsetzung ist den Beteiligten rechtliches Gehör zu gewähren (Art. 20 Abs. 3, 103 Abs. 1 GG). Eine mündliche Verhandlung ist freigestellt, Anträge der Parteien binden das Gericht insoweit nicht. Für die gerichtliche Wertfestsetzung muss ein **Rechtsschutzbedürfnis** bestehen (BFH BStBl. 1988 II, 289), das auch dann noch vorliegt, wenn die Kosten bereits angesetzt wurden (BFH BB 1978, 1507).

4. Wertfestsetzungsbeschluss

6 Die endgültige Entscheidung über den Wert erfolgt durch eigenständigen Beschluss. Es ist auch zulässig, diese Entscheidung in die Urteilsformel oder die Entscheidungsgründe aufzunehmen (OLG Brandenburg FamRZ 2004, 962; OVG Saarbrücken JurBüro 1997, 99). Es muss aber ein Wille des Gerichts zur Streitwertfestsetzung erkennbar sein. Der Wert eines Teiles des gesamten Verfahrensgegenstandes oder eines Verfahrensabschnitts kann eigenständig festgesetzt werden. Die endgültige Wertfestsetzung wirkt für und gegen alle Verfahrensbeteiligten (*Natter* NZA 2004, 688) und **bindet** den Kostenansatz, die Kostenfestsetzung und auch den Ansatz der Rechtsanwaltsgebühren (§ 32 Abs. 1 RVG). Der Beschluss ist, wenigstens stichwortartig, zu begründen, damit die Festsetzung durch die Parteien und das Rechtsmittelgericht nachgeprüft werden kann (BVerfGE 6, 44 und 86, 146; OLG Jena FamRZ 2001, 781; OLG Nürnberg MDR 2001, 893). Die Begründung ist spätestens in einer Nichtabhilfeentscheidung nachzuholen (OLG München MDR 2004, 291; OLG Hamm MDR 2004, 412). Gegen den Wertfestsetzungsbeschluss, der den Parteien bekannt zu machen ist (formlose Bekannt-

machung genügt; aA *Hartmann* GKG § 63 Rn. 32: förmliche Bekanntmachung ist erforderlich), findet die **Beschwerde** statt, wenn der Wert des Beschwerdegegenstandes 200 Euro übersteigt (§ 59 Abs. 1 S. 1). Die Beschwerde ist innerhalb der **Ausschlussfrist** des Abs. 3 S. 2 einzulegen. Ergeht der Beschluss erst nachdem die Kosten bereits festgesetzt wurden, ist er zuzustellen (§ 85 FamFG, § 107 Abs. 2 ZPO). Die Festsetzung des Gebührenstreitwerts erfolgt gerichtsgebührenfrei (§ 1 FamGKG); für den bevollmächtigten Rechtsanwalt gehören Tätigkeiten in Bezug auf die Wertfestsetzung zum Rechtszug (§ 19 Abs. 1 Nr. 3 RVG).

IV. Änderung der endgültigen Wertfestsetzung

1. Abänderungsbefugnis

Nach **Abs. 3** kann das Gericht, das den Wert festgesetzt hat (Nr. 1) und, wenn das Verfahren in der Rechtsmittelinstanz schwebt auch das Rechtsmittelgericht (Nr. 2), die Festsetzung **von Amts** wegen **ändern.** Die Änderung kann auch von einem Beteiligten (zB durch Gegenvorstellung) angeregt werden. Eine neue, ändernde, Entscheidung kann veranlasst sein, wenn wesentliche Aspekte übersehen wurden (OLG München JurBüro 1963, 298), sich die Verhältnisse geändert haben (OLG Bamberg JurBüro 1977, 1423) oder eine obergerichtliche Rechtsprechung übersehen wurde (*Meyer* GKG § 63 Rn. 36). Erkennt das Gericht die Unrichtigkeit der Festsetzung, **muss** geändert werden (BGH NJW 1962, 584; *Meyer* GKG § 63 Rn. 36; aA BVerwG JurBüro 1991, 245, mAnm *Mümmler*). Die Wertfestsetzung der unteren Instanz darf das Rechtmittelgericht von Amts wegen ändern, solange das Verfahren wegen der Hauptsache (BGH VersR 1989, 817), eines Hauptsachteils (VGH Kassel AnwBl. 1988, 180), wegen des Kostenansatzes, der Kostenfestsetzung in der Rechtsmittelinstanz schwebt. Das Rechtsmittelgericht kann erstmalig oder wiederholt ändern (OVG Saarlouis JurBüro 1994, 240) und ist nur dann gebunden, wenn es den Gebührenstreitwert früher selbst festgesetzt hat (OLG Koblenz JurBüro 2004, 32). Wird das Rechtsmittelgericht mit der Sache aufgrund einer **unzulässigen** Streitwertbeschwerde befasst (zB der Beschwerdewert ist nicht erreicht; § 59 Abs. 1 S. 1), darf es nicht ändern (OVG Greifswald MDR 1995, 425; OLG München JurBüro 1983, 890; aA VGH Mannheim MDR 1992, 300). Solange das Rechtsmittelgericht eine Streitwertänderung nicht vorgenommen hat, ist die Vorinstanz noch änderungsbefugt (OLG Frankfurt a. M. MDR 1982, 589). 7

2. Frist

Aus Gründen der Rechtssicherheit (OLG Nürnberg NJW-RR 1999, 654) ist die Änderungsbefugnis nach **Abs. 3 S. 2** zeitlich auf **sechs Monate befristet.** Die Frist gilt nur für die Abänderung und nicht für die erstmalige Wertfestsetzung selbst (OLG Düsseldorf Rpfleger 1990, 272) und wird nach § 16 FamFG berechnet. Die Frist beginnt mit formeller Rechtskraft der Hauptsacheentscheidung (BFH JurBüro 2001, 593), auch wenn die Parteien unrichtige Angaben zur Wertfestsetzung gemacht haben (Abs. 3 S. 2; OLG Nürnberg NJW-RR 1999, 613). Hat sich das Verfahren anderweitig erledigt, so sind folgende Ereignisse für den Fristbeginn maßgebend: die gerichtliche Kostenentscheidung (§§ 81, 83 Abs. 2 FamFG) nach Antragsrücknahme (OLG Rostock MDR 1995, 212), der Abschluss des Vergleichs. Mit dem Ruhen des Verfahrens, einer Zurückverweisung durch das Rechtsmittel- 8 gericht oder einer Teilerledigung beginnt die Frist nicht. Eine Wiedereinsetzung bei Versäumung der Ausschlussfrist ist gesetzlich nicht vorgesehen (VGH Mannheim JurBüro 1996, 645).

§ 56 Schätzung des Werts

[1]Wird eine Abschätzung durch Sachverständige erforderlich, ist in dem Beschluss, durch den der Verfahrenswert festgesetzt wird (§ 55), über die Kosten der Abschätzung zu entscheiden. [2]Diese Kosten können ganz oder teilweise dem Beteiligten auferlegt werden, welcher die Abschätzung durch Unterlassen der ihm obliegenden Wertangabe, durch unrichtige Angabe des Werts, durch unbegründetes Bestreiten des angegebenen Werts oder durch eine unbegründete Beschwerde veranlasst hat.

I. Allgemeines

1 Die Vorschrift bezieht sich auf die Festsetzung des Verfahrenswerts für die Gebührenberechnung. Die Kosten einer Abschätzung durch Sachverständige können einem Beteiligten ganz oder teilweise auferlegt werden, wenn die Begutachtung durch sein Verhalten veranlasst wurde. Auf einen anderen Aufwand (zB Kosten eines Augenscheins) ist § 56, seinem Wortlaut entsprechend, nicht anwendbar (*Hartmann* GKG § 64 Rn. 4). Die Zuziehung eines Sachverständigen zur Ermittlung des Gebührenstreitwerts ist in der Praxis eher selten erforderlich und nur dann anzuordnen, wenn das Gericht diesen entweder wegen mangelnder Sachkenntnisse oder aufgrund unterlassener, lückenhafter oder unrichtiger Parteiangaben nicht selbst feststellen kann. Die Anordnung in der Form eines Beschlusses) trifft das Gericht und, soweit der Rechtspfleger zur Wertfestsetzung nach § 55 Abs. 2 funktionell zuständig ist, dieser (§ 4 Abs. 1 RPflG). Dem Beteiligten, den eine Kostenpflicht nach S. 2 treffen könnte, ist davor Gelegenheit zur Stellungnahme zu geben.

II. Entscheidung über die Kostenpflicht

2 Die Kostenentscheidung ergeht in dem Beschluss, der die Wertfestsetzung (§ 55) vornimmt. Ist sie unterblieben, kann sie entsprechend § 43 Abs. 1 FamFG nachgeholt werden. Der mit der Abschätzung beauftragte Sachverständige rechnet seine Vergütung nach JVEG ab, die ihm aus der Staatskasse (§ 2 JVEG), uU nach Festsetzung (§ 4 JVEG), erstattet wird. Nach KV 2005 wird der gezahlte Betrag beim Kostenansatz in die Auslagenerhebung einbezogen. Welche Partei kostenpflichtig ist, muss durch das Gericht nach Ermessen bestimmt werden. Die Kosten können ganz oder teilweise (S. 2: anteilsmäßig oder gesamtschuldnerisch) demjenigen Beteiligten auferlegt werden, der durch sein Verhalten die Sachverständigenabschätzung veranlasst hat. Ein Verschulden des Beteiligten ist nicht erforderlich (VGH Mannheim NVwZ-RR 1991, 670; aA *Hartmann* GKG § 64 Rn. 11). Ist an der Streitwertfestsetzung ein Rechtsanwalt aus eigenem Recht beteiligt (§ 32 Abs. 2 RVG), können auch ihm die Kosten auferlegt werden, wenn er die Abschätzung (mit-)verursacht hat (*Meyer* GKG § 64 Rn. 7). Das Verhalten eines Vertreters (zB des bevollmächtigten Rechtsanwalts) wird der Partei zugerechnet. Das durch Kos-

tenauferlegung zu sanktionierende Verhalten des Beteiligten kann darin bestehen, dass er

- die nach § 53 vorgeschriebene Wertangabe trotz gerichtlicher Aufforderung und Fristsetzung (§ 28 FamFG) unterlassen
- objektiv unrichtig den Wert angegeben
- unbegründet den vom Gegner angegebenen Wert bestritten oder
- eine unbegründete Beschwerde eingelegt hat.

Die durch den Beschluss begründete Kostenpflicht löst im Verhältnis zur Staatskasse die Entscheidungsschuldnerhaftung nach § 24 Nr. 1 aus, so dass der Betroffene als Erstschuldner für die Sachverständigenvergütung haftet (§ 26 Abs. 2 S. 1). Gegen den Beschluss findet die Beschwerde nach § 59 statt, wenn gleichzeitig auch die endgültige Wertfestsetzung (§ 55 Abs. 2) angefochten wird. Eine isolierte Anfechtung ist nach dem Kostenansatz über § 57 Abs. 1 statthaft. Die Höhe der dem Sachverständigen gezahlten Vergütung kann mit der Beschwerde nach § 4 JVEG angefochten werden. **3**

Abschnitt 8. Erinnerung und Beschwerde

§ 57 Erinnerung gegen den Kostenansatz, Beschwerde

(1) [1]Über Erinnerungen des Kostenschuldners und der Staatskasse gegen den Kostenansatz entscheidet das Gericht, bei dem die Kosten angesetzt sind. [2]War das Verfahren im ersten Rechtszug bei mehreren Gerichten anhängig, ist das Gericht, bei dem es zuletzt anhängig war, auch insoweit zuständig, als Kosten bei den anderen Gerichten angesetzt worden sind.

(2) [1]Gegen die Entscheidung des Familiengerichts über die Erinnerung findet die Beschwerde statt, wenn der Wert des Beschwerdegegenstands 200 Euro übersteigt. [2]Die Beschwerde ist auch zulässig, wenn sie das Familiengericht, das die angefochtene Entscheidung erlassen hat, wegen der grundsätzlichen Bedeutung der zur Entscheidung stehenden Frage in dem Beschluss zulässt.

(3) [1]Soweit das Familiengericht die Beschwerde für zulässig und begründet hält, hat es ihr abzuhelfen; im Übrigen ist die Beschwerde unverzüglich dem Oberlandesgericht vorzulegen. [2]Das Oberlandesgericht ist an die Zulassung der Beschwerde gebunden; die Nichtzulassung ist unanfechtbar.

(4) [1]Anträge und Erklärungen können ohne Mitwirkung eines Rechtsanwalts schriftlich eingereicht oder zu Protokoll der Geschäftsstelle abgegeben werden; § 129a der Zivilprozessordnung gilt entsprechend. [2]Für die Bevollmächtigung gelten die Regelungen des Gesetzes über das Verfahren in Familiensachen und in den Angelegenheiten der freiwilligen Gerichtsbarkeit entsprechend. [3]Die Erinnerung ist bei dem Gericht einzulegen, das für die Entscheidung über die Erinnerung zuständig ist. [4]Die Beschwerde ist bei dem Familiengericht einzulegen.

(5) [1]Das Gericht entscheidet über die Erinnerung und die Beschwerde durch eines seiner Mitglieder als Einzelrichter. [2]Der Einzelrichter überträgt das Verfahren dem Senat, wenn die Sache besondere Schwierigkeiten tatsächlicher oder rechtlicher Art aufweist oder die Rechtssache grundsätzliche Bedeutung hat.

(6) [1]Erinnerung und Beschwerde haben keine aufschiebende Wirkung. [2]Das Gericht oder das Beschwerdegericht kann auf Antrag oder von Amts wegen die aufschiebende Wirkung ganz oder teilweise anordnen; ist nicht der Einzelrichter zur Entscheidung berufen, entscheidet der Vorsitzende des Gerichts.

(7) Entscheidungen des Oberlandesgerichts sind unanfechtbar.

(8) [1]Die Verfahren sind gebührenfrei. [2]Kosten werden nicht erstattet.

I. Allgemeines

Die im gerichtlichen Verfahren angefallenen Kosten (= Gebühren und Auslagen; § 1 S. 2) werden durch Aufstellung einer Kostenrechnung angesetzt (§ 4 KostVfg). Zuständig ist der Kostenbeamte des Gerichts des ersten Rechtszugs bzw. des Rechtsmittelgerichts (§ 18 und § 1 KostVfg). Den Inhalt der Kostenrechnung regelt § 27 KostVfg. Die Landesjustizkasse verschickt dann die Kostenrechnung an den Kostenschuldner. 1

II. Erinnerung

1. Erinnerungsberechtigung

Der Kostenschuldner und die Staatskasse können den Kostenansatz mit der Erinnerung nach § 57 angreifen. Wer **Kostenschuldner** ist, ergibt sich formal aus der Kostenrechnung und materiell aus §§ 21 ff. Auch ein gesamtschuldnerisch Haftender kann die Kostenrechnung, die einem anderen der Gesamtschuldner (vgl. §§ 7, 8 KostVfg) zuging, angreifen, da der Kostenansatz gegen ihn bereits existent ist (OLG München JurBüro 1990, 357; aA OLG Düsseldorf Rpfleger 1985, 255). Erinnerungsbefugt sind ferner der Rechtsnachfolger des Kostenschuldners (zB der Erbe, § 1967 BGB) und die Person, die als Zweitschuldner beansprucht wird (LG Stendal Rpfleger 2005, 210). Der Kostenschuldner kann die Erinnerung auch gegen Entstehung und Höhe der Gebühren (KV 1110 ff.) und Auslagen (KV 2000 ff.; BGH NJW 2000, 1128) richten. Es kann aber auch die Person, die als Kostenschuldner irrtümlich beansprucht wird, ihre Kostenschuld bestreiten. Die Erinnerung kann ferner gestützt werden auf 2

- bestehende Kostenfreiheit (§ 2)
- fehlerhafte Reihenfolge der Inanspruchnahme, wenn mehrere Personen als Kostenschuldner haften (zB Gesamtschuldner, Erst- und Zweitschuldner)
- mangelnde Fälligkeit angesetzter Posten
- die Verjährung der Kostenschuld
- die Ablehnung der Nichterhebung von Kosten wegen unrichtiger Sachbehandlung (§ 20);
- das Erlöschen der Kostenschuld wegen Erfüllung bzw. Aufrechnung.

Begründet werden kann sie aber nicht mit Einwendungen gegen die Kostentragungspflicht, die im Beschluss bestimmt wurde (BGH NJW-RR 1998, 503). Die Dürftigkeitseinrede des Erben (§ 1990 BGB) kann nur im Rahmen der Kostengrundentscheidung, nicht aber im Rahmen der Erinnerung gegen den Kostenansatz berücksichtigt werden (BGH FamRZ 2004, 441).

Die **Staatskasse** wird durch den Bezirksrevisor oder andere Stellen (zB Rechnungsprüfungsamt) vertreten. Da der Vertreter der Staatskasse den Kostenbeamten im Verwaltungswege zur Änderung des Kostenansatzes anweisen kann (§ 43 KostVfg), soll Erinnerung nur bei Klärung einer Grundsatzfrage einlegt werden (§ 45 KostVfg). Die Staatskasse ist auch erinnerungsbefugt, wenn ihr der Kostenansatz zu hoch vorkommt (KG Rpfleger 1977, 227); sie kann den Rechtsbehelf bereits vor Zusendung der Kostenrechnung an den Kostenschuldner einlegen (KG NJW-RR 2003, 1723). Erfüllt ein **Dritter,** der dem Kostenschuldner gegenüber erstattungspflichtig ist, die Kostenschuld, ist er nicht erinnerungsbefugt. Das gilt zB 3 für eine Rechtsschutzversicherung, die eine Kostenschuld ihres Versicherten bezahlt (*Meyer* GKG § 66 Rn. 11; aA OLG Düsseldorf VersR 1983, 239). Der Bevollmächtigt eines Beteiligten (zB ein Rechtsanwalt) ist aus eigenem Recht nicht erinnerungsbefugt.

2. Form

4 Die Erinnerung kann nach **Abs. 4 S. 1** schriftlich, auch ohne Mitwirkung eines Rechtsanwalts oder zu Protokoll der Geschäftsstelle eines Amtsgerichts (vgl. § 129a ZPO) eingelegt werden. Die Erinnerung ist bei dem Gericht einzulegen, das über die Erinnerung entscheidet (Abs. 4 S. 2). Ist der Rechtsbehelf an die, nicht zuständige, Justizkasse gerichtet, ist er an das Gericht weiterzuleiten.

3. Frist

5 Eine Frist ist nicht bestimmt. Möglich ist aber eine **Verwirkung** (OLG Düsseldorf NJW-RR 1996, 441 = Rpfleger 1995; 42; OLG Koblenz BeckRS 2005, 179 = DS 2005, 154: Ohne das Hinzutreten weiterer Umstände kann die Erinnerung nicht als verwirkt angesehen werden, wenn sie erst nach mehr als drei Jahren erhoben wird.) Die Staatskasse muss auch die Verjährungsfrist (§ 7) die Nachforderungsfrist (§ 19) beachten. Eine Begründung des Rechtsbehelfs ist nicht vorgeschrieben. Es muss nur das konkrete Rechtsschutzziel des Erinnerungsführers ermittelt werden können (BFH/NF 2003, 333). Eine pauschale Begründung (zB „die Sachverständigenauslagen sind zu hoch angesetzt" oder „der Streitwert ist falsch angenommen") genügt.

4. Erinnerungssumme

6 Ein Mindestwert ist nicht bestimmt, so dass die Erinnerung auch wegen minimaler Beträge (zB 1 Cent) eingelegt werden kann. Abs. 2 S. 1 gilt nur für die Beschwerde.

5. Beschwer; Rechtsschutzbedürfnis

7 Der Erinnerungsführer muss durch den Kostenansatz in seiner Rechtsstellung nachteilig betroffen sein. Daran mangelt es uU, wenn sich der Kostenbeamte zwar verrechnet hat, aber im Ergebnis richtig liegt. Eine Benachteiligung liegt aber dann vor, wenn eine Gebühr nicht und dafür eine andere überhöht angesetzt wurde. Dann stimmt zwar das Ergebnis, der Kostenschuldner ist aber einer Nachforderung ausgesetzt.

6. Verfahren über die Erinnerung

8 Solange eine gerichtliche Entscheidung oder eine Anordnung im Dienstaufsichtsweg nicht ergangen ist, hat der **Kostenbeamte** auf Erinnerung „unrichtige Kostenansätze richtig zu stellen" (§ 35 Abs. 2 S. 1 KostVfg). Da der Kostenansatz ein Verwaltungsgeschäft ist, kann der Kostenbeamte zur Berichtigung auch angewiesen werden. Weisungsbefugt sind der Bezirksrevisor, der weiter bestellte Kostenprüfungsbeamte und der „Vorstand der Justizbehörde" (§§ 42, 43 S. 1 KostVfg). Gegen diese Anweisung kann der Kostenbeamte nicht die Entscheidung des Gerichts herbeiführen (§ 43 S. 2 KostVfg). Hilft der Kostenbeamte der Erinnerung

nicht ab und weist auch der Bezirksrevisor den Kostenbeamten nicht zur Abhilfe an, dann legt der Bezirksrevisor die Akten mit der Erinnerung dem **Gericht** vor. Zuständig ist das Gericht bei dem die Kosten angesetzt wurden bzw. bei dem das Verfahren in der ersten Instanz zuletzt anhängig war (Abs. 1). Über die Erinnerung entscheidet nach Abs. 5 S. 1 das Gericht durch eines seiner Mitglieder als Einzelrichter. Der Einzelrichter überträgt das Verfahren durch Beschluss dem Senat, wenn die Sache besondere Schwierigkeiten tatsächlicher oder rechtlicher Art aufweist oder die Rechtssache grundsätzliche Bedeutung hat (Abs. 5 S. 2). Soweit in der Angelegenheit, die dem Kostenansatz zugrunde liegt, der Rechtspfleger funktionell zuständig ist, entscheidet er auch über die Erinnerung gegen den Kostenansatz in dieser Sache (§ 4 Abs. 1 RPflG; OLG Hamm Rpfleger 2001, 99; KG JurBüro 1987, 406; *Lappe* Rpfleger 2005, 306; aA LG Koblenz Rpfleger 1984, 435). Hat der Rechtspfleger, dem auch die Geschäfte des Kostenbeamten übertragen werden können, die angegriffene Kostenrechnung selber aufgestellt, dann entscheidet sein Vertreter laut Geschäftsverteilungsplan (BayObLG Rpfleger 1974, 391). Vor der Entscheidung ist rechtliches Gehör zu gewähren (Art. 103 GG), so dass über eine Erinnerung des Kostenschuldners nicht entschieden werden darf, bevor der Staatskasse angehört wurde. Gegenstand des Erinnerungsverfahrens ist nicht die dem Kostenansatz zugrunde liegende gerichtliche Kostenentscheidung. Es dürfen nur diejenigen Maßnahmen und Entscheidungen überprüft werden, die Gegenstand des Kostenansatzes waren (BFH/NV 2003, 1603). Einzelne Positionen können ausgetauscht werden. Ist zB eine Gebühr zu niedrig, die andere zu hoch angesetzt worden, ist die Erinnerung nicht begründet, wenn die Summe im Ergebnis richtig ist.

7. Gerichtliche Entscheidung

Das Gericht entscheidet über die Erinnerung durch Beschluss. Tenor: „Die Erinnerung des … gegen den Kostenansatz mit Kostenrechnung vom … wird zurückgewiesen." bzw. „auf die Erinnerung des … werden der Kostenansatz vom … und die Kostenrechnung vom … wie folgt abgeändert …". Das Verfahren ist gebührenfrei (Abs. 8 S. 1), Auslagen sind zu erheben. Kosten der Beteiligten selbst (zB Anwaltsvergütung) werden nicht erstattet (Abs. 8 S. 2). Der Beschluss wird dem Erinnerungsführer gegenüber formlos bekannt gemacht. Das gilt auch gegenüber der Staatskasse (§ 45 Abs. 2 KostVfg). 9

8. Abgrenzungen zu anderen Rechtsbehelfen

Ergibt die Auslegung der eingelegten Erinnerung, dass der Rechtsbehelfsführer sich gegen den angenommenen Streitwert wendet, ist die Eingabe als Antrag auf Streitwertfestsetzung bzw. Beschwerde gegen den festgesetzten Streitwert zu behandeln (§§ 55, 59; OLG Koblenz NJOZ 2002, 764). Die Begründung des als „Erinnerung" eingelegten Rechtsbehelfs kann auch ergeben, dass der Beteiligte Kosten wegen unrichtiger Sachbehandlung nicht zahlen will. Dann sollte die Eingabe zunächst nach § 20 behandelt werden und nicht als Erinnerung nach § 57. Wendet sich der Kostenschuldner gegen die Zwangsbeitreibung der Gerichtskosten nach der JBeitrO, kann er mit der Vollstreckungserinnerung (§ 6 Abs. 1 Nr. 1 JBeitrO iVm § 766 ZPO) gegen die Art und Weise der Beitreibung durch den Vollstreckungsbeamten vorgehen. Wird in das Vermögen eines Dritten vollstreckt ist die Drittwiderspruchsklage der statthafte Rechtsbehelf (§ 771 ZPO). Gegen die Anordnung einer Vorauszahlung findet die Beschwerde statt (§ 58). 10

III. Beschwerde, Zulässigkeit

1. Statthaftigkeit

11 Gegen die Entscheidung des Familiengerichts über die Erinnerung findet nach **Abs. 2** die Beschwerde statt, wenn der Wert des Beschwerdegegenstands (= Beschwerdewert) 200 Euro übersteigt oder das Familiengericht die Beschwerde wegen der grundsätzlichen Bedeutung der zur Entscheidung stehenden Frage zugelassen hat. Der Beschwerdewert muss demnach 200, 01 Euro betragen. Enthält der Beschluss, wenn der Beschwerdewert nicht erreicht ist, keine Aussage zur Zulassung der Beschwerde, gilt das als Nichtzulassung. Berichtigung nach § 42 FamFG ist zulässig, wenn die Zulassung beschlossen, aber versehentlich nicht in den Beschluss aufgenommen wurde und das Versehen nach außen hervorgetreten ist; vgl. BGH NJW 2004, 2389). Eine Beschwerde gegen die Nichtzulassung findet nicht statt (Abs. 3 S. 2 Hs. 2). An die Zulassung der Beschwerde ist das Beschwerdegericht gebunden (Abs. 3 S. 2 Hs. 1).

2. Form

12 Die Beschwerde kann schriftlich oder zu Protokoll der Geschäftsstelle eines jeden Amtsgerichts eingelegt werden (Abs. 4 S. 1; § 129a ZPO). Anwaltszwang besteht nicht.

3. Frist

13 Eine Frist ist nicht bestimmt.

4. Beschwerdeberechtigung; Rechtsschutzbedürfnis

14 Beschwerdeberechtigt ist in erster Linie der Kostenschuldner, wenn der gerichtliche Beschluss ihn in seinen Rechten beeinträchtigt, aber auch die Staatskasse.

5. Beschwerdeverfahren

15 Das Familiengericht hat nach **Abs. 3 S. 1** einer zulässigen und begründeten Beschwerde abzuhelfen. Vor der Abhilfe muss einem Gegner rechtliches Gehör dadurch gewährt werden, dass ihm Gelegenheit zur Stellungnahme gegeben wird. Bei teilweiser Abhilfe, kann der Beschwerdewert unter 200 Euro sinken. Beispiel: Der Kostenschuldner ist durch den Kostenansatz mit 250 Euro beschwert. Hilft das Familiengericht in Höhe von 60 Euro der dagegen eingelegten Beschwerde ab, sinkt die Beschwer auf 190 Euro ab und die Beschwerde ist unzulässig (*Schneider* JurBüro 1975, 1424). Bei Nichtabhilfe ist die Beschwerde unverzüglich dem Oberlandesgericht vorzulegen (Abs. 3 S. 1 Hs. 2). Über die Beschwerde entscheidet der Einzelrichter bzw. nach Übertragung des Verfahrens der Senat (Abs. 5). Die Beschwerde kann auf neue Tatsachen gestützt werden. Es könne auch Positionen angegriffen werden, die nicht Gegenstand der Erinnerung waren (*Meyer* GKG § 66 Rn. 39). Die Beschwerde hat, wie die Erinnerung, keine aufschiebende Wirkung (Abs. 6 S. 1). Trotz eingelegter Beschwerde ist die Zahlungspflicht des Kostenschuldners weiterhin durchsetzbar. Das Beschwerdegericht kann auf Antrag oder von Amts wegen Suspensiveffekt anordnen (Abs. 6 S. 2). Die Entscheidung ergeht

durch Beschluss. Tenor: „Die Beschwerde des … gegen … wird zurückgewiesen." bzw. „Der Beschluss des Familiengerichts vom … wird dahingehend abgeändert …". Die Entscheidung des Oberlandesgerichts ist unanfechtbar (Abs. 7). Das Beschwerdeverfahren ist gerichtsgebühren-, aber nicht auslagenfrei (Abs. 8 S. 1), Kosten der Beteiligten (zB Anwaltsvergütung für die Vertretung im Beschwerdeverfahren) werden nicht erstattet (Abs. 8 S. 2). Der Beschluss wird formlos bekanntgemacht. In Angelegenheiten, in denen der Rechtspfleger funktionell zur Entscheidung über die Erinnerung zuständig ist (§ 4 Abs. 1 RPflG; → Rn. 8), findet gegen dessen Beschluss, wenn der Beschwerdewert (200,01 Euro) nicht erreicht wird, die befristete Erinnerung nach § 11 Abs. 2 RPflG statt. Darüber entscheidet abschließend der Richter.

§ 58 Beschwerde gegen die Anordnung einer Vorauszahlung

(1) [1]**Gegen den Beschluss, durch den die Tätigkeit des Familiengerichts nur aufgrund dieses Gesetzes von der vorherigen Zahlung von Kosten abhängig gemacht wird, und wegen der Höhe des in diesem Fall im Voraus zu zahlenden Betrags findet stets die Beschwerde statt.** [2]**§ 57 Abs. 3, 4 Satz 1 und 4, Abs. 5, 7 und 8 ist entsprechend anzuwenden.** [3]**Soweit sich der Beteiligte in dem Verfahren wegen des Hauptgegenstands vor dem Familiengericht durch einen Bevollmächtigten vertreten lassen muss, gilt dies auch im Beschwerdeverfahren.**

(2) **Im Fall des § 16 Abs. 2 ist § 57 entsprechend anzuwenden.**

I. Allgemeines

Die Vorschrift regelt den statthaften Rechtsbehelf gegen eine familiengerichtliche Vorauszahlungsanordnung. Eine solche Anordnung muss sich auf **§§ 14, 16** stützen („… nur aufgrund dieses Gesetzes). Keine Vorauszahlungspflicht nach § 14 besteht, wenn dem Antragsteller Verfahrenskostenhilfe bewilligt ist (§ 15 Nr. 1), wenn er gebührenbefreit ist (§ 15 Nr. 2) oder glaubhaft gemacht wird, dass die Vorauszahlung von Kosten dem Antragsteller aufgrund seiner Vermögenslage Schwierigkeiten bereiten würde oder eine Verzögerung einen nur schwer ersetzbaren Schaden bringen würde (§ 15 Nr. 3). Vorausgesetzt wird ferner, dass die Vorauszahlungsanordnung durch Beschluss des Familiengerichts erfolgte. Dieser kann auch als „Verfügung" bezeichnet sein. Beispiel: „Die Zustellung der Antragsschrift des … vom … erfolgt erst, wenn die Verfahrensgebühr in Höhe von … einbezahlt ist". 1

II. Beschwerde

Gegen den Beschluss, der eine Vorauszahlung anordnet und die Höhe des vorauszuzahlenden Betrags, findet nach **Abs. 1 S. 1** die Beschwerde statt. Die Beschwerde ist an keine Frist gebunden, ein Beschwerdewert ist nicht vorgeschrieben (**Abs. 1 S. 2** verweist nicht auf § 57 Abs. 2). Ist im Hauptsacheverfahren Vertretung durch einen Bevollmächtigten vorgeschrieben, gilt dies auch im Beschwerdeverfahren. Macht zB das Familiengericht die Zustellung des Scheidungsantrags von der Vorauszahlung der Verfahrensgebühr abhängig, muss die Beschwerde dagegen 2 durch einen Rechtsanwalt (vgl. § 114 Abs. 1 FamFG) eingelegt werden. Die Beschwerde kann darauf gestützt werden, dass nach FamGKG überhaupt **keine** Vorauszahlungspflicht besteht oder dass die Gebühr bzw. die Auslagen zu **hoch** angenommen oder dass ein bereits bezahlter Vorschuss **falsch verrechnet** wurde. Die Gebühr kann zB deshalb zu hoch berechnet sein, weil das Gericht von einem falschen Verfahrenswert ausging (§ 55 Abs. 1 S. 2). Die Staatskasse ist nicht beschwerdeberechtigt (*Meyer* GKG § 67 Rn. 12). Nach **Abs. 2** ist in den Fällen des § 16 Abs. 2 (= Auslagenvorschuss für Dokumentenherstellung und Aktenversendung) § 57 anzuwenden.

§ 59 Beschwerde gegen die Festsetzung des Verfahrenswerts

(1) **[1]Gegen den Beschluss des Familiengerichts, durch den der Verfahrenswert für die Gerichtsgebühren festgesetzt worden ist (§ 55 Abs. 2), findet die Beschwerde statt, wenn der Wert des Beschwerdegegenstands 200 Euro übersteigt. [2]Die Beschwerde findet auch statt, wenn sie das Familiengericht wegen der grundsätzlichen Bedeutung der zur Entscheidung stehenden Frage in dem Beschluss zulässt. [3]Die Beschwerde ist nur zulässig, wenn sie innerhalb der in § 55 Abs. 3 Satz 2 bestimmten Frist eingelegt wird; ist der Verfahrenswert später als einen Monat vor Ablauf dieser Frist festgesetzt worden, kann sie noch innerhalb eines Monats nach Zustellung oder formloser Mitteilung des Festsetzungsbeschlusses eingelegt werden. [4]Im Fall der formlosen Mitteilung gilt der Beschluss mit dem dritten Tag nach Aufgabe zur Post als bekannt gemacht. [5]§ 57 Abs. 3, 4 Satz 1, 2 und 4, Abs. 5 und 7 ist entsprechend anzuwenden.**

(2) **[1]War der Beschwerdeführer ohne sein Verschulden verhindert, die Frist einzuhalten, ist ihm auf Antrag vom Oberlandesgericht Wiedereinsetzung in den vorigen Stand zu gewähren, wenn er die Beschwerde binnen zwei Wochen nach der Beseitigung des Hindernisses einlegt und die Tatsachen, welche die Wiedereinsetzung begründen, glaubhaft macht. [2]Ein Fehlen des Verschuldens wird vermutet, wenn eine Rechtsbehelfsbelehrung unterblieben oder fehlerhaft ist. [3]Nach Ablauf eines Jahres, von dem Ende der versäumten Frist an gerechnet, kann die Wiedereinsetzung nicht mehr beantragt werden.**

(3) **[1]Die Verfahren sind gebührenfrei. [2]Kosten werden nicht erstattet.**

I. Allgemeines

1 § 59 regelt den statthaften Rechtsbehelf gegen den Beschluss, der den Verfahrenswert für die Gerichtsgebühren **endgültig** festsetzt (§ 55 Abs. 2). Nicht in seinen Anwendungsbereich fällt deshalb ein

- Beschluss, der den Beschwerdewert (= Rechtsmittelstreitwert) nach § 54 festsetzt. Dieser Beschluss ist isoliert nicht anfechtbar (OLG Stuttgart NJW-RR 2005, 942; OLG Koblenz NJW-RR 2004, 1222), er kann nur in Zusammenhang mit der Hauptsache angefochten werden.
- vorläufiger Wertfestsetzungsbeschluss nach § 55 Abs. 1 S. 1; der kann mit der Beschwerde gegen die Vorauszahlungsanordnung angegriffen werden (§§ 55 Abs. 1 S. 2, 58 Abs. 1).

Gegen den vom Kostenbeamten beim Kostenansatz angenommenen Verfahrenswert findet die Erinnerung nach § 57 Abs. 1 statt. Es kann aber das Gericht einen Einwand dagegen zweckmäßigerweise auch als Anregung auffassen, den Verfahrenswert nach § 55 Abs. 2 endgültig festzusetzen, so dass dann die Beschwerde nach § 59 möglich ist (vgl. *Pabst/Rössel* MDR 2004, 730; *Rummel* MDR 2002, 623).

II. Beschwerde

1. Beschwerdewert

Der Wert des Beschwerdegegenstandes muss nach **Abs. 1 S. 1** 200,– Euro übersteigen, also mindestens 200,01 Euro betragen; maßgebend ist der Zeitpunkt der Einlegung der Beschwerde. Der Beschwerdewert ergibt sich nicht aus der Differenz des festgesetzten zum angestrebten Verfahrenswert, sondern aus der Gebührendifferenz (Gerichts- und Anwaltsgebühren), die den Beschwerdeführer daraus treffen (OLG Karlsruhe JurBüro 2005, 542). 2

Beispiel: Das Familiengericht setzt in einer Unterhaltssache (§ 231 Abs. 1 Nr. 1 FamFG) den Verfahrenswert auf 3.000 Euro fest. Der Beschwerdeführer beantragt die Herabsetzung auf 1.500 Euro. Beschwerdewert?
- Gerichtsgebühr aus 3.000 Euro: 3,0 Gebühr für das Verfahren im Allgemeinen KV 1220 = 324 Euro; aus 1.500 Euro: 213 Euro; Differenz: 111 Euro.
- Rechtsanwaltsgebühren aus 3.000 Euro: 1,3 Verfahrensgebühr VV 3100 RVG und 1,2 Terminsgebühr VV 3104 RVG = 502,50 Euro; aus 1.500 Euro: 287,50; Differenz: 215 Euro.
- **Ergebnis:** Der Beschwerdewert ist erreicht und die Beschwerde insoweit zulässig.

Dazu kommt, bei anwaltlicher Vertretung, noch die auf die jeweiligen Gebühren entfallende Umsatzsteuer (OLG München JurBüro 1974, 1591). Wenn auch der Gegner anwaltlich vertreten war und der Beschwerdeführer die außergerichtlichen Kosten zu erstatten hat, kommen die gegnerischen Anwaltskosten ebenfalls noch hinzu. Bei Bewilligung der Verfahrens- bzw. Prozesskostenhilfe ist von den Wahlanwaltsgebühren auszugehen (OLG Schleswig JurBüro 1978, 1361). Legen gegen einen Wertfestsetzungsbeschluss sowohl der Antragsteller als auch der Antragsgegner Beschwerde ein, muss für jede Beschwerde der Beschwerdewert eigenständig erreicht sein. Legt der Vertreter der Staatskasse die Beschwerde ein, ist auf die Differenz der Gerichtskosten aus den jeweiligen Verfahrenswerten abzustellen; auf Anwaltskosten nur, wenn die Staatskasse an den Anwalt zu vergüten hat. 3

2. Zulassung

Wird der Beschwerdewert nicht erreicht, ist die Beschwerde nach **Abs. 1 S. 2** zulässig, wenn das Familiengericht sie in dem Beschluss (nicht nachträglich) zulässt. Voraussetzung der Zulassung ist, dass eine grundsätzliche Streitwertfrage zu entscheiden ist. Das Oberlandesgericht ist an die Zulassung gebunden; die Nichtzulassung ist unanfechtbar (Abs. 1 S. 4 iVm § 57 Abs. 3 S. 2). 4

3. Frist

Die Beschwerde ist nach **Abs. 1 S. 3 iVm § 55 Abs. 3 S. 2** innerhalb von 6 Monaten, nachdem die Entscheidung in der Hauptsache rechtskräftig geworden ist 5 oder das Verfahren sich anderweitig erledigt hat (zB durch Vergleich; OLG Karlsruhe FamRZ 2004, 1227), einzulegen. Ist der Verfahrenswert später als einen Monat vor Ablauf dieser Frist festgesetzt worden, kann sie noch innerhalb eines Monats nach Zustellung oder formloser Mitteilung des Festsetzungsbeschlusses eingelegt werden (S. 3 Hs. 2).

Beispiel: Der Beschluss des Familiengerichts in einer Ehesache ist am 30. 3. rechtskräftig geworden. Am 10. 6. wurde der Verfahrenswert festgesetzt. Die Beschwerde nach § 59 kann bis zum 30. 9. eingelegt werden. Wurde der Verfahrenswert aber erst am 3. 9. festgesetzt und ist der Beschluss dem Beschwerdeführer am 10. 9. zugestellt worden, kann die Beschwerde bis 10.10. eingelegt werden.

6 Nach **Abs. 2 S. 1** kann das Oberlandesgericht bei unverschuldeter Fristversäumung **Wiedereinsetzung** gewähren. Ein Fehlen des Verschuldens wird vermutet, wenn die Rechtsbehelfsbelehrung nach § 8a unterblieben oder fehlerhaft ist (Abs. 2 S. 2). Die Beschwerde ist in diesem Fall binnen 2 Wochen nach Beseitigung des Hindernisses einzulegen. Außerdem darf die Jahresfrist des Abs. 2 S. 2 nicht verstrichen sein.

4. Form

7 Die Beschwerde ist bei dem Familiengericht einzulegen (Abs. 1 S. 5 iVm § 57 Abs. 4 S. 4). Sie kann schriftlich eingereicht oder zu Protokoll der Geschäftsstelle erklärt werden (Abs. 1 S. 5 iVm § 57 Abs. 4 S. 1). Anwaltszwang besteht nicht.

5. Beschwer; Rechtsschutzbedürfnis

8 Die Beschwerde ist nur zulässig, wenn der Beschwerdeführer in seinen Rechten beeinträchtigt ist (OLG Koblenz BeckRS 9998, 04175 = JurBüro 2002, 310). Ein unterliegender Beteiligter kann deshalb nur Beschwerde mit dem Ziel einlegen, dass der Verfahrenswert herabgesetzt wird (BGH NJW-RR 1986, 737; OLG Brandenburg NJW-RR 2005, 80). An einer Erhöhung des Verfahrenswerts hat er kein schutzwürdiges Interesse (OLG Koblenz BeckRS 9998, 04175). Besteht das Beschwerdeziel darin, eine Werterhöhung zu erreichen, damit die Erstattungspflicht des Gegners angehoben wird, ist die Beschwerde unzulässig. Bei einer Honorarvereinbarung, die eine Vergütung über den gesetzlichen Gebühren zum Inhalt hat, kann aber der Beschwerdeführer ausnahmsweise ein schutzwürdiges Interesse an einem höheren Wert haben (OLG Düsseldorf OLG-Report 2005, 586). Der Anwalt kann aus eigenem Recht (§§ 23 Abs. 1, 32 RVG) die Beschwerde nur mit dem Ziel einlegen, dass der Wert erhöht wird (BGH NJW-RR 1986, 737). Die Staatskasse kann mit einer Beschwerde sowohl einen höheren als auch einen niedrigeren Verfahrenswert anstreben (OLG Bamberg AnwBl. 1984, 95). Durch eine zu hohe Wertfestsetzung ist sie insbesondere dann beschwert, wenn sie einem beigeordneten Rechtsanwalt eine Vergütung zahlen muss (OLG Brandenburg JurBüro 2001, 94). Die Zustimmung der Beteiligten bzw. der Verfahrensbevollmächtigten zu einem vom Familiengericht vorgeschlagenen Verfahrenswert stellt keinen Rechtsmittelverzicht dar (OLG Celle BeckRS 2005, 5981 = JurBüro 2005, 429; aA OLG Hamm FamRZ 1997, 691).

6. Beschwerdeverfahren

Das Familiengericht kann der Beschwerde abhelfen (Abs. 1 S. 5 iVm § 57 Abs. 3). Hilft es der Beschwerde nicht ab, ist sie unverzüglich dem Oberlandesgericht vorzulegen. Den Beteiligten ist vor der Beschwerdeentscheidung rechtliches Gehör zu gewähren. Neues Vorbringen ist zulässig. Die Beschwerde wird entweder verworfen oder zurückgewiesen, andernfalls wird die Wertfestsetzung des Familiengerichts abgeändert. Kosten werden nicht erstattet (Abs. 3 S. 2). Das Beschwerdeverfahren ist gerichtsgebührenfrei (Abs. 3 S. 1). Auslagen sind zu erheben. Die Beschwerdeentscheidung des Oberlandesgerichts ist unanfechtbar (Abs. 1 S. 5 iVm § 57 Abs. 7). Gegen einen Beschluss der letzten Instanz kann Gegenvorstellung erhoben werden (BGH NJW-RR 1986, 737). 9

§ 60 Beschwerde gegen die Auferlegung einer Verzögerungsgebühr

[1]Gegen den Beschluss des Familiengerichts nach § 32 findet die Beschwerde statt, wenn der Wert des Beschwerdegegenstands 200 Euro übersteigt oder das Familiengericht die Beschwerde wegen der grundsätzlichen Bedeutung in dem Beschluss der zur Entscheidung stehenden Frage zugelassen hat. [2]§ 57 Abs. 3, 4 Satz 1, 2 und 4, Abs. 5, 7 und 8 ist entsprechend anzuwenden.

I. Allgemeines

Das Familiengericht kann nach **§ 32** in selbständigen **Familienstreitsachen** (vgl. § 112 FamFG) einem Beteiligten oder einem Nebenintervenienten, der das Verfahren schuldhaft verzögert, eine Verzögerungsgebühr auferlegen. Gegen den Beschluss findet die Beschwerde nach § 60 statt. 1

II. Beschwerde

1. Beschwerdewert

Die Beschwerde ist nach **S. 1** nur zulässig, wenn der Wert des Beschwerdegegenstandes 200 Euro übersteigt, also mindestens 200,01 Euro beträgt. 2

2. Zulassung

Bei grundsätzlicher Bedeutung der zu entscheidenden Frage, kann das Familiengericht in dem Beschluss die Beschwerde zulassen. 3

3. Frist

Eine Frist ist nicht bestimmt. 4

4. Form; Beschwerdeverfahren

Es gelten die in **S. 2** genannten Vorschriften des § 57 entsprechend. 5

§ 61 Abhilfe bei Verletzung des Anspruchs auf rechtliches Gehör

(1) **Auf die Rüge eines durch die Entscheidung beschwerten Beteiligten ist das Verfahren fortzuführen, wenn**
1. **ein Rechtsmittel oder ein anderer Rechtsbehelf gegen die Entscheidung nicht gegeben ist und**
2. **das Gericht den Anspruch dieses Beteiligten auf rechtliches Gehör in entscheidungserheblicher Weise verletzt hat.**

(2) **[1]Die Rüge ist innerhalb von zwei Wochen nach Kenntnis von der Verletzung des rechtlichen Gehörs zu erheben; der Zeitpunkt der Kenntniserlangung ist glaubhaft zu machen. [2]Nach Ablauf eines Jahres seit Bekanntmachung der angegriffenen Entscheidung kann die Rüge nicht mehr erhoben werden. [3]Formlos mitgeteilte Entscheidungen gelten mit dem dritten Tage nach Aufgabe zur Post als bekannt gemacht. [4]Die Rüge ist bei dem Gericht zu erheben, dessen Entscheidung angegriffen wird; § 57 Abs. 4 Satz 1 und 2 gelten entsprechend. [5]Die Rüge muss die angegriffene Entscheidung bezeichnen und das Vorliegen der in Absatz 1 Nr. 2 genannten Voraussetzungen darlegen.**

(3) **Den übrigen Beteiligten ist, soweit erforderlich, Gelegenheit zur Stellungnahme zu geben.**

(4) **[1]Das Gericht hat von Amts wegen zu prüfen, ob die Rüge an sich statthaft und ob sie in der gesetzlichen Form und Frist erhoben ist. [2]Mangelt es an einem dieser Erfordernisse, so ist die Rüge als unzulässig zu verwerfen. [3]Ist die Rüge unbegründet, weist das Gericht sie zurück. [4]Die Entscheidung ergeht durch unanfechtbaren Beschluss. [5]Der Beschluss soll kurz begründet werden.**

(5) **Ist die Rüge begründet, so hilft ihr das Gericht ab, indem es das Verfahren fortführt, soweit dies aufgrund der Rüge geboten ist.**

(6) **Kosten werden nicht erstattet.**

I. Allgemeines

1 Die Vorschrift ermöglicht, wie zB § 44 FamFG oder § 321 a ZPO eine Überprüfung **unanfechtbarer** gerichtlicher Entscheidungen, wenn das rechtliche Gehör eines durch die Entscheidung beschwerten Beteiligten, in entscheidungserheblicher Weise verletzt wurde.

II. Verfahren

2 Der betroffene Beteiligte kann nach **Abs. 2** binnen **zwei Wochen** nach Kenntnis von der Verletzung des rechtlichen Gehörs und vor Ablauf eines Jahres, seit Bekanntmachung der angegriffenen Entscheidung, eine Rügeschrift einreichen. Ist die Rüge unzulässig bzw. unbegründet, wird sie verworfen bzw. zurückgewiesen. Die Kostenerstattung ist ausgeschlossen (Abs. 6). Ist die Gehörsrüge zulässig und begründet wird das alte Verfahren fortgeführt, der Verstoß gegen das rechtliche Gehör geheilt und neu entschieden Es wird entweder der frühere Beschluss aufrechterhalten oder aufgehoben und neu entschieden.

Abschnitt 9. Schluss- und Übergangsvorschriften

§ 61a Verordnungsermächtigung

[1]Die Landesregierungen werden ermächtigt, durch Rechtsverordnung zu bestimmen, dass die von den Gerichten der Länder zu erhebenden Verfahrensgebühren in solchen Verfahren, die nur auf Antrag eingeleitet werden, über die im Kostenverzeichnis für den Fall der Zurücknahme des Antrags vorgesehene Ermäßigung hinaus weiter ermäßigt werden oder entfallen, wenn das gesamte Verfahren oder bei Verbundverfahren nach § 44 eine Folgesache nach einer Mediation oder nach einem anderen Verfahren der außergerichtlichen Konfliktbeilegung durch Zurücknahme des Antrags beendet wird und in der Antragsschrift mitgeteilt worden ist, dass eine Mediation oder ein anderes Verfahren der außergerichtlichen Konfliktbeilegung unternommen wird oder beabsichtigt ist, oder wenn das Gericht den Beteiligten die Durchführung einer Mediation oder eines anderen Verfahrens der außergerichtlichen Konfliktbeilegung vorgeschlagen hat. [2]Satz 1 gilt entsprechend für die im Beschwerdeverfahren von den Oberlandesgerichten zu erhebenden Verfahrensgebühren; an die Stelle der Antragsschrift tritt der Schriftsatz, mit dem die Beschwerde eingelegt worden ist.

Wie § 69b GKG ermächtigt § 61a die Landesregierungen zum Verordnungserlass. Diese können in reinen Antragsverfahren durch Rechtsverordnung bestimmen, dass über das KV hinaus Gebührenvergünstigungen gewährt werden, wenn das gesamte Verfahren nach einer Mediation oder nach einem anderen Verfahren der außergerichtlichen Streitbeilegung durch Antragsrücknahme beendet wird. 1

§ 62 *(aufgehoben)*

§ 62a Bekanntmachung von Neufassungen

[1]Das Bundesministerium der Justiz und für Verbraucherschutz kann nach Änderungen den Wortlaut des Gesetzes feststellen und als Neufassung im Bundesgesetzblatt bekannt machen. [2]Die Bekanntmachung muss auf diese Vorschrift Bezug nehmen und angeben
1. den Stichtag, zu dem der Wortlaut festgestellt wird,
2. die Änderungen seit der letzten Veröffentlichung des vollständigen Wortlauts im Bundesgesetzblatt sowie
3. das Inkrafttreten der Änderungen.

Wie § 70a GKG ermächtigt § 62a das Bundesministerium der Justiz und für Verbraucherschutz zur Bekanntmachung von Neufassungen. Nach Änderungen kann der Wortlaut des Gesetzes festgestellt und die Neufassung im BGBl bekanntgemacht werden. 1

§ 63 Übergangsvorschrift

(1) **[1]In Verfahren, die vor dem Inkrafttreten einer Gesetzesänderung anhängig geworden oder eingeleitet worden sind, werden die Kosten nach bisherigem Recht erhoben. [2]Dies gilt nicht im Verfahren über ein Rechtsmittel, das nach dem Inkrafttreten einer Gesetzesänderung eingelegt worden ist. [3]Die Sätze 1 und 2 gelten auch, wenn Vorschriften geändert werden, auf die dieses Gesetz verweist.**

(2) **In Verfahren, in denen Jahresgebühren erhoben werden, und in Fällen, in denen Absatz 1 keine Anwendung findet, gilt für Kosten, die vor dem Inkrafttreten einer Gesetzesänderung fällig geworden sind, das bisherige Recht.**

1 § 63 regelt als Dauerübergangsvorschrift, welches Recht bei **künftigen** Änderungen des FamGKG gelten soll. Nach **Abs. 1 S. 1** bleibt in den Verfahren, die vor dem Inkrafttreten einer Gesetzesänderung eingeleitet geworden sind, das bisherige Recht anwendbar. In Rechtsmittelverfahren ist nach **Abs. 1 S. 2** auf den Zeitpunkt der Einlegung abzustellen. In Verfahren, in denen Jahresgebühren erhoben werden (zB nach KV 1311 bei Vormundschaften und Dauerpflegschaften) und in Fällen in denen Abs. 1 nicht anwendbar ist, ist nach **Abs. 2** der Fälligkeitszeitpunkt der Kosten (vgl. § 10) maßgebend. § 63 entspricht § 71 Abs. 1 GKG.

2 Übergangsbestimmungen aus **Anlass des Inkrafttretens des FamGKG** trifft **Art. 111 FGG-RG** (abgedruckt → Vor FamGKG Rn. 7).

§ 64 Übergangsvorschrift für die Erhebung von Haftkosten

Bis zum Erlass landesrechtlicher Vorschriften über die Höhe des Haftkostenbeitrags, der von einem Gefangenen zu erheben ist, sind die Nummern 2008 und 2009 des Kostenverzeichnisses in der bis zum 27. Dezember 2010 geltenden Fassung anzuwenden.

Anhang. Gesetzestexte FamFG

§ 38 FamFG Entscheidung durch Beschluss. (1) [1]Das Gericht entscheidet durch Beschluss, soweit durch die Entscheidung der Verfahrensgegenstand ganz oder teilweise erledigt wird (Endentscheidung). [2]Für Registersachen kann durch Gesetz Abweichendes bestimmt werden.

(2) Der Beschluss enthält

1. die Bezeichnung der Beteiligten, ihrer gesetzlichen Vertreter und der Bevollmächtigten;
2. die Bezeichnung des Gerichts und die Namen der Gerichtspersonen, die bei der Entscheidung mitgewirkt haben;
3. die Beschlussformel.

(3) [1]Der Beschluss ist zu begründen. [2]Er ist zu unterschreiben. [3]Das Datum der Übergabe des Beschlusses an die Geschäftsstelle oder der Bekanntgabe durch Verlesen der Beschlussformel (Erlass) ist auf dem Beschluss zu vermerken.

(4) Einer Begründung bedarf es nicht, soweit

1. die Entscheidung auf Grund eines Anerkenntnisses oder Verzichts oder als Versäumnisentscheidung ergeht und entsprechend bezeichnet ist,
2. gleichgerichteten Anträgen der Beteiligten stattgegeben wird oder der Beschluss nicht dem erklärten Willen eines Beteiligten widerspricht oder
3. der Beschluss in Gegenwart aller Beteiligten mündlich bekannt gegeben wurde und alle Beteiligten auf Rechtsmittel verzichtet haben.

(5) Absatz 4 ist nicht anzuwenden:
1. in Ehesachen, mit Ausnahme der eine Scheidung aussprechenden Entscheidung;
2. in Abstammungssachen;
3. in Betreuungssachen;
4. wenn zu erwarten ist, dass der Beschluss im Ausland geltend gemacht werden wird.

(6) Soll ein ohne Begründung hergestellter Beschluss im Ausland geltend gemacht werden, gelten die Vorschriften über die Vervollständigung von Versäumnis- und Anerkenntnisentscheidungen entsprechend.

§ 49 FamFG Einstweilige Anordnung. (1) Das Gericht kann durch einstweilige Anordnung eine vorläufige Maßnahme treffen, soweit dies nach den für das Rechtsverhältnis maßgebenden Vorschriften gerechtfertigt ist und ein dringendes Bedürfnis für ein sofortiges Tätigwerden besteht.

(2) [1]Die Maßnahme kann einen bestehenden Zustand sichern oder vorläufig regeln. [2]Einem Beteiligten kann eine Handlung geboten oder verboten, insbesondere die Verfügung über einen Gegenstand untersagt werden. [3]Das Gericht kann mit der einstweiligen Anordnung auch die zu ihrer Durchführung erforderlichen Anordnungen treffen.

§ 58 FamFG Statthaftigkeit der Beschwerde. (1) Die Beschwerde findet gegen die im ersten Rechtszug ergangenen Endentscheidungen der Amtsgerichte und Landgerichte in Angelegenheiten nach diesem Gesetz statt, sofern durch Gesetz nichts anderes bestimmt ist.

(2) Der Beurteilung des Beschwerdegerichts unterliegen auch die nicht selbständig anfechtbaren Entscheidungen, die der Endentscheidung vorausgegangen sind.

§ 70 FamFG Statthaftigkeit der Rechtsbeschwerde. (1) Die Rechtsbeschwerde eines Beteiligten ist statthaft, wenn sie das Beschwerdegericht oder das Oberlandesgericht im ersten Rechtszug in dem Beschluss zugelassen hat.

(2) [1]Die Rechtsbeschwerde ist zuzulassen, wenn
1. die Rechtssache grundsätzliche Bedeutung hat oder
2. die Fortbildung des Rechts oder die Sicherung einer einheitlichen Rechtsprechung eine Entscheidung des Rechtsbeschwerdegerichts erfordert.

[2]Das Rechtsbeschwerdegericht ist an die Zulassung gebunden.

(3) [1]Die Rechtsbeschwerde gegen einen Beschluss des Beschwerdegerichts ist ohne Zulassung statthaft in
1. Betreuungssachen zur Bestellung eines Betreuers, zur Aufhebung einer Betreuung, zur Anordnung oder Aufhebung eines Einwilligungsvorbehalts,
2. Unterbringungssachen und Verfahren nach § 151 Nr. 6 und 7 sowie
3. Freiheitsentziehungssachen.

[2]In den Fällen des Satzes 1 Nr. 2 und 3 gilt dies nur, wenn sich die Rechtsbeschwerde gegen den Beschluss richtet, der die Unterbringung oder die freiheitsentziehende Maßnahme anordnet. [3]In den Fällen des Satzes 1 Nummer 3 ist die Rechtsbeschwerde abweichend von Satz 2 auch dann ohne Zulassung statthaft, wenn sie sich gegen den eine freiheitsentziehende Maßnahme ablehnenden oder zurückweisenden Beschluss in den in § 417 Absatz 2 Satz 2 Nummer 5 genannten Verfahren richtet.

(4) Gegen einen Beschluss im Verfahren über die Anordnung, Abänderung oder Aufhebung einer einstweiligen Anordnung oder eines Arrests findet die Rechtsbeschwerde nicht statt.

§ 80 FamFG Umfang der Kostenpflicht. [1]Kosten sind die Gerichtskosten (Gebühren und Auslagen) und die zur Durchführung des Verfahrens notwendigen Aufwendungen der Beteiligten. [2]§ 91 Abs. 1 Satz 2 der Zivilprozessordnung gilt entsprechend.

§ 81 FamFG Grundsatz der Kostenpflicht. (1) [1]Das Gericht kann die Kosten des Verfahrens nach billigem Ermessen den Beteiligten ganz oder zum Teil auferlegen. [2]Es kann auch anordnen, dass von der Erhebung der Kosten abzusehen ist. [3]In Familiensachen ist stets über die Kosten zu entscheiden.

(2) Das Gericht soll die Kosten des Verfahrens ganz oder teilweise einem Beteiligten auferlegen, wenn
1. der Beteiligte durch grobes Verschulden Anlass für das Verfahren gegeben hat;
2. der Antrag des Beteiligten von vornherein keine Aussicht auf Erfolg hatte und der Beteiligte dies erkennen musste;
3. der Beteiligte zu einer wesentlichen Tatsache schuldhaft unwahre Angaben gemacht hat;
4. der Beteiligte durch schuldhaftes Verletzen seiner Mitwirkungspflichten das Verfahren erheblich verzögert hat;
5. der Beteiligte einer richterlichen Anordnung zur Teilnahme an einem kostenfreien Informationsgespräch über Mediation oder über eine sonstige Möglichkeit der außergerichtlichen Konfliktbeilegung nach § 156 Absatz 1 Satz 3 oder einer richterlichen Anordnung zur Teilnahme an einer Beratung nach § 156 Absatz 1 Satz 4 nicht nachgekommen ist, sofern der Beteiligte dies nicht genügend entschuldigt hat.

(3) Einem minderjährigen Beteiligten können Kosten in Kindschaftssachen, die seine Person betreffen, nicht auferlegt werden.

(4) Einem Dritten können Kosten des Verfahrens nur auferlegt werden, soweit die Tätigkeit des Gerichts durch ihn veranlasst wurde und ihn ein grobes Verschulden trifft.

(5) Bundesrechtliche Vorschriften, die die Kostenpflicht abweichend regeln, bleiben unberührt.

§ 111 FamFG Familiensachen. Familiensachen sind
1. Ehesachen,
2. Kindschaftssachen,
3. Abstammungssachen,
4. Adoptionssachen,
5. Ehewohnungs- und Haushaltssachen,
6. Gewaltschutzsachen,
7. Versorgungsausgleichssachen,
8. Unterhaltssachen,
9. Güterrechtssachen,
10. sonstige Familiensachen,
11. Lebenspartnerschaftssachen.

§ 112 FamFG Familienstreitsachen. Familienstreitsachen sind folgende Familiensachen:
1. Unterhaltssachen nach § 231 Abs. 1 und Lebenspartnerschaftssachen nach § 269 Abs. 1 Nr. 8 und 9,
2. Güterrechtssachen nach § 261 Abs. 1 und Lebenspartnerschaftssachen nach § 269 Abs. 1 Nr. 10 sowie
3. sonstige Familiensachen nach § 266 Abs. 1 und Lebenspartnerschaftssachen nach § 269 Abs. 2.

§ 113 FamFG Anwendung von Vorschriften der Zivilprozessordnung. (1) [1]In Ehesachen und Familienstreitsachen sind die §§ 2 bis 22, 23 bis 37, 40 bis 45, 46 Satz 1 und 2 sowie die §§ 47 und 48 sowie 76 bis 96 nicht anzuwenden. [2]Es gelten die Allgemeinen Vorschriften der Zivilprozessordnung und die Vorschriften der Zivilprozessordnung über das Verfahren vor den Landgerichten entsprechend.

(2) In Familienstreitsachen gelten die Vorschriften der Zivilprozessordnung über den Urkunden- und Wechselprozess und über das Mahnverfahren entsprechend.

(3) In Ehesachen und Familienstreitsachen ist § 227 Abs. 3 der Zivilprozessordnung nicht anzuwenden.

(4) In Ehesachen sind die Vorschriften der Zivilprozessordnung über
1. die Folgen der unterbliebenen oder verweigerten Erklärung über Tatsachen,
2. die Voraussetzungen einer Klageänderung,
3. die Bestimmung der Verfahrensweise, den frühen ersten Termin, das schriftliche Vorverfahren und die Klageerwiderung,
4. die Güteverhandlung,
5. die Wirkung des gerichtlichen Geständnisses,
6. das Anerkenntnis,
7. die Folgen der unterbliebenen oder verweigerten Erklärung über die Echtheit von Urkunden,
8. den Verzicht auf die Beeidigung des Gegners sowie von Zeugen oder Sachverständigen

nicht anzuwenden.

(5) Bei der Anwendung der Zivilprozessordnung tritt an die Stelle der Bezeichnung
1. Prozess oder Rechtsstreit die Bezeichnung Verfahren,
2. Klage die Bezeichnung Antrag,
3. Kläger die Bezeichnung Antragsteller,
4. Beklagter die Bezeichnung Antragsgegner,
5. Partei die Bezeichnung Beteiligter.

§ 121 FamFG Ehesachen. Ehesachen sind Verfahren
1. auf Scheidung der Ehe (Scheidungssachen),
2. auf Aufhebung der Ehe und
3. auf Feststellung des Bestehens oder Nichtbestehens einer Ehe zwischen den Beteiligten.

§ 137 FamFG Verbund von Scheidungs- und Folgesachen. (1) Über Scheidung und Folgesachen ist zusammen zu verhandeln und zu entscheiden (Verbund).

(2) [1]Folgesachen sind
1. Versorgungsausgleichssachen,
2. Unterhaltssachen, sofern sie die Unterhaltspflicht gegenüber einem gemeinschaftlichen Kind oder die durch Ehe begründete gesetzliche Unterhaltspflicht betreffen mit Ausnahme des vereinfachten Verfahrens über den Unterhalt Minderjähriger,
3. Ehewohnungs- und Haushaltssachen und
4. Güterrechtssachen,

wenn eine Entscheidung für den Fall der Scheidung zu treffen ist und die Familiensache spätestens zwei Wochen vor der mündlichen Verhandlung im ersten Rechtszug in der Scheidungssache von einem Ehegatten anhängig gemacht wird. [2]Für den Versorgungsausgleich ist in den Fällen der §§ 6 bis 19 und 28 des Versorgungsausgleichsgesetzes kein Antrag notwendig.

(3) Folgesachen sind auch Kindschaftssachen, die die Übertragung oder Entziehung der elterlichen Sorge, das Umgangsrecht oder die Herausgabe eines gemeinschaftlichen Kindes der Ehegatten oder das Umgangsrecht eines Ehegatten mit dem Kind des anderen

Ehegatten betreffen, wenn ein Ehegatte vor Schluss der mündlichen Verhandlung im ersten Rechtszug in der Scheidungssache die Einbeziehung in den Verbund beantragt, es sei denn, das Gericht hält die Einbeziehung aus Gründen des Kindeswohls nicht für sachgerecht.

(4) Im Fall der Verweisung oder Abgabe werden Verfahren, die die Voraussetzungen des Absatzes 2 oder des Absatzes 3 erfüllen, mit Anhängigkeit bei dem Gericht der Scheidungssache zu Folgesachen.

(5) [1]Abgetrennte Folgesachen nach Absatz 2 bleiben Folgesachen; sind mehrere Folgesachen abgetrennt, besteht der Verbund auch unter ihnen fort. [2]Folgesachen nach Absatz 3 werden nach der Abtrennung als selbständige Verfahren fortgeführt.

§ 151 FamFG Kindschaftssachen. Kindschaftssachen sind die dem Familiengericht zugewiesenen Verfahren, die
1. die elterliche Sorge,
2. das Umgangsrecht und das Recht auf Auskunft über die persönlichen Verhältnisse des Kindes,
3. die Kindesherausgabe,
4. die Vormundschaft,
5. die Pflegschaft oder die gerichtliche Bestellung eines sonstigen Vertreters für einen Minderjährigen oder für eine Leibesfrucht,
6. die Genehmigung von freiheitsentziehender Unterbringung und freiheitsentziehenden Maßnahmen nach § 1631 b des Bürgerlichen Gesetzbuchs, auch in Verbindung mit den §§ 1800 und 1915 des Bürgerlichen Gesetzbuchs,
7. die Anordnung der freiheitsentziehenden Unterbringung eines Minderjährigen nach den Landesgesetzen über die Unterbringung psychisch Kranker oder
8. die Aufgaben nach dem Jugendgerichtsgesetz

betreffen.

§ 169 FamFG Abstammungssachen. Abstammungssachen sind Verfahren
1. auf Feststellung des Bestehens oder Nichtbestehens eines Eltern-Kind-Verhältnisses, insbesondere der Wirksamkeit oder Unwirksamkeit einer Anerkennung der Vaterschaft,
2. auf Ersetzung der Einwilligung in eine genetische Abstammungsuntersuchung und Anordnung der Duldung einer Probeentnahme,
3. auf Einsicht in ein Abstammungsgutachten oder Aushändigung einer Abschrift oder
4. auf Anfechtung der Vaterschaft.

§ 200 FamFG Ehewohnungssachen; Haushaltssachen. (1) Ehewohnungssachen sind Verfahren
1. nach § 1361 b des Bürgerlichen Gesetzbuchs,
2. nach § 1568 a des Bürgerlichen Gesetzbuchs.

(2) Haushaltssachen sind Verfahren
1. nach § 1361 a des Bürgerlichen Gesetzbuchs,
2. nach § 1568 b des Bürgerlichen Gesetzbuchs.

§ 210 FamFG Gewaltschutzsachen. Gewaltschutzsachen sind Verfahren nach den §§ 1 und 2 des Gewaltschutzgesetzes.

§ 217 FamFG Versorgungsausgleichssachen. Versorgungsausgleichssachen sind Verfahren, die den Versorgungsausgleich betreffen.

§ 231 FamFG Unterhaltssachen. (1) Unterhaltssachen sind Verfahren, die
1. die durch Verwandtschaft begründete gesetzliche Unterhaltspflicht,
2. die durch Ehe begründete gesetzliche Unterhaltspflicht,

3. die Ansprüche nach § 1615l oder § 1615m des Bürgerlichen Gesetzbuchs

betreffen.

(2) [1]Unterhaltssachen sind auch Verfahren nach § 3 Abs. 2 Satz 3 des Bundeskindergeldgesetzes und § 64 Abs. 2 Satz 3 des Einkommensteuergesetzes. [2]Die §§ 235 bis 245 sind nicht anzuwenden.

§ 261 FamFG Güterrechtssachen. (1) Güterrechtssachen sind Verfahren, die Ansprüche aus dem ehelichen Güterrecht betreffen, auch wenn Dritte an dem Verfahren beteiligt sind.

(2) Güterrechtssachen sind auch Verfahren nach § 1365 Absatz 2, § 1369 Absatz 2, den §§ 1382, 1383, 1426, 1430 und 1452 des Bürgerlichen Gesetzbuchs sowie nach § 1519 des Bürgerlichen Gesetzbuchs in Verbindung mit Artikel 5 Absatz 2, Artikel 12 Absatz 2 Satz 2 und Artikel 17 des Abkommens vom 4. Februar 2010 zwischen der Bundesrepublik Deutschland und der Französischen Republik über den Güterstand der Wahl-Zugewinngemeinschaft.

D. Kostenverzeichnis FamGKG

Anlage 1 (zu § 3 Abs. 2)

Gliederung

Hauptabschnitt 5 Besondere Gebühren
Hauptabschnitt 6 Vollstreckung
Hauptabschnitt 7 Verfahren mit Auslandsbezug
Abschnitt 1 Erster Rechtszug
Abschnitt 2 Beschwerde und Rechtsbeschwerde gegen die Endentscheidung wegen des Hauptgegenstands
Hauptabschnitt 8 Rüge wegen Verletzung des Anspruchs auf rechtliches Gehör
Hauptabschnitt 9 Rechtsmittel im Übrigen
Abschnitt 1 Sonstige Beschwerden
Abschnitt 2 Sonstige Rechtsbeschwerden
Abschnitt 3 Zulassung der Sprungrechtsbeschwerde in sonstigen Fällen
Teil 2 Auslagen

Teil 1. Gebühren

Hauptabschnitt 1. Hauptsacheverfahren in Ehesachen einschließlich aller Folgesachen

Abschnitt 1. Erster Rechtszug

Nr.	Gebührentatbestand	Gebühr oder Satz der Gebühr nach § 28 FamGKG
1110	Verfahren im Allgemeinen	2,0
1111	Beendigung des Verfahrens hinsichtlich der Ehesache oder einer Folgesache durch 1. Zurücknahme des Antrags a) vor dem Schluss der mündlichen Verhandlung, b) in den Fällen des § 128 Abs. 2 ZPO vor dem Zeitpunkt, der dem Schluss der mündlichen Verhandlung entspricht, c) im Fall des § 331 Abs. 3 ZPO vor Ablauf des Tages, an dem die Endentscheidung der Geschäftsstelle übermittelt wird, 2. Anerkenntnis- oder Verzichtsentscheidung oder Endentscheidung, die nach § 38 Abs. 4 Nr. 2 und 3 FamFG keine Begründung enthält oder nur deshalb eine Begründung enthält, weil zu erwarten ist, dass der Beschluss im Ausland geltend gemacht wird (§ 38 Abs. 5 Nr. 4 FamFG), mit Ausnahme der Endentscheidung in einer Scheidungssache, 3. gerichtlichen Vergleich oder 4. Erledigung in der Hauptsache, wenn keine Entscheidung über die Kosten ergeht oder die Entscheidung einer zuvor mitgeteilten Einigung über die Kostentragung oder einer Kostenübernahmeerklärung folgt, es sei denn, dass bereits eine andere Endentscheidung als eine der in Nummer 2 genannten Entscheidungen vorausgegangen ist: Die Gebühr 1110 ermäßigt sich auf	0,5
	(1) Wird im Verbund nicht das gesamte Verfahren beendet, ist auf die beendete Ehesache und auf eine oder mehrere beendete Folgesachen § 44 FamGKG anzuwenden und die Gebühr nur insoweit zu ermäßigen.	

Nr.	Gebührentatbestand	Gebühr oder Satz der Gebühr nach § 28 FamGKG
	(2) Die Vervollständigung einer ohne Begründung hergestellten Endentscheidung (§ 38 Abs. 6 FamFG) steht der Ermäßigung nicht entgegen. (3) Die Gebühr ermäßigt sich auch, wenn mehrere Ermäßigungstatbestände erfüllt sind.	

Abschnitt 2. Beschwerde gegen die Endentscheidung wegen des Hauptgegenstands

Vorbemerkung 1.1.2

Dieser Abschnitt ist auch anzuwenden, wenn sich die Beschwerde auf eine Folgesache beschränkt.

Nr.	Gebührentatbestand	Gebühr oder Satz der Gebühr nach § 28 FamGKG
1120	Verfahren im Allgemeinen	3,0
1121	Beendigung des gesamten Verfahrens durch Zurücknahme der Beschwerde oder des Antrags, bevor die Schrift zur Begründung der Beschwerde bei Gericht eingegangen ist: Die Gebühr 1120 ermäßigt sich auf	0,5
	Die Erledigung in der Hauptsache steht der Zurücknahme gleich, wenn keine Entscheidung über die Kosten ergeht oder die Entscheidung einer zuvor mitgeteilten Einigung über die Kostentragung oder einer Kostenübernahmeerklärung folgt.	
1122	Beendigung des Verfahrens hinsichtlich der Ehesache oder einer Folgesache, wenn nicht Nummer 1121 erfüllt ist, durch 1. Zurücknahme der Beschwerde oder des Antrags a) vor dem Schluss der mündlichen Verhandlung oder, b) falls eine mündliche Verhandlung nicht stattfindet, vor Ablauf des Tages, an dem die Endentscheidung der Geschäftsstelle übermittelt wird, 2. Anerkenntnis- oder Verzichtsentscheidung, 3. gerichtlichen Vergleich oder 4. Erledigung in der Hauptsache, wenn keine Entscheidung über die Kosten ergeht oder die Entscheidung einer zuvor mitgeteilten	

Nr.	Gebührentatbestand	Gebühr oder Satz der Gebühr nach § 28 FamGKG
	Einigung über die Kostentragung oder einer Kostenübernahmeerklärung folgt, es sei denn, dass bereits eine andere als eine der in Nummer 2 genannten Endentscheidungen vorausgegangen ist: Die Gebühr 1120 ermäßigt sich auf	1,0
	(1) Wird im Verbund nicht das gesamte Verfahren beendet, ist auf die beendete Ehesache und auf eine oder mehrere beendete Folgesachen § 44 FamGKG anzuwenden und die Gebühr nur insoweit zu ermäßigen. (2) Die Gebühr ermäßigt sich auch, wenn mehrere Ermäßigungstatbestände erfüllt sind.	

Abschnitt 3. Rechtsbeschwerde gegen die Endentscheidung wegen des Hauptgegenstands

Vorbemerkung 1.1.3

Dieser Abschnitt ist auch anzuwenden, wenn sich die Rechtsbeschwerde auf eine Folgesache beschränkt.

Nr.	Gebührentatbestand	Gebühr oder Satz der Gebühr nach § 28 FamGKG
1130	Verfahren im Allgemeinen	4,0
1131	Beendigung des gesamten Verfahrens durch Zurücknahme der Rechtsbeschwerde oder des Antrags, bevor die Schrift zur Begründung der Rechtsbeschwerde bei Gericht eingegangen ist: Die Gebühr 1130 ermäßigt sich auf	1,0
	Die Erledigung in der Hauptsache steht der Zurücknahme gleich, wenn keine Entscheidung über die Kosten ergeht oder die Entscheidung einer zuvor mitgeteilten Einigung über die Kostentragung oder einer Kostenübernahmeerklärung folgt.	
1132	Beendigung des Verfahrens hinsichtlich der Ehesache oder einer Folgesache durch Zurücknahme der Rechtsbeschwerde oder des Antrags vor Ablauf des Tages, an dem die Endentscheidung der Geschäftsstelle übermittelt wird, wenn nicht Nummer 1131 erfüllt ist: Die Gebühr 1130 ermäßigt sich auf	2,0

Nr.	Gebührentatbestand	Gebühr oder Satz der Gebühr nach § 28 FamGKG
	Wird im Verbund nicht das gesamte Verfahren beendet, ist auf die beendete Ehesache und auf eine oder mehrere beendete Folgesachen § 44 FamGKG anzuwenden und die Gebühr nur insoweit zu ermäßigen.	

Abschnitt 4. Zulassung der Sprungrechtsbeschwerde gegen die Endentscheidung wegen des Hauptgegenstands

Nr.	Gebührentatbestand	Gebühr oder Satz der Gebühr nach § 28 FamGKG
1140	**Verfahren über die Zulassung der Sprungrechtsbeschwerde:** **Soweit der Antrag abgelehnt wird**	1,0

I. Anwendungsbereich

1 **Hauptabschnitt 1** enthält die Gebührentatbestände für Hauptsacheverfahren in **Ehesachen** (§ 121 FamFG: Verfahren auf Scheidung der Ehe -Scheidungssachen –, auf Aufhebung der Ehe und auf Feststellung des Bestehens oder Nichtbestehens einer Ehe zwischen den Beteiligten) einschließlich aller **Folgesachen** (§ 137 FamFG). Hauptabschnitt 1 gilt ferner für die Lebenspartnerschaftssachen, die den Ehesachen entsprechen (§ 5).

2 Hauptabschnitt 1 gilt **nicht für Mahnverfahren,** für das nach § 113 Abs. 2 die Vorschriften der Zivilprozessordnung entsprechend anzuwenden sind; insoweit sind Kosten nach dem GKG zu erheben (§ 1 Abs. 1 S. 3).

II. Erster Rechtszug

3 Die Gebührentatbestände entsprechen im Wesentlichen den bis zum 31.8.2009 geltenden Regelungen für Ehesachen, bestimmten Lebenspartnerschaftssachen und Folgesachen in Teil 1 Hauptabschnitt 1 KV GKG, die durch Art. 47 Abs. 1 Nr. 14 Buchst. f FGG-Reformgesetz aufgehoben worden sind (BGBl. 2008 I S. 2586, 2711).

1. KV 1110 (Verfahren im Allgemeinen)

4 Die Regelung entspricht KV 1220. Es handelt sich um eine pauschale Verfahrensgebühr, die alles abdeckt, auch eine etwaige Beweisaufnahme sowie die Endentscheidung durch Beschluss oder den gerichtlichen Vergleich (letzterer ausgenommen im Falle der KV 1500). Der Gebührensatz beträgt 2,0. **Fälligkeit:** bezüglich der Ehesache nach § 9 Abs. 1 mit Eingang des Antrags; bezüglich der

Scheidungsfolgesachen erst mit Abschluss des Verfahrens (§ 11 Abs. 1; § 14 Abs. 4 KostVfg).

Kostenschuldner: Antragsteller, § 21 Abs. 1. **Vorauszahlungspflicht:** für die Ehesache, nicht für Folgesachen (§§ 9 Abs. 1, 14 Abs. 1 S. 1). **Gegenanträge** (auch der Gegner beantragt die Scheidung) werden kostenmäßig wie Wideranträge behandelt. 5

2. KV 1111

Der Ermäßigungstatbestand entspricht weitgehend der weggefallenen KV 1311 GKG, die wiederum KV 1211 GKG nachgebildet ist. Auf die dortigen Erläuterungen wird verwiesen. Die Gebühr KV 1110 ermäßigt sich von 2,0 auf 0,5 (also um ¾), wenn die Tatbestände KV 1111 vorliegen. Voraussetzung ist entweder eine Gesamterledigung des Verfahrens oder die Beendigung einer Folgesache. 6

3. KV 1111 Nr. 2

Die Ermäßigung tritt auch dann ein, wenn der Beschluss nur deshalb eine Begründung enthält, weil zu erwarten ist, dass er im Ausland geltend gemacht wird (§ 38 Abs. 5 Nr. 4 FamFG). Abs. 2 der Anmerkung stellt klar, dass die Ermäßigung unabhängig davon eintritt, ob die Begründung im Falle des § 38 Abs. 5 Nr. 4 FamFG sogleich oder erst nachträglich im Wege der Vervollständigung in den Beschluss aufgenommen wird (§ 38 Abs. 6 FamFG). Von dem Ermäßigungstatbestand der Nummer 2 ausdrücklich ausgenommen ist die Endentscheidung in einer Scheidungssache. 7

4. KV 1111 Anm. Abs. 1

Die Gebührenermäßigung setzt ua voraus, dass das *gesamte* Verfahren beendet wird; nach Anmerkung Abs. 1 genügt es für eine Gebührenermäßigung aber auch, wenn (in einem Verbund von Scheidungs- und Folgesachen) nur eine (oder mehrere) Folgesachen (ganz) beendet werden. In diesem Fall tritt in Anwendung des § 44 die Ermäßigung nur bezüglich des beendeten Verfahrensteils (Ehesache oder eine oder mehrere Folgesachen) ein. 8

5. KV 1111 Anm. Abs. 3

Die Gebührenermäßigung setzt voraus, dass die Ehesache oder eine (oder mehrere) Folgesache ganz beendet wurde. Die Beendigung kann aus verschiedenen Beendigungsarten (KV 1111 Nr. 1–4) zusammengestückelt werden. 9

III. Zweiter und dritter Rechtszug; Beschwerde und Rechtsbeschwerde gegen die Endentscheidung über den Hauptgegenstand

Entscheidungen in Verfahren nach dem FamFG ergehen ausschließlich durch Beschluss (§ 38 FamFG); die Entscheidungsform „Urteil" gibt es – abgesehen von Übergangsfällen – ab dem 1.9.2009 in Familiensachen nicht mehr. Dabei ist **Endentscheidung** nach der gesetzlichen Definition des § 38 Abs. 1 Satz 1 FamFG ein 10

Beschluss, durch den der Verfahrensgegenstand ganz oder teilweise erledigt wird. Gegen die im ersten Rechtszug erlassenen Endentscheidungen ist nach Maßgabe der §§ 58ff. FamFG grundsätzlich die **Beschwerde** statthaft. Beschwerdegerichte sind in Freiheitsentziehungssachen und in den von den Betreuungsgerichten entschiedenen Sachen die Landgerichte (§ 72 Abs. 1 Satz 2 GVG), im Übrigen die Oberlandesgerichte (§ 119 Abs. 1 Nr. 1 GVG). Beschwerdeentscheidungen der Landgerichte und der Oberlandesgerichte sind mit der **Rechtsbeschwerde** (§§ 70ff. FamFG) oder mit der **Sprungrechtsbeschwerde** (§ 75 FamFG) angreifbar. Rechtsbeschwerdegericht ist der Bundesgerichtshof (§ 133 GVG). Rechtsbeschwerde und Sprungrechtsbeschwerde sind als Zulassungsrechtsbeschwerde ausgestaltet; lediglich für bestimmte Betreuungssachen, in Unterbringungssachen sowie für Freiheitsentziehungssachen ist sie nach § 70 Abs. 3 FamFG ohne Zulassung statthaft (vgl. *Vorwerk* FÜR 2009, 8, 11).

11 Die Gebührenregelungen für Beschwerden gegen erstinstanzliche Endentscheidungen über den Hauptgegenstand in Ehesachen einschließlich Folgesachen enthalten die KV 1120–1122, die Regelungen für Rechtsbeschwerden finden sich in KV 1130–1132. Sie gelten nach den Vorbemerkungen 1.1.2 und 1.1.3 auch dann, wenn nur die Endentscheidung in einer Folgesache mit der Beschwerde oder der Rechtsbeschwerde angegriffen wird.

12 Der Ermäßigungstatbestände der KV 1121 und 1122 entsprechen weitgehend den KV 1221 und 1222 GKG, diejenigen der KV 1131 der KV 1231 GKG. Auf die dortigen Erläuterungen wird verwiesen. Die Gebührenermäßigung setzt ebenso wie im erstinstanzlichen Verfahren voraus, dass das *gesamte* Verfahren beendet wird; nach KV 1122 Anm. Abs. 1 genügt es für eine Gebührenermäßigung aber auch, wenn (in einem Verbund von Scheidungs- und Folgesachen) nur eine (oder mehrere) Folgesachen (ganz) beendet werden. In diesem Fall tritt die Ermäßigung nur bezüglich des beendeten Verfahrensteils (Ehesache oder eine oder mehrere Folgesachen) ein.

13 Der für die Sprungrechtsbeschwerde eingeführte Gebührentatbestand (KV 1140) sieht für die Ablehnung des Zulassungsantrags eine Gebühr von 1,0 vor. Auf eine Ermäßigung dieses Gebührensatzes für den Fall der Zurücknahme des Antrags ist bewusst abgesehen worden (BT-Drs. 16/6308, 310).

Hauptabschnitt 2. Hauptsacheverfahren in selbständigen Familienstreitsachen

Abschnitt 1. Vereinfachtes Verfahren über den Unterhalt Minderjähriger

Unterabschnitt 1. Erster Rechtszug

Nr.	Gebührentatbestand	Gebühr oder Satz der Gebühr nach § 28 FamGKG
1210	**Entscheidung über einen Antrag auf Festsetzung von Unterhalt nach § 249 Abs. 1 FamFG mit Ausnahme einer Festsetzung nach § 253 Abs. 1 Satz 2 FamFG**	**0,5**

Unterabschnitt 2. Beschwerde gegen die Endentscheidung wegen des Hauptgegenstands

Nr.	Gebührentatbestand	Gebühr oder Satz der Gebühr nach § 28 FamGKG
1211	**Verfahren über die Beschwerde nach § 256 FamFG gegen die Festsetzung von Unterhalt im vereinfachten Verfahren**	1,0
1212	**Beendigung des gesamten Verfahrens ohne Endentscheidung:** **Die Gebühr 1211 ermäßigt sich auf** . . . . (1) Wenn die Entscheidung nicht durch Verlesen der Entscheidungsformel bekannt gegeben worden ist, ermäßigt sich die Gebühr auch im Fall der Zurücknahme der Beschwerde vor Ablauf des Tages, an dem die Endentscheidung der Geschäftsstelle übermittelt wird. (2) Eine Entscheidung über die Kosten steht der Ermäßigung nicht entgegen, wenn die Entscheidung einer zuvor mitgeteilten Einigung über die Kostentragung oder einer Kostenübernahmeerklärung folgt.	0,5

Unterabschnitt 3. Rechtsbeschwerde gegen die Endentscheidung wegen des Hauptgegenstands

Nr.	Gebührentatbestand	Gebühr oder Satz der Gebühr nach § 28 FamGKG
1213	**Verfahren im Allgemeinen**	1,5
1214	**Beendigung des gesamten Verfahrens durch Zurücknahme der Rechtsbeschwerde oder des Antrags, bevor die Schrift zur Begründung der Rechtsbeschwerde bei Gericht eingegangen ist:** **Die Gebühr 1213 ermäßigt sich auf**	0,5
1215	**Beendigung des gesamten Verfahrens durch Zurücknahme der Rechtsbeschwerde oder des Antrags vor Ablauf des Tages, an dem die Endentscheidung der Geschäftsstelle übermittelt wird, wenn nicht Nummer 1214 erfüllt ist:** **Die Gebühr 1213 ermäßigt sich auf**	1,0

Unterabschnitt 4. Zulassung der Sprungrechtsbeschwerde gegen die Endentscheidung wegen des Hauptgegenstands

Nr.	Gebührentatbestand	Gebühr oder Satz der Gebühr nach § 28 FamGKG
1216	**Verfahren über die Zulassung der Sprungrechtsbeschwerde:** **Soweit der Antrag abgelehnt wird**	0,5

Abschnitt 2. Verfahren im Übrigen

Unterabschnitt 1. Erster Rechtszug

Nr.	Gebührentatbestand	Gebühr oder Satz der Gebühr nach § 28 FamGKG
1220	**Verfahren im Allgemeinen** . . . . Soweit wegen desselben Verfahrensgegenstands ein Mahnverfahren vorausgegangen ist, entsteht die Gebühr mit dem Eingang der Akten beim Familiengericht, an das der Rechtsstreit nach Erhebung des Widerspruchs oder Einlegung des Einspruchs abgegeben wird; in diesem Fall wird eine Gebühr 1100 des Kostenverzeichnisses zum GKG nach dem Wert des Verfahrensgegenstands angerechnet, der in das Streitverfahren übergegangen ist.	3,0
1221	**Beendigung des gesamten Verfahrens durch** **1. Zurücknahme des Antrags** **a) vor dem Schluss der mündlichen Verhandlung,** **b) in den Fällen des § 128 Abs. 2 ZPO vor dem Zeitpunkt, der dem Schluss der mündlichen Verhandlung entspricht,** **c) im Fall des § 331 Abs. 3 ZPO vor Ablauf des Tages, an dem die Endentscheidung der Geschäftsstelle übermittelt wird,** **wenn keine Entscheidung nach § 269 Abs. 3 Satz 3 ZPO über die Kosten ergeht oder die Entscheidung einer zuvor mitgeteilten Einigung über die Kostentragung oder einer Kostenübernahmeerklärung folgt,** **2. Anerkenntnis- oder Verzichtsentscheidung oder Endentscheidung, die nach § 38 Abs. 4 Nr. 2 oder 3 FamFG keine Begründung enthält oder nur deshalb eine Begründung enthält, weil zu erwarten ist, dass der Beschluss**	

Nr.	Gebührentatbestand	Gebühr oder Satz der Gebühr nach § 28 FamGKG
	im Ausland geltend gemacht wird (§ 38 Abs. 5 Nr. 4 FamFG), 3. gerichtlichen Vergleich oder 4. Erledigung in der Hauptsache, wenn keine Entscheidung über die Kosten ergeht oder die Entscheidung einer zuvor mitgeteilten Einigung über die Kostentragung oder einer Kostenübernahmeerklärung folgt, es sei denn, dass bereits eine andere Endentscheidung als eine der in Nummer 2 genannten Entscheidungen vorausgegangen ist: Die Gebühr 1220 ermäßigt sich auf	1,0
	(1) Die Zurücknahme des Antrags auf Durchführung des streitigen Verfahrens (§ 696 Abs. 1 ZPO), des Widerspruchs gegen den Mahnbescheid oder des Einspruchs gegen den Vollstreckungsbescheid stehen der Zurücknahme des Antrags (Nummer 1) gleich. (2) Die Vervollständigung einer ohne Begründung hergestellten Endentscheidung (§ 38 Abs. 6 FamFG) steht der Ermäßigung nicht entgegen. (3) Die Gebühr ermäßigt sich auch, wenn mehrere Ermäßigungstatbestände erfüllt sind.	

Unterabschnitt 2. Beschwerde gegen die Endentscheidung wegen des Hauptgegenstands

Nr.	Gebührentatbestand	Gebühr oder Satz der Gebühr nach § 28 FamGKG
1222	Verfahren im Allgemeinen	4,0
1223	Beendigung des gesamten Verfahrens durch Zurücknahme der Beschwerde oder des Antrags, bevor die Schrift zur Begründung der Beschwerde bei Gericht eingegangen ist: Die Gebühr 1222 ermäßigt sich auf	1,0
	Die Erledigung in der Hauptsache steht der Zurücknahme gleich, wenn keine Entscheidung über die Kosten ergeht oder die Entscheidung einer zuvor mitgeteilten Einigung über die Kostentragung oder einer Kostenübernahmeerklärung folgt.	
1224	Beendigung des gesamten Verfahrens, wenn nicht Nummer 1223 erfüllt ist, durch 1. Zurücknahme der Beschwerde oder des Antrags	

Nr.	Gebührentatbestand	Gebühr oder Satz der Gebühr nach § 28 FamGKG
	a) vor dem Schluss der mündlichen Verhandlung oder, b) falls eine mündliche Verhandlung nicht stattfindet, vor Ablauf des Tages, an dem die Endentscheidung der Geschäftsstelle übermittelt wird, 2. Anerkenntnis- oder Verzichtsentscheidung, 3. gerichtlichen Vergleich oder 4. Erledigung in der Hauptsache, wenn keine Entscheidung über die Kosten ergeht oder die Entscheidung einer zuvor mitgeteilten Einigung über die Kostentragung oder einer Kostenübernahmeerklärung folgt, es sei denn, dass bereits eine andere Endentscheidung als eine der in Nummer 2 genannten Entscheidungen vorausgegangen ist: Die Gebühr 1222 ermäßigt sich auf	2,0
	Die Gebühr ermäßigt sich auch, wenn mehrere Ermäßigungstatbestände erfüllt sind.	

Unterabschnitt 3. Rechtsbeschwerde gegen die Endentscheidung wegen des Hauptgegenstands

Nr.	Gebührentatbestand	Gebühr oder Satz der Gebühr nach § 28 FamGKG
1225	Verfahren im Allgemeinen	5,0
1226	Beendigung des gesamten Verfahrens durch Zurücknahme der Rechtsbeschwerde oder des Antrags, bevor die Schrift zur Begründung der Rechtsbeschwerde bei Gericht eingegangen ist: Die Gebühr 1225 ermäßigt sich auf	1,0
	Die Erledigung in der Hauptsache steht der Zurücknahme gleich, wenn keine Entscheidung über die Kosten ergeht oder die Entscheidung einer zuvor mitgeteilten Einigung über die Kostentragung oder einer Kostenübernahmeerklärung folgt.	
1227	Beendigung des gesamten Verfahrens durch Zurücknahme der Rechtsbeschwerde oder des Antrags vor Ablauf des Tages, an dem die Endentscheidung der Geschäftsstelle übermittelt wird, wenn nicht Nummer 1226 erfüllt ist: Die Gebühr 1225 ermäßigt sich auf	3,0

Unterabschnitt 4. Zulassung der Sprungrechtsbeschwerde gegen die Endentscheidung wegen des Hauptgegenstands

Nr.	Gebührentatbestand	Gebühr oder Satz der Gebühr nach § 28 FamGKG
1228	**Verfahren über die Zulassung der Sprungrechtsbeschwerde:** **Soweit der Antrag abgelehnt wird**	**1,5**
1229	**Verfahren über die Zulassung der Sprungrechtsbeschwerde:** **Soweit der Antrag zurückgenommen oder das Verfahren durch anderweitige Erledigung beendet wird**	**1,0**
	Die Gebühr entsteht nicht, soweit die Sprungrechtsbeschwerde zugelassen wird.	

I. Anwendungsbereich

Hauptabschnitt 2 gilt für Hauptsacheverfahren in **selbständigen Familienstreitsachen** und den ihnen gleichgestellten Lebenspartnerschaftssachen (§ 112 FamFG), in denen weitgehend die Verfahrensvorschriften der ZPO anzuwenden sind (§ 113 FamFG). 1

II. Abschnitt 1

Abschnitt 1 regelt in den KV 1210–1216 die Gebühren des **vereinfachten Verfahrens über den Unterhalt Minderjähriger,** das in den §§ 249–260 FamFG geregelt ist. Für das erstinstanzliche Verfahren wurden die früheren KV 1120 und 1122 GKG in das FamGKG übernommen. Die Entscheidungsgebühr der KV 1210 fällt nur dann an, wenn der beantragte Festsetzungsbeschluss (§ 253 FamFG) erlassen wird. Andernfalls wird auf Antrag das streitige Verfahren durchgeführt (§ 255 FamFG), für das die Gebühr 1220 anfällt. Hat sich der Antragsgegner aber nach § 252 Abs. 2 FamFG zur Unterhaltszahlung verpflichtet, bleibt der Festsetzungsbeschluss gebührenfrei. 2

Im Beschwerde- und Rechtsbeschwerdeverfahren werden Verfahrensgebühren erhoben, die sich bei Rücknahme des Rechtsmittels vor Erlass der Endentscheidung unter den in KV 1212, 1214, 1215 bestimmten Voraussetzungen ermäßigen. 3

III. Fälligkeit, Kostenschuldner

Im Verfahren erster Instanz wird die Gebühr mit der Entscheidung fällig (§ 9 Abs. 2), im Beschwerde- und Rechtsbeschwerdeverfahren mit Einreichung der Rechtsmittelschrift (§ 9 Abs. 1). Kostenschuldner: § 21 Abs. 1, § 24. 4

IV. Abschnitt 2

5 Der Abschnitt gilt für alle übrigen **Familienstreitsachen.** Die für das erstinstanzliche Verfahren geltenden KV 1220 und 1221 stimmen – von redaktionellen Anpassungen abgesehen – mit KV 1210 und 1211 GKG überein. Auf die dortigen Erläuterungen wird verwiesen. Eine Ermäßigung nach KV 1220 Nr. 2 findet nicht statt, wenn der Antragsgegner den Anspruch in der Hauptsache zwar anerkennt, über die Kostentragung aber wegen seines Widerspruchs streitig zu entscheiden ist. Insoweit kommt es nicht zur Beendigung des gesamten Verfahrens (KG BeckRS 2017, 136267 = MDR 2018, 494; aA OLG Nürnberg NJW-RR 2003, 1511 zu KV 1211 GKG). **Fälligkeit:** § 9 Abs. 1; **Kostenschuldner:** § 21.

V. Beschwerde, Rechtsbeschwerde

6 Die Gebührenregelungen für das Beschwerde- und das Rechtsbeschwerdeverfahren entsprechen denen der KV 1220–1231 GKG. Auf die dortigen Erläuterungen wird verwiesen. KV 1221 Nr. 2 ist unanwendbar, wenn über die Hauptsache ein Anerkenntnisurteil ergeht, über die Kostentragung jedoch streitig zu entscheiden ist (KG BeckRS 2017, 136267; aA OLG Nürnberg NJW-RR 2003, 1511). Das Privileg von KV 1224 Nr. 3 ist, wenn sich die Parteien vergleichen und die Kostenentscheidung dem Gericht überlassen, nicht anwendbar (OLG Düsseldorf BeckRS 2017, 141672). Die Gebühren werden mit Einreichung der Rechtsmittelschrift fällig (§ 9 Abs. 1); Kostenschuldner: § 21 Abs. 1, § 24.

Hauptabschnitt 3. Hauptsacheverfahren in selbständigen Familiensachen der freiwilligen Gerichtsbarkeit

Abschnitt 1. Kindschaftssachen

Vorbemerkung 1.3.1

(1) Keine Gebühren werden erhoben für

1. die Pflegschaft für eine Leibesfrucht,

2. ein Verfahren, das eine freiheitsentziehende Unterbringung eines Minderjährigen oder eine freiheitsentziehende Maßnahme bei einem Minderjährigen betrifft (§ 151 Nr. 6 und 7 FamFG), und

3. ein Verfahren, das Aufgaben nach dem Jugendgerichtsgesetz betrifft.

(2) Von dem Minderjährigen werden Gebühren nach diesem Abschnitt nur erhoben, wenn sein Vermögen nach Abzug der Verbindlichkeiten mehr als 25 000 Euro beträgt; der in § 90 Abs. 2 Nr. 8 des Zwölften Buches Sozialgesetzbuch genannte Vermögenswert wird nicht mitgerechnet.

Unterabschnitt 1. Verfahren vor dem Familiengericht

Nr.	Gebührentatbestand	Gebühr oder Satz der Gebühr nach § 28 FamGKG
1310	**Verfahren im Allgemeinen** . . . . (1) Die Gebühr entsteht nicht für Verfahren, 1. die in den Rahmen einer Vormundschaft oder Pflegschaft fallen, 2. für die die Gebühr 1313 entsteht oder 3. die mit der Anordnung einer Pflegschaft enden. (2) Für die Umgangspflegschaft werden neben der Gebühr für das Verfahren, in dem diese angeordnet wird, keine besonderen Gebühren erhoben.	0,5
1311	**Jahresgebühr für jedes angefangene Kalenderjahr bei einer Vormundschaft oder Dauerpflegschaft, wenn nicht Nummer 1312 anzuwenden ist** . . . . (1) Für die Gebühr wird das Vermögen des von der Maßnahme betroffenen Minderjährigen nur berücksichtigt, soweit es nach Abzug der Verbindlichkeiten mehr als 25 000 Euro beträgt; der in § 90 Abs. 2 Nr. 8 des Zwölften Buches Sozialgesetzbuch genannte Vermögenswert wird nicht mitgerechnet. Ist Gegenstand der Maßnahme ein Teil des Vermögens, ist höchstens dieser Teil des Vermögens zu berücksichtigen. (2) Für das bei Anordnung der Maßnahme oder bei der ersten Tätigkeit des Familiengerichts nach Eintritt der Vormundschaft laufende und das folgende Kalenderjahr wird nur eine Jahresgebühr erhoben. (3) Erstreckt sich eine Maßnahme auf mehrere Minderjährige, wird die Gebühr für jeden Minderjährigen besonders erhoben. (4) Geht eine Pflegschaft in eine Vormundschaft über, handelt es sich um ein einheitliches Verfahren.	5,00 € je angefangene 5 000,00 € des zu berücksichtigenden Vermögens – mindestens 50,00 €
1312	**Jahresgebühr für jedes angefangene Kalenderjahr bei einer Dauerpflegschaft, die nicht unmittelbar das Vermögen oder Teile des Vermögens zum Gegenstand hat**	200,00 € – höchstens eine Gebühr 1311
1313	**Verfahren im Allgemeinen bei einer Pflegschaft für einzelne Rechtshandlungen** . . . . . . (1) Bei einer Pflegschaft für mehrere Minderjährige wird die Gebühr nur einmal aus dem zusammengerechneten Wert erhoben. Minderjährige, von denen nach Vorbemerkung 1.3.1 Abs. 2 keine Gebühr zu erheben ist, sind nicht zu berücksichtigen. Höchstgebühr ist die Summe der für alle zu berücksichtigenden Minderjährigen jeweils maßgebenden Gebühr 1311.	0,5 – höchstens eine Gebühr 1311

Nr.	Gebührentatbestand	Gebühr oder Satz der Gebühr nach § 28 FamGKG
	(2) Als Höchstgebühr ist die Gebühr 1311 in der Höhe zugrunde zu legen, in der sie bei einer Vormundschaft entstehen würde. (3) Die Gebühr wird nicht erhoben, wenn für den Minderjährigen eine Vormundschaft oder eine Dauerpflegschaft, die sich auf denselben Gegenstand bezieht, besteht.	

Unterabschnitt 2. Beschwerde gegen die Endentscheidung wegen des Hauptgegenstands

Nr.	Gebührentatbestand	Gebühr oder Satz der Gebühr nach § 28 FamGKG
1314	Verfahren im Allgemeinen	1,0
1315	Beendigung des gesamten Verfahrens ohne Endentscheidung: Die Gebühr 1314 ermäßigt sich auf	0,5
	(1) Wenn die Entscheidung nicht durch Verlesen der Entscheidungsformel bekannt gegeben worden ist, ermäßigt sich die Gebühr auch im Fall der Zurücknahme der Beschwerde vor Ablauf des Tages, an dem die Endentscheidung der Geschäftsstelle übermittelt wird. (2) Eine Entscheidung über die Kosten steht der Ermäßigung nicht entgegen, wenn die Entscheidung einer zuvor mitgeteilten Einigung über die Kostentragung oder einer Kostenübernahmeerklärung folgt. (3) Die Billigung eines gerichtlichen Vergleichs (§ 156 Abs. 2 FamFG) steht der Ermäßigung nicht entgegen.	

Unterabschnitt 3. Rechtsbeschwerde gegen die Endentscheidung wegen des Hauptgegenstands

Nr.	Gebührentatbestand	Gebühr oder Satz der Gebühr nach § 28 FamGKG
1316	Verfahren im Allgemeinen	1,5
1317	Beendigung des gesamten Verfahrens durch Zurücknahme der Rechtsbeschwerde oder des Antrags, bevor die Schrift zur Begründung der Beschwerde bei Gericht eingegangen ist: Die Gebühr 1316 ermäßigt sich auf	0,5

Nr.	Gebührentatbestand	Gebühr oder Satz der Gebühr nach § 28 FamGKG
1318	**Beendigung des gesamten Verfahrens durch Zurücknahme der Rechtsbeschwerde oder des Antrags vor Ablauf des Tages, an dem die Endentscheidung der Geschäftsstelle übermittelt wird, wenn nicht Nummer 1317 erfüllt ist:** **Die Gebühr 1316 ermäßigt sich auf**	1,0

Unterabschnitt 4. Zulassung der Sprungrechtsbeschwerde gegen die Endentscheidung wegen des Hauptgegenstands

Nr.	Gebührentatbestand	Gebühr oder Satz der Gebühr nach § 28 FamGKG
1319	**Verfahren über die Zulassung der Sprungrechtsbeschwerde:** **Soweit der Antrag abgelehnt wird**	0,5

I. Geltungsbereich

Hauptabschnitt 3 enthält Gebührenregelungen in Kindschaftssachen (§ 151 FamFG) und die in Vorbemerkung 1.3.2 Abs. 1 genannten übrigen Familiensachen. **§ 151 FamFG** lautet wie folgt: 1

§ 151 FamFG Kindschaftssachen. Kindschaftssachen sind die dem Familiengericht zugewiesenen Verfahren, die
1. die elterliche Sorge,
2. das Umgangsrecht und das Recht auf Auskunft über die persönlichen Verhältnisse des Kindes,
3. die Kindesherausgabe,
4. die Vormundschaft,
5. die Pflegschaft oder die gerichtliche Bestellung eines sonstigen Vertreters für einen Minderjährigen oder für eine Leibesfrucht,
6. die Genehmigung von freiheitsentziehender Unterbringung und freiheitsentziehenden Maßnahmen nach § 1631 b des Bürgerlichen Gesetzbuchs, auch in Verbindung mit den §§ 1800 und 1915 des Bürgerlichen Gesetzbuchs,
7. die Anordnung der freiheitsentziehenden Unterbringung eines Minderjährigen nach den Landesgesetzen über die Unterbringung psychisch Kranker oder
8. die Aufgaben nach dem Jugendgerichtsgesetz betreffen.

Gebührenfrei sind die in Vorbemerkung 1.3.1 Abs. 1 genannten Geschäfte. 2
Diese betreffen die **Pflegschaft für eine Leibesfrucht** (§ 1912 BGB) und die **Genehmigung von freiheitsentziehender Unterbringung Minderjähriger** sowie von **Maßnahmen nach § 1631 b BGB** gegenüber Minderjährigen (vgl. § 151 Nr. 6, 7 FamFG). Insoweit wird die frühere Gebührenfreiheit (vgl. § 128 b KostO aF) aufrechterhalten. Gebührenfrei sind auch **Verfahren, die Aufgaben nach dem Jugendgerichtsgesetz betreffen** (Überlassen der Auswahl und Anordnung

von Erziehungsmaßregeln durch den Jugendrichter, § 53 JGG; Bestellung eines Pflegers nach § 67 Abs. 4 Satz 3 JGG).

3 Abs. 2 der Vorbemerkung schließt eine Kostenerhebung in Verfahren nach Abschnitt 1 vom **Minderjährigen** aus, wenn dessen Vermögen nach Abzug der Verbindlichkeiten nicht mehr als 25.000 Euro beträgt. Dabei bleibt lediglich ein angemessenes Hausgrundstück, das von dem Minderjährigen oder seinen Eltern allein oder zusammen mit Angehörigen ganz oder teilweise bewohnt wird und nach ihrem Tod von ihren Angehörigen bewohnt werden soll, außer Betracht (§ 90 Abs. 2 Nr. 8 SGB XII). Dies entspricht den § 92 Abs. 1 Satz 1 und § 93 Satz 5, § 95 Abs. 1 Satz 2 KostO aF. Andere Vermögenswerte, als das angemessene Hausgrundstück, werden nicht geschützt (OLG Schleswig BeckRS 2017, 149238; vgl. auch OLG Celle BeckRS 2016, 111647). Die Vorschrift ergänzt den ohnehin bestehenden Schutz Minderjähriger nach § 81 Abs. 3 FamFG (in Verfahren, die ihre Person betreffen, können Minderjährigen keine Kosten auferlegt werden) und § 21 Abs. 1 Satz 2 Nr. 3 (Ausschluss der Antragstellerhaftung Minderjähriger in erstinstanzlichen Verfahren, die ihre Person betreffen).

II. Gebühr für das Verfahren im Allgemeinen (KV 1310)

4 Die Gebühr für das Verfahren im Allgemeinen wird aus sozialpolitischen Gründen nach einem Gebührensatz von nur 0,5 erhoben (BT-Drs. 16/6308, 311).

5 Nach Abs. 1 Nr. 1 der Anmerkung entsteht diese Gebühr nicht für Verfahren, die in den Rahmen einer Vormundschaft oder Pflegschaft fallen. Dies entspricht der früheren Regelung in § 95 Abs. 1 Satz 3 KostO aF. Nach Abs. 1 Nr. 2 und 3 der Anmerkung entsteht die Gebühr ferner nicht, wenn die Gebühr 1313 entsteht (z. B. bei Einzelpflegschaft nach § 1909 BGB) oder das Verfahren mit der Anordnung einer Pflegschaft endet. Die Umgangspflegschaft ist mir der Gebühr für das Verfahren, in dem diese angeordnet wird, abgegolten (Anm. Abs. 2).

6 Da die Bestellung eines Verfahrensbeistands Teil des Verfahrens ist, für das der Beistand bestellt wurde, wird sie mit der jeweiligen Verfahrensgebühr abgegolten.

7 Die Gebühr 1310 entsteht auch dann nur einmal, wenn ein Verfahren mehrere Minderjährige betrifft; dies entspricht dem bisherigen § 95 Abs. 3 KostO aF. Von einer ausdrücklichen Regelung ist abgesehen worden, weil die Gebühr nach § 29 FamGKG in jedem Verfahren hinsichtlich eines jeden Teils des Verfahrensgegenstandes nur einmal entsteht (BT-Drs. 16/6308, 311). Nach § 45 Abs. 2 FamGKG sind die in § 45 Abs. 1 FamGKG genannten Kindschaftssachen auch dann nur als ein Gegenstand zu bewerten, wenn sie mehrere Kinder betreffen.

III. Jahresgebühren nach KV 1311, 1312

8 Für die Vormundschaft und Dauerpflegschaft sieht KV 1311 die Erhebung einer Jahresgebühr für jedes angefangene Kalenderjahr vor. Die Höhe der Jahresgebühr richtet sich nach dem Vermögen des von der Maßnahme betroffenen Minderjährigen. Hat die Dauerpflegschaft nicht unmittelbar das Vermögen oder Teile desselben, so richtet sich die Gebührenerhebung nach KV 1312. Dabei ist wie nach § 92 KostO aF nur das Vermögen zu berücksichtigen, das über der Vermögensfreigrenze von 25.000 Euro liegt, d.h. die Gebühr in Höhe von 5 Euro je angefangene 5.000 Euro Vermögen, mindestens 50 Euro – soll auch künftig nur für das einen Be-

trag von 25.000 Euro übersteigende Vermögen ohne Berücksichtigung des selbst oder von Angehörigen bewohnten Hausgrundstücks erhoben werden. Kostenschuldner ist der Minderjährige (§ 22).

IV. Pflegschaft für einzelne Rechtshandlungen

Für eine derartige Pflegschaft (zu ihrer Abgrenzung von der Dauerpflegschaft vgl. BayObLG JurBüro 1997, 86) wird nach KV 1313 eine Gebühr für das Verfahren im Allgemeinen nach einem Gebührensatz von 0,5 erhoben; sie darf nicht höher sein als eine Gebühr nach KV 1311. KV 1313 entspricht einschließlich der Anmerkungen § 93 KostO aF. **9**

V. Rechtsmittelverfahren

Die im Beschwerde- und Rechtsbeschwerdeverfahren entstehenden Gebühren regeln die KV 1314–1319. Sie sind den KV 1222, 1212, 1130 und 1228 nachgebildet. KV 1315 Abs. 3 stellt ausdrücklich klar, dass die Billigung eines gerichtlichen Vergleichs (§ 156 Abs. 2 FamFG) einer Ermäßigung nicht entgegensteht. Damit wird die bislang umstrittene Frage geklärt, ob der Beschluss nach § 156 Abs. 2 FamFG eine Endentscheidung iSd § 38 FamFG darstellt (BT-Drs. 17/11471, 392). **10**

Abschnitt 2. Übrige Familiensachen der freiwilligen Gerichtsbarkeit

Vorbemerkung 1.3.2

(1) Dieser Abschnitt gilt für

1. Abstammungssachen,
2. Adoptionssachen, die einen Volljährigen betreffen,
3. Ehewohnungs- und Haushaltssachen,
4. Gewaltschutzsachen,
5. Versorgungsausgleichssachen sowie
6. Unterhaltssachen, Güterrechtssachen und sonstige Familiensachen (§ 111 Nr. 10 FamFG), die nicht Familienstreitsachen sind.

(2) In Adoptionssachen werden für Verfahren auf Ersetzung der Einwilligung zur Annahme als Kind neben den Gebühren für das Verfahren über die Annahme als Kind keine Gebühren erhoben.

(3) Für Verfahren über Bescheinigungen nach Abschnitt 3 Unterabschnitt 2 EUGewSchVG bestimmen sich die Gebühren nach Teil 1 Hauptabschnitt 7.

Unterabschnitt 1. Erster Rechtszug

Nr.	Gebührentatbestand	Gebühr oder Satz der Gebühr nach § 28 FamGKG
1320	Verfahren im Allgemeinen	2,0
1321	Beendigung des gesamten Verfahrens 1. ohne Endentscheidung, 2. durch Zurücknahme des Antrags vor Ablauf des Tages, an dem die Endentscheidung der Geschäftsstelle übermittelt wird, wenn die Entscheidung nicht bereits durch Verlesen der Entscheidungsformel bekannt gegeben worden ist, oder 3. wenn die Endentscheidung keine Begründung enthält oder nur deshalb eine Begründung enthält, weil zu erwarten ist, dass der Beschluss im Ausland geltend gemacht wird (§ 38 Abs. 5 Nr. 4 FamFG): Die Gebühr 1320 ermäßigt sich auf	0,5
	(1) Die Vervollständigung einer ohne Begründung hergestellten Endentscheidung (§ 38 Abs. 6 FamFG) steht der Ermäßigung nicht entgegen. (2) Die Gebühr ermäßigt sich auch, wenn mehrere Ermäßigungstatbestände erfüllt sind.	

Unterabschnitt 2. Beschwerde gegen die Endentscheidung wegen des Hauptgegenstands

Nr.	Gebührentatbestand	Gebühr oder Satz der Gebühr nach § 28 FamGKG
1322	Verfahren im Allgemeinen	3,0
1323	Beendigung des gesamten Verfahrens durch Zurücknahme der Beschwerde oder des Antrags, bevor die Schrift zur Begründung der Beschwerde bei Gericht eingegangen ist: Die Gebühr 1322 ermäßigt sich auf	0,5
1324	Beendigung des gesamten Verfahrens ohne Endentscheidung, wenn nicht Nummer 1323 erfüllt ist: Die Gebühr 1322 ermäßigt sich auf	1,0
	(1) Wenn die Entscheidung nicht durch Verlesen der Entscheidungsformel bekannt gegeben worden ist, ermäßigt sich die Gebühr auch im Fall der Zurücknahme der Beschwerde vor Ablauf des Tages, an dem	

Nr.	Gebührentatbestand	Gebühr oder Satz der Gebühr nach § 28 FamGKG
	die Endentscheidung der Geschäftsstelle übermittelt wird. (2) Eine Entscheidung über die Kosten steht der Ermäßigung nicht entgegen, wenn die Entscheidung einer zuvor mitgeteilten Einigung über die Kostentragung oder einer Kostenübernahmeerklärung folgt.	

Unterabschnitt 3. Rechtsbeschwerde gegen die Endentscheidung wegen des Hauptgegenstands

Nr.	Gebührentatbestand	Gebühr oder Satz der Gebühr nach § 28 FamGKG
1325	Verfahren im Allgemeinen	4,0
1326	Beendigung des gesamten Verfahrens durch Zurücknahme der Rechtsbeschwerde oder des Antrags, bevor die Schrift zur Begründung der Rechtsbeschwerde bei Gericht eingegangen ist: Die Gebühr 1325 ermäßigt sich auf	1,0
1327	Beendigung des gesamten Verfahrens durch Zurücknahme der Rechtsbeschwerde oder des Antrags vor Ablauf des Tages, an dem die Endentscheidung der Geschäftsstelle übermittelt wird, wenn nicht Nummer 1326 erfüllt ist: Die Gebühr 1325 ermäßigt sich auf	2,0

Unterabschnitt 4. Zulassung der Sprungrechtsbeschwerde gegen die Endentscheidung wegen des Hauptgegenstands

Nr.	Gebührentatbestand	Gebühr oder Satz der Gebühr nach § 28 FamGKG
1328	Verfahren über die Zulassung der Sprungrechtsbeschwerde: Soweit der Antrag abgelehnt wird	1,0

I. Geltungsbereich

1 Den Geltungsbereich beschreibt Abs. 1 der Vorbemerkung **1.3.2.** Nach Abs. 2 bleiben Adoptionssachen, die einen Minderjährigen betreffen, weiterhin gebührenfrei. Zum Verfahrenswert der Volljährigenadoption → § 42 Rn. 1. Für Bescheinigungen nach § 14 EuGewSchVG wird nach Abs. 3 eine Gebühr nach KV 1711 erhoben.

II. KV 1320

2 Die Verfahrensgebühr KV 1320 ermäßigt sich um 3/4 auf 0,5, wenn das Verfahren ohne Endentscheidung beendet wird oder die Endentscheidung wegen entsprechender Erklärungen der Beteiligten (§ 38 Abs. 4 FamFG) keine Begründung enthält. Gleiches gilt, wenn die Endentscheidung trotz Erklärungen nach § 38 Abs. 4 FamFG begründet wird, weil zu erwarten ist, dass der Beschluss im Ausland geltend gemacht wird (§ 38 Abs. 5 Nr. 4 FamFG).

III. Rechtsmittel

3 Die Gebührenregelungen für die Beschwerde, die Rechtsbeschwerde und die Sprungrechtsbeschwerde entsprechen denen in KV 1222–1228.

Hauptabschnitt 4. Einstweiliger Rechtsschutz

Vorbemerkung 1.4

(1) Im Verfahren zur Erwirkung eines Europäischen Beschlusses zur vorläufigen Kontenpfändung werden Gebühren nach diesem Hauptabschnitt nur im Fall des Artikels 5 Buchstabe a der Verordnung (EU) Nr. 655/2014 erhoben. In den Fällen des Artikels 5 Buchstabe b der Verordnung (EU) Nr. 655/2014 bestimmen sich die Gebühren nach den für die Zwangsvollstreckung geltenden Vorschriften des GKG.

(2) Im Verfahren auf Erlass einer einstweiligen Anordnung und über deren Aufhebung oder Änderung werden die Gebühren nur einmal erhoben. Dies gilt entsprechend im Arrestverfahren und im Verfahren nach der Verordnung (EU) Nr. 655/2014.

Abschnitt 1. Einstweilige Anordnung in Kindschaftssachen

Unterabschnitt 1. Erster Rechtszug

Nr.	Gebührentatbestand	Gebühr oder Satz der Gebühr nach § 28 FamGKG
1410	Verfahren im Allgemeinen . . . . **Die Gebühr entsteht nicht für Verfahren, die in den Rahmen einer Vormundschaft oder Pflegschaft fallen, und für Verfahren, die eine freiheitsentziehende Unterbringung eines Minderjährigen oder eine freiheitsentziehende Maßnahme bei einem Minderjährigen betreffen (§ 151 Nr. 6 und 7 FamFG).**	0,3

Unterabschnitt 2. Beschwerde gegen die Endentscheidung wegen des Hauptgegenstands

Nr.	Gebührentatbestand	Gebühr oder Satz der Gebühr nach § 28 FamGKG
1411	**Verfahren im Allgemeinen**	0,5
1412	**Beendigung des gesamten Verfahrens ohne Endentscheidung:** **Die Gebühr 1411 ermäßigt sich auf** . . . . (1) Wenn die Entscheidung nicht durch Verlesen der Entscheidungsformel bekannt gegeben worden ist, ermäßigt sich die Gebühr auch im Fall der Zurücknahme der Beschwerde vor Ablauf des Tages, an dem die Endentscheidung der Geschäftsstelle übermittelt wird. (2) Eine Entscheidung über die Kosten steht der Ermäßigung nicht entgegen, wenn die Entscheidung einer zuvor mitgeteilten Einigung über die Kostentragung oder einer Kostenübernahmeerklärung folgt.	0,3

Abschnitt 2. Einstweilige Anordnung in den übrigen Familiensachen, Arrest und Europäischer Beschluss zur vorläufigen Kontenpfändung

Vorbemerkung 1.4.2

Dieser Abschnitt gilt für Familienstreitsachen und die in Vorbemerkung 1.3.2 genannten Verfahren.

Unterabschnitt 1. Erster Rechtszug

Nr.	Gebührentatbestand	Gebühr oder Satz der Gebühr nach § 28 FamGKG
1420	**Verfahren im Allgemeinen**	1,5
1421	**Beendigung des gesamten Verfahrens ohne Endentscheidung:** **Die Gebühr 1420 ermäßigt sich auf** . . . . (1) Wenn die Entscheidung nicht durch Verlesen der Entscheidungsformel bekannt gegeben worden ist, ermäßigt sich die Gebühr auch im Fall der Zurücknahme des Antrags vor Ablauf des Tages, an dem die Endentscheidung der Geschäftsstelle übermittelt wird. (2) Eine Entscheidung über die Kosten steht der Ermäßigung nicht entgegen, wenn die Entscheidung	0,5

Nr.	Gebührentatbestand	Gebühr oder Satz der Gebühr nach § 28 FamGKG
	einer zuvor mitgeteilten Einigung über die Kostentragung oder einer Kostenübernahmeerklärung folgt.	

Unterabschnitt 2. Beschwerde gegen die Endentscheidung wegen des Hauptgegenstands

Nr.	Gebührentatbestand	Gebühr oder Satz der Gebühr nach § 28 FamGKG
1422	**Verfahren im Allgemeinen**	**2,0**
1423	**Beendigung des gesamten Verfahrens durch Zurücknahme der Beschwerde oder des Antrags, bevor die Schrift zur Begründung der Beschwerde bei Gericht eingegangen ist: Die Gebühr 1422 ermäßigt sich auf**	**0,5**
1424	**Beendigung des gesamten Verfahrens ohne Endentscheidung, wenn nicht Nummer 1423 erfüllt ist: Die Gebühr 1422 ermäßigt sich auf** **(1) Wenn die Entscheidung nicht durch Verlesen der Entscheidungsformel bekannt gegeben worden ist, ermäßigt sich die Gebühr auch im Fall der Zurücknahme der Beschwerde vor Ablauf des Tages, an dem die Endentscheidung der Geschäftsstelle übermittelt wird.** **(2) Eine Entscheidung über die Kosten steht der Ermäßigung nicht entgegen, wenn die Entscheidung einer zuvor mitgeteilten Einigung über die Kostentragung oder einer Kostenübernahmeerklärung folgt.**	**1,0**

I. Geltungsbereich

1 **Hauptabschnitt 4** regelt die Gebühren in Verfahren des einstweiligen Rechtsschutzes in Familiensachen. Die Verfahren betreffen **einstweilige Anordnungen** in Kindschaftssachen und in den übrigen Familiensachen. In Familien**streit**sachen sind dies der **Arrest** und der **Europäische Beschluss zur vorläufigen Kontopfändung** nach Art. 5 Buchst. a der Verordnung (EU) Nr. 655/2014. Der Geltungsbereich ergibt sich aus den Vorbemerkungen 1.4 und 1.4.2 iVm der Vorbemerkung 1.3.2. Vor dem Inkrafttreten des FamFG konnten einstweilige Anordnungen in Familiensachen nur dann ergehen, wenn zugleich eine Ehesache oder eine Hauptsache anhängig war oder wenn ein diesbezüglicher Antrag auf Prozesskostenhilfe gestellt wurde. Das FamFG hat das Institut der einstweiligen Anordnung in allen Familiensachen und in den Verfahren der freiwilligen Gerichtsbarkeit eingeführt. Diese Verfahren können unabhängig von einem Hauptsacheverfahren durchgeführt werden.

Nach Vorbemerkung 1.4 Abs. 2 werden für ein Verfahren über die Aufhebung oder die Änderung der im einstweiligen Rechtsschutzverfahren ergangenen Entscheidung keine erneuten Gebühren erhoben. Die Gebühren für das Verfahren über den Erlass der einstweiligen Anordnung, die Anordnung des Arrestes oder der vorläufigen Kontopfändung nach der Verordnung (EU) Nr. 655/2014, umfassen also auch ein sich eventuell anschließendes Verfahren über die Abänderung oder Aufhebung. 2

II. Kindschaftssachen

Abschnitt 1 enthält die Vorschriften für Kindschaftssachen. Wie im Hauptsacheverfahren ist die Gebührenhöhe deutlich geringer als in den übrigen Familiensachen des Abschnitts 2. Dies gilt für den ersten Rechtszug und das Beschwerdeverfahren gleichermaßen. Die Gebühr für das Verfahren im Allgemeinen entsteht nicht, wenn einstweilige Anordnungsverfahren in den Rahmen einer Vormundschaft oder Pflegschaft und ein Verfahren, das die freiheitsentziehende Unterbringung eines Minderjährigen betrifft, fallen (KV 1410 Anm.). 3

III. Übrige Familiensachen

Abschnitt 2 ist nach der Vorbemerkung 1.4.2 auf Familien**streit**sachen (§ 112 FamFG) sowie Abstammungssachen, Adoptionssachen, die einen Volljährigen betreffen, Ehewohnungs- und Haushaltssachen, Gewaltschutzsachen, Versorgungsausgleichssachen sowie Unterhaltssachen, Güterrechtssachen und sonstige Familiensachen (§ 111 Nr. 10 FamFG), die **nicht** Familienstreitsachen sind, anzuwenden. 4

IV. Rechtsmittel

Einstweilige Anordnungen sind nur im Rahmen des § 57 FamFG mit der Beschwerde anfechtbar. Eine Rechtsbeschwerde findet nicht statt (§ 70 Abs. 4 FamFG). 5

Hauptabschnitt 5. Besondere Gebühren

Nr.	Gebührentatbestand	Gebühr oder Satz der Gebühr nach § 28 FamGKG
1500	**Abschluss eines gerichtlichen Vergleichs:** **Soweit ein Vergleich über nicht gerichtlich anhängige Gegenstände geschlossen wird** . . . . . **Die Gebühr entsteht nicht im Verfahren über die Verfahrenskostenhilfe. Im Verhältnis zur Gebühr für das Verfahren im Allgemeinen ist § 30 Abs. 3 FamGKG entsprechend anzuwenden.**	**0,25**

Nr.	Gebührentatbestand	Gebühr oder Satz der Gebühr nach § 28 FamGKG
1501	**Auferlegung einer Gebühr nach § 32 FamGKG wegen Verzögerung des Verfahrens**	**wie vom Gericht bestimmt**
1502	**Anordnung von Zwangsmaßnahmen durch Beschluss nach § 35 FamFG:**	
	je Anordnung	**20,00 €**
1503	**Selbständiges Beweisverfahren**	**1,0**

I. Geltungsbereich

1 **Hauptabschnitt 5** gilt in allen Verfahren nach dem FamFG, für die Kosten nach dem FamGKG zu erheben sind.

II. Mehrvergleichsgebühr (KV 1500)

2 Die Vorschrift entspricht Nr. 1900 KV GKG. Auf die dortigen Erläuterungen wird verwiesen. Ein unbemittelter Verfahrensbeteiligter hat in einer selbständigen Familiensache einen Anspruch auf Erweiterung der Verfahrenskostenhilfe unter Beiordnung seines Bevollmächtigten auf nicht anhängige Gegenstücke eines Mehrvergleichs (BGH BeckRS 2018, 1191). Nach S. 1 der Anm. zu Nr. 1500 entsteht die (Mehr-)Vergleichsgebühr nicht im Verfahren über die Verfahrenskostenhilfe (§ 76 FamFG). S. 2 bestimmt im Verhältnis zur Verfahrensgebühr die entsprechende Anwendung des § 30 Abs. 3.

III. Verzögerungsgebühr (KV 1501)

3 Die Regelung entspricht KV 1901 GKG.

IV. Zwangsmaßnahmen (KV 1502)

4 Es handelt sich um eine Gebühr für die Anordnung von Zwangsmaßnahmen durch Beschluss nach § 35 FamFG. Dabei handelt es sich um Maßnahmen mit verfahrensleitendem Charakter. Die Gebühr in Höhe von 20 Euro wird für jede Anordnung von Zwangsgeld und von Zwangshaft sowie für Maßnahmen nach § 35 Abs. 4 FamFG erhoben. Im Rechtsmittelverfahren bestimmen sich die Gebühren nach Hauptabschnitt 9.

V. Selbständiges Beweisverfahren (KV 1503)

Die Vorschrift betrifft selbständige Beweisverfahren in Familienstreitsachen nach § 485ff. ZPO (vgl. § 113 Abs. 1 S. 2 FamFG). Sie entspricht KV 1610 GKG (vgl. dort). **5**

Hauptabschnitt 6. Vollstreckung

Vorbemerkung 1.6

Die Vorschriften dieses Hauptabschnitts gelten für die Vollstreckung nach Buch 1 Abschnitt 8 des FamFG, soweit das Familiengericht zuständig ist. Für Handlungen durch das Vollstreckungs- oder Arrestgericht werden Gebühren nach dem GKG erhoben.

Nr.	Gebührentatbestand	Gebühr oder Satz der Gebühr nach § 28 FamGKG
1600	**Verfahren über den Antrag auf Erteilung einer weiteren vollstreckbaren Ausfertigung (§ 733 ZPO)**	20,00 €
	Die Gebühr wird für jede weitere vollstreckbare Ausfertigung gesondert erhoben. Sind wegen desselben Anspruchs in einem Mahnverfahren gegen mehrere Personen gesonderte Vollstreckungsbescheide erlassen worden und werden hiervon gleichzeitig mehrere weitere vollstreckbare Ausfertigungen beantragt, wird die Gebühr nur einmal erhoben.	
1601	**Anordnung der Vornahme einer vertretbaren Handlung durch einen Dritten**	15,00 €
1602	**Anordnung von Zwangs- oder Ordnungsmitteln:**	
	je Anordnung	20,00 €
	Mehrere Anordnungen gelten als eine Anordnung, wenn sie dieselbe Verpflichtung betreffen. Dies gilt nicht, wenn Gegenstand der Verpflichtung die wiederholte Vornahme einer Handlung oder eine Unterlassung ist.	
1603	**Verfahren zur Abnahme einer eidesstattlichen Versicherung (§ 94 FamFG)**	35,00 €
	Die Gebühr entsteht mit der Anordnung des Gerichts, dass der Verpflichtete eine eidesstattliche Versicherung abzugeben hat, oder mit dem Eingang des Antrags des Berechtigten.	

I. Geltungsbereich

1 Entsprechend Satz 1 der Vorbemerkung 1.6 regelt **Hauptabschnitt 6** die Gebühren für **Vollstreckungsmaßnahmen des Familiengerichts** im Rahmen seiner Zuständigkeit nach Buch 1 Abschnitt 8 FamFG (vgl. §§ 86–96a FamFG). Für Vollstreckungshandlungen, die in die Zuständigkeit des Vollstreckungs- oder Arrestgerichts fallen, werden nach Satz 2 der Vorbemerkung 1.6 Gebühren nach dem GKG erhoben, gleiches gilt für Auslagen (vgl. Vorbemerkung 2 Abs. 4). Eine entsprechende Klarstellung enthält auch § 1 Abs. 1 Satz 1 Nr. 1 GKG.

II. Weitere vollstreckbare Ausfertigung

2 Der Gebührentatbestand in KV 1600 entspricht KV 2110 GKG. Auf die dortigen Erläuterungen wird verwiesen. Die Festgebühr beträgt 20 Euro.

III. Anordnung von Zwangsmitteln

3 Die Festgebühr wird für jede Anordnung gesondert und zwar iHv 20 Euro (KV 1601, 1602) bzw. 35 Euro (KV 1603) erhoben. Betreffen mehrere Anordnungen dieselbe Verpflichtung, entsteht die Gebühr nur einmal. Hat der Verpflichtete eine Handlung jedoch wiederholt vorzunehmen oder zu unterlassen, löst die Anordnung eines Ordnungsmittels gegen jeden Verstoß eine besondere Gebühr aus (KV 1602 Anm.).

4 Im **Rechtsmittelverfahren** werden Gebühren nach Hauptabschnitt 9 erhoben.

Hauptabschnitt 7. Verfahren mit Auslandsbezug

Vorbemerkung 1.7:

In Verfahren nach dem EUGewSchVG, mit Ausnahme der Verfahren über Bescheinigungen nach Abschnitt 3 Unterabschnitt 2 EUGewSchVG, bestimmen sich die Gebühren nach Teil 1 Hauptabschnitt 3 Abschnitt 2.

Abschnitt 1. Erster Rechtszug

Nr.	Gebührentatbestand	Gebühr oder Satz der Gebühr nach § 28 FamGKG
1710	**Verfahren über Anträge auf** **1. Erlass einer gerichtlichen Anordnung auf Rückgabe des Kindes oder über das Recht zum persönlichen Umgang nach dem IntFamRVG,** **2. Vollstreckbarerklärung ausländischer Titel,**	

Nr.	Gebührentatbestand	Gebühr oder Satz der Gebühr nach § 28 FamGKG
	3. Feststellung, ob die ausländische Entscheidung anzuerkennen ist, einschließlich der Anordnungen nach § 33 IntFamRVG zur Wiederherstellung des Sorgeverhältnisses, **4. Erteilung der Vollstreckungsklausel zu ausländischen Titeln und** **5. Aufhebung oder Abänderung von Entscheidungen in den in den Nummern 2 bis 4 genannten Verfahren**	**240,00 €**
1711	**Verfahren über den Antrag auf Ausstellung einer Bescheinigung nach § 57 AVAG, § 48 IntFamRVG oder § 14 EUG GewSchVG oder auf Ausstellung des Formblatts oder der Bescheinigung nach § 71 Abs. 1 AUG**	**15,00 €**
1712	**Verfahren über den Antrag auf Ausstellung einer Bestätigung nach § 1079 ZPO**	**20,00 €**
1713	**Verfahren nach** **1. § 3 Abs. 2 des Gesetzes zur Ausführung des Vertrags zwischen der Bundesrepublik Deutschland und der Republik Österreich vom 6. Juni 1959 über die gegenseitige Anerkennung und Vollstreckung von gerichtlichen Entscheidungen, Vergleichen und öffentlichen Urkunden in Zivil- und Handelssachen in der im Bundesgesetzblatt Teil III, Gliederungsnummer 319–12, veröffentlichten bereinigten Fassung, das zuletzt durch Artikel 23 des Gesetzes vom 27. Juli 2001 (BGBl. I S. 1887) geändert worden ist, und** **2. § 34 Abs. 1 AUG**	**60,00 €**
1714	**Verfahren über den Antrag nach § 107 Abs. 5, 6 und 8, § 108 Abs. 2 FamFG:** **Der Antrag wird zurückgewiesen**	**240,00 €**
1715	**Beendigung des gesamten Verfahrens durch Zurücknahme des Antrags vor Ablauf des Tages, an dem die Endentscheidung der Geschäftsstelle übermittelt wird, wenn die Entscheidung nicht bereits durch Verlesen der Entscheidungsformel bekannt gegeben worden ist:** **Die Gebühr 1710 oder 1714 ermäßigt sich auf**	**90,00 €**

Abschnitt 2. Beschwerde und Rechtsbeschwerde gegen die Endentscheidung wegen des Hauptgegenstands

Nr.	Gebührentatbestand	Gebühr oder Satz der Gebühr nach § 28 FamGKG
1720	**Verfahren über die Beschwerde oder Rechtsbeschwerde in den in den Nummern 1710, 1713 und 1714 genannten Verfahren**	**360,00 €**
1721	**Beendigung des gesamten Verfahrens durch Zurücknahme der Beschwerde, der Rechtsbeschwerde oder des Antrags, bevor die Schrift zur Begründung des Rechtsmittels bei Gericht eingegangen ist:** **Die Gebühr 1720 ermäßigt sich auf**	**90,00 €**
1722	**Beendigung des gesamten Verfahrens ohne Endentscheidung, wenn nicht Nummer 1721 erfüllt ist:** **Die Gebühr 1720 ermäßigt sich auf** .... (1) Wenn die Entscheidung nicht durch Verlesen der Entscheidungsformel bekannt gegeben worden ist, ermäßigt sich die Gebühr auch im Fall der Zurücknahme der Beschwerde oder der Rechtsbeschwerde vor Ablauf des Tages, an dem die Endentscheidung der Geschäftsstelle übermittelt wird. (2) Eine Entscheidung über die Kosten steht der Ermäßigung nicht entgegen, wenn die Entscheidung einer zuvor mitgeteilten Einigung über die Kostentragung oder einer Kostenübernahmeerklärung folgt.	**180,00 €**
1723	**Verfahren über die Beschwerde in** **1. den in den Nummern 1711 und 1712 genannten Verfahren,** **2. Verfahren nach § 245 FamFG oder** **3. Verfahren über die Berichtigung oder den Widerruf einer Bestätigung nach § 1079 ZPO:** **Die Beschwerde wird verworfen oder zurückgewiesen**	**60,00 €**

I. Geltungsbereich

1 **Hauptabschnitt 7** regelt die Gebühren in familiengerichtlichen Verfahren mit **Auslandsbezug** und für Verfahren über Anträge nach § 107 Abs. 5, 6 und 8 FamFG vor dem Oberlandesgericht sowie § 108 Abs. 2 FamFG.

II. Erster Rechtszug

KV 1710–1713 und 1715 entsprechen im Wesentlichen KV 1510–1514 GKG (s. dort), ergänzt ua um die Gebührenerhebung für Verfahren nach dem Internationalen Familienrechtsverfahrensgesetz (IntFamRVG), dem Auslandsunterhaltsgesetz (AUG) und dem EUGewSchVG. 2

III. Anerkennung ausländischer Entscheidungen in Ehesachen

KV 1714 regelt die Gebührenerhebung für das gerichtliche Verfahren gegen die Entscheidung der Landesjustizverwaltung betreffend die Anerkennung ausländischer Entscheidungen in Ehesachen (§ 107 Abs. 5, 6 und 8 FamFG). Bei Zurückweisung des Antrags durch das Oberlandesgericht wird eine Festgebühr iHv 240 Euro erhoben. Soweit im Einzelfall eine niedrigere Gebühr angemessen ist, kann das Gericht nach § 81 Abs. 1 S. 2 FamFG anordnen, dass die Gebühr ganz oder zum Teil nicht zu erheben ist. Der Gebührentatbestand gilt auch für Verfahren über den Antrag nach § 108 Abs. 2 FamFG. 3

IV. Ermäßigung

Für die Gebühren KV 1710 oder KV 1714 sieht KV 1715 eine Ermäßigung auf 90 Euro vor. Sie ist KV 1511 GKG nachgebildet. 4

V. Beschwerde, Rechtsbeschwerde

KV 1720 entspricht inhaltlich KV 1520 GKG und KV 1723 der KV 1523 GKG. Die Ermäßigungstatbestände der KV 1721 und 1722 sind den KV 1521 und 1522 GKG nachgebildet. 5

Hauptabschnitt 8. Rüge wegen Verletzung des Anspruchs auf rechtliches Gehör

Nr.	Gebührentatbestand	Gebühr oder Satz der Gebühr nach § 28 FamGKG
1800	**Verfahren über die Rüge wegen Verletzung des Anspruchs auf rechtliches Gehör (§§ 44, 113 Abs. 1 Satz 2 FamFG, § 321a ZPO): Die Rüge wird in vollem Umfang verworfen oder zurückgewiesen**	**60,00 €**

KV 1800 entspricht im Wesentlichen KV 1700 GKG. Auf die dortigen Erläuterungen wird verwiesen. 1

Hauptabschnitt 9. Rechtsmittel im Übrigen

Abschnitt 1. Sonstige Beschwerden

Nr.	Gebührentatbestand	Gebühr oder Satz der Gebühr nach § 28 FamGKG
1910	**Verfahren über die Beschwerde in den Fällen des § 71 Abs. 2, § 91a Abs. 2, § 99 Abs. 2, § 269 Abs. 5 oder § 494a Abs. 2 Satz 2 ZPO**	90,00 €
1911	**Beendigung des gesamten Verfahrens ohne Endentscheidung:** **Die Gebühr 1910 ermäßigt sich auf**	60,00 €
	(1) Wenn die Entscheidung nicht durch Verlesen der Entscheidungsformel bekannt gegeben worden ist, ermäßigt sich die Gebühr auch im Fall der Zurücknahme der Beschwerde vor Ablauf des Tages, an dem die Endentscheidung der Geschäftsstelle übermittelt wird. (2) Eine Entscheidung über die Kosten steht der Ermäßigung nicht entgegen, wenn die Entscheidung einer zuvor mitgeteilten Einigung über die Kostentragung oder einer Kostenübernahmeerklärung folgt.	
1912	**Verfahren über eine nicht besonders aufgeführte Beschwerde, die nicht nach anderen Vorschriften gebührenfrei ist:** **Die Beschwerde wird verworfen oder zurückgewiesen**	60,00 €
	Wird die Beschwerde nur teilweise verworfen oder zurückgewiesen, kann das Gericht die Gebühr nach billigem Ermessen auf die Hälfte ermäßigen oder bestimmen, dass eine Gebühr nicht zu erheben ist.	

Abschnitt 2. Sonstige Rechtsbeschwerden

Nr.	Gebührentatbestand	Gebühr oder Satz der Gebühr nach § 28 FamGKG
1920	**Verfahren über die Rechtsbeschwerde in den Fällen von § 71 Abs. 1, § 91a Abs. 1, § 99 Abs. 2, § 269 Abs. 4 oder § 494a Abs. 2 Satz 2 ZPO** . .	180,00 €
1921	**Beendigung des gesamten Verfahrens durch Zurücknahme der Rechtsbeschwerde oder des Antrags, bevor die Schrift zur Begründung der**	

Nr.	Gebührentatbestand	Gebühr oder Satz der Gebühr nach § 28 FamGKG
	Rechtsbeschwerde bei Gericht eingegangen ist: **Die Gebühr 1920 ermäßigt sich auf**	**60,00 €**
1922	**Beendigung des gesamten Verfahrens durch Zurücknahme der Rechtsbeschwerde oder des Antrags vor Ablauf des Tages, an dem die Endentscheidung der Geschäftsstelle übermittelt wird, wenn nicht Nummer 1921 erfüllt ist:** **Die Gebühr 1920 ermäßigt sich auf**	**90,00 €**
1923	**Verfahren über eine nicht besonders aufgeführte Rechtsbeschwerde, die nicht nach anderen Vorschriften gebührenfrei ist:** **Die Rechtsbeschwerde wird verworfen oder zurückgewiesen** . . . . Wird die Rechtsbeschwerde nur teilweise verworfen oder zurückgewiesen, kann das Gericht die Gebühr nach billigem Ermessen auf die Hälfte ermäßigen oder bestimmen, dass eine Gebühr nicht zu erheben ist.	**120,00 €**
1924	**Verfahren über die in Nummer 1923 genannten Rechtsbeschwerden:** **Beendigung des gesamten Verfahrens durch Zurücknahme der Rechtsbeschwerde oder des Antrags vor Ablauf des Tages, an dem die Endentscheidung der Geschäftsstelle übermittelt wird**	**60,00 €**

Abschnitt 3. Zulassung der Sprungrechtsbeschwerde in sonstigen Fällen

Nr.	Gebührentatbestand	Gebühr oder Satz der Gebühr nach § 28 FamGKG
1930	**Verfahren über die Zulassung der Sprungrechtsbeschwerde in den nicht besonders aufgeführten Fällen:** **Wenn der Antrag abgelehnt wird**	**60,00 €**

I. Geltungsbereich

1 **Hauptabschnitt 9** enthält **Auffangtatbestände** für sonstige Beschwerden und Rechtsbeschwerden, für die in den Hauptabschnitten 1–8 keine besonderen Gebühren vorgesehen sind. Die Gebührentatbestände sind – mit Ausnahme der KV 1930 – entsprechenden Vorschriften in KV Teil 1 Hauptabschnitt 8 KV GKG nachgebildet. Auf die dortigen Erläuterungen wird jeweils verwiesen.

II. Sonstige Beschwerden

2 KV 1910 übernimmt KV 1810 GKG für die Familien**strei**tsachen und KV 1911 die KV 1811 GKG; KV 1912 entspricht KV 1812 GKG. S. jeweils dort.

III. Sonstige Rechtsbeschwerden

3 KV 1920 übernimmt die Regelung der KV 1823 GKG für die Familien**streit**sachen und KV 1923 die KV 1826 GKG. Die Ermäßigungstatbestände der KV 1921, 1922 und 1924 entsprechen den KV 1824, 1825 und 1827 GKG.

IV. Zulassung der Sprungrechtsbeschwerde

4 KV 1930 KV gilt für alle nicht von den vorangehenden Hauptabschnitten erfassten Sprungrechtsbeschwerden.

Teil 2. Auslagen

Vorbemerkung 2

(1) Auslagen, die durch eine für begründet befundene Beschwerde entstanden sind, werden nicht erhoben, soweit das Beschwerdeverfahren gebührenfrei ist; dies gilt jedoch nicht, soweit das Beschwerdegericht die Kosten dem Gegner des Beschwerdeführers auferlegt hat.

(2) Sind Auslagen durch verschiedene Rechtssachen veranlasst, werden sie auf die mehreren Rechtssachen angemessen verteilt.

(3) In Kindschaftssachen werden von dem Minderjährigen Auslagen nur unter den in Vorbemerkung 1.3.1 Abs. 2 genannten Voraussetzungen erhoben. In den in Vorbemerkung 1.3.1 Abs. 1 genannten Verfahren werden keine Auslagen erhoben; für eine freiheitsentziehende Unterbringung eines Minderjährigen und eine freiheitsentziehende Maßnahme bei einem Minderjährigen (§ 151 Nr. 6 und 7 FamFG) gilt dies auch im Verfahren über den Erlass einer einstweiligen Anordnung. Die Sätze 1 und 2 gelten nicht für die Auslagen 2013.

(4) Bei Handlungen durch das Vollstreckungs- oder Arrestgericht werden Auslagen nach dem GKG erhoben.

Nr.	Auslagentatbestand	Höhe
2000	Pauschale für die Herstellung und Überlassung von Dokumenten:	
	1. Ausfertigungen, Kopien und Ausdrucke bis zur Größe von DIN A3, die	
	a) auf Antrag angefertigt oder auf Antrag per Telefax übermittelt worden sind oder	
	b) angefertigt worden sind, weil die Partei oder ein Beteiligter es unterlassen hat, die erforderliche Zahl von Mehrfertigungen beizufügen; der Anfertigung steht es gleich, wenn per Telefax übermittelte Mehrfertigungen von der Empfangseinrichtung des Gerichts ausgedruckt werden:	
	für die ersten 50 Seiten je Seite	0,50 €
	für jede weitere Seite	0,15 €
	für die ersten 50 Seiten in Farbe je Seite . . .	1,00 €
	für jede weitere Seite in Farbe	0,30 €
	2. Entgelte für die Herstellung und Überlassung der in Nummer 1 genannten Kopien oder Ausdrucke in einer Größe von mehr als DIN A3	in voller Höhe
	oder pauschal je Seite	3,00 €
	oder pauschal je Seite in Farbe	6,00 €

Nr.	Auslagentatbestand	Höhe
	3. Überlassung von elektronisch gespeicherten Dateien oder deren Bereitstellung zum Abruf anstelle der in den Nummern 1 und 2 genannten Ausfertigungen, Kopien und Ausdrucke: je Datei	1,50 €
	für die in einem Arbeitsgang überlassenen, bereitgestellten oder in einem Arbeitsgang auf denselben Datenträger übertragenen Dokumente insgesamt höchstens	5,00 €
	(1) Die Höhe der Dokumentenpauschale nach Nummer 1 ist in jedem Rechtszug, bei Vormundschaften und Dauerpflegschaften in jedem Kalenderjahr und für jeden Kostenschuldner nach § 23 Abs. 1 FamGKG gesondert zu berechnen; Gesamtschuldner gelten als ein Schuldner. (2) Werden zum Zweck der Überlassung von elektronisch gespeicherten Dateien Dokumente zuvor auf Antrag von der Papierform in die elektronische Form übertragen, beträgt die Dokumentenpauschale nach Nummer 2 nicht weniger, als die Dokumentenpauschale im Fall der Nummer 1 betragen würde. (3) Frei von der Dokumentenpauschale sind für jeden Beteiligten und seinen bevollmächtigten Vertreter jeweils 1. eine vollständige Ausfertigung oder Kopie oder ein vollständiger Ausdruck jeder gerichtlichen Entscheidung und jedes vor Gericht abgeschlossenen Vergleichs, 2. eine Ausfertigung ohne Begründung und 3. eine Kopie oder ein Ausdruck jeder Niederschrift über eine Sitzung. § 191a Abs. 1 Satz 5 GVG bleibt unberührt. (4) Bei der Gewährung der Einsicht in Akten wird eine Dokumentenpauschale nur erhoben, wenn auf besonderen Antrag ein Ausdruck einer elektronischen Akte oder ein Datenträger mit dem Inhalt einer elektronischen Akte übermittelt wird.	
2001	Auslagen für Telegramme	in voller Höhe
2002	Pauschale für Zustellungen mit Zustellungsurkunde, Einschreiben gegen Rückschein oder durch Justizbedienstete nach § 168 Abs. 1 ZPO je Zustellung	3,50 €
	Neben Gebühren, die sich nach dem Verfahrenswert richten, wird die Zustellungspauschale nur erhoben, soweit in einem Rechtszug mehr als 10 Zustellungen anfallen.	

Nr.	Auslagentatbestand	Höhe
2003	**Pauschale für die bei der Versendung von Akten auf Antrag anfallenden Auslagen an Transport- und Verpackungskosten je Sendung** . . . . Die Hin- und Rücksendung der Akten durch Gerichte gelten zusammen als eine Sendung.	12,00 €
2004	**Auslagen für öffentliche Bekanntmachungen** Auslagen werden nicht erhoben für die Bekanntmachung in einem elektronischen Informations- und Kommunikationssystem, wenn das Entgelt nicht für den Einzelfall oder nicht für ein einzelnes Verfahren berechnet wird.	in voller Höhe
2005	**Nach dem JVEG zu zahlende Beträge** . . . . . . (1) Die Beträge werden auch erhoben, wenn aus Gründen der Gegenseitigkeit, der Verwaltungsvereinfachung oder aus vergleichbaren Gründen keine Zahlungen zu leisten sind. Ist aufgrund des § 1 Abs. 2 Satz 2 JVEG keine Vergütung zu zahlen, ist der Betrag zu erheben, der ohne diese Vorschrift zu zahlen wäre. (2) Auslagen für Übersetzer, die zur Erfüllung der Rechte blinder oder sehbehinderter Personen herangezogen werden (§ 191a Abs. 1 GVG) und für Gebärdensprachdolmetscher (§ 186 Abs. 1 GVG) werden nicht erhoben.	in voller Höhe
2006	**Bei Geschäften außerhalb der Gerichtsstelle** **1. die den Gerichtspersonen aufgrund gesetzlicher Vorschriften gewährte Vergütung (Reisekosten, Auslagenersatz) und die Auslagen für die Bereitstellung von Räumen** . .	in voller Höhe
	2. für den Einsatz von Dienstkraftfahrzeugen für jeden gefahrenen Kilometer	0,30 €
2007	**Auslagen für** **1. die Beförderung von Personen**	in voller Höhe
	2. Zahlungen an mittellose Personen für die Reise zum Ort einer Verhandlung oder Anhörung und für die Rückreise	bis zur Höhe der nach dem JVEG an Zeugen zu zahlenden Beträge
2008	**Kosten einer Zwangshaft, auch aufgrund eines Haftbefehls in entsprechender Anwendung des § 802g ZPO** . . . . Maßgebend ist die Höhe des Haftkostenbeitrags, der nach Landesrecht von einem Gefangenen zu erheben ist.	in Höhe des Haftkostenbeitrags

Nr.	Auslagentatbestand	Höhe
2009	**Kosten einer Ordnungshaft** . . . . Maßgebend ist die Höhe des Haftkostenbeitrags, der nach Landesrecht von einem Gefangenen zu erheben ist. Diese Kosten werden nur angesetzt, wenn der Haftkostenbeitrag auch von einem Gefangenen im Strafvollzug zu erheben wäre.	**in Höhe des Haftkostenbeitrags**
2010	**Nach dem Auslandskostengesetz zu zahlende Beiträge**	**in voller Höhe**
2011	**An deutsche Behörden für die Erfüllung von deren eigenen Aufgaben zu zahlende Gebühren sowie diejenigen Beträge, die diesen Behörden, öffentlichen Einrichtungen oder deren Bediensteten als Ersatz für Auslagen der in den Nummern 2000 bis 2009 bezeichneten Art zustehen** . . . . Die als Ersatz für Auslagen angefallenen Beträge werden auch erhoben, wenn aus Gründen der Gegenseitigkeit, der Verwaltungsvereinfachung oder aus vergleichbaren Gründen keine Zahlungen zu leisten sind.	**in voller Höhe, die Auslagen begrenzt durch die Höchstsätze für die Auslagen 2000 bis 2009**
2012	**Beträge, die ausländischen Behörden, Einrichtungen oder Personen im Ausland zustehen, sowie Kosten des Rechtshilfeverkehrs mit dem Ausland** . . . . Die Beträge werden auch erhoben, wenn aus Gründen der Gegenseitigkeit, der Verwaltungsvereinfachung oder aus vergleichbaren Gründen keine Zahlungen zu leisten sind.	**in voller Höhe**
2013	**An den Verfahrensbeistand zu zahlende Beträge** . . . . Die Beträge werden von dem Minderjährigen nur nach Maßgabe des § 1836c BGB erhoben.	**in voller Höhe**
2014	**An den Umgangspfleger sowie an Verfahrenspfleger nach § 9 Abs. 5 FamFG, § 57 ZPO zu zahlende Beträge**	**in voller Höhe**
2015	**Pauschale für die Inanspruchnahme von Videokonferenzverbindungen: je Verfahren für jede angefangene halbe Stunde**	**15,00 €**

I. Geltungsbereich

Auslagen werden in **allen Verfahren, in denen Kosten nach dem FamGKG zu erheben sind,** ausschließlich (§ 1 Abs. 1 Satz 1 FamGKG) nach Maßgabe **Teil 2** des KV FamGKG erhoben. Die Auslagentatbestände der KV 2000 bis 2014 entsprechen weitgehend KV Teil 9 GKG; auf die dortigen Erläuterungen wird verwiesen. 1

II. Vorbemerkung 2 Abs. 1, 2

Die **Abs. 1 und 2** der für den gesamten Teil 2 geltenden Vorbemerkung **2 entsprechen den KV Vorbemerkungen 9 GKG und 3, 3.1 Abs. 1 GNotKG.** 2

III. Vorbemerkung 2 Abs. 3

Abs. 3 regelt die Auslagenerhebung in **Kindschaftssachen** (Teil 1 Hauptabschnitt 3 Abschnitt 1). In diesen Verfahren werden nach S. 1 von **Minderjährigen** Auslagen nur dann erhoben, wenn die Voraussetzungen für eine Gebührenerhebung nach Vorbemerkung 1.3.1 Abs. 2 vorliegen. Nach S.2 Hs. 1 sind die in Vorbemerkung 1.3.1. Abs. 1 genannten gebührenfreien Verfahren (Pflegschaft für eine Leibesfrucht; Verfahren über die freiheitsentziehende Unterbringung Minderjähriger sowie Unterbringungsmaßnahmen gegen Minderjährige (§ 151 Nr. 6, 7 FamFG); Verfahren, die Aufgaben nach dem Jugendgerichtsgesetz betreffen) vollständig auslagenfrei. Für die freiheitsentziehende Unterbringung Minderjähriger gilt dies auch im Verfahren über den Erlass einer einstweiligen Anordnung (Satz 2 Hs. 2; vgl. KV 1410). Die Auslagenfreiheit nach den Sätzen 1 und 2 gilt jedoch nicht für die an Verfahrensbeistände gezahlten Beträge. Diese sind nach Maßgabe der KV 2013 zu erheben. 3

IV. Vorbemerkung 2 Abs. 4

Abs. 4 bestimmt – entsprechend der Vorbemerkung 1.6 für die Gebühren-, dass Auslagen für Maßnahmen, die in die Zuständigkeit des Vollstreckungs- oder Arrestgerichts fallen, nach dem GKG erhoben werden. 4

V. Auslagentatbestände

- **KV 2000** (Dokumentenpauschale) entspricht KV 9000 GKG einschließlich der Abs. 1–3 seiner Anmerkung. 5
- **KV 2001** (Auslagen für Telegramme) entspricht KV 9001 GKG.
- **KV 2002** (Zustellungsauslagen) entspricht KV 9002 GKG.
- **KV 2003** Aktenversendungspauschale) entspricht KV 9003 GKG.
- **KV 2004** (Bekanntmachungsauslagen) entspricht KV 9004 GKG.
- **KV 2005** (JVEG-Beträge) entspricht KV 9005 GKG.
- **KV 2006** (Geschäfte außerhalb der Gerichtsstelle) entspricht KV 9006 GKG.

- **KV 2007** (Beförderungsauslagen) entspricht KV 9008 GKG.
- **KV 2008** (Kosten der Zwangshaft) entspricht KV 9010 GKG.
- **KV 2009** (Kosten einer Ordnungshaft) entspricht KV 9011 GKG.
- **KV 2010** (Beträge nach dem Auslandskostengesetz etc.) entspricht KV 9012 GKG.
- **KV 2011** (Gebührenzahlungen an deutsche Behörden) entspricht KV 9013 GKG.
- **KV 2012** (Zahlungen an ausländische Behörden) entspricht KV 9014 GKG.
- **KV 2013** (Zahlungen an den Verfahrensbeistand); vgl. § 158 FamFG. Nach der Anm. dürfen die Auslagen nur erhoben werden, wenn der Minderjährige Einkommen und/oder Vermögen nach Maßgabe des § 1836c BGB einzusetzen hat.

VI. Zahlungen an Umgangs- und Verfahrenspfleger (KV 2014)

6 Die nach § 1684 Abs. 3 Satz 6 BGB iVm § 277 FamFG aus der Staatskasse an den Umgangspfleger zu zahlenden Beträge werden als Teil der Gerichtskosten des Verfahrens, in dem die Umgangspflegschaft angeordnet wird, von demjenigen erhoben, den das Gericht in seiner Kostenentscheidung (§ 81 FamFG) bestimmt. Das gilt auch für die an einen Verfahrenspfleger (§ 9 Abs. 5 FamFG, § 57 ZPO) nach § 45 RVG aus der Staatskasse gezahlte Vergütung.

VII. Videokonferenzverbindungen (KV 2015)

7 Der Auslagentatbestand wurde eingefügt durch Gesetz vom 25.4.2013 BGBl. I S. 935.

Anlage 2 (Gebührentabelle; § 28 Abs. 1 S. 3): s. Anhang I.1.

E. Gesetz über die Vergütung von Sachverständigen, Dolmetscherinnen, Dolmetschern, Übersetzerinnen und Übersetzern sowie die Entschädigung von ehrenamtlichen Richterinnen, ehrenamtlichen Richtern, Zeuginnen, Zeugen und Dritten (Justizvergütungs- und -entschädigungsgesetz – JVEG)

Vom 5.5.2004, BGBl. I S. 718, 776

FNA 367-3

zuletzt geändert durch Gesetz vom 11.10.2016, BGBl. I S. 2222

Inhaltsübersicht

Abschnitt 6. Schlussvorschriften

Vorbemerkung zu § 1

I. Regelungsbereich

1 Das JVEG fasst seit 1.7.2004 (§ 25) entgegen seiner in Klammern gesetzten Kurzüberschrift „Justizvergütungs- und -entschädigungsgesetz" lediglich die Regelungsbereiche der bis dahin geltenden Vorschriften des ZSEG und des EhrRiEG zusammen, stellte sie allerdings zum Teil auf neue rechtliche Grundlagen. Zahlreiche im Justizbereich aus der Staatskasse zu zahlenden Vergütungen und Entschädigungen werden durch das JVEG nicht erfasst, wie die Vergütungen der im Rahmen der Beratungshilfe tätigen oder gerichtlich beigeordneten Rechtsanwälte nach §§ 44 bis 59a RVG, die Entschädigung eines Beteiligten an einem Strafverfahren, auch des freigesprochenen Beschuldigten, nach § 464a Abs. 2 StPO, die Vergütung des gerichtlich bestellten Betreuers und Vormunds nach dem VBVG und die Entschädigung der Handelsrichter nach § 107 GVG (→ Anhang II.4.).

II. Wesentliche Veränderungen gegenüber der früheren Rechtslage

2 Kernstück der mit dem JVEG bezweckten Reform war die tiefgreifende Neuregelung der Gegenleistung bei Leistungen von **Sachverständigen, Dolmetschern und Übersetzern.** An Stelle der bisherigen Entschädigung solcher Dienste trat die leistungsangemessene **Vergütung.** Damit verbunden bezweckt das Gesetz eine deutliche Abrechnungsvereinfachung der Ansprüche dieser Berechtigtenkreise: Nach dem früheren § 3 Abs. 2 ZSEG war an Hand der gesetzlich beschriebenen Entschädigungs- und Erhöhungsrahmen praktisch für jeden Einzelfall der konkrete Stunden- oder Zeilensatz für die individuelle Leistung des Berechtigten zu ermitteln, was zu zahlreichen gerichtlichen Festsetzungsverfahren führte (BT-Drs. 15/1971, 182). Demgegenüber sieht nunmehr § 9 **feste Stundensätze** für Sachverständige und Dolmetscher, § 11 **feste Zeilensätze** für Übersetzungen vor.

3 Die am häufigsten in Anspruch genommenen Sachverständigenleistungen im **nichtmedizinischen Bereich** waren zunächst in zehn Sachgebieten erfasst, deren Zuordnung nach den Ergebnissen einer umfangreichen Datenerhebung bei Gerichten, Staatsanwaltschaften und im außergerichtlichen Bereich zur Höhe der jeweils gewährten Entschädigungen und Vergütungen erfolgt ist (BT-Drs. 15/1971, 182). Die Schwierigkeit der individuellen Leistung der nichtmedizinischen Sach-

verständigen und der Dolmetscher war damit kein Entschädigungskriterium mehr. Dagegen betreffen die Honorargruppen M 1 bis M 3 Leistungen auf **medizinischem Gebiet,** bei denen nicht ein Sachgebiet, sondern die **Schwierigkeit der individuellen Leistung** des Sachverständigen Bemessungsgrundlage ist. Bemerkenswert ist, dass bei den Honorargruppen M 1 bis M 3 sowohl bezüglich der den einzelnen Gruppen beigegebenen Zuordnungsbeispiele nach Aufgaben- und Verfahrensarten als auch bezüglich der Stundensätze auf eine Datenerhebung zur Höhe der nach altem Recht gewährten Vergütungen und Entschädigungen verzichtet worden ist; insoweit sind offensichtlich Vorschläge der Bundesärztekammer übernommen worden (vgl. BT-Drs. 15/1971, 186).

Eine weitere durch das JVEG erfolgte Änderung liegt in der Herausnahme der Ansprüche von Berechtigten bei deren **Heranziehung in eigenständigen Ermittlungstätigkeiten der Polizei** offensichtlich im Hinblick auf die zu § 1 Abs. 1 ZSEG ergangenen Rechtsprechung (zB OLG Zweibrücken NJW 1997, 2692). Dies führt dazu, dass bei Tätigkeiten auf Grund ein und desselben Gesetzes, der StPO, nach unterschiedlichen Verfahrensarten zu vergüten oder zu entschädigen ist, nämlich bei Heranziehung im Auftrag oder mit vorheriger Billigung der Staatsanwaltschaft oder der Finanzbehörde nach dem JVEG, in den anderen Fällen nach dem allgemeinen Verwaltungsverfahren. Allerdings meint das BVerfG (NJW 2007, 2393 = BeckRS 2007, 22770) in einem obiter dictum sogar, das Verhältnis bei Heranziehung Berechtigter in eigenständiger polizeilicher Ermittlungstätigkeit sei privatrechtlicher Natur. Dies ist aber zB bei Vorladung und Vernehmung eines Zeugen durch die Polizei nicht vorstellbar. 4

Schließlich regelt § 1 Abs. 1 Satz 3 die Vergütungsberechtigung einer beauftragten **Unternehmung** im Sinne der zum früheren Recht ergangenen überwiegenden Rechtsprechung (zB VG Lüneburg NVwZ-RR 2003, 911; OLG Frankfurt NStZ-RR 2002, 159) und die Vergütung oder Entschädigung der von einem **Gerichtsvollzieher** herangezogenen Berechtigten nach dem JVEG. 5

III. Bewertung der bestehenden Rechtslage

Die vom Gesetz beabsichtigte Abrechnungsvereinfachung bei der Vergütung von Sachverständigen, Dolmetschern und Übersetzern ist vom Grundsatz her zu begrüßen. Das **Gruppenmodell** mit festen Stundensätzen unter Berücksichtigung der Marktpreise hat sich nicht zuletzt auf Grund der zu Grunde gelegten Datenerhebung im Bereich der Leistungen nichtmedizinischer Sachverständiger bewährt. Diese Struktur wurde durch das 2. KostRMoG mit der Übernahme der Ergebnisse der „Hommerich"- Marktanalyse (→ Rn. 11) gefestigt und vertieft. 6

Unbefriedigend gelöst war zunächst die Zuordnung der Sachverständigenleistungen auf medizinischem Gebiet bei den **Honorargruppen M 1 bis M 3** und den gesetzlich bestimmten Beträgen des jeweiligen Stundenhonorars. Entgegen dem Ziel des Gesetzes auf Abrechnungsvereinfachung durch Einführung von Sachgruppen bestimmen sie doch wieder die **Schwierigkeit der individuellen Leistung als Vergütungsfaktor.** Die Aufzählung in diesen Honorargruppen erfasst zudem nicht die in der Praxis wichtigsten Sachgebiete, insbesondere nicht die Gutachten aus dem Bereich der gesetzlichen Rentenversicherung nach dem SGB VI. Die Aufzählung ist wenig geordnet, teilweise widersprüchlich und verwendet zum Teil veraltete Rechtsbegriffe. Die Zuordnungskataloge der Gruppen M 1 bis M 3 beruhen auf einer Weitergabe der ohne Begründung abgegebenen Aufzählung von 7

Gutachtentypen der beratenden wissenschaftlichen Fachgesellschaften und Berufsverbände durch die Bundesärztekammer an das Bundesministerium für Justiz. Hier deuten die Umstände, insbesondere der Verzicht auf eine Datenerhebung, auf weniger gesetzessystematische als vielmehr interessenorientierte Motive der maßgeblich Einfluss nehmenden Einrichtungen bei gleichzeitigem **partiellen Kontrollverzicht der eigentlich zur Gesetzgebung berufenen Institutionen** hin (LSG BW Justiz 2005, 91). Der Verzicht auf ein Gruppenmodell bei medizinischen Sachverständigenleistungen und die Bemessung des Honorars nach der Schwierigkeit der individuellen Leistung unter Aufführung von Sach- oder Verfahrensgebieten mit dem Schwerpunkt in der Gruppe M 3, bei deren Vorliegen der jeweilige Schwierigkeitsgrad indiziert sein soll, führte wieder, wenn auch in weit eingeschränkterem Rahmen als nach dem früheren § 3 Abs. 2 ZSEG, praktisch für jeden Einzelfall medizinischer Gutachtenerstattung zur **individuellen Ermittlung der einschlägigen Honorargruppe,** was wieder zu zahlreichen gerichtlichen Festsetzungsverfahren führte. Das **Vorabentscheidungsverfahren** über die Eingruppierung einer Sachverständigenleistung in die Gruppen M 1 bis M 3 nach § 9 Abs. 1 Satz 5 war in vielen Fällen nicht oder nur unverbindlich möglich. Da es beim Schwierigkeitsgrad nicht auf die Auftragserteilung, sondern auf das konkrete Gutachten ankam, konnte die Eingruppierung häufig erst nach Erstattung des Gutachtens und damit erst nach Eintritt der Abrechnungsreife, nach der eine Vorabentscheidung nicht mehr zulässig ist, verbindlich erfolgen. **Diese Probleme scheinen mit § 9 Abs. 1 S. 2 in dessen Fassung durch das 2. KostRMoG behoben zu sein:** Die Zuordnung der Leistungen zu einer Honorargruppe bestimmt sich jetzt auch bei medizinischen Gutachten nicht mehr nach der tatsächlich erbrachten Leistung, sondern entsprechend der Entscheidung über die Heranziehung nach der Anlage 1. Aus dieser kann auch der medizinische Sachverständige ersehen, welche Art von Gutachten gewollt ist (BT-Drs. 17/11471, 260).

8 Dem Grundziel des Gesetzes auf Vereinfachung und Transparenz der Abrechnung läuft auch die Tatsache zuwider, dass nach § 1 Abs. 3 bei **eigenständiger Ermittlungstätigkeit der Polizei** oder einer anderen Ermittlungsbehörde nach § 152 GVG das JVEG nur dann anzuwenden ist, wenn diese Tätigkeit im Auftrag oder mit vorheriger Billigung der Staatsanwaltschaft, der Finanzbehörde oder der Verwaltungsbehörde im Ordnungswidrigkeitenverfahren erfolgt. Bei eigenständiger Ermittlungstätigkeit der Polizei oder einer anderen Ermittlungsbehörde nach § 152 GVG sind die Ansprüche der dabei herangezogenen Personen nicht nach §§ 2 und 4, sondern im **Verwaltungsverfahrensweg** (oder im Zivilprozess nach einem obiter dictum des BVerfG NJW 2007, 2393 = BeckRS 2007, 22770) geltend zu machen, weil ein unmittelbarer Anspruch nach § 1 Abs. 1 Nr. 1 nicht besteht. Diese Regelungslücke begründet ein systemfremdes polizeiliches Sonderrecht im Rahmen der StPO und führt zur Erschwerung der Abrechnung durch die herangezogenen Personen. Herangezogene Berechtigte können nämlich in der Regel nicht übersehen, ob sie von der Polizei eigenständig herangezogen sind – dann gilt das allgemeine Verwaltungsverfahren unter Zugrundelegung der Vergütungs- und Entschädigungssätze des JVEG – oder im Auftrag oder vorheriger Billigung der Staatsanwaltschaft – dann gilt das Verfahren des JVEG. Die **Meinung des BVerfG** NJW 2007, 2393 = BeckRS 2007, 22770, die Abgrenzung der Geltung des JVEG und seiner Nichtgeltung bei eigenständiger Ermittlungstätigkeit der Polizei entspreche dem vom Gesetzgeber mit der Reformierung des Kostenrechts verfolgten Ziel einer klareren Zuordnung der Ansprüche einzelner Berechtigter zu dem **Budget des Innen- oder des Justizressorts,** findet in den Gesetzesmaterialien keine

Stütze; es ist auch fraglich, ob Budgetierungskriterien im Rahmen der Anwendung des gleichen Gesetzes – der StPO – eine unterschiedliche rechtliche Behandlung rechtfertigen.

Die Befürchtung, dass die Polizei durch das ihr mittelbar eingeräumte Sonderrecht zum Missbrauch verführt werden könnte, hat sich bestätigt und hält an; → § 14 Rn. 5. **9**

Schließlich führt die **Ausgestaltung des § 14** über die Vereinbarung der Vergütung weitgehend zur Selbstaufhebung dieser Vorschrift. Ihr Zweck ist die Vereinfachung des Abrechnungswesens im Interesse aller Beteiligten. Nachdem durch das Gruppenmodell bereits feste Stundenhonorare eingeführt sind, vereinfachen vereinbarte niedrigere Stundensätze die Abrechnung aber nicht. Da nach dem letzten Halbsatz dieser Vorschrift die gesetzliche Vergütungshöhe einschließlich des Aufwendungsersatzes nach §§ 9 bis 11 nicht überschritten werden darf, ist nahezu in jedem Einzelfall eine **Vergleichsberechnung** zwischen den Ansprüchen des Berechtigten nach der Vereinbarung einerseits und nach den JVEG-Vorschriften andererseits durchzuführen. Damit führen Vereinbarungen nach § 14 entgegen dem Normzweck von wenigen denkbaren Ausnahmen abgesehen nicht zur Vereinfachung, sondern zur Erschwerung des Abrechnungswesens; auch → § 14 Rn. 1 ff. **10**

IV. Umsetzung der „Hommerich"- Marktanalyse durch das 2. KostRMoG

Entsprechend dem Ziel des JVEG, die Vergütungen für Sachverständige, Dolmetscher und Übersetzer in Orientierung an die Marktpreise festzusetzen und fortzuschreiben, hat das Bundesministerium der Justiz bei der *Hommerich Forschung* eine umfangreiche Markanalyse in Auftrag gegeben, die im Jahr 2009 durchgeführt wurde, deren Ergebnisse im Jahr 2010 veröffentlicht (*Hommerich/Reiß,* Justizvergütungs- und -entschädigungsgesetz – Evaluation und Marktanalyse –, 2010; ein *Auszug* der Analyse ist im Internet abrufbar) und in der Öffentlichen Anhörung des Rechtsausschusses des Deutschen Bundestags am 13.3.2013 erläutert worden sind. Grundlage der Marktanalyse war hinsichtlich der Sachverständigen die zuvor erarbeitete neue Sachgebietsliste. Bestimmte Sachgebiete, in denen sich namentlich im Bereich des Kartellrechts kein hinreichend konkret zu beschreibender Markt entwickelt hat, sind in die Marktanalyse nicht einbezogen worden. In Umsetzung der „Hommerich"- Marktananalyse hat das 2. KostRMoG die Sachgebiete neu gefasst und die Honorargruppen in den nichtmedizinischen Sachgebieten von 10 auf 13 erweitert. Weil die Justiz als öffentlicher Auftraggeber ein solventer Schuldner ist und auf dem Markt als „Großauftraggeber" auftritt, wurde bei der Bemessung ein Abschlag auf die ermittelten Marktpreise vorgenommen (vgl. zu allem BT-Drs. 17/11471, 145). Dieser Abschlag wurde mit grundsätzlich 20% angesetzt; der zwischen Erhebung der Marktanalysedaten 2009 und dem Inkrafttreten des Gesetzes am 1.8.2013 verstrichenen Zeit wurde dadurch Rechnung getragen, dass nur noch ein Abschlag von 10% auf die in der Marktanalyse ermittelten Preise gemacht wurden (BT-Drs. 17/11471, 323 und 353). Mitte 2017 hat das Bundesministerium der Justiz und für Verbraucherschutz mit einer neuen Marktanalyse zur Überprüfung und Anpassung der Vergütungssätze des JVEG an die aktuelle Marktentwicklung begonnen. **11**

Abschnitt 1. Allgemeine Vorschriften

§ 1 Geltungsbereich und Anspruchsberechtigte

(1) [1]Dieses Gesetz regelt

1. die Vergütung der Sachverständigen, Dolmetscherinnen, Dolmetscher, Übersetzerinnen und Übersetzer, die von dem Gericht, der Staatsanwaltschaft, der Finanzbehörde in den Fällen, in denen diese das Ermittlungsverfahren selbstständig durchführt, der Verwaltungsbehörde im Verfahren nach dem Gesetz über Ordnungswidrigkeiten oder dem Gerichtsvollzieher herangezogen werden;
2. die Entschädigung der ehrenamtlichen Richterinnen und Richter bei den ordentlichen Gerichten und den Gerichten für Arbeitssachen sowie bei den Gerichten der Verwaltungs-, der Finanz- und der Sozialgerichtsbarkeit mit Ausnahme der ehrenamtlichen Richterinnen und Richter in Handelssachen, in berufsgerichtlichen Verfahren oder bei Dienstgerichten sowie
3. die Entschädigung der Zeuginnen, Zeugen und Dritten (§ 23), die von den in Nummer 1 genannten Stellen herangezogen werden.

[2]Eine Vergütung oder Entschädigung wird nur nach diesem Gesetz gewährt. [3]Der Anspruch auf Vergütung nach Satz 1 Nr. 1 steht demjenigen zu, der beauftragt worden ist; dies gilt auch, wenn der Mitarbeiter einer Unternehmung die Leistung erbringt, der Auftrag jedoch der Unternehmung erteilt worden ist.

(2) [1]Dieses Gesetz gilt auch, wenn Behörden oder sonstige öffentliche Stellen von den in Absatz 1 Satz 1 Nr. 1 genannten Stellen zu Sachverständigenleistungen herangezogen werden. [2]Für Angehörige einer Behörde oder einer sonstigen öffentlichen Stelle, die weder Ehrenbeamte noch ehrenamtlich tätig sind, gilt dieses Gesetz nicht, wenn sie ein Gutachten in Erfüllung ihrer Dienstaufgaben erstatten, vertreten oder erläutern.

(3) [1]Einer Heranziehung durch die Staatsanwaltschaft oder durch die Finanzbehörde in den Fällen des Absatzes 1 Satz 1 Nr. 1 steht eine Heranziehung durch die Polizei oder eine andere Strafverfolgungsbehörde im Auftrag oder mit vorheriger Billigung der Staatsanwaltschaft oder der Finanzbehörde gleich. [2]Satz 1 gilt im Verfahren der Verwaltungsbehörde nach dem Gesetz über Ordnungswidrigkeiten entsprechend.

(4) Die Vertrauenspersonen in den Ausschüssen zur Wahl der Schöffen und die Vertrauensleute in den Ausschüssen zur Wahl der ehrenamtlichen Richter bei den Gerichten der Verwaltungs- und der Finanzgerichtsbarkeit werden wie ehrenamtliche Richter entschädigt.

(5) Die Vorschriften dieses Gesetzes über die gerichtliche Festsetzung und die Beschwerde gehen den Regelungen der für das zugrunde liegende Verfahren geltenden Verfahrensvorschriften vor.

I. Unmittelbarer Geltungsbereich des JVEG

Das Gesetz regelt nur den öffentlich-rechtlichen Vergütungs- und Entschädigungsanspruch der nach § 1 herangezogenen Personen gegen den Staat. Durch den Katalog in Abs. 1 Nr. 1 bis 3 ist der Kreis der heranziehenden Stellen und der herangezogenen Personen, innerhalb dessen die Vergütung und Entschädigung nach dem JVEG stattfindet, klar gezogen. Über diesen Katalog hinaus ist das JVEG auch bezüglich des Verfahrens nach §§ 2 und 4 auf Grund der Rechtsgrundverweisung in **§ 50 Abs. 2 JGG** unmittelbar auf die Entschädigung des in der Hauptverhandlung erschienenen Erziehungsberechtigten und des gesetzlichen Vertreters und auf Grund der Rechtsgrundverweisung in **§ 6 Abs. 2 Auslands- Rechtsauskunftsgesetz** auf die Vergütung der Person anzuwenden, die die Rechtsauskunft erteilt. Bei **§ 191 SGG,** nach dem einem Beteiligten, dessen persönliches Erscheinen angeordnet worden ist, auf Antrag bare Auslagen und Zeitverlust wie einem Zeugen vergütet werden, geht die einhellige Rechtsprechung über den Gesetzeswortlaut hinaus ebenfalls von einer Rechtsgrundverweisung aus und wendet auch die Verfahrensvorschriften der §§ 2 und 4 an (zB ThürLSG 9.4.2008 – L 6 SF 51/07, BeckRS 2008, 55416; BayLSG 29.9.2006 – L 3 U 311/05.Ko, BeckRS 2009, 60659; aA *Hartmann* SGG § 191 Rn. 2, der offensichtlich nur eine Rechtsfolgenverweisung annimmt). Für einen **Ehegattenbeistand nach § 149 StPO** ist keine Entschädigung vorgesehen, da dieser nicht herangezogen wird, sondern seinen angeklagten Ehegatten vor dem Hintergrund des ehelichen Fürsorgeverhältnisses beratend unterstützt und keine Anwesenheitspflicht, sondern nur ein Anwesenheitsrecht hat (LG Offenburg 6.6.2007 – 8 KLs 14 Js 15196/06, BeckRS 2009, 320008). 1

II. Begriff des Gerichts

Voraussetzung für die Anwendung des JVEG ist die Heranziehung durch ein inländisches staatliches Gericht in einem gerichtlichen Verfahren aller Gerichtsbarkeiten, auch durch ein Berufsgericht oder in einem ausländischen Rechtshilfeersuchen, das durch ein inländisches Gericht erledigt wird. **Keine Heranziehung** durch ein Gericht nach § 1 Abs. 1 Nr. 1 liegt daher vor bei Heranziehung durch ein ausländisches Gericht zur Erledigung eines inländischen Rechtshilfeersuchens (OLG Düsseldorf JB 1993, 367) und in Angelegenheiten der **Justizverwaltung,** zB bei Unterbringungskosten nach § 81 StPO (ThürOLG 10.3.2008 – 1 Ws 35/08), bei gutachtlichen Stellungnahmen im Strafvollzug, Gesprächsüberwachungen bei Untersuchungsgefangenen durch Dolmetscher; zu den Abweichungen bei gerichtlich angeordneter Besuchsüberwachung im Rahmen von **Art. 6 Abs. 3 Buchst. e MRK** → Rn. 5) sowie durch den Verurteilten zur Erfüllung von Bewährungsauflagen (LG Paderborn JB 1993, 492) und Weisungen der Führungsaufsicht (ThürOLG NStZ-RR 2011, 296; OLG Bremen NStZ-RR 2011, 216; *MHBOJ* Rn. 16f mwN), ferner bei Heranziehung durch **Schlichtungspersonen** nach den auf Grund des § 15a EGZPO in einigen Ländern eingeführten obligatorischen Streitschlichtungsverfahren, durch Schiedspersonen sowie private Schiedsgerichte, durch Notare bei **Beurkundungen** und durch **Betreuer** ohne ausdrückliche Beiordnung durch das Betreuungsgericht (OLG Frankfurt 21.11.2008 – 20 W 170/08, BeckRS 2009, 14037; Schleswig-Holsteinisches OLG 3.9.2008 – 2 W 193/07, 2 W 207/07, BeckRS 2009, 1522). 2

III. Mittelbare Geltung des JVEG auf Grund Rechtsfolgenverweisung

3 In zahlreichen Bundes- und Landesgesetzen werden Vorschriften des JVEG für entsprechend anwendbar erklärt. Dies gilt insbesondere für Verwaltungsverfahren nach §§ 19 Abs. 2, 21 Abs. 3 SGB X, §§ 23 Abs. 2, 26 Abs. 3 VwVfG oder §§ 87 Abs. 2, 107 und 405 AO, zuletzt auch für die Entschädigung von Telekommunikationsunternehmen gemäß Anl. 3 nach § 20 Artikel 10-Gesetz und § 23f. Zollfahndungsdienstgesetz in deren Fassung durch Art. 3 bzw. 4 des TK-Entschädigungs-Neuordnungsgesetzes. Mit Ausnahme der in Rn. 1 genannten drei Verweisungsfälle handelt es sich dabei stets um Rechtsfolgenverweisungen, so dass für die Festsetzung der Vergütung oder Entschädigung das jeweils auf das verweisende Gesetz anzuwendende Verfahrensrecht gilt (OLG Dresden FamRZ 2011, 320; OLG Zweibrücken NJW 1997, 2692).

IV. Ausschließlichkeitsanspruch des JVEG (Abs. 1 Satz 2)

4 Soweit der in Abs. 1 Satz 1 bestimmte Geltungsbereich des Gesetzes reicht, ist eine Vergütung oder Entschädigung nach anderen Vorschriften ausgeschlossen (BVerwG 15.11.2017 – 10 C 4/16; OVG Bln-Bbg. 6.11.2014 – OVG 12 B 2.14, BeckRS 2014,58831). Dies gilt insbesondere für die Entschädigung der **Telekommunikationsunternehmen** bei Umsetzung von Anordnungen zur Überwachung der Telekommunikation oder bei Auskunftserteilung aus Kundendateien nach § 113 TKG und wegen der Inanspruchnahme von **Telekommunikationseinrichtungen** nach Anl. 3 zu § 23 Abs. 1. Diese Entschädigung bemisst sich mit dem Inkrafttreten des **TK-Entschädigungs-Neuordnungsgesetzes** ab 1. Juli 2009 ausschließlich nach der neu eingeführten **Anlage 3 zu § 23.** Mit dem TK- Entschädigungs- Neuordnungsgesetz erfolgte gleichzeitig die **Aufhebung der §§ 110 Abs. 9, 113 Abs. 2 Satz 2 bis 4 TKG,** die systemwidrig eine Ermächtigung zum Erlass einer Rechtsverordnung über die Entschädigung ua für diese Leistungen, bezüglich der Auskunftserteilung nach § 113 TKG sogar ausdrücklich in Abweichung von § 23, enthielten. Der Ausschließlichkeitsanspruch gilt auch für das **Festsetzungsverfahren nach § 4 in allen Zweigen der Gerichtsbarkeit.** Dies regelt jetzt ausdrücklich der durch das 2. KostRMoG ins Gesetz gekommene Abs. 6, nachdem das Schleswig-Holsteinische LSG (NZS 2013, 240 = BeckRS 2012, 75506) und das LSG RhPf (7.4.2008 – L 2 B 47/08 SB, BeckRS 2099, 51837) das Festsetzungsverfahren dem Normgefüge der §§ 172 ff. SGG unterworfen gesehen hatten.

V. Heranziehung als Voraussetzung der Vergütung und Entschädigung

5 Erforderlich ist die Heranziehung durch eine der in § 1 genannten Stellen, auch → Rn. 1. Eine Heranziehung liegt nicht vor, wenn eine Leistungserbringung auf Grund einer vorher getroffenen **privatrechtlichen Vereinbarung** erfolgt (AG Frankfurt a. M. 2.3.2018 – 29 C 3658/16 (21), BeckRS 2018, 9029). Die Form

der Heranziehung ist unerheblich (*Hartmann* Rn. 11). Zu den Einzelheiten der Heranziehung als Zeuge → § 19 Rn. 3 und 15. Bei Heranziehung einer **Unternehmung** nach Abs. 1 Satz 3 ist die Unternehmung vergütungsberechtigt und nicht deren Mitarbeiter, der die Leistung erbringt (LSG NRW 30.11.2012 – L 6 SF 380/12 E, BeckRS 2013, 65440), auch → Rn. 6, eine Behörde oder sonstige **öffentliche Stelle** nach Abs. 2 auch dann, wenn ihr Behördenangehöriger persönlich mit der Erstattung eines Gutachtens beauftragt worden ist, das eine Erfüllung seiner Dienstaufgaben darstellt, → Rn. 8 und 12. Im Einklang mit **Art. 6 Abs. 3 Buchst. e MRK** hat der Dolmetscher, der im Rahmen einer nach §§ 119 Abs. 3 StPO, 27 Abs. 1 IRG angeordneten **Besuchsüberwachung** herangezogen wird, direkten Anspruch auf Vergütung nach § 9 Abs. 3 (OLG Düsseldorf NStZ 1991, 403; LG Düsseldorf 2.3.2011 – 7 Qs 12/11, BeckRS 2011, 24880 unter Berufung auf BVerfG NJW 2004, 1095). Gleiches muss auch bei gerichtlicher Bestellung eines Dolmetschers für notwendige **Gespräche zwischen Verteidiger und Beschuldigtem** gelten, weil der Dolmetscher durch die gerichtliche Bestellung iSd § 9 Abs. 3 herangezogen worden ist (aA LG Düsseldorf 13.1.2011 – 11 KLs 43/10, mit der Begründung, die Prozessordnung sehe die Beiordnung eines Dolmetschers nicht vor; Art. 6 Abs. 3 Buchst. e MRK werde dadurch ausreichend Rechnung getragen, dass der Pflichtverteidiger die durch die Beiziehung eines Dolmetschers entstandenen Aufwendungen aus der Staatskasse erstattet verlangen könne), auch → § 9 Rn. 28. **Art. 6 Abs. 3 lit. e MRK** umfasst auch Dolmetscher- und Übersetzungsleistungen zur Kommunikation mit nahen Angehörigen, die der deutschen Sprache nicht mächtig sind (OLG Celle 12.8.2015 – 2 Ws 134/15, JB 2016, 139 = BeckRS 2015, 20336), jedoch nicht die Kommunikation mit sonstigen Dritten oder die Übersetzung nicht verfahrensrelevanter Schriftstücke (OLG Oldenburg 16.1.2014 – 1 Ws 8/14, JB 2014, 370 = BeckRS 2014, 14287). Einer nach **§ 220 StPO** durch den Angeklagten oder einen sonstigen Beteiligten geladenen Beweisperson steht die Vergütung oder Entschädigung nach dem JVEG ab dem Zeitpunkt zu, auf den er geladen ist, wenn das Gericht nach § 220 Abs. 3 StPO feststellt, dass die Vernehmung der unmittelbar geladenen Person zur Aufklärung der Sache dienlich war; dagegen wird das vor dem Ladungstermin angefallene Honorar eines Sachverständigen für die Anfertigung eines schriftlichen Gutachtens nicht gewährt (OLG München NStZ 1981, 450 = Rpfleger 1981, 498). Soweit der Geladene vom Ladenden bereits vergütet oder entschädigt wurde, besteht kein Anspruch gegen die Staatskasse, jedoch dann, wenn der Entschädigungsbetrag vom Ladenden lediglich hinterlegt worden ist (Meyer-Goßner/Schmidt/*Schmidt* StPO § 220 Rn. 12 mwN; aA *MHBOJ* Rn. 20). Eine einmal geladene Person hat bei **Abladung** wie eine herangezogene Person Anspruch auf Vergütung oder Entschädigung für die im Hinblick auf die Ladung aufgewandte Zeit einschließlich des damit verbundenen Aufwands (OLG Hamm 21.10.1987 – 4 Ws 353/1987 – bei Anreise aus dem Ausland –). Bei **Gutachtenerstattung durch eine nicht herangezogene Person** hat diese im Falle der Verwertung ihres Gutachtens durch das Gericht im Wege des Urkundenbeweises Anspruch auf Vergütung in analoger Anwendung des § 8, → § 8 Rn. 5. Eine von einem Sachverständigen nach § 12 Abs. 1 Nr. 1 herangezogene **Hilfskraft** ist selbst nicht Sachverständige und hat damit auch keinen eigenständigen Vergütungsanspruch gegenüber dem Gericht (OLG Bremen 10.2.2010 – 2 W 3/10, BeckRS 2010, 08381).

VI. Heranziehung einer Unternehmung (Abs. 1 Satz 3)

1. Allgemeines

6 Schon in der Geltungszeit des ZSEG ist in der Rechtsprechung die Meinung vertreten worden, dass bei Beauftragung einer juristischen Person oder Personenvereinigung diese den Entschädigungsanspruch erwirbt und nicht der angestellte oder freie Mitarbeiter, der den Auftrag ausführt (SächsLSG JB 2001, 486 mwN). In diesem Sinne trennt nunmehr Abs. 1 Satz 3 zwischen dem kostenrechtlich berechtigten Auftragnehmer und der verfahrensrechtlich als Sachverständiger, Dolmetscher oder Übersetzer herangezogenen natürlichen Person (BT-Drs. 15/1971, 178). Danach fällt lediglich die Person des **Leistungserbringers** und die des **Vergütungsberechtigten** auseinander. Der Mitarbeiter der Unternehmung, der die Leistung vollständig erbringt, ist somit keine Hilfsperson nach § 12. Die Honorierung der Unternehmung richtet sich ausschließlich nach der Leistung, die ihr Mitarbeiter erbringt. Abzulehnen ist daher die Auffassung, eine mit der Erstattung eines Gutachtens beauftragte Unternehmung könne über das ihr danach zustehende Honorar ihres Mitarbeiters hinaus einen **Bereitschaftszuschlag** für die Tätigkeit ihres Mitarbeiters, der die Sachverständigenleistung außerhalb der üblichen Bürozeiten erbringt, ersetzt verlangen (so schließlich auch OLG Stuttgart NStZ-RR 2008, 94; unrichtig noch OLG Stuttgart Justiz 2005, 437); auch → § 9 Rn. 3 und → § 12 Rn. 4.

2. Begriff der Unternehmung und Zuordnung von Zeiten und Aufwendungen

7 Der Begriff der Unternehmung ist weit auszulegen, da nach der Gesetzesbegründung alle juristischen Personen oder Personenvereinigungen berechtigt sein sollen (BT-Drs. 15/1971, 178). Deshalb können auch **Kliniken** oder **Institute** bei entsprechender Beauftragung anspruchsberechtigt sein. Auch eine **Einzelfirma** fällt unter den Begriff der Unternehmung (OLG Düsseldorf JB 2011, 433). **Reisezeiten** nach § 8 und **Fahrtkosten** nach § 5 sind in der beim ausführenden Mitarbeiter tatsächlich entstandenen Höhe zu ersetzen, höchstens jedoch in der Höhe, wie sie bei einer Reise vom und zum Sitz der beauftragten Unternehmung entstanden wären, → § 5 Rn. 12. Ob nach § 12 Abs. 1 Nr. 4 die **Umsatzsteuer** zu erstatten ist, richtet sich danach, ob die beauftragte juristische oder natürliche Person, nicht der ausführende Mitarbeiter der Unternehmung der Umsatzsteuerpflicht unterliegt (OLG Celle JB 2005, 147 m. *abl.* Anm. *Bund;* ähnlich auch *MHBOJ* § 12 Rn. 27), auch → § 12 Rn. 14.

VII. Behörden und sonstige öffentliche Stellen als Sachverständige (Abs. 2 Satz 1)

1. Allgemeines

8 Die Vorschrift stellt klar, dass sachverständige Leistungen einer öffentlichen Stelle nach dem JVEG zu vergüten sind, auch wenn sie im Rahmen der Amtshilfe nach Art. 35 Abs. 1 GG erfolgen. Die JVEG-Vorschriften gehen sonstigen bundes- oder

landesrechtlichen Gebührenvorschriften vor (OLG Düsseldorf JB 1989, 1459; OLG Stuttgart Justiz 1981, 484), auch etwaigen Gebührenordnungen der herangezogenen öffentlichen Stelle (BVerwG 15.11.2017 – 10 C 4/16, DÖV 2018, 336; OLG Stuttgart Justiz 1987, 465). In BW ist auf Grund der Verwaltungsvorschrift des Ministeriums für Arbeit und Soziales über die Durchführung des gerichtsärztlichen Dienstes durch die Gesundheitsämter vom 20.12.2007 der **Träger eines Gesundheitsamts** nicht berechtigt, eine Vergütung nach dem JVEG geltend zu machen, wenn das Gesundheitsamt von einem Gericht oder einer Staatsanwaltschaft des Landes BW mit der Erstattung eines Gutachtens beauftragt wird, wobei sich die Ermächtigungsgrundlage zum Erlass der Verwaltungsvorschrift aus § 42 Abs. 4 des baden-württembergischen Gesetzes zur Ausführung des Gerichtsverfassungsgesetzes in Verbindung mit § 12 Abs. 1 Nr. 2 des baden-württembergischen Gesetzes über den öffentlichen Gesundheitsdienst ergibt (OLG Stuttgart 13.2.2009 – 4 Ws 267/08, BeckRS 2009, 06033).

2. Begriff der Behörde und sonstigen öffentlichen Stelle

Dieser Begriff ist weit auszulegen. Unter ihn fallen zB: Die **Gutachterausschüsse** nach §§ 192ff. BauGB, wobei für alle Ausschussmitglieder das Stundenhonorar zu gewähren ist (OVG Sachsen-Anhalt 22.1.2015 – 4 O 177/14, NVwZ-RR 2015, 720 = BeckRS 2015, 44957; LG Freiburg Justiz 1997, 59; OLG Stuttgart Rpfleger 1994, 183 = Justiz 1994, 194; unrichtig VG Halle 27,7,2014 – 5 A 162/13, JB 2014, 546 = BeckRS 2014, 55013, das unter Missachtung des Ausschließlichkeitsanspruchs des JVEG in Abs. 1 Satz 2 (→ Rn. 4) lediglich dem Vorsitzenden das Honorar nach § 9 zubilligt, den Beisitzern unter Berufung auf § 18 der Verordnung des Landes über die Gutachterausschüsse für Grundstückswerte (VO-Gut) ein Stundenhonorar von lediglich 30 Euro). Das Honorar steht aber nicht den Mitgliedern, sondern dem **Träger des Ausschusses** zu (LG Freiburg Justiz 1997, 59; OLG Stuttgart Rpfleger 1994, 183 = Justiz 1994, 194). Der Zeitaufwand der Geschäftsstelle des Ausschusses ist allein nach § 12 zu erstatten, auch wenn sie den Gutachtenentwurf beschlussfähig vorbereitet (nicht haltbar daher OLG Stuttgart Rpfleger 1994, 183 = Justiz 1994, 194, das auch die Geschäftsstelle als Sachverständigen ansieht). **Beliehene** wie der Technische Überwachungsverein (SächsLSG JB 2001, 486), staatlich anerkannte private Schulen und Hochschulen und die Träger von Prüfungsausschüssen zB der Industrie- und Handels- sowie der Handwerkskammern (*Hartmann* Rn. 48). Auch **beliehene Maßregelvollzugseinrichtungen** erfüllen den Begriff der „Behörde" iSd Abs. 2 Satz 2 (ThürOLG NStZ-RR 2009, 224 = BeckRS 2009, 11633). 9

3. Sonstige Heranziehung im Weg der Amtshilfe

Soweit die Amtshilfe nicht in einer Sachverständigenleistung besteht, ist sie grundsätzlich gebühren- und honorarfrei zu leisten (*Hartmann* Rn. 12; *MHBOJ* Rn. 51). Hierzu gehört die Erteilung von Behördenauskünften, zB Auskünfte aus dem Melderegister und die Beiziehung von Ampelphasenplänen sowie die Stellungnahme zum Betrieb von Lichtzeichenanlagen durch die Gemeinden in Zivil- und Strafverfahren (*MHBOJ* Rn. 51). Mit der Auskunft anfallende Auslagen können in entsprechender Anwendung des JVEG erstattet werden (OLG Hamburg NStZ 1987, 131 = Rpfleger 1987, 340), soweit sie nicht, zB nach § 8 Abs. 1 VwVfG, unerhoben bleiben. 10

4. Weitere vergütungsfreie Tätigkeiten

11 Weitere vergütungsfreie Tätigkeiten sind insbesondere: Gesetzlich vorgeschriebene **Anhörungen öffentlicher Stellen** durch das Gericht, zB Jugendamt nach §§ 162, 176 usw. FamFG; Jugendgerichtshilfe nach § 38 Abs. 3 JGG, Landwirtschaftsbehörde nach § 32 LwVG; Auskunftserteilung über Grund und Höhe der Versorgungsanwartschaften durch die zuständigen Behörden, Rentenversicherungsträger, Arbeitgeber, Versicherungsgesellschaften und sonstigen Stellen nach § 220 FamFG im Verfahren über den **Versorgungsausgleich** (KG Rpfleger 1981, 207; OLG Stuttgart JB 1980, 110 = Justiz 1979, 439), Gutachten der **Industrie- und Handelskammer,** der **Handwerkskammer** usw. nach § 380 FamFG und Gebührengutachten der **Rechtsanwaltskammer,** auch außerhalb der §§ 3a Abs. 3, 14 Abs. 2 RVG, da mit diesen lediglich ein unverbindlicher Vorschlag und eine Hilfe zur eigenen rechtlichen Beurteilung durch das Gericht gegeben wird (LG Baden-Baden Rpfleger 2001, 324 = Justiz 2001, 424; OLG München Rpfleger 1989, 477). Solche Leistungen sind daher vergütungs- und entschädigungslos zu erbringen; für Gebührengutachten der Rechtsanwaltskammer im Rahmen der §§ 3a Abs. 3 und 14 Abs. 2 RVG stellen dies §§ 3a Abs. 3 Satz 3 und 14 Abs. 2 Satz 2 RVG ausdrücklich fest. Dagegen sind nach § 76 Abs. 2 Nr. 7 StBerG erstattete **Gutachten der Steuerberatungskammer** uneingeschränkt nach dem JVEG zu vergüten (BVerwG 15.11.2017 – 10 C 4/16).

VIII. Angehörige einer Behörde oder sonstigen öffentlichen Stelle (Abs. 2 Satz 2)

12 Die Vorschrift dient bei den sog. Behördengutachten nach Abs. 2 Satz 1 der Vermeidung von Doppelhonorierungen des Behördenangehörigen, der die Begutachtung in Erfüllung einer Dienstaufgabe durchführt und dafür bereits seine Dienstbezüge erhält (BayObLGZ 1995, 7; *MHBOJ* Rn. 52; *Zimmermann P.* Rn. 46), sowie der Verhinderung einer willkürlichen Verschiebung des Honoraranspruchs der Behörde auf den ausführenden Behördenangehörigen. Die Vergütung steht einschließlich der Auslagen der öffentlichen Stelle zu, auch wenn ihr Behördenangehöriger persönlich beauftragt worden ist (OLG Koblenz Rpfleger 1980, 356). Eine Dienstaufgabe liegt vor, wenn die Leistung zu den amtlichen Aufgaben einer öffentlichen Stelle gehört und deren Angehöriger diese in Erfüllung seiner Dienstaufgaben erbringt (OLG Koblenz Rpfleger 1980, 356), sei es nach der internen Geschäftsverteilung oder auf Grund einer Einzelweisung (*MHBOJ* Rn. 54). Dies gilt insbesondere für die nach dem Landesrecht bestellten **Gerichtsärzte** (LG Mainz Rpfleger 1976, 264). Liegt eine Dienstaufgabe vor, steht die Vergütung der öffentlichen Stelle und nicht dem Angehörigen zu, auch wenn dieser die Leistung außerhalb der Dienststunden oder in seinem Urlaub erbringt (LG München Rpfleger 1973, 335 = JB 1973, 1001; OLG Stuttgart Justiz 1968, 19 = KRspr. § 1 ZSEG Nr. 22 Ls.; aA OLG Nürnberg KRspr. § 1 ZSEG Nr. 33 m. abl. Anm. *Lappe*). So gehört auch die mündliche Erläuterung und Ergänzung des Gutachtens einer sog. **Wirtschaftsfachkraft einer Staatsanwaltschaft** in der Hauptverhandlung zu deren Dienstaufgabe (OLG München Rpfleger 1983, 181). Geht aber eine Leistung des Behördenangehörigen in der mündlichen Verhandlung **über seine dienstliche Tätigkeit hinaus,** erhält er und nicht die öffentliche Stelle das entsprechende Honorar, zB bei Beurteilung der Fahrtauglichkeit anlässlich der Erläuterung

der dienstlich getroffenen Feststellungen eines Blutalkoholgutachtens (*MHBOJ* Rn. 56). Bei Geltendmachung eines eigenen Vergütungsanspruchs muss der Behördenangehörige daher darlegen und nachweisen, dass seine Tätigkeit keine Dienstaufgabe war (*Hartmann* Rn. 54). In BW soll eine Sachverständigentätigkeit der in den **Zentren für Psychiatrie** tätigen Ärzte außerhalb der Klinik nicht zu deren Dienstaufgaben gehören (OLG Stuttgart Justiz 2000, 307).

IX. Heranziehung durch die Polizei oder eine andere Strafverfolgungsbehörde (Abs. 3)

Zur Bewertung der bestehenden Rechtslage → Vor § 1 Rn. 6 ff. 13

1. Im Auftrag oder mit vorheriger Billigung durch die Staatsanwaltschaft oder die sonstige ermittlungsführende Behörde nach Abs. 1 Nr. 1

Bei Erfüllung der Voraussetzungen des Abs. 3 ist das JVEG unmittelbar anzu- 14
wenden. Eine nachträgliche Billigung der Heranziehung durch Staatsanwaltschaft, Finanzbehörde oder Ordnungsbehörde ist nicht ausreichend (BT-Drs. 15/1971, 178; BVerfG NJW 2007, 2393 = BeckRS 2007, 22770). In den Fällen des Abs. 3 ist eigentlich heranziehende Stelle nicht die Polizei, sondern die Staatsanwaltschaft, Finanzbehörde oder Ordnungsbehörde, jedoch ist die Vergütung oder Entschädigung bei der Polizei oder sonstigen Ermittlungsbehörde nach Abs. 3 geltend zu machen, → § 2 Rn. 3; die gerichtliche Festsetzung erfolgt durch das nach § 4 Abs. 1 Nr. 2 und 3 zuständige Gericht.

2. Sachverständigenvergütung und Zeugenentschädigung bei selbstständiger Ermittlungstätigkeit der Polizei usw.

Soweit eine Heranziehung im Rahmen des § 1 Abs. 1 Nr. 1 und Abs. 3 erfolgt, 15
ergibt sich die Anwendung des JVEG unmittelbar aus diesen Vorschriften; die Verweisung in §§ 71 und 84 StPO hat insoweit lediglich Hinweischarakter. Selbstständige Bedeutung erlangt die Verweisung auf das JVEG in §§ 71 und 84 StPO aber bei eigenständiger Heranziehung von Sachverständigen und Zeugen durch die Polizei oder eine sonstige Strafverfolgungsbehörde nach § 152 GVG, also ohne vorherigen Auftrag oder vorherige Billigung der Staatsanwaltschaft, der ermittlungsführenden Finanzbehörde oder der Verwaltungsbehörde im Bußgeldverfahren. Auf Grund dieser Rechtsfolgenverweisung sind Sachverständige im Rahmen des § 8 zu honorieren, Zeugen im Rahmen des § 19 zu entschädigen. Die Ansprüche sind aber im Verwaltungsverfahrensweg, nicht nach §§ 2 und 4 geltend zu machen, weil ein unmittelbarer Anspruch nach § 1 Abs. 1 Nr. 1 nicht besteht (OLG Zweibrücken NJW 1997, 2692). Allerdings meint das BVerfG (NJW 2007, 2393 = BeckRS 2007, 22770) in einem obiter dictum sogar, das Verhältnis bei Heranziehung Berechtigter in eigenständiger polizeilicher Ermittlungstätigkeit sei privatrechtlicher Natur.

3. Dolmetscher- und Übersetzervergütung bei selbstständiger Ermittlungstätigkeit der Polizei usw.

16 Für die Leistung der Dolmetscher und Übersetzer besteht keine ausdrückliche Verweisung auf die Vergütungsvorschriften der §§ 8, 9 Abs. 3 und des § 11. Entgegen der zu beobachtenden Praxis (→ § 14 Rn. 5) bedeutet dies aber keine ungezügelte Marktöffnung bei der Inanspruchnahme von Dolmetscher- und Übersetzerleistungen durch die Polizei usw. bei selbstständiger Ermittlungstätigkeit. Auf Grund der öffentlich-rechtlichen Heranziehung besteht auch bei Dolmetschern und Übersetzern im Interesse des Gemeinwohls ein Anspruch auf eine **funktionsangemessene Vergütung.** Die Angemessenheit der Vergütung bei hoheitlicher Heranziehung ist aber durch §§ 8, 9 Abs. 3 und § 11 beantwortet. Der dort bestimmten Vergütungshöhe liegt die Würdigung der von einem Dolmetscher oder Übersetzer zu erbringenden Leistung und deren Bedeutung für die Rechtspflege zu Grunde. Es ist auch kein Grund zu sehen, weshalb Zeugen und Sachverständige nach den Vergütungs- und Entschädigungsregeln des JVEG zu behandeln sind, Dolmetscher und Übersetzer aber nicht. Deshalb sind auch auf diese Dolmetscher- und Übersetzerleistungen grundsätzlich die Regelungen der **§§ 8, 9 Abs. 3 und des § 11 als Ausgestaltungsvorschriften** eines angemessenen Honorars anzuwenden. Auch der Honoraranspruch eines Dolmetschers oder Übersetzers ist im allgemeinen Verwaltungsverfahren geltend zu machen (OLG Zweibrücken NJW 1997, 2692).

X. Vertrauenspersonen und Vertrauensleute (Abs. 4)

17 Dies sind die Vertrauenspersonen nach § 40 Abs. 2 GVG zur Schöffenwahl gemäß § 42 GVG und die Vertrauensleute nach § 26 Abs. 2 VwGO und nach § 23 FGO zur Wahl der ehrenamtlichen Richter gemäß § 29 VwGO und § 26 FGO. Sie sind selbst keine ehrenamtlichen Richter, aber für ihre Tätigkeit wie solche nach §§ 15 –18 zu entschädigen.

§ 2 Geltendmachung und Erlöschen des Anspruchs, Verjährung

(1) [1]Der Anspruch auf Vergütung oder Entschädigung erlischt, wenn er nicht binnen drei Monaten bei der Stelle, die den Berechtigten herangezogen oder beauftragt hat, geltend gemacht wird; hierüber und über den Beginn der Frist ist der Berechtigte zu belehren. [2]Die Frist beginnt

1. **im Fall der schriftlichen Begutachtung oder der Anfertigung einer Übersetzung mit Eingang des Gutachtens oder der Übersetzung bei der Stelle, die den Berechtigten beauftragt hat,**
2. **im Fall der Vernehmung als Sachverständiger oder Zeuge oder der Zuziehung als Dolmetscher mit Beendigung der Vernehmung oder Zuziehung,**
3. **bei vorzeitiger Beendigung der Heranziehung oder des Auftrags in den Fällen der Nummern 1 und 2 mit der Bekanntgabe der Erledigung an den Berechtigten,**
4. **in den Fällen des § 23 mit Beendigung der Maßnahme und**

5. im Fall der Dienstleistung als ehrenamtlicher Richter oder Mitglied eines Ausschusses im Sinne des § 1 Abs. 4 mit Beendigung der Amtsperiode, jedoch nicht vor dem Ende der Amtstätigkeit.

[3]Wird der Berechtigte in den Fällen des Satzes 2 Nummer 1 und 2 in demselben Verfahren, im gerichtlichen Verfahren in demselben Rechtszug, mehrfach herangezogen, ist für den Beginn aller Fristen die letzte Heranziehung maßgebend. [4]Die Frist kann auf begründeten Antrag von der in Satz 1 genannten Stelle verlängert werden; lehnt sie eine Verlängerung ab, hat sie den Antrag unverzüglich dem nach § 4 Abs. 1 für die Festsetzung der Vergütung oder Entschädigung zuständigen Gericht vorzulegen, das durch unanfechtbaren Beschluss entscheidet. [5]Weist das Gericht den Antrag zurück, erlischt der Anspruch, wenn die Frist nach Satz 1 abgelaufen und der Anspruch nicht binnen zwei Wochen ab Bekanntgabe der Entscheidung bei der in Satz 1 genannten Stelle geltend gemacht worden ist.

(2) **[1]War der Berechtigte ohne sein Verschulden an der Einhaltung einer Frist nach Absatz 1 gehindert, gewährt ihm das Gericht auf Antrag Wiedereinsetzung in den vorigen Stand, wenn er innerhalb von zwei Wochen nach Beseitigung des Hindernisses den Anspruch beziffert und die Tatsachen glaubhaft macht, welche die Wiedereinsetzung begründen. [2]Ein Fehlen des Verschuldens wird vermutet, wenn eine Belehrung nach Absatz 1 Satz 1 unterblieben oder fehlerhaft ist. [3]Nach Ablauf eines Jahres, von dem Ende der versäumten Frist an gerechnet, kann die Wiedereinsetzung nicht mehr beantragt werden. [4]Gegen die Ablehnung der Wiedereinsetzung findet die Beschwerde statt. [5]Sie ist nur zulässig, wenn sie innerhalb von zwei Wochen eingelegt wird. [6]Die Frist beginnt mit der Zustellung der Entscheidung. [7]§ 4 Abs. 4 Satz 1 bis 3 und Abs. 6 bis 8 ist entsprechend anzuwenden.**

(3) **[1]Der Anspruch auf Vergütung oder Entschädigung verjährt in drei Jahren nach Ablauf des Kalenderjahrs, in dem der nach Absatz 1 Satz 2 Nr. 1 bis 4 maßgebliche Zeitpunkt eingetreten ist. [2]Auf die Verjährung sind die Vorschriften des Bürgerlichen Gesetzbuchs anzuwenden. [3]Durch den Antrag auf gerichtliche Festsetzung (§ 4) wird die Verjährung wie durch Klageerhebung gehemmt. [4]Die Verjährung wird nicht von Amts wegen berücksichtigt.**

(4) **[1]Der Anspruch auf Erstattung zu viel gezahlter Vergütung oder Entschädigung verjährt in drei Jahren nach Ablauf des Kalenderjahrs, in dem die Zahlung erfolgt ist. [2]§ 5 Abs. 3 des Gerichtskostengesetzes gilt entsprechend.**

I. Systematik und Regelungszweck

1 Kernstück der Vorschrift ist Abs. 1 Satz 1 und 2. Dort ist einmal bestimmt, dass eine Vergütung oder Entschädigung der nach dem JVEG berechtigten Personen nicht von Amts wegen, sondern nur auf **Antrag** festgesetzt wird (widersprüchlich *Hartmann* Rn. 4, der der Auffassung ist, im Fall des § 4 Abs. 1 Satz 1 Hs. 2 könne die gerichtliche Festsetzung auch von Amts wegen erfolgen; die gerichtliche Festsetzung setzt jedoch ebenfalls einen Antrag voraus, bezüglich dessen an Stelle der

Anweisung durch den Anweisungsbeamten die gerichtliche Festsetzung erfolgen kann). Weiter ergibt sich aus der Vorschrift die **Beschränkung auf den im Antrag geltend gemachten Gesamtanspruch** (aA *Hartmann* Rn. 4 aE), auch wenn dem Berechtigten nach dem JVEG objektiv ein höherer Gesamtanspruch zustünde; dagegen können **Einzelpositionen** über die dafür konkret beantragte Vergütung oder Entschädigung hinaus bis zur Höhe des geltend gemachten Gesamtanspruchs zuerkannt werden (ThürLSG in stRspr, zuletzt 28.2.2018 – L 1 JVEG 867/15, BeckRS 2018, 3507). Schließlich ordnet die Vorschrift das **Erlöschen der Ansprüche** des Berechtigten an, wenn er diese nicht innerhalb der Dreimonatsfrist des Abs. 1 Satz 1 geltend macht. Alle weiteren Vorschriften des § 2 regeln lediglich Modalitäten dieses Kernstücks, nämlich Antragsverlängerung, Wiedereinsetzung in den vorigen Stand und Verjährung. **Regelungszweck** der Vorschrift ist die Sicherstellung einer zeitnahen Abrechnung mit der größeren Gewähr ihrer Richtigkeit und der Möglichkeit, eine etwaige Nachzahlungspflicht des Kostenschuldners schnell durchzusetzen (BT-Drs. 15/1971, 178f.). Mit der durch das 2. KostRMoG ins Gesetz gekommenen Belehrungspflicht über den Fristbeginn und die Folgen der Fristversäumung nach Abs. 1 S. 1 letzter Hs., die bei Unterbleiben der Belehrung nach Abs. 2 S. 2 einen Grund für die Wiedereinsetzung in den vorigen Stand vermutet, geht zwar in den Anwendungsfällen der Vorschrift eine Zeitverzögerung bei der Abrechnung einher. Diese wird aber aus Gründen materieller Gerechtigkeit hingenommen (vgl. BT-Drs. 17/11471, 259).

II. Anwendungsumfang und Rechtslage vor dem JVEG

2 Im Gegensatz zu den früheren §§ 15 ZSEG und 11 EhrRiEG gilt die Vorschrift für alle nach § 1 Abs. 1 Berechtigten gleich und ausnahmslos. **Alle nach dem JVEG Berechtigen,** also Sachverständige, Dolmetscher, Übersetzer, ehrenamtliche Richter, Zeugen und Dritte (§ 23), aber auch Beteiligte nach § 191 SGG (→ § 1 Rn. 1) müssen gleichermaßen ihren Anspruch innerhalb der Dreimonatsfrist **beziffern und substantiieren,** damit sie mit ihm – vorbehaltlich von Abs. 1 Satz 3 und 4 und Abs. 2 – nicht ausgeschlossen sind (BT-Drs. 15/1971, 178; ThürLSG 18.6.2007 – L 6 B 77/07 SF, BeckRS 2009, 59152). Dagegen bestanden zB beim **früheren § 15 ZSEG** zwischen Zeugen und Sachverständigen unterschiedliche Ausschlussfristregelungen: Der Anspruch des **Zeugen** war nach drei Monaten ausgeschlossen, wenn er in dieser Frist nicht die Entschädigung verlangte, § 15 Abs. 2 ZSEG. Dabei genügte das Verlangen dem Grunde nach, die Bezifferung konnte danach noch in der Verjährungsfrist nachgeholt werden. Beim **Sachverständigen** begann die Ausschlussfrist erst mit einer Aufforderung der heranziehenden Stelle zur Bezifferung, § 15 Abs. 3 ZSEG. Dass das JVEG **alle Berechtigte** bei der Geltendmachung ihrer Ansprüche gleichstellt, wird teilweise immer noch übersehen: *Hartmann* stellt in Rn. 7 die neue Rechtslage präzise dar, kommentiert aber dann in Rn. 14, 15 und 18 doch noch in Anlehnung an die alte Rechtslage; auch *MHBOJ* Rn. 2 will wie zu ZSEG- Zeiten bei Zeugen, nicht bei Sachverständigen, eine Geltendmachung des Anspruchs dem Grund nach zur Fristwahrung ausreichen lassen. Noch krasser SG Dresden 16.5.2007 – S 24 RA 1320/02, BeckRS 2009, 65340, das bei einem Sachverständigen einen Antrag dem Grunde nach in der Dreimonatsfrist ausreichen und die Bezifferung oder Ergänzung des Antrags in der Verjährungsfrist des Abs. 3 zulässt.

III. Geltendmachung des Anspruchs (Abs. 1 Satz 1)

Der Anspruch ist bei der heranziehenden Stelle geltend zu machen. Als heranziehende Stelle gilt im Fall des § 1 Abs. 3 die Polizei, nicht die beauftragende oder billigende Staatsanwaltschaft, Finanz- oder Verwaltungsbehörde. Anders als nach der früheren Rechtslage der §§ 15 Abs. 2 ZSEG, 11 EhrRiEG setzt die Geltendmachung die **vollständige Angabe der Ansprüche** nach Grund und Höhe sowie deren Bezifferung durch jeden nach dem JVEG Berechtigten voraus (BT-Drs. 15/1971, 178; *Hartmann* Rn. 7). Dies gilt insbesondere auch für eine etwa anfallende **Umsatzsteuer** (OLG München 29.11.2012 – 4 Ws 187/12, BeckRS 2012, 25483; LSG NRW 19.7.2012 – L 18 SF 391/11 E, BeckRS 2012, 71972; ThürOLG JB 2012, 153 mwN). Bei einem Sachverständigen ist es nicht ausreichend, dass er nach Beendigung des jeweiligen Verhandlungstermins ein Anweisungsformular ausgehändigt und die Anwesenheitszeit bescheinigt bekommt (OLG Frankfurt NStZ-RR 2007, 256). In den regelmäßig weniger schwierigen Fällen der Entschädigung von Zeugen, Dritten und ehrenamtlichen Richtern reicht es aber aus, wenn der Berechtigte die Daten zur Verfügung stellt, an Hand derer sich die Entschädigung beziffern lässt, da diesen Personen genaue Kenntnisse des JVEG und des EStG nicht zugemutet werden können (vgl. LG Potsdam 9.1.2014 – 24 Qs 151/13, NStZ-RR 2014,125 = BeckRS 2014, 04008; ThürLSG 30.10.2012 – L 6 SF 1252/12 E, BeckRS 2012, 76006). Ein **Formularzwang besteht nicht;** etwa von Anweisungsbeamten herausgegebene und als „Amtliche Vordrucke“ bezeichnete Formulare müssen nicht verwendet werden (LSG Sachsen-Anhalt 30.7.2010 – L 3 RJ 154/05, NZS 2011, 784 = MedR 2012, 151). Eine vor Auftragserledigung auf Anforderung des Gerichts abgegebene **Kostenschätzung** entbindet nicht von der Verpflichtung zur vollständigen Angabe der Ansprüche und deren Bezifferung nach Erledigung des Auftrags (BayLSG 14.5.2012 – L 15 SF 276/10 B E Rn. 52, BeckRS 2012, 70087). 3

IV. Antragsfrist (Abs. 1 Satz 2)

1. Allgemeines

Der Antrag muss bei der heranziehenden Stelle innerhalb der Dreimonatsfrist eingegangen sein. Der Eingang bei einer verfahrensbeteiligten Behörde reicht nicht aus (BayLSG 19.7.2006 – L 16 R 489/04, BeckRS 2009, 61139), jedoch für Sammelrechnungen nach Anlage 3 Allgemeine Vorbemerkung 2 bei einer zentralen Kontaktstelle, insbesondere einer **„Elektronischen Schnittstelle (ESB)“** eines Bundeslandes; → § 23 Anl. 3 Rn. 5. Die **Beweislast für den rechtzeitigen Eingang** des Antrags bei der heranziehenden Stelle trifft den Antragsteller (BayLSG in stRspr, zuletzt 14.8.2012 – L 15 SF 135/12 B, BeckRS 2012, 73340); eine Wiedereinsetzung in den vorigen Stand soll nicht möglich sein, → Rn. 6. 4

2. Fristbeginn

a) Vorbemerkung. Den **Beginn der Frist** regeln Nr. 1 bis 4 unterschiedlich nach Eigenschaft und Art der Heranziehung. Eine entgegen Abs. 1 S. 1 letzter Hs. **unterbliebene oder unrichtig erteilte Belehrung** hat keinen Einfluss auf den 5

Fristbeginn, sondern begründet idR nach dem durch das 2. KostRMoG ins Gesetz gekommenen Abs. 1 Satz 1 Hs. 2 und Abs. 2 Satz 2 eine Wiedereinsetzung in den vorigen Stand, → Rn. 10.

6 **b) Fristbeginn bei mehrfacher Heranziehung in der gleichen Sache und in der gleichen Instanz.** Bei **mündlicher Gutachtenerstattung** durch einen Sachverständigen, der ein schriftliches Vorabgutachten einreicht, beginnt die Frist bezüglich aller Ansprüche nach Nr. 2 mit Beendigung der Vernehmung. Bei **schriftlicher Ergänzung** eines schriftlichen Gutachtens beginnt die Frist für das ursprüngliche und jedes ergänzende Gutachten jeweils nach Nr. 1 neu. Ist zunächst schriftliche Begutachtung angeordnet und wird der Sachverständige danach zur **mündlichen Erläuterung** geladen, beginnt die Frist für die Geltendmachung des Honorars für das schriftliche Gutachten nach Nr. 1, die für die mündliche Erläuterung nach Nr. 2 (OLG Oldenburg 29.4.2010 – 6 W 47/10, BeckRS 2010, 27964; OLG Hamm 18.8.2009 – 34 U 152/05, BeckRS 2010, 11120; OLG Koblenz 21.11.2007 – 14 W 798/07, BeckRS 2007, 19533). Wird jedoch ein Sachverständiger mit der Erstattung eines schriftlichen Gutachtens beauftragt und darauf hingewiesen, dass er damit rechnen müsse, dass er das Gutachten noch vor Gericht zu erläutern hat, beginnt die Frist bezüglich der Vergütung des schriftlichen Gutachtens nicht schon mit dem Eingang des Gutachtens bei der heranziehenden Stelle, sondern einheitlich erst mit Abschluss der mündlichen Erläuterung oder mit Zugang der Mitteilung der heranziehenden Stelle, dass eine mündliche Erläuterung nicht mehr erfolgen wird (vgl. BT-Drs. 17/11471, 258f. und 353). Bei **mehrfacher sukzessiver Anforderung** eines Dolmetschers im Rahmen einer Telefonüberwachung beginnt die Frist schon mit Ende der einzelnen Heranziehung, nicht erst mit Beendigung aller Übersetzungen im Rahmen eines einheitlichen Ermittlungsverfahrens (OLG München 29.11.2012 – 4 Ws 187/12, BeckRS 2012, 25483). Der Fristbeginn setzt allerdings voraus, dass dem Sachverständigen deutlich ist oder durch das Gericht deutlich gemacht wird, dass die **(Teil-) Leistung als abgeschlossen anzusehen** ist (VG Würzburg 6.2.2015 – W 1 M 14.735, BeckRS 2015, 42935; FG Hamburg in stRspr, zuletzt 11.7.2014 – 3 K 207/11, BeckRS 2014, 95857; OLG Bremen 21.3.2013 – 5 W 4/13, BeckRS 2013, 09770). Bei **Vertagung** einer Vernehmung oder Heranziehung beginnt die Frist nach Nr. 2 nicht an jedem Tag der Heranziehung gesondert, sondern erst mit der endgültigen Entlassung in der gleichen Sache. Gleiches gilt auch für die Heranziehung eines **Dolmetschers** zu einer mehrtätigen Verhandlung, auch wenn er an einzelnen Tagen durch einen anderen Dolmetscher ersetzt wird; eine Beendigung der Heranziehung liegt erst dann vor, wenn der Dolmetscher neu geladen werden müsste. Bei einer **schriftlichen Zeugenaussage** beginnt die Frist analog Nr. 1 mit dem Eingang der Zeugenaussage bei der heranziehenden Stelle, bei etwaigen vom Gericht verlangten Ergänzungen einheitlich erst mit dem Eingang der Ergänzungen (*MHBOJ* Rn. 3). Spätestens beginnt die Frist zur Geltendmachung der Vergütungsansprüche aber mit der Kenntnisnahme des Berechtigten von der Beendigung seines Auftrags (OLG Celle 8.6.2012 – 2 W 132/12, BeckRS 2012, 12829), jetzt Nr. 3. Bei einem ehrenamtlichen Richter oder Mitglied eines Ausschusses im Sinne des § 1 Abs. 4 beginnt die Frist erst mit Beendigung der Amtsperiode. Geht die Tätigkeit, zB wegen Fortsetzungsterminen, über diese hinaus, beginnt sie jedoch einheitlich für alle Fälle mit dem Ende der letzten Amtstätigkeit.

3. Besonderheiten im Sozialgerichtsverfahren

Im **Sozialgerichtsverfahren** beginnt die Frist zur Geltendmachung der Kosten für die Wahrnehmung eines **Untersuchungstermins bei einem Sachverständigen** mit der Beendigung dieser Untersuchung, nicht erst mit dem Verfahrensende in der jeweiligen Instanz (mittlerweile einhellige Meinung, vgl. zB LSG BW JB 2012, 603; BayLSG 30.7.2012 – L 15 SF 159/12, BeckRS 2012, 73385, und 26.6.2012 – L 15 SF 53/11 B); wird ein Betroffener zu Untersuchungsterminen bei unterschiedlichen Sachverständigen geladen, beginnt die Frist mit dem Ende der Untersuchung beim jeweiligen Sachverständigen, nicht erst mit Abschluss der gesamten Untersuchungsreihe (SG Köln 2.2.2007 – S 6 RA 328/04, BeckRS 2007, 46953). Die Frist für die Geltendmachung von **Kosten einer untersuchten Person** im Rahmen der Untersuchung durch einen **nach § 109 SGG** angehörten Arzt beginnt mit der Zustellung des Beschlusses über die Übernahme der Kosten dieses Arztes auf die Staatskasse (ThürLSG 26.8.2011 – L 6 SF 84/11, BeckRS 2011, 141326). 7

V. Verlängerung der Antragsfrist (Abs. 1 Satz 3 und 4)

Der Verlängerungsantrag muss bei der heranziehenden Stelle gestellt und begründet werden. Die Fristverlängerung muss **innerhalb der Dreimonatsfrist** des Abs. 1 Satz 1 gestellt werden (LG Hannover JB 2005, 550 m. zust. Anm. *Bund*). Der Berechtigte muss dartun, weshalb ihm die Antragstellung innerhalb der gesetzlichen Frist nicht möglich ist. Die Gründe können subjektiver (zB Erkrankung, Arbeitsüberlastung) wie objektiver Natur sein (zB ein von einem Sachverständigen herangezogener Dritter hat diesem gegenüber noch nicht abgerechnet). Auch ein ohne Begründung eingereichter Verlängerungsantrag ist von der heranziehenden Stelle zu bescheiden, aber wegen der fehlenden Begründung stets ablehnend. In jedem Fall der Ablehnung des Verlängerungsantrags durch die heranziehende Stelle ist der Antrag dem Gericht vorzulegen, das für die heranziehende Stelle nach § 4 Abs. 1 zuständig ist. Die gerichtliche Zurückweisung des rechtzeitig gestellten Verlängerungsantrags löst stets die **weitere zweiwöchige Frist zur Geltendmachung** des Anspruchs nach Satz 4 letzter Hs. aus, auch wenn der Verlängerungsantrag ohne Begründung gestellt worden ist. 8

VI. Erlöschen und Wiedereinsetzung in den vorigen Stand (Abs. 2)

Der Anspruch eines Berechtigten erlischt dann und insoweit, als er ihn nicht in der gesetzlichen oder nach Abs. 1 Satz 3 und 4 verlängerten Frist geltend macht (zB nach Ablauf der Frist erstmals geltend gemachte Fahrtkosten). Bezüglich der Fristversäumung ist nach Maßgabe von Satz 1 und 2 der Antrag auf **Wiedereinsetzung** in den vorigen Stand zulässig. Nicht zulässig ist die Wiedereinsetzung aber, wenn unklar ist, ob mit einem Gutachten eine Rechnung nicht übersandt wurde oder eine mitübersandte Rechnung vom Gericht übersehen und vernichtet worden ist, weil dieses Risiko nicht in den Regelungsbereich von § 2 Abs. 2 S. 1 fällt (BayLSG in stRspr, zuletzt 15.12.2014 – L 15 SF 213/14, BeckRS 2014,100188; VG München 8.12.2014 – M 9 K 13.30513, BeckRS 2014,100160). Wiedereinsetzung 9 setzt immer einen entsprechenden **Antrag der berechtigten Person** voraus; eine Wiedereinsetzung von Amts wegen sieht das JVEG nicht vor (BayLSG in stRspr, zuletzt 2.8.2016 – L 15 SF 206/16, BeckRS 2016, 71520; ThürLSG 2.4.2013 – 6 SF 1445/12 B, BeckRS 2013, 68570). Der Antrag ist entweder schriftlich einzureichen oder zu Protokoll der Geschäftsstelle zu erkären (BayLSG 4.12.2014 – L 15 SF 53/13, BeckRS 2014, 74462), Dabei muss die **Glaubhaftmachung** der Wiedereinsetzungstatsachen mit einem der in § 294 Abs. 1 ZPO zugelassenen Mittel erfolgen und zwar **innerhalb der Wiedereinsetzungsfrist** (BayLSG in stRspr, zuletzt 10.10.2014 – L 15 SF 289/13, BeckRS 2014, 74012 und 13.11.2012 – L 15 SF 168/12, BeckRS 2013, 65835 mwN; OLG Celle 15.3.2007 – 2 StE 6/02, BeckRS 2007, 14102 mwN), wobei auch ein Wiedereinsetzungsantrag wegen Versäumung der Wiedereinsetzungsfrist möglich ist (BayLSG 2.8.2016 – L 15 SF 206/16, BeckRS 2016, 71520). Von einer Glaubhaftmachung ist schon dann auszugehen, wenn ein Antragsteller im Rahmen seines Wiedereinsetzungsantrags plausibel einen nach der Lebenserfahrung naheliegenden Sachverhalt darstellt, der eine Wiedereinsetzung begründet und keine durchgreifenden Zweifel an der Richtigkeit der Angaben bestehen (BayLSG 8.1.2014 – L 15 SF 338/13, BeckRS 2014, 65843 und 13.11.2012 – L 15 SF 168/12, BeckRS 2013, 65835); es bedarf jedoch einer geschlossenen, aus sich heraus verständlichen Darstellung der Umstände, auf welche Weise und durch wessen Verschulden die Frist versäumt worden ist (BayLSG 23.4.2018 – L 12 RF 4/18, BeckRS 2018, 8125). Kraft ausdrücklicher gesetzlicher Bestimmung erfolgt die **Entscheidung über die Wiedereinsetzung durch das Gericht,** nicht durch die heranziehende Stelle oder durch der Anweisungsbeamten (BayLSG in stRspr, zuletzt 11.5.2015 – L 15 RF 14/15, BeckRS 2015, 69014; ThürLSG 27.5.2015 – L 6 JVEG 329/15, BeckRS 2015, 69615; LSG NRW 19.7.2012 – L 18 SF 391/11 E, BeckRS 2012, 71972; OLG Celle 15.3.2007 – 2 StE 6/02, BeckRS 2007, 14102; *MHBOJ* Rn. 5; *Zimmermann P.* Rn. 15; unrichtig Schleswig-Holsteinisches LSG 12.9.2014 – L 5 SF 105/13 KO, BeckRS 2015, 66370 und *Hartmann* Rn. 17 sowie SG Detmold 5.3.2014 – S 2 SF 52/14 E, BeckRS 2014, 67793, das den Vorrang des JVEG nach § 1 Abs. 1 Satz 2 vor allgemeinen Justizorganisationsvorschriften nicht sieht). Eine **bewilligte Wiedereinsetzung** ist auch für die Staatskasse **nicht angreifbar** (LG Stuttgart 15.1.2018 – 19 O 181/16; OLG Koblenz JB 2012, 320; Schleswig-Holsteinisches OLG 3.3.2009 – 9 W 21/09, BeckRS 2011, 17633; jeweils im Umkehrschluss zu Abs. 2 Satz 3).

10 **Wiedereinsetzung wird gewährt,** wenn der geltend gemachte Wiedereinsetzungsgrund überwiegend wahrscheinlich ist (BayLSG 8.1.2014 – L 15 SF 338/13, JB 2014, 253 = BeckRS 2014, 65843), bei **unterbliebener, unrichtiger oder missverständlicher Fristbelehrung** entgegen Abs. 1 S. 1 letzter Hs., Abs. 2 S. 2 (BayLSG 11.5.2015 – L 15 RF 14/15 BeckRS 2015, 69014; FG Hamburg 11.7.2014 – 3 K 207/11, BeckRS 2014, 95857; so auch schon OLG Hamm 18.8.2009 – 34 U 152/05, BeckRS 2010, 11120 zur alten Rechtslage), es sei denn, dass der Berechtigte die Frist und die Folgen der Versäumung auch ohne die Belehrung kannte, was aber das Gericht nachzuweisen hat; wenn das Gericht selbst oder der Anweisungsbeamte zu **Unklarheiten bezüglich der berechtigten Person** beigetragen hat (BayLSG 14.8.2012 – L 15 SF 135/12 B, BeckRS 2012, 73340 und 9.1.2007 – L 15 B 78/06 R KO, BeckRS 2009, 55674); wenn damit gerechnet werden kann, dass ein bei einem unzuständigen Gericht eingereichter Antrag rechtzeitig an das zuständige Gericht weitergeleitet wird (BayLSG 10.12.2014 – L 15 317/14, BeckRS 2015, 65317); wenn ein Zusatzgutachter seine Rechnung dem

ihm als zuverlässig bekannten Hauptgutachter zusammen mit dem Gutachten zur gemeinsamen Vorlage bei Gericht übersandt hatte (LSG Bln-Bbg 18.11.2010 – L 2 SF 141/10 B, NZS 2011, 400 = BeckRS 2011, 65240), ganz ausnahmsweise auch dann, wenn es bei häufiger Heranziehung auf Grund der **gerichtlichen Fürsorgepflicht** nahegelegen hätte, den Sachverständigen auf die nicht geltend gemachte Umsatzsteuer anzusprechen (Schleswig-Holsteinisches LSG 12.9.2014 – L 5 SF 05/13 KO, BeckRS 2015, 66370). Das Verschulden seines Bevollmächtigten ist dem Berechtigten nicht zuzurechen (SG Fulda 20.7.2017 – S 4 SF 21/17 K, BeckRS 2017, 120369). Auch bei **Erkrankung eines Dolmetschers** ist Wiedereinsetzung zu gewähren, weil er im Gegensatz zu Rechtsanwälten nicht verpflichtet ist, einen Krankheitsvertreter zu bestellen (LG Stuttgart 15.1.2018 – 19 O 181/16, BeckRS 2018, 4543). Dies gilt auch dann, wenn der Berechtigte die Antragsfrist „ausreizen“ will, zu deren Ende aber erkrankt (LG Stuttgart 24.10.2017 – 19 O 181/16, BeckRS 2018, 4543.

Wiedereinsetzung wird nicht gewährt, wenn die Frist trotz eindeutiger und unmissverständlicher Belehrung über die Nichteinhaltung der Frist versäumt worden ist (Umkehrschluss aus Abs. 2 S. 2, so schon SG Köln 2.2.2007 – S 6 RA 328/04, BeckRS 2007, 46953), wenn die Fristversäumung auf einem Mangel der Büroorganisation des Berechtigten beruht (BayLSG 23.1.2007 – L 20 R 691/03.Ko, BeckRS 2009, 56109, und 22.5.2006 – L 15 SB 95/05.Ko, BeckRS 2009, 61095), wenn sich der Berechtigte nicht von sich aus rechtzeitig erkundigt, ob seine Leistung der Umsatzsteuerpflicht unterliegt (SG Fulda 7.6.2016 – S 4 SF 17/16 K, BeckRS 2016, 69912; OLG München 29.11.2012 – 4 Ws 187/12, BeckRS 2012, 25483), auch nicht, wenn der Antrag nicht an das zuständige Gericht, sondern eine verfahrensbeteiligte Behörde gerichtet wird (BayLSG 19.7.2006 – L 16 R 489/04, BeckRS 2009, 61139). Der Irrtum über den Beginn der Dreimonatsfrist des Abs. 1 Satz 1 ist kein Wiedereinsetzungsgrund (LG Hannover JB 2005, 550 m. zust. Anm. *Bund*), auch nicht Vergesslichkeit und seit langem vorliegende psychische Probleme (BayLSG in stRspr, zuletzt 2.8.2016 – L 15 SF 206/16, BeckRS 2016, 71520), jetzt jedoch dann, wenn der Irrtum auf einer entgegen Abs. 1 S. 1 letzter Hs. unterbliebenen oder unrichtigen Belehrung beruhen kann. **Arbeitsüberlastung** ist kein Wiedereinsetzungsgrund, weil der Berechtigte diese bei seinen Vorkehrungen zur Fristeinhaltung in seine Überlegungen einbeziehen muss (BayLSG 19.5.2015 – L 15 RF 3/15, BeckRS 2015, 70172; LSG Bln-Bbg 15.11.2010 – L 2 SF 218/10, BeckRS 2011, 65241). 11

VII. Verjährung des Anspruchs auf Vergütung oder Entschädigung (Abs. 3)

Die Verjährung ist nur in dem Fall zu prüfen, in dem der Anspruch des Berechtigten nicht ohnehin wegen Ablaufs der Geltendmachungsfrist nach Abs. 1 ausgeschlossen ist. Die Verjährungsregelung in Abs. 3 entspricht der regelmäßigen Verjährungsfrist der §§ 195, 199 Abs. 1 BGB. Der Fristbeginn richtet sich gemäß Satz 1 nach Abs. 1 Nr. 1–4; auch → Rn. 8. Bei einem schriftlichen Gutachten ist also der maßgebliche Zeitpunkt nach Abs. 3, Abs. 1 Nr. 1 der **Eingang des Gutachtens,** nicht erst ein späterer Eingang der Honorarrechnung bei der beauftragenden Stelle. Kann die Begutachtung durch den Sachverständigen aus Gründen, die von ihm nicht zu vertreten sind, zunächst nicht zu Ende geführt werden und erledigt sich 12 das Verfahren durch Weglegung der Akten nach § 7 Aktenordnung, beginnt die Verjährungsfrist erst mit dem Zeitpunkt, zu dem der Sachverständige Kenntnis von der Erledigung erlangt (Brandenburgisches OLG 23.1.2007 – 10 WF 21/07, BeckRS 2009, 07306). Der Antrag auf gerichtliche Festsetzung der Ansprüche nach § 4 hemmt die Verjährung wie eine Klageerhebung nach § 204 Abs. 1 Nr. 1 BGB. Entsprechend § 204 Abs. 2 Satz 1 BGB endet die **Hemmung** sechs Monate nach der rechtskräftigen Entscheidung über den Antrag auf gerichtliche Festsetzung oder der anderweitigen Beendigung dieses Verfahrens. Nach § 209 BGB wird der Zeitraum, in dem die Verjährung gehemmt ist, in die Verjährung nicht eingerechnet. Die Verjährung wird nur auf **Einrede der Staatskasse** berücksichtigt. Der Kostenschuldner ist zur Erhebung der Verjährungseinrede gegen eine verspätet geltend gemachte Vergütung oder Entschädigung nicht befugt, er kann aber im Erinnerungsverfahren gegen den Kostenfestsetzungsbeschluss geltend machen, dass die Nichterhebung der Verjährungseinrede durch die Staatskasse eine unrichtige Sachbehandlung nach § 21 GKG darstellt (OLG Nürnberg 2.10.1989 – 4 U 3454/82).

VIII. Verjährung des Rückerstattungsanspruchs (Abs. 4)

13 Die Vorschrift wird ergänzt durch die Verweisung auf § 5 Abs. 3 GKG. Auch diese Verjährung ist nicht von Amts wegen, sondern nur auf **Einrede des Berechtigten** zu berücksichtigen, § 5 Abs. 3 Satz 2 GKG. Dabei muss das Wort „Verjährung" nicht benutzt werden, es reicht aus, wenn sich der Berechtigte dem Rückerstattungsanspruch im Hinblick auf den Zeitablauf widersetzt (OLG München NJW-RR 2000, 143). Der Beginn der Verjährung ist systematisch wie in Abs. 3 geregelt: Die dreijährige Verjährungsfrist beginnt mit Ablauf des Kalenderjahrs, in dem die Zahlung erfolgt ist. Durch die Einleitung eines Vergütungsfestsetzungsverfahrens nach § 4 Abs. 1 JVEG wird der Lauf der Verjährungsfrist bezüglich des Rückerstattungsanspruchs nicht gehemmt (OLG Hamm 2.12.2011 – 25 W 200/11, NZBau 2012, 239). Die Rückforderung wird in aller Regel darauf beruhen, dass eine nachträgliche gerichtliche Festsetzung nach § 4 einen niedrigeren Betrag als die Anweisung des Anweisungsbeamten ausweist; es kommt aber auch die Rückforderung eines nach § 3 geleisteten Vorschusses in Betracht, wenn der Berechtigte seinen endgültigen Anspruch nicht fristgerecht geltend gemacht hat. Die Rückzahlung zuviel gezahlter Beträge kann nach § 1 Nr. 8 JBeitrO im **Verwaltungszwangsverfahren** durchgesetzt werden. Die Verjährung beginnt auf Grund der Verweisung in Satz 2 nach § 5 Abs. 3 Satz 2 und 4 GKG mit einer Rückzahlungsaufforderung oder Mitteilung einer Stundung erneut, wenn die Kosten mindestens 25 Euro betragen.

§ 3 Vorschuss

Auf Antrag ist ein angemessener Vorschuss zu bewilligen, wenn dem Berechtigten erhebliche Fahrtkosten oder sonstige Aufwendungen entstanden sind oder voraussichtlich entstehen werden oder wenn die zu erwartende Vergütung für bereits erbrachte Teilleistungen einen Betrag von 2 000 Euro übersteigt.

I. Regelungsumfang

1 Alle nach § 1 Berechtigte haben Anspruch auf Vorschuss nur bezüglich der Fahrtkosten und der sonstigen Aufwendungen nach § 7, nicht jedoch wegen der übrigen Entschädigungstatbestände wie zB Verdienstausfall, da die Vorschrift genau die Überschrift des § 7 verwendet (weiter *MHBOJ* Rn. 2, der auch Aufwendungen nach §§ 6 und 12 von der ersten Alternative dieser Vorschrift umfasst sieht). Zusätzlich haben Sachverständige, Dolmetscher und Übersetzer unter der Voraussetzung der Alt. 2 Anspruch auf Vorschuss bezüglich ihrer Vergütung nach § 8, also einschließlich der Aufwendungen nach §§ 5–7 und § 12. Vorschuss wird nur auf Antrag gewährt, der keiner besonderen Form bedarf und bereits in der Mitteilung eines Zeugen liegen kann, er könne den Termin nicht wahrnehmen, weil er kein Geld für den Kauf einer Fahrkarte habe (*MHBOJ* Rn. 4).

II. Erheblichkeit (Alt. 1)

2 Erheblich müssen sowohl die Fahrtkosten als auch die sonstigen Aufwendungen sein. Das Merkmal enthält zunächst eine objektive Komponente, sodass Kosten ab 250 Euro regelmäßig erheblich sind (*Hartmann* Rn. 4; aA *MHBOJ* Rn. 2, der allein auf die wirtschaftlichen Verhältnisse des einzelnen Berechtigten abstellt). Unter diesem Betrag liegt Erheblichkeit vor, wenn die vom Berechtigten vorzustreckenden Kosten eine merkliche Einschränkung seiner Lebensführung zur Folge haben würden; für einen mittellosen Berechtigten kann auch schon ein geringer Betrag erheblich sein (*MHBOJ* Rn. 2; unklar *Hartmann* Rn. 6, der wohl Begüterte und weniger Bemittelte gleichstellen will). Bei durchschnittlichen Verhältnissen ist im **Sozialgerichtsverfahren** angesichts der grundsätzlich bestehenden Erstattungspflicht durch die Staatskasse ein Betrag von **ca. 170 Euro** geringfügig (BayLSG 22.6.2006 – L 3 U 267/03, BeckRS 2009, 60386).

III. Vorschuss auf Vergütung (Alt. 2)

3 Die Teilleistungen müssen bereits erbracht sein und im Umfang der Vergütung nach § 8, also einschließlich aller Aufwendungen, den Betrag von 2.000 Euro übersteigen. Die Werthöhe der erbrachten Teilleistungen hat der Berechtigte im Einzelnen darzustellen und auf Verlangen zu versichern (so wohl auch *MHBOJ* Rn. 2d). Der Vorschussanspruch eines Sachverständigen, der seiner Hinweispflicht nach § 407a Abs. 3 Satz 2 ZPO nicht nachgekommen und deshalb kein ausreichender Auslagenvorschuss einbezahlt ist, ist auf die Höhe des eingezahlten Auslagenvorschusses beschränkt. Kann der Berechtigte abschließend abrechnen, besteht kein Vorschussanspruch mehr. Vorschuss kann aber beantragt werden, wenn die endgültige Abrechnung vorliegt, sich deren Bearbeitung und Anweisung aber verzögert (*Zimmermann P.* Rn. 2).

IV. Art und Festsetzung des Vorschusses

4 Regelmäßig ist der Vorschuss in Geld anzuweisen. Bei Fahrtkosten kann der Vorschuss auch durch Übersendung einer Fahrkarte geleistet werden. Die Entscheidung über die Bewilligung und Anweisung des Vorschusses erfolgt in der Regel im Verwaltungsweg durch den Urkundsbeamten der Geschäftsstelle der heranziehenden Stelle, in besonderen Eilfällen im Weg der Amtshilfe durch den Urkundsbeamten des Amtsgerichts, in dessen Bezirk sich der Berechtigte aufhält. Unter den Voraussetzungen des § 4 Abs. 1 erfolgt Festsetzung durch das heranziehende Gericht.

§ 4 Gerichtliche Festsetzung und Beschwerde

(1) [1]**Die Festsetzung der Vergütung, der Entschädigung oder des Vorschusses erfolgt durch gerichtlichen Beschluss, wenn der Berechtigte oder die Staatskasse die gerichtliche Festsetzung beantragt oder das Gericht sie für angemessen hält.** [2]**Zuständig ist**

1. **das Gericht, von dem der Berechtigte herangezogen worden ist, bei dem er als ehrenamtlicher Richter mitgewirkt hat oder bei dem der Ausschuss im Sinne des § 1 Abs. 4 gebildet ist;**
2. **das Gericht, bei dem die Staatsanwaltschaft besteht, wenn die Heranziehung durch die Staatsanwaltschaft oder in deren Auftrag oder mit deren vorheriger Billigung durch die Polizei oder eine andere Strafverfolgungsbehörde erfolgt ist, nach Erhebung der öffentlichen Klage jedoch das für die Durchführung des Verfahrens zuständige Gericht;**
3. **das Landgericht, bei dem die Staatsanwaltschaft besteht, die für das Ermittlungsverfahren zuständig wäre, wenn die Heranziehung in den Fällen des § 1 Abs. 1 Satz 1 Nr. 1 durch die Finanzbehörde oder in deren Auftrag oder mit deren vorheriger Billigung durch die Polizei oder eine andere Strafverfolgungsbehörde erfolgt ist, nach Erhebung der öffentlichen Klage jedoch das für die Durchführung des Verfahrens zuständige Gericht;**
4. **das Amtsgericht, in dessen Bezirk der Gerichtsvollzieher seinen Amtssitz hat, wenn die Heranziehung durch den Gerichtsvollzieher erfolgt ist, abweichend davon im Verfahren der Zwangsvollstreckung das Vollstreckungsgericht.**

(2) [1]**Ist die Heranziehung durch die Verwaltungsbehörde im Bußgeldverfahren erfolgt, werden die zu gewährende Vergütung oder Entschädigung und der Vorschuss durch gerichtlichen Beschluss festgesetzt, wenn der Berechtigte gerichtliche Entscheidung gegen die Festsetzung durch die Verwaltungsbehörde beantragt.** [2]**Für das Verfahren gilt § 62 des Gesetzes über Ordnungswidrigkeiten.**

(3) **Gegen den Beschluss nach Absatz 1 können der Berechtige und die Staatskasse Beschwerde einlegen, wenn der Wert des Beschwerdegegenstands 200 Euro übersteigt oder wenn sie das Gericht, das die angefochtene Entscheidung erlassen hat, wegen der grundsätzlichen Bedeutung der zur Entscheidung stehenden Frage in dem Beschluss zulässt.**

(4) [1]**Soweit das Gericht die Beschwerde für zulässig und begründet hält, hat es ihr abzuhelfen; im Übrigen ist die Beschwerde unverzüglich dem Beschwerdegericht vorzulegen. [2]Beschwerdegericht ist das nächsthöhere Gericht. [3]Eine Beschwerde an einen obersten Gerichtshof des Bundes findet nicht statt. [4]Das Beschwerdegericht ist an die Zulassung der Beschwerde gebunden; die Nichtzulassung ist unanfechtbar.**

(5) [1]**Die weitere Beschwerde ist nur zulässig, wenn das Landgericht als Beschwerdegericht entschieden und sie wegen der grundsätzlichen Bedeutung der zur Entscheidung stehenden Frage in dem Beschluss zugelassen hat. [2]Sie kann nur darauf gestützt werden, dass die Entscheidung auf einer Verletzung des Rechts beruht; die §§ 546 und 547 der Zivilprozessordnung gelten entsprechend. [3]Über die weitere Beschwerde entscheidet das Oberlandesgericht. [4]Absatz 4 Satz 1 und 4 gilt entsprechend.**

(6) [1]**Anträge und Erklärungen können ohne Mitwirkung eines Bevollmächtigten schriftlich eingereicht oder zu Protokoll der Geschäftsstelle abgegeben werden; § 129a der Zivilprozessordnung gilt entsprechend. [2]Für die Bevollmächtigung gelten die Regelungen der für das zugrunde liegende Verfahren geltenden Verfahrensordnung entsprechend. [3]Die Beschwerde ist bei dem Gericht einzulegen, dessen Entscheidung angefochten wird.**

(7) [1]**Das Gericht entscheidet über den Antrag durch eines seiner Mitglieder als Einzelrichter; dies gilt auch für die Beschwerde, wenn die angefochtene Entscheidung von einem Einzelrichter oder einem Rechtspfleger erlassen wurde. [2]Der Einzelrichter überträgt das Verfahren der Kammer oder dem Senat, wenn die Sache besondere Schwierigkeiten tatsächlicher oder rechtlicher Art aufweist oder die Rechtssache grundsätzliche Bedeutung hat. [3]Das Gericht entscheidet jedoch immer ohne Mitwirkung ehrenamtlicher Richter. [4]Auf eine erfolgte oder unterlassene Übertragung kann ein Rechtsmittel nicht gestützt werden.**

(8) [1]**Die Verfahren sind gebührenfrei. [2]Kosten werden nicht erstattet.**

(9) **Die Beschlüsse nach den Absätzen 1, 2, 4 und 5 wirken nicht zu Lasten des Kostenschuldners.**

Übersicht

I. Geltungsumfang

1 Wegen des Ausschließlichkeitsanspruchs des § 1 Abs. 1 und jetzt der ausdrücklichen Feststellung in § 1 Abs. 5 gilt das Festsetzungsverfahren nach dieser Vorschrift für **alle Zweige der Gerichtsbarkeit,** auch für die Sozialgerichtsbarkeit (so schon die hM in der Rspr., zB ThürLSG 20.2.2008 – L 6 B 186/07 SF, BeckRS 2008, 54570; unrichtig LSG RhPf 7.4.2008 – L 2 B 47/08 SB, BeckRS 2009, 51837, das übersehen hat, dass die Festsetzungsbefugnis des Urkundsbeamten der Geschäftsstelle nach § 197 Abs. 1 SGG die Festsetzung von Ansprüchen nach dem JVEG nicht umfasst). In der Sozialgerichtsbarkeit gilt das Festsetzungsverfahren nach dieser Vorschrift darüber hinaus auch für die Ansprüche eines Beteiligten nach § 191 SGG, → § 1 Rn. 1.

II. Berechnung und Anweisung im Verwaltungsverfahren als Regelfall

2 Regelmäßig erfolgt die Berechnung und Anweisung von Ansprüchen jedes nach dem JVEG Berechtigten nach Geltendmachung des Anspruchs durch den Anweisungsbeamten in einem von Amts wegen durchzuführenden Verwaltungsverfahren. Dies gilt auch für den Fall des § 8a Abs. 4, in dem zu prüfen ist, ob Ansprüche eines Berechtigten auf den angeforderten Auslagenvorschuss zu kappen sind (BayLSG 8.6.2015 – L 15 SF 255/14 E, NZS 2015, 679 = BeckRS 2015,69627). Die Geltendmachung unterliegt grundsätzlich keiner besonderen Form, auch Mündlichkeit kann ausreichend sein. Im Rahmen des Verwaltungsverfahrens ist der Richter berechtigt und auf Ersuchen des Anweisungsbeamten verpflichtet, eine dienstliche Stellungnahme zu Einzelpunkten, insbesondere zur Höhe des Stundensatzes abzugeben, ohne dass aber der Anweisungsbeamte oder der Richter an diese gebunden wäre (OLG München NJW-RR 1997, 768). Die Anweisung der Vergütung oder Entschädigung durch den Anweisungsbeamten hat keinen Einfluss auf die nach dieser Vorschrift vorgeschriebene Regelung der richterlichen Festsetzung (OLG Nürnberg 8.9.2011 – 8 U 2204/08, BeckRS 2012, 01729).

III. Gerichtliche Festsetzung (Abs. 1)

1. Antragsberechtigte

Die gerichtliche Festsetzung der Ansprüche eines nach § 1 Berechtigten erfolgt nur auf dessen Antrag, auf Antrag der Staatskasse oder dann, wenn das Gericht diese selbst für angemessen hält. Sie stellt keine Überprüfung der vom Kostenbeamten vorgenommenen Berechnung dar, sondern ist eine davon unabhängige erstmalige Festsetzung. Mit dem Antrag auf gerichtliche Kostenfestsetzung wird die Festsetzung durch den Kostenbeamten gegenstandslos (BayVGH in stRspr, zuletzt 18.8.2016 – 3 B 14.1431, BeckRS 2016, 50788; SG Karlsruhe 23.2.2016 – S 1 SF 568/16 E, BeckRS 2016, 67890; OLG Braunschweig 12.2.2016 – 1 Ws 365/15, JB 2016, 310 = BeckRS; BayLSG in stRspr, zuletzt 6.10.2015 – L 15 SF 323/14, BeckRS 2016, 72304; LSG BW 28.5.2015 – L 12 SF 1042/14 E, BeckRS 2015, 68841; KG 25.3.2015 – (1) 152 OJs 2/11 (4/11), NStZ-RR 2015, 360 = BeckRS 2015, 11728). Ist der Anspruch des Berechtigten abgetreten, ist der Abtretungsnehmer selbst antragsberechtigt (vgl. zB ThürLSG 24.8.2009 – L 6 B 248/08 SF, BeckRS 2010, 74149), aber natürlich nur in dem Umfang, den der Abtretende selbst erworben hat, → § 12 Rn. 14. Bei Heranziehung durch die Verwaltungsbehörde im Bußgeldverfahren → Rn. 8. 3

2. Form und Frist

Wie alle Erklärungen nach dieser Vorschrift ist der Antrag auf gerichtliche Festsetzung in der Form des Abs. 6 zu stellen, also zu Protokoll der Geschäftsstelle, schriftlich oder unter der Voraussetzung des § 4b in elektronischer Form (*Zimmermann P.* Rn. 38f., der allerdings nicht § 4b, sondern den gleich lautenden § 130a ZPO heranzieht; so jetzt auch *MHBOJ* Rn. 2; aA *Hartmann* Rn. 5, der Formlosigkeit unterstellt, was aber insbesondere im Hinblick auf den neu geschaffenen § 4b nicht haltbar sein dürfte). Anwaltszwang besteht nicht (Hamburgisches OVG 24.6.2010 – 3 So 146/09, NVwZ-RR 2010, 1000 = BeckRS 2010, 52853; *Hartmann* Rn. 11), jetzt ohnehin geklärt durch § 1 Abs. 5. Der **Antrag auf gerichtliche Festsetzung** ist an keine Frist gebunden; nur die Geltendmachung des Anspruchs selbst unterliegt der Frist des § 2 Abs. 1. Wird der Antrag aber erst nach unangemessen langer Zeit gestellt, kann **Verwirkung** eintreten; dazu → Rn. 11. Dem Antrag muss zu entnehmen sein, dass nicht nur die Anweisung der Vergütung oder Entschädigung, sondern deren gerichtliche Festsetzung begehrt wird. Dies ist anzunehmen, wenn der Berechtigte gegen die Berechnung und Anweisung durch den Anweisungsbeamten Einwendungen erhebt. Der Antrag auf gerichtliche Festsetzung kann bereits mit dem Vergütungs- oder Entschädigungsantrag gestellt werden; in diesem Fall unterbleibt die Anweisung im Verwaltungsverfahren (*MHBOJ* Rn. 5). Auch der Anweisungsbeamte kann beim Gericht dessen Festsetzung von Amts wegen anregen (*MHBOJ* Rn. 6). Das zu prüfende **Rechtsschutzbedürfnis** fehlt der Staatskasse nicht, auch wenn der Kostenschuldner die festgesetzte Vergütung oder Entschädigung bereits gezahlt hat, weil der Kostenschuldner die Angemessenheit der erfolgten Zahlung im Festsetzungsverfahren nach § 66 GKG, § 57 FamGKG, § 81 GNotKG angreifen kann (BGH NJW-RR 2012, 311; AG Hamburg 18.4.2017 – 67c IN 332/14, NZI 2017, 415 = BeckRS 2017, 107676; *MHBOJ* Rn. 8 mwN; aA OLG Bamberg JB 1978, 1728; einschränkend *Hart-* 4 *mann* Rn. 7). Das Rechtsschutzbedürfnis fehlt aber einem Antragsteller, der verfahrensfremde Ziele verfolgt (SG Berlin 30.1.1995 – S 67 (S 48 Vs 873/91) ZF 30/93, Ls.).

3. Festsetzung durch Beschluss

5 **a) Zuständigkeit.** Die gerichtliche Entscheidungszuständigkeit ist in Nr. 1 bis 4 recht klar geregelt. Gemäß Abs. 1 Satz 2 Nr. 2 geht mit Erhebung der öffentlichen Klage die Festsetzungszuständigkeit auch bezüglich der Ansprüche, die durch **Heranziehung im Ermittlungsverfahren** entstanden sind, auf das für das Hauptverfahren zuständige Gericht über (BGH 25.8.2004 – 2 ARs 280/04, BeckRS 2004 30344073). Erfolgt die Heranziehung durch den ersuchten Richter, hat dieser festzusetzen (OLG Saarbrücken JB 1990, 107). Wegen der Besetzung eines Kollegialgerichts → Rn. 18. Bei Heranziehung durch den **Rechtspfleger** hat dieser festzusetzen, § 4 Abs. 1 RPflG. Bei eigenständiger Heranziehung eines Berechtigten durch die **Polizei als Ermittlungsbeamte** nach § 152 GVG besteht kein Festsetzungsanspruch, weil ein Entschädigungsanspruch nach dem JVEG nicht besteht, § 1 Abs. 1 Nr. 1; der Anspruch ist vielmehr im **Verwaltungsverfahrensweg** geltend zu machen (OLG Zweibrücken NJW 1997, 2692).

6 **b) Einzelheiten des Verfahrens.** Im gerichtlichen Festsetzungsverfahren ist nur den an diesem Beteiligten, auch der Staatskasse, **rechtliches Gehör** zu gewähren (OLG Düsseldorf Rpfleger 1988, 116), nicht aber den übrigen Verfahrensbeteiligten. Wegen der Wirkung des gerichtlichen Festsetzungsverfahrens auf die Prozessparteien → Rn. 20. Im Beschluss ist eine **Gesamtsumme in Euro** festzusetzen (ThürLSG 28.2.2018 – L 1 JVEG 428/16, BeckRS 2018, 3499; OLG Düsseldorf 2.6.2016 – 10 W 77/16, BeckRS 2016, 11208; OLG Celle JB 2005, 657 m. zust. Anm. *Bund*). Teilfestsetzungen zB lediglich bezüglich der Honorargruppeneinstufung erledigen das Festsetzungsverfahren nicht (ThürLSG 28.2.2018 – L 1 JVEG 428/16, BeckRS 2018, 3499; OLG Düsseldorf 18.1.2018 – I-10 W 2/18, BeckRS 2018, 1392; OLG München JB 1996, 321). Nach § 2 Abs. 1 ist die Festsetzung durch die vom Berechtigten geltend gemachte **Gesamthöhe der Vergütung oder Entschädigung** begrenzt, (SG Karlsruhe 23.2.2016 – S 1 SF 568/16 E, BeckRS 2016, 67890; BayLSG in stRspr, zuletzt 6.10.2015 – L 15 SF 323/14 BeckRS 2016, 72304; ThürLSG in stRspr, zuletzt 11.11.2015 – L 6 JVEG 581/15, BeckRS 2015, 73295). In diesem Rahmen kann das Gericht aber einzelne Berechnungselemente der Kostenrechnung höher als der Berechtigte ansetzen (OVG Sachsen-Anhalt 14.8.2017 – 2 L 98/13, BeckRS 2017, 131931; ThürLSG 3.9.2012 – L 6 SF 958/12, BeckRS 2012, 73215; BayLSG 26.6.2012 – L 15 SF 423/09, BeckRS 2012, 71205 und 11.3.2004 – L 6 SF 980/03, BeckRS 2004, 31404397; inzident auch SG Karlsruhe 17.12.2010 – S 1 KO 5307/10, NZS 2011, 240 = BeckRS 2011, 66371). Ein **Verschlechterungsverbot** (Verbot der reformatio in peius) gegenüber dem vom Anweisungsbeamten angewiesenen Betrag besteht nicht (einhellige Meinung, zB SG Frankfurt a. M. 11.4.2018 – S 7 SF 73/16 K, BeckRS 2018, 8879; SG Karlsruhe in stRspr, zuletzt 2.8.2016 – S 1 KO 2507/16, BeckRS 2016, 71629; BayLSG in stRspr, zuletzt 6.10.2015 – L 15 SF 323/14 BeckRS 2016, 72304; ThürLSG in stRspr, zuletzt 12.1.2016 – L 6 JVEG 1379/15, BeckRS 2016, 65707; SächsLSG in stRspr, zuletzt 10.3.2015 – L 8 SF 99/13 E, BeckRS 2015, 68203; LSG Bln-Bbg 27.3.2017 – L 2 SF 114/16 E, BeckRS 2017, 106035; VG Bremen 3.3.2009 – 5 E 20/09, BeckRS 2010, 53271; LSG Nieder-

sachsen NZS 2002, 224; OLG Karlsruhe Justiz 1987, 384), auch keine Bindung des Richters an Stellungnahmen, die er im Rahmen des Verwaltungsverfahrens gegenüber dem Anweisungsbeamten abgegeben hat (OLG München NJW-RR 1997, 768). Da der Festsetzungsbeschluss nicht in Rechtskraft erwächst, kann eine **nachträgliche Abänderung** durch das Gericht zu Ungunsten des Berechtigten erfolgen, zB zum Nachteil eines Sachverständigen, wenn sich auf Grund neuer Tatsachenerkenntnisse herausstellt, dass ihm wegen Unverwertbarkeit des Gutachtens eine Vergütung nicht zusteht (OLG Düsseldorf JB 1996, 323). Zu den Einzelheiten der Festsetzung bei der **Besonderen Vergütung nach § 13** → § 13 Rn. 20ff.

c) Zustellungserfordernis. Die förmliche Zustellung des Festsetzungsbeschlusses ist bei Entscheidung des Rechtspflegers geboten, wenn der Beschwerdewert nicht erreicht ist, weil dann die sofortige Erinnerung nach § 11 Abs. 2 Satz 1 RPflG eröffnet ist; im Übrigen ist eine Zustellung nicht erforderlich, weil die Beschwerde nach Abs. 3 nicht befristet ist und der Festsetzungsbeschluss keinen Vollstreckungstitel nach § 329 Abs. 3 ZPO darstellt (*MHBOJ* Rn. 12a; aA *Hartmann* Rn. 19 unter falscher Berufung auf LG Göttingen Rpfleger 2001, 30). 7

IV. Gerichtliche Festsetzung bei Heranziehung des Berechtigten durch die Verwaltungsbehörde im Bußgeldverfahren (Abs. 2)

Die Festsetzung erfolgt zunächst durch die Verwaltungsbehörde. Gegen diese kann nur der Berechtigte die gerichtliche Festsetzung beantragen, nicht jedoch die Staatskasse. Die Verwaltungsbehörde hat nach §§ 62 Abs. 2 OWiG, 306 StPO die Abhilfeprüfung vorzunehmen und ansonsten den Antrag vor Ablauf von drei Tagen dem Amtsgericht vorzulegen. Das Amtsgericht setzt die Ansprüche des Berechtigten durch nicht anfechtbaren Beschluss fest, § 62 OWiG. Unter den Voraussetzungen des § 4a ist die Gehörsrüge zulässig, dazu die Kommentierung des mit § 4a gleichlautenden § 69a GKG. 8

V. Beschwerde (Abs. 3)

1. Fälle der generellen Unzulässigkeit

Gegen die gerichtliche Festsetzung bei Heranziehung des Berechtigten durch die Verwaltungsbehörde im Bußgeldverfahren ist die Beschwerde nicht zulässig, → Rn. 8, auch nicht gegen eine gerichtliche Festsetzung durch ein OLG, LAG, OVG/VGH, LSG oder FG, Abs. 4 Satz 2. 9

2. Verhältnis zum Vorabentscheidungsverfahren nach § 9 Abs. 1 Satz 6

Einem Sachverständigen, der im Vorabentscheidungsverfahren bereits Beschwerde eingelegt hatte, stehen im Festsetzungsverfahren nach dieser Vorschrift die Rechtsbehelfe nach Abs. 3 und 5 uneingeschränkt offen (KG 14.3.2011 – 1 Ws 16/11, BeckRS 2011, 20089; OLG Celle 26.10.2007 – 2 W 102/07, BeckRS 2007, 19345; OLG Stuttgart NStZ 2006, 241 = Justiz 2005, 436; unrichtig 10

Hartmann § 9 Rn. 27 und offensichtlich unter stillschweigender Berufung auf diesen *Zimmermann P.* Rn. 16, die den Verlust des Beschwerderechts eines Sachverständigen im (Gesamt-)Festsetzungsverfahren nach § 4 Abs. 3 annehmen, wenn dieser bereits im Vorabentscheidungsverfahren nach § 9 Abs. 1 Satz 5 Beschwerde eingelegt hatte).

3. Zulässigkeitsvoraussetzungen im Übrigen

11 **a) Beschwerdebegründung, Beschwerdefrist und Verwirkung.** Eine Beschwerdebegründung oder die Stellung bestimmter Anträge ist nicht erforderlich. Eine Beschwerdefrist ist, unabhängig von anderweitigen Regelungen in Verfahrensordnungen, die für das zugrunde liegende Verfahren gelten – zB dem SGG –, nicht einzuhalten, § 1 Abs. 5 (Schleswig-Holsteinisches LSG 14.10.2015 – L 5 AR 98/15 B KO, NZS 2016, 160 = BeckRS 2015, 73609; BayLSG 21.12.2011 – L 15 SF 208/10 B E, BeckRS 2012, 66278; aA unter Verkennung des § 1 Abs. 1 Satz 2 LSG RhPf 3. 9 2009 – L 6 R 303/09 B, NZS 2010, 295 = BeckRS 2010, 65747), das die Monatsfrist des § 173 Satz 1 SGG ergänzend heranziehen will. Bezüglich des Beschwerderechts kann jedoch **Verwirkung** eintreten, wenn der Berechtigte die Beschwerde erst nach unverhältnismäßig langer Zeit einlegt und sich der Gegner auf die erste Entscheidung verlassen hat und verlassen durfte. Allein wegen des Zeitmoments ohne Hinzutreten eines Umstandsmoments kann eine Verwirkung nicht eintreten (ThürLSG 9.12.2014 – L 6 SF 723/14 E, BeckRS 2015, 66761: keine Verwirkung allein durch Zeitablauf von 30 Monaten; OLG Koblenz JB 2000, 210; OLG Köln JB 1999, 320; OLG Koblenz JB 1986, 419: jeweils Verwirkung nach 18 Monaten; OLG Saarbrücken JB 1989, 1465).

12 **b) Wertbeschwerde (Abs. 3 Alt. 1).** Wo die Beschwerde nicht generell ausgeschlossen ist, → Rn. 9, ist sie nach Alt. 1 bei einem Beschwerdewert von mehr als 200 Euro zulässig. Da die Beschwerde nicht begründet werden muss, → Rn. 11, ist im Zweifel von einer Gesamtanfechtung der Festsetzung der ersten Instanz auszugehen, wenn sich eine Beschränkung nicht aus den Umständen wie einer Beschwerdebegründung oder einem Beschwerdeantrag ergibt. Auch bei einer Festsetzung durch den **Rechtspfleger** ist zunächst die Beschwerde nach Abs. 3 gegeben, § 11 Abs. 1 RPflG. Soweit in diesem Fall aber die Beschwerdevoraussetzungen nach dieser Vorschrift nicht gegeben sind, ist die **sofortige Erinnerung** nach § 11 Abs. 2 Satz 1 RPflG in der Frist von zwei Wochen zulässig; über diese entscheidet im Falle der Nichtabhilfe der Richter des gleichen Gerichts. Der **Beschwerdewert** errechnet sich für jede Heranziehung des Berechtigten gesondert aus der Differenz des festgesetzten zum erstrebten Betrag; eine geltend gemachte Umsatzsteuer erhöht den Beschwerdewert, da das Beschwerdeziel unabhängig von seiner Begründetheit zu Grunde zu legen ist (einschränkend *MHBOJ* Rn. 15 c: Erhöhung nur dann, wenn dem Grunde nach die Erstattungsvoraussetzungen für die Umsatzsteuer nach § 12 Abs. 1 Nr. 4 vorliegen). Eine Beschwerde kann nicht dadurch „zulässig gemacht" werden, dass im zweitinstanzlichen Verfahren eine **Erweiterung des in erster Instanz Beantragten** erfolgt, um so den Beschwerdewert zu erreichen (BayLSG 3.8.2012 – L 15 SF 139/12 B NZB, BeckRS 2012, 72128 mwN). Allerdings muss der Beschwerdewert auch noch zum Zeitpunkt der Entscheidung des Beschwerdegerichts, nicht nur zum Zeitpunkt der Beschwerdeeinlegung erreicht sein, so dass eine ursprünglich zulässige Beschwerde bei **Teilabhilfe durch die Vorinstanz** unzulässig werden kann (OLG Karlsruhe JB 1994, 180 = Justiz 1993, 411).

c) Zugelassene Beschwerde (Abs. 3 Alt. 2). Auch wenn der Beschwerdewert von mehr als 200 Euro nach Alt. 1 nicht erreicht ist, ist die Beschwerde dann zulässig, wenn sie das Gericht, dessen Beschluss angefochten wird, wegen der grundsätzlichen Bedeutung der zur Entscheidung stehenden Frage zugelassen hat. Auch der Rechtspfleger ist Gericht in Sachen, in denen er nach § 4 Abs. 1 festsetzt. Aus dem Gesetzeswortlaut ergibt sich, dass die Zulassung der Beschwerde nur **in dem angefochtenen Beschluss selbst** und nicht nachträglich erfolgen kann (OLG Stuttgart NStZ 2006, 241 = Justiz 2005, 436; *MHBOJ* Rn. 15 e); eine nachträgliche Zulassung ist für das Beschwerdegericht nicht bindend (OLG München 5.7.2006 – 11 W 1704/06, BeckRS 2007, 16271; *MHBOJ* Rn. 15 e). Ein Beschluss kann aber nach § 319 ZPO berichtigt werden, wenn die Zulassung beschlossen, aber versehentlich nicht in den Beschluss aufgenommen worden, das Versehen nach außen hervorgetreten und selbst für Dritte deutlich ist (BGH NJW 2004, 2389). Eine Nichtzulassungsbeschwerde für den Fall, dass das Ausgangsgericht die Beschwerde nicht zugelassen hat, kennt das JVEG nicht (BayLSG 30.9.2015 – L 15 SF 218/15, BeckRS 2015, 72472). 13

d) Unanfechtbare Entscheidungen. Gegen **unanfechtbare Entscheidungen** ist die Gehörsrüge nach Maßgabe des § 4a zulässig, dazu die Kommentierung des mit § 4a gleichlautenden → § 69a GKG. 14

4. Beschwerdeform und Beschwerdeverfahren

Die Beschwerde ist in der Form des Abs. 6 bei dem Gericht einzulegen, dessen Entscheidung angefochten wird. Anwaltszwang besteht nicht (*Hartmann* Rn. 25), auch → GKG § 66 Rn. 44. Nur bei einer **zulässigen Beschwerde** hat die Vorinstanz die **Abhilfeprüfung** nach Abs. 4 Satz 1 vorzunehmen. Falls der Vergütungsantrag des gerichtlichen Sachverständigen und seine Beschwerde gegen die Rechnungskürzung substantielle Sachargumente enthalten, muss die Nichtabhilfeentscheidung erkennen lassen, dass das Gericht diese Argumente zur Kenntnis genommen, geprüft, berücksichtigt und gewürdigt hat. Fehlt es daran, ist das Grundrecht des Sachverständigen auf rechtliches Gehör verletzt, was unter Aufhebung der inhaltlich unzureichenden Nichtabhilfeentscheidung zur Rückgabe in die erste Instanz führen kann (OLG Koblenz 21.11.2014 – 14 W 693/14, JB 2015, 156 = BeckRS 2014, 22174). Soweit nicht abgeholfen wird, hat die Vorinstanz die Beschwerde unverzüglich dem Beschwerdegericht vorzulegen. **Beschwerdegericht** ist nach Abs. 4 Satz 2 immer das **nächsthöhere Gericht,** also das Landgericht auch dann, wenn das Amtsgericht als **Familiengericht** entschieden hat (BT-Drs. 15/1971, 180; OLG Frankfurt in stRspr, zuletzt 21.6.2017 – 4 WF 123/17, BeckRS 2017, 126076; OLG Nürnberg 9.8.2016 – 7 WF 991/16, FamRZ 2017, 470 = BechRS 2016, 17553; OLG Celle in stRspr, zuletzt 30.4.2013 – 10 WF 122/13, NJW-RR 2013, 961; Schleswig-Holsteinisches OLG 8.3.2011 – 15 WF 76/11, BeckRS 2011, 13742; OLG München FamRZ 2011, 844; LG Münster 31.1.2011 – 5 T 681/10, BeckRS 2011, 19104; KG FamRZ 2008, 1101; Brandenburgisches OLG FamRZ 2006, 141; *Zöller* § 119 GVG Rn. 8; aA weiter unbeirrt *Hartmann* Rn. 28 und nunmehr auch OLG Koblenz 5.2.2014 – 13 WF 43/14, MDR 2014, 476 = BeckRS 2014, 04016). Dies folgt daraus, dass § 66 Abs. 3 Satz 2 GKG für Kostenbeschwerden in den § 119 Abs. 1 Nr. 1, Abs. 2 und 3 GVG betreffenden Sachen das OLG als Beschwerdegericht bezeichnet, § 4 Abs. 4 Satz 2 JVEG aber nicht. Die Zuständigkeit des Landgerichts ist auch bei sofortigen Beschwerden 15 gegen die Zurückweisung eines **Ablehnungsgesuchs** gegen den mit der gerichtlichen Festsetzung nach § 4 JVEG befassten Familienrichter gegeben (OLG Celle 30.4.2013 – 10 WF 122/13, NJW-RR 2013, 961). Beim Beschwerdegericht besteht eine **Bindung an die Beschwerdezulassung;** das Beschwerdegericht muss also auch dann entscheiden, wenn die Sache aus seiner Sicht keine grundsätzliche Bedeutung hat. Eine Nichtzulassungsbeschwerde findet nicht statt, Abs. 4 Satz 3 (vgl. auch BayLSG 3.8.2012 – L 15 SF 139/12 B NZB, BeckRS 2012, 72128 und 27.6.2012 – L 15 SF 45/12, BeckRS 2012, 71463). Zur Besetzung des Beschwerdegerichts → Rn. 18.

16 Im Gegensatz zur erstmaligen gerichtlichen Vergütungsfestsetzung nach Abs. 1 Satz 1 **gilt im Beschwerdeverfahren das Verschlechterungsverbot** (Verbot der reformatio in peius) mit der Folge, dass der von der Vorinstanz festgesetzte Betrag nicht zum Nachteil des Beschwerdeführers geändert werden kann (OLG Karlsruhe 18.8.2014 – 7 W 44/14, BeckRS 2014, 17128; LSG NRW 6.5.2013 – L 15 SB 40/13 SB; ThürLSG 20.2.2008 – L 6 B 186/07 SF, BeckRS 2008, 54570 mwN und 7.7.2003 – L 6 B 13/03 SF, BeckRS 2003, 31041664; aA OLG Köln 13.1.2014 – 17 W 143/13, BeckRS 2014, 02438 und OLG Stuttgart 18.12.2012 – 5 Ws 63/12, BeckRS 2013, 00786, jeweils unter Bezugnahme auf *Hartmann* Rn. 32 und ohne eigene Begründung; Schleswig-Holsteinisches OLG JB 1985, 1374 = KRspr. § 16 ZSEG Nr. 83 Ls. m. abl. Anm. *Lappe;* LG Dortmund 20.7.2011 – 3 W 60/99, Rpfleger 1999, 441; *MHBOJ* Rn. 18; *Hartmann* Rn. 32, wobei sich die Literaturmeinungen mit Rechtsprechungszitaten begnügen; *Hartmann* führt dabei mit „OLG Karlsruhe OLGR 99, 403" = 23.6.1999 – 3 W 60/99, Rpfleger, 1999, 441 eine Entscheidung an, die sich lediglich mit der Nichtanwendung des Verschlechterungsverbots bei der ersten gerichtlichen Festsetzung nach Abs. 1 Satz 1 befasst). Das Beschwerdegericht hat aber alle für die Bemessung der Vergütung maßgeblichen Umstände zu überprüfen, unabhängig davon, ob sie der Beschwerdeführer angegriffen hat (BayLSG 17.12.2013 – L 15 SF 275/13, BeckRS 2014, 65443; ThürLSG in stRspr, zuletzt 3.3.2014 – L 6 SF 1725/13, BeckRS 2014, 68615 mwN).

VI. Weitere Beschwerde (Abs. 5)

17 Die Vorschrift ist inhaltsgleich mit § 66 Abs. 4 GKG, daher auch → GKG § 66 Rn. 61 ff. Die weitere Beschwerde ist nur zulässig, wenn sie das Beschwerdegericht wegen der grundsätzlichen Bedeutung der zur Entscheidung stehenden Frage zugelassen hat. Da Abs. 5 Satz 4 auf Abs. 4 Satz 1 verweist, kann auch die Zulassung der weiteren Beschwerde nur in dem angefochtenen Beschluss selbst und nicht nachträglich erfolgen, → Rn. 13. Sie kann auf **Teile des Streitstoffs** beschränkt werden, wobei sich die Beschränkung eindeutig zumindest aus den Entscheidungsgründen ergeben muss (BGH 12.4.2011 – II ZB 14/10, NJW 2011, 2371 = BeckRS 2011, 14701; OLG Braunschweig 10.4.2017 – 4 W 1/16, BeckRS 2017, 121169, und 6.10.2016 – 2 W 62/15, BeckRS 2016, 19044; *Hartmann* Rn. 33). Beim Gericht der weiteren Beschwerde besteht eine **Bindung an die Zulassung;** eine Nichtzulassungsbeschwerde findet nicht statt. Wegen Form, Frist, Anwaltszwang, Verwirkung gelten die gleichen Grundsätze wie bei der Beschwerde, deshalb → Rn. 15 f. Auch die weitere Beschwerde ist nicht fristgebunden, § 4 Abs. 5, und unterliegt der Abhilfeprüfung nach Abs. 4 Satz 1. Der weiteren Beschwerde muss das **begehrte Ergebnis** zu entnehmen sein; eine besondere Be-

gründung der behaupteten Rechtsverletzung ist nicht erforderlich. Abs. 5 Satz 4 verweist auf die **Revisionsrechtsvorschriften** des § 546 ZPO (Definition der Rechtsverletzung) und des § 547 ZPO (absolute Revisionsgründe, bei denen auch im Verfahren der weiteren Beschwerde eine Rechtsverletzung unwiderleglich vermutet wird). Abs. 7 Satz 4 schließt die **Besetzungsrüge** als Grund der weiteren Beschwerde aus. Das Gericht der weiteren Beschwerde hat von dem im Beschwerdeverfahren **festgestellten Sachverhalt** auszugehen; fehlen solche Feststellungen, ist die Beschwerdeentscheidung aufzuheben, Abs. 5 Satz 4 iVm § 547 Abs. 3 ZPO (BGH NJW 2002, 2648 zu § 576 ZPO). Eine **Ermessensentscheidung** kann nur auf Ermessensüberschreitung, Ermessensunterschreitung oder Ermessensfehlgebrauch überprüft werden; die Handhabung des Ermessens ist der Nachprüfung des OLG grundsätzlich entzogen (OLG Düsseldorf 13.11.2017 – 2 Ws 455/17, BeckRS 2017, 132800; OLG Bamberg NStZ-RR 2005, 359; OLG Frankfurt NStZ-RR 2005, 392; OLG Dresden 13.10.2005 – 3 Ws 49/05, BeckRS 2005, 13429).

VII. Entscheidungen durch Kollegialgerichte (Abs. 7)

Nach Satz 3 entscheidet das Gericht immer ohne Mitwirkung der ehrenamtlichen Richter. Bei einer **Festsetzung von Amts wegen** entscheidet die Kammer oder der Senat in voller Berufsrichterbesetzung (LSG BW Justiz 2005, 91). Nur über einen **Antrag auf gerichtliche Festsetzung** entscheidet ein Mitglied als Einzelrichter, ebenso über die Beschwerde, wenn in der Vorinstanz ein Einzelrichter oder der Rechtspfleger entschieden hat, ansonsten die Kammer oder der Senat (OLG Stuttgart 13.2.2009 – 4 Ws 267/08, BeckRS 2009, 06033). Entscheidet entgegen Satz 1 statt des Einzelrichters die Kammer oder der Senat, ohne dass das Verfahren nach Satz 2 auf diese übertragen worden ist, leidet die Entscheidung an einem unheilbaren Verfahrensmangel, weil sie den Beteiligten den gesetzlichen Richter entzieht (OLG Celle 5.7.2007 – 6 W 54/07, BeckRS 2008, 00051). Über eine Beschwerde, die sich gegen einen Beschluss der kleinen Strafkammer richtet, den der Vorsitzende außerhalb der Hauptverhandlung ohne Mitwirkung der Schöffen erlassen hat, entscheidet der Einzelrichter des Strafsenats (KG 24.1.2014 – 1 Ws 1/14, NStZ-RR 2014, 32 = BeckRS 2014, 19264; aA OLG Düsseldorf 5.1.2007 – III-3 Ws 574/06, BeckRS 2007, 01956), bei der Beschwerde gegen einen Beschluss des Vorsitzenden einer Kammer für Handelssachen der Einzelrichter des Senats (OLG Dresden 8.10.2009 – 3 W 1016/09, BeckRS 2009, 87442). Die Übertragung des Verfahrens durch den Einzelrichter auf die Kammer oder den Senat erfolgt unter den Voraussetzungen des Satzes 2. Da nach Abs. 7 Satz 2 der Einzelrichter eine Sache bei grundsätzlicher Bedeutung zwingend auf die Kammer übertragen muss, hätte er nicht allein entscheiden dürfen, wenn er in seiner Entscheidung dennoch die weitere Beschwerde zulässt. Unter Aufgabe der bis zur *3. Aufl.* vertretenen Meinung ist eine derartige Entscheidung objektiv willkürlich und verstößt gegen das Verfassungsgebot des gesetzlichen Richters nach Art. 101 Abs. 1 Satz 2 GG. Dabei handelt es sich um einen stets beachtlichen unheilbaren Verfahrensfehler, der zwingend von Amts wegen zu berücksichtigen ist (OLG Karlsruhe 16.9.2015 – 15 W 57/15, NZI 2016, 324 = BeckRS 2016, 03529; OLG Celle 26.8.2014 – 10 W 3/14 FamRZ 2015, 438 = BeckRS 2014, 17016; jeweils unter Berufung auf die stRspr. des BGH zu § 568 ZPO, dort zuletzt 28.6.2012 – IX ZB 298/11, BeckRS 2012, 15360). Über die weitere Beschwerde entscheidet der Senat in Berufsrichterbesetzung. 18

VIII. Gebühren, Kosten, Auslagen (Abs. 8)

19 Alle Verfahren nach § 4 sind gebührenfrei; in keinem Verfahren sind Kosten zu erstatten. Über die Tragung etwa entstandener **Auslagen** muss das Gericht entscheiden (LG Koblenz FamRZ 1998, 1456).

IX. Verhältnis der Entscheidungen nach § 4 zum Kostenschuldner (Abs. 9)

20 Die Vorschrift stellt klar, dass Entscheidungen nach § 4 zwar zu Gunsten des Kostenschuldners wirken, weil sie in diesen Fällen beim Kostenansatz zu berücksichtigen sind, aber nie zu dessen Lasten. Beim Festsetzungsverfahren sind nur der Berechtigte und die Staatskasse beteiligt, nicht jedoch die Beteiligten des Hauptverfahrens (OLG Sachsen-Anhalt 24.10.2011 – 10 W 47/11, BeckRS 2012, 02508; ThürLSG 9.2.2010 – L 6 SF 2/10, BeckRS 2012, 02508). Letzteren steht bezüglich der im Kostenansatz enthaltenen Auslagen nach dem JVEG die Erinnerung oder Beschwerde gegen den Kostenansatz nach §§ 66 GKG, 57 FamGKG, 81 GNotKG offen; für den Kostenansatz entfaltet das Verfahren nach § 4 keine Bindungswirkung (BayVGH 24.4.2018 – 22 C 17.1272; ThürLSG 28.2.2018 – L 1 JVEG 428/16, BeckRS 2018, 6918; OLG Frankfurt 18.9.2017 – 6 WF 133/17, BeckRS 2017, 139926; VG Halle 21.7.2014 – 5 A 162/13, JB 2014, 546 = BeckRS 2014, 55013; BGH FamRZ 2011, 1937; BayVGH 12.6.2008 – 21 C 07 3404, BeckRS 2008, 28053; Brandenburgisches OLG FamRZ 2007, 235; OLG Koblenz JB 2006, 213 Ls.); auch → GKG § 66 Rn. 40. Nach § 4 festgesetzte Ansprüche werden im Kostenansatzverfahren unter den Voraussetzungen der §§ 21 GKG, 21 GNotKG und 20 FamGKG nicht erhoben (OLG Hamm 30.6.2016 – 6 WF 79/16, NZFam 2016, 1001 mAnm Dörndorfer = BeckRS 2016, 16865). Dies setzt aber nach § 8a Abs. 2 Satz 2 voraus, dass die Leistung ganz oder teilweise nicht berücksichtigt worden ist, auch → § 8a Rn. 13. Über die Beschwerde nach § 57 FamGKG entscheidet in Familiensachen das OLG (OLG Nürnberg 9.8.2016 – 7 WF 991/16, FamRZ 2017, 470 = BeckRS 2016, 17553).

§ 4a Abhilfe bei Verletzung des Anspruchs auf rechtliches Gehör

(1) **Auf die Rüge eines durch die Entscheidung nach diesem Gesetz beschwerten Beteiligten ist das Verfahren fortzuführen, wenn**
1. **ein Rechtsmittel oder ein anderer Rechtsbehelf gegen die Entscheidung nicht gegeben ist und**
2. **das Gericht den Anspruch dieses Beteiligten auf rechtliches Gehör in entscheidungserheblicher Weise verletzt hat.**

(2) **[1]Die Rüge ist innerhalb von zwei Wochen nach Kenntnis von der Verletzung des rechtlichen Gehörs zu erheben; der Zeitpunkt der Kenntniserlangung ist glaubhaft zu machen. [2]Nach Ablauf eines Jahres seit Bekanntmachung der angegriffenen Entscheidung kann die Rüge nicht mehr erhoben werden. [3]Formlos mitgeteilte Entscheidungen gelten mit dem dritten Tage nach Aufgabe zur Post als bekannt gemacht. [4]Die Rüge ist bei dem Gericht zu erheben, dessen Entscheidung angegriffen wird; § 4**

Abs. 6 Satz 1 und 2 gilt entsprechend. [5]Die Rüge muss die angegriffene Entscheidung bezeichnen und das Vorliegen der in Absatz 1 Nr. 2 genannten Voraussetzungen darlegen.

(3) **Den übrigen Beteiligten ist, soweit erforderlich, Gelegenheit zur Stellungnahme zu geben.**

(4) **[1]Das Gericht hat von Amts wegen zu prüfen, ob die Rüge an sich statthaft und ob sie in der gesetzlichen Form und Frist erhoben ist. [2]Mangelt es an einem dieser Erfordernisse, so ist die Rüge als unzulässig zu verwerfen. [3]Ist die Rüge unbegründet, weist das Gericht sie zurück. [4]Die Entscheidung ergeht durch unanfechtbaren Beschluss. [5]Der Beschluss soll kurz begründet werden.**

(5) **Ist die Rüge begründet, so hilft ihr das Gericht ab, indem es das Verfahren fortführt, soweit dies aufgrund der Rüge geboten ist.**

(6) **Kosten werden nicht erstattet.**

Die Vorschrift ist in ihrem Regelungsgehalt identisch mit § 69a GKG. Deshalb wird auf die Erläuterungen zu § 69a GKG Bezug genommen. 1

§ 4b Elektronische Akte, elektronisches Dokument

In Verfahren nach diesem Gesetz sind die verfahrensrechtlichen Vorschriften über die elektronische Akte und über das elektronische Dokument anzuwenden, die für das Verfahren gelten, in dem der Anspruchsberechtigte herangezogen worden ist.

Durch das 2. KostRMoG sind alle kostenrechtlichen Regelungen zur elektronischen Akte und zum elektronischen Dokument durch eine allgemeine Verweisung auf die jeweiligen verfahrensrechtlichen Regelungen für das zugrunde liegende Verfahren ersetzt worden. Damit ist sichergestellt, dass für die kostenrechtlichen Verfahren die gleichen Grundsätze wie für das Verfahren zur Hauptsache gelten (BT-Drs. 17/11471 S. 155f. zu § 7 GNotKG). 1

§ 4c Rechtsbehelfsbelehrung

Jede anfechtbare Entscheidung hat eine Belehrung über den statthaften Rechtsbehelf sowie über die Stelle, bei der dieser Rechtsbehelf einzulegen ist, über deren Sitz und über die einzuhaltende Form zu enthalten.

Die Vorschrift ist in ihrem Regelungsgehalt identisch mit § 5b GKG. Deshalb wird auf die Erläuterungen zu § 5b GKG Bezug genommen; → GKG § 5b Rn. 1ff. 1

Abschnitt 2. Gemeinsame Vorschriften

§ 5 Fahrtkostenersatz

(1) **Bei Benutzung von öffentlichen, regelmäßig verkehrenden Beförderungsmitteln werden die tatsächlich entstandenen Auslagen bis zur Höhe der entsprechenden Kosten für die Benutzung der ersten Wagenklasse der Bahn einschließlich der Auslagen für Platzreservierung und Beförderung des notwendigen Gepäcks ersetzt.**

(2) [1]**Bei Benutzung eines eigenen oder unentgeltlich zur Nutzung überlassenen Kraftfahrzeugs werden**

1. **dem Zeugen oder dem Dritten (§ 23) zur Abgeltung der Betriebskosten sowie zur Abgeltung der Abnutzung des Kraftfahrzeugs 0,25 Euro,**
2. **den in § 1 Abs. 1 Satz 1 Nr. 1 und 2 genannten Anspruchsberechtigten zur Abgeltung der Anschaffungs-, Unterhaltungs- und Betriebskosten sowie zur Abgeltung der Abnutzung des Kraftfahrzeugs 0,30 Euro**

für jeden gefahrenen Kilometer ersetzt zuzüglich der durch die Benutzung des Kraftfahrzeugs aus Anlass der Reise regelmäßig anfallenden baren Auslagen, insbesondere der Parkentgelte. [2]**Bei der Benutzung durch mehrere Personen kann die Pauschale nur einmal geltend gemacht werden.** [3]**Bei der Benutzung eines Kraftfahrzeugs, das nicht zu den Fahrzeugen nach Absatz 1 oder Satz 1 zählt, werden die tatsächlich entstandenen Auslagen bis zur Höhe der in Satz 1 genannten Fahrtkosten ersetzt; zusätzlich werden die durch die Benutzung des Kraftfahrzeugs aus Anlass der Reise angefallenen regelmäßigen baren Auslagen, insbesondere die Parkentgelte, ersetzt, soweit sie der Berechtigte zu tragen hat.**

(3) **Höhere als die in Absatz 1 oder Absatz 2 bezeichneten Fahrtkosten werden ersetzt, soweit dadurch Mehrbeträge an Vergütung oder Entschädigung erspart werden oder höhere Fahrtkosten wegen besonderer Umstände notwendig sind.**

(4) **Für Reisen während der Terminsdauer werden die Fahrtkosten nur insoweit ersetzt, als dadurch Mehrbeträge an Vergütung oder Entschädigung erspart werden, die beim Verbleiben an der Terminsstelle gewährt werden müssten.**

(5) **Wird die Reise zum Ort des Termins von einem anderen als dem in der Ladung oder Terminsmitteilung bezeichneten oder der zuständigen Stelle unverzüglich angezeigten Ort angetreten oder wird zu einem anderen als zu diesem Ort zurückgefahren, werden Mehrkosten nach billigem Ermessen nur dann ersetzt, wenn der Berechtigte zu diesen Fahrten durch besondere Umstände genötigt war.**

I. Allgemeines

1 Zweck der Vorschrift ist die Deckelung des Fahrtkostenersatzes. Sie gilt einheitlich für alle Berechtigte ohne Rücksicht auf persönliche Verhältnisse und enthält lediglich in Abs. 2 bezüglich der Kilometerpauschale eine Differenzierung zwischen

Sachverständigen, Dolmetschern, Übersetzern und ehrenamtlichen Richtern einerseits und Zeugen sowie Dritten (§ 23) andererseits (unrichtig *Hartmann* Rn. 3, der einem Dritten nur bei Kfz-Benutzung, nicht allgemein nach Abs. 1 Kostenersatz bewilligen will). Anders als beim früheren § 9 ZSEG können Berechtigte jetzt zwischen öffentlichen Verkehrsmitteln und privatem Kraftfahrzeug (Abs. 2) frei wählen; ersetzt werden aber nur die Kosten für das **konkret benutzte Verkehrsmittel,** auch wenn bei der Wahl einer anderen grundsätzlich zulässigen Beförderungsart höhere Kosten entstanden wären (BayLSG 2.11.2012 – L 15 SF 82/12, NZS 2012, 800). Bei Benutzung öffentlicher Verkehrsmittel ist die Entschädigung durch die Kosten der ersten Wagenklasse der Bahn einschließlich Reservierungskosten und Kosten für notwendige Gepäckbeförderung begrenzt (BayLSG 14.1.2015 – L 15 SF 239/12 B, BeckRS 2015, 69016). **Ersatz wird nicht gewährt,** wenn Fahrtkosten tatsächlich nicht entstanden sind, so bei einem unentgeltlich in einem Kraftfahrzeug mitgenommenen Berechtigten (LG Traunstein JB 1996, 491), für eine Reise mit dem Kraftfahrzeug eines Dritten, der sämtliche Kosten einschließlich der Kraftstoffkosten trägt (*MHBOJ* Rn. 18), bei Nutzung einer Freifahrtberechtigung oder einer **Zeitkarte,** letztere auch nicht anteilig oder in Form fiktiver Kosten (BayLSG 31.7.2012 – L 15 SF 442/11 und 30.7.2012 – L 15 SF 439/11, BeckRS 2012, 72162). Zur BahnCard → Rn. 2. Bei **Fußweg oder Fahrradbenutzung** besteht kein Fahrtkostenersatzanspruch. Erfolgt eine notwendige Anreise zu einem Verhandlungstermin in **Verbindung mit einem Privataufenthalt** am Ort der mündlichen Verhandlung, besteht gleichwohl die Erstattungsfähigkeit der Reisekosten, wenn der Privataufenthalt lediglich „bei Gelegenheit" des Verhandlungstermins erfolgt und auf wenige Tage beschränkt ist (BVerwG NJW 2012, 1827).

II. Öffentliche Beförderungsmittel (Abs. 1)

Hierunter fallen Eisenbahn, Straßenbahn, Linienbus, -schiff, -flugzeug. Erstattet 2
werden generell die tatsächlich entstandenen Auslagen, wobei die Benutzungskosten für die **erste Klasse der Bahn** die Obergrenze bildet (zB OLG Stuttgart 10.3.2010 – 8 W 121/10, BeckRS 2010, 10799); eine Beschränkung auf die jeweils kostengünstigste Fahrkarte erfolgt nicht (BayLSG in stRspr, zuletzt 7.1.2015 – L 15 SF 210/14, BeckRS 2015, 67034). Tatsächlich entstandene **höhere Kosten,** insbesondere für eine Flugreise, für Liege- oder Schlafwagenbenutzung oder Reisekosten für eine Strecke ohne oder ohne durchgehende Bahnverbindung werden unter den Voraussetzungen des Abs. 3 erstattet (*Hartmann* Rn. 9), → Rn. 8–10. Auch **Platzreservierungskosten, Zuschläge** für zuschlagpflichtige Züge sowie Mehrkosten für das Lösen oder Nachlösen im Zug sind zu erstatten (*MHBOJ* Rn. 10). Kosten für **Gepäcktransport,** auch Gepäckträger, werden nur insoweit erstattet, als die Mitnahme von Gepäck (zB Akten oder Gerätschaften) notwendig war, Kosten für eine **Reisegepäckversicherung** nur dann, wenn sie ausschließlich für die konkrete Reise abgeschlossen worden ist. Kosten für den Erwerb einer **BahnCard** oder einer Zeitkarte sind auch nicht anteilig zu erstatten, weil sich diese nicht auf eine konkrete, sondern eine Vielzahl von Fahrten beziehen und deshalb der ersparte Teil der regulären Fahrtkosten ebenso wie die Fahrt mit einer aus anderem Anlass beschafften Zeitkarte (dazu → Rn. 1) zu behandeln ist (*MHBOJ* Rn. 9 mit ausführlicher Begründung; SG Karlsruhe 26.10.2017 – S 1 KO 3624/17, BeckRS 2017, 129769; BayLSG in stRspr, zuletzt 23.2.2016 – L 15 RF 35/15,

BeckRS 2016, 67090; OLG Düsseldorf 7.4.2009 – 10 W 32/09, BeckRS 2009, 10789; aA OLG Koblenz Rpfleger 1994, 85, das dem ermäßigten Fahrpreis einen geschätzten Erwerbskostenanteil der BahnCard zuschlagen will; *Hartmann* Rn. 7, wenn die Anteile für die gesamte Geltungsdauer der Karte bereits errechenbar sind; OLG Hamm Rpfleger 1996, 352 = JB 1996, 598 will bei Erwerb einer Bahncard zugleich mit der Fahrkarte die Kosten der Bahncard anteilig bis zur Höhe des vollen Fahrpreises erstatten). Als **Nachweis der Fahrtkosten** hat der Berechtigte idR die gelösten Fahrscheine vorzulegen; ist dies nicht mehr möglich, reicht regelmäßig die Versicherung der Richtigkeit der Angaben eines Antragstellers für die Nachweisführung aus, wenn nicht Gesichtspunkte offensichtlich sind, die an der Richtigkeit der gemachten Angaben Zweifel wecken (BayLSG 11.2.2014 – L 15 SF 256/12, BeckRS 2014, 67861).

III. Benutzung eines Kraftfahrzeugs (Abs. 2)

3 Die Regelung gilt für alle Kraftfahrzeuge, zB Moped, Kraftrad, Pkw, Lkw, aber auch Motorboot, nicht aber für Privatflugzeuge, da nur gefahrene, nicht geflogene Kilometer entschädigt werden; die Erstattungsfähigkeit von Privatflugzeugkosten ist nach Abs. 3 zu prüfen.

1. Wahl des Reisewegs

4 In der **Wahl des Reiseweges** ist der Berechtigte grundsätzlich frei; nach dem gesamten Sinn und Zweck der Vorschrift darf aber durch die Wahl eines Umwegs die Gesamtvergütung oder -entschädigung nicht unangemessen höher ausfallen; eine in Höhe von 6% über einem Wegeberechnungsprogramm **(„Routenplaner")** liegende tatsächliche Fahrtstrecke ist jedenfalls noch zu entschädigen (LG Dresden Rpfleger 2005, 633; enger *MHBOJ* Rn. 3, der Umwege überhaupt nur insoweit anerkennt, als sich dadurch die Gesamtentschädigung nicht erhöht), auch die nach einem Routenplaner ermittelte „schnellste Strecke", wenn nicht nur die „kürzeste Strecke" gefahren worden ist (BayLSG 2.7.2007 – L 15 SF 12/12, BeckRS 2012, 72127; enger ThürLSG 6.1.2011 – L 6 SF 744/10, BeckRS 2012, 67741, das immer nur die „kürzeste Strecke" in Ansatz bringen will). Die Mindestwegstrecke kann das Gericht an Hand eines Routenplaners überprüfen; gefahrene längere Strecken, zB wegen Umleitungen oder Ortsunkenntnis sind mindestens darzulegen (BayLSG in stRspr, zuletzt 11.11.2016 – L 15 RF 26/16, BeckRS 2016, 74366; LG Berlin JB 2010, 660; ThürLSG 15.6.2007 – L 6 SF 20/07, BeckRS 2009, 59160, und 2.4.2007 – L 6 B 116/06 SF, BeckRS 2009, 59147 mwN).

2. Eigenes oder unentgeltlich zur Benutzung überlassenes Kraftfahrzeug (Satz 1)

5 Die Kilometerpauschale beträgt für Sachverständige, Dolmetscher, Übersetzer und Richter 0,30 Euro, für Zeugen und Dritte (§ 23) 0,25 Euro. Sie ist auf **jede Art von Kraftfahrzeugen,** auch auf Dienstkraftfahrzeuge ungeachtet abweichender behördeninterner Entschädigungssätze anzuwenden (VG Gießen 16.3.2009 – 10 O 188/09.GI, BeckRS 2009, 32566). Die Differenz der unterschiedlichen Entschädigungssätze erklärt sich aus dem Umstand, dass Zeugen und Dritte nur Be-

triebskosten und Abnutzungsentgelt, die übrigen Berechtigten darüber hinaus Anschaffungs- und Unterhaltungskosten abgegolten erhalten. Bei Benutzung eines eigenen oder unentgeltlich zur Nutzung überlassenen Kraftfahrzeugs durch **mehrere Personen** kann die Pauschale nur einmal geltend gemacht werden, Satz 2. In diesem Fall ist die Pauschale nach der Höhe der Aufwendungen der einzelnen Nutzer verhältnismäßig zu teilen. Höhere Fahrtkosten können nach Maßgabe des Abs. 3 ersetzt werden, → Rn. 8–10.

3. Sonstiges Kraftfahrzeug (Satz 3)

Wird ein **Leasingfahrzeug,** ein **Mietwagen** oder ein **Taxi** benutzt, werden 6
nach Abs. 2 Satz 3 die tatsächlich entstandenen Auslagen erstattet, höchstens jedoch als Kilometerhöchstsummen die Beträge, die für ein eigenes oder unentgeltlich zur Benutzung überlassenes Kraftfahrzeug als Kilometerpauschalen entschädigt werden (*Hartmann* Rn. 15). Da Satz 2 auf Satz 3 nicht anzuwenden ist, wird bei Benutzung eines Leasingfahrzeugs, eines Mietwagens oder eines Taxis durch mehrere Personen die Kilometerentschädigung nicht nur einmal je Kraftfahrzeug gewährt; vielmehr kann jeder dieser Berechtigten die ihm tatsächlich entstandenen Auslagen ersetzt verlangen (*Hartmann* Rn. 15), allerdings für jeden Berechtigten begrenzt durch die Kilometerhöchstsummen entsprechend Satz 1. **Bei Mitnahme im Kraftfahrzeug eines Dritten** kann der Berechtigte die Entschädigung, die er dem Dritten für die Mitnahme zu zahlen verpflichtet ist, nach Abs. 2 S. 3 bis zu der in Abs. 2 Nr. 1 genannten Höhe ersetzt verlangen (OLG Karlsruhe 10.4.2007 – 15 W 108/06, BeckRS 2008, 254094). Bei unentgeltlicher Mitnahme besteht kein Ersatzanspruch (ThürLSG 24.9.2015 – L 6 SF 1100/15 E, BeckRS 2015, 73296). Über die Kilometerhöchstsummen hinausgehende Auslagen sind unter der Voraussetzung des Abs. 3 zu erstatten, → Rn. 8–10.

4. Sonstige bare Auslagen nach Satz 1 und 3

Als regelmäßig anfallende bare Auslagen kommen neben den Parkentgelten ins- 7
besonders Mautgebühren und Fährkosten in Betracht. Bei Benutzung eines Kraftfahrzeugs nach Satz 3 werden solche Auslagen aber nur ersetzt, soweit sie der Berechtigte zu tragen hat, also zB nicht bei Taxibenutzung, wenn diese im Taxipreis enthalten sind. Verwarnungs- oder Bußgelder werden nicht erstattet, da sie nicht gewöhnlich anfallen. Kosten für einen Fahrer sind nicht erstattungsfähig, auch nicht über § 12 als Kosten für eine Hilfsperson (*MHBOJ* Rn. 15 unter Berufung auf OLG Hamm 15.11.1996 – 1 WF 415/96). Geleistetes Parkentgelt soll nicht erstattungsfähig sein, wenn der Berechtigte auf eine Parkmöglichkeit beim Gericht hingewiesen worden, allerdings der Hinweis unterblieben ist, diese Parkmöglichkeit sei unentgeltlich (VG München 15.3.2016 – M 7 M 16.1063, BeckRS 2016, 52051).

IV. Höhere Fahrtkosten (Abs. 3)

1. Anwendungsbereich und Anwendungsvoraussetzungen

Die Vorschrift umfasst alle in Abs. 1 und 2 aufgeführten Fahrtkosten, auch die 8
Kilometerpauschale für ein eigenes oder unentgeltlich zur Nutzung überlassenes Kraftfahrzeug nach Abs. 2 Satz 1. In Betracht kommen insbesondere **Flugkosten, Schlaf- und Liegewagenzuschlag,** aber auch **Kraftfahrzeugkosten bis zu de-**

ren tatsächlicher Höhe über die Kilometerpauschale oder die Kilometerbegrenzung des Abs. 2 hinaus, insbesondere **Taxikosten.** Bei einem eigenen Kraftfahrzeug kann dabei auf die gängigen Kilometerkostentabellen (zB des ADAC) zurückgegriffen werden. Die höheren Fahrtkosten müssen von dem Berechtigten ausdrücklich geltend gemacht und nachgewiesen werden (*Zimmermann P.* Rn. 10), einer besonderen Form bedarf es dabei nicht. Werden Fahrtkosten bei einem unentgeltlich überlassenen Kraftfahrzeug geltend gemacht, die die Kilometerpauschale übersteigen, müssen diese in allen Einzelheiten dargelegt und belegt werden.

2. Ersatz bis zur Höhe der Einsparung der Vergütungsmehrbeträge (Alt. 1)

9 Insoweit ist immer eine Vergleichsberechnung zwischen den tatsächlich entstandenen Gesamtkosten einschließlich Honorar bzw. Entschädigung und den Gesamtkosten erforderlich, die bei Benutzung der ersten Wagenklasse der Bahn entstanden wären (FG BW 18.2.2016 – 11 KO 840/15, BeckRS 2016, 94476; SG Hamburg 11.4.2012 – S 27 SF 46/12 E, BeckRS 2012, 72482). Die heranziehende Stelle kann vom Berechtigten die Darstellung der alternativen fiktiven Kosten verlangen (strenger *Zimmermann P.* Rn. 10, der vom Berechtigten stets die Darstellung der Alternativkosten verlangt).

3. Notwendigkeit höherer Fahrtkosten wegen besonderer Umstände (Alt. 2)

10 Als **sachliche Gründe** kommen in Betracht: Eilfälle, ungewöhnlich schlechte Verkehrsbedingungen für andere Verkehrsmittel, nicht mehr mögliche Terminswahrnehmung bei Wahl anderer Verkehrsmittel (BayLSG 21.5.2014 – L 15 SF 137/13, BeckRS 2014,69555), als **persönliche Gründe** Ortsunkundigkeit (LSG NRW 29.4.2009 – L 6 SB 161/08, BeckRS 2009, 62331), ungewöhnlich schlechte Verkehrsverhältnisse, ein besonderer Eilfall, Gesundheitszustand, hohes Alter, Gebrechlichkeit oder Behinderung, zB das Angewiesensein auf ein Kraftfahrzeug mit Spezialausstattung (vgl. SG Karlsruhe 2.11.2011 – S 1 KO 4475/11, BeckRS 2011, 77648 mwN), auch die Reise in einem Krankentransportwagen (BayLSG 1.8.2012 – L 15 SF 156/12, BeckRS 2012, 72385), weiter aber auch vom Gericht oder einer ihm zuzurechnenden Person gesetzte Vertrauensschutzgründe (BayLSG 8.5.2014 – L 15 SF 42/12, BeckRS 2014, 69676). Ist eine **Flugreise** relativ wie im absoluten Betrag nicht viel teurer als eine Bahnreise, sind die höheren Kosten zu ersetzen, wenn sich dadurch die Reisedauer erheblich verringert (OLG Hamm NJW-RR 1997, 768 bei 14% höheren Kosten und einer Verringerung der Reisedauer von drei Tagen auf einen Tag). Auch **höhere Taxikosten** sind nur bei Vorliegen besonderer Umstände nach Abs. 3 Alt. 2 zu erstatten. Ein solcher Umstand liegt bei einem Schwerbehinderten mit **Merkzeichen B** vor (BayLSG 24.11.2016 – L 15 RF 35/16, BeckRS 2016, 74513); er liegt nicht vor, wenn sich ein Berechtigter über alternative Beförderungsmöglichkeiten durch den öffentlichen Personennahverkehr nicht informiert (SG Karlsruhe 16.5.2013 – S 1 KO 1719/13, BeckRS 2013, 69838). Eine vorherige **Anzeige- oder Mitteilungspflicht** des Berechtigten bezüglich höherer Fahrtkosten analog Abs. 5 besteht nicht (LSG Bln-Bbg 7.6.2016 – L 2 SF 213/15 E, BeckRS 2016, 69434, und 9.12.2011 – L 2 SF 319/11 B, BeckRS 2012, 65140).

V. Reisen während der Terminsdauer (Abs. 4)

Sie werden im Rahmen einer Vergleichsberechnung nur bis zu der Höhe der Gesamtentschädigung oder Gesamtvergütung erstattet, die der Berechtigte bei Verbleib an der Terminstelle erhalten hätte. 11

VI. Reise abweichend von der in der Ladung bezeichneten Anschrift (Abs. 5)

Die Vorschrift regelt ausdrücklich nur den Fall, dass durch Anreise von einem anderen als in der Ladung oder der Terminsmitteilung bezeichneten Ort höhere Kosten entstehen und der Berechtigte die unverzügliche Anzeige unterlassen hat. In diesem Fall werden die höheren Kosten erstattet, wenn der Berechtigte nach der im pflichtgemäßen Ermessen stehenden Feststellung der heranziehenden Stelle zu diesen Fahrten durch **besondere Umstände** genötigt war oder wenn auch bei rechtzeitiger Unterrichtung über eine Anreise von einem anderen Ort festgehalten worden wäre (ThürLSG in stRspr, zuletzt 12.4.2018 – L 1 JVEG 480/14, BeckRS 2018, 6824; SG Karlsruhe 2.8.2016 – S 1 KO 2507/16, BeckRS 2016, 71629; OVG Bln-Bbg 17.10.2014 – OVG 3 K 37.14, NVwZ-RR 2015, 120 = BeckRS 2014, 57761; LSG Bln-Bbg 9.12.2011 – L 2 SF 319/11 B, BeckRS 2012, 65140; OLG Dresden JB 1998, 269). Ist dies nicht der Fall, erhält der Berechtigte die fiktiven Kosten erstattet, die bei einer Reisestrecke unter Zugrundelegung der in der Ladung genannten Anschrift entstanden wären (ThürLSG 12.4.2018 – L 1 JVEG 480/14, BeckRS 2018, 6824; OVG Lüneburg 22.1.2015 – 5 OA 193/14, BeckRS 2015, 41174; LG Baden-Baden Rpfleger 1989, 254). Verursacht die geänderte Reiseroute geringere Kosten als die vom und zum Ort der in der Ladung bezeichneten Anschrift des Berechtigten, werden nur die geringeren Kosten ersetzt. Entstehen höhere Kosten und hat der Berechtigte den veränderten Abfahrts- oder Ankunftsort unverzüglich mitgeteilt, die heranziehende Stelle darauf aber nicht reagiert, sind die höheren Kosten zu erstatten (LG Koblenz MDR 1998, 1183; *Hartmann* Rn. 23). Hat ein Berechtigter dem Gericht seine Anreise von einem anderen als in der Ladung bezeichneten Ort verspätet oder gar nicht angezeigt, sind ihm die entstandenen Mehrkosten dann zu erstatten, wenn das Gericht auch bei rechtzeitiger Anzeige des Berechtigten die Ladung aufrecht erhalten hätte (OLG Celle NStZ-RR 2013, 62; LG Potsdam 22.2.2013 – 24 Qs 177/12, BeckRS 2013, 290636 mwN; ThürLSG 13.10.2011 – L 6 SF 1383/11 E, BeckRS 2012, 66891). Fraglich ist, ob ein **Polizeibeamter,** dessen Vernehmung in seine Freizeit fällt, nur die niedrigeren Fahrtkosten von seiner Dienststelle aus erstattet bekommt, wenn er nicht darauf hingewirkt hat, dass sein Dienstplan so geändert wird, dass die Vernehmung in seine Dienstzeit fällt (so LG Mühlhausen 14.2.2008 – 402 Js 50110/03 1 Kls, BeckRS 2009, 19386). Bietet ein Honorarberechtigter seine Dienste von seiner **beruflichen Niederlassung** aus an, so ist diese für die Berechnung der Reisekosten auch dann maßgebend, wenn der Berechtigte seine Anreise von seiner Privatwohnung aus angezeigt hat (OLG München JB 1989, 864). Bei **Beauftragung einer Unternehmung** nach § 1 Abs. 1 Satz 3 sind die Kosten in der beim ausführenden Mitarbeiter tatsächlich entstandenen Höhe zu ersetzen, höchstens jedoch in der Höhe, wie sie bei einer Reise vom 12 und zum Sitz der beauftragten Unternehmung entstanden wären (LSG NRW 3.7.2012 – L 7 SF 400/11 E, BeckRS 2012, 71831).

§ 6 Entschädigung für Aufwand

(1) **Wer innerhalb der Gemeinde, in der der Termin stattfindet, weder wohnt noch berufstätig ist, erhält für die Zeit, während der er aus Anlass der Wahrnehmung des Termins von seiner Wohnung und seinem Tätigkeitsmittelpunkt abwesend sein muss, ein Tagegeld, dessen Höhe sich nach der Verpflegungspauschale zur Abgeltung tatsächlich entstandener, beruflich veranlasster Mehraufwendungen im Inland nach dem Einkommensteuergesetz bemisst.**

(2) **Ist eine auswärtige Übernachtung notwendig, wird ein Übernachtungsgeld nach den Bestimmungen des Bundesreisekostengesetzes gewährt.**

I. Anspruchsvoraussetzungen

1 Berechtigte, die in der Gemeinde wohnen oder berufstätig sind, in der der Termin stattfindet, erhalten kein Tage- oder Übernachtungsgeld. Maßgeblich für die Identität von Wohn-, Berufs- und Terminsort ist die politische Gemeinde. Ein Berechtigter, der nicht am Terminsort wohnt oder arbeitet, sich aber aus anderem Anlass als dem des Termins bereits am Terminsort aufhält, erhält keine Entschädigung nach dieser Vorschrift (ebenso *MHBOJ* Rn. 3), da er nicht aus Anlass der Terminswahrnehmung abwesend ist.

II. Höhe

2 Die Höhe des Tagegelds bestimmt sich auf Grund der Verweisung in Abs. 1 nach § 9 Abs. 4a EStG. Die Entschädigung beläuft sich danach auf

- 24 Euro für jeden Kalendertag, an dem die berechtigte Person 24 Stunden von ihrer Wohnung und ihrem Tätigkeitsmittelpunkt abwesend ist,
- jeweils 12 Euro für den An- und Abreisetag, wenn die berechtigte Person an diesem, einem anschließenden oder vorhergehenden Tag außerhalb ihrer Wohnung übernachtet,
- 12 Euro für den Kalendertag, an dem die berechtigte Person ohne Übernachtung außerhalb ihrer Wohnung mehr als 8 Stunden von ihrer Wohnung und ihrem Tätigkeitsmittelpunkt abwesend ist; beginnt die Abwesenheit an einem Kalendertag und endet am nachfolgenden Kalendertag ohne Übernachtung, werden 12 Euro für den Kalendertag gewährt, an dem die berechtigte Person den überwiegenden Teil der insgesamt mehr als 8 Stunden von ihrer Wohnung und ihrem Tätigkeitsmittelpunkt abwesend ist.

3 Der **Zeitaufwand für das Buchen** von Transportmitteln und Unterkünften werden dem Zeitaufwand für die Reise zugeschlagen (BGH 19.4.2011 – X ZR 62/07, BeckRS 2011, 09704). Das Tagegeld ist **ohne Nachweis von Aufwendungen** zu gewähren. Einen **Ermessensspielraum,** Zehrkosten zu erstatten, wenn die unterste Zeitgrenze von acht Stunden nur geringfügig unterschritten ist,

eröffnet die gegenständliche Vorschrift nicht (BayLSG 1.8.2012 – L 15 SF 277/10, BeckRS 2012, 72161).

III. Übernachtungsgeld

1. Notwendigkeit der Übernachtung

Bei einer Terminswahrnehmung über mehrere Tage ist zu prüfen, ob Übernachtungen oder tägliche Anreisen die geringeren Erstattungsansprüche auslösen. Der Berechtigte erhält gleichwohl die höhere Entschädigung, wenn ihm die Wahl der billigeren Variante nicht zuzumuten ist. Bei einem eintägigen Termin ist die Übernachtung notwendig, wenn die Hin- oder Rückreise unter Anlegung objektiver Kriterien am gleichen Tag nicht zugemutet werden kann (FG BW 18.1.2016 – 11 KO 840/15, BeckRS 2016, 94476; ThürLSG 12.1.2016 – L 6 JVEG 1379/15, BeckRS 2016, 65707, und JB 2000, 489; LG Stuttgart Rpfleger 1986, 197). Dabei soll 3.1.4. Satz 1 der Allgemeinen Verwaltungsvorschrift zum Bundesreisekostengesetz (BRKGVwV) des BMI vom 1.6.2005, –: D I 5 – 222 101 – 1/16, entsprechend anzuwenden sein, wonach Dienstreisen nicht vor 6 Uhr anzutreten und nicht nach 24 Uhr zu beenden sein sollen; ist eine Reise innerhalb dieser Zeit möglich, sollen Übernachtungskosten nicht zu erstatten sein (BayLSG in stRspr, zuletzt 1.3.2016 – L 15 RF 28/15, NZS 2016, 320 = BeckRS 2016, 67298; OLG Braunschweig 26.5.2015 – 3 U 31/14, BeckRS 2015, 15928). 4

2. Höhe

Sie richtet sich seit dem 1.9.2005 nach § 7 des Bundesreisekostengesetzes. Soweit diese die Verweisung in Abs. 2 betrifft, lautet es: 5

§ 7 Bundesreisekostengesetz Übernachtungsgeld (1) [1]Für eine notwendige Übernachtung erhalten Dienstreisende pauschal 20 Euro. [2]Höhere Übernachtungskosten werden erstattet, soweit sie notwendig sind.

(2) Übernachtungsgeld wird nicht gewährt

1. für die Dauer der Benutzung von Beförderungsmitteln,
2. bei Dienstreisen am oder zum Wohnort für die Dauer des Aufenthalts an diesem Ort,
3. bei unentgeltlicher Bereitstellung einer Unterkunft des Amtes wegen, auch wenn diese Unterkunft ohne triftigen Grund nicht genutzt wird, und
4. in den Fällen, in denen das Entgelt für die Unterkunft in den erstattungsfähigen Fahrt- oder sonstigen Kosten enthalten ist, es sei denn, dass eine Übernachtung aufgrund einer zu frühen Ankunft am Geschäftsort oder einer zu späten Abfahrt von diesem zusätzlich erforderlich wird.

Das Übernachtungsgeld wird pauschal abgerechnet. Bei Beträgen, die über der Pauschale liegen, ist die Notwendigkeit und damit die Erstattungsfähigkeit im Einzelfall zu begründen. Dazu gehört neben dem Nachweis der Kostenhöhe auch die Darstellung, dass die verauslagten Kosten im Durchschnitt der Preise des Übernachtungsorts liegen oder dass eine preisgünstigere Übernachtung zum Übernachtungszeitpunkt mit zumutbarem Aufwand nicht zu ermitteln war. Enthält der Übernachtungspreis auch ein **Frühstück,** ist dessen Wert abzuziehen; dafür dürften in Anlehnung an § 6 Abs. 2 Bundesreisekostengesetz 20% des Tagegelds, also 4,90 Euro angemessen sein (im Ergebnis ebenso *Schneider* JB 2005, 513, 517). Ein Anspruch auf fiktive Übernachtungskosten für die Dauer der Benutzung von Be- 6 förderungsmitteln besteht nicht; dagegen sind Mehrauslagen für die Benutzung eines **Schlaf- oder Liegewagens** unter den Voraussetzungen des § 5 Abs. 3 zu erstatten, → § 5 Rn. 8–10.

§ 7 Ersatz für sonstige Aufwendungen

(1) [1]Auch die in den §§ 5, 6 und 12 nicht besonders genannten baren Auslagen werden ersetzt, soweit sie notwendig sind. [2]Dies gilt insbesondere für die Kosten notwendiger Vertretungen und notwendiger Begleitpersonen.

(2) [1]Für die Anfertigung von Kopien und Ausdrucken werden ersetzt
1. **bis zu einer Größe von DIN A3 0,50 Euro je Seite für die ersten 50 Seiten und 0,15 Euro für jede weitere Seite,**
2. **in einer Größe von mehr als DIN A3 3 Euro je Seite und**
3. **für Farbkopien und -ausdrucke jeweils das Doppelte der Beträge nach Nummer 1 oder Nummer 2.**

[2]Die Höhe der Pauschalen ist in derselben Angelegenheit einheitlich zu berechnen. [3]Die Pauschale wird nur für Kopien und Ausdrucke aus Behörden- und Gerichtsakten gewährt, soweit deren Herstellung zur sachgemäßen Vorbereitung oder Bearbeitung der Angelegenheit geboten war, sowie für Kopien und zusätzliche Ausdrucke, die nach Aufforderung durch die heranziehende Stelle angefertigt worden sind. [4]Werden Kopien oder Ausdrucke in einer Größe von mehr als DIN A3 gegen Entgelt von einem Dritten angefertigt, kann der Berechtigte anstelle der Pauschale die baren Auslagen ersetzt verlangen.

(3) [1]Für die Überlassung von elektronisch gespeicherten Dateien anstelle der in Absatz 2 genannten Kopien und Ausdrucke werden 1,50 Euro je Datei ersetzt. [2]Für die in einem Arbeitsgang überlassenen oder in einem Arbeitsgang auf denselben Datenträger übertragenen Dokumente werden höchstens 5 Euro ersetzt.

I. Anwendungsbereich

1 Die Vorschrift ist eine **Auffangklausel,** die alle nicht in §§ 5, 6 und 12 genannten Aufwendungen erfasst. Sie ist gegenüber den §§ 5, 6 und 12 nachrangig; reichen die dort zu erstattenden Aufwendungen der Höhe nach nicht zur Deckung der tatsächlichen Auslagen aus, kann die Differenz nicht über § 7 geltend gemacht werden. Ferner schließt § 12 die Erstattung der dort genannten besonderen Aufwendungen an ehrenamtliche Richter, Zeugen und Dritte (§ 23) nach dieser Vorschrift aus, generell auch die Erstattung der **Umsatzsteuer,** weil diese in den Entschädigungsbeträgen bereits enthalten ist (OLG Koblenz MDR 1994, 1152). Dies gilt auch für sachverständige Zeugen, auch soweit sie Leistungen nach § 10 Abs. 2 erbringen (BSG NZS 2009, 644 = BeckRS 2008, 58286; auch → § 10 Anlage 2 Rn. 8). Jedoch ist die einem **Dritten nach § 23** von einem Fremdleister berechnete Umsatzsteuer als bare Auslage nach § 7 Abs. 1 Satz 1 zu ersetzen (LG Hannover JB 2005, 433 m. zust. Anm. *Bund*). Ein Aufwendungsersatz nach dieser Vorschrift findet ferner nur insoweit statt, als Auslagen nicht in anderweitigen Vorschriften mit abgegolten sind, zB in Einzelfällen der Anlage 2. Die Erstattung ist nach Abs. 1 in-

sofern weiter eingeschränkt, als nur **notwendige Aufwendungen** erstattet werden; dazu im Einzelnen → Rn. 6. Für die Zuerkennung von **Zinsen und Mahnkosten** fehlt auch bei verzögerter Auszahlung eine Anspruchsgrundlage (BayLSG 11.11.2016 – L 15 RF 26/16, BeckRS 2016, 74366; OLG Stuttgart 9.1.2006 – 8 W 611/05, BeckRS 2006, 12682; ThürLSG 22.7.2002 – L 6 B 53/01 SF, BeckRS 2002, 31041759).

II. Vertretungen und Begleitpersonen (Abs. 1 Satz 2)

1. Allgemeines

Ein Ersatz dieser Kosten kommt nur insoweit in Betracht, als sie nach den Umständen des Einzelfalls dem Grunde und der Höhe nach objektiv notwendig sind (*Hartmann* Rn. 6 und 11; *MHBOJ* Rn. 15 a). Der Entschädigungsanspruch gegenüber der Staatskasse steht nur dem **Berechtigten,** nicht unmittelbar dem Vertreter oder der Begleitperson zu (BayLSG 31.3.2015 – L 15 RF 8/15, BeckRS 2015, 68044, und 17.7.2012 – L 15 SF 29/12, BeckRS 2012, 72129; *Hartmann* Rn. 7). Da nur entstandene Kosten zu ersetzen sind, ist die Entstehung in der Regel nachzuweisen und auf Verlangen glaubhaft zu machen, ggf. durch Vorlage einer Quittung (*MHBOJ* Rn. 13g.). Für den Fall einer dem Berechtigten eng verbundenen Begleitperson → Rn. 4. Die **Höhe des Kostenersatzes** für den Vertreter oder die Begleitperson ist grundsätzlich nicht auf den höchsten Stundensatz eines Zeugen von 21 Euro nach § 22 beschränkt (*MHBOJ* Rn. 13f und 15d; *Hartmann* Rn. 6 für Vertretungskosten, aA *Hartmann* Rn. 11 für Begleitpersonen, deren Erstattung er durch die einem Zeugen zustehenden Gelder begrenzt sieht), da Vertreter und Begleitpersonen keine Zeugen sind. Erstattungsfähig ist aber nur die angemessene und in gleich oder ähnlich gelagerten Fällen **üblicherweise gezahlte Vergütung** (OLG Karlsruhe Justiz 1993, 261). Bei Begleitpersonen wird ein Stundensatz von jetzt mehr als 21 Euro nur in seltenen Fällen notwendig sein und muss dann ausführlich begründet werden (*MHBOJ* Rn. 15 d). 2

2. Vertretungen

Von der Notwendigkeit einer Vertretung ist auszugehen, wenn **selbstständig oder freiberuflich tätige Berechtigte** ihre Tätigkeit im Rahmen regelmäßig feststehender Geschäfts-, Öffnungs- oder Sprechzeiten ausüben, die ihre persönliche Anwesenheit erfordern (so im Ergebnis auch *Hartmann* Rn. 6; *MHBOJ* Rn. 13 a). Soweit ein Sachverständiger oder Dolmetscher für die Zeit seiner Heranziehung eine **Bürokraft** anstellt, sind die dafür entstehenden Kosten nicht erstattungsfähig, weil sie zu den üblichen Gemeinkosten gehören, die mit der Vergütung nach § 9 abgegolten sind (OLG Düsseldorf 26.9.2006 – 10 W 60/06, BeckRS 2007, 09992). Einem **Arbeitnehmer** sind Vertretungskosten nur in dem seltenen Fall zu ersetzen, dass dieser vertraglich oder gesetzlich verpflichtet war, einen Vertreter auf eigene Kosten zu stellen (*MHBOJ* Rn. 13b). Bei einem **haushaltsführenden Berechtigten** kann eine Vertretung notwendig sein zur Pflege und Beaufsichtigung kleiner Kinder, Pflege kranker Familienangehöriger oder wenn der Berechtigte für berufstätige Familienangehörige kochen muss (BayLSG 18.2.2016 – L 15 SF 208/15, BeckRS 2016, 67091); *MHBOJ* Rn. 13c). Die Notwendigkeit der Vertretung ist nach Lage des Einzelfalls unter Berücksichtigung der 3 persönlichen und geschäftlichen Verhältnisse des Berechtigten zu prüfen; die Notwendigkeit ist vom Berechtigten detailliert darzulegen und glaubhaft zu machen (OLG Karlsruhe Justiz 1987, 384). Die Erstattung von Aufwendungen für eine Vertretung führt in der Regel zu einer **Kürzung der eigenen Ansprüche des Berechtigten** (*MHBOJ* Rn. 13h), insbesondere nach § 21 Satz 3. Ausnahme zB: Heimarbeiter, der nur einen Vertreter für die Beaufsichtigung seiner Kinder heranzieht. Arbeitet ein Vertreter auf eigene Rechnung, sind keine Vertretungskosten zu ersetzen (KG JB 2004, 441); das vom Vertreter erzielte Einkommen ist aber als Verdienstausfall des Berechtigten zu Grund zu legen (*MHBOJ* Rn. 13i). Bei einem Sachverständigen sind die von einem Vertreter erzielten Einkünfte auf den Erstattungsanspruch anzurechnen (*MHBOJ* Rn. 14b).

3. Begleitpersonen

4 Die Entschädigung für Begleitpersonen setzt sowohl den Nachweis der Notwendigkeit der Begleitung als auch die Notwendigkeit der tatsächlich entstandenen Kosten voraus (BayLSG in stRspr, zuletzt 21.10.2015 – L 15 RF 38/15, BeckRS 2015, 72858). Erfolgt aber Begleitung durch einen Ehegatten, Lebenspartner oder Verwandten in gerader Linie, mit dem der Antragsteller in einem gemeinsamen Haushalt lebt und gemeinsam wirtschaftet, ist ein vom Arbeitgeber der Begleitperson bescheinigter Verdienstausfall idR ohne weitere Nachweise zu berücksichtigen, da dieser das gemeinsame Haushaltseinkommen mindert (SächsLSG 8.9.2014 – L 8 SF 144/13 E, BeckRS 2014, 72724; ähnlich BayLSG 9.12.2014 – L 15 SF 313/14, BeckRS 2015, 72757). An die **Notwendigkeit** einer Begleitperson ist insbesondere bei kindlichen, aber auch bei jugendlichen Zeugen, bei Behinderten oder Gebrechlichen zu denken. Über die Notwendigkeit entscheidet das Gericht als Tatfrage und im Zweifel nach freiem Ermessen (ThürLSG in stRspr, zuletzt 5.2.2018 – L 1 JVEG 773/16, BeckRS 2018, 1524, das die Entschädigung für eine Begleitperson idR von einer rechtzeitigen Mitteilung an das Gericht abhängig macht; BayLSG in stRspr, zuletzt 18.7.2016 – L 15 RF 24/16, BeckRS 2016, 71327; *MHBOJ* Rn. 15a). Der Ersatz für die Kosten einer Begleitperson schränkt den eigenen Entschädigungsanspruch des Berechtigten, zB nach § 19, nicht ein (*Hartmann* Rn. 11; *MHBOJ* Rn. 15f.). Die Kosten für die Begleitperson sind zu erstatten, wenn entweder eine Anreise ohne Begleitperson mit einem in § 5 Abs. 1 und 2 genannten Verkehrsmittel überhaupt nicht möglich oder zumutbar oder die Inanspruchnahme einer Begleitperson aus wirtschaftlichen Gründen angezeigt ist oder dem Begleiteten ein vom Gericht oder einer diesem zuzurechnenden Person geschaffenen Vertrauensschutz hinsichtlich der Begleitung zu Gute kommt, wobei der Vertrauensschutz auch dadurch entsteht, dass der Berechtigte rechtzeitig auf eine Anreise mit einer Begleitperson hinweist und das Gericht auf diese Mitteilung nicht reagiert (BayLSG in stRspr, zuletzt 18.7.2016 – L 15 RF 24/16, BeckRS 2016, 71327). Für die Begleitperson erhält der Berechtigte die **„Zehrkostenpauschale“** nach § 6 Abs. 1, nicht aber Entschädigung für Zeitversäumnis der Begleitperson nach § 20 (BayLSG in stRspr.; zuletzt 21.10.2015 – L 15 RF 38/15, BeckRS 2015, 72858). Zu erstatten sind nur tatsächlich für die Begleitperson verauslagten Kosten, **keine fiktiven Kosten** für die Begleitung eines Ehegatten in Höhe der Kosten, die für einen Pflegedienst entstanden wären (BayLSG 2.3.2010 – L 15 SF 50/10, BeckRS 2010, 69392). Kein Aufwendungsersatz erfolgt für eine Begleitperson, der durch die Begleitung ein Nachteil nicht entstanden ist (LSG NRW 29.4.2009 – L 6 SB 161/08, BeckRS 2009, 62331). **Ungewöhnlich**

hohe Kosten für eine Begleitperson sind dem Gericht vorab zur Prüfung ihrer Notwendigkeit anzuzeigen (ThürLSG 2.4.2007 – L 6 B 116/06 SF, BeckRS 2009, 59147 mwN); → auch Rn. 6. Kosten für das Vorführungspersonal eines **gefangenen** oder im Maßregelvollzug untergebrachten Zeugen sind nicht erstattungsfähig (OLG Koblenz JB 1991, 593; *Hartmann* Rn. 14; *MHBOJ* Rn. 16), da dem Gefangenen oder Untergebrachten dadurch keine eigenen Aufwendungen entstehen.

III. Sonstige erstattungsfähige bare Auslagen

Erstattungsfähig sind alle Arten von notwendigen baren Auslagen. Insbesondere 5
können dies sein: Kosten für ein **Arztattest** zur Entschuldigung eines Berechtigten für das Ausbleiben in einem Termin, wenn das Attest auch ohne ausdrückliche Anforderung durch die heranziehende Stelle objektiv zweckmäßig war (*Hartmann* Rn. 5; aA ThürLSG 5.2.2018 – L 1 JVEG 773/16, das Attestkosten nur bei gerichtlich angeforderten Attesten erstattet). Kosten für die **Digitalisierung** zB von Röntgenbildern, die der vom Gericht zur Vorlage verpflichtete Berechtigte einem Dritten erstatten muss (LSG BW 10.2.2011 – L 12 KO 4899/10 B, BeckRS 2001, 69566). Zur Entschädigung eines **Fahrzeughalters,** insbesondere eines Mietwagenunternehmens für die Fahrerangabe bei einer Verkehrsordnungswidrigkeit → § 19 Rn. 1 und → § 23 Rn. 4. Kosten für einen **mitreisenden Hund,** der ansonsten im Tierheim hätte untergebracht werden müssen (LG Bautzen 21.8.2012 – 2 O 291/11); jedoch sollen Betreuungskosten für Hunde während der Heranziehungszeit nicht erstattungsfähig sein, wenn die Hundehaltung nur ein Hobby darstellt (OLG Köln 11.2.2011 – 2 Ws 76/11, BeckRS 2011, 13535). Gezahlte **Kursgebühren,** wenn der Kurs wegen der Heranziehung nicht besucht werden kann (ThürLSG JB 2003, 96). **Personalkosten** bei Auskunftserteilung eines Dritten nach § 23 Abs. 2, nicht eines Geschädigten → § 23 Rn. 3, bis zur Höhe nach § 22 Satz 1, zB einer Bank wegen Aufstellung einer Kontenübersicht (OLG Koblenz JB 1992, 417; OLG Düsseldorf DB 1985, 911; aA noch zur Rechtslage nach dem ZSEG OLG Düsseldorf DB 1985, 1130 und LG Koblenz MDR 1985, 608), ansonsten kommt nur die Entschädigung der herangezogenen natürlichen Person selbst als Zeuge oder die zivilrechtliche Inanspruchnahme des Schädigers durch den Geschädigten außerhalb der Festsetzung nach dem JVEG in Betracht (OLG Koblenz JB 1992, 417). **Portoauslagen,** soweit sie nicht nach § 12 Abs. 1 Satz 1 üblicherweise, zB wegen der Übersendung des Gutachtens, der Übersetzung oder der Rechnung anfallen. Eine gsonderte Erstattung der Portoauslagen kommt damit bei Sachverständigen zB für Schreiben an die Parteien oder deren Vertreter über die Bestimmung eines Ortstermins und Umladungen in Betracht (vgl. SG Fulda 3.6.2015 – S 4 SF 58/14 E, BeckRS 2015, 69077; weiter *MHBOJ* § 12 Rn. 4, der auch das Porto für die Übersendung des Gutachtens oder der Übersetzung erstatten will). Zur Erstattung von Umsatzsteuer auf Portoauslagen → § 12 Rn. 14. **Rechtsanwaltskosten** eines Berechtigten im Beschwerdeverfahren gegen einen Ordnungsgeldbeschluss (VGH BW NVwZ-RR 1996, 478 = Justiz 1995, 417; LG Passau KRspr. § 11 ZSEG Nr. 16 Ls.; aA LG Würzburg JB 1980, 1540; einschränkend LG Gießen MDR 1981, 959 m. abl. Anm. *Herfurt*) oder zur Abfassung eines Entschuldigungsschreibens (OLG Hamburg Rpfleger 1971, 269), wobei in beiden Fällen eine individuelle Notwendigkeitsprüfung vorzunehmen ist; nicht jedoch **Rechtsanwaltskosten eines Zeugen zur Vorbereitung seiner gericht-**

lichen Vernehmung und zur Beistandsleistung während der Vernehmung, wenn der Zeuge den Rechtsanwalt ausschließlich im eigenen Interesse herangezogen hat, was regelmäßig der Fall ist (BVerfG NJW 1975, 103; FG Hamburg KRspr. § 11 ZSEG Nr. 15 Ls.; OLG Düsseldorf KRspr. § 11 ZSEG Nr. 11 Ls. m. krit. Anm. *Lappe;* OLG Düsseldorf JB 1998, 153). Nicht über § 5 erstattete **Reiseaufwendungen,** → § 5 Rn. 8–10. **Reiserücktrittskosten** auch für den Lebensgefährten, wenn der Berechtigte diese Kosten für eine gemeinsame Reise aufgebracht hat (*MHBOJ* Rn. 7, allerdings unter unzutreffender Berufung auf OLG München JB 1989, 1741), nicht jedoch die Prämie für eine **Reiserücktrittskostenversicherung** (OLG Celle Rpfleger 1990, 273). **Telekommunikationskosten,** aber nur die reinen und im konkreten Fall entstandenen Verbindungskosten, keine anteiligen Grund- oder Gerätekosten (*MHBOJ* Rn. 6), auch keine anteilige Berücksichtigung einer sogenannten **„Flatrate“,** weil eine solche heutzutage zu den nach § 12 Abs. 1 S. 1 mit der Vergütung abgegoltenen Gemeinkosten zu rechnen ist. Auch **Verpackungskosten** für die Übersendung eines Gutachtens sollen erstattungsfähig sein, wenn die geltend gemachten Kosten plausibel und lebensnah erscheinen (BayLSG 10.3.2015 – L 15 RF 5/15, BeckRS 2015, 67273; aA HessLSG 27.2.2007 – L 2 SF 112/05 P, BeckRS 2008, 54374). Erforderliche **Vorbereitungskosten** eines zur mündlichen Gutachtenerstattung geladenen Sachverständigen oder eines Dolmetschers sind unmittelbar nach § 8 Abs. 2 zu vergüten, die eines Zeugen in entsprechender Anwendung des § 19 Abs. 2 zu entschädigen, auch wenn der Termin später aufgehoben wird (ThürLSG JB 2003, 96, so jetzt auch *Hartmann* Rn. 4); auch → § 8 Rn. 18, → § 9 Rn. 26 und → § 19 Rn. 15. Nicht erstattungsfähig sind Kosten für den Erwerb von DIN-Normen (OLG Düsseldorf 4.8.2016 – 10 W 235/16, MDR 2017, 57 = BeckRS 2016, 15182) und allgemein für **Fachliteratur,** da diese zu den üblichen Gemeinkosten gehören (weiter *MHBOJ* Rn. 8, der eine Erstattungsfähigkeit für ein Fachbuch bejaht, das speziell für das erstattete Gutachten erforderlich war).

IV. Hinweispflicht des Berechtigten auf hohe Aufwendungen

6 Alle sonstigen Aufwendungen werden nach dieser Vorschrift nur insoweit ersetzt, als sie notwendig sind, Abs. 1. Sofern unverhältnismäßig hohe sonstige Aufwendungen in einer für den Berechtigten vorhersehbaren Weise entstehen, trifft ihn die Obliegenheit, die heranziehende Stelle auf das Entstehen solcher Kosten unverzüglich hinzuweisen, damit diese durch eine andere Form der Heranziehung, zB Vernehmung des Zeugen durch einen beauftragten Richter oder durch Terminsverlegung, bei einem ehrenamtlichen Richter durch Feststellung seiner Verhinderung, vermieden oder minimiert werden können (OLG Karlsruhe Justiz 1993, 261). **Beispiele:** Hohe Vertretungskosten in einer Arztpraxis (OLG Karlsruhe Justiz 1993, 261), bei einem ehrenamtlichen Richter (Hamburgisches OVG NvwZ-RR 2004, 446). Kommt der Berechtigte seiner Hinweispflicht nicht nach, erhält er nur die Auslagen erstattet, die bei Erfüllung der Hinweispflicht entstanden wären. Zur Hinweispflicht bei Begleitpersonen → Rn. 4.

V. Kopien und Ausdrucke (Abs. 2)

1. Erstattungsumfang

7 Erstattet werden nur Kopien aus **Behörden- und Gerichtsakten,** deren Herstellung zur sachgemäßen Vorbereitung oder Bearbeitung der Angelegenheit geboten war, sowie Kopien, die nach **Aufforderung durch die heranziehende Stelle** angefertigt worden sind. Über den Umfang der Notwendigkeit von Aktenkopien entscheidet der Berechtigte unter Berücksichtigung des Auftragsinhalts nach pflichtgemäßem Ermessen (*Zimmermann P.* Rn. 9), dessen Einhaltung durch das Gericht überprüft werden kann; insofern gilt Gleiches wie bei § 12 Abs. 1 Nr. 1 und 2, → § 12 Rn. 11. Alle außerhalb dieses Rahmens gefertigten Kopien sind in der Regel nicht zu entschädigen, zB keine Kopien anlässlich der Konzeption eines Gutachtens, der Beantwortung von Sachstandsanfragen oder der Abrechnung (OVG Sachsen-Anhalt 14.8.2017 – 2 L 98/13, BeckRS 2017, 131931; OLG München JB 1991, 995; OLG Hamm Rpfleger 1990, 228; *MHBOJ* Rn. 21). Von einem Sachverständigen gefertigte oder verwendete **Fotos, Digitalfotos und deren Ausdrucke** sind nur nach § 12 Abs. 1 Nr. 2, nicht nach dieser Vorschrift zu ersetzen (OLG Hamburg in stRspr, zuletzt 3.12.2014 – 4 W 133/14, JB 2015, 203 = BeckRS 2015, 00004; LG Hamburg 20.11.2014 – 317 O 316/12, BeckRS 2016, 19517; FG Sachsen-Anhalt 18.5.2010 – 2 S 592/10, BeckRS 2010, 26029542; KG 12.11.2007 – 8 W 70/07, BeckRS 2008, 00811; OLG Zweibrücken 13.7.2005 – 7 W 60/05 Ls., BeckRS 2011, 06221; aA noch für Farbkopien von Fotos LG Hamburg 10.1.2007 – 325 O 292/04, BeckRS 2008, 11569). Ausnahmslos keine Entschädigung erhält der Berechtigte für Kopien, die er zu seinen **Handakten** nimmt; dies stellt Abs. 2 in seiner klärenden Ergänzung durch das 2. JuMoG unter Bestätigung der bisherigen hM (zB OLG München 28.11.2005 – 2 Ws 1194/05, BeckRS 2005, 13797) ausdrücklich fest (SG Fulda 24.11.2015 – S 4 SF 77/14 E, BeckRS 2015, 73321; ThürOLG 11.11.2014 – 1 W 467/14; BayLSG 17.12.2013 – L 15 SF 275/13, BeckRS 2014, 65443; LG Dortmund 20.7.2011 – 9 T 46/11, BeckRS 2012, 08543; OLG Koblenz 1.9.2009 – 14 W 554/09, BeckRS 2010, 00134; aA offensichtlich unter Verkennung der neuen Rechtslage OLG Köln 8.3.2007 – 13 U 1/06, BeckRS 2007, 05929 und Brandenburgisches OLG 5.1.2007 – 4 W 67/06, BeckRS 2007, 04810). Auch Fotoabzüge für die Handakten eines Sachverständigen nach § 12 Abs. 1 Nr. 2 sind nicht zu erstatten, → § 12 Rn. 11.

2. Pauschalentschädigungsbeträge

8 Die Entschädigungsbeträge ergeben sich aus Abs. 2 Satz 1 Nr. 1 bis 3. Bis zu einer Größe von DIN A3 werden 0,50 Euro je Seite für die ersten 50 Seiten und 0,15 Euro für jede weitere Seite, bei Farbkopien und Farbausdrucken jeweils das Doppelte dieser Beträge ersetzt. Für Farbkopien und Farbausdrucke in einer Größe von mehr als DIN A3 werden 3 Euro ab der ersten Seite ersetzt, für Farbkopien und Farbausdrucke in diesen Größen das Doppelte dieses Betrags. Entstehen Kosten sowohl für Schwarzweißkopien und –ausdrucke nach Abs. 2 Nr. 1 als auch für Farbkopien und Farbausdrucke nach Abs. 2 Nr. 3, sind beide Kopierarten unabhängig voneinender zu vergüten; eine „Anrechnung“ der Schwarzweißkopien auf die Farbkopien ist nicht zulässig (OLG Hamburg 7.6.2016 – 8 W 85/15, BeckRS

2016, 14804). Mit der Ablichtungspauschale sind sämtliche Unkosten abgegolten, die im Zusammenhang mit deren Anfertigung stehen, auch wenn sie im Einzelfall niedriger oder höher sind. Nach Abs. 2 Satz 4 sind kann der Berechtigte bei Kopien oder Ausdrucken in einer **Größe von mehr als DIN A3** statt der Pauschale von 3 Euro bzw. 6 Euro je Seite die für die Anfertigung durch einen Dritten gezahlten baren Auslagen erstattet verlangen, auch wenn er über die dafür erforderliche Technik selbst verfügt (BT-Drs. 17/11471, 259). Für nachträglich angeforderte Ablichtungen erhält der Berechtigte neben der Ablichtungspauschale keine weitere Vergütung oder Entschädigung (LG Hannover JB 2005, 374), genauso wenig der Arzt, der an Stelle eines Befundberichts lediglich einen unbearbeiteten Computerausdruck übersendet (HessLSG 13.7.2005 – L 2 SF 6/05 R, BeckRS 2005, 18199; LSG NRW 24.6.1998 – A. L 10 SB 18/98, BeckRS 2009, 62533). Die **ersten 50 Seiten** beziehen sich auf den gesamten Auftrag, nicht gesondert auf Teile eines einheitlichen Auftrags, Abs. 2 Satz 2.

VI. Elektronisch gespeicherte Dateien (Abs. 3)

9 Bei **Überlassung elektronisch gespeicherter Daten** an Stelle von Kopien und Ausdrucken beträgt die Entschädigung unabhängig vom Umfang der Datei und der Zeitdauer der Überlassung (*Hartmann* Rn. 19) 1,50 Euro je Datei, Abs. 3 S. 1. [2]Für die **in einem Arbeitsgang** überlassenen oder in einem Arbeitsgang auf denselben Datenträger übertragenen Dokumente werden ungeachtet der Zahl der Dateien jedoch höchstens 5 Euro ersetzt, Abs. 3 S. 1.

Abschnitt 3. Vergütung von Sachverständigen, Dolmetschern und Übersetzern

§ 8 Grundsatz der Vergütung

(1) **Sachverständige, Dolmetscher und Übersetzer erhalten als Vergütung**
1. ein Honorar für ihre Leistungen (§§ 9 bis 11),
2. Fahrtkostenersatz (§ 5),
3. Entschädigung für Aufwand (§ 6) sowie
4. Ersatz für sonstige und für besondere Aufwendungen (§§ 7 und 12).

(2) [1]**Soweit das Honorar nach Stundensätzen zu bemessen ist, wird es für jede Stunde der erforderlichen Zeit einschließlich notwendiger Reise- und Wartezeiten gewährt.** [2]**Die letzte bereits begonnene Stunde wird voll gerechnet, wenn sie zu mehr als 30 Minuten für die Erbringung der Leistung erforderlich war; anderenfalls beträgt das Honorar die Hälfte des sich für eine volle Stunde ergebenden Betrags.**

(3) **Soweit vergütungspflichtige Leistungen oder Aufwendungen auf die gleichzeitige Erledigung mehrerer Angelegenheiten entfallen, ist die Vergütung nach der Anzahl der Angelegenheiten aufzuteilen.**

(4) **Den Sachverständigen, Dolmetschern und Übersetzern, die ihren gewöhnlichen Aufenthalt im Ausland haben, kann unter Berücksichtigung ihrer persönlichen Verhältnisse, insbesondere ihres regelmäßigen Erwerbseinkommens, nach billigem Ermessen eine höhere als die in Absatz 1 bestimmte Vergütung gewährt werden.**

Übersicht

I. Abgrenzung von Zeugen, sachverständigen Zeugen und Sachverständigen

1 **Zeugen** bekunden vergangene Tatsachen oder Zustände, **sachverständige Zeugen** solche vergangene Tatsachen oder Zustände, für deren Wahrnehmung eine besondere Sachkenntnis erforderlich war, §§ 414 ZPO, 85 StPO, die sie jedoch **ohne behördlichen Auftrag** gemacht haben (OLG Düsseldorf 7.1.2014 – 1 Ws 430/13, BeckRS 2014, 01692). Mit Ausnahme der Sondervorschrift des § 10 werden sachverständige Zeugen wie Zeugen nach § 19 entschädigt und nicht wie Sachverständige nach § 8 honoriert. **Sachverständige** vermitteln **im behördlichen Auftrag** die Kenntnis von Erfahrungssätzen und beurteilen auf deren Grundlage bestimmte Tatsachen oder Zustände (ähnlich *MHBOJ* Rn. 3). Letztlich ist Sachverständiger, wer auswechselbar ist und Zeuge, wer unersetzlich ist (OLG Hamm JB 1988, 792 mAnm *Mümmler* = Rpfleger 1988, 207; LG Osnabrück JB 1998, 483; ähnlich OLG Koblenz 17.8.2016 – 2 Ws 308/16, BeckRS 2016, 110330, und 1.8.2014 – 13 UF 175/14, BeckRS 2014, 20881). Eine von einem Sachverständigen nach § 12 Abs. 1 Nr. 1 herangezogene **Hilfskraft** ist selbst nicht Sachverständige und hat damit auch keinen eigenständigen Vergütungsanspruch gegenüber dem Gericht (OLG Bremen 10.2.2010 – 2 W 3/10, BeckRS 2010, 08381). Die Vergütung oder Entschädigung von **Augenscheinsgehilfen** (Augenscheinsmittlern), also Personen, die über einen Augenschein berichten, den das Gericht nicht selbst einnehmen kann (vgl. *Drehsen* MDR 2017, 1224, 1225) oder die im Rahmen einer Schallmessung zur Geräuscherzeugung hinzugezogen werden müssen, ist im Gesetz nicht geregelt. Am ehesten dürfte eine analoge Vergütung nach § 8 JVEG angemessen sein (aA *Drehsen* a.a.O, der einer Entschädigung nach den für ehrenamtliche Richter geltenden §§ 15–18 den Vorzug gibt).

2 Grundsätzlich gilt für die **Abgrenzung zwischen Sachverständigen und sachverständigen Zeugen** und damit für die Frage, ob ein Berechtigter nach § 8 zu vergüten oder nach Anlage 2 Nr. 200f. bzw. nach § 19 zu entschädigen ist, die Art der Heranziehung (OLG Düsseldorf 7.1.2014 – 1 Ws 430/13, BeckRS 2014, 01692). Dabei kommt es darauf an, wie ein **verständiger Empfänger** das gerichtliche Anforderungsschreiben unter Würdigung aller ihm bekannten Umstände aufzufassen pflegt (LG Kassel 5.6.2012 – 3 T 194/12, BeckRS 2012, 13505; vgl. auch BSG 4.7.1989 – 9 RVs 5/88, BeckRS 1989, 30731505). Bei Heranziehung zu einer mündlichen Verhandlung ist nicht die Bezeichnung in der Ladung, sondern die **Art der tatsächlichen Heranziehung** in der Verhandlung maßgeblich (einhellige Meinung, zB OLG Koblenz in stRspr, zuletzt 15.2.2017 – 14 W 61/17, JB 2017, 254 = BeckRS 2017, 106988; OLG Düsseldorf JB 2011, 490 und 26.10.2010 – 10 W 105/10, BeckRS 2010, 27738; ThürOLG NStZ-RR 2009, 224 = BeckRS 2009, 11633; OLG Rostock 8.4.2008 – 1 U 32/08, 6 U 98/07;

OLG Stuttgart 11.9.2007 – 10 W 23/07, BeckRS 2007, 17943). Lassen sich die Zeiten der Heranziehung als Sachverständiger oder Zeuge ohne Schwierigkeiten trennen, hat die Festsetzung der entsprechenden Sachverständigenvergütung nach § 8, die der Zeugenentschädigung nach § 19 gesondert zu erfolgen. Wo dies nicht möglich ist, ist einheitlich die Sachverständigenvergütung anzusetzen (OLG Koblenz 14.7.2014 – 13 UF 175/14, FamRZ 2015, 786 = BeckRS 2014, 20113; OLG Bamberg JB 1980, 1221; OLG Stuttgart JB 1978, 1727; OLG Düsseldorf Rpfleger 1975, 71; aA OLG Düsseldorf 7.1.2014 – 1 Ws 430/13, BeckRS 2014, 01692, das die Einordnung nach dem Schwerpunkt der Heranziehung vorgenommen hat). Eine zunächst als Sachverständiger geladene Person, die nur als sachverständiger Zeuge vernommen wird, hat Anspruch auf Sachverständigenhonorierung für die Zeit, die für die **Terminsvorbereitung als Sachverständiger** erforderlich war (KG JB 1992, 633; *MHBOJ* Rn. 4 mwN). Macht ein sachverständiger Zeuge anlässlich seiner Vernehmung auch sachverständige Ausführungen, ohne als Sachverständiger bestellt worden zu sein, wird er insoweit in entsprechender Anwendung des § 8 als Sachverständiger honoriert, wenn das Gericht diese Ausführungen nachträglich als notwendig anerkennt oder in seiner Entscheidung verwertet (OVG Lüneburg NJW 2012, 1307; LSG BW Justiz 1986, 151; OLG Hamm NJW 1972, 2003).

Zur Abgrenzung zwischen Dolmetschern und **Sprachsachverständigen** → § 9 **3**
Rn. 33.

II. Heranziehung als Voraussetzung des Vergütungsanspruchs

Auch bei Sachverständigen und Dolmetschern ist die Heranziehung durch eine **4**
in § 1 Abs. 1 Nr. 2 genannte Stelle Voraussetzung eines Vergütungsanspruchs → § 1 Rn. 1 und 5; → § 19 Rn. 1. Deshalb hat ein Sachverständiger, der ein Gutachten ohne gerichtliche Beweisanordnung einreicht, keinen Vergütungsanspruch (LSG Sachsen-Anhalt 13.6.2017 – L 3 R 269/16 B, BeckRS 2017, 120530; ThürLSG 16.9.2015 – L 6 JVEG 1064/15, BeckRS 2015, 72671), ebenso wenig ein Sachverständiger, der von einem gerichtlich bestellten Sachverständigen ohne Zustimmung des Gerichts herangezogen worden ist (OLG Celle 19.1.2015 – 6 W 225/14, BeckRS 2015, 17935).

III. Inhaber des Vergütungsanspruchs

Bei Heranziehung einer **natürlichen Person** hat diese auch den Vergütungsan- **5**
spruch selbst dann, wenn zwischen dieser und ihrem Arbeitgeber eine anderslautende Vereinbarung besteht (AG Köln 1.4.2015 – 270 C 114/10, BeckRS 2015, 07314). Bei einem Gutachten ist Voraussetzung, dass dieses als eine überwiegende persönliche Leistung des beauftragten Sachverständigen gewertet werden kann (*MHBOJ* § 8a Rn. 7). Überträgt zB ein herangezogener Chefarzt die Gutachtenerstattung auf einen **Mitarbeiter,** ohne eine Änderung des gerichtlichen Auftrags herbeizuführen, hat er keinen Vergütungsanspruch (OLG Nürnberg 16.5.2006 – 5 W 781/06, BeckRS 2006, 07218; OLG Frankfurt Rpfleger 1977, 382); auch der Mitarbeiter erwirbt keinen unmittelbaren Vergütungsanspruch nach § 8, da er nicht der gerichtlich bestellte Sachverständige ist (OLG Koblenz JB 2013, 155; LSG BW Justiz 1986, 151). Verwertet das Gericht jedoch das Gutachten des

Mitarbeiters im Wege des Urkundenbeweises, ist dessen Leistung in entsprechender Anwendung des § 8 zu vergüten (LSG BW Justiz 1986, 151). Für ein von einem anderen Arzt vorbereitetes Gutachten muss der beauftragte Sachverständige zumindest mit dem Zusatz „Einverstanden auf Grund eigener Urteilsbildung" die Verantwortung übernehmen (OLG Frankfurt Rpfleger 1977, 382). Wird eine **Unternehmung** nach § 1 Abs. 1 Satz 3 oder **sonstige Körperschaft** wie Klinik oder Institut beauftragt, so fällt lediglich die Person des Anspruchsberechtigten und des Erbringers der Leistung auseinander. Als herangezogen gilt die Unternehmung (OLG Celle JB 2005, 147 m. abl. Anm. *Bund*), so dass der von der Unternehmung usw. beauftragte Leistungserbringer keinen eigenen Honoraranspruch, aber die persönlichen Pflichten als Sachverständiger, Dolmetscher oder Übersetzer hat. Findet bei Beauftragung einer Unternehmung ein **Bearbeiterwechsel** statt, sind die dadurch entstehenden Mehrkosten nicht zu honorieren.

IV. Stundensatz als Grundsatz (Abs. 2 Satz 1)

1. Umfang

6 Die Vergütung nach Stundensätzen gilt, soweit nicht nach § 10 Abs. 1 und 2 nach Fest- oder Rahmenvergütungen oder bei Übersetzungen gemäß § 11 Abs. 1 nach Anzahl der Anschläge zu honorieren oder keine nach § 13 Abs. 1 oder § 14 wirksame Vergütung unabhängig von Stundensätzen zu zahlen ist. Eine außerhalb der §§ 13 und 14 gegebene Zusicherung des Auftraggebers über eine **von den Bestimmungen des § 8 abweichende Vergütung** ist ohne Bedeutung (OLG Düsseldorf 30.9.2010 – 5 W 33/10, BeckRS 2010, 28187; OLG Koblenz JB 1995, 153 mAnm *Enders;* OLG Celle JB 1993, 118; KG JB 1989, 698 mAnm *Mümmler*); auch → § 13 Rn. 5. Auch für **Reise- und Wartezeiten** oder sonstige Zeiten, die neben Fest- oder Rahmenvergütungen zu honorieren sind, zB nach § 10 Abs. 3 oder § 11, gilt der Grundsatz der Stundenvergütung ohne Einschränkung der Vergütungshöhe. Über die Honorierung hinaus ist ein **Arbeitszeitverlust** nicht zu entschädigen oder zu vergüten (BayVGH 18.8.2016 – 3 B 14.1431, BeckRS 2016, 50788). Dem **medizinischen Sachverständigen** sind Wartezeiten zu vergüten, wenn der Proband zum angesetzten Untersuchungstermin verspätet oder nicht erscheint und der Sachverständige in der Zwischenzeit wegen der Besonderheiten seiner Praxis keine anderen Tätigkeiten ausüben kann (ThürLSG 24.8.2009 – L 6. B 248/08 SF, NZS 2010, 588 = BeckRS 9998, 84242).

2. Vergütung von Verhandlungspausen

7 Entgegen der allgemeinen Meinung in Rechtsprechung und Literatur haben Sachverständige und Dolmetscher auch Anspruch auf Honorierung von **Sitzungsunterbrechungszeiten,** insbesondere von Mittagspausen als **Zeiten der Heranziehung,** soweit diese nicht von ihnen verursacht sind. Mit der Einführung des Vergütungsprinzips für Sachverständige, Dolmetscher und Übersetzer durch das JVEG als Ersatz des Entschädigungsprinzips, das nach dem ZSEG galt, werden diese für ihre Leistungen vergütet (§ 8 Abs. 1 JVEG) und nicht mehr nur für die Zeit entschädigt, während der sie ihrer gewöhnlichen Beschäftigung infolge ihrer Heranziehung nicht nachgehen konnten (§ 4 ZSEG). Dabei orientiert sich das JVEG „an dem Bild des selbstständig und hauptberuflich in dieser Funktion tätigen Sachver-

ständigen, Dolmetschers und Übersetzers, der nicht mehr nur für eine im allgemeinen Interesse zu erbringende Leistung ähnlich wie ein Zeuge für im Einzelfall eintretende Vermögensnachteile zu „entschädigen“ ist. Es entspricht vielmehr den heutigen Verhältnissen – und den darauf seit längerer Zeit zu Recht gründenden Forderungen der Betroffenen –, Sachverständige, Dolmetscher und Übersetzer zukünftig für ihre Dienste leistungsgerecht zu „vergüten“. Konsequenz dieser neuen Sichtweise soll es aber nicht nur sein, an die Stelle des nicht mehr zeitgemäßen Entschädigungsprinzips ein modernes Vergütungsmodell treten zu lassen, das eine leistungsgerechte Honorierung der Tätigkeiten von Sachverständigen, Dolmetschern und Übersetzern gewährleistet. Die damit verbundene Umstrukturierung muss zugleich dazu genutzt werden, das heute leider allzu oft vorherrschende Bild einer von vielen Unsicherheiten und Streitigkeiten geprägten Rechtslage durch ein verhältnismäßig einfach zu handhabendes, damit aber zugleich transparentes, berechenbares und vor allem gerechtes Vergütungssystem abzulösen, das schließlich auch zu einer erheblichen Entlastung der Justizorgane beiträgt“ (BT-Drs. 15/1971 S. 142). Zudem hat das JVEG gegenüber dem ZSEG in §§ 9 Abs. 3, 15 Abs. 2, und 19 Abs. 2 den Begriff der „Heranziehungszeit“ neu eingeführt und damit bei Dolmetschern den bisherigen allgemeinen Begriff der „erforderlichen Zeit“ der §§ 17, 4 ZSEG im Sinn der allgemeinen Gesetzesintention präzisiert, bei Zeugen und Ehrenamtlichen Richtern insgesamt neu gestaltet. Ein Sachverständiger und ein Dolmetscher ist also in einer mündlichen Verhandlung ab der Feststellung seiner Teilnahme in der Verhandlung bis zu seiner Entlassung am jeweiligen Sitzungstag herangezogen und damit honorarberechtigt.

8 **Entgegen** dieser klaren Rechtslage vertritt **die Rspr.** ganz überwiegend auch nach dem Inkrafttreten des JVEG die zum ZSEG ergangene Rechtsprechung weiter, nach der auf Grund des § 4 ZSEG die Vergütung einer Verhandlungsunterbrechung davon abhing, ob der Berechtigte während dieser Zeit seiner „gewöhnlichen“ Tätigkeit nicht nachgehen konnte. Auslöser dieser unrichtigen Übernahme von Entschädigungskomponenten des ZSEG in das Vergütungsprinzip des JVEG durch die folgende Rspr. war das OLG Koblenz (21.9.2006 – 1 Ws 553/06, NStZ-RR 2008, 31 = BeckRS 2007, 12723). Die weitere Rspr. (zuletzt OLG Stuttgart 28.11.2017 – 2 Ws 181/17, BeckRS 2017, 134438) ist dieser Einschätzung ohne eigene grundlegende Prüfung mit ausufernder Kasuistik wie zu Zeiten des ZSEG weitgehend gefolgt und hat damit das von vielen Unsicherheiten und Streitigkeiten geprägte Entschädigungsprinzip des ZSEG in das JVEG übertragen. Gerade dies sollte aber durch die Einführung des Vergütungsprinzips im JVEG nach der Gesetzesbegründung (→ Rn. 7) beseitigt werden.

9 **Übersicht über die zur Vergütung von Verhandlungspausen ergangene Rspr.:** Überwiegend wird die gerichtliche Anordnung einer Sitzungsunterbrechung für die Dauer von bis zu einer Stunde während der Mittagszeit nicht als vergütungs- bzw. entschädigungspflichtige Wartezeit angesehen mit der Begründung, diese entspreche allgemeinen Gewohnheiten und diene zugleich der Fürsorge des Gerichts gegenüber allen am Verfahren beteiligten und mitwirkenden Personen sowie der Gewährleistung eines geordneten Verhandlungsablaufs (VerfGH Berlin 19.6.2013 – 174/11 – Dolmetscher); Zeitaufwendungen für die Erfüllung allgemein menschlicher Lebensbedürfnisse – hierzu zählten auch Pausen zur Ernährung oder Erholung – seien gerade nicht durch den Auftrag bzw. die Heranziehung veranlasst, der Berechtigte sei nicht gehindert, in dieser Zeit anderen Beschäftigungen nachzugehen (OLG Stuttgart 28.11.2017 – 2 Ws 181/17, BeckRS 2017, 134438; LG Osnabrück 2.6.2014 – 10 KLs 31/13, BeckRS 2016, 15886; KG JB

2011, 491 – Dolmetscher; OLG Koblenz JB 2007, 491 – Dolmetscher; OLG Hamm JB 1994, 564 – Sachverständiger). Demgegenüber soll eine Vergütung bzw. Entschädigung für Wartezeit auch in diesen Fällen generell erfolgen, weil es lediglich auf die Dauer der Abwesenheit ankomme, nicht aber darauf, ob in die Abwesenheitszeit auch übliche Pausenzeiten fallen (BayLSG 30.7.2012 – L 15 SF 439/11, BeckRS 2012, 72162 – Zeuge); jedenfalls dann, wenn der Berechtigte in den betroffenen Zeiträumen üblicherweise keine Pausen einlegt (KG 12.12.2011 – 1 Ws 121/10, BeckRS 2012, 12350 – Schöffe; OLG Frankfurt 4.11.2011 – 5–2 StE 7/11 2–4/11, NJW-RR 2012, 445 – 5–2 StE 7/11 2–4/11, NJW-RR 2012, 445 – Sachverständiger).

3. Keine Vergütung von Zeiten der Nachtruhe als Wartezeit

10 Nach allgemein gesetzlichen Vorgaben wie dem Anhang I der Europäischen Richtlinie zum Umgebungslärm 2002/49/EG (ABl. L 189/18 vom 18. Juli 2012) und deutschen Landesimmissionsschutzgesetzen (zB § 3 LImSchG Berlin, § 9 Abs. 1 LImSchG NRW) dauert die Nachtruhe acht Stunden, von 23:00 Uhr bis 7:00 Uhr bzw. von 22:00 Uhr bis 6:00 Uhr. Deshalb ist die **Nachtruhezeit keine Wartezeit** und damit nicht zu vergüten (KG 25.3.2015 – (1) 152 OJs 2/11 (4/14), NStZ-RR 2015, 360 = BeckRS 2015, 11728). Eine Vergütung oder Entschädigung steht dem Berechtigten jedoch dann zu, wenn seine Heranziehung selbst zur Nachtzeit erfolgt.

V. Erforderliche Zeit (Abs. 2 Satz 1)

1. Grundsatz

11 Die Honorierung der Leistungen von Sachverständigen, Dolmetschern und Übersetzern ist allgemein begrenzt durch den Rahmen des erteilten Auftrags, so dass darüber hinausgehende Leistungen nicht erforderlich und daher auch nicht zu vergüten sind. Zum Auftragsumfang bei medizinischen Sachverständigenleistungen → § 10 Anlage 2 Rn. 2. Auch die im Rahmen eines Auftrags geltend gemachte tatsächlich aufgewendete Zeit ist nur insoweit zu vergüten, als sie auch erforderlich war. Dies ist die Zeit, die nach **Erfahrung des Gerichts** ein mit der Materie vertrauter Sachverständiger von durchschnittlichen Fähigkeiten und Kenntnissen bei sachgemäßer Auftragserledigung mit durchschnittlicher Arbeitsintensität zur Beantwortung der Beweisfrage benötigt (einhellige Auffassung in der Rspr., zB BGH 16.12.2003 – X ZR 206/98, BeckRS 2004, 02248; OLG Stuttgart 3.4.2018 – 8 WF 58/18, BeckRS 2018, 5089; ThürLSG in stRspr, zuletzt 17.5.2018 – L 1 JVEG 434/16, BeckRS 2018, 9007; OLG Braunschweig 10.4.2017 – 4 W 1/16, BeckRS 2017, 121169, und 6.10.2016 – 2 W 62/15, BeckRS 2016, 19044; LSG Bln-Bbg 29.3.2017 – L 2 SF 113/16 E, BeckRS 2017, 106085; LG Dortmund 8.12.2016 – 9 T 631/16, BeckRS 2016, 111807; VG Würzburg 13.7.2016 – W 1 M 15.1235, BeckRS 2016, 49858; OLG Hamm in stRspr, zuletzt 8.7.2016 – 6 WF 336/15, BeckRS 2016, 16731; LG Braunschweig 28.5.2016 – 12 T 606/14, BeckRS 2016, 14792, OVG Bln Bbg. 24.3.2016 – OVG 6 K 28.16, BeckRS 2016, 45809; BayVerfGH 8.3.2016 – Vf. 21-VI-15, BeckRS 2016, 44487; OLG Nürnberg 4.3.2016 – 8 Wx 1657/15, FamRZ 2016, 1200 mAnm *Bienwald* = BeckRS 2016, 05292; OLG Zweibrücken 10.7.2015 – 6 W 11/15,

BeckRS 2015, 19201; LSG NRW in stRspr, zuletzt 20.2.2015 – L 15 KR 376/14 B, BeckRS 2015, 67174; OVG Lüneburg 22.1.2015 – 5 OA 193/14, BeckRS 2015, 41174; VG Halle 21.7.2014 –, 5 A 162/13, JB 2014, 546 = BeckRS 2014, 55013; BayLSG in stRspr, zuletzt 10.3.2015 – L 15 RF 5/15, BeckRS 2015, 67273; LSG BW in stRspr, zuletzt 14.1.2014 – L 12 KO 4491/12 B, BeckRS 2014, 69151; OLG Karlsruhe NJW-RR 2000, 1742 = Justiz 2000, 11 mwN). Dabei sind der Umfang des dem Sachverständigen unterbreiteten Streitstoffs, die Schwierigkeit der zu beantwortenden Frage unter Berücksichtigung seiner Sachkunde auf dem betreffenden Gebiet, der Umfang seines Gutachtens und die Bedeutung der Streitsache angemessen zu berücksichtigen (BGH NJW-RR 1987, 1470; seitdem stRspr.: zuletzt OLG Stuttgart 3.4.2018 – 8 WF 58/18, BeckRS 2018, 5089). Grundsätzlich ist davon auszugehen, dass die vom Sachverständigen **angegebene Zeit** richtig ist und für die Gutachtenerstellung auch erforderlich war (ThürLSG in stRspr, zuletzt 17.5.2018 – L 1 JVEG 434/16, BeckRS 2018, 9007; OVG Sachsen-Anhalt 14.8.2017 – 2 L 98/13, BeckRS 2017, 131931; OLG Braunschweig 10.4.2017 – 4 W 1/16, BeckRS 2017, 121169, und 6.10.2016 – 2 W 62/15, BeckRS 2016, 19044; OLG Hamm in stRspr, zuletzt 8.7.2016 – 6 WF 336/15, BeckRS 2016, 16731; OVG Bln-Bbg. 24.3.2016 – OVG 6 K 28.16, BeckRS 2016, 45809; BayVerfGH 8.3.2016 – Vf. 21-VI-15, BeckRS 2016,44487; OLG Nürnberg 4.3.2016 – 8 Wx 1657/15, FamRZ 2016, 1200 mAnm *Bienwald* = BeckRS 2016, 05292; OLG Braunschweig 12.2.2016 – 1 Ws 365/15, JB 2016, 310 = BeckRS 2016, 04259; OLG Zweibrücken 10.7.2015 – 6 W 11/15, BeckRS 2015, 19201; LSG BW in stRspr, zuletzt 28.5.2015 – L 12 SF 1072/14 E, BeckRS 2015, 68841; OVG Lüneburg 22.1.2015 – 5 OA 193/14, BeckRS 2015, 41174; VG Halle 21.7.2014 – 5 A 162/13, JB 2014, 546 = BeckRS 2014, 55013; BayLSG 17.12.2013 – L 15 SF 275/2013, BeckRS 2014, 65443; OLG Düsseldorf 24.6.2008 – 10 W 40/08, BeckRS 2008, 14224; OLG Hamm 13.9.1996 – 9 U 190/95, BeckRS 1996, 13267). Der gesamte Zeitaufwand ist aber so zu untergliedern (zB in Aktenstudium, Untersuchungen, Ortstermine, Beurteilung und Beantwortung der Beweisfragen einschließlich Diktat, Korrekturdurchsicht), dass das Gericht an Hand allgemeiner Erfahrungswerte eine **Plausibilitätsprüfung** vornehmen kann (OVG Sachsen-Anhalt 14.8.2017 – 2 L 98/13, BeckRS 2017, 131931; LSG BW Justiz 2005, 91), → Rn. 12. Eine vor Auftragserledigung auf Anforderung des Gerichts abgegebene **Kostenschätzung** entbindet nicht von der Verpflichtung zur vollständigen Angabe der Ansprüche und deren Bezifferung (BayLSG 14.5.2012 – L 15 SF 276/10 B E Rn. 52, BeckRS 2012, 70087).

2. Nachprüfung der angegebenen Zeit

a) Grundsätze. Allgemein wird ein Anlass zur Nachprüfung, ob die angege- 12
bene Zeit auch erforderlich war, nur dann bestehen, wenn der angesetzte Zeitaufwand im Verhältnis zur erbrachten Leistung **ungewöhnlich hoch** erscheint (OLG Stuttgart 3.4.2018 – 8 WF 58/18, BeckRS 2018, 5089; OVG Sachsen-Anhalt 14.8.2017 – 2 L 98/13, BeckRS 2017, 131931; LG Dortmund in stRspr, zuletzt 8.12.2016 – 9 T 631/16, BeckRS 2016, 111807; OLG Hamm in stRspr, zuletzt 8.7.2016 – 6 WF 336/15, BeckRS 2016, 16731; OVG Bln-Bbg. 24.3.2016 – OVG 6 K 28.16, BeckRS 2016, 45809; BayVerfGH 8.3.2016 – Vf. 21-VI-15, BeckRS 2016, 44487; OLG Zweibrücken 10.7.2015 – 6 W 11/15, BeckRS 2015, 19201; OVG Lüneburg 22.1.2015 – 5 OA 193/14, BeckRS 2015, 41174; OLG

München 22.2.2014 – 11 W 40/14, BeckRS 2014, 09739; OLG Düsseldorf 24.6.2008 – 10 W 40/08, BeckRS 2008, 14224; OLG Bremen 28.2.2008 – 2 W 95/07, BeckRS 2011, 16472) und greifbare Anhaltspunkte dafür vorliegen, dass er außer jedem Verhältnis zu der tatsächlich erbrachten Leistung steht (OLG Koblenz JB 2012, 261 mwN). Die mitgeteilte Untergliederung des gesamten Zeitaufwands (zB in Aktenstudium, Untersuchungen, Ortstermine, Beurteilung und Beantwortung der Beweisfragen einschließlich Diktat, Korrekturdurchsicht), kann das Gericht an Hand allgemeiner Erfahrungswerte einer **Plausibilitätsprüfung** unterziehen (LSG BW Justiz 2005, 91). Erfolgt keine Untergliederung der einzelnen Arbeitsschritte, ist wegen der fehlenden Möglichkeit einer Plausibilitätsprüfung eine Vergütung nicht zu gewähren (LSG NRW 17.9.2015 – L 15 SB 183/15 B, BeckRS 2016, 72616). Ist die vorgelegte Zeiterfassung des Sachverständigen widersprüchlich oder unzureichend, kann das Gericht den Zeitaufwand schätzen (OLG Zweibrücken 10.7.2015 – 6 W 11/15, BeckRS 2015, 19201; Brandenburgisches OLG 4.10.2010 – 11 W 24/10, BeckRS 2011, 14121, und 23.11.2007 – 7 W 70/07, BeckRS 2008, 07446). **Zwischen Fachkunde und zeitlichem Begutachtungsaufwand** muss eine gewisse **plausible Proportionalität** gewahrt bleiben; bei Verstoß gegen die Obergrenze ist der geltend gemachte Aufwand angemessen zu kürzen (OLG Zweibrücken 10.7.2015 – 6 W 11/15, BeckRS 2015, 19201; BGH 12.7.2011 – X ZR 115/06, BeckRS 2011, 19944; 22.9.2009 – Xa ZR 69/09, BeckRS 2009, 26904; 25.9.2007 – X ZR 52/05, BeckRS 2007, 18611; OLG München 22.2.2014 – 11 W 40/14, BeckRS 2014, 09739). In Anlehnung an die in der Sozialgerichtlichtsbarkeit anerkannten detaillierten Erfahrungswerte (→ Rn 14) haben das OLG Braunschweig (10.4.2017 – 4 W 1/16, BeckRS 2017, 121169, und 6.10.2016 – 2 W 62/15, BeckRS 2016, 19044) und das LG Braunschweig (28.5.2016 – 12 T 606/14, BeckRS 2016, 14792, und 28.5.2015 – 12 T 793/14, BeckRS 2016, 19634) in **familienpsychologischen Gutachten** allgemeine Erfahrungswerte in den Teilbereichen Aktenstudium, Testauswertung, Umsetzung der Ergebnisse der Exploration und sonstiger Untersuchungen in Textform, Beurteilung einschließlich endgültiger Umsetzung in Textform und Abfassung der Beurteilung einschließlich Diktat, Durchsicht und Korrektur des Texts entwickelt (ablehnend OLG Stuttgart 3.4.2018 – 8 WF 58/18, BeckRS 2018, 5089 mit allgemeinem Hinweis auf die Variationsbreite der Beweisfragen bei derartigen Gutachten). Auch das VG Würzburg (13.7.2016 – W 1 M 15.1235, BeckRS 2016, 49858) macht sich Erfahrungswerte der Sozialgerichtsbarkeit zu eigen. Für Gutachten in **Betreuungsverfahren** legt das OLG Nürnberg (4.3.2016 – 8 Wx 1657/15, FamRZ 2016, 1200 = BeckRS 2016, 05292) die vom BayLSG entwickelten Erfahrungssätze (→ Rn. 14) zu Grunde. Auch in der **Strafgerichtsbarkeit** scheint sich eine Tendenz zur Anwendung von allgemeinen Erfahrungswerten abzuzeichnen (vgl. OLG Braunschweig 12.2.2016 – 1 Ws 365/15, JB 2016,310 = BeckRS 2016, 04259; AG Goslar 7.5.2015 – 25 Ds 908 Js 39491/13).

13 **b) Einzelfragen.** Beim **Aktenstudium** kann dem Berechtigten nicht angesonnen werden, die Akten nur kursorisch zu lesen, wobei der Zeitaufwand, den ein Jurist für die Aktenlektüre benötigt, kein geeigneter Vergleichsmaßstab ist (OLG Koblenz 13.11.2012 – 14 W 620/12, BeckRS 2012, 24469). Die Kürzung der Stundenzahl für Anfertigung eines Gutachtens kann nur in Ausnahmefällen auf dessen geringen Umfang gestützt werden, weil es keinen Erfahrungssatz dahingehend gibt, dass die zur Beantwortung der Beweisfragen erforderliche Zeit mit der Seitenzahl des schriftlichen Gutachtens korrespondiert (OLG Koblenz

13.11.2012 – 14 W 620/12, BeckRS 2012, 24469, das einen Zeitaufwand von 24 Stunden für die Anfertigung eines Gutachtens von 6 Seiten auf physikalischem und statischem Gebiet nicht beanstandet hat). Weil von einem Sachverständigen erwartet wird, dass er sich durch Einsicht in die einschlägige Literatur auf dem Laufenden hält, sind **Zeiten für Literaturrecherche** nur in besonders gelagerten Fällen und nur dann anzuerkennen, wenn im Gutachten eine Auseinandersetzung mit der wissenschaftlichen Lehre erfolgt (OLG Zweibrücken 10.7.2015 – 6 W 11/15, BeckRS 2015, 19201; ThürLSG in stRSpr., zuletzt 2.4.2013 – L 6 SF 1739/12 E, BeckRS 2013, 69761; BayLSG 30.11.2011 – L 15 SF 97/11, BeckRS 2011, 79087, und 15.6.2009 – L 15 SF 129/09 B E; SG Karlsruhe 24.3.2010 – S 1 KO 1092/10, BeckRS 2010, 67970). **Zusatzkosten für mehrere Explorationstermine** in der Wohnung eines Probanden sind nicht zu vergüten, wenn und insoweit als die Exploration in einem Termin hätte stattfinden können (OLG Hamm 8.7.2016 – 6 WF 336/15, BeckRS 2016, 16731). Anzuerkennen ist die für das **Konvertieren und Einfügen von Fotos** in das Gutachten erforderliche Zeit (LG Dortmund 20.7.2011 – 9 T 46/11, BeckRS 2012, 08543). **Diktatzeiten** für eine umfassende Wiedergabe des Akteninhalts mit Wiederholung des beiderseitigen Parteienvorbringens sind nicht zu vergüten, auch nicht die darauf entfallenden Schreibauslagen (OLG München FamRZ 1995, 1598). Wegen der Notwendigkeit von Aufwendungen nach §§ 7 und 12 → § 7 Rn. 7 und → § 12 Rn. 3. Eine auf Anforderung des Gerichts durchgeführte **Kostenermittlung** ist nur zu vergüten, wenn sie einen nicht unerheblichen Aufwand erfordert hat (*MHBOJ* Rn. 10). Eine Tätigkeit für **Rechnungslegung** ist nicht zu vergüten, da diese Tätigkeit vornehmlich den wirtschaftlichen Interessen des Sachverständigen dient (OVG Sachsen-Anhalt 14.8.2017 – 2 L 98/13, BeckRS 2917, 131931). **Reisezeiten bei Beauftragung einer Unternehmung** sind in der beim ausführenden Mitarbeiter tatsächlich entstandenen Höhe zu berücksichtigen, höchstens jedoch in der Höhe, wie sie bei einer Reise vom und zum Sitz der beauftragten Unternehmung angefallen wären. Hat ein Sachverständiger die Parteien von einem Ortstermin nicht benachrichtigt und muss er deshalb eine **Terminswiederholung** durchführen, steht ihm für den ersten Termin eine Vergütung und ein Auslagenersatz nicht zu. Kann ein Sachverständiger den Auftrag nur mit **Unterbrechungen** bearbeiten, so steht ihm eine Vergütung für die dadurch entstehenden Mehrkosten nur zu, wenn er den Auftraggeber auf diesen Umstand hingewiesen hat (Schleswig-Holsteinisches OLG JB 1966, 779).

c) Besonderheiten in der Sozialgerichtsbarkeit. In der Sozialgerichtsbar- 14
keit haben sich **detaillierte Erfahrungswerte** für Zeiten von Aktenstudium, Diktat von Anamnese und Befunden, Beurteilung und Beantwortung der Beweisfrage einschließlich Diktat und Korrektur sowie abschließende Durchsicht herausgebildet, wobei diese allerdings unter den Obergerichten variieren (Schleswig-Holsteinisches LSG in stRspr., zuletzt 1.3.2018 – L 5 AR 202/17 B KO, BeckRS 2018, 3884; LSG Bln-Bbg 29.3.2017 – L 2 SF 113/16 E, BeckRS 2017, 106085; LSG BW in stRspr, zuletzt 28.5.2015 – 12 SF 1072/14 E, BeckRS 2015, 61951; ThürLSG in stRspr, zuletzt 9.12.2014 – L 6 SF 723/14 E, BeckRS 2015, 66761; BayLSG in stRspr, zuletzt 10.3.2015 – L 15 RF 5/15, BeckRS 2015, 67273; LSG NRW 6.5.2013 – L 15 SB 40/13 B, BeckRS 2013, 68852; HessLSG 27.2.2007 – L 2 SF 112/05 P, BeckRS 2008, 54374; LSG Niedersachsen NZS 2003, 168 Ls.). Werden diese Erfahrungswerte um **mehr als 15% überschritten,** ist in einem zweiten Schritt zu überprüfen, ob sich Hinweise ergeben, die eine Abweichung

vom Ergebnis der **Plausibilitätsprüfung** rechtfertigen; ist dies nicht der Fall, ist nur das Honorar in Höhe der Plausibilitätsprüfung zu vergüten (SG Frankfurt aa. M. 11-4-2018 – S 7 SF 73/16 K, BeckRS 2018, 8879; Schleswig-Holsteinisches LSG in stRspr., zuletzt 1.3.2018 – L 5 AR 202/17 B KO, BeckRS 2018, 3884; ThürLSG in stRspr, zuletzt 28.2.2018 – L 1 JVEG 867/15, BeckRS 2018, 3507; BayLSG in stRspr, zuletzt 10.3.2015 – L 15 RF 5/15, BeckRS 2015, 67273; LSG BW in stRspr, zuletzt 14.1.2014 – L 12 KO 4491/12 B, BeckRS 2014, 69151; SG Karlsruhe 24.3.2010 – S 1 KO 1092/10, BeckRS 2010, 67970, das eine Überschreitungsgrenze von lediglich 10% annimmt). Dies gilt auch dann, wenn die Kostenrechnung keinen Anhalt für einen realistischen Ansatz bietet (ThürLSG 20.2.2008 – L 6 B 186/07 SF, BeckRS 2008, 54570). Die Erfahrungswerte der Sozialgerichtsbarkeit gelten nicht nur für medizinische, sondern auch für berufskundliche Gutachten (ThürLSG 14.2.2018 – L 1 JVEG 1060/15, BeckRS 2018, 3496).

15 **d) Begründung von Kürzungen eines Vergütungsantrags.** Eine **Kürzung** ist in rechtlicher und tatsächlicher Hinsicht **sorgfältig zu begründen** und muss erkennen lassen, welche Arbeitszeiten zu lang bemessen sind und in welcher Zeit und aus welchen Gründen die Einzelarbeit schneller hätte verrichtet werden können (LG Dortmund 8.12.2016 – 9 T 631/16, BeckRS 2016, 111807; OLG Düsseldorf 24.6.2008 – 10 W 40/08, BeckRS 2008, 14224; ThürOVG 3.7.2006 – 4 VO 487/05, BeckRS 2006, 26032 mwN); eine Beschränkung darauf, jeweils pauschal eine gewisse Anzahl von Stunden zu schätzen, ist nicht zulässig (BVerfG JB 2008, 449). Die **pauschale Schätzung** der erforderlichen Zeit lediglich unter Plausibilitätsgesichtspunkten ist nicht zulässig (BVerfG 26.7.2007 – 1 BvR 55/07, BeckRS 2007, 25570). Zur Frage der **berücksichtigungsfähigen Diktat- bzw. Schreibzeiten** → § 12 Rn. 12.

VI. Vergütung des Zeitaufwands für eine Stellungnahme zu einem Ablehnungsgesuch

16 Grundsätzlich wird für eine solche Stellungnahme keine Vergütung gewährt, da insoweit **keine Heranziehung zu Beweiszwecken** vorliegt (hM: BayLSG in stRspr, zuletzt 22.3.2016 – L 15 RF 6/16, BeckRS 2015, 70775; LG Osnabrück 20.6.2012 – 1 T 17/12, LSK 2013, 120698; KG MDR 2010, 719; OLG Dresden 29.3.2010 – 3 W 319/10, BeckRS 2010, 23276; BGH 24.6.2008 – X ZR 100/05, BeckRS 2008, 14008; OLG Stuttgart 11.9.2007 – 10 W 23/07, BeckRS 2007, 17943; OLG Koblenz MDR 2000, 416; OLG Düsseldorf Rpfleger 1995, 41; OLG München Rpfleger 1995,41 = JB 1995, 152 m. zust. Anm. *Mümmler;* aA OLG Frankfurt Rpfleger 1993, 421; SächsLSG 19.12.2007 – L 2 U 77/06, BeckRS 2009, 52592, für den Fall, dass das Gericht den Sachverständigen zur Stellungnahme auffordert), jedoch dann und insoweit, als der **Inhalt des Gutachtens als Befangenheitsgrund** geltend gemacht wird (BayLSG in stRspr, zuletzt 22.3.2016 – L 15 RF 6/16, BeckRS 2016, 70775; LSG Bln-Bbg 25.6.2015 – L 2 SF 211/14 B E, BeckRS 2015, 70885; OLG Köln 5.2.2009 – 17 W 260/08, BeckRS 2009, 10725; LG Wiesbaden 26.10.2006 – 10 OH 5/02, IBRRS 57442; LSG BW Justiz 2004, 277; aA OLG Celle 28.6.2012 – 2 W 171/12, BeckRS 2012, 15700, das einen Vergütungsanspruch stets ausschließen will), nicht aber, wenn der Berechtigte nicht ausdrücklich zur Abgabe einer Stellungnahme aufgefordert worden ist (OLG Dresden 29.3.2010 – 3 W 319/10, BeckRS 2010, 23276). Wird ein

Sachverständiger im Ablehnungsverfahren wie ein Zeuge zu eigenen Wahrnehmungen angehört, hat er Anspruch auf **Entschädigung nach §§ 19ff.** (OLG Stuttgart 11.9.2007 – 10 W 23/07, BeckRS 2007, 17943).

VII. Vergütung des Zeitaufwands für die Vorprüfung nach § 407a Abs. 1 ZPO und das Einweisungsverfahren nach § 404a Abs. 2 ZPO

Der für die Prüfung der fachlichen Qualifikation erforderliche Zeitaufwand gehört nach allgemeiner Meinung jedenfalls dann nicht zu dem erstattungsfähigen Honorar, wenn für den Sachverständigen ohne Schwierigkeiten erkennbar ist, dass die Beweisfrage außerhalb seines Fachgebiets liegt (BGH 20.3.1979 – X ZR 21/76, NJW 1979, 1939 (Ls.) = BeckRS 1979, 30389196; OLG Düsseldorf 15.7.2010 – I 10 W 55/10, 10 W 55/10, BeckRS 2012, 24025; OLG Braunschweig 25.8.2005 – 2 W 90/05, BeckRS 2005, 12500 mwN), **ab einem Aufwand von ca. einer Stunde** ist jedoch zu vergüten (BayLSG 27.10.2006 – L 14 R 482/03.Ko, BeckRS 2009, 61036), ebenso **bei umfangreichen Akten, komplexem Streitstoff** oder einer vom Gericht angeforderten **fundierten Kostenschätzung** (OLG Koblenz MDR 2002, 1152; OLG Frankfurt Rpfleger 1989, 304). Stellt sich bei problematischer Aufgabenzuordnung erst im **Einweisungsverfahren nach § 404a Abs. 2 ZPO** heraus, dass der Auftrag nicht in das Aufgabengebiet des Sachverständigen fällt, behält der Sachverständige grundsätzlich seinen Vergütungsanspruch für seine im Einweisungsverfahren aufgewendete Zeit (*MHBOJ* Rn. 10), nicht jedoch dann, wenn im Einweisungsverfahren klar wird, dass dem Sachverständigen seine mangelnde fachliche Qualifikation schon bei Auftragseingang hätte klar sein und er die Anzeige nach § 407a Abs. 1 ZPO hätte erstatten müssen. Kommt es nach der Vorprüfung zur Auftragserteilung, kann die für die Vorprüfung entstandene Vergütung nicht gesondert, sondern nur einheitlich zusammen mit dem für den gesamten Auftrag entstandenen Honorars verlangt werden (OLG Düsseldorf 15.7.2010 – 10 W 55/10, BeckRS 2012, 24025). **17**

VIII. Vorbereitungszeit

Bei Ladung eines **Dolmetschers** beginnt dessen Auftrag nicht schon mit Zugang der Ladung, sondern erst mit Aufruf der Verhandlung (OLG Stuttgart Justiz 1995, 55; *MHBOJ* § 24 Rn. 5 mwN; wohl auch *Hartmann* § 24 Rn. 4). Dies ergibt sich schon aus § 9 Abs. 3 Satz 2, wonach ein auch kurzfristig abgeladener Dolmetscher kein Honorar, sondern unter sehr begrenzten Voraussetzungen allenfalls eine Ausfallentschädigung nach § 9 Abs. 2 Satz 2f. erhält. Auch bei einem **Sachverständigen,** der den Auftrag erhalten hat, sein Gutachten erst in oder nach der Gerichtsverhandlung zu erstatten, gilt als Zeitpunkt der Auftragserteilung der Aufruf der Verhandlung, weil der Sachverständige die erforderlichen Beurteilungskriterien für sein Gutachten erst im Laufe der Verhandlung erfährt (OLG Karlsruhe Justiz 1988, 73; *MHBOJ* § 24 Rn. 5). Erforderliche Vorbereitungszeiten solcher Berechtigter in Hinblick auf ihre bevorstehende Heranziehung sind unmittelbar nach Abs. 2 als erforderliche Zeit zu vergüten, auch → § 7 Rn. 5 und → § 9 Rn. 31. **18**

IX. Vergütung bei Überschreitung des Auftrags

19 Grundsätzlich hat ein Sachverständiger sein Gutachten eigenverantwortlich zu erstellen und dabei selbst zu prüfen, welche Untersuchungen er im konkreten Fall für erforderlich hält (OLG München FamRZ 1995, 1598). Dabei hat er einen weiten Spielraum (ThürOVG 3.7.2006 – 4 VO 487/05, BeckRS 2006, 26032), insbesondere in Arzthaftungsprozessen bei Auseinandersetzung des Sachverständigen mit nicht beauftragter Aufklärungspflichtverletzung (ThürOLG 2.6.2008 – 4 W 198/08, BeckRS 2008, 13609). Geht er in seinem Gutachten aber über die ihm gestellte Beweisfrage hinaus oder weicht er vom Auftrag ab, hat er für die dafür aufgewendete zusätzliche Zeit in der Regel keinen Vergütungsanspruch, da diese nicht erforderlich war (OVG Sachsen-Anhalt 14.8.2017 – 2 L 98/13, BeckRS 2017, 131931; AG Hannover FamRZ 2000, 175; OLG München FamRZ 1995, 1598; OLG Düsseldorf JB 1992, 56; OLG Koblenz Rpfleger 1981, 248). Die Entscheidung über die Heranziehung, insbesondere der Beweisbeschluss, stellt klar, welche Art von Gutachtensqualität erwartet wird (BT-Drs. 17/11471, 260). Dabei kommt es nicht darauf an, wie der konkrete Empfänger den Auftrag verstanden hat, sondern darauf, wie ihn **verständige Empfänger** unter Würdigung aller ihnen bekannten Umstände aufzufassen pflegen (BSG 4.7.1989 – 9 RVs 5/88; ähnlich LG Braunschweig 28.5.2016 – 12 T 606/14, BeckRS 2016, 14792). Die Ausarbeitung einer **Tischvorlage zur Vorbereitung eines mündlichen Gutachtens** ist heutzutage üblich und stellt keine Auftragsüberschreitung dar (OLG Köln 11.2.2015 – 17 W 313/14, BeckRS 2015, 05570). **Keine Honorierung** erfolgt zB für die ohne ausdrücklichen Auftrag des Gerichts für Vergleichsbemühungen aufgewendete Zeit (OLG Hamburg MDR 1985, 946), die Zeit für Beratungsgespräche und Empfehlungen an die Eltern (LG Braunschweig 28.5.2016 – 12 T 606/14, BeckRS 2016,14792; OLG München FamRZ 1995, 1598) oder für die Beantwortung nicht gestellter therapeutischer Fragen in einem familiengerichtlichen Sorgerechtsverfahren (LG Braunschweig 28.5.2016 – 12 T 606/14, BeckRS 2016,14792; AG Hannover FamRZ 2000, 175). Ein Vergütungsanspruch für den Zeitaufwand bei Auftragsüberschreitung besteht aber insoweit, als der Auftraggeber den zusätzlichen Teil des Gutachtens in seiner Entscheidung verwertet, da dadurch der Auftrag nachträglich erweitert wird (OLG Köln 11.2.2015 – 17 W 313/14, BeckRS 2015,05570; OLG Hamm Rpfleger 1962, 421).

X. Vergütung bei vorzeitiger Beendigung des Auftrags

20 Nach § 2 Abs. 1 Nr. 1 und 2 ist der Honoraranspruch bei schriftlicher Begutachtung oder Anfertigung einer Übersetzung mit dem Eingang des Gutachtens bei der beauftragenden Stelle fällig, bei mündlicher Gutachtenerstattung oder Heranziehung als Dolmetscher mit Beendigung der Vernehmung oder Zuziehung. Unterbleibt die vollständige Ausführung des Auftrags wegen **Rücknahme** durch den Auftraggeber **ohne Verschulden des Berechtigten,** hat dieser Anspruch auf Vergütung der bis dahin erbrachten Teilleistungen, soweit diese erforderlich waren (LSG BW Justiz 1978, 416 Ls.; OLG München Rpfleger 1978, 272; OLG Hamm NJW 1970, 1240). Dies gilt auch für notwendige Vorbereitungszeiten eines Dolmetschers, → § 9 Rn. 31 und eines Sachverständigen, der zur mündlichen Gutachtenerstattung geladen war, → Rn. 18. Erfolgt die Auftragsrücknahme **aus Ver-**

schulden des Berechtigten, so ist dessen bis dahin erbrachte Teilleistung nur insoweit zu vergüten, als sie für die heranziehende Stelle verwertbar ist (OLG Zweibrücken 10.7.2015 – 6 W 11/15, BeckRS 2015, 19201; OLG Düsseldorf 18.11.2008 – 10 W 196/07, BeckRS 2008, 26058; OLG Hamm Rpfleger 1963, 314). Verschulden liegt zB vor bei Ablehnung der Fortsetzung des Auftrags, weil die vom Sachverständigen begehrte Vereinbarung nach § 13 nicht zu Stande gekommen ist (LG Kiel 20.3.2008 – 11 O 110/07, BeckRS 2008, 17084; OVG Berlin JB 2001, 485), bei Entpflichtung auf Ersuchen wegen abweichender Vorstellungen über die Vorgehensweise, auch wenn den Sachverständigen nur leichte Fahrlässigkeit trifft (KG FamRZ 1999, 1515). Bei **Auftragsentziehung vor dem Vorliegen der Voraussetzungen des § 8a Abs. 2 Nr. 4** behält der Sachverständige grundsätzlich den Vergütungsanspruch für die bis zum Auftragsentzug erbrachten Teilleistungen.

XI. Aufrundung auf letzte halbe Stunde (Abs. 2 Satz 2)

Anders als beim früheren § 3 Abs. 2 Satz 3 ZSEG erfolgt die Rundung nicht 21
mehr auf die volle, sondern nur noch auf die „volle halbe" Stunde. Vor Anwendung der Rundungsvorschrift sind alle Leistungszeiten eines **Sachverständigen** zeitgenau zu erfassen und zu addieren; erst diese Summe ist zu runden. Dies gilt auch für Leistungen eines **Dolmetschers,** die auf Grund eines einheitlichen Auftrages an mehreren Sitzungstagen erbracht worden sind; auch hier sind die Heranziehungszeiten der einzelnen Tage zeitgenau zusammenzuzählen und erst dann die Gesamtzeit aufzurunden (OLG Hamburg KRspr. § 17 ZSEG Nr. 57 Ls.). Zur Rundung bei gleichzeitiger Erledigung mehrerer Angelegenheiten → Rn. 22.

XII. Aufteilung bei Erledigung mehrerer Angelegenheiten (Abs. 3)

Die Vorschrift stellt einmal sicher, dass der Berechtigte seine Leistungen nicht 22
mehrfach abrechnen darf (BT-Drs. 15/1971, 181). Anders als bei einem in mehreren Angelegenheiten herangezogenen Zeugen, dessen Entschädigung nach § 19 Abs. 3 im Verhältnis seiner Heranziehung in den einzelnen Angelegenheiten aufzuteilen ist, erfolgt hier die Aufteilung nach dem klaren Wortlaut dieser Vorschrift ohne Berücksichtigung der jeweiligen Leistungszeit in den einzelnen Angelegenheiten nach der **Anzahl der Angelegenheiten** (so auch im Grundsatz *Hartmann* Rn. 41, der dann aber trotz seiner Warnung vor unnötiger Komplizierung und trotz des klaren Gesetzeswortlauts in Einzelfällen doch wieder eine anderweitige Verteilung zulassen will; unklar *MHBOJ* Rn. 20, der wohl eine Aufteilung wie bei § 19 Abs. 3 vornehmen will). **Beispiel:** Nimmt ein Sachverständiger Termine in drei Angelegenheiten wahr, sind Fahrtkostenersatz und Reisezeit zu je einem Drittel auf jede Angelegenheit aufzuteilen. Die Zeitrundung nach Abs. 2 Satz 2 erfolgt für jede einzelne Angelegenheit unter Berücksichtigung der für diese angefallenen Gesamtzeit gesondert (aA *MHBOJ* Rn. 21, der bereits eine Zwischenrundung bei der letzten gleichzeitig erledigten Angelegenheit vornehmen will).

XIII. Berechtigte mit gewöhnlichem Aufenthalt im Ausland (Abs. 4)

1. Allgemeines

23 Die Vorschrift findet nur Anwendung auf die unmittelbare Heranziehung eines Berechtigten mit gewöhnlichem Aufenthalt im Ausland durch ein inländisches Gericht. Werden Berechtigte dagegen im Wege der internationalen Rechtshilfe von einem ausländischen Gericht herangezogen, werden sie von diesem Gericht nach den dort geltenden Bestimmungen entschädigt oder vergütet (OLG Düsseldorf JB 1993, 367). Der **gewöhnliche Aufenthalt** ist der Ort, an dem der Berechtigte nicht nur vorübergehend, sondern auf Dauer oder längere Zeit Wohnung genommen hat, auch wenn er sich vorübergehend im Inland aufhält. Auch im letzteren Fall kann eine höhere Vergütung oder Entschädigung nach Abs. 4 gewährt werden, etwa weil dem Berechtigten wegen einer verspäteten Rückkehr ins Ausland dort Einkommen entgeht. Der gewöhnliche Aufenthalt im Ausland ist nicht von der Staatsangehörigkeit des Berechtigten abhängig (*MHBOJ* Rn. 23–25).

2. Zweck der Vorschrift

24 Die Vorschrift trägt dem Umstand Rechnung, dass es immer wieder erforderlich ist, insbesondere Sachverständige, aber auch Dolmetscher und Übersetzer aus dem Ausland direkt durch ein deutsches Gericht heranzuziehen, weil sie über eine Fachkunde verfügen, die im Inland nicht in zureichendem Maß zur Verfügung steht (**Beispiel:** Strafverfahren wegen des ICE-Unglücks in Eschede vor dem LG Lüneburg in den Jahren 2002 bis 2003 mit mehreren Sachverständigen aus dem Ausland). Für einen solchen Berechtigten, auch einen Zeugen, besteht keine allgemeine staatsbürgerliche Pflicht, für eine heranziehende Stelle nach § 1 tätig zu werden oder vor einer solchen als Zeuge auszusagen; auch wenn der Berechtigte Deutscher ist, kann dies jedenfalls nicht mit Ordnungsmitteln erzwungen werden.

3. Verfahren für die Festsetzung der Vergütung

25 Auch bei Abs. 4 und § 19 Abs. 4 wird der Vergütungs- oder Entschädigungsanspruch nach § 2 erst mit **Beendigung der Heranziehung** fällig. Der aus dem Ausland herangezogene Berechtigte hat damit bei seiner Entscheidung, ob er der Heranziehung nachkommt oder nicht, keine Gewähr dafür, dass er die Vergütung oder Entschädigung in der von ihm verlangten Höhe im späteren Festsetzungsverfahren nach § 4 auch tatsächlich zugesprochen erhält. Bei Zeugen aus dem Ausland kann über eine **Vorschusszahlung** nach § 3 Alt. 1 eine Vorklärung stattfinden, nicht aber bei Sachverständigen, Dolmetschern und Übersetzer nach § 3 Alt. 2, da dieser Vorschusstatbestand eine bereits erbrachte Teilleistung von mehr als 2.000 Euro voraussetzt. Da ein aus dem Ausland Geladener der Heranziehung unter Umständen nicht Folge leistet, wenn nicht vorher seine Vergütungs- oder Entschädigungsansprüche geklärt sind, erschiene eine **Vorabentscheidungsmöglichkeit** ähnlich der nach § 9 sinnvoll; sie ist aber vom Gesetz nicht vorgesehen.

§ 8a Wegfall oder Beschränkung des Vergütungsanspruchs

(1) **Der Anspruch auf Vergütung entfällt, wenn der Berechtigte es unterlässt, der heranziehenden Stelle unverzüglich solche Umstände anzuzeigen, die zu seiner Ablehnung durch einen Beteiligten berechtigen, es sei denn, er hat die Unterlassung nicht zu vertreten.**

(2) [1]**Der Berechtigte erhält eine Vergütung nur insoweit, als seine Leistung bestimmungsgemäß verwertbar ist, wenn er**
1. **gegen die Verpflichtung aus § 407 a Absatz 1 bis 4 Satz 1 der Zivilprozessordnung verstoßen hat, es sei denn, er hat den Verstoß nicht zu vertreten;**
2. **eine mangelhafte Leistung erbracht hat;**
3. **im Rahmen der Leistungserbringung grob fahrlässig oder vorsätzlich Gründe geschaffen hat, die einen Beteiligten zur Ablehnung wegen der Besorgnis der Befangenheit berechtigen; oder**
4. **trotz Festsetzung eines weiteren Ordnungsgeldes seine Leistung nicht vollständig erbracht hat.**

[2]**Soweit das Gericht die Leistung berücksichtigt, gilt sie als verwertbar.**

(3) **Steht die geltend gemachte Vergütung erheblich außer Verhältnis zum Wert des Streitgegenstands und hat der Berechtigte nicht rechtzeitig nach § 407 a Absatz 4 Satz 2 der Zivilprozessordnung auf diesen Umstand hingewiesen, bestimmt das Gericht nach Anhörung der Beteiligten nach billigem Ermessen eine Vergütung, die in einem angemessenen Verhältnis zum Wert des Streitgegenstands steht.**

(4) **Übersteigt die Vergütung den angeforderten Auslagenvorschuss erheblich und hat der Berechtigte nicht rechtzeitig nach § 407 a Absatz 4 Satz 2 der Zivilprozessordnung auf diesen Umstand hingewiesen, erhält er die Vergütung nur in Höhe des Auslagenvorschusses.**

(5) **Die Absätze 3 und 4 sind nicht anzuwenden, wenn der Berechtigte die Verletzung der ihm obliegenden Hinweispflicht nicht zu vertreten hat.**

Übersicht

I. Vorbemerkung

1 Die durch das 2. KostMoG in das JVEG gekommene Vorschrift regelt die Voraussetzungen, unter denen Vergütungsansprüche eines Sachverständigen, Dolmetschers oder Übersetzers in Wegfall kommen oder eingeschränkt sind. Dabei hat sich der Gesetzgeber an der bisher für die Sachverständigenvergütung ergangenen und als ausgewogen bezeichneten Rechtsprechung orientiert (BT-Drs. 17/11471, 259). Die **Anwendung von BGB- Vorschriften,** etwa des Dienst- oder Werkvertrages auf den Fall eines gerichtlich bestellten Sachverständigen, Dolmetschers oder Übersetzers, vor allem die deliktische Haftung des gerichtlichen Sachverständigen gegenüber einem Dritten nach § 839a BGB, **kommt nicht in Betracht,** weil die bürgerlich-rechtlichen Regelungen über Leistungsstörungen oder Mängelhaftung nicht auf den Fall zugeschnitten sind, dass die Leistungen für ein Gericht in Erfüllung einer staatsbürgerlichen Pflicht erbracht werden, der sich bestimmte Personen bei der Pflicht zur Erstattung eines Gutachtens nicht entziehen können. Für das Funktionieren der Tätigkeit dieser gerichtlich bestellten Personen ist deren innere Unabhängigkeit, die es zu erhalten gilt, von besonderer Bedeutung. Deshalb darf der Sachverständige, Dolmetscher oder Übersetzer seinen Vergütungsanspruch nicht immer schon bei leichter Fahrlässigkeit verlieren (BGH NJW 1976, 1154 – im Falle eines Sachverständigen –, seitdem stRspr, zuletzt zB OLG Nürnberg 8.9.2011 – 8 U 2204/08, MedR 2012, 515 = BeckRS 2012, 01729). Eine Regelung kann deshalb nur in allgemeinen Rechtsgrundsätzen gefunden werden, die dem Verhältnis des Sachverständigen – ebenso des Dolmetschers und des Übersetzers – zum Gericht und den Belangen einer geordneten Rechtspflege gebührend Rechnung tragen (OLG Nürnberg 8.9.2011 – 8 U 2204/08, MedR 2012, 515 = BeckRS 2012, 01729). Diesen Rahmen füllt anstelle des bisherigen Richterrechts nunmehr § 8a JVEG aus.

II. Aufbau und Geltungsumfang der Vorschrift

2 Abs. 1 bestimmt, in welchem Fall die Vergütung vollständig wegfallen soll, Abs. 2 sieht eine Minderung – bis zum vollständigen Wegfall – vor und die Absätze 3 und 4 regeln diejenigen Fälle, in denen der Sachverständige gegen Pflichten verstößt, die einen unmittelbaren kostenrechtlichen Bezug haben (BT-Drs. 17/11471, 259). Die Vorschrift ist grundsätzlich nicht nur auf **Sachverständige,** sondern auch auf **Dolmetscher und Übersetzer** anzuwenden (vgl. auch BT-Drs. 17/11471, 259). Abs. 2 Nr. 1 und 4 betrifft aber wegen deren Bezugnahme auf §§ 407a, 411 ZPO allein Sachverständige.

III. Nichtanzeige von Ablehnungsgründen (Abs. 1)

Bereits früher wurde in der Rspr. aus § 407a Abs. 1 ZPO auch die Pflicht zur Anzeige von Umständen hergeleitet, die zur Ablehnung wegen Besorgnis der Befangenheit berechtigen (zB OLG Koblenz MDR 2002, 1152). Eine ausdrückliche Normierung hat der Gesetzgeber jedoch schon deshalb für geboten erachtet, weil die Rechtsfolge von der in Abs. 2 Nr. 1 getroffenen Bestimmung abweicht. Denn das anfängliche Vorliegen eines Ablehnungsgrunds führt anders als bei dem im Verlaufe des Verfahrens herbeigeführten Ablehnungsgrund zum vollständigen Wegfall des Vergütungsanspruchs (BT-Drs. 17/11471, 259). Unverzüglich, also bereits bei Entgegennahme des Auftrags hat der Berechtigte auf Umstände, die Zweifel an seiner Unabhängigkeit wecken könnten, zB private Vortätigkeit für einen Verfahrensbeteiligten, hinzuweisen, damit die Parteien entscheiden können, ob sie gleichwohl die Begutachtung durch ihn wünschen (OLG Koblenz MDR 2002, 1152). Die Anwendung der Vorschrift setzt denknotwendig voraus, dass eine **erfolgreiche Ablehnung des Berechtigten** wegen der verschwiegenen Umstände stattgefunden hat (so auch BayVGH 24.4.2018 – 22 C 17.1272, BeckRS 2018, 6981 und LG Braunschweig 28.5.2016 – 12 T 606/14, BeckRS 2016, 14792). Die erfolgreiche Ablehnung im Hauptverfahren hat aber **im Festsetzungsverfahren nach § 4 Abs. 1 Satz 1 keine bindende Wirkung;** das nach § 4 Abs. 1 Satz 1 berufene Gericht hat vielmehr die Berechtigung der Ablehnung selbständig zu prüfen (OLG Nürnberg 8.9.2011 – 8 U 2240/08, MedR 2012, 515 = BeckRS 2012, 01729 mwN; OLG Dresden 15.6.2010 – 3 W 549/10, BeckRS 2010, 23055; OLG Zweibrücken 11.4.2007 – 6 W 34/06, BeckRS 2007, 10058, mwN). Der Vergütungsanspruch entfällt bei dieser Vorschrift nunmehr schon bei **leichter Fahrlässigkeit** (OLG Frankfurt 4.5.2017 – 18 W 58/17, BeckRS 2017, 111147; aA *Hartmann* § 8a Rn. 8, der trotz des klaren Gesetzeswortlauts grobe Fahrlässigkeit fordert). Diese liegt zB bereits vor, wenn ein gerichtlich und außergerichtlich vielbeschäftigter Sachverständiger nicht unverzüglich sorgfältig prüft, ob er früher für einen Verfahrensbeteiligten außergerichtlich tätig war (OLG Koblenz MDR 2002, 1152) oder wenn er die Mitteilung unterlässt, dass er mit einem Privatgutachter einer Prozesspartei ständig zusammenarbeitet (OLG Frankfurt 4.5.2017 – 18 W 58/17, BeckRS 2017, 111147). Nicht unter diese Vorschrift, sondern unter Abs. 2 Nr. 1 dürfte der Fall zu subsumieren sein (vgl. OLG Celle 5.9.2007 – 6 W 82/07, BeckRS 2008, 00052), dass es ein Sachverständiger unterlässt, einen nicht nur zu untergeordneten Tätigkeiten eingesetzten **Mitarbeiter** nach solchen Vortätigkeiten für Verfahrensbeteiligte zu befragen, dazu → Rn. 6. 3

Im Gegensatz zu den Abs. 2 Satz 2 unterliegenden Fällen ist in Abs. 1 nicht vorgesehen, dass der Berechtigte seinen Anspruch insoweit behält, als das Gericht seine Leistung verwertet. Ein Grund für diese Ungleichbehandlung ist nicht ersichtlich und auch den Gesetzesmaterialien (BT-Drs. 17/11471, 259 f.) nicht zu entnehmen. Insofern muss von einer unbeabsichtigten Gesetzeslücke ausgegangen werden mit der Folge, dass auch Leistungen des nach Abs. 1 abgelehnten Berechtigten bei deren **Verwertung** in analoger Anwendung und **im Umfang von Abs. 2 Satz 2 zu vergüten** sind. 4

IV. Pflichtenverstoß (Abs. 2)

1. Verstoß gegen die Verpflichtungen aus § 407a Abs. 1–3 Satz 1 ZPO (Abs. 2 Nr. 1)

5 Die Vorschrift nimmt auf die Pflichten eines Sachverständigen nach **§ 407a Abs. 1 bis 1–3 Satz 1 ZPO** Bezug. Diese Pflichten lauten:

§ 407a ZPO Weitere Pflichten des Sachverständigen. (1) [1]Der Sachverständige hat unverzüglich zu prüfen, ob der Auftrag in sein Fachgebiet fällt und ohne die Hinzuziehung weiterer Sachverständiger sowie innerhalb der vom Gericht gesetzten Frist erledigt werden kann. [2]Ist das nicht der Fall, so hat der Sachverständige das Gericht unverzüglich zu verständigen.

(2) [1]Der Sachverständige hat unverzüglich zu prüfen, ob ein Grund vorliegt, der geeignet ist, Misstrauen gegen seine Unparteilichkeit zu rechtfertigen. [2]Der Sachverständige hat dem Gericht solche Gründe unverzüglich mitzuteilen. [3]Unterlässt er dies, kann gegen ihn ein Ordnungsgeld festgesetzt werden.

(3) [1]Der Sachverständige ist nicht befugt, den Auftrag auf einen anderen zu übertragen. [2]Soweit er sich der Mitarbeit einer anderen Person bedient, hat er diese namhaft zu machen und den Umfang ihrer Tätigkeit anzugeben, falls es sich nicht um Hilfsdienste von untergeordneter Bedeutung handelt.

(4) [1]Hat der Sachverständige Zweifel an Inhalt und Umfang des Auftrages, so hat er unverzüglich eine Klärung durch das Gericht herbeizuführen. [2]Erwachsen voraussichtlich Kosten, die erkennbar außer Verhältnis zum Wert des Streitgegenstandes stehen oder einen angeforderten Kostenvorschuss erheblich übersteigen, so hat der Sachverständige rechtzeitig hierauf hinzuweisen.

(5) [1]Der Sachverständige hat auf Verlangen des Gerichts die Akten und sonstige für die Begutachtung beigezogene Unterlagen sowie Untersuchungsergebnisse unverzüglich herauszugeben oder mitzuteilen. [2]Kommt er dieser Pflicht nicht nach, so ordnet das Gericht die Herausgabe an.

(6) Das Gericht soll den Sachverständigen auf seine Pflichten hinweisen.

6 Bei Verstoß gegen diese Pflichten führt schon **leichte Fahrlässigkeit** zum Verlust des Vergütungsanspruchs (so schon die bisherige Rspr. zB LG Karlsruhe 29.7.2008 – 3 OH 15/05, BeckRS 2008, 20714; OLG Koblenz MDR 2002, 1152). Ein Verstoß gegen die **Prüfungspflicht** nach § 407a Abs. 1 ZPO ist anzunehmen, wenn sich bereits aus dem Gutachtenauftrag ergibt, dass die Fachkenntnisse des Sachverständigen zur Beantwortung der Beweisfrage nicht ausreichen (LG Chemnitz 5.10.2015 – 4 OH 36/14, BeckRS 2015, 19958; LG Karlsruhe 29.7.2008 – 3 OH 15/05, BeckRS 2008, 20714; ähnlich auch OLG Rostock 14.2.2007 – 4 W 17/06, BeckRS 2007, 12478). Maßgebend für die Prüfungspflicht des Sachverständigen ist einerseits die konkrete Fragestellung des Gerichts, andererseits sein Bestellungsgebiet; keineswegs muss der Sachverständige im vorhinein bedenken, welche zusätzlichen Fragestellungen möglicherweise noch auftauchen könnten, für die ihm dann die Sachkunde fehlen könnte (OLG Stuttgart 5.4.2018 – 8 W 97/18, BeckRS 2018, 5761). Stellt sich bei problematischer Aufgabenzuordnung erst im **Einweisungsverfahren nach § 404a Abs. 2 ZPO** heraus, dass der Auftrag nicht in das Aufgabengebiet des Sachverständigen fällt, behält der Sachverständige seinen Vergütungsanspruch für seine im Einweisungsverfahren

aufgewendete Zeit, nicht jedoch dann, wenn im Einweisungsverfahren klar wird, dass dem Sachverständigen seine mangelnde fachliche Qualifikation schon bei Auftragseingang hätte klar sein und er die Anzeige nach § 407a Abs. 1 ZPO hätte erstatten müssen. Zur **Vergütung des Zeitaufwands für die Vorprüfung** nach § 407a Abs. 1 ZPO → § 8 Rn. 10f. Dass der Sachverständige keinen Anspruch erwirbt, wenn er den Auftrag unter **Verstoß gegen § 407a Abs. 2 ZPO** insgesamt auf Dritte überträgt, ergibt sich bereits aus dem Umstand, dass er selbst keine Leistung erbracht hat, → § 8 Rn. 5. Bei teilweiser Übertragung auf Dritte verliert der Sachverständige nach Abs. 2 Nr. 1 grundsätzlich auch den Vergütungsanspruch für den von ihm selbst erbrachten Leistungsteil (so schon OLG Nürnberg 16.5.2006 – 5 W 781/06, BeckRS 2006, 07218). Bei **Mitarbeit einer anderen Person** hat der Sachverständige diese Person nicht nur namhaft zu machen, sondern von sich aus nach Tätigkeiten zu befragen, die eine Befangenheit auslösen könnten (OLG Celle 5.9.2007 – 6 W 82/07, BeckRS 2008, 00052).

Für das **Nichtvertretenmüssen bei Verstoß gegen § 407a Abs. 1 bis 3 Satz 1 ZPO** ist der Sachverständige in vollem Umfang vortrags- und beweispflichtig. Beruht die unzureichende Leistung des Sachverständigen auf einer **unzulänglichen Anleitung des Gerichts nach § 404a ZPO,** hat sie der Sachverständige nicht zu vertreten (OLG Celle 11.11.2015 – 2 W 229/15, JB 2016, 91 = BeckRS 2015, 19019; OLG Köln 8.2.2010 – 17 W 20/10, BeckRS 2010, 06612). Auch bei **fehlender Belehrung über die Sachverständigenpflichten** durch das Gericht entgegen der Sollvorschrift des § 407a Abs. 5 ZPO kann Nichtvertretenmüssen in Betracht kommen, insbesondere dann, wenn der Sachverständige bis dahin nicht schon häufiger von Gerichten herangezogen worden war. 7

2. Mangelhafte Leistung (Abs. 2 Nr. 2)

Während die bisherige Rechtsprechung einen Vergütungsausschluss im Fall der inhaltlichen Schlechtleistung zumeist erst bei mindestens grober Fahrlässigkeit angenommen hat (zuletzt OLG Sachsen-Anhalt 21.2.2013 – 10 W 12/12, BeckRS 2013, 10535; ThürOLG 5.6.2012 – 9 W 243/12, IBRRS 86675; OLG München 20.12.2011 – 11 W 2733/10, 11 W 578/11, BeckRS 2012, 05685), **führt jetzt bereits einfache Fahrlässigkeit zum Vergütungsverlust.** Den Gesetzesmaterialien (BT-Drs. 17/11478, 259f.) ist ein Grund für diese Haftungsverschärfung nicht zu entnehmen. Bis zum Inkrafttreten des 2. KostRMoG wurde **in der Rspr.** grobe Fahrlässigkeit und damit **Vergütungsverlust** angenommen bei Nichtbeachtung von Weisungen und Bedingungen des Gerichts im Gutachtenauftrag (KG FamRZ 1999, 1516), allgemein bei **Nichtbeachtung des Auftragsinhalts,** bei nicht nachbesserungsfähiger fehlender Nachvollziehbarkeit der Ergebnisse des Gutachtens (Brandenburgisches OLG 14.11.2017 – 12 W 45/16; ThürOLG 5.6.2012 – 9 W 243/12, IBRRS 86675; OLG Düsseldorf JB 1996, 323; OLG Frankfurt NJW 1963, 400), wenn das Gutachten für die Beantwortung der Beweisfragen in keiner Weise eine Grundlage bilden kann oder wenn die Schlussfolgerungen des Sachverständigen auch von einem bemühten Auftraggeber nicht zu verstehen sind (LSG RhPf 22.2.2016 – L 5 KR 269/15 B, JB 2016, 298 = BeckRS 2016, 66889; Schleswig-Holsteinisches LSG 22.4.2008 – L 1 B 89/08 SK, NZS 2008, 672 = BeckRS 2008, 52669), wenn der Sachverständige den Termin zur **mündlichen Erläuterung** und Ergänzung seines Gutachtens grob fahrlässig versäumt (OLG Köln MDR 1970, 855) oder sich hartnäckig weigert, sein schriftliches Gutachten mündlich zu erläutern (Brandenburgisches OLG MDR 8

2005, 1131), wenn der Sachverständige die dem Gericht bereits vorliegenden Angaben eines Dritten zur Beweisfrage ungeprüft übernimmt, weil es insoweit eines Gutachtens nicht bedurft hätte (OLG Sachsen-Anhalt 18.7.2007 – 10 W 15/07, BeckRS 2008, 11189).); wenn ein mit der Wertermittlung eines Wohnhausgrundstückes beauftragter Sachverständiger seiner Pflicht zur Ermittlung der für die Wertbemessung maßgebenden Faktoren nicht nachgekommen ist (OLG Zweibrücken 29.12.2014 – 6 W 64/14, BeckRS 2015, 02099; *MHBOJ* Rn 14). Eine mangelhafte Leistung liegt auch vor, wenn der Sachverständige im Rahmen einer Versuchsreihe untaugliches Vergleichsmaterial verwendet (LG Wuppertal 28.7.2016 – 16 T 427/15, BeckRS 2016, 116584). **Kein Verschulden** liegt vor, wenn ein Berechtigter zu einem Termin wegen **Zugverspätung** erst nach dessen Beendigung eintrifft; er behält den Vergütungsanspruch (LAG BW 30.1.2007 – 3 Ta 3/07, BeckRS 2009, 63623).

9 Grundsätzlich ist dem Sachverständigen vor Aberkennung seines Anspruchs **Gelegenheit zur Nachbesserung,** zB durch Anberaumung eines Termins zur mündlichen Erläuterung des Gutachtens, einzuräumen (BayVGH 24.4.2018 – 22 C 17.1272, BeckRS 2018, 6981; OLG Düsseldorf 26.10.2017 – I-10 W 394/17, BeckRS 2017,141613; OVG Sachsen-Anhalt 14.8.2017 – 2 L 98/13, BeckRS 2017,131931; VGH BW 27.8.2012 – 2 S 1538/12, NJW 2012, 3593 = BeckRS 2012, 57182; OLG Hamm 14.10.2014 – 10 U 104/11, BeckRS 2015, 02072; so auch ThürOLG 5.6.2012 – 9 W 243/12, IBRRS 86675), auch die Wiederholung eines **Augenscheinstermins** unter Ladung aller Beteiligten, wenn dies zuvor versäumt worden war. Ist der Sachverständige wegen der unterbliebenen Ladung eines Beteiligten bereits erfolgreich abgelehnt, ist über den Wegfall des Vergütungsanspruchs nach den Grundsätzen des Abs. 2 Nr. 3 zu entscheiden. Allein die Nichtbeantwortung einer Beweisfrage impliziert keine Fahrlässigkeit, insbesondere, wenn der Sachverständige darlegt, weshalb die Beweisfrage nicht beantwortet werden kann (Schleswig-Holsteinisches OLG 12.5.2011 – 9 W 132/10, IBRRS 83440), jedoch dann, wenn eine Auseinandersetzung mit den gestellten Beweisfragen überhaupt nicht erfolgt und sich das „Gutachten" in einer eigenmächtigen Zeugenvernehmung durch den Sachverständigen und einer „persönlichen Erklärung" des Sachverständigen erschöpft (AG Dortmund JB 1995, 151).

3. Grob fahrlässige oder vorsätzliche Schaffung von Ablehnungsgründen im Rahmen der Leistungserbringung (Abs. 2 Nr. 3)

10 Die Anwendung der Vorschrift setzt zuerst die **erfolgreiche Ablehnung des Berechtigten im Hauptverfahren** voraus (so jetzt auch OLG Frankfurt 18.9.2017 – 6 WF 133/17, BeckRS 2017, 139926). Die Entscheidung des Hauptverfahrens hat aber **im Festsetzungsverfahren nach § 4 Abs. 1 Satz 1 keine bindende Wirkung.** Im Rahmen dieser Bestimmung hat das Gericht vielmehr die Berechtigung der Ablehnung selbständig zu prüfen (OLG Nürnberg 8.9.2011 – 8 U 2204/08, BeckRS 2012, 01729 mwN; OLG Dresden 15.6.2010 – 3 W 549/10, BeckRS 2010, 23055; OLG Zweibrücken 11.4.2007 – 6 W 34/06, BeckRS 2007, 10058 mwN). Nach Abs. 2 Nr. 3 beseitigt die Schaffung von Ablehnungsgründen durch den Berechtigten im Rahmen der Leistungserbringung den Vergütungsanspruch **nur bei mindestens grob fahrlässiger Herbeiführung** des Ablehnungsgrundes (vgl. BT-Drs. 17/11471, 259). Diese Rechtslage bestand bereits vor dem Inkrafttreten des 2. KostRMoG (vgl. OLG Stuttgart 30.7.2014 – 8 W 388/13, BeckRS 2014, 17282; OLG Zweibrücken 11.4.2007 – 6 W 34/06,

BeckRS 2007, 10058; OLG Koblenz 16.11.2005 – 14 W 713/05, BeckRS 2005, 14110; OLG Düsseldorf JB 2001, 537; OLG Hamburg JB 1999, 426; LAG Köln NZA 1996, 560). Vorhandene Zweifel hinsichtlich eines grob schuldhaften Verhaltens des Sachverständigen führen nicht zu einer Aberkennung des Entschädigungsanspruchs für die gutachterliche Tätigkeit, weil der Verlust des Vergütungsanspruchs wegen seines Ausnahmecharakters nur unter gesicherten Voraussetzungen stattfinden kann (OLG Koblenz 18.6.2014 – 14 W 334/14, JB 2015, 96 = BeckRS 2014, 21291). **Beispiele für grobe Fahrlässigkeit:** Missachtung des gerichtlichen Gutachtenauftrags durch Abhandlung vom Gericht nicht gestellter Fragen (OLG Düsseldorf 1.2.2018 – I-10 W 397/17, BeckRS 2018, 3735). Vorwurf eines „frech-frivol-schelmischen Vokabulars" gegenüber einem Prozessbevollmächtigten (SG Karlsruhe 24.7.2015 – S 1 SF 2309/15 E, BeckRS 2015, 70549). Die Sachverständige zeigt nach den Ausführungen eines Parteivertreters „den Vogel" (OLG Stuttgart 30.7.2014 – 8 W 388/13, BeckRS 2014, 17282). Weigerung eines Sachverständigen, teilweise in polemische Form gekleidete Ergänzungsfragen eines Parteivertreters überhaupt zu beantworten (OLG Sachsen-Anhalt 16.4.2015 – 10 W 57/14, BeckRS 2014, 17282). Äußerung des Sachverständigen gegenüber einer Partei, diese könne nicht alles „wegschwätzen" (OLG Karlsruhe 3.8.2011 – 14 W 18/11, BeckRS 2012, 03172). Verbale Angriffe gegen einen Prozessbevollmächtigten in einem Ausmaß und einer Häufigkeit, die auf persönliche Verärgerung und die Gefahr von Unsachlichkeit schließen lassen (OLG Dresden 23.8.2010 – 9 U 2258/05, BeckRS 2011, 02487). Eigene Rechtsausführungen und Mitteilung persönlicher Gerechtigkeitsempfindungen im Gutachten (OLG Sachsen-Anhalt 7.1.2010 – 5 W 1/10, BeckRS 2010, 13783). Selbstablehnung eines Sachverständigen ohne Begründung im laufenden Verfahren (LG Koblenz 29.8.2016 – 16 O 309/12, JB 2017, 33 = BeckRS 2016, 21274). **Keine grobe Fahrlässigkeit** liegt vor, wenn die Befangenheit nicht auf gänzlich unvertretbaren Verfehlungen, sondern lediglich auf einem aus der Sicht der Partei **bei summarischer Betrachtung mehrerer Umstände** möglichen Misstrauen beruht (LG Osnabrück 10.6.2015 – 7 OH 10/12, JB 2015, 654 = BeckRS 2015, 00400), wenn der Sachverständige nach sachlichen und persönlichen Angriffen gegen sein Gutachten die Grenze sachlicher Auseinandersetzung durch **einzelne verbale Entgleisungen** oder ungeschickte Formulierungen ohne Angriffe auf den sachlichen Bezug der Einwendungen einer Partei gegen das Gutachten überschreitet (OLG Frankfurt 18.9.2017 – 6 WF 133/17, BeckRS 2017, 139926; OLG Köln 12.9.2011 – 5 W 28/11, BeckRS 2011, 23358 und JB 2012, 36).

4. Nicht vollständige Leistungserbringung trotz Festsetzung eines weiteren Ordnungsgelds (Abs. 2 Satz 1 Nr. 4)

Die Vorschrift trägt im Fall der verspäteten Leistung dem Umstand Rechnung, **11** dass das Gericht durch Aufsichts- und Führungsmaßnahmen nach § 411 Abs. 1 und 2 ZPO auf eine Fristversäumnis mit Ordnungsmitteln reagieren kann und daneben der Entzug des Auftrags in Betracht kommt (BT-Drs. 17/11471, 259f.). Diese ZPO-Vorschriften lauten:

§ 411 ZPO Schriftliches Gutachten. (1) Wird schriftliche Begutachtung angeordnet, setzt das Gericht dem Sachverständigen eine Frist, innerhalb derer er das von ihm unterschriebene Gutachten zu übermitteln hat.

(2) [1]Versäumt ein zur Erstattung des Gutachtens verpflichteter Sachverständiger die Frist, so soll gegen ihn ein Ordnungsgeld festgesetzt werden. [2]Das Ordnungsgeld muss vorher unter Setzung einer Nachfrist angedroht werden. [3]Im Falle wiederholter Fristversäumnis kann das Ordnungsgeld in der gleichen Weise noch einmal festgesetzt werden. [4]Das einzelne Ordnungsgeld darf 3 000 Euro nicht übersteigen. [5]§ 409 Abs. 2 gilt entsprechend.

(3), (4) *(nicht abgedruckt)*

12 **§ 8a Abs. 2 Satz 1 Nr. 4 findet nur auf Sachverständige Anwendung,** nicht auf Dolmetscher und Übersetzer, weil die Bezugsnorm – § 411 ZPO – allein Sachverständige betrifft. Für die Anwendung der Vorschrift gegenüber Sachverständigen sind folgende **kumulative Voraussetzungen** erforderlich: (1) Das Gericht muss dem Sachverständigen eine Frist gesetzt haben, innerhalb derer er das von ihm unterschriebene Gutachten zu übermitteln hat. (2) Bei Versäumung der nach § 411 Abs. 1 ZPO gesetzten Frist muss dem Sachverständigen unter Setzung einer Nachfrist zur vollständigen Erbringung der Leistung ein Ordnungsgeld angedroht worden sein. (3) Das Ordnungsgeld muss verhängt sein. (4) Dem Sachverständigen muss unter Setzung einer weiteren Nachfrist zur vollständigen Erbringung der Leistung ein weiteres Ordnungsgeld angedroht worden sein. (5) Das weitere Ordnungsgeld muss rechtskräftig verhängt sein. **Mit der Rechtskraft des weiteren Ordnungsgeldbeschlusses erlischt der Anspruch** des Sachverständigen. Eine weitere Fristsetzung ist nicht erforderlich, auch **keine allgemeine weitere Verschuldensprüfung.** Dieser Erlöschenstatbestand steht wie die übrigen des Abs. 2 unter dem Vorbehalt der Verwertbarkeit bzw. Verwertung von bis dahin erbrachter Teilleistungen oder einer nach Verhängung des Ordnungsgelds erbrachten vollständigen oder teilweisen Leistung, → Rn. 13. Bei **Entziehung des Auftrags vor Erfüllung des Tatbestands nach Abs. 2 Satz 1 Nr. 4** bleibt der Vergütungsanspruch des Sachverständigen für die vor der Entziehung erbrachte Leistung grundsätzlich bestehen, (*MHBOJ* Rn. 6), → § 8 Rn. 20. Nicht mehr haltbar ist damit die frühere Meinung, die eine Entziehung des Auftrags mit Vergütungsverlust schon vor Erfüllung der jetzt gesetzlichen Kriterien annahm (OLG München 20.12.2011 – 11 W 2733/10, 11 W 578/11, BeckRS 2012, 05685; OLG München MDR 2002, 57).

5. Vergütung trotz Verstoßes gegen Abs. 2 Nr. 1–4 bei Verwertbarkeit bzw. Verwertung der Leistung

13 Trotz Vorliegens eines oder mehrererVerstöße nach Nr. 1 bis 4 behält der Berechtigte seinen Anspruch insoweit, als seine Leistung bestimmungsgemäß verwertbar ist. Satz 2 legt dabei fest, dass im Falle der tatsächlichen Verwertung durch den Tatrichter die Leistung als verwertbar im Sinne des Absatzes 2 Satz 1 gilt. Das entspricht der bisherigen Handhabung der Rechtsprechung (OLG Sachsen-Anhalt 21.2.2013 – 10 W 12/12, BeckRS 2013, 10535; KG MDR 2010, 719; OLG München NJW-RR 1998, 1687; OLG Düsseldorf Rpfleger 1991, 527 Ls.; LG Bayreuth JB 1991, 437) und soll verhindern, dass **Streitigkeiten über die Verwertbarkeit** in den Kosteninstanzen wiederholt werden; der Sachentscheidung für eine Verwertbarkeit im Hauptsacheverfahren kommt somit präjudizierende Wirkung zu (BT-Drs. 17/11471, 260; BayVGH 24.4.2018 – 22 C 17.1272, BeckRS 2018, 6981; OLG Celle 11.11.2015 – 2 W 229/15, JB 2016, 91 = BeckRS 2015, 19019). Eine **vom Tatrichter berücksichtigte Leistung** gilt immer als brauchbar

(OVG Sachsen-Anhalt 8.6.2015 – 2 O 138/14, BeckRS 2015, 51148; LG Halle 4.5.2014 – 4 T 26/14, NJW 2014, 2886 = BeckRS 2014, 11560; OLG Zweibrücken 25.11.2013 – 7 U 129/09; ähnlich SächsOVG 5.4.2016 – 3 A 620/15, BeckRS 2016, 44846), sofern die Berücksichtigung nicht nur in einem völlig untergeordneten Maß erfolgt ist (BayVGH 24.4.2018 – 22 C 17.1272, BeckRS 2018, 6981). Dies gilt auch bei **unstreitiger Verfahrenserledigung** wie Vergleich, Antragsrücknahme und Anerkenntnis und auch dann, wenn ein inzwischen eingetretener anderer tatsächlicher oder rechtlicher Umstand die ganze Tätigkeit des Berechtigten überflüssig macht (BayVGH 24.4.2018 – 22 C 17.1272, BeckRS 2018, 6981 unter Berufung auf *Hartmann* § 12 Rn. 34 mwN) oder das Gericht erster Instanz die Leistung verwertet, eine weitere Instanz sie jedoch für unverwertbar hält. Umgekehrt fällt der Vergütungsanspruch **nur bei Nichtverwertbarkeit,** nicht schon bei Nichtverwertung der Leistung durch das Gericht weg. Bei **teilweiser Verwertbarkeit oder Verwertung** erhält der Sachverständige die Vergütung für den verwertbaren bzw. verwerteten Teil, wobei die Höhe der Vergütung konkret zu berechnen ist (OLG Düsseldorf 26.10.2017 – I-10 W 394/17, BeckRS 2017,141613).

V. Beschränkung der Sachverständigenvergütung bei Verstoß gegen die Pflichten aus § 407a Abs. 3 Satz 2 ZPO (Abs. 3 und 4)

1. Vorbemerkung

Abs. 3 und 4 gelten wegen ihrer Verweisung auf § 407a Abs. 3 Satz 2 ZPO **nur** 14
für Sachverständige, nicht für Dolmetscher oder Übersetzer. Nach § 407a Abs. 3 Satz 2 ZPO hat der Sachverständige die Pflicht, das Gericht rechtzeitig darauf hinzuweisen, wenn die Begutachtungskosten erkennbar außer Verhältnis zum Wert des Streitgegenstands stehen oder den angeforderten Kostenvorschuss erheblich übersteigen. Ein besonderer Hinweis des Gerichts auf diese Pflichten bei der Auftragserteilung ist nicht erforderlich (*MHBOJ* Rn. 31). Die Hinweispflicht nach § 407a Abs. 3 Satz 2 ZPO besteht auch nach Abschluss einer Begutachtung für absehbare besondere Aufwendungen nach § 12 (OLG Köln 13.1.2014 – 17 W 143/13, BeckRS 2014, 02438 mwN). Mit einer Mitteilung nach § 407a Abs. 3 Satz 2 ZPO hat ein Sachverständiger seine Tätigkeit bis zu einer weiteren Weisung des Gerichts einzustellen (LSG Bln-Bbg. 27.3.2017 – L 2 SF 114/16 E, BeckRS 2017, 106035; LG Bochum JB 1989, 1463; BayObLG JB 1982, 110; KG Rpfleger 1981, 164; aA LG Osnabrück JB 1996, 322 m. abl. Anm. *Paul*). Zur Rechtslage bei Verstoß des Sachverständigen gegen seine Anzeigepflicht nach § 407a Abs. 3 S. 2 ZPO – unzureichender Auslagenvorschuss – vor Inkrafttreten des 2. KostRMoG → Rn. 16, nach Inkrafttreten dieses Gesetzes → Rn. 17.

2. Unverhältnismäßigkeit zwischen Sachverständigenkosten und Streitgegenstand; § 407a Abs. 3 Satz 2 Alt. 1 ZPO (Abs. 3)

Die Vorschrift kann sich **nicht auf nichtvermögensrechtliche Streitigkeiten** 15
wie Kindschaftssachen, bei denen der Verfahrenswert nach § 45 Abs. 1 FamGKG regelmäßig 3.000 Euro beträgt und auch **nicht bei Gutachteneinholung von Amts wegen** beziehen, (LG Braunschweig 28.5.2016 – 12 T 606/14, BeckRS 2016, 14792). Eine **Unverhältnismäßigkeit in vermögensrechtlichen**

Streitigkeiten liegt jedenfalls vor, wenn die Sachverständigenkosten den Streitwert erreichen oder übersteigen (BayObLG 4.9.2002 – 3Z BR 120/02, BeckRS 2002, 30280449; Schleswig-Holsteinisches OLG JB 1989, 1173). Weitergehend wird ein Missverhältnis bei Sachverständigenkosten von mehr als 50% (OLG Zweibrücken 10.7.2015 – 6 W 11/15, BeckRS 2015, 19201; OLG Düsseldorf 28.11.2002 – 5 U 198/94, BeckRS 2002, 30295949; *MHBOJ* Rn. 32) und sogar schon bei nahezu ¼ des Streitwerts angenommen (OLG Zweibrücken 15.11.2010 – 4 W 98/10, BeckRS 2011, 14122). Hat das Gericht jedoch dem Sachverständigen die Zahlung eines Kostenvorschusses in einer bestimmten Höhe ohne weitere Hinweise mitgeteilt, kann der Sachverständige unterstellen, dass das Gericht von der Verhältnismäßigkeit dieses Betrags ausgeht (BT-Drs. 17/11471, 260). Bei unverhältnismäßig hohen Kosten, die der Sachverständige schuldhaft nicht mitgeteilt hat, hat das Gericht die Höhe der Vergütung nach billigem Ermessen zu bestimmen. Zuvor hat es die Beteiligten anzuhören, um zu ermitteln, welche Aspekte für diese relevant sind. Nur dann kann eine billige Entscheidung getroffen werden, die fiktiv eine Vergütung bestimmt, die in einem angemessen Verhältnis zum Streitgegenstand steht (BT-Drs. 17/11471, 260).). Eine Anzeigepflicht des Sachverständigen bei erheblicher **Überschreitung von „Durchschnittskosten"** eines Gutachtens sieht das Gesetz nicht vor (LG Braunschweig 28.5.2016 – 12 T 606/14, BeckRS 2016, 14792).

3. Beschränkung der Vergütung auf den angeforderten Auslagenvorschuss; § 407 Abs. 3 Satz 2 Alt. 2 ZPO (Abs. 4)

16 Nach dem **vor dem 2. KostRMoG geltenden Richterrecht** wurde in der Sozialgerichtsbarkeit eine **erhebliche Überschreitung des Auslagenvorschusses** bereits bei mehr als 10% angenommen (LSG Bln-Bbg 7.1.2011 – L 2 SF 173/10 B, BeckRS 9998, 84269 (Ls.); Schleswig-Holsteinisches LSG 10.12.1997 – L 1 SK 1/97, BeckRS 1997, 15574; ansonsten wurde die Grenze zumindest bei 25% gezogen (KG 4.5.2011 – 22 U 59/09, BeckRS 2011, 14595; LG Münster 31.1.2011 – 5 T 681/10, BeckRS 2011, 19104; OLG Stuttgart MDR 2008, 652; OLG Brandenburg 22.9.2006 – 11 W 70/05, BeckRS 2006, 12478; AG Hannover FamRZ 2000, 175; OLG Celle NJW-RR 1997, 1295; Schleswig-Holsteinisches OLG JB 1997, 539; OLG Zweibrücken JB 1997, 96). Der Honoraranspruch wurde auf den **Auslagenvorschuss zuzüglich der Toleranzgrenze** gekürzt, idR also auf 125% des angeforderten Vorschusses beschränkt (LG Osnabrück JB 2013, 437; KG 4.5.2011 – 22 U 59/09, BeckRS 2011, 14595; LSG Bln-Bbg 7.1.2011 – L 2 SF 173/10 B, BeckRS 2011, 14595; OLG Stuttgart MDR 2008, 652; aA BayLSG 27.4.2010 – L 15 SF 100/10, BeckRS 2010, 69383, das ohne nähere Begründung nur den angeforderten Kostenvorschuss zugebilligt hat). Ein schuldhafter **Verstoß gegen eine Mitteilungspflicht** nach § 407a Abs. 3 Satz 2 ZPO führte zur Kürzung des Sachverständigenhonorars um den Betrag, der rückschauend betrachtet unter Anlegung eines objektiven Maßstabs (OLG Hamburg JB 1981, 410) bei rechtzeitiger Mitteilung nicht entstanden wäre (Schleswig-Holsteinisches OLG JB 1997, 539; OLG Zweibrücken JB 1997, 96; LG Coburg JB 1990, 529 mAnm *Mümmler*), wenn also unter Berücksichtigung aller Umstände des Einzelfalls im Rahmen einer **Prognoseentscheidung** festgestellt werden konnte, dass bei pflichtgemäßer Anzeige die Tätigkeit des Sachverständigen eingeschränkt oder beendet worden wäre (damals einhellige Rspr., zuletzt OLG Thüringen 1.8.2014 – 7 U 405/12, BeckRS 2015, 02130).

Das 2. KostRMoG hat das bis dahin geltende Richterrecht wesentlich verändert. Nach Abs. 4 erhält der Berechtigte die Vergütung nur in Höhe des angeforderten Auslagenvorschusses, wenn die Vergütung diesen erheblich übersteigt und der Berechtigte nicht rechtzeitig nach § 407a Abs. 3 Satz 2 ZPO auf diesen Umstand hingewiesen hat. In der Gesetzesbegründung (BT-Drs. 17/11471, 260) wird unter Berufung auf „*Zöller/Greger,* 25. Auflage, § 413 ZPO Rnr. 6" darauf hingewiesen, die Literatur nehme Erheblichkeit erst bei einer um zwanzig Prozent übersteigenden Vergütung an. Unter Berufung auf diese Gesetzesbegründung nimmt jetzt die überwiegende Rspr. die **Erheblichkeit der Überschreitung bei mehr als 20 %** an (OLG Düsseldorf in stRspr, zuletzt 20.10.2017 – I-10 W 406/17, BeckRS 2017,144270; LG Kiel 6.6.2017 – 9 OH 26/15, BeckRS 2017, 106199; LSG Bln-Bbg 27.3.2017, – L 2 SF 114/16 E, BeckRS 2017, 106035; OLG Oldenburg 24.2.2017 – 5 W 15/17, BeckRS 2017, 119214; BayLSG in stRspr, zuletzt 10.11.2016 – L 15 RF 29/16, BeckRS 2016, 74382; Schleswig-Holsteinisches LSG 18.1.2016 – L 5 AR 44/14 KO, BeckRS 2016, 67168; OLG Hamm 14.10.2014 – 10 U 104/11, BeckRS 2015, 02072, und 24.7.2014 – 24 U 220/12, MDR 2015, 300 = BeckRS 2014, 01013; OLG Karlsruhe 18.8.2014 – 7 W 44/14, BeckRS 2014, 17128). **Gegen eine starre Kappungsgrenze** von 20% wendet sich eine Mindermeinung (OLG Dresden 26.9.2014 – 3 W 980/14, BeckRS 2014, 20161, bei einer Überschreitung von 22%) mit der Begründung, nachdem der Gesetzgeber eine Legaldefinition der „Erheblichkeit" unterlassen habe, wolle er eine dem Einzelfall angemessene Rechtsanwendung erreichen. Jedenfalls bei einer **Überschreitung von 25 %** wird von der Rspr. die Erheblichkeit nahezu einhellig bejaht (LG Neuruppin 28.2.2017 – 1 O 34/16, BeckRS 2017, 106779; OLG Hamm 8.5.2015 – 12 U 62/14, MDR 2015, 1033 = BeckRS 2015, 09348; LG Heidelberg 5.2.2015 – 3 T 4/15, BeckRS 2015, 03291; LG Hannover 7.8.2014 – 92 T 87/14; offengelassen von LG Osnabrück 11.1.2016 – 10 T 631/15, BeckRS 2016, JB 2016, 367, das sich bei einer Überschreitung von 40% nicht festlegen musste). 17

Nach dem eindeutigen Wortlaut des Abs. 4 erhält der Sachverständige **bei erheblicher Überschreitung** des angeforderten Auslagenvorschusses die **Vergütung nur in Höhe des Auslagenvorschusses** (OLG Düsseldorf in stRspr, zuletzt 20.10.2017 – I-10 W 406/17, BeckRS 2017, 144270; LG Kiel 6.6.2017 – 9 OH 26/15; LSG Bln-Bbg 27.3.2017, – L 2 SF 114/16 E, BeckRS 2017, 106035; LG Neuruppin 28.2.2017 – 1 O 34/16, BeckRS 2017, 106779; OLG Oldenburg 24.2.2017 – 5 W 15/17, BeckRS 2017, 119214; BayLSG in stRspr, zuletzt 10.11.2016 – L 15 RF 29/16, BeckRS 2016, 74382; Schleswig-Holsteinisches LSG 18.1.2016 – L 5 AR 44/14 KO, BeckRS; LG Osnabrück 11.1.2016 – 10 T 631/15; OLG Hamm in stRspr, zuletzt 8.5.2015 – 12 U 62/14, BeckRS 2015, 09348; LG Heidelberg 5.2.2015 – 3 T 4/15, BeckRS 2015, 03291; LG Hannover 7.8.2014 – 92 T 87/14, BeckRS 2014, 20994). Die zur Rechtslage vor dem Inkrafttreten des 2. KostRMoG in der Rspr. allgemein vertretene Meinung, eine Kappung des Honorars habe nur zu erfolgen, wenn eine Partei von ihrem Beweisantritt im Fall der Kenntnis der durch die Begutachtung entstehenden Kosten Abstand genommen hätte (zuletzt ThürOLG 1.8.2014 – 7 U 405/12, BeckRS 2015, 02130), ist durch die gesetzliche Regelung obsolet geworden (OLG Düsseldorf 20.10.2015 – 10 W 137/15, BeckRS 2016, 12445); gleichwohl wird sie immer noch mit der Begründung vertreten, Zweck der Vorschrift sei allein das Kosteninteresse der Parteien (OLG Karlsruhe 10.4.2017 – 13 W 25/17, BeckRS 2017, 111880; OLG Dresden 26.9.2014 – 3 W 980/14, BeckRS 2014, 20161). Dieser 18

Rspr. ist zum einen entgegenzuhalten, dass der Gesetzeswortlaut nur ein Verhältnis zwischen dem Honoraranspruch des Sachverständigen und dem angeforderten Auslagenvorschuss, nicht aber zwischen dem Kosteninteresse der Parteien und dem Honoraranspruch des Sachverständigen statuiert, zum anderen, dass die Vorschrift bezweckt, im Gegensatz zu einem leichten Verstoß gegen die Hinweispflicht nach § 407a Abs. 3 S. 2 ZPO einen groben Verstoß des Sachverständigen gegen diese Pflicht mit der Beschränkung seines Honoraranspruchs auf den angeforderten Auslagenvorschuss zu pönalisieren (zum letzteren *Zöller/Greger* ZPO, 31. Aufl., § 413 Rn. 8; OLG Düsseldorf 20.10.2015 – 10 W 137/15, BeckRS 2015, 12445). **Verfassungsrechtlich unbedenklich** ist, dass bei unerheblicher Überschreitung des Vorschusses eine höhere Vergütung zu gewähren ist als bei einer erheblichen Überschreitung (BayLSG 11.11.2015 – L 15 RF 43/15, BeckRS 2015, 73272, und 8.6.2015 – L 15 SF 255/14 E, BeckRS 2015, 69627). Zur eingeschränkten Normanwendung, wenn beide Parteien mit der erhöhten Vergütung einverstanden sind, vgl. OLG Hamm 2.12.2016 – 25 W 231/16, BeckRS 2016, 123220.

19 **Weitere Fragen zur Erheblichkeitsprüfung:** Die Erheblichkeit der Überschreitung des angeforderten Auslagenvorschusses wird durch § 18 GKG nicht eingeschränkt. Nach dieser Vorschrift bleibt zwar über die Vorschusszahlungspflicht nach § 17 GKG hinaus die Verpflichtung zur Zahlung bestehen, auch wenn die Kosten des Verfahrens einem anderen auferlegt oder von einem anderen übernommen sind. Wie §§ 379, 402 ZPO ist aber **Abs. 4 als Spezialvorschrift dem § 18 GKG vorgängig** (im Ergebnis ebenso BayLSG 8.6.2015 – L 15 SF 255/14 E, BeckRS 2015, 69627; OLG Hamm 8.5.2015 – 12 U 62/14, MDR 2015, 1033 = BeckRS 2015, 09348; aA OLG Dresden 26.9.2014 – 3 W 980/14, BeckRS 2014, 20161). Bei der Erheblichkeitsprüfung ist der **Bruttobetrag des Honorars** zu Grunde zu legen (OLG Düsseldorf in stRspr, zuletzt 20.10.2017 – I-10 W 406/17, BeckRS 2017, 144270; LG Heidelberg 5.2.2015 – 3 T 4/15, BeckRS 2015, 03291), da der Auslagenvorschuss dazu dient, die gesamte Vergütung einschließlich der Umsatzsteuer abzudecken. Weiter ist die Erheblichkeit nicht auf Grund der geforderten Vergütung, sondern anhand der **nach § 8 objektiv berechtigten Ansprüche** zu prüfen (BayLSG in stRspr, zuletzt 22.8.2016 – L 15 RF 28/16, BeckRS 2016, Schleswig-Holsteinisches LSG 18.1.2016 – L 5 AR 44/14 KO, BeckRS 2016, 67168). Bei einer überhöhten Forderung, die der Kappungsgrenze unterläge, die objektiv berechtigte aber nicht, ist der über dem angeforderten Auslagenvorschuss liegende objektiv berechtigte Betrag festzusetzen. Wegen des Geltendmachungsprinzips nach § 2 Abs. 1 S. 1 (→ § 2 Rn. 1) kann ein Berechtigter im Rahmen der ihm eröffneten gesetzlichen Gestaltungsmöglichkeiten gegenüber einer ursprünglich erheblich über dem Auslagenvorschuss liegenden Honorarforderung innerhalb der Dreimonatsfrist des § 2 Abs. 1 S. 1 eine **Reduktion der Forderung unter die Erheblichkeitsgrenze** vornehmen (OLG Oldenburg 24.2.2017 – 5 W 15/17, BeckRS 2017, 119214; BayLSG in stRspr, zuletzt 6.10.2015 – L 15 SF 323/14, BeckRS 2016, 72304).

VI. Keine Anwendung der Abs. 3 und 4, wenn der Sachverständige die Verstöße nicht vertreten muss (Abs. 5)

20 Systematisch vermutet die Vorschrift generell ein Verschulden. Bei einem objektiven Verstoß gegen § 407 Abs. 3 Satz 2 ZPO obliegt dem Sachverständigen deshalb die **Darlegung mangelnden Verschuldens** (BT-Drs. 17/11471, 260). Von einer

Widerlegung des vermuteten Verschuldens bei Überschreitung des Vorschusses kann grundsätzlich nur dann ausgegangen werden, wenn der Sachverständige keine genaue Kenntnis von der Höhe des für sein Gutachten zur Verfügung stehenden Vorschusses gehabt hat, insbesondere wenn ihm das Gericht die genaue Höhe des zur Verfügung stehenden Vorschusses nicht mitgeteilt hat (BayLSG in stRspr, zuletzt 10.11.2016 – L 15 RF 29/16, BeckRS 2016, 74382); Gleiches gilt für die Kenntnis davon, dass die Höhe der Sachverständigenvergütung außer Verhältnis zum Streitgegenstand steht. Ohne diese Kenntnis besteht für den Sachverständigen weder Veranlassung zu irgendwelchen Hinweisen mit Bezug auf die Kosten (OLG Zweibrücken 15.11.2010 – 4 W 98/10, BeckRS 2011, 14122; *Zimmermann P.* § 8 Rn. 102), noch zu einem Aktenstudium dahingehend, ob und in welcher Höhe ein Vorschuss angefordert ist (OLG Hamm 6.6.2014 – 11 U 153/12, BeckRS 2014, 13401). Bei einer Überschreitung von mehr als 20%, aber weniger als 25% soll wegen der in Rspr. und Literatur unterschiedlich gezogenen Grenzen von einem fehlenden Verschulden auszugehen sein (OLG Hamm 4.1.2018 – 25 W 300/17, BeckRS 2018, 5826). Aus einer Mitteilung des Sachverständigen zu einer wahrscheinlichen Kostensteigerung oder aus einem dem Gericht übersandten Kostenvoranschlag kann nicht auf eine Kenntnis des Sachverständigen von der genauen Vorschusshöhe geschlossen werden (BayLSG 24.8.2016 – L 15 RF 28/16, BeckRS 2016, 72323). Ein Verschulden liegt auch nicht vor, wenn der Sachverständige zwar die Anzeige nach § 407a Abs. 3 Satz 2 ZPO erstattet hat, in der Begutachtung aber fortfährt, weil er vom Gericht nicht darauf hingewiesen worden ist, dass er seine Tätigkeit bis zu einer weiteren Weisung des Gerichts einzustellen hat (OLG Stuttgart 11.8.2017 – 8 W 262/17, MDR 2017,1392 = BeckRS 2017, 125907; OLG Frankfurt JB 1983, 740 mAnm *Mümmler*), oder gar vom Gericht ausdrücklich aufgefordert wurde, mit der Erstellung des Gutachtens fortzufahren (OLG Celle 12.4.2011 – 2 W 76/11), anders dann, wenn der Sachverständige trotz entsprechenden Hinweises des Gerichts mit der Gutachtenbearbeitung fortfährt (LSG Bln-Bbg. 27.3.2017 – L 2 SF 114/16 E, BeckRS 2017, 106035). Mangelndes Verschulden kann auch in Betracht kommen, wenn das Gericht gegenüber einem forensisch wenig erfahrenen Sachverständigen die Belehrung nach § 407a Abs. 5 ZPO über die Sachverständigenpflichten nach § 407a Abs. 1 bis 4 ZPO unterlässt. Insbesondere ist **Verschulden gegeben,** wenn der Sachverständige seiner Pflicht zur Beobachtung der Kostenentwicklung, die über die gesamte Zeit der Gutachtenbearbeitung einschließlich einer etwaigen mündlichen Gutachtenerläuterung andauert, nicht nachkommt (LG Kiel 6.6.2017 – 9 OH 26/15, LSK 2017, 126199; OLG Düsseldorf 23.3.2017 – 10 W 5/17, JB 2017, 426 = BeckRS 2017, 109651; LG Neuruppin 28.2.2017 – 1 O 34/16, BeckRS 2017, 106779; OLG Karlsruhe 18.8.2014 – 7 W 44/14, BeckRS 2014, 16556) oder wenn er die Auffassung vertritt, die auf sein Honorar entfallende Umsatzsteuer sei vom Auslagenvorschuss nicht umfasst (LG Heidelberg 5.2.2015 – 3 T 4/15, BeckRS 2015, 03291).

§ 9 Honorar für die Leistung der Sachverständigen und Dolmetscher

(1) [1]**Der Sachverständige erhält für jede Stunde ein Honorar**

in der Honorargruppe ...	in Höhe von ... Euro
1	65
2	70
3	75
4	80
5	85
6	90
7	95
8	100
9	105
10	110
11	115
12	120
13	125
M 1	65
M 2	75
M 3	100

[2]Die Zuordnung der Leistungen zu einer Honorargruppe bestimmt sich entsprechend der Entscheidung über die Heranziehung nach der Anlage 1. [3]Ist die Leistung auf einem Sachgebiet zu erbringen, das in keiner Honorargruppe genannt wird, ist sie unter Berücksichtigung der allgemein für Leistungen dieser Art außergerichtlich und außerbehördlich vereinbarten Stundensätze einer Honorargruppe nach billigem Ermessen zuzuordnen; dies gilt entsprechend, wenn ein medizinisches oder psychologisches Gutachten einen Gegenstand betrifft, der in keiner Honorargruppe genannt wird. [4]Ist die Leistung auf mehreren Sachgebieten zu erbringen oder betrifft das medizinische oder psychologische Gutachten mehrere Gegenstände und sind die Sachgebiete oder Gegenstände verschiedenen Honorargruppen zugeordnet, bemisst sich das Honorar einheitlich für die gesamte erforderliche Zeit nach der höchsten dieser Honorargruppen; jedoch gilt Satz 3 entsprechend, wenn dies mit Rücksicht auf den Schwerpunkt der Leistung zu einem unbilligen Ergebnis führen würde. [5]§ 4 gilt entsprechend mit der Maßgabe, dass die Beschwerde auch zulässig ist, wenn der Wert des Beschwerdegegenstands 200 Euro nicht übersteigt. [6]Die Beschwerde ist nur zulässig, solange der Anspruch auf Vergütung noch nicht geltend gemacht worden ist.

(2) **Beauftragt das Gericht den vorläufigen Insolvenzverwalter, als Sachverständiger zu prüfen, ob ein Eröffnungsgrund vorliegt und welche Aus-**

sichten für eine Fortführung des Unternehmens des Schuldners bestehen (§ 22 Absatz 1 Satz 2 Nummer 3 der Insolvenzordnung, auch in Verbindung mit § 22 Absatz 2 der Insolvenzordnung), beträgt das Honorar in diesem Fall abweichend von Absatz 1 für jede Stunde 80 Euro.

(3) [1]**Das Honorar des Dolmetschers beträgt für jede Stunde 70 Euro und wenn er ausdrücklich für simultanes Dolmetschen herangezogen worden ist, 75 Euro; maßgebend ist ausschließlich die bei der Heranziehung im Voraus mitgeteilte Art des Dolmetschens.** [2]**Ein ausschließlich als Dolmetscher Tätiger erhält eine Ausfallentschädigung, soweit er durch die Aufhebung eines Termins, zu dem er geladen war und dessen Aufhebung nicht durch einen in seiner Person liegenden Grund veranlasst war, einen Einkommensverlust erlitten hat und ihm die Aufhebung erst am Terminstag oder an einem der beiden vorhergehenden Tage mitgeteilt worden ist.** [3]**Die Ausfallentschädigung wird bis zu einem Betrag gewährt, der dem Honorar für zwei Stunden entspricht.**

Anlage 1
(zu § 9 Abs. 1)

Nr.	Sachgebietsbezeichnung	Honorar-gruppe
1	Abfallstoffe – soweit nicht Sachgebiet 3 oder 18 – einschließlich Altfahrzeuge und -geräte	11
2	Akustik, Lärmschutz – soweit nicht Sachgebiet 4	4
3	Altlasten und Bodenschutz	4
4	*Bauwesen – soweit nicht Sachgebiet 13 – einschließlich technische Gebäudeausrüstung*	
4.1	Planung	4
4.2	handwerklich-technische Ausführung	2
4.3	Schadensfeststellung, -ursachenermittlung und -bewertung – soweit nicht Sachgebiet 4.1 oder 4.2 –, Bauvertragswesen, Baubetrieb und Abrechnung von Bauleistungen	5
4.4	Baustoffe	6
5	Berufskunde und Tätigkeitsanalyse	10
6	*Betriebswirtschaft*	
6.1	Unternehmensbewertung, Betriebsunterbrechungs- und -verlagerungsschäden	11
6.2	Kapitalanlagen und private Finanzplanung	13
6.3	Besteuerung	3
7	Bewertung von Immobilien	6
8	Brandursachenermittlung	4
9	Briefmarken und Münzen	2
10	*Datenverarbeitung, Elektronik und Telekommunikation*	

Nr.	Sachgebietsbezeichnung	Honorar-gruppe
10.1	Datenverarbeitung (Hardware und Software)	8
10.2	Elektronik – soweit nicht Sachgebiet 38 – (insbesondere Mess-, Steuerungs- und Regelungselektronik)	9
10.3	Telekommunikation (insbesondere Telefonanlagen, Mobilfunk, Übertragungstechnik)	8
11	Elektrotechnische Anlagen und Geräte – soweit nicht Sachgebiet 4 oder 10	4
12	Fahrzeugbau	3
13	*Garten- und Landschaftsbau einschließlich Sportanlagenbau*	
13.1	Planung	3
13.2	handwerklich-technische Ausführung	3
13.3	Schadensfeststellung, -ursachenermittlung und -bewertung – soweit nicht Sachgebiet 13.1 oder 13.2	4
14	Gesundheitshandwerk	2
15	Grafisches Gewerbe	6
16	Hausrat und Inneneinrichtung	3
17	Honorarabrechnungen von Architekten und Ingenieuren	9
18	Immissionen	2
19	Kältetechnik – soweit nicht Sachgebiet 4	5
20	Kraftfahrzeugschäden und -bewertung	8
21	Kunst und Antiquitäten	3
22	Lebensmittelchemie und -technologie	6
23	Maschinen und Anlagen – soweit nicht Sachgebiet 4, 10 oder 11	6
24	Medizintechnik	7
25	Mieten und Pachten	10
26	Möbel – soweit nicht Sachgebiet 21	2
27	Musikinstrumente	2
28	Rundfunk- und Fernsehtechnik	2
29	Schiffe, Wassersportfahrzeuge	4
30	Schmuck, Juwelen, Perlen, Gold- und Silberwaren	2
31	Schrift- und Urkundenuntersuchung	8
32	Schweißtechnik	5

Nr.	Sachgebietsbezeichnung	Honorar-gruppe
33	Spedition, Transport, Lagerwirtschaft	5
34	Sprengtechnik	2
35	Textilien, Leder und Pelze	2
36	Tiere	2
37	Ursachenermittlung und Rekonstruktion bei Fahrzeugunfällen	12
38	Verkehrsregelungs- und -überwachungstechnik	5
39	*Vermessungs- und Katasterwesen*	
39.1	Vermessungstechnik	1
39.2	Vermessungs- und Katasterwesen im Übrigen	9
40	Versicherungsmathematik	10

Gegenstand medizinischer und psychologischer Gutachten	Honorar-gruppe
Einfache gutachtliche Beurteilungen, insbesondere – in Gebührenrechtsfragen, – zur Minderung der Erwerbsfähigkeit nach einer Monoverletzung, – zur Haft-, Verhandlungs- oder Vernehmungsfähigkeit, – zur Verlängerung einer Betreuung.	M 1
Beschreibende (Ist-Zustands-)Begutachtung nach standardisiertem Schema ohne Erörterung spezieller Kausalzusammenhänge mit einfacher medizinischer Verlaufsprognose und mit durchschnittlichem Schwierigkeitsgrad, insbesondere Gutachten – in Verfahren nach dem SGB IX, – zur Minderung der Erwerbsfähigkeit und zur Invalidität, – zu rechtsmedizinischen und toxikologischen Fragestellungen im Zusammenhang mit der Feststellung einer Beeinträchtigung der Fahrtüchtigkeit durch Alkohol, Drogen, Medikamente oder Krankheiten, – zu spurenkundlichen oder rechtsmedizinischen Fragestellungen mit Befunderhebungen (z. B. bei Verletzungen und anderen Unfallfolgen), – zu einfachen Fragestellungen zur Schuldfähigkeit ohne besondere Schwierigkeiten der Persönlichkeitsdiagnostik, – zur Einrichtung oder Aufhebung einer Betreuung und der Anordnung eines Einwilligungsvorbehalts gemäß § 1903 BGB, – zu Unterhaltsstreitigkeiten aufgrund einer Erwerbs- oder Arbeitsunfähigkeit,	M2

Gegenstand medizinischer und psychologischer Gutachten	**Honorargruppe**
– zu neurologisch-psychologischen Fragestellungen in Verfahren nach der FeV.	
Gutachten mit hohem Schwierigkeitsgrad (Begutachtungen spezieller Kausalzusammenhänge und/oder differenzialdiagnostischer Probleme und/oder Beurteilung der Prognose und/oder Beurteilung strittiger Kausalitätsfragen), insbesondere Gutachten **– zum Kausalzusammenhang bei problematischen Verletzungsfolgen,** **– zu ärztlichen Behandlungsfehlern,** **– in Verfahren nach dem OEG,** **– in Verfahren nach dem HHG,** **– zur Schuldfähigkeit bei Schwierigkeiten der Persönlichkeitsdiagnostik,** **– in Verfahren zur Anordnung einer Maßregel der Besserung und Sicherung (in Verfahren zur Entziehung der Fahrerlaubnis zu neurologisch/psychologischen Fragestellungen),** **– zur Kriminalprognose,** **– zur Aussagetüchtigkeit,** **– zur Widerstandsfähigkeit,** **– in Verfahren nach den §§ 3, 10, 17 und 105 JGG,** **– in Unterbringungsverfahren,** **– in Verfahren nach § 1905 BGB,** **– in Verfahren nach dem TSG,** **– in Verfahren zur Regelung von Sorge- oder Umgangsrechten,** **– zur Geschäfts-, Testier- oder Prozessfähigkeit,** **– zu Berufskrankheiten und zur Minderung der Erwerbsfähigkeit bei besonderen Schwierigkeiten,** **– zu rechtsmedizinischen, toxikologischen und spurenkundlichen Fragestellungen im Zusammenhang mit einer abschließenden Todesursachenklärung, ärztlichen Behandlungsfehlern oder einer Beurteilung der Schuldfähigkeit.**	**M3**

Übersicht

I. Vorbemerkung

Die Vorschrift war teilweise missglückt. Dies betraf zum einen die Ausgestaltung der Honorargruppen M 1–M 3, die entgegen dem Ziel des Gesetzes auf Abrechnungsvereinfachung durch Einführung von Sachgruppen doch wieder die Schwierigkeit der Leistung als Vergütungsfaktor bestimmten, → Rn. 5. Zum anderen war das Vorabentscheidungsverfahren nach Abs. 1 Satz 5 und 6 insbesondere im Hinblick auf den für die Honorargruppen M 1 bis M 3 geltenden Vergütungsfaktor der Schwierigkeit der Leistung unzureichend ausgestaltet, → Rn. 19. 1

II. Regelungszweck

Die Vorschrift bildet zusammen mit der Umstellung vom Entschädigungsprinzip des früheren ZSEG auf das Vergütungsprinzip das Kernstück der mit dem JVEG bezweckten Reform. Sie will gegenüber dem **früheren Recht des § 3 Abs. 2 ZSEG** eine leichtere und schnellere Honorierung der Leistungen von Sachverständigen und Dolmetschern herbeiführen. Nach dem früheren § 3 Abs. 2 ZSEG war an Hand der gesetzlich beschriebenen **Entschädigungsrahmen** praktisch für jeden 2

Einzelfall der konkrete Stundensatz für die individuelle Leistung des Berechtigten zu ermitteln. Dies führte zu recht zahlreichen gerichtlichen Festsetzungsverfahren (BT-Drs. 15/1971, 182). Demgegenüber sieht nunmehr Abs. 1 **feste Stundensätze** nach 16 Honorargruppen vor. Davon betreffen die Gruppen 1 bis 13 nichtmedizinische Sachgebiete, die Gruppen M 1 bis M 3 Leistungen auf medizinischem Gebiet, bei denen zunächst die Schwierigkeit der individuellen Leistung des Sachverständigen Bemessungsgrundlage war.

3 Die **Zuordnung der einzelnen Sachgebiete** in die bis zum 2. KostRMoG geltenden Honorargruppen 1 bis 10 der Anlage 1 erfolgte an Hand umfangreicher Erhebungen zum Niveau der gerichtlich wie außergerichtlich gezahlten Entschädigungen bzw. Vergütungen (BT-Drs. 15/1971, 186 und 182). In Umsetzung der „Hommerich"-Marktananalyse (ausführlich → Vor § 1 Rn. 11) hat das 2. KostRMoG die Sachgebiete neu gefasst und die Honorargruppen in den nichtmedizinischen Sachgebieten von 10 auf 13 erweitert. Im **Rahmen des geltenden Gruppenmodells** mit festen Stundensätzen ist der Einwand, die konkrete Leistung habe keinen besonderen Schwierigkeitsgrad aufgewiesen, nicht mehr zulässig (Schleswig-Holsteinisches OLG 15.10.2008 – 15 WF 242/08, BeckRS 2008, 25339). Abzulehnen ist auch die Auffassung, eine als Sachverständige beauftragte Unternehmung könne über den ihr nach § 9 zustehenden Honorarsatz hinaus einen **Bereitschaftszuschlag** für die Tätigkeit ihres Mitarbeiters, der die Sachverständigenleistung außerhalb der üblichen Bürozeiten erbringt, ersetzt verlangen (so schließlich auch OLG Stuttgart NStZ-RR 2008, 94; unrichtig noch OLG Stuttgart Justiz 2005, 437), da im Falle der Beauftragung einer Unternehmung nach § 1 Abs. 1 Satz 3 lediglich die Person des Leistungserbringers und die des Vergütungsberechtigten auseinanderfällt (BT-Drs. 15/1971, 178). Das Honorar der Unternehmung bemisst sich daher nach der Leistung, die ihr Mitarbeiter erbringt. Zuschläge irgendwelcher Art zu den Honorarsätzen des § 9 widersprechen dem klaren Willen des Gesetzgebers, durch die Einführung des Gruppenmodells mit festen Stundensätzen im Interesse eines einheitlichen Vergütungssystems Zuschläge in Wegfall zu bringen (BT- Drs. 15/1971, 182; KG 10.9.2015 – 1 Ws 47, 67/15, NStZ-RR 2016, 63 = BeckRS 2015, 20805), auch → § 1 Rn. 6 und → § 12 Rn. 4.

III. Anwendungsumfang der Honorargruppen M 1 bis M 3

4 Diese Honorargruppen umfassen nach ihrer Überschrift Gegenstände medizinischer und psychologischer Gutachten und damit nicht nur Leistungen auf dem Gebiet der **Human- und Zahnmedizin,** sondern **auch der Veterinärmedizin,** da Medizin die Wissenschaft und Lehre von der Vorbeugung, Erkennung und Behandlung von Krankheiten oder Verletzungen bei Menschen und Tieren ist (vgl. Wikipedia, https://de.wikipedia.org/wiki/Medizin). Daher sind die Honorargruppen M 1 bis M 3 auf Gutachten im Bereich der Veterinärmedizin unmittelbar und nicht nur analog anzuwenden (OLG Zweibrücken 29.4.2016 – 6 W 20/16, BeckRS 2016, 10949; OLG Köln 23.3.2015 – 17 W 207/14, BeckRS 2015, 07675; LG Kaiserslautern 6.5.2014 – 3 O 74/13, BeckRS 2014, 16245; offen gelassen von LG Hanau 30.9.2014 – 9 O 271/13, BeckRS 2015, 05384). Hieran hat sich auch durch das 2. KostRMG auf Grund der „Hommerich- Marktanalyse" (→ § 1 Rn. 11) neu in die Anlage 1 unter Nr. 36 aufgenommene Sachgebiet „Tiere" nichts geändert, da die Einfügung des neuen Sachgebiets auf dieser Marktanalyse beruhte, diese aber in Ermangelung von Marktpreisen keine medizini-

schen – auch keine veterinärmedizinischen – Sachgebiete untersucht hat (BT-Drs. 17/11471 S. 260; aA OLG Düsseldorf 28.2.2014 – 10 W 6/14, BeckRS 2014, 08844; offen gelassen von *MHBOJ* Rn. 1 Abs. 4)

IV. Zuordnungsprobleme bei den Honorargruppen M 1 bis M 3

1. Allgemeines

Bei der Zuordnung der Sachverständigenleistungen in die Gruppen M 1 bis M 3 wie bei den gesetzlich bestimmten Beträgen des jeweiligen Stundenhonorars deuten die Umstände auf weniger gesetzessystematische als vielmehr interessenorientierte Motive der maßgeblich Einfluss nehmenden Einrichtungen bei gleichzeitigem partiellen Kontrollverzicht der eigentlich zur Gesetzgebung berufenen Institutionen hin (LSG BW Justiz 2005, 91). Die **Zuordnungskataloge der Gruppen M 1 bis M 3 sind widersprüchlich und verwirrend,** da sie in erster Linie vom Schwierigkeitsgrad der individuellen Leistung ausgehen, andererseits mit dem Schwerpunkt in der Gruppe M 3 Regelbeispiele aufführen, bei deren Vorliegen der jeweilige Schwierigkeitsgrad erfüllt sein soll (ähnlich auch SächsLSG 26.4.2010 – L 6 AS 118/10 B KO, BeckRS 2010, 70160). Fällt ein Gutachten in eines der bei den Gruppen M 1 bis M 3 aufgeführten **Regelbeispiele,** ist die Anwendung der entsprechenden Honorargruppe nicht zwingend geboten, sondern lediglich ein **Indiz** für den im Obersatz der jeweiligen Gruppe genannten Schwierigkeitsgrad (OLG Nürnberg 16.11.2010 – 6 W 1936/10, BeckRS 2010, 30508; im Ergebnis auch SächsLSG 26.4.2010 – L 6 AS 118/10 B KO, BeckRS 2010, 70160; tendenziell auch schon SG Koblenz 2.1.2006 – S 8 SB 460/05, BeckRS 2006, 41074, und LG Berlin 20.2.2006 – 83 T 93/05, BeckRS 2006, 30991676). So können zB Gutachten zu Gebührenrechtsfragen und zur Haft-, Verhandlungs- oder Vernehmungsfähigkeit einen höheren Schwierigkeitsgrad als nach Gruppe M 1, Gutachten in Verfahren zur Regelung von Sorge- oder Umgangsrechten oder zur Geschäfts-, Testier- oder Prozessfähigkeit einen niedrigeren Schwierigkeitsgrad als nach M 3 aufweisen. Die Zuordnung einer Leistung in Abweichung von den in den Gruppen M 1 bis M 3 genannten Regelbeispielen erfordert aber **erhebliche Abweichungen** von einem in dem jeweiligen Gebiet im Durchschnitt zu erstellenden Gutachten (SG Koblenz 2.1.2006 – S 8 SB 460/05 BeckRS 2006, 41074). Wegen der hohen Betragsdifferenz von 25 Euro zwischen den Gruppen M 2 und M 3 erfordert eine **Vergütung nach Gruppe M 3** gegenüber Gutachten, die nach der Gruppe M 2 vergütet werden, einen deutlich höheren Schwierigkeitsgrad, wobei sich aus dem Gutachten selbst ergeben muss, dass die geforderten vielseitigen bzw. vielschichtigen Überlegungen auch angestellt sind und wodurch diese veranlasst wurden (LSG BW Justiz 2005, 91). 5

2. Entspannung der Problematik durch das 2. KostRMoG

Die in der vorigen Rn. dargestellten Probleme scheinen mit Abs. 1 S. 2 in dessen Fassung durch das 2. KostRMoG behoben zu sein. Die **Zuordnung der Leistungen** zu einer Honorargruppe bestimmt sich jetzt nicht mehr nach der tatsächlich erbrachten Leistung, sondern **entsprechend der Entscheidung über die Heranziehung** nach der Anlage 1. Aus dieser kann auch der medizinische Sachverstän- 6 dige ersehen, welche Art von Gutachten gewollt ist (BT-Drs. 17/11471, 260). Was die **Entscheidung des Gerichts zur Zuordnung der Leistung** in die Gruppen M 1 bis M 3 angeht, gelten die nachstehend unter → Rn. 7 ff. dargestellten Kriterien weiter.

3. Zuordnungskriterien medizinischer Gutachten in der Sozialgerichtsbarkeit

7 Jedenfalls für den Bereich der Sozialgerichtsbarkeit ist die Aufzählung der Gutachtentypen in der Anlage 1 unvollständig und wenig praktikabel, vor allem, weil dort die in dieser Gerichtsbarkeit am Häufigsten vorkommenden Gutachten aus dem Bereich der gesetzlichen Rentenversicherung (SGB VI) nicht erwähnt sind. Deshalb empfiehlt es sich, die Zuordnung in die Honorargruppen nach folgenden Kriterien vorzunehmen (ausführlich LSG BW Justiz 2005, 91; ähnlich BayLSG 8.1.2007 – L 4 KR 42/05 ZVW.Ko, BeckRS 2009, 57692):

8 **a) Honorargruppe M 1.** Medizinische Gutachten, bei denen die Diagnose der Gesundheitsstörungen verhältnismäßig leicht zu stellen und die Beweisfragen ohne sonderliche Mühe zu beantworten sind, insbesondere wenn die Beurteilung durch antizipierte Sachverständigengutachten (Anhaltspunkte) oder einschlägige Tabellenwerke erleichtert wird, zB

- augen- und ohrenfachärztliche Gutachten zur Frage des Ausmaßes einer Seh- oder Hörminderung,
- Gutachten unabhängig vom Sachgebiet (auch sog. „Zustandsgutachten") ohne schwierige Diagnostik, wenn die Beurteilung zB bei einer Monoverletzung im Wesentlichen auf Zustand oder Funktion eines Organs (Organpaares) bzw. Körperteils gerichtet ist und keine komplizierten Überlegungen anzustellen sind.

9 **b) Honorargruppe M 2.** In diese Gruppe fällt der Großteil der in der Sozialgerichtsbarkeit eingeholten Gutachten, bei denen die diagnostischen oder die ätiologischen Fragen oder die Beurteilung des Leistungsvermögens eingehendere Überlegungen erfordern, zB

- vor allem sog. „Zustandsgutachten", in denen das Leistungsvermögen im Rahmen der gesetzlichen Rentenversicherung, (LSG BW 28.5.2015 – L 12 SF 1072/14 E, BeckRS 2015, 68841), des Schwerbehindertenrechts (SGB IX) (BayLSG 4.8.2016 – L 15 RF 15/16, BeckRS 2016, 71516) oder der Arbeitslosenversicherung und die Leidensbesserungen oder -verschlimmerungen bei Neufeststellungen in der gesetzlichen Unfallversicherung oder im sozialen Entschädigungsrecht unter Berücksichtigung von Vorgutachten und Vorbefunden zu erörtern sind, regelmäßig auch Zustandsgutachten zur Feststellung der Leistungsfähigkeit in Verfahren der gesetzlichen Rentenversicherung (LSG Sachsen-Anhalt in stRspr, zuletzt 13.4.2017 – L 3 R 48/17 B, BeckRS 2017, 118304; ThürLSG in stRspr, zuletzt 2.6.2014 – L 6 SF 1726/13, BeckRS 2014, 69916 mwN);
- typischerweise die interdisziplinäre Feststellung und Bewertung einer Krankheit gerade auf dem Gebiet des Rentenrechts oder des Schwerbehindertenrechts (BayLSG 16.8.2016 – L 15 RF 17/16, BeckRS 2016, 72202);
- Allgemein beschreibende Gutachten ohne Erörterung spezieller Kausalzusammenhänge (LSG NRW 20.2.2015 – L 15 KR 376/14 B, BeckRS 2015, 67174);
- Begutachtung einer Schmerzerkrankung ohne umfassende und vielschichtige differentialdiagnostische Erwägungen oder vertiefter Auseinandersetzung mit

der wissenschaftlichen Literatur (ThürLSG 17.5.2018 – L 1 JVEG 434/16, BeckRS 2018, 9007);

– Gutachten aus dem Bereich der gesetzlichen Unfallversicherung oder des sozialen Entschädigungsrechts, wenn die zu klärenden Kausalfragen keine besonders schwierigen Überlegungen erfordern, besonders wenn sich die Beantwortung der Kausalfragen ohne kritische Auseinandersetzung allein an den Standardwerken der unfallmedizinischen Literatur (zB *Schöneberger/Mehrtens/Valentin,* Arbeitsunfall und Berufskrankheit, derzeit 9. Aufl. 2016; *Izbicki/Neumann/Spohr,* Unfallbegutachtung, 9. Aufl. 1991) orientiert.

c) Honorargruppe M 3. Gutachten, bei denen der Sachverständige umfassende und vielseitige oder vielschichtige Überlegungen anstellen muss, zB in Bezug auf diagnostische oder ätiologische Fragen oder eine Vielzahl unklarer oder widerspruchsvoller Befunde oder anamnestischer Angaben, (vgl. auch ThürLSG in stRspr, zuletzt 22.4.2015 – L 6 JVEG 225/15, BeckRS 2015, 68303) zB **10**

– Gutachten im Bereich der gesetzlichen Krankenversicherung mit Begutachtung spezieller Kausalzusammenhänge und/oder differenzialdiagnostischer Probleme und/oder Beurteilung der Prognose und/oder Beurteilung strittiger Kausalitätsfragen), insbesondere Gutachten zum Kausalzusammenhang bei problematischen Verletzungsfolgen, zu ärztlichen Behandlungsfehlern, in Verfahren nach dem Opferentschädigungsgesetz oder in Verfahren nach dem Häftlingshilfegesetz (BayLSG 3.11.2014 – L 15 SF 254/12, BeckRS 2014, 74011).
– Gutachten in **unfallversicherungsrechtlichen Streitigkeiten** (SG Frankfurt a. M 11.4.2018 – S 7 SF 73/16, BeckRS 2018, 8879; BayLSG 17.12.2013 – L 15 SF 275/13, BeckRS 2014, 65443).
– **Zusammenhangsgutachten** in der gesetzlichen Unfallversicherung und im sozialen Entschädigungsrecht (so auch BayLSG 9.1.2007 – L 15 B 78/06 R KO, BeckRS 2009, 55674), die sich im Gutachten mit den im Schrifttum vertretenen wissenschaftlichen Meinungen auseinandersetzen, wenn dies notwendig ist.
– **Zustandsgutachten bei sehr komplizierten, widersprüchlichen Befunden** und entsprechenden Schwierigkeiten bei deren diagnostischer Einordnung (vgl. ThürLSG 19.5.2014 – L 6 SF 1614/13, BeckRS 2014, 69644).

V. Einzelfälle der Zuordnung in die Honorargruppen M 1 bis M 3

1. Honorargruppe M 1

– **Testpsychologische Zusatzgutachten** zu einem psychiatrischen oder neuropsychologischen Gutachten (BayLSG 7.5.2009 – L 17 U 144/03.Ko; 10.3.2009 – L 15 SF 397/09; und 9.1.2007 – L 16 R 133/02.Ko, BeckRS 2009, 55910). **11**
– Gutachten für die **Verlängerung einer Betreuung,** auch wenn die Verständigung des Sachverständigen mit dem Betreuten schwierig war (LG Magdeburg JB 2005, 434).

2. Honorargruppe M 2

– **Begleitstoffgutachten zur Fragestellung eines Nachtrunks** (LG Magdeburg JB 2005, 600 Nr. 359). **12**

- Gutachten zur Errichtung oder Aufhebung einer **Betreuung** und der Anordnung eines **Einwilligungsvorbehalts** auf Grund des durch das 2. KostRMoG neu ins Gesetz gekommenen Regelbeispiels. Dieses gilt auch, wenn unter mehreren Fragen die nach der Geschäftsfähigkeit gestellt wird (OLG München 26.6.2008 – 33 Wx 28/08; LG Berlin 20.2.2006 – 83 T 93/05, BeckRS 2006, 30991676), da in diesem Fall die Frage nach der Geschäftsfähigkeit eines Betroffenen regelmäßig nachrangig ist, weil die Anordnung oder Aufhebung einer Betreuung allein keinen Einfluss auf die Geschäftsfähigkeit hat (OLG München 26.6.2008 – 33 Wx 28/08; aA AG Itzehoe 15.9.2015 – 86 XVII 1033, BeckRS 2015, 15977: M 3). Hierunter fallen regelmäßig auch **isolierte Gutachten** zu den Voraussetzungen eines **Einwilligungsvorbehalts im Betreuungsverfahren,** die insbesondere im Gebiet der bis 31.12.2017 geltenden württembergischen Notariatsverfassung vorkamen (aA unter Zugrundelegung der alten Rechtslage und Einstufung in die Honorargruppe M 1 AG Ludwigsburg 5.12.2012 – 2 XVII 550/2012, BeckRS 2012, 25347, unter Berufung auf OLG München 26.6.2008, – 33 Wx 28/08).
- Verkehrsmedizinische Gutachten zur **Fragestellung der Fahrtüchtigkeit** (LG Magdeburg JB 2005, 600 Nr. 358).
  Gutachten zu Erforderlichkeit und erforderlichem Zeitraum einer **Krankenhausbehandlung** (ThürLSG 15.3.2010 – L 6 B 209/09 SF, BeckRS 2012, 66586; LSG Niedersachsen-Bremen 15.1.2010 – L 1 KO 5/09, BeckRS 2010, 67245).
  Gutachten zur Feststellung der **Lese- und Schreibfähigkeit** (LSG Bln-Bbg. 25.9.2012 – L 2 SF 50/12, BeckRS 2013, 66622).

3. Honorargruppe M 3

13 – Gutachten zur Frage, ob die **dauernde Anwesenheit einer Person im Bundesgebiet** im Interesse des Wohls seines Kindes geboten ist (VG Augsburg 4.11.2009 – Au 6 M 09 1507, BeckRS 2009, 48034).
- Notwendigkeit der Behandlungsmethode **„autologe Chondrozytenimplantation (ACI)“** (ThürLSG 19.4.2007 – L 6 SF 11/07, BeckRS 2009, 59158).
- Gutachten zur **Gleichwertigkeitsprüfung** im Rahmen eines(zahn-) ärztlichen Approbationsverfahrens (OVG Nordrhein-Westfalen 22.3.2016 – 13 B 53/16, BeckRS 2016, 44183 und 19.10.2015 – 13 B 888/15, BeckRS 2015, 54084).
- Medizinische Notwendigkeit und Angemessenheit der **Immunglobulintherapie** im Rahmen einer Beihilfeverordnung (VG Würzburg 10.3.2015 – W 1 M 14.443, BeckRS 2015, 44448).
- Gutachten in **impfschadensrechtlichen** Rechtsstreiten (BayLSG 24.4.2014 – L 15 SF 368/13, BeckRS 2014, 68986).
- Gutachten zur **Geschäftsfähigkeit bei Suizidproblematik** im Rahmen der Genehmigung der Aufgabe der Mietwohnung nach § 1907 BGB (OLG München 26.6.2008 – 33 Wx 28/08, BeckRS 2008, 46642).
- Gutachten zur Frage des Vorliegens einer **schweren Kieferanomalie** (VG Bayreuth 26.9.2017 – B 5 M 17,193)

VI. In der Anlage 1 nicht genannte Sachgebiete (Abs. 1 Satz 3)

14 Die Eingruppierung eines solchen Sachgebiets in eine der Honorargruppen 1 bis 13 erfolgt grundsätzlich nach billigem, also pflichtgemäßem Ermessen. Dabei ist ein Ermessensfaktor gesetzlich vorgegeben, nämlich die **Berücksichtigung** der allgemein für Leistungen dieser Art außergerichtlich und außerbehördlich vereinbarten Stundensätze. Diese sind aber bei der Entscheidung nicht zu Grunde zu legen (so aber wohl *MHBOJ* Rn. 2b; OLG Celle 5.4.2006 – 1 Ws 177/06, BeckRS 2006, 05406; VG Weimar 3.4.2006 – 1 K 661/03.We, BeckRS 2006, 29278; AG Heilbronn 8.11.2004 – 22 OWi 20 081/04, LSK 2005, 040774 (Ls.)), sondern **neben anderen Ermessensfaktoren** lediglich zu berücksichtigen. Zu ermitteln sind die **allgemein vereinbarten Stundensätze,** so dass die Behauptung eines Sachverständigen über seine Abrechnungsgepflogenheiten außerhalb des JVEG ggf. durch Einholung von Stellungnahmen der entsprechenden berufsständischen Kammern (IHK usw.) auf die Allgemeingültigkeit zu überprüfen ist. Der **letzte Schritt** besteht in der Zuordnung der konkreten Leistung nach billigem Ermessen in das Gefüge der in der Anlage 1 genannten Sachgebiete. Dabei ist neben den außergerichtlich allgemein vereinbarten Stundensätzen zu berücksichtigen, dass die **Stundensätze des JVEG** nicht zuletzt wegen der Bonität der öffentlichen Hand (BT-Drs. 16/7103 Anl. 1, 1) generell um 20% niedriger als im außergerichtlichen Bereich liegen (BT-Drs. 17/11471, 323) und die laufenden Gemeinkosten einschließen. Ferner sind **vergleichbare Sachgebiete und Honorargruppen** heranzuziehen (OLG Celle 26.10.2007 – 2 W 102/07, BeckRS 2007, 19345; OLG Bamberg NJW-RR 2005, 359; OLG Dresden 13.10.2005 – 3 Ws 49/05, BeckRS 2005, 13429). Einzelbeispiele → Rn. 16. Schließlich ist bei der Einordnung in eine Honorargruppe der Anlage 1 zu berücksichtigen, dass eine entsprechende Einordnung in die **Honorargruppen M 1 bis M 3** nur für Leistungen in Betracht kommt, die eindeutig auf medizinischem oder psychologischen Gebiet liegen, da diese im Verhältnis zu den Honorargruppen 1 bis 13 Ausnahmetatbestände darstellen (BT-Drs. 15/1971, 181; ThürLSG 5.3.2012 – L 6 SF 1854/11 B, BeckRS 2012, 67714; OLG Frankfurt NStZ-RR 2005, 392).

VII. In mehrere Sachgebiete fallende Leistungen (Abs. 1 Satz 4)

15 Dieser Fall tritt häufiger auf, weil sich die Sachgebiete der Anlage 1 und die Fachgebiete, in denen Sachverständige tätig sind, nicht selten überschneiden. Grundsätzlich ist in diesen Fällen die **gesamte Leistung einheitlich** nach der höchsten einschlägigen Honorargruppe zu vergüten; die Aufteilung der zeitlichen Inanspruchnahme in die einzelnen Honorargruppen oder gar die Bildung eines „gemischten" Stundensatzes ist nicht zulässig (BT-Drs. 15/1971, 182). Nach Hs. 2 ist die Honorargruppe aber entsprechend Satz 3 nach billigem Ermessen zu bestimmen, wenn die Gewährung des Honorars der höchsten Honorargruppe mit Rücksicht auf den Schwerpunkt der Leistung zu einem **unbilligen Ergebnis** führen würde. Die Vorschrift gilt entsprechend, wenn sowohl Leistungen aus einem in der Anlage 1 genannten als auch aus einem dort nicht genannten Sachgebiet erbracht werden (*MHBOJ* Rn. 9.5), aber nur für den Fall, dass ein einzelner Sachverständiger in seinem Gutachten mehrere Gegenstände behandelt. Werden bei einem **Haupt- und einem Zusatzgutachten mehrere Sachverständige** tätig, ist der

Gegenstand und die Honorargruppe für das Haupt- und das Zusatzgutachten getrennt zu bestimmen (OLG Bamberg 9.2.2012 – 1 Ws 733/11, BeckRS 2012, 26004; BayLSG 7.5.2009 – L 17 U 144/03.Ko, BeckRS 2009, 44139 und 10.3.2009 – L 17 SF 397/09); unrichtig daher ThürLSG 12.9.2014 – L 6 SF 477/14 B, BeckRS 2014, 72860 bei der analogen Anwendung der Honorargruppe M 1 für ein ernährungswissenschaftliches Gutachten).

VIII. Beispiele für weitere Sachgebiete und in mehrere Sachgebiete fallende Leistungen

16 – Die Erstellung eines Gutachtens zur **Abrechnung von Krankenhausleistungen** und deren Kodierung nach DRG- Fallpauschalen: Regelmäßig entsprechend **Honorargruppe M 3,** da die Haupt- und Nebendiagnosen die Abrechnung der Leistung bestimmen und es sich damit im Kern um ein ein medizinisches Sachverständigengutachten handelt (LSG Bln-Bbg 4.7.2017 – L 2 SF 122/17 B E, BeckRS 2017, 117574; aA ThürLSG 13.3.2012 – L 6 SF 197/12 B, BeckRS 2012, 67936, das derartige Gutachen als Zustandsgutachten lediglich nach Honorargruppe M 2 vergüten will).

– **Anthropologisches Vergleichsgutachten,** selbst wenn der Sachverständige außergerichtlich einen Stundensatz von 120 Euro abrechnet: **Honorargruppe 6** (KG 30.9.2016 – 1 Ws 37/16, BeckRS 2016, 116425; LG Detmold 13.4.2015 – 4 Qs 32/15, BeckRS 2015, 10796; OLG Köln 4.8.2014 – 2 Ws 419/14, BeckRS 2014, 19697; AG Weißenfels 26.5.2014 – 10 OWi 722 Js 202034/13; LG Berlin 29.3.2011 – 506 Qs 32/11, BeckRS 2011, 13429; AG Tiergarten 21.2.2011 – (310 OWi) 3023 PLs 12416/10 (598/10), BeckRS 2011, 19651; OLG Dresden 13.10.2005 – 3 Ws 49/05, BeckRS 2005, 13429; OLG Bamberg NStZ-RR 2005, 359; OLG Frankfurt NStZ-RR 2005, 392 aA LG Augsburg 8.5.2014 – 1 Qs 160/14, BeckRS 2014, 10582: Honorargruppe 8 in Anlehnung an die Sachgebietsbezeichnung Nr. 31 „Schrift- und Urkundenuntersuchung"; unrichtig jeweils LG Hannover 25.6.2015 – 46 Qs 43/14, BeckRS 2015, JB 2015, 542 = BeckRS 2015, 18267 und OLG Frankfurt 14.1.2015 – 2 Ws 78/14, NStZ-RR 2017, 63 = BeckRS 2015, 116714: Honorargruppe M 2). Eine Aufnahme dieses Sachgebiets in Anlage 1 zu § 9 durch das 2. KostRMoG ist nicht erfolgt, weil nach der Marktanalyse ein preisbildender privater Markt für diese Sachgruppe nicht festgestellt werden konnte (BT-Drs. 17/11471, 355 f.).

– In einer **Autowaschanlage beschädigtes Kraftfahrzeug: Unmittelbar Honorargruppe 8** – Sachgebiet 20: Kraftfahrzeugschäden und –bewertung (OLG Celle 12.6.2017 – 2 W 119/17, BeckRS 2017, 113768; LG Osnabrück 1.9.2015 – 9 T 419/15, JB 2015, 655 = BeckRS 2015, 19080; aA LG Detmold 20.10.2016 – 1 T 138/16, BeckRS 2015, 125411, das unter Anwendung der Sachgebietsbezeichnung 37 „Ursachenermittlung und Rekonstruktion bei Fahrzeugunfällen" die Honorargruppe 12 zu Grunde legt).

– **Berufskundliche Gutachten** (Arbeitsmarktrecherche): **Honorargruppe 7** (ThürLSG 5.3.2012 – L 6 SF 1854/11 B, BeckRS 2012, 67714 unter Berücksichtigung der außergerichtlichen Vergütungssätze, bestätigt durch ThürLSG 9.12.2014 – L 6 SF 723/14 E, BeckRS 2015, 66751).

– **Diagrammscheibenauswertung:** Bis zum 2. KostRMoG war dieses Sachgebiet in der Anlage 1 zu § 9 mit der Zuordnung zur Honorargruppe 5 ausdrücklich aufgeführt. Im neuen Recht wurde von einer Zuordnung Abstand genommen, weil in diesem Bereich nur Wenige am Markt teilnehmen und damit die Anlehnung an die Marktpreise und die Zuordnung zu einer bestimmten Honorargruppe grundsätzlich ausscheidet (BT-Drs. 17/11471, 356). In der Praxis dürfte weiterhin von einer Zuordnung zur **Honorargruppe 5** auszugehen sein.

- Nachprüfung von **Geschwindigkeitsmessungen: Unmittelbar Honorargruppe 5** -Sachgebiet 38: Verkehrsregelungs- und überwachungstechnik (KG 10.9.2015 – 1 Ws 47, 67/15, NStZ-RR 2016,63 = BeckRS 2015, 20805; aA LG Berlin 2.3.2015 – 538 Qs 21/15, BeckRS 2015,11544, das diese Honorargruppe nicht als einschlägig ansieht und nach Abs. 2 Satz 2 die Honorargruppe 8 festsetzt).
- **Isolierter Sachverständiger im Insolvenzverfahren:** 95 Euro bis 115 Euro (→ Rn. 22 – 24)
- Ermittlung des Schadens infolge der **Kürzung von Bäumen und Entfernung von Sträuchern** sowie die Ermittlung der Höhe des Wiederherstellungsaufwandes: **Honorargruppe 4** – Sachgebiet 13.3 (Garten- und Landschaftsbau – Schadensfeststellung, -ursachenermittlung und –bewertung; aA LG Bochum 20.8.2014 – 9 T 39/14, BeckRS 2014, 22662: Honorargruppe 6 – Sachgebiet 7 (Bewertung von Immobilien).
- **Kriminaltechnische Untersuchung** eines Schlosszylinders auf Einbruchsspuren: **Honorargruppe 7** (OLG Düsseldorf 30.3.2006 – 10 W 4, 5/06, BeckRS 2006, 05520).
- **Massenberechnung für Bodenaushub: Honorargruppe 6** in Anlehnung an das damalige Sachgebiet „Abrechnung im Hoch- und Ingenieurbau" (OLG Sachsen-Anhalt 18.8.2005 – 12 W 67/05, BeckRS 2005, 30361499), jetzt wohl Nr. 4.3: **Honorargruppe 5.**
- **Patentnichtigkeitsverfahren vor dem BGH:** Honorargruppe 10 nach altem Recht (BGH 12.7.2011 – X ZR 115/06, BeckRS 2011, 19944; 15.5.2007 – X ZR 75/05, BeckRS 2007, 10411 und 7.11.2006 – X ZR 138/04, BeckRS 2006, 030384); **jetzt wohl Honorargruppe 13.**
- **Patentrecherch**e, auch im Ausland: Honorargruppe 10 nach altem Recht (OLG Düsseldorf 9.7.2010 – 2 W 18/10, BeckRS 2011, 02043); **jetzt wohl Honorargruppe 13.**
- **Pflanzenbau („Gartenbau"** – Wachstumszeit von Cannabispflanzen) soll nach Honorargruppe 6 zu vergüten sein, weil der Sachverständige außergerichtlich in dieser Höhe abrechnet (OLG Celle 5.4.2006 – 1 Ws 177/06, BeckRS 2006, 05406). Diese Einstufung überzeugt aber nicht, weil die zitierte Entscheidung den außergerichtlich vereinbarten Stundensatz des konkreten Sachverständigen zu Grunde gelegt und keine Zuordnung in der nach Abs. 1 Satz 3 vorgeschriebenen Form vorgenommen hat; → Rn. 14.
- **Pflegebedarfsermittlung** durch Diplom-Pflegewirtin: **Honorargruppe 3** in Anlehnung an die Honorargruppe M 2 (HessLSG 27.2.2007 – L 2 SF 112/05 P, BeckRS 2008, 54374; aA LSG Sachsen-Anhalt 10.4.2017 – L 1 P 19/40, BeckRS 2017, 118308: Vergütung analog der Honorargruppe M 1).
- **„Schlüsselgutachten"** = Gutachten über Kraftfahrzeugschlüssel wegen der auf die Anzahl der Schließbewegungen hindeutenden Spuren: **Honorargruppe 6** in Anlehnung an das Sachgebiet „Kraftfahrzeugunfallursachen", auch wenn der Sachverständige außergerichtlich einen Stundensatz von 130 Euro abrechnet (LG Dortmund 31.1.2006 – 2 O 502/04, BeckRS 2006, 02125).
- **Sprachsachverständiger:** Nach Abs. 1 Satz 3 in Anlehnung an das Dolmetscherhonorar mit einem Stundenhonorar von 70 Euro (so jetzt auch KG

3.4.2014 – 1 Ws 65/13, BeckRS 2014, 11734). Wird ein zu simultanem Dolmetschen herangezogener Dolmetscher in diesem Rahmen auch als Sprachsachverständiger tätig, so erhält er in analoger Anwendung von § 9 Abs. 1 Satz 4 eine einheitliche Stundenvergütung von 75 Euro; im Einzelnen → Rn. 33.

– Beurteilung von **Verkehrsflächenverunreinigungen** nach einem Verkehrsunfall: **Honorargruppe 5,** Sachgebiet 4.3. „Schadensfeststellung, -ursachenermittlung und -bewertung" im Bauwesen; zu weitgehend AG Neustadt 12.8.2015 – 6 C 67/13, das das Sachgebiet 37 „Ursachenermittlung und Rekonstruktion von Fahrzeugunfällen" mit Honorargruppe 12 angenommen hat).
– Wie **Vermessungsingenieurleistungen** honoriert werden, ist mit der neuen Sachgebietseinteilung des 2. KostRMoG in Nr. 39 dahingehend geklärt, dass in das Untersachgebiet 39.1 „Vermessungstechnik" lediglich Leistungen fallen, die keine Ingenieurleistungen sind (BT-Drs. 17/11471, 356 und 326f.).
– **Verkehrssicherheit von Bäumen: Honorargruppe 4** in Anlehnung an das frühere Sachgebiet „Holz/Holzbau" (OLG Braunschweig 2.9.2011 – 3 U 170/10, BeckRS 2011, 29090), jetzt wohl Sachgebiet 13.3 mit – ebenfalls – Honorargruppe 4.
– **Veterinärmedizinische Leistungen: Honorargruppen M 1 bis M 3** in unmittelbarer Anwendung, → Rn. 4
– **Wasserversorgung und Abwässer:** Dieses Sachgebiet wurde durch das 2. KostRMoG abgeschafft, weil es im Wesentlichen im Sachgebiet 4 „Bauwesen" aufgeht (BT-Drs. 17/11471, 356).
– **Wildschaden auf einem Acker: Honorargruppe 5** analog „Schäden an Gebäuden" und „Feststellung einer Brandursache", weil Ursachen zu ermitteln und Verantwortlichkeiten abzugrenzen sind, die auch in den angegebenen Vergleichsgruppen den maßgeblichen Bestandteil der Gutachtertätigkeit bilden (AG Detmold 21.5.2013 – 8 C 272/11, BeckRS 2013, 09564).
– Wegen **Sachverständigenleistungen im Bereich der Handwerke** nach Anlagen A, B 1 und B 2 zur Handwerksordnung wird auf die seriös erscheinende und im Internet abrufbare vom Zentralverband des Deutschen Handwerks herausgegebene Arbeitshilfe **Zuordnung von handwerklichen Sachverständigentätigkeiten zu den Sachgebieten der Anlage 1 zu § 9 Abs. 1 JVEG** hingewiesen; Stand August 2013 unter Berücksichtigung der mit dem 2. KostRMoG einhergegangenen Änderungen bei den Honorargruppen.

IX. Vorabentscheidung nach Abs. 1 Satz 5 und 6

1. Allgemeines

17 Das Vorabentscheidungsverfahren ist im Gesetz nicht präzise geregelt. Dieses Verfahren eröffnet die Möglichkeit, schon vor Vorliegen der Voraussetzungen des (Gesamt-)Festsetzungsverfahrens nach § 4 die **Einstufung der Leistung** eines Sachverständigen in den Honorargruppenkatalog des Abs. 1 Satz 1 verbindlich zu regeln. Darüber hinaus soll es auch der Festsetzung der Kosten für einen von einem Sachverständigen erforderlich gehaltenen stationären Klinikaufenthalt eines Probanden dienen (LSG Bln-Bbg 10.12.2015 – L 2 SF 232/15 F, BeckRS 2016, 65844). Für das Verfahren setzt Abs. 1 Satz 5 die **entsprechende Anwendung des § 4** fest, allerdings ohne Begrenzung auf den dort geltenden Beschwerdewert von 200 Euro, weil die Beschwer in diesem Stadium noch nicht festgestellt werden kann. Das Verfahren soll einmal dem Sachverständigen ermöglichen, schon sehr frühzeitig – unter Umständen sogleich nach seiner Ernennung und damit schon vor Aufnahme der ihm übertragenen Aufgaben – Klarheit über die kostenmäßige Bewertung der von ihm erwarteten Leistungen und damit gleichzeitig über einen für seinen Gesamtanspruch **wesentlichen Bemessungsfaktor** zu erlangen. Sie dient aber auch der **Rechtsfortbildung,** weil sie in der besonders wichtigen Frage der Qualifizierung einzelner Sachverständigenleistungen nach dem neuen Recht obergerichtliche Entscheidungen ermöglicht, so lange noch keine Abrechnungsreife eingetreten ist (BT-Drs. 15/1971, 182). Die Vorabentscheidung betrifft ausschließlich die Zuordnung der Leistung des Sachverständigen in eine Honorargruppe der Anlage 1 nach dem **Stundensatz,** nicht auch die Auslagen, da diese bereits Höchstsätze sind (LSG BW Justiz 2005, 27 = NZS 2005, 112 Ls.). Nachdem auf Grund von § 9 Abs. 1 S. 2 in dessen Fassung durch das 2. KostRMoG regelmäßig **bereits bei der Heranziehung die Zuordnung einer Leistung** zu einer Honorargruppe nach der Anlage 1 erfolgt, dürfte dem Vorabentscheidungsverfahren in der Praxis zukünftig verstärkte Bedeutung zukommen. Zur Zulässigkeit des Vorabentscheidungsverfahrens bei der Vorabfestsetzung nach § 13 Abs. 3 S. 4 → § 13 Rn. 23, zur analogen Anwendung bei der Festsetzung der Art einer Dolmetschleistung → Rn. 30.

2. Vorabentscheidungsverfahren bei den Honorargruppen M 1 bis M 3

Weil sich diese Honorargruppen nicht am Sachgebiet, sondern am konkreten Gegenstand und Schwierigkeitsgrad des Gutachtens ausrichten und weil der Schwierigkeitsgrad des konkreten Gutachtens nicht schon bei der Auftragserteilung, sondern regelmäßig erst nach dessen Erstattung und damit erst nach Eintritt der Abrechnungsreife beurteilt werden kann, wurde das Vorabentscheidungsverfahren bei diesen Honorargruppen als problematisch angesehen (LSG BW Justiz 2005, 27 = NZS 2005, 112 Ls., das eine Vorabentscheidung zwar grundsätzlich zuließ, diese aber auch bezüglich des Stundensatzes unter den Vorbehalt der späteren Überprüfung im Rahmen der Vergütungsabrechnung stellte). Dieses Problem scheint mit § 9 Abs. 1 S. 2 in dessen Fassung durch das 2. KostRMoG behoben zu sein. Die Zuordnung der Leistungen zu einer Honorargruppe bestimmt sich jetzt nicht mehr nach der tatsächlich erbrachten Leistung, sondern entsprechend der Entscheidung über die Heranziehung nach der Anlage 1. Aus dieser kann auch der medizinische Sachverständige ersehen, welche Art von Gutachten gewollt ist (BT-Drs. 17/11471, 260). 18

3. Verfahren

Die Vorabentscheidung über den Stundensatz kann wie der Antrag auf gerichtliche Festsetzung nach § 4 sowohl auf Antrag des Sachverständigen oder der Staatskasse als auch von Amts wegen erfolgen. Über den Wortlaut von Satz 6 hinausgehend wird nicht nur die Beschwerde, sondern das gesamte Vorabentscheidungsverfahren unzulässig, sobald bezüglich des Anspruchs auf Vergütung **Abrechnungsreife** vorliegt (BT-Drs. 15/1971, 182; OLG Stuttgart NStZ 2006, 241 = Justiz 2005, 436), nicht erst, sobald der Anspruch auf Vergütung geltend gemacht wird. Die Abrechnungsreife tritt mit der **Erstattung des Gutachtens** ein, § 2 Abs. 1 Nr. 1 und 2. Einer Vorabentscheidung fehlt ab diesem Zeitpunkt das 19

Rechtsschutzbedürfnis, ein noch nicht rechtskräftig abgeschlossenes Vorabentscheidungsverfahren ist erledigt und wird nicht mehr weiterbetrieben. Mit der Abrechnungsreife kann nämlich nach § 4 Abs. 1 und 2 die **gesamte Vergütung** einschließlich der konkret anzusetzenden Honorargruppe geltend gemacht und geprüft werden (vgl. auch BT-Drs. 15/1971, 182f.). Da das Vorabentscheidungsverfahren ein anderes als das (Gesamt-)Festsetzungsverfahren nach § 4 ist, stehen auch bei einem stecken gebliebenen Vorabentscheidungsverfahren einem Sachverständigen, der im Vorabentscheidungsverfahren bereits Beschwerde eingelegt hatte, im Festsetzungsverfahren nach § 4 die **Rechtsbehelfe nach § 4 Abs. 3 und 5** uneingeschränkt offen (OLG Celle 26.10.2007 – 2 W 102/07, BeckRS 2007, 19345; OLG Stuttgart NStZ 2006, 241 = Justiz 2005, 436; unrichtig *Hartmann* Rn. 27 und offensichtlich unter stillschweigender Berufung auf diesen *Zimmermann P.* Rn. 16, die den Verlust des Beschwerderechts eines Sachverständigen im (Gesamt-) Festsetzungsverfahren nach § 4 Abs. 3 annehmen, wenn dieser bereits im Vorabentscheidungsverfahren nach § 9 Abs. 1 Satz 5 Beschwerde eingelegt hatte).

4. Wirkung der Vorabentscheidung

20 Soweit das Vorabentscheidungsverfahren zum Zeitpunkt der Abrechnungsreife rechtskräftig abgeschlossen ist, tritt bezüglich der in ihm festgesetzten Honorargruppe Bindungswirkung im späteren Anweisungs- oder Festsetzungsverfahren nach § 4 ein. Diese Bindungswirkung tritt seit dem 2. KostRMoG auch bei den Honorargruppen M 1 bis M 3 ein, → Rn. 18.

X. Honorar des Sachverständigen im Insolvenzverfahren (Abs. 2)

1. Vorläufiger Insolvenzverwalter als Sachverständiger

21 Diese Vorschrift ist als **Spezialregelung** zu der allgemeinen Festlegung nach Abs. 1 einer analogen Ausweitung ihres Geltungsbereichs, insbesondere nach Abs. 1 Satz 3, nicht zugänglich (OLG Düsseldorf 13.9.2006 – III-4 Ws 448/06, NZI 2006, 716 = BeckRS 2006, 11843); Ausnahme → Rn. 25. Sie setzt das Stundenhonorar unabhängig vom Sachgebiet auf 80 Euro fest und gilt nur für den **vorläufigen Insolvenzverwalter,** der vom Insolvenzgericht nach § 22 Abs. 1 Satz 2 Nr. 3 InsO beauftragt ist, als Sachverständiger zu prüfen, ob ein Eröffnungsgrund vorliegt und welche Aussichten für eine Fortführung des Unternehmens des Schuldners bestehen. Aus dem Gesetzeswortlaut idF des 2. KostRMoG ergibt sich, dass die Vorschrift sowohl für den „starken" Insolvenzverwalter nach § 22 Abs. 1 InsO als auch für den „schwachen" nach § 22 Abs. 2 InsO gilt. Die gegenüber den Sachgebieten der Anlage 1 niedrigere Vergütung des vorläufigen Insolvenzverwalters ist auch verfassungsrechtlich unbedenklich, weil die Vergütung nach Abs. 2 faktisch durch einen Teil der Vergütung als vorläufiger Insolvenzverwalter nach der InsVV ergänzt wird, so dass sich bei wirtschaftlicher Betrachtung letztlich eine höhere Vergütung ergibt (BVerfG NZI 2006, 93; OLG Frankfurt 3.3.2006 -26 W 80/05, BeckRS 2006, 08313).

2. Isolierter Sachverständiger im Insolvenzverfahren

Eine ausdrückliche Vergütungsregelung für den **isolierten Sachverständigen** im Insolvenzverfahren enthält das JVEG nicht. Weshalb der Gesetzgeber darauf verzichtet hat, auch diese Heranziehungsart mit einem fixen Stundensatz ähnlich dem des als Sachverständigen tätigen vorläufigen Insolvenzverwalter festzusetzen, bleibt unerfindlich. Für beide Auftragsgebiete gibt es **keine Marktpreise;** sie unterscheiden sich nur dadurch, dass der isolierte Sachverständige neben seinem Honorar keine zusätzliche Insolvenzverwaltervergütung erhält. Deshalb hätte es nahe gelegen, das Honorar des isolierten Sachverständigen mit einem fixen Stundensatz, der angemessen über dem Honorar des als Sachverständigen tätigen Insolvenzverwalters liegt, zu bestimmen. Nach der Gesetzesbegründung (BT-Drs. 17/11471, 260) soll sich das Honorar ausschließlich nach Abs. 1 bemessen; dies werde zukünftig regelmäßig ein Sachgebiet sein, das in der neuen Sachgebietsliste unter Nummer 6 aufgeführt ist. Die von der Gesetzesbegründung vorgeschlagene Honorierungsbestimmung nach Abs. 1 mündet jedoch in eine Sackgasse, weil es für die Tätigkeit des Sachverständigen im Insolvenzverfahren keine Marktpreise gibt und deshalb ein Vergleichsmaßstab zu außergerichtlichen und außerbehördlich vereinbarten Stundensätzen nach Abs. 1 Satz 3 und 4 nicht gebildet werden kann. Zudem ist die Verweisung auf die Nr. 6 der Sachgebietsliste recht diffus, weil dort drei unterschiedliche Sachgebiete mit hoch divergierenden Honorargruppen genannt sind, nämlich die Honorargruppen 11, 13 und 3 mit Stundenhonoraren von 115 Euro, 125 Euro und 75 Euro. 22

Lösungsansätze in der Rechtsprechung: Die Vergütung soll nach der im Beweisbeschluss genannten Art der Heranziehung im Rahmen des Sachgebiets 6 „Betriebswirtschaft" erfolgen (OLG Karlsruhe 16.9.2015 – 15 W 57/15). Dieser Ansatz dürfte aber regelmäßig ins Leere gehen, weil der Sachverständige danach zu prüfen haben wird, ob ein Eröffnungsgrund vorliegt und welche Aussichten für eine Fortführung des Unternehmens des Schuldners bestehen. Die Rechtsprechung seit dem Inkrafttreten des 2. KostRMoG hat die Leistungen des isolierten Sachverständigen in recht unterschiedliche Honorargruppen von Nr. 3 (75 Euro) bis Nr. 11 (115 Euro) eingestuft. **Im Einzelnen:** 23

- **115 Euro** AG Göttingen in stRspr, zuletzt 3.1.2018 – 74 IN 116/16, BeckRS 2018, 560 (idR in Anlehnung an das Sachgebiet 6.1. „Unternehmensbewertung" Honorargruppe 11 unabhängig davon, ob der Geschäftsbetrieb des Schuldners fortgeführt oder eingestellt ist); OLG Bamberg 29.9.2017 – 8 W 75/17, ZInsO 2017, 2457 = BeckRS 2017, 128549; LG Göttingen 11.8.2016 – 10 T 50/16; BeckRS 2016, 15358.
- **105 Euro** AG Stuttgart 10.1.2014 – 3 IN 806/13, NZI 2014,227 = BeckRS 2014, 01684 (Durchschnitt der drei Werte des Sachgebiets 6 „Betriebswirtschaft" (115 Euro + 125 Euro + 75 Euro): 3)
- **95 Euro** OLG Frankfurt 29.9.2016 – 26 W 2/16, NZI 2017,225 = BeckRS 2016, 112915; OLG Zweibrücken 11.8.2016 – 6 W 45/16, NZI 2017, 47 = BeckRS 2016, 20283; AG Saarbrücken 7.5.2014 – 110 IN 61/13, BeckRS 2014, 21543; 3.5.2016 – 61 IN 8/16, BeckRS 2016, 10959 (Mittelwert zwischen den Sachgebieten 6.1 und 6.3); OLG Düsseldorf 17.4.2014 – I-10 W 39/14, BeckRS 2014, 10554 unter Bezugnahme auf OLG Düsseldorf 18.10.2007 – I-10 W 144/07, BeckRS 2015, 05351

– **90 Euro** LG Wuppertal 4.3.2014 – 16 T 37/14, ZInsO 2015, 875 = BeckRS 2014, 09778 (Erhöhung des sich aus § 9 Abs. 2 JVEG ergebenden Stundensatzes um zumindest 10 Euro; der Sachverständige hatte in diesem Verfahren lediglich eine Vergütung von 90 Euro/Stunde beantragt)

– **80 Euro** LG Schweinfurt 12.1.2017 – 41 T 212/16, BeckRS 2017, 100454 (wie vorläufiger Insolvenzverwalter; dabei verkennt die Entscheidung aber, dass dessen Vergütung immer niedriger sein muss als die des isolierten Sachverständigen)

– **75 Euro** LG Frankenthal 9.6.2016 – 1 T 91/15, ZInsO 2016, 1388 = BeckRS 2016, 12382; AG Ludwigshafen 4.3.2015 – 3 C IN 438/14 Lu, (beide mit der Begründung, bei einem Kleinstbetrieb sei das unterste Niveau des Sachgebiets „Betriebswirtschaft" einschlägig)

24 Aus einer **Gesamtanalogie zu Abs. 1 und 2** ergibt sich, dass dem isolierten Sachverständigen einerseits ein höheres Honorar zuzubilligen ist als einem als Sachverständigen beauftragten Insolvenzverwalter; zugleich ist jedoch in angemessener Weise Umfang und Schwierigkeit der tatsächlich durch den Gutachtenauftrag abgeforderten Tätigkeit zu berücksichtigen (OLG Frankfurt 29.9.2016 – 26 W 2/16, NZI 2017,225 = BeckRS 2016, 112915). Die **Mindesthöhe** des Honorars eines isolierten Sachverständigen dürfte damit bei **Honorargruppe 7 = 95 Euro, aufsteigend bis Honorargruppe 11 = 115 Euro, liegen** (→ OLG Frankfurt a. a. O. und OLG Zweibrücken 11.8.2016 – 6 W 45/16, NZI 2017, 47 = BeckRS 2016, 20283). Auch die überwiegende Rspr. befürwortet ein Honorar von mindestens 95 Euro (→ Rn. 23 zu „95 Euro" und „90 Euro") und damit grundsätzlich ein höheres Honorar als das des vorläufigen Insolvenzverwalters.

25 Im Sonderfall der **zeitnahen Bestellung des isolierten Sachverständigen zum vorläufigen Insolvenzverwalter** dürfte die Leistung nach Abs. 1 S. 3 zu bestimmen und damit nur eine Vergütung nach Abs. 2 zu gewähren sein, weil es auf der Hand liegt, dass sich beide Tätigkeiten als Sachverständiger und als vorläufiger Insolvenzverwalter so überschnitten haben, dass sie einer gleichzeitigen Bestellung und Beauftragung entsprechen (OLG Frankfurt NJW-RR 2006, 48; OLG München NZI 2005, 501).

XI. Dolmetscher (Abs. 3)

1. Übersicht über die neue Rechtslage aufgrund des 2. KostRMoG

26 Bis zum Inkrafttreten des 2. KostRMoG am 1.8.2013 sind Dolmetscherleistungen ohne Art und Umstände ihrer Erbringung und Bezeichnung (wie Konferenzdolmetschen, Kabinendolmetschen, Simultandolmetschen, Flüsterdolmetschen, Konsekutivdolmetschen, Gebärdensprachendolmetschen) einheitlich zum gleichen Stundensatz (damals 55 Euro) vergütet worden. Demgegenüber hat das 2. KostRMoG zwei Dolmetscharten eingebracht, die mit unterschiedlichen Stundensätzen vergütet werden, nämlich das ausdrücklich so bezeichnete „simultane Dolmetschen" mit 75 Euro pro Stunde, wogegen alles andere im Gesetz nicht näher definierte Dolmetschen mit 70 Euro pro Stunde vergütet wird. Die neue Struktur und die neuen Vergütungssätze sollen auf der im Jahr 2009 erfolgten „Hommerich"- Marktanalyse beruhen (zu deren Einzelheiten → Vor § 1 Rn. 11).

Im **Gesetzgebungsverfahren** war die Einführung eines unterschiedlichen Stundensatzes für simultanes und „sonstiges" Dolmetschen sehr umstritten. Der Bundesrat wollte weiter einen einheitlichen Stundensatz – von 70 Euro mit der Begründung, in der Gerichtspraxis finde eine strenge Trennung der beiden Dolmetscharten nicht statt; in vielen Fällen ergäben sich die genauen Erfordernisse der Leistungen des Dolmetschers erst beim konkreten Einsatz und könnten daher nicht schon bei Auftragserteilung festgelegt werden; beispielsweise werde eine Zeugenaussage innerhalb einer Gerichtsverhandlung konsekutiv übersetzt, während der Verlauf der Verhandlung in der Regel simultan übersetzt werde (BT-Drs. 17/11471, 323). Demgegenüber beharrte die Bundesregierung auf der Umsetzung der „Hommerich"- Marktanalyse (→ Vor 1 Rn. 11), die angeblich unterschiedliche Stundensätze für konsekutives und simultanes Dolmetschen ergeben habe. Dabei hatte die *„Hommerich"*- Marktanalyse bezüglich der **gerichtlichen Dolmetschpraxis** keine Aussagen getroffen, weil die gerichtliche Dolmetschpraxis kein Korrelat auf dem allgemeinen Markt hat. In der gerichtlichen Verhandlungspraxis, insbesondere in Strafsachen, erwartet das Gericht aus Gründen der Zeiteinsparung idR simultanes Dolmetschen(→ den Sachverhalt beim Brandenburgischen OLG 24.11.2016 – 2 Ws 200/16, BeckRS 2016, 117866). Diese Praxis ignoriert das Gesetz mit der Begründung (BT-Drs. 17/11471, 354), der gesetzlichen Formulierung liege die Erwartung zu Grunde, dass in der gerichtlichen Praxis ganz überwiegend zum konsekutiven Dolmetschen herangezogen werde. Habe demnach ein Dolmetscher den Auftrag, konsekutiv zu dolmetschen, dolmetsche er aus Gründen der Praktikabilität aber simultan, ändere dies nichts an seinem Stundensatz. Diese Art der Regelung, wie sie Gesetz geworden ist, lässt daher den Verdacht auf **Eskamotierung** aufkommen: Die Regelpraxis des simultanen Dolmetschens wird ignoriert; stattdessen wird eine nicht vorhandene Regel des konsekutiven Dolmetschens behauptet und es werden gleichzeitig hohe Hürden aufgestellt, die vermeiden sollen, dass der Dolmetscher die höhere Vergütung für die tatsächlich erbrachte Leistung für simultanes Dolmetschen erhält. Einem derartigen Trick sollten Richter nicht willfährig assistieren. Zur **Abänderbarkeit einer Vorausmitteilung** → Rn. 29, zum **Vorliegen einer wirksamen Vorausmitteilung** und deren Anfechtbarkeit → Rn. 30. 27

2. Begriff und Honorar, Satz 1

Dolmetscher ist, wer mündlich, Übersetzer, wer schriftlich von einer in eine andere Sprache überträgt (OLG Düsseldorf 8.8.2011 – I-2 W 27/11, BeckRS 2012, 05112). Auch **Gebärdensprachendolmetscher** sind nach dieser Vorschrift zu honorieren (VG Berlin 12.7.2016 – 3 K 8.16, BeckRS 2016, 123318; SG Nürnberg 11.12.2013 – S 20 SO 199/13 ER BeckRS 2014, 67710). Die mündliche Übertragung von Tonbandmitschnitten, die in einer Hauptverhandlung vorgespielt werden, ist eine Dolmetscherleistung; erfolgt die Übertragung dagegen schriftlich, liegt eine Übersetzerleistung vor, die nach § 11 zu vergüten ist (unklar und im Ergebnis unrichtig KG JB 2011, 491). Zur Honorierung des Übersetzers wie ein Dolmetscher nach § 11 Abs. 3 → § 11 Rn. 13, zum Sprachsachverständigen → Rn. 28. Das Honorar des Dolmetschers beträgt im Gegensatz zu dem früher auch für Dolmetscher anwendbar gewesenen Entschädigungsrahmen des § 3 ZSEG nunmehr unabhängig von Sprache und Schwierigkeit der Leistung einheitlich 70 Euro bzw. 75 Euro je Stunde. Wegen dieses abschließenden Regelungscharakters kommt auch eine Erhöhung in entsprechender Anwendung des § 11 Abs. 1 Satz 3 nicht in 28

Betracht (OLG Hamburg NJW 2006, 3449 (Ls.) = NStZ-RR 2006, 360). **Herangezogen** im Sinne dieser Vorschrift mit der Folge eines unmittelbaren Vergütungsanspruchs gegenüber der Staatskasse ist auch der Dolmetscher, der im Rahmen einer nach §§ 119 Abs. 3 StPO, 27 Abs. 1 IRG gerichtlich angeordneten **Besuchsüberwachung** tätig wird, ebenso bei gerichtlicher Bestellung eines Dolmetschers für **notwendige Gespräche zwischen Verteidiger** und Beschuldigtem, im Einzelnen → § 1 Rn. 5.

3. „Simultanes Dolmetschen"

29 Die Vorschrift enthält keine Definition des „simultanen Dolmetschens"; eine solche findet sich auch nicht in den Gesetzesmaterialien. Dort wird der Begriffsgegensatz „Simultandolmetschen" und „Konsekutivdolmetschen" benutzt (BT-Drs. 17/11471, 261). Auch bei der „Hommerich"- Marktanalyse wurde ausdrücklich zwischen diesen beiden Dolmetscharten unterschieden (Marktanalyse JVEG – Auszug S. 16). Daraus ergibt sich, dass die Vorschrift einen Stundensatz von 75 Euro für simultanes und von 70 Euro für konsekutives Dolmetschen vorsieht. Nach dem allgemeinen Sprachgebrauch (so schon *Jessnitzer,* Dolmetscher, 1982, S. 1) wird beim **konsekutiven Dolmetschen** das Gesprochene im Ganzen oder in Abschnitten übertragen, wobei der Dolmetscher für die Übertragung auf eigene Notizen zurückgreift. Konsekutives Dolmetschen verdoppelt also die Zeit gegenüber einer Verhandlung, die nicht gedolmetscht werden muss. **Simultanes Dolmetschen** dient dagegen der Zeitersparnis, weil dabei das Gesprochene sofort mit nur geringem zeitlichen Abstand übertragen wird. Simultandolmetschen ist also nicht nur das Kabinendolmetschen, sondern auch das sog. **Flüsterdolmetschen,** welches **in der gerichtlichen Praxis** regelmäßig Anwendung findet (so auch die Stellungnahme des Bundesrats BT-Drs. 17/11471, 323). Hätte der Gesetzgeber die für simultanes Dolmetschen festgesetzte Vergütung auf Kabinendolmetschen beschränken wollen, so hätte er es in der Formulierung der Vorschrift zum Ausdruck bringen müssen. Wird der Dolmetscher für konsekutives Dolmetschen geladen, darf das Gericht kein simultanes, also auch kein Flüsterdolmetschen erwarten, es sei denn, es erfolgt eine **Änderung der Art der Heranziehung,** was dem Gericht jederzeit jedenfalls dadurch möglich ist, dass es den Dolmetscher aus der Heranziehung zu konsekutivem Dolmetschen entlässt und ihn sogleich zu simultanem Dolmetschen heranzieht. Eine **konkludente Änderung** der Art der Heranziehung zu simultanem Dolmetschen reicht dabei aus, wenn das Gericht den Dolmetscher zum simultanen Dolmetschen veranlasst (LAG Hessen 9.9.2016 – 2 Ta 36/16, BeckRS 2016, 116477; OLG Koblenz 7.7.2014 – 1 Ws 301/14, NStZ-RR 2014, 298 = BeckRS 2014, 14505; aA OLG Brandenburg 24.11.2016 – 2 Ws 200/16, BeckRS 2016, 117866 unter Berufung auf den Gesetzeswortlaut).

4. Bei der Heranziehung im Voraus mitgeteilte Art des Dolmetschens (Abs. 3 Satz 1 letzter Hs.)

30 Nach dieser Vorschrift wird der Dolmetscher für die Art des Dolmetschens vergütet, die bei der Heranziehung im Voraus mitgeteilt wird. Diese Regelung lehnt sich offensichtlich an die des § 9 Abs. 1 S. 2 an, nach der sich die Zuordnung der Leistungen eines Sachverständigen zu einer Honorargruppe entsprechend der Entscheidung über die Heranziehung bestimmt. Daraus folgt, dass dem Gericht bei der Heranziehung klar sein muss, welche Art von Dolmetschleistung gewollt ist; ggf.

muss das Gericht vor der Beauftragung klären, welcher Art die Dolmetschleistung sein muss (BT-Drs. 17/11471, 260 zu § 9 Abs. 1 S. 2). Die Wirksamkeit der Mitteilung setzt damit eine **ausdrückliche Entscheidung des Gerichts über die Art der Heranziehung** voraus. Eine formularmäßige Mitteilung über die Art der Heranziehung, die nicht vom Gericht getroffen ist, ist für die Vergütungsfestsetzung unbeachtlich. Liegt keine wirksame Mitteilung vor, erfolgt die Vergütung nach der Art der tatsächlich erbrachten Dolmetschleistung (ähnlich *Hartmann* Rn. 29 für den Fall einer überhaupt fehlenden Mitteilung über die Art des Dolmetschens). Bei einer **wirksamen Mitteilung** über die Art des Dolmetschens muss dem Dolmetscher **in entsprechender Anwendung des § 9 Abs. 1 S. 5 iVm § 4 Abs. 3 bis 5 das Beschwerderecht** im Rahmen des Vorabentscheidungsverfahrens eröffnet sein: § 9 Abs. 1 S. 5 usw. gilt zwar unmittelbar nur für die Zuordnung von Leistungen eines Sachverständigen zu den Honorargruppen nach Anl. 1 zum JVEG. Nach altem Recht gab es für Dolmetscherleistungen nur einen einheitlichen Stundensatz, wogegen nunmehr 2 Vergütungssätze bestehen. Dass damit ein Bedarf auf ein Vorabentscheidungsverfahren entstanden ist, hat der Gesetzgeber offensichtlich übersehen. Diese Gesetzeslücke ist durch die obige analoge Anwendung zu schließen.

5. Vergütung des Dolmetschers für Vorbereitungszeit und Verhandlungspausen

Der Auftrag des Dolmetschers beginnt wie der des Sachverständigen, der sein Gutachten mündlich in der Verhandlung erstattet, nicht schon mit Zugang der Ladung, sondern erst mit dem Aufruf der Verhandlung. Erforderliche Vorbereitungszeiten eines Dolmetschers in Hinblick auf seine bevorstehende Heranziehung sind unmittelbar nach § 8 Abs. 2 als erforderliche Zeit zu vergüten, auch → § 7 Rn. 5 und → § 8 Rn. 14. Zur **Vergütung von Verhandlungspausen** → § 8 Rn. 6 ff. **31**

6. Ausfallentschädigung des Dolmetschers bei Terminsaufhebung (Abs. 3 Satz 2)

Die Vorschrift ist gegenüber dem Entschädigungsanspruch des Dolmetschers für notwendige Vorbereitungszeit (→ Rn. 26) nachrangig. Sie findet damit nur dann Anwendung, wenn keine oder eine kürzere Zeit als zwei Stunden für eine angemessene Terminsvorbereitung zu vergüten ist. Sie dient dazu, **abweichend von § 615 BGB** den ansonsten gegebenen Anspruch eines geladenen Dolmetschers praktisch weitgehend auszuschließen. Dementsprechend eng sind die Grenzen des Entschädigungsanspruchs gezogen. Folgende vom Anspruchssteller nachzuweisende Voraussetzungen müssen kumulativ vorliegen: (1) Die abgeladene Person muss **Nurdolmetscher** sein (LG Düsseldorf 7.11.2016 – 4 KLs 23/15, BeckRS 2016, 108152; BayLSG 8.1.2007 – L 4 KR 42/05 ZVW.Ko, BeckRS 2009, 57692; OLG Düsseldorf 5.1.2007 – III-3 Ws 574/06, BeckRS 2007, 01956), der keiner anderen Tätigkeit, insbesondere keiner Übersetzertätigkeit nachgeht. (2) Die Terminsaufhebung darf nicht durch einen in seiner Person liegenden Grund veranlasst sein. (3) Die Terminsaufhebung muss ihm erst zwei Tage vor dem anberaumten Termin oder später mitgeteilt worden, also zugegangen sein, wobei Zugangsnachweis zB durch E-Mail ausreicht; bei der Fristberechnung zählen Samstage, Sonn- und Feiertage mit (OLG München 27.1.2014 – 4c Ws 2/13, JB 2014, 382 = BeckRS 2014, 12271; *Hartmann* § 9 Rn. 31). (4) Der Dolmetscher muss durch die Terminsaufhebung einen Einkommensverlust erlitten haben, also nachweisen, dass er im Ver- **32** trauen auf das durch die Terminswahrnehmung zu erwartende Honorar einen anderen Dolmetscherauftrag für die gleiche Zeit nicht angenommen hat. Die Vorschrift soll auch dann Anwendung finden, wenn die Abladung nicht wegen einer Terminsaufhebung, sondern einem Austausch des Dolmetschers für einen bestehen gebliebenen Termin erfolgt (OLG München 27.1.2014 – 4c Ws 2/13, JB 2014, 382 = BeckRS 2014, 12271); diese Auslegung ist aber vom Gesetzeswortlaut nicht gedeckt. Wegen all dieser Nachweisschwierigkeiten dürfte ein Anspruch nach dieser Vorschrift dem Grunde nach **regelmäßig ins Leere** gehen, auch wenn das 2. KostRMoG den Entschädigungsanspruch des Nur-Dolmetschers der Höhe nach verdoppelt hat. Einer herangezogenen **Unternehmung** steht die Ausfallentschädigung nur zu, wenn sie ausschließlich Dolmetschleistungen, also insbesondere keine Übersetzungsleistungen anbietet.

XI. Sprachsachverständiger

33 Anders als Dolmetscher und Übersetzer hat der Sprachsachverständige die Aufgabe, einen zu dolmetschenden oder zu übersetzenden **Text zu interpretieren** (OLG Düsseldorf NStZ-RR 2000, 96 = JB 2000, 211), insbesondere bei Erläuterung von im Ausgangstext vorkommenden Abkürzungen, bei unklaren Begriffen, bei unvollständigem oder unklarem Ausgangstext, bei erforderlichen rechtsvergleichenden Überlegungen, aber auch bei Auslegung anderssprachiger Sprachbilder und Redewendungen (zB die aus der Fremdsprache verdolmetschte oder übersetzte Äußerung „Ich bin ein Baum, der keinen Schatten wirft"). Die Leistung eines Sprachsachverständigen dürfte nach Abs. 1 Satz 3 in Anlehnung an das Dolmetscherhonorar der **Honorargruppe 2** (insofern ist er ja nicht simultan tätig) mit einem Stundenhonorar von nunmehr 70 Euro zuzuordnen sein (so jetzt auch KG 3.4.2014 – 1 Ws 65/13, BeckRS 2015, 11734). Wird ein zu simultanem Dolmetschen herangezogener Dolmetscher in diesem Rahmen auch als Sprachsachverständiger tätig, so erhält er in analoger Anwendung von § 9 Abs. 1 Satz 4 eine einheitliche Stundenvergütung von 75 Euro; im Einzelnen → Rn. 14. Zur Vergütung des Übersetzers, der auch als Sprachsachverständiger tätig wird → § 11 Rn. 7.

§ 10 Honorar für besondere Leistungen

(1) **Soweit ein Sachverständiger oder ein sachverständiger Zeuge Leistungen erbringt, die in der Anlage 2 bezeichnet sind, bemisst sich das Honorar oder die Entschädigung nach dieser Anlage.**

(2) [1]**Für Leistungen der in Abschnitt O des Gebührenverzeichnisses für ärztliche Leistungen (Anlage zur Gebührenordnung für Ärzte) bezeichneten Art bemisst sich das Honorar in entsprechender Anwendung dieses Gebührenverzeichnisses nach dem 1,3fachen Gebührensatz.** [2]**§ 4 Absatz 2 Satz 1, Absatz 2a Satz 1, Absatz 3 und 4 Satz 1 und § 10 der Gebührenordnung für Ärzte gelten entsprechend; im Übrigen bleiben die §§ 7 und 12 unberührt.**

(3) **Soweit für die Erbringung einer Leistung nach Absatz 1 oder Absatz 2 zusätzliche Zeit erforderlich ist, erhält der Berechtigte ein Honorar nach der Honorargruppe 1.**

I. Regelungszweck und Regelungsumfang

Die Vorschrift setzt in Verbindung mit der Anlage 2 zur Vereinfachung der Abrechnung für häufig wiederkehrende Leistungen auf medizinischem Gebiet **feste Vergütungssätze oder Vergütungsrahmen** fest und stellt sachverständige Zeugen insoweit Sachverständigen gleich. Sie gehen als **Spezialvorschrift** der Honorierung des Sachverständigen nach § 9 und der Entschädigung des sachverständigen Zeugen nach §§ 20 bis 22 vor. Als Ausnahmevorschrift erfordert sie eine **enge Auslegung.** Eine analoge Anwendung auf Leistungen, die nicht von Abs. 1 oder 2 erfasst sind, ist nicht zulässig; diese Leistungen sind nach den allgemeinen Vorschriften zu honorieren oder zu entschädigen (OLG Koblenz FamRZ 1993, 1347 = JB 1994, 49). So sind Aufwendungen für **Laboruntersuchungen** und für **rein apparatetechnische medizinische Untersuchungen** nach § 12 in Höhe der entsprechenden GOÄ-Sätze zu erstatten (SG Detmold 6.11.2017, BeckRS 2017, 141124) → § 12 Rn. 10. Erbringt ein Sachverständiger im Rahmen eines umfassenderen Gutachtens auch Leistungen, die von Abs. 1 oder 2 erfasst sind, hat er insoweit Anspruch auf Vergütung nach diesen Vorschriften, im Übrigen auf das Stundenhonorar nach § 9; die für die Leistung nach Abs. 1 oder 2 erforderliche Zeit ist dabei nicht zu berücksichtigen (VGH München NJW 1973, 1429; *MHBOJ* § 19 Rn. 6 mwN). Soweit Tätigkeiten nicht von Anlage 2 oder Abschnitt O des Gebührenverzeichnisses zur GOÄ erfasst sind, sind auch notwendige **Aufwendungen für Hilfskräfte** nach § 12 Abs. 1 Nr. 1 zu erstatten (ThürLSG in stRspr, zuletzt 11.11.2015 – L 6 JVEG 581/15, BeckRS 2015, 73295; OLG Karlsruhe JB 1991, 997 = Justiz 1991, 204; OLG Karlsruhe Justiz 1991, 206 für die wissenschaftliche Leistung eines Chemikers bei einem gerichtsmedizinischen Gutachten zur Todesursache), auch → Anlage 2 Rn. 14, 18. Mit einem Honorar nach Abs. 1 oder 2 ist die **Aktendurchsicht** abgegolten. 1

II. Auslagenersatz bei Abs. 1

Die weiteren Ansprüche des Sachverständigen nach § 8 Abs. 1 Nr. 2 bis 4 und des sachverständigen Zeugen nach § 19 Abs. 1 Nr. 1 bis 3 bleiben durch die Vergütungssätze und -rahmen der Anlage 2 unberührt, soweit die Auslagen nicht nach dem Leistungskatalog der Anlage 2 in der Vergütung enthalten sind (so auch *MHBOJ* Rn. 9; unrichtig *Hartmann* Rn. 5f. unter unrichtiger Berufung auf OLG Karlsruhe Rpfleger 1989, 173 und OLG Stuttgart JB 1987, 1852 = Justiz 1988, 67; *Hartmann* ist der Auffassung, wegen der Nennung der §§ 7 und 12 lediglich in Abs. 2 sei deren Anwendung bei Abs. 1 ausgeschlossen; die Nennung in Abs. 2 ist aber deshalb erforderlich, weil §§ 7 und 12 dort durch § 4 Abs. 2 bis 4 Satz 1 GOÄ und § 10 GOÄ eingeschränkt werden, in Abs. 1 gelten sie dagegen uneingeschränkt). Auch wenn ein nach § 10 Berechtigter Leistungen nach der Anlage 2 ganz oder teilweise von **Hilfskräften** durchführen lässt oder **Nutzungsentgelt** abführen muss, hat er nur den Pauschalanspruch nach der Anlage 2; den technischen Aufwand für Assistenten und Laboranten sowie die Nutzung von Laboreinrichtungen kann er nicht zusätzlich nach § 12 Abs. 1 Nr. 1 geltend machen (OLG Karlsruhe Rpfleger 1989, 173; OLG Stuttgart JB 1987, 1852 = Justiz 1988, 67), jedoch die selbstständige wissenschaftliche Leistung einer Hilfskraft außerhalb einer Tätigkeit nach Anlage 2, → Rn. 1. Da weder Abs. 1 noch § 19 auf § 12 verweist, hat ein 2

sachverständiger Zeuge bei Verrichtungen nach Anlage 2 keinen Anspruch auf Aufwendungsersatz nach § 12, insbesondere bei Befundscheinen nach Nummern 200, 201 der Anlage 2 auch nicht auf Ersatz der **Umsatzsteuer** (BSG NZS 2009, 644 (Ls.) = BeckRS 2008, 58286; LSG Niedersachsen NZS 2003, 168; aA BGH SGb. 1985, 561 für Schreibauslagen bei Befundberichten); auch → § 10 Anlage 2 Rn. 9. Zum Auslagenersatz bei Abs. 2 → Rn. 6.

III. Entsprechende Anwendung von Vorschriften der GOÄ (Abs. 2)

3 Aus Abs. 2 ergibt sich eindeutig, dass Leistungen außerhalb der Anlage 2 und des Abschnitts O der Anlage zur GOÄ nicht gesondert nach GOÄ- Sätzen, sondern nach Zeitaufwand zu vergüten sind (ThürLSG in stRspr, zuletzt 23.3.2018 – L 1 JVEG 866/15, BeckRS 2018, 4957 bei Testdiagnosen; LSG Bln-Bbg 12.4.2016 – L 2 SF 259/15 F, BeckRS 2016, 69443); zur Erstattung von Aufwendungen nach GOÄ- Sätzen → Rn. 1 und § 12 Rn. 10). Abschnitt O des Gebührenverzeichnisses für ärztliche Leistungen (Anlage zur GOÄ) betrifft Leistungen auf den Gebieten Strahlendiagnostik, Nuklearmedizin, Magnetresonanztomographie und Strahlentherapie. Von der Wiedergabe des Wortlauts des Abschnitts O wird abgesehen. Zu vergüten bzw. zu entschädigen ist der 1,3-fache GOÄ-Satz; jedoch nehmen die Nummern 5732, 5733, 5803, 5832, 5833, 5841 und 5854 der GOÄ an dem Steigerungssatz nicht teil, weil die GOÄ selbst insoweit nur die Berechnung des einfachen Gebührensatzes zulässt. Während bis zum 2. KostRMoG noch § 4 Abs. 2 bis 4 Satz 1 und § 10 GOÄ für den Bereich der entsprechenden Anwendung von Abschnitt O des Gebührenverzeichnisses entsprechend galten, beschränkt sich jetzt die Anwendung der GOÄ auf Grund der vom Gesetzgeber beabsichtigten Präzisierung zur Vermeidung von Missverständnissen (BT-Drs. 17/11471, 261) nur noch auf § 4 Abs. 2 Satz 1, Abs. 2a Satz 1, Abs. 3 und 4 Satz 1 und § 10 GOÄ. Diese Vorschriften haben folgenden Wortlaut:

4 **§ 4 GOÄ Gebühren.** (1) (nicht abgedruckt)

(2) [1]Der Arzt kann Gebühren nur für selbständige ärztliche Leistungen berechnen, die er selbst erbracht hat oder die unter seiner Aufsicht nach fachlicher Weisung erbracht wurden (eigene Leistungen)…

(2a) [1]Für eine Leistung, die Bestandteil oder eine besondere Ausführung einer anderen Leistung nach dem Gebührenverzeichnis ist, kann der Arzt eine Gebühr nicht berechnen, wenn er für die andere Leistung eine Gebühr berechnet …

(3) [1]Mit den Gebühren sind die Praxiskosten einschließlich der Kosten für den Sprechstundenbedarf sowie die Kosten für die Anwendung von Instrumenten und Apparaten abgegolten, soweit nicht in dieser Verordnung etwas anderes bestimmt ist. [2]Hat der Arzt ärztliche Leistungen unter Inanspruchnahme Dritter, die nach dieser Verordnung selbst nicht liquidationsberechtigt sind, erbracht, so sind die hierdurch entstandenen Kosten ebenfalls mit der Gebühr abgegolten.

(4) [1]Kosten, die nach Absatz 3 mit den Gebühren abgegolten sind, dürfen nicht gesondert berechnet werden …

(5) *(nicht abgedruckt)*

§ 10 GOÄ Ersatz von Auslagen. (1) [1]Neben den für die einzelnen ärztlichen Leistungen vorgesehenen Gebühren können als Auslagen nur berechnet werden 5

1. die Kosten für diejenigen Arzneimittel, Verbandmittel und sonstigen Materialien, die der Patient zur weiteren Verwendung behält oder die mit einer einmaligen Anwendung verbraucht sind, soweit in Abs. 2 nichts anderes bestimmt ist,
2. Versand- und Portokosten, soweit deren Berechnung nach Abs. 3 nicht ausgeschlossen ist,
3. die im Zusammenhang mit Leistungen nach Abschnitt O bei der Anwendung radioaktiver Stoffe durch deren Verbrauch entstandenen Kosten sowie
4. die nach den Vorschriften des Gebührenverzeichnisses als gesondert berechnungsfähig ausgewiesenen Kosten.

[2]Die Berechnung von Pauschalen ist nicht zulässig.

(2) Nicht berechnet werden können die Kosten für

1. Kleinmaterialien wie Zellstoff, Mulltupfer, Schnellverbandmaterial, Verbandspray, Gewebeklebstoff auf Histoacrylbasis, Mullkompressen, Holzspatel, Holzstäbchen, Wattestäbchen, Gummifingerlinge,
2. Reagenzien und Narkosemittel zur Oberflächenanästhesie,
3. Desinfektions- und Reinigungsmittel,
4. Augen-, Ohren-, Nasentropfen, Puder, Salben und geringwertige Arzneimittel zur sofortigen Anwendung sowie für
5. folgende Einmalartikel: Einmalspritzen, Einmalkanülen, Einmalhandschuhe, Einmalharnblasenkatheter, Einmalskalpelle, Einmalproktoskope, Einmaldarmrohre, Einmalspekula.

(3) [1]Versand- und Portokosten können nur von dem Arzt berechnet werden, dem die gesamten Kosten für Versandmaterial, Versandgefäße sowie für den Versand oder Transport entstanden sind. [2]Kosten für Versandmaterial, für den Versand des Untersuchungsmaterials und die Übermittlung des Untersuchungsergebnisses innerhalb einer Laborgemeinschaft oder innerhalb eines Krankenhausgeländes sind nicht berechnungsfähig; dies gilt auch, wenn Material oder ein Teil davon unter Nutzung der Transportmittel oder des Versandweges oder der Versandgefäße einer Laborgemeinschaft zur Untersuchung einem zur Erbringung von Leistungen beauftragten Arzt zugeleitet wird. [3]Werden aus demselben Körpermaterial sowohl in einer Laborgemeinschaft als auch von einem Laborarzt Leistungen aus Abschnitt M oder N ausgeführt, so kann der Laborarzt bei Benutzung desselben Transportweges Versandkosten nicht berechnen; dies gilt auch dann, wenn ein Arzt eines anderen Gebiets Auftragsleistungen aus Abschnitt M oder N erbringt. [4]Für die Versendung der Arztrechnung dürfen Versand- und Portokosten nicht berechnet werden.

IV. Auslagenersatz bei Abs. 2

Nach Abs. 2 Satz 2 Hs. 2 gehen die Aufwendungsregeln von § 4 Abs. 2 Satz 1, 6
Abs. 2a Satz 1, Abs. 3 und 4 Satz 1 und § 10 GOÄ den allgemeinen Aufwendungsregelungen der §§ 7 und 12 vor. Danach scheidet wegen § 4 Abs. 4 Satz 1 GOÄ ein Ersatz von Aufwendungen für **Hilfskräfte** vollständig aus. Versand- und Portokosten sind allein im Umfang des § 10 Abs. 1 und 3 zu erstatten, verbrauchte **Stoffe, Fotos und Schreibpauschale** nach § 12 Abs. 1 Nr. 1 bis 3 sowie **Ablichtungen und Ausdrucke** nach § 7 Abs. 2 nur insoweit, als sie nach der Anlage O zur GOÄ nicht mit den Gebühren abgegolten sind oder nach § 10 Abs. 2 GOÄ nicht unberechnet zu bleiben haben. Der Anspruch auf Erstattung der anfallenden **Umsatzsteuer** nach § 12 Abs. 1 Nr. 4 besteht nur bei einem Sachverständigen, nicht jedoch bei einem sachverständigen Zeugen, auch wenn er Leistungen nach § 10 Abs. 2 er-

bringt; → Rn. 2. Ein für die Auftragserledigung notwendiger **Aufwand nach §§ 5 und 6** ist sowohl einem Sachverständigen als auch einem sachverständigen Zeugen zu erstatten. Zum Auslagenersatz bei Abs. 1 → Rn. 2.

V. Honorar für zusätzliche Zeit (Abs. 3)

7 Die Vorschrift gilt nicht nur für Sachverständige, sondern auch für sachverständige Zeugen, soweit sie eine Leistung nach § 10 erbringen. Sie betrifft nur die Zeit, die für die Erbringung der **Leistung nach Abs. 1 und 2** zusätzlich erforderlich ist, zB Zeitaufwand für Dopplersonographie im Rahmen von Untersuchung und Anamnese (LSG NRW 19.11.2012 – L 15 SO 275/12 B, BeckRS 2012, 76264) oder kardiografische Untersuchungen (LSG Bln-Bbg 12.4.2016 – L 2 SF 259/15 F, BeckRS 2016, 69443). Diese Zeit wird nur nach Honorargruppe 1 der Anlage 1 = **65 Euro** honoriert oder entschädigt. Dies gilt auch bei einer Tätigkeit zu außergewöhnlicher Zeit oder unter außergewöhnlichen Umständen, für die der frühere § 5 Abs. 3 ZSEG eine Erhöhung vorsah (BT-Drs. 15/1971, 183). Zu berücksichtigen sind vor allem notwendige **Reise- und Wartezeiten.** Von der gesamten aufgewendeten Zeit ist der Zeitraum abzuziehen, der auf die Leistung nach Abs. 1 oder 2 entfällt (*MHBOJ* Rn. 7). Wird der Erbringer einer Leistung nach Abs. 1 oder 2 außerhalb der Erbringung dieser Leistung herangezogen, zB später zur Erläuterung in die **mündliche Verhandlung** geladen, erhält er keine Vergütung oder Entschädigung nach dieser Vorschrift, sondern als Sachverständiger ein Honorar im Bereich der Honorargruppen M 1 bis M 3 der Anlage 1, als sachverständiger Zeuge aber lediglich die Entschädigung nach §§ 19 bis 22, die nach § 22 höchstens 21 Euro je Stunde beträgt (*MHBOJ* Rn. 7). Der frühere Streit, ob im Rahmen dieser Vorschrift für Leistungen eines sachverständigen Zeugen bei der **Rundung** der Leistungszeit § 19 Abs. 2 Satz 2 gilt oder in entsprechender Anwendung § 8 Abs. 2 Satz 2, hat sich dadurch erledigt, dass durch das 2. KostRMoG in beiden Fällen die gleiche Rundungszeit auf die **nächste halbe Stunde** gilt.

Anlage 2
(zu § 10 Abs. 1)

Abschnitt 1. Leichenschau und Obduktion

Vorbemerkung 1:
(1) Das Honorar in den Fällen der Nummern 100, 102 bis 106 umfasst den zur Niederschrift gegebenen Bericht; in den Fällen der Nummern 102 bis 106 umfasst das Honorar auch das vorläufige Gutachten. Das Honorar nach den Nummern 102 bis 106 erhält jeder Obduzent gesondert.
(2) Aufwendungen für die Nutzung fremder Kühlzellen, Sektionssäle und sonstiger Einrichtungen werden bis zu einem Betrag von 300 € gesondert erstattet, wenn die Nutzung wegen der großen Entfernung zwischen dem Fundort der Leiche und dem rechtsmedizinischen Institut geboten ist.

Nr.	Bezeichnung der Leistung	Honorar
100	Besichtigung einer Leiche, von Teilen einer Leiche, eines Embryos oder eines Fetus oder Mitwirkung bei einer richterlichen Leichenschau	60,00 €

Nr.	Bezeichnung der Leistung	Honorar
	für mehrere Leistungen bei derselben Gelegenheit jedoch höchstens	**140,00 €**
101	**Fertigung eines Berichts, der schriftlich zu erstatten oder nachträglich zur Niederschrift zu geben ist**	**30,00 €**
	für mehrere Leistungen bei derselben Gelegenheit jedoch höchstens	**100,00 €**
102	**Obduktion**	**380,00 €**
103	**Obduktion unter besonders ungünstigen äußeren Bedingungen:**	
	Das Honorar 102 beträgt	**500,00 €**
104	**Obduktion unter anderen besonders ungünstigen Bedingungen (Zustand der Leiche etc.):**	
	Das Honorar 102 beträgt	**670,00 €**
105	**Sektion von Teilen einer Leiche oder Öffnung eines Embryos oder nicht lebensfähigen Fetus**	**100,00 €**
106	**Sektion oder Öffnung unter besonders ungünstigen Bedingungen:**	
	Das Honorar 105 beträgt	**140,00 €**

Abschnitt 2. Befund

200	**Ausstellung eines Befundscheins oder Erteilung einer schriftlichen Auskunft ohne nähere gutachtliche Äußerung**	**21,00 €**
201	**Die Leistung der in Nummer 200 genannten Art ist außergewöhnlich umfangreich:**	
	Das Honorar 200 beträgt	**bis zu 44,00 €**
202	**Zeugnis über einen ärztlichen Befund mit von der heranziehenden Stelle geforderter kurzer gutachtlicher Äußerung oder Formbogengutachten, wenn sich die Fragen auf Vorgeschichte, Angaben und Befund beschränken und nur ein kurzes Gutachten erfordern**	**38,00 €**
203	**Die Leistung der in Nummer 202 genannten Art ist außergewöhnlich umfangreich:**	
	Das Honorar 202 beträgt	**bis zu 75,00 €**

Abschnitt 3. Untersuchungen, Blutentnahme

Nr.	Bezeichnung der Leistung	Honorar
300	Untersuchung eines Lebensmittels, Bedarfsgegenstands, Arzneimittels, von Luft, Gasen, Böden, Klärschlämmen, Wässern oder Abwässern und dgl. und eine kurze schriftliche gutachtliche Äußerung: Das Honorar beträgt für jede Einzelbestimmung je Probe	5,00 bis 60,00 €
301	Die Leistung der in Nummer 300 genannten Art ist außergewöhnlich umfangreich oder schwierig: Das Honorar 300 beträgt	bis zu 1 000,00 €
302	Mikroskopische, physikalische, chemische, toxikologische, bakteriologische, serologische Untersuchung, wenn das Untersuchungsmaterial von Menschen oder Tieren stammt: Das Honorar beträgt je Organ oder Körperflüssigkeit . . . . Das Honorar umfasst das verbrauchte Material, soweit es sich um geringwertige Stoffe handelt, und eine kurze gutachtliche Äußerung.	5,00 bis 60,00 €
303	Die Leistung der in Nummer 302 genannten Art ist außergewöhnlich umfangreich oder schwierig: Das Honorar 302 beträgt.	bis zu 1 000,00 €
304	Herstellung einer DNA-Probe und ihre Überprüfung auf Geeignetheit (z. B. Hochmolekularität, humane Herkunft, Ausmaß der Degradation, Kontrolle des Verdaus) . . . . Das Honorar umfasst das verbrauchte Material, soweit es sich um geringwertige Stoffe handelt, und eine kurze gutachtliche Äußerung.	bis zu 205,00 €
305	Elektrophysiologische Untersuchung eines Menschen . . . . Das Honorar umfasst eine kurze gutachtliche Äußerung und den mit der Untersuchung verbundenen Aufwand.	15,00 bis 135,00 €
306	Raster-elektronische Untersuchung eines Menschen oder einer Leiche, auch mit Analysenzusatz . . . . Das Honorar umfasst eine kurze gutachtliche Äußerung und den mit der Untersuchung verbundenen Aufwand.	15,00 bis 355,00 €

307	**Blutentnahme** . . . . Das Honorar umfasst eine Niederschrift über die Feststellung der Identität.	9,00 €

Abschnitt 4. Abstammungsgutachten

Vorbemerkung 4:

(1) Das Honorar umfasst die gesamte Tätigkeit des Sachverständigen einschließlich aller Aufwendungen mit Ausnahme der Umsatzsteuer und mit Ausnahme der Auslagen für Probenentnahmen durch vom Sachverständigen beauftragte Personen, soweit nichts anderes bestimmt ist. Das Honorar umfasst ferner den Aufwand für die Anfertigung des schriftlichen Gutachtens und von drei Überstücken.
(2) Das Honorar für Leistungen der in Abschnitt M III 13 des Gebührenverzeichnisses für ärztliche Leistungen (Anlage zur GOÄ) bezeichneten Art bemisst sich in entsprechender Anwendung dieses Gebührenverzeichnisses nach dem 1,15fachen Gebührensatz. § 4 Abs. 2 Satz 1, Abs. 2a Satz 1, Abs. 3 und 4 Satz 1 und § 10 GOÄ gelten entsprechend.

Nr.	Bezeichnung der Leistung	Honorar
400	**Erstellung des Gutachtens** . . . . Das Honorar umfasst 1. die administrative Abwicklung, insbesondere die Organisation der Probenentnahmen, und 2. das schriftliche Gutachten, erforderlichenfalls mit biostatistischer Auswertung.	140,00 €
401	**Biostatistische Auswertung, wenn der mögliche Vater für die Untersuchungen nicht zur Verfügung steht und andere mit ihm verwandte Personen an seiner Stelle in die Begutachtung einbezogen werden (Defizienzfall):**	
	je Person . . . . Beauftragt der Sachverständige eine andere Person mit der biostatistischen Auswertung in einem Defizienzfall, werden ihm abweichend von Vorbemerkung 4 Absatz 1 Satz 1 die hierfür anfallenden Auslagen ersetzt.	25,00 €
402	**Entnahme einer genetischen Probe einschließlich der Niederschrift sowie der qualifizierten Aufklärung nach dem GenDG:**	
	je Person	25,00 €
	Untersuchung mittels **1. Short Tandem Repeat Systemen (STR) oder** **2. diallelischer Polymorphismen:** **– Single Nucleotide Polymorphisms (SNP) oder** **– Deletions-/Insertionspolymorphismen (DIP)**	
403	**– bis zu 20 Systeme:** **je Person**	120,00 €

Nr.	Bezeichnung der Leistung	Honorar
404	**– 21 bis 30 Systeme: je Person**	**170,00 €**
405	**– mehr als 30 Systeme: je Person**	**220,00 €**
406	**Mindestens zwei Testkits werden eingesetzt, die Untersuchungen erfolgen aus voneinander unabhängigen DNA-Präparationen und die eingesetzten parallelen Analysemethoden sind im Gutachten ausdrücklich dargelegt:** **Die Honorare nach den Nummern 403 bis 405 erhöhen sich um jeweils**	**80,00 €**
407	**Herstellung einer DNA-Probe aus anderem Untersuchungsmaterial als Blut oder Mundschleimhautabstrichen einschließlich Durchführung des Tests auf Eignung:** **je Person**	**bis zu 120,00 €**

Übersicht

I. Allgemeines

1. Honorarbemessung innerhalb der Vergütungsrahmen der Nr. 201, 203 und 300 bis 306

In diesen Fällen ist die Vergütung im Einzelfall unter Anwendung möglichst objektiver Maßstäbe zu bemessen, die einerseits die Gewährung gleicher Vergütung für gleiche Leistungen sicherstellt, andererseits die Höhe der Entschädigung in der gebotenen Weise durchsichtig, vorhersehbar und nachvollziehbar erscheinen lässt; als **Leitlinie für die Ausfüllung** der Rahmensätze bieten sich dabei in erster Linie die Gebührentatbestände der GOÄ an (OLG Karlsruhe Justiz 1993, 242; OLG Karlsruhe Justiz 1991, 206; LSG Niedersachsen NJW 1978, 606; aA SG Schleswig NJW 1979, 1952 Ls.), ohne dass diese aber schematisch zu übernehmen wären (LSG Bln-Bbg 14.2.2017 – L 2 SF 370/15 E, BeckRS 2017, 105979; OLG Karlsruhe Justiz 1996, 415 und 1991, 206); dabei ist im Gegensatz zur Geltungszeit des früheren § 5 Abs. 2 ZSEG, als der einfache Gebührensatz berücksichtigt wurde, nunmehr wegen § 10 Abs. 2 der 1,3-fache Gebührensatz der GOÄ zu Grunde zu legen. 1

2. Eingruppierung der Leistung nach dem Umfang des Auftrags

Die Honorierung der Leistungen von Sachverständigen, Dolmetschern und Übersetzern ist allgemein begrenzt durch den Rahmen des erteilten Auftrags, so dass **darüber hinausgehende Leistungen** grundsätzlich nicht zu vergüten sind; → § 8 Rn. 7. Dies gilt auch für die Eingruppierung einer Leistung in die Anlage 2, insbesondere bezüglich der Nummern 200 bis 203. Dabei kommt es nicht darauf an, wie der konkrete Empfänger den Auftrag verstanden hat, sondern darauf, wie ihn **verständige Empfänger** unter Würdigung aller ihnen bekannten Umstände aufzufassen pflegen (ThürLSG 4.1.2010 – L 6 SF 53/09, BeckRS 2012, 66836; BSG 4.7.1989 – 9 RVs 5/88). Äußert sich ein Arzt, der Befundberichte ohne gutachtliche Äußerung abgeben soll, darüber hinaus zur Frage einer wesentlichen Veränderung der gesundheitlichen Verhältnisse, ist er nach Nr. 200, 201 als sachverständiger Zeuge zu entschädigen, nicht nach Nr. 202, 203 als Sachverständiger zu vergüten (BSG 4.7.1989 – 9 RVs 5/88). Bei **Erstattung eines ausführlichen Gutachtens** ohne ausdrücklichen Auftrag in den Fällen der Nr. 202, 304 und 305, in denen eine kurze gutachtliche Äußerung mit dem Honorar abgegolten ist, besteht lediglich Anspruch auf das Honorar der jeweiligen Nr. (BayLSG 1.6.2010 – L 15 SF 121/10, BeckRS 2010, 73075). Auch ein Sachverständiger, der über den Auftrag einer Teilobduktion hinausgeht, weil er die Auftragsbeschränkung angeblich wissenschaftlich nicht verantworten kann, erhält lediglich das Honorar nach Nr. 105 (Schleswig-Holsteinisches OLG JB 1985, 1374 = KRspr. § 16 ZSEG Nr. 83 Ls. m. abl. Anm. *Lappe*). Verwertet die heranziehende Stelle jedoch die ohne Auftrag erbrachten Leistungen des Sachverständigen, sind sie wie eine in Auftrag gegebene Leistung zu vergüten, → § 8 Rn. 5, → § 1 Rn. 5. 2

3. Abgeltung verbrauchter geringwertiger Stoffe mit dem Honorar

3 Nach Nr. 304 und 305 umfasst das Honorar bei diesen Nummern auch das verbrauchte Material, soweit es sich um geringwertige Stoffe handelt. Über § 10 Abs. 2 GOÄ hinaus ist dies Material, dessen Wert **ein Viertel des Honorarsatzes,** bei Abschnitt 4 des Satzes für das jeweilige Merkmal, nicht überschreitet (OLG Karlsruhe Justiz 1990, 21; OLG Stuttgart Justiz 1988, 395).

II. Leichenschau und Obduktion (Abschnitt 1)

1. Zu Abs. 2 der Vorbemerkung (Aufwendungsersatz)

4 Aufgrund der Schließung einzelner Rechtsmedizinischer Institute werden wegen der größeren Entfernungen zwischen Fundort der Leiche und Standort des Rechtsmedizinischen Instituts die Obduktionen teilweise unter Nutzung fremder Einrichtungen in fundortnahen Kliniken (Benutzung von Kühlzellen, Benutzung und Reinigung des Sektionssaals und anderer Einrichtungen) durchgeführt. Ansonsten müssten von der Polizei begleitete Leichentransporte über weite Entfernungen erfolgen. Die Rechtsprechung ging bislang teilweise davon aus, dass es sich um Gemeinkosten der Obduktion handelt, die nicht gesondert zu vergüten seien. In Wirklichkeit werden jedoch fremde Kosten des anderen Klinikums beglichen. Für die Inanspruchnahme solcher Fremdeinrichtungen wurde durch das 2. KostRMoG ein entsprechender Gebührentatbestand eingeführt, nach dem solche Fremdkosten zusätzlich zu den Kosten in den Nrn. 102–104 KV erstattet werden. Diese Fremdkosten sind entsprechend der in der Rechtsprechung anerkannten Sätze pauschaliert (BT-Drs. 17/11471, 328 mwN). Die Aufwendungen sind bis zur Höhe des Höchstbetrags zu erstatten, wenn sie im Voraus erkennbar niedriger als die Kosten eines Transports der Leiche zu der Einrichtung des Obduzenten sind. Die Kosten für die Benutzung eigener Kühlzellen usw. sind weiter keine gesondert zu vergütenden Gemeinkosten (LG Düsseldorf 25. 1. 2018 – 1 AR 2/18, BeckRS 2018, 1392).

2. Leichenschau usw. (Nr. 100 und 101)

5 Das Diktat des Berichts im Termin oder im unmittelbaren Anschluss daran ist mit dem Honorar nach Nr. 100 abgegolten. Das **Zusatzhonorar nach Nr. 101** fällt an, wenn der Sachverständige seinen Bericht schriftlich abzuliefern hat oder wenn er ihn nachträglich diktieren muss, weil das Diktat im zeitlichen Zusammenhang der Leichenschau usw. nicht möglich war (*MHBOJ* Rn. 4). Die Ansicht, das Honorar nach Nr. 100 umfasse stets einen schriftlichen Bericht (*Hartmann* Rn. 11), findet im Wortlaut der Vorschrift keine Stütze, wenngleich dieser Ansicht zuzugeben ist, dass ein zur Niederschrift (durch wen?) gegebener Bericht kaum mehr den heutigen Gepflogenheiten entspricht, zumal das mit den Nr. 102–106 abgegoltene vorläufige Gutachten schriftlich zu erstatten ist. **Mehrere Leistungen** bei derselben Gelegenheit sind auf 140 Euro gedeckelt. Dies ist der Fall, wenn mehr als zwei Leistungen nach Nr. 100 im zeitlichen Zusammenhang zu erbringen sind, wobei die gleichzeitige Besichtigung mehrerer Teile der gleichen Leiche usw. nur eine Leistung darstellt (*MHBOJ* Rn. 5). Die **Zuordnung von Leichenteilen** zu einem ehemaligen Gesamtkörper ist in Abschnitt 1 nicht geregelt; sie ist nach § 9 zu vergüten.

3. Obduktion, Sektion usw. (Nr. 102–106)

Diese Honorare stehen jedem der beiden nach § 87 Abs. 2 StPO heranzuziehenden Ärzte jeweils in voller Höhe zu. Für das im Honorar enthaltene vorläufige Gutachten erhält der erstattende Obduzent keinen Zuschlag, der nicht erstattende Obduzent keinen Abschlag. Die **Vergütung nach Nr. 103** fällt bei einer besonders zeitraubenden oder schwierigen Obduktion oder bei unzureichenden räumlichen Verhältnissen an. Die besonders ungünstigen Bedingungen müssen aber gegenüber einer durchschnittlich schwierigen Obduktion **merklich ins Gewicht** fallen (*MHBOJ* Rn. 10). Durch einen im Zustand der Leiche begründeten erhöhten Präparationsaufwand fällt das Honorar nach Nr. 103 nicht an (OLG Dresden 1.12.2016 – 1 Ws 138/16, JB 2017, 88 = BeckRS 2016,110678; aA OLG Dresden 7.7.2016 – 2 Ws 168/16, JB 2017, 201 = BeckRS 2016, 115582), auch nicht wegen einer Tätigkeit an einem Sonntag oder einem gesetzlichen Feiertag (OLG Düsseldorf KRspr. § 5 ZSEG Nr. 41 Ls. mAnm *Lappe*). Die **Voraussetzungen der Nr. 104** liegen zB bei einer Wasser- oder Brandleiche, einer exhumierten oder sonst erheblich in der Verwesung begriffenen Leiche vor (OLG Düsseldorf JB 1988, 1399; OLG Hamm KRspr. § 5 ZSEG Nr. 45). Mit dem Honorar nach Nr. 104 ist auch die Teilnahme eines Obduzenten an der **Exhumierung** abgegolten (*Hartmann* Rn. 12; *MHBOJ* Rn. 12). 6

4. Aufwendungen für Sektionsgehilfen

Diese sind, soweit sie erforderlich waren, nach § 12 Abs. 1 Nr. 1 zu erstatten. Dabei entspricht die Vergütung bis zur Höhe der Hälfte des einem Obduzenten zustehenden Honorars allgemeiner Billigkeit (OLG Hamm Rpfleger 1989, 525). Hat ein nebenamtlich tätiger Obduzent seinem Dienstherrn ein Nutzungsentgelt für die Inanspruchnahme von Einrichtungen und Personal zu erstatten, so ist der auf einen Sektionsgehilfen entfallende Anteil ebenfalls zu erstatten, → § 12 Rn. 9. Gehört die Mitwirkung an Obduktionen zu den hauptberuflichen Dienstaufgaben eines Sektionsgehilfen und erhält er vom Obduzenten gleichwohl eine zusätzliche Entschädigung, kann diese nicht erstattet werden, da sie nicht notwendig ist (*MHBOJ* Rn. 26.13). 7

5. Weitere Vergütungen und Auslagenerstattungen

Für notwendige Reise- und Wartezeiten erhält der Sachverständige das Honorar nach § 10 Abs. 3, für notwendig werdende mikroskopische oder chemische Untersuchungen das nach Abschnitt 3. Erstattet werden ferner Aufwendungen für Fotos nach § 12 Abs. 1 Nr. 2, auch solche, die im vorläufigen Gutachten nicht verwendet werden, Schreib- und Kopierauslagen nach § 12 Abs. 1 Nr. 3 und § 7 Abs. 2 nur für einen nach Nr. 101 schriftlich zu erstattenden Bericht, jedoch nicht für das mit den Nummern 102 bis 106 abgegoltenen vorläufige Gutachten und auch nicht für den Zeitaufwand für die Fertigung einer Fotomappe (*MHBOJ* Rn. 6). Schließlich kommt Ersatz von verbrauchten, auch geringwertigen Stoffen und von Porto- und Telekommunikationsentgelten nach § 12 Abs. 1 Nr. 1, von Reisekosten nach § 5 und von Aufwand nach § 6 in Betracht. 8

III. Befund (Abschnitt 2)

9 Ein nach diesem Abschnitt zu vergütender **Befundbericht** setzt voraus, dass medizinische Tatbestände und Angaben für ein konkretes Verfahren aus den Behandlungsunterlagen ausgewählt und fachlich zweckgebunden (etwa in Bezug auf das Leistungsvermögen eines Beteiligten) bewertet werden; die bloße Aufstellung von Behandlungsdaten und Diagnosen genügt dem nicht (SG Fulda 21.11.2012 – S 4 SF 52/10 E, BeckRS 2013, 65699; HessLSG 13.7.2005 – L 2 SF 6/05 R, BeckRS 2005, 18199). Werden lediglich **Fragen zur Praxisorganisation** ohne medizinische Schlussfolgerungen beantwortet, besteht nur ein Entschädigungsanspruch als Zeuge nach den §§ 19ff. (ThürLSG 16.3.2015 – L 6 JVEG 140/15, BeckRS 2015, 67396). Die Verrichtung nach Nr. 200 und 201 ist die Leistung eines sachverständigen Zeugen, die nach Nr. 202 und 203 die eines Sachverständigen (BSG 4.7.1989 – 9 RVs 5/88; BayLSG 3.8.2016 – L 15 RF 19/16, BeckRS 2016, 71517; übersehen von SG Karlsruhe 21.4.2016 – S 1 KO 1296/16, BeckRS 2016, 68483). Deshalb können bei den Nr. 200 und 201 nur **sonstige Aufwendungen** nach § 7, nicht jedoch besondere Aufwendungen nach § 12 wie Schreibauslagen und Umsatzsteuer zusätzlich entschädigt werden (BayLSG 22.6.2012 – L 15 SF 136/11, NZS 2012, 880 (Ls.) = BeckRS 2012, 70787; SG Karlsruhe 11.6.2012 – S 1 KO 4138/12, NZS 2013, 320 (Ls.) = BeckRS 2012, 75703; BSG 2.10.2008 – B 9 SB 7/07 R, NZS 2009, 644 (Ls.) = BeckRS 2008, 58286; LSG NRW 24.6.1998 – L 10 SB 18/98, BeckRS 2009, 62533). Mit einer Entschädigung oder Vergütung nach Abschnitt 2 ist auch eine notwendige **Untersuchung** des Patienten sowie die Erstellung des Befundscheins, im Falle der Nr. 202 auch des kurzen Gutachtens usw., abgegolten (*MHBOJ* Rn. 18); bei einer besonders umfangreichen Untersuchung sind aber die Voraussetzungen einer Entschädigung nach Nr. 201 bzw. einer Vergütung nach Nr. 203 gegeben. Ob eine Leistung nach Nr. 200f., 202f. oder ein ärztliche Gutachten nach § 9 zu entschädigen bzw. zu vergüten ist, ist davon abhängig, wie ein **verständiger Empfänger** das gerichtliche Anforderungsschreiben unter Würdigung aller ihm bekannten Umstände aufzufassen pflegt (LG Darmstadt 21.9.2016 – 5 T 634/15, FamRZ 2017, 1344 = BeckRS 2016, 119026; OLG Sachsen-Anhalt 12.2.2015 – 2 Wx 9/15, BeckRS 2015, 10357; LG Kassel 5.6.2012 – 3 T 194/12, BeckRS 2012, 13505; vgl. auch BSG 4.7.1989 – 9 RVs 5/88). Ein **ärztliches Zeugnis nach §§ 321 Abs. 2, 281 FamFG** fällt idR nicht unter die Nrn. 200ff., sondern ist nach § 9 zu vergüten (LG Darmstadt 21.9.2016 – 5 T 634/15, FamRZ 2017,1344 = BeckRS 2016, 119026; OLG Sachsen-Anhalt 12.2.2015 – 2 Wx 9/15, BeckRS 2015,10357).

10 **Außergewöhnlicher Umfang der Leistung iSd Nr. 201 und 203:** Diese Leistung muss im Umfang und Ausmaß über den sonst mit der Erstellung eines ärztlichen Befundes und der Abgabe einer kurzen gutachterlichen Äußerung üblicherweise verbundenen Aufwand deutlich hinausgehen; er umfasst regelmäßig eine ins Einzelne gehende Darlegung der Krankheitsgeschichte mit detaillierter Angabe zu den erhobenen Befunden und die inhaltliche Zusammenstellung der dem Arzt vorliegenden Untersuchungsberichte; er muss ferner von der gerichtlichen Anforderung gedeckt sein (ThürLSG in stRspr, zuletzt 16.1.2018 – L 1 JVEG 1593/15, BeckRS 2018, 1186; SG Karlsruhe 16.11.2012 – S 1 KO 4138/12, NZS 2013, 320 (Ls.) = BeckRS 2012, 75703; SG Braunschweig 7.1.2011 – S 36 R 287/09,

BeckRS 2011, 68362; Schleswig-Holsteinisches LSG 10.12.2008 – L 1 SK 14/08, BeckRS 2009, 50171; ThürLSG 27.2.2008 – L 6 B 134/07 SF, BeckRS 2008, 54568. **Beispiele:** Zusammenfassung der wesentlichen Gesichtspunkte aus einem fast zwanzigjährigen Behandlungszeitraum (ThürLSG 27.2.2008 – L 6 B 134/07 SF, BeckRS 2008, 54568): 33 Euro;, Auswertung von Unterlagen anderer Ärzte (SG Gelsenkirchen 25.10.2007 – S 10 AR 49/07, BeckRS 2007, 48870; SG Aachen 22.1.2007 – S 11 R 7/06, BeckRS 2007, 41478, mwN): 30 Euro; umfangreicher Fragenkatalog mit detaillierten Fragen zu einer beabsichtigten Therapie und zu einem MDK- Gutachten (SG Dresden 4.5.2011 – S 18 KR 32/10, BeckRS 2012, 74577): Höchstsatz 75 Euro). Teilweise wird vertreten (BayLSG in stRspr, zuletzt 3.8.2016 – L 15 RF 19/16, BeckRS 2016, 71517), dass ein Befundbericht regelmäßig erst bei einem Umfang von mindestens sechs Standardseiten außergewöhnlich umfangreich sein soll, teilweise wird auf das Ausmaß der aus dem Berichtsinhalt zu schließenden Arbeit abgestellt (SG Karlsruhe 21.4.2016 – S 1 KO 1296/16, BeckRS 2016, 68483; ThürLSG 27.2.2008 – L 6 B 137/07 SF, BeckRS 2008, 56568; LSG NRW 28.2.2001 – L 10 SB 50/00, BeckRS 9999, 05029). Eine **unterschiedliche Honorierung** von Befundberichten im ambulanten und stationären Bereich ist nicht vorgesehen (BayLSG 4.6.2010 – L 15 SF 132/10, BeckRS 2010, 73076).

Stellt ein um eine Leistung nach Abschnitt 2 angegangener Arzt fest, dass die be- **11**
troffene Person nicht zu seinen Patienten gehört oder im nachgefragten Zeitraum nicht bei ihm in Behandlung war, erhält er für diese Prüfung und ein entsprechendes **Negativattest** keine Entschädigung (*MHBOJ* § 10 Rn. 21), da diese Tätigkeit mit der Vorprüfungspflicht eines Sachverständigen nach § 407a ZPO zu vergleichen ist. Gleiches gilt für die Mitteilung eines Arztes auf Anfrage des Gerichts nach wesentlichen Änderungen von Gesundheitsstörungen, der Patient habe sich nicht mehr gemeldet (Schleswig-Holsteinisches LSG NZS 2009, 591 (Ls.) = BeckRS 2009, 56380, das aber eine Entschädigung nach § 7 Abs. 1 Nr. gewährt hat.). Ein **unverwertbarer Befundbericht,** zB wegen unklarer Ausdrucksweise oder Unleserlichkeit, wird nicht honoriert (SG Gelsenkirchen 25.10.2007 – S 10 AR 49/07, BeckRS 2007, 48870), ebenso wenig ein Befundbericht außerhalb des erfragten Zeitraums; insoweit sollem dem Arzt aber Ansprüche nach § 20, für gefertigte Kopien nach § 7 Abs. 2 Satz 1 Nr. 1 und für Portoauslagen nach § 7 Abs. 1 Satz 1 zustehen (SG Karlsruhe 22.5.2015 – S 1 SF 1609/15 E; SG, BeckRS 2015, 68817). Eine **über den Auftrag** hinausgehende Tätigkeit bleibt bei der Eingruppierung der Leistung in die Nr. 200–203 außer Betracht, → Rn. 2. Aufwendungen für eine **Hilfskraft** bei der Erbringung einer Leistung nach Abschnitt 2 sind nicht zusätzlich zu entschädigen (aA *MHBOJ* Rn. 26), → § 10 Rn. 6. Zur Bestimmung der Entschädigung im **Rahmen** der Nr. 201 und der Vergütung im Rahmen der Nr. 203 → Rn. 1. Ein angefordertes **Gutachten,** das über den Rahmen der Nr. 203 hinausgeht, ist nach § 9 zu honorieren. Ein Arzt, der an Stelle eines Befundberichts lediglich einen nicht oder nur geringfügig bearbeiteten **Computerausdruck** oder eine bloße Aufstellung von Behandlungsdaten und Diagnosen übersendet, erhält kein Honorar nach Nr. 200, sondern nur die Ablichtungspauschale nach § 7 (SG Fulda 21.11.2012 – S 4 SF 52/10 E, BeckRS 2013, 65699; HessLSG 13.7.2005 – L 2 SF 6/05 R, BeckRS 2005, 18199; LSG NRW 24.6.1998 – L 10 SB 18/98, BeckRS 2009, 62533) sowie die Portokosten und die Mindestentschädigung für Zeugen nach § 20 als pauschalierten Aufwendungsersatz für den erforderlichen Arbeits- und Zeitaufwand in seiner Praxis (BSG NJW 2001, 2823; SG Karlsruhe 15.7.2016 – S 1 KO 2283/16. BeckRS 2016, 71759 und

22.5.2015 – S 1 SF 1609/15 E, BeckRS 2015, 68817; BayLSG 27.1.2007 – L 14 R 511/06, Ko, BeckRS 2009, 55652).

IV. Untersuchungen, Blutentnahme (Abschnitt 3)

1. Einstufung in die Vergütungsrahmen und konkrete Bemessung des Honorars

12 Die erhöhten Gebührenrahmen der Nr. 301 und 303 setzen eine zeitliche Inanspruchnahme des Sachverständigen und/oder einen Einsatz von Personal bzw. Geräten voraus, die als außergewöhnlich zu bewerten sind (OLG Karlsruhe Justiz 1996, 415). Dies ist der Fall bei Untersuchung von Leichenasservaten nicht nur auf ein Gift, sondern auf das gesamte Spektrum möglicherweise tödlicher Wirkstoffklassen (OLG Karlsruhe Justiz 1993, 242), nicht jedoch bei der Bestimmung lediglich von Alkohol in Blut oder Harn, auch wenn sie mehrere Untersuchungsgänge erfordert; für diese ist der Höchstsatz nach Nr. 302 zu vergüten (OLG Karlsruhe Justiz 1996, 415). Zur Bemessung des Honorars innerhalb der Vergütungsrahmen der Nr. 300–306 → Rn. 1.

2. Einzelfragen zu Nr. 300–306

13 Die Aufzählung der zu untersuchenden Gegenstände in **Nr. 300** ist nur beispielhaft; die Vorschrift erfasst praktisch alle Untersuchungen, die Menschen und Tiere nicht betreffen. Auch die Untersuchung von **Mineralölproben** zur Bestimmung von Dichte und Flammpunkt fällt unter die Honorierung nach dieser Vorschrift (OLG Hamm 2.8.1990 – 2 Ws 435/89, BeckRS 1990, 07968). Die Vergütung nach Nr. 300 fällt für jede Einzelbestimmung je Probe gesondert an. Dagegen wird die **Vergütung nach Nr. 302** je untersuchtem Organ oder untersuchter Körperflüssigkeit gewährt; die Zahl der Einzelbestimmungen hat aber Einfluss auf die Festsetzung der individuellen Vergütung innerhalb des Vergütungsrahmens oder die Einstufung der Leistung in Nr. 303 als außergewöhnlich umfangreich oder schwierig, → Rn. 1. Eine **elektrophysiologische Untersuchung nach Nr. 305** ist immer dann anzunehmen, wenn im Rahmen einer ärztlichen Untersuchung bestimmte elektrischer Potentiale technisch abgeleitet werden und dabei zum Beispiel auch elektromechanische Aktivitäten von Sinneszellen untersucht werden. Nutzen Untersuchungen dagegen ein willentlich gesteuertes Verhalten des Untersuchten wie Tonschwellenaudiogramm und Sprachaudiogramm, liegt keine elektrophysiologische Untersuchung vor (LSG Bln-Bbg 14.2.2017 – L 2 SF 370/15 E, BeckRS 2017, 105979). Ein **Honorar nach Nr. 300–306** setzt voraus, dass der Sachverständige die Untersuchungen selbst durchführt; für die vorbereitenden Tätigkeiten kann er sich aber qualifizierter Hilfskräfte bedienen, die seiner Weisung und Aufsicht unterstehen (LSG BW NJW 1967, 694). Lässt ein Sachverständiger zur Vorbereitung seines Gutachtens **Untersuchungen durch einen anderen Arzt** ausführen, sind ihm die notwendigen tatsächlichen Auslagen nach § 12 Abs. 1 Nr. 1 ohne Begrenzung durch die Sätze nach Abschnitt 3 zu ersetzen (LG Koblenz NJW 1968, 204 für Blutentnahmen).

3. Abgeltungsumfang der Nr. 300–306

Mit den Honoraren ist eine **Aktendurchsicht** abgegolten, → § 10 Rn. 1, auch eine kurze gutachtliche Äußerung einschließlich der Schreibauslagen. Diese muss, wenn auch in Kurzfassung und möglicherweise ohne eingehende Begründung, die vom Auftraggeber zur Begutachtung gestellte Frage beantworten und setzt damit auf Seiten des Sachverständigen eine vollständige gedankliche Verarbeitung des zur Begutachtung stehenden Stoffes, also auch eine Durchsicht und Einordnung der verschiedenen Einzelergebnisse voraus (OLG Düsseldorf Rpfleger 1980, 406). Die erforderliche Zeit für ein verlangtes ausführliches Gutachten ist darüber hinaus nach § 9 zu vergüten, → Rn. 1. Bei **Nr. 300 bis 304** ist der technische Aufwand für Assistenten und Laboranten sowie für die Nutzung von Laboreinrichtungen abgegolten, nicht jedoch der Aufwand für die selbstständige wissenschaftliche Leistung einer Hilfskraft außerhalb einer Tätigkeit nach Anlage 2, → § 10 Rn. 1. Bei einer Untersuchung nach **Nr. 300** sind alle verbrauchten Stoffe nach § 12 Abs. 1 Nr. 1 gesondert zu ersetzen. Bei **Nr. 302–304** richtet sich die Vergütung unabhängig von der Zahl der Untersuchungen – anders als nach der GOÄ – nach der Zahl der untersuchten Organe oder Körperflüssigkeiten (SG Aachen 19.10.2009 – S 9 U 112/06, BeckRS 2009, 73269). Geringwertige Stoffe sind mit dem Honorar abgegolten, wobei Geringwertigkeit vorliegt, wenn der Wert des verbrauchten Materials ein Viertel des Honorarsatzes nicht übersteigt, → Rn. 3. Bei **Nr. 305 und 306** umfasst das Honorar den gesamten mit der Untersuchung verbundenen Aufwand, auch den für Hilfskräfte und verbrauchtes Material. **14**

4. Blutentnahme (Nr. 307)

Eine Vergütung setzt voraus, dass der Sachverständige die Blutentnahme selbst vornimmt und dies bestätigt (LSG BW NJW 1967, 694). Lässt ein Sachverständiger jedoch zur Vorbereitung seines Gutachtens eine **Blutentnahme durch einen anderen Arzt** vornehmen, sind ihm die dadurch entstehenden notwendigen Kosten nach § 12 Abs. 1 Nr. 1 zu ersetzen, → Rn. 10. Das Honorar nach Nr. 307 umfasst die Feststellung der Identität auch durch Finger- oder Fußabdruck sowie eine Niederschrift über die Identitätsfeststellung und die Zuordnung der Blutprobe (LSG NRW 11.5.2017 – L 15 U 756/16 B, BeckRS 2017, 117111; ähnlich LG Berlin Rpfleger 1965, 156). Kosten für die Kanüle sind nach § 12 Abs. 1 Nr. 1 zu ersetzen. Wird nach einer Wartezeit eine **weitere Blutentnahme** durchgeführt, entsteht für diese der Honoraranspruch erneut. Eine Erhöhung des Honorars für Blutentnahmen, die zu ungewöhnlicher Zeit oder unter **ungewöhnlichen Umständen** durchgeführt werden müssen, sieht Nr. 307 anders als der frühere § 5 Abs. 3 Satz 2 ZSEG nicht mehr vor. Das Honorar deckt nur den für die Blutentnahme erforderlichen Zeitaufwand ab; erforderliche **Reise- und Wartezeiten** sind nach § 10 Abs. 3 zu vergüten. Bei einem Auftrag zur **ärztlichen Untersuchung** des Betroffenen anlässlich einer Blutentnahme ist die dafür erforderliche Zeit nach § 9 zu vergüten. **15**

V. Abstammungsgutachten (Abschn. 4)

1. Vorbemerkung

16 Dieser Abschnitt ist durch das 2. KostRMoG vollständig neu gefasst worden. Grundlage ist die **Konzentration allein auf DNA- Untersuchungen** (bisher Nr. 414 der Anlage 2). Da Untersuchungen nach den früheren Nummern 400 bis 413 praktisch nicht mehr durchgeführt werden, verweist Vorbemerkung 4 Abs. 2 wegen der wenigen verbleibenden Anwendungsfälle auf die GOÄ (BT-Drs. 17/11471, 263f.); auch →Rn. 19f. Da DNA-Untersuchungen fast ausschließlich in sogenannten Multiplex-Ansätzen durchgeführt, also typischerweise 12 bis 16 „Systeme" (Polymorphismen unabhängig vererbter Genorte) parallel nachgewiesen werden, pauschaliert die Neuregelung den Vergütungsanspruch für die DNA- Untersuchung und honoriert getrennt den Aufwand für die Erstellung des schriftlichen Gutachtens einschließlich der administrativen Abwicklung. Durch diese Trennung wird die Abrechnung auch transparenter (BT-Drs. 17/11471, 263).

2. Systematik

17 **Nr. 400** honoriert jedes Gutachten unabhängig von der Zahl der in die Untersuchung einbezogenen Personen mit 140,00 Euro. Das Honorar umfasst zum einen die administrative Abwicklung, insbesondere die Organisation der Probeentnahmen ggf. durch Dritte, aber auch die Versendung von Untersuchungsmaterial zB an Gesundheitsämter, uU mehrfache Ladung der Beteiligten und Information der beauftragenden Stelle über Verzögerungen und Besonderheiten (BT-Drs. 17/11471, 264). Auch das schriftliche Gutachten einschließlich des Aufwands für die Berechnung einer Vaterschaftswahrscheinlichkeit in Standardfällen (BT-Drs. 17/11471, 264) und dreier Überstücke, erforderlichenfalls mit biostatischer Auswertung, ist mit dem Honorar abgegolten. Die im Defizienzfall erforderliche biostatische Auswertung wird nach **Nr. 401** zusätzlich mit 25,00 Euro für jede in diese Auswertung einbezogene Person vergütet. Auch die weiteren **Nr. 402–407** gewähren das **Honorar für jede Person,** die in die jeweiligen Untersuchungen einbezogen ist. Das Honorar nach **Nr. 402** entsteht nur für **vom Sachverständigen selbst entnommene Proben;** zum Aufwendungsersatz bei Probeentnahmen durch Dritte →Rn. 18. In **Nr. 402** ist das beherrschende analytische Verfahren die Untersuchung von so genannten **STR (Short Tandem Repeat)** Systemen. Mit dieser Technik werden praktisch alle Abstammungsgutachten in Deutschland wie international erstellt. Weiter einbezogen sind schon **diallelische Polymorphismen** (SNPs und DIPs), da diese Analyseverfahren bereits ergänzend eingesetzt werden und zu erwarten ist, dass diese Methoden in die künftigen Richtlinien für die Erstattung von Abstammungsgutachten der Gendiagnostik-Kommission (GEKO) aufgenommen werden. Die **übrigen Verfahren,** wie die in den früheren Nummern 400 bis 413 genannten, spielen entweder kaum noch eine Rolle oder sind prospektiv als zusätzliche Untersuchungen denkbar (vgl. zu allem BT-Drs. 17/11471, 264); sie sind **nach der GOÄ zu vergüten,** →Rn. 19f.). **Nr. 403** (bis zu 20 Systeme je Person) ist bei Einsatz eines STR-Analysekits erfüllt, **Nr. 404** (21 bis 30 Systeme je Person) bei Einsatz von mindestens zwei STR-Analysekits – zusätzliche Methode zur Absicherung des Ergebnisses zB bei Auftreten von genetischen Besonderheiten, die eine ergänzende Abklärung der Befunde nach sich ziehen –

und **Nr. 405** (über 30 Systeme je Person) bei Einsatz von mindestens drei STR-Analysekits – zB in Fällen mit einem aufwändigen Stammbaum –. Entsprechendes gilt für den Einsatz von diallelischen Polymorphismen in einem entsprechenden Umfang (vgl. insgesamt BT-Drs. 17/11471, 264). Die **Vergütungserhöhungen nach Nr. 406** setzen voraus, dass die eingesetzten parallelen Analysemethoden im Gutachten ausdrücklich dargelegt sind. Während bei den Nr. 403–405 die **Aufbereitung von DNA** aus der Originalprobe für Standardmaterialien (Blut, Mundschleimhautabstrich) mit der Vergütung für die Analytik abgegolten ist, wird diese Aufbereitung **aus besonderen Materialien** (Gewebe, histologischen Präparaten, Knochen, Rückstellproben, forensischen Proben usw.) nach **Nr. 407 gesondert vergütet** (BT-Drs. 17/11471, 265).

3. Abgeltungsumfang

18 Nach Vorbemerkung 4 Abs. 1 umfasst das jeweilige Honorar die gesamte Tätigkeit des Sachverständigen einschließlich aller Aufwendungen mit Ausnahme derer, die ausdrücklich in der Vorschrift bezeichnet sind. Damit erfolgt **keine allgemeine zusätzliche Vergütung von Aufwendungen nach §§ 7 und 12,** es sei denn, das Gericht fordert mehr als drei Überstücke des Gutachtens an. **Zusätzlich zu vergüten** sind die **Umsatzsteuer** im Rahmen des § 12 Abs. 1 Nr. 4, die **Auslagen für Probeentnahmen** und die Auslagen eines vom Sachverständigen mit der **biostatischen Auswertung nach Nr. 401** beauftragten Dritten. In beiden Fällen werden die **tatsächlich entstandenen Auslagen ohne Kappungsgrenze** erstattet.

VI. Honorar für Leistungen der in Abschn. M III 13 der Anlage zur GOÄ bezeichneten Art

19 Durch die Vorbemerkung 4 Abs. 2 wird für **Untersuchungen, für die bis zum 2. KostRMoG Honorare in den Nummern 400 bis 413 der Anlage 2 bestimmt waren,** auf die GOÄ verwiesen, weil diese Untersuchungen praktisch nicht mehr durchgeführt werden und daher wegen der wenigen verbleibenden Anwendungsfälle nicht mehr in den Abschnitt über die Honorierung von Abstammungsgutachten aufgenommen wurden (BT-Drs. 17/11471, 264). Die Vergütung bemisst sich jeweils nach dem **1,15fachen Gebührensatz.** Wegen der Verweisung auf die GOÄ- Vorschriften ist die zu den früheren Nr. 400–413 ergangene Rspr. (s. § 10 Anl. 2 Rn. 13f. der 2. Aufl.) nicht mehr einschlägig. Bezüglich der Person des Leistungserbringers und des Abgeltungsumfangs verweist die Vorschrift auf § 4 Abs. 2 Satz 1, Abs. 2a Satz 1, Abs. 3 und 4 Satz 1 sowie auf § 10 GOÄ. Der **Wortlaut dieser Normen** findet sich bei → § 10 Rn. 4f.

20 **Abschnitt M III 13 der Anlage zur GOÄ** lautet:
13. Blutgruppenmerkmale, HLA-System

Nummer	Leistung	Punktzahl	Gebühr in DM – einfach –	Gebühr in Euro – einfach –	Gebühr in Euro – 2,3-fach – – *1,8-fach – – **1,15-fach –
3980	AB0-Merkmale	100	11,40	5,83	***6,70*
3981	AB0-Merkmale und Isoagglutinine	180	20,52	10,49	***12,07*
3980	AB0-Merkmale, Isoagglutinine und Rhesusfaktor D (D und CDE)	300	34,20	17,49	***20,11*
3983	AB0-Merkmale, Isoagglutinine und Rhesusformel (C, c, D, E und e)	500	57,00	29,14	***33,52*
Bestimmung weiterer Blutgruppenmerkmale					
Katalog					
3984	im NaCl- oder Albumin-Milieu (z. B. P, Lewis, MNS), je Merkmal	120	13,68	6,99	***8,04*
3985	im indirekten Anti-Humanglobulin-Test (indirekter Coombstest) (z. B. Cw, Kell, Du, Duffy), je Merkmal	200	22,80	11,66	***13,41*
3986	im indirekten Anti-Humanglobulin-Test (indirekter Coombstest) (z. B. Kidd, Lutheran), je Merkmal	360	41,04	20,98	***24,13*
	Bei den Leistungen nach den Nummern 3984 bis 3986 sind die jeweils untersuchten Merkmale in der Rechnung anzugeben.				
3987	Antikörpersuchtest (Antikörper gegen Erythrozytenantigene) mit zwei verschiedenen Test-Erythrozyten-Präparationen im indirekten Anti-Humanglobulin-Test (indirekter Coombstest) . .	140	15,96	8,16	***9,38*
3988	Antikörpersuchtest (Antikörper gegen Erythrozytenantigene) mit drei und mehr verschiedenen Test-Erythrozyten-Präparationen im indirekten Anti-Humanglobulin-Test (indirekter Coombstest)	200	22,80	11,66	***13,41*

Nummer	Leistung	Punktzahl	Gebühr in DM – einfach –	Gebühr in Euro – einfach –	Gebühr in Euro – 2,3-fach – – *1,8-fach – – **1,15-fach –
3989	Antikörperdifferenzierung (Antikörper gegen Erythrozytenantigene) mit mindestens acht, jedoch nicht mehr als zwölf verschiedenen Test-Erythrozyten-Präparationen im indirekten Anti-Humanglobulin-Test (indirekter Coombstest) im Anschluß an die Leistung nach Nummer 3987 oder 3988, je Test-Erythrozyten-Präparation	60	6,84	3,50	***4,02*
3990	Antikörpersuchtest (Antikörper gegen Erythrozytenantigene) mit zwei verschiedenen Test-Erythrozyten-Präparationen im NaCl- oder Enzymmilieu . . .	70	7,98	4,08	***4,69*
3991	Antikörpersuchtest (Antikörper gegen Erythrozytenantigene) mit drei und mehr verschiedenen Test-Erythrozyten-Präparationen im NaCl- oder Enzymmilieu	100	11,40	5,83	***6,70*
3992	Antikörperdifferenzierung (Antikörper gegen Erythrozytenantigene) mit mindestens acht, jedoch höchstens zwölf verschiedenen Test-Erythrozyten-Präparationen im NaCI- oder Enzymmilieu im Anschluß an die Leistung nach Nummer 3990 oder 3991, je Test-Erythrozyten-Präparation	30	3,42	1,75	***2,01*
3993	Bestimmung des Antikörpertiters bei positivem Ausfall eines Antikörpersuchtests (Antikörper gegen Erythrozytenantigene) im Anschluß an eine der Leistungen nach Nummer 3989 oder 3992	400	45,60	23,31	***26,81*

Nummer	Leistung	Punktzahl	Gebühr in DM – einfach –	Gebühr in Euro – einfach –	Gebühr in Euro – 2,3-fach – – *1,8-fach – – **1,15-fach –
3994	Quantitative Bestimmung (Titration) von Antikörpern gegen Erythrozytenantigene (z. B. Kälteagglutinine, Hämolysine) mittels Agglutination, Präzipitation oder Lyse (mit jeweils mindestens vier Titerstufen)	140	15,96	8,16	***9,38*
3995	Qualitativer Nachweis von Antikörpern gegen Leukozyten- oder Thrombozytenantigene mittels Fluoreszenzimmunoassay (bis zu zwei Titerstufen) oder ähnlicher Untersuchungsmethoden	350	39,90	20,40	***23,46*
3996	Quantitative Bestimmung von Antikörpern gegen Leukozyten- oder Thrombozytenantigene mittels Fluoreszenzimmunoassay (mehr als zwei Titerstufen) oder ähnlicher Untersuchungsmethoden	600	68,40	34,97	***40,22*
3997	Direkter Anti-Humanglobulin-Test (direkter Coombstest), mit mindestens zwei Antiseren . . .	120	13,68	6,99	***8,04*
3998	Anti-Humanglobulin-Test zur Ermittlung der Antikörperklasse mit monovalenten Antiseren im Anschluß an die Leistung nach Nummer 3989 oder 3997, je Antiserum	90	10,26	5,25	***6,03*
3999	Antikörper-Elution, Antikörper-Absorption, Untersuchung auf biphasische Kältehämolysine, Säure-Serum-Test oder ähnlich aufwendige Untersuchungen, je Untersuchung . . . . *Die Art der Untersuchung ist in der Rechnung anzugeben.*	360	41,04	20,98	***24,13*
4000	Serologische Verträglichkeitsprobe (Kreuzprobe) im NaCl-Milieu und im Anti-Humanglobulintest	200	22,80	11,66	***13,41*

Nummer	Leistung	Punktzahl	Gebühr in DM – einfach –	Gebühr in Euro – einfach –	Gebühr in Euro – 2,3-fach – – *1,8-fach – – **1,15-fach –
4001	Serologische Verträglichkeitsprobe (Kreuzprobe) im NaCI-Milieu und im Anti-Humanglobulintest sowie laborinterne Identitätssicherung im AB0-System	300	34,20	17,49	***20,11*
	Die Leistung nach Nummer 4001 ist für die Identitätssicherung im AB0-System am Krankenbett (bedside-test) nicht berechnungsfähig.				
4002	Serologische Verträglichkeitsprobe (Kreuzprobe) im NaCl- oder Enzym-Milieu als Kälteansatz unter Einschluß einer Eigenkontrolle	100	11,40	5,83	***6,70*
4003	Dichtegradientenisolierung von Zellen, Organellen oder Proteinen, je Isolierung	400	45,60	23,31	***26,81*
4004	Nachweis eines HLA-Antigens der Klasse I mittels Lymphozytotoxizitätstest nach Isolierung der Zellen	750	85,50	43,72	***50,27*
4005	Höchstwert für die Leistung nach Nummer 4004	3000	342,00	174,86	***201,09*
4006	Gesamttypisierung der HLA-Antigene der Klasse I mittels Lymphozytotoxizitätstest mit mindestens 60 Antiseren nach Isolierung der Zellen, je Antiserum	30	3,42	1,75	***2,01*
4007	Höchstwert für die Leistung nach Nummer 4006	3600	410,40	209,83	***241,31*
4008	Gesamttypisierung der HLA-Antigene der Klasse II mittels molekularbiologischer Methoden (bis zu 15 Sonden), insgesamt	2500	285,00	145,72	***167,58*
4009	Subtypisierung der HLA-Antigene der Klasse II mittels molekularbiologischer Methoden (bis zu 40 Sonden), insgesamt . . .	2700	307,80	157,38	***180,98*

Nummer	Leistung	Punktzahl	Gebühr in DM – einfach –	Gebühr in Euro – einfach –	Gebühr in Euro – 2,3-fach – – *1,8-fach – – **1,15-fach –
4010	HLA-Isoantikörpernachweis .	800	91,20	46,63	***53,62*
4011	Spezifizierung der HLA-Isoantikörper, insgesamt	1600	182,40	93,26	***107,25*
4012	Serologische Verträglichkeitsprobe im Gewebe-HLA-System nach Isolierung von Zellen und Organellen	750	85,50	43,72	***50,27*
4013	Lymphozytenmischkultur (MLC) bei Empfänger und Spender – einschließlich Kontrollen –	4600	524,40	268,12	***308,34*
4014	Lymphozytenmischkultur (MLC) für jede weitere getestete Person	2300	262,20	134,06	***154,17*

VII. Erbbiologische Abstammungsgutachten (früher Abschn. 5)

21 Die Vergütungsregelungen für erbbiologische Abstammungsgutachten sind mit dem 2. KostRMoG aufgehoben worden, weil diese Gutachten nicht mehr dem heutigen wissenschaftlichen Standard entsprechen und daher keine praktische Bedeutung mehr haben (BT-Drs. 17/11471, 265).

§ 11 Honorar für Übersetzungen

(1) **[1]Das Honorar für eine Übersetzung beträgt 1,55 Euro für jeweils angefangene 55 Anschläge des schriftlichen Textes (Grundhonorar). [2]Bei nicht elektronisch zur Verfügung gestellten editierbaren Texten erhöht sich das Honorar auf 1,75 Euro für jeweils angefangene 55 Anschläge (erhöhtes Honorar). [3]Ist die Übersetzung wegen der besonderen Umstände des Einzelfalls, insbesondere wegen der häufigen Verwendung von Fachausdrücken, der schweren Lesbarkeit des Textes, einer besonderen Eilbedürftigkeit oder weil es sich um eine in Deutschland selten vorkommende Fremdsprache handelt, besonders erschwert, beträgt das Grundhonorar 1,85 Euro und das erhöhte Honorar 2,05 Euro. [4]Maßgebend für die Anzahl der Anschläge ist der Text in der Zielsprache; werden jedoch nur in der Ausgangssprache lateinische Schriftzeichen verwendet, ist die Anzahl der Anschläge des Textes in der Ausgangssprache maßgebend. [5]Wäre eine Zählung der Anschläge mit unverhältnismäßigem Aufwand verbun-**

den, wird deren Anzahl unter Berücksichtigung der durchschnittlichen Anzahl der Anschläge je Zeile nach der Anzahl der Zeilen bestimmt.

(2) **Für eine oder für mehrere Übersetzungen aufgrund desselben Auftrags beträgt das Honorar mindestens 15 Euro.**

(3) **Soweit die Leistung des Übersetzers in der Überprüfung von Schriftstücken oder Aufzeichnungen der Telekommunikation auf bestimmte Inhalte besteht, ohne dass er insoweit eine schriftliche Übersetzung anfertigen muss, erhält er ein Honorar wie ein Dolmetscher.**

Übersicht

I. Änderungen der Vorschrift durch das 2. KostRMoG

1 Durch das 2. KostRMoG wurden in Umsetzung der im Jahr 2009 erfolgten „Hommerich"- Marktanalyse (zu dieser im Einzelnen → Vor § 1 Rn. 11) die Honorarsätze neu bestimmt und die Vorschrift neu strukturiert. Statt der bisher ohne Rücksicht auf die überlassene Textform des Ausgangstexts einheitlichen Zeilenvergütungssätze ist jetzt die Vergütungshöhe einmal nach elektronisch zur Verfügung gestellten editierbaren Texten, zum anderen nach sonstigen Texten, die erhöht honoriert werden, differenziert. Im Gegensatz zur früheren Rechtslage besteht nur noch ein Erhöhungstatbestand, nämlich der einer besonders erschwerten Übersetzung. Die Beispielsfälle für die Gewährung dieser höheren Honorare sind auf der Basis der bisherigen Rspr. erweitert worden (BT-Drs. 17/112471, 261).

II. Geltungsbereich

2 Die Vorschrift gilt nur dann, wenn eine schriftliche Übersetzung gefertigt wird (OLG Düsseldorf 8.8.2011 – I-2 W 27/11, BeckRS 2012, 05112). Dabei ist die Ausgangsform (gesprochenes Wort, Tonträger- oder Telekommunikationsaufzeichnung oder Textform) unerheblich. Dagegen gilt für Sprachsachverständige § 9 Abs. 1 (OLG Düsseldorf JB 2000, 211, nicht gesehen von KG JB 2011, 491). Zum

Begriff des Sprachsachverständigen → § 9 Rn. 33. Bei einer Übersetzung, die nach § 142 Abs. 3 ZPO von einer Partei beizubringen ist, erwirbt der Übersetzer keinen Vergütungsanspruch gegenüber der Staatskasse (so auch *MHBOJ* Rn. 11), weil er nicht gemäß § 1 Abs. 1 Nr. 1 vom Gericht herangezogen, sondern von der Partei beauftragt worden ist. Werden schriftliche Texte nur mündlich übertragen, gilt nach Abs. 3 die Dolmetschervergütung, auch → Rn. 22.

III. Regelungsumfang

3 Abs. 1 und 2 regeln nur das Honorar für Übersetzungen nach § 8 Abs. 1 Nr. 1. Zusätzlich hat daher auch der Übersetzer nach § 8 Abs. 1 Nr. 2 bis 4 Anspruch auf Fahrtkostenersatz nach § 5, auf Entschädigung für Aufwand nach § 6, auf Ersatz für sonstige Aufwendungen nach § 7, auf Ersatz besonderer Aufwendungen nach § 12 Abs. 1 Nr. 1, Nr. 4 und Abs. 2. Dagegen gelten § 12 Abs. 1 Nr. 2 und 3 für eine Übersetzung nicht, insbesondere nicht die **Schreibvergütung,** weil sich diese nur auf Gutachten und nicht auf Übersetzungen bezieht (BT-Drs. 15/1971, 184; OLG Stuttgart Justiz 2005, 251 = Rpfleger 2005, 218; unrichtig daher OLG München JB 2005, 376 m. abl. Anm. *Grau*). Auch Kopierkosten nach § 7 Abs. 2 für ein **Handexemplar** des Übersetzers sind nicht zu erstatten (OLG Bamberg 23.9.2005 – 1 W 53/05, BeckRS 2006, 03640).

IV. Elektronisch zur Verfügung gestellter editierbarer Text (Abs. 1 S. 1)

4 Das Grundhonorar von 1,55 Euro für jeweils angefangene 55 Anschläge wird für vom Auftraggeber elektronisch zur Verfügung gestellte editierbare Texte gewährt. Editierbare Texte müssen mit einer Textverarbeitung (zB Microsoft Word) erstellt sein und gewährleisten, dass sie mit einer Textverarbeitung ohne weitere Zwischenschritte weiter bearbeitet werden können. Bilddateien wie JPEG-, GIF- Dateien oder Dateien im PDF- Format sind keine nach dieser Vorschrift editierbaren Texte, weil sie erst unter Einsatz weiterer Software (zB OCR; Adobe Acrobat Pro) in einen editierbaren Text umgewandelt werden müssten. **Alle anderen Texte** sind nach Abs. 1 S. 2 mit dem erhöhten Honorar von 1,75 Euro zu vergüten. Dies sind nicht nur Papiervorlagen, sondern auch zwar elektronisch zur Verfügung gestellte, aber nicht nach den obigen Ausführungen editierbare Texte (einhellige Meinung: OLG Celle 19.12.2013 – 1 Ws 535/13, NStZ-RR 2014, 128 = BeckRS 2014, 00452; HessLAG 14.7.2014 – 13 Ta 195/14, BeckRS 2015, 67835; OLG Stuttgart 31.10.2014 – 4 Ws 432/14, Justiz 2015, 140 = BeckRS 2015, 00279; OLG Frankfurt 11.2.2015 – 4 WF 235/14, BeckRS 2015, 06819 und 28.11.2014 – 18 W 211/14, BeckRS 2015, 08030).

V. Zählung der Anschläge (Abs. 1 Satz 1, 4 und 5)

1. Maßeinheit (Satz 1)

5 Dies ist nach den Gesetzesmaterialien (BT-Drs. 15/1971, 183) die im Bereich des Übersetzungswesens allgemein eingeführte **Standardzeile,** die aus 55 Anschlägen

einschließlich der Leerzeichen besteht. Maßgeblich sind also die Anschläge auf der Tastatur, nicht auf dem Papier (OLG Hamburg Rpfleger 2005, 111 m. zust. Anm. *Grau; MHBOJ* Rn. 2; unrichtig daher *Hartmann* Rn. 12). Dabei sind notwendige Anmerkungen und Erläuterungen des Übersetzers, die er über seine Tätigkeit als Übersetzer hinaus als **Sprachsachverständiger** erbringt, gesondert zu honorieren; dazu im Einzelnen → Rn. 7.

2. Maßgeblicher Text für die Zählung (Satz 4)

Dies ist nach dem Wortlaut des Gesetzes der **Zieltext,** wenn er in lateinischen Schriftzeichen abgefasst ist, ansonsten der **Ausgangstext,** Abs. 1 Satz 3. Letzteres ist einleuchtend bei Wort- oder Silbenschriften (zB Chinesisch, Japanisch, Koreanisch), aber auch bei Alphabetschriften, in denen Vokale nicht oder nur zum Teil wiedergegeben werden (zB Arabisch oder Ivrit – hebräisch –). Bei nichtlateinischen **Alphabetschriften mit vollständiger Vokalwiedergabe** (zB Kyrillisch, Griechisch, Georgisch, Armenisch) ist die gesetzliche Regelung aber nicht recht verständlich, weil die für die Anschlagszählung erforderliche **EDV-Ausstattung** wie Zählprogramme ggf. nach Texteinscannung mittlerweile bei allen inländischen Gerichten vorhanden ist. Gleichwohl scheint die analoge Anwendung von Satz 3 Hs. 1 auf nicht lateinische Alphabetschriften mit vollständiger Vokalwiedergabe angesichts des klaren Gesetzeswortlauts ausgeschlossen zu sein (weitergehend OLG Frankfurt NStZ-RR 2012, 63, das über den Gesetzeswortlaut hinaus unter Konstruktion einer Regelungslücke des Gesetzes auch bei der Verwendung einer nichtlateinischen Alphabetschrift mit vollständiger Vokalwiedergabe – kyrillisch – den Zieltext für maßgeblich erachtet). 6

Der Aufwand für notwendige **Anmerkungen und Erläuterungen** zur Interpretation des Ausgangstexts im Zieltext durch den Übersetzer als **Sprachsachverständigem** sind mit der Übersetzervergütung nicht mit abgegolten und daher gesondert zu vergüten. Zum Begriff des Sprachsachverständigen → § 9 Rn. 33. Die praktikabelste Honorierung dieser zusätzlichen Leistung besteht bei einem in **lateinischen Schriftzeichen** abgefassten Zieltext in der Mitzählung der entsprechenden Anschläge bei der Ermittlung des Übersetzerhonorars. Bei einem Zieltext mit **nicht lateinischen Schriftzeichen** scheidet diese vereinfachte Honorierungsmöglichkeit aus, da nach Abs. 1 Satz 3 Hs. 2 die Anschläge des Ausgangstexts zu Grunde zu legen sind; in diesem Fall ist daher der Zeitaufwand für die Tätigkeit als Sprachsachverständiger zusätzlich nach § 9 Abs. 1 zu vergüten, wobei ein Stundensatz nach Honorargruppe 2 anzusetzen sein dürfte; auch → § 9 Rn. 33. 7

3. Unverhältnismäßigkeit der Anschlagszählung (Satz 5)

Diese Vorschrift dürfte kaum mehr zur Anwendung kommen. Bei Nutzung der vorhandenen EDV-Ausstattung der Gerichte kann nämlich bei elektronischer Übermittlung oder nach Texteinscannung die genaue Anschlagszahl durch Verwendung eines elektronischen Zählprogramms regelmäßig mit geringem Aufwand festgestellt werden. 8

VI. Honorarhöhe

1. Vorbemerkung

9 § 11 kennt in Abs. 1 S. 3 nunmehr nur noch einen starren Erhöhungstatbestand, nämlich den der Besonderen Erschwerung der Übersetzung, bei dessen Vorliegen der Anspruch auf ein Grundhonorar von 1,85 Euro und auf ein erhöhtes Honorar von 2,05 Euro je angefangene 55 Anschläge besteht. Liegen die entsprechenden Tatbestandsvoraussetzungen der Besonderen Erschwerung vor, besteht ein nicht minderbarer Anspruch des Übersetzers auf das jeweils erhöhte Honorar. Da dieses aber nach § 1 Abs. 1 durch die Höhe der Geltendmachung beschränkt ist, erhält ein Übersetzer, der einen niedrigeren als nach Abs. 1 zu vergütenden Zeilensatz verlangt, nur den geltend gemachten niedrigeren Betrag.

2. Schwere der Übersetzung

10 Die Schwere der Übersetzung bemisst sich nach objektiven Kriterien unter Zugrundelegung der Kenntnisse eines durchschnittlich erfahrenen Übersetzers (OLG Zweibrücken Rpfleger 1999, 41; *MHBOJ* Rn. 4). Eine Anknüpfung an die subjektiven Kenntnisse des jeweiligen Übersetzers ist nicht zulässig. Deshalb ist es zB nicht richtig, einem Rechtsanwalt das erhöhte Honorar für einen juristischen Fachtext mit der Begründung zu versagen, dieser Übersetzer verfüge über erhöhtes Fachwissen (OLG Zweibrücken Rpfleger 1999, 41 unter Aufgabe seiner früheren entgegengesetzten Rspr.; *MHBOJ* Rn. 4a; aA noch OLG Frankfurt Rpfleger 1977, 462). Die Erschwerung muss sich konkret auf die Übersetzung auswirken (OLG Koblenz 21.2.2007 – 14 W 116/07, BeckRS 2007, 05619; *Hartmann* Rn. 7 mwN). Eine Differenzierung nach „leichten, schwierigen oder schwer zu erlernenden Sprachen" sieht die Vorschrift nicht vor (OLG Bamberg 13.9.2005 – Ws 651/05, DS 2007, 113; unklar *MHBOJ* Rn. 11.13 unter Referierung der überholten Rechtsprechung und wohl in Widerspruch zur eigenen Rn. 11.5). Zum neuen Tatbestand der „in Deutschland selten vorkommenden Fremdsprache" als Grund der besonderen Erschwerung → Rn. 18.

3. „Auftrag", nicht „Text" oder „Schriftstück" als Bewertungsrahmen

11 Besteht ein Auftrag aus mehreren Schriftstücken mit unterschiedlichem Schwierigkeitsgrad, ist die Höhe des Zeilenhonorars **einheitlich für den gesamten Auftrag** unter Berücksichtigung des Anteils der besonders erschwerten Übersetzung festzusetzen. Nur so lässt sich der Zweck des JVEG, das Abrechnungswesen zu vereinfachen, durchsetzen. In der zu § 17 ZSEG ergangenen Rechtsprechung wurde die Auffassung vertreten, es seinen unterschiedliche Entschädigungssätze zu gewähren, wenn der Text aus einzelnen selbstständigen Teilen bestehe, die sich ohne weiteres trennen ließen (*Hartmann* Rn. 5; unklar *MHBOJ* Rn. 11.5 unter Referierung älterer Rspr.). Diese Ansicht ist wegen Abs. 2 (mehrere Übersetzungen auf Grund desselben Auftrags) und dem § 9 Abs. 1 Satz 4 zu entnehmenden Rechtsgedanken des einheitlichen Honorierungssatzes abzulehnen, wird aber neuerdings mit der Begründung wieder vertreten, § 1 Abs. 1 S. 1 spreche von „Übersetzung", nicht

von „Auftrag"; eine planwidrige Regelungslücke sei nicht ersichtlich (LG Mönchengladbach 17.6.2015 – 5 T 112/15, BeckRS 2015, 12240).

VII. Basishonorar von 1,55 Euro bzw. 1,75 Euro

Dieses ist bei Übersetzungen zu gewähren, die nicht erheblich erschwert sind 12
(sogenannte einfache bis mittelschwere Übersetzungen). Identische Wiederholungen schwieriger textlicher oder graphischer Passagen, die in Texten eines einheitlichen Auftrags vorkommen, können zur Herabstufung des Schwierigkeitsgrads führen (OLG Köln JB 1991, 1397 für Texte, die bis auf unterschiedliche Zustellungsadressaten identisch waren).

VIII. Besonders erschwerte Übersetzung, 1,85 Euro bzw. 2,05 Euro

Bis zum 2. KostRMoG war Voraussetzung einer Gewährung des Honorars der 13
ersten erhöhten Schwierigkeitsstufe eine „erhebliche" Erschwerung der Übersetzung. Nunmehr wird eine **„besondere" Erschwerung** verlangt. In dieser Veränderung der Wortwahl liegt aber **keine Verschärfung der Voraussetzungen** für die Bewilligung der Vergütung nach der erhöhten Schwierigkeitsstufe. Zum einen handelt es sich hierbei lediglich um eine redaktionelle Anpassung auf Grund des Wegfalls der früheren zweiten Schwierigkeitsstufe „außergewöhnlich schwierige Texte". Zum anderen hat sich der Gesetzgeber bei der Neustrukturierung der Vorschrift uneingeschränkt an der zur „erheblichen" Erschwerung der alten Fassung ergangenen Rspr. orientiert und diese zum Teil ausdrücklich als Regelbeispiele für das Vorliegen einer besonderen Erschwerung ins Gesetz aufgenommen (BT-Drs. 17/11471, 261). Daher kann die **bisher ergangene Rspr.** zum früheren Tatbestandsmerkmal der „erheblichen" Erschwerung in vollem Umfang für die Neufassung der Vorschrift herangezogen werden.

Die besondere Erschwerung kann beliebiger Art sein, muss sich aber ge- 14
rade auf die Übersetzung auswirken (insoweit OLG Frankfurt MDR 1978, 238). Nach den **Regelbeispielen** liegt sie in folgenden Fällen vor:

– **Häufige Verwendung von Fachbegriffen.** Die Fachbegriffe können aus je- 15
der Fachrichtung stammen, gerade auch aus dem juristischen Bereich, auch wenn sie in gerichtlichen Verfahren häufiger vorkommen (OLG Bamberg JB 1973, 354 mAnm *Mümmler;* aA und unrichtig OLG Köln 17.3.2008 – 17 W 46/08, BeckRS 2009, 23522, für die Übersetzung eines Rechtshilfeersuchens; in dieser Entscheidung werden „durchschnittliche Anforderungen der Rechtssprache" als nicht fachgebundener Alltagstext angesehen), zB schon „Versäumnisurteil" und „Kostenfestsetzungsbeschluss" (OLG München 30.12.2004 – 11 W 2931/04, DS 2005, 275). Eine häufige Verwendung von Fachbegriffen liegt vor, wenn eine richtige Übersetzung dem durchschnittlichen Übersetzer ohne Beherrschung der Fachterminologie nicht mehr möglich ist (KG 29.5.2009 – 1 Ws 57/09, 1 AR 696/09 – 1 Ws 57/09, BeckRS 2010, 23727). Dies ist zB gegeben bei Übersetzung eines Haftbefehls und eines Europäischen Haftbefehls ins Arabische (OLG München 16.3.2011 – 4 Ws 3/11 (K), BeckRS 2011, 23052). Nur **wenige Fachbegriffe** im Verhältnis zum gesamten Text führen nicht zu einer erheblichen Erschwerung (KG NStZ-RR 2009, 328; OLG München JB

2005, 376). Die Übersetzung einer **Anklageschrift** ist regelmäßig besonders erschwert, weil an sie wegen der Gewährung des rechtlichen Gehörs insbesondere bei den anzuwendenden Strafvorschriften und deren gesetzliche Merkmale hohe qualitative Anforderungen zu stellen sind (vgl. OLG Stuttgart 31.10.2014 – 4 Ws 432/14, Justiz 2015, 140 = BeckRS 2015, 00279).

16 – **Schwere Lesbarkeit des Textes. Beispiele:** Handschrift mit nicht unerheblichen Abweichungen von der Normhandschrift; Überstempelungen des Urkundentexts; Korrekturen im Text und Verweis auf Randergänzungen; verzerrte oder schwache Textwiedergabe bei Kopien; abgeschnittene Textränder bei Kopien, bei denen der Übersetzer versuchen muss, die Teile des fehlenden Ausgangstexts nach den Regeln von Syntax und Semantik zu ermitteln; sehr geringe Schriftgröße.

17 – **Besondere Eilbedüftigkeit** bzw. besonderer Zeitdruck (so schon OLG Koblenz MDR 1984, 780 Ls.). **Beispiel:** In einer einzigen Nacht erfolgte Übersetzung eines Haftbefehls und eines Europäischen Haftbefehls (OLG München 16.3.2011 – 4 Ws 3/11 (K), BeckRS 2011, 23052).

18 – **In Deutschland selten vorkommende Fremdsprache.** Während sich bei den Regelbeispielen der häufigen Verwendung von Fachausdrücken, der schweren Lesbarkeit des Textes und der besonderen Eilbedürftigkeit die besondere Erschwerung der Übersetzung aus den Regeltatbestandsmerkmalen selbst ergibt, ist dies beim Regelbeispiel der in Deutschland selten vorkommenden Fremdsprache nicht der Fall. Bei diesem Tatbestandsmerkmal muss über die Feststellung hinaus, ob eine in Deutschland selten vorkommende Fremdsprache vorliegt, bei jeder einzelnen Übersetzungsleistung weiter geprüft werden, ob durch dieses Tatbestandsmerkmal die **Übersetzung besonders erschwert** war, was insbesondere bei umgangssprachlichen Texten zu verneinen sein kann. Bei in Deutschland selten vorkommenden Fremsprachen kann sich die besondere Erschwerung zB aus der mangels zureichender Nachfrage unzulänglichen lexikalischen Erschließung der Terminologien ergeben, die unter Heranziehung einer in dritter Sprache verfassten Fachliteratur erschlossen werden muss. Keinesfalls zulässig ist es, durch das neu in das Gesetz gekommene Regelbeispiel wieder zu den alten ZSEG- Zeiten zurückzukehren, in denen die Rspr. bei der Feststellung einer Übersetzungserschwerung teilweise nach „leichten, schwierigen oder schwer zu erlernenden Sprachen" unterschieden hat (vgl. die Übersicht bei *MHBOJ* Rn. 13; keine der dort als selten erwähnten Sprachen kann unter den heutigen Verhältnissen als Sprache klassifiziert werden, die in Deutschland selten vorkommt). Eine **Amtssprache der Europäischen Union** ist schon wegen der umfassenden lexikalischen Erschließung und die Herstellung der Kompatibilität zwischen den Amtssprachen durch den Sprachendienst der EU kaum eine in Deutschland selten vorkommende Sprache (zweifelnd OLG Stuttgart 31.10.2014 – 4 Ws 432/14, Justiz 2015, 140 = BeckRS 2015, 00279; breiter *Schneider* Rn. 30, der dazu tendiert, das Regelbeispiel für Estnisch und Maltesisch anzunehmen). Dem Regelbeispiel der in Deutschland selten vorkommenden Fremdsprache kommt über seine ohnehin gegebene Seltenheit hinaus **kaum praktische Bedeutung** zu, weil in vielen Fällen bereits andere Regelerhöhungstatbestände, insbesondere der der „häufigen Verwendung von Fachausdrücken", oder der Rückgriff auf den allgemeinen Tatbestand der „besondere Erschwerung der Übersetzung" den höheren Zeilensatz rechtfertigen. Die Hereinnahme dieses Regelbeispiels ins Gesetz ist systemwidrig und führt für eine eigentlich vernachlässigbare Zahl von Honorierungsfällen ohne Not zu einer

weit überproportialen Beschäftigung mit dem Regelbeispiel der „in Deutschland selten vorkommenden Fremdsprache" (in *MHBOJ* füllt dessen Darstellung in Rn. 4d, 12 und 14 allein 13 Seiten).

Die im Gesetz genannten **Regelbeispiele sind nur Musterbeispiele.** Als **weitere Erhöhungstatbestände** kommen in Betracht: **Ungünstige Arbeitsbedingungen,** zB Übersetzung von Gesprächsprotokollen bei Telefonüberwachung ohne Rückgriffsmöglichkeit auf die Bandmitschnitte (OLG Hamm JB 1999, 427); **graphische Darstellung insbesondere bei Vordrucken,** zB gerichtliche Vordrucke und solche der Rentenversicherer zum Versorgungsausgleich (OLG Koblenz 21.2.2007 – 14 W 116/07, BeckRS 2007, 05619; OLG Düsseldorf 27.2.1992 – 11 WF 1/92); **Disparität der Fachbegriffe in den heranzuziehenden Sprachen** zB wegen unterschiedlicher Rechtsstrukturen, die rechtsvergleichende Bewertungen des Übersetzers erfordern, aber auch wegen Fehlens entsprechender Rechtsinstitute in einer der beiden Sprachen (Beispiel: Begriff des „Versorgungsausgleichs" des deutschen Rechts), Begriffe der **Ganovensprache** (OLG Koblenz MDR 1975, 780), die freilich bereits dem Regelbeispiel der „Fachbegriffe" zuzuordnen sein dürften; **Dialektfärbungen** (OLG Hamm JB 1999, 427 für Costa-Rica-Spanisch), **Orthografie- und Satzzeichenfehler, Schachtelsätze** (OLG Koblenz KRspr. § 17 ZSEG Nr. 32 Ls.; LG Düsseldorf 21.12.2004 – 4a O 391/03), **Übersetzung aus einer veralteten Sprachform** wie zB der ab 1976 abgeschafften griechischen Katharévousa- Sprache; Übersetzung eines als persönliche Erinnerung eines Zeitzeugen charakterisierbaren **Texts aus dem Jiddischen** (BayLSG 3.8.2010 – L 15 SF 149/10, BeckRS 2010, 73293). 19

Zur zusätzlichen Vergütung notwendiger Textanmerkungen des Übersetzers als **Sprachsachverständigem** → Rn. 5. 20

IX. Mindesthonorar (Abs. 2)

Dieses bezieht sich nach dem klaren Gesetzeswortlaut auf den Auftrag ungeachtet der Zahl der Schriftstücke, die auf Grund dieses Auftrags zu übersetzen sind (*Hartmann* Rn. 11; *MHBOJ* Rn. 6). 21

X. Dolmetscherhonorar des Übersetzers (Abs. 3)

Die Vorschrift normiert eine bereits zur Geltungszeit des ZSEG gängige Praxis, dass der Übersetzer nach näherer Anweisung des Auftraggebers insbesondere im Rahmen der **Briefkontrolle** bei Untersuchungsgefangenen nach § 119 Abs. 3 StPO oder bei der **Überwachung der Telekommunikation** nach § 100a StPO Texte zunächst auf bestimmte Inhalte überprüft, ohne diese insgesamt zu übersetzen. Erfolgt die Heranziehung zunächst in Form der Überprüfung und danach in der Fertigung einer Übersetzung, meist nur bestimmter Teile des überprüften Texts, hat der Berechtigte wegen der für die Überprüfung aufgewendeten Zeit Anspruch auf **Dolmetscherhonorar** nach § 9 Abs. 3 **und** wegen der gefertigten schriftlichen Übersetzung zusätzlich auf **Übersetzerhonorar** nach § 11. Erfolgt eine Übersetzung direkt aus dem Bandmitschnitt, besteht lediglich ein Anspruch auf Übersetzerhonorar (Schleswig-Holsteinisches OLG 23.3.2015 – 1 Ws 79/15, JB 2015, 598 = BeckRS 2015, 11001). 22

§ 12 Ersatz für besondere Aufwendungen

(1) [1]**Soweit in diesem Gesetz nichts anderes bestimmt ist, sind mit der Vergütung nach den §§ 9 bis 11 auch die üblichen Gemeinkosten sowie der mit der Erstattung des Gutachtens oder der Übersetzung üblicherweise verbundene Aufwand abgegolten.** [2]**Es werden jedoch gesondert ersetzt**

1. **die für die Vorbereitung und Erstattung des Gutachtens oder der Übersetzung aufgewendeten notwendigen besonderen Kosten, einschließlich der insoweit notwendigen Aufwendungen für Hilfskräfte, sowie die für eine Untersuchung verbrauchten Stoffe und Werkzeuge;**
2. **für jedes zur Vorbereitung und Erstattung des Gutachtens erforderliche Foto 2 Euro und, wenn die Fotos nicht Teil des schriftlichen Gutachtens sind (§ 7 Absatz 2), 0,50 Euro für den zweiten und jeden weiteren Abzug oder Ausdruck eines Fotos;**
3. **für die Erstellung des schriftlichen Gutachtens 0,90 Euro je angefangene 1 000 Anschläge; ist die Zahl der Anschläge nicht bekannt, ist diese zu schätzen;**
4. **die auf die Vergütung entfallende Umsatzsteuer, sofern diese nicht nach § 19 Abs. 1 des Umsatzsteuergesetzes unerhoben bleibt.**

(2) **Ein auf die Hilfskräfte (Absatz 1 Satz 2 Nr. 1) entfallender Teil der Gemeinkosten wird durch einen Zuschlag von 15 Prozent auf den Betrag abgegolten, der als notwendige Aufwendung für die Hilfskräfte zu ersetzen ist, es sei denn, die Hinzuziehung der Hilfskräfte hat keine oder nur unwesentlich erhöhte Gemeinkosten veranlasst.**

I. Geltungsbereich

1 Die Vorschrift regelt nur den Ersatz für die besonderen Aufwendungen von Sachverständigen, Dolmetschern und Übersetzern. Diese sind auch allein anspruchsberechtigt, nicht etwa auch die von ihnen herangezogenen Hilfskräften oder sonstigen Dritten (aA in einem obiter dictum für von einem Sachverständigen hinzugezogenen Dritten BayLSG 8.9.2006 – L 3 U 333/04.Ko, BeckRS 2009, 60834), auch nicht eine Einrichtung bei **Unterbringung nach § 81 StPO;** diese Kosten sind im Verwaltungsweg geltend zu machen und können nach § 30a EGGVG überprüft werden (ThürOLG 10.3.2008 – 1 Ws 35/08). Auf die übrigen Berechtigten nach diesem Gesetz (sachverständige Zeugen, ehrenamtliche Richter, Zeugen und Dritte nach § 23) ist die Vorschrift nicht anzuwenden; für sie gilt wegen sonstiger Aufwendungen nur § 7.

II. Systematik

2 Abs. 1 Satz 2 und Abs. 3 enthalten für die besonderen Aufwendungen dem Grund und der Höhe nach **abschließende Regelungen.** Andere oder höhere Aufwendungen, auch eine Aufwandspauschale, können nur im Rahmen der Besonderen Vereinbarung nach § 13 durchgesetzt werden. Nach Abs. 1 Satz 1 ist mit dem Honorar nach den §§ 9–11 auch der mit der Erstattung des Gutachtens der Übersetzung oder der Verrichtung der Dolmetschertätigkeit üblicherweise verbun-

dene Aufwand abgegolten, soweit das Gesetz nicht wie in den §§ 5–7 und in § 12 Abs. 1 Satz 2 und Abs. 2 ausdrücklich etwas Anderes bestimmt. Zu den **üblichen Gemeinkosten** rechnen in erster Linie die mit dem Bürobetrieb verbundenen Kosten sowie die Aufwendungen, die sich aus einer angemessenen Ausstattung mit technischen Geräten und fachbezogener Literatur ergeben (BT-Drs. 15/1971, 221; LG Düsseldorf 25.1.2018 – 1 AR 2/18; KG 24.3.2009 – 2 U 76/06, BeckRS 2009, 14265; AG Erding 9.12.2004 – 1 C 888/04, BeckRS 2005, 11500), auch Aufwendungen eines Sachverständigen für ein **selbstentwickeltes Softwareprogramm** und Simulationssoftware eines hydrologischen Gutachtens (OVG Lüneburg 11.9.2014 – 7 OA 39/13, JB 2014, 651 = BeckRS 2014, 56253), oder eine mittels EDV gespeicherte **Daten- und Kostensammlung** (OLG Stuttgart MDR 1989, 921), aber auch **Nutzungsentgelte,** die ein Sachverständiger als pauschalierte Gemeinkosten an seinen Dienstherrn abzuführen hat (KG 24.3.2009 – 2 U 76/06, BeckRS 2009, 14265; Schleswig-Holsteinisches LSG NZS 2002, 652 (Ls.) = BeckRS 2002, 31401894), nicht jedoch ein **Nutzungsentgelt für herangezogenes Personal oder Material,** → Rn. 9. Abgegolten sind auch etwaige **Bereitschaftsdienstzuschläge** (OLG Stuttgart NStZ-RR 2008, 94); auch → Rn. 4. Zur Erstattung von **Portoauslagen** → § 7 Rn. 5.

III. „Notwendigkeit" bzw. „Erforderlichkeit" der besonderen Kosten

Die in Abs. 1 Nr. 1 bis 3 genannten besonderen Kosten sind nur insoweit zu ersetzen, als sie notwendig (Nr. 1) oder erforderlich (Nr. 2) waren; die Einhaltung dieser Kriterien kann durch das Gericht überprüft werden. Dies gilt auch für die Schreibauslagenpauschale nach Nr. 3 und die Kopierkosten nach § 7 Abs. 2. Über die Notwendigkeit entscheidet der Berechtigte unter Berücksichtigung des Auftragsinhalts nach pflichtgemäßem Ermessen (OLG Köln 13.1.2014 – 17 W 143/13, BeckRS 2014, 02438; (*Zimmermann P.* Rn. 1 mwN). Diese Kosten sind insoweit nicht zu entschädigen, als sie überflüssig waren (BGH NJW-RR 1987, 1470) oder bezüglich derer kein Hinweis an das Gericht nach § 407a Abs. 3 Satz 2 ZPO erfolgt ist (OLG Köln 13.1.2014 – 17 W 143/13, BeckRS 2014, 02438; auch → § 8a Rn. 14). Überflüssig ist insbesondere eine umfassende Wiedergabe des Akteninhalts mit Wiederholung des beiderseitigen Parteienvorbringens (OLG München FamRZ 1995, 1598), aber auch die Begleitung einer Insolvenzsachverständigen durch einen Sachbearbeiter bei der Besichtigung des Geschäftsbetriebs des Schuldners (AG Hamburg 2.3.2007 – 67c IN 564/06, BeckRS 2007, 04136) oder die Heranziehung eines „Diskussionspartners" eines Sachverständigen während der Überführung eines Kraftfahrzeugs bezüglich dessen Fahrverhaltens (KG 24.3.2009 – 2 U 76/06, BeckRS 2009, 14265). 3

IV. Aufwendungen für Hilfskräfte

1. Begriff der Hilfskraft

Dies sind Personen, die der bestellte Berechtigte zur Vorbereitung seiner von ihm in eigener Verantwortung zu erbringenden Leistung im Rahmen des erteilten Auftrags nach seiner Weisung heranzieht, entweder weil er ansonsten deren Arbei- 4 ten selbst erledigen müsste (zB Ladung zu einem Ortstermin, Vornahme einer Bauteilöffnung) oder ihm Fachwissen und Ausstattung für die Vorarbeit nicht zur Verfügung steht (zB Materialprüfung, Messungen). Der Berechtigte muss die Tätigkeit seiner Hilfskräfte überwachen und deren Arbeitsergebnisse überprüfen (*Zimmermann P.* § 8 Rn. 77); die Gesamtverantwortlichkeit des gerichtlichen Sachverständigen muss gewährleistet bleiben (OLG Düsseldorf 11.1.2018 – I-10 W 415/17, BeckRS 2018, 3756; AG Duisburg 11.1.2018 – 64 IN 267/14; OLG Köln 18.11.2013 – 17 W 167/13, BeckRS 2014, 00525). **Keine Hilfskraft** ist daher der Mitarbeiter einer nach § 1 Abs. 1 Satz 3 beauftragten Unternehmung, der die Leistung selbst vollständig erbringt, auch → § 1 Rn. 6. Abzulehnen ist deshalb die Auffassung, eine zur Erstattung eines Gutachtens beauftragte Unternehmung könne über den ihr nach § 9 zustehenden Honorarsatz hinaus einen **Bereitschaftszuschlag** für die Tätigkeit ihres Mitarbeiters, der die Sachverständigenleistung außerhalb der üblichen Bürozeiten erbringt, ersetzt verlangen (so auch OLG Stuttgart NStZ-RR 2008, 94; unrichtig noch OLG Stuttgart Justiz 2005, 437). Im Falle der Beauftragung einer Unternehmung nach § 1 Abs. 1 Satz 3 fällt lediglich die Person des Leistungserbringers und die des Vergütungsberechtigten auseinander (BT-Drs. 15/1971, 178). Das Honorar der Unternehmung bemisst sich daher nach der Leistung, die ihr Mitarbeiter erbringt. Zuschläge irgendwelcher Art zu den Honorarsätzen des § 9 widersprechen dem klaren Willen des Gesetzgebers, durch die Einführung des Gruppenmodells mit festen Stundensätzen im Interesse eines einheitlichen Vergütungssystems Zuschläge in Wegfall zu bringen (BT- Drs. 15/1971, 182); auch → § 9 Rn. 2 und → § 1 Rn. 6.

2. Entschädigungsvoraussetzungen

5 Macht ein Berechtigter Aufwendungen für eine Hilfskraft geltend, hat er jedenfalls auf gerichtliche Anforderung im Einzelnen darzutun, wieso die Zuziehung einer Hilfskraft sachlich geboten war, mit welchen Verrichtungen sie beauftragt war, welcher Zeitaufwand dafür jeweils angefallen und in welcher Höhe vergütet worden ist (OLG Hamm 8.7.2016 – 6 WF 336/15, BeckRS 2016, 16731; LSG BW 28.5.2015 – L 12 SF 1072/14 E, BeckRS 2015, 68841; OVG Sachsen-Anhalt 22.1.2015 – 4 O 144/17, BeckRS 2015, 44957; VG Halle 21.7.2014 – 5 A 162/13, JB 2014, 546 = BeckRS 2014, 55013; OLG Karlsruhe 11.11.2004 – 12 W 85/04, BeckRS 2004, 11030). Auch der Nachweis der Zahlung der geltend gemachten Aufwendungen an die Hilfskraft kann verlangt werden (BGH NJW-RR 1987, 1470). Die Hinzuziehung einer Hilfsperson bei der Exploration von Probanden ist regelmäßig nicht erforderlich (OLG Hamm 8.7.2016 – 6 WF 336/15, BeckRS 2016, 16731).

3. Entschädigungsumfang

6 Aufwendungen für Hilfskräfte sind nur gesondert erstattungsfähig, wenn sie nicht zu den üblichen Gemeinkosten gehören (→ Rn. 2) und nicht durch eine Pauschale nach Abs. 1 Nr. 2 und 3 oder § 7 Abs. 2 abgegolten oder von einer Vergütung oder Entschädigung nach Anlage 2 mit umfasst sind. Ferner ist eine Erstattungsfähigkeit nur insoweit gegeben, als die Heranziehung einer Hilfskraft notwendig war, → Rn. 3. Zu entschädigende Hilfskraft ist auch eine Schreibkraft, die begleitendes Schreibwerk erstellt, zB Ladungen an Parteien und deren Vertreter zu einem

Ortstermin, Schreiben eines diktierten Ortsterminsprotokolls (LG Dortmund 20.7.2011 – 9 T 46/11, BeckRS 2012, 08543; OLG Hamm Rpfleger 1990; 228).

4. Entschädigungshöhe

Sie bestimmt sich nach der zwischen dem Berechtigten und der Hilfskraft getroffenen Vereinbarung (KG 29.9.1998 – 1 W 3211/98). Vergütet wird aber nur der Betrag, den der Berechtigte an die Hilfskraft tatsächlich bezahlt hat (BGH NJW-RR 1987, 1470) Für eine **fest angestellte Hilfskraft** ist die Höhe des erstattungsfähigen Aufwands grundsätzlich auf der Grundlage des an die Hilfskraft gezahlten Bruttojahresentgelts einschließlich Weihnachts- und Urlaubsgratifikationen zuzüglich der Arbeitgeberanteile zur Sozialversicherung zu ermitteln (OLG Düsseldorf 11.1.2018 – I-10 W 415/17; BeckRS 2018, 3756; OLG Hamm BauR 2005, 997); bei der Rückrechnung vom Jahres-/Monatsgehalt auf den Stundensatz bleiben die gesetzlichen Feiertage und die Ausfallzeiten durch Urlaub oder Krankheit außer Betracht (Schleswig-Holsteinisches OLG 5.2.2014 – 9 W 176/13, BeckRS 2016, 07414). Besteht eine gesetzliche **Gebührenordnung,** in der Hilfskräfte aufgeführt sind, kann nach dieser abgerechnet werden, auch wenn die Hilfskraft nicht fest angestellt ist (OLG Hamm BauR 2005, 997). Bei Heranziehung einer **sachverständigen Hilfskraft** können Auslagen nur bis zum Höchstvergütungssatz nach § 9 geltend gemacht werden (ThürOLG 20.1.2012 – 9 W 580/11, BeckRS 2012, 11577; OLG München NJW-RR 1999, 73 und MDR 1993, 1024). 7

V. Verbrauchte Stoffe und Werkzeuge

Soweit in Anlage 2 ein Honorar das verbrauchte Material abgilt, kann dieses nicht nach § 12 geltend gemacht werden. Ersatz wird nur für verbrauchte Stoffe und Werkzeuge gewährt, nicht für den Gebrauch, die Abnutzung oder durch Verschulden des Berechtigten zerstörte Werkzeuge oder Geräte (*MHBOJ* Rn. 23; aA OLG Hamm Rpfleger 1975, 377; *Hartmann* Rn. 12: Danach soll auch ein erheblicher Substanzverlust oder eine erhebliche Wertminderung zu entschädigen sein). 8

VI. Sonstige besondere Kosten nach Abs. 1 Nr. 1 Hs. 1

Solche in der Vorschrift nicht im Einzelnen aufgeführten Kosten sind nur zu erstatten, soweit sie nicht zu den Gemeinkosten (→ Rn. 2) zählen und nicht im Rahmen der Honorarabrechnung entstehen, sondern konkret im Zusammenhang mit der Erledigung des Auftrags erforderlich sind. Insoweit sind erstattungsfähig die Kosten für die **Nutzung eines Auswertungstools** des Herstellers eines Geschwindigkeitsmessgeräts (LG Tübingen 20.3.2018 – 3 Qs 21/17, BeckRS 2018, 8399), auch die Entgelte für die **Benutzung einer konkreten Datenbank** (LSG RhPf Rpfleger 1986, 32). Letzteres kann aber heutzutage nur dann gelten, wenn die Datenbankabfrage das zu den Gemeinkosten zählende Halten fachbezogener Literatur nicht ersetzt und zudem die Kosten der Datenabfrage für den konkreten Einzelfall dargestellt werden. Ersatzfähig sind ferner die von einem Sachverständigen veranlassten Kosten für die Heranziehung eines Unternehmens für **vorbereitende Arbeiten,** zB Aufgraben eines zu begutachtenden Fundaments (OLG Koblenz JB 2004, 489), Verbringung einer Maschine auf einen Prüfstand, 9

Zusammenbau eines Apparats zur Prüfung seiner Funktionsfähigkeit. Hat der Berechtigte mit dem Unternehmer eine **überhöhte Werklohnvereinbarung** getroffen oder sich gegen einen überhöhten Werklohn nicht zur Wehr gesetzt, sind die geltend gemachten Aufwendungen angemessen herabzusetzen (*MHBOJ* Rn. 10a). Erstattungsfähig sind schließlich die **Nutzungsentgelte für Heranziehung von Personal oder Material** (LG Aachen JB 1989, 547; OLG Zweibrücken Rpfleger 1983, 508; OLG Karlsruhe Rpfleger 1983, 507 = Justiz 1983, 391; OLG Stuttgart Rpfleger 1982, 398 = Justiz 1982, 342). Zur Erstattungsfähigkeit von **Portoauslagen** und **Telekommunikationskosten** → § 7 Rn. 5.

10 Aufwendungen für **Laboruntersuchungen** und **rein apparatetechnische medizinische Untersuchungen** sind nach dieser Vorschrift in Höhe der entsprechenden GOÄ- Sätze zu erstatten (ThürLSG in stRspr, zuletzt 28.2.2018 – L 1 JVEG 739/15, BeckRS 2018, 3506 für Laboruntersuchungen; SG Detmold 6.11.2017, BeckRS 2017, 141124 für eine Lungenfunktionsprüfung durch eine Bodyplethysmographie). **Kosten für einen stationären Klinikaufenthalt,** der zur Begutachtung erforderlich ist, sind dem Sachverständigen ebenfalls zu erstatten, soweit sie notwendig sind, Abs. 1 Satz 2 Nr. 1. Mit Inkrafttreten des Fallpauschalengesetzes (BGBl. I 2002 S. 1412) zum 1.1.2003 haben die in das DRG-System einbezogenen Krankenhäuser seit dem 1.4.2004 nach dem Krankenhausentgeltgesetz nach Fallpauschalen abzurechnen (vgl. LSG RhPf NZS 2006, 424). Da damit im DRG- System tagesgleiche Pflegesätze fehlen, empfiehlt es sich, zur Bestimmung des Kostenaufwands für die stationäre Unterbringung eines Begutachtungspatienten die Kalkulationen heranzuziehen, die der **niedrigsten eintagesbezogenen Fallpauschale** für Belegabteilungen zugrunde liegen, allerdings unter Abzug der in der Pauschale enthaltenen Anteile für Arzneimittel und sonstigen medizinischen Bedarf (SG Fulda 12.11.2012 – S 4 SF 56/10 E, BeckRS 2012, 75861 mit auch vom LSG BaWü 6.7.2015 – L 12 KO 46/12, BeckRS 2016, 72580 anerkannter ausführlicher und eindrucksvoller Begründung); weiter LSG Hessen 30.6.2014 – L 2 R 106/13 B, BeckRS 2014, 71286, das Kosten für Arzneimittel und sonstigen medizinischen Bedarf berücksichtigt und für das Jahr 2010 von einer Tagespauschale iHv 200 Euro ausgeht; im Anschluss daran LSG BW 6.7.2015 – L 12 KO 46/12, BeckRS 2016, 72580, das für das Jahr 2011 eine Tagespauschale von 210 Euro annimmt; aA LSG Bln-Bbg 10.12.2015 – L 2 SF 232/15 F, BeckRS 2016, 65844, das unter Fortschreibung der Empfehlung der Deutschen Krankenhausgesellschaft aus dem Jahr 2004 eine Tagespauschale von 150 Euro festgesetzt hat). Neben den Pauschalen für die stationäre Aufnahme sind die konkret für die Erstattung des Gutachtens notwendigen Kosten einzelner Leistungen erstattungsfähig (LSG BW 6.7.2015 – L 12 KO 46/12, BeckRS 2016, 72580). Eine **Erstattungsfähigkeit dem Grunde nach** liegt aber nur dann vor, wenn der Klinikaufenthalt ausschließlich zum Zweck der Begutachtung erfolgt. Dient er daneben auch einer erforderlichen **stationären medizinischen Behandlung** der zu untersuchenden Person iSd § 27 Abs. 1 S. 1 SGB V, geht die Leistungspflicht des Sozialversicherungs- oder Sozialhilfeträgers nach SGB V der Erstattungspflicht nach dem JVEG vor (LSG Bln-Bbg 10.12.2015 – L 2 SF 232/15 F, BeckRS 2016, 65844; OLG Frankfurt 20.8.2008 – 20 W 145/08, BeckRS 2008, 20886). Auch Kosten, die durch einen auf gerichtliche Anordnung durchgeführten **diagnostischen Eingriff** entstehen, sind erstattungsfähig. Keine erstattungsfähigen Kosten eines Sachverständigen sind die **Kosten einer Unterbringung nach § 81 StPO,** weil es sich hierbei um keine Unterbringung durch den Sachverständigen, sondern um eine Justizverwaltungsmaßnahme handelt (ThürOLG 10.3.2008 – 1 Ws 35/08); auch → Rn. 1.

VII. Fotos, Ausdrucke (Abs. 1 Nr. 2)

Die Vorschrift geht als Spezialregelung § 7 Abs. 2 S. 1 vor, so dass eine Ersetzung von Fotos, insbesondere Digitalfotos, und deren Ausdrucken nur nach dieser Vorschrift erfolgt (FG Sachsen-Anhalt 18.5.2010 – 2 S 592/10, BeckRS 2010, 26029542; KG 12.11.2007 – 8 W 70/07, BeckRS 2008, 01070; OLG Zweibrücken 13.7.2005 – 7 W 60/05, BeckRS 2011, 06221; OLG Hamburg 21.2.2007 – 8 W 21/07, BeckRS 2007, 18355). Mit der Fassung der Norm durch das 2. KostRMoG sind bis dahin in der Rspr. unterschiedlich und abweichend beantwortete Fragen wie folgt geklärt: Der Ersatz von 2 Euro bezieht sich auf **jedes zur Vorbereitung und Erstattung des Gutachtens erforderliche Foto.** Ersetzt wird also die **Herstellung des Fotos,** gerade auch in digitaler Form. Unerheblich für den Ersatz ist, ob das Foto ausgedruckt bzw. abgezogen wird oder im schriftlichen Gutachten Verwendung findet. **Erforderlich** ist jedes Foto, das der Sachverständige nach seinem pflichtgemäßen Ermessen im Hinblick auf den ihm erteilten Gutachtenauftrag – zB als Erinnerungsstütze für in einem Ortstermin gewonnenen Erkenntnisse – für erforderlich halten durfte (LG Berlin JB 2010, 660; OLG Oldenburg JB 2003, 151; ähnlich *MHBOJ* Rn. 25 a). Unbrauchbare oder überflüssige Fotos sind nicht zu erstatten (LG Aachen JB 1991, 1130). Voraussetzung für die Erstattung ist lediglich die **Verwendung von Fotos,** unabhängig davon, ob sie vom Sachverständigen selbst gefertigt wurden oder nicht (OLG Frankfurt 21.10.2015 – 18 W 180/15, BeckRS 2016, 00929; OLG Hamm 4.9.2012 – 25 W 200/12, IBRRS 88208; AG Dortmund 13.3.2012 – 425 C 6373/11, DS 2012, 215). Die besondere Vergütung von 0,50 Euro für den zweiten und jeden weiteren Abzug oder Ausdruck eines Fotos wird nur noch dann gewährt, wenn keine Aufwendungen nach § 7 Abs. 2 ersetzt werden; sind Fotos Teil des schriftlichen Gutachtens geworden, können für einen zusätzlichen Ausdruck des Gutachtens die Fotos nicht gesondert abgerechnet werden (BT-Drs. 17/11471, 259; OLG Hamburg 3.12.2014 – 4 W 133/14, JB 2015, 203 = BeckRS 2015, 00004), auch wenn sie nicht ausgedruckt, sondern Abzüge eingeklebt sind und auch nicht bei einer Mehrfertigung für die **Handakten** des Sachverständigen. Abs. 1 S. 2 Nr. 2 dient der Vereinfachung der Abrechnung und der Vermeidung einer Doppelberechnung von Fotos, die bereits einer Kopier- bzw. Ausdruckspauschale des § 7 Abs. 2 unterfallen (OLG Düsseldorf 23.12.2014 – 10 W 181/14, BeckRS 2015, 06706). Zur Erstattungsfähigkeit eines Handaktenexemplars generell → § 7 Rn. 7. **Grafiken und Diagramme** fallen nicht unter diese Vorschrift, weil sie keine „Fotos" sind; die Notwendigkeit einer besonderen Vergütung für Grafiken und Diagramme besteht auch nicht, weil der Sachverständige für deren Anfertigung mit dem Stundensatz honoriert wird (BT-Drs. 17/11471, 259; aA zur alten Rechtslage *Schneider* Rn. 33; OLG Bamberg 4.1.2006 – 4 W 151/05, BeckRS 2006, 03642). Mit der **Fotopauschale** ist sämtlicher Aufwand für die Anfertigung, Bearbeitung und Einbringung in das Gutachten ungeachtet nachgewiesener höherer Fertigungskosten abgegolten (OLG Stuttgart Justiz 1997, 443; OLG Saarbrücken MDR 1996, 1077). Der mit der Beschaffung von Fotos und Ausdrucken verbundene Zeitaufwand des Sachverständigen ist bei der Leistungsvergütung nach §§ 8 und 9 zusätzlich zu berücksichtigen (OLG Düsseldorf MDR 1993, 1024; OLG Düsseldorf JB 1987, 1584). 11

VIII. Schreibauslagenpauschale (Abs. 1 Nr. 3)

12 Sie wird nur für Gutachten, nicht für Übersetzungen gewährt, → § 11 Rn. 3. Sie beträgt für die Urschrift 0,90 Euro je 1000 angefangene Anschläge unter Mitzählung der Leerzeichen, → § 11 Rn. 5. Ist die Zahl der Anschläge nicht bekannt, so ist eine großzügige Schätzung möglich (*Hartmann* Rn. 15). Für Mehrfertigungen gilt § 7 Abs. 2. Mit den Pauschalen ist der gesamte mit der Herstellung des Gutachtens verbundene Aufwand abgegolten, auch die Kosten für die Zusammenstellung des Gutachtens, das Binden und die dabei verwendeten Materialien (OLG München JB 1991, 995). Über die Schreibpauschale hinaus oder an ihrer Stelle können Auslagen für Hilfskräfte nicht geltend gemacht werden (SG Karlsruhe 23.2.2016 – S 1 SF 568/16 E, BeckRS 2016, 67890), ebenso wenig ein Honorar des Sachverständigen, wenn er das Gutachten selbst in einem einheitlichen Arbeitsgang mit der Formulierung und Korrektur ins Reine schreibt (BayLSG 30.11.2011 – L 15 SF 97/11, BeckRS 2011, 79087; SächsOVG 31.8.2004 – 1 B 4411/98, IBRRS 48098). Bei Diktat in ein **Spracherkennungssystem** muss aber differenziert werden: Für die Diktatzeit ist dem Sachverständigen das Honorar zu gewähren; dazuhin erhält er die Schreibauslagenpauschale. Nimmt aber das Diktat in ein Spracherkennungssystem ersichtlich und erheblich mehr Zeit in Anspruch als ein konventionelles Diktat, ist die aufgewendete Diktatzeit über die **Plausibilitätsprüfung** (→ § 8 Rn. 8 ff.) angemessen zu kürzen. Eine **Schätzung der Anschläge** nach Abs. 1 Nr. 4 Hs. 2 dürfte wegen der regelmäßig zur Verfügung stehenden Zeichenzählprogramme kaum mehr erforderlich sein. Offensichtlich macht die Praxis von dieser Möglichkeit nur unzureichend Gebrauch, weil stattdessen die Anschlagszahlen nicht selten geschätzt werden, wobei in der Sozialgerichtsbarkeit die Schätzung der Anschlagszahlen je „Standardseite" von 1 800 (BayLSG in stRspr, zuletzt 24.4.2014 – L 15 SF 368/13, BeckRS 2014, 68986; HessLSG 23.11.2010 – L 2 SF 335/09, BeckRS 2011, 70087) über 2 000 (Schleswig-Holsteinisches LSG NZS 2010, 63 (Ls.) = MedR 2010, 522) bis zu sparsamen 2 700 (LSG BW in stRspr, zuletzt 28.5.2015 – L 12 SF 1072/14 E, BeckRS 2015, 68841) variiert.

IX. Kopien

13 Für **Kopien** – auch der Urschrift des Gutachtens oder der Übersetzung (OLG Koblenz 21.3.2017 – 14 W 113/17, BeckRS 2017, 107119) – erhalten Sachverständige, Dolmetscher und Übersetzer Entschädigung nach Maßgabe des § 7, → § 7 Rn. 7.

X. Umsatzsteuer (Abs. 1 Nr. 4)

14 Soweit sie anfällt, ist sie Sachverständigen, Dolmetschern und Übersetzern zu erstatten, nicht jedoch sachverständigen Zeugen, auch soweit sie Leistungen nach § 10 Abs. 2 erbringen (SG Magdeburg 15.1.2016 – S 15 SB 398/13, BeckRS 2016, 67310; BayLSG 31.7.2012 – L 15 SF 229/10, BeckRS 2012, 73386; BSG NZS 2009, 644 (Ls.) = BeckRS 2008, 58286; auch → Anl. 2 Rn. 8). Jedoch ist die einem **Dritten nach § 23** von einem Fremdleister berechnete Umsatzsteuer als

bare Auslage nach § 7 Abs. 1 Satz 1 zu ersetzen (LG Hannover JB 2005, 433 m. zust. Anm. *Bund*). Bei Beauftragung einer **Unternehmung** nach § 1 Abs. 1 letzter Satz ist deren Steuerpflicht maßgeblich, nicht die ihres Mitarbeiters, der die Leistung erbringt (OLG Celle JB 2005, 147 m. abl. Anm. *Bund;* so jetzt auch *MHBOJ* § 9 Rn. 11). Soweit ein **Kleinunternehmer** nach § 19 Abs. 1 UStG nicht auf die Umsatzsteuer optiert, kann er sie auch nicht erstattet verlangen, Abs. 1 Nr. 2 Hs. 2. Muss ein als Sachverständiger bestellter nicht der Umsatzsteuerpflicht unterliegender **Klinikarzt** auf Grund seines Arbeitsvertrags die erworbene Sachverständigenvergütung an seinen Arbeitgeber abtreten, kann dieser keine Umsatzsteuer berechnen, weil der Sachverständige nur solche Ansprüche abtreten kann, die er selbst erworben hat (LSG Bln-Bbg NZS 2013, 386 (Ls.) = BeckRS 2013, 66621; nicht gesehen von ThürLSG 24.8.2009 – L 6. B 248/08 SF); es gilt halt auch hier schon der unverändert überkommene römischrechtliche Grundsatz „nemo plus iuris transferre potest, quam ipse habet" (*Ulpian* im 46. Buch seines Ediktkommentars, zit. nach *„De romanorum iure",* 1960, S. 340). Auch **Portoauslagen** sind Entgelte im Sinne des § 10 Abs. 1 S. 1 UStG, so dass die hierauf entfallende Umsatzsteuer zu erstatten ist (SG Fulda 3.6.2015 – S 4 SF 58/14 E, BeckRS 2015, 69077; aA SächsLSG 10.3.2015 – L 8 SF 99/13 E, BeckRS 2015, 68203).

XI. Zuschlag für die auf die Hilfskraft entfallenden Gemeinkosten (Abs. 2)

Er beträgt fest 15 Prozent der nach Abs. 1 Nr. 1 notwendigen Aufwendungen für 15
die Hilfskraft. Voraussetzung ist aber, dass deren Hinzuziehung nicht nur unwesentlich erhöhte Gemeinkosten verursacht hat. Dies dürfte bei Hinzuziehung eines nicht im Büro des Sachverständigen beschäftigten freien Mitarbeiters regelmäßig nicht der Fall sein (*MHBOJ* Rn. 30).

§ 13 Besondere Vergütung

(1) [1]**Haben sich die Parteien oder Beteiligten dem Gericht gegenüber mit einer bestimmten oder einer von der gesetzlichen Regelung abweichenden Vergütung einverstanden erklärt, wird der Sachverständige, Dolmetscher oder Übersetzer unter Gewährung dieser Vergütung erst herangezogen, wenn ein ausreichender Betrag für die gesamte Vergütung an die Staatskasse gezahlt ist.** [2]**Hat in einem Verfahren nach dem Gesetz über Ordnungswidrigkeiten die Verfolgungsbehörde eine entsprechende Erklärung abgegeben, bedarf es auch dann keiner Vorschusszahlung, wenn die Verfolgungsbehörde nicht von der Zahlung der Kosten befreit ist.** [3]**In einem Verfahren, in dem Gerichtskosten in keinem Fall erhoben werden, genügt es, wenn ein die Mehrkosten deckender Betrag gezahlt worden ist, für den die Parteien oder Beteiligten nach Absatz 6 haften.**

(2) [1]**Die Erklärung nur einer Partei oder eines Beteiligten oder die Erklärung der Strafverfolgungsbehörde oder der Verfolgungsbehörde genügt, soweit sie sich auf den Stundensatz nach § 9 oder bei schriftlichen Übersetzungen auf ein Honorar für jeweils angefangene 55 Anschläge nach § 11 bezieht und das Gericht zustimmt.** [2]**Die Zustimmung soll nur**

erteilt werden, wenn das Doppelte des nach § 9 oder § 11 zulässigen Honorars nicht überschritten wird und wenn sich zu dem gesetzlich bestimmten Honorar keine geeignete Person zur Übernahme der Tätigkeit bereit erklärt. [3]Vor der Zustimmung hat das Gericht die andere Partei oder die anderen Beteiligten zu hören. [4]Die Zustimmung und die Ablehnung der Zustimmung sind unanfechtbar.

(3) **[1]Derjenige, dem Prozess- oder Verfahrenskostenhilfe bewilligt worden ist, kann eine Erklärung nach Absatz 1 nur abgeben, die sich auf den Stundensatz nach § 9 oder bei schriftlichen Übersetzungen auf ein Honorar für jeweils angefangene 55 Anschläge nach § 11 bezieht. [2]Wäre er ohne Rücksicht auf die Prozess- oder Verfahrenskostenhilfe zur vorschussweisen Zahlung der Vergütung verpflichtet, hat er einen ausreichenden Betrag für das gegenüber der gesetzlichen Regelung oder der vereinbarten Vergütung (§ 14) zu erwartende zusätzliche Honorar an die Staatskasse zu zahlen; § 122 Abs. 1 Nr. 1 Buchstabe a der Zivilprozessordnung ist insoweit nicht anzuwenden. [3]Der Betrag wird durch unanfechtbaren Beschluss festgesetzt. [4]Zugleich bestimmt das Gericht, welcher Honorargruppe die Leistung des Sachverständigen ohne Berücksichtigung der Erklärungen der Parteien oder Beteiligten zuzuordnen oder mit welchem Betrag für 55 Anschläge in diesem Fall eine Übersetzung zu honorieren wäre.**

(4) **[1]Ist eine Vereinbarung nach den Absätzen 1 und 3 zur zweckentsprechenden Rechtsverfolgung notwendig und ist derjenige, dem Prozess- oder Verfahrenskostenhilfe bewilligt worden ist, zur Zahlung des nach Absatz 3 Satz 2 erforderlichen Betrags außerstande, bedarf es der Zahlung nicht, wenn das Gericht seiner Erklärung zustimmt. [2]Die Zustimmung soll nur erteilt werden, wenn das Doppelte des nach § 9 oder § 11 zulässigen Honorars nicht überschritten wird. [3]Die Zustimmung und die Ablehnung der Zustimmung sind unanfechtbar.**

(5) **[1]Im Musterverfahren nach dem Kapitalanleger-Musterverfahrensgesetz ist die Vergütung unabhängig davon zu gewähren, ob ein ausreichender Betrag an die Staatskasse gezahlt ist. [2]Im Fall des Absatzes 2 genügt die Erklärung eines Beteiligten des Musterverfahrens. [3]Die Absätze 3 und 4 sind nicht anzuwenden. [4]Die Anhörung der übrigen Beteiligten des Musterverfahrens kann dadurch ersetzt werden, dass die Vergütungshöhe, für die die Zustimmung des Gerichts erteilt werden soll, öffentlich bekannt gemacht wird. [5]Die öffentliche Bekanntmachung wird durch Eintragung in das Klageregister nach § 4 des Kapitalanleger-Musterverfahrensgesetzes bewirkt. [6]Zwischen der öffentlichen Bekanntmachung und der Entscheidung über die Zustimmung müssen mindestens vier Wochen liegen.**

(6) **[1]Schuldet nach den kostenrechtlichen Vorschriften keine Partei oder kein Beteiligter die Vergütung, haften die Parteien oder Beteiligten, die eine Erklärung nach Absatz 1 oder Absatz 3 abgegeben haben, für die hierdurch entstandenen Mehrkosten als Gesamtschuldner, im Innenverhältnis nach Kopfteilen. [2]Für die Strafverfolgungs- oder Verfolgungsbehörde haftet diejenige Körperschaft, der die Behörde angehört, wenn die Körperschaft nicht von der Zahlung der Kosten befreit ist. [3]Der auf eine Partei oder einen Beteiligten entfallende Anteil bleibt unberücksichtigt, wenn das Gericht der Erklärung nach Absatz 4 zugestimmt hat. [4]Der Sachver-**

ständige, Dolmetscher oder Übersetzer hat eine Berechnung der gesetzlichen Vergütung einzureichen.

Übersicht

I. Vorbemerkung

Mit dem durch das **2. JuMoG** in die Vorschrift gekommenen Abs. 6 war gegenüber der aF die Möglichkeit drastisch erweitert worden, dass Sachverständige, Dolmetscher und Übersetzer eine **höhere Honorierung** erhalten können, als sie nach den sonstigen Vorschriften des JVEG zulässig ist. Nach ihr konnte jeder Verfahrensbeteiligte in **jedem gerichtlichen Verfahren** einem vom Gericht bereits bestellten Sachverständigen usw. ein höheres als das gesetzliche Honorar anbieten, wenn 1 er die Differenz zwischen gesetzlichem und angebotenem Honorar aus eigener Tasche bezahlte und der Sachverständige usw. diese Erhöhung begehrt hatte. Wegen der tiefgreifenden Bedenken des Bundesrats gegen diese Vorschrift (vgl. BT-Drs. 17/11471, 146 und 261) – es war eine vom *Verfasser* angeregte Gesetzesinitiative des Landes BW (BR-Drs. 86/07) – wurde diese **durch das 2. KostRMoG gestrichen.** Mit der erfolgten Korrektur bleibt jedoch die Möglichkeit erhalten, dass die Parteien oder Beteiligten übereinstimmend einer höheren Vergütung zustimmen können, auch wenn letztlich keinem der an dem Verfahren Beteiligten die Kosten auferlegt werden. In diesem Fall haften sie jedoch für die Mehrkosten gegenüber der Staatskasse als Gesamtschuldner. Darüber hinaus wollte der Gesetzgeber mit der Änderung angeblich einem Bedürfnis der gerichtlichen Praxis Rechnung tragen, in bestimmten Straf- und Bußgeldverfahren Sachverständige mit einem über den gesetzlichen Honorarsätzen liegenden Honorar zu vergüten, namentlich für kartellrechtliche Bußgeldverfahren, weil es sonst nicht möglich sei, qualifizierte Sachverständige für die Feststellung des kartellbedingten Mehrerlöses und des wirtschaftlichen Vorteils zu finden (BT-Drs. 17/11471, 262).

II. Regelungszweck

2 Unter den Voraussetzungen dieser Vorschrift können Sachverständige, Dolmetscher und Übersetzer eine **höhere Honorierung** erhalten, als sie nach den sonstigen Vorschriften des JVEG zulässig ist. In der Praxis dürfte sie sich wie bisher auf **Begehren von Sachverständigen** beschränken, mit denen diese einen höheren als in § 9 bestimmten Stundensatz oder eine höhere als nach § 14 vereinbarte Vergütung erreichen wollen. In der Gesetzesbegründung zum 2. JuMoG sind dabei die **Sozialgerichtsverfahren** besonders erwähnt (BT-Drs. 16/3038,124), in der zum 2. KostRMoG die **kartellrechtlichen Gerichtsverfahren** in Zivil-, Verwaltungs- und Bußgeldsachen (BT-Drs. 17/11471, 262), weshalb besonders im letztgenannten Bereich mit vermehrten Anträgen auf eine Besondere Vergütung zu rechnen sein dürfte. Bei **Dolmetschern und Übersetzern** hat diese Möglichkeit der Vergütungserhöhung in der Praxis bisher offensichtlich keine Rolle gespielt.

III. Systematik

3 Bereits das ZSEG sah auf Grund des zu seiner Zeit geltenden Entschädigungsprinzips in seinem § 7 die Besondere Vergütung systematisch zu Recht vor, da sie die Differenz zwischen einer leistungsgerechten Vergütung und der unter dieser liegenden Entschädigung kompensieren konnte. Seit der Einführung des leistungsangemessenen Vergütungsprinzips durch das JVEG ist die Besondere Vergütung aber ein **Fremdkörper im System der Vergütung** von Sachverständigen, Dolmetschern und Übersetzern, da sie eine höhere als die gesetzlich festgesetzte leistungsgerechte Vergütung zulässt. Die Norm findet in ihrer neuen Fassung auf **alle Gerichtsverfahren** Anwendung, Abs. 1 S. 1. Erklären sich **alle Parteien oder Beteiligten** mit einer bestimmten oder einer von der gesetzlichen Regelung abweichenden Vergütung einverstanden, gilt diese ohne Begrenzung der Höhe nach. **Besondere Voraussetzungen** gelten nach Abs. 2 jedoch, wenn **nur eine Partei oder ein Beteiligter,** die Strafverfolgungsbehörde oder die Verfolgungsbehörde, bei mehr als 2 Parteien oder Beteiligten also nicht alle, der Besonderen Vergütung

zustimmen, ebenso im Rahmen der Abs. 3 und 4 bei Zustimmung einer Partei oder einer beteiligten Person, der **PKH oder VKH** bewilligt ist. Grundsätzlich ist Voraussetzung der **Heranziehung zu den Bedingungen der Besonderen Vergütung** (Auszahlungsvoraussetzung), dass ein ausreichender Betrag für die gesamte Vergütung an die Staatskasse gezahlt ist, Abs. 1 S. 1. Bei einem Verfahren, in dem Gerichtskosten in keinem Fall erhoben werden, reicht die Einzahlung der Mehrkosten aus, für die die Parteien nach Abs. 6 haften, Abs. 1 S. 3. Bei einer nach allgemeinen Verfahrensregeln vorschusspflichtigen Partei oder beteiligten Person, der PKH- bzw. VKH bewilligt ist, ist die Einzahlung des Differenzbetrags der Besonderen zur gesetzlichen oder nach § 14 vereinbarten Vergütung erforderlich, Abs. 3 S. 2. Ausnahmen von der Einzahlungspflicht regeln Abs. 1 S. 2 für die OWiG- Verfolgungsbehörde und Abs. 4 S. 1 für die Partei oder beteiligte Person, der PHK- bzw. VKH bewilligt ist, wenn das Gericht deren Erklärung zustimmt. Weitgehend eigenständige Regelungen stellt Abs. 5 für das **Musterverfahren nach dem KapMuG** auf. Schließlich regelt. Abs. 6 gegenüber der Staatskasse und im Innenverhältnis die **Haftung für den Mehrbetrag der Besonderen Vergütung** seitens der Strafverfolgungsbehörde, der Verfolgungsbehörde, der Parteien oder Beteiligten bei Verfahren, in denen keine Partei oder kein Beteiligter nach den kostenrechtlichen Vorschriften die gesetzliche oder nach § 14 vereinbarte Vergütung schuldet.

IV. Deutliche Mehrbelastung der Gerichte

Entgegen dem Zweck des JVEG, die Abrechnung der Ansprüche von Berechtigten deutlich zu vereinfachen sowie dem des 2. JuMoG, die praktischen Abläufe bei den Gerichten zu verbessern (BT-Drs. 16/3038, 6), fällt durch die gesetzliche Einräumung der Möglichkeit einer Besonderen Vergütung erheblicher zusätzlicher Aufwand bei den Gerichten an. Dieser entsteht durch die **erweiterten Prüfungs- und Festsetzungsverpflichtungen** nach Abs. 1 S. 3 und Abs. 3 S. 2 (im Einzelnen → Rn. 20 ff.), durch die Verpflichtung zur unentgeltlichen **Durchsetzung des jeweils festgesetzten Mehrbetrags** nach §§ 17 Abs. 1, 18 GKG, 16 Abs. 1, 17 FamGKG zu Gunsten des Vergütungsberechtigten, durch **in der gleichen Instanz wiederholt erforderliches Procedere** bei Ergänzungsaufträgen (vgl. OLG Karlsruhe 18.8.2014 – 7 W 44/14, BeckRS 2014, 16556), durch **Verfahrensverzögerungen** wegen der einzuräumenden zusätzlichen Stellungnahme- und Einzahlungsfristen und schließlich durch **Rechtsanwendungsfehler** auf Grund der verschachtelten Rechtsmaterie (vgl. dazu den Sachverhalt bei OLG Karlsruhe 18.8.2014 – 7 W 44/14, BeckRS 2014, 16556). 4

V. Einverständniserklärung

1. Form der Einverständniserklärung

Die Einverständniserklärung ist **gegenüber dem Gericht** abzugeben. Grundsätzlich bedarf sie **keiner besonderen Form,** sie kann auch konkludent erfolgen (LG Heilbronn MDR 1993, 1246; OLG Hamburg MDR 1983, 415), zB durch Einzahlung eines auf Grund der besonderen Vergütung bemessenen Kostenvorschusses (aA Brandenburgisches OLG 8.4.2010 – 12 W 14/10, BeckRS 2010, 16715; OLG Hamburg JB 1983, 743; *MHBOJ* Rn. 6). **Bloßes Stillschweigen** 5 reicht nicht aus (OLG Koblenz MDR 2010, 346; LG Heilbronn MDR 1993, 1246), anders, wenn bestimmte Anhaltspunkte das Einverständnis ergeben (*Hartmann* Rn. 7 mwN), wobei das Schweigen auf eine Mitteilung des Gerichts, es werde von der Zustimmung ausgegangen, wenn nicht innerhalb einer bestimmten Frist widersprochen werde, nicht ausreicht (LG Heilbronn MDR 1993, 1245; *Zimmermann P.* Rn. 18 mwN). Eine abgegebene Einverständniserklärung ist als Prozesshandlung unwiderruflich (OLG Stuttgart Justiz 1984, 366). Keine Partei und kein Beteiligter ist verpflichtet, sich mit dem Ersuchen eines Berechtigten auf eine Vergütung nach § 13 einverstanden zu erklären (OLG Düsseldorf OLGR 1998, 56). Die Besondere Vergütung ist nur bei **Einverständniserklärung gegenüber dem Gericht** als gerichtliche Auslage abzurechnen. Eine Einverständniserklärung allein gegenüber dem Berechtigten hat allenfalls nur zivilrechtliche Wirkungen und ist vom Gericht bei der Vergütungsfestsetzung nicht zu beachten. Der in der Vorschrift verwendete Begriff „Einverständnis" setzt voraus, dass der **Antrag auf Gewährung der Besonderen Vergütung vom Vergütungsberechtigen gestellt** wird. Ein Angebot einer, mehrerer oder aller beteiligten Personen ohne Antrag des Vergütungsberechtigten löst das Verfahren über die Besondere Vergütung nach dieser Vorschrift noch nicht aus; in der Praxis wird aber ein Vergütungsberechtigter bei einem solchen Angebot in aller Regel einen entsprechenden Antrag stellen.

2. Zeitpunkt der Einverständniserklärung

6 Entgegen der hM zum früheren § 7 ZSEG (OLG Stuttgart Justiz 1976, 258), nach der die Zustimmung des Gerichts nach der Leistung des Berechtigten nicht mehr statthaft war, können nunmehr Einverständnis und Zustimmung **bis zur gerichtlichen Festsetzung** der Ansprüche des Berechtigten nach § 4 erklärt werden, auch wenn die jeweilige Streitinstanz bereits beendet ist (jetzt auch BGH 28.5.2013 – X ZR 137/09, BeckRS 2013, 11009; so schon LG Halle 21.3.2005 – 11 O 73/96, BeckRS 2011, 10713, jeweils mwN). Die entgegengesetzte Auffassung (zB OLG Düsseldorf JB 2011, 490; OLG Koblenz MDR 2010, 346; *MHBOJ* Rn. 8 – jeweils ohne Begründung –) ist abzulehnen, da sie im Gesetz keine Stütze findet und das von ihr herangezogene Argument, bei einer nachträglichen Zustimmungsmöglichkeit des Gerichts sehe sich die kostentragungspflichtige Partei einem unberechenbaren Kostenrisiko ausgesetzt, nicht überzeugt: Die nach der bisherigen hM **schützenswerte Partei** ist nach dieser Vorschrift nur bezüglich der Differenz zwischen der gesetzlichen und der besonderen Vergütung schützenswert. Dagegen schützt sie die Höhe eines angeforderten Kostenvorschusses vor einer deutlich höheren endgültigen Festsetzung der gesetzlichen Vergütung eines Berechtigten nur im Rahmen des § 8a Abs. 4. Bezüglich der Differenz ist die betroffene Partei dadurch zureichend geschützt, dass die Gewährung der Differenz zwischen der gesetzlichen und der Besonderen Vergütung davon abhängt, dass nach Abs. 1 S. 1 ein ausreichender Betrag an die Staatskasse gezahlt ist; dieses Risiko kann die schützenswerte Partei an Hand der von der Gegenseite geleisteten Vorschüsse abschätzen. Ein **weiterer Schutz** besteht darin, dass das Gericht in den Fällen von Abs. 2 und Abs. 4 S. 1 nach Anhörung der Betroffenen eine **Ermessensentscheidung** unter Berücksichtigung aller Umstände des Einzelfalls zu treffen hat.

3. Vergütungszusage des Gerichts ohne Einhaltung des Verfahrens nach Abs. 1 und 2

Die Absprache eines Berechtigten lediglich mit dem Gericht über eine besondere Vergütung ist **gegen das Gesetz und damit rechtswidrig.** Deshalb ist sie wirkungslos und begründet auch unter dem Gesichtspunkt des Vertrauensschutzes keine Verpflichtung zur Zahlung dieser Vergütung (OLG Koblenz JB 1995, 153 mAnm *Enders;* KG JB 1989, 698 mAnm *Mümmler;* aA LG Aschaffenburg JB 1997, 540; anders, unzutreffend und unter Verkennung des § 1 Abs. 1 S. 2 OLG Oldenburg 6.12.2006 – 15 W 36/06, BeckRS 2006, 15176). Teilt das Gericht dem Berechtigten fälschlicher Weise mit, die Parteien hätten der von ihm verlangten besonderen Vergütung zugestimmt oder weckt das Gericht beim Berechtigten den Eindruck einer erfolgten Zustimmung, hat der Berechtigte unter dem Gesichtspunkt des Vertrauensschutzes ausnahmsweise Anspruch auf die besondere Vergütung, jedenfalls dann, wenn diese durch den einbezahlten Kostenvorschuss gedeckt ist (OLG Celle 11.1.2016 – 2 W 3/16, MDR 2016, 362 = BeckRS 2016, 02740; OLG Hamm RPfleger 1988, 550; einschränkend für den Fall, dass sich dem Sachverständigen ein Irrtum des Gerichts bei der Mitteilung aufdrängen muss, OLG Karlsruhe 18.8.2014 – 7 W 44/14, BeckRS 2014, 16556). 7

4. Geltungsumfang des Einverständnisses oder der gerichtlichen Zustimmung

Mit einer besonderen Vergütung in Form einer **Fallpauschale** sind sämtliche erforderlichen Leistungen des Berechtigten abgegolten, auch ein etwa nötiges Ergänzungsgutachten, im Zweifel auch die mündliche Erläuterung eines schriftlichen Gutachtens nach § 411 Abs. 3 ZPO. Bei **nachträglicher Auftragserweiterung** hat der Berechtigte insoweit Anspruch auf zusätzliche Vergütung (OLG Frankfurt JB 1965, 58). Liegen für die Erweiterung die Voraussetzungen einer Besonderen Vergütung nicht vor, hat der Berechtigte für diese Leistungen nur Anspruch auf die **gesetzliche Vergütung** (so auch *MHBOJ* Rn. 15). Auch dann, wenn sich die besondere Vergütung nur auf den Stundensatz, die Vergütung nach § 11 oder den Ersatz einzelner Aufwendungen nach § 8 Abs. 1 Nr. 2 bis 4 bezieht, muss das Verfahren zur wirksamen Vereinbarung einer Besonderen Vergütung für jeden erteilten weiteren Auftrag (zB Zusatzgutachten, mündliche Erläuterung) auch innerhalb der gleichen Instanz selbständig durchgeführt werden, da die Besondere Vergütung einen Ausnahmetatbestand gegenüber der gesetzlichen Vergütung darstellt und für jeden Auftrag unterschiedliche Vergütungskriterien wie überproportionale Fahrtzeiten oder das Verhältnis der zwischenzeitlich entstandenen Sachverständigenkosten zum Streitwert gelten können (ThürOLG 26.5.2016 – 1 W 238/16, JB 2016, 430 = BeckRS 2016, 11354; OLG Karlsruhe 18.8.2014 – 7 W 44/14, BeckRS 2014, 16556); die *bis zur 3. Aufl.* vertretene Meinung, Gründe der Praktikabilität sprächen dafür, die einmal vereinbarten Sätze der Besonderen Vergütung auf mehrere Aufträge innerhalb einer Instanz anzuwenden, wird nicht mehr aufrechterhalten. Bei einer **erneuten Heranziehung durch das Rechtsmittelgericht** sind jedenfalls neue gesonderte Vereinbarungen über eine Besondere Vergütung erforderlich. 8

VI. Heranziehung zu einer erhöhten Vergütung (Auszahlungsvoraussetzung der Besonderen Vergütung)

1. Verfahren mit Kostentragungspflicht der Parteien oder Beteiligten (Abs. 1 S. 1)

9 Grundsätzlich wird jeder gerichtlich bestellte Sachverständige, Dolmetscher und Übersetzer zu den Bedingungen der **gesetzlichen Vergütung** herangezogen, also zum Honorar, das sich aus §§ 9 bis 11 oder einer vereinbarten Vergütung nach § 14 ergibt. Sofern ein Vergütungsberechtigter seine Leistung nach den gesetzlichen Bestimmungen, zB nach § 407 ZPO, erbringen muss, was in der Praxis in den meisten Fällen einer Sachverständigenheranziehung der Fall ist, darf er seine **Leistung nicht von der Gewährung einer Besonderen Vergütung abhängig** machen, auch → Rn. 13. Erst wenn die jeweils erforderlichen Einverständniserklärungen und Zustimmungsbeschlüsse vorliegen und darüber hinaus ein **ausreichender Betrag an die Staatskasse** gezahlt ist, erfolgt die Heranziehung des Berechtigten unter Gewährung der besonderen Vergütung, höchstens jedoch in Höhe des jeweils eingezahlten, die gesetzliche Vergütung übersteigenden Betrags (OLG Düsseldorf 9.12.2008 – 10 W 142/08, BeckRS 2008, 26057; OLG Koblenz MDR 2005, 1258). Ausnahmsweise wird der Berechtigte auch bei Nichteinzahlung des Vorschusses zu den Voraussetzungen der Besonderen Vergütung herangezogen, wenn er auf Grund des Verhaltens des Gerichts von einer erfolgten Zahlung ausgehen konnte (OLG Koblenz JB 2010, 214). Dies soll auch aus Gründen des Vertrauensschutzes für den Fall gelten, dass das Gericht bei Zustimmung nur einer Partei die erhöhte Vergütung genehmigt, ohne den Sachverständigen darauf hinzuweisen, dass der Eingang eines entsprechenden Vorschusses abzuwarten bleibt (OLG Karlsruhe 11.3.2015 – 20 WF 123/14, NZFam 2015, 424 = BeckRS 2015, 06242). Bei persönlicher **Kostenfreiheit der vorschusspflichtigen Partei** ist die Besondere Vergütung auch ohne Vorschusszahlung zu gewähren (einhellige Meinung in der Rspr., zuletzt KG 13.10.2006 – 27 W 25/06, IBRRS 57574, und OLG Koblenz 28.9.2005 – 14 W 618/05, BeckRS 2005, 14742, jeweils mwN; aA *Hartmann* Rn. 17 und *MHBOJ* Rn. 10c aE). **Bis zum Inkrafttreten des 2. JuMoG** war die Zahlung eines ausreichenden Betrags **Auszahlungsvoraussetzung** der besonderen Vergütung (OLG München FamRZ 2002, 412 Ls. zu § 7 ZSEG). Der Berechtigte kann **statt der Besonderen die gesetzliche Vergütung** verlangen; deren Auszahlung ist nur im Rahmen des § 8a Abs. 4 auf den Betrag des eingezahlten Kostenvorschusses beschränkt; dazu → § 8a Rn. 16–19. Die Staatskasse ist aber nach §§ 17 Abs. 1, 18 GKG, 16 Abs. 1, 17 FamGKG **auch nach Abschluss des Verfahrens** verpflichtet, einen angeordneten Kostenvorschuss durchzusetzen; dies gilt auch für die **Mehrbeträge nach Abs. 1 S. 3 und Abs. 3 S. 2,** die sich aus der Differenz zwischen der gesetzlichen bzw. der nach § 14 vereinbarten und der Besonderen Vergütung ergeben.

2. Verfahren, in denen Gerichtskosten in keinem Fall erhoben werden (Abs. 1 S. 3)

10 In diesen Fällen ist es zur Auslösung der Besonderen Vergütung ausreichend, dass ein die Mehrkosten deckender Betrag gezahlt worden ist, für die die Parteien oder

Beteiligten nach Abs. 6 haften. Keine Verfahren, in denen Gerichtskosten in keinem Fall erhoben werden, sind zB nicht nur Zivilprozesse, Ehesachen und selbständige Familienstreitsachen, sondern auch Arbeitsgerichtsverfahren, Streitverfahren der Freiwilligen Gerichtsbarkeit, Spruchverfahren nach dem SpruchG (OLG Frankfurt NZG 2009, 428; LG Dortmund 9.3.2005 – 20 AktE 22/01), Privatklagesachen, jetzt wegen § 109 SGG auch Sozialgerichtsverfahren (aA zum alten Recht noch richtig LSG BW Justiz 2005, 27) und Offizialstrafverfahren nach der StPO sowie OWi- Verfahren.

VII. Vergütung bei Einverständnis aller Parteien oder Beteiligten (Abs. 1)

Die Zustimmung des Gerichts ist hier nicht erforderlich. Die Vergütung kann wegen der in diesen Fällen bestehenden Parteiautonomie **ohne Beachtung der Vorgaben und Grenzen des JVEG** vereinbart werden. Sie muss aber bestimmt oder genau bestimmbar sein; die Vereinbarung der Berechnung auf Grund einer **Gebührenordnung** ist zulässig (LG Braunschweig NJW 1969, 2290). Auch eine Vergütungsvereinbarung über den **Aufwendungsersatz** nach § 8 Abs. 1 Nr. 2 bis 4 ist zulässig, ferner eine solche abweichend von den **Honorarsätzen des § 10 und der Anlage 2,** aber nur bei Sachverständigen, nicht bei sachverständigen Zeugen. Die **uneingeschränkte Einverständnismöglichkeit** setzt ferner voraus, dass keiner Partei oder keinem Beteiligten Prozess- oder Verfahrenskostenhilfe bewilligt ist, Abs. 3. Zur Einschränkung der Parteiautonomie bei bewilligter **Prozess- oder Verfahrenskostenhilfe** → Rn. 16. 11

VIII. Vergütung bei Einverständnis nur einer Partei oder eines Beteiligten (Abs. 2)

1. Regelungsumfang

Die Sollvorschrift der Überschreitung des gesetzlichen Honorars bis zum Doppelten bezieht sich auf alle Honorierungstatbestände der §§ 9 und 11, nicht jedoch auf die in § 10 geregelten Honorierungs- und Entschädigungstatbestände oder auf den Aufwendungsersatz nach § 8 Abs. 1 Nr. 2–4. 12

2. Voraussetzung der gerichtlichen Zustimmung (Satz 1 und 2)

Hier kann nur von der **Höhe des Stunden- und Zeilensatzes** nach §§ 9, 11 abgewichen werden; eine anderweitige Berechnung der Vergütung als nach Stunden und Zeilen, also auch eine Pauschalvergütung oder eine Abrechnung nach den Sätzen einer Gebührenordnung, ist nicht zulässig, ebenso wenig eine Abweichung von der Höhe des Aufwandsersatzes nach § 8 Abs. 1 Nr. 2–4. Die Vorschrift dient dem **Schutz einer finanziell schwächeren Partei** vor einem unangemessen erhöhten Kostenrisiko, nämlich der Gefahr der Belastung mit unangemessen hohen Gerichtsauslagen im Fall ihres Unterliegens. Diesen Umstand muss die gerichtliche Entscheidung über die Zustimmung oder Nichtzustimmung ebenso berücksichtigen wie die Frage, ob die voraussichtlichen Sachverständigenkosten nicht außerhalb jedweder Relation zu der Klageforderung stehen (LG Krefeld 27.8.2014 – 2 O 13

265/12, MDR 2014, 1291 = BeckRS 2014, 17318). Die **gerichtliche Zustimmung** muss klar und eindeutig sein; es reicht zB nicht aus, dass das Gericht einen früher festgesetzten Auslagenvorschuss auf Antrag des Berechtigten lediglich und ohne weitere Erklärung erhöht (OLG Düsseldorf JB 1989, 1172). Weitere Voraussetzung der gerichtlichen Zustimmung soll sein, dass sich zu dem gesetzlich bestimmten Honorar **keine geeignete Person zur Übernahme der Tätigkeit bereit erklärt.** Ein öffentlich bestellter Sachverständiger und ein Sachverständiger, der die Wissenschaft, die Kunst oder ein Gewerbe öffentlich zum Erwerb ausübt oder zur Ausübung desselben öffentlich bestellt oder ermächtigt ist, hat nach §§ 75 StPO, 407 ZPO einer Heranziehung zu den gesetzlichen Konditionen Folge zu leisten, die ja auf den marktüblichen Preisen fußen; bei Verweigerung der Gutachtenerstellung können ihm nach §§ 77 StPO, 409 ZPO die hierdurch entstandenen Kosten auferlegt und zudem gegen ihn ein Ordnungsgeld verhängt werden. Daher gilt die gesetzliche Voraussetzung nicht im Regelfall, sondern nur in **Ausnahmefällen,** zB wenn ein Sachverständiger aus dem Ausland herangezogen werden muss oder ein Sachverständiger, der nach §§ 75 StPO, 407 ZPO zur Gutachtenerstattung verpflichtet ist, nicht zur Verfügung steht (BT-Drs. 17/11471, 324, 355; weiter LG Köln 13.3.2015 – 8 OH 38/14, BeckRS 2015, 117188, das bei Einverständnis nur einer Partei eine gerichtliche Zustimmung zu einem erhöhten Stundensatz bei besonders großer Kompetenz und Sachkunde des Sachverständigen oder bei besonders schwierigen Beweisfragen, deren Beantwortung überlegenes Wissen oder den Einsatz technisch anspruchsvoller und selten vorgehaltener Geräte erfordern, zulassen will). Allerdings kann einem **Sachverständigen aus dem Ausland** nach § 8 Abs. 4 ohnehin eine von § 8 Abs. 1 abweichende Vergütung zugebilligt werden, die keine Zuzahlungsverpflichtung nach § 13 auslöst.

3. Beurteilung des Doppelten nach Satz 1

14 Da es sich um eine Sollvorschrift handelt, die dem Gericht ein Ermessen einräumt, ist ein **Verstoß im Rahmen pflichtgemäßen Ermessens unschädlich.** Bei der Ermessensausübung ist das Gericht nicht gehindert, Zweifel über die **Einstufung der Leistung eines Sachverständigen** in die Honorargruppen nach § 9 Abs. 1 Satz 1 großzügig zu behandeln, ohne dass eine Vorabentscheidung nach § 9 Abs. 1 Satz 4 und 5 angezeigt ist. Gleiches gilt bei Zweifeln bezüglich des Schwierigkeitsgrads einer **Übersetzung** nach § 11 Abs. 1 oder der Zuordnung einer **Dolmetscherleistung** nach § 9 Abs. 3. Gegenüber dem Berechtigten entfaltet die Einstufung der Leistung im Rahmen dieser Vorschrift keine Wirkung.

4. Unanfechtbarkeit der gerichtlichen Zustimmung oder Ablehnung

15 Die gerichtliche Entscheidung ist nach Abs. 2 Satz 3 unanfechtbar. Die zu § 7 Abs. 2 Satz 3 ZSEG ergangene Rechtsprechung, die bei Entscheidung nach Erstattung des Sachverständigengutachtens oder nach Beendigung der Instanz die außerordentliche Beschwerde wegen greifbarer Gesetzwidrigkeit zugelassen hatte, ist wegen der Abschaffung dieser außerordentlichen Beschwerde (BGHZ 150, 133 (135 f.); BVerfG NJW 2003, 1924 (1928)) hinfällig (LG Halle 21.3.2005 – 11 O 73/96, BeckRS 2011, 10713). Jedoch ist jetzt die **Gehörsrüge** nach Maßgabe des § 4a zulässig; dazu die Kommentierung des mit § 4a gleichlautenden → GKG § 69a. Die Unanfechtbarkeit betrifft jedoch allein die Entscheidung über die **Ge-**

währung oder Nichtgewährung einer Besonderen Vergütung; gegen eine Vorabentscheidung über die Höhe des Vergütungssatzes nach § 9 Abs. 1 Satz 5 und den Beschluss über die Festsetzung der Vergütung nach § 4 Abs. 1 können dagegen die Rechtsbehelfe nach § 9 Abs. 1 S. 5 und 6 sowie nach § 4 Abs. 3 und 5 eingelegt werden.

IX. Besonderheiten bei bewilligter Prozess- oder Verfahrenskostenhilfe (Abs. 3 und 4)

1. Beschränkung der Parteiautonomie (Abs. 3 S. 1)

In dem Fall, dass auch nur einer Partei oder einem Beteiligten PKH oder VKH bewilligt ist, ist ein Einverständnis in einen Pauschalbetrag, in einen höheren Aufwendungsersatz oder in einen höheren Honorarsatz, als er nach § 10 und der Anlage 2 bestimmt ist, ausgeschlossen. Zulässig ist lediglich die Einverständniserklärung zu einem höheren als dem gesetzlichen **Stunden- oder Übersetzungshonorarsatz.** Diese Beschränkung soll der eindeutigen Ermittlung des nach S. 2 zu zahlenden Differenzbetrags dienen (BT-Drs. 16/3038, 123). Allerdings ist das zulässige Einverständnis **der Höhe nach unbegrenzt** möglich und unterliegt nur unter der Voraussetzung des Abs. 4 der Sollvorschrift einer Beschränkung auf den doppelten Satz. Im Fall des Abs. 2 liegt nicht nur eine Sollbeschränkung auf den doppelten Satz vor; hier hat das Gericht darüber hinaus zu prüfen, ob sich zu dem gesetzlich bestimmten Honorar keine geeignete Person zur Übernahme der Tätigkeit bereit erklärt; dazu → Rn. 13. 16

2. Zuzahlungspflicht des PKH- oder VKH-Begünstigten und Betragsfestsetzung (Abs. 3 S. 2 und 3)

Eine Zahlungspflicht nach dieser Vorschrift besteht nicht, wenn nicht der PKH- oder VKH-Begünstigte, sondern der Gegner nach den allgemeinen Regeln ohne Berücksichtigung der PKH- oder VKH-Bewilligung vorschusspflichtig wäre. Besteht sie dem Grunde nach für den PKH- bzw. VKH-Begünstigten, betrifft sie nur die Differenz zwischen der gesetzlichen oder der nach § 14 vereinbarten Vergütung und der Besonderen Vergütung. Zum Verfahren bzgl. der Festsetzung des Differenzbetrags → Rn. 20, 22. 17

3. Überprüfung der Bewilligungsvoraussetzungen einer PKH oder VKH bei Vorschusspflicht des PKH- oder VKH-Begünstigten nach Abs. 3 S. 2

Stimmt eine Partei oder beteiligte Person, der PKH oder VKH bewilligt ist, einer Besonderen Vergütung zu und trifft sie deshalb eine Einzahlungspflicht nach Abs. 3 S. 2, hat das Gericht **im Rahmen des PKH- oder VKH-Verfahrens** stets zu ermitteln, woher das locker gemachte Geld für den Vorschuss kommt. Dabei ist zu prüfen, ob die Bewilligung der PKH oder VKH nach § 124 Nr. 1 bis 3 ZPO aufzuheben oder die Entscheidung über die zu leistenden Zahlungen nach § 120 Abs. 4 S. 1 ZPO zu ändern ist. In Betracht zu ziehen ist insbesondere die Festsetzung eines nach § 120 Abs. 1 S. 1 aus dem Vermögen zu zahlenden Betrags jedenfalls bis zur Höhe des nach Abs. 3 festgesetzten Zuzahlungsbetrags. 18

4. Absehen von der Erhebung des Vorschussbetrags (Abs. 4)

19 Es handelt sich um eine Ausnahmevorschrift zu Abs. 3 S. 2. Ihre Anwendung setzt voraus, dass die Vereinbarung einer Besonderen Vergütung für den PKH- oder VKH-Berechtigten zur zweckentsprechenden Rechtsverfolgung notwendig und er zur Zahlung des Betrages nach Abs. 3 Abs. 2 außer Stande ist. In der Praxis wird die **Vorschrift ins Leere** gehen: Regelmäßig können Sachverständige gefunden werden, die nach den gesetzlichen Vorschriften, insbesondere nach § 407 ZPO zur Gutachtenerstattung im Rahmen der allgemeinen Honorierungsvorschriften verpflichtet sind; solchen Sachverständigen ist es verwehrt, ihre Leistung von der Gewährung einer Besonderen Vergütung abhängig zu machen. Die in der Begründung zum 2. JuMoG als Anwendungsbeispiel genannte Heranziehung eines **„ausländischen" Sachverständigen** (BT-Drs. 16/3038, 123) geht ebenfalls ins Leere: Eine gesetzliche Verpflichtung zur Leistungserbringung trifft nach § 407auch einen Berechtigten mit gewöhnlichem Aufenthalt im Inland, der nicht die deutsche Staatsangehörigkeit besitzt; **Berechtigten mit gewöhnlichem Aufenthalt im Ausland,** auch wenn sie deutsche Staatsangehörige sind, kann nach § 8 Abs. 4 ohnehin eine von § 8 Abs. 1 abweichende Vergütung zugebilligt werden, die keine Zuzahlungsverpflichtung einer PKH- oder VKH-Partei auslöst; auch → Rn. 14. Zum Doppelten nach S. 2 → Rn. 14.

X. Ermittlung des Vergütungsbetrags nach Abs. 1 S. 1 und Festsetzung des Differenzbetrags nach Abs. 3 S. 2

20 Die Vorschrift enthält keine Bestimmungen zur Ermittlung des Vergütungsbetrags nach Abs. 1 S. 1 und unzureichende zu Zeitpunkt und Begründungsumfang eines Beschlusses nach Abs. 3 S. 3. Insoweit wird wie folgt vorzugehen sein: Die Heranziehung des Berechtigten zu den Bedingungen einer Besonderen Vergütung erfolgt im Fall des Abs. 1 S. 1 erst ab Einzahlung des gesamten Betrags der Besonderen Vergütung, im Fall des Abs. 3 S. 2 ab Einzahlung des Differenzbetrags der Besonderen zur gesetzlichen Vergütung. **Vor Leistungserbringung** steht die Vergütung nur bei Vereinbarung einer **Pauschalvergütung** fest. In allen anderen Fällen, insbesondere bei Abrechnung nach einem Stundensatz, kann der Gesamtbetrag nach Abs. 1 S. 1 erst **nach Erbringung der Leistung** und Abrechnung durch den Berechtigten bestimmt und auch dann erst der Differenzbetrag nach Abs. 3 S. 3 festgesetzt werden. Daher empfiehlt sich, insbesondere bei Streit über die Angemessenheit der abgerechneten Zeit, **zunächst die Festsetzung der gesetzlichen Vergütung** nach § 4, weil die Voraussetzungen der Heranziehung zu den Bedingungen einer Besonderen Vergütung bis dahin noch nicht vorliegen.

21 Im **Fall des Abs. 1 S. 1** ist eine gerichtliche Festsetzung des Gesamtbetrags der Besonderen Vergütung nicht erforderlich, weil ein Zahlungspflichtiger den einzuzahlenden Betrag auf der Grundlage der Festsetzung der gerichtlichen Vergütung selbst ermitteln kann. Nach Zahlung des Gesamtbetrags der Besonderen Vergütung ist diese unter den Voraussetzungen des § 4 gerichtlich festzusetzen. Bei **Vorschusspflicht** einer Partei oder eines Beteiligten hat das Gericht nach den allgemeinen Regeln einen Vorschuss für die zu erwartende **gesetzliche Vergütung** anzufordern. Anhand dessen Höhe kann eine Partei oder ein Beteiligter den voraussichtlichen Betrag der **Besonderen Vergütung** selbst berechnen und über den gesetzlichen Vorschuss hinaus an die Staatskasse zahlen.

22 Den **Differenzbetrag des Abs. 3 S. 2f.** hat das Gericht anhand einer **Vergleichsberechnung** zwischen der Besonderen und der gesetzlichen bzw. nach § 14 vereinbarten Vergütung zu ermitteln. Lediglich die Bestimmung der Honorargruppe bzw. des Zeilensatzes ohne Berücksichtigung der Erklärungen der Parteien oder Beteiligten zur Besonderen Vergütung nach Abs. 3 S. 4 ist unzureichend, weil sich hieraus der festzusetzende Differenzbetrag noch nicht ergibt. Gilt zwischen einem Berechtigten und dem Gericht **eine nach § 14 vereinbarte Vergütung,** so ist diese entgegen dem offensichtlich unzulänglichen Gesetzeswortlaut für die Berechnung des Differenzbetrags und nicht die gesetzliche Vergütung nach §§ 9 und 11 zu Grunde zu legen. Zur Sicherung eines Anspruchs des Berechtigten auf die Besondere Vergütung dürfte eine **vorläufige Festsetzung des Differenzbetrags** zulässig sein, in der die Bestimmung nach Abs. 3 S. 4 erfolgen muss. In entsprechender Anwendung dieser Vorschrift müsste bei **Dolmetscherleistungen** der gesetzliche Satz der Dolmetschervergütung nach § 9 Abs. 3 in den Beschluss aufgenommen werden. Bei der Bestimmung der gesetzlichen Honorargruppe usw. sind bei einem Sachverständigen die Vorschriften des **Vorabentscheidungsverfahrens** (§ 9 Abs. 1 S. 5) unmittelbar anwendbar, wegen der unterschiedlichen Stundensätze bei Dolmetschleistungen sind sie analog heranzuziehen, → § 9 Rn. 30.

XI. Besonderheiten beim Musterverfahren nach dem KapMuG (Abs. 5)

23 Die Vorschrift trägt dem Umstand Rechnung, dass für das Musterverfahren nach dem KapMuG ein **Verzicht auf jedwede Vorschusspflicht** besteht (BT-Drs. 15/5091, 2) und die im Verfahren entstandenen Auslagen gem. § 9 Abs. 1 GKG erst mit dem rechtskräftigen Abschluss des Verfahrens fällig werden. Über die Kosten des Musterverfahrens wird vielmehr nach Maßgabe der §§ 8 Abs. 3 Nr. 1, 17 KapMuG erst in jedem der betroffenen Prozessverfahren entschieden. Dies gilt auch dann, wenn sich **alle Beteiligten** mit einer Vergütung **abweichend von der gesetzlichen Regelung** einverstanden erklären; auch die Beschränkungen nach Abs. 3 und 4 gelten bei **Bewilligung von Prozesskostenhilfe** für einen oder mehrere Beteiligten nicht, S. 3.

XII. Rechtsbehelfe des Berechtigten gegen die Vergütungsfestsetzung

24 Dem Berechtigten stehen nicht nur bezüglich der Festsetzung der gesetzlichen, sondern auch der Besonderen Vergütung die Rechtsbehelfe nach § 4 Abs. 3 bis 5 offen, bei einer Honorargruppenbestimmung nach Abs. 3 S. 4 für einen Sachverständigen auch das Vorabentscheidungsverfahren unmittelbar nach § 9 Abs. 1 S. 5 und für einen Dolmetscher wegen der festgesetzten Art der Dolmetschleistung in analoger Anwendung, → § 9 Rn. 30.

§ 14 Vereinbarung der Vergütung

Mit Sachverständigen, Dolmetschern und Übersetzern, die häufiger herangezogen werden, kann die oberste Landesbehörde, für die Gerichte und Behörden des Bundes die oberste Bundesbehörde, oder eine von diesen bestimmte Stelle eine Vereinbarung über die zu gewährende Vergütung treffen, deren Höhe die nach diesem Gesetz vorgesehene Vergütung nicht überschreiten darf.

I. Allgemeines

1 Die Vorschrift ist ein Fremdkörper im System des JVEG und rechtstechnisch missglückt. Im **System des früheren ZSEG** hatte dessen ähnlich lautender § 13 ZSEG seine Berechtigung, weil dort Vereinbarungen im Rahmen der nach dem ZSEG zulässigen Entschädigung vereinbart werden konnten: Dort konnte zB die Vereinbarung eines konkreten Stundensatzes einer Vorabklärung des dem häufiger herangezogenen Berechtigten zustehenden Stundensatzes dienen, weil § 3 Abs. 2 ZSEG für alle Berechtigten ohne Ansehung des Fachgebiets einen Entschädigungsrahmen von 25 Euro bis 52 Euro vorsah und § 3 Abs. 3 ZSEG gerade wegen des Grundes und der Höhe des Berufszuschlags Streitigkeiten in jedem Einzelfall in sich barg. Durch die Einführung fester Stundenhonorare im geltenden Recht ist dieser Vereinbarungsbedarf weggefallen. Vereinbarungen können mit Sachverständigen, Dolmetschern und Übersetzern getroffen werden, also auch für Leistungen nach der Anlage 2, soweit es sich nicht um Leistungen sachverständiger Zeugen handelt, nicht jedoch für nach der Anlage 3 Berechtigte.

II. Zweck der Vorschrift

2 Zweck der Vorschrift sollte die **Vereinfachung des Abrechnungswesens** für alle Beteiligten sein (BT-Drs. 15/1971, 185; *MHBOJ* Rn. 3a; ähnlich *Hartmann* Rn. 2; *Zimmermann P.* Rn. 2). In Betracht kommen nach der neuen Rechtslage allenfalls Vereinbarungen über Fallpauschalen insbesondere in der Sozialgerichtsbarkeit oder Vereinbarungen über pauschalierten Aufwendungsersatz, nicht mehr aber Vereinbarungen über die Höhe des Stundenhonorars, da dieses gesetzlich feststeht und eine anderweitige Vereinbarung die Abrechnung nicht vereinfacht (aA SächsLSG 10.3.2015 – L 8 SF 99/13 E, BeckRS 2015, 68203, das keine Wirksamkeitsprobleme sieht). Bei Fallpauschalen in der Sozialgerichtsbarkeit sind über den Umfang der Pauschale hinausgehende Zusatzleistungen nach den allgemeinen Vorschriften zu vergüten (LSG Sachsen-Anhalt 26.5.2015 – L 3 R 467/14 B, BeckRS 2015, 69233).

III. Regelmäßige Selbstaufhebung der Vorschrift

3 Durch ihren letzten Halbsatz hebt sich die Vorschrift nahezu selbst auf und ist deshalb **regelmäßig unanwendbar:** Sie soll ja im Interesse aller Beteiligten das Abrechnungswesen vereinfachen, erreicht dieses Ziel aber nur durch eine durchgehende Benachteiligung des Berechtigten, weil nach ihrem letzten Halbsatz die

Vergütungshöhe einschließlich des Aufwendungsersatzes nach §§ 5–7 und § 12 nicht überschritten werden darf. Dies erfordert in aller Regel eine **Vergleichsberechnung** zwischen den Ansprüchen des Berechtigten nach der Vereinbarung einerseits und nach den JVEG-Vorschriften andererseits. Damit führt sie meistens nicht zur Vereinfachung, sondern zur zusätzlichen **Erschwerung des Abrechnungswesens.** Eine Erschwerung der Abrechnung für den Berechtigten liegt auch in der Vielzahl der Vereinbarungen mit den einzelnen Gerichten oder Polizeidienststellen und deren voneinander abweichenden den Berechtigten vorgegebenen Vereinbarungsinhalten.

IV. Ausnahmsweise zulässige Vereinbarungen

Diese können im Bereich der Abschnitte 3 und 4 der Anlage 2 zu § 10 wegen der **4**
dort bestimmten Pauschalvergütungen gesehen werden. In diesem Bereich ist die Vergütung meistens durch die Kosten der für die Leistungserbringung benötigten Hilfsmittel maßgeblich bestimmt. Verbilligen sich diese auf Grund des technischen Fortschritts deutlich, so kann bis zu einer gesetzlichen Anpassung der Vergütungen über Vereinbarungen nach dieser Vorschrift eine angemessene Vergütung erzielt werden. Dies erfolgte bis zum Inkrafttreten des 2. KostRMoG jedenfalls in der Praxis des OLG Stuttgart bezüglich der bis dahin nach Nr. 414 der Anlage 2 für DNA-Untersuchungen vorgesehenen Vergütung, die wegen der fast ausschließlichen Durchführung in sogenannten Multiplex- Ansätzen unrealistisch hoch geworden war.

V. Unwirksamkeit von Vereinbarungen zu Kosteneinsparungszwecken

In der Praxis wird die Vorschrift vor allem bei Dolmetschern regelmäßig nicht **5**
zum Zweck der Abrechnungsvereinfachung, sondern **zweckwidrig zur Reduzierung der Kosten** bei der heranziehenden Stelle eingesetzt. Die Initiative zum Abschluss einer Vereinbarung geht regelmäßig von der heranziehenden Stelle mit bereits vorgegebenen Honorarsätzen und dem ausdrücklichen oder doch verhohlenen Hinweis aus, dass der Berechtigte bei Nichtabschluss der Vereinbarung mit einer weiteren Heranziehung nicht zu rechnen habe. In den **von den heranziehenden Stellen vorformulierten Vereinbarungsvorschlägen** wird in vielfältiger Weise von den Grundzügen des JVEG abgewichen. So wird der Stundensatz regelmäßig deutlich – bis zu 15 Euro/Std. (!) – herabgesetzt, entgegen § 8 Abs. 2 Satz 1 einerseits zwischen Einsatzzeiten und andererseits Fahrt- und Wartezeiten unterschieden, wobei die letzteren deutlich geringer oder überhaupt nicht honoriert werden; es wird fiktiv und pauschal eine Stunde Mittagszeit abgezogen; entgegen § 8 Abs. 2 Satz 2 erfolgt keine Aufrundung auf die nächste halbe Stunde, sondern eine geringere oder sogar eine minutengenaue Abrechnung; Auslagen nach §§ 5–7 und § 12 werden nicht oder nur in geringem Umfang erstattet (vgl. die bei *MHBOJ* Rn. 7 wiedergegebenen Formulartexte). **Solche Vereinbarungen sind ohne Weiteres unwirksam,** weil die Kosteneinsparung vom Regelungszweck des § 14, nämlich der Vereinfachung des Abrechnungswesens, nicht gedeckt ist (etwas aA BayLSG 28. 11. 2016 – L 15 RF 35/16, BeckRS 2016,74700, und 7. 4. 2016 – L 15 RF 31/15, BeckRS 2016, 68604 mit der Begründung, ein Berechtigter

könne bereits vorab im Rahmen einer Vereinbarung erklären, dass er seinen ihm nach den gesetzlichen Regelungen zustehenden Vergütungsanspruch nicht in voller Höhe geltend machen werde; anderes gelte dann, wenn Gründe offenkundig auf der Hand lägen, dass die vereinbarte Vergütung so niedrig sei, dass sich die Höhe nur durch einen Missbrauch der Marktposition des Staats beim Abschluss der Vereinbarung erklären lasse, weil mit der vereinbarten Vergütung kein vernünftiges wirtschaftliches Tätigwerden am Markt mehr möglich sei).

VI. Parteien einer Vereinbarung

6 Für die heranziehende Stelle ist dies die oberste Landes- oder Bundesbehörde, also das jeweilige Fachministerium bzw. der Fachsenator. Diese Stelle kann eine ihr **nachgeordnete Behörde** zum Abschluss von Vereinbarungen ermächtigen. Die Ermächtigung ist in der Praxis regelmäßig auf eine **Heranziehung durch die ermächtigte Stelle** beschränkt (zB Ermächtigung des Präsidenten eines Landgerichts für die Heranziehung durch sein Gericht oder durch die diesem nachgeordneten Amtsgerichte; Ermächtigung des Präsidenten eines Amtsgerichts nur für sein Gericht). Die Ermächtigung kann aber auch **bezirksübergreifend** erteilt werden, zB dem Präsidenten eines OLG für alle ihm unterstellten Gerichte seines Bezirks. Aus dem klaren Gesetzeswortlaut ergibt sich, dass auf der Anbieterseite von Leistungen nach § 9 nur der einzelne Sachverständige, Dolmetscher oder Übersetzer Partei der Vereinbarung sein kann, **nicht eine Unternehmung** nach § 1 Abs. 1 Satz 3 (einhellige Meinung: LSG NRW 17.9.2015 – L 15 SB 183/15 B, BeckRS 2016, 72616; *MHBOJ* Rn. 5; *Hartmann* Rn. 3; *Schneider* Rn. 4; übersehen von BayLSG 7.4.2016 – L 15 RF 31/15, BeckRS 2016, 68604, bei einer Vereinbarung mit einer GmbH) und **auch nicht ein Verband** von Sachverständigen, Dolmetschern oder Übersetzern.

Abschnitt 4. Entschädigung von ehrenamtlichen Richtern

§ 15 Grundsatz der Entschädigung

(1) **Ehrenamtliche Richter erhalten als Entschädigung**
1. **Fahrtkostenersatz (§ 5),**
2. **Entschädigung für Aufwand (§ 6),**
3. **Ersatz für sonstige Aufwendungen (§ 7),**
4. **Entschädigung für Zeitversäumnis (§ 16),**
5. **Entschädigung für Nachteile bei der Haushaltsführung (§ 17) sowie**
6. **Entschädigung für Verdienstausfall (§ 18).**

(2) [1]**Soweit die Entschädigung nach Stunden bemessen ist, wird sie für die gesamte Dauer der Heranziehung einschließlich notwendiger Reise- und Wartezeiten, jedoch für nicht mehr als zehn Stunden je Tag, gewährt.** [2]**Die letzte bereits begonnene Stunde wird voll gerechnet.**

(3) **Die Entschädigung wird auch gewährt,**
1. **wenn ehrenamtliche Richter von der zuständigen staatlichen Stelle zu Einführungs- und Fortbildungstagungen herangezogen werden,**
2. **wenn ehrenamtliche Richter bei den Gerichten der Arbeits- und der Sozialgerichtsbarkeit in dieser Eigenschaft an der Wahl von gesetzlich für sie vorgesehenen Ausschüssen oder an den Sitzungen solcher Ausschüsse teilnehmen (§§ 29, 38 des Arbeitsgerichtsgesetzes, §§ 23, 35 Abs. 1, § 47 des Sozialgerichtsgesetzes).**

I. Regelungsumfang

§§ 15–18 gelten unmittelbar für die in § 1 Abs. 1 Nr. 2 bezeichneten ehrenamtlichen Richter, deshalb insbesondere nicht für Handelsrichter, deren Entschädigung ausschließlich § 107 GVG regelt. Zur Entschädigung der Handelsrichter → GVG § 107 Rn. 1 ff. 1

II. Entschädigungsumfang

Diesen regelt Abs. 1 abschließend. Auch aus beamten- oder richterrechtlichen Vorschriften stehen einem ehrenamtlichen Richter keine weitergehenden Ansprüche zu (VG Braunschweig 30.11.2017 – 7 A 132/16, BeckRS 2017, 144062), ebensowenig aus anderen Vorschriften des Gesetzes (zB § 12). Auch **Mittagspausen** sind generell als **Heranziehungszeit** zu entschädigen, ausführlich → § 8 Rn. 7–9 mwN, jedenfalls dann, wenn der ehrenamtliche Richter in den betroffenen Zeiträumen üblicherweise keine Pausen einlegt (KG 12.12.2011 – 1 Ws 121/10, BeckRS 2012, 12350). Der Fahrtkostenersatz eines ehrenamtlichen Richters beträgt nach § 5 Abs. 2 Nr. 2 für jeden gefahrenen Kilometer 0,30 Euro. Die Erstattung **unverhältnismäßig hoher Vertretungskosten** kann versagt werden, wenn der ehrenamtliche Richter das Gericht nicht auf diesen Umstand hingewiesen hat, da sie seine Verhinderung begründen können (Hamburgisches OVG 18.1.2006 – 3 So 67/05, NVwZ-RR 2006, 446), auch → § 7 Rn. 6. 2

III. Verhältnis der einzelnen Entschädigungstatbestände nach Abs. 1

3 Die Entschädigungen nach Nr. 1 bis 4 sind nebeneinander zu gewähren. Ferner kommt eine weitere Entschädigung nach Nr. 5 (= § 17) und/oder Nr. 6 (= § 18) im folgenden **Rangverhältnis** in Betracht: Die Entschädigung eines Vollzeitbeschäftigten nach § 18 schließt eine solche nach § 17 aus. Bei haushaltsführenden Teilzeitbeschäftigten erfolgt die Entschädigung primär nach § 18, subsidiär für die über die Verdienstausfallentschädigung hinausgehende Zeit bis zu höchstens 10 Stunden je Tag nach § 17. Zum **erweiterten Verdienstausfall** → § 19 Rn. 5–8 und → § 22 Rn. 7f.

IV. 10-Stunden-Beschränkung und Rundung (Abs. 2)

4 Die Entschädigung wird im Gegensatz zu § 8, der für Sachverständige und Dolmetscher keine Tageshöchstgrenze vorsieht, höchstens für 10 Stunden je Tag gewährt. Im Gegensatz zur Regelung für Sachverständige und Dolmetscher nach § 8 Abs. 2 Satz 2 und jetzt auch für Zeugen nach § 19 Abs. 2 Satz 2 wird die letzte Stunde voll gerechnet. Die Rundung ist für **jeden Tag der Heranziehung gesondert** vorzunehmen, weil Satz 2 klar an Satz 1 anknüpft, in dem der Entschädigungsanspruch auf höchstens 10 Stunden je Tag beschränkt wird, § 17 Satz 2 auch die gleiche Höchstgrenze je Tag vorsieht und bei einer mehrtägigen Heranziehung mit unterschiedlichen Stundenentschädigungssätzen nur die Tagrundung zu einer relativ einfachen Abrechnung führt (OLG Köln 29.12.2015 – 2 Ws 797/15, BeckRS 2016, 74700; LG Bonn 26.10.2015 – 29 KLs 1/14, BeckRS 2015, 18637; OLG Oldenburg NStZ-RR 1999,94; aA *MHBOJ* Rn. 3 unter unrichtiger Berufung auf die in § 2 Abs. 1 Satz 2 Nr. 4 zu Grunde gelegte Beendigung der – regelmäßig vieljährigen – Amtsperiode; *Hartmann* Rn. 9); auch → § 19 Rn. 14.

§ 16 Entschädigung für Zeitversäumnis

Die Entschädigung für Zeitversäumnis beträgt 6 Euro je Stunde.

1 Die Vorschrift gewährt eine Grundentschädigung. Diese ist im Gegensatz zu der für Zeugen geltenden Regelung in § 20 wegen §§ 17 Satz 1 und 18 Satz 1 immer zusätzlich zu den in § 15 Abs. 1 Nr. 1, 2, 3, 5 und 6 genannten Entschädigungen zuzubilligen.

§ 17 Entschädigung für Nachteile bei der Haushaltsführung

[1]Ehrenamtliche Richter, die einen eigenen Haushalt für mehrere Personen führen, erhalten neben der Entschädigung nach § 16 eine zusätzliche Entschädigung für Nachteile bei der Haushaltsführung von 14 Euro je Stunde, wenn sie nicht erwerbstätig sind oder wenn sie teilzeitbeschäftigt sind und außerhalb ihrer vereinbarten regelmäßigen täglichen Arbeitszeit herangezogen werden. [2]Ehrenamtliche Richter, die ein Erwerbsersatz-

einkommen beziehen, stehen erwerbstätigen ehrenamtlichen Richtern gleich. [3]Die Entschädigung von Teilzeitbeschäftigten wird für höchstens zehn Stunden je Tag gewährt abzüglich der Zahl an Stunden, die der vereinbarten regelmäßigen täglichen Arbeitszeit entspricht. [4]Die Entschädigung wird nicht gewährt, soweit Kosten einer notwendigen Vertretung erstattet werden.

I. Systematik

Die Entschädigung nach dieser Vorschrift ist neben der Grundentschädigung nach § 16 zu gewähren. Zum Verhältnis der einzelnen Entschädigungstatbestände nach § 15 Abs. 1 im Einzelnen → § 15 Rn. 3. Die Kostenerstattung einer notwendigen Vertretung nach § 7 Abs. 1 ist auf den Anspruch nach § 17 anzurechnen. Soweit diese Kosten höher sind als der Anspruch nach dieser Vorschrift, wird allein die Kostenerstattung nach § 7 Abs. 1 gewährt. Die Vertretung muss sich auf die Haushaltsführung beziehen; soweit sie sich zB nur auf die Kinderbetreuung bezieht, sind deren Kosten nicht auf den Anspruch nach § 17 anzurechnen. 1

II. Haushaltsführung, Stundenbeschränkung usw.

Der Regelungsinhalt des § 17 ist mit dem des § 21 identisch. Deshalb wird insoweit auf die Erläuterungen zu § 21 verwiesen. 2

§ 18 Entschädigung für Verdienstausfall

[1]Für den Verdienstausfall wird neben der Entschädigung nach § 16 eine zusätzliche Entschädigung gewährt, die sich nach dem regelmäßigen Bruttoverdienst einschließlich der vom Arbeitgeber zu tragenden Sozialversicherungsbeiträge richtet, jedoch höchstens 24 Euro je Stunde beträgt. [2]Die Entschädigung beträgt bis zu 46 Euro je Stunde für ehrenamtliche Richter, die in demselben Verfahren an mehr als 20 Tagen herangezogen oder innerhalb eines Zeitraums von 30 Tagen an mindestens sechs Tagen ihrer regelmäßigen Erwerbstätigkeit entzogen werden. [3]Sie beträgt bis zu 61 Euro je Stunde für ehrenamtliche Richter, die in demselben Verfahren an mehr als 50 Tagen herangezogen werden.

I. Staffelung der Entschädigungssätze

Diese bezweckt, den nicht durch die Entschädigung gedeckten Verdienstausfall eines ehrenamtlichen Richters, der häufiger herangezogen wird, im angemessenen Rahmen zu halten. Die Heranziehung nach **Alternativen 1 und 3** (mehr als 20 bzw. 50 Tage) muss in demselben Verfahren erfolgen. Dagegen ist **Alternative 2** (mindestens sechs Tage Heranziehung innerhalb von 30 Kalendertagen) auch bei Heranziehung in verschiedenen Verfahren erfüllt (OLG Frankfurt NStZ-RR 2002, 352; *Zimmermann P.* Rn. 6; aA *MHBOJ* Rn. 3). Unter Aufgabe der bis zur *2. Auflage* vertretenen Meinung ist die **erhöhte Entschädigung für die gesamte Dauer der Heranziehung** zu gewähren, also vom ersten Tag der Heranziehung an 1 und nicht erst ab dem Tag, ab dem der Erhöhungstatbestand vorliegt (LG Krefeld 25.4.2017 – 322 SH 4/15, BeckRS 2017, 114388, und – 322 SH 2/16, BeckRS 2017, 114387; OLG Celle 10.8.2015 – 2 Ws 131/15, JB 2015, 653 = BeckRS 2015, 16490; KG 12.12.2011 – 1 Ws 121/10, BeckRS 2012, 12350; so jetzt auch *MHBOJ* Rn. 3; aA *Hartmann* Rn. 8 aE; *Zimmermann P.* Rn. 6 und wohl auch OLG Frankfurt NStZ-RR 2002, 352, die die erhöhte Entschädigung erst ab dem 21. bzw. 51 Tag gewähren wollen). Der Grund für die Gewährung der erhöhten Entschädigung ab dem ersten Tag liegt in dem Umstand, dass dem Wortlaut des Gesetzes keine von der Gegenmeinung vertretene Staffelung zu entnehmen ist (vgl. KG 12.12.2011 – 1 Ws 121/10, BeckRS 2012, 12350). Liegt der tatsächliche **Verdienstausfall unter dem jeweiligen Höchstsatz,** ist er nur in dessen tatsächlich entstandener Höhe zu entschädigen. Für jeden Tag der Heranziehung ist nur die jeweils gewöhnliche Arbeitszeit zu berücksichtigen (LG Krefeld 25.4.2017 – 322 SH 4/15, BeckRS 2017, 114388, und – 322 SH 2/16, BeckRS 2017, 114387).

II. Arbeitgeberanteile zur Sozialversicherung, Nachweis der Höhe des Verdienstausfalls

2 Es gelten die gleichen Anforderungen wie bei einem Zeugen. Deshalb wird insoweit auf → § 22 Rn. 6–8 verwiesen.

Abschnitt 5. Entschädigung von Zeugen und Dritten

§ 19 Grundsatz der Entschädigung

(1) [1]**Zeugen erhalten als Entschädigung**
1. **Fahrtkostenersatz (§ 5),**
2. **Entschädigung für Aufwand (§ 6),**
3. **Ersatz für sonstige Aufwendungen (§ 7),**
4. **Entschädigung für Zeitversäumnis (§ 20),**
5. **Entschädigung für Nachteile bei der Haushaltsführung (§ 21) sowie**
6. **Entschädigung für Verdienstausfall (§ 22).**

[2]**Dies gilt auch bei schriftlicher Beantwortung der Beweisfrage.**

(2) [1]**Soweit die Entschädigung nach Stunden bemessen ist, wird sie für die gesamte Dauer der Heranziehung einschließlich notwendiger Reise- und Wartezeiten, jedoch für nicht mehr als zehn Stunden je Tag, gewährt.** [2]**Die letzte bereits begonnene Stunde wird voll gerechnet, wenn insgesamt mehr als 30 Minuten auf die Heranziehung entfallen; anderenfalls beträgt die Entschädigung die Hälfte des sich für eine volle Stunde ergebenden Betrags.**

(3) **Soweit die Entschädigung durch die gleichzeitige Heranziehung in verschiedenen Angelegenheiten veranlasst ist, ist sie auf diese Angelegenheiten nach dem Verhältnis der Entschädigungen zu verteilen, die bei gesonderter Heranziehung begründet wären.**

(4) **Den Zeugen, die ihren gewöhnlichen Aufenthalt im Ausland haben, kann unter Berücksichtigung ihrer persönlichen Verhältnisse, insbesondere ihres regelmäßigen Erwerbseinkommens, nach billigem Ermessen eine höhere als die in den §§ 20 bis 22 bestimmte Entschädigung gewährt werden.**

I. Geltungsbereich

Die Vorschrift setzt die Heranziehung einer Person als Zeuge voraus. **Keine Zeugen** sind Personen, die nach § 372a ZPO zur Feststellung der Abstammung herangezogen werden, sie sind Augenscheinsobjekte, (*Hartmann* Rn. 8; Zöller/*Greger* ZPO § 372a Rn. 11a mwN; aA *MHBOJ* Rn. 9); jedoch kommt deren Entschädigung als Dritte in analoger Anwendung von § 23 in Betracht, → § 23 Rn. 4. Zeugen sind auch nicht Personen, die in einem Eilverfahren eine eidesstattliche Versicherung abgeben und Personen, die irrtümlich als Zeugen herangezogen werden, wenn nach Aufklärung des Irrtums von einer Zeugenheranziehung abgesehen wird (*MHBOJ* Rn. 3). Zur Frage der Entschädigung bzw. Vergütung von **Augenscheinsgehilfen** (Augenscheinsmittlern) → § 8 Rn. 1. Keine Zeugenentschädigung erhält ein **Fahrzeughalter** für die Bekanntgabe des Fahrers im Rahmen eines Verkehrsordnungswidrigkeitenverfahrens, da er wegen § 25a StVG und § 31a StVZO eine Beteiligtenstellung einnimmt (AG Leipzig NZV 2005, 106 mAnm *Kasten;* AG Stuttgart NZV 2005, 104; im Ergebnis ebenso AG Bremen 11.10.2004 – 77 OWi 30/04, und AG Hannover 29.12.2004 – 239 OWi 33A/04, 1

LSK 2005, 190472 (Ls.); aA AG Stuttgart NZV 2005, 104; AG Neuwied NZV 2005, 105 und AG Karlsruhe NZV 2005, 655, die bei einer natürlichen Person als Fahrzeughalter eine Zeugenstellung annehmen). Die Beantwortung der Fahrernachfrage durch ein **Mietwagenunternehmen** löst eine Zeugenentschädigung erst recht nicht aus, da nur eine natürliche Person Zeuge sein kann (AG Köln 26.11.2010 – 809 OWi 215/10; AG Leipzig NZV 2005, 106 mAnm *Kasten;* aA AG Darmstadt 11.5.2010 – 210 OWi 15/10 und AG Herford NZV 2010, 314, die beide offenlassen, ob eine Zeugenentschädigung nach §§ 19ff. oder eine Entschädigung Dritter nach § 23 zu gewähren ist). Auch der von dem Unternehmen zur Beantwortung der Fahreranfrage herangezogene Mitarbeiter ist nicht Zeuge, sondern Erfüllungsgehilfe des Unternehmens zur Vermeidung der Sanktionen nach §§ 25a StVG und 31a StVZO. Eine Entschädigung des Fahrzeughalters als Dritter nach § 23 scheidet ebenfalls aus; dazu näher → § 23 Rn. 4. Der **sachverständige Zeuge** wird nach dieser Vorschrift, nicht nach § 8 entschädigt (zu dessen Abgrenzung vom Sachverständigen → § 8 Rn. 2), wobei für die Abgrenzung zwischen Sachverständigen und sachverständigen Zeugen nicht die Bezeichnung in der Ladung, sondern die **Art der tatsächlichen Heranziehung** in der Verhandlung maßgeblich ist. Lassen sich die Zeiten der Heranziehung als Sachverständiger oder Zeuge ohne Schwierigkeiten trennen, hat die Festsetzung der entsprechenden Sachverständigenvergütung nach § 8, die der Zeugenentschädigung nach § 19 gesondert zu erfolgen. Wo dies nicht möglich ist, ist einheitlich die Sachverständigenvergütung anzusetzen (OLG Bamberg JB 1980, 1221; OLG Stuttgart JB 1978, 1727; OLG Düsseldorf Rpfleger 1975, 71). **Prozess- oder Terminsbevollmächtigte** und Rechtsanwälte, die Parteirechte wahrnehmen und auch als Zeugen vernommen werden, erhalten keine Zeugenentschädigung (LG München I MDR 1990, 64). Der **gesetzliche Betreuer,** der in dieser Eigenschaft für seinen Betreuten einen Gerichtstermin wahrnimmt, erhält keine Entschädigung, weil er kein Zeuge ist; eine analoge Anwendung der Entschädigungsregeln für Zeugen scheidet aus, weil die Tätigkeit des Betreuers mit der Pauschalvergütung nach dem VBVG abgegolten ist (OLG Dresden NStZ 2002, 164). Auch bei einem Betreuer, der Beteiligter in einem **gerichtskostenfreien Sozialgerichtsverfahren** iSd § 183 SGG ist, scheidet wegen der vorrangigen Pauschalvergütung (§§ 4f. VBVG) eine Entschädigung nach §§ 19ff. aus; über § 191 SGG wird aber Ersatz nach für Aufwand und sonstige Aufwendungen nach §§ 5f. gewährt (BayLSG JB 2012, 602; LSG NRW 13.10.2010 – L 4 KR 192/10 B, BeckRS 2010, 74627).

II. Verzicht des Zeugen auf Entschädigung

2 Hat der Zeuge dem Gericht gegenüber auf Entschädigung verzichtet, erhält er keine Entschädigung. Die Verzichtserklärung ist nur vor der Vernehmung und nur gegenüber dem Gericht abzugeben; sie wird nur bei Wegfall der Geschäftsgrundlage unwirksam. Letzteres ist zB der Fall, wenn der Zeuge von seiner Vernehmung durch sein Wohnsitzgericht ausgehen konnte, später aber doch die Vernehmung durch das Prozessgericht erforderlich wird (OLG Düsseldorf JB 1991, 126) oder wenn der Zeuge nach Abgabe der Verzichtserklärung seinen Wohnsitz verlegt und dies dem Gericht rechtzeitig mitteilt (OLG Düsseldorf JB 1997, 374).

III. Heranziehung als Entschädigungsvoraussetzung

Voraussetzung für die Gewährung der Entschädigung ist, dass der Zeuge von einer in § 1 Abs. 1 Nr. 1 genannten Stelle herangezogen worden ist, § 1 Abs. 1 Nr. 3, und auch im Termin erscheint (BayLSG in stRspr, zuletzt 10.3.2016 – 15 RF 3/16, BeckRS 2016, 67875). Die Heranziehung des Zeugen erfolgt in der Regel durch das Gericht selbst, meist durch Ladung zum Termin, aber auch durch Aufforderung zur schriftlichen Zeugenaussage oder durch telefonische Vernehmung (zum Letzteren → Rn. 13). Ein **zwangsweise vorgeführter Zeuge** ist erst recht herangezogen und zu entschädigen, allerdings kann gegen den Anspruch mit den gerichtlichen Säumniskosten aufgerechnet werden (*MHBOJ* Rn. 8). Erscheint ein Zeuge zu einem aufgehobenen Termin, weil er über die **Terminsaufhebung** nicht benachrichtigt worden ist, hat er Anspruch auf Entschädigung (BayLSG 26.1.2007 – L 18 SB 108/05.Ko, BeckRS 2009, 56182). Ein von einer Partei **in die Sitzung gestellter („sistierter") Zeuge** ist zu entschädigen, wenn das Gericht der Partei die Gestellung aufgegeben oder zu erkennen gegeben hat, dass es mit der Gestellung einverstanden ist. Ansonsten wird ein von einer Partei in die Sitzung gestellter Zeuge nur entschädigt, wenn er tatsächlich vernommen worden ist und das Gericht die Zweckdienlichkeit der Gestellung anerkannt hat ((*MHBOJ* Rn. 6; OLG Koblenz NJW 1967, 1866; weitergehend OLG Braunschweig 1.12.2014 – 2 W 97/14, BeckRS 2015, 07358, das bereits bei einer Vernehmung des Zeugen die Zweckdienlichkeit als gegeben ansieht). Kommt eine **Partei** für die Unkosten eines Zeugen auf, der auf Entschädigung verzichtet hat oder vom Gericht nicht herangezogen worden ist, besteht ein Kostenerstattungsanspruch der Partei nach Maßgabe des § 91 ZPO, der der Höhe nach auf die Ansprüche nach § 19 begrenzt ist. 3

IV. Entschädigungsumfang

1. Grundsatz

Den Entschädigungsumfang regelt Abs. 1 abschließend mit der Folge, dass weitergehende Ansprüche eines Berechtigten ausgeschlossen sind (so auch OLG Düsseldorf 7.1.2014 – 1 Ws 430/13, BeckRS 2014, 01692). Die Vorschrift gewährt dem Zeugen keinen Schadensersatz, sondern nur eine **Entschädigung aus Billigkeitsgründen,** die insbesondere durch die Kappung beim Verdienstausfall auf 21 Euro/Std. unter den tatsächlich eingetretenen finanziellen Verlusten des Zeugen liegen kann. Eine derartige Beschränkung der Ansprüche eines Zeugen ist wegen dessen Erfüllung einer staatsbürgerlichen Ehrenpflicht verfassungsrechtlich unbedenklich (BVerfG 10.10.1978 – 2 BvL 3/78, BeckRS 9998, 104982). Eine **höhere Entschädigung als nach Abs. 1** kann nach Abs. 4 für Zeugen mit gewöhnlichem Aufenthalt im Ausland gewährt werden (dazu → § 8 Rn. 23–25). Die erstatteten Kosten für eine **notwendige Vertretung** nach § 7 Abs. 1 Satz 2 Alt. 1 mindern die Ansprüche nach §§ 21 und 22 und schließen einen Anspruch nach § 20 aus, auch → § 21 Rn. 4; zur Kostenerstattung für notwendige Vertretungen → § 7 Rn. 2 und 3. Aus anderen Vorschriften des Gesetzes, zB § 12, stehen einem Zeugen keine weiteren Entschädigungen zu. Der Fahrtkostenersatz eines Zeugen beträgt nach § 5 Abs. 2 Nr. 1 für jeden gefahrenen Kilometer 0,25 Euro. 4

2. Dauer der Heranziehung als Grundlage der Entschädigung nach Stunden (Abs. 2)

5 **a) Entschädigungsumfang in der Geltungszeit des ZSEG.** Nach **§ 2 ZSEG** erhielten Zeugen für jede Stunde der versäumten Arbeitszeit eine Entschädigung von zuletzt 2 bis 13 Euro je Stunde, den geringsten Satz, wenn ein Verdienstausfall nicht eingetreten war, und nicht erwerbstätige Zeugen, die einen Haushalt für mehrere Personen führen, eine Entschädigung von 10 Euro je Stunde. Ergänzend bestimmte § 4 ZSEG, dass bei Zeugen auch die Zeit als versäumt gilt, während der sie infolge ihrer Heranziehung ihrer gewöhnlichen Beschäftigung nicht nachgehen konnten („erweiterter Verdienstausfall"). Die Folge dieser Vorschriften waren recht **komplizierte Entschädigungsberechnungen,** wenn die Zeit der Heranziehung teilweise Arbeits- und teilweise Freizeit betraf oder durch die Heranziehung Arbeitszeit versäumt wurde, die über die Zeit der Heranziehung hinausging → Rn. 8–11.

6 **b) Rechtsprechung des BayLSG zum Entschädigungsumfang nach dem JVEG.** Im Gegensatz zu § 4 ZSEG findet sich in den **§§ 19–22 JVEG** keine ausdrückliche Vorschrift, dass die Entschädigung auch Zeiten umfasst, in der ein Zeuge infolge seiner Heranziehung seiner gewöhnlichen Beschäftigung nicht nachgehen kann. § 19 Abs. 2 bestimmt für die Entschädigung nach Stunden, also für alle Tatbestände nach §§ 20–22 und somit auch bei der Entschädigung für Verdienstausfall nach § 19 Abs. 1 Nr. 6 und § 22, dass diese für die gesamte Dauer der Heranziehung einschließlich notwendiger Reise- und Wartezeiten zu gewähren ist. Auf Grund dieses Wortlauts bewilligt das **BayLSG** seit seinem Grundsatzbeschluss vom 4.12.2013 (L 15 SF 226/11, BeckRS 2014, 67268) eine Entschädigung nur für die Zeit der Heranziehung einschließlich notwendiger Reise- und Wartezeiten, jedoch nicht für „erweiterten Verdienstausfall". Andererseits gewährt das BayLSG den regelmäßigen Bruttoverdienst für die gesamte Zeit der Heranziehung, wenn sich diese mit der Beschäftigungszeit auch nur teilweise überschneidet (BayLSG 27.7.2016 – L 15 RF 9/16, BeckRS 2016, 71326) und begründet dies einmal mit dem neuen Begriff der „gesamten Dauer der Heranziehung einschließlich notwendiger Reise- und Wartezeiten", zum Anderen mit dem Vergleich des jetzigen Tatbestandsmerkmals „Dauer der Heranziehung" zum alten Tatbestandsmerkmal der „Entschädigung der versäumten Arbeitszeit" nach §§ 2 Abs. 1, 4 ZSEG und zum Dritten mit dem auch der Gesetzesbegründung (BT-Drs. 15/1971, zB S. 2, 139,140,142, 143, 180) generell zu entnehmenden Ziel des JVEG auf Vereinfachung des Kostenrechts und Entlastung der Kostenrechtsprechung. Fallen in die Heranziehungszeit und Haushaltsführungszeiten nach § 21 wie Arbeitszeiten nach § 22 (vom BayLSG bisher nicht entschieden), dann sind wegen § 21 Satz 3 die ausgefallenen Arbeitszeiten anteilig zu berechnen, wobei die Entschädigung wegen Arbeitszeitausfall auch dann Vorrang vor der Entschädigung für Nachteile bei der Haushaltsführung hat, wenn der Stundenarbeitslohn unter der Stundenentschädigung für Nachteile bei der Haushaltsführung liegt auch → § 21 Rn. 3.

7 **c) Entgegengesetzte Meinung in Rspr. und Literatur.** In der weiteren Rspr. (OLG Hamm 29.12.2016 – 25 W 365/16, BeckRS 2016, 115346) und in der Literatur (*MHBOJ* Rn. 11 Abs. 1 f.) ist die obige Rspr. des BayLSG bisher auf Ablehnung gestoßen. Diese Ablehnung wird damit begründet, die Rspr. des BayLSG spiegele eine vereinzelt gebliebene Auffassung wider; hätte der Gesetzgeber mit der Änderung der Formulierung von „versäumte Arbeitszeit" in § 2

Abs. 2 ZSEG zu „Dauer der Heranziehung" in § 19 Abs. 2 JVEG eine derart weitreichende Änderung des bisherigen Entschädigungsrechts beabsichtigt, hätte dies in der Gesetzesbegründung (BT-Drs. 15/1971, 185f.) deutlichen Niederschlag finden müssen.

d) Bevorzugung der Rspr. des BayLSG gegenüber der entgegengesetzten Meinung. Die **Rspr. des BayLSG** (→ Rn. 6) berücksichtigt sämtliche Grundsätze der Rechtsauslegung (vgl. hierzu https://de.wikipedia.org/wiki/Auslegung_%28Recht%29) und zwar die grammatische, die historische, die systematische und die teleologische Auslegung. Grammatisch lässt das Tatbestandsmerkmal der „Dauer der Heranziehung einschließlich notwendiger Reise- und Wartezeiten" eine Entschädigung für Einbußen, die außerhalb dieser Zeit liegen, nicht zu. Historisch lässt sich insbesondere der Gesetzesbegründung ((BT-Drs. 15/1971, 185f.) kein Argument entnehmen, das gegen die Auslegung des BayLSG spricht. Systematisch und teleologisch erfüllt die Auslegung des BayLSG das generelle Ziel des JVEG- Gesetzgebers ((BT-Drs. 15/1971, zB S. 2, 139,140,142, 143, 180) auf Vereinfachung des Kostenrechts und Entlastung der Kostenrechtsprechung (die in → Rn. 10 und 11 aufgeführten Beispiele). Dabei gewährt die Auslegung des BayLSG, nach der der Verdienstausfall für die ganze Zeit der Heranziehung auch dann zu gewähren ist, wenn sich Heranziehung und Verdienstausfall auch nur überschneiden, idR höhere Entschädigungen als die auf dem ZSEG fußende Rspr. Die Nichtberücksichtigung des „erweiterten Verdienstausfalls" ist verfassungsrechtlich unbedenklich → Rn. 4. Demgegenüber verweigert sich die **entgegengesetzte Meinung** einer systematischen Auslegung des § 19 Abs. 2 und ist letztlich der Auffassung, allein die Nichterwähnung in der Gesetzesbegründung, der „erweiterte Verdienstausfall" solle durch das JVEG abgeschafft werden, rechtfertige eine gegen die grammatische und teleologische Auslegung der Norm gerichtete Auffassung. Damit setzt sich die entgegengesetzte Meinung aber in unzulässiger Weise selbst an die Stelle des Gesetzgebers. **8**

V. Verhältnis der einzelnen Entschädigungstatbestände nach Abs. 1

1. Grundsatz

Die Entschädigungen nach Nr. 1 bis 3 sind nebeneinander zu gewähren. Bezüglich des **Rangverhältnisses** einer weiteren nach **Nr. 4 bis 6** zu zahlenden Entschädigung muss zwischen der Rspr. des BayLSG → Rn. 6 und der entgegengesetzten Meinung → Rn. 7 unterschieden werden. Entsprechend der **Rspr. des BayLSG** soll der Zeuge für die gesamte Zeit der Heranziehung den höchsten Stundensatz erhalten, wenn sich die Zeit des Verdienstausfalls und die der Heranziehung –auch nur teilweise – überschneiden, die Berechnungsbeispiele in → Rn. 10 und 11; lediglich beim Zusammenfall von Arbeitszeiten und Zeiten der Haushaltsführung sind diese Zeiten wegen § 21 Satz 3 getrennt zu berechnen → Rn. 6 und → § 21 Rn. 3. Nach der **entgegengesetzten Meinung** soll folgendes gelten: Die Entschädigung eines Vollzeitbeschäftigten nach § 22 schließt eine solche nach § 21 generell, eine solche nach § 20 für die Zeit aus, für die Entschädigung nach §§ 22 gewährt wird. Bei Teilzeitbeschäftigten erfolgt die Entschädigung gemäß Satz § 21 Satz 1 und 2 primär nach § 22, subsidiär für die über die Verdienstausfallentschädigung **9** hinausgehende Zeit bis zu höchstens insgesamt 10 Stunden je Tag nach § 21; dies gilt auch dann, wenn der nach § 22 zu entschädigende Stundensatz des Verdienstausfalls niedriger als der in § 21 bestimmte Betrag von 14 Euro ist. Eine Entschädigung nach § 20 kann ein Zeuge nur insoweit erhalten, als ihm keine solche nach § 22 und/oder § 21 zusteht.

2. Verhältnis von Nr. 4–6 bei erweitertem Verdienstausfall

10 Nach der **Rspr. des BayLSG** → Rn. 6 wird dem Zeugen Entschädigung nur für die Zeit seiner Heranziehung einschließlich notwendiger Reise- und Wartezeiten gewährt, nicht jedoch für Verdienstausfall außerhalb der Heranziehungszeit. Nach der **entgegengesetzten Meinung** → Rn. 7 gilt folgendes weit komplizierteres Rangverhältnis: Ein Zeuge, der eine Entschädigung nach § 22 erhält, weil er **eine vor oder nach der Heranziehung liegende Arbeitsschicht** nicht wahrnehmen kann (erweiterter Verdienstausfall), erleidet für die Zeit seiner Heranziehung insofern keinen Nachteil nach § 20, als er die Schichtzeit, die außerhalb seiner Heranziehungszeit liegt, als Freizeit oder Haushaltsführungszeit gewinnt, aber als Arbeitszeit entschädigt erhält (enger *MHBOJ* Rn. 5, der in diesem Fall die Entschädigung für Zeitversäumnis generell ausschließen will). Bei **Entschädigung eines erweiterten Verdienstausfalls** ist eine **Vergleichsberechnung** vorzunehmen: Der Berechnung für die Zeit der Heranziehung ist die Berechnung des erweiterten Verdienstausfalls gegenüber zu stellen. Ist der Betrag dieses erweiterten Verdienstausfalls niedriger als die für die Heranziehungszeit nach § 20 oder § 21 zu gewährende Entschädigung, dann ist diese um den Betrag des erweiterten Verdienstausfalls zu kürzen. Ist er höher, ist nur der Betrag des erweiterten Verdienstausfalls zu gewähren.

VI. Berechnungsbeispiele

1. Vollzeiterwerbstätiger mit erweitertem Verdienstausfall

11 Ein vollerwerbstätiger Zeuge wird von 11.00 Uhr bis 15.30 Uhr herangezogen. Deshalb kann er seine Spätschicht, die von 14.00 Uhr bis 22.00 Uhr dauert, insgesamt nicht wahrnehmen. Es entgeht ihm der Schichtlohn einschließlich der vom Arbeitgeber zu tragenden Sozialversicherungsbeiträge von 23 Euro je Stunde. **Berechnung nach der Rspr. des BayLSG** → Rn. 6: Die gesamte Heranziehungszeit beträgt 4,5 Stunden. In diese Zeit fällt auch Arbeitszeit. Deshalb hat der Zeuge unter Berücksichtigung der Kappungsgrenze nach Satz 1 Anspruch auf eine Entschädigung von (4,5 Std. x 21 Euro =) **94,50 Euro. Berechnung nach der entgegengesetzten Meinung** → Rn. 7: Bei einer Entschädigung nur für die Zeit der Heranziehung hätte der Zeuge Anspruch auf Entschädigung nach § 20 für die Zeit von 11.00 Uhr bis 14.00 Uhr, also für 3 Stunden zu je 3,50 Euro = 10,50 Euro, ferner nach § 22 für die Zeit von 14.00 Uhr bis 15.30 unter Berücksichtigung der Kappungsgrenze nach Satz 1 und der Rundungsvorschrift des § 19 Abs. 2 Satz 2 auf 2 Stunden zu je 21 Euro, also 42 Euro. Der erweiterte Verdienstausfall für die Zeit von 16.00 Uhr bis 22.00 Uhr beträgt (6 Stunden zu je 21 Euro =) 126 Euro. Dieser Betrag ist höher als der nach § 20 zu entschädigende Betrag von 10,50 Euro. Damit erhält der Zeuge den tatsächlichen Verdienstausfall von 42 Euro und den er-

weiterten Verdienstausfall von 126 Euro, insgesamt **168 Euro** als Entschädigung nach Nr. 4 und 6.

2. Teilzeitbeschäftigter mit Haushaltsführung und erweitertem Verdienstausfall

Ein haushaltsführender teilzeitbeschäftigter Zeuge wird von 8.30 Uhr bis 12.50 Uhr herangezogen. Deshalb kann er seine Erwerbstätigkeit, die von 5.30 Uhr bis 9.30 Uhr dauert, insgesamt nicht wahrnehmen. Damit entgeht ihm der Schichtlohn einschließlich der vom Arbeitgeber zu tragenden Sozialversicherungsbeiträge von 10 Euro je Stunde. **Berechnung unter Zugrundelegung der Rspr. des BayLSG** → Rn. 6 **und des § 21 S. 3:** Die gesamte Heranziehungszeit, gerundet nach § 19 Abs. 2 Satz 2, beträgt 4,5 Stunden. In die Zeit der Heranziehung fallen 1 Stunde Arbeitszeit mit 10 Euro und 3,5 Stunden Haushaltsführungszeit zu je 14 Euro. Der Zeuge erhält daher eine Gesamtentschädigung von (10 Euro + 49 Euro =) **59 Euro. Berechnung nach der entgegengesetzen Meinung** → Rn. 7: Bei einer Entschädigung nur für die Zeit der Heranziehung hätte der Zeuge Anspruch auf Entschädigung nach § 22 für die Zeit von 8.30 Uhr bis 9.30 Uhr, somit für eine Stunde zu 10 Euro. Die Zeit von 9.30 Uhr bis 11.50 Uhr ist, gerundet nach § 19 Abs. 2 Satz 2, nach § 21 mit 2,5 Stunden zu je 14 Euro = 35 Euro zu entschädigen. Von diesem Betrag ist aber der erweiterte Verdienstausfall für die Zeit von 5.30 Uhr bis 8.30 Uhr (3 Stunden zu je 10 Euro =) 30 Euro abzuziehen. Damit erhält der Zeuge eine Entschädigung für erweiterten Verdienstausfall von 30 Euro, für Verdienstausfall in der Heranziehungszeit von 10 Euro und die Differenz zwischen der Entschädigung nach § 21 und dem erweiterten Verdienstausfall (35 Euro – 30 Euro =) 5 Euro, somit eine Gesamtentschädigung nach Nr. 5 und 6 von **45 Euro.** 12

VII. Schriftliche Zeugenaussage oder telefonische Vernehmung

Ein Zeuge, der sich auf Anordnung der heranziehenden Stelle schriftlich äußert, 13
hat dem Grundsatz nach die gleichen Entschädigungsansprüche wie ein Zeuge, der persönlich vernommen wird. Über den zu berücksichtigenden Zeitaufwand entscheidet das Gericht nach freiem Ermessen unter Berücksichtigung der Lebensverhältnisse und Vorbildung des Zeugen (*MHBOJ* Rn. 2). Die zu entschädigende **Mindestzeit** beträgt nach Abs. 2 Satz 2 idF des 2. KostRMoG nur noch eine halbe Stunde mit der Folge, dass sie sich unter den Voraussetzungen des § 22 auf höchstens 10,50 Euro beläuft (ähnlich bereits AG Karlsruhe NZV 2005, 655, das für die schriftliche Beantwortung der Fahreranfrage beim Fahrzeughalter recht frei eine Pauschale von 10 Euro angesetzt hat). Keine Zeugenentschädigung erhält ein Fahrzeughalter für die Beantwortung der Fahreranfrage in einem Verkehrsordnungswidrigkeitenverfahren, → Rn. 1. Auch die **telefonische Anhörung** oder Vernehmung eines Zeugen, zB im Verfahren nach § 495a ZPO, begründet die Entschädigungspflicht nach § 19.

VIII. Dauer der Heranziehung, 10-Stunden-Beschränkung und Rundung (Abs. 2)

14 Die Entschädigung erfolgt für die gesamte Dauer der Heranziehung einschließlich notwendiger Reise- und Wartezeiten, jedoch für höchstens 10 Stunden je Tag, Satz 1. Auch **Mittagspausen** sind generell **Wartezeit** (BayLSG 30.7.2012 – L 15 SF 439/11, BeckRS 2012, 72162; aA für Dolmetscher bzw. Sachverständige OLG Stuttgart 28.11.2017 – 2 Ws 181/17, BeckRS 2017, 134438; VerfGH Berlin 19.6.2013 – 174/11, BeckRS 2013, 52590; KG JB 2011, 491; OLG Koblenz JB 2007, 491; OLG Hamm JB 1994, 564); ausführlich → § 8 Rn. 7–9 mwN. Im Gegensatz zur Rundungsregelung für ehrenamtliche Richter nach § 15 Abs. 2, bei denen die letzte begonnene Stunde nach wie vor voll gerechnet wird, erfolgt bei Zeugen seit dem 2. KostRMoG wie schon bisher bei Sachverständigen und Dolmetschern nach § 8 Abs. 2 Satz 2 die Rundung nicht mehr auf die volle, sondern nur noch auf die „volle halbe" Stunde. Grund für die Beschränkung war vornehmlich die von einigen Gerichten nach § 23 Abs. 2 Satz 2 gewerblichen Autovermietern bewilligte Entschädigung für die in der Regel nur mit einem wenige Minuten dauernden Zeitaufwand verbundene Antwort auf Anfragen nach der Person des Mieters eines Kraftfahrzeugs (BT-Drs. 17/11471, 263; auch → Rn. 1). Die **Rundung ist für jeden Tag der Heranziehung gesondert** vorzunehmen, weil Satz 2 klar an Satz 1 anknüpft, in dem der Entschädigungsanspruch auf höchstens 10 Stunden je Tag beschränkt wird, § 21 Satz 2 auch die gleiche Höchstgrenze je Tag vorsieht und bei einer mehrtägigen Heranziehung nur die Tagrundung zu einer relativ einfachen Abrechnung führt (so auch LG Bonn 26.10.2015 – 29 KLs 1/14, BeckRS 2015, 18637, zu § 15; aA OLG Oldenburg NJW 1997, 2693 unter Berufung auf *MHBOJ* jetzt – § 23 Rn. 12c, der seine Meinung aber pauschal auf Gründe allgemeiner „Kostendämpfung" reduziert; *Hartmann* § 18 Rn. 4; offen gelassen von *Zimmermann P.* Rn. 5).

IX. Vorbereitungszeit des Zeugen

15 Die Heranziehung eines Zeugen beginnt bei schriftlicher Beantwortung der Beweisfrage mit deren Zugang, bei Ladung zu einer Verhandlung aber nicht schon mit Zugang der Ladung, sondern erst zu dem Zeitpunkt, auf den er geladen ist. Auch die notwendige Vorbereitungszeit eines zur Verhandlung geladenen Zeugen ist entsprechend Abs. 2 als Zeit der Heranziehung zu entschädigen (OLG Hamm 21.10.1987 – 4 Ws 353/87, BeckRS 1987, 06961, für die Entschädigung eines verspätet abgeladenen Zeugen; im Ergebnis auch *Hartmann* § 22 Rn. 4; ThürLSG JB 2003, 96, die solche Kosten aber über § 7 Abs. 1 Satz 1 erstatten wollen; diese Vorschrift gewährt jedoch nur Ersatz für Auslagen, nicht für entgangene Vergütung oder Entschädigung). Bei Anreise mit öffentlichen Verkehrsmitteln kann vom Zeugen verlangt werden, die Reisezeit zur Vorbereitung zu nutzen (OLG Braunschweig 1.12.2014 – 2 W 97/14, BeckRS 2015, 07358). Auch → § 7 Rn. 5.

X. Gleichzeitige Heranziehung in verschiedenen Sachen (Abs. 3)

Die Vorschrift regelt die Zuordnung der Gesamtentschädigung eines Zeugen zu den einzelnen Sachen, zu denen er herangezogen worden ist. Der Zeuge selbst wird im Ergebnis nur so entschädigt, als ob er lediglich in einer Sache herangezogen worden wäre. Der praktikabelste **Verteilungsmaßstab** der Gesamtentschädigung auf die einzelnen Sachen ist die Dauer der Heranziehung in jeder Sache. **16**

Beispiel: Ein Zeuge wird am gleichen Tag in drei verschiedenen Sachen herangezogen. In der Sache A ist er auf 9.00 Uhr geladen und wird dort um 11.20 Uhr entlassen. Die Ladung in der Sache B lautet auf 13.30 Uhr; dort wird der Zeuge um 14.10 Uhr entlassen. In der Sache C ist der Zeuge auf 15.30 Uhr geladen und wird um 16.30 Uhr entlassen. Unter Berücksichtigung der Reise-, Warte- und Aufrundungszeit sind dem Zeugen insgesamt für 9 Stunden Entschädigung sowie Fahrtkostenersatz mit einem Endbetrag von 120 Euro auszuzahlen.
Lösung: Die Gesamtentschädigung des Zeugen wird im Verhältnis seiner Heranziehung auf die einzelnen Fällen aufgeteilt, also gesamte Zeit der Heranziehung 240 Minuten, davon im Fall A 140 Minuten, im Fall B 40 Minuten und im Fall C 60 Minuten. Damit entfallen von den 120 Euro Gesamtentschädigung auf Fall A (120 Euro: 240 × 140 =) 70 Euro, auf Fall B (120 Euro: 240 × 40 =) 20 Euro und auf Fall C (120 Euro: 240 × 60 =) 30 Euro.

XI. Zeugen mit gewöhnlichem Aufenthalt im Ausland (Abs. 4)

Die Vorschrift ist identisch mit der des § 8 Abs. 4. Deshalb wird auf → § 8 Rn. 23–25 Bezug genommen. **17**

§ 20 Entschädigung für Zeitversäumnis

Die Entschädigung für Zeitversäumnis beträgt 3,50 Euro je Stunde, soweit weder für einen Verdienstausfall noch für Nachteile bei der Haushaltsführung eine Entschädigung zu gewähren ist, es sei denn, dem Zeugen ist durch seine Heranziehung ersichtlich kein Nachteil entstanden.

I. Anwendungsbereich

Eine Entschädigung nach dieser Vorschrift erhält ein Zeuge – anders als ein ehrenamtlicher Richter nach § 16 – nur, soweit er weder für Verdienstausfall noch für Nachteile bei der Haushaltsführung zu entschädigen ist, also doch für die Zeit seiner Heranziehung, für die er keinen vorrangigen Entschädigungsanspruch nach §§ 21 oder 22 hat. Dies folgt aus dem Gesetzeswortlaut, wonach die Entschädigung wegen Zeitversäumnis zu gewähren ist, „soweit" nicht für Verdienstausfall oder Nachteile bei der Haushaltsführung zu entschädigen ist (LSG Bln-Bbg 10.1.2017 – L 2 SF 248/16 E, BeckRS 2017, 100227; aA *MHBOJ* Rn. 5, der eine Entschädigung nach § 20 für die in die Heranziehungszeit fallende Freizeit ausschließen will, wenn auch nur ein Teil der Heranziehungszeit des Zeugen in die Arbeits- oder Haushalts- **1** führungszeit fällt). Wegen der Entschädigung notwendiger Vorbereitungszeiten → § 19 Rn. 15.

II. Nachteil

2 Ein in Geld messbarer Nachteil ist nicht erforderlich. Es genügt jede Art von Nachteil, zB der Verlust von Freizeit (OLG Hamm Rpfleger 1991, 266). Wegen des Tatbestandsmerkmals „ersichtlich" besteht eine widerlegbare gesetzliche **Vermutung dahingehend, dass ein Nachteil erstanden ist,** ohne dass ein konkreter Nachteil nachgewiesen sein muss (ausführlich BayLSG in stRspr, zuletzt 24.11.2016 – L 15 RF 31/16, BeckRS 2016, 74513). Auch **nichterwerbstätige Personen** sind in der Regel sinnvoll und nutzbringend tätig, sodass auch bei ihnen regelmäßig ein Nachteil durch Zeitversäumnis entsteht (BVerwG NJW 2012, 1827; ähnlich *MHBOJ* Rn. 4). Das gilt aber dann auch für einen arbeitslosen **Sozialhilfeempfänger** (aA noch ThürLSG 13.4.2005 – L 6 SF 2/05, BeckRS 2005, 41260) und einen **Rentner** (aA noch LSG NRW 29.4.2009 – L 6 SB 161/08, BeckRS 2009, 62331; AG Westerburg 9.5.2006 – 2040 Js 2193/06.32 Owi, BeckRS 2009, 12922). Nur das **offensichtliche Fehlen eines Nachteils** schließt die Entschädigung für Zeitversäumnis aus (*MHBOJ* Rn. 1 zu b). Dies ist der Fall bei einem **Gefangenen** (BVerfG 26.8.2008 – 2 BvR 1286/08, BeckRS 2012, 56242), wenn er nicht während eines Hafturlaubs nach §§ 13 Abs. 1, 35 Abs. 1 StVollzG herangezogen wird. Eine **Widerlegung der Nachteilsvermutung** soll dann vorliegen, wenn der Berechtigte trotz ausführlicher Vorgaben im Antragsformular keinerlei Angaben macht (BayLSG in stRspr, zuletzt 6.11.2013 – L 15 SF 191/11 B E, BeckRS 2013, 74227). Auch einem Zeugen, dessen Lohn oder Gehalt vom Arbeitgeber für die Dauer der Heranziehung weitergezahlt wird, entsteht offensichtlich kein Nachteil (*MHBOJ* Rn. 1 a und § 22 Rn. 12), weil er keine Freizeit versäumt, sondern Arbeitszeit einspart. Ein Nachteil besteht aber dann, wenn der Zeuge die durch seine Heranziehung versäumte Arbeitszeit unentgeltlich nacharbeiten muss. Ein Zeuge, der **eine vor oder nach der Heranziehung liegende Arbeitsschicht** nicht wahrnehmen kann, erhält nach der **Rspr des BayLSG** → § 19 Rn. 7 Entschädigung nach dieser Vorschrift, jedoch keine nach § 22 wegen erweitertem Verdienstausfall; nach der **entgegengesetzten Meinung** → § 19 Rn. 7 erhält er Entschädigung wegen erweitertem Verdienstausfall, jedoch keine Entschädigung nach § 20 für die unmittelbare Zeit seiner Heranziehung, da er insofern keinen Nachteil erleidet, als er die Schichtzeit, die außerhalb seiner Heranziehungszeit liegt, als Freizeit gewinnt, aber als Arbeitszeit entschädigt erhält. Seit einiger Zeit wird von drei Obergerichten einem **Polizeibeamten,** der während seiner Freizeit herangezogen wird, aber von seinem Dienstherrn im Umfang dieser Heranziehung **Freizeitausgleich** erhält, die Entschädigung nach dieser Vorschrift zugebilligt (OLG Frankfurt NStZ-RR 2008, 295; OLG Düsseldorf 27.12.2005 – III-4 Ws 572/05, BeckRS 2005, 30366928; OLG Karlsruhe 12.6.2007 – 2 Ws 116/07, BeckRS 2007, 11710), obwohl die Entschädigung für den Entgang von Freizeit, nicht für deren Zerreißung gewährt wird (AG Bückeburg Rpfleger 1984, 335; AG Bad Neustadt JB 1981, 85 m. abl. Anm. *Mümmler*). Kein Nachteil besteht außerdem bei erstatteten Kosten für eine **notwendige Vertretung** nach § 7 Abs. 1 Satz 2 Alt. 1.

§ 21 Entschädigung für Nachteile bei der Haushaltsführung

[1]Zeugen, die einen eigenen Haushalt für mehrere Personen führen, erhalten eine Entschädigung für Nachteile bei der Haushaltsführung von 14 Euro je Stunde, wenn sie nicht erwerbstätig sind oder wenn sie teilzeitbeschäftigt sind und außerhalb ihrer vereinbarten regelmäßigen täglichen Arbeitszeit herangezogen werden. [2]Zeugen, die ein Erwerbsersatzeinkommen beziehen, stehen erwerbstätigen Zeugen gleich. [3]Die Entschädigung von Teilzeitbeschäftigten wird für höchstens zehn Stunden je Tag gewährt abzüglich der Zahl an Stunden, die der vereinbarten regelmäßigen täglichen Arbeitszeit entspricht. [4]Die Entschädigung wird nicht gewährt, soweit Kosten einer notwendigen Vertretung erstattet werden.

I. Rangverhältnis

1 Zum Rangverhältnis dieser Vorschrift **zu §§ 20 und 22** und zur Berechnung der Entschädigung bei Ausfall einer Arbeitsschicht, die über die Zeit der Heranziehung hinausgeht (erweiterter Verdienstausfall), → § 19 Rn. 9–12. Wegen der Entschädigung notwendiger Vorbereitungszeiten → § 19 Rn. 15.

II. Haushaltsführung

2 Voraussetzung für diese Entschädigung ist, dass der Berechtigte für sich und mindestens eine weitere Person einen gemeinsamen Haushalt führt. Ein gemeinsamer Haushalt liegt nicht vor, wenn der Berechtigte den eigenen Haushalt nur für sich, dazu aber auch den gesonderten Haushalt eines Dritten führt (ausführlich dazu OLG Nürnberg Rpfleger 1979, 235). Der Anspruch besteht auch, wenn außer dem Berechtigten auch die andere Person, für die der Haushalt geführt wird, nicht erwerbstätig ist; bei Eheleuten ergibt sich dies aus § 1360 Satz 1 BGB, wonach Ehegatten einander gleichrangig zur Haushaltsführung verpflichtet sind (LG Bonn 26.10.2015 – 29 KLs 1/14, BeckRS 2015, 18637; SG Leipzig 18.6.2009 – S 1 SF 87/09 ERI, BeckRS 2009, 66788; OLG Köln NStZ-RR 2002, 32; aA KG 2.8.2016 – 1 Ws 33/16, JB 2017, 143 = BeckRS 2016, 115976; OLG Köln 29.12.2015 – 2 Ws 797/15, BeckRS 2016, 17398; *Hartmann* Rn. 4, der der Auffassung ist, die Haushaltsführungsentschädigung könne je Haushalt nur eine Person erhalten, bei gemeinsamer Haushaltsführung diejenige, die den Haushalt überwiegend führe; aA auch *MHBOJ* Rn. 2 für einen Zweipersonenhaushalt mit der Begründung, die Tätigkeit jedes Einzelnen unterscheide sich nicht von der Führung eines Einpersonenhaushalts). Entschädigung nach dieser Vorschrift ist einem Zeugen oder ehrenamtlichen Richter nicht zu gewähren, der **Erwerbsersatzeinkommen** wie Arbeitslosengeld, Rente, Versorgungsbezüge, auch Elterngeld (vgl. LG Bonn 26.10.2015 – 29 KLs 1/14, BeckRS 2015, 18637) und Leistungen nach dem SGB II (SächsLSG 5.9.2014 – L 8 SF 141/13 E, BeckRS 2014, 72692) bezieht; weil der durch das 2. KostMoG ins Gesetz gekommene neue Satz 2 die Bezieher von Erwerbsersatzeinkommen den Erwerbstätigen gleichstellt, welche nach Satz 1 keinen Anspruch auf Entschädigung wegen Haushaltsführung haben (OVG NRW 25.4.2014 – 14 AR 5/13, NVwZ-RR 2014, 708 = BeckRS 2014, 51601);

damit ist dem bisher in der Rspr. bestehenden Streit ein gesetzliches Ende gesetzt. Liegen die Voraussetzungen einer Haushaltsführung überhaupt vor, ist der vorgesehene Entschädigungssatz für die **gesamte Dauer der Heranziehung** zu bewilligen; eine Einschränkung auf eine Zeit, die geringer als die Zeit für die Heranziehung war oder ein Verweis, die Haushaltsführung hätte außerhalb der Zeit der Heranziehung nachgearbeitet werden können, ist nicht zulässig (SächsLSG 15.2.2011 – L 6 SF 47/09 ERI, BeckRS 2011, 69126; vgl auch BayLSG 27.7.2016 – L 15 RF 9/16, BeckRS 2016, 71326).

III. Teilzeitbeschäftigte und Haushaltsführung (Satz 3)

3 **Teilzeitbeschäftigte** erhalten die Entschädigung für Nachteile bei der Haushaltsführung, wenn sie außerhalb ihrer vereinbarten regelmäßigen Arbeitszeit herangezogen werden, dies unabhängig davon, ob sie jeden Tag arbeiten oder die Arbeit auf einzelne Tage im Monat oder in der Woche verteilen und die übrige Zeit für ihre Haushaltsführung vorsehen (OLG München 19.12.2013 – 4c Ws 1/13, RPfl 2014, 288 = BeckRS 2014, 00953). Ist eine tägliche Arbeitszeit vertraglich nicht festgelegt, ist wegen Satz 3 ihre fiktive Dauer aus der vereinbarten Wochen- oder Monatsarbeitszeit zu errechnen (KG 15.1.2014 – 1 Ws 17/12, JB 2014, 544 = BeckRS 2015, 18268). Ob eine Teilzeit- und keine Vollzeitbeschäftigung vorliegt, bestimmt sich nach § 2 des Teilzeit- und Befristungsgesetzes (TzBfG). Fallen bei Teilzeitbeschäftigten **sowohl Beschäftigungszeiten wie Zeiten der Haushaltsführung** in die Heranziehungszeit, ist nach Satz 3 eine gesplittete Entschädigungsberechnung vorzunehmen. Dabei hat die Entschädigung für Verdienstausfall auch dann Vorrang, wenn die Stundenentschädigung wegen Verdienstausfalls niedriger ist als der Stundensatz von 14 Euro für Nachteile bei der Haushaltsführung. Ein **erweiterter Verdienstausfall** ist bei der Berechnung der Entschädigung nicht zu berücksichtigen, weil nach § 19 Abs. 2 Satz 1 die Entschädigung auf die Heranziehungszeit einschließlich notwendiger Reise- und Wartezeiten begrenzt ist → auch § 19 Rn. 6–9; zur abweichenden Meinung → § 19 Rn. 10 und 12. Auch bei Zusammenfallen von Teilzeitbeschäftigung und Haushaltsführung ist die Entschädigung nach Satz 3 wie nach § 19 Abs. 2 auf höchstens 10 Stunden je Tag beschränkt. Dabei hat die regelmäßige tägliche Arbeitszeit, die nach § 22 zu entschädigen ist, Vorrang vor der Entschädigung nach § 21 mit der Folge, dass bei einer längeren Heranziehungszeit der Anteil der Entschädigung für Haushaltsführung zu kappen ist. Zur Tagrundung bei mehrtägiger Heranziehung → § 19 Rn. 14. **Teilrentenbezieher** stehen mit dem Prozentsatz ihrer Rente Teilzeitbeschäftigten gleich (LG Lüneburg 22.5.2015 – 110 AR 2/15; undifferenziert noch ThürLSG 26.2.2014 – L 6 SF 21/14 E, BeckRS 2014, 67522, das auch bei einer Teilrente die Haushaltsführungsentschädigung komplett ausgeschlossen hat).

IV. Anrechnung einer Kostenerstattung für Vertretung (Satz 4)

4 Die erstatteten Kosten für eine notwendige Vertretung nach § 7 Abs. 1 Satz 2 Alt. 1 sind auch auf die Entschädigung für Nachteile bei der Haushaltsführung nach §§ 17 und 21 anzurechnen. Soweit diese Kosten höher sind als der Anspruch nach §§ 17 und 21, wird allein die Kostenerstattung für Vertretung gewährt. Die

Vertretung muss sich auf die Haushaltsführung beziehen; ist sie zB nur bezüglich einer Kinderbetreuung erfolgt, sind ihre Kosten nicht auf den Anspruch nach §§ 17 und 21 anzurechnen.

§ 22 Entschädigung für Verdienstausfall

[1]Zeugen, denen ein Verdienstausfall entsteht, erhalten eine Entschädigung, die sich nach dem regelmäßigen Bruttoverdienst einschließlich der vom Arbeitgeber zu tragenden Sozialversicherungsbeiträge richtet und für jede Stunde höchstens 21 Euro beträgt. [2]Gefangene, die keinen Verdienstausfall aus einem privatrechtlichen Arbeitsverhältnis haben, erhalten Ersatz in Höhe der entgangenen Zuwendung der Vollzugsbehörde.

I. Systematik

1 Die Vorschrift gilt für alle **Erwerbstätige,** denen durch die Heranziehung ein **Verdienstausfall** entsteht, gleichgültig ob sie in Vollzeit oder in Teilzeit erwerbstätig sind. Dabei gewährt die Norm durch die Kappung des Stundensatzes auf 21 Euro **lediglich eine Entschädigung,** keinen vollen Schadensersatz (allgM, zB BayLSG 4.12.2013 – L 15 SF 226/11, BeckRS 2014, 67268; *MHBOJ* § 22 Rn. 2; *Hartmann* § 19 Rn. 2). Maßgeblich für die Beurteilung, ob ein Verdienstausfall entstanden ist, ist die **Beurteilung am Tag des Gerichtstermins;** spätere Entwicklungen bleiben bei der Festsetzung der Entschädigung unberücksichtigt (BayLSG in stRspr, zuletzt 9.5.2016 – L 15 RF 4/16, BeckRS 2016, 69130).

1. Rspr. des BayLSG

2 Nach der **Rspr. des BayLSG** → § 19 Rn. 6 hat die Entschädigung für Verdienstausfall für die gesamte Zeit der Heranziehung Vorrang vor den übrigen nach Stunden bemessenen Entschädigungstatbeständen (Zeitversäumnis und Nachteile bei der Haushaltsführung), wenn sich die Zeit der Heranziehung mit der Arbeitszeit auch nur teilweise überschneidet. Für das Rangverhältnis bei in die Heranziehungszeit fallender Teilzeitbeschäftigung und Haushaltsführung → § 21 Rn. 3. Entgeht dem Berechtigten infolge seiner Heranziehung lediglich eine Zulage, ist nur diese zu entschädigen (vom BayLSG bisher nicht entschieden).

2. Entgegengesetzte Meinung

3 Nach der **entgegengesetzten Meinung** → § 19 Rn. 7, die auf §§ 2, 4 ZSEG zurückzuführen ist, hat § 22 Vorrang vor der Anwendung von §§ 21 und 20, auch wenn die Entschädigung für Verdienstausfall geringer als die nach § 21 (14 Euro je Stunde) oder nach § 20 (3,50 Euro je Stunde) ist. Letzteres kann der Fall sein, wenn dem Berechtigten durch seine Heranziehung lediglich eine Zulage entgeht, → Rn. 5. **Vollzeiterwerbstätige** haben keinen Anspruch nach § 21, auch wenn sie einen Haushalt nach dieser Vorschrift führen; jedoch kommt für sie nachrangig die Anwendung des § 20 in Betracht. Gleiches gilt für **Teilzeiterwerbstätige,** die keinen Haushalt nach § 21 führen. Teilzeiterwerbstätige, die auch die Voraussetzungen des § 21 erfüllen, werden in erster Linie nach § 22, nachrangig nach § 21 entschädigt. Eine Entschädigung von haushaltsführenden Teilzeiterwerbstätigen nach

§ 20 scheidet aus, weil § 21 dem § 20 systematisch vorgeht und die Entschädigung nach § 21 ohnehin zu einer höheren Entschädigung als nach § 20 führt. Zur Berechnung der Entschädigung bei **Ausfall einer Arbeitsschicht,** die über die Zeit der Heranziehung hinausgeht (erweiterter Verdienstausfall), → § 19 Rn. 10–12.

II. Anspruchsberechtigte

4 Anspruchsberechtigt ist stets nur der jeweils herangezogene Zeuge. Ein **Arbeitgeber** hat keinen Entschädigungsanspruch wegen Verlusts der Arbeitsleistung seines als Zeugen herangezogenen Mitarbeiters, auch wenn er diesem das Gehalt für die Dauer der Heranziehung ersatzlos weiterzahlt oder Aufwendungen für die Beschäftigung eines Vertreters hat (OVG Koblenz NJW 1982, 1115; OLG Bremen NJW 1976, 685; LG Köln NJW 1967, 1291), erst recht kein **Ausbilder** nach § 10 Abs. 1 BBiG für einen Auszubildenden (AG Tiergarten NStZ-RR 2009, 96). In diesen Fällen erhält der Zeuge weder eine Entschädigung für Verdienstausfall noch für Zeitversäumnis nach § 20. Ist der Arbeitgeber berechtigt, seinem Arbeitnehmer wegen der Heranziehung als Zeuge Lohn oder Gehalt zu kürzen, kann die **Abtretung** des Entschädigungsanspruchs an den Arbeitgeber erfolgen; dadurch wird auch die problemlose Abführung der in der Entschädigung enthaltenen Sozialversicherungsbeiträge möglich (*MHBOJ* Rn. 9 mwN). Keine Abtretungsklausel, sondern nur eine **Abführungsverpflichtung** enthält § 29 Abs. 2 des Tarifvertrags für den öffentlichen Dienst der Länder – TV-L –, früher § 52 Abs. 2 BAT und § 33 Abs. 2 MTArb (unrichtig daher *MHBOJ* Rn. 9). Diese Vorschriften regeln, dass ua bei Heranziehung eines im **öffentlichen Dienst** Beschäftigten als Zeuge der Anspruch auf Entgeltfortzahlung nur insoweit besteht, als der Bedienstete nicht Ansprüche auf Ersatz dieser Bezüge geltend machen kann. Die fortgezahlten Bezüge gelten in Höhe des Ersatzanspruchs als **Vorschuss** auf die Leistungen der Kostenträger; der Beschäftigte hat den Ersatzanspruch geltend zu machen und die erhaltenen Beträge an den Arbeitgeber abzuführen (so auch LSG BW 21.5.2010 – L 12 KO 4969/09, BeckRS 2010, 70624). Zu erstatten ist dem Zeugen oder ehrenamtlichen Richter der durch seine Heranziehung eintretende **Erwerbsverlust des Ehegatten,** wenn dieser während der Heranziehung des Berechtigten seiner Arbeitsstelle fernbleibt, um Haushalt und Kinder zu versorgen oder wenn der ansonsten im Betrieb des Ehegatten unentgeltlich mitarbeitende Berechtigte durch die Heranziehung an der Mitarbeit verhindert wird (*MHBOJ* Rn. 22). Dies folgt aus § 1360 BGB, wonach die Ehegatten einander verpflichtet sind, durch ihre Arbeit und mit ihrem Vermögen die Familie angemessen zu unterhalten.

III. Vorliegen eines Verdienstausfalls

5 Die Vorschrift fordert einen durch die Heranziehung verursachten konkreten Verdienstausfall des Berechtigten. Soweit er für die Zeit der Heranziehung Lohn oder Gehalt weiter erhält, hat er keinen Verdienstausfall; auch eine Entschädigung nach § 20 scheidet für die Zeit aus, in der der Berechtigte Dienst oder Arbeit hätte leisten müssen, es sei denn, er muss die versäumte Zeit unentgeltlich nacharbeiten. Entgehen dem Berechtigten jedoch durch seine Heranziehung **Zulagen** wie Nachtdienstzulage (LG Bad Kreuznach JB 1992, 633), Dienstausgleichszulage (*MHBOJ* Rn. 18 g), Anwesenheitsprämie (*MHBOJ* Rn. 18 f) oder Einkünfte aus

genehmigter **Nebentätigkeit,** sind diese als Verdienstausfall zu entschädigen. Soweit der Berechtigte in seiner dienst- oder arbeitsfreien Zeit herangezogen wird, entsteht ihm kein Verdienstausfall. Ein **Polizeibeamter,** dem auf Grund seiner Heranziehung eine **Nachtschichtzulage** entgeht, erhält diese nicht erstattet, wenn er durch seine Schichtplangestaltung diesen Nachteil hätte vermeiden können (vgl. OVG NRW 29.4.2010 – 6 A 1811/08, BeckRS 2010, 49169). Kann ein Berechtigter eine **Gleitzeitregelung** in Anspruch nehmen, ist für die Entschädigung die normalerweise von ihm eingehaltene Dienst- oder Arbeitszeit zu Grunde zu legen. Fällt die Heranziehung in die Zeit, in der der Berechtigte **Überstundenausgleich** oder **bezahlten Urlaub** in Anspruch nimmt, liegt kein Verdienstausfall vor, da der Verdienst weitergezahlt wird (hM: *MHBOJ* Rn. 20 mwN; *Hartmann* Rn. 21; *Zimmermann P.* Rn. 8 bis 10 mwN; aus der Rspr. zuletzt BayLSG 19.5.2014 – L 15 SF 30/14, BeckRS 2014, 69556; LSG Sachsen-Anhalt 21.3.2014 – L 1 SV 1/12 B, BeckRS 2014, 68100; BGH NJW-RR 2012, 761; OLG Düsseldorf NStZ-RR 1998, 157; OLG Düsseldorf MDR 1997, 1070; OLG Hamm Rpfleger 1996, 420; OVG NRW 5.9.1994 – 11 E 166/1994, BeckRS 2010, 49169; LG Freiburg Justiz 1993,121; aA AG Lübeck Rpfleger 1995, 127; LG Freiburg NStZ 1993, 89 = Justiz 1993, 122). Hat der Berechtigte wegen seiner Heranziehung **unbezahlten Urlaub** genommen, hat er Anspruch auf Verdienstausfallentschädigung in Höhe des Betrages, der ihm bei seiner normalen Beschäftigung entgangen wäre (OLG Frankfurt JB 1981, 1700). Eine Verdienstausfallentschädigung steht dem Berechtigten jedoch nicht zu, wenn er während eines aus einem sonstigen Grund genommenen unbezahlten Urlaubs herangezogen worden ist. Ein **Auszubildender** hat keinen Verdienstausfall, da seine Heranziehung eine unverschuldete Verhinderung zur Erfüllung seiner Pflichten aus dem Berufsausbildungsverhältnis darstellt. Damit hat er nach §§ 19 Abs. 1 Nr. 2b, 25 BBiG 2005 zwingend Anspruch auf Weiterzahlung der Vergütung (*MHBOJ* Rn. 18d; AG Tiergarten NStZ-RR 2009, 96). Eine Entschädigung für Zeitversäumnis nach § 20 kommt bei ihm nur für die Zeit der Heranziehung in Betracht, die nicht in die regelmäßige Ausbildungszeit fällt. Einem **Berufsbetreuer** entsteht kein bezifferbarer Verdienstausfall, da er nach § 5 VBVG pauschaliert vergütet wird (OLG Dresden 21.3.2016 – 2 Ws 121/16, JB 2017, 143 = BeckRS 2016, 115454).

IV. Umfang der Entschädigung

1. Allgemeines

Entschädigt wird der entgangene regelmäßige Bruttoverdienst einschließlich der 6
vom Arbeitgeber zu tragenden Sozialversicherungsbeiträge für die gesamte Zeit der Heranziehung nach § 19 Abs. 2, jedoch für nicht mehr als zehn Stunden je Tag und höchstens 21 Euro je Stunde. Die Höhe der vom Arbeitgeber zu tragenden Sozialversicherungsbeiträge kann mit geringen Schwankungen des Beitrags zur Krankenversicherung unschwer festgestellt werden, so dass es diesbezüglich eines näheren Nachweises nicht bedarf (aA *MHBOJ* Rn. 8c, der einen Nachweis über die Höhe der Beitragsanteile und darüber verlangt, dass diese nicht vom Arbeitgeber geleistet und endgültig getragen werden).

2. Entschädigungsumfang nach der Rspr. des BayLSG

7 Nach der Rspr. des BayLSG → § 19 Rn. 6 ist auf Grund des § 19 Abs. 2 Satz 1 die nach objektiven Maßstäben zu ermittelnde gesamte Dauer der Heranziehung einschließlich notwendiger Reise- und Wartezeiten zu entschädigen, nicht mehr wie früher unter Geltung des ZSEG die versäumte Arbeitszeit. Die konkret ausgefallene Arbeitszeit ist daher nicht zu ermitteln; eine fiktive Mittagspause kann nicht in Abzug gebracht werden (BayLSG 27.7.2016 – L 15 RF 9/16, BeckRS 2016, 71326).

3. Entschädigungsumfang nach der entgegengesetzen Meinung

8 Grundlage der Bemessung nach der entgegengesetzten Meinung→ § 19 Rn. 7 ist in erster Linie die **Zeit der Heranziehung** nach § 19 Abs. 2 Satz 1 und die in diese fallende tatsächliche Arbeitszeit ohne Entschädigung von Arbeitspausen, für die kein Arbeitsentgelt gezahlt wird (*MHBOJ* Rn. 11). Jedoch ist auch ein **weiterer Verdienstausfall** nach § 19 Abs. 1 Nr. 6 zu ersetzen, der über die Zeit der Heranziehung hinausgeht, wenn die Heranziehung für diesen ursächlich ist, der Zeuge also aus betriebsorganisatorischen Gründen vor und/oder nach der Vernehmung die Arbeit am gleichen Tag nicht mehr aufnehmen kann (OLG Hamm 29.12.2016 – 25 W 365/16, BeckRS 2016, 115455; *MHBOJ* Rn. 6; aA BayLSG 4.12.2013 – L 15 SF 226/11, BeckRS 2014, 67268); auch → § 19 Rn. 5, 7). Dies ist zB bei einem Arbeitnehmer der Fall, der wegen einer auch nur kurzzeitigen Heranziehung aus betriebsorganisatorischen Gründen die Arbeit am gleichen Tag nicht mehr aufnehmen kann, auch bei einem **Fernfahrer,** dem durch seine Heranziehung der Verdienst für eine Mehrtagestour entgeht (*MHBOJ* Rn. 18c mwN); er muss aber die heranziehende Stelle auf diese unverhältnismäßig hohen Kosten hinweisen; unterlässt er dies, hat er nur Anspruch auf Entschädigung in der Höhe, die bei seinem rechtzeitigen Hinweis entstanden wären, → § 7 Rn. 6. Zur Berechnung der Entschädigung bei **erweitertem Verdienstausfall** → § 19 Rn. 10–12. Nach dieser Vorschrift ist ferner der außerhalb der Heranziehung liegende Zeitaufwand für die angemessene **Vorbereitung der Aussage** des Zeugen, zB durch Heraussuchen und Durchsicht von Unterlagen zu entschädigen (*Hartmann* Rn. 4), auch → § 19 Rn. 15.

V. Nachweis der Verdienstausfallhöhe

9 Eine bestimmte Form des Nachweises zu Grund und Höhe eines Verdienstausfalls ist gesetzlich nicht vorgeschrieben.

10 Bei **Selbständigen, Freiberuflern usw.** ist in der Regel ausreichend, dass ein behaupteter Verdienstausfall nach der Lage des Falls, insbesondere nach Lebensstellung und ausgeübter Tätigkeit wahrscheinlich ist (LSG Bln-Bbg 10.1.2017 – L 2 SF 248/16 E, BeckRS 2017, 100227; LG Stendal 20.11.2008 – 23 O 515/07, BeckRS 2008, 41649; SG Berlin AnwBl 1984, 574; enger BayLSG in stRspr, zuletzt 29.11.2016 – L 15 RF 34/16, BeckRS 2016, 74697, das grundsätzlich den Vollbeweis fordert, aber zahlreiche Beweiserleichterungen einräumt). Bei einer nicht regelmäßig ausgeübten selbständigen Tätigkeit ist ein Anspruch auf Entschädigung wegen Verdienstausfalls regelmäßig ausgeschlossen (BayLSG in stRspr, zuletzt 29.11.2016 – L 15 RF 34/16, BeckRS 2016, 74697), auch bei Bezug von Leistungen nach SGB II und SGB XII (BayLSG ebenda). Die Vorlage eines Ab-

schlusszeugnisses (BayLSG 8.8.2006 – L 3 U 114/04, BeckRS 2009, 60385) oder einer Gewerbeanmeldung allein reicht zur Glaubhaftmachung eines Verdienstausfalls nicht aus (BayLSG 14.6.2006 – L 8 AL 491/04.Ko, BeckRS 2009, 60894). Die Wahrscheinlichkeitsvermutung gilt auch für **Landwirte, Kaufleute, Handwerker, Handelsvertreter und Rechtsanwälte** (*MHBOJ* Rn. 15 bis 17a mwN), bei letzteren auch, wenn sie in einer Sozietät tätig sind (aA OLG Hamm MDR 1991, 263 mit der Begründung, durch die Abwesenheit eines Rechtsanwalts entgingen der Sozietät keine Aufträge). Rechtsanwälte sollen grundsätzlich den Höchstsatz der Entschädigung erhalten (SG Berlin AnwBl 1984, 574). Auch bei angestellten oder selbständigen **Detektiven** wird ein Verdienstausfall vermutet (OLG Hamm 15.12.2005 – 4 Ws 357/05, BeckRS 2009, 16120; *MHBOJ* Rn. 16 unter Nachweis entgegengesetzter Rspr.). Bei **angestellten Detektiven** kann aber im Hinblick auf bestehende Manteltarifverträge, die eine Lohnfortzahlung vorsehen, die Vorlage einer Bescheinigung des Arbeitgebers verlangt werden, dass dieser nicht zur Lohnfortzahlung verpflichtet ist (LG Detmold 28.4.2014 – 4 Qs 50/14, BeckRS 2014, 13298). Bei Aufsichtsführenden großer Betriebe kommt die Annahme eines Verdienstausfalls bei nur kurzer Abwesenheit nicht in Betracht, wenn der Betrieb auch ohne sie weiterläuft (*MHBOJ* Rn. 17c mwN), jedoch bei längerer Abwesenheit (OLG Nürnberg Rpfleger 1963, 220 Ls.). Die Höhe des Verdienstausfalls ist durch Vergleich mit dem Entgelt eines Arbeitnehmers in vergleichbarer Stellung zu schätzen (OLG Stuttgart Rpfleger 1972, 35; *Zimmermann P.* § 22 Rn. 4). Nur wenn die Angaben eines Selbständigen usw. über seine Erwerbstätigkeit oder seinen Verdienst unwahrscheinlich sind, muss ausnahmsweise deren Glaubhaftmachung nach § 294 ZPO oder sogar ein Nachweis verlangt werden (BayLSG 2.7.2012 – L 15 SF 12/12, BeckRS 2012, 72127; SG Leipzig 26.7.2011 – S 1 SF 144/10 E, BeckRS 2011, 75118; *Hartmann* Rn. 11); bei Bezug von Leistungen zur Sicherung des Lebensunterhalts nach dem SGB II kann kein regelmäßiger Bruttoverdienst angenommen werden, der über die Entschädigung von § 20 hinausgeht (BayLSG in stRspr, zuletzt 22.10.2015 – L 15 RF 24/15, BeckRS 2014, 13298).

Zum Nachweis eines Verdienstausfalls bei **abhängig Beschäftigten** reicht idR **11**
die Vorlage einer Bescheinigung des Arbeitgebers aus (OLG Düsseldorf 11.2.2015 – III-3 Ws 224/14, JB 2015, 374 = BeckRS 2015, 13608), nicht aber bei Verdacht auf böswilliges Zusammenwirken (LAG NRW JB 1998, 152). Nach der **Rspr. des BayLSG** → § 19 Rn. 6 reicht es aus, dass der Arbeitgeber den durchschnittlichen Stundenlohn des Zeugen bescheinigt. Nach der **entgegengesetzten Meinung** → § 19 Rn. 7 muss idR durch eine Bescheinigung des Arbeitgebers die Höhe des wegen der Heranziehung erfolgten Lohn- oder Gehaltsabzugs nachgewiesen werden (*MHBOJ* Rn. 3). Wenn dabei ein Arbeitgeber bescheinigt, dass der Zeuge nach seiner Heranziehung am gleichen Tag nicht weiterbeschäftigt werden konnte, ist die Entschädigung für den gesamten Verdienstausfall zu gewähren, ohne dass zu prüfen ist, ob zwingende betriebliche Gründe der Wiederaufnahme der Beschäftigung entgegengestanden haben (LAG NRW JB 1998, 152).

VI. Gefangene (Satz 2)

Für einen Gefangenen, der in einem privatrechtlichen Arbeitsverhältnis steht **12**
(sog. Freigänger), gilt uneingeschränkt die Verdienstausfallregelung nach Satz 1. Die Anwendung des § 21 scheidet aus der Natur der Sache aus; dagegen kommt

die Anwendung des § 20 bei Hafturlaub des Gefangenen nach §§ 13 Abs. 1, 35 Abs. 1 StVollzG in Betracht. Gefangene, denen eine Zuwendung nach §§ 43 ff. StVollzG für Tätigkeiten in der Anstalt entgeht, erhalten diese nach Satz 2 erstattet. Der Nachweis der entgangenen Zuwendung erfolgt in der Regel durch eine entsprechende Bescheinigung der Justizvollzugsanstalt (*MHBOJ* Rn. 20 mwN).

§ 23 Entschädigung Dritter

(1) **Soweit von denjenigen, die Telekommunikationsdienste erbringen oder daran mitwirken (Telekommunikationsunternehmen), Anordnungen zur Überwachung der Telekommunikation umgesetzt oder Auskünfte erteilt werden, für die in der Anlage 3 zu diesem Gesetz besondere Entschädigungen bestimmt sind, bemisst sich die Entschädigung ausschließlich nach dieser Anlage.**

(2) [1]**Dritte, die aufgrund einer gerichtlichen Anordnung nach § 142 Abs. 1 Satz 1 oder § 144 Abs. 1 der Zivilprozessordnung Urkunden, sonstige Unterlagen oder andere Gegenstände vorlegen oder deren Inaugenscheinnahme dulden, sowie Dritte, die aufgrund eines Beweiszwecken dienenden Ersuchens der Strafverfolgungs- oder Verfolgungsbehörde**

1. **Gegenstände herausgeben (§ 95 Abs. 1, § 98 a der Strafprozessordnung) oder die Pflicht zur Herausgabe entsprechend einer Anheimgabe der Strafverfolgungs- oder Verfolgungsbehörde abwenden oder**
2. **in anderen als den in Absatz 1 genannten Fällen Auskunft erteilen,**

werden wie Zeugen entschädigt. [2]**Bedient sich der Dritte eines Arbeitnehmers oder einer anderen Person, werden ihm die Aufwendungen dafür (§ 7) im Rahmen des § 22 ersetzt; § 19 Abs. 2 und 3 gilt entsprechend.**

(3) [1]**Die notwendige Benutzung einer eigenen Datenverarbeitungsanlage für Zwecke der Rasterfahndung wird entschädigt, wenn die Investitionssumme für die im Einzelfall benutzte Hard- und Software zusammen mehr als 10 000 Euro beträgt.** [2]**Die Entschädigung beträgt**

1. **bei einer Investitionssumme von mehr als 10 000 bis 25 000 Euro für jede Stunde der Benutzung 5 Euro; die gesamte Benutzungsdauer ist auf volle Stunden aufzurunden;**
2. **bei sonstigen Datenverarbeitungsanlagen**
   a) **neben der Entschädigung nach Absatz 2 für jede Stunde der Benutzung der Anlage bei der Entwicklung eines für den Einzelfall erforderlichen, besonderen Anwendungsprogramms 10 Euro und**
   b) **für die übrige Dauer der Benutzung einschließlich des hierbei erforderlichen Personalaufwands ein Zehnmillionstel der Investitionssumme je Sekunde für die Zeit, in der die Zentraleinheit belegt ist (CPU-Sekunde), höchstens 0,30 Euro je CPU-Sekunde.**

[3]**Die Investitionssumme und die verbrauchte CPU-Zeit sind glaubhaft zu machen.**

(4) **Der eigenen elektronischen Datenverarbeitungsanlage steht eine fremde gleich, wenn die durch die Auskunftserteilung entstandenen direkt zurechenbaren Kosten (§ 7) nicht sicher feststellbar sind.**

I. Vorbemerkung

1 Die Vorschrift basierte in ihrer bis 30.6.2009 geltenden Fassung im wesentlichen auf § 17a ZSEG. Mit der Einführung des JVEG wurde sie um die Entschädigung Dritter erweitert, die nach §§ 142 Abs. 1 S. 1, 144 Abs. 1 ZPO zur Vorlegung von Urkunden, sonstigen Unterlagen oder Augenscheinsobjekten oder zur Duldung der Inaugenscheinnahme prozessual verpflichtet werden; außerdem wurden im Bereich der Telekommunikation im damaligen Satz 1 Nr. 4 Buchstabe a erstmals neben der Fangeinrichtung auch Zielsuchläufe ohne Datenabgleich nach § 98a StPO ausdrücklich als entschädigungspflichtige Maßnahme genannt und in Abs. 3 S. 2 Nr. 2 Buchstabe b die Höchstgrenze für die Entschädigung auf 0,30 Euro je CPU-Sekunde gekürzt (BT-Drs. 15/1971, 186). Die nach dieser Vorschrift zu gewährenden Entschädigungen waren grundsätzlich auf den Stundenhöchstsatz von 17 Euro, die einem Zeugen nach § 22 S. 1 zu gewähren war, beschränkt.

II. Entschädigung von Telekommunikationsunternehmen

2 Durch das am 1.7.2009 in Kraft getretene **TK-Entschädigungs-Neuordnungsgesetz** wurde die bis dahin in Abs. 1 Nr. 3 und 4 sowie Abs. 5 geregelte Entschädigung der Telekommunikationsunternehmen in der neuen Anlage 3 auf der Grundlage eines Pauschalentschädigungssystems zusammengefasst, präzisiert und nach einer wohl abstrakten Kalkulation der Pauschalen mit Stundensätzen zwischen 17 Euro, 43 Euro, aber überwiegend von 58 Euro deutlich erhöht. Durch das 2. KostRMoG sind erste Auslegungsschwierigkeiten, die zum Teil auf die Weiterentwicklung der Technik zurückzuführen sind, geklärt worden (BT-Drs. 17/11471, 146). Durch das Gesetz zur Einführung einer Speicherpflicht und einer Höchstspeicherfrist für Verkehrsdaten vom 10.12.2015 (BGBl. I S. 2218) wurden die Auskunftspflichten der Telekommunikationsunternehmen und im Gegenzug die Entschädigungstatbestände der Anlage 3 erweitert. Wegen der Einzelheiten der geltenden Regelung vgl. die Kommentierung zu → Anlage 3. § 23 Abs. 1 und die Anlage 3 zu dieser Vorschrift beziehen sich ausschließlich auf Diensteanbieter nach dem **Telekommunikationsgesetz,** nicht jedoch auf Diensteanbieter nach dem Telemediengesetz; **Diensteanbieter nach dem Telemediengesetz** sind nach § 23 Abs. 2 Nr. 2 iVm §§ 22, 19 Abs. 2 und 3 zu entschädigen (ThürOLG 8.10.2012 – 1 Ws 122/12, BeckRS 2013, 14473).

III. Heranziehung sonstiger Dritter (Abs. 2)

1. Anspruchsberechtigte

3 Dies können nicht nur natürliche Personen, sondern auch rechtsfähige Körperschaften des privaten und öffentlichen Rechts sein. Nicht dazu gehören zur Amtshilfe nach Art. 35 Abs. 1 GG verpflichtete Behörden, weil § 1 Abs. 2 für diese lediglich eine Vergütung für ihre Heranziehung als Sachverständige vorsieht (*Zimmermann P.* Rn. 7 mwN; jetzt auch *Hartmann* Rn. 4). Der Begriff „Dritter" setzt ferner voraus, dass die in Anspruch genommene Person weder Beteiligte des zu Grunde liegenden Verfahrens noch nach anderen Vorschriften des JVEG anspruchsberechtigt

ist (zB Zeuge, Sachverständiger). Der **Gerichtsvollzieher** ist nicht Dritter (LG Nürnberg-Fürth DGVZ 1998,60), auch nicht der **Geschädigte** in einem strafrechtlichen Ermittlungsverfahren (OLG Frankfurt NJW 1998, 551); ggf. hat er Schadensersatzansprüche gegen den Schädiger auf dem Zivilrechtsweg geltend zu machen (OLG Frankfurt aaO). Formfehler eines Ersuchens der Strafverfolgungsbehörde schließen den Entschädigungsanspruch des Dritten nicht aus, weil dieser darauf vertrauen darf, dass die Strafverfolgungsbehörden ihre Ersuchen unter Beachtung der gesetzlichen Vorschriften stellen (aA *Hartmann* Rn. 5f., der bei einem objektiv nicht ordnungsgemäßen Ersuchen der Strafverfolgungsbehörde und einer auch nur leichten Fahrlässigkeit des Dritten bei einem zweifelhaften Ersuchen den Entschädigungsanspruch ausschließen will). Nr. 1 Alt. 1 stellt klar, dass bereits die Befolgung einer **Anheimgabe der Strafverfolgungsbehörde** den Entschädigungstatbestand auslöst; es kommt nicht darauf an, ob der Dritte gesetzlich verpflichtet ist, dem Ersuchen nachzukommen oder ob bei Herausgabe von Gegenständen eine Beschlagnahmeanordnung ergangen ist (*MHBOJ* Rn. 9b; *Zimmermann P.* Rn. 5).

2. Entschädigungskatalog

4 Nur die in Abs. 1 genannten Handlungen werden entschädigt. Neben der Erfüllung zivilprozessualer Anordnungen nach §§ 142 Abs. 1 Satz 1, 144 Abs. 1 ZPO gehören hierzu Ersuchen der **Strafverfolgungsbehörde** nach Nr. 1 und 2, auf Grund der Änderungen durch das Gesetz vom 10.12.2015 (BGBl. I S. 2218) nunmehr auch die **Verfolgungsbehörde,** also die Verwaltungsbehörde und die Staatsanwaltschaft bei der Verfolgung von **Ordnungswidrigkeiten** nach §§ 35, 42, 46 OWiG. Gleichwohl löst die Namhaftmachung eines Fahrers durch den **Fahrzeughalter** im Verkehrsordnungswidrigkeitenverfahren schon aus diesem Grund keinen Entschädigungsanspruch aus, da der Fahrzeughalter wegen §§ 25a StVG, 31a StVZO kein Dritter, sondern Verfahrensbeteiligter ist (AG Heilbronn NStZ-RR 2011, 295 (Ls.) = BeckRS 2011, 04875; AG Leipzig NZV 2005, 106 mAnm *Kasten;* AG Stuttgart NZV 2005, 104; AG Bremen 11.10.2004 – 77 OWi 30/04, und AG Hannover 29.12.2004 – 239 OWi 33A/04, LSK 2005, 190472 (Ls.); aA AG Stuttgart NZV 2005, 104; AG Neuwied NZV 2005, 105 sowie AG Darmstadt 11.5.2010 – 210 OWi 15/10, und AG Herford NZV 2010, 314, die beide offenlassen, ob eine Zeugenentschädigung nach §§ 19ff. oder nach § 23 zu gewähren ist). Ebenso wenig erhält der Fahrzeughalter eine Entschädigung als Zeuge, → § 19 Rn. 1. Auch eine Person, die nach § 327a ZPO zur **Feststellung der Abstammung** herangezogen wird, erhält nach dieser Vorschrift unmittelbar keine Entschädigung. Die Nennung dieser Vorschrift in § 23 ist aber vom Gesetzgeber offensichtlich übersehen worden, weshalb sich ihre analoge Anwendung auf Herangezogene nach § 327a ZPO aufdrängt. Auch die **Polizei** kann Strafverfolgungsbehörde sein, vgl. zB § 12 BPolG: Wegen des in § 1 Abs. 1 Nr. 1 normierten Grundsatzes gilt § 23 auch bei eigenständigen Ermittlungen von Polizeibeamten als Ermittlungsbeamte nach § 152 GVG (ähnlich OLG Stuttgart JB 1996, 597); da die Diskrepanz zwischen § 1 Abs. 1 Nr. 1 einerseits und § 23 andererseits wohl auf einer Formulierungsnachlässigkeit des Gesetzgebers bei § 23 beruht.

3. Entschädigungsumfang

5 Dritte werden wie Zeugen entschädigt, Abs. 1 letzter Hs., also nach § 19. Nach § 19 Abs. 1 Nr. 3 sind grundsätzlich auch **Abdrucke oder Ablichtungen** gemäß § 7 Abs. 2 zu entschädigen. Nicht erstattet werden aber die Mehrkosten für den

Ausdruck von Daten, die der Dritte elektronisch gespeichert oder mikroverfilmt archiviert hat, soweit er sie nach § 261 HGB bereithalten muss (OLG Koblenz JB 2005, 658 Ls.; LG Koblenz Rpfleger 2003, 318); in diesem Fall sind nur die Kosten zu erstatten, die entstanden wären, wenn die Unterlagen in Papierform archiviert worden wären (*MHBOJ* Rn. 15 mwN). Bedienen sich Herangezogene einer weiteren **dritten Personen,** was bei juristischen Personen zwangsläufig ist, erhalten sie nach Abs. 2 S. 2 für diese Aufwendungsersatz nach § 7 im Rahmen des § 22, also insbesondere beschränkt auf einen Höchststundensatz von 21 Euro. Die Hilfskräfte haben keinen eigenen Entschädigungsanspruch nach § 23 (*MHBOJ* Rn. 12d). Zur Rundung der letzten begonnenen halben Stunde → § 19 Rn. 14. Eine **Umsatzsteuererstattung** auf die Entschädigung findet nicht statt, weil § 12 Abs. 1 Nr. 4 auch für Dritte nach dieser Vorschrift nicht gilt; jedoch ist die dem Dritten von einem Fremdleister berechnete Umsatzsteuer als bare Auslage nach § 7 Abs. 1 Satz 1 zu ersetzen (LG Hannover JB 2005, 433 m. zust. Anm. *Bund*).

IV. Benutzung einer Datenverarbeitungsanlage (Abs. 3 und 4)

1. Allgemeines

Grundsätzlich hat ein Dritter keinen Anspruch auf Entschädigung für die Nutzung 6
seiner eigenen DV-Anlage, wenn die Investitionssumme für diese nur bis 10.000 Euro beträgt, wobei Anlagen bis zu dieser Investitionssumme kaum zur Rasterfahndung taugen dürften. Erst bei einer **Investitionssumme von mehr als 10.000 Euro** und der Inanspruchnahme der Anlage zur **Rasterfahndung nach § 98a StPO** entsteht ein Entschädigungsanspruch nach Abs. 3. Dabei stellt die Vorschrift unterschiedliche Entschädigungskriterien für eine Anlage mit einer Investitionssumme bis zu 25.000 Euro (Nr. 1) und einer solchen, deren Investitionssumme darüber liegt (Nr. 2), auf. Die **Investitionssumme** berechnet sich nach den tatsächlichen Kosten der Gesamtanlage für die gesamte Hard- und Software einschließlich der Kosten für die betriebsfertige Bereitstellung, auch der Umsatzsteuer (*Hartmann* Rn. 10). Liegt keine Rasterfahndung vor, ist unabhängig von der Investitionssumme der benutzten DV-Anlage keine Maschinenzeitentschädigung nach dieser Vorschrift zu gewähren, insbesondere nicht bei Zielsuchläufen ohne Datenabgleich nach Abs. 1 Nr. 4a (OLG Stuttgart NStZ 2001, 158 = Justiz 2000, 464; LG Hildesheim NJW 2000, 230).

2. Rasterfahndung mit einer DV-Anlage, deren Investitionssumme über 10.000 Euro bis 25.000 Euro liegt

Die Entschädigung für die Zeit der erforderlichen Benutzung beträgt 5 Euro je 7
Stunde, wobei die gesamte Benutzungsdauer auf die letzte volle Stunde aufzurunden ist. Die Entschädigung wird sowohl für die Nutzungszeit zur Entwicklung eines besonderen Anwendungsprogramms wie auch für die übrige Dauer der Benutzung gewährt.

3. Rasterfahndung mit einer DV-Anlage, deren Investitionssumme über 25.000 Euro liegt

Für die Verwendung der Anlage zur Entwicklung eines besonderen **Anwen-** 8
dungsprogramms gewährt Abs. 3 Nr. 2a 10 Euro für jede Stunde der Benutzung,

wobei die Rundungsvorschrift des Abs. 3 Nr. 1 entsprechend Anwendung zu finden hat. Die **Programmierung** eines entsprechenden Anwendungsprogramms kann nicht durch Heranziehung des Dritten oder dessen Personal erfolgen (unklar *MHBOJ* Rn. 20, der dies wohl bei einer Stundenentschädigung von 27 Euro als möglich erachtet und dabei übersieht, dass die Vorschrift lediglich die Verwendung der Anlage ohne Personal des Dritten entschädigt). Führt der Dritte oder eine vom ihm herangezogene Person die Programmierung gleichwohl durch, entsteht gemäß § 1 Abs. 1 Satz 2 ein Sachverständigenverhältnis, wobei der Dritte Anspruch auf Sachverständigenhonorar erwirbt (OLG Celle JB 1993, 119), und zwar jetzt nach Honorargruppe 8 der Anlage 1 zu § 9 Abs. 1 (Sachgebiet 10). Für die **übrige Dauer der Benutzung** der Anlage, also ohne die für die Entwicklung eines Anwendungsprogramms erforderliche Zeit, beträgt die Entschädigung ein Zehnmillionstel der Investitionssumme, höchstens jedoch 0,30 Euro je CPU-Sekunde. Die Höchstsumme der Entschädigung ist also bei einer Investitionssumme von 3 Millionen Euro erreicht.

4. Fremde DV-Anlage (Abs. 4)

9 Dies kann eine gemietete oder geleaste Gesamtanlage sein, aber auch eine fremde Anlage, bezüglich derer der Dritte Rechenkapazitäten angemietet hat. Soweit sich die Kosten für die durch die Strafverfolgungsbehörde zur Rasterfahndung in Anspruch genommene Maschinenzeit an Hand der vom Dritten bezahlten Kosten feststellen lassen, sind diese nach § 7 zu erstatten, ohne dass es auf die Höhe der Investitionssumme ankommt. Der Dritte kann aber stattdessen die Entschädigung nach Abs. 3 wählen, muss dann aber die vom Betreiber aufgewendete Investitionssumme und die verbrauchte CPU-Zeit wie nach Abs. 3 Satz 3 glaubhaft machen.

5. Glaubhaftmachung der Investitionssumme und der verbrauchten CPU-Zeit (Abs. 3 Satz 3)

10 Mittel der Glaubhaftmachung sind nach § 294 Abs. 1 ZPO alle Beweismittel, auch die eigene Versicherung an Eides statt. Bezüglich der Investitionssumme kommen insbesondere die Vorlage der Anschaffungsrechnungen, einer Bilanz mit dem dort ersichtlichen Investitionswert oder eines steuerlichen Verzeichnisses über die Anschaffungskosten bei der Abschreibung für Abnutzung (AfA) in Betracht. Bezüglich der verbrauchten CPU-Zeit ist nur die Glaubhaftmachung durch ein von der DV-Anlage erstelltes Nutzungsprotokoll denkbar.

Anlage 3
(zu § 23 Abs. 1)

Allgemeine Vorbemerkung:

(1) Die Entschädigung nach dieser Anlage schließt alle mit der Erledigung des Ersuchens der Strafverfolgungsbehörde verbundenen Tätigkeiten des Telekommunikationsunternehmens sowie etwa anfallende sonstige Aufwendungen (§ 7 JVEG) ein.
(2) Für Leistungen, die die Strafverfolgungsbehörden über eine zentrale Kontaktstelle des Generalbundesanwalts, des Bundeskriminalamtes, der Bundespolizei oder des Zollkriminalamtes oder über entsprechende für ein Bundesland oder für mehrere Bundesländer zuständige Kontaktstellen anfordern und abrechnen, ermäßigen sich

die Entschädigungsbeträge nach den Nummern 100, 101, 300 bis 321 und 400 bis 402 um 20 Prozent, wenn bei der Anforderung darauf hingewiesen worden ist, dass es sich bei der anfordernden Stelle um eine zentrale Kontaktstelle handelt.

Abschnitt 1. Überwachung der Telekommunikation

Vorbemerkung 1:

(1) Die Vorschriften dieses Abschnitts gelten für die Heranziehung im Zusammenhang mit Funktionsprüfungen der Aufzeichnungs- und Auswertungseinrichtungen der berechtigten Stellen entsprechend.
(2) Leitungskosten werden nur entschädigt, wenn die betreffende Leitung innerhalb des Überwachungszeitraums mindestens einmal zur Übermittlung überwachter Telekommunikation an die Strafverfolgungsbehörde genutzt worden ist.
(3) Für die Überwachung eines Voice-over-IP-Anschlusses oder eines Zugangs zu einem elektronischen Postfach richtet sich die Entschädigung für die Leitungskosten nach den Nummern 102 bis 104. Dies gilt auch für die Überwachung eines Mobilfunkanschlusses, es sei denn, dass auch die Überwachung des über diesen Anschluss abgewickelten Datenverkehrs angeordnet worden ist und für die Übermittlung von Daten Leitungen mit Übertragungsgeschwindigkeiten von mehr als 144 kbit/s genutzt werden müssen und auch genutzt worden sind. In diesem Fall richtet sich die Entschädigung einheitlich nach den Nummern 111 bis 113.

Nr.	Tätigkeit	Höhe
100	**Umsetzung einer Anordnung zur Überwachung der Telekommunikation, unabhängig von der Zahl der dem Anschluss zugeordneten Kennungen:**	
	je Anschluss	**100,00 €**
	Mit der Entschädigung ist auch der Aufwand für die Abschaltung der Maßnahme entgolten.	
101	**Verlängerung einer Maßnahme zur Überwachung der Telekommunikation oder Umschaltung einer solchen Maßnahme auf Veranlassung der Strafverfolgungsbehörde auf einen anderen Anschluss dieser Stelle**	**35,00 €**
	Leitungskosten für die Übermittlung der zu überwachenden Telekommunikation:	
	für jeden überwachten Anschluss,	
102	**– wenn die Überwachungsmaßnahme nicht länger als eine Woche dauert**	**24,00 €**
103	**– wenn die Überwachungsmaßnahme länger als eine Woche, jedoch nicht länger als zwei Wochen dauert**	**42,00 €**
104	**– wenn die Überwachungsmaßnahme länger als zwei Wochen dauert:**	
	je angefangenen Monat	**75,00 €**

Nr.	Tätigkeit	Höhe
	Der überwachte Anschluss ist ein ISDN-Basisanschluss:	
105	– Die Entschädigung nach Nummer 102 beträgt	40,00 €
106	– Die Entschädigung nach Nummer 103 beträgt	70,00 €
107	– Die Entschädigung nach Nummer 104 beträgt	125,00 €
	Der überwachte Anschluss ist ein ISDN-Primärmultiplexanschluss:	
108	– Die Entschädigung nach Nummer 102 beträgt	490,00 €
109	– Die Entschädigung nach Nummer 103 beträgt	855,00 €
110	– Die Entschädigung nach Nummer 104 beträgt	1 525,00 €
	Der überwachte Anschluss ist ein digitaler Teilnehmeranschluss mit einer Übertragungsgeschwindigkeit von mehr als 144 kbit/s, aber kein ISDN-Primärmultiplexanschluss:	
111	– Die Entschädigung nach Nummer 102 beträgt	65,00 €
112	– Die Entschädigung nach Nummer 103 beträgt	110,00 €
113	– Die Entschädigung nach Nummer 104 beträgt	200,00 €

Abschnitt 2. Auskünfte über Bestandsdaten

Nr.	Tätigkeit	Höhe
200	Auskunft über Bestandsdaten nach § 3 Nr. 3 TKG, sofern 1. die Auskunft nicht über das automatisierte Auskunftsverfahren nach § 112 TKG erteilt werden kann und die Unmöglichkeit der Auskunftserteilung auf diesem Wege nicht vom Unternehmen zu vertreten ist und 2. für die Erteilung der Auskunft nicht auf Verkehrsdaten zurückgegriffen werden muss: je angefragten Kundendatensatz	18,00 €

Nr.	Tätigkeit	Höhe
201	**Auskunft über Bestandsdaten, zu deren Erteilung auf Verkehrsdaten zurückgegriffen werden muss:**	
	für bis zu 10 in demselben Verfahren gleichzeitig angefragte Kennungen, die der Auskunftserteilung zugrunde liegen	**35,00 €**
	Bei mehr als 10 angefragten Kennungen wird die Pauschale für jeweils bis zu 10 weitere Kennungen erneut gewährt. Kennung ist auch eine IP-Adresse.	
202	**Es muss auf Verkehrsdaten nach § 113b Abs. 2 bis 4 TKG zurückgegriffen werden:**	
	Die Pauschale beträgt	**40,00 €**

Abschnitt 3. Auskünfte über Verkehrsdaten

Nr.	Tätigkeit	Höhe
300	**Auskunft über gespeicherte Verkehrsdaten:**	
	für jede Kennung, die der Auskunftserteilung zugrunde liegt	**30,00 €**
	Die Mitteilung der die Kennung betreffenden Standortdaten ist mit abgegolten.	
301	**Für die Auskunft muss auf Verkehrsdaten nach § 113b Abs. 2 bis 4 TKG zurückgegriffen werden:**	
	Die Pauschale 300 beträgt	**35,00 €**
302	**Die Auskunft wird im Fall der Nummer 300 aufgrund eines einheitlichen Ersuchens auch oder ausschließlich für künftig anfallende Verkehrsdaten zu bestimmten Zeitpunkten erteilt:**	
	für die zweite und jede weitere in dem Ersuchen verlangte Teilauskunft	**10,00 €**
303	**Auskunft über gespeicherte Verkehrsdaten zu Verbindungen, die zu einer bestimmten Zieladresse hergestellt wurden, durch Suche in allen Datensätzen der abgehenden Verbindungen eines Betreibers (Zielwahlsuche):**	
	je Zieladresse	**90,00 €**
	Die Mitteilung der Standortdaten der Zieladresse ist mit abgegolten.	

Nr.	Tätigkeit	Höhe
304	**Für die Auskunft muss auf Verkehrsdaten nach § 113b Abs. 2 bis 4 TKG zurückgegriffen werden:**	
	Die Pauschale 303 beträgt	**110,00 €**
305	**Die Auskunft wird im Fall der Nummer 303 aufgrund eines einheitlichen Ersuchens auch oder ausschließlich für künftig anfallende Verkehrsdaten zu bestimmten Zeitpunkten erteilt:**	
	für die zweite und jede weitere in dem Ersuchen verlangte Teilauskunft	**70,00 €**
306	**Auskunft über gespeicherte Verkehrsdaten für eine von der Strafverfolgungsbehörde benannte Funkzelle (Funkzellenabfrage)**	**30,00 €**
307	**Für die Auskunft muss auf Verkehrsdaten nach § 113b Abs. 2 bis 4 TKG zurückgegriffen werden:**	
	Die Pauschale 306 beträgt	**35,00 €**
308	**Auskunft über gespeicherte Verkehrsdaten für mehr als eine von der Strafverfolgungsbehörde benannte Funkzelle:**	
	Die Pauschale 306 erhöht sich für jede weitere Funkzelle um	**4,00 €**
309	**Auskunft über gespeicherte Verkehrsdaten für mehr als eine von der Strafverfolgungsbehörde benannte Funkzelle und für die Auskunft muss auf Verkehrsdaten nach § 113b Abs. 2 bis 4 TKG zurückgegriffen werden:**	
	Die Pauschale 306 erhöht sich für jede weitere Funkzelle um	**5,00 €**
310	**Auskunft über gespeicherte Verkehrsdaten in Fällen, in denen lediglich Ort und Zeitraum bekannt sind:**	
	Die Abfrage erfolgt für einen bestimmten, durch eine Adresse bezeichneten Standort	**60,00 €**
311	**Für die Auskunft muss auf Verkehrsdaten nach § 113b Abs. 2 bis 4 TKG zurückgegriffen werden:**	
	Die Pauschale 310 beträgt	**70,00 €**

Nr.	Tätigkeit	Höhe
	Die Auskunft erfolgt für eine Fläche:	
312	**– Die Entfernung der am weitesten voneinander entfernten Punkte beträgt nicht mehr als 10 Kilometer:**	
	Die Pauschale 310 beträgt	**190,00 €**
313	**– Die Entfernung der am weitesten voneinander entfernten Punkte beträgt mehr als 10, aber nicht mehr als 25 Kilometer:**	
	Die Pauschale 310 beträgt	**490,00 €**
314	**– Die Entfernung der am weitesten voneinander entfernten Punkte beträgt mehr als 25, aber nicht mehr als 45 Kilometer:**	
	Die Pauschale 310 beträgt	**930,00 €**
	Liegen die am weitesten voneinander entfernten Punkte mehr als 45 Kilometer auseinander, ist für den darüber hinausgehenden Abstand die Entschädigung nach den Nummern 312 bis 314 gesondert zu berechnen.	
	Die Auskunft erfolgt für eine Fläche und es muss auf Verkehrsdaten nach § 113b Abs. 2 bis 4 TKG zurückgegriffen werden:	
315	**– Die Entfernung der am weitesten voneinander entfernten Punkte beträgt nicht mehr als 10 Kilometer:**	
	Die Pauschale 310 beträgt	**230,00 €**
316	**– Die Entfernung der am weitesten voneinander entfernten Punkte beträgt mehr als 10, aber nicht mehr als 25 Kilometer:**	
	Die Pauschale 310 beträgt	**590,00 €**
317	**– Die Entfernung der am weitesten voneinander entfernten Punkte beträgt mehr als 25, aber nicht mehr als 45 Kilometer:**	
	Die Pauschale 310 beträgt	**1120,00 €**
	Liegen die am weitesten voneinander entfernten Punkte mehr als 45 Kilometer auseinander, ist für den darüber hinausgehenden Abstand die Entschädigung nach den Nummern 315 bis 317 gesondert zu berechnen.	
318	**Die Auskunft erfolgt für eine bestimmte Wegstrecke:**	
	Die Pauschale 310 beträgt für jeweils angefangene 10 Kilometer Länge	**110,00 €**

Nr.	Tätigkeit	Höhe
319	**Die Auskunft erfolgt für eine bestimmte Wegstrecke und es muss auf Verkehrsdaten nach § 113b Abs. 2 bis 4 TKG zurückgegriffen werden:**	
	Die Pauschale 310 beträgt für jeweils angefangene 10 Kilometer Länge	**130,00 €**
320	**Umsetzung einer Anordnung zur Übermittlung künftig anfallender Verkehrsdaten in Echtzeit:**	
	je Anschluss	**100,00 €**
	Mit der Entschädigung ist auch der Aufwand für die Abschaltung der Übermittlung und die Mitteilung der den Anschluss betreffenden Standortdaten entgolten.	
321	**Verlängerung der Maßnahme im Fall der Nummer 320**	**35,00 €**
	Leitungskosten für die Übermittlung der Verkehrsdaten in den Fällen der Nummern 320 bis 321:	
322	**– wenn die angeordnete Übermittlung nicht länger als eine Woche dauert**	**8,00 €**
323	**– wenn die angeordnete Übermittlung länger als eine Woche, aber nicht länger als zwei Wochen dauert**	**14,00 €**
324	**– wenn die angeordnete Übermittlung länger als zwei Wochen dauert:**	
	je angefangenen Monat	**25,00 €**
325	**Übermittlung der Verkehrsdaten auf einem Datenträger**	**10,00 €**

Abschnitt 4. Sonstige Auskünfte

Nr.	Tätigkeit	Höhe
400	**Auskunft über den letzten dem Netz bekannten Standort eines Mobiltelefons (Standortabfrage)**	**90,00 €**
401	**Im Fall der Nummer 400 muss auf Verkehrsdaten nach § 113b Abs. 2 bis 4 TKG zurückgegriffen werden:**	
	Die Pauschale 400 beträgt:	**110,00 €**
402	**Auskunft über die Struktur von Funkzellen:**	
	je Funkzelle	**35,00 €**

I. Vorbemerkung

In der bis 30.6.2009 geltenden Fassung des § 23 wurden im Rahmen der Telekommunikationsüberwachung herangezogene Telekommunikationsunternehmen nach Abs. 1 Nr. 3 und 4 iVm Abs. 2 lediglich wie Zeugen, also mit der Obergrenze von damals 17 Euro je angefangener Stunde nach § 22 S. 1 entschädigt. Dies war von den herangezogenen Unternehmen als teilweise unangemessen kritisiert worden (BT-Drs. 16/7103, 1). 1

II. Grundzüge der Neuregelung

1. Ziel

Ziel der Anlage 3 ist die leistungsgerechte Entschädigung, die durch Pauschalierungen praktikabel ausgestaltet ist (BT-Drs. 16/7103, 1). Diese Neuregelung führt insgesamt zu einer deutlichen Erhöhung der Entschädigungen. 2

2. Bemessung der Entschädigung

Der **Bemessung der Entschädigung** liegen folgende Überlegungen zu Grunde (vgl. BT-Drs. 16/7103, 6): 3

- Soweit die Unternehmen Auskünfte aus vorhandenem Datenmaterial erteilen, auf das sie ohne weiteres zugreifen können, ist die Entschädigung so kalkuliert, dass die Aufwendungen für den Einsatz eines Arbeitnehmers wie bei sonstigen Dritten mit 17 Euro je Stunde entsprechend der Regelung im damals geltenden § 23 Abs. 2 entschädigt werden. Dies betrifft die Nummern 200 und 300 (BT-Drs. 16/7103 Anl. 1, 6).
- Soweit die Unternehmen als Ermittlungshelfer der Strafverfolgungsbehörden Tätigkeiten ausüben, die über die Auskunftserteilung hinausgehen, wurden die Personalkosten in tatsächlicher Höhe in die Berechnung einbezogen und eine Sachkostenpauschale berücksichtigt. Bei den Nummern 100, 101, 309, 310 (jetzt Nummern 100, 101, 314, 318, 319) wurde von einem Sachbearbeiterentgelt mit einem Stundensatz von 43 Euro ausgegangen, bei den Nummern 301, 304 bis 308, 400 und 401 (jetzt Nummern 302, 306 bis 309, 400 bis 402) von einem Entgelt für Beschäftigte mit Fachhochschulabschluss mit einem Stundensatz von 58 Euro (BT-Drs. 16/7103 Anl. 1, 1 ff.).
- Für Tätigkeiten, die auch außerhalb der üblichen Arbeitszeiten erbracht werden müssen, wurde das Bruttoentgelt in einer Größenordnung von 20% erhöht.
- Den tatsächlich erforderlichen Zeiten für eine Maßnahme, die ohne jegliche Schwierigkeiten verläuft, wurde ein Aufschlag von 25% hinzugerechnet, um den Mehraufwand zu entgelten, der bei Rückfragen oder Übermittlungsproblemen anfällt.
- Für die Nutzung der Leitungen zur Übermittlung der zu überwachenden Telekommunikation wurden Flatrates berücksichtigt, die den marktüblichen Tarifen in etwa entsprechen und zwar in Höhe von 25 Euro je Leitung (BT-Drs. 16/7103 Anl. 1, 3 f. und BT-Drs. 16/11348, 21).

Der aufwändigeren Auskunft bei **Rückgriff auf Verkehrsdaten nach § 113 b Abs. 2 bis 4 TKG** wird durch das Gesetz vom 10.12.2015 (BGBl. I S. 2218) dadurch Rechnung getragen, dass bei Anwendung dieser Vorschrift nach den Nummern 202, 301, 304, 307, 309, 311 bis 317 und 401 um ca. 20% erhöhte Entschädigungspauschalen gewährt werden. Grund für die Erhöhung ist die Annahme, dass sich wegen des Vier-Augen-Prinzips nach § 113d Nr. 5 TKG der Gesamtaufwand gegenüber der Durchführung durch eine Einzelperson (nw) leicht erhöht, da die zweite Person die Daten nicht erneut eingeben muss, sondern die Eingabe lediglich prüft und freigibt (BT-Drs. 18/5088, 45).

3. Abgeltungsumfang der Pauschalen

4 In den Pauschalen sind sämtliche Nebenkosten enthalten. Eine zusätzliche **Entschädigung von Auslagen,** zB nach § 7, erfolgt nicht, insbesondere keine Umsatzsteuererstattung, auch wenn sie vom herangezogenen Unternehmen an Dritte zu zahlen ist. Auch die in der Zeit der alten Rechtslage zu beobachtende Übung von Telekommunikationsunternehmen, **zeitabhängige Leitungsgebühren für telefonische Rückfragen** zu berechnen, ist unzulässig. **Investitionskosten** der Unternehmen sind in den Pauschalen nicht enthalten (BT-Drs. 16/11348, 15f., 18f.), was sich bereits aus der Kalkulation der Pauschalen in BT-Drs. 16/7103 Anl. 1 ergibt. **Außerhalb des JVEG** sieht jedoch § 113a Abs. 2 TKG zum Ausgleich unbilliger Härten eine Entschädigung für die zur Erfüllung der Speicherpflichten erforderlichen Investitionen und gegebenenfalls gesteigerten Betriebskosten vor; über derartige Entschädigungsanträge entscheidet die Bundesnetzagentur.

III. Zu den einzelnen Entschädigungsnummern

1. Ermäßigung der Entschädigungsbeträge um 20 % nach Abs. 2 der Allgemeinen Vorbemerkung

5 Die Vorschrift unterstützt das Bestreben nach Einrichtung elektronischer Schnittstellen, verbunden mit **Sammelabrechnungen** durch die herangezogenen Unternehmen (BT-Drs. 16/7103, 6). Die Reduktion der Entschädigungsbeträge in den genannten Fällen beruht offensichtlich auf der Annahme, dass sich für die Unternehmen die Personalkosten durch die Sammelabrechnung gegenüber zentralen elektronischen Schnittstellen entsprechend reduzieren. Die Ermäßigung um 20% tritt nur ein, wenn das Unternehmen darauf hingewiesen worden ist, dass es sich bei der anfordernden Stelle um eine zentrale Kontaktstelle handelt, damit das Unternehmen das dadurch eröffnete Einsparpotential nutzen kann. Neben den in der Vorschrift ausdrücklich genannten zentralen Kontaktstellen der Strafverfolgungsbehörden des Bundes werden bereits seit Anfang 2008 alle Auskunftsersuchen nach § 100g StPO über die für jedes Bundesland eingerichtete **„Elektronische Schnittstelle Behörden (ESB)"** abgewickelt. In BW ist diese beim Landeskriminalamt eingerichtet. Die interne Zuordnung der Kosten auf die einzelnen Strafverfolgungsbehörden erfolgt sodann durch die jeweilige Elektronische Schnittstelle. Die dreimonatige Antragsfrist nach § 2 Abs. 1 S. 2 ist durch Eingang der Rechnung bei der zuständigen Elektronischen Schnittstelle gewahrt.

2. Leitungskostenentschädigung nur bei Nutzung der Leitung (Abs. 2 der Vorbemerkung 1)

Eine Leitungsnutzung „zur Übermittlung überwachter Telekommunikation" 6
liegt auch bei der bloßen Übermittlung von erfolglosen Anwählversuchen an die Strafverfolgungsbehörden vor (ThürOLG 14.8.2013 – 1 Ws 217/13, BeckRS 2013, 14474; aA noch LG Meiningen 12.4.2012 – 2 Qs 68/12). Bei mehrmonatiger Überwachung ist die Entschädigung nur für die Monate zu gewähren, in denen mindestens eine Datenübermittlung stattgefunden hat; dabei ist jeder Monat jeweils ein eigener Überwachungszeitraum (ThürOLG 14.8.2013 – 1 Ws 217/13, BeckRS 2013, 14474).

3. Entschädigung nach Nr. 100

Diese Gebühr entsteht erneut, wenn der Verpflichtete nach Einleitung der 7
Überwachungsmaßnahme auf Grund der Übermittlung der Faxkopie der Anordnung bei nicht rechtzeitiger Vorlage des Originalbeschlusses die Überwachung nach § 12 Abs. 2 Satz 2 TKÜV abschaltet und nach Eingang des Originals bzw. einer beglaubigten Abschrift der Anordnung erneut die Aufschaltung vornimmt (LG Meiningen 21.2.2012 – 2 Qs 20/12).

4. Monatszeitraum nach Nr. 104

Dies ist nach § 191 BGB ein **Zeitraum von 30 Tagen** seit Beginn der Maß- 8
nahme, nicht der jeweils angefangene Kalendermonat (BT-Drs. 16/7103 Anl. 2, 3f.).

5. Entschädigung nach Nr. 111–113

Die Neufassung der Überschrift vor diesen Nummern stellt den erweiterten 9
Geltungsumfang gegenüber der bisherigen Regelung „... digitaler Teilnehmeranschluss mit hoher Übertragungsgeschwindigkeit (DSL)" klar (vgl. zur alten Regelung OLG Frankfurt NStZ-RR 2012, 95; LG Dortmund 21.10.2011 – 36 Qs 46/11, BeckRS 2012, 05067, jeweils zu UMTS-Leitungen). Auf Grund der Vorbemerkung 1 Abs. 2 ist dabei auf die Art des überwachten Anschlusses und nicht auf den Inhalt der konkret übermittelten Telekommunikation abzustellen; nach dem Prinzip der Pauschalierung und einer vereinfachten Abrechnung ist es ausreichend, dass es überhaupt zur Übermittlung von Telefongesprächen gekommen ist (OLG Köln 19.10.2015 – 2 Ws 411/15, BeckRS 2016, 02268, mwN; aA OLG Düsseldorf 29.3.2016 – ErmRi Gs 1/16, BeckRS 2016, 06363, das verlangt, dass die Breitbandkommunikation mindestens einmal genutzt worden ist; diese Anforderung sprengt aber den von der Vorbemerkung 1 Abs. 2 gesetzten Rahmen).

6. Entschädigung nach Nr. 200

Auskunftsersuchen im **automatisierten Verfahren** sind nach § 112 Abs. 4 10
TKG nicht an den Telekommunikationsbetreiber, sondern an die **Bundesnetzagentur** zu richten. Nach § 112 Abs. 5 Satz 3 TKG erfolgt die Auskunft im automatisierten Verfahren **entschädigungsfrei.** Direkt beim Telekommunikationsbetreiber gestellte Anfragen zu den Kundendateien sind im **manuellen Auskunftsverfahren** nach § 113 TKG zu beantworten. Für die manuelle Auskunfts-

erteilung ist eine Entschädigung nach Nr. 200 zu gewähren. Auch für das manuelle Auskunftsverfahren besteht ein Entschädigungsanspruch nicht, wenn die Unmöglichkeit der Auskunftserteilung im automatisierten Auskunftsverfahren nach § 112 TKG vom Unternehmen zu vertreten, zB nicht vollständig oder nicht richtig erteilt worden ist.

7. Entschädigung nach Nr. 300

11 Wenn nach der Auskunftsanordnung mehrfach Auskünfte über Verkehrsdaten zu erteilen waren, ist der Entschädigungsbetrag nach Nr. 300 auch dann entsprechend oft anzusetzen, wenn die mehrfachen Auskünfte nur zu einer einzigen Kennung erteilt wurden. Die Zahl der zu entschädigenden Auskünfte richtet sich nach dem Inhalt der Auskunftsanordnung; von dieser nicht gedeckte Auskünfte sind nicht zu entschädigen (OLG Oldenburg 25.10.2010 – 1 Ws 460/10, BeckRS 2010, 28021).

8. Entschädigung nach Nr. 306–311

12 Bei Abfrage von Verkehrsdaten durch die Strafverfolgungsbehörde unter Angabe des LAC (Local Area Code) und der Cell-ID (Bezeichnung der Funkzelle) erfolgt die Entschädigung lediglich nach den Nummern 304 und 305, da für eine solche Auskunft ein deutlich geringerer Aufwand als für eine Abfrage nach Nr. 306 erforderlich ist (BT-Drs. 16/11348, 22).

9. Entschädigung nach Nr. 312–317

13 Auch Flächenabfragen über eine weitere Entfernung als 45 km der weitesten voneinander entfernten Punkte kamen – wenn auch sehr selten – noch im Jahr 2009 vor (BT-Drs. 16/11348, 23). In diesen Fällen finden für die Mehrentfernung erneut die Nummern 307 bis 309 Anwendung, so dass für eine Entfernung bis zu 55 km (1.100 Euro + 225 Euro =) 1.325 Euro, bis zu 70 km (1.100 Euro + 550 Euro.=) 1.650 Euro, bis zu 90 km (1.100 Euro + 1.100 Euro =) 2.200 Euro usw. anfallen.

10. Entschädigung nach Nr. 325

14 Nur die Übermittlung der Verkehrsdaten auf **Datenträger** löst die Entschädigung aus; bei **Online-Übermittlung** ist sie mit der jeweiligen Pauschale abgegolten, bei Nr. 311 und 312 mit den Leitungskosten nach Nr. 313–315.

IV. Zeitpunkt der Heranziehung

15 Maßgeblich ist der Zugang des Ersuchens der Strafverfolgungsbehörde beim Telekommunikationsunternehmen, bei einer Verlängerung der Maßnahme kommt es für den Zeitpunkt der Heranziehung auf den Zugang dieses Ersuchens an.

Abschnitt 6. Schlussvorschriften

§ 24 Übergangsvorschrift

[1]Die Vergütung und die Entschädigung sind nach bisherigem Recht zu berechnen, wenn der Auftrag an den Sachverständigen, Dolmetscher oder Übersetzer vor dem Inkrafttreten einer Gesetzesänderung erteilt oder der Berechtigte vor diesem Zeitpunkt herangezogen worden ist. [2]Dies gilt auch, wenn Vorschriften geändert werden, auf die dieses Gesetz verweist.

I. Allgemeines

Regelt § 25 speziell den Übergang zwischen den früheren Vorschriften und denen des JVEG anlässlich dessen Inkrafttretens, gilt § 24 allgemein für alle Gesetzesänderungen, die zeitlich nach dem Inkrafttreten des JVEG erfolgen. Die Vorschrift hat ihre Wurzel in § 18 ZSEG, gilt aber jetzt für alle Personen, die nach dem JVEG anspruchsberechtigt sind. Wegen der ansonsten gleichen Formulierung kann aber die zu § 18 ZSEG ergangene Rechtsprechung uneingeschränkt herangezogen werden. 1

II. Auftragserteilung und Heranziehung

Bei Sachverständigen, Dolmetschern und Übersetzern kommt es nach dem Gesetzeswortlaut für das anzuwendende Recht auf die Auftragserteilung an. Da es sich beim Auftrag um eine empfangsbedürftige Willenserklärung handelt, gilt nicht die Beschlussfassung oder Absendung, sondern nach § 130 BGB der Zugang des Auftrags beim Berechtigten (*Hartmann* Rn. 4). Die Auftragserteilung erfolgt aber lediglich bei Übersetzungen und Aufträgen zur schriftlichen Gutachtenerstattung oder zur schriftlichen Zeugenaussage bereits mit Zugang des Auftrags. 2

Die **Heranziehung eines Zeugen** beginnt mit dem Termin, zu dem er geladen worden ist. Bei Ladung eines **Dolmetschers** beginnt dessen Auftrag nicht mit Zugang der Ladung, sondern erst mit Aufruf der Verhandlung, → § 8 Rn. 14 und → § 9 Rn. 26. Auch bei einem **Sachverständigen,** der nach dem Auftrag sein Gutachten erst in oder nach der Gerichtsverhandlung zu erstatten hat, gilt als Zeitpunkt der Auftragserteilung der Aufruf der Verhandlung (OLG Karlsruhe Justiz 1988, 73). Der diesen Berechtigten vor Heranziehung oder Auftragserteilung entstandene Aufwand für erforderliche **Vorbereitungszeiten** sind jedoch Zeugen in entsprechender Anwendung des § 19 Abs. 2 zu entschädigen, Sachverständigen, Dolmetschern und Übersetzern unmittelbar nach § 8 Abs. 2 zu vergüten, auch → § 8 Rn. 18, → § 9 Rn. 31 und → § 19 Rn. 15. Ändert sich zwischen Vorbereitung und Heranziehung die Rechtslage, so ist auch die Vorbereitungszeit nach der neuen Rechtslage zu vergüten oder zu entschädigen. Wird die Ladung oder Bestellung vor der Heranziehung zurückgenommen, sind die bis dahin erforderlichen Vorbereitungszeiten nach der Rechtslage zu entschädigen oder zu vergüten, die zum Zeitpunkt der Rücknahme gilt. Die **Höhe der Umsatzsteuer,** die nach § 12 Abs. 1 Nr. 4 zu ersetzen ist, richtet sich nach dem Zeitpunkt der Erbringung der 3

Leistung, bei einem schriftlichen Sachverständigengutachten also nach dem Zeitpunkt seiner Fertigstellung (KG 21.2.2007 – 26 U 230/01, BeckRS 2007, 05482).

III. Auftragsfortsetzung und Neuauftrag

4 Deckt ein erstattetes schriftliches Gutachten den Auftragsumfang nicht ab und hat der Sachverständige deshalb sein Gutachten nach einer Gesetzesänderung zu ergänzen, liegt ein einheitlicher Auftrag vor, der insgesamt nach dem bisherigen Recht zu honorieren ist (OLG Düsseldorf OLGR 1997, 133, *MHBOJ* Rn. 3). Bei nachträglicher Auftragserweiterung oder Ladung des Sachverständigen zur mündlichen Erläuterung seines schriftlichen Gutachtens liegt dagegen jeweils ein neuer, nach neuem Recht zu honorierender Auftrag vor (hM: KG 21.2.2007 – 26 U 230/01, BeckRS 2007, 05482 mwN; *MHBOJ* Rn. 3 mwN; aA OVG Sachsen-Anhalt 23.3.2005 – 2 L 276/02). Ein neuer Auftrag liegt auch vor, wenn der alte Auftrag zurückgegeben wurde oder dem Sachverständigen nach Änderung der Rechtslage wesentlich neue Tatsachen zur Begutachtung unterbreitet werden (Schleswig-Holsteinisches LSG NZS 2008, 560 (Ls.) = BeckRS 2008, 52219).

IV. Heranziehung

5 Bei allen Personen, die keine Honorierung, sondern eine Entschädigung erhalten, richtet sich das anzuwendende Recht nach dem Zeitpunkt ihrer jeweiligen Heranziehung. Zur Heranziehung → § 1 Rn. 5. Wegen Ladung und Heranziehung eines Sachverständigen erst in der gerichtlichen Verhandlung oder eines Dolmetschers → Rn. 2. Zum Zeitpunkt der Heranziehung von Telekommunikationsunternehmen → Anlage 3 Rn. 15.

V. Änderung von Vorschriften nach Satz 2

6 Die Abgrenzungskriterien des Satzes 1 gelten auch für Änderungen von Vorschriften, auf die das JVEG verweist. Dies gilt derzeit wegen der Verweisung in § 2 Abs. 4 für § 5 Abs. 3 GKG, wegen der in § 6 Abs. 1 für das Einkommensteuergesetz, wegen der in § 5 Abs. 2 für das Bundesreisekostengesetz und wegen der in § 10 Abs. 2 und in Abs. 2 der Amtlichen Vorbemerkung vor Nr. 400 der Anlage 2 für die GOÄ.

§ 25 Übergangsvorschrift aus Anlass des Inkrafttretens dieses Gesetzes

[1]Das Gesetz über die Entschädigung der ehrenamtlichen Richter in der Fassung der Bekanntmachung vom 1. Oktober 1969 (BGBl. I S. 1753), zuletzt geändert durch Artikel 1 Abs. 4 des Gesetzes vom 22. Februar 2002 (BGBl. I S. 981), und das Gesetz über die Entschädigung von Zeugen und Sachverständigen in der Fassung der Bekanntmachung vom 1. Oktober 1969 (BGBl. I S. 1756), zuletzt geändert durch Artikel 1 Abs. 5 des Gesetzes vom 22. Februar 2002 (BGBl. I S. 981), sowie Verweisungen auf diese Gesetze sind weiter anzuwenden, wenn der Auftrag an den Sachverständigen, Dolmetscher oder Übersetzer vor dem 1. Juli 2004 erteilt oder der Berech-

tigte vor diesem Zeitpunkt herangezogen worden ist. [2]Satz 1 gilt für Heranziehungen vor dem 1. Juli 2004 auch dann, wenn der Berechtigte in derselben Rechtssache auch nach dem 1. Juli 2004 herangezogen worden ist.

Diese Vorschrift regelt speziell den Übergang zwischen den früheren Vorschriften und denen des JVEG anlässlich dessen Inkrafttretens. Dagegen gilt § 24 allgemein für alle Gesetzesänderungen, die zeitlich nach dem Inkrafttreten des JVEG erfolgen. Da die Abgrenzungen in beiden Vorschriften identisch sind, wird auf die Anmerkungen zu § 24 verwiesen. **1**

Die **Anlagen** sind bei den jeweiligen §§ abgedruckt.

Anhang I

1. Gerichtsgebühren

Anlage 2 (zu § 34 Absatz 1 Satz 3 GKG)

[Gebühren nach Streitwert]

Streitwert bis ... €	Gebühr ... €	Streitwert bis ... €	Gebühr ... €
500	35,00	**50 000**	546,00
1 000	53,00	**65 000**	666,00
1 500	71,00	**80 000**	786,00
2 000	89,00	**95 000**	906,00
3 000	108,00	**110 000**	1 026,00
4 000	127,00	**125 000**	1 146,00
5 000	146,00	**140 000**	1 266,00
6 000	165,00	**155 000**	1 386,00
7 000	184,00	**170 000**	1 506,00
8 000	203,00	**185 000**	1 626,00
9 000	222,00	**200 000**	1 746,00
10 000	241,00	**230 000**	1 925,00
13 000	267,00	**260 000**	2 104,00
16 000	293,00	**290 000**	2 283,00
19 000	319,00	**320 000**	2 462,00
22 000	345,00	**350 000**	2 641,00
25 000	371,00	**380 000**	2 820,00
30 000	406,00	**410 000**	2 999,00
35 000	441,00	**440 000**	3 178,00
40 000	476,00	**470 000**	3 357,00
45 000	511,00	**500 000**	3 536,00

Anlage 2 (zu § 28 Abs. 1 FamGKG)

[Gebührentabelle für Verfahrenswerte]

Verfahrenswert bis … €	**Gebühr … €**	**Verfahrenswert bis … €**	**Gebühr … €**
500	35,00	**50 000**	546,00
1 000	53,00	**65 000**	666,00
1 500	71,00	**80 000**	786,00
2 000	89,00	**95 000**	906,00
3 000	108,00	**110 000**	1 026,00
4 000	127,00	**125 000**	1 146,00
5 000	146,00	**140 000**	1 266,00
6 000	165,00	**155 000**	1 386,00
7 000	184,00	**170 000**	1 506,00
8 000	203,00	**185 000**	1 626,00
9 000	222,00	**200 000**	1 746,00
10 000	241,00	**230 000**	1 925,00
13 000	267,00	**260 000**	2 104,00
16 000	293,00	**290 000**	2 283,00
19 000	319,00	**320 000**	2 462,00
22 000	345,00	**350 000**	2 641,00
25 000	371,00	**380 000**	2 820,00
30 000	406,00	**410 000**	2 999,00
35 000	441,00	**440 000**	3 178,00
40 000	476,00	**470 000**	3 357,00
45 000	511,00	**500 000**	3 536,00

2. Kostenverfügung

Vom 6.3.2014
(BAnz AT 7.4.2014 B1)

geändert durch ÄndBek. vom 10.8.2015 (BAnz AT 25.8.2015 B1)

Abgedruckt sind die bundeseinheitlichen Bestimmungen. Die Justizverwaltungen der 16 Bundesländer haben ähnliche Regelungen beschlossen. Die KostVfg ist kein Gesetz.

Teil 1. Bundeseinheitliche Bestimmungen

[Einleitungssatz]

Das Bundesministerium der Justiz und für Verbraucherschutz und die Landesjustizverwaltungen haben die folgende bundeseinheitliche Neufassung der Kostenverfügung (KostVfg) vereinbart.

Abschnitt 1. Allgemeine Bestimmungen

§ 1 Kostenbeamter

Die Aufgaben des Kostenbeamten werden nach den darüber ergangenen allgemeinen Anordnungen von den Beamten des gehobenen oder mittleren Justizdienstes oder vergleichbaren Beschäftigten wahrgenommen.

§ 2 Pflichten des Kostenbeamten im Allgemeinen

(1) **Der Kostenbeamte ist für die Erfüllung der ihm übertragenen Aufgaben, insbesondere für den rechtzeitigen, richtigen und vollständigen Ansatz der Kosten verantwortlich.**

(2) **[1]Der Kostenbeamte bescheinigt zugleich mit Aufstellung der Schlusskostenrechnung den vollständigen Ansatz der Kosten auf den Akten (Blattsammlungen) unter Bezeichnung der geprüften Blätter und unter Angabe von Tag und Amtsbezeichnung. [2]Bei Grundakten, Registerakten, Vormundschaftsakten, Betreuungsakten und ähnlichen Akten, die regelmäßig für mehrere gebührenpflichtige Angelegenheiten geführt werden, erfolgt die Bescheinigung für jede einzelne Angelegenheit. [3]Die Bescheinigung ist auch zu erteilen, wenn die Einziehung von Kleinbeträgen vorbehalten bleibt.**[1]

§ 3 Mitwirkung der aktenführenden Stelle[1]

(1) **[1]Die aktenführende Stelle ist dafür verantwortlich, dass die Kosten rechtzeitig angesetzt werden können. [2]Sofern sie für den Kostenansatz**

[1] **Amtl. Anm.:** Zusatzbestimmung für die Bundesjustizverwaltung in Teil 2

nicht selbst zuständig ist, legt sie die Akten dem Kostenbeamten insbesondere vor,

1. wenn eine den Rechtszug abschließende gerichtliche Entscheidung ergangen ist,
2. wenn die Akten infolge Einspruchs gegen den Vollstreckungsbescheid bei Gericht eingehen,
3. wenn eine Klage erweitert oder Widerklage erhoben wird oder sich der Streitwert anderweitig erhöht,
4. wenn die gezahlten Zeugen- und Sachverständigenvorschüsse zur Deckung der entstandenen Ansprüche nicht ausreichen,
5. wenn die Akten aus einem Rechtsmittelzug zurückkommen,
6. wenn eine schriftliche oder elektronische Mitteilung über einen Zahlungseingang (Zahlungsanzeige) oder ein mit dem Abdruck eines Gerichtskostenstemplers versehenes Schriftstück eingeht, es sei denn, dass die eingehende Zahlung einen nach § 26 eingeforderten Vorschuss betrifft,
7. wenn eine Mitteilung über die Niederschlagung von Kosten oder über die Aufhebung der Niederschlagung eingeht,
8. wenn eine Mitteilung über den Erlass oder Teilerlass von Kosten eingeht,
9. wenn aus sonstigen Gründen Zweifel bestehen, ob Kosten oder Vorschüsse zu berechnen sind.

[3]Die Vorlage ist in den Akten unter Angabe des Tages kurz zu vermerken.

(2) Die aktenführende Stelle hat alle in der Sache entstehenden, von dem Kostenschuldner zu erhebenden Auslagen in den Akten in auffälliger Weise zu vermerken, soweit nicht eine Berechnung zu den Akten gelangt.

(3) [1]In Zivilprozess-, Strafprozess-, Bußgeld-, Insolvenz-, Zwangsversteigerungs- und Zwangsverwaltungsverfahren, in Familien- und Lebenspartnerschaftssachen, in Vormundschafts-, Betreuungs- und Pflegschaftssachen, in Nachlasssachen sowie in arbeits-, finanz-, sozial- und verwaltungsgerichtlichen Verfahren sind sämtliche Kostenrechnungen, Beanstandungen der Kostenprüfungsbeamten und Zahlungsanzeigen sowie Mitteilungen über die Niederschlagung von Kosten, über die Aufhebung der Niederschlagung oder den (Teil-)Erlass vor dem ersten Aktenblatt einzuheften oder in eine dort einzuheftende Aktentasche lose einzulegen oder, soweit die Akten nicht zu heften sind, unter dem Aktenumschlag lose zu verwahren. [2]Das Gleiche kann auch in anderen Verfahren geschehen, wenn dies zweckmäßig erscheint, insbesondere wenn die Akten umfangreich sind. [3]Ist ein Vollstreckungsheft angelegt, sind die Kostenrechnungen, Beanstandungen, Zahlungsanzeigen und Nachrichten in diesem entsprechend zu verwahren (vgl. § 16 Abs. 2 StVollstrO). [4]Wird es notwendig, die vor dem ersten Aktenblatt eingehefteten oder verwahrten Schriftstücke mit Blattzahlen zu versehen, sind dazu römische Ziffern zu verwenden.

(4) Die aktenführende Stelle hat laufend auf dem Aktenumschlag oder einem Kostenvorblatt die Blätter zu bezeichnen,

1. auf denen sich Abdrucke von Gerichtskostenstemplern, Aktenausdrucke nach § 696 Abs. 2 Satz 1 ZPO mit Gerichtskostenrechnungen oder Vermerke hierüber befinden,

2. aus denen sich ergibt, dass Vorschüsse zum Soll (§ 25) gestellt oder ohne vorherige Sollstellung (§ 26) eingezahlt worden sind,
3. auf denen sich Kostenrechnungen, Zahlungsanzeigen, Mitteilungen über die Niederschlagung von Kosten oder über die Aufhebung der Niederschlagung sowie Mitteilungen über den (Teil-)Erlass von Kosten oder die Anordnung ihrer Nichterhebung (§ 21 GKG, § 20 FamGKG, § 21 GNotKG) befinden, die nicht nach Absatz 3 eingeheftet oder verwahrt werden,
4. auf denen Kleinbeträge vermerkt sind, deren Einziehung oder Auszahlung nach den über die Behandlung solcher Beträge erlassenen Bestimmungen einstweilen vorbehalten bleibt.

(5) [1]Die aktenführende Stelle leitet die Akten und Blattsammlungen vor dem Weglegen dem Kostenbeamten zu. [2]Dieser prüft, ob berechnete Kosten entweder zum Soll gestellt sind oder der Zahlungseingang nachgewiesen ist. [3]Er bescheinigt diese Prüfung auf den Akten (Blattsammlungen) unter Bezeichnung des letzten Aktenblattes und unter Angabe von Tag und Amtsbezeichnung. [4]Die Bescheinigung ist auch zu erteilen, wenn die Einziehung von Kleinbeträgen vorbehalten bleibt.

Abschnitt 2. Kostenansatz

§ 4 Begriff und Gegenstand

(1) [1]Der Kostenansatz besteht in der Aufstellung der Kostenrechnung (§ 24). [2]Er hat die Berechnung der Gerichtskosten und Justizverwaltungskosten sowie die Feststellung der Kostenschuldner zum Gegenstand. [3]Zu den Kosten gehören alle für die Tätigkeit des Gerichts und der Justizverwaltung zu erhebenden Gebühren, Auslagen und Vorschüsse.

(2) Ist die berechnete Kostenforderung noch nicht beglichen, veranlasst der Kostenbeamte deren Anforderung gemäß § 25 oder § 26.

(3) Handelt es sich um Kosten, die durch den Antrag einer für die Vollstreckung von Justizkostenforderungen zuständigen Stelle (Vollstreckungsbehörde) auf Vollstreckung in das unbewegliche Vermögen entstanden sind, wird zwar eine Kostenrechnung aufgestellt; die entstandenen Kosten sind der Vollstreckungsbehörde jedoch lediglich zur etwaigen späteren Einziehung als Nebenkosten mitzuteilen.

(4) [1]Können die Gebühren für die Entscheidung über den Antrag auf Anordnung der Zwangsversteigerung oder über den Beitritt zum Verfahren (Nr. 2210 KV GKG) oder die Auslagen des Anordnungs-(Beitritts-)verfahrens nicht vom Antragsteller eingezogen werden, weil ihm Prozesskostenhilfe ohne Zahlungsbestimmung bewilligt ist oder ihm Gebühren- oder Auslagenfreiheit zusteht (z. B. bei der Zwangsversteigerung wegen rückständiger öffentlicher Abgaben), veranlasst der Kostenbeamte die Anforderung der Kosten gemäß § 25. [2]Die Vollstreckungsbehörde meldet die Kosten – unbeschadet sonstiger Einziehungsmöglichkeiten – in dem Zwangsversteigerungsverfahren mit dem Range des Anspruchs des betreibenden Gläubigers auf Befriedigung aus dem Grundstück rechtzeitig an (§ 10 Abs. 2, §§ 12, 37 Nr. 4 ZVG). [3]Dies gilt im Zwangsverwaltungsverfahren entsprechend. [4]Absatz 3 bleibt unberührt.

(5) **Für die Behandlung von kleinen Kostenbeträgen gelten die hierfür erlassenen besonderen Bestimmungen.**

(6) **Sind Kosten zugleich mit einem Geldbetrag im Sinne des § 1 Abs. 1 der Einforderungs- und Beitreibungsanordnung einzuziehen, richtet sich das Verfahren nach der Einforderungs- und Beitreibungsanordnung.**

§ 5 Zuständigkeit

(1) **[1]Der Kostenansatz richtet sich, soweit Kosten nach dem Gerichtskostengesetz erhoben werden, nach § 19 GKG, soweit Kosten nach dem Gesetz über Gerichtskosten in Familiensachen erhoben werden, nach § 18 FamGKG, und in den Angelegenheiten der freiwilligen Gerichtsbarkeit nach § 18 GNotKG. [2]Kosten der Vollstreckung von freiheitsentziehenden Maßregeln der Besserung und Sicherung werden bei der nach § 19 Abs. 2 GKG zuständigen Behörde angesetzt, soweit nicht die Landesregierungen durch Rechtsverordnung andere Zuständigkeiten begründet haben (§ 138 Abs. 2 StVollzG).**

(2) **Hat in Strafsachen der Bundesgerichtshof die Sache ganz oder teilweise zur anderweitigen Verhandlung und Entscheidung zurückverwiesen, übersendet die für den Kostenansatz zuständige Behörde eine beglaubigte Abschrift der rechtskräftigen Entscheidung zum Kostenansatz an den Bundesgerichtshof.**

(3) **Zu den durch die Vorbereitung der öffentlichen Klage entstandenen Kosten (Nrn. 9015, 9016 KV GKG) gehören auch**

1. **die Auslagen, die der Polizei bei der Ausführung von Ersuchen des Gerichts oder der Staatsanwaltschaft, bei der Tätigkeit der Polizeibeamten als Ermittlungspersonen der Staatsanwaltschaft und in den Fällen entstehen, in denen die Polizei nach § 163 StPO aus eigenem Entschluss Straftaten erforscht,**
2. **Auslagen, die den zuständigen Verwaltungsbehörden als Verfolgungsorganen in Straf- und Bußgeldsachen erwachsen sind.**

(4) **[1]Wenn das Gericht in einem Strafverfahren wegen einer Steuerstraftat auf eine Strafe oder Maßnahme oder in einem Bußgeldverfahren wegen einer Steuerordnungswidrigkeit auf eine Geldbuße oder Nebenfolge erkennt, gehören zu den Kosten des gerichtlichen Verfahrens die Auslagen, die einer Finanzbehörde bei der Untersuchung und bei der Teilnahme am gerichtlichen Verfahren entstanden sind. [2]Diese Auslagen sind nicht nach § 464b StPO festzusetzen, sondern als Gerichtskosten zu berechnen und einzuziehen. [3]Soweit die Auslagen bei einer Bundesfinanzbehörde entstanden sind, werden sie als durchlaufende Gelder behandelt und an sie abgeführt (vgl. § 24 Abs. 7, § 32), wenn sie den Betrag von 25 Euro übersteigen. [4]An die Landesfinanzbehörden werden eingezogene Beträge nicht abgeführt.**

(5) **[1]Geht ein Mahnverfahren gegen mehrere Antragsgegner nach Widerspruch oder Einspruch in getrennte Streitverfahren bei verschiedenen Gerichten über, übersendet das Mahngericht den übernehmenden Gerichten jeweils einen vollständigen Verfahrensausdruck samt Kostenrechnung. [2]Letztere muss Angaben darüber enthalten, ob die Kosten bereits angefordert (§§ 25 und 26) oder eingezahlt sind. [3]Bei nicht maschineller Bearbeitung hat der Kostenbeamte des abgebenden Gerichts den Kostenbeamten**

der übernehmenden Gerichte das Original oder eine beglaubigte Abschrift der Kostenrechnung zu übersenden und sie über das sonst von ihm Veranlasste zu unterrichten. [4]Zahlungsanzeigen und sonstige Zahlungsnachweise sind im Original oder in beglaubigter Ablichtung beizufügen.

(6) [1]Die Kosten für
1. die Eröffnung einer Verfügung von Todes wegen,
2. die Abnahme einer eidesstattlichen Versicherung zwecks Erwirkung eines Erbscheins und
3. die Beurkundung der Ausschlagung der Erbschaft oder der Anfechtung der Ausschlagung der Erbschaft

werden bei dem nach § 343 FamFG zuständigen Nachlassgericht angesetzt (§ 18 Abs. 1 Nr. 1, Abs. 2 GNotKG). [2]Erfolgt die Eröffnung oder die Beurkundung bei einem anderen Gericht, ist das Nachlassgericht zu verständigen. [3]Diese Bestimmungen gelten auch dann, wenn die beiden Gerichte in verschiedenen Ländern der Bundesrepublik liegen. [4]Sie gelten nicht für Kosten einer Beurkundung nach § 31 IntErbRVG (§ 18 Abs. 2 Satz 2 GNotKG). [5]Soweit das Landwirtschaftsgericht an die Stelle des Nachlassgerichts tritt, wird auch die Gebühr für die Abnahme einer eidesstattlichen Versicherung zwecks Erwirkung eines Erbscheins beim Landwirtschaftsgericht angesetzt.

§ 6 Kostenansatz bei Verweisung eines Rechtsstreits an ein Gericht eines anderen Landes

(1) Wird ein Rechtsstreit an ein Gericht eines anderen Landes der Bundesrepublik verwiesen, so ist für den Kostenansatz der Kostenbeamte des Gerichts zuständig, das nach der Vereinbarung des Bundes und der Länder über den Ausgleich von Kosten (Bekanntmachungen des Bundesministeriums für Arbeit und Sozialordnung vom 26. Juli 2001 [BAnz. S. 16 801] und des Bundesministeriums für Arbeit und Soziales vom 4. März 2010 [BAnz. S. 1108]) die Kosten einzuziehen hat.

(2) Einzuziehende Beträge, die nach § 59 RVG auf die Staatskasse übergegangen sind, werden im Falle der Verweisung eines Rechtsstreits an ein Gericht eines anderen Landes bei dem Gericht angesetzt, an das der Rechtsstreit verwiesen worden ist (vgl. Vereinbarung über den Ausgleich von Kosten – a. a. O.).

§ 7 Voraussetzungen des Kostenansatzes und Feststellung der Kostenschuldner im Allgemeinen

(1) [1]Wer Kostenschuldner ist und in welchem Umfang er haftet, stellt der Kostenbeamte fest. [2]Dabei ist zu beachten, dass nach § 29 Nr. 3 GKG, § 24 Nr. 3 FamGKG, § 27 Nr. 3 GNotKG und § 18 Nr. 3 JVKostG auch Dritte, die kraft Gesetzes für die Kostenschuld eines anderen haften (im letztgenannten Fall nach den Vorschriften des bürgerlichen Rechts z. B. Erben, Ehegatten, Vermögensübernehmer), als Kostenschuldner auf Leistung oder Duldung der Zwangsvollstreckung in Anspruch genommen werden können.

(2) Haften mehrere Kostenschuldner als Gesamtschuldner, bestimmt der Kostenbeamte unter Beachtung der Grundsätze in § 8, wer zunächst in Anspruch genommen werden soll.

(3) **Die Ermittlung und Feststellung von Personen, die nicht der Staatskasse für die Kostenschuld haften, sondern nur dem Kostenschuldner gegenüber zur Erstattung der Kosten verpflichtet sind, ist nicht Sache des Kostenbeamten.**

§ 8 Kostengesamtschuldner

(1) [1]**Soweit in Angelegenheiten, für die das Gerichtskostengesetz, das Gesetz über Gerichtskosten in Familiensachen oder das Gerichts- und Notarkostengesetz gilt, einem gesamtschuldnerisch haftenden Kostenschuldner die Kosten durch gerichtliche Entscheidung auferlegt oder von ihm durch eine vor Gericht abgegebene oder ihm mitgeteilte Erklärung übernommen sind, soll die Haftung des anderen gesamtschuldnerisch haftenden Kostenschuldners (Zweitschuldners) nur geltend gemacht werden, wenn eine Zwangsvollstreckung in das bewegliche Vermögen des erstgenannten Kostenschuldners (Erstschuldners) erfolglos geblieben ist oder aussichtslos erscheint (§ 31 Abs. 2 Satz 1, § 18 GKG, § 26 Abs. 2 Satz 1, § 17 FamGKG, § 33 Abs. 1 Satz 1, § 17 GNotKG).** [2]**Dass die Zwangsvollstreckung aussichtslos sei, kann regelmäßig angenommen werden, wenn ein Erstschuldner mit bekanntem Wohnsitz oder Sitz oder Aufenthaltsort im Ausland der Zahlungsaufforderung nicht nachkommt und gegen ihn ggf. im Ausland vollstreckt werden müsste.** [3]**Dies gilt insbesondere dann, wenn die Zwangsvollstreckung im Ausland erfahrungsgemäß lange Zeit in Anspruch nimmt oder mit unverhältnismäßig hohen Kosten verbunden wäre.**

(2) [1]**Soweit einem Kostenschuldner, der aufgrund von § 29 Nr. 1 GKG, § 24 Nr. 1 FamGKG oder § 27 Nr. 1 GNotKG haftet (Entscheidungsschuldner), Prozess- oder Verfahrenskostenhilfe bewilligt worden ist, darf die Haftung eines anderen Kostenschuldners nicht geltend gemacht werden; von diesem bereits erhobene Kosten sind zurückzuzahlen, soweit es sich nicht um eine Zahlung nach § 13 Abs. 1 und 3 des Justizvergütungs- und -entschädigungsgesetzes handelt und die Partei, der Prozess- oder Verfahrenskostenhilfe bewilligt worden ist, der besonderen Vergütung zugestimmt hat.** [2]**Die Haftung eines anderen Kostenschuldners darf auch nicht geltend gemacht werden, soweit dem Entscheidungsschuldner ein Betrag für die Reise zum Ort einer Verhandlung, Vernehmung oder Untersuchung und für die Rückreise gewährt worden ist (§ 31 Abs. 3 GKG, § 26 Abs. 3 FamGKG, § 33 Abs. 2 GNotKG).**

(3) **Absatz 2 ist entsprechend anzuwenden, soweit der Kostenschuldner aufgrund von § 29 Nr. 2 GKG, § 24 Nr. 2 FamGKG oder § 27 Nr. 2 GNotKG haftet (Übernahmeschuldner) und wenn**
1. **der Kostenschuldner die Kosten in einem vor Gericht abgeschlossenen oder durch Schriftsatz gegenüber dem Gericht angenommenen Vergleich übernommen hat,**
2. **der Vergleich einschließlich der Verteilung der Kosten von dem Gericht vorgeschlagen worden ist und**
3. **das Gericht in seinem Vergleichsvorschlag ausdrücklich festgestellt hat, dass die Kostenregelung der sonst zu erwartenden Kostenentscheidung entspricht (§ 31 Abs. 4 GKG, § 26 Abs. 4 FamGKG, § 33 Abs. 3 GNotKG).**

(4) [1]In allen sonstigen Fällen der gesamtschuldnerischen Haftung für die Kosten bestimmt der Kostenbeamte nach pflichtgemäßem Ermessen, ob der geschuldete Betrag von einem Kostenschuldner ganz oder von mehreren nach Kopfteilen angefordert werden soll. [2]Dabei kann insbesondere berücksichtigt werden,
1. welcher Kostenschuldner die Kosten im Verhältnis zu den übrigen endgültig zu tragen hat,
2. welcher Verwaltungsaufwand durch die Inanspruchnahme nach Kopfteilen entsteht,[1]
3. ob bei einer Verteilung nach Kopfteilen Kleinbeträge oder unter der Vollstreckungsgrenze liegende Beträge anzusetzen wären,
4. ob die Kostenschuldner in Haushaltsgemeinschaft leben,
5. ob anzunehmen ist, dass einer der Gesamtschuldner nicht zur Zahlung oder nur zu Teilzahlungen in der Lage ist.

§ 9 Kosten bei Bewilligung von Prozess- oder Verfahrenskostenhilfe

Bei Bewilligung von Prozess- oder Verfahrenskostenhilfe sind die Durchführungsbestimmungen zur Prozess- und Verfahrenskostenhilfe sowie zur Stundung der Kosten des Insolvenzverfahrens (DB-PKH) zu beachten.

§ 10 Unvermögen des Kostenschuldners in anderen Fällen

(1) [1]In anderen als den in § 8 Abs. 2, 3 und in der Nr. 3.1 der Durchführungsbestimmungen zur Prozess- und Verfahrenskostenhilfe sowie zur Stundung der Kosten des Insolvenzverfahrens (DB-PKH) bezeichneten Fällen darf der Kostenbeamte vom Ansatz der Kosten nur dann absehen, wenn das dauernde Unvermögen des Kostenschuldners zur Zahlung offenkundig oder ihm aus anderen Vorgängen bekannt ist oder wenn sich der Kostenschuldner dauernd an einem Ort aufhält, an dem eine Beitreibung keinen Erfolg verspricht. [2]Das dauernde Unvermögen des Kostenschuldners ist nicht schon deshalb zu verneinen, weil er möglicherweise später einmal in die Lage kommen könnte, die Schuld ganz oder teilweise zu bezahlen. [3]Wenn dagegen bestimmte Gründe vorliegen, die dies mit einiger Sicherheit erwarten lassen, liegt dauerndes Unvermögen nicht vor.

(2) Ohne Rücksicht auf das dauernde Unvermögen des Kostenschuldners sind die Kosten anzusetzen,
1. wenn ein zahlungsfähiger Kostenschuldner für die Kosten mithaftet;
2. wenn anzunehmen ist, dass durch Ausübung des Zurückbehaltungsrechts (§ 23) die Zahlung der Kosten erreicht werden kann, insbesondere dann, wenn ein anderer Empfangsberechtigter an der Aushändigung der zurückbehaltenen Schriftstücke ein Interesse hat;
3. wenn die Kosten zugleich mit einem Geldbetrag im Sinne des § 1 Abs. 1 der Einforderungs- und Beitreibungsanordnung einzuziehen sind (§ 4 Abs. 6);
4. wenn es sich um Gebühren oder Vorschüsse handelt, von deren Entrichtung die Vornahme einer Amtshandlung abhängt (§ 26).

---

[1] **Amtl. Anm.:** Zusatzbestimmungen für die Bundesjustizverwaltung in Teil 2

(3) [1]Angaben im Verfahren über die Prozess- oder Verfahrenskostenhilfe, Feststellungen im Strafverfahren über die Einkommens- und Vermögensverhältnisse des Beschuldigten (Nr. 14 der Richtlinien für das Strafverfahren und das Bußgeldverfahren) oder Mitteilungen der Vollstreckungsbehörde können dem Kostenbeamten einen Anhalt für seine Entschließung bieten. [2]Er wird dadurch aber nicht von der Verpflichtung entbunden, selbständig zu prüfen und zu entscheiden, ob tatsächlich Unvermögen zur Zahlung anzunehmen ist. [3]Nötigenfalls stellt er geeignete Ermittlungen an. [4]In Strafsachen sind an Stellen außerhalb der Justizverwaltung Anfragen nach den wirtschaftlichen Verhältnissen des Kostenschuldners nur ausnahmsweise und nur dann zu richten, wenn nicht zu befürchten ist, dass dem Kostenschuldner aus diesen Anfragen Schwierigkeiten erwachsen könnten. [5]Bei der Fassung etwaiger Anfragen ist jeder Hinweis darauf zu vermeiden, dass es sich um Kosten aus einer Strafsache handelt.

(4) Der Kostenbeamte vermerkt in den Akten, dass er die Kosten nicht angesetzt hat; er gibt dabei die Gründe kurz an und verweist auf die Aktenstelle, aus der sie ersichtlich sind.

(5) Nach Absatz 1 außer Ansatz gelassene Kosten sind anzusetzen, wenn Anhaltspunkte dafür bekannt werden, dass eine Einziehung Erfolg haben wird.

§ 11 Nichterhebung von Auslagen

[1]Der Kostenbeamte ist befugt, folgende Auslagen außer Ansatz zu lassen:

1. Auslagen, die durch eine von Amts wegen veranlasste Verlegung eines Termins oder Vertagung einer Verhandlung entstanden sind (§ 21 Abs. 1 Satz 2 GKG, § 20 Abs. 1 Satz 2 FamGKG, § 21 Abs. 1 Satz 2 GNotKG),
2. Auslagen, die durch eine vom Gericht fehlerhaft ausgeführte Zustellung angefallen sind (z. B. doppelte Ausführung einer Zustellung, fehlerhafte Adressierung),
3. Auslagen, die entstanden sind, weil eine angeordnete Abladung von Zeugen, Sachverständigen, Übersetzern usw. nicht oder nicht rechtzeitig ausgeführt worden ist.

[2]Der Kostenbeamte legt die Akten aber dem Gericht mit der Anregung einer Entscheidung vor, wenn dies mit Rücksicht auf rechtliche oder tatsächliche Schwierigkeiten erforderlich erscheint. [3]Die Entscheidung des Kostenbeamten nach Satz 1 ist keine das Gericht bindende Anordnung im Sinne von § 21 Abs. 2 Satz 3 GKG, § 20 Abs. 2 Satz 3 FamGKG und § 21 Abs. 2 Satz 3 GNotKG.

§ 12 Absehen von Wertermittlungen

– zu Vorbemerkung 1.1 Abs. 1 KV GNotKG, Vorbemerkung 1.3.1 Abs. 2 KV FamGKG –

Von Wertermittlungen kann abgesehen werden, wenn nicht Anhaltspunkte dafür bestehen, dass das reine Vermögen des Fürsorgebedürftigen mehr als 25 000 Euro beträgt.

§ 13 Kostenansatz bei gegenständlich beschränkter Gebührenfreiheit

[1]Bei Erbscheinen und ähnlichen Zeugnissen (Nr. 12210 KV GNotKG), die zur Verwendung in einem bestimmten Verfahren gebührenfrei oder zu ermäßigten Gebühren zu erteilen sind (z. B. gemäß § 317 Abs. 5 LAG, § 64 Abs. 2 SGB X, § 31 Abs. 1c VermG i. V. m. § 181 BEG), hat der Kostenbeamte die Urschrift und Ausfertigung der Urkunde mit dem Vermerk „Zum ausschließlichen Gebrauch für das ...-verfahren gebührenfrei – zu ermäßigten Gebühren – erteilt" zu versehen. [2]Die Ausfertigung ist der Behörde oder Dienststelle, bei der das Verfahren anhängig ist, mit dem Ersuchen zu übersenden, den Beteiligten weder die Ausfertigung auszuhändigen noch eine Abschrift zu erteilen.

§ 14 Haftkosten

[1]Die Erhebung von Kosten der Vollstreckung von freiheitsentziehenden Maßregeln der Besserung und Sicherung richtet sich nach § 138 Abs. 2, § 50 StVollzG. [2]Die Kosten der Untersuchungshaft sowie einer sonstigen Haft außer Zwangshaft, die Kosten einer einstweiligen Unterbringung (§ 126a StPO), einer Unterbringung zur Beobachtung (§ 81 StPO, § 73 JGG) und einer einstweiligen Unterbringung in einem Heim für Jugendhilfe (§ 71 Abs. 2, § 72 Abs. 4 JGG) werden nur angesetzt, wenn sie auch von einem Gefangenen im Strafvollzug zu erheben wären (Nr. 9011 KV GKG, Nr. 2009 KV FamGKG, Nr. 31011 KV GNotKG, Vorbemerkung 2 KV JVKostG i. V. m. Nr. 9011 KV GKG).

§ 15 Zeit des Kostenansatzes im Allgemeinen

(1) [1]Soweit nichts anderes bestimmt oder zugelassen ist, werden Kosten alsbald nach Fälligkeit angesetzt (z. B. § 6 Abs. 1 und 2, §§ 7 bis 9 GKG, §§ 9 bis 11 FamGKG, §§ 8, 9 GNotKG) und Kostenvorschüsse berechnet, sobald sie zu leisten sind (z. B. §§ 15 bis 18 GKG, §§ 16, 17 FamGKG, §§ 13, 14, 17 GNotKG). [2]Dies gilt insbesondere auch vor Versendung der Akten an das Rechtsmittelgericht.

(2) [1]Auslagen sind in der Regel erst bei Beendigung des Rechtszuges anzusetzen, wenn kein Verlust für die Staatskasse zu befürchten ist. [2]Das Gleiche gilt für die Abrechnung der zu ihrer Deckung erhobenen Vorschüsse. [3]Werden jedoch im Laufe des Verfahrens Gebühren fällig, sind mit ihnen auch die durch Vorschüsse nicht gedeckten Auslagen anzusetzen.

(3) Absatz 2 gilt nicht

1. für Auslagen, die in Verfahren vor einer ausländischen Behörde entstehen,
2. für Auslagen, die einer an der Sache nicht beteiligten Person zur Last fallen.

(4) [1]Steht zu dem in Absatz 1 bezeichneten Zeitpunkt der den Gebühren zugrunde zu legende Wert noch nicht endgültig fest, werden die Gebühren unter dem Vorbehalt späterer Berichtigung nach einer vorläufigen Wertannahme angesetzt. [2]Auf rechtzeitige Berichtigung ist zu achten (vgl. § 20 GKG, § 19 FamGKG, § 20 GNotKG); in Angelegenheiten, auf die das

Gerichts- und Notarkostengesetz Anwendung findet, ist erforderlichenfalls dem Kostenschuldner mitzuteilen, dass ein Wertermittlungsverfahren eingeleitet ist (§ 20 Abs. 2 GNotKG). [3]Dasselbe gilt für Angelegenheiten, auf die das Gesetz über Gerichtskosten in Familiensachen Anwendung findet (§ 19 Abs. 2 FamGKG).

§ 16 Zeit des Kostenansatzes in besonderen Fällen

I. Gebühr für die Durchführung des Insolvenzverfahrens

– zu Nrn. 2320, 2330 KV GKG –

(1) Die Gebühr für die Durchführung des Insolvenzverfahrens ist spätestens nach Abhaltung des Prüfungstermins (§ 176 InsO) anzusetzen.

(2) Bei Einstellung des Insolvenzverfahrens oder nach Bestätigung des Insolvenzplanes hat der Kostenbeamte den Insolvenzverwalter schriftlich aufzufordern, einen Betrag zurückzubehalten, der zur Deckung der näher zu bezeichnenden Gerichtskosten ausreicht.

II. Kosten in Vormundschafts-, Dauerbetreuungs-, Dauerpflegschafts- und Nachlasssachen

– zu § 8 GNotKG, § 10 FamGKG –

[1]Die bei Vormundschaften, Dauerbetreuungen und -pflegschaften sowie bei Nachlasssachen zu Beginn eines jeden Kalenderjahres fällig werdenden Gebühren können, wenn kein Verlust für die Staatskasse zu besorgen ist, gelegentlich der Prüfung der jährlichen Rechnungslegung angesetzt werden. [2]Zur Sicherstellung des rechtzeitigen Ansatzes dieser Gebühren sind die in Betracht kommenden Akten von dem Kostenbeamten in ein Verzeichnis einzutragen, das mindestens folgende Spalten enthält:
1. Lfd. Nr.
2. Aktenzeichen
3. Bezeichnung der Sache
4. Jahresgebühr berechnet am:

III. Kosten in Scheidungsfolgesachen und in Folgesachen

Gebühren in Scheidungsfolgesachen und in Folgesachen eines Verfahrens über die Aufhebung der Lebenspartnerschaft werden erst angesetzt, wenn eine unbedingte Entscheidung über die Kosten ergangen ist oder das Verfahren oder die Instanz durch Vergleich, Zurücknahme oder anderweitige Erledigung beendet ist (§ 9 Abs. 1, § 11 Abs. 1 FamGKG).

§ 17 Heranziehung steuerlicher Werte

– zu § 46 Abs. 3 Nr. 3, § 48 GNotKG –

(1) Wird auf einen für Zwecke der Steuererhebung festgesetzten Wert (§ 46 Abs. 3 Nr. 3 GNotKG) oder den Einheitswert von Grundbesitz (§ 48 GNotKG) zurückgegriffen, genügt als Nachweis die Vorlage des Steuerbescheides (Feststellungsbescheides, Einheitswertbescheides), sofern sich

der Einheitswert des Grundbesitzes nicht schon aus der steuerlichen Unbedenklichkeitsbescheinigung ergibt.

(2) [1]Das Finanzamt ist um Auskunft über die Höhe der für Zwecke der Steuererhebung festgesetzten Werte, die Höhe des Einheitswertes oder um Erteilung einer Abschrift des entsprechenden Steuerbescheides nur zu ersuchen, wenn der Kostenschuldner den Steuerbescheid nicht vorlegt, ausnahmsweise auch dann, wenn die Wertermittlung besonders schwierig ist. [2]Für die Aufbewahrung des Einheitswertbescheides gelten die Bestimmungen der Aktenordnung entsprechend.

§ 18 Kostenansatz bei gleichzeitiger Belastung mehrerer Grundstücke

– zu § 18 Abs. 3 GNotKG –

[1]Für die Eintragung oder Löschung eines Gesamtrechts sowie für die Eintragung der Veränderung eines solchen Rechts bei mehreren Grundbuchämtern werden die Kosten im Fall der Nummern 14122, 14131 oder 14141 KV GNotKG bei dem Gericht angesetzt, bei dessen Grundbuchamt der Antrag zuerst eingegangen ist. [2]Entsprechendes gilt für die Eintragung oder Löschung eines Gesamtrechts sowie für die Eintragung der Veränderung eines solchen Rechts bei mehreren Registergerichten im Fall der Nummern 14221, 14231 oder 14241 KV GNotKG (§ 18 Abs. 3 GNotKG). [3]Die Kostenbeamten der beteiligten Grundbuchämter bzw. Registergerichte haben sich vorab wegen des Kostenansatzes und des Zeitpunktes des Eingangs der Anträge zu verständigen; das die Kosten ansetzende Grundbuchamt bzw. Registergericht hat eine Abschrift der Kostenrechnung an alle beteiligten Grundbuchämter bzw. Registergerichte zu übermitteln.

§ 19 Gerichtsvollzieherkosten

– zu § 13 Abs. 3 GvKostG –

Hat der Gerichtsvollzieher bei Aufträgen, die ihm vom Gericht erteilt werden, die Gerichtsvollzieherkosten (Gebühren und Auslagen) zu den Akten mitgeteilt und nicht angezeigt, dass er sie eingezogen hat, sind sie als Auslagen des gerichtlichen Verfahrens anzusetzen (vgl. § 13 Abs. 3 GvKostG, § 24 Abs. 7 Satz 3).

§ 20 Kostensicherung

(1) Zur Sicherung des Kosteneingangs sehen die Kostengesetze vor

1. die Erhebung von Kostenvorschüssen, von denen die Vornahme einer Amtshandlung nicht abhängt (z. B. §§ 15, 17 Abs. 3 GKG, § 16 Abs. 3 FamGKG, § 14 Abs. 3 GNotKG);
2. die Zurückstellung von Amtshandlungen bis zur Entrichtung bestimmter Gebühren oder Kostenvorschüsse (z. B. § 12 Abs. 1 und 3 bis 6, §§ 12a, 13, 17 Abs. 1 und 2 GKG, § 14 Abs. 1 und 3, § 16 Abs. 1 und 2 FamGKG, §§ 13, 14 Abs. 1 und 2 GNotKG, § 8 Abs. 2 JVKostG);
3. die Ausübung des Zurückbehaltungsrechts (§ 23).

(2) [1]Die Erhebung eines Kostenvorschusses, von dessen Zahlung die Amtshandlung nicht abhängt (Absatz 1 Nr. 1), ordnet der Kostenbeamte selbständig an. [2]Das Gleiche gilt in den Fällen der §§ 12, 12a, 13 GKG und

§ 14 FamGKG, jedoch ist der Eingang zunächst dem Richter (Rechtspfleger) vorzulegen, wenn sich daraus ergibt, dass die Erledigung der Sache ohne Vorauszahlung angestrebt wird.

(3) Soweit eine gesetzliche Vorschrift die Abhängigmachung der Vornahme des Geschäfts von der Vorauszahlung der Kosten gestattet (z. B. §§ 379a, 390 Abs. 4 StPO, § 17 Abs. 1 Satz 2, Abs. 2 GKG, § 16 Abs. 1 Satz 2, Abs. 2 FamGKG, §§ 13, 14 Abs. 1 Satz 2, Abs. 2 GNotKG), hat der Kostenbeamte vor der Einforderung des Vorschusses die Entscheidung des Richters (Rechtspflegers) einzuholen; dies gilt nicht in den Fällen der §§ 12, 12a, 13 GKG und § 14 FamGKG (vgl. Absatz 2 Satz 2).

(4) In Justizverwaltungsangelegenheiten bestimmt der nach § 46 zuständige Beamte die Höhe des Vorschusses.

(5) Ist die Vornahme einer Amtshandlung nicht von der Zahlung eines Auslagenvorschusses abhängig, soll dieser regelmäßig nur eingefordert werden, wenn die Auslagen mehr als 25 Euro betragen oder ein Verlust für die Staatskasse zu befürchten ist.

(6) In den Fällen des Absatzes 1 Nr. 1 und 3 sowie des § 17 Abs. 2 GKG, des § 16 Abs. 2 FamGKG und des § 14 Abs. 2 GNotKG sowie in gleichartigen Fällen ist ein Vorschuss nicht zu erheben, wenn eine Gemeinde, ein Gemeindeverband oder eine sonstige Körperschaft des öffentlichen Rechts Kostenschuldner ist.

§ 21 Sicherstellung der Kosten (Abschnitt 3 GNotKG)

[1]Wird Sicherstellung zugelassen, wird der Vorschuss zwar berechnet, aber nicht nach § 4 Abs. 2 angefordert. [2]Die Sicherheit kann vorbehaltlich anderer Anordnungen des Richters (Rechtspflegers) in der in den §§ 232 bis 240 BGB vorgesehenen Weise geleistet werden. [3]Die Verwertung der Sicherheit ist Sache der Vollstreckungsbehörde, nachdem ihr die aus Anlass des Geschäfts erwachsenen Kosten zur Einziehung überwiesen sind.

§ 22 Jährliche Vorschüsse im Zwangsverwaltungsverfahren

– zu § 15 Abs. 2 GKG –

(1) [1]Der jährlich zu erhebende Gebührenvorschuss soll regelmäßig in Höhe einer Gebühr mit einem Gebührensatz von 0,5 bemessen werden. [2]Daneben ist ein Auslagenvorschuss in Höhe der im laufenden Jahr voraussichtlich erwachsenen Auslagen zu erheben.

(2) [1]In Zwangsverwaltungsverfahren, in denen Einnahmen erzielt werden, deren Höhe die Gebühren und Auslagen deckt, kann die Jahresgebühr, wenn kein Verlust für die Staatskasse zu besorgen ist, anlässlich der Prüfung der jährlichen Rechnungslegung angesetzt werden. [2]§ 16 Abschnitt II Satz 2 gilt entsprechend. [3]Von der Erhebung eines Vorschusses kann in diesem Fall abgesehen werden.

§ 23 Zurückbehaltungsrecht

– zu § 11 GNotKG, § 17 Abs. 2 GKG, § 16 Abs. 2 FamGKG, § 9 JVKostG –

(1) [1]In Angelegenheiten, auf die das Gerichts- und Notarkostengesetz anzuwenden ist, und in Justizverwaltungsangelegenheiten sind Urkunden, Ausfertigungen, Ausdrucke und Kopien sowie gerichtliche Unterlagen regelmäßig bis zur Zahlung der in der Angelegenheit erwachsenen Kosten zurückzubehalten. [2]Die Entscheidung über die Ausübung des Zurückbehaltungsrechts trifft der Kostenbeamte nach billigem Ermessen. [3]Dies gilt entsprechend in den Fällen des § 17 Abs. 2 GKG und des § 16 Abs. 2 FamGKG.

(2) [1]Kosten, von deren Entrichtung die Herausgabe abhängig gemacht wird, sind so bald wie möglich anzusetzen. [2]Können sie noch nicht endgültig berechnet werden, sind sie vorbehaltlich späterer Berichtigung vorläufig anzusetzen.

(3) [1]Ist ein anderer als der Kostenschuldner zum Empfang des Schriftstücks berechtigt, hat ihn der Kostenbeamte von der Ausübung des Zurückbehaltungsrechts zu verständigen. [2]Erhält der Empfangsberechtigte in derselben Angelegenheit eine sonstige Mitteilung, ist die Nachricht, dass das Schriftstück zurückbehalten wird, nach Möglichkeit damit zu verbinden.

(4) Wegen des Vermerks der Ausübung des Zurückbehaltungsrechts und der Aufführung des dritten Empfangsberechtigten in der Kostenrechnung wird auf § 24 Abs. 6 verwiesen.

(5) Für die sichere Verwahrung von Wertpapieren, Sparkassenbüchern, Grundpfandrechtsbriefen und sonstigen Urkunden von besonderem Wert ist Sorge zu tragen.

(6) Die zurückbehaltenen Schriftstücke sind an den Empfangsberechtigten herauszugeben,
1. wenn die Zahlung der Kosten nachgewiesen ist,
2. wenn die Anordnung, dass Schriftstücke zurückzubehalten sind, vom Kostenbeamten oder durch gerichtliche Entscheidung aufgehoben wird.

§ 24 Kostenrechnung[1]

(1) Die Urschrift der Kostenrechnung für die Sachakte enthält
1. die Angabe der Justizbehörde, die Bezeichnung der Sache und die Geschäftsnummer,
2. die einzelnen Kostenansätze und die Kostenvorschüsse unter Hinweis auf die angewendete Vorschrift, bei Wertgebühren auch den der Berechnung zugrunde gelegten Wert,
3. den Gesamtbetrag der Kosten,
4. Namen, Anschriften sowie ggf. Geschäftszeichen und Geburtsdaten der Kostenschuldner.

(2) [1]Haften mehrere als Gesamtschuldner oder hat ein Kostenschuldner die Zwangsvollstreckung in ein bestimmtes Vermögen zu dulden, ist dies in der Urschrift der Kostenrechnung zu vermerken. [2]Bei der anteilmäßigen Inanspruchnahme des Kostenschuldners (z. B. § 8 Abs. 4) ist dort ein eindeutiger Vorbehalt über die Möglichkeit einer weiteren Inanspruchnahme aufzunehmen. [3]Unter Beachtung der Grundsätze in § 8

Abs. 4 ist weiter anzugeben, wie die einzelnen Gesamtschuldner zunächst in Anspruch genommen werden. [4]Erst- und Zweitschuldner (§ 8 Abs. 1) sind ausdrücklich als solche zu bezeichnen. [5]Wird der Zweitschuldner vor dem Erstschuldner in Anspruch genommen (§ 8 Abs. 1), sind die Gründe hierfür kurz anzugeben.

(3) Ist bei mehreren Kostengesamtschuldnern damit zu rechnen, dass der zunächst in Anspruch Genommene die Kosten bezahlen wird, kann die Aufführung der weiteren Gesamtschuldner durch ausdrücklichen Vermerk vorbehalten werden.

(4) [1]Sind Kosten durch Verwendung von Gerichtskostenstemplern entrichtet oder durch Aktenausdrucke nach § 696 Abs. 2 Satz 1 ZPO mit Gerichtskostenrechnungen nachgewiesen, ist zu vermerken, wo sich diese Zahlungsnachweise befinden. [2]Sind Kosten bereits gebucht, ist das Zuordnungsmerkmal des Kassenverfahrens anzugeben.

(5) Ergeben sich aus den Akten Anhaltspunkte dafür, dass noch weitere Kosten geltend gemacht werden können, die vom Kostenschuldner als Auslagen zu erheben sind (z. B. Vergütungen von Pflichtverteidigern, Verfahrensbeiständen oder Sachverständigen), ist ein eindeutiger Vorbehalt über die Möglichkeit einer Inanspruchnahme für die weiteren, nach Art oder voraussichtlicher Höhe zu bezeichnenden Kosten in die Urschrift der Kostenrechnung aufzunehmen.

(6) [1]Die Ausübung des Zurückbehaltungsrechts (§ 23) ist mit kurzer Begründung zu vermerken. [2]Ist ein anderer als der Kostenschuldner zum Empfang des Schriftstücks berechtigt (§ 23 Abs. 3), wird er gleichfalls in der Urschrift der Kostenrechnung aufgeführt.

(7) [1]Enthält die Urschrift der Kostenrechnung Beträge, die anderen Berechtigten als der Staatskasse zustehen und nach der Einziehung an sie auszuzahlen sind (durchlaufende Gelder), hat der Kostenbeamte sicherzustellen, dass er von einer Zahlung Kenntnis erlangt. [2]Der Empfangsberechtigte ist in der Urschrift der Kostenrechnung aufzuführen. [3]Im Falle des § 19 ist der Gerichtsvollzieher als empfangsberechtigt zu bezeichnen.

(8) Wenn für einen Vorschuss Sicherheit geleistet ist (§ 21), ist dies durch einen zu unterstreichenden Vermerk anzugeben.

(9) Der Kostenbeamte hat die Urschrift der Kostenrechnung unter Angabe von Ort, Tag und Amtsbezeichnung zu unterschreiben.

§ 25 Anforderung der Kosten mit Sollstellung[1]

(1) Mit der Sollstellung wird die Buchung des zu erhebenden Betrags im Sachbuch der Kasse, die dortige Überwachung des Zahlungseingangs und im Fall der Nichtzahlung die selbständige Einziehung durch die Vollstreckungsbehörde bewirkt.

(2) [1]Der Kostenbeamte veranlasst die Sollstellung der Kosten nach den näheren Bestimmungen des Bundesministeriums der Justiz und für Verbraucherschutz oder der jeweiligen Landesjustizverwaltung und sorgt dafür, dass jeder Kostenschuldner, der in Anspruch genommen werden soll, einen Ausdruck der ihn betreffenden Inhalte der Kostenrechnung mit einer Zahlungsaufforderung und einer Rechtsbehelfsbelehrung (Kosten-

anforderung) erhält. [2]In der Zahlungsaufforderung sind der Zahlungsempfänger mit Anschrift und Bankverbindung sowie das Zuordnungsmerkmal der Sollstellung (z. B. Kassenzeichen) anzugeben. [3]Kostenanforderungen, die automationsgestützt erstellt werden, bedürfen weder einer Unterschrift noch eines Abdrucks des Dienstsiegels; auf der Kostenanforderung ist zu vermerken, dass das Schreiben mit einer Datenverarbeitungsanlage erstellt wurde und daher nicht unterzeichnet wird. [4]Manuell erstellte Kostenrechnungen sind stattdessen mit Unterschrift oder mit dem Abdruck des Dienstsiegels zu versehen.

(3) **Sofern der Kostenschuldner im automatisierten Mahnverfahren von einem Bevollmächtigten vertreten wird, kann die Kostenanforderung diesem zugesandt werden.**

§ 26 Anforderung der Kosten ohne Sollstellung

– zu §§ 379a, 390 Abs. 4 StPO, §§ 12, 12a, 13, 17 Abs. 1 Satz 2, Abs. 2 GKG, §§ 14, 16 Abs. 1 Satz 2, Abs. 2 FamGKG, §§ 13, 14 Abs. 1 Satz 2, Abs. 2 GNotKG, § 8 Abs. 2 JVKostG –

(1) **[1]Vorweg zu erhebende Gebühren und Kostenvorschüsse, von deren Entrichtung die Vornahme einer Amtshandlung oder die Einleitung oder der Fortgang eines Verfahrens abhängig ist, sind ohne Sollstellung unmittelbar vom Zahlungspflichtigen anzufordern; das Gleiche gilt im Falle der Ausübung des Zurückbehaltungsrechts (§ 23). [2]§ 24 Abs. 1 ist zu beachten. [3]Die Kostenanforderung ist mit einer Rechtsbehelfsbelehrung zu versehen. [4]Wegen der Einzelheiten der Kostenanforderung ohne Sollstellung wird auf die näheren Bestimmungen des Bundesministeriums der Justiz und für Verbraucherschutz oder der jeweiligen Landesjustizverwaltung verwiesen.**[2]

(2) **Steht der Wert des Streitgegenstandes oder der Geschäftswert noch nicht endgültig fest, sind der Berechnung vorläufig die Angaben des Klägers oder Antragstellers zugrunde zu legen, sofern sie nicht offenbar unrichtig sind.**

(3) **Hat das Gericht den Betrag des Vorschusses und die Zahlungsfrist selbst bestimmt (z. B. in den Fällen der §§ 379, 402 ZPO), kann eine Kostenrechnung (§ 24 Abs. 1) unterbleiben, wenn das gerichtliche Schriftstück alle für die Bewirkung der Zahlung erforderlichen Angaben enthält.**

(4) **[1]Hat der Zahlungspflichtige auf die Gebühren oder Vorschüsse (Absatz 1) Beträge bezahlt, die zur Deckung nicht völlig ausreichen, ist er auf den Minderbetrag hinzuweisen; hat er noch keine Kostenanforderung erhalten, ist der Minderbetrag ohne Sollstellung entsprechend Absatz 1 anzufordern. [2]Ist der Minderbetrag nur gering, führt der Kostenbeamte zunächst eine Entscheidung des Richters (Rechtspflegers) darüber herbei, ob der Sache gleichwohl Fortgang zu geben sei. [3]Wird der Sache Fortgang gegeben, wird der fehlende Betrag gemäß § 25 mit Sollstellung angefordert, falls er nicht nach den bestehenden Bestimmungen wegen Geringfügigkeit außer Ansatz bleibt; besteht der Richter (Rechtspfleger) dagegen auf der Zahlung des Restbetrages, ist nach Satz 1 zu verfahren.**

(5) **Wird in den Fällen der §§ 379a, 390 Abs. 4 StPO der angeforderte Betrag nicht voll gezahlt, sind die Akten alsbald dem Gericht (Vorsitzenden) zur Entscheidung vorzulegen.**

(6) **Sofern der Zahlungspflichtige von einem Bevollmächtigten, insbesondere dem Prozess- oder Verfahrensbevollmächtigten oder Notar, vertreten wird, soll die Kostenanforderung grundsätzlich diesem zur Vermittlung der Zahlung zugesandt werden.**

(7) **[1]Ist die Zahlung des Vorschusses an eine Frist geknüpft (z. B. in den Fällen der §§ 379a, 390 Abs. 4 StPO, § 18 GBO), ist die Kostenanforderung von Amts wegen zuzustellen. [2]In sonstigen Fällen wird sie regelmäßig als Brief abgesandt.**

(8) **[1]Wird der Kostenanforderung keine Folge geleistet, hat der Kostenbeamte die in der Sache etwa entstandenen oder noch entstehenden Kosten zu berechnen und zum Soll zu stellen (§ 25). [2]Das Gleiche gilt, wenn die Anordnung, durch welche die Vornahme eines Geschäfts von der Vorauszahlung abhängig gemacht war, wieder aufgehoben oder wenn von der gesetzlich vorgesehenen Vorwegleistungspflicht eine Ausnahme bewilligt wird (z. B. nach § 14 GKG, § 15 FamGKG, § 16 GNotKG). [3]Kommt der zur Vorwegleistung Verpflichtete in den Fällen des § 12 Abs. 1, 3 Satz 3 und 4 GKG, des § 12a GKG sowie des § 14 Abs. 1, 3 FamGKG der Zahlungsaufforderung nicht nach, werden die in § 12 Abs. 1, 3 Satz 3 und 4 GKG und § 14 Abs. 1, 3 FamGKG genannten Gebühren nur insoweit angesetzt, als sich der Zahlungspflichtige nicht durch Rücknahme der Klage oder des Antrags von der Verpflichtung zur Zahlung befreien kann.**

(9) **[1]Von der Übersendung einer Schlusskostenrechnung kann abgesehen werden, wenn sich die endgültig festgestellte Kostenschuld mit dem vorausgezahlten Betrag deckt. [2]Ansonsten ist die Schlusskostenrechnung unverzüglich zu übersenden.**

Abschnitt 3. Weitere Pflichten des Kostenbeamten

§ 27 Behandlung von Ersuchen und Mitteilungen der Vollstreckungsbehörde[1]

(1) **[1]Ersucht die Vollstreckungsbehörde um Auskunft darüber, ob sich aus den Sachakten Näheres über die Einkommens- und Vermögensverhältnisse eines Kostenschuldners ergibt, insbesondere über das Vorhandensein pfändbarer Ansprüche, hat der Kostenbeamte die notwendigen Feststellungen zu treffen. [2]Befinden sich die Akten beim Rechtsmittelgericht, trifft diese Verpflichtung den Kostenbeamten dieses Gerichts.**

(2) **[1]Ersucht die Vollstreckungsbehörde um eine Änderung oder Ergänzung der Kostenrechnung, weil sie eine andere Heranziehung von Gesamtschuldnern oder eine Erstreckung der Rechnung auf bisher nicht in Anspruch genommene Kostenschuldner für geboten hält, hat der Kostenbeamte aufgrund der Ermittlungen der Vollstreckungsbehörde die Voraussetzungen für die Heranziehung dieser Kostenschuldner festzustellen (vgl. § 7 Abs. 1) und gegebenenfalls eine neue oder ergänzte Kostenrechnung aufzustellen. [2]Die Gründe für die Inanspruchnahme des weiteren Kostenschuldners sind in der Kostenrechnung anzugeben. [3]Soweit hierbei**

Kosten eines bereits erledigten Rechtsmittelverfahrens zu berücksichtigen sind, sind die dem Kostenbeamten obliegenden Dienstverrichtungen von dem Kostenbeamten des Rechtsmittelgerichts zu erledigen; eine Zweitschuldneranfrage kann vom Kostenbeamten des Gerichts des ersten Rechtszuges beantwortet werden, falls eine Zweitschuldnerhaftung nicht besteht.

(3) **Die Bestimmungen des Absatzes 2 gelten entsprechend, wenn ein Kostenschuldner vorhanden ist, der wegen der Kostenschuld lediglich die Zwangsvollstreckung in ein bestimmtes Vermögen (z. B. der Grundstückseigentümer bei dinglich gesicherten Forderungen, für die er nicht persönlich haftet) zu dulden hat.**

(4) **Wird dem Kostenbeamten eine Mitteilung über die Niederschlagung oder den (Teil-)Erlass der Kostenforderung vorgelegt, hat er zu prüfen, ob weitere Einziehungsmöglichkeiten bestehen und teilt diese der Vollstreckungsbehörde mit.**

(5) **[1]Eine Zahlungsanzeige, die sich auf einen zum Soll gestellten Betrag bezieht und nicht bei den Sachakten zu verbleiben hat, ist von dem Kostenbeamten unter Angabe des Grundes der Rückgabe zurückzusenden. [2]Die Rücksendung einer Zahlungsanzeige hat er auf der vorderen Innenseite des Aktenumschlags oder einem Kostenvorblatt zu vermerken. [3]Der Vermerk muss den Einzahler, den Betrag der Einzahlung, die Buchungsnummer und den Grund der Rückgabe enthalten. [4]Abweichend von Satz 2 und 3 kann auch eine Kopie der Zahlungsanzeige zu den Sachakten genommen werden, auf der der Grund der Rückgabe vermerkt ist.**

(6) **[1]Die Rücksendung einer Zweitschuldneranfrage und das mitgeteilte Ergebnis hat der Kostenbeamte auf der Urschrift der Kostenrechnung zu vermerken. [2]Abweichend hiervon kann auch eine Kopie der Zweitschuldneranfrage zu den Sachakten genommen werden, auf der das mitgeteilte Ergebnis vermerkt ist.**

§ 28 Berichtigung des Kostenansatzes

(1) **Der Kostenbeamte hat bei jeder Änderung der Kostenforderung den Kostenansatz zu berichtigen und, wenn hierdurch auch die Kosten eines anderen Rechtszuges berührt werden, den Kostenbeamten dieses Rechtszuges zu benachrichtigen, soweit er nicht selbst für den Kostenansatz des anderen Rechtszuges zuständig ist (z. B. § 5 Abs. 2).**

(2) **[1]Solange eine gerichtliche Entscheidung oder eine Anordnung im Dienstaufsichtsweg nicht ergangen ist, hat er auf Erinnerung oder auch von Amts wegen unrichtige Kostenansätze richtigzustellen. [2]Will er einer Erinnerung des Kostenschuldners nicht oder nicht in vollem Umfang abhelfen oder richtet sich die Erinnerung gegen Kosten, die auf Grund einer Beanstandung des Prüfungsbeamten angesetzt sind, hat er sie mit den Akten dem Prüfungsbeamten vorzulegen.**

§ 29 Nachträgliche Änderung der Kostenforderung[1]

(1) **Ändert sich nachträglich die Kostenforderung, stellt der Kostenbeamte eine neue Kostenrechnung auf, es sei denn, dass die Kostenforderung völlig erlischt.**

(2) **Erhöht sich die Kostenforderung, veranlasst er die Nachforderung des Mehrbetrages gemäß § 25 oder § 26.**

(3) **[1]Vermindert sie sich oder erlischt sie ganz, ordnet er durch eine Kassenanordnung die Löschung im Soll oder die Rückzahlung an. [2]In der Kassenanordnung sind sämtliche in derselben Rechtssache zum Soll gestellten oder eingezahlten Beträge, für die der Kostenschuldner haftet, anzugeben; dabei hat der Kostenbeamte, wenn mehrere Beträge zum Soll stehen, diejenigen Beträge zu bezeichnen, für die weitere Kostenschuldner vorhanden sind. [3]Die Anordnung der Löschung oder Rückzahlung ist unter Angabe des Betrages auf der Urschrift der Kostenrechnung in auffälliger Weise zu vermerken.**

(4) **[1]Bei Vertretung durch einen Prozess- oder Verfahrensbevollmächtigten (§ 81 ZPO, § 11 FamFG, § 113 Abs. 1 Satz 2 FamFG) ist die Rückzahlung an diesen anzuordnen, es sei denn, die Partei oder der Beteiligte hat der Rückzahlung gegenüber dem Gericht ausdrücklich widersprochen. [2]Stimmt der Bevollmächtigte in diesem Fall der Rückzahlung an die Partei oder den Beteiligten nicht zu, sind die Akten dem Prüfungsbeamten zur Entscheidung vorzulegen.**

(5) **In anderen Fällen ist die Rückzahlung an einen Bevollmächtigten anzuordnen,**
1. **wenn er eine Vollmacht seines Auftraggebers zu den Akten einreicht, die ihn allgemein zum Geldempfang oder zum Empfang der im Verfahren etwa zurückzuzahlenden Kosten ermächtigt, und wenn keine Zweifel bezüglich der Gültigkeit der Vollmacht bestehen, oder**
2. **wenn es sich bei dem Bevollmächtigten um einen Rechtsanwalt, Notar oder Rechtsbeistand handelt und dieser rechtzeitig vor Anordnung der Rückzahlung schriftlich erklärt, dass er die Kosten aus eigenen Mitteln bezahlt hat.**

(6) **Im Falle der Berichtigung wegen irrtümlichen Ansatzes muss aus der Kostenrechnung und aus der Kassenanordnung hervorgehen, inwiefern der ursprüngliche Ansatz unrichtig war.**

(7) **Hat die Dienstaufsichtsbehörde oder der Kostenprüfungsbeamte (§ 35) die Berichtigung angeordnet, ist dies zu vermerken.**

(8) **Im Falle des Kostenerlasses ist die den Kostenerlass anordnende Verfügung zu bezeichnen.**

(9) **Beruht die Berichtigung oder Änderung auf einer mit Beschwerde anfechtbaren gerichtlichen Entscheidung, ist anzugeben, dass die Entscheidung dem zur Vertretung der Staatskasse zuständigen Beamten vorgelegen hat.**

(10) **[1]Wird die Rückzahlung von Kosten veranlasst, die durch Verwendung von Gerichtskostenstemplern entrichtet oder sonst ohne Sollstellung eingezahlt sind oder deren Zahlung durch Aktenausdrucke nach § 696 Abs. 2 Satz 1 ZPO mit Gerichtskostenrechnungen nachgewiesen ist, hat**

ein zweiter Beamter oder Beschäftigter der Geschäftsstelle in der Kassenanordnung zu bescheinigen, dass die Beträge nach den angegebenen Zahlungsnachweisen entrichtet und die Buchungsangaben aus den Zahlungsanzeigen über die ohne Sollstellung eingezahlten Beträge richtig übernommen sind. [2]Die Anordnung der Rückzahlung ist bei oder auf dem betroffenen Zahlungsnachweis in auffälliger Weise zu vermerken; der Vermerk ist zu unterstreichen.

(11) **Sind infolge der nachträglichen Änderung der Kostenrechnung nur Kleinbeträge nachzufordern, im Soll zu löschen oder zurückzuzahlen, sind die für die Behandlung solcher Beträge getroffenen besonderen Bestimmungen zu beachten.**

(12) **Wird eine neue Kostenrechnung aufgestellt (Absatz 1), ist in ihr die frühere Kostenrechnung zu bezeichnen; die frühere Kostenrechnung ist mit einem zu unterstreichenden Hinweis auf die neue Kostenrechnung zu versehen.**

§ 30 Nachträgliche Änderung der Kostenhaftung

(1) **[1]Tritt zu dem bisher in Anspruch genommenen Kostenschuldner ein neuer hinzu, der vor jenem in Anspruch zu nehmen ist (vgl. § 8), stellt der Kostenbeamte zunächst fest, ob die eingeforderten Kosten bereits entrichtet sind. [2]Nur wenn die Kosten nicht oder nicht ganz bezahlt sind und auch nicht anzunehmen ist, dass der nunmehr in Anspruch zu nehmende Kostenschuldner zahlungsunfähig sein werde, stellt er eine neue Kostenrechnung auf. [3]Er veranlasst sodann die Löschung der den bisherigen Kostenschuldner betreffenden Sollstellung und die Sollstellung (§ 25) gegenüber dem neuen Kostenschuldner.**

(2) **[1]Erlischt nachträglich die Haftung eines Gesamtschuldners ganz oder teilweise, berichtigt der Kostenbeamte die Kostenrechnung. [2]Er veranlasst die Löschung der gegen den bisherigen Kostenschuldner geltend gemachten Forderung und die Rückzahlung bereits bezahlter Beträge, soweit nunmehr keinerlei Haftungsgrund vorliegt. [3]Soweit ein anderer Kostenschuldner in Anspruch zu nehmen ist, veranlasst er die Kostenanforderung nach § 25.**

§ 31 Einrede der Verjährung

– zu § 5 Abs. 2 GKG, § 7 Abs. 2 FamGKG, § 6 Abs. 2 GNotKG, § 5 Abs. 2 JVKostG –

[1]Ist der Anspruch auf Erstattung von Kosten verjährt, hat der Kostenbeamte die Akten dem zur Vertretung der Staatskasse zuständigen Beamten vorzulegen. [2]Soll nach dessen Auffassung die Verjährungseinrede erhoben werden, ist hierzu die Einwilligung des unmittelbar vorgesetzten Präsidenten einzuholen. [3]Von der Erhebung der Verjährungseinrede kann mit Rücksicht auf die Umstände des Falles abgesehen werden. [4]Hat der zur Vertretung der Staatskasse zuständige Beamte dem Kostenbeamten mitgeteilt, dass die Verjährungseinrede nicht erhoben werden soll, ist dies auf der zahlungsbegründenden Unterlage in den Sachakten zu vermerken.

§ 32 Durchlaufende Gelder

(1) Sind durchlaufende Gelder in der Kostenrechnung enthalten (§ 24 Abs. 7), hat der Kostenbeamte nach Eingang der Zahlungsanzeige eine Auszahlungsanordnung zu erteilen.

(2) Sofern durchlaufende Gelder durch Verwendung von Gerichtskostenstemplern entrichtet oder sonst ohne Sollstellung eingezahlt sind, gilt § 29 Abs. 10 Satz 1 entsprechend.

(3) [1]Die Anordnung der Auszahlung ist bei oder auf dem betroffenen Zahlungsnachweis oder auf der Urschrift der Kostenrechnung in auffälliger Weise zu vermerken. [2]Der Vermerk ist zu unterstreichen.[1]

Abschnitt 4. Veränderung von Ansprüchen

§ 33 Veränderung von Ansprüchen

Für die Niederschlagung, die Stundung und den Erlass von Kosten gelten die darüber ergangenen besonderen Bestimmungen.

Abschnitt 5. Kostenprüfung

§ 34 Aufsicht über den Kostenansatz

(1) Die Vorstände der Justizbehörden überwachen im Rahmen ihrer Aufsichtspflichten die ordnungsmäßige Erledigung des Kostenansatzes durch den Kostenbeamten.

(2) Die besondere Prüfung des Kostenansatzes ist Aufgabe der Kostenprüfungsbeamten (§ 35).

(3) Die dem Rechnungshof zustehenden Befugnisse bleiben unberührt.

§ 35 Kostenprüfungsbeamte

Kostenprüfungsbeamte sind

1. der Bezirksrevisor,
2. die weiter bestellten Prüfungsbeamten.

§ 36 Berichtigung des Kostenansatzes im Verwaltungsweg

– zu § 19 Abs. 5 GKG, § 18 Abs. 3 FamGKG, § 18 Abs. 6 GNotKG –

[1]Solange eine gerichtliche Entscheidung nicht ergangen ist, sind die Vorstände der Justizbehörden und die Kostenprüfungsbeamten befugt, den Kostenansatz zu beanstanden und den Kostenbeamten zur Berichtigung des Kostenansatzes anzuweisen. [2]Der Kostenbeamte hat der Weisung Folge zu leisten; er ist nicht berechtigt, deshalb die Entscheidung des Gerichts herbeizuführen.

§ 37 Nichterhebung von Kosten

– zu § 21 GKG, § 20 FamGKG, § 21 GNotKG, § 13 JVKostG –

[1]Die Präsidenten der Gerichte und die Leiter der Staatsanwaltschaften sind für die ihrer Dienstaufsicht unterstellten Behörden zuständig, im Verwaltungsweg anzuordnen, dass in den Fällen des § 21 Abs. 1 GKG, des § 20

Abs. 1 FamGKG, des § 21 Abs. 1 GNotKG und des § 13 JVKostG Kosten nicht zu erheben sind. [2]Über Beschwerden gegen den ablehnenden Bescheid einer dieser Stellen wird im Aufsichtsweg entschieden.

§ 38 Erinnerungen und Beschwerden der Staatskasse

– zu § 66 GKG, § 57 FamGKG, § 81 GNotKG, § 22 JVKostG –

(1) Der Vertreter der Staatskasse soll Erinnerungen gegen den Kostenansatz nur dann einlegen, wenn es wegen der grundsätzlichen Bedeutung der Sache angezeigt erscheint, von einer Berichtigung im Verwaltungsweg (§ 36) abzusehen und eine gerichtliche Entscheidung herbeizuführen.

(2) [1]Alle beschwerdefähigen gerichtlichen Entscheidungen einschließlich der Wertfestsetzungen, durch die der Kostenansatz zuungunsten der Staatskasse geändert wird, hat der Kostenbeamte des entscheidenden Gerichts dem zur Vertretung der Staatskasse zuständigen Beamten mitzuteilen. [2]Legt der Kostenbeamte eine Erinnerung des Kostenschuldners dem zur Vertretung der Staatskasse zuständigen Beamten vor (§ 28 Abs. 2), prüft dieser, ob der Kostenansatz im Verwaltungsweg zu ändern ist oder ob Anlass besteht, für die Staatskasse ebenfalls Erinnerung einzulegen. [3]Soweit der Erinnerung nicht abgeholfen wird, veranlasst er, dass die Akten unverzüglich dem Gericht vorgelegt werden.

§ 39 Besondere Prüfung des Kostenansatzes

(1) Bei jeder Justizbehörde findet in der Regel einmal im Haushaltsjahr eine unvermutete Prüfung des Kostenansatzes durch einen Kostenprüfungsbeamten (§ 35) statt.

(2) Zeit und Reihenfolge der Prüfungen bestimmt der Dienstvorgesetzte des Prüfungsbeamten, und zwar im Einvernehmen mit dem Dienstvorgesetzten der Staatsanwaltschaft, wenn die Prüfung bei einer Staatsanwaltschaft stattfinden soll.

§ 40 Aufgaben und Befugnisse des Prüfungsbeamten

(1) [1]Der Prüfungsbeamte soll sich nicht auf die schriftliche Beanstandung vorgefundener Mängel und Verstöße beschränken, sondern durch mündliche Erörterung wichtiger Fälle mit dem Kostenbeamten, durch Anregungen und Belehrungen das Prüfungsgeschäft möglichst nutzbringend gestalten und auf die Beachtung einheitlicher Grundsätze beim Kostenansatz hinwirken. [2]Nebensächlichen Dingen soll er nur nachgehen, wenn sich der Verdacht von Unregelmäßigkeiten oder fortgesetzten Nachlässigkeiten ergibt.

(2) [1]Die Einsicht sämtlicher Akten, Bücher, Register, Verzeichnisse und Rechnungsbelege ist ihm gestattet. [2]Sofern Verfahrensunterlagen mittels elektronischer Datenverarbeitung geführt werden, ist sicherzustellen, dass der Prüfungsbeamte Zugriff auf diese Daten erhält.

(3) Von den beteiligten Kostenbeamten kann er mündlich näheren Aufschluss über die Behandlung von Geschäften verlangen.

(4) Aktenstücke über schwebende Rechtsstreitigkeiten sowie in Testaments-, Grundbuch- und Registersachen hat er in der Regel an Ort und

Stelle durchzusehen; sonstige Akten kann er sich an seinen Dienstsitz übersenden lassen.

§ 41 Umfang der Kostenprüfung

(1) **Der Prüfungsbeamte hat besonders darauf zu achten,**

1. **ob die Kosten rechtzeitig, richtig und vollständig angesetzt sind und ob sie, soweit erforderlich, mit oder ohne Sollstellung (§ 25 und § 26) angefordert sind;**
2. **ob Gerichtskostenstempler bestimmungsgemäß verwendet sind und ob der Verbleib der Abdrucke von Gerichtskostenstemplern, falls sie sich nicht mehr in den Akten befinden, nachgewiesen ist;**
3. **ob die Auslagen ordnungsgemäß vermerkt sind;**
4. **ob bei Bewilligung von Prozess- oder Verfahrenskostenhilfe,**
   a) **die an beigeordnete Anwälte gezahlten Beträge im zulässigen Umfang von dem Zahlungspflichtigen angefordert,**
   b) **etwaige Ausgleichsansprüche gegen Streitgenossen geltend gemacht und**
   c) **die Akten dem Rechtspfleger in den Fällen des § 120 Abs. 3, des § 120a Abs. 1 sowie des § 124 Abs. 1 Nr. 2 bis 5 ZPO zur Entscheidung vorgelegt worden sind und ob Anlass besteht, von dem Beschwerderecht gemäß § 127 Abs. 3 ZPO Gebrauch zu machen.**

(2) **Soweit nicht in Absatz 1 etwas anderes bestimmt ist, erstreckt sich die Prüfung nicht auf den Ansatz und die Höhe solcher Auslagen, für deren Prüfung andere Dienststellen zuständig sind.**

§ 42 Verfahren bei der Kostenprüfung

(1) [1]**Der Prüfungsbeamte soll aus jeder Gattung von Angelegenheiten, in denen Kosten entstehen können, selbst eine Anzahl Akten auswählen und durchsehen, darunter auch solche, die nach ihren Aktenzeichen unmittelbar aufeinanderfolgen.** [2]**Bei der Auswahl sind auch die Geschäftsregister und das gemäß § 16 Abschnitt II zu führende Verzeichnis zu berücksichtigen und namentlich solche Akten zur Prüfung vorzumerken, in denen höhere Kostenbeträge in Frage kommen.**

(2) **Bei der Aktenprüfung ist auch darauf zu achten, dass die Sollstellungen und die ohne Sollstellung geleisteten Beträge in der vorgeschriebenen Weise nachgewiesen sind.**

(3) **Bei der Nachprüfung der Verwendung von Gerichtskostenstemplern ist auch eine Anzahl älterer, insbesondere weggelegter Akten durchzusehen.**

(4) **Bei der Prüfung der Aktenvermerke über die Auslagen (§ 41 Abs. 1 Nr. 3) ist stichprobenweise festzustellen, ob die Auslagen vorschriftsmäßig in den Sachakten vermerkt und beim Kostenansatz berücksichtigt sind.**

§ 43 Beanstandungen

(1) [1]**Stellt der Prüfungsbeamte Unrichtigkeiten zum Nachteil der Staatskasse oder eines Kostenschuldners fest, ordnet er die Berichtigung des Kostenansatzes an.** [2]**Die Anordnung unterbleibt, wenn es sich um Kleinbeträge**

handelt, von deren Einziehung oder Erstattung nach den darüber getroffenen Bestimmungen abgesehen werden darf.

(2) **An die Stelle der Berichtigung tritt ein Vermerk in der Niederschrift (§ 44), wenn eine gerichtliche Entscheidung ergangen ist oder der Kostenansatz auf einer Anordnung der Dienstaufsichtsbehörde beruht.**

(3) [1]**Die Beanstandungen (Absatz 1 Satz 1) sind für jede Sache auf einem besonderen Blatt zu verzeichnen, das zu den Akten zu nehmen ist.** [2]**In dem Fall des Absatzes 1 Satz 2 sind sie in kürzester Form unter der Kostenrechnung zu vermerken.**

(4) [1]**Der Prüfungsbeamte vermerkt die Beanstandungen nach Absatz 1 außerdem in einer Nachweisung.** [2]**Der Kostenbeamte ergänzt die Nachweisung durch Angabe des Zuordnungsmerkmals der Kassenanordnung oder der sonst erforderlichen Vermerke über die Erledigung; sodann gibt er sie dem Prüfungsbeamten zurück.** [3]**Der Prüfungsbeamte stellt bei der nächsten Gelegenheit stichprobenweise fest, ob die entsprechenden Buchungen tatsächlich vorgenommen sind.** [4]**Die Nachweisungen verwahrt er jahrgangsweise.**

(5) **Stellt der Prüfungsbeamte das Fehlen von Akten fest, hat er alsbald dem Behördenvorstand Anzeige zu erstatten.**

§ 44 Niederschrift über die Kostenprüfung

(1) **Der Prüfungsbeamte fertigt über die Kostenprüfung eine Niederschrift, die einen Überblick über Gang und Ergebnis des Prüfungsgeschäfts ermöglichen soll.**

(2) [1]**Er erörtert darin diejenigen Einzelfälle, die grundsätzliche Bedeutung haben, die anderwärts abweichend beurteilt werden oder die sonst von Erheblichkeit sind (vgl. dazu § 43 Abs. 2).** [2]**Weiter führt er die Fälle auf, in denen ihm die Einlegung der Erinnerung (§ 38 Abs. 1) angezeigt erscheint oder die zu Maßnahmen im Dienstaufsichtsweg Anlass geben können.** [3]**Die Niederschriften können in geeigneten Fällen für die einzelnen geprüften Geschäftsstellen getrennt gefertigt werden.**

(3) [1]**Je ein Exemplar der Niederschrift leitet der Prüfungsbeamte den Dienstvorgesetzten zu, die die Prüfung angeordnet oder mitangeordnet haben (§ 39 Abs. 2).** [2]**Er schlägt dabei die Maßnahmen vor, die er nach seinen Feststellungen bei der Prüfung für angezeigt hält.**

§ 45 Jahresberichte

(1) [1]**Bis zum 1. Juni eines jeden Jahres erstattet der Prüfungsbeamte seinem Dienstvorgesetzten Bericht über das Gesamtergebnis der Kostenprüfungen im abgelaufenen Haushaltsjahr.** [2]**Er legt darin insbesondere die Grundsätze dar, von denen er sich bei seinen Anordnungen oder bei der Behandlung einzelner Fälle von allgemeiner Bedeutung hat leiten lassen.**

(2) **Soweit nicht bei allen Dienststellen Prüfungen haben vorgenommen werden können, sind die Gründe kurz anzugeben.**

(3) [1]**Die Präsidenten der Landgerichte (Präsidenten der Amtsgerichte) legen die Jahresberichte mit ihrer Stellungnahme dem Präsidenten des Oberlandesgerichts vor.** [2]**Die Präsidenten der Sozialgerichte legen die Jah-**

resberichte mit ihrer Stellungnahme dem Präsidenten des Landessozialgerichts vor.

(4) [1]Der Präsident des Oberlandesgerichts, der Präsident des Oberverwaltungsgerichts, der Präsident des Finanzgerichts und der Präsident des Landessozialgerichts treffen nach Prüfung der Jahresberichte die für ihren Bezirk notwendigen Anordnungen und berichten über Einzelfragen von allgemeiner Bedeutung der Landesjustizverwaltung. [2]Der Präsident des Oberlandesgerichts teilt die Berichte dem Generalstaatsanwalt mit, soweit sie für diesen von Interesse sind.

Abschnitt 6. Justizverwaltungskosten

§ 46 Entscheidungen nach dem Justizverwaltungskostengesetz

– zu § 4 Abs. 2 und 3, §§ 8 und 10 JVKostG –

Die nach § 4 Abs. 2 und 3, §§ 8 und 10 JVKostG der Behörde übertragenen Entscheidungen obliegen dem Beamten, der die Sachentscheidung zu treffen hat.

§ 47 Laufender Bezug von Abdrucken aus dem Schuldnerverzeichnis

Bei laufendem Bezug von Abdrucken aus dem Schuldnerverzeichnis ist die Absendung der noch nicht abgerechneten Abdrucke in einer Liste unter Angabe des Absendetages, des Empfängers und der Zahl der mitgeteilten Eintragungen zu vermerken.

Abschnitt 7. Notarkosten

§ 48 Einwendungen gegen die Kostenberechnung

– zu §§ 127 bis 130 GNotKG –

(1) [1]Gibt der Kostenansatz eines Notars, dem die Kosten selbst zufließen, der Dienstaufsichtsbehörde zu Beanstandungen Anlass, fordert sie den Notar auf, den Ansatz zu berichtigen, gegebenenfalls zu viel erhobene Beträge zu erstatten oder zu wenig erhobene Beträge nachzufordern und, falls er die Beanstandungen nicht als berechtigt anerkennt, die Entscheidung des Landgerichts herbeizuführen. [2]Die Aufforderung soll unterbleiben, wenn es sich um Kleinbeträge handelt, von deren Erstattung oder Nachforderung nach den für Gerichtskosten im Verkehr mit Privatpersonen getroffenen Bestimmungen abgesehen werden darf. [3]Die Dienstaufsichtsbehörde kann es darüber hinaus dem Notar im Einzelfall gestatten, von der Nachforderung eines Betrages bis zu 25 Euro abzusehen.

(2) Hat der Kostenschuldner die Entscheidung des Landgerichts gegen den Kostenansatz beantragt, kann die Aufsichtsbehörde, wenn sie den Kostenansatz für zu niedrig hält, den Notar anweisen, sich dem Antrag mit dem Ziel der Erhöhung des Kostenansatzes anzuschließen.

(3) Entscheidungen des Landgerichts und Beschwerdeentscheidungen des Oberlandesgerichts, gegen die die Rechtsbeschwerde zulässig ist, hat der Kostenbeamte des Landgerichts mit den Akten alsbald der Dienstaufsichtsbehörde des Notars zur Prüfung vorzulegen, ob der Notar angewiesen werden soll, Beschwerde oder Rechtsbeschwerde zu erheben.

Teil 2. Zusatzbestimmungen für die Bundesjustizverwaltung

[Einleitungssatz]

In Ergänzung zu den bundeseinheitlichen Bestimmungen der Kostenverfügung gemäß Teil 1 wird Folgendes angeordnet:

[Ausnahmen bei elektronischer Aktenführung; automatisierte Prozesse]

Werden auf Grundlage einer Verordnung Akten elektronisch geführt, kann insbesondere von § 2 Abs. 2, § 3 Abs. 2 bis 5, § 24 Abs. 9, § 29 Abs. 3 Satz 3, Abs. 12, 2. Halbsatz, § 32 Abs. 3 und den nachstehenden Zusatzbestimmungen zu den §§ 24 und 27 abgewichen werden, soweit die Vorschriften wegen der Besonderheiten der elektronischen Aktenführung nicht umsetzbar sind und eine ordnungsgemäße Durchführung der Kostengeschäfte gewährleistet bleibt. Darüber hinaus können Aufgaben des Kostenbeamten auch mittels automatisierter Prozesse durchgeführt werden.

Zu § 8 Abs. 4 Nr. 2

Ein besonderer Verwaltungsaufwand ist für die Inanspruchnahme eines Kostenschuldners mit Wohnsitz, Sitz oder Aufenthaltsort im Ausland insbesondere dann nicht anzunehmen, wenn sich der Wohnsitz, Sitz oder Aufenthaltsort in einem Mitgliedstaat der Europäischen Union befindet.

Zu § 24

1. Der Kostenbeamte vermerkt, was ihm über die Zahlungsfähigkeit, die Einkommens- und Vermögensverhältnisse eines Kostenschuldners sowie über sonstige Umstände (z. B. drohende Verjährung) bekannt ist, die für die Einziehungsmaßnahmen der Vollstreckungsbehörde von Bedeutung sein können. Falls die Vollstreckungsbehörde in derselben Angelegenheit bereits Kosten mit Sollstellung bei demselben Kostenschuldner angefordert hat, vermerkt der Kostenbeamte die früheren Sollstellungen. Die Vermerke sind zu unterstreichen.
2. Ist der Kostenschuldner im Hinblick auf die Höhe der Kostenschuld zur Zahlung innerhalb der regelmäßigen Zahlungsfrist offensichtlich nicht in der Lage, hat der Kostenbeamte durch den Vermerk „Stundungshinweis" die Aufnahme eines entsprechenden Hinweises in die Kostenanforderung sicherzustellen.

Zu § 25

1. Die den Kostenschuldner betreffenden Inhalte der Kostenrechnung im Sinne von § 25 Abs. 2 Satz 1 sind:
   a) die den Kostenschuldner betreffenden Kostenansätze und die Hinweise auf die angewendeten Vorschriften,
   b) bei Wertgebühren der der Berechnung zugrunde gelegte Wert,
   c) die Einzelbeträge und der Gesamtbetrag der Kosten, die von dem Kostenschuldner erhoben werden sollen,
   d) der Vermerk über die Ausübung des Zurückbehaltungsrechts,

e) der Vermerk über einen Vorbehalt nach § 24 Abs. 2 Satz 2 oder Abs. 5,
f) der Vermerk nach § 24 Abs. 2 Satz 5 über die Gründe der Inanspruchnahme des Zweitschuldners,
g) ggf. ein Stundungshinweis nach Nummer 2 der Zusatzbestimmungen zu § 24.

2. Der Vermerk, dass der Kostenschuldner die Zwangsvollstreckung in ein bestimmtes Vermögen zu dulden habe (§ 24 Abs. 2 Satz 1), ist gleichfalls in die Kostenanforderung zu übertragen. Die in der Kostenanforderung enthaltene Zahlungsaufforderung ist in diesen Fällen durch die Aufforderung zu ersetzen, die Zwangsvollstreckung in das betreffende Vermögen zu dulden; ist der Kostenschuldner zugleich zahlungspflichtig, so ist er sowohl zur Zahlung als auch zur Duldung aufzufordern.

Zu § 26 Abs. 1

Für den Inhalt der an den Zahlungspflichtigen zu übersendenden Kostenanforderung ohne Sollstellung gilt Nummer 1 der Zusatzbestimmungen zu § 25 entsprechend.

Zu § 27

1. Gibt die Vollstreckungsbehörde die Kostenrechnung zurück, weil der darin genannte Kostenschuldner nach ihrer Kenntnis zahlungsunfähig ist, hat der Kostenbeamte diese Beurteilung seiner weiteren Prüfung zugrunde zu legen, wenn ihm nicht Tatsachen bekannt sind, die der Auffassung der Vollstreckungsbehörde entgegenstehen, insbesondere Tatsachen, aus denen sich ergibt, dass der Kostenschuldner nur vorübergehend zahlungsunfähig ist. Schließt sich der Kostenbeamte der Auffassung der Vollstreckungsbehörde an, prüft er, ob weitere Kostenschuldner vorhanden sind, und stellt gegebenenfalls eine neue Kostenrechnung auf. Bleibt der Kostenbeamte dagegen bei der Auffassung, dass der ursprüngliche Kostenschuldner zahlungsfähig ist, gibt er die Kostenrechnung der Vollstreckungsbehörde mit einer kurzen Begründung seiner Auffassung zurück.
2. Nach Rückgabe der Kostenrechnungen durch die Vollstreckungsbehörde prüft die Geschäftsstelle, ob die Kostenrechnungen mit dem vorgeschriebenen Buchungsvermerk versehen sind. Kostenrechnungen, auf denen die Sollstellung in anderer Weise als vorgeschrieben (z. B. handschriftlich) bescheinigt ist, sind unverzüglich dem Behördenvorstand vorzulegen, der das Erforderliche zu veranlassen hat. Dies gilt nicht, wenn die Kostenrechnungen automationsgestützt erstellt werden.

Anhang II. Weitere kostenrechtliche Vorschriften

1. Bundesnotarordnung (BNotO)

In der Fassung der Bekanntmachung vom 24.2.1961, BGBl. I S. 98
FNA 303–1

zuletzt geändert durch Gesetz vom 30.10.2017, BGBl. I S. 3618

(Auszug)

§ 111f [Gebühren]

[1]In verwaltungsrechtlichen Notarsachen werden Gebühren nach dem Gebührenverzeichnis der Anlage zu diesem Gesetz erhoben. [2]Im Übrigen sind die für Kosten in Verfahren vor den Gerichten der Verwaltungsgerichtsbarkeit geltenden Vorschriften des Gerichtskostengesetzes entsprechend anzuwenden, soweit in diesem Gesetz nichts anderes bestimmt ist.

§ 111g [Streitwertfestsetzung]

(1) **[1]Der Streitwert bestimmt sich nach § 52 des Gerichtskostengesetzes. [2]Er wird von Amts wegen festgesetzt.**

(2) **[1]In Verfahren, die Klagen auf Bestellung zum Notar oder die Ernennung zum Notarassessor, die Amtsenthebung, die Entfernung aus dem Amt oder vom bisherigen Amtssitz oder die Entlassung aus dem Anwärterdienst betreffen, ist ein Streitwert von 50 000 Euro anzunehmen. [2]Unter Berücksichtigung der Umstände des Einzelfalls, insbesondere des Umfangs und der Bedeutung der Sache sowie der Vermögens- und Einkommensverhältnisse des Klägers, kann das Gericht einen höheren oder einen niedrigeren Wert festsetzen.**

(3) **Die Festsetzung ist unanfechtbar; § 63 Abs. 3 des Gerichtskostengesetzes bleibt unberührt.**

Das am 1. September 2009 in Kraft getretene Gesetz zur Modernisierung von Verfahren im anwaltlichen und notariellen Berufsrecht, zur Errichtung einer Schlichtungsstelle der Rechtsanwaltschaft sowie zur Änderung sonstiger Vorschriften vom 30.7.2009, BGBl. I S. 2449, hat zu wesentlichen Änderungen des gerichtlichen Verfahrens in **verwaltungsrechtlichen Notarsachen** (Legaldefinition in § 111 Abs. 1) geführt. Für alle verwaltungsrechtlichen Streitigkeiten ist der Zugang zum Oberlandesgericht eröffnet (§ 111 Abs. 1). Gegen die von ihm erlassenen Entscheidungen ist nach Maßgabe des § 111 d die Berufung (!) zum Bundesgerichtshof 1 statthaft. Im gerichtlichen Verfahren gilt grundsätzlich die Verwaltungsgerichtsordnung (§ 111b). Übergangsbestimmungen enthält § 118.

2 Für die Kosten des gerichtlichen Verfahrens in verwaltungsrechtlichen Notarsachen gilt das Gebührenverzeichnis. Die Regelungen entsprechen weitgehend den – im Übrigen entsprechend anzuwendenden (§ 111f Satz 2) – Bestimmungen des Gerichtskostengesetzes für Verfahren vor den Gerichten der Verwaltungsgerichtsbarkeit. Die Verweisung auf § 63 Abs. 3 bedeutet, dass das Gericht den Streitwert unter den dort genannten Voraussetzungen ändern kann.

Anlage
(zu § 111f BNotO Satz 1)

Gebührenverzeichnis

Nr.	Gebührentatbestand	Gebührenbetrag oder Satz der Gebühr nach § 34 GKG
Abschnitt 1. Erster Rechtszug		
Unterabschnitt 1. Oberlandesgericht		
110	**Verfahren im Allgemeinen**	**4,0**
111	**Beendigung des gesamten Verfahrens durch** **1. Zurücknahme der Klage** **a) vor dem Schluss der mündlichen Verhandlung,** **b) wenn eine solche nicht stattfindet, vor Ablauf des Tages, an dem das Urteil, der Gerichtsbescheid oder der Beschluss in der Hauptsache der Geschäftsstelle übermittelt wird,** **c) im Fall des § 111b Abs. 1 Satz 1 der Bundesnotarordnung i. V. m. § 93a Abs. 2 VwGO vor Ablauf der Erklärungsfrist nach § 93a Abs. 2 Satz 1 VwGO,** **2. Anerkenntnis- oder Verzichtsurteil,** **3. gerichtlichen Vergleich oder** **4. Erledigungserklärungen nach § 111b Abs. 1 Satz 1 der Bundesnotarordnung i. V. m. § 161 Abs. 2 VwGO, wenn keine Entscheidung über die Kosten ergeht oder die Entscheidung einer zuvor mitgeteilten Einigung der Beteiligten über die Kostentragung oder der Kostenübernahmeerklärung eines Beteiligten folgt,** **es sei denn, dass bereits ein anderes als eines der in Nummer 2 genannten Urteile, ein Ge-**	

Nr.	Gebührentatbestand	Gebührenbetrag oder Satz der Gebühr nach § 34 GKG
	richtsbescheid oder Beschluss in der Hauptsache vorausgegangen ist:	
	Die Gebühr 110 ermäßigt sich auf.	2,0
	Die Gebühr ermäßigt sich auch, wenn mehrere Ermäßigungstatbestände erfüllt sind.	

Unterabschnitt 2. Bundesgerichtshof

Nr.	Gebührentatbestand	Gebührenbetrag oder Satz der Gebühr nach § 34 GKG
120	Verfahren im Allgemeinen	5,0
121	Beendigung des gesamten Verfahrens durch 1. Zurücknahme der Klage a) vor dem Schluss der mündlichen Verhandlung, b) wenn eine solche nicht stattfindet, vor Ablauf des Tages, an dem das Urteil oder der Gerichtsbescheid der Geschäftsstelle übermittelt wird, c) im Fall des § 111b Abs. 1 Satz 1 der Bundesnotarordnung i. V. m. § 93a Abs. 2 VwGO vor Ablauf der Erklärungsfrist nach § 93a Abs. 2 Satz 1 VwGO, 2. Anerkenntnis- oder Verzichtsurteil, 3. gerichtlichen Vergleich oder 4. Erledigungserklärungen nach § 111b Abs. 1 Satz 1 der Bundesnotarordnung i. V. m. § 161 Abs. 2 VwGO, wenn keine Entscheidung über die Kosten ergeht oder die Entscheidung einer zuvor mitgeteilten Einigung der Beteiligten über die Kostentragung oder der Kostenübernahmeerklärung eines Beteiligten folgt, es sei denn, dass bereits ein anderes als eines der in Nummer 2 genannten Urteile, ein Gerichtsbescheid oder Beschluss in der Hauptsache vorausgegangen ist:	
	Die Gebühr 120 ermäßigt sich auf.	3,0
	Die Gebühr ermäßigt sich auch, wenn mehrere Ermäßigungstatbestände erfüllt sind.	

Abschnitt 2. Zulassung und Durchführung der Berufung

Nr.	Gebührentatbestand	Gebührenbetrag oder Satz der Gebühr nach § 34 GKG
200	Verfahren über die Zulassung der Berufung:	
	Soweit der Antrag abgelehnt wird	1,0
201	Verfahren über die Zulassung der Berufung:	

Nr.	Gebührentatbestand	Gebührenbetrag oder Satz der Gebühr nach § 34 GKG
	Soweit der Antrag zurückgenommen oder das Verfahren durch anderweitige Erledigung beendet wird	0,5
	Die Gebühr entsteht nicht, soweit die Berufung zugelassen wird.	
202	Verfahren im Allgemeinen	5,0
203	Beendigung des gesamten Verfahrens durch Zurücknahme der Berufung oder der Klage, bevor die Schrift zur Begründung der Berufung bei Gericht eingegangen ist:	
	Die Gebühr 202 ermäßigt sich auf.	1,0
	Erledigungserklärungen nach § 111b Abs. 1 Satz 1 der Bundesnotarordnung i. V. m. § 161 Abs. 2 VwGO stehen der Zurücknahme gleich, wenn keine Entscheidung über die Kosten ergeht oder die Entscheidung einer zuvor mitgeteilten Einigung der Beteiligten über die Kostentragung oder der Kostenübernahmeerklärung eines Beteiligten folgt.	
204	Beendigung des gesamten Verfahrens, wenn nicht Nummer 203 erfüllt ist, durch 1. Zurücknahme der Berufung oder der Klage a) vor dem Schluss der mündlichen Verhandlung, b) wenn eine solche nicht stattfindet, vor Ablauf des Tages, an dem das Urteil oder der Beschluss in der Hauptsache der Geschäftsstelle übermittelt wird, oder c) im Fall des § 111b Abs. 1 Satz 1 der Bundesnotarordnung i. V. m. § 93a Abs. 2 VwGO vor Ablauf der Erklärungsfrist nach § 93a Abs. 2 Satz 1 VwGO, 2. Anerkenntnis- oder Verzichtsurteil, 3. gerichtlichen Vergleich oder 4. Erledigungserklärungen nach § 111b Abs. 1 Satz 1 der Bundesnotarordnung i. V. m. § 161 Abs. 2 VwGO, wenn keine Entscheidung über die Kosten ergeht oder die Entscheidung einer zuvor mitgeteilten Einigung der Beteiligten über die Kostentragung oder der Kostenübernahmeerklärung eines Beteiligten folgt, es sei denn, dass bereits ein anderes als eines der in Nummer 2 genannten Urteile oder ein	

Nr.	Gebührentatbestand	Gebührenbetrag oder Satz der Gebühr nach § 34 GKG
	Beschluss in der Hauptsache vorausgegangen ist:	
	Die Gebühr 202 ermäßigt sich auf	**3,0**
	Die Gebühr ermäßigt sich auch, wenn mehrere Ermäßigungstatbestände erfüllt sind.	

Abschnitt 3. Vorläufiger Rechtsschutz

Vorbemerkung 3:

(1) Die Vorschriften dieses Abschnitts gelten für einstweilige Anordnungen und für Verfahren nach § 111b Abs. 1 Satz 1 der Bundesnotarordnung i. V. m. § 80 Abs. 5 und § 80a Abs. 3 VwGO.

(2) Im Verfahren über den Antrag auf Erlass und im Verfahren über den Antrag auf Aufhebung einer einstweiligen Anordnung werden die Gebühren jeweils gesondert erhoben. Mehrere Verfahren nach § 111b Abs. 1 Satz 1 der Bundesnotarordnung i. V. m. § 80 Abs. 5 und 7 und § 80a Abs. 3 VwGO gelten innerhalb eines Rechtszugs als ein Verfahren.

Unterabschnitt 1. Oberlandesgericht

310	**Verfahren im Allgemeinen**	**2,0**
311	**Beendigung des gesamten Verfahrens durch** **1. Zurücknahme des Antrags** **a) vor dem Schluss der mündlichen Verhandlung oder,** **b) wenn eine solche nicht stattfindet, vor Ablauf des Tages, an dem der Beschluss der Geschäftsstelle übermittelt wird,** **2. gerichtlichen Vergleich oder** **3. Erledigungserklärungen nach § 111b Abs. 1 Satz 1 der Bundesnotarordnung i. V. m. § 161 Abs. 2 VwGO, wenn keine Entscheidung über die Kosten ergeht oder die Entscheidung einer zuvor mitgeteilten Einigung der Beteiligten über die Kostentragung oder der Kostenübernahmeerklärung eines Beteiligten folgt,** **es sei denn, dass bereits ein Beschluss über den Antrag vorausgegangen ist:**	
	Die Gebühr 310 ermäßigt sich auf	**0,75**
	Die Gebühr ermäßigt sich auch, wenn mehrere Ermäßigungstatbestände erfüllt sind.	

Nr.	Gebührentatbestand	Gebührenbetrag oder Satz der Gebühr nach § 34 GKG
Unterabschnitt 2. Bundesgerichtshof als Rechtsmittelgericht in der Hauptsache		
320	Verfahren im Allgemeinen	1,5
321	Beendigung des gesamten Verfahrens durch 1. Zurücknahme des Antrags a) vor dem Schluss der mündlichen Verhandlung oder, b) wenn eine solche nicht stattfindet, vor Ablauf des Tages, an dem der Beschluss der Geschäftsstelle übermittelt wird, 2. gerichtlichen Vergleich oder 3. Erledigungserklärungen nach § 111b Abs. 1 Satz 1 der Bundesnotarordnung i. V. m. § 161 Abs. 2 VwGO, wenn keine Entscheidung über die Kosten ergeht oder die Entscheidung einer zuvor mitgeteilten Einigung der Beteiligten über die Kostentragung oder der Kostenübernahmeerklärung eines Beteiligten folgt, es sei denn, dass bereits ein ein Beschluss über den Antrag vorausgegangen ist: Die Gebühr 320 ermäßigt sich auf	0,5
	Die Gebühr ermäßigt sich auch, wenn mehrere Ermäßigungstatbestände erfüllt sind.	
Unterabschnitt 3. Bundesgerichtshof		
Vorbemerkung 3.3: Die Vorschriften dieses Unterabschnitts gelten, wenn der Bundesgerichtshof auch in der Hauptsache erstinstanzlich zuständig ist.		
330	Verfahren im Allgemeinen	2,5
331	Beendigung des gesamten Verfahrens durch 1. Zurücknahme des Antrags a) vor dem Schluss der mündlichen Verhandlung oder, b) wenn eine solche nicht stattfindet, vor Ablauf des Tages, an dem der Beschluss der Geschäftsstelle übermittelt wird, 2. gerichtlichen Vergleich oder 3. Erledigungserklärungen nach § 111b Abs. 1 Satz 1 der Bundesnotarordnung i. V. m. § 161 Abs. 2 VwGO, wenn keine Entscheidung über die Kosten ergeht oder die Entscheidung einer zuvor mitgeteilten Einigung der Beteiligten über die Kosten-	

Nr.	Gebührentatbestand	Gebührenbetrag oder Satz der Gebühr nach § 34 GKG
	tragung oder der Kostenübernahme-erklärung eines Beteiligten folgt, es sei denn, dass bereits ein Beschluss über den Antrag vorausgegangen ist: Die Gebühr 330 ermäßigt sich auf.	1,0
	Die Gebühr ermäßigt sich auch, wenn mehrere Ermäßigungstatbestände erfüllt sind.	

Abschnitt 4. Rüge wegen Verletzung des Anspruchs auf rechtliches Gehör

400	Verfahren über die Rüge wegen Verletzung des Anspruchs auf rechtliches Gehör: Die Rüge wird in vollem Umfang verworfen oder zurückgewiesen	50,00 EUR

2. Bundesrechtsanwaltsordnung (BRAO)

Vom 1.8.1959, BGBl. I S. 565

FNA 303-8

zuletzt geändert durch Gesetz vom 30.10.2017, BGBl. I S. 3618

(Auszug)

§ 193 Gerichtskosten

[1]In verwaltungsrechtlichen Anwaltssachen werden Gebühren nach dem Gebührenverzeichnis der Anlage zu diesem Gesetz erhoben. [2]Im Übrigen sind die für Kosten in Verfahren vor den Gerichten der Verwaltungsgerichtsbarkeit geltenden Vorschriften des Gerichtskostengesetzes entsprechend anzuwenden, soweit in diesem Abschnitt nichts anderes bestimmt ist.

§ 194 Streitwert

(1) [1]Der Streitwert bestimmt sich nach § 52 des Gerichtskostengesetzes. [2]Er wird von Amts wegen festgesetzt.

(2) [1]In Verfahren, die Klagen auf Zulassung zur Rechtsanwaltschaft oder deren Rücknahme oder Widerruf betreffen, ist ein Streitwert von 50 000 Euro anzunehmen. [2]Unter Berücksichtigung der Umstände des Einzelfalls, insbesondere des Umfangs und der Bedeutung der Sache sowie der Vermögens- und Einkommensverhältnisse des Klägers, kann das Gericht einen höheren oder einen niedrigeren Wert festsetzen.

(3) Die Festsetzung ist unanfechtbar; § 63 Abs. 3 des Gerichtskostengesetzes bleibt unberührt.

§ 195 Gerichtskosten

[1]Im anwaltsgerichtlichen Verfahren, im Verfahren über den Antrag auf Entscheidung des Anwaltsgerichts über die Rüge (§ 74a Abs. 1) und im Verfahren über den Antrag auf Entscheidung des Anwaltsgerichtshofs gegen die Androhung oder die Festsetzung eines Zwangsgelds (§ 57 Abs. 3) werden Gebühren nach dem Gebührenverzeichnis der Anlage zu diesem Gesetz erhoben. [2]Im Übrigen sind die für Kosten in Strafsachen geltenden Vorschriften des Gerichtskostengesetzes entsprechend anzuwenden.

I. Kosten in dem anwaltsgerichtlichen Verfahren und in dem Verfahren bei Anträgen auf anwaltsgerichtliche Entscheidung gegen die Androhung oder die Festsetzung des Zwangsgeldes oder über die Rüge

Durch das 2. JuMoG vom 22.12.2006, BGBl. I S. 3416, wurden mit Wirkung vom 31.12.2006 für das **anwaltsgerichtliche Verfahren,** für Verfahren über den Antrag auf Entscheidung des Anwaltsgerichts über die Rüge (§ 74a Abs. 1) und für das Verfahren über den Antrag auf Entscheidung des Anwaltsgerichtshofs gegen die Androhung oder die Festsetzung eines Zwangsgelds (§ 57 Abs. 3) **erstmals Gerichtsgebühren eingeführt** (zu den Gründen vgl. BT-Drs. 16/3038, 28). Zu diesem Zweck wurde § 195 BRAO geändert und es wurde dem Gesetz eine Anlage, der jetzige Teil 1 des Kostenverzeichnisses, angefügt. 1

Die Gebührenregelungen für das anwaltsgerichtliche Verfahren orientieren sich an den für Kosten in Strafsachen geltenden Vorschriften des Gerichtskostengesetzes, die im Übrigen entsprechend anzuwenden sind (§ 195 Satz 2). Denn auch für das Verfahren selbst sind die Vorschriften der Strafprozessordnung ergänzend sinngemäß anzuwenden (§ 116 Satz 2). Im anwaltsgerichtlichen Verfahren werden Gebühren also nur bei rechtskräftiger Verhängung einer Maßnahme erhoben. Die Höhe der Gebühren bemisst sich für alle Rechtszüge nach der rechtskräftig verhängten Maßnahme (Vorbemerkung 1 Abs. 1). Für Verfahren über einen Antrag auf anwaltsgerichtliche Entscheidung über die Androhung oder die Festsetzung eines Zwangsgelds oder über die Rüge sieht das Gesetz ebenfalls Festgebühren vor. Wie im Strafverfahren werden die Kosten erst mit der Rechtskraft der Entscheidung fällig. 2

Die Kosten in Verfahren vor dem Anwaltsgericht fließen den jeweiligen Rechtsanwaltskammern zu (§ 205 Abs. 1 iVm § 204 Abs. 3 Satz 2), da diese die personellen und finanziellen Lasten für die Einrichtung und Unterhaltung der Anwaltsgerichte zu tragen haben. 3

II. Kosten in gerichtlichen Verfahren in verwaltungsrechtlichen Anwaltssachen

Das am 1. September 2009 in Kraft getretene Gesetz zur Modernisierung von Verfahren im anwaltlichen und notariellen Berufsrecht, zur Errichtung einer Schlichtungsstelle der Rechtsanwaltschaft sowie zur Änderung sonstiger Vorschriften vom 30.7.2009, BGBl. I S. 2449, hat zu wesentlichen Änderungen des gerichtlichen Verfahrens in **verwaltungsrechtlichen Anwaltssachen** (Legaldefinition in § 112a Abs. 1) geführt. Für alle verwaltungsrechtlichen Streitigkeiten im anwaltlichen Berufsrecht ist der Zugang zum Anwaltsgerichtshof eröffnet (§ 112a Abs. 1). Gegen die von ihm erlassenen Entscheidungen ist nach Maßgabe des § 112e die Berufung zum Bundesgerichtshof statthaft. Im gerichtlichen Verfahren gilt grundsätzlich die Verwaltungsgerichtsordnung. Übergangsbestimmungen enthält § 215. 4

Für die Kosten des gerichtlichen Verfahrens in verwaltungsrechtlichen Anwaltssachen gilt Teil 2 des Gebührenverzeichnisses. Die Regelungen entsprechen weitgehend den – im Übrigen entsprechend anzuwendenden (§ 193 Satz 2) – Bestim- 5 mungen des Gerichtskostengesetzes für Verfahren vor den Gerichten der Verwaltungsgerichtsbarkeit, wobei der Anwaltsgerichtshof einem Oberverwaltungsgericht gleichsteht (vgl. § 112c Abs. 1 Satz 2 BRAO).

Anlage
(zu § 193 Satz 1 und § 195 Satz 1 BRAO)

Gebührenverzeichnis

Teil 1. Anwaltsgerichtliche Verfahren

Nr.	Gebührentatbestand	Gebührenbetrag oder Satz der jeweiligen Gebühr 1110 bis 1112

Vorbemerkung 1:

(1) Im anwaltsgerichtlichen Verfahren bemessen sich die Gerichtsgebühren vorbehaltlich des Absatzes 2 für alle Rechtszüge nach der rechtskräftig verhängten Maßnahme.

(2) Wird ein Rechtsmittel oder ein Antrag auf anwaltsgerichtliche Entscheidung nur teilweise verworfen oder zurückgewiesen, so hat das Gericht die Gebühr zu ermäßigen, soweit es unbillig wäre, den Rechtsanwalt damit zu belasten.

(3) Im Verfahren nach Wiederaufnahme werden die gleichen Gebühren wie für das wiederaufgenommene Verfahren erhoben. Wird jedoch nach Anordnung der Wiederaufnahme des Verfahrens das frühere Urteil aufgehoben, gilt für die Gebührenerhebung jeder Rechtszug des neuen Verfahrens mit dem jeweiligen Rechtszug des früheren Verfahrens zusammen als ein Rechtszug. Gebühren werden auch für Rechtszüge erhoben, die nur im früheren Verfahren stattgefunden haben.

Abschnitt 1. Verfahren vor dem Anwaltsgericht

Unterabschnitt 1. Anwaltsgerichtliches Verfahren erster Instanz

1110	**Verfahren mit Urteil bei Verhängung einer oder mehrerer der folgenden Maßnahmen:** **1. einer Warnung,** **2. eines Verweises,** **3. einer Geldbuße**	**240,00 EUR**
1111	**Verfahren mit Urteil bei Verhängung eines Vertretungs- und Beistandsverbots nach § 114 Abs. 1 Nr. 4 der Bundesrechtsanwaltsordnung**	**360,00 EUR**
1112	**Verfahren mit Urteil bei Ausschließung aus der Rechtsanwaltschaft**	**480,00 EUR**

Unterabschnitt 2. Antrag auf gerichtliche Entscheidung über die Rüge

1120	**Verfahren über den Antrag auf gerichtliche Entscheidung über die Rüge nach § 74a Abs. 1 der Bundesrechtsanwaltsordnung:** **Der Antrag wird verworfen oder zurückgewiesen**	**160,00 EUR**

Nr.	Gebührentatbestand	Gebührenbetrag oder Satz der jeweiligen Gebühr 1110 bis 1112
Abschnitt 2. Verfahren vor dem Anwaltsgerichtshof		
Unterabschnitt 1. Berufung		
1210	Berufungsverfahren mit Urteil	1,5
1211	Erledigung des Berufungsverfahrens ohne Urteil. . . . . Die Gebühr entfällt bei Zurücknahme der Berufung vor Ablauf der Begründungsfrist.	0,5
Unterabschnitt 2. Beschwerde		
1220	Verfahren über Beschwerden im anwaltsgerichtlichen Verfahren, die nicht nach anderen Vorschriften gebührenfrei sind: Die Beschwerde wird verworfen oder zurückgewiesen . . . . Von dem Rechtsanwalt wird eine Gebühr nur erhoben, wenn gegen ihn rechtskräftig eine anwaltsgerichtliche Maßnahme verhängt worden ist.	50,00 EUR
Unterabschnitt 3. Antrag auf gerichtliche Entscheidung über die Androhung oder die Festsetzung eines Zwangsgelds		
1230	Verfahren über den Antrag auf gerichtliche Entscheidung über die Androhung oder die Festsetzung eines Zwangsgelds nach § 57 Abs. 3 der Bundesrechtsanwaltsordnung: Der Antrag wird verworfen oder zurückgewiesen	200,00 EUR
Abschnitt 3. Verfahren vor dem Bundesgerichtshof		
Unterabschnitt 1. Revision		
1310	Revisionsverfahren mit Urteil oder mit Beschluss nach § 146 Abs. 3 Satz 1 der Bundesrechtsanwaltsordnung i. V. m. § 349 Abs. 2 oder Abs. 4 StPO	2,0
1311	Erledigung des Revisionsverfahrens ohne Urteil und ohne Beschluss nach § 146 Abs. 3 Satz 1 der Bundesrechtsanwaltsordnung i. V. m. § 349 Abs. 2 oder Abs. 4 StPO . . . . . . Die Gebühr entfällt bei Zurücknahme der Revision vor Ablauf der Begründungsfrist.	1,0

Nr.	Gebührentatbestand	Gebührenbetrag oder Satz der jeweiligen Gebühr 1110 bis 1112
Unterabschnitt 2. Beschwerde		
1320	Verfahren über die Beschwerde gegen die Nichtzulassung der Revision: Die Beschwerde wird verworfen oder zurückgewiesen	1,0
1321	Verfahren über sonstige Beschwerden im anwaltsgerichtlichen Verfahren, die nicht nach anderen Vorschriften gebührenfrei sind: Die Beschwerde wird verworfen oder zurückgewiesen . . . . Von dem Rechtsanwalt wird eine Gebühr nur erhoben, wenn gegen ihn rechtskräftig eine anwaltsgerichtliche Maßnahme verhängt worden ist.	50,00 EUR
Unterabschnitt 3. Verfahren wegen eines bei dem Bundesgerichtshof zugelassenen Rechtsanwalts		
1330	Anwaltsgerichtliches Verfahren mit Urteil bei Verhängung einer Maßnahme	1,5
1331	Verfahren über den Antrag auf gerichtliche Entscheidung über die Androhung oder die Festsetzung eines Zwangsgelds nach § 57 Abs. 3 i. V. m. § 163 Satz 2 der Bundesrechtsanwaltsordnung: Der Antrag wird verworfen oder zurückgewiesen	240,00 EUR
1332	Verfahren über den Antrag auf gerichtliche Entscheidung über die Rüge nach § 74a Abs. 1 i. V. m. § 163 Satz 2 der Bundesrechtsanwaltsordnung: Der Antrag wird verworfen oder zurückgewiesen	240,00 EUR
Abschnitt 4. Rüge wegen Verletzung des Anspruchs auf rechtliches Gehör		
1400	Verfahren über die Rüge wegen Verletzung des Anspruchs auf rechtliches Gehör: Die Rüge wird in vollem Umfang verworfen oder zurückgewiesen	50,00 EUR

Teil 2. Gerichtliche Verfahren in verwaltungsrechtlichen Anwaltssachen

Nr.	Gebührentatbestand	Gebührenbetrag oder Satz der Gebühr nach § 34 GKG
Abschnitt 1. Erster Rechtszug		
Unterabschnitt 1. Anwaltsgerichtshof		
2110	Verfahren im Allgemeinen	4,0
2111	Beendigung des gesamten Verfahrens durch 1. Zurücknahme der Klage a) vor dem Schluss der mündlichen Verhandlung, b) wenn eine solche nicht stattfindet, vor Ablauf des Tages, an dem das Urteil, der Gerichtsbescheid oder der Beschluss in der Hauptsache der Geschäftsstelle übermittelt wird, c) im Fall des § 112c Abs. 1 Satz 1 der Bundesrechtsanwaltsordnung i. V. m. § 93a Abs. 2 VwGO vor Ablauf der Erklärungsfrist nach § 93a Abs. 2 Satz 1 VwGO, 2. Anerkenntnis- oder Verzichtsurteil, 3. gerichtlichen Vergleich oder 4. Erledigungserklärungen nach § 112c Abs. 1 Satz 1 der Bundesrechtsanwaltsordnung i. V. m. § 161 Abs. 2 VwGO, wenn keine Entscheidung über die Kosten ergeht oder die Entscheidung einer zuvor mitgeteilten Einigung der Beteiligten über die Kostentragung oder der Kostenübernahmeerklärung eines Beteiligten folgt, es sei denn, dass bereits ein anderes als eines der in Nummer 2 genannten Urteile, ein Gerichtsbescheid oder Beschluss in der Hauptsache vorausgegangen ist: Die Gebühr 2110 ermäßigt sich auf . . . . Die Gebühr ermäßigt sich auch, wenn mehrere Ermäßigungstatbestände erfüllt sind.	2,0
Unterabschnitt 2. Bundesgerichtshof		
2120	Verfahren im Allgemeinen	5,0
2121	Beendigung des gesamten Verfahrens durch 1. Zurücknahme der Klage a) vor dem Schluss der mündlichen Verhandlung,	

Nr.	Gebührentatbestand	Gebührenbetrag oder Satz der Gebühr nach § 34 GKG
	b) wenn eine solche nicht stattfindet, vor Ablauf des Tages, an dem das Urteil oder der Gerichtsbescheid der Geschäftsstelle übermittelt wird, c) im Fall des § 112c Abs. 1 Satz 1 der Bundesrechtsanwaltsordnung i. V. m. § 93a Abs. 2 VwGO vor Ablauf der Erklärungsfrist nach § 93a Abs. 2 Satz 1 VwGO, 2. Anerkenntnis- oder Verzichtsurteil, 3. gerichtlichen Vergleich oder 4. Erledigungserklärungen nach § 112c Abs. 1 Satz 1 der Bundesrechtsanwaltsordnung i. V. m. § 161 Abs. 2 VwGO, wenn keine Entscheidung über die Kosten ergeht oder die Entscheidung einer zuvor mitgeteilten Einigung der Beteiligten über die Kostentragung oder der Kostenübernahmeerklärung eines Beteiligten folgt, es sei denn, dass bereits ein anderes als eines der in Nummer 2 genannten Urteile, ein Gerichtsbescheid oder Beschluss in der Hauptsache vorausgegangen ist: Die Gebühr 2120 ermäßigt sich auf	3,0
	Die Gebühr ermäßigt sich auch, wenn mehrere Ermäßigungstatbestände erfüllt sind.	
Abschnitt 2. Zulassung und Durchführung der Berufung		
2200	Verfahren über die Zulassung der Berufung: Soweit der Antrag abgelehnt wird	1,0
2201	Verfahren über die Zulassung der Berufung: Soweit der Antrag zurückgenommen oder das Verfahren durch anderweitige Erledigung beendet wird	0,5
	Die Gebühr entsteht nicht, soweit die Berufung zugelassen wird.	
2202	Verfahren im Allgemeinen	5,0
2203	Beendigung des gesamten Verfahrens durch Zurücknahme der Berufung oder der Klage, bevor die Schrift zur Begründung der Berufung bei Gericht eingegangen ist: Die Gebühr 2202 ermäßigt sich auf	1,0

Nr.	Gebührentatbestand	Gebührenbetrag oder Satz der Gebühr nach § 34 GKG
	Erledigungserklärungen nach § 112c Abs. 1 Satz 1 der Bundesrechtsanwaltsordnung i. V. m. § 161 Abs. 2 VwGO stehen der Zurücknahme gleich, wenn keine Entscheidung über die Kosten ergeht oder die Entscheidung einer zuvor mitgeteilten Einigung der Beteiligten über die Kostentragung oder der Kostenübernahmeerklärung eines Beteiligten folgt.	
2204	Beendigung des gesamten Verfahrens, wenn nicht Nummer 2203 erfüllt ist, durch 1. Zurücknahme der Berufung oder der Klage a) vor dem Schluss der mündlichen Verhandlung, b) wenn eine solche nicht stattfindet, vor Ablauf des Tages, an dem das Urteil oder der Beschluss in der Hauptsache der Geschäftsstelle übermittelt wird, oder c) im Fall des § 112c Abs. 1 Satz 1 der Bundesrechtsanwaltsordnung i. V. m. § 93a Abs. 2 VwGO vor Ablauf der Erklärungsfrist nach § 93a Abs. 2 Satz 1 VwGO, 2. Anerkenntnis- oder Verzichtsurteil, 3. gerichtlichen Vergleich oder 4. Erledigungserklärungen nach § 112c Abs. 1 Satz 1 der Bundesrechtsanwaltsordnung i. V. m. § 161 Abs. 2 VwGO, wenn keine Entscheidung über die Kosten ergeht oder die Entscheidung einer zuvor mitgeteilten Einigung der Beteiligten über die Kostentragung oder der Kostenübernahmeerklärung eines Beteiligten folgt, es sei denn, dass bereits ein anderes als eines der in Nummer 2 genannten Urteile oder ein Beschluss in der Hauptsache vorausgegangen ist: Die Gebühr 2202 ermäßigt sich auf	3,0
	Die Gebühr ermäßigt sich auch, wenn mehrere Ermäßigungstatbestände erfüllt sind.	

Abschnitt 3. Vorläufiger Rechtsschutz

Vorbemerkung 2.3:

(1) Die Vorschriften dieses Abschnitts gelten für einstweilige Anordnungen und für Verfahren nach § 112c Abs. 1 Satz 1 der Bundesrechtsanwaltsordnung i. V. m. § 80 Abs. 5 und § 80a Abs. 3 VwGO.

(2) Im Verfahren über den Antrag auf Erlass und im Verfahren über den Antrag auf Aufhebung einer einstweiligen Anordnung werden die Gebühren jeweils gesondert

Nr.	Gebührentatbestand	Gebührenbetrag oder Satz der Gebühr nach § 34 GKG

erhoben. Mehrere Verfahren nach § 112c Abs. 1 Satz 1 der Bundesrechtsanwaltsordnung i. V. m. § 80 Abs. 5 und 7 und § 80a Abs. 3 VwGO gelten innerhalb eines Rechtszugs als ein Verfahren.

Unterabschnitt 1. Anwaltsgerichtshof

2310	Verfahren im Allgemeinen	2,0
2311	Beendigung des gesamten Verfahrens durch 1. Zurücknahme des Antrags a) vor dem Schluss der mündlichen Verhandlung oder, b) wenn eine solche nicht stattfindet, vor Ablauf des Tages, an dem der Beschluss der Geschäftsstelle übermittelt wird, 2. gerichtlichen Vergleich oder 3. Erledigungserklärungen nach § 112c Abs. 1 Satz 1 der Bundesrechtsanwaltsordnung i. V. m. § 161 Abs. 2 VwGO, wenn keine Entscheidung über die Kosten ergeht oder die Entscheidung einer zuvor mitgeteilten Einigung der Beteiligten über die Kostentragung oder der Kostenübernahmeerklärung eines Beteiligten folgt, es sei denn, dass bereits ein Beschluss über den Antrag vorausgegangen ist: Die Gebühr 2310 ermäßigt sich auf . . . . Die Gebühr ermäßigt sich auch, wenn mehrere Ermäßigungstatbestände erfüllt sind.	0,75

Unterabschnitt 2. Bundesgerichtshof als Rechtsmittelgericht in der Hauptsache

2320	Verfahren im Allgemeinen	1,5
2321	Beendigung des gesamten Verfahrens durch 1. Zurücknahme des Antrags a) vor dem Schluss der mündlichen Verhandlung oder, b) wenn eine solche nicht stattfindet, vor Ablauf des Tages, an dem der Beschluss der Geschäftsstelle übermittelt wird, 2. gerichtlichen Vergleich oder 3. Erledigungserklärungen nach § 112c Abs. 1 Satz 1 der Bundesrechtsanwaltsordnung i. V. m. § 161 Abs. 2 VwGO, wenn keine Entscheidung über die Kosten ergeht oder die Entscheidung einer zuvor mitgeteilten Einigung der Beteiligten über die Kosten-	

Nr.	Gebührentatbestand	Gebührenbetrag oder Satz der Gebühr nach § 34 GKG
	tragung oder der Kostenübernahmeerklärung eines Beteiligten folgt, es sei denn, dass bereits ein Beschluss über den Antrag vorausgegangen ist: Die Gebühr 2320 ermäßigt sich auf . . . . Die Gebühr ermäßigt sich auch, wenn mehrere Ermäßigungstatbestände erfüllt sind.	0,5

Unterabschnitt 3. Bundesgerichtshof

Vorbemerkung 2.3.3:

Die Vorschriften dieses Unterabschnitts gelten, wenn der Bundesgerichtshof auch in der Hauptsache erstinstanzlich zuständig ist.

2330	Verfahren im Allgemeinen	2,5
2331	Beendigung des gesamten Verfahrens durch 1. Zurücknahme des Antrags a) vor dem Schluss der mündlichen Verhandlung oder, b) wenn eine solche nicht stattfindet, vor Ablauf des Tages, an dem der Beschluss der Geschäftsstelle übermittelt wird, 2. gerichtlichen Vergleich oder 3. Erledigungserklärungen nach § 112c Abs. 1 Satz 1 der Bundesrechtsanwaltsordnung i. V. m. § 161 Abs. 2 VwGO, wenn keine Entscheidung über die Kosten ergeht oder die Entscheidung einer zuvor mitgeteilten Einigung der Beteiligten über die Kostentragung oder der Kostenübernahmeerklärung eines Beteiligten folgt, es sei denn, dass bereits ein Beschluss über den Antrag vorausgegangen ist: Die Gebühr 2330 ermäßigt sich auf . . . . Die Gebühr ermäßigt sich auch, wenn mehrere Ermäßigungstatbestände erfüllt sind.	1,0

Abschnitt 4. Rüge wegen Verletzung des Anspruchs auf rechtliches Gehör

2400	Verfahren über die Rüge wegen Verletzung des Anspruchs auf rechtliches Gehör: Die Rüge wird in vollem Umfang verworfen oder zurückgewiesen	50,00 EUR

3. Einforderungs- und Beitreibungsanordnung (EBAO)

Vom 1.8.2011, BAnz. Nr. 112a S. 1, 22

Abschnitt 1. Allgemeine Bestimmungen

§ 1 Grundsatz

(1) **Die Einforderung und Beitreibung von**

1. **Geldstrafen und anderen Ansprüchen, deren Beitreibung sich nach den Vorschriften über die Vollstreckung von Geldstrafen richtet,**
2. **gerichtlich erkannten Geldbußen und Nebenfolgen einer Ordnungswidrigkeit, die zu einer Geldzahlung verpflichten oder**
3. **Ordnungs- und Zwangsgeldern mit Ausnahme der im Auftrag des Gläubigers zu vollstreckenden Zwangsgelder**

(Geldbeträge) richtet sich, soweit gesetzlich nicht anders bestimmt ist, nach der Justizbeitreibungsordnung (JBeitrO)[1] **und nach dieser Anordnung.**

(2) **Gleichzeitig mit einem Geldbetrag (Absatz 1) sind auch die Kosten des Verfahrens einzufordern und beizutreiben, sofern nicht die Verbindung von Geldbetrag und Kosten gelöst wird (§ 15).**

(3) **Bei gleichzeitiger Einforderung und Beitreibung von Geldbetrag und Kosten gelten die Vorschriften dieser Anordnung auch für die Kosten.**

(4) **[1]Die Einforderung und Beitreibung von Geldbeträgen ist Aufgabe der Vollstreckungsbehörde (§ 2). [2]Ihr obliegt auch die Einforderung und Beitreibung der Kosten des Verfahrens, soweit und solange die Verbindung von Geldbetrag und Kosten besteht. [3]Die Vollstreckungsbehörde beachtet hierbei die Bestimmungen der §§ 3 bis 14.**

(5) **Wird die Verbindung von Geldbetrag und Kosten gelöst, so werden die Kosten nach den Vorschriften der Kostenverfügung der zuständigen Kasse zur Sollstellung überwiesen und von dieser oder der sonst zuständigen Stelle nach den für sie geltenden Vorschriften eingefordert und eingezogen.**

(6) **Für die Einziehung von Geldbußen, die von Disziplinargerichten, Richterdienstgerichten oder Dienstvorgesetzten verhängt worden sind, und für die Kosten des Disziplinarverfahrens gelten besondere Bestimmungen.**

1 Die Einforderungs- und Beitreibungsanordnung (EBAO) in der Fassung vom 1.8.2011, ist durch Vereinbarung zwischen dem Bundesjustizminister und den

---

[1] **Amtl. Anm.:** Justizbeitreibungsordnung in der im BGBl. III Gliederungsnummer 365–1 veröffentlichten bereinigten Fassung, zuletzt geändert durch Artikel 4 Absatz 9 des Gesetzes vom 29. Juli 2009 (BGBl. I S. 2258, 2270).
Hinweis: Seit 1.7.2017 gilt die JBeitrO in der Fassung der Bek. vom 27.6.2017 (BGBl. I S. 1926). Der Titel wurde in Justizbeitreibungsgesetz geändert. Zuletzt geändert dch Art. 5 G v 30.6.2017 (BGBl. I S. 2094).

Landesjustizverwaltungen am 1.1.1975 in Kraft getreten (AV vom 25.11.1974, BAnz. S. 230). Sie gilt in Bund und Ländern einheitlich.

Nach der **EBAO,** die eine Ergänzung zum **JBeitrG** darstellt und von § 2 Abs. 1 S. 3 JBeitrG gedeckt wird (BayObLG Rpfleger 1991, 13), richtet sich die Vollstreckung folgender Geldbeträge (vgl. die wortgleichen § 1 Abs. 1 Nr. 1, 2 und 3 JBeitrG sowie § 1 Abs. 1 Nr. 1–3 EBAO): 2

(1) Geldstrafen und andere Ansprüche deren Beitreibung sich nach den Vorschriften über die Vollstreckung von Geldstrafen richtet (vgl. § 459 StPO, § 48 StVollstrO). 3

Über **Einwendungen** gegen Entscheidungen der Vollstreckungsbehörde z. B. nach den § 459a (= Bewilligung von Zahlungserleichterungen), § 459c (= Beitreibung der Geldstrafe), § 459e Vollstreckung der Ersatzfreiheitsstrafe) und § 459g – m StPO (= Vollstreckung von Nebenfolgen etc.) entscheidet nach § 459o StPO das Gericht. 4

(2) Gerichtlich erkannte Geldbußen und Nebenfolgen einer Ordnungswidrigkeit die zu einer Geldzahlung verpflichten. Die Vollstreckung gerichtlicher Bußgeldentscheidungen verweisen § 91 OWiG iVm § 459 StPO und § 87 StVollStrO auf das JBeitrG und die EBAO. Die Bewilligung von Zahlungserleichterungen, die Verrechnung von Teilzahlungen ist in §§ 93 – 95 OWiG eigenständig geregelt. Eine Nebenfolge mit der Verpflichtung zur Geldzahlung kann sich z. B. aus der Einziehung des Wertersatzes (§ 25 OWiG), der Einziehung von Taterträgen in Form eines Geldbetrags (§ 29a OWiG) oder aufgrund der Verpflichtung zur Abführung des Mehrerlöses (§ 8 WiStG) ergeben. 5

(3) Ordnungs- und Zwangsgelder mit Ausnahme der im Auftrag des Gläubigers zu vollstreckenden Zwangsgelder. 6

Die im Auftrag des Gläubigers zu vollstreckenden Zwangsgelder (vgl. § 888 Abs. 1 ZPO) werden nach den allgemeinen Regeln des Vollstreckungsrechts beigetrieben (BGH NJW 1983, 1859 mwN). Während hingegen Ordnungsgelder nach § 890 Abs. 1 ZPO, die aufgrund einer Zuwiderhandlung und deshalb wegen ihres Charakters als strafähnliche Maßnahme nach dem JBeitrG und der EBAO von Amts wegen als „justizeigene“ Ansprüche (*Lappe/Steinbild* JBeitrO 1960, S. 42) vollstreckt werden (BGH NJW 1983, 1859). 7

Gleichzeitig mit dem Geldbetrag sind auch die **Kosten des Verfahrens** nach der EBAO beizutreiben (§ 1 Abs. 2 und 3). Wird die Verbindung von Geldbetrag und Kosten nach § 15 EBAO gelöst, werden die Kosten der zuständigen Gerichtskasse nach den Vorschriften der KostVfg zur Sollstellung überwiesen und von dieser nach dem JBeitrG (vgl. § 1 Abs. 1 Nr. 4 JBeitrG) eingezogen (§ 1 Abs. 5 EBAO). 8

§ 2 Vollstreckungsbehörde

Vollstreckungsbehörde ist, soweit gesetzlich nichts anderes bestimmt ist,

1. **in den Fällen, auf welche die Strafvollstreckungsordnung Anwendung findet, die dort bezeichnete Behörde und**
2. **im Übrigen diejenige Behörde oder Dienststelle der Behörde, die auf die Verpflichtung zur Zahlung des Geldbetrages erkannt hat, oder, soweit es sich um eine kollegiale Behörde oder Dienststelle handelt, deren Vorsitzende oder Vorsitzender.**

Auf die Vollstreckung von **Geldstrafen** und gerichtlichen **Bußgeld**entscheidungen (Urteile oder Beschlüsse) findet die **StVollstrO** Anwendung (§ 1 Abs. 1 1

StVollstrO). Vollstreckungsbehörde iS **Nr. 1** ist die **Staatsanwaltschaft** (§ 451 StPO, § 4 StVollstrO). Funktionell zuständig ist der Rechtspfleger (§ 31 Abs. 2 S. 1 RPflG). Bußgeldbescheide der **Verwaltungsbehörden** werden durch diese selbst vollstreckt. Die Vollstreckung richtet sich nicht nach der EBAO, sondern nach dem jeweiligen VwVG des Bundes bzw. der Länder (§ 90 Abs. 1 OWiG).

2 **Andere** Ordnungs- und Zwangsgeldbeträge vollstreckt nach **Nr. 2** diejenige **Behörde oder Dienststelle** die sie verhängt hat (vgl. Dörndorfer § 31 RPflG Rn. 16ff.). Die StVollstrO ist darauf nicht anwendbar. Vollstreckungsbehörde ist, wenn das Ordnungs- oder Zwangsgeld

- nach §§ 179, 180 GVG, §§ 380, 390, 490, 491, 890 ZPO festgesetzt wurde, der **Vorsitzende des Prozessgerichts,**
- nach §§ 51, 70, 77, 81c Abs. 6, 95 Abs. 2, 98b Abs. 2 StPO angeordnet wurde die **Staatsanwaltschaft** (§ 36 Abs. 2 S. 1 StPO) sowie
- nach §§ 33 Abs. 3, 35 Abs. 1, 89 Abs. 1 FamFG festgesetzt wurde das **Familiengericht.**

3 Funktionell zuständig ist, soweit sich nicht der Richter die Vollstreckung ganz oder teilweise vorbehält, der Rechtspfleger (§ 31 Abs. 3 RPflG).

Abschnitt 2. Einforderung und Beitreibung durch die Vollstreckungsbehörde

§ 3 Anordnung der Einforderung

(1) **Sofern nicht Zahlungserleichterungen (§ 8 Absatz 3, § 12) gewährt werden, ordnet die Vollstreckungsbehörde die Einforderung von Geldbetrag und Kosten an, sobald die darüber ergangene Entscheidung vollstreckbar ist.**

(2) **Die Zahlungsfrist beträgt vorbehaltlich anderer Anordnung der Vollstreckungsbehörde zwei Wochen.**

1 Gleichzeitig mit dem Geldbetrag (§ 1 Abs. 1) sind auch die Kosten mit einzufordern (Abs. 1). Wird die Verbindung von Geldbetrag und Kosten nach § 15 EBAO gelöst, werden die Kosten der zuständigen Gerichtskasse nach den Vorschriften der KostVfg zur Sollstellung überwiesen und von dieser nach dem JBeitrG (vgl. § 1 Abs. 1 Nr. 4 JBeitrG) eingezogen (§ 1 Abs. 5 EBAO). Die Vollstreckbarkeit von Geldstrafen und Geldbußen setzt die **Rechtskraft** der gerichtlichen Entscheidung voraus (§ 449 StPO, § 89 OWiG). Ordnungs- und Zwangsgelder sind sofort vollstreckbar; Ausnahme: § 181 Abs. 2 iVm § 180 GVG.

§ 4 Kostenrechnung

(1) [1]**Ist die Einforderung angeordnet, so stellt die Kostenbeamtin oder der Kostenbeamte der Vollstreckungsbehörde eine Kostenrechnung auf.** [2]**Darin sind sämtliche einzufordernden Beträge aufzunehmen.** [3]**Durch die Zeichnung übernimmt die Kostenbeamtin oder der Kostenbeamte die Verantwortung für die Vollständigkeit und Richtigkeit der Kostenrechnung.**

(2) **Die Zahlungsfrist (§ 3 Absatz 2) ist in der Kostenrechnung zu vermerken.**

(3) **Im Übrigen gilt für die Kostenrechnung § 27 der Kostenverfügung entsprechend.**

Zuständig zur Aufstellung der Kostenrechnung ist entweder der Kostenbeamte der Staatsanwaltschaft, wenn diese die zuständige Vollstreckungsbehörde ist (§ 2 Nr. 1), andernfalls derjenige des Gerichts (§ 2 Nr. 2). 1

§ 5 Einforderung

(1) **[1]Die in die Kostenrechnung aufgenommenen Beträge werden von dem Zahlungspflichtigen durch Übersendung einer Zahlungsaufforderung eingefordert. [2]In der Zahlungsaufforderung ist zur Zahlung an die für den Sitz der Vollstreckungsbehörde zuständige Kasse aufzufordern.**

(2) **[1]Die Reinschrift der Zahlungsaufforderung ist von der Kostenbeamtin oder dem Kostenbeamten unter Angabe des Datums und der Amts-(Dienst-)bezeichnung unterschriftlich zu vollziehen. [2]Soweit die oberste Justizbehörde dies zugelassen hat, kann sie ausgefertigt, beglaubigt, von der Geschäftsstelle unterschriftlich vollzogen oder mit dem Abdruck des Dienstsiegels versehen werden. [3]Bei maschineller Bearbeitung bedarf es einer Unterschrift nicht; jedoch ist der Vermerk anzubringen „Maschinell erstellt und ohne Unterschrift gültig“.**

(3) **Die Mitteilung einer besonderen Zahlungsaufforderung unterbleibt bei Strafbefehlen, die bereits die Kostenrechnung und die Aufforderung zur Zahlung enthalten.**

(4) **[1]Der Zahlungsaufforderung (Absatz 1) oder dem Strafbefehl (Absatz 3) ist ein auf das Konto der zuständigen Kasse lautender Überweisungsträger beizufügen. [2]Im Verwendungszweck sind die Vollstreckungsbehörde in abgekürzter Form anzugeben und das Aktenzeichen so vollständig zu bezeichnen, dass die zuständige Kasse in der Lage ist, hiernach die Zahlungsanzeige zu erstatten. [3]Die Kennzeichnung der Sache als Strafsache ist zu vermeiden.**

(5) **Die Erhebung durch Postnachnahme ist nicht zulässig.**

In der Zahlungsaufforderung sind alle einzufordernden Geldbeträge (Geldstrafe, Geldbuße, bzw. Ordnungsgeld, § 1 Abs. 1) sowie die Kosten des Verfahrens (§ 1 Abs. 3) zu bezeichnen. 1

§ 6 Nicht ausreichende Zahlung

Reicht die auf die Zahlungsaufforderung entrichtete Einzahlung zur Tilgung des ganzen eingeforderten Betrages nicht aus, so richtet sich die Verteilung nach den kassenrechtlichen Vorschriften, soweit § 459b StPO, § 94 OWiG nichts anderes bestimmen.

Teilzahlungen auf Geldstrafen und Geldbußen werden, wenn der Zahlungspflichtig keine Tilgungsbestimmung getroffen hat, zunächst auf die Geldstrafe bzw. Geldbuße verrechnet, dann auf etwa angeordnete Nebenfolgen, die zu einer Geldzahlung verpflichten und zuletzt auf die Kosten des Verfahrens (§ 459b StPO, § 94 1

OWiG). § 459b StPO ist analog auch auf Ordnungsgelder anzuwenden. Zahlungen der Rechtsschutzversicherung sind immer auf die Verfahrenskosten anzurechnen (*Isak/Wagner,* Handbuch der Rechtspraxis, Strafvollstreckung, 8. Aufl. 2009, Rn. 243). Schuldet der Zahlungspflichtige Geldbeträge und Kosten aus mehreren Verfahren und hat er bei der Teilzahlung keine Tilgungsbestimmung getroffen, ist § 366 Abs. 2 BGB analog anzuwenden. D. h. es ist der gezahlte Betrag zunächst auf die fällige Schuld, dann auf diejenige mit der geringeren Sicherheit für den Gläubiger, dann auf die dem Schuldner lästigere Schuld und letztlich anteilmäßig (*Isak/Wagner,* Handbuch der Rechtspraxis, Strafvollstreckung, 8. Aufl. 2009, Rn. 243).

§ 7 Mahnung

(1) **Nach vergeblichem Ablauf der Zahlungsfrist sollen Zahlungspflichtige vor Anordnung der Beitreibung in der Regel zunächst besonders gemahnt werden (§ 5 Absatz 2 JBeitrO).**

(2) **Mahnungen unterbleiben, wenn damit zu rechnen ist, dass Zahlungspflichtige sie unbeachtet lassen werden.**

1 Gemahnt werden kann durch formloses Schreiben, eine Zustellung ist nicht erforderlich. Ist die Mahnung nach Abs. 2 entbehrlich, darf eine Woche nach Ablauf der zweiwöchigen Zahlungsfrist (§ 3 Abs. 2) mit der Vollstreckung begonnen werden (§ 8 Abs. 1). § 459c Abs. 1 StPO ist zu beachten.

§ 8 Anordnung der Beitreibung

(1) **Geht binnen einer angemessenen Frist nach Abgang der Mahnung oder, sofern von einer Mahnung abgesehen worden ist, binnen einer Woche nach Ablauf der Zahlungsfrist (§ 3 Absatz 2) keine Zahlungsanzeige der zuständigen Kasse ein, so bestimmt die Vollstreckungsbehörde, welche Vollstreckungsmaßnahmen ergriffen werden sollen.**

(2) **In geeigneten Fällen kann sie die zuständige Kasse um Auskunft ersuchen, ob ihr über die Vermögens- und Einkommensverhältnisse der Zahlungspflichtigen und die Einziehungsmöglichkeiten etwas bekannt ist.**

(3) **Welche Vollstreckungsmaßnahmen anzuwenden sind oder ob Zahlungspflichtigen Vergünstigungen eingeräumt werden können, richtet sich nach den für das Einziehungsverfahren maßgebenden gesetzlichen und Verwaltungsvorschriften (vergleiche §§ 459ff. StPO, §§ 91ff. OWiG, §§ 6ff. JBeitrO, § 49 StVollstrO).**

(4) [1]**Im Übrigen sind die Vollstreckungsmaßnahmen anzuwenden, die nach Lage des Einzelfalles am schnellsten und sichersten zum Ziele führen.** [2]**Auf die persönlichen und wirtschaftlichen Verhältnisse der Zahlungspflichtigen und ihrer Familie ist dabei Rücksicht zu nehmen, soweit das Vollstreckungsziel hierdurch nicht beeinträchtigt wird.**

(5) **Kommt die Zwangsvollstreckung in Forderungen oder andere Vermögensrechte in Betracht, so hat die Vollstreckungsbehörde den Pfändungs- und Überweisungsbeschluss zu erlassen (§ 6 Absatz 2 JBeitrO).**

(6) [1]**Ein Antrag auf Einleitung des Zwangsversteigerungs- oder Zwangsverwaltungsverfahrens soll nur gestellt, der Beitritt zu einem solchen Verfahren nur erklärt werden, wenn ein Erfolg zu erwarten ist und das Vollstreckungsziel anders nicht erreicht werden kann.** [2]**Ist Vollstreckungsbehörde (§ 2) die Richterin oder der Richter beim Amtsgericht, so ist, soweit die Strafvollstreckungsordnung Anwendung findet, die Einwilligung der Generalstaatsanwältin oder des Generalstaatsanwalts, im Übrigen die der Präsidentin oder des Präsidenten des Landgerichts (Präsidentin oder Präsidenten des Amtsgerichts) erforderlich.**

Die Vollstreckungsbehörde bestimmt die anzuwendende Vollstreckungsmaßnahme danach, welche am schnellsten und sichersten Erfolg verspricht. Die Vollstreckung in Forderungen und sonstige Vermögensrechte erfolgt durch Forderungspfändung (§ 8 Abs. 5, § 6 Abs. 2 JBeitrG iVm §§ 829, 835, 857 ZPO). Der Pfändungs- und Überweisungsbeschluss erlässt die Vollstreckungsbehörde (§ 6 Abs. 2 S. 2 JBeitrG). Eine Überweisung an Zahlungs statt ist unzulässig (§ 6 Abs. 4 JBeitrG). Die erforderlichen Zustellungen werden nach den Vorschriften der ZPO über die Zustellung von Amts wegen (§§ 166ff. ZPO) bewirkt (§ 3 JBeitrG). Statthafter Rechtsbehelf gegen den Pfändungs- und Überweisungsbeschluss ist die Vollstreckungserinnerung (§ 31 Abs. 6 S. 1 RPflG, § 6 Abs. 1 Nr. 1 JBeitrG, § 766 ZPO). Da § 6 Abs. 2 S. 2 JBeitrG die Zuständigkeit der Vollstreckungsbehörde auf den Erlass des Pfändungs- und Überweisungsbeschlusses beschränkt, ist für zusätzliche Anordnungen, zB im Rahmen der Lohnpfändung nach §§ 850c Abs. 4, 850e Nr. 2 ZPO, das Vollstreckungsgericht zuständig. **1**

§ 9 Vollstreckung in bewegliche Sachen

(1) [1]**Soll in bewegliche Sachen vollstreckt werden, so erteilt die Vollstreckungsbehörde der Vollziehungsbeamtin oder dem Vollziehungsbeamten unmittelbar oder über die Geschäftsstelle des Amtsgerichts einen Vollstreckungsauftrag.** [2]**In den Auftrag sind die Kosten früherer Einziehungsmaßnahmen als Nebenkosten aufzunehmen.**

(2) **Die Ausführung des Auftrages, die Ablieferung der von der Vollziehungsbeamtin oder dem Vollziehungsbeamten eingezogenen oder beigetriebenen Geldbeträge und die Behandlung der erledigten Vollstreckungsaufträge bei der zuständigen Kasse richten sich nach den Dienstvorschriften für die Vollziehungsbeamtinnen und -beamten und den kassenrechtlichen Vorschriften.**

(3) **Die Vollstreckungsbehörde überwacht die Ausführung des Vollstreckungsauftrags durch Anordnung einer Wiedervorlage der Akten.**

§ 10 Vollstreckung in bewegliche Sachen im Bezirk einer anderen Vollstreckungsbehörde

(1) **Soll in bewegliche Sachen vollstreckt werden, die sich im Bezirk einer anderen Vollstreckungsbehörde befinden, so gilt § 9, soweit nicht in Absatz 2 etwas anderes bestimmt ist.**

(2) [1]**Die Vollziehungsbeamtin oder der Vollziehungsbeamte rechnet über die eingezogenen Beträge mit der zuständigen Kasse ab, welche die Vollstreckungsbehörde durch Rücksendung des Vollstreckungsauftrags oder des Ersuchens verständigt.** [2]**Gehört die ersuchende Vollstreckungsbehörde einem anderen Lande an als die Vollziehungsbeamtin oder der Vollziehungsbeamte, so werden die eingezogenen Geldbeträge und Kosten des Verfahrens an die für die ersuchende Vollstreckungsbehörde zuständige Kasse abgeführt.** [3]**Die eingezogenen Kosten der Vollstreckung sind an die für die Vollziehungsbeamtin oder den Vollziehungsbeamten zuständige Kasse abzuführen; soweit sie von der Schuldnerin oder dem Schuldner nicht eingezogen werden können, werden sie der Vollstreckungsbehörde eines anderen Landes nicht in Rechnung gestellt.**

1 Die Vollstreckung in **bewegliche** körperliche Sachen erfolgt durch den Vollziehungsbeamten, der an die Stelle des Gerichtsvollziehers tritt (§ 6 Abs. 3 S. 1 JBeitrG). Er wird von der Vollstreckungsbehörde dazu durch einen schriftlichen Auftrag ermächtigt (§ 6 Abs. 3 S. 2 JBeitrG, § 9 Abs. 1). Nach § 260 S. 1 GVGA können auch Gerichtsvollzieher als Vollziehungsbeamte mitwirken. Die Kosten des Vollziehungsbeamten richten sich nach dem GVKostG (§ 10 Abs. 2 JBeitrG). Leistet der Schuldner eine Teilzahlung ohne Tilgungsbestimmung, ist der Geldbetrag zunächst auf die Geldstrafe bzw. Geldbuße zu verrechnen (§ 459 b StPO).

§ 11 Spätere Beitreibung

(1) **Ist bei Uneinbringlichkeit eines Geldbetrages, an dessen Stelle eine Freiheitsstrafe nicht treten soll, mit der Möglichkeit zu rechnen, dass spätere Vollstreckungsmaßnahmen erfolgreich sein werden, so ordnet die Vollstreckungsbehörde eine Wiedervorlage der Akten an.**

(2) **Uneinbringlich gebliebene Kosten des Verfahrens werden, wenn sie nicht mehr zusammen mit dem Geldbetrag beigetrieben werden können, nach § 1 Absatz 5, § 15 Absatz 1 Nr. 1 der zuständigen Kasse zur Einziehung überwiesen, sofern die Überweisung nicht nach § 16 Absatz 2 unterbleibt.**

§ 12 Zahlungserleichterungen

(1) **Werden für die Entrichtung eines Geldbetrages Zahlungserleichterungen bewilligt, so gelten diese Zahlungserleichterungen auch für die Kosten.**

(2) [1]**Ist die Höhe der Kosten den Zahlungspflichtigen noch nicht mitgeteilt worden, so ist dies bei der Mitteilung der Zahlungserleichterungen nachzuholen.** [2]**Die Androhung künftiger Zwangsmaßnahmen für den Fall der Nichtzahlung der Kosten unterbleibt hierbei.** [3]**Einer Mitteilung der Höhe der Kosten bedarf es nicht, wenn das dauernde Unvermögen der Kostenschuldnerin oder des Kostenschuldners zur Zahlung feststeht.**

1 **Zahlungserleichterungen** (z. B. Stundung, Ratenzahlung) können bei der Vollstreckung von Geldstrafen und Geldbußen nach § 42 StGB, § 18 OWiG bewil-

ligt werden. Nach Rechtskraft des Urteils ist dazu die Vollstreckungsbehörde zuständig (§ 459a Abs. 1 StPO, § 93 OWiG). Im Rahmen der Vollstreckung von Ordnungsgeld können Zahlungserleichterungen nach § 7 EGStGB bewilligt werden (funktionell: Rechtspfleger; § 31 Abs. 3 RPflG; OLG Karlsruhe NJW-RR 1997, 1767).

§ 13 Zurückzahlung von Geldbeträgen und Kosten

(1) **Sind Geldbeträge zu Unrecht vereinnahmt worden oder auf Grund besonderer Ermächtigung zurückzuzahlen, so ordnet die Vollstreckungsbehörde die Zurückzahlung an.**

(2) **Dasselbe gilt, wenn zusammen mit dem Geldbetrag Kosten des Verfahrens oder Vollstreckungskosten zurückzuholen sind.**

(3) **Bei unrichtiger Berechnung ist eine neue Kostenrechnung aufzustellen.**

(4) **In der Anordnung ist der Grund der Zurückzahlung (z. B. gnadenweiser Erlass durch Verfügung ... oder Zurückzahlung wegen irrtümlicher Berechnung) kurz anzugeben.**

(5) **[1]Zu der Auszahlungsanordnung an die zuständige Kasse ist der für die Zurückzahlung von Gerichtskosten bestimmte Vordruck zu verwenden; er ist, soweit erforderlich, zu ändern. [2]Bei automatisierten Verfahren wird die Auszahlungsanordnung maschinell erstellt. [3]Der oder die Empfangsberechtigte ist von der Vollstreckungsbehörde über die bevorstehende Zurückzahlung zu benachrichtigen.**

Zu Unrecht vereinnahmt sind z. B. Geldbeträge, wenn die Entscheidung nach 1
Wiedereinsetzung oder in einem Wiederaufnahmeverfahren aufgehoben oder abgeändert wurde. Auch eine versehentliche Nichtanrechnung der U-Haft kann zu Überzahlungen führen. Als besondere Ermächtigung, die eine Pflicht zur Rückzahlung begründet, kommt eine Gnadenmaßnahme in Betracht.

§ 14 Durchlaufende Gelder

(1) **Beträge, die nach den Vorschriften dieser Anordnung eingezogen werden, aber nicht der Landeskasse, sondern anderen Berechtigten zustehen, werden bei der Aufstellung der Kostenrechnung als durchlaufende Gelder behandelt.**

(2) **[1]Auf Grund der von der zuständigen Kasse übermittelten Zahlungsanzeige oder der maschinell übermittelten Kontobuchungen ordnet die Vollstreckungsbehörde die Auszahlung an die Empfangsberechtigten an. [2]§ 38 der Kostenverfügung gilt entsprechend.**

Als andere Berechtigte kommen insbesondere in Betracht: Verwaltungs- und 1
Polizeibehörden, Gerichtsvollzieher.

Abschnitt 3. Lösung von Geldbetrag und Kosten

§ 15 Grundsatz

(1) **Die Verbindung von Geldbetrag und Kosten (§ 1 Absatz 2) wird gelöst, wenn**

1. sich die Beitreibung des Geldbetrages erledigt und für die Kostenforderung Beitreibungsmaßnahmen erforderlich werden,

2. nachträglich eine Gesamtgeldstrafe gebildet wird oder

3. die Vollstreckungsbehörde die getrennte Verfolgung beider Ansprüche aus Zweckmäßigkeitsgründen anordnet.

(2) **Hat das Land aus einer wegen Geldbetrag und Kosten vorgenommenen Zwangsvollstreckung bereits Rechte erworben, so darf eine Anordnung nach Absatz 1 Nr. 3 nur ergehen, wenn die Wahrnehmung dieser Rechte wegen der Kosten allein keine Schwierigkeiten bereitet oder wenn der Landeskasse durch die Aufgabe der wegen der Kosten begründeten Rechte kein Schaden erwächst.**

Die Beitreibung des Geldbetrags (§ 1 Abs. 1) kann sich z. B. dadurch erledigen, dass er vollständig getilgt oder im Gnadenweg erlassen wird. Auch seine Verjährung kommt in Betracht (vgl. § 79 Abs. 3 Nr. 5 StGB, § 34 OWiG, Art. 9 EGStGB). Wird die Verbindung von Geldbetrag und Verfahrenskosten gelöst, sind die Kosten der Gerichtskasse zur Einziehung zu überweisen (§ 16 Abs. 3).

§ 16 Überweisung der Kosten an die zuständige Kasse

(1) [1]**Bei der Überweisung der Kosten an die Kasse zur Einziehung (§ 4 Absatz 2 der Kostenverfügung) hat die Kostenbeamtin oder der Kostenbeamte, wenn bereits eine Zahlungsaufforderung an die Kostenschuldnerin oder den Kostenschuldner ergangen war, die Aufnahme des nachstehenden Vermerks in die Reinschrift der Kostenrechnung zu veranlassen:**

„Diese Zahlungsaufforderung tritt an die Stelle der Zahlungsaufforderung d ... vom ... Bei Zahlungen ist statt der bisherigen Geschäftsnummer das Kassenzeichen anzugeben."

[2]**Hat sich der Kostenansatz nicht geändert, so genügt die Übersendung einer Rechnung, in der lediglich der Gesamtbetrag der früheren Rechnung, die geleisteten Zahlungen und der noch geschuldete Restbetrag anzugeben sind.** [3]**Bewilligte Zahlungserleichterungen (§ 8 Absatz 3, § 12) sind der zuständigen Kasse mitzuteilen.**

(2) **Die Überweisung der Kosten unterbleibt, wenn die Voraussetzungen vorliegen, unter denen die Kostenbeamtin oder der Kostenbeamte von der Aufstellung einer Kostenrechnung absehen darf (§ 10 der Kostenverfügung).**

(3) **Der Kasse mit zu überweisen sind auch die nicht beigetriebenen Kosten eines der Lösung (§ 15) vorausgegangenen Einziehungsverfahrens.**

§ 17 Wahrnehmung der Rechte aus früheren Vollstreckungen

(1) [1]Hatte das Land vor der Trennung von Geldbetrag und Kosten aus einer Zwangsvollstreckung wegen der Kosten bereits Rechte erlangt, so teilt die Vollstreckungsbehörde dies der zuständigen Kasse unter Übersendung der vorhandenen Beitreibungsverhandlungen mit. [2]Dies gilt nicht, wenn die wegen der Kosten begründeten Rechte nach § 15 Absatz 2 aufgegeben werden.

(2) [1]Ist der Vollziehungsbeamtin oder dem Vollziehungsbeamten ein Vollstreckungsauftrag erteilt (§ 9 Absatz 1 Satz 1, § 10 Absatz 1), so hat die zuständige Kasse der Vollziehungsbeamtin oder dem Vollziehungsbeamten gegenüber jetzt die Stellung der Auftraggeberin; sie hat sie oder ihn hiervon zu verständigen. [2]Der Auftrag bleibt bestehen, bis die zuständige Kasse ihn zurücknimmt.

Abschnitt 4. [Geldauflagen]

§ 18 Geldauflagen im Strafverfahren

(1) [1]Geldzahlungen, die Zahlungspflichtigen nach § 56b Absatz 2 Nummer 2, § 57 Absatz 3 Satz 1 StGB, § 153a StPO, § 15 Absatz 1 Satz 1 Nummer 3, §§ 23, 29, 45, 88 Absatz 5 und § 89 Absatz 3 JGG oder anlässlich eines Gnadenerweises auferlegt sind, werden nicht mit Zahlungsaufforderung (§ 5 Absatz 1) eingefordert. [2]Ihre Beitreibung ist unzulässig.

(2) [1]Wird die Geldauflage gestundet, so prüft die Vollstreckungsbehörde, ob die zuständige Kasse ersucht werden soll, die Einziehung der Kosten auszusetzen. [2]Ein Ersuchen empfiehlt sich, wenn die sofortige Einziehung der Kosten den mit der Stundung der Geldauflage verfolgten Zweck gefährden würde.

Abschnitt 5. Schlussvorschriften

§ 19 Inkrafttreten, Außerkrafttreten

[1]Diese Verwaltungsvorschrift tritt am 1. August 2011 in Kraft. [2]Gleichzeitig tritt die Einforderungs- und Beitreibungsanordnung vom 1. April 2001 außer Kraft.

4. Gerichtsverfassungsgesetz (Entschädigung für Handelsrichter, § 107 GVG)

In der Fassung der Bekanntmachung vom 9.5.1975, BGBl. I S. 1077
FNA 300–2

zuletzt geändert durch Gesetz vom 12.7.2018, BGBl. I S. 1151

(Auszug)

§ 107 **[Entschädigung]**

(1) **Die ehrenamtlichen Richter, die weder ihren Wohnsitz noch ihre gewerbliche Niederlassung am Sitz der Kammer für Handelssachen haben, erhalten Tage- und Übernachtungsgelder nach den für Richter am Landgericht geltenden Vorschriften.**

(2) **Den ehrenamtlichen Richtern werden die Fahrtkosten in entsprechender Anwendung des § 5 des Justizvergütungs- und -entschädigungsgesetzes ersetzt.**

I. Systematik

1 Die Vorschrift regelt die Entschädigung der Handelsrichter völlig losgelöst von den Vorschriften des JVEG in eigenständiger Weise. Die Entschädigung ist deutlich schlechter als die der nach § 15 JVEG zu entschädigenden sonstigen ehrenamtlichen Richter und gewährt insbesondere keine Entschädigung für Verdienstausfall. Dies mag aus historischen Gründen und daraus zu erklären sein, dass die Heranziehung als Handelsrichter hohes Ansehen verleiht (*Hartmann* Rn. 4). Trotz der gravierenden Schlechterbehandlung der Handelsrichter gegenüber den sonstigen ehrenamtlichen Richtern verstößt die Vorschrift nicht gegen den Gleichheitssatz des § 3 GG (OLG Celle Rpfleger 1975, 39 Ls.).

II. Verfahren

2 Die Festsetzung der Entschädigung erfolgt durch Justizverwaltungsakt. Gegen diesen ist der Antrag auf richterliche Entscheidung nach §§ 23 bis 30 EGGVG zu den Oberlandesgerichten zulässig. Der Anspruch auf Entschädigung unterliegt nicht der Ausschlussfrist des § 2 Abs. 1 JVEG. Er verjährt in der dreijährigen regelmäßigen Verjährungsfrist des § 195 BGB, wobei die Verjährungsfrist nicht mit der Beendigung der Amtsperiode, sondern mit der Beendigung der jeweiligen konkreten Heranziehung beginnt. Aus der Rechtspraxis bei der Entschädigung von Handelsrichtern kann nicht festgestellt werden, dass es je zu Differenzen zwischen dem entschädigungsberechtigten Handelsrichter und der Staatskasse kam.

III. Fahrtgeld für alle Handelsrichter

Auf Grund der Verweisung in Abs. 2 erhalten alle Handelsrichter Fahrtkostenersatz nach § 5 JVEG. Wegen der Einzelheiten wird auf die Erläuterung dieser Vorschrift verwiesen. 3

IV. Tage- und Übernachtungsgelder nur für Auswärtige

Berechtigte, die entweder ihren Wohnsitz oder ihre gewerbliche Niederlassung am Sitz der Kammer für Handelssachen haben, erhalten außer dem Fahrtkostenersatz keine weitere Entschädigung. Maßgeblich für die Identität von Wohnsitz, Niederlassung und Sitz ist die **politische Gemeinde.** Als Niederlassung ist jede Art, auch eine Zweigniederlassung ausreichend. Nur der in diesem Sinne Auswärtige erhält Tage- und Übernachtungsgelder wie ein Richter am Landgericht (Besoldungsgruppe R 1). Damit verweist die Vorschrift auf landesrechtliches Reisekostenrecht, zB für Baden-Württemberg auf §§ 9, 10 Landesreisekostengesetz. Dieses verweist wegen des Tagegelds auf § 4 Abs. 5 Nr. 5 Satz 1 EStG (→JVEG § 6 Rn. 2) und lehnt sich wegen des Übernachtungsgelds an § 10 Bundesreisekostengesetz 2005 an. 4

5. Hinterlegungssachen

Bundesrecht: Die Gebühren in Hinterlegungssachen waren in den §§ 24–26 Hinterlegungsordnung geregelt. Diese wurden durch Gesetz vom 20.8.1990, BGBl. I S. 1765, mit Wirkung vom 1.7.1992 ersatzlos aufgehoben.

Landesrecht: Jetzt ist die Hinterlegung landesrechtlich geregelt; die entsprechenden Normen heißen nicht mehr „Ordnung“, sondern „Gesetz“, zB Bayerisches Hinterlegungsgesetz.

6. Justizbeitreibungsgesetz

In der Fassung der Bekanntmachung vom 27.6.2017, BGBl. S. 1926

FNA 365–1

zuletzt geändert durch Gesetz vom 30.6.2017, BGBl. I S. 2096

§ 1 [Nach diesem Gesetz beizutreibende Ansprüche]

(1) **Nach diesem Gesetz werden folgende Ansprüche beigetrieben, soweit sie von Justizbehörden des Bundes einzuziehen sind:**

1. **Geldstrafen und andere Ansprüche, deren Beitreibung sich nach den Vorschriften über die Vollstreckung von Geldstrafen richtet;**
2. **gerichtlich erkannte Geldbußen und Nebenfolgen einer Ordnungswidrigkeit, die zu einer Geldzahlung verpflichten;**

2a. **Ansprüche aus gerichtlichen Anordnungen über die Einziehung oder die Unbrauchbarmachung einer Sache;**

2b. **Ansprüche aus gerichtlichen Anordnungen über die Herausgabe von Akten und sonstigen Unterlagen nach § 407a Absatz 5 Satz 2 der Zivilprozessordnung;**

3. **Ordnungs- und Zwangsgelder;**
4. **Gerichtskosten;**

4a. **Ansprüche auf Zahlung der vom Gericht im Verfahren der Prozesskostenhilfe oder nach § 4b der Insolvenzordnung bestimmten Beträge;**

4b. **nach den §§ 168 und 292 Absatz 1 des Gesetzes über das Verfahren in Familiensachen und in den Angelegenheiten der freiwilligen Gerichtsbarkeit festgesetzte Ansprüche;**

5. **Zulassungs- und Prüfungsgebühren;**
6. **alle sonstigen Jutizverwaltungsabgaben;**
7. **Kosten der Gerichtsvollzieher und Vollziehungsbeamten, soweit sie selbständig oder gleichzeitig mit einem Anspruch, der nach diesem Gesetz vollstreckt wird, bei dem Auftraggeber oder Ersatzpflichtigen beigetrieben werden;**
8. **Ansprüche gegen Beamte, nichtbeamtete Beisitzer und Vertrauenspersonen, gegen Rechtsanwälte, Vormünder, Betreuer, Pfleger und Verfahrenspfleger, gegen Zeugen und Sachverständige sowie gegen mittellose Personen auf Erstattung von Beträgen, die ihnen in einem gerichtlichen Verfahren zuviel gezahlt sind;**
9. **Ansprüche gegen Beschuldigte und Nebenbeteiligte auf Erstattung von Beträgen, die ihnen in den Fällen der §§ 465, 467, 467a, 470, 472b, 473 der Strafprozessordnung zuviel gezahlt sind;**
10. **alle sonstigen Ansprüche, die nach Bundes- oder Landesrecht im Verwaltungszwangsverfahren beigetrieben werden können, soweit nicht ein Bundesgesetz vorschreibt, dass sich die Vollstreckung nach dem Verwaltungsvollstreckungsgesetz oder der Abgabenordnung richtet.**

(2) **Diese Gesetz findet auch auf die Einziehung von Ansprüchen im Sinne des Absatzes 1 durch Justizbehörden der Länder Anwendung, soweit die Ansprüche auf bundesrechtlicher Regelung beruhen.**

(3) **Die Vorschriften dieses Gesetzes über das gerichtliche Verfahren finden auch dann Anwendung, wenn sonstige Ansprüche durch die Justizbehörden der Länder im Verwaltungszwangsverfahren eingezogen werden.**

(4) **Werden zusammen mit einem Anspruch nach Absatz 1 Nummer 1 bis 3 die Kosten des Verfahrens beigetrieben, so gelten auch für die Kosten die Vorschriften über die Vollstreckung dieses Anspruchs.**

(5) **[1]Nach diesem Gesetz werden auch die Gebühren und Auslagen des Deutschen Patentamts und die sonstigen dem Absatz 1 entsprechenden Ansprüche, die beim Deutschen Patentamt entstehen, beigetrieben. [2]Dies gilt auch für Ansprüche gegen Patentanwälte und Erlaubnisscheininhaber.**

(6) **[1]Die Landesregierungen werden ermächtigt, durch Rechtsverordnung abweichend von diesem Gesetz zu bestimmen, dass Gerichtskosten in den Fällen des § 109 Absatz 2 des Gesetzes über Ordnungswidrigkeiten und des § 27 des Gerichtskostengesetzes nach Vorschriften des Landesrechts beigetrieben werden. [2]Die Landesregierungen können die Ermächtigung durch Rechtsverordnung auf die Landesjustizverwaltung übertragen.**

1 Das JBeitrG, ursprünglich Justizbeitreibungs*ordnung,* dann umbenannt, gilt für bestimmte Forderungen der Justizbehörden des Bundes (Abs. 1), aber auch der Länder (Abs. 2). Die Beitreibung der in § 1 genannten Forderungen erfolgt nicht *unmittelbar* nach der ZPO, sondern nach dem JBeitrG.

2 **Stundung** und **Erlass** sind teils landesrechtlich geregelt.

3 **Zu Nr. 1.** Geldstrafen etc. Für die in Nr. 1 genannten Geldstrafen, Geldbußen sowie Ordnungs- und Zwangsgeldern ist ferner die EBAO zu beachten.

4 **Zu Nr. 2b.** Wenn der gerichtliche Sachverständige ihm überlassene Gerichtsakten nicht zurückgibt erlässt das Gericht einen Herausgabebeschluss (§ 407a Abs. 4 Satz 2 ZPO), der nach dem JBeitrG vollsteckt wird.

5 **Zu Nr. 3.** Ordnungs- und Zwangsgelder; sie sind zB im FamFG, ZPO geregelt. Nur wenn sie im Auftrag eines Gläubigers vollsteckt werden ist das JBeitrG einschlägig, andernfalls § 1 Abs. 1 Nr. 3 die EBAO. Dass nach Beitreibung des rechtskräftig festgesetzten Zwangsgelds die gerichtliche Anordnung erfüllt worden ist, kann die Aufhebung des Festsetzungsbeschlusses und damit auch einen Rückzahlungsanspruch gemäß § 812 BGB nicht zu begründen (BGH NJW 2017, 3592 zu § 35 FamFG – Formular zum Versorgungsausgleich – mAnm *Kemper*).

6 **Zu Nr. 4.** Gerichtskosten, zB nach GKG, FamGKG, GNotKG (nicht aber Kosten der Notare). Auch die Missbrauchsgebühr nach § 34 Abs. 2 BVerfGG gehört zu den „Gerichtskosten" (BVerfG BeckRS 2017, 118930). Bei der **Widerklage** ist es so, dass die Gebühr mit der Einreichung fällig wird (§ 6 GKG), aber die Zustellung der Widerklage nicht vom Geldeingang abhängig gemacht werden darf (§ 12 Abs. 2 Nr. 1 GKG); wegen der Fälligkeit kann der Betrag aber nach dem JBeitrG alsbald beigetrieben werden (OLG Koblenz BeckRS 2012, 18643; OLG München MDR 2003, 1077).

7 **Zu Nr. 4a.** Im PKH-Verfahren (§§ 114ff. ZPO), desgleichen bei Verfahrenskostenhilfe (§§ 76ff. FamFG), können Raten festgesetzt werden, die nach dem JBeitrG vollstreckt werden. Soweit im Rahmen von § 122 ZPO von der PKH-Par-

tei Anwaltskosten zurückgefordert werden dürfen, richtet sich das nach Nr. 4a, nicht nach KV 9007. Desgleichen nach § 4b InsO.

Zu Nr. 4b. Das **Betreuungsgericht** kann nach §§ 168 und 292 Abs. 1 FamFG **8** bestimmen, dass der Betreute Zahlungen an die Staatslasse zu leisten hat, zB aus seinem Vermögen oder Einkommen.

Zu Nr. 5. Zulassungs- und Prüfungsgebühren; etwa für Staatsprüfungen. **9**

Zu Nr. 6. alle sonstigen Justizverwaltungsabgaben; mit dieser Generalklausel soll **10** erreicht werden, dass der Staat alle Beträge, die an die Justizkasse fließen, nach dem JBeitrG vollstrecken kann.

Zu Nr. 7. Bestimmte Kosten der Gerichtsvollzieher und Vollziehungsbeamten; **11** die Höhe der Gerichtsvollzieherkosten richtet sich nach dem GvKostG. Sie werden zB nach § 788 ZPO beim Schuldner vollstreckt.

Zu Nr. 8. Wenn bei einem **Betreuer** (§ 1896 BGB, §§ 271 ff. FamFG) die Vergü- **12** tung (§ 1836 BGB; VGVG) aus der Staatskasse nicht durch Beschluss festgesetzt wurde, sondern einfach angewiesen wurde (§ 168 FamFG), dann aber ein niedrigerer Betrag durch Beschluss festgesetzt wird, dann ist umstritten, wie lange die Überzahlung vom Betreuer zurückverlangt werden kann. Das LG Detmold BeckRS 2011, 27068 gestattet die unbegrenzte **Rückforderung** und bejaht weder ein Problem des Vertrauensschutzes oder der Verwirkung, was unrichtig ist. Nach LG Dessau-Roßlau BeckRS 2012, 12802 erlischt der Rückforderungsanspruch im Falle des § 1835a BGB gemäß § 8 drei Monate nach Ablauf des Jahres, in dem der Anspruch entstanden ist; nicht zutreffend. Der BGH (NJW 2014, 1007) wendet Grundsätze des Vertrauensschutzes an.

§ 2 [Gerichtskassen als Vollstreckungsbehörden]

(1) [1]**Die Beitreibung obliegt in den Fällen des § 1 Absatz 1 Nummer 1 bis 3 den nach den Verfahrensgesetzen für die Vollstreckung dieser Ansprüche zuständigen Stellen, soweit nicht die in Absatz 2 bezeichnete Vollstreckungsbehörde zuständig ist, im Übrigen den Gerichtskassen als Vollstreckungsbehörden.** [2]**Die Landesregierungen werden ermächtigt, an Stelle der Gerichtskassen andere Behörden als Vollstreckungsbehörden zu bestimmen.** [3]**Die Landesregierungen können die Ermächtigung auf die Landesjustizverwaltung übertragen.**

(2) **Vollstreckungsbehörde für Ansprüche, die beim Bundesverfassungsgericht, Bundesministerium der Justiz und für Verbraucherschutz, Bundesgerichtshof, Bundesverwaltungsgericht, Bundesfinanzhof, Generalbundesanwalt beim Bundesgerichtshof, Bundespatentgericht, Deutschen Patent- und Markenamt, Bundesamt für Justiz oder dem mit der Führung des Unternehmensregisters im Sinn des § 8b des Handelsgesetzbuchs Beliehenen entstehen, ist das Bundesamt für Justiz.**

(3) [1]**Von den in Absatz 1 bezeichneten Vollstreckungsbehörden ist diejenige zuständig, die den beizutreibenden Anspruch einzuziehen hat.** [2]**Dem Vollziehungsbeamten obliegende Vollstreckungshandlungen kann die Vollstreckungsbehörde außerhalb ihres Amtsbezirks durch einen Vollziehungsbeamten vornehmen lassen, der für den Ort der Vollstreckung zuständig ist.** [3]**Die Unzuständigkeit einer Vollstreckungsbehörde berührt die Wirksamkeit ihrer Vollstreckungsmaßnahmen nicht.**

(4) **Die Vollstreckungsbehörden haben einander Amtshilfe zu leisten.**

1 Vollstreckungsbehörden sind zB die jeweiligen Gerichtskassen, nach Abs. 1 Satz 2 sind **andere Behörden** (zB durch Konzentration auf eine *einzige* Gerichtskasse) bestimmt worden in **Baden-Württemberg, Bayern (Landesjustizkasse Bamberg bzw Staatsanwaltschaft), Brandenburg, Bremen, Mecklenburg-Vorpommern, Nordrhein-Westfalen, Rheinland-Pfalz (Landesjustizkasse Mainz), Sachsen.** In den Fällen des Abs. 2 das (2007 errichtete) Bundesamt für Justiz (BfJ) in Bonn, bei dem zwei Beitreibungsstellen bestehen. Beispielsweise kann nach dem Gesetz über das elektronische Handelsregister und Genossenschaftsregister sowie Unternehmensregister (EHUG) wegen der pflichtwidrigen Unterlassung der rechtzeitigen Offenlegung von Jahresabschlüssen und anderen Unterlagen (§§ 335 HGB, § 21 PublG ein Ordnungsgeld verhängt und nach § 2 Abs. 2 vollstreckt werden.

§ 3 [Zustellungen]

[1]Zustellungen sind nur erforderlich, soweit dies besonders bestimmt ist. [2]Sie werden sinngemäß nach den Vorschriften der Zivilprozessordnung über Zustellungen von Amts wegen bewirkt. [3]Die dem Gericht vorbehaltenen Anordnungen trifft die Vollstreckungsbehörde.

1 § 3 Satz 2 verweist auf §§ 166 ff. ZPO. Satz 3: Vollstreckungsbehörde: § 1.

§ 4 [Vollstreckungsschuldner]

[1]Die Vollstreckung kann gegen jeden durchgeführt werden, der nach den für den beizutreibenden Anspruch geltenden besonderen Vorschriften oder kraft Gesetzes nach den Vorschriften des bürgerlichen Rechts zur Leistung oder zur Duldung der Vollstreckung verpflichtet ist. [2]Aus einer Zwangshypothek, die für einen der im § 1 bezeichneten Ansprüche eingetragen ist, kann auch gegen den Rechtsnachfolger des Schuldners in das belastete Grundstück vollstreckt werden.

1 Besondere Vorschriften über den Vollstreckungsschuldner finden sich zB in § 22 GKG, § 24 FamGKG, §§ 22 ff. GNotKG. Kraft Gesetzes haften zB Erben.

§ 5 [Beginn der Vollstreckung]

(1) **[1]Die Vollstreckung darf erst beginnen, wenn der beizutreibende Anspruch fällig ist. [2]In den Fällen des § 1 Absatz 1 Nummer 8 und 9 darf die Vollstreckung erst beginnen, wenn der Zahlungspflichtige von den ihm zustehenden Rechtsbehelfen binnen zwei Wochen nach der Zahlungsaufforderung oder nach der Mitteilung einer Entscheidung über seine Einwendungen gegen die Zahlungsaufforderung keinen Gebrauch gemacht hat. [3]Vorschriften, wonach aus vollstreckbaren Entscheidungen oder Verpflichtungserklärungen erst nach deren Zustellung vollstreckt werden darf, bleiben unberührt.**

(2) **In der Regel soll der Vollstreckungsschuldner (§ 4) vor Beginn der Vollstreckung zur Leistung innerhalb von zwei Wochen schriftlich auf-**

gefordert und nach vergeblichem Ablauf der Frist besonders gemahnt werden.

Die **Fälligkeit** ist jeweils gesetzlich geregelt, zB in § 6 GKG, §§ 8, 9 GNotKG. 1

Wartefrist. Bei Ansprüchen auf Rückzahlung gegen Betreuer etc. ist zwingend eine zweiwöchige Wartefrist einzuhalten. 2

Zahlungsaufforderung (Abs. 2). Ein Verstoß gegen § 5 Abs. 2 führt in der Regel nicht dazu, dass die Vollstreckung unzulässig ist und deshalb der Aufhebung unterliegt (OLG Saarbrücken BeckRS 2010, 13184), da es sich um eine Sollvorschrift handelt. Die Gerichtsvollzieherkosten können beim Schuldner aber nicht beigetrieben werden, wenn vom Gläubiger versäumt bzw. nicht nachgewiesen wurde, dass der Schuldner vor Einleitung der Vollstreckung gem. Abs. 2 zur Zahlung aufgefordert wurde (LG Stade DGVZ 2006, 76). Die Zahlungsaufforderung gem. Abs. 2 ist nur *einmal* geeignet, den Neubeginn der Verjährung zu begründen (LG Oldenburg NdsRpfl 2008, 143). Für die Mahnung werden 5 Euro berechnet (Nr. 1403 JVKostG); Kostenschuldner § 17 JVKostG. 3

§ 6 [Anzuwendende Vorschriften]

(1) **Für die Vollstreckung gelten nach Maßgabe der Absätze 2 bis 4 folgende Vorschriften sinngemäß:**

1. **§§ 735 bis 737, 739 bis 741, 743, 745 bis 748, 753 Absatz 4 und 5, §§ 758, 758a, 759, 761, 762, 764, 765a, 766, 771 bis 776, 778, 779, 781 bis 784, 786, 788, 789, 792, 793, 802a bis 802i, 802j Absatz 1 und 3, §§ 802k bis 827, 828 Absatz 2 und 3, §§ 829 bis 837a, 840 Absatz 1, Absatz 2 Satz 2, §§ 841 bis 886 der Zivilprozessordnung,**
2. **sonstige Vorschriften des Bundesrechts, die die Zwangsvollstreckung aus Urteilen in bürgerlichen Rechtsstreitigkeiten beschränken, sowie**
3. **die landesrechtlichen Vorschriften über die Zwangsvollstreckung gegen Gemeindeverbände oder Gemeinden.**

(2) [1]**An die Stelle des Gläubigers tritt die Vollstreckungsbehörde.** [2]**Bei der Zwangsvollstreckung in Forderungen und andere Vermögensrechte wird der Pfändungs- und der Überweisungsbeschluss von der Vollstreckungsbehörde erlassen.** [3]**Die Aufforderung zur Abgabe der in § 840 Absatz 1 der Zivilprozessordnung genannten Erklärungen ist in den Pfändungsbeschluss aufzunehmen.**

(3) [1]**An die Stelle des Gerichtsvollziehers tritt der Vollziehungsbeamte.** [2]**Der Vollziehungsbeamte wird zur Annahme der Leistung, zur Ausstellung von Empfangsbekenntnissen und zu Vollstreckungshandlungen durch einen schriftlichen Auftrag der Vollstreckungsbehörde ermächtigt.** [3]**Aufträge, die mit Hilfe automatischer Einrichtungen erstellt werden, werden mit dem Dienstsiegel versehen; einer Unterschrift bedarf es nicht.** [4]**Der Vollziehungsbeamte hat im Auftrag der Vollstreckungsbehörde auch die in § 840 Absatz 1 der Zivilprozessordnung bezeichneten Erklärungen entgegenzunehmen.** [5]**Die in § 845 der Zivilprozessordnung bezeichnete Benachrichtigung hat der Vollziehungsbeamte nach den Vorschriften der Zivilprozessordnung über die Zustellung auf Betreiben der Parteien zuzustellen.**

(4) **Gepfändete Forderungen sind nicht an Zahlungs statt zu überweisen.**

(5) **Die Vollstreckungsbehörden dürfen das Bundeszentralamt für Steuern ersuchen, bei den Kreditinstituten die in § 93 b Absatz 1 der Abgabenordnung bezeichneten Daten abzurufen, wenn**

1. **der Schuldner seiner Pflicht, eine Vermögensauskunft zu erteilen, nicht nachkommt oder**
2. **bei einer Vollstreckung in die Vermögensgegenstände, die in der Vermögensauskunft angegeben sind, eine vollständige Befriedigung der Forderung, wegen der die Vermögensauskunft verlangt wird, voraussichtlich nicht zu erwarten ist.**

1 Abs. 1 bestimmt, dass sich die **Vollstreckung im Wesentlichen nach der ZPO** richtet. Einen Pfändungs- und Überweisungsbeschluss (§§ 829, 835 ZPO) kann die Vollstreckungsbehörde selbst erlassen (Abs. 2 Satz 2), bleibt aber Behörde. Dieses Selbsttitulierungsrecht ist bedenklich, weil es die Gewaltenteilung nicht beachtet. Den Inhalt des Beschlusses regelt Abs. 4: Keine Überweisung an Zahlungsstatt, sondern nur zur Einziehung (§ 835 Abs. 1 ZPO). Abs. 3 Satz 3 regelt die Drittschuldnererklärung, etwa wenn Lohnansprüche gepfändet werden. Abs. 3 Satz 4 betrifft die Vorpfändung (§ 845 ZPO). In einem Vollstreckungsauftrag der Landesjustizkasse ist anzugeben, für welchen Gläubiger (also für welches gerichtliche Verfahren) die Forderung geltend gemacht wird (AG Pirna DGVZ 2010, 237).

2 Da das JBeitrG die Zuständigkeit für die Entscheidung über **Vollstreckungsschutzanträge** des Schuldners (zB §§ 765a, 850c, 850e Nr. 2 ZPO; § 55 SGB I) nicht anderweitig regelt, ist das Vollstreckungsgericht dafür zuständig (OLG Nürnberg Rpfleger 2001, 361; *Meinhold* Rpfleger 2004, 87) und nicht die Vollstreckungsbehörde. Der Antrag auf Erlass eines Durchsuchungsbeschlusses ist unzulässig, wenn er nicht unter Verwendung des gemäß § 758a Abs. 6 S. 2 ZPO iVm der Verordnung über Formulare für die Zwangsvollstreckung (ZVFV) vorgeschriebenen Formulars gestellt ist (AG Hamburg BeckRS 2013, 08583). Verlangt der Schuldner nur erweiterten Kontenschutz, ist nicht § 8 einschlägig, sondern § 6 Abs. 1 Nr. 1.

3 **Anträge des Schuldners bzw. der Gläubigers:** Eine Vollstreckungserinnerung (§ 766 ZPO) ist einzulegen (OLG Hamm JurBüro 1990,10859), etwa wenn in unpfändbare Gegenstände vollstreckt wird, worüber der Richter entscheidet (§ 20 Nr. 17 RPflG; OLG Nürnberg Rpfleger 2001, 361). Ebenso wenn der Gerichtsvollzieher ein Tätigwerden ablehnt. Auf § 767 ZPO wird ausdrücklich nicht verwiesen (LG Hildesheim BeckRS 2016, 12614).

§ 7 [Eidesstattliche Versicherung, Zwangsvollstreckung in unbewegliches Vermögen]

[1]Die Abnahme der Vermögensauskunft beantragt die Vollstreckungsbehörde bei dem zuständigen Gerichtsvollzieher; die Vollstreckung in unbewegliches Vermögen beantragt sie bei dem zuständigen Amtsgericht. [2]Der Antrag ersetzt den vollstreckbaren Schuldtitel. [3]Eine Zustellung des Antrags an den Schuldner ist nicht erforderlich. [4]Die Vollstreckungsbehörde kann die bei dem zentralen Vollstreckungsgericht nach § 802k Abs. 1 der Zivilprozessordnung verwalteten Vermögensverzeichnisse zu Vollstreckungszwecken abrufen.

Die **Vermögensauskunft** ist in § 802c ZPO geregelt. Der Gerichtsvollzieher hat nicht zu prüfen, ob die Forderung zu Recht besteht (LG Stade DGVZ 2006, 76). Im Übrigen besteht volle Bindung an die gesetzlichen Regelungen des ZPO (LG Itzehoe BeckRS 2008, 10350). Bei Anträgen der Gerichtskasse an das Grundbuchamt nach § 7 handelt es sich um ein Ersuchen im Sinn von § 38 GBO (OLG Frankfurt FGPrax 2009, 252). Der Antrag der Gerichtskasse, unterschrieben und gesiegelt, ersetzt den vollstreckbaren Schuldtitel und die Zustellung des Antrags an den Schuldner ist erstaunlicherweise nicht erforderlich (Satz 3), so dass aufgrund rückständiger Gerichtskosten eine Zwangshypothek eingetragen werden kann. Diese Abweichung von Grundrechten (rechtliches Gehör) ist nicht gerechtfertigt. 1

Der Antrag ist seit 1.1.2013 unter Verwendung der gemäß § 758a Abs. 6 S. 2 ZPO iVm der Verordnung über **Formulare für die Zwangsvollstreckung** (ZVFV) vorgeschriebenen Formulare zu stellen, andernfalls ist er unzulässig (AG Hamburg BeckRS 2013, 08583). 2

Die Vollstreckungsbehörde kann das beim zentralen Gericht (für das jeweilige Bundesland) gespeicherte **Vermögensverzeichnis** des Schuldners abrufen (Satz 4), also im Internet einsehen, falls der Schuldner schon einmal die eidesstattliche Versicherung (jetzt: Vermögensauskunft, § 802c ZPO) abgegeben hat. 3

§ 8 [Einwendungen]

(1) [1]Einwendungen, die den beizutreibenden Anspruch selbst, die Haftung für den Anspruch oder die Verpflichtung zur Duldung der Vollstreckung betreffen, sind vom Schuldner gerichtlich geltend zu machen

bei Ansprüchen nach § 1 Absatz 1 Nummer 4, 6, 7

nach den Vorschriften über Erinnerungen gegen den Kostenansatz,

bei Ansprüchen gegen nichtbeamtete Beisitzer, Vertrauenspersonen, Rechtsanwälte, Zeugen, Sachverständige und mittellose Personen (§ 1 Absatz 1 Nummer 8)

nach den Vorschriften über die Feststellung eines Anspruchs dieser Personen,

bei Ansprüchen nach § 1 Absatz 1 Nummer 9

nach den Vorschriften über Erinnerungen gegen den Festsetzungsbeschluss. [2]Die Einwendung, dass mit einer Gegenforderung aufgerechnet worden sei, ist in diesen Verfahren nur zulässig, wenn die Gegenforderung anerkannt oder gerichtlich festgestellt ist. [3]Das Gericht kann anordnen, dass die Beitreibung bis zum Erlass der Entscheidung gegen oder ohne Sicherheitsleistung eingestellt werde und dass die Vollstreckungsmaßregeln gegen Sicherheitsleistung aufzuheben seien.

(2) [1]Für Einwendungen, die auf Grund der §§ 781 bis 784, 786 der Zivilprozessordnung erhoben werden, gelten die Vorschriften der §§ 767, 769, 770 der Zivilprozessordnung sinngemäß. [2]Für die Klage ist das Gericht zuständig, in dessen Bezirk die Vollstreckung stattgefunden hat.

Einwendungen, die den beizutreibenden Anspruch selbst betreffen, sind zB, dass schon bezahlt ist; dass die Forderung zu hoch ist; Rückforderung von Sachverständigenvergütung gemäß § 4 JVEG (OLG Düsseldorf JurBüro 2016, 485); dass die 1

Forderung infolge Aufrechnung seitens des Schuldners (etwa mit Schadensersatzansprüchen gegen den Staat) erloschen sei (§ 387 BGB). Einwendungen, die den beizutreibenden Kostenanspruch betreffen, sind im Verfahren nach § 8 grundsätzlich unzulässig (BGH BeckRS 2008, 14402). Wie bei jeder Vollstreckung muss der Schuldner gegen den ursprünglichen Titel oder Kostenansatz vorgehen.

2 Der **Einwand der Aufrechnung** (zB wegen offener Forderungen des Sachverständigen gegen die Landeskasse aus freiberuflicher Tätigkeit) ist im Verfahren nach § 66 GKG über die Erinnerung gegen den Kostenansatz gemäß § 8 Abs. 1 Satz 2 unzulässig, wenn die Gegenforderung des Kostenschuldners weder anerkannt noch rechtskräftig festgestellt ist (BGH BeckRS 2008, 21187; OLG Celle NJW 2013, 486); der Aufrechnungseinwand wird also im Beitreibungsverfahren nicht mehr beachtet, der Schuldner muss seinen diesbezüglichen Anspruch anderweitig verfolgen, zB durch Klage nach § 767 ZPO, Klage nach § 839 BGB oder §§ 198ff. GVG.

3 Häufig wird **Verjährung** eingewandt; sie richtet sich zB nach § 5 GKG, § 6 GNotKG. Das ist beachtlich und daher zu prüfen. Die Verjährung kann unterbrochen werden und beginnt neu zu laufen nach § 212 BGB, unter anderem, wenn eine gerichtliche oder behördliche Vollstreckungshandlung vorgenommen oder beantragt wird. Weiter setzt nach § 5 Abs. 3 Satz 2 GKG jede Zahlungsaufforderung die Verjährungsfrist erneut in Gang. Bei unbekanntem Aufenthalt des Schuldners genügt zur Verjährungsunterbrechung die Zustellung durch Aufgabe zur Post unter seiner letzten bekannten Anschrift (§ 5 Abs. 3 Satz 3 GKG). Auch Vollstreckungsmaßnahmen ohne Beachtung der in § 5 Abs. 2 JBeitrG normierten Voraussetzungen können zu einem Neubeginn der Verjährung führen (OLG Saarbrücken BeckRS 2010, 13184). Die Erinnerung gegen den Kostenansatz führt nicht zur Hemmung der Verjährung einer Gerichtskostenforderung (OLG München BeckRS 2017, 110687).

4 **Haftung für den Anspruch:** sie kann sich zB aus § 29 GKG oder §§ 22–24 GNotKG ergeben (Haftung des Gesamtschuldners, des Erben etc.).

5 **Verpflichtung zur Duldung der Vollstreckung,** etwa wenn sich jemand in notarieller Urkunde der Zwangsvollstreckung unterworfen hat.

6 **§ 1 Abs. 1 Nr. 4, 6, 7:** Einwendungen gegen die Vollstreckung von Gerichtskosten (§ 1 Abs. 1 Nr. 4) sind demgemäß nach § 66 GKG, § 57 FamGKG, § 81 GNotKG, durch **Erinnerung** geltend zu machen. Hierüber muss dasjenige Gericht entscheiden, bei denen die Kosten angesetzt sind (§ 5 Abs. 1 GKG), zB das LG oder das ArbG. Zur Erinnerung vgl § 6. Häufig ist nicht der Kostenansatz falsch, sondern der Geschäftswert **(Streitwert)** ist nach Meinung des Schuldners zu hoch angesetzt. Dagegen kann er sich mit Streitwertbeschwerde (§ 68 GKG) wehren. Gegen die Missbrauchsgebühr nach § 34 Abs. 2 BVerfGG ist die Erinnerung zulässig, die Verhängung der Gebühr ist aber nicht anfechtbar (BVerfG BeckRS 2017, 118930).

7 **§ 1 Abs. 1 Nr. 8: Rückzahlungsansprüche** gegen Betreuer, Pfleger, Verfahrenspfleger, Rechtsanwälte, Sachverständige usw. Eine Rückzahlung setzt voraus, dass der ursprüngliche Bewilligungsbeschluss geändert wird. Gegen den Änderungsbeschluss konnte der Schuldner mit Rechtsmittel vorgehen. Hat er das versäumt, kann er bei der Vollstreckung nur noch beschränkt etwas unternehmen (zB §§ 767, 771 ZPO). Setzt das Betreuungsgericht die Vergütung des Betreuers durch Beschluss fest, aber geringer als der bereits erfolgten Zahlung der Staatskasse entspricht, kann der Betreuer gegen den Beschluss nach §§ 168, 58ff. FamFG, § 11 RPflG vorgehen. Einer Rückforderung überzahlter Betreuervergütung kann der Vertrauensgrundsatz entgegenstehen, wenn eine Abwägung ergibt, dass dem Vertrauen des Berufsbetreuers auf die Beständigkeit der eingetretenen Vermögenslage gegenüber dem öffentlichen Interesse an der Wiederherstellung einer dem Gesetz

entsprechenden Vermögenslage der Vorrang einzuräumen ist (BGH NJW 2014, 1007). Der Sachverständige, der eine Vergütung zurückzahlen soll, muss nach § 4 JVEG vorgehen. Der Rechtsanwalt, der zB eine PKH-Vergütung zurückzahlen soll, muss Erinnerung nach § 56 RVG einlegen.

§ 1 Abs. 1 Nr. 9: Rückzahlungsansprüche gegen Beschuldigte: nach § 66 GKG. Beantragt die Gerichtskasse die Eintragung einer **Sicherungshypothek** wegen offener Gerichtskosten sind Einwendungen gegen den beizutreibenden Anspruch oder die Verpflichtung zur Duldung der Zwangsvollstreckung nach § 8 (also zB durch Klage nach § 767 ZPO), nicht im Grundbuchverfahren (§§ 71 ff. GBO) geltend zu machen (OLG Frankfurt FGPrax 2009, 252). Wird eine **Sache gepfändet,** die einem Dritten gehört, ist dieser auf Klage nach § 771 ZPO angewiesen (OLG Frankfurt NStZ-RR 2006, 15). 8

Einstweilige Einstellung: Sind Einwendungen erhoben, kann das Gericht die Beitreibung einstweilen einstellen (Abs. 1 Satz 3). 9

Beschränkte Erbenhaftung: Für die Fälle §§ 781 ff. ZPO regelt Abs. 2 die Zuständigkeit. 10

Mangelnde Zahlungsfähigkeit begründet einen Erlassantrag, keine Einwendung im Sinne von § 8. 11

§ 9 [Einstweilige Einstellung; Zahlungsnachweis; Stundung]

(1) **Werden Einwendungen gegen die Vollstreckung erhoben, so kann die Vollstreckungsbehörde die Vollstreckungsmaßnahmen einstweilen einstellen, aufheben oder von weiteren Vollstreckungsmaßnahmen Abstand nehmen, bis über die Einwendung endgültig entschieden ist.**

(2) **Der Vollziehungsbeamte hat von der Pfändung abzusehen, wenn ihm die Zahlung oder Stundung der Schuld nachgewiesen wird.**

Im Beitreibungsverfahren kann der Erinnerungsführer keine Einwendungen mehr geltend machen, die er bereits mit einer vorangehenden Erinnerung hätte erheben können und die den Gerichtskostenansatz oder die Zahlungspflicht selbst betreffen; zulässig sind Einwendungen entsprechend einer Zwangsvollstreckungsabwehrklage (FG Hamburg Rpfleger 2012, 157). 1

§ 10

(1) **Bei der Pfändung von Forderungen oder anderen Vermögensrechten gelten die Vorschriften des Gerichtskostengesetzes sinngemäß.**

(2) **Für die Tätigkeit des Vollziehungsbeamten gelten die Vorschriften des Gerichtsvollzieherkostengesetzes sinngemäß.**

§ 11 [Inkrafttreten]

7. Gesetz über Kosten in Angelegenheiten der Justizverwaltung (Justizverwaltungskostengesetz – JVKostG)[1]

Vom 23.7.2013, BGBl. I S. 2586, 2655

FNA 363–5

Zuletzt geändert durch Gesetz vom 18.7.2017, BGBl. I S. 2732

Abschnitt 1. Allgemeine Vorschriften

§ 1 Geltungsbereich

(1) **Dieses Gesetz gilt für die Erhebung von Kosten (Gebühren und Auslagen) durch die Justizbehörden des Bundes in Justizverwaltungsangelegenheiten, soweit nichts anderes bestimmt ist.**

(2) [1]**Dieses Gesetz gilt für die Justizbehörden der Länder in folgenden Justizverwaltungsangelegenheiten:**
1. **Befreiung von der Beibringung des Ehefähigkeitszeugnisses (§ 1309 Absatz 2 des Bürgerlichen Gesetzbuchs),**
2. **Anerkennung ausländischer Entscheidungen in Ehesachen (§ 107 des Gesetzes über das Verfahren in Familiensachen und in den Angelegenheiten der freiwilligen Gerichtsbarkeit),**
3. **Registrierung nach dem Rechtsdienstleistungsgesetz,**
4. **automatisiertes Abrufverfahren in Handels-, Partnerschafts-, Genossenschafts- und Vereinsregisterangelegenheiten,**
5. **automatisiertes Abrufverfahren in Grundbuchangelegenheiten, in Angelegenheiten der Schiffsregister, des Schiffsbauregisters und des Registers für Pfandrechte an Luftfahrzeugen,**

5a. **Einstellung von Schutzschriften in das Schutzschriftenregister,**

6. **Rechtshilfeverkehr mit dem Ausland in zivilrechtlichen Angelegenheiten sowie**
7. **besondere Mahnung nach § 5 Absatz 2 des Justizbeitreibungsgesetzes.**

[2]**Im Fall des Satzes 1 Nummer 7 steht eine andere Behörde, die nach § 2 Absatz 1 Satz 2 und 3 des Justizbeitreibungsgesetzes an die Stelle der Gerichtskasse tritt, einer Justizbehörde gleich.**

(3) **Dieses Gesetz gilt ferner für den Rechtshilfeverkehr in strafrechtlichen Angelegenheiten mit dem Ausland, mit einem internationalen Strafgerichtshof und mit anderen zwischen- und überstaatlichen Einrichtungen einschließlich der gerichtlichen Verfahren.**

(4) **Die Vorschriften dieses Gesetzes über das gerichtliche Verfahren sind auch dann anzuwenden, wenn in Justizverwaltungsangelegenheiten der Länder die Kosten nach landesrechtlichen Vorschriften erhoben werden.**

[1] Verkündet als Art. 2 2. KostenrechtsmodernisierungsG vom 23.7.2013 (BGBl. I S. 2586); Inkrafttreten gem. Art. 50 dieses G am 1.8.2013.

§ 2 Kostenfreiheit

(1) **Der Bund und die Länder sowie die nach den Haushaltsplänen des Bundes oder eines Landes verwalteten öffentlichen Anstalten und Kassen sind von der Zahlung der Gebühren befreit.**

(2) **Von der Zahlung der Gebühren sind auch ausländische Behörden im Geltungsbereich der Richtlinie 2006/123/EG des Europäischen Parlaments und des Rates vom 12. Dezember 2006 über Dienstleistungen im Binnenmarkt (ABl. L 376 vom 27.12.2006, S. 36) befreit, wenn sie auf der Grundlage des Kapitels VI der Richtlinie Auskunft aus den in Teil 1 Hauptabschnitt 1 Abschnitt 4 oder Abschnitt 5 des Kostenverzeichnisses bezeichneten Registern oder Grundbüchern erhalten und wenn vergleichbaren deutschen Behörden für diese Auskunft Gebührenfreiheit zustünde.**

(3) **Von den in § 380 des Gesetzes über das Verfahren in Familiensachen und in den Angelegenheiten der freiwilligen Gerichtsbarkeit genannten Stellen werden Gebühren nach Teil 1 Hauptabschnitt 1 Abschnitt 4 des Kostenverzeichnisses nicht erhoben, wenn die Abrufe erforderlich sind, um ein vom Gericht gefordertes Gutachten zu erstatten.**

(4) **Sonstige bundesrechtliche oder landesrechtliche Vorschriften, durch die eine sachliche oder persönliche Befreiung von Kosten gewährt ist, bleiben unberührt.**

§ 3 Kostenfreie Amtshandlungen

Keine Kosten mit Ausnahme der Dokumentenpauschale werden erhoben

1. **für Amtshandlungen, die durch Anzeigen, Anträge und Beschwerden in Angelegenheiten der Strafverfolgung, der Anordnung oder der Vollstreckung von Maßregeln der Besserung und Sicherung oder der Verfolgung einer Ordnungswidrigkeit oder der Vollstreckung einer gerichtlichen Bußgeldentscheidung veranlasst werden;**
2. **in Gnadensachen;**
3. **in Angelegenheiten des Bundeszentralregisters außer für die Erteilung von Führungszeugnissen nach den §§ 30, 30a und 30b des Bundeszentralregistergesetzes;**
4. **in Angelegenheiten des Gewerbezentralregisters außer für die Erteilung von Auskünften nach § 150 der Gewerbeordnung;**
5. **im Verfahren über Anträge nach dem Gesetz über die Entschädigung für Strafverfolgungsmaßnahmen sowie über Anträge auf Entschädigung für sonstige Nachteile, die jemandem ohne sein Verschulden aus einem Straf- oder Bußgeldverfahren erwachsen sind;**
6. **für die Tätigkeit der Staatsanwaltschaft im Aufgebotsverfahren.**

§ 4 Höhe der Kosten

(1) **Kosten werden nach der Anlage zu diesem Gesetz erhoben.**

(2) [1]**Bei Rahmengebühren setzt die Justizbehörde, die die gebührenpflichtige Amtshandlung vornimmt, die Höhe der Gebühr fest.** [2]**Sie hat dabei insbesondere die Bedeutung der Angelegenheit für die Beteiligten, Umfang und Schwierigkeit der Amtshandlung sowie die Einkommens- und Vermögensverhältnisse des Kostenschuldners zu berücksichtigen.**

(3) [1]**Bei der Ablehnung oder Zurücknahme eines Antrags kann die Justizbehörde dem Antragsteller eine Gebühr bis zur Hälfte der für die Vornahme der Amtshandlung bestimmten Gebühr auferlegen, bei Rahmengebühren jedoch nicht weniger als den Mindestbetrag.** [2]**Das Gleiche gilt für die Bestätigung der Ablehnung durch die übergeordnete Justizbehörde.**

§ 5 Verjährung, Verzinsung

(1) **Ansprüche auf Zahlung von Kosten verjähren in vier Jahren nach Ablauf des Kalenderjahrs, in dem die Kosten fällig geworden sind.**

(2) [1]**Ansprüche auf Rückerstattung von Kosten verjähren in vier Jahren nach Ablauf des Kalenderjahrs, in dem die Zahlung erfolgt ist.** [2]**Die Verjährung beginnt jedoch nicht vor dem im Absatz 1 bezeichneten Zeitpunkt.** [3]**Durch die Einlegung eines Rechtsbehelfs mit dem Ziel der Rückerstattung wird die Verjährung wie durch Klageerhebung gehemmt.**

(3) [1]**Auf die Verjährung sind die Vorschriften des Bürgerlichen Gesetzbuchs anzuwenden; die Verjährung wird nicht von Amts wegen berücksichtigt.** [2]**Die Verjährung der Ansprüche auf Zahlung von Kosten beginnt auch durch die Aufforderung zur Zahlung oder durch eine dem Schuldner mitgeteilte Stundung erneut.** [3]**Ist der Aufenthalt des Kostenschuldners unbekannt, so genügt die Zustellung durch Aufgabe zur Post unter seiner letzten bekannten Anschrift.** [4]**Bei Kostenbeträgen unter 25 Euro beginnt die Verjährung weder erneut noch wird sie oder ihr Ablauf gehemmt.**

(4) **Ansprüche auf Zahlung und Rückerstattung von Kosten werden nicht verzinst.**

Abschnitt 2. Fälligkeit und Sicherstellung der Kosten

§ 6 Fälligkeit der Kosten im Allgemeinen

(1) [1]**Kosten werden, soweit nichts anderes bestimmt ist, mit der Beendigung der gebührenpflichtigen Amtshandlung fällig.** [2]**Wenn eine Kostenentscheidung der Justizbehörde ergeht, werden entstandene Kosten mit Erlass der Kostenentscheidung, später entstehende Kosten sofort fällig.**

(2) **Die Gebühren für den Abruf von Daten oder Dokumenten aus einem Register oder dem Grundbuch und für die Übermittlung von Rechnungsunterlagen einer Kleinstkapitalgesellschaft durch das Unternehmensregister werden am 15. Tag des auf den Abruf oder die Übermittlung**

folgenden Monats fällig, sofern sie nicht über ein elektronisches Bezahlsystem sofort beglichen werden.

(3) **Die Jahresgebühr für die Führung des Unternehmensregisters wird jeweils am 31. Dezember für das abgelaufene Kalenderjahr fällig.**

§ 7 Fälligkeit bestimmter Auslagen

Die Dokumentenpauschale sowie die Auslagen für die Versendung von Akten werden sofort nach ihrer Entstehung fällig.

§ 8 Vorschuss

(1) **Die Justizbehörde kann die Zahlung eines Kostenvorschusses verlangen.**

(2) **Sie kann die Vornahme der Amtshandlung von der Zahlung oder Sicherstellung des Vorschusses abhängig machen.**

§ 9 Zurückbehaltungsrecht

Urkunden, Ausfertigungen, Ausdrucke und Kopien können nach billigem Ermessen zurückbehalten werden, bis die in der Angelegenheit erwachsenen Kosten bezahlt sind.

Abschnitt 3. Kostenerhebung

§ 10 Ermäßigung der Gebühren und Absehen von der Kostenerhebung

Die Justizbehörde kann ausnahmsweise, wenn dies mit Rücksicht auf die wirtschaftlichen Verhältnisse des Kostenschuldners oder aus Billigkeitsgründen geboten erscheint, die Gebühren ermäßigen oder von der Erhebung der Kosten absehen.

§ 11 Absehen von der Kostenerhebung wegen des öffentlichen Interesses

(1) **Die Justizbehörde kann von der Erhebung der Gebühr für die Beglaubigung von Kopien, Ausdrucken, Auszügen und Dateien absehen, wenn die Beglaubigung für Zwecke verlangt wird, deren Verfolgung überwiegend im öffentlichen Interesse liegt.**

(2) [1]**Die Justizbehörde kann von der Erhebung der Dokumenten- und Datenträgerpauschale ganz oder teilweise absehen, wenn**

1. **Kopien oder Ausdrucke gerichtlicher Entscheidungen für Zwecke verlangt werden, deren Verfolgung überwiegend im öffentlichen Interesse liegt, oder**
2. **Kopien oder Ausdrucke amtlicher Bekanntmachungen anderen Tageszeitungen als den amtlichen Bekanntmachungsblättern auf Antrag zum unentgeltlichen Abdruck überlassen werden.**

[2]Keine Dokumentenpauschale wird erhoben, wenn Daten im Internet zur nicht gewerblichen Nutzung bereitgestellt werden.

§ 12 Nichterhebung von Kosten in bestimmten Fällen

[1]Kosten in den Fällen des § 1 Absatz 3 werden nicht erhoben, wenn auf die Erstattung
1. nach § 75 des Gesetzes über die internationale Rechtshilfe in Strafsachen,
2. nach § 71 des IStGH-Gesetzes oder
3. nach europäischen Rechtsvorschriften oder völkerrechtlichen Vereinbarungen, die besondere Kostenregelungen vorsehen,

ganz oder teilweise verzichtet worden ist. [2]In den in Satz 1 bezeichneten Angelegenheiten wird eine Dokumenten- oder Datenträgerpauschale in keinem Fall erhoben. [3]Das Gleiche gilt für Auslagen nach Nummer 9001 des Kostenverzeichnisses zum Gerichtskostengesetz.

§ 13 Nichterhebung von Kosten bei unrichtiger Sachbehandlung

Kosten, die bei richtiger Behandlung der Sache nicht entstanden wären, werden nicht erhoben.

Abschnitt 4. Kostenhaftung

§ 14 Amtshandlungen auf Antrag

(1) Die Kosten für Amtshandlungen, die auf Antrag durchgeführt werden, schuldet, wer den Antrag gestellt hat, soweit nichts anderes bestimmt ist.

(2) [1]Absatz 1 gilt nicht in den in § 12 Satz 1 bezeichneten Angelegenheiten für den Verfolgten oder Verurteilten sowie im Schlichtungsverfahren nach § 57a des Luftverkehrsgesetzes. [2]Die §§ 57a und 87n Absatz 6 des Gesetzes über die internationale Rechtshilfe in Strafsachen bleiben unberührt.

§ 15 Datenabruf aus einem Register oder dem Grundbuch

[1]Die Gebühren für den Abruf von Daten oder Dokumenten aus einem Register oder dem Grundbuch schuldet derjenige, der den Abruf tätigt. [2]Erfolgt der Abruf unter einer Kennung, die aufgrund der Anmeldung zum Abrufverfahren vergeben worden ist, ist Schuldner der Gebühren derjenige, der sich zum Abrufverfahren angemeldet hat.

§ 15a Schutzschriftenregister

Die Gebühr für die Einstellung einer Schutzschrift schuldet derjenige, der die Schutzschrift eingereicht hat.

§ 16 Unternehmensregister

Die Jahresgebühr für die Führung des Unternehmensregisters schuldet
1. jedes Unternehmen, das seine Rechnungslegungsunterlagen im Bundesanzeiger bekannt zu machen hat oder beim Betreiber des Bundesanzeigers zur Hinterlegung eingereicht hat, und
2. jedes Unternehmen, das in dem betreffenden Kalenderjahr nach § 8b Absatz 2 Nummer 9 und 10, Absatz 3 Satz 1 Nummer 2 des Handelsgesetzbuchs selbst oder durch einen von ihm beauftragten Dritten Daten an das Unternehmensregister übermittelt hat.

§ 16a Behördliche Schlichtung nach § 57a des Luftverkehrsgesetzes

Die Gebühr 1220 des Kostenverzeichnisses schuldet nur das Luftfahrtunternehmen.

§ 17 Mahnung bei der Forderungseinziehung nach dem Justizbeitreibungsgesetz

Die Gebühr für die Mahnung bei der Forderungseinziehung schuldet derjenige Kostenschuldner, der nach § 5 Absatz 2 des Justizbeitreibungsgesetzes besonders gemahnt worden ist.

§ 18 Weitere Fälle der Kostenhaftung

Die Kosten schuldet ferner derjenige,
1. dem durch eine Entscheidung der Justizbehörde oder des Gerichts die Kosten auferlegt sind,
2. der sie durch eine vor der Justizbehörde abgegebene oder ihr mitgeteilten Erklärung übernommen hat und
3. der nach den Vorschriften des bürgerlichen Rechts für die Kostenschuld eines anderen kraft Gesetzes haftet.

§ 19 Mehrere Kostenschuldner

Mehrere Kostenschuldner haften als Gesamtschuldner.

Abschnitt 5. Öffentlich-rechtlicher Vertrag

§ 20 Übermittlung gerichtlicher Entscheidungen

(1) Für die Übermittlung gerichtlicher Entscheidungen in Form elektronisch auf Datenträgern gespeicherter Daten kann durch öffentlich-rechtlichen Vertrag anstelle der zu erhebenden Auslagen eine andere Art der Gegenleistung vereinbart werden, deren Wert den ansonsten zu erhebenden Auslagen entspricht.

(2) Werden neben der Übermittlung gerichtlicher Entscheidungen zusätzliche Leistungen beantragt, insbesondere eine Auswahl der Entscheidungen nach besonderen Kriterien, und entsteht hierdurch ein nicht unerheblicher Aufwand, so ist durch öffentlich-rechtlichen Vertrag eine Gegenleistung zu vereinbaren, die zur Deckung der anfallenden Aufwendungen ausreicht.

(3) Werden Entscheidungen für Zwecke verlangt, deren Verfolgung überwiegend im öffentlichen Interesse liegt, so kann auch eine niedrigere Gegenleistung vereinbart oder auf eine Gegenleistung verzichtet werden.

§ 21 Auskunft für wissenschaftliche Forschungsvorhaben

[1]Erfordert die Erteilung einer Auskunft für wissenschaftliche Forschungsvorhaben aus den vom Bundesamt für Justiz geführten Registern einen erheblichen Aufwand, ist eine Gegenleistung zu vereinbaren, welche die notwendigen Aufwendungen deckt. [2]§ 10 ist entsprechend anzuwenden.

Abschnitt 6. Rechtsbehelf und gerichtliches Verfahren

§ 22 Einwendungen und gerichtliches Verfahren

(1) [1]Über Einwendungen gegen den Ansatz der Kosten oder gegen Maßnahmen nach den §§ 8 und 9 entscheidet das Amtsgericht, in dessen Bezirk die Justizbehörde ihren Sitz hat. [2]Für das gerichtliche Verfahren sind die §§ 5a, 5b, 66 Absatz 2 bis 8, die §§ 67 und 69a des Gerichtskostengesetzes entsprechend anzuwenden.

(2) Betreffen gerichtliche Verfahren nach Absatz 1 Justizverwaltungsangelegenheiten der Vorstände der Gerichte der Verwaltungs-, Finanz-, Sozial- und Arbeitsgerichtsbarkeit, in denen Kosten nach landesrechtlichen Vorschriften erhoben werden, entscheidet anstelle des Amtsgerichts das Eingangsgericht der jeweiligen Gerichtsbarkeit, in dessen Bezirk die Behörde ihren Sitz hat.

Abschnitt 7. Schluss- und Übergangsvorschriften

§ 23 Bekanntmachung von Neufassungen

[1]Das Bundesministerium der Justiz und für Verbraucherschutz kann nach Änderungen den Wortlaut des Gesetzes feststellen und als Neufassung im Bundesgesetzblatt bekannt machen. [2]Die Bekanntmachung muss auf diese Vorschrift Bezug nehmen und angeben
1. den Stichtag, zu dem der Wortlaut festgestellt wird,
2. die Änderungen seit der letzten Veröffentlichung des vollständigen Wortlauts im Bundesgesetzblatt sowie
3. das Inkrafttreten der Änderungen.

§ 24 Übergangsvorschrift

[1]Das bisherige Recht ist anzuwenden auf Kosten
1. für Amtshandlungen, die auf Antrag durchgeführt werden, wenn der Antrag vor dem Inkrafttreten einer Gesetzesänderung bei der Justizbehörde eingegangen ist,
2. für ein gerichtliches Verfahren, wenn das Verfahren vor dem Inkrafttreten einer Gesetzesänderung anhängig geworden ist,
3. für den Abruf von Daten und Dokumenten aus einem Register oder dem Grundbuch, wenn die Kosten vor dem ersten Tag des auf das Inkrafttreten einer Gesetzesänderung folgenden Monats fällig geworden sind,
4. in den übrigen Fällen, wenn die Kosten vor dem Inkrafttreten einer Gesetzesänderung fällig geworden sind.

[2]Dies gilt auch, wenn Vorschriften geändert werden, auf die das Justizverwaltungskostengesetz verweist.

§ 25 Übergangsvorschrift aus Anlass des Inkrafttretens dieses Gesetzes

(1) Die Justizverwaltungskostenordnung in der im Bundesgesetzblatt Teil III, Gliederungsnummer 363-1, veröffentlichten bereinigten Fassung, die zuletzt durch Artikel 2 des Gesetzes vom 11. Juni 2013 (BGBl. I S. 1545) geändert worden ist, und Verweisungen hierauf sind weiter anzuwenden auf Kosten
1. für Amtshandlungen, die auf Antrag durchgeführt werden, wenn der Antrag vor dem Inkrafttreten des 2. Kostenrechtsmodernisierungsgesetzes vom 23. Juli 2013 (BGBl. I S. 2586) bei der Justizbehörde eingegangen ist,
2. für ein gerichtliches Verfahren, wenn das Verfahren vor dem Inkrafttreten des 2. Kostenrechtsmodernisierungsgesetzes vom 23. Juli 2013 (BGBl. I S. 2586) anhängig geworden ist,
3. für den Abruf von Daten und Dokumenten aus einem Register oder dem Grundbuch, wenn die Kosten vor dem ersten Tag des auf das Inkrafttreten des 2. Kostenrechtsmodernisierungsgesetzes vom 23. Juli 2013 (BGBl. I S. 2586) folgenden Kalendermonats fällig geworden sind,

4. in den übrigen Fällen, wenn die Kosten vor dem Inkrafttreten des 2. Kostenrechtsmodernisierungsgesetzes vom 23. Juli 2013 (BGBl. I S. 2586) fällig geworden sind.

(2) **Soweit wegen der Erhebung von Haftkosten die Vorschriften des Gerichtskostengesetzes entsprechend anzuwenden sind, ist auch § 73 des Gerichtskostengesetzes in der bis zum 27. Dezember 2010 geltenden Fassung entsprechend anzuwenden.**

Anlage (zu § 4 Absatz 1)

Kostenverzeichnis

Gliederung

Teil 1. Gebühren

Nr.	Gebührentatbestand	Gebührenbetrag
Hauptabschnitt 1. Register- und Grundbuchangelegenheiten		
Abschnitt 1. Rechtsdienstleistungsregister		
1110	**Registrierung nach dem RDG** . . . . **Bei Registrierung einer juristischen Person oder einer Gesellschaft ohne Rechtspersönlichkeit wird mit der Gebühr auch die Eintragung einer qualifizierten Person in das Rechtsdienstleistungsregister abgegolten.**	**150,00 €**

Nr.	Gebührentatbestand	Gebührenbetrag
1111	**Eintragung einer qualifizierten Person in das Rechtsdienstleistungsregister, wenn die Eintragung nicht durch die Gebühr 1110 abgegolten ist:** **je Person**	**150,00 €**
1112	**Widerruf oder Rücknahme der Registrierung**	**75,00 €**

Abschnitt 2. Unternehmensregister

Vorbemerkung 1.1.2:
Mit der Jahresgebühr nach den Nummern 1120 bis 1122 wird der gesamte Aufwand zur Führung des Unternehmensregisters mit Ausnahme der Übermittlung von Rechnungsunterlagen im Fall der Nummer 1124 entgolten. Sie umfasst jedoch nicht den Aufwand für die Erteilung von Ausdrucken oder Kopien, die Überlassung von elektronisch gespeicherten Dokumenten und die Beglaubigung von Kopien, Ausdrucken, Auszügen und Dateien.

1120	**Jahresgebühr für die Führung des Unternehmensregisters für jedes Kalenderjahr, wenn das Unternehmen bei der Offenlegung der Rechnungslegungsunterlagen die Erleichterungen nach § 326 HGB in Anspruch nehmen kann** . . . . (1) Die Gebühr entsteht für jedes Kalenderjahr, für das ein Unternehmen die Rechnungslegungsunterlagen im Bundesanzeiger bekannt zu machen hat oder beim Betreiber des Bundesanzeigers hinterlegt hat. Dies gilt auch, wenn die bekannt zu machenden Unterlagen nur einen Teil des Kalenderjahres umfassen. (2) Die Gebühr wird nicht erhoben, wenn für das Kalenderjahr die Gebühr 1122 entstanden ist.	**3,00 €**
1121	**Das Unternehmen kann die Erleichterungen nach § 326 HGB nicht in Anspruch nehmen:** **Die Gebühr 1120 beträgt**	**6,00 €**
1122	**Jahresgebühr für die Führung des Unternehmensregisters für jedes Kalenderjahr, in dem das Unternehmen nach § 8b Abs. 2 Nr. 9 und 10, Abs. 3 Satz 1 Nr. 2 HGB selbst oder durch einen von ihm beauftragten Dritten Daten an das Unternehmensregister übermittelt hat**	**30,00 €**

Nr.	Gebührentatbestand	Gebührenbetrag
1123	Übertragung von Unterlagen der Rechnungslegung, die in Papierform zum Register eingereicht wurden, in ein elektronisches Dokument (§ 8b Abs. 4 Satz 2, § 9 Abs. 2 HGB):	
	für jede angefangene Seite	3,00 € – mindestens 30,00 €
	Die Gebühr wird für die Dokumente eines jeden Unternehmens gesondert erhoben. Mit der Gebühr wird auch die einmalige elektronische Übermittlung der Dokumente an den Antragsteller abgegolten.	
1124	Übermittlung von Rechnungslegungsunterlagen einer Kleinstkapitalgesellschaft oder Kleinstgenossenschaft, die beim Bundesanzeiger hinterlegt sind (§ 326 Abs. 2 HGB):	
	je übermittelter Bilanz	1,50 €

Abschnitt 3. Bundeszentral- und Gewerbezentralregister

Vorbemerkung 1.1.3:

Die Gebühr 1130 wird nicht erhoben, wenn ein Führungszeugnis zur Ausübung einer ehrenamtlichen Tätigkeit benötigt wird, die für eine gemeinnützige Einrichtung, für eine Behörde oder im Rahmen eines der in § 32 Abs. 4 Nr. 2 Buchstabe d EStG genannten Dienste ausgeübt wird.

1130	Führungszeugnis nach § 30, § 30a oder § 30b BZRG	13,00 €
1131	[aufgehoben]	
1132	Auskunft nach § 150 der Gewerbeordnung	13,00 €

Abschnitt 4. Abruf von Daten in Handels-, Partnerschafts-, Genossenschafts- und Vereinsregisterangelegenheiten

Vorbemerkung 1.1.4:

(1) Dieser Abschnitt gilt für den Abruf von Daten und Dokumenten aus dem vom Registergericht geführten Datenbestand. Für den Aufruf von Daten und Dokumenten in der Geschäftsstelle des Gerichts werden keine Gebühren erhoben.
(2) Neben den Gebühren werden keine Auslagen erhoben.

1140	Abruf von Daten aus dem Register:	
	je Registerblatt	4,50 €
1141	Abruf von Dokumenten, die zum Register eingereicht wurden:	
	für jede abgerufene Datei.	1,50 €

Abschnitt 5. Einrichtung und Nutzung des automatisierten Abrufverfahrens in Grundbuchangelegenheiten, in Angelegenheiten der Schiffsregister, des Schiffsbauregisters und des Registers für Pfandrechte an Luftfahrzeugen

Nr.	Gebührentatbestand	Gebührenbetrag

Vorbemerkung 1.1.5:
(1) Dieser Abschnitt gilt für den Abruf von Daten und Dokumenten aus dem vom Grundbuchamt oder dem Registergericht geführten Datenbestand. Für den Aufruf von Daten und Dokumenten in der Geschäftsstelle des Grundbuchamts oder des Registergerichts werden keine Gebühren erhoben. Der Abruf von Daten aus den Verzeichnissen (§ 12a Abs. 1 der Grundbuchordnung, § 31 Abs. 1, § 55 Satz 2 SchRegDV, §§ 10 und 11 Abs. 3 Satz 2 LuftRegV) und der Abruf des Zeitpunkts der letzten Änderung des Grundbuchs oder Registers sind gebührenfrei.
(2) Neben den Gebühren werden keine Auslagen erhoben.

Nr.	Gebührentatbestand	Gebührenbetrag
1150	Genehmigung der Landesjustizverwaltung zur Teilnahme am eingeschränkten Abrufverfahren (§ 133 Abs. 4 Satz 3 der Grundbuchordnung, auch i. V. m. § 69 Abs. 1 Satz 2 SchRegDV, und § 15 LuftRegV) . . .	50,00 €
	Mit der Gebühr ist die Einrichtung des Abrufverfahrens für den Empfänger mit abgegolten. Mit der Gebühr für die Genehmigung in einem Land sind auch weitere Genehmigungen in anderen Ländern abgegolten.	
1151	Abruf von Daten aus dem Grundbuch oder Register:	
	für jeden Abruf aus einem Grundbuch- oder Registerblatt	8,00 €
1152	Abruf von Dokumenten, die zu den Grund- oder Registerakten genommen wurden:	
	für jedes abgerufene Dokument	1,50 €

Abschnitt 6. Schutzschriftenregister

Nr.	Gebührentatbestand	Gebührenbetrag
1160	Einstellung einer Schutzschrift	83,00 €

Hauptabschnitt 2. Verfahren des Bundesamts für Justiz

Abschnitt 1. Ordnungsgeldverfahren

Vorbemerkung 1.2.1:
Wird ein Ordnungsgeldverfahren gegen mehrere Personen durchgeführt, entstehen die Gebühren für jede Person gesondert.

Nr.	Gebührentatbestand	Gebührenbetrag
1210	Durchführung eines Ordnungsgeldverfahrens nach § 335 HGB	100,00 €
1211	Festsetzung eines zweiten und jedes weiteren Ordnungsgelds jeweils	100,00 €

Abschnitt 2. Schlichtung nach § 57a LuftVG

Nr.	Gebührentatbestand	Gebührenbetrag
1220	Verfahrensgebühr	290,00 €
	Die Gebühr entsteht nicht, wenn dem Fluggast die Gebühr 1222 auferlegt oder das Schlichtungsbegehren dem Luftfahrtunternehmen nicht zugeleitet wird.	

Nr.	Gebührentatbestand	Gebührenbetrag
1221	Das Luftfahrtunternehmen erkennt die Forderung des Fluggastes innerhalb von vier Wochen ab Zuleitung des Schlichtungsbegehrens an und die Durchführung des Schlichtungsverfahrens wird entbehrlich:	
	Die Gebühr 1220 ermäßigt sich auf	75,00 €
1222	Auferlegung einer Gebühr nach § 57 a Abs. 3 LuftVG	30,00 €

Hauptabschnitt 3. Justizverwaltungsangelegenheiten mit Auslandsbezug

Abschnitt 1. Beglaubigungen und Bescheinigungen

Nr.	Gebührentatbestand	Gebührenbetrag
1310	Beglaubigung von amtlichen Unterschriften für den Auslandsverkehr	20,00 €
	Die Gebühr wird nur einmal erhoben, auch wenn eine weitere Beglaubigung durch die übergeordnete Justizbehörde erforderlich ist.	
1311	Bescheinigungen über die Beurkundungsbefugnis eines Justizbeamten, die zum Gebrauch einer Urkunde im Ausland verlangt werden	15,00 €
	Die Gebühr wird nicht erhoben, wenn eine Beglaubigungsgebühr nach Nummer 1310 zum Ansatz kommt.	

Abschnitt 2. Rechtshilfeverkehr in zivilrechtlichen Angelegenheiten

Vorbemerkung 1.3.2:
Gebühren nach diesem Abschnitt werden nur in Zivilsachen und in Angelegenheiten der freiwilligen Gerichtsbarkeit erhoben. Die Gebühren nach den Nummern 1321 und 1322 werden auch dann erhoben, wenn die Zustellung oder Rechtshilfehandlung wegen unbekannten Aufenthalts des Empfängers oder sonst Beteiligten oder aus ähnlichen Gründen nicht ausgeführt werden kann. In den Fällen der Nummern 1321 und 1322 werden Gebühren und Auslagen nicht erhoben, wenn die Gegenseitigkeit verbürgt ist. Die Bestimmungen der Staatsverträge bleiben unberührt.

Nr.	Gebührentatbestand	Gebührenbetrag
1320	Prüfung von Rechtshilfeersuchen in das Ausland	15,00 bis 55,00 €
1321	Erledigung von Zustellungsanträgen in ausländischen Rechtsangelegenheiten ...	15,00 €
1322	Erledigung von Rechtshilfeersuchen in ausländischen Rechtsangelegenheiten ...	15,00 bis 255,00 €

Abschnitt 3. Sonstige Angelegenheiten mit Auslandsbezug

Nr.	Gebührentatbestand	Gebührenbetrag
1330	Befreiung von der Beibringung des Ehefähigkeitszeugnisses (§ 1309 Abs. 2 BGB) .	15,00 bis 305,00 €

Nr.	Gebührentatbestand	Gebührenbetrag
1331	**Feststellung der Landesjustizverwaltung, dass die Voraussetzungen für die Anerkennung einer ausländischen Entscheidung vorliegen oder nicht vorliegen (§ 107 FamFG)**	15,00 bis 305,00 €
	Die Gebühr wird auch erhoben, wenn die Entscheidung der Landesjustizverwaltung von dem Oberlandesgericht oder in der Rechtsbeschwerdeinstanz aufgehoben wird und das Gericht in der Sache selbst entscheidet. Die Landesjustizverwaltung entscheidet in diesem Fall über die Höhe der Gebühr erneut. Sie ist in diesem Fall so zu bemessen, als hätte die Landesjustizverwaltung die Feststellung selbst getroffen.	
1332	**Mitwirkung der Bundeszentralstelle für Auslandsadoption (§ 1 Abs. 1 AdÜbAG) bei Übermittlungen an die zentrale Behörde des Heimatstaates (§ 4 Abs. 6 AdÜbAG)** . .	15,00 bis 155,00 €
	Die Gebühr wird in einem Adoptionsvermittlungsverfahren nur einmal erhoben.	
1333	**Bestätigungen nach § 9 AdÜbAG**	40,00 bis 100,00 €
1334	**Bescheinigungen nach § 7 Abs. 4 AdVermiG**	40,00 bis 100,00 €
Hauptabschnitt 4. Sonstige Gebühren		
1400	**Beglaubigung von Kopien, Ausdrucken, Auszügen und Dateien**	0,50 € für jede angefangene Seite – mindestens: 5,00 €
	Die Gebühr wird nur erhoben, wenn die Beglaubigung beantragt ist; dies gilt nicht für Ausdrucke aus dem Unternehmensregister und für an deren Stelle tretende Dateien. Wird die Kopie oder der Ausdruck von der Justizbehörde selbst hergestellt, so kommt die Dokumentenpauschale (Nummer 2000) hinzu.	
1401	**Bescheinigungen und schriftliche Auskünfte aus Akten und Büchern**	15,00 €
	Die Gebühr wird auch für eine Bescheinigung erhoben, aus der sich ergibt, dass entsprechende Akten nicht geführt werden oder ein entsprechendes Verfahren nicht anhängig ist.	
1402	**Zeugnisse über das im Bund oder in den Ländern geltende Recht**	15,00 bis 255,00 €
1403	**Mahnung nach § 5 Abs. 2 des Justizbeitreibungsgesetzes**	5,00 €

Teil 2. Auslagen

Nr.	Gebührentatbestand	Gebührenbetrag
Vorbemerkung 2: Für die Erhebung der Auslagen ist Teil 9 des Kostenverzeichnisses zum GKG entsprechend anzuwenden, soweit nachfolgend nichts anderes bestimmt ist.		
2000	Pauschale für die Herstellung und Überlassung von Dokumenten:	
	1. Ausfertigungen, Kopien und Ausdrucke, die auf Antrag angefertigt oder auf Antrag per Telefax übermittelt worden sind:	
	für die ersten 50 Seiten je Seite	0,50 €
	für jede weitere Seite	0,15 €
	2. Überlassung von elektronisch gespeicherten Dateien oder deren Bereitstellung zum Abruf anstelle der in Nummer 1 genannten Ausfertigungen, Kopien und Ausdrucke:	
	je Datei	1,50 €
	für die in einem Arbeitsgang überlassenen, bereitgestellten oder in einem Arbeitsgang auf denselben Datenträger übertragenen Dokumente insgesamt höchstens	5,00 €
	(1) Die Höhe der Dokumentenpauschale nach Nummer 1 ist für jeden Antrag und im gerichtlichen Verfahren in jedem Rechtszug und für jeden Kostenschuldner nach § 14 JVKostG gesondert zu berechnen; Gesamtschuldner gelten als ein Schuldner.	
	(2) Werden zum Zweck der Überlassung von elektronisch gespeicherten Dateien Dokumente zuvor auf Antrag von der Papierform in die elektronische Form übertragen, beträgt die Dokumentenpauschale nach Nummer 2 nicht weniger, als die Dokumentenpauschale im Fall der Nummer 1 betragen würde.	
	(3) Frei von der Dokumentenpauschale sind für jede Partei, jeden Beteiligten, jeden Beschuldigten und deren bevollmächtigte Vertreter jeweils	
	1. eine vollständige Ausfertigung oder Kopie oder ein vollständiger Ausdruck jeder gerichtlichen oder behördlichen Entscheidung und jedes vor Gericht abgeschlossenen Vergleichs,	
	2. eine Ausfertigung ohne Tatbestand und Entscheidungsgründe und	

Nr.	Gebührentatbestand	Gebührenbetrag
	3. eine Kopie oder ein Ausdruck jeder Niederschrift über eine Sitzung. § 191a Abs. 1 Satz 2 GVG bleibt unberührt. (4) Bei der Gewährung der Einsicht in Akten wird eine Dokumentenpauschale nur erhoben, wenn auf besonderen Antrag ein Ausdruck einer elektronischen Akte oder ein Datenträger mit dem Inhalt einer elektronischen Akte übermittelt wird.	
2001	Dokumentenpauschale für einfache Kopien und Ausdrucke gerichtlicher Entscheidungen, die zur Veröffentlichung in Entscheidungssammlungen oder Fachzeitschriften beantragt werden: Die Dokumentenpauschale nach Nummer 2000 beträgt für jede Entscheidung höchstens	5,00 €
2002	Datenträgerpauschale . . . . Die Datenträgerpauschale wird neben der Dokumentenpauschale bei der Übermittlung elektronisch gespeicherter Daten auf Datenträgern erhoben.	3,00 €

8. Patentanwaltsordnung (PAO)

Vom 7.9.1966, BGBl. I S. 557
FNA 424-5-1

Zuletzt geändert durch Gesetz vom 30.10.2017, BGBl. I S. 3618
(Auszug)

§ 146 Gerichtskosten

[1]In verwaltungsrechtlichen Patentanwaltssachen werden Gebühren nach dem Gebührenverzeichnis der Anlage zu diesem Gesetz erhoben. [2]Im Übrigen sind die für Kosten in Verfahren vor den Gerichten der Verwaltungsgerichtsbarkeit geltenden Vorschriften des Gerichtskostengesetzes entsprechend anzuwenden, soweit in diesem Abschnitt nichts anderes bestimmt ist.

§ 147 Streitwert

(1) **[1]Der Streitwert bestimmt sich nach § 52 des Gerichtskostengesetzes. [2]Er wird von Amts wegen festgesetzt.**

(2) **[1]In Verfahren, die Klagen auf Zulassung zur Patentanwaltschaft oder deren Rücknahme oder Widerruf betreffen, ist ein Streitwert von 50 000 Euro anzunehmen. [2]Unter Berücksichtigung der Umstände des Einzelfalls, insbesondere des Umfangs und der Bedeutung der Sache sowie der Vermögens- und Einkommensverhältnisse des Klägers, kann das Gericht einen höheren oder einen niedrigeren Wert festsetzen.**

(3) **Die Festsetzung ist unanfechtbar; § 63 Absatz 3 des Gerichtskostengesetzes bleibt unberührt.**

§ 148 Gerichtskosten

[1]Im berufsgerichtlichen Verfahren, im Verfahren über den Antrag auf Entscheidung des Landgerichts über die Rüge (§ 70a Abs. 1) und im Verfahren über den Antrag auf Entscheidung des Landgerichts gegen die Androhung oder die Festsetzung eines Zwangsgelds (§ 50 Abs. 3) werden Gebühren nach dem Gebührenverzeichnis der Anlage zu diesem Gesetz erhoben. [2]Im Übrigen sind die für Kosten in Strafsachen geltenden Vorschriften des Gerichtskostengesetzes entsprechend anzuwenden.

I. Kosten in dem berufsgerichtlichen Verfahren und in dem Verfahren bei Anträgen auf Entscheidung des Landgerichts gegen die Androhung oder die Festsetzung des Zwangsgelds oder über die Rüge

Durch das 2. JuMoG vom 22.12.2006, BGBl. I S. 3416, wurden mit Wirkung vom 31. Dezember 2006 für das Patentanwälte betreffende **berufsgerichtliche Verfahren,** für das Verfahren über den Antrag auf Entscheidung des Landgerichts über die Rüge (§ 70a Abs. 1) und für das Verfahren über den Antrag auf Entscheidung des Landgerichts gegen die Androhung oder die Festsetzung eines Zwangsgelds (§ 50 Abs. 3) **erstmals Gerichtsgebühren eingeführt** (Teil 1 des Gebührenverzeichnisses). Die Gebührenregelungen orientieren sich an den für Kosten in Strafsachen geltenden Vorschriften des Gerichtskostengesetzes, die im Übrigen entsprechend anzuwenden sind (§ 148 Satz 2). 1

II. Kosten in gerichtlichen Verfahren in verwaltungsrechtlichen Patentanwaltssachen

Das am 1. September 2009 in Kraft getretene Gesetz zur Modernisierung von Verfahren im patentanwaltlichen Berufsrecht vom 14.8.2009, BGBl. I S. 2827, hat zu wesentlichen Änderungen des gerichtlichen Verfahrens in **verwaltungsrechtlichen Patentanwaltssachen** (Legaldefinition in § 94a Abs. 1) geführt, die denen der Bundesrechtsanwaltsordnung weitgehend entsprechen. Für alle verwaltungsrechtlichen Streitigkeiten im patentanwaltlichen Berufsrecht ist der Zugang zu den Oberlandesgerichten eröffnet (§ 94a Abs. 1). Gegen deren Entscheidungen ist nach Maßgabe des § 94d PatAnwO die Berufung zum Bundesgerichtshof statthaft. Im gerichtlichen Verfahren gilt grundsätzlich die Verwaltungsgerichtsordnung (§ 94b PAO). Übergangsregelungen enthält § 161. 2

Für die Kosten des gerichtlichen Verfahrens in verwaltungsrechtlichen Patentanwaltssachen gilt Teil 2 des Gebührenverzeichnisses. 3

Anlage
(zu § 146 Satz 1 und § 148 Satz 1)

Gebührenverzeichnis

Gliederung

Teil 1. Berufsgerichtliches Verfahren
- Abschnitt 1. Verfahren vor dem Landgericht
  - *Unterabschnitt 1. Berufsgerichtliches Verfahren erster Instanz*
  - *Unterabschnitt 2. Antrag auf gerichtliche Entscheidung über die Androhung oder die Festsetzung eines Zwangsgelds oder über die Rüge*
- Abschnitt 2. Verfahren vor dem Oberlandesgericht
  - *Unterabschnitt 1. Berufung*
  - *Unterabschnitt 2. Beschwerde*

Teil 1. Berufsgerichtliches Verfahren

Nr.	Gebührentatbestand	Gebührenbetrag oder Satz der jeweiligen Gebühr 1110 und 1111

Vorbemerkung 1:

(1) Im berufsgerichtlichen Verfahren bemessen sich die Gerichtsgebühren vorbehaltlich des Absatzes 2 für alle Rechtszüge nach der rechtskräftig verhängten Maßnahme.
(2) Wird ein Rechtsmittel oder ein Antrag auf berufsgerichtliche Entscheidung nur teilweise verworfen oder zurückgewiesen, so hat das Gericht die Gebühr zu ermäßigen, soweit es unbillig wäre, den Patentanwalt damit zu belasten.
(3) Im Verfahren nach Wiederaufnahme werden die gleichen Gebühren wie für das wiederaufgenommene Verfahren erhoben. Wird jedoch nach Anordnung der Wiederaufnahme des Verfahrens das frühere Urteil aufgehoben, gilt für die Gebührenerhebung jeder Rechtszug des neuen Verfahrens mit dem jeweiligen Rechtszug des früheren Verfahrens zusammen als ein Rechtszug. Gebühren werden auch für Rechtszüge erhoben, die nur im früheren Verfahren stattgefunden haben.

Abschnitt 1. Verfahren vor dem Landgericht

Unterabschnitt 1. Berufsgerichtliches Verfahren erster Instanz

1110	Verfahren mit Urteil bei Verhängung einer oder mehrerer der folgenden Maßnahmen: 1. einer Warnung, 2. eines Verweises, 3. einer Geldbuße	240,00 EUR
1111	Verfahren mit Urteil bei Ausschließung aus der Patentanwaltschaft	480,00 EUR

Unterabschnitt 2. Antrag auf gerichtliche Entscheidung über die Androhung oder die Festsetzung eines Zwangsgelds oder über die Rüge

1120	Verfahren über den Antrag auf gerichtliche Entscheidung über die Androhung oder die	

Nr.	Gebührentatbestand	Gebührenbetrag oder Satz der jeweiligen Gebühr 1110 und 1111
	Festsetzung eines Zwangsgelds nach § 50 Abs. 3 der Patentanwaltsordnung:	
	Der Antrag wird verworfen oder zurückgewiesen	**160,00 EUR**
1121	**Verfahren über den Antrag auf gerichtliche Entscheidung über die Rüge nach § 70a Abs. 1 der Patentanwaltsordnung:**	
	Der Antrag wird verworfen oder zurückgewiesen	**160,00 EUR**

Abschnitt 2. Verfahren vor dem Oberlandesgericht

Unterabschnitt 1. Berufung

1210	**Berufungsverfahren mit Urteil**	1,5
1211	**Erledigung des Berufungsverfahrens ohne Urteil** . . . . Die Gebühr entfällt bei Zurücknahme der Berufung vor Ablauf der Begründungsfrist.	0,5

Unterabschnitt 2. Beschwerde

1220	**Verfahren über Beschwerden im berufsgerichtlichen Verfahren, die nicht nach anderen Vorschriften gebührenfrei sind:**	
	Die Beschwerde wird verworfen oder zurückgewiesen . . . . Von dem Patentanwalt wird eine Gebühr nur erhoben, wenn gegen ihn rechtskräftig eine berufsgerichtliche Maßnahme verhängt worden ist.	**50,00 EUR**

Abschnitt 3. Verfahren vor dem Bundesgerichtshof

Unterabschnitt 1. Revision

1310	**Revisionsverfahren mit Urteil oder mit Beschluss nach § 128 Abs. 3 Satz 1 der Patentanwaltsordnung i. V. m. § 349 Abs. 2 oder Abs. 4 StPO**	2,0
1311	**Erledigung des Revisionsverfahrens ohne Urteil und ohne Beschluss nach § 128 Abs. 3 Satz 1 der Patentanwaltsordnung i. V. m. § 349 Abs. 2 oder Abs. 4 StPO** . . . . Die Gebühr entfällt bei Zurücknahme der Berufung vor Ablauf der Begründungsfrist.	1,0

Nr.	Gebührentatbestand	Gebührenbetrag oder Satz der jeweiligen Gebühr 1110 und 1111
Unterabschnitt 2. Beschwerde		
1320	Verfahren über die Beschwerde gegen die Nichtzulassung der Revision: Die Beschwerde wird verworfen oder zurückgewiesen	1,0
1321	Verfahren über sonstige Beschwerden im berufsgerichtlichen Verfahren, die nicht nach anderen Vorschriften gebührenfrei sind: Die Beschwerde wird verworfen oder zurückgewiesen Von dem Patentanwalt wird eine Gebühr nur erhoben, wenn gegen ihn rechtskräftig eine berufsgerichtliche Maßnahme verhängt worden ist.	50,00 EUR
Abschnitt 4. Rüge wegen Verletzung des Anspruchs auf rechtliches Gehör		
1400	Verfahren über die Rüge wegen Verletzung des Anspruchs auf rechtliches Gehör: Die Rüge wird in vollem Umfang verworfen oder zurückgewiesen	50,00 EUR

Teil 2. Gerichtliche Verfahren in verwaltungsrechtlichen Patentanwaltssachen

Nr.	Gebührentatbestand	Gebührenbetrag oder Satz der Gebühr nach § 34 GKG
Abschnitt 1. Erster Rechtszug		
Unterabschnitt 1. Oberlandesgericht		
2110	Verfahren im Allgemeinen	4,0
2111	Beendigung des gesamten Verfahrens durch 1. Zurücknahme der Klage a) vor dem Schluss der mündlichen Verhandlung, b) wenn eine solche nicht stattfindet, vor Ablauf des Tages, an dem das Urteil, der Gerichtsbescheid oder der Beschluss in der Hauptsache der Geschäftsstelle übermittelt wird, c) im Fall des § 94b Abs. 1 Satz 1 PAO i. V. m. § 93a Abs. 2 VwGO vor Ablauf	

Nr.	Gebührentatbestand	Gebührenbetrag oder Satz der Gebühr nach § 34 GKG
	der Erklärungsfrist nach § 93a Abs. 2 Satz 1 VwGO, 2. Anerkenntnis- oder Verzichtsurteil, 3. gerichtlichen Vergleich oder 4. Erledigungserklärungen nach § 94b Abs. 1 Satz 1 PAO i. V. m. § 161 Abs. 2 VwGO, wenn keine Entscheidung über die Kosten ergeht oder die Entscheidung einer zuvor mitgeteilten Einigung der Beteiligten über die Kostentragung oder der Kostenübernahmeerklärung eines Beteiligten folgt, es sei denn, dass bereits ein anderes als eines der in Nummer 2 genannten Urteile, ein Gerichtsbescheid oder Beschluss in der Hauptsache vorausgegangen ist: Die Gebühr 2110 ermäßigt sich auf	2,0
	Die Gebühr ermäßigt sich auch, wenn mehrere Ermäßigungstatbestände erfüllt sind.	

Unterabschnitt 2. Bundesgerichtshof

Nr.	Gebührentatbestand	Gebührenbetrag oder Satz der Gebühr nach § 34 GKG
2120	Verfahren im Allgemeinen	5,0
2121	Beendigung des gesamten Verfahrens durch 1. Zurücknahme der Klage a) vor dem Schluss der mündlichen Verhandlung, b) wenn eine solche nicht stattfindet, vor Ablauf des Tages, an dem das Urteil oder der Gerichtsbescheid der Geschäftsstelle übermittelt wird, c) im Fall des § 94b Abs. 1 Satz 1 PAO i. V. m. § 93a Abs. 2 VwGO vor Ablauf der Erklärungsfrist nach § 93a Abs. 2 Satz 1 VwGO, 2. Anerkenntnis- oder Verzichtsurteil, 3. gerichtlichen Vergleich oder 4. Erledigungserklärungen nach § 94b Abs. 1 Satz 1 PAO i. V. m. § 161 Abs. 2 VwGO, wenn keine Entscheidung über die Kosten ergeht oder die Entscheidung einer zuvor mitgeteilten Einigung der Beteiligten über die Kostentragung oder der Kostenübernahmeerklärung eines Beteiligten folgt, es sei denn, dass bereits ein anderes als eines der in Nummer 2 genannten Urteile, ein Ge-	

Nr.	Gebührentatbestand	Gebührenbetrag oder Satz der Gebühr nach § 34 GKG
	richtsbescheid oder Beschluss in der Hauptsache vorausgegangen ist: Die Gebühr 2120 ermäßigt sich auf	3,0
	Die Gebühr ermäßigt sich auch, wenn mehrere Ermäßigungstatbestände erfüllt sind.	
Abschnitt 2. Zulassung und Durchführung der Berufung		
2200	Verfahren über die Zulassung der Berufung: Soweit der Antrag abgelehnt wird	1,0
2201	Verfahren über die Zulassung der Berufung: Soweit der Antrag zurückgenommen oder das Verfahren durch anderweitige Erledigung beendet wird	0,5
	Die Gebühr entsteht nicht, soweit die Berufung zugelassen wird.	
2202	Verfahren im Allgemeinen	5,0
2203	Beendigung des gesamten Verfahrens durch Zurücknahme der Berufung oder der Klage, bevor die Schrift zur Begründung der Berufung bei Gericht eingegangen ist: Die Gebühr 2202 ermäßigt sich auf	1,0
	Erledigungserklärungen nach § 94b Abs. 1 Satz 1 PAO i. V. m. § 161 Abs. 2 VwGO stehen der Zurücknahme gleich, wenn keine Entscheidung über die Kosten ergeht oder die Entscheidung einer zuvor mitgeteilten Einigung der Beteiligten über die Kostentragung oder der Kostenübernahmeerklärung eines Beteiligten folgt.	
2204	Beendigung des gesamten Verfahrens, wenn nicht Nummer 2203 erfüllt ist, durch 1. Zurücknahme der Berufung oder der Klage a) vor dem Schluss der mündlichen Verhandlung, b) wenn eine solche nicht stattfindet, vor Ablauf des Tages, an dem das Urteil oder der Beschluss in der Hauptsache der Geschäftsstelle übermittelt wird, oder c) im Fall des § 94b Abs. 1 Satz 1 PAO i. V. m. § 93a Abs. 2 VwGO vor Ablauf der Erklärungsfrist nach § 93a Abs. 2 Satz 1 VwGO, 2. Anerkenntnis- oder Verzichtsurteil, 3. gerichtlichen Vergleich oder	

Nr.	Gebührentatbestand	Gebührenbetrag oder Satz der Gebühr nach § 34 GKG
	4. Erledigungserklärungen nach § 94b Abs. 1 Satz 1 PAO i. V. m. § 161 Abs. 2 VwGO, wenn keine Entscheidung über die Kosten ergeht oder die Entscheidung einer zuvor mitgeteilten Einigung der Beteiligten über die Kostentragung oder der Kostenübernahmeerklärung eines Beteiligten folgt, es sei denn, dass bereits ein anderes als eines der in Nummer 2 genannten Urteile oder ein Beschluss in der Hauptsache vorausgegangen ist: Die Gebühr 2202 ermäßigt sich auf	3,0
	Die Gebühr ermäßigt sich auch, wenn mehrere Ermäßigungstatbestände erfüllt sind.	

Abschnitt 3. Vorläufiger Rechtsschutz

Vorbemerkung 2.3:

(1) Die Vorschriften dieses Abschnitts gelten für einstweilige Anordnungen und für Verfahren nach § 94b Abs. 1 Satz 1 PAO i. V. m. § 80 Abs. 5 und § 80a Abs. 3 VwGO.

(2) Im Verfahren über den Antrag auf Erlass und im Verfahren über den Antrag auf Aufhebung einer einstweiligen Anordnung werden die Gebühren jeweils gesondert erhoben. Mehrere Verfahren nach § 94b Abs. 1 Satz 1 PAO i. V. m. § 80 Abs. 5 und 7 und § 80a Abs. 3 VwGO gelten innerhalb eines Rechtszugs als ein Verfahren.

Unterabschnitt 1. Oberlandesgericht

2310	Verfahren im Allgemeinen	2,0
2311	Beendigung des gesamten Verfahrens durch 1. Zurücknahme des Antrags a) vor dem Schluss der mündlichen Verhandlung oder, b) wenn eine solche nicht stattfindet, vor Ablauf des Tages, an dem der Beschluss der Geschäftsstelle übermittelt wird, 2. gerichtlichen Vergleich oder 3. Erledigungserklärungen nach § 94b Abs. 1 Satz 1 PAO i. V. m. § 161 Abs. 2 VwGO, wenn keine Entscheidung über die Kosten ergeht oder die Entscheidung einer zuvor mitgeteilten Einigung der Beteiligten über die Kostentragung oder der Kostenübernahmeerklärung eines Beteiligten folgt, es sei denn, dass bereits ein Beschluss über den Antrag vorausgegangen ist: Die Gebühr 2310 ermäßigt sich auf	0,75
	Die Gebühr ermäßigt sich auch, wenn mehrere Ermäßigungstatbestände erfüllt sind.	

Nr.	Gebührentatbestand	Gebührenbetrag oder Satz der Gebühr nach § 34 GKG

Unterabschnitt 2. Bundesgerichtshof als Rechtsmittelgericht in der Hauptsache

2320	Verfahren im Allgemeinen	1,5
2321	Beendigung des gesamten Verfahrens durch 1. Zurücknahme des Antrags a) vor dem Schluss der mündlichen Verhandlung oder, b) wenn eine solche nicht stattfindet, vor Ablauf des Tages, an dem der Beschluss der Geschäftsstelle übermittelt wird, 2. gerichtlichen Vergleich oder 3. Erledigungserklärungen nach § 94b Abs. 1 Satz 1 PAO i. V. m. § 161 Abs. 2 VwGO, wenn keine Entscheidung über die Kosten ergeht oder die Entscheidung einer zuvor mitgeteilten Einigung der Beteiligten über die Kostentragung oder der Kostenübernahmeerklärung eines Beteiligten folgt, es sei denn, dass bereits ein Beschluss über den Antrag vorausgegangen ist: Die Gebühr 2320 ermäßigt sich auf . . . . Die Gebühr ermäßigt sich auch, wenn mehrere Ermäßigungstatbestände erfüllt sind.	0,5

Unterabschnitt 3. Bundesgerichtshof

Vorbemerkung 2.3.3:
Die Vorschriften dieses Unterabschnitts gelten, wenn der Bundesgerichtshof auch in der Hauptsache erstinstanzlich zuständig ist.

2330	Verfahren im Allgemeinen	2,5
2331	Beendigung des gesamten Verfahrens durch 1. Zurücknahme des Antrags a) vor dem Schluss der mündlichen Verhandlung oder, b) wenn eine solche nicht stattfindet, vor Ablauf des Tages, an dem der Beschluss der Geschäftsstelle übermittelt wird, 2. gerichtlichen Vergleich oder 3. Erledigungserklärungen nach § 94b Abs. 1 Satz 1 PAO i. V. m. § 161 Abs. 2 VwGO, wenn keine Entscheidung über die Kosten ergeht oder die Entscheidung einer zuvor mitgeteilten Einigung der Beteiligten über die Kostentragung oder der Kostenübernahmeerklärung eines Beteiligten folgt,	

Nr.	Gebührentatbestand	Gebührenbetrag oder Satz der Gebühr nach § 34 GKG
	es sei denn, dass bereits ein Beschluss über den Antrag vorausgegangen ist: **Die Gebühr 2330 ermäßigt sich auf**	**1,0**
	Die Gebühr ermäßigt sich auch, wenn mehrere Ermäßigungstatbestände erfüllt sind.	

Abschnitt 4. Rüge wegen Verletzung des Anspruchs auf rechtliches Gehör

2400	**Verfahren über die Rüge wegen Verletzung des Anspruchs auf rechtliches Gehör:** **Die Rüge wird in vollem Umfang verworfen oder zurückgewiesen**	**50,00 EUR**

9. Patentkostengesetz (PatKostG)

Vom 13.12.2001, BGBl. I S. 3656

FNA 424-4-9

Zuletzt geändert durch Gesetz vom 4.4.2016, BGBl. I S. 558

§ 1 Geltungsbereich, Verordnungsermächtigungen

(1) [1]**Die Gebühren des Deutschen Patent- und Markenamts und des Bundespatentgerichts werden, soweit gesetzlich nichts anderes bestimmt ist, nach diesem Gesetz erhoben.** [2]**Für Auslagen in Verfahren vor dem Bundespatentgericht ist das Gerichtskostengesetz anzuwenden.**

(2) [1]**Das Bundesministerium der Justiz und Verbraucherschutz wird ermächtigt, durch Rechtsverordnung, die nicht der Zustimmung des Bundesrates bedarf, zu bestimmen,**

1. **dass in Verfahren vor dem Deutschen Patent- und Markenamt neben den nach diesem Gesetz erhobenen Gebühren auch Auslagen sowie Verwaltungskosten (Gebühren und Auslagen für Bescheinigungen, Beglaubigungen, Akteneinsicht und Auskünfte und sonstige Amtshandlungen) erhoben werden und**
2. **welche Zahlungswege für die an das Deutsche Patent- und Markenamt und das Bundespatentgericht zu zahlenden Kosten (Gebühren und Auslagen) gelten und Bestimmungen über den Zahlungstag zu treffen.**

I. Geltungsbereich

1 Das Patentkostengesetz (PatKostG), zuletzt geändert durch Art. 13 G zur Änd. des DesignG und weiterer Vorschriften des gewerblichen Rechtsschutzes vom 4.4.2016, BGBl. I S. 558, regelt die rechtlichen Grundlagen für die Kostenerhebung durch das **Deutsche Patent- und Markenamt** und das **Bundespatentgericht.**

II. Systematik

2 Die Gebührenerhebung regelt, wie auch in den anderen Kostengesetzen, ein **Gebührenverzeichnis** (= Anlage zu § 2 Abs. 1; s. Anhang II.9). **Auslagen** werden nach § 1 Abs. 1 S. 2 in Verfahren vor dem **Bundespatentgericht** nach dem GKG (= KV GKG Teil 9) erhoben. In den Verfahren vor dem **Deutschen Patent- und Markenamt** gilt für die Auslagenerhebung, auf Grund der Ermächtigung des § 1 Abs. 2 Nr. 1, die Verordnung über Verwaltungskosten beim Deutschen Patent- und Markenamt (DPMA-Verwaltungskostenverordnung – DPMAVwKostV) vom 14.7.2006, BGBl. I S. 1586, zuletzt geändert durch Art. 211 Zehnte Zuständig-

keitsanpassungsVO vom 31.8.2015, BGBl. I S. 1474. Den **Zahlungsweg** regelt, auf Grund der Ermächtigung des § 1 Abs. 2 Nr. 2, die Verordnung über die Zahlung der Kosten des Deutschen Patent- und Markenamts und des Bundespatentgerichts (Patentkostenzahlungsverordnung – PatKostZV) vom 15.10.2003, BGBl. I S. 2083.

Ist für ein Geschäft kein Gebührentatbestand im PatKostG vorgesehen, bleibt es **gebührenfrei** (BPatG GRUR 2003, 88). 3

§ 2 Höhe der Gebühren

(1) **Gebühren werden nach dem Gebührenverzeichnis der Anlage zu diesem Gesetz erhoben.**

(2) **[1]Für Klagen und einstweilige Verfügungen vor dem Bundespatentgericht richten sich die Gebühren nach dem Streitwert. [2]Die Höhe der Gebühr bestimmt sich nach § 34 des Gerichtskostengesetzes. [3]Der Mindestbetrag einer Gebühr beträgt 121 Euro. [4]Für die Festsetzung des Streitwerts gelten die Vorschriften des Gerichtskostengesetzes entsprechend. [5]Die Regelungen über die Streitwertherabsetzung (§ 144 des Patentgesetzes und § 26 des Gebrauchsmustergesetzes) sind entsprechend anzuwenden.**

Nach **Abs. 1** richten sich die Gebühren nach dem **Gebührenverzeichnis,** das dem PatKostG in der Anlage beigefügt ist. In Verfahren vor dem **Patent- und Markenamt** werden danach wertunabhängige Festgebühren erhoben (= Abschnitt A des Gebührenverzeichnisses; Nr. 311 000ff.). In Verfahren vor dem **Bundespatentgericht** (vgl. §§ 65ff. PatG) richten sich die Gebühren (= Abschnitt B des Gebührenverzeichnisses; Nr. 400 000ff.) nach **Abs. 2 S. 1** für Klagen und einstweilige Verfügungen nach dem Streitwert. **Abs. 2 S. 2** verweist insoweit auf § 34 GKG; den **Mindestbetrag** einer Gebühr bestimmt **Abs. 2 S 3** auf 121 Euro. Für die **Festsetzung** des Gebührenstreitwerts gelten nach **Abs. 2 S. 4** die Vorschriften des GKG entsprechend (vgl. §§ 61ff.). **Nach Abs. 2 S. 5** kann eine **Streitwertherabsetzung** entsprechend § 144 PatG und § 26 GebrMG erfolgen. Für Rechtsmittelverfahren des gewerblichen Rechtsschutzes vor dem **Bundesgerichtshof** werden Kosten nach dem GKG erhoben (§ 1 Abs. 1 Nr. 14 GKG; vgl. § 51 GKG, KV GKG Nr. 1250ff.). 1

§ 3 Fälligkeit der Gebühren

(1) **[1]Die Gebühren werden mit der Einreichung einer Anmeldung, eines Antrags oder durch die Vornahme einer sonstigen Handlung oder mit der Abgabe der entsprechenden Erklärung zu Protokoll fällig, soweit gesetzlich nichts anderes bestimmt ist. [2]Eine sonstige Handlung im Sinn dieses Gesetzes ist insbesondere**
1. **die Einlegung von Rechtsbehelfen und Rechtsmitteln;**
2. **der Antrag auf gerichtliche Entscheidung nach § 61 Abs. 2 des Patentgesetzes;**
3. **die Erklärung eines Beitritts zum Einspruchsverfahren;**
4. **die Einreichung einer Klage;**
5. **die Änderung einer Anmeldung oder eines Antrags, wenn sich dadurch eine höhere Gebühr für das Verfahren oder die Entscheidung ergibt.**

[3]Die Gebühr für die erfolglose Rüge wegen Verletzung des Anspruchs auf rechtliches Gehör wird mit der Bekanntgabe der Entscheidung fällig. [4]Ein hilfsweise gestellter Antrag wird zur Bemessung der Gebührenhöhe dem Hauptantrag hinzugerechnet, soweit eine Entscheidung über ihn ergeht; soweit Haupt- und Hilfsantrag denselben Gegenstand betreffen, wird die Höhe der Gebühr nur nach dem Antrag bemessen, der zur höheren Gebühr führt. [5]Legt der Erinnerungsführer gemäß § 64 Abs. 6 Satz 2 des Markengesetzes Beschwerde ein, hat er eine Beschwerdegebühr nicht zu entrichten.

(2) **[1]Die Jahresgebühren für Patente, Schutzzertifikate und Patentanmeldungen und die Verlängerungsgebühren für Marken sowie die Aufrechterhaltungsgebühren für Gebrauchsmuster und eingetragenes Design sind jeweils für die folgende Schutzfrist am letzten Tag des Monats fällig, der durch seine Benennung dem Monat entspricht, in den der Anmeldetag fällt. [2]Wird ein Gebrauchsmuster, ein Design oder einer Marke erst nach Beendigung der ersten oder einer folgenden Schutzfrist eingetragen, so ist die Aufrechterhaltungsgebühr oder die Verlängerungsgebühr am letzten Tag des Monats fällig, in dem die Eintragung in das Register erfolgt ist.**

1 Nach **Abs. 1 S. 1** werden die Gebühren mit Einreichung einer Anmeldung eines Antrags oder durch die Vornahme einer sonstigen Handlung **fällig.** Sonstige Handlungen sind nach **Abs. 1 S. 2 Nr. 1 – 5** insbesondere die Einlegung von Rechtsbehelfen. Jeder eingelegte Rechtsbehelf löst die Gebühr selbständig aus (BPatG GRUR 2006, 170). Nach **Abs. 1 S. 3** wird die Gebühr für eine erfolglose Rüge wegen Verletzung des rechtlichen Gehörs (vgl. Gebührenverzeichnis Nr. 403 100) mit der Bekanntgabe der Entscheidung fällig. Ein Hilfsantrag, der nicht denselben Gegenstand betrifft wie der Hauptantrag, wird nach **Abs. 1 S. 4** mit dem Hauptantrag nur dann addiert, wenn eine Entscheidung über ihn ergeht (vgl. die ähnliche Regelung in § 45 Abs. 1 S. 2 GKG). **Abs. 2** bestimmt die Fälligkeit der Jahresgebühren für Patente etc.

§ 4 Kostenschuldner

(1) **[1]Zur Zahlung der Kosten ist verpflichtet,**

1. **wer die Amtshandlung veranlasst oder zu wessen Gunsten sie vorgenommen wird;**
2. **wem durch Entscheidung des Deutschen Patent- und Markenamts oder des Bundespatentgerichts die Kosten auferlegt sind;**
3. **wer die Kosten durch eine gegenüber dem Deutschen Patent- und Markenamt oder dem Bundespatentgericht abgegebene oder dem Deutschen Patent- und Markenamt oder dem Bundespatentgericht mitgeteilte Erklärung übernommen hat;**
4. **wer für die Kostenschuld eines anderen kraft Gesetzes haftet.**

(2) **Mehrere Kostenschuldner haften als Gesamtschuldner.**

(3) **[1]Soweit ein Kostenschuldner auf Grund von Absatz 1 Nr. 2 und 3 haftet, soll die Haftung eines anderen Kostenschuldners nur geltend gemacht werden, wenn eine Zwangsvollstreckung in das bewegliche Vermögen des ersteren erfolglos geblieben ist oder aussichtslos erscheint. [2]Soweit**

einem Kostenschuldner, der auf Grund von Absatz 1 Nr. 2 haftet, Verfahrenskostenhilfe bewilligt ist, soll die Haftung eines anderen Kostenschuldners nicht geltend gemacht werden. [3]Bereits gezahlte Beträge sind zu erstatten.

Die Regelung entspricht im Wesentlichen §§ 22, 29, 31 GKG (siehe die dortige Kommentierung). **1**

§ 5 Vorauszahlung, Vorschuss

(1) **[1]In Verfahren vor dem Deutschen Patent- und Markenamt soll die Bearbeitung erst nach Zahlung der Gebühr für das Verfahren erfolgen; das gilt auch, wenn Anträge geändert werden. [2]Satz 1 gilt nicht für die Anträge auf Weiterleitung einer Anmeldung an das Harmonisierungsamt für den Binnenmarkt (Marken, Muster und Modelle) nach § 125a des Markengesetzes, § 62 Designgesetzes und die Anträge auf Weiterleitung internationaler Anmeldungen an das Internationale Büro der Weltorganisation für geistiges Eigentum nach § 68 des Designgesetzes. [3]In Verfahren vor dem Bundespatentgericht soll die Klage erst nach Zahlung der Gebühr für das Verfahren zugestellt werden; im Fall eines Beitritts zum Einspruch im Beschwerdeverfahren oder eines Beitritts zum Einspruch im Fall der gerichtlichen Entscheidung nach § 61 Abs. 2 des Patentgesetzes soll vor Zahlung der Gebühr keine gerichtliche Handlung vorgenommen werden.**

(2) **Die Jahresgebühren für Patente, Schutzzertifikate und Patentanmeldungen, die Verlängerungsgebühren für Marken und die Aufrechterhaltungsgebühren für Gebrauchsmuster und eingetragenes Designs dürfen frühestens ein Jahr vor Eintritt der Fälligkeit vorausgezahlt werden, soweit nichts anderes bestimmt ist.**

Die Vorschrift bestimmt, vergleichbar mit §§ 10ff. GKG, Kostensicherung durch Vorschuss und Vorauszahlung (s. die dortige Kommentierung).

§ 6 Zahlungsfristen, Folgen der Nichtzahlung

(1) **[1]Ist für die Stellung eines Antrags oder die Vornahme einer sonstigen Handlung durch Gesetz eine Frist bestimmt, so ist innerhalb dieser Frist auch die Gebühr zu zahlen. [2]Alle übrigen Gebühren sind innerhalb von drei Monaten ab Fälligkeit (§ 3 Abs. 1) zu zahlen, soweit gesetzlich nichts anderes bestimmt ist.**

(2) **Wird eine Gebühr nach Absatz 1 nicht, nicht vollständig oder nicht rechtzeitig gezahlt, so gilt die Anmeldung oder der Antrag als zurückgenommen, oder die Handlung als nicht vorgenommen, soweit gesetzlich nichts anderes bestimmt ist.**

(3) **Absatz 2 ist auf Weiterleitungsgebühren (Nummern 335 100, 344 100 und 345 100) nicht anwendbar.**

(4) **Zahlt der Erinnerungsführer die Gebühr für das Erinnerungsverfahren nicht, nicht rechtzeitig oder nicht vollständig, so gilt auch die von ihm**

nach § 64 Abs. 6 Satz 2 des Markengesetzes eingelegte Beschwerde als zurückgenommen.

1 Die Vorschrift sieht bei Nichtzahlung bzw. nicht vollständiger oder rechtzeitiger Zahlung der Gebühren **verfahrensrechtliche Konsequenzen** vor. Es wird dann die Rücknahme der Anmeldung oder des Antrags fingiert (BPatG GRUR 2006, 170) oder die Handlung, z. B. Einspruchseinlegung nach § 59 Abs. 1 PatG (BGH GRUR 2005, 184) gilt als nicht vorgenommen (§ 6 Abs. 2). Haben zwei Beteiligte, die **gemeinsam** eine **Beschwerdeschrift** einreichten, nur eine Beschwerdegebühr gezahlt, so ist ihre Erklärung im Zweifel dahin auszulegen, dass die Beschwerde, für den im Rubrum der angefochtenen Entscheidung an erster Stelle Genannten erhoben sein soll (BGH BeckRS 2017, 128419 = GRUR 2017, 1286).

§ 7 Zahlungsfristen für Jahres-, Aufrechterhaltungs- und Schutzrechtsverlängerungsgebühren, Verspätungszuschlag

(1) [1]**Die Jahresgebühren für Patente, Schutzzertifikate und Patentanmeldungen, die Verlängerungsgebühren für Marken und Aufrechterhaltungsgebühren für Gebrauchsmuster und eingetragenes Designs sind bis zum Ablauf des zweiten Monats nach Fälligkeit zu zahlen.** [2]**Wird die Gebühr nicht innerhalb der Frist des Satzes 1 gezahlt, so kann die Gebühr mit dem Verspätungszuschlag noch bis zum Ablauf des sechsten Monats nach Fälligkeit gezahlt werden.**

(2) **Für eingetragenes Designs ist bei Aufschiebung der Bildbekanntmachung die Erstreckungsgebühr innerhalb der Aufschiebungsfrist (§ 21 Abs. 1 Satz 1 des Designgesetzes) zu zahlen.**

(3) [1]**Wird die Klassifizierung einer eingetragenen Marke bei der Verlängerung auf Grund einer Änderung der Klasseneinteilung geändert, und führt dies zu einer Erhöhung der zu zahlenden Klassengebühren, so können die zusätzlichen Klassengebühren auch nach Ablauf der Frist des Absatzes 1 nachgezahlt werden, wenn die Verlängerungsgebühr fristgemäß gezahlt wurde.** [2]**Die Nachzahlungsfrist endet nach Ablauf des 18. Monats nach Fälligkeit der Verlängerungsgebühr.** [3]**Ein Verspätungszuschlag ist nicht zu zahlen.**

§ 8 Kostenansatz

(1) **Die Kosten werden angesetzt:**

1. **beim Deutschen Patent- und Markenamt**
   a) **bei Einreichung einer Anmeldung,**
   b) **bei Einreichung eines Antrags,**
   c) **im Fall eines Beitritts zum Einspruchsverfahren,**
   d) **bei Einreichung eines Antrags auf gerichtliche Entscheidung nach § 61 Abs. 2 des Patentgesetzes sowie**
   e) **bei Einlegung eines Rechtsbehelfs oder Rechtsmittels,**
2. **beim Bundespatentgericht**
   a) **bei Einreichung einer Klage,**

b) bei Einreichung eines Antrags auf Erlass einer einstweiligen Verfügung,
c) im Fall eines Beitritts zum Einspruch im Beschwerdeverfahren oder im Verfahren nach § 61 Abs. 2 des Patentgesetzes sowie
d) bei einer erfolglosen Rüge wegen Verletzung des Anspruchs auf rechtliches Gehör,

auch wenn sie bei einem ersuchten Gericht oder einer ersuchten Behörde entstanden sind.

(2) **Die Stelle, die die Kosten angesetzt hat, trifft auch die Entscheidungen nach den §§ 9 und 10.**

§ 9 Unrichtige Sachbehandlung

Kosten, die bei richtiger Behandlung der Sache nicht entstanden wären, werden nicht erhoben.

Die Vorschrift trifft eine mit § 21 GKG vergleichbare Regelung (BPatG GRUR 2006, 263; s. die dortige Kommentierung). 1

§ 10 Rückzahlung von Kosten, Wegfall der Gebühr

(1) **[1]Vorausgezahlte Gebühren, die nicht mehr fällig werden können, und nicht verbrauchte Auslagenvorschüsse werden erstattet. [2]Die Rückerstattung von Teilbeträgen der Jahresgebühr Nummer 312 205 bis 312 207 des Gebührenverzeichnisses ist ausgeschlossen.**

(2) **Gilt eine Anmeldung oder ein Antrag als zurückgenommen (§ 6 Abs. 2) oder auf Grund anderer gesetzlicher Bestimmungen als zurückgenommen oder erlischt ein Schutzrecht, weil die Gebühr nicht oder nicht vollständig gezahlt wurde, so entfällt die Gebühr, wenn die beantragte Amtshandlung nicht vorgenommen wurde.**

§ 11 Erinnerung, Beschwerde

(1) **[1]Über Erinnerungen des Kostenschuldners gegen den Kostenansatz oder gegen Maßnahmen nach § 5 Abs. 1 entscheidet die Stelle, die die Kosten angesetzt hat. [2]Sie kann ihre Entscheidung von Amts wegen ändern. [3]Die Erinnerung ist schriftlich oder zu Protokoll der Geschäftsstelle bei der Stelle einzulegen, die die Kosten angesetzt hat.**

(2) **[1]Gegen die Entscheidung des Deutschen Patent- und Markenamts über die Erinnerung kann der Kostenschuldner Beschwerde einlegen. [2]Die Beschwerde ist nicht an eine Frist gebunden und ist schriftlich oder zu Protokoll der Geschäftsstelle beim Deutschen Patent- und Markenamt einzulegen. [3]Erachtet das Deutsche Patent- und Markenamt die Beschwerde für begründet, so hat es ihr abzuhelfen. [4]Wird der Beschwerde nicht abgeholfen, so ist sie dem Bundespatentgericht vorzulegen.**

(3) **Eine Beschwerde gegen die Entscheidungen des Bundespatentgerichts über den Kostenansatz findet nicht statt.**

1 Die Vorschrift regelt den statthaften **Rechtsbehelf** gegen den Kostenansatz sowie Vorauszahlungs- und Vorschussanordnungen. Nach Abs. 2 kann der Kostenschuldner gegen die Erinnerungsentscheidung des Deutschen Patent- und Markenamts Beschwerde einlegen. Die Entscheidungen des Bundespatentgerichts über den Kostenansatz sind nach Abs. 3 unanfechtbar.

§ 12 Verjährung, Verzinsung

Für die Verjährung und Verzinsung der Kostenforderungen und der Ansprüche auf Erstattung von Kosten gilt § 5 des Gerichtskostengesetzes entsprechend.

1 Die Verjährung und Verzinsung der Kostenforderungen und Ansprüche auf Erstattung von Kosten richtet sich nach § 5 GKG (s. die dortige Kommentierung).

§ 13 Anwendung der bisherigen Gebührensätze

(1) **Auch nach dem Inkrafttreten eines geänderten Gebührensatzes sind die vor diesem Zeitpunkt geltenden Gebührensätze weiter anzuwenden,**
1. **wenn die Fälligkeit der Gebühr vor dem Inkrafttreten des geänderten Gebührensatzes liegt oder**
2. **wenn für die Zahlung einer Gebühr durch Gesetz eine Zahlungsfrist festgelegt ist und das für den Beginn der Frist maßgebliche Ereignis vor dem Inkrafttreten des geänderten Gebührensatzes liegt oder**
3. **wenn die Zahlung einer nach dem Inkrafttreten des geänderten Gebührensatzes fälligen Gebühr auf Grund bestehender Vorauszahlungsregelungen vor Inkrafttreten des geänderten Gebührensatzes erfolgt ist.**

(2) **Bei Prüfungsanträgen nach § 44 des Patentgesetzes und Rechercheanträgen nach § 43 des Patentgesetzes, § 11 des Erstreckungsgesetzes und § 7 des Gebrauchsmustergesetzes sind die bisherigen Gebührensätze nur weiter anzuwenden, wenn der Antrag und die Gebührenzahlung vor Inkrafttreten eines geänderten Gebührensatzes eingegangen sind.**

(3) [1]**Wird eine innerhalb von drei Monaten nach dem Inkrafttreten eines geänderten Gebührensatzes fällig werdende Gebühr nach den bisherigen Gebührensätzen rechtzeitig gezahlt, so kann der Unterschiedsbetrag bis zum Ablauf einer vom Deutschen Patent- und Markenamt oder Bundespatentgericht zu setzenden Frist nachgezahlt werden.** [2]**Wird der Unterschiedsbetrag innerhalb der gesetzten Frist nachgezahlt, so gilt die Gebühr als rechtzeitig gezahlt.** [3]**Ein Verspätungszuschlag wird in diesen Fällen nicht erhoben.**

(4) **Verfahrenshandlungen, die eine Anmeldung oder einen Antrag ändern, wirken sich nicht auf die Höhe der Gebühr aus, wenn die Gebühr zur Zeit des verfahrenseinleitenden Antrages nicht nach dessen Umfang bemessen wurde.**

1 Die Vorschrift bestimmt grundsätzlich, vergleichbar mit § 71 GKG, dass keine Rückwirkung bei einer Gebührensatzänderung stattfindet.

§ 14 Übergangsvorschrift aus Anlass des Inkrafttretens dieses Gesetzes

(1) [1]Die bisherigen Gebührensätze der Anlage zu § 1 (Gebührenverzeichnis) des Patentgebührengesetzes vom 18. August 1976 in der durch Artikel 10 des Gesetzes vom 22. Dezember 1999 (BGBl. I S. 2534) geänderten Fassung, sind auch nach dem 1. Januar 2002 weiter anzuwenden,
1. wenn die Fälligkeit der Gebühr vor dem 1. Januar 2002 liegt oder
2. wenn für die Zahlung einer Gebühr durch Gesetz eine Zahlungsfrist festgelegt ist und das für den Beginn der Frist maßgebliche Ereignis vor dem 1. Januar 2002 liegt oder
3. wenn die Zahlung einer nach dem 1. Januar 2002 fälligen Gebühr auf Grund bestehender Vorauszahlungsregelungen vor dem 1. Januar 2002 erfolgt ist.

[2]Ist in den Fällen des Satzes 1 Nr. 1 nach den bisher geltenden Vorschriften für den Beginn der Zahlungsfrist die Zustellung einer Gebührenbenachrichtigung erforderlich und ist diese vor dem 1. Januar 2002 nicht erfolgt, so kann die Gebühr noch bis zum 31. März 2002 gezahlt werden.

(2) In den Fällen, in denen am 1. Januar 2002 nach den bisher geltenden Vorschriften lediglich die Jahres-, Aufrechterhaltungs- und Schutzrechtsverlängerungsgebühren, aber noch nicht die Verspätungszuschläge fällig sind, richtet sich die Höhe und die Fälligkeit des Verspätungszuschlages nach § 7 Abs. 1 mit der Maßgabe, dass die Gebühren mit dem Verspätungszuschlag noch bis zum 30. Juni 2002 gezahlt werden können.

(3) Die bisher geltenden Gebührensätze sind für eingetragene Designs und typographische Schriftzeichen, die vor dem 1. Januar 2002 angemeldet worden sind, nur dann weiter anzuwenden, wenn zwar die jeweilige Schutzdauer oder Frist nach § 8b Abs. 2 Satz 1 des Geschmacksmustergesetzes vor dem 1. Januar 2002 abgelaufen ist, jedoch noch nicht die Frist zur Zahlung der Verlängerungs- oder Erstreckungsgebühr mit Verspätungszuschlag, mit der Maßgabe, dass die Gebühren mit dem Verspätungszuschlag noch bis zum 30. Juni 2002 gezahlt werden können.

(4) Bei Prüfungsanträgen nach § 44 des Patentgesetzes und Rechercheanträgen nach § 43 des Patentgesetzes, § 11 des Erstreckungsgesetzes und § 7 des Gebrauchsmustergesetzes sind die bisherigen Gebührensätze nur weiter anzuwenden, wenn der Antrag und die Gebührenzahlung vor dem 1. Januar 2002 eingegangen sind.

(5) [1]Wird eine innerhalb von drei Monaten nach dem 1. Januar 2002 fällig werdende Gebühr nach den bisherigen Gebührensätzen rechtzeitig gezahlt, so kann der Unterschiedsbetrag bis zum Ablauf einer vom Deutschen Patent- und Markenamt oder Bundespatentgericht zu setzenden Frist nachgezahlt werden. [2]Wird der Unterschiedsbetrag innerhalb der gesetzten Frist nachgezahlt, so gilt die Gebühr als rechtzeitig gezahlt. [3]Ein Verspätungszuschlag wird in diesen Fällen nicht erhoben.

§ 15 *(aufgehoben)*

Anlage
(zu § 2 Abs. 1)

Gebührenverzeichnis

Nr.	Gebührentatbestand	Gebühr in Euro
A. Gebühren des Deutschen Patent- und Markenamts		
(1) Sind für eine elektronische Anmeldung geringere Gebühren bestimmt als für eine Anmeldung in Papierform, werden die geringeren Gebühren nur erhoben, wenn die elektronische Anmeldung nach der jeweiligen Verordnung des deutschen Patent- und Markenamts zulässig ist.		
(2) Die Gebühren Nummer 313 600, 323 100, 331 600, 333 000, 333 300, 346 100 und 362 100 werden für jeden Antragsteller gesondert erhoben.		
I. Patentsachen		
1. Erteilungsverfahren		
	Anmeldeverfahren Nationale Anmeldung (§ 34 PatG)	
	– bei elektronischer Anmeldung	
311 000	– die bis zu zehn Patentansprüche enthält	40
311 050	– die mehr als zehn Patentansprüche enthält: Die Gebühr 311 000 erhöht sich für jeden weiteren Anspruch um jeweils	20
311 100	bei Anmeldung in Papierform: Die Gebühren 311 000 und 311 050 erhöhen sich jeweils auf das 1,5fache.	
	Internationale Anmeldung (Artikel III § 4 Abs. 2 Satz 1 IntPatÜbkG)	
311 150	– die bis zu zehn Patentansprüche enthält	60
311 160	– die mehr als zehn Patentansprüche enthält: Die Gebühr 311 150 erhöht sich für jeden weiteren Anspruch um jeweils	30
311 200	Recherche (§ 43 PatG)	300
	Prüfungsverfahren (§ 44 PatG)	
311 300	– wenn ein Antrag nach § 43 PatG bereits gestellt worden ist	150
311 400	– wenn ein Antrag nach § 43 PatG nicht gestellt worden ist	350
311 500	Anmeldeverfahren für ein ergänzendes Schutzzertifikat (§ 49a PatG)	300
	Verlängerung der Laufzeit eines ergänzenden Schutzzertifikats (§ 49a Abs. 3 PatG)	
311 600	– wenn der Antrag zusammen mit dem Antrag auf Erteilung des ergänzenden Schutzzertifikats gestellt wird	100

Nr.	Gebührentatbestand	Gebühr in Euro
311 610	**– wenn der Antrag nach dem Antrag auf Erteilung des ergänzenden Schutzzertifikats gestellt wird**	**200**
2. Aufrechterhaltung eines Patents oder einer Anmeldung		
	Jahresgebühren gemäß § 17 Abs. 1 PatG	
312 030	**für das 3. Patentjahr**	**70**
312 031	**– bei Lizenzbereitschaftserklärung (§ 23 Abs. 1 PatG)**	**35**
312 032	**– Verspätungszuschlag (§ 7 Abs. 1 Satz 2)**	**50**
312 040	**für das 4. Patentjahr**	**70**
312 041	**– bei Lizenzbereitschaftserklärung (§ 23 Abs. 1 PatG)**	**35**
312 042	**– Verspätungszuschlag (§ 7 Abs. 1 Satz 2)**	**50**
312 050	**für das 5. Patentjahr**	**90**
312 051	**– bei Lizenzbereitschaftserklärung (§ 23 Abs. 1 PatG)**	**45**
312 052	**– Verspätungszuschlag (§ 7 Abs. 1 Satz 2)**	**50**
312 060	**für das 6. Patentjahr**	**130**
312 061	**– bei Lizenzbereitschaftserklärung (§ 23 Abs. 1 PatG)**	**65**
312 062	**– Verspätungszuschlag (§ 7 Abs. 1 Satz 2)**	**50**
312 070	**für das 7. Patentjahr**	**180**
312 071	**– bei Lizenzbereitschaftserklärung (§ 23 Abs. 1 PatG)**	**90**
312 072	**– Verspätungszuschlag (§ 7 Abs. 1 Satz 2)**	**50**
312 080	**für das 8. Patentjahr**	**240**
312 081	**– bei Lizenzbereitschaftserklärung (§ 23 Abs. 1 PatG)**	**120**
312 082	**– Verspätungszuschlag (§ 7 Abs. 1 Satz 2)**	**50**
312 090	**für das 9. Patentjahr**	**290**
312 091	**– bei Lizenzbereitschaftserklärung (§ 23 Abs. 1 PatG)**	**145**
312 092	**– Verspätungszuschlag (§ 7 Abs. 1 Satz 2)**	**50**
312 100	**für das 10. Patentjahr**	**350**
312 101	**– bei Lizenzbereitschaftserklärung (§ 23 Abs. 1 PatG)**	**175**
312 102	**– Verspätungszuschlag (§ 7 Abs. 1 Satz 2)**	**50**
312 110	**für das 11. Patentjahr**	**470**

Nr.	Gebührentatbestand	Gebühr in Euro
312 111	– bei Lizenzbereitschaftserklärung (§ 23 Abs. 1 PatG)	235
312 112	– Verspätungszuschlag (§ 7 Abs. 1 Satz 2)	50
312 120	für das 12. Patentjahr	620
312 121	– bei Lizenzbereitschaftserklärung (§ 23 Abs. 1 PatG)	310
312 122	– Verspätungszuschlag (§ 7 Abs. 1 Satz 2)	50
312 130	für das 13. Patentjahr	760
312 131	– bei Lizenzbereitschaftserklärung (§ 23 Abs. 1 PatG)	380
312 132	– Verspätungszuschlag (§ 7 Abs. 1 Satz 2)	50
312 140	für das 14. Patentjahr	910
312 141	– bei Lizenzbereitschaftserklärung (§ 23 Abs. 1 PatG)	455
312 142	– Verspätungszuschlag (§ 7 Abs. 1 Satz 2)	50
312 150	für das 15. Patentjahr	1 060
312 151	– bei Lizenzbereitschaftserklärung (§ 23 Abs. 1 PatG)	530
312 152	– Verspätungszuschlag (§ 7 Abs. 1 Satz 2)	50
312 160	für das 16. Patentjahr	1 230
312 161	– bei Lizenzbereitschaftserklärung (§ 23 Abs. 1 PatG)	615
312 162	– Verspätungszuschlag (§ 7 Abs. 1 Satz 2)	50
312 170	für das 17. Patentjahr	1 410
312 171	– bei Lizenzbereitschaftserklärung (§ 23 Abs. 1 PatG)	705
312 172	– Verspätungszuschlag (§ 7 Abs. 1 Satz 2)	50
312 180	für das 18. Patentjahr	1 590
312 181	– bei Lizenzbereitschaftserklärung (§ 23 Abs. 1 PatG)	795
312 182	– Verspätungszuschlag (§ 7 Abs. 1 Satz 2)	50
312 190	für das 19. Patentjahr	1 760
312 191	– bei Lizenzbereitschaftserklärung (§ 23 Abs. 1 PatG)	880
312 192	– Verspätungszuschlag (§ 7 Abs. 1 Satz 2)	50
312 200	für das 20. Patentjahr	1 940
312 201	– bei Lizenzbereitschaftserklärung (§ 23 Abs. 1 PatG)	970

Nr.	Gebührentatbestand	Gebühr in Euro
312 202	– Verspätungszuschlag (§ 7 Abs. 1 Satz 2)	50
	Zahlung der 3. bis 5. Jahresgebühr bei Fälligkeit der 3. Jahresgebühr:	
312 205	Die Gebühren 312 030 bis 312 050 ermäßigen sich auf	200
312 206	– bei Lizenzbereitschaftserklärung (§ 23 Abs. 1 PatG)	100
312 207	– Verspätungszuschlag (§ 7 Abs. 1 Satz 2)	50
	Jahresgebühren gemäß § 16a PatG	
312 210	für das 1. Jahr des ergänzenden Schutzes	2 650
312 211	– bei Lizenzbereitschaftserklärung (§ 23 Abs. 1 PatG)	1 325
312 212	– Verspätungszuschlag (§ 7 Abs. 1 Satz 2)	50
312 220	für das 2. Jahr des ergänzenden Schutzes	2 940
312 221	– bei Lizenzbereitschaftserklärung (§ 23 Abs. 1 PatG)	1 470
312 222	– Verspätungszuschlag (§ 7 Abs. 1 Satz 2)	50
312 230	für das 3. Jahr des ergänzenden Schutzes	3 290
312 231	– bei Lizenzbereitschaftserklärung (§ 23 Abs. 1 PatG)	1 645
312 232	– Verspätungszuschlag (§ 7 Abs. 1 Satz 2)	50
312 240	für das 4. Jahr des ergänzenden Schutzes	3 650
312 241	– bei Lizenzbereitschaftserklärung (§ 23 Abs. 1 PatG)	1 825
312 242	– Verspätungszuschlag (§ 7 Abs. 1 Satz 2)	50
312 250	für das 5. Jahr des ergänzenden Schutzes	4 120
312 251	– bei Lizenzbereitschaftserklärung (§ 23 Abs. 1 PatG)	2 060
312 252	– Verspätungszuschlag (§ 7 Abs. 1 Satz 2)	50
312 260	für das 6. Jahr des ergänzenden Schutzes	4 520
312 261	– bei Lizenzbereitschaftserklärung (§ 23 Abs. 1 PatG)	2 260
312 262	– Verspätungszuschlag (§ 7 Abs. 1 Satz 2)	50

3. Sonstige Anträge

	Erfindervergütung	
313 000	Weiterbehandlungsgebühr (§ 123a PatG)	100
313 200	– Festsetzungsverfahren (§ 23 Abs. 4 PatG)	60
313 300	– Verfahren bei Änderung der Festsetzung (§ 23 Abs. 5 PatG)	120

Nr.	Gebührentatbestand	Gebühr in Euro
	Recht zur ausschließlichen Benutzung der Erfindung	
313 400	– Eintragung der Einräumung (§ 30 Abs. 4 Satz 1 PatG)	25
313 500	– Löschung dieser Eintragung (§ 30 Abs. 4 Satz 3 PatG)	25
313 600	Einspruchsverfahren (§ 59 Abs. 1 und Abs. 2 PatG)	200
313 700	Beschränkungs- oder Widerrufsverfahren (§ 64 PatG)	120
	Veröffentlichung von Übersetzungen oder berichtigten Übersetzungen	
313 800	– der Patentansprüche europäischer Patentanmeldungen (Artikel II § 2 Abs. 1 IntPatÜbkG)	60
313 810	– der Patentansprüche europäischer Patentanmeldungen, in denen die Vertragsstaaten der Vereinbarung über Gemeinschaftspatente benannt sind (Artikel 4 Abs. 2 Satz 2 des Zweiten Gesetzes über das Gemeinschaftspatent)	60
313 900	Übermittlung der internationalen Anmeldung (Artikel III § 1 Abs. 2 IntPatÜbkG)	90
4. Anträge im Zusammenhang mit der Erstreckung gewerblicher Schutzrechte		
314 100	Veröffentlichung von Übersetzungen oder berichtigten Übersetzungen von erstreckten Patenten (§ 8 Abs. 1 und 3 ErstrG)	150
314 200	Recherche für ein erstrecktes Patent (§ 11 ErstrG)	250
5. Anträge im Zusammenhang mit ergänzenden Schutzzertifikaten		
315 100	Antrag auf Berichtigung der Laufzeit	150
315 200	Antrag auf Widerruf der Verlängerung der Laufzeit	200
II. Gebrauchsmustersachen		
1. Eintragungsverfahren		
	Anmeldeverfahren Nationale Anmeldung (§ 4 GebrMG)	
321 000	– bei elektronischer Anmeldung	30
321 100	– bei Anmeldung in Papierform	40
321 150	Internationale Anmeldung (Artikel III § 4 Abs. 2 Satz 1 IntPatÜbkG)	40

Nr.	Gebührentatbestand	Gebühr in Euro
321 200	Recherche (§ 7 GebrMG)	250
2. Aufrechterhaltung eines Gebrauchsmusters		
	Aufrechterhaltungsgebühren gemäß § 23 Abs. 2 GebrMG	
322 100	für das 4. bis 6. Schutzjahr	210
322 101	– Verspätungszuschlag (§ 7 Abs. 1 Satz 2) .	50
322 200	für das 7. und 8. Schutzjahr	350
322 201	– Verspätungszuschlag (§ 7 Abs. 1 Satz 2) .	50
322 300	für das 9. und 10. Schutzjahr	530
322 301	– Verspätungszuschlag (§ 7 Abs. 1 Satz 2) .	50
3. Sonstige Anträge		
323 000	Weiterbehandlungsgebühr (§ 21 Abs. 1 GebrMG i. V. m. § 123 a PatG)	100
323 100	Löschungsverfahren (§ 16 GebrMG)	300
III. Marken; geographische Angaben und Ursprungsbezeichnungen		
1. Eintragungsverfahren		
	Anmeldeverfahren einschließlich der Klassengebühr bis zu drei Klassen	
	– für eine Marke (§ 32 MarkenG)	
331 000	– bei elektronischer Anmeldung	290
331 100	– bei Anmeldung in Papierform	300
331 200	– für eine Kollektivmarke (§ 97 MarkenG).	900
	Klassengebühr bei Anmeldung für jede Klasse ab der vierten Klasse	
331 300	– für eine Marke (§ 32 MarkenG)	100
331 400	– für eine Kollektivmarke (§ 97 MarkenG).	150
331 500	Beschleunigte Prüfung der Anmeldung (§ 38 MarkenG)	200
331 600	Widerspruchsverfahren (§ 42 MarkenG) . .	120
331 700	Verfahren bei Teilung einer Anmeldung (§ 40 MarkenG)	300
331 800	Verfahren bei Teilübertragung einer Anmeldung (§ 27 Abs. 4, § 31 MarkenG)	300
2. Verlängerung der Schutzdauer		
	Verlängerungsgebühr einschließlich der Klassengebühr bis zu drei Klassen	
332 100	– für eine Marke (§ 47 Abs. 3 MarkenG) . .	750
332 101	– Verspätungszuschlag (§ 7 Abs. 1 Satz 2) .	50
332 200	– für eine Kollektivmarke (§ 97 MarkenG .	1 800

Nr.	Gebührentatbestand	Gebühr in Euro
332 201	– Verspätungszuschlag (§ 7 Abs. 1 Satz 2) .	50
	Klassengebühr bei Verlängerung für jede Klasse ab der vierten Klasse	
332 300	– für eine Marke oder Kollektivmarke (§ 47 Abs. 3, § 97 MarkenG)	260
332 301	– Verspätungszuschlag (§ 7 Abs. 1 Satz 2) .	50
3. Sonstige Anträge		
333 000	Erinnerungsverfahren (§ 64 MarkenG) . . .	150
333 050	Weiterbehandlungsgebühr (§ 91a MarkenG)	100
333 100	Verfahren bei Teilung einer Eintragung (§ 46 MarkenG)	300
333 200	Verfahren bei Teilübertragung einer Eintragung (§§ 46, 27 Abs. 4 MarkenG)	300
	Löschungsverfahren	
333 300	– wegen Nichtigkeit (§ 54 MarkenG).	300
333 400	– wegen Verfalls (§ 49 MarkenG).	100
4. International registrierte Marken		
	Nationale Gebühr für die internationale Registrierung	
334 100	Nationale Gebühr für die internationale Registrierung nach Artikel 3 des Madrider Markenabkommens (§ 108 MarkenG) oder nach dem Protokoll zum Madrider Markenabkommen (§ 120 MarkenG) sowie nach dem Madrider Markenabkommen und dem Protokoll zum Madrider Markenabkommen (§§ 108, 120 MarkenG).	180
	Nationale Gebühr für die nachträgliche Schutzerstreckung	
334 300	Nationale Gebühr für die nachträgliche Schutzerstreckung nach Artikel 3ter Abs. 2 des Madrider Markenabkommens (§ 111 MarkenG) oder nach Artikel 3ter Abs. 2 des Protokolls zum Madrider Markenabkommen (§ 123 Abs. 1 MarkenG) sowie nach dem Madrider Markenabkommen und dem Protokoll zum Madrider Markenabkommen (§ 123 Abs. 2 MarkenG)	120

Nr.	Gebührentatbestand	Gebühr in Euro
	Umwandlungsverfahren einschließlich der Klassengebühr bis zu drei Klassen (§ 125 Abs. 1 MarkenG)	
334 500	– für eine Marke (§ 32 MarkenG)	300
334 600	– für eine Kollektivmarke (§ 97 MarkenG).	900
	Klassengebühr bei Umwandlung für jede Klasse ab der vierten Klasse	
334 700	– für eine Marke (§ 32 MarkenG)	100
334 800	– für eine Kollektivmarke (§ 97 MarkenG).	150
5. Gemeinschaftsmarken		
335 100	Weiterleitung einer Gemeinschaftsmarkenanmeldung (§ 125 a MarkenG)	25
	Umwandlungsverfahren einschließlich der Klassengebühr bis zu drei Klassen (§ 125 d Abs. 1 MarkenG)	
335 200	– für eine Marke (§ 32 MarkenG)	300
335 300	– für eine Kollektivmarke (§ 97 MarkenG)	900
	Klassengebühr bei Umwandlung für jede Klasse ab der vierten Klasse	
335 400	– für eine Marke (§ 32 MarkenG)	100
335 500	– für eine Kollektivmarke (§ 97 MarkenG).	150
6. Geographische Angaben und Ursprungsbezeichnungen		
336 100	Eintragungsverfahren (§ 130 MarkenG) . .	900
336 150	Nationales Einspruchsverfahren (§ 130 Abs. 4 MarkenG)	120
336 200	Zwischenstaatliches Einspruchsverfahren (§ 131 MarkenG)	120
336 250	Antrag auf Änderung der Spezifikation (§ 132 Abs. 1 MarkenG)	200
336 300	Löschungsverfahren (§ 132 Abs. 2 MarkenG)	120
IV. Designsachen		
1. Anmeldeverfahren		
Ein Satz typografischer Schriftzeichen gilt als ein Design.		
	Anmeldeverfahren	
	– für ein Design (§ 11 DesignG)	
341 000	– bei elektronischer Anmeldung	60
341 100	– bei Anmeldung in Papierform	70

Nr.	Gebührentatbestand	Gebühr in Euro
	– für jedes Design einer Sammelanmeldung (§ 12 Absatz 1 DesignG)	
341 200	– bei elektronischer Anmeldung	
	für 2 bis 10 Designs	60
	für jedes weitere Design	6
341 300	– bei Anmeldung in Papierform	
	für 2 bis 10 Designs	70
	für jedes weitere Design	7
341 400	– für ein Design bei Aufschiebung der Bildbekanntmachung (§ 21 DesignG)	30
341 500	– für jedes Design einer Sammelanmeldung bei Aufschiebung der Bildbekanntmachung (§§ 12, 21 DesignG)	
	– für 2 bis 10 Designs	30
	– für jedes weitere Design	3
Erstreckung des Schutzes auf die Schutzdauer des § 27 Absatz 2 DesignG bei Aufschiebung der Bildbekanntmachung gemäß § 21 Absatz 2 DesignG		
	Erstreckungsgebühr	
341 600	– für ein Design	40
341 700	– für jedes einzutragende Design einer Sammelanmeldung	
	– für 2 bis 10 Designs	40
	– für jedes weitere Design	4
2. Aufrechterhaltung der Schutzdauer		
	Aufrechterhaltungsgebühren gemäß § 28 Absatz 1 DesignG	
	für das 6. bis 10. Schutzjahr	
342 100	– für jedes eingetragene Design, auch in einer Sammelanmeldung	90
342 101	– Verspätungszuschlag für jedes eingetragene Design, auch in einer Sammelanmeldung (§ 7 Absatz 1 Satz 2 DesignG)	50
	für das 11. bis 15. Schutzjahr	
342 200	– für jedes eingetragene Design, auch in einer Sammelanmeldung	120
342 201	– Verspätungszuschlag für jedes eingetragene Design, auch in einer Sammelanmeldung (§ 7 Absatz 1 Satz 2 DesignG)	50
	für das 16. bis 20. Schutzjahr	

Nr.	Gebührentatbestand	Gebühr in Euro
342 300	– für jedes eingetragene Design, auch in einer Sammelanmeldung	150
342 301	– Verspätungszuschlag für jedes eingetragene Design, auch in einer Sammelanmeldung (§ 7 Absatz 1 Satz 2 DesignG)	50
	für das 21. bis 25. Schutzjahr	
342 400	– für jedes eingetragene Design, auch in einer Sammelanmeldung	180
342 401	– Verspätungszuschlag für jedes eingetragene Design, auch in einer Sammelanmeldung (§ 7 Absatz 1 Satz 2 DesignG)	50
3. Aufrechterhaltung von eingetragenen Designs, die gemäß § 7 Absatz 6 GeschmMG in der bis zum Ablauf des 31. Mai 2004 geltenden Fassung im Original hinterlegt worden sind		
343 100	Aufrechterhaltungsgebühren für das 6. bis 10. Schutzjahr	330
343 101	– Verspätungszuschlag für jedes eingetragene Design, auch in einer Sammelanmeldung (§ 7 Absatz 1 Satz 2 DesignG)	50
343 200	Aufrechterhaltungsgebühren für das 11. bis 15. Schutzjahr	360
343 201	– Verspätungszuschlag für jedes eingetragene Design, auch in einer Sammelanmeldung (§ 7 Absatz 1 Satz 2 DesignG)	50
343 300	Aufrechterhaltungsgebühren für das 16. bis 20. Schutzjahr	390
343 301	– Verspätungszuschlag für jedes eingetragene Design, auch in einer Sammelanmeldung (§ 7 Absatz 1 Satz 2 DesignG)	50
343 400	Aufrechterhaltungsgebühren für das 21. bis 25. Schutzjahr	420
343 401	– Verspätungszuschlag für jedes eingetragene Design, auch in einer Sammelanmeldung (§ 7 Absatz 1 Satz 2 DesignG)	50
4. Gemeinschaftsgeschmacksmuster		
	Weiterleitung einer Gemeinschaftsgeschmacksmusteranmeldung (§ 62 DesignG)	
344 100	für jede Anmeldung	25
	Eine Sammelanmeldung gilt als eine Anmeldung.	

Nr.	Gebührentatbestand	Gebühr in Euro
5. Designs nach dem Haager Abkommen		
345 100	Weiterleitung einer Designanmeldung nach dem Haager Abkommen (§ 68 DesignG) für jede Anmeldung . . . . Eine Sammelanmeldung gilt als eine Anmeldung.	25
6. Sonstige Anträge		
346 000	Weiterbehandlungsgebühr (§ 17 DesignG)	100
346 100	Nichtigkeitsverfahren (§ 34a DesignG) für jedes eingetragene Design	300
V. Topografieschutzsachen		
1. Anmeldeverfahren		
	Anmeldeverfahren (§ 3 HalblSchG)	
361 000	– bei elektronischer Anmeldung	290
361 100	– bei Anmeldung in Papierform	300
2. Sonstige Anträge		
362 000	Weiterbehandlungsgebühr (§ 11 Abs. 1 HalblSchG i. V. m. § 123 a PatG)	100
362 100	Löschungsverfahren (§ 8 HalblSchG)	300

Nr.	Gebührentatbestand	Gebührenbetrag/ Gebührensatz nach § 2 Abs. 2 i. V. m. § 2 Abs. 1
B. Gebühren des Bundespatentgerichts		
(1) Die Gebühren Nummer 400 000 bis 401 300 werden für jeden Antragsteller gesondert erhoben. (2) Die Gebühr Nummer 400 000 ist zusätzlich zur Gebühr für das Einspruchsverfahren vor dem Deutschen Patent- und Markenamt (Nummer 313 600) zu zahlen.		
400 000	Antrag auf gerichtliche Entscheidung nach § 61 Abs. 2 PatG	300 EUR
I. Beschwerdeverfahren		
401 100	Beschwerdeverfahren 1. gemäß § 73 Abs. 1 PatG gegen die Entscheidung der Patentabteilung über den Einspruch, 2. gemäß § 18 Abs. 1 GebrMG gegen die Entscheidung der Gebrauchsmusterabteilung über den Löschungsantrag, 3. gemäß § 66 MarkenG in Löschungsverfahren,	

Nr.	Gebührentatbestand	Gebührenbetrag/ Gebührensatz nach § 2 Abs. 2 i. V. m. § 2 Abs. 1
	4. gemäß § 4 Abs. 4 Satz 3 HalblSchG i. V. m. § 18 Abs. 2 GebrMG gegen die Entscheidung der Topografieabteilung, 5. gemäß § 34 Absatz 1 SortSchG gegen die Entscheidung des Widerspruchsausschusses in den Fällen des § 18 Absatz 2 Nummer 1, 2, 5 und 6 SortSchG 6. gemäß § 23 Absatz 4 Satz 1 DesignG gegen die Entscheidung der Designabteilung über den Antrag auf Feststellung oder Erklärung der Nichtigkeit	500 EUR
401 200	gegen einem Kostenfestsetzungsbeschluss	50 EUR
401 300	in anderen Fällen	200 EUR
	Beschwerden in Verfahrenskostenhilfesachen, Beschwerden nach § 11 Abs. 2 PatKostG und nach § 11 Abs. 2 DPMAVwKostV sind gebührenfrei.	

II. Klageverfahren

1. Klageverfahren gemäß § 81 PatG, § 85a in Verbindung mit § 81 PatG und § 20 GebrMG in Verbindung mit § 81 PatG

402 100	Verfahren im Allgemeinen	4,5
402 110	Beendigung des gesamten Verfahrens durch a) Zurücknahme der Klage – vor dem Schluss der mündlichen Verhandlung, – im Falle des § 83 Abs. 2 Satz 2 PatG i. V. m. § 81 PatG, in dem eine mündliche Verhandlung nicht stattfindet, vor Ablauf des Tages, an dem die Ladung zum Termin zur Verkündung des Urteils zugestellt oder das schriftliche Urteil der Geschäftsstelle übergeben wird, – im Falle des § 82 Abs. 2 PatG i. V. m. § 81 PatG vor Ablauf des Tages, an dem das Urteil der Geschäftsstelle übergeben wird, b) Anerkenntnis- und Verzichtsurteil, c) Abschluss eines Vergleichs vor Gericht, wenn nicht bereits ein Urteil vorausgegangen ist:	

Nr.	Gebührentatbestand	Gebührenbetrag/ Gebührensatz nach § 2 Abs. 2 i. V. m. § 2 Abs. 1
	Die Gebühr 402 100 ermäßigt sich auf: . . .	**1,5**
	Erledigungserklärungen stehen der Zurücknahme nicht gleich. Die Ermäßigung tritt auch ein, wenn mehrere Ermäßigungstatbestände erfüllt sind.	
2. Sonstige Klageverfahren		
402 200	**Verfahren im Allgemeinen**	**4,5**
402 210	**Beendigung des gesamten Verfahrens durch** **a) Zurücknahme der Klage vor dem Schluss der mündlichen Verhandlung,** **b) Anerkenntnis- und Verzichtsurteil,** **c) Abschluss eines Vergleichs vor Gericht,** **wenn nicht bereits ein Urteil vorausgegangen ist:**	
	Die Gebühr 402 200 ermäßigt sich auf: . . .	**1,5**
	Erledigungserklärungen stehen der Zurücknahme nicht gleich. Die Ermäßigung tritt auch ein, wenn mehrere Ermäßigungstatbestände erfüllt sind.	
3. Erlass einer einstweiligen Verfügung wegen Erteilung einer Zwangslizenz (§ 85 PatG, § 85a in Verbindung mit § 85 PatG und § 20 GebrMG in Verbindung mit § 81 PatG)		
402 300	**Verfahren über den Antrag**	**1,5**
402 310	**In dem Verfahren findet eine mündliche Verhandlung statt:** **die Gebühr 402 300 erhöht sich auf**	**4,5**
402 320	**Beendigung des gesamten Verfahrens durch** **a) Zurücknahme des Antrags vor dem Schluss der mündlichen Verhandlung,** **b) Anerkenntnis- und Verzichtsurteil,** **c) Abschluss eines Vergleichs vor Gericht,** **wenn nicht bereits ein Urteil vorausgegangen ist:**	
	Die Gebühr 402 310 ermäßigt sich auf: . . .	**1,5**
	Erledigungserklärungen stehen der Zurücknahme nicht gleich. Die Ermäßigung tritt auch ein, wenn mehrere Ermäßigungstatbestände erfüllt sind.	

Nr.	Gebührentatbestand	Gebührenbetrag/ Gebührensatz nach § 2 Abs. 2 i. V. m. § 2 Abs. 1
III. Rüge wegen Verletzung des Anspruchs auf rechtliches Gehör		
403 100	**Verfahren über die Rüge wegen Verletzung des Anspruchs auf rechtliches Gehör nach § 321a ZPO i. V. m. § 99 Abs. 1 PatG, § 82 Abs. 1 MarkenG** **Die Rüge wird in vollem Umfang verworfen oder zurückgewiesen**	**50 EUR**

10. Sozialgerichtsgesetz (SGG)

In der Fassung der Bekanntmachung vom 23.9.1975, BGBl. I S. 2535
FNA 330–1

zuletzt geändert durch Gesetz vom 12.7.2018, BGBl. I S. 1151
(Auszug)

Vorbemerkung

1 **Bis zum Jahre 2001** waren Verfahren vor den Gerichten der Sozialgerichtsbarkeit **grundsätzlich gerichtskostenfrei.** Nur Körperschaften und Anstalten hatten für jedes Verfahren, an dem sie beteiligt waren, eine Pauschgebühr zu entrichten, deren Höhe durch Rechtsverordnung bestimmt war und weder vom Streitwert des Verfahrens noch von dessen Ausgang abhängig war. Die Pauschgebühr war also auch dann zu entrichten, wenn die Körperschaft oder Anstalt im Rechtsstreit obsiegte. Von Versicherten, Leistungsempfängern und anderen Personen wurden keine Kosten, weder Gebühren noch Auslagen, erhoben.

2 Die in Verfahren vor den Gerichten der Sozialgerichtsbarkeit geltenden Kostenregelungen sind durch das Sechste Gesetz zur Änderung des Sozialgerichtsgesetzes (6. SGGÄndG) vom 17.8.2001, BGBl. I S. 2144, mit Wirkung vom 2.1.2002 weitgehend umgestaltet worden. Seither gilt ein so genanntes **Kombinationsmodell** (BT-Drs. 14/5943, 1): der Grundsatz der **Kostenfreiheit für Versicherte und Leistungsempfänger** wurde beibehalten; von ihnen werden nach wie vor **weder Gebühren noch Auslagen** erhoben. Gleichzeitig wurden die Pauschgebühren für Versicherungsträger erhöht. Für Streitigkeiten, an denen Versicherte und Leistungsempfänger nicht beteiligt sind, wurden streitwertbezogene Gebühren nach dem Gerichtskostengesetz eingeführt. Der Streitwert darf maximal 2.500.000 Euro betragen (§ 52 Abs. 4 GKG). In Verfahren, in denen Kosten nach dem GKG erhoben werden, sind Auslagen nach Teil 9 KV GKG zu erheben.

3 Die Vorschriften der **§§ 183** ff. regeln die Kostenerhebung in Verfahren vor den Gerichten der Sozialgerichtsbarkeit also **nicht abschließend.** Sie gelten nach § 197 a SGG nur für Verfahren, in denen als Kläger oder Beklagter mindestens ein Versicherter, Leistungsempfänger einschließlich Hinterbliebenenleistungsempfänger, Behinderter oder deren Sonderrechtsnachfolger nach § 56 SGB I beteiligt ist. Soweit in einem Rechtszug weder der Kläger noch der Beklagte diesem Personenkreis angehören, werden Kosten nach dem **Gerichtskostengesetz** erhoben (§ 1 Abs. 2 Nr. 3 GKG).

§ 183 [Kostenfreiheit]

[1]Das Verfahren vor den Gerichten der Sozialgerichtsbarkeit ist für Versicherte, Leistungsempfänger einschließlich Hinterbliebenenleistungsempfänger, behinderte Menschen oder deren Sonderrechtsnachfolger nach § 56 des Ersten Buches Sozialgesetzbuch kostenfrei, soweit sie in dieser jeweiligen Eigenschaft als Kläger oder Beklagte beteiligt sind. [2]Nimmt ein sonstiger Rechtsnachfolger das Verfahren auf, bleibt das Verfahren in dem Rechts-

zug kostenfrei. [3]Den in Satz 1 und 2 genannten Personen steht gleich, wer im Falle des Obsiegens zu diesen Personen gehören würde. [4]Leistungsempfängern nach Satz 1 stehen Antragsteller nach § 55 a Absatz 2 Satz 1 zweite Alternative gleich. [5]§ 93 Satz 3, § 109 Absatz 1 Satz 2, § 120 Absatz 2 Satz 1 und § 192 bleiben unberührt. [6]Die Kostenfreiheit nach dieser Vorschrift gilt nicht in einem Verfahren wegen eines überlangen Gerichtsverfahrens (§ 202 Satz 2).

I. Allgemeines

Die Vorschrift bezeichnet den Kreis derjenigen, für die das Verfahren vor den Gerichten der Sozialgerichtsbarkeit weiterhin **gerichtskostenfrei** ist. Sie gilt nur für Kosten des Gerichtsverfahrens, nicht für die des Verwaltungsverfahrens, auch nicht des Widerspruchsverfahrens. Zu den Gerichtskosten rechnen auch hier Gebühren und Auslagen (§ 1 Abs. 1 Satz 1 GKG). Der angefügte Satz 6 besagt, dass bei **Entschädigungsklagen wegen überlanger Dauer** des Gerichtsverfahrens (§§ 197 ff. GVG) keine Gerichtskostenfreiheit besteht; dafür ist das Landessozialgericht erste Instanz (§ 202 Satz 2 SGG). Wegen § 4 GKG sind bei **Verweisung** vom Amtsgericht zum Sozialgericht die beim AG eingezahlten Gerichtskostenvorschüsse (KV 1210) zurückzuzahlen.→ § 4 GKG Rn. 11. 1

II. Kostenbefreite Personen

- **Versicherte** im Sinne des § 183 sind die nach den verschiedenen Büchern des Sozialgesetzbuchs von der Sozialversicherung erfassten Personen (vgl. zB §§ 24 ff. SGB III, §§ 5 ff. SGB V, §§ 1 ff. SGB VI, §§ 2 ff. SGB VII). 2
- **Leistungsempfänger** sind Personen, die eine oder mehrere der in § 11 SGB I bezeichneten Sozialleistungen nach dem Sozialgesetzbuch beziehen (Dienst-, Sach- und Geldleistungen). Ihnen stehen Antragsteller nach § 55 a (betrifft Überprüfung von Satzungen und ähnlichen Rechtsvorschriften) gleich. 4
- **Hinterbliebenenleistungsempfänger** sind Empfänger von Sozialleistungen, die ihr Recht zum Leistungsbezug von einer verstorbenen Person ableiten. 5
- **Behinderte Menschen** sind Personen, bei denen die Voraussetzungen der Behinderung nach § 2 Abs. 1 Satz 1 SGB IX erfüllt bzw. umstritten sind. 6
- **Sonderrechtsnachfolgern** bleibt die Kostenbegünstigung des Klägers oder Beklagten erhalten, wenn das Verfahren nach seinem Tod nach § 202 iVm § 239 Abs. 1 ZPO unterbrochen und von einem Sonderrechtsnachfolger nach § 56 SGB I (zB Ehegatten, Lebenspartner und Kinder des Versicherten) aufgenommen wird. Für sonstige Rechtsnachfolger, zB Erben, gilt die Kostenfreiheit nach § 183 Satz 2 SGG nur für die laufende Instanz. 7

III. Weitere Begünstigte

Satz 3 bestimmt, dass derjenige ebenfalls kostenrechtlich begünstigt ist, der im Falle des Obsiegens oder teilweisen Obsiegens zu dem Kreis der kostenrechtlich Begünstigten im Sinne der Sätze 1 und 2 gehören würde. Das Kostenprivileg des § 183 soll in erster Linie Personen zugute kommen, die **um Sozialleistungen** iSd § 11 SGB I **streiten.** Die Rechtsprechung hat dieses Privileg auf solche Personen erstreckt, die 8

Leistungen mit ähnlicher Funktion wie die „echten" Sozialleistungen geltend machen. Kostenprivilegierte Leistungsempfänger iSd § 183 sind daher auch Arbeitgeber in Streitigkeiten über die Erstattung von Aufwendungen für die Entgeltfortzahlung nach § 10 Abs. 1 LFZG (BSG NJOZ 2006, 575) und bei der Geltendmachung von Zuschüssen zu den Arbeitsentgelten nach den §§ 217ff. SGB III (BSG NZS 2005, 555).

9 **Nicht begünstigt:** Auf Klagen in Zusammenhang mit ehrenamtlichen Tätigkeiten ist § 183 S. 1 nicht analog anwendbar (LSG Thüringen NZS 2013, 520). Keine Leistungsempfänger iSd § 183 sind dagegen **Vermittlungsmakler,** die unter Vorlage von Vermittlungsgutscheinen Ansprüche nach § 421g SGB III gegen die Bundesagentur für Arbeit geltend machen (BSG NJW 2007, 1902; LSG Sachsen NZS 2006, 277). **Private Arbeitsvermittler** sind nicht kostenbegünstigt (LSG Sachsen BeckRS 2017, 115534). Ein Unternehmer, der in seiner Eigenschaft als **Unternehmer** einen fremden Anspruch eines Versicherten auf Feststellung eines Arbeitsunfalls nach dem SGB VII verfolgt, ist nicht Versicherter und damit nicht kostenprivilegiert (BSG BeckRS 2016, 110379).

IV. Kosten nach anderen Vorschriften

10 Satz 4 stellt klar, dass den von Satz 1 bis 3 erfassten Personen Kosten nach § 93 Satz 3 (Kosten für die Anfertigung von Abschriften der Schriftsätze), § 109 Abs. 1 Satz 2 (Kosten für Anhörung des benannten Arztes), § 120 Abs. 1 Satz 2 (Kosten für Erteilung von Abschriften aus Akten) und nach § 192 (Verschuldenskosten) auferlegt werden können, wenn die in diesen Vorschriften genannten Voraussetzungen vorliegen.

11 Die Kostenfreiheit nach § 183 tritt nur ein, wenn eine kostenbefreite Person „**in dieser jeweiligen Eigenschaft** als Kläger oder Beklagter" beteiligt ist (Satz 1). Die Kostenfreiheit setzt also voraus, dass der Begünstigte in seiner Eigenschaft als so Begünstigter beteiligt ist. Die Privilegierung gilt zB nicht in einer Vertragsarztstreitigkeit, wenn der beteiligte Arzt schwerbehindert ist, da der Streitgegenstand keinen Bezug zu der Privilegierung behinderter Menschen aufweist. Für einen **unstatthaften Rechtsbehelf** kommt die Kostenprivilegierung des § 183 nicht zur Anwendung (LSG Bayern BeckRS 2017, 117789).

§ 184 [Keine Kostenfreiheit für Körperschaften usw.]

(1) [1]**Kläger und Beklagte, die nicht zu den in § 183 genannten Personen gehören, haben für jede Streitsache eine Gebühr zu entrichten.** [2]**Die Gebühr entsteht, sobald die Streitsache rechtshängig geworden ist; sie ist für jeden Rechtszug zu zahlen.** [3]**Soweit wegen derselben Streitsache ein Mahnverfahren (§ 182a) vorausgegangen ist, wird die Gebühr für das Verfahren über den Antrag auf Erlass eines Mahnbescheids nach dem Gerichtskostengesetz angerechnet.**

(2) **Die Höhe der Gebühr wird für das Verfahren**

vor den Sozialgerichten auf	**150 Euro,**
vor den Landessozialgerichten auf	**225 Euro,**
vor dem Bundessozialgericht auf	**300 Euro**

festgesetzt.

(3) **§ 2 des Gerichtskostengesetzes gilt entsprechend.**

I. Anwendungsbereich

Die Vorschrift gilt nur für Verfahren, in denen das **Gerichtskostengesetz nicht anzuwenden** ist (§ 197a); sie gilt also nicht, wenn der Versicherte nach § 183 kostenfrei ist. Es kommt allein bei § 184 auf die formelle Stellung nach Kläger/Beklagter an (SG Karlsruhe BeckRS 2015, 72502). § 184 regelt die **Zahlung der Pauschgebühr** durch Verfahrensbeteiligte, die nicht zu den nach § 183 kostenbefreiten Personen gehören. Die Organisationsform der nicht befreiten Beteiligten ist unerheblich. Es kann sich um Körperschaften und Anstalten des öffentlichen Rechts oder sonstige juristische Personen des privaten oder öffentlichen Rechts, ggf. auch um natürliche Personen (zB Ärzte in ihrer Eigenschaft als Arbeitgeber) handeln. Die Pflicht zur Entrichtung einer Pauschgebühr verletzt private Unternehmen der Pflegeversicherung weder in ihrem Grundrecht auf effektiven Rechtsschutz noch in ihrem Justizgewährleistungsanspruch und ist auch mit Art. 3 Abs. 1 GG vereinbar (BVerfG NJW 2008, 3556). 1

II. Pauschgebühr

Verfahrensbeteiligte, die nicht zu dem kostenrechtlich privilegierten Personenkreis der Versicherten, Leistungsempfänger, Hinterbliebenenleistungsempfänger und Behinderten (§ 183) gehören, haben nach § 184 Abs. 1 für jede Streitsache, an der sie beteiligt sind, die in Abs. 2 bestimmte **Pauschgebühr** zu entrichten. Beigeladene unterliegen nicht der Gebührenpflicht (BT-Drs. 14/5943, 28). Die Pauschgebühr entsteht für jede Streitsache gesondert. Sie gilt das gesamte Verfahren der Instanz ab und entsteht auch bei subjektiver oder objektiver Klagehäufung nur einmal. Streitsachen sind **Klage-, Berufungs- und Revisionsverfahren** sowie selbständige Antragsverfahren, die auf Gewährung einstweiligen Rechtsschutzes nach § 86b SGG, einschließlich der Verfahren, die auf Aussetzung oder Anordnung der Vollziehung gemäß § 86b Abs. 1 SGG gerichtet sind, ferner Verfahren wegen Aussetzung der Vollstreckung gemäß § 199 Abs. 2 SGG und Verfahren über die Anhörungsrüge nach § 178a SGG (LSG Bayern NZS 2008, 279). Auch das Verfahren der Nichtzulassungsbeschwerde stellt eine gesonderte Streitsache dar, sofern die Beschwerde verworfen, zurückgewiesen oder zurückgenommen oder die zugelassene Revision nicht eingelegt wird (BSG NZS 2007, 440). Keine eigenständigen Streitsachen sind demgegenüber unselbständige Anträge im Rahmen eines laufenden Verfahrens, über die durch Beschluss entschieden wird, wie zB das Prozesskostenhilfeverfahren (§ 73a SGG), die Verfahren wegen Berichtigung des Urteils, Berichtigung des Tatbestandes und wegen Urteilsergänzung (§§ 138–140 SGG) oder Zwischenstreitigkeiten über die Rechtmäßigkeit einer Zeugnisverweigerung (§ 118 Abs. 2 SGG). 2

Die **Gebühr** ist in jedem Rechtszug zu zahlen. Sie entsteht mit der Rechtshängigkeit der Streitsache, also mit der Erhebung der Klage (§ 94 Abs. 1), in zweiter und dritter Instanz mit der Einlegung des Rechtsmittels, also mit Eingang der Rechtsmittelschrift bei Gericht. Die Fälligkeit richtet sich nach § 185. Erhebt ein Kläger irrtümlicher Weise **mehrfach Klage** gegen denselben Bescheid, hindert die der Zulässigkeit der späteren Klage entgegenstehende anderweitige Rechtshängigkeit die Pauschgebührenpflicht der Beklagten auch für das später rechtshängig gewordene Verfahren nicht, selbst wenn dieses auf gerichtlichen Hinweis sogleich durch Klagerücknahme beendet wird (SG Fulda BeckRS 2014, 72462). 3

4 Die **Höhe der Pauschgebühr** bestimmt Abs. 2. Sie beträgt in Verfahren vor dem Sozialgericht 150 Euro, vor dem Landessozialgericht 225 Euro und vor dem Bundessozialgericht 300 Euro. Die Höhe ist vom Streitwert des Verfahrens und seinem Ausgang grundsätzlich unabhängig. Sie kann sich jedoch nach § 186 Satz 1 SGG ermäßigen, wenn die Sache nicht durch Urteil erledigt wird; sie kann nach § 186 Satz 2 entfallen, wenn die Erledigung auf einer Rechtsänderung beruht.

5 Nach Abs. 1 Satz 3 ist auf die Pauschgebühr nach vorangegangenem **Mahnverfahren** wegen Beitragsansprüchen eines Unternehmens der privaten Pflegeversicherung (§ 182a) die im Mahnverfahren entstandene Gebühr nach KV 1110 GKG anzurechnen. Die Verpflichtung privater Pflegeversicherer zur Zahlung der Pauschgebühren des § 184 ist mit dem Grundgesetz vereinbar (BVerfG NVwZ 2008, 772).

6 Die Verpflichtung zur Zahlung der Pauschgebühr entfällt bei Beteiligten, die **Kostenfreiheit nach § 2 GKG** genießen. **Bund** und **Länder** sowie die nach Haushaltsplänen des Bundes oder eines Landes verwalteten öffentlichen Anstalten und Kassen sind daher zur Zahlung der Pauschgebühr nicht verpflichtet. Befreit sind ferner die **Träger der Grundsicherung für Arbeitssuchende, der Sozialhilfe, der Leistungen nach dem Asylbewerberleistungsgesetz, der Jugendhilfe** und **der Kriegsopferfürsorge** (§ 64 Abs. 3 Satz 2 SGB X). Aber nicht befreit ist eine Stadt als Wohngeldstelle (SG Karlsruhe BeckRS 2015, 72502).

§ 185 [Fälligkeit]

Die Gebühr wird fällig, sobald die Streitsache durch Zurücknahme des Rechtsbehelfs, durch Vergleich, Anerkenntnis, Beschluß oder durch Urteil erledigt ist.

1 Die Pauschgebühr wird mit der **Erledigung des Verfahrens in der jeweiligen Instanz** fällig, anders als bei § 6 GKG. Die in der Vorschrift genannten Erledigungstatbestände sind nicht abschließend. In Betracht kommen Erledigungen durch Beschluss, Zurücknahme der Klage oder eines Rechtsmittels, Vergleich, angenommenes Anerkenntnis, Erklärung der Hauptsache für erledigt, Ausscheiden eines Beteiligten, Liegenlassen der Sache oder Weglegen nach der Aktenordnung. Die Erledigung muss den gesamten Rechtsstreit erfassen. Weil die Gebühr für jeden Rechtszug zu zahlen ist (§ 184 Abs. 1 Satz 2 Hs. 2), kommt es auf die Rechtskraft der Erledigung nicht an.

§ 186 [Ermäßigung]

[1]Wird eine Sache nicht durch Urteil erledigt, so ermäßigt sich die Gebühr auf die Hälfte. [2]Die Gebühr entfällt, wenn die Erledigung auf einer Rechtsänderung beruht.

1 § 186 betrifft nur die Fälle, in denen eine Gerichtsgebühr anfällt, **nicht die Fälle der Gebührenfreiheit** (§ 183). Die Vorschrift begünstigt **unstreitige Verfahrenserledigungen,** indem sie bei Erledigungen ohne Urteil (zB durch Klagerücknahme, Vergleich, übereinstimmende Erledigungserklärung, Anerkenntnis) eine Reduzierung der Pauschgebühr auf die Hälfte vorsieht. Auch bei Erledigung durch Verbindung gilt das: Bei der Verbindung von zwei sozialgerichtlichen Verfahren zur

gemeinsamen Verhandlung und Entscheidung wird für das nichtführende Verfahren eine hälftige Pauschgebühr fällig (LSG Niedersachsen-Bremen BeckRS 2012, 67836). Da für Gerichtsbescheide die Vorschriften über Urteile entsprechend gelten (§ 105 Abs. 1 Satz 3), entsteht die Pauschgebühr bei Erledigung durch Gerichtsbescheid in voller Höhe.

§ 187 [Gebührenteilung]

Sind an einer Streitsache mehrere nach § 184 Abs. 1 Gebührenpflichtige beteiligt, so haben sie die Gebühr zu gleichen Teilen zu entrichten.

Für jeden **Rechtszug** entsteht **eine Pauschgebühr** (§ 184 Abs. 1 Satz 2). Sind 1 an einem Verfahren mehrere Gebührenpflichtige beteiligt, schuldet nicht jeder eine Pauschgebühr, vielmehr haben sie die eine Gebühr zu **gleichen Teilen** zu entrichten. Zu beachten ist, dass Beigeladene nicht mehr gebührenpflichtig sind.

Ist einer von mehreren gebührenpflichtigen Beteiligten nach § 2 GKG von der 2 Zahlung der Gerichtskosten befreit, so wird die eine Pauschgebühr auf alle diese Beteiligten verteilt; der auf den Gerichtskostenfreien entfallende Teil der Gebühr bleibt unerhoben (BSG SozR Nr. 2 zu § 187).

§ 188 [Wiederaufnahme]

Wird ein durch rechtskräftiges Urteil abgeschlossenes Verfahren wieder aufgenommen, so ist das neue Verfahren eine besondere Streitsache.

Die Vorschrift bestimmt, dass die Wiederaufnahme eines durch Urteil ab- 1 geschlossenen Verfahrens (§ 179) eine besondere Streitsache ist, in dem eine **gesonderte Pauschgebühr** entsteht.

§ 189 [Gebührenschuld]

(1) [1]**Die Gebühren für die Streitsachen werden in einem Verzeichnis zusammengestellt.** [2]**Die Mitteilung eines Auszuges aus diesem Verzeichnis an die nach § 184 Abs. 1 Gebührenpflichtigen gilt als Feststellung der Gebührenschuld und als Aufforderung, den Gebührenbetrag binnen eines Monats an die in der Mitteilung angegebene Stelle zu zahlen.**

(2) [1]**Die Feststellung erfolgt durch den Urkundsbeamten der Geschäftsstelle.** [2]**Gegen diese Feststellung kann binnen eines Monats nach Mitteilung das Gericht angerufen werden, das endgültig entscheidet.**

Die Vorschrift regelt die Festsetzung der gerichtlichen Pauschgebühr, zu unter- 1 scheiden von der Kostenfestsetzung nach § 197. Ihre Höhe richtet sich nach § 184. Bei Kostenfreiheit entfällt natürlich die Festsetzung. Zuständig ist der **Urkundsbeamte der Geschäftsstelle** des Gerichts, bei dem die für den jeweiligen Rechtszug zu erhebende Gebühr entstanden ist. Die Mitteilung des Auszuges aus dem nach Abs. 1 Satz 1 aufzustellenden Verzeichnis gilt als Feststellung der Gebührenschuld und als Aufforderung, die Gebühren binnen eines Monats zu zahlen.

2 Gegen die Feststellung des Urkundsbeamten kann binnen eines Monats nach Zugang der Mitteilung **Erinnerung** eingelegt werden, über die das Gericht, dem der Urkundsbeamte angehört, *abschließend* entscheidet. Das bedeutet: Eine Beschwerde gegen einen Beschluss des Sozialgerichts, mit dem die Erinnerung zurückgewiesen wurde, ist unzulässig (LSG Sachsen BeckRS 2017, 129904). Eine Zulassung der Beschwerde durch das Sozialgericht ist unzulässig und unbeachtlich. Die Erinnerung kann nur auf eine Verletzung des *Kosten*rechts gestützt werden (SG Fulda BeckRS 2015, 73547).

§ 190 [Niederschlagung]

[1]Die Präsidenten und die aufsichtführenden Richter der Gerichte der Sozialgerichtsbarkeit sind befugt, eine Gebühr, die durch unrichtige Behandlung der Sache ohne Schuld der gebührenpflichtigen Beteiligten entstanden ist, niederzuschlagen. [2]Sie können von der Einziehung absehen, wenn sie mit Kosten oder Verwaltungsaufwand verknüpft ist, die in keinem Verhältnis zu der Einnahme stehen.

1 Es handelt sich um eine gegenüber § 21 GKG vorrangige Sonderschrift für die den Kostenvorschriften des Sozialgerichtsgesetzes unterfallenden Verfahren. Voraussetzung der **Niederschlagung** ist, dass die Pauschalgebühr in dieser Höhe ohne Schuld der gebührenpflichtigen Beteiligten infolge unrichtiger Sachbehandlung seitens des Gerichts entstanden ist und sie bei richtiger Behandlung nicht oder nicht in voller Höhe angefallen wäre. § 190 regelt nur die Gerichtsgebühr; es kann jedoch auch eine Übernahme von Kosten für ein **unnötiges Sachverständigengutachten** (vgl. § 109) auf die Staatskasse erfolgen (LSG Niedersachsen-Bremen BeckRS 9999, 07661).

2 Wie bei § 21 GKG muss es sich um einen **schwer wiegenden Fehler** des Gerichts handeln. Auf die dortigen Erläuterungen wird verwiesen.

3 Über die Niederschlagung der durch unrichtige Sachbehandlung entstandenen Gebühren entscheidet der Präsident oder der aufsichtführende Richter im **Verwaltungswege.** Über die Anfechtung ihrer Entscheidung schweigt das Gesetz. Sie ist in Literatur und Rechtsprechung umstritten (vgl. zum Streitstand *Meyer-Ladewig/Keller/Leitherer,* SGG, 10. Aufl. 2012, § 190 Rn. 6). Richtigerweise wird man eine gerichtliche Überprüfung der im Verwaltungswege getroffenen Entscheidung zulassen müssen, etwa aufgrund analoger Anwendung von § 66 GKG.

4 Nach Satz 2 kann der Präsident oder aufsichtführende Richter von der Einziehung einer angefallenen Gebühr absehen, wenn die Einziehung mit Kosten oder mit unverhältnismäßigem Verwaltungsaufwand verbunden ist. Diese Voraussetzungen werden bei Schuldnern der Pauschgebühren kaum je vorliegen.

§ 191 [Auslagen, Zeitverlust]

Ist das persönliche Erscheinen eines Beteiligten angeordnet worden, so werden ihm auf Antrag bare Auslagen und Zeitverlust wie einem Zeugen vergütet; sie können vergütet werden, wenn er ohne Anordnung erscheint und das Gericht das Erscheinen für geboten hält.

I. Allgemeines

Die Vorschrift gibt Beteiligten, die natürliche Personen sind, einen Anspruch auf **Ersatz ihrer Auslagen und des Zeitverlusts** gleich einem Zeugen, wenn das Gericht oder dessen Vorsitzender ihr persönliches Erscheinen angeordnet hat (§§ 106 Abs. 3 Nr. 7, 111 Abs. 1). Sie gilt für alle Beteiligten, **auch für Beigeladene** (§ 69 Nr. 3). Bei Teilnahme am Gerichtstermin ist die nach objektiven Maßstäben zu ermittelnde gesamte Dauer der Heranziehung einschließlich notwendiger Reise- und Wartezeiten zu entschädigen, zur Höhe vgl. §§ 4, 5, 19 JVEG (LSG Bayern BeckRS 2016, 67090). 1

In gleicher Weise wird entschädigt, wer ohne Anordnung des Gerichts erscheint, das Gericht sein Erscheinen jedoch für geboten hält. Ob das Erscheinen geboten war, entscheidet das Gericht nach seinem Ermessen. Es hat dabei insbesondere zu berücksichtigen, ob und inwieweit die Erklärungen des Beteiligten in der mündlichen Verhandlung zur Aufklärung des Sachverhalts beigetragen hat. 2

Auf den Anspruch des Beteiligten sind die **Vorschriften des JVEG** über die Entschädigung von für Zeugen anzuwenden. Insbesondere gilt die dort in § 2 JVEG bestimmte Frist für die Geltendmachung des Anspruchs. Er umfasst **Fahrtkostenersatz** (§ 5 JVEG), Entschädigung bzw. Ersatz für Aufwand, sonstige Aufwendungen (zB Fotokopien), **Zeitversäumnis,** Nachteile bei der Haushaltsführung und Verdienstausfall (§ 19 Abs. 1 Satz 1 JVEG). **Kosten einer Begleitperson** sind zu erstatten, wenn sie notwendig sind (§ 7 Abs. 1 JVEG), was eine Tatfrage ist (LSG Thüringen BeckRS 2013, 70035; LSG Bayern BeckRS 2013, 68240). Auch **Taxikosten** können bei besonderen Umständen erstattungspflichtig sein (§ 5 Abs. 3 JVEG). Arbeitslosen Sozialleistungsempfängern entsteht nach herrschender Ansicht durch die Teilnahme an einer mündlichen Verhandlung als Kläger regelmäßig kein Nachteil, der eine Entschädigung für Zeitversäumnis begründet, § 20 JVEG (SG Karlsruhe JurBüro 2013, 485; LSG Bayern BeckRS 2013, 68240). Die erhöhte Entschädigung für Nachteile bei der Haushaltsführung nach § 21 JVEG können allein „Nur-Hausfrauen" bzw. „Nur-Hausmänner" erhalten (LSG Berlin-Brandenburg FamRZ 2010, 2108). 3

II. Anfechtungsmöglichkeit

Soweit die Partei die Festsetzung ihrer Reisekosten zum Verhandlungstermin beim Sozialgericht, sowie der Fahrtkosten und der Zeitversäumnis beantragt hat und das vom Sozialgericht abgelehnt wird, ist die Beschwerde wegen der Verweisung von § 191 auf das JVEG nur zulässig, wenn der Wert des Beschwerdegegenstandes 200,00 Euro übersteigt oder wenn die Beschwerde von dem Sozialgericht, das die angefochtene Entscheidung erlassen hat, wegen der grundsätzlichen Bedeutung der zur Entscheidung stehenden Frage in dem Beschluss zugelassen wurde, § 4 Abs. 3 JVEG (LSG Nordrhein-Westfalen BeckRS 2009, 66194). 4

Wendet sich die Partei gegen die Ablehnung der Festsetzung von Kosten durch das Sozialgericht, die vom Gegner zu tragen wären, ist eine Beschwerde nach § 197 Abs. 2 unstatthaft. 5

Die Feststellung der gerichtlichen Pauschalgebühr (§ 184) ist mit Beschwerde nicht anfechtbar (§ 189 Abs. 2). 6

§ 192 [Kostenverteilung]

(1) [1]**Das Gericht kann im Urteil oder, wenn das Verfahren anders beendet wird, durch Beschluss einem Beteiligten ganz oder teilweise die Kosten auferlegen, die dadurch verursacht werden, dass**

1. **durch Verschulden des Beteiligten die Vertagung einer mündlichen Verhandlung oder die Anberaumung eines neuen Termins zur mündlichen Verhandlung nötig geworden ist oder**
2. **der Beteiligte den Rechtsstreit fortführt, obwohl ihm vom Vorsitzenden die Missbräuchlichkeit der Rechtsverfolgung oder -verteidigung dargelegt worden und er auf die Möglichkeit der Kostenauferlegung bei Fortführung des Rechtsstreites hingewiesen worden ist.**

[2]**Dem Beteiligten steht gleich sein Vertreter oder Bevollmächtigter.** [3]**Als verursachter Kostenbetrag gilt dabei mindestens der Betrag nach § 184 Abs. 2 für die jeweilige Instanz.**

(2) ***(aufgehoben)***

(3) [1]**Die Entscheidung nach Absatz 1 wird in ihrem Bestand nicht durch die Rücknahme der Klage berührt.** [2]**Sie kann nur durch eine zu begründende Kostenentscheidung im Rechtsmittelverfahren aufgehoben werden.**

(4) [1]**Das Gericht kann der Behörde ganz oder teilweise die Kosten auferlegen, die dadurch verursacht werden, dass die Behörde erkennbare und notwendige Ermittlungen im Verwaltungsverfahren unterlassen hat, die im gerichtlichen Verfahren nachgeholt wurden.** [2]**Die Entscheidung ergeht durch gesonderten Beschluss.**

1 Abs. 1 betrifft zwei Fallgestaltungen:

2 Zum einen ermöglicht er es dem Gericht, in Fällen, in denen Beteiligte oder ihre Vertreter bzw. Bevollmächtigte **schuldhaft das Verfahren verzögert** haben, ganz oder teilweise die dadurch verursachten Kosten aufzuerlegen. Durch Verschulden der Genannten muss eine **Vertagung** der mündlichen Verhandlung oder die Anberaumung eines **neuen Termins** erforderlich geworden sein.

3 Zum anderen soll sie einer **missbräuchlichen Rechtsverfolgung** oder Rechtsverteidigung entgegen wirken. Durch die **Fortführung des Rechtsstreits entstehende Mehrkosten** kann das Gericht einem Beteiligten auferlegen, wenn er vom Vorsitzenden auf die Missbräuchlichkeit seiner Rechtsverfolgung oder Rechtsverteidigung sowie auf eine mögliche Kostentragungspflicht hingewiesen worden ist. Der Hinweis kann in der mündlichen Verhandlung oder in einer schriftlichen Verfügung des Gerichts erteilt werden.

4 Missbräuchlichkeit ist immer dann anzunehmen, wenn das Verfahren fortgesetzt wird, obwohl seine Aussichtslosigkeit für jedermann, insbesondere für Rechtsanwälte als Organe der Rechtspflege, erkennbar ist (LSG Thüringen NZS 2007, 224).

5 Der mit Wirkung vom 1.1.2007 eingefügte Abs. 2 regelte einen Sonderfall der missbräuchlichen Rechtsverfolgung durch Personen, die gesetzlich gegen Krankheit versichert sind.

6 Die Vorschrift sollte den Einzug der von Versicherten zu entrichtenden Zuzahlung nach § 28 Abs. 4 SGB V (sog. **Praxisgebühr**) verbessern; sie ist ab 2013 weggefallen, Abs. 2 wurde daher aufgehoben.

7 Kosten im Sinne des § 192 sind vor allem die dem Gericht entstandenen Kosten für eine Beweisaufnahme, für das Absetzen eines schriftlichen Urteils oder die allgemeinen Gerichtshaltungskosten (BT-Drs. 14/5943, 28).

8 Zur Vermeidung von Problemen bei der Feststellung der Mehrkosten bestimmt § 192 Abs. 1 Satz 3, Abs. 2 Satz 1, dass als Mehrkosten mindestens ein Betrag in Höhe der für die jeweilige Instanz geltenden **Pauschgebühr** nach § 182 Abs. 2 zu erheben ist. Die Auferlegung nachweisbar höherer Kosten ist damit nicht ausgeschlossen.

9 Die Entscheidung über die Kostenauferlegung kann nur durch eine Kostenentscheidung im Rechtsmittelverfahren aufgehoben werden (Abs. 3 Satz 2).

10 Der mit Wirkung vom 1.4.2008 angefügte **Abs. 4** soll präventiv dazu beitragen, Verzögerungen gerichtlicher Verfahren und Kostenverlagerungen von den Leistungserbringern auf den Justizfiskus zu vermeiden. Abs. 4 dient aber nicht dazu, durch das den Behörden drohende Kostenrisiko deren Einigungsbereitschaft zu erzwingen (LSG Hessen NZS 2013, 840). Den Sozialgerichten wird die Möglichkeit eröffnet, die Kosten für Sachverhaltsermittlungen, insbesondere für die Einholung von Sachverständigengutachten, die von der Behörde im Verwaltungsverfahren vorzunehmen gewesen wären, statt dessen aber im gerichtlichen Verfahren nachzuholen waren, der Behörde aufzuerlegen. Es müssen Ermittlungstätigkeiten unterlassen worden sein, deren Notwendigkeit ohne weiteres erkennbar war, und die das Sozialgericht dann nachholen musste (LSG RhPf BeckRS 2011, 78614). Diese Möglichkeit besteht unabhängig vom Ausgang des Rechtsstreits.

11 Behörden, die wegen sachwidrig unterlassener Ermittlungen mit unter Umständen erheblichen Kosten belastet werden, steht die **Beschwerde** offen, soweit das Sozialgericht entscheidet. Die Entscheidung nach Abs. 4 Satz 2 soll deshalb immer durch gesonderten Beschluss und nicht zusammen mit der Hauptsacheentscheidung ergehen. Bei Entscheidung durch das Landessozialgericht verbleibt es beim Ausschluss der Beschwerde nach § 177.

§ 193 [Kostenerstattung]

(1) [1]**Das Gericht hat im Urteil zu entscheiden, ob und in welchem Umfang die Beteiligten einander Kosten zu erstatten haben.** [2]**Ist ein Mahnverfahren vorausgegangen (§ 182a), entscheidet das Gericht auch, welcher Beteiligte die Gerichtskosten zu tragen hat.** [3]**Das Gericht entscheidet auf Antrag durch Beschluß, wenn das Verfahren anders beendet wird.**

(2) **Kosten sind die zur zweckentsprechenden Rechtsverfolgung oder Rechtsverteidigung notwendigen Aufwendungen der Beteiligten.**

(3) **Die gesetzliche Vergütung eines Rechtsanwalts oder Rechtsbeistands ist stets erstattungsfähig.**

(4) **Nicht erstattungsfähig sind die Aufwendungen der in § 184 Abs. 1 genannten Gebührenpflichtigen.**

1 Die §§ 193–197 regeln die **Erstattung von Kosten unter den Beteiligten** des Verfahrens. Erstattungsfähig sind nach Abs. 2 die zur zweckentsprechenden Rechtsverfolgung notwendigen Aufwendungen der Beteiligten einschließlich der Kosten eines etwaigen Vorverfahrens. Das enthält die Einschränkungen „zweckmäßig“ und „notwendig“. Weil Gerichtskosten nur die nach § 184 Gebührenpflichtigen schul-

den, diese ihre Aufwendungen nach § 193 Abs. 4 aber nicht ersetzt verlangen können, sind Kosten nach § 193 nur die **außergerichtlichen Kosten,** insbesondere die gesetzliche Vergütung eines Rechtsanwalts oder Rechtsbeistands.

2 Abs. 3 bestimmt, dass **Anwaltsbeiziehung** stets als notwendig gilt, Anwaltsgebühren daher im Rahmen des RVG stets erstattungsfähig sind. Vor dem Sozialgericht fallen in der Regel folgende Anwaltsgebühren an: Verfahrensgebühr (VV 3102 RVG), Terminsgebühr (VV 3106 RVG), Auslagenpauschale (VV 7002 RVG), Umsatzsteuer (VV 7008 RVG), im Einzelfall auch Reisekosten (VV 7003 RVG), Abwesenheitsgeld (VV 7005 RVG), Einigungsgebühr (VV 1003 RVG). Es handelt sich um Rahmengebühren, streitwertunabhängig. In der Regel kann die Mittelgebühr verlangt werden. Zur Kostenfestsetzung vgl § 197.

3 Über die Erstattung von Kosten entscheidet das Gericht von Amts wegen zB bei Erledigung durch **Endurteil, Gerichtsbescheid** oder durch einen ein Urteil ersetzenden **Beschluss** (§ 153 Abs. 4, §§ 158, 169). Bei vorausgegangenem Mahnverfahren (§ 182a) hat das Gericht stets über die Tragung der Kosten dieses Verfahrens zu entscheiden. Soweit nicht von Amts wegen über die Kostenerstattung entschieden wird, kann jeder Beteiligte eine dahin gehende **Entscheidung beantragen** (Abs. 1 Satz 3).

4 Die gerichtliche Entscheidung über die Kostenerstattung ergeht nach **Ermessen** ohne Rücksicht auf die Anträge der Beteiligten. Obwohl eine dem § 91 Abs. 1 Satz 1, § 92 Abs. 1 ZPO vergleichbare Bestimmung fehlt, werden die Kosten regelmäßig von dem unterliegenden Beteiligten zu erstatten sein, bei teilweisem Erfolg kommt eine entsprechende Quotelung in Betracht.

§ 194 [Kostenteilung]

[1]Sind mehrere Beteiligte kostenpflichtig, so gilt § 100 der Zivilprozeßordnung entsprechend. [2]Die Kosten können ihnen als Gesamtschuldnern auferlegt werden, wenn das Streitverhältnis ihnen gegenüber nur einheitlich entschieden werden kann.

1 Die Vorschrift regelt den Fall, dass **mehrere Beteiligte** einem anderen Beteiligten zur Kostenerstattung verpflichtet sind. Sie haften nach § 100 Abs. 1 ZPO grundsätzlich nach Kopfteilen, es sei denn, dass das Gericht wegen der unterschiedlichen Beteiligung am Rechtsstreit etwas anderes bestimmt (§ 100 Abs. 2 ZPO).

2 In Fällen **notwendiger Streitgenossenschaft,** bei der das Streitverhältnis mehreren Beteiligten gegenüber nur einheitlich entschieden werden kann, kann das Gericht mehrere Erstattungspflichtige als Gesamtschuldner zur Kostenerstattung verurteilen (Satz 2), auch wenn keine gesamtschuldnerische Verurteilung in der Hauptsache erfolgt (vgl. § 100 Abs. 4 Satz 1 ZPO).

§ 195 [Vergleich]

Wird der Rechtsstreit durch gerichtlichen Vergleich erledigt und haben die Beteiligten keine Bestimmung über die Kosten getroffen, so trägt jeder Beteiligte seine Kosten.

1 § 195 enthält eine Regelung über die Kostenerstattung bei Beendigung des Verfahrens durch Vergleich ohne Kostenregelung. Fehlt im Vergleich, aus welchen

Gründen auch immer, eine Bestimmung über die Erstattung der Kosten, so trägt jede am Vergleich beteiligte Seite ihre außergerichtlichen Kosten selbst. Die Regelung entspricht § 98 ZPO. In Rechtsprechung und Literatur ist umstritten, ob es zulässig ist, im Vergleich dem Gericht die Kostenentscheidung zu übertragen. Manche (LSG NRW NZS 2001, 163; LSG Celle NJW 1966, 1680) halten eine solche Vereinbarung für unzulässig; das ist nicht zutreffend, es gibt kein solches Verbot im SGG, im Zivilprozess ist eine solche Vereinbarung zweckmäßig, häufig und zulässig.

§ 196 (weggefallen)

§ 197 [Kostenfestsetzung]

(1) [1]**Auf Antrag der Beteiligten oder ihrer Bevollmächtigten setzt der Urkundsbeamte des Gerichts des ersten Rechtszugs den Betrag der zu erstattenden Kosten fest.** [2]**§ 104 Abs. 1 Satz 2 und Abs. 2 der Zivilprozeßordnung findet entsprechende Anwendung.**

(2) **Gegen die Entscheidung des Urkundsbeamten der Geschäftsstelle kann binnen eines Monats nach Bekanntgabe das Gericht angerufen werden, das endgültig entscheidet.**

Die Vorschrift **gilt in allen Verfahren** nach dem SGG unter Einschluss derjenigen, in denen Kosten nach dem GKG erhoben werden. Sie entspricht §§ 103ff. ZPO. **§ 104 Abs. 1 Satz 2 ZPO** besagt, dass **auf Antrag** im Kostenfestsetzungsbeschluss auszusprechen ist, dass die festgesetzten Kosten ab Antragseingang mit 5%-Punkten über dem Basiszinssatz zu verzinsen sind. Aus **§ 104 Abs. 2 ZPO** folgt, dass zur Berücksichtigung eines Ansatzes genügt, dass er glaubhaft gemacht ist. Zur Berücksichtigung von Umsatzsteuerbeträgen genügt die Erklärung des Antragstellers, dass er die Beträge nicht als Vorsteuer abziehen kann. Auf § 104 Abs. 3 ZPO wird nicht verwiesen, weil keine sofortige Beschwerde statthaft ist, sondern die Anrufung des Gerichts nach Abs. 2. 1

Ist eine gerichtliche Kostengrundentscheidung ergangen oder haben die Beteiligten in einem gerichtlichen Vergleich eine Vereinbarung über die Erstattung von Kosten dem Grunde nach getroffen, so setzt auf Antrag der Urkundsbeamte den **Betrag der zu erstattenden Kosten fest. Zuständig** ist der **Urkundsbeamte** der Geschäftsstelle des Gerichts des ersten Rechtszuges, also des Sozialgerichts, und zwar auch dann, wenn Kostengrundentscheidung von einem Landessozialgericht oder dem Bundessozialgericht getroffen ist. Da die Anwaltsgebühren im sozialgerichtlichen Verfahren meist Rahmengebühren sind (→ § 193 Rn. 2) muss die Festsetzung der Rahmengebühren nach den Kriterien des § 14 RVG immer im Einzelfall unter Berücksichtigung aller Umstände erfolgen (ThürLSG NZS 2013, 600). Im Kostenfestsetzungsverfahren kann die Richtigkeit der rechtskräftigen Entscheidung in der Hauptsache nicht nachgeprüft oder sonst in Frage gestellt werden. 2

Gegen die Kostenfestsetzung durch den Urkundsbeamten kann binnen eines Monats nach Bekanntgabe **Erinnerung** eingelegt werden, über die das Gericht, dem der Urkundsbeamte angehört, abschließend entscheidet. Eine Beschwerde gegen die richterliche Entscheidung ist ausgeschlossen; das soll das Wort „endgültig" zeigen (LSG Sachsen NZS 2006, 612). Das bedeutet: Eine **Beschwerde** gegen einen Beschluss des Sozialgerichts, mit dem die Erinnerung zurückgewiesen wurde, 3 ist **unzulässig** (LSG Sachsen NZS 2013, 600; LSG Saarland NZS 2012, 120; unstreitig). Eine Zulassung der Beschwerde durch das Sozialgericht ist unzulässig und unbeachtlich.

4 **Prozesskostenhilfevergütung.** Gegen den Beschluss über Erinnerungen, welche gegen Kostenfestsetzungen des Urkundsbeamten im Verfahren nach §§ 45 ff. RVG erhoben worden sind, ist das Rechtsmittel der Beschwerde statthaft; § 178 Satz 1 SGG tritt insoweit gegenüber § 56 Abs. 2 S. 1 iVm § 33 Abs. 3 S. 1 RVG zurück (LSG Bay. NZS 2013, 278). Nach anderer Ansicht ist die Beschwerde unzulässig, weil § 178 SGG auch die Festsetzung von PKH-Vergütungen gegen die Landeskasse erfasse (LSG Sachsen BeckRS 2012, 74616, ausführlich).

5 Der Kostenfestsetzungsbeschluss des Urkundsbeamten ist Vollstreckungstitel nach § 199 Abs. 1 Nr. 3.

§ 197a [Keine persönliche Kostenfreiheit]

(1) [1]**Gehört in einem Rechtszug weder der Kläger noch der Beklagte zu den in § 183 genannten Personen oder handelt es sich um ein Verfahren wegen eines überlangen Gerichtsverfahrens (§ 202 Satz 2), werden Kosten nach den Vorschriften des Gerichtskostengesetzes erhoben; die §§ 184 bis 195 finden keine Anwendung; die §§ 154 bis 162 der Verwaltungsgerichtsordnung sind entsprechend anzuwenden.** [2]**Wird die Klage zurückgenommen, findet § 161 Abs. 2 der Verwaltungsgerichtsordnung keine Anwendung.**

(2) [1]**Dem Beigeladenen werden die Kosten außer in den Fällen des § 154 Abs. 3 der Verwaltungsgerichtsordnung auch auferlegt, soweit er verurteilt wird (§ 75 Abs. 5).** [2]**Ist eine der in § 183 genannten Personen beigeladen, können dieser Kosten nur unter den Voraussetzungen von § 192 auferlegt werden.** [3]**Aufwendungen des Beigeladenen werden unter den Voraussetzungen des § 191 vergütet; sie gehören nicht zu den Gerichtskosten.**

(3) **Die Absätze 1 und 2 gelten auch für Träger der Sozialhilfe, soweit sie an Erstattungsstreitigkeiten mit anderen Trägern beteiligt sind.**

I. Anwendung des GKG

1 Abs. 1 ordnet die Anwendung des Gerichtskostengesetzes und bestimmter Vorschriften der Verwaltungsgerichtsordnung für diejenigen Verfahren an, an denen Personen beteiligt sind, die nicht eines besonderen sozialen Schutzes in Form eines kostenfreien Rechtsschutzes bedürfen. Dies gilt zB für Streitigkeiten von Sozialleistungsträgern untereinander oder Streitigkeiten zwischen Sozialleistungsträgern und Arbeitgebern (→ § 183 Rn. 8). Diese Verweisung auf das GKG muss beachtet werden, bevor eine anderweitige Rechtsfortbildung erfolgt (BVerfG NZS 2011, 18). Auch soweit es um Vertragsarztverfahren (Vertragsarztzulassung, Honorarstreitigkeiten) geht, ist eine Gebührenprivilegierung, die von ihrem Schutzzweck her auf die Durchsetzung von Ansprüchen auf Sozialleistungen ausgerichtet ist, nicht sachgerecht (vgl. BT-Drs. 14/5943, 29). Auch für **Entschädigungsklagen** wegen überlanger Dauer eines sozialgerichtlichen Verfahrens (§§ 198 ff. GVG), wofür in erster Instanz das LSG zuständig ist, besteht keine Gerichtsgebührenfreiheit.

In den von Abs. 1 Satz 1 erfassten Verfahren werden Kosten allein nach den Bestimmungen des GKG erhoben (§ 1 Abs. 2 Nr. 3 GKG). Es handelt sich nach der abschließenden Aufzählung in Abs. 1 um Verfahren, in denen in einem Rechtszug **weder der Kläger noch der Beklagte zu den in § 183 genannten Personen gehören.** Ist dagegen ein Versicherter, Leistungsempfänger einschließlich Hinterbliebenenleistungsempfänger oder ein Behinderter in dieser jeweiligen Eigenschaft Kläger oder Beklagter, gelten für die Kostenerhebung in dem jeweiligen Rechtszug ausschließlich die Bestimmungen des SGG, insbesondere die Pauschgebührenregelung der §§ 183, 184. 2

Auf den **jeweiligen Rechtszug** wird abgestellt, weil ein im Klage- oder Berufungsverfahren Beigeladener ein Rechtsmittel einlegen und damit Partei des zweit- oder drittinstanzlichen Verfahrens werden kann. Handelt es sich bei ihr um eine kostenrechtlich begünstigte Person, zB einen Versicherten, finden im Verfahren vor dem Berufungs- bzw. Revisionsgericht das GKG und die VwGO keine Anwendung (BSG NZS 2007, 111). Entsprechendes gilt bei Rechtsmitteln mehrerer Beteiligter gegen dasselbe Urteil. Gehört auch nur einer der Rechtsmittelführer zu den nach § 183 begünstigten Personen, so findet § 197a keine Anwendung; die Kostenentscheidung ist vielmehr einheitlich nach § 193 zu treffen (BSG NZS 2007, 53). 3

In Fällen objektiver Klagehäufung (§ 56 SGG) und bei Eventualklagenhäufung kann eine **kombinierte Kostenentscheidung nach § 193 und § 197a** erforderlich werden, wenn nur einer von mehreren Streitgegenständen nach § 183 privilegiert ist (BSG NZS 2007, 440 (442)). 4

Nach Abs. 1 Satz 1 letzter Halbsatz sind in Verfahren, in denen Kosten nach dem GKG erhoben werden, die **§§ 154–162 VwGO entsprechend anzuwenden.** Abs. 1 Satz 2 stellt klar, dass bei der Klagerücknahme, die nach § 102 Satz 2 den Rechtsstreit in der Hauptsache erledigt, § 161 Abs. 2 VwGO (Entscheidung über die Kosten des Rechtsstreits nach billigem Ermessen unter Berücksichtigung des Sach- und Streitstands) nicht gilt; statt dessen ist § 155 Abs. 2 VwGO anzuwenden, der bei Rücknahme der Klage stets zur Kostenlast des Klägers führt. 5

Ist die Hauptsache durch übereinstimmende Erledigungserklärungen erledigt, so ist die darauf ergehende Kostenentscheidung nach § 158 Abs. 2 VwGO unanfechtbar (str.; SchlHLSG NZS 2008, 335 m. umfassender Darstellung des Streitstands). 6

II. Beiladung

Abs. 2 regelt, inwieweit die VwGO im Falle einer **Beiladung** anzuwenden ist. Nach § 154 Abs. 3 VwGO können dem Beigeladenen Kosten nur auferlegt werden, wenn er Anträge gestellt oder Rechtsmittel eingelegt hat. Damit wird sichergestellt, dass Beigeladene kein Kostenrisiko eingehen, solange sie keine förmlichen Anträge stellen. Eine Ausnahme gilt nach Abs. 2 Satz 1 für den Fall, dass ein nach § 75 Abs. 5 Beigeladener (ein Versicherungsträger oder in Angelegenheiten des sozialen Entschädigungsrechts ein Land) verurteilt wird. In diesem Fall können dem Beigeladenen Kosten des Rechtsstreits auferlegt werden. 7

Abs. 2 Satz 2 stellt klar, dass den kostenrechtlich begünstigten Personen, auch wenn sie beigeladen worden sind, grundsätzlich keine Kosten auferlegt werden können. Allerdings können auch sie nach **§ 192** in Fällen schuldhafter Verfahrensverzögerung und missbräuchlicher Fortführung des Rechtsstreits mit Kosten belastet werden. 8

9 Nach Abs. 2 Satz 3 erhält der Beigeladene, der auf gerichtliche Anordnung persönlich erschienen ist oder dessen Erscheinen das Gericht für geboten hält, eine Entschädigung nach Maßgabe des § 191. Ihm gezahlte Entschädigungen gehören nicht zu den Gerichtskosten; sie werden grundsätzlich von der Staatskasse erstattet.

10 Abs. 3 ist im Zuge des Übergangs der Zuständigkeit für Streitigkeiten in Angelegenheiten der Sozialhilfe von der Verwaltungsgerichtsbarkeit auf die Gerichte der Sozialgerichtsbarkeit eingefügt worden. Die Vorschrift bewirkt, dass den Trägern der Sozialhilfe in Erstattungsstreitigkeiten mit anderen Trägern die nach § 64 Abs. 3 Satz 2 SGB X bestehende Gerichtskostenfreiheit nicht zugute kommt. Vielmehr sind in derartigen Verfahren auch von ihnen Gerichtskosten nach dem GKG zu erheben.

§ 197b [Vollstreckung von Gerichtskosten durch BSG]

[1]Für Ansprüche, die beim Bundessozialgericht entstehen, gelten das Justizverwaltungskostengesetz und das Justizbeitreibungsgesetz entsprechend, soweit sie nicht unmittelbar Anwendung finden. [2]Vollstreckungsbehörde ist die Justizbeitreibungsstelle des Bundessozialgerichts.

1 **Begründung** aus BT-Drs. 16/7716, 23:

Die Vorschrift soll dem Bundessozialgericht die Vollstreckung von Gerichtskosten erleichtern. Die Vollstreckung titulierter Forderungen spielte beim Bundessozialgericht bis zum Inkrafttreten des 6. SGGÄndG (BGBl. I 2001 S. 2144) in der Praxis keine Rolle. Erst die Einführung von Gerichtskosten nach dem GKG für die in § 197a genannten Verfahren hat die Notwendigkeit einer Rechtsgrundlage für die Vollstreckung von Gerichtskosten durch das Bundessozialgericht deutlich gemacht. Denn vor Einfügung des § 197b war das BSG bei der Beitreibung von Gerichtskosten darauf angewiesen, sich vor den Zivilgerichten einen vollstreckbaren Titel gegen den Kostenschuldner zu beschaffen.

2 Die **Rechtsgrundlage** für die Kostenbeitreibung des BSG orientiert sich am Vorbild des § 12 ArbGG. Vollstreckungsbehörde für Ansprüche, die beim BSG entstehen, ist die Justizbeitreibungsstelle des BSG.

11. Steuerberatungsgesetz (StBerG)

In der Fassung der Bekanntmachung vom 4.11.1975, BGBl. I S. 2735
FNA 610–10

zuletzt geändert durch Gesetz vom 30.10.2017, BGBl. I S. 3618
(Auszug)

§ 146 Gerichtskosten

[1]Im berufsgerichtlichen Verfahren und im Verfahren über den Antrag auf Entscheidung des Landgerichts über die Rüge (§ 82 Abs. 1) werden Gebühren nach dem Gebührenverzeichnis der Anlage zu diesem Gesetz erhoben. [2]Im Übrigen sind die für Kosten in Strafsachen geltenden Vorschriften des Gerichtskostengesetzes entsprechend anzuwenden.

Durch das 2. JuMoG vom 22.12.2006, BGBl. I 3416, wurden mit Wirkung vom 31.12.2006 für das **berufsgerichtliche Verfahren nach dem Steuerberatungsgesetz** und für Verfahren über den Antrag auf Entscheidung des Landgerichts über die Rüge (§ 82 Abs. 1) **Gerichtsgebühren eingeführt.** Die Gebührenregelungen orientieren sich an den für Kosten in Strafsachen geltenden Vorschriften des Gerichtskostengesetzes (also Nr. 3110ff. GKG KV), die im Übrigen entsprechend anzuwenden sind (§ 146 Satz 2). Die Kosten werden deshalb erst mit Rechtskraft der Entscheidung fällig (§ 8 GKG). 1

Anlage
(zu § 146 Satz 1)

Gebührenverzeichnis

Gliederung

Nr.	Gebührentatbestand	Gebührenbetrag oder Satz der jeweiligen Gebühr 110 bis 112

Vorbemerkung:

(1) Im berufsgerichtlichen Verfahren bemessen sich die Gerichtsgebühren vorbehaltlich des Absatzes 2 für alle Rechtszüge nach der rechtskräftig verhängten Maßnahme.

(2) Wird ein Rechtsmittel oder ein Antrag auf berufsgerichtliche Entscheidung nur teilweise verworfen oder zurückgewiesen, so hat das Gericht die Gebühr zu ermäßigen, soweit es unbillig wäre, den Steuerberater oder Steuerbevollmächtigten damit zu belasten.

(3) Im Verfahren nach Wiederaufnahme werden die gleichen Gebühren wie für das wiederaufgenommene Verfahren erhoben. Wird jedoch nach Anordnung der Wiederaufnahme des Verfahrens das frühere Urteil aufgehoben, gilt für die Gebührenerhebung jeder Rechtszug des neuen Verfahrens mit dem jeweiligen Rechtszug des früheren Verfahrens zusammen als ein Rechtszug. Gebühren werden auch für Rechtszüge erhoben, die nur im früheren Verfahren stattgefunden haben.

Abschnitt 1. Verfahren vor dem Landgericht

Unterabschnitt 1. Berufsgerichtliches Verfahren erster Instanz

110	Verfahren mit Urteil bei Verhängung einer oder mehrerer der folgenden Maßnahmen: 1. einer Warnung, 2. eines Verweises, 3. einer Geldbuße, 4. eines befristeten Berufsverbots	240,00 EUR
112	Verfahren mit Urteil bei Ausschließung aus dem Beruf	480,00 EUR

Unterabschnitt 2. Antrag auf gerichtliche Entscheidung über die Rüge

120	Verfahren über den Antrag auf gerichtliche Entscheidung über die Rüge nach § 82 Abs. 1 StBerG: Der Antrag wird verworfen oder zurückgewiesen	160,00 EUR

Abschnitt 2. Verfahren vor dem Oberlandesgericht

Unterabschnitt 1. Berufung

210	Berufungsverfahren mit Urteil	1,5
211	Erledigung des Berufungsverfahrens ohne Urteil	0,5
	Die Gebühr entfällt bei Zurücknahme der Berufung vor Ablauf der Begründungsfrist.	

Unterabschnitt 2. Beschwerde

220	Verfahren über Beschwerden im berufsgerichtlichen Verfahren, die nicht nach anderen Vorschriften gebührenfrei sind: Die Beschwerde wird verworfen oder zurückgewiesen	50,00 EUR

Nr.	Gebührentatbestand	Gebührenbetrag oder Satz der jeweiligen Gebühr 110 bis 112
	Von dem Steuerberater oder Steuerbevollmächtigten wird eine Gebühr nur erhoben, wenn gegen ihn rechtskräftig eine berufsgerichtliche Maßnahme verhängt worden ist.	
Abschnitt 3. Verfahren vor dem Bundesgerichtshof		
Unterabschnitt 1. Revision		
310	Revisionsverfahren mit Urteil oder mit Beschluss nach § 130 Abs. 3 Satz 1 StBerG i. V. m. § 349 Abs. 2 oder Abs. 4 StPO	2,0
311	Erledigung des Revisionsverfahrens ohne Urteil und ohne Beschluss nach § 130 Abs. 3 Satz 1 StBerG i. V. m. § 349 Abs. 2 oder Abs. 4 StPO	1,0
	Die Gebühr entfällt bei Zurücknahme der Revision vor Ablauf der Begründungsfrist.	
Unterabschnitt 2. Beschwerde		
320	Verfahren über die Beschwerde gegen die Nichtzulassung der Revision: Die Beschwerde wird verworfen oder zurückgewiesen	1,0
321	Verfahren über sonstige Beschwerden im berufsgerichtlichen Verfahren, die nicht nach anderen Vorschriften gebührenfrei sind: Die Beschwerde wird verworfen oder zurückgewiesen	50,00 EUR
	Von dem Steuerberater oder Steuerbevollmächtigten wird eine Gebühr nur erhoben, wenn gegen ihn rechtskräftig eine berufsgerichtliche Maßnahme verhängt worden ist.	
Abschnitt 4. Rüge wegen Verletzung des Anspruchs auf rechtliches Gehör		
400	Verfahren über die Rüge wegen Verletzung des Anspruchs auf rechtliches Gehör: Die Rüge wird in vollem Umfang verworfen oder zurückgewiesen	50,00 EUR

12. Gesetz über eine Berufsordnung der Wirtschaftsprüfer (WPO)

In der Fassung der Bekanntmachung vom 5.11.1975, BGBl. I S. 2803
FNA 702-1

zuletzt geändert durch Gesetz vom 30.10.2017, BGBl. I S. 3618
(Auszug)

§ 122 Gerichtskosten

[1]In gerichtlichen Verfahren nach diesem Gesetz werden Gebühren nach dem Gebührenverzeichnis der Anlage zu diesem Gesetz erhoben. [2]Im Übrigen sind die für Kosten in Strafsachen geltenden Vorschriften des Gerichtskostengesetzes entsprechend anzuwenden.

1 Der Gebührenanhang zu § 122 wurde durch Gesetz vom 31.3.2016, BGBl. I S. 518, 546 grundlegend geändert. Die Gebührenregelungen orientieren sich an den für Kosten in Strafsachen geltenden Vorschriften des Gerichtskostengesetzes (also KV 3110ff.), die im Übrigen entsprechend anzuwenden sind (§ 122 Satz 2). Die Kosten werden erst mit Rechtskraft der Entscheidung fällig (§ 8 GKG).

Anlage
(zu § 122 Satz 1)

Gebührenverzeichnis

Gliederung

Nr.	Gebührentatbestand	Gebührenbetrag oder Satz der jeweiligen Gebühr 110 bis 113

Vorbemerkung:

(1) In Verfahren über Anträge auf berufsgerichtliche Entscheidung werden, soweit nichts anderes bestimmt ist, Gebühren nur erhoben, soweit auf Zurückweisung des Antrags auf berufsgerichtliche Entscheidung oder auf Verurteilung zu einer oder mehrerer der in § 68 Abs. 1 und § 68a der Wirtschaftsprüferordnung genannten Maßnahmen entschieden wird. Die Gebühren bemessen sich nach der rechtskräftig verhängten Maßnahme, die Gegenstand der Entscheidung im Sinne des Satzes 1 ist. Maßgeblich ist die Maßnahme, für die die höchste Gebühr bestimmt ist.

(2) Im Rechtsmittelverfahren ist Absatz 1 entsprechend anzuwenden.

(3) Wird ein Antrag auf berufsgerichtliche Entscheidung, ein Antrag auf Entscheidung des Gerichts oder ein Rechtsmittel nur teilweise verworfen oder zurückgewiesen, so hat das Gericht die Gebühr zu ermäßigen, soweit es unbillig wäre, den Berufsangehörigen damit zu belasten.

(4) Im Verfahren nach Wiederaufnahme werden die gleichen Gebühren wie für das wiederaufgenommene Verfahren erhoben. Wird jedoch nach Anordnung der Wiederaufnahme des Verfahrens das frühere Urteil aufgehoben, gilt für die Gebührenerhebung jeder Rechtszug des neuen Verfahrens mit dem jeweiligen Rechtszug des früheren Verfahrens zusammen als ein Rechtszug. Gebühren werden auch für Rechtszüge erhoben, die nur im früheren Verfahren stattgefunden haben.

Abschnitt 1. Verfahren vor dem Landgericht

Unterabschnitt 1. Verfahren über Anträge auf berufsgerichtliche Entscheidung

	Verfahren mit Urteil bei	
110	**– Erteilung einer Rüge nach § 68 Abs. 1 Satz 2 Nr. 1 oder einer Feststellung nach § 68 Abs. 1 Satz 2 Nr. 7 der Wirtschaftsprüferordnung jeweils**	**160,00 €**
111	**– Verhängung einer Geldbuße nach § 68 Abs. 1 Satz 2 Nr. 2 der Wirtschaftsprüferordnung**	**240,00 €**
112	**– Verhängung eines Tätigkeitsverbots nach § 68 Abs. 1 Satz 2 Nr. 3 oder Nr. 4 oder eines Berufsverbots nach § 68 Abs. 1 Satz 2 Nr. 5 der Wirtschaftsprüferordnung jeweils**	**360,00 €**
113	**– Ausschließung aus dem Beruf nach § 68 Abs. 1 Satz 2 Nr. 6 der Wirtschaftsprüferordnung**	**480,00 €**
114	**– Erlass einer Untersagungsverfügung nach § 68a der Wirtschaftsprüferordnung**	**60,00 €**
115	**Zurückweisung des Antrags auf berufsgerichtliche Entscheidung durch Beschluss nach § 86 Abs. 1 der Wirtschaftsprüferordnung**	**0,5**

Nr.	Gebührentatbestand	Gebührenbetrag oder Satz der jeweiligen Gebühr 110 bis 113
116	**Zurücknahme des Antrags auf berufsgerichtliche Entscheidung vor Beginn der Hauptverhandlung** . . . . Die Gebühr bemisst sich nach der Maßnahme, die Gegenstand des Verfahrens war. Maßgeblich ist die Maßnahme, für die die höchste Gebühr bestimmt ist.	0,25
117	**Zurücknahme des Antrags auf berufsgerichtliche Entscheidung nach Beginn der Hauptverhandlung** . . . . Die Gebühr bemisst sich nach der Maßnahme, die Gegenstand des Verfahrens war. Maßgeblich ist die Maßnahme, für die die höchste Gebühr bestimmt ist.	0,5

Unterabschnitt 2. Verfahren über Anträge auf Entscheidung des Gerichts

Vorbemerkung 1.2:

(1) Die Gebühren entstehen für jedes Verfahren gesondert.

(2) Ist in den Fällen der Nummern 120 und 123 das Zwangs- oder Ordnungsgeld geringer als die Gebühr, so ermäßigt sich die Gebühr auf die Höhe des Zwangs- oder Ordnungsgeldes.

120	Verfahren über einen Antrag auf Entscheidung des Gerichts über die Androhung oder die Festsetzung eines Zwangsgeldes nach § 62a Abs. 3 Satz 1 der Wirtschaftsprüferordnung: Der Antrag wird verworfen oder zurückgewiesen	160,00 €
121	Verfahren über einen Antrag auf Entscheidung des Gerichts über eine vorläufige Untersagungsverfügung nach § 68b Satz 4 i. V. m. § 62a Abs. 3 Satz 1 der Wirtschaftsprüferordnung: Der Antrag wird verworfen oder zurückgewiesen	100,00 €
122	Verfahren über einen Antrag auf Entscheidung des Gerichts über die Verhängung eines Ordnungsgeldes nach § 68c Abs. 2 i. V. m. § 62a Abs. 3 Satz 1 der Wirtschaftsprüferordnung: Der Antrag wird verworfen oder zurückgewiesen	360,00 €
123	Verfahren über einen Antrag auf Entscheidung des Gerichts über die Notwendigkeit der Zuziehung eines Bevollmächtigten	100,00 €

Nr.	Gebührentatbestand	Gebührenbetrag oder Satz der jeweiligen Gebühr 110 bis 113
	nach § 68 Abs. 6 Satz 4 der Wirtschaftsprüferordnung: Der Antrag wird verworfen oder zurückgewiesen	
Abschnitt 2. Verfahren vor dem Oberlandesgericht		
Unterabschnitt 1. Berufung		
210	Berufungsverfahren mit Urteil	1,5
211	Erledigung des Berufungsverfahrens ohne Urteil	0,5
	Die Gebühr bemisst sich nach der Maßnahme, die Gegenstand des Verfahrens war. Maßgeblich ist die Maßnahme, für die die höchste Gebühr bestimmt ist. Die Gebühr entfällt bei Zurücknahme der Berufung vor Ablauf der Begründungsfrist.	
Unterabschnitt 2. Beschwerde		
220	Verfahren über eine Beschwerde gegen die Verwerfung eines Antrags auf berufsgerichtliche Entscheidung (§ 86 Abs. 1 der Wirtschaftsprüferordnung): Die Beschwerde wird verworfen oder zurückgewiesen	1,0
221	Verfahren über eine Beschwerde gegen den Beschluss, durch den ein vorläufiges Tätigkeits- oder Berufsverbot verhängt wurde, nach § 118 Abs. 1 der Wirtschaftsprüferordnung: Die Beschwerde wird verworfen oder zurückgewiesen	250,00 €
222	Verfahren über sonstige Beschwerden im berufsgerichtlichen Verfahren, die nicht nach anderen Vorschriften gebührenfrei sind: Die Beschwerde wird verworfen oder zurückgewiesen	50,00 €
	Von dem Berufsangehörigen wird eine Gebühr nur erhoben, wenn gegen ihn rechtskräftig eine der in § 68 Abs. 1 und § 68a der Wirtschaftsprüferordnung genannten Maßnahmen verhängt worden ist.	

Nr.	Gebührentatbestand	Gebührenbetrag oder Satz der jeweiligen Gebühr 110 bis 113
Abschnitt 3. Verfahren vor dem Bundesgerichtshof		
Unterabschnitt 1. Revision		
310	**Revisionsverfahren mit Urteil oder mit Beschluss nach § 107a Abs. 3 Satz 1 der Wirtschaftsprüferordnung i. V. m. § 349 Abs. 2 oder Abs. 4 StPO**	2,0
311	**Erledigung des Revisionsverfahrens ohne Urteil und ohne Beschluss nach § 107a Abs. 3 Satz 1 der Wirtschaftsprüferordnung i. V. m. § 349 Abs. 2 oder Abs. 4 StPO** Die Gebühr bemisst sich nach der Maßnahme, die Gegenstand des Verfahrens war. Maßgeblich ist die Maßnahme, für die die höchste Gebühr bestimmt ist. Die Gebühr entfällt, wenn die Revision vor Ablauf der Begründungsfrist zurückgenommen wird.	1,0
Unterabschnitt 2. Beschwerde		
320	**Verfahren über die Beschwerde gegen die Nichtzulassung der Revision nach § 107 Abs. 3 Satz 1 der Wirtschaftsprüferordnung:** **Die Beschwerde wird verworfen oder zurückgewiesen**	1,0
321	**Verfahren über eine Beschwerde gegen den Beschluss, durch den ein vorläufiges Tätigkeits- oder Berufsverbot verhängt wurde, nach § 118 Abs. 1 der Wirtschaftsprüferordnung:** **Die Beschwerde wird verworfen oder zurückgewiesen**	300,00 €
322	**Verfahren über sonstige Beschwerden im berufsgerichtlichen Verfahren, die nicht nach anderen Vorschriften gebührenfrei sind:** **Die Beschwerde wird verworfen oder zurückgewiesen** Von dem Berufsangehörigen wird eine Gebühr nur erhoben, wenn gegen ihn rechtskräftig eine der in § 68 Abs. 1 und § 68a der Wirtschaftsprüferordnung genannten Maßnahmen verhängt worden ist.	50,00 €

Nr.	Gebührentatbestand	Gebührenbetrag oder Satz der jeweiligen Gebühr 110 bis 113
Abschnitt 4. Rüge wegen Verletzung des Anspruchs auf rechtliches Gehör		
400	Verfahren über die Rüge wegen Verletzung des Anspruchs auf rechtliches Gehör: Die Rüge wird in vollem Umfang verworfen oder zurückgewiesen	50,00 €
Abschnitt 5. Verfahren über den Antrag auf Aufhebung eines vorläufigen Tätigkeits- oder Berufsverbots nach § 120 der Wirtschaftsprüferordnung		
500	Verfahren über den Antrag auf Aufhebung eines vorläufigen Tätigkeits- oder Berufsverbots nach § 120 Abs. 3 Satz 1 der Wirtschaftsprüferordnung: Der Antrag wird in vollem Umfang verworfen oder zurückgewiesen	50,00 €

13. Zwangsverwalterverordnung (ZwVwV)

Vom 19.12.2003, BGBl. I S. 2804
FNA 310-14-2

(Auszug)

Schrifttum: *Eickmann,* Die Neuregelung der Zwangsverwaltervergütung, ZIP 2004, 1736; *Pape,* Die Vergütung nach der neuen Zwangsverwalterverordnung, NZI 2004, 187; *Keller,* Aktuelle Fragen zur Vergütung des Zwangsverwalters, ZfIR 2005, 225; *Wedekind,* Die neue Zwangsverwalterverordnung in der Praxis, ZfIR 2005, 74; *Drasdo,* Der Zwangsverwalter – Rechte und Pflichten, NJW 2013, 1775; NJW 2014, 1855; NJW 2015, 1791; NJW 2016, 1770; NJW 2017, 1709; *Depré,* Die Zeitvergütung in der Zwangsvollstreckung, ZfIR 2008, 49; *Haarmeyer/Hintzen,* Zwangsverwaltung, 6. Aufl. 2016.

§ 17 Vergütung und Auslagenersatz

(1) [1]**Der Verwalter hat Anspruch auf eine angemessene Vergütung für seine Geschäftsführung sowie auf Erstattung seiner Auslagen nach Maßgabe des § 21.** [2]**Die Höhe der Vergütung ist an der Art und dem Umfang der Aufgabe sowie an der Leistung des Zwangsverwalters auszurichten.**

(2) **Zusätzlich zur Vergütung und zur Erstattung der Auslagen wird ein Betrag in Höhe der vom Verwalter zu zahlenden Umsatzsteuer festgesetzt.**

(3) [1]**Ist der Verwalter als Rechtsanwalt zugelassen, so kann er für Tätigkeiten, die ein nicht als Rechtsanwalt zugelassener Verwalter einem Rechtsanwalt übertragen hätte, die gesetzliche Vergütung eines Rechtsanwalts abrechnen.** [2]**Ist der Verwalter Steuerberater oder besitzt er eine andere besondere Qualifikation, gilt Satz 1 sinngemäß.**

I. Allgemeines

1 Gesetzliche Grundlagen der Vergütungsbestimmungen sind das ZVG (Gesetz über die Zwangsversteigerung und die Zwangsverwaltung) und die aufgrund von § 152a ZVG erlassene Zwangsverwalterverordnung (ZwVwV) vom 19.12.2003, BGBl. I S. 2804.

2 Der Zwangsverwalter wird vom Gericht (Vollstreckungsabteilung des Amtsgerichts) bestellt (§ 150 Abs. 1 ZVG). Zuständig ist der Rechtspfleger (§ 3 Nr. 1i RPflG). Die Verwaltung beginnt mit dem Wirksamwerden des Anordnungsbeschlusses. Die Aufgaben des Zwangsverwalters ergeben sich aus §§ 146ff. ZVG, §§ 1ff. ZwVwV. Der Verwalter darf die Verwaltung nicht einem anderen übertragen (§ 1 Abs. 3 Satz 1). Ihm ist aber gestattet, Hilfskräfte zu unselbständigen Tätigkeiten unter seiner Verantwortung heranzuziehen (§ 1 Abs. 3 Satz 4).

3 Abs. 1 stellt lediglich klar, dass der Zwangsverwalter nicht (wie der Vormund) ein Ehrenamt ausübt, sondern einen Rechtsanspruch auf Vergütung und Auslagenersatz hat. Die Höhe der Vergütung ist auszurichten an Art und Umfang der Aufgabe des Verwalters sowie an seinen Leistungen (§ 152a ZVG). Dem Zwangsver-

walter steht auch bei der **späteren Aufhebung** des Verfahrens eine Vergütung für die geleistete Tätigkeit zu (BGH NJW-RR 2004, 1527), auch bei Aufhebung wegen Rücknahme des Gläubigerantrags (LG Heilbronn Rpfleger 2009, 693). Für Vergütung und Auslagen gilt die ZwVwV, nicht etwa das VBVG oder die InsVV. Der sog. **Institutsverwalter** (d. h. ein Mitarbeiter der Gläubigerbank erhält vom Schuldner oder aus der Masse keine Vergütung (§ 150a Abs. 2 S. 2 ZVG), nur Ersatz von Auslagen (LG Berlin Rpfleger 2014, 152; *Stöber* ZVG § 150a Rn. 3).

II. Umsatzsteuer (Abs. 2)

4 Zusätzlich zur Vergütung und zur Erstattung der Auslagen wird die vom Verwalter zu zahlenden Umsatzsteuer (19%) festgesetzt.

III. Rechtsanwalt als Zwangsverwalter (Abs. 3)

5 Ist der Verwalter als Rechtsanwalt zugelassen, so kann er für Tätigkeiten, die ein nicht als Rechtsanwalt zugelassener Verwalter einem Rechtsanwalt übertragen hätte, die gesetzliche Vergütung eines Rechtsanwalts als Auslagenerstattung abrechnen. Ebenso ist es, wenn der Verwalter Steuerberater ist oder eine andere besondere Qualifikation (zB als Wirtschaftsprüfer) besitzt (Abs. 3 S. 2). Die Regelung ähnelt § 5 InsVV und § 1835 Abs. 3 BGB.

6 Das Problem ist die **Abgrenzung:** ein „strenger" Maßstab ist anzulegen (BGH Rpfleger 1999, 39). Das Beantragen eines Mahn- und Vollstreckungsbescheids, Kündigung, einfache Zwangsvollstreckungsmaßnahmen kann der Verwalter, der selbst Anwalt ist, nicht gesondert nach dem RVG abrechnen (BGH NJW-RR 2012, 979 für Mahnantrag). Auch der Antrag auf Eintragung einer Zwangshypothek fällt darunter (aA Haarmeyer/*Hintzen* § 17 Rn. 26). Für das Weiterleiten der Mieteinnahmen kann keine Hebegebühr verlangt werden. Schaltet der Anwalt einen auswärtigen Anwalt ein, kann er keine Verkehrsgebühr (RV 3400) abrechnen. Besteht für einen Prozess **Anwaltszwang,** ist die fiktive Anwaltseinschaltung zweifelsfrei notwendig.

7 Der Anwalt hat ein **Wahlrecht** (BGH NJW 2004, 3429). Er muss nicht nach dem RVG abrechnen, er kann die aufgewandte Zeit auch nach Stunden gemäß den Sätzen der ZwVwV abrechnen, wenn eine Stundenabrechnung zulässig ist. Wählt der Zwangsverwalter die Abrechnung nach dem RVG, so kann er für eine Geschäftstätigkeit, die mit den Gebühren abgegolten ist (zB eine Zwangsräumung), keine zusätzliche Vergütung nach anderen Tatbeständen mehr beanspruchen (BGH Rpfleger 2005, 152), also nach Stunden oder Erhöhung der Regelvergütung. Die entsprechenden Anwaltsstunden sind bei Stundenabrechnung (§ 19) abzuziehen, bei der Abrechnung nach Ertrag (§ 18) kann es unter Umständen zu einer Ermäßigung des Prozentsatzes kommen (aA *Depré/Mayer* Rn. 691).

8 Macht der Zwangsverwalter wegen seiner Anwaltsqualifikation von der Möglichkeit der Mehrvergütung nach § 17 Abs. 3 Gebrauch, ist die Vergütung erst fällig, wenn eine Berechnung nach § 10 RVG erstellt wurde (BGH Rpfleger 2005, 152). Hat der Anwalt als Zwangsverwalter einen Mietprozess geführt und gewonnen, so dass die Kosten dem Gegner auferlegt wurden (§ 91 ZPO), erhält er seine Anwaltsvergütung vom Gegner und nicht aus der Masse; daneben kommt eine Erhöhung der Zwangsverwaltervergütung nach § 18 oder § 19 ZwVwV nicht in Betracht.

9 Der Rechtsanwalt darf diese **eigene RVG-Vergütung** (nebst Anwalts-Auslagen und Umsatzsteuer) nicht als Verwaltungsaufwendungen ohne Genehmigung des Gerichts der Masse entnehmen (§ 155 Abs. 1 ZVG), auch diese RVG-Kosten müssen gerichtlich gem. § 22 festgesetzt werden (BGH NJW 2009, 3104); früher streitig, weil Abs. 3 unklar ist. Der BGH (NJW 2005, 903) hatte zuvor zur InsVV ähnlich entschieden. Ist der **Verwalter selbst nicht Rechtsanwalt,** sondern beauftragt er einen Anwalt, müssen dessen Honorare im Vergütungsfestsetzungsverfahren wie Auslagen iSv § 21 Abs. 2 Satz 1 abgerechnet werden; daneben kann der Verwalter die Auslagenpauschale gem. § 21 Abs. 2 Satz 2 beanspruchen (BGH NJW 2009, 3104).

§ 18 Regelvergütung

(1) [1]**Bei der Zwangsverwaltung von Grundstücken, die durch Vermieten oder Verpachten genutzt werden, erhält der Verwalter als Vergütung in der Regel 10 Prozent des für den Zeitraum der Verwaltung an Mieten oder Pachten eingezogenen Bruttobetrags.** [2]**Für vertraglich geschuldete, nicht eingezogene Mieten oder Pachten erhält er 20 Prozent der Vergütung, die er erhalten hätte, wenn diese Mieten eingezogen worden wären.** [3]**Soweit Mietrückstände eingezogen werden, für die der Verwalter bereits eine Vergütung nach Satz 2 erhalten hat, ist diese anzurechnen.**

(2) **Ergibt sich im Einzelfall ein Missverhältnis zwischen der Tätigkeit des Verwalters und der Vergütung nach Absatz 1, so kann der in Absatz 1 Satz 1 genannte Prozentsatz bis auf 5 vermindert oder bis auf 15 angehoben werden.**

(3) [1]**Für die Fertigstellung von Bauvorhaben erhält der Verwalter 6 Prozent der von ihm verwalteten Bausumme.** [2]**Planungs-, Ausführungs- und Abnahmekosten sind Bestandteil der Bausumme und finden keine Anrechnung auf die Vergütung des Verwalters.**

I. Allgemeines zur Höhe der Vergütung

1 Die ZwVwV regelt die Vergütung des Zwangsverwalters nach einem Mischsystem: bei Vermietung/Verpachtung wird der Verwalter nach dem Mietertrag honoriert (§ 18); ist nicht vermietet, wird er nach Zeitaufwand vergütet (§ 19). Das System wird durch Billigkeitsregelungen durchbrochen und durch eine Mindestvergütung „sozial" abgesichert. Eine Höchstvergütung gibt es nicht. Abgerechnet wird jeweils ein Abrechnungszeitraum; das ist das Kalenderjahr, § 14 Abs. 2, nicht das Geschäftsjahr; andere Zeiträume könne mit Zustimmung des Gerichts gewählt werden. Der erste Abrechnungszeitraum läuft vom Beginn der Verwaltungstätigkeit bis zum Jahresende (zB 13.10. bis 31.12.), dann folgt 1.1. bis 31.12., dann 1.1. bis zum Ende der Verwaltungstätigkeit.

2 In seltenen Fällen, nämlich bei der Zwangsverwaltung eines landwirtschaftlichen, forstwirtschaftlichen oder gärtnerischen Grundstücks ist der Schuldner selbst zum Verwalter zu bestellen (§ 150b ZVG); in diesem Falle hat das Gericht eine „Aufsichtsperson" zu bestellen (§ 150c ZVG); sie wird nach hM (*Depré/Mayer* Rn. 108) ebenso vergütet wie ein Zwangsverwalter.

II. System der Abrechnung

Für das Objekt besteht **kein Miet-/Pachtvertrag:** § 19 Abs. 1 Stundenvergütung; § 20 Mindestvergütung. 3

Für das verwaltete Objekt bestehen (zumindest teilweise) **Miet-/Pachtverträge:** 4

- Miete/Pacht geht ein: 10% der Einnahme sind die Regelvergütung (Abs. 1 Satz 1), in Sonderfällen aber nur 5% oder sogar 15% (Abs. 2); der Verwalter kann statt dessen nach Stunden abrechnen (Abs. 2). Mindestvergütung: § 20.
- Es geht trotz Miet-/Pachtvertrag kein Geld ein: 2% der Mietschuld sind die Regelvergütung (Abs. 1 Satz 2); in Sonderfällen 1% oder 3% (Abs. 2). Verwalter kann statt dessen nach Stunden abrechnen (§ 19 Abs. 2). Mindestvergütung § 20.

III. Regelvergütung nach Prozentsätzen der eingezogenen Mieteinnahmen

Bei der Zwangsverwaltung von Grundstücken, die durch **Vermieten oder Verpachten** genutzt werden, erhält der Verwalter als Vergütung in der Regel 10% des für den Zeitraum der Verwaltung an Mieten oder Pachten **eingezogenen Bruttobetrags** (Abs. 1 Satz 1). Voraussetzung ist, dass geschuldete Mieten tatsächlich an den Zwangsverwalter geleistet werden; die Einleitung eines Mahnverfahrens reicht ebenso wenig aus wie eine Zahlung des Mieters an den Schuldner oder an einzelne Gläubiger (BGH NJW-RR 2012, 979). Die Regelvergütung nach § 18 Abs. 1 Satz 1 erfasst nicht nur einen gedachten Regelfall, sondern schlechthin alle Fälle vermieteter oder verpachteter Zwangsverwaltungsobjekte (BGH NJW-RR 2008, 464). Möglich ist, dass auf Antrag des Verwalters für einen Abrechnungszeitraum die Regelvergütung (§ 18) und für einen anderen Abrechnungszeitraum die Zeitaufwandvergütung (§ 19) festgesetzt wird. Dagegen ist es ausgeschlossen, für denselben Zeitraum sowohl die Regel- als auch die Zeitaufwandvergütung festzusetzen (BGH NJW-RR 2009, 1168). 5

Bruttobetrag sind die bezahlten Mieten bzw. Pachten einschließlich der Nebenkosten (wie Heizung (*Stöber* § 152a ZVG Rn. 4), Warmwasser, Kanalisation, Straßenreinigung usw), einschließlich der Umsatzsteuer (BGH Rpfleger 2005, 99/100). Nicht zur Miete gehören Zinserträge auf dem Girokonto (LG Mainz Rpfleger 2000, 288). Wird die Verwaltung wegen Antragsrücknahme aufgehoben und gehen dann noch Mieten ein, bleiben sie außer Betracht. Diese Regelvergütungen sind das Entgelt für die gesamte Tätigkeit des Verwalters während des Zwangsverwaltungsverfahrens, solange das Verwaltungsobjekt vermietet oder verpachtet ist (BGH NZM 2005, 194; NJW-RR 2006, 1348). Der Mietwert leerstehender Räume (sog. Sollmiete) zählt nicht, nur die tatsächlich eingegangene Miete. Für eigengenutzte Räume des Schuldners (§ 149 Abs. 1 ZVG) wird ebenfalls keine fiktive Miete angesetzt, wenn er nichts zahlt. Eine Nutzung durch Vermieten liegt auch vor, wenn ein Teil der Räume leer steht; hier kann die Regel des Abs. 2 eingreifen. 6

Die Anknüpfung der Vergütung an die Miete soll auch gelten, wenn das Mietverhältnis beendet und für den Fall der weitergehenden Nutzung der Masse ein Anspruch nach §§ 546a, 571 BGB besteht. Als Nachwirkung des Mietverhältnisses 7 müsste diese Nutzung vergütungsrechtlich der ursprünglichen Vermietungslage gleichgestellt werden (BGH Rpfleger 2005, 152). Nach der Räumung bis zur Neuvermietung ist die Vergütung nach § 19 Abs. 1 zu bestimmen (*Drasdo* NJW 2005, 1549).

8 Pro Grundstück im Sinne der GBO liegt *ein* Verfahren vor. Bei mehreren Grundstücken können die Verfahren verbunden werden (§ 18 ZVG). Wenn die Mieteinnahmen nicht wegen verschiedener Mieter/Mietverträge aufteilbar sind, sind sie für die gesondert vorzunehmenden Abrechnungen vom Verwalter sachgerecht aufzuteilen.

IV. Vergütung bei nicht eingezogenen Mieteinnahmen

9 Für vertraglich geschuldete, nicht eingezogene Mieten oder Pachten (also Mietrückstand) erhält er 20% der Vergütung, die er erhalten hätte, wenn diese Mieten eingezogen worden wären (Abs. 1 Satz 2). Eine Erhöhung des Prozentsatzes nach Abs. 2 ist nicht zulässig. Der Verwalter bekommt also (da er bei Zahlung 10% erhält) 2% der nicht bezahlten Miete. Ob er Bemühungen unternimmt, dass das Geld eingeht oder nicht spielt hier keine Rolle. Das gilt nur, wenn sie *vertraglich* geschuldet war, wenn also ein Mietvertrag für die Räume existierte. Für leerstehende Räume ist keine Miete vertraglich geschuldet, dafür bekommt der Verwalter keine Regelvergütung.

10 Bei einem **Teil-Leerstand** gibt es aber **zwei Korrektive:** (1) Im Einzelfall kann der Vergütungs-Prozentsatz von 2% auf 3% erhöht oder auf 1% ermäßigt werden (Abs. 2); das hilft aber nur, wenn etwa 2/3 des Objekts vermietet sind und die Mieten tatsächlich eingehen. (2) Wenn auch die erhöhte Vergütung nach Abs. 1, 2 offensichtlich unangemessen ist, kann der Verwalter die gesamte Zwangsverwaltung (nicht nur ein bestimmtes von mehreren Anwesen auf demselben Grundstück im Sinne der GBO) überdies nach Stunden abrechnen (§ 19 Abs. 1).

11 Soweit **Mietrückstände später eingezogen** werden, für die der Verwalter bereits eine Vergütung nach Abs. 1 Satz 2 erhalten hat, ist diese anzurechnen. (Abs. 1 Satz 3). Hätte der Mieter also im Jahre 2015 10.000 Euro Miete zu zahlen gehabt, hat er aber erst 2017 bezahlt, dann konnte der Verwalter für 2015 2%, also 200 Euro abrechnen, für 2017 aber nur noch 800 Euro (10% von 10.000 Euro = 1.000 Euro; abzüglich 200).

V. Abweichender Prozentsatz (Abs. 2)

12 Ergibt sich im Einzelfall ein *Missverhältnis* zwischen der Tätigkeit des Verwalters und der 10%-Vergütung nach Abs. 1, so kann der in Abs. 1 Satz 1 genannte Prozentsatz von 10% bis auf 5% vermindert oder bis auf 15% angehoben werden (Abs. 2). Die Voraussetzungen des Abs. 2 hat der Verwalter durch eine Vergleichsrechnung und eine **plausible Darstellung** des Zeitaufwands darzulegen (BGH NJW-RR 2008, 892; NJW 2004, 3429); jedoch kann auch eine sonstige Darlegung der Tätigkeiten genügen (LG Münster BeckRS 2015, 09569). Die Entscheidung liegt beim Gericht.

13 Ein **Missverhältnis,** das eine Erhöhung oder Ermäßigung der Vergütung nicht nur rechtfertigt, sondern gebietet, liegt vor, wenn der im Einzelfall entstehende Aufwand auch unter Berücksichtigung der bei einer pauschalierenden Vergütungs-

regelung notwendigerweise entstehenden Härten zu einer unangemessen hohen oder zu einer unangemessen niedrigen Vergütung führt. Ob das der Fall ist, ist mit einer an § 152a ZVG ausgerichteten wertenden Betrachtung aller Umstände des Einzelfalls zu ermitteln (BGH NJW-RR 2008, 464). Entscheidend ist, ob Arbeitsleistung und -aufwand sowie das Maß der Verantwortung *im Einzelfall* wesentlich von den durchschnittlichen Anforderungen abweichen oder besondere Erschwernisse zu bewältigen waren (BGH NJW 2003, 212). Ein solches Missverhältnis liegt vor, wenn sich kein angemessener Stundenlohn mehr ergibt; der Stundenaufwand muss daher in groben Zügen dargelegt werden.

Als **Durchschnittsfall** werden in der Zwangsverwalter-Literatur (teils entgegen BGH NJW-RR 2008, 464) bezeichnet (vgl HWFH § 18 Rn. 20ff.): (1) Nichtgewerbliche Nutzung; so LG Gera NZM 2009, 760; dagegen der BGH NJW-RR 2008, 464. (2) Bis etwa 10 Mieteinheiten (Wohnungen, Büros etc.); aA der BGH NJW-RR 2008, 464. (3) Durchschnittlicher baulicher Zustand, also keine wesentliche Baumängelbeseitigung erforderlich. (4) Durchschnittlicher rechtlicher Zustand, dh Vorhandensein von Bewirtschaftungsunterlagen wie Mietverträgen, Versicherungspolicen; (5) Schuldner kooperationswillig; (6) Mieter zahlungswillig, so dass keine gerichtliche Durchsetzung von Rückständen erforderlich ist. Danach wäre fast jeder Fall ein Zuschlagsfall, was nicht dem Gesetz entspricht. Die Gesamtschau zählt, nicht die Abweichung in einem Einzelpunkt. Die Faustregeltabellen verschiedener Verwalter-Interessengemeinschaften lehnt BGH NJW-RR 2008, 464 ab. **14**

Beispiel: Durchschnittsfall: Dauer der Zwangsverwaltung ca. 3,5 Monate; Mieteinnahme 137.014 Euro. Das Grundstück war mit vier Gebäudekomplexen mit insgesamt 28 Wohnungen, 18 Ladenlokalen, neun Büroeinheiten, einem Kino und einer Spielothek verschachtelt bebaut. Die insgesamt 57 Einheiten waren mit Ausnahme von drei Wohnungen vermietet. Die bisherige Hausverwaltung behielt der Verwalter bei. Dringende Reparaturen waren nicht erforderlich. Bei neun Mietern bestanden Mietrückstände, um deren Eintreibung sich der Zwangsverwalter bemühte. Ein als Eiscafé genutztes Ladenlokal vermiete er neu und erstellte Umsatzsteuervoranmeldungen und -erklärungen. Das ergab eine Vergütung von 10% (das AG hatte irrig 15% angesetzt), also 13.701 Euro. **15**

Beispiel: Über dem Durchschnitt: Beispiele für 11%: LG Koblenz Rpfleger 2013, 285 (Zahlreiche Reparaturen, Anfertigung der Umsatzsteuervoranmeldung); für 13% LG Frankfurt/M BeckRS 2011, 21 883 (gewerbliches Objekt); für 15%: AG Greifswald Rpfleger 2006, 334 (erheblicher Aufwand, häufiger Mieterwechsel, niedrige Mieten); LG Erfurt Rpfleger 2007, 277 (gewerblich genutztes Objekt, schwierige Abrechnung, Umsatzsteuervoranmeldung). Ob eine kurze Dauer der Zwangsverwaltung zu einem Zuschlag führt lässt der BGH (NJW 2003, 212) offen. **Unter dem Durchschnitt** liegen Fälle, in denen die Mieteinnahme besonders hoch ist und der Arbeitsaufwand besonders niedrig. **Richtschnur:** Da der maximale Stundensatz 95 Euro beträgt, sollte sich kein höherer Stundenlohn ergeben.

Die Entscheidung kann für jeden Abrechnungszeitraum anders getroffen werden; denn der eine Abrechnungszeitraum kann besonders arbeitsaufwendig sein, der nächste durchschnittlich. Der in § 18 Abs. 1 Satz 2 genannte Prozentsatz kann nicht nach § 18 Abs. 2 abgeändert werden. **16**

VI. Fertigstellung von Bauvorhaben (Abs. 3)

17 Dafür erhält der Verwalter 6% der von ihm verwalteten Bausumme. Planungs-, Ausführungs- und Abnahmekosten sind Bestandteil der Bausumme und finden keine Anrechnung auf die Vergütung des Verwalters. Diese Zusatzvergütung wird auf die Regelvergütung nach Mieteinnahmen nicht angerechnet. Hier ist § 19 (Stundenlohn) nicht anwendbar; der Verwalter kann nicht wählen zwischen 6% und Stundenvergütung. Der Prozentsatz ist starr und kann nicht nach Abs. 2 erhöht oder ermäßigt werden. Der Fertigstellung stehen vergleichbare Ausbau- bzw. Umbauarbeiten gleich (*Stöber* ZVG § 152a Rn. 4.6), etwa die Beseitigung eines Brandschadens.

§ 19 Abweichende Berechnung der Vergütung

(1) [1]**Wenn dem Verwalter eine Vergütung nach § 18 nicht zusteht, bemisst sich die Vergütung nach Zeitaufwand.** [2]**In diesem Fall erhält er für jede Stunde der für die Verwaltung erforderlichen Zeit, die er oder einer seiner Mitarbeiter aufgewendet hat, eine Vergütung von mindestens 35 Euro und höchstens 95 Euro.** [3]**Der Stundensatz ist für den jeweiligen Abrechnungszeitraum einheitlich zu bemessen.**

(2) **Der Verwalter kann für den Abrechnungszeitraum einheitlich nach Absatz 1 abrechnen, wenn die Vergütung nach § 18 Abs. 1 und 2 offensichtlich unangemessen ist.**

I. Vergütung nach Zeitaufwand (Stundenlohn) (Abs. 1)

1 Wenn dem Verwalter eine Vergütung nach § 18 nicht zusteht, weil **keine Vermietung oder Verpachtung** vorliegt, wird er nach Zeitaufwand vergütet (Abs. 1 Satz 1). Selbst wenn vermietet ist, wird er nach Zeitaufwand bezahlt, wenn sonst zu wenig Vergütung herauskäme (§ 129 Abs. 2). Ersteres ist zB der Fall, wenn keine Miete eingeht, weil die Nutzung im Verkauf von Kies, Sand, Tonerde besteht. In beiden Fällen erhält der Verwalter für jede Stunde der für die Verwaltung erforderlichen Zeit, die er oder einer seiner Mitarbeiter aufgewendet hat, eine Vergütung von mindestens 35 Euro und höchstens 95 Euro.

1. Stundenzahl

2 Es zählen die tatsächlich erbrachten, aber auch **erforderlichen Stunden** des Verwalters (gerechnet zu 60 Minuten), eine Aufrundung von angefangenen Stunden auf volle Stunden ist nicht zulässig; auch darf nicht jede kleine Tätigkeit (etwa ein Anruf mit einer Dauer von einer Minute) mit einem Mindestwert (zB 15 Minuten) versehen werden. Eine Vergütung steht dem Verwalter nur für solche (erforderlichen) Tätigkeiten zu, die er in Ausübung der ihm kraft seines Amtes zustehenden Befugnisse entfaltet hat; das ist bei Tätigkeiten, die der Verwalter nach Zustellung des die Zwangsverwaltung aufhebenden Beschlusses erbringt, nur ausnahmsweise der Fall (BGH NJW-RR 2008, 892).

Mitarbeiterstunden: Vier Fallgruppen sind zu unterscheiden: **(1)** Auch die Stunden der *qualifizierten* Mitarbeiter zählen als Verwalterstunden („er oder einer seiner Mitarbeiter", § 18 Abs. 1 Satz 2), also zum selben Tarif. Qualifizierte Mitarbeiter sind Personen, die selbständig unter Aufsicht des Verwalters Handlungen vornehmen, welche sonst der Verwalter selbst vornehmen müsste (§ 1 Abs. 3 Satz 3, 4). Am *qualifizierten* Mitarbeiter verdient der Verwalter also, weil er dessen Stunden mit dem selben Satz wie die eigenen Stunden abrechnen kann, aber ihm intern vermutlich weniger bezahlt. **(2)** die Stunden des Büropersonals („Gehälter seiner Angestellten", § 21 Abs. 1 Satz 2) dagegen zählen nicht als abrechnungsfähige Stunden. Die Stunden der Schreibkräfte etc. gehen zu Lasten der Vergütung des Verwalters (§ 21 Abs. 1 Satz 2). **(3)** Die dritte Gruppe sind „Hilfskräfte für bestimmte Aufgaben im Rahmen der Zwangsverwaltung": deren Kosten sind dem Verwalter als Auslagen zu erstatten (§ 21 Abs. 2 Satz 1), also ohne Gewinnaufschlag; sie mindern aber auch nicht den Gewinn des Verwalters. Solche Hilfskräfte sind zB Personen, die bei *sehr* großen Wohnanlagen in der Anlage wohnen und eingestellt werden, um die Wohnungen ausziehender Mieter abzunehmen, Interessenten die Wohnungen zu zeigen und neu einziehende Mieter einzuweisen (*Depré/Mayer* Rn. 668). **(4)** Hilfekräfte wie Hausmeister oder Putzfrauen, welche ein Hauseigentümer bzw. Zwangsverwalter üblicherweise anstellt oder vorfindet (etwa bei großen Anlagen), werden in der ZwVwV nicht erwähnt. Ihre Bezahlung ist Aufwand im Sinne von § 155 Abs. 1 ZVG, der Verwalter bezahlt sie aus Mitteln der Verwaltung. Sie zählen nicht zum Büropersonal des Verwalters. 3

2. Stundensatz

Er beträgt **mindestens 35 Euro, höchstens 95 Euro.** Über Vergütung nach Schwierigkeitsstufen vgl. *Wedekind* ZfIR 2005, 348. **(1)** Konkreter Fall: § 152a ZVG sagt, dass es auf Art und Umfang der Aufgabe sowie die Leistung des Zwangsverwalters ankommt. Das ist kein rechnerischer Mittelwert aus mit unterschiedlichen Stundensätzen bewerteten Einzeltätigkeiten (LG Lübeck ZfIR 2005, 367). **(2)** Die berufliche Qualifikation des Verwalters, zB als Anwalt, kann von Bedeutung sein, wenn Anwaltswissen notwendig war. Bei einem Rechtsbeistand haben BGH NJW-RR 2007, 1150; LG Mönchengladbach ZInsO 2006, 646 je Stunde 75 Euro für angemessen gehalten. **(3) „Durchschnittsfall":** Dafür setzt man (LG Heilbronn Rpfleger 2006, 617) 65 Euro je Stunde an, das LG Lübeck (ZfIR 2005, 367) 70 Euro je Stunde, andere 75 bis 80 Euro (BGH NJW-RR 2007, 1150; LG Frankenthal ZfIR 2006, 36; *Haarmeyer* ZInsO 2004, 18). 4

Überdurchschnittlichkeit setzt deutliche Abweichungen voraus; das sind *seltene* Ausnahmefälle. **Unterdurchschnittlichkeit** soll vorliegen, wenn der überwiegende Teil der anfallenden Arbeiten (Zwangsverwaltung einer Garage) von qualifizierten Mitarbeitern des Verwalters erbracht werden; dann kommen zB 60 Euro je Stunde in Betracht (AG Essen Rpfleger 2005, 560). Oder wenn der Zwangsverwalter die Wohnungen etc. von einem Hausverwalter verwalten lässt. 5

Der Stundensatz ist für den jeweiligen Abrechnungszeitraum einheitlich zu bemessen (§ 19 Abs. 1 Satz 2, 3); es gibt also **keinen „gespaltenen" Stundensatz** nach Tätigkeiten (zB für 2 Stunden Wohnungsbesichtigung je 40 Euro, für 3 Stunden Abrechnung je 60 Euro); es gibt auch keine Spaltung nach Personen (zB 70 Euro für den Anwalt als Zwangsverwalter, 35 Euro für die Stunden seines qualifizierten Mitarbeiters). Der Stundensatz kann aber im ersten Jahr höher sein als in den Folgejahren. 6

7 Hat der Zwangsverwalter seine Tätigkeit so konkret dargelegt, dass der nach § 19 vergütungsfähige Zeitaufwand in der Gesamtschau bei überschlägiger Abschätzung plausibel erscheint, kann die abgerechnete Stundenzahl festgesetzt werden; zu näheren Darlegungen ist der Verwalter nur gehalten, wenn sein Antrag eine Plausibilitätskontrolle schon nicht ermöglicht oder aber dieser Kontrolle auf Grund besonderer Umstände (etwa auf Grund eines die Plausibilität erschütternden Einwands eines Beteiligten) nicht standhält (BGH NJW-RR 2008, 99). Eine Stundenliste ist also im Regelfall nicht erforderlich (LG Münster BeckRS 2015, 09569; AG Goslar BeckRS 2010, 28341).

8 Es ist **nicht zulässig,** einen Teil des Objekts (dh des Grundstücks im Sinne der GBO) nach Mietertrag und einen anderen Teil nach Zeitaufwand abzurechnen. Bei der Zwangsverwaltung von vermieteten Grundstücken steht dem Zwangsverwalter für denselben Abrechnungszeitraum entweder die Regelvergütung nach § 18 oder die Zeitaufwandvergütung nach § 19 zu; die Festsetzung sowohl der einen als auch der anderen Vergütung ist ausgeschlossen (BGH NJW-RR 2009, 1168), für die nicht eingezogenen Mieten kann also kein „Beitreibungszuschlag" angesetzt werden. Möglich ist aber, dass auf Antrag des Verwalters für einen Abrechnungszeitraum die Regelvergütung und für einen anderen Abrechnungszeitraum die Zeitaufwandvergütung festgesetzt wird.

II. Offensichtliche Unangemessenheit (Abs. 2)

9 Der Verwalter kann für den jeweiligen Abrechnungszeitraum (idR Kalenderjahr) einheitlich nach Stundenlohn abrechnen (Abs. 1), wenn entweder überhaupt keine Einnahmen aus Vermietung/Verpachtung vorhanden sind oder zwar vorhanden, aber die Vergütung nach § 18 Abs. 1, 2 *offensichtlich unangemessen* ist (Abs. 2). Gemeint sind die Fälle, in denen die Anhebung des Prozentsatzes von 10% auf 15% noch nicht genügt, um eine angemessene Entlohnung zu erzielen. Die Angemessenheit der Vergütung muss nach hM (*Haarmeyer/Hintzen* § 17 Rn. 7) für das einzelne Verfahren vorliegen; es darf keine Mischkalkulation sämtlicher Verfahren des Verwalters vorgenommen werden.

10 Ob eine solche „ offensichtliche Unangemessenheit" vorliegt entscheidet das Gericht, nicht der Verwalter. So ist es etwa, wenn das Objekt nur teilweise vermietet ist, also ein Leerstand in größerem Umfang vorliegt oder wenn viele Mieter nicht zahlen. Die Vergütung nach Zeitaufwand ist nur dann festzusetzen, wenn die Regelvergütung trotz Ausschöpfung des Höchstrahmens (15%) um mehr als 25% hinter der Zeitaufwandvergütung zurückbleibt (BGH NJW-RR 2008, 99; NJW-RR 2009, 1168). Die Voraussetzungen des § 19 Abs. 2 hat der Zwangsverwalter durch eine Vergleichsrechnung und eine plausible Darstellung des Zeitaufwands darzulegen (BGH NJW-RR2008, 892). Andere (zB LG Heilbronn Rpfleger 2006, 616) meinen, die nach § 19 Abs. 1 zu berechnende Vergütung müsse die pauschalisierte Vergütung nach § 18 wesentlich (ca 30%) überschreiten und die Tätigkeit des Verwalters müsse Handlungen umfasst haben, die in einem durchschnittlichen Zwangsverwaltungsverfahren nicht, nicht in dem Umfang oder nicht in der Art zu erwarten gewesen seien (wie etwa eine Auseinandersetzung mit der früheren Hausverwalterin).

11 Dagegen dient Abs. 2 nach Ansicht des BGH (Rpfleger 2006, 151) nicht dazu, die Vergütung zu kürzen (Beispiel: 33 Eigentumswohnungen desselben Schuldners werden sieben Tage lang verwaltet, was dann 33 × die Mindestvergütung von 600 Euro ergibt).

III. Vergütungsvereinbarung

Eine Vereinbarung des Zwangsverwalters mit dem Gläubiger oder dem Schuldner ist unzulässig und unwirksam (*Haarmeyer/Hintzen* § 17 Rn. 18). 12

IV. Unzulässige Vergütungsmodalitäten

Es kann nicht abgerechnet werden nach Prozentsätzen (zB 2% bis 4%) des Verkehrswertes des Objekts; nicht nach fiktiven Mieteinnahmen, wenn keine Mietverträge bestehen; nicht nach den ortsüblichen Tarifen von Hausverwaltern. 13

§ 20 Mindestvergütung

(1) **Ist das Zwangsverwaltungsobjekt von dem Verwalter in Besitz genommen, so beträgt die Vergütung des Verwalters mindestens 600 Euro.**

(2) **Ist das Verfahren der Zwangsverwaltung aufgehoben worden, bevor der Verwalter das Grundstück in Besitz genommen hat, so erhält er eine Vergütung von 200 Euro, sofern er bereits tätig geworden ist.**

I. Besitzergreifung durch den Zwangsverwalter

Ist das Zwangsverwaltungsobjekt von dem Verwalter in Besitz genommen (vgl § 150 Abs. 2 ZVG), so beträgt die Vergütung des Verwalters mindestens 600 Euro (Abs. 1). Eine Inbesitznahme erfordert, dass sie durch einen Bericht dokumentiert wird, wobei jedes Grundstück einzeln zu beschrieben ist, seine rechtlichen Verhältnisse sind darzustellen (BGH Rpfleger 2006, 151). Meinungen in der Literatur, wonach weniger genügt, sind daher unzutreffend. 1

Der Verwalter erhält die Mindestvergütung nicht nur für die mit der Inbesitznahme verbundenen Tätigkeiten einschließlich des darüber zu erstellenden Berichts (§ 3), sondern für seine gesamte Tätigkeit während des Zwangsverwaltungsverfahrens, also **nur einmal, somit nicht jährlich** (*Depré/Mayer* Rn. 672). Dauert die Verwaltung vom 28.12. bis zum 5.1. des übernächsten Jahres kann also nicht für das erste und das letzte Rumpfjahr die Mindestvergütung verlangt und für das mittlere Jahr anderweitig abgerechnet werden. Nach hM (BGH NJW-RR 2006, 1348; LG Dortmund ZInsO 2004, 1249; LG Essen Rpfleger 2005, 211; LG Potsdam Rpfleger 2005, 620; aA LG Stralsund Rpfleger 2004, 580) kann der Zwangsverwalter die Mindestvergütung auch nicht *neben* der Regelvergütung (§ 18) oder der nach Zeitaufwand berechneten Vergütung (§ 19) beanspruchen. 2

Beispiel: Die Zwangsvollstreckung über eine Eigentumswohnung wurde am 22.1.2016 angeordnet, am 13.7.2017 aufgehoben. 2016 gingen Mieten in Höhe von 2.277 Euro ein; 2017 war die Wohnung nicht mehr vermietet. Der Verwalter will für 2016 die Pauschale von 600 Euro abrechnen, für 2017: 4 Stunden zu je 65 Euro. BGH NJW-RR 2006, 1348: Dem Verwalter steht nach § 18 Abs. 1 und 2 eine Regelvergütung in Höhe von 15% der im Jahr 2016 eingezogenen Mieten zuzüglich einer Auslagenpauschale von 10% dieser Vergütung (§ 21 Abs. 2 Satz 2) und der darauf von ihm zu zahlenden Umsatzsteuer (§ 17 Abs. 2) zu; Zusätzlich hat der Verwalter für 2017 nach § 19 Abs. 1 einen Anspruch auf eine Zeitaufwandvergütung in Höhe von 4 Stunden à 65 Euro zuzüglich 10% Auslagenpauschale und Umsatzsteuer, weil das Zwangsverwaltungsobjekt ab dem 1.1.2017 nicht vermietet war und auch sonst nicht genutzt wurde.

3 Sind **mehrere Grundstücke** Gegenstand einer Zwangsverwaltung, ist zu differenzieren:

- die die Mindestvergütung fällt grundsätzlich für jedes der in Besitz genommenen Grundstücke gesondert an (BGH Rpfleger 2006, 151).

Beispiel: Das AG ordnete in einem einheitlichen Beschluss die Zwangsverwaltung von 33 Eigentumswohnungen (davon waren fünf Wohnungen vermietet) in derselben Wohnanlage an. Der Verwalter nahm die Wohnungen am 10.1. in Besitz; am 13.1. wurden alle Wohnungen versteigert, am 17.1. die Zwangsverwaltung wegen Antragsrücknahme aufgehoben. Nach Ansicht von BGH Rpfleger 2006, 151 konnte der Verwalter für jede Wohnung die Mindestvergütung 600 Euro + 20 Euro Auslagen + Umsatzsteuer abrechnen.

- Wenn dagegen mehrere Grundstücke im Sinne der GBO wie ein einziges Wirtschaftsgut vermietet oder verpachtet sind, ohne auf die Einzelgrundstücke bezogene Mietanteile auszuweisen, wenn also eine **wirtschaftliche Einheit** bilden, fällt die Mindestgebühr nur einmal an (BGH Rpfleger 2006, 151). Eine Eigentumswohnung und **Tiefgaragenstellplätze** sind, jedenfalls soweit es sich um eine übliche Zahl von ein bis zwei Stellplätzen handelt, als wirtschaftliche Einheit anzusehen; die dem Zwangsverwalter gemäß § 20 Abs. 1 zustehende **Mindestvergütung** ist deshalb **nur einmal** festzusetzen, und zwar unabhängig davon, ob der Stellplatz im Teileigentum des Schuldners steht oder ob diesem insoweit nur ein Sondernutzungsrecht eingeräumt ist (BGH NJW-RR 2014, 1040; LG Mainz BeckRS 2014, 15163).

II. Noch kein Besitz des Zwangsverwalters

4 Ist das Zwangsverwaltungsverfahren aufgehoben worden, bevor der Verwalter das Grundstück in Besitz genommen hat, so erhält er eine Vergütung von 200 Euro, *sofern er bereits tätig geworden ist* (Abs. 2). Zweifelhaft ist, ob eine nur interne Tätigkeit schon genügt, wenn der Beschluss entgegen genommen und gelesen wird, wenn eine Akte angelegt und die gerichtliche Bestellung eingeheftet wurde; das ist abzulehnen.

III. Mindestvergütung

5 Die Mindestvergütung (vgl *Waldherr/Weber* ZfIR 2005, 184) kann weder nach § 19 Abs. 2 noch analog § 18 Abs. 2 gekürzt werden (BGH Rpfleger 2006, 151). Für die Vergütung haftet der Gläubiger, der vom Schuldner Ersatz verlangen kann.

§ 21 Auslagen

(1) [1]**Mit der Vergütung sind die allgemeinen Geschäftskosten abgegolten.** [2]**Zu den allgemeinen Geschäftskosten gehört der Büroaufwand des Verwalters einschließlich der Gehälter seiner Angestellten.**

(2) [1]**Besondere Kosten, die dem Verwalter im Einzelfall, zum Beispiel durch Reisen oder die Einstellung von Hilfskräften für bestimmte Aufgaben im Rahmen der Zwangsverwaltung, tatsächlich entstehen, sind als Auslagen zu erstatten, soweit sie angemessen sind.** [2]**Anstelle der tatsächlich entstandenen Auslagen kann der Verwalter nach seiner Wahl für den jeweiligen Abrechnungszeitraum eine Pauschale von 10 Prozent seiner Vergütung, höchstens jedoch 40 Euro für jeden angefangenen Monat seiner Tätigkeit, fordern.**

(3) [1]**Mit der Vergütung sind auch die Kosten einer Haftpflichtversicherung abgegolten.** [2]**Ist die Verwaltung jedoch mit einem besonderen Haftungsrisiko verbunden, so sind die durch eine Höherversicherung nach § 1 Abs. 4 begründeten zusätzlichen Kosten als Auslagen zu erstatten.**

I. Nicht erstattungsfähige Auslagen

Bestimmte Auslagen können nicht zusätzlich zur Vergütung abgerechnet werden, sie sind durch die Vergütung mit abgegolten und schmälern den Gewinn des Verwalters. Dazu gehören: 1
- die allgemeinen Geschäftskosten (Abs. 1 Satz 1), darunter insbesondere
- der Büroaufwand des Zwangsverwalters (Abs. 1 Satz 2), zB Miete, Heizung, Büroausstattung, Papier, Druckerpatronen, Strom, Aktendeckel, Vordrucke, und
- die Gehälter seiner Angestellten (Abs. 1 Satz 2).
- Kosten einer gewöhnlichen Haftpflichtversicherung (Abs. 3 Satz 1, Ausnahme in Abs. 3 Satz 2).

II. Erstattungsfähige Auslagen

- Besondere Kosten, die dem konkreten Zwangsverwaltungsverfahren zuordenbar sind, wie zB **Post, Telefon, Reisekosten** (Abs. 2 Satz 1), Anwaltskosten bei Einschalten eines Anwalts durch einen nichtanwaltlichen Verwalter (BGH NJW 2009, 3104; dazu *Förster* ZInsO 2009, 2235), Fahrtkosten (zum Objekt, zwecks Vermietung etc.), Übernachtungskosten. Bei Benutzung des eigenen Pkw ist ein Satz von 0,30 Euro je km angemessen (*Stöber* ZVG § 152a Rn. 8.3). 2
- Besondere Kosten, die durch die **Einstellung von Hilfskräften** für bestimmte Aufgaben im Rahmen der Zwangsverwaltung tatsächlich entstehen, sind als Auslagen zu erstatten. Das Problem ist die Berechnung der Höhe dieser Kosten 3
- Kosten einer Haftpflichtversicherung, wenn die Verwaltung mit einem *besonderen* **Haftungsrisiko** verbunden ist (Abs. 3 Satz 2). Auch bei Verwaltung gewerblicher Objekte ist dies nicht zwingend der Fall. 4

III. Pauschalierung der Auslagen

Die tatsächlich entstandenen Auslagen können entweder im Einzelnen zusammengestellt und ersetzt verlangt werden, oder pauschal (Abs. 2 Satz 2, vgl. § 8 Abs. 3 InsVV). Dabei kann der Zwangsverwalter die für ihn günstigere Methode wählen, für jeden Abrechnungszeitraum (Kalenderjahr) kann er neu wählen. Er 5 kann also in einem Jahr pauschal abrechnen, im nächsten mit Einzelerstattung. Die **Pauschale beträgt:** Für den jeweilige Abrechnungszeitraum 10% der Vergütung des Verwalters. **Obergrenze:** höchstens 40 Euro je angefangenem Monat der Tätigkeit als Zwangsverwalter; eine weitere Obergrenze (zB einen Prozentsatz der Gesamtvergütung, wie in § 8 Abs. 3 Satz 2 InsVV) gibt es nicht. Es werden Tätigkeitsmonate, nicht angefangene Kalendermonat gerechnet. Die Pauschale kann auch verlangt werden, wenn ersichtlich keine Auslagen angefallen sind (LG Kassel JurBüro 2004, 608).

IV. Umsatzsteuer

6 Zusätzlich zur Vergütung und zur Erstattung der Auslagen wird die vom Verwalter zu zahlenden Umsatzsteuer festgesetzt (§ 17 Abs. 2).

§ 22 Festsetzung

[1]Die Vergütung und die dem Verwalter zu erstattenden Auslagen werden im Anschluss an die Rechnungslegung nach § 14 Abs. 2 oder die Schlussrechnung nach § 14 Abs. 3 für den entsprechenden Zeitraum auf seinen Antrag vom Gericht festgesetzt. [2]Vor der Festsetzung kann der Verwalter mit Einwilligung des Gerichts aus den Einnahmen einen Vorschuss auf die Vergütung und die Auslagen entnehmen.

I. Allgemeines

1 Die Vergütung und die dem Verwalter zu erstattenden Auslagen werden im Anschluss an die Rechnungslegung nach § 14 Abs. 2 oder die Schlussrechnung nach § 14 Abs. 3 für den entsprechenden Zeitraum auf seinen Antrag vom Gericht festgesetzt (S. 1).

II. Vorschuss

2 Vor der Festsetzung kann der Verwalter *mit Einwilligung des Gerichts* aus den Einnahmen einen Vorschuss auf die Vergütung und die Auslagen entnehmen (S. 2). Bei längerer Verfahrensdauer ist dies jedenfalls bezüglich größerer Auslagen zu erwägen, weil der Verwalter sonst eine kostenlose Zwischenfinanzierung vornehmen würde, aber auch bezüglich der Vergütung. Von diesem Vorschuss ist der Vorschuss nach § 161 Abs. 3 ZVG zu unterscheiden, den der betreibende Gläubiger an die Gerichtskasse zu leisten hat.

III. Antrag des Zwangsverwalters

3 Der schriftliche Antrag des Zwangsverwalters (bei *einem* Gläubiger dreifach einzureichen, bei mehr Gläubigern entsprechend mehrfach) muss enthalten:

- den vom Zwangsverwalter geforderten **Vergütungsbetrag** nebst Umsatzsteuer. Die Höhe kann nicht ins Ermessen des Gerichts gestellt werden. Eine Verzinsung (wie bei § 104 Abs. 1 2 ZPO) ist nicht vorgesehen;
- die eingegangenen **Mieten/Pachten,** wenn solche bezahlt wurden (§ 18) und danach abgerechnet wird. Hieraus die 10% Regelvergütung. Ein höherer Prozentsatz (zB 12%) ist zu begründen; die offensichtliche Unbilligkeit ist, wenn statt dessen die Stundenabrechnung verlangt wird, darzulegen;
- bei **Stundenabrechnung:** die nach § 19 Abs. 1 Satz 1 aufgewandte Zeit ist vom Zwangsverwalter in nachvollziehbarer Weise darzulegen. Ein detaillierter Stundennachweis mit einer Aufschlüsselung einzelner Tätigkeiten nach Arbeitsminuten ist nicht erforderlich (LG Frankenthal ZfIR 2006, 36; LG Mönchengladbach ZInsO 2006, 647; LG Heilbronn Rpfleger 2005, 465). Es kommt auf den konkreten Zeitaufwand dieses Verwalters in dieser Sache an, nicht auf typisierte Zeiten. Auch Aufrundungen (etwa jeweils auf eine halbe Stunde) sind nicht zulässig;
- die **Mindestvergütung** nebst Umsatzsteuer, wenn diese verlangt wird;
- welcher Betrag als **Auslagenerstattung** gefordert wird, im einzelnen spezifiziert und (soweit möglich) belegt, nebst Umsatzsteuer;
- oder, nach Wahl des Zwangsverwalters, eine Pauschale der Auslagen von 10 Prozent seiner Vergütung, höchstens jedoch 40 Euro für jeden angefangenen Monat seiner Tätigkeit (Abs. 2 Satz 2) nebst Umsatzsteuer.

IV. Verfahren des Vollstreckungsgerichts

Der Vergütungsantrag (nebst Jahresabrechnung) wird dem Schuldner und dem betreibenden Gläubiger zugestellt; es wird ihnen Gelegenheit zutreffend Stellungnahme gegeben. Bei Stundenabrechnung unterliegen die abgerechneten Zeiten lediglich einer Plausibilitätskontrolle (LG Mönchengladbach ZInsO 2006, 647). 4

Die Rücknahme des Gläubigerantrags führt nicht zum Verlust der Verwaltervergütung (LG Heilbronn Rpfleger 2009, 693). Seltene Fälle der Verwirkung der Vergütung: BGH NJW 2010, 426; BGH NJW-RR 2009, 1710; *Fischer* NZM 2016, 117. 5

V. Festsetzung durch das Vollstreckungsgericht

Die Festsetzung erfolgt durch Beschluss des Vollstreckungsgerichts (§ 153 Abs. 1 ZVG). Zuständig ist der Rechtspfleger (§ 3 Nr. 1 i RPflG). Die Festsetzung erfolgt meist getrennt nach Vergütung, Auslagen und Umsatzsteuer. Eine Verzinsung wird nicht ausgesprochen, § 104 Abs. 1 Satz 2 ZPO ist nicht analog anwendbar. Wird dem Antrag entsprochen ist keine nähere Begründung erforderlich; anders, wenn vom Antrag abgewichen wird. Auch nach Aufhebung eines Zwangsverwaltungsverfahrens muss das Vollstreckungsgericht die Vergütung des Zwangsverwalters für die Zeit der Zwangsverwaltung festsetzen, und zwar unabhängig von dem Grund für die Aufhebung; die Vergütung darf der Masse vorab entnommen werden (BGH NJW-RR 2013, 18). Der Beschluss wird dem Gläubiger und dem Schuldner zugestellt; dem Verwalter wird er formlos zugesandt; zugestellt aber, wenn von seinem Antrag zu seinen Ungunsten abgewichen wurde. Eine Veröffentlichung des Beschlusses erfolgt nicht. 6

VI. Materiellrechtliche Einwände, Verwirkung

7 Materiellrechtliche Einwände gegen den Anspruch des Zwangsverwalters auf Vergütung und Ersatz von Auslagen sind im Festsetzungsverfahren nach § 513 ZVG mit § 22 ZwVwV grundsätzlich nicht zu prüfen (BGH NJW-RR 2007, 1150). Anders liegt es aber, wenn es um die **Erforderlichkeit** der beantragten Vergütung geht (BGH NJW-RR 2008, 324)

8 Dazu gehört auch der Einwand der **Verwirkung** (BGHNJW-RR 2004, 1422). Ein Rechtspfleger, der ohne die für die Nebentätigkeit als Zwangsverwalter erforderliche Genehmigung, in dem Bezirk des Amtsgerichts, an dem er tätig ist, sich zum Zwangsverwalter bestellen lässt und das Amt ausübt, verwirkt den Anspruch auf die Zwangsverwaltervergütung (BGH NJW-RR 2010, 426). Wer bei der Bestellung zum Zwangsverwalter unbefugt einen Doktor- oder Diplomtitel führt, ist unzuverlässig und kann nicht zum Zwangsverwalter bestellt werden; wer die Bestellung dennoch erreicht, verwirkt seinen Anspruch auf Vergütung und Auslagen (BGH NJW-RR 2009, 1710). Die Verwirkung des Vergütungsanspruchs schließt Ansprüche aus ungerechtfertigter Bereicherung oder Geschäftsführung wegen der Auslagen und Anstrengungen bei der Vermietung nicht aus, sie können nicht festgesetzt, sondern nur in einem Prozess geltend gemacht werden (BGH NJW-RR 2009, 1710).

VII. Zahlungspflichtige Personen

9 Die Vergütung und den Auslagenersatz schuldet letztlich der **Schuldner.** Das gilt auch, wenn ihm für das Verfahren Prozesskostenhilfe bewilligt worden ist (LG Saarbrücken BeckRS 2012, 03282). Der Betrag wird vom Verwalter nach der Festsetzung durch Beschluss des Rechtspflegers (der noch nicht rechtskräftig sein muss) der Masse entnommen (denn aus den Nutzungen sind die Ausgaben der Verwaltung, dh dessen Vergütung und Auslagen, vorweg zu bestreiten, § 155 Abs. 1 ZVG).

10 **Reicht die Masse aus,** darf der Zwangsverwalter ihr die Vergütung auch dann noch entnehmen, wenn das Verfahren inzwischen aufgehoben worden ist, und zwar unabhängig von dem Grund, der zu der Aufhebung geführt hat. Einer ausdrücklichen Ermächtigung durch das Vollstreckungsgericht ist nicht erforderlich (BGH NJW-RR 2013, 18).

11 **Ist die Masse nicht ausreichend** muss der betreibende Gläubiger für die Vergütung des Zwangsverwalters aufkommen (BGH NJW-RR 2004, 1527). Dies folgt aus §§ 155 Abs. 1, 3, 161 Abs. 3 ZVG. Anders das OLG Schleswig (SchlHA 2004, 32): Soweit ein Zwangsverwalter keinen Vorschuss (§ 161 Abs. 3 ZVG) anfordere und gleichwohl Tätigkeiten entfaltet, handle er, was seine Vergütung anbetrifft, auf eigene Gefahr. Ein Vergütungsanspruch gegen den die Zwangsverwaltung betreibenden Gläubiger bestehe in diesem Fall nicht. – Der Festsetzungsbeschluss des Gerichts ist aber kein Vollstreckungstitel gegen den Gläubiger; der Verwalter muss also vor dem Prozessgericht gegen den Gläubiger vorgehen. Ist beim Gläubiger nichts mehr zu holen und reichen die Vorschüsse des Gläubigers nicht aus, hat der Verwalter keinen Vergütungsanspruch gegen die Staatskasse.

VIII. Rechtsmittel gegen den Vergütungsfestsetzungsbeschluss

Sofortige Beschwerde nach §§ 793, 567 ZPO; darüber entscheidet das LG. 12

Rechtsbeschwerde ist nur statthaft, wenn das Landgericht im Beschwerdebeschluss die Rechtsbeschwerde *zugelassen* hat (§ 574 Abs. 1 Nr. 2, Abs. 3 Satz 2 ZPO). Die Nichtzulassung der Rechtsbeschwerde ist nicht anfechtbar. Die Rechtsbeschwerde muss von einem beim BGH zugelassenen Anwalt beim BGH eingelegt werden; Frist: ein Monat (§ 575 ZPO). Über die zugelassene Rechtsbeschwerde entscheidet der BGH (§ 133 GVG), also nicht das OLG. 13

Sachregister

Die fett gedruckten Zahlen bezeichnen die Paragraphen bzw. Nummern, die mager gedruckten Zahlen bezeichnen die Randnummern. KV verweist auf die Kostenverzeichnisse.

Sachregister

Sachregister